Wissen visuell

Wissen visuell

EIN DORLING KINDERSLEY BUCH

www.dk.com
Titel der englischen Originalausgabe:
»Millennium Family Encyclopedia«
Copyright © 1997 Dorling Kindersley Ltd., London
Reprinted 1998

Chefredakteurin: Jayne Parsons   **Künstlerischer Leiter:** Gill Shaw

Redaktion: Rachel Beaugié, Marian Broderick, Gill Cooling, Maggie Crowley, Hazel Egerton, Nic Kynaston, Sarah Levete, Karen O'Brien, Cynthia O'Neill, Veronica Pennycook, Louise Pritchard, Steve Setford, Linda Sonntag, Jackie Wilson

Redaktionsassistenz: Sarah-Louise Reed, Nichola Roberts

Künstlerische Gestaltung: Tina Borg, Diane Clouting, Jane Felstead, Martyn Foote, Neville Graham, Jamie Hanson, Tory Gordon-Harris, Christopher Howson, Jill Plank, Floyd Sayers, Jane Tetzlaff, Ann Thompson

DTP Design: Mathew Birch (verantwortlich), Andrew O'Brien, Cordelia Springer

Projektorganisation und -koordination: Ann Kramer (Text), Peter Bailey (Bild)

Bildbeschaffung: Jo Walton, Kate Duncan, Liz Moore

Bilddokumentation: Ola Rudowska, Melanie Simmonds

Länderkunde: Bob Gordon, Helen Parker, Thomas Keenes, Sarah Watson, Chris Clark

Kartographie: Peter Winfield, James Anderson

Recherchen: Robert Graham, Angela Koo   **Reproduktion:** Colourscan, Singapur

Dorling Kindersley dankt folgenden Personen
für ihre Mithilfe beim Zustandekommen dieses Buches:

Design, Lektorat und Recherchen: Maggie Tingle, Francesca Stich, Sue Copsey, John Mapps, Keith Lye, Robert Sneddon, Nany Jones.

Bildbeschaffung: Ingrid Nilsson, Helen Stallion, Andy Sansom, Joanne Beardwell, Sarah Pownall und Andrea Sadler.

DTP-Assistenz: Tamsin Pender, Tanya Mukajee.

Kartographie: David Roberts, Roger Bullen, Steve Flanagan, Jane Voss, Sarah Baker-Ede, Jan Clark, Tony Chambers, Michael Martin.

Deutsche Ausgabe

Projektleitung: Wolf-E. Gudemann

Übersetzung und Redaktion: Hans Peter Thiel, Dr. Marcus Würmli

Satz: Dirk Bischoff, Anke Eickholt   **Bildbeschaffung:** Thekla Sielemann, Monika Flocke

Alle Rechte vorbehalten

Kein Teil dieses Werkes darf ohne Genehmigung des Verlages nachgedruckt, übersetzt, in elektronischen Systemen gespeichert und verarbeitet werden oder durch Fernsehsendungen, auf elektronischem, mechanischem, fotomechanischem oder ähnlichem Weg sowie durch Tonbandaufzeichnungen wiedergegeben und vervielfältigt werden.

AUTOREN UND BERATER

Simon Adams
Historiker und Autor

Norman Barrett
Sportautor und Berater

Dr. Martin R. Bates
Archäologisches Institut
Universität London

David Burnie
Autor, Naturwissenschaften und
Naturgeschichte

Jack Challoner
Autor, früher Museumspädagogische
Abteilung,
Science Museum, London

Julie Childs
Autorin, Zoologie und Naturgeschichte,
früher Pressechefin der
Zoologischen Gesellschaft, London

Neil Clark
Paläontologe, Hunterian Museum und
Universität Glasgow

Paul Collins
Archäologisches Institut
University College, London

Dr. Gordon Daniels
Professor für Geschichte,
Universität Sheffield

Veronica Doubleday
Dozentin, Historical and Critical Studies,
Universität Brighton

John Farndon
Autor und Berater

Roger Few
Autor, Naturgeschichte und Umwelt

Theresa Greenaway
Autorin, Botanik und Naturgeschichte

Frances Halpin
Wissenschaftliche Beraterin
Lehrerin der Naturwissenschaften,
Royal Russell School

Dr. Austen Ivereigh
Dozent für lateinamerikanische Geschichte
Universität Leeds

Robin Kerrod
Autor und Berater, Naturwissenschaften

Bruce P. Lenman
Professor für moderne Geschichte
Universität von St. Andrews

Nicky Levell
Kuratorin der historischen Sammlungen,
The Horniman Museum

John E. Llewellyn-Jones
Autor und Dozent, Zoologie, Botanik

Miranda MacQuitty
Autorin, Zoologie und Naturgeschichte

Kevin McRae
Autor und Berater

Haydn Middleton
Autor, Geschichte

Mark O'Shea
Kurator der Reptilien, West Midland Safari
Park; Tropenherpetologe und Zoologe;
Autor, Naturgeschichte

Chris Oxlade
Autor und Berater, Naturwissenschaften
und Technologie

Douglas Palmer
Autor, Dozent und Tutor der Open
University; Paläobiologie

Steve Parker
Autor, Zoologie
Wissenschaftliches Mitglied der
Zoologischen Gesellschaft, London

Tom Parsons
Autor, Kunstgeschichte

James Pickford
Autor und Herausgeber der
elektronischen Zeitschrift *FT Mastering*

Richard Platt
Autor und Berater

Matthew Robertson
Chefkurator der Wirbellosen, Bristol Zoo

Theodore Rowland-Entwistle
Autor und Berater

Noel Simon
Ehemals Mitglied der Species Survival
Commission der IUCN; Autor des
Säugetierbandes, Red Data Book

Carole Stott
Autorin, Astronomie und Raumfahrt;
früher Leiterin des Old Royal Observatory,
Greenwich, London

Jonathon Stroud
Autor und Berater, Literatur

Barbara Taylor
Autorin, Umweltwissenschaft und
Naturgeschichte

Louise Tythacott
Autorin und Beraterin, Südostasien

Richard Walker
Autor, Humanbiologie und
Naturgeschichte

Marcus Weeks
Komponist und Autor

Philip Wilkinson
Autor, Geschichte

Elizabeth Wyse
Autorin und Beraterin

Dorling Kindersley-Kartographie
in Zusammenarbeit mit
führenden kartographischen
Beratern, Botschaften
und Konsulaten

HAUPTEINTRÄGE
Weitere Begriffe siehe Register

Hinweise für den benutzer	14	Architektur	43–45	**B**	
		Argentinien, chile, uruguay	46–48	Babylonier	78
A		Arktis	49	Bach, johann sebastian	79
Aborigines	17	Arzneimittel und drogen	50–51	Balkanstaaten	80–82
Abstammungslehre	18	Asien	52–53	Ballett	83
Affen	19–21	Asien, geschichte	54–56	Ballspiele	84–86
Afrika	22–23	Asien, tierwelt	57–58	Baltikum und weissrussland	87–88
Afrika, geschichte	24–26	Assyrer	59	Bangladesch und nepal	89–90
Afrika, tierwelt	27–28	Astrologie	60	Bären	91
Ägypter	29–31	Astronauten	61	Bäume	92–94
Alexander der grosse	32	Astronomie	62	Bautechnik	95–96
Algen	33	Atlantischer ozean	63–64	Beatles	97
Ameisen und termiten	34	Atmosphäre	65	Beethoven, ludwig van	98
Amerika	35	Atmung	66	Belgien	99
Amerikanische revolution	36	Atome und moleküle	67	Benin-reich	100
Amerikanischer bürgerkrieg	37	Auge	68	Beuteltiere	101–102
Amphibien	38	Ausscheidung	69	Bienen und wespen	103
Angelsachsen	39	Australien	70–71	Bildhauerei	104–105
Antarktis	40	Australien, geschichte	72–73	Biologie	106
Archäologie	41–42	Australien, tierwelt	74–75	Blüten	107–108
		Azteken	76–77		

GRÖSSE DER PLANETEN, DURCHMESSER

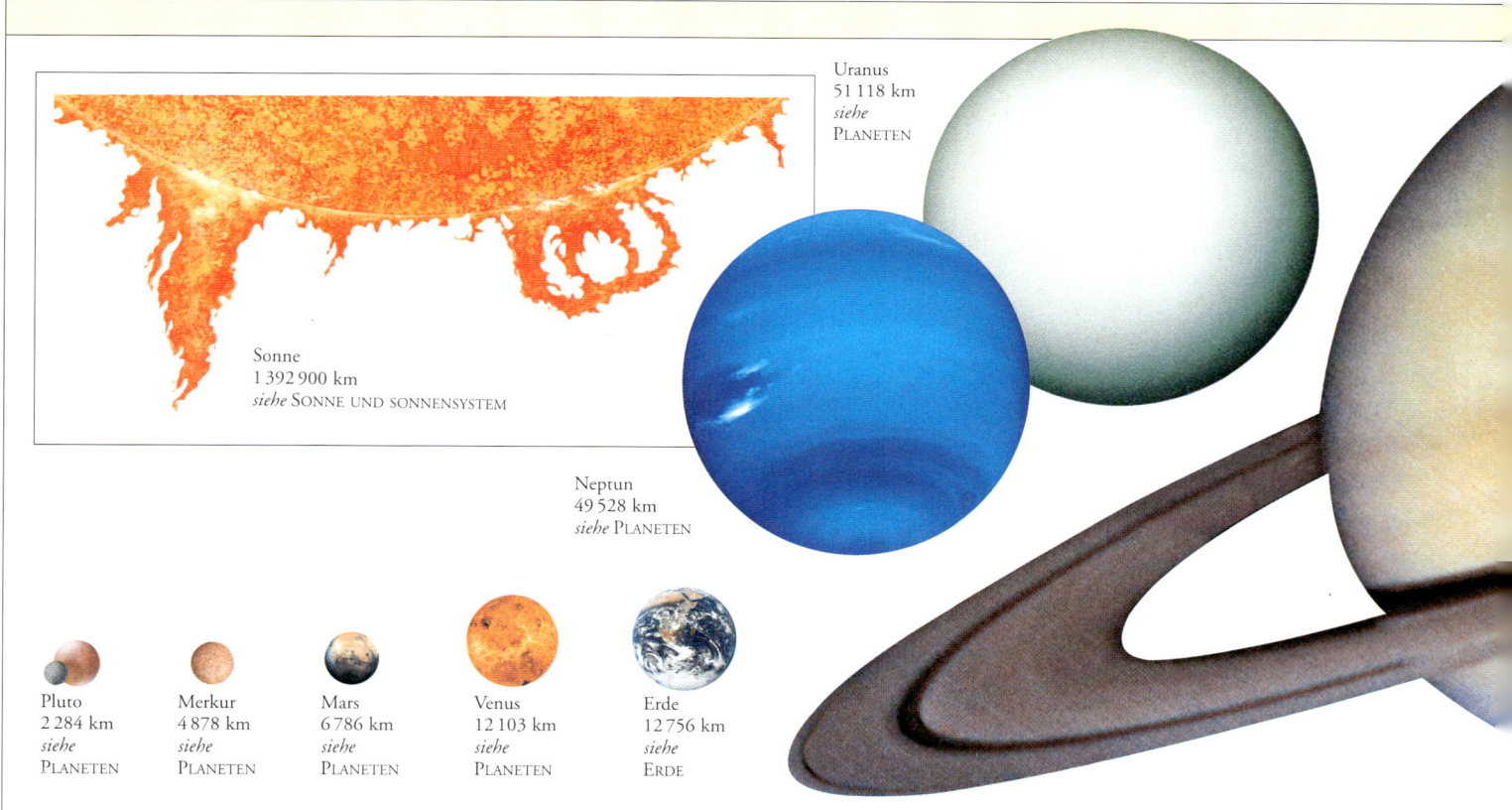

Sonne
1 392 900 km
siehe SONNE UND SONNENSYSTEM

Uranus
51 118 km
siehe
PLANETEN

Neptun
49 528 km
siehe PLANETEN

Pluto
2 284 km
siehe
PLANETEN

Merkur
4 878 km
siehe
PLANETEN

Mars
6 786 km
siehe
PLANETEN

Venus
12 103 km
siehe
PLANETEN

Erde
12 756 km
siehe
ERDE

HAUPTEINTRÄGE

BODENARTEN	109	CHRISTENTUM	143–144	EIER	171–172
BOLIVIEN UND PARAGUAY	110–111	CODES UND CHIFFREN	145	EINSTEIN, ALBERT	173
BRASILIEN	112–113	COMPUTER	146–147	EISENBAHN	174
BRIEFMARKEN UND POST	114–115	COOK, JAMES	148	EISEN UND STAHL	175
BRONZEZEIT	116	CURIE, MARIE	149	EISVÖGEL UND NASHORNVÖGEL	176
BRÜCKEN	117			ELEFANTEN	177–178
BUCHDRUCK	118–119	**D**		ELEKTRIZITÄT	179
BÜCHER	120			ELEKTROMAGNETISCHE STRAHLEN	180
BUDDHA	121	DÄNEMARK	150	ELEKTROMAGNETISMUS	181
BUDDHISMUS	122–123	DARWIN, CHARLES	151	ELEKTRONIK	182
BÜFFEL UND ANDERE WILDRINDER	124	DESIGN	152	ELEMENTE	183
		DEUTSCHLAND	153–154	ELISABETH I.	184
BURGEN	125–126	DEUTSCHLAND, GESCHICHTE	155–156	EMANZIPATION	185
BYZANZ	127	DICHTUNG	157	ENERGIE	186–187
		DICKENS, CHARLES	158	ENTDECKUNGEN	188–189
C		DINOSAURIER	159–161	ERDBEBEN	190
		DISNEY, WALT	162	ERDE	191–192
CAESAR, GAIUS JULIUS	128	DRACHEN	163–164	ERDÖL	193–194
CAMPING	129–130	DRUCK	165	ERDZEITALTER	195–196
CHAVIN-KULTUR	131			ERFINDUNGEN	197–198
CHEMIE	132–133	**E**		ERNÄHRUNG	199–200
CHEMISCHE VERBINDUNGEN	134–135			ERSTE HILFE	201
CHINA UND TAIWAN	136–138	ECHSEN	166–167	ERZIEHUNG	202
CHINA, GESCHICHTE	139–141	ECUADOR UND PERU	168–169	ETRUSKER	203
CHINA, REVOLUTION	142	EDISON, THOMAS ALVA	170		

Saturn
120 536 km
siehe
PLANETEN

Jupiter
142 984 km
siehe
PLANETEN

Eulen und Käuze	204	Flugzeuge	248–250	Geologie	288
Europa	205–206	Flüsse	251–252	Geowissenschaft	289
Europa, Geschichte	207–208	Flüssigkeiten	253	Geronimo	290
Europa, Tierwelt	209–210	Flusspferde	254	Geruch und Geschmack	291
Europäische Union	211	Fortpflanzung	255–256	Geschichte	292
Evolution	212–213	Fossilien	257–258	Gesteine	293–294
		Fotoapparate	259–260	Gewerkschaft	295

F

		Fotografie	261	Giraffen	296
Fahrräder und Motorräder	214–215	Franklin, Benjamin	262	Glas	297
Familie und Gesellschaft	216-217	Frankreich	263–264	Gletscher	298–299
Farbe	218–219	Frankreich, Geschichte	265–266	Gliederfüsser	300
Farbstoffe	220	Französische Revolution	267	Goethe, Johann Wolfgang von	301
Farne	221	Frauenbewegung	268	Golfstaaten	302–304
Fernsehen	222–223	Freud, Sigmund	269	Gottheiten	305–306
Feste und Feiern	224	Friedensbewegung	270	Gräser	307–308
Festkörper	225	Friedrich der Grosse	271	Grasland, Tierwelt	309–310
Feuchtgebiete, Tierwelt	226–227	Frösche und Kröten	272–273	Greifvögel	311–313
Feudalismus	228	Früchte und Samen	274–275	Griechen	314–315
Feuer	229	Fussball	276	Griechenland und Bulgarien	316–317
Feuerwaffen	230			Grossbritannien	318–319
Film	231–233			Grossbritannien, Geschichte	320–321
Finnland	234			Gupta-Reich	322

G

Fische	235–237	Galaxien	277		
Fischfang	238	Galileo Galilei	278		
Fitness	239	Gandhi, Mohandas	279		

H

Flaggen	240–241	Gänse und Enten	280	Häfen und Kanäle	323
Fledermäuse	242–244	Gärten	281	Haie und Rochen	324–325
Fleisch fressende Pflanzen	245	Gase	282	Handel und Industrie	326–327
Fliegen	246	Gebirge	283	Handwerk	328–329
Flughafen	247	Gebirge, Tierwelt	284	Hasen und Kaninchen	330
		Geld	285–287	Haut und Haare	331

Telekommunikation, Chronologie

490 v. Chr. Marathonläufer *siehe* Olympische Spiele

Brieftaube *siehe* Vögel

1840 Briefmarke *siehe* Briefmarken und Post

1837 Elektrischer Telegraf *siehe* Telekommunikation

Zeichensprache, 18. Jh. *siehe* Sprachen

1844 Morsecode *siehe* Codes und Chiffren

1876 Telefon von Bell *siehe* Telefon

12. Jh. Rauchzeichen 1784 Postkutsche 1850 Briefkasten 1855 Drucktelegraf 1860 Zeigertelegraf und Pony Express 1861 Postkarten

Heiliges Land	332	Insekten	372–374	Kaukasische Republiken	413–414
Heiliges Römisches Reich	333	Inseln	375	Kelten	415–416
Heiligtümer	334	Inseln, Tierwelt	376	Kernkraft	417
Herz und Kreislaufsystem	335–336	Iran und Irak	377–378	Khmer-Reich	418
Hethiter	337	Irland	379	Kinderbücher	419–421
Heuschrecken und Grillen	338	Irland, Geschichte	380	King, Martin Luther	422
Hexerei und Zauberei	339	Islam	381–382	Kirchen und Kathedralen	423
Hinduismus	340–341	Islamisches Reich	383	Kleidung und Mode	424–426
Hirsche und Antilopen	342–343	Israel	384–385	Klima	427
Höhlen	344	Italien	386–387	Klöster	428
Höhlen, Tierwelt	345	Italien, Geschichte	388	Kohle	429
Holocaust	346			Kolibris und Segler	430
Hormone und Hormondrüsen	347			Kolumbien und Venezuela	431–432
Hunde	348–349	**J**		Kolumbus, Christoph	433
Hundertjähriger Krieg	350	Japan	389–390	Kometen und Asteroiden	434
Hyänen	351	Japan, Geschichte	391–392	Konfuzius	435
		Jazz	393	Kontinente	436–437
I		Jesus Christus	394	Korallenriff	438
		Judentum	395–396	Korea, Nord und Süd	439
Igel und andere Insektenfresser	352			Kraft und Bewegung	440
Immunsystem	353	**K**		Kraftfahrzeuge	441–443
Indianer	354–355	Käfer	397–398	Krankenhaus	444
Indien und Sri Lanka	356–358	Kalter Krieg	399	Krankheiten	445
Indien, Geschichte	359–360	Kamele	400	Krebse	446–447
Indischer Ozean	361–362	Kampfsport	401	Kreuzzüge	448
Indonesien	363–364	Kanada	402–403	Kriechtiere	449–450
Indus-Kultur	365	Kanada, Geschichte	404	Krieg	451–452
Industrielle Revolution	366–367	Karibik	405–408	Kriegsschiffe	453
Information und Kommunikation	368–369	Karibik, Geschichte	409	Kristalle	454–455
Inka	370–371	Karl der Grosse	410	Krokodile	456
		Katzen	411–412		

1889 Münztelefon *siehe* Telefon

1896 Radiogerät *siehe* Rundfunk

1933–35 Radar *siehe* Radar und Sonar

ab 1990 Mobiltelefone *siehe* Telefon

um 1990 Bildtelefon *siehe* Telefon

1983 Satellitenfernsehen *siehe* Fernsehen

1926 Fernseher von Baird *siehe* Erfindungen

1891 Selbstwähltelefon   1919 Luftpost   1954 Transistorradio   1962 Fernmeldesatellit   1964 Textverarbeitung   um 1980 Faxgerät

Kublai khan	457	Marderartige tiere	493	Mond	533
Kulturfolger	458	Marder und wiesel	494	Monet, claude	534
Kunst, geschichte	459–461	Maria theresia	495	Mongolei	535
Kunststoffe	462	Marx, karl	496	Mongolen	536
		Maschinen	497	Moose	537
L		Masse und gewichte	498	Moschee	538
Landkarten	463	Materie	499	Motoren	539–540
Landwirtschaft	464–466	Mathematik	500–501	Motorsport	541–542
Landwirtschaft, geschichte	467	Maurya-reich	502	Mozart, wolfgang amadeus	543
Laser und hologramm	468	Maya	503	Mungos und zibetkatzen	544
Leakey, familie	469	Medizin	504–505	Museen	545
Leichtathletik	470	Medizin, geschichte	506–508	Musik	546–548
Leonardo da vinci	471	Meeresboden	509	Musikinstrumente	549–551
Licht	472–473	Meeresküste	510	Muskeln und bewegung	552
Linné, carl von	474	Meeresküste, tierwelt	511–512	Mutter teresa	553
Literatur	475–476	Meeresvögel	513	Mythen und legenden	554
Löwen und andere grosskatzen	477–479	Meitner, lise	514		
		Melanesien und mikronesien	515–516	**N**	
Luft	480	Menschenrechte	517	Nagetiere	555–557
Luftfahrt	481	Mesoamerika	518	Nahrungsketten	558
Luftschiffe und ballone	482–483	Metalle	519	Napoleon bonaparte	559
		Mexiko	520–521	Napoleonische kriege	560
M		Mikroorganismen	522–523	Nashörner und tapire	561
Magellan, ferdinand	484	Mikroskop	524	Naturschutz	562–563
Magnetismus	485	Militärflugzeuge	525	Naturwissenschaft	564
Malaysia und singapur	486–488	Minoische kultur	526	Naturwissenschaft, geschichte	565–566
Malen und zeichnen	489	Mittelalter	527–528	Navigation	567
Mali-reich	490	Möbel	529–530	Nervensystem und gehirn	568–569
Mandela, nelson	491	Mogul-reich	531	Neuseeland	570
Mann, thomas	492	Mohammed	532	Neuseeland, geschichte	571

Geschwindigkeit

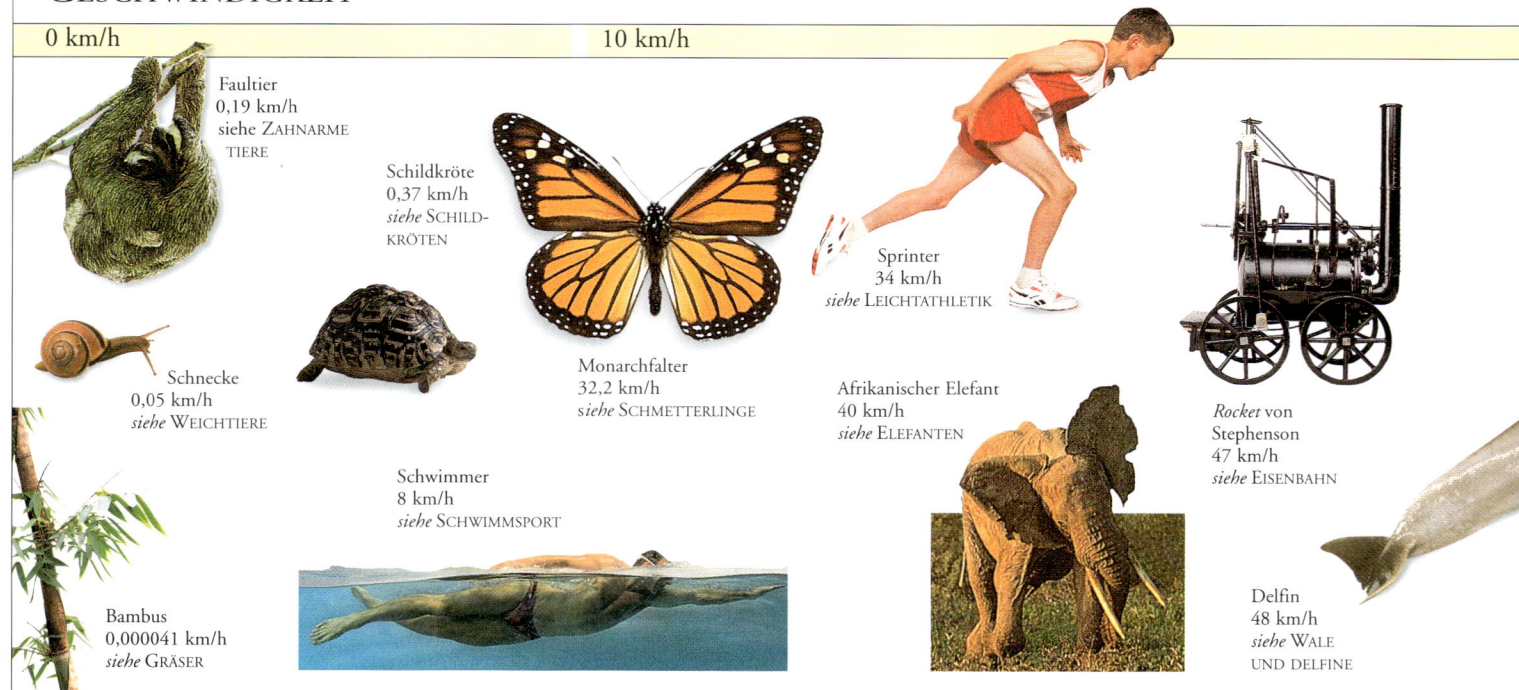

0 km/h — 10 km/h

Faultier 0,19 km/h siehe Zahnarme tiere

Schildkröte 0,37 km/h siehe Schildkröten

Schnecke 0,05 km/h siehe Weichtiere

Monarchfalter 32,2 km/h siehe Schmetterlinge

Schwimmer 8 km/h siehe Schwimmsport

Sprinter 34 km/h siehe Leichtathletik

Afrikanischer Elefant 40 km/h siehe Elefanten

Rocket von Stephenson 47 km/h siehe Eisenbahn

Delfin 48 km/h siehe Wale und delfine

Bambus 0,000041 km/h siehe Gräser

HAUPTEINTRÄGE

NEWTON, ISAAC	572	**P**		POLIZEI	652
NIEDERLANDE	573	PAKISTAN	612	POLYNESIEN	653–654
NIEDERLANDE, GESCHICHTE	574	PANDABÄREN	613	POLYNESIER UND MAORI	655
NIEDERSCHLAG	575	PAPAGEIEN	614	PORTUGAL	656–657
NIGHTINGALE, FLORENCE	576	PAPIER	615	PORTUGAL, GESCHICHTE	658
NORDAMERIKA	577–578	PARASITEN	616	PYRAMIDEN	659
NORDAMERIKA, GESCHICHTE	579–580	PASTEUR, LOUIS	617		
NORDAMERIKA, TIERWELT	581–582	PAZIFISCHER OZEAN	618–619	**Q**	
NORDWESTAFRIKA	583–584	PERSER	620–621	QUALLEN, SEEANEMONEN	
NORMANNEN	585	PEST	622	UND SCHWÄMME	660
NORWEGEN	586	PFERDE	623–624	**R**	
NUTZPFLANZEN	587	PFERDESPORT	625	RABENVÖGEL	661
		PFLANZEN	626–627	RADAR UND SONAR	662
O		PFLANZEN, ANATOMIE	628–629	RADIOAKTIVITÄT	663
OHR	588	PFLANZEN, ANPASSUNG	630	RADSPORT	664
ÖKOLOGIE UND		PFLANZEN, FORTPFLANZUNG	631	RAKETEN	665–666
ÖKOSYSTEME	589–590	PHILIPPINEN	632	RAUMFAHRT	667–668
OKTOBERREVOLUTION	591	PHILOSOPHIE	633	RECHT UND GESETZ	669–670
OLMEKEN	592	PHÖNIZIER	634	REFORMATION	671
OLYMPISCHE SPIELE	593	PHOTOSYNTHESE	635	REGENWALD, TIERWELT	672–673
OPER	594	PHYSIK	636	REIBUNG	674
ORCHESTER	595	PICASSO, PABLO	637	REIHER, STÖRCHE UND FLAMINGOS	675
ORGANSYSTEME	596	PILGERVÄTER	638	REITERVÖLKER	676
OSMANISCHES REICH	597	PILZE	639–641	RELIGIONEN	677–678
OSTAFRIKA	598–601	PINGUINE	642	RENAISSANCE	679–680
ÖSTERREICH	602–603	PIRATEN	643	RITTER UND WAPPEN	681–682
OSTMITTELEUROPA	604–606	PLANETEN	644–646	ROBBEN	683
OZEANE UND MEERE	607	POLARFORSCHUNG	647	ROBOTER	684
OZEAN, TIERWELT	608–609	POLARGEBIETE, TIERWELT	648–649	ROCK UND POP	685–686
OZEANIEN UND AUSTRALASIEN	610–611	POLITIK UND MACHT	650–651		

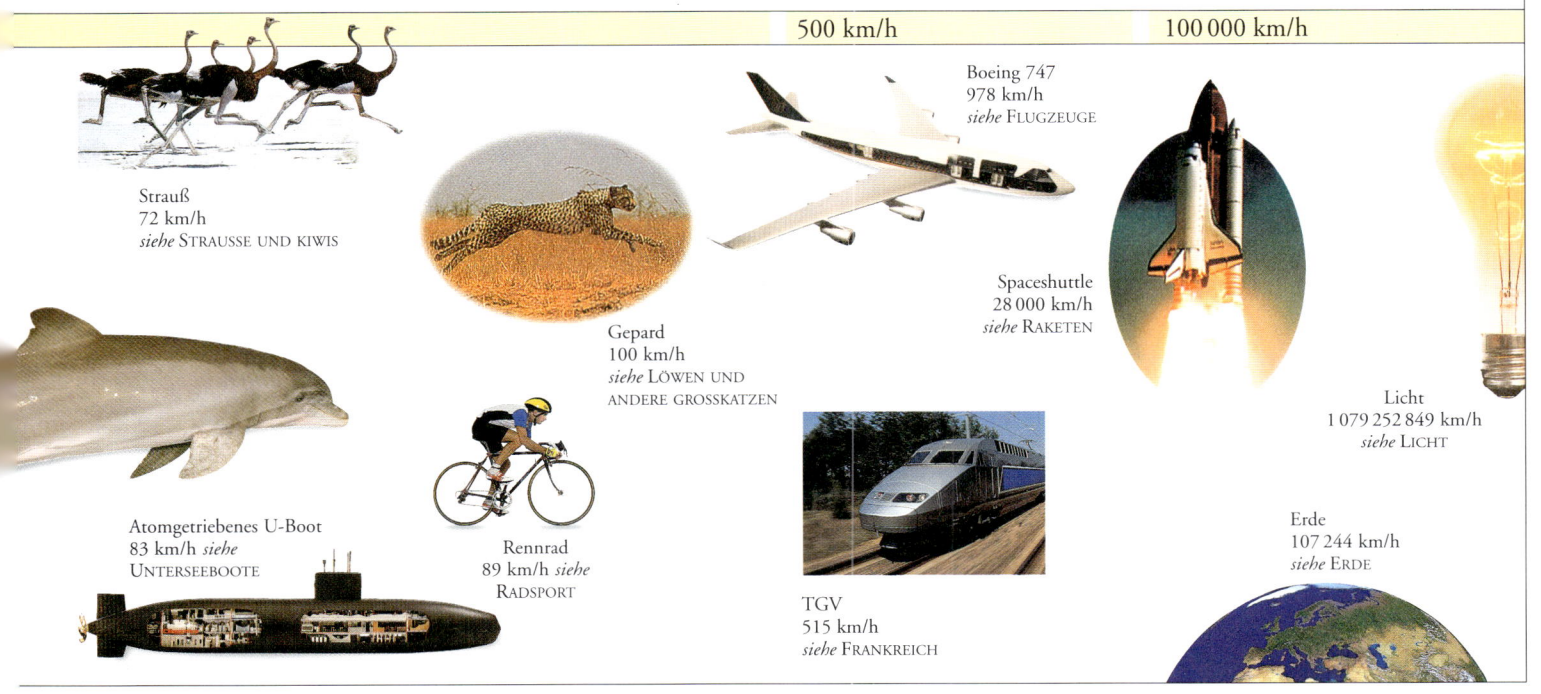

500 km/h   100 000 km/h

Strauß
72 km/h
siehe STRAUSSE UND KIWIS

Gepard
100 km/h
siehe LÖWEN UND
ANDERE GROSSKATZEN

Boeing 747
978 km/h
siehe FLUGZEUGE

Spaceshuttle
28 000 km/h
siehe RAKETEN

Licht
1 079 252 849 km/h
siehe LICHT

Atomgetriebenes U-Boot
83 km/h *siehe*
UNTERSEEBOOTE

Rennrad
89 km/h *siehe*
RADSPORT

TGV
515 km/h
siehe FRANKREICH

Erde
107 244 km/h
siehe ERDE

HAUPTEINTRÄGE

Römisches Reich	687–689	Schwerkraft	731	Südafrika	765–766
Rumänien, Ukraine, Moldawien	690–691	Schwimmsport	732	Südafrika, Geschichte	767
Rundfunk	692	Seen	733	Südamerika	768–769
Russland und Kasachstan	693–695	Seesterne und Seeigel	734	Südamerika, Geschichte	770–771
Russland, Geschichte	696–697	Shakespeare, William	735	Südamerika, Tierwelt	772–773
Rüstungen	698–699	Sieben Weltwunder der Antike	736	Sumerer	774
		Simbabwe, Ruinenstätte	737	Supermarkt	775
S		Singvögel	738–739	Süsswasser, Tierwelt	776–777
Safawiden-Reich	700	Skandinavien, Geschichte	740	Syrien und Jordanien	778–779
Salamander und Molche	701	Skelett	741–742		
Satelliten	702	Sklaverei	743	**T**	
Säugetiere	703–705	Sokrates	744	Talsperren	780
Säuren und Basen	706–707	Songhai-Reich	745	Tanz	781–782
Schach und andere Brettspiele	708–709	Sonne und Sonnensystem	746–747	Tarn- und Warntracht	783–784
Schafe und Ziegen	710	Sowjetunion	748	Technologie	785
Schall	711	Spanien	749–750	Telefon	786–787
Schallaufzeichnung	712	Spanien, Geschichte	751	Telekommunikation	788
Schauspiel	713–714	Spechte und Tukane	752	Teleskop	789
Schiffe	715–717	Spinnen und Skorpione	753–754	Tennis und Squash	790
Schildkröten	718–719	Sport	755	Textilien	791
Schlangen	720–721	Sprachen	756	Thailand und Myanmar	792–793
Schmetterlinge	722–723	Städte	757	Theater	794–795
Schogune und Samurai	724	Steinzeit	758	Tierbauten	796–797
Schrift	725	Sterne	759–760	Tiere	798–799
Schule und Universität	726	Strassen	761	Tiere, giftige	800
Schwarze Löcher	727	Strausse und Kiwis	762	Tiere, nachtaktive	801
Schweden	728	Strawinsky, Igor	763	Tierverhalten	802–803
Schweiz und Liechtenstein	729–730	Streitkräfte	764	Tierwanderungen	804

Chronologie der Kulturen und Reiche

	3000 v. Chr.	2500 v. Chr.	2000 v. Chr.	1500 v. Chr.	1000 v. Chr.
Asien	Sumerer	Indus-Kultur — Goldschmuck *siehe* Indus-Kultur		Shang — Hethiter	Babylonier — Assyrer — Goldene Ohrringe *siehe* Assyrer
Afrika	Mumiensarkophag *siehe* Ägypter		Ägypter		
Amerika			Kudduru (Grenzstein) *siehe* Babylonier	Gefäß aus Tiahuanaco *siehe* Chavín-Kultur	Olmeken
Europa		Speichergefäß *siehe* Minoische Kultur	Mykener — Minoer	Terrakottafigur *siehe* Etrusker	Phönizie

HAUPTEINTRÄGE

Tintenfische	805	Vorgeschichte	842	Wirbelstürme	883
Töpferei und Keramik	806–807	Vulkane	843–844	Wirtschaftskrisen	884
Tourismus	808			Wohnhäuser	885–886
Transport, Geschichte	809–810	**W**		Wölfe und Wildhunde	887–888
Trickfilm	811	Wachstum und Entwicklung	845	Wolken	889
Tundra	812	Waffen	846–847	Würmer	890
Tunnel	813	Wälder	848	Wüsten	891
Türkei	814–815	Wälder, Tierwelt	849–850	Wüsten, Tierwelt	892–893
Turnen	816–817	Wale und Delfine	851–853		
Twain, Mark	818	Wanzen	854	**Z**	
		Wärme und Temperatur	855–856	Zahlen	894
U		Washington, George	857	Zahnarme Tiere	895
Umweltverschmutzung	819–820	Wassersport	858	Zähne	896
Unterseeboote	821	Watvögel	859	Zeichen und Symbole	897–898
Urknall	822	Weichtiere	860–861	Zeit	899–901
		Weltall	862–863	Zeitungen und Zeitschriften	902–903
V		Weltkrieg, Erster	864–865	Zellen	904
Verbrechen	823	Weltkrieg, Zweiter	866–867	Zentralafrika, Nord	905–908
Verdauung	824	Weltreiche	868	Zentralafrika, Süd	909–911
Vereinigte Staaten von Amerika	825–828	Werbung und Marketing	869	Zentralamerika	912–914
Vereinigte Staaten von Amerika, Geschichte	829–830	Westafrika	870–874	Zentralamerika, Geschichte	915
Vereinte Nationen	831–832	Wetter	875	Zentralasien	916–917
Vererbung	833–834	Wettervorhersage	876	Zoo	918
Video	835	Wikinger	877–878		
Vietnam, Kambodscha, Laos	836–837	Wildschweine	879	Anhang	919
Vögel	838–840	Winde	880	Register	925
Vogelflug	841	Winterschlaf	881	Bildnachweis	955
		Wintersport	882		

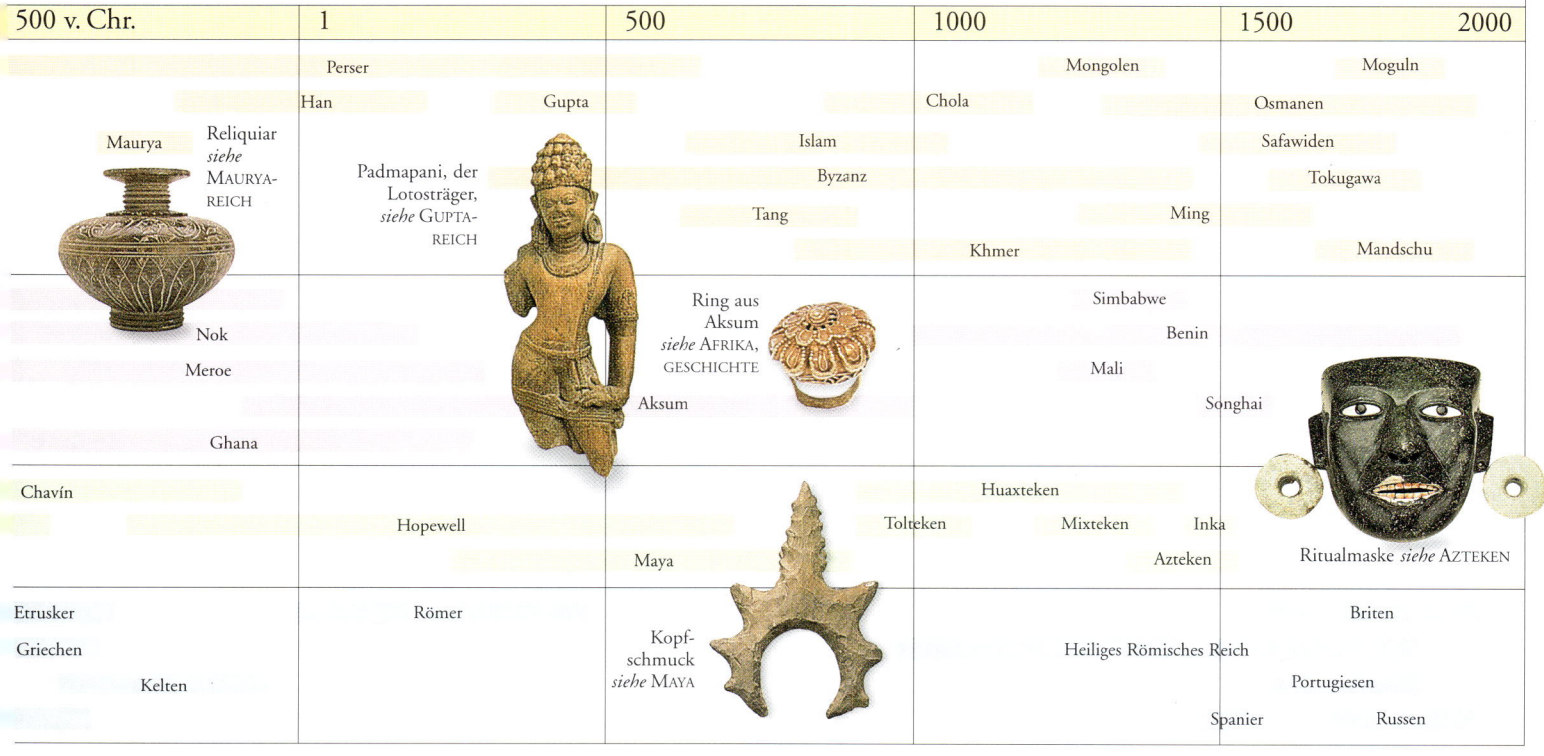

HINWEISE FÜR DEN BENUTZER

AUF DEN FOLGENDEN DREI SEITEN erhält der Leser Hinweise für die Benutzung des vorliegenden Nachschlagewerks. Auf den ersten 900 Seiten sind fast 700 Haupteinträge zu finden. Sie sind nach dem Alphabet angeordnet und reichen von Aborigines bis Zoo. Beiträge über Deutschland, Naturschutz, Satelliten und Zeit findet man an der entsprechenden Stelle im Alphabet. Ist das Thema, über das man Informationen sucht, nicht als Haupteintrag vorhanden, so gelangt man im Wesentlichen auf zwei Wegen zum Ziel: Erstens, man sucht einen umfassenderen Haupteintrag – statt Braunbären z. B. Bären, statt Tang-Dynastie China, Geschichte, statt Lava Vulkane usw. Zweitens, man greift auf das Register ab Seite 925 zurück.

MASSEINHEITEN UND ABKÜRZUNGEN

Einige der am häufigsten verwendeten Abkürzungen sind unten angeführt:

°	= Grad bei Winkeln
°C	= Grad Celsius
K	= Kelvin, Maßeinheit für die Temperatur
mm	= Millimeter; **cm** = Zentimeter
m	= Meter; **km** = Kilometer
cm^2	= Quadratzentimeter
km^2	= Quadratkilometer
cm^3	= Kubikzentimeter
km^3	= Kubikkilometer
min	= Minute
s, sec	= Sekunde
km/h	= Kilometer pro Stunde
g	= Gramm; **kg** = Kilogramm
t	= Tonne
l	= Liter; **ml** = Milliliter
Mio.	= Million(en)
Mrd.	= Milliarde(n)
v. Chr.	= vor Christus
n. Chr.	= nach Christus
geb.	= geboren; **gest.** = gestorben
Reg.	= Regierungszeit
sog.	= so genannt
z. B.	= zum Beispiel

DER AUFBAU DER SEITEN
Der Aufbau der Seiten in diesem Lexikon wurde sorgfältig gestaltet, um die Darstellung jedes Themas zu erleichtern. Jeder Haupteintrag zerfällt in mehrere Themeneinheiten. Auch diese werden zur besseren Lesbarkeit noch einmal untergliedert.

Griffregister
Das Daumenregister oben an der Seite zeigt, bei welchem Buchstaben des Alphabets man sich befindet.

Themeneinheiten
Die Themeneinheiten vertiefen die Informationen des Einführungstextes.

Diese Themeneinheit erklärt, wie der Regenbogen durch Wassertröpfchen in der Luft entsteht.

Grafik
Grafiken verdeutlichen komplizierte Vorgänge und Zusammenhänge.

Die Grafik zeigt, wie ein Wassertröpfchen das Sonnenlicht in die Farben des Spektrums zerlegt.

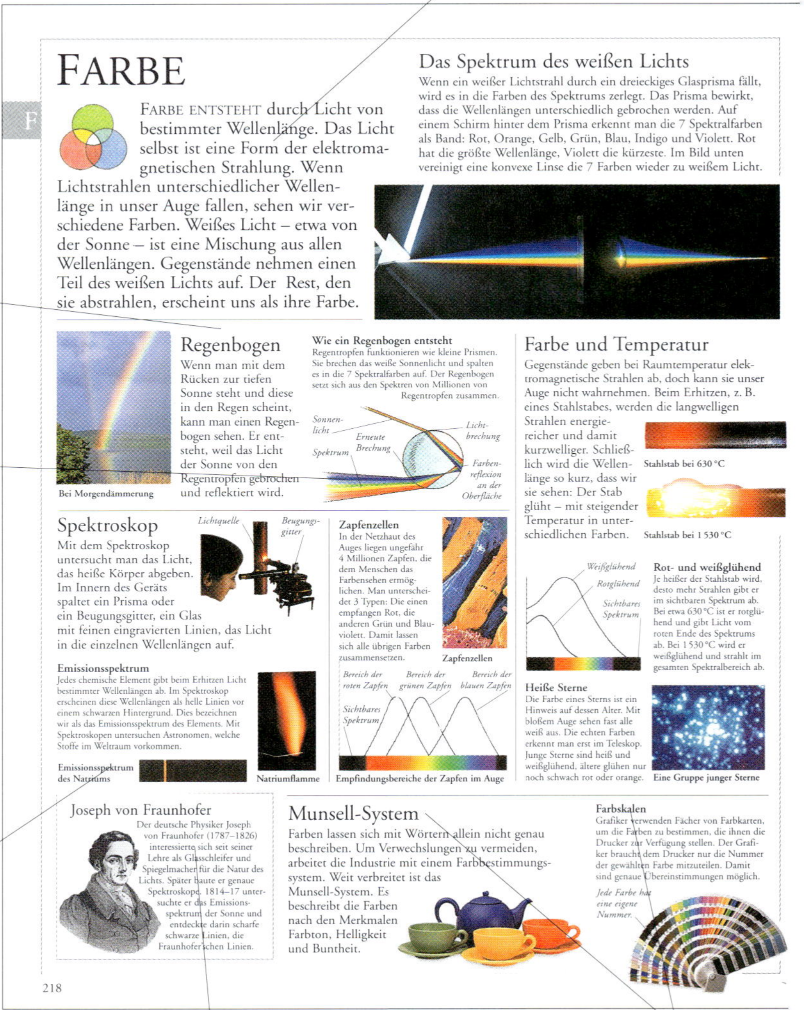

Einführung
Die Einführung gibt einen Überblick von jedem Haupteintrag. Sie erklärt die Spannweite des Themas.

Die Einführung zum Haupteintrag über Farben stellt fest, dass Farben durch Licht unterschiedlicher Wellenlängen entstehen. Das Sonnenlicht umfasst alle Farben.

FARBE

FARBE ENTSTEHT durch Licht von bestimmter Wellenlänge. Das Licht selbst ist eine Form der elektromagnetischen Strahlung. Wenn Lichtstrahlen unterschiedlicher Wellenlänge in unser Auge fallen, sehen wir verschiedene Farben. Weißes Licht – etwa von der Sonne – ist eine Mischung aus allen Wellenlängen. Gegenstände nehmen einen Teil des weißen Lichts auf. Der Rest, den sie abstrahlen, erscheint uns als ihre Farbe.

Das Spektrum des weißen Lichts
Wenn ein weißer Lichtstrahl durch ein dreieckiges Glasprisma fällt, wird es in die Farben des Spektrums zerlegt. Das Prisma bewirkt, dass die Wellenlängen unterschiedlich gebrochen werden. Auf einem Schirm hinter dem Prisma erkennt man die 7 Spektralfarben als Band: Rot, Orange, Gelb, Grün, Blau, Indigo und Violett. Rot hat die größte Wellenlänge, Violett die kürzeste. Im Bild unten vereinigt eine konvexe Linse die 7 Farben wieder zu weißem Licht.

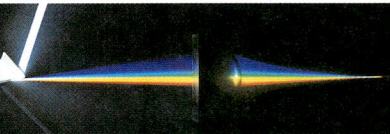

Regenbogen
Wenn man mit dem Rücken zur tiefen Sonne steht und diese in den Regen scheint, kann man einen Regenbogen sehen. Er entsteht, weil das Licht der Sonne von den Regentropfen gebrochen und reflektiert wird.

Bei Morgendämmerung

Wie ein Regenbogen entsteht
Regentropfen funktionieren wie kleine Prismen. Sie brechen das weiße Sonnenlicht und spalten es in die 7 Spektralfarben auf. Der Regenbogen setzt sich aus den Spektren von Millionen von Regentropfen zusammen.

Farbe und Temperatur
Gegenstände geben bei Raumtemperatur elektromagnetische Strahlen ab, doch kann sie unser Auge nicht wahrnehmen. Beim Erhitzen, z. B. eines Stahlstabes, werden die langwelligen Strahlen energiereicher und damit kurzwelliger. Schließlich wird die Wellenlänge so kurz, dass wir sie sehen: Der Stab glüht – mit steigender Temperatur in unterschiedlichen Farben.

Stahlstab bei 630 °C

Stahlstab bei 1 530 °C

Rot- und weißglühend
Je heißer der Stahlstab wird, desto mehr Farben im sichtbaren Spektrum ab. Bei etwa 630 °C ist er rotglühend und gibt Licht vom roten Ende des Spektrums ab. Bei 1 530 °C wird er weißglühend und strahlt im gesamten Spektralbereich ab.

Spektroskop
Mit dem Spektroskop untersucht man das Licht, das heiße Körper abgeben. Im Innern des Geräts spaltet ein Prisma oder Beugungsgitter, ein Glas mit feinen eingravierten Linien, das Licht in die einzelnen Wellenlängen auf.

Zapfenzellen
In der Netzhaut des Auges liegen ungefähr 4 Millionen Zapfen, die dem Menschen das Farbensehen ermöglichen. Man unterscheidet 3 Typen: Die einen empfangen Rot, die anderen Grün und Blauviolett. Damit lassen sich alle übrigen Farben zusammensetzen.

Emissionsspektrum
Jedes chemische Element gibt beim Erhitzen Licht bestimmter Wellenlängen ab. Im Spektroskop erscheinen diese Wellenlängen als helle Linien vor einem schwarzen Hintergrund. Dies bezeichnen wir als das Emissionsspektrum des Elements. Mit Spektroskopen untersuchen Astronomen, welche Stoffe im Weltraum vorkommen.

Emissionsspektrum des Natriums — *Natriumflamme* — *Empfindungsbereiche der Zapfen im Auge*

Heiße Sterne
Die Farbe eines Sterns ist ein Hinweis auf dessen Alter. Mit bloßem Auge sehen fast alle weiß. Die echten Farben erkennt man erst im Teleskop. Junge Sterne sind blau und weißglühend, ältere glühen nur noch schwach rot oder orange.

Eine Gruppe junger Sterne

Joseph von Fraunhofer
Der deutsche Physiker Joseph von Fraunhofer (1787–1826) interessierte sich seit seiner Lehre als Glasschleifer und Spiegelmacher für die Natur des Lichts. Später baute er genaue Spektroskope. 1814–17 untersuchte er das Emissionsspektrum der Sonne und entdeckte darin scharfe schwarze Linien, die Fraunhoferschen Linien.

Munsell-System
Farben lassen sich mit Wörtern allein nicht genau beschreiben. Um Verwechslungen zu vermeiden, arbeitet die Industrie mit einem Farbbestimmungssystem. Weit verbreitet ist das Munsell-System. Es beschreibt die Farben nach den Merkmalen Farbton, Helligkeit und Buntheit.

Farbskalen
Grafiker verwenden Fächer von Farbkarten, um die Farben zu bestimmen, die ihnen die Drucker zur Verfügung stellen. Der Grafiker braucht dem Drucker nur die Nummer der gewählten Farbe mitzuteilen. Damit sind genaue Übereinstimmungen möglich.

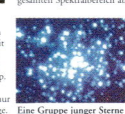

Jede Farbe hat eine eigene Nummer.

218

Zoologische Kästen
In den zoologischen Kästen werden Informationen über eine bekannte Tierart zusammengefasst: wissenschaftlicher Name, Stellung im System, Verbreitung, Ernährungsweise, Größe und Lebensdauer.

Die Füße dienen als Ruder.

Starke Brustmuskeln bewegen die Flügel nach unten.

Der Pinguin steigt nach oben und durchstößt die Wasseroberfläche.

... wechseln sich ... seite ab.

Verringerung des Wärmeverlusts

KÖNIGSPINGUIN

WISSENSCHAFTLICHER NAME *Aptenodytes patagonica*

ORDNUNG Sphenisciformes, Pinguine

FAMILIE Spheniscidae, Pinguine

VERBREITUNG Inseln und Meeresgebiete nördlich von Antarktika

LEBENSRAUM Küsten und offenes Meer

ERNÄHRUNG Fische und Tintenfische

GRÖSSE Länge mit Schwanz 95 cm

LEBENSDAUER Ungefähr 20 Jahre

Erwachsene Kaiserpinguine tragen die Küken auf ihren Füßen.

Dieser zoologische Kasten liefert wichtige Informationen über den Königspinguin.

Biografische Kästen
Viele Haupteinträge enthalten einen oder mehrere biografische Kästen. Sie berichten von Menschen, die Wesentliches zum behandelten Thema beigetragen haben. Zusätzlich gibt es in diesem Lexikon über 50 biografische Haupteinträge.

Bildlegenden zur Bestimmung von Fotografien und Grafiken

Dieser Kasten beschreibt das Leben des Physikers Joseph von Fraunhofer.

Überschriften
Die Überschriften erlauben einen sofortigen Überblick über die Themenbreite des Haupteintrags.

Die Überschrift Munsell-System handelt von Farbskalen, bei denen jede Farbe eine Nummer trägt. Damit ist eine genaue Farbangabe möglich.

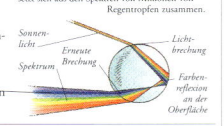

HINWEISE FÜR DEN BENUTZER

REGISTER

• Ab Seite 925 folgt das alphabetische **Register**, in dem über 15 000 wichtige Stichwörter und Begriffe, die in dem Lexikon erläutert sind, mit ihren Seitenzahlen aufgeführt sind.
• Begriff und Seitenzahl in **fetter Schrift** weisen darauf hin, dass zu dem Thema ein Haupteintrag vorhanden ist, z. B. **Kamele 400**. Alle übrigen Seitenverweise sind normal gedruckt.

Kamel (Zeichen und Symbole) 898
Kamele 400, 466, 892, 906
Kamera 259, 260
Kameramann 231
Kamerun **906**
Kamgha 897
Kamikaze 392
Kammermusik 98, 595
Kammerorchester **595**
Kammmolch 563, 701
Kammmuschel 860
Kampala 601
Kampfdrachen 164
Kampfflugzeug 250, 481
Kampfhubschrauber 250, 525
Kampfsport 401, 755
Kanaan 332

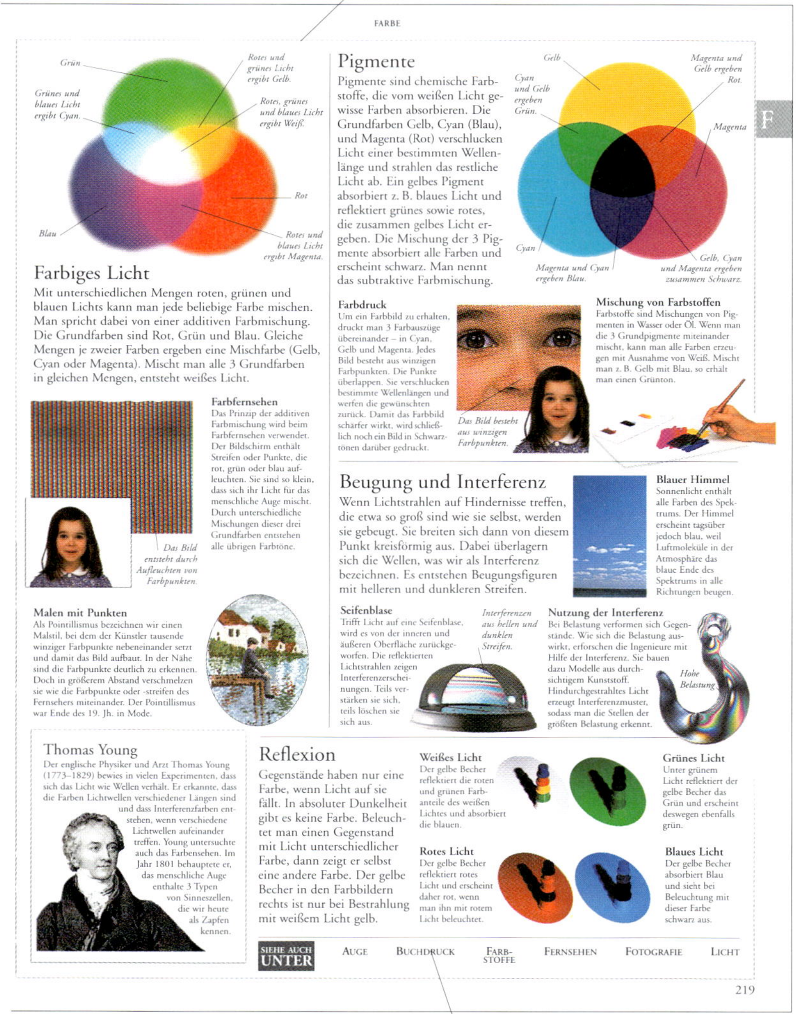

Auf zwei Seiten erfährt der Leser alles Wissenswerte über Entstehung, Geschichte, Herstellung und Bedeutung von Zeitungen und Zeitschriften.

Ein weiterer Verweis in der Fußzeile (Siehe auch unter) im Haupteintrag BUCHDRUCK führt zum Thema ZEITUNGEN UND ZEITSCHRIFTEN.

Abbildungen
Jeder Haupteintrag ist mit Fotografien, Grafiken und Modellen illustriert. Die Informationen werden so auch visuell transportiert.

Dieser Bildtext gibt Auskunft, welche Farben durch Mischung von rotem, grünem und blauem Licht entstehen.

Bildtext
Die Abbildungen sind reichlich beschriftet, machen auf besonders interessante Aspekte aufmerksam und erklären Zusammenhänge.

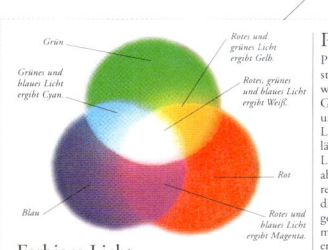

Chronologie
Viele Haupteinträge enthalten eine Chronologie mit der geschichtlichen Entwicklung.

Die Chronologie erstreckt sich vom Druck der ersten Bücher in China bis zur Computerisierung des heutigen Buchdrucks.

KATALOGSEITEN
Das gesamte Werk enthält über 70 solcher Seiten. Sie folgen auf Haupteinträge und liefern einen visuellen Überblick über das Thema.

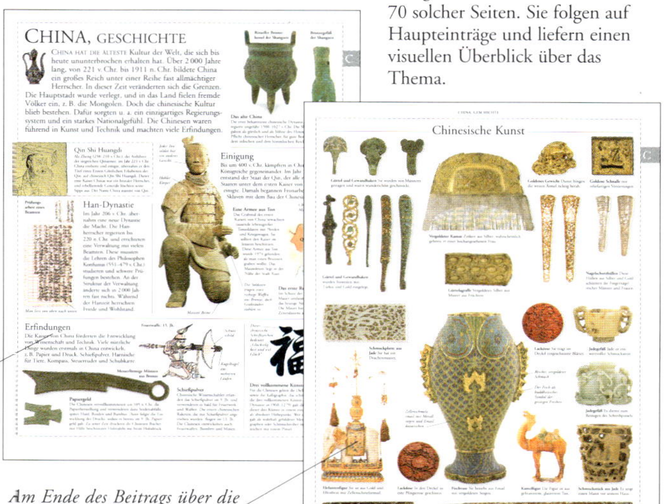

Siehe auch unter
Am Fuß vieler Seiten findet der Leser weitere Verweise auf Haupteinträge. Wer diesen Verweisen folgt, erfasst den größeren Zusammenhang des Haupteintrages.

Im Haupteintrag FARBE wird man auf den Eintrag BUCHDRUCK verwiesen. Dort wird erklärt, wie z. B. das vorliegende Buch entstanden ist und wie die Farbabbildungen gedruckt werden.

Im Beitrag über den BUCHDRUCK findet man einen Verweis zu CHINA, GESCHICHTE. Unter altchinesischen Erfindungen ist dort auch der Buchdruck aufgeführt.

Am Ende des Beitrags über die Geschichte Chinas findet man eine Katalogseite mit Abbildungen.

15

HINWEISE FÜR DEN BENUTZER

KONTINENTE UND LÄNDER
Das vorliegende Lexikon enthält Haupteinträge über alle Kontinente und Länder der Erde. Die Beiträge über die Kontinente konzentrieren sich auf die Gestalt der Erdoberfläche. Die Ländereinträge hingegen liefern vor allem Informationen über Wirtschaft und Gesellschaft. Das Beispiel hier handelt von den Niederlanden.

KARTENLEGENDE

——— Landesgrenze	See	● Hauptstadt
---- Umstrittene Grenze	Periodischer See	◉ Großstadt
—— Straße	Fluss	• Kleinstadt
—— Eisenbahn	Kanal	▲ Höhe in Meter
✈ Flughafen	Wasserfall	▼ Tiefe in Meter

Länderkasten
Auf jeder Länderseite findet man einen Kasten mit statistischen Daten wie Hauptstadt, Fläche, Einwohnerzahl, Sprachen, Religion, Währung, politisches System usw. Bei wichtigen Ländern stehen zusätzlich auch Angaben über:

Analphabeten – Anzahl der Einwohner über 15 Jahren, die weder lesen noch schreiben können.

Lebenserwartung – Mittel der Lebenserwartung für Männer und Frauen.

Flagge des Landes links vom Namen

Übersichtskarte
Eine kleine Karte oben links vom Einführungstext zeigt die Lage des behandelten Landes auf dem jeweiligen Kontinent.

Lage der Niederlande in Europa

Der Einführungstext verschafft einen ersten Überblick über das Land.

Maßstab und Kompass
Jeder Karte ist ein Maßstab beigegeben, der über die wahren Größenverhältnisse Auskunft gibt. Der Kompass zeigt, wo Norden liegt.

Kompassnadel weist nach Norden

Entfernungsmaßstab

Hauptstadt
Interessante, wichtige Angaben zur Hauptstadt des Landes stehen zusammen mit der Abbildung einer typischen Sehenswürdigkeit in einem gesonderten Kasten.

Bevölkerungsdichte
Die Grafik zur Bevölkerungsdichte zeigt, wie viele Menschen durchschnittlich auf einem Quadratkilometer leben.

Die Niederlande sind ein sehr dicht bevölkertes Land.

NIEDERLANDE

WIR NENNEN DIE NIEDERLANDE oft auch Holland, obwohl diese Bezeichnung nicht ganz zutrifft, weil damit nur der westliche Teil des Landes gemeint ist. Die Niederländer behaupten von sich zu Recht, sie hätten ihr eigenes Land geschaffen, denn ein Drittel des Staatsgebietes haben sie dem Meer abgerungen. Sie errichteten nämlich Deiche und entwässerten das dahinter liegende Land. Die Niederlande sind eines der am dichtesten besiedelten Länder der Erde. Die offizielle Hauptstadt ist Amsterdam, doch hat die Regierung ihren Sitz in Den Haag.

NIEDERLANDE: DATEN
HAUPTSTADT Amsterdam; Regierungssitz: Den Haag
FLÄCHE 41 526 km²; Land: 33 882 km²
EINWOHNER 15 900 000
SPRACHE Niederländisch, Friesisch
RELIGION Christentum
WÄHRUNG Euro
LEBENSERWARTUNG 78 Jahre
EINWOHNER PRO ARZT 398
REGIERUNG Mehrparteiendemokratie
ANALPHABETEN Unter 5 %

Geografie
Die Niederlande sind im Wesentlichen flach und 27 % des Landes liegen unter dem Meeresspiegel. Das Land wird von natürlichen Sanddünen an der Küste und von künstlichen Deichen geschützt. Es besteht aus sandigen Ebenen, nur im Osten und im Süden erheben sich einige niedrige Hügel.

Kurze Darstellung der geografischen Verhältnisse eines Landes

Kanäle
Die Niederlande sind von Kanälen durchzogen, die das Land entwässern und gleichzeitig als Wasserwege für Schiffe dienen. Allein Amsterdam hat über 100 Kanäle.

Windmühlen
Jahrhundertelang gab es in den Niederlanden 10 000 Windmühlen, die Pumpen zur Entwässerung des Landes antrieben. Diese Arbeit beim Kampf um das Land übernehmen heute elektrische Pumpen.

Klima
Die Niederlande haben ein mildes, regenreiches Klima mit kühlen Sommern. Im Winter peitschen Stürme aus dem Norden die Küste und drohen Deiche zu beschädigen. Bei kaltem Wetter frieren die Kanäle zu.

Landnutzung
Fast ein Drittel der Landfläche wurde dem Meer abgerungen. Diese Polder sind außerordentlich fruchtbar. Das Land hat im Norden große Erdgasreserven, und in der Nordsee gewinnt man durch Offshore-Bohrungen Erdöl.

Wald 3,5 % Ackerland 84,5 % Siedlungen 12 %

Landnutzung

Landwirtschaft und Industrie
Die Niederlande haben eine sehr erfolgreiche Wirtschaft. Die meisten Importe und Exporte laufen über Rotterdam, den größten Hafen der Welt. Die Hightech-Industrie umfasst besonders die Gebiete Elektronik, Telekommunikation sowie Chemie. Auch die Landwirtschaft ist sehr produktiv. Gemüse, Käse, Fleisch und Schnittblumen werden exportiert.

Tulpen aus Holland

Amsterdam
Die Hauptstadt der Niederlande ist auf 90 Inseln gebaut. 500 Brücken überqueren die zahlreichen Kanäle. Am besten kommt man mit dem Fahrrad voran und über eine halbe Million Menschen fahren damit jeden Tag zur Schule und zur Arbeit. Amsterdam ist ein großer Anziehungspunkt für Touristen.

Einer der vielen Kanäle Amsterdams

Bevölkerung
Die Niederländer betrachten ihre Gesellschaft als die toleranteste in ganz Europa. Das Land war seit jeher gastfreundlich und nahm viele Menschen aus seinen früheren Kolonien auf, etwa aus Suriname und Indonesien, besonders den Molukken. Diese Menschen sind heute als niederländische Bürger vollständig integriert. Rund 4 % der Bevölkerung sind Ausländer, insbesondere Marokkaner und Türken.

Straßenszene, Amsterdam

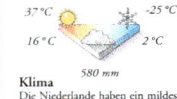

469 pro km² 89 % Stadt 11 % Land

Landnutzung
Das Tortendiagramm gibt zum Beispiel an, wie viel Prozent des Landes bewaldet sind, welcher Flächenanteil von der Landwirtschaft genutzt wird und wie viel Raum die Siedlungen einnehmen.

Der größte Teil des Landes wird landwirtschaftlich genutzt.

Land- und Stadtbevölkerung
Das kleine Diagramm zeigt, wie viel Prozent der Menschen in Städten und wie viel auf dem Land leben.

Die meisten Niederländer leben in städtischen Gebieten.

SIEHE AUCH UNTER: EUROPA | EUROPA, GESCHICHTE | EUROPÄISCHE UNION | HÄFEN UND KANÄLE | LANDWIRTSCHAFT | NIEDERLANDE, GESCHICHTE | TALSPERREN | WELTREICHE

573

Klima
Die Klimadiagramme geben Auskunft über die mittleren Temperaturen und Niederschlagsmengen.

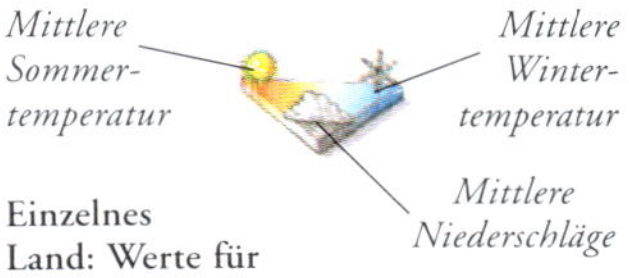

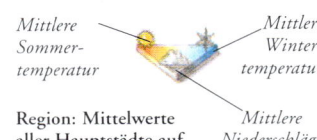

Mittlere Sommertemperatur — *Mittlere Wintertemperatur* — *Mittlere Niederschläge*

Einzelnes Land: Werte für die Hauptstadt

Region: Mittelwerte aller Hauptstädte auf der Karte

16

ABORIGINES

DIE ABORIGINES siedelten schon vor über 40 000 Jahren auf dem australischen Kontinent. Sie lebten als Jäger und Sammler völlig abgeschlossen von der übrigen Welt. Im 18. Jh. kamen die Europäer nach Australien und verdrängten die Aborigines aus ihren Wohngebieten. Ihre Nachfahren bemühen sich heute ihre Stammeskultur zu bewahren.

Einige Gruppen überquerten entstandene Landbrücken.

Zunächst blieben die Einwanderer an den Küsten, wo es mehr Nahrung gab.

Geschichte der Aborigines
Die Vorfahren der Aborigines erreichten Australien während der letzten Eiszeit. Da der Meeresspiegel gesunken war, konnten sie über schmale Landbrücken und Meeresarme von Südostasien her einwandern. Mit der Eisschmelze stieg der Meeresspiegel wieder an und schnitt den Kontinent von Asien ab. Von den Küsten her erforschten die Aborigines allmählich den ganzen Erdteil. Als die Europäer kamen, gab es 500 verschiedene Stämme in Australien.

Lebensformen
Die Aborigines durchstreiften seit Jahrtausenden als Nomaden weite Gebiete auf der Suche nach Nahrung. Nur zeitweilig schlugen sie an den Wasserstellen ihr Lager auf. Waren die Vorräte erschöpft, dann zogen sie weiter. Manche Stämme tauschten gelegentlich untereinander Waren aus, vor allem Speere.

Jäger und Sammler
Die Aborigines machten Jagd auf Tiere, vor allem auf Kängurus, und ergänzten ihre Nahrung mit wild wachsenden Pflanzen, Nüssen und Beeren. Die Jäger benutzten Speere mit Steinspitzen und Bumerangs. Dieses Wurfholz kehrte in die Hand des Werfers zurück. Einige Stämme hatten eine ausgeprägte Zeichensprache, mit der sie sich auf der Jagd lautlos verständigten.

Die Jäger verständigten sich durch Zeichen, um das Wild nicht zu erschrecken. Das Zeichen für Känguru war eine Faust, die sich langsam öffnete.

Corroborees
Die Aborigines kennen Geschichten, Lieder und Tänze, die von Generation zu Generation überliefert werden. Bei den Corroborees, den rituellen Feiern, kommen viele Stämme zusammen und erzählen die australischen Legenden in ihren Liedern und Tänzen.

Die Traumzeit
Die Aborigines glauben, dass ihre Ahnen in der „Zeit der Träume" das Land geformt und alle Lebewesen geschaffen haben. Diese frühen Vorfahren sollen als Geistwesen das ewige Leben besitzen. Die Menschen hingegen sind Teil der Natur und deshalb eng mit allen anderen Lebewesen verbunden. Auf den heiligen Klippen oder in Höhlen sieht man Abbildungen dieser Geistwesen, z.B. den Blitzmann.

Barrkinj – die Frau des Blitzmannes

Der Blitzmann heißt auch Namarrgon.

Der Blitzmann soll nach dem Glauben der Aborigines Donner und Blitz geschaffen haben.

Uluru (Ayers Rock)
Die Aborigines glauben auch, dass die Ahnen Sitten und Gebräuche einführten, die bis heute befolgt werden. Für sie gibt es viele Belege dafür, dass die Geistahnen wirklich in Australien lebten, etwa in Uluru in Mittelaustralien. Die dort ansässigen Aranda verehren den Fels als heiligen Ort. Den Namen „Ayers Rock", den die australische Regierung ihm gab, änderte man 1988 wieder in das „Uluru" der Aborigines.

Die Aborigines heute
1788 kamen die ersten Siedler aus Europa nach Australien und verdrängten die Ureinwohner aus ihren Stammesgebieten. Heute leben etwa 250 000 Aborigines in Australien, viele in den Städten. Sie sind zwar immer noch gegenüber den Weißen benachteiligt, aber sie beginnen nun ihre Rechte als Bürger einzufordern.

Landrechte
Als die Europäer nach Australien kamen, betrachteten sie es als *Terra nullius*, als Land, das niemandem gehört. Damit hatten sie das Recht, es zu besetzen. In jüngster Zeit versuchen die Aborigines ihre verlorenen Gebiete zurückzuerlangen. 1992 rückte die Regierung von der bisherigen Politik ab, dass das Land vorher niemandem gehört hätte.

Erziehung
Nachdem die Aborigines mit den Europäern in Kontakt kamen, vernachlässigten sie ihre Sprache. 1972 richtete die Regierung den zweisprachigen Unterricht ein. Viele Kinder werden in ihrer Stammessprache unterrichtet, bevor sie Englisch lernen. Es gibt nun Bücher, Radio- und Fernsehsendungen in verschiedenen Stammessprachen.

| SIEHE AUCH UNTER | AUSTRALIEN | AUSTRALIEN, GESCHICHTE | COOK, JAMES | FAMILIE UND GESELLSCHAFT | KUNST, GESCHICHTE | MYTHEN UND LEGENDEN | OZEANIEN UND AUSTRALASIEN | RELIGIONEN |

ABSTAMMUNGSLEHRE

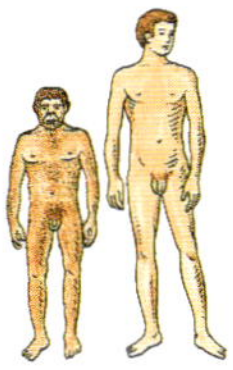

ÜBER DIE ABSTAMMUNG des Menschen wurde schon viel gestritten. Die heutigen Forscher sind sich aber darin einig, dass der moderne Mensch, *Homo sapiens,* der einzig Überlebende einer ganzen Reihe von Menschenarten ist, die sich aus dem gemeinsamen Vorfahr der Menschen und Menschenaffen in Afrika entwickelten. Nach Klimaveränderungen breitete sich dort die Savanne aus. Durch Anpassung an den neuen Lebensraum entwickelten unsere Vorfahren z. B. den aufrechten Gang, und das Gehirn vergrößerte sich.

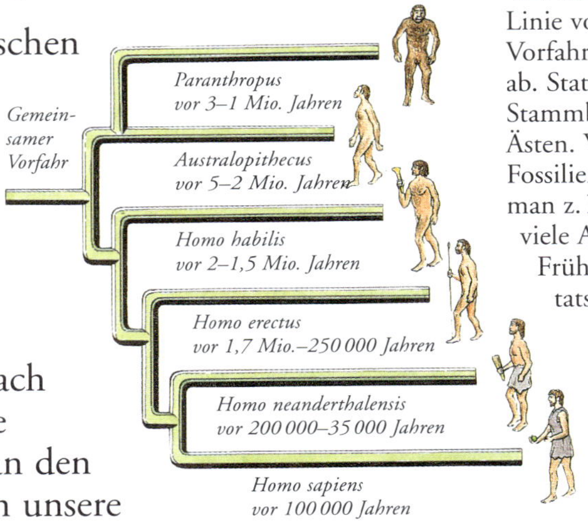

Stammbaum

Wir stammen nicht in direkter Linie von einem gemeinsamen Vorfahr mit den Menschenaffen ab. Stattdessen gibt es einen Stammbaum mit vielen toten Ästen. Weil bisher nur wenige Fossilien gefunden wurden, weiß man z. B. noch nicht genau, wie viele Arten von Ur-, Vor- und Frühmenschen auf der Erde tatsächlich gelebt haben.

Gemeinsamer Vorfahr
Paranthropus vor 3–1 Mio. Jahren
Australopithecus vor 5–2 Mio. Jahren
Homo habilis vor 2–1,5 Mio. Jahren
Homo erectus vor 1,7 Mio.–250 000 Jahren
Homo neanderthalensis vor 200 000–35 000 Jahren
Homo sapiens vor 100 000 Jahren

Der Proconsul kletterte auf Bäume und ging auf allen vieren.

Proconsul
Der *Proconsul* ist der älteste Vertreter der Hominiden, der Gruppe, zu der die Menschen und Menschenaffen gehören. Er lebte vor 24 bis 18 Millionen Jahren in den Regenwäldern Ostafrikas. Verglichen mit seinen Vorfahren hatte der *Proconsul* ein großes Gehirn.

Australopithecus
Als Australopithecinen bezeichnet man die ältesten Hominiden und damit menschenähnlichen Lebewesen. Sie hatten ein kleines Gehirn und stark vorspringende Kiefer, gingen aber schon aufrecht. Das wissen wir von Skelettfunden und von den 3,7 Mio. Jahre alten Fußabdrücken von Laetoli in Tansania, Afrika.

Lucy
„Lucy" ist der Name für das vollständigste Skelett eines *Australopithecus,* das bisher entdeckt wurde. Man fand es 1974 in Äthiopien. Lucy ist 3,18 Mio. Jahre alt, rund 1,10 m hoch und war eine erwachsene Frau.

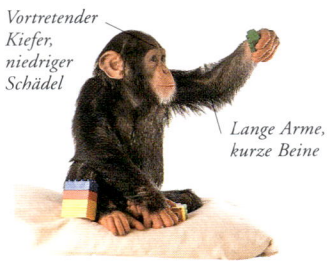

Vortretender Kiefer, niedriger Schädel
Lange Arme, kurze Beine

Schimpansen
Die Schimpansen leben wie die Gorillas in Afrika und sind unsere nächsten Verwandten. Schimpansen und Menschen haben über 98 % des Erbguts (DNS) gemeinsam. Vor 6 Millionen Jahren entwickelten sich die Menschen und die afrikanischen Menschenaffen getrennt aus einem gemeinsamen Vorfahren.

Kleines Gehirn, flaches Gesicht

Paranthropus
Der *Paranthropus* war ein kräftig gebauter „Affenmensch", der vor 3 bis 1 Mio. Jahren in Süd- und Ostafrika lebte. Er ging mit großer Wahrscheinlichkeit aus dem *Australopithecus* hervor, entwickelte sich dann aber nicht mehr weiter.

Ungefähr 1,35 m hoher Paranthropus-Mann

Homo
Homo ist der Name der Gattung, zu der auch der moderne Mensch gehört. Sie entwickelte sich wahrscheinlich vor 3 bis vor 2 Millionen Jahren aus dem *Australopithecus.* Genaue Beweise dafür fehlen allerdings. Frühe Arten von *Homo* hatten ein größeres Gehirn und stellten schon Werkzeuge her.

Homo habilis
Der „geschickte Mensch" ist die älteste Art von *Homo.* Er lebte in Wäldern und Savannen Afrikas. Sein Gehirn war 650 bis 800 ml groß. Der *Homo habilis* stellte einfache Steinwerkzeuge her und war ein erfolgreicher Jäger und Sammler.

Homo habilis, Rekonstruktion

Flaches Gesicht, schmaler Kiefer

Homo erectus
Der *Homo erectus* breitete sich als Erster von Afrika nach Europa und Asien aus. Er hatte eine schräge Stirn, ein flaches Gesicht und eine Gehirngröße von 850 bis 1 100 ml. Der *Homo erectus* bewohnte verschiedene Lebensräume und nutzte als Erster das Feuer.

Neandertaler
Die *Neandertaler* passten sich als Erste dem kalten Klima Europas und Asiens an. Sie waren kräftig gebaut und hatten ein großes Gehirn. Sie trugen Kleider, stellten Werkzeuge her und kochten auf Feuer. Als erste Menschen begruben sie ihre Toten.

Homo erectus, Schädel

Neandertaler, Rekonstruktion

Homo sapiens
Der moderne Mensch entwickelte sich in Afrika. Der *Homo sapiens* hat ein großes Gehirn, ist intelligent und kann sprechen. Die Menschen nahmen immer mehr Besitz von der Umwelt und entwickelten das, was wir Kultur und Zivilisation nennen.

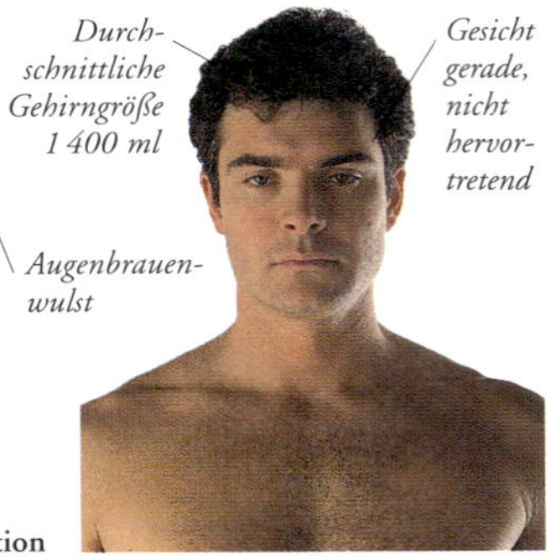

Durchschnittliche Gehirngröße 1 400 ml
Augenbrauenwulst
Gesicht gerade, nicht hervortretend

SIEHE AUCH UNTER | ARCHÄOLOGIE | BRONZEZEIT | DARWIN, CHARLES | EVOLUTION | FOSSILIEN | LEAKEY, LOUIS | SKELETT | STEINZEIT | VERERBUNG | VORGESCHICHTE

AFFEN

DIE AFFEN bilden eine Ordnung der Säugetiere. Da zu ihnen auch die Menschenaffen und der Mensch gehören, spricht man auch von Herrentieren oder Primaten. Die meisten Affen leben auf Bäumen, einige auch auf dem Boden. Sie haben Finger zum Greifen von Gegenständen. Man unterscheidet die Halbaffen mit den Lemuren, Loris, Galagos und Koboldmakis und die echten Affen, die man weiter in Neuweltaffen und Altweltaffen unterteilt. Zu den schwanzlosen Menschenaffen zählen die Gibbons, die Orang-Utans, Gorillas und Schimpansen.

Merkmale

Die Affen haben große Gehirne und lernen leicht. Die Augen schauen nach vorne, die Finger und Zehen sind sehr beweglich und haben flache Nägel. Die meisten Affen können den Daumen den übrigen Fingern gegenüberstellen und auf diese Weise auch kleine Gegenstände greifen. Bei einigen Arten ist auch die große Zehe so ausgebildet. Viele südamerikanische Affen haben einen Greifschwanz.

Fell
Große Augen
Lange Arme
Kapuzineräffchen
5 Greiffinger
Greifschwanz zum Festhalten an Ästen

Schimpanse

Unser nächster Verwandter, der Schimpanse, lebt in den Wäldern und Savannen Zentralafrikas. Schimpansen sind hochintelligent und leben in Gruppen von bis zu 60 Tieren mit einer sich dauernd verändernden Rangordnung. Die meiste Zeit verbringen sie auf dem Boden. Jede Nacht bauen sie ein Schlafnest auf Bäumen bis in 30 m Höhe.

Die Körperpflege dauert rund eine Stunde.

Soziale Körperpflege
Schimpansen durchkämmen sich gegenseitig mit den Fingern das Haar und lausen sich. Diese Körperpflege verstärkt die Familien- und Freundschaftsbande.

Friedlich: Oberlippe liegt über den Zähnen

Spiel
Junge Schimpansen verbringen den größten Teil ihrer Zeit mit Spielen. Sie ringen miteinander, jagen sich und hangeln durch die Bäume. Im Spiel lernen sie die Regeln ihrer Gesellschaft und wie sie im Wald überleben. Die Schimpansen bleiben bis zur Geschlechtsreife mit ungefähr 13 Jahren bei der Mutter. Ältere Kinder helfen bei der Aufzucht jüngerer Geschwister.

Stochern nach Termiten mit einem Zweig

Nahrung
Schimpansen fressen Blätter, Blüten und gerne Wildfeigen. Sie machen auch gelegentlich Jagd auf andere Säuger, etwa kleine Antilopen, Schweine und Rote Stummelaffen. Dabei treiben die Schimpansen ihre Beute in einen Hinterhalt, wo Familiengenossen lauern.

Nahrungssuche in Bäumen

Werkzeuggebrauch
Die Schimpansen gelten als die intelligentesten Menschenaffen. Man kann ihnen eine leichte Zeichensprache beibringen, und sie kennen den Werkzeuggebrauch. Mit langen, entblätterten Zweigen ziehen sie Termiten aus ihren Nestern, mit zerkauten Blättern holen sie Wasser aus Baumhöhlen, und mit Steinen öffnen sie Nüsse. Gegen Rivalen und Feinde wehren sie sich sogar mit Stöcken und Steinen.

Kommunikation

Die Schimpansen haben eine ausgeprägte Körpersprache mit verschiedener Mimik. Zusammen mit typischen Lauten können sie so Gefühle ausdrücken.

Erstaunen Durch Vorstrecken der Lippen zeigen sie Neugierde, Erstaunen und leichte Besorgnis.

Wut zeigen sie durch Zähneblecken. In Verbindung mit gewissen Körperhaltungen und Lauten ist dies eine Drohung.

Dian Fossey

Die amerikanische Zoologin Dian Fossey (1932–85) studierte ihr ganzes Leben lang Berggorillas, von denen nur noch wenige hundert Tiere überlebt haben. Sie ahmte deren Laute und Ausdrucksweisen nach und konnte sich so mit den Gorillas in deren eigener „Sprache" unterhalten.

Gorilla

Der Berggorilla lebt in den Gebirgen Ruandas. Auf dem Boden sucht er Wildsellerie, Beeren und Bambusschösslinge. Der Flachlandgorilla hält sich in den Regenwäldern Zentralafrikas auf. Er ist der größte aller Affen. Ein ausgewachsenes Männchen wiegt bis zu 200 kg und erreicht aufrecht stehend eine Höhe von 1,70 m. Trotz dieser Größe und ihrer Kraft sind Gorillas nur selten aggressiv. Sie bilden Familiengruppen von 10 bis 20 Tieren, die ein Männchen anführt.

Silberrücken heißen große Gorillamännchen, deren Rückenhaare durch das Alter eine silbergraue Färbung haben. Der Anführer ist stets ein Silberrücken.

Brusttrommeln
Gorillamännchen schüchtern Rivalen durch ihr Imponiergehabe ein. Erst stoßen sie laute Schreie aus. Dann stellen sie sich auf, werfen Blätter oder entwurzelte Büsche in die Luft und trommeln sich auf die Brust. Zum Schluss schlagen sie mit der flachen Hand auf den Boden.

AFFEN

Orang-Utan

Orang-Utans leben als Einzelgänger in den Regenwäldern Borneos und Sumatras. Sie halten sich in der Kronschicht auf und kommen mit Ausnahme der Männchen nur selten auf den Boden. Ihre kurzen Beine bilden einen merkwürdigen Kontrast zu den sehr langen Armen mit einer Spannweite von 2,10 m. Die Männchen fallen durch längere Haare sowie Backenwülste auf. Die Weibchen haben alle 4 Jahre ein Junges.

Schlaf
Die Orang-Utan-Weibchen bauen für sich und ihr Junges jeden Abend ein Schlafnest. Dabei verflechten sie Zweige und Äste zu einer Art Polster. Die Männchen sind zu schwer für ein Nest und schlafen daher auf dem Boden.

Mütter säugen ihre Jungen bis zu 5 Jahre lang.

Langes, dickes Haar

Durianfrucht
Reich an Proteinen und Kohlenhydraten

Mangostinos

Nahrung
Orang-Utans fressen vor allem Pflanzen, etwa Blätter und Nüsse, aber auch gerne Eier und Insekten. Am meisten lieben sie Früchte, vor allem die Durian, für die sie weite Wanderungen unternehmen. Mit ihren kräftigen Händen und breiten Schneidezähnen öffnen sie auch zähe Schalen wie die von Mangostinos.

Roter Brüllaffe

Wie schon ihr Name sagt, haben Brüllaffen eine außerordentlich laute Stimme, die sehr weit trägt. In der Morgen- und Abenddämmerung hallt der Wald von den Rufen der Brüllaffenmännchen wider. Die Affen leben in Gruppen von bis zu 30 Tieren in den Baumwipfeln. Ihren Greifschwanz verwenden sie wie eine fünfte Gliedmaße als Hilfe beim Klettern. Er ist so kräftig, dass sie sich daran hängen lassen.

Paviane

Die Paviane leben im Allgemeinen in offenen Landschaften, vor allem in Savannen und bilden Gruppen von bis zu 100 Tieren. Sie fressen fast alles, was sie finden, von Insekten über Echsen bis zu kleinen Säugern. Bei Gelegenheit töten sie auch größere Tiere, etwa junge Gazellen. Der Mandrill ist der bunteste aller Affen. Er lebt in den Wäldern Westafrikas.

Grüner Pavian

Starke, verlängerte Eckzähne

Drohverhalten
Paviane haben lange, dolchartige Eckzähne, mit denen sie schwere Wunden zufügen können. Zur Warnung und Einschüchterung von Rivalen fletschen sie die Zähne.

Guerezas
Die blattfressenden Stummelaffen leben in der Baum- und Kronschicht afrikanischer Regenwälder und kommen nur selten auf den Boden. Sie bilden kleine Familiengruppen und folgen einer regelmäßigen Route vom Schlafplatz zum Fressgebiet. Der Ruf der Männchen ist ein typisches Merkmal der Regenwälder. Der schönste Stummelaffe heißt Guereza oder Seidenaffe.

Auffällige schwarze und weiße Haare

Goldkopflöwenäffchen
Diese kleinen, auffällig gefärbten Affen kommen nur in den Küstenwäldern Südostbrasiliens vor. Die Weibchen bringen in der Regel Zwillinge auf die Welt. Das Männchen und ältere Geschwister helfen bei der Aufzucht. Die Löwenäffchen ernähren sich von Früchten, Blüten, Nektar, Baumsäften und kleinen Wirbeltieren. Durch die Abholzung des Regenwaldes steht das Goldkopflöwenäffchen kurz vor dem Aussterben. Seit 1970 züchtet man es in Zoos.

Goldene Mähne

Daumen im Unterschied zu den meisten Affen nicht abspreizbar

Langer Schwanz

Gibbons

Gibbons leben in Familiengruppen, die aus den Eltern und ihren Jungen bestehen. Sie zeigen ein deutliches Revierverhalten. Untereinander stehen sie durch Säcke in der Kehle in Rufkontakt. Mit ihren langen Gliedmaßen bewegen sie sich sehr schnell in den Baumkronen: Sie hangeln sich vorwärts und können dabei bis zu 7 m weit springen. Die Zoologen unterscheiden 9 Gibbonarten; am größten ist der Siamang. Die Gibbons zählen zu den Menschenaffen.

Griff mit der linken Hand

Der Gibbon verdreht den Körper so, dass er mit der rechten Hand greifen kann.

Griff mit der rechten Hand. Dann folgt wieder die Linke.

Der Gibbon hangelt sich vorwärts.

Kehlsack

Siamang

Rechter Arm schwingt beim Hangeln nach oben.

Katta
Die Lemuren sind Halbaffen und kommen nur auf der Insel Madagaskar vor. Es gibt 21 Arten. Der Katta lebt in den Wäldern, verbringt aber viel Zeit auf dem Boden. 5 bis 30 Tiere bilden eine Gruppe, die ein Weibchen anführt. Die Männchen markieren ihre Reviere, indem sie ihre Schwänze mit dem Duft bestimmter Drüsen imprägnieren und diesen gegen Rivalen in die Luft heben.

Schwanz länger als Körper

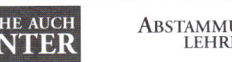

SCHIMPANSE

WISSENSCHAFTLICHER NAME
Pan troglodytes

ORDNUNG Affen

FAMILIE Pongidae, Menschenaffen

VERBREITUNG Afrika, von Sierra Leone bis West-Uganda und zum Tanganjikasee, in Höhen bis 2 800 m

LEBENSRAUM Wälder und Savannen

ERNÄHRUNG Zur Hauptsache vegetarisch, aber auch Termiten, Larven, Kleinsäuger, bisweilen sogar andere Affen, etwa junge Paviane oder Stummelaffen

GRÖSSE Männchen aufrecht 120 bis 170 cm, Gewicht bis zu 55 kg

ALTER In Gefangenschaft bis zu 50 Jahre

SIEHE AUCH UNTER ABSTAMMUNGSLEHRE GRASLAND, TIERWELT NATURSCHUTZ REGENWALD, TIERWELT TIERVERHALTEN

AFRIKA

AFRIKA ist der zweitgrößte Kontinent nach Asien. Im Norden liegt die Wüste Sahara, im Osten das Große Rifttal. Am Äquator erstreckt sich ein Regenwaldgürtel. In Afrika gibt es weite Savannen mit großen Tierherden. Hier leben viele hundert Stämme und Völker, jeweils mit eigener Sprache und Kultur. Am weitesten verbreitet sind der Islam und das Christentum. Auch die Stammesreligionen sind noch lebendig.

Geografie

Der größte Teil Afrikas ist eine Hochfläche mit Wüsten, Savannen und Regenwäldern. Große Ströme entwässern das Land und schaffen Verbindungswege. Obwohl die höchsten Berge in Äquatornähe liegen, schmilzt der Schnee auf den Gipfeln nicht ab. In Afrika gibt es auch mehrere Vulkane.

Sahara
Die größte Wüste der Erde, die Sahara, liegt in Nordwestafrika. Sie hat eine Oberfläche von 9 Millionen km². Pro Jahr fallen hier weniger als 100 mm Niederschläge. Tagsüber kann es bis zu 50 °C heiß werden, nachts fallen die Temperaturen nahe an den Gefrierpunkt. Südlich der Sahara liegt die Sahelzone, ein sehr trockenes Halbwüstengebiet.

Nil
Der Nil ist der längste Fluss der Welt. Er entspringt im Victoriasee und mündet nach 6 671 km ins Mittelmeer. Der Nil fließt durch Uganda, den Sudan und Ägypten. Der drittgrößte Fluss Afrikas, der Niger, zieht in einem weiten Bogen von 4 180 km durch Westafrika. Das Delta des Niger im Staat Nigeria ist größer als das Nildelta.

Nil bei Assuan in Ägypten

Großes Rifttal
Die Gebirge Äthiopiens werden vom Großen Rifttal durchzogen. Als ostafrikanischer Graben erstreckt es sich 6 000 km weit von Mosambik über Ostafrika und das Rote Meer bis nach Syrien. Das Tal stellt eine riesige Spalte in der Erdkruste dar. In einigen Jahrmillionen wird sie viel breiter sein, zu einem Meeresarm werden und Afrika zweiteilen.

Gebirge im Großen Rifttal

Simengebirge, Äthiopien

Okawangodelta
Fast alle Flüsse münden ins Meer und bilden dort ein Delta. Der Fluss Okawango in Südafrika jedoch hat sein Delta im Landesinneren: ein riesiges Sumpfgebiet in der Kalahariwüste mit einer Fläche von 22 000 km². Der Okawango ist 974 km lang und fließt von Angola nach Botswana.

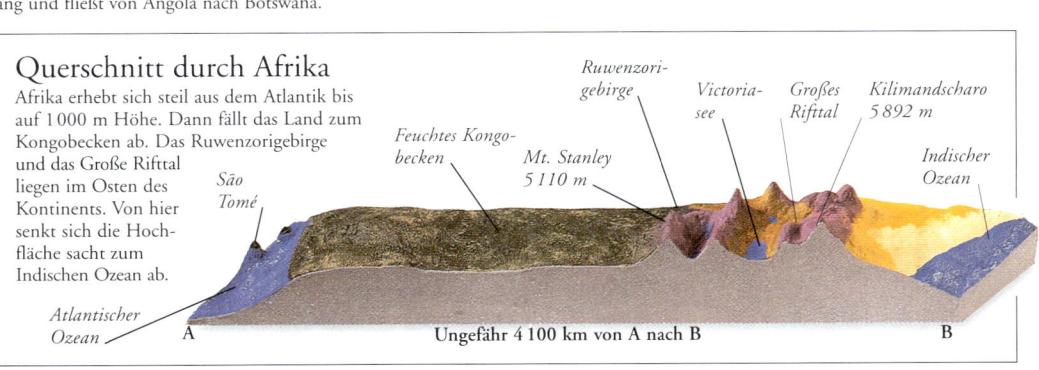

Querschnitt durch Afrika
Afrika erhebt sich steil aus dem Atlantik bis auf 1 000 m Höhe. Dann fällt das Land zum Kongobecken ab. Das Ruwenzorigebirge und das Große Rifttal liegen im Osten des Kontinents. Von hier senkt sich die Hochfläche sacht zum Indischen Ozean ab.

Ungefähr 4 100 km von A nach B

ZAHLEN UND DATEN

FLÄCHE	30 335 536 km²
EINWOHNER	800 000 000
ANZAHL DER LÄNDER	53
DER FLÄCHE NACH GRÖSSTES LAND	Sudan
KLEINSTES LAND	Seychellen
BEVÖLKERUNGSREICHSTES LAND	Nigeria
HÖCHSTER PUNKT	Kilimandscharo in Tansania, 5 892 m
LÄNGSTER FLUSS	Nil (Uganda/Sudan/Ägypten) mit 6 671 km
GRÖSSTER SEE	Victoriasee in Ostafrika, 68 880 km²

AFRIKA

Klima

Im größten Teil Afrikas ist es das ganze Jahr über warm oder heiß. Doch durch die unterschiedlichen Landschaften kommt es zu großen Abweichungen. An der Nordküste wechseln trockenheiße Sommer mit feuchtkühlen Wintern ab. In Wüstengebieten ist es tagsüber sehr heiß, nachts dagegen empfindlich kalt. Am Äquator regnet es häufig. In Gebirgsgegenden folgen kühle Winter auf warme Sommer.

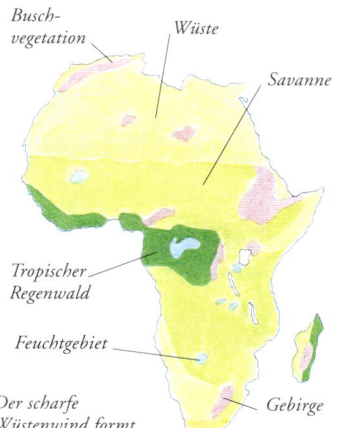

Buschvegetation
Wüste
Savanne
Tropischer Regenwald
Feuchtgebiet
Gebirge

Buschvegetation

Die Nordküste Afrikas hat ein warmes Mittelmeerklima. Auf den steinigen Böden der Küsten- und Hügelgebiete wachsen viele, oft aromatisch duftende Büsche und Sträucher (Macchie). Sie haben meist Dornen und kleine ledrige Blätter als Schutz vor der Austrocknung in der Sonnenhitze. Vereinzelt stehen Aleppokiefern, Kork- und Steineichen.

Souhaliasbucht, Algerien

Immergrüne Sträucher verlieren wenig Wasser durch Verdunstung.

Der scharfe Wüstenwind formt aus dem Sand gewaltige Dünen.

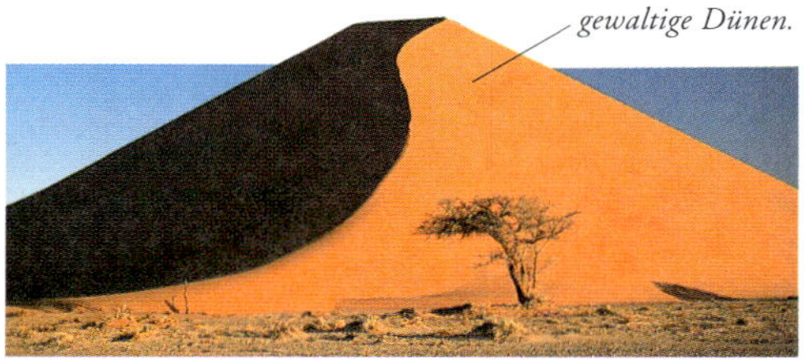

Wüsten

Ungefähr 40 % von Afrika bestehen aus Wüsten. Der Erg von Bilma in Niger zählt zur Sahara. Das arabische Wort Erg bedeutet eine große Sandfläche. Der Wind bläst hier den Sand zusammen und häuft ihn zu großen Dünen auf, die eine Höhe von fast 200 m erreichen. In Afrika gibt es noch die Kalahari- und die Namibwüste, beide im südlichen Teil des Kontinents.

Savanne

Ungefähr 40 % Afrikas sind Savanne, ein Grasland mit vereinzelten Bäumen und Sträuchern. Die Savannengebiete liegen in einem Bogen um das Kongobecken herum. Hier finden große Herden von Antilopen, Gazellen und Zebras genügend Nahrung.

Masai Mara, Kenia

Schirmakazien bieten den Tieren Schutz vor der Sonne.

Niedrige Büsche bedecken viele Gebirgshänge.

Den Regenwald durchziehen viele Flüsse.

Mahagoniblatt

Tropischer Regenwald

Weniger als 20 % Afrikas sind von tropischem Regenwald bedeckt. Das ausgedehnteste Waldgebiet liegt in der Nähe des Äquators in Westafrika sowie im Kongobecken Zentralafrikas. Im feuchtheißen Klima gedeihen tausende von Blütenpflanzen. Leider sind die Regenwälder heute stark bedroht, weil man auf der Suche nach Edelhölzern wie Mahagoni und Bodenschätzen weite Gebiete rodet.

Gebirge

Zu den höchsten Gebirgszügen Afrikas zählen die Drakensberge in Südostafrika, die rund 1 130 km lang sind und nahe am Meer liegen. Die höchste Erhebung mit 3 482 m heißt Thabana Ntlenyana. Noch höher sind das Atlasgebirge in Marokko und das Ruwenzorigebirge an der Grenze zwischen Uganda und Kongo. In Tansania in Ostafrika liegt Afrikas höchster Berg, der Kilimandscharo.

Bevölkerung

Jeder achte Mensch auf der Erde lebt in Afrika, überwiegend an der Nord- und Westküste und in den fruchtbaren Flusstälern. Früher lebten die Afrikaner vor allem in kleinen Dörfern, doch heute suchen immer mehr Arbeit in den Großstädten. Die Geburtsraten sind in vielen Ländern sehr hoch. Ungefähr die Hälfte der Bevölkerung ist unter 15 Jahre alt.

Mädchen aus Ghana — *Mädchen aus Tansania* — *Ägypter*

Rohstoffe

Afrika verfügt über viele Rohstoffe, doch sind diese ungleichmäßig verteilt. Libyen und Nigeria sind wichtige Erdölproduzenten, Südafrika ist reich an Gold und Diamanten, und Sambia baut vor allem Kupfererz ab. Die tropischen Regenwälder liefern viel Holz, doch wird hier Raubbau getrieben. Afrika pflanzt viel Kakao, Maniok, Bananen, Kaffee und Tee an.

Kakaofrucht und Kakaobohnen

Erdöl

Diamanten

SIEHE AUCH UNTER | AFRIKA, GESCHICHTE | AFRIKA, TIERWELT | ERDÖL | GEBIRGE | GRASLAND, TIERWELT | KLIMA | KONTINENTE | REGENWALD, TIERWELT | WÄLDER | WÜSTEN

AFRIKA, GESCHICHTE

DIE ERSTE HOCHKULTUR und Zivilisation in Afrika trat vor über 5 000 Jahren im alten Ägypten auf. Um 500 v. Chr. entstanden in Afrika unterhalb der Sahara weitere verschiedene Königreiche. Die Sahara trennte dieses Gebiet von der übrigen damals bekannten Alten Welt, bis im 8. Jh. arabische Händler eintrafen. Erst vom 15. Jh. an kamen die Europäer. Der europäische Sklavenhandel und der Imperialismus hatten tiefgreifende Auswirkungen auf den Kontinent. Von etwa 1950 an erhielten die afrikanischen Staaten die Unabhängigkeit. Die meisten leiden aber noch heute unter instabilen politischen Verhältnissen als Folge dieser kolonialen Herrschaft.

Frühe Bewohner

Vor ungefähr 5 Millionen Jahren begann in Afrika die Entwicklung der Menschheit. Es entstanden die frühen Menschenarten *Homo habilis* und *Homo erectus*. Aus letzterem entwickelte sich der moderne Mensch *Homo sapiens*.

Felsbilder
Die ältesten Felsbilder entstanden vor über 20 000 Jahren. Meistens sind Wildtiere und die Jagd dargestellt. Die Maler verwendeten mineralische und pflanzliche Farben.

Tiere
Pflanzenfarben
Bemalter Knochen

Nok-Kultur
Die früheste eisenzeitliche Kultur südlich der Sahara war die Nok-Kultur (500 v. Chr.–200 n. Chr.) im heutigen Zentralnigeria. Die Nok-Leute waren Ackerbauern und stellten Waffen und Geräte aus Eisen her. Berühmt sind ihre feinen Skulpturen aus Terrakotta.

Kopf aus Terrakotta, Nok-Kultur

Alte Reiche

Nordafrika hat eine günstige Lage für den Handel mit Westasien. So entstanden mächtige Reiche, etwa Meroë im heutigen Sudan (600 v. Chr.–300 n. Chr.) und Aksum im nördlichen Äthiopien (100 v. Chr.–1000 n. Chr.). Ghana in Westafrika (500–1300 n. Chr.) entwickelte sich aus ähnlichen Gründen.

Meroë
Von der Stadt Meroë aus kontrollierten die Kuschiten von 600 v. Chr. an den Handel auf dem Roten Meer und dem Nil. Sie exportierten Luxusgüter wie Straußenfedern und Leopardenfelle und bauten Tempel und abgeflachte Pyramiden über den Gräbern.

Tempelruine, Meroë

Ghana
Ghana im heutigen Grenzgebiet zwischen Mali und Mauretanien war eines der mächtigsten Reiche. Es kontrollierte den Goldhandel in der Sahara. Ghanaische Könige trugen Goldschmuck, mit Goldfäden durchwirkte Kleider und Turbane. Kunstwerke bezeugen den einstigen Reichtum.

Goldene königliche Köpfe spielten bei Ritualen eine wichtige Rolle.

Die Figur ist aus Holz geschnitzt und mit Gold überzogen.

Kopf, Gewicht 1,5 kg

Der Vogel schmückte den Königsthron.

Die Ringe waren oft blumenförmig.

Vogelfigur

Fingerringe

Stele, Aksum

Aksum
Um 300 n. Chr. wurde die Stadt Aksum christlich und entwickelte sich zur heiligen Stadt der Äthiopier, in der ihre Könige gekrönt wurden. Aksum übernahm später Meroë. Die Einwohner bauten stockwerkartige Stelen aus Stein über den Gräbern ihrer Könige.

Religionen

Vom 8. Jh. an breitete sich der Islam durch Handel, Eroberungen und Kolonialismus in Afrika aus. In Nordafrika ersetzte er vollständig die traditionellen Stammesreligionen, zu denen oft die Ahnenverehrung gehörte.

Festmaske

Ahnenverehrung
In vielen Teilen Afrikas legten die Menschen Opfergaben für die Geister ihrer toten Vorfahren in heiligen Schreinen nieder. Bei besonderen Festen wird heute noch zu Ehren der Ahnen gesungen und getanzt. Die Teilnehmer tragen dabei oft besondere Masken.

Islam
Um 800 brachten Araber den Islam nach Nordafrika. Vom 11. Jh. an breitete sich die Religion mit dem Handel über die Sahara nach Westafrika und entlang dem Nil bis in den Sudan aus.

Ait Benhaddou, Marokko

Sklavenhandel
Um 1470 trieben die Portugiesen Handel mit dem Benin-Reich in Westafrika. Ungefähr 10 Jahre später trafen die Portugiesen auf den Inseln Príncipe und São Tomé im Golf von Guinea direkt vor der afrikanischen Küste ein. Sie richteten Zuckerrohrplantagen ein und zwangen Afrikaner, die sie vor allem in Senegal und Gambia geraubt hatten, zur Arbeit in den Pflanzungen. Damit begann die europäische Herrschaft über Afrika.

Portugiesischer Soldat, Bronzetafel, 16. Jh.

Kolonialismus

Im 19. Jh. kolonisierten die Europäer große Gebiete Afrikas, führten das Christentum ein und kontrollierten die Wirtschaft. In Plantagen und Bergwerken gewannen die Afrikaner wichtige Rohstoffe, die nach Europa oder Amerika zur Weiterverarbeitung gesandt wurden. In dieser Zeit erlebte die Sklaverei einen Höhepunkt.

Afrikanische Diaspora
Durch den Sklavenhandel gelangten über 20 Mio. Afrikaner vor allem nach Amerika. Dies bedeutete einen gewaltigen Aderlass für die afrikanische Kultur. Die Nachkommen der Sklaven bilden heute die afrikanische Diaspora.

Darstellung eines Europäers

Christentum
Die europäischen Missionare errichteten in Afrika Schulen und Kirchen und versuchten die Afrikaner zum Christentum zu bekehren. Die alten Stammesreligionen bekämpften sie oft mit Gewalt.

Traditioneller Hexendoktor

Sprachrohr zum Verzerren der Stimme

Wodu
In den karibischen Kolonien vermischte sich die afrikanische Ahnenverehrung mit Elementen des Christentums. So entstand die Geheimreligion des Wodu.

Streit um Afrika

Ende des 19. Jh. begannen die europäischen Großmächte Afrika unter sich aufzuteilen. 1884 errichtete auch Deutschland Kolonien, z. B. in Togo, Kamerun, Südwest- und Ostafrika. Bis 1902 war außer Liberia und Äthiopien ganz Afrika kolonisiert.

Darstellung von Königin Victoria

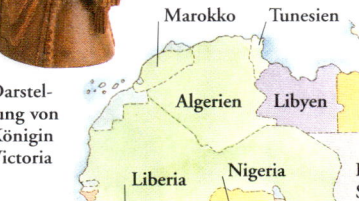

Marokko, Tunesien, Algerien, Libyen, Ägypten, Liberia, Sierra Leone, Nigeria, Britisch Somaliland, Äthiopien, Britisch Ostafrika (Kenia), Angola

Französisch · Britisch · Deutsch · Portugiesisch · Belgisch · Spanisch · Italienisch · Angloägyptisch

1. und 2. Weltkrieg

Obwohl beide Weltkriege europäische Kriege waren, mussten doch tausende von Afrikanern auf Geheiß ihrer Kolonialmächte in den Krieg ziehen. Im 2. Weltkrieg wurde in Nordafrika heftig gekämpft, als Deutsche und Italiener in Territorien einbrachen, die von den Briten und den Franzosen beherrscht wurden.

Truppen bei El Alamein, Ägypten

1. Weltkrieg
Als 1914 der 1. Weltkrieg ausbrach, gehörte Nordafrika zum Osmanischen Reich. Die Ägypter verbündeten sich heimlich mit den Briten, um die Türken zu vertreiben. Von 1916 bis 1918 half ihnen dabei der exzentrische Thomas Edward Lawrence (1888–1935), der als *Lawrence of Arabia* berühmt wurde. Nach dem Krieg wurde Ägypten britisches Protektorat, erhielt 1922 aber die Unabhängigkeit.

El Alamein
Im Jahr 1941 drangen italienische und deutsche Truppen in britisches Gebiet in Nordafrika ein. Die Briten warben daraufhin Söldner in ihren Kolonien Nigeria, Ghana und Sierra Leone. 1942 wurde das Deutsche Afrikakorps in der Schlacht von El Alamein in Ägypten besiegt. Diese Niederlage war einer der Wendepunkte im 2. Weltkrieg.

Herero und Nama im Kampf gegen ihre deutschen Herren, 1904

Widerstand

Die Afrikaner leisteten heftigen Widerstand gegen die Kolonisierung. Den Äthiopiern gelang es 1896 unabhängig zu bleiben. Simbabwe und Sudan erhoben sich gegen die Briten (1896 und 1920). Stämme in Angola versuchten die Portugiesen zu vertreiben (1902). In Namibia und Tansania erhoben sich die Bewohner gegen die Deutschen und in Nigeria revoltierten Stämme gegen Frankreich.

Front in Afrika

Operation Torch
Im Jahr 1942 landeten amerikanische und britische Soldaten in Marokko und Algerien. Diese Invasion trug den Decknamen „Operation Fackel". Zusammen mit den Franzosen griffen die Alliierten die Deutschen und Italiener an und drängten sie nach Tunesien ab. Nach einer blutigen Schlacht ergab sich das deutsch-italienische Afrikaheer im Mai 1943.

T. E. Lawrence

Haile Selassie

Kaiser Haile Selassie von Äthiopien (Regierungszeit 1930–74) führte seine Truppen 1935 gegen die italienischen Invasoren. Die Italiener vertrieben 1936 den Kaiser, doch 1941 kam er zurück. Er führte Reformen durch, bekämpfte die Sklaverei und arbeitete mit der Organisation für Afrikanische Einheit zusammen. 1974 wurde der Kaiser bei einem Militärputsch vertrieben. Er starb 1975 im Exil.

AFRIKA, GESCHICHTE

Unabhängigkeit

Nach dem 2. Weltkrieg wollten viele Afrikaner die Kolonialherrschaft abschütteln und ihr Land selbst regieren. Kolonialmächte wie Frankreich, Portugal und Großbritannien bekämpften zunächst diese Entwicklung. So fanden in Algerien, Mosambik, Angola und Simbabwe blutige Kriege statt. Ende der 60er Jahre hatten jedoch die meisten afrikanischen Länder die Unabhängigkeit erlangt.

Flüchtlinge, Angola

Briefmarken zum Unabhängigkeitstag Ghanas

Goldküste
Die frühere britische Kolonie Goldküste erhielt als eine der ersten die Unabhängigkeit. Nach dem 2. Weltkrieg verstärkte sich die Abneigung gegen die Kolonialherren, und 1957 wurde das Land unter dem Namen Ghana, einem früheren westafrikanischen Staat, selbstständig. Der führende Unabhängigkeitskämpfer, Kwame Nkrumah (1909–1972) wurde erster Premierminister. 1960 erklärte Nkrumah Ghana zur Republik und sich selbst zum Präsidenten auf Lebenszeit. Er wurde zum Diktator und entfernte sich immer mehr vom Westen. 1966 wurde er bei einem Putsch entmachtet.

OAU-Gipfel, Tunesien

Die OAU zählt heute 53 Mitglieder.

Krieg in Angola
Im Jahr 1961 erhoben sich die Angolaner gegen die portugiesische Kolonialregierung. Die portugiesische Armee unterdrückte die Revolte, und die Rebellen flohen ins Exil nach Zaire. Dort bildeten sie Befreiungsbewegungen und begannen in Angola mit einem Guerillakrieg. 1974 wagten sie einen Befreiungskrieg und warfen Jahre die Portugiesen aus dem Land. 1975 erhielt Angola die Unabhängigkeit. Danach kam es jedoch zu einem schrecklichen Bürgerkrieg zwischen zwei politischen Gruppen. Der Waffenstillstand von 1994 wurde von ihnen mehrfach nicht eingehalten.

Organisation für Afrikanische Einheit (OAU)
30 unabhängige Afrikastaaten gründeten 1963 die OAU. Die Organisation sollte politische und wirtschaftliche Zusammenarbeit fördern und den Kolonien zur Unabhängigkeit verhelfen.

Taxistandplatz für Weiße, 1967

Apartheid
In den 80er Jahren bestand nur noch Südafrika auf einer Minderheitenregierung durch die Weißen. 1948 wurde die Apartheidpolitik beschlossen. Sie teilte die Menschen in verschiedene Rassen ein. Schwarze, Mischlinge und Asiaten hatten nun deutlich weniger Rechte. Erst 1994 wurde die Apartheid aufgegeben.

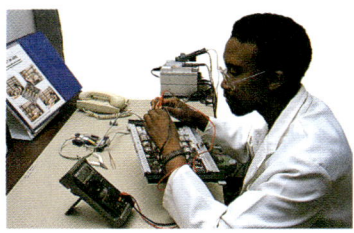
Elektroniker

Modernes Afrika

Afrika enthält viele Bodenschätze, vor allem Erze. In modernen Fabriken werden heute auch elektronische Geräte für ausländische Firmen zusammengebaut.

Safari in Kenia

Tourismus
Vor hundert Jahren richteten ostafrikanische Regierungen Wildreservate und Parks ein, um Wildtiere vor Jägern zu schützen. Heute gehen Touristen in solchen Parks auf Safari. Durch den Tourismus nimmt Kenia mehr Geld ein als durch jeden anderen Wirtschaftszweig.

Dorfkooperativen
Der Anbau von Pflanzen liegt in Afrika meist in den Händen der Frauen. Sie bilden Kooperativen oder Genossenschaften. Gemeinsam bauen sie Pflanzen an, die sie auf örtlichen Märkten verkaufen. Früher zwangen die Kolonialregierungen die Bauern Kaffee, Kokosnüsse Erdnüsse und Baumwolle anzubauen, um sie dann für einen Spottpreis europäischen Firmen zu verkaufen. Ihre eigenen Nahrungsmittel mussten die Bauern teuer einkaufen.

Frauenkooperative, Niger

Die Landwirtschaft liegt in den Händen der Frauen.

Nahrungspflanzen

Entwaldung, Somalia

Zerstörung der Umwelt
In Trockengebieten Afrikas sowie in Somalia dehnen sich die Wüsten weiter aus. Seit 1950 nimmt dort die jährliche Regenmenge ab. Gleichzeitig nutzen die Bewohner das Land zu sehr, indem sie z. B. zu viele Tiere darauf halten und Bäume fällen. Auch verstärkter Kahlschlag führt zur Erosion.

Ken Saro-Wiwa
Der Menschenrechtler und Schriftsteller Ken Saro-Wiwa (1941–95) wurde mit acht Mitstreitern von der nigerianischen Militärregierung hingerichtet. Sie hatten die Verschmutzung von Stammesland durch internationale Erdölgesellschaften angeprangert, die von der Regierung gestützt wurden.

Chronologie

2500 v. Chr. Durch Klimaveränderungen sind Saharavölker gezwungen, nach Süden auszuweichen.

um 600 v. Chr. Kuschiten im Sudan breiten sich aus und errichten die Hauptstadt in Meroë.

um 320–325 König Esama von Aksum läßt sich taufen.

Schnitzerei

500–1300 Das Königreich Ghana kontrolliert den Handel in der Sahara.

641 Araber erobern Ägypten und verbreiten den Islam.

7. Jh. Niedergang des Reiches von Aksum

1497 Portugiesische Eroberer umrunden Afrika und gründen Handelsstützpunkte an den Küsten.

1900 Der größte Teil der Sahara wird französisches Kolonialgebiet.

1960 17 afrikanische Nationen werden unabhängig.

1973–75 Schlimme Dürre und Hungerkatastrophe in der Sahelzone.

1990er Jahre In vielen afrikanischen Staaten bemüht man sich um Demokratie; in anderen dagegen sorgen Bürgerkriege, Militärputsche, ethnische und soziale Konflikte für Unruhe.

SIEHE AUCH UNTER BENIN-REICH · MALI-REICH · MANDELA, NELSON · SIMBABWE, RUINENSTÄTTE · SKLAVEREI · SONGHAI-REICH · SÜDAFRIKA, GESCHICHTE

AFRIKA, TIERWELT

AUF KEINEM ANDEREN KONTINENT gibt es mehr Großtiere als in Afrika. Hier findet man alle Übergänge von der Wüste über die Savanne bis zum tropischen Regenwald und dementsprechend eine sehr artenreiche Tierwelt von sehr großen Säugetieren bis zu winzigen Insekten. In Afrika leben über 40 Affenarten, angefangen vom kleinsten Mausmaki bis zum Gorilla. Die Antilopen, Gazellen und andere Huftiere haben hier ihre größte Artenvielfalt entwickelt. Dazu kommen 70 Raubtierarten. Südlich der Sahara findet man 1 500 Vogelarten. In Afrika lebt auch das schnellste Landtier, der Gepard, der größte Vogel, der Strauß, und das größte Landtier, der Elefant.

Giraffe
Giraffen werden über 5 m hoch. Dadurch können die Tiere Gefahren von weitem erkennen und frühzeitig fliehen. Gleichzeitig kommen die Giraffen mit ihrem langen Hals auch an hochgelegene Akazienblätter heran. Deswegen brauchen sie auch keine Nahrungskonkurrenten zu fürchten.

Fellmuster zur Tarnung

Lange Schwanzhaare zur Abwehr von Fliegen

Leben in der Savanne
In den afrikanischen Graslandern, der Savanne, leben über 20 Pflanzen fressende Huftiere, die oft große Herden bilden. Von ihnen ernähren sich Raubtiere wie der Löwe, der Gepard und die Hyänen, die auch Aas nehmen. Unter den Vögeln fallen Perlhuhn und Hornrabe auf.

Lange Schwanzfedern zum Balancieren bei schnellem Lauf

Sekretär
Einer der auffälligsten Savannenvögel ist der Sekretär mit seinen langen Beinen und dem Federschopf am Hinterkopf. Er fliegt selten und läuft lieber, wobei er bei jedem Schritt mit dem Kopf nickt. Gern greift er Schlangen an und schützt sich mit seinen Flügeln vor einem giftigen Biss. Die Beute tötet er mit den Füßen.

Lange Laufbeine für die Jagd nach Schlangen und Fröschen

Zebras halten Rufkontakt zueinander.

Löwe
Der Löwe gilt als wichtigster Räuber in der Savanne. Allerdings gehen meist nur die Löwinnen auf Jagd. Sie erbeuten Büffel, Zebras und Gnus.

Erdferkel
Das Erdferkel ist ein einzelgängerisches Nachttier. Mit seinen Krallen reißt es Ameisen- und Termitennester auf und fängt die Tiere mit seiner langen Klebzunge. Das Erdferkel kann schneller graben als ein Mensch mit einer Schaufel.

Zebra
Zebras leben in der Regel in Familiengruppen von 5 bis 20 Tieren. In der Trockenzeit bilden sie Herden aus einigen hundert Tieren, um sich gegen Raubtiere wie den Löwen zu schützen. Sie verteidigen sich durch außerordentlich kräftige Hufschläge. Zebras weiden die Grasspitzen ab.

Papyrus
Der Papyrus ist in afrikanischen Sümpfen die häufigste Pflanze. Er bildet dichte Wälder, die vielen Tieren als Unterschlupf dienen.

Papyrus wird bis zu 4,50 m hoch.

Feuchtgebiete
Die Feuchtgebiete Afrikas bieten vielen Zugvögeln einen Rastplatz. Hier ist auch eine große Zahl von Tierarten heimisch, z. B. Nilkrokodil, Flusspferd und Moorantilope. Unter den Fischen sind Nilbarsch und Zitterwels zu nennen.

Zwergflamingo
Jedes Jahr versammeln sich am Nakurusee in Kenia 3 Millionen Zwergflamingos. Sie fressen die zahlreichen Kleinalgen, die sie mit dem Schnabel aus dem Salzwasser des Sees filtern.

Flusspferd
Die Flusspferde verbringen den größten Teil des Tages untergetaucht; nur die Augen, Ohren und Nasenlöcher liegen über der Wasseroberfläche. Flusspferde werden in der Dämmerung aktiv und gehen dann am Ufer auf Nahrungssuche.

Schwimmhäute

Lange Watbeine

Buntbarsche
Allein im Malawi- und Tanganjikasee leben fast 300 verschiedene maulbrütende Buntbarscharten. Diese Tiere sind in der erstaunlich kurzen Zeit von nur 10 000 Jahren entstanden.

AFRIKA, TIERWELT

Wüste

In Afrika gibt es mehrere Wüsten: die riesige Sahara, das Horn von Afrika, die Kalahari- und die Namibwüste. Obwohl sie auf den ersten Blick leer erscheinen, leben dort doch viele Tiere, z. B. Raubvögel, Reptilien, Wüstenfüchse und Oryxantilopen.

Mendesantilope
Die Mendesantilope lebt in den trockensten Gebieten der Sahara, wo es andere Tiere kaum aushalten. Sie trinkt nur selten. Das meiste Wasser nimmt sie über grüne Pflanzen auf.

Helles Fell zur Tarnung in der Wüste

Sandskink
Der Sandskink verbringt die meiste Zeit eingegraben im Sand. Er kann darin gleichsam „schwimmen" und treibt sich mit dem kräftigen Schwanz vorwärts. Er frisst kleine Mäuse und Vogeleier. Bei Bedrohung wirft er seinen Schwanz ab und verwirrt dadurch den Angreifer.

Sandflughuhn
Obwohl Sandflughühner mitten in der Wüste leben, müssen sie regelmäßig trinken. Dazu legen sie weite Strecken zurück. Sie baden im Wasser und nehmen mit ihren Brustfedern Wassertröpfchen auf, die sie ihren Jungen mitbringen.

Wüstenfuchs
Der Wüstenfuchs oder Fennek lebt in kleinen Gruppen in den Sanddünen. Dort gräbt er Gänge und entkommt so der Hitze des Tages.

Der Wüstenfuchs braucht nicht zu trinken.

Regenwald

Die feuchtwarmen Regenwälder gibt es vor allem im westlichen Zentralafrika. Sie sind die Heimat vieler Tierarten. Hoch oben in den Wipfeln leben Affen. Gorillas fressen hier vor allem Blätter. Schweine und Stachelschweine ernähren sich von abgefallenen Früchten.

Riesenducker
Mit 80 cm Körperhöhe ist der Riesenducker die größte waldbewohnende Duckerart. Man findet ihn in Westafrika in den dichtesten Teilen des Regenwaldes. In Ostafrika kommt er in Bambusdickichten vor.

Gelber Rückenfleck

Roter Stummelaffe
Der Rote Stummelaffe lebt in Familiengruppen aus rund 20 Tieren in der Kronschicht der Regenwälder. Nur selten steigt er auf den Boden herab. In Afrika gibt es noch 4 weitere nah verwandte blattfressende Arten.

Waldginsterkatze
Dieser katzenartige Räuber verschläft den Tag auf Bäumen und wird nachts aktiv. Die Schleichkatze fängt ihre Beute – Vögel, Kleinsäuger und Insekten – überwiegend durch Anschleichen am Boden.

Berggorillas ernähren sich nur von Pflanzen.

Berggorilla
Der Berggorilla kommt nur in einem kleinen Waldgebiet an der Grenze von Uganda, Kongo und Ruanda vor. Er sieht gefährlich aus, ist aber friedlich. Die Weibchen bauen zum Schlafen für sich und ihre Jungen Nester aus Zweigen. Es gibt nur noch wenige Berggorillas.

Gebirge

Im Ruwenzorigebirge und am Kilimandscharo gibt es eine besondere Pflanzen- und Tierwelt. Vor allem fallen die Schliefer auf. Sie ähneln großen Nagetieren, sind aber die nächsten Verwandten der Elefanten.

Dschelada
Der Dschelada kommt nur in äthiopischen Gebirgen zwischen 2 000 und 5 000 m vor. Er bevorzugt Schluchten und grasbewachsene Steilhänge. Seine Nahrung besteht aus Samen, Wurzeln, Gräsern und Früchten.

Roter Fleck auf der Brust

Schopfadler
Der Schopfadler zeigt eine weite Verbreitung über die Gebirge Ostafrikas. Er gehört zu den größten Adlerarten und macht im Kronendach der Wälder Jagd auf Affen, die seine Hauptbeute ausmachen.

Klippschliefer sonnen sich oft stundenlang.

Riesenlobelien
In afrikanischen Gebirgen leben einige der merkwürdigsten Pflanzen. Nicht wenige entwickeln hier Riesenformen, z. B. die Riesenlobelie. Sie ist bis zu 9 m hoch und wird von Vögeln bestäubt.

Klippschliefer
Klippschliefer leben in Gruppen von 50 oder mehr Tieren in Wohnhöhlen zwischen Felsen. Ständig halten sie Ausschau nach Feinden.

Blütenstand, über 1 m hoch

| SIEHE AUCH UNTER | AFFEN | ECHSEN | FLUSSPFERDE | GIRAFFEN | GREIFVÖGEL | HIRSCHE UND ANTILOPEN | LÖWEN UND ANDERE GROSSKATZEN | VÖGEL |

ÄGYPTER

Vor rund 5000 Jahren entstand an den Ufern des Nils die Hochkultur der alten Ägypter. Sie bestand unverändert über 3000 Jahre. In dieser Zeit errichteten die Ägypter die ersten steinernen Bauwerke und erfanden eine der frühesten Schriften. Sie schufen einen Totenkult, wie er von keiner anderen Kultur bekannt ist. Dazu gehörte, dass die Ägypter die Leichname einbalsamierten und mit ihren Besitztümern begruben. Dank ihrer Bilderschrift und ihrem Totenkult wissen wir heute sehr viel über die alten Ägypter.

Der Nil

Der Nilstrom war die Lebensader des ägyptischen Herrschaftsgebietes. Jedes Jahr trat er über seine Ufer und lagerte fruchtbaren schwarzen Schlamm ab. Das ganze Leben der Ägypter hing von der Nilüberschwemmung ab. Wenn die Felder überflutet waren, arbeiteten die Bauern an der Errichtung gewaltiger Bauwerke der Pharaonen wie der Pyramiden von Gize.

3000 Jahre altes Brot aus einem Grab

Granatapfel

Traube

Feige

Feldfrüchte
Die Ägypter bauten Emmer und Gerste an. Aus dem Getreide backten sie Brot und brauten Bier. Das milde Klima gestattete auch den Anbau von Feigen, Datteln, Granatäpfeln und Weintrauben.

Feldarbeit
Die ägyptischen Bauern benutzten einen leichten, von Ochsen gezogenen Pflug. Er besaß eine hölzerne Pflugschar und einen Sterz mit Griff zum Lenken. Damit zog der Bauer Furchen in den lockeren Schwemmlandboden.

Ägyptischer Bauer um 2000 v. Chr.

Figuren aus dem Alltagsleben wie diesen pflügenden Bauern fand man häufig in Gräbern.

Ägyptisches Boot, um 2000 v. Chr.

Steuerruder

Fadenlot zum Messen der Wassertiefe

Stange zum Abstoßen von Sandbänken

Segelboote
Der Nil war die wichtigste Verkehrsader Ägyptens. Boote aus Holz oder Papyrus beförderten Passagiere und Ladung auf dem Fluss. Besonders die schweren Steinquader für den Pyramidenbau wurden auf dem Wasser transportiert. Die Ägypter waren auch die Ersten, die Segel verwendeten.

Pharaonen

Das alte Ägypten wurde von Königen, den Pharaonen, regiert. Diese besaßen unumschränkte, fast göttliche Macht. Die Ägypter glaubten, dass die Pharaonen nach dem Tod zu den Göttern zurückkehren. Deshalb balsamierten sie die verstorbenen Pharaonen ein und begruben sie in Pyramiden.

Am Hof des Pharaos
Der Pharao war von Beamten und Hohepriestern umgeben, die ihm bei der Verwaltung des Reiches halfen. Neben seiner Schwester als Hauptfrau hatte ein Pharao einen Harem mit zahlreichen Nebenfrauen. Die Frauen hüllten sich in Gewänder aus Leinen, trugen kostbaren Schmuck und verwendeten Make-up. Besondere Aufmerksamkeit widmeten sie ihrer Frisur.

Ramses II.
Ramses II. (Regierung 1304–1237 v. Chr.) war ein berühmter Feldherr und Herrscher in Theben. Er verteidigte Ägypten gegen die Hethiter und schloss mit ihnen Frieden. Von seiner gewaltigen Bautätigkeit zeugen der Totentempel in Theben, die Tempel in Luxor und Karnak sowie der Felsentempel Abu Simbel am Westufer des Nils.

Götter

Die Ägypter verehrten hunderte von Göttern. Der höchste war der Sonnengott Re oder Amun-Re. Neben den Hauptgöttern, die überall verehrt wurden, gab es Götter für jeden Landesteil.

Anubis, Gott des Todes

Amun-Re, Schöpfergott

Osiris, Gott der Unterwelt

Bastet, Göttin der Katzen

Tempel
In Karnak nahe bei Theben lag der größte ägyptische Tempel. Den Tempeldienst leisteten Priester. Sie kümmerten sich auch darum, dass den Göttern geopfert wurde. Es gab riesige Tempelanlagen mit vielen Gebäuden, die den mächtigen Hohepriestern unterstanden.

Bronzespiegel

Kamm und Haarnadeln

Weinkrug, Fayence aus bunt verzierter Keramik mit Glasur

Behälter für Augenschminke

Chronologie

3000 v. Chr. In Ägypten entsteht eine Hochkultur; Frühe Dynastie. Narmer vereinigt die beiden Königreiche von Ober- und Unterägypten in der 1. Dynastie.

2650 v. Chr. Stufenpyramide des Djoser wird in Sakkâra erbaut. Das ist die erste der Pyramiden und das erste größere Bauwerk in Stein.

2500 v. Chr. Die größte Pyramide von Gize wird für Cheops erbaut.

2100 v. Chr. Das Mittlere Reich beginnt. Der Totenkult breitet sich bei allen Schichten des Volkes aus.

Sakkâra

Gize

Mumien

Die alten Ägypter glaubten an ein Leben nach dem Tod. Für sie bestand der Mensch aus Körper und Geist. Der Geist würde sich nach dem Tod wieder mit dem Körper vereinigen. Sie balsamierten deshalb die Leichname ein, um den Körper als Mumie für das Leben im Jenseits zu erhalten.

Mumiensarg
Die Mumie wurde mit harzgetränkten Leintüchern umwickelt und in einen Sarg gelegt. Im Mittleren Reich (um 2100–1550 v. Chr.) verwendete man noch einen äußeren Sarg zum Schutz vor Raubtieren und Grabräubern. Die Särge wurden noch mit Hieroglyphen beschrieben und mit Götterbildern, Amuletten oder Glückszauber verziert.

Das Totenbuch
Diese Bilderschrift auf Papyrus sollte den Toten helfen, die Reise ins Jenseits anzutreten.

Abwägen des Herzens, die Zeremonie, bei der die Götter über den Toten richten.

Thot, der Gott der Weisheit, schreibt die Taten des Toten während dessen Leben auf.

Mumifizierung
Zuerst wurden die Organe entfernt. Dann wurde der Körper getrocknet und mit Sand und Kräutern gefüllt. Zum Schluss formte man die ursprüngliche Gestalt.

Verschlussplatte für Schnitte  *Werkzeuge zum Einbalsamieren*

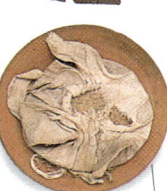

Natronscheibe. Mit diesem Salz trocknete man den Leichnam aus.

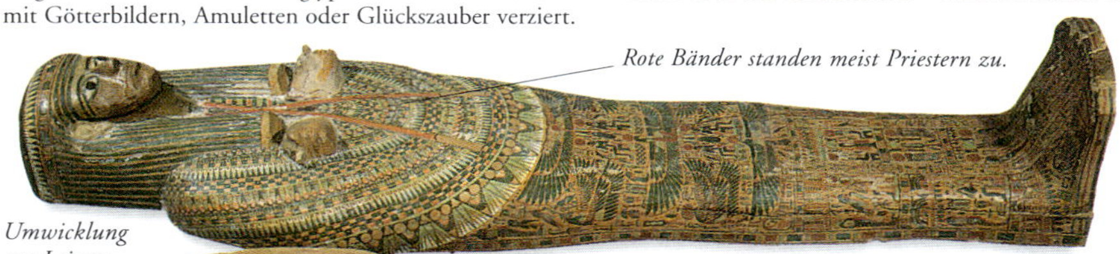

Rote Bänder standen meist Priestern zu.

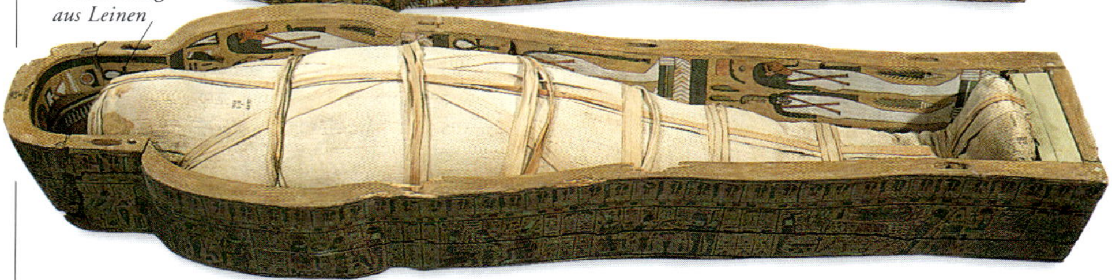

Umwicklung aus Leinen

Kanopen Die Organe wurden in solchen Gefäßen aufbewahrt.

Ausgewickelte Mumie. Der Körper des Toten ist gut erhalten.

Schrift

Die ägyptische Schrift bestand aus Hieroglyphen, einer Bilderschrift, in der jeder Gegenstand abgebildet war. Es gab aber auch Bilder für Buchstaben. Gedanken, die sich mit einfachen Bildern nicht ausdrücken ließen, erforderten eine ganze Reihe von Hieroglyphen.

Hieroglyphen und hieratische Schrift
Hieroglyphen waren umständlich zu schreiben und wurden fast nur für heilige Texte und Grabschriften benutzt. Für geschäftliche und literarische Texte verwendeten die Ägypter die schnellere hieratische Schrift. In späterer Zeit kam die demotische Schrift hinzu.

Hieratische Schrift *Hieroglyphen*

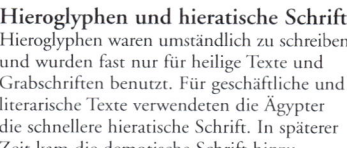

Türbeschlag mit der Inschrift von Amenhotep

Der Stein von Rosette
Jahrhundertelang waren die Hieroglyphen nicht zu lesen. Da wurde 1799 der Stein von Rosette entdeckt. Er enthielt ein und denselben Text in Hieroglyphen, demotischer und griechischer Schrift. Daraufhin konnte der Franzose Champollion 1822 die Hieroglyphen entziffern.

Alltagsleben

Die meisten Ägypter arbeiteten hart auf den Feldern oder bei den Pyramiden. Ihre Nahrung bestand aus Brot, Gemüse und Fischen. Das Hauptgetränk war Bier. Die Höflinge und hohen Beamten lebten dagegen im Luxus.

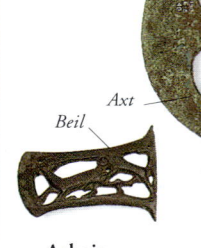

Axt *Beil* *Meißel* *Säge*

Häuser
Ihre Häuser bauten die alten Ägypter aus sonnengetrockneten Schlammziegeln. Als Fenster hatten sie nur Lichtschlitze, die frische Luft einließen und die Sonne abhielten. Häuser der Reichen, wie oben, hatten Gärten mit künstlichen Teichen.

Arbeit
Die meisten Ägypter waren Bauern, die sich selbst versorgten. Die Handwerker stellten Möbel, Stoffe und Töpferwaren her oder bearbeiteten Metalle. Dazu verwendeten sie Werkzeuge wie Sägen und Meißel, die wir – leicht verbessert – heute noch benutzen.

Chronologie

1550 v. Chr. Neues Reich. Höhepunkt der ägyptischen Kultur

1503–1482 v. Chr. Königin Hatschepsut regiert. Sie schickt eine Expedition in das Land Punt.

Nofretete

1379–63 v. Chr. Regierung von Echnaton, der mit seiner Gemahlin Nofretete die Kunst übersteigert und mit Ausnahme des Sonnengottes Re alle Götter abschafft.

1363–52 v. Chr. Kurze Regierung von Tut-anch-amun, der die alten Götter wieder einsetzt. Er wird weltberühmt durch unvorstellbare Reichtümer, die man in seinem Grab findet.

Tut-anch-amun

Abu Simbel

1304–1237 v. Chr. Regierungszeit von Ramses I., dem Erbauer von Abu Simbel

30 v. Chr. Tod von Kleopatra VII. Rom herrscht in Ägypten.

SIEHE AUCH UNTER — BAUTECHNIK · GOTTHEITEN · HETHITER · LANDWIRTSCHAFT, GESCHICHTE · OSTAFRIKA · PYRAMIDEN · SCHRIFT

Altägyptische Kunst
Amulette für Tote

 **Dreieckige Amulette**

 **Stufenamulette** Symbole für die Treppe zu Osiris Thron

 **Kartuschen** Mit dem Namen in ovalem Rahmen

 Obsidianamulette In Form von Kopfstützen, die die Ägypter statt Kissen hatten

 Amulett einer aufgehenden Sonne Aus Karneol

Amulett Symbol der Ewigkeit

Fingeramulette wurden auf die Schnittstellen gelegt, die beim Einbalsamieren entstanden.

 **Geflügeltes Herz** Eine Fayence als Skarabäus

    **Skarabäen** Heilige Mistkäfer, die eine Wiedergeburt nach dem Tod bedeuten

Udjataugen Sie stellten das Auge des Horus dar und sollten den Mumien die Gesundheit erhalten.

Henkelkreuz Das Zeichen für „anch" = Leben

   **Gürtelamulette** Zum Schutz der Mumien

 **Papyrussäulen**

Söhne des Horus als Amulette Sie bewachten die Kanopen, die Gefäße mit den aus dem Toten entfernten Organen.

Seelenvogel als Amulett

Djedpfeiler Diese Amulette symbolisieren das Rückgrat der Osiris und sollten den Mumien Stärke verleihen.

Uschebtifigürchen

Bemaltes Holz

Auszug aus dem Totenbuch

Uschebti, um 1500 v. Chr.

Rensenb

Aah-mes, ein Beamter, der die Arbeiten am Tempel von Amun leitete.

Figur aus Alabaster

Die Ägypter glaubten, die Uschebtis würden im Jenseits für die Mumien arbeiten.

Aah-mes

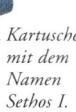

Sethos I., der Vater von Ramses II.

Kartusche mit dem Namen Sethos I.

Fayence

Pharao Sethos I.

Kopftuch

Bemalter Kalkstein

Heteti

Die Toten waren gewöhnlich prächtig gekleidet.

Bemalter Kalkstein

Unbekannte Uschebtifigur

Krone

Zeremonialbart

Pharao Mernephtah

Mumie mit Amuletten

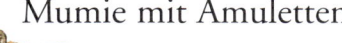

Herzskarabäus   *Uschebtifigur*

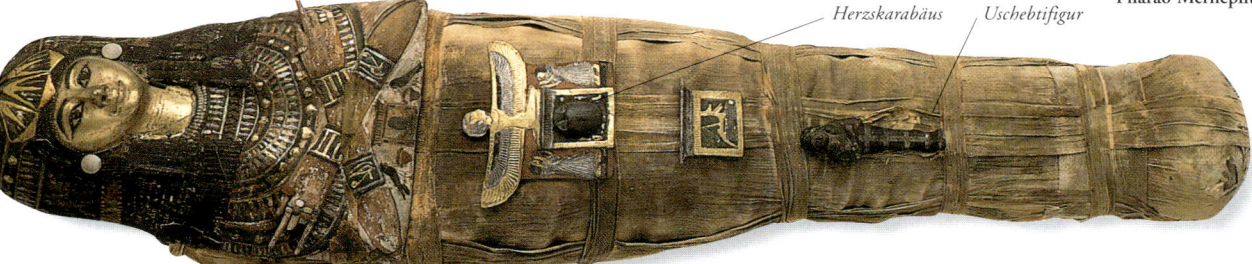

ALEXANDER DER GROSSE

IN WENIGER ALS VIER JAHREN schuf ein hervorragender junger Heerführer das größte Weltreich der Geschichte: Es war Alexander, König von Makedonien, später „der Große" genannt. Gestützt auf die Ergebenheit seiner Truppen schuf Alexander ein Reich, das sich von Griechenland im Westen bis nach Indien im Osten erstreckte. Sein plötzlicher Tod im Alter von 33 Jahren führte zum Untergang des Imperiums. Eine Reihe von Städten – alle nach ihrem Gründer „Alexandria" genannt – eröffneten den Austausch zwischen Asien und Europa.

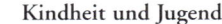

Kindheit und Jugend
Alexander wurde 356 v. Chr. als Sohn des Makedonierkönigs Philipp (Regierungszeit 359–336 v. Chr.) geboren. Schon als Jüngling begleitete er seinen Vater in viele Schlachten. Berühmt wurde Alexander, als er den wilden schwarzen Hengst Bukephalos zähmte, den er fast sein Leben lang ritt.

Aristoteles
Alexander wurde von dem Philosophen Aristoteles (384–322 v. Chr.) aus Athen erzogen. Aristoteles beschäftigte sich mit Politik, Ethik, Naturwissenschaften und Literatur. Seinen Schülern vermittelte er die Begeisterung für neue Ideen.

Makedonien
Der Mittelpunkt des riesigen Alexanderreiches war das Kernland Makedonien im Norden Griechenlands. Bevor Alexander König wurde, war Griechenland in viele miteinander konkurrierende Stadtstaaten zersplittert. Diese wurden immer wieder durch das mächtige persische Reich bedroht.

Terrakottafigur der griechischen Liebesgöttin Aphrodite

Das Reich Alexanders

Als Alexander 336 v. Chr. König von Makedonien wurde, war Griechenland von den Persern beherrscht. Mit glänzenden Siegen über Persien legte Alexander den Grundstein für sein Reich.

Das Weltreich Alexander des Großen

Das Perserreich
Die Perser besetzten große Teile des heutigen Irak, der Türkei und des Iran. Als Alexander diese Gebiete erobert hatte, versuchte er Makedonien mit Persien zu vereinen, indem er seine Generäle mit persischen Frauen verheiratete. Er selbst heiratete Roxana, eine persische Prinzessin.

Hirsch aus dem Palast von Persepolis

Persischer Hirsch aus Silber

Ägypten
332 v. Chr. eroberte Alexander Ägypten und wurde der neue Pharao. Er gründete die Stadt Alexandria am Mittelmeer. Sie wurde die bedeutendste Stadt der antiken griechischen Welt. Als Alexander 323 v. Chr. starb, wurde er in einem monumentalen Grab im Herzen der Stadt beigesetzt.

Alexander trägt die Pharaonenkrone.

Die Schlacht bei Issos
Im Jahr 333 v. Chr. besiegte das makedonische Heer bei Issos in Syrien die Perser unter Führung von Dareios III. (Regierungszeit 336–330). Bei Gaugamela in der Nähe des Tigris erlitten die Perser 331 v. Chr. eine weitere Niederlage. Danach zerstörte Alexander ihre Hauptstadt Persepolis, und das Perserreich ging unter.

Mosaik der Schlacht von Issos

Das Reich im Osten
Um 326 v. Chr. hatte Alexander Persien durchquert und Afghanistan und den Pandschab erobert. Obwohl seine Truppen zu ihm hielten, weigerten sie sich, weiter als bis zum Indus zu marschieren.

Münze aus dem Industal

Der Tod Alexanders

323 v. Chr. zog sich Alexander in der Stadt Babylon die Malaria zu. Daran starb er, erst 33 Jahre alt. Durch diesen plötzlichen Tod war er nicht mehr in der Lage, einen Nachfolger für sein Reich zu bestimmen. Innerhalb weniger Jahre zerfiel das riesige Alexanderreich.

Das Relief zeigt Alexander an der Spitze seines Heeres.

Sarkophag aus den Königsgräbern von Sidon, angeblich der Grabstein Alexanders

Sarkophag Alexanders

ALEXANDER DER GROSSE

356 v. Chr. Geboren in Makedonien

336 v. Chr. Er folgt seinem Vater auf dem Thron und schlägt einen Aufstand in Griechenland nieder.

334 v. Chr. Alexander führt sein Heer nach Persien und besiegt das persische Heer am Fluss Granikos.

333 v. Chr. Sieg über den Perserkönig Dareios III. bei Issos

331 v. Chr. Er besiegt Dareios III. ein zweites Mal bei Gaugamela.

326 v. Chr. Alexander erreicht den Indus; die Truppen wollen zurück.

323 v. Chr. Fiebertod in Babylon

SIEHE AUCH UNTER: ÄGYPTER · ASIEN, GESCHICHTE · GRIECHEN · PERSER · PHILOSOPHIE

ALGEN

DIE EINFACHSTEN PFLANZEN sind die Algen. Sie leben im Wasser oder an sehr feuchten Stellen. Unter den Algen finden wir alle Übergänge – von winzigen einzelligen Formen bis zu Riesentangen, die 60 m lang werden. Die Algen haben mit den Blütenpflanzen das Blattgrün oder Chlorophyll gemeinsam. Viele enthalten aber auch noch andere Farbstoffe. Nach ihrer Hauptfärbung unterscheidet man Rotalgen, Grünalgen und Braunalgen.

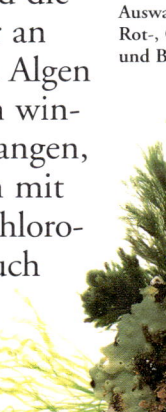

Auswahl von Rot-, Grün- und Braunalgen

Seetang

Große meeresbewohnende Algen, die Tange, spielen in der Nahrungskette des Meeres eine Rolle. Wie andere Pflanzen brauchen auch sie Sonnenlicht für die Photosynthese. Da in Wassertiefen von über 15 m kaum mehr Sonnenlicht eindringt, leben die meisten Tange an seichten Stellen der Küsten und Riffe.

Sargassotang

Blasenschlauch

Darmtang

Braunalgen
Zu dieser Gruppe zählen vor allem die Blasentange, der Sargassotang und der Kelp der kalifornischen Küste. Braunalgen sind sehr zäh und glitschig.

Grünalgen
Die meisten Grünalgen sind sehr kleine, zarte, einzellige Pflänzchen. Weniger als 10 % werden so groß, dass man sie Tange nennen könnte. Der große Meersalat wird in einigen Gegenden gegessen.

Schraubenalge
Diese fädige Grünalge bildet in Quellen verfilzte Polster. Die Alge ist hier 56-fach vergrößert.

Zieralge
Diese einzellige Zieralge kann man mit dem Auge gerade noch sehen. Sie zählt zu den Grünalgen und vermehrt sich durch Einschnürung an der „Taille".

Luftblasen
Einige kräftige Braunalgen haben an ihren Blättern größere Luft- oder Schwimmblasen. Diese erzeugen einen Auftrieb und sorgen dafür, dass die Blätter des Tanges immer möglichst nahe am Licht stehen.

Fester Halt
Algen kommen nur in geringer Tiefe vor und sind den Wellen ausgesetzt. Manche sind so fest im Boden verankert, dass man sie mit größter Kraftanstrengung nicht wegreißen kann.

Kalkalge

Rotalgen
Die Algen dieser Gruppe erhalten ihre rote Farbe von einem Pigment namens Phycoerythrin. Rotalgen sind klein bis mittelgroß. Die Kalkalgen sind harte Gebilde mit einem Kalkskelett.

Süßwasseralgen
Viele Süßwasseralgen sieht man nur unter dem Mikroskop. Die meisten bestehen nur aus einer einzigen Zelle oder einem mehrzelligen Faden.

Aufbau der Tange
Tange haben weder Wurzeln noch Blätter, Blüten oder Samen. Ihren Körper bezeichnet man als Lager oder Thallus. Dieser Thallus ist bei einigen Arten stark gegliedert, sodass sie an Blütenpflanzen erinnern. Ihr innerer Aufbau ist aber sehr einfach. Selbst die kompliziertesten Algen bestehen fast nur aus einer Zellsorte. Die Algen können nur im Wasser leben.

Kelp
Die Riesentange vor der kalifornischen Küste heißen Kelp. Sie werden bis zu 60 m lang, wurzeln in großer Tiefe und bilden gespenstische Unterwasserwälder. Kelps wachsen bis zu 1 m pro Tag. Meerotter schwimmen gerne in solchen Tangwäldern.

Fortpflanzung einer Braunalge

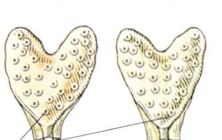
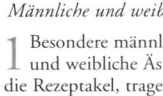

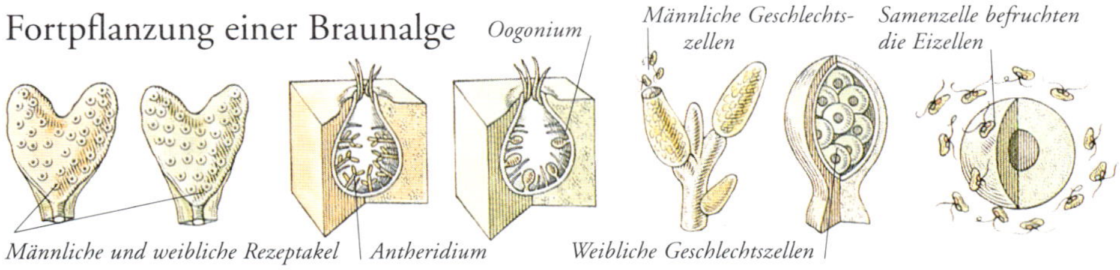

Männliche und weibliche Rezeptakel | *Oogonium* | *Antheridium* | *Männliche Geschlechtszellen* | *Weibliche Geschlechtszellen* | *Samenzelle befruchten die Eizellen*

1 Besondere männliche und weibliche Äste, die Rezeptakel, tragen die Fortpflanzungsorgane.

2 In den Rezeptakeln liegen die männlichen und weiblichen Geschlechtsorgane, die Antheridien und Oogonien.

3 Die Oogonien geben weibliche Geschlechtszellen frei, männliche gelangen über Poren ins Wasser.

4 Weibliche Eizellen locken die Samenzellen mit chemischen Stoffen zur Befruchtung.

SIEHE AUCH UNTER   MEERESKÜSTE, TIERWELT   OZEAN, TIERWELT   PFLANZEN   PHOTOSYNTHESE   SÜSSWASSER, TIERWELT

AMEISEN UND TERMITEN

AUF JEDEN MENSCHEN auf der Erde entfallen rund eine Million Ameisen. Ameisen und Termiten sind staatenbildende, soziale Insekten, die in Nestern leben und ein Kommunikationssystem entwickelt haben. Die meisten der 9 500 Arten leben in den Tropen. Von den Termiten sind 2 400 Arten bekannt. Sie leben in geschlossenen Nestern, und viele sehen nie das Licht.

Ameisen

Ameisen haben 2 zusammengesetzte Augen, 2 Fühler und 3 Beinpaare. Nur Königinnen und Männchen haben Flügel sowie 3 Einzelaugen. Die Segmente hinter der Brust sind schmal wie ein Stiel. Die Ameisen bilden oft große Nester, in der jede Kaste ihre Aufgaben erfüllt. Die Königin legt Eier und paart sich dazu mit Männchen. Die Arbeiterinnen suchen Futter und pflegen die Eier, Larven und Puppen, bis das fertige Tier ausschlüpft. Weibliche Soldaten bewachen das Nest.

Rote Waldameise

Verständigung
Ameisen legen mit Duftstoffen, den Pheromonen, Spuren, auf denen Futtersammlerinnen zurück zum Nest finden.

Verteidigung
Bei einem Angriff geben Ameisen Pheromone ab, um die Nestgenossen zu warnen. Die Soldaten werden dann aggressiv und greifen mit den Kiefern an oder setzen Giftstachel mit Ameisensäure. Die Rote Waldameise versprüht die Säure 20 cm weit.

Nester
Alle Ameisen leben in Kolonien in der Regel im Boden. Die Weberameisen bauen ihre Nester aus Blättern in Bäumen. Meist enthält ein Nest eine Königin, d. h. ein fruchtbares Weibchen. Bei einigen Arten leben viele Königinnen im Nest. Die Zahl der Tiere schwankt von wenigen Dutzend bis über 300 Mio. bei der Roten Waldameise.

Brücke aus lebenden Treiberameisen

Ernährung
Die meisten Ameisen sind Allesfresser: Sie nehmen Samen und Nektar und jagen wirbellose Tiere. Treiberameisen töten auch größere Tiere, etwa Würmer, Spinnen und sogar Echsen. Die Blattschneiderameisen gehören zu den wenigen rein vegetarischen Arten. Sie züchten Pilze auf zerkauten Blattstückchen und ernähren sich von ihnen.

Blattschneiderameisen

Termiten

Die Termiten heißen auch Weiße Ameisen, sind aber mit den eigentlichen Ameisen nicht verwandt. Auch sie leben in Nestern. Das Männchen, der König, stirbt nicht nach der Paarung, sondern lebt mit der Königin zusammen. Termiten haben eine unvollständige Verwandlung, also kein Puppenstadium, und keinen eingeschnürten Hinterleib.

Soldaten
Auch Termiten haben Soldaten mit unterschiedlichen Verteidigungswaffen. Einige besitzen Kiefer, die Schnittwunden zufügen. Andere verspritzen aus einer Drüse am Kopf ein klebriges Gift. Manche Termiten kommen ohne Soldaten aus. Die Arbeiterinnen bringen an den Nestwänden ihre Körper zum Vibrieren, sodass ein Geräusch wie das Zischen einer Schlange entsteht.

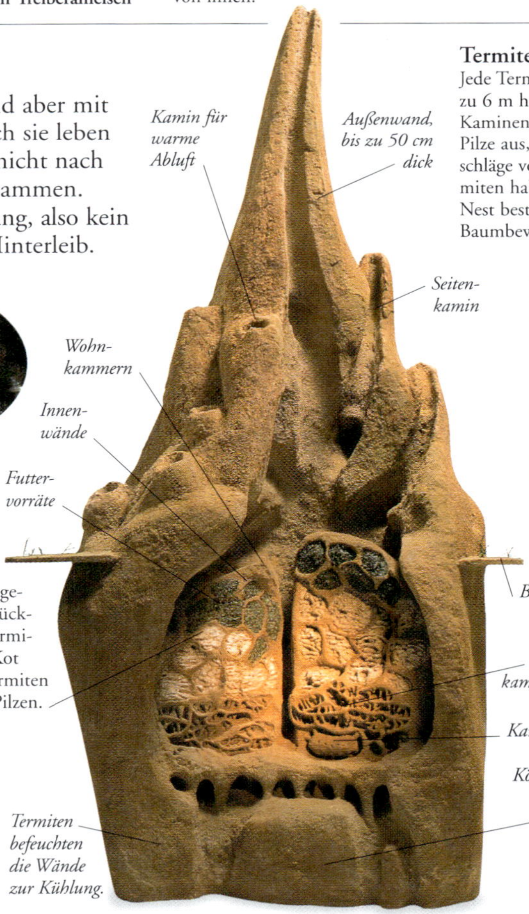

Termitenhügel
Jede Termitenart hat ihren eigenen Nesttyp. Einige bauen bis zu 6 m hohe Türme mit einem ausgeklügelten System von Kaminen zur Kühlung. Andere Termitennester sehen wie Pilze aus, wobei die breiten schirmförmigen Köpfe Niederschläge von den Brutkammern darunter fernhalten. Viele Termiten haben ihre Nester ganz im Boden oder in Holz. Das Nest besteht aus Speichel und Erde und wird hart wie Beton. Baumbewohnende Termiten bauen ihre Nester an Zweigen.

Arbeiterinnen
Die Arbeiterinnen sind unfruchtbare Weibchen. Sie bauen das Nest, sammeln Nahrung und füttern die Soldaten, den König und die Königin. Die meisten Arbeiterinnen fressen Holz und haben im Darm Mikroorganismen, die ihnen bei der Verdauung helfen.

Königin und König
Eine Termitenkönigin kann bis zu 10 cm lang werden. Mit ihren vergrößerten Eierstöcken legt sie etwa 30 000 Eier pro Tag. Der König bleibt bei der Königin und paart sich mit ihr mehrfach, um die Eier zu besamen.

Pilzgärten
Hier wachsen die Pilze auf eingetragenen Blattstückchen, die die Termiten mit ihrem Kot düngen. Die Termiten leben von den Pilzen.

ROTE WALDAMEISE

WISSENSCHAFTLICHER NAME	*Formica rufa*
ORDNUNG	Hymenoptera, Hautflügler
FAMILIE	Formicidae, Ameisen
VERBREITUNG	Europa
LEBENSRAUM	Wälder
ERNÄHRUNG	Allesfresser; sie tragen Samen und wirbellose Tiere ein.
GRÖSSE	Arbeiterinnen 6–8 mm, Königin 10–13 mm
LEBENSDAUER	Eine Arbeiterin lebt 3–4 Monate, die Königin bis zu 15 Jahre.

SIEHE AUCH UNTER GLIEDERFÜSSER INSEKTEN MUNGOS UND ZIBETKATZEN PILZE TIERBAUTEN TIERVERHALTEN WÄLDER, TIERWELT

AMERIKA

AMERIKA GALT LANGE als der zweitgrößte Kontinent nach Asien. Nach der Entdeckung Australiens zählte man nur fünf Erdteile. Später ging man dazu über, Amerika als Doppelkontinent anzusehen. Tatsächlich waren beide Teile vor etwa 5 bis 2,5 Millionen Jahren noch getrennt. Heute sind sie durch die Landbrücke von Mittelamerika verbunden und man betrachtet Nord- und Südamerika jeweils als eigenen Kontinent. Die Trennung bildet die Landenge von Tehuantepec in Mexiko, wo der Atlantische und der Pazifische Ozean nur 216 km voneinander entfernt sind.

Geografie

Nord- und Südamerika zeigen einen ähnlichen geologischen Aufbau: Im Osten gibt es uralte, abgetragene Schollenländer, im Westen hoch aufragende Faltengebirge. Dazwischen liegt ein muldenartiges Tiefland mit großen Stromsystemen (Mississippi, Amazonas). Beide Erdteile haben Anteil an allen Vegetationsformen.

Mount McKinley
Majestätisch überragt der Mount McKinley, von den Indianern Denali genannt, in Alaska eine großartige Naturlandschaft.

Iguazu
Bei den Iguazu-Fällen in Brasilien strömt das Wasser tosend in die Tiefe.

Prärien
Westlich des Mississippi erstreckt sich eine gewaltige Tiefebene, die Great Plains. Einst zogen Millionen von Bisons durch diese im Volksmund auch Prärie genannten Graslander.

Die Kordillere
Von Alaska bis Feuerland zieht sich das längste Faltengebirge der Erde über 15 000 km Länge durch den Doppelkontinent. In Nordamerika zählen dazu das Kaskadengebirge, die Sierra Nevada und die Rocky Mountains. Der Gebirgszug setzt sich in Mittelamerika in der Sierra Madre fort. Die Anden in Südamerika erreichen mit 6 960 m die größte Höhe.

ZAHLEN UND DATEN	
FLÄCHE	42 052 000 km²
EINWOHNER	801 120 000
ANZAHL DER LÄNDER	35
GRÖSSTES LAND	Kanada
KLEINSTES LAND	St. Kitts und Nevis
BEVÖLKERUNGSREICHSTES LAND	USA
HÖCHSTER PUNKT	Aconcagua (Chile, Argentinien), 6 960 m
LÄNGSTER FLUSS	Amazonas (Peru, Kolumbien, Brasilien), 6 448 km
GRÖSSTER SEE	Oberer See (USA, Kanada), 82 414 km²

SIEHE AUCH UNTER: NORDAMERIKA, SÜDAMERIKA, ZENTRALAMERIKA

AMERIKANISCHE REVOLUTION

IM JAHR 1783 wurde eine neue Nation geboren – die Vereinigten Staaten von Amerika. Ihr Kampf um Unabhängigkeit wird als die Amerikanische Revolution bezeichnet. Es begann 1775, als 13 englische Kolonien sich gegen das Mutterland erhoben. England verlangte von den Kolonien hohe Steuern. Die Kolonisten, die im britischen Parlament nicht vertreten waren, verweigerten die Zahlung. So kam es zu Demonstrationen und zur Gründung des Kontinentalkongresses. Die Kolonisten erklärten sich schließlich für unabhängig. England gab 1781 den Kampf auf.

13 Kolonien
Nach der Revolution bildeten die 13 ursprünglich britischen Kolonien die ersten 13 Staaten der USA.

Stempelsteuer
1765 führte England eine Stempelsteuer auf alle amtlichen Dokumente ein. Die aufgebrachten Kolonisten empfanden die Steuern ohne Vertretung im Parlament als Willkür und weigerten sich englische Waren zu kaufen.

Die Boston Tea Party
England zog die Stempelsteuer zurück, erhob aber nun Steuern auf Tee. Eine Gruppe von Siedlern verkleidete sich als Mohawk-Indianer, enterte die Teeschiffe in Boston und warf den Tee ins Meer.

Die Siedler kippten aus Protest den Tee in den Bostoner Hafen.

Lexington und Concord
Im April 1775 kam es bei Lexington und Concord zu Scharmützeln. Die Amerikaner zwangen die Briten zum Rückzug. Diese marschierten unter ständigem Beschuss zurück nach Boston.

Paul Revere
Paul Revere (1735–1818) ritt in der Nacht vom 18. April 1775 durch Massachusetts, um vor der Ankunft der Briten zu warnen. Er gehörte den „Söhnen der Freiheit" an, einer antibritischen Gruppe.

Revere auf seinem Ritt

Thomas Jefferson
Thomas Jefferson (1743–1826), ein Rechtsanwalt und wohlhabender Pflanzer aus Virginia, kam 1775 in den Kontinentalkongress. Er entwarf die Unabhängigkeitserklärung, reformierte die Gesetze seines Landes und wurde als Gesandter nach Frankreich geschickt. 1801 wählte man ihn zum 3. Präsidenten der USA. Er blieb bis 1809 im Amt.

Amerikanischer Soldat – Dreispitz, Gurt für Patronentasche, Tornisterriemen, Bürste für Zündschloss, Gewehr, Gamaschenhose, Gewehr

Britischer Infanterist – Dreispitz, Schulterriemen, Roter Rock, Bajonett, Bürste für Zündschloss, Kniehose, Ledergamasche, Stiefel

Revolutionskrieg
Der Krieg dauerte 6 Jahre. Am Sieg der Amerikaner hatte Washington großen Anteil. Er errang mit seinen Truppen die Siege bei Brandywine (1777) und Yorktown (1781).

Die Gegner
Die Briten waren gut ausgebildet, aber schlecht geführt. Ihre Befehle erhielten sie aus dem 4 000 km entfernten England. Die Amerikaner waren schlecht ausgerüstet, sie kannten aber das Gelände und hatten gute Führer.

Kapitulation in Yorktown
Die Kämpfe dauerten bis zum Frühjahr 1781, als die Kolonisten die Engländer in Yorktown vom Nachschub abschnitten. Am 19. Oktober gaben die Engländer auf.

Unabhängigkeitserklärung
Am 4. Juli 1776 unterzeichneten die 13 ehemaligen Kolonien die Unabhängigkeitserklärung. Sie begann mit den Worten: „Alle Menschen sind gleich…" und die Auffassung von „Leben, Freiheit und Glück" beeinflusste später die Französische Revolution.

George Washington
Der Oberbefehlshaber der amerikanischen Armee war George Washington (1732–99). Der General hielt die Moral seiner Truppen hoch, obwohl er anfänglich mehrere Niederlagen hinnehmen musste. Als 1778 Frankreich und 1779 Spanien aufseiten der Siedler in den Krieg eingriffen, war der Sieg über England sicher.

Washington

Chronologie
1765 England führt die Stempelsteuer ein. Nach Protesten wird die Steuer zurückgenommen, dafür bleiben andere Steuern.

1773 Boston Tea Party. Amerikaner, verkleidet als Mohawks, kippen aus Protest gegen die Steuerlast den Tee in den Bostoner Hafen.

1774–75 Kontinentalkongress. Die Vertreter bestehen darauf, ohne Mitbestimmung keine Steuern zu zahlen.

1775 Schlacht von Lexington. Der Kongress übernimmt die Regierung und bestellt Washington zum Oberbefehlshaber.

1777 Der britische General John Burgoyne (1722–92) kapituliert bei Saratoga.

1778 Frankreich unterstützt Amerika im Krieg.

1781 Die Briten ergeben sich in Yorktown.

Französischer Söldner

SIEHE AUCH UNTER: FRANZÖSISCHE REVOLUTION, GROSSBRITANNIEN, GESCHICHTE, VEREINIGTE STAATEN, GESCHICHTE, WASHINGTON, GEORGE

AMERIKANISCHER BÜRGERKRIEG

KNAPP 80 JAHRE nach der Unabhängigkeitserklärung der USA kam es wegen der Sklavenfrage zum Bürgerkrieg. Die reichen Industriestaaten im Norden lehnten die Sklaverei ab, während man auf den Plantagen im Süden weiterhin Sklaven einsetzte. Nachdem Abraham Lincoln 1860 zum Präsidenten gewählt worden war, fürchteten die Südstaaten, dass er die Sklaverei verbieten würde. Sie trennten sich deshalb von der Union und gründeten die Konföderierten Staaten von Amerika. Der Krieg begann 1861 und dauerte 4 Jahre. Am Ende blieben die Nordstaaten Sieger und die Sklaverei wurde verboten.

Die geteilte Nation
Von den Sklavenhalterstaaten verließen 11 die Vereinigten Staaten und erklärten ihre Unabhängigkeit, 4 schlossen sich der Konföderation nicht an. West-Virginia trennte sich von Virginia und blieb in der Union.

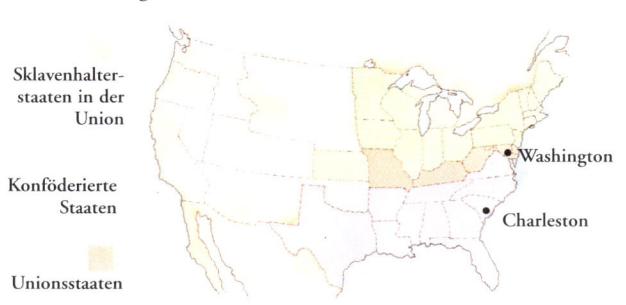

Sklavenhalterstaaten in der Union
Konföderierte Staaten
Unionsstaaten

Der erste moderne Krieg
Der amerikanische Bürgerkrieg war der erste Krieg mit modernen Hilfsmitteln. Eisenbahnen transportierten Soldaten und Nachschub an die Front, zum ersten Mal wurden Schiffe aus Eisen eingesetzt. Die Kommandeure verständigten sich durch Feldtelegraphen, und der Krieg wurde in Zeitungen dokumentiert.

Unionssoldaten mit Geschützen

Es gab meist Stellungskriege, die Truppen waren aber auch auf die offene Feldschlacht vorbereitet.

Soldaten
Mehr als 3 Millionen Soldaten kämpften in den beiden Armeen, die meisten von ihnen als Fußsoldaten bei der Infanterie.

Kanonier *Feldgeschütz* *Offizier* *Perkussionsgewehr*

Infanteriesoldat der Konföderierten

Infanteriesergeant der Union
Rangabzeichen
kurze Jacke
Sergeantenschärpe
Sergeantenstreifen an der Hose

Abraham Lincoln
Lincoln wurde 1809 in Kentucky geboren. 1834 wurde er ins Parlament, 1860 zum Präsidenten der USA gewählt. Er führte die Union zum Sieg im Bürgerkrieg. 1865 wurde Lincoln ermordet.

Merrimack und Monitor
Am 9. März 1862 lieferte sich das Panzerschiff *Merrimack* der Südstaaten ein Seegefecht mit der *Monitor* der Union. Das Gefecht selbst ging unentschieden aus, aber es war das erste Mal, dass eiserne Schiffe im Seekrieg eingesetzt wurden.

Gettysburger Ansprache
Lincoln weihte 1863 einen Soldatenfriedhof am Schlachtfeld in Gettysburg, Pennsylvania, ein. Dabei drückte er die Hoffnung aus, dass „diese Toten nicht umsonst gestorben sind; dass diese Nation, mit Gott, eine Wiedergeburt in Freiheit erleben wird und dass diese Regierung des Volkes, durch das Volk und für das Volk nicht vom Erdboden verschwinden wird".

Appomattox
Am 9. April 1865 ergab sich Robert E. Lee, General der Konföderierten, in Appomattox, Virginia, dem General der Nordstaaten Ulysses S. Grant. Über 600 000 Amerikaner waren in dem vierjährigen Krieg gefallen und weit mehr noch waren verwundet.

Unterzeichnung der Kapitulation

Chronologie
April 1861 11 Staaten verlassen die Union; nachdem konföderierte Truppen eine Garnison der Unionstruppen in Fort Sumter, South Carolina, beschießen, kommt es zum Krieg.

1861 Die Konföderierten unter den Generälen Jackson und Beauregard siegen in der ersten großen Schlacht bei Bull Run, nahe Washington.

1862 Die Konföderierten gewinnen die 7-Tage-Schlacht (bei Richmond, Virginia) und siegen in der Schlacht von Fredericksburg, Virginia.

1863 Die Nordstaaten siegen bei Gettysburg; Proklamation der Sklavenbefreiung.

Ulysses S. Grant

1864 Ulysses S. Grant wird Oberbefehlshaber der Unionstruppen.

1864 General Shermans Unionsarmee durchquert Georgia, zerstört die Hauptstadt und schwächt die Konföderation.

Kanone aus dem Bürgerkrieg

April 1865 Lees Südstaaten-Armee ergibt sich in Appomattox, Virginia.

Mai 1865 Die letzte Armee der Südstaaten kapituliert.

Dezember 1865 In den USA wird die Sklaverei durch die 13. Verfassungsänderung abgeschafft.

| SIEHE AUCH UNTER | AMERIKANISCHE REVOLUTION | NORDAMERIKA, GESCHICHTE | SKLAVEREI | STREITKRÄFTE | VEREINIGTE STAATEN, GESCHICHTE | WASHINGTON, GEORGE |

AMPHIBIEN

DIE AMPHIBIEN oder Lurche gehören zu den Wirbeltieren und haben sich aus den Fischen entwickelt. Sie sind an das Leben auf dem Land angepasst, haben aber immer noch eine schleimige Haut und müssen zur Fortpflanzung ins Wasser zurückkehren. Aus den Eiern, die ins Wasser abgelegt werden, schlüpfen Larven, die sich erst bei einer Metamorphose in die erwachsenen Tiere verwandeln. Man unterscheidet drei Amphibiengruppen mit über 3 000 Arten.

Merkmale
Abgesehen von den Blindwühlen und einigen Salamandern haben Amphibien 4 Beine mit je 4 oder 5 Fingern oder Zehen. Fast alle Arten pflanzen sich im Wasser fort und legen dort ihre Eier ab. Wenige Frösche bauen auf dem Land Schaumnester oder legen Eier auf Moospolster oder in den Boden.

Grasfrosch

Lange Sprungbeine

Schwimmhäute

Frösche fangen ihre Beute im Sprung.

Marmormolch

Marmorzeichnung auch auf dem Schwanz

Schaufelfuß

Amphibiengruppen
Man unterscheidet drei Gruppen von Amphibien: die wurmähnlichen Blindwühlen, die Schwanzlurche mit den Molchen und Salamandern und die Froschlurche mit den Fröschen, Kröten und Unken.

Blindwühlen
Die sehr seltenen Blindwühlen sind beinlose Fleischfresser. Die meisten Arten leben in den Tropen, eingegraben in der Erde, andere halten sich im Wasser auf. Sie haben zurückgebildete Augen und Ohren, aber einen guten Geruchssinn.

Frösche und Kröten
In gemäßigten Gebieten sind die Frösche noch stärker an das Wasser gebunden als die Kröten. In den Tropen gibt es Arten, die unabhängig vom Wasser im Boden oder auf Bäumen leben.

Molche und Salamander
Die Schwanzlurche umfassen neben den Molchen und Salamandern auch die amerikanischen Aalmolche. Schwanzlurche kommen in fast allen Lebensräumen vor. Einige hochspezialisierte Formen wie der Grottenolm leben in der Dunkelheit von Höhlen.

Verbreitung
Amphibien kommen fast überall vor, sogar in der Wüste. Die amerikanischen Schaufelfüße überstehen die trockene Jahreszeit eingegraben im Boden. Unsere Frösche verbringen den Winter im Schlamm der Gewässer.

Haut
Die Haut der Amphibien ist sehr dünn und ohne Schuppen. In der Regel fühlt sie sich schleimig an. Die Amphibien nehmen einen großen Teil des benötigten Sauerstoffs über die Haut auf. Die Haut kann glatt oder warzig sein. Bei einigen Fröschen und Kröten produziert sie starke Gifte.

Kammmolch

Wasserpfeifer

Querzahnmolch

Laubfrosch

Hautstruktur
Je näher die Amphibien am Wasser leben, umso glatter, feuchter und schleimiger ist ihre Haut. Ausgeprägte Festlandstiere haben meist eine warzige oder höckrige Haut.

Korallenfinger

Färbung
Amphibien sind wechselwarm und verändern ihre Farbe je nach der Temperatur der Umgebung. Bei Wärme werden sie heller.

Getarnte Laubfrösche

Tarnung
Viele Frösche und Kröten sind hervorragend getarnt, um unentdeckt zu bleiben. Sie passen sich meist in Farbe und Muster der Umgebung an. Einige tropische Arten sehen wie abgefallene Blätter aus.

Verteidigung
Die kolumbianischen Pfeilgiftfrösche warnen mit auffälligen Farben mögliche Räuber vor ihren Hautgiften. Ihre Kaulquappen entwickeln die Gifte parallel zu den Farben. Kröten geben ein starkes, milchiges Gift aus Drüsen hinter dem Auge ab.

Kaulquappen der Pfeilgiftfrösche

Metamorphose
Die Entwicklung von einer kiemenatmenden Kaulquappe zum lungenatmenden erwachsenen Tier heißt Metamorphose. Während der Verwandlung wachsen die Beine und der Schwanz verliert sich.

Eier
Die Amphibien legen ihre Eier einzeln, in Schnüren oder großen Laichballen ab. Die Eier können sich nur im Wasser entwickeln.

Molchei

Froschlaich

Kaulquappen
Aus den Eiern schlüpfen Larven. Bei den Fröschen und Kröten nennen wir sie Kaulquappen. Die Larven der Schwanzlurche sehen den erwachsenen Tieren schon sehr ähnlich. Man erkennt sie wie Kaulquappen an den Kiemen.

Kaulquappe eines Frosches

Kiemen

Salamanderlarve

Axolotl
Einige Salamander behalten ihr larvenartiges Aussehen lebenslang, z. B der Axolotl, ein Tigerquerzahnmolch.

SIEHE AUCH UNTER EVOLUTION · FRÖSCHE UND KRÖTEN · SALAMANDER UND MOLCHE · TIERE, GIFTIGE

ANGELSACHSEN

GEGEN ENDE DES 8. JH. hatten die Bewohner Britanniens, die Angelsachsen, eine reiche Kultur entwickelt. Sie hinterließen Meisterwerke der Goldschmiedekunst, der Architektur und Literatur. Ursprünglich kam dieses Volk aus dem Norden Germaniens und dem Süden Dänemarks und setzte sich aus den Angeln, Sachsen und Jüten zusammen. Im 3. und 4. Jh. zogen diese Stämme durch Teile des Römischen Reiches. Sie kamen auch nach Gallien, dem heutigen Frankreich, wo ihr Einfluss aber nur von kurzer Dauer war. Im 5. Jh. erreichten sie Britannien. Hier errichteten sie unabhängige Königreiche, darunter Wessex, das zur beherrschenden Macht wurde.

Königreiche

Die Königreiche, die die Siedler gegründet hatten, kämpften ständig um die Vorherrschaft. Zuerst war Northumbria unter Edwin (gest. 633) die führende Macht. Darauf folgte Mercia unter Ethelbald (gest. 757) und Offa (gest. 796). Schließlich wurde Wessex unter Alfred dem Großen das mächtigste Reich. Als dänische Wikinger Nordengland eroberten, hielt sie Alfred davon ab, nach Süden vorzudringen. Die Angelsachsen gewannen den Norden im 10. Jh. zurück.

König Knut der Große
Um 1016 herrschten die Dänen unter Knut dem Großen (um 995–1035) über England. Seine Söhne erbten England, aber der Angelsachse Edward der Bekenner (um 1003–1066) eroberte das Land 1042 zurück. Er starb ohne Kinder. Das ungefestigte Reich war verwundbar und die Normannen konnten es nun erobern.

Edward der Bekenner   Knut der Große

Kultur

Das kulturelle Leben spielte sich meist in den Klöstern und am Hof des Königs ab. Alfred der Große scharte Wissenschaftler und Künstler um sich. Er selbst übertrug lateinische Klassiker ins Angelsächsische.

Vermutliches Bild Alfreds des Großen

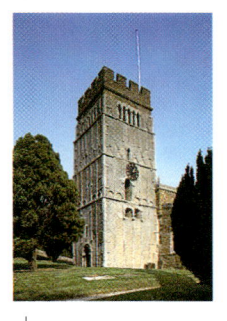

Architektur
Die angelsächsischen Kirchen, wie diese in Earls Barton, England, haben meist viereckige Türme, die reichlich mit Reliefs verziert sind. Der Baustil geht wohl auf frühere Holzbauten zurück, die nicht erhalten sind.

Buchkunst
Die Mönche fertigten wertvolle Handschriften an. Einer schrieb den Text, ein anderer illustrierte ihn mit Figuren, z.B. den hl. Dunstan (um 909–88) vor Jesus knieend, ein dritter malte das Buch aus.

Goldschmiedekunst
Die Inschrift auf diesem Medaillon lautet: „Alfred gab mich in Auftrag". Es gehörte wohl dem König. Tierkopfdekoration und Inschrift sind in Gold herausgearbeitet. Das Portrait aus Email zeigt vermutlich Alfred selbst.

Die Schriftkunst

Im 7. Jh. bekehrten Missionare aus dem Herzen Europas die Angelsachsen zum Christentum. Unter ihnen war auch der heilige Augustin von Canterbury. Mit der Gründung von Klöstern lernten immer mehr Menschen lesen und schreiben. Die Mönche verfassten Werke wie die *Angelsächsische Chronik*, die über die Zeiten berichtet.

Die Angelsächsische Chronik
Im 9. Jh. gab Alfred der Große die *Chronik* in Auftrag, in der Jahr für Jahr die Ereignisse in England aufgezeichnet wurden. Sie umfasst das Leben der Könige und Kirchenfürsten, die Geschichte der Kriege oder den Einfall der Wikinger. Der letzte Eintrag ist von 1154.

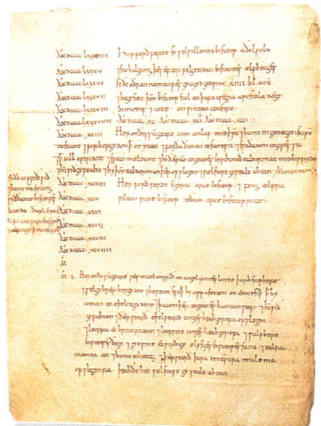

Beda (um 673–735)
Beda war ein englischer Mönch und Lehrer in Jarrow. Er verfasste eine Geschichte der Kirche und des Volkes von England. Sie gilt als eine der wichtigsten Quellen für die Zeit der Angelsachsen.

Alfred der Große

Der Herrscher von Wessex und Mercia, Alfred (um 849–um 899) war ein hervorragender Krieger, der sein Königreich gegen die Wikinger verteidigte. Er schätzte die Wissenschaft. Künste und Handwerk blühten in seinem Reich. Zwar konnte er schließlich die Wikinger nicht zurückhalten, aber er galt vielen als Beschützer Englands und als dessen erster König.

Chronologie

450 Angeln, Sachsen und Jüten aus dem Norden Germaniens und aus Dänemark erreichen Britannien. Sie besiedeln vor allem die Ostküste – sie heißt Ost-Anglia.

802–39 Regierung Egberts von Wessex. Angriffe der Wikinger

871–99 Regierung Alfreds des Großen, berühmt für seine Gesetzgebung und Übersetzungen ins Altenglische. Er besiegt die Wikinger 878 bei Edington.

1016 Der Däne Knut der Große wird von den Briten zum König gewählt. Er regiert bis 1035.

1042 Edward gewinnt die Herrschaft zurück.

1066 Harold II., der letzte angelsächsische König, wird in der Schlacht von Hastings von Wilhelm dem Eroberer getötet.

Angelsächsische Schnalle

SIEHE AUCH UNTER   EUROPA, GESCHICHTE   GROSSBRITANNIEN, GESCHICHTE   KELTEN   KLÖSTER   NORMANNEN   WIKINGER

ANTARKTIS

ALS ANTARKTIS bezeichnen wir das Gebiet um den Südpol. Hier liegt Antarktika, der südlichste, zugleich kälteste und windigste Kontinent. Der riesige Erdteil ist nicht in Länder aufgeteilt, doch erhoben 7 Staaten Anspruch auf Territorien. Der Antarktisvertrag von 1959 wies diese zurück und legte fest, dass der Erdteil nur für friedliche Zwecke genutzt werden dürfe. Einzige Bewohner der Antarktis sind Wissenschaftler, die sich einige Zeit in Forschungsstationen aufhalten.

Geografie

Die Antarktis ist fast vollständig von einer bis zu 4,8 km dicken Eisschicht bedeckt. Sie enthält 90 % des gesamten Eises der Erde und 70 % der Süßwasserreserven. Beim Ross- und Ronne-Eisschelf erstreckt sich die Eisschicht sehr weit in das Südpolarmeer hinaus.

ANTARKTIS: DATEN

- FLÄCHE 900 000 km²
- EINWOHNER 4 000 Forscher aus verschiedenen Nationen
- ANZAHL DER LÄNDER Keines
- HÖCHSTER PUNKT Vinsonmassiv, 5 140 m
- DURCHSCHNITTLICHE DICKE DER EISDECKE 2 450 m
- TEMPERATUR IM JAHRESMITTEL -30 °C

Eisberge

Strömungen unter dem dicken Eisschelf bewirken, dass riesige Eisschollen abbrechen – die größte war bisher 200 km lang. Sie gefährden die Schifffahrt. Bei ihrer Drift nach Norden brechen die Eisberge auf und schmelzen. Nur das oberste Viertel ist über dem Wasser zu sehen.

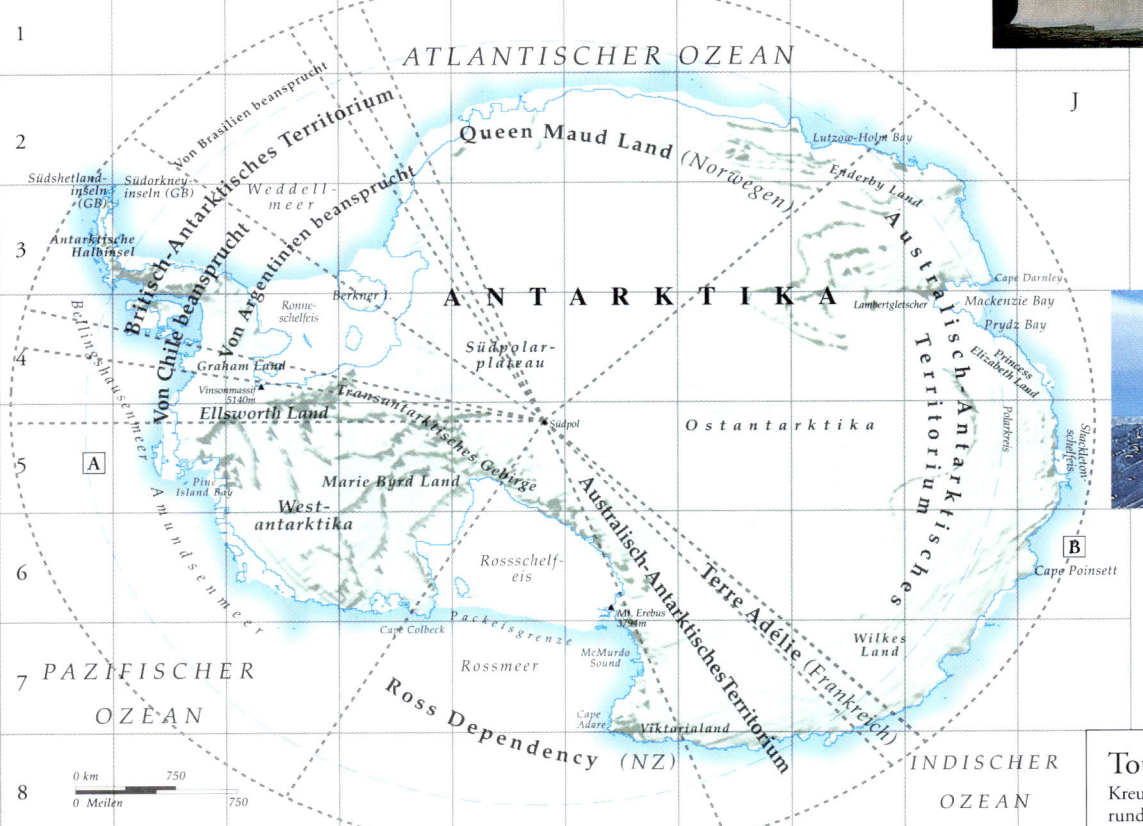

Mount Erebus

In der Antarktis gibt es auch Vulkane, z. B. den Mount Erebus auf der Rossinsel beim gleichnamigen Eisschelf. Er gehört zum Transantarktischen Gebirge, das bis zu 4 570 m hoch ist.

Tourismus

Kreuzfahrtschiffe bringen jedes Jahr rund 6 000 Besucher in die Antarktis. Die Touristen, die sich aufs Eis wagen, tragen spezielle, gegen Kälte isolierende Kleidung. Besonders gefährlich wirkt sich die Reflexion der Sonneneinstrahlung aus.

Windschutz im Schädel eines Wals

Schnitt durch die Antarktis

Das Transantarktische Gebirge unterteilt den Kontinent in einen größeren und einen kleineren Teil. Das Festland selbst liegt in geringer Meereshöhe. Doch durch die Eisschicht ist Antarktika der höchste Kontinent mit einer Durchschnittshöhe von 2 100 m. Die Eiskappe ist in den letzten 100 000 Jahren entstanden und enthält 90 % des gesamten Eises der Erde.

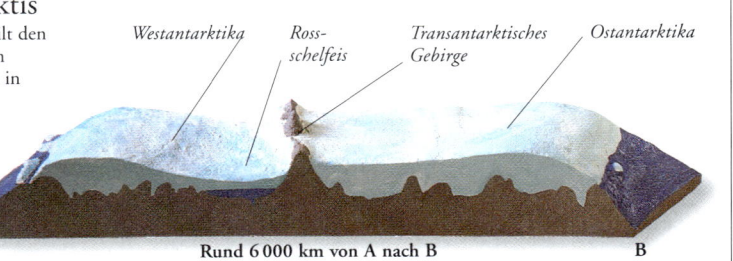

Rund 6 000 km von A nach B

SIEHE AUCH UNTER: ATLANTISCHER OZEAN • GLETSCHER • INDISCHER OZEAN • KLIMA • PAZIFISCHER OZEAN • POLARFORSCHUNG • POLARGEBIETE, TIERWELT • VULKANE

ARCHÄOLOGIE

SCHON IMMER WOLLTEN die Menschen wissen, woher sie kommen und wie ihre Vorfahren gelebt haben. Dies herauszufinden ist Sache der Archäologie. Sie erforscht die Vergangenheit des Menschen von grauer Vorzeit bis in die geschichtliche Zeit. Dabei stützt sie sich auf Material, das unsere Vorgänger hinterlassen haben. Über Jahrtausende sind Zeugnisse menschlicher Tätigkeit wie Lagerplätze, Abfallhaufen und Siedlungen unter Erdschichten begraben worden. Archäologen suchen solche Spuren und bringen sie vorsichtig ans Tageslicht. Aus den Funden lassen sie längst vergangene Zeiten lebendig erstehen.

Entdeckung

Archäologische Fundstätten entdeckt man bei Bauarbeiten, beim Lesen historischer Dokumente, durch geophysikalische Bodenuntersuchungen oder durch Fotoaufnahmen aus der Luft.

Burg der Eisenzeit, England

Luftbildaufnahmen
Waagrechte und senkrechte Linien auf Luftbildern deuten oft auf mittelalterliche Fluren, alte Straßen, Mauern und Gräben hin. Bei niedrigem Sonnenstand zeigen Luftaufnahmen Unterschiede in der Oberfläche besonders deutlich.

Ausgrabung

Ein ärchäologisches Grabfeld wird schichtweise abgetragen. Erst legen Arbeiter die jüngste, obere Schicht frei. Dann graben sie in tiefere und ältere Schichten. Die Untersuchung der Schichten nennt man Stratigraphie.

Fußboden aus dem 17. Jh. — *Abflussrohr aus dem 19. Jh.* — *Kalkfußboden aus dem 16. Jh.*

Stratigraphie
Durch das Freilegen von Gräben, Pfostenlöchern und Fußböden erhält man Informationen über die Geschichte eines Fundortes und die Menschen, die dort lebten. Bei Ausgrabungen in Städten ist es besonders schwierig, da auf den Trümmern alter Häuser neue errichtet wurden. Die Stratigraphie liefert die wichtigsten Anhaltspunkte für die Datierung.

Schnitt durch eine Ausgrabung in London
Brunnenschacht, um 1800 — *Abortgrube aus Kalk, 14. Jh.* — *Boden mit römischen Fliesen*

Werkzeug
Die Archäologen benutzen Schaufel und Spitzhacke, um die oberste Bodenschicht zu entfernen. Dann graben sie mit Handspaten, Teelöffeln und Kellen vorsichtig nach Gegenständen.

Pickel — *Kelle* — *Maßband*

Funde
Archäologen fotografieren die gefundenen Artefakte, um darüber zu berichten. Sie messen die Größe des Fundstücks, beschreiben Form, Farbe und Verzierungen und geben sein Alter an. Dadurch kann man verschiedene Fundplätze und Objekte aus unterschiedlichen Gegenden in Beziehung setzen.

Untersuchung

Ausgegrabene Gegenstände sind hochempfindlich. Sie werden gereinigt und konserviert. Erst danach können sie genauer untersucht werden. Man bestimmt das Material des Gegenstandes, seinen möglichen Zweck und sein Alter. Wichtige Funde werden fotografiert und im Museum ausgestellt.

Salzwasser hat den Krug angegriffen.
Zinnkrug

Eine Hängebühne holte das Schiff vom Meeresgrund.

Unterwasserarchäologie
Funde im Meer oder in Seen sind schwer zu bergen, da sie meist von Schlick oder Sand bedeckt sind. Doch die Mühe lohnt sich. Das Holz, aus dem die *Mary Rose*, ein Schiff des 16. Jh., hergestellt ist, wäre an Land längst verrottet. Es gibt mehrere Methoden der Konservierung: Man behandelt ein Schiff mit Wasser, versiegelt es mit chemischen Stoffen oder trocknet es sorgfältig.

Um das Holz zu bewahren, wird dieses Schiff 20 Stunden am Tag mit kaltem Wasser besprüht.

Die Mary Rose im Dock

Chronologie

1748 Pompeji wird z. T. freigelegt, ab 1860 ausgegraben.

1799 Ein Offizier aus Napoleons Armee entdeckt den Stein von Rosette mit Hieroglyphen aus dem 6. Jh. v. Chr.

1812 Abu Simbel am westlichen Nilufer wird entdeckt.

1822 Der Franzose Champollion entziffert die ägyptischen Hieroglyphen.

1856 Im Neandertal bei Düsseldorf findet man Knochen eines *Homo sapiens*.

1870–82 Der Deutsche Heinrich Schliemann gräbt das antike Troja aus.

1922 Howard Carter entdeckt das Grab des Tut-anch-Amun.

1940 In Lascaux, Frankreich, entdeckt man Höhlenbilder.

1949 Radiokarbonmethode zur genauen Altersbestimmung

1961 Louis Leakey entdeckt in der Olduvaischlucht den *Homo habilis*.

1991 Fund einer vorgeschichtlichen Leiche (Similaun-Mann)

Australopithecus, ein Menschenvorfahr

Mortimer Wheeler

Einer der bedeutendsten Archäologen unseres Jahrhunderts, Mortimer Wheeler (1890–1976), gründete das Archäologische Institut von London. Er entwickelte auch neue Methoden der Ausgrabung. Als Generaldirektor der indischen Archäologie leitete er die Forschungen im Industal.

SIEHE AUCH UNTER ABSTAMMUNGSLEHRE · ASIEN, GESCHICHTE · BRONZEZEIT · EUROPA, GESCHICHTE · STEINZEIT · VORGESCHICHTE

Archäologische Funde aus der *Mary Rose*

Waffen

Halbgeschütz Vorderlader aus Bronzeguss

Feldschlange Vorderlader aus Bronzeguss

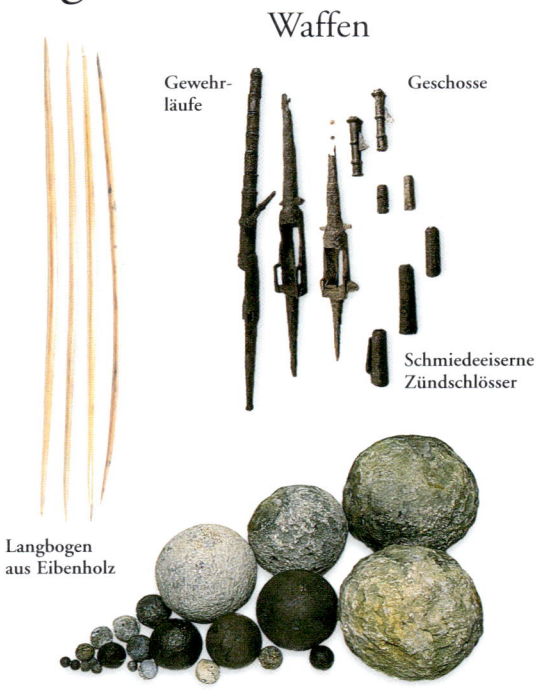

Langbogen aus Eibenholz

Gewehrläufe

Geschosse

Schmiedeeiserne Zündschlösser

Kugeln aus Stein, Eisen und Blei für Kanonen

Hölzerne Zündstöcke trugen den Zunder, mit dem das Pulver in den Kanonen gezündet wurde.

Hier wurde der Zunder gehalten.

Griff des Zündstocks

Hinterladergeschütz aus Schmiedeeisen

Schiffsutensilien

Holzgriffe von Rasiermessern

Apothekerwaage

"Jungfer"

Sonnenuhr

Krug für Medizin

Angel, Goldmünze von 1545

Kochtopf aus Bronze für das Mannschaftsessen

Hölzener Bierkrug

Zinnlöffel und Zinnteller vom Tisch des Kapitäns

Besitz der Seeleute

Ledernes Wams

Tintenfass aus Horn

Backgammon-Spiel

Einlegearbeit aus Eiben- und Fichtenholz

Maniküset aus Knochen

Lederflasche für Wein oder Wasser

Hölzerner Kamm

Buchhülle aus Leder

ARCHITEKTUR

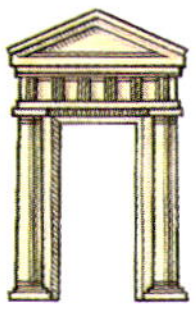

OB WOLKENKRATZER oder der Bau einer Brücke – Architektur ist zunächst sorgfältige Planung. Man bezeichnet mit Architektur aber auch die Ausführung eines Bauwerks und die verschiedenen Baustile. Wer Architektur genau betrachtet, erfährt etwas über die Menschen vergangener Zeit: über die Baustoffe, die sie verwendeten, über die Fähigkeiten früher Baumeister und die Ideen, die hinter einem Bauwerk stecken.

Ornamente
Zu Beginn des 20. Jh. entdeckten die Architekten die Schmuckelemente der Fassaden wieder. In früheren Zeiten hatten selbst einfache Häuser irgendwelchen Zierrat, der den Geschmack des Besitzers ausdrückte. In der Antike schmückten die Griechen z. B. an besonders wichtigen Gebäuden die Enden der Säulen, die Kapitelle. Die Steinmetze arbeiteten dabei nach ganz bestimmten Mustern, die man als Säulenordnungen bezeichnet.

Dorische Ordnung
Ionische Ordnung 
Korinthische Ordnung 

Technik und Schönheit

Die wichtigsten Merkmale der Struktur und der Gestaltung eines Gebäudes sind das Dach, die Mauern und Bögen, die Fenster und Türen. Der Architekt verbindet das Fachwissen, wie diese Teile zu bauen sind, mit einem Sinn für Form, Raum und Licht.

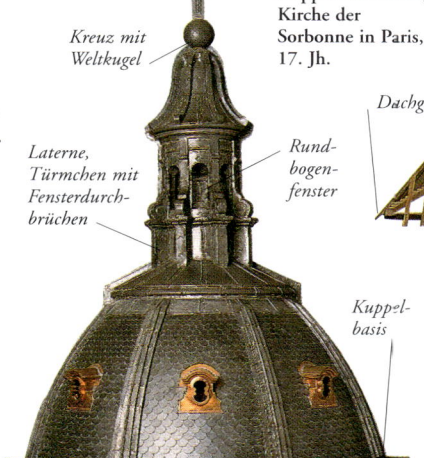

Kreuzgewölbe
Tonnengewölbe

Das Kreuzgewölbe besteht aus 2 Tonnengewölben.

Hauptbogen
Tonnengewölbe
Rundbogen

Bogen und Gewölbe
Ein Bogen ist ein gewölbter Bauteil, der die Last eines Daches, der Mauern oder einer Decke trägt. Die Bogenform erlaubt eine größere Belastung als ein gerader Balken. Ein Gewölbe ist eine gebogene Decke.

Kreuz mit Weltkugel
Laterne, Türmchen mit Fensterdurchbrüchen

Kuppel aus Metall, Kirche der Sorbonne in Paris, 17. Jh.

Rundbogenfenster
Kuppelbasis

Kuppel
Kuppeln sind trotz ihrer Wölbung stabile Dächer. Sie wurden zuerst bei Kirchen und Palästen verwendet, um das Bauwerk besonders herauszuheben. Es gibt ganz verschiedene Kuppelformen: Die Kuppel des Felsendomes in Jerusalem z. B. ist halbkugelig. Viele Kirchen in Russland oder Bayern tragen dagegen sog. Zwiebeltürme.

Dachkonstruktion eines Schrägdaches

Dachsparren (schräge Balken)
Waagerechte Balken geben zusätzlichen Halt.
Dachgesims

Dach
Dächer haben in erster Linie die Aufgabe, das Innere des Gebäudes vor Regen zu schützen. Das Aussehen des Daches richtet sich deshalb auch nach dem Klima des Standortes. Ein steiles Dach lässt z. B. den Regen gut ablaufen. Leicht abgeflachte Dächer im Gebirge bieten Schutz vor Dachlawinen.

Der klassische Baustil

Unter Klassik versteht man in Europa die Bauweise der Griechen und Römer. Beide fügten Lagen von Steinen aufeinander oder ließen das Gebälk auf Säulen ruhen. Die Römer entwickelten Bogen, Gewölbe und Kuppel und erfanden auch den Beton.

Brunelleschi
Der italienische Baumeister Filippo Brunelleschi (1377–1446) wandte sich von der Gotik ab und führte wieder klassische Formen der Antike ein. Viele Architekten in Europa folgten ihm.

Beton
Erst mit der Erfindung des dauerhaften Betons konnten römische Architekten weite Räume überwölben, was bis dahin unmöglich war.

Öffnung
43 m hohe Kuppel

Symbolhaftes
Das Pantheon ist ein antiker Tempel für alle römischen Götter. Das Licht fällt durch eine Öffnung in der gewaltigen Kuppel, wandert durch das Innere des Raums und erhellt die Wände des Rundbaus. Es scheint, als drehe sich das Weltall um das Bauwerk und drücke die Macht der römischen Gottheiten aus.

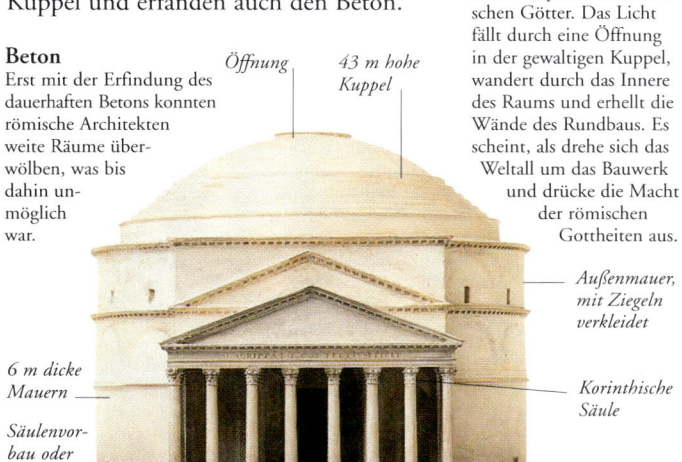

Außenmauer, mit Ziegeln verkleidet
6 m dicke Mauern
Säulenvorbau oder Portikus
Korinthische Säule

Das Pantheon in Rom wurde 128 n. Chr. vollendet.

Gotik

Im 12. Jh. entstand in Europa als Höhepunkt der mittelalterlichen Baukunst der gotische Stil. Man sieht ihn vor allem an Kirchen und Kathedralen: ein aufstrebendes Gerippe aus Pfeilern und Spitzbogen. Die Mauern wurden reich mit steinernen Plastiken verziert.

Der achteckige Turm wurde mit Gerüsten und hölzernen Kränen errichtet.
Turmartige Fialen

Der neue Baustil
Durch Spitzbogen und Strebebogen konnte man vor allem Kirchen höher bauen als je zuvor. Ein Spitzbogen kann nicht nur schwerere, sondern auch höhere Konstruktionen stützen als ein Rundbogen. Der Strebebogen zieht sich abwärts und von den Mauern weg und verteilt die Last auf ein breiteres Fundament. Dach und Mauern werden so zusätzlich abgestützt.

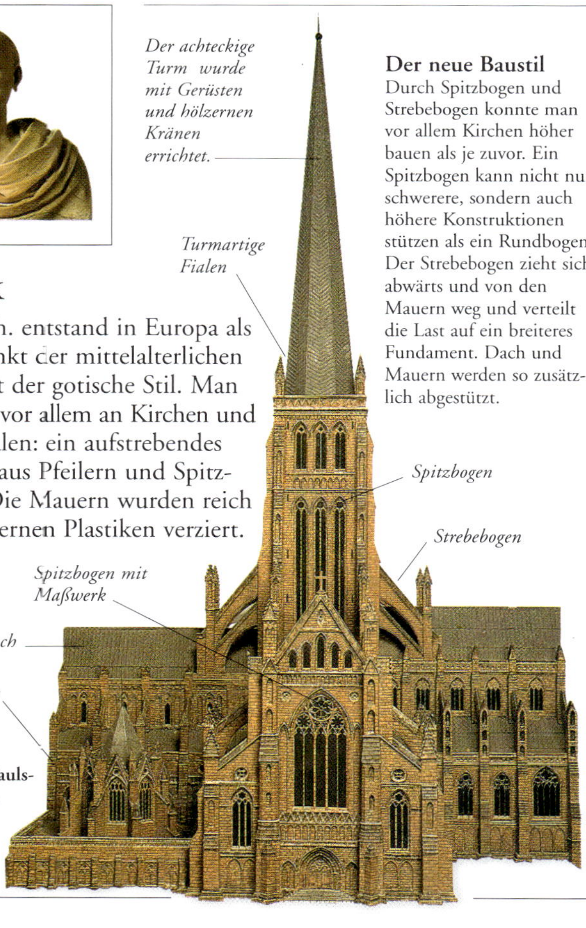

Spitzbogen
Strebebogen
Spitzbogen mit Maßwerk
Schräges Dach
Strebepfeiler

Die alte St.-Pauls-Kathedrale in London, erbaut 1087–1666

ARCHITEKTUR

Birmanesische Pagode, 9.–10. Jh.
Vergoldete Krone

Naher Osten und Südoststasien

Der Baustil hat sich in den Ländern des Nahen Ostens und Südostasiens seit Jahrhunderten kaum gewandelt. Während im Süden Asiens der Buddhismus und Hinduismus die Architektur beeinflussten, war es im Nahen Osten vor allem der Islam. Natürlich richtete sich der Baustil auch nach den klimatischen Bedingungen in den jeweiligen Ländern und den Baustoffen, die man vorfand. So wurden z. B. in China und Japan schon seit dem 7. Jh. Tempel aus Holz gebaut.

Islamische Ornamente zeigen oft geometrische Muster und Schriftzeichen.
Minarett

Süd- und Ostasien
Viele architektonische Besonderheiten dieser Region sind durch den Buddhismus in Indien geprägt. Ein Beispiel ist die mehrstöckige Pagode. Dieser Tempel scheint geradezu zum Himmel zu streben. Diese Bauweise in Japan und China geht auf frühe indische Grabhügel, die Stupas, zurück. Besonders eindrucksvoll sind hier die Dächer.

Islamische Architektur
Die hervorragendsten Gebäude in islamischen Ländern sind die Grabmäler und die Moscheen. Die Moschee ist Mittelpunkt der moslemischen Glaubensgemeinde und dient dem gemeinsamen Gottesdienst. Sie hat eine große Gebetshalle, oft mit einem Kuppeldach und einem Innenhof. Vom schlanken Minarett ruft der Muezzin zum Gebet.

Amerikanische Pyramiden

Die Azteken, die vom 14.–15. Jh. im heutigen Mexiko lebten, bauten ihren Göttern Pyramiden aus Stein. In ihrer Hauptstadt Tenochtitlán wurden die Reste von 5 verschiedenen Tempeln gefunden, die unter jeweils neuen Herrschern übereinander errichtet worden waren.

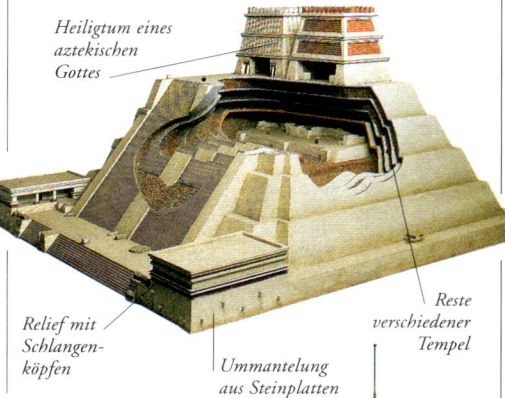

Heiligtum eines aztekischen Gottes
Relief mit Schlangenköpfen
Ummantelung aus Steinplatten
Reste verschiedener Tempel

Barock und Klassizismus

Im frühen 17. Jh. kam in Europa der Stil des Barock auf. Die Gebäude hatten nun schwungvolle Formen, waren reich mit Ornamenten verziert und der Lichteinfall spielte eine große Rolle. Im Klassizismus, der darauf folgte, besann man sich wieder auf die klassischen Vorbilder der Antike.

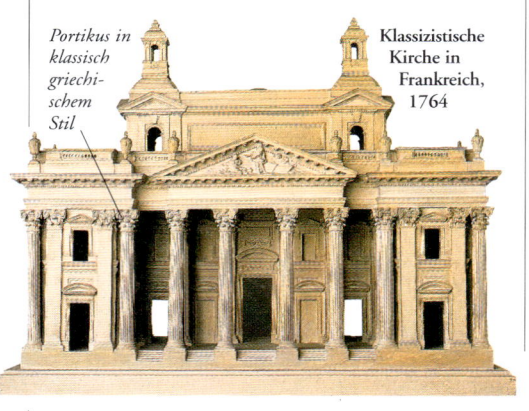

Portikus in klassisch griechischem Stil
Klassizistische Kirche in Frankreich, 1764

Das 19. und 20. Jahrhundert

Die Entwicklung neuer, extrem fester Baustoffe erlaubte einen außerordentlich eigenwilligen Baustil, der nur noch wenig an Vergangenes erinnerte. Dank moderner Techniken konnten die Architekten nun darangehen, ihre kühnen Vorstellungen in Beton, Stahl und Glas umzusetzen.

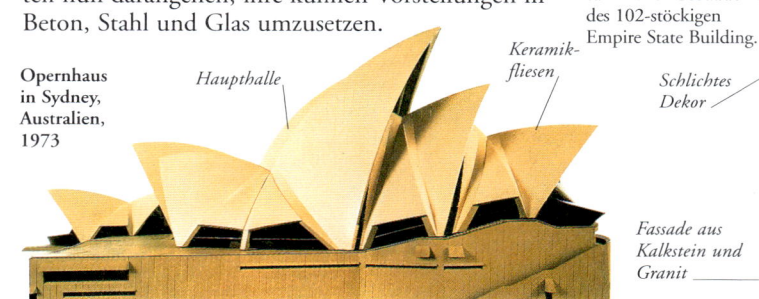

Opernhaus in Sydney, Australien, 1973
Haupthalle
Keramikfliesen

Kühne Bogen
Sydneys Hafen wird von der Silhouette des Opernhauses beherrscht. Das Dach besteht aus Stahlbetonbogen und ist mit glänzenden Keramikplatten überzogen. So entsteht der Eindruck eines Segelschiffes.

Wolkenkratzer
Erst die Erfindung des Fahrstuhls im 19. Jh. machte den Bau von Wolkenkratzern möglich. Der erste entstand 1883 in Chicago, USA. Heute werden Wolkenkratzer vor allem von großen Firmen gebaut, die damit ihre Bedeutung und ihren Reichtum zur Schau stellen.

Stahl und Stahlbeton
Mit der Einführung von Stahl und Stahlbeton konnten zum ersten Mal Wolkenkratzer gebaut werden. Ein inneres Stahlskelett stützt das Gewicht turmhoher Gebäude wie des 102-stöckigen Empire State Building.

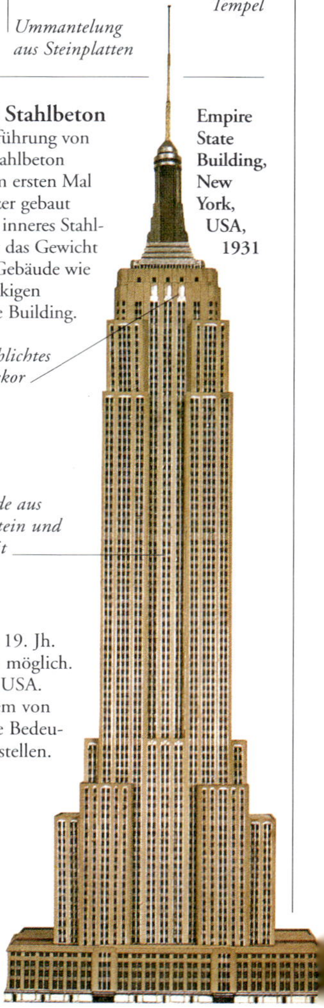

Empire State Building, New York, USA, 1931
Schlichtes Dekor
Fassade aus Kalkstein und Granit

Le Corbusier
Der Französischschweizer Charles Édouard Jeanneret (1887–1965) nannte sich Le Corbusier. Er zählt zu den bedeutendsten Architekten des 20. Jh. Le Corbusier führte neue Baustoffe und Techniken in die Architektur ein. Seine eindrucksvollen Bauwerke zeichnen sich durch einfache, oft streng geometrische Formen aus.

Arbeit mit CAD-Programm

Architekten
Ein Architekt entwirft ein Gebäude und hat die Bauaufsicht. Er muss dazu zahlreiche Pläne für die Bauarbeiter und Ingenieure erstellen. Einen Großteil dieser Entwurfs- und Konstruktionszeichnungen übernehmen heute Computerprogramme.

Chronologie

2650 v. Chr. In Ägypten wird die Stufenpyramide erfunden.

um 300 v. Chr. In Indien gibt es erste buddhistische Tempel.

82 n. Chr. In Rom wird das Kolosseum gebaut. Die Außenmauern der Arena ruhen auf Bögen.

690–850 Frühe islamische Bauten mit Innenhöfen entstehen.

1100–1500 In Europa werden die großen gotischen Kirchen gebaut.

um 1420 In Italien beginnt mit der Renaissance die Rückkehr zur Architektur der Antike.

19. Jh. Industriell gefertigte Baustoffe verändern die Bautechnik und den Baustil.

ab 1920 Das Zeitalter der Moderne zeichnet sich durch Turmbauten aus Stahl und Glas und Flachdächer aus.

ab 1970 Beginn der Postmoderne. Sie verändert frühere Baustile auf vielfältige Weise. Starke Farben herrschen vor.

ab 1990 Die Architektur nimmt zunehmend auf die Umwelt Rücksicht. Es wird energiesparend und ökologisch gebaut.

SIEHE AUCH UNTER BAUTECHNIK · KIRCHEN UND KATHEDRALEN · MOSCHEE · STÄDTE

ARCHITEKTUR

Baustile

Gotik, Renaissance und Barock

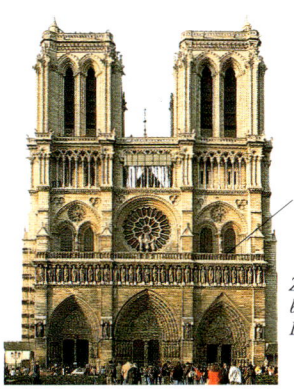

Durchbrochener Turm

Beispielhafte Gotik

Zwei Löwen bewachen den Eingang.

Notre Dame, Paris. Gotische Kathedrale, erbaut 1163–1250

Palacio de las Cadenas, Ubeda, Spanien. Er wurde im 16. Jh. erbaut. Die Fassade zeigt die klassische Eleganz der Bauwerke der Renaissance.

St.-Pauls-Kathedrale, London. Sie ist im barocken Stil erbaut.

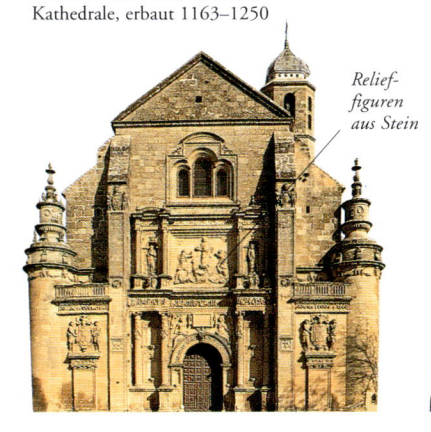

Reliefffiguren aus Stein

Gerippte Kuppel, entworfen von Michelangelo

Fassade von Carlo Maderno (um 1556–1629)

135 Fialen krönen das Dach.

Kirche San Salvador, Ubeda, Spanien. Eine der schönsten spanischen Renaissancekirchen, erbaut im 16. Jh.

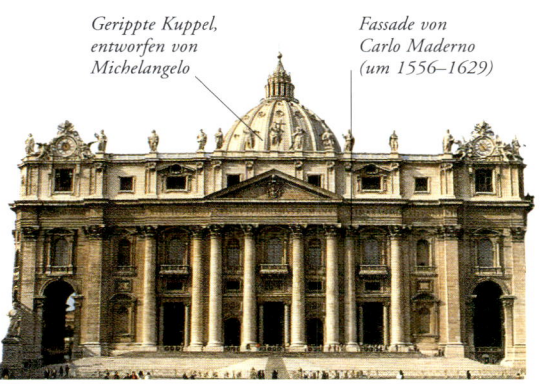

Petersdom, Rom. Die Bauzeit betrug über 100 Jahre (1506–1614). Die bedeutendsten Architekten der Renaissance und des Barock waren daran beteiligt, auch Michelangelo Buonarroti (1475–1564).

Mailänder Dom, Italien. Die Kathedrale ist eine der größten gotischen Kirchen der Welt. Der Bau begann im 14. Jh. und wurde erst nach 500 Jahren vollendet.

Moderne Architektur

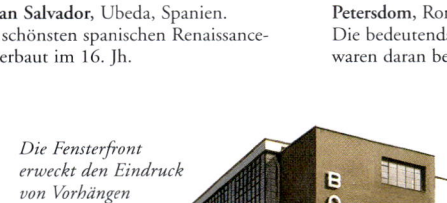

Die Fensterfront erweckt den Eindruck von Vorhängen aus Glas.

Zwei Türme sind durch einen Innenhof verbunden.

Fachwerk aus Beton

Dreieckige Fenster sind typisch für den Stil des Art Deco.

1942 entworfen, 1960 vollendet

Spiralförmige Galerie, die sich nach unten verjüngt

Konstruktion aus Stahl und Beton

Das Bauhaus, Dessau, Deutschland. Es wurde 1925–26 aus Beton und Stahl erbaut und stand für eine neue Form des Designs.

Guggenheim Museum, New York, USA. Die eigenwillige Architektur stammt von dem Amerikaner Frank Lloyd Wright (1869–1959).

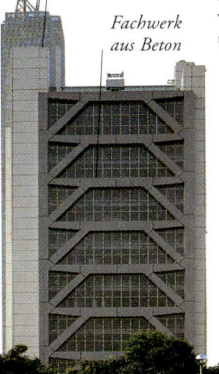

Century Tower, Tokio, Japan. Der Turm wurde 1991 fertiggestellt.

Palast der Kultur und Arbeit, Rom, Italien. Er wurde in den 50er Jahren des 20. Jh. gebaut.

Chrysler Building, New York, USA. Das 77-stöckige Bürohaus wurde 1928–29 erbaut.

Der Große Bogen, im Pariser Stadtteil La Défense wurde 1989 fertiggestellt und erinnert an den Triumphbogen.

Seagram Building, New York, USA, von Mies van der Rohe 1954–58 erbaut.

ARGENTINIEN, CHILE, URUGUAY

IM SÜDLICHSTEN TEIL SÜDAMERIKAS liegen drei Länder: Argentinien, Chile und Uruguay. Der südlichste Punkt Südamerikas, das Kap Hoorn, befindet sich nur rund 1 000 km von Antarktika entfernt. Hier treffen der Pazifik und der Atlantik aufeinander. Argentinien, Chile und Uruguay gehörten früher zum spanischen Weltreich und zeigen noch starke europäische Einflüsse. Reiche Bodenschätze bringen zwar einen gewissen Wohlstand, doch überwiegt noch die Landwirtschaft. Alle Länder hatten zudem unter schlechten Regierungen zu leiden.

Geografie
Im Westen des Kontinents bilden die Anden die gebirgige Grenze zwischen Chile und Argentinien. Im Nordosten liegt der feuchtheiße Gran Chaco, der im Süden in das Grasland der Pampas übergeht. Weit im Süden Argentiniens folgt Patagonien und ganz an der Südspitze des Kontinents schließlich das windige Feuerland.

Anden
Die Anden bilden die Grenze zwischen Chile und seinen östlichen Nachbarn Bolivien und Argentinien. Der gesamte Gebirgszug erstreckt sich über 8 000 km. Fast die Hälfte der höchsten schneebedeckten Berge befindet sich an der Grenze zu Argentinien, darunter auch der Aconcagua, ein erloschener Vulkan. Er ist mit 6 960 m der höchste Berg Südamerikas.

Wüste Atacama
Die heiße Wüste Atacama gilt als eines der trockensten Gebiete der Erde. Sie zieht sich an der Nordküste Chiles über 950 km hin. Im Jahr fallen hier weniger als 13 mm Niederschlag. Die patagonische Wüste Südargentiniens ist ein von eiskalten Winden gepeitschtes Felsgebiet.

Pampas
Das Grasland der Pampas, das auch Entre Rios heißt, macht ungefähr 20 % Argentiniens aus und erstreckt sich im Nordwesten bis nach Uruguay. Drei Viertel dieses Landes bestehen aus Viehweiden. Die Sommer sind heiß, die Winter warm, und es regnet viel. Die tiefen, fruchtbaren Böden sind ideal für den Ackerbau und die Rinder- und Schafzucht.

Mestizen
Über drei Viertel aller Einwohner in diesem Gebiet stammen von Europäern ab. Die meisten gelangten zu Beginn des 20. Jh. von Spanien oder Italien hierher. Viele Europäer vermischten sich mit den einheimischen Indianern. Aus dieser Verbindung gingen die Mestizen hervor, die vor allem in Chile den größten Teil der Bevölkerung ausmachen. Wie ihre Vorfahren sind die meisten Mestizen römisch-katholisch.

Mestize mit Sohn beim Osterfest

Klima
21 °C / 9 °C / 762 mm

Chile hat ein sehr vielfältiges Klima. Wüsten und Gebirge im Norden gehen in Täler mit trockenheißen Sommern und mildfeuchten Wintern über. Die Gipfel der Anden im südlichen Argentinien und die Gletscher in Patagonien sind das ganze Jahr über schneebedeckt. Der Norden des Landes ist heißer und feucht. Uruguay hat ein mildes, angenehmes Klima.

Argentinien

Nach Brasilien ist Argentinien das zweigrößte Land Südamerikas. Von Uruguay ist es durch die Mündung des Rio de la Plata getrennt, an dem sich auch die Hauptstadt Buenos Aires befindet. Argentinien ist eines der reichsten Länder Südamerikas mit fruchtbaren Böden, zahlreichen Bodenschätzen und gut ausgebildeten Fachkräften. Viele Jahre der politischen Instabilität und Misswirtschaft führten jedoch zu hohen Auslandsschulden, die das Land belasten.

Paar beim Tangotanzen

Bevölkerung
Über 90 % aller Argentinier leben in Städten und haben einen relativ hohen Lebensstandard. Slums in den Außengebieten der Städte, die sog. Orillas, zeigen jedoch den scharfen Gegensatz zwischen Reich und Arm. In den Slums entstand Ende des 19. Jh. der Tango, der beliebteste Tanz von Buenos Aires. Viele Tangos erzählen vom schweren Leben der Einwanderer, die aus Spanien, Italien, Österreich, Frankreich, Deutschland und Großbritannien kamen. Der Tango ist heute weltweit berühmt.

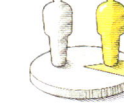

13 pro km² — 90 % Stadt — 10 % Land

ARGENTINIEN: DATEN
HAUPTSTADT	Buenos Aires
FLÄCHE	2 780 400 km²
EINWOHNER	37 400 000
SPRACHE	Spanisch
RELIGION	Christentum
WÄHRUNG	Argentinischer Peso
LEBENSERWARTUNG	75 Jahre
EINWOHNER PRO ARZT	330
REGIERUNG	Mehrparteiendemokratie
ANALPHABETEN	3 %

Buenos Aires
Seit der Gründung durch die Spanier im Jahr 1536 ist Buenos Aires ein wichtiger Handelshafen. Die Stadt liegt an der Küste des Südatlantiks. Man findet hier teure Läden, breite Straßen und eine spektakuläre alte Kathedrale. Buenos Aires ist das Zentrum der Regierung, der Industrie und der Kultur. Fast 40 % aller Argentinier, rund 14 000 000 Menschen, leben in dieser Metropole, die sie selbst nur als „Baires" bezeichnen.

Regierungsgebäude

Clarin, die meistgelesene Zeitung Argentiniens

Landesküche
In ganz Argentinien werden hochwertige Rinder gezüchtet. Rindfleisch bildet daher auch die Grundlage für viele einheimische Gerichte, etwa die Empanadas, Fleischstückchen in einer Teighülle. Jedes Restaurant verfügt über einen Grill, die Parillada. Viele Menschen essen kleine Klößchen aus Kartoffelteig, die sie Noquis nennen. Sie wurden von italienischen Einwanderern eingeführt.

Noquis

Zeitungen
In Argentinien erscheinen über 180 Tageszeitungen. Die meisten sind in Spanisch, doch auch englische, französische und deutsche Zeitungen sind überall zu bekommen. Früher herrschte Zensur in den Medien. Die Regierung entzieht heute jenen Zeitungen Werbeaufträge, die ihre Politik nicht unterstützen.

Gerstenernte in der fruchtbaren Pampas

Landwirtschaft
Ungefähr 60 % der Exporterlöse Argentiniens gehen auf die Landwirtschaft zurück. Das Land produziert viel Rindfleisch sowie Weizen, Gerste und Mais, die auf den Pampas gedeihen. Beim Sojaanbau steht es an 3. Stelle in der Welt. Obst wächst gut im warmen Klima; im Weinbau nimmt Argentinien die 5. Stelle in der Welt ein.

Gauchos
Die argentinischen Cowboys, die Gauchos, ziehen seit über 300 Jahren auf Pferderücken durch die Pampas und hüten Rinder- und Pferdeherden. Moderne Gauchos arbeiten auf großen Estancias oder Ranches, die reichen Großgrundbesitzern gehören. Gauchos wissen mit Rinderherden umzugehen und gelten als die Nationalhelden Argentiniens.

Bola zum Einfangen von Rindern

Poncho aus Wolle für kalte Nächte

Stiefel mit Absätzen, die in Steigbügel passen

Industrie
Etwa 34 % der Beschäftigten arbeiten in der Industrie. Produziert werden Textilien, Nahrungsmittel und chemische Stoffe. Das Land versorgt sich selbst mit Erdöl und Erdgas und hat viele Bodenschätze.

Falklandinseln
Seit langem streiten Großbritannien und Argentinien um den Besitz der Falklandinseln oder Islas Malvinas. Die Briten übernahmen sie 1833 von den Spaniern. 1982 wollten die Argentinier die Inseln militärisch erobern, doch die Briten verhinderten dies.

Schule
In Argentinien können fast alle lesen und schreiben. Alle Kinder im Alter von 6 bis 14 Jahren müssen eine staatliche Grund- und Hauptschule besuchen. Über ein Drittel von ihnen besuchen weiterführende Schulen und anschließend eine der 45 Universitäten des Landes. Buenos Aires hat mit 140 000 Studenten die größte Universität Südamerikas.

Frauen in der Fisch verarbeitenden Industrie mit Arbeitskleidung

Die Falklandinseln liegen 480 km östlich von Argentinien.

Chile

Chile ist ein extrem langgestrecktes Land und misst in der Breite höchstens 430 km. Die meisten Chilenen leben in Städten im zentralen Tal, das zwischen den niedrigen Küstenbergen im Westen und den hohen Anden im Osten liegt. Vor der kalten, stürmischen Südküste Chiles liegen tausende von Inseln mit guten Fischgründen. Chiles Wirtschaft beruht vor allem auf natürlichen Rohstoffen: Bodenschätzen, Obst, Meeresfischen und Holz.

Santiago de Chile

Die Hauptstadt Santiago liegt im Herzen Chiles. In der geschäftigen modernen Stadt und ihren Vororten leben rund 5 Millionen Menschen. Santiago ist berüchtigt für seine Verkehrsstaus, und hier kommt auf 100 Einwohner ein Taxi. Wegen des Autoverkehrs herrscht in der Stadt eine erhebliche Luftverschmutzung. Auch der Panamerican Highway, der mitten durch Santiago führt, trägt zu dieser Siuation bei.

Einige der 14 500 Busse von Santiago

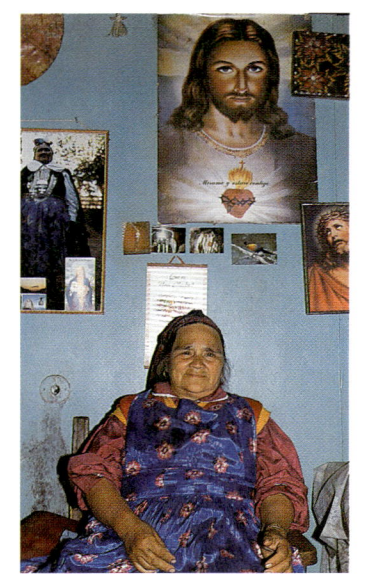

Mapuche

Die Mapuche sind Nachkommen der indianischen Ureinwohner. In Zentral- und Südchile leben ungefähr 450 000 Mapuche. Sie sind römisch-katholisch und sprechen neben dem Spanischen auch eine eigene Sprache. Seit dem 16. Jh. kämpfen die Mapuche um ihre Unabhängigkeit und konnten sie auch stets bewahren. Noch heute liegen sie im Streit mit der chilenischen Regierung. Im Norden des Landes leben die Indianervölker der Quechua und Aymara.

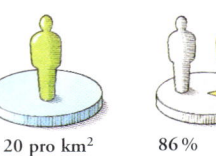

20 pro km² · 86 % Stadt · 14 % Land

Die 670 m tiefe Chuquicamata-Kupfermine

Kupfer

Chile ist der größte Kupferproduzent der Welt. Das Land verfügt über 20 % aller bisher bekannten Vorräte. Im zentralen Tal Chiles, das sich über 1 600 km erstreckt, liegt die größte Untertagemine, El Teniente. Eine der größten Minen der Welt, in denen Kupfer im Tagebau abgebaut wird, ist Chuquicamata in der Wüste Atacama. Chile hat auch noch Lagerstätten an Eisen, Gold und Silber.

Wein

Im 16. Jh. pflanzten die Spanier als erste Reben an. Der Weinbau profitiert von den trockenheißen Sommern im zentralen Tal. Heute exportiert das Land rund 320 Millionen Liter Wein – Rotwein aus der Cabernet-Sauvignon-Traube und Weißwein aus der Chardonnay-Traube.

Cabernet-Sauvignon, Trauben und Wein

Der Krabbenfang wird eingebracht.

Fischerei

Obwohl weniger als 1 % der Menschen in der Fischindustrie arbeitet, nimmt Chile in der Weltrangliste doch den 4. Platz ein. In einem guten Jahr werden über 6 Millionen Tonnen Fische gefangen und verarbeitet. Zentrum der Fischindustrie ist Punta Arenas an der Magellanstraße weit im Süden.

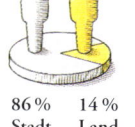

CHILE: DATEN

HAUPTSTADT	Santiago (de Chile)
FLÄCHE	756 096 km²
EINWOHNER	15 400 000
SPRACHE	Spanisch
RELIGION	Christentum
WÄHRUNG	Chilenischer Peso
LEBENSERWARTUNG	75 Jahre
EINWOHNER PRO ARZT	943
REGIERUNG	Mehrparteiendemokratie
ANALPHABETEN	4 %

Uruguay

Uruguay ist eines der kleinsten Länder in Südamerika und gleichzeitig eines der wohlhabendsten. Über 40 % aller Einwohner, rund 1 385 000, leben in der Hauptstadt Montevideo mit ihrem großen Hafen. Die restlichen Uruguayer sind über das flache Land verstreut. Uruguay wird viel von Touristen aufgesucht, die das schöne Wetter und die Sandstrände schätzen.

Bevölkerung

In Uruguay gibt es 11-mal mehr Schafe, Rinder und Pferde als Menschen. Die meisten Uruguayer stammen von Spaniern oder Italienern ab. Es herrscht ein erheblicher Wohlstand, der im Wesentlichen auf die Viehzucht zurückgeht.

Wasserkraftwerke

Über 86 % des Strombedarfs von Uruguay wird von Wasserkraftwerken gedeckt. Die wichtigsten Anlagen befinden sich an den größten Flüssen des Landes, dem Uruguay und seinem Nebenfluss Rio Negro. Beide münden in den Rio de la Plata. Das Wasser dieser aufgestauten Flüsse treibt in den Kraftwerken große Turbinen an. Sie sind mit Generatoren verbunden, die den Strom erzeugen.

Wolle

Drei Viertel von Uruguay bestehen aus grünem Weideland, auf dem 25 Millionen Schafe und 10 Millionen Rinder grasen. In der Landwirtschaft finden über 10 % der Bevölkerung Arbeit. Uruguay gehört zu den 5 größten Wolleproduzenten der Erde. Textilien aus Wolle machen ungefähr 10 % der uruguayischen Exporte aus.

Handgearbeiteter Schal

URUGUAY: DATEN

HAUPTSTADT	Montevideo
FLÄCHE	175 016 km²
EINWOHNER	3 400 000
SPRACHE	Spanisch
RELIGION	Christentum
WÄHRUNG	Uruguayischer Peso

SIEHE AUCH UNTER: CHRISTENTUM · GRASLAND, TIERWELT · INDIANER · LANDWIRTSCHAFT · SÜDAMERIKA, GESCHICHTE · TANZ · TEXTILIEN · WÜSTEN

ARKTIS

ALS ARKTIS bezeichnet man die Gebiete um den Nordpol. Den größten Teil der Arktis macht das Nordpolarmeer aus, das weitgehend vereist ist. Zur Arktis zählen aber auch die nördlichen Teile Europas, Asiens, Nordamerikas und Grönlands. Hier leben nur noch wenige Menschen. Im Sommer erreichen die Temperaturen 0 °C, und warme Meeresströmungen lassen einen Teil des Eises schmelzen. Kurze Zeit können Schiffe dann die Nordküsten Asiens und Nordamerikas befahren.

Geografie

Das Nordpolarmeer ist das kleinste und flachste der Weltmeere. Der größte Teil ist von einer ungefähr 2 m dicken Eisschicht bedeckt. Der Nordpol liegt inmitten des Nordpolarmeers auf driftendem Packeis.

Nordpolarmeer: Daten

Fläche	14 089 600 km²
Mittlere tiefe	1 330 m
Durchschnittliche eisdicke	1,5–3 m
Wassertemperatur	-1,5 bis -1,8 °C
Niedrigste temperatur	-70 °C an der Nordostspitze Grönlands

Eisberge
Von den Gletschern Grönlands brechen riesenhafte Eisberge ab und wandern südwärts in den Nordatlantik. Sie ragen bis zu 120 m über den Meeresspiegel. Der weitaus größte Teil der Eisberge liegt aber unter dem Wasser.

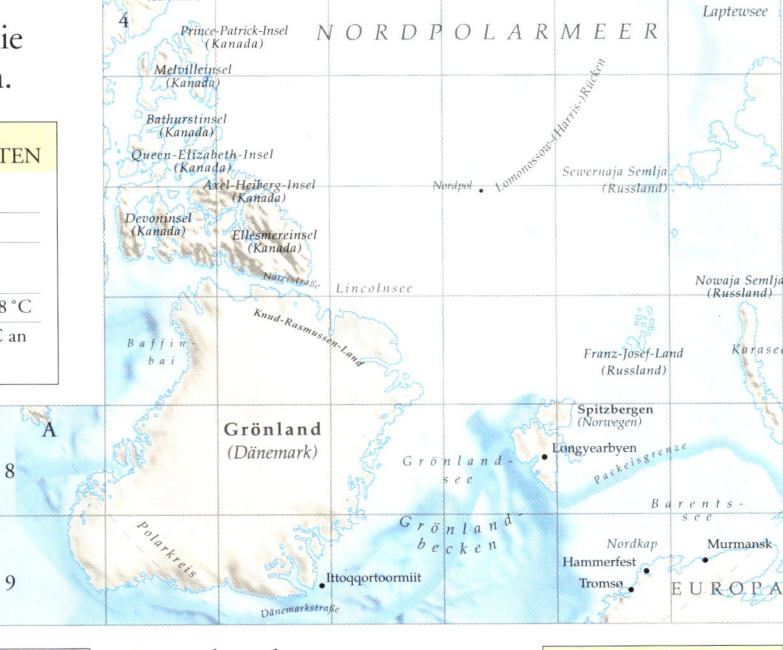

Nordlicht
In dunklen Nächten kann man am Himmel beeindruckende Lichterscheinungen beobachten. Sie entstehen in der oberen Atmosphäre durch die Einwirkung des Sonnenwindes. Er regt Atome und Moleküle der Luft zum Leuchten an.

Völker der Arktis
In der Arktis leben ungefähr 800 000 einheimische Menschen. Die Yu'pik von Alaska zählen zur Eskimogruppe wie die Inuit in Kanada und Grönland und die Yuit in Sibirien. Viele haben ihr Leben als Nomaden aufgegeben und wohnen in Dörfern. In der Arktis arbeiten auch 2 Millionen Ingenieure und Händler.

Yu'pikfamilie aus Alaska

Grönland

Obwohl Grönland die größte Insel der Welt ist, leben dort wegen der dauernden Eisschichten nur wenige Menschen. Am stärksten ist die Südwestküste besiedelt, wo auch das mildeste Klima herrscht. Grönland gehört zwar zu Dänemark, verwaltet sich aber selbst.

Grönland: Daten

Hauptstadt	Nuuk (Godthaab)
Fläche	2 166 086 km²
Einwohner	56 000
Sprache	Dänisch, Grönländisch
Religion	Christentum
Währung	Dänische Krone

Heilbutt
Schellfisch
Dorsch

Fischfang
Die Fischerei ist der wichtigste Zweig der grönländischen Wirtschaft. Heilbutt, Dorsch (Kabeljau) und Schellfisch exportiert man tiefgefroren nach Europa und in die USA. Den Dorsch verarbeitet man auch zu Fischstäbchen.

SIEHE AUCH UNTER: ATMOSPHÄRE · FISCHFANG · GLETSCHER · INDIANER · KLIMA · OZEANE UND MEERE · POLARFORSCHUNG · POLARGEBIETE, TIERWELT · TUNDRA

ARZNEIMITTEL UND DROGEN

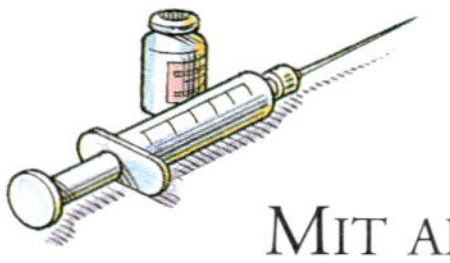

MIT ARZNEI- ODER HEILMITTELN behandelt oder verhütet man Krankheiten. Heilmittel nennt man auch Medikamente oder Pharmaka. Früher waren es meistens getrocknete, „droge" Pflanzen – daher die spätere Bezeichnung Drogen. Heute verwendet man das Wort überwiegend im Sinne von Rausch- oder Suchtdrogen. Sie wirken betäubend auf das Nervensystem, machen süchtig und zerstören im Gegensatz zu Arzneimitteln den Körper.

Geschichte der Arzneimittel

Schon vor 3 000 Jahren verwendeten die Menschen besonders in China, Indien, dem Mittleren Osten, Nordafrika und Europa hunderte verschiedener Arzneimittel. Es waren überwiegend Pflanzen, auch Mineralien und tierische Produkte wie Blut, Galle und Urin. Die Ärzte mischten verschiedene Heilmittel mit einem Stößel in einem Mörser und verabreichten sie mit magischen Formeln. Einige der Heilmittel von damals wendet man noch heute an.

Stößel
Mörser

Einteilung der Arzneimittel

Arzneimittel teilt man nach ihrer Wirkung ein. Antibiotika töten z. B. Bakterien ab, Analgetika bekämpfen den Schmerz, Antazida binden Magensäure, Antipyretika senken das Fieber und Antikoagulanzien wirken der Blutgerinnung entgegen. Sehr viele Arzneimittel, z. B. Aspirin, haben mehrere verschiedene Wirkungen.

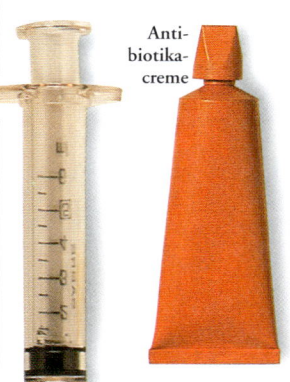

Antibiotika
Diese Heilmittel töten Bakterien ab oder legen sie lahm. Die meisten Antibiotika werden aus Schimmelpilzen gewonnen.

Analgetika
Diese Schmerzmittel teilt man in 2 Gruppen ein: Narkotisch und damit betäubend wirken Morphium, Codein und andere Stoffe, die ursprünglich aus dem Opium des Schlafmohns gewonnen wurden; nur lokal wirken die schwächeren Schmerzmittel wie Aspirin und Paracetamol.

Zytostatika
Mit Zytostatika hindert man Tumorzellen daran, dass sie sich unaufhörlich weiter teilen und zu einer Geschwulst wie z. B. Krebs entwickeln. Zytostatika sind eigentlich Zellgifte. Nur durch genaue Dosierung verhindert man, dass sie auch auf gesunde Körperzellen Auswirkungen haben.

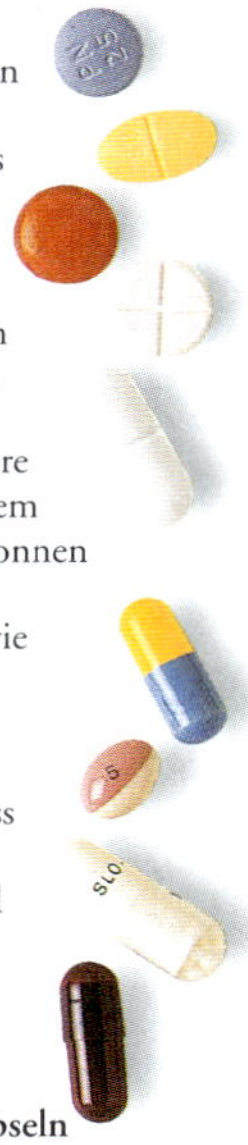

Antibiotikacreme
Spritze mit einem Zytostatikum
Tabletten und Kapseln

Darreichungsformen

Arzneimittel verändern biochemische Vorgänge in den Zellen. Ihre Wirksamkeit hängt von der Dosierung (Menge) und der Darreichungsform ab. Man schluckt sie z. B. in Form von Tabletten oder Kapseln oder bekommt sie in einen Muskel, eine Vene oder unter die Haut injiziert. Man kann Arzneimittel auch inhalieren, in die Augen oder Ohren tropfen oder als transdermales Pflaster auf die Haut aufbringen.

Inhalator  *Transdermale Pflaster* *Sirup*
Kaugummi *Zäpfchen* *Tabletten, Kapseln*

Naturheilmittel
Früher stammten alle Heilmittel aus der Natur, von Pflanzen, Pilzen, Tieren und später auch Mikroorganismen. Die Wirkstoffe in diesen Arzneimitteln konnte man damals noch nicht gewinnen. Dies gelang in großem Umfang erst in unserem Jahrhundert. Die Wissenschaftler extrahieren heute die Wirkstoffe aus den Pflanzen, reinigen sie und können sie dadurch besser dosieren.

Frische Blätter
Zaubernuss *Harz* *Getrocknete Teile*

Paul Ehrlich

Der deutsche Mediziner Paul Ehrlich (1854–1915) träumte davon, einen Stoff zu finden, der eingedrungene Keime zerstört und gesunde Körperzellen unbeschädigt lässt. So wurde er zu einem der Väter der Chemotherapie, der Behandlung mit synthetisch im Labor hergestellten Arzneimitteln. Ehrlich erfand das arsenhaltige Salvarsan, das gegen Syphilis und verwandte Infektionskrankheiten hilft. 1908 erhielt Ehrlich den Nobelpreis für Medizin.

Pharmaforschung

Wissenschaftler überprüfen im Labor neue Arzneimittel, um herauszufinden, wie sie im Körper wirken. Dazu führen sie Tests an Zellen, Geweben, Versuchstieren und zum Schluss auch Versuchspersonen durch. Vor allem müssen die Forscher auf Nebenwirkungen achten.

Pharmaforscher im Labor *Aspirin*

Markenname: Name, unter dem ein Hersteller ein Arzneimittel verkauft, z. B. Aspro.

Generischer Name: Der Name des Wirkstoffes im Medikament, z. B. Aspirin.

Chemische Bezeichnung: Chemischer Name des Wirkstoffs, z.B. Acetylsalicylsäure.

Chemische Formel: Meist Summenformel mit Zahl der Atome, z. B. $C_9H_8O_4$.

ARZNEIMITTEL UND DROGEN

Apotheke

Die Wissenschaft von den Arzneimitteln heißt Pharmakologie. Unter Pharmazie versteht man Herstellung, Prüfung und Verkauf von Arzneimitteln. Der Verkauf erfolgt in Apotheken. Wer eine Apotheke führt, muss Pharmakologie studiert haben. Er darf Kunden beim Kauf nicht verschreibungspflichtiger Arzneimittel beraten.

Apothekerin bei der Arbeit

Verschreibung

Sehr viele Medikamente erhält man nur auf Rezept durch den Arzt. Mit der Verschreibung gibt der Arzt dem Apotheker den Auftrag, das Medikament in der angegebenen Menge und Dosierung dem Patienten abzugeben. Die Rezeptpflicht verhindert, dass hochwirksame Medikamente frei erhältlich sind und durch falschen Gebrauch schaden können.

Krankenhausapotheke

Freie Arzneimittel

Freie Arzneimittel sind nicht rezeptpflichtig. In wenigen Ausnahmen sind sie apothekenpflichtig, d. h. sie dürfen außerhalb von Apotheken nicht verkauft werden. Freie Arzneimittel sind zwar oft weniger wirksam als rezeptpflichtige. Sie haben aber meist weniger Nebenwirkungen und Kontraindikationen. Damit bezeichnet man einen Umstand, der die Anwendung eines Heilmittels wegen möglicher Gegenanzeigen verbietet.

Wirkstoffe

Manche nicht medizinischen Stoffe haben Auswirkungen auf Körper und Geist. Sedativa wie der Alkohol wirken z. B. beruhigend. Dagegen machen Stimulanzien wie Kaffee wach und putschen auf. Beide Stoffgruppen erzeugen seelisches Wohlbefinden.

Kaffee, Tee und Kola enthalten Koffein.

Wein und Weinbrand

Sedativa

Als Sedativa bezeichnen wir Wirkstoffe, die Körperfunktionen und geistige Tätigkeit dämpfen oder gar lähmen. Am bekanntesten ist wohl der Alkohol, der vor allem in größeren Mengen genossen einschläfernd wirkt. Zu den Sedativa zählen allerdings auch Arzneimittel, wie Antidepressiva, die bei seelischen Depressionen helfen, oder Schlafmittel und Tranquilizer.

Stimulanzien
Kaffee

Diese Stoffe beschleunigen körperliche und geistige Vorgänge. Sie putschen auf. Legale Stimulanzien sind Koffein und Nikotin. Zu den illegalen, süchtig machenden Stimulanzien zählen Kokain, Amphetamine und Ecstasy.

Drogen

Wirkstoffe, die direkt auf das Nervensystem einwirken, bezeichnen wir als Drogen. Man spricht auch von Betäubungsmitteln. Man unterscheidet zwischen legalen und illegalen Drogen. Beiden ist gemeinsam, dass sie eine Abhängigkeit oder Sucht erzeugen können, die sehr rasch zum Zerfall der Persönlichkeit führt.

Zollbehörden verhaften einen Drogenkurier.

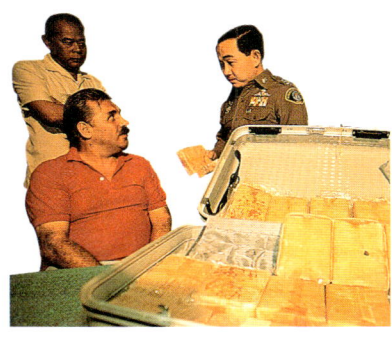

Tabakgeschäft

Legale Drogen

Welche Drogen als legal eingestuft werden, ist von Land zu Land verschieden. Dabei spielen Tradition, Religion und Verfügbarkeit der Droge eine große Rolle. Eine der stärksten legalen Drogen ist der Alkohol. In einigen Ländern ist er uneingeschränkt, in anderen eingeschränkt zugelassen (für Erwachsene über 18 oder 21 Jahre). In islamischen Ländern ist er verboten. Auch Nikotin ist eine Droge. In Form von Tabak gilt dieses Nervengift in den meisten Ländern als legal.

Gruppentherapie von Suchtkranken

Illegale Drogen

Einige Drogen sind so wirksam und gefährlich, dass sie fast auf der ganzen Welt verboten sind. Zu ihnen zählen LSD und Meskalin, Amphetamine, Kokain, Opium und verwandte Stoffe wie Morphium und Heroin, ferner die künstlichen Designerdrogen. Der verbotene Handel mit diesen Drogen ist ein großes internationales Geschäft.

Jonas Salk

Impfstoffe sind abgeschwächte Krankheitserreger, die den Körper dazu anregen, Antikörper gegen die betreffende Krankheit auszubilden. Durch Impfung wird man immun. Um 1955 entwickelte der amerikanische Mikrobiologe Jonas Salk (1914–95) einen wirksamen Impfstoff gegen Kinderlähmung (Poliomyelitis). Zuerst spritzte man den Impfstoff, seit 1960 gibt es die angenehmere Schluckimpfung.

Chronologie

um 1845 Chirurgen verwenden erstmals Anästhetika.

1881 Künstlicher Impfstoff gegen Milzbrand

1910 Paul Ehrlich führt das erste chemotherapeutische Arzneimittel ein.

1922 Frederick Banting behandelt die Zuckerkrankheit (Diabetes) mit dem natürlichen Hormon Insulin.

1936 Erstes Sulfonamid (Prontosil) zur Behandlung von Infektionskrankheiten

Zaubernuss

um 1945 H. Florey und E. Chain stellen das erste Antibiotikum Penicillin her. Es findet im 2. Weltkrieg weite Anwendung.

1956 Einführung des ersten empfängnisverhütenden Mittels (Antibabypille). Es enthält weibliche Geschlechtshormone.

1958 Entdeckung der Interferone gegen Viruserkrankungen

1983 Das Ciclosporin schwächt die Immunabwehr und verhindert das Abstoßen transplantierter Organe.

Tabletten und Kapseln

Sucht und Abhängigkeit

Drogen machen abhängig. Der Konsument nimmt zu seinem Wohlbefinden die Droge immer wieder und erhöht dabei meist die Dosis. Wird die Droge abgesetzt, so stellen sich schwere Entzugserscheinungen wie Kopf- und Gliederschmerzen, Schweißausbrüche, Angstzustände und Halluzinationen ein. Eine Therapie in der Gruppe kann oft hilfreich sein.

SIEHE AUCH UNTER ERSTE HILFE · KRANKENHAUS · MEDIZIN · MEDIZIN, GESCHICHTE · NUTZPFLANZEN · PASTEUR, LOUIS

ASIEN

ASIEN IST der größte Erdteil und erstreckt sich von der Arktis bis zum Äquator. Asien ist auch der Kontinent der Superlative: Hier liegt der höchste Gipfel der Erde, der Mount Everest, sowie die tiefste Senke, das Tote Meer. China ist das bevölkerungsreichste, Russland das flächengrößte Land der Welt. In Asien leben zwei Drittel der Menschheit. Durch die Beringstraße ist Asien von Nordamerika und durch das Uralgebirge von Europa getrennt.

Geografie

Ein großer Teil Südwest- und Zentralasiens ist von Wüste bedeckt, etwa der Syrischen Wüste oder der Wüste Gobi. Der Himalaja trennt das kalte Zentralasien vom heißen Indischen Subkontinent und dem tropischen Südostasien. In Asien gibt es viele große Ströme wie den Ob, den Jangtse, Hwangho, Ganges, Mekong und Indus. An der Pazifikküste liegen viele Vulkane.

Baikalsee
Der nördliche Teil Asiens heißt Sibirien. Hier liegt auch der älteste und tiefste See, der Baikalsee. Er enthält über 20 % des Süßwassers der Erde und erreicht eine Tiefe von 1 637 m. Die Gesamtfläche umfasst 31 468 km², das ist etwa 60-mal soviel wie der Bodensee.

Inselstaaten
Zwei Länder in Südostasien, Indonesien und die Philippinen, bestehen zusammen aus über 20 000 Inseln. Die meisten entstanden durch Vulkantätigkeit im Meer. Hier gibt es noch viele aktive Vulkane, und Erdbeben treten häufig auf.

Himalaja
Der Himalaja bildet eine natürliche Barriere zwischen Indien und Nordasien. Er ist der höchste Gebirgszug der Erde. Das Faltengebirge entstand, als die Indische Platte mit der Eurasischen Platte zusammenstieß.

Schnitt durch Asien

Aus dem Indischen Ozean erhebt sich das Vindhyagebirge in Nordwestindien. Es fällt zur Gangesebene ab. Das mächtige Himalaja-Gebirge senkt sich langsam zum Chinesischen Tiefland ab. Die Halbinsel Korea ragt in das Gelbe Meer. Östlich davon liegt die Inselkette Japans im Pazifik.

Rund 6 480 km von A nach B

ASIEN: DATEN

- **FLÄCHE** 44 680 718 km²
- **EINWOHNER** 3 725 000 000
- **ANZAHL DER LÄNDER** 48
- **GRÖSSTES LAND** Russland
- **KLEINSTES LAND** Malediven
- **HÖCHSTER PUNKT** Mount Everest (Nepal) 8 848 m
- **TIEFSTE STELLE** Küste des Toten Meeres (Israel) 400 m unter dem Meeresspiegel
- **LÄNGSTER FLUSS** Jangtse (China) 6 380 km
- **GRÖSSTES BINNENGEWÄSSER** Kaspisches Meer 378 400 km²

ASIEN

Klima

In Asien sind alle Landschafts- und Klimaformen anzutreffen. Nordsibirien ist von Tundra bedeckt. Der Boden ist dort dauernd gefroren. Weiter im Süden liegen Nadelwälder und Steppen. Zentral- und Südwestasien bestehen zur Hauptsache aus Wüsten und Gebirgen. Ganz im Osten überwiegen Laubwälder. Süd- und Südostasien sind noch von tropischen Regenwäldern bedeckt.

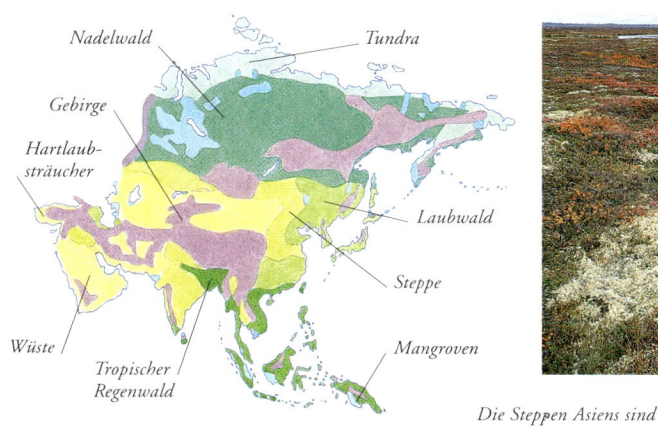

Nadelwald *Tundra* *Gebirge* *Hartlaubsträucher* *Laubwald* *Steppe* *Wüste* *Mangroven* *Tropischer Regenwald*

Tundra

Im bitterkalten Nordsibirien ist der Boden das ganze Jahr über gefroren. Man spricht deshalb vom Dauerfrostboden. Nur im kurzen Sommer taut die oberste Bodenschicht ein wenig auf. Dann wachsen hier Moose, Flechten und niedrige Blütenpflanzen.

Im Sommer wachsen in der Tundra Moose, Flechten und Blütenpflanzen.

Die Steppen Asiens sind Grasländer wie die Pampas und die Prärie.

Taiga

Die sibirische Taiga schließt sich südlich der Tundra an und besteht aus dem größten Nadelwaldgebiet der Erde. Die wichtigsten Baumarten sind Fichten, Kiefern, Tannen und Lärchen. Die Flüsse sind von Oktober bis Mai gefroren, und die warme Vegetationszeit dauert nur einige Monate. Ein großer Teil der Taiga ist dauernd sumpfig.

Steppen

Die weiten Grasländer in der Mongolei und im Süden Sibiriens bilden die Steppe. In diesen baumlosen Ebenen grasen Rinder und Schafe. In trockenen Gebieten geht die Steppe in Halbwüste über. Durch künstliche Bewässerung wird aus der halbtrockenen Steppe fruchtbares Ackerland.

In der Taiga gedeihen wenige Baumarten, z. B. die Birke. Eis und Schnee liegen 6 bis 7 Monate.

Die Winde bauen Sanddünen auf.

Taklamakanwüste, China

Durchschnittstemperatur um 21 °C, jährlicher Niederschlag 2 000 mm

Laubbäume werfen im Winter ihr Laub ab. Dies ist ein Schutz vor dem Erfrieren.

Wüsten

In Asien gibt es heiße und kalte Wüsten sowie viele halbwüstenartige Gebiete, in denen noch Tiere weiden können. Die Wüsten Westasiens sind das ganze Jahr heiß und trocken, die Nächte kalt. In der Wüste Gobi und in der Taklamakanwüste sind die Sommer heiß, die Winter sehr kalt.

Mangroven

Mangroven findet man an vielen Küsten Südasiens, von Indien bis zu den Philippinen. Diese Bäume wachsen an schlickigen Meeresküsten und bilden Stelzwurzeln aus. Durch Kahlschlag und Verschmutzung verschwinden heute viele Mangrovenwälder.

Mangroven befestigen mit ihren Wurzeln die Küste.

Tropischer Regenwald

Tropische Regenwälder wachsen in Indien, Südostasien und auf den Philippinen. Wir finden sie am Südabhang des Himalaja, in Birma, auf der Malaiischen Halbinsel, auf der Insel Borneo und im westlichen Neuguinea. 40 % aller Pflanzen- und Tierarten leben dort. Leider sind diese Regenwälder durch Holzeinschlag und Brandrodung sehr gefährdet.

Laubwald

In Asien gibt es verhältnismäßig wenige Laubwälder, die ihre Blätter im Winter abwerfen. Man findet sie vor allem in Ostasien, in China, Japan und Korea sowie in den höheren Bergregionen, etwa in Nepal.

Bevölkerung

In Asien leben zwei Drittel der Weltbevölkerung, und in vielen Ländern steigt die Geburtenrate noch. Die meisten Menschen leben im Süden und im Osten des Kontinents sowie in fruchtbaren Flusstälern. Die Mehrzahl sind Bauern. Immer mehr Menschen kommen auf der Suche nach Arbeit jedoch in die Städte.

Israeli — Vietnamesin — Japaner

Wirtschaftsgrundlage

Der Ackerbau bietet 60 % der Bevölkerung Arbeit. Hinzu kommen reiche Fischgründe im Pazifischen Ozean. Die wichtigsten Bodenschätze sind Erdöl und Erdgas in den Golfstaaten, ferner Bauxit, Kupfer, Kohle, Diamanten, Gold, Eisen, Blei, Mangan, Titan, Zinn und Quecksilber.

Reis — Diamant — Tunfisch

SIEHE AUCH UNTER: ASIEN, GESCHICHTE · ASIEN, TIERWELT · GEBIRGE · GRASLAND, TIERWELT · KLIMA · KONTINENTE · REGENWALD, TIERWELT · SEEN · TUNDRA · WÜSTEN · WÄLDER

ASIEN, GESCHICHTE

ASIEN IST DER GRÖSSTE KONTINENT und Entstehungsort der frühesten Hochkulturen, etwa der sumerischen, der chinesischen und indischen. Diese Kulturen beeinflussten die Geschichte der gesamten Alten Welt. In Asien entstanden auch drei nichtchristliche Weltreligionen, nämlich Hinduismus, Buddhismus und Islam. Durch den Kolonialismus gerieten weite Teile Asiens unter europäische Herrschaft. Doch heute stehen viele asiatische Länder an der Schwelle zu Industriestaaten. Konflikte aus früherer Zeit, etwa im Nahen Osten und Südostasien, beeinflussen allerdings noch immer die Weltpolitik.

Frühe Entwicklung
Die ersten Hochkulturen in Asien waren voneinander und von der übrigen Welt durch Wüsten, Gebirge und Meere getrennt. So konnten sich asiatische Kulturen jahrtausendelang unabhängig voneinander entwickeln. Im Lauf der Zeit erwiesen sich die indische und die chinesische Kultur als bestimmend für die meisten asiatischen Länder. Nur der Nahe Osten hatte enge Verbindungen zu Europa.

Zentralasien
Jahrhundertelang zogen Händler als einzige Reisende auf der Seidenstraße durch das unwirtliche Zentralasien. Im Jahr 1398 fiel der mongolische Herrscher Timur (1336–1405) aus dem Steppengebiet in Zentralasien ein und gründete dort ein großes Reich.

Dächer aus farbig glasierten Ziegeln

Samarkand
1369 verlegte Timur seine Hauptstadt nach Samarkand im heutigen Usbekistan. Die Stadt erlebte eine Blütezeit und wurde zu einem architektonischen Juwel Zentralasiens. Timur und seine Nachkommen bauten hier Paläste, Observatorien und Universitäten. Anfang des 16. Jh. griffen Usbeken die Stadt an.

Ulug-Beg-Medrese, Samarkand

Swat, Pakistan

Kuschanreich
Um 170 v. Chr. fiel ein nordchinesischer Clan, die Yuezhi, nach Zentralasien ein. Bis zum 3. Jh. n. Chr. bauten sie ein Reich auf, das sich von Ostiran bis zum Ganges in Indien erstreckte. Die Kuschaner wohnten bis zum 4. Jh. in den fruchtbaren Flusstälern und beherrschten den Seidenhandel. Sie förderten den Buddhismus und die religiöse Kunst.

Padmasambhava
Padmasambhava war ein legendärer Weiser und Yogi aus dem Swat, dem heutigen Pakistan. Er gilt als der Begründer des tibetischen Buddhismus. Mit seiner Schülerin Yeshe Tsogyal traf er 747 in Tibet ein und gründete dort das erste buddhistische Kloster, wo er bis an sein Lebensende lehrte.

Donnerkeil

Frühe Kulturen
Die Sumerer in Westasien entwickelten die erste Hochkultur der Welt. Doch den größten Einfluss auf Asien hatten die frühen Kulturen Indiens und Chinas. Eine besondere Rolle spielten dabei zwei Religionen aus Indien, die sich über ganz Asien ausbreiteten: der Hinduismus und der Buddhismus, den Siddhartha Gautama begründet hatte.

Kelch aus der Koguryo-Zeit

Chola-Dynastie
Von 850 bis um 1200 regierte in Südindien die mächtige Chola-Dynastie. Sie baute viele Hindutempel und brachten diese Religion auch nach Sri Lanka. Die Chola-Herrscher trieben Seehandel und breiteten ihre Macht über Südostasien aus. So gelangte der Hinduismus bis nach Sumatra und Bali.

Koguryo-Dynastie
Im 7. Jh. bekehrten chinesische Mönche die Koreaner zum Buddhismus. Die Koguryo-Herrscher (1. Jh. v. Chr.–7. Jh. n. Chr.) förderten die Ausbreitung des Buddhismus. Von Korea gelangten Missionare nach Japan. Die Japaner übernahmen die buddhistische Religion, das chinesische Schriftsystem und einen Teil der chinesischen Architektur und Kultur.

Südostasien
1 000 Jahre lang übte Indien einen bedeutenden Einfluss auf dieses Gebiet aus, besonders auf die Kultur, Kunst und Religion. Um 1300 ging dieser Einfluss allerdings zurück.

Siam
Jahrhundertelang wanderten Menschen aus nördlichen Gebieten nach Siam (Thailand) und vermischten sich mit den einheimischen Völkern. Im 13. Jh. schufen die Thai eine einzige Nation mit einem König und einer Religion, dem Buddhismus.

Seewege
Im 4. Jh. segelten indische Händler nach Thailand, Indonesien und die Philippinen. Vom 13. Jh. an verbreiteten Araber den Islam entlang der Seewege. Seit dem 16. Jh. trieb die Region auch Handel mit Europa.

Dhau verlässt den Hafen von Maskat, Oman

Meofrau, Thailand

Dieser hinduistische Tempel in Bali bezeugt den großen Einfluss der südindischen Chola-Dynastie.

Kultur, Handel und Politik

Vom 17. bis 19. Jh. blühte der Handel mit dem Westen, obwohl damals einige asiatische Länder den Europäern verschlossen blieben. Russland und die europäischen Länder kauften Seide, Tee und Porzellan aus China. Indien trieb mit der ganzen Welt Handel und war berühmt für handgewebte Stoffe, z. B. Schals mit Palmettenmuster. Westliche Mächte waren bald immer mehr daran interessiert, asiatische Länder in Besitz zu nehmen.

Das „große Spiel"
Im 19. Jh. breitete sich Russland nach Zentralasien aus. Die Briten fürchteten, die Russen wollten Indien übernehmen, und beide Seiten begannen sich gegenseitig auszuspionieren. Die Briten sprachen dabei vom „großen Spiel", die Russen vom „Schattenturnier".

Berge am Baikalsee, Russland

Mandschu-Dynastie
Die chinesische Mandschu-Dynastie (1644–1911) breitete sich aus, indem sie weitere Territorien übernahm wie die Mongolei (1697), Tibet (1751) und Ostturkestan (1760). Dem chinesischen Volk ging es wirtschaftlich schlecht.

Gelber Lotus, eine heilige Blume

Seidengewand einer reichen Frau, 19. Jh.

Widerstand
Im 17. und 18. Jh. gab es Widerstand gegen die europäische Ausbreitung in Asien. China trieb nur in Macao und Kanton Handel mit Europäern. Japan handelte nur mit Holland in Nagasaki. Korea blieb dem Westen verschlossen. Französische Versuche, in Thailand Einfluss zu gewinnen, beendete 1688 ein Aufstand.

Vergoldetes Dach

Wat Phra Keo, Bangkok

Kolonisierung im 19. Jh.

Im 19. Jh. kolonisierten europäische Mächte einen großen Teil Asiens. Die Briten übernahmen Birma, Malaya, Nordborneo und Hongkong. Frankreich dominierte in Indochina. Die Holländer hatten als Kolonie Indonesien, die Russen Provinzen in Zentralasien.

Großbritannien
Russland
Frankreich
Niederlande
Japan

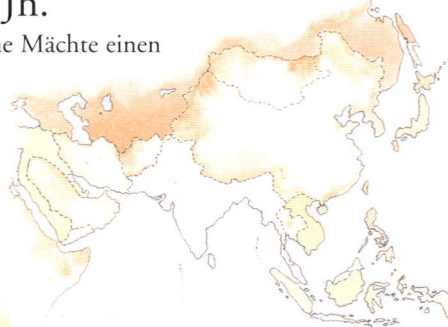

Die Bekehrung der Philippinen
Im späten 16. Jh. versuchte die spanische Kolonialregierung die Filipinos zum römisch-katholischen Glauben zu bekehren und unterstützte die Missionare mit Geld. Bis zum 18. Jh. hatten die meisten Filipinos den christlichen Glauben angenommen. Die Insel Mindanao jedoch zog den Islam vor, der mit arabischen Händlern kam.

Kirche von Paoay, Provinz Ilocos, Philippinen

Kampf zwischen Briten und Birmesen, Stich 1824

Kriege zwischen Großbritannien und Birma
Im Jahr 1886 verlor Birma nach mehreren Kriegen seine Unabhängigkeit an Großbritannien. Die Engländer bauten so ihre Vormachtstellung in Südostasien aus und schränkten den Einfluss der Franzosen ein.

Goldener Osten
Als Europa im 19. Jh. militärisch wie industriell immer stärker wurde, expandierte es ostwärts. Asien wurde eine Quelle von Nahrungsmitteln und Rohstoffen. Europäische Pflanzer legten Tee-, Kaffee- und Kautschukplantagen an, gründeten Zinnminen, nutzten Edelhölzer und suchten Gold, Silber und Edelsteine.

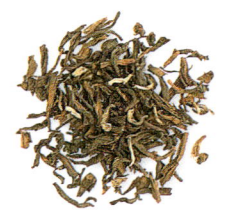

Tee aus Indien

Mahagoni aus Vietnam

Rama V.
Chulalongkorn (1853–1910) wurde 1868 König von Siam (Thailand) und nahm den Namen Rama V. an. Er war entschlossen, sein Land zu modernisieren. Um 1885 schuf er eine moderne Armee, eine Verwaltung und ein Schulsystem. Obwohl Siam einige Provinzen an Großbritannien und Frankreich abtreten musste, gelang es Rama V. doch, die Unabhängigkeit zu bewahren.

König und Königin von Siam

Aufstände

Von der Mitte des 19. Jh. an kam es in Asien zu Aufständen gegen die Einmischung durch die Europäer. 1857 fand in Indien der Sepoy-Aufstand statt. Im Jahr 1900 erhob sich der Geheimbund der „Boxer" in China. Beide Aufstände richteten sich gegen die westliche Einflussnahme und Kultur. Sie wurden von den Kolonialregierungen hart unterdrückt.

Titelblatt aus *Le Petit Parisien*, 1900, „Tod den Ausländern"

Chronologie

4000– um 2500 v. Chr. Blütezeit der sumerischen Hochkultur in Westasien

um 2500 v. Chr. Blütezeit der Industalkulturen

1800 v. Chr. Shang-Dynastie: In der frühesten chinesischen Hochkultur entstehen erste Städte.

um 330 v. Chr. Alexander der Große erobert Persien.

138 v. Chr. Erster Bericht über eine Reise auf der Seidenstraße

um 50 n. Chr. Der Buddhismus gelangt von Indien nach China.

206 v. Chr.–220 n. Chr. Blütezeit Han-Dynastie in China

SIEHE AUCH UNTER: ARCHITEKTUR, CHINA, GESCHICHTE, KONFUZIUS

ASIEN, GESCHICHTE

Nationalismus
Nach dem 1. Weltkrieg nahm der asiatische Nationalismus zu. 1918 schüttelten die Araber die türkische Vorherrschaft ab. Die Forderung der Juden nach einem eigenen Staat in Palästina erfuhr zunehmend Unterstützung. Bis 1933 hatten sich 238 000 Juden in Palästina angesiedelt. 1948 entstand schließlich der Staat Israel.

Unterkünfte

Jüdische Siedler in Palästina, 1930

Zweiter Weltkrieg
1941/42 besetzte Japan Birma (heute Myanmar), Indochina und Indonesien. Nach der Besatzung schüttelten die Länder jegliche Fremdherrschaft ab. In China leistete eine kommunistische Guerrilla erfolgreich Widerstand gegen Japan.

Kriegsveteranen auf der Brücke am Kwai, 1990

Die Brücke am Kwai
Während des 2. Weltkriegs bauten die Japaner eine Eisenbahnverbindung zwischen Birma und Thailand. Beim Bau dieser 420 km langen Strecke kamen viele asiatische Zwangsarbeiter und westliche Gefangene durch Unterernährung, Krankheit und Erschöpfung ums Leben. Die berühmteste Stelle dieser „Todeseisenbahn" ist die legendäre Brücke am Kwai in Thailand.

Unabhängigkeitsbewegungen
Nach 1945 schüttelten viele asiatische Länder die Kolonialherrschaft ab. 1947 erlangten Indien und Pakistan die Unabhängigkeit von Großbritannien. 1949 wurde Indonesien nach vierjährigem Kampf von den Niederlanden unabhängig. Auch Frankreich versuchte weiterhin Vietnam zu beherrschen, mußte jedoch 1954 eine Niederlage einstecken. Die beiden anderen französischen Kolonien, Kambodscha und Laos, wurden 1953 bzw. 1954 unabhängig.

Die eingezeichneten Länder erhielten seit 1939 die Unabhängigkeit. Schließlich gab es in der Nachkriegszeit in Asien 48 unabhängige Staaten.

Tigerstaaten
In den 1980er Jahren entwickelten sich Singapur, Taiwan, Hongkong und Südkorea dank hoher Investitionen und gut ausgebildeter Bevölkerung zu wohlhabenden „Tigerstaaten". 10 Jahre später folgten Thailand, Malaysia und Indonesien.

Kommunistisches Asien
Im Jahr 1949 riefen die Kommunisten die Volksrepublik China aus. 1954 gründeten die Nordvietnamesen einen unabhängigen kommunistischen Staat. Vor allem in den 60er und 70er Jahren bestand die Gefahr, dass kommunistische Bewegungen in Indonesien und Malaysia die gewählte Regierung vertreiben würden.

US-Soldaten tragen einen verwundeten Kameraden.

Khe Sanh, Vietnam

Fabrik in Taiwan

Taiwanesische Exportgüter
Taiwan exportierte seit jeher landwirtschaftliche Produkte wie Zucker, Ananas und Bananen. In den 80er Jahren begann das Land jedoch mit der Produktion von Computern, Fernsehgeräten und Mobiltelefonen.

Nahostkonflikt
Seit 1948 fanden bereits 5 Kriege zwischen Israelis und den sie umgebenden arabischen Staaten statt. Aber auch die Araber selbst führten Krieg untereinander, etwa 1980–88 der Iran gegen den Irak. 1990 überfiel der Irak das ölreiche Kuwait, und es kam zum 2. Golfkrieg, in den die USA eingriffen. Trotz der Niederlage des Irak bleibt der Nahe Osten ein internationaler Krisenherd.

Ölquellen, Mittler Osten

Vietnamkrieg
Seit 1954 strebte das kommunistische Nordvietnam nach gewaltsamer Wiedervereinigung mit dem nichtkommunistischen Südvietnam. Der Bürgerkrieg geriet in den 60er Jahren zu einem internationalen Konflikt, an dem die USA immer stärker beteiligt waren. Nach Niederlagen und starken Verlusten zogen sich die USA 1973 zurück. 1975 erzwang Nordvietnam die Wiedervereinigung.

Chaim Weizmann
Weizmann (1874–1952) wurde bei Pinsk in Weißrussland geboren und studierte Chemie in der Schweiz. In seiner Jugend war er begeisterter Zionist und führte dann die zionistische Weltbewegung an. Nach dem 2. Weltkrieg trat Weizmann für die Schaffung des Staates Israel ein und wurde 1948 dessen erster Staatspräsident.

Chaim Weizmann

Chronologie

um 618–907 In China herrscht die Tang-Dynastie.

1211 Mongolen unter Dschingis Khan dringen in China ein.

14. Jh. Schließung der Seidenstraße

1368 Die Ming-Dynastie vertreibt die Mongolen aus China.

1397 Die Mongolen fallen in Indien ein.

1350–1460 Zusammenbruch des Khmerreiches in Kambodscha

1453 Die türkischen Osmanen erobern Konstantinopel.

um 1488 Die Mingkaiser bauen die chinesische Mauer weiter aus.

1526–1707 Herrschaft der Moguln in Indien

1600–02 Briten und Holländern gründen Ostindienkompanien.

Spielzeughund, Thailand, 1926

1736–96 Blütezeit der chinesischen Mandschu-Dynastie unter Kaiser Qianlong

um 1750 Kulturelle Blütezeit in Japan

1757 Die Briten kontrollieren Bengalen, Indien.

1839–1842 Opiumkrieg

1907 Russen und Engländer einigen sich über die Macht in Zentralasien.

1949 Revolution in China

1950–53 Koreakrieg

1954–75 Vietnamkrieg

Spielzeugroboter, Japan, 1956

SIEHE AUCH UNTER ENTDECKUNGEN · GANDHI, MOHANDAS · INDIEN, GESCHICHTE · JAPAN, GESCHICHTE · KRIEG · MOHAMMED · PERSER · WELTREICHE

ASIEN, TIERWELT

ASIEN ERSTRECKT SICH von der eiskalten Arktis im Norden bis zu den feuchtwarmen Tropen im Süden. Obwohl der größte Teil Asiens aus Ebenen besteht, liegt im Zentrum dieses Kontinents doch auch der Himalaja. Das Innere des Erdteils ist sehr trocken, während Teile Indiens den Niederschlagsrekord halten. Asien ist ein Kontinent der Gegensätze mit zahlreichen Lebensräumen und charakteristischen Pflanzen und Tieren. Hier leben einige der bekanntesten gefährdeten Arten, z. B. der Große Panda und der Tiger. Doch auch weniger bekannte, kleinere Tiere sind durch das Bevölkerungswachstum in Asien ebenso vom Aussterben bedroht.

Wälder

In den Wäldern der gemäßigten Breiten gibt es viele Laubbaumarten. Die Winter können dort sehr kalt sein. Nach dem Laubfall finden die Tiere kaum noch Nahrung. Viele ziehen fort, andere halten Winterschlaf. Den japanischen Rotgesichtsmakaken macht die Kälte wenig aus.

Makak frisst Schnee.

Dickes Fell

Rotgesichtsmakak
Der Rotgesichtsmakak lebt in fast ganz Japan und hat sich als einziger Affe dem kühlen nördlichen Klima angepasst. Im Winter hat er ein dickes Fell. Einige Makaken setzen sich bei Schnee und Stürmen in heiße Quellen. Im Winter fressen die Tiere Wurzeln und Knospen.

Japanischer Scheckenfalter
Nur das Männchen des japanischen Scheckenfalters *Sasakia charonda* zeigt prächtige blaue Schillerfarben. Trotz dieses auffälligen Merkmals ist das Männchen nur schwer an den besonnten Stellen des Waldes zu entdecken. Die Raupen sind grün und hervorragend auf den Blättern des Zürgelbaums getarnt, von denen sie sich ernähren.

Schillerfarben des Männchens

Weiße Flecken

Regenwald

In den Regenwäldern ist es das ganze Jahr über feuchtwarm, doch kurze Trockenzeiten sind möglich. Im Gewirr der Lianen und Epiphyten leben viele Tiere, z. B. in der Kronschicht fruchtfressende Fliegende Hunde und am Boden Tiger.

Lange Luftwurzeln

Würgerfeigen
Einige Feigenbäume wie der Banyan beginnen in der Krone eines Baumes zu keimen. Mit zunehmendem Wachstum senden sie Luftwurzeln auf den Boden und bringen schließlich den Baum zum Absterben.

Tarnung durch gestreiftes Muster

Tiger
Der Tiger verbringt einen Großteil seiner Zeit auf der Jagd in Sumpf- und Regenwäldern. Die Raubkatze liebt das Wasser und kühlt sich in der größten Hitze gern in flachen Tümpeln.

Leistenkrokodil
Das große Leistenkrokodil läßt sich am Morgen am Ufer von Regenwaldflüssen gerne von der Sonne aufwärmen. Später wird ihm die Sonne zu heiß und es geht ins Wasser, um sich etwas abzukühlen.

Sehr leichter Schnabelaufsatz

Nashornvogel
Den Nashornvogel bemerkt man im Regenwald an seinem lauten Ruf und dem geräuschvollen Flügelschlag. Mit dem mächtigen Schnabel pflückt er Früchte und tötet Tiere.

Orangerote Hülle um die Beeren

Grasland

In Asien gibt es tropische Grasländer sowie weite Steppen mit heißen Sommern und kalten Wintern. Alle Tiere hier sind daran angepasst, ihren Wasserverlust zu begrenzen. Die Steppe bewohnen viele Nagetiere, vor allem Ziesel, Murmeltiere und Mäuse.

Lampionblume
Die Lampionblume kommt gut mit Trockenheit zurecht. Ihre Wurzeln erstrecken sich weit in den Boden und suchen dort Wasser. Im Frühjahr blühen neue Sprossen und tragen im Sommer essbare Beeren.

Saiga
Im Winter wandert die zentralasiatische Saigaantilope in großen Gruppen südwärts. Im Sommer kehrt sie in den Norden zurück, weil dort nun reichlich Gras wächst. Die Saiga hat einen Schleimhautsack in der Nase, mit dem sie kalte Atemluft erwärmt und bei Hitze Staubteilchen herausfiltert.

Rüsselnase

Raubadler
Der Raubadler nistet in Sträuchern und auf Bäumen in Gewässernähe. Auf der Nahrungssuche legt er in Steppen und Halbwüsten große Strecken zurück. Er ist ein geschickter Jäger, geht jedoch auch an Aas und stiehlt anderen Raubvögeln sogar ihre Beute.

Hakenschnabel zum Zerteilen von Fleisch

Der Vogel stößt sich beim Start vom Boden ab.

Gebirge

Die steilen Felsen und Täler des Himalaja bieten Unterschlupf für viele Tiere. Oberhalb der Waldgrenze liegen Weiden und Matten, darauf folgt das Gebiet des ewigen Schnees. Jaks überleben hier sogar die eisigen Winter. Andere Tiere wandern dann weiter in die Täler hinab.

Himalajageier
Der große Himalajageier segelt über den Abhängen der höchsten Berge und sucht dabei Nahrung. Er frisst nur von verendeten Tieren. Mit seinem kräftigen Schnabel kann er die zähe Haut eines Jaks aufreißen, um an die weichen Eingeweide zu gelangen.

Hakenschnabel zum Aufreißen von Kadavern

Rhododendren
Was wir in Europa als Alpenrosen kennen, sind im Himalaja bis zu 12 m hohe Bäume. Im Frühjahr blühen sie in den prächtigsten Farben.

Jak
Wildjaks gibt es heute noch in abgelegenen Gebieten des Himalaja und Zentralasiens. Seit Jahrhunderten wird der Jak als auch als Haustier gezüchtet. Mit seinem dicken Fell erträgt er Temperaturen von bis zu -40 °C. Er lebt genügsam von Gräsern, Moosen und Flechten und frisst auch Schnee, um seinen Durst zu löschen.

Scharfe Dornen an Kopf und Nacken

Agamen
Die abgebildete Agamenart lebt auf Bäumen in Bergwäldern. In ihrem grünlich braunen Kleid ist sie auf Bäumen gut getarnt. Mit den langen Zehen und Krallen kann sie sich an Zweigen und Rinden festhalten.

Lange Zehen und Krallen für festen Griff

Nordfledermaus
Im Sommer jagt diese Fledermaus Insekten in der Taiga und sogar nahe des Polarkreises. Sie überwintert in Höhlen und Gebäuden. Die Verbreitung hängt vom Vorhandensein geeigneter Winterschlafplätze ab.

Nördliche Nadelwälder

Anschließend an die arktische Tundra liegt in Sibirien ein Nadelwaldgürtel, die Taiga. Alle Pflanzen und Tiere sind daran angepasst, den kurzen aber üppigen Sommer zu nutzen und den langen, strengen Winter zu überleben.

Taiga
Die sibirische Taiga besteht zur Hauptsache aus Nadelhölzern. Hier wachsen vor allem Tannen, Fichten, Kiefern und Lärchen. In höheren Lagen bildet die Zirbelkiefer oder Arve große Bestände. Die Samen all dieser Arten bilden eine wichtige Nahrungsquelle für Vögel und Nagetiere.

Warmes Fell

Zobel
Der Zobel jagt das ganze Jahr hindurch vor allem Nagetiere, im Sommer auch Jungvögel. Wenn es kaum Beute gibt, frisst er auch Beeren. Er schläft in hohlen Bäumen und bringt dort auch die Jungen zur Welt.

Ein dickes Fell bedeckt den ganzen Körper und sogar die Fußsohlen.

Bartkauz
Um genug Mäuse, Lemminge und andere Kleinnager zu finden, geht der Bartkauz Tag und Nacht auf die Jagd. Auf der Nahrungssuche legt er weite Strecken zurück, nistet aber immer im dichten nördlichen Nadelwald. Dabei übernimmt er oft das verlassene Nest eines Taggreifvogels.

Wüste

Nicht in allen Wüsten ist es das ganze Jahr über heiß. In der zentralasiatischen Wüste Gobi beispielsweise sind die Winter eiskalt. Schon in den Sommernächten kann die Temperatur bis auf den Gefrierpunkt sinken. Um solche Bedingungen auszuhalten, müssen die Tiere an extreme Temperaturen gut angepasst sein.

Onager
Diese Wildesel leben in der Wüste in kleinen Herden. Die genügsamen Onager kommen mit zähen Wüstengräsern und Stroh zurecht. Ihre Hauptfeinde waren einst die Wölfe. Auf der Flucht können die Onager stundenlang hohe Geschwindigkeiten beibehalten.

Rennmäuse
Wie viele andere kleine Wüstenbewohner entkommen auch die Rennmäuse den Temperaturextremen, indem sie Gänge im Boden graben. Durch den Aufenthalt im Boden verlieren sie auch weniger Wasser. Rennmäuse fressen Wurzeln, Schösslinge, Samen und Knospen. In Trockenperioden kommen sie mit dem Morgentau auf den Pflanzen aus.

Zweihöckriges Kamel oder Trampeltier
Von dieser zentralasiatischen Kamelart leben in freier Wildbahn nur noch wenige Tiere. Das Trampeltier hat ein sehr dickes Fell als Schutz gegen die Winterkälte. In seinen zwei Höckern speichert es Fett, sodass es längere Zeit ohne Nahrung und sogar auch ohne Wasser auskommt.

Rundumsicht zum Erkennen von Gefahren

Helles Fell als Tarnung in der Wüste

Dehnbare Backentaschen zum Aufnehmen von Nahrung

SIEHE AUCH UNTER | ASIEN | BÄUME | BÜFFEL UND ANDERE WILDRINDER | FLEDERMÄUSE | GREIFVÖGEL | HIRSCHE UND ANTILOPEN | KAMELE | LÖWEN UND ANDERE GROSSKATZEN | NAGETIERE

ASSYRER

DIE STADT ASSUR AM TIGRIS war schon um 2000 v. Chr. ein wichtiger Handelsplatz in Nordmesopotamien, dem heutigen Irak. Vor rund 3 600 Jahren wurde es die Hauptstadt eines mächtigen Assyrischen Reiches. Damals drangen assyrische Krieger nach Norden und Westen vor, um den Handel zu sichern, um Beute zu machen und Tributzahlungen einzutreiben. Die Assyrer waren als Kriegsmacht gefürchtet und beherrschten bald den ganzen Nahen Osten. Ihre Könige errichteten nach Assur weitere Hauptstädte, z. B. Nimrud und das prächtige Ninive. Die assyrische Kultur war stark von den Babyloniern beeinflusst, deren Reich sich weiter südlich erstreckte. Im 7. Jh. v. Chr. ging das Assyrische Reich unter.

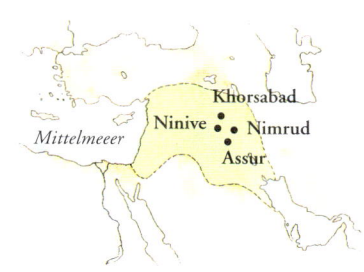

Ausdehnung des Reiches
Das Assyrische Reich hatte zwischen 671 und 655 v. Chr. seine größte Ausdehnung. Damals hatten die gut bewaffneten Krieger der Könige Asarhaddon und Assurbanipal ein Gebiet von Ägypten bis nach Persien erobert. Statthalter kontrollierten die Provinzen, schickten Steuern in die Hauptstadt und warben neue Soldaten an.

Bronzeschild

Das Heer
Die Assyrer besaßen die schlagkräftigste Armee der damaligen Zeit. Ihr Ruf allein genügte oft schon, um aufständische Staaten zum Aufgeben zu bringen. Am Anfang bestand die Armee nur aus Assyrern, aber Tiglatpileser III. (745–727 v. Chr.) holte auch andere Männer aus dem Reich. Ihre Bewaffnung bestand aus eisernen Helmen und Rüstungen, dazu trugen sie Speere, Schwerter und Schilde. Sie setzten auch Wagen und Belagerungsmaschinen ein, die modernsten Waffen der damaligen Zeit.

Assyrischer Beamter | *König Assurnasirpal II., (Regierungszeit 883–859 v. Chr.)* | *Belagerungsmaschine* | *Steinrelief eines assyrischen Angriffs auf eine Stadt am Euphrat*

Nimrud und Ninive
Um 900 v. Chr. war Assur übervölkert. Deshalb wurde die neue Hauptstadt Nimrud gebaut. Im 7. Jh. v. Chr. folgte Ninive. Diese Städte waren berühmt für ihre prachtvollen Paläste und gewaltigen Tempel.

Exotische Tiere
Um Ninive lagen Gärten und Parks. Hier waren Tiere aus allen Teilen des Reiches zu bestaunen, z. B. Elefanten und Löwen.

Indischer Elefant

Die Staatspolitik
Die Assyrer glaubten, ihr Gott Assur, nach dem ihre erste Hauptstadt benannt ist, würde jeden Herrscher mit absoluter Macht ausstatten. Der König schwor bei der Krönung, das Reich zu vergrößern. Er bestimmte allein die Gouverneure, die in den verschiedenen Teilen des Reiches regierten. Er war Oberbefehlshaber des Heeres und hatte die Aufsicht über alle Tempel. Ein Netz von Spionen überzog das ganze Reich. Sie hinterbrachten dem König alles, was geschah.

Goldene Ohrringe
Wertvolle Edelsteine

Die Königinnen
Einige assyrische Königinnen waren sagenhaft mächtig. Unter ihnen ragt Semiramis hervor, die im 9. Jh. v. Chr. 42 Jahre lang auf dem Thron saß. In Gräbern von Nimrud hat man Schmuckstücke von Königinnen gefunden.

Assyrische Kunst
Am auffälligsten sind die bunt bemalten Reliefs, die seit dem 9. Jh. v. Chr. die Palastmauern zierten. Auch die Möbel der Herrscher waren mit wirklichen oder legendenhaften Tieren, z. B. mit Sphinxen, geschmückt

Geflügelte Sphinx aus Elfenbein

Chronologie

um 2300 v. Chr. Assur wird erstmals erwähnt.

1900 v. Chr. Die Assyrer errichten Handelskolonien in Anatolien (Türkei).

1250 v. Chr. Die Assyrer stoßen ans Mittelmeer und nach Babylon vor.

879 v. Chr. Assurnasirpal II. baut bei Kalach eine neue Residenz (Nimrud).

744–727 v. Chr. König Tiglatpileser III. gründet ein Großreich.

721–705 v. Chr. Sargon II. baut eine Residenz in Khorsabad (Dur-Sharrukin).

Goldener Ohrring

701 v. Chr. Sanherib führt sein Heer von der neuen Residenz Ninive aus nach Jerusalem.

689 v. Chr. Sanherib zerstört Babylon.

664 v. Chr. Assurbanipal greift Ägypten an und erobert es.

512 v. Chr. Die Heere der Meder und Babylonier zerstören Ninive.

609 v. Chr. Kronprinz Nebukadnezar von Babylon besiegt die Assyrer.

606 v. Chr. Die Meder aus dem Iran plündern und zerstören Ninive.

Sanherib
Sanherib (Regierung 704–681 v. Chr.) war ein starker König, der Ninive in langen Jahren prachtvoll ausbauen ließ. Er kontrollierte die Mittelmeerküste und zerstörte Babylon. Seine eifersüchtigen Söhne ließen ihn ermorden.

SIEHE AUCH UNTER | ASIEN, GESCHICHTE | BABYLONIER | HETHITER | PHÖNIZIER | RÜSTUNGEN | SUMERER

ASTROLOGIE

SEIT VIELEN JAHRHUNDERTEN glauben die Menschen, dass die Sterne und vor allem die Planeten ihr Leben beeinflussen. Wie sich dieser Einfluss gestaltet, untersucht die Astrologie. Sie nahm vor ungefähr 4000 Jahren in Mesopotamien ihren Anfang und breitete sich später über die Alte Welt aus. In vielen Kulturen galt die Astrologie als ernsthafte Wissenschaft, und viele Herrscher zogen bei wichtigen Entscheidungen Astrologen zu Rate. Bisher fand man jedoch keinen wissenschaftlichen Beweis für die Gültigkeit der Astrologie.

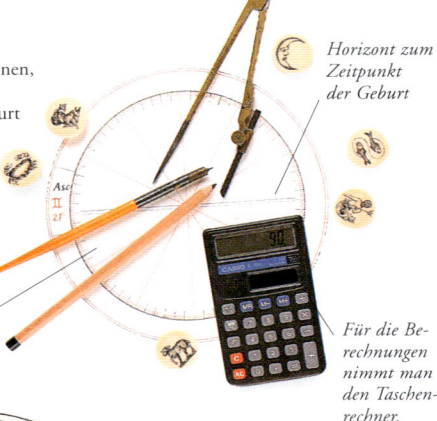

Das Horoskop
Um ein Horoskop stellen zu können, muss der Astrologe den exakten Zeitpunkt und den Ort der Geburt wissen. Damit berechnet er die gegenseitigen Stellungen der Sonne, des Mondes und der Planeten zum Zeitpunkt der Geburt. Astrologen behaupten, sie könnten aufgrund des Horoskops Charaktermerkmale erkennen und zum Teil die Zukunft vorhersagen.

Das Horoskop ist in die 12 Häuser der Tierkreiszeichen unterteilt.

Horizont zum Zeitpunkt der Geburt

Für die Berechnungen nimmt man den Taschenrechner.

Chinesischer Tierkreis
Die chinesischen Astrologen ordnen jedes Jahr einem Tierkreiszeichen zu. Die Jahre entsprechen bestimmten Persönlichkeitstypen. Wer z. B. im Jahr der Schlange geboren ist, gilt als gesellig, zuverlässig und tüchtig.

Die schwarze und weiße Umrandung symbolisiert das Gleichgewicht der Kräfte Yin und Yang im Universum.

Die fünf Elemente
- Wasser
- Holz
- Erde
- Feuer
- Metall

Die Tierkreiszeichen sind den 5 Elementen zugeordnet.

Chinesische Horoskope
Die westliche Astrologie beruht auf der Bewegung der Sonne und Planeten. Das chinesische Horoskop hat den Mondzyklus als Grundlage. Jedes chinesische Jahr wird im 12-jährigen Zyklus nach einem Tier benannt: Drache, Schlange, Pferd, Ziege, Affe, Hahn, Hund, Schwein, Ratte, Büffel, Tiger und Hase.

Zuordnungen
Jedem Tierkreiszeichen entspricht eine bestimmte Nahrung, eine Farbe und ein Symbol. Das Symbol der Ratte ist die Balkenwaage, und zu ihr gehören salzige Speisen.

Astrologie und Astronomie
Die Wissenschaft von den Sternen und Planeten heißt Astronomie. Jahrtausendelang bildete Astronomie und Sterndeutung eine Einheit. Johannes Kepler war auch ein bekannter Astrologe. Vom 17. Jh. an wurde die wissenschaftliche Astronomie immer wichtiger. Der Glaube an die Astrologie nahm dagegen ab.

Frühes Teleskop

Karte des Himmelsgewölbes aus der Zeit um 1660

Die zwölf Tierkreiszeichen

Himmelsgewölbe
Die frühen Sternforscher hielten das Weltall für eine riesige Kugel mit der Erde im Zentrum und den Sternen auf Umlaufbahnen. Die Bahn der Sonne unterteilten sie in 12 Abschnitte, die nach den Sternbildern benannt wurden. So entstanden die Tierkreiszeichen.

Tierkreiszeichen
Jedes Tierkreiszeichen geht auf die antike Bezeichnung eines Sternbildes zurück. Noch heute glauben viele Menschen, dass in einem bestimmten Sternbild Geborene ähnliche Charaktereigenschaften aufweisen.

Widder
Stier
Zwillinge
Krebs
Löwe
Jungfrau
Waage
Skorpion
Schütze
Steinbock
Wassermann
Fische

Zukunftsdeutung
Der Wunsch der Menschen, in die Zukunft zu blicken, hat zu vielen Arten der Vorhersage geführt, z. B. zum Blick in die Kristallkugel, zu Traumdeutung, Handlesekunst, Kartenlesen (Tarot) und Numerologie oder Zahlendeutung. Das bekannteste Orakel der Chinesen heißt *I Ging*.

Bei einem Zukunftsdeuter in Hongkong

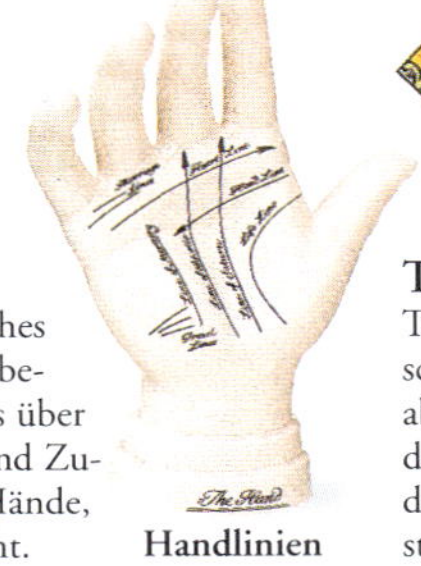

Die Rolle des Zufalls
Viele Systeme der Zukunftsdeutung verwenden als Elemente des Zufalls Würfel, Münzen oder Spielkarten.

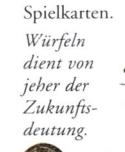

Würfeln dient von jeher der Zukunftsdeutung.

I-Ging-Münzen

Handlesekunst
Jeder Mensch hat ein für ihn typisches Muster der Handlinien. Handleser behaupten, diese Linien würden etwas über den Charakter, die Vergangenheit und Zukunft des Trägers aussagen. Beide Hände, Finger und Nägel werden untersucht.

Handlinien

Tarotkarten
Tarotkarten können verschieden aussehen, werden aber überall zur Zukunftsdeutung eingesetzt. Man deckt sie in einer bestimmten Reihenfolge auf.

SIEHE AUCH UNTER | ASTRONOMIE | CHINA, GESCHICHTE | SONNE UND SONNENSYSTEM | STERNE

ASTRONAUTEN

ÜBER 400 MENSCHEN waren schon im Weltraum; 26 nahmen an Mondmissionen teil, die anderen blieben in einer Umlaufbahn um die Erde. Für Reisen in den Weltraum müssen die Astronauten körperlich wie geistig fit sein. Sie trainieren jahrelang für den kurzen Aufenthalt im lebensfeindlichen Weltall.

Raumanzug

Wenn die Astronauten außerhalb ihres Fahrzeugs arbeiten, müssen sie einen Raumanzug tragen, der ihnen das Überleben ermöglicht und sie vor Mikrometeoriten schützt. Die Astronauten atmen Sauerstoff. Der Raumanzug ist gleichzeitig auch ein Druckanzug, weil es im Weltall keinen Luftdruck gibt.

Jurij Gagarin

Der erste Mensch im Weltall war der Russe Jurij Gagarin (1934– 68). Am 12. April 1961 umrundete er ein einziges Mal die Erde. Der Flug dauerte 108 Minuten. Da niemand wusste, welche Auswirkungen der Aufenthalt im Weltraum haben würde, wurde Gagarins Raumfahrzeug, die Wostok I, vollständig von der Erde aus gesteuert.

Druckhelm
Visier
Mütze
Kopfhörer und Mikrofon
Kommunikationsanschluss
Sauerstoffversorgung
Anschluss für den Handschuh
Abdeckung für den Urinsammler
Schnappverschluss
Flüssigkeitsgekühlte Unterwäsche
Wasserversorgung
Druckhandschuh
Handschuh mit Haft- und Tastspitzen
Mikrometeoritenfeste Ausrüstung
Mondstiefel

Apollo-Raumanzug

MMU
Mit der Manned Manoeuvring Unit (MMU) können sich Astronauten im Raum frei bewegen. Die Fortbewegung und Lagekontrolle erfolgt über Düsen, aus denen Stickstoffgas entweicht.

Leben im Weltall

Der Alltag im Weltall ist für Astronauten nicht anders als auf der Erde: essen, schlafen, auf die Toilette gehen… Der Unterschied besteht in der Schwerelosigkeit. Wenn man die Astronauten beim Schlafen nicht festbindet, schweben sie im Raumschiff umher. Man kann keine Milch in ein Glas gießen, weil diese in Form von Kugeln umherfliegt.

Training für die Schwerelosigkeit

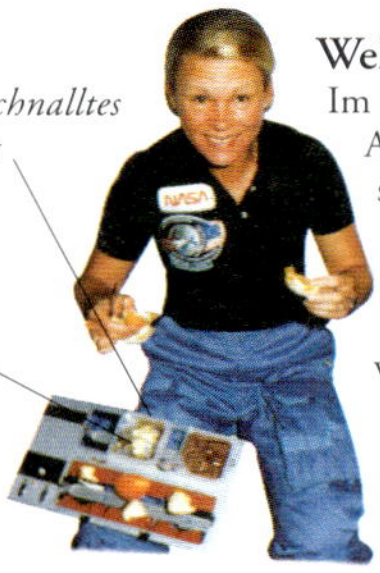

Weltraumnahrung
Im Spaceshuttle essen die Astronauten 70 verschiedene Nahrungsmittel. Das Speisentablett schnallen sie am Bein fest. Gegessen wird von Hand oder mit Besteck. Getränke saugen sie aus Tuben.

Festgeschnalltes Tablett
Vakuumverpackte Mahlzeit

Weltraumtoilette
Im Raumanzug haben die Astronauten einen Urinsammler. Im Raumschiff verwenden sie eine spezielle Toilette. Dabei müssen sie sich auf dem Sitz festschnallen. Die Abfälle werden abgesaugt und gelangen in einen besonderen Sammelbehälter.

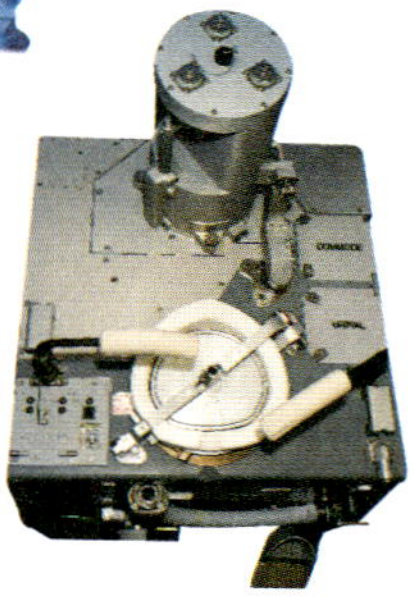

Saugnäpfe aus Gummi

Saugnäpfe
Um an einer Stelle im Raumschiff bleiben zu können, haben die Astronauten an ihren Schuhen Saugnäpfe.

Arbeiten im Weltall

Jedes Crewmitglied hat eine spezielle Aufgabe, z. B. das Steuern des Raumschiffes, das Aussetzen eines Satelliten in eine Umlaufbahn oder das Testen neuer Geräte. Die Schwerelosigkeit im Weltall erlaubt es, Experimente durchzuführen, die auf der Erde nicht möglich sind.

Reparaturarbeiten
Ist ein Satellit einmal ausgesetzt, muss er allein funktionieren. Gelegentlich müssen Satelliten aber repariert werden. Die Ladebucht des Spaceshuttle ist mit einem Manipulatorarm ausgerüstet. Speziell trainierte Astronauten fangen den Satelliten ein, reparieren ihn an Bord und lassen ihn wieder frei.

Experimente
Eine der Hauptaufgaben für die Astronauten sind Versuche im Weltall. Sie beobachteten etwa, wie Bienen auf die Schwerelosigkeit im Raum reagierten.

Astronaut arbeitet am Satelliten Syncom IV-3. Seine Füße sind befestigt.

Dauerrekorde
Astronauten verbringen meist nur ein paar Tage im Weltall. Einige hielten sich jedoch monatelang auf. Der Russe Walerij Poliakow hält den Rekord mit 438 Tagen. Die Amerikanerin Shannon Lucid blieb 188 Tage im Weltall

Walerij Poliakow

Tiere im Weltraum
Menschen sind nicht die einzigen Besucher im Weltraum. Mit Satelliten flogen auch Hunde, Ratten und Mäuse. Im Spaceshuttle hat man schon Versuche mit Fliegen, Fröschen, Kaulquappen und Spinnen angestellt.

Der Schimpanse Ham nach einem Raumflug 1961

SIEHE AUCH UNTER ENTDECKUNGEN FITNESS MOND RAKETEN RAUMFAHRT SCHWERKRAFT

ASTRONOMIE

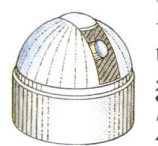

DIE ASTRONOMIE ist die Wissenschaft vom Weltraum und allem, was sich darin befindet. Sie ist vielleicht die älteste Naturwissenschaft, denn schon seit frühesten Zeiten beobachten und erforschen die Menschen den Sternenhimmel. Die Astronomen sammeln heute mit riesenhaften Instrumenten Informationen über das gesamte Weltall.

Kitt Peak Observatory

Das größte Spiegelteleskop hier misst 4 m.

Sternwarten

Spiegelteleskope und astronomische Geräte finden sich in Sternwarten oder Observatorien. Da die Erdatmosphäre Licht und andere Strahlen aus dem Weltraum stört, liegen die Sternwarten meist sehr hoch.

Spiegelteleskope

Die Sternwarten mit den größten Spiegelteleskopen liegen einsam auf hohen Bergen in trockener, klarer Luft und weit von Städten entfernt. Das Kitt Peak National Observatory hat 15 Spiegelteleskope und befindet sich auf einem 2 100 m hohen Berg in Arizona, USA. Es bietet Unterkunftsmöglichkeiten für viele Astronomen. Die größten Spiegelteleskope sind heute aus mehreren kleineren Spiegeln zusammengesetzt.

Radioteleskope

Radiowellen werden von der Atmosphäre kaum verändert. Deswegen kann man Radioteleskope überall bauen. Es handelt sich um Parabolantennen. Am größten ist das Radioteleskop von Arecibo (oben) in Puerto Rico mit 305 m Durchmesser.

Astronomen bei der Arbeit

Die meisten Astronomen arbeiten entweder in Sternwarten oder an Universitäten. Sie haben sich gewöhnlich auf ein Forschungsgebiet beschränkt, etwa auf die Geologie der Planeten, auf Kometen und Meteoriten, die Sternentwicklung, die Entstehung von Galaxien oder auf Quasare.

Beobachtung

Astronomen verbringen nur noch einen kleinen Teil ihrer Zeit mit der Himmelsbeobachtung. Die weitaus meisten Daten werden automatisch in großen Sternwarten gesammelt und anschließend von Wissenschaftlern ausgewertet. Dabei geht es oft um die Frage, wie das Weltall entstanden ist und wie sich die Galaxien und Sterne weiter entwickeln.

Daten sammeln

CCD-Element

Astronomen arbeiten heute meist mit Halbleiterelementen, den CCD (Charge-coupled devices). Diese Detektoren liefern ihre Daten an Großcomputer.

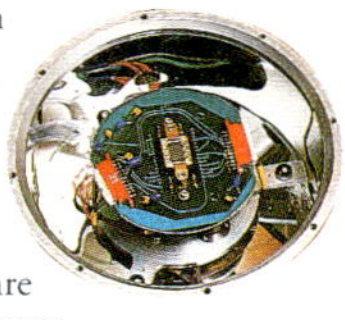

Analyse

Astronomen können die heutigen Datenmengen nur noch mit Großcomputern verarbeiten. Eine besondere Rolle spielen die Computer auch bei der Auswertung und Verarbeitung komplizierter Bilder aus dem Weltraum.

Astronomische Instrumente

Die Astronomen sammeln Daten aus dem Weltraum durch die Analyse elektromagnetischer Strahlen. Dazu gehören Licht- und Radiowellen sowie Röntgen-, Infrarot- und Ultraviolettstrahlen. Für jede dieser Strahlungsarten braucht man ein ganz anders gebautes Teleskop.

Teleskope

Im Bereich des sichtbaren Lichtes verwendet man nur noch Spiegelteleskope. Die größten unter ihnen setzen sich aus vielen Einzelspiegeln zusammen. Das eingefangene Licht wird auf fotografische Platten gelenkt oder elektronisch ausgewertet. Zur weiteren Untersuchung dienen Spektroskope und Photometer.

Weltraumteleskop

Weltraumteleskop Hubble

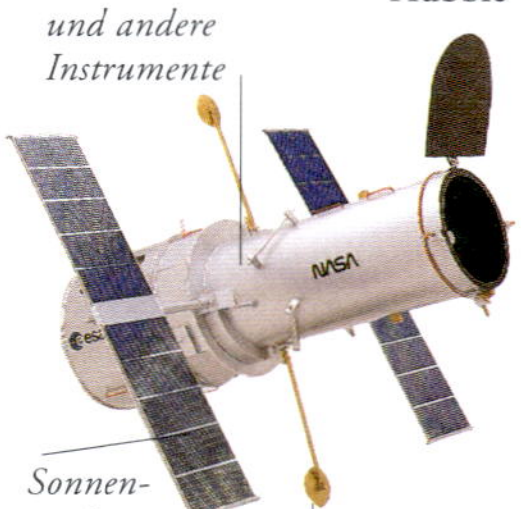

Kameras und andere Instrumente

Das Weltraumteleskop Hubble kreist seit 1990 um die Erde und beobachtet völlig ungestört von der Erdatmosphäre das Weltall. Es sammelt Daten im Bereich des Lichts und der ultravioletten Strahlen.

Sendeantenne
Sonnensegel
Sendeantenne
Landegerät unter einem Schirm
Sonnensegel

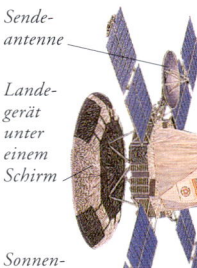

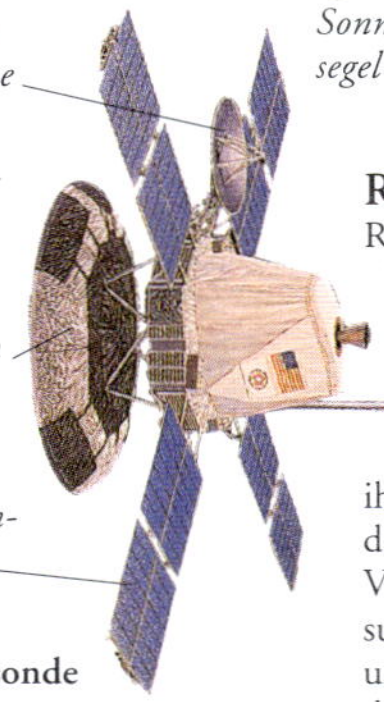

Raumsonde Viking

Raumsonden

Raumsonden untersuchen Himmelskörper im Sonnensystem auch aus der Nähe. Sie sandten detaillierte Aufnahmen von den Planeten und ihren Monden zurück auf die Erde. Zwei identische Viking-Raumsonden untersuchten 1976 z. B. den Mars und setzten Landegeräte auf dem Planeten aus.

Fred Hoyle

Der englische Astronom Fred Hoyle (geb. 1915) baute die so genannte Steady-State-Theorie aus. Danach bilden sich stets neue Galaxien und nehmen den Platz jener Galaxien ein, die sich durch Ausdehnung des Weltalls fortbewegen. Damit bleibt die Anzahl der Galaxien konstant. Die Vorstellung eines Urknalls gilt heute als wahrscheinlicher.

Chronologie

1609 Galilei verwendet erstmals ein astronomisches Fernrohr.

1781 Entdeckung des Uranus führt zur Verdoppelung des Durchmessers des Sonnensystems.

1863 Die Analyse des Sternenlichts: Sterne bestehen aus denselben Elementen wie die Erde.

Uranus

1923 Astronomen entdecken Galaxien jenseits unserer Milchstraße.

1963 Der erste Quasar, eine Radioquelle, wird entdeckt.

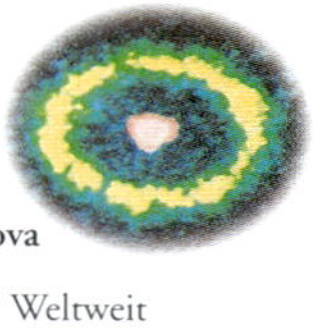

Quasar

1987 Weltweit beobachtete Explosion der Supernova 1987 A

Supernova

SIEHE AUCH UNTER ATMOSPHÄRE GALAXIEN RAUMFAHRT STERNE TELESKOP WELTALL

ATLANTISCHER OZEAN

DER ATLANTISCHE OZEAN oder Atlantik ist der zweitgrößte Ozean der Erde. Er bedeckt rund ein Fünftel der Erdoberfläche und trennt Amerika von Europa und Afrika. Im Norden schließt sich die Arktis mit dem Nordpolarmeer, im Süden die Antarktis mit dem Südpolarmeer an. Am Rand des Atlantiks gibt es einige kleinere Meere, z. B. die Ostsee und das Mittelmeer sowie die Karibik. Der Atlantische Ozean enthält zwar sehr reiche Fischgründe, ist aber auch am stärksten verschmutzt, weil an seinen Küsten viele Industrien ihren Sitz haben.

ATLANTIK: DATEN	
FLÄCHE	82 000 000 km²
MITTLERE TIEFE	3 660 km
GRÖSSTE TIEFE	9 219 m im Puerto-Rico-Graben
GRÖSSTE LÄNGE	16 000 km von Grönland bis zur Antarktis
GRÖSSTE BREITE	8 000 km zwischen Nordeuropa und Kanada

Geografie

Das Wasser des Atlantiks steht nie still, sondern fließt in riesigen Meeresströmungen, z. B. im Golfstrom, der das Weltklima stark beeinflusst. Diese Strömungen können 30 °C warm oder -2 °C kalt sein. Viele Inseln im Atlantik sind vulkanischen Ursprungs und liegen auf dem Mittelatlantischen Rücken. Die größten Inseln sind Grönland und Island, beide in der Grönlandsee im Nordatlantik gelegen.

Golfstrom
Obwohl die Scilly-Inseln im Nordatlantik direkt vor der Küste Großbritanniens liegen, sind die Winter hier dank dem wärmenden Einfluss des Golfstroms sehr gemäßigt. Der Golfstrom kommt aus dem Golf von Mexiko und fließt dann mit 9 km/h und einer Anfangstemperatur von 27 °C nord- und ostwärts. Er wärmt die Küsten Nordeuropas, sodass die Häfen bis hoch nach Norwegen auch im Winter eisfrei sind.

Mittelatlantischer Rücken
Dieser untermeerische Gebirgszug erstreckt sich über den ganzen Atlantik. Hier spaltet sich der Meeresboden. Lava dringt nach oben und erhärtet. Wo der Mittelatlantische Rücken über die Wasseroberfläche reicht, sind Inseln entstanden, z. B. Island oder Ascension. Der Atlantik wird jedes Jahr ungefähr 4 cm breiter.

Lachs

Fischerei
Durch Überfischung sind die Bestände im Atlantik in den letzten 20 Jahren stark zurückgegangen. Wildlachse werden kaum noch gefangen. Man züchtet den Lachs heute in Netzgehegen.

Island

Die Insel Island liegt weit im Norden des Atlantiks, auf halbem Weg zwischen Europa und Nordamerika. Dadurch ist sie auch wichtig für Flugverbindungen. Die Lage der Insel auf dem Mittelatlantischen Rücken bedeutet, dass es hier aktiven Vulkanismus gibt. Island ist seit 1944 Republik.

Klima
Dank des Golfstroms ist der südliche Teil von Island ziemlich mild und es schneit nicht viel. Der Norden ist kälter, aber weniger windig.

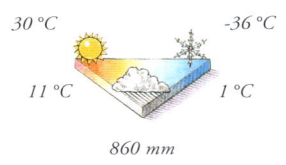

30 °C -36 °C
11 °C 1 °C
860 mm

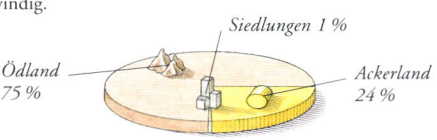

Landnutzung
Ödland 75 % Siedlungen 1 % Ackerland 24 %

Die Isländer leben in den fruchtbareren Küstengebieten. 5 % der Menschen arbeiten in der Landwirtschaft, vor allem in der Schafzucht. Auf weniger als 1 % der Fläche kann man Pflanzen anbauen. Die gebirgige Inselmitte ist völlig unbesiedelt.

Reykjavik
In Reykjavik, von den Normannen 877 gegründet, leben heute über 110 000 Menschen. Die Stadt ist das wirtschaftliche, kulturelle und politische Zentrum des Landes. Sie wird ausschließlich durch Erdwärme geheizt.

Bunte Häuser in der Altstadt von Reykjavik

Geografie
Island ist eine Insel aus Feuer und Eis. Kochend heiße vulkanische Quellen findet man neben Gletschern. Das Zentrum besteht aus unbewohnbaren Hochflächen und Bergen. Island hat viele Flüsse, Seen und spektakuläre Wasserfälle.

Vulkane
Die Insel Little Surtsey entstand durch vulkanische Tätigkeit im Frühjahr 1965, verschwand im folgenden Winter aber wieder. Auf Island gibt es mindestens 20 aktive Vulkane, die jederzeit ausbrechen können.

Gletscher
Eis bedeckt rund ein Zehntel von Island. Der Vatnajökull im Südwesten der Insel ist mit einer Fläche von 8 300 km² nicht nur der größte Gletscher Islands, sondern Europas.

Erdwärme
Jedes Jahr schwimmen tausende von Menschen in der Blauen Lagune. Sie besteht aus Wasser, das im Erdinneren aufgewärmt wurde. Heißwasserquellen werden auch technisch genutzt. Island verfügt über viele Wasser- und Erdwärmekraftwerke.

Fischerei
Der isländische Export ist stark von der Fischerei abhängig und Island besitzt eine große, moderne Fangflotte. Fischfang und Fischverarbeitung sind die führenden Industrien. Hier arbeiten fast 20 % der Erwerbstätigen.

Bevölkerung
Die ersten Siedler kamen im 9. Jh. von Norwegen. Heute hat Island eine klassenlose Wohlstandsgesellschaft. 80 % aller Isländer wohnen im eigenen Haus. Die meisten Menschen leben in Städten mit hohem Lebensstandard. Sie genießen soziale Sicherheit, Gesundheitsfürsorge und Gratisausbildung.

ISLAND: DATEN
HAUPTSTADT	Reykjavik
FLÄCHE	103 000 km²
EINWOHNER	280 000
SPRACHE	Isländisch
RELIGION	Christentum
WÄHRUNG	Isländische Krone
LEBENSERWARTUNG	79 Jahre
EINWOHNER PRO ARZT	355
REGIERUNG	Mehrparteiendemokratie
ANALPHABETEN	Unter 1 %

2,7 pro km² 92 % Stadt 8 % Land

Kap Verde

Die vulkanischen Kapverden bestehen aus 15 Inseln im Atlantik vor der Westküste Afrikas. Bis 1975 waren sie eine portugiesische Kolonie. Vor allem wegen des Wassermangels müssen 90 % der Lebensmittel importiert werden.

KAP VERDE: DATEN
HAUPTSTADT	Praia
FLÄCHE	4 033 km²
EINWOHNER	405 000 (100 Einw./km²)
SPRACHE	Portugiesisch, Crioulo
RELIGION	Christentum
WÄHRUNG	Kap-Verde-Escudo
ANALPHABETEN	28 %

São Nicolau
Auf der Insel São Nicolau im Norden des Archipels stehen viele Häuser im portugiesischen Kolonialstil. Die meisten Menschen hier sind Mischlinge. Sie bauen Bananen und Zuckerrohr an.

Inseln im Atlantik

Im Atlantischen Ozean liegen hunderte von Inseln. Die Britischen Inseln sind Teile eines Kontinents. Andere Inseln wie die Azoren und die Kanarischen Insel sind vulkanischen Ursprungs. Winzige Inseln wie Ascension oder St. Helena bestehen aus den Spitzen untermeerischer Vulkanberge.

Falklandinseln
Die Falklandinseln (Fläche 12 173 km²) gehören zu Großbritannien, obwohl sie vor der Küste Argentiniens liegen. Bevor Erdöl in den Gewässern vor den Falklandinseln gefunden wurde, züchteten hier die meisten Menschen Schafe.

Kanarische Inseln
Die Kanarischen Inseln vor Nordwestafrika gehören zu Spanien. Die insgesamt 14 Inseln und Inselchen mit einer Gesamtfläche von 7 242 km² sind ein sehr beliebtes Touristenziel. Hier leben über 1,6 Millionen Menschen.

SIEHE AUCH UNTER ARGENTINIEN, CHILE, URUGUAY · ENERGIE · FISCHFANG · GLETSCHER · INSELN · KLIMA · KONTINENTE · OZEANE UND MEERE · TUNDRA · VULKANE

ATMOSPHÄRE

OHNE ATMOSPHÄRE hätte sich auf der Erde kein Leben entwickeln können. Die farb-, geruch- und geschmacklose Gashülle umgibt unseren Planeten wie ein Mantel. Sie liefert uns Luft zum Atmen und Wasser zum Trinken. Wie ein Treibhaus hält sie die Sonnenwärme fest und schützt uns gleichzeitig vor schädlichen ultravioletten Strahlen. Die Atmosphäre reicht bis in rund 700 km Höhe, hat aber keine scharfe Grenze und geht schließlich in den Weltraum über. Der Mensch ist heute dabei, diese Schutzhülle zu zerstören.

Zusammensetzung der Atmosphäre

Die Gashülle der Erde besteht überwiegend aus Stickstoff und Sauerstoff. Sie enthält noch kleine Mengen Argon, Kohlendioxid und weitere Spurengase. Der Sauerstoff, den wir einatmen, stammt zum größten Teil von grünen Pflanzen.

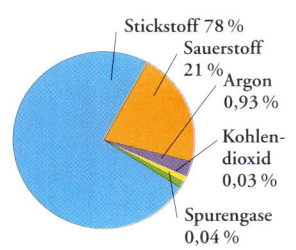

Stickstoff 78 %
Sauerstoff 21 %
Argon 0,93 %
Kohlendioxid 0,03 %
Spurengase 0,04 %

Grafische Darstellung der Zusammensetzung der Atmosphäre

Ozonschicht

Die Ozonschicht in der Stratosphäre absorbiert schädliche ultraviolette Strahlen von der Sonne. Leider führen Fluorchlorkohlenwasserstoffe (FCKW) zur Ausdünnung und Zerstörung der Ozonschicht, sodass sich über den Polen große Ozonlöcher gebildet haben.

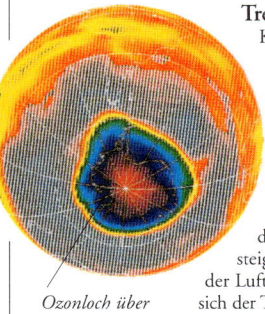

Ozonloch über der Antarktis

Treibhauseffekt

Kohlendioxid und andere Spurengase in der Atmosphäre halten wie die Gläser eines Treibhauses die Sonnenwärme fest. Durch diesen Treibhauseffekt bleibt die Erde warm. Vor allem durch Waldbrände und das Verbrennen von Erdöl steigt der Kohlendioxidgehalt der Luft ständig. Damit verstärkt sich der Treibhauseffekt: Es kommt zu einer globalen Erwärmung.

Sprays enthielten früher FCKW als Treibgas.

Sauerstoffkreislauf

Die Luftgase befinden sich in ständigem Kreislauf zwischen der Atmosphäre und den Lebewesen: Tiere nehmen Sauerstoff auf, um Energie aus der Nahrung zu gewinnen; sie geben Kohlendioxid ab. Die grünen Pflanzen nehmen Kohlendioxid auf und geben bei der Photosynthese Sauerstoff ab. Bei jeder Verbrennung wird Sauerstoff verbraucht.

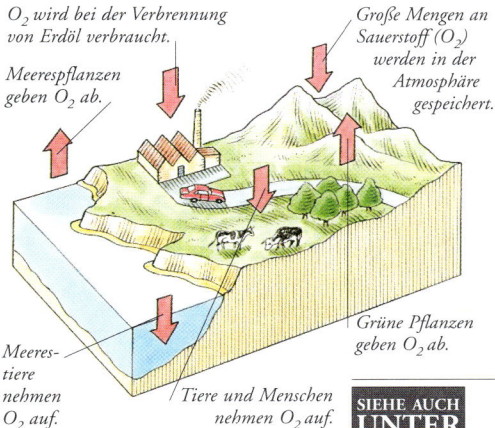

O_2 wird bei der Verbrennung von Erdöl verbraucht.
Meerespflanzen geben O_2 ab.
Große Mengen an Sauerstoff (O_2) werden in der Atmosphäre gespeichert.
Meerestiere nehmen O_2 auf.
Tiere und Menschen nehmen O_2 auf.
Grüne Pflanzen geben O_2 ab.

Die Schichten der Atmosphäre

Die Atmosphäre wird in 5 Schichten unterteilt. Die Zusammensetzung der Gase bleibt im Prinzip stets dieselbe, doch die Temperatur ist in den einzelnen Schichten stark unterschiedlich.

Satellit

Exosphäre Das ist die äußerste Schicht der Atmosphäre. Hier entweichen einzelne Gase in den Weltraum.

Thermosphäre Hier sind die Gase nur noch sehr dünn. Doch nehmen sie die ultraviolette Strahlung von der Sonne auf und werden dadurch bis zu 2 000 °C heiß. Innerhalb der Thermosphäre liegt die Ionosphäre, die aus elektrisch geladenen (ionisierten) Gasen besteht. Radiosignale werden von der Ionosphäre reflektiert.

Polarlichter: Geladene Teilchen der Sonne bringen Moleküle der Luft zum Leuchten.

Spaceshuttle

Mesopause: zwischen Mesosphäre und Thermosphäre.

Meteoriten

Mesosphäre Hier sind die Gase ebenfalls dünn verteilt. Doch die Mesosphäre ist noch dicht genug, um Meteoriten abzubremsen. Die Temperatur sinkt mit zunehmender Höhe auf weniger als -110 °C.

Sonarballon

Stratopause: zwischen Stratosphäre und Mesosphäre

Stratosphäre Sie enthält 19 % der Luftgase, doch nur wenig Wasserdampf. Im untersten Teil dieser ruhigen Schicht fliegen die Passagierflugzeuge.

Die Ozonschicht schützt die Erde vor schädlicher ultravioletter Strahlung.

Meereshöhe

Troposphäre Sie reicht bis in 12 km Höhe. Die meisten Lebewesen können nur in der unteren Hälfte dieser Schicht überleben. Die Troposphäre enthält 75 % der Luftgase, Wasserdampf sowie Wolken. Hier findet das Wetter statt.

James Glaisher

Der englische Meteorologe James Glaisher (1809–1903) war einer jener zahlreichen Ballonfahrer, die während des 19. Jh. außergewöhnliche Höhen aufstiegen, um mehr über die Atmosphäre zu erfahren, und dabei beträchtliche Risiken auf sich nahmen. Glaisher gelangte ohne Schutzkleidung und Sauerstoffmaske bis fast in 12 km Höhe. Bei solchen Fahrten wurden Luftproben genommen und Luftwerte gemessen.

SIEHE AUCH UNTER · ATMUNG · GASE · KLIMA · PHOTOSYNTHESE · UMWELTVERSCHMUTZUNG · WÄLDER · WETTER

ATMUNG

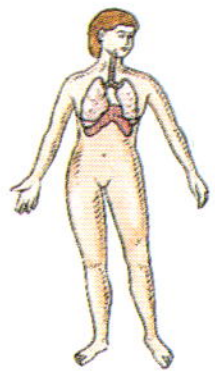

JEDE EINZELNE KÖRPERZELLE braucht Sauerstoff, um aus der Nahrung die nötige Energie für die vom Körper zu leistende Arbeit zu gewinnen. Bei dieser Zellatmung entsteht das Gas Kohlendioxid, das beim Ausatmen ausgeschieden wird. Bei der Atmung findet also ein Gasaustausch in der Lunge statt: Sauerstoff aus der Luft gelangt von der Lunge ins Blut. Das Blut gibt dabei gleichzeitig Kohlendioxid aus den Körperzellen an die Lunge ab. Das Atmungssystem besteht aus der Lunge und ihren Verbindungsgängen zur Außenwelt.

Atembewegungen
Die Lunge enthält selbst keine Muskeln. Dennoch erfolgen die Atembewegungen mit Hilfe von Muskeln. Die größte Rolle spielen dabei das Zwerchfell, eine Muskelplatte, die den Brustraum vom Bauchraum trennt, sowie die Zwischenrippenmuskeln.

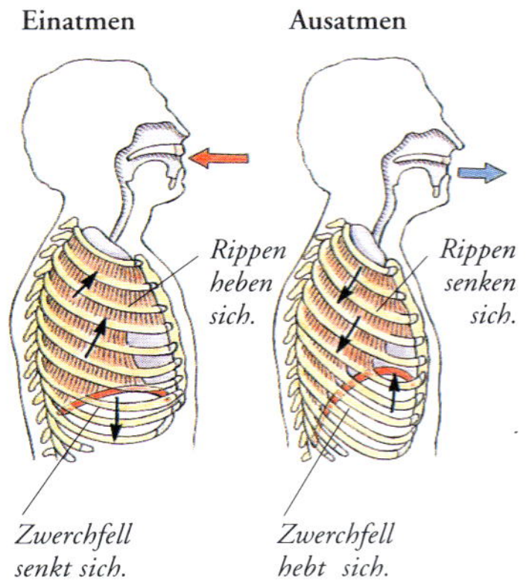

Lunge

Die Lunge ist ein schwammiges, rosarotes Organ in der Brust. Sie wird vom Brustkorb geschützt. Unter der Lunge befindet sich ein flächiger Muskel, das Zwerchfell. Die Verbindung zur Außenwelt schafft die Luftröhre, die sich in die beiden Bronchien aufteilt. Diese verzweigen sich bis zu den feinsten Bronchiolen.

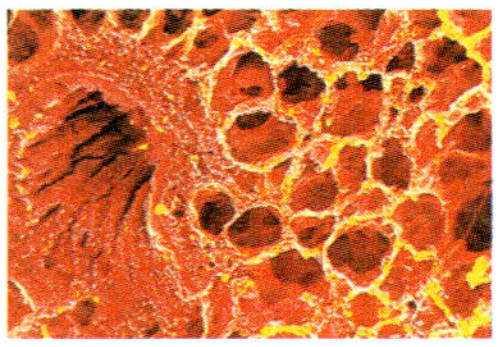

Lungenbläschen
Die Bronchiolen enden in winzigen sackförmigen Lungenbläschen. In diesen Alveolen findet der Gasaustausch statt. In der Lunge liegen über 600 Millionen Lungenbläschen.

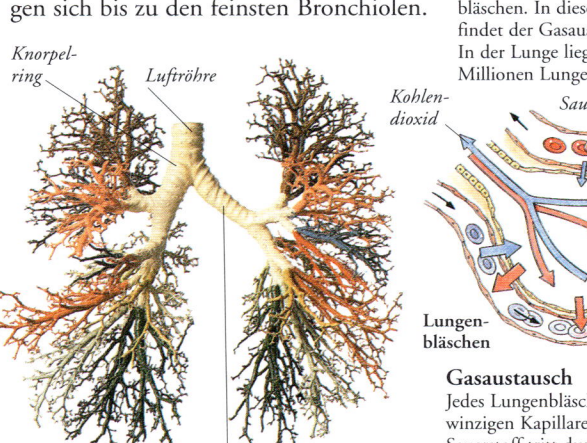

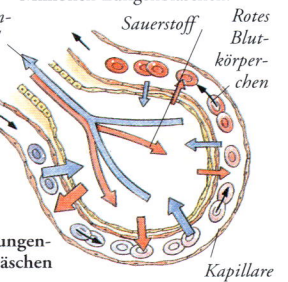

Gasaustausch
Jedes Lungenbläschen ist von winzigen Kapillaren umgeben. Sauerstoff tritt durch die Wand des Lungenbläschens und wird von roten Blutkörperchen aufgenommen. Das Kohlendioxid gelangt vom Blut in die Atemluft.

Bronchiolen, die feinsten Verästelungen der Lunge, endigen in den Lungenbläschen.

Bronchien heißen die beiden Hauptäste der Luftröhre. Sie verzweigen sich zu Bronchiolen.

Atmungssystem

Luft dringt über die Nasenhöhle und den Mund in die Lunge ein und verlässt sie auch wieder auf diesem Weg. Die Luft zieht durch den Rachen und Kehlkopf und gelangt in die Luftröhre. Diese verzweigt sich in die beiden Bronchien. Der Gasaustausch erfolgt in den Lungenbläschen am Ende der Bronchiolen.

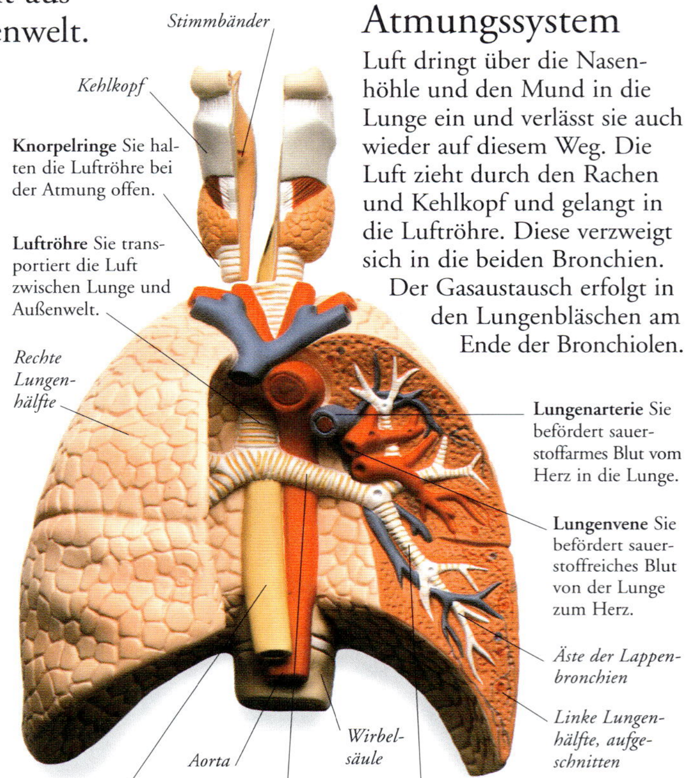

Knorpelringe Sie halten die Luftröhre bei der Atmung offen.

Luftröhre Sie transportiert die Luft zwischen Lunge und Außenwelt.

Lungenarterie Sie befördert sauerstoffarmes Blut vom Herz in die Lunge.

Lungenvene Sie befördert sauerstoffreiches Blut von der Lunge zum Herz.

Speiseröhre Sie transportiert die Nahrung in den Magen.

Bronchien So heißen die beiden Verzweigungen der Luftröhre.

Lappenbronchien Sie versorgen die 5 Lungenlappen.

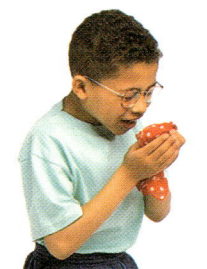

Kehlkopf

Der Kehlkopf verbindet den Rachen mit der Luftröhre. Er besteht aus mehreren Knorpelstücken. Den Schildknorpel spürt man als Adamsapfel vorne am Hals. Der Kehldeckel verschließt beim Schlucken den Eingang zum Kehlkopf, damit keine Nahrungsbrocken in die Luftröhre gelangen. Zwischen dem Schild- und dem Stellknorpel sind die Stimmbänder aufgespannt.

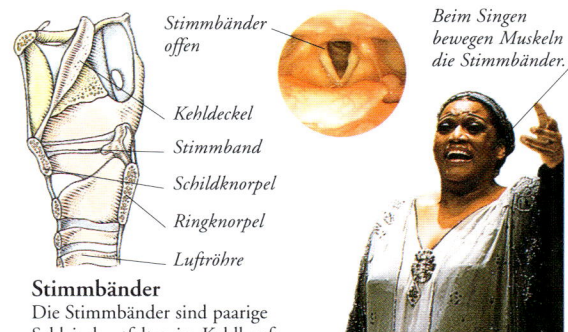

Husten und Niesen
Beim Husten wird die Luftröhre, beim Niesen die Nase von Schleim und Schmutz befreit. In beiden Fällen atmet man tief ein und explosionsartig aus. Dabei öffnen sich die Stimmbänder, sodass ein Schwall Luft austreten kann.

Stimmbänder
Die Stimmbänder sind paarige Schleimhautfalten im Kehlkopf. Beim Ausatmen werden sie in Schwingungen versetzt und erzeugen dabei Töne, mit denen wir sprechen.

Gähnen
Beim Gähnen atmet man tief ein und öffnet dabei weit den Mund. Dadurch gelangt frische Luft in die Lunge und „verbrauchte" Luft an die Außenwelt.

SIEHE AUCH UNTER — ERSTE HILFE · FITNESS · GASE · HERZ UND KREISLAUFSYSTEM · MUSKELN UND BEWEGUNG · ORGANSYSTEME · SKELETT · VERDAUUNG

ATOME UND MOLEKÜLE

ATOME SIND WINZIGE Teilchen. Die gesamte Materie um uns herum besteht aus Atomen. Es gibt etwas mehr als hundert verschiedene Atomtypen; wir bezeichnen sie als chemische Elemente. Einzelne Atome verbinden sich untereinander zu Molekülen. Die Atome selbst bestehen wieder aus kleineren Elementarteilchen, etwa Protonen, Neutronen und Elektronen.

Aufbau der Atome

Der Atomkern besteht aus positiv elektrisch geladenen Protonen und ungeladenen Neutronen. In weitem Abstand um den Kern kreisen negativ geladene Elektronen in mehreren gesetzmäßig angeordneten Schalen. Das Atom als Ganzes ist elektrisch neutral, weil es insgesamt gleich viele Elektronen wie Protonen enthält. Deren positive und negative Ladungen gleichen sich aus.

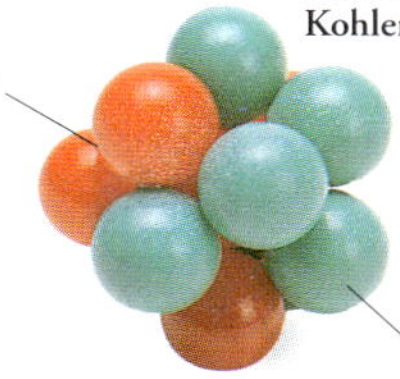

Atomkern — *Proton (rot)* — *Neutron (grün)* — *Elektronenschalen*

Elektronen bewegen sich in Schalen um den Atomkern.

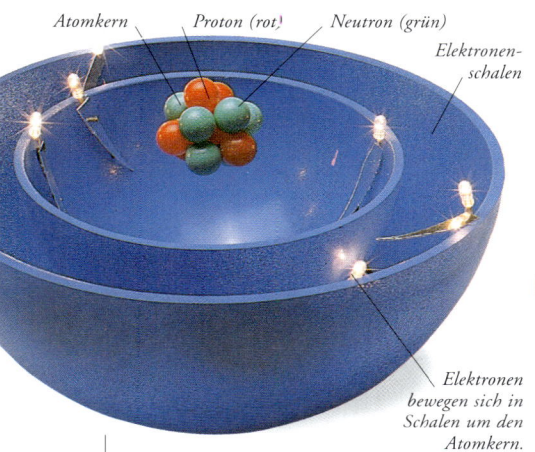

Atom von Kohlenstoff-12 halbiert

Atomkern von Kohlenstoff-12
6 Protonen
6 Neutronen

Isotope
Alle Atome eines chemischen Elements haben gleich viele Protonen im Kern. Die Zahl der Neutronen kann schwanken. Solche Atome nennt man Isotope. Das Kohlenstoff-12-Atom hat 6 Protonen und 6 Neutronen. Beim Kohlenstoff-14 kommen 2 weitere Neutronen dazu.

Quarks
Neutronen und Protonen setzen sich aus kleineren Teilchen zusammen, den Quarks, die durch Gluonen aneinander haften. Die Quarks selbst enthalten vielleicht noch kleinere Teilchen.

Quark — *Gluonen*

Aufbau eines Neutrons

Elektronenschalen und Valenz

Atome haben bis zu 7 Elektronenschalen. Kleinere Atome mit 8 Elektronen in der Außenschale sind sehr stabil. Wenn Atome Elektronen aufnehmen oder abgeben oder mit anderen Atomen gemeinsam haben, entstehen chemische Bindungen. Die Valenz oder Wertigkeit ist die Zahl der Bindungen, die ein Atom eingehen kann.

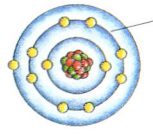

Das Natriumatom gibt bei chemischer Bindung ein Elektron ab. Es bleibt eine Außenschale von 8 Elektronen.

Natrium (3 Schalen, Valenz 1)

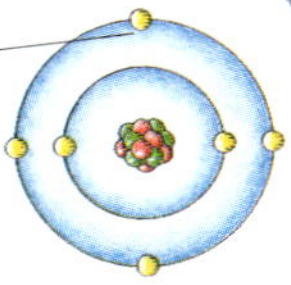

Das Kohlenstoffatom hat die Valenz 4. Es kann mit anderen Atomen maximal 4 Bindungen eingehen.

Kohlenstoff (2 Schalen, Valenz 4)

Ionenbindung

Wenn ein Elektron von einem Atom auf das andere übergeht, bekommen beide eine elektrische Ladung und werden zu Ionen. Das Atom, das ein Elektron abgegeben hat, wird ein positiv geladenes Kation. Das andere Atom wird ein negativ geladenes Anion. Die Ionenbindung besteht in der Anziehungskraft dieser beiden Ionen.

Natriumatom verliert ein Elektron.
Elektronentausch
Chloratom gewinnt ein Elektron.

Ionenbindung beim Steinsalz (Natriumchlorid, NaCl)

Atombindung

Kovalente Bindungen entstehen, wenn 2 Atome Elektronen gemeinsam haben. Jedes Atom stiftet dazu ein Elektron. Das Elektronenpaar kreist um die Kerne beider Atome und verbindet sie zum Molekül.

Atombindungen beim Molekül des Ammoniaks (NH_3)

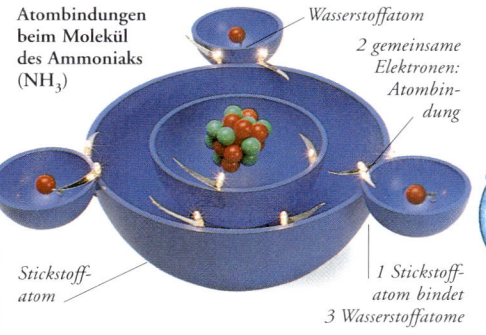

Wasserstoffatom
2 gemeinsame Elektronen: Atombindung
Stickstoffatom
1 Stickstoffatom bindet 3 Wasserstoffatome

Doppelbindungen
Kovalente Atombindungen durch 2 Elektronenpaare nennt man auch Doppelbindung. Es gibt auch Dreifachbindungen: die Atome haben dann 3 Elektronenpaare gemeinsam.

4 gemeinsame Elektronen

Sauerstoffmolekül (O_2)

Doppelbindungen von 2 Sauerstoffatomen

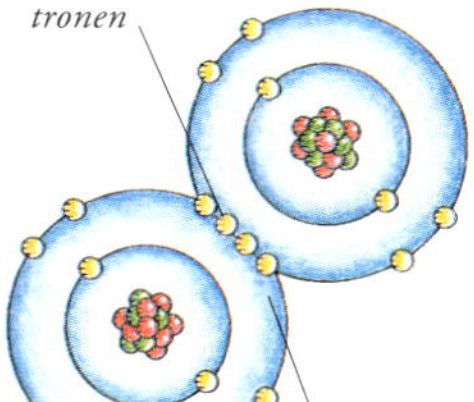

Chemische Formeln

Mit chemischen Formeln gibt man die Zusammensetzung und den Aufbau eines Stoffes an. Bei Summenformeln verwendet man Buchstaben als Abkürzungen für die Elemente und Zahlen für die Anzahl der beteiligten Atome. Das Gas Methan hat die chemische Formel CH_4. Das Methanmolekül besteht demnach aus 1 Kohlenstoffatom (C) und 4 Wasserstoffatomen (H).

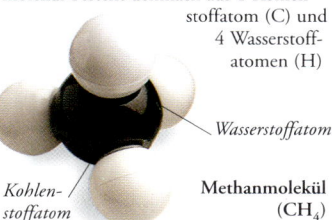

Kohlenstoffatom — *Wasserstoffatom*

Methanmolekül (CH_4)

Linus Pauling

Der Amerikaner Linus Pauling (1901–94) bekam 1954 den Nobelpreis für Chemie für seine Arbeit über chemische Bindungen und die Struktur der Moleküle. Er berechnete die Energien in Bindungen, die Winkel und die Entfernungen zwischen den Atomen. 1962 erhielt er auch den Friedensnobelpreis für seine Bemühungen um Teststopps von Atomwaffen.

Kräfte zwischen den Molekülen

Die Moleküle kovalenter Verbindungen werden durch schwache Kräfte, die Van-der-Waals-Kräfte, zusammengehalten. Bei Wasserstoffverbindungen, besonders beim Wasser, treten viel stärkere Dipolkräfte auf. Im Wassermolekül ist das Sauerstoffatom stärker negativ geladen als die Wasserstoffatome. Die entstehenden elektrostatischen Kräfte bezeichnet man als Wasserstoffbrücken.

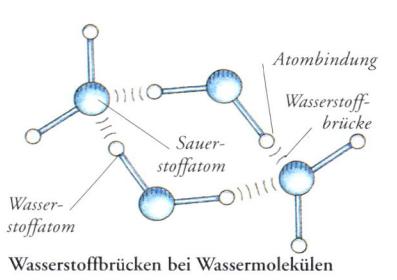

Atombindung
Wasserstoffbrücke
Sauerstoffatom
Wasserstoffatom

Wasserstoffbrücken bei Wassermolekülen

SIEHE AUCH UNTER: CHEMISCHE VERBINDUNGEN — ELEMENTE — KERNKRAFT — RADIOAKTIVITÄT

AUGE

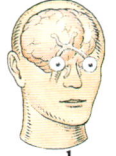

DIE AUGEN SIND die Sinnesorgane für das Sehen. Die beiden Augäpfel haben einen Durchmesser von rund 6 cm. Im Inneren enthalten sie die Netzhaut mit Sinneszellen. Wenn diese von Licht gereizt werden, senden sie Informationen darüber an das Gehirn. Dort entsteht das eigentliche Bild des Gesehenen. Die Regenbogenhaut oder Iris steuert die Menge des einfallenden Lichtes. Durch Verformen der Augenlinse kann man nahe oder weit entfernte Gegenstände scharf sehen. Der Augapfel liegt in der Augenhöhle. Die nach außen gewandte Schicht des Auges wird von den Lidern geschützt.

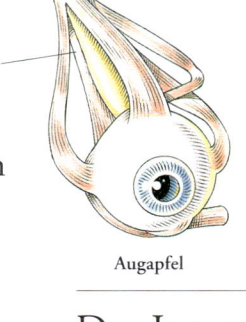

Bewegung der Augen
Unsere Augen gehen ständig hin und her, auch wenn wir einen Gegenstand unverwandt anblicken. 6 Muskeln bewegen den Augapfel und halten ihn in der Augenhöhle fest. Jeder Muskel zieht das Auge in eine andere Richtung, das sich dadurch nach allen Seiten drehen kann. Das Gehirn steuert beide Augen so, dass sie jeweils gleichzeitig dieselben Bewegungen durchführen.

Augenmuskeln
Augapfel

Sehvorgang
Hornhaut und Linse brechen einfallende Lichtstrahlen, so dass auf der Netzhaut ein scharfes, auf dem Kopf stehendes Bild vom betrachteten Gegenstand entsteht. Sinneszellen in der Netzhaut, die Zapfen und Stäbchen, werden vom Licht gereizt und senden über den Sehnerv Informationen an das Gehirn. Das Gehirn erzeugt das eigentliche, aufrecht stehende Bild.

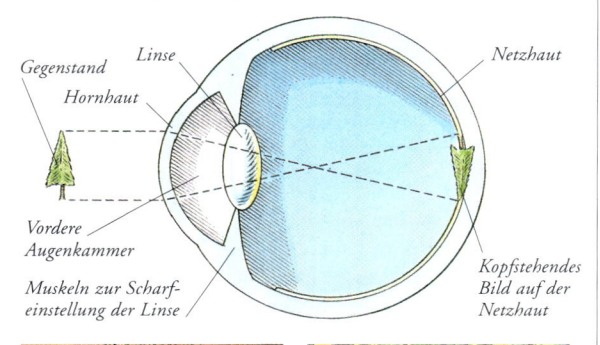

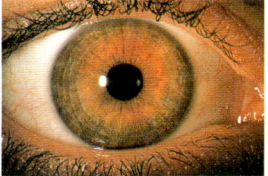

Gegenstand — Linse — Netzhaut — Hornhaut — Vordere Augenkammer — Muskeln zur Scharfeinstellung der Linse — Kopfstehendes Bild auf der Netzhaut

Iris und Pupille
Die Regenbogenhaut oder Iris steuert die Lichtmenge, die ins Auge eindringt. Muskeln in der Iris vergrößern die Pupille bei Dämmerlicht und verkleinern sie bei hellem Sonnenschein.

Stäbchen und Zapfen
In der Netzhaut liegen ungefähr 120 Mio. Stäbchen und 7 Mio. Zapfen. Die Zapfen dienen dem Farbsehen, während die Stäbchen nur Schwarz-, Weiß- und Grautöne wahrnehmen.

Tränen
Die Tränen stammen von Tränendrüsen oberhalb des Auges. Mit jedem Lidschlag wird diese Flüssigkeit verteilt. Dadurch wird die Hornhaut feucht gehalten und gereinigt. Die Tränenflüssigkeit tötet auch Keime ab. Vergossene Tränen sammeln sich in den Tränenröhrchen und fließen über den Tränensack in die Nase ab.

Das Innere des Auges
Die durchsichtige Hornhaut vorne am Auge bricht und bündelt das Licht. Die dahinter liegende Iris steuert die eintretende Lichtmenge. Die Augenlinse bricht nun das Licht so, dass ein scharfes Bild auf der Netzhaut entsteht. Die vordere Augenkammer ist mit Augenwasser, die hintere mit dem Glaskörper gefüllt.

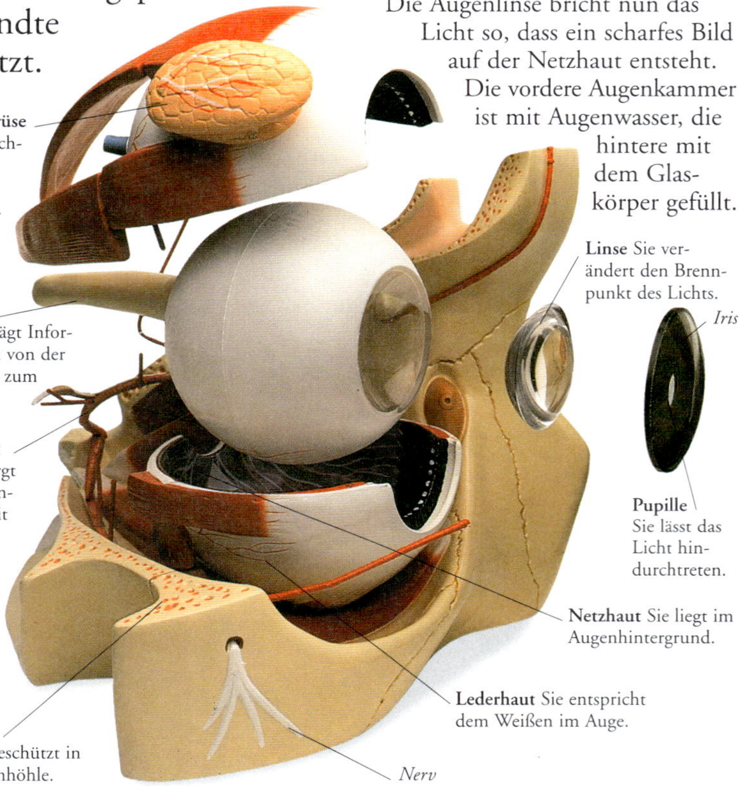

Tränendrüse Sie befeuchtet und schützt das Auge.

Sehnerv Er überträgt Informationen von der Netzhaut zum Gehirn.

Aderhaut Sie versorgt das Augeninnere mit Blut und Nährstoffen.

Augapfel Er liegt geschützt in der Augenhöhle.

Linse Sie verändert den Brennpunkt des Lichts.

Iris

Pupille Sie lässt das Licht hindurchtreten.

Netzhaut Sie liegt im Augenhintergrund.

Lederhaut Sie entspricht dem Weißen im Auge.

Nerv

Sehfehler
Bei Weit- und Kurzsichtigkeit kann das Auge kein scharfes Bild auf der Netzhaut erzeugen. Menschen, die unter Farbenfehlsichtigkeit leiden, können gewisse Farben nicht unterscheiden, vor allem Rot und Grün (Rotgrünblindheit).

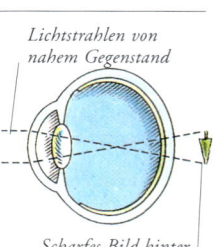

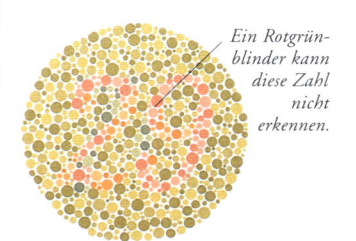

Ein Rotgrünblinder kann diese Zahl nicht erkennen.

Weitsichtigkeit
Der Weitsichtige sieht weit entfernte Gegenstände scharf, nahe unscharf. Der Augapfel ist zu kurz, sodass das scharfe Bild erst hinter der Netzhaut entsteht.

Lichtstrahlen von nahem Gegenstand
Scharfes Bild hinter der Netzhaut

Kurzsichtigkeit
Ein Kurzsichtiger sieht nahe Gegenstände scharf, entfernte unscharf. Der Grund liegt meist in einem zu langen Augapfel. Dadurch verschiebt sich der Brennpunkt, und es entsteht von weit entfernten Gegenständen ein scharfes Bild nicht auf, sondern vor der Netzhaut.

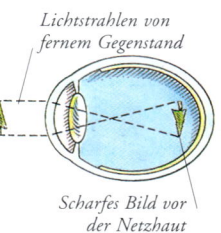

Lichtstrahlen von fernem Gegenstand
Scharfes Bild vor der Netzhaut

| SIEHE AUCH UNTER | FARBEN | FOTO-APPARATE | LICHT | MEDIZIN, GESCHICHTE | NERVENSYSTEM UND GEHIRN | ORGANSYSTEME | VERERBUNG | ZELLEN |

AUSSCHEIDUNG

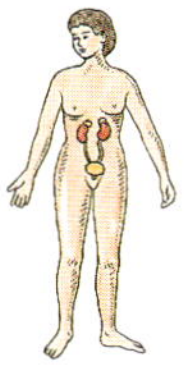

JEDEN TAG GEBEN WIR mehrmals Harn oder Urin ab. Diese Flüssigkeit produziert das Ausscheidungssystem. Es besteht aus den Nieren, den Harnleitern, der Harnblase und der Harnröhre. Die beiden Nieren regeln den Wassergehalt des Körpers und filtern Abfallstoffe aus dem Blut. Das gesamte Blut des Körpers fließt in 24 Stunden ungefähr 250-mal durch die Nieren. Den Harn, der dabei entsteht, tranportieren die beiden Harnleiter zur Blase. Der Weg nach außen heißt Harnröhre.

Wie die Nieren funktionieren

Jede Niere enthält ungefähr eine Million Nephronen. Diese bestehen aus einem Nierenkörperchen und einem Nierenkanälchen. Die Nephronen filtern das Blut durch und erzeugen zunächst den Primärharn. Daraus werden noch nützliche Stoffe wie Wasser und Zucker zurückgewonnen. Schließlich entsteht der eigentliche Harn.

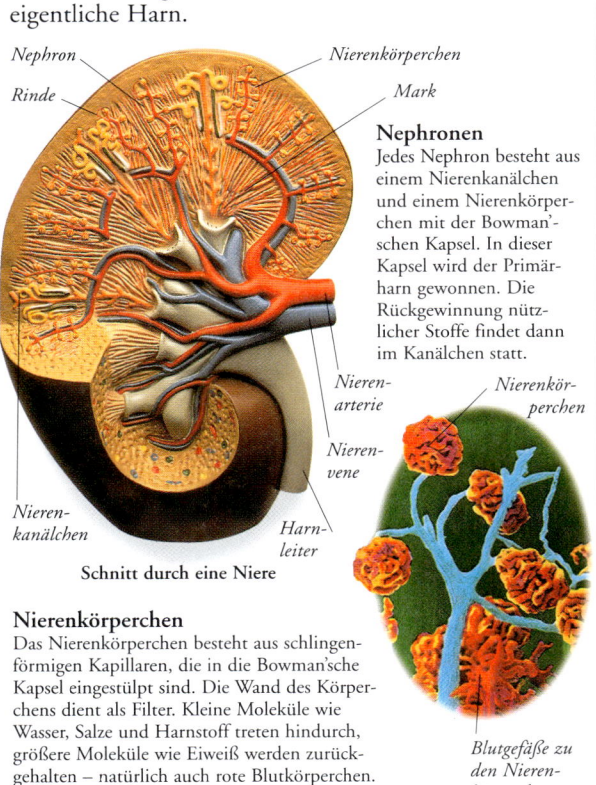

Nephronen
Jedes Nephron besteht aus einem Nierenkanälchen und einem Nierenkörperchen mit der Bowman'schen Kapsel. In dieser Kapsel wird der Primärharn gewonnen. Die Rückgewinnung nützlicher Stoffe findet dann im Kanälchen statt.

Nephron, Nierenkörperchen, Rinde, Mark, Nierenarterie, Nierenvene, Nierenkanälchen, Harnleiter
Schnitt durch eine Niere

Nierenkörperchen, Blutgefäße zu den Nierenkörperchen

Nierenkörperchen
Das Nierenkörperchen besteht aus schlingenförmigen Kapillaren, die in die Bowman'sche Kapsel eingestülpt sind. Die Wand des Körperchens dient als Filter. Kleine Moleküle wie Wasser, Salze und Harnstoff treten hindurch, größere Moleküle wie Eiweiß werden zurückgehalten – natürlich auch rote Blutkörperchen.

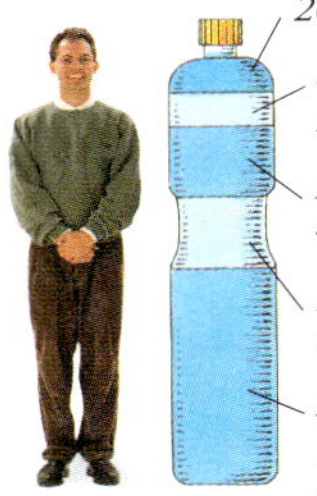

Carl Ludwig
Dem deutschen Physiologen Carl Ludwig (1816–95) gelang es, die Arbeitsweise der Niere zu erklären. Er erkannte, dass das Blut in den Nierenkörperchen gefiltert und anschließend in dem langen Nierenkanälchen konzentriert wird. Am Ende entsteht Urin, der schließlich über die Harnröhre den Körper verlässt.

Ausscheidungssystem des Mannes
Blase, Blasenwand

Harnröhre
Sie durchzieht den Penis und mündet nach außen.
Penis

Die Harnröhre des Mannes
Die Harnröhre ist beim Mann länger als bei der Frau. Sie zieht mitten durch den Penis und übernimmt zwei Aufgaben: Sie transportiert einerseits den Urin aus der Harnblase und andererseits die Samenflüssigkeit beim Erguss während des Geschlechtsverkehrs.

Blase
Die Nieren produzieren dauernd Urin. Die Harnblase speichert ihn bis zu einem gewissen Füllzustand. Am Beginn der Harnröhre liegen zwei ringförmige Schließmuskeln. Sie werden nur während der Entleerung der Blase geöffnet. Danach verschließen sie die Blase wieder.

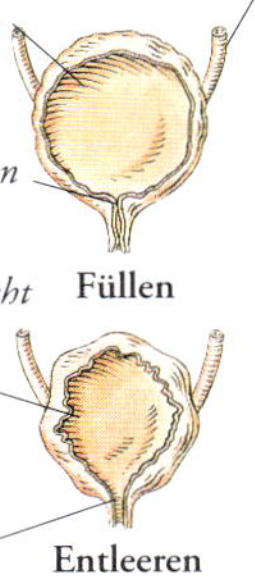

Nieren und Harnblase
Die beiden Nieren sind rötlichbraune, bohnenförmige, rund 12,5 cm lange Organe. Sie liegen nahe am Rücken. Die Harnleiter transportieren Urin in die Harnblase. Von dort fließt er über die Harnröhre nach außen.

Ausscheidungssystem der Frau
Nebenniere, Rechte Niere, aufgeschnitten, Linke Niere

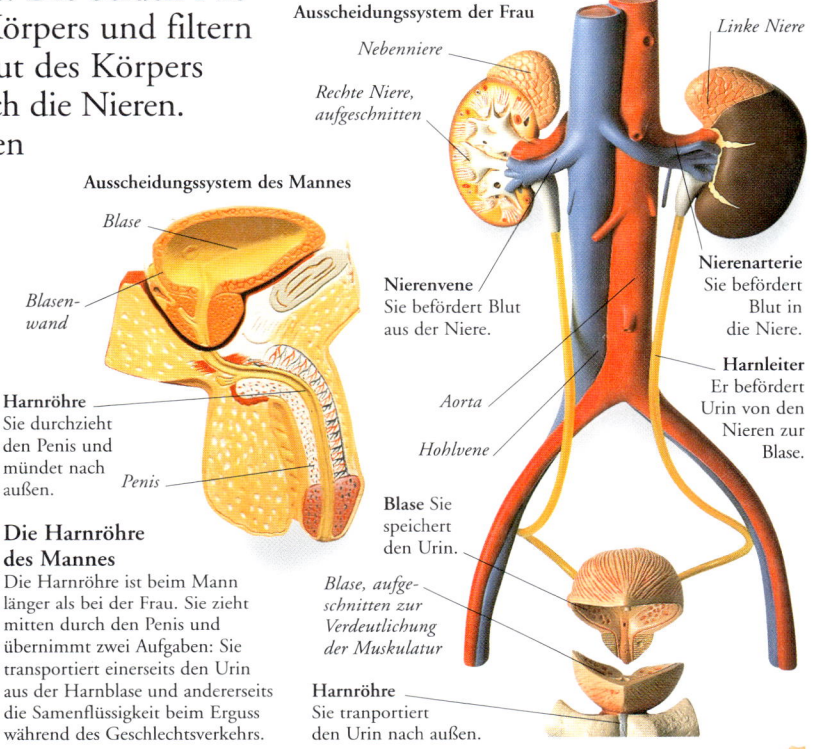

Nierenvene Sie befördert Blut aus der Niere.
Aorta
Hohlvene

Nierenarterie Sie befördert Blut in die Niere.

Harnleiter Er befördert Urin von den Nieren zur Blase.

Blase Sie speichert den Urin.
Blase, aufgeschnitten zur Verdeutlichung der Muskulatur

Harnröhre Sie tranportiert den Urin nach außen.

Blase dehnt sich aus. Harnleiter
Schließmuskeln geschlossen
Füllen
Blasenwand zieht sich zusammen.
Schließmuskeln offen
Entleeren

Muskelkontrolle
Ein Muskel der Harnröhre erschlafft nur, wenn man ihm willentlich den Befehl dazu erteilt. Diesen Schließmuskel lernen wir als Kleinkind zu kontrollieren.

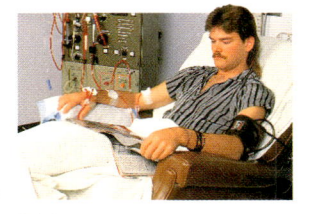

Dialyse
Wenn die Nieren nicht mehr richtig funktionieren, sammeln sich giftige Abfallstoffe im Blut an und führen zu Erkrankungen. Bei einem solchen Nierenversagen setzt man die Dialyse ein: Das Blut wird dann von einer Maschine „gewaschen".

Wasserhaushalt
Über die Hälfte unseres Körpers besteht aus Wasser. Um richtig zu funktionieren, muss der Körper den Wassergehalt konstant halten. Wasser geht jedoch dauernd durch Harn oder auf anderen Wegen verloren (siehe rechts). Um diese Verluste auszugleichen, müssen wir regelmäßig trinken.

Schweiß 200 ml
Stuhl 200 ml
Haut 400 ml
Lunge 400 ml
Harn 1 200 ml

SIEHE AUCH UNTER — FLÜSSIGKEITEN · MEDIZIN · MUSKELN UND BEWEGUNG · ORGANSYSTEME · VERDAUUNG

AUSTRALIEN

AUSTRALIEN ist gleichzeitig ein Land und ein Kontinent. Diese alte Landmasse bildet den kleinsten, flachsten und nach Antarktika auch den trockensten Erdteil. Von der Fläche her gesehen ist Australien das sechstgrößte Land der Erde, doch leben hier nur 19 Millionen Menschen. Die meisten siedeln an der Küste, da das Innere des Landes, der Outback, aus Wüsten oder Halbwüsten besteht. Australien umfasst 6 Bundesstaaten und 2 Territorien. Es pflegt Handelsbeziehungen mit Europa, den USA und Asien. Die Bevölkerung Australiens bildet eine multikulturelle Gesellschaft.

Geografie

Das Zentrum Australiens besteht aus einer flachen, trockenen Ebene. Dieses Outback bildet eine der heißesten Landschaften der Erde. An der Ostküste Australiens gibt es tropische Regenwälder, Schneeberge und Strände.

AUSTRALIEN: DATEN

HAUPTSTADT	Canberra
FLÄCHE	7 692 300 km²
EINWOHNER	19 400 000
SPRACHE	Englisch
RELIGION	Christentum
WÄHRUNG	Australischer Dollar
LEBENSERWARTUNG	79 Jahre
EINWOHNER PRO ARZT	440
REGIERUNG	Mehrparteiendemokratie
ANALPHABETEN	Unter 1%

Großes Barriereriff
Green Island gehört zum Großen Barriereriff, das sich an der Nordostküste Australiens über 2 000 km weit erstreckt. Das Riff setzt sich aus Korallen zusammen. Jedes Jahr lagern die Korallenpolypen weitere Kalkschichten an. Das Barriereriff ist die größte biologische Struktur auf der Erde. Zehntausende von Touristen kommen jedes Jahr – angelockt vom warmen klaren Wasser und den über 1 500 Fischarten. Die Vereinten Nationen erklärten das Große Barriereriff zu einem Weltnaturerbe.

Uluru (Ayers Rock)
Dieser gigantische Block aus rotem Sandstein ragt bis zu 350 m in der Wüste auf und ist über 2,4 km lang. Die Ureinwohner, die Aborigines, bezeichnen ihn als Uluru, als „Schatten spendenden Platz". Für sie ist der Fels heilig und eine alte Kultstätte.

Great Dividing Range
Diese englische Bezeichnung gilt einer Gebirgskette mit Hochflächen, die sich über Ostaustralien erstreckt. Sie schirmt das Landesinnere vor den Regenwolken ab, die vom Pazifik her kommen. Im Winter tragen die höchsten Bergspitzen Schnee, und man kann dann dort Ski laufen.

Canberra
Die Hauptstadt Australiens, Canberra, wurde 1913 auf dem Reißbrett entworfen und hat rund 310 000 Einwohner. Nur wenige Industriebetriebe haben sich hier angesiedelt. Zu den öffentlichen Gebäuden gehören das Parlament, eine Universität, eine Nationalbibliothek und ein Kunstmuseum.

Parlament

Klima
Die meisten Menschen leben in der gemäßigten Zone an der Küste im Osten und im Südosten. Der Westen, der Süden und das Landesinnere sind sehr trocken. Der Norden des Kontinents ist heiß, feucht und tropisch und hat eine Regenzeit.

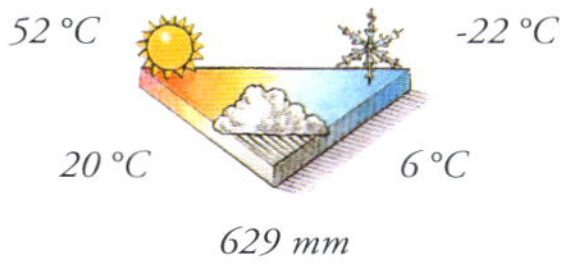

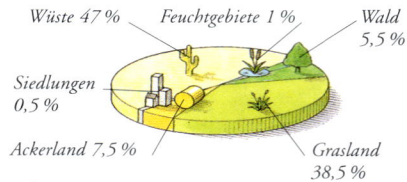

52 °C / -22 °C / 20 °C / 6 °C / 629 mm

Landnutzung
Wüste 47 % / Feuchtgebiete 1 % / Wald 5,5 % / Siedlungen 0,5 % / Ackerland 7,5 % / Grasland 38,5 %

Der größte Teil des Landesinneren ist eine unwirtliche Wüste. Im Osten und Norden des Landes werden Schafe und Rinder gehalten. Weizen wächst im Südwesten und Südosten. Australien verfügt außerdem über viele Bodenschätze.

AUSTRALIEN

Bevölkerung

Die australischen Ureinwohner, die Aborigines, machen nur noch 2 % der Bevölkerung aus. 95 % der Bewohner sind europäischen Ursprungs. Viele stammen von britischen Siedlern oder Europäern ab, die nach 1945 nach Australien einwanderten. Der Anteil der Asiaten nimmt heute zu.

2,5 Ew. pro km² | 85 % Stadt | 15 % Land

Eine multikulturelle Gesellschaft
Die australische Gesellschaft ist nach der Herkunft der Menschen bunt gemischt: Aborigines, Engländer, Iren, Mittel- und Osteuropäer. Da 1972 Einwanderungsbeschränkungen aufgehoben wurden, gelangten vor allem mit Chinesen und Indonesiern neue Einflüsse nach Australien. Die verschiedenen Sprachen, Sitten, Kochkünste und Feste machen aus Australien eine multikulturelle Gesellschaft.

Landwirtschaft

Weniger als 5 % der Arbeitnehmer sind in der Landwirtschaft beschäftigt, doch fast die Hälfte des Landes dient als Weide für Rinder und Schafe.

Getreide
Obwohl sich weniger als 4 % des Landes für den Getreideanbau eignen, produziert Australien Gerste, Hirse, Hafer und Reis und steht bei der Weizenproduktion an 7. Stelle in der Welt. Angebaut werden auch Zuckerrohr, Früchte und Gemüse.

Viehzucht
Im Outback leben Rinderherden von Gras und trinken Wasser aus artesischen Brunnen. Sie werden nur wegen ihres Fleisches gehalten. Australien hat siebenmal mehr Schafe als Einwohner. Die Tiere produzieren fast ein Drittel der Wolle der ganzen Welt.

Trauben
Das Klima Südaustraliens eignet sich ideal für den Anbau von Trauben. Der australische Weinbau ist in den letzten Jahren stark angewachsen und produziert heute 740 Millionen Liter Wein pro Jahr. Ein Großteil davon wird exportiert.

Industrie

Australien hat eine starke Bergbauindustrie und exportiert Kohle, Eisenerz, Bauxit, Blei, Gold, Kupfer und Diamanten. Ungefähr 22 % aller Arbeitnehmer sind in der Industrie beschäftigt. Fast Dreiviertel arbeiten im Dienstleistungsgewerbe, z. B. in Banken und im Tourismus.

Diamanten

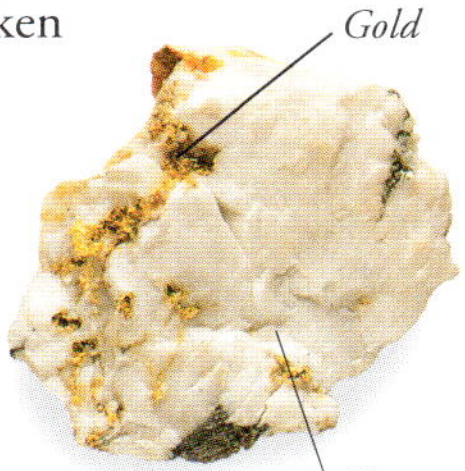

Gold und Diamanten
Australien ist der drittgrößte Goldproduzent und exportiert mehr Diamanten als jedes andere Land. Diese erreichen allerdings nicht Edelsteinqualität, sondern dienen zu Schneidwerkzeugen.

Gold
Quarz

Freizeit

Die Australier lieben das Leben im Freien. Weil die meisten nahe der Küste wohnen, treiben sie viel Wassersport wie Schwimmen, Tauchen, Surfen und Segeln. Kricket, Rugby und Australian Football sind bei den Zuschauern am beliebtesten.

Surfen
Die hohen Brandungswellen der australischen Ostküste ziehen tausende von Surfern an. Am beliebtesten ist ein Küstenabschnitt in Queensland, Surfers Paradise.

Australian Football
Diese Art des angelsächsischen Football wurde 1850 entwickelt. Außerhalb Australiens wird dieser Sport nur noch in Papua-Neuguinea gespielt.

Landesküche
Die Australier sind seit jeher ein Volk von Fleischessern. Sie lieben einfaches Essen, etwa Spiegeleier und gegrillte Steaks. Doch durch die Einwanderer aus Europa und Asien haben sich auch feine Gerichte aus China, Griechenland, Indonesien und Italien ausgebreitet.

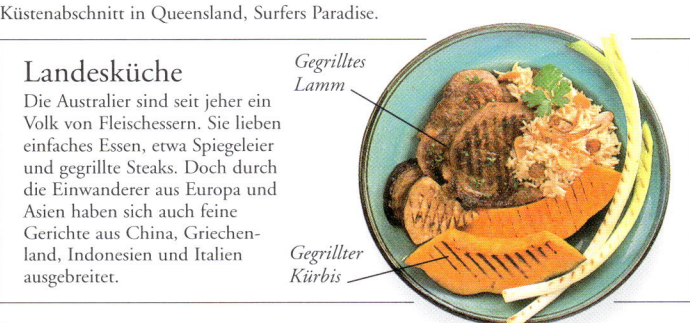

Gegrilltes Lamm
Gegrillter Kürbis

Transport

Bei den gewaltigen Entfernungen auf dem australischen Kontinent spielt der Luftverkehr eine große Rolle. Für kürzere Strecken verwendet man Busse, Autos und Züge. Der Frachttransport von einer Stadt zur andern erfolgt auf der Straße mit Road Trains.

Road Train
Frachten transportiert man im Outback meist mit Road Trains. Diese riesigen Lastwagen ziehen bis zu 6 Anhänger und fahren mit hoher Geschwindigkeit.

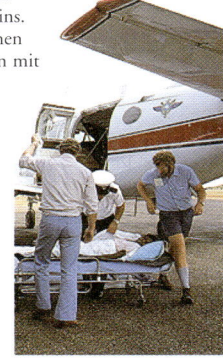

Fliegende Ärzte
Im Jahr 1928 wurde der „Royal Flying Doctor Service" gegründet. Er bringt den Menschen im Outback bei Bedarf schnelle medizinische Hilfe mit dem Flugzeug. Die Ärzte sind an 12 Orten stationiert und werden über Funk zu Hilfe gerufen.

Tourismus
Die Touristen kommen zur Hauptsache aus Japan, Nordamerika und Europa. Beliebt ist unter anderem die spektakuläre Hamersley Range in Westaustralien. Jedes Jahr kommen über 4 Millionen Besucher nach Australien und bringen hochwillkommene Devisen.

SIEHE AUCH UNTER | ABORIGINES | AUSTRALIEN, GESCHICHTE | GESTEINE | KONTINENTE | KORALLENRIFF | LANDWIRTSCHAFT | OZEANIEN UND AUSTRALASIEN | SPORT | WÜSTEN

AUSTRALIEN, GESCHICHTE

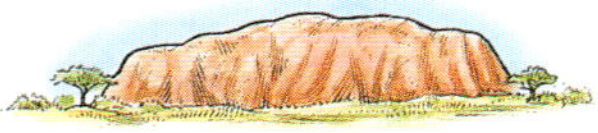

SEIT 40 000 JAHREN wird Australien von den Ureinwohnern, den Aborigines, bewohnt. Sie wanderten aus Asien ein und sind teilweise heute noch Jäger und Sammler. Ihre friedliche Existenz wurde jäh durch die Ankunft von Europäern im späten 18. Jh. unterbrochen. Die ersten Siedler waren Sträflinge aus überfüllten britischen Gefängnissen. Später kamen Farmer und Bergleute, die der Reichtum des Landes anlockte. 1901 wurde Australien eine unabhängige Nation. Australische Truppen kämpften in beiden Weltkriegen. Heute ist Australien ein multikulturelles Land mit blühender Wirtschaft.

Paddel für Kanus der Aborigines

Erste Bewohner
Die ersten Menschen, die nach Australien kamen, waren die Vorfahren der heutigen Aborigines. Sie segelten vor ungefähr 40 000 Jahren über das flache Meer, das Asien von Australien trennte. Als der Meeresspiegel wieder stieg, zogen sie sich ins Landesinnere zurück. Mit Steinäxten fällten sie Bäume und bauten Unterkünfte aus Holz und Rinde.

Auslegerboot aus Queensland

Ausleger aus massivem Holz
Bootsrumpf aus einem ausgehöhlten Baumstamm
Seil aus Gräsern zur Befestigung

Entdeckungsreisen
Anfang des 17. Jh. erforschten der spanische Seemann Luis Vaez de Torres und der Niederländer Willem Jansz die Inselwelt Asiens und den Pazifik. Dabei entdeckten sie Teile Australiens. 1642–43 umsegelte der Niederländer Abel Tasman Australien, ohne den Kontinent jedoch zu Gesicht zu bekommen. Er landete auf einer Insel, dem heutigen Tasmanien.

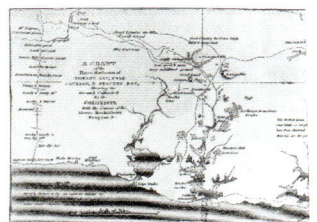

Frühe Karte Australiens

Botany Bay
Der britische Entdecker James Cook segelte 1770 in eine Bucht Südostaustraliens. Er nannte den Ort Botany Bay und beanspruchte die gesamte Ostküste Australiens für seine Heimat. Der Botaniker Joseph Banks, der Cook begleitete, sammelte dort hunderte von Pflanzen, die Europäer zuvor noch nie gesehen hatten.

Sträflingstransporte
Im Jahr 1787 entschieden die Engländer Sträflinge nach Australien zu verschiffen. Der erste Transport mit 759 Sträflingen traf 1788 in der Botany Bay ein. Die Sträflingskolonie wurde in Port Jackson nahe der Bucht von Sydney errichtet. Die Sträflingstranporte wurden erst 1868 eingestellt.

Sträflinge arbeiteten oft als Diener.

19. Jahrhundert
90 Jahre nach Cooks Landung lagen alle größeren Siedlungen an der Küste. Nur wenige Menschen drangen ins Landesinnere vor. Die ersten Entdecker folgten dem Lauf der Flüsse Murray und Darling. Später wagten sich andere ins Herz des Kontinents.

Durchquerung des Kontinents
Die Royal Society of Victoria entsandte eine Expedition, die den Erdteil von Süd nach Nord durchqueren sollte. Dies gelang 1861 dem Iren Robert O'Hara Burke und dem Engländer William J. Wills. Beide starben auf der Rückreise. Vorher schon, zwischen 1844 und 1847, glückte dem Deutschen Ludwig Leichhardt die Durchquerung auf dem Weg von Brisbane nach Darwin.

Maßstab eines Landvermessers, 19. Jh.

Goldrausch
Die Entdeckung von Gold im Jahr 1851 bewirkte, dass viele Glücksritter ins Land strömten. Von 1840 bis 1860 stieg die Einwohnerzahl von 200 000 auf 1,1 Millionen. Australiens Goldförderung beträgt heute 12 % der Weltproduktion.

Goldsuchercamp, Victoria

Wachstum
Der Kolonie Australien ging es in den letzten Jahren des 19. Jh. sehr gut. Die Industrie wuchs, besonders die Bau- und Konsumgüterindustrie. Die Sozialpolitik war vorausschauend: Schulbesuch für alle war z. B. ein frühes Ziel. In vielen Gebieten entstanden Gewerkschaften.

Gewerkschaftsfahne

Ned Kelly
Im 19. Jh. herrschte in weiten Teilen Australiens Gesetzlosigkeit. Einer der bekanntesten Outlaws oder Räuber war Ned Kelly (1855–80). Er tötete mit seiner Bande 1878 drei Polizisten und raubte mehrere Banken aus. Schließlich wurde Kelly gefangen und 1880 in Melbourne gehängt. Sein Kampf gegen die Behörden machte ihn zum Volkshelden.

AUSTRALIEN, GESCHICHTE

Eine unabhängige Nation

Zu Beginn bestand Australien aus 6 getrennten Kolonien. Jede hatte ihre eigene Verwaltung und gehörte zu Großbritannien. Als die Landwirtschaft und der Bergbau immer mehr zunahmen, begannen die Kolonien eng zusammenzuarbeiten. Im Jahr 1901 erlangte dann Australien die Unabhängigkeit von Großbritannien. Es entstand eine Bundesregierung in der Hauptstadt Melbourne. Heute ist die Hauptstadt Canberra.

Gallipoli

Am 25. April 1915 landeten ANZAC-Truppen bei Gallipoli (heute Gelibolu) im europäischen Teil der Türkei. Sie wollten Konstantinopel (heute Istanbul) einnehmen und dadurch die Türkei besiegen, die mit den Deutschen im 1. Weltkrieg verbündet war. Die Australier zeigten außergewöhnlichen Mut, doch das Unternehmen erwies sich als Katastrophe. Über 11 400 Männer verloren ihr Leben.

Denkmal in Gelibolu

Dominion

Als Australien 1901 die Unabhängigkeit erlangte, blieb es ein Dominion des britischen Weltreiches und hielt Kontakt mit der früheren Kolonialmacht. Doch nur wenige hatten Bindungen zum „Mutterland". Die Bedrohung durch die Japaner im 2. Weltkrieg führte zu engerer Bindung an die USA, die als einzige Australien hätten verteidigen können.

ANZAC-Denkmal, Sydney

Streitkräfte

Australier und Neuseeländer kämpften im südafrikanischen Burenkrieg (1899–1902) und während der beiden Weltkriege für Großbritannien. Dabei bildeten sie das Australia und New Zealand Army Corps (ANZAC). Sie kämpften überaus tapfer und hatten sehr große Verluste zu beklagen. Dadurch entstand auch ein starkes Gefühl der Zusammengehörigkeit.

Die australische Flagge ging aus der Flagge von Neusüdwales hervor.

Australische Flagge

Einwanderung

Um die Einwanderung von Chinesen zu begrenzen, verlangte die Regierung von den Siedlern die Beherrschung einer europäischen Sprache. Die Politik der Ausrichtung nach Westen dauerte bis 1972. In den 50er und 60er Jahren waren viele Briten, Griechen und Italiener nach Australien gekommen. Später nahm die Einwanderung aus Asien zu.

Schottische Auswanderer nach Australien

Modernes Australien

Nach dem 2. Weltkrieg hielt Australien an seinem militärischen Bündnis mit den USA fest. Australische Truppen kämpften mit den Amerikanern im Koreakrieg und im Vietnamkrieg. In jüngster Zeit haben sich diese Bande gelockert. Australien wandte sich auf dem Gebiet des Handels und der Investition Asien zu, besonders Japan. Heute ist Australien ein wichtiger Handelspartner der meisten ostasiatischen Länder.

Nationales Symbol

Das Opernhaus von Sydney mit seinen kühnen Betondächern wurde zum Symbol Australiens.

Australische Republik?

Im Jahr 1992 äußerte Premierminister Paul Keating den Wunsch, das Land solle bis zum Jahr 2000 eine Republik werden. Die Mehrheit der Australier sprach sich 1999 aber dagegen aus, sodass die britische Königin weiterhin Staatsoberhaupt ist.

Wolkenkratzer, Sydney

Chinesisches Fest, Sydney

Multikulturelles Australien

Im modernen Australien leben viele Völker zusammen. Chinesen und Griechen bilden einen großen Bevölkerungsanteil. Die Aborigines mussten lange um einen Platz in dieser Gesellschaft und um Landrechte kämpfen.

Segeln im Hafen von Sydney

Eine Sportlernation

Australien fand seine nationale Identität nicht zuletzt auch durch den Sport. Erfolge feierten die Australier vor allem im Kricket und im Wettsegeln. Die Australier gewannen z. B. 1983 den America's Cup und besiegten erstmals seit rund 100 Jahren die Amerikaner bei diesem Segelwettbewerb. In Sydney fanden die Olympischen Spiele im Jahr 2000 statt.

Chronologie

um 40 000 v. Chr. Erste Besiedlung Australiens

1642 Tasman landet in Van Diemen's Land (Tasmanien).

1770 Captain Cook landet in der Botany Bay.

1788 Ankunft englischer Sträflinge

1828 Charles Sturt beginnt mit der Erforschung der Flüsse Murray and Darling.

Känguru

1851 Goldfunde in Victoria und Neusüdwales

1860–61 Burke und Wills durchqueren Australien von Süden nach Norden.

1868 Großbritannien gibt die Sträflingsverschiffung auf.

Grabstöcke der Aborigines

1901 Australien wird ein selbstverwaltetes Dominion im britischen Empire.

1902 Ein Gesetz schränkt die Zuwanderung von Asiaten ein.

1914–18 60 000 Australier fallen im 1. Weltkrieg auf der Seite der Briten.

1927 Das Parlament tritt erstmals in der neuen Hauptstadt Canberra zusammen.

1939–45 Australische Truppen kämpfen mit den Alliierten im 2. Weltkrieg.

1971 Aufgabe der Einwanderungsbeschränkungen

1992 Premierminister Paul Keating entschuldigt sich bei den Aborigines für die 200-jährige Unterdrückung.

SIEHE AUCH UNTER | ABORIGINES | AUSTRALIEN | COOK, JAMES | ENTDECKUNGEN | OPER | VORGESCHICHTE | WELTKRIEG, ERSTER | WELTKRIEG, ZWEITER

AUSTRALIEN, TIERWELT

SEIT ÜBER 30 MILLIONEN Jahren ist Australien isoliert. Dies führte zur Entwicklung einzigartiger Tiere und Pflanzen. Die Hälfte aller Beuteltiere, etwa Koala und Känguru, leben nur in Australien – ebenso wie Schnabeltier und Ameisenigel, die einzigen Eier legenden Säuger der Welt. Weite Teile Australiens bestehen aus Wüste oder Busch. Die hier lebenden Pflanzen und Tiere sind an die trockenheißen Bedingungen angepasst. Die größte Artenvielfalt findet sich in tropischen und gemäßigten Wäldern.

Wüste

Die trockenheißen Wüsten im Landesinnern besiedeln gut angepasste Pflanzen, etwa das stachelige Gras Triodia und Akazien. Sie bieten Vögeln und Insekten Unterschlupf. Viele Wüstensäuger verkriechen sich vor der Hitze des Tages in Höhlen.

Emu
Der Emu ist ein großer flugunfähiger Vogel, der bis zu 50 km/h schnell rennen kann. Meist schreitet er gemächlich dahin. Der Emu frisst Gräser, Früchte und Insekten. Die Männchen brüten die Eier aus und kümmern sich um die Jungen.

Gras Triodia
Das Gras Triodia ist sehr stachelig und wächst in runden Horsten. Es hat eine dicke Außenschicht (Cuticula), die den Wasserverlust begrenzt, und ist damit gut an die Trockenwüsten angepasst. Mit tiefen Wurzeln holt es Wasser aus dem Boden.

Rosakakadu
Der Rosakakadu ist einer der häufigsten Papageienvögel Australiens. Er kommt in Schwärmen sogar in Städten vor. Seine Nahrung besteht aus Samen, Knospen und Insekten.

Kräftiger Schnabel zum Insektenfang

Dornteufel
Die Schuppen dieser Echse sind zu langen Dornen ausgewachsen. Bei sinkenden Nachttemperaturen kondensiert Wasser an den Spitzen und läuft in feinen Rinnen zum Mund.

Dornen als Schutz gegen Räuber

Mulgara
Dieses räuberische Beuteltier frisst Insekten und auch kleine Wirbeltiere, etwa Mäuse und Echsen. Die Mulgara tötet mit blitzschnellem Biss. Sie gräbt Nester im Sand, in die sie sich vor der Sonnenhitze flüchtet.

Frisst Beutetiere mit dem Kopf voran.

Grashorste bieten Unterschlupf für viele Tiere.

Lange, kräftige Beine

Frisst Ameisen

Busch und Grasland

Ein Drittel Australiens ist von Busch und Grasland bedeckt. Die Sommer sind heiß und trocken, nachts kühlt es stark ab. Nach den seltenen Regenfällen blühen die Pflanzen innerhalb weniger Tage und bilden Samen. Auch die Frösche pflanzen sich in dieser Zeit fort.

Kurzschnabeligel
Dieser Ameisenigel kommt in Australien, Tasmanien und Neuguinea vor und gehört zu den Eier legenden Säugern. Mit seiner klebrigen Zunge holt er Ameisen und Termiten aus ihren Nestern. Bei Bedrohung rollt er sich zu einer Kugel zusammen und gräbt sich blitzschnell in den Boden ein.

Hammerhuhn
Das Männchen des Hammerhuhns baut aus Erde und Laub einen Hügel, in den das Weibchen die Eier legt. Wenn das Laub verrottet, entsteht Wärme zum Ausbrüten der Eier.

Das Männchen prüft die Temperatur des Laubhügels mit dem Schnabel.

Die dichte Krone bietet den Tieren Schatten.

Wasserreservoirfrosch
Dieser Frosch gräbt sich bei Trockenheit in den Boden ein und speichert in der Blase und unter der Haut so viel Wasser, dass er wie aufgedunsen wirkt.

Flaschenbaum
Dieser große Baum hat seinen Namen von seinem flaschenförmigen Stamm, in dem er für Trockenzeiten Wasser speichert. Flaschenbäume bieten vielen Tieren, vor allem Insekten, Nahrung und einigen Vögeln und Säugern auch Unterschlupf. Weitere häufige Pflanzen im Busch sind trockene Gräser und kleine Eukalyptusarten.

Wasserspeicher im Stamm

Springbeutelmaus
Dieses kleine Beuteltier ist nachts aktiv. Mit den großen Augen sieht es seine Beute, Insekten und Spinnen, auch im Dunkeln. Die Maus bewegt sich hüpfend mit den langen Hinterbeinen und dem Schwanz und landet auf den Vorderbeinen. Tagsüber verbirgt sie sich in Baumstümpfen oder im Boden.

Sehr große Augen

Gemäßigte Wälder

Die gemäßigten Wälder im Süden und Osten Australiens sind im Sommer trockenheiß, im Winter kühler und feuchter. Hier leben Kookaburras und Papageien, Beuteltiere wie der Koala sowie zahlreiche Reptilien und Insekten. Viele Bäume, vor allem die Eukalyptusarten, wachsen nur hier.

Mimose
Mimosen sind in den gemäßigten Wäldern Australiens recht häufig. Sie haben charakteristisch gefiederte silbergraue Blätter und können der Trockenheit gut widerstehen.

Leuchtend gelbe Blüten ziehen Insekten und andere Tiere an.

Kookaburra
Der Kookaburra oder Lachende Hans ist die größte Eisvogelart. Er kommt vor allem in offenen Wäldern vor. Kookaburras stürzen sich von Ästen auf Insekten, Echsen, Schlangen, kleine Vögel und Säuger. Sie markieren ihr Territorium durch einen Ruf, der wie das Lachen eines Menschen klingt.

Das Männchen des Leierschwanzes grenzt sein Revier durch lauten Gesang ab.

Leierschwanz
Dieser bodenbewohnende Vogel dreht auf der Suche nach Insekten mit seinen kräftigen Krallen Steine um und öffnet Baumstrünke. Das Männchen hat einen sehr langen leierförmigen Schwanz. Wenn es ein Weibchen anlocken will, kippt es die Schwanzfedern ganz nach vorn.

Abgeflachter Schwanz zum Schwimmen

Kräftiger Schnabel zum Töten der Beute

Schnabeltier
Dieses ungewöhnliche Tier lebt in Flüssen und gehört zu den Eier legenden Säugern. Unter Wasser macht es Jagd auf Insekten, Krebse und Larven. Dabei wühlt es mit dem empfindlichen Schnabel im Schlamm. Das Schnabeltier jagt nachts und verbringt den Tag in einer selbst gegrabenen Höhle am Ufer.

Lange Schwanzfedern

Koalas verbringen die meiste Zeit in Eukalyptusbäumen. Sie halten sich mit ihren scharfen Krallen an den Ästen fest.

Koala
Koalas gehören zu den Beuteltieren. Sie fressen nur die Blätter bestimmter Eukalyptusarten. Die Nahrungsaufnahme erfolgt meistens nachts. Den Tag verschlafen sie im Geäst.

Baumkänguru
Baumkängurus haben sich dem Leben auf den Bäumen angepasst. Diese Beuteltiere haben griffige Fußsohlen und lange Krallen zum Festhalten. Sie fressen Blätter und Rinden, suchen aber auch auf dem Boden nach Samen und Schösslingen.

Tropischer Regenwald

Regenwälder bedecken nur einen kleinen Teil Nordostaustraliens. Doch leben hier ein Drittel aller Frosch- und Beuteltierarten und zwei Drittel aller Tagschmetterlinge. Viele Farne und Bäume, darunter der Brotfruchtbaum, bieten Nahrung und Schutz für Vögel, Fledermäuse und Insekten.

Langer Schwanz zum Balancieren

Blauwangenlori
Dieser bunte Papagei lebt in Schwärmen von bis zu 20 Tieren in der Kronschicht des Regenwaldes. Er frisst Pollen, Blüten, Samen, Früchte und Nektar.

Stylidium
Wenn eine Biene auf einer Stylidiumblüte landet, dann biegen sich die Staubblätter nach außen und stäuben den Rücken der Biene mit Pollen ein. Beim nächsten Blütenbesuch streift die Biene die Pollen auf die weibliche Narbe und besorgt somit die Bestäubung.

Blüten locken Bienen an.

Männchen, bunt gefärbt

Die 1 cm langen Giftzähne können das Gift tief einspritzen.

Vogelfalter
Der Königin-Alexandra-Vogelfalter aus Neuguinea ist einer der größten Tagschmetterlinge der Erde. Das Weibchen ist größer als das Männchen und hat eine Flügelspannweite von 28 cm. Die Falter fliegen in der besonnten Kronschicht der Wälder.

Taipan
Diese Waldschlange ist frühmorgens und abends aktiv. Sie frisst vor allem Ratten und andere Kleinsäuger. Der Taipan gilt als eine der giftigsten Schlangen der Welt. Sein Biss ist für Menschen meist tödlich. Die Schlange zieht sich zurück, wenn Menschen auftauchen. Nur wenn sie sich bedroht fühlt, greift sie an.

Braune Färbung des Taipans als Tarnung

SIEHE AUCH UNTER — AUSTRALIEN · BÄUME · BEUTELTIERE · FRÖSCHE UND KRÖTEN · KRIECHTIERE · SCHMETTERLINGE · STRAUSSE UND KIWIS · TARN- UND WARNTRACHT · VÖGEL

AZTEKEN

IM TAL VON MEXIKO entstand das gewaltige Reich der Azteken in weniger als hundert Jahren. Das kriegerische Volk errichtete einen gut verwalteten Staat, der von Fürsten und Priestern regiert wurde. Als 1521 der spanische Eroberer Hernán Cortés (1485–1547) in die Hauptstadt Tenochtitlan einzog, herrschten die Azteken und ihre Bundesgenossen über ein Volk von 25 Millionen Menschen.

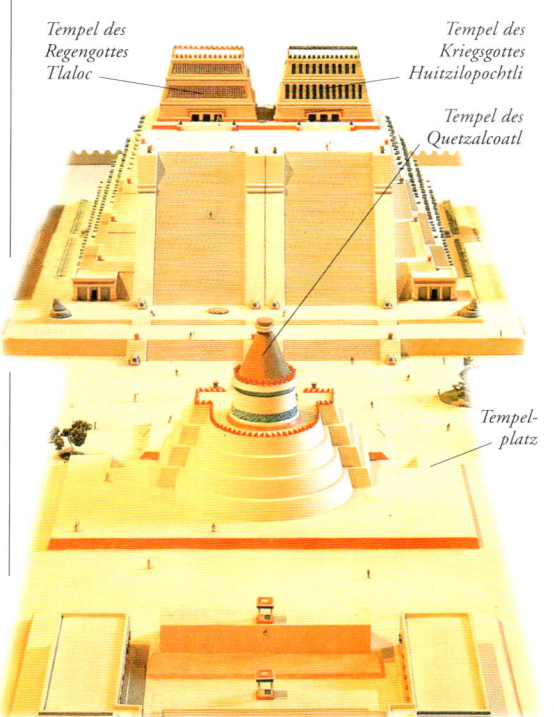

Der Aufstieg

Als die Tolteken untergegangen waren, wanderten die Azteken mit anderen Stämmen ins Hochtal von Mexiko ein. Das war Ende des 13. Jh. Um 1438 beherrschten sie das Land.

Menschenopfer
Die Azteken führten auch viele Kriege, um Gefangene zu machen und sie den Göttern zu opfern. Nach ihrem Glauben hielt nur Menschenblut das Universum in Gang.

Der Gott Chac Mool, Opferstein für ein Herz

Unterworfene Völker
Die Azteken kontrollierten in Mexiko viele Stadtstaaten. Diese mussten den aztekischen Herrschern Tribute zahlen in Form von Mais, Kakaobohnen, Baumwolle oder anderen Gütern. Solange die Abgaben pünktlich eingingen, ließ man sie in Ruhe. Sie regierten sich selbst und pflegten ihr Brauchtum.

Tenochtitlán

Die aztekische Hauptstadt wurde auf einer Insel mitten im Texcocosee errichtet. Drei breite Dammstraßen führten ins Zentrum. Wie in Venedig gab es Kanäle in der Stadt. Mit etwa 200 000 Einwohnern war Tenochtitlán vier- bis fünfmal größer als damals jede europäische Stadt. Die meisten Leute lebten in schmalen Häusern und engen Gassen, die um den Tempelbezirk lagen.

Tempel des Regengottes Tlaloc — *Tempel des Kriegsgottes Huitzilopochtli* — *Tempel des Quetzalcoatl* — *Tempelplatz*

Der Große Platz
Der Mittelpunkt Tenochtitláns war ein riesiger rechteckiger Platz, der zweitgrößte der Welt. Er war im Norden von einer Mauer mit Schlangenköpfen eingesäumt. Überragt wurde er vom Teocalli, dem großen Doppeltempel auf der Stufenpyramide.

Aztekische Gesellschaft

Die aztekische Gesellschaft gliederte sich in die Herrscherfamilie und die Priester, die Kaufleute, Handwerker, Bauern und Sklaven. Die meisten waren Bauern. Die Adligen waren Kriegsführer, jeder Bauer auch Krieger.

Mutter — Neugeborenes — Oberpriester — 3 Jungen rufen den Namen des Neugeborenen — Nebenfrau — Lehrer

Namen
Die Bräuche bei der Namensgebung zeigt diese aztekische Bilderschrift.

Die Vorahnung des Untergangs

Anfang des 16. Jh. zeigte das aztekische Reich Zeichen der Schwäche. 1519 erreichte Cortés Mexiko. Kurz zuvor hatten Priester und Adlige eine Reihe böser Anzeichen ausgemacht, die auf den Niedergang der Azteken deuteten. Hinzu kam das Rumoren des Vulkans Popocatépetl.

Quetzalcoatl
Die Azteken glaubten, dass ihr Gott Quetzalcoatl aus seinem Königreich vertrieben worden sei und zurückkehren würde, um ein goldenes Zeitalter einzuleiten. Sie hielten Cortés für diesen Gott. Aber das Rumoren des Popocatépetl schien ein böses Omen.

Quetzalcoatl, die gefiederte Schlange

Popocatépetl

Montezuma II.

Der Kaiser Montezuma II. (um 1466–1520) war unsicher, ob Cortés vielleicht Quetzalcoatl sei. Deshalb hielt er die Spanier nicht auf. Cortés und seine kleine Armee zogen bis in die Hauptstadt Tenochtitlán und wurden von Montezuma willkommen geheißen. Doch die Spanier nahmen den letzten aztekischen Kaiser gefangen und töteten ihn.

Eroberung des Aztekenreichs

Im April 1519 gründete Cortés am Golf von Mexiko die Stadt Veracruz. Sie lag im Reich der Azteken. Mit 400 Mann und 16 Pferden rückte er gegen Tenochtitlán vor. Dabei halfen ihm aztekische Feinde. Im August 1521 besetzte er Tenochtitlán, nachdem er die Stadt mit Hilfe unterdrückter Stämme belagert hatte.

Sieg der Tlaxcalanen
Die Azteken überfielen immer wieder die Bewohner Tlaxcalas, um Gefangene zu machen, die sie ihren Göttern opferten. 4 Jahre bevor Cortés kam, hatten die Tlaxcalanen den Azteken eine Niederlage beigebracht und so das Aztekenreich geschwächt.

SIEHE AUCH UNTER — MAYA — MESOAMERIKA — OLMEKEN — ZENTRALAMERIKA, GESCHICHTE

AZTEKEN

Waffen und Gebrauchsgegenstände

Wassertopf aus glasiertem Ton mit Flaschenhalsausguss

Schale aus Ton mit eindrucksvollem abstrakten Muster in zwei Farben

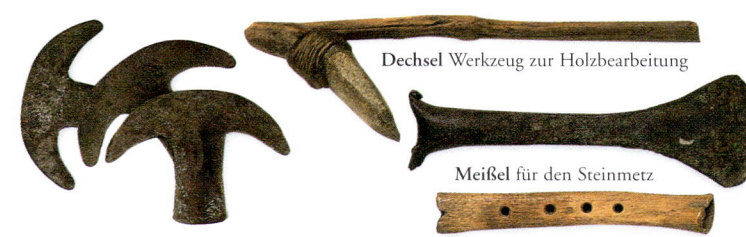

Beile aus Kupfer; sie waren meist mit einem Holzgriff versehen.

Dechsel Werkzeug zur Holzbearbeitung

Meißel für den Steinmetz

Flöte aus Tierknochen

Messer aus Feuerstein

Werkzeuge und Waffen mit Klingen aus Feuerstein und Obsidian, oft mit Holzgriffen

Gekrümmtes Messer aus Obsidian

Keule mit Obsidianklingen

Speer mit Obsidianklingen

Maske vermutlich aus dem Schädel eines Opfers

Maske aus Grünstein, eine Opfergabe für die Götter

Messer aus Feuerstein mit Gesichtern; vermutlich Opfermesser

Federponcho eines Priesters oder Kriegers

Becher mit Relief für Rituale, toltekisch

Gesellschaft

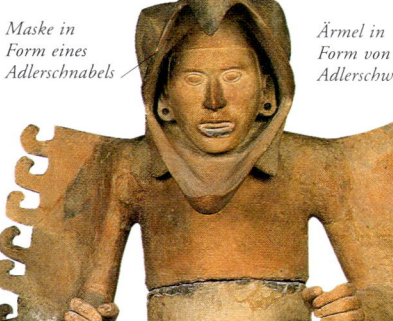

Straßenfeger mit Besen

Träger mit Binsenbündel

Ruderer

Musikant

Lehrer

Mutter mit Säuglingen

Zimmermann

Jadeschneider

Maske in Form eines Adlerschnabels

Ärmel in Form von Adlerschwingen

Adlerfänge als Beinschützer

Krieger in Adlerkostüm

Junge Frau

Goldschmied

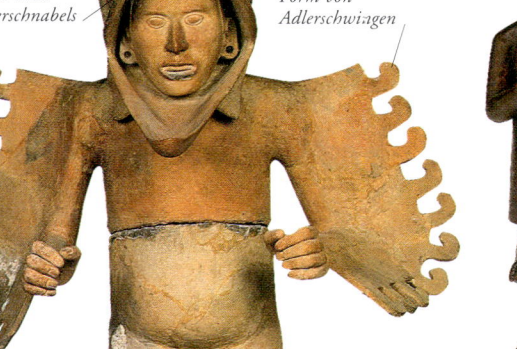

Weber

Mädchen beim Maismahlen

Maler

Fischer

Federflechter

Bote

BABYLONIER

VOR RUND 4 000 JAHREN entstand in Mesopotamien am Euphrat eine der bedeutendsten Kulturen im Nahen Osten. Dort lag die Stadt Babylon, die Hammurapi zu seiner Hauptstadt machte, nachdem er 1770 v. Chr. Mesopotamien erobert hatte. Das Babylonische Reich erlebte in den folgenden Jahrhunderten ein Auf und Ab, und die Stadt wurde von Hethitern, Kassiten und Assyrern eingenommen. Die Assyrer zerstörten Babylon 689 v. Chr. und unterlagen ihrerseits später wieder den Babyloniern. Damit begann der erneute Aufstieg Babylons, das dann 539 v. Chr. im Perserreich aufging.

Das erste Babylonische Reich
Um 1770 v. Chr. eroberte Hammurapi den größten Teil Mesopotamiens. Babylon wurde als Hauptstadt im Süden gegründet und blieb es für die Dauer des Babylonischen Reiches.

König Hammurapi

Mesopotamiens König Hammurapi (Regierungszeit 1792–1750 v. Chr.) ging vor allem wegen seiner weisen Gesetzgebung in die Geschichte ein. Er erließ 282 Gesetze, die in Keilschrift auf einer schwarzen Säule, einer Stele, eingemeißelt waren. Er richtete auch eine kluge Verwaltung ein. Sein Reich ging 1595 v. Chr. unter, nachdem Hethiter aus Anatolien eingefallen waren.

Kassitenreich
In Babylon herrschten 1600–1190 v. Chr. die Kassiten, die aus dem östlichen Bergland kamen. Sie sind für ihre Grenzstelen, die Kuddurus, bekannt, die Urkundentexte über Ländereien enthalten. Die Stelen waren mit Göttersymbolen und einer Schlange verziert. Nach den Kassiten blieb Babylon lange Zeit bedeutungslos.

Persisches Reich
539 v. Chr. fiel das Babylonische Reich an den Perserkönig Kyros II. und war seitdem persisch. Nach dem Tod seines Sohnes Kambyses II. wurde Dareios I. König von Persien. Unter ihm erlangte das Reich seine größte Ausdehnung.

Dareios I. (522–486) führte Münzen ein.

Kudduru

Literatur und Kunst

Das Babylonische Reich brachte bedeutende Leistungen in der Kunst und Literatur hervor. Berühmt ist vor allem das Gilgamesch-Epos. Die Geschichte dieses sumerischen Helden wurde in Keilschrift auf Tontäfelchen festgehalten. Die Babylonier fertigten herrliche Bildkacheln, hervorragende Plastiken und Glaswaren und bauten verschwenderisch ausgestattete Stadttore.

Wissenschaft
Babylonien galt als Zentrum der Natur- und Geisteswissenschaft. Die babylonischen Astrologen beobachteten den Lauf der Sterne und Planeten. Ihre Erkenntnisse schrieben sie auf Tontäfelchen, die sie für die Zukunftsdeutung benutzten. Viele Angaben sind so genau, dass Astronomen heute bestimmte Ereignisse danach festlegen können.

Venustafel aus Kisch

Text in Keilschrift

Magischer Geist

Religion
Die Babylonier übernahmen ihre Religion von den Sumerern und glaubten, dass Götter und Geister alles auf der Welt lenken. Zu den höchsten Göttern zählte der Himmelsgott Anu. Er war der Vater anderer Gottheiten wie Ischtar, der Göttin der Liebe und des Krieges, die durch den Planeten Venus dargestellt wurde. Ea, der Gott der Weisheit und des Wassers, war der Vater von Marduk, dem Gott Babylons. Dieser hatte die Welt und die Menschheit aus Erde und göttlichem Blut erschaffen.

Das Ischtartor ließ Nebukadnezar II. erbauen. Es besteht aus farbig glasierten Lehmziegeln und bildete den Abschluss der Prozessionsstraße.

Wehrturm

Zinnen zur Verteidigung

Drachen, Symbol für Marduk, den Stadtgott

Stier, Symbol für Adad, den Wettergott

Nebukadnezar

Nachdem der babylonische König Nabupolassar die Assyrer besiegt hatte, stellte sein Sohn Nebukadnezar (Regierungszeit 605–562 v. Chr.) das verwüstete Babylon in großem Stil wieder her. Unter seiner Herrschaft entstand das Ischtartor und der Zikkurat, ein Tempelturm, der als „Turmbau von Babel" in die Geschichte einging. Nebukadnezar soll auch für seine Gemahlin Semiramis die „Hängenden Gärten" errichtet haben, die als eines der Sieben Weltwunder gelten. 596 v. Chr. griff Nebukadnezar Juda an. 586 v. Chr. führte er die Juden in die „Babylonische Gefangenschaft".

SIEHE AUCH UNTER | ARCHITEKTUR | ASIEN, GESCHICHTE | ASSYRER | HETHITER | PERSER | SIEBEN WELTWUNDER | SUMERER

BACH, JOHANN SEBASTIAN

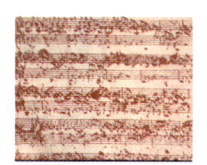

DER BEDEUTENDSTE MUSIKER der Barockzeit war ohne Zweifel Johann Sebastian Bach. Er wurde 1685 in Eisenach geboren und stammte bereits aus der dritten Generation einer Musikerfamilie, wie es keine zweite mehr in Deutschland gegeben hat. Auch viele von Bachs zahlreichen Kindern waren Musiker, vier erlangten sogar zu Lebzeiten mehr Ruhm als ihr Vater. Dieser begann mit 18 Jahren als Geiger am Hof zu Weimar und wurde 1723 Organist und Chorleiter an der Thomaskirche in Leipzig. Hier blieb er bis zum Tod. Sein Vermächtnis umfasst über 60 Bände mit Kompositionen für Vokal- und Instrumentalmusik, die heute auf der ganzen Welt gespielt werden.

Die Orgel

Orgeln gibt es seit dem 3. Jh. v. Chr., doch die Blütezeit des Orgelbaus begann im 16. Jh. Die Töne werden mit Hilfe von Orgelpfeifen erzeugt. Dazu muss Luft in die Orgel strömen; sie wurde früher mit Blasebälgen erzeugt. Gespielt wird mit Manualen am Spieltisch und den darunter liegenden Pedalen.

Bachs Musik

Bach steht am Übergang der Polyphonie des 16. Jh. zur neuen Homophonie, die bald nach seinem Tod mit Haydn in die Klassik führt. Zu Bachs Hauptwerken der Vokalmusik zählen die Oratorien wie das Weihnachtsoratorium, die Matthäuspassion und die Kantaten. In der Instrumentalmusik sind neben den Orgelwerken und Violinkonzerten seine 6 Brandenburgischen Konzerte und die Kunst der Fuge zu nennen.

Blatt mit Bachs Notenschrift

Polyphonie und Homophonie

Die Polyphonie verlangt die melodische Selbstständigkeit aller Stimmen, die gleichzeitig erklingen. Diese Kompositionsform ist in der Fuge und beim Kanon stark ausgeprägt. Bei der Homophonie hat das Musikstück eine Hauptmelodie und wird von den anderen Stimmen begleitet, die sich unterordnen.

Register *Pfeifen*
Manuale
Pedale

Die Bachfamilie
Die Musikalität vererbte sich in der Familie Bach in 3 Linien durch die Jahrhunderte. In Mitteldeutschland besetzten die „Bäche", wie sie hießen, fast alle wichtigen Stellen als Musiker und Chorleiter. 4 Söhne von Johann Sebastian Bach waren auch bedeutende Komponisten.

Kindheit und Jugend

Johannn Sebastians Mutter starb, als er 9 Jahre alt war. Sein Vater folgte ihr ein Jahr später, und der kleine Bach kam zu seinem älteren Bruder Johann Christoph, der ihm Klavier- und Orgelunterricht erteilte. 1700–1703 besuchte er die Michaelisschule in Lüneburg. 1707 heiratete er seine Cousine Barbara, mit der er 7 Kinder hatte. Nach deren Tod 1720 heiratete er wieder und hatte noch 13 Kinder. Doch wurden nur 6 Söhne und 4 Töchter groß.

Ausbildung

Bis 1707 verdiente Bach sein Brot als Geiger und Organist. Dann trat er in die Dienste des Herzogs von Weimar, wo er es bis zum Hofkonzertmeister brachte. 1717–23 war er Hofkapellmeister in Anhalt-Köthen und schrieb vor allem weltliche Musik. Als Kantor an der Thomaskirche war er ganz der geistlichen Musik verpflichtet.

Thomasschule

Als Kantor der Thomasschule hatte Bach die Thomasschüler in Latein zu unterrichten und für die Musik in der Thomas- und Nikolaikirche zu sorgen. Dafür standen ihm etwa 50 Chorknaben und rund zwei Dutzend Instrumentalisten zur Verfügung.

JOHANN SEBASTIAN BACH

1685	Geboren in Eisenach, Thüringen
1695–1700	Unterricht durch seinen älteren Bruder
1700–03	Freistelle an der Michaelisschule in Lüneburg
1708–17	Hoforganist am Hofe des Herzogs von Sachsen-Weimar
1717–23	Kammermusikdirektor am Hof von Anhalt-Köthen
1723–50	Thomaskantor in Leipzig
1750	Gestorben in Leipzig

SIEHE AUCH UNTER: MOZART, WOLFGANG AMADEUS — MUSIK — MUSIKINSTRUMENTE

BALKANSTAATEN

ACHT LÄNDER zählen zu den westlichen Balkanstaaten: Slowenien, Kroatien, Bosnien-Herzegowina, Serbien, Montenegro, Makedonien sowie Albanien. Sie wurden fast 500 Jahre lang vom Osmanischen Reich der Türken regiert. 1918 fasste man sie mit Ausnahme von Albanien unter Jugoslawien zusammen. 1991 zerbrach dieser Staat an ethnischen und religiösen Gegensätzen. Bis 1995 und erneut 1999 herrschte deshalb Krieg. Ein echter Friede ist noch immer nicht in Sicht.

Geografie
Der westliche Balkan besteht aus Kalkhochflächen und steilen Gebirgszügen. Dazwischen liegen tiefe, bewaldete Täler. Im Nordwesten befinden sich die fruchtbaren Ebenen der Donau.

23 °C   1 °C

870 mm

Klima
Der westliche Balkan hat gemäßigtes Klima. Zum Landesinneren hin wird es kontinentaler, mit heißen Sommern und kalten, schneereichen Wintern.

Gebirge
Im nördlichen Balkan stehen dichte Misch- und Nadelwälder. Die Dinarischen Alpen fallen zur Adria hin ab. Sie sind bis zu 1 800 m hoch und bestehen aus Kalk. Durch Abholzung der Wälder in der Römerzeit ist das Gebiet stark verkarstet.

Küste der Adria
Der Streifen längs der Adriatischen Küste ist ziemlich schmal. An einigen Stellen erheben sich die Dinarischen Alpen steil aus dem Meer. Die Landschaft erscheint sehr kahl, mit spärlicher Vegetation und nackten Felsen. Im Winter kann es schneien, doch die Sommer sind heiß und trocken. An der Küste weht oft die heftige, kalte Bora. Vor dem kroatischen Teil der Küste liegen über 1 000 kleine Inseln.

Verschiedene Völker
Die auf dem Balkan lebenden Volksgruppen haben eigene lokale Formen von Brauchtum, Religion und Sprache entwickelt. Politische und religiöse Unterschiede zwischen den orthodoxen Serben, den katholischen Kroaten und den moslemischen Bosniern führten im Krieg von 1991 bis 1995 zu Blutvergießen und Völkermord.

Moslemische Bosnierin betet für ihren gefallenen Sohn.

Eisernes Tor
Das Eiserne Tor ist eine 3 km lange Schlucht der Donau. Sie liegt an der Grenze zwischen Serbien und Rumänien. Hier durchbricht die Donau die Karpaten und das Balkangebirge. 5 000-Tonnen-Schiffe können stromaufwärts bis nach Belgrad fahren. 1971 wurde ein Staudamm mit einem Kraftwerk vollendet, durch den ein 150 km langer Stausee entstand.

Slowenien

Historisch und geografisch hat Slowenien mehr Gemeinsamkeiten mit Österreich als mit den Balkanstaaten. Die Österreicher herrschten hier fast 1 000 Jahre lang. Slowenien hat viel Industrie und noch viele kleine Bauernbetriebe. Die Loslösung vom ehemaligen Jugoslawien geschah ohne Krieg. Slowenien ist das reichste Land der Region.

Bodenschätze
Slowenien baut Quecksilber, Blei, Erdöl und Zink für den Export ab. Es gibt auch Stein- und Braunkohlelager, allerdings von geringerer Qualität. Ein Drittel des Strombedarfs deckt ein Kernkraftwerk in Krsvo.

Quecksilbererz

Die Menschen
Ungefähr 88 % der Bevölkerung besteht aus Slowenen, die trotz der jahrhundertelangen österreichischen Herrschaft ihre Sprache und Kultur beibehalten haben. Die Menschen verdienen hier viel mehr als in den übrigen Balkanstaaten. Jeder siebte Slowene lebt in der Hauptstadt Ljubljana, in der viele Industriebetriebe ihren Sitz haben.

Tourismus
Slowenien baut langsam die Tourismusindustrie wieder auf. Die Touristen besuchen die nördlichen alpinen Gebiete zum Skilaufen und Wandern und den kurzen Küstenabschnitt zum Badeurlaub.

Der See von Bled ist ein beliebtes Touristenziel.

SLOWENIEN: DATEN
- **HAUPTSTADT** Ljubljana
- **FLÄCHE** 20 253 km²
- **EINWOHNER** 1 988 000
- **SPRACHE** Slowenisch
- **RELIGION** Christentum
- **WÄHRUNG** Tolar

Kroatien

Kroatien wurde über 800 Jahre lang von Ungarn beherrscht und kam 1918 zu Jugoslawien. 1991 erklärte sich das Land für unabhängig. Der Krieg mit Serbien und Bosnien schädigte die Wirtschaft und den Tourismus schwer. Kroatien hat große Seehäfen und Bodenschätze, darunter Erdöl, Kohle und Bauxit.

Adriaküste
An der kroatischen Adriaküste findet man meist Kiesstrände und hunderte von vorgelagerten Inseln vor. Früher kamen jedes Jahr 12 Millionen Besucher, doch mit Ausbruch des Krieges 1991 kam der Tourismus zum Stillstand. Nach dem Ende der Konflikte stiegen die Besucherzahlen nur allmählich wieder an.

Stengel des Leins

Zagreb
Die politische, kulturelle und industrielle Hauptstadt Kroatiens ist Zagreb. Im alten Kern stehen noch Gebäude aus dem Mittelalter, z. B. die Markus- und die Stephanskirche. Zagreb ist Sitz eines katholischen Erzbischofs und eines orthodoxen Metropoliten.

Lein / Leinenfasern

In den fruchtbaren Flusstälern Nordkroatiens wird Lein oder Flachs angebaut. Aus den Stengeln dieser Pflanze gewinnt man Leinenfasern, aus den Samen Leinöl. In Nordkroatien wachsen auch Aprikosen, Trauben, Pflaumen Kirschen und Zwetschgen.

KROATIEN: DATEN
- **HAUPTSTADT** Zagreb
- **FLÄCHE** 56 542 km²
- **EINWOHNER** 4 334 000
- **SPRACHE** Kroatisch, Serbisch
- **RELIGION** Christentum
- **WÄHRUNG** Kuna

Bosnien-Herzegowina

Im Jahr 1991 brachen Kämpfe zwischen den katholischen Kroaten, den orthodoxen Serben und den moslemischen Bosniern aus. Insgesamt kamen rund 400 000 Menschen ums Leben. Über 2 000 000 Menschen flohen aus Bosnien-Herzegowina. Seit 1995 wird nicht mehr gekämpft. Zum Schutz ist eine internationale Friedenstruppe im Land.

Moslems
Während des Krieges vertrieben bosnische Serben Kroaten und Moslems aus Gebieten, die sie als ihre eigenen betrachteten. Tausende wurden getötet. Das Land ist heute zweigeteilt in eine Bosniakisch-kroatische Föderation und eine Serbische Republik.

Sarajevo
Sarajevo liegt am Fluss Miljacka und ist die Hauptstadt von Bosnien-Herzegowina. Unter kommunistischer Herrschaft wurde die islamische Stadt zu einem multikulturellen Industriezentrum. Im Bürgerkrieg fielen 2 000 000 Granaten auf Sarajevo, und Zehntausende kamen ums Leben. Im Jahr 1984 fanden in der Stadt die XIV. Olympischen Winterspiele statt.

Feigen / Granatäpfel

BOSNIEN-HERZEGOWINA: DATEN
- **HAUPTSTADT** Sarajevo
- **FLÄCHE** 51 129 km²
- **EINWOHNER** 3 980 000
- **SPRACHE** Bosnisch, Kroatisch, Serbisch
- **RELIGION** Christentum, Islam
- **WÄHRUNG** Dinar

Ackerbau
Die wichtigsten Ackerbaugebiete Bosnien-Herzegowinas liegen im Südwesten. Auf den fruchtbaren und gut bewässerten Böden wachsen Zitrusfrüchte, Trauben, Mais, Granatäpfel, Feigen, Oliven, Reis und Tabak. In höheren Lagen werden große Schafherden gehalten.

Jugoslawien

Die früheren jugoslawischen Teilstaaten Serbien und Montenegro übernahmen 1992 den Namen Jugoslawien und gründeten eine Bundesrepublik. Das Gebiet ist damit nur etwa halb so groß wie das frühere Jugoslawien. Die Serben stellen mit 63% die größte Volksgruppe.

Raznjici
Würfel aus Lammfleisch — *Spieß*

Landesküche
Ein beliebtes Gericht heißt Raznjici, gegrillte Fleischstücke mit Joghurt. Dazu wird Djuvec serviert, Reis mit Gemüse. Das jugoslawische Nationalgetränk ist der Slivovitz, ein Zwetschgenschnaps.

JUGOSLAWIEN: DATEN	
HAUPTSTADT	Belgrad
FLÄCHE	102 350 km²
EINWOHNER	10 684 000
SPRACHE	Serbisch, Albanisch
RELIGION	Christentum; Islam
WÄHRUNG	Jugoslawischer Neuer Dinar

Bevölkerung
Die Bewohner Jugoslawiens sprechen Serbisch und schreiben es wie die Russen mit kyrillischen Buchstaben. Die Albaner sind die zweitstärkste Volksgruppe. Sie leben im Kosovo, wo sie um eigene Rechte kämpfen. In der Vojvodina lebt eine ungarische Minderheit.

Sveti Stefan war früher ein beliebtes Reiseziel.

Tourismus
Vor dem Krieg zogen die prächtigen Strände und historischen Stätten an der Küste von Montenegro Millionen von Besuchern an. Heute ist der Tourismus in Serbien und Montenegro praktisch zum Erliegen gekommen. Von 1992 bis 1996 litt die Wirtschaft unter Sanktionen der UNO.

Makedonien

Makedonien (Mazedonien) ist ebenfalls eine frühere jugoslawische Republik. Sie hat keinen Zugang zum Meer. Die wirtschaftliche Situation des Landes ist schlecht. Das Land verfügt über die Bodenschätze Kupfer, Eisen, Blei und Zink. Ein großes Problem sind die Spannungen zwischen den Makedoniern und den Albanern.

Seen
Der Ohrid- und der Prespasee in Südwestmakedonien gehören zu den schönsten Seen in Europa. Früher zogen sie viele Touristen an. Der Ohridsee ist 286 m tief und unterirdisch mit dem Prespasee verbunden.

MAKEDONIEN: DATEN	
HAUPTSTADT	Skopje
FLÄCHE	25 713 km²
EINWOHNER	2 050 000
SPRACHE	Makedonisch, Albanisch
RELIGION	Christentum, Islam
WÄHRUNG	Denar

Skopje
Die industrielle und politische Hauptstadt Makedoniens ist Skopje mit rund 450 000 Einwohnern. Die Stadt wurde schon 4-mal durch Erdbeben zerstört, zuletzt 1963.

Bevölkerung
Mit rund 67 % stellen die orthodoxen Makedonier die größte Bevölkerungsgruppe. Ungefähr 23 % sind Albaner, die meisten davon Moslems. Türken und Serben bilden eine Minderheit in Makedonien.

Albanien

Von 1944 bis 1991 war Albanien ein Einparteienstaat mit dem strengsten kommunistischen Regime auf der Welt. Heute ist es eine Demokratie. Albanien ist eines der ärmsten Länder Europas. Die Hauptstadt Tirana wurde im 17. Jh. gegründet und verfügt über einige Industriebetriebe.

Trauben, Tomaten, Kartoffeln, Wassermelone

Landwirtschaft
Ungefähr 24 % Albaniens dienen dem Ackerbau. Angebaut werden Weizen, Mais, Kartoffeln, Obst, Tabak, Sonnenblumen und Zuckerrüben. Schafe, Ziegen und Kühe liefern Milch und Fleisch.

ALBANIEN: DATEN	
HAUPTSTADT	Tirana
FLÄCHE	28 748 km²
EINWOHNER	3 410 000
SPRACHE	Albanisch, Griechisch
RELIGION	Islam, Christentum
WÄHRUNG	Lek

Bevölkerung
Um die Einwohnerzahl zu erhöhen, förderte die frühere kommunistische Regierung große Familien mit vielen Kindern. Damals war Albanien der einzige offiziell atheistische Staat. Noch heute bekennen sich viele Albaner zu keiner Religion.

Transport
Straßen- und Bahnverbindungen sind in dem zerklüfteten Land sehr schlecht. Es gibt nur 447 km Schienenwege und 18 000 km Straßen, 30 % sind befestigt. Auf 25 Einwohner kommt 1 Auto. Karren mit Eseln oder Pferden sind auch wichtige Transportmittel.

SIEHE AUCH UNTER: CHRISTENTUM · ERDBEBEN · EUROPA, GESCHICHTE · FISCHFANG · HANDEL UND INDUSTRIE · ISLAM · LANDWIRTSCHAFT · SEEN · TEXTILIEN

BALLETT

EINE DER ANMUTIGSTEN Kunstformen ist das Ballett, eine Kombination aus Tanz, Schauspiel und Musik. Viele Ballettstücke erzählen eine Geschichte; andere sind abstrakt und experimentieren mit Form und Bewegung. Ursprünglich kommt das Ballett aus Italien. Katharina von Medici, die den späteren König Heinrich II. heiratete, brachte es 1533 nach Frankreich. Ludwig XIV. gründete 1661 die erste Ballettschule in Paris, die Académie Royale de Danse. Heute besuchen schon Kinder die Ballettschulen.

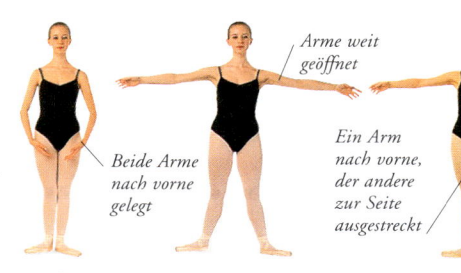

Erste Position – Fersen zusammen, Füße ausgestellt.
Zweite Position – Fersen auseinander, Füße ausgestellt.
Arme weit geöffnet
Beide Arme nach vorne gelegt
Dritte Position – ein Fuß halb vor dem andern gekreuzt
Ein Arm nach vorne, der andere zur Seite ausgestreckt
Vierte Position – (gekreuzt) ein Fuß vor dem anderen
Ein Arm nach oben, der andere zur Seite ausgestreckt
Fünfte Position – Füße gekreuzt und sich berührend
Beide Arme nach oben

Ballettstellungen

Jeder Schritt in einem Ballett beruht auf den 5 Grundstellungen. Diese Positionen wurden in der Académie Royale de Danse in Paris festgelegt. Dazu muss jeweils das gesamte Bein aus der Hüfte gedreht werden. Die Stellung der Arme nennt man auch *Port de bras*.

Benesh-Notation
Die Positionen für das Ballett wurden notiert. Eine der bekanntesten Notationen stammt von den Engländern Rudolf und Joan Benesh aus dem Jahr 1955. Auf 5 Linien sind die Positionen der Tänzer mit Symbolen eingetragen.

Jede der 5 Linien steht für einen Körperteil: für Kopf, Schulter, Taille, Knie, Fuß.

Romantisches Ballett

Die romantische Bewegung zu Beginn des 18. Jh. mit ihrem Hang zum Übersinnlichen beeinflusste auch alle Künste. Einer der bedeutendsten Choreographen des 19. Jh. war August Bournonville. Seine Stücke waren geprägt von seinen Jahren in Paris, wo das romantische Ballett begann.

Marie Taglioni
Die italienische Ballerina Taglioni (1804–84) erfand die Rolle *La Sylphide*, den Luftgeist. Sie vervollkommnete auch den Spitzentanz, den *Danse en pointe*.

Vaclav Nijinskij

Die Ballets Russes
Vielen russischen Choreographen und Tänzern wurde das klassische Ballett zu eintönig. Serge Diaghilew (1872–1929) gründete die Tanzgruppe *Ballets Russes*, die in ganz Europa auftrat. Zu den Tänzern gehörte Vaclav Nijinskij (1890–1950), der für seine Sprünge gefeiert wurde.

Ballett in Russland

Im Jahr 1847 ging der französische Tänzer Marius Petipa nach Russland, um mit dem Ballett des Zaren in St. Petersburg zu arbeiten. Mit seinem Assistenten Lew Iwanow schuf er aufwendige Ballette in 3 oder 4 Akten mit höchster Anforderung an seine Tänzer.

Klassische Ballette bringen eindrucksvolle Tänze für Paare.

Die Partner müssen sich aufeinander verlassen können.

Tschaikowsky
Der russische Komponist Peter Tschaikowsky (1840–93) schrieb mit die berühmteste Ballettmusik. Er arbeitete bei seinen drei klassischen Balletten, *Dornröschen* (1890), *Der Nussknacker* (1892) und *Schwanensee* (1895) mit Marius Petipa und Lew Iwanow zusammen.

Moskauer Bolschoi-Ballett in Dornröschen

Giselle
Giselle zählt zu den berühmtesten romantischen Balletten. Es erzählt von der Liebe zwischen dem Bauernmädchen Giselle und dem Grafen Albrecht. Giselle stirbt, aber sie steigt aus dem Grab, um mit ihrem Geliebten zu tanzen.

Eine Szene aus Giselle

Anna Pawlowa
Die russische Primaballerina Anna Pawlowna Pawlowa (1881–1931) war die berühmteste Tänzerin ihrer Zeit. Sie tanzte sowohl im Ballett des Zaren als auch in den Ballets Russes. Nach 1911 ging sie mit ihrem eigenen Ensemble auf Tournee durch die ganze Welt.

Das moderne Ballett

Heute hat fast jedes Land sein eigenes Ballett-Ensemble. Die Tänzer zeigen romantisches und klassisches Ballett, aber auch das Repertoire der Ballets Russes sowie moderne Choreographie.

New-York-City-Ballett
Das New-York-City-Ballett wurde von dem Russen George Balanchine (1904–83) gegründet. Links sein Ballett *Apollo*.

Das Royal Ballet
Das britische Royal Ballet begann 1931 als Vic-Wells-Ballett. Es führt häufig Werke der früheren Leiter Frederick Ashton und Kenneth MacMillan auf.

Eine Figur aus Ashtons Ballett Tales of Beatrix Potter

SIEHE AUCH UNTER | JAZZ | KUNST, GESCHICHTE | MUSIK | MUSIKINSTRUMENTE | OPER | SCHAUSPIEL | STRAWINSKY, IGOR | TANZ

BALLSPIELE

AUF DER GANZEN WELT kennt man Ballspiele. Gespielt wird mit den verschiedensten Bällen in allen Größen. Man spielt auf Rasen, Hartplätzen, Kunststoffbelägen und sogar auf Tischen. Dabei gibt es Mannschaftsspiele und Einzelspiele. Neben Fußball und seinen Spielarten kennt man Spiele mit Schlägern wie Tennis oder mit Schlaghölzern wie Kricket und Baseball. Hockey, Golf und Polo werden ebenso mit Schlägern gespielt wie Billard oder Snooker. Daneben gibt es Zielballspiele wie Basketball oder Netzballspiele wie Volleyball. Auch Kegeln und Bowling gelten als Ballspiele.

Handschuhe des Schlagmannes
Schlagholz aus Weide
Helm
Beinschiene des Keepers
Kontrastschirm zur besseren Sicht für den Schlagmann
Wurfbahn
Handschuhe des Keepers (Torwächters) 
Mit Leder überzogener Korkball
Wicket

Kricket

Das englische Kricket wird von je 11 Spielern gespielt, der Feld- und der Schlagmannschaft. 2 Schlagmänner versuchen die Bälle des gegnerischen Werfers (Bowlers) weit wegzuschlagen. Gelingt das, laufen sie zum gegnerischen Tor. Um einen solchen Run zu verhindern, versuchen die Feldspieler und der Torwächter die Bälle zu fangen.

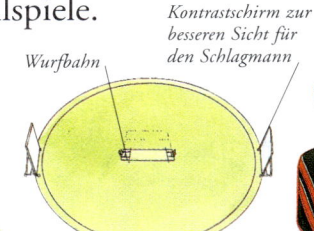

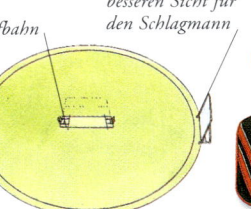

Spielfeld
Das ovale Feld ist unterschiedlich groß. Die Wurfbahn in der Mitte zwischen den beiden Toren oder Wickets ist 20,12 m lang und 3,05 m breit. Vor den Wurflinien verlaufen in 1,22 m Abstand die Schlaglinien.

Ausrüstung
Kricket spielt man mit einem Hartball; die Spieler tragen z. T. Schutzkleidung. Der Wicketkeeper oder Torwächter und der Schlagmann haben Beinschienen und Handschuhe. Auch ein Helm mit Gesichtsschutz ist üblich.

Handschuh des Fängers mit Hartball aus Kork
Maske des Fängers 
Schlagholz 

Baseball

Baseball ist ein Mannschaftsspiel mit je 9 Spielern, die sich als Schläger und Fänger abwechseln. Der Werfer wirft den Ball, den der Schläger im Home Base zu treffen versucht. Gelingt dies, rennt er los, um alle Bases zu erreichen. Die Feldspieler versuchen ihn daran zu hindern. Sind 3 Schläger ausgeschieden, werden die Rollen vertauscht.

Babe Ruth
Die Trefferquote des Baseballspielers Babe Ruth (1895–1948) begeisterte die amerikanischen Zuschauer. Er war erst Werfer bei den Boston Red Sox. Als Schlagmann bei den New York Yankees brach er alle Rekorde. 1927 erreichte er 60 Home Runs – den Lauf zu allen Bases –, in seiner gesamten Spielzeit 714.

Ausrüstung
Der Fänger, der hinter dem Schläger kauert, trägt eine Gesichtsmaske und einen Körperschutz, da er vom Schlagholz getroffen werden kann. Schläger haben Helme, Feldspieler einen Fanghandschuh.

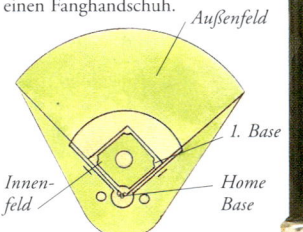

Außenfeld
1. Base
Innenfeld
Home Base

Spielfeld
Es gibt das Innen- und das Außenfeld. Der Werfer wirft von einer Erhöhung im Innenfeld, das an jeder Ecke ein Base hat. Der Schläger erwartet den Wurf im Home Base. Die Feldspieler sind im Außenfeld verteilt.

Hockey

Es spielen 2 Mannschaften zu je 11 Spielern. Jeder Spieler versucht mit dem Hockeystock den Ball zu treiben und ins gegnerische Tor zu schießen. Dazu dient die flache Seite des Stocks. Tore können nur aus einem Halbkreis, dem sog. Schusskreis erzielt werden.

Hockeyball, gewöhnlich weiß
Schutzhelm des Torwarts 
Hockeyschläger 

Ausrüstung
Die Spieler tragen Schienbein- und Knöchelschützer unter den Strümpfen. Der Torwart hat einen Helm mit Gesichtsmaske. Schultern und Ellbogen sind gepolstert. Außerdem trägt er Beinschienen, dicke Handschuhe und eine Art Fußballschuhe, um die Bälle wegzutreten.

Hurling
Diese irische Form des Hockeys hat 15 Spieler je Mannschaft. Sie treiben oder schlagen den Ball mit dem Stock, dem „Hurley". Die Tore sind 6,40 breit und 2,40 m hoch, mit 4,80 m hohen Pfosten. Ein Treffer ins Tor zählt 3 Punkte, ein Schuss über die Querlatte 1 Punkt.

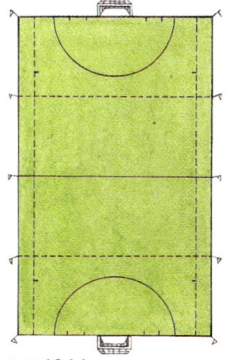

Spielfeld
Das Spielfeld misst 91,40 x 54,90 m. Die halbkreisförmigen Schusskreise sind in 14,63 m Abstand von den Torpfosten gezogen. Die Tore sind 3,66 m breit und 2,13 m hoch.

BALLSPIELE

Basketball

Beim Basketball sind pro Mannschaft 5 Spieler auf dem Feld, zusätzlich stehen 5–7 Auswechselspieler zur Verfügung. Ziel ist es, den Ball in den Korb des Gegners zu werfen. Wenn dies von außerhalb der Dreipunktelinie geschieht, gibt es 3 Punkte, 2 Punkte gibt es von innerhalb der Linie.

Beidhändiger Korbleger

Langer Schritt mit dem Ball

Absprung mit dem Ball

Dreipunktelinie

Der Spieler muss den Ball innerhalb von 5 Sekunden spielen.

Zum Schutz der Fußgelenke ist ein hochschäftiger Schuh nötig.

Spielfeld
Das Feld misst 28 x 15 m. Die beiden Körbe sind 3,05 m über dem Boden angebracht.

Der luftgefüllte Ball hat eine Lederhülle und 25 cm Durchmesser.

Basketball

Korb

Korbbrett

Ausrüstung
Für Basketball braucht man einen Ball und zwei Körbe. Ein Spiel dauert regulär 2-mal 20 Minuten. Wegen der vielen Zeitregeln, z. B. beim Ballhalten oder der 3-Sekunden-Regel, benötigt man eine Stoppuhr.

Netball
Netball ist mit Basketball verwandt und wird nur von Frauen gespielt. Je 7 Spielerinnen bilden ein Team. Die Spielerinnen dürfen bestimmte Zonen auf dem Spielfeld nicht verlassen und mit dem Ball auch nicht laufen oder dribbeln.

Volleyball
Jede Mannschaft besteht aus 6 Spielern. Sie versuchen den Ball über ein Netz so in das Feld des Gegners zu spielen, dass dieser ihn nicht zurückspielen kann. Dazu sind 3 Berührungen des Balls erlaubt. Neben den Händen darf jeder Körperteil oberhalb der Taille eingesetzt werden.

Golf

Beim Golfspiel muss ein kleiner Ball mit möglichst wenigen Schlägen in einem Loch versenkt werden. Die Spieler können dazu unter mehreren Schlägern auswählen. Golfplätze haben meist 18 Löcher mit unterschiedlichen Entfernungen und Hindernissen.

Abschwung, um den Ball zu treffen.

Durchschwung nach Ballkontakt

Ende des Durchschwungs

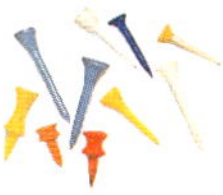

Tees

Golfbälle

Bowls und Bowling

Das englische Bowls wird auf Rasen gespielt. Es ähnelt dem Boule oder Boccia. Immer geht es darum, große Kugeln möglichst dicht an die kleine weiße Zielkugel, den Jack, zu rollen. Bowling ist die amerikanische Form des Kegelns. Man spielt es in Hallen auf mehreren Bahnen. Dabei müssen 10 Kegel mit 2 Würfen umfallen.

Billard, Pool, Snooker

Billard ist ein Tischspiel mit 1 roten und 2 weißen Kugeln, davon eine markiert. Jede weiße Kugel wird mit dem Queue gestoßen und muss die anderen berühren. Pool spielt man mit 15 nummerierten, Snooker mit 6 farbigen und 15 roten Kugeln. Diese versenkt man mit der Stoßkugel im Loch.

Snooker

Einlochen
Die Löcher liegen 90 m bis 550 m vom Abschlag. Der Abschlag erfolgt vom Tee, dem kleinen Stift, auf dem der Ball liegt. Für lange Treibschläge nimmt man den Holzkopf- oder Eisenschläger. Schläge bis zum Loch erfolgen mit Eisen. Mit dem Putter locht man ein.

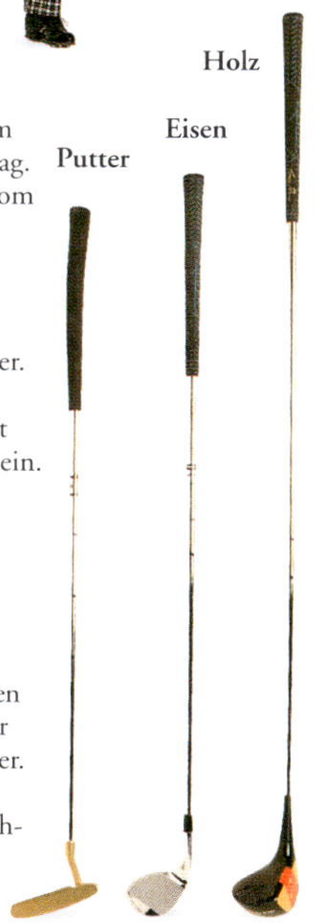

Holz

Eisen

Putter

Bowlskugel

Bowlsspiel

Jack

Pool
Man spielt hier meist Eight-Ball: Der eine Spieler muss die Kugeln 1 bis 7 in beliebiger Reihenfolge und dann die 8 mit der weißen Stoßkugel versenken. Der andere Spieler spielt die Kugeln 9 bis 15 und dann die 8. Bei einem Fehler kommt jeweils der nächste Spieler an die Reihe.

Snooker
Jede versenkte rote Kugel zählt 1 Punkt, die anderen zählen je nach Farbe 2 bis 7 Punkte. Sie werden immer wieder ins Spiel gebracht, bis alle roten versenkt sind, und am Schluss eingelocht.

Ausrüstung
Ein Spieler darf bis zu 14 Schläger benutzen, die er im Köcher oder auf einem Wagen mitführt. Viele Spieler haben 3 oder 4 Hölzer, 9 oder 10 Eisen und den Putter. Der Ball wiegt 45,9 g und hat 4,11 cm Durchmesser. Die Schuhe tragen Spikes.

Bowlingkugel

Kegel

Kugeln
Die etwa handgroßen Bowlskugeln sind auf einer Seite schwerer und laufen deshalb im Bogen. Bowlingkugeln haben 21,80 cm Durchmesser und wiegen über 7 kg. Sie haben 3 Grifflöcher für die Finger.

SIEHE AUCH UNTER — FITNESS — FUSSBALL — OLYMPISCHE SPIELE — SPORT — TENNIS UND SQUASH

BALLSPIELE

Bälle und Ausrüstung

Wasserdichtes Leder

Spitze Enden

Fußball

Softball

Kricketball

Baseball

Rounders, englischer Baseball

Vertiefungen sorgen für geraden Flug

Zu den Spielkugeln gehört jeweils die Zielkugel.

Golfball

Billardkugel

Tennisball

Tischtennisball

Squashball

Boulekugel

Bowlskugel

Ball für American Football

Der Schläger wird rechts gehalten.

Polospieler müssen braune Stiefel tragen.

Ellbogenschutz aus Plastik

Torwartschläger mit dickerem Griff

Handschuhe

Helm, meist mit Gesichtsschutz

Polo

Eishockey Helm

Hartplastik, mit Schaum ausgekleidet

Hammerartiger Schläger, 1,22 m lang

Stiefel

Breite Schaufel

Vollleder

Schnalle

Ball, meist aus Weidenholz

Poloschläger mit Ball

Eishockeypuck aus Hartgummi

Eishockeyschläger

Aus Hickory oder Esche

Eishockeystiefel

Knie- und Beinschützer

Knieschützer aus dickem Leder.

Softballschläger sind rund und 86 cm lang.

Das französische Boule heißt in Italien Boccia, in Spanien Petanca, in England Bowls.

Beim Basketball muss der Ball innerhalb von 5 Sekunden abgespielt werden.

Netball wird von je 7 Frauen gespielt, nur 2 von ihnen können Tore erzielen.

Die Setzkugel muss getroffen werden.

Zum Einlochen des Balles benutzt der Golfspieler den Putter.

Der Ball wird unterhalb des Armes aufgeschlagen.

Metallkugel

Softball Das Spiel entwickelte sich um 1890 aus dem Hallenbaseball.

Netball spielen nur Fauen in angelsächsischen Ländern.

Boule Die Spielkugeln sind aus Metall oder aus Holz.

Basketball Jedes Team besteht aus 5 Spielern.

Golf Das Spiel führt in der Regel über 18 Löcher.

BALTIKUM und WEISSRUSSLAND

DIE DREI BALTISCHEN Staaten Estland, Lettland und Litauen liegen an der Küste der Ostsee westlich von Russland. Weißrussland, das sich selbst Belarus nennt, befindet sich zwischen Russland, der Ukraine und Polen. Die baltischen Länder und Weißrussland waren früher Sowjetrepubliken. Nach dem Zerfall der Sowjetunion im Jahr 1991 erklärten sie sich für unabhängig. Die drei Staaten des Baltikums haben sich dabei dem Westen zugewandt. Sie bilden eine Drehscheibe des Handels zwischen West- und Osteuropa, haben aber noch große wirtschaftliche Probleme.

Geografie

Die baltischen Staaten bestehen aus Ebenen und flachen Hügeln mit Wäldern und Sümpfen dazwischen. Es gibt hier tausende von Flüssen und Seen. Der größte ist der Peipussee zwischen Estland und Russland mit 3 550 km² Fläche.

Ostseeküste und Inseln

Estland, Lettland und Litauen sind von der Eiszeit geprägt. Sie grenzen im Norden an die Ostsee und haben dort Häfen. Im Winter ist das Meer meist zugefroren. Estland hat die längste Küstenlinie und über 1 500 Inseln bilden hier eine Barriere vor der Rigaer Bucht.

Wälder

Dichte Laub- und Nadelwälder bedecken zwischen 30 und 40 % des Baltikums. In Weißrussland gibt es zahlreiche Seen und Flüsse sowie umfangreiche, teilweise sumpfige Waldgebiete, in denen Hirsche und Nerze leben.

Bewaldetes Tal des Flusses Ganja, Lettland

Pripjetsümpfe (Polesje)

Die Pripjetsümpfe im Süden Weißrusslands sind das größte Sumpfgebiet Europas. Sie umfassen über 200 000 km² und erhalten ihr Wasser von mehreren Flüssen, darunter der Beresina und dem Dnjepr. In Polesje gibt es Kiefernwälder, Wiesen und Moore; große Teile stehen dauernd unter Wasser.

Klima

17 °C   -5 °C
668 mm

Estland, Lettland, Litauen und Weißrussland haben kalte Winter und feuchtkühle Sommer. An der Küste herrscht ein ausgeglichenes Klima. Im Winter fällt im ganzen Gebiet jedoch viel Schnee, besonders in Weißrussland.

Kulturelle Vielfalt

In Estland, Lettland und Weißrussland leben viele Russen, die z. Zt. des Kommunismus eingewandert sind. So kommt es immer wieder zu Spannungen zwischen Esten und Letten einerseits und den Russen andererseits. In Litauen stellt sich das Problem kaum; hier leben nur 8 % Russen. Die Weißrussen stehen den Russen näher und sprechen fast dieselbe Sprache.

Estnische Tracht

BALTIKUM UND WEISSRUSSLAND

Estland

Der kleinste und nördlichste baltische Staat hat eine wunderschöne Küste, die Touristen aus Finnland und ganz Skandinavien anzieht. In sowjetischer Zeit wurde Estland ein Industriestaat mit großen Umweltproblemen. Die meisten Menschen leben in Städten. Die Esten sind mit den Finnen nahe verwandt und sprechen auch eine ähnliche Sprache.

ESTLAND: DATEN	
HAUPTSTADT	Tallinn (Reval)
FLÄCHE	45 227 km²
EINWOHNER	1 375 000
SPRACHE	Estnisch, Russisch
RELIGION	Christentum
WÄHRUNG	Estnische Krone

Aus den Stengeln des Flachses gewinnt man Leinen.

Flachs
Textilien sind ein wichtiges Exportgut Estlands. Aus jungem, grünem Flachs oder Lein gewinnt man Leinen für feine Stoffe. Die Stengel werden dazu geröstet und gehechelt. Später sind die Fasern gröber und eignen sich nur für Matten und Seile.

Tourismus
Jedes Jahr kommen über eine Million Touristen nach Estland. Ein Hauptanziehungspunkt sind die mittelalterlichen Gebäude der estnischen Hauptstadt Tallinn, die von den Dänen gegründet wurde. In der geschützten Rigaer Bucht finden Sommerregatten, Boots- und Segelausflüge statt.

Lettland

Das flache Lettland liegt zwischen Estland und Litauen. Über 2 000 Seen, Wasserläufe, Moore, Wälder und Wiesen prägen die Landschaft. Heute ist Lettland ein Industriestaat. In der Industrie arbeiten etwa ein Viertel der Erwerbstätigen. Eine große Rolle beim Export spielen Holz und Holzprodukte sowie Metallerzeugnisse und Textilien.

LETTLAND: DATEN	
HAUPTSTADT	Riga
FLÄCHE	64 589 km²
EINWOHNER	2 375 000
SPRACHE	Lettisch, Russisch
RELIGION	Christentum
WÄHRUNG	Lats

Landwirtschaft
Lettland verfügt über mehr landwirtschaftlich nutzbares Gebiet als die anderen baltischen Staaten. Seit der Unabhängigkeit sind die riesigen Staatsbetriebe, die Kolchosen, in privaten Besitz übergegangen.

Einwohner
Fast ein Drittel der Einwohner sind Russen; dazu kommen noch ukrainische und weißrussische Minderheiten. Nur etwas mehr als die Hälfte der Bevölkerung besteht aus Letten. Sie pflegen gerne ihr kulturelles Erbe und feiern viele Volksfeste und religiöse Feste.

Beim lettischen Frühlingsfest zeigen die Frauen gerne ihre traditionelle Tracht.

Litauen

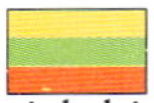

Litauen war einst ein mächtiges Reich, das sich bis zum Schwarzen Meer erstreckte und bis 1795 mit Polen vereinigt war. Die etwa 100 km lange Dünenküste ist von Kiefernwäldern gesäumt und für Bernsteinfunde berühmt. Wichtigster Wirtschaftsbereich ist die Industrie mit Lebensmittelverarbeitung und Schiffsbau.

LITAUEN: DATEN	
HAUPTSTADT	Vilnius (Wilna)
FLÄCHE	65 300 km²
EINWOHNER	3 500 000
SPRACHE	Litauisch, Russisch
RELIGION	Christentum
WÄHRUNG	Litas

Bernstein

Bernstein
Die baltischen Staaten liefern zwei Drittel des Bernsteins auf der Welt. Bernstein ist versteinertes Kiefernharz und kommt in allen Schattierungen von hellgelb bis dunkelbraun vor.

Religion
Im Gegensatz zu den vorwiegend protestantischen Esten und Letten gehören die Litauer der römisch-katholischen Kirche an. Sie blieben selbst in der religionsfeindlichen Sowjetunion ihrem Glauben treu.

Berg der Kreuze bei Siauliai, einem litauischen Wallfahrtsort

Weißrussland

Weißrussland wird auch Belarus genannt. Es hat keinen Zugang zum Meer und nur wenige Rohstoffe. Es ist ein armes Land. Das Reaktorunglück im ukrainischen Tschernobyl führte zu einer Verseuchung landwirtschaftlich genutzten Bodens und zu einer starken gesundheitlichen Gefährdung der Bevölkerung. Die wichtigsten Exportgüter sind Chemieprodukte, Textilien und Fahrzeuge. Das Land lehnt sich wieder stark an Russland an.

WEISSRUSSLAND: DATEN	
HAUPTSTADT	Minsk
FLÄCHE	207 595 km²
EINWOHNER	10 320 000
SPRACHE	Weiß(Belo-)russisch, Russisch
RELIGION	Christentum
WÄHRUNG	Belarus-Rubel

Keramik
Weißrussland produziert sehr schöne Keramik, vor allem Porzellan. Das Land ist auch für qualitativ hoch stehende Glaswaren bekannt, die teilweise noch in alten Techniken angefertigt werden. In der Industrie arbeiten heute rund 35 % der Beschäftigten.

Landesküche
Das Nationalgericht Weißrusslands heißt Draniki. Es ist eine Art Reibekuchen, der mit Sauerrahm, eingelegten Beeren oder Roten Beten serviert wird. Aus Roten Beten gibt es auch eine Suppe.

Draniki   Sauerrahm

SIEHE AUCH UNTER CHRISTENTUM · FESTE UND FEIERN · FOSSILIEN · FLÜSSE · GLAS · KERNKRAFT · LANDWIRTSCHAFT · SEEN · SOWJETUNION · TEXTILIEN · WÄLDER

BANGLADESCH UND NEPAL

NÖRDLICH DER BUCHT VON BENGALEN, zwischen Indien und Myanmar (Birma), liegt Bangladesch. Es ist ein sehr armes, aber fruchtbares Land, das in regelmäßigen Abständen von den großen Strömen überflutet wird. Nepal und Bhutan sind kleine Königreiche im Himalaja, die sich heute allmählich demokratischen Ideen öffnen. Alle drei Länder sind überwiegend landwirtschaftlich geprägt. Die Menschen leben meist in kleinen dörflichen Siedlungen. Eine Industrie wird erst langsam aufgebaut.

Geografie

Bangladesch ist eine Tiefebene aus Schwemmland, das der Ganges und seine Nebenflüsse herangetragen haben. Der größte Teil des Landes liegt weniger als 15 m über dem Meeresspiegel. Nepal und Bhutan hingegen liegen im Himalaja und haben tief eingeschnittene, bewaldete Täler mit reißenden Flüssen.

Himalaja

Nepal liegt im höchsten Teil des Himalajas. Dieser Gebirgszug erstreckt sich über eine Länge von 2 400 km und liegt zwischen Indien und China. In Nepal liegt der Mount Everest, mit 8 848 m der höchste Berg der Welt. Nepal hat noch 8 weitere Achttausender sowie viele Gipfel über 6 000 m, darunter auch den Ama Dablam mit 6 856 m Höhe (Bild oben).

23 °C   11 °C

1 901 mm

Klima

Bangladesch hat heißes Tropenklima. Während der Monsunzeit stehen zwei Drittel des Landes unter Wasser. Die südlichen Gebiete Nepals und Bhutans sind feuchtheiß. Im Himalaja herrscht strenges Gebirgsklima mit viel Schnee.

Wälder

Ungefähr 70 % von Bhutan sind bewaldet. Am Südrand wächst ein Dschungel mit vereinzelten Teakbäumen. In den Trockentälern Zentralbhutans begegnet man lichten Nadelholzwäldern. Im Südosten und Norden von Bangladesch erheben sich waldbestandene Hügelgebiete.

Ein großes Delta

Weite Teile im zentralen und südlichen Bangladesch bestehen aus Schwemmebenen und dem gemeinsamen Delta der Flüsse Ganges, Brahmaputra (Jamuna) und Meghna. Diese Flüsse bilden auf ihrem Weg in die Bucht von Bengalen zahlreiche Nebenarme. Das Delta ist oft fast vollständig überflutet.

Wasserkraft

Bangladesch, Bhutan und Nepal verfügen über umfangreiche Wasserkraftreserven in Form hunderter von Nebenflüssen zum Ganges und Brahmaputra. Alle drei Länder haben Wasserkraftwerke. Das bhutanesische Kraftwerk von Chhukha exportiert beispielsweise Strom nach Indien. Es gibt Pläne für weitere Staudämme in den Gebirgstälern von Bhutan und Nepal.

Schweißen eines Turbinenrades in einem Wasserkraftwerk in Nepal

Bangladesch

Bangladesch wurde 1971 unabhängig von Pakistan. Seither sind die politischen Verhältnisse instabil. Nach einer Militärdiktatur kehrte man 1991 zur Demokratie zurück. Bangladesch hat eine der höchsten Bevölkerungsdichten der Erde. Die Hälfte der Menschen lebt in Armut. Es gibt zwar genug Wasser und deshalb gute Bedingungen für Landwirtschaft, doch es kommt regelmäßig zu Überschwemmungen.

Häuser auf Stelzen
Viele Menschen wohnen in Pfahlbauten, um sich vor den häufigen Überschwemmungen zu schützen. Das Land ist übervölkert, und rund 75 % der Menschen leben in dörflichen Gemeinschaften. Die meisten bauen gerade genügend Reis für sich selbst an und fangen Fische im Ganges.

Dhaka
Die Hauptstadt Dhaka liegt am Fluss Buriganga, der mehrere Häfen miteinander verbindet. Dadurch wurde Dhaka zu einem Handelszentrum. Die Stadt zählt über 7 Millionen Einwohner, von denen viele in übervölkerten Slums leben.

Juteseil

Jute
Bangladesch ist der größte Juteproduzent der Welt. Rund 80 % aller Jutefasern stammen von hier. Aus dieser pflanzlichen Faser stellt man Säcke, Seile und Matten her. Juteprodukte machen 22 % der Exporte von Bangladesch aus.

Textilien
Viele Bangladescher sind in der Textilindustrie beschäftigt und verarbeiten vor allem Baumwolle und Seide. Die Frauen bilden den Hauptanteil der Textilarbeiter. Sie züchten auch Seidenraupen, aus deren Kokons man die Seide gewinnt.

Seidenraupen spinnen bis zu 1 km lange Seidenfäden.

BANGLADESCH: DATEN
- **HAUPTSTADT** Dhaka
- **FLÄCHE** 147 570 km²
- **EINWOHNER** 137 000 000
- **SPRACHE** Bengali
- **RELIGION** Islam, Hinduismus
- **WÄHRUNG** Taka

Nepal

Der größte Teil dieses Königreiches ist gebirgig. Die südlichen Gebiete werden von Hügeln am Fuß des Himalajas gebildet. Nepal war bis 1991 eine absolute Monarchie, wird heute aber von einem Parlament regiert. Der Staat, geprägt von einer Agrargesellschaft, zählt zu den ärmsten Ländern der Welt.

Bevölkerung
In Nepal leben viele Völker zusammen. Die meisten sind indischen oder tibetischen Ursprungs. Die Sherpas im Norden sind ausdauernde Träger und Bergsteiger. 90 % der Nepalis sind Hindus; ihr Glaube umfasst jedoch auch buddhistische Elemente.

Hinduistischer Heiliger

Landwirtschaft
In der Land- und Forstwirtschaft arbeiten 90 % der Beschäftigten. Sie bauen auf steilen Bergterrassen Reis, Mais und Zuckerrohr an.

Katmandu
Die nepalesische Hauptstadt Katmandu liegt in einem Tal in 1340 m Höhe. Sie ist voller Tempel und heiliger Schreine. Ungefähr 600 000 Menschen leben hier, darunter viele Newari, die für ihre Holzschnitzereien berühmt sind.

Buddhistischer Tempel über Katmandu

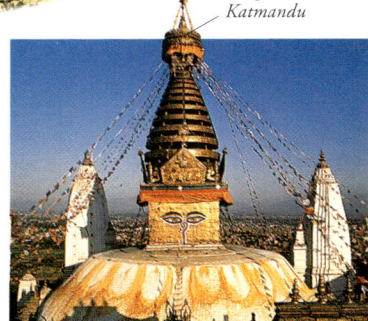

Trekking
Bergsteigen und Trekking im Himalaja zieht jedes Jahr 500 000 Touristen an. Dieser Tourismus sorgt für dringend benötigte Devisen, stellt aber eine Gefahr für Natur und Umwelt dar.

NEPAL: DATEN
- **HAUPTSTADT** Katmandu
- **FLÄCHE** 147 181 km²
- **EINWOHNER** 24 515 000
- **SPRACHE** Nepali, Maithili, Bhojpuri
- **RELIGION** Hinduismus, Buddhismus, Islam
- **WÄHRUNG** Nepalesische Rupie

Bhutan

Das kleine abgeschiedene Königreich im Osthimalaja nennt sich selbst auch „Land des Drachens". Es öffnet sich erst langsam fremden Einflüssen. Drei Viertel der Einwohner sind tibetischen Ursprungs, die übrigen sind Inder oder Nepalis. Hauptwirtschaftsbereich ist die Land- und Forstwirtschaft. Es gibt nur wenige kleine Fabriken.

Aprikose — Kardamomsamen — Apfel — Orange — Chilischoten

Nutzpflanzen
Auf weniger als 3 % des Bodens ist Anbau möglich, doch arbeiten über 90 % der Beschäftigten in der Landwirtschaft. Die wichtigsten Pflanzen sind Reis, Mais und Kartoffeln. Ferner werden Aprikosen, Äpfel, Chilis, Kardamomsamen und Orangen angebaut. In den Tälern Bhutans herrscht dafür günstiges Klima.

BHUTAN: DATEN
- **HAUPTSTADT** Thimphu
- **FLÄCHE** 46 500 km²
- **EINWOHNER** 2 100 000
- **SPRACHE** Dzongkha, Nepali
- **RELIGION** Buddhismus, Hinduismus
- **WÄHRUNG** Ngultrum

SIEHE AUCH UNTER: ASIEN, GESCHICHTE · BUDDHISMUS · ENERGIE · FLÜSSE · GEBIRGE · HINDUISMUS · INDIEN UND SRI LANKA · ISLAM · LANDWIRTSCHAFT · TALSPERREN · TEXTILIEN

BÄREN

BEI DEN BÄREN unterscheiden wir 7 große Arten. Zu diesen kommen noch kleine Formen wie die Pandabären und der Waschbär hinzu. Der Eisbär und der Braunbär sind die größten Landraubtiere. Alle Bären riechen und hören sehr gut und spüren damit Beutetiere und sonstige Nahrung auf. Bären im Norden verbringen die kalte Jahreszeit in Winterruhe. In warmen Gebieten sind sie das ganze Jahr über aktiv.

Starker Höcker aus Muskeln und Fett

Nordamerikanischer Braunbär

Braunbären
Die Zoologen unterscheiden 9 Unterarten des Braunbären. Die größte ist der Kodiakbär, der auf Inseln vor Alaska lebt. Er wird aufgerichtet bis zu 3,50 m groß. Der Grislibär kommt nur noch in Kanada und Alaska vor. Die übrigen Unterarten leben in Osteuropa und Asien. Kleinere Bestände an Braunbären gibt es heute noch in Norditalien, Spanien und Skandinavien.

Fischen
Wenn die Lachse in Nordamerika zum Laichen flussaufwärts ziehen, stehen die Bären im Wasser. Sie fangen die Fische sogar in der Luft, wenn diese einen Wasserfall überspringen.

Mächtige Eckzähne, kräftige Kiefer

Kragenbär

Sieben Großbären

Braunbär Er lebt auf der ganzen Nordhalbkugel, bildet aber nur kleine Populationen. Aus vielen Gebieten ist der Braunbär verschwunden.

Zottiges schwarzes Fell

Lippenbär Die langbehaarte Art aus Indien und Sri Lanka frisst vor allem Termiten, die sie durch die beweglichen Lippen einsaugt.

Malaienbär Dieser südostasiatische Bär ist am kleinsten. Auf der Brust trägt er einen gelben Fleck. Mit seiner langen Zunge leckt der Bär Ameisen und Termiten auf.

Brillenbär Diese einzige südamerikanische Bärenart tritt selten in den Wäldern der Anden auf. Der Bär lebt von Pflanzen und Früchten, frisst aber gelegentlich auch Fleisch.

Die Jungen lernen bei ihren Spielen fürs Leben.

Jungtiere
Das Bärenweibchen bringt seine Jungen in einer Höhle auf die Welt, in der sie sich mit ihnen 3–4 Monate lang aufhält. Jeder Wurf besteht in der Regel aus 1–3 Jungtieren. Sie kommen hilflos auf die Welt und sind noch sehr klein. Sie entwickeln sich langsam und bleiben solange bei der Mutter, bis sie ausgewachsen sind. Bei Großbären kann dies 2–3 Jahre dauern. Die Bärenweibchen sind gute Mütter, die ihre Jungen erbittert verteidigen.

Ernährung
Die Bären gehören zu den Raubtieren. Sie fangen und töten Tiere als Nahrung, fressen aber auch Aas sowie alle Arten von Pflanzen, die sie finden. Ungefähr drei Viertel der Bärennahrung besteht aus Früchten, Nüssen, Schösslingen und Wurzeln. Bären sind somit Allesfresser. Braunbären sind besonders erpicht auf Honig.

Tatzen
Jede Tatze hat fünf Finger oder Zehen mit scharfen Krallen. Mit den Vorderbeinen holen die Bären ihre Nahrung. Sie können mit einem Prankenschlag ein großes Tier töten. Sie graben mit ihren Krallen im Boden oder öffnen Insektennester.

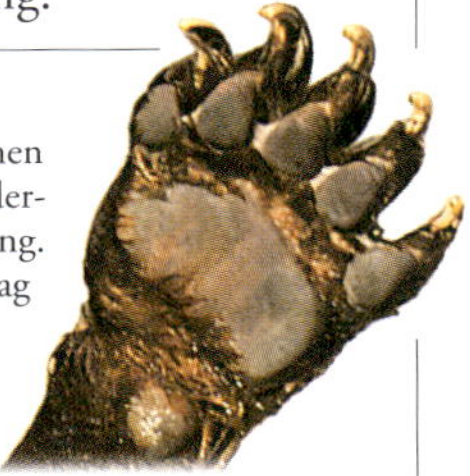

Silberbär
Die meisten Schwarzbären sind schwarz. Auf Inseln vor der Küste von Britisch-Kolumbien, Kanada, lebt aber eine kleine Population von hellgefärbten Schwarzbären. Wir bezeichnen sie als Silberbären.

Eisbär Der Eisbär lebt an der Küste der Arktis und ernährt sich ausschließlich von Fleisch, vor allem von Robben und Fischen.

Die Zeichnung auf der Brust hat dem Kragenbär den Namen eingetragen.

Kragenbär Der geschickte Kletterer lebt in den Wäldern Südostasiens, von Afghanistan bis nach China und Japan.

Schwarzbär Der nordamerikanische Baribal durchstöbert Zelte, Autos und Mülleimer nach Eßbarem.

GRISLI

WISSENSCHAFTLICHER NAME Ursus arctos horribilis

ORDNUNG Carnivora, Raubtiere

FAMILIE Ursidae, Großbären

VERBREITUNG Nordwestliches Nordamerika

LEBENSRAUM Gebirgige Wälder

ERNÄHRUNG Der Grislibär ist ein Allesfresser und nimmt Beeren, Blätter, Wurzeln, Kleinsäuger, Fische und Aas

GRÖSSE Länge: 1,80–2,80 m Gewicht: 160–230 kg

LEBENSDAUER 25–30 Jahre

SIEHE AUCH UNTER | **ASIEN, TIERWELT** | **NORDAMERIKA, TIERWELT** | **PANDABÄREN** | **POLARGEBIETE, TIERWELT** | **WINTERSCHLAF**

BÄUME

Seit über 210 Millionen Jahren gibt es Bäume auf der Erde. Die ersten Bäume waren riesenhafte, verholzte Sporenpflanzen und die Vorfahren der heutigen Farne und Bärlappe. Heute gibt es Bäume nur unter den Blütenpflanzen. Sie unterscheiden sich von den Sträuchern durch ihren unverzweigten Stamm. Laub- und Nadelbäume spielen eine wichtige Rolle im Ökosystem: Sie produzieren Sauerstoff, befestigen den Boden, liefern den Tieren vielfältige Nahrung und dem Menschen Holz. Manche Bäume erreichen ein hohes Alter: 200 Jahre sind keine Seltenheit, die Borstenkiefer kann 4 000 Jahre alt werden.

Wie Bäume wachsen

Jedes Jahr wird die Baumkrone ein bisschen größer und breiter. Die Zweige wachsen an der Spitze und werden etwas länger. Wenn sich die Zellen des Kambiums teilen, werden der Stamm und die Äste dicker. Dies bezeichnen wir als sekundäres Dickenwachstum. Dabei entsteht jeweils ein Jahresring.

Stamm
Der Stamm besteht zur Hauptsache aus zähem, dauerhaftem Holz. Das Holz ist gleichzeitig so elastisch, dass die Krone im Wind schwanken kann, ohne dass dabei Risse auftreten.

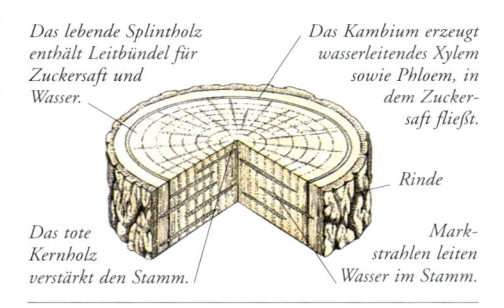

Das lebende Splintholz enthält Leitbündel für Zuckersaft und Wasser.

Das Kambium erzeugt wasserleitendes Xylem sowie Phloem, in dem Zuckersaft fließt.

Das tote Kernholz verstärkt den Stamm.

Rinde

Markstrahlen leiten Wasser im Stamm.

Rinde
Die verkorkte Rinde oder Borke schließt den Stamm und Äste gegen außen ab. Sie schützt das lebende Kambium und das Phloem vor Temperaturextremen und hält auch schädliche Insekten und Pilze fern. Wenn die Rinde stark und großflächig verletzt ist, stirbt der Baum rasch ab.

Pappelrinde Im Alter zeigen sich Längsfurchen.

Birkenrinde Bei dieser Art blättert die Rinde grob ab.

Birkenrinde Bei dieser Art bilden sich feine Streifen.

Baumanatomie

Ein Baum besteht aus dem Stamm, der die Krone mit Ästen und Zweigen trägt, und einer Wurzel, die in den Boden reicht und Wasser sowie darin gelöste Mineralsalze aufnimmt. Wasser zieht von den Wurzeln zur Krone, umgekehrt fließt Zuckerlösung von den Blättern zu den Wurzeln. Die Äste tragen außer Blättern Blüten, Früchte oder Zapfen.

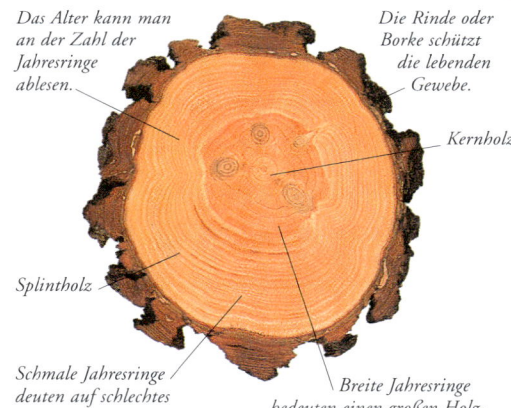

Das Alter kann man an der Zahl der Jahresringe ablesen.

Die Rinde oder Borke schützt die lebenden Gewebe.

Kernholz

Splintholz

Schmale Jahresringe deuten auf schlechtes Wetter in dem betreffenden Jahr hin.

Breite Jahresringe bedeuten einen großen Holzzuwachs bei gutem Wetter.

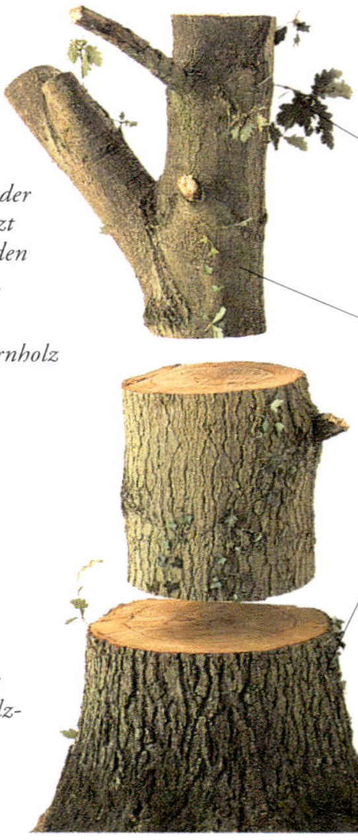

Baumrekorde
Der höchste lebende Nadelbaum ist ein Mammutbaum oder Redwood in Nordamerika (111 m). Der höchste Laubbaum ist ein australischer Eukalyptus, dessen Krone in 113 m Höhe liegt. Die Bäume mit dem dicksten Stamm sind die afrikanischen Affenbrotbäume oder Baobabs, die einen Stammesumfang von über 40 m erreichen.

Baumkrone

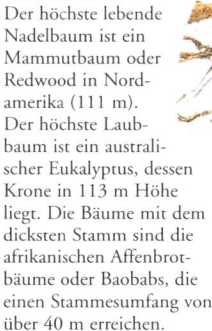

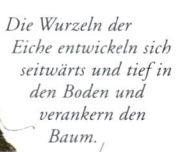

Jedes Frühjahr öffnen sich die Knospen der Blätter und Blüten.

Während des Wachstums sterben viele Zweige ab. Nur wenige entwickeln sich zu dicken Ästen.

In größerer Höhe ist die Rinde oft glatt und heller gefärbt.

Die Rinde ist nahe der Stammbasis dunkler, dicker und meist auch rissiger.

Die Wurzeln der Eiche entwickeln sich seitwärts und tief in den Boden und verankern den Baum.

Profil einer Eiche

Nadelbäume

Alle Nadelhölzer oder Koniferen wachsen baum- oder strauchförmig. Fast alle sind immergrün. Die Nadelhölzer zählen zu den nacktsamigen Pflanzen, weil deren Samen nicht von einer Frucht umschlossen sind. Sie entwickeln sich zwischen verholzten Schuppen von Zapfen oder sind von einer fleischigen Schuppe umhüllt.

Kiefern
Es gibt rund 80 Kiefernarten. Mit Ausnahme einer einzigen wachsen sie alle auf der Nordhalbkugel. Die Nadeln stehen in Büscheln und werden bei asiatischen Arten bis zu 30 cm lang. In Mitteleuropa gedeiht vor allem die Waldkiefer oder Föhre und die Zirbelkiefer.

Kiefer

Zapfen
Die weiblichen Zapfen sind verholzt, manche extrem hart und mit scharfen Schuppen. Die männlichen Zapfen bleiben klein und liefern Pollen, der vom Wind verbreitet wird. Man spricht von Windbestäubung.

Die Zapfen öffnen sich bei trockenwarmen Wetter und geben die Samen frei.

Nadeln
Kiefern haben in der Regel lange, schmale, nadelförmige Blätter. Die Nadeln bleiben mindestens 2 Jahre auf dem Baum. Gewöhnlich stehen sie zu zweit, zu dritt oder zu fünft an jedem Knoten.

Nadelbäume im Winter
Koniferen werfen ihre Nadeln im Winter nicht ab. Eine dicke Schicht aus Wachs schützt die Nadeln. Die Zweige geben unter der Last des Schnees nach, sodass dieser auf den Boden fällt. Nur bei Eisregen kommt es zu Astbruch.

Harz
Die Blätter, Stämme und Wurzeln der Kiefer sondern bei Verletzungen klebriges Harz ab. Es verschließt die Wunde und hält schädliche Insekten und Pilze ab. Dieses Harz wird teilweise gewonnen. Man stellt daraus Terpentin her.

Zapfenformen
Zapfen sind rund, oval oder zylindrisch. Die Größe reicht von 1 cm bei einigen Zypressen bis 60 cm bei der Zuckerkiefer. Eine nordamerikanische Kiefer hat über 2 kg schwere Zapfen; sie heißen sinnigerweise „Witwenmacher".

Fichte

Douglastanne *Mammutbaum*

Baumformen
Jeder Baum hat seine typische Form. Laubbäume haben meist eine breite Krone. Nadelhölzer sind langgestreckt und pyramidenförmig. Palmen tragen einen Schopf großer gefiederter Blätter.

Laubbaum *Nadelbaum* *Palme*

Laubbäume

Die Laubbäume umfassen über 10 000 verschiedene Arten. Ihre Blätter sind breit, dünn und flach und stehen an den Zweigen der Krone. Die meisten Laubbäume in kühlen und gemäßigten Gebieten werfen ihr Laub im Herbst ab. Wir nennen sie sommergrün.

Blätter
Laubblätter haben eine große Oberfläche für die Photosynthese. Vom Wind und von Insekten können sie aber auch leicht beschädigt werden. Um Insekten abzuschrecken, enthalten z. B. die Blätter der Eiche unangenehme bittere Gerbstoffe, die Tannine.

Blätter stehen büschelig am Ende der Zweige.

Eicheln
Die Frucht der Eiche heißt Eichel. In guten Jahren bringt eine Eiche tausende von Eicheln hervor, und die Tiere haben in solchen Mastjahren in Hülle und Fülle zu fressen. Nur wenige Eicheln keimen aus und werden zu einem Baum.

Jede Eichel sitzt in einem Becher.

Eichen
Die Eichen sind typische Laubbäume. Die Botaniker unterscheiden ungefähr 800 Arten. Eichenholz ist sehr hart und dauerhaft. Gut gewachsene Eichenstämme werden heute teuer bezahlt. Man stellt daraus Furniere her.

Eiche

Knospen
In jeder Knospe liegen eng eingefaltet junge Blätter. Zähe Knospenschuppen schützen die zarten Blätter und fallen im Frühjahr von der Knospe ab.

Palmen
Die meisten Palmen wachsen in tropischen oder subtropischen Gebieten. Viele haben einen hohen verholzten Stamm ohne Zweige oder Blätter. Die Palmwedel stehen fächerartig an der Stammspitze.

Sagopalme
Die korkartige Frucht trägt Schuppen. Das Mark des Stammes liefert stärkehaltiges Sago.

Wie Bäume ihre Blätter verlieren

1. Chlorophyll im Blatt wird abgebaut. Stamm und Äste speichern Mineralsalze.
2. Abfallstoffe gelangen in das absterbende Blatt. Der Laubfall sorgt so für die Ausscheidung.
3. Die chemischen Veränderungen bewirken, dass sich das Herbstlaub prächtig rot und gelb verfärbt.
4. Bevor das Blatt abgeworfen wird, bildet sich eine Korkschicht an der Stielbasis. Danach bleibt eine Narbe zurück.

Knospe *Blattnarbe*

SIEHE AUCH UNTER | FRÜCHTE UND SAMEN | MÖBEL | NUTZPFLANZEN | PFLANZEN | PFLANZEN, ANATOMIE | PHOTOSYNTHESE | REGENWALD, TIERWELT | WÄLDER | WÄLDER, TIERWELT

Bäume, Blätter, Früchte

Nadelbäume

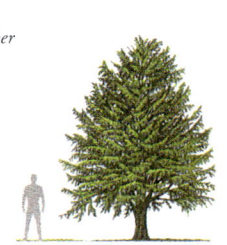

Männlicher Zapfen

Flache, spiralig angeordnete Nadelblätter

Zapfen aus 6 überlappenden Schuppen

Blätter schuppenartig

Araukarie Die Bäume wachsen in den Anden und bei uns in Gärten. Sie haben steife, scharfe, dreieckige Nadeln.

Steineibe Der Baum aus den Tropen ist mit unserer Eibe nicht verwandt. Die Samen liegen in fleischigen Schuppen.

Flusszeder Schmaler hoher Baum der Rocky Mountains und Kaliforniens. Das Holz duftet angenehm nach Pfeffer.

Eiförmige, aufrechte Zapfen

Riesentanne Bis zu 50 m hoher Baum. Er wächst an der feuchten Pazifikküste Kanadas und Nordkaliforniens.

Pinie Nadelbaum des Mittelmeerraums mit Schirmkrone. Die Zapfen enthalten essbare Samen, die Pinienkerne.

Lärche Die 9 Lärchenarten werfen ihre Blätter im Herbst ab. Sie liefern sehr widerstandsfähiges Bauholz.

Laubbäume

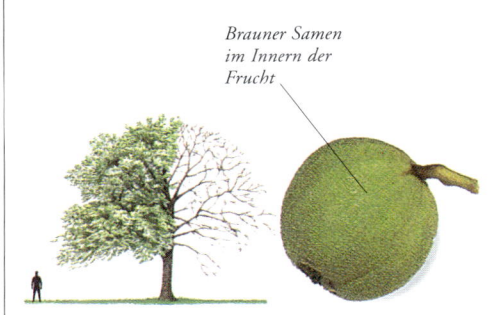

Brauner Samen im Innern der Frucht

Blätter mit bis zu 10 paarigen Adern

Stachelige Fruchthülle

Walnuss Der Walnussbaum liefert große essbare Samen und eine der höchst geschätzten Holzsorten der Welt.

Birke Die meisten Birkenarten haben eine weiße Rinde, die sich in Streifen ablöst. Die Blüten stehen in Kätzchen.

Buche Die Buche liefert geschätztes hartes Holz. Ihr dichtes Kronendach spendet im Sommer viel Schatten.

Eichel, in einem Becher sitzend

Unpaarig gefiedertes Blatt

Blätter verfärben sich im Herbst gelb oder rot.

Scharlacheiche Die breiten Blätter dieser nordamerikanischen Art verfärben sich wie ihre Eicheln im Herbst scharlachrot.

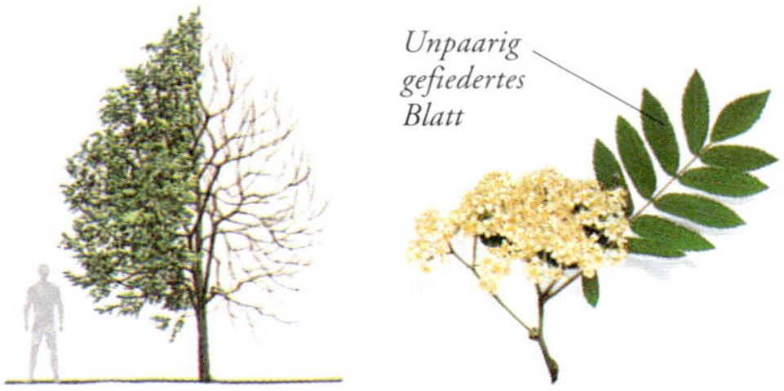

Vogelbeere Die Vogelbeere oder Eberesche hat als Früchte leuchtendrote Beeren, um die Vögel anzulocken.

Zuckerahorn Aus dem Saft dieses nordamerikanischen Ahorns gewinnt man durch Einkochen süßen Ahornsirup.

Eukalyptus In Australien leben über 400 Arten des Eukalyptusbaums. Einige haben aromatisch riechende Früchte.

Trompetenbaum Er wächst an feuchten Stellen im Südosten der USA. Bei uns findet man ihn oft als Zierbaum.

Silberpappel Man erkennt diese Art an der weißfilzigen Unterseite der Blätter, die im Wind silbern erscheinen.

BAUTECHNIK

DAS ERSTE BAUWERK früher Menschen war wohl nur ein Windschirm. Schon bald folgten Hütten und Häuser aus Ästen, Holz, Lehm und Steinen. Heute kennt man ganz andere Baustoffe, etwa Beton, Stahl, Aluminium, Glas und Kunststoffe. Man baut Straßen, Brücken, Dämme und Tunnels. Sie zählen zum Tiefbau. Wohnhäuser, Schulen, Theater, Krankenhäuser, Supermärkte und Fabriken gehören zum Hochbau, weil sie über der Erde errichtet werden. Bei der Planung und beim Bau wirken viele Berufe zusammen.

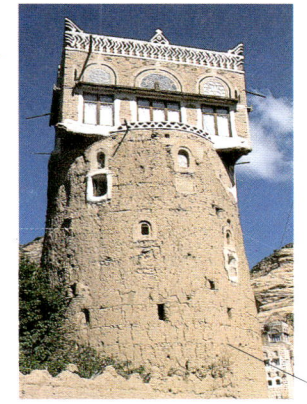

Frühe Bauwerke
Schon in frühester Zeit hatten die Menschen das Bedürfnis, sich eine Unterkunft zu schaffen, um gegen das Wetter, gegen Wildtiere und Feinde geschützt zu sein. Die ersten Bauwerke waren einfach, hatten nur vier Wände und ein Dach und bestanden aus Holz und Steinen oder Lehm mit trockenen Gräsern dazwischen. Die ersten großen Steinbauten waren Tempel zur Verehrung von Gottheiten und Paläste für Fürsten und Könige. Vor ungefähr 6 000 Jahren entdeckten die Menschen, wie man Ziegel brennt. Mit den Backsteinen konnten sie höhere Gebäude errichten.

Altes Turmhaus, Sana, Jemen

Wände aus Lehm und sonnengetrockneten Ziegeln

Struktur eines Gebäudes

Gebäude haben einige Merkmale gemeinsam, z B. vier Wände, ein Dach und vielleicht Stockwerke mit Böden. Große moderne Bauten wie dieser Flughafenterminal bestehen aus einem tragenden Skelett. Es reicht tief in den Boden und ruht auf einem festen Fundament. Das Gebäude enthält zahlreiche Betriebseinrichtungen wie Strom- und Wasseranschlüsse, Treppen, Rolltreppen und Aufzüge zu den Stockwerken. Über Notausgänge und Feuertreppen können die Menschen das Gebäude notfalls schnell verlassen.

Dach
Zum Dachdecken verwendet man Ziegel, Schieferplatten, Schindeln, aber auch Glas, Metalle oder Kunststoffe. In Regengebieten sind die Dächer steil, damit das Wasser abläuft. In den Alpen hat man halbsteile Dächer, damit der Schnee abgleitet. In trockenen Gebieten baut man Flachdächer. Bei uns haben die Häuser oft noch einen hölzernen Dachstuhl aus schrägen Sparren und waagrechten Pfetten.

Dachträger | *Stahlstäbe* | **Dachkonstruktion**

Kansai Airport, Japan

Glaswände lassen viel Licht einfallen.

Dachverkleidung aus Stahlblech

Die Böden ruhen auf Säulen, die das Skelett bilden.

Fundament
Das Fundament muss das ungeheure Gewicht des Gebäudes tragen und gleichmäßig verteilen. Es verhindert, dass das Gebäude im Boden einsinkt. Auf hartem Gestein besteht das Fundament aus Pfählen. Auf weichem Grund gießt man eine mit Stahlstäben bewehrte Fundamentplatte aus, auf der das Skelett des Gebäudes ruht.

Skelettbau
Das Skelett eines Gebäudes bildet eine Art Rahmen, an dem Wände, Böden und Dach befestigt sind. Die tragenden Pfeiler aus Holz, Stahl oder Stahlbeton sind durch Balken aus denselben Baustoffen verbunden.

Fundamente bis tief in den Boden

Betriebsanlagen im untersten Geschoss

Wände und Böden
Bei einem gewöhnlichen Haus sind die Wände stark genug, um die Böden, die Decken und den Dachstuhl zu tragen. Bei größeren Gebäuden übernimmt ein Skelett diese Aufgabe. Die Wände werden am Skelett aufgehängt. Die Böden in modernen Gebäuden bestehen meist aus vorgefertigten Stahlbetonelementen.

Berufe am Bau

Für den Bau eines Hauses ist in der Regel ein Architekt zuständig. Er entwirft Pläne, wie das Haus aussehen soll, stellt die Berechnungen für die Statik des Hauses an und überwacht die Bauarbeiten. Bei Großbauten und beim Tiefbau sind die statischen Berechnungen oft recht kompliziert. Diese Aufgabe, bei der es weniger auf die Gestaltung ankommt, übernehmen Bauingenieure oder Statiker.

Bauingenieur an einer Großbaustelle

Vermessungsingenieur
Genauigkeit beim Bau ist äußerst wichtig. Bei schwierigen Bauten wie Hochhäusern, Brücken, Straßen oder Tunnels können kleine Irrtümer im Entwurf katastrophale Folgen haben. Deshalb überprüfen Vermessungsingenieure das Bauvorhaben in jeder Bauphase. Für genaue Messungen von Höhen, Winkeln und Entfernungen verwenden die Vermesser Theodoliten.

Schutzhelm

Theodoliten messen Winkel und Strecken. Moderne Theodoliten funktionieren mit Laser und Computer.

Vermessungsingenieur mit Theodolit

Auf dem Bauplatz

Bis ein Gebäude steht, vergeht oft lange Zeit. Die Bauarbeiten müssen sehr gut aufeinander abgestimmt werden. Baumaschinen und Baustoffe müssen zur richtigen Zeit am Bauplatz eintreffen. Wenn sie zu früh kommen, behindern sie die laufenden Arbeiten. Das Baubüro kümmert sich um den Arbeitsablauf.

Aushub
Zunächst muss der Bauplatz hergerichtet werden. Alte Häuser werden abgerissen, Bäume gefällt und ausgegraben. Für das Fundament und die Tiefgeschosse hebt man den Baugrund aus.

Fundament
In der nächsten Bauphase entsteht das Fundament. Man bohrt Löcher für Pfeiler in den Untergrund oder gießt die Baugrube mit Beton aus und bildet so eine Platte für das Gebäude.

Bau des Skeletts
Auf dem Fundament ruht das Skelett des Gebäudes. Es besteht aus Stahlträgern, die man mit Nieten oder Schrauben verbindet, oder aus Stahlbetonpfeilern mit einer Armierung aus Stahlstäben. Darum baut man eine Verschalung aus Brettern und gießt den Hohlraum mit flüssigem Beton aus.

Bezugsfertiges Gebäude

Fertigstellung
Ist das Skelett fertig, so befestigt man daran die Böden, die Wände und das Dach. In jedem Stockwerk werden Anschlüsse für Strom und Telekommunikation, Wasser und Klimaanlage eingerichtet. Am Ende fügt man die Fenster ein. Dann folgt der Innenausbau.

Bauarbeiten

Für viele Arbeiten am Bau verwendet man heute Maschinen. Mit Baumaschinen besorgt man z. B. den Aushub. Starke Pumpen befördern flüssigen Beton in die Verschalungen. Trotzdem arbeiten noch viele Handwerker am Bau. Ein klassischer Beruf ist der des Maurers, der z. B. Wände und Treppen baut.

Lot
Kelle
Eisenwinkel
Wasserwaage

Maurerwerkzeug
Bauarbeiter brauchen spezielles Handwerkszeug. Der Maurer gießt mit der Kelle Mörtel zwischen die Ziegel. Mit einem Lot überprüft er, ob die Wand auch senkrecht steht. Mit der Wasserwaage stellt er fest, ob die Backsteine auch genau waagerecht liegen.

Baumaschinen
Leistungsstarke Maschinen wie Kräne und Betonmischer erledigen in wenigen Minuten Arbeiten, für die früher Handwerker viele Stunden oder Tage brauchten. Auf Baustellen sieht man vor allem Bagger, Bulldozer und Pfahlrammen.

Radlader mit Löffelbagger
Löffel zum Graben
Hydraulische Seitenstützen
Schaufel zum Aufnehmen von Erde

Baustoffe

Die wichtigsten Baumaterialien sind heute Stahl, Beton und gebrannte Ziegel oder Backsteine. Andere Baustoffe dienen eher dem Schmuck, etwa Glas und Keramik. Früher baute man vor allem mit Holz und Steinen. Stellenweise haben sich diese Baustoffe bis heute gehalten.

Baustoffe
Stahlstäbe für die Armierung von Stahlbeton
Bretter für die Verschalung
Stahlträger

Beton und Stahl
Die meisten Gebäude werden heute mit Beton und Stahl oder einem Verbund aus beiden Werkstoffen errichtet. Beton ist eine Mischung aus Zement, Wasser und Zuschlagstoffen wie Sand. Der zähflüssige Beton erhärtet nach einigen Stunden und wird fest wie Stein. Durch eingezogene Stahlstäbe erhält man armierten Stahlbeton.

Betonarten

Holz
Holz wird auch für Großbauten eingesetzt. Man verleimt Holzschichten zu Trägern, mit denen man Hallen überspannen kann.

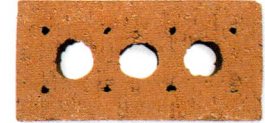

Backstein
Backsteine oder Ziegel werden bei hohen Temperaturen aus Lehm gebrannt. Man vermauert sie mit Mörtel.

Örtliche Baustoffe
Früher baute man Häuser aus den Baustoffen, die örtlich zur Verfügung standen. Das waren Schlamm und Stroh, Steine, Holz, Lehm und sogar Tierdung. Solche Baustoffe erfüllen ihren Zweck genauso gut wie Backsteine und Beton, die heute in Entwicklungsländer importiert werden und deshalb dort sehr teuer sind.

Schmuckleisten aus Holz
Nebeneinander gelegte Bündel aus Schilf
Reet
Metallstäbe als Halt
Schilf oder Stroh
Schnitt durch ein Reetdach

Arbeiten am Bau
Am Rohbau arbeiten viele verschiedene Handwerker zusammen, z. B. Maurer, Schweißer, Zimmerleute, Elektriker, Gipser und Installateure. Alle müssen aus Sicherheitsgründen auf dem Bau einen Helm, verstärkte Schuhe und meist auch eine Schutzbrille tragen. Am Innenausbau sind vor allem Schreiner und Maler beteiligt.

Der Schweißer trägt Visier und Handschuhe.

SIEHE AUCH UNTER | ARCHITEKTUR | BRÜCKEN | EISEN UND STAHL | KIRCHEN UND KATHEDRALEN | STRASSEN | TALSPERREN | TUNNELS | WOHNHÄUSER

BEATLES

JOHN LENNON SPIELTE die Rhythmusgitarre, George Harrison die Leadgitarre, Paul McCartney die Bassgitarre und Ringo Starr das Schlagzeug. Zusammen waren sie die Beatles – die berühmteste und erfolgreichste Gruppe in der Geschichte der Rockmusik. Ihre Songs beherrschten die Musikszene der 60er Jahre, als man noch glaubte, mit Musik die Welt verändern zu können. Dank der genialen Songschreiber Lennon und McCartney hat die Musik der Beatles bis heute nichts an ihrer Wirkung verloren.

Kindheit und Jugend
Die vier Beatles stammten alle aus Liverpool und spielten Ende der 50er Jahre in verschiedenen Rock-and-Roll-Gruppen. Von 1960 bis 1961 spielten John, George, Paul und der Schlagzeuger Pete Best im Star Club in Hamburg. Sie sammelten dort viele Erfahrungen bei Live-Auftritten. Zurück in England spielten die Beatles regelmäßig im Liverpooler Cavern Club. 1962 tauschte ihr Manager Brian Epstein (1934–67) Pete Best gegen Ringo Starr aus.

Live-Konzerte
Die Beatles spielten zuerst live in den Clubs in und um Liverpool, England. Ihre Live-Konzerte standen in krassem Gegensatz zu den soliden Darbietungen, mit denen sie die Musikszene ihrer Zeit beherrschten. Der Ruf der Beatles gründete sich vor allem auf John Lennon and Paul McCartney als Songschreiber. Beide schrieben zuerst traditionelle Rock-and-Roll-Songs über Freundschaft und Liebe. Mit ihrer weiteren Entwicklung änderten sich auch die Inhalte ihrer Songs.

Beatles-Konzert in einem Footballstadion in den USA

Beatlemania
Der Song *I Want To Hold Your Hand* erreichte 1964 die Spitze der American Charts. Damals entstand ein neuer Begriff – „Beatlemania", die Beatlemanie – als tausende kreischender Fans die Musiker belagerten. Die Beatles waren innerhalb weniger Monate die bedeutendste Band der Welt.

Plattenaufnahmen
1966 stellten die Beatles die Live-Konzerte ein und verbrachten mehr Zeit in den Plattenstudios. Sie experimentierten dort mit verschiedenen Instrumenten, z. B. der Sitar sowie mit Streichorchestern. Außerdem probierten sie neue Aufnametechniken aus. Die Aufnahme ihres besten Stückes, *Sgt. Pepper's Lonely Hearts Club Band*, nahm mehrere Monate in Anspruch.

Souvenirs
Die Beatles waren eine der ersten Bands, die auf einer Unmenge von Souvenirs und Erinnerungsstücken verewigt wurden. Man sah ihre Konterfeis auf allem Möglichen, auf Bechern, und T-shirts, Buttons, Stickern, Postern… Die Fans kauften alles, was an die vier Musiker erinnerte.

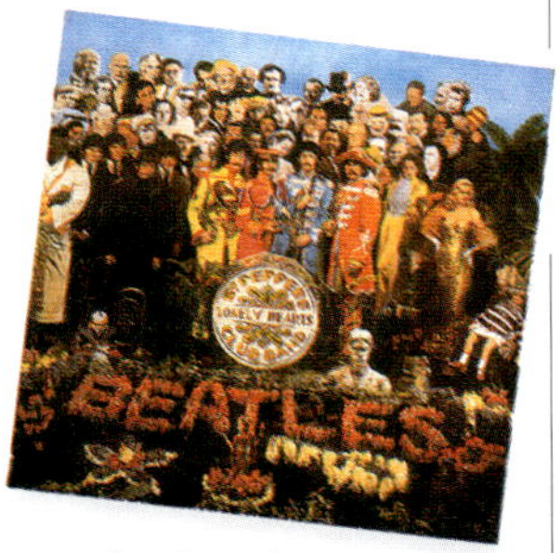

Teller mit Porträts der Beatles

Spielzeuggitarre mit den „Pilzköpfen"

Please Please Me

Sgt. Pepper's

Die letzten Alben
Um 1969 fiel die Gruppe auseinander, nachdem die Diskussionen über die Richtung ihrer Musik unter den Vieren zugenommen hatten. Ihre letzten Plattenalben waren *Abbey Road* (1969) und *Let It Be*, das zwar erst 1970 herauskam, aber bereits vor *Abbey Road* aufgenommen worden war. Im gleichen Jahr trennten sich die Beatles und begannen ihre Solokarrieren.

Die Beatles bei Aufnahmen für Let It Be, 1970

George Martin
Der britische Produzent George Martin (geb. 1926) brachte fast alle Platten der Beatles heraus, nachdem er 1962 bei EMI ihr erstes Probeband gehört hatte. Martin produzierte sowohl klassische als auch Unterhaltungsmusik. Er unterstützte die Beatles darin, die Studiotechnik optimal zu nutzen. Durch den Einsatz zahlreicher verschiedener Instrumente bei ihren Aufnahmen konnten sie viele ihrer musikalischen Einfälle umsetzen.

BEATLES

1940	Geburtsjahr von John Lennon und Richard Starkey (Ringo Starr)
1942	Geburtsjahr Paul McCartneys
1943	Geburtsjahr George Harrisons
1957	John und Paul bilden die erste Musikgruppe, The Quarrymen.
1962	Erste Platte mit EMI; Ringo Starr sitzt am Schlagzeug.
1967	*Sgt. Pepper's Lonely Hearts Club Band* kommt heraus.
1970	Beatles gehen auseinander.
1980	John Lennon wird in New York erschossen.
1988	Aufnahme in die Rock And Roll Hall Of Fame.
1997	Paul McCartney wird geadelt.
2001	George Harrison stirbt an Hirntumor.

SIEHE AUCH UNTER MUSIK · ROCK UND POP

BEETHOVEN, LUDWIG VAN

DIE ZEIT DER FRANZÖSISCHEN REVOLUTION, großer Kriege und Umwälzungen begleitete das Leben Ludwig van Beethovens. Er wurde 1770 in Bonn geboren und starb 1827 in Wien. Trotz eines tragischen Schicksals – Beethoven war in der zweiten Hälfte seines Lebens nahezu taub – sowie familiärer und persönlicher Schwierigkeiten wurde er der bedeutendste Komponist seiner Zeit. Seine Sinfonien, Kammermusiken und Sonaten erweiterten die klassische Musik. Er führte neue Elemente der Romantik in die Musik ein. Beethoven schrieb keine Auftragsmusik, sondern war ein unabhängiger Komponist, der seine eigenen Gefühle zum Ausdruck brachte.

Beethovens Geburtshaus

Kindheit und Jugend
Beethoven hatte keine glückliche Kindheit. Mit 11 Jahren musste er die Schule verlassen. Sein Vater, ein Tenorsänger, plante für das musikalische Wunderkind eine Karriere wie die Mozarts. 1787 starb seine Mutter, und der Vater verfiel der Trunksucht. Der junge Ludwig musste für ihn und seine jüngeren Geschwister sorgen.

Wien
Beethoven ging als 22-jähriger nach Wien, um bei Haydn Komposition zu studieren. Die beiden verstanden sich nicht. Schon bald machte sich Beethoven als Pianist und Musiklehrer selbstständig, anfänglich noch vom Adel unterstützt. Seine fortschreitende Taubheit ließ ihn seit 1800 in Depressionen verfallen. Er wurde menschenscheu. Trost fand er in seinen Kompositionen, die seine Verzweiflung aber auch seine Hoffnung ausdrücken.

Konzertpianist
Bevor er sein Gehör verlor, gab Beethoven Konzerte und unterrichtete Schüler. Er war ein ausgezeichneter Pianist und sein gefühlvolles Spiel rührte das Publikum zu Tränen. Viele seiner Klavierkompositionen, besonders die Sonaten und Klavierkonzerte, zählen zum Besten, was für dieses Musikinstrument je komponiert wurde.

Taubheit
Mit Ende zwanzig wurde Beethoven schwerhörig, 1820 war er schließlich nahezu taub. Da er sein Spiel nicht mehr hören konnte, verdiente er seinen Lebensunterhalt zunehmend mit eigenen Kompositionen.

Beethovens Broadwood-Flügel

Hörrohre

Notenbücher
Wenn wir Beethovens Notenbücher und Manuskripte anschauen, bekommen wir einen Eindruck von seiner Arbeitsweise. Er schrieb seine Kompositionen rasch und ungestüm. Oft strich er Zeilen aus und schrieb ganze Partien neu. Er änderte, bis er zufrieden war.

Sinfonien
Die Sinfonien vor Beethoven waren Orchesterwerke, die einem bestimmten Muster folgten. Mit seinen 9 Sinfonien schuf Beethoven neue Musikformen, die stark von Gefühlen geprägt waren. Von der 3. Sinfonie, der *Eroica*, an wurden die Werke immer kühner. Er fügte neue Instrumente, Gesangsstimmen und sogar Chöre ein.

Komposition der *Pastorale* in Handschrift

Pastorale
Diese 6. Sinfonie ist ungewöhnlich. Sie beschreibt die Landschaft um Wien. Hier ging Beethoven gern spazieren. Die Musik gibt Klänge der Natur wieder, die Vogelstimmen und die Gewalt eines Gewitters.

Eroica
Beethoven widmete diese 3. Sinfonie ursprünglich Napoleon. Als dieser sich selbst zum Kaiser machte, war er so entrüstet, dass er die Widmung ausradierte. Den Titel *Eroica* behielt er jedoch bei.

Kammermusik
Viele Werke Beethovens sind Streichquartette. Solche Kammermusik wurde in privaten Kreisen gespielt. Beethoven entdeckte in dieser Musikform ein ideales Mittel, um seine musikalischen Ideen zu verbreiten.

LUDWIG VAN BEETHOVEN

1770	geboren in Bonn am Rhein
1792	Übersiedlung nach Wien, Studium bei Joseph Haydn
1796	Beginn der Schwerhörigkeit
1802	Im „Heiligenstädter Testament" berichtet er seinen Brüdern von seiner Niedergeschlagenheit wegen seiner Taubheit
1803	3. Sinfonie, *Eroica*
1808	6. Sinfonie, *Pastorale*
1809	Klavierkonzert Nr. 5 Es-Dur
1824	9. Sinfonie, mit Schlusschor „An die Freude"
1827	Tod in Wien; 10 000 Menschen folgen seinem Begräbnis

SIEHE AUCH UNTER MOZART, WOLFGANG AMADEUS · MUSIK · MUSIKINSTRUMENTE · NAPOLEON BONAPARTE · ORCHESTER

BELGIEN

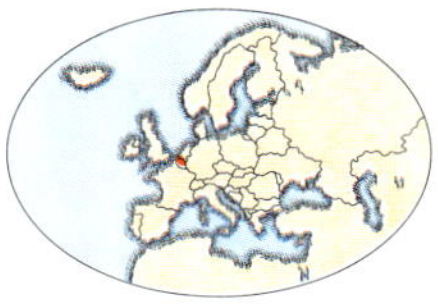

DAS KLEINE DICHT BESIEDELTE Land grenzt an Frankreich, Luxemburg, Deutschland und die Niederlande. Die heutigen Grenzen wurden 1919 geschaffen. Belgien ist ein hoch entwickeltes Industrieland mit einer blühenden Wirtschaft. Als Gründungsmitglied der EU spielt es seit 1957 eine wichtige Rolle und seine Hauptstadt Brüssel ist ein Zentrum des neuen Europa. Zusammen mit den Niederlanden und Luxemburg bildet Belgien die Allianz der Beneluxstaaten.

BELGIEN: DATEN
- HAUPTSTADT Brüssel (Bruxelles)
- FLÄCHE 30 528 km²
- EINWOHNER 10 260 000
- SPRACHE Niederländ., Franz., Deutsch
- RELIGION Christentum
- WÄHRUNG Euro
- LEBENSERWARTUNG 78 Jahre
- EINWOHNER PRO ARZT 298
- REGIERUNG Mehrparteiendemokratie
- ANALPHABETEN Unter 1 %

Geografie
Flandern, der Norden Belgiens, ist eine flache Ebene. Der zentrale Teil wird im Süden von den Flüssen Sambre und Maas begrenzt. Die Hochfläche der Ardennen erstreckt sich bis nach Luxemburg und Frankreich hinein.

Ardennen
Die Hochfläche der Ardennen bedeckt 10 000 km² in Südbelgien, Luxemburg und Nordfrankreich. Sie wird von tiefen Flusstälern durchzogen, etwa des Semois und der Maas. In den Ardennen liegen felsige Waldgebiete und spektakuläre Kalkhöhlen.

Der Fluss Meuse
Die Meuse, auf deutsch Maas, ist 925 km lang. Sie entspringt in Frankreich und mündet in Holland in die Nordsee. Die Maas ist eine der wichtigsten Schifffahrtsstraßen in Europa.

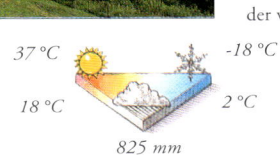

Klima
Belgien hat in der Regel ein mildes Klima. Der Himmel ist oft bedeckt und es regnet viel, vor allem in den Ardennen. Hier fällt auch ziemlich viel Schnee. Die Sommer sind eher kurz.

37 °C / -18 °C
18 °C / 2 °C
825 mm

Landnutzung
Die Landwirtschaft baut Getreide, Früchte, Gemüse, Kartoffeln und Zuckerrüben an. Es werden vor allem Rinder, Pferde und Schafe gehalten. Das Land hat nur wenig Rohstoffe und gewinnt fast 60 % seines Stroms aus Kernkraft.

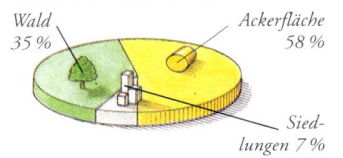

Wald 35 %
Ackerfläche 58 %
Siedlungen 7 %

Bevölkerung
Im Süden Belgiens leben die Wallonen, die Französisch sprechen. Im Norden herrscht das Flämische vor, ein niederländischer Dialekt. Im Osten sprechen einige Deutsch.

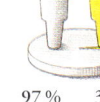

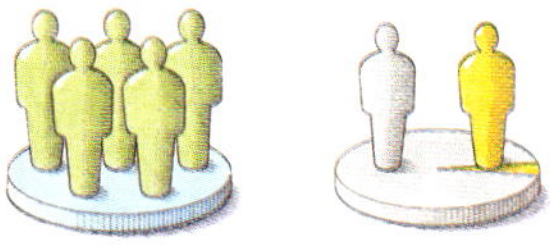

336 pro km²
97 % Stadt 3 % Land

Brüssel
Mit ungefähr 1 Mio. Einwohnern ist die Hauptstadt Brüssel das politische und wirtschaftliche Zentrum des Landes. Hier haben auch Behörden der Europäischen Union und der NATO ihren Sitz. Der Marktplatz gehört seit 1998 zum Weltkulturerbe.

Gotische Häuser am Marktplatz, Brüssel

Industrie
Belgien hat eine hoch entwickelte Dienstleistungsindustrie, vor allem Banken und Versicherungen. Früher gab es blühende Kohlenbergwerke und eine Stahlindustrie an der Maas und der Sambre. Sie sind heute weitgehend durch neue Industrien ersetzt, die z. B. Medikamente, Elektrogeräte und Textilien produzieren. Belgien ist der drittgrößte Exporteur von Schokolade und zählt zu den größten Bierproduzenten Europas.

Belgische Schokolade

Luxemburg
Zwischen Belgien, Deutschland und Frankreich liegt das kleine Luxemburg. Es hat den höchsten Lebensstandard in Europa und ist ein internationales Finanzzentrum.

Europazentrum
Luxemburg ist eines der wichtigsten Mitglieder der EU. Hier haben unter anderem das Sekretariat des Europäischen Parlaments, der Europäische Gerichtshof und der Europäische Rechnungshof ihren Sitz.

LUXEMBURG: DATEN
- HAUPTSTADT Luxemburg
- FLÄCHE 2 586 km²
- EINWOHNER 434 000
- BEVÖLKERUNGSDICHTE 168 Einwohner pro km²
- SPRACHE Letzebuergesch, Französisch, Deutsch
- RELIGION Christentum
- WÄHRUNG Euro
- LEBENSERWARTUNG 77 J.

SIEHE AUCH UNTER: EUROPA | EUROPA, GESCHICHTE | EUROPÄISCHE UNION | HANDEL UND INDUSTRIE | LANDWIRTSCHAFT | NIEDERLANDE | WELTKRIEG, ERSTER

BENIN-REICH

IN DEN WESTAFRIKANISCHEN WALDGEBIETEN westlich des Flusses Niger gab es vom 13. Jh. an ein mächtiges Königreich, das wir Benin-Reich nennen. Es kontrollierte den Karawanenhandel, der quer durch die Sahara zwischen den Ländern des Mittelmeers und des Nahen Ostens lief. Zusätzlich trieb es mit Europäern Handel an der Küste. Die Könige des Benin-Reiches, die Oba, waren unermesslich reich. Sie lebten in einem Palast in der Hauptstadt Benin. Im Jahr 1897 eroberten die Engländer Benin und setzten dem Reich ein Ende.

Die Grenzen des Reiches
Die ehemalige Residenzstadt Benin heißt heute Benin City. Nach dem alten westafrikanischen Reich ist auch der heutige Staat Benin benannt.

Wüste Sahara

Benin

Residenzstadt Benin
Das Benin-Reich wurde nach seiner Hauptstadt benannt. Sie war von beeindruckender Größe. Ein mächtiger Erdwall umgab die Stadt und diente der Verteidigung. Eine breite Straße führte durch das Zentrum. In der Stadt befand sich der Königspalast. Die Handwerker lebten nach Zünften in bestimmten Höfen. Allein die Größe der Stadt war ein Symbol für den Einfluss der Oba von Benin.

Stich der Stadt Benin

Handwerkerzünfte
In der Residenzstadt Benin gab es Zünfte für verschiedene Handwerker, etwa für Lederarbeiter, Schmiede, Trommelbauer, Weber, Zimmerleute und Elfenbeinschnitzer. Die Bronzegießer bildeten eine der angesehensten Zünfte. Sie fertigten viereckige Reliefplatten und Köpfe für den Palast.

Stützen für Elfenbeinschnitzereien

Nur Oba trugen Perlenkrägen.

Bronzeköpfe
Die Bronzeköpfe der Benin sind eigentlich aus Messing und mit Elfenbeinschnitzereien geschmückt. Man ehrte damit tote Oba und deren Familienmitglieder – selten sogar europäische Händler. Die Köpfe bewahrte man in Schreinen im Palast auf.

Bronzekopf eines Oba

Bei besonderen Gelegenheiten wurden Ritualwaffen getragen.

Oba mit zwei Höflingen

Bronzeplatten
Feine Reliefplatten aus Messing waren an den Holzsäulen angebracht, die das Dach des Palastes trugen. Darauf waren höfische Szenen und bedeutende Ereignisse abgebildet, etwa wie der König Geschenke an die Höflinge verteilt.

Elfenbeinschnitzereien
Zu den Luxusgütern zählten Elfenbeinschnitzereien. Der Handel mit Elfenbein lag in Händen der Oba. Wenn ein Elefant erlegt wurde, mussten die Jäger einen Stoßzahn jeweils dem König abliefern.

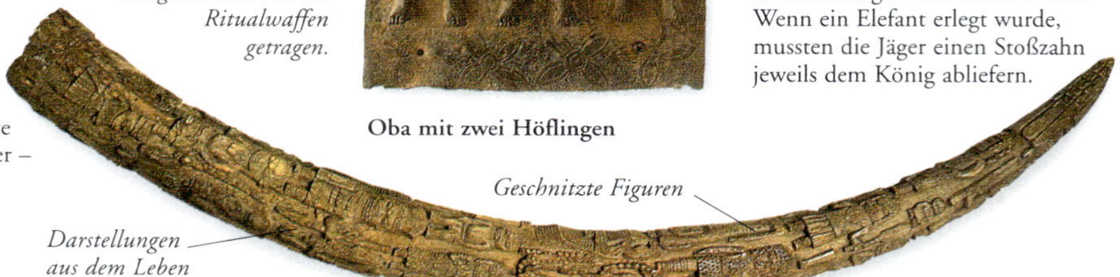

Darstellungen aus dem Leben eines Königs

Geschnitzte Figuren

Elfenbeinschnitzerei

Handel
Jahrhundertelang trieb das Benin-Reich mit anderen afrikanischen Reichen Handel, z. B. mit dem Songhai-Reich. Die Europäer störten im 15. Jh. diese Beziehungen und eröffneten neue Absatzmärkte und Handelsgebiete.

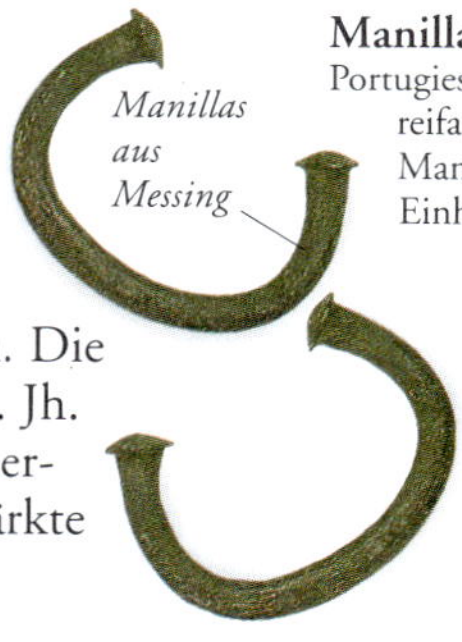

Manillas aus Messing
Portugiesische Händler führten als Geld armreifartige Ringe aus Messing ein, die Manillas. Kleine Käufe bezahlten die Einheimischen mit Kaurischnecken.

Manillas aus Messing

Händler
Die Portugiesen holten mit dem Schiff in Benin Sklaven, Pfeffer, Kleidung, Gold und Elfenbein und zahlten mit Manillas und Feuerwaffen.

Portugiesische Flagge

Karavelle

Eroberung durch die Briten
Aus Rache für einen Angriff plünderten die Briten 1897 die Stadt, brannten sie nieder, vertrieben die Oba und machten Benin zu einer Kolonie.

König Ewuare der Große
Kriegerkönig Ewuare (Regierungszeit 1440–80) baute die Stadt Benin neu. Unter seiner Herrschaft erlangte das Reich seine größte Ausdehnung. König Ewuare führte auch die erbliche Thronfolge ein.

Armschmuck von Ewuare in Form eines Leoparden

Chronologie
12. Jh. Gründung des Benin-Reiches in den Waldgebieten Nigerias

1450 Blütezeit des Benin-Reiches

1486 Der portugiesische Entdecker Alfonso d'Aveiro besucht als erster Europäer Benin. Kurze Zeit danach richtet ein Beninkönig den Portugiesen einen Handelsplatz ein.

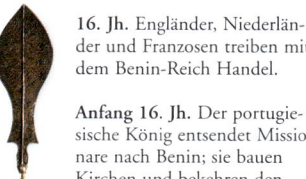

16. Jh. Engländer, Niederländer und Franzosen treiben mit dem Benin-Reich Handel.

Anfang 16. Jh. Der portugiesische König entsendet Missionare nach Benin; sie bauen Kirchen und bekehren den Oba Esigie zum Christentum.

Zierschwert aus Benin

1688 Der Holländer Olfert Dapper schreibt die Geschichte Benins.

18. Jh. Schwächung des Reiches durch Kämpfe um die Nachfolge

1897 Die Engländer erobern gewaltsam die Stadt Benin.

1960 Benin, das früher Dahomey hieß, erhält die Unabhängigkeit.

SIEHE AUCH UNTER AFRIKA, GESCHICHTE · ENTDECKUNGEN · METALLE · SONGHAI-REICH · WELTREICHE

BEUTELTIERE

IN AUSTRALIEN, aber auch in Neuguinea und in Amerika lebt eine altertümliche Säugergruppe, die es sonst nirgendwo mehr gibt. Diese Beuteltiere umfassen 266 Arten. Zu ihnen zählen die Kängurus und die Koalas, die Wombats und die Beutelteufel sowie das amerikanische Opossum. Die jungen Beuteltiere sind bei der Geburt noch wenig entwickelt. Sie krabbeln in den Beutel der Mutter, heften sich an einer Zitze fest und vollenden dort ihre weitere Entwicklung. Bis zur endgültigen Reife vergehen noch mehrere Monate. Erst dann verlassen sie ihren „Brutkasten".

Die Ohren drehen sich in alle Richtungen

Kräftiger Schwanz zum Halten des Gleichgewichts

Fortpflanzung

Die Beuteltiere unterscheiden sich von allen anderen Säugern durch ihre Fortpflanzungsweise. Nach der Paarung entwickelt sich das befruchtete Ei in der Gebärmutter des Weibchens etwa 30 Tage lang. Dann wird das Junge als winziges Wesen geboren. Beim Roten Riesenkänguru (27 kg) ist das Junge nur rund 0,8 g schwer. Es hat einen Mund und vordere Gliedmaßen, sieht sonst aber wie ein Embryo aus. Im Brutbeutel der Mutter bleibt es weitere 6 bis 11 Monate und wird gesäugt.

Rotes Riesenkänguru

Graues Riesenkänguru

Krallen

Weibchen haben bis zu 3 Junge: eines in der Gebärmutter, eines im Beutel, eines draußen.

Entwicklung

1 Nach der Geburt muss sich das blinde, nackte Känguru bis zum Beutel der Mutter durchkämpfen. Dort heftet es sich an einer Zitze fest.

2 Das Junge ist nun 5 Monate alt. Es hängt nicht mehr dauernd an der Zitze und kann den Kopf aus dem Beutel strecken. Es ist aber noch auf die Muttermilch angewiesen.

3 Nach einem Jahr hat das Junge den Beutel verlassen und frisst vor allem Pflanzen. Gelegentlich saugt es noch etwas Milch von der Mutter; bei Gefahr zieht es sich sogar in den Beutel zurück.

Rotes Riesenkänguru

Das Rote Riesenkänguru ist das größte Beuteltier. Die rotbraunen Männchen sind doppelt so groß wie die bläulichgrauen Weibchen. Mit ihren kräftigen Hinterbeinen springen sie sehr weit. Wie viele andere Beuteltiere ist auch das Rote Riesenkänguru überwiegend nachts aktiv. Tagsüber ruht es im Schatten der Bäume. Nur an kühleren Wintertagen ist es auch am Tag unterwegs. Es frisst meist Gras, aber auch die Blätter niederer Sträucher, indem es sich auf allen vieren und den Schwanz stützt.

Mob des Östlichen Grauen Riesenkängurus beim Äsen

Mobs

Die Kängurus leben gesellig in Gruppen, den Mobs. Ein Mob besteht aus 10 oder mehr Tieren, darunter einem reifen Männchen, einigen jüngeren Männchen sowie Weibchen mit ihren Nachkommen. Auf günstigen Weiden kann ein Mob aus hunderten von Tieren bestehen.

Boxen

Im Inneren eines Mobs kämpfen die Männchen um die Weibchen und sichern sich einen Harem. Die Kämpfe werden aufrecht auf den Hinterbeinen ausgetragen. Die Männchen führen einen Ringkampf mit den Vorderbeinen durch und versuchen den Gegner auf den Boden zu zwingen. Bei unentschiedenem Kampf beginnen sie zu boxen und teilen dabei mit den Vorder- und Hinterbeinen heftige Schläge aus, bis eines aufgibt.

Dicke Bauchhaut schützt vor den Boxschlägen.

Weite Sprünge

Riesenkängurus und andere Känguruarten vollführen mit ihren Hinterbeinen weite Sprünge. Der lange Schwanz hilft dabei, das Gleichgewicht zu wahren. Bei langsamer Bewegung hüpft das Känguru 1 bis 2 m weit. Bei der Flucht steigt die Sprungweite bis auf 9 m. Die Kängurus können die beiden Hinterbeine jedoch nur gemeinsam bewegen. Deshalb ist ihnen gewöhnliches Gehen unmöglich.

Hüpfend erreichen Kängurus Geschwindigkeiten von bis zu 50 km/h.

Das Känguru stößt sich mit den Hinterbeinen vom Boden ab.

Der Schwanz dient beim Sprung als Gegengewicht.

Die Hinterbeine sind sehr weit nach vorne gestreckt.

Sprung des Grauen Riesenkängurus

Doria-Baumkänguru

Gekrümmte Krallen

Baumkängurus

Baumkängurus leben in den tropischen Wäldern Nordostaustraliens und Neuguineas. Sie haben lange, kräftige Vorderbeine, kurze Hinterbeine und einen langen Schwanz. Sie klettern sehr gut und verwenden dabei ihre Krallen zum Festhalten. Mit dem Schwanz halten sie das Gleichgewicht. Sie ernähren sich von Blättern und Früchten.

Beutelteufel

Der Beutelteufel ist – abgesehen vom ausgestorbenen Beutelwolf – das größte Fleisch fressende Beuteltier. Er kommt nur auf der Insel Tasmanien vor der Südküste Australiens vor. Den Tag verschläft er in in Erdlöchern des Wombat oder in hohlen Bäumen. Nachts begibt er sich auf die Futtersuche. Der Beutelteufel fängt Eidechsen, Schlangen und Kleinsäuger. Den größten Teil seiner Nahrung macht jedoch Aas aus.

Scharfer Geruchssinn für die Jagd

Kräftige Kiefer und scharfe Zähne zum Zerteilen der Beute.

Nordopossum

Die Opossums zählen zu den Beutelratten. Sie leben hauptsächlich in Süd- und Zentralamerika. Das katzengroße Nordopossum ist die größte der 75 Arten und auch das einzige, das in Nordamerika vorkommt. In wärmeren Gebieten bringt es bis zu 3-mal im Jahr 10 oder mehr Junge auf die Welt. Bei einer Gefahr stellt sich das Opossum tot.

Auf Bäumen und am Boden sucht es Früchte, Eier Insekten und Kleinsäuger.

Mit Greifhänden und dem Greifschwanz kommt es gut im Geäst voran.

Ameisenbeutler

Der Ameisenbeutler lebt in den Wäldern Westaustraliens und ist als einziges australisches Beuteltier am Tag aktiv. Er frisst Ameisen und Termiten und dreht dazu Hölzer um. Mit den Vorderbeinen öffnet er das Nest und fängt Insekten mit seiner langen klebrigen Zunge.

Mit der langen Schnauze sucht er im Boden nach Nahrung.

Langnasenbeutler

Die Nasenbeutler oder Bandicoots sehen ähnlich wie Kängurus aus, werden kaninchengroß und sind nachts aktiv. Der Langnasenbeutler gräbt mit seinen kräftigen Vorderbeinen Insekten und andere wirbellose Tiere sowie Samen, Pilze und Wurzeln aus. Die Tiere pflanzen sich das ganze Jahr über fort. Die Weibchen gebären 2–5 Jungtiere, die für die weitere Entwicklung rund 50 Tage im Beutel bleiben.

Koala

Der Koala- oder Beutelbär lebt in der Kronschicht ostaustralischer Eukalyptuswälder. Er frisst und schläft in den Bäumen und pflanzt sich dort auch fort. Koalas verbringen bis zu 18 Stunden am Tag schlafend in Astgabeln, wohl um Energie zu sparen. Den Daumen können sie bewegen und sich damit an Ästen festhalten. Wenn sie auf Bäume klettern, halten sie sich mit den Krallen der Vorderbeine fest und hüpfen dann mit dem Hinterteil nach oben. Ihr Junges verlässt nach 7 Monaten den Beutel.

Eukalyptusblätter, die einzige Nahrung der Koalas, liefern ihnen auch genügend Wasser.

Die Mutter trägt ihr einziges Junges nach Verlassen des Beutels einige Monate auf dem Rücken.

Ernährung

Koalas haben eine hochspezialisierte Ernährungsweise. Sie fressen nur die Blätter von 12 der rund 100 Eukalyptusarten. Ein erwachsenes Tier frisst pro Tag rund 1,1 kg und speichert einen Teil davon in den Backentaschen. Der Darm ist sehr lang, um möglichst alle Nährstoffe aus den nicht sehr nahrhaften Blättern gewinnen zu können.

Wombat

Der Wombat oder Nacktnasenwombat lebt in Südostaustralien und gräbt ein Gangsystem im Boden. Nachts verlässt er den Bau und legt auf der Suche nach Gräsern, Wurzeln und Pilzen bis zu 3 km zurück. Wombats sind Einzelgänger. Das Weibchen hat ein Jungtier, das 6 Monate im Beutel bleibt. Dieser öffnet sich nach hinten, damit er sich beim Graben nicht mit Erde füllt.

Wombats legen ausgedehnte Baue an.

Sie fressen zähe Wurzeln. Die Schneidezähne wachsen dauernd nach.

Baue

Wombats graben sehr schnell und verwenden dazu ihre kräftigen Vorderbeine mit den breiten Krallen. Die Gänge sind bis zu 30 m lang und oft so breit, dass Kinder hineinkriechen können. Den Tag verschlafen die Wombats im Bau und halten sich dadurch im Sommer kühl. Gelegentlich nehmen sie in kleinen selbstgegrabenen Vertiefungen ein Sonnenbad.

ROTES RIESENKÄNGURU

WISSENSCHAFTLICHER NAME *Macropus rufus*

ORDNUNG Marsupialia, Beuteltiere

FAMILIE Macropodidae, Riesenkängurus

VERBREITUNG Im Inneren Australiens mit Ausnahme des äußersten Nordens und Südwestens und der Ostküste

LEBENSRAUM Trockene Strauch- und Grasgebiete, oft bei dichter Vegetation, die als Unterschlupf dient.

ERNÄHRUNG Gräser und Kräuter

GRÖSSE Männchen Höhe bis 2 m, Gewicht 82 kg

LEBENSDAUER 12–18 Jahre

SIEHE AUCH UNTER AUSTRALIEN, TIERWELT · GRASLAND, TIERWELT · REGENWALD, TIERWELT · SÄUGETIERE · TIERBAUTEN · TIERE · TIERE, NACHTAKTIVE

BIENEN UND WESPEN

WIR FÜRCHTEN DIESE INSEKTEN vor allem wegen ihres Stachels. Doch Bienen und Wespen spielen im Haushalt der Natur eine wichtige Rolle: Die einen bestäuben Blüten, die anderen vertilgen Schädlinge. Auf der Welt gibt es mehr als 10 000 Bienen- und Wespenarten. Die meisten leben einzeln, manche Wespen und die Honigbienen jedoch in Staaten. Die Imker haben die Honigbiene deshalb zum Haustier gemacht.

Merkmale

Der Hinterleib bei Bienen und Wespen ist eingeschnürt. Beide haben 2 Paar Flügel, 2 zusammengesetzte Facettenaugen, 3 einfache Augen. Die Biene ist behaart, die Wespe nicht. Sie bilden mit den Ameisen die Hautflügler.

Stachel

Nur die Weibchen haben einen Stachel, weil er sich aus der Eilegeröhre entwickelte. Der Stachel der Wespen hat keine Widerhaken. Sie können ihn somit mehrere Male einsetzen. Der Stachel der Honigbiene hat Widerhaken und lässt sich nicht zurückziehen. Jede Biene stirbt nach dem Stich.

Bienenstachel

Der Stich tut weh, führt aber nur selten zum Tod.

Königin

In den Nestern der Bienen und Wespen lebt eine Königin, die als Einzige die Eier legt. Die Honigbienen haben nur eine Königin. Sie gibt bestimmte Duftstoffe ab, sog. Pheromone, die verhindern, dass die Arbeiterinnen geschlechtsreif werden.

Die Königin ist größer.

Lebenslauf einer Biene

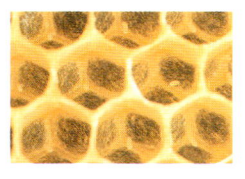

1. Die Königin überprüft die Waben und legt jeweils ein Ei hinein. Wenn genügend Nahrung vorhanden ist, legt sie pro Tag über 2 000 Eier. Nach 2 bis 3 Tagen schlüpfen Larven aus den Eiern.

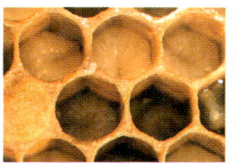

2. Arbeiterinnen füttern die Larven mit Honig, Pollen und proteinreichem Gelee Royale. Wenn Larven mehr Gelee Royale erhalten, entwickeln sie sich zu Königinnen. Am 9. Tag verpuppen sie sich.

3. Die Puppe ruht in der mit Wachs verschlossenen Zelle. Am 21. Tag schlüpft die Biene und beißt sich ihren Weg in die Freiheit. Sobald das Außenskelett erhärtet ist, übernimmt die Biene erste Arbeiten im Stock.

Ernährung

Wespen fressen Früchte und Insekten und füttern damit die Larven. Bienen tragen Nektar und Pollen ein. Haben sie einen Futterplatz gefunden, teilen sie dies dem Stock durch einen Schwänzeltanz mit und geben dabei die Flugrichtung an.

Pollen, Nektar und Honig

Bienen und Hummeln tragen Pollen an den Beinen ein und sammeln den Nektar im Magen. Diesen würgen sie im Nest wieder hoch und lagern ihn in Waben. So entsteht Honig. Mit Honig und Gelee Royale füttern sie die Larven.

Befruchtete Eier Daraus werden Arbeiterinnen oder Königinnen.

Unbefruchtete Eier Sie entwickeln sich zu Männchen.

Arbeiterinnen Sie verbringen die erste Woche im Innendienst und säubern das Nest. Dann verlassen sie es und fangen Insekten, mit denen sie die Larven füttern.

Die Eier kleben in den Waben, die nach unten gerichtet sind.

Papiernest Es sieht gestreift aus, weil das Holz aus den unterschiedlichsten Quellen stammt.

Alte Arbeiterin Sie sammelt Holz, zerkaut es, mischt es mit Speichel und baut damit das Nest.

Nester

Die Nester der gewöhnlichen Wespe sind aus einer Art Papier, das die Tiere aus zerkauten Holzteilchen und Speichel herstellen. Sie liegen meist in hohlen Bäumen oder unter Steinen. Viele Wespen- und Bienenarten bauen ihre Nester aus Lehmklümpchen. Die Honigbienen verwenden für den Bau des Nestes und der Waben körpereigenes Wachs, das in besonderen Drüsen am Hinterleib entsteht.

Insektenstaat

Die sozialen Wespen und Bienen bilden große Staaten. Jedes Mitglied einer solchen Kolonie muss eine bestimmte Aufgabe erfüllen und arbeitet für das Wohl des gesamten Nestes. Wespennester können bis zu 1 Million Tiere umfassen. Die Nester der Honigbienen zählen bis über 70 000 Tiere; es sind fast alles Arbeiterinnen mit Ausnahme von einer Königin und von ungefähr 300 Männchen, den Drohnen. Im Juni treten neue Königinnen auf. Sie paaren sich mit den Männchen, die danach sterben. Die alte Königin verlässt das Nest mit ihrem Staat als Schwarm und gründet eine neue Kolonie.

Andere Bienen und Wespen

Parasitische Bienen Diese einzeln lebenden Bienen legen ihre Eier in die Nester anderer Arten. Ihre Larven fressen die Eier ihres Wirtes und werden von ihm gefüttert.

Hornissen Diese größten sozialen Wespen bauen große kugelige Nester. Sie sind, anders als ihr Ruf, nicht besonders aggressiv.

Grabwespen Die einzeln lebenden Wespen lähmen Insekten mit einem Stich, tragen sie als Lebendfutter ins Nest und legen darauf ein Ei ab.

HONIGBIENE

WISSENSCHAFTLICHER NAME *Apis mellifera*

ORDNUNG Hymenoptera, Hautflügler

FAMILIE Apidae, Honigbienen

VERBREITUNG Weltweit

LEBENSRAUM In der Natur in hohlen Bäumen; als Haustier in Stöcken

GRÖSSE Arbeiterin 10–15 mm, Königin 15–20 mm lang

LEBENSDAUER Arbeiterin 2–3 Monate, Königin 3–5 Jahre

SIEHE AUCH UNTER: AMEISEN UND TERMITEN, BLÜTEN, EIER, GLIEDERFÜSSER, INSEKTEN, TIERBAUTEN, TIERVERHALTEN, VOGELFLUG, WÄLDER, TIERWELT

BILDHAUEREI

SKULPTUREN sind dreidimensionale Kunstwerke. Sie stehen frei im Raum und sind aus Stein oder Holz herausgeschlagen. Wenn sie wie ein erhabenes Bild wirken, spricht man von Relief. Neben Stein und Holz verwenden Bildhauer auch Metall und neuerdings Kunststoffe für ihre Werke. Die Techniken sind sehr unterschiedlich. Beim Modellieren mit Ton wird z. B. Material hinzugefügt, beim Abtragen oder Schnitzen wird es weggenommen.

Tastzirkel zum Messen von Abständen

Tastzirkel — **Handfäustel** — **Flachmeißel**

Werkzeuge
Bildhauer verwenden Hämmer und Schlageisen, um Marmor zu bearbeiten. Sie folgen dabei der Struktur des Materials.

Skulpturen
Skulpturen werden mit Hammer und Meißel aus Stein oder Holz geschlagen. Der Künstler nimmt dabei Material weg. Je nach Meißelform entstehen unterschiedliche Wirkungen.

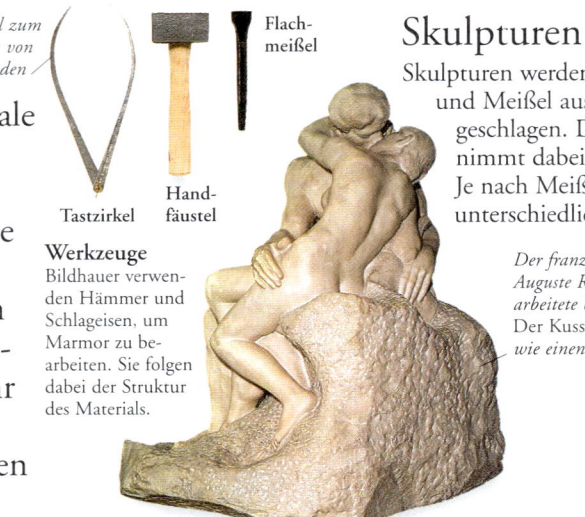

Der französische Bildhauer Auguste Rodin (1840–1917) arbeitete bei seiner Skulptur Der Kuss die Marmorbasis wie einen Felsen heraus.

Flugzeug von Christopher Dobrowolski

Die Flügel sind aus Zeitungspapier.
Der Motor stammt aus einem Auto der 40er Jahre.
Der Rumpf des Flugzeugs besteht aus Teekisten.
Hölzernes Gartenhaus als Sockel.

Neue Materialien
Viele zeitgenössische Bildhauer haben mit den unterschiedlichsten Materialien experimentiert, z.B. mit Kunststoffen, Beton und sogar Schrott. Einige Künstler versuchen auch die konventionelle Haltung gegenüber der Kunst dadurch zu ändern, dass sie alltägliche Gegenstände in ihren Werken verarbeiten, wie die Plastik oben zeigt.

Barbara Hepworth
Die englische Bildhauerin Barbara Hepworth (1903–75) gehörte zu einer Gruppe einflussreicher europäischer Künstler, die Holz, Stein oder Bronze in einer neuartigen Weise bearbeiteten. Sie wollte die natürlichen Eigenschaften des Materials stärker in die Form mit einbeziehen. Hepworths Skulpturen aus Holz und Stein sowie ihre Bronzeplastiken waren meistens abstrakt.

Gegossene Plastiken
Bronzeplastiken werden meistens gegossen. Sie sind fast immer hohl und deshalb nicht zu schwer. Man kannte den Bronzeguss schon vor 5 000 Jahren. Die Bilder zeigen die Schritte beim Guss eines Bronzekopfes in Benin, Westafrika.

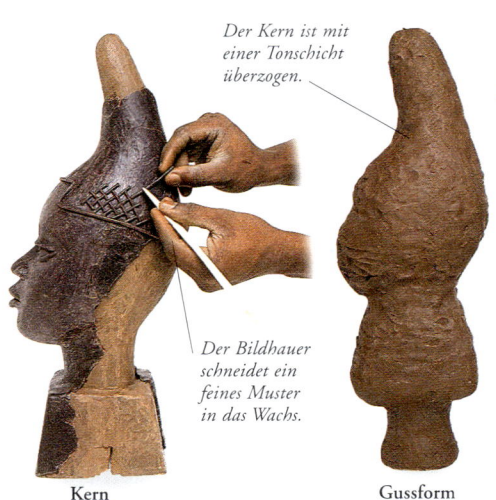

Der Kern ist mit einer Tonschicht überzogen.

Der Bildhauer schneidet ein feines Muster in das Wachs.

Kern

Gussform

Die Bronze wird erhitzt bis sie flüssig ist und eine orangerote Farbe hat.

1 Das Modellkern wird aus Ton aufgebaut. Dann wird er mit einer dünnen Wachsschicht überzogen. Der Bildhauer kann jetzt auf der Wachsschicht noch Details anbringen.

2 Der mit Wachs überzogene Kern erhält eine hitzebeständige Außenhaut aus Ton. Diese Gussform erhält oben und unten ein Loch, die Gusskanäle.

3 Das geschmolzene Metall fließt durch den oberen Gusskanal. Durch die Wärme schmilzt das Wachs und fließt unten aus. Zwischen dem Tonkern und der Innenwand der Gipsform dringt das Metall ein. Es erkaltet und bildet die Form des Kopfes aus.

4 Sobald das Metall erkaltet, wird die Form aufgebrochen und der Tonkern herausgeschlagen. Die Bronzeoberfläche wird jetzt noch poliert.

Fertige Kopie des Kopfes der Königinmutter von Benin

Moderne Skulpturen
Mit der Verwendung neuer Materialien haben die Bildhauer auch die klassischen Techniken verlassen. Moderne Bildhauer können so mehr Wert auf den Ausdruck ihrer künstlerischen Ideen legen; die handwerklichen Fähigkeiten treten in den Hintergrund.

Abstrakte Skulpturen
Plastiken und Skulpturen, die keine realen Gegenstände darstellen, nennt man abstrakt. Dieses Werk *Pixel Lunch* ist aus Plastikdosen hergestellt.

Figuren
Diese Skulptur zweier Figuren, die sich aus dem Gras erheben, stellen das Wachstum und die Kräfte der Natur dar. Sie ist aus Beton und steht im Freien, wo das Wetter sie altern lässt.

Zwei stehende Figuren von Federico Assler

SIEHE AUCH UNTER — AFRIKA, GESCHICHTE — ARCHITEKTUR — BENINREICH — KIRCHEN UND KATHEDRALEN — KUNST, GESCHICHTE — MALEN UND ZEICHNEN — MUSEEN — RENAISSANCE — TÖPFEREI UND KERAMIK

BILDHAUEREI

Plastiken und Skulpturen
Gegossene Plastiken

Ägyptische Katzengöttin, Bronze, um 600 v. Chr.

Reiterstandbild Wilhelms III., Bronze, England

Kopf eines Königs, Bronze, Benin, Afrika

Reiterfigur, Silber, Wikinger, 10. Jh.

Bronzebüste eines Mopses, Frankreich

Tänzerin von Edgar Degas (1834–1917)

Skulpturen aus Holz und Stein

Figur eines Missionars, Holzskulptur, Nigeria

Totempfahl der Haida, Nordwestküste, USA

Engelsfigur, Holz, aus einer mittelalterlichen Kirche, England

Ahnenfiguren, Holzskulptur, Nigeria

Indianerin, Ton, Nordamerika

Weibliche Figuren, Holz, Sierra Leone

Die Figuren dienten einem Heilzauber.

Sitzender Jaguargott, Zentralamerika, 14. Jh.

Steindrache, 19. Jh., London, England

Der Diskuswerfer, Römische Kopie des verloren gegangenen griechischen Originals von 450 v. Chr.

Die natürliche Bewegung des menschlichen Körpers ist eingefangen.

Muskeln und Oberkörper des Atlethen wirken sehr realistisch.

David von Michelangelo, 1504

Steinerner Löwe, 1837, London

Dämon und Dame von Stand an einer Kathedrale in Frankreich, 13. Jh.

Die drei Grazien von Antonio Canova, 1813

Schwingende Kurven und scharfe Linien betonen das Dreidimensionale dieser Plastik.

Kunststoffskulptur, gegossen, von Barbara Hepworth, 1943

Mutter und Kind, Marmor, von Henry Moore, 1932

BIOLOGIE

DIE WISSENSCHAFT von den Lebewesen heißt Biologie. Alle Lebewesen zeichnen sich durch bestimmte Eigenschaften aus: Sie reagieren auf Reize und bewegen sich, sie wachsen und pflanzen sich fort. In ihren Zellen spielt sich ein Stoffwechsel ab. Alle Lebewesen gewinnen nötige Energie, indem sie Nahrung verbrennen. Diese grundlegenden Eigenschaften finden sich beim Menschen ebenso wie bei einer Amöbe. Allerdings sind die Funktionen unterschiedlich kompliziert. Man unterteilt die Biologie in die Zoologie, die Botanik und die Mikrobiologie.

Einteilung der Lebewesen

Es gibt sicher über 2 Millionen Arten von Lebewesen. Die Biologen teilen sie in verschiedene Reiche ein. Sie unterscheiden 5 Reiche: die Monera vor allem mit den Bakterien, die Protisten mit den Einzellern und Algen, die Pilze, die Pflanzen und die Tiere.

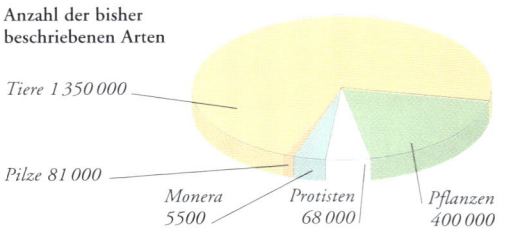

Anzahl der bisher beschriebenen Arten

Tiere 1 350 000
Pilze 81 000
Monera 5500
Protisten 68 000
Pflanzen 400 000

Zweige der Biologie

Die Biologie setzt sich aus verschiedenen Wissenschaften zusammen: Die Ökologie untersucht die Beziehungen zwischen Lebewesen und ihrer Umwelt. Die Physiologie erforscht, wie die Lebewesen funktionieren. Die Genetik beschäftigt sich mit der Vererbung. Weitere Zweige der Biologie sind Anatomie, Taxonomie und Parasitologie.

Vogelskelett

Anatomen untersuchen z. B. das Skelett, um die Lebensweise besser zu verstehen.

Anatomie
Die Anatomie untersucht den Aufbau der Lebewesen und den Zusammenhang zwischen Lebensweise und Aussehen. Anatomen können z. B. erklären, warum Vögel und Fledermäuse fliegen können.

Taxonomie
Die Taxonomie oder Systematik untersucht die rund 2 Millionen Arten von Lebewesen und ordnet sie nach ihrer Verwandtschaft in Gruppen. Die Systematiker arbeiten dabei typische Merkmale heraus, an denen sich die einzelnen Arten unterscheiden lassen.

Sammlungskasten mit Schmetterlingen

Mikrobiologie
Für die Untersuchung der Mikroorganismen braucht man ein Mikroskop. Die Mikrobiologen erforschen vor allem Kleinstlebewesen wie Bakterien, Einzeller, Algen und bestimmte Pilze, etwa die Hefen. Viren bilden die Grenze zur unbelebten Natur.

Parasitologie
Die Parasitologie untersucht Parasiten oder Schmarotzer. Sie leben von anderen Lebewesen und auf deren Kosten. Flöhe z. B. saugen das Blut ihres Wirts. Bandwürmer leben im Darm und ernähren sich von vorbeiziehender Nahrung.

Mikroskop

Floh, stark vergrößert

Spitze Mundwerkzeuge zum Saugen von Blut

Zoologie

Die Zoologie ist die Wissenschaft von den Tieren. Die Tiere haben eine große Vielfalt an Formen und umfassen z. B. Schwämme, Spinnen, Regenwürmer, Hummer, Katzen und Schimpansen. Die Zoologen untersuchen, wie die Tiere aufgebaut sind, wo sie leben und wie sie sich in ihrer natürlichen Umwelt verhalten. Auch der Mensch als höchst entwickeltes Lebewesen ist z. T. Gegenstand zoologischer Betrachtung.

Konrad Lorenz

Diese Grauganzküken sind auf Lorenz als „Ersatzmutter" geprägt.

Verhaltensforschung
Die Verhaltensforschung heißt auch Ethologie. Einer ihrer Väter war der Österreicher Konrad Lorenz (1903–89). Er entdeckte z. B. die Prägung, ein schnelles Lernen in einem frühen Abschnitt des Lebens. Frisch geschlüpfte Enten- und Gänseküken etwa sind auf ihre Mutter geprägt und folgen ihr dadurch überall hin.

Botanik

Die Botanik ist die Wissenschaft von den Pflanzen. Zu ihnen zählen Moose, Farne, Schachtelhalme sowie alle Blütenpflanzen von den Bäumen über Kakteen bis zu den Gräsern. Die Pflanzen stellen bei der Photosynthese ihre Nahrung selbst her. Dabei verwandeln sie Sonnenlicht in chemische Energie in Form von Stärke oder Zucker.

Kew Gardens, London, England

Die Arbeit eines Biologen
Die Biologen müssen zunächst alle Teilbereiche ihrer Wissenschaft lernen. Später spezialisieren sie sich allerdings. Sie beobachten dann vielleicht Tiere, untersuchen die Photosynthese der Pflanzen oder Ökosysteme.

Petrischalen enthalten Kulturen von Mikroorganismen.

Biologin bei der Arbeit im Labor

Rachel Carson
1962 veröffentlichte die amerikanische Meeresbiologin und Schriftstellerin Rachel Carson (1907–64) ein Buch, das auf deutsch unter dem Titel „Der stumme Frühling" erschien. Sie warnte darin vor sorglosem Gebrauch von Insekten- und Unkrautvernichtungsmitteln, weil dadurch die Lebensräume vernichtet würden. Ihr Buch gilt als Meilenstein der Umweltschutzbewegung. Als Erste wies sie auf die Vergiftung der Lebensräume hin.

SIEHE AUCH UNTER MIKROORGANISMEN · ÖKOLOGIE UND ÖKOSYSTEME · PARASITEN · PFLANZEN · PHOTOSYNTHESE · TIERE · TIERVERHALTEN · VERERBUNG

BLÜTEN

BLÜTENPFLANZEN TRATEN erstmals vor 120 Millionen Jahren auf. Sie bilden heute die größte Gruppe. Ihre Fortpflanzungsorgane heißen Blüten. Als Bestäubung bezeichnen wir die Übertragung des männlichen Pollens auf die weibliche Narbe. Die meisten Blüten werden dabei vom Wind oder von Insekten bestäubt. Viele Blüten und ihre Bestäuber haben sich auch gemeinsam entwickelt.

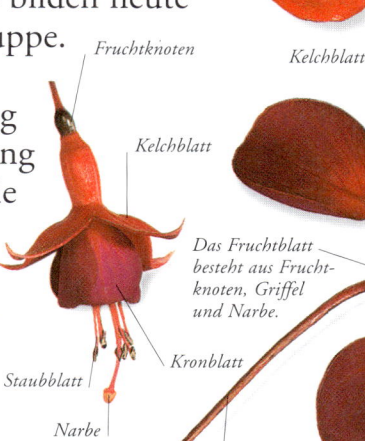

Kronblatt
Staubbeutel
Staubfaden
Das Staubblatt besteht aus Staubbeutel und Staubfaden.
Fruchtknoten
Kelchblatt
Kelchblatt
Narbe
Griffel
Das Fruchtblatt besteht aus Fruchtknoten, Griffel und Narbe.
Fruchtknoten
Kronblatt
Staubblatt
Narbe
Blüte einer *Fuchsie* 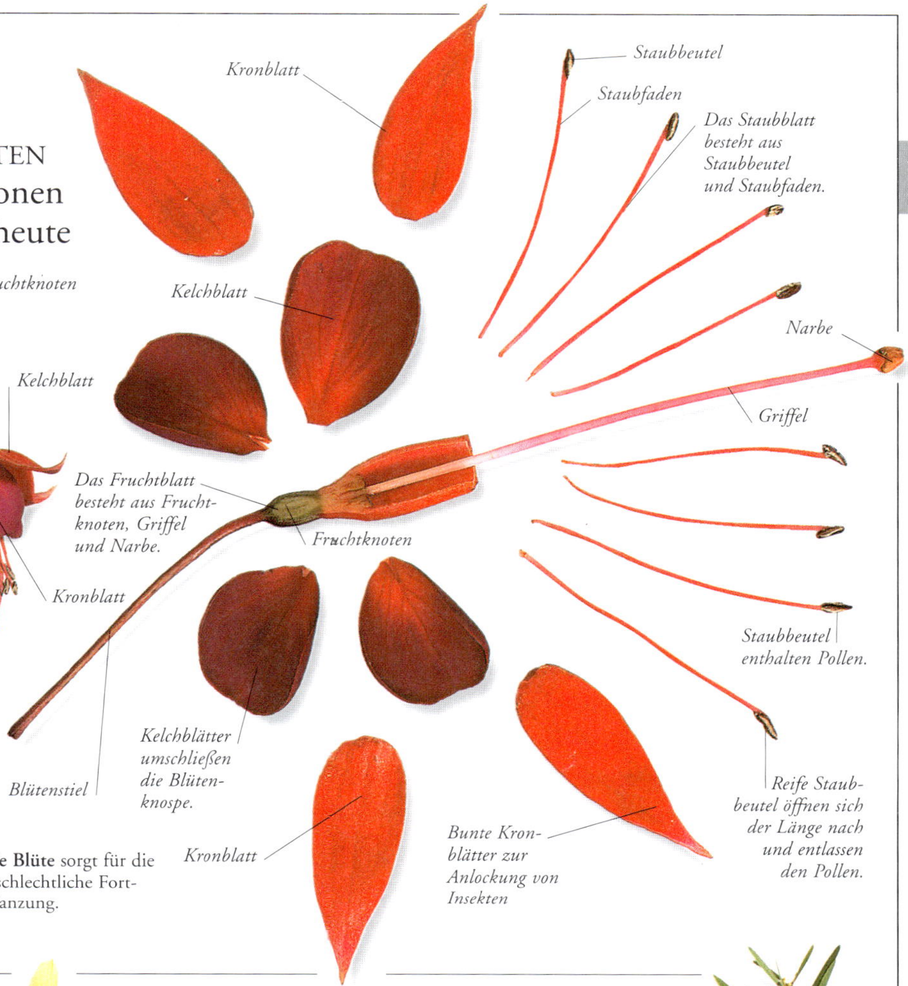
Staubbeutel enthalten Pollen.
Reife Staubbeutel öffnen sich der Länge nach und entlassen den Pollen.
Kelchblätter umschließen die Blütenknospe.
Blütenstiel
Kronblatt
Bunte Kronblätter zur Anlockung von Insekten
Die Blüte sorgt für die geschlechtliche Fortpflanzung.

Teile einer Blüte

Die Fortpflanzungsorgane sind in einer Blüte versammelt. Die männlichen Staubblätter produzieren Pollen. Die weiblichen Fruchtblätter enthalten die Samenanlagen. Die bunten Kronblätter ziehen Bestäuberinsekten an, und die Kelchblätter schützen die Blütenknospe.

Bestäubung

Damit sich die Samen entwickeln, muss die Blüte bestäubt werden. Pollen von den Staubblättern einer Blüte muss auf die Narbe einer weiblichen Blüte derselben Art gelangen. Bei der Selbstbestäubung bestäubt sich die Pflanze selbst, während an der Fremdbestäubung zwei verschiedene Pflanzen derselben Art beteiligt sind.

Hummel an einer Narzisse

Insekten
Die weitaus meisten Blüten werden von Insekten bestäubt. Sie ziehen ihre Besucher durch bunte Kronblätter, besonderen Duft sowie flüssigen Nektar und auch Pollen an. Dieser bleibt auf dem Insekt kleben und wird auf die nächste Blüte übertragen.

Freesie 
Tabak
Mimose

Duft und Farbe
Mit ihren Farben und Düften locken die Blüten Insekten und andere Tiere an. Am Grund der Kronblätter geben sie Tröpfchen eines zuckerhaltigen Nektars ab. Er dient Insekten als Nahrung. Beim Aufsaugen werden sie mit Pollen eingestäubt. Unangenehm und faulig riechende Blüten ziehen Fliegen an.

Wasser
Die meisten Wasserpflanzen strecken ihre Blüten an die Luft und lassen sie von Insekten bestäuben. Nur wenige nutzen das Wasser zur Übertragung des Pollens. Die Pollenkörner treiben dabei zu den Blüten.

Wasserstern

Wind
Viele Gräser und Bäume lassen den Pollen vom Wind übertragen. Die Blüten haben meist keine Kronblätter und sind oft in Kätzchen angeordnet. Es gelangen große Pollenmassen in die Luft.

Männliche Haselkätzchen

Nachahmung von Insekten
Viele Orchideen sind für die Bestäubung auf ein ganz bestimmtes Insekt angewiesen. Manche riechen wie das Insektenweibchen und sehen auch so aus. Das Männchen versucht eine Paarung und nimmt dabei den Pollen auf. Bei der nächsten Blüte erfolgt die Bestäubung.

Bienenragwurz
Pollenmassen zu zwei keulenförmigen Pollinien vereinigt
Diese Orchidee wird von einer Bienenart bestäubt, kennt aber auch die Selbstbestäubung.
Ein Teil der Blüte sieht wie ein Bienenweibchen aus.

Vögel
In den Tropen sind viele große Blüten auf die Bestäubung durch Vögel angewiesen. Diese Blumen sind rot oder orange und haben eine lange Kronröhre, in die die Vögel ihre Schnäbel stecken. Der Pollen bleibt am Vogelkopf hängen.

Kolibri an einer Distel

Säugetiere
In den Tropen spielen auch Fledermäuse als Bestäuber eine Rolle. In Australien und Neuguinea bestäuben sogar kleine Beuteltiere. Sie fressen von den Blüten und übertragen dabei Pollen.

Bilchbeutler frisst von einer Banksie.

| SIEHE AUCH UNTER | BÄUME | FLEISCH FRESSENDE PFLANZEN | FRÜCHTE UND SAMEN | INSEKTEN | NUTZ- PFLANZEN | PFLANZEN | PFLANZEN, ANATOMIE | PFLANZEN, FORTPFLANZUNG | WINDE |

Blüten und Bestäuber

Von Insekten bestäubt

Glockenförmige Blüte

Braune Zeichnung leitet die Insekten zum Nektar.

Jede Blüte enthält Nektar.

Steinbeere Bestäubung durch Käfer und Bienen.

Graue Heide Sie wird nur von Bienen mit kurzem Rüssel bestäubt.

Primel Sie blüht sehr bald im Frühjahr.

Affodill Er ist im Mittelmeerraum weit verbreitet.

Purpurklee Sein Köpfchen hat röhrenförmige Blüten.

Immergrün Es wird von Bienen bestäubt.

Helm

Fliegenragwurz Der Pollen bildet keulenförmige Massen.

Anemone Die bunte Art lebt im Mittelmeergebiet.

Magnolie Die wichtigsten Bestäuber sind Käfer.

Saatwucherblume Sie besteht aus vielen kleinen Blüten.

Pippau Strahlenförmige Blüten bilden ein Körbchen.

Gartenspringkraut Es lockt vor allem Bienen an.

Hummeln kriechen in die Blüte.

Körbchen mit vielen Blüten

Holunder Winzige Blüten bilden eine Dolde.

Hundsveilchen Dunkle Linien leiten ins Zentrum.

Stiefmütterchen Wird von langrüsseligen Bienen bestäubt.

Fingerhut Er wird von Hummeln aufgesucht.

Hasenohr Die Körbchenblüten bilden Dolden.

Sumpfblutauge Kelchblätter sind länger als die Kronblätter.

Spornblume Die kleinen röhrenförmigen Blüten bestäuben Schmetterlinge.

Silberdistel Ledrige Strahlblüten umgeben das Körbchen mit den Röhrenblüten.

Geißblatt Die duftenden Blüten locken in der Dämmerung Nachtfalter an.

Kornblume Die blauen Blüten locken vor allem Fliegen und Bienen an.

Sonnenröschen Es lockt Insekten an, kann sich aber auch selbst bestäuben.

Rote Nachtnelke Bestäubung durch langrüsselige Bienen oder Schmetterlinge.

Von Vögeln und Säugern bestäubt

Kronblätter zurückgebogen

Staubblätter und Griffel bilden eine lange Röhre.

Fuchsie Sie wird von Kolibris bestäubt.

Passionsblume Sie wird von Vögeln bestäubt.

Mimose Sie lockt Vögel und kleine Beuteltiere an.

Kapuzinerkresse Auch sie wird von Vögeln bestäubt.

Hibiskus Er pudert Vögel und Schwärmer mit Pollen ein.

Bromelie Sie wird von Vögeln bestäubt.

Vom Wind bestäubt

Blüten ohne Kronblätter

Hervortretende Staubblätter

Lange Kätzchen

Weibliche Blüten

Laichkraut Die Blüten stehen in dichten Ähren.

Wegerich Er hat nur unscheinbare grüne Blüten.

Spitzeiche Die Blüten stehen in länglichen Kätzchen.

Quecke Die Blüten stehen in unscheinbaren Ährchen.

Erle Die männlichen Blüten stehen in Kätzchen.

Brennnessel Blüten stehen in kätzchenartigen Rispen.

BODENARTEN

DAS FESTLAND trägt zum größten Teil eine Bodenschicht. Der Boden entsteht durch Verwitterung des Ausgangsgesteins. Er enthält zersetzte organische Stoffe. Im Boden wurzeln die Pflanzen und gleichzeitig bildet er den Lebensraum für viele Mikroorganismen und Tiere. Ein gesunder Boden ist voller Lebewesen. Risse im Boden sind mit Wasser oder Luft gefüllt und beherbergen Bakterien, Algen und winzige Tiere. Die meisten dieser Tiere fressen totes Pflanzenmaterial und fördern so dessen Zersetzung. Dadurch nimmt der Anteil an Humus im Erdreich zu und der Boden bietet den Pflanzen neue Nahrung.

Der Boden liefert wichtige Nährstoffe für alle Pflanzen.

Bodentypen

Die durchschnittliche Korngröße des Bodens hängt vom Ausgangsgestein ab. Zunächst unterscheidet man Ton-, Sand- und Lehmböden. Daneben gibt es noch viele weitere Arten der Einteilung, z. B. nach Klima, Vegetation und Entstehung. Man kann die Böden auch nach dem pH-Wert oder ihrem Säuregrad einteilen. Wenn der pH-Wert sinkt, nimmt die Fruchtbarkeit ab.

Ton

Tonböden
Tonböden bestehen aus winzigen Ton- oder Schluffteilchen. Sie bilden oft feste Klumpen. Tonböden werden beim Trocknen hart und rissig. Bei Nässe quellen sie auf und werden schwer.

Sand

Sandböden
Sandböden enthalten Teilchen von 0,06–2 mm Durchmesser. Sie sind gut durchlüftet, warm und leicht zu pflügen. Sie trocknen schnell aus und Nährstoffe werden rasch ausgewaschen.

Kalk

Kalkböden
Kalkböden sind in der Regel dünn und steinig und verlieren ihr Wasser schnell. Durch den hohen pH-Wert reagieren sie basisch und sind nicht sehr fruchtbar.

Lehm

Lehmböden
Lehmböden enthalten eine Mischung aus Ton, Schluff und Sand. Sie sind leicht zu bearbeiten, biologisch aktiv und sehr fruchtbar.

Torf

Torfböden
Torfböden bestehen nur aus schwer verrottbaren Pflanzenteilchen, wie sie in Hochmooren auftreten. Gärtner verwenden Torf, um den Anteil der Böden an organischen Stoffen zu erhöhen.

Bodenprofil

Alle Böden haben sich aus lockeren Gesteinsbruchstücken entwickelt. Nach und nach wurzelten darin Pflanzen und ließen totes organisches Material zurück. Es verrottete und erlaubte weiteren Pflanzen die Ansiedlung. Langsam entwickelte sich eine Bodenschicht. Bei reifen Böden, die Jahrtausende für ihre Entwicklung brauchten, unterscheidet man mindestens 3 Schichten oder Horizonte.

Streu- oder Humusschicht
Die oberste Schicht besteht aus dunklem Humus, verrottetem Pflanzenmaterial. Dieser Humus hält Mineralsalze fest, den die Pflanzen für ihre Entwicklung brauchen.

A-Horizont
Der Oberboden oder A-Horizont enthält Gesteinsbruchstücke und sehr viel organische Stoffe und Humus. Im Oberboden wurzeln die Pflanzen. Hier leben auch die meisten Tiere und graben ihre Gänge.

B-Horizont
Der Unterboden oder B-Horizont enthält mehr Gesteinsbruchstücke als der A-Horizont. Der Humusgehalt ist nicht mehr so groß, dafür oft mit Mineralsalzen angereichert, die von den oberen Horizonten ausgeschwemmt wurden. In ihm wurzeln die Holzpflanzen.

C-Horizont
Der C-Horizont entspricht dem Ausgangsgestein. Aus ihm ist der Boden entstanden. Es kann sich dabei um angeschwemmtes Lockergestein handeln, etwa um Sand in Schwemmebenen. Das Ausgangsgestein bestimmt in großem Umfang die Eigenschaften des Bodens.

Leben im Boden

Der Boden ermöglicht den Pflanzen das Wachstum und ist selbst voller Leben. Zu den Bodenbewohnern gehören z. B. Ameisen, Regenwürmer und Nagetiere. Eine besondere Rolle bei der Bodenfruchtbarkeit spielen Regenwürmer: Sie fressen den Boden, verdauen ihn, reichern ihn mit bestimmten Stoffen an und scheiden ihn aus.

Pflanzen wurzeln in fruchtbarem Boden.   *Schnecken graben im Boden.*

Regenwürmer verbessern die Fruchtbarkeit des Bodens, indem sie ihn durchmischen.

Erosion

Erosion ist die Abtragung des Bodens durch Wasser oder Wind. Sie wird durch Kahlschlag von Wäldern und Überweiden begünstigt. Große Gebiete am Mittelmeer, z. B. der jugoslawische Karst, sind stark erodiert und damit nahezu unfruchtbar.

Versalzung
Bei starker Verdunstung sammeln sich Salze im Boden. Wird künstlich bewässert, steigt die Gefahr der Versalzung noch an.

Auswaschung
Im Feuchtklima kann das Wasser Mineralstoffe auswaschen. Der Oberboden verliert so wichtige Salze für die Pflanzen.

Staunässe
Ausgewaschene Tonteilchen wandern nach unten, umhüllen andere Teilchen und führen so zu einem Wasserstau.

Bodenkriechen
An steilen Hängen kriecht der Boden oft abwärts. Man sieht dies gut an der Wuchsform mancher Bäume.

SIEHE AUCH UNTER   GESTEINE   MIKROORGANISMEN   PFLANZEN   SÄUREN UND BASEN   WÜRMER

BOLIVIEN UND PARAGUAY

BOLIVIEN UND PARAGUAY sind die einzigen Länder in Südamerika, die keinen Zugang zum Meer haben. Sie gehören auch zu den ärmsten dieses Kontinents. In einem erbitterten Krieg kämpften sie 1932–1935 um den Gran Chaco. Bolivien unterlag, doch der Chaco-Krieg führte in beiden Ländern zu langen politischen Wirren. Von 1535 bis um die Zeit von 1820 standen Bolivien und Paraguay unter spanischer Herrschaft. Noch immer ist Spanisch die Amtssprache und über 90 % der Bevölkerung sind römisch-katholisch. Die meisten Menschen arbeiten heute in der Landwirtschaft. Bolivianische Bauern bauen oft noch den Kokastrauch an, aus dem man das verbotene Kokain gewinnt.

Aymara
Die Aymara bilden eine Gruppe einheimischer südamerikanischer Indianer, die seit Jahrhunderten in der Hochebene Boliviens Landwirtschaft treiben. Bisher bewahrten sie ihre kulturelle Eigenständigkeit. Zusammen mit den Quechua, einem weiteren Indianervolk, bilden sie die Hälfte der Bevölkerung Boliviens. Sie werden diskriminiert und tragen wenig zur Politik und Wirtschaft bei. Der Staat hat jedoch viele Aymara dazu überredet, in die Städte zu ziehen.

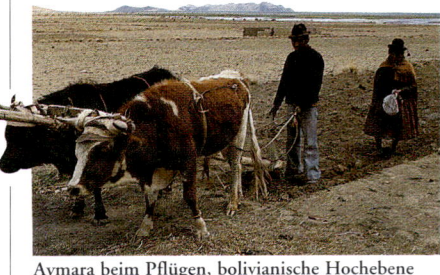

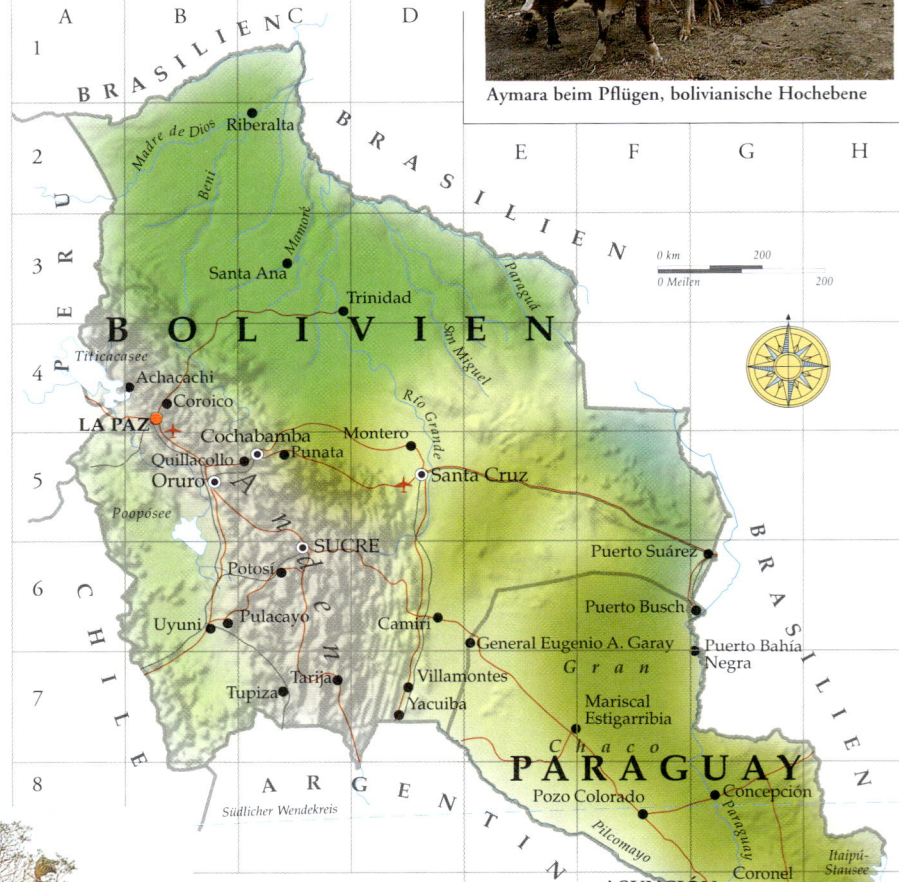

Aymara beim Pflügen, bolivianische Hochebene

Geografie
Der Altiplano (Hochebene) überwiegt im Westen Boliviens, der Osten (Oriente) ist eine Tiefebene. Paraguay wird von Norden nach Süden vom gleichnamigen Fluss durchzogen. Im Westen liegt der Gran Chaco, ein ausgedehntes Gras- und Buschgebiet.

Altiplano
In ungefähr 3 800 m Höhe über dem Meer liegt der Altiplano, eine weite, windgepeitschte, fast baumlose Hochebene in den Anden. Trotz des kalten und trockenen Klimas leben hier ungefähr 70 % aller Einwohner Boliviens. Sie bauen einige Pflanzen an und züchten Lamas und Alpakas.

Titicacasee
Der klare, blaue Titicacasee ist 8 288 km² groß. Er liegt auf 3 810 m Meereshöhe und ist der höchstgelegene schiffbare See der Welt. Noch heute befahren die Indios diesen See mit ihren Booten aus Schilfbündeln.

Gran Chaco
Die weite, trockene Ebene in Südostbolivien und Nordwestparaguay heißt Gran Chaco. Hier wachsen zähe Gräser, Dornensträucher, Kakteen und andere Trockenpflanzen. Der Gran Chaco ist noch weitgehend unbesiedelt.

Klima
Auf der bolivianischen Hochebene herrscht ein trockenes, kühles Klima. Die östlichen Landesteile sind warm und feucht wie ganz Paraguay. Im Sommer ist es im Chaco heiß, wobei jedoch viel Regen – 500 bis 1 000 mm pro Jahr – fällt.

19 °C   12 °C

1 890 mm

Bolivien

Bolivien ist das höchstgelegene und am stärksten isolierte Land in Südamerika. Seinen Namen hat es von Simón Bolívar, der Anfang des 19. Jh. den Unabhängigkeitskrieg gegen die Spanier führte. Etwa die Hälfte der Bevölkerung sind Indios. Die übrigen Einwohner sind Spanier oder Mischlinge. Das Land ist reich an Bodenschätzen.

La Paz
Obwohl Sucre die offizielle Hauptstadt Boliviens ist, wird das Land von La Paz aus regiert. Mit 3 631 m ist La Paz die höchstgelegene Hauptstadt der Welt und gleichzeitig die größte Stadt Boliviens. Von den rund 1,2 Millionen Einwohnern sind über die Hälfte Indios. In La Paz haben Chemie- und Textilunternehmen ihren Sitz, doch die Arbeitslosigkeit ist hoch.

Chuqui
Pfeifen aus Schilf. Je länger die Pfeife, desto tiefer ist der Ton.

Musik
Die bolivianische Musik zeigt Einflüsse der Inkas und Indios des Amazonas, der Spanier und Afrikaner. Ländliche Orchester der Aymara bestehen oft nur aus Panflöten, den *Chuqui*. Zu den übrigen Instrumenten zählen Trommeln, Flöten und das *Phututu* aus dem Horn einer Kuh.

Kahlschlag
Jedes Jahr werden in Bolivien 2 000 km² Regenwald gefällt – vor allem für die Rinderzucht und den Anbau des Kokastrauchs. Die Regierung kann den Kokaanbau kaum eindämmen. Chemische Stoffe, die man für die Herstellung von Kokain braucht, gelangen direkt in die Nebenflüsse des Amazonas und führen zu Umweltverschmutzung.

Zinn

Bergbau
Die Zinnminen Boliviens liegen hoch in den Anden. Die Ausbeute ist zwar gefallen, doch steht Bolivien in der Weltförderung immer noch an 5. Stelle. Beim Abbau von Antimon nimmt es den 3. Rang ein, bei Silber den 10.

BOLIVIEN: DATEN
HAUPTSTÄDTE	Sucre, La Paz
FLÄCHE	1 098 581 km²
EINWOHNER	8 330 000
BEVÖLKERUNGSDICHTE	7 Einwohner pro km²
SPRACHE	Spanisch, Quechua, Aymara
RELIGION	Christentum
WÄHRUNG	Boliviano

Nutzpflanzen
Die bolivianischen Bauern des Altiplano pflanzen viele Kartoffelsorten sowie Sojabohnen, Gerste und Weizen vor allem für ihre Familien an. In der Tiefebene wachsen Reis, Mais und Bananen. Für den Export baut man Zuckerrohr, Kakao und Kaffee an. Den meisten Profit verspricht allerdings der illegale Anbau des Kokastrauches.

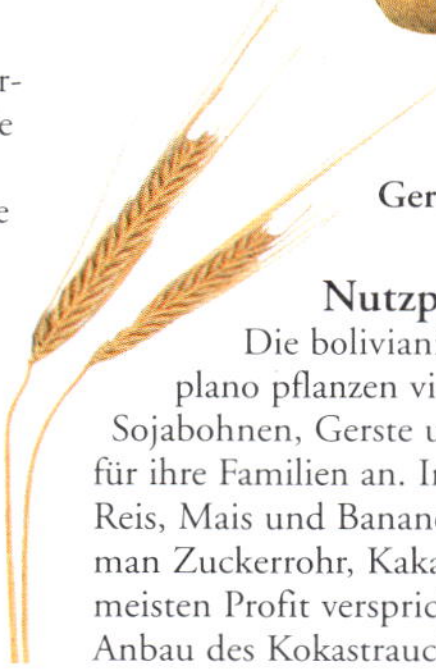

Kartoffeln, Mais, Gerste

Paraguay

Der Fluss Paraguay, der dem Staat den Namen verliehen hat, teilt das Land in zwei Hälften. Östlich davon liegen fruchtbare Hügelgebiete und Ebenen, in denen 95 % der Einwohner leben. Die meisten sind Mischlinge oder Mestizen, die übrigen Guaraní oder Europäer. Im Nordwesten liegt der Gran Chaco, von dem Paraguay in den 30er Jahren große Teile übernahm. Hier leben nur 5 % aller Einwohner, unter ihnen etwa 10 000 deutschstämmige Mennoniten mit strenger Lebensweise.

Tasche der Macá

Macá
Die Macá sind ein kleines Indianervolk, das wie seine Vorfahren im Gran Chaco lebt. Sie sind Ackerbauern. Die Frauen weben Taschen und Kleider für den Handel mit Touristen.

Rinderzucht
Der Haupterwerbszweig im Gran Chaco ist die Rinderzucht. Unter der Aufsicht berittener Gauchos ziehen die großen Herden durch die weiten flachen Grasgebiete. Die Farmen der Viehbarone heißen mit einem spanischen Wort Estancias. Sie liegen in dieser menschenleeren Gegend sehr weit verstreut.

Itaipu-Staudamm
Der Itaipu-Damm am Fluss Paraná ist ein gemeinsames Projekt von Paraguay und Brasilien. Der Stausee hat eine Fläche von 3 250 km² und ist bis 220 m tief. Er liefert Wasser für das größte Wasserkraftwerk der Erde und erzeugt so viel Energie, dass Paraguay von Stromimporten unabhängig ist.

Das Wasserkraftwerk hat eine Leistung von 12 600 MW – genug für ganz New York.

PARAGUAY: DATEN
HAUPTSTADT	Asunción
FLÄCHE	406 752 km²
EINWOHNER	5 750 000
SPRACHE	Spanisch, Guaraní
RELIGION	Christentum
WÄHRUNG	Guaraní

Jesuiten
Im Jahr 1588 kamen spanische Priester nach Asunción. Sie gehörten dem Orden der Jesuiten an, bekehrten die einheimischen Guaraní zum Christentum und lehrten sie z. B. das Weben. Die Jesuiten errichteten auch große Kirchen aus Stein.

Exporte
Sojabohnen und Baumwolle machen fast 50 % der Exporte aus. Das Land verkauft auch Holz aus seinen Wäldern, Pflanzenöle und Fleischprodukte. Doch ist das Land arm und die Bevölkerung hat gerade das Nötigste zum Leben.

SIEHE AUCH UNTER ARZNEIMITTEL UND DROGEN · CHRISTENTUM · ENERGIE · GESTEINE · INDIANER · LANDWIRTSCHAFT · MUSIK · SÜDAMERIKA, GESCHICHTE · TALSPERREN · TEXTILIEN

BRASILIEN

ALS GRÖSSTES LAND Südamerikas ist Brasilien zwangsläufig voller Gegensätze. Es wird vom Amazonas, dem größten Fluss der Erde, entwässert, hat die größten Regenwälder sowie trockene Wüsten im Nordosten und hügelige Grasgebiete im Süden. Übervölkerte Städte stehen im Kontrast zu noch unerforschten Gebieten. Das Land hat eine gut entwickelte Industrie und Landwirtschaft, und doch leben viele Menschen in Armut. Die Brasilianer bilden eine aufregende, multikulturelle Gesellschaft.

Geografie
Im Norden Brasiliens liegt das Amazonasbecken mit Regenwäldern und Berggebieten. Der Südosten besteht aus Hochflächen mit sonnenverbrannten Buschgebieten, Feldern und Weiden.

BRASILIEN: DATEN
HAUPTSTADT	Brasília
FLÄCHE	8 514 215 km²
EINWOHNER	175 000 000
SPRACHE	Portugiesisch, rund 180 Indianersprachen
RELIGION	Christentum, Stammesreligionen
WÄHRUNG	Réal
LEBENSERWARTUNG	63 Jahre
EINWOHNER PRO ARZT	847
REGIERUNG	Mehrparteiendemokratie
ANALPHABETEN	16 Prozent

Hochebenen
Das Brasilianische Hochland erstreckt sich vom Amazonasbecken bis zur Küste und steigt bis in eine Höhe von 3 000 m. Zwei Drittel Brasiliens sind Hochebenen, und die Landschaft reicht hier von tropischen Wäldern bis zur steinigen Wüste.

Regenwald des Amazonas
Drei Fünftel Brasiliens waren einst von Regenwald bedeckt. Der Amazonas ist 6 448 km lang und durchzieht mit 200 Nebenflüssen den Norden des Landes. In diesem Regenwaldgebiet leben über 100 000 Pflanzen- und Tierarten.

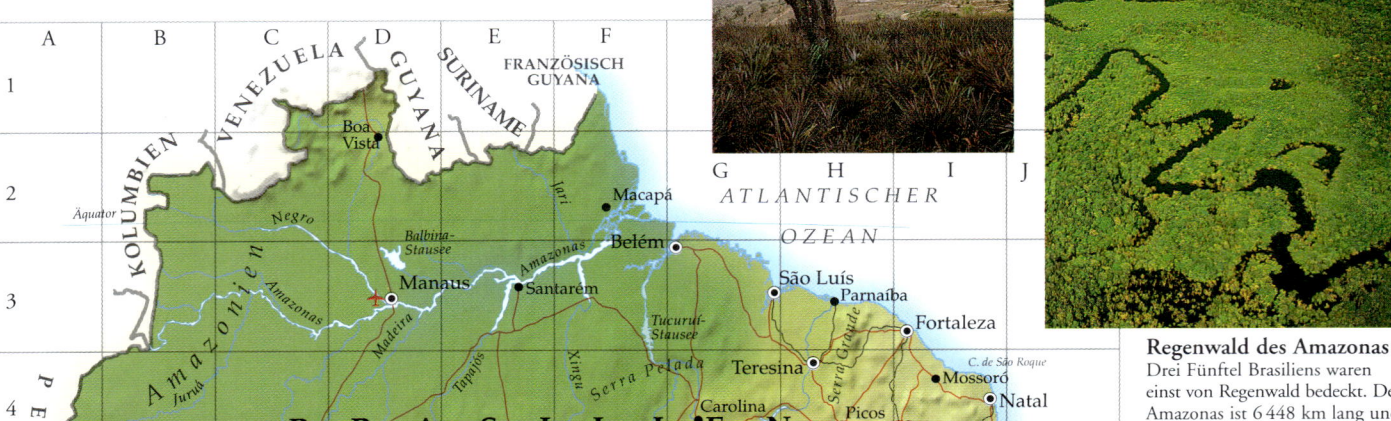

41 °C   -4 °C
18 °C   22 °C
1 600 mm

Klima
Mit Ausnahme des äußersten Südens liegt ganz Brasilien in den Tropen. Die Temperaturen sind entsprechend hoch. Im Regenwald des Amazonas regnet es ungefähr 4 000 mm pro Jahr. In der Nordostecke sind Trockenperioden häufig. Weiter im Süden herrschen heiße Sommer und kühle Winter sogar mit Frösten.

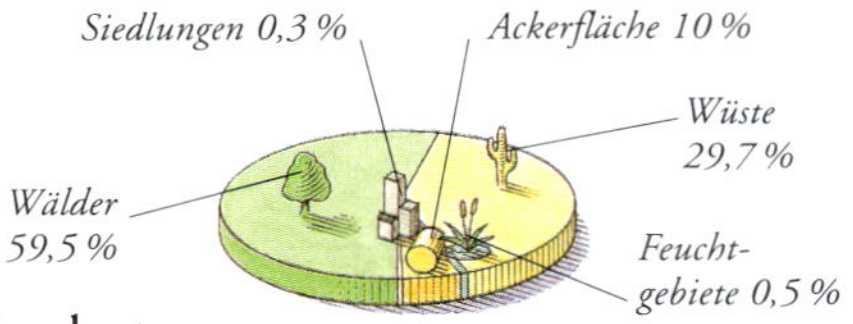

Brasília
Brasiliens moderne Hauptstadt liegt am Nordrand des Brasilianischen Berglands. In den 1950er Jahren wurde Brasília aus dem Boden gestampft, um Rio de Janeiro als Hauptstadt zu ersetzen. Die Lage im Landesinneren erlaubte die Entwicklung von Gebieten weitab der Küste. Brasília besitzt viele futuristisch anmutende Gebäude des Architekten Oscar Niemeyer (geb. 1907).

Kathedrale von Brasília

Siedlungen 0,3 %
Ackerfläche 10 %
Wüste 29,7 %
Wälder 59,5 %
Feuchtgebiete 0,5 %

Landnutzung
Die Wälder des Landes werden mit erschreckender Geschwindigkeit kahlgeschlagen, um Holz zu verkaufen und Weideland zu gewinnen. Im fruchtbaren Südosten, in der Umgebung von São Paulo, gibt es viel Landwirtschaft.

Bevölkerung

In Brasilien trafen sich viele Völker und Rassen aus Afrika, Europa und Asien. Die indianischen Ureinwohner machen heute nur noch 0,17 % der Bevölkerung aus. Viele Familien der brasilianischen Mischbevölkerung sind streng katholisch und haben einen engen Zusammenhalt. Die meisten Menschen leben in Städten an der Südostküste.

20 pro km²   **81 % Stadt**   **19 % Land**

Indios
In den Regenwäldern leben noch etwa 200 kleine Indianervölker. Einige haben Zuflucht im Xingu-Nationalpark gefunden, nachdem die Wälder, in denen sie gelebt hatten, abgeholzt wurden.

Freizeit

Die überwiegend römisch-katholische Bevölkerung Brasiliens feiert viele religiöse Feste. Dazu zählt auch der Karneval von Rio und Bahia. Millionen Brasilianer lieben den Sport, vor allem Fußball, Basketball und Wassersport an den Küsten. Der Samba, einer der beliebtesten Tänze, ist in Brasilien entstanden.

Karneval von Rio
Der Karneval von Rio gilt als eines der größten und aufwendigsten Feste der Welt. Er wird jedes Jahr mit Beginn der Fastenzeit in den Tagen vor Aschermittwoch gefeiert. Reich geschmückte Wagen und Kolonnen von Musikern und Tänzerinnen in fantasievollen Kostümen ziehen beim Karneval durch die Straßen der Stadt.

Fußball
Viele Brasilianer sind fußballverrückt, als Zuschauer wie auch als Spieler. Die Nationalmannschaft hat die Weltmeisterschaft öfter gewonnen als jedes andere Team. Ihr Starspieler in den 60er Jahren war Edson Arantes do Nascimento, genannt Pelé. Er wurde später Sportminister und gilt als Fußballlegende.

Landwirtschaft

Brasilien verfügt über unvorstellbare natürliche Ressourcen. Ein Viertel aller Beschäftigten arbeitet in der Landwirtschaft. Bei Nahrungsmitteln erwirtschaftet Brasilien einen großen Überschuss, der exportiert wird. Das beste Agrarland liegt in der Gegend von São Paulo und Rio de Janeiro. Dort gibt es genügend Wasser und ein mildes Klima.

Kaffee, Blätter und Beeren

Orange

Sojabohnen
Jede Beere enthält 2 Samen. Sie werden gewaschen, getrocknet und schließlich geröstet.

Rinderfarm, São Paulo

Fleischproduktion
Brasilien ist der drittgrößte Produzent für Rind- und Kalbfleisch. 165 Millionen Kühe grasen auf den Weiden in Zentralbrasilien. Um Platz für Rinderfarmen zu schaffen, zerstört man immer mehr tropischen Regenwald. Sobald der Boden erschöpft ist, wird der Regenwald weiter gerodet.

Bananen

Nutzpflanzen
Brasilien ist der wichtigste Produzent von Kaffee und Orangen, die auf den warmen, fruchtbaren Böden Zentral- und Südbrasiliens gedeihen. Ein Viertel der Welternte an Kaffee und ein Drittel an Orangen stammt von hier. Bei Zuckerrohr steht das Land an 1., bei Sojabohnen und Bananen an 2., bei Kakao an 4. Stelle.

Waldprodukte

Die Indios nutzen seit jeher die Pflanzen und Bäume des Amazonasgebiets als Nahrung und für den Bau ihrer Häuser und gewinnen daraus auch Heilmittel. Einige dieser Pflanzen sind weltbekannt, z. B. Kautschuk und die Paranuss. Aus der Rinde des Chinarindenbaumes stellte man das Malariamittel Chinin her, die Brechwurzel liefert ein Hustenmittel. Das Pfeilgift Curare wird heute bei Operationen zum Erschlaffen der Muskulatur verwendet.

Paranuss

Transport

Die wichtigsten Zentren Brasiliens sind durch ein Netz von Straßen verbunden. Von den 1 980 000 km Straßen sind nur 9 % asphaltiert. Brasilien hat eines der größten nationalen Luftnetze. Rasch wachsende Städte wie São Paulo erweitern ständig ihre Untergrundbahn.

Industrie

In der Industrie sind ungefähr 20 % der brasilianischen Arbeitskräfte beschäftigt. Die wichtigsten Exportgüter neben Nahrungsmitteln sind Maschinen, Autos, Papier und Textilien. Brasilien hat auch eine große Bergbau-, Öl- und Stahlindustrie, litt aber lange unter einer Inflation.

Bergbau
Brasilien zählt in der Förderung von Eisen- und Zinnerzen zu den führenden Ländern. Es werden auch Gold und Edelsteine gefunden, z. B. Amethyst, Diamant, Topas und Aquamarin. Der Bergbau verwüstet aber weite Landstriche.

Stahl
Brasilien produziert den meisten Stahl Südamerikas und steht im 8. Weltrang. Dieser Umstand und billige Arbeitskräfte ließen viele Autofirmen hier investieren.

„Grüne" Autos
Etwa ein Drittel aller brasilianischen Autos werden mit so genanntem „grünem" Benzin angetrieben. Es ist Alkohol oder Ethanol, den man aus Zuckerrohrabfällen gewinnt. Ethanol ist ein regenerativer Treibstoff. Bei der Verbrennung entsteht weniger Kohlenmonoxid.

SIEHE AUCH UNTER   CHRISTENTUM   FESTE UND FEIERN   FLÜSSE   FUSSBALL   GESTEINE   INDIANER   KRISTALLE   LANDWIRTSCHAFT   SÜDAMERIKA, GESCHICHTE   WÄLDER

BRIEFMARKEN UND POST

JEDEN TAG VERSCHICKEN und bekommen Millionen von Menschen Post. Der Absender bringt auf dem Briefumschlag Briefmarken an als Zeichen, dass er die Versandkosten im Voraus entrichtet hat. Dann wirft er den Brief in einen Briefkasten und vertraut darauf, dass er an seinen Bestimmungsort gelangt. Trotz der Verbreitung elektronischer Medien wie E-Mail und Fax bleibt die Post eine wichtige Einrichtung für die Kommunikation.

Postdienste
Seit der Antike gibt es einen Postdienst zum Befördern von Briefen und Paketen. Eine Neuerung war die Einführung der Briefmarke um 1840. Zuvor musste der Empfänger die Sendung bar bezahlen. Mit Briefmarken bezahlt der Absender die Gebühr im Voraus. Sie richtet sich nach Gewicht, Größe, Zielort und Schnelligkeit der Zustellung. Eine komplizierte Organisation sorgt dafür, dass Inlandsbriefe den Empfänger am nächsten Tag erreichen.

Philatelie
Jedes Land hat einen Postdienst und gibt Briefmarken heraus. Ein Philatelist sammelt diese Briefmarken. Die Sammelleidenschaft begann Mitte des vorigen Jahrhunderts. Da es damals noch wenige Briefmarken gab, sammelten die Philatelisten viele Stücke derselben Sorte und klebten sie als Zierde auf Wände und Möbel. Heute bewahrt man die Marken in Alben auf. Lange zeigten Briefmarken nur die Köpfe von Herrschern. Heute bilden viele Länder auch landestypische Pflanzen und Tiere oder Kunstdenkmäler auf Briefmarken ab.

Sammelpaket für Anfänger

Briefmarken aus verschiedenen Ländern

Sammler sortieren ihre Briefmarken in Steckalben.

Zähnungsschlüssel

Durchsichtige Folie zum Schutz der Briefmarken

Pinzette zum Greifen von Briefmarken

Abbildung einer seltenen Marke auf einer neuen

Lupe

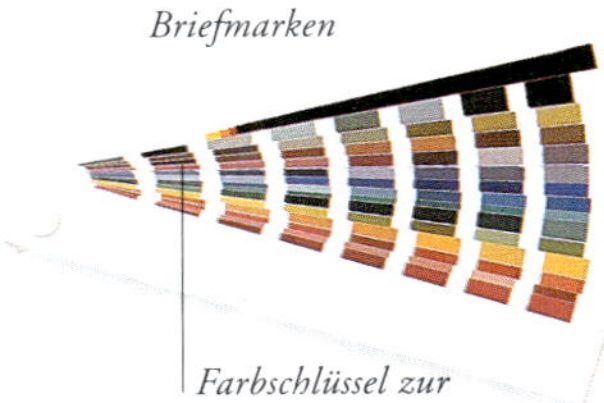

Farbschlüssel zur Beurteilung von Farben

Sortieren
Die Post wird von einer Maschine sortiert. Sie liest die Postleitzahl und die Adresse, vergleicht auf Fehler und bringt einen phosphoreszierenden Strichcode auf dem Brief an. Dann wird nach Postleitzahlen sortiert. Ein Stempel entwertet die Marke.

Sortiermaschine

Luftpost

Auslieferung
Der Postversand erfolgt in der Regel mit Lastwagen und Flugzeugen. Am Bestimmungsort gelangt die Post in Verteilstellen, wo die Feinsortierung nach den hinteren Stellen der Postleitzahlen vorgenommen wird. Briefträger bringen die Post dann zu den Empfängern.

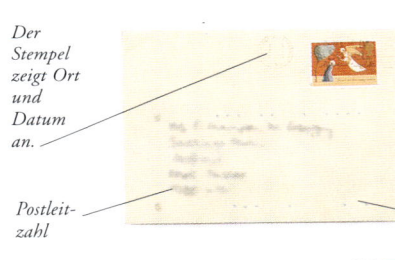

Der Stempel zeigt Ort und Datum an.

Postleitzahl

Den phosphoreszierenden Strichcode liest eine Sortiermaschine. Sie ist 10-mal so schnell wie früher ein Handsortierer.

Phosphoreszierende Zeichen

Der Name des ausgebenden Landes ist auf jeder Briefmarke vermerkt – die Ausnahme ist Großbritannien.

Königin Viktoria von England

Luftpostpapier muss besonders leicht sein, um die Luftfracht zu verringern.

Briefmarkensammlungen
Links sind einige Gegenstände abgebildet, die ein Briefmarkensammler braucht. Die meisten Sammler beginnen mit einem Paket verschiedenster Marken aus aller Welt, die sie in einem Album sortieren. Man kann Sammlungen auch nach verschiedenen Gesichtspunkten anlegen, z. B. nach Ländern, Themen oder Markenformen.

Die One Cent von British Guiana auf einer Marke von 1967

Teure Briefmarken
Die seltenste Marke der Welt ist die One Cent von British Guiana aus dem Jahr 1856. Es gibt nur noch ein Exemplar davon. Ein Schüler fand sie 1873. Im Jahr 1980 kaufte sie ein amerikanischer Sammler für 850 000 Dollar.

Chronologie
500 v. Chr. Der persische Herrscher Kyros II. stellt reitende Boten auf.

1490 Franz von Taxis richtet einen Postdienst im deutschen Reich ein.

1840 In Großbritannien werden die ersten Briefmarken eingeführt. Es gibt eine schwarze mit einem Wert von 1 Penny und eine blaue zu 2 Pennys. Der Absender zahlt im Voraus.

Schwarze 1 Penny

1849 Bayern hat die ersten deutschen Postwertzeichen.

1874 Gründung des Weltpostvereins zur Vereinheitlichung der Postbeförderung

1919 Regelmäßige internationale Luftpostverbindungen

1977 Die USA führen die *Express Mail* ein. Jede Sendung trifft am nächsten Tag ein.

| SIEHE AUCH UNTER | CODES UND CHIFFREN | HANDEL UND INDUSTRIE | INFORMATION UND KOMMUNIKATION | TELEKOMMUNIKATION |

Briefmarkenmotive

Pflanzen und Tiere

Orchideen, Algerien

Orchideen, Belize

Ameisenbär, Guyana

Dahlie, Japan

Brandgans, Sowjetunion

Rothirsch, Weißrussland

Unzertrennliche, USA

Transport und Sport

Fregatte, Chile

Erinnerung an die Europameisterschaft — Fußball, Albanien

Spaceshuttle, USA

Segeln, Japan

Ferrari — Rennwagen, Belgien

Die fünf Olympischen Ringe — Speerwerfen, Monaco

Golf, Kenia

Ungewöhnliche Formen

100-jähriges Jubiläum des Weltpostvereins — Umriss, Norfolk Island

Wichtigste Nutzpflanze auf Tonga — Bananenförmig, Tonga

Gedruckt 1913 — Marke ohne Wasserzeichen, Japan

Kreisrund, Singapur

Sehr gut erhalten — 1861, 3 Cent, USA

Gedruckt auf metallisches Papier — Nierenförmig, Bahamas

Kricket ist auf der Insel sehr beliebt. — Dreieckig, Sri Lanka

Berühmte Leute

Deutscher Filmstar Marlene Dietrich (1901–1992)

Astronom, Italien Galileo Galilei (1564–1642)

Filmstar, USA James Dean (1931–55)

Präsident, USA Rich. Nixon (1913–94)

Filmstar, USA Grace Kelly (1929–82)

Dichter, Chile Pablo Neruda (1904–73)

Politiker, BRD Konrad Adenauer (1876–1967)

Briefkästen

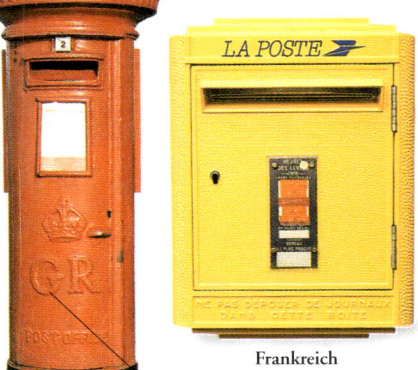

Initialen des Monarchen zur Zeit der Aufstellung — Großbritannien

Frankreich

Briefkasten für Briefsendungen — Deutschland

Stadtbriefkasten der Deutschen Reichspost 1896 — Deutsches Reich

Italien

Expressbriefkasten, Auslieferung am nächsten Tag — Vereinigte Staaten

BRONZEZEIT

UM 3000 V. CHR. begannen die Menschen zum ersten Mal Bronze zu verwenden – eine Metalllegierung aus Kupfer und Zinn. Sie ersetzte bald den Stein, aus dem bisher die Waffen und Werkzeuge hergestellt worden waren. Der Beginn dieser Bronzezeit war von Kultur zu Kultur verschieden. Die ersten Handwerker, die sicher Bronze verwendeten, lebten in Mesopotamien, dem heutigen Irak. Ursprünglich bearbeiteten sie reines Gold und reines Kupfer, das durch Hämmern leicht in eine Form zu bringen war. Auf die Bronzezeit folgte die Eisenzeit, in der die Menschen lernten, das Eisen zu schmelzen und zu formen. Nun konnten sie noch bessere und härtere Werkzeuge und Waffen herstellen als zuvor.

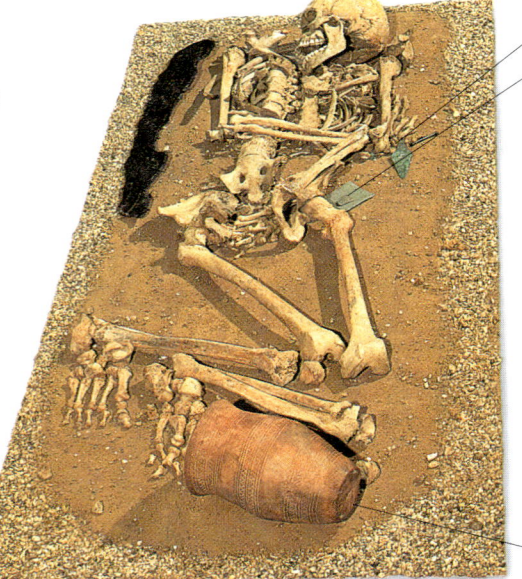

Die ersten Metallarbeiten

Zu Beginn der Bronzezeit fertigten die Handwerker aus Gold, Kupfer und Bronze vor allem Schmuckstücke oder Prunkwaffen wie den Dolch im Grab von Barnack, England. Die Leute benutzten weiter Werkzeuge aus Stein, da er härter war als Bronze.

Armband aus Stein mit Goldschrauben
Kupferne Degenklinge
Becher aus Ton für das Leben im Jenseits

Das Grab von Barnack, um 1800 v. Chr.

Metalle

Die Menschen lernten, durch Erhitzen von Erz Metalle zu gewinnen. Daraus ließen sich nützliche Gegenstände und Schmuck herstellen.

Erz
Gewöhnliches Kupfererz konnten die Menschen leicht unterscheiden.

Gelber Kupferkies
Buntkupferkies

Schmelzen
Um das Metall zu gewinnen, erhitzten sie das Erz. Wenn der Schmelzpunkt erreicht war, fingen sie das herausfließende Kupfer in einem steinernen Schmelztiegel auf.

Spuren von Bronze

Legieren
Dem flüssigen Kupfer mischte man geschmolzenes Zinn bei und erhielt so Bronze. Diese goss man in runde Formen, die Kokillen, ließ sie abkühlen und hatte nun Barren aus einer Legierung.

Schmelzen

Die Menschen der Bronzezeit gossen Gegenstände, indem sie flüssige Bronze in eine Kokille laufen ließen. Wenn das Metall abgekühlt war, wurde die Form geöffnet. Dieses Verfahren verwendete man z. B. für Schmuck.

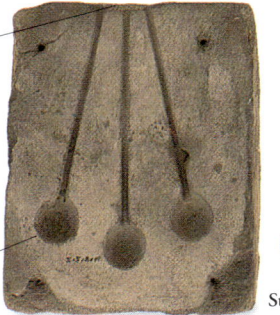

Durch die Löcher goss man Metallschmelze.
Die Form des Gegenstands wurde in den Stein geschnitten.
Nadel aus Bronzeguss
Steinkokille

Kokille
Diese Steinhälfte diente als Form, um Nadeln zu gießen. Man hat sie um 1000 v. Chr. in der Schweiz verwendet. Die 2 Hälften der Kokille wurden zugeschnürt und durch die Löcher oben floss das Metall.

Anstecknadeln
Bronzenadeln wie diese wurden in Steinformen gegossen. Die Form, die das schöne Muster auf dem Nadelkopf erzeugte, hat man eingeritzt.

Zinken, um das Fleisch aus dem Kessel zu holen
Fleischgabel

Kupfer
Die Herrscherfamilie von Ur in Mesopotamien ließ aus Kupfer Schmuck, aber auch alltägliche Gegenstände wie diese Fleischgabel herstellen. Aus reinem Gold wurden z. B. kleine Schiffe als Grabbeigaben gefertigt.

Bronzeschwerter wurden manchmal gegossen, obwohl sie härter waren, wenn sie gehämmert wurden. Dieses dänische Schwert ist poliert. Der Bronzeglanz wird dadurch gut sichtbar.

Französisches Prunkschwert
Fibeln Damit wurden Kleidungsstücke zusammengehalten.
Bronzeaxt
Armreif aus Bronze 
Dänisches Bronzeschwert
Bronzeanhänger

Bronzeschmuck
Bronze war hoch geschätzt. Die Edlen trugen Bronzeschwerter und Bronzeschmuck in Form von Armreifen und Anhängern. Ihre Kleider hielten sie mit Fibeln aus Bronze zusammen.

Chronologie

3800 v. Chr. Die ersten Metallgegenstände werden durch Schmelzen hergestellt. In Tepe Yahya, Iran, wird hauptsächlich Kupfer geschmolzen.

3000 v. Chr. In ganz Westasien wird aus Kupfer und Zinn Bronze hergestellt.

2500 v. Chr. In Mohenjo-Daro und Harappa im Tal des Indus benutzt man Gegenstände aus Bronze.

2000 v. Chr. Die Bearbeitung von Bronze wird in der minoischen Kultur auf Kreta und der Kultur von Mykene in Griechenland eingeführt. Beide kontrollieren den Kupfer- und Zinnhandel in Europa.

1900 v. Chr. In der Türkei, im Iran und Irak beginnt mit der Verwendung von Eisen die Eisenzeit.

1800 v. Chr. Die Bronzezeit beginnt in Europa an der unteren Donau.

800 v. Chr. In Mitteleuropa beginnt die frühe Eisenzeit.

Axt mit Schaftloch, Ungarn

SIEHE AUCH UNTER GRIECHEN | INDUSKULTUR | METALLE | MINOISCHE KULTUR | STEINZEIT | SUMERER

BRÜCKEN

AUF BRÜCKEN überquert man Flüsse, Meeresarme, Bahngleise, tiefe Täler und Verkehrsknotenpunkte. Brücken gehören zu den auffälligsten Bauwerken, und auch zu den nützlichsten, weil sie oft weite Umwege ersparen. Die ersten Brücken waren wahrscheinlich Baumstämme, die man über Wasserläufe legte. Von der Zeit der Römer bis weit ins 18. Jh. baute man Brücken hauptsächlich aus Holzbalken und aus Bögen, die man mit Steinen und Ziegel mauerte. Dann wurde Eisen als Baustoff verfügbar. Die meisten heutigen Brücken bestehen aus Beton und Stahl. Sie sind sowohl dauerhaft wie zugfest.

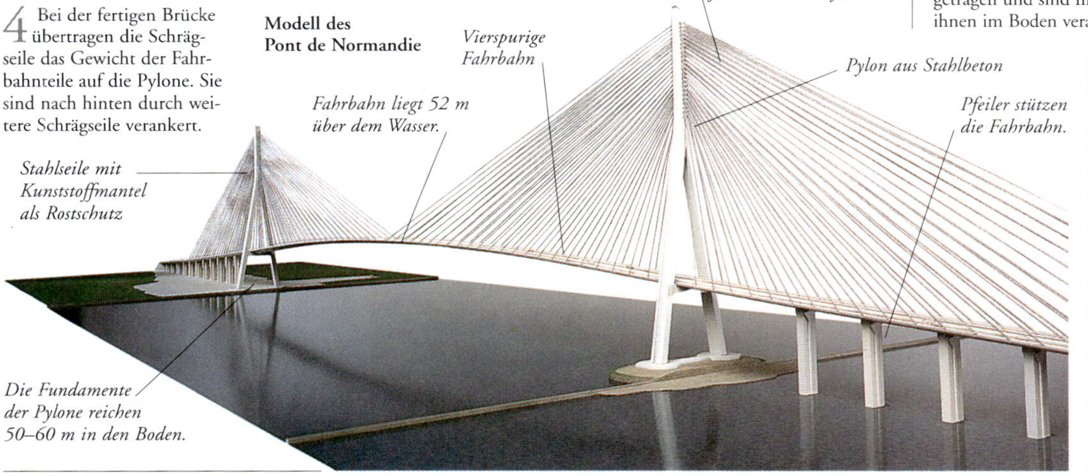

Brückentypen

Selbst auf einer kurzen Reise fährt man über viele Brücken. In Wirklichkeit gibt es aber nur einige wenige Typen: Bogenbrücken, Balkenbrücken, Auslegerbrücken, Hänge- und Schrägseilbrücken. Die Art der Brücke hängt von der Spannweite, den landschaftlichen Gegebenheiten und dem Untergrund ab.

Bogenbrücke
Aus Stein oder Ziegel gemauerte Bögen können viel Gewicht tragen. Um größere Flüsse zu überspannen, setzt man mehrere Bögen hintereinander.

Balkenbrücke
Bei Balkenbrücken werden ein oder mehrere Balken an den Enden von Pfeilern getragen. Zu lange Balken sind unpraktisch; sie könnten unter ihrem Gewicht zusammenbrechen.

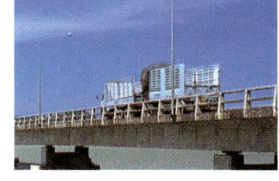

Auslegerbrücke
Eine Konstruktion, die über den Punkt, an dem sie befestigt ist, hinausragt, nennt man Ausleger. Viele Auslegerbrücken sind ein Fachwerk aus eisernen oder stählernen Gliedern.

Hängebrücke
Die Fahrbahn ist hier an senkrechten Seilen befestigt, die ihrerseits von Stahlgurten herabhängen. Diese werden von Pylonen getragen und sind hinter ihnen im Boden verankert.

Pylon

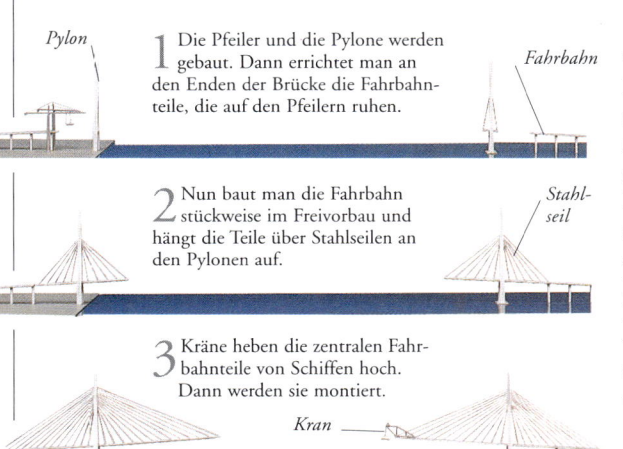

1 Die Pfeiler und die Pylone werden gebaut. Dann errichtet man an den Enden der Brücke die Fahrbahnteile, die auf den Pfeilern ruhen.

Fahrbahn

2 Nun baut man die Fahrbahn stückweise im Freivorbau und hängt die Teile über Stahlseilen an den Pylonen auf.

Stahlseil

3 Kräne heben die zentralen Fahrbahnteile von Schiffen hoch. Dann werden sie montiert.

Kran

Schrägseilbrücke

Mit Schrägseilbrücken kann man weite Strecken überspannen. Zuerst baut man zwei mächtige Pfeiler oder Pylone. Im Freivorbau bringt man anschließend die Brückenbalken an. Schrägseile, die an den Pylonen ansetzen, tragen diese Fahrbahn. Aus Gleichgewichtsgründen sind meistens zu beiden Seiten jedes Pylons tragende Stahlseile angebracht.

4 Bei der fertigen Brücke übertragen die Schrägseile das Gewicht der Fahrbahnteile auf die Pylone. Sie sind nach hinten durch weitere Schrägseile verankert.

Stahlseile mit Kunststoffmantel als Rostschutz

Modell des Pont de Normandie

Vierspurige Fahrbahn

Fahrbahn liegt 52 m über dem Wasser.

23 Stahlseilpaare auf jeder Seite des Pylons

Pylon aus Stahlbeton

Pfeiler stützen die Fahrbahn.

Die Fundamente der Pylone reichen 50–60 m in den Boden.

Isambard Kingdom Brunel
Der Engländer Isambard Kingdom Brunel (1806–1859) war ein genialer Brückenbauer und Ingenieur. Er entwarf und baute zwei der ersten Hängebrücken, außerdem Eisenbahnen sowie die drei größten Transatlantikdampfer seiner Zeit.

Aquädukt
Ein Aquädukt ist eine Brücke für den Transport von Wasser. Die Römer bauten Aquädukte zur Wasserversorgung ihrer Städte. Heutige Aquädukte tragen Kanäle. Sie führen über steile Täler und halten die Wasserhöhe im Kanal bei. Mit einem solchen Aquädukt vermeidet man den Bau zahlreicher aufwendiger Schleusen.

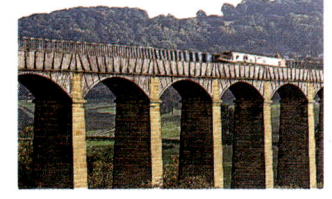

Aquädukt über den Fluss Dee, Wales

Chronologie

200 v. Chr. Römische Ingenieure bauen die ersten Bogenbrücken und Aquädukte aus Stein.

1779 In Ironbridge, England, entsteht die erste Brücke aus Gusseisen.

1883 Eisenbahn-Gitterbrücke über den Firth of Forth, Schottland

1883 Brooklyn Bridge in New York, erste Hängebrücke der USA mit stählernen Gurten

1899 Stahlbetonbrücke in Chatellerault, Frankreich

Sydney Harbour Bridge, Australien

1932 Eröffnung der Harbour Bridge in Sydney, Australien. Die Eisen- und die Fahrbahntrasse hängen an einem Stahlbogen.

1998 Die Akashi-Kaikyo-Brücke über die Akashi-Straße ist z. Zt. die längste Hängebrücke der Welt.

| SIEHE AUCH UNTER | BAUTECHNIK | EISENBAHN | EISEN UND STAHL | FLÜSSE | RÖMISCHES REICH | SCHIFFE | STRASSEN | TRANSPORT, GESCHICHTE | TUNNELS |

BUCHDRUCK

BIS MITTE DES 15. JH. hat man Bücher mit der Hand abgeschrieben und auf diese Weise vervielfältigt. Dann wurde um 1450 die Druckerpresse mit beweglichen Lettern erfunden. Das war eine Revolution. Nun ließen sich beliebig viele Bücher in kurzer Zeit herstellen. Gedruckte Bücher waren billig und das Wissen verbreitete sich schnell. Heute werden wir von Drucksachen überschwemmt. Bücher, Zeitungen, Zeitschriften und Plakate werden zu hunderttausenden gedruckt und verbreitet.

Farbauszüge

Um bunte Bilder zu bekommen, muss das Papier mit 4 Farben bedruckt werden. Aus dem Überdrucken der 4 Farben Schwarz, Cyan (Blau), Magenta (Rot) und Gelb entsteht das bunte Bild. Jede Farbe wird von einer Druckplatte auf das Papier gebracht. Um die jeweiligen Farbanteile zu erhalten, macht man einen Farbauszug vom Original. Ein Scanner, der mit einem Computer verbunden ist, zerlegt das bunte Bild. Dann wird für jede Farbe ein Film hergestellt.

Farbfilme Der Computer berechnet die Dichte für jede Farbe. Diese erscheinen auf Filmen, durch die man dann die Druckplatte belichtet.

Schwarz   Cyan (Blau)   Magenta (Rot)   Gelb

Druckvorgang

Die Druckplatten aus Metall tragen eine lichtempfindliche Schicht. Durch die 4 Farbauszüge schickt man Lichtstrahlen und belichtet jede Druckplatte. Nun werden die Platten chemisch behandelt und das Druckbild wird sichtbar. Dann passt man die Druckplatten auf die Zylinder der Druckmaschine ein. Das eingefärbte Bild auf der Druckplatte wird beim Offsetdruck auf einen Zylinder mit Gummituch übertragen. Dieser presst die Farbe auf das Papier.

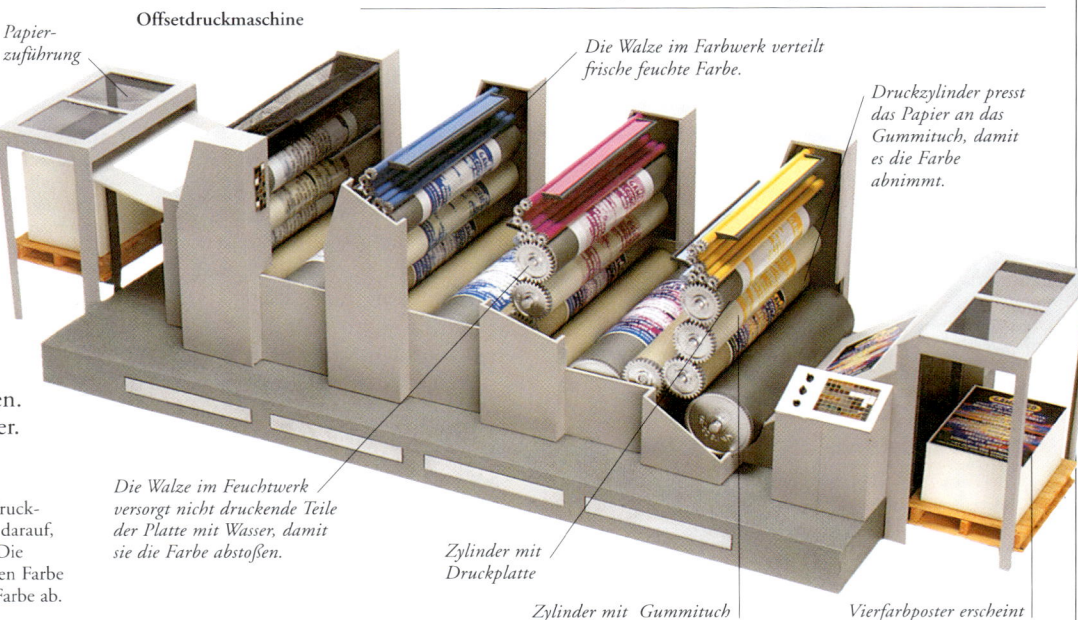

Druckmaschine
Es gibt viele Druckverfahren. Diese moderne Druckmaschine druckt im Offsetverfahren. Es beruht darauf, dass Fett die Farbe anzieht, Wasser sie abstößt. Die druckenden Teile der Platte sind fett und nehmen Farbe an, die nicht druckenden sind nass und stoßen Farbe ab.

Papierzuführung Offsetdruckmaschine *Die Walze im Farbwerk verteilt frische feuchte Farbe.* *Druckzylinder presst das Papier an das Gummituch, damit es die Farbe abnimmt.*

Die Walze im Feuchtwerk versorgt nicht druckende Teile der Platte mit Wasser, damit sie die Farbe abstoßen.

Zylinder mit Druckplatte

Zylinder mit Gummituch überträgt Farbe auf das Papier.

Vierfarbposter erscheint am Ende des Druckes.

Druckfarben Die 4 Farben werden aufeinander gedruckt, bis das vierfarbige Poster fertig ist.

Johannes Gutenberg
Um 1450 erfand der Mainzer Goldschmied Gutenberg (um 1398–1468) ein Verfahren, aus Blei Buchstaben in Form einzelner Lettern zu gießen. Diese konnten zu Wörtern und Zeilen und ganzen Texten angeordnet werden. Die einzelnen gesetzten Seiten wurden mit Druckerschwärze eingefärbt und in einer Presse auf Papier gedruckt. Die Buchstaben konnte man dann wieder für andere Texte verwenden.

Gutenberg und seine Druckerpresse

Typografie

Die Art der Buchstaben und die Gestaltung einer Textseite bezeichnet man als Typografie. Man kennt unzählige Schriften, von einfachen Textzeichen bis zu besonders geschnittenen Typen, z. B. für Zeitungsüberschriften oder für Anzeigen.

ABCDEFGHIJKLMNO
PQRSTUVWXYZ Times

ABCDEFGHIJKLMNO
PQRSTUVWXYZ Helvetica

normal
kursiv
fett

Schrifttypen
Sie können normal, kursiv oder fett sein. Die beiden Letzteren nimmt man für besondere Zwecke.

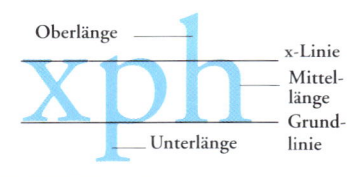

xph — Oberlänge, x-Linie, Mittellänge, Unterlänge, Grundlinie

ipsum dolor consectetuer adipiscing ipsum dolor consectetuer adipiscing ipsum dolor

ipsum dolor consectetuer adipiscing ipsum dolor consectetuer

Den Abstand zwischen den Zeilen nennt man Durchschuss.

9pt Schrift   9pt Schrift
9pt Durchschuss   14pt Durchschuss

Serife

Aa Antiquaschriften Die Buchstaben dieser Schriftfamilie enden in Linien, den Serifen.

Aa Groteskschriften Die Buchstaben dieser Schriftfamilie haben keine Serifen.

Kunstdruckverfahren

Die 4 hauptsächlichen Methoden für Kunstdrucke sind der Siebdruck, der Hochdruck, die Radierung und die Lithografie. Man wendet sie heute meist an, wenn Gemälde oder Grafiken in einer kleinen Auflage aber in hervorragender künstlerischer Qualität verlangt sind.

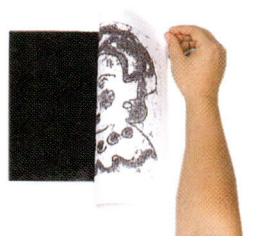

Mit der Rakel drückt man die Farbe durch das Gitter.

Holzrahmen

Spiegelbild
Diese einfache Form des Druckens liefert nur 1 Exemplar. Man färbt dazu eine Platte ein und legt ein Blatt Papier darauf. Nun zeichnet man ein Bild auf das Papier oder schabt es heraus. Der Abzug des Bildes ist seitenverkehrt.

Siebdruck
Bei diesem Verfahren wird ein Gitter oder Sieb aus Draht oder feinmaschiger Gaze auf die Unterlage gelegt und die Farbe durch die Löcher gedrückt. Die darüberliegende Schablone mit dem Bild hält die Farbe dort zurück, wo nicht gedruckt werden soll. Im Siebdruckverfahren kann man fast alle Materialien von Papier bis Eisen bedrucken.

Patrick Hughes, **Sea Change**

Der schönste Kunstdruck
Die frischen, direkt aufgetragenen Farben machen den Siebdruck zu dem bei Künstlern beliebtesten Druckverfahren. Andy Warhol hat z. B. das bekannte Porträt von Marilyn Monroe als Siebdruck gedruckt.

Hochdruck
Bei diesem Verfahren entfernt man die nicht druckenden Teile. Die druckenden Teile bleiben stehen, können eingefärbt und gedruckt werden. Früher hat man Zeitungen mit erhabenen Buchstaben gedruckt.

Holzdruck
Noch zu Beginn des 20. Jh. hat man Buchillustrationen in eine Holzplatte graviert und von dieser gedruckt. Die druckenden Teile mussten dabei hervorstehen.

Gedrucktes Bild — *Andruckpresse* — *Die Walze presst das Papier auf die Platte.*

Radierung
Die Radierung ist ein Tiefdruckverfahren mit einer Kupfer- oder Zinkplatte als Druckträger. Die Platte wird mit einer säurefesten Schicht überzogen. Der Künstler gräbt mit der Radiernadel die Zeichnung ein. Dann wird die Platte mit Säure geätzt und die Zeichnung vertieft. Die Platte wird dann eingefärbt und das Papier fest darauf gepresst. Es saugt die Druckfarbe auf.

| Gemaserter Holzblock | Bild herausgeschnitten und eingefärbt | Abzug vom Druckstock |

Kurbel zur Bedienung der Walze

Bei einer Radierung erscheinen die feinsten Linien.

Jock McFadyen, **Annie with a Sun Hat**

Textildruck
Im 18. Jahrhundert wurden die Stoffmuster von Hand mit hölzernen Druckstöcken aufgebracht. Für die Massenproduktion von bedruckten Stoffen verwendet man bis heute gravierte Kupferwalzen. Für besonders schöne Textildrucke wird auch das Siebdruckverfahren angewendet

Eingefärbte Kupferplatte

Lithografie
Dieses Flachdruckverfahren beruht darauf, dass Fett und Wasser sich nicht mischen. Man nennt es auch Steindruck, weil man zuerst Kalkstein als Druckträger verwendete. Das Druckbild wird mit Fettkreide aufgezeichnet. Das Fett bildet mit Kalk eine farbanziehende Schicht. Die zeichnungsfreien Stellen werden mit Säure wasseraufnehmend, also farbabstoßend gemacht. Nur die Zeichnung druckt.

| Druckstock | Druck | Handbedruckter Stoff |

Das Bild ist auf Stein gezeichnet.

Mandy Bonnell, **Crown Gateway 2**

Chronologie

868 In China wird mit Druckstöcken aus Holz das *Diamantensutra*, ein buddhistischer Gebetstext, gedruckt.

um 1455 In Deutschland druckt Johannes Gutenberg 160 Exemplare der Bibel. Erstmals werden dabei bewegliche Lettern aus Blei und ölhaltige Druckfarben verwendet.

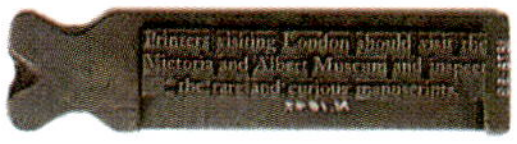

Früher Winkelhaken

1796 Der Deutsche Alois Senefelder erfindet die Lithografie.

1800 Charles Earl Stanhope entwickelt die nach ihm benannte Druckerpresse ganz aus Eisen.

1852 Der Engländer Fox Talbot erfindet das Halbtonverfahren, aus dem der Tiefdruck entsteht.

ab 1880 Das Linotype- und Monotypesystem beschleunigen die Texterfassung auf Setzmaschinen.

ab 1890 Allgemein werden Bilder im Halbtonverfahren (Autotypie) gedruckt.

1904 Ira W. Rubel, ein amerikanischer Drucker, führt das Gummituch im Offsetdruck ein.

1910 Der Rotationstiefdruck für Zeitschriften setzt sich durch.

1965 Rudolf Hell aus Kiel erfindet die Lichtsetzmaschine.

Farbskala für den Druck

ab 1980 Im Druck- und Satzbereich werden zunehmend Computer eingesetzt. Sie erfassen Text, verändern Bilder, gestalten das Layout der Druckseiten und bereiten den Druck vor.

90er Jahre *Computer to plate*, direkte Übernahme von Druckdaten aus dem Computer auf die Druckplatte.

SIEHE AUCH UNTER BÜCHER COMPUTER FARBEN ZEITUNGEN UND ZEITSCHRIFTEN

BÜCHER

OB ENZYKLOPÄDIE ODER ROMAN – Bücher sind ein lebendiger Beweis menschlichen Geistes und menschlicher Fantasie. Sie bewahren das Gedankengut, die Überzeugungen und die Suche nach Wahrheit auf, sei es von einzelnen Autoren oder der Gesellschaft. So verschieden wie ihre Verfasser sind auch die Bücher. Es gibt Werke religiösen Inhalts wie die Bibel oder den Koran, Sachbücher und Nachschlagewerke, Schulbücher und Fachbücher und nicht zuletzt die breite Palette der Literatur mit Romanen, Erzählungen und Gedichten. Seit der Erfindung des Druckes durch die Chinesen im 9. Jh. haben Milliarden von Büchern das Wissen der Welt verbreitet.

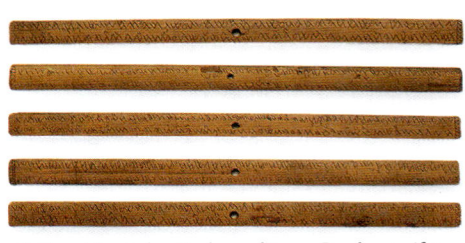

Frühes chinesisches Buch aus dünnen Bambusstreifen

Erste Bücher

Die Sumerer in Mesopotamien beschrieben vor über 5 000 Jahren Tontäfelchen. Um 1300 v. Chr. hatten die Chinesen Bücher. Sie schrieben auf Bambusstreifen, die sie mit einer Schnur zusammenbanden.

Herstellung

Die Produktion von Büchern ist langwierig und dauert manchmal Jahre. Um z. B eine Enzyklopädie wie diese herauszubringen ist ein Heer von Mitarbeitern beschäftigt – der Verleger, Autoren, Grafiker, Fotografen, Redakteure, Layouter, Hersteller am Computer, zuletzt Drucker und Buchbinder.

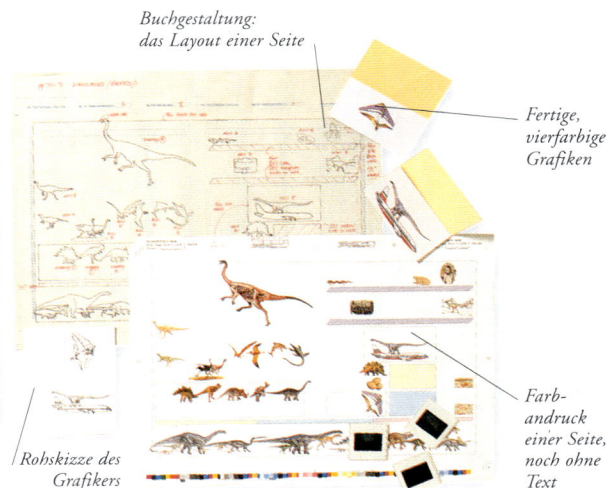

Buchgestaltung: das Layout einer Seite

Fertige, vierfarbige Grafiken

Textseiten und Layoutentwurf

Rohskizze des Grafikers

Farbandruck einer Seite, noch ohne Text

Layout und Illustration
Der Layouter zeichnet für jede Seite die genaue Verteilung von Text und Bild. Der Grafiker oder Illustrator macht rohe Skizzen; diese werden geprüft und dann erfolgt die Reinzeichnung. Die Bilder und Fotos werden gescannt und mit Hilfe des Computers im Layout platziert.

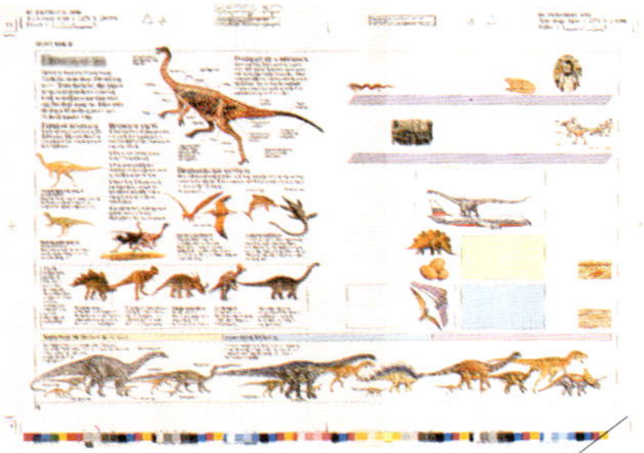

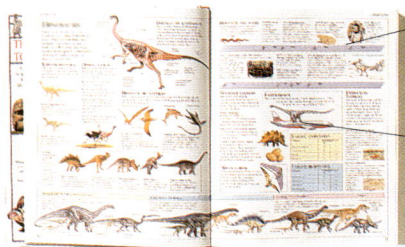

Papyrus wächst am Nil.

Papier
Die alten Ägypter schrieben auf einen Stoff, den sie aus dem Mark der Papyrusstaude gewannen und zu langen Bahnen zusammenklebten. Später kam im Nahen Osten das Pergament, eine hauchdünne Tierhaut, als Beschreibstoff auf. Um 100 n. Chr. erfand ein Chinese das Papier. Es bestand aus den Fasern von Maulbeerbaum, Hanf oder Bambus. 600 Jahre lang hütete China das Geheimnis der Papierherstellung.

Text
Der fertige Text wird mit den Bildern am Computerbildschirm in das Layout gestellt. Die Daten werden dann in der Belichtungsmaschine in Filme umgewandelt. Wenn Textfilm und Bildfilm passen, kann davon die Druckplatte hergestellt werden.

Die Skala hilft dem Drucker Textfilm und Farbfilm genau einzupassen.

Text und Bild stehen optimal zueinander.

Die Farbe kommt dem Original so nahe wie möglich.

Fertiges Buch
Die gedruckten Seiten werden zu einem Buchblock zusammengetragen und an 3 Seiten beschnitten. Das Buch erhält nun einen festen Einband und oft einen Schutzumschlag.

CD-ROM
Wenn ein Buch zu umfangreich ist, wird es unhandlich und schwer. Für die modernen Technologien spielt das keine Rolle mehr. Eine einzige CD-ROM kann z. B. den Inhalt einer 20-bändigen Enzyklopädie aufnehmen. Die Seiten mit dem Text und den Bildern der CD-ROM betrachtet man auf dem Bildschirm des Computers.

CD-ROMs

Taschenbücher
Paperbacks haben im Gegensatz zu Büchern mit festem Einband einen flexiblen Umschlag. Man spricht auch von Taschenbüchern. Billige Klassikerausgaben erschienen 1867 bei Reclam in Stuttgart. Vorbild für moderne Taschenbücher sind die englischen Penguin Books von 1935.

Chronologie
um 285 v. Chr. Der Pharao Ptolemaios I. richtet eine Bibliothek in Alexandria ein.

um 300 Erste Bücher mit Seiten erscheinen.

Gutenbergbibel

um 1450 Johannes Gutenberg erfindet die Metalllettern.

1789 In der Französischen Revolution wird die Zensur aufgehoben.

1796 Alois Senefelder erfindet die Lithografie.

1811 Erfindung der Schnellpresse durch den Deutschen Friedrich Koenig in London

1935 In England werden Taschenbücher gedruckt.

1949 Die Buchmesse in Frankfurt a. M. wird wiederbelebt.

ab 1980 Elektronische Bücher für den Computer erscheinen auf CD-ROM.

SIEHE AUCH UNTER: ÄGYPTER · BUCHDRUCK · COMPUTER · DICHTUNG · KINDERBÜCHER · LITERATUR · SCHAUSPIEL · SCHRIFT

BUDDHA

BUDDHA KAM UM 566 V. CHR. in der heute nepalesischen Stadt Kapilavastu als Siddhartha Gautama auf die Welt. Er entstammte der adligen Familie der Sakyas und war somit ein Prinz. Mit etwa 30 Jahren entschloss er sich Mönch zu werden und das Leiden zu überwinden. Jahre der Askese führten ihn nicht zum Ziel. So wandte sich Siddhartha Gautama der Meditation zu und erreichte nun als 35-jähriger die Erleuchtung. Buddha ist der Begründer des Buddhismus.

Kindheit und Jugend
Der Legende zufolge kam Siddhartha auf die Welt, als seine Mutter ihre Eltern besuchen wollte. Sie starb nach der Geburt. Aus Vorzeichen erfuhr der Vater, dass sein Sohn ein mächtiger Herrscher oder ein erleuchteter Mönch werden würde. Der Vater sah seinen Sohn lieber als Herrscher und verbot ihm, den Palast zu verlassen. Doch bei vier Ausfahrten sah Siddhartha das Leiden dieser Welt und entschloss sich, es zu überwinden und als Mönch in die „Hauslosigkeit" zu ziehen.

Gautama, später Buddha genannt

Buddhas Mutter

Erleuchtung

Buddha verbrachte über 5 Jahre in Askese: Er versagte sich allen sinnlichen Genüssen, aß und schlief fast nicht mehr und befasste sich mit geistigen Dingen. Als er erkannte, dass Askese nicht der richtige Weg zur Überwindung des Leidens ist, wandte er sich der Meditation zu. Nach 49 Tagen ununterbrochener Meditation kam er zu der Erkenntnis, wie das Leiden entsteht und wie es zu überwinden sei. Dies ist die Erleuchtung.

Buddha beim Meditieren

Buddha unter dem Feigenbaum oder Banyan

Lehre

Nach der eigenen Erleuchtung ließ sich Buddha von früheren Gefährten bewegen, sie in die Lehre einzuführen. Die Zahl der Jünger wuchs rasch. Viele wurden zu Wandermissionaren. Später kam Buddha an den Hof seines Vaters zurück, um seiner eigenen Familie die Lehre zu verkünden. Sein Vater gehörte zu den Ersten, die sich bekehrten.

Sarnath
Bei Sarnath, nahe Varanasi, predigte Buddha zum ersten Mal fünf Gefährten, dass die Ursache allen Leidens in den Grundübeln Begierde, Hass und Unwissenheit zu suchen sei. Zur Überwindung des Leidens müssten sie zuerst die Begierde aufgeben. Sarnath wurde später eines der größten buddhistischen Heiligtümer.

Der Dämon Mara

Buddha

Versuchungen
Während Siddhartha meditierte, versuchte der Dämon Mara ihn vom Pfad der Tugend abzubringen, indem er ihm schöne Frauen schickte, die ihn verführen sollten. Er sandte ihm auch einen Sturm mit Blitzen. Doch Siddhartha fuhr unerschütterlich mit der Meditation fort. So gelangte er zur Wahrheit und zur Lehre, dem Dharma, und erreichte den inneren Frieden und die Erlösung vom Selbst, das Nirwana.

Buddha

Bimbisara
Zu Lebzeiten flößte Buddha allen Menschen so viel Respekt ein, dass viele ihre Familien verließen, um Mönch oder Nonne zu werden und ihm nachzufolgen. König Bimbisara schenkte Buddha einen Bambuswald. Seine Anhänger errichteten dort das erste buddhistische Kloster.

König Bimbisara

Der Tod Buddhas

Pilger

Späteres Leben

Im Alter von 80 Jahren aß Buddha eine verdorbene Speise und starb in Kushinagara in Indien, umgeben von seinen Jüngern. Viele Menschen erwiesen ihm die letzte Ehre. Sein Körper wurde verbrannt, und seine Knochen setzte man in Grabmälern, den Stupas, bei. Solche Stupas sind heute Symbole des Buddhismus und Mittelpunkte von Klöstern.

BUDDHA

Die ersten Zeugnisse von Buddhas Leben wurden über 200 Jahre nach seinem Tode verfasst. Die historischen Daten sind deshalb nicht sicher, doch werden sie allgemein anerkannt.

566 oder 563 v. Chr. Geburt von Siddhartha Gautama, Sohn des Königs Suddhodana im Reich der Sakya in Nordostindien

533 v. Chr. Siddhartha verlässt den Hof des Vaters und wird Mönch.

527 v. Chr. Siddhartha erreicht die Erleuchtung. Er heißt von nun an „Buddha", der Erleuchtete.

483 v. Chr. Buddha stirbt im heute indischen Ort Kushinagara.

SIEHE AUCH UNTER BUDDHISMUS · CHINA · HEILIGTÜMER · INDIEN, GESCHICHTE · KLÖSTER · MAURYAREICH

BUDDHISMUS

DER BUDDHISMUS GEHÖRT zu den fünf Weltreligionen. Der Begründer war der nordindische Fürst Siddhartha Gautama, der im 6. Jh. v. Chr. lebte. Nachdem er zur Erleuchtung gelangt war, wurde er Buddha genannt. Er lehrte die Menschen, wie sie das Leiden überwinden könnten, nämlich durch Meditation, Erkenntnis der vier Wahrheiten und vollkommenes Verhalten. Die Buddhisten wollen sich vom Leiden befreien, um die höchste Stufe der Erleuchtung zu erlangen. Buddha wird von seinen Anhängern zwar verehrt, aber nicht als Gott angesehen. Aus diesem Grunde existiert der Buddhismus in vielen Ländern neben anderen Religionen. Weltweit gibt es ungefähr 360 Millionen Buddhisten, die meisten davon in Asien.

Lehre
Buddha lehrte die 4 edlen Wahrheiten. Sie erklären die Leiden und deren Überwindung. Das Dasein ist leidvoll und vergänglich. Die Ursache des Leidens liegt in der Begierde nach sinnlichen Vergnügen. Wer die Begierde überwindet, kann die Leiden besiegen. Der Weg zur Überwindung der Begierde liegt im 8-fachen Pfad, der zur Erleuchtung und zum Nirwana führt.

Das Rad der Lehre

Darstellungen der sechs Bereiche der Existenz

Die Unwissenden auf ihrem Weg durch das Rad des Lebens

3 Tiere stehen für die Grundübel – Begierde, Hass und Unwissenheit.

Rad des Lebens

Der achtfache Pfad
Buddhisten sollten sich in 8 Bereichen korrekt verhalten: Es geht dabei um Erkenntnis, Entschluss, das richtige Reden und Handeln und den Lebenserwerb, die vollkommene Anstrengung, Achtsamkeit und Konzentration des Geistes. Das 8-speichige Rad der Lehre (oben) ist ein Symbol für den 8-fachen Pfad.

Karma
Die Buddhisten glauben an das Gesetz des Karmas: Die guten und schlechten Taten vorangegangener Leben werden bei der Wiedergeburt vergolten: Gutes mit Gutem, Böses mit Bösem. Das Lebensrad ist ein Symbol für die Wiedergeburt. Alle Menschen werden in einem von 6 Bereichen wiedergeboren.

Riten und Zeremonien
Die Riten in buddhistischen Tempeln sind schlicht. Die Mönche lesen Abschnitte aus heiligen Schriften und bringen kleine Opfer dar. Manchmal predigt ein Mönch. Es gibt auch Lichterprozessionen und Tempelmusik. Das buddhistische Jahr hat mehrere Feste; die meisten finden bei Vollmond statt. Das größte Fest wird am Jahresende und an Neujahr gefeiert. Dabei gedenkt man der Geburt, der Erleuchtung und des Todes von Buddha.

Handhaltungen von Buddhastatuen

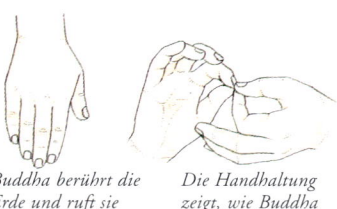

Buddha berührt die Erde und ruft sie als Zeugin für seine Buddhaschaft auf.

Die Handhaltung zeigt, wie Buddha das Rad der Lehre in Bewegung setzt.

Buddha hebt die Hand zum Schutz und Segen.

Buddha
Buddhastatuen in Tempeln und Häusern sollen die Buddhisten daran erinnern, ein Leben zu führen wie Buddha. Die Gläubigen verneigen sich tief vor seinem Bildnis. Buddha wird meist mit untergeschlagenen Beinen im Lotossitz dargestellt. Seine Handhaltungen und die ihm beigegebenen Symbole haben eine tiefe religiöse Bedeutung.

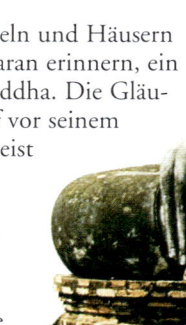

Über dem Haarknoten erhebt sich eine Flamme als Zeichen der Erleuchtung.

Heiterer Gesichtsausdruck während der Meditation

Lange Ohrläppchen als Symbol für adlige Herkunft

Niedergeschlagene Augen bei der Meditation

Gelber Schal des Mönches

Lotossitz mit untergeschlagenen Beinen

Gaben
Die Buddhisten bringen Buddha regelmäßig Gaben dar, z. B. Reis und Blüten. Auch Räucherstäbchen und Kerzen werden angezündet und Blütenblätter der Lotospflanze um die Buddhastatue verstreut. Das Kerzenlicht erinnert an das Licht von Buddhas Weisheit, und der Rauch der Stäbchen symbolisiert die durchdringende Wahrheit der buddhistischen Lehre.

Kerzen   *Räucherstäbchen*  *Lotosblüten*

Meditation
Alle Buddhisten meditieren, um ihren Geist zu reinigen, sich zu sammeln und von Gedanken an materielle Dinge zu befreien. Durch die Meditation wollen sie die vollkommene Achtsamkeit erreichen, einen der Teile des 8-fachen Pfades. Bei der Meditation konzentrieren sie sich z. B. nur auf das Atmen. Damit wird der Geist von selbstsüchtigen Gedanken befreit und viel klarer.

BUDDHISMUS

Schulen des Buddhismus

Ausgehend von Nordindien breitete sich der Buddhismus über Ost- und Südostasien aus, wo heute noch die meisten Buddhisten leben. Gemeinschaften dieser Religion gibt es aber auch in anderen Ländern Asiens und auch im Westen. Neben einigen Sonderformen sind zwei Hauptschulen des Buddhismus, Hinayana und Mahayana, zu nennen.

Hinayana
Diese Schule des Buddhismus heißt auch Theravada. Sie steht den Lehren Buddhas am nächsten. Hinayana oder „Kleines Fahrzeug" überwiegt in Südostasien (Myanmar, Kambodscha, Laos, Sri Lanka, Thailand). Die Gläubigen verehren keine Figuren neben Buddha. Sie streben danach, Heilige (Arhat) zu werden, indem sie dem 8-fachen Pfad folgen. Das Hinayana lehrt, dass man das Nirwana nur durch eigene Anstrengungen erreichen kann.

Mahayana
Diese Form des Buddhismus ist in Tibet, der Mongolei, Korea, Japan und China verbreitet. Die Gläubigen verehren Erlösergestalten, die Bodhisattvas. Diese sind zwar reif zur Erleuchtung, verzichten aber darauf, bis alle Menschen erlöst sind. Der Glaube an den Bodhisattva bringt die Menschen diesem Ziel näher.

Mönche beim täglichen Bettelgang

Die Laien geben den Mönchen Almosen und stärken damit die Beziehung zu ihnen.

Bodhisattvakopf, China

Zen
Diese Form des Buddhismus entstand in China und breitete sich im 13. Jh. nach Japan aus. Die Zen-Buddhisten führen ein einfaches, naturnahes Leben. Alltägliche Handlungen setzen sie als Mittel zur Meditation ein. Im Zen gilt das Meditieren und die Erleuchtungserfahrung viel mehr als die Auseinandersetzung mit der Lehre.

Tibetischer Buddhismus
Diese Form des Mahayana, auch Lamaismus genannt, kennt viele Gottheiten; sie sind aber nichts anderes als Trugbilder des eigenen Ichs. Die tibetischen Buddhisten wiederholen z. B. sehr oft heilige Silben, die Mantras. Seit der chinesischen Invasion in den 50er Jahren gibt es nur noch wenige buddhistische Klöster in Tibet.

Mantra
In der Gebetsmühle befinden sich geschriebene Mantras. Der Mönch wiederholt sie, während er das Rad dreht.

Zen-Mönch bei der Gartenpflege

Klöster

Die ersten buddhistischen Klöster entstanden, als die Anhänger Buddhas Siedlungen bauten, in denen sie die Regenzeit verbrachten. Heute gibt es in den buddhistischen Ländern viele Mönche und auch einige Nonnen, die ihr Leben der Lehre Buddhas widmen und durch ihre Lebensführung anderen als Vorbild dienen.

Die Meditationshaltung verrät Frieden und Festigkeit.

Der kahlgeschorene Kopf zeigt, dass der Mönch auf die Welt verzichtet hat.

Schleifstein **Schalendeckel dient auch als Teller.**

Nadel und Faden **Rasiermesser** **Wasserwedel** **Schalendeckel**

Leben als Mönch
Mönche leben getrennt von ihren Familien und besitzen nichts. Sie hängen von milden Gaben ab und betteln jeden Tag mit ihren Schalen um Nahrung. Die Mönche halten sich an strenge Regeln. Gesang, Tanz, schöne Kleider und Schmuck sind ihnen verboten. Nach dem Mittag nehmen sie keine feste Nahrung mehr zu sich.

Bettelschale  **Gürtel**

Heilige Bücher

Die große Sammlung heiliger buddhistischer Texte besteht zuerst aus den Predigten und Aussprüchen Buddhas und deren Erläuterung. Sie sind im *Pali-Kanon* zusammengefasst. Die Grundlagen der buddhistischen Lehre sind im *Dharmapada* festgehalten.

Tibetische Klöster besitzen viele Blockbücher. Die einzelnen Blätter liegen zwischen Holzdeckeln.

Bibliothek eines Klosters in Ladakh, Indien

Tempel

Die religiösen Bauwerke des Buddhismus unterscheiden sich sehr stark in ihren Formen und im Schmuck. Es gibt z. B. japanische Pagoden, tibetische Tempelburgen und thailändische Wats. Sie alle enthalten Buddhastatuen. Hier beten und opfern die Menschen und es finden Gottesdienste und Feiern statt.

Wat Benchamabophit in Bangkok ist auch unter der Bezeichnung Marmortempel bekannt.

Die Stufendächer symbolisieren die Stadien der geistigen Entwicklung.

Die Gläubigen kommen in die Tempel und bringen Opfergaben.

Dalai Lama

Der Dalai Lama ist das geistige und politische Oberhaupt der Tibeter, die alle Buddhisten sind. Er gilt als Wiedergeburt des vorhergehenden Dalai Lamas. Der heutige Dalai Lama, Tenzin Gyatso, wurde 1935 geboren. Er lebt seit 1959 im Exil in Nordindien, weil damals die Chinesen sein Land eroberten.

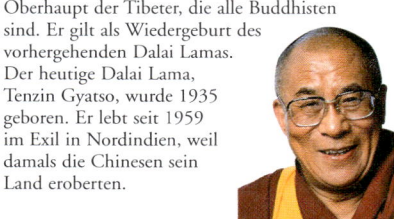

SIEHE AUCH UNTER: ASIEN, GESCHICHTE — BUDDHA — CHINA, GESCHICHTE — HEILIGTÜMER — MAURYA-REICH — RELIGIONEN — THAILAND UND MYANMAR — ZEICHEN UND SYMBOLE

BÜFFEL UND ANDERE WILDRINDER

DIE BÜFFEL, BISONS und echten Rinder sind eng miteinander verwandt. Sie haben paarige Hufe. Beide Geschlechter tragen Hörner, die sie zur Verteidigung einsetzen. Die Tiere schützen sich auch dadurch, dass sie in Herden zusammenleben. Nur die zwei kleinen Anoa-Arten der Insel Sulawesi leben einzeln. Unser Hausrind stammt vom ausgestorbenen Ur oder Auerochsen ab. Auch andere Rinderarten wurden zu Haustieren, etwa der asiatische Wasserbüffel, der Jak, Banteng und Gaur. In freier Wildbahn sind die Rinder durch Verlust der Lebensräume gefährdet und vom Aussterben bedroht.

Breite Hufe stützen das Gewicht des Büffels.

Bison

Flachlandbison

Vom Bison gibt es 2 Arten. Der europäische Bison oder Wisent lebt in Wäldern und kommt wild nur noch in Polen vor. Der amerikanische Bison war früher stark bedroht, konnte sich aber wieder erholen. Man unterscheidet hier 2 Formen: den Flachlandbison und den Waldbison. Bisons werden über 1,50 m hoch und wiegen über 900 kg.

Amerikanischer Bison
Dies ist der Büffel der Indianer. Er wirkt zusammen mit dem großen Buckel besonders gedrungen. Die Hörner sind kurz und weisen nach hinten. Bisonmännchen werden bis über 900 kg schwer. Früher bildeten die Bisons riesige Herden in der Prärie.

Europäischer Bison
Die letzten Wisente leben im Nationalpark Bialowieza, Polen. Sie sind größer und schwerer als amerikanische Bisons und haben vor allem ein kräftigeres Hinterteil und längere Beine.

Afrikanischer Büffel

Diese Art ist das einzige Rind in Afrika. Die größten Bullen erreichen eine Schulterhöhe von 1,50 m und wiegen über 800 kg. Ihre Hörner spannen bis zu 1,50 m weit und bilden über dem Kopf einen Helm. Statt afrikanischer Büffel sagt man auch oft Kaffernbüffel. Eine Waldform lebt in den Regenwäldern Westafrikas.

Der asiatische Büffel
In Asien leben 4 Büffelarten: der Wasserbüffel (siehe oben), das Tiefland- und das Berganoa und der Tamarau. Vom Wasserbüffel gibt es auch eine Haustierform. Seine Hörner sind halbkreisförmig nach hinten gerichtet. In freier Wildbahn haben nur noch wenige Herden überlebt.

Bedrohter Tamarau

Diese kleine Büffelart lebt nur in den Wäldern der Insel Mindoro (Philippinen) und heißt deswegen auch Mindorobüffel. Durch die Jagd überlebten nur noch rund 100 Tiere.

Eigentliche Rinder

Zu der Gruppe zählt man im Wesentlichen 4 Arten, nämlich Jak, Banteng, Gaur und Kouprey. Hinzu kommen noch die Hausrinder, die vom ausgestorbenen Ur abstammen; der gewaltige Auerochse bewohnte einst in großer Zahl die fruchtbaren Ebenen und Wälder Europas und Asiens.

Jak
Der Jak ist die größte Art dieser Gruppe. Die Wildtiere leben in den Hochebenen Tibets und Zentralasiens. Als Schutz gegen das kalte Klima haben sie ein langes zottiges Fell, das fast bis auf den Boden reicht, sowie eine dichte Unterwolle.

Banteng
Der Banteng lebt in Südostasien, auf Java und Borneo und ist ein scheues Tier. Weibchen und Junge sind ziegelrot, erwachsene Männchen schwarz.

Groß und Klein
Das größte Wildrind ist der Jak mit einer Schulterhöhe von über 2 m, das kleinste das Berganoa, das nur 76 cm erreicht.

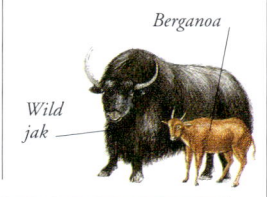

Wild jak — *Berganoa*

KAFFERNBÜFFEL

WISSENSCHAFTLICHER NAME *Syncerus caffer*

ORDNUNG Artiodactyla, Paarhufer

FAMILIE Bovidae, Hornträger

VERBREITUNG Afrika, südlich der Sahara

LEBENSRAUM Savanne, Waldsavanne, meist in Wassernähe

ERNÄHRUNG Hauptsächlich Gras, gelegentlich Laub als Ergänzung

GRÖSSE Schulterhöhe 1,50 m

LEBENSDAUER Ungefähr 20 Jahre

SIEHE AUCH UNTER — HIRSCHE UND ANTILOPEN — LANDWIRTSCHAFT — NORDAMERIKA, TIERWELT — SCHAFE UND ZIEGEN

BURGEN

IM MITTELALTER gab es in Europa viele Burgen. Sie dienten als Festungen und waren zugleich Wohnsitz des Burgherrn. Er lebte hier mit seiner Familie, seiner Dienerschaft und meist einer Armee ausgebildeter Soldaten. In Kriegszeiten boten die Burgen auch der umwohnenden Bevölkerung Schutz. Der Burgherr konnte von seiner Burg aus das umliegende Land überwachen und notfalls verteidigen. Die meisten Burgen waren deshalb von starken Mauern umgeben, die anstürmende Feinde abhielten. Gleichzeitig konnten Angreifer von den Verteidigern der Burg unter Beschuss genommen werden.

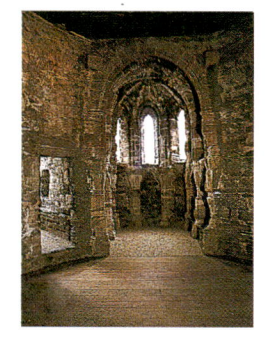

Die Kapelle Jede Burg hatte eine Kapelle. Sie lag gewöhnlich in den oberen Stockwerken eines Turmes. Das Bild zeigt die Kanzel der Kapelle von Conway. Der Altar stand wohl unter den Fenstern und es gab genug Raum für alle Bewohner der Burg.

Nordwestturm

Äußerer Burghof

Rittersaal Hier spielte sich das höfische Leben ab. Der Burgherr und seine Gemahlin saßen an einem erhöhten Tisch. Die Tische der anderen waren niedriger.

Küche Hier wurden die Mahlzeiten für alle Burgbewohner zubereitet. Gekocht wurde auf Holzfeuer. In den Nischen standen Tische aus Eiche.

Innerer Burghof Hier fanden die Burgbewohner bei einem Angriff letzte Zuflucht.

Pechnasen Von der Brüstung aus konnten die Verteidiger heißes Wasser oder siedendes Pech auf die Angreifer schütten.

Kapellenturm

Der Königsturm Im ersten Stock, nahe den königlichen Gemächern, lag ein Raum mit einem Steinkamin und einem zurückgesetzten Fenster. Man konnte aus dem Fenster blicken, ohne gesehen oder getroffen zu werden.

Gefangenenturm Im Keller lag ein tiefes, dunkles Verlies.

Königsturm

Die Burg von Conway in Wales, 13. Jh.

Ausguck

Das östliche Vorwerk Hier lag das erste Bollwerk gegen Angriffe von See her. Man hatte von hier aus auch eine gute Schussposition und konnte den Feind einschließen.

Teile einer Burg

Kapelle

Königsturm

Frühe Burgen hatten einen Hauptturm, den Bergfried. Hier lagen die Räume des Burgherrn, der Rittersaal, die Kapelle, die Vorratsräume und das gut bewachte Torhaus. Später wurde der Bergfried durch den Palas mit dem Rittersaal ersetzt. Die herrschaftlichen Gemächer lagen manchmal im Torhaus. In Conway liegen sie im inneren Burghof, wo sie am besten zu verteidigen waren.

Chronologie

1066 Die Normannen errichten während ihrer Eroberung in England sog. Motten aus Holz. Die Motte, ein Wehr- und Wohnturm, lag auf einem aufgeschütteten Erdhügel. In der hofartigen Vorburg standen hinter Palisaden weitere Gebäude.

1109 Der Krak des Chevaliers in Syrien in Besitz der Kreuzfahrer. Diese Burg war wegen ihrer konzentrischen Mauern leicht zu verteidigen.

Krak des Chevaliers, Syrien

1127 Die Burg von Rochester, England, wird gebaut. Sie umfasst den Palas, eine Kapelle und Vorratsräume. Der Eingang ist gut geschützt.

Rochester Castle, England

1150 In Frankreich entstehen an der Loire schlossartige Burgen. Beispiele dafür sind Loches, Chinon und Montreuil-Bellay.

1200 In Liechtenstein errichtet ein deutsches Grafengeschlecht seine Burg auf einem hohen Kalkfelsen.

Caerphilly, Wales

1238 Die maurischen Herrscher bauen in Granada, Spanien, die Alhambra.

1271 Konzentrische Burgen wie Caerphilly nehmen zu. Sie haben mehrere Ringmauern und Wassergräben.

Der Bau einer Burg

Für den Bau einer Burg waren viele erfahrene Handwerker nötig. Der Baumeister entwarf den Plan und überwachte die Arbeiten. Maurer und Steinmetze führten die Arbeiten aus. Holzarbeiten übernahmen die Zimmerer, Schmiede fertigten Türangeln, Schlösser und Beschläge. Bei einer großen Burganlage lebten die Arbeiter jahrelang in der Nähe der Baustelle.

Burgen aus Holz und Erde
Die Normannen bauten ihre Motten nahe am Wasser. Sie warfen einen Hügel auf und stellten darauf die Burg, die sie mit einem Zaun oder Palisaden umgaben.

Motte mit Vorburg

Burgen aus Stein
Der Bau einer Steinburg dauerte oft Jahrzehnte, aber eine solche Burg bot hinreichend Schutz. Alle wichtigen Teile wie die Burgmauer, die Türme und der Bergfried waren aus Stein. Die Gebäude im Burghof waren weiterhin aus Holz und mit Stroh gedeckt.

Fenster

Die Fensteröffnungen waren schmale oder kreuzförmige Schlitze. Im Inneren hatten sie tiefe Nischen. Ein Bogenschütze konnte so seitwärts stehen und wurde beim eigenen Schuss nicht getroffen.

Fischschwanzöffnung — *Rechtwinklige Öffnung* — *Kreuzöffnung* — *Rundes Kreuz* — *Schlüsselscharte*

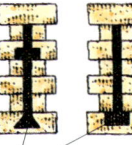

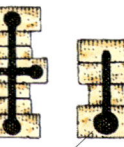

Schießscharten Die Spalten mussten breit genug für den Verteidiger, aber zu schmal für den angreifenden Schützen sein. Später kamen Schlüsselscharten auf, durch die ein Gewehrlauf passte.

Edward I.

In den frühen Jahren seiner Regentschaft eroberte Edward I. (Regierung 1272–1307) Wales und ließ einen „eisernen Ring" von Burgen in den wichtigsten walisischen Städten errichten. Viele dieser Burgen wie Harlech oder Beaumaris wurden konzentrisch angelegt. Sie besaßen also um den Burgkern äußere und innere Ringmauern. Solche Burgen waren nur schwer einzunehmen.

Burgen in Asien und Afrika

Die Burgen sehen in jedem Land anders aus. In der islamischen Welt gab es eine eigene Bauweise. Die Kreuzritter brachten diesen Baustil nach Europa. So entstanden in europäischen Ländern Festungen, die stark an arabische Burgen erinnern.

Himeji, Japan
Im 17. Jh. gab es in Japan ein Feudalsystem wie im mittelalterlichen Europa, und die japanischen Fürsten lebten noch in Burgen. Die hohen Türme hatten Dächer wie Pagoden und enge Fensteröffnungen, durch die die Soldaten schießen konnten. Vor den Wehrtürmen lagen Höfe und Mauern.

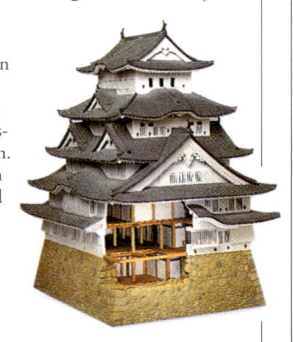

Fasilidas, Äthiopien
Die Bauweise zeigt viele Ähnlichkeiten mit europäischen Burgen. Da sind z. B. die dicken Steinmauern, die runden Ecktürme und die Zinnen. Überreste der ehemaligen Außenmauern sieht man deutlich rechts im Vordergrund.

Burg Van, Türkei
Die Burg Van wurde 750 auf einem Felsen erbaut. Sie wurde später erweitert und von den moslemischen Seldschuken und Osmanen erobert, bevor sie von den christlichen Armeniern übernommen wurde.

Angriff und Verteidigung

Die Angreifer konnten brennende Pfeile abschießen oder mit Hilfe von Katapulten Steinkugeln schleudern. Tore und Mauern zerstörten sie mit Rammböcken oder kletterten mit Leitern darüber. Manchmal untertunnelten sie die Mauern auch. Neben dicken Mauern und Toren, tiefen Gräben und Schießscharten waren für die Verteidiger ausreichend Vorräte und Wasser wichtig, um einer Belagerung standzuhalten.

Arm — *Schleudertasche* — *Seil, um den Arm herunterzuholen* — *Spannseile* — *Seile ziehen den Wurfarm nach unten* — *Holzlöffel für das Geschoss* — *Winde* — *Wurfarm*

Armbrust
Der Schuss mit der Armbrust ist gewaltig. Doch die Waffe ist schwierig zu laden. Bei der Verteidigung spielte das keine Rolle, denn man legte im Schutz der Mauer den neuen Pfeil ein.

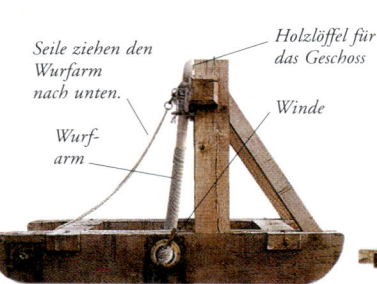

Katapult
Die Soldaten drehten das Seil mit dem Wurfarm mit Hilfe einer Winde nach unten. Dann ließen sie los. Das Seil wickelte sich ab und schleuderte den Wurfarm nach vorn. Aus dem Löffel flug die Steinkugel ins Ziel.

Belagerungsmaschine
Diese Belagerungsmaschine war eine Art riesiges Katapult mit mehreren Seilen. Wenn die Soldaten die Seile nach unten zogen, schnellte der Arm hoch. Aus der Schleuder flog ein Stein, der bis zu 90 kg wog, mit Wucht an die Mauer.

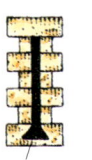

Pfalzgrafenstein, Deutschland
1327 Ludwig der Bayer lässt im Rhein diese Inselburg errichten. Sie soll Zölle aus der Rheinschifffahrt nehmen.

Bodiam, England
1385 Der ummauerte Burghof von Bodiam Castle in England schließt Palas und Kapelle ein. 

Real de Manzanares, Spanien
1416 In Frankreich werden an der Loire viele Schlösser gebaut wie Saumur. Es hat konische Türme, feste Mauern und die Räume sind sehr luxuriös.

1435 In Manzanares, Spanien, wird die Schlossburg gebaut.

1642 Bei dieser schottischen Burg Traquair sind die Türmchen und Zinnen nur noch Zierde ohne Zweck.

Schloss Traquair, Schottland

ab 1600 In Japan bauen viele Fürsten neue Burgen, z. B. Himeji.

SIEHE AUCH UNTER — ARCHITEKTUR — EUROPA, GESCHICHTE — FEUDALISMUS — MITTELALTER — NORMANNEN

BYZANZ

IM JAHR 395 ZERBRACH DAS RÖMISCHE REICH in eine östliche und eine westliche Hälfte. Der westliche Teil, der noch immer Römisches Reich hieß, hatte Rom als Hauptstadt. Aus dem östlichen Teil wurde das Byzantinische Reich mit der Hauptstadt Byzanz, dem späteren Konstantinopel. Beide Teile unterschieden sich in Sprache, Sitten und Mode – in Konstantinopel sprach man Griechisch, in Rom Lateinisch. Die Bemühungen einzelner Kaiser, beide Teile wieder zu vereinen, schlugen fehl. Das Römische Reich ging 410 unter, das Byzantinische wurde 1453 von den Türken erobert.

Das Byzantinische Reich um 565
Byzanz wurde wegen seines unermesslichen Reichtums, seiner hervorragenden Lage zwischen Asien und Europa sowie seiner bedeutenden Schiffswerften fast ständig von mächtigen Nachbarn bedrängt – von den Persern, Arabern und Türken, aber auch von den Christen im Westen.

Von Byzanz zu Konstantinopel

Der alte griechische Hafen Byzantium lag am Goldenen Horn am Bosporus. Er war an drei Seiten vom Meer umgeben. Konstantin der Große (um 274–337) baute die Stadt 330 neu und nannte sie Konstantinopel. Sie galt bald als eine der schönsten Städte der Welt.

Moschee

Die Brücke über den Bosporus verbindet Asien mit Europa.

Kunst und Religion

Byzantinische Kirchen waren fast verschwenderisch ausgestattet. Es gab mit Gold belegte Heiligenbilder, die Ikonen, und feine Mosaikbilder von Christus und der Jungfrau Maria.

Ikonen
Im 8. Jh. wurde in Byzanz heftig darüber gestritten, ob es statthaft sei, die herrlichen religiösen Statuen und die Heiligenbilder oder Ikonen zu verehren. Schließlich wurde 843 dafür entschieden, und es begann eine gewaltige Produktion. Die Ikonen wurden später von Renaissancekünstlern gesammelt.

Hl. Gregor von Nazianz — *Jungfrau mit Kind* — *Hl. Joh. Chrysostomus*

Ikonen als Triptychon, 12. Jh.
Goldgefasst

Ost gegen West

Im 9. Jh. hatte sich die byzantinische Form des Christentums von der römischen Kirche des Westens entfernt. Statt Latein war nun Griechisch die Sprache der Kirche. Der Papst in Rom und der Patriarch in Byzanz stritten über den Ritus. Nur die Furcht vor den islamischen Türken und Arabern verband sie noch.

Großes Schisma
Zwischen Rom und Byzanz kam es 1054 zum Religionsstreit. Die griechisch-orthodoxe Kirche trennte sich von der römischen (katholischen). Dieses Schisma zerstörte für Jahrhunderte die Beziehung zwischen West- und Ostrom.

Orthodoxer Priester

Hagia Sophia
Die größte Kirche im oströmischen Reich, die Hagia Sophia, wurde in nur 5 Jahren erbaut (532–37). Im 16. Jh. verwandelten die Türken sie in eine Moschee. Heute ist die Hagia Sophia ein Museum.

Konstantinopel
Konstantinopel wurde zweimal eingenommen: 1204 plünderte es ein christliches Kreuzfahrerheer auf der Reise ins Heilige Land. 1453 überrannten es die türkischen Osmanen und machten die Stadt zur islamischen Hochburg.

Der Fall Konstantinopels, 1453

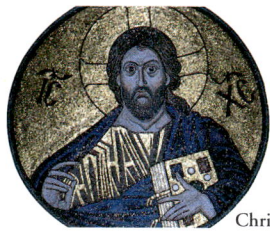

Mosaiken
Die Künstler pressten Stückchen aus buntem Glas, Marmor oder Edelsteinen in ein Kalkbett und erhielten so ein Mosaik. Die Bilder wurden oft noch mit Blattgold oder -silber verziert.

Christus Pantokrator, 11. Jh.

Chronologie

395 Das Römische Reich wird in Westrom und Ostrom (Byzanz) geteilt.

529–34 Justinian I. führt das römische Recht ein.

Der Gute Hirte, Mosaik, 5. Jh.

867–1056 Byzanz ist auf dem Höhepunkt seiner Macht.

976–1025 Basileios II. gewinnt mehr Land als jeder andere Kaiser seit Justinian I.

1054 Großes Schisma: Die byzantinische Kirche bricht mit der Kirche Roms, die orthodoxe Kirche des Ostens entsteht.

1096 1. Kreuzzug: Die Kreuzfahrer Europas verbinden sich in Konstantinopel mit dem byzantinischen Heer.

1204 4. Kreuzzug: Plünderung Konstantinopels

1453 Die Osmanen erobern Konstantinopel.

Kaiser Justinian I.

Justinian I. (Regierungszeit 527–65) vergrößerte das Reich im Westen, indem er Nordafrika, Südspanien und Italien hinzugewann. Gleichzeitig konnte er die Perser im Osten abhalten. Er ließ die Hagia Sophia erbauen. Seine Sammlung des römischen Rechts, der Codex Justinianus, ist heute noch in vielen Ländern wirksam.

SIEHE AUCH UNTER: CHRISTENTUM · KUNST, GESCHICHTE · OSMANISCHES REICH · PERSER · RÖMISCHES REICH

CAMPING

VIELE MENSCHEN verbringen ihre Ferien nicht im Hotel oder in einer Ferienwohnung, sondern im Zelt. Dies nennt man Campen oder Camping. Das Zelt kann auf einem eigens dafür eingerichteten Campingplatz stehen oder mitten in der Natur, weit weg von jeder Zivilisation. Hier muss man sogar mit Überlebenstechniken vertraut sein. Manche verbringen den ganzen Urlaub auf einem Campingplatz in Gesellschaft Gleichgesinnter. Andere wandern mit dem Rucksack durch die Landschaft und zelten jeden Abend an einer anderen Stelle. Dies nennt man Trekking. In beiden Fällen muss man die richtige Ausrüstung dabei haben.

Idealer Zeltplatz

Vorherrschende Winde

Bäume gewähren Schutz vor dem Wind.

Der Fluss bietet Trinkwasser und Waschgelegenheit.

Der Boden ist flach und nicht von Überflutung bedroht.

Der Zeltplatz

Wer sein Zelt in der freien Natur aufstellen will, sollte dazu eine flache trockene Stelle wählen. Der Boden darf keine Steine enthalten. Die besten Zeltplätze sind windgeschützt und nicht zu weit von einem Wasser entfernt. Man muss darauf achten, dass der Zeltplatz selbst nach heftigem Regen nicht überschwemmt werden kann.

Brennstoffe

Zunder

Anzünder

Feine Zweige

Äste

Stämme

Feuermachen
Ein Feuer liefert Wärme und man kann darauf kochen. Es kann aber auch zu einer Gefahr werden. Der Camper muss sicher sein, dass das Feuermachen gestattet ist und auch bei Wind keine Gefahr für das Zelt und den Wald darstellt.

1 Der Camper sammelt Brennholz, das ganz trocken sein muss. Dann schneidet er ein Rasenstück aus und legt eine Schicht Zweige darüber.

Trockenes Brennholz

2 Der Camper lehnt 4 Äste so aneinander, dass eine Art Tipi entsteht. Unten muss man genügend Platz für den Zunder lassen.

3 Nach und nach legt der Camper Zweige und Äste auf, die feinen innen, die groben außen. In die Mitte kommt Zunder, z. B. Rinde, trockenes Gras oder Moos.

Platz für Zunder

4 Mit dem Streichholz zündet man den Zunder an. Wenn er Feuer gefangen hat, gibt man weiteren Zunder und etwas gröberen Anzünder hinzu. Dann folgen feine Zweige. Soll das Feuer längere Zeit brennen, gibt man frühzeitig dickere Stämme hinzu.

Taschenlampe am Kopfende des Schlafsacks

Nur benötigte Dinge auspacken.

Kopf in Richtung zur Zelttür

Leben im Zelt
Im Zelt ist so wenig Platz, dass sich eine strenge Ordnung aufdrängt. Sonst verliert man Dinge oder lebt unbequem. Um zu verhindern, dass Bodenfeuchtigkeit und -kälte aufsteigen, legt man eine Isoliermatte auf den Zeltboden.

Ausrüstung

Zum Campen sollte man nur das Allernötigste mitnehmen, besonders wenn man alles auf dem eigenen Rücken tragen muss. Unerlässlich sind Werkzeuge zum Aufstellen des Zeltes, Kochgeräte, Besteck und zusätzliche Kleidung für schlechtes Wetter.

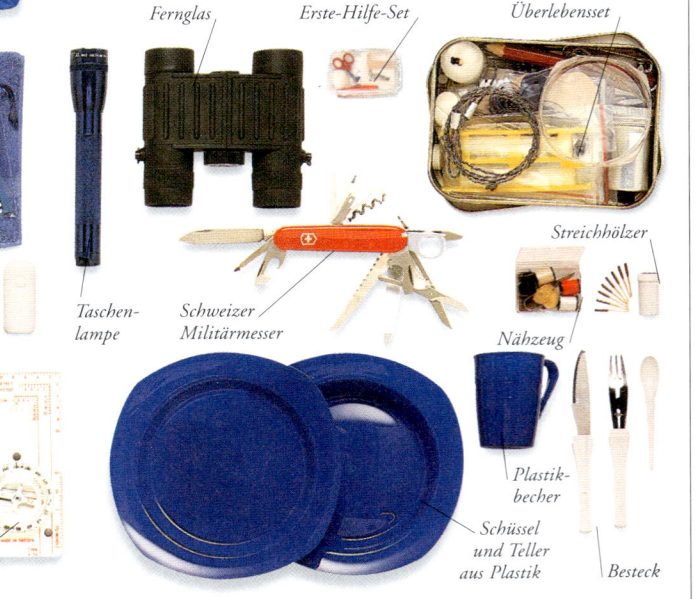

Fernglas

Erste-Hilfe-Set

Überlebensset

Streichhölzer

Körperpflegemittel

Taschenlampe

Schweizer Militärmesser

Nähzeug

Lippenschutz

Kompass

Plastikbecher

Schüssel und Teller aus Plastik

Besteck

CAMPING

Essen und Trinken

Wer weit ab von jeder Siedlung zeltet, muss Büchsennahrung oder gefriergetrocknete Nahrung mitnehmen. Auf ausgeglichene Ernährung mit Früchten und Gemüsen, Brot, Fisch und Fleisch ist zu achten. Ein besonderes Problem kann die Wasserversorgung darstellen. Am saubersten ist das Wasser aus einer kleinen Quelle. Bei Bedarf kocht man das Wasser ab oder entkeimt es mit Tabletten oder einem Filter.

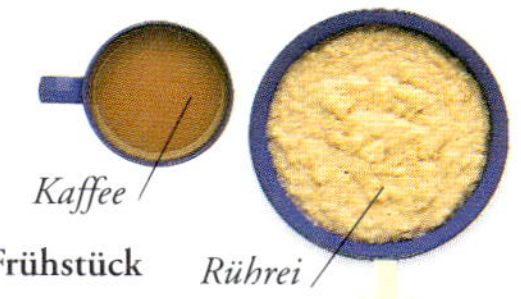

Kaffee *Frühstück* *Rührei*
Snacks *Kekse* *Zucker* *Tee* *Minze* *Studentenfutter*
Wasserflaschen sauber halten. *Wasser*
Gulaschsuppe *Mittagessen* *Linsengericht* *Gemüse*
Eintopf *Abendessen* *Fruchtsaft* *Pfirsiche*

Verpflegung unterwegs
Saure Drops — Bohnen — Brühwürfel — Salami — Ravioli — Ölsardinen — Würstchen mit Bohnen

Gewicht sparen
Erfahrene Camper verpacken lose Nahrungsmittel in leichte Plastiktüten. Wenn sie Dosen mitnehmen, achten sie darauf, dass die Größe so bemessen ist, dass der Inhalt in einem Mal aufgezehrt wird.

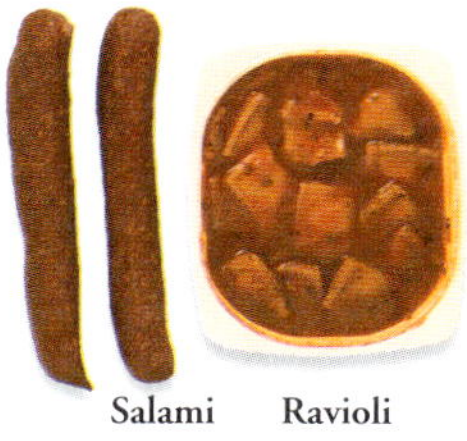

Essen auf einer Tagestour
Wenn Camper zu einer Tagestour aufbrechen, müssen sie genügend Nahrung mitnehmen. Die Hauptmahlzeiten sollten zu Beginn und am Ende des Tages liegen. Durch Snacks zwischendurch führt man dem Körper Energie zu.

Gefriergetrocknetes Fleisch enthält kein Wasser mehr.

Gefriertrocknung
Gefriergetrockneten Mahlzeiten ist das Wasser entzogen. Das spart Gewicht beim Trekking. Vor dem Genuss fügt man die entsprechende Menge heißes Wasser hinzu.

Reis *Curry* *Ei* *Plastiktüten halten frisch.*

Kanufahren
In einigen Gegenden kann man Kanus mieten und tagelang auf Flüssen unterwegs sein. Die Nacht verbringt man am Ufer in Zelten. Wo Stromschnellen oder Felsen ein Fortkommen verhindern, trägt man die leichten Kanus über Land bis zu ruhigerem Wasser.

Wohnmobil und Wohnwagen

Viele Leute machen Urlaub in Wohnwagen oder Wohnmobilen. Es sind Miniwohnungen auf Rädern. Wohnwagen werden mit einer Kupplung am eigenen Auto befestigt. Wohnmobile sind zum Wohnen umgebaute Autos. Gut eingerichtete Anhänger und Wohnmobile haben Betten, Kochgelegenheit, Kühlschrank, fließendes Wasser, Toiletten und sogar Duschen.

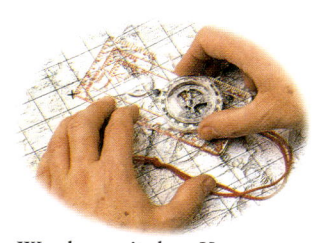

Wandern mit dem Kompass
Wanderer sollten auf größere Touren Karte und Kompass mitnehmen, um sich nicht zu verirren. Am besten ist ein flüssigkeitsgedämpfter Kompass mit durchsichtigem Boden, den man auf die Karte legt.

Wandern

Wandern durch die Landschaft, sei es für einige Stunden oder mehrere Wochen, ist heute sehr beliebt. Bergwandern, Bergsteigen und Trekking im unwegsamen Gelände führt man meist in Gruppen durch, sodass man bei einem Unfall dem Verletzten beistehen und Hilfe holen kann. Die Ausrüstung hat sich nach dem Ziel der Wanderung zu richten. Bei längeren Touren nimmt man das Zelt mit.

Steileisgerät *Windichte Jacke mit Kapuze* *Eispickel* *Riemen zum Verstellen* *Steigeisen*

Rucksack
Am bequemsten trägt man sein Gepäck auf dem Rücken, sei es in einem leichten Tagesrucksack oder in einem großen Trekkingrucksack, der genügend Platz bietet. Man sollte den Rucksack so packen, dass die schwersten Gegenstände möglichst nahe am Rücken liegen.

Bergsteigen
Bergsteigen ist die schwierigste und gefährlichste Form des Wanderns. Steile Fels- und Eishänge erfordern Kraft und Geschicklichkeit. Bergsteiger müssen die Klettertechniken beherrschen und auch für alle Situationen ausgerüstet sein.

Beutel mit Zeltstangen und Heringen *Schwere Gegenstände trägt man auf Rückenhöhe.* *Schlafsack unten*

Wie man den Rucksack packt
Damit auch bei Regen alles trocken bleibt, verpackt man jedes Teil in eine Plastiktüte. Je schwerer das Packstück, umso näher sollte es dem Mittelpunkt des Körpers liegen. Es gehört nicht ganz unten in den Rucksack und wird nicht oben aufgeschnallt.

SIEHE AUCH UNTER ENERGIE — ENTDECKUNGEN — ERNÄHRUNG — ERSTE HILFE — FEUER — FITNESS

CAESAR, GAIUS JULIUS

GAIUS JULIUS CAESAR BRACHTE es vom siegreichen Feldherrn bis zum Alleinherrscher über das Römische Reich, das er grundlegend veränderte. Er eroberte ganz Gallien, erweitertete die Reichsgrenzen und warf zahlreiche Aufstände nieder. Unter seiner Herrschaft wurde der römische Kalender geändert, das römische Recht reformiert und das Reich straff verwaltet. Caesar war nicht nur ein hervorragender Politiker, sondern auch ein glänzender Redner und Schriftsteller. Doch in der Durchsetzung seiner Ziele war er oft skrupellos.

Kindheit und Jugend
Gaius Julius Caesar wurde um 100 v. Chr. in Rom geboren. Er stammte aus einer reichen Adelsfamilie und machte eine glänzende militärische und politische Karriere. Er durchlief zahlreiche Ämter und erhielt 64 v. Chr. als Pontifex Maximus das Oberpriesteramt. 61 v. Chr. war Caesar Statthalter in Spanien.

Triumvirat
Bis zum Jahr 60 v. Chr. stritten sich in Rom politische Parteien um die Macht. Erst als Caesar zusammen mit dem reichen Crassus und dem Feldherrn Pompeius die Dreimännerherrschaft, das sog. Triumvirat, bildete, kehrte Ruhe im Reich ein. Im Jahr 59 v. Chr. wurde Caesar einer der beiden Konsuln, die die höchste Macht im Staat hatten. Nun ging er daran, die Herrschaft zu festigen und die Regierung zu reformieren.

Pompeius
Gnaeus Pompeius Magnus (106–48 v. Chr.) hatte als römischer Feldherr Aufstände in Spanien und Sizilien niedergeschlagen, das Mittelmeer von Seeräubern befreit sowie Syrien und Palästina erobert. Obwohl er einer der Triumviren war und sogar Caesars Tochter heiratete, blieb er zeitlebens dessen gefährlichster Rivale.

Pompeius

Gallischer Krieg
In den Jahren 58–50 v. Chr. führte Caesar eine Reihe von Kriegen gegen Gallien, das Gebiet des heutigen Frankreich und Belgien, das er dem Römischen Reich eingliederte. Dabei zeigte sich Caesars große Begabung als Feldherr. Unerbittlich warf er alle jene Stämme nieder, die sich der Eroberung widersetzten. Caesar hat die Kriegszüge später beschrieben.

Helm eines römischen Legionärs

Bürgerkrieg
Nach Crassus Tod 53 v. Chr. brach die alte Gegnerschaft zwischen Caesar und Pompeius wieder aus. Pompeius wurde 52 v. Chr. alleiniger Konsul und erklärte mit Unterstützung des Senats Caesar zum Volksfeind. Daraufhin verließ Caesar Gallien, überschritt 49 v. Chr. den Grenzfluss Rubikon und drang in Italien ein. Im Triumphzug führte er seine Legionen nach Rom und besiegte Pompeius. Bis 45 v. Chr. hatte Caesar alle Gegner ausgeschaltet und war Herr des Römischen Reiches.

Caesar als Legionär

Caesar überschreitet den Rubikon.

Römische Sporen

Bolzengeschosse für Katapulte

Pharsalusschlacht
Pompeius war vor Caesars Legionen nach Griechenland ausgewichen. Im Jahr 48 v. Chr. schlug Caesar das viel größere Heer des Pompeius nahe der griechischen Stadt Pharsalus vernichtend. Caesars strategische Begabung sowie eine günstige Ausgangslage brachten den Sieg. Pompeius floh nach Ägypten, wo er bald darauf ermordet wurde.

Schlacht von Pharsalus

Kleopatra
Caesar verfolgte Pompeius bis nach Ägypten und blieb auch nach dessen Tod im Land. Er wurde der Geliebte der ägyptischen Königin Kleopatra, deren Herrschaft er festigte. Als Caesar 47 v. Chr. nach Rom zurückkehrte, wurde er von Kleopatra begleitet. Nach Caesars Tod verband sie sich mit dem römischen Feldherrn Marcus Antonius (um 82–30 v. Chr), dem sie Zwillingsknaben gebar.

Antonius und Kleopatra

Diktator
Im Jahr 46 v. Chr. wurde Caesar zum Diktator ernannt. Er verbesserte die Lebensbedingungen des Volkes, indem er neue Landgesetze erließ und für Wohnungen sorgte. Die Republik selbst sicherte er gegen Feinde von außen.

Die Ermordung
Caesar hatte wegen seiner Alleinherrschaft in Rom viele Feinde. An den Iden des März – am 15. März – 44 v. Chr. wurde er beim Betreten des Senats erstochen. Unter den Mördern waren auch Cassius und Brutus. Sein Großneffe und Adoptivsohn Octavian, der spätere Kaiser Augustus, setzte sein Werk fort.

Caesars Ermordung

JULIUS CAESAR

um 100 v. Chr.	Geburt in Rom
80 v. Chr.	Militärdienst in der Türkei
60 v. Chr.	Triumvirat mit Crassus und Pompeius
59 v. Chr.	Wahl zum Konsul
58–50 v. Chr.	Eroberung Galliens
49 v. Chr.	Caesar überquert den Rubikon; Bürgerkrieg gegen Pompeius.
48 v. Chr.	Pompeius flieht nach Ägypten und wird dort ermordet.
46 v. Chr.	Diktator für 10 Jahre
45 v. Chr.	Diktator auf Lebenszeit
44 v. Chr.	Ermordung im Senat; unter den Verschwörern ist auch Brutus, den Caesar gefördert hatte.

SIEHE AUCH UNTER FRANKREICH, GESCHICHTE · GROSSBRITANNIEN, GESCHICHTE · ITALIEN, GESCHICHTE · RÖMISCHES REICH · STREITKRÄFTE

CHAVÍNKULTUR

VOR ETWA 3 000 JAHREN nahm in Peru eine Hochkultur ihren Anfang, die etwa 900 Jahre bestand. Nach dem bedeutendsten Fundort Chavín de Huántar spricht man heute von der Chavínkultur. Die Menschen von Chavín lebten zuerst im Hochland. Sie erbauten große Tempelanlagen, webten gemusterte Textilien, schufen Keramikgefäße und Goldarbeiten. Sie stellten bald eine Verbindung von den Anden zur Küste her und schufen so die Grundlage für nachfolgende Kulturen, z. B. die der Inka.

Nachfolger
Nachdem Chavin untergegangen war, folgten andere Kulturen wie Tiahuanaco oder Chimú.

Chavín de Huántar
Das Kultzentrum von Chavín lag an einem Verkehrsknotenpunkt im Tal des Mosnaflusses. Von hier führten zwei Pässe über das Gebirge. Die Stadt war daher Mittelpunkt des Handels: Aus dem Gebirge brachten Lamas Wolle, Salz und Chili. Aus dem Tal holten sie Gefäße und andere Gegenstände.

Castillo
In Chavín de Huántar stand ein berühmter Tempel, der Castillo. Es war ein umfangreiches Bauwerk aus Steinquadern, das viele verschlungene Gänge enthielt. Einige waren vielleicht Abwässerkanäle, die das Wasser aus dem Tempel leiteten. Die angrenzenden Räume dienten wohl als Lagerräume für die Opfergaben und Gegenstände für die religiösen Zeremonien.

Kunst
Die Menschen von Chavín schufen kunstvolle Steinreliefs, Figuren und Gegenstände aus Gold, hervorragende Textilien und bemalte Gefäße. Einiges davon ist uns erhalten. Sie stellten in ihren Kunstwerken vor allem Gottheiten oder Priester dar, aber auch Vögel und andere Tiere. Die meisten Kunstgegenstände waren leicht zu transportieren. Sie verbreiteten sich über das peruanische Hochland und dienten späteren Kulturen als Vorbild.

Verschlüsselte Bilder
Die Bildhauer von Chavín liebten es, ihre Darstellungen zu verschlüsseln. Statt ein Gesicht oder einen Körper realistisch darzustellen, verwendeten sie Teile oder Symbole, z. B. Augen oder Schlangen. Viele Reliefs der Chavínkultur wie diese Darstellung eines Gottes sind faszinierend und doch kaum zu ergründen.

Jaguargefäß

Schüssel in Tiergestalt

Tongefäß
Die Menschen von Chavin fertigten wie alle peruanischen Völker reich verzierte Tongefäße mit Steigbügelhenkeln an. Dieses Gefäß aus Chavín de Huántar zeigt das Gesicht des Jaguargottes mit goldenem Nasenring und Ohrringen.

Schmuckgefäß
Diese Schale in Tiergestalt zeigt einmal mehr die Kunst der Töpfer von Chavín. Der Gegenstand wurde vermutlich bei einer religiösen Zeremonie benutzt oder er zierte die Tafel eines reichen und adligen Mitglieds der Gesellschaft.

Religion
Die Menschen von Chavín verehrten verschiedene Götter, darunter ein Wesen, das sie El Lanzón, den „lächelnden Gott", nannten. Seine Statue stand im Tempel von Chavín de Huántar. Über der Figur war ein Loch, durch das ein verborgener Priester sprach. Die Menschen glaubten dann, der Gott spräche selbst.

In der Linken hält der Gott einen Schild mit Kreuzmuster.

Der Gott trägt rechts einen Befehlsstab.

El Lanzón, der lächelnde Gott
El Lanzón war vermutlich der Hauptgott von Chavín. Man fand sein Standbild in den meisten Räumen des Tempels. Die Figur hatte die Zähne einer Raubkatze und war halb Mensch, halb Jaguar. Diese Jaguargottheit findet sich bei vielen Völkern im alten Amerika.

Gott mit Stab
Eine andere wichtige Gottheit in Chavín war der Gott mit dem Stab. Man sieht ihn auf vielen Steinreliefs. Häufig wird er zusammen mit Feldfrüchten gezeigt, z. B mit Maniok, Kürbissen und Chilischoten, sodass man vermuten kann, dass er eine Art Fruchtbarkeitsgott war.

Kulturen im Hochland
Nachdem die Chavínkultur untergegangen war, entstanden im Hochland der Anden neue Kulturen. Von 500 bis 900 hatten Tiahuanaco und das benachbarte Huari eine Blütezeit. An der Küste waren die Leute von Chimú vom 10. bis zum 15. Jh. beherrschend, bis sie von den Inka unterworfen wurden.

Gefäß aus Tiahuanaco

Tiahuanaco
Dieses Reich im Hochland war streng zentralisiert. Den Mittelpunkt bildete die Stadt in 4 000 m Höhe. Es war vermutlich nur eine Tempelstadt. Das berühmteste Bauwerk Tiahuanacos ist das Sonnentor, das aus einem einzigen Steinblock gehauen ist.

Antlitz des Sonnengottes *Fries mit Figuren*

Das Tor ist 3 m breit und 3,75 m hoch.

Sonnentor

SIEHE AUCH UNTER — GOTTHEITEN — INKA — TÖPFEREI UND KERAMIK — SÜDAMERIKA, GESCHICHTE

CHEMIE

MIT HILFE DER CHEMIE bekämpfen Ärzte die Krankheiten, Landwirte fördern damit das Wachstum der Pflanzen, Köche bereiten mit chemischen Reaktionen die Speisen zu. Die Industrie setzt die Chemie vielfältig und sogar bei der Fertigung von Computerchips ein. Als Wissenschaft untersucht die Chemie die Stoffe, aus denen die Welt besteht, und wie sich chemische Elemente und Verbindungen verändern.

Chemische Veränderung

Wenn man orangerote Kristalle von Ammoniumdichromat über einer Flamme erhitzt, findet eine chemische Reaktion statt. Dabei werden Wärme, Licht und Gase abgegeben. Zurück bleibt graugrüne Asche, Chromoxid. Es ist ein neuer Stoff mit anderer Zusammensetzung.

Bei der heftigen Reaktion wird Asche in die Luft geschleudert.

Die Kristalle verbrennen in heller Flamme.

Asche   Kristalle von Ammoniumdichromat

Antoine und Marie Lavoisier

Der französische Chemiker Antoine Lavoisier (1743–94) bewies, dass die Verbrennung eine chemische Reaktion ist, die Luft aus mehreren Gasen besteht und Wasser sich aus Wasserstoff und Sauerstoff zusammensetzt. Seine Frau Marie (1758–1836) illustrierte seine Werke.

$$2H_2 + O_2 \rightarrow 2H_2O$$

Chemische Gleichungen

Die Chemiker stellen Reaktionen in Gleichungen dar. Die Gleichung oben zeigt, dass 2 Wasserstoffmoleküle (H_2) und 1 Sauerstoffmolekül (O_2) zu 2 Wassermolekülen (H_2O) reagieren.

Reaktionsgeschwindigkeit

Reaktionen kann man beschleunigen, indem man die Teilchen näher miteinander in Kontakt bringt. Dies geschieht z. B. durch Vergrößerung der Oberfläche, an der die Reaktion stattfindet. Schwefelsäure reagiert schneller mit Kalkmehl als mit größeren Kalkstücken, weil dessen Oberfläche viel größer ist.

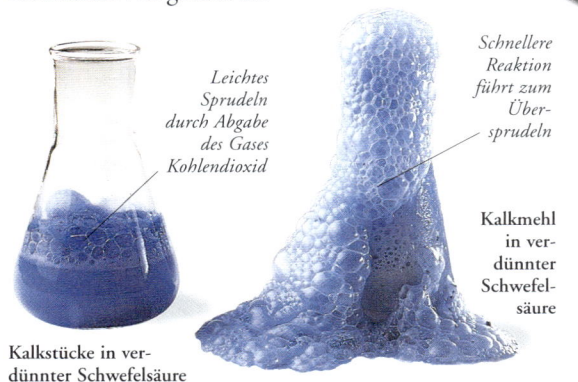

Leichtes Sprudeln durch Abgabe des Gases Kohlendioxid

Schnellere Reaktion führt zum Übersprudeln

Kalkmehl in verdünnter Schwefelsäure

Kalkstücke in verdünnter Schwefelsäure

Katalysatoren

Katalysatoren beschleunigen chemische Reaktionen, ohne sich dabei selbst zu verändern. Sie spielen in der Chemie eine wichtige Rolle. Bei Pflanzen und Tieren heißen sie Enzyme. Der Katalysator im Auto entgiftet die Abgase. Diese ziehen durch den wabenförmigen Keramikkörper, auf den eine Schicht von Platin und Rhodium aufgedampft ist. Beide Katalysatoren bewirken, dass Kohlenmonoxid, Stickoxide und Kohlenwasserstoffe um bis zu 90 % verringert werden.

Chemische Reaktionen

Bei chemischen Reaktionen verwandeln sich Stoffe in ganz andere Stoffe mit neuen Eigenschaften, die Reaktionsprodukte. Zum Aufbrechen der chemischen Bindungen braucht man Energie. Bei der Reaktion entstehen neue chemische Bindungen, wobei meist Energie frei wird.

Exotherme Reaktion
Bei exothermen Reaktionen, etwa bei Verbrennungen, wird mehr Energie abgegeben als aufgenommen.

Endotherme Reaktion
Die meisten chemischen Reaktionen beim Kochen sind endotherm. Sie nehmen mehr Energie auf, als sie abgeben.

Oxidation und Reduktion
Beim Rosten findet eine Reaktion zwischen dem Eisen und dem Sauerstoff der Luft statt. Das Eisen bildet mit Sauerstoff eine orangebraune Verbindung, das Eisenoxid. Bei dieser Oxidation verbindet sich also ein Stoff mit Sauerstoff. Wenn ein Stoff bei einer chemischen Reaktion Sauerstoff abgibt, spricht man von Reduktion. Oxidation und Reduktion treten oft sogar nebeneinander auf.

Überzug aus Eisenoxid auf dem Metall

Rostendes Eisen

Reversible Reaktionen
Viele chemische Reaktionen bewirken, dass sich die chemischen Stoffe dauerhaft verändern. Reversible Reaktionen hingegen sind umkehrbar. Wenn man z. B. Stickstoffdioxid erhitzt, zerfällt es in Stickstoffmonoxid und Sauerstoff. Beim Abkühlen reagieren die beiden Gase wieder miteinander zu Stickstoffdioxid.

Stickstoffdioxidgas ist braun.

Erwärmen
Abkühlen

$\rightleftharpoons$

Symbol für umkehrbare Reaktionen

Stickstoffmonoxid und Sauerstoff sind farblos.

Stickstoffdioxid   **Stickstoffmonoxid und Sauerstoff**

Chemische Industrie

Die chemische Industrie bildet heute eine der größten und wichtigsten Industriezweige. Aus Rohstoffen wie Luft, Erdöl, Wasser, Kohle, Metallerzen, Kalk und vielem anderen stellt sie mit Hilfe chemischer Reaktionen nützliche Produkte her. Dazu gehören Textilfasern, Heilmittel, Düngemittel, Schädlingsvernichtungsmittel, Farben und Lacke, Seifen und Tenside, Kunststoffe, Glas und Metalle.

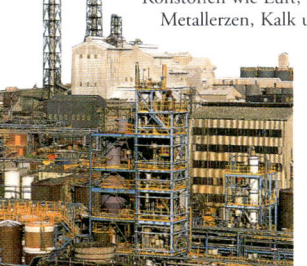

CHEMIE

Organische Chemie

Die organische Chemie beschäftigt sich mit den Kohlenstoffverbindungen, aus denen der Körper aller Lebewesen besteht. Zu den Kohlenstoffverbindungen zählen z. B. die Kohlenwasserstoffe des Erdöls, die Fette und Öle, Zucker und Proteine sowie die meisten Textilfasern und Kunststoffe. Man kann auch organische Verbindungen schaffen, die es in der Natur nicht gibt. Im nebenstehenden Versuch gewinnt man aus dem Proteinanteil der Milch, dem Casein, einen Farbstoff.

1 Man lässt eine Flasche Milch ungefähr einen Tag lang stehen und schöpft dann oben den fetten Rahm ab.

Erwärmte geronnene Milch

2 Man erwärmt die Milch auf ungefähr 45 °C und gibt etwas Essigsäure hinzu. Die Milch gerinnt nun zu gummiartigem Casein.

Casein fällt aus.

3 Man trennt die flüssige Molke vom festen Casein und lässt dieses vollständig trocknen.

Casein wird beim Trocknen hart.

4 Pulverisiertes Casein löst man in Ammoniakwasser und rührt einen Farbstoff (Pigment) ein. Nach dem Verstreichen trocknet die Farbe hart auf.

Caseinfarbe

Aliphatische Verbindungen

Kettenförmige Kohlenstoffverbindungen nennen wir aliphatisch. Sie können einfache, doppelte oder dreifache Bindungen enthalten. Ethan kommt im Erdgas vor; aus Ethen stellt man Kunststoffe her.

Ethan (C_2H_6)

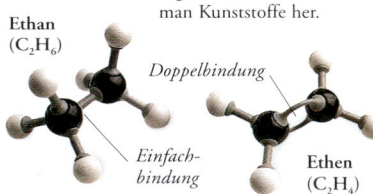

Doppelbindung

Einfachbindung

Ethen (C_2H_4)

Aromatische Verbindungen

Kohlenstoffverbindungen mit einem Sechserring (Benzolring) nennen wir aromatisch. Der einfachste Stoff dieser Klasse ist das Benzol, eine farblose Flüssigkeit, die in Kohle und Erdöl enthalten ist. Die meisten organischen Verbindungen sind aromatisch.

Kohlenstoffatom (schwarz)

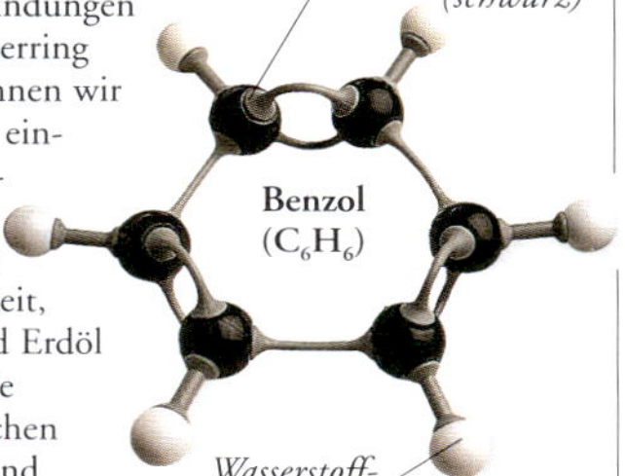

Benzol (C_6H_6)

Wasserstoffatom (weiß)

Öle und Fette

Flüssige pflanzliche Öle sind ungesättigt, d. h. zwischen einzelnen Kohlenstoffatomen bestehen Doppelbindungen. An diesen Stellen kann das Öl mit Wasserstoff reagieren. Dabei bricht die Doppelbindung auf, und der Wasserstoff lagert sich an. Auf diese Weise entsteht feste Margarine. Feste tierische Fette sind gesättigt. Sie enthalten keine Doppelbindungen mehr und lagern keine Wasserstoffatome an.

Flüssiges Öl  *Festes Fett*

Polymere

Kunststoffe wie Polyethylen und PVC bestehen aus Polymeren.

Polymere sind Verbindungen aus Riesenmolekülen. Sie bestehen aus tausenden kleinerer Einheiten, den sog. Monomeren. Natürliche Polymere sind z. B. Kautschuk, Stärke und Zellulose. Die künstlichen Polymere bezeichnet man als Kunststoffe. Polyethylen setzt sich z. B. aus tausenden Ethenmolekülen zusammen.

Produkte aus Kunststoff

Elektrochemie

Bei manchen chemischen Reaktionen treten elektrische Erscheinungen auf. Salze setzen sich z. B. aus elektrisch geladenen Teilchen, den Ionen, zusammen. Sie entstehen, wenn Atome oder Atomgruppen Elektronen aufnehmen oder abgeben. In Batterien fließt Strom durch chemische Reaktionen zwischen Salzen.

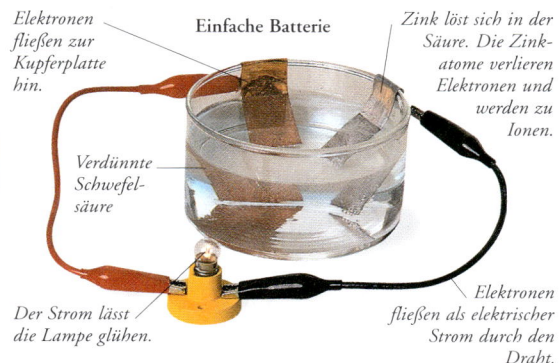

Elektronen fließen zur Kupferplatte hin.

Einfache Batterie

Zink löst sich in der Säure. Die Zinkatome verlieren Elektronen und werden zu Ionen.

Verdünnte Schwefelsäure

Der Strom lässt die Lampe glühen.

Elektronen fließen als elektrischer Strom durch den Draht.

Elektrolyse

Manche Stoffe kann man mit Hilfe elektrischen Stroms in ihre Bestandteile zerlegen. Dies nennen wir Elektrolyse. Man taucht zwei Metall- oder Kohlenstoffstäbe, die Elektroden, in eine leitende Lösung und schließt sie an eine Stromquelle an. Durch die Lösung fließt Strom. Positive Ionen (Anionen) werden dabei von der negativen Elektrode (Kathode) angezogen, negative Ionen oder Kationen von der positiven Elektrode (Anode).

Chlorgas sammelt sich oben.

An der Kathode schlägt sich metallisches Kupfer nieder.

Chloridionen wandern zur Anode und werden zu Chlorgas.

Elektrolyse einer Kupferchloridlösung

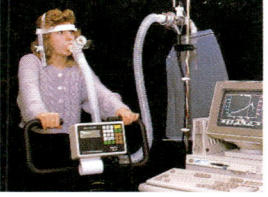

Biochemische Atmungsforschung

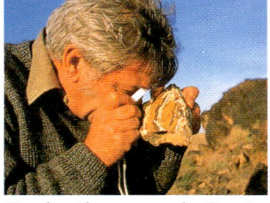

Geochemiker untersucht Gestein.

Biochemie

Die Biochemie befasst sich mit chemischen Reaktionen in den Lebewesen. In jeder Zelle reagieren tausende chemischer Stoffe unablässig miteinander. Viele medizinische Kenntnisse beruhen auf biochemischen Forschungen.

Geochemie

Die Geochemie untersucht die Zusammensetzung der Erde und besonders der Erdkruste. Die Befunde der Geochemiker helfen beim Aufsuchen von Lagerstätten und beim Verständnis der Erdgeschichte.

Alfred Nobel

Der schwedische Chemiker Alfred Nobel (1833–96) erfand 1867 den Sprengstoff Dynamit und verdiente damit sehr viel Geld. Bei seinem Tod errichtete er eine Stiftung, die jedes Jahr die Nobelpreise für Leistungen in den Naturwissenschaften, der Medizin, Literatur, Wirtschaft und des Friedens verleiht.

Chronologie

2 v. Chr. Ägyptische Alchemisten versuchen Blei in Gold zu verwandeln.

um 60 v. Chr. werden in Griechenland Öl, Seifen und Farben hergestellt.

1661 Der Ire Robert Boyle führt den Begriff des chemischen Elements ein.

1789 Antoine Lavoisier veröffentlicht ein grundlegendes Lehrbuch der Chemie.

1807 Der Engländer H. Davy entdeckt bei der Elektrolyse das Element Natrium.

Davys Ausrüstung

1808 Der englische Naturforscher J. Dalton behauptet, jedes Element bestehe aus einem Atomtyp.

1828 Der Deutsche F. Böhler stellt erstmals Harnstoff im Labor her.

1909 Der Amerikaner Leo Baekeland stellt den ersten Kunststoff her, das „Bakelit".

1939 Der Amerikaner Linus Pauling erklärt die Natur der chemischen Bindungen, die zwischen Atomen herrschen.

Radiogehäuse aus Bakelit

SIEHE AUCH UNTER — ATOME UND MOLEKÜLE · CHEMISCHE VERBINDUNGEN · ELEKTRIZITÄT · ELEMENTE · FARBSTOFFE · GLAS · KUNSTSTOFFE · MEDIZIN · SÄUREN UND BASEN

CHEMISCHE VERBINDUNGEN

DAS SALZ IM MEER können wir nicht sehen. Wir wissen aber, dass es vorhanden ist, weil das Wasser salzig schmeckt. Ist Salz in Wasser gelöst, so entsteht eine Lösung. Salz und Wasser selbst sind chemische Verbindungen und bestehen aus Molekülen. Zwischen den Atomen dieser Moleküle herrschen chemische Bindungen. Ein Gemisch hingegen besteht aus zwei oder mehr Stoffen, die keine chemische Bindung miteinander eingehen und deshalb leicht technisch zu trennen sind.

Die Kristalle lösen sich im Wasser und breiten sich in der ganzen Flüssigkeit aus.

Nach einiger Zeit sind die Kristalle vollständig im Wasser gelöst.

Lösungen
Kaliumpermanganatkristalle lösen sich sehr schnell auf, wenn man sie in Wasser bringt. Die beiden Stoffe, das Salz und das Wasser, bilden rasch eine einheitliche Lösung. Lösungen sind Gemische und keine Verbindungen. Der meist feste Stoff löst sich jedoch bis auf die einzelnen Moleküle, Atome oder Ionen in der Flüssigkeit. Eine konzentrierte Lösung enthält viel von den jeweils gelösten Stoffen, eine verdünnte Lösung nur wenig.

Kristalle von Kaliumpermanganat

Gemische und Kolloide
Wenn man schlammiges Wasser stehen lässt, setzt sich der Schlamm ab und das Wasser wird klarer. Schlammiges Wasser ist eine Suspension, ein Gemisch fester Teilchen in einer Flüssigkeit. Durch die Schwerkraft sinken die Teilchen auf den Boden. Es gibt viele Formen von Gemischen, z. B. Aerosole, Gele, Emulsionen oder Schäume. Sind die feinstverteilten Teilchen weniger als ein tausendstel Millimeter groß, so sinken sie nicht ab. Ein solches Gemisch nennt man Kolloid.

Aerosole bestehen aus festen oder flüssigen Teilchen in Gasen.

Rauch (Aerosol von Asche in Luft)

Gele bestehen aus festen Teilchen in einer Flüssigkeit.

Haargel (festes Fett in Wasser)

Beide Stoffe sind gleichmäßig gemischt.

Feste Bleiiodidteilchen setzen sich ab.

Suspension von Bleiiodidteilchen in Kaliumiodidlösung

Verschiedene Kolloide
Kolloide bestehen aus winzig kleinen Teilchen und sie können gasförmig, fest oder flüssig sein. Smog ist z. B. ein Kolloid und gleichzeitig ein Aerosol. Auch der Pudding ist ein Kolloid; der Chemiker bezeichnet ihn auch als Gel.

Schäume sind ein Gemisch aus Gasteilchen in einer Flüssigkeit oder einem Festkörper.

Rasierschaum (Luft in flüssiger Seife)

Emulsionen bestehen aus Flüssigkeitsteilchen in einer anderen Flüssigkeit.

Emulsionsfarbe (flüssiges Pigment in Öl)

Auftrennen von Gemischen
Wenn man Kaffee durch einen Filter gießt, wird eine Mischung aufgetrennt. Der Filter trennt den gemahlenen Kaffee von der Flüssigkeit. Andere Trennverfahren sind das Abgießen, Zentrifugieren, Destillieren und Verdunsten. Beim Abgießen trennt man meist eine leichtere Flüssigkeit von einer schwereren oder von einem festen Sediment.

Abgießen: Trennung von Essig und Öl

Öl ist weniger dicht als Essig.

Filtrieren
Mit einem durchlässigen Filter trennt man größere feste Teilchen von einer Flüssigkeit ab. Die Poren im Filter lassen Flüssigkeitsteilchen durchtreten (Filtrat) und halten größere Teilchen zurück (Rückstand).

Filterpapier
Rückstand: gemahlener Kaffee
Filtrat: flüssiger Kaffee

Zentrifugieren
Die Zentrifuge trennt Stoffgemische, indem sie Röhrchen mit Proben darin in schnelle Drehung versetzt. Dichtere Stoffe sinken auf den Boden des Röhrchens. Mit einer Zentrifuge trennt der Arzt Blutkörperchen vom Blutplasma.

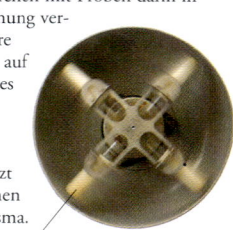

Gemisch in Proberöhrchen
Blick von oben auf eine Zentrifuge

Destillation
Durch Destillation trennt man Flüssigkeitsgemische nach ihrem Siedepunkt. Erwärmt man das Gemisch, verdampfen die Bestandteile nacheinander und können getrennt aufgefangen werden. Die Gase kondensieren in einem Kühler. Am Ende des Kühlers fängt man die Flüssigkeiten auf.

Thermometer
Das Gas kondensiert in der wassergekühlten Röhre zu einer Flüssigkeit.
Wasserzufluss
Wasserabfluss
Die Bestandteile sieden bei unterschiedlichen Temperaturen.
Destillat: reine Flüssigkeit

Verdunstung
Eine langsame Trennung von Stoffgemischen erfolgt auch bei der Verdunstung. In warmen Ländern gewinnt man auf diese Weise Salz aus Meerwasser. Das Wasser verdunstet in den flachen Salinen und zurück bleibt das Meersalz. Es wird dann zu großen Haufen zusammengekehrt.

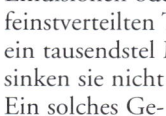

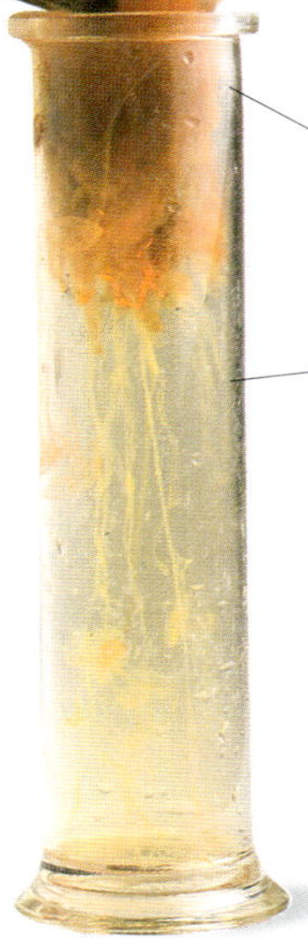

CHEMISCHE VERBINDUNGEN

Mit der Zange hält man die glühende Eisenwolle fest.

Ein Teil des Eisenchlorids, das entsteht, ist gasförmig.

Diese Reaktion braucht wie viele andere eine Aktivierungsenergie, damit sie in Gang kommt. Dazu wird die Eisenwolle erhitzt.

Chlorgas ist sehr reaktiv. Die Reaktion erfolgt heftig.

Gasgefäß mit Chlor

Nach der Reaktion bleibt orangebraunes Eisenchlorid übrig.

Chemische Verbindungen

Verbindungen entstehen nur bei chemischen Reaktionen. Die beiden Elemente Eisen und Chlor reagieren z. B. heftig miteinander zu Eisenchlorid. Dabei gehen Eisen- und Chloratome eine feste chemische Bindung ein. Verbindungen haben oft ganz andere Eigenschaften als die Elemente, aus denen sie bestehen. Eisen ist ein hartes, magnetisches, silberglänzendes Metall, während Chlor als gelbgrünes Gas erscheint. Das Eisenchlorid dagegen besteht aus orangebraunen, nicht magnetischen und reaktionsträgen Kristallen.

Probenahme geschmolzenen Eisens im Hochofen

Lösen von Verbindungen
Chemische Verbindungen kann man nur durch chemische Reaktionen trennen. Die meisten Metalle muss man z. B. aus Erzen gewinnen. Im Hochofen erhitzt man Eisenoxide (eine Verbindung von Eisen mit Sauerstoff) mit Koks, der aus Kohlenstoff besteht. Durch die Hitze kommt es zu einer chemischen Reaktion, bei der Kohlenstoff mit dem Sauerstoff aus dem Eisenerz reagiert. Das geschmolzene Roheisen fließt ab.

Aufbau von Verbindungen

Chemische Verbindungen bestehen aus gleichartigen Molekülen. Diese setzen sich aus Atomen zusammen. Bei den chemischen Reaktionen entstehen zwischen diesen Atomen chemische Bindungen. Man unterscheidet im Wesentlichen zwei Bindungsarten: die kovalente Bindung oder Atombindung und die Ionenbindung.

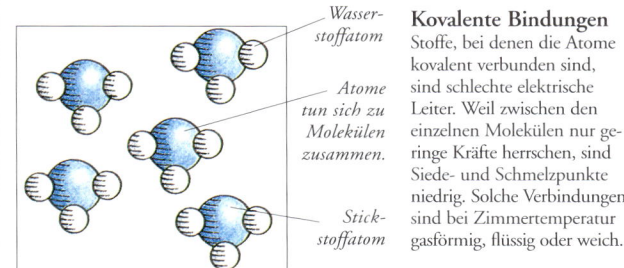

Wasserstoffatom

Atome tun sich zu Molekülen zusammen.

Stickstoffatom

Kovalente Bindungen
Stoffe, bei denen die Atome kovalent verbunden sind, sind schlechte elektrische Leiter. Weil zwischen den einzelnen Molekülen nur geringe Kräfte herrschen, sind Siede- und Schmelzpunkte niedrig. Solche Verbindungen sind bei Zimmertemperatur gasförmig, flüssig oder weich.

Methan

Ionenbindung
Eine Ionenbindung liegt vor, wenn Atome untereinander ein Elektron austauschen, sodass sie selbst zu Ionen werden. Ionenbindungen finden wir vor allem in Salzen, z. B. im Steinsalz oder Natriumchlorid. Salze haben hohe Schmelz- und Siedepunkte und sind in geschmolzenem oder gelöstem Zustand gute elektrische Leiter.

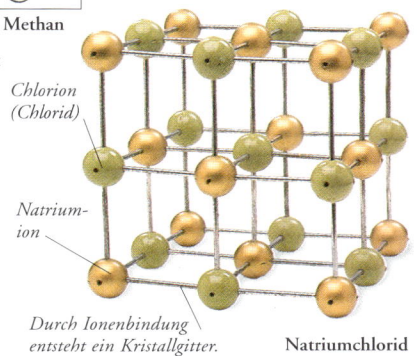

Chlorion (Chlorid)

Natriumion

Durch Ionenbindung entsteht ein Kristallgitter.

Natriumchlorid

Justus von Liebig
Der deutsche Chemiker Justus von Liebig (1803–73) fand viele neue organische Verbindungen. Er entwickelte Standardprozeduren für die Destillation und die Analyse von Gemischen und chemischen Verbindungen. Justus von Liebig war auch einer der Entdecker des Chloroforms. Er begründete die Lehre von den Düngemitteln und setzte als Erster mineralische Dünger ein.

Chemische Analyse

Bei der qualitativen Analyse geht es darum, Stoffgemische zu trennen und herauszufinden, welche Stoffe überhaupt vorhanden sind. Bei der quantitativen Analyse misst man die vorhandenen Stoffmengen. Es gibt viele Analyseverfahren. Der Arzt untersucht z. B. den Harn nach bestimmten Stoffen.

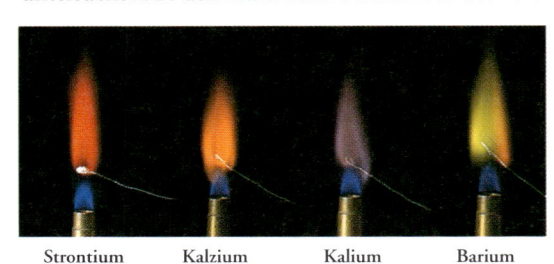

Farbstoffe trennen sich in farbige Ringe auf.

Zugabe eines chemischen Stoffes zur Lösung

Bürette

Filterpapier

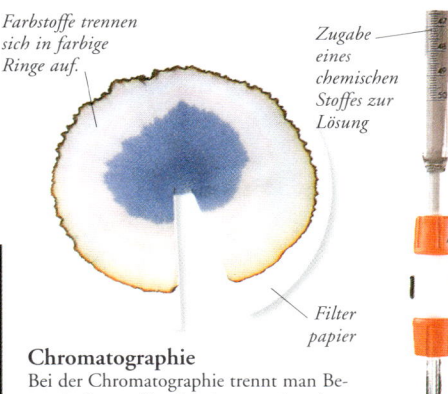

Chromatographie
Bei der Chromatographie trennt man Bestandteile von Flüssigkeiten voneinander. Dazu nimmt man absorbierendes Material. Man malt z. B. mit einem Filzstift einen Punkt auf ein Filterpapier und tropft dann Wasser oder Alkohol darauf. Die Farbstoffe in der Tinte werden unterschiedlich schnell an den Rand transportiert und bilden dort farbige Ringe.

Durch die chemische Reaktion wird die Farbe der Lösung verändert.

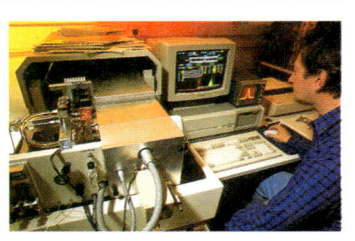

Strontium | Kalzium | Kalium | Barium

Flammenfärbung
Ist ein metallisches Element in der Stoffprobe vorhanden, so kann man es mit der Flammenfärbung nachweisen. Man nimmt mit einem Magnesiastäbchen etwas Substanz auf und hält sie in die Flamme eines Bunsenbrenners. Dabei färbt sich diese auf charakteristische Weise. Von der Farbe kann man auf das Metall schließen.

Massenspektrometrie
Das Massenspektrometer verwandelt einen Stoff in einen Strahl gasförmiger und elektrisch geladener Ionen. Diese schießt man durch ein elektrisches Feld, wo sie je nach Masse und Ladung unterschiedlich stark abgelenkt werden. So entsteht ein Massenspektrum, aus dem man die verschiedenen Anteile berechnen kann.

Titrieren
Durch Titrieren bestimmt man die Konzentration einer Lösung. Die Lösung reagiert mit einer anderen, deren Konzentration bekannt ist. Man gießt sie tropfenweise hinzu. Ist die Reaktion beendet, so verfärbt sich ein sog. Indikator. Aus der verbrauchten Reagenzlösung kann man die Menge des analysierten Stoffes bestimmen.

SIEHE AUCH UNTER | ATOME UND MOLEKÜLE | CHEMIE | ELEMENTE | FESTKÖRPER | FLÜSSIGKEITEN | GASE | GESTEINE | MATERIE | OZEANE UND MEERE

CHINA UND TAIWAN

CHINA IST NACH Russland, Kanada und den USA das viertgrößte Land der Erde. Es nimmt einen großen Teil Ostasiens ein und hat die bei weitem höchste Einwohnerzahl aller Staaten. Hier leben über ein Drittel aller Asiaten – rund ein Fünftel der Weltbevölkerung. China grenzt an 14 Länder und hat im Südosten eine 14 500 km lange Küstenlinie zum Pazifik. Zu China gehören auch die beiden früheren europäischen Kolonien Hongkong und Macao. China ist eine kommunistische Volksrepublik, während Taiwan die unabhängige Republik China bildet.

Die Chinesische Mauer
Vor über 2 200 Jahren bauten rund 300 000 Sklaven die Chinesische Mauer, um Eindringlinge aus dem Norden fernzuhalten. Dieser Steinwall erstreckt sich von Zentralasien bis zum Gelben Meer und ist heute über 6 400 km lang. Er ist das größte Bauwerk der Erde.

Soldaten auf der Chinesischen Mauer

Geografie
Das riesige Land umfasst Hoch- und Tiefebenen, Wüsten, ausgedehnte Hügelgebiete und sogar tropische Regionen. Große Flusssysteme entwässern das Land. Die höchsten Gebirge liegen im Westen und Südwesten.

Der Gelbe Fluss
In Ostchina gibt es zwei gewaltige Ströme, den 6 300 km langen Jangtse oder Chang Jiang und den 5 464 km langen Gelben Fluss oder Huang He. Dieser tritt regelmäßig über die Ufer und hinterlässt auf den Feldern gelbe Erde.

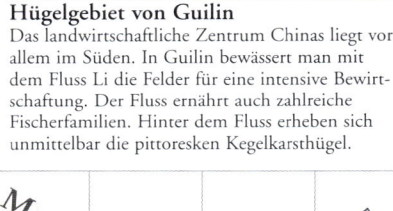

Hügelgebiet von Guilin
Das landwirtschaftliche Zentrum Chinas liegt vor allem im Süden. In Guilin bewässert man mit dem Fluss Li die Felder für eine intensive Bewirtschaftung. Der Fluss ernährt auch zahlreiche Fischerfamilien. Hinter dem Fluss erheben sich unmittelbar die pittoresken Kegelkarsthügel.

Klima
In China gibt es im Wesentlichen zwei Klimatypen. Der Norden und Westen des Landes ist trocken bis sehr trocken. Die Winter sind dort bitterkalt, die Sommer sehr heiß und niederschlagsarm. Weiter im Süden und im Osten bringt der Sommermonsun vom Pazifik den küstennahen Gebieten viel Regen. Hier ist es ganz allgemein viel wärmer und feuchter.

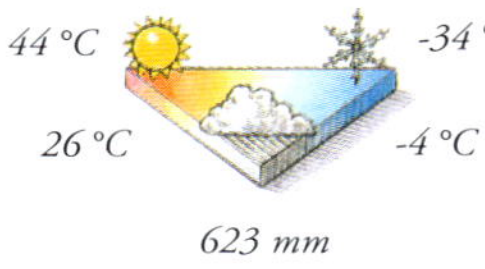

44 °C -34 °C
26 °C -4 °C
623 mm

China

China wird seit 1949 von der Kommunistischen Partei regiert. Das Land ist in 22 Provinzen, 5 autonome Regionen und 4 Stadtbezirke gegliedert. Sie genießen eine zunehmende Unabhängigkeit von der Hauptstadt Peking. Ungefähr 92 % der Bevölkerung sind Han-Chinesen. Viele von ihnen erklären sich als religionslos, weil der Staat offiziell gegen Religionen eingestellt ist. Etwa 5 % gehören den 56 nationalen Minderheiten an. In der Landwirtschaft ist die Hälfte der Arbeitnehmer beschäftigt, obwohl nur 10 % des Landes fruchtbar sind.

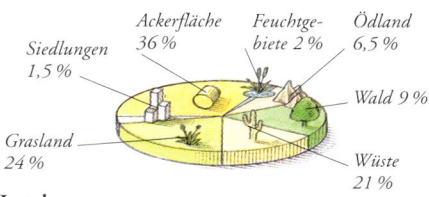

Schulkinder in Peking

Landnutzung

Siedlungen 1,5 % — Ackerfläche 36 % — Feuchtgebiete 2 % — Ödland 6,5 % — Wald 9 % — Wüste 21 % — Grasland 24 %

Das landwirtschaftlich nutzbare Gebiet liegt größtenteils im Osten und Süden. Wüsten und Gebirge sind meist unbewohnbar. China ist der größte Kohleproduzent der Erde. Große Bergbaubetriebe befinden sich in Shaanxi und Sichuan.

CHINA: DATEN

HAUPTSTADT Peking (Beijing)
FLÄCHE 9 573 538 km²
EINWOHNER 1 305 000 000
SPRACHE Chinesisch, viele Minderheitensprachen
RELIGION Buddhismus, Taoismus, Islam, Konfuzianismus; Christentum
WÄHRUNG Renminbi Yuan
LEBENSERWARTUNG 72 Jahre
EINWOHNER PRO ARZT 588
REGIERUNG Einparteiensystem
ANALPHABETEN 16 %

Bevölkerung

Ungefähr zwei Drittel der Chinesen leben auf dem Land, meist in kleinen Dörfern. China hat über 50 Millionenstädte. Die Landbevölkerung wächst jedes Jahr um 15 Millionen, obwohl die Regierung nur ein Kind pro Ehepaar befürwortet. Familien mit mehr Kindern werden benachteiligt. Durch Abtreibung sorgen viele Familien dafür, dass ihr einziges Kind ein Junge ist. Die „kleinen Kaiser" werden oft verzogen.

136 pro km²  — Stadt 36 % — Land 64 %

Neujahrsfest

Das Neujahrsfest ist das wichtigste Fest in China. Es liegt im Januar oder Februar, am 2. Neumond des Winters. Die Menschen feiern diesen Tag mit prächtigen Umzügen und Drachentänzen. Jedes Jahr wird übrigens nach einem Tier benannt.

Landesküche

Die chinesischen Regionen haben eine sehr unterschiedliche Küche. Im Süden ist Reis das Grundnahrungsmittel, im Norden sind es Weizennudeln. Nudeln und Reis serviert man meist mit gebratenem und gedämpften Gemüse sowie Fleisch. Das kantonesische Essen, für das man auch Schlangen- und Schildkrötenfleisch nimmt, gilt wohl als das exotischste in ganz China. Sehr gern essen die Chinesen Fisch und Ente. Als Besteck verwenden sie Stäbchen.

Essstäbchen — Nudelgericht

Himmelstempel, Peking

Peking

Seit über 2 000 Jahren ist Peking (Beijing) Hauptstadt, sei es von ganz China oder eines Teiles davon. Die Stadt hat einen rechtwinkeligen Aufbau mit vielen historischen Gebäuden, Tempeln und schönen Parks. Im Zentrum liegt die Verbotene Stadt mit dem Kaiserpalast aus dem 15. Jh. Aus derselben Zeit stammt auch der Himmelstempel mit seinen typischen Pagodendächern.

Freizeit

Die Stadtbewohner haben keine eigenen Gärten und treiben Gymnastik in den Parks. Am Abend und an Feiertagen spielt man im Freien auch gerne Brettspiele.

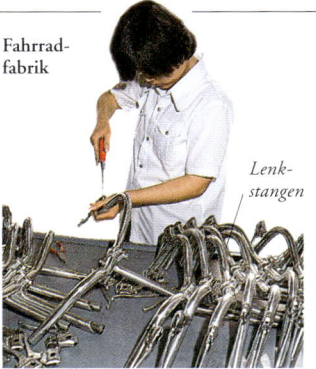

Fahrradfabrik — Lenkstangen

Industrie

China hat eine gut entwickelte Schwerindustrie für Eisen und Stahl. Seit den späten 70er Jahren konzentrierte sich das Wachstum auf Sonderwirtschaftszonen in Ostchina, wo die Chinesen mit ausländischen Firmen zusammenarbeiten.

Schanghai

Schanghai zählt über 14 Millionen Einwohner und ist ein führendes Handels-, Finanz- und Industriezentrum Chinas. Man findet hier Wolkenkratzer neben Pagoden. Der Hafen ist der größte des Landes.

Reisanbau

In den überfluteten Reisfeldern Südchinas arbeiten viele Frauen. Der Reis ist hier die wichtigste Nutzpflanze, und in guten Jahren kann man zweimal ernten. Erntereifer Reis verfärbt sich gelb. Die Frauen schneiden den Reis, binden ihn zu Garben und dreschen ihn anschließend. Dabei werden die Körner von den schützenden Spelzen getrennt.

Tibetische Mönche opfern Reisbier (Chang) beim Hosarfest.

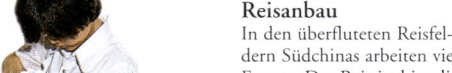

Tibet

Im Jahr 1950 besetzten die Chinesen das Hochland von Tibet und fügten es ihrem Staat ein. Fast alle Tibeter sind Buddhisten, aber die chinesischen Herrscher lassen weder Religionsfreiheit noch Selbstbestimmung zu. Gegner der Chinesen wurden ins Exil getrieben. Dafür siedelte man viele Han-Chinesen in Tibet an. Auch das Oberhaupt der Tibeter, der Dalai Lama, lebt in Indien im Exil. Dennoch versuchen die Mönche ihre Religion weiter zu bewahren.

Taiwan

Die Insel Taiwan bezeichnet sich selbst als Republik China und erhebt den Alleinvertretungsanspruch für ganz China. Das Land wird von den Vereinten Nationen allerdings nicht anerkannt. Die Volksrepublik China betrachtet Taiwan als 23. Provinz. Taiwan entstand 1949, als die Kommunisten China eroberten und die Nationalchinesen sich auf die Insel zurückzogen. Trotz dieser politischen Verhältnisse unterhält Taiwan Wirtschaftsbeziehungen mit vielen Ländern.

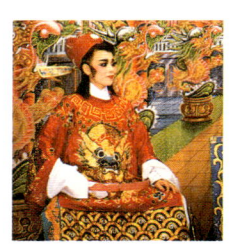

Oper
Die traditionelle chinesische Oper nennt man auch Pekingoper. Es werden nur wenige Stücke gespielt, die alle Zuschauer kennen. Sie bewundern die Vollkommenheit der Darstellung. Eine besondere Rolle spielt die Schminkkunst der Schauspieler, die ausschließlich Männer sind.

Fischer entladen ihren Fang.

Bevölkerung
Über 90 % der Bevölkerung sind Han-Chinesen, von denen viele 1949 vom Festland kamen. Sie leben in Großfamilien und halten an überkommenen Sitten fest. Die Ureinwohner Taiwans sind indonesischen oder malaiischen Ursprungs und machen nur noch 2 % aus. Die größte Gruppe bilden die Ami im östlichen Gebirge, bei denen die Frauen eine wichtige Stellung einnehmen.

Sonne-Mond-See
Der landschaftlich schön gelegene Sonne-Mond-See oder Jih-yüeh Tan liegt mitten in einem Gebirge. Die beiden Teile des Sees, der Sonnensee und der Mondsee, werden zur Stromgewinnung genutzt. Sie liefern rund 4 % des Energiebedarfs Taiwans. In dem waldreichen Gebiet stehen prächtige Gebäude wie der buddhistische Wen-Wu-Tempel.

Fischfang
Die taiwanesischen Fischer fangen 1,1 Millionen Tonnen Fisch im Jahr, meist in heimischen Gewässern. Doch taiwanesische Fischfangflotten werden immer wieder angeklagt, sie würden die Fischgründe des Atlantiks plündern. Ein Großteil des Fanges geht nach Japan. In Süßwasserteichen züchtet man auch Karpfen.

TAIWAN: DATEN

HAUPTSTADT	Taipeh
FLÄCHE	36 006 km²
EINWOHNER	22 300 000
SPRACHE	Chinesisch
RELIGION	Buddhismus, Taoismus, Konfuzianismus
WÄHRUNG	Neuer Taiwan-Dollar
LEBENSERWARTUNG	76 Jahre
EINWOHNER PRO ARZT	864
REGIERUNG	Mehrparteiendemokratie
ANALPHABETEN	4,7 %

Taipeh
Die Hauptstadt und Industriemetropole Taipeh im Norden des Landes ist eine schnell wachsende Stadt. Viele der fast 3 Millionen Einwohner fahren mit Motorrädern zur Arbeit, was zu starker Luftverschmutzung führt.

Industrie
Taiwan verfügt nur über wenige Rohstoffe und war gezwungen, eine hoch spezialisierte Industrie zu entwickeln. Die Arbeitnehmer sind sehr gut ausgebildet und enorm fleißig. Das Land exportiert Computer, Fernseher, Maschinen, Textilien, Sportzubehör, Spielzeug und Uhren. Taiwan muss zwar alles Erdöl einführen, versorgt sich aber durch intensive Landwirtschaft und Fischerei selbst mit Nahrung.

Hongkong

Hongkong besteht aus 236 Inseln und einem Festlandsanteil. Bis 1997 eine britische Kronkolonie, gehört Hongkong heute zu China und stellt eine Sonderverwaltungsregion dar. Hongkong ist ein führendes Finanz- und Wirtschaftszentrum. Mit fast 7 Millionen Einwohnern steht Hongkong in der Bevölkerungsdichte an 2. Stelle der Welt.

HONGKONG: DATEN

HAUPTSTADT	Victoria
FLÄCHE	1 095 km²
EINWOHNER	6 860 000
BEVÖLKERUNGSDICHTE	6 265 Einw./km²
SPRACHE	Chinesisch, Englisch
RELIGION	Buddhismus, Taoismus, Konfuzianismus
WÄHRUNG	Hongkong-Dollar

Hausboote
Nicht wenige Einwohner leben heute noch in Hausbooten, den Sampans, die in den verschiedenen Häfen Hongkongs ankern. Manche Leute betreten festen Boden nur bei besonderen Anlässen.

Macao

Die winzige Halbinsel Macao in Südostchina wurde vor fast 450 Jahren portugiesische Kolonie. Sie wurde Ende 1999 an China zurückgegeben. Macao liegt ungefähr 64 km westlich von Hongkong und ist nicht zuletzt wegen seiner herrlichen Wälder und der Sandküste ein beliebtes Touristenziel.

MACAO: DATEN

HAUPTSTADT	Macao
FLÄCHE	23,6 km²
EINWOHNER	430 000
SPRACHEN	Chinesisch, Portugiesisch, Englisch
RELIGION	Buddhismus, Christentum
WÄHRUNG	Pataca

Tourismus
Macao hat eine blühende Tourismusindustrie. Die Touristen besuchen historische portugiesische Gebäude wie die Ruinen der St.-Pauls-Kirche, die 1602 erbaut wurde. Die größte Attraktion sind aber die Spielcasinos, die 24 Stunden geöffnet sind und 41 % der Haushaltseinnahmen bringen.

SIEHE AUCH UNTER: ASIEN, GESCHICHTE · BUDDHISMUS · CHINA, GESCHICHTE · FESTE UND FEIERN · FISCHFANG · GÄRTEN · HANDEL UND INDUSTRIE · OPER

CHINA, GESCHICHTE

CHINA HAT DIE ÄLTESTE Kultur der Welt, die sich bis heute ununterbrochen erhalten hat. Über 2 000 Jahre lang, von 221 v. Chr. bis 1911 n. Chr. bildete China ein großes Reich unter einer Reihe fast allmächtiger Herrscher. In dieser Zeit veränderten sich die Grenzen. Die Hauptstadt wurde verlegt, und in das Land fielen fremde Völker ein, z. B. die Mongolen. Doch die chinesische Kultur blieb bestehen. Dafür sorgten u. a. ein einzigartiges Regierungssystem und ein starkes Nationalgefühl. Die Chinesen waren führend in Kunst und Technik und machten viele Erfindungen.

Ritueller Bronzekessel der Shangzeit

Bronzegefäß der Shangzeit

Das alte China
Die erste bekannteste chinesische Dynastie, die der Shang, regierte ungefähr 1500–1027 v. Chr. Die Shangherrscher galten als göttlich und als Söhne des Himmels. Es war die Pflicht chinesischer Herrscher, für gute Beziehungen zwischen dem irdischen und dem himmlischen Reich zu sorgen.

Qin Shi Huangdi
Als Zheng (258–210 v. Chr.), der Anführer der siegreichen Qinarmee, im Jahr 221 v. Chr. China eroberte und einigte, übernahm er den Titel eines Ersten Göttlichen Erhabenen der Qin, auf chinesisch Qin Shi Huangdi. Dieser erste Kaiser Chinas war ein brutaler Herrscher, und rebellierende Generäle löschten seine Sippe aus. Der Name China stammt von Qin.

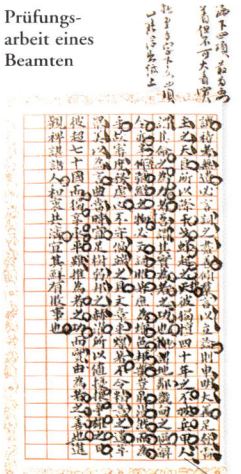

Jeder Tonsoldat hat ein anderes Gesicht.

Hohler Körper

Einigung
Bis um 400 v. Chr. kämpften in China viele kleine Königreiche gegeneinander. Im Jahr 221 v. Chr. entstand der Staat der Qin, der alle rivalisierenden Staaten unter dem ersten Kaiser von China vereinigte. Damals begannen Fronarbeiter und Sklaven mit dem Bau der Chinesischen Mauer.

Prüfungsarbeit eines Beamten

Han-Dynastie
Im Jahr 206 v. Chr. übernahm eine neue Dynastie die Macht. Die Hanherrscher regierten bis 220 n. Chr. und errichteten eine Verwaltung mit vielen Beamten. Diese mussten die Lehren des Philosophen Konfuzius (551–479 v. Chr.) studieren und schwere Prüfungen bestehen. An der Struktur der Verwaltung änderte sich in 2 000 Jahren fast nichts. Während der Hanzeit herrschten Friede und Wohlstand.

Man liest von oben nach unten.

Eine Armee aus Ton
Das Grabmal des ersten Kaisers von China bewachten tausende lebensgroßer Tonsoldaten mit Pferden und Kriegswagen. Sie sollten den Kaiser im Jenseits beschützen. Diese Armee aus Ton wurde 1974 gefunden, als man einen Brunnen graben wollte. Das Mausoleum liegt in der Nähe der Stadt Xian.

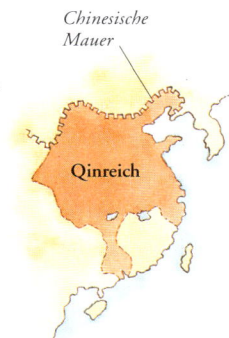

Die Soldaten trugen einst richtige Waffen aus Bronze, doch Grabräuber stahlen sie.

Massive Beine

Chinesische Mauer

Qinreich

Das erste Reich
Im Schutz der Chinesischen Mauer umfasste das Qinreich das heutige Nord- und Ostchina. Die Mauer hielt die Horden Zentralasiens ab.

Erfindungen
Die Kaiser von China förderten die Entwicklung von Wissenschaft und Technik. Viele nützliche Dinge wurden erstmals in China entwickelt, z. B. Papier und Druck, Schießpulver, Harnische für Tiere, Kompass, Steuerruder und Schubkarre.

Feuerwaffe, 15. Jh.

Schutzschild

Kugelhagel aus mehreren Läufen

Messerförmige Münzen aus Bronze

Papiergeld
Die Chinesen vervollkommneten um 105 n. Chr. die Papierherstellung und verwendeten dazu Seidenabfälle, später Hanf, Rinden und Bambus. Dann folgte die Entwicklung des Drucks, sodass es bereits im 9. Jh. Papiergeld gab. Zu jener Zeit druckten die Chinesen Bücher mit Hilfe beschnitzter Holztafeln wie beim Holzdruck.

Schießpulver
Chinesische Wissenschaftler erfanden das Schießpulver im 9. Jh. und verwendeten es bald für Feuerwerk und Waffen. Die ersten chinesischen Raketen, die mit Schießpulver angetrieben wurden, flogen im 13. Jh. Die Chinesen entwickelten auch Feuerwaffen, Bomben und Minen.

Dieses chinesische Schriftzeichen bedeutet „Glückseligkeit und viel Glück".

Drei vollkommene Künste
Für die Chinesen gelten die Dichtkunst, die Malerei sowie die Kalligraphie, das schöne Schreiben, als die drei vollkommene Künste. Von der Song-Dynastie an (960–1279) galt die Kombination dieser drei Künste in einem einzigen Kunstwerk als absoluter Höhepunkt. Wer dies beherrschte, galt als wahrhaft gebildeter Mensch. Die Kalligraphen oder Schönschreiber malten ihre Schriftzeichen mit einem Pinsel.

CHINA, GESCHICHTE

Giebelfigur aus der Mingzeit

Ming-Dynastie

Im Jahr 1368 gelang es dem Bauern Hong Wu, die herrschenden Mongolen aus dem Land zu vertreiben und eine neue Dynastie zu begründen, die Ming. Er baute in Peking eine neue Hauptstadt. Unter seiner Regierung herrschten Friede und Wohlstand. Hong Wu verbot die Sklaverei, zog den Grundbesitz ein, verteilte ihn an die Armen und legte den Reichen Steuern auf.

Admiral Zheng He
Um das Ansehen Chinas zu heben, entsandten Mingkaiser den Admiral Zheng He (1371–1433) zu Herrschern an fremde Höfe. Zheng unternahm 7 Reisen in Südostasien und im Indischen Ozean. Er gelangte dabei bis nach Ostafrika. Seine Flotte bestand aus 317 hochseetüchtigen Dschunken.

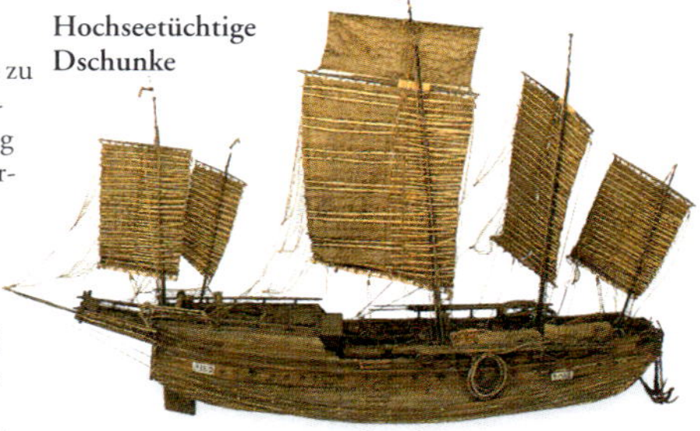

Hochseetüchtige Dschunke

Glasierter Ziegel in Form eines Pferdes

Einbinden der Füße
Für die Chinesen gehörten kleine Füße zur weiblichen Schönheit. Kleinen Mädchen aus reichen Familien schnürte man die Füße so fest ein, dass sie nicht mehr weiter wachsen konnten und verkrüppelten. Dies war äußerst schmerzhaft. Die erwachsenen Frauen trugen Plateauschuhe. Im Jahr 1902 verbot der Kaiser das Einbinden der Füße, doch fuhr man noch längere Zeit damit fort.

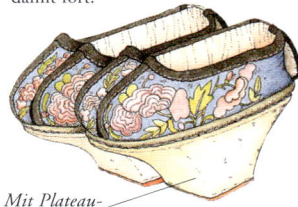

Mit Plateauschuhen konnten die Frauen nur trippelnd gehen.

Opiumpfeife

Niedergang des Reiches

Die letzten 250 Jahre saßen auf Chinas Thron nichtchinesische Mandschus der Qing-Dynastie aus einem Gebiet nördlich der Großen Mauer. Die ersten Mandschus waren sehr gute Herrscher. Spätere Kaiser vermieden Veränderungen, weil sie Aufstände fürchteten. Sie hielten an alten Traditionen fest. 1911 vertrieben die Chinesen die Mandschus und gründeten eine Republik.

Opiumkriege
Im Jahr 1839 versuchten die Chinesen, den britischen Handel mit Opium nach Kanton zu unterbinden. Die Briten antworteten mit Krieg. Sie zwangen China, die Häfen für den Handel zu öffnen und Hongkong abzutreten. Hongkong wurde britische Kolonie.

Boxerrebellen

Boxeraufstand
Im Jahr 1900 erhob sich eine Geheimgesellschaft, die Boxer, gegen europäische Einrichtungen in China. Diesen Aufstand schlug ein Expeditionskorps der Westmächte rasch nieder. Es eroberte Peking und die Chinesen mussten hohe Reparationen zahlen.

Japanische Truppen in der Mandschurei

Japanische Invasion
Eine kommunistische Erhebung und ein Bürgerkrieg schwächten die Republik. 1931 fielen die Japaner in die Mandschurei in Nordchina ein. 6 Jahre später kam es zum 2. Japanisch-Chinesischen Krieg, bei dem Japan viele chinesische Städte und Häfen eroberte.

Das kommunistische China

Im Jahr 1949 beherrschte nach langem Bürgerkrieg die Kommunistische Partei unter der Leitung von Mao Zedong (1893–1976) ganz China. Die neue Regierung verstaatlichte das Land und die Industrie und begann mit einer Reihe von Fünfjahresplänen. China sollte zu einer großen Industriemacht werden.

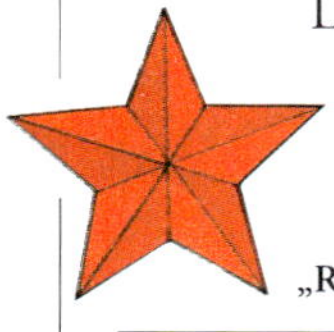

„Roter Stern", Symbol der chines. Kommunisten

Das moderne China

Nach dem Tod von Mao Zedong im Jahr 1976 begannen die Chinesen, ihre Wirtschaft in Anlehnung an westliche Ideen und Technologien zu modernisieren. Die Wirtschaft erhielt mehr Gestaltungsfreiheit, was zu einem starken Wachstum mit neuen Industrien führte.

Tiananmen-Platz
1989 forderten Studenten in Peking demokratische Reformen. Sie trafen sich auf dem Tiananmen-Platz, dem Platz des Himmlischen Friedens. Am 4. Juni griff die Armee ein und tötete über 3 000 Menschen. Danach wurden alle demokratischen Bestrebungen in China unterdrückt.

Truppen auf dem Tiananmen-Platz

Chronologie

um 1650–1027 v. Chr. Shang-Dynastie in Nordchina; Entwicklung des Bronzegusses und der Schrift

221 v. Chr. Der erste Kaiser Chinas, Qin Shi Huangdi, begründet die Qin-Dynastie und einigt das Reich.

221 v. Chr.–618 n. Chr. Der Bau der Großen Mauer erstreckt sich über 8 Jahrhunderte.

589–618 Die Sui-Dynastie baut den Kaiserkanal, der mehrere Flusssysteme verbindet.

618–906 Blütezeit des Handels wie der Kunst unter der Dynastie der Tang

960–1279 Unter der Song-Dynastie gibt es große technologische und wissenschaftliche Fortschritte.

1279 Die Mongolen unter Kublai Khan erobern China; der Handel mit Europa blüht auf der Seidenstraße.

1368–1644 Die Ming-Dynastie etabliert China als Weltmacht.

1644–1911 Qing-Dynastie (Mandschus)

1911 Ausrufung der Chinesischen Republik

1949 Ausrufung der Volksrepublik China durch die Kommunisten

1966 Kulturrevolution unter Mao Zedong

1976 Beginn der Modernisierung der chinesischen Wirtschaft

Mao Zedong

Bronzedolch, Shang-Dynastie

SIEHE AUCH UNTER ASIEN, GESCHICHTE · CHINA, REVOLUTION · ERFINDUNGEN · FEUERWAFFEN · MONGOLEN · SCHRIFT · TÖPFEREI UND KERAMIK

CHINA, GESCHICHTE

Chinesische Kunst

Gürtel und Gewandhaken Sie wurden von Männern getragen und waren wunderschön geschmückt.

Goldenes Gewicht Damit hingen die weiten Ärmel richtig herab.

Goldene Schnalle mit reliefartigen Verzierungen

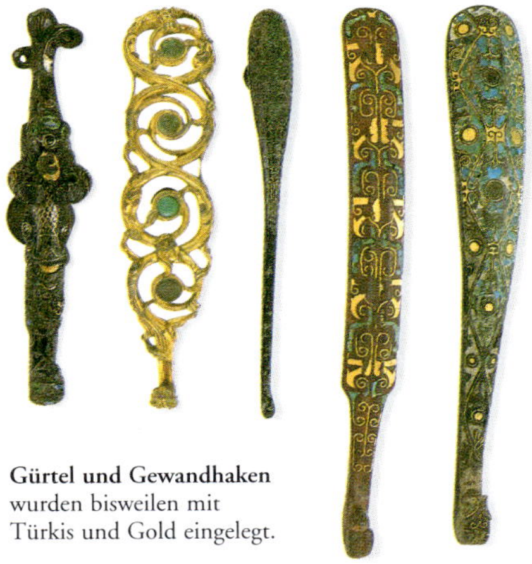

Vergoldeter Kamm Zinken aus Silber; wahrscheinlich gehörte er einer hochangesehenen Frau.

Gürtel und Gewandhaken wurden bisweilen mit Türkis und Gold eingelegt.

Gürtelagraffe Vergoldetes Silber mit Muster aus Früchten

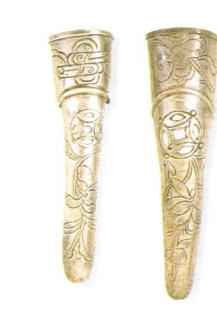

Nagelschutzhüllen Diese Hüllen aus Silber und Gold schützten die Fingernägel reicher Männer und Frauen.

Schmuckplatte aus Jade Sie hat ein Drachenmuster.

Lackdose Sie trägt im Deckel eingeschnitzte Blätter.

Jadegefäß Jade ist ein wertvoller Schmuckstein.

Reicher, vergoldeter Schmuck

Der Fisch als buddhistisches Symbol der geistigen Freiheit

Zellenschmelzemail mit Metallstegen und Email dazwischen

Jadegefäß Es diente zum des Reinigen Schreibpinsels.

Elefantenfigur Sie ist aus Gold und Elfenbein mit Zellenschmelzemail.

Lackdose In den Deckel ist eine Pfingstrose geschnitzt.

Fischvase Sie besteht aus Email mit vergoldeten Stegen.

Kamelfigur Die Figur ist aus gebranntem, glasiertem Ton.

Schmuckstück aus Jade Es zeigt einen Mann vor seinem Haus.

Pinselhülle Einlegearbeiten als Zierde

Schreibpinsel Einlegearbeiten aus Perlmutt. Die Spitze besteht aus Wolfshaar.

Sehr feine Arbeit

CHINA, REVOLUTION

ALS CHINESISCHE REVOLUTION bezeichnet man den erbitterten Machtkampf zwischen den Kuomintang oder Nationalisten unter ihrem Führer Chiang Kai-shek und den Kommunisten unter Mao Zedong. Dieser Kampf begann in den 20er Jahren des 20. Jh., als die Nationalisten die Kommunisten aus der Kuomintangbewegung ausschlossen. Und er endete 1949, als die Kommunistische Partei die Macht übernahm und ihr Vorsitzender Mao China zur Volksrepublik erklärte. Unter Maos Führung entwickelte sich China vom rückständigen Bauernstaat zu einem der mächtigsten Länder.

Die Revolution von 1911
Eine nationalistische Revolution vertrieb 1911 die Mandschuherrscher und schuf in Südchina eine Republik. Zum provisorischen Präsidenten wählte man Sun Yat-sen (1866–1925). Das Leben der Bauern besserte sich nicht. Die wahre Macht lag weiter in Händen lokaler Militärführer.

Kuomintang
Chiang Kai-shek (1887–1975), General der Nationalen Volkspartei oder Kuomintang, besiegte 1926 mit Hilfe der Kommunistischen Partei die lokalen Militärführer. Er errichtete eine Regierung in Nanking, beendete nun den Pakt mit den Kommunisten und ließ viele töten.

Der Lange Marsch
Im Jahr 1931 errichtete Mao mit einigen Gesinnungsgenossen den ersten kommunistischen Staat Chinas in Jiangxi im Süden des Landes. Die Kuomintang griffen dauernd an, und 1934 musste sich Mao zurückziehen. Im darauffolgenden Jahr führte er rund 100 000 Menschen, überwiegend Bauern, über 9 000 km weit durch unwegsames Gebiet in die Provinz Shaanxi im Norden. Dieser Lange Marsch überquerte 18 Gebirgszüge, 24 Flüsse und führte durch 11 Provinzen und 62 Städte.

Nur 30 000 von ursprünglich 100 000 Teilnehmern des Langen Marsches kamen ans Ziel.

Befreiungsarmee
Maos Volksarmee bestand im Wesentlichen aus Bauern. Sie wuchs im Lauf der Zeit gewaltig an: von 150 000 Mann im Jahr 1938 auf 3 Millionen im Jahr 1945.

Mao Zedong spricht in den frühen Tagen der Revolution zu Anhängern im Soldatenrat von Yan'an.

Die Räterepublik von Yan'an
1935 schlug Mao sein neues Hauptquartier in Yan'an in Nordchina auf. Mit seinen Anhängern lebte er in Höhlen in der Umgebung dieser Stadt. Sie bekamen viel Unterstützung von den Bauern und begaben sich schließlich auf das Land.

Mütze mit rotem Stern
Rangabzeichen
Grüne Wollhosen

Uniform der Volksarmee

Mao Zedong
Der Großbauernsohn Mao (1893–1976) war Anhänger der nationalistischen Ideale von Sun Yat-sen. 1921 half er die Kommunistische Partei Chinas (KPCh) zu gründen. Er war überzeugt, dass die Revolution von den Bauern und nicht von den Industriearbeitern ausgehen müsse. Als Chiang Kai-shek besiegt war, wurde Mao Präsident der neuen Volksrepublik.

Kulturrevolution
1966 leitete Mao die Große Proletarische Kulturrevolution ein. Sie griff die alten Denk- und Lebensweisen an. Wer an alten Ideen festhielt, wurde als Revisionist beschimpft, öffentlich gedemütigt oder umgebracht. Eine große Rolle spielten die Roten Garden. Die Kulturrevolution ging 1969 zu Ende, nachdem sie fast zum Bürgerkrieg geführt hatte.

„Mao-Bibel"

Die Roten Garden
Die Hauptteilnehmer an der Kulturrevolution waren radikale Studenten, die Roten Garden. Ihre Bibel war das Kleine Rote Buch mit Gedanken des Vorsitzenden Mao. Die Roten Garden griffen jeden an, der des Verrats der Revolution verdächtig war.

Chronologie
1911 Nationalisten beenden Herrschaft der Mandschu-Dynastie. Bildung einer Republik.

1921 Mao gründet mit 50 Genossen die Kommunistische Partei Chinas.

1926 Gemeinsamer Nordfeldzug der Kommunisten und Nationalisten gegen lokale Militärführer.

1927 Die Kuomintang unter Chiang Kai-shek bringen hunderte von Kommunisten um.

1931–32 Japan erobert Mandschurei und bildet den Staat Mandschukuo.

1934–35 Langer Marsch der Kommunisten nach Shaanxi.

1937–45 Japan fällt in China ein. Chinesische Guerillas befreien bis 1945 den größten Teil Nordchinas.

1945–48 Bürgerkrieg zwischen der Kuomintang und den Kommunisten nach der Kapitulation Japans.

1949 Maos Volksarmee von 1 Million Soldaten überschreitet den Jangtse. Die Nationalisten fliehen nach Formosa (Taiwan).

1. Oktober 1949 Gründung der Volksrepublik China

Der Vorsitzende Mao

| SIEHE AUCH UNTER | CHINA, GESCHICHTE | CHINA UND TAIWAN | JAPAN, GESCHICHTE | KALTER KRIEG | OKTOBERREVOLUTION | SOWJETUNION |

CHRISTENTUM

CHRISTEN GLAUBEN, dass Jesus von Nazareth als Gottessohn auf die Welt kam, wie es im Alten Testament prophezeit war. Durch seinen Tod am Kreuz und seine Wiederauferstehung erlöste er die Menschheit von allen ihren Sünden. Das Christentum verbreitete sich im 1. Jh. n. Chr. im heutigen Palästina und Israel, die damals zum Römischen Reich gehörten. Allmählich wurde der christliche Glaube durch die Apostel im ganzen Mittelmeerraum bekannt.

Das Kreuz ist ein Symbol für die Auferstehung von Jesus Christus.

Das fein gearbeitete goldene Kreuz trägt wertvolle Edelsteine.

Kreuz
Der Kreuzestod Christi und seine Auferstehung waren die wichtigsten Ereignisse seines Erdenlebens. Das Kreuz wurde deshalb zum bedeutendsten christlichen Symbol. Jede christliche Kirche trägt ein Kreuz. Auch am Altar und anderen Stellen sind Kreuze angebracht. Während des Gottesdienstes bekreuzigen sich manche Christen.

Die christliche Welt

Anfangs gab es nur wenige Christen. Sie wurden im Römischen Reich verfolgt, weil sie sich weigerten, die heimischen Götter zu verehren. Doch Kaiser Konstantin der Große führte im Jahr 394 das Christentum als Staatsreligion ein, nachdem er sich zuvor selbst zum christlichen Glauben bekehrt hatte. Die heutige römisch-katholische Kirche hat ihren Mittelpunkt noch immer in Rom und führt ihren Ursprung auf die ersten Christen zurück. Auf der ganzen Welt gibt es heute rund 1,9 Milliarden Christen.

Länder mit mehr als 10 Mio. Christen

Das Christentum ist die größte der Weltreligionen.

Glasfenster mit Lukas und Johannes bei der Verkündigung des Evangeliums

Verbreitung des Evangeliums
Jesus predigte das Reich Gottes auf Erden, aber seine Lehre wurde nicht angenommen und man tötete ihn. Am dritten Tag stand er auf von den Toten und erschien seinen Jüngern. Er gab ihnen den Auftrag, Gottes Wort hinauszutragen in alle Welt. Zuerst verbreiteten die Apostel das Evangelium. Ihnen folgten Missionare, die seither die Christenlehre in allen Ländern der Erde verbreiten.

Gottvater

Der Heilige Geist erscheint als Taube, ein Symbol des Friedens.

Christus am Kreuz ist ein Symbol für die Erlösung vom Tod.

Der Erdball unter Christus Füßen symbolisiert die Herrschaft des Christentums.

Heilige Dreifaltigkeit
Die Christen glauben, dass Gott in drei Personen existiert: Gottvater ist der Schöpfer, Jesus Christus ist Gottes Sohn und der Heilige Geist ist Gottes Gegenwart auf Erden. Der Heilige Geist erleuchtet z. B. die Propheten, sodass sie Gottes Ratschlüsse kundtun. Alle drei Formen Gottes sind ein- und dasselbe Wesen, sodass die Christen nur an einen einzigen Gott glauben.

Christliche Kirchen

Das Christentum kennt verschiedene Glaubensgemeinschaften. Von der römisch-katholischen Kirche hat sich im 6. Jh. die östliche orthodoxe Kirche abgespalten. Mit der Reformation im 16. Jh. entstanden dann die protestantischen Kirchen.

Römisch-katholische Kirche
Die römisch-katholischen Christen bilden mit über 1 Milliarde Gläubigen die größte Gemeinschaft. Sie betonen die Rolle der Kirche bei der Auslegung der Heiligen Schrift und erkennen den Papst in Rom als ihr Oberhaupt an. Sie glauben an die Verwandlung von Brot und Wein bei der heiligen Messe in den Leib und das Blut Jesu Christi.

Mittelalterliches Weihrauchgefäß

In katholischen Kirchen wird bei feierlichen Gottesdiensten Weihrauch verbrannt.

Holzkohle zum Entzünden der Weihrauchkörner

Protestantischer Gottesdienst in London

Die Kirchen sind schlicht ohne Bilder oder Figuren.

Protestantische Kirchen
Es gibt viele protestantische Glaubensgemeinschaften, vor allem in den USA. Insgesamt bekennen sich etwa 400 Millionen Menschen zum protestantischen Glauben. Alle Protestanten sehen den Wortlaut der Bibel als Grundlage des Glaubens an. Sie glauben nicht an die Wandlung von Brot und Wein und erkennen den Papst nicht an. In ihren Zeremonien gibt es zwar Unterschiede, doch sind protestantische Kirchen und auch die Gottesdienste im Allgemeinen schlichter als bei den Katholiken.

Orthodoxe Christen verehren die Heiligen in Ikonen, wie hier St. Georg.

Orthodoxe Kirche
Die orthodoxen Christen umfassen etwa 200 Millionen Gläubige vor allem in Osteuropa. Sie stehen den Katholiken näher als den Protestanten, erkennen den Papst aber nicht an. Ihre höchste Autorität ist der jeweilige Landespatriarch.

CHRISTENTUM

Zeremonien

Die wichtigsten Zeremonien in christlichen Kirchen sind die Sakramente. Die römisch-katholische und die orthodoxe Kirche kennen 7 Sakramente: Taufe (Aufnahme in die Glaubensgemeinschaft); Firmung (Weihe als vollwertiger Christ); die Eucharistiefeier (Wandlung); Buße (Vergebung der Sünden); Krankensalbung (Vorbereitung auf den Tod); Priesterweihe (für neue Priester) und Ehe. Die Protestanten kennen nur die Taufe und das Abendmahl als Sakrament.

Taufe
Diese heilige Handlung ist eine Zeremonie der Reinigung von Sünden vor der Aufnahme in die Gemeinschaft der Kirche. Meist wird nur der Kopf mit Wasser benetzt. In manchen Kirchen taucht man die Täuflinge unter.

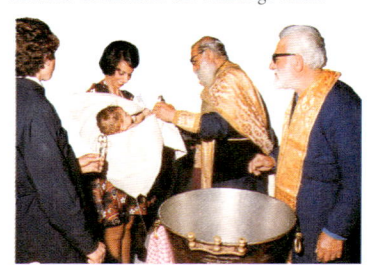

Ehe
Christen glauben, die Ehe sei ein Sinnbild für die Beziehung zwischen Christus und seiner Kirche. Sie ist der Beginn einer neuen Familie mit Nachkommen.

Eucharistie
Beim letzten Abendmahl mit seinen Jüngern beschrieb Jesus das Brot als seinen Leib, den Wein als sein Blut. In der Eucharistiefeier, der Messe, erinnern die Christen sich daran. Der Priester weiht Brot und Wein und teilt es an die Gläubigen aus.

Kopf eines Heiligen

Der Priester segnet den Kelch mit Wein.

Silberkelch aus dem 16. Jh.

Amische in einer alten Pferdekutsche, Pennsylvania, USA

Kirchenfeste

Das wichtigste christliche Fest ist Ostern. Die Gläubigen feiern dann die Auferstehung Christi. Das zweitwichtigste Fest ist Weihnachten, das Geburtsfest Christi. Alte heidnische Feste gingen in christlichen auf oder beide vermischten sich. So sind z. B. heidnische Fruchtbarkeitsfeiern bis heute mit dem Osterfest verknüpft.

Weihnachten
Die Geburt Christi wird am 24. Dezember gefeiert, obwohl man das Datum nicht genau kennt. Das Weihnachtsevangelium erzählt von der Geburt des Christkinds im Stall von Bethlehem. Viele Weihnachtsbräuche, wie der Tannenbaum und das Austauschen von Geschenken, kamen erst später hinzu.

Das Krippenbild zeigt die drei Weisen aus dem Morgenland mit ihren Gaben.

Im Mittelalter sammelte man Reliquien von Heiligen.

Die Anbetung der Hl. Drei Könige von Botticelli (1444–1510)

Die Amischen
Die Amischen sind eine protestantische Freikirche, die 1693 im Elsass gegründet wurde. Sie spaltete sich von den Mennoniten ab und wanderte nach Pennsylvania, USA, aus. Dort leben die Amischen abgeschottet von der Gesellschaft, da nach ihrem Glauben das Heil nur in der Gemeinschaft erlangt wird. Sie halten an alten Sitten fest, kleiden sich altmodisch und lehnen jede moderne Technik ab.

Feste von Heiligen
Heilige sind Christen, die vorbildlich gelebt haben oder als Märtyrer für ihren Glauben starben. Jeder Heilige hat seinen Festtag, der in der katholischen Kirche oft mit Gottesdiensten und Prozessionen begangen wird. Dabei werden Überreste der Heiligen in Reliquienschreinen, den Reliquiaren, mitgeführt.

Reliquiar des hl. Eustachius, eines frühchristlichen Märtyrers in Rom

Ostern
Die Osterzeit mit der Karwoche hält viele Stimmungen bereit. An Karfreitag gedenken wir still des Kreuzestodes Christi. Am Karsamstag ruhte Christus im Grab. Am dritten Tag aber, dem Ostersonntag, ist er auferstanden von den Toten. Dieses freudige Fest kündigt zugleich den Frühling und das neue Leben mit dem Wachstum der Pflanzen an. Auch die Ostereier erinnern an neues Leben.

Osterprozession in Granada, Spanien

Die Gläubigen tragen eine Statue des Gekreuzigten.

Bibel

Die heilige Schrift der christlichen Religion ist die Bibel. Der erste Teil umfasst das Alte Testament mit einer Reihe von Büchern, die im Judentum entstanden, neben dem das Christentum heranwuchs. Der zweite Teil enthält das Neue Testament, das sich mit dem frühen Christentum befasst. Dazu gehören die vier Evangelien, die Apostelgeschichte, die Briefe einiger Apostel, besonders von Paulus, sowie die Geheime Offenbarung (Apokalypse) des Johannes.

Rollen vom Toten Meer

Evangelien
Die ersten vier Bücher des Neuen Testaments enthalten die Evangelien, was soviel bedeutet wie „gute Nachrichten". Sie schildern das Leben Christi. Drei der Evangelien – das des Matthäus, Markus und Lukas – sind sich sehr ähnlich. Man nennt sie deshalb auch Synopse. Das Johannesevangelium ist völlig verschieden und vermutlich hat ihr Verfasser die anderen Texte nicht gekannt.

Schriftrollen vom Toten Meer
Diese Pergamentrollen wurden zwischen 1940 und 1950 in einer Höhle bei Qumran am Toten Meer gefunden. Sie enthielten Teile des Alten Testaments in einer viel früheren Form, als sie bisher bekannt war. Die Rollen waren wohl das Werk einer jüdischen Sekte, der Essener.

Paulus
Ursprünglich hieß Paulus Saulus und war ein Feind der Christen. Um das Jahr 64 hatte Saulus eine Erscheinung Christi und bekehrte sich. Von nun an nannte er sich Paulus, predigte das Christentum und unternahm Missionsreisen nach Griechenland und Kleinasien. Er spielte bei der Ausbreitung des frühen Christentums eine große Rolle und schrieb mehrere Teile des Neuen Testaments in Form von Briefen an die Christengemeinden.

SIEHE AUCH UNTER: EUROPA, GESCHICHTE | FESTE UND FEIERN | HEILIGES LAND | JESUS CHRISTUS | KIRCHEN UND KATHEDRALEN | KLÖSTER | KREUZZÜGE | MUTTER TERESA | REFORMATION | RELIGIONEN

CODES UND CHIFFREN

ALS CODE ODER SCHLÜSSEL bezeichnen wir die Zuordnung von Symbolen oder Zeichen zu einer anderen Menge von Zeichen. Auf See übermittelt man mit Flaggen des Flaggenalphabets bestimmte Botschaften. Die Bedeutung der Flaggenkombinationen sind im Signalbuch verzeichnet. Wir haben es hier also mit einem Code zu tun. Manche Codes können von Maschinen gelesen und weiterverarbeitet werden. Dazu gehören die Postleitzahlen und der Strichcode auf Gebrauchsgütern. Chiffren sind Geheimcodes. Man verwendet sie, um Informationen zu verschlüsseln.

Chiffrierung

Bei der Chiffrierung oder Verschlüsselung wird jeder Buchstabe des Klartextes durch einen anderen Buchstaben oder ein Zeichen dargestellt. Man kann z. B. jedes C durch ein M ersetzen und umgekehrt. Diese Geheimschrift ist leicht zu entschlüsseln. Mit Computern kann man Daten so chiffrieren, dass eine Entschlüsselung kaum möglich ist. Man verwendet dazu sehr lange Zahlen.

Spione
Spione sind Geheimagenten, die für eine feindliche Regierung Informationen sammeln. Dabei stehlen sie Staatsgeheimnisse und geben sie weiter. Zur Übermittlung ihrer Informationen verwenden Spione Geheimschriften.

Codeblatt

Chiffrierscheiben
Mit Hilfe solcher Scheiben ersetzt man die Buchstaben des Klartextes im äußeren Ring durch die Chiffren im inneren Ring.

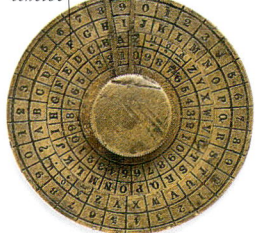

Chiffrierscheibe

Chiffriermaschinen
Die Deutschen verwendeten im 2. Weltkrieg die Chiffriermaschine *Enigma*. Sie hatte eine Tastatur wie eine Schreibmaschine und vertauschte mit Hilfe von Rotoren die Buchstaben. Jeder Buchstabe wurde getrennt verschlüsselt.

Metallplatte über den Scheiben des Rotors
Sichtfenster zur Ausgabe
Rotor
Stator
Schaltbrett zur Veränderung des Codes
Tastatur
Filter zur Verdunkelung

Deutsche Chiffriermaschine *Enigma*, 2. Weltkrieg

Rauchzeichen
Signalfeuer und Rauchzeichen verwendeten die alten Chinesen, die Ägypter und die Griechen zur Übermittlung von Botschaften. Nordamerikanische Indianer wie die Cheyenne, die Comanchen und die Sioux formten bestimmte Rauchzeichen mit einer Decke. Einige Signale waren allen verständlich. Zwei Rauchwolken bedeuteten „alles in Ordnung". Jede Gruppe besaß aber auch Geheimcodes, die nur die Angehörigen des eigenen Stammes kannten.

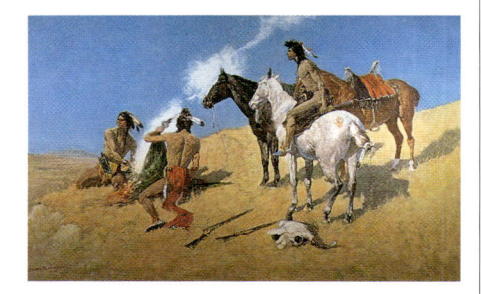

Frederic Remington, *Rauchzeichen*

Verwendung von Codes
Seeleute verwenden seit über 1 000 Jahren ein Flaggenalphabet. Wenn ein Kriegsschiff die Flaggen für die 3 Buchstaben N, K und A vorzeigt, bedeutet dies: „Ich habe seit dem Verlassen des letzten Hafens kein Schiff mehr gesichtet." Ein internationales Signalbuch gibt Auskunft über die Bedeutung der Flaggenkombinationen in 9 Sprachen.

Computercodes
Der Computer muss Buchstaben und Zahlen erst in eine maschinenlesbare Form, das binäre System, überführen. Die Buchstaben werden z. B. mit dem ASCII-Code verschlüsselt. Computer können auch Informationen, die geheim bleiben sollen, verschlüsseln, z. B. zur Versendung als E-Mail. Der Empfänger braucht dann den Schlüssel, um die Botschaft zu dechiffrieren.

E-Mail wird so verschlüsselt, dass nur der Empfänger mit dem Schlüssel die Botschaft lesen kann. Ähnliche Codes entschlüsseln Kryptologen.

Morsealphabet

A	•—	N	—•
B	—•••	O	———
C	—•—•	P	•——•
D	—••	Q	——•—
E	•	R	•—•
F	••—•	S	•••
G	——•	T	—
H	••••	U	••—
I	••	V	•••—
J	•———	W	•——
K	—•—	X	—••—
L	•—••	Y	—•——
M	——	Z	——••

Morsezeichen
Der Telegraf wurde im 19. Jh. erfunden. Mit Hilfe von Stromstößen konnte man damit Botschaften, nicht aber gesprochene Sprache über weite Entfernungen schnell übermitteln. Dazu hatte der amerikanische Landschaftsmaler Samuel Morse (1791–1872) einen alphabetischen Code aus Punkten und Strichen entwickelt, die kurzen und langen Stromstößen entsprachen. Beim Telegrafieren drückte man einen Hebel nieder und schloss so den Stromkreis.

Früher Telegraf aus der Zeit um 1845

William Friedman
Der russischstämmige Amerikaner William Friedman (1891–1969) entschlüsselte im 1. und 2. Weltkrieg geheime Nachrichten für die US-Regierung. 1940 leitete er das Team, das den japanischen Purple-Code entschlüsselte. Eine Nachricht handelte vom geplanten Luftangriff der Japaner auf Pearl Harbor.

SIEHE AUCH UNTER: COMPUTER • FLAGGEN • INFORMATION UND KOMMUNIKATION • SPRACHEN • WELTKRIEG, ZWEITER • ZEICHEN UND SYMBOLE

COMPUTER

IN JEDER SEKUNDE kann ein Computer Millionen von Operationen durchführen. Programme sagen ihm dabei, was er zu tun hat. Diese bestehen aus einer Abfolge von Befehlen. Das Herz des Computers ist die Zentraleinheit, die alle Operationen durchführt und über ein Steuerwerk, ein Rechenwerk, einen Hauptspeicher und Festplatten verfügt. Die Zentraleinheit, der Bildschirm, die Tastatur und andere periphere Geräte bilden die Hardware, Programme und Daten die Software.

Personalcomputer

An einem Personalcomputer oder PC kann nur eine Person arbeiten. Er setzt sich aus der Zentraleinheit mit daran angeschlossenen peripheren Geräten zusammen. Sie erlauben die Ein- und Ausgabe von Daten. Die wichtigsten peripheren Geräte – Tastatur, Bildschirm und Drucker – sind über Schnittstellen mit der Zentraleinheit verbunden.

Zentraleinheit Sie umfasst das Rechen- und Steuerwerk sowie den Hauptspeicher, der meist aus Festplatten besteht.

Personalcomputer (PC) mit peripheren Geräten

Bildschirm Er empfängt Signale von der Festplatte und stellt ähnlich wie ein Fernseher Texte und Grafiken dar.

Linker Lautsprecher

Rechter Lautsprecher mit Einstellknöpfen

Tastatur Sie enthält Tasten für Buchstaben, Zahlen und spezielle Funktionen. Hier erfolgt die Eingabe in den Computer.

Drucker Er empfängt Daten von der Zentraleinheit und liefert einen Ausdruck von Dokumenten und Grafiken.

Grafiktablett Man fährt mit einem Griffel über die Oberfläche: gleichzeitig erscheint die entsprechende Zeichnung auf dem Bildschirm.

Maus Mit ihr bewegt man einen Zeiger, den Cursor, auf dem Bildschirm. Die Bewegung der Rollkugel steuert über elektrische Impulse den Cursor.

Mauspad

Scanner Er tastet Bilder ab und zerlegt sie in Rasterpunkte. Diese werden als elektrische Impulse dem Computer zugeführt. Der Scan erscheint nun auf dem Bildschirm.

Grundplatine

Die Grundplatine oder auch Mutterkarte stellt die eigentliche Zentraleinheit (CPU) eines Computers dar. An ihr werden die wichtigsten Komponenten des Gerätes angeschlossen. Die Verbindungen und ihre Leitungen heißen Busse und liegen auf der Unterseite der Grundplatine. Die Grundplatine beherbergt auch die Schnittstellen zwischen dem Herz des Computers und den peripheren Geräten. Dazu kommen Erweiterungssteckplätze für Steckkarten.

Speicher

Der Speicher enthält das Gedächtnis des Computers. Man unterscheidet 2 Arten von Speichern: Direktzugriffsspeicher (Random Access Memory, RAM) und Festspeicher (Read-only Memory, ROM). Beide bestehen aus Chips mit aufgedruckten Schaltkreisen, den Mikroprozessoren.

Grundplatine eines PC Erweiterungssteckplätze für weitere Karten

Die Videokarte enthält die Steuerungselektronik für den Bildschirm.

Anschlüsse für periphere Geräte wie Modems oder Drucker stellen Verbindung zur Festplatte her.

Eigentliche Zentraleinheit (CPU)

ROM Die Chips des Festspeichers enthalten wichtige Programme, etwa das Plattenbetriebssystem, das nicht geändert werden kann.

RAM Diese Chips speichern Daten, die entweder über Disketten oder die Tastatur in den Computer eingegeben werden. Sie lassen sich jederzeit verändern.

Busse: Übertragungsleitungen im Innern des Computers

Batterie zur Steuerung der inneren Uhr des Computers

Charles Babbage

Der englische Mathematiker Babbage (1791–1871) baute eine mechanische Rechenmaschine („Differenzenmaschine"), die aus hunderten von Rädern bestand. Man konnte damit Logarithmen berechnen. Das erste Programm für den Computer schrieb Gräfin Lovelace.

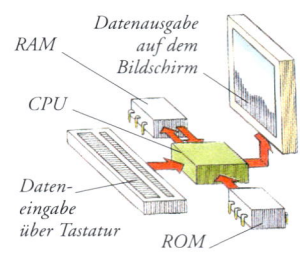

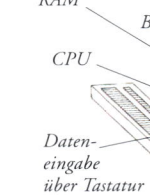

Datenausgabe auf dem Bildschirm
RAM
CPU
Dateneingabe über Tastatur
ROM

Zentraleinheit, CPU

Die CPU (Central Processing Unit) besteht aus dem Mikroprozessor mit vielen Schaltkreisen. Sie erhält Daten aus ROM, RAM und Tastatur. Sie sendet Daten zur Speicherung an RAM und zur Ausgabe an Bildschirm oder Drucker.

Speichermedien

Programme und Daten speichert man auf Platten, Disks oder Disketten. Magnetplatten speichern die Daten in magnetischer Form. Dazu ist ihre Oberfläche mit winzigen Eisenoxidteilchen beschichtet. In der Zentraleinheit befindet sich eine harte Festplatte, die aus einem Plattenstapel besteht. Die üblichen Speichermedien sind Disketten und CD-ROMs.

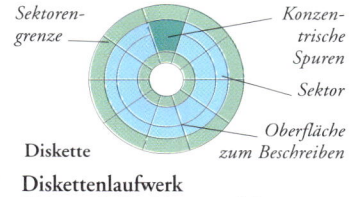

Sektorengrenze — *Konzentrische Spuren* — *Sektor* — *Oberfläche zum Beschreiben*

Diskette

Verschiedene Speichermedien

Diskettenlaufwerk
Disketten sind in Sektoren und Spuren unterteilt. Das Laufwerk enthält einen Schreib-Lese-Kopf, der Daten von jedem Sektor und jeder Spur abliest und auf die Diskette aufbringt. CD-ROMs und Bildplatten werden mit Laserstrahlen gelesen und beschrieben.

SyQuestplatten speichern größere Datenmengen als übliche Disketten.

Magneto-optische Disks werden mit Hilfe eines Laserstrahls beschrieben und gelesen.

CD-ROMs speichern Daten in Form winziger Vertiefungen auf der Oberfläche.

Disketten sind das häufigste Speichermedium.

Optische Minidisks werden noch wenig eingesetzt.

Das Betriebssystem ermöglicht den Spanischunterricht am Bildschirm.

Betriebssystem

Jeder Computer enthält ein Programm, mit dem man ihn startet, das sog. Betriebssystem. Es funktioniert immer „hinter den Kulissen", auch wenn im Vordergrund andere Programme laufen. Zum Betriebssystem gehört oft eine grafische Benutzeroberfläche. Dann kann der Benutzer eine Maus verwenden, um einzelne Stellen anzuklicken und weitere Programme in Betrieb zu setzen.

Steve Jobs und Steve Wozniak

Im Jahr 1976 gründeten Steve Jobs (geb. 1955) und Steve Wozniak (geb. 1950) die Computerfirma Apple. Die beiden hatten sich zum Ziel gesetzt, Computer auch gewöhnlichen Menschen zugänglich zu machen. Ihr Apple II von 1977 war der erste PC für den Massenmarkt. Er war sehr erfolgreich, denn die Benutzer brauchten keine Spezialkenntnisse in Elektronik und Computertechnik.

Computertypen

In vielen Schulen und Haushalten stehen Personalcomputer. Es gibt aber noch viele andere Computertypen, größere und kleinere. Kleincomputer kann man auf Reisen mitnehmen und mit ihnen unterwegs arbeiten. Großrechner werden in Firmen installiert und haben oft mehrere hundert Arbeitsplätze oder Terminals. Die Benutzer können gleichzeitig arbeiten und werden vom Großrechner bedient.

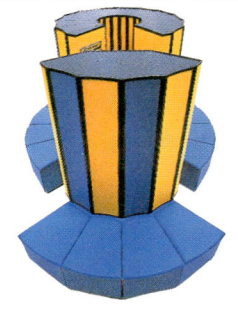

Supercomputer
Die Supercomputer sind am leistungsfähigsten. Man setzt sie für hochkomplizierte Aufgaben ein, z. B. zur Wettervorhersage, um die Entwicklung von Windsystemen zu berechnen.

Großrechner
Große Firmen haben einen Großrechner oder Mainframecomputer. Jeder Mitarbeiter sitzt vor dem eigenen Terminal mit Tastatur, Bildschirm und eventuell Drucker.

Laptop
Viele Geschäftsleute nehmen auf Reisen einen Laptop mit. Er enthält einen Akku, der den Strom liefert. Deswegen kann man am Laptop auch bei Bahnfahrten und sogar im Freien arbeiten.

Spezialrechner
Es ist ein Kennzeichen der normalen Computer, dass sie viele verschiedene Aufgaben erledigen können. Spezialrechner übernehmen hingegen nur eine einzige Aufgabe. Ein bekanntes Beispiel sind Spielecomputer wie der Gameboy.

Chronologie

1642 Blaise Pascal erfindet die erste mechanische Addiermaschine.

1834 Charles Babbage entwirft eine Art mechanischen Computer, die „Differenzenmaschine".

1890 Hermann Hollerith entwickelt die erste elektrische Lochkartenapparatur.

Personal Computer von Commodore, 1970

1941 Erste funktionsfähige programmgesteuerte Rechenanlage (Z3) von K. Zuse

1945 Fertigstellung von ENIAC in den USA, dem ersten vollelektronischen Computer

späte 70er Jahre Massenproduktion von PCs

1975 Einführung des ersten tragbaren Computers

späte 70er Jahre Die Firma Xerox erfindet die grafische Benutzeroberfläche.

1983 Erste Anwendung der Maus bei Apple-Computern

1985 Erste CD-ROMs

Anwendungsprogramme

Mitte der 80er Jahre PCs werden vielseitiger und breiten sich weiter aus. Die Softwareprogramme nehmen zu.

1990 IBM produziert den Pentium PC, der pro Sekunde 112 Millionen Operationen durchführen kann.

SIEHE AUCH UNTER: ATOME UND MOLEKÜLE · ELEKTRONIK · INFORMATION UND KOMMUNIKATION · LASER UND HOLOGRAMM · MATHEMATIK · SCHALLAUFZEICHNUNG · WETTERVORHERSAGE · ZAHLEN

COOK, JAMES

BIS MITTE DES 18. JH. trieb die Aussicht auf Gewinn durch Handel oder Raub die europäischen Entdecker in die Welt. Der englische Kapitän James Cook hatte andere Gründe für seine Fahrten. Ihn interessierte die Erforschung fremder Länder. 1768–79 unternahm er 3 Reisen in den Südpazifik, wobei erstmals wissenschaftliche Untersuchungen der Navigation und astronomische Beobachtungen im Mittelpunkt standen. Cook berichtete gewissenhaft über alles, was er sah, und brachte Zeichnungen und Exemplare unbekannter Tiere und Pflanzen mit.

Kindheit und Jugend
James Cook wurde 1728 in Marton-in-Cleveland bei Whitby in England geboren. Schon als Junge fuhr er zur See und lernte vor allem die Ostsee kennen. 1755 kam er zur Royal Navy, wo er schnell Karriere machte. 1759, im Siebenjährigen Krieg gegen Frankreich, hatte er sein erstes Kommando über ein Schiff.

Hafen von Whitby, England

Die *Endeavour*

Seit 1760 hatte Cook seine Kenntnisse in der Navigation erweitert. Dieses Wissen kam ihm zustatten, als man ihm 1768 anbot, nach Tahiti in die Südsee zu segeln, um dort den Durchgang der Venus zu beobachten. Er wählte als Schiff die *Endeavour*, einen umgebauten Kohlenfrachter aus Whitby, den Cook schätzte, weil er robust war und viel Ladung aufnehmen konnte.

Die *Endeavour* 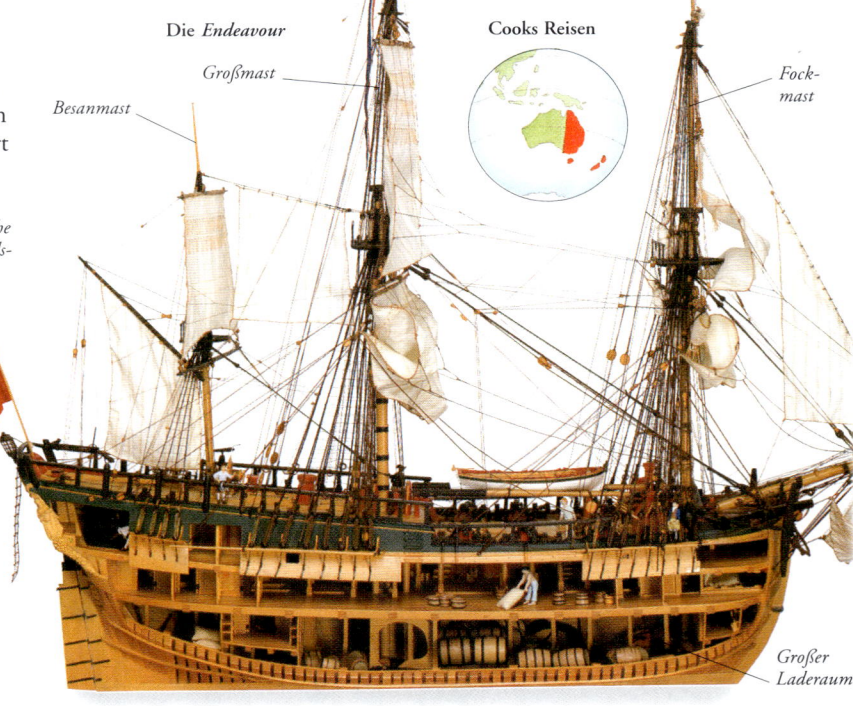
Großmast
Besanmast
Fockmast
Cooks Reisen
Britische Handelsflagge
Großer Laderaum

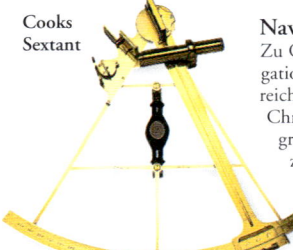

Cooks Sextant

Navigation
Zu Cooks Zeiten war die Navigation einfach, aber doch ausreichend. Man verwendete einen Chronometer, um die Breitengrade in Ost-West-Richtung zu bestimmen, und einen Quadranten oder Sextanten, um die Längengrade in Nord-Süd-Richtung zu berechnen.

Ernährung
Cook war der erste Kapitän, der Vorsorge gegen den Skorbut traf – einer Krankheit aus Mangel an Vitamin C. Wo immer möglich lud er frisches Fleisch, Gemüse und Obst, vor allem Zitrusfrüchte.

Zitrusfrüchte: Zitronen und Limonen

Kartierung des Pazifiks

Auf seinen 3 Reisen im Pazifik entdeckte Cook zahlreiche Inseln. So umsegelte er Neuseeland und fertigte eine Karte von der australischen Ostküste an. Er bestätigte, dass Australien eine riesige Insel, nicht aber Teil eines Südkontinents sei. Und er vermutete richtig, dass am Südpol eine Landmasse unter ewigem Eis liegt.

Cooks Tod
Auf seiner 3. Reise, die er 1776 antrat, erreichte Cook die Inseln von Hawaii. Er nannte sie Sandwich-Inseln. Den Winter verbrachte er auf Hawaii, wo er das Leben der Eingeborenen studierte. Nachdem er die Westküste Amerikas erforscht hatte, segelte er 1779 nach Hawaii zurück. Diesmal nahmen ihn die Eingeborenen nicht mehr so freundlich auf. Es gab Streit und Cook wurde bei einem Handgemenge erschlagen.

Joseph Banks
Cook wurde von Wissenschaftlern begleitet, darunter der Botaniker Joseph Banks sowie der Zeichner Sydney Parkinson. Sie entdeckten bisher unbekannte Pflanzen- und Tierarten wie den Brotfruchtbaum oder das Känguru. Ein Gebiet, wo sie besonders viele Pflanzen fanden, nannten sie Botany Bay.

Illustrationen von Sydney Parkinson

Joseph Banks

Cook wird im Kampf mit Inselbewohnern erschlagen.

Hawaiianische Kampfkeulen

JAMES COOK

- **1728** Geburt in Marton-in-Cleveland, Yorkshire, England
- **1755** Cook geht zur Royal Navy.
- **1759** Er erhält sein erstes Schiffskommando.
- **1768–71** 1. Reise: Cook entdeckt in der Südsee Tahiti, Neuseeland und Australien.
- **1772–75** 2. Reise: Cook kartiert viele pazifische Inseln und segelt in Richtung Antarktis.
- **1776–79** 3. Reise: Cook segelt in den nördlichen Pazifik und sucht nach einer Verbindung zum Atlantik.
- **1779** Cook wird aus nichtigem Anlass von Eingeborenen auf Hawaii erschlagen.

SIEHE AUCH UNTER | AUSTRALIEN | AUSTRALIEN, GESCHICHTE | ENTDECKUNGEN | NAVIGATION | SCHIFFE

CURIE, MARIE

DIE PHYSIKERIN MARIE CURIE gehört zu den ersten Wissenschaftlern, die die Radioaktivität untersuchten. Es handelt sich dabei um eine Strahlung, die beim Zerfall von Atomkernen frei wird. Madame Curies Arbeiten bildeten die Grundlage für die späteren Forschungen auf dem Gebiet der Kernphysik. 1903 erhielt sie zusammen mit ihrem Mann Pierre, mit dem sie arbeitete, sowie dem Franzosen Henri Becquerel den Nobelpreis für Physik. 1911 wurde Madame Curie auch der Nobelpreis für Chemie verliehen. Sie starb 1934 nach langem Leiden, das die radioaktiven Strahlen verursacht hatten.

Kindheit und Jugend
Marie Curie kam in Warschau, Polen, auf die Welt. Nach der Schule verdiente sie als Gouvernante Geld, um die Universität in Paris besuchen zu können. 1891 begann sie mit dem Studium an der Sorbonne. Sie war die Beste ihres Jahrgangs, obwohl sie vor Hunger in den Vorlesungen bisweilen ohnmächtig wurde.

Polen
Als Marie geboren wurde, herrschten die Russen in Polen und die besten Ausbildungs- und Arbeitsplätze bekamen nur Russen. Nach der Schule begann Marie insgeheim Vorlesungen der „Fliegenden Universität" zu besuchen. Dabei trafen sich Polen zu gemeinsamer Lektüre von Büchern, die die Russen verboten hatten, weil sie Aufstände befürchteten.

Radioaktivität
Im Jahr 1895 entdeckte der deutsche Physiker Wilhelm Conrad Röntgen unsichtbare, energiereiche Strahlen, die durch weicheres Gewebe hindurchdrangen. Im darauffolgenden Jahr fand Henri Becquerel ähnliche Strahlen, die vom Metall Uran ausgingen. Die Curies widmeten ihr ganzes Leben der Erforschung dieser Strahlen.

Ausrüstung
Die Bedingungen, unter denen Marie Curie arbeitete, waren schwierig. Ihr Labor befand sich in einem ungeheizten Schuppen und ein großer Teil der Ausrüstung war von Hand gefertigt, wobei ihr Mann ihr half. Unter den selbst gebauten Geräten befand sich auch ein Elektrometer, das indirekt die Stärke der Strahlung aus den Uranverbindungen maß.

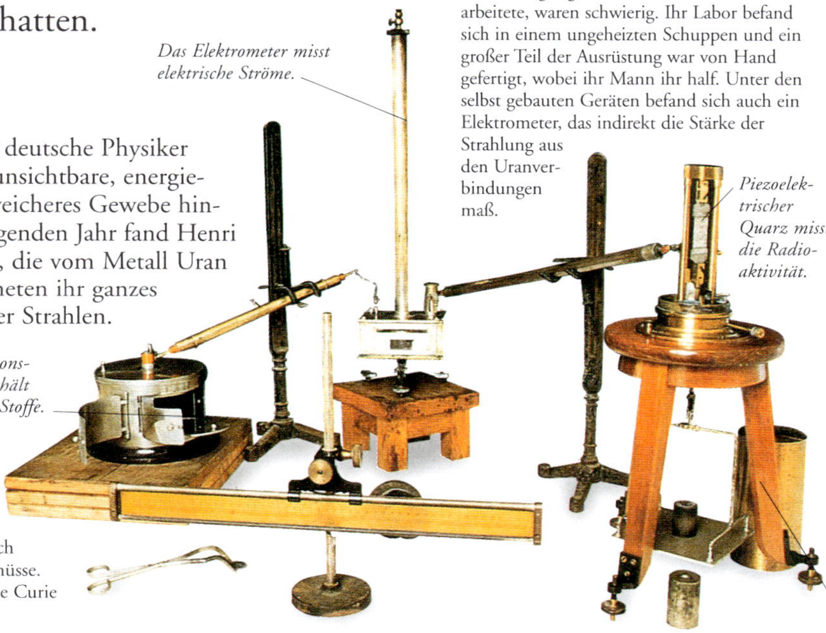

Das Elektrometer misst elektrische Ströme.

Piezoelektrischer Quarz misst die Radioaktivität.

Die Ionisationskammer enthält radioaktive Stoffe.

Dreifuß

Radioaktive Stoffe
Die Curies stellten fest, dass die Pechblende, aus der Uran gewonnen wurde, um ein Vielfaches radioaktiver war als Uran selbst. Daraus schlossen sie, dass das Erz noch weitere radioaktive Stoffe enthalten müsse. Um diese zu finden, behandelte Marie Curie Tonnen von Pechblende.

Pierre Curie
Pierre Curie wurde 1859 in Paris geboren und von seinem Vater erzogen. Seine Karriere begann er als Laborassistent. Bevor er Marie 1894 traf, hatte er schon wichtige Entdeckungen gemacht. Nach der Heirat arbeiteten die beiden zusammen. Pierre Curie war Professor an der Sorbonne. Er stellte viele Laborgeräte selbst her. 1906 kam er bei einem Verkehrsunfall ums Leben.

Pechblende
Die Curies brachten 12 Jahre damit zu, die radioaktiven Elemente in der Pechblende zu isolieren. Am Ende fanden sie 2 weitere Stoffe. Den einen nannten sie Polonium nach Maries Heimat, den anderen Radium.

Röntgenstrahlen
Im Ersten Weltkrieg (1914–1918) installierte Marie Curie fahrbare Röntgenlabors, um damit Verwundeten zu helfen. Ungefähr 200 Autos wurden zu diesem Zweck umgebaut. Man nannte diese Autos auch „Kleine Curies".

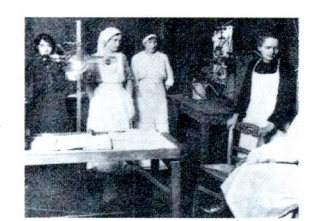

Radium-Institut
1912 gründeten die Pariser Universität Sorbonne und das Institut Pasteur das Radium-Institut. Es sollte die radioaktive Strahlung und deren medizinische Verwendung erforschen. Marie wurde Direktorin des Instituts. Sie verbrachte die meiste Zeit damit, die Forscher zu unterstützen und Geld für ihre Arbeit zu sammeln.

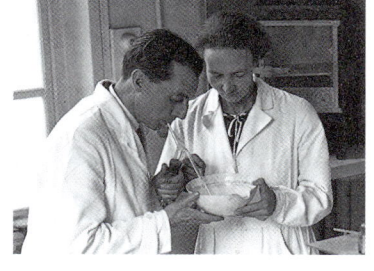

Das Ehepaar Joliot
Marie Curies Tochter Irène wurde ebenfalls Wissenschaftlerin. Sie arbeitete mit ihrem Mann Frédéric Joliot zusammen. Die Joliots entdeckten, dass man nicht radioaktive Stoffe durch Bombardierung mit radioaktiven Strahlen ebenfalls radioaktiv machen konnte. 1935 erhielten beide den Nobelpreis für Chemie.

MARIE CURIE

1867	Geboren als Marya Sklodowska in Warschau, Polen
1891	Übersiedelung nach Paris an die Sorbonne; sie nennt sich nun Marie.
1895	Heirat mit Pierre Curie
1898	Entdeckung der Elemente Polonium und Radium
1903	Nobelpreis für Physik
1910	Nach 12-jähriger Forschungsarbeit über Pechblende isoliert sie zum ersten Mal reines Radium.
1911	Nobelpreis für Chemie
1918	Das Radium-Institut wird wegen des Ersten Weltkrieges verspätet eröffnet; Marie wird Forschungsdirektorin.
1934	Tod in Frankreich

SIEHE AUCH UNTER CHEMIE · ELEKTROMAGNETISCHE STRAHLEN · ELEMENTE · MEDIZIN, GESCHICHTE · PASTEUR, LOUIS · RADIOAKTIVITÄT · WELTKRIEG, ERSTER

DÄNEMARK

DÄNEMARK IST DAS KLEINSTE, flachste und südlichste Land Skandinaviens. Es besteht aus der Halbinsel Jütland, den größeren Inseln Seeland, Lolland, Falster und Fünen sowie über 500 kleineren Inseln. Die Färöerinseln und Grönland im Nordatlantik sind Außengebiete, die sich selbst verwalten. Dänemark ist ein wohlhabendes, umweltbewusstes und liberales Land, das seinen Einwohnern einen hohen Lebensstandard bietet. Als eines der ersten Länder errichtete es in den 30er Jahren ein Wohlfahrtssystem.

Geografie
Dänemark ist ein flaches Land mit niedrigen Hügeln und sanften, buchenbestandenen Tälern. Es gibt hier auch ausgedehnte Heidegebiete, eine Seenlandschaft und an der Küste Kliffs, Dünen und breite Strände.

DÄNEMARK: DATEN
HAUPTSTADT	Kopenhagen
FLÄCHE	43 094 km²
EINWOHNER	5 353 000
SPRACHE	Dänisch
RELIGION	Christentum
WÄHRUNG	Dänische Krone
LEBENSERWARTUNG	77 Jahre
EINWOHNER PRO ARZT	360
REGIERUNG	Mehrparteiendemokratie
ANALPHABETEN	Unter 1 %

Jütland
Die Halbinsel Jütland macht ungefähr 70 % Dänemarks aus. An der Westküste liegen Strände, und im Südwesten befindet sich eine sandige Ebene. Kräftige Winde treiben Windräder zur Energiegewinnung an.

Inseln in der Ostsee
Die steilen Kreidekliffs der Ostseeinsel Mön stehen in scharfem Gegensatz zu den flachen Sanddünen anderer Inseln. Die Dänen sorgen sich sehr um ihre Umwelt.

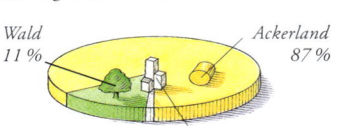

35 °C -24 °C
17 °C 1 °C
571 mm

Klima
Dänemark hat ein mildes, feuchtes Klima mit steifen Westwinden. In vielen Küstengebieten haben die Dänen Nadelhölzer als Windbrecher gepflanzt, um zu verhindern, dass der Sand der Dünen weggeblasen wird.

Wald 11 % Ackerland 87 % Siedlungen 2 %

Landnutzung
Über vier Fünftel Dänemarks werden landwirtschaftlich genutzt, u. a. als Weide für Rinder und Schweine. Das Land hat kaum Rohstoffe, jedoch nutzen die Dänen die steifen Winde zur Stromgewinnung.

Bevölkerung
Nur 5 % der Bevölkerung sind Ausländer – vor allem Europäer. Größere Minderheiten bilden die Türken und die Inuit (Eskimo) aus Grönland. Die Dänen sind sehr liberal im Hinblick auf die Ehe und haben eine hohe Scheidungsrate. 40 % aller Kinder wachsen bei unverheirateten Paaren oder allein erziehenden Eltern auf. 75 % der Frauen arbeiten – Dänemark hat das beste Kinderbetreuungssystem der Welt.

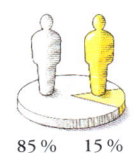

124 pro km²
85 % Stadt 15 % Land

Dänische Familie beim Besuch von Legoland auf Jütland

Dänische Schweine

Landwirtschaft und Industrie
Die leistungsfähige dänische Landwirtschaft wird oft von Genossenschaften betrieben und bringt über 10 % aller Exporterlöse. Dennoch sind nur rund 4 % der Arbeitnehmer in diesem Bereich tätig, vor allem in der Rinder- und Schweinezucht. Viele Grundstoffe werden im Land selbst zu Nahrungsmitteln verarbeitet. Im Dienstleistungsgewerbe sind 70 % der Arbeitnehmer beschäftigt.

Kopenhagen
Die Hauptstadt ist zugleich der größte Hafen des Landes und die größte Stadt ganz Skandinaviens. Sie wird von Kanälen, Alleen und Radwegen durchzogen. Kopenhagen hat viele historische Bauwerke und Kirchen. Der Vergnügungspark Tivoli zieht jedes Jahr Millionen von Besuchern an.

Touristenboot auf einem Kanal

SIEHE AUCH UNTER: ATLANTISCHER OZEAN · ENERGIE · EUROPA · EUROPA, GESCHICHTE · EUROPÄISCHE UNION · HANDEL UND INDUSTRIE · LANDWIRTSCHAFT · SKANDINAVIEN, GESCHICHTE · WIKINGER

DARWIN, CHARLES

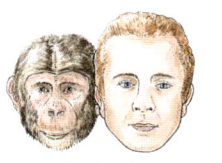

DER ENGLISCHE NATURFORSCHER Charles Darwin entwickelte die Theorie der Evolution durch natürliche Auslese. Er erklärte, wie eine Art sich aus einer anderen, bereits bestehenden Art entwickeln kann. Dies bedeutete eine Revolution in der Biologie. Darwin war nicht der Erste, der eine Abstammungslehre verbreitete, doch er konnte als Erster seine Theorie mit Fakten belegen. Er schrieb Bücher über seine Reisen, über Korallenriffe, die Blütenbestäubung, Regenwürmer und Insekten fressende Pflanzen.

Kindheit und Jugend
Darwin kam 1809 in Shrewsbury, England, auf die Welt. Sein Großvater Erasmus Darwin hatte um 1795 eine eigene Evolutionstheorie aufgestellt. Zunächst glaubte Darwin überhaupt nicht an eine Evolution. Er wollte nämlich Geistlicher werden, bevor er Geologie und Biologie studierte.

Galapagosinseln
Darwin studierte auf seiner Reise mit der *Beagle* tausende von Pflanzen- und Tierarten auf der ganzen Welt. Am interessantesten waren einige Wochen, die er auf den Galapagosinseln ungefähr 1 000 km vor der Küste Südamerikas verbrachte. Darwin bemerkte, dass sich die Arten hier deutlich von denen des Festlandes unterschieden.

Galapagosinseln

Notizbücher, die Darwin auf Galapagos verwendete

Notizbücher
Während seiner Reise mit der *Beagle* machte Darwin von allem, was er sah, Notizen, sodass ihn die Schiffsoffiziere schließlich den „alten Philosophen" nannten. Die vielen gesammelten Informationen waren ihm später bei der Entwicklung der Evolutionstheorie von Nutzen.

Artenliste

Eingeklebte Karte

Darwinfinken
Nach seiner Rückkehr bemerkte Darwin, dass die später nach ihm benannten Finkenarten der Galapagosinseln unterschiedliche Schnäbel aufwiesen, während sie einander sonst sehr ähnelten. Also musste sich diese Form durch Anpassung an die Umwelt entwickelt haben.

Die Beagle
In Cambridge freundete sich Darwin mit John Henslow, dem Professor für Botanik, an. Henslow schlug vor, Darwin solle als offizieller Naturforscher auf der *Beagle* mitfahren. Dieses Forschungsschiff der Regierung sollte auf einer 5-jährigen Expedition die Welt umrunden. Die Reise dauerte von 1831–36.

Die Beagle

Darwins Uhr   *Darwins Fernrohr*

Fossilfunde
In Südamerika fand Darwin Fossilien ausgestorbener Tiere, so vom Riesenfaultier *Mylodon darwini*, das heute lebenden Arten sehr ähnlich sieht. Der Fund deutete darauf hin, dass sich die Tiere nach und nach ihrer Umwelt anpassten und sich dabei veränderten.

Knochenfund Darwins vom ausgestorbenen Huftier Macrauchenia

Gesteinshammer

Der Ursprung der Arten
Darwin kehrte nach England zurück und verfasste einen Reisebericht. Jahrelang studierte er die gesammelten Pflanzen und Tiere. Er entwickelte die Vorstellung, neue Arten würden durch Anpassung an ihre Umwelt entstehen. Seine Ergebnisse veröffentlichte er im Buch *Die Entstehung der Arten durch natürliche Zuchtwahl*. Es führte zu einem Aufschrei unter den Christen, da dies mit der Schöpfungsgeschichte in der Bibel nicht zu vereinbaren war.

A. R. Wallace
Der englische Forscher Alfred Russel Wallace (1823–1913) entwarf unabhängig von Darwin eine Evolutionstheorie durch natürliche Auslese. Er wandte sich an Darwin um Rat, und sie verfassten gemeinsam ein Buch über Evolution.

Der Naturforscher
Nach seiner Reise verbrachte Darwin sein restliches Leben mit Studien, Experimenten und dem Verfassen von Büchern. Er verließ England nie wieder und war die meiste Zeit auch krank. Doch das hinderte ihn nicht, über Regenwürmer ebenso zu forschen wie über die Bestäubung der Pflanzen.

Arbeitsmaterial von Darwin 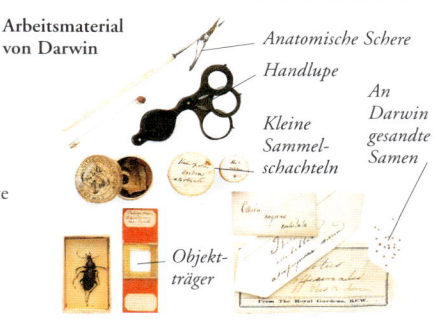
Anatomische Schere
Handlupe
Kleine Sammelschachteln
An Darwin gesandte Samen
Objektträger

Natürliche Auslese
Die Nachkommen eines Elternpaares unterscheiden sich voneinander. Nur jene Tiere, die am besten an die Umgebung angepasst sind, überleben und können ihre Gene weitergeben.

Die Silbermöwe hat denselben Vorfahr wie die Heringsmöwe, entwickelte sich aber unabhängig.

Heringsmöwe

CHARLES DARWIN

1809	Geboren in Shrewsbury, England
1831	Reise mit der *Beagle*
1836	Rückkehr nach England
1858	Wallace teilt Darwin seine Evolutionstheorie mit; daraufhin schreiben beide eine Arbeit über Evolution.
1859	Darwin veröffentlicht sein Buch *Der Ursprung der Arten*.
1871	Darwin veröffentlicht *Die Abstammung des Menschen*.
1875	Im Werk über die Insekten fressenden Pflanzen beschreibt er, wie der Sonnentau Insekten fängt.
1880	Er verfasst ein Buch über die Tätigkeit der Regenwürmer im Boden.
1882	Tod in Downe, England

SIEHE AUCH UNTER ABSTAMMUNGSLEHRE, BIOLOGIE, DINOSAURIER, ENTDECKUNGEN, EVOLUTION, FOSSILIEN, GEOLOGIE, NATURWISSENSCHAFT, GESCHICHTE

DESIGN

DAS ENGLISCHE WORT bezeichnete ursprünglich die schöne Gestaltung von Industrieprodukten. Die Formgebung sollte dabei mit der Aufgabe oder Funktion des Produktes übereinstimmen. Heute sind fast alle Produkte „designed" – Staubsauger, Telefone, Autos, Plakate, Kleidung… Man unterscheidet Industriedesign und Grafikdesign. Statt Design sagt man auch Gestaltung. Zwei Designrichtungen entwickelten sich zu kunsthistorischen Stilen, der Jugendstil und das Bauhaus.

Industriedesign

Bei der Gestaltung eines Produktes muss der Designer mehrere Umstände beachten: Die gewählte Form muss zunächst mit der Aufgabe des Produkts übereinstimmen. Danach sind der Werkstoff, die Kosten der Herstellung, die Sicherheit und Dauerhaftigkeit gebührend zu berücksichtigen. Und schließlich soll das Produkt schön und unverwechselbar aussehen.

Diese Flaschenform ist leicht zu erkennen.

Die Dose wird über einen Aufreißbügel geöffnet.

Klassisches Design
Das Design einiger Produkte verbindet erfolgreich Funktionalität, Schönheit und Wiedererkennungswert. Dadurch wirken sie zeitlos. Die Form der Coca-Cola-Flasche ist so klassisch, dass sie seit 1915 kaum verändert wurde.

Coca-Cola-Flasche

Scheinwerfer und Stoßstange aus Chrom
Großes Lenkrad
Der MGB wirkt kompakt und schön.

MGB Tourer

Klassische Autos
Ein klassisches Design bringt gewisse Idealvorstellungen zum Ausdruck. Die schlanken Linien eines Sportwagens wie des MGB bedeuten Geschwindigkeit und Freiheit. Der MGB kam 1962 auf den Markt und ist mit 512 000 Exemplaren der weltweit bestverkaufte Sportwagen.

Vom Entwurf zum Produkt

Der erste Schritt der Gestaltung besteht darin, dass man festlegt, welche Aufgaben das fertige Produkt erfüllen und welche Eigenschaften es aufweisen muss. Der Designer macht einen ersten Entwurf. Diesen setzt man in einen Prototypen um, den man wiederholt testet und bei Bedarf verändert. Die endgültige Form entsteht durch kleine Schritte. Schließlich einigt man sich auf ein Modell.

1 Der Designer zeichnet auf dem Zeichenbrett oder am Computer ein erstes Modell. Hier ist es ein Staubsauger.

Dieser Prototyp ist aus Hartschaum geformt.
Starkes und doch leichtes Plastikgehäuse
Hier sammelt sich der Staub.
Langer Schlauch
Große Räder für leichten Transport

Früher Prototyp

2 Man stellt aus verschiedenen Werkstoffen mehrere Prototypen her, um Aspekte des Designs zu testen. Der letzte Prototyp wird von Hand gefertigt und wie das Endprodukt bemalt.

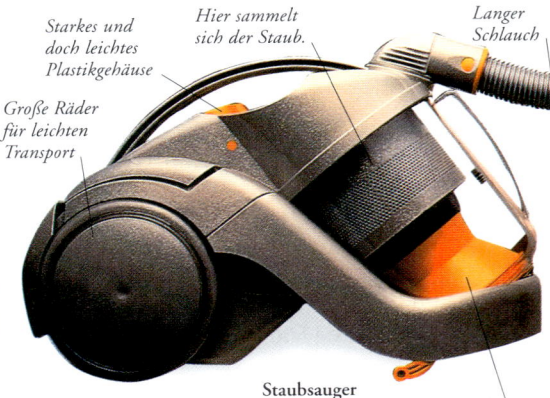

Staubsauger

3 Das Endprodukt muss alle anfänglichen Forderungen erfüllen. Das Design kann man als Gebrauchsmuster schützen, um zu verhindern, dass andere es kopieren.

Dieser Staubsauger arbeitet nach einem neuen Prinzip und benötigt keinen Beutel.

Grafikdesign

Grafikdesigner vermitteln mit Schriften, Farben und Formen eine eingängige Botschaft. Wir sind überall von Grafikdesign umgeben, in Magazinen und Büchern, auf Plakaten, Anzeigen, Katalogen und Warenverpackungen. Statt Grafikdesign sagt man auch Gebrauchsgrafik.

Karte der Londoner U-Bahn
Die Karte der Londoner U-Bahn zeigt hervorragendes Design. Die Entfernungen zwischen den Stationen sind nicht maßstabsgetreu. Man kann das gesamte Netz auf einen Blick erfassen.

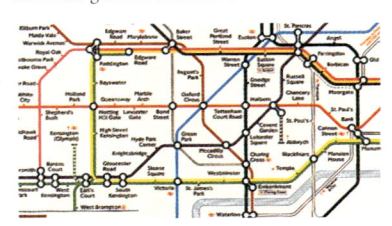

Logo der Firma Shell

Logos
Logos sind grafische Symbole, die eine Botschaft ohne Worte übermitteln wollen. Logos für Produkte oder auch Firmenlogos sollen leicht erkennbar sein. Das einfache, kräftig gefärbte Logo im Bild oben wirbt weltweit für die Erdölfirma Shell.

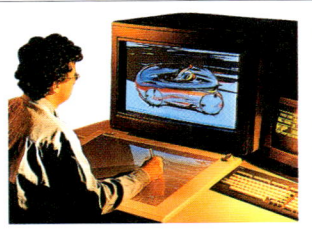

CAD-Design
Heute erfolgt ein Großteil des Designprozesses am Computer. Man verwendet Programme, die man als CAD (Computer-aided design) bezeichnet. Damit lassen sich dreidimensionale Modelle entwerfen und aus allen Blickwinkeln betrachten.

Jugendstil
Der Jugendstil entstand Ende des 19. Jh. Er forderte eine völlig neue Gestaltung, vor allem bei Möbeln, in der Architektur und bei Industrieprodukten, die zu jener Zeit gerade aufkamen. Typisch für den Jugendstil sind pflanzenartige, oft verschlungene Ornamente.

Das Jugendstilfenster in Paris zeigt typische, ineinander verschlungene Linien, die an Pflanzen erinnern.

Walter Gropius
Im Jahr 1919 gründete der deutsche Architekt Walter Gropius (1883–1969) das *Bauhaus*. Heute würde man es als Hochschule für Gestaltung bezeichnen. Das Bauhaus umfasste alle Künste und wollte Handwerk, Technik und Industrie vereinen. Das Bild unten zeigt Gropius mit dem französischen Architekten Le Corbusier (1887–1965).

| SIEHE AUCH UNTER | ARCHITEKTUR | BAUTECHNIK | BUCHDRUCK | HANDEL UND INDUSTRIE | KLEIDUNG UND MODE | KRAFTFAHRZEUGE | KUNST, GESCHICHTE | MALEN UND ZEICHNEN | MÖBEL |

DEUTSCHLAND

DIE BUNDESREPUBLIK DEUTSCHLAND liegt im Herzen Europas. Sie ist von 9 Staaten umgeben und grenzt an die Nord- und Ostsee. Seit der Wiedervereinigung im Jahr 1990 stellt das Land mehr denn je die Verbindung zwischen West und Ost dar. Deutschland ist eines der reichsten Länder der Erde und die führende Industriemacht in Europa. Es hat die zweitgrößte Bevölkerungszahl Europas. Deutschland gehört zu den Gründungsmitgliedern der Europäischen Union und spielt eine wichtige Rolle in internationalen Angelegenheiten.

Geografie
Die Landschaft ist sehr vielfältig. Im Norden umfasst sie Seengebiete, Inseln und flache Heiden, im Zentrum und im Südwesten bewaldete Mittelgebirge. Im Süden hat Deutschland Anteil an der Alpenkette.

DEUTSCHLAND: DATEN
- **HAUPTSTADT:** Berlin
- **FLÄCHE** 357 020 km²
- **EINWOHNER** 82 200 000
- **SPRACHE** Deutsch
- **RELIGION** Christentum
- **WÄHRUNG** Euro
- **LEBENSERWARTUNG** 77 Jahre
- **EINWOHNER PRO ARZT** 298
- **REGIERUNG** Mehrparteiendemokratie
- **ANALPHABETEN** Unter 1%

Der Rhein
Der Rhein ist einer der wichtigsten Flüsse Europas. Seine Quelle hat er in den Schweizer Alpen. Bei Rotterdam in den Niederlanden fließt er in die Nordsee. Die Gesamtlänge beträgt 1 320 km, von denen er 867 km durch Deutschland fließt. Auf dem Rhein fahren viele Frachtschiffe mit Kohle, Getreide oder Holz. Viele Touristen besuchen vor allem den Rheingau, um die malerische Landschaft mit den Burgen und Weinbergen zu bewundern.

Schwarzwald
Der Schwarzwald liegt im Südwesten des Landes. Seinen Namen hat er von den dunklen Fichten und Tannen, die allerdings durch den sauren Regen einigen Schaden genommen haben. Auch der Schwarzwald ist ein Zentrum des Tourismus. Im Südosten grenzt er an den größten deutschen See, den Bodensee.

Klima
Nord- und Mitteldeutschland haben milde Sommer und kühle, feuchte Winter. In der südlichen Hälfte Deutschlands sind die klimatischen Gegensätze oft ausgeprägter: die Sommer sind wärmer, stellenweise heiß, die Winter deutlich kälter und länger, oft mit viel Schnee.

39 °C   -30 °C
19 °C   -1 °C
563 mm

Landnutzung
Deutschland verfügt über verhältnismäßig wenig Rohstoffe. Wald bedeckt rund 1 Drittel des Landes. Ein großer Teil des Bodens wird für Viehzucht und den Ackerbau genutzt.

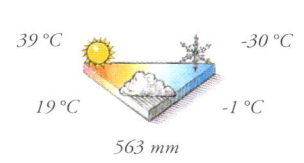

Grünland 18%
Ödland 8%
Ackerland 37%
Wald 30%
Siedlungen 7%

Berlin
Das Brandenburger Tor in Berlin ist das Symbol für die Wiedervereinigung Deutschlands. 1990 fiel die Berliner Mauer, die 1961 errichtet worden war, um Ost und West zu trennen. Berlin ist wieder die Hauptstadt des Landes und entwickelt sich seitdem zu einem bedeutenden Zentrum für Kunst und Kultur.

Brandenburger Tor

DEUTSCHLAND

Bevölkerung

Ungefähr 91 % der Bevölkerung sind Deutsche. Unter den Ausländern bilden die Türken die größte Gruppe. Sie wurden seit 1960 ins Land geholt, um das Wirtschaftswunder voranzutreiben. Seit 1990 kamen über eine Million Aussiedler aus Osteuropa. Deutschland hat auch die meisten Flüchtlinge aus Jugoslawien.

230 pro km² 
87 % Stadt 13 % Land

Gesellschaft
Die Deutschen sind stolz darauf, dass es in ihrem Land nur geringe soziale Unterschiede gibt. Der Schulbesuch ist kostenlos, das Netz der sozialen Sicherung ist eng geknüpft. Die Deutschen gelten als sehr umweltbewusst.

Freizeit

Die Deutschen lieben den Sport und alle Tätigkeiten im Freien, vor allem Wandern und Radfahren. Auf den zahlreichen Seen wird gesegelt. Im Winter sind Ski- und Eislaufen populär. Deutsche Sportler sind sehr gut in Fußball, Reiten und Biathlon.

Skilauf
In den Bayerischen Alpen ist vor allem der alpine Skilauf verbreitet. Langlauf und der nordische Skilauf werden auch in den Mittelgebirgen betrieben. In den Skigebieten lernen die Kinder schon früh Ski laufen.

Fußball
Die deutsche Nationalmannschaft gewann bisher dreimal die Weltmeisterschaft. 1996 holte sie sich auch die Europameisterschaft gegen die Tschechen. Fußball ist die beliebteste Sportart in Deutschland und in fast jedem Dorf gibt es einen Fußballklub.

Landwirtschaft

Nur 3 % der Arbeitskräfte in Deutschland sind in der Landwirtschaft tätig. Das Land baut zwei Drittel aller Nahrung selbst an, vor allem Getreide, Kartoffeln und Zuckerrüben. Wichtigste Nutztiere sind Schweine und Rinder.

Weizen  *Zuckerrübe*  *Trauben*

Nutzpflanzen
Die wichtigsten Getreidearten in Deutschland sind Gerste, Hafer, Roggen und Weizen. Viele Bauern pflanzen Zuckerrüben für die Herstellung von Zucker. In den wärmsten Gebieten, vor allem an Rhein und Mosel, wächst der berühmte deutsche Wein.

Milchprodukte
Die Weiden und Almen sind ideal für die Zucht von Milchkühen, vor allem im Allgäu. Hier wird viel Butter und Käse hergestellt.

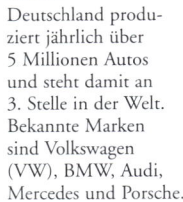

Landesküche

Die Deutschen lieben eine deftige Küche, z. B. Bratwürste mit Sauerkraut. Man isst dunkles Brot und trinkt gerne Bier. Die Küche zeigt aber große regionale Unterschiede, angefangen von der bayrischen Schweinshaxe mit Knödeln bis zum hamburgischen Labskaus. Überall in Deutschland sind Kartoffeln ein wichtiges Nahrungsmittel.

Deckel hält die Fliegen fern, *Saure Gurke*, *Cervelatwurst*, *Thüringer Rotwurst*, *Fleischwurst*, *Bierkrug*, *Wurstwaren*, *Brot*

Industrie

In den letzten 50 Jahren entwickelte sich Deutschland zu einer führenden Industrienation, die Exportüberschüsse erwirtschaftet. Vor allem werden Autos, Lastwagen, Elektrogeräte, Schiffe und Chemikalien hergestellt. Wichtigster Handelspartner ist Frankreich.

Autos
Deutschland produziert jährlich über 5 Millionen Autos und steht damit an 3. Stelle in der Welt. Bekannte Marken sind Volkswagen (VW), BMW, Audi, Mercedes und Porsche.

Schifffahrt
Der größte deutsche Hafen ist Hamburg vor der Elbmündung. Weitere bekannte Häfen sind Bremerhaven, Bremen, Lübeck und Rostock. Duisburg hat den größten Binnenhafen Europas. Im Schiffbau belegt Deutschland die 4. Stelle in der Welt.

Made in Germany
Deutschland genießt einen besonders guten Ruf wegen der Zuverlässigkeit seiner Industrieprodukte. An der Spitze stehen Erzeugnisse des Maschinenbaus und der Elektrotechnik sowie optische Geräte.

Transport

Deutschland hat ein voll ausgebautes Verkehrssystem mit 14 internationalen Flughäfen, großen Seehäfen in Hamburg und Wilhelmshaven, 656 140 km Straßennetz sowie 40 826 km Schienennetz. Auf Flüssen und Kanälen wird viel Fracht transportiert.

Kanäle
Viele deutsche Flüsse sind durch Kanäle verbunden. Der Rhein-Main-Donau-Kanal verbindet die Nordsee mit dem Schwarzen Meer. Er hat auf 171 km Länge 15 Staustufen.

Autobahnen
Deutschland hat mit 11 520 km das dichteste Autobahnnetz Europas. Die erste Autobahn wurde 1928–32 zwischen Köln und Bonn erbaut. Es war zugleich die erste in Europa.

SIEHE AUCH UNTER DEUTSCHLAND, GESCHICHTE · EUROPA · EUROPA, GESCHICHTE · EUROPÄISCHE UNION · FUSSBALL · HÄFEN UND KANÄLE · LANDWIRTSCHAFT · SCHIFFE

DEUTSCHLAND, GESCHICHTE

DEUTSCHLAND GIBT ES ERST seit 1871. Davor bestand es während der längsten Zeit seiner Geschichte aus vielen kleinen Königreichen sowie Fürstentümern und anderen Kleinstaaten, die einander oft bekämpften. Die Einigung erfolgte schließlich unter der Leitung Preußens. Das neu entstandene Deutsche Reich wurde in Europa bald zu einer der führenden Nationen. Doch nach dem verlorenen Zweiten Weltkrieg hat man das Land geteilt. Erst im Jahr 1990 erfolgte die Wiedervereinigung.

Brosche der germanischen Langobarden

Völkerwanderung
Um 375 brachen die Hunnen aus Asien nach Westen auf. Sie drängten die germanischen Völker ins Römische Reich ab. Es kam zur großen Völkerwanderung. 451 erreichten die Hunnen das Frankenreich. 454 brach Rom zusammen. Germanenvölker wie Westgoten und Franken beherrschten nun Westeuropa.

Mittelalter
König Otto I. wurde 962 in Rom zum Kaiser gekrönt. Damit begründete er das Reich Karls des Großen aufs Neue. Dieses Heilige Römische Reich war von langer Dauer, doch insgesamt schwach, weil die deutschen Kurfürsten zu sehr darauf achteten, ihre eigene Macht zu stärken. Im späten 15. Jh. kontrollierten deutsche Städte Europas Bank- und Finanzwesen.

Altes Siegel von Hamburg

Die Hanse
Schon in früher Zeit arbeiteten norddeutsche Städte zusammen, um ihre Handelsinteressen zu unterstützen. 1241 schlossen Hamburg und Lübeck einen Vertrag, aus dem schließlich die Deutsche Hanse hervorging. Der Bund hielt den Handel in Nordeuropa in seinen Händen. Zur Blütezeit gehörten zur Hanse fast 200 Städte.

Grab des hl. Bonifatius im Dom zu Fulda

Christianisierung
Vom 5. Jh. an breitete sich das Christentum unter den germanischen Stämmen aus. Als Apostel der Deutschen gilt der heilige Bonifatius aus England, der im frühen 8. Jh. viele Bistümer in Bayern gründete. Bonifatius errichtete auch das Kloster Fulda in Hessen, wo er begraben liegt.

Isenheimer Altar von Matthias Grünewald

Renaissance in Deutschland
Im 15. Jh. breitete sich die Renaissance von Italien nach Deutschland aus. Künstler wie Albrecht Dürer (1471–1528) vervollkommneten die Technik des Holzschnitts. Hans Holbein (1498–1543), der vor allem in der Schweiz und England arbeitete, malte berühmte Porträts, und Matthias Grünewald (1480–1528) schuf religiöse Meisterwerke.

Bauernkrieg
Im 16. Jh. herrschten große Spannungen zwischen Katholiken und Lutheranern. Dies nutzten Bauern 1524 zu Aufständen gegen ihre adligen Herren und verlangten soziale Reformen. 1525 wurden die Bauern besiegt: 6 000 fielen, 300 wurden hingerichtet.

Bauernaufstand in Süddeutschland

Dreißigjähriger Krieg
1618 erhob sich das protestantische Böhmen gegen die katholische Herrschaft des habsburgischen Kaisers. Die protestantischen Fürsten der „Union" stellten sich gegen die katholische „Liga" und der Krieg breitete sich im ganzen Reich aus. Dänemark, Schweden und Frankreich standen den Protestanten bei, um Habsburgs Vorherrschaft zu brechen.

Der Inschrift zufolge „kämpft der Besitzer des Säbels für Gott".

Westfälischer Frieden
Als der Dreißigjährige Krieg 1648 durch die Verträge des Westfälischen Friedens von Münster und Osnabrück zu Ende ging, war in Deutschland die Landwirtschaft verwüstet, der Handel lag darnieder. Die Bevölkerung war halbiert worden. Das Kaisertum ging aus dem Krieg geschwächt, die Reichsfürsten gestärkt hervor. Deutschland war uneiniger und zerstückelter denn je: Es gab über 300 Kleinstaaten und unabhängige Reichsstädte.

Deutsches Rapier, um 1630

Preußisch bis 1648
Preußisch bis 1772

Preußische Gebiete in Europa

Der Aufstieg Preußens
Preußen war einer der wenigen deutschen Staaten, die aus dem Dreißigjährigen Krieg gestärkt hervorgingen. Das preußische Königreich breitete sich zunehmend über Norddeutschland aus und umfasste 1795 auch Westpolen.

Friedrich der Große
Der Preußenkönig Friedrich II. (Regierungszeit 1740–86) legte die Grundlagen für die spätere Größe Preußens, das sich auf Kosten Österreichs und Russlands ausdehnen konnte. Bis zum Tode Friedrichs des Großen war Preußen zu einer bedeutenden Macht in Europa aufgestiegen.

Die Einigung Deutschlands

Nach Napoleons Niederlage 1815 wollten viele Deutschen die Einheit der Nation. Der Deutsche Bund entstand, war aber nicht von Dauer. 1849 legte die Frankfurter Nationalversammlung eine Reichsverfassung vor. Erst 1871 einigten sich die deutschen Staaten unter Preußens Führung und wählten Wilhelm I. zum Kaiser des Deutschen Reiches.

Die Macht Preußens
Im Deutsch-Französischen Krieg 1870/71 konnte Preußen mit seiner starken Armee Frankreich besiegen. Die Stärke Preußens ermöglichte es auch, dass das Deutsche Reich 1881 das Dreikaiserbündnis mit Österreich-Ungarn und Russland erneuern konnte. Damit nahm der Einfluss Deutschlands in Europa weiter zu.

Offiziershelm des preußischen Heeres

Bismarck
Otto von Bismarck (1815–98) wurde 1862 Preußens Ministerpräsident. Mit einer Reihe brillanter diplomatischer wie militärischer Kampagnen hielt er alle ausländischen Einflüsse von Deutschland fern und machte Preußen zum führenden deutschen Staat. 17 Jahre lang war er deutscher Reichskanzler.

Das Kaiserreich

Unter Wilhelm I. und Wilhelm II. wurde Deutschland die führende Macht Europas. Das Reich suchte seinen „Platz an der Sonne" und erwarb Kolonien in Afrika, China und im Pazifik. Die aggressive Außenpolitik führte 1914 zum Weltkrieg. 1918 brach das Kaiserreich zusammen.

Wassilystuhl des Bauhauskünstlers Marcel Breuer

Breuers Stahlrohrmöbel ist typisch für das Bauhausdesign.

Das Bauhaus war eine Schule für Gestaltung und wurde 1919 in Weimar gegründet. Es wollte eine Verbindung zwischen Handwerk, Technik und Industrie herstellen.

Fabriken im Ruhrgebiet

Industrialisierung
Zwischen 1870 und 1914 stieg die Bevölkerung von 33 auf 65 Millionen, die Industrieproduktion verdoppelte sich. Das Ruhrgebiet wurde zum Zentrum der Schwerindustrie mit Kohlengruben, Hochöfen und Rüstungsbetrieben. Die industrielle Stärke machte Deutschland bis 1914 zum mächtigsten Staat Europas. Es hatte genug Ressourcen für den 1. Weltkrieg.

Reichsadler mit Hakenkreuz der Nazis

Abzeichen des SS, der Schutzstaffel der Nazis

Weimarer Republik

Im Jahr 1918, nach der Niederlage im 1. Weltkrieg, wurde Deutschland zur Republik. In Weimar einigte sich die Nationalversammlung auf eine neue Verfassung. 1920 kehrte das Parlament nach Berlin zurück. Danach hatte Deutschland unter schweren wirtschaftlichen Problemen zu leiden. Bis 1932 waren 5 Millionen Menschen ohne Arbeit.

Der Aufstieg der Nazis
Die ungünstigen Bedingungen des Friedens von Versailles und die Wirtschaftskrise der 30er Jahre führten in Deutschland zu Arbeitslosigkeit und Hyperinflation. Viele Menschen wollten einen politischen Wechsel. So bekamen die Nationalsozialisten (Nazis) unter der Führung von Adolf Hitler viel Zulauf. 1933 übernahmen sie die Macht. Die Nazis versprachen, Deutschlands Größe wiederherzustellen. Hitlers imperialistischer Ehrgeiz führte aber schließlich in den 2. Weltkrieg.

SA-Mann

Das moderne Deutschland

Nach dem 2. Weltkrieg wurde Deutschland von französischen, britischen, amerikanischen und sowjetischen Truppen besetzt. 1949 erfolgte die Teilung in die kommunistische, von den Russen unterstützte DDR und die von den Amerikanern gestützte, kapitalistisch ausgerichtete BRD, wo die Lebensbedingungen viel besser waren als im Osten.

Hochhäuser in Ostdeutschland

Wiedervereinigung
Gegen Ende der 80er Jahre verringerten die Russen die Kontrolle über Ostdeutschland. Aus diesem Grund fiel 1989 die Berliner Mauer, die die alte Hauptstadt Berlin seit 1961 zweigeteilt hatte. Zum ersten Mal wurde Reisefreiheit gewährt. Im Oktober 1990 wurden die beiden Teile Deutschlands wiedervereint.

Die Menschen strömten 1989 nach Berlin, um den Fall der Mauer mitzuerleben.

Fall der Berliner Mauer

Chronologie

962 Otto I. von Sachsen errichtet das Heilige Römische Reich.

1241 Hamburg und Lübeck gründen die Deutsche Hanse. In der Folge blüht der Handel.

1517 Der Augustinermönch Martin Luther löst die Reformation aus.

Pfalzgrafenstein im Rhein bei Kaub

1618–48 Dreißigjähriger Krieg.

1740–86 Friedrich I. der Große regiert Preußen.

1815–66 Der Deutsche Bund versucht die Einigung Deutschlands.

1871 Wilhelm I. ist Kaiser des Deutschen Reiches.

1871–90 Bismarck ist Reichskanzler.

1914–18 Deutschland verliert den 1. Weltkrieg, das Kaiserreich bricht zusammen.

1919 Gründung der Weimarer Republik

Notgeld, 1923

1931/32 Zusammenbruch der deutschen Wirtschaft: Preisanstieg, hohe Arbeitslosigkeit; Abnahme der Gold- und Devisenreserven

1939–45 Deutschland verliert den 2. Weltkrieg.

1949 Teilung Deutschlands

1990 Wiedervereinigung Ost- und Westdeutschlands in der Bundesrepublik Deutschland

SIEHE AUCH UNTER EUROPA, GESCHICHTE · FRANKREICH, GESCHICHTE · FRIEDRICH DER GROSSE · HEILIGES RÖMISCHES REICH · HOLOCAUST · KALTER KRIEG · OSTMITTELEUROPA · WELTKRIEG, ERSTER · WELTKRIEG, ZWEITER

DICHTUNG

GEDICHTE SIND wie Musik. Sie sprechen unsere Gefühle stark an. Die Wörter sind dabei so gewählt, dass sich ihr Sinn verdichtet und vor unserem Auge starke Bilder entstehen. Dabei werden die Worte ähnlich wie bei einem Musikstück nach einem bestimmten Muster gesetzt. Dieses Muster folgt den Lauten. Man spricht bei manchen Gedichten auch von Lautmalerei. Mit der richtigen Wortwahl lassen sich so beim lauten Lesen des Gedichts starke Eindrücke erwecken. Die Dichtkunst vermag tiefste Gedanken und Lebensgefühle beim Einzelnen auszulösen.

Formen der Dichtung

Es gibt drei Hauptformen der Dichtung: Die epische Dichtung erzählt ausführlich eine Geschichte, meist eines Helden. Zur Epik gehört heute auch der Roman. Die dramatische Dichtung bringt die Dialoge der handelnden Personen; man kann ein Drama auf der Bühne aufführen. Am weitesten verbreitet ist die lyrische Dichtung. Man versteht unter Lyrik ganz allgemein Gedichte.

Kiplings Schreibtisch

Kiplings Geschichten gingen um die Welt.

Kiplings Arbeitszimmer

Gilgamesch
Das älteste überlieferte Gedicht ist das *Gilgamesch-Epos*. Es wurde in Persien, dem heutigen Iran, entdeckt und ist mindestens 4 000 Jahre alt. Das Epos ist eine erzählende Dichtung. Es berichtet die Legende von Gilgamesch, dem großen König von Uruk in Mesopotamien, der zu zwei Dritteln Gott, zu einem Drittel Mensch war. Zusammen mit seinem Freund Enkidu, dem wilden Mann, erschlug er die Monster, die geschickt wurden ihn zu töten. Als Enkidu starb, suchte Gilgamesch vergeblich nach der Lebenspflanze.

Statue von Gilgamesch

William Blake
Der englische Dichter und Kupferstecher William Blake (1757–1827) fand zu Lebzeiten kaum Beachtung, obwohl man ihn heute zu den Großen der Romantik zählt. Viele seiner Gedichte sind aus der Sicht eines Kindes verfasst. Eines seiner bekanntesten Werke heißt *Der Tiger* (1794).

Illustration von Blake

Rudyard Kipling
Der Engländer Rudyard Kipling (1865–1936) wurde in Indien geboren. Man kennt ihn als Verfasser des *Dschungelbuchs*. Doch zu Lebzeiten war er für seine Gedichte über britische Soldaten berühmt, die 1892 als *Barrack-Room Ballads (Balladen aus dem Biwak)* erschienen.

Goethe
Johann Wolfgang von Goethe (1749–1832) gilt als größter deutscher Dichter. Seine dramatische Dichtung *Faust* erschien in zwei Teilen und wird als eines der größten Werke der Weltliteratur angesehen. Es erzählt die Geschichte von Faust, der sich dem Teufel, Mephisto, verschrieb.

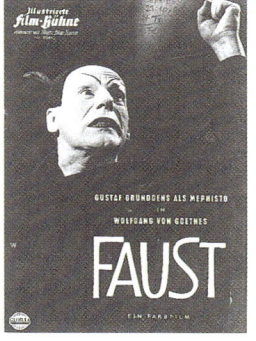

Mephisto, Plakat für Faustfilm

Weltliteratur

Das Erzählgedicht oder Epos kennt fast jede Kultur. Es hat die verschiedensten Gegenstände zum Inhalt, z. B. Heldentum, die Natur, Geschichte oder die Religion. Epen wurden bei wichtigen Gelegenheiten vorgetragen. Neben dieser Gedichtform gibt es fast ebenso alte, die aber sehr streng gebaut sind, z. B. das japanische *Haiku*, ein Gedicht, das nur 17 Silben enthalten darf.

Omar Chajjám
Einer der berühmtesten Dichter Persiens, Omar Chajjám (1048–1131) war zugleich Gelehrter, Architekt und Astronom. Er schrieb Epigramme (vierzeilige Verse), deren Tiefsinn und Formschönheit sowohl die Geheimnisse wie die Freuden des Lebens pries.

Rubaiyat, Illustration von Rene Bull

Afrikanische Loblieder
Die Afrikaner singen bei Feiern gemeinsam Loblieder auf die Menschheit, auf die Natur und die Tiere, sogar auf die Waffen, die sie zur Jagd oder im Kampf einsetzen. Die Yoruba in Nigeria verkleiden sich zum Vortrag von Gedichten mit Masken und Kostümen. Die Gedichte werden mündlich weitergegeben.

Maskenpaar der Yoruba, Nigeria

Kriegsdichtung
Unter dem Eindruck des Grauens im 1. Weltkrieg (1914–18) entstand in Deutschland eine neue, realistische Dichtkunst. Ein herausragender Vertreter dieser Zeit war z. B. Georg Trakl. Als Dichter im 2. Weltkrieg sind u. a. Paul Celan oder Bert Brecht zu nennen. Die Dichtung zwischen den Kriegen war vom Leiden geprägt.

Ingeborg Bachmann
Die Österreicherin Ingeborg Bachmann (1926–73) gilt als eine der bedeutendsten Lyrikerinnen des 20. Jh. Das Gesamtwerk der promovierten Philosophin umfasst nur 4 Bände. Die frei fließenden Rhythmen ihrer Gedichte und die oft ungewöhnlichen Wort- und Bildfolgen sind kühl, modern, oft schockierend. Sie starb bei einem Wohnungsbrand in Rom.

SIEHE AUCH UNTER BABYLONIER · BÜCHER · GOETHE, JOHANN WOLFGANG VON · LITERATUR · SCHAUSPIEL · SCHRIFT · SPRACHEN · WELTKRIEG, ERSTER

DICKENS, CHARLES

CHARLES DICKENS IST einer der bedeutendsten Dichter englischer Sprache. Dickens lebendige Schilderung der englischen Gesellschaft des 19. Jh. zeigt seine hervorragende Begabung, Menschen in ihren Eigenarten darzustellen. Zugleich sprechen aus seinen Büchern soziale Verantwortung und Anteilnahme an den Problemen der einfachen Leute. Seine Romane nehmen fast immer die gesellschaftlichen Zustände seiner Zeit aufs Korn und werden heute noch von Jung und Alt gelesen.

Kindheit und Jugend
Charles Dickens wurde 1812 in Landport bei Portsea, England, geboren. Sein Vater war Angestellter im Zahlbüro der Marine. Zeitweise arbeitete er in den Docks von Chatham, Kent, wo Charles einen großen Teil seiner Kindheit verbrachte. Er war gerade 12 Jahre alt, als sein Vater wegen Verschuldung in ein Londoner Gefängnis kam. Charles musste Hilfsarbeiten in Fabriken und Büros annehmen. Diese Erfahrungen schlugen sich in seinen Büchern nieder.

„Boz"
Scrooge trifft den Geist der vergangenen Weihnachten

Dickens war zunächst Reporter für den *Morning Chronicle*. Ab 1833 verfasste er Beiträge für das Feuilleton unter dem Pseudonym „Boz". Sie handelten überwiegend von der Londoner Gesellschaft und wurden 1836 als Buch veröffentlicht. Es folgten humorvolle Geschichten, die 1836–37 unter dem Titel *Pickwick Papers* erschienen. Das Buch machte den 25-jährigen Dickens mit einem Schlag berühmt.

David Copperfield
In den Jahren 1849–50 schrieb Dickens *David Copperfield*, einen teilweise autobiographischen Roman, in dem er seine eigenen Erfahrungen einer ärmlichen Kindheit und niedriger Arbeiten wirkungsvoll entfaltet. Von all seinen Büchern liebte Dickens diesen Roman am meisten. Er schildert Mr. Micawber, der entfernt an Dickensens Vater erinnert – immer in Schulden, immer in Erwartung, das sich etwas ändert. Micawber ist eine der großen Figuren der Literatur.

Die Magazine
Seit 1850 veröffentlichte Dickens zum ersten Mal in seinem Magazin *Household Words*, das ab 1859 von dem Magazin *All The Year Round* abgelöst wurde. Durch die Monatsmagazine konnte er seine neuesten Romane in Fortsetzung für eine breite Leserschaft liefern, die sonst durch ein einzelnes Buch nicht erreicht worden wäre. Die beiden Magazine brachten auch Werke anderer bekannter Autoren. Dickens schrieb hier auch Artikel über soziale Probleme seiner Zeit wie ärmliche Wohnverhältnisse und Unglücksfälle in den Fabriken.

Ein Weihnachtslied
Ebenezer Scrooge, ein griesgrämiger geiziger Alter, der sich weigert Weihnachten zu feiern, steht im Mittelpunkt von *Ein Weihnachtslied in Prosa*. Es wird 1843 veröffentlicht und eine von Dickensens berühmtesten Geschichten. Scrooge ändert seine Ansichten, als ihm die Weihnachtsgeister erscheinen und ihm sein Leben aufzeigen.

Eine Szene aus *Oliver Twist*: Oliver verlangt einen Nachschlag.

Oliver Twist
Der Roman erzählt die Geschichte des Oliver, eines armen Waisenkinds, das in einem Arbeitshaus aufwächst und es wagt, bei der Mahlzeit noch einmal Haferbrei zu verlangen. *Oliver Twist* wurde erstmals 1838 veröffentlicht. Dickens weist mit diesem Roman zum ersten Mal auf die Schattenseiten der Londoner Gesellschaft hin. Tatsächlich lebten im 19. Jh. tausende von Kindern auf der Straße oder in Arbeitshäusern unter unmenschlichen Bedingungen.

Das London von Dickens
Zu Dickens Zeiten war London eine reiche Stadt und Mittelpunkt des größten Weltreiches, das es je gegeben hat. Doch viele Menschen lebten in bitterer Armut und waren froh um jede Arbeit. Dickens beschrieb gerade dieses Leiden der armen Leute, doch zugleich liebte er seine Stadt London.

Soziale Reformen
Dickens hielt öffentliche Reden über das Los der Armen, über die Notwendigkeit von Erziehungsreformen und besserer sanitärer Verhältnisse, um das Übel auszurotten. Durch seine Ansprachen und Bücher weckte er das Bewusstsein für soziale Reformen und es kam zu Gesetzesänderungen.

Londoner Straße im 19. Jh.

Lesetouren
Dickens unternahm 3 Lesereisen durch England, eine führte ihn sogar nach Amerika. Er las jeweils Ausschnitte aus seinen Büchern. Dickens bereitete sich dafür stets vor, bearbeitete die Teile für die Lesung und las alles zunächst laut für sich. 1869 begann er seine vierte Lesetour, doch seine Gesundheit war angegriffen: Er starb im folgenden Jahr.

CHARLES DICKENS

1812	geboren in Landport bei Portsea, England
1824	Vater im Schuldgefängnis
1836	Er heiratet Catherine Hogarth und veröffentlicht *Sketches by Boz*
1836–37	*Die Pickwickier* (dt.)
1838	*Oliver Twist*
1839	*Nicholas Nickleby*
1850	*David Copperfield*
1853	*Bleakhaus*
1857	*Klein Dorrit*
1858	Erste Lesereise
1859	*Zwei Städte*
1861	*Große Erwartungen*
1864	*Unser gemeinsamer Freund*
1870	Tod in Gadshill Place; begraben in Westminster Abbey

SIEHE AUCH UNTER BÜCHER • GROSSBRITANNIEN, GESCHICHTE • INDUSTRIELLE REVOLUTION • LITERATUR • SCHRIFT • WELTREICHE

DINOSAURIER

150 MILLIONEN JAHRE lang beherrschten die Dinosaurier die Erde, von der Trias bis zum Ende der Kreide vor 65 Millionen Jahren. Ihre fossilen Überreste hat man auf allen Kontinenten entdeckt, sogar in der Antarktis. Die Dinosaurier waren landbewohnende Reptilien. Die Fossilienforscher, die Paläontologen, teilen sie in 2 Gruppen ein: in die Vogelbeckendinosaurier oder Ornithischia und die Echsenbeckendinosaurier oder Saurischia. Es gab Pflanzen- und Fleischfresser. Einige wurden riesengroß, andere waren klein wie ein Huhn.

Schädel des Iguanodon

Zahn des Iguanodon

Iguanodon
Iguanodon war einer der ersten Dinosaurier, den man entdeckte. Das Tier trug den Schwanz ausgestreckt. Die Vorderbeine reichten bis zum Boden.

Der Schädel des Iguanodon
Der englische Arzt Gideon Mantell beschrieb 1825 nach fossilen Funden die neue Gattung *Iguanodon*. Er fand eine ähnliche Zahnform wie beim heutigen Leguan *(Iguana)*. Der Dinosaurier zermalmte mit seinen ineinander greifenden Zähnen zähe Pflanzenteile.

Iguanodon

Hinterfuß des Iguanodon

Fuß des Iguanodon
Iguanodon hatte an seinen Füßen kleine Hufe anstelle von Krallen. Er hinterließ erkennbare Fußabdrücke mit abgerundeten Zehen. *Iguanodon* ging wahrscheinlich auf den Zehen. Diese waren stark genug, um das große Gewicht des Tieres zu tragen.

Ornithischia
Die Ornithischia oder Vogelbeckendinosaurier waren alle Pflanzenfresser wie *Iguanodon*. Sie hatten sehr viele Zähne – *Corythosaurus* bis zu 2 000 – und einen beweglichen Oberkiefer zum Zerkauen der Nahrung.

Tyrannosaurus

Saurischia
Die Saurischia oder Echsenbeckendinosaurier umfassen die Fleisch fressenden Theropoden, die auf den beiden Hinterfüßen gingen wie *Tyrannosaurus*, sowie Pflanzen fressende Sauropoden, die auf 4 Beinen gingen, etwa *Diplodocus*. Sie waren die größten Landbewohner.

Zahn des Tyrannosaurus
Fleisch fressende Dinosaurier hatten gekrümmte zugespitzte Zähne. Die scharfen Kanten waren oft gezähnt, was das Durchtrennen von Fleisch und Haut erleichterte. Die dolchartigen Zähne des Tyrannosaurus waren bis zu 15 cm lang.

Schambein — *Sitzbein*

Skelett des Tyrannosaurus
Tyrannosaurus war ein Jäger und wahrscheinlich auch Aasfresser. Er hatte einen massiven Schädel mit mächtigen Kiefern. Der Hals war kurz und beweglich. So konnte das Tier den Kopf hin und her bewegen und Fleischstücke von seinen Beutetieren losreißen.

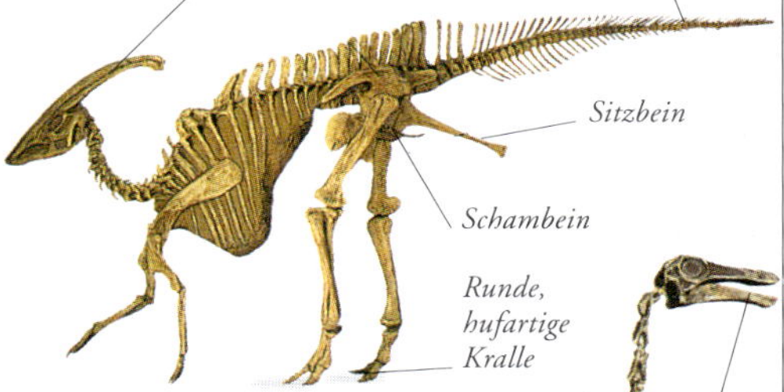

Langer, hohler Knochenzapfen — *Schwanz zum Balancieren* — *Sitzbein* — *Schambein* — *Runde, hufartige Kralle*

Skelett des *Parasaurolophus*, eines Vogelbeckendinosauriers

Zahnlose Kiefer — *Lange Fußknochen weisen auf einen schnellen Läufer hin.* — *Schambein*

Skelett des *Gallimimus*, eines Echsenbeckendinosauriers

Tyrannosaurus
Er riss mit Zähnen und Krallen das Fleisch von seinen Beutetieren.

Tyrannosaurus
Tyrannosaurus muss einer der furchterregendsten Räuber gewesen sein. Er ging hauptsächlich auf den Hinterbeinen und konnte den Kopf weit heben. Trotz seiner Höhe von 6 m war er sehr schnell. Beim Laufen streckte er den Schwanz waagerecht nach hinten, um das Gleichgewicht zu halten.

Fossiler Kot
Fossile Kotstücke nennt die Wissenschaft Koprolithen. Sie enthalten Nahrungsreste wie Knochenstücke, Fischschuppen oder harte Pflanzenteile. Die Kotsteine der Dinosaurier geben Aufschluss über deren Nahrung.

Hüften
Die Dinosaurier unterteilt man nach dem Aufbau ihrer Hüftknochen in 2 Gruppen. Die Vogelbeckendinosaurier (Ornithischia) wie *Parasaurolophus* hatten ein nach hinten gerichtetes Schambein. Bei den Echsenbeckendinosauriern (Saurischia) wie *Gallimimus* war das Schambein nach vorne und damit anders ausgerichtet als das Sitzbein.

DINOSAURIER

Orodromeus *legte bis zu 24 Eier.*

Die ersten Dinosaurier
Einer der ersten Dinosaurier war *Eoraptor*. Er war nicht viel größer als ein Hund und lebte vor 225 Millionen Jahren. Wie alle frühen Dinosaurier machte er Jagd auf Tiere und ging dabei auf 2 Beinen.

Orodromeus, Nest

Eoraptor, Schädel

Brutpflege
Die Dinosaurier legten hartschalige Eier. Viele gruben dazu ein Nest im Boden. Die Paläontologen haben mehrere solche Nester mit zahlreichen Eiern gefunden. Das deutet darauf hin, dass die Tiere sich in Gruppen fortpflanzten. Die Jungen entwickelten sich schnell und verließen das Nest kurz nach dem Schlüpfen. Offensichtlich kümmerten sich die Eltern um ihre Nachkommen, bis diese selbstständig leben konnten.

Richard Owen
Der Engländer Richard Owen (1804–1892) studierte zuerst Medizin und Chirurgie. Dann erhielt er die erste Professur für vergleichende Anatomie und Physiologie. Schließlich war er der erste Direktor des weltberühmten British Museum. Er prägte 1841 auch als Erster die Bezeichnung Dinosaurier, was wörtlich übersetzt „schreckliche Echsen" bedeutet. Owen schrieb auch das erste englische Buch über Fossilien und war ein Freund des Königshauses.

Verteidigung
Auch Dinosaurier mussten sich vor Angriffen feindlicher Saurier schützen. Die Horndinosaurier der Gattung *Triceratops* trugen lange Hörner auf dem Kopf. *Euoplocephalus* hatte eine Schwanzkeule, *Tuojiangosaurus* einen Schwanz mit langen Dornen. Einige dieser Anpassungen hatten möglicherweise mehrere Aufgaben, doch diente eine davon wohl der Verteidigung. Die Wissenschaftler sind bei solchen Behauptungen aber auf Vermutungen angewiesen.

Euoplocephalus besaß dicke Knochenplatten und -höcker auf dem Rücken. Auf der Schulter war ein Dorn ausgebildet.

Tuojiangosaurus
Die Körperseiten und der Bauch von *Tuojiangosaurus* waren ungeschützt. Doch nahe an der Schwanzspitze trug er sehr schräg nach oben gerichtete knöcherne Dornen. Sie bildeten eine gefährliche Waffe, wenn er mit dem Schwanz um sich schlug. Dieser Vogelbeckendinosaurier gehörte zur Gruppe der Stegosaurier und lebte vor 157–145 Millionen Jahren in China.

Tuojiangosaurus

Alle Stegosaurier trugen hohe Knochenplatten auf dem Rücken.

Kleiner schmaler Kopf mit walnussgroßem Gehirn

Kurze Vorderbeine

Höckerige Haut

Schwanzdornen

Daumendorn

Rekonstuktion der Hand von *Iguanodon*

Iguanodondorn
Bei der ersten Rekonstruktion trug das *Iguanodon* den Dorn auf der Schnauze. Heute weiß man, dass der Dorn an der Stelle des Daumens wuchs und möglicherweise als Verteidigungswaffe gegen Räuber diente. Damit hätte das *Iguanodon* ohne weiteres die Bauchhaut, Kehle oder ein Auge verletzen können. Vielleicht wurde der Dorn auch bei Kämpfen um die Rangordnung innerhalb der Art eingesetzt.

Dinosaurierhaut
Nur in seltenen Fällen blieb die Haut oder ihr Abdruck fossil erhalten. Aus diesen Versteinerungen wissen wir, dass die Haut der meisten Arten wohl nicht glatt, sondern höckerig und ziemlich rau war. Sie musste Schutz bieten gegen die Krallen und die Zähne räuberischer Tiere. Das Bild zeigt die Haut von *Polacanthus*.

Kralle

Stirnhorn

Ansatz der Kaumuskeln

Nasenhorn

Euoplocephalus
Dieser gepanzerte Vogelbeckendinosaurier besaß am Schwanzende eine große Knochenkeule. Damit konnte er jeden Räuber schwer treffen.

Euoplocephalus

Die Keule besteht aus mehreren miteinander verschmolzenen Knochen.

Triceratops
Die Horndinosaurier, zu denen *Triceratops* zählt, waren Vogelbeckendinosaurier. Die meisten hatten Stirn- und Nasenhörner. Bei *Triceratops*, dem größten Horndinosaurier, standen zwei lange Hörner auf der Stirn und ein kurzes Horn auf der Nase. Dazu kam ein verknöcherter Nackenschild, der weit nach hinten reichte. Die Tiere verwendeten die Hörner wahrscheinlich im Kampf gegen Räuber. Die Männchen setzten sie allerdings wohl auch bei Rangkämpfen ein.

Triceratops-Schädel von der Seite

Triceratops-Schädel von vorne

Entdeckungen
Das Freilegen von Dinosaurierknochen aus dem umgebenden Gestein ist eine mühselige Arbeit. Man umgibt die Fundstücke mit einem schützenden Mantel aus Gips oder Polyurethan. Dann werden sie ins Labor transportiert. Jedes Jahr entdeckt man neue Fossilien.

Freilegen eines Fossils

| SIEHE AUCH UNTER | ERDZEITALTER | EVOLUTION | FOSSILIEN | KRIECHTIERE | TIERE | TIERVERHALTEN | SKELETT |

Dinosauriergruppen
Ornithischia

6 lange Dornen

Iguanodon Es konnte auf 2 oder 4 Beinen gehen.

Styracosaurus Er trug am Nackenschild lange Dornen.

Heterodontosaurus Einer der ersten Vogelbeckendinosaurier, der vor 205 Millionen Jahren lebte.

Corythosaurus Er trug auf dem Kopf einen hohen Kamm.

Dornschwanz zur Verteidigung

Scelidosaurus Er war der älteste gepanzerte Dinosaurier.

Körperbau für schnelles Laufen

Hypsilophodon Er besaß Gliedmaßen für den schnellen Lauf.

Stegoceras Er gehörte zu den Pachycephalosauriern und hatte einen kuppelförmigen Schädel.

Sehr lange Oberschenkel

Stegosaurus Er war mit 9 m der längste Stegosaurier und trug große Knochenplatten auf dem Rücken.

Schwanzkeule

Euoplocephalus Sein Körper war gepanzert, an der Schwanzspitze trug er eine Keule.

Saurischia

Steifer Schwanz zur Wahrung des Gleichgewichts

Deinonychus Er fraß Fleisch und jagte vielleicht in Gruppen.

Gallimimus Er sah wie ein Strauß aus und war einer der schnellsten Dinosaurier.

Zahnloser Kiefer

Flache, krokodilartige Kiefer

Dilophosaurus Er trug oben auf dem Kopf zwei hohe Kämme.

Langer Hals zum Pflücken der Blätter

Der Schwanz half, das Gleichgewicht zu wahren.

Greifhände

Sprunggelenk

Lange Finger mit Krallen

Baryonyx Er hatte an jeder Hand eine 30 cm lange Kralle.

Lange Fußknochen für größere Schrittlänge

Peitschenartiger Schwanz

Anchisaurus Er war möglicherweise ein Allesfresser.

Dolchzähne

Körper wie beim Archäopteryx, dem ersten Vogel

Zwei Finger an jeder Hand

Kräftige Hinterbeine zum Tragen des Körpergewichts

Kleine Arme, Hände mit 2 Fingern

Compsognathus Das Tier war nur 74 cm lang.

Herrerasaurus Der Fleischfresser lebte vor 228 Millionen Jahren in Südamerika.

Barosaurus Er ähnelte *Diplodocus*, hatte aber einen kürzeren Schwanz und einen längeren Hals.

Tyrannosaurus Er war einer der größten landbewohnenden Räuber und wog bis zu 6 t.

DISNEY, WALT

IM JAHR 1901 WURDE Walt Disney geboren. Er sollte einmal die Unterhaltungsindustrie verändern. Schon als Schuljunge interessierte er sich für Comics und Zeichentrickfilme. Und als er 20 Jahre alt war, machte er tatsächlich seinen ersten Trickfilm. Doch seine große Zeit lag erst noch vor ihm. Er schuf eine Reihe von Comicfiguren, deren Beliebtheit bis heute anhält – Donald Duck, Goofy und nicht zuletzt die Micky Maus. 1937 drehte Walt Disney seinen ersten abendfüllenden Trickfilm *Schneewittchen und die sieben Zwerge,* dem viele weitere folgten.

Kindheit und Jugend

1906 kaufte Disneys Vater eine Farm in Marceline, Missouri, USA. Hier erlebte der kleine Walt zum ersten Mal Tiere. Fast zur gleichen Zeit fing er an zu zeichnen. Für sein erstes Bild, den Hengst des Dorfarztes, bekam er vom Doktor 5 Cent.

Hollywood

Disney ging 1923 nach Hollywood. Da es dort noch keine Trickfilmstudios gab, machte er sein eigenes auf. Schon bald gehörte er zu den Vorreitern für alle technischen Neuerungen. Als einer der Ersten setzte er den Stereoton und Technicolor ein.

Mickey Mouse

Steamboat Willie, der 1928 aufgeführt wurde, war der erste Trickfilm mit der Micky Maus. Es war zugleich der erste Trickfilm mit Ton. Disney selbst imitierte die Stimme der Maus. Der Film war sofort ein Riesenerfolg, und es folgten viele weitere Micky-Maus-Filme. Die Micky Maus wurde nun zum Wahrzeichen für alle Disney-Produkte.

Walt Disney mit Micky Maus und Donald Duck

Erste Trickfilme

Disney begann 1920 Trickfilme herzustellen. Die Figuren dafür hatte er aus Papier ausgeschnitten. Sie wurden hin und her bewegt und dabei von einer Kamera aufgenommen, die noch mit einer Handkurbel betrieben wurde.

Disney mit einer Kurbelkamera

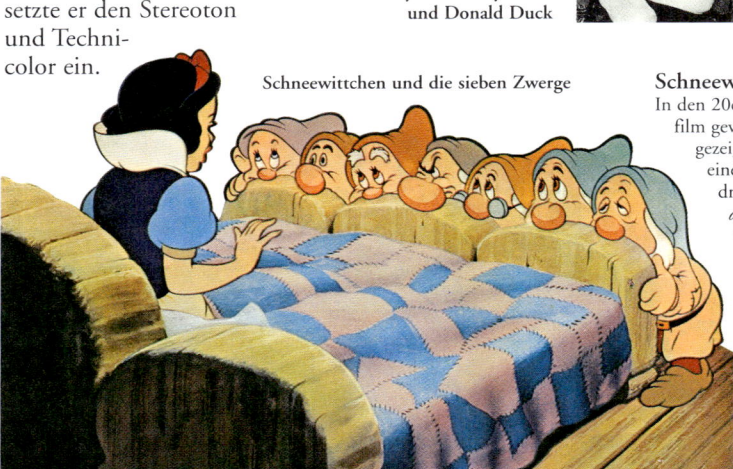

Schneewittchen und die sieben Zwerge

Schneewittchen

In den 20er Jahren wurden vor dem Hauptfilm gewöhnlich kurze Comicfilme gezeigt. 1935 kam Disney auf die Idee, einen abendfüllenden Trickfilm zu drehen. Es war *Schneewittchen und die sieben Zwerge* (1937). Hunderte von Animatoren arbeiteten daran, den gezeichneten Figuren Leben auf der Leinwand einzuhauchen.

Mary Poppins

Seit den 50er Jahren produzierte Walt Disney auch Filme mit lebendigen Schauspielern. Dazu gehörte z. B. das Musical *Mary Poppins* (1964), das auch Trickszenen enthielt.

Julie Andrews in einer Szene aus *Mary Poppins*

Der Disney Club

Das Disney-Studio sendete als Erstes Kinderprogramme im Fernsehen und gründete den *Disney Club.* Als einziges Studio unterhält es ein weltweites Netz mit Produktionsbüros. Sie produzieren jede Woche über 40 Programme, die mehr als 300 Millionen Zuschauer in aller Welt am Bildschirm sehen können.

Disney-Club-Logo

Disneyland®

Seit vielen Jahren wollte Walt Disney Szenen und Figuren seiner Filme in einem Vergnügungspark zeigen. 1955 eröffnete er in Anaheim bei Los Angeles das erste Disneyland®. Es ist heute eine der größten Touristenattraktionen. Seitdem wurden weitere Parks eröffnet: Walt Disney World in Florida und Disneyland® Paris.

Disneyland®

SIEHE AUCH UNTER: FERNSEHEN FILM TRICKFILM

WALT DISNEY

1901	Geboren in Chicago, USA
1919	Erste Versuche mit Trickfilmen
1923	Übersiedlung nach Hollywood
1928	*Steamboat Willie* mit der Micky Maus als Hauptdarstellerin
1937	*Schneewittchen und die sieben Zwerge,* der erste abendfüllende Zeichentrickfilm
1940	*Pinocchio*
1940	*Fantasia*
1942	*Bambi*
1955	Disneyland® in Anaheim eröffnet
1964	*Mary Poppins*
1966	Walt Disney stirbt in Kalifornien.

DRACHEN

DAS ERSTE FLUGGERÄT war ein Drachen. Er flog schon vor über 3 000 Jahren. Der einfachste Drachen besteht aus einem Holzrahmen und einer Bespannung. Die Drachen dienten in der Geschichte den unterschiedlichsten Zwecken: Die Chinesen hoben damit militärische Beobachtungsposten in die Höhe. Im Jahr 1752 bewies der amerikanische Naturforscher Benjamin Franklin mit einem Drachen, dass der Blitz eine elektrische Erscheinung ist. Heute ist das Drachensteigenlassen eine beliebte Freizeitbeschäftigung und sogar ein richtiger Sport.

Drachentypen
Es gibt mehrere Drachentypen und davon hunderte von Modellen. Die meisten Drachen kann man aus Holz oder Bambusstäben, Schnur, Papier oder Stoff selbst herstellen. Flache Drachen brauchen einen Schwanz zur Stabilisierung.

Flache Drachen
Diese Drachen haben ein Gerüst aus Weichholzstäben oder gespaltenem Bambus. Die einfachsten Formen sind der Spitzdrachen und der Spitzbogendrachen.

Kastendrachen
Der Kastendrachen ist ein räumliches Gebilde aus miteinander verbundenen Holzstäben. Mit Kastendrachen kann der Meteorologe schwere Messgeräte hoch in die Luft heben.

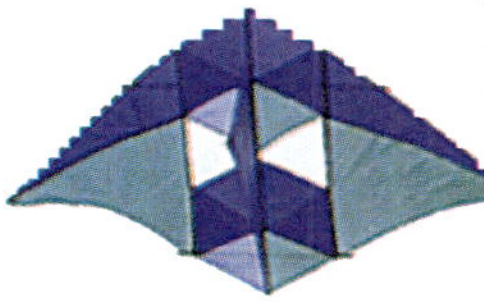

Deltadrachen
Diese Drachen erinnern an Hängegleiter. Wegen der großen Spannweite sind sie schnell und leicht zu lenken. Sie sind ideale Kampfdrachen.

Flächengleiter
Diese Drachen bestehen nur aus Stoff. Sie werden vom Wind aufgeblasen und erhalten dadurch ihre Form. Man sieht die Verwandtschaft mit Gleitfallschirmen.

Gespanndrachen
Fast jeder Drachentyp kann man einzeln oder im Gespann fliegen lassen. Die Chinesen verwendeten Gespanndrachen aus mehreren Dutzend Einzeldrachen.

Geschichte des Drachens
Die Chinesen ließen Drachen steigen, lange bevor in schriftlichen Quellen davon die Rede ist (500 v. Chr.). Die Drachen breiteten sich in Asien aus, besonders in Indien, wo ihnen eine religiöse Bedeutung zukam. Als die ersten Drachen im Mittelalter nach Europa gelangten, bauten die Chinesen schon Flugdrachen, die einen Menschen tragen konnten.

Drachen auf einem indischen Gemälde, 18. Jh.

Drachenbau
Für flache Drachen nimmt man als Bespannung Papier. Für dreidimensionale Drachen eignet sich ein Stoff wie Seide oder eine Kunststofffolie wie Mylar besser. Man kann die Drachen auch noch bunt verzieren.

Drachensteigenlassen
Zunächst sucht man ein offenes Gelände, wo der Wind gleichmäßig weht. Sehr geeignet ist ein leichter Hang mit aufwärts wehendem Wind oder ein Sandstrand an der Küste. Gebäude und Bäume stören die Windströmung. Keinesfalls darf man in der Nähe von elektrischen Leitungen Drachen steigen lassen.

Malaiischer Drachen
Er hat eine angewinkelte Oberfläche und steht deswegen stabil in der Luft.

Nahe am Boden kann der Drachen abstürzen.

Ausrüstung
Neben dem Drachen braucht man genügend Steigleine und eine Rolle, Spule oder Haspel, auf der man sie schnell aufwickeln kann. Das beste Material für Steigleinen sind feste Angelschnüre oder geflochtene Nylonleinen. Manche Drachen entwickeln einen enormen Zug. Deshalb braucht man bequeme Haltegriffe.

Rolle

Haspel

Haltegriff

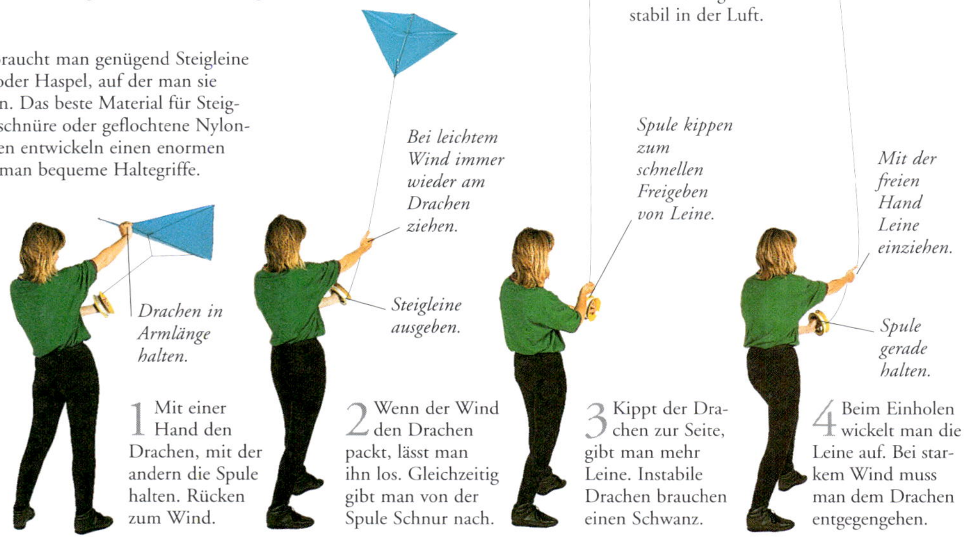

Drachen in Armlänge halten.

1 Mit einer Hand den Drachen, mit der andern die Spule halten. Rücken zum Wind.

Bei leichtem Wind immer wieder am Drachen ziehen.

Steigleine ausgeben.

2 Wenn der Wind den Drachen packt, lässt man ihn los. Gleichzeitig gibt man von der Spule Schnur nach.

Spule kippen zum schnellen Freigeben von Leine.

3 Kippt der Drachen zur Seite, gibt man mehr Leine. Instabile Drachen brauchen einen Schwanz.

Mit der freien Hand Leine einziehen.

Spule gerade halten.

4 Beim Einholen wickelt man die Leine auf. Bei starkem Wind muss man dem Drachen entgegengehen.

Drachenfeste
Drachenfeste werden in vielen asiatischen Ländern gefeiert. Dabei finden auch Drachenkämpfe statt, bei denen einer den Drachen des anderen zum Absturz zu bringen versucht.

SIEHE AUCH UNTER ELEKTRIZITÄT · FESTE UND FEIERN · FRANKLIN, BENJAMIN · LUFT · LUFTFAHRT · VOGELFLUG · WINDE

163

Drachenformen
Traditionelle Drachen

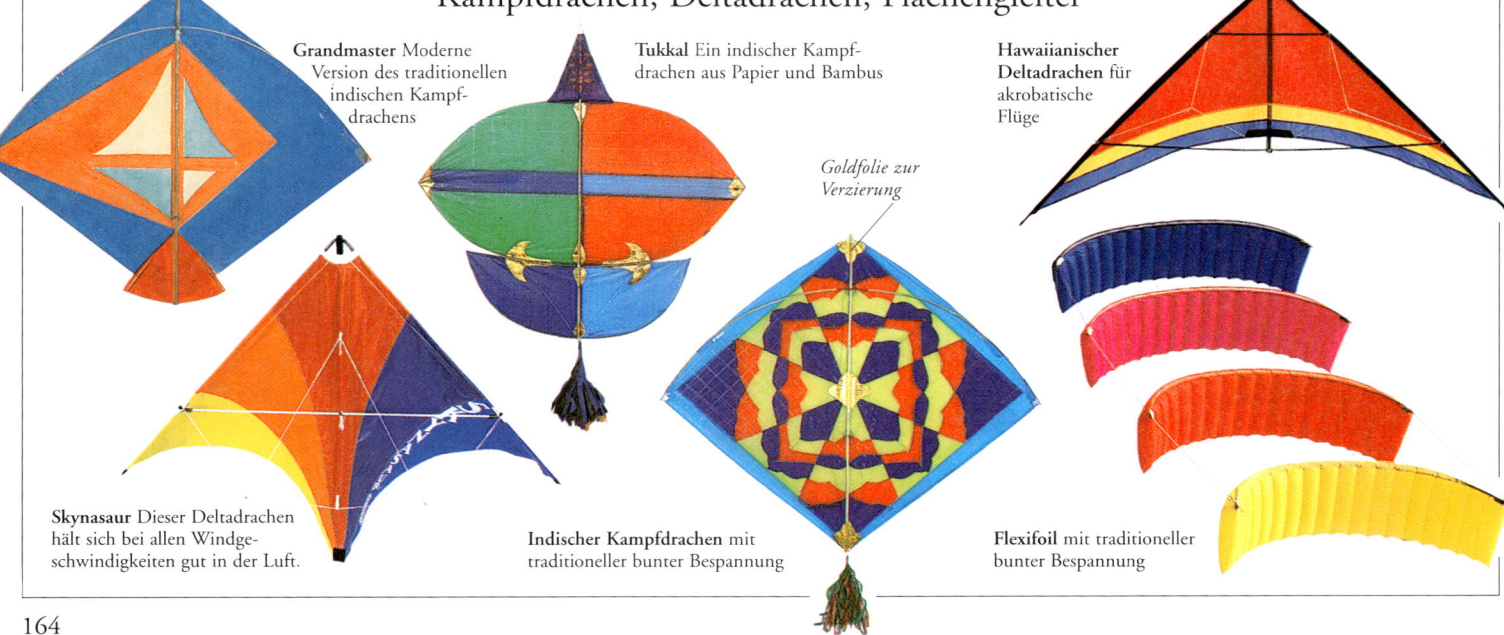

Thai Pakpao Er besteht aus Papier und Bambus.

Chinesischer Hundertfüßer Traditionelles chinesisches Gespann aus runden Drachen. Der Kopf ist ein Drache, der Dämonen abschreckt.

Japanischer Edo Muster aus einem Farbholzschnitt

Flache Drachen

Papageiendrachen mit biegsamen Flügeln und Schwanz

Della Porta Er ist rechteckig und hat zur Stabilisierung einen sehr langen Schwanz.

Cat Variation eines sechseckigen Drachens

Kastendrachen

Hargrave-Drachen Er besteht aus zwei quaderförmigen Zellen.

Professor Waldorf Ein früher Drachen mit vielen Zellen

Nova Zwar nicht so stabil wie der Hargrave, aber leichter zu steuern

Star Eine dreizellige Struktur mit nur drei Stützstäben

Einzelliger Drachen

Tristar Drachen mit 2 dreieckigen Elementen

Kampfdrachen, Deltadrachen, Flächengleiter

Grandmaster Moderne Version des traditionellen indischen Kampfdrachens

Tukkal Ein indischer Kampfdrachen aus Papier und Bambus

Hawaiianischer Deltadrachen für akrobatische Flüge

Goldfolie zur Verzierung

Skynasaur Dieser Deltadrachen hält sich bei allen Windgeschwindigkeiten gut in der Luft.

Indischer Kampfdrachen mit traditioneller bunter Bespannung

Flexifoil mit traditioneller bunter Bespannung

DRUCK

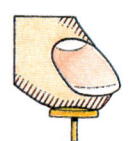

MIT EINEM PFENNIGABSATZ kann selbst eine zierliche Frau ein Holzparkett eindellen. Zieht sie jedoch flache Schuhe an, bleibt der Boden unbeschädigt. Der Grund liegt im unterschiedlichen Druck. Druck ist Kraft geteilt durch die Fläche, auf die diese Kraft einwirkt. Beim Pfennigabsatz wirkt das Gewicht der Frau auf wenige Quadratzentimeter ein. Bei flachen Schuhen ist die Fläche hundertmal so groß.

Strömende Gase

Man hält ein Blatt Papier an einer Kante: Es hängt schlaff nach unten. Bläst man scharf darüber, so hebt es sich. Bewegte Luft erzeugt einen geringeren Druck als stehende. Unter dem Blatt herrscht ein höherer Luftdruck, sodass sich das Blatt anhebt. Derselbe Druckunterschied wird auch beim Flugzeugflügel wirksam.

Beim Blasen wird der Luftdruck über dem Papier verringert.

Der höhere Luftdruck lässt das Blatt nach oben schwenken.

Blaise Pascal

Im Jahr 1646 zeigte der französische Mathematiker und Physiker Blaise Pascal (1623-1662), dass der Luftdruck mit zunehmender Höhe abnimmt. Dazu ließ er ein Barometer auf eine Bergspitze tragen. Er bemerkte auch, dass Flüssigkeiten in alle Richtungen Druck ausüben.

Antrieb durch Druck

Flüssigkeiten und Gase in Schläuchen oder Röhren üben einen Druck aus, mit dem man Maschinen antreibt. Die Kraftübertragung durch Flüssigkeiten nennt man Hydraulik, durch Gase Pneumatik.

Hydraulikbremse
Wenn man den Bremshebel betätigt, überträgt Flüssigkeit den Druck auf die Bremsbacken. Sie drücken auf die Felge und verlangsamen das Rad durch Reibung.

Presslufthammer
Hoch verdichtete Luft gelangt in einen Zylinder im Inneren dieses Geräts und bewegt einen Kolben auf und ab. Am vorderen Ende des Kolbens befindet sich der Hammer, der die Kraft umsetzt.

Auftrieb

Ein schwimmender Körper taucht bis zu einer gewissen Tiefe ins Wasser ein. Der untergetauchte Teil verdrängt dabei eine bestimmte Menge Wasser. Es ist genauso viel, wie der Gewichtskraft des Körpers entspricht. Wir sagen: Dem Gewicht des schwimmenden Körpers wirkt der Auftrieb entgegen. Der Auftrieb entspricht der verdrängten Flüssigkeitsmenge.

Schwimmen und Sinken

Bei einem schwimmenden Körper ist der Auftrieb gleich der Gewichtskraft des Körpers. Wieviel Wasser verdrängt wird, hängt vom spezifischen Gewicht, der Wichte des Körpers, ab. Im Bild unten sind 4 Bälle in einem Wassertank zu sehen. 3 Bälle treiben im Wasser, weil ihr spezifisches Gewicht geringer ist als das des Wassers. Der vierte Ball hat eine höhere Wichte und ist „schwerer". Er sinkt ab.

Der leichte Tischtennisball schwimmt ganz oben.

Der Squashball aus Gummi ist schwerer als der Tischtennisball und sinkt tiefer ein.

Die Hartholzkugel hat fast dasselbe spezifische Gewicht wie Wasser. Sie schwebt.

Der Golfball wiegt am meisten und geht unter.

In diesen 3 Fällen ist der Auftrieb größer als die Gewichtskraft des Balles oder der Kugel.

Beim Golfball ist der Auftrieb geringer als die Gewichtskraft. Somit geht der Golfball in Wasser unter.

Hoher und niedriger Druck

In der Natur treten erhebliche Druckunterschiede auf. Wir nutzen sie etwa beim Eislaufen und im Dampfkochtopf. Der Mensch kann nur in einem engen Bereich des Wasser- und Luftdrucks existieren. Wassertiefen unter 50 m und die entsprechenden Drücke hält der Mensch nur für kurze Zeit aus. In Höhen über 6 500 m ist der Luftdruck für die Atmung zu gering.

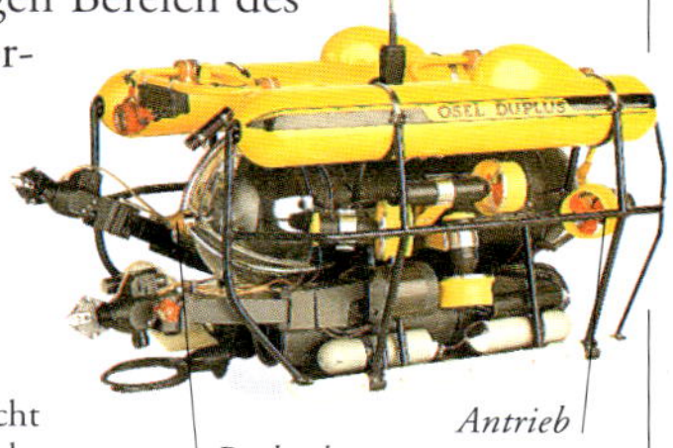

Raumanzug
Im Weltraum gibt es keine Luft und somit keinen Luftdruck. Deswegen müssen Astronauten bei ihren Weltraumspaziergängen einen Druckanzug tragen. Sie atmen Sauerstoff aus einem mitgeführten Versorgungssystem.

Sicherheitsleine zum Raumschiff

Luftdichtes Gewebe hält dem Vakuum stand.

Tauchboot
In der Tiefsee herrscht durch die Wassersäule darüber ein ungeheurer Druck. Forscher können in solche Tiefen nur mit einem Tauchboot gelangen. Es muss diesen enormen Drücken standhalten und hat deshalb sehr dicke Stahlwände.

Stromversorgung

Antrieb

Beobachtungsfenster

Schlittschuh
Die schmalen Kufen haben eine geringe Oberfläche und erzeugen auf dem Eis einen sehr hohen Druck. Dadurch schmilzt das Eis zu Wasser, das die Reibung verringert, und das Gleiten ermöglicht.

Geschmolzenes Wasser dient als Gleitmittel unter den Kufen.

Schneeschuh
Schneeschuhe und Ski vergrößern die Oberfläche, auf die eine Person steht. Dadurch verringert sich der Druck, und die Person sinkt selbst im lockersten Pulverschnee nicht ein.

Dampfkochtopf
Mit zunehmendem Druck steigt der Siedepunkt des Wassers und anderer Flüssigkeiten. Im Innern des Dampfkochtopfes baut sich ein Druck auf, sodass das Wasser erst bei 120 °C kocht. Bei dieser Temperatur gart das Essen jedoch schneller.

In der Höhe
Bei sinkendem Luftdruck geht auch der Siedepunkt von Flüssigkeiten zurück. In großer Höhe kocht das Wasser schon deutlich unter 100 °C. Deswegen dauert es auf einer Hütte im Gebirge etwas länger, um Spaghetti oder Kartoffeln zu kochen.

SIEHE AUCH UNTER | FLUGZEUGE | FLÜSSIGKEITEN | GASE | KRAFT UND BEWEGUNG | LUFT | LUFTSCHIFFE UND BALLONE | MASCHINEN | RAUMFAHRT | SCHIFFE | UNTERSEEBOOTE

ECHSEN

DIE ECHSEN gehören zu den Kriechtieren und sind somit wechselwarme Tiere. Um ihren Körper aufzuheizen, nehmen sie ein Sonnenbad. Es gibt über 3 000 Echsenarten. Die meisten leben in warmen Gebieten der Erde. Die kleinste Art ist ein Chamäleon, das auf dem Kopf eines Streichholzes Platz findet. Die größte Art, der Komodowaran, wird bis zu 3 m lang. Echsen ohne Beine heißen meist Schleichen.

Merkmale

Die Echsen bilden mit den Schlangen die Schuppenkriechtiere. Im Gegensatz zu den Schlangen haben die meisten Echsen aber Beine, bewegliche Augenlider, Trommelfelle und eine runde, mit Ausnahme der Warane, nicht gespaltene Zunge. Einige haben die Beine weitgehend eingebüßt oder verloren, wie unsere Blindschleiche oder der Scheltopusik auf der Balkanhalbinsel. Bei einigen Skinken oder Glattechsen ist das Augenlid verwachsen und hat ein durchsichtiges „Fenster". Viele Echsen tragen auf der Stirn ein drittes Auge, um die Strahlungsintensität beim Sonnenbad zu messen.

Schuppige Haut

5 Zehen mit schärfen Krallen

Perleidechse

Doppelschleichen

Es gibt ungefähr 100 Arten der Doppelschleichen oder Wurmschleichen. Sie haben merkwürdig geringelte Körper und keine Beine mehr oder nur noch ein Vorderbeinpaar. Sie graben im Sand oder Humus und leben von wirbellosen Tieren. Die größte Art frisst auch Aas und Kleinreptilien. Doppelschleichen kommen in den Tropen vor. Eine Art, die Netzwühle, lebt in Spanien.

Gefleckte Doppelschleiche

Anpassungen

Echsen kommen in fast allen Lebensräumen vor. Chamäleons leben mitten in der Vegetation, sind hervorragend getarnt und haben einen Greifschwanz zum Klettern. Geckos können mit besonderen Anpassungen an den Füßen auf glatten Flächen laufen. Meerechsen scheiden durch Drüsen überschüssiges Salz aus, das sie mit der Nahrung aufnehmen.

Echsen im Regenwald

In allen Schichten des Regenwaldes leben Echsen, von den höchsten Wipfeln bis zum Boden. Die meisten Arten sind gute Kletterer mit langen Zehen und Krallen und zur Tarnung grün oder braun gefärbt. Flugdrachen und Faltengeckos gleiten auf ausgebreiteten Segeln von den Bäumen nach unten.

Flugdrachen

Wüstenechsen

Wüstenechsen beziehen alles Wasser aus der Nahrung und dem Tau. Sie haben meist abgeflachte Körper und sind hellbraun gefärbt. Viele sehen ungewöhnlich aus, z. B. die Kragenechse, der Wüstenteufel, die Bartagame oder die Krötenechsen. Einige tragen spitze Stacheln zur Verteidigung.

Bartagame

Krallen *Stacheln auf der Haut*

Ernährung

Die meisten Echsen haben kräftige Kiefer mit Zähnen, mit denen sie sogar Schneckenhäuser zermalmen. Viele Echsen fressen Insekten, größere Tiere oder Aas, andere ernähren sich von Pflanzen. Geckos legen sich nachts auf die Lauer in der Nähe von Lampen, die Insekten anziehen. Chamäleons halten sich versteckt und fangen mit ihrer klebrigen Zunge Insekten.

Die Fliege ist gefangen. *Die lange Zunge wird nach vorn geschleudert.*

Augen voneinander unabhängig beweglich **Lappenchamäleon**

Fortbewegung

Die Beine der Echsen sind seitlich am Körper angesetzt. Bei schnellem Lauf führt der Körper deshalb eine schlängelnde Bewegung durch. Einige beinlose Schleichen bewegen sich springend durch Schwanzschläge. Die Flugechse gleitet auf ausgespannten Hautlappen zu Boden. Einige größere Echsen laufen sehr schnell auf dem Wasser, etwa die Wasserdrachen. Mit Haftballen an den Zehen finden Geckos auf glattesten Flächen Halt.

Tokee, ein Gecko

Fortpflanzung

Die meisten Echsen legen ledrige Eier in Sand oder Humusschichten. Nach einiger Zeit schlüpfen die Jungtiere. Bei einigen Echsen findet die Eientwicklung im Körper der Mutter statt, sodass diese lebende Junge gebärt. Von einigen Echsenarten gibt es nur Weibchen; sie pflanzen sich parthenogenetisch ohne Männchen fort.

Ledrige Eischale

Zauneidechse mit Eiern

Verteidigung

Die meisten Echsen laufen bei Gefahr weg. Manche Arten haben besondere Verteidigungsmechanismen entwickelt: Krötenechsen verspritzen Blut aus ihren Augen, einige Geckos schreien laut, und Blauzungenskinke zeigen ihre farbige Zunge. Viele Echsen werfen bei einer vorgeformten Bruchstelle ihren Schwanz ab. Dieser zappelt weiter und verwirrt den Angreifer. Die wohl beste Tarnung zeigen Chamäleons, die sogar ihre Farbe verändern können.

Kragenechse

Die Kragenechse lebt in Nordaustralien und im Süden von Neuguinea. Bei Bedrohung klappt sie ihren fächerförmigen Halskragen nach vorne und erscheint so größer und gefährlicher. Den Kragen stellen die Männchen auch beim Imponieren auf.

Halskragen

PERLEIDECHSE

WISSENSCHAFTL. NAME Lacerta lepida
ORDNUNG Squamata, Schuppenkriechtiere
FAMILIE Lacertidae, Eidechsen
VERBREITUNG Südwesteuropa, N-Afrika
LEBENSRAUM Trockene, buschige Gebiete, Weingärten, Olivenhaine
ERNÄHRUNG Insekten, kleinere Eidechsen, Nestlinge, Kleinsäuger, Früchte
GRÖSSE Länge bis 0,80 m
LEBENSDAUER In Gefangenschaft bis zu 14 Jahre

SIEHE AUCH UNTER EIER, INSELN, TIERWELT, KRIECHTIERE, MEERESKÜSTE, TIERWELT, REGENWALD, TIERWELT, TARN- UND WARNTRACHT, WÜSTEN, TIERWELT

Lebensweisen der Echsen
Räuber und Aasfresser

Teju Zu den Tejus gehören die größten Fleisch fressenden Echsen in Südamerika.
Hinterbeine sorgen für den Hauptantrieb.
Extra lange Zehe

Komodowaran Er ist die größte Echsenart der Erde und erreicht eine Länge von 3 m.

Bunte Farben zur Abschreckung
Tokees können auf Glasscheiben laufen.

Scheltopusik Die Schleichenart frisst gern Mäuse.

Steppenwaran Er hält sich in Termitenhaufen in der afrikanischen Savanne auf.

Gilakrustenechse Das giftige Tier lebt in den südwestlichen Staaten der USA.

Tokee Dieser asiatische Gecko schreit wie ein weinendes Kind.

Insektenfresser

Rindenartige Musterung als Tarnung
Baumskinke leben oft auf Palmen, wo sie sehr gut getarnt sind.
Rückenkamm vom Kopf bis zum Schwanz

Faltengecko Diese Geckoart segelt mit Hilfe von Hautlappen an den Beinen, am Körper und am Schwanz.

Texaskrötenechse Die Wüstenbewohnerin frisst vor allem Ameisen.

Baumskink Diese Art klettert dank größerer Schuppen unter den Zehen sehr gut.

Streifenbasilisk Diese Art läuft auf den Hinterbeinen schnell über Wasserflächen.

Drei Hörner am Kopf
Chamäleons können zur Tarnung ihre Farbe verändern.
Schwanz zur Stabilisierung

Anolis leben in tropischen Gebieten Süd- und Mittelamerikas.

Hellblaue Flecken als Kennzeichen

Dreihornchamäleon Es fängt mit der langen Schleuderzunge Insekten.

Rotkehlanolis Ein Leguan im Südosten der USA. Die Männchen imponieren mit ihren Kehllappen.

Aufgeblasener Kehllappen zum Imponieren

Perleidechse Die südwesteuropäische Art wird bis zu 80 cm lang.

Walzenskink Er hat kleinere Gliedmaßen und „schwimmt" in lockerem Sand.

Pantergecko Das bodenbewohnende Tier kommt in Pakistan und Indien vor.

Allesfresser

Wasserdrache Er lebt in Regenwäldern und kann sehr gut klettern und schwimmen.

Mit der blauen Zunge erschreckt er Angreifer.

Blauzungenskink Er kommt in Australien vor.

Pflanzenfresser

Ohröffnung mit Trommelfell
Lange gekrümmte Krallen zum Festhalten an Zweigen
Kehllappen
Der Schwanz wird dreimal so lang wie der Körper.

Grüner Leguan Die erwachsenen Tiere dieser Art fressen Pflanzen, die Jungtiere eine Mischkost aus Pflanzen und Insekten.

ECUADOR UND PERU

DIE LÄNDER ECUADOR UND PERU liegen an der Westseite des tropischen Südamerika. Im Norden befindet sich Kolumbien, im Süden Chile. Brasilien und Bolivien bilden die Grenze nach Osten. Die Kultur der beiden Länder ist einesteils von den Inka geprägt, die bis ins 16. Jh. hinein regierten, andernteils von den Spaniern, die die Inka ablösten und der Bevölkerung ihre Kultur und Sprache aufzwangen. Rund ein Drittel der Bevölkerung sind Mestizen, Mischlinge zwischen Nachkommen der Inka und der Spanier. In abgelegenen Amazonasgebieten leben noch Indianer.

Geografie

Ecuador und Peru liegen an der Pazifikküste und werden von den Anden durchzogen. Die Hänge der Vulkangipfel fallen zu den Regenwäldern des Amazonasbeckens ab. Die Küste im Westen ist ziemlich schmal und besteht in Peru fast nur aus Wüste. Die ecuadorianische Küste hingegen ist ein feuchtheißes Gebiet, zum Teil mit Wald.

Cotopaxi
Der schneebedeckte Cotopaxi mit seiner vollkommenen Kegelgestalt ist mit 5 897 m der höchste aktive Vulkan der Erde und der zweithöchste Berg Ecuadors. Er liegt in der Andenkette, die bis zur Südspitze Südamerikas zieht. In Ecuador liegen 15 größere Vulkane, und 10 davon sind noch aktiv. In unregelmäßigen Abständen wird das Land von Erdbeben erschüttert.

Amazonasbecken
Der östliche Teil Ecuadors und Perus hat Anteil am feuchtheißen Amazonasbecken. Der Regenwald ist immer wieder von Grasland und Sümpfen unterbrochen. Hier entspringen die Flüsse, die den Amazonas speisen. Ein großer Teil dieses Gebietes war umstritten und wurde 1942 Peru zugesprochen.

Klima
Ecuador ist an der Küste feuchtheiß, in den Anden eher kühl und im Amazonasbecken heiß mit sehr hohen Niederschlägen.
19 °C   15 °C
581 mm

In Peru ist das Klima noch vielfältiger. Die Küstenregion ist trocken und wegen des Humboldtstromes gleichzeitig auch kühl. In den östlichen Andengebieten und im tropischen Amazonasbecken fällt jedoch viel Niederschlag.

Koka
Die Inka kauten Kokablätter, um Erschöpfung und Hunger zu bekämpfen. Heute wird in abgelegenen Gebieten illegal viel Koka angebaut, aus dem man das Rauschgift Kokain gewinnt. Die Regierungen bieten den Bauern meist vergeblich Geld an, damit sie ihre Kokasträucher vernichten und stattdessen Kaffee oder Bananen pflanzen.

Ernte von Kokablättern

Titicacasee
Der Titicacasee ist mit einer Länge von über 170 km der größte See in Südamerika. Die Uros leben hier auf Inseln, die sie aus Schilfrohr bauen. Sie verwenden auch Boote aus Schilf.

Ecuador

Ecuador ist das drittkleinste und dichtest besiedelte Land in Südamerika. Es zeigt eine große geografische Vielfalt. Die Wirtschaft beruht vor allem auf Ackerbau und Erdöl. Zu Ecuador gehören auch die Galapagosinseln, die 1 000 km weiter westlich im Pazifik liegen und zum Weltnaturerbe gehören.

Ketschuafrau bringt Gladiolen auf den Markt.

Bevölkerung
Die Indianer Ecuadors machen rund 20 % der Bevölkerung aus. 35 % sind Mestizen, Mischlinge zwischen Weißen und Ketschuaindianern. Die übrige Bevölkerung besteht aus Weißen, Schwarzen oder Asiaten. Über 93 % der Bevölkerung sind römisch-katholisch.

ECUADOR: DATEN
HAUPTSTADT	Quito
FLÄCHE	272 045 km²
EINWOHNER	13 180 000
SPRACHE	Spanisch, Ketschua, Chibcha
RELIGION	Christentum
WÄHRUNG	US-Dollar (seit Sept. 2000)

Erdöl
Seit den 70er Jahren gewinnt Ecuador Erdöl in den Tieflandern im Osten. Ungefähr ein Drittel der Exporte besteht aus Rohöl. Weitere Ausfuhrgüter sind Bananen, Garnelen und Textilien. Der Warenverkehr läuft hauptsächlich über Guayaquil, die größte Stadt und Haupthafen des Landes.

Nutzpflanzen
Bohnen, Mais und Kartoffeln werden in den Andengebieten am meisten angebaut. An der Küste wachsen Bananen, Kakao, Reis, Kaffee, Orangen und Weizen. Eine Rolle spielt auch der Anbau von Zierpflanzen, die in unsere Blumenläden gelangen.

Die gewebten Teppiche zeigen oft Tiermotive in kräftigen Farben.

Der Markt von Otavalo
Die kleine Stadt Otavalo liegt hoch in den Anden nördlich der Hauptstadt Quito. Die Indios weben hier bunte Ponchos und Teppiche und verkaufen sie auf dem berühmten Markt, den es schon in der Zeit vor den Inka gab.

Panamahüte
Entgegen ihrem Namen stammen die Panamahüte aus Ecuador. Sie werden aus jungen Blättern der Panamapalme gefertigt. Einen Panamahut kann man rollen, und ein wirklich gutes Exemplar lässt sich durch einen Fingerring ziehen!

Peru

Vor 500 Jahren bildete das heutige Peru das Herz des Inkareiches. Ruinen dieser Kultur findet man noch in den Anden. Peru hat reiche Bodenschätze, doch die meisten Peruaner sind arme Bauern, die für sich Kartoffeln, Reis und Mais anbauen. Kaffee und Baumwolle werden exportiert. Die Guerillabewegung „Leuchtender Pfad" lieferte der Regierung den Vorwand zu strenger Herrschaft.

PERU: DATEN
HAUPTSTADT	Lima
FLÄCHE	1 285 216 km²
EINWOHNER	27 500 000
SPRACHE	Spanisch, Ketschua, Aymara
RELIGION	Christentum
LEBENSERWARTUNG	69 Jahre
WÄHRUNG	Neuer Sol

Machu Picchu
Perus größte Touristenattraktion ist die Inkastadt Machu Picchu in den Anden. Die Ruinen waren lange von dichtem Wald bedeckt und wurden erst 1911 vom amerikanischen Archäologen Hiram Bingham eher durch Zufall entdeckt. Die Inka errichteten ihre Häuser aus Steinen ohne Mörtel.

Eisenbahnen
Peru hat zwei nicht miteinander verbundene Eisenbahnnetze, eines im Zentrum und eines im Süden. Beide führen von der Küste in die Hochebenen. Ein Zweig des zentralen Netzes verbindet Lima und Huancayo in den Anden und erreicht 4 818 m Höhe. Das ist die größte Höhe für eine Bahn mit Normalspur.

Bevölkerung
Ungefähr die Hälfte aller Peruaner sind Indianer, rund ein Drittel Mestizen. Am dichtesten sind das Hochland und die Küstenebenen besiedelt. Nur 5 % der Einwohner leben im Amazonasbecken. Sie gehören zu insgesamt 70 Indianerstämmen.

Jivaro-Mann

Fischfang
In den kalten, nährstoffreichen Gewässern des Humboldtstromes vor Perus Küste leben zahlreiche Sardellen und andere Heringsfische sowie Tunfische. Deswegen spielt der Fischfang in Peru eine große Rolle. Alle paar Jahre wird der Kaltwasserstrom allerdings umgelenkt, sodass die Fische ausbleiben. Dieses Klimaereignis heißt El Niño.

Sardellen

Bergbau
Peru gehört bei Kupfer, Blei, Wolfram, Silber, Zink und Gold zu den führenden Produktionsländern. Das Land besitzt auch umfangreiche Erdöl- und Erdgasvorräte im Amazonastiefland.

Bleitagebau in den Anden

SIEHE AUCH UNTER EISENBAHN · FISCHFANG · GESTEINE · INDIANER · INKA · PAZIFISCHER OZEAN · SÜDAMERIKA, GESCHICHTE · TEXTILIEN · VULKANE

EDISON, THOMAS ALVA

DER AMERIKANER THOMAS ALVA EDISON gilt als einer der größten Erfinder aller Zeiten. Viele seiner Entwicklungen veränderten die Welt, etwa das elektrische Licht, die Schallaufzeichnung und eine frühe Form des Films. Er selbst genoss keine sehr gute Ausbildung, war aber von den Naturwissenschaften fasziniert. Edison arbeitete hart und verwandte Tage, Monate, sogar Jahre darauf, um eine Erfindung zum Funktionieren zu bringen. Oft schlief er voll angezogen auf seinem Tisch, um am anderen Morgen wieder als Erster an der Arbeit zu sein.

Kindheit und Jugend
Edison kam 1847 in einer kleinen Stadt in Ohio, USA, auf die Welt. Seine Lehrer hielten ihn für dumm; so unterrichtete ihn seine Mutter und weckte in ihm Interesse an Naturwissenschaften. Später ging er nach New York. 1869 verbesserte er den Ticker, eine Anzeige für Börsenkurse. Damit verdiente er 40 000 Dollar.

Orgel für Schallexperimente

Edison beobachtet, wie stark die Glühlampe brennt.

Labortisch mit Chemikalien und wissenschaftlichen Geräten

Menlo Park
Im Jahr 1876 baute Edison mit dem Geld, das er mit dem Börsenticker verdient hatte, in Menlo Park, 39 km vor New York City, eine Erfinderfabrik. Das scheunenartige zweigeschossige Gebäude war das erste Forschungslabor der Welt. Ein Team von Naturwissenschaftlern half Edison bei der Entwicklung seiner Ideen zu marktreifen Erfindungen. In 6 Jahren, die Edison in Menlo Park arbeitete, ließ er über 400 Erfindungen patentieren.

Forschungen
In Menlo Park entwickelte Edison die Ideen. Seine Assistenten verfeinerten sie, bauten sie aus und überprüften sie. Dazu mussten sie oft selbst wieder neue Erfindungen machen. Als man Edison nach seinem Erfolg befragte, antwortete er mit dem bekannten Ausspruch: „Genie ist 99 % Transpiration und 1 % Inspiration."

Elektrisches Licht
Die vielleicht wichtigste Erfindung von Edison war die Glühlampe. Er erkannte, dass eine Lampe mit einem glühenden Faden darin Licht liefern würde. Nach tausenden von Experimenten fand er, dass das beste Material für den Glühfaden eine verkohlte Bambusfaser war. Der Engländer Joseph Swan (1828–1914) entwickelte zur selben Zeit wie Edison eine Glühlampe. Später arbeiteten die beiden zusammen.

Kohlefaden

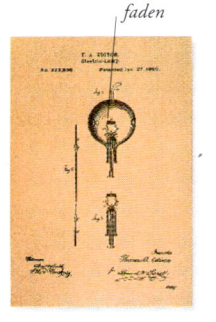

Patentzeichnung für Edisons Glühlampe

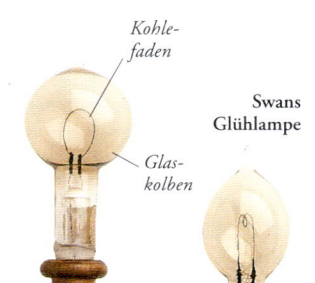

Kohlefaden

Swans Glühlampe

Glaskolben

Edisons Glühlampe

Licht für die Stadt
Nach der Entwicklung der Glühlampe machte sich Edison daran, ein vollständiges Beleuchtungssystem mit einem zentralen Generator zu schaffen. 1882 belieferte das erste Kraftwerk 85 Kunden mit Elektrizität. Bald wurden Städte mit elektrischem Strom erleuchtet.

Weitere Erfindungen
Edison ließ in seinem Leben 1 093 Erfindungen patentieren. Er war an der Entwicklung der Schreibmaschine, des Diktiergerätes und der Sprechmuschel im Telefon beteiligt. Fast hätte er auch das Radio erfunden.

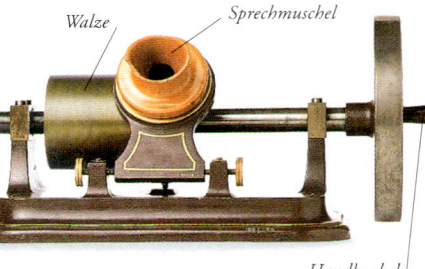

Walze   *Sprechmuschel*

Edisons Phonograph

Handkurbel

Phonograph
Der Phonograph war die Lieblingserfindung Edisons. Man konnte damit Schall aufnehmen und abspielen. Edison entwarf die Maschine und übergab sie zur Weiterentwicklung einem Assistenten. Sie funktionierte, doch die Tonqualität enttäuschte.

Stimmaufzeichnung

Kinetoskop
1889 erfand Edison das Kinetoskop, einen Vorläufer des Filmprojektors. In amerikanischen Salons fand das Kinetoskop eine gewisse Verbreitung; die Kunden zahlten, um Kurzfilme anzuschauen.

THOMAS ALVA EDISON

1847	Geboren in Milan, Ohio, USA
1869	Verbesserungen am Ticker, einem Gerät zur Anzeige von Börsenkursen
1876	Übersiedlung nach Menlo Park
1877	Erfindung des Phonographen sowie des Kohlemikrofons für die Sprechmuschel im Telefon
1879	Patentierung der Glühlampe
1882	Inbetriebnahme des Kraftwerks an der Pearl Street in New York
1883	Edison und Swan gründen zusammen ein Elektrounternehmen
1889	Erfindung des Kinetoskops
1931	Tod im Alter von 84 Jahren

SIEHE AUCH UNTER ELEKTRIZITÄT · ERFINDUNGEN · FILM · NATURWISSENSCHAFT, GESCHICHTE · PHYSIK · SCHALLAUFZEICHNUNG · TECHNOLOGIE

EIER

DIE MEISTEN TIERARTEN legen zur Fortpflanzung Eier. Zunächst besteht das Ei aus einer einzigen befruchteten Eizelle mit einem Nahrungsvorrat. Die Eizelle beginnt sich zu teilen und entwickelt sich zu einer Larve oder einem Jungtier. Sobald es ein selbstständiges Leben aufnehmen kann, schlüpft es aus dem Ei. Es gibt eine Vielfalt an Eiern – von Vögeln, Fischen, Insekten, Würmern und anderen. Manche Eier besitzen eine Schale, andere nicht. Einige Tiere legen wenige Eier und betreiben Brutpflege, indem sie sie behüten. Andere legen Tausende oder Millionen von Eiern und überlassen sie sich selbst.

Verschiedene Eiformen

Viele Eier sind so klein, dass man sie nur unter dem Mikroskop erkennt, andere werden fast so groß und schwer wie Kokosnüsse. Wasserbewohnende Tiere legen im Allgemeinen gallertige Eier. Tiere des Festlandes, wie Insekten, Reptilien und Vögel, haben meist Eier mit einer harten oder ledrigen Schale. Sie verhindert, dass der Inhalt austrocknet.

Das Eipaket der Schabe enthält 16 Eier.

Eipakete
Schaben und Gottesanbeterinnen legen ihre Eier in schützenden Paketen ab. Die Hülle trocknet aus und erhärtet. Sie bildet einen Schutz für das Ei. Die weibliche Schabe trägt das Eipaket mit sich herum, bis die Eier schlüpfen.

Schalenlose Eier
Froscheier brauchen keine Schale. Stattdessen sind sie von einer gallertigen Schicht umgeben. Diese schwillt im Kontakt mit dem Wasser an, sodass die Eiballen einen Durchmesser von über 30 cm erreichen.

Eischnüre
Die Eier der Erdkröte sehen ähnlich aus wie die der Frösche. Sie legt sie allerdings in bis zu 3 m langen Eischnüren ab. Dabei wickelt sie das Weibchen um Unterwasserpflanzen. Die Kaulquappen schlüpfen nach 2 Wochen.

Ei des Pantergeckos

Ledrige Eier
Echsen und viele andere Kriechtiere legen ledrige Eier an trockenen Stellen ab. Die ledrige Schale schützt vor Wasserverlust. Damit sind die Reptilien vom Wasser unabhängig.

Ei der Wanderdrossel

Kalkschalen
Die Eier der Vögel sind von einer Kalkschale umgeben. Beim Schlüpfen müssen die Jungen die Schale durchbrechen. Dazu tragen viele Arten einen Eizahn auf dem Schnabel.

Ei des Grünschenkel

Haifischeier
Haie legen ganz ungewöhnliche Eier: Sie sind nicht rund, sondern eher flach, viereckig oder sogar spiralförmig. An den Ecken der Eikapseln stehen längere Fortsätze, die sich spiralig aufrollen und die Eier an Algen verankern. Viele Haiarten bringen übrigens lebende Junge zur Welt.

Entwicklung

Nach der Eiablage beginnt die Entwicklung des Jungtiers. Bis zum Schlüpfen der Larve vergeht bei manchen Insekten weniger als ein Tag. Bei einigen Vögeln kann es über einen Monat dauern. Vogeleier brauchen viel Wärme. Deswegen werden sie bebrütet. Meist wechseln sich beim Brüten Weibchen und Männchen ab.

Hammerhuhn
Das australische Hammerhuhn vergräbt seine Eier in einem Komposthaufen. Bei der Gärung entwickelt sich Hitze, und das Huhn regelt nur die Temperatur im Kompost.

Entwicklung eines Vogeleies

Im Vogelei erkennt man zunächst zwei Bereiche, das Eiweiß und das Eigelb. Das Eiweiß besteht aus Albumin und viel Wasser. Es schützt das sich entwickelnde Küken vor harten Stößen. Der Dotter enthält Nahrungsreserven, die das Küken für seine Entwicklung braucht.

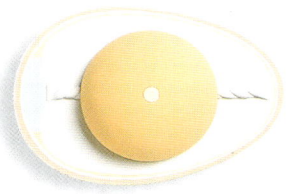

1. Direkt nach der Eiablage erscheint das Gebiet, aus dem sich das Küken entwickelt, als kleiner heller Fleck. Er liegt auf der Oberfläche des Eidotters.

2. Die Zellen im hellen Fleck teilen sich und entwickeln sich zum Embryo. Ein Blutgefäßsystem erstreckt sich über den Dotter und versorgt den Embryo mit Nährstoff.

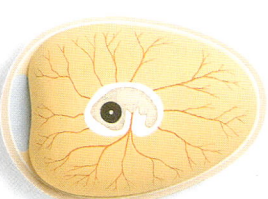

3. Nach 3 Tagen ist der Embryo in voller Entwicklung begriffen. Die Augen entstehen und zarte Knospen werden bald zu Flügeln und Beinen.

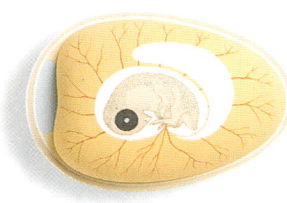

4. Nach 7 Tagen sind die Formen des Kükens erkennbar. Ein embryonaler Harnsack nimmt die Abfallstoffe auf. 3 Wochen braucht das Küken für seine Entwicklung.

Gelegegröße

Bienen- und Termitenköniginnen legen einen dauernden Strom von Eiern. Die meisten Weibchen produzieren jedoch zu bestimmten Zeiten ein Gelege. Die Anzahl der Eier steht in Zusammenhang mit der Eigröße. Alle 2 Jahre legt der Wanderalbatros ein sehr großes Ei. Die Eier des Kabeljaus sind dagegen winzig, doch legt er Millionen davon.

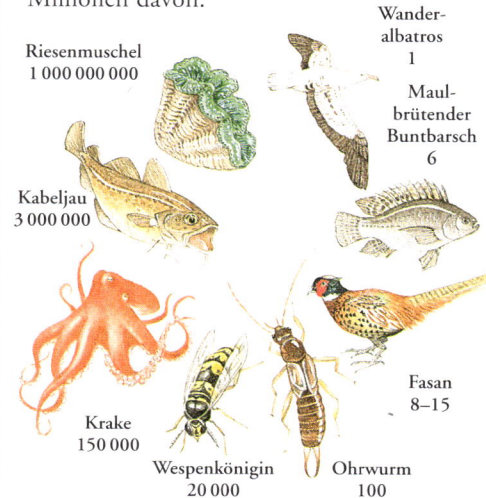

Riesenmuschel 1 000 000 000

Kabeljau 3 000 000

Wanderalbatros 1

Maulbrütender Buntbarsch 6

Krake 150 000

Wespenkönigin 20 000

Ohrwurm 100

Fasan 8–15

SIEHE AUCH UNTER: FISCHE · FRÖSCHE UND KRÖTEN · HAIE UND ROCHEN · INSEKTEN · KRIECHTIERE · SÄUGETIERE · TIERBAUTEN · TIERVERHALTEN · VÖGEL

Gelege der Vögel
Nichtsperlingsvögel

Braunsichler Seine Eier sind nicht gemustert.

Moorschneehuhn Die Eier werden auf den Boden gelegt, wo sie gut getarnt sind.

Trappenlaufhühnchen Das Ende ist sehr spitz.

Grüntodi Die Eier sind fast kugelrund und haben eine extrem dünne Schale.

Gleitaar Die dunklen Flecken liegen oft an einem Ende konzentriert.

Guirakuckuck Diese Art bebrütet ausnahmsweise ihre Eier selbst.

Gryllteiste Die Eier haben eine scharfe Spitze.

Rallenkranich Das Ei ist zwischen toten Uferpflanzen gut getarnt.

Weißbauch-Nachtschwalbe Die Schale zeigt viele braune Flecken.

Präriehuhn Sein Gelege umfasst bis zu 16 Eier.

Kasuar Die Oberfläche des Eies wirkt durch kleine Erhebungen körnig.

Savannennachtschwalbe Sie legt die Eier auf den nackten Boden.

Steißhuhn Die Eier haben eine glänzende Außenschicht.

Sperlingsvögel

Olivnektarvogel Die ringförmige Markierung des Eies ist deutlich zu sehen.

Seidensänger Das Ei ist einfarbig rötlichbraun.

Bokmakiri Die Eier dieses Würgers sind blau mit roten Flecken.

Gelbstreifenbülbül Das Ei weist nur am stumpfen Ende eine gewisse Zeichnung auf.

Geierrabe Das Ei ist deutlich rot gesprenkelt und gefleckt.

Schildparadiesvogel Die Flecken sehen aus wie langgezogene Pinselstriche.

Schwarzkopfweber Die Eier liegen im Inneren eines geflochtenen Nestes.

Scharlachmennigvogel Ei mit vielfältiger Musterung.

Rohrspottdrossel Das Ei ist dicht gefleckt mit roten Sprenkeln.

Goldkernbeißer Die Zeichnung hilft, die Umrisse des Eies zur Tarnung aufzulösen.

EINSTEIN, ALBERT

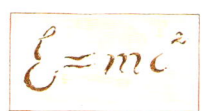

$E=mc^2$

DER GENIALE PHYSIKER ALBERT EINSTEIN schuf eine völlig neue Weltsicht. Im Jahr 1905 gelang es ihm, Raum und Zeit in einer mathematischen Gleichung zusammenzufassen. Zehn Jahre später entwarf er die allgemeine Relativitätstheorie. Er beschrieb darin, wie die Schwerkraft wirkt und wie das Weltall funktioniert. Masse und Energie verband er in der berühmten Gleichung $E = mc^2$. Einstein veränderte damit die Betrachtungsweise der Physik. Viele Forscher zweifelten Einsteins Theorien an, doch erwiesen sie sich in Versuchen als richtig.

Kindheit und Jugend
Einstein kam in Ulm auf die Welt und studierte an der Polytechnischen Hochschule in Zürich. 1901 bekam er die schweizerische Staatsbürgerschaft. Ein Jahr darauf wurde er vom schweizerischen Patentamt in Bern angestellt. 1905 erhielt er seinen Doktortitel.

Spezielle Relativitätstheorie
Einsteins Theorie besagt, dass die Zeit relativ ist und je nach der eigenen Geschwindigkeit unterschiedlich schnell abläuft. Je schneller man unterwegs ist, umso langsamer verstreicht die Zeit. Wenn jemand nahe der Lichtgeschwindigkeit im Weltraum unterwegs ist, so verstreicht für ihn die Zeit langsamer als für alle anderen, die auf der Erde zurückgeblieben sind. Bei der Rückkehr sind die Menschen auf der Erde älter.

Lampe erzeugt einen Lichtstrahl.
Licht wird von einem Spiegel an der Decke reflektiert.
Der Zug dient als „Lichtuhr". Als Zeiteinheit „Tick" gilt die Zeit, die der Lichtstrahl für die Strecke im Zug braucht.
Für den Mitreisenden steht der Zug still.
Sensor für den Lichtstrahl.
Der Mitreisende beobachtet einen kurzen „Tick".
Licht wird abgestrahlt.
Die Frau sieht einen langen „Tick".
Der Zug hat sich bis zum Auftreffen des Strahls auf dem Spiegel weiterbewegt.
Der Zug hat sich bis zum Eintreffen des Lichtstrahls beim Sensor weiterbewegt.

Uhren in Bewegung
Der speziellen Relativitätstheorie zufolge verläuft die Zeit langsamer für eine Uhr, die sich bewegt, als für eine Uhr in Ruhe. Dies lässt sich mit Hilfe eines Lichtstrahls in einem Zug beweisen, der fast mit Lichtgeschwindigkeit fährt. Der Mitfahrer sieht nur einen sehr kurzen Lichtstrahl. Der Beobachter neben dem Gleis sieht ihn wegen der Bewegung des Zuges sehr viel länger.

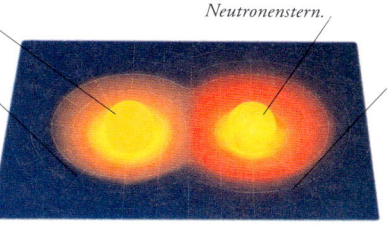

Dieses Licht stellt einen Pulsar dar.
Dieses Licht stammt von einem Neutronenstern.
Der Doppelstern stellt eine doppelte Eindellung in der Raumzeit dar.
Dieser Linie entsprechen Gravitationswellen

Allgemeine Relativitätstheorie
Mit dieser Theorie erklärte Einstein die Schwerkraft und die Natur des Raumes. Licht nimmt stets den kürzesten Weg durch den Raum, und wenn es abgelenkt wird, muss an dieser Stelle der Raum gekrümmt sein. Die Planeten fliegen bei ihrer Bewegung um die Sonne sozusagen geradeaus in einem gekrümmten Raum.

Wellen
Doppelsterne mit einem Pulsar drehen sich um einander und erzeugen Wellen im Raum. Dadurch verlieren die Sterne Energie. Die Geschwindigkeit, mit der sich ein Pulsar verlangsamt, entspricht genau Einsteins Theorie. Der erste Pulsar wurde allerdings erst 1968 entdeckt.

Rippeln im Raum
Einstein sagte voraus, dass zwei Objekte, die im Raum um einander rotieren, etwa ein Doppelstern mit einem Pulsar, dabei Rippeln im Raum erzeugen. Diese lassen sich als Gravitationswellen feststellen. Spätere Experimente zeigten, dass Einstein mit seiner Theorie Recht hatte.

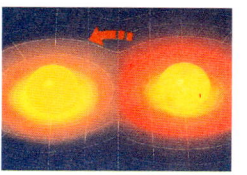

Sterne rotieren gegen den Uhrzeigersinn.
Der Neutronenstern dreht sich um den Pulsar. 
Die Sterne ändern ihre Lage in Bezug auf den Beobachter. 
Die Sterne tauschen dauernd ihre Plätze. 

Mileva Einstein
Einstein heiratete 1903 seine Studienkollegin Mileva. Sie hatten zusammen eine Tochter und zwei Söhne. Mileva arbeitete mit ihrem Mann zusammen und half ihm bei seiner Forschung. Wie groß ihr Einfluss dabei war, weiß man heute nicht. Die beiden trennten sich 1919.

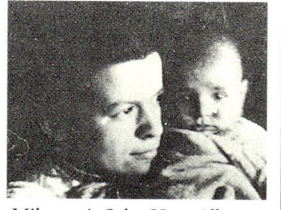

Mileva mit Sohn Hans Albert

Öffentliches Leben
1933 ging Einstein nach Amerika, um den Judenverfolgungen der Nazis zu entkommen. Er trat in den USA für einen jüdischen Staat ein. Seinen Theorien zufolge waren Kernwaffen möglich, doch wandte er sich nach dem 2. Weltkrieg dagegen. 1952 bot man ihm an, Staatspräsident von Israel zu werden; Einstein lehnte ab.

Die Atombombe
1939 befürchtete Einstein, die Nazis würden im Krieg Kernwaffen einsetzen. Deshalb schrieb er dem amerikanischen Präsidenten Franklin D. Roosevelt, er solle mit dem Bau von Atomwaffen beginnen, um dieser Gefahr zu begegnen.

Explosion einer Atombombe

ALBERT EINSTEIN

1879	Geboren in Ulm, Deutschland
1896–1900	Studium an der Polytechnischen Hochschule in Zürich
1902–09	Arbeit am Patentamt, Bern, Schweiz
1905	Promotion; Arbeit über die spezielle Relativitätstheorie
1914	Übersiedlung nach Berlin
1915	Arbeit über die allgemeine Relativitätstheorie
1921	Nobelpreis für Physik
1933	Übersiedlung in die USA
1952	Lehnt das Angebot ab, israelischer Staatspräsident zu werden
1955	Tod in Princeton, USA

SIEHE AUCH UNTER KERNKRAFT   NATURWISSENSCHAFT, GESCHICHTE   PHYSIK   WELTKRIEG, ZWEITER

EISENBAHN

WER EINEN EXPRESSZUG vorbeiflitzen sieht, kann sich kaum vorstellen, dass die ersten Vorläufer hölzerne Waggons waren, die auf Eisenschienen liefen und von Pferden gezogen wurden. Die ersten Eisenbahnen mit Dampfmaschinenantrieb hat man um 1825 gebaut. Sie errreichten für damalige Zeiten unerhörte Geschwindigkeiten. Das neue Transportmittel verbreitete sich schnell über die ganze Erde. Heute sind Eisenbahnzüge leistungsfähige Transportmittel. Sie verbrauchen weniger Brennstoff und verursachen eine geringere Luftverschmutzung als Autos.

Erste Züge

Der erste Eisenbahnzug bot den Passagieren eine holprige Fahrt auf Holzsitzen in offenen Kohlewaggons. Den Antrieb besorgte eine Dampflokomotive, die den Zug nicht schneller als 8 km/h zog. Nach diesem Versuch wurde die erste echte Eisenbahn 1825 gebaut. Die erste deutsche Eisenbahn verkehrte 1835 zwischen Nürnberg und Fürth.

Radantrieb durch Dampfmaschine

Lokomotive „Catch Me Who Can", erbaut 1808

Moderne Züge

Den Strom bekommt die Lokomotive von der Oberleitung.

Moderne Züge haben einen elektrischen oder dieselelektrischen Antrieb. In beiden Fällen wirken Elektromotoren auf die Räder ein. Bei Elektroloks kommt der Strom direkt von der Oberleitung. Beim dieselelektrischen Antrieb treibt ein Dieselmotor einen Stromgenerator an. Dieser erzeugt den Strom, der die Elektromotoren bewegt. Moderne Fahrgestelle dämpfen alle Erschütterungen und sind sehr laufruhig. Zur Sicherheit der Passagiere schließen die Türen automatisch.

„Bullet Train"
Der japanische Hochgeschwindigkeitszug Shinkansen, auch „Bullet Train" genannt, fährt auf besonderen Gleisen und ist im Mittel 225 km/h schnell. Auch andere Länder haben Hochgeschwindigkeitszüge entwickelt, Deutschland etwa den ICE und den ICT, Frankreich den TGV, der mit einer Geschwindigkeit von über 500 km/h den Weltrekord hält.

Der Shinkansen fährt seit 1965.

Oberleitungen für Elektroloks

Signalbrücken tragen Leitungen und Signale.

Weichen ermöglichen den Wechsel von einem Gleis zum anderen.

Gleise

Eisenbahngleise bestehen aus zwei parallel verlaufenden Stahlschienen, die auf Holz- oder Stahlschwellen ruhen. Diese sind in Gleiskörper eingebettet. Die Schienen sind heute verschweißt, was eine ruhige Fahrt ermöglicht. Weichen regeln den Wechsel von einem Gleis zum anderen. Ein Sicherungssystem sorgt dafür, dass nur freigegebene Strecken befahren werden können.

Signale trennen einzelne Streckenabschnitte.

George Stephenson

Der englische Eisenbahningenieur George Stephenson (1781–1848) baute 1823 eine Lokomotivenfabrik und 2 Jahre später die erste öffentliche Eisenbahnstrecke, die von Stockton nach Darlington führte. Zusammen mit seinem Sohn Robert entwickelte er viele Dampflokomotiven.

Straßenbahn

Viele Städte haben ein System von Straßenbahnen oder Trams. Die Schienen sind in der Straßendecke verlegt. Die Stromversorgung erfolgt meist durch Oberleitungen.

Tram in Hongkong
Seit vielen Jahrzehnten verkehren in Hongkong Doppeldeckertrams. Sie stellen ein umweltfreundliches Transportmittel in der überfüllten Stadt dar. Mitte des 20. Jh. gaben viele Städte ihre Straßenbahnen auf. Heute bauen sie neue Systeme auf, weil man inzwischen die Vorteile erkannt hat.

Zugtypen

Ein klassischer Zug besteht aus einer Lokomotive und dahinter den Waggons für den Transport von Passagieren und Gütern. Sehr schnelle Züge und Vorortzüge wie S-Bahnen haben einen Triebwagen, in dem auch die Passagiere Platz finden. Langstreckenzüge führen Schlaf- oder Liegewagen mit sich.

Personenzüge
Personenzüge, die längere Strecken fahren, haben in der Regel einen Speisewagen sowie Telefonapparate und Faxgeräte. Die schnellsten Personenzüge in Deutschland, die ICEs und ICTs, sind Triebzüge mit je einer „Lok" vorn und hinten.

Güterzüge
Güterzüge sind manchmal hunderte von Metern lang und werden von mehreren Lokomotiven gezogen. Es gibt Spezialwaggons, z. B. für Zement oder Erdöl.

| SIEHE AUCH UNTER | ENERGIE | INDUSTRIELLE REVOLUTION | KRAFT UND BEWEGUNG | KRAFTFAHRZEUGE | MOTOREN | TOURISMUS | TRANSPORT, GESCHICHTE |

EISEN UND STAHL

UNGEFÄHR 70 METALLE gibt es auf der Erde. Am wichtigsten ist das Eisen. Man verarbeitet von diesem Werkstoff mehr als von allen übrigen Metallen zusammen – rund 600 Millionen Tonnen pro Jahr. Allerdings verwendet man kaum jemals reines Eisen, sondern eine widerstandsfähigere Legierung, den Stahl. Stahl enthält Spuren von Kohlenstoff und anderen Metallen, sodass er ganz unterschiedliche Eigenschaften annehmen kann. Aus Stahl baut man Brücken, Wolkenkratzer, Schiffe, Autos, Fahrräder, Maschinen und Werkzeuge.

Eisenerz
Eisen gewinnt man aus Eisenerz, und zwar hauptsächlich aus Hämatit und Magnetit. Der Hämatit oder Bluteisenstein hat seinen Namen von der dunkelroten Farbe. Der Magnetit oder Magneteisenstein hat magnetische Eigenschaften.

Hämatit

Eisengewinnung
Man erhitzt Eisenerz mit Koks und Kalk im Hochofen. Koks dient als Brennstoff und chemischer Reaktionspartner. Er entfernt den Sauerstoff aus dem Eisenerz, sodass flüssiges Metall übrigbleibt. Der Kalk nimmt Verunreinigungen auf und bildet die Schlacke.

Arbeit am Hochofen

Gusseisen
Das Roheisen, das aus dem Hochofen fließt, enthält noch viele Verunreinigungen. Beim Erhitzen wird es sofort flüssig. Man verwendet es zum Gießen. Gusseisen enthält bis zu 6% Kohlenstoff, ist deshalb spröde und lässt sich nicht schmieden.

Spuren von Kohlenstoff

Dünnschliff von Gusseisen

Aus Gusseisen erbaut

Eiffelturm, Paris

Stahl wird zu Blöcken gegossen und weiterverarbeitet.

Gießpfanne mit geschmolzenem Stahl

Schrotteisen wird in den Konverter gekippt.

Geschmolzenes Roheisen wird in die Gießpfanne abgelassen und gelangt in den Konverter.

Herstellung von Stahl
Beim Frischen wird das Roheisen gereinigt und der Kohlenstoffgehalt erniedrigt. Dazu kippt man flüssiges Roheisen in einen Konverter und bläst Heißluft in die Schmelze. Der Sauerstoff der Heißluft verbindet sich mit dem Kohlenstoff, und Kohlendioxid entweicht. Der so gewonnene Stahl enthält nur noch wenig Kohlenstoff.

Weiterverarbeitung
Den fertigen Stahl gießt man in strangähnliche Formen, die den später benötigten Endabmessungen sehr nahe kommen. Die endgültige Form erhält der Stahl im Walzwerk. Dort stellt man nicht nur Stahlbleche, sondern auch dicke Profilstähle her, z. B. T-förmige Träger.

Dünnschliff von Stahl mit Kohlenstoffspuren

Stahlherstellung

Der Konverter wird mit flüssigem Roheisen, Schrott und Zusätzen gefüllt. Der eingeblasene Sauerstoff bewirkt eine chemische Reaktion.

Behälter für geschmolzenes Roheisen aus dem Hochofen

Henry Bessemer
Im Jahr 1856 entwickelte der englische Ingenieur Henry Bessemer (1813–98) das erste Verfahren zur Herstellung von preiswertem Stahl. Er blies Luft durch das flüssige Roheisen in einem Konverter. Dadurch verbrannten der Kohlenstoff und andere Verunreinigungen.

Stahlsorten
Man unterscheidet zwei grundlegende Stahlsorten: Kohlenstoffstahl und legierten Stahl. Die Eigenschaften des Kohlenstoffstahls hängen vom Kohlenstoffgehalt ab. Beim legierten Stahl sorgen Zusätze anderer Metalle für die jeweils gewünschten Eigenschaften.

Kohlenstoffstahl
Der häufigste Kohlenstoffstahl, Weich- oder Flussstahl genannt, enthält bis zu 0,25 % Kohlenstoff. Bei höherem Kohlenstoffgehalt werden die Stähle zwar härter, aber gleichzeitig auch spröder.

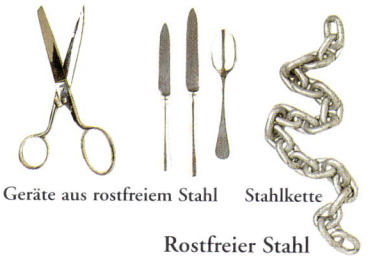

Geräte aus rostfreiem Stahl

Stahlkette

Karosserie aus Weichstahl

Rostfreier Stahl
Rostfreier Stahl gehört zu den am weitesten verbreiteten legierten Stählen. Er enthält ungefähr 18 % Chrom und 8 % Nickel. Die beiden Metalle rosten nicht und verleihen diese Eigenschaft auch dem Eisen selbst.

Rost
Wenn Eisen feuchter Luft ausgesetzt wird, bildet sich schnell ein rötlichbrauner Überzug, der Rost. Er besteht aus wasserhaltigem Eisenoxid. Beim Rosten verbindet sich Eisen mit dem Sauerstoff der Luft. Schutzlacke oder ein Überzug aus Zink können das Rosten verhindern.

Rost auf einem Altauto

| SIEHE AUCH UNTER | BAUTECHNIK | BRONZEZEIT | CHEMIE | INDUSTRIELLE REVOLUTION | KOHLE | KRAFTFAHRZEUGE | METALLE | SCHIFFE |

EISVÖGEL UND NASHORNVÖGEL

ZUR FAMILIE DER EISVÖGEL zählen einige der buntesten Vögel der Welt. Viele Eisvögel leben am Wasser und fressen Fische. Wir bezeichnen sie auch als Königsfischer. Einige Arten wie der australische Kookaburra bewohnen trockene Stellen und ernähren sich von Insekten, Schlangen und kleineren Vögeln. Die Königsfischer lauern von einem Zweig aus auf Beute oder tun dies in der Luft rüttelnd. Haben sie einen Fisch entdeckt, so tauchen sie mit dem Kopf voran ins Wasser. Die Nashornvögel sind mit den Eisvögeln verwandt, aber viel größer. Einige Arten in den Baumwipfeln fressen Früchte, andere suchen ihre Nahrung am Boden.

Gürtelfischer
Der Gürtelfischer ist eine der 2 Eisvogelarten Nordamerikas. Im Flug lässt er oft seinen lauten, rasselnden Ruf ertönen. Er brütet bis nach Alaska hinauf, überwintert aber weiter im Süden. Einige Tiere wandern dabei bis nach Panama.

Eisvögel
Von den rund 90 Eisvogelarten leben nur wenige in Europa und in Amerika. Am formenreichsten ist die Familie in Afrika, Asien und Australien. Eisvögel fliegen schnell und oft knapp über dem Wasserspiegel von einem Zweig zum andern. Alle Eisvögel nisten in Höhlen. Die Königsfischer am Wasser graben die Nisthöhle mit dem Schnabel. Waldbewohnende Eisvögel nisten in Baumlöchern.

Der Eisvogel trägt seine Beute zu einem Ast und schlägt sie dort tot, bevor er sie verschlingt.

Der Eisvogel erhebt sich mit seinen Flügeln aus dem Wasser.

Durchsichtige Membran schützt die Augen unter Wasser.

Gute Sicht nach vorne

Scharfkantiger Schnabel hält den glitschigen Fisch.

Wasser tropft vom Gefieder ab, ohne es zu benetzen.

Kookaburra
Der Kookaburra oder Lachende Hans ist die größte Eisvogelart. Von der Schnabelspitze bis zum Schwanz misst er 40 cm. Er lebt in Strauch- und Waldgebieten Australiens und ist für seinen Ruf bekannt, der wie Gelächter klingt.

Fischfang
Ungefähr zwei Drittel aller Eisvögel, darunter auch die europäische Art, leben nahe am Wasser und ernähren sich überwiegend von Fischen. Sie lauern auf einem Zweig und tauchen im Sturzflug nach einem gesichteten Beutetier. Einige größere Arten rütteln über dem Gewässer und halten dabei Ausschau nach Fischen.

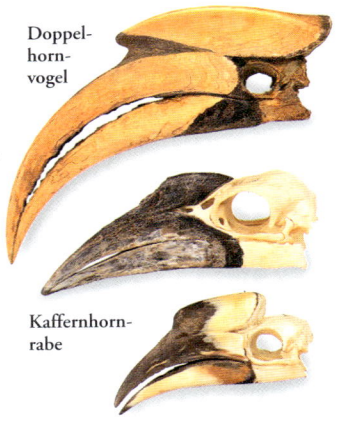

Doppelhornvogel

Kaffernhornrabe

Elstertoko

Brutpflege
Nashornvögel nisten in Baumhöhlen. Sie schützen ihre Jungen auf merkwürdige Weise. Kurz vor der Eiablage mauert das Männchen das Weibchen durch eine Lehmwand in die Höhle ein. Das Fressen reicht das Männchen durch eine kleine Öffnung.

Schnabelaufsätze
Die Schnäbel der Nashornvögel sind nicht so schwer wie sie aussehen, weil sie große Lufträume enthalten. Dies gilt auch für den Schnabelaufsatz. Wahrscheinlich hat er keine praktische Bedeutung, sondern dient als Schmuck bei der Balz.

Der harte Aufsatz ist fast so groß wie der Schnabel.

Teilweise verwachsene Zehen

Trompeterhornvogel
Dieser mittelgroße Nashornvogel lebt in Südafrika. Wie die meisten Verwandten hat er einen langen Schwanz, kräftige Füße und eine ringförmige unbefiederte Haut um das Auge. Sein lauter Ruf klingt wie eine Mischung aus Babygeschrei und schlecht gestimmter Trompete.

Langer, hinten abgerundeter Schwanz aus gebänderten Federn

Nashornvögel
Es gibt fast 50 Arten von Nashornvögeln. Die größte ist über 1,20 m lang. Ihren Namen haben diese Tiere vom auffälligen Schnabelaufsatz. Die Vögel leben in den Wäldern Afrikas und Asiens. Sie erzeugen ein lautes, zischendes Fluggeräusch, das schon von weitem zu hören ist.

EISVOGEL
WISSENSCHAFTL. NAME	Alcedo atthis
ORDNUNG	Coraciiformes, Rackenvögel
FAMILIE	Alcedinidae, Eisvögel
VERBREITUNG	Europa, Nordafrika, Asien
LEBENSRAUM	Bäche, Flüsse, Ströme, Kanäle und Entwässerungsgräben
ERNÄHRUNG	Kleinfische
GRÖSSE	Länge 16 cm
LEBENSDAUER	Ungefähr 5 Jahre

SIEHE AUCH UNTER AUSTRALIEN, TIERWELT MEERESVÖGEL SPECHTE UND TUKANE TIERBAUTEN TIERVERHALTEN VÖGEL

ELEFANTEN

DER AFRIKANISCHE UND DER INDISCHE Elefant sind die beiden einzigen Überlebenden einer einst viel umfangreicheren Säugerordnung, die auf jedem Kontinent vorkam. Sie stammen von verschiedenen Vorfahren ab. Der Afrikanische Elefant ist das größte Landsäugetier und trotz seiner Größe und Kraft ein freundliches Wesen. Die indische Art ist näher mit dem Mammut verwandt als die afrikanische. Beide Elefanten sind sehr intelligent und führen ein geselliges Leben in kleineren Familiengruppen.

Merkmale

Alles am Elefanten ist in Übergröße ausgebildet. Das auffälligste Organ ist der lange, bewegliche Rüssel. Die Stoßzähne sind verlängerte Schneidezähne. Mit den großen Ohren fächelt sich der Elefant Kühlung zu. Wenn er sie nach vorne spreizt, erscheint er noch größer und schüchtert Rivalen und Feinde ein. In der Fußsohle befindet sich ein dämpfendes gallertiges Polster, das das Gewicht des Kolosses abfedert.

Große Ohren
Elefant gräbt mit den Stoßzähnen im Boden.

Stoßzähne
Die Stoßzähne sind verlängerte obere Schneidezähne. Der Elefant verwendet sie als Waffe und Werkzeug. Die schwersten Stoßzähne aller Zeiten wogen 102 bzw. 109 kg. Die längsten waren 3,35 m bzw. 3,50 m lang.

Haut
Die Haut ist stark schrumpelig. Tiefe Falten durchziehen sie und erhöhen die Hautoberfläche und damit den Wärmeverlust. In den Hautfalten hält sich auch Wasser längere Zeit. Beim Verdunsten kühlt es das mächtige Tier.

Mahlzähne
Elefanten haben im Mund nur 4 Zähne zum Kauen. Jeder Zahn ist rund 30 cm lang. Abgenutzte Zähne werden durch neue ersetzt. Das kann im Lauf eines Elefantenlebens nur 6-mal geschehen. Ohne Zähne kann der Elefant aber nichts mehr fressen, und der Zahnlose stirbt an Hunger.

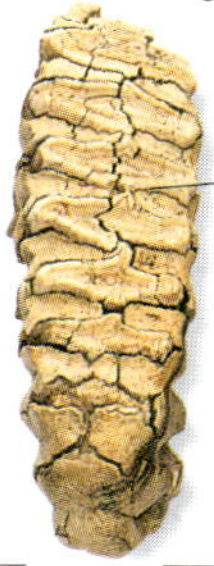

Stoßzahn
Rüssel
Querleisten
Gallertige Polster in den Fußsohlen
Schwanz

Rüssel

Der Elefant schiebt sich mit dem Rüssel Fressen ins Maul.

Der Elefantenrüssel ist sehr beweglich und übernimmt etwa die Aufgaben von Arm und Hand beim Menschen. Der Rüssel verbindet außerordentliche Kraft mit großem Geschick. Der Elefant kann damit ein einzelnes Blatt ebenso pflücken wie einen Baumstamm hochheben. Dank seinem Rüssel muss der Elefant beim Fressen den Kopf nicht senken und kann aufmerksam die Gegend beobachten. Der Rüssel reicht auch weit hinauf in die Bäume.

Finger zum Festhalten

Nasenlöcher
Die Nasenlöcher liegen an der Rüsselspitze. Der Elefant kann diesen wie ein Periskop weit in die Höhe heben und in jede Richtung drehen, um Duftspuren wahrzunehmen, die der Wind heranträgt. Elefanten sind vor allem auf ihren Geruchssinn angewiesen. Beim Schwimmen halten sie den Rüssel über die Wasseroberfläche und verwenden ihn als Schnorchel.

Einsaugen von Duftstoffen

Finger
Am Rüsselende hat der Afrikanische Elefant zwei einander gegenüberliegende „Finger". Beim Indischen Elefant ist nur ein Finger ausgebildet, doch setzt er ihn genauso geschickt gegen die Unterseite des Rüssels ein. Mit den „Fingern" können die Elefanten selbst kleine Gegenstände wie Nüsse vom Boden aufheben.

Oberer „Finger"
Unterer „Finger"
Rüsselende des Afrikanischen Elefanten

Elfenbein
Der einzige Feind des Elefanten ist der Mensch. Er tötet ihn vor allem wegen des Elfenbeins der Stoßzähne. In den 1980er Jahren haben deswegen Wilderer viele Elefanten erlegt. Der Handel mit Elfenbein ist heute stark eingeschränkt.

Stoßzahn mit Schnitzerei

Arten

Indischer oder Asiatischer Elefant
Der Indische Elefant lebt in Wäldern Indiens und Südostasiens. Seit 2 500 Jahren dient er auch als Haustier. Man setzt ihn für Zeremonien, als Tragtier und Arbeitstier ein. Von den 34 000 bis 56 000 Elefanten, die es in Asien noch gibt, sind 10 000 Arbeitstiere.

Höhe 2,50–3 m
Kleine Ohren
Weibchen ohne Stoßzähne

Afrikanischer Steppenelefant
Diese Unterart des Afrikanischen Elefanten, die nie Haustier war, lebt in Savannen und Buschsteppen südlich der Sahara. Der Steppenelefant hat im Vergleich zur asiatischen Art viel größere Ohren und einen gewölbten Rücken. Beide Geschlechter tragen Stoßzähne.

Höhe 4 m
Große Ohren

Hochgereckter Rüssel
Ohren kleiner, abgerundet

Afrikanischer Waldelefant
Der Waldelefant ist eine kleine Unterart des Afrikanischen Elefanten. Er braucht keine so großen Ohren, um sich kühl zu halten, weil er in den tropischen Regenwäldern des Kongobeckens in Äquatorialafrika lebt. Die Stoßzähne sind schlank und nach unten gerichtet.

ELEFANTEN

Familiengruppe

Die soziale Organisation der Elefanten beruht auf einer Gruppe von 10 bis 12 Weibchen und ihren Kälbern. Die Anführerin ist stets ein älteres Weibchen. Zwischen einzelnen Gruppenmitgliedern entwickeln sich oft harmonische Beziehungen. Freundschaften können Jahrzehnte dauern, da Elefanten bis zu 80 Jahre alt werden. Die Weibchen zeigen große Zuneigung gegenüber ihren Jungen. Doch die Disziplin ist hart, und Fehlverhalten wird bestraft. Die Gruppe frisst mit Vorliebe in der Kühle des Abends. Elefanten bevorzugen Blätter und Schösslinge, fressen aber auch Gras. Um ihren mächtigen Appetit zu stillen, fressen sie bis zu 18 Stunden am Tag.

Lockere Herden
Einzelne Familiengruppen sind oft eng miteinander verbunden. Sie leben nicht selten in nur wenigen hundert Metern Abstand, treffen und trennen sich wieder. Gelegentlich tun sich Familien zu ungewöhnlich großen, locker verbundenen Herden von über 1 000 Tieren zusammen.

Kälber
Die Weibchen werden in der Regel alle 4 Jahre schwanger und bringen nach 22 Monaten ein Kalb zur Welt. Das ist die längste Trächtigkeitsdauer im Tierreich. Das Neugeborene ist 80–100 cm hoch und wiegt fast 100 kg. Die älteren Kälber bleiben nach der Geburt des Jüngsten bei der Mutter und helfen bei der Aufzucht der jüngeren Geschwister.

Leitkuh
Die Familiengruppe wird vom ältesten und erfahrensten Weibchen angeführt. In der Regel ist es die Mutter und Großmutter der gesamten Gruppe. Jedes Mitglied der Gruppe kennt seine Stellung in der sozialen Rangordnung und erkennt die Autorität des ranghöchsten Weibchens an.

Wasserlöcher
Elefanten trinken jeden Tag. Sie lieben es auch zu baden und sich mit Wasser vollzuspritzen. In der Trockenzeit werden Wasser und Nahrung knapp. Sie müssen bis zu 80 km zwischen der Wasserstelle und den Futtergründen zurücklegen. Elefanten graben auch Löcher in Flussbetten, um an das niedrige Grundwasser zu gelangen.

Sekret als Zeichen der Musth

Bullen

Solange die Bullen noch nicht geschlechtsreif sind, werden sie in der Familiengruppe geduldet. Später verlassen sie den Verband, leben allein oder in eigenen Gruppen. Wenn Weibchen paarungsbereit sind, ziehen reife Männchen kurze Zeit mit der Herde.

Kämpfe
Junge Bullen führen oft Scheinkämpfe durch, um ihre Stärke zu messen. Bei den harmlosen Rangeleien krachen die Stoßzähne aufeinander, und die Tiere ringen mit ihren Rüsseln. Ältere Bullen kämpfen vor allem in der Musth um die soziale Rangordnung.

Drohverhalten
Meinungsverschiedenheiten zwischen Elefanten werden meist friedlich beigelegt. Ihr Missbehagen geben die Tiere in der Regel durch Drohverhalten kund. Sie schütteln den Kopf, spreizen die Ohren ab, verdrehen den Rüssel und scharren mit den Füßen. Nützt dies nichts, geht der Elefant zum Angriff über. Er läuft dabei schnell, hält den Rüssel in die Höhe, spreizt die Ohren ab und trompetet laut. Zum Zusammenstoß kommt es meist nicht. Der Elefant dreht im letzten Augenblick ab.

Abspreizen der Ohren zur Einschüchterung

Scheinkampf junger Bullen

Musth
Vom 25. Lebensjahr an kommen die Männchen einmal im Jahr in die Musth. Dabei tritt aus der Schläfendrüse ein dickes Sekret aus. Nun sind die Bullen sehr aggressiv, kämpfen untereinander und suchen paarungswillige Weibchen.

Kommunikation

Berührung ist eine wichtige Art der Kommunikation in der Elefantengesellschaft. Wenn sich die Tiere begegnen, grüßen sie sich, indem sie ihre Rüssel umeinander wickeln und sich gegenseitig an Kopf und Körper berühren. Benimmt sich ein Kalb daneben, so erteilt ihm die Mutter einen Klaps mit dem Rüssel. Wenn ein Kalb erschrickt, versuchen es die übrigen Elefanten zu beruhigen, indem sie nahe bei ihm stehen und es mit dem Rüssel liebkosen.

Die Elefanten stehen sich gegenüber und betasten sich gegenseitig am Kopf.

Rumpeln
Elefanten halten untereinander dauernd Stimmfühlung durch tiefe Laute, die man als Rumpeln bezeichnet. Wenn das Rumpeln plötzlich aufhört, ist dies eine Warnung vor einer möglichen Gefahr. Elefanten können untereinander auch durch Ultraschalllaute in Verbindung treten. Wir können diese Laute nicht hören.

AFRIKANISCHER ELEFANT

WISSENSCHAFTLICHER NAME *Loxodonta africana*

ORDNUNG Proboscidea, Rüsseltiere

FAMILIE Elephantidae, Elefanten

VERBREITUNG Afrika südlich der Sahara

LEBENSRAUM Offene Savannen sowie auch Regenwälder

ERNÄHRUNG Gräser, Blätter, Schösslinge, Zweige und anderes Pflanzenmaterial

GRÖSSE Länge 4,50 m; Schulterhöhe 4 m; Gewicht 6,1 t

LEBENSDAUER 70–80 Jahre

SIEHE AUCH UNTER | AFRIKA, TIERWELT | ASIEN, TIERWELT | GRASLAND, TIERWELT | NATURSCHUTZ | ÖKOLOGIE UND ÖKOSYSTEME | REGENWALD, TIERWELT | SÄUGETIERE | TIERVERHALTEN

ELEKTRIZITÄT

DER BLITZ ist der deutlichste Hinweis auf die unsichtbare Energieform der Elektrizität. Sie kommt durch die Bewegung von Elektronen in Leitern zustande. Jedes Elektron trägt eine negative Elementarladung. Wenn sich elektrische Ladung an einem Ort sammelt, spricht man von statischer Elektrizität. Bewegt sich die Ladung von einem Ort zum andern, dann fließt Strom.

Stromkreis

Nur wenn der Stromkreis geschlossen ist, kann elektrischer Strom fließen und eine Batterie die Lampen zum Glühen bringen. Sind 2 Lampen hintereinander geschaltet spricht man von einer Reihenschaltung. Bei der Parallelschaltung entstehen mehrere unabhängige Stromkreise.

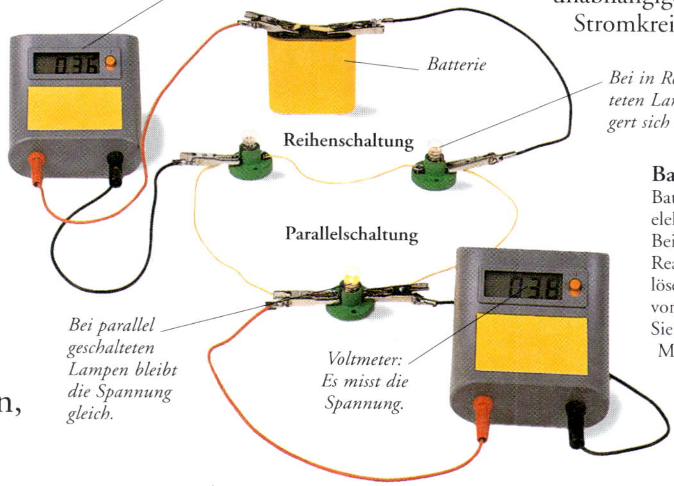

Amperemeter: Es misst die Stromstärke.

Batterie

Reihenschaltung

Parallelschaltung

Bei parallel geschalteten Lampen bleibt die Spannung gleich.

Voltmeter: Es misst die Spannung.

Bei in Reihe geschalteten Lampen verringert sich die Spannung.

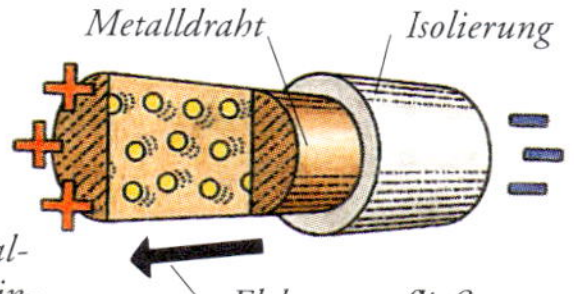

Batterie
Batterien speichern elektrische Energie. Bei einer chemischen Reaktion im Inneren lösen sich Elektronen von den Atomen ab. Sie fließen dann vom Minuspol über einen Stromkreis zum Pluspol. Dabei versorgen sie elektrische Geräte mit Energie.

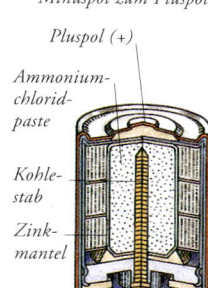

Elektrischer Strom

Wenn Elektronen in einem Leiter des Stromkreises transportiert werden, erzeugen sie elektrischen Strom. Angetrieben werden sie von der Spannung, die man in Volt misst. Je höher die Spannung, umso stärker ist der Strom im Stromkreis.

Metalldraht *Isolierung*

Elektronen fließen vom Minuspol zum Pluspol.

Pluspol (+)
Ammoniumchloridpaste
Kohlestab
Zinkmantel
Minuspol (−)

Statische Elektrizität

Reibt man 2 verschiedene Materialien aneinander, so kann das eine Elektronen an das andere abtreten. Das Material, das Elektronen abgegeben hat, zeigt eine positive statische Ladung, das andere eine negative Ladung.

Anziehung und Abstoßung
Ein positiv aufgeladener Ballon lässt negative Ladungen an die Oberfläche der Haare wandern. Da sich entgegengesetzte Ladungen anziehen, werden die Haare zum Ballon gezogen. Gleichnamige Ladungen stoßen sich gegenseitig ab.

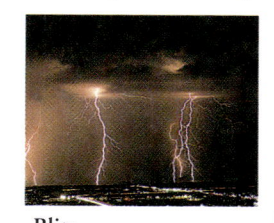

Blitz
In Gewitterwolken bauen sich gewaltige statische Ladungen und Spannungen von bis zu 100 Millionen Volt auf. Die Entladung erfolgt durch den Blitz, in dem Strom fließt.

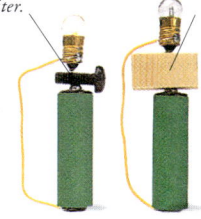

Stahl ist ein guter Leiter. *Kunststoff als Isolator*

Strom
Strom kann nur durch sog. Leiter fließen. Die Elektronen sind hier nur locker an die Atome gebunden und können leicht verschoben werden.

Isolatoren
Isolatoren leiten keinen elektrischen Strom. Die Elektronen sind hier fest an die Atome gebunden und können nicht verschoben werden.

Generator

Der Strom, den man zu Hause und in Fabriken verwendet, wird von Generatoren erzeugt. Dabei drehen sich Drahtspulen rasch in einem Magnetfeld. Durch dieses Magnetfeld werden Elektronen im Draht verschoben, sodass Strom fließt. Im Modell (unten) erzeugt ein Stabmagnet das Magnetfeld.

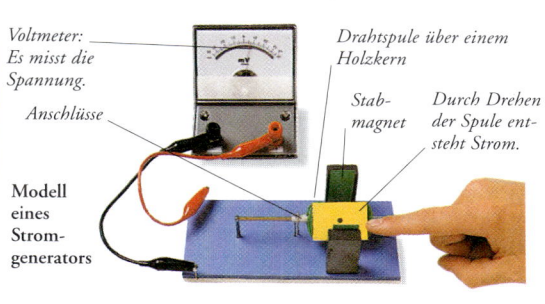

Voltmeter: Es misst die Spannung.
Anschlüsse
Modell eines Stromgenerators
Drahtspule über einem Holzkern
Stabmagnet
Durch Drehen der Spule entsteht Strom.

Die Sicherung unterbricht den Stromkreis bei Kurzschlüssen.
Stromzähler: Er misst den Stromverbrauch in Kilowattstunden (kWh).
Erdung
Beleuchtung
Wandstecker
Hauptstromkreis

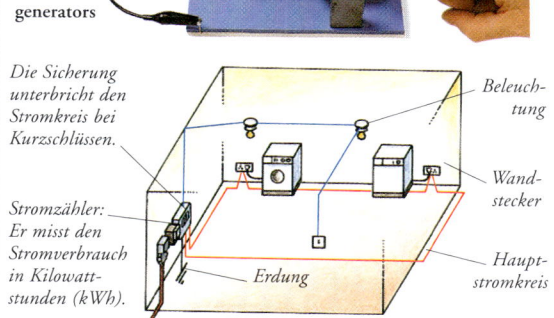

Stromversorgung
In Kraftwerken erzeugen Generatoren elektrischen Strom. Er gelangt über ober- oder unterirdische Leitungen zu den Abnehmern. Es handelt sich dabei um Wechselstrom, der pro Sekunde sehr oft die Fließrichtung ändert. Batterien hingegen produzieren Gleichstrom, der stets nur in einer Richtung fließt.

Strom zu Hause
Der Strom, den wir zu Hause verwenden, hat eine Spannung von 230 V. Für den Überlandtransport erreicht er jedoch bis zu 400 000 V Spannung. Diese Hochspannung wird durch Transformatoren verringert. Wenn in einer Leitung zu Hause zu viel Strom fließt, unterbricht die Sicherung den Stromkreis.

Michael Faraday
1831 baute der englische Naturforscher Michael Faraday (1791–1867) den ersten Generator, nachdem er bemerkt hatte, dass durch Bewegen eines Magneten in einer Spule Strom geflossen war. Faraday erfand auch einen Elektromotor und war Pionier der Elektrolyse, der chemischen Spaltung durch Strom.

Chronologie

um 500 v. Chr. Die Griechen entdecken die statische Elektrizität: Wenn man Bernstein mit Wolle reibt, lädt er sich auf und zieht kleine Gegenstände an.

Bernstein zieht Feder an.

1752 Der amerikanische Forscher und Politiker Benjamin Franklin zeigt, dass der Blitz eine elektrische Erscheinung ist.

1799 Der italienische Physiker Alessandro Volta baut eine Batterie.

1831 Der Amerikaner Joseph Henry und der Engländer Michael Faraday bauen unabhängig voneinander „Induktionsspulen", die ersten Generatoren.

Voltas Batterie

1868 Der frz. Chemiker Georges Leclanché erfindet die „Leclanché-Zelle", die Vorläuferin heutiger Zink-Kohle-Batterien.

1897 Der Engländer Joseph John Thompson entdeckt das Elektron.

SIEHE AUCH UNTER — ELEKTROMAGNETISMUS — ENERGIE — MAGNETISMUS — SÄUREN UND BASEN — WIRBELSTÜRME

ELEKTROMAGNETISCHE STRAHLEN

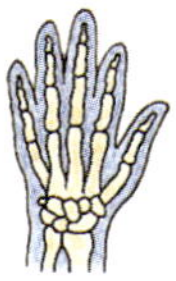

ELEKTROMAGNETISCHE STRAHLEN entstehen durch schwingende elektrische und magnetische Felder. Sie pflanzen sich auch im luftleeren Raum fort. Je nach der Wellenlänge und der Frequenz tragen die elektromagnetischen Strahlen unterschiedliche Namen. Für uns Menschen ist das Licht am bedeutendsten. Es umfasst aber nur einen winzigen Bereich im gesamten elektromagnetischen Spektrum.

Elektromagnetische Strahlen

Bei elektromagnetischen Strahlen handelt es sich einerseits um Wellen, andererseits um winzige Teilchen. Diese Strahlen haben eine Doppelnatur und pflanzen sich im Gegensatz zu Schallwellen auch im luftleeren Raum des Weltalls fort.

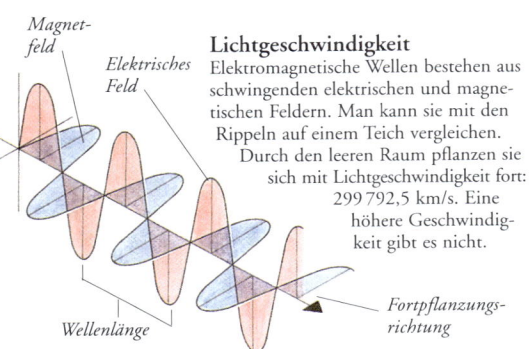

Magnetfeld
Elektrisches Feld
Wellenlänge
Fortpflanzungsrichtung

Lichtgeschwindigkeit
Elektromagnetische Wellen bestehen aus schwingenden elektrischen und magnetischen Feldern. Man kann sie mit den Rippeln auf einem Teich vergleichen. Durch den leeren Raum pflanzen sie sich mit Lichtgeschwindigkeit fort: 299 792,5 km/s. Eine höhere Geschwindigkeit gibt es nicht.

Photonen
Die Wissenschaftler stellen sich die Energie elektromagnetischer Strahlen oder Wellen in Form kleiner Teilchen vor, die man Photonen nennt. Die Strahlen werden auch als „Wellenpakete" beschrieben und bestehen aus einem Strom von Photonen.

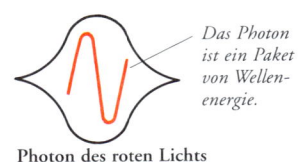

Das Photon ist ein Paket von Wellenenergie.

Photon des roten Lichts

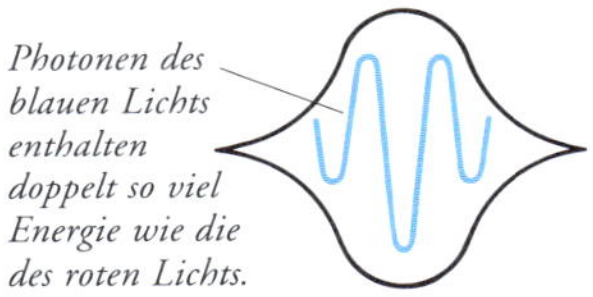

Photonen des blauen Lichts enthalten doppelt so viel Energie wie die des roten Lichts.

Photon des blauen Lichts

James Clerk Maxwell
Der Schotte James Clerk Maxwell (1831–79) erkannte als Erster, dass Licht aus elektromagnetischen Strahlen besteht. Maxwell forschte auch über Elektrizität, Gastheorie und Farbenlehre. Er stellte 4 Grundgleichungen der Elektrodynamik auf und gilt als einer der bedeutendsten Physiker aller Zeiten.

Sonnenstrahlen
Die Sonne gibt elektromagnetische Strahlen der unterschiedlichsten Wellenlängen ab. Der größte Teil dieser Strahlung wird von Gasen in der Erdatmosphäre absorbiert. Bis auf die Erdoberfläche gelangen Radiowellen, Licht, ferner etwas Infrarot- und Ultraviolettstrahlung.

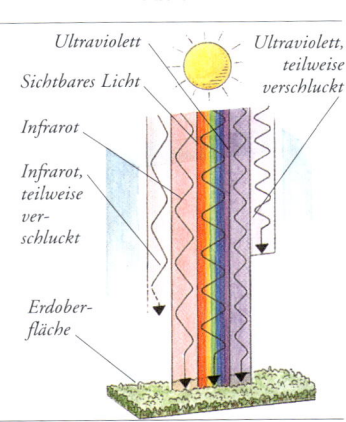

Ultraviolett
Sichtbares Licht
Infrarot
Ultraviolett, teilweise verschluckt
Infrarot, teilweise verschluckt
Erdoberfläche

Elektromagnetisches Spektrum
Man unterscheidet elektromagnetische Wellen nach der Wellenlänge und der Frequenz, d. h. der Anzahl von Schwingungen pro Sekunde. Kurzwellige Strahlen mit hoher Frequenz enthalten die meiste Energie.

Wellenlänge (in m)

Gammastrahlen
Radioaktive Atome geben bei Kernreaktionen Gammastrahlen ab. Sie enthalten sehr viel Energie, durchdringen den menschlichen Körper und schädigen ihn dabei nachhaltig, indem sie Zellen zerstören.

Atombombenexplosion — 10^{-14}
— 10^{-12}

Röntgenstrahlen
Röntgenbilder zeigen die dichten Knochen als dunkle Schatten. Muskeln und Eingeweide werden durchdrungen und bilden sich nur unter besonderen Bedingungen ab.

Röntgenfotografie — 10^{-10}

Ultraviolett
Der ultraviolette Anteil der Sonnenstrahlung führt zur Bräunung der Haut und zum Sonnenbrand. Fluoreszierende Stoffe nehmen UV-Strahlung auf und geben sie im sichtbaren Bereich wieder ab. Sie leuchten im Dunkeln.

Fluoreszierendes Gestein — 10^{-8}

Licht
Als Licht bezeichnen wir den sichtbaren Teil des elektromagnetischen Spektrums. Es umfasst alle Farben des Regenbogens.

Menschliches Auge — 10^{-6}

Infrarot
Warme Objekte geben Infrarot- oder Wärmestrahlen ab. Mit Spezialfilmen macht man Infrarotaufnahmen (Thermographien) und misst so Temperaturen. Die wärmsten Teile sind gelb, die kältesten blau.

Infrarotfotografie — 10^{-4}

Mikrowellen
Mikrowellen sind kurzwellige Radiowellen. Im Mikrowellenherd können sie wasserhaltige Nahrung erhitzen. Die Wassermoleküle nehmen die Strahlungsenergie auf und schwingen dabei schneller. Dadurch wird das Essen erwärmt.

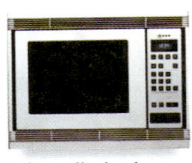

Mikrowellenherd — 10^{-2}
— 1

Radiowellen
Radiowellen sind Langwellen. Sie enthalten am wenigsten Energie. Die Wellenlängen können tausende von Kilometern betragen. Man kann sie mit einem sog. Oszillator erzeugen. Radiowellen sind erforderlich, um Rundfunk- und Fernsehprogramme zu übertragen.

Sendemasten — 10^{2}
— 10^{4}

Chronologie

1667 Der Engländer Isaac Newton spaltet weißes Licht in die Farben des Spektrums auf.

1800 Der deutsch-englische Naturforscher William Herschel entdeckt Infrarotstrahlen.

1801 Der deutsche Physiker Johann Ritter entdeckt die UV-Strahlen.

1864 Maxwell beweist das elektromagnetische Spektrum und die Entstehung elektromagnetischer Strahlung durch die Verbindung von Elektrizität und Magnetismus.

1887 Der dt. Physiker Heinrich Hertz erzeugt künstliche Radiowellen.

1895 Der Deutsche Wilhelm Röntgen findet nach ihm benannte Strahlen.

1896 Der Amerikaner M. Pupin macht das erste medizinische Röntgenbild.

1900 Der frz. Physiker Paul Villard entdeckt die Gammastrahlen.

1901 Der Italiener Guglielmo Marconi sendet das erste Radiosignal über den Atlantik.

1947 Erste käufliche Mikrowelle in den USA

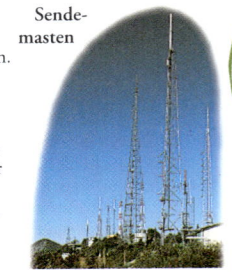

SIEHE AUCH UNTER: ELEKTROMAGNETISMUS · ENERGIE · FARBEN · LICHT · MAGNETISMUS · RADIOAKTIVITÄT · WÄRME UND TEMPERATUR

ELEKTROMAGNETISMUS

KAUM HAT MAN den Schalter betätigt, beginnt sich die Trommel der Waschmaschine zu drehen. Physikalisch gesehen steht dahinter eine Erscheinung, die wir Elektromagnetismus nennen: Wenn Strom durch einen Draht fließt, erzeugt er ein Magnetfeld um diesen Draht. Wickelt man den Draht zu einer Spule auf, so verstärkt sich dieser Effekt. Steckt man einen Weicheisenkern in die Spule, erhält man einen starken Elektromagnet. Er erzeugt ein Magnetfeld, solange Strom durch die Spule fließt.

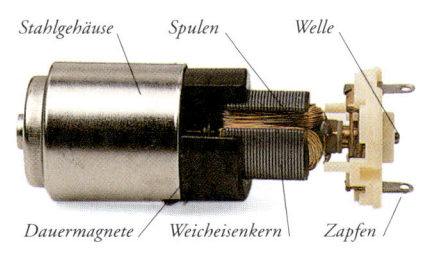

Stahlgehäuse *Spulen* *Welle*

Dauermagnete *Weicheisenkern* *Zapfen*

Elektromotor

Im Innern eines Elektromotors finden sich Drahtspulen, die von Dauermagneten umgeben sind. Durch die Spule fließt Strom und erzeugt ein Magnetfeld. Es tritt mit den Magnetfeldern der Dauermagneten in Wechselwirkung. Beide stoßen sich ab und ziehen sich an, sodass die Spule sich zu drehen beginnt. Diese Drehbewegung treibt z. B. eine Bohrmaschine an.

Bohrmaschine
Die Bohrmaschine enthält einen Elektromotor. Mit einem Getriebe kann man die Drehgeschwindigkeit des Bohrers verändern. Ein Ventilator sorgt dafür, dass der Elektromotor nicht überhitzt wird. Das Schlagwerk hilft beim Bohren durch harte Materialien.

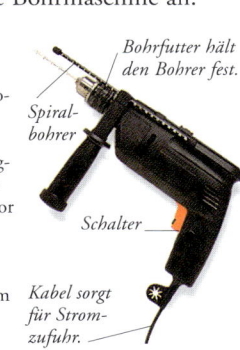

Bohrfutter hält den Bohrer fest.
Spiralbohrer
Schalter
Kabel sorgt für Stromzufuhr.

Klemme *Klemme mit Eisenstab*

Kupferdraht, um Eisenstab gewickelt

Anschluss zur Batterie

Büroklammern hängen am Elektromagnet.

Der Elektromagnet lässt sich ein- und ausschalten.

Elektromagnet

Die meisten Elektromagnete bestehen aus einer Drahtspule um einen Eisenkern. Wenn elektrischer Strom durch den Spulendraht fließt, entsteht ein Magnetfeld. Man kann es mit Hilfe eines Schalters ein- und ausschalten. Mit diesem Prinzip arbeiten auch Elektromotoren.

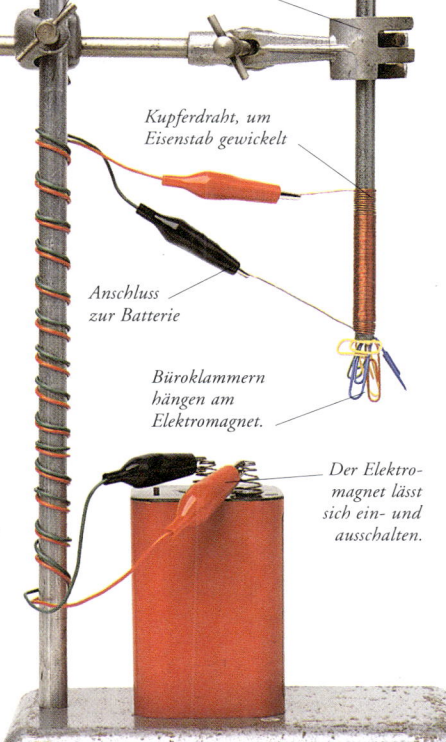

Praktische Nutzung

Die meisten elektrischen Geräte enthalten einen Elektromotor. Den Elektromagnetismus kann man aber auch nutzen, um etwa Töne zu erzeugen oder versteckte Geräte zu entdecken.

Lautsprecher
Der Lautsprecher enthält eine trichterförmige Membran, die in Schwingungen versetzt wird und so Schallwellen erzeugt. Sie ist an einer Spule befestigt, um die ein Dauermagnet liegt. Die Magnetfelder der Spule und des Magnets treten in Wechselwirkung, und die Spule bringt die Membran zum Schwingen.

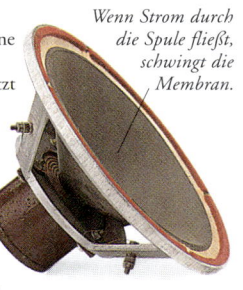

Wenn Strom durch die Spule fließt, schwingt die Membran.

Anschluss zur Batterie

Kompasse zeigen die Richtung des Magnetfeldes um die Spule.

Solenoid
Als Solenoide bezeichnen wir Elektromagneten mit nur einer einlagigen, zylindrischen Drahtwicklung. Das Magnetfeld um die Spule herum ist dasselbe wie bei einem Stabmagneten. Die Feldstärke hängt von der Anzahl der Wicklungen und der Stärke des durchfließenden Stroms ab.

Magnetisierbares Eisen
Kräne auf Schrottplätzen arbeiten mit starken Elektromagneten. Wenn diese eingeschaltet sind, ziehen sie eisenhaltige Abfälle an. Auf diese Weise trennt man Eisenmetalle von Nichteisenmetallen. Beim Ausschalten verliert der Elektromagnet seine Kraft und der Schrott fällt auf den Boden.

Transformator *Kofferradio*

Metalldetektor
Auf Flughäfen müssen die Passagiere durch einen Metalldetektor in Form eines Torbogens gehen. Er enthält Drahtspulen, durch die Strom fließt. Die Passagiere gehen also durch ein Magnetfeld. Gegenstände aus Eisen oder Stahl verändern die Feldstärke und lösen sofort einen Alarm aus.

Transformator
Viele Elektrogeräte enthalten Transformatoren, um die Spannung zu verändern. Im Innern des Transformators befinden sich 2 Spulen Ein Strom, der durch die eine Spule fließt, erzeugt ein Magnetfeld. Dabei entsteht in der zweiten Spule ein elektrischer Strom, jedoch mit einer anderen Voltzahl.

Hans Christian Oersted
Der dänische Physiker Hans Christian Oersted (1777–1851) entdeckte 1820 den Elektromagnetismus. Er brachte einen Kompass in die Nähe eines Drahtes, durch den Strom floss. Dabei bemerkte er, dass die Kompassnadel aus ihrer Richtung abgelenkt wurde. Oersted erkannte, dass der Strom im Draht ein Magnetfeld erzeugt.

Chronologie

1799 Der italienische Physiker Alessandro Volta erfindet die Batterie. Sie ermöglicht erste Versuche mit elektrischen Strömen.

1820 Oerstedts Entdeckung des Elektromagnetismus eröffnete den Weg zur Entwicklung des Elektromagneten und des Elektromotors.

1821 Der englische Forscher Michael Faraday stellt eine erste Form des Elektromotors her. Ein Draht, der unter Strom steht, dreht sich dabei um die Pole eines Magneten.

Faradays Elektromotor

Sturgeons Elektromagnet

1828 Der Engländer William Sturgeon baut den ersten Elektromagneten: eine Drahtspule um einen isolierten Eisenstab.

1883 Der kroatische Physiker Nicola Tesla erfindet den Induktionsmotor, der praktisch nutzbar ist.

1885 Der amerikanische Ingenieur William Stanley erfindet den Transformator.

SIEHE AUCH UNTER — ELEKTRIZITÄT — MAGNETISMUS — MASCHINEN — MOTOREN — SCHALL

ELEKTRONIK

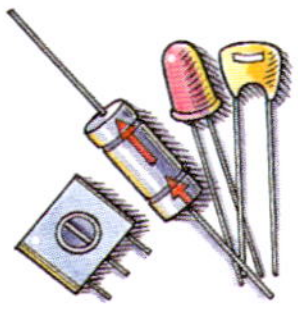

DIE ELEKTRONIK VERÄNDERT seit 30 Jahren unsere Welt. Wir sind heute überall von elektronisch gesteuerten Maschinen und Geräten umgeben, zu Hause wie bei der Arbeit. Die Elektronik beschäftigt sich mit der Steuerung und Schaltung elektrischer Ströme. Diese bestehen aus einem Fluss winziger elektrisch geladener Teilchen, den Elektronen. Elektronische Schaltkreise besitzen zahlreiche Bauteile, etwa Transistoren und Dioden, die elektrische Ströme verändern. Man kann damit sowohl ein Radio wie einen Computer betreiben.

Leuchtdioden (LED) Sie glühen auf, wenn Strom durch sie hindurchfließt. Sie zeigen in der Regel an, dass ein Gerät in Betrieb ist.

Veränderbarer Widerstand Er regelt die Strommenge in einem Stromkreis.

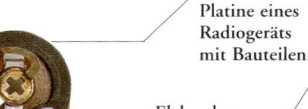

Kondensatoren Sie speichern elektrische Ladung. Elektrolytkondensatoren sind dabei leistungsfähiger als keramische Kondensatoren.

Platine eines Radiogeräts mit Bauteilen

Elektrolytkondensatoren

Keramische Kondensatoren

Integrierte Schaltungen In einem Plastikgehäuse enthalten sie viele auf einen Siliziumchip aufgeätzte Schaltungen.

Stromkabel

Platine
Die Bauteile elektronischer Schaltkreise, etwa für ein Rundfunkgerät, werden auf einer Platine oder Trägerplatte befestigt. Auf der Unterseite sind Schaltungen aufgedruckt. Die elektronischen Teile sind auf der Platine festgelötet. Die gedruckten Leiterbahnen stellen den Schaltkreis her.

Induktorspule Sie erzeugt ein Magnetfeld, wenn Strom durch sie hindurchfließt. Dabei entsteht ein Widerstand, der den weiteren Stromfluss begrenzt.

Abstimmkondensator Er nimmt unterschiedliche Ladungen auf. Damit stellt man z. B. Radiogeräte auf eine Empfangsfrequenz ein.

Dioden Sie lassen elektrische Ströme nur in einer Richtung hindurch.

Transistoren Man verwendet sie zur Verstärkung elektrischer Signale oder zum schnellen Ein- und Ausschalten.

Widerstände Sie lassen nur eine bestimmte Strommenge durch einen Stromkreis fließen.

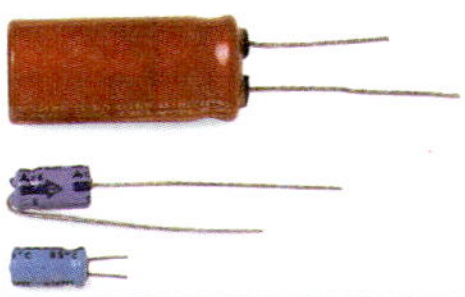

William Shockley
Der amerikanische Physiker William Shockley (1910–89) gehörte zu einem 3-köpfigen Team, das 1947 den Transistor entwickelte. Durch den Transistor wurde es möglich, winzige integrierte Schaltungen und kompakte elektronische Geräte zu bauen. In der Folge kamen zuerst die Kofferradios auf.

Fernsteuerung
Wenn man einen Knopf der Fernbedienung des Fernsehgerätes drückt, erzeugt eine Leuchtdiode einen Infrarotimpuls. Das Fernsehgerät nimmt ihn auf, entschlüsselt ihn und führt den Befehl aus.

Halbleiter
Das chemische Element Silizium ist ein klassischer Halbleiter. Es leitet elektrische Ströme nur unter bestimmten Bedingungen. Man kann die Eigenschaften eines Halbleiters durch Hinzugabe anderer chemischer Stoffe verändern. Man nennt das Dotieren. Aus dotierten Halbleitern stellt man Dioden, Transistoren und viele andere elektronische Bauteile her.

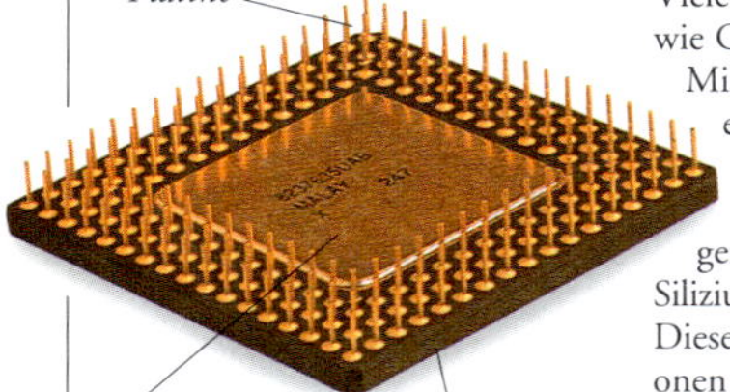

Siliziumkristall

Anwendungsbereiche
Elektronische Stromkreise funktionieren entweder analog oder digital. Im ersten Fall werden dauernd sich verändernde Ströme weiterverarbeitet, etwa bei Rundfunk- und Fernsehsignalen. Digitale Signale hingegen liegen in Form tausender winziger Stromstöße pro Sekunde vor.

Verbindungsstifte (Pins) zur Platine

Mikroprozessor
Viele elektronischen Geräte wie Computer werden von Mikroprozessoren gesteuert. Es handelt sich um extrem verdichtete integrierte Schaltungen auf einem dotierten Siliziumplättchen, dem Chip. Diese Chips enthalten Millionen von Schaltungen, und Mikroprozessoren können so komplizierte Aufgaben lösen.

Siliziumchip unter einer Metallhülle

Keramikgehäuse

Taschenrechner

Rechengerät
Rechengeräte arbeiten digital und zerlegen eine Berechnung in einfache Schritte, die sie mit hoher Geschwindigkeit ausführen.

Videospielkonsole 
CD-ROM-Laufwerk
Flüssigkristallanzeige
Handsteuerung

Videospielkonsole
Digitale Schaltkreise im Innern einer Konsole steuern das Spiel. Die Konsole sendet ein analoges Signal an den Bildschirm, der das Bild aufbaut.

Ein-/Austaste
Flüssigkristallanzeige
Zeitschaltuhr
Zifferntasten
Steuerung des Videorecorders

Fernbedienung für das Fernsehgerät

| SIEHE AUCH UNTER | COMPUTER | ELEKTRIZITÄT | ELEMENTE | INFORMATION UND KOMMUNIKATION | METALLE | TELEFON | TELEKOMMUNIKATION | VIDEO |

ELEMENTE

CHEMISCHE ELEMENTE SIND die Grundstoffe im Weltall. Sie können durch chemische Verfahren nicht in einfachere Stoffe zerlegt werden und bestehen aus Atomen mit derselben Anzahl von Protonen im Kern. Bisher sind 115 Elemente bekannt. 93 kommen in der Natur vor, 22 wurden künstlich hergestellt. Das Leben auf der Erde beruht auf dem Element Kohlenstoff. Das häufigste Element in der Erdkruste ist der Sauerstoff. Er kommt in Luft, Wasser und vielen Gesteinen vor.

Elemente in der Natur

Nur wenige chemische Elemente treten in der Natur in reiner, gediegener Form auf. Die meisten Elemente reagieren mit anderen zu chemischen Verbindungen. Reines Gold kann man direkt aus dem Boden gewinnen, weil es sehr edel ist und nicht bereitwillig Verbindungen mit anderen Elementen eingeht.

Goldadern in Quarzgestein

Quarz ist eine chemische Verbindung aus Silizium und Sauerstoff.

Gediegenes Gold

Elementgruppen

Manche Elemente zeigen ähnliche chemische Eigenschaften. Man vereinigt sie deswegen zu einer Gruppe. Entscheidend ist dabei die Anzahl der Elektronen in der äußersten Schale. Verwandte chemische Elemente stehen im Periodensystem untereinander.

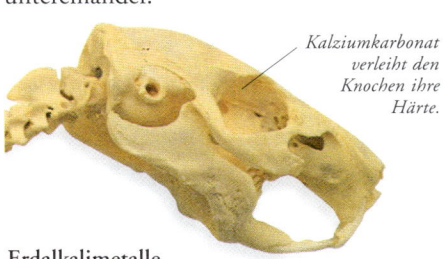

Alkalimetalle

Natrium und Kalium sind die wichtigsten Alkalimetalle. Alle Elemente dieser Gruppe sind sehr weiche Metalle, die sich mit dem Messer schneiden lassen. Sie reagieren heftig oder sogar explosiv mit Wasser und ergeben dabei eine Lauge.

Kalziumkarbonat verleiht den Knochen ihre Härte.

Erdalkalimetalle

Die wichtigsten Elemente dieser Gruppe sind Magnesium und Kalzium. Sie bilden mit Wasser alkalische Laugen. Kalzium kommt in Form seines Salzes Kalziumkarbonat oder Kalk in Gesteinen, Muscheln, Knochen und Zähnen vor. Magnesium ist ein wichtiger Bestandteil des Blattgrüns oder Chlorophylls, mit dessen Hilfe die Pflanzen Zucker und Stärke herstellen.

Reaktion von Kalium mit Wasser

Eisenverbindungen sind oft rot, braun oder schwarz.

Eisensulfid

Eisenkarbid

Eisenoxid

Farbige Eisenverbindungen

Metalle

Die Metalle bilden die größte Gruppe unter den Elementen. Sie leiten elektrischen Strom und Wärme sehr gut. Reine Metalle zeigen den typischen silbrigen Metallglanz. Zu den Metallen gehören z. B. Titan, Eisen, Nickel, Kupfer, Gold, Platin, Chrom und Wolfram.

Iod   Brom   Chlor

Halogene

Als Halogene bezeichnen wir sehr reaktionsfähige Elemente, die sich mit Metallen zu Salzen (Halogeniden) verbinden. Die wichtigsten Halogene sind Fluor, Chlor, Brom und Iod. Die drei erstgenannten sind gasförmig und treten in Form von Molekülen auf, die jeweils aus 2 Atomen des Elements bestehen.

Edelgase

Leuchtanzeigen an den Straßen kommen oft durch Edelgase zustande. Sie leuchten in unterschiedlichen Farben auf, wenn elektrischer Strom hindurchfließt. Neon z. B. glüht rot, Helium gelb und Argon blau. Edelgase gehen bei Normalbedingungen keine Verbindungen ein.

Modifikationen

Zunächst würde man nicht vermuten, dass der harte, funkelnde Diamant und der weiche, schwarze Graphit Formen oder Modifikationen des chemischen Elements Kohlenstoff darstellen. Die Unterschiede entstehen durch den räumlichen Aufbau des Kristallgitters. Die Atome sind darin fest bzw. locker miteinander verbunden.

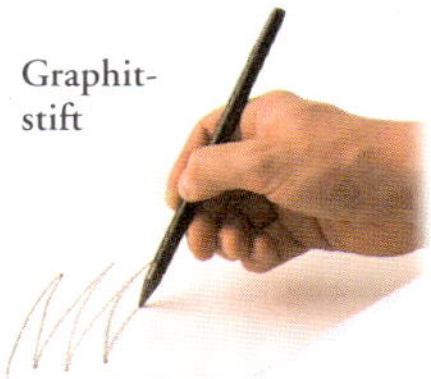

Graphitstift

Diamant Seine Kohlenstoffatome sind untereinander fest verbunden. Daraus erklärt sich seine Härte.

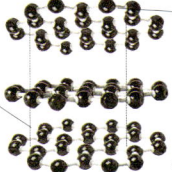

Nur schwache Bindungen halten die Schichten zusammen.

Graphit Er besteht aus Schichten von Kohlenstoffatomen, die leicht gegeneinander verschiebbar sind.

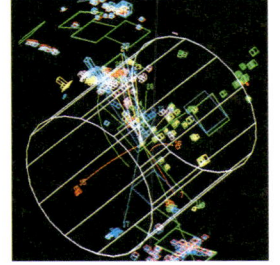

Künstliche Elemente

Neue Elemente kann man durch Beschuss bereits existierender Elemente mit Elementarteilchen oder größeren Atomkernen künstlich erzeugen. Das erfolgt mit dem Teilchenbeschleuniger. Die künstlichen Elemente sind stark radioaktiv und zerfallen rasch wieder.

Kollisionen in einem Teilchenbeschleuniger

Wasserstoff

Das Element Wasserstoff macht rund 90 % der Materie im Weltraum aus. Es entstand als erstes Element nach dem Urknall und ist ein geschmack- und farbloses, ungiftiges Gas. Von allen chemischen Elementen hat Wasserstoff den einfachsten Aufbau, da es nur 1 Proton und 1 Elektron besitzt. Gasförmiger Wasserstoff tritt auf der Erde nur als Molekül aus 2 Wasserstoffatomen auf.

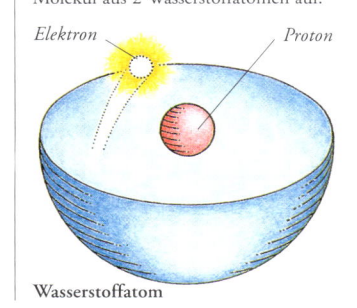

Elektron   Proton

Wasserstoffatom

Dimitri Mendelejew

Im Jahr 1869 entwarf der russische Chemiker Dimitri Mendelejew (1834–1907) das Periodensystem. Darin ordnete er die damals bekannten 63 Elemente zu verschiedenen Gruppen. Mit dieser Tabelle konnte Mendelejew die Existenz weiterer 3 Elemente voraussagen, die man kurz darauf auch entdeckte.

SIEHE AUCH UNTER: ATOME UND MOLEKÜLE · CHEMISCHE VERBINDUNGEN · LUFT · MATERIE · METALLE · SÄUREN UND BASEN · SKELETT · URKNALL · ZÄHNE

ELISABETH I.

45 JAHRE LANG, 1558–1603, regierte Elisabeth I. in England. Mit viel Geschick und durch die Autorität ihrer Persönlichkeit einigte sie ihr zerstrittenes Land. Ihre Regentschaft brachte eine glorreiche Zeit für die Künste und Kultur. Doch Elisabeth musste ihr Leben lang kämpfen: Ihre Mutter starb, als sie gerade drei Jahre alt war. Ihre Halbschwester Maria nahm sie gefangen, und als erwachsene Frau lebte sie ohne Gemahl in einer Männerwelt. Als sie 1603 starb, hinterließ Elisabeth England als eines der blühendsten und mächtigsten Reiche in Europa.

Thronbesteigung Elisabeths I. im Alter von 25 Jahren

Kindheit und Jugend
Elisabeth war die Tochter Heinrichs VIII. (Regierungszeit 1509–47) und dessen zweiter Frau, Anne Boleyn. Geboren wurde sie am 7. September 1533 in Greenwich Palace. Als Elisabeth 3 Jahre alt war, wurde ihre Mutter wegen angeblichen Ehebruchs enthauptet. Maria I., ihre katholische Halbschwester, nahm sie kurzzeitig gefangen, um sich zur Königin krönen zu lassen. Nach Marias Tod bestieg die protestantische Elisabeth I. am 17. November 1558 den englischen Thron.

Kirche und Staat
Elisabeths Vater Heinrich VIII. brach 1534 mit der römisch-katholischen Kirche und gründete die unabhängige Kirche von England. Elisabeths Halbschwester Maria I. (Regierung 1553–58) versuchte England zum Katholizismus zurückzuführen. Elisabeth I. stellte aber die anglikanische Nationalkirche mit dem König als Oberhaupt wieder her.

Spanische Armada
Philipp II. von Spanien, Gemahl von Maria der Katholischen, der Halbschwester Elisabeths, war Führer des katholischen Europa. Für das protestantische England stellte er eine Bedrohung dar. Nach dem Tod seiner Gemahlin und der Hinrichtung der schottischen, katholischen Königin Maria Stuart schickte er 1588 seine Armada, eine Flotte mit 130 Schiffen und 20 000 Soldaten. Die Engländer schlugen die bis dahin unbesiegte Armada und stiegen zur Weltmacht auf.

Francis Drake
Zwischen 1577 und 1580 segelte Francis Drake mit der *Golden Hind* als erster Engländer um die Welt. Er griff die spanische Armada 1587 in Cadiz an und verzögerte so nachhaltig ihre Vorbereitungen zur Seeschlacht gegen England 1588. Mit einem Freibrief der Königin überfiel Drake als Pirat immer wieder spanische Schiffe bis zu seinem Tod 1596 vor der Küste von Panama.

William Cecil
Cecil, der spätere Lord Burghley, war der erste Staatssekretär Elisabeths I. 40 Jahre lang leitete er die Geschicke Englands. Unter ihm wurde die endgültige Trennung vom Papst vollzogen und die Kirche von England unabhängig.

Maria Stuart
Maria, schottische Königin, war katholisch und in der Erbfolge die Nachfolgerin Elisabeths, in deren Hand sie sich begeben hatte. Sie plante wohl eine Verschwörung gegen Königin Elisabeth, die sie deshalb 1587 hinrichten ließ.

Englische Schiffe mit Kanonen treffen auf die Flotte der Spanier.

Spanische Schiffe auf der Flucht nach Norden

Phönixmedaille
Elisabeth wählte den Phönix, den Vogel, der aus der Asche aufsteigt, zu ihrem Symbol. Diese Medaille aus der Zeit um 1574 zeigt eine Büste Elisabeths. Auf der Rückseite ist der mythische Vogel abgebildet.

Die berühmte Phönixmedaille

Die jungfräuliche Königin
Elisabeth war stets von Freiern umworben, doch heiatete sie nie. Mächtige Fürsten aus dem Ausland machten ihr den Hof, begierig auf ihr blühendes Reich. Aber sie wies einen Bewerber nach dem anderen ab. Sie gefiel sich in ihrer Rolle als jungfräuliche Königin und schuf so ein Klima von Stolz und Selbstbewusstsein, in dem die Kultur und die Kunst gediehen. William Shakespeare, der Dichter Edmund Spenser oder der Komponist Thomas Tallis seien hier beispielhaft genannt.

Elisabeth, auf einer Landkarte ihres Reiches stehend

ELISABETH I.
- **1533** Geboren in Greenwich Palace bei London, England
- **1536** Elisabeths Mutter Anne Boleyn wird hingerichtet.
- **1554** Elisabeth steht unter Arrest ihrer Halbschwester Maria.
- **1558** Elisabeth besteigt den Thron. Cecil ist Staatssekretär, Matthew Parker Erzbischof von Canterbury.
- **1559** Mit der Suprematsakte wird sie Oberhaupt der anglikanischen Kirche.
- **1588** Sieg über die Armada
- **1603** Tod in Richmond Palace

SIEHE AUCH UNTER CHRISTENTUM · GROSSBRITANNIEN, GESCHICHTE · REFORMATION · SCHAUSPIEL · SHAKESPEARE, WILLIAM · SPANIEN, GESCHICHTE · THEATER · WOHNHÄUSER

EMANZIPATION

DIE LETZTEN 200 JAHRE bis heute kämpften Frauen um ihre Rechte – in der Ehe, in der Gesellschaft, im Staat. Man spricht von der Frauenbewegung, obwohl darunter oft etwas anderes verstanden wird. Zum ersten Mal organisierten sich die Frauen im 19. Jh., um für die sog. Frauenrechte zu kämpfen. Dabei ging es vor allem um das Wahlrecht der Frauen. Unter dem Schlagwort „Emanzipation" wurde aus dem Recht der Frauen ein weltweites Anliegen. Bis heute hat der Kampf der Frauen um Gleichberechtigung mit den Männern viele Erfolge erzielt.

Erster Widerstand
Im 18. Jh. hatten Frauen keinerlei Rechte. Sie waren – streng genommen – Eigentum ihrer Ehemänner oder Väter. Erst nach der Französischen Revolution änderte sich das.

Mary Wollstonecraft
Die Engländerin Mary Wollstonecraft (1759–97) veröffentlichte 1792 ihr Buch *Verteidigung der Frauenrechte*. Sie legte dar, dass eine Ehefrau daheim im „Käfig sitzt wie ein Vogel". Sie nahm leitende Gedanken der Frauenbewegung vorweg.

Mary Wollstonecraft

Frühe Bewegung
Im 19. Jh. kämpften Frauen der Mittelklasse wie die englische Malerin Barbara L. Bodichon (geb. Smith) für das Recht auf eigenes Vermögen. Sie forderten eine ordentliche Ausbildung und eine sinnvolle Tätigkeit auch für Frauen.

Madame Bodichon (1827–91)

Gleichberechtigung
Ende der 60er Jahre wurde die Frauenbewegung zum politischen Anliegen. Auf der ganzen Welt wuchs die Zahl der Frauen, die sich gegen Unterdrückung und die traditionelle Frauenrolle wandten. Sie forderten ein Ende der sexuellen Diskriminierung, der Benachteiligung wegen des Geschlechts, und verlangten gegenüber den Männern gleiche Bezahlung für gleiche Leistung, Kindergärten, die Entscheidung über Abtreibung und das Verbot von Gewalt gegen Frauen.

Plakat für das Frauenstimmrecht

Frauenstimmrecht
Seit 1840 kämpften die Frauen in Amerika und England für das Stimmrecht. Sie hofften dadurch ihre Situation zu verbessern. Bis es soweit war, dass Frauen wählen durften, mussten hunderttausende von ihnen auf den Straßen demonstrieren.

Banner der National Union of Women's Suffrage Societies

Wahl der „Miss World", 1970

Sexismus
1970 demonstrierten Feministinnen gegen die Wahl der „Miss World", weil sie darin eine Herabwürdigung der Frau sahen. Obwohl die Bühne von den Protestierenden mit Mehl und Unrat überschüttet wurde, ging die Wahl weiter. Das alles wurde im Fernsehen übertragen und führte zu Diskussionen darüber, wie diese Art von Sexismus zu ändern sei.

Gleiche Rechte
Streikende Frauen, 1977
Seit 1970 gewann die Frauenbewegung in vielen Ländern an politischem Einfluss. Sie erzwang Gesetze, die gleiche Rechte für Frauen garantierten und sexuelle Belästigung am Arbeitsplatz oder in der Ausbildung unter Strafe stellten. Doch trotz aller Fortschritte für die Gleichberechtigung der Frau und die Chancengleichheit gibt es noch immer Benachteiligungen.

Internationaler Frauentag
1908 führten die Sozialisten in den USA einen Demonstrationstag für das Frauenstimmrecht ein. 1921 setzten in Moskau die Kommunistinnen den 8. März als Internationalen Frauentag fest. Seit 1970 feiern Feministinnen den Frauentag wieder.

Mimose, Symbol des Frauentags

Chronologie
1848 In Seneca Falls, USA, findet der erste Kongress der Frauenrechtsbewegung statt.

1869 Susan B. Anthony und Elizabeth Cady Stanton gründen die *National Woman Suffrage Association*, USA.

1893 Frauenwahlrecht in Neuseeland

1918 Frauenwahlrecht in Deutschland

1968 Arbeiterinnen bei Ford in England streiken für gleichen Lohn.

1975 Die Vereinten Nationen starten die Weltfrauendekade.

2000 In mehr als 90 % aller Länder können Frauen wählen und öffentliche Ämter wahrnehmen.

Plakette der WSPU

Simone de Beauvoir
Die französische Schriftstellerin Simone de Beauvoir (1908–86) spielte eine bedeutende Rolle in der Frauenemanzipation. 1949 verfasste sie das Werk *Das andere Geschlecht*, in dem die gelernte Philosophin anhand der Geschichte, Literatur Kunst und Psychologie zeigt, dass der Mann die Frau ständig verleugnet. Ihr Buch wurde grundlegend für die Frauenbewegung.

SIEHE AUCH UNTER: FRANZÖSISCHE REVOLUTION · FRAUENBEWEGUNG · MENSCHENRECHTE · SKLAVEREI

ENERGIE

WIR MENSCHEN HÄNGEN AB von der Energie, die in der Nahrung gespeichert ist. Sie wird in den Zellen frei und ermöglicht das Leben. Energie ist die Fähigkeit, Arbeit zu leisten. Dabei spielt es keine Rolle, um welche Art von Energie es sich handelt. Die Energieformen, z. B. Bewegung, Schall, Wärme, Licht und chemische Energie, lassen sich ineinander überführen.

Gewichte mit potenzieller Energie

Wenn die Sportlerin das Gewicht hebt, leistet sie Arbeit.

Als Leistung bezeichnet der Physiker die geleistete Arbeit pro Zeiteinheit.

Energiearten

Bei der mechanischen Energie unterscheidet man Bewegungs- oder kinetische Energie und die potenzielle Energie. Daneben gibt es noch 5 weitere Energieformen, z. B. die chemische Energie. Man misst Energie in Joule (J).

Potenzielle Energie

Potenzielle oder Lageenergie besitzt ein Körper aufgrund seiner Lage. Der Bungeespringer auf der Brücke hat potenzielle Energie. Beim Sprung verwandelt er sie in Bewegungsenergie. In gespanntem Zustand hat das Seil Lageenergie. Wenn es den Springer in die Höhe zieht, verwandelt sie sich in Bewegungsenergie.

Die potenzielle Energie wird beim Fall in Bewegungsenergie umgewandelt.

Beim Sprung durch die Luft besitzt der Frosch kinetische Energie.

Bewegungsenergie

Alle Körper, die sich bewegen – ob von selbst oder durch Antrieb – enthalten kinetische Energie. Sie ist umso höher, je größer die Geschwindigkeit und die Masse des sich bewegenden Körpers sind.

90 g Rindfleisch *500 g Erbsen* *500 g Orangen*
30 g Butter *50 g Käse* *50 g Zucker*

Chemische Energie

Nahrungsmittel und Brennstoffe enthalten unterschiedlich viel chemische Energie. Sie äußert sich als Bindungsenergie zwischen den Atomen. Im Bild oben sind Nahrungsmittel mit gleichen Energiemengen vertreten. Man muss also 500 g Erbsen essen, um so viel Energie aufzunehmen, wie in 30 g Butter oder 500 g Orangen enthalten ist.

Leistung

Leistung ist Arbeit, die pro Zeit geleistet wird. Wenn die Sportlerin die Gewichte verdoppelt oder sie so schnell hebt, verdoppelt sich ihre Leistung. Maßeinheit für die Leistung ist das Watt (W).

100-W- Ventilator
1 000-W- Bügeleisen

Elektrische Leistung

Auf jedem Elektrogerät ist die Leistung angegeben. So wandelt ein Ventilator mit 100 W Leistung 100 J elektrischer Energie pro Sek. in 100 J Bewegungsenergie um. Ein Bügeleisen mit 1000 W wandelt in jeder Sek. 1000 W elektrische Leistung in 1000 J Wärmeenergie um.

Arbeit

Wenn eine Kraft einen Körper bewegt, findet eine Energieumwandlung statt und es wird Arbeit geleistet. Die Sportlerin leistet Arbeit, wenn sie das Gewicht hebt. Dabei erfolgt eine Umwandlung von Bewegungsenergie in Lageenergie. Den Betrag der Arbeit berechnet der Physiker, indem er die Kraft mit dem zurückgelegten Weg malnimmt.

Beide Lampen geben dieselbe Lichtmenge ab.

60-W-Lampe (Glühlampe)
15-W-Lampe Leuchtstofflampe

Die Leuchtstofflampe verbraucht weniger Energie.

Wirkungsgrad

Von 100 J elektrischer Energie, die eine 60-W-Glühlampe verbraucht, werden nur 10 J in Licht verwandelt. Der Rest geht als Wärme verloren. Die Lampe hat nur einen Wirkungsgrad von 10 %; bei Leuchtstofflampen sind es 40 %: Sie leuchten mit 100 J Energie 4-mal so hell.

Energieumwandlung

Das Gesetz von der Erhaltung der Energie sagt, dass Energie weder geschaffen noch vernichtet werden kann. Es findet immer nur eine Energieumwandlung statt – manchmal in eine Form, die der Mensch nicht mehr weiter nutzen kann.

Geernteter Weizen *Brot aus Weizenmehl* *Reibung beim Bremsen*

1 Bei der Kernfusion im Innern gibt die Sonne viel Energie in Form von Licht und anderer Strahlung ab. Ein Teil gelangt auf die Erde.

2 Bei der Photosynthese verwandeln grüne Pflanzen Licht in chemische Energie, indem sie aus Kohlendioxid und Wasser Zucker und Stärke herstellen.

3 Der Mensch isst Pflanzen und baut sie ab. Die chemische Energie der Nahrung wird dabei in Bewegungs- und Wärmeenergie umgewandelt.

4 Beim Radfahren wandeln wir chemische Energie in Bewegungsenergie um. Diese wird beim Bremsen durch Reibung zu Wärmeenergie.

James Joule

Die Maßeinheit der Arbeit, das Joule, ist nach dem englischen Physiker James Joule (1818–89) benannt. Er entdeckte unabhängig von Robert Mayer das Gesetz von der Erhaltung der Energie. Joule bemerkte, dass Wasser sich erwärmt, wenn sich darin Paddel drehen. Die Bewegungsenergie wird in Wärmeenergie umgewandelt. Wärme ist also eine Energieform.

Chronologie

1829 Der französische Physiker Gustave Coriolis führt den Begriff „kinetische Energie" ein.

1843 James Joule zeigt den Zusammenhang von Arbeit, Wärme und Energie.

1847 Der Deutsche Hermann von Helmholtz formuliert das Gesetz von der Erhaltung der Energie. Als Entdecker gilt aber heute Robert Mayer (1842).

1853 Der Schotte William Rankine entwickelt das Konzept der potenziellen Energie.

1881 Inbetriebnahme des ersten Kraftwerks in Surrey, Großbritannien

1884 Der irische Ingenieur Ch. Parsons erfindet die Dampfturbine.

Parsons-Turbine

1905 Der Deutsche Albert Einstein behauptet, Materie sei eine Form der Energie.

um 1980 Umweltprobleme und schwindende Brennstoffreserven führen zur Erhöhung des Wirkungsgrades von Maschinen.

Kraftwerke

Die meiste Energie, die wir zu Hause, im Büro und in Fabriken verbrauchen, ist Stromenergie aus Kraftwerken. In Wärmekraftwerken, die Öl oder Kohle verbrennen, wird die chemische Energie der Brennstoffe in Wärmeenergie umgewandelt. Damit verwandelt man Wasser in Dampf. Dieser treibt Turbinen und Stromgeneratoren an. Über Leitungen gelangt die elektrische Energie zum Verbraucher.

Modell eines Kohlekraftwerks

Im Kesselhaus wird Wasser in Dampf verwandelt.

Abgase aus den Kesseln gelangen über den Kamin ins Freie.

Kohlenhalde

Hochspannungs-Transformatoren für Ferntransport

Im Turbinenhaus stehen die Turbinen und Generatoren.

Kühltürme verwandeln Wasserdampf zurück in flüssiges Wasser.

Die Turbine dreht sich pro Minute bis zu 3 000-mal.

Der Generator wandelt Bewegungsenergie der Turbine in elektrische Energie um.

Turbine und Generator in Kohlekraftwerk

Turbine
Turbinen sind mit Schaufeln versehene Räder, die die Bewegung von Flüssigkeiten oder Gasen in eine Drehbewegung umwandeln. In Wärmekraftwerken trifft Dampf mit hohem Druck auf die Turbinenschaufeln und versetzt sie in schnelle Drehung. Der Schaft der Turbine ist mit dem Generator verbunden. Hier drehen sich Spulen in einem Magnetfeld und erzeugen elektrischen Strom.

Erneuerbare Energie

Der weitaus größte Teil der Energie wird aus fossilen Brennstoffen wie Erdöl, Kohle und Gas gewonnen. Diese Vorräte gehen jedoch zur Neige. Erneuerbare Formen der Energie erschöpfen sich dagegen nicht, weil sie letztlich von der Sonne stammen. Abgesehen von der Verbrennung von Biomasse, bei der Abgase entstehen, sind erneuerbare Energieformen gleichzeitig sauber. Dabei nutzt man die Energie natürlicher Erscheinungen wie Sonne, Wind, Wasser und Wellen.

Geothermische Energie
Vor allem in Vulkangebieten sind Gesteine in der Tiefe sehr heiß. Man pumpt Wasser in den Untergrund, lässt ihn von der Erdwärme erhitzen und verwendet den hochgespannten Dampf zum Antrieb von Generatoren. Wir sprechen von geothermischer Energie.

Windenergie
Windenergieanlagen bestehen aus einem hohen Turm mit einem Rotor. Dieser wird vom Wind in Drehung versetzt und treibt einen Generator an. Einen Verbund von mehreren Windenergieanlagen bezeichnet man auch als Windfarm.

Biomasse
Biomasse ist ein anderer Name für Pflanzenmaterial. Millionen von Menschen auf der Welt verbrennen Biomasse, nämlich Torf, Holz oder tierischen Dung, um damit zu heizen oder ihr Essen zu kochen. Biomasse lässt sich auch in modernen Wärmekraftwerken nutzen.

Wasserkraft
Ein Wasserkraftwerk verwandelt die Bewegungsenergie fallenden Wassers in elektrische Energie. Das Kraftwerk befindet sich meist unterhalb eines Staudamms. Das Wasser fällt oft aus großer Höhe und treibt dabei Turbinen und Generatoren an. Laufkraftwerke stehen in einem Fluss.

Wellenenergie
Türme wie im Bild oben stehen versuchsweise an Meeresküsten und nutzen die Bewegung der Wellen zur Stromerzeugung. Mit dem Auf und Ab des Wassers bewegt sich eine Luftsäule im Innern des Turmes mit. Die Bewegung treibt eine Turbine und damit Generatoren an.

Gezeitenenergie
Bei Ebbe und bei Flut fließen große Wassermengen see- bzw. landwärts. Mit einem besonderen Staudamm kann man diese Fließbewegung nutzen. Das Wasser fließt durch Kanäle im Damm und treibt bei fallendem wie steigendem Wasser umschaltbare Turbinen und Generatoren an.

Sonnenenergie
Solarzellen verwandeln Sonnenlicht direkt in Strom. Die Spiegel des Sonnenofens lenken das Sonnenlicht auf einen Brennpunkt. Dort erzeugt es Wasserdampf, der Turbinen und Generatoren antreibt.

Fossile Brennstoffe

Kohle, Erdöl und Erdgas heißen fossile Brennstoffe, weil sie im Untergrund über Jahrmillionen hinweg aus den Resten von Pflanzen und Tieren entstanden sind. Die Vorräte der Erde an fossilen Brennstoffen sind begrenzt. Sie lassen sich nicht erneuern.

Erdgas besteht zur Hauptsache aus Methan mit kleineren Mengen anderer Gase.

Benzin, Diesel und Heizöl gewinnt man aus Erdöl.

Kohle besteht überwiegend aus Kohlenstoff.

Erdgas **Erdöl** **Kohle**

Charles Parsons

Der Ingenieur Charles Parsons (1854–1931) kam in London als Kind irischer Eltern auf die Welt. Am bekanntesten wurde er durch die Erfindung der Dampfturbine im Jahr 1884. Kraftwerke in aller Welt nutzen heute noch Dampfturbinen, wie sie Parsons als Erster entworfen hat. 1897 setzte er in seinem Schiff *Turbinia* erstmals Dampfturbinen für den Antrieb der Schiffsschraube ein.

Energieverbrauch der Erde

Fast 90 % der gesamten Energie stammt von fossilen Brennstoffen. Diese geben beim Verbrennen viel Energie ab, setzen aber giftige Abgase frei. Eine andere Lösung ist die Kernkraft, doch entstehen dabei noch gefährlichere radioaktive Abfälle. Die einzig erneuerbare Energieform, die in großem Stil genutzt wird, ist derzeit die Wasserkraft.

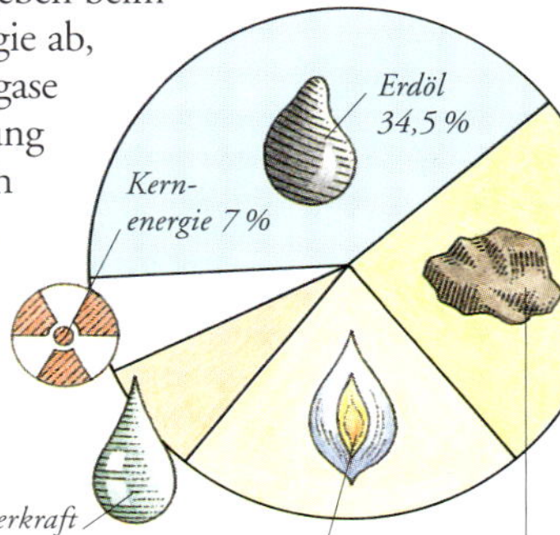

Erdöl 34,5 %
Kernenergie 7 %
Wasserkraft 3,5 %
Erdgas 26 %
Kohle 29 %

SIEHE AUCH UNTER ELEKTRIZITÄT · ELEKTROMAGNETISCHE STRAHLEN · ERDÖL · ERNÄHRUNG · KERNKRAFT · KOHLE · LICHT · SCHALL · WÄRME UND TEMPERATUR

ENTDECKUNGEN

SEIT FRÜHESTEN ZEITEN waren die Menschen neugierig auf die Welt, in der sie lebten. Über 3 000 Jahre lang haben Entdecker fast jeden Winkel der Erde und auch die Meere erforscht und kartiert. Nicht selten stießen diese kühnen Pioniere ins Unbekannte vor, von nichts anderem getrieben als bloßer Neugierde. Manchmal waren sie auch auf der Suche nach Reichtümern oder sie wollten nur neue, unbekannte Orte zum Leben entdecken. Manchmal stand ihr Forscherdrang auch im Dienst der Wissenschaft. So wurden nach und nach die Geheimnisse der Erde enträtselt.

Frühe Entdeckungen
Auf der Suche nach Handelspartnern entdeckten die Phönizier schon früh neue Gebiete. Und als sich die Reiche der Griechen und Römer ausdehnten, wurden weitere Länder entdeckt. Die Menschen lasen auch Reiseberichte über ferne Länder wie die des Geografen Strabo (um 63 v.–21 n. Chr.).

Xuan Zang
Der buddhistische Mönch Xuan Zang (602–64) war einer der weitest gereisten Menschen im alten China. 629 zog er auf der Seidenstraße zu Ländern auf dem indischen Subkontinent. 654 kehrte er nach China zurück, beladen mit feinsten asiatischen Kunstwerken. Nach seinem Tod ließ Kaiser Gaodong ihm zu Ehren das Kloster Xingjiao errichten.

Handelsbeziehungen
Nachdem die Osmanen 1453 Konstantinopel erobert hatten, suchten die Europäer anstelle der Handelsstraßen Seewege nach Asien. Es zeigte sich, dass Transport von Seide und Gewürzen per Schiff viel günstiger war.

Figur der Han-Dynastie (206 v.–220 n. Chr.)

Chinesisches Jadepferd

Chinesischer Drache

Kaiserliches Siegel aus Elfenbein

Seidenstraße
Schon im Altertum gab es eine etwa 6 400 km lange Handelsroute zwischen China und Europa, die Seidenstraße. Auf ihr brachten Karawanen Seide, Glas und andere Waren nach Westen. Erst im 15. Jh. hat man diese Route zugunsten des Seeweges aufgegeben.

Chinaseide

Ballen von Seide brachten die Händler über die Seidenstraße.

Marco Polo
Der venezianische Händler Marco Polo (um 1254–1324) zog auf dem Landweg nach China und diente dort Kublai Khan 17 Jahre als eine Art Botschafter. Als er nach Europa zurückgekehrt war, geriet Polo in den Krieg zwischen Genua und Venedig und wurde Kriegsgefangener. Einem Mitgefangenen diktierte er (1298–99) seine Erlebnisse im Fernen Osten.

Kublai Khan und Marco Polo

Mongolenkaiser Kublai Khan

Marco Polo

Gewürznelkenbaum

Gewürzinseln
Die Europäer wussten, dass begehrte Gewürze wie Pfeffer und Nelken im Fernen Osten wild wuchsen. Sie unternahmen deshalb große Anstrengungen, die Gewürzinseln, die heutigen Molukken, zu finden. Portugiesen, Spanier, Holländer und Engländer lieferten sich Seegefechte um die Kontrolle über diese wertvollen Inseln.

Vasco da Gama
Der Portugiese Vasco da Gama (um 1469–1524) segelte als erster Europäer nach Indien und erreichte 1498 Calicut, das heutige Kalkutta. Da Gama kam 1502 noch zweimal dorthin, um den Tod christlicher Händler grausam zu bestrafen. 1524 ging er schließlich als Vizekönig nach Indien, wo er kurz darauf aber starb.

Aztekisches Opfermesser

Neue Welt
1492 versuchte Kolumbus einen Seeweg nach Indien zu finden, indem er westwärts segelte. Er fand zwar nicht Indien, wohl aber einen neuen Erdteil, Amerika. Man pries es als die „Neue Welt", was niemanden davon abhielt, die Reiche der Azteken, Maya und Inka zu zerstören.

Kultbecher der Chimu

Der Südkontinent
Jahrhundertelang glaubte man in Europa, dass es eine *Terra Australis Incognita*, einen unbekannten Südkontinent geben müsse. Im 17. und 18. Jh. begannen holländische und englische Seeleute, z. B. James Cook, danach zu suchen, und der Erdteil Australien wurde entdeckt.

Robert O'Hara Burke und William J. Wills
Die frühen europäischen Siedlungen in Australien lagen an der Ostküste. Burke (1820–61) und Wills (1834–61) unternahmen die erste Reise von Melbourne quer durch den Kontinent nach Norden. Auf dem Rückweg starben sie im Outback an Hunger.

Tod am Cooper's Creek

ENTDECKUNGEN

Ausrüstung für Entdecker

Lange bevor es Rundfunk oder gar Radar und Satelliten gab, mussten sich Seeleute wie Entdecker auf einfache Geräte verlassen. Mit dem Kompass und Sextanten ließen sich die Position auf See und Entfernungen am Land feststellen. Die Landkarten wurden mit der Zeit immer genauer.

Mit den Winkeln konnte man Entfernungen messen.

Winkelmessgerät

Maßband eines Landvermessers

Nadeln, die man mit Magnetit bestrichen und an einen Faden gehängt hatte, zeigten nach Norden.

Parallellineal Man verwendete es zusammen mit Kompass und Karte zur Kursbestimmung.

Magnetit Magnetisches Eisenoxid

Festpunkte zum Messen von Längen auf Seekarten.

Messzirkel

Kompassarten
Bis zum 11. Jh. verwendeten chinesische Seeleute den Magnetkompass, um den Kurs zu bestimmen. Ab dem 12. Jh. besaßen auch die Europäer diesen Kompass. Zuvor hatte man nur magnetisierte Nadeln gekannt. Spätere Kompasse waren in ein Gehäuse eingebaut und zeigten die Nordrichtung viel genauer an.

Chinesischer Kompass

Pandits
Im 19. Jh. bildeten die Briten in Indien Hindus als Landvermesser aus, die man Pandits nannte. Sie erstellten die Karten in Zentralasien vom Karakorum, dem Hindukusch und dem Himalaja. Einer der ersten dieser Landvermesser, Muhammad-i-Hameed, überquerte 1863 das Dach der Welt, den Karakorum. 6 Monate später starb er in Samarkand in Usbekistan. Seine Ausrüstung und sein Notizbuch mit wichtigen topografischen Informationen kamen jedoch zurück.

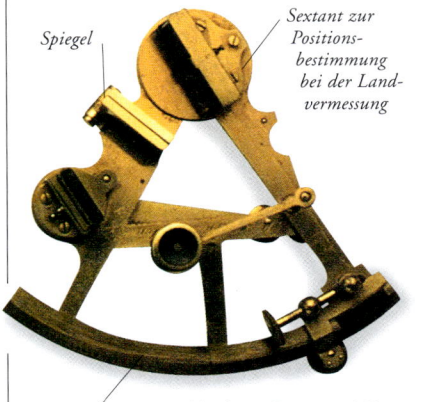

Spiegel

Sextant zur Positionsbestimmung bei der Landvermessung

Skala **Tragbarer Sextant, 1850**

Kolonien

Seit dem 15. Jh errichteten die Spanier, Portugiesen, Niederländer, Briten und Franzosen große Reiche außerhalb Europas. Wenn Entdecker, Seefahrer oder Händler in einem fremden Erdteil Niederlassungen gründeten, wurde daraus meist eine Kolonie. Auf diese Weise kamen z. B. Australien sowie große Teile Afrikas, Asiens und Amerikas unter britische Herrschaft.

Livingstone und Stanley
Dr. David Livingstone (1813–73), ein schottischer Arzt und Missionar, unternahm 3 Expeditionen durch das unerforschte Innere Afrikas. Auf der Suche nach den Quellen des Nil blieb er verschollen; man hielt ihn für tot. Eine New Yorker Zeitung schickte den Journalisten Henry Stanley (1841–1904). Er fand Livingstone am Tanganjikasee, wo er ihn wie folgt begrüßte: „Dr. Livingstone, wie ich vermute?"

Stanleys Hut

Charles Sturt
Die Siedler in Australien fanden an der Südostküste keine Mündungen der Flüsse Murray und Darling, sodass Forscher nach einem See im Innern des Landes suchten. In den Jahren 1828–30 kartierte Charles Sturt (1795–1869) das Flusssystem auf einer Länge von 1 600 km. 1844 drang er dann weit ins Innere Australiens, den Outback, vor. Einen See entdeckte er aber nicht.

Mary Kingsley
Bei der ersten Erforschung der Welt waren nur wenige Frauen dabei. Man glaubte damals noch, dies sei für Frauen zu gefährlich und daher Männersache. Die englische Naturforscherin Mary Kingsley (1862–1900) bewies das Gegenteil und reiste 1893 und 1894 durch Westafrika. Dabei sammelte sie Fische und Käfer für das Britische Museum und erforschte die afrikanischen Stammesreligionen. Im Jahr 1900 kehrte sie nach Afrika zurück, um als Krankenschwester Soldaten im Burenkrieg zu pflegen. Sie starb dort.

Über alle Grenzen hinaus

1909 und 1911 erreichten die ersten Expeditionen den Nord- und Südpol. Bis dahin waren nur wenige Gebiete der Erde noch nicht kartiert. Mit dem technischen Fortschritt konnten Wissenschaftler ihre Forschungen auch auf die Ozeane und den Weltraum ausdehnen. 1969 landeten die ersten Menschen auf dem Mond.

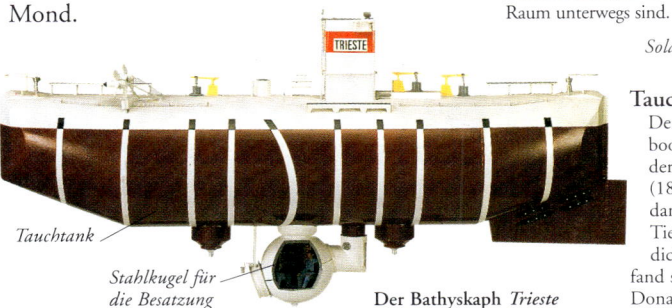

Hubble-Weltraumteleskop
Astronomen können heute Raum und Zeit erforschen. Das Hubble-Weltraumteleskop macht es möglich. 1990 wurde es auf eine Erdumlaufbahn gebracht und umkreist die Erde in 600 km Höhe. Es sammelt dabei Bilder, die seit Millionen Jahren im Raum unterwegs sind.

Gerätesektion

Solarpaneel

Tauchboot *Trieste*
Den Bathyskaph *Trieste*, ein bemanntes Tauchboot, das eine Tiefe von 11 km erreichte, hatte der Schweizer Forscher Auguste Piccard (1884–1962) entwickelt. 1960 stellte er damit im Marianengraben im Pazifik den Tiefenrekord von 10 916 m auf. In der meterdicken Stahlkugel unterhalb des Tanks befand sich Piccards Sohn Jacques und Leutnant Donald Walsh von der US-Marine.

Tauchtank

Stahlkugel für die Besatzung

Der Bathyskaph *Trieste*

SIEHE AUCH UNTER | AFRIKA, GESCHICHTE | ASIEN, GESCHICHTE | AUSTRALIEN, GESCHICHTE | COOK, JAMES | POLARFORSCHUNG | RAUMFAHRT | SÜDAMERIKA, GESCHICHTE | WELTREICHE | ZENTRALAMERIKA, GESCHICHTE

ERDBEBEN

DIE ERDKRUSTE, AUF DER WIR LEBEN, ist in mehrere Platten unterteilt. Diese verschieben sich gegeneinander. Dabei bauen sich mit der Zeit ungeheure Spannungen auf, wobei riesige Schollen verformt werden. Wenn die Spannung zu groß wird, kommt es zu Rissen und Brüchen in der Erdkruste. Bei schlagartiger Entspannung rasen Schockwellen zur Erdoberfläche. Sie erzeugen Erdbeben. Die meisten Beben sind so gering, dass man sie nicht spürt. Zur Messung der Erdbebenstärke benutzt man verschiedene Skalen.

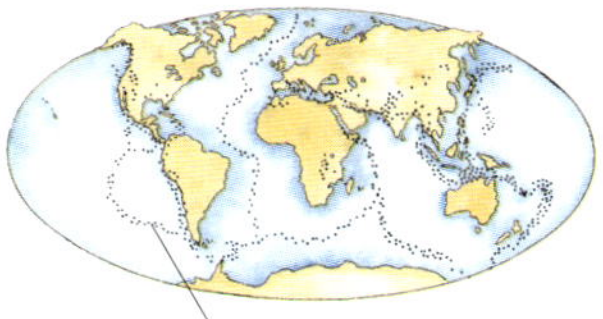

Erdbebengebiete

Erdbebengebiete
Erdbeben können fast überall auftreten. Trotzdem bebt die Erde in manchen Gebieten besonders häufig. Japan und Kalifornien beispielsweise liegen nahe an Plattengrenzen, wo Verwerfungen auftreten.

Was ist ein Erdbeben?
Die Platten der Erdkruste verschieben sich in der Regel gegeneinander. Gelegentlich verhaken sie sich. Es baut sich dann so lange eine Spannung auf, bis ein Bruch, eine sog. Verwerfung, erfolgt. Bei dieser plötzlichen Entspannung entstehen die Erdbebenwellen.

Epizentrum
Ein Erdbeben geht von einem Herd aus. Senkrecht über dem Herd liegt an der Erdoberfläche das sog. Epizentrum. Hier sind die Auswirkungen weitaus am schlimmsten. Der Herd kann bis zu 700 km unter dem Epizentrum liegen. 1985 forderte ein Erdbeben in Mexiko City 9 500 Menschenleben. Das Beben erreichte eine Stärke von 8,1 auf der Richterskala. Sein Epizentrum lag im Pazifischen Ozean.

Zerstörungen werden mit zunehmender Entfernung vom Epizentrum geringer.

Bei Stärke V auf der Mercalliskala fallen kleinere Gegenstände herab.

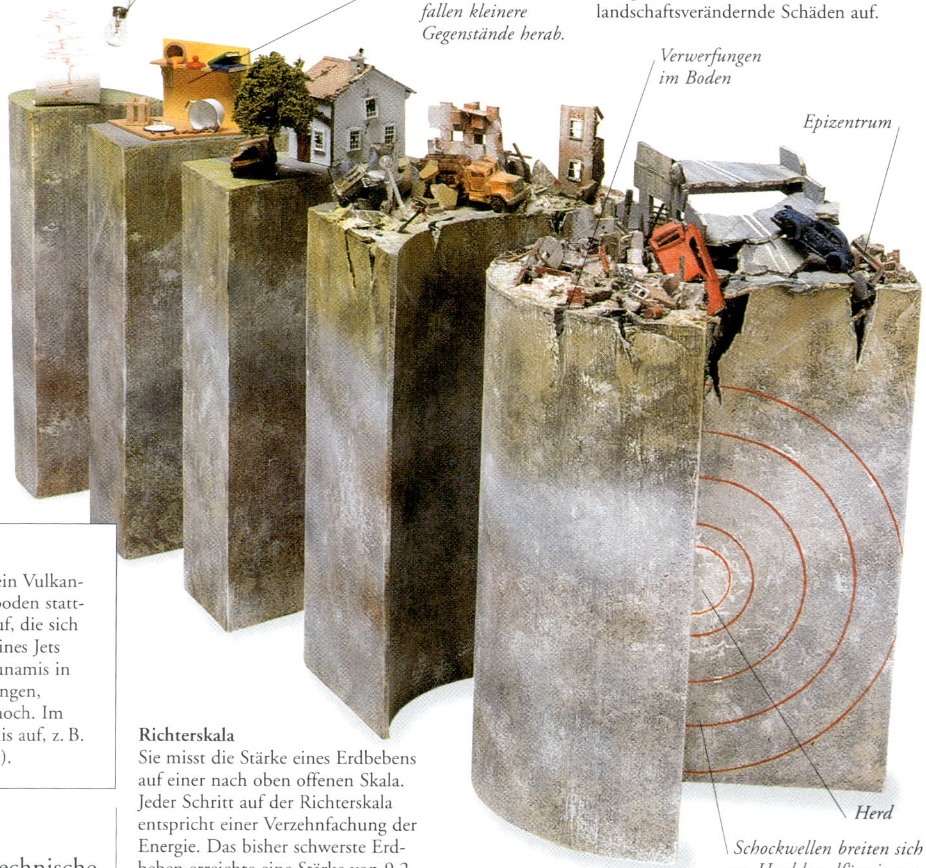

Die Mercalliskala bewertet ein Erdbeben nach den angerichteten Schäden. Die Skala ist 12-teilig. Bei Stärke I schwingt eine Lampe hin und her. Bei Stärke XII treten landschaftsverändernde Schäden auf.

Verwerfungen im Boden

Epizentrum

Seismograph
Seismographen zeichnen Erdbebenwellen auf. Man kann mit ihnen die Lage des Epizentrums und an den Kurvenausschlägen auch die Stärke auf der Richterskala berechnen.

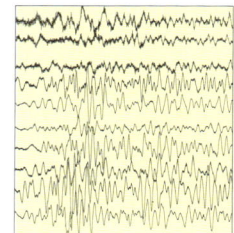

Seismogramm

Tsunami
Wenn ein Erdbeben oder ein Vulkanausbruch auf dem Meeresboden stattfindet, treten Flutwellen auf, die sich mit der Geschwindigkeit eines Jets ausbreiten. Wenn diese Tsunamis in flache Küstengewässer gelangen, werden sie bis über 30 m hoch. Im Pazifik treten viele Tsunamis auf, z. B. 1964 in Hawaii (Bild links).

Richterskala
Sie misst die Stärke eines Erdbebens auf einer nach oben offenen Skala. Jeder Schritt auf der Richterskala entspricht einer Verzehnfachung der Energie. Das bisher schwerste Erdbeben erreichte eine Stärke von 9,2.

Herd

Schockwellen breiten sich vom Herd kugelförmig aus.

Maßnahmen gegen Erdbeben
Erdbeben lassen sich nicht verhindern. Durch technische Maßnahmen gelingt es aber, Schäden möglichst gering zu halten. Die meisten Menschenleben sind dann zu beklagen, wenn Gebäude einstürzen oder Brände an zerstörten Gas- und Stromleitungen ausbrechen.

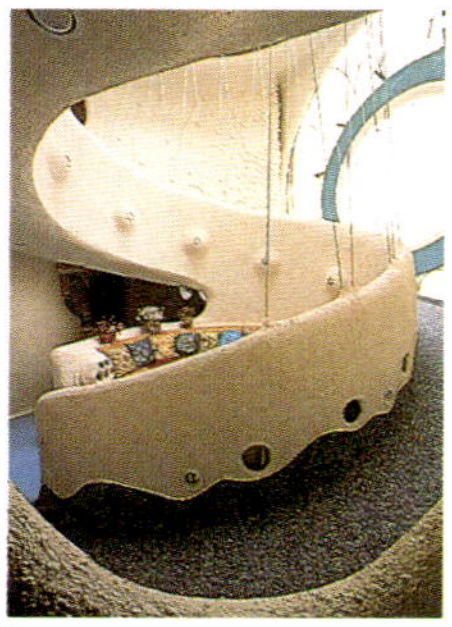

Erdbebensicheres Bauen
Pyramidenförmige, gekrümmte Gebäude und Strukturen wie dieses Treppenhaus in Kalifornien werden von Erdbeben verformt, brechen aber nicht. Man baut Häuser auf Fundamente aus „Gummi", die Erdbebenwellen „schlucken".

Chronologie
1556 Berichte über ein Erdbeben in der chinesischen Region Shaanxi mit über 800 000 Toten

1755 Ein Erdbeben und ein nachfolgender Tsunami zerstören Lissabon in Portugal.

1883 Die kleine Insel Krakatau fliegt in die Luft. Der folgende Tsunami tötet auf der benachbarten Insel Java mindestens 36 000 Menschen.

1906 San Francisco wird von einem Erdbeben zerstört.

1964 Ein Erdbeben in Alaska mit Stärke 8,5 auf der Richterskala löst einen Tsunami aus, der bis Kalifornien läuft.

1970 Erdbeben in Peru, 66 000 Tote

1972 Erdbeben zerstört Managua, 10 000 Tote

1976 Erdbeben in Tangshan, China, mit 655 000 Toten

1990 Bei einem Erdbeben im Iran sterben 40 000 Menschen.

2001 Erdbeben im indischen Bundesstaat Gujarat, 35 000 Tote.

SIEHE AUCH UNTER BAUTECHNIK · ERDE · GEOLOGIE · KONTINENTE · MEERESBODEN · RADAR UND SONAR

ERDE

WIR LEBEN AUF EINER RIESIGEN GESTEINSKUGEL, die um die Sonne fliegt und sich gleichzeitig um die eigene Achse dreht. Diese Kugel, die Erde, ist einer von 9 Planeten des Sonnensystems und einer von 4 Gesteinsplaneten. Sie ist der einzige Planet des Sonnensystems und vermutlich des gesamten Weltalls, auf dem Leben entstand. Durch die Entfernung von der Sonne ist die Erde weder so heiß wie die Venus noch so eiskalt wie der Pluto. Auf der Erde gibt es flüssiges Wasser. Zudem hat sie eine sauerstoffreiche Atmosphäre. Wasser und Sauerstoff sind neben Kohlenstoff die Schlüssel für das Leben auf der Erde.

Aufbau der Erde

Aus der Art und Weise, wie Erdbebenwellen durch die Erde ziehen, hat man herausgefunden, dass sie aus mehreren Schichten aufgebaut ist. Der Erdkern besteht aus Metall, der Mantel aus zähflüssigem Gestein und die Erdkruste aus erhärtetem festem Gestein.

Die Erdkruste setzt sich aus mehreren Platten zusammen, die sich gegeneinander verschieben.

Eisen

Sauerstoffmolekül

Magnesiummineral (Magnesit)

Uhr mit Siliziumkristall

Nickelerz

Schwefelkristalle

Kalziummineral (Kalk)

Aluminiumerde (Bauxit)

Zusammensetzung der Erde

Auf der Erde gibt es rund 90 substanzielle Elemente. Die weitaus häufigsten sind jedoch Eisen (35 %), Sauerstoff (28 %), Magnesium (17 %) und Silizium (13 %). In geringen Mengen sind die folgenden Elemente vertreten: Nickel (2,7 %), Schwefel (2,7 %), Kalzium (0,6 %), Aluminium (0,6 %). Den Rest von 0,6 % der Erdmasse machen alle übrigen Elemente aus.

Geochemie

Die Geochemie, die Wissenschaft vom chemischen Aufbau der Erde, untersucht z. B., welche Elemente am häufigsten vertreten sind. Es bestehen große Unterschiede zwischen Erdkruste und Erdmantel sowie dem Erdkern. Das häufigste Element in Mantel und Kruste ist mit rund 45 % der Sauerstoff. Im Kern ist er überhaupt nicht vorhanden.

Steinmeteorit

Meteorite

Meteorite sind feste Körper, die auf die Erde fallen. Sie stammen aus der Frühzeit des Sonnensystems. Man unterscheidet Eisenmeteoriten und Steinmeteoriten mit einem geringeren Eisengehalt von nur etwa 20 %.

Eisenmeteorit

Aufbau der Erde

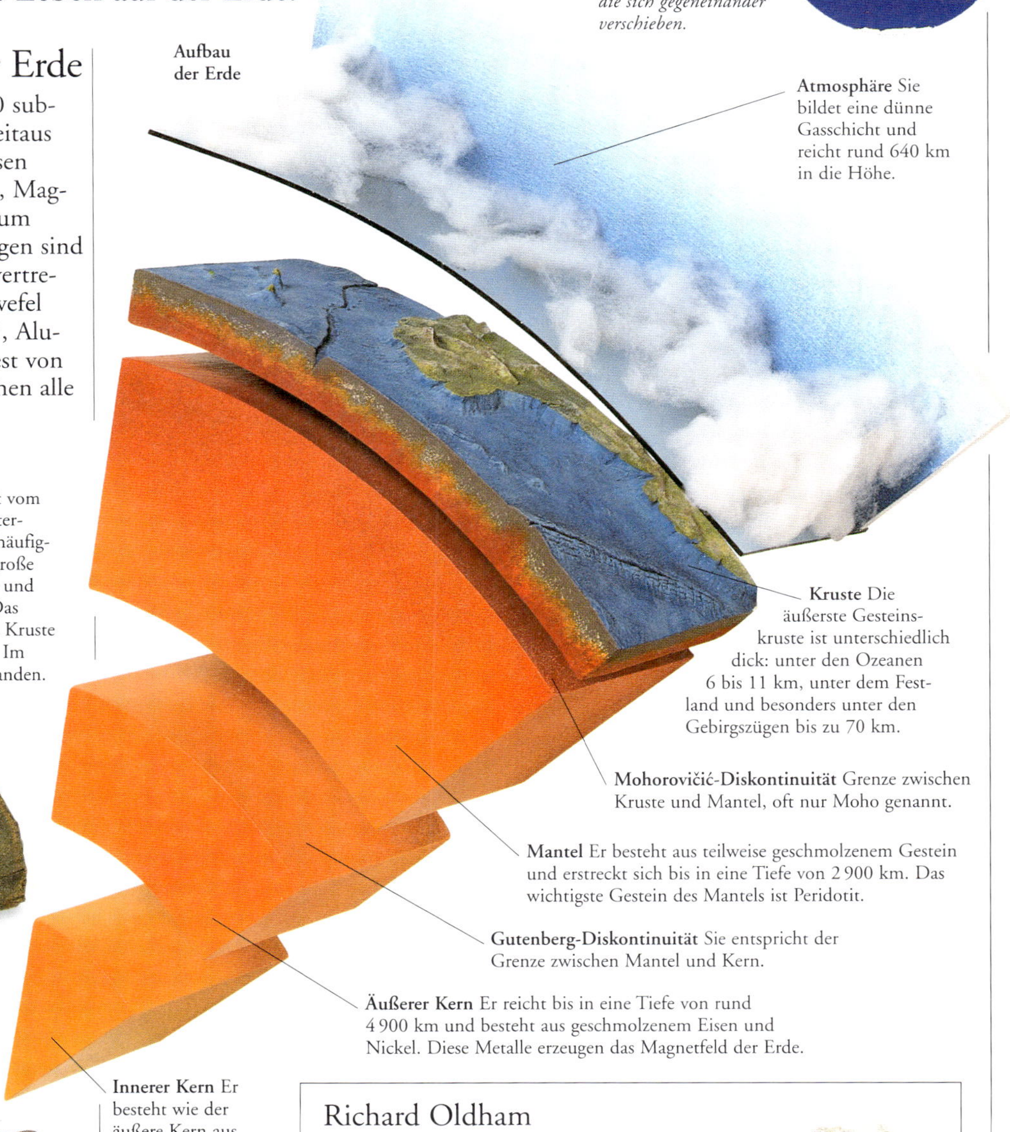

Atmosphäre Sie bildet eine dünne Gasschicht und reicht rund 640 km in die Höhe.

Kruste Die äußerste Gesteinskruste ist unterschiedlich dick: unter den Ozeanen 6 bis 11 km, unter dem Festland und besonders unter den Gebirgszügen bis zu 70 km.

Mohorovičić-Diskontinuität Grenze zwischen Kruste und Mantel, oft nur Moho genannt.

Mantel Er besteht aus teilweise geschmolzenem Gestein und erstreckt sich bis in eine Tiefe von 2 900 km. Das wichtigste Gestein des Mantels ist Peridotit.

Gutenberg-Diskontinuität Sie entspricht der Grenze zwischen Mantel und Kern.

Äußerer Kern Er reicht bis in eine Tiefe von rund 4 900 km und besteht aus geschmolzenem Eisen und Nickel. Diese Metalle erzeugen das Magnetfeld der Erde.

Innerer Kern Er besteht wie der äußere Kern aus Eisen und Nickel. Obwohl die Temperaturen bei 3 700 °C liegen, ist der Druck so hoch, dass die Metalle fest sind.

Richard Oldham

Anhand seismographischer Aufzeichnungen entdeckte der englische Geologe Richard Oldham (1858–1936), dass Erdbeben zwei verschiedene Wellen erzeugen. Er nannte sie P-Wellen und S-Wellen. Oldham fand heraus, dass die P-Wellen langsamer durch das Erdinnere ziehen als durch den Mantel. Daraus schloss er, dass der Erdkern flüssig ist. Heute weiß man, dass bei Erdbeben noch 2 weitere Wellen auftreten: die L-Wellen und die M-Wellen. Alle diese Wellen überlagern sich gegenseitig.

Satellitenbild mit Europa, Afrika und Westasien

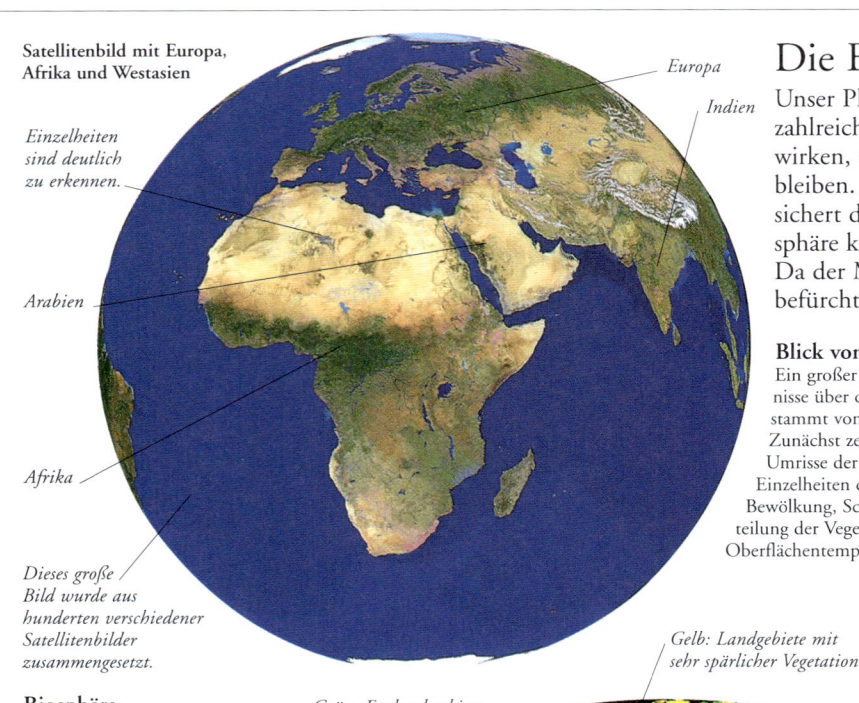

Einzelheiten sind deutlich zu erkennen.

Europa

Indien

Arabien

Afrika

Dieses große Bild wurde aus hunderten verschiedener Satellitenbilder zusammengesetzt.

Die Erde als System

Unser Planet Erde erscheint als komplexes System, in dem zahlreiche miteinander verbundene Prozesse ablaufen. Sie bewirken, dass die Bedingungen stabil und für das Leben geeignet bleiben. Der einzigartige Aufbau der Atmosphäre beispielsweise sichert die ideale Temperatur für die Lebewesen. Die Atmosphäre kühlt sich weder zu sehr ab, noch erhitzt sie sich zu stark. Da der Mensch aber zunehmend Teile dieses Systems verändert, befürchten viele Wissenschaftler eine globale Erwärmung.

Blick vom Weltraum
Ein großer Teil unserer Kenntnisse über das System Erde stammt von Satellitenbildern. Zunächst zeigen sie uns die Umrisse der Kontinente und Einzelheiten des Geländes, ferner Bewölkung, Schneedecke, Verteilung der Vegetation und auch Oberflächentemperatur der Erde.

Energieverhältnisse
Den größten Teil der Energie in Form von Licht, Wärme und anderen Strahlen erhält die Erde von der Sonne. Einen Teil dieser Strahlungsenergie reflektieren Wolken, Meere, Festland und Atmosphäre direkt zurück in den Weltraum. Der Rest wird absorbiert und teilweise wieder abgestrahlt. Das Erdinnere erzeugt selbst auch einen Wärmefluss, der nach oben steigt. Er entsteht durch den Zerfall radioaktiver Elemente.

Infrarotbild der Temperaturschwankungen im Atlantik vor der Ostküste der USA

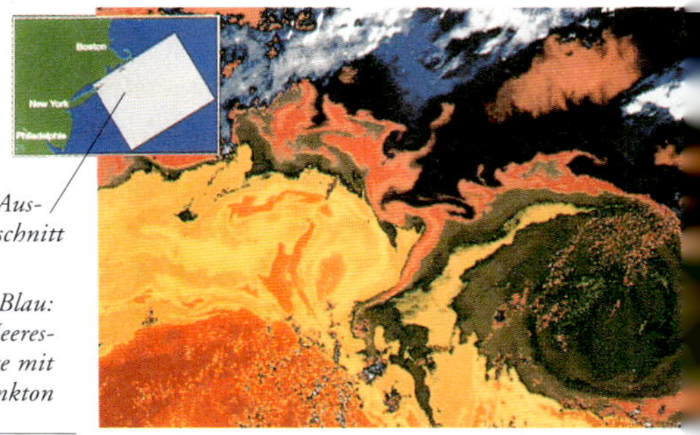

Biosphäre
Zwischen den untersten Schichten der Atmosphäre und dem Meeresboden liegt eine etwa 20 km breite Zone, in der sich die Lebewesen aufhalten, die Biosphäre. Sie ist auf dem Festland hauchdünn und reicht bis in einige tiefe Höhlen. Satellitenbilder zeigen deutlich die Abhängigkeit der Lebewesen von den Bedingungen auf der Erde.

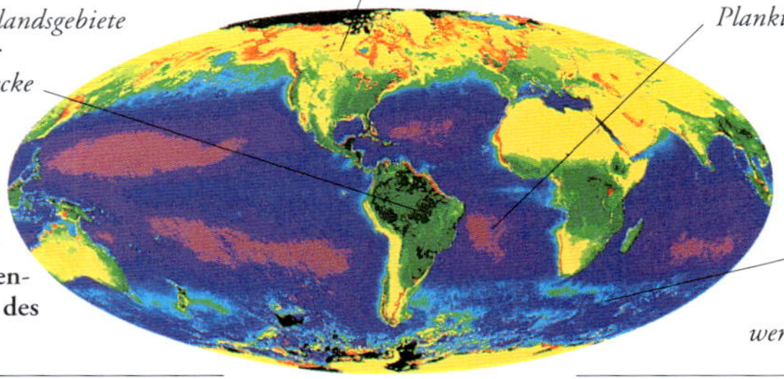

Grün: Festlandsgebiete mit dichter Pflanzendecke

Infrarotbild: Verteilung der Pflanzendecke und des Planktons

Gelb: Landgebiete mit sehr spärlicher Vegetation

Rot: Meeresgebiete mit sehr viel Plankton

Ausschnitt

Blau: Meeresgebiete mit wenig Plankton

Gaiatheorie

Der englische Naturforscher James Lovelock (geb. 1919) behauptet, die Erde und alle Lebewesen auf ihr würden wie ein riesengroßer Organismus reagieren. Er nennt diesen Organismus Gaia, nach der griechischen Göttin der Fruchtbarkeit. Lovelock zufolge reguliert sich Gaia selbst und verändert die Umwelt soweit, dass dauernd günstige Bedingungen für das Leben gegeben sind. Wir dürfen aber die Regenerationskraft von Gaia nicht über die Maßen beanspruchen.

Gaia: Griechische Statue, 450 v. Chr.

Theorien über die Erde
Im Lauf der Geschichte wurden viele Theorien über die Erde aufgestellt, die uns heute merkwürdig vorkommen. Die alten Ägypter hielten die Erde für ein flaches Viereck unter einem pyramidenförmigen Himmel. Noch bis in die Neuzeit glaubten die Menschen, die Sonne drehe sich um die Erde. Bevor man sich mit wissenschaftlichen Methoden eine Vorstellung machen konnte, wie es im Erdinnern aussieht, dachte man, die Erde sei eine Hohlkugel mit einer zweiten Welt darin.

Früher glaubte man, die Erde sei eine Hohlkugel.

Die Erde als Hohlkugel

Verborgene Länder und Ozeane mit Pflanzen und Tieren und einer unterirdischen Sonne sollten einer früheren Auffassung zufolge im Erdinnern liegen.

Die Suche nach einer anderen Erde
Astronomen haben vor kurzem Anzeichen für die Existenz von Planeten außerhalb des Sonnensystems entdeckt. Schwankungen in der Bewegung der Sterne *47 Ursae Majoris, 70 Virginis* und *51 Pegasi* deuten darauf hin, dass sie von Planeten umgeben sind; einer darunter ist vielleicht ähnlich wie die Erde. Der endgültige Beweis steht noch aus.

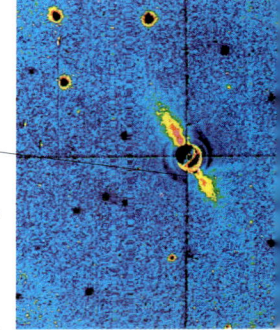

Das gelbe und rote Gebiet könnte einem Sonnensystem um den Stern Beta Pictoris entsprechen.

Falschfarbenbild des Sterns Beta Pictoris, Entfernung ca. 50 Lichtjahre

Chronologie

vor 4,6 Mrd. Jahren Erde und Planeten entstehen langsam aus einer heißen Gas- und Staubwolke, die um die Sonne kreist.

vor 4,3 Mrd. Jahren Bildung der Erdkruste

vor 4,2 Mrd. Jahren Während sich die Erde abkühlt, steigen Gasblasen und Wasserdampf aus dem Innern an die Oberfläche und bilden eine erste Atmosphäre.

Gneis

vor 4 Mrd. Jahren Trennung in Erdkruste und Mantel. Es beginnt zu regnen, die Atmosphäre wird klar.

vor 3,8 Mrd. Jahren Erstes Auftreten der einzelligen Bakterien

vor 3 Mrd. Jahren Die Photosynthese von Pflanzen vermehrt den Sauerstoff.

vor 1,5 Mrd. Jahren Protisten wie Amöben sind die ersten komplexeren Lebewesen. Später entstehen die Schwämme aus Ansammlungen von Einzelzellen.

Schwamm

vor 570 Mio. Jahren In den Meeren entwickeln sich zahlreiche Lebensformen.

vor 440–400 Mio. Jahren Pflanzen und Tiere besiedeln das Festland.

vor 220 Mio. Jahren Die Pangaea bildet eine zusammenhängende Festlandsmasse, die in die Kontinente aufbricht.

vor 200–70 Mio. Jahren Zeit der Saurier

vor 100 000 Jahren Auftreten der ersten modernen Menschen

SIEHE AUCH UNTER ATMOSPHÄRE ELEMENTE FOSSILIEN GEOLOGIE GEOWISSENSCHAFT KONTINENTE MAGNETISMUS PLANETEN SONNE UND SONNENSYSTEM

ERDÖL

Tief in der Erde unter Felsschichten liegt in porösen Gesteinen an manchen Stellen schwarzes, dickflüssiges Erdöl. Es entstand vor Jahrmillionen aus meeresbewohnenden Pflanzen und Tieren. Dieses Öl ist einer der wichtigsten Rohstoffe der Welt. In Raffinerien gewinnt man daraus Benzin, Heizöl, Diesel und petrochemische Stoffe, die man z. B. zu Heilmitteln, Kunststoffen und Lösungsmitteln weiterverarbeitet. In der Nähe von Öllagerstätten findet man in der Regel auch Erdgas. Es entstand beim Abbau toter Meereslebewesen durch Bakterien und ist als fossiler Brennstoff fast ebenso wichtig.

Lagerstätten
Erdöl findet man in tieferen Gesteinsschichten. An einigen Stellen tritt Erdöl von selbst an die Oberfläche und bildet Seen. Beispiele sind der Guanocosee in Venezuela und der Pitch Lake (Pechsee) in Trinidad. Das Erdöl in solchen Seen ist sehr dick, weil sich leichtere flüssige Stoffe verflüchtigt haben.

Öl tritt von selbst zu Tage.

Bohrtechnik
Erdöl holt man durch Bohrlöcher aus dem Boden. Sie werden von einem hohen Bohrturm aus niedergebracht. Ein Drehtisch dreht das Bohrgestänge mit dem Bohrmeißel an der Spitze. Er frisst sich durch das Gestein. Die Gesteinsteile spült man meist durch Wasser aus. Das Bohrgestänge wird durch Rohre immer weiter verlängert.

Förderung auf dem Festland
Manche Lagerstätten stehen unter Druck, sodass das Erdöl von allein nach oben kommt. Einen unkontrollierten Austritt verhindert man mit Ventilen. Wenn der Druck im Untergrund nachlässt, fördert man das Öl mit Pumpen.

Ölförderquelle

Die Suche nach Erdöl
Geologen suchen Lagerstätten mit Hilfe von Gravimetern und Magnetometern, mit denen sie das Schwerefeld bzw. das Magnetfeld der Erde bestimmen. Wichtig sind seismische Untersuchungen. Dabei geben künstlich erzeugte Erdbebenwellen Auskunft über Gesteinsschichten. Bei Hinweisen auf Erdöllager kommt es zu Versuchsbohrungen.

Seismische Untersuchungen
Ölgeologen setzen auf der Suche nach neuen Lagerstätten oft Erdbebenwellen ein. Sie erzeugen sie künstlich und zeichnen die Echos der Erdbebenwellen auf. Eine immer größere Rolle bei der Erdölsuche spielen Fernerkundungssatelliten, die sogar unterirdische Lagerstätten wahrnehmen.

Geologen bei seismischen Untersuchungen auf einem Gletscher in Spitzbergen, Norwegen

Öltransporte
Für den Transport des Erdöls von den Ölfeldern bis zu den Raffinerien verwendet man 2 Verfahren: Über Land leitet man das Öl durch Röhren, die sog. Pipelines; in den USA ist das Pipelinesystem rund 300 000 km lang. Für den Transport auf dem Meer setzt man riesige Öltanker ein.

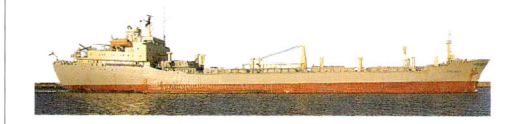

Öltanker
Manche Tanker transportieren über 500 000 t Erdöl. Doch einige dieser Riesenschiffe haben nicht einmal einen doppelten Rumpf. So kommt es bei Tankerunfällen fast immer zu einer Ölpest mit schlimmen Folgen für die Meerestiere.

Verschmutzung
Erdöl ist ein giftiges Stoffgemisch, das die Umwelt stark schädigt. Wenn Pipelines platzen, macht das auslaufende Öl das Land für viele Jahre unbrauchbar. Verheerend ist ein Tankerunglück, bei dem das Meer verseucht wird und das Öl mit Salzwasser eine Art zähes Pech bildet.

Brennende Ölquellen vergiften die Atmosphäre.

Bohrturm Mit ihm bringt man die Bohrungen nieder.

Rohrlager Hier lagern Röhren, die man mit wachsender Bohrtiefe am Gestänge ansetzt. In dieser Ebene liegen auch Ventile, die ein Ausfließen des Öls verhindern.

Förderung Erdöl aus dem Meer wird hochgepumpt. Dazu presst man in einige Bohrlöcher Gas, damit das Öl nach oben steigt.

Ölförderung im Meer Die Offshore-Ölgewinnung erfolgt von Bohrinseln aus. Diese sitzen mit stählernen Stützen auf dem Meeresboden auf oder sind als schwimmende Inseln ausgelegt. Dabei darf der Seegang natürlich möglichst wenig Auswirkungen auf die Plattform haben.

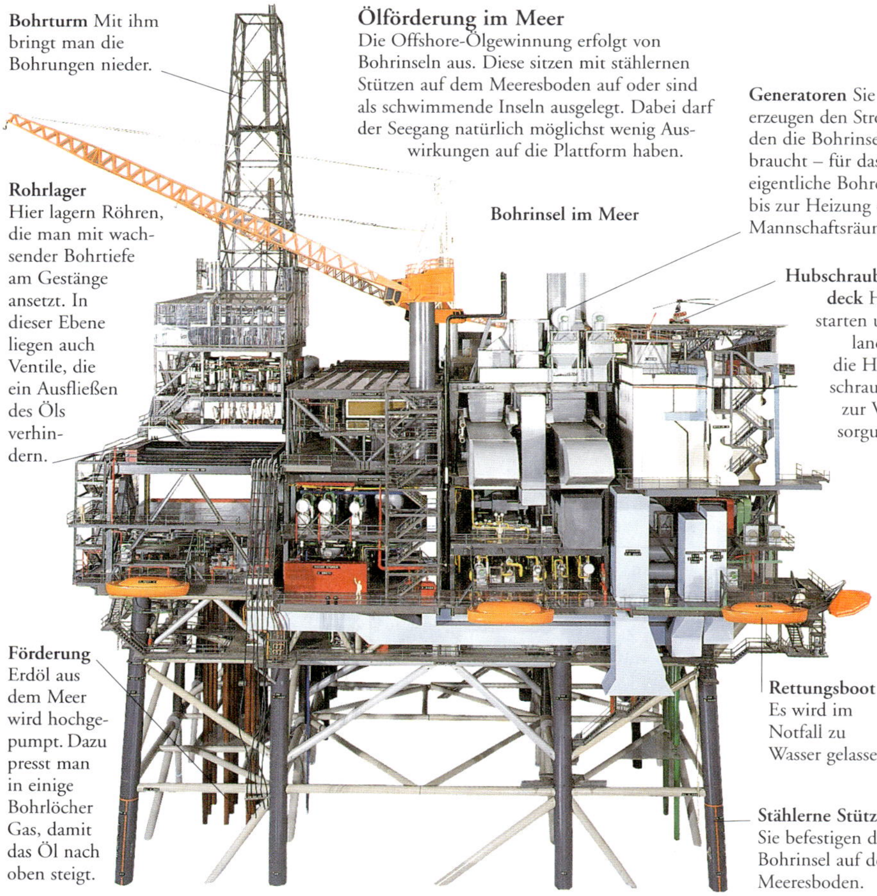

Bohrinsel im Meer

Generatoren Sie erzeugen den Strom, den die Bohrinsel braucht – für das eigentliche Bohren bis zur Heizung der Mannschaftsräume.

Hubschrauberdeck Hier starten und landen die Hubschrauber zur Versorgung.

Rettungsboot Es wird im Notfall zu Wasser gelassen.

Stählerne Stützen Sie befestigen die Bohrinsel auf dem Meeresboden.

ERDÖL

Raffination
Rohöl ist eine Mischung von Kohlenwasserstoffen. In ungereinigter Form gibt es kaum eine Verwendung dafür. Durch fraktionierte Destillation in Raffinerien spaltet man das Rohöl jedoch in Stoffgruppen auf, die man gut weiterverwenden kann. Dort gewinnt man aus Erdöl Leichtbenzin, Schwerbenzin, Diesel und Heizöl.

Erdölraffinerie bei Antwerpen, Belgien

Cracken
Nach der Destillation des Rohöls erfolgt das Cracken. Dabei werden schwere Erdölanteile mit langen Molekülen in leichtere Verbindungen aufgespalten. So gewinnt man z. B. aus Schweröl Benzin oder auch Ethen, das zur Herstellung von Kunststoffen und Lösungsmitteln dient.

Katalytische Crackanlage

Produkte aus Erdöl
Erdöl ist eigentlich viel zu schade, um es zu verbrennen. Es enthält zahlreiche wertvolle Stoffe. Man gewinnt sie durch Destillieren, Cracken und andere chemische Verfahren. Das Fachgebiet, das sich mit der Weiterverarbeitung der Grundstoffe im Erdöl beschäftigt, heißt Petrochemie. Zu den Endprodukten zählen vor allem die Kunststoffe sowie die Alkohole.

Flacons mit Parfüm

Ethanol
Ethanol, Ethylalkohol oder einfach Alkohol kommt in Getränken wie Bier, Wein und Schnäpsen vor. Für die Industrie ist Ethanol ein wichtiges Lösungsmittel. Es ist z. B. in Farben, Lacken und Parfüms enthalten.

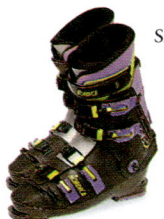

Skistiefel *Regenschutz* *Recorder*

Kunststoffe
Unsere moderne Welt ist ohne Kunststoffe nicht mehr vorstellbar. Alle Kunststoffe sind petrochemische Produkte, vor allem das Polyethylen, das Polyamid wie Nylon und das PVC (Polyvinylchlorid).

Kerosin
Das Kerosin oder Petroleum ist eine schwerere Fraktion des Erdöls, die bei 180 bis 250 °C siedet. Das meiste Kerosin verwendet man als Treibstoff für Turbinenflugzeuge. Die früheren Petroleumlampen verbrannten Kerosin. Noch schwerer als Kerosin ist das Gasöl, das als Dieselkraftstoff dient.

Kerosinlampe

Benzin
Benzin ist das gefragteste Erdölprodukt, denn es dient als Treibstoff für Autos. Benzin siedet bei rund 100 °C und verdunstet damit leicht. Um eine gleichmäßige Verbrennung zu gewährleisten, enthält es Zusatzstoffe. Früher nahm man dazu Blei, das heute verboten ist.

Zapfsäule

Erdölländer
Erdöllagerstätten sind nicht gleichmäßig über die Erde verteilt. Die größten Vorräte liegen im Mittleren Osten, in den USA und in den Ländern der früheren Sowjetunion. Saudi-Arabien ist der größte Ölproduzent und fördert ungefähr 12 Prozent des gesamten Erdöls auf der Welt – rund 12 Millionen Barrel pro Tag.

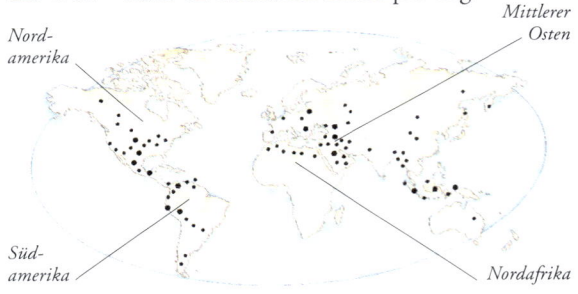

Nordamerika *Mittlerer Osten*
Südamerika *Nordafrika*

• Wichtigste Lagerstätten • Weitere Lagerstätten

OPEC
12 Erdölländer aus dem Mittleren Osten, Afrika und Südamerika gehören zur Organisation Erdöl exportierender Länder (OPEC). Sie wurde 1960 gegründet, um ihre Interessen gegen vermeintliche Ausbeutung durch den Westen zu vertreten.

Erdgas
Das Erdgas entstand vor Jahrmillionen unter dem Meeresboden. Es besteht ähnlich wie Erdöl aus einer Mischung von Kohlenwasserstoffen. Der Hauptanteil ist Methan. Es folgen wechselnde Anteile von Ethan, Butan und Propan. Die wichtigsten Erdgas produzierenden Länder sind Russland, die USA, Kanada und Großbritannien.

Erdgasverteilerwerk in Buenos Aires, Argentinien

Flüssiggas
Die Propan- und Butananteile im Erdgas kann man unter Druck leicht verflüssigen. In dieser Form verkauft man sie in Gasflaschen, z. B. für Campinglampen und -kochherde. Auch Zigarettenanzünder enthalten solches Flüssiggas. Erdgas wird oft durch Abkühlen verflüssigt und in Tankschiffen transportiert.

Mit Flüssiggas betriebener Campingherd

Spurengase
Im Erdgas findet man außer Kohlenwasserstoffen noch andere Gase, z. B. Kohlendioxid, Schwefelverbindungen und Helium. Die Gase können in so großen Mengen angereichert sein, dass sich eine Gewinnung für industrielle Zwecke lohnt. Aus Schwefelgasen gewinnt man z. B. Schwefelsäure. Mit Helium füllt man Ballone und Luftschiffe.

Heliumgefüllte Ballone

SIEHE AUCH UNTER: CHEMIE GASE GEOLOGIE GESTEINE GOLFSTAATEN KOHLE KRAFTFAHRZEUGE KUNSTSTOFFE LUFTSCHIFFE UND BALLONE SOWJETUNION

ERDZEITALTER

VOR ÜBER 3,8 MILLIARDEN JAHREN kühlte sich die rotglühende Erde langsam ab. Ozeane entstanden, in denen sich kleine einzellige Lebewesen entwickelten. Da diese noch keine harten Skelette hatten, hinterließen sie kaum versteinerte Spuren. Solche Fossilien treten erst in späteren Gesteinsschichten auf. Anhand der Fossilien unterteilen die Paläontologen die Erdgeschichte in mehrere Zeitalter, Formationen, Abteilungen und Stufen.

Zu Beginn
Ganz einfache fossile Einzeller (Prokaryoten) wurden in 3,3 bis 3,4 Milliarden Jahre alten Gesteinsschichten in Australien und Südafrika gefunden. Blaualgen in tropischen Flachmeeren bildeten z. B. die blumenkohlartigen, geschichteten Stromatolithen.

Fossiler Stromatolith

Phacops rana, ein Trilobit

Lepidodendron, ein baumförmiger Bärlapp des Karbons

Fossil von Cephalaspis pagei, einem gepanzerten kieferlosen Fisch

Erdaltertum, Paläozoikum

Im frühesten Abschnitt des Erdaltertums, dem Kambrium (vor 570–510 Mio. Jahren), gab es Leben nur in den Ozeanen. Im Karbon hingegen (vor 360–290 Mio. Jahren) wuchsen schon dichte Wälder aus Baumfarnen und Bärlappen wie *Lepidodendron*. Im Perm (vor 290–245 Mio. Jahren) war der größte Teil des Festlandes Wüste.

Verteilung der Erdteile vor 570–245 Mio. Jahren

Erste Landpflanzen
Bis zum Ende des Silur (vor 439–408 Mio. Jahren) lebten die meisten Pflanzen im Wasser. Die älteste bekannte Pflanze des Festlandes, *Cooksonia*, hatte einen festen Stengel mit Leitbündeln für den Wassertransport.

Erste Tiere mit Schalen
Die explosionsartige Entfaltung des Lebens zu Beginn des Kambriums geht vielleicht auf Umweltveränderungen zurück. Die Schalen dieser Tiere konnten dadurch fossil erhalten bleiben.

Erste Fische
Die ersten Wirbeltiere waren kieferlose Fische vor rund 470 Mio. Jahren. Einige unter ihnen entwickelten einen festen Körperpanzer und lebten in flachen Meeren, Flüssen und Seen.

Eroberung des Festlandes

Als die Pflanzen das Festland eroberten, folgten ihnen wirbellose Tiere nach. Sie konnten hier den höheren Sauerstoffgehalt der Luft nutzen. Die Ersten waren Gliederfüßer. *Acantherpestes* hatte wahrscheinlich eine ähnliche Lebensweise wie heutige Tausendfüßer und ernährte sich von faulenden Pflanzenresten. Auf die Gliederfüßer folgten Amphibien und Kriechtiere.

Heutiger Tausendfüßer  *Acantherpestes*

Erdmittelalter, Mesozoikum

Im Mesozoikum (vor 245–65 Mio. Jahren) bewegte sich der Urkontinent Pangaea nordwärts und zerbrach in die heute bekannten Kontinente. Ein Massenaussterben zu Ende des Perm erlaubte es den Reptilien auf dem Land, in der Luft und im Wasser eine große Formenvielfalt zu entwickeln. Am Ende der Kreidezeit starben alle Dinosaurier aus.

Verteilung der Kontinente, vor 245–65 Mio. Jahren

Kriechtiere
Das älteste bekannte Reptil ist *Westlothiana lizziae*. Es lebte vor 330 Mio. Jahren. Aus einem solchen Kriechtier entwickelten sich die späteren Riesenreptilien und Dinosaurier, die während des Erdmittelalters die Erde beherrschten. Einige unter ihnen konnten aufrecht auf den beiden Hinterbeinen gehen. Andere Formen kehrten ins Meer zurück, etwa die Plesiosaurier. Die Flugsaurier erhoben sich sogar in die Lüfte.

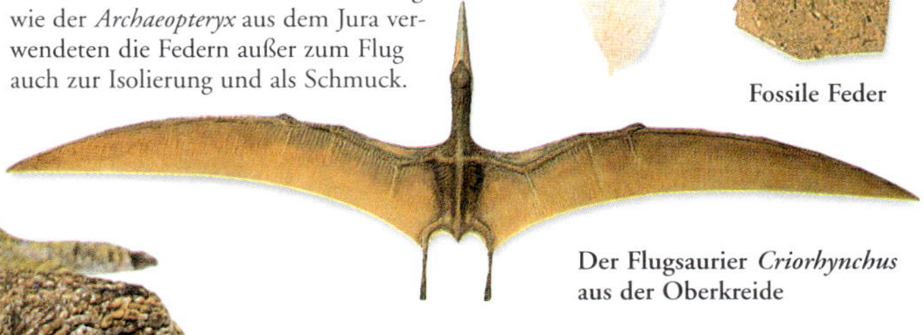

Frühe Vögel
Vögel mit Federn entwickelten sich früh aus bestimmten Dinosauriern, mit denen sie nahe verwandt sind. Die ersten Vögel wie der *Archaeopteryx* aus dem Jura verwendeten die Federn außer zum Flug auch zur Isolierung und als Schmuck.

Moderne Vogelfeder

Fossile Feder

Der Flugsaurier Criorhynchus aus der Oberkreide

Erste Blütenpflanzen
Die ersten nacktsamigen Pflanzen gab es schon im Devon. Bedecktsamige Pflanzen traten erst in der Kreide (vor 144–65 Mio. Jahren) auf. Eine der ältesten Formen ist der Ginkgobaum, der bis heute überlebt hat und als lebendes Fossil in manchen Parks anzutreffen ist.

Megazostrodon hatte ein Fell gegen Wärmeverlust.

Erste Säuger
Die ersten Säuger entwickelten sich aus den säugerähnlichen Kriechtieren, von denen einige wenige das große Massenaussterben gegen Ende des Perm überlebten. Eines der ersten Säugetiere war *Megazostrodon*, das in der späten Trias (vor 245–208 Mio. Jahren) auf der Erde erschien.

Modell von Megazostrodon

Westlothiana war rund 30 cm lang.

Modell von Westlothiana

Der Ginkgo stammt aus dem Jura.

ERDZEITALTER

Kreidezeit

In der Kreidezeit (vor 144–65 Mio. Jahren) waren die Dinosaurier die beherrschenden Großtiere auf dem Festland. Die Kontinente drifteten immer weiter auseinander. Das heutige Indien bewegte sich nordwärts. Am Ende der Kreidezeit schlug wohl ein großer Meteorit auf der Erde ein.

Skelett des Dinosauriers Dromaeosaurus, vor 85–70 Mio. Jahren

Durch Knochenstäbe versteifter Schwanz

Krallen für den Beutefang

Dinosauriersterben
Alle Dinosaurier starben am Ende der Kreidezeit aus. Heute ist man sich ziemlich sicher, dass vor ungefähr 65 Mio. Jahren ein großer Meteorit oder ein Komet auf der Erde einschlug. Er wirbelte große Staubmengen in die Luft. Das Sonnenlicht wurde monatelang abgehalten, sodass viele Pflanzen- und Tierarten in dieser Zeit ausstarben.

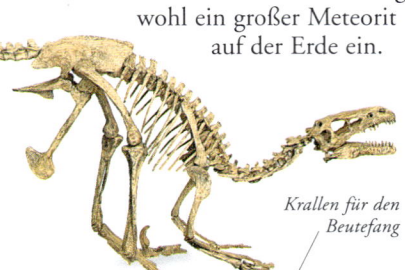

Eiszeiten

In den letzten 2 Milliarden Jahren gab es auf der Erde immer wieder Eiszeiten. Ein großer Teil des Wassers lag dabei in Form von Eis auf dem Festland. Tiere wie das wollhaarige Mammut entwickelten ein dickes Fell als Schutz vor der Kälte. Heute befindet sich die Erde in einer Warmzeit. Wie lange sie dauert, wissen wir nicht.

Dickes, wolliges Fell

Haare auf dem Rüssel

Modell eines Mammuts (Mammuthus primigenius) vor 1,64 Mio. Jahren

Aussterben

Es gehört zum normalen Leben auf der Erde, dass Pflanzen- und Tierarten sich entwickeln und auch wieder aussterben. Von Massenaussterben spricht man, wenn viele verschiedene Lebewesen gleichzeitig untergehen. In der Erdgeschichte gab es mehrere solche Massenaussterben.

Dronte
Die Dronte der Insel Mauritius starb im späten 18. Jh. durch die Jagd aus. Heute stehen sehr viele Tier- und Pflanzenarten am Rande des Aussterbens, z. B. fast alle Nashornarten sowie der Sibirische Tiger.

Rekonstruktion einer Dronte

Erdneuzeit, Känozoikum

Während der Erdneuzeit (vor 65 Mio. Jahren bis heute) breiteten sich die Säuger immer weiter aus. Einige Kriechtiere wie Schildkröten, Schlangen, Krokodile und Echsen überlebten das Massenaussterben zu Ende der Kreidezeit und leben heute noch. Auch die Vögel entwickelten eine sehr große Artenvielfalt.

Verteilung der Kontinente vor 65 Mio. Jahren

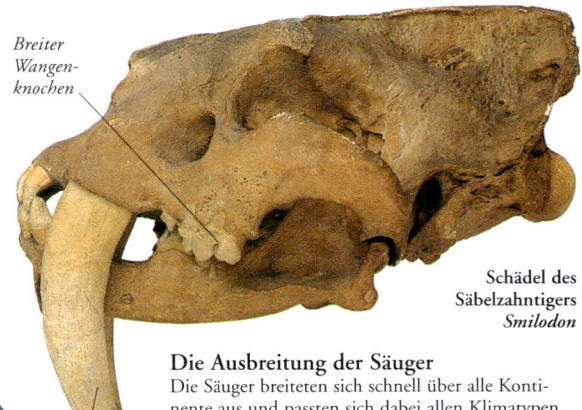

Breiter Wangenknochen

Schädel des Säbelzahntigers Smilodon

Säbelartige Eckzähne

Die Ausbreitung der Säuger
Die Säuger breiteten sich schnell über alle Kontinente aus und passten sich dabei allen Klimatypen an, weil sie eine konstante Körpertemperatur beibehalten können. Als Erste entwickelten sich die Beuteltiere, doch später übernahmen die Plazentatiere die beherrschende Stellung.

Fliegende Säuger
Die Vögel traten nach und nach an die Stelle der Flugsaurier und auch die Säuger entwickelten flugfähige Formen, etwa die Fledermaus *Palaeochiropteryx*. Sie war nur 7 cm lang. Fledermäuse sind nachtaktiv und spüren ihre Beute mit einem Echolotsystem auf.

Fossile Fledermaus Palaeochiropteryx

Erste Menschen
Unser erster menschenähnlicher Vorfahr war wohl *Australopithecus afarensis*, der vor ungefähr 4 Mio. Jahren in Afrika lebte. Die früheste echte Menschenform, der *Homo habilis*, verwendete Werkzeuge schon vor 2,5 Mio. Jahren. Der moderne Mensch *Homo sapiens* erschien vor rund 100 000 Jahren. Er hieß Cro-Magnon-Mensch.

Schädel des Homo habilis, Afrika

Chronologie

vor 3,8 Mrd. Jahren Entwicklung einzelliger photosynthetischer Lebewesen

vor 550 Mio. Jahren Erste Tiere mit Schalen und Panzern

vor 500 Mio. Jahren Auftreten der ersten kieferlosen Fische

Modell von Ichthyostega

vor 440 Mio. Jahren Pflanzen und Tiere erobern das Festland.

vor 395 Mio. Jahren Gliederfüßer auf dem Festland ernähren sich von verwesenden Pflanzen.

vor 360 Mio. Jahren Erste Vierfüßer, z. B. die Amphibie *Ichthyostega*

Versteinerte Libelle, Jurazeit

vor 210 Mio. Jahren Beginn der Evolution der Dinosaurier

vor 65 Mio. Jahren Ausbreitung der Säuger

vor 100 000 Jahren Der *Homo sapiens* erscheint.

SIEHE AUCH UNTER | ABSTAMMUNGSLEHRE | DINOSAURIER | ERDE | EVOLUTION | FOSSILIEN | GEOLOGIE | KOHLE | SÄUGETIERE | VORGESCHICHTE

ERFINDUNGEN

ERFINDUNGEN SIND Schöpfungen des menschlichen Geistes. Die meisten sind technischer Natur. Sie erleichtern das Leben der Menschen oder nutzen der Industrie, indem sie z. B. die Herstellung eines Produkts vereinfachen. Erfindungen gibt es in allen Bereichen – von der Sicherheitsnadel bis zum Computer. Früher wurden Erfindungen vor allem von einzelnen Menschen gemacht. Heute sind sie eher das Ergebnis einer Teamarbeit. Die gesamte Zivilisation beruht auf Erfindungen.

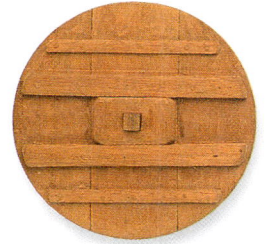

Das Rad
Das Rad ist wahrscheinlich die wichtigste Erfindung aller Zeiten. In fast allen Maschinen gibt es Räder. Das erste Rad verwendete man wohl vor über 5 000 Jahren in Mesopotamien als Töpferscheibe. Damit konnte man schnell Gefäße formen. Räder an Fahrzeugen revolutionierten den Transport.

Frühe Erfindungen
Steinwerkzeuge und Waffen wie Pfeil und Bogen ermöglichten den Menschen der Vorzeit bessere Lebensbedingungen. Als sie Bauern wurden, erleichterte der Pflug (um 3000 v. Chr.) den Anbau von Pflanzen. Etwa zur selben Zeit wurde das Rad für den Transport erfunden. Auch das Alphabet (um 1500 v. Chr.) war ein Meilenstein der Kultur und Zivilisation. Erst dadurch gelang es, Sprache zu fixieren.

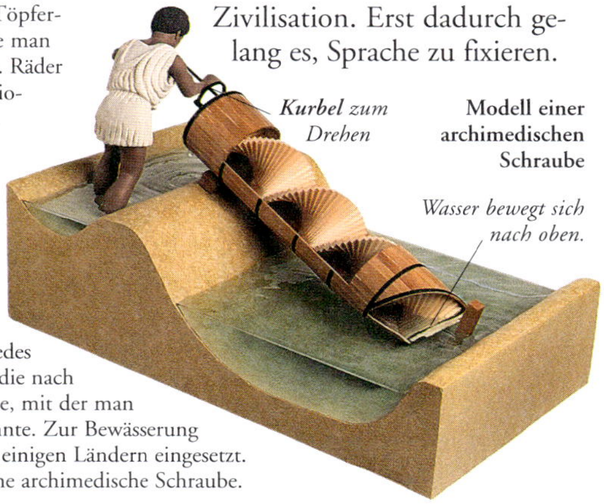

Kurbel zum Drehen
Modell einer archimedischen Schraube
Wasser bewegt sich nach oben.

Das Leben erleichtern
Das Leben der Menschen wurde vor allem im 20. Jh. durch Erfindungen leichter. Der Traktor veränderte die Landwirtschaft. Der Computer führte zur weltumspannenden Kommunikation via Internet. Erfindungen im Haushalt zeigen die Vorteile für den Einzelnen besonders deutlich: Im Kühlschrank halten sich Lebensmittel länger, im Mikrowellenherd lässt sich schnell Essen zubereiten, Waschmaschine und Staubsauger verrichten lästige Arbeiten.

Archimedische Schraube
Ungefähr um 260 v. Chr. erfand der griechische Naturforscher und Mathematiker Archimedes (um 285–212 v. Chr.) die nach ihm benannte Schraube, mit der man Wasser hochheben konnte. Zur Bewässerung wird sie heute noch in einigen Ländern eingesetzt. Auch der Bohrer ist eine archimedische Schraube.

Zu Hause
Viele Erfindungen veränderten das Leben zu Hause. Durch die Stromversorgung konnte man die Räume billig und leicht erleuchten und Maschinen zum Reinigen, Kochen und Waschen betreiben. Da Maschinen den Hausfrauen die Arbeit abnahmen, konnten diese außer Haus arbeiten.

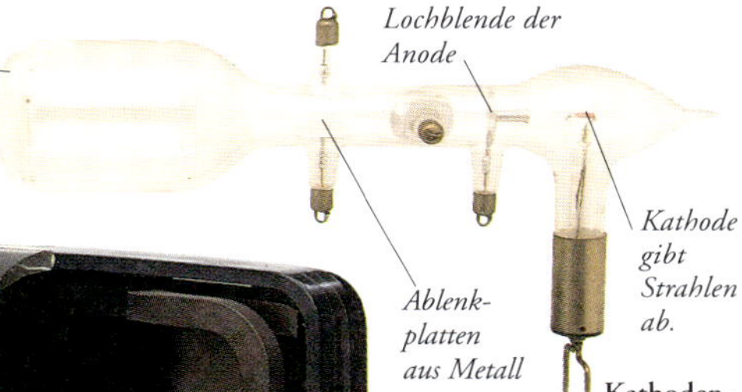

Der Schirm ist mit einem Pulver beschichtet, das die Kathodenstrahlen zum Leuchten bringt.

Lochblende der Anode
Ablenkplatten aus Metall
Kathode gibt Strahlen ab.
Kathodenstrahlröhre

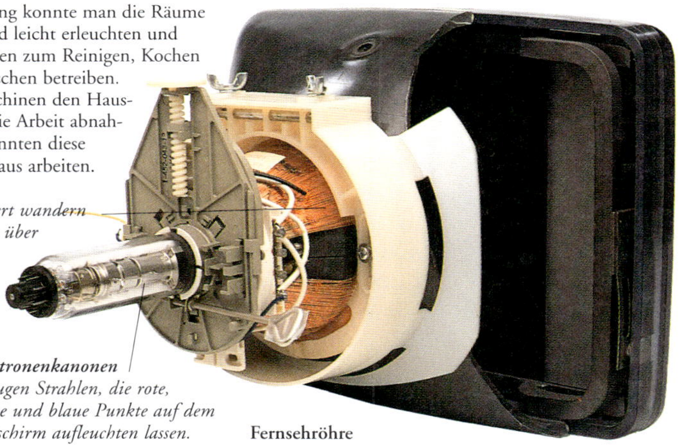

Von Spulen gesteuert wandern Elektronenstrahlen über den Bildschirm.

Elektronenkanonen erzeugen Strahlen, die rote, grüne und blaue Punkte auf dem Bildschirm aufleuchten lassen.
Fernsehröhre

Wissenschaft
Viele wissenschaftliche Erfindungen bildeten die Grundlage für die heutige technisch geprägte Zivilisation. Aus der Kathodenstrahlröhre, die 1897 erfunden wurde, entwickelte sich z. B. die Bildröhre des Fernsehers und die gesamte Elektronik. Immer bedeutsamer wird heute auch die Medizintechnik.

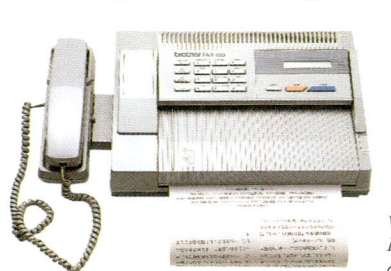

Industrie
Die Dampf- und die Spinnmaschine waren zwei Schlüsselerfindungen, die die industrielle Revolution im 18. Jh. in Gang setzten. Im 19. Jh. erhöhten Fabriken ihre Produktivität, als sie dem Beispiel von Henry Ford folgend Fließbänder einrichteten. Etwa um 1968 leitete die Entwicklung des Mikroprozessors den Aufstieg der modernen Elektronikindustrie ein.

Die Brüder Kellogg
Die heute blühende Industrie mit Getreideprodukten hat ihren Ursprung im Erfindergeist des amerikanischen Arztes John Harvey Kellogg (1852–1943) und der Geschäftstüchtigkeit seines Bruders William Keith (1860–1951). John Harvey entwickelte die Cornflakes als vegetarische Diät für seine Patienten. Sein Bruder gründete daraufhin 1906 die Firma Kellogg.

W. K. Kellogg
J. H. Kellogg 

Erfinder
Manche Erfindungen werden immer dann gemacht, wenn ein Bedarf besteht. Oder ein Forscher oder Bastler hat plötzlich eine Idee und setzt sie in die Tat um. Nicht selten sind sie dabei ihrer Zeit voraus, wie etwa beim Laser. Die meisten Erfindungen entstehen heute aber gezielt in Teamarbeit.

Patente
Erfindungen sind geistiges Eigentum. Wer eine Erfindung als Patent anmeldet, erhält das alleinige Recht, seine Erfindung wirtschaftlich zu nutzen. Kopien sind strafbar. Die Patentschrift gibt an, inwiefern die Erfindung neu und originell ist. Der Patentschutz erstreckt sich über 25 Jahre.

Patentschrift für den Reißverschluss

SIEHE AUCH UNTER: EDISON, THOMAS ALVA · ELEKTRONIK · ERNÄHRUNG · INDUSTRIELLE REVOLUTION · INFORMATION UND KOMMUNIKATION · MEDIZIN, GESCHICHTE · TECHNOLOGIE · TRANSPORT, GESCHICHTE

Beispiele für Erfindungen
Haus und Freizeit

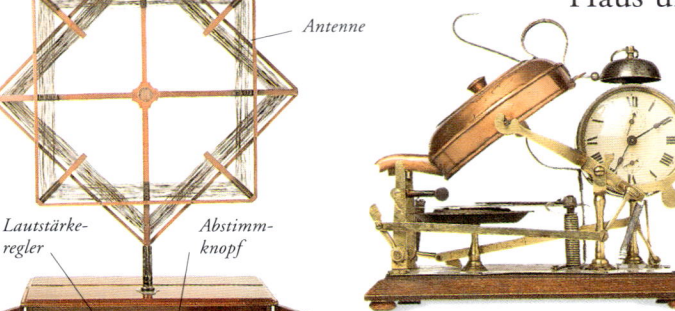

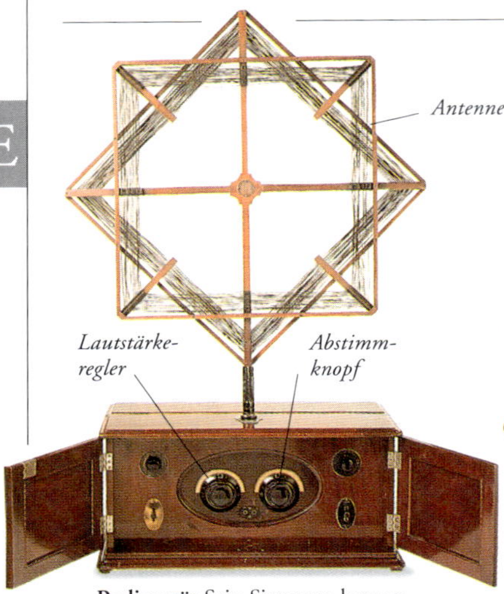

Radiogerät Sein Siegeszug begann in den 30er Jahren des 20. Jh.
Antenne
Lautstärkeregler
Abstimmknopf

Automatischer Teekocher Er wurde 1904 erfunden und half im Haushalt Zeit zu sparen.

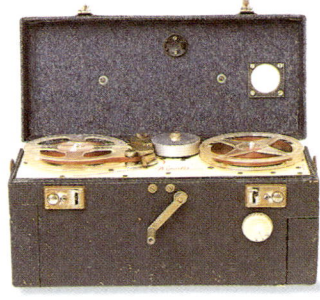

Tonbandgerät Diese Erfindung wurde nach der des Magnetbandes 1935 in Deutschland gemacht.

Mixer Das Modell aus dem Jahr 1918 wurde von einem Elektromotor angetrieben.

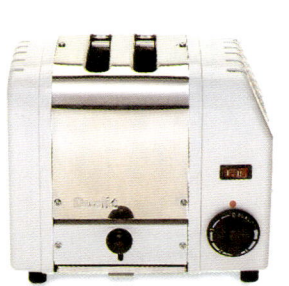

Toaster Das erste Gerät erschien 1926 auf dem Markt. Zugeschnittenes Brot dafür gab es ab 1930.

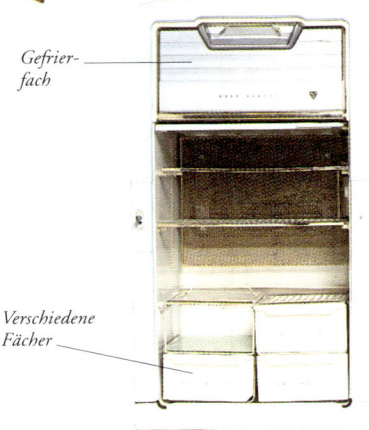

Gefrierfach
Verschiedene Fächer

Kühlschrank Das erste Gerät gab es 1913 zu kaufen.

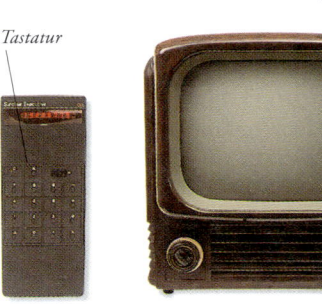

Tastatur

Taschenrechner Er breitete sich seit 1970 über die ganze Welt aus.

Fernseher, Modell von 1950. Den Fernseher erfand John Logie Baird bereits 1926.

Staubsauger Das Modell stammt aus den ersten Jahren des 20. Jh.

Kugelschreiber, erfunden 1938.

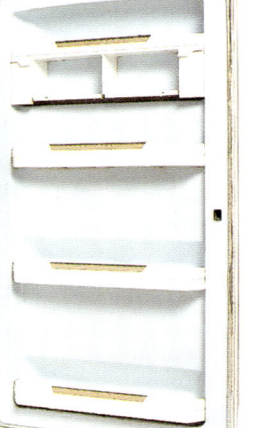

Walkman Das erste Modell wurde 1979 verkauft.

Compact Disc Die ersten CDs erschienen 1982 auf dem Markt.

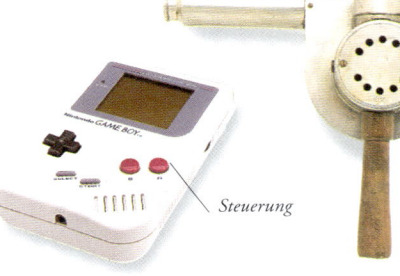

Steuerung

LCD-Spiel Diese tragbaren Geräte gibt es seit etwa 1980.

Haartrockner Das erste Gerät für den Hausgebrauch gab es 1920.

Wissenschaft und Industrie

Rahmen
Feder
Probe

Transistor 1947 erfunden, heute noch ein wichtiges Bauteil

Herzschrittmacher, bereits 1932 erfunden, erst 1952 angewendet

Elektronenröhre Dieses Bauteil war früher in jedem Rundfunkgerät.

Rubinkristall

Laser Funktionierende Geräte wurden erst in den 60er Jahren des 20. Jh. entwickelt.

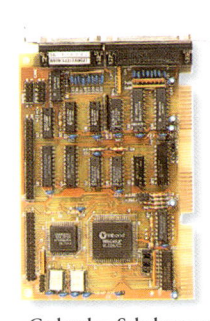

Gedruckte Schaltungen wurden 1943 patentiert.

Parkuhr Das erste Modell stammt aus dem Jahr 1935.

ERNÄHRUNG

WIR SIND, WAS WIR ESSEN: Der Körper entzieht der täglichen Nahrung Energie und Aufbaustoffe. In den Entwicklungsländern stehen die benötigten Nährstoffe, vor allem Fette, Kohlenhydrate, Proteine, Mineralstoffe und Vitamine, nicht immer in ausreichender Menge zur Verfügung. Die Folge ist Mangelernährung. In den meisten Industrieländern ist das Kochen hingegen zu einem Steckenpferd geworden. Essen ist ein Teil der Kultur und fast jedes Land hat seine eigene typische Küche. Die Nahrung spielt auch in vielen religiösen Ritualen eine Rolle.

Hamburger

Fastfood heißt „schnelles Essen". Es handelt sich um vorgefertigte Industrieprodukte, die kaum noch zubereitet werden müssen. Der „Hamburger" ist heute auch in Europa weit verbreitet.

Delikatesse in Frankreich — *Beliebt in Japan* — *Aus Blut vom Schwein* — *Moslems und Juden essen kein Schweinefleisch.*

Froschschenkel **Algen** **Blutwurst** **Schnecken** **Schweinswürste**

Verarbeitung

Die meisten Nahrungsmittel muss man vor dem Kochen verarbeiten und zubereitungsfertig machen. Weizenkörner müssen z. B. zu Mehl gemahlen werden, bevor man daraus Brot backen kann. Wichtig ist auch die Konservierung: Nahrungsmittel müssen so gelagert werden, dass sie nicht verderben. Die Lebensmittelindustrie verarbeitet, konserviert und verpackt Nahrungsmittel.

Maniok

Maniok
Viele Nahrungsmittel sind ohne Verarbeitung ungenießbar. Maniok oder Cassava, ein Grundnahrungsmittel in den Tropen, ist zunächst sogar giftig. Durch Reiben, Pressen und Erhitzen entzieht man den Wurzeln giftige Blausäure.

Was ist Nahrung?

Alles was Menschen verdauen können, ist Nahrung. Im Idealfall enthält die tägliche Nahrung Kohlenhydrate, Proteine, Fette, Ballaststoffe, Mineralstoffe und Vitamine in ausgewogenen Mengen. Die Nährstoffe liefern Pflanzen und Tiere. In vielen Völkern und Kulturen gibt es aber Tabus: So essen Hindus z. B. kein Rindfleisch, Juden kein Schweinefleisch.

Zubereitung

Salat *Fenchel*

Salate und Früchte schmecken roh am besten. Die meisten Nahrungsmittel müssen aber gekocht werden. Sie entfalten dabei ihren Geschmack und sind leichter verdaulich. Beim Kochen nimmt z. B. die Stärke Wasser auf, quillt auf und setzt Nährstoffe frei.

Orange

Verarbeitung: Einfrieren von Erbsen — *Erntemaschine* — *Gefrorene Erbsen*

1. Bevor es gefrorene Erbsen gab, konnte man außerhalb der Erntezeit nur getrocknete oder eingedoste Erbsen essen. Die Ernte erfolgt heute mit großen Maschinen. Sie öffnen die Hülsen und sammeln die noch süßen Erbsen. Die Hülsen fallen zurück auf das Feld und dienen dort als Gründünger.

2. In der Fabrik werden die Erbsen gewaschen und kurz in kochendes Wasser getaucht (blanchiert). Ein Förderband transportiert sie in den Gefrierraum. Eingeblasene Kaltluft verhindert, dass die Erbsen zusammenkleben. Dann werden sie bei - 18 °C schockgefroren.

3. Vor dem Verpacken überprüft man Qualität und Geschmack. Frischgemüse verliert kurz nach der Ernte langsam an Nährstoffen. Da die Erbsen im Laufe von 2 1/2 Stunden gefroren werden, sind sie frischer als frische Erbsen aus dem Geschäft.

Dampfgaren ist schonend.

Kochverfahren
Es gibt viele Kochverfahren. Beim Dampfgaren liegen die Temperaturen knapp unter 100 °C. Wenige Nahrungsmittel wie Eier werden bei niedrigeren Temperaturen gar. Beim Grillen oder beim Backen in heißem Öl wird die Nahrung viel höher erhitzt und schneller gar.

Kakaobohnen

Schokolade
Schokolade wird aus Kakaobohnen hergestellt. Die Azteken in Mexiko liebten ein Kakaogetränk, das sie mit Chili würzten und „chocolatl" nannten. Die Spanier, die Mexiko im 16. Jh. eroberten, führten das Getränk nach Europa ein. Feste Schokolade gibt es erst seit etwa 1630, doch bis Anfang des 20. Jh. galt sie als Luxus.

Tiefkühlkost
Nahrung wird in kalten Gebieten der Erde schon seit ältesten Zeiten durch Gefrieren konserviert. 1913 gab es den ersten elektrischen Kühlschrank. Das erste tiefgefrorene Gemüse kam 1930 in den USA auf den Markt.

Erbsen in der Schote
Tiefkühlerbsen

Mangelernährung

Falsche Ernährung kann zu Mangelerscheinungen führen. Schlimmer ist jedoch der Hunger. Jedes Jahr haben 800 Millionen Menschen zu wenig zu essen: Sie leiden deshalb unter Mangelernährung. Kinder sind dadurch in ihrer körperlichen und geistigen Entwicklung gestört. In armen Ländern kommt es immer wieder zu Hungersnöten durch Trockenheit, Schädlingsbefall oder Kriege.

SIEHE AUCH UNTER | **FITNESS** | **HANDEL UND INDUSTRIE** | **LANDWIRTSCHAFT** | **VERDAUUNG**

ERNÄHRUNG

Nahrungsmittel

Ungekochter Reis
Riegel aus Puffreis
Weizenkörner
Brot aus Weizenmehl
Mais
Tortillas

Reis Er ist das Hauptnahrungsmittel in Südasien und vielen Teilen Afrikas.

Weizen Er ist ein Hauptnahrungsmittel in Nordamerika, Europa, Australien und Teilen Asiens.

Mais Er ist ein Hauptnahrungsmittel in einigen Ländern Afrikas, Asiens und Amerikas.

Kartoffeln
Kopfsalat
Sojabohnen
Kokosnuss
Wassermelone
Bienenwaben

Stärkereiche Knollen Sie enthalten viele Kohlenhydrate.

Gemüse Sie stellen eine wichtige Vitaminquelle dar.

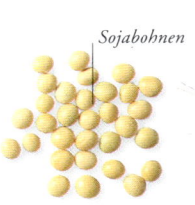

Hülsenfrüchte enthalten von allen Pflanzen die meisten Eiweiße.

Nüsse und Samen Aus ihnen gewinnt man Öle.

Früchte Sie stellen eine wichtige Vitaminquelle dar.

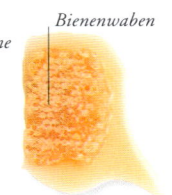

Zucker und Honig Sie sind Kohlenhydrate.

Ente
Languste
Käse
Olivenöl
Chilischote
Vanille

Fleisch ist die wichtigste Eiweißquelle.

Fische und Meeresfrüchte enthalten viel Eiweiß und wenig Fette.

Eier sind ausgeglichene Eiweißlieferanten.

Milch und Milchprodukte liefern Eiweiß, Fette und Mineralstoffe.

Fette und Öle speichern viel Energie.

Kräuter und Gewürze verleihen den Speisen Geschmack.

Landestypische Gerichte

Huhn
Muscheln
Salat

Australien: Fleisch vom Holzkohlengrill außerhalb des Hauses

Indien: Vegetarischer Curry mit Fladenbrot (*Roti*)

Frankreich: Zur Fischsuppe, der *Bouillabaisse*, isst man Brot.

Mexiko: *Tortilla*, Maisfladen mit Chili, Fleisch und Bohnen

Garnelen
Roher Lachs
Yorkshire-Pudding
Parmesankäse

Spanien: *Paella*, ein Reisgericht mit Hühnchen, Meeresfrüchten und Gewürzen

Vietnam: Teigrollen, gefüllt mit Schweinefleisch, Garnelen und Nudeln

Marokko: *Tajine*, Hühnerfleisch mit Gewürzen und Gemüse

USA: *Spare ribs*, Schweinerippen mit Bohnen

China: Geröstete Ente mit einer aromatischen Sauce

Italien: *Fettuccine*, ein Nudelgericht mit Tomatensauce

Thailand: Gebratene Nudeln

Japan: *Sushi*, feingeschnittener roher Fisch mit gesäuertem Reis und Algen

England: Roastbeef mit gebackenen Kartoffeln

Russland: *Borscht*, Suppe aus Roten Beten mit Pfannkuchen (*Blini*).

ERSTE HILFE

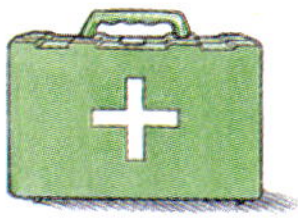

DIE ERSTE HILFE reicht vom Säubern einer kleinen Wunde und dem Bedecken mit Pflaster bis hin zu lebensrettenden Maßnahmen bei schweren Unfällen. Der Verletzte soll damit soweit versorgt werden, dass man ihn notfalls in ein Krankenhaus bringen kann. In den letzten Jahren hat die Erste-Hilfe-Medizin große Fortschritte gemacht, weil man viel mehr über die Reaktionen des Körpers nach einem schweren Unfall weiß. Nicht nur die medizinische Ausrüstung, auch die Kommunikation ist sehr viel besser geworden und erlaubt es heute, viele Leben zu retten.

Am Unfallort

Wirksame erste Hilfe hängt davon ab, dass man die wichtigsten Dinge zuerst unternimmt. Am allerwichtigsten ist das Herbeirufen der Rettungsdienste. Mit Erste-Hilfe-Maßnahmen überbrückt man die Zeit, bis ein Arzt eintrifft.

Motorradunfall

Den Zustand beurteilen
Der Helfer muss rasch erkennen und entscheiden, welche Verletzung vorrangig versorgt werden muss. Man darf sich z. B. nicht mit dem Stillen einer kleinen Blutung aufhalten, wenn die Luftwege des Patienten blockiert sind. Im Krankenhaus bezeichnet man diese Auslese als Triage.

Hilfe herbeirufen
In den meisten Fällen ruft man Hilfe über ein Telefon oder ein Handy herbei. Die Rettungsdienste haben in allen Ländern einfache Nummern, die leicht zu merken sind. Im Gebirge macht man durch Rufen und Schwenken von Tüchern auf sich aufmerksam, wenn man kein Handy hat.

Notrufsäule

Den Unfallort sichern
Zuallererst müssen die Helfer den Unfallort sichern, bei Verkehrsunfällen z. B. durch Pannendreiecke. Helfer dürfen bei ihren Maßnahmen weder sich selbst noch andere in zusätzliche Gefahr bringen.

Feuerlöscher

ABC der ersten Hilfe

Bei der ersten Hilfe an Personen, die das Bewusstsein verloren haben, sind zunächst 3 Punkte zu beachten: Die Luftwege müssen frei sein, damit genügend sauerstoffhaltige Luft in die Lunge gelangen kann. Der Patient muss von sich aus atmen. Bei einem Atemstillstand muss sofort künstlich beatmet werden – evtl. durch Mund-zu-Mund-Beatmung. Schließlich muss der Helfer überprüfen, ob der Kreislauf noch funktioniert und der Puls noch zu fühlen ist.

Zwei Finger leicht auf die Halsschlagader legen.

Den Puls fühlen
Das Herz sorgt für den Kreislauf und pumpt Blut durch den Körper. Dies ist als Puls zu spüren. Den Puls fühlt man am besten an der Halsschlagader beiderseits des Kehlkopfes.

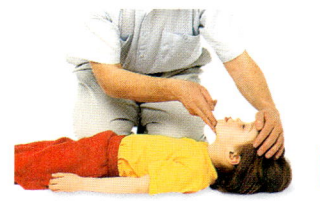

Luftwege
Fremdkörper, Flüssigkeiten oder Erbrochenes können die Luftwege blockieren. Man biegt den Kopf des Patienten zurück und verhindert so auch ein Zurückfallen der Zunge.

Atmung
Bei einem Atemstillstand muss der Helfer eigene Atemluft durch Mund oder Nase in die Lunge des Patienten blasen. Wir nennen dies Atemspende oder künstliche Beatmung.

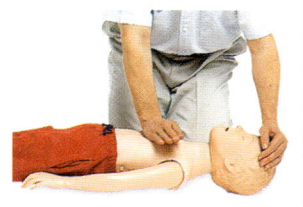

Kreislauf
Bei fehlendem Puls muss der Helfer eine Herzmassage durchführen und den Brustkorb von außen mehrmals zusammendrücken. Damit regt er das Herz wieder zur Tätigkeit an.

Anwinkeln eines Beines und Armes vor dem Körper verhindert ein Rollen in die Bauchlage.

Kopf leicht zurückbiegen, damit die Luftwege frei sind und vor allem die Zunge sie nicht blockieren kann.

Stabile Seitenlage

Stabile Seitenlage
Atmet das bewusstlose Opfer von sich aus, so legt man es behutsam in die stabile Seitenlage und wartet, bis ein Arzt eintrifft. Man darf dabei aber nicht vergessen, dass ein Unfallopfer auch Verletzungen an den Knochen und Nerven aufweisen kann. Man sollte Verletzte nur dann bewegen, wenn man dadurch ihr Leben retten kann.

Erste-Hilfe-Ausrüstung

In den meisten Ländern muss in Schulen, an Arbeitsplätzen und in Autos eine Mindestausrüstung für erste Hilfe vorhanden sein. Das Material in Erste-Hilfe-Kästen, z. B. Bandagen und Verbandwatte, dient der Wundversorgung. Verbrauchtes Material ist schnell zu ersetzen.

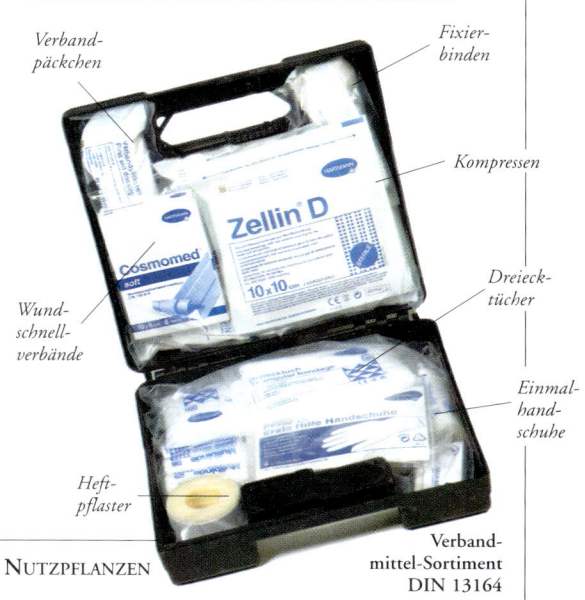

Verbandpäckchen
Fixierbinden
Kompressen
Wundschnellverbände
Dreiecktücher
Einmalhandschuhe
Heftpflaster
Verbandmittel-Sortiment DIN 13164

SIEHE AUCH UNTER ARZNEIMITTEL UND DROGEN · KRANKENHAUS · MEDIZIN · MEDIZIN, GESCHICHTE · NUTZPFLANZEN

ERZIEHUNG

DAMIT EINE GESELLSCHAFT überleben und sich weiterentwickeln kann, muss jede Generation ihr Wissen, ihre Fähigkeiten und ihre Werte an die nächste weitergeben. Dies geschieht durch Erziehung und Ausbildung. In jedem Land der Erde gibt es heute Schulen, in denen die Kinder und Jugendlichen ausgebildet werden. Und während des ganzen Lebens lernen wir weiter dazu, durch Eltern, Freunde, die Medien oder die Arbeit. Erziehung und Ausbildung sorgen dafür, dass es in der Gesellschaft stets genügend Ärzte, Lehrer, Wissenschaftler und Fachleute aller Berufe gibt.

Vorgeschichte und Antike
In den frühesten Zeiten brachten die Eltern ihren Kindern bei, wie sie in der Wildnis überleben, Feuer anzünden und jagen konnten. Als die ersten Kulturen eine Schrift entwickelten, gab es bald Schulen, in denen die Kinder lesen und schreiben lernten.

Griechen und Römer
Die Erziehung in der Antike spiegelt wie heute die Vorstellungen des Staates wieder. Im kriegerischen Sparta war die Erziehung darauf ausgerichtet, tüchtige Soldaten hervorzubringen. Noch im Mittelalter erhielten Mädchen und arme Kinder keinen Unterricht im Lesen und Schreiben. Er war den Knaben reicher Familien vorbehalten.

Lehrer und Schüler, antikes römisches Relief

Erziehungstheorien
Theorien zufolge lernen die Menschen durch praktisches Tun. Andere meinen, Schüler würden dadurch lernen, dass sie die Probleme selbst erarbeiten. Wieder andere behaupten, der Mensch würde Fähigkeiten entwickeln, um seine Bedürfnisse zu befriedigen. Wahrscheinlich lernen wir auf alle drei Arten.

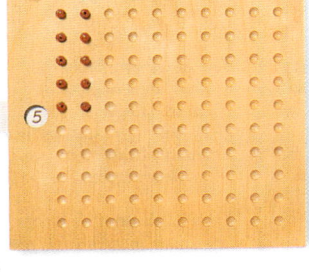

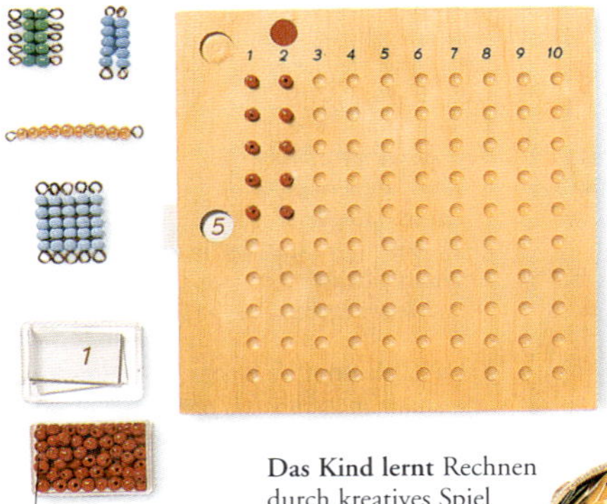

Perlen als Zahleneinheiten

Das Kind lernt Rechnen durch kreatives Spiel mit dreidimensionalem Material.

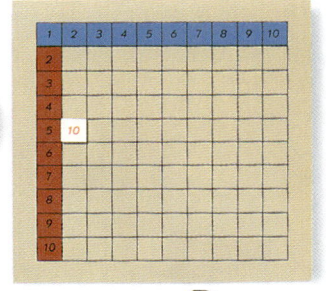

Die Montessorischule geht davon aus, dass jedes Kind lernen will. Es hat die freie Wahl, was es lernen und wann es das tun will.

Multiplikationstabelle

Formen der Ausbildung
In der Schule lernt man Lesen, Schreiben und Rechnen. Die Berufsausbildung erfolgt dann in Theorie und Praxis. In unterwickelten Ländern geht oft noch die Erfahrung von den Eltern auf die Kinder über.

Berufsausbildung
Diese Ausbildung bereitet auf den Beruf vor. Bei uns macht man für viele Berufe eine Lehre und besucht gleichzeitig eine Berufsschule. Die Lehre wird mit einer Prüfung abgeschlossen. Im Handwerk kann man die Gesellenprüfung und danach die Meisterprüfung ablegen.

Die Mutter lehrt den Kindern das Nähen.

Erwachsenenbildung
Heutzutage müssen auch Erwachsene dazulernen. Die Berufe verändern sich stark und nur eine ständige Fortbildung verbessert die Berufsaussichten.

Computerlehrgang

Förderschulen
Förderschulen berücksichtigen bestimmte Bedürfnisse. Sie werden von geistig und körperlich behinderten oder von hoch intelligenten Kindern besucht, die sich in der normalen Schule oft langweilen.

Behinderte beim Sportunterricht

Sozialisation
Die erste Erziehung beginnt bereits nach der Geburt. Das Kind lernt nicht nur sich zu bewegen, zu gehen und zu sprechen, sondern es erfährt auch, wie man sich in der Gesellschaft verhält, in der es aufwächst. Wir bezeichnen dieses Lernen als Sozialisation. Kinder lernen durch Unterweisung und Nachahmung. Die Sozialisation geht in der Schule weiter. Auch andere Einflüsse, etwa durch das Fernsehen, sind wichtig.

Tischmanieren sind eine erlernte Form sozialen Verhaltens.

Maria Montessori
Die italienische Ärztin Maria Montessori (1870–1952) vertrat ein Erziehungssystem, bei dem Kinder durch praktisches Tun Dinge selbst erarbeiten sollten, anstatt einfach gegebene Anordnungen zu befolgen. Sie entwickelte ihre Methode, als sie Kinder mit Lernschwierigkeiten betreute.

Chronologie

Um 3500 v. Chr. Die Sumerer erfinden die Schrift.

3. Jh. v. Chr. Der Grieche Plato (427–347 v. Chr.) fordert, der Staat solle die Erziehung leisten.

1524 n. Chr. Martin Luther (1483–1546) fordert für alle Kinder eine Ausbildung, damit sie die Bibel lesen können.

1762 Der französische Philosoph Jean Jacques Rousseau (1712–78) behauptet, die Erziehung müsse die Kinder auf das Leben als Erwachsene vorbereiten.

1763 Preußen führt die Schulpflicht für die 5- bis 13-Jährigen ein.

1899 Der amerikanische Erzieher John Dewey (1859–1952) veröffentlicht das Buch „Schule und öffentliches Leben", in dem er die soziale Aufgabe der Erziehung darstellt.

1945 Viele Länder wollen eine bessere Welt schaffen und reformieren ihr Schulsystem. Alle sollen nun eine Ausbildung erhalten.

Um 1990 Erziehung und Ausbildung gilt als lebenswichtig für Fortschritt und Wirtschaftswachstum.

SIEHE AUCH UNTER | FAMILIE UND GESELLSCHAFT | HANDEL UND INDUSTRIE | SCHRIFT | SCHULE UND UNIVERSITÄT | VERBRECHEN

ETRUSKER

SIE WAREN SEERÄUBER, und man weiß nicht genau, woher sie kamen. Jedenfalls beherrschten die Etrusker vom 8. bis 4. Jh. das Mittelmeer. In der heutigen Toskana in Italien gründeten sie einen Bund von 12 Städten. Viele dieser Städte – es waren vielleicht die ersten in der Gegend – sind im Laufe der Jahrhunderte untergegangen. Aber es blieben herrliche Malereien und Statuen erhalten. Der Wohlstand der Etrusker gründete sich auf Handel und Eroberung. Um 500 v. Chr. begann der Niedergang der Etrusker. Die Römer, die Jahrhunderte unter ihrer Herrschaft gelebt hatten, errichteten nun ihr Reich.

Ausdehnung
Von Etrurien breitete sich der etruskische Einfluss nordwärts bis zu den Alpen und im Süden bis Neapel aus. Seit 616 v. Chr. herrschten in Rom die Tarquinier.

Kunst
In den alten Städten Veji, Orvieto und Tarquinia findet man Gräber mit etruskischen Wandgemälden – manche aus der Zeit von 600 v. Chr. Sie stellen Tänze, religiöse Bräuche oder die Unterwelt dar. Die etruskische Kunst war erst von den Griechen beeinflusst. Doch mit der eigenen Kultur entstand auch ein eigener farbenprächtiger und naturalistischer Stil.

Wandgemälde, Grab des Leoparden, Tarquinia

Opferschale
Fresken von Tänzern zierten die Grabwände zur Ehre der Toten.
Musiker

Totenstädte
Reiche Etrusker fanden ihre letzte Ruhe in unterirdischen Gräbern. Manchmal wurden mehrere Grabkammern aus den Felsen geschlagen. Diese Totenstädte enthielten Wandmalereien, üppige Verzierungen und sogar Möbel. Sie zeigen das Leben der Etrusker.

In den Fels gehauene Etruskergräber, Sovana

Bronzeskulpturen
Die Etrusker waren Meister in der Verarbeitung von Bronze. Zuerst kopierten sie eingeführte syrische und phönizische Skulpturen. Später wurden griechische Vorbilder mehr geschätzt.

Pan, der griechische Hirtengott

Statuen
Die etruskischen Statuen waren aus Terrakotta – rotbrauner, gebrannter, unglasierter Tonerde. Die Bildhauer schufen teilweise lebensechte menschliche Gesichter und Figuren. Ein Beispiel dafür ist dieser Kopf am Tempel des Apoll im ehemaligen Stadtstaat Veji.

Die Etrusker übernahmen das griechische Alphabet.

Bronzemünze

Sprache
Auf Tafeln und Münzen gibt es etruskische Schriftzeichen, aber sie sind rätselhaft und geben wenig Auskunft. Die Sprache der Etrusker war nach Auffassung der Wissenschaft älter als das Indoeuropäische. Die ersten 6 Zahlen hießen *mach, zal, thu, huth, ci, sa*, aber man weiß bis heute nicht, ob diese auch mit unseren Ziffern 1, 2, 3, 4, 5, 6 identisch sind.

Seeräuberei und Handel
Jahrhundertelang beherrschten die Etrusker das Tyrrhenische Meer. Sie waren erst gefürchtete Piraten. Später gingen sie zu einträglichem Handel mit den Phöniziern, Griechen und Ägyptern über. Sie waren ein Handelsvolk, als die Römer sie besiegten.

Fragment einer Marmorstatue

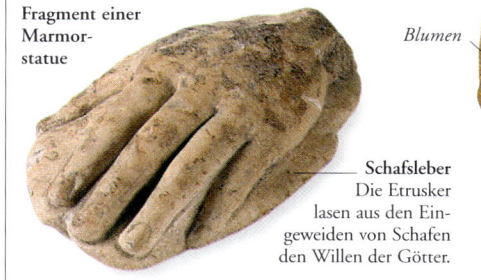

Schafsleber
Die Etrusker lasen aus den Eingeweiden von Schafen den Willen der Götter.

Etrusker und Römer
Im Jahr 510 v. Chr. wurde der letzte etruskische König von den Römern verjagt, die nun eine etruskische Stadt nach der anderen einnahmen. Die Römer haben viele Bräuche der Etrusker übernommen und vornehme römische Familien legten Wert auf ihre etruskische Herkunft.

Handel
Vor dem Aufstieg Roms blühten der etruskische Handel, das Handwerk und die Landwirtschaft. Die Etrusker hatten Bergwerke und bauten Erze ab. Die reichen Kaufleute handelten mit Schmuck und Figuren aus Bronze. Ihre Handelsbeziehungen reichten bis nach England und Skandinavien.

Blumen
Naturalistisches Gesicht 
Früchte
Goldene Ohrringe

Etruskischer Schmuck
Die Etrusker waren hervorragende Goldschmiede, wie überlieferte Stücke belegen. Die meisten Goldarbeiten gingen nach Griechenland.

Edelstein
Perle aus Gold 
Halsband
Goldmedaillon

Goldener Kranz als Haarschmuck

Städte
12 ummauerte Städte gehörten zum etruskischen Bund. Welche es genau waren, weiß man nicht. In Orvieto findet man z. B. noch einen alten Stadtwall. Die Städte der Etrusker entstanden oft planlos, aber sie waren stets von Tempeln beherrscht.

SIEHE AUCH UNTER | ARCHITEKTUR | BILDHAUEREI | GRIECHEN | ITALIEN, GESCHICHTE | KUNST, GESCHICHTE | METALLE | RELIGIONEN | RÖMISCHES REICH

EULEN UND KÄUZE

DIE WEITAUS MEISTEN VÖGEL sind tagsüber aktiv und ruhen nachts. Eulen, Käuze und Nachtschwalben hingegen sind nachts unterwegs. Diese Tiere wachen in der Abenddämmerung auf und begeben sich auf die Jagd. Eulen und Käuze fangen Kleinsäuger wie Mäuse auf dem Boden und packen sie mit ihren scharfen Krallen. Wir bezeichnen sie deswegen als Nachtgreifvögel. Sie sehen ausgezeichnet und hören noch besser. Einige Arten fangen Mäuse nur mit dem Gehör. Auch Nachtschwalben sehen sehr gut. Sie fangen mit ihrem weit geöffneten Schnabel Motten und andere Insekten.

Die Eule spreizt die Schwungfedern, wenn sie ihren Flug verlangsamt.

Weißer Unterflügel beim Flug sichtbar

Augen nach vorne gerichtet zum Abschätzen von Entfernungen

Befiederte Fänge

Schleiereule
Dieser lautlose Greifvogel fliegt mit langsamem Flügelschlag über Felder und Wiesen. Wenn er ein Beutetier sieht oder hört, stürzt er sich mit weit vorgestreckten Krallen darauf. Schleiereulen erkennt man am hellen, herzförmigen Gesicht.

Schleiereulen fliegen nur einige wenige Meter über dem Boden.

Weiche Federkanten für lautlosen Flug

Ein Geräusch oder eine Bewegung erregt die Aufmerksamkeit des Jägers.

Die Fänge schwingen angriffsbereit nach vorne.

Eulen
Es gibt 133 Eulenarten. Kleinere Formen bezeichnet man auch als Käuze, größere als Uhus. Eulen findet man in fast allen Lebensräumen, vom tropischen Regenwald bis zur arktischen Tundra. Die meisten Arten jagen nachts, einige auch tagsüber. Eulen bauen keine Nester, sondern brüten, wo es beliebt.

Nachtschwalben
Von diesen nächtlichen Insektenfressern gibt es ungefähr 80 Arten. Sie haben spitze Flügel, einen ziemlich schlanken Körper und ein hervorragend getarntes Gefieder, sodass sie sitzend kaum zu sehen sind.

Schleiereule, Feder

Federn
Die Schwungfedern haben an der Vorderkante einen weichen Rand. Damit wird ein zischendes Fluggeräusch verhindert. Eulen fliegen völlig lautlos.

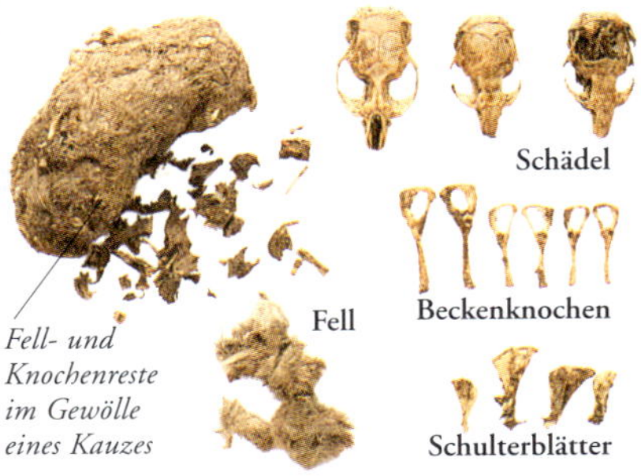

Gewölle
Eulen und Käuze verschlucken ihre Beute ganz. Nach der Verdauung würgen sie unverdauliche Knochen, Fellhaare und Federn in einem kompakten Brocken wieder hoch, dem so genannten Gewölle. Dieses Gewölle eines Waldkauzes zeigt, dass das Tier fast nur Schermäuse fraß.

Schädel
Fell
Beckenknochen
Schulterblätter
Fell- und Knochenreste im Gewölle eines Kauzes

Tarnung
Nachtschwalben ruhen sich am Boden aus und brüten auch dort. Sie verhalten sich dabei sehr ruhig und tragen ein vorzügliches Tarnkleid als Schutz vor Räubern: Der europäische Ziegenmelker (oben) gleicht einem Stück Holz.

Poorwill
Im Herbst ziehen die meisten Nachtschwalben in wärmere Gebiete. Der nordamerikanische Poorwill dagegen verkriecht sich bei Kälte in eine Gesteinsspalte und fällt in eine Art Winterschlaf.

Fischuhu
Als Uhus bezeichnen wir große Eulenarten. Fischuhus leben in Asien, Fischeulen auch in Afrika. Die Zehen tragen scharfe Dornen, um die Fische festzuhalten.

Elfenkauz
Diese kleinste Eulenart ist nur 14 cm groß. Sie lebt in den Wüsten Nordamerikas und nistet in Baum- oder Kaktuslöchern.

Fettschwalm
Der südamerikanische Fettschwalm, ein fruchtfressender Verwandter der Nachtschwalben, nistet in Höhlen. Er findet sich wie die Fledermaus im Dunkeln durch Echolot zurecht.

SCHLEIEREULE

WISSENSCHAFTLICHER NAME Tyto alba

ORDNUNG Strigiformes, Eulen

FAMILIE Tytonidae, Schleiereulen

VERBREITUNG Weltweit, auf vielen Inseln und in kalten Gebieten allerdings fehlend

LEBENSRAUM Waldränder, Grasgebiete, Gartenlandschaften, oft in Gesellschaft des Menschen

ERNÄHRUNG Hauptsächlich Kleinsäuger, gelegentlich auch Insekten, kleine Vögel und Amphibien

GRÖSSE Länge mit Schwanz: 34 cm; Männchen etwas kleiner als Weibchen

LEBENSDAUER Ungefähr 15 Jahre

SIEHE AUCH UNTER GREIFVÖGEL POLARGEBIETE, TIERWELT TARN- UND WARNTRACHT TIERWANDERUNGEN VÖGEL VOGELFLUG

EUROPA

DER ZWEITKLEINSTE ERDTEIL, Europa, hat nach Asien die größte Bevölkerung. Reiche, fruchtbare Böden, ein wechselhaftes aber insgesamt angenehmes Klima und viele Rohstoffe begünstigten seit frühester Zeit die Besiedlung. So entstanden in Europa über 40 Länder mit oft erheblichem Wohlstand. Obwohl auf europäischem Boden im Laufe der Geschichte viele Kriege ausgetragen wurden, ist der Kontinent politisch stabil und die Staatengemeinschaft bildet eine Großmacht.

Geografie

Europas Landschaftstypen reichen von der gefrorenen Tundra und den Nadelwäldern im Norden bis zu den Fels- und Sandküsten des Mittelmeers und den Halbwüsten Zentralspaniens. Durch das nordeuropäische Tiefland fließen große Ströme wie Elbe und Weichsel. Die größten Gebirge sind die Pyrenäen, Alpen und Karpaten sowie der Kaukasus.

Uralgebirge
Das Uralgebirge in Russland trennt Europa von Asien. Es erstreckt sich vom Eismeer bis zum Kaspischen Meer über eine Länge von 2 400 km. Die höchste Spitze heißt Narodnaja und liegt auf 1 894 m.

Nordeuropäisches Tiefland
Von Südengland und Frankreich zieht sich dieses Tiefland über Deutschland und Polen bis weit nach Russland und den Ural. Hier liegen reiche Kohle-, Erdöl- und Erdgasvorräte. Die fruchtbaren Böden eignen sich für die Landwirtschaft.

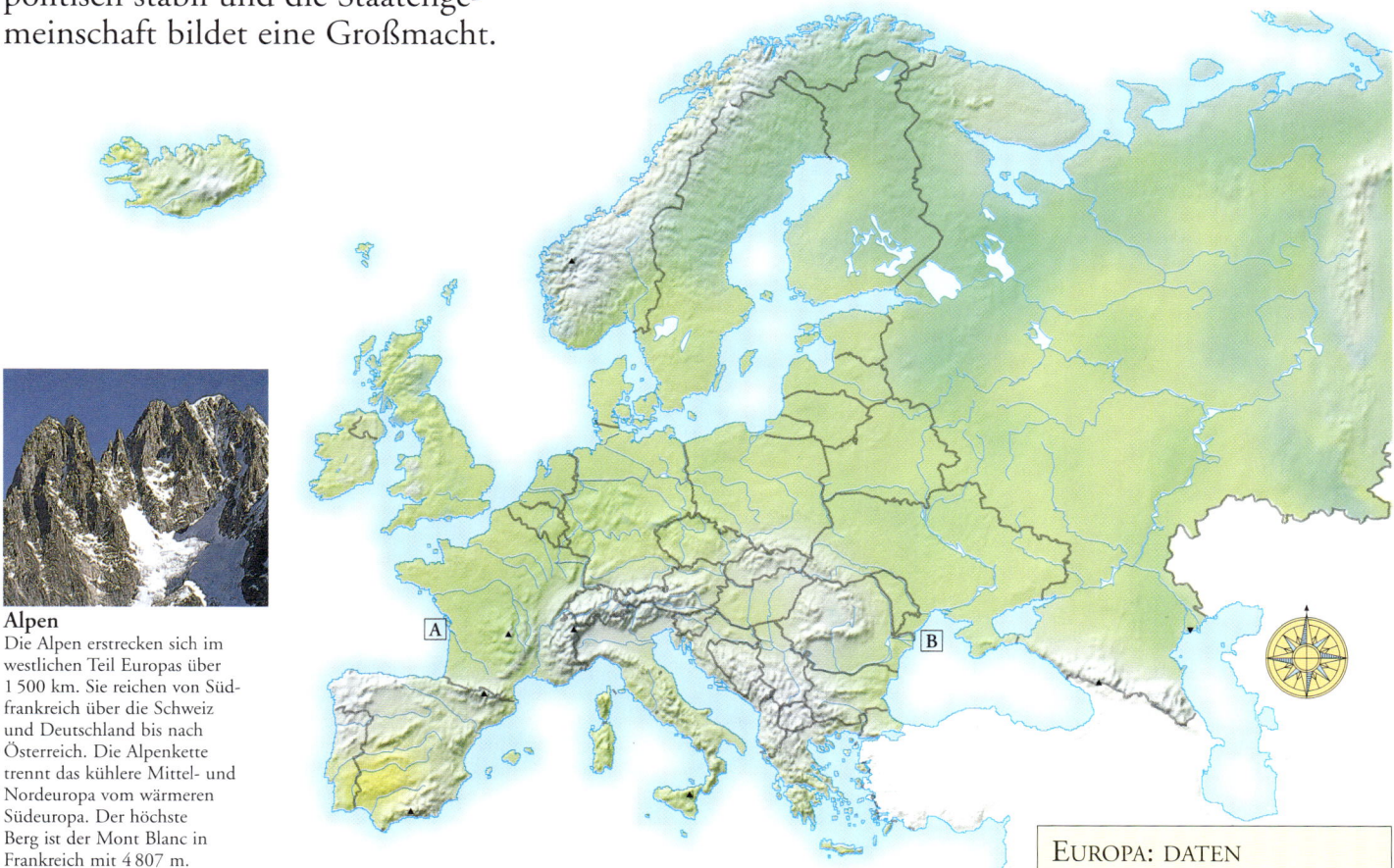

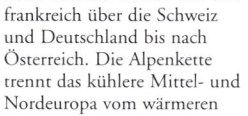

Alpen
Die Alpen erstrecken sich im westlichen Teil Europas über 1 500 km. Sie reichen von Südfrankreich über die Schweiz und Deutschland bis nach Österreich. Die Alpenkette trennt das kühlere Mittel- und Nordeuropa vom wärmeren Südeuropa. Der höchste Berg ist der Mont Blanc in Frankreich mit 4 807 m.

Querschnitt durch Europa

Das fruchtbare Gebiet am französischen Atlantik steigt zunächst zum Zentralmassiv, dann zu den Alpen an, deren Gipfel über 4 000 m hoch aufragen. Dann fällt das Land zur Ungarischen Tiefebene ab, steigt bei den Karpaten erneut an und fällt zum Schwarzen Meer hin ab.

Golf von Biscaya — Zentralmassiv — Mont Blanc — Alpen — Ungarische Tiefebene — Karpaten — Schwarzes Meer

Ungefähr 2 400 km von A nach B

EUROPA: DATEN

- FLÄCHE 10 400 000 km²
- EINWOHNER 685 000 000
- ANZAHL DER LÄNDER 43
- GRÖSSTES LAND Russland
- KLEINSTES LAND Vatikanstadt
- HÖCHSTE PUNKTE Elbrus (Kaukasus, 5 642 m), Mont Blanc (Alpen, 4807 m)
- TIEFSTER PUNKT Delta der Wolga am Kaspischen Meer, 28 m unter dem Meeresspiegel
- LÄNGSTER FLUSS Wolga
- GRÖSSTER SÜSSWASSERSEE Ladogasee

EUROPA

Klima

Das Klima in Europa ist sehr vielfältig. Hoch im Norden ist es stets kalt. Sonst sind die Sommer meist warm oder gar heiß, die Winter merklich kühler. Die Westküste Europas wird durch den Golfstrom „aufgeheizt", der warmes Wasser nach Norden bringt. Gebirge wie die Alpen und die Pyrenäen bilden eine natürliche Grenze und schützen die südlich gelegenen Gebiete vor Regen und kalten Winden aus dem Norden.

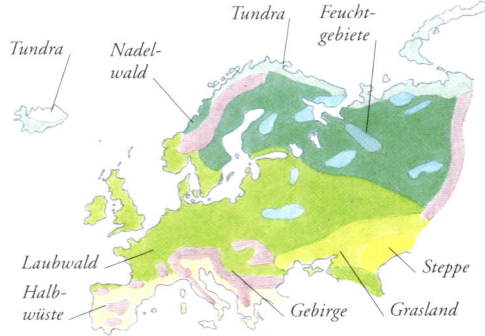

Tundra, Nadelwald, Tundra, Feuchtgebiete, Laubwald, Halbwüste, Gebirge, Grasland, Steppe

Nur flach wurzelnde Pflanzen überleben die arktische Kälte.

Tundra
Der äußerste Norden Europas liegt innerhalb des Polarkreises und hat arktisches Klima. Hier wächst kein Baum mehr, sondern nur noch eine Tundra aus Moosen, Flechten, niedrigen Büschen und Kräutern. Der Boden ist dauernd gefroren (Permafrost) und taut nur im Sommer an der Oberfläche auf.

Laubwald
Laubwälder kommen mit Ausnahme des Nordens fast überall in Europa vor. Die wichtigsten Baumarten sind Birke, Esche, Buche, Ahorn, Eiche, weiter im Süden auch Kastanie. Urwälder gibt es in Europa fast keine mehr. An vielen Stellen Mitteleuropas pflanzte man Fichten, obwohl sie hier nicht heimisch waren.

Eichenzweig mit Blättern und Eicheln

Im Herbst verfärbt sich das Buchenlaub braun. Es fällt, wenn neue Blätter knospen.

Gerade Stämme sind sehr erwünscht. Sie liefern Holz für Möbel und Papier.

Taiga
Als Taiga bezeichnet der Russe einen oft sumpfigen Wald. Er meint damit die Nadelwälder Nordeuropas aus Fichten, Kiefern und Lärchen. Sie sind immergrün und werfen ihre Nadeln im Herbst nicht ab. Im Winter liegt in der Taiga monatelang Schnee.

Fichtenzweig mit Nadeln und Zapfen

Grasland
Weite Gebiete Europas wie die Meseta in Zentralspanien und die Steppen Südrusslands und der Südostukraine sind von Gräsern bedeckt. Hier werden Getreide angebaut oder Rinder gehalten. Die sommerliche Trockenheit kann allerdings zu einem Problem werden.

Im Frühjahr ist das Gras saftig und grün, doch im Sommer wirkt es vertrocknet und verbrannt.

Macchie
An der Mittelmeerküste wachsen Hartlaubgehölze, die man als Macchie oder Maquis bezeichnet. Dazu zählen Steineichen, Erdbeerbäume, Oleander, Zistrosen, Wacholder und Lorbeer. Die Garrigue ist eine sehr niedrige Macchie mit kniehohen Sträuchern.

Viele Pflanzen haben kleine ledrige Blätter, um nicht zuviel Wasser zu verdunsten.

Eis, Regen und Wind lassen auf den höchsten Gipfeln keine Pflanzen mehr wachsen.

Pyrenäen
Die Pyrenäen bilden einen Teil jenes ziemlich jungen Gebirgszuges, der durch die südliche Hälfte Europas zieht und sich schließlich mit dem Himalaja in Asien vereinigt. Er ist durch die Bewegungen geologischer Platten entstanden. Die Pyrenäen und die Alpen wachsen heute noch jedes Jahr um rund 1 mm in die Höhe. Der höchste Punkt in den Pyrenäen ist der Pico de Aneto (3 404 m).

Bevölkerung
Die meisten Europäer leben in dicht besiedelten Städten. Der Lebensstandard ist im Vergleich mit anderen Teilen der Welt verhältnismäßig hoch, und es gibt genug zu essen. Die Gesundheitsfürsorge ist in den meisten Ländern gut. In Europa leben sehr viele verschiedene Völker. Dazu kommen in einigen Ländern Minderheiten aus früheren Kolonien. Die meisten Europäer sind Christen.

Finnin, Grieche, Französin

Rohstoffe
Europa ist reich an Rohstoffen und Ressourcen. Über die Hälfte des Landes wird landwirtschaftlich genutzt, wobei zahlreiche Pflanzen angebaut werden, z. B. Gerste, Weizen, Mais, Oliven, Trauben, Zitrusfrüchte und viele Gemüsesorten. Europa hat große Steinkohlelager, doch werden sie nicht mehr stark genutzt, da der Abbau zu teuer ist. Ähnliches gilt auch für das Eisenerz. Vor allem in der Nordsee gibt es große Lagerstätten von Erdöl und Erdgas.

Trauben, Kohle, Weizen

SIEHE AUCH UNTER: BÄUME, EUROPA, GESCHICHTE, EUROPA, TIERWELT, GEBIRGE, GESTEINE, KLIMA, KONTINENTE, LANDWIRTSCHAFT, TUNDRA, WÄLDER

EUROPA, GESCHICHTE

EUROPA SPIELTE IN DER WELTGESCHICHTE eine viel wichtigere Rolle, als seine Größe vermuten ließe. Die Griechen und Römer kolonisierten weite Teile Nordafrikas und Westasiens. Seit dem 15. Jh. errichteten die Europäer dann Handelsniederlassungen und Kolonien rund um den Globus. Die industrielle Revolution des ausgehenden 18. Jh. verschaffte Europa eine solche wirtschaftliche Macht, dass es den gesamten Welthandel beherrschte. Doch von Europa gingen auch die beiden Weltkriege aus, die seinen Einfluss und die militärische Stärke nach 1945 zugunsten der USA und UdSSR zurückdrängten.

Europa in vorgeschichtlicher Zeit
Die ersten Menschen, die in Europa lebten, waren Jäger und Sammler. Doch um 5000 v. Chr. kannten sie den Ackerbau und siedelten in festen Dörfern. Seit etwa 1500 v. Chr. verbreitete sich in Europa die Bronzezeit, der die Eisenzeit folgte.

Venusfigürchen aus Lespugue, Frankreich

Kulturen in Europa
Nach 900 v. Chr. hinterließen 4 bedeutende Kulturen in Europa ihre Spuren: Als Erste kamen die Griechen, die mächtige Stadtstaaten gründeten. Es folgten ein Jahrhundert später die Etrusker in Italien. Um 200 v. Chr. breiteten sich die Kelten in Europa aus. Schließlich entstand das mächtige Römische Reich, das im Jahr 117 n. Chr. seine größte Ausdehnung hatte.

Christliches Europa
Im 4. Jh. wurde das Christentum zur Staatsreligion im Römischen Reich. In den folgenden 700 Jahren verbreitete sich der christliche Glaube über ganz Europa. Mit dem Zusammenbruch des Römischen Reiches 476 entstand eine Machtlücke. Das Christentum war nun die einigende Kraft in Europa, und die Kirche gewann an Macht und Einfluss.

Papsttum
Als Oberhaupt der römisch-katholischen Kirche besaß der Papst große geistliche Macht. Riesiger Landbesitz sicherte den Päpsten auch politische Macht, wodurch es zu vielen Konflikten zwischen Papsttum und europäischen Herrschern kam.

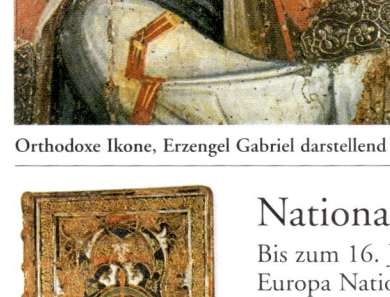

Papstring

Griechisches Europa
Die unabhängigen Stadtstaaten des alten Griechenland erlangten ihren Reichtum durch Handel. Ihre Kaufleute segelten durch das Mittelmeer und gründeten Kolonien von Spaniens Küste bis zum Schwarzen Meer. Athen und Sparta waren die mächtigsten griechischen Städte.

Kapitell einer ionischen Säule an einem griechischen Tempel

Ostrom und Westrom
Versuche des Papstes in Rom seine Entscheidungsgewalt auf die ganze christliche Kirche auszudehnen, stieß auf den Widerstand der orthodoxen Kirche, deren Zentrum Konstantinopel war. Schließlich kam es im Jahr 1054 zum Schisma, der Teilung beider katholischer Kirchen, die bis heute andauert. Die orthodoxen Kirchen werden von Patriarchen geleitet.

Das Kolleg umfasst einen quadratischen Hof.

Merton College, eine der ältesten Hochschulen in Oxford

Bildung und Erziehung
Die Kirche beherrschte das Erziehungswesen, anfänglich durch die Klosterschulen, dann an den Universitäten. Die erste Universität in Europa, speziell für Medizin, wurde im 9. Jh. in Salerno in Süditalien gegründet. Später folgten Hochschulen in Bologna, Paris und Oxford.

Lateinische Inschrift auf einem römischen Grabstein

Römisches Europa
Seit seiner Gründung im Jahr 753 v. Chr. erweiterte Rom ständig seine Macht, bis es im 1. Jh. n. Chr. den größten Teil Europas beherrschte. Die Römer gaben Europa ein Straßennetz, das Latein als Sprache und ein Rechtssystem. Dies alles bestand weit über das 5. Jh. hinaus, als das Römische Reich zerfiel.

Orthodoxe Ikone, Erzengel Gabriel darstellend

Nationalstaaten
Bis zum 16. Jh. waren überall in Europa Nationalstaaten entstanden – von Spanien im Westen bis Russland im Osten. Das Heilige Römische Reich, ein europäischer Vielvölkerstaat seit Otto I., zerfiel. In Ländern wie England lag die Macht in der Hand eines Monarchen, der mit Hilfe einer Art Parlament, ausgewählten Mitgliedern der Kirche und des Adels, regierte.

Das königliche Wappen Philipps II. von Spanien ziert den Deckel eines seiner Bücher.

Religionskriege
Die Entstehung protestantischer Kirchen im 16. Jh. spaltete Westeuropa. Die protestantischen und die römisch-katholischen Staaten kämpften in vielen Kriegen erbittert um die Vorherrschaft, wobei der 30-jährige Krieg (1618–1648) am schlimmsten war.

Heinrich IV. von Frankreich war Protestant, trat aber 1593 zum Katholizismus über.

Basilika im portugiesischen Goa, Indien

Reiche in Übersee
Im 15. und 16. Jh., dem Zeitalter der Entdeckungen, errichteten Spanien und Portugal Reiche in Mittel- und Südamerika; England, Frankreich und die Niederlande fassten Fuß in Nordamerika und Ostasien.

EUROPA, GESCHICHTE

Imperialismus

Die industrielle Revolution begann um 1750 in England und veränderte die Politik und Wirtschaft auf der ganzen Welt. Innerhalb eines Jahrhunderts waren die europäischen Staaten reich genug, um in allen . Erdteilen Kolonien zu gründen. Nur die Vereinigten Staaten von Amerika widerstanden dem Druck Europas.

Diamanten

Hanf

Baumwolle

Weltwirtschaft
Dampfschiffe brachten im 19. Jh. Rohstoffe aus den Kolonien in die europäischen Fabriken. Umgekehrt lieferten sie Fertigwaren für ausländische Märkte. Die Industrienationen Europas wurden immer reicher, während die einheimischen Produzenten in den Kolonien Afrikas und Asiens verarmten.

Nationalismus
Im 19. Jh. bemühten sich viele Völker in Europa, die Fremdherrschaft abzuschütteln oder die staatliche Einheit zu erlangen. Im Jahr 1848 kämpften gleichzeitig Italiener, Ungarn, Polen, Iren, Deutsche und andere um Unabhängigkeit und Freiheit.

Italienischer Befreiungskampf, Catania, 1848

Weltkriege

Österreichischer Offiziershut

Schottische Soldatenmütze

Kopfbedeckungen von Soldaten 1914

Zweimal führten im 20. Jh. Konflikte in Europa zu weltweiten Kriegen. 1914 endeten nationale Rivalitäten in einem 4-jährigen Weltkrieg, der 22 Millionen Tote forderte. Das besiegte Deutschland war mit dem Friedensvertrag nicht einverstanden. So brach 1939 der 2. Weltkrieg aus, der Europa bis 1945 völlig erschöpfte. Die USA und die Sowjetunion waren nun die neuen Supermächte.

Ende der Reiche
Der 1. Weltkrieg brachte die Niederlage von 4 Großmächten – Deutschland, Österreich-Ungarn, Russland und der Türkei. Auch Großbritannien und Frankreich waren geschwächt. Nach dem 2. Weltkrieg kämpften die Kolonien mit Erfolg um ihre Unabhängigkeit. Nur Frankreich behielt nennenswerte Gebiete in Übersee.

Der Doppelkopfadler, das Symbol für Deutschland

Hakenkreuzflagge des Dritten Reiches

Rivalisierende Ideologien
Nach 1917 herrschte in Russland und ab 1945 in ganz Osteuropa der Kommunismus. In Italien und Spanien machte sich der Faschismus breit, in Deutschland der Nationalsozialismus unter Adolf Hitler. Alle führten zu Diktaturen. Nach 1945 kehrten die meisten Länder Europas zur parlamentarischen Demokratie zurück.

Eiserner Vorhang
Sowjettruppen hielten nach dem 2. Weltkrieg fast ganz Osteuropa besetzt. Die Grenze zwischen dem russisch dominierten Osten und dem amerikanisch beinflussten Westen hieß „Eiserner Vorhang". Er teilte Deutschland bis 1990 in zwei Länder.

Kontrollübergang an der Sektorengrenze in Berlin

Modernes Europa

Nach dem 2. Weltkrieg überwanden Frankreich und Deutschland ihre alte Feindschaft. Die wirtschaftliche Zusammenarbeit zwischen beiden Ländern führte zur Gründung der Europäischen Gemeinschaft (EG), der immer mehr westliche Staaten beitraten und die zur Europäischen Union (EU) wurde. Nach dem Zusammenbruch des Kommunismus 1990 wollen auch viele östliche Staaten beitreten.

Zusammenbruch des Kommunismus
Ende der 80er Jahre stellte Russland seine militärische und wirtschaftliche Hilfe für seine osteuropäischen Verbündeten ein. In den kommunistischen Staaten kam es um 1990 zu Volksaufständen gegen die Regimes. In einigen dieser Staaten, selbst in Russland, herrscht seither jedoch politische Unruhe.

Revolution in Rumänien

Willy Brandt
Willy Brandt (1913–92) wurde in Lübeck geboren, lebte aber im 2. Weltkrieg in Norwegen und Schweden, wo er aktiv Widerstand gegen die Nazis leistete. Der SPD-Politiker war 1969–74 Kanzler der Bundesrepublik Deutschland. Er verbesserte die Ost-West-Beziehungen und schloss Verträge mit Polen und Russland. Dafür erhielt er 1971 den Friedensnobelpreis.

Chronologie

um 1250 v. Chr. Blüte der mykenischen Kultur in Kreta

um 900 v. Chr. Die griechischen Stadtstaaten gewinnen an Einfluss und Macht.

um 753 v. Chr. Gründung Roms

200 v. Chr. Ausbreitung der Kelten

Bronzestatue eines römischen Legionärs

117 n. Chr. Rom ist auf dem Höhepunkt seiner Macht.

1054 Die Kirche spaltet sich in Orthodoxe (Ost) und Römisch-Katholische (West).

seit 1500 Die Europäer nutzen ihre Seefahrerkunst und entdecken und erobern große Teile der Erde.

um 1750 Die industrielle Revolution verändert Europas Wirtschaftsform.

1871 Deutschland und Italien bilden eigene Nationalstaaten.

1914–18 Erster Weltkrieg

1939–45 Zweiter Weltkrieg

Flagge der Europäischen Union

1940–80 Die europäischen Staaten verlieren die meisten Kolonien.

1957 Vertrag von Rom besiegelt die Europäische Wirtschaftsgemeinschaft.

1989–91 Die kommunistischen Regierungen in Europa stürzen.

| SIEHE AUCH UNTER | GRIECHEN | HEILIGES RÖMISCHES REICH | KALTER KRIEG | MITTELEUROPA | POLITIK UND MACHT | RÖMISCHES REICH | WELTREICHE | WELTKRIEG, ERSTER | WELTKRIEG, ZWEITER |

EUROPA, TIERWELT

IN EUROPA begegnet man vielen verschiedenen Lebensräumen, angefangen von der arktischen Tundra über die Misch- und Laubwälder bis hin zu den trockenheißen Gebieten um das Mittelmeer. Dazu kommen sehr hohe Gebirge wie die Alpen. Nur Wüsten und tropische Regenwälder sind in Europa nicht vertreten. Die Tierwelt ist heute nicht mehr so reich wie früher. Durch die Landwirtschaft, die Jagd und Umweltverschmutzung sind viele Pflanzen- und Tierarten verschwunden. Viele Nationalparks bilden ein Rückzugsgebiet für bedrohte Arten.

Die Füchsin warnt ihre Jungen mit Schwanzbewegungen vor drohenden Gefahren.

Laub- und Mischwälder

Mit Ausnahme des nördlichsten Teils erstrecken sich Laub- und Mischwälder über ganz Europa. Zu den wichtigsten Baumarten gehören die Buchen, Eichen und Ahorne. Sie sind sommergrün. In den Laubwäldern leben viele Arten von Insekten, Vögeln und Säugern. Der Laubfall im Herbst liefert den Bodentieren Nahrung.

Das gefleckte Fell dient der Tarnung in lichten Wäldern.

Fuchs
Der Rotfuchs lebt in kleinen Familiengruppen in unterirdischen Bauen. Er macht vor allem nachts Jagd auf Kaninchen, Nagetiere und auch Insekten. Er gilt als Tollwutüberträger.

Damhirsch
Damhirsche leben im Mischwald und in Parklandschaften. Die Weibchen bilden mit den Jungen Rudel. Die Männchen tragen Geweihe. Sie sind Einzelgänger oder leben in Gruppen. Im Herbst paaren sie sich.

Die Eiche
Eichen bieten sehr vielen Tierarten Unterschlupf und Nahrung. Groß ist die Zahl der Insekten, die sich von den Blättern und anderen Teilen des Baumes ernähren. Die Insekten ziehen wiederum Vögel an. Im Spätsommer sind die Eicheln reif und liefern eine wichtige Nahrung für Wildschweine.

Eicheln bilden eine wichtige Nahrungsquelle für Vögel, Eichhörnchen, Wildschweine und Mäuse.

Das Weibchen bohrt mit seinen Mundteilen ein Loch in die Eichel.

Rüssel

Eichelbohrer
Dieser Rüsselkäfer lebt auf Eichen und frisst dort Knospen und Blätter. Am Ende des langen Rüssels stehen die Kiefer. Damit bohrt das Weibchen im Spätsommer Löcher in die Eicheln und legt ein Ei ab. Die später schlüpfende Larve ernährt sich vom Samen.

Im Röhricht der Rohrkolben nisten viele Vögel.

Weiblicher Kolben

Rohrkolben
Diese hohen, grasähnlichen Pflanzen wachsen am Ufer von Seen und Weihern. Die Wurzeln stehen oft im Wasser. Die typischen dunkelbraunen Kolben bestehen aus den äußerst leichten Samen. Sie werden im Herbst vom Wind verweht.

Eisvogel
Dieser metallisch glänzende kleine Vogel lauert auf einem Zweig an Fluss- und Seeufern auf Beute. Von dort stürzt er sich ins Wasser und packt kleine Fische mit dem langen spitzen Schnabel. Dann fliegt er zu seinem Sitzplatz zurück, um den Fang zu verzehren.

Feuchtgebiete

Die europäischen Feuchtgebiete sind besonders artenreich. Kennzeichnend sind Schilf, Binsen und Rohrkolben. Hier brüten und verbergen sich viele Vogelarten. Fallen Insekten ins Wasser, werden sie von Fischen und Fröschen gefressen. Diese sind Nahrung für Reiher, Störche und Fischotter.

Fischotter
Fischotter sind hervorragend gewandte Schwimmer. Ihr Körper ist stromlinienförmig, das dichte, glänzende Fell wird nicht nass, und zwischen den Zehen stehen Schwimmhäute. Fischotter jagen unter Wasser und fangen dabei Fische, Wasservögel und Frösche. Auch auf dem Land bewegen sie sich sehr geschickt.

Westschermaus
Diese Wühlmausart schwimmt sehr gut. Sie gräbt am Ufer von Seen und langsamen Flüssen längere Gänge. Der Eingang zum Bau, in dem oft Vorräte lagern, kann unter dem Wasserspiegel liegen.

Schermäuse ernähren sich von Pflanzen und Wurzeln.

Wasserfrosch
Der Wasserfrosch lebt an Seeufern und in Sumpfgebieten. Mit seiner langen, klebrigen Zunge fängt er Insekten. Größere Beute wie Kaulquappen und Kleinfische packt er mit den Kiefern und schiebt sie mit den Beinen in den Schlund.

Gebirge

Die wichtigsten Gebirge Europas sind die Pyrenäen, die Alpen und die Karpaten. Mit zunehmender Höhe wird die Pflanzendecke niedriger. Bäume wachsen nur bis zur Baumgrenze. Zum Überwintern wandern viele Hochgebirgstiere in tiefere Zonen.

Alpendohle
Im Sommer leben die Alpendohlen in Gruppen über der Baumgrenze. Sie laufen gerne auf Felsen und suchen in Spalten und unter Pflanzen nach Insekten und Schnecken. Sie fliegen hervorragend und vollführen akrobatische Flugkunststücke.

Alpine Wiesen und Matten
Zwischen der Baumgrenze und der Schneegrenze dehnen sich niedere alpine Wiesen und Matten aus. Im Sommer sind sie über und über mit leuchtenden Blüten bedeckt. Diese locken Bestäuberinsekten an. Auf Matten finden Murmeltiere, Gämsen und Steinböcke genug Futter.

Bären sind Allesfresser, ernähren sich aber vorwiegend von Beeren und Wurzeln.

Die Jungtiere kommen mitten im Winter auf die Welt.

Mufflon
Das Mufflon ist ein Wildschaf, das ursprünglich nur in Sardinien und Korsika lebte. Es wurde überall in Europa eingeführt. Es frisst am Tag und in der Dämmerung Gras und ruht nachts. Die Männchen und Weibchen leben in Rudeln unter der Führung eines Mutterschafs.

Braunbär
Der Braunbär lebt heute noch in abgelegenen Waldgebieten und geht im Norden bis in die Tundra. Sein einziger Feind ist der Mensch. Zur Winterruhe ziehen sich die Braunbären in eine Höhle oder einen hohlen Baum zurück.

Nadelwälder

Reine Nadelwälder, vor allem aus Fichten und Kiefern, erstrecken sich über Nordeuropa. Solche Wälder wirken oft sehr dunkel und unter der Kronschicht wachsen am Boden kaum Pflanzen. Von den Samen der Nadelbäume leben viele Tiere.

Fichte
Die Fichte ist der häufigste Waldbaum in Mitteleuropa. An den meisten Stellen wurde sie jedoch künstlich angepflanzt. Sie wird bis zu 55 m hoch. Man erkennt sie an den vierkantigen, spitzen Nadeln.

Die spitze Form der Krone verhindert, dass Schnee liegen bleibt und Äste unter der Last brechen.

Baummarder
Baummarder jagen morgens und abends bei Dämmerung. Sie hören und sehen sehr gut und fangen Eichhörnchen, Vögel, Kaninchen und Ratten.

Baummarder klettern sehr gut. Am Tag ruhen sie in Höhlen.

Fichtenkreuzschnabel
Der Fichtenkreuzschnabel lebt in der Kronschicht und kommt nur zum Trinken auf den Boden. Mit dem gekreuzten Ober- und Unterschnabel öffnet er die Schuppen der Zapfen und holt die Samen heraus. Herabgefallene offene Zapfen verraten seine Anwesenheit.

Ober- und Unterschnabel gekreuzt

Schneehase
Der Schneehase lebt im Norden in Nadelwäldern und in der Tundra. Im Sommer ist sein Fell braun, im Winter weiß. Dadurch ist er gut vor Feinden wie dem Fuchs getarnt.

Mittelmeergebiet

Trockene, heiße Sommer und milde, feuchte Winter zeichnen das Mittelmeerklima aus. Hier wachsen aromatisch duftende Pflanzen wie Thymian, Rosmarin und Zypressen. Die Pflanzen- und Tierwelt ist außerordentlich reich.

Hellgelbe Blüten mit starkem Duft

Osterluzeifalter
Die abgebildete Schmetterlingsart findet man an den Küsten Spaniens, Portugals und Frankreichs. Man sieht sie vom Vorfrühling bis zum Frühsommer. Eine ähnliche Art kommt – selten zwar – auch in Mitteleuropa vor.

Kurze Fühler
Zickzackmuster

Ginster
Im Mittelmeergebiet wachsen viele Ginsterarten. Sie sind an die trockenheißen Sommer gut angepasst. Die Hülsen springen nach der Reife auf und entlassen die Samen.

Pardelluchs
Diese Luchsart kam einst in fast ganz Spanien und Portugal vor. Heute lebt sie nur noch im Nationalpark Coto Doñana in Südwestspanien. Die Wildkatze frisst Kaninchen und Hasen, junge Damhirsche und Enten.

Schwarze, borstige Federn gaben dieser Geierart ihren Namen.

Ohrpinsel wie bei der nördlichen Luchsart

Bartgeier
Der Bartgeier lebt in abgelegenen Berggebieten. Er frisst nur Aas, darunter auch Knochen. Diese lässt er aus großer Höhe auf Felsen herabfallen, um an das weiche Mark im Innern zu gelangen.

Bergeidechse
Die Bergeidechse bringt lebende Junge zur Welt und kann deswegen bis weit in den Norden und in großen Höhen vorkommen. Im Süden Europas leben dutzende, oft sehr farbenprächtige Arten.

SIEHE AUCH UNTER FEUCHTGEBIETE, TIERWELT • GREIFVÖGEL • SÜSSWASSER, TIERWELT • WÄLDER

EUROPÄISCHE UNION

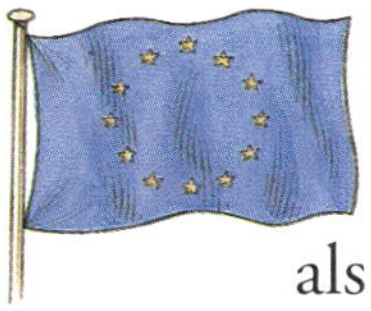

Die Europäische Union (EU) ist ein Zusammenschluss von 15 Ländern mit zusammen über 375 Millionen Einwohnern. Sie streben als Bündnis europäischer Staaten die wirtschaftliche und politische Einheit der Mitgliedsländer auf der Grundlage der Maastrichter Verträge an. Zu Beginn des europäischen Einigungsprozesses stand die Gründung der Europäischen Gemeinschaft für Kohle und Stahl (EGKS, Montanunion) im Jahr 1951.

Europäisches Währungssystem

Im Jahr 1979 wurde das Europäische Währungssystem (EWS) gegründet. Damals vereinbarte man feste Leitkurse und führte die europäische Währungseinheit ECU ein. Dies war die Grundlage zur Schaffung einer einheitlichen Währung, die Euro heißt.

Die Einigung Europas

Im Jahr 1957 entstand aufgrund der Römischen Verträge die Europäische Wirtschaftsgemeinschaft (EWG). 10 Jahre später wurde daraus die Europäische Gemeinschaft (EG). 1992 unterzeichneten die 12 Staaten der EG den Maastrichter Vertrag über die Europäische Union (EU). Er ist die Basis der Europäischen Wirtschafts- und Währungsunion (EWWU).

Wachstum der EU

Im Jahr 1997 hatte die EU bereits 15 Mitgliedsstaaten – Finnland, Österreich und Schweden waren inzwischen beigetreten. Weitere Staaten haben ein offizielles Beitrittsgesuch gestellt. Manche andere Staaten gelten als assoziiert und haben teilweise ein Europa-Abkommen unterzeichnet.

Beitrittsjahr
- 1957
- 1973
- 1981
- 1986
- 1995
- Offizielle Beitrittsgesuche

1 Niederlande
2 Belgien
3 Luxemburg
4 Schweiz
5 Tschech. Republik

Mitgliedsstaaten der EU, 2002

Aufbau der EU

Die EU hat 3 wichtige Organe: Die *Europäische Kommission* in Brüssel, Belgien, achtet auf die Einhaltung der Verträge. Das *Europäische Parlament* in Straßburg, Frankreich, ist eine beratende Versammlung. Der *Europäische Gerichtshof* in Luxemburg sichert die Wahrung des Rechts bei der Vertragsauslegung.

Europäisches Parlament

Alle fünf Jahre wählen die Stimmberechtigten in den EU-Staaten 626 Abgeordnete des Europäischen Parlaments (EP). Dieses hat allerdings nicht dieselbe Macht wie ein nationales Parlament, sondern nur beratende Aufgaben. Das EP berät die Kommission und überwacht deren Arbeit und Jahresbudget.

Was die EU leistet

Die Europäische Union übernimmt verschiedene Aufgaben auf wirtschaftlichem, finanziellem, politischem, landwirtschaftlichem, sozialem und kulturellem Gebiet. Die beiden Hauptleistungen sind ein freier Binnenhandel zwischen den Mitgliedsstaaten ohne Zölle sowie eine gemeinsame Landwirtschafts- und Fischereipolitik.

Hilfe von der EU

Die EU gewährt Hilfen für benachteiligte Gebiete in Europa. Dort will man z. B. neue Industrien ansiedeln. Ein großer Teil der EU-Hilfe floss in den Ausbau des Verkehrs. Man baute neue Straßen und Eisenbahnlinien. Alle Regionen sollen vom Binnenmarkt profitieren.

In der EU gibt es einen gemeinsamen europäischen Pass.

Landwirtschaftspolitik

Um die Nahrungsmittelversorgung zu gewährleisten und die Produktivität zu steuern, verfolgen alle EU-Staaten eine gemeinsame Agrarpolitik. Sie gilt heutzutage jedoch als nicht mehr durchschaubar, zu kompliziert und reformbedürftig.

Sozialpolitik

Die EU versucht, die Arbeitslosigkeit zu bekämpfen und die Ausbildungsmöglichkeiten in benachteiligten Gebieten zu verbessern. Jeder EU-Bürger kann sich innerhalb der EU im Land seiner Wahl niederlassen und dort arbeiten.

Jean Monnet

Der französische Politiker Jean Monnet (1888–1979) überzeugte den französischen Außenminister Robert Schuman (1886–1963) davon, dass man einen weiteren Krieg zwischen Frankreich und Deutschland nur verhindern könne, indem man einen gemeinsamen Markt für Kohle und Stahl schaffe. So entstand die EGKS mit Monnet als ihrem ersten Präsidenten.

Chronologie

1951 Gründung der Europäischen Gemeinschaft für Kohle und Stahl (EGKS)

1957 Die EGKS-Staaten unterzeichnen die Römischen Verträge und gründen die Europäische Wirtschaftsgemeinschaft (EWG). Ein weiterer Vertrag gilt der Gründung der Europäischen Atomgemeinschaft (Euratom).

1967 EGKS, EWG und Euratom bilden zusammen die Europäischen Gemeinschaften (EG).

1979 Gründung des Europäischen Währungssystems (EWS) mit der Währungseinheit ECU.

1991 Der Vertrag von Maastricht sieht die volle wirtschaftliche und währungspolitische Union noch vor dem Jahr 2000 vor.

1993 Die EG wird zur Europäischen Union (EU).

SIEHE AUCH UNTER EUROPA, GESCHICHTE · GELD · HANDEL UND INDUSTRIE · LANDWIRTSCHAFT · WELTKRIEG, ZWEITER

EVOLUTION

EVOLUTION BEDEUTET zunächst nur, dass sich die heutigen Pflanzen- und Tierarten durch dauernde Veränderung aus einfacheren Vorfahren entwickelt haben. Wie die Evolution vonstatten ging, lässt sich bei vielen Tier- und Pflanzengruppen anhand der Fossilien oder Versteinerungen verfolgen. Erste Lebensformen entstanden wohl schon vor 3,8 Milliarden Jahren. Aus ihnen entwickelten sich die heutigen Tier- und Pflanzenarten. Wirbeltiere gibt es seit rund 500 Mio. Jahren, den modernen Menschen erst seit 100 000 Jahren.

Hyracotherium lebte vor ungefähr 55 Millionen Jahren und gilt als Vorfahr des heutigen Pferdes.

4 Zehen

Equus, die Gattung der modernen Pferde, entstand vor rund 1,64 Mio. Jahren. Das Pferd ist ein Bewohner großer Grasländer. Die Zahl der Zehen wurde auf eine verringert.

1 Zehe

Lange Beine für schnellen Lauf

Die dritte Zehe wurde größer, während die seitlichen Zehen verschwanden.

Der 3-zehige Pferdevorfahr Hipparion erschien vor rund 15 Mio. Jahren.

Dritte Zehe

Fuß des 4-zehigen *Hyracotherium*

Fuß des 3-zehigen *Hipparion*

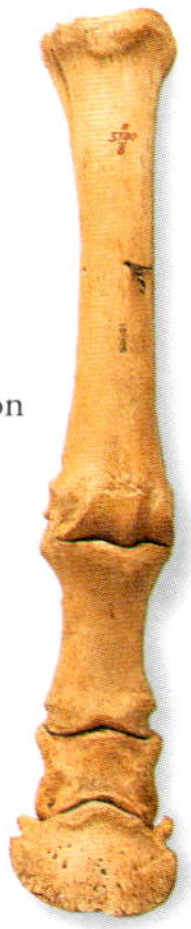

Fuß des heutigen Pferdes, *Equus*

Wie eine Art entsteht

Alle Arten verändern sich unter dem Einfluss ihrer Umwelt. Dabei ist die natürliche Auslese oder Selektion wirksam. Sie lässt nur die am besten angepassten Individuen zur Fortpflanzung kommen. Durch langsame Anpassung an die Umgebung entstanden Pferdeformen, die in offenem Grasland weideten. Durch Auslese passen sich Pflanzen und Tiere immer besser an ihre Umwelt an.

Natürliche Auslese

Die Theorie von der natürlichen Auslese behauptet, Umweltfaktoren würden gewisse Individuen einer Art begünstigen. Die am besten Angepassten könnten überleben und sich fortpflanzen. Versuche mit dem Fleisch fressenden Sonnentau bestätigen dies. Pflanzen, die Fleisch bekamen, hatten mehr Blüten und Samen als ungefütterte.

Gefütterte Pflanzen tragen viele Blüten.

Ungefütterte Pflanzen verkümmern.

Vererbung
Die Vererbungslehre untersucht, wie Merkmale von einer Generation an die nächste weitergegeben werden. Dafür sind Gene verantwortlich. Dominante Gene treten in den Vordergrund, rezessive Gene werden unterdrückt.

Zwerghamster

Rezessives weißes Gen

Dominantes graues Gen

Variation
Variation bedeutet, dass alle Individuen einer Art Unterschiede zeigen. Manche Variation, z. B. die Zeichnung auf dem Schneckenhaus, kann von Vorteil sein. Diese Tiere haben eine größere Wahrscheinlichkeit zu überleben und sich fortzupflanzen.

Bänderschnecken

Färbungsvariationen erlauben eine bessere Anpassung.

Mutationen
Bei der Vermehrung der DNA in den Zellen können gelegentlich Fehler auftreten. Dabei entstehen Mutationen. Die meisten sind nicht lebensfähig. Doch einige genießen einen Überlebensvorteil und können sich im Innern einer Art halten oder gar ausbreiten.

Die Mutation der Karde hat nach unten gekrümmte Blütentragblätter. Das erleichtert die Samenverbreitung.

Karde

Geschlechtliche Zuchtwahl
Einige Tiere wählen ihre Partner nach eigenen Merkmalen. Vogelmännchen zeigen oft prächtiges Gefieder. Es ist vielleicht durch Zuchtwahl der Weibchen entstanden, die die prächtigeren Männchen auswählten. Nur diese konnten sich fortpflanzen.

Pfau

Anpassung

Die natürliche Auslese sorgt dafür, dass besser angepasste Individuen (Einzelwesen) überleben und sich fortpflanzen. Auslese und Anpassung führen zusammen zur Evolution und zur Entstehung neuer Arten. Besonders deutlich wird die Anpassung bei Veränderungen in der Umwelt.

Samen fressende Art

Insekten fressende Art

Darwinfinken
Bei seinem Besuch auf den Galapagosinseln bemerkte der englische Naturforscher Charles Darwin (1809–82) die große Artenvielfalt einer bestimmten Finkengruppe. Sie alle ließen sich auf einen einzigen Vorfahr aus Südamerika zurückführen. Die Arten waren durch Anpassung vor allem an die Ernährungsweise entstanden.

Monarchfalter

Scheckenfalter Hypolimnas

Mimikry bei Schmetterlingen
Eine Form der Anpassung ist die Mimikry: Dabei ahmt ein ungeschütztes Tier eine ungenießbare oder giftige Art nach. Vögel fressen den Monarchfalter nicht. Sie meiden auch den ähnlichen Scheckenfalter *Hypolimnas*, der genießbar ist.

EVOLUTION

„Missing links"

„Missing links" sind Zwischenformen, die auftreten müssten, wenn sich eine Tiergruppe aus einer anderen entwickelt hat. Tatsächlich fand man im Jahr 1861 den Urvogel *Archaeopteryx*. Er kombiniert die Reptilienmerkmale eines Dinosauriers mit eindeutigen Vogelmerkmalen, besonders den Federn.

Lungenfisch

Lebende Zwischenformen

Der Lungenfisch hat fleischige Flossen und kann Sauerstoff direkt aus der Luft aufnehmen. Lungenfische entwickelten sich vor 380 Mio. Jahren, als die ersten Tiere auf das Festland gingen. Sie sind mit der Zwischenform von Fischen und Amphibien verwandt. Man spricht auch von einem lebenden Fossil.

Einfluss des Menschen

Seit Jahrhunderten übt der Mensch Einfluss auf Pflanzen und Tiere aus. So mussten sich viele Tiere an neue Lebensräume anpassen, die durch die menschliche Besiedelung entstanden sind. Durch Züchtung veränderte der Mensch schon vor Jahrtausenden Wildpflanzen und schuf dabei die Kulturpflanzen und die Zuchtrassen der Tiere. Viele Früchte werden heute ohne Samen oder Kerne gezüchtet, damit man sie leichter essen kann.

Heutige Tomatenzüchtungen sind länger haltbar.

Kernlose Orange

Kernlose Trauben

Künstliche Auslese

Schon seit langem verändert der Mensch die Erbmasse von Tieren und Pflanzen und züchtet dabei bestimmte Merkmale heraus. So entstanden die Kulturformen und Zuchtrassen. Besonders deutlich wird die künstliche Auslese bei den verschiedenen Hunde- und Taubenrassen. Allerdings sind manche Zuchtwünsche mit dem Tierschutz nicht vereinbar und Tierquälerei.

Sharpei

Industriemelanismus

Während der industriellen Revolution in England wurden durch Umweltverschmutzung die Birkenstämme rußig. Die schwarzweiß gefleckten Birkenspanner waren nun deutlich zu sehen und wurden von den Vögeln weggefressen. In kurzer Zeit breitete sich eine besser getarnte, dunkle Mutation stark aus.

Birkenspanner

Beweise für die Evolution

Fossilien oder Versteinerungen liefern uns die meisten Beweise für die Evolution. An ihnen kann man ablesen, wie die heutigen Tiere und Pflanzen aus einfacheren Formen entstanden sind. Durch das Studium der gemeinsamen Merkmale kann man herausfinden, wie sie miteinander verwandt sind. Auch die Genetik und die Molekularbiologie haben viel zur Evolution beigetragen.

Versteinerter Farn

Fossile Nachweise

Die Fossilien von Pflanzen und Tieren zeigen uns, dass in geologischen Zeiträumen größere Veränderungen stattfanden. So können wir z. B. verfolgen, wie vor 440 Mio. Jahren die ersten Pflanzen auf dem Land entstanden. Bis zu den ersten großen Wäldern vergingen aber noch über 100 Mio. Jahre.

Neue Arten

Das europäische Eichhörnchen und das amerikanische Grauhörnchen haben einen gemeinsamen Vorfahr. Die beiden Tiere sind heute eigene Arten, die sich nicht mehr miteinander mischen. Das Grauhörnchen wurde in Großbritannien eingeführt und verdrängte vielerorts das einheimische Eichhörnchen.

Das Grauhörnchen verdrängt das Eichhörnchen in Großbritannien.

Gedrungenes Vorderbein des Gürteltiers, an das Graben angepasst

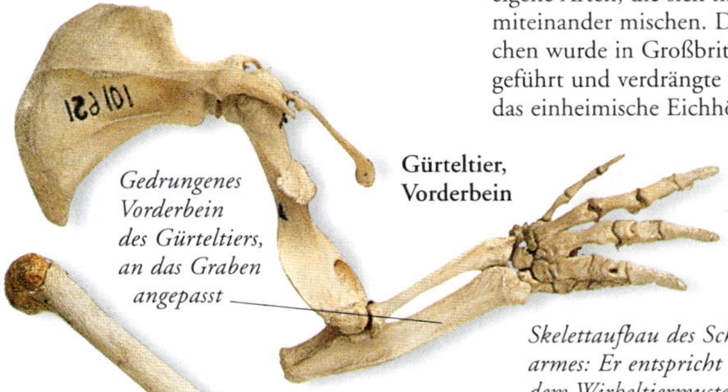

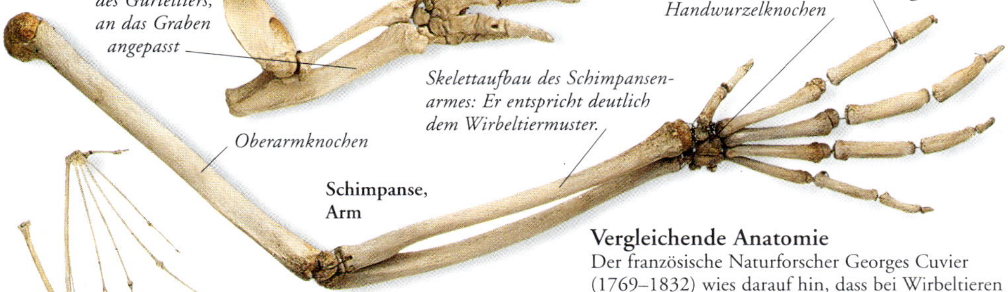

Gürteltier, Vorderbein

Oberarmknochen

Skelettaufbau des Schimpansenarmes: Er entspricht deutlich dem Wirbeltiermuster.

Schimpanse, Arm

Handwurzelknochen

Fingerknochen

Fledermaus, Flügel

Bei der Fledermaus sind die Finger extrem verlängert und spannen die Flügelhaut aus.

Vergleichende Anatomie

Der französische Naturforscher Georges Cuvier (1769–1832) wies darauf hin, dass bei Wirbeltieren zwischen dem Skelett und der Lebensweise enge Übereinstimmung besteht. Da alle Wirbeltiere einen gemeinsamen Vorfahr haben, kann man z. B. das Vorderbein eines Gürteltiers mit den Armknochen des Schimpansen oder dem Flügel einer Fledermaus vergleichen.

Schöpfungstheorien

Die Evolutionisten behaupten, die heutigen Lebewesen auf der Erde hätten sich über Jahrmilliarden hinweg entwickelt und seien aus unbelebten Stoffen entstanden. Die Kreationisten vertreten die Ansicht, Gott habe alle Lebensformen auf der Erde in der heutigen Form geschaffen. Sie berufen sich dabei auf die Bibel. Diese Theorie hat unter den amerikanischen Fundamentalisten viele Anhänger. Gemäßigte glauben, Gott habe verschiedene Lebewesen geschaffen, die sich später selbstständig weiterentwickelten.

Karikatur des Evolutionisten Darwin, 19. Jh.

Jean Baptiste de Lamarck

Der Franzose Jean Baptiste de Lamarck (1744–1829) schlug bereits eine Evolutionstheorie vor und richtete sich gegen die damalige Auffassung, die Arten seien unveränderlich. Lamarck behauptete, die Lebewesen würden ihre Organe beim Gebrauch verändern und die so erworbenen Eigenschaften an ihre Nachkommen weitergeben. Seiner Theorie zufolge, die heute widerlegt ist, entwickelte die Giraffe ihren langen Hals, um an hoch stehende Blätter zu gelangen.

SIEHE AUCH UNTER ABSTAMMUNGSLEHRE · DARWIN, CHARLES · DINOSAURIER · ERDZEITALTER · FOSSILIEN · TIERE · VERERBUNG · VORGESCHICHTE

FAHRRÄDER UND MOTORRÄDER

DAS FAHRRAD ist das umweltfreundlichste Transportmittel, und Radfahren macht zudem Spaß. Während das Fahrrad Muskelkraft in eine Vorwärtsbewegung verwandelt, wird das Motorrad von einem Verbrennungsmotor angetrieben. Heutige Motorräder sind sehr komplizierte Maschinen, und der Hubraum ihrer Motoren reicht von 50 bis über 1 000 ccm. In vielen Ländern der Erde, etwa in China, stellt das Fahrrad das wichtigste Transportmittel dar; in Thailand beispielsweise steht das Motorrad an erster Stelle.

Teile des Fahrrads
Alle Fahrräder haben einen ähnlichen Aufbau, mag es sich nun um ein Mountainbike, ein Trekkingrad oder ein Rennrad handeln. Der Antrieb erfolgt stets über 2 Pedale. Schnelle Rennräder sind besonders leicht, eignen sich aber nicht für schlechte Straßen.

Sattel Er ist in Höhe und Neigung verstellbar und wird so dem jeweiligen Benutzer angepasst.

Gänge Die Schaltung erfolgt über 2 Hebel. Heute gibt es fast nur noch Fahrräder mit Kettenwurfschaltung.

Höhenverstellbare Lenkstange

Bremsen Man betätigt sie über Hebel an der Lenkstange. Dadurch werden Bremsklötze an die Felgen der Räder gepresst.

Die Sattelstütze lässt sich im Rahmen versenken.

Rahmen Er besteht aus Stahl-, Aluminium- oder Titanrohren.

Bremskabel

Kettenrad

Cannondale SH600, ein Mehrzweckrad

Speichen Sie sorgen dafür, dass das Rad sehr leicht bleibt.

Tretkurbel

Pedale Sie sind am Kettenrad befestigt, das 3 Kettenblätter aufweist.

Nabe Sie stellt die Verbindung zwischen Rad und Rahmen her.

Luftwiderstand
Die Luft setzt dem Vorwärtskommen eines Rad- oder Motorradfahrers einen erheblichen Widerstand entgegen. Der Luftwiderstand lässt sich durch die Stromlinienform verringern. Manche Rennfahrer rasieren sogar ihre Beine, um sie windschlüpfiger zu machen.

Rennrad

Reifen Sie werden auf den Felgen aufgezogen und dienen vor allem als Stoßdämpfer. Mountainbikes haben viel breitere Reifen für rauhes Gelände.

Teile eines Motorrads
Wie das Fahrrad hat auch das Motorrad einen Rahmen, ein angetriebenes Hinterrad, ein Vorderrad zum Lenken sowie Bedienungselemente an der Lenkstange. Mit dem Auto hat es einen Verbrennungsmotor und Stoßdämpfer gemeinsam. Diese verhindern, dass der Fahrer jede Unebenheit der Straße spürt.

Anlasser *Verschiedene Anzeigen*

Tachometer *Drehzahlmesser*

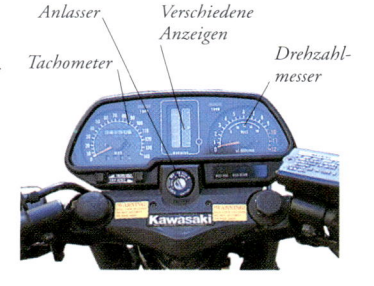

Motorradfahren
Der Pilot gibt Gas mit einem Drehgriff am rechten Ende der Lenkstange. Die Gänge schaltet er in der Regel mit dem linken Fuß. Die Vorderbremsen betätigt man von Hand, die Hinterbremsen mit dem Fuß. Um das Gleichgewicht zu wahren, muß sich der Motorradpilot in die Kurven legen.

Kleiner sparsamer Antriebsmotor

Offener Rahmen

SFX Motorroller

Zweitaktmotor mit einem Zylinder. Größere Motorräder haben mehr Zylinder.

Leichtmetallrahmen

Armaturenbrett Bei Motorrädern befindet sich das Armaturenbrett in der Mitte der Lenkstange. Auch alle wichtigen Bedienungselemente sind an der Lenkstange vereinigt.

Benzintank

Vorderradaufhängung

Mofas und Mopeds
Mofas sind Fahrräder mit Hilfsmotor, die bis zu 25 km/h fahren. Leichtmofas sind nur 20 km/h schnell. Der alte Begriff Moped galt kleinen Motorrädern, die 40 km/h erreichten. Motorroller sind durch die Sitzweise gekennzeichnet. Beim Fahren aller Krafträder ist ein Helm Vorschrift.

1992 Yamaha FZR1000 Exup

Stoßgedämpftes Hinterrad mit 3 Speichen

Reifen Das Motorrad hat profillose Rennreifen, sog. „Slicks". Sie gewährleisten eine gute Straßenlage, selbst wenn sich der Fahrer stark in die Kurve legt.

Chronologie

1817 Der Deutsche Forstmeister Drais entwickelt das lenkbare Laufrad, die Draisine.

1821 Der Brite Louis Gompertz baut ein Fahrrad mit einem Handhebelantrieb.

1839 Der Schotte Kirkpatrick Macmillan erfindet den Pedalantrieb.

1868 Die französischen Brüder Michaux bauen in ihr Rad eine Dampfmaschine ein.

1885 Gottlieb Daimler baut das erste Motorrad mit Verbrennungsmotor (unten).

1885 Der Engländer James Starley baut das erste moderne Fahrrad mit Kettenantrieb.

1895 Die Franzosen Albert de Dion und G. Bouton bauen das erste brauchbare Motorrad mit einem Einzylindermotor.

1900 Der Deutsche Ernst Sachs erfindet die Freilaufnabe.

| SIEHE AUCH UNTER | ENERGIE | KRAFT-FAHRZEUGE | KRAFT UND BEWEGUNG | LUFT | MASCHINEN | MOTOREN | MOTORSPORT | SPORT | TRANSPORT, GESCHICHTE |

Fahrradmodelle

Straßenrennrad Dieses robuste Rennrad hält auch schlechte Straßen aus.

Damenfahrrad Die Querstange fehlt, damit Damen mit Röcken darauf fahren können.

Mountainbike Das ideale Rad mit extrabreiten Reifen für Feldwege.

BMX-Rad Ein Fahrrad ohne Gangschaltung für Querfeldeinfahrten und Akrobatik.

Dreirad Das dritte Rad verhindert ein Kippen und Umstürzen.

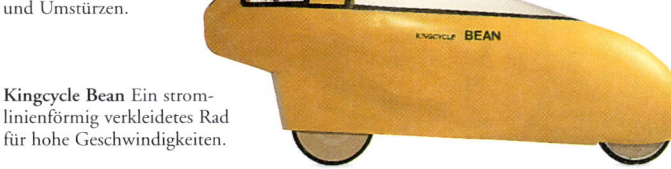

Dreifachtandem Jeder Fahrer trägt mit seinen Pedalen zum Antrieb bei.

Rikscha, Modell 1980. Das pedalgetriebene Transportfahrzeug ist in Asien weit verbreitet.

Kingcycle Bean Ein stromlinienförmig verkleidetes Rad für hohe Geschwindigkeiten.

Velocar von 1933. Der Fahrer dreht die Pedale in liegender Stellung.

Motorradmodelle

Harley Davidson von 1942. Dieses Militärmodell geht auf eine zivile Version zurück.

Harley Davidson Knucklehead 61E von 1936. Das Modell war richtungsweisend im amerikanischen Motorradbau.

Harley Davidson Hydra Glide von 1951. Das klassische Modell sieht wie ein Chopper mit sehr hohem Lenker aus.

Heinkel Perle von 1956. Bei diesem Modell laufen alle Kabel durch den Rahmen.

BMW R/60 von 1956. Zwischen dem Seitenwagen und dem Motorrad besteht eine Gelenkverbindung.

Motorroller Diese Krafträder aus den 60er Jahren hießen nach dem größten Hersteller allgemein nur *Vespa*.

BMW R75/5 von 1971. Ein zuverlässiges, komfortables Tourenmotorrad.

Honda GL 1500/6 Gold Wing von 1991. Die 1500-ccm-Maschine hat 4 Zylinder und als Luxusausstattung ein Kassettengerät.

Husqvarna Motocross TC610 von 1992. Ein geländegängiges Rennmotorrad, ein sog. Enduro.

FAMILIE UND GESELLSCHAFT

SEIT DEN FRÜHESTEN ZEITEN lebt der Mensch in Gruppen nach ganz bestimmten Regeln. Mehrere solche Gruppen bilden eine Gesellschaft. Allen Gesellschaften auf dieser Erde sind bestimmte Grundbegriffe gemeinsam, z. B. Familie, Verwandtschaft, Arbeitsteilung nach Geschlecht und Alter, Heirat, Nahrungsteilung und Besitz. Die Regeln, nach denen eine Gesellschaft funktioniert, sind von Kultur zu Kultur jedoch sehr unterschiedlich.

Wissenschaft vom Menschen

Mit dem Menschen, seinen Gesellschaften und Sitten beschäftigen sich vor allem zwei Wissenschaften, die Anthropologie und die Soziologie. Beide gehören zu den Sozialwissenschaften, die die Formen des menschlichen Zusammenlebens untersuchen.

Soziologen untersuchen die menschliche Gesellschaft sowohl in dicht bevölkerten Städten wie auf dem Land.

Anthropologie
Die Anthropologen beschäftigen sich vor allem mit der Evolution und Entwicklung des Menschen. Sie untersuchen auch die Sitten, Religionen und Rechtssysteme verschiedener Kulturen und stellen Vergleiche an.

Soziologie
Die Soziologie untersucht, wie die Gesellschaft organisiert ist, wie sich Menschen in der Gruppe und die einzelnen Gruppen untereinander verhalten. Soziologen entwickeln auch Lösungen für soziale Probleme, etwa Verbrechen.

Familien

Die Familie ist die grundlegende soziale Einheit jeder Kultur. Die meisten werden in eine Familie hineingeboren und erfahren durch sie zunächst die nähere Umwelt. Man unterscheidet zwischen Klein- oder Kernfamilie und Großfamilie. In heutiger Zeit ändert sich auch die Struktur der Kleinfamilie durch Scheidung und alleinerziehende Elternteile.

Großfamilie
In fast jeder Familie herrscht eine Arbeitsteilung bei der Erziehung der Kinder, der Beschaffung von Nahrung und Geld und bei den häuslichen Pflichten. In Großfamilien teilen sich mehrere Generationen in diese Aufgaben. Man trifft besonders in Agrarländern auf Großfamilien. Verwandtschaft und gemeinsamer Besitz schaffen eine Bindung zwischen den Mitgliedern.

Nicht nur die Eltern, sondern auch Onkel, Tanten und Großeltern kümmern sich um die Kinder.

Erwachsene Kinder leben mit ihren Eltern zusammen.

Großfamilie mit vier Generationen

Kern- oder Kleinfamilie
Die klassische Kernfamilie besteht aus beiden Eltern und ihren Kindern. In Industrieländern ist dieser Familientyp die Regel. Fehlt ein Ehepartner, so spricht man von unvollständiger Familie. Sie wird heute immer häufiger.

Die Menschen sind heute finanziell unabhängiger als je zuvor und können gut allein leben.

Eltern mit Kindern

Kernfamilie

Alleinstehender Single

Haushalt
Menschen, die zusammen unter einem Dach wohnen, bilden einen Haushalt. Single-Haushalte werden immer häufiger, weil immer mehr Menschen es vorziehen allein zu leben.

Die Schwester gibt dem Bruder eine Raksha aus gefärbten Fäden.

Verwandtschaft
Biologisch gesehen besteht Verwandtschaft im Besitz vieler gleichartiger Gene. Diese Blutsverwandtschaft schafft eine starke Bindung innerhalb der Familie.

In Indien feiert man beim Raksha-Bandan-Fest die Verwandtschaft zwischen Bruder und Schwester.

Wohnstätten

Arbeit und Ressourcen bestimmen, wo der Mensch lebt. In frühen Gesellschaften war der Mensch Jäger und Sammler; die Gruppen bestanden aus 80 bis 150 Mitgliedern. Mit dem Ackerbau und festen Siedlungen änderte sich auch die Gesellschaft.

Beduinenzelt in der Wüste

Städte
Die Hälfte der Weltbevölkerung lebt in Städten, und dieser Anteil wächst noch. Hier ist die Möglichkeit am größten, Arbeit zu finden. Das Leben in Städten hat neben Vorteilen auch erhebliche Nachteile, etwa gesundheitliche Probleme, Überbevölkerung und Umweltverschmutzung.

Wohnungsmangel ist ein Problem in Städten. Vielstöckige Häuser versuchen Abhilfe zu schaffen.

Nomaden
Wenn nicht genug Wasser und Weiden vorhanden waren, zogen die Menschen mit dem Vieh als Nomaden umher. Diese Lebensweise findet man fast nur noch bei den Beduinen in Nordafrika und den Mongolen in Asien.

Vielstöckiger Plattenbau in Moskau, Russland

Gesellschaftsschichten

Die Soziologen haben gezeigt, dass es in allen Gesellschaften unterschiedliche Schichten gibt. Diese Schichtung bewirkt, dass einige Menschen größere Vorteile und ein höheres Ansehen genießen als andere. Die Ursachen dafür können z. B. in Kasten, Klassen, Geschlecht, Rasse oder Alter liegen und führen oft zu scharfen Unterteilungen und Abgrenzungen innerhalb der Gesellschaft.

Die Brahmanen oder Priester bilden die höchste Kaste der hinduistischen Gesellschaft.

Privilegierte Schüler an einer englischen Privatschule

Kaste
Die Hindugesellschaft Indiens kennt heute noch viele tausend Kasten. Man wird in eine solche soziale Schicht hineingeboren und kann sie nicht verlassen. Es gibt 4 große Kastengruppen. Die oberste bilden die Brahmanen.

Soziale Klasse
Wenn man von einer bestimmten sozialen Klasse spricht, werden auch Besitz und Beruf beurteilt. In unserer Gesellschaft ist der Aufstieg in eine höhere soziale Klasse durchaus möglich.

Bewohnerinnen eines Altersheims

Die Rolle des Alters
Der soziale Status älterer Menschen ist in den Kulturen unterschiedlich hoch. In westlichen Gesellschaften werden die Alten eher diskriminiert, im traditionellen China hingegen werden sie sehr verehrt.

Schwarze Hausangestellte

Rasse und Geschlecht
Der soziale Status eines Menschen kann manchmal auch von seiner Rasse, seiner Zugehörigkeit zu einem Volk oder von seinem Geschlecht abhängen. Man spricht dann von Rassismus oder Sexismus. Benachteiligung aufgrund rassischer oder ethnischer Zugehörigkeit oder des Geschlechts bezeichnet man als Diskriminierung. Sie widerspricht dem Gleichheitssatz des Grundgesetzes.

Weiblicher Installateur (ein traditionell männlicher Beruf)

Riten und Zeremonien

In jeder Gesellschaft feiert man Ereignisse, die für alle von Bedeutung sind. Dabei werden bestimmte Handlungen durchgeführt, die wir als Riten oder Zeremonien bezeichnen. Sie sind oft mit festgelegten Worten, mit Musik, Tanz und festlicher Kleidung verbunden. Die Zeremonien im Zusammenhang mit Geburt, Heirat und Tod sind von besonderer Bedeutung. Man spricht auch von Übergangsriten, weil sie den Status des Einzelnen in der Gesellschaft betreffen.

Am 21. Geburtstag erhält man als Zeichen der Volljährigkeit in manchen Ländern einen Schlüssel.

Austausch von Geschenken

Heirat
Die Heirat ist die formale Übereinkunft zwischen einem Mann und einer Frau, das Leben gemeinsam zu verbringen. Beide legen ihren Besitz zusammen und gründen einen neuen Hausstand. Heirat führt auch zur Verbindung zweier verschiedener Familien und bedeutet eine Änderung im sozialen Status. Sie wird überall gefeiert.

Hinduistische Hochzeit

Geburt
Durch Geburt erhält die Gesellschaft Zuwachs. Im Zusammenhang mit der Geburt gibt es viele Zeremonien. In christlichen Kulturen wird das Kind mit Wasser getauft. Jüdische Jungen beschneidet man 8 Tage nach der Geburt. Ein weiteres bedeutsames Fest ist der Übergang zur Volljährigkeit beim 18. oder 21. Geburtstag.

Margaret Mead
Die amerikanische Anthropologin Margaret Mead (1901–1978) studierte das Sozialverhalten vor allem auf den Inseln Samoa, Neuguinea und Bali. Sie analysierte auch die amerikanische Gesellschaft und trat schon früh für die Gleichberechtigung der Frau ein.

Arbeit

Durch Arbeit produzieren die Menschen Güter oder Dienstleistungen. Mit dem verdienten Geld unterhalten sie ihre Familie und schaffen Güter für die Gesellschaft. Viele Menschen arbeiten auch für den sozialen Status.

Freizeit
In westlichen Gesellschaften wird meist an bestimmten Orten zu bestimmten Zeiten gearbeitet. Die restliche Zeit steht dem Einzelnen zur freien Verfügung. In dieser Freizeit erholt man sich von der Arbeit, etwa durch Sport. Je größer der Wohlstand einer Gesellschaft ist, umso mehr spielt die Freizeit eine Rolle.

Tod
Die meisten Gesellschaften begehen den Tod eines geschätzten Mitgliedes durch besondere Riten. In der traditionellen chinesischen Gesellschaft bedeckten z. B. die Taoisten ihr Angesicht als Zeichen des Respekts vor dem Toten.

Die Trauernden tragen Schleier aus grobem Leinen.

Taoisten in Trauer, China

SIEHE AUCH UNTER EMANZIPATION · ERZIEHUNG · MENSCHENRECHTE · PHILOSOPHIE · POLITIK UND MACHT · POLIZEI · RECHT UND GESETZ · RELIGIONEN · VERBRECHEN

FARBE

FARBE ENTSTEHT durch Licht von bestimmter Wellenlänge. Das Licht selbst ist eine Form der elektromagnetischen Strahlung. Wenn Lichtstrahlen unterschiedlicher Wellenlänge in unser Auge fallen, sehen wir verschiedene Farben. Weißes Licht – etwa von der Sonne – ist eine Mischung aus allen Wellenlängen. Gegenstände nehmen einen Teil des weißen Lichts auf. Der Rest, den sie abstrahlen, erscheint uns als ihre Farbe.

Das Spektrum des weißen Lichts

Wenn ein weißer Lichtstrahl durch ein dreieckiges Glasprisma fällt, wird es in die Farben des Spektrums zerlegt. Das Prisma bewirkt, dass die Wellenlängen unterschiedlich gebrochen werden. Auf einem Schirm hinter dem Prisma erkennt man die 7 Spektralfarben als Band: Rot, Orange, Gelb, Grün, Blau, Indigo und Violett. Rot hat die größte Wellenlänge, Violett die kürzeste. Im Bild unten vereinigt eine konvexe Linse die 7 Farben wieder zu weißem Licht.

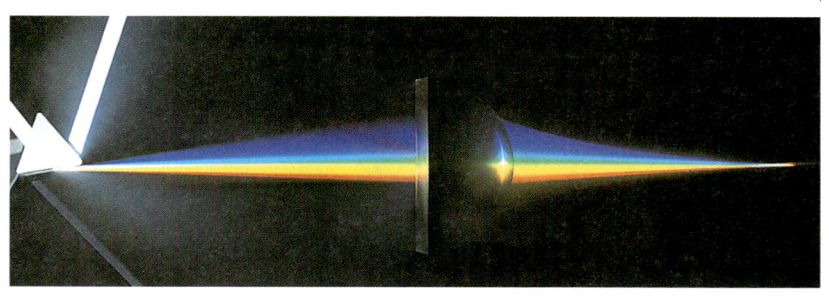

Regenbogen

Wenn man mit dem Rücken zur tiefen Sonne steht und diese in den Regen scheint, kann man einen Regenbogen sehen. Er entsteht, weil das Licht der Sonne von den Regentropfen gebrochen und reflektiert wird.

Bei Morgendämmerung

Wie ein Regenbogen entsteht

Regentropfen funktionieren wie kleine Prismen. Sie brechen das weiße Sonnenlicht und spalten es in die 7 Spektralfarben auf. Der Regenbogen setzt sich aus den Spektren von Millionen von Regentropfen zusammen.

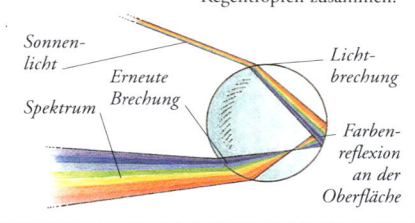

Sonnenlicht, Erneute Brechung, Spektrum, Lichtbrechung, Farbenreflexion an der Oberfläche

Farbe und Temperatur

Gegenstände geben bei Raumtemperatur elektromagnetische Strahlen ab, doch kann sie unser Auge nicht wahrnehmen. Beim Erhitzen, z. B. eines Stahlstabes, werden die langwelligen Strahlen energiereicher und damit kurzwelliger. Schließlich wird die Wellenlänge so kurz, dass wir sie sehen: Der Stab glüht – mit steigender Temperatur in unterschiedlichen Farben.

Stahlstab bei 630 °C

Stahlstab bei 1 530 °C

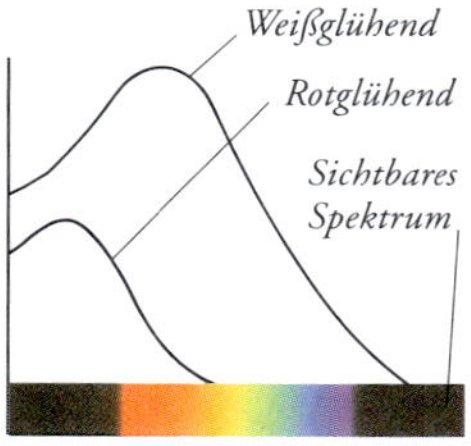

Rot- und weißglühend

Je heißer der Stahlstab wird, desto mehr Strahlen gibt er im sichtbaren Spektrum ab. Bei etwa 630 °C ist er rotglühend und gibt Licht vom roten Ende des Spektrums ab. Bei 1 530 °C wird er weißglühend und strahlt im gesamten Spektralbereich ab.

Weißglühend, Rotglühend, Sichtbares Spektrum

Spektroskop

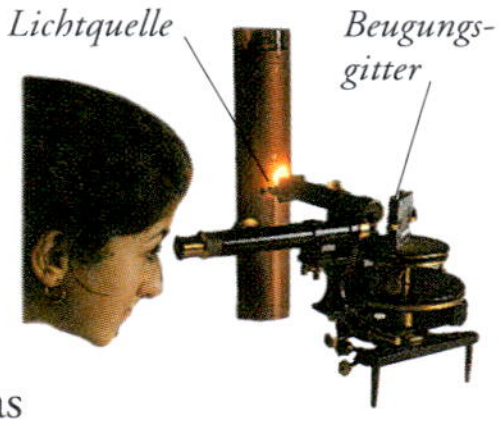

Mit dem Spektroskop untersucht man das Licht, das heiße Körper abgeben. Im Innern des Geräts spaltet ein Prisma oder ein Beugungsgitter, ein Glas mit feinen eingravierten Linien, das Licht in die einzelnen Wellenlängen auf.

Lichtquelle, Beugungsgitter

Emissionsspektrum

Jedes chemische Element gibt beim Erhitzen Licht bestimmter Wellenlängen ab. Im Spektroskop erscheinen diese Wellenlängen als helle Linien vor einem schwarzen Hintergrund. Dies bezeichnen wir als das Emissionsspektrum des Elements. Mit Spektroskopen untersuchen Astronomen, welche Stoffe im Weltraum vorkommen.

Emissionsspektrum des Natriums

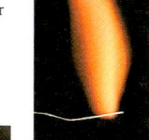

Natriumflamme

Zapfenzellen

In der Netzhaut des Auges liegen ungefähr 4 Millionen Zapfen, die dem Menschen das Farbensehen ermöglichen. Man unterscheidet 3 Typen: Die einen empfangen Rot, die anderen Grün und Blauviolett. Damit lassen sich alle übrigen Farben zusammensetzen.

Zapfenzellen

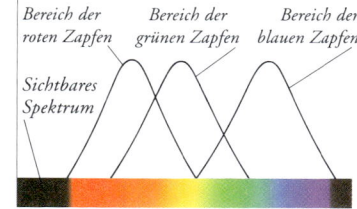

Bereich der roten Zapfen, Bereich der grünen Zapfen, Bereich der blauen Zapfen, Sichtbares Spektrum

Empfindungsbereiche der Zapfen im Auge

Heiße Sterne

Die Farbe eines Sterns ist ein Hinweis auf dessen Alter. Mit bloßem Auge sehen fast alle weiß aus. Die echten Farben erkennt man erst im Teleskop. Junge Sterne sind heiß und weißglühend, ältere glühen nur noch schwach rot oder orange.

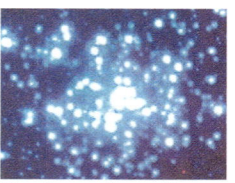

Eine Gruppe junger Sterne

Joseph von Fraunhofer

Der deutsche Physiker Joseph von Fraunhofer (1787–1826) interessierte sich seit seiner Lehre als Glasschleifer und Spiegelmacher für die Natur des Lichts. Später baute er genaue Spektroskope. 1814–17 untersuchte er das Emissionsspektrum der Sonne und entdeckte darin scharfe schwarze Linien, die Fraunhofer'schen Linien.

Munsell-System

Farben lassen sich mit Wörtern allein nicht genau beschreiben. Um Verwechslungen zu vermeiden, arbeitet die Industrie mit einem Farbbestimmungssystem. Weit verbreitet ist das Munsell-System. Es beschreibt die Farben nach den Merkmalen Farbton, Helligkeit und Buntheit.

Farbskalen

Grafiker verwenden Fächer von Farbkarten, um die Farben zu bestimmen, die ihnen die Drucker zur Verfügung stellen. Der Grafiker braucht dem Drucker nur die Nummer der gewählten Farbe mitzuteilen. Damit sind genaue Übereinstimmungen möglich.

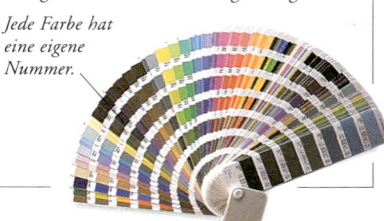

Jede Farbe hat eine eigene Nummer.

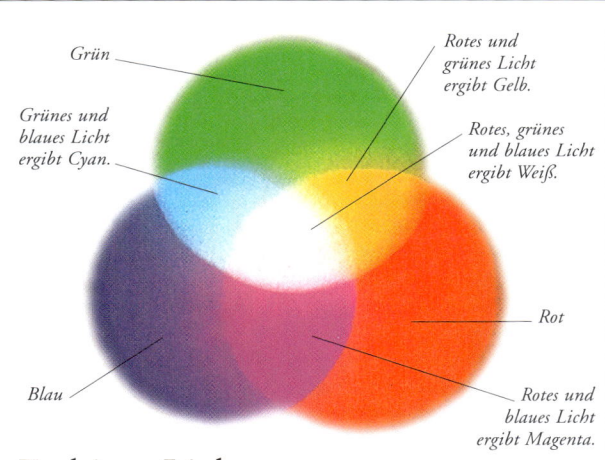

Farbiges Licht

Mit unterschiedlichen Mengen roten, grünen und blauen Lichts kann man jede beliebige Farbe mischen. Man spricht dabei von einer additiven Farbmischung. Die Grundfarben sind Rot, Grün und Blau. Gleiche Mengen je zweier Farben ergeben eine Mischfarbe (Gelb, Cyan oder Magenta). Mischt man alle 3 Grundfarben in gleichen Mengen, entsteht weißes Licht.

Grün
Grünes und blaues Licht ergibt Cyan.
Rotes und grünes Licht ergibt Gelb.
Rotes, grünes und blaues Licht ergibt Weiß.
Blau
Rot
Rotes und blaues Licht ergibt Magenta.

Farbfernsehen
Das Prinzip der additiven Farbmischung wird beim Farbfernsehen verwendet. Der Bildschirm enthält Streifen oder Punkte, die rot, grün oder blau aufleuchten. Sie sind so klein, dass sich ihr Licht für das menschliche Auge mischt. Durch unterschiedliche Mischungen dieser drei Grundfarben entstehen alle übrigen Farbtöne.

Das Bild entsteht durch Aufleuchten von Farbpunkten.

Malen mit Punkten
Als Pointillismus bezeichnen wir einen Malstil, bei dem der Künstler tausende winziger Farbpunkte nebeneinander setzt und damit das Bild aufbaut. In der Nähe sind die Farbpunkte deutlich zu erkennen. Doch in größerem Abstand verschmelzen sie wie die Farbpunkte oder -streifen des Fernsehers miteinander. Der Pointillismus war Ende des 19. Jh. in Mode.

Thomas Young
Der englische Physiker und Arzt Thomas Young (1773–1829) bewies in vielen Experimenten, dass sich das Licht wie Wellen verhält. Er erkannte, dass die Farben Lichtwellen verschiedener Längen sind und dass Interferenzfarben entstehen, wenn verschiedene Lichtwellen aufeinander treffen. Young untersuchte auch das Farbensehen. Im Jahr 1801 behauptete er, das menschliche Auge enthalte 3 Typen von Sinneszellen, die wir heute als Zapfen kennen.

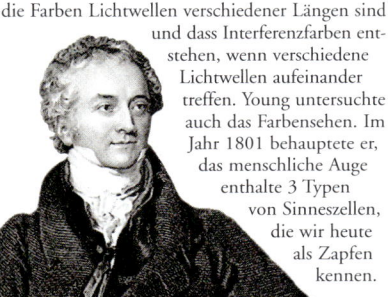

Pigmente

Pigmente sind chemische Farbstoffe, die vom weißen Licht gewisse Farben absorbieren. Die Grundfarben Gelb, Cyan (Blau), und Magenta (Rot) verschlucken Licht einer bestimmten Wellenlänge und strahlen das restliche Licht ab. Ein gelbes Pigment absorbiert z. B. blaues Licht und reflektiert grünes sowie rotes, die zusammen gelbes Licht ergeben. Die Mischung der 3 Pigmente absorbiert alle Farben und erscheint schwarz. Man nennt das subtraktive Farbmischung.

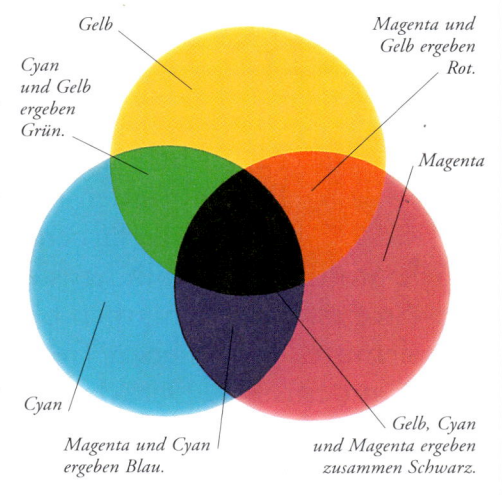

Farbdruck
Um ein Farbbild zu erhalten, druckt man 3 Farbauszüge übereinander – in Cyan, Gelb und Magenta. Jedes Bild besteht aus winzigen Farbpunkten. Die Punkte überlappen. Sie verschlucken bestimmte Wellenlängen und werfen die gewünschten zurück. Damit das Farbbild schärfer wirkt, wird schließlich noch ein Bild in Schwarztönen darüber gedruckt.

Das Bild besteht aus winzigen Farbpunkten.

Beugung und Interferenz

Wenn Lichtstrahlen auf Hindernisse treffen, die etwa so groß sind wie sie selbst, werden sie gebeugt. Sie breiten sich dann von diesem Punkt kreisförmig aus. Dabei überlagern sich die Wellen, was wir als Interferenz bezeichnen. Es entstehen Beugungsfiguren mit helleren und dunkleren Streifen.

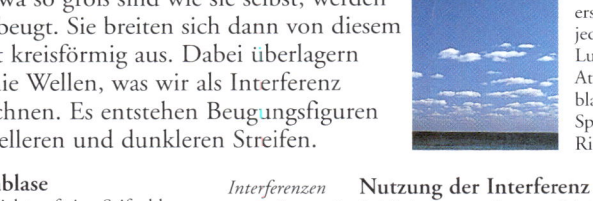

Seifenblase
Trifft Licht auf eine Seifenblase, wird es von der inneren und äußeren Oberfläche zurückgeworfen. Die reflektierten Lichtstrahlen zeigen Interferenzerscheinungen. Teils verstärken sie sich, teils löschen sie sich aus.

Interferenzen aus hellen und dunklen Streifen.

Reflexion

Gegenstände haben nur eine Farbe, wenn Licht auf sie fällt. In absoluter Dunkelheit gibt es keine Farbe. Beleuchtet man einen Gegenstand mit Licht unterschiedlicher Farbe, dann zeigt er selbst eine andere Farbe. Der gelbe Becher in den Farbbildern rechts ist nur bei Bestrahlung mit weißem Licht gelb.

Gelb
Cyan und Gelb ergeben Grün.
Magenta und Gelb ergeben Rot.
Magenta
Cyan
Magenta und Cyan ergeben Blau.
Gelb, Cyan und Magenta ergeben zusammen Schwarz.

Mischung von Farbstoffen
Farbstoffe sind Mischungen von Pigmenten in Wasser oder Öl. Wenn man die 3 Grundpigmente miteinander mischt, kann man alle Farben erzeugen mit Ausnahme von Weiß. Mischt man z. B. Gelb mit Blau, so erhält man einen Grünton.

Blauer Himmel
Sonnenlicht enthält alle Farben des Spektrums. Der Himmel erscheint tagsüber jedoch blau, weil Luftmoleküle in der Atmosphäre das blaue Ende des Spektrums in alle Richtungen beugen.

Nutzung der Interferenz
Bei Belastung verformen sich Gegenstände. Wie sich die Belastung auswirkt, erforschen die Ingenieure mit Hilfe der Interferenz. Sie bauen dazu Modelle aus durchsichtigem Kunststoff. Hindurchgestrahltes Licht erzeugt Interferenzmuster, sodass man die Stellen der größten Belastung erkennt.

Hohe Belastung

Weißes Licht
Der gelbe Becher reflektiert die roten und grünen Farbanteile des weißen Lichtes und absorbiert die blauen.

Rotes Licht
Der gelbe Becher reflektiert rotes Licht und erscheint daher rot, wenn man ihn mit rotem Licht beleuchtet.

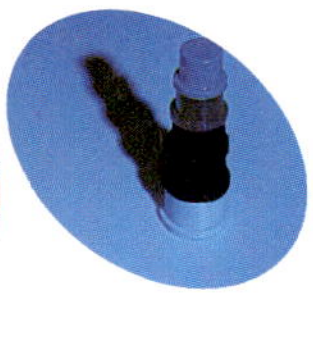

Grünes Licht
Unter grünem Licht reflektiert der gelbe Becher das Grün und erscheint deswegen ebenfalls grün.

Blaues Licht
Der gelbe Becher absorbiert Blau und sieht bei Beleuchtung mit dieser Farbe schwarz aus.

SIEHE AUCH UNTER AUGE BUCHDRUCK FARBSTOFFE FERNSEHEN FOTOGRAFIE LICHT

FARBSTOFFE

MIT FARBSTOFFEN färbt man Textilien, Leder, Papier bis hin zu Wänden und Metallen. Die Farben werden meistens in Wasser gelöst und auf den zu färbenden Gegenstand aufgetragen. Viele Stofffarben verbinden sich chemisch mit den Fasern des Stoffes. Anstreichfarben brauchen zusätzlich noch ein Bindemittel, sodass beim Trocknen eine durchgehende feste Farbhaut entsteht. Der Mensch verwendet Farbstoffe schon seit frühesten Zeiten. Zunächst stammten sie aus der Natur und wurden aus Pflanzen und Mineralien gewonnen. Heute überwiegen bei weitem die synthetischen Farben.

Frühe Farbstoffe
Die ersten Farbstoffe oder Pigmente waren wahrscheinlich farbige Lehme und Ocker. Der Mensch vermischte sie mit Wasser oder Ölen und stellte daraus Anstrichfarben her. Später färbte er Textilien mit Pflanzenfarben. Die bekanntesten stammten von der Färberwaid, dem Krapp, dem Safran und der Gelbwurz. Tierische Farben lieferten Schildläuse und die Purpurschnecke des Meeres.

Rote Zwiebelhaut als Farbstoff

Brennnessel

Walnuss

Gelbwurzblatt

Gemahlene Staubblätter

Wurzel

Pulver

Gelbwurz

Safran, ein Krokus

Synthetische Farbstoffe

Zum Färben von Textilien verwendet man heute kaum noch Pflanzenfarben. Die meisten Farbstoffe sind synthetisch und stammen aus dem Chemielabor. Dabei ergeben sich zwei Schwierigkeiten: Der Farbstoff muss auf dem Stoff haften bleiben und darf im Lauf der Zeit nicht verblassen. Man unterscheidet dabei im Wesentlichen 2 Färbeverfahren.

Für Textilien gibt es hunderte von Farbstoffen.

Wolle kann man mit Beizenfarbstoffen färben. In westlichen Ländern hat man das aufgegeben, weil dafür schädliche Chemikalien nötig sind.

Beizenfarbstoffe
Zum Färben von Wolle und Seide verwendete man früher meist Beizenfarbstoffe. Dabei musste die Faser gebeizt und dadurch chemisch verändert werden. Dann erst konnten sich die Farbmoleküle an die Fasern heften.

Substantive Farbstoffe
Bei modernen Färbeverfahren dringen die Farbstoffe sofort in die Faser ein. Man braucht kein Beizmittel mehr. Der Farbstoff wird in heißem Wasser gelöst und man taucht Garne oder den Stoff darin ein. Damit die Farbe besser hält, fügt man Salz hinzu.

Die Farben dieses T-Shirts sind bereits verblasst.

Die Farben dieses T-Shirts sind frisch wie zu Beginn.

Farbechtheit
Zwei der wichtigsten Eigenschaften von Textilfarbstoffen sind, dass sie weder durch Waschen noch durch Sonnenbestrahlung verblassen. Es gibt noch weitere Formen der Farbechtheit, z. B. gegenüber Schweiß sowie basischen und sauren Stoffen. Natürlich hängt die Farbechtheit auch vom Färbeverfahren ab.

Mal- und Anstrichfarben

Wenn Anstrichfarben getrocknet sind, bilden sie einen schützenden Film auf Holzteilen, Gebäuden, Schiffen und Autos. Künstler verwenden wasserlösliche Aquarell- oder Acrylfarben sowie Ölfarben. Die Pigmente sind natürlichen Ursprungs wie das weiße Titandioxid oder synthetisch wie das leuchtende Phthalocyaninblau.

Künstlerfarben werden meist in Tuben verkauft, denen man durch Drücken die gewünschte Menge entnehmen kann.

Künstlerfarben
Künstler verwenden in der Regel 3 verschiedene Arten von Farben: Bei Wasserfarben liegen die Pigmente in einer Lösung aus Gummiarabicum vor. Bei Ölfarben ist das Lösungsmittel meist Leinöl, das nur sehr langsam auftrocknet und lange Korrekturen zulässt. Acrylfarben enthalten als Bindemittel Kunstharze.

Industriefarben
Industriefarben werden oft maßgeschneidert für bestimmte Aufgaben. Einige Farben enthalten pulverisierte Metalle und Metalloxide. Solche Farbanstriche dienen auch dem Schutz vor Rost oder Korrosion. Auch Autolacke gehören in diese Gruppe von Farben.

Ölfarben für Künstler

Spritzlackieren einer Karosserie

Anstrichfarben
Zum Tünchen verwendet man meist Dispersionsfarben. Tropffreie Farben sehen wie Gelee aus, fließen beim Auftragen aber leicht. Die meisten Farben sind wasserlöslich. Farben mit schädlichen Nitrolösungen verwendet man kaum noch.

Dose mit nicht tropfender Farbe

William Henry Perkin
Der englische Chemiker William Henry Perkin (1838–1907) entdeckte 1856 durch Zufall den ersten synthetischen Farbstoff, das Mauvein, als er versuchte, das Heilmittel Chinin aus Anilin herzustellen. Das war der Beginn der Farbstoffchemie. Die ersten Farbstoffe hießen Anilinfarben.

SIEHE AUCH UNTER | CHEMIE | CHEMISCHE VERBINDUNGEN | FARBE | KLEIDUNG UND MODE | KUNST, GESCHICHTE | MALEN UND ZEICHNEN | MONET, CLAUDE | TEXTILIEN

FARNE

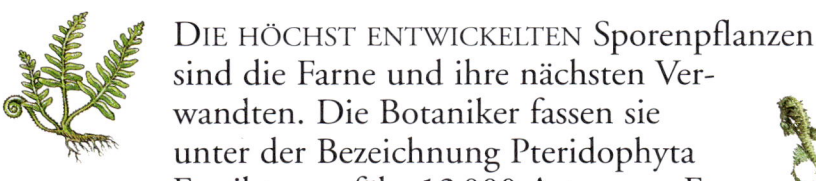

DIE HÖCHST ENTWICKELTEN Sporenpflanzen sind die Farne und ihre nächsten Verwandten. Die Botaniker fassen sie unter der Bezeichnung Pteridophyta zusammen. Es gibt ungefähr 12 000 Arten von Farnpflanzen, darunter 10 400 eigentliche Farne. Die anderen zählen zu den Bärlappen und Schachtelhalmen. Die Farne sind Gefäßpflanzen und verfügen über Leitbündel, in denen Wasser und Zuckerlösung transportiert wird. Die meisten Farnarten gibt es in den Tropen.

Aufbau

Der typische Farn entspringt einem unterirdischen Wurzelstock oder Rhizom. Nach unten entwickelt er Wurzeln, nach oben Farnwedel. Alle Farne haben einen sog. Generationswechsel von geschlechtlicher und ungeschlechtlicher Fortpflanzung. Der Gametophyt ist ein kleines Pflänzchen, das die Geschlechtszellen hervorbringt. Nach der Befruchtung wächst die weibliche Geschlechtszelle zum Sporophyten heran, den wir als die eigentliche Farnpflanze bezeichnen.

Epiphytische Farne
Epiphytische Farne wachsen auf Stämmen oder Ästen von Bäumen. Sie entziehen ihrer Trägerpflanze keine Nährstoffe. Zwischen ihren Wurzeln sammelt sich Humus, der Mineralstoffe und Wasser festhält.

Epiphytischer Farn auf einem Ast

Baumfarne
Baumfarne haben holzige, faserige Stämme und tragen einen Blattschopf. Der Stamm wird von der Basis abgestorbener Wedel gebildet. In den Tropen gibt es bis zu 20 m hohe Baumfarne.

Basis abgestorbener Blätter
Blattschopf

Wasserfarne
Einige Farne leben im Wasser. Sie wurzeln im Schlamm oder schwimmen frei. Die schwimmende *Azolla* der Tropen entwickelt nur kleine Würzelchen.

Wurmfarn
Der Wurmfarn ist unsere bekannteste Farnart. Er kommt häufig in schattigen Wäldern oder im Ufergebüsch der Bäche vor. Er hat lange Wedel, die in der Jugend wie Bischofsstäbe eingerollt und mit einem Filz aus feinen braunen Schuppen bedeckt sind.

Voll ausgewachsener Wedel, bis zu 150 cm lang
Fiederblatt und Fiederblättchen
Farnwedel entrollt und streckt sich.
Junger Wedel
Entwicklung eines Wurmfarns
Stängel des Farnwedels
Wurzelstock
Wurzel

1 Knospen der Farnwedel entstehen im Wurzelstock. Jede Knospe braucht bis zu 3 Jahren, um einen vollständigen Farnwedel auszubilden.

2 Am Ende wächst der Wedel sehr schnell, da alle Zellen des Stängels und der Fiederblätter bereits vorhanden sind. Sie müssen sich nur noch strecken.

3 Der Wurmfarn hat lange Wedel. Auf der Unterseite der Fiederblätter entwickeln sich bräunliche Sporenkapseln. Sie entlassen die Sporen ins Freie.

Bärlappe

Diese kleinen Pflanzen wachsen in feuchten Wäldern am Boden oder als Epiphyten. Die Stängel sind mit vielen schuppenartigen Blättern bedeckt. Die Sporen entwickeln sich in ährenförmigen Blattständen.

Schachtelhalme

Schachtelhalme wachsen überwiegend auf feuchten Böden. Die Stängel tragen in regelmäßigen Abständen quirlige Verzweigungen. Die Blätter sind klein und schuppenförmig und ebenfalls quirlständig. Die Sporen wachsen in eigenen, unverzweigten Stängeln heran.

Unfruchtbarer Stängel   *Sporenstängel*

Lebenszyklus eines Farns

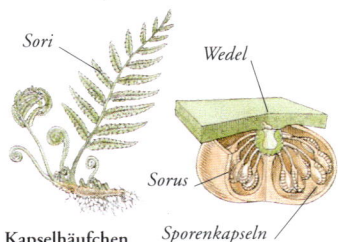

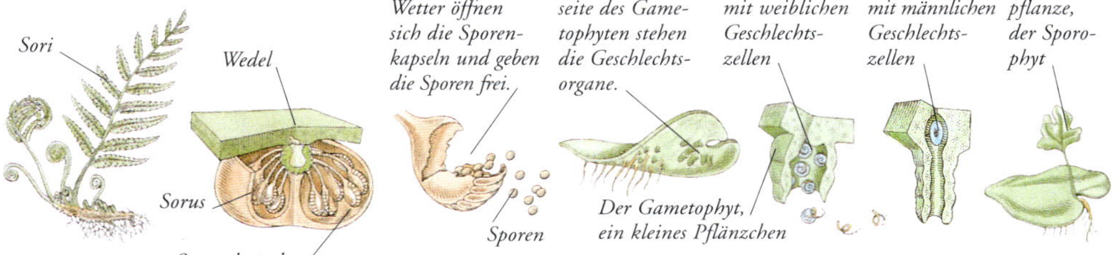

Sori
Wedel
Sorus
Sporenkapseln

Kapselhäufchen oder Sori (Einzahl: Sorus) entwickeln sich auf der Unterseite der Wedel.

Sporenkapseln, sog. Sporangien, mit Sporen stehen in jedem Sorus.

Bei trockenem Wetter öffnen sich die Sporenkapseln und geben die Sporen frei.
Sporen

64 Sporen entwickeln sich in jeder Sporenkapsel. Wenn die Kaspel aufspringt, gelangen die Sporen ins Freie.

Auf der Unterseite des Gametophyten stehen die Geschlechtsorgane.
Der Gametophyt, ein kleines Pflänzchen

Der Keimling oder Gametophyt entwickelt sich aus der Spore. Er trägt weibliche und männliche Geschlechtsorgane.

Archegonium mit weiblichen Geschlechtszellen

Die männliche Geschlechtszelle schwimmt zu einer weiblichen Eizelle und befruchtet diese.

Antheridium mit männlichen Geschlechtszellen

Die Eizelle, die Zygote, entwickelt sich zu einer neuen Farnpflanze, dem Sporophyten.

Neue Farnpflanze, der Sporophyt

| SIEHE AUCH UNTER | BÄUME | MOOSE | PFLANZEN | PFLANZEN, ANATOMIE | PFLANZEN, FORTPFLANZUNG | REGENWALD, TIERWELT |

FERNSEHEN

DAS FERNSEHEN WAR eine der eindrucksvollsten Erfindungen des 20. Jh. und veränderte die Gesellschaft. Fernsehen oder TV verwandelt Bilder und Töne in elektrische Signale, die über Antennen, Satelliten oder durch Kabel gesendet werden. Erfunden wurde das TV bereits 1923 in den USA. Es verbreitete sich seit 1950 auch in Deutschland und 1980 hatten die meisten Haushalte ein Fernsehgerät. Die Nachrichten- und Unterhaltungssendungen, die in die Wohnungen übertragen werden, änderten den Alltag und das Freizeitverhalten der Menschen. Die ständige Weiterentwicklung der Fernsehtechnik brachte eine immer bessere Bildqualität und immer mehr Programme.

Beginn des Fernsehens
1936 wurden in Amerika und Großbritannien die ersten Fernsehsendungen ausgestrahlt. Das erste öffentliche Fernsehen in Deutschland begann am 27.11.1950 in Hamburg. Die erste Tagesschau wurde im Januar 1952 gesendet. Diese Nachrichtensendung der ARD ist bis heute die meistgesehene deutsche Fernsehsendung.

Die ersten Fernsehgeräte besaßen nur einen sehr kleinen Schwarzweißbildschirm.

Blick in den Fernseher

Die Antenne nimmt die Signale auf, die von den TV-Stationen gesendet werden, und leitet sie zum Fernsehempfänger. Dort werden die Signale mit Hilfe der Bild- oder Kathodenstrahlröhre verstärkt. Ein Elektronenstrahl lässt in rascher Folge Leuchtpunkte auf dem Schirm aufleuchten, die sich zu einem bewegten sichtbaren Bild zusammensetzen. Beim Farbfernsehen sind es 3 Strahlen.

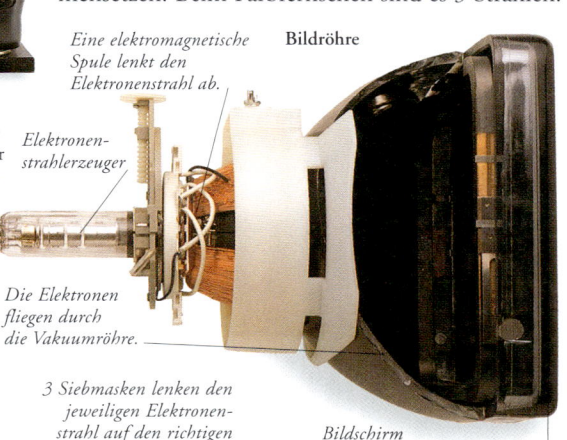

Eine elektromagnetische Spule lenkt den Elektronenstrahl ab.

Bildröhre

Elektronenstrahlerzeuger

Die Elektronen fliegen durch die Vakuumröhre.

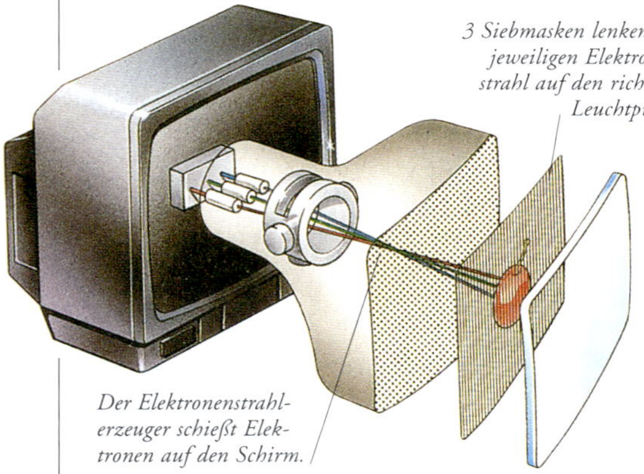

3 Siebmasken lenken den jeweiligen Elektronenstrahl auf den richtigen Leuchtpunkt.

Bildschirm mit winzigen Leuchtpunkten

Frühe Elektronenkanone

Elektronenstrahlerzeuger
Der Bildschirm ist nur der vordere sichtbare Teil der Bildröhre. Hinter dem Schirm werden 3 Elektronenstrahlen erzeugt, die als Bündel auf dem Bildschirm auftreffen. Die 3 Strahlen liefern die Farbsignale für ein Bild – Rot, Blau und Grün. Zusammen ergeben sie das farbige Bild auf dem Schirm.

Der Elektronenstrahlerzeuger schießt Elektronen auf den Schirm.

Das Farbbild
Der Bildschirm ist innen mit 1,5 Millionen Leuchtpunkten beschichtet. Jeweils 3 Punkte für Rot, Blau und Grün gehören zusammen. Wenn ein Elektronenstrahl auftrifft, leuchtet einer der Leuchtpunkte je nach Farbdichte des Bildes unterschiedlich stark auf. Dies geschieht 25- bis 30-mal pro Sekunde, wobei rund 13 Millionen Bildpunkte das bewegte Farbbild erzeugen.

Nutzen des Fernsehens

Die Programme der TV-Sender reichen von der Information bis zur Unterhaltung. Das Fernsehen bringt Nachrichten, Bildungsprogramme, Spielfilme, Shows, Sport und vieles mehr. Zudem sorgt eine Vielzahl von Sendern für eine breite Auswahl.

Millionen Zuschauer erleben die Fußballweltmeisterschaften live am Bildschirm.

Werbung und Sponsoren
Um die Fernsehgebühren niedrig zu halten und teure Produktionen zu finanzieren, müssen die Fernsehanstalten bezahlte Werbung senden. Deshalb werden Programme für Werbesendungen unterbrochen oder Sponsoren bezahlen z. B. die Ausstrahlung eines Spielfilms. Großereignisse wie Fußballweltmeisterschaften bringen oft sehr hohe Werbeeinnahmen.

Tagespolitik
Dank dem Fernsehen können wir das Geschehen in der Welt täglich miterleben. Wir sind schneller und besser informiert als je zuvor. Satelliten übertragen Fernsehsignale in Sekunden überallhin, und der Zuschauer ist bei einem Ereignis "live" dabei.

Livesendung Die Revolution in Rumänien, die 1989 den Diktator Nicolae Ceauşescu stürzte, war im Fernsehen live zu sehen.

Wladimir Zworykin
Der 1919 nach USA emigrierte russische Wissenschaftler Wladimir Kosma Zworykin (1889–1982) ließ 1923 sein Ikonoskop patentieren. Es ist die erste Bildröhre. Sie machte das Fernsehen, die elektronische Bildübertragung, erst möglich. Zworykin brachte später noch weitere Verbesserungen in der Fernsehtechnik.

Ernie

Bert

Bildungsprogramm
Das Fernsehen sendet auch Bildungsprogramme. Dadurch können Leute in abgelegenen Gegenden oder mit wenig Zeit das Abitur machen oder sogar ein Studium betreiben, z. B. durch das Telekolleg.

Sesamstraße
Dieses amerikanische Grundschulprogramm hilft Kindern schreiben und lesen zu lernen.

FERNSEHEN

Tragbare Videokamera
Parlamentsgebäude, London, im Hintergrund
Reporterin

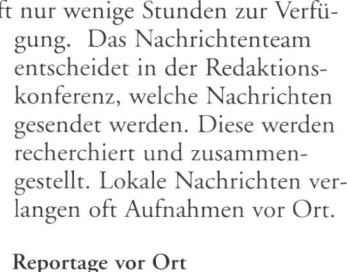

Originalband
Band für die Ausstrahlung
Regieraum

Produktion einer Nachrichtensendung

Für die Produktion von Nachrichtensendungen stehen oft nur wenige Stunden zur Verfügung. Das Nachrichtenteam entscheidet in der Redaktionskonferenz, welche Nachrichten gesendet werden. Diese werden recherchiert und zusammengestellt. Lokale Nachrichten verlangen oft Aufnahmen vor Ort.

Reportage vor Ort
Die transportable Videokamera wird von einer Person bedient. So können ein Kameramann und ein Reporter ohne viel Aufwand vor Ort z. B. ein Interview aufnehmen.

Bildregie

Der Bildregisseur wählt aus den Videobändern des Kameramannes die besten Sequenzen aus und stellt sie zu einem neuen Band zusammen. Dieses gelangt dann zur Sendung. Videorecorder, Monitore, Bildmischpulte und magnetische Bildaufzeichnung (MAZ) sind durch Computer vernetzt.

Im Studio

Nachrichtensendungen werden in der Regel im TV-Studio aufgenommen. Die Nachrichtensprecherin sitzt z. B. vor einem hell erleuchteten Hintergrund und liest die Nachrichtentexte von einem halbdurchlässigen Spiegel vor der Kamera ab. Diese Vorrichtung heißt Teleprompter.

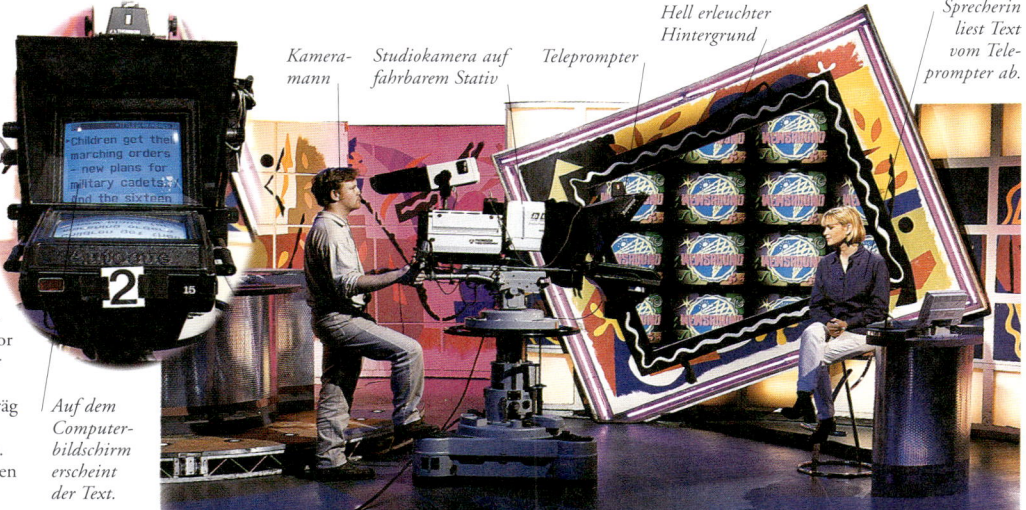

Kameramann
Studiokamera auf fahrbarem Stativ
Teleprompter
Hell erleuchter Hintergrund
Sprecherin liest Text vom Teleprompter ab.

Teleprompter
Der Teleprompter erlaubt es, dass die Nachrichtensprecherin oder der Sprecher das Textmanuskript vor sich sehen, während sie in die Kamera blicken. Der Text läuft auf einem kleinen Computerbildschirm unterhalb der Kamera. Er wird mit Hilfe einer schräg stehenden Glasscheibe auf einen halbdurchlässigen Spiegel projiziert, der sich vor der Kamera befindet. Weder der Kameramann noch die Zuschauer können die mitlaufenden Textzeilen sehen.

Auf dem Computerbildschirm erscheint der Text.

Synchronuhr zur exakten Bestimmung der Sendezeiten für jeden Teil des Programms.

Schaltzentrale

In der Schaltzentrale wird die Endkontrolle der zu sendenden Bilder vorgenommen. Hier laufen Sequenzen der Studiokameras, der Außenstudios und Übertragungswagen und der Tonstudios zusammen. Die Bilder erscheinen auf einzelnen Monitoren.

Mischpult. Hier werden Bilder, Grafik und Ton zusammengemischt.

Mischpult
Die unterschiedlichen Aufnahmen werden auf dem Computermischpult bearbeitet. Das Mischpult ermöglicht den Bildschnitt, das Ausblenden und Einblenden sowie das Ändern der Bildfolge und zahlreiche andere Tricks, z. B. Bluebox.

Am Mischpult gibt es zahlreiche Regler, Schalter, Entzerrer und Anzeiger.

Studio- und Kontrollteam verständigen sich über Mikrofone.

Sendung
Aufnahmeleiter und Bildmischer sitzen bei einer Livesendung im Kontrollraum. Aufnahmeleiter oder Sendeleiter entscheiden, welches Bild wie lange ausgestrahlt wird. Sie erteilen dem Bildmischer ihre Anweisungen.

Chronologie

1923 Wladimir Zworykin entwickelt eine elektronische Bildröhre.

1926 Der schottische Erfinder John Logie Baird (1888–1946) stellt sein elektromechanisches Fernsehsystem vor.

1929 In Großbritannien beginnt das Versuchsfernsehen, basierend auf dem System von Baird.

1936 In Großbritannien wird die erste Fernsehsendung im elektronischen System ausgestrahlt.

1951 Erstes Farbfernsehen in USA

1962 Der Satellit Telstar leitet Fernsehsignale über den Atlantik.

1979 Die japanische Firma Matsushita lässt einen Taschenfernseher mit Flachbildröhre patentieren.

1994 Einführung des PALplus-Systems mit Breitbildformat 16:9

SIEHE AUCH UNTER | ELEKTRONIK | ERFINDUNGEN | INFORMATION UND KOMMUNIKATION | RUNDFUNK | SCHAUSPIEL | TELEKOMMUNIKATION | TRICKFILM | WERBUNG UND MARKETING

FESTE UND FEIERN

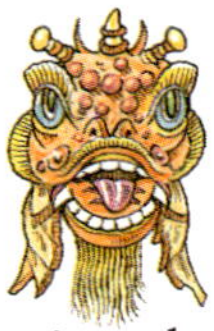

AUF DER GANZEN WELT begehen die Menschen bestimmte Tage in besonders festlichem Rahmen. Für solche öffentlichen Feste und Feiern gibt es viele Gründe: Sie können religiösen Ursprungs sein, den Übergang von einer Jahreszeit markieren oder an Ereignisse der Geschichte erinnern.

An einem Holzstab befestigte Drachen

Totenfest
Am 1. November, an Allerheiligen, feiern die Mexikaner das Totenfest. Die Familien picknicken an den Gräbern ihrer Verwandten, schmücken die Straßen mit Blumen und Skeletten und essen Süßigkeiten, die wie Schädel und Särge geformt sind.

Skelett aus Pappmaschee

Kalenderfeste
Die meisten Feste werden immer am selben Tag des Jahres gefeiert. Oft veränderten die Feste im Lauf der Zeit ihre Bedeutung. Ungefähr zur Zeit der Wintersonnenwende, die z. B. die Germanen feierten, wird heute bei den Christen Weihnachten gefeiert. Gleichzeitig begehen die Hindus das Diwalifest.

Kinderfest
Beim japanischen Kinderfest am 5. Mai lässt man Drachen in Form eines Karpfens fliegen. Dieser aktive, energiegeladene Fisch soll den Kindern als Vorbild dienen.

Erntedankfest
Früher dankten die Menschen den Göttern für die Ernte und baten gleichzeitig um die nächste Ernte. Erntedankfeste feiert man heute noch, in Afrika und Neuguinea etwa nach der Yamsernte. Bei uns wird das Erntedankfest am ersten Sonntag im Oktober gefeiert. In den USA begeht man den Thanksgiving Day jeweils am letzten Donnerstag im November.

Rettich
Am Weihnachtsabend feiern die Bewohner der Stadt Oaxaca in Mexiko ein Rettichfest. Mit aufwendig geschnitzten Rettichen schmücken sie Marktstände und Restaurants. Das Essen wird in angestoßenen Tellern serviert, die man am Ende der Nacht schließlich zertrümmert.

Korn
In England fertigte man aus den letzten geernteten Kornähren des Jahres eine Kornpuppe. Sie hielt den Korngeist über den Winter am Leben und bewirkte im nächsten Jahr eine gute Ernte.

Traditionelle englische Kornpuppe

Karneval
Ursprünglich war Karneval, Fasching oder Fastnacht ein heidnisches Fest zum Frühlingsbeginn. Später beging die katholische Kirche damit die Tage vor der Fastenzeit.

Karneval in Venedig
Dieses berühmte italienische Fest nahm im 11. Jh. seinen Anfang. Man trug dabei Masken, um beim oft ungebührlichen Treiben nicht erkannt zu werden.

Festwagen beim Karnevalsumzug

Umzug am Faschingsdienstag

Karneval in der Karibik
Der Karneval in der Karibik kombiniert afrikanische und europäische Elemente. Die Liebe zu Verkleidung, Tanz und Musik haben die Kariben von den afrikanischen Vorfahren.

Festivals
Kulturelle Großveranstaltungen nennt man oft Festivals. Man versteht darunter auch Festspiele. In Edinburgh findet z. B. jährlich ein Festival der Schauspielkunst statt.

Schauspieler beim Festival in Edinburgh

Love Parade in Berlin
Zum weltgrößten Techno-Spektakel kommen bis zu 1 Mio. Fans.

Fastnachtsdienstag
In römisch-katholischen Ländern feiert man den Fastnachts- oder Faschingsdienstag vor dem Aschermittwoch, mit dem die Fastenzeit beginnt. Die Menschen verkleiden sich und setzen Masken auf. Die Franzosen bezeichnen diesen Tag als Mardi Gras, als „fetten Dienstag", weil früher in der Küche alle tierischen Fette aufgebraucht werden mussten. Die Stadt New Orleans, USA, feiert eine Woche lang Fasching. Das wohl spektakulärste Ereignis ist der Karnevalsumzug in Rio de Janeiro, Brasilien.

Politische Feste
Man feiert oft die Jahrestage wichtiger politischer Ereignisse. Jedes Land hat seinen Nationalfeiertag, der an die Unabhängigkeit erinnert. In Deutschland ist es der 3. Oktober, der Tag der deutschen Einheit.

Erster Mai
Der 1. Mai wird auf der ganzen Welt als Tag der Arbeit von den Gewerkschaften gefeiert. In Russland finden an diesem Tag große Aufmärsche statt.

SIEHE AUCH UNTER — CHRISTENTUM · ERNÄHRUNG · FILM · GEWERKSCHAFT · HINDUISMUS · SPORT

FESTKÖRPER

NICHT JEDER FESTE STOFF ist ein Festkörper. Diese zeichnen sich durch einen festen inneren Aufbau aus. Ihre Atome oder Moleküle sind in einem regelmäßigen Kristallgitter angeordnet und nehmen dort bestimmte Plätze ein. Festkörper haben eine unveränderliche Oberfläche und schmiegen sich nicht wie Flüssigkeiten der Wand ihres Gefäßes an. Durch Erhitzen werden sie flüssig.

Aufbau

Die Atome oder Moleküle in Festkörpern sind regelmäßig zu einem Kristallgitter angeordnet, ähnlich wie die Steine in einer Mauer. Chemische Bindungen halten die Atome und Moleküle an ihren Plätzen fest.

Zitterbewegungen
Benachbarte Atome und Moleküle können ihre Plätze nicht tauschen. Sie schwingen aber doch unaufhörlich in einer Zitterbewegung hin und her.

Um die äußere Form eines Festkörpers zu verändern, sind große Kräfte nötig.

Die Teilchen im Innern des Granits sind durch starke Kräfte verbunden. Deswegen ist das Gestein sehr hart.

Schmelzen

Den Übergang vom Festkörper zur Flüssigkeit nennt man schmelzen. Beim Erwärmen nehmen die Atome oder Moleküle Energie auf und schwingen heftiger. Beim Schmelzpunkt lösen sich die Teilchen von ihren festen Plätzen im Kristallgitter, und es entsteht eine Flüssigkeit.

Geschmolzener Eisenbarren im Schmelztiegel

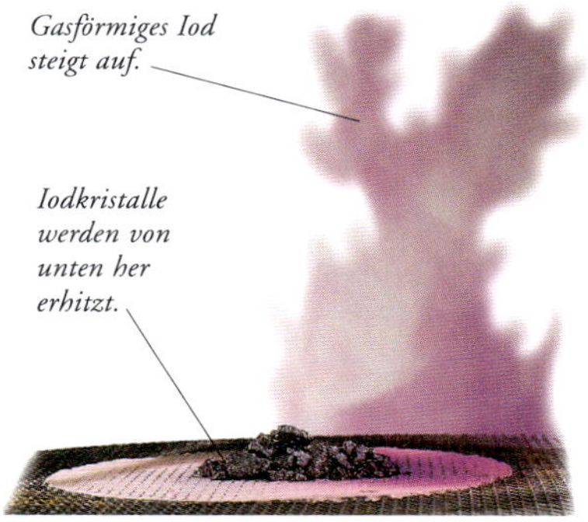

Gasförmiges Iod steigt auf.

Iodkristalle werden von unten her erhitzt.

Sublimation
Durch Erhitzen verwandeln sich Festkörper gewöhnlich erst in Flüssigkeiten. Am Siedepunkt werden sie zu Gasen. Einige Festkörper wie Iod und Trockeneis (gefrorenes Kohlendioxid) gehen sofort vom festen in den gasförmigen Zustand über. Dies nennt man Sublimation.

Kristallgitter

Festkörper zeichnen sich durch einen festen inneren Aufbau aus, den man als Kristallgitter bezeichnet. Viele Mineralien lassen diese innere Ordnung auch außen erkennen: Sie wachsen in Kristallen mit glatten Flächen. Feste Körper ohne einen so strengen inneren Aufbau sind genau genommen Flüssigkeiten, z. B. Wachs, Schokolade und auch Glas.

Schwefelkristalle

William Henry Bragg

Der englische Physiker William Henry Bragg (1862–1942) und sein Sohn William Lawrence Bragg (1890–1971) sandten Röntgenstrahlen durch Kristalle und erkannten, dass dabei auf Fotos Beugungsmuster aus Punkten entstanden. Mit Hilfe dieser Röntgenbeugung untersucht man Kristallgitter.

Eigenschaften von Festkörpern

Festkörper setzen jeder Formänderung einen gewissen Widerstand entgegen. Dieser äußert sich z. B. als Härte, Biegefestigkeit, Elastizität oder Plastizität. Heute kann man maßgeschneiderte Werkstoffe mit fast allen gewünschten Merkmalen herstellen und erhält so Materialien für alle Zwecke.

Beim Ritztest prüft man die Härte zweier Werkstoffe.

Der Nagel ritzt den Schiefer.

Härte
Mit einem Nagel ritzt man die Oberfläche einer Schieferplatte. Der Nagel selbst bleibt davon unberührt. Wir sagen: Er ist härter als der Schiefer. Die Atome des Nagels zeigen einen festeren Zusammenhalt als die Atome oder Moleküle der Schieferplatte. Man spricht in diesem Zusammenhang auch von Ritzhärte.

Balsaholz biegt sich unter einer Gewichtskraft von 10 N nur leicht durch.

Die Styroporplatte bricht unter demselben Gewicht sofort.

Biegefestigkeit
Der Kunststoff Styropor bricht bei einer Biegebelastung sofort, während ein gleich großes Stück Balsaholz sehr viel höhere Belastungen aushält. Außerordentlich widerstandsfähig in dieser Beziehung ist Stahl. Deswegen kombiniert man biegefesten Stahl mit druckfestem Beton zu Stahlbeton und erhält so einen Werkstoff, der beide Eigenschaften in sich vereinigt.

Elastizität
Wenn man an einer Stahlfeder zieht und sie danach loslässt, nimmt sie ihre ursprüngliche Form wieder an. Dieses Verhalten bezeichnen wir als Elastizität. Jeder Stoff verhält sich aber nur innerhalb bestimmter Grenzen elastisch. Wird die Grenze der Belastung überschritten, so verändert der Stoff seine Form endgültig und reagiert plastisch.

Stahlfeder

Durch Gewicht ausgezogene Feder

Zu schwere Gewichte verformen die Feder.

Aluminium lässt sich leicht verformen.

Modellierton ist leicht verformbar und plastisch.

Kupfer ist sehr duktil.

Plastizität
Ton nimmt nach dem Verformen nicht mehr die ursprüngliche Gestalt an. Wir sagen: Er verhält sich plastisch. Auch die meisten Metalle sind plastisch, doch muss man für ihre Verformung größere Kräfte aufwenden. Als duktil bezeichnet man Werkstoffe, die man zu feinem Draht ausziehen kann. Gold und Aluminium lassen sich z. B. zu dünnen Folien und Blättern hämmern und walzen.

| SIEHE AUCH UNTER | ATOME UND MOLEKÜLE | FLÜSSIGKEITEN | GASE | GESTEINE | KRISTALLE | MATERIE | METALLE | VULKANE |

FEUCHTGEBIETE, TIERWELT

IN FEUCHTGEBIETEN gehen die Lebensgemeinschaften des Wassers in die des Festlandes über. Dementsprechend reich ist hier die Tier- und Pflanzenwelt. Zu diesen Gebieten zählen Sümpfe und Moore, die Ufer an Gewässern, die Bruch- und Auwälder sowie die Mangrovewälder an den Meeresküsten. Feuchtgebiete können also sowohl Süßwasser- als auch Salzwassergebiete sein. In den Feuchtgebieten der Küsten müssen die Tiere und Pflanzen mit den täglich wechselnden Gezeiten zurechtkommen. Doch auch die Lebewesen in Süßwasserfeuchtgebieten müssen sich dem sich ändernden Wasserstand im Lauf des Jahres anpassen und haben dafür vielerlei Einrichtungen.

Moore und Sümpfe

Feuchtgebiete entstehen vor allem dort, wo das Wasser nicht schnell abfließt, z. B. in Auwäldern, Flussniederungen und in den Deltas großer Flüsse. Die ökologischen Bedingungen sind je nach Klima unterschiedlich. Meist herrscht ein sehr üppiges Pflanzenleben, das entsprechend viele Tiere anzieht. Vor allem im nördlichen Mitteleuropa gibt es Hochmoore. Sie bestehen aus Torfmoosen, werden nur vom Niederschlagswasser versorgt und sind vom Grundwasser unabhängig.

Gürtel aus Schilf und Binsen

Auf Seerosenblättern sitzen Frösche und Libellen.

Viele Tiere leben unter den Seerosen.

Okavangodelta in Botswana

Säuger

Die Säuger in Feuchtgebieten müssen ständig waten oder schwimmen, um nicht im Schlamm einzusinken. Manche halten sich auch nur in der Vegetationszone auf. Die Tiere sind unterschiedlich groß – von der Zwergmaus, die zwischen den Schilfhalmen lebt, bis zum Flusspferd oder Nashorn. Feuchtgebiete bilden auch Refugien für Tiger, Jaguare und Fischotter, wo sie vor Jägern sicher sind.

Die Nase des Männchens erreicht eine Länge von 7,5 cm.

Nasenaffe
Mangrovewälder sind wegen des weichen Schlicks und der ständig wechselnden Gezeiten keine günstigen Lebensräume für Bodenbewohner. Baumbewohnende Affen kommen jedoch leicht im Gewirr der Äste voran. Der merkwürdig aussehende Nasenaffe Südostasiens ernährt sich vor allem von Blättern der Mangrovebäume.

Sitatunga
Die Sitatunga oder Sumpfantilope, die im tropischen Afrika lebt, ist am besten an Feuchtgebiete angepasst. Sie kommt auf sumpfigem Boden schnell vorwärts und schwimmt gut. Die Antilope kann ihre Hufe durch biegsame Gelenke weit abspreizen und damit ihr Gewicht auf dem weichen Grund besser verteilen.

Schwimmhäute zur Fortbewegung im Wasser

Wasserschwein
Die Feuchtgebiete Südamerikas sind die Heimat des Wasserschweins oder Capybaras, des größten Nagetiers der Erde. Die Familiengruppen verbringen die meiste Zeit am und im Wasser. Sie schwimmen gut und tauchen bei Gefahr ab. Dabei ragen nur noch die Augen und die Nasenlöcher über die Wasseroberfläche.

Vögel

Großer Schnabel

Der Vogel sieht beim Tauchen auch unter Wasser.

Feuchtgebiete sind ideale Lebensräume für Vögel. Die Mischung aus freien Wasserflächen, schlammigem Boden und üppiger Vegetation bietet reichlich Futter. Hier leben echte Wasservögel, Watvögel und auch viele Greifvögel. Die dichte Pflanzendecke gewährt kleinen Singvögeln Unterschlupf, etwa den Rohrsängern, die gerne hier nisten. Viele Vögel, z. B. Störche, suchen in Feuchtgebieten nur ihre Nahrung und nisten in anderen Gegenden.

Haubenzwergfischer
Diese Art aus der Familie der Eisvögel kommt häufig im tropischen Afrika vor. Der Vogel lauert auf Halmen und Zweigen. Sobald er einen kleinen Fisch oder eine Libellenlarve entdeckt hat, stürzt er sich ins Wasser. Mit der Beute kehrt er zu seinem Ansitzplatz zurück, wo er sie verspeist.

Gute Tarnung im Schilf

Rohrdommel
Vor allem Schilfröhrichte sind der Lebensraum der europäischen Rohrdommel. Mit ihrem gestreiften Gefieder ist sie im Gewirr der Halme ausgezeichnet getarnt. Bei Bedrohung streckt der Vogel seinen langen Schnabel senkrecht nach oben und bewegt sich mit den wogenden Halmen gut getarnt hin und her.

Amphibien

In gemäßigten und tropischen Feuchtgebieten leben vor allem Amphibien wie Frösche, Kröten, Salamander und Molche. Wie ihr Name sagt, halten sie sich teils im Wasser, teils auf dem Land auf. Da ihre Haut durchlässig ist, findet man sie kaum in Salzwasser.

Amerikanischer Ochsenfrosch
Der Ochsenfrosch hat eine sehr laute Stimme und ist mit Schwimmfüßen gut an das Leben in Feuchtgebieten angepasst. Er treibt gern untergetaucht im Wasser, wobei man nur die Augen sieht. Der kräftige Frosch jagt u.a. Amphibien und selbst kleine Wasservögel.

Großes Trommelfell für gutes Hören

Lange Sprungbeine

FEUCHTGEBIETE, TIERWELT

Kriechtiere

In tropischen Ländern begegnet man in Feuchtgebieten vielen Kriechtieren: Am Ufer von Gewässern sonnen sich Krokodile und Schildkröten, in der dichten Vegetation leben oft größere Echsen, z. B. Leguane. Giftige und ungiftige Schlangen sind häufige Räuber in Sumpfgebieten. Sie leben gerne auf Bäumen oder schwimmen sogar im Wasser.

Die Mangrove-Nachtbaumnatter verbringt die meiste Zeit auf Bäumen.

Nur die Augen und Nasenlöcher ragen über die Wasseroberfläche hinaus.

Mangrove-Nachtbaumnatter
Die wundervoll gemusterte Mangrove-Nachtbaumnatter kommt in Mangrovegebieten Südostasiens vor. Die meiste Zeit des Tages ruht sie auf einem Ast. Gegen Abend geht sie auf Jagd nach Vögeln und ihren Jungen in den Nestern. Über gefurchte Zähne spritzt sie ihr Gift ein. Gelegentlich begibt sie sich auch auf den schlickigen Boden, um dort ein Beutetier zu fangen.

Kräftige Zähne zum Packen der Beute

Brillenkaiman
Die südamerikanischen Kaimane sind kleiner als die Krokodile und Alligatoren, erreichen aber immer noch eine Länge von 3 m. Das reicht aus, um ein ausgewachsenes Wasserschwein zu fangen und wegzutragen. Im Pantanal, einem umfangreichen Feuchtgebiet in Brasilien, ist der Brillenkaiman noch heute der größte häufige Räuber, obwohl Wilderer den Tieren schwer nachstellen.

Schnappschildkröte
Die amerikanische Schnappschildkröte lauert geduldig auf dem Gewässerboden zwischen Wasserpflanzen auf Beute. Sobald ihr ein Fisch, ein Frosch, ein Wasservogel oder ein Nagetier zu nahe kommt, streckt sie den Kopf mit erstaunlicher Geschwindigkeit nach vorne und beißt zu. Sie kann badenden Menschen sogar die Zehen abbeißen.

Wirbellose Tiere

Feuchtgebiete sind ein Paradies für die Wirbellosen. Insekten und Spinnen leben auf Pflanzen. Millionen von kleinen Krebsen und Insektenlarven, etwa von Mücken, schwimmen im Wasser. Im Schlamm graben Würmer und Schnecken. Die Wirbellosen leben von pflanzlichem Material oder machen Jagd auf andere Wirbellose.

Jagdspinne
Die Jagdspinne gehört zu den größten Spinnen Mitteleuropas. Sie lauert im Pflanzengewirr und läuft gern auf der Wasseroberfläche. Ihre Giftklauen schlägt sie durch die Wasseroberfläche hindurch in kleine Fischlarven.

Fische

Der Strahl schwemmt Insekten in das Wasser.

Dichte Wasserpflanzen, schwankender Wasserspiegel und der geringe Sauerstoffgehalt in den Gewässern verlangen von den Fischen der Feuchtgebiete eine große Anpassungsfähigkeit. Manche Fischarten sind seitlich abgeplattet, um sich leicht zwischen Pflanzenstengeln bewegen zu können. Lungenfische graben sich im Schlamm ein, wenn die Gewässer austrocknen. Der Kampffisch holt sich den Sauerstoff bei Bedarf aus der Luft.

Schützenfisch
In den Mangrovesümpfen Südostasiens fängt der Schützenfisch sogar Insekten, die auf Blättern über dem Wasser sitzen. Er spritzt einen Wasserstrahl nach ihnen, der bis zu 1 m weit reicht, und schwemmt so die Beute ins Wasser, um sie zu fressen.

Schlammspringer
Schlammspringer leben in Mangrovesümpfen. Bei Ebbe können sie an Ort und Stelle bleiben. Die Brustflossen bewegen sie wie Beine. Damit laufen sie auf dem Schlick. Nur ihre Haut muss dauernd feucht bleiben.

Brustflosse *Tarnmuster*

Libellen
In Mitteleuropa leben fast 100 Libellenarten. An Sommertagen kann man beobachten, wie große Libellen an Gewässerufern patrouillieren und kleinere Insekten im Flug fangen. Libellen fliegen außerordentlich gut und legen oft große Strecken zum Wasser zurück, wenn ihr Heimatgewässer austrocknet.

Lebende Tiere zeigen einen oft bunt gefärbten Hinterleib.

Pflanzen

Sumpfpflanzen müssen mit der dauernden Staunässe des Bodens gut zurechtkommen. Die Zellen in den Wurzeln werden von den oberirdischen Teilen der Pflanze mit Sauerstoff versorgt. Mangrovebäume entwickeln dazu auch senkrecht nach oben wachsende Luftwurzeln. Typisch für viele Feuchtgebiete ist das Röhricht aus Schilf, Seggen, Binsen und Papyrus. Auch Holzpflanzen wie Weiden und Sumpfzypressen wachsen in Feuchtgebieten.

Die Kannenpflanze entwickelt Verdauungsenzyme.

Insektenfalle

Kannenpflanze

Fleisch fressende Pflanzen
Fleisch fressende Pflanzen kommen häufig in mineralstoffarmen Mooren vor. Sie betreiben Photosynthese, verdauen zur Stickstoffversorgung aber auch gefangene Tiere. Wir unterscheiden z. B. Kannenpflanze, Sonnentau und Venusfliegenfalle.

Mangroven
An tropischen Meeresküsten stehen oft saumartige Wälder aus Mangroven. Hier leben nur wenige Baumarten, die das Salzwasser aushalten. Ihre Blätter geben das überschüssige Salz ab, das sie mit dem Wasser aufnehmen. Mit Stelzwurzeln verankern sich die Bäume fest im Schlick.

Binsen
Die Binsen bilden an Gewässerufern oft umfangreiche Bestände. Im Gegensatz zu den eigentlichen Gräsern nennt man sie auch Sauergräser. Binsen bilden oft Horste, die über die Wasseroberfläche hinausragen. Damit tragen sie zur Verlandung des Gewässers bei.

Winkerkrabbe
Winkerkrabben leben in selbst gegrabenen Löchern im Schlick der Mangrovesümpfe. Bei Ebbe verlassen die Krabben ihre Löcher und suchen Nahrung auf dem Boden. Die Männchen haben eine sehr große und eine normale Schere. Mit der großen, bunten Schere drohen sie anderen Männchen und imponieren Weibchen, um sie zur Paarung zu bewegen. In Mangrovesümpfen ist der Boden von Winkerkrabben oft geradezu übersät.

Große rechte Schere des Männchens

SIEHE AUCH UNTER | AMPHIBIEN | FISCHE | FLEISCH FRESSENDE PFLANZEN | GRÄSER | KRIECHTIERE | KROKODILE | PHOTOSYNTHESE | REIHER, STÖRCHE UND FLAMINGOS | SCHLANGEN

FEUDALISMUS

IM MITTELALTER entstand in Teilen Asiens und Europas eine Gesellschaftsform, die als Feudalismus bezeichnet wird. An der Spitze dieses Feudalsystems stand ein König oder Kaiser. Er gab Land an mächtige Fürsten als Lehen. Diese gaben einen Teil davon an Männer niedrigeren Adels weiter. Jeder, der ein Lehen nahm, war seinem Lehnsherrn in Treue verpflichtet und musste für ihn notfalls kämpfen. Der Feudalismus begann im 8. Jh. in Europa. Er war auch in Japan bekannt, wo die Samurai einem Lehnsherrn dienten.

Lehnsherr und Vasall

Im Europa der Feudalzeit gehörte alles Land dem König. Wenn er einem Grafen oder Bischof Land zu Lehen gab, war es zunächst nur geliehen. Der Lehnsnehmer musste dafür Treue geloben und wurde ein Vasall des Königs, ein Kronvasall. Er musste Amts- und Kriegsdienste leisten. Ein Graf konnte Land z. B. an Ritter weitergeben, die dann seine Aftervasallen wurden und ihm zu dienen hatten. Das Land wurde schließlich Bauern überlassen, die es bestellten und dafür Abgaben und bestimmte Arbeiten zu leisten hatten.

Kronrat
Der König befragte vor einer wichtigen Entscheidung oft seine Kronvasallen. Diese Handschrift aus dem 14. Jh. zeigt Philip VI. von Frankreich bei der Gerichtssitzung über Robert von Valois. Zu seiner Rechten sitzen die Bischöfe, zu seiner Linken die Grafen.

Lehnsvertrag
Die Untertanen schuldeten dem König absoluten Gehorsam. Dies bedeutete z. B., dass ein Herrscher seinem Volk über die Vasallen auch gewaltige Steuern auferlegen konnte.

Domesday Book

Damit das Lehnswesen funktionierte, war es nötig, dass der Herrscher genau über die Landvergabe und seine Nutzung Bescheid wusste. Wilhelm der Eroberer, der das Feudalsystem in England einführte, besaß eine vollständige Liste aller Vasallen von 1085–86. Es ist unter dem Namen „Domesday Book" bekannt.

Das Domesday Book ist die umfassendste Liste mittelalterlicher Landeigner.

Spottbild des Königs mit einer Katze statt Krone auf dem Kopf

König
Der König besaß zwar alles Land, konnte aber kaum eine Armee unterhalten. Zwischen ihm und seinen Vasallen gab es oft Streit um die Bereitstellung des gewünschten Heeres.

Kronvasallen
Die mächtigsten Adligen waren die Grafen und Herzöge. Sie erhielten ihr Lehen direkt vom König und mussten gemeinsam das königliche Heer aufstellen.

Landadel
Die Ritter und Dienstmannen erhielten ihr Land oder Gut von den Kronvasallen zu Lehen. Als Gegenleistung mussten sie für den Lehnsherrn kämpfen, wenn es verlangt wurde. Später konnten sie sich durch Geld vom Waffendienst freikaufen, und der König bezahlte mit diesem Geld Berufssoldaten.

Bauern
Die Bauern bildeten die Basis der feudalen Gesellschaft. Sie erhielten Land vom niederen Adel, z. B. den Rittern oder Äbten, zur Bewirtschaftung. Dafür mussten sie einen Teil der Ernte abliefern und Pachtzinsen zahlen. Sie waren auch zu Diensten wie Straßen- und Brückenbau verpflichtet.

Wilhelm I.
Wilhelm (um 1028–87) war der uneheliche Sohn des Herzogs Robert I. der Normandie. Er eroberte 1066 England und führte auf der Insel das Feudalsystem ein. Die angelsächsischen Adligen ersetzte er durch normannische Vasallen.

Beginn des Feudalismus

Kaiser Karl der Große bestand darauf, dass all seine Noblen ihm den Treueid leisteten. Dieses Band zwischen Herr und Krieger begründete die feudale Gesellschaftsordnung. In den folgenden Jahrhunderten verbreitete sich das Feudalsystem in den meisten europäischen Ländern.

Berittene Krieger
Nach 950 kamen Krieger zu Pferd auf. Es waren die ersten Ritter. Sie genossen hohes Ansehen und trugen entscheidend zum Bestand des Feudalsystems bei.

Das Landgut

Der Besitz von Land mit dem dazugehörigen Gut war Grundlage des Feudalstaates. In England waren die Ländereien um die Herrenhäuser aufgeteilt in das Grundstück des Landsitzes, das der Herr nutzte, die landwirtschaftlich genutzten Parzellen der Bauern und die Wiesen, auf denen jedermann das Vieh weidete.

Ightham Mote, ein englisches Herrenhaus

Herrenhaus
Jedes Herrenhaus besaß eine Halle. Sie diente als Wohn- und Speiseraum für die Familie. Daneben gab es einen Empfangsraum, in dem z.B. die Bauern erschienen, um ihre Pacht zu bezahlen. Die Küche lag am Ende der Halle neben der Speise- und der Getränkekammer. Im Hof gab es Stallungen und Werkstätten. Oft war das Gut noch von einem Wassergraben umgeben.

Die Halle von Ightham Mote

SIEHE AUCH UNTER | HUNDERTJÄHRIGER KRIEG | KARL DER GROSSE | MITTELALTER | NORMANNEN | RITTER UND WAPPEN | SCHOGUNE UND SAMURAI

FEUER

DAS LEBEN KANN MAN sich ohne Feuer gar nicht vorstellen. Wir verwenden Feuer in der Küche, in Fabriken, Kraftwerken und Automotoren. Die Menschen nutzen das Feuer schon seit über einer halben Million Jahren. Wahrscheinlich lernten sie es kennen, als der Blitz einen Baum in Brand steckte. Das Feuer half den Menschen damals bei der Jagd, bei der Brandrodung für den Ackerbau und beim Überleben in kälteren Gebieten. Und mit Hilfe des Feuers konnten sie ihre Nahrung zubereiten. Da verwundert es kaum, dass einige Religionen das Feuer als Gottheit verehren.

Flammen bestehen aus glühenden Verbrennungsgasen.

Verbrennung
Bei Feuer vollzieht sich eine heftige Verbrennung. Der Brennstoff verbindet sich dabei mit dem Sauerstoff der Luft und wird oxidiert. Damit ein Feuer in Gang kommen kann, muss die Entzündungstemperatur überschritten werden. Die sichtbaren Flammen sind hoch erhitzte, glühende Verbrennungsgase. Im Allgemeinen verbrennen Festkörper viel langsamer als Flüssigkeiten oder Gase.

Nutzung
Für die richtige Nutzung des Feuers muss eine gleichmäßige Zufuhr von Brennstoff und Luft gewährleistet sein. Bei jeder Verbrennung entsteht Wärme. Man nutzt diese direkt beim Kochherd oder im Kachelofen. Beim Verbrennungsmotor oder im Wärmekraftwerk wird die entstehende Hitze in Bewegungsenergie umgewandelt.

Schweißen
In der Schweißflamme verbrennt das Gas Acetylen (Ethin) mit Sauerstoff und erzeugt so hohe Temperaturen, dass Metalle schmelzen.

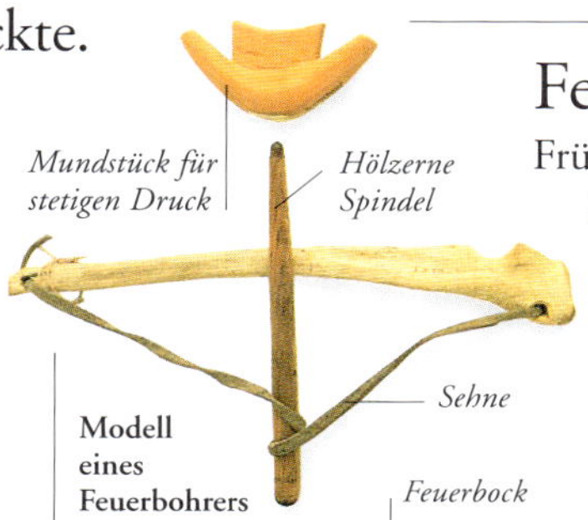

Schweißer

Mundstück für stetigen Druck — *Hölzerne Spindel*

Modell eines Feuerbohrers — *Sehne* — *Feuerbock*

Feuer bohren
Wenn man die Spindel schnell dreht, erhöht sich die Temperatur und der Block fängt an zu brennen.

Kolben für Pumpbewegungen

Feuer pumpen Es funktioniert wie bei einer Fahrradpumpe: Man komprimiert die Luft im Innern. Die Temperatur steigt, bis der Zunder in der Pumpe Feuer fängt.

Feuer anzünden
Früher nutzte der Mensch vor allem 2 Verfahren, um ein Feuer anzuzünden: Er erhöhte die Temperatur, bis Flammen erschienen, oder er erzeugte Funken und setzte dabei den Zunder in Brand. Im Wesentlichen hat sich daran bis heute wenig geändert.

Zunder in einer Dose  — *Kerzenhalter*

Feuerstein — *Stahl*

Feuer schlagen Schlägt man einen Feuerstein auf Stahl, so entstehen Funken, die den Zunder in Brand setzen.

Streichhölzer
Streichhölzer wurden 1827 erfunden. Die Chemikalienmischung an der Spitze wird durch Reiben auf einer rauen Fläche, also durch Reibungswärme, entzündet. Sicherheitszündhölzer benötigten eine besondere Reibfläche.

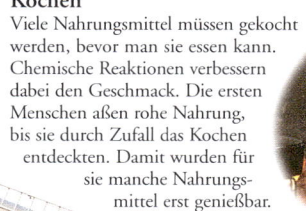

Feuerlöschfahrzeug mit ausfahrbarer Drehleiter

Kochen
Viele Nahrungsmittel müssen gekocht werden, bevor man sie essen kann. Chemische Reaktionen verbessern dabei den Geschmack. Die ersten Menschen aßen rohe Nahrung, bis sie durch Zufall das Kochen entdeckten. Damit wurden für sie manche Nahrungsmittel erst genießbar.

Einige Drehleitern sind bis zu 62 m lang.

Rettungsplattform

Eingebauter Schlauch

Drehleiter

Kochen mit Feuer

Feuermythen
Angesichts der Macht des Feuers rätselten die Menschen früher über dessen Ursprung. So entstanden in vielen Kulturen Mythen, die erklären, wie das Feuer gezähmt wurde. Viele Geschichten erzählen von einem Helden, der das Feuer auf die Welt brachte.

Prometheus
In der griechischen Mythologie wollte Göttervater Zeus den Sterblichen das Feuer vorenthalten, weil Prometheus ihn im Interesse der Menschen betrogen hatte. Dieser aber stahl das Feuer vom Himmel und brachte es den Menschen auf die Erde.

Prometheus

Brandbekämpfung
Damit ein Feuer brennt, müssen Brennstoff, Luft und Wärme da sein. Fehlt eine der Bedingungen, erlischt das Feuer. Feuerwehrleute kühlen den Brandherd mit Wasser ab und halten Luft fern.

Seitenstütze

| SIEHE AUCH UNTER | ERFINDUNGEN | ERNÄHRUNG | LICHT | VORGESCHICHTE | WÄRME UND TEMPERATUR |

FEUERWAFFEN

VON DER KLEINSTEN PISTOLE bis zur größten Kanone funktionieren alle Feuerwaffen nach demselben Prinzip: Im hinteren Teil der Waffe findet eine Explosion statt, die das Geschoss aus dem Lauf treibt. In Europa kamen Feuerwaffen im frühen 14. Jh. auf. Sie waren zunächst umständlich, aber sie veränderten die Kriegführung. Kein Panzer konnte die Kugeln abhalten, selbst dicke Burgmauern nicht. Wer keine Feuerwaffen besaß, verlor gegen einen übermächtigen Gegner. Nur mit Hilfe von Feuerwaffen eroberten die Europäer die Welt.

Geschütze, Darstellung aus dem 15. Jh.

Die ersten Geschütze
Geschütze waren schon vor 1326 in Gebrauch. Damals erschienen die ersten Zeichnungen davon. Zunächst verschoss man Steinkugeln. Die Geschützrohre bestanden aus Eisendauben, wie bei Fässern. Ein Jahrhundert später gab es bereits gegossene Geschützrohre, die sicherer trafen.

Handfeuerwaffen
Soldaten haben Handfeuerwaffen für den individuellen Gebrauch und Schüsse aus der Nähe. Gewehre legt man gegen die Schulter an, während man Pistolen aus der Hand abfeuert. Die Patronen sind bei beiden in Magazinen gespeichert. Mit modernen Gewehren kann man fast 2 km weit zielgenau schießen.

Kugel vom Kaliber 45

Colt 1911 A1, automatische Pistole

Artillerie
Als Artillerie bezeichnet man Truppenteile mit Geschützen. Bei diesen unterscheidet man zunächst zwischen Mörsern, Haubitzen und Kanonen. Eine weitere Unterteilung erfolgt nach dem Kaliber, d. h. nach dem Innendurchmesser des Geschützrohres.

Kanone
Mündung
Schutzschild
Ladungsraum für die Munition mit Verschluss
Mörser

Pistolen
Pistolen haben einen kurzen Lauf. Man trifft mit ihnen nur auf kurze Entfernung genau. Bei Revolvern befinden sich mehrere Patronen in in einer drehbaren Trommel, die sich nach jedem Schuss weiterdreht.

Mündung *Lauf*
Abzug
Magazin
Feder bewegt die Patronen nach oben.

Handgriff aus Kunststoff
Maschinenpistole
Magazin für 30 Schuss
Pistolengriff

Automatische Waffen
Automatische Waffen feuern so lange, wie man den Abzug zieht. Die abgefeuerte Patrone wird ausgeworfen und durch eine neue ersetzt.

Hiram Maxim
Der amerikanische Erfinder Hiram Maxim (1840–1916) entwickelte 1884 das erste brauchbare Maschinengewehr. Es feuerte so schnell, dass die Soldaten im Ersten Weltkrieg (1914–18) nicht mehr zu Pferd kämpften, sondern sich in Schützengräben vor dem Kugelhagel verbargen.

Mörser
Kanonen haben lange Geschützrohre für Flachschüsse. Mörser besitzen hingegen kurze Rohre mit meist großem Kaliber für Steilschüsse. Früher bekämpfte man damit Befestigungen. Die Rohre von Haubitzen sind zwar länger, doch werden sie wie Mörser eingesetzt.

Gewehr *Lauf* *Schaft* *Zielfernrohr*

Gewehre
Präzisionsgewehre mit innen gezogenen Läufen verleihen der verschossenen Kugel einen Drall; sie fliegt genauer. Selbstladegewehre stoßen mit der Energie der verschossenen Patrone die Hülse aus und laden nach.

10-Schuss-Magazin *Gewehrkolben*

Munition
Die ersten Geschütze und Gewehre waren Vorderlader: In die Mündung schüttete man das Schießpulver; dann kam die Kugel, schließlich zündete man das Pulver von hinten mit einem heißen Metallhaken. Seit Mitte des 19. Jh. besaßen Geschosse eine längliche, vorn zugespitzte Form. Die Projektile bildeten die Spitze einer Patrone, die aus der Metallhülse mit Treibladung und der Zündvorrichtung bestand. Moderne Gewehre verschießen heute Patronen ohne Hülsen.

Munitionsgurt für Maschinengewehr, 1. Weltkrieg
250 Schuss pro Gurt

Geschoss einer Panzerabwehrwaffe

Kaliber 5,56 mm

Patrone für Revolver Kaliber 44

Kontrolle
In den meisten europäischen Ländern ist der Besitz von Feuerwaffen streng geregelt. Bevor man sich eine Waffe kaufen darf, muss man bei den Behörden die entsprechende Genehmigung einholen und einen Grund für den Waffenbesitz angeben. In den USA kann fast jeder nur mit dem Personalausweis eine Waffe samt Munition kaufen.

US-Plakat gegen Waffenbesitz

Gewehrpatrone *Maschinengewehrpatrone*

SIEHE AUCH UNTER KRIEG RÜSTUNGEN WAFFEN WELTKRIEG, ERSTER

FILM

DIE BRÜDER LUMIÈRE aus Paris führten im Jahr 1895 einem kleinen Publikum in einem Café den ersten Film vor. Obwohl nur Schwarzweißbilder ohne Ton über die Leinwand flimmerten, waren die Zuschauer begeistert. Seitdem hat der Zauber bewegter Bilder nichts von seiner Faszination eingebüßt. Die Technik entwickelte sich nun rasch: 1922 wurde in Berlin ein erster kurzer Tonfilm gedreht und 1930 in USA der Farbfilm erfunden. Heute zeigen Filme mit Computerhilfe eindrucksvolle Spezialeffekte.

Vorproduktion
Die Filmproduktion beginnt lange vor den Dreharbeiten. Wenn eine Filmgesellschaft eine Filmidee angenommen hat, werden ein Drehbuch geschrieben, ein Kostenplan aufgestellt, ein Regisseur, Kameraleute, Techniker und geeignete Schauspieler engagiert.

Der Produzent
Ein Produzent, der einen Film drehen will, muss das erforderliche Geld dafür auftreiben. Er muss den Regisseur, den Drehbuchautor und die Schauspieler suchen.

Fotos zeigen jede Kameraeinstellung.

Storyboard
Ein Storyboard mit einem Bild für jede wichtige Szene ergänzt den Drehplan. Am Rand stehen Bemerkungen des Regisseurs zu den Dialogen und zur Handlung.

Besetzung
Für den Erfolg eines Spielfilms ist die passende Besetzung der Rollen unerlässlich. Die Zuschauer wünschen ihre Stars zu sehen, und der richtige Schauspieler in der richtigen Rolle kann einen Film zum Kassenhit machen.

Platz des Kameraassistenten, der die Kamera führt und die Einstellungen prüft.

Der Bühnenbildner entwirft das Szenenbild anhand von Skizzen und Modellen.

Die Szene
Die Filmszenerie wird meist nur deshalb gebaut, um die Szene im Studio drehen zu können und teuere Außenaufnahmen zu sparen. Ein Schauspieler, der im Film einen Saloon im Wilden Westen betritt, tat dies vermutlich nur in einem Studio in Hollywood, Paris oder Bombay.

Der Filmarchitekt fügt Requisiten in den Szenenbau ein.

Starker Scheinwerfer

Der Galgen bringt das Mikrofon dicht an den Schauspieler.

Von hier aus wird das Galgenmikrofon so gesteuert, dass es nicht ins Bild ragt.

Der Kran bringt die Kamera über den Kopf des Schauspielers.

Kamera samt Zubehör werden beim Filmen mit der Kurbel bewegt.

Platz des Kameramannes während der Aufnahme.

Klappstuhl des Regisseurs nahe der Kamera

Bei der Bewegung der Schauspieler wird die Feststellschraube gelöst und das Mikrofon fährt mit.

Produktion
Für jede Szene eines Films ist viel technisches Zubehör erforderlich, für die jeweils bestimmte Leute des Teams verantwortlich sind. Zwischen einzelnen „Takes", den aufeinander folgenden Aufnahmen, wird nach Anweisung des Regisseurs fieberhaft gearbeitet. Unabhängig davon gibt es Leute für die Requisiten, die Garderobe und das Make-up.

Der Regisseur
Für die künstlerische Seite der Filmproduktion sind der Regisseur oder die Regisseurin verantwortlich. Sie kontrollieren das Spiel der Akteure und beurteilen, ob ein Take die Anweisungen des Drehbuchs lebendig umsetzt. Viel hängt auch vom Kameramann ab, der mit seiner Aufnahmetechnik den Gesamteindruck des Films stark beeinflussen kann.

Kontrollbildschirm

Lautsprecher zum Abhören der Tonspur

Schneidetisch

Bewegte Bilder
Die Bewegung in einem Film ist in Wirklichkeit nur eine Illusion. Wir sehen tatsächlich tausende Einzelbilder in schneller Folge hintereinander. Die Filmkamera nimmt 24 Bilder pro Sekunde auf. Werden sie mit derselben Geschwindigkeit vorgeführt, kann das Auge die einzelnen Bilder nicht mehr unterscheiden. Für eine Minute Kino werden etwa 27 m Film verbraucht und vorgeführt.

Nachproduktion
Manche Szenen werden vom Filmteam ohne bestimmte Vorgaben gedreht. Der Regisseur wählt dann die besten Aufnahmen aus, und der Cutter bringt sie in die richtige Abfolge nach dem Drehbuch. Zusammen mit dem Regisseur und dem Toningenieur wird dann vom Cutter den Bildern die Tonspur unterlegt.

Filmschnitt
Unbrauchbare Sequenzen des Films werden vom Cutter oder der Cutterin herausgeschnitten. Das geschieht am Schneidetisch. Die Filmenden werden verklebt.

Tonspur
Musik, Hintergrundgeräusche und oft auch die Sprache der Schauspieler nimmt man getrennt auf. Sie werden als Tonspur den Bildern zugeordnet.

FILM

Filmgattungen

Vom kürzesten Zeichentrickfilm bis zum abendfüllenden Kinofilm mit Weltstars hat der Film alle Bereiche erobert. Es gibt Spielfilme, Dokumentarfilme, Musikfilme, Kunstfilme… Einige sehr erfolgreiche Filme haben sogar unser Vorstellungsvermögen erweitert, z. B. die lebensechte Darbietung von Fantasy-Geschichten oder Filme von Weltraumabenteuern. Spezialeffekte wie in Sciencefiction- oder Horrorfilmen sind mit keinem anderen Medium darzustellen.

Babe, das Schwein, hält sich für einen Schäferhund.

Babe, 1995

Filmkomödien
Bei den Stummfilmen brüllten die Leute vor Lachen über die Komik der Schauspieler. Heutige Lustspielfilme bringen die Leute oft wegen der Dialoge zum Lachen, wie z. B in dem lustigen Tierfilm *Babe*.

Charlie Chaplin
Einer der beliebtesten Komiker der Stummfilmzeit war Charlie Chaplin (1889–1977). Als junger Mann ging er von London nach Hollywood. Dort wirkte er in über 60 Kurzfilmen und 11 Spielfilmen mit, darunter *Lichter der Großstadt* und *Moderne Zeiten*. Seine Rolle als Landstreicher, der trotz vieler Schwierigkeiten seinen Humor behält, erinnerte an die armen Leute auf Londons Straßen.

Jean-Louis Barrault   Arletty

Liebesfilme
1944 wurde im von Deutschen besetzten Frankreich der Film *Kinder des Olymp* gedreht. Die Kritiker wählten diesen Liebesfilm 1979 zum besten französischen Film, der je gedreht wurde.

Kinder des Olymp, 1944

Horrorfilme
Deutsche Filmemacher entdeckten als Erste, dass sich die Zuschauer gerne gruselten: Schon 1913 gab es hier Gruselfilme. Am berühmtesten ist *Nosferatu* von 1922. Ab den 30er Jahren wurden auch in Hollywood Gruselfilme gedreht, z. B. 1931 *Frankenstein*. Zu diesem Thema sind seither mehr als 100 Filme entstanden.

Boris Karloff als Monster in „Frankenstein"

Kinobesuch
In den 30er Jahren war ein Kinobesuch ein beliebtes Vergnügen. Doch als 1950 das Fernsehen aufkam, ging das Filmgeschäft zurück. In jüngster Zeit nimmt der Kinobesuch wieder zu. Multiplexkinos zeigen in verschiedenen Räumen gleichzeitig mehrere Filme und bieten so eine große Auswahl.

Das Große Rex, Kino in Paris

Aufreizende Beleuchtung

Filmpaläste
Mit dem Aufkommen des Tonfilms entstanden in den meisten Städten Nordamerikas, Europas und Australiens große Lichtspielhäuser. Wegen ihrer eindrucksvollen Architektur nannte man sie oft Filmpaläste.

Neonreklame

Spezialeffekte
Dank der Technik und der Spezialeffekte ist heute im Film alles möglich. Solche Effekte wie sprechende Tiere, lebendige Dinosaurier, explodierende Vulkane oder fliegende Menschen werden häufig mit Hilfe von Computern erzeugt.

Augen, Nase und Mund bewegen sich mit Hilfe von Motoren.

Der Hund in The Storyteller

Motor

Make-up
Damit Schauspieler im grellen Scheinwerferlicht natürlich aussehen, tragen sie Make-up. Die Schminke kann das Aussehen des Schauspielers auch verändern, ihn z. B. alt machen. Mit Latex und Farblinien werden Wunden vorgetäuscht. Und in Sciencefictionfilmen verwandelt man Schauspieler mit Make-up in Außerirdische.

Make-up in Terminator 2

Animatronic
Wenn es zu kostpielig, zu gefährlich oder gar unmöglich ist, echte Requisiten zu verwenden, werden Puppen hergestellt. So ersetzen z. B. winzige Modelle ein riesiges Raumschiff in einem Sciencefictionfilm. Ein sprechendes Tier wird durch eine ferngelenkte Puppe oder einen Schauspieler dargestellt, dessen Maske ebenfalls ferngesteuert wird.

Blauwand
Um den Eindruck zu erwecken, dass eine Figur fliegt, filmt man den Schauspieler vor einem blauen Hintergrund. Windmaschinen lassen seine Kleider flattern, als ob er sich in der Luft befinde. Die Kopiermaschine verbindet die Aufnahme dann mit einem Film von einem Flugzeug oder einem simulierten Weltraum, indem sie beide Bilder zu einem Filmstück zusammenkopiert.

Schauspieler an Drähten

Computer
Mit dem Computer kann man Bilder so verändern, dass ungewöhnliche Effekte entstehen. Man kann auch Figuren zeichnen und auf dem Bildschirm zum Leben erwecken. Dabei sind Veränderungen viel einfacher als bei der Animation von Hand bei Trickfilmen.

Der Disneyfilm Toy Story wurde am Computer hergestellt.

© Disney

Vermarktung und Geschäft
Filmproduktionen sind meist sehr teuer. Die Produzenten und Geldgeber müssen deshalb viele Leute dazu bringen, einen Film im Kino anzuschauen, wenn sie ihr Geld, möglichst mit Gewinn, zurückhaben wollen. Die Presseleute der Filmgesellschaft informieren die Zeitungen und Medien vor der Uraufführung. Die Darsteller treten in Talkshows im Fernsehen auf und reden über den Film. Anzeigen erscheinen oder es werden Gegenstände mit dem Filmlogo verkauft.

Batman-Logo

Vermarktung von Batman
™ & © 1996 DC Comics

Chronologie

1895 Die Brüder Lumière eröffnen das erste Kino in Paris, Frankreich.

1913 Hollywood in Kalifornien ist das Zentrum der amerikanischen Filmindustrie.

Academy Award (Oscar)
© A.M.P.A.S. ®

1920 Der russische Regisseur Sergej Eisenstein (1898–1948) führt den Filmschnitt ein; dadurch folgen Actionszenen pausenlos aufeinander.

1927 The Academy of Motion Picture Arts and Sciences, die amerikanische Filmakademie, wird gegründet. Sie verleiht 1929 zum ersten Mal den Oscar.

1927 Der Musikfilm *The Jazz Singer* ist der erster Tonfilm in Spielfilmlänge.

1930 Das dreifarbige Technicolor- Verfahren wird eingeführt; damit beginnt das Zeitalter des Farbfilms, der aber schon früher erfunden wurde.

Technicolor-Kamera nimmt 3 Farben auf.

1941 Der amerikanische Regisseur Orson Welles (1915–85) dreht *Citizen Kane;* der Film zeigt neue Beleuchtungseffekte und gewagte Kameraeinstellungen.

1952 Das Cinemascope-Verfahren bringt die Breitleinwand ins Kino.

seit 1960 Filmemacher der *Neuen Welle (Nouvelle Vague)* in Frankreich führen einen neuen Filmstil ein, der bald überall übernommen wird.

seit 1980 Mit dem Videorecorder kann man Filme zu Hause ansehen; das Interesse an Filmen nimmt wieder zu.

SIEHE AUCH UNTER EDISON, THOMAS ALVA · FOTOAPPARATE · TRICKFILM · VIDEO

Filmplakate

Vereinigte Staaten von Amerika

Goldrausch (USA, 1925) Ein klassischer Stummfilm, der in Alaska spielt.

Wie ein wilder Stier (USA, 1979) schildert das Leben eines Boxweltmeisters.

Blade Runner (USA, 1982) porträtiert eindrucksvoll Los Angeles im Jahr 2019.

Titanic (USA, 1997) von James Cameron schildert den spektakulären Schiffbruch.

Europa

Metropolis (Dtld. 1927) Die Utopie einer monströsen Zukunftsstadt von Fritz Lang

Panzerkreuzer Potemkin (UdSSR, 1925), Dieser Revolutionsfilm von Sergej Eisenstein, ein Stummfilm, gilt heute noch als der wohl bedeutendste Film der Welt.

Vier Hochzeiten und ein Todesfall (GB, 1994), eine unbekümmerte Liebesgeschichte

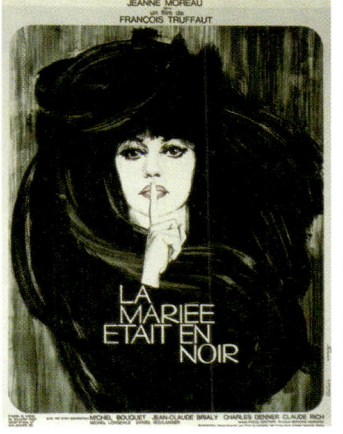

Die Braut trug schwarz (Frankreich, 1967) ist ein facettenreicher, nuancierter Kriminalfilm von François Truffaut mit Jeanne Moreau als Racheengel.

Neuseeland/Australien

Once Were Warriors (NZ, 1994) Ein großer Erfolg bei der Kritik und an den Kinokassen

Das Piano (Aust. 1993), Drehbuch und Regie dieses Melodrams stammen von Jane Campion. Der Film bekam 3 Oscars.

Afrika

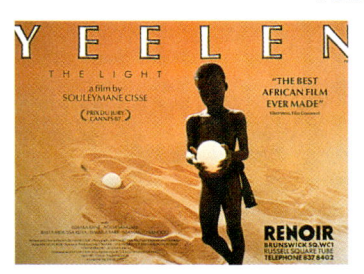

Yeelen – Das Licht (Mali, 1987) schildert einen Kampf zwischen Vater und Sohn.

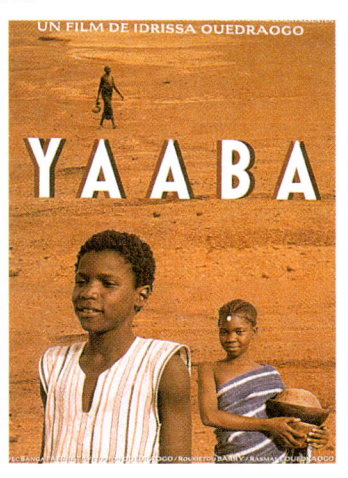

Yaaba (Burkina, 1989), Der Film erzählt von der Freundschaft eines 12-jährigen zu einer alten Frau, die aus der Gemeinschaft des Dorfes ausgestoßen ist.

The Sixth Day (Ägypten, 1986), Regisseur Youssef Chahine, Hauptdarstellerin Daleeda.

Asien

Ran (Japan, 1985) Akira Kurasawas Film lehnt sich an Shakespeares *King Lear* an; die Schlachtenszenen sind meisterhaft.

Apus Weg ins Leben (Indien, 1956) machte Satyajit Ray als Regisseur berühmt.

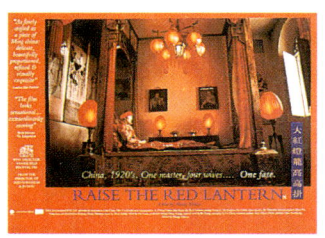

Rote Laterne (Hongkong, 1991) erzählt das Leben von 4 Frauen in China 1920.

FINNLAND

FINNLAND IST EIN LAND der Seen und der Wälder. Im Osten grenzt es an Russland, im Süden an die Ostsee, im Westen und im Norden an Schweden und Norwegen. Finnland hat zusammen mit Schweden und Norwegen Anteil an Lappland, das nördlich des Polarkreises liegt. Bis 1917 wurde Finnland von Russland beherrscht. Deswegen haben die Finnen in kultureller Hinsicht auch mehr mit ihren östlichen als mit ihren westlichen skandinavischen Nachbarn gemeinsam.

FINNLAND: DATEN	
HAUPTSTADT	Helsinki
FLÄCHE	338 144 km²
EINWOHNER	5 200 000
SPRACHE	Finnisch, Schwedisch
RELIGION	Christentum
WÄHRUNG	Euro
LEBENSERWARTUNG	77 Jahre
EINWOHNER PRO ARZT	405
REGIERUNG	Mehrparteiendemokratie
ANALPHABETEN	Unter 1 %

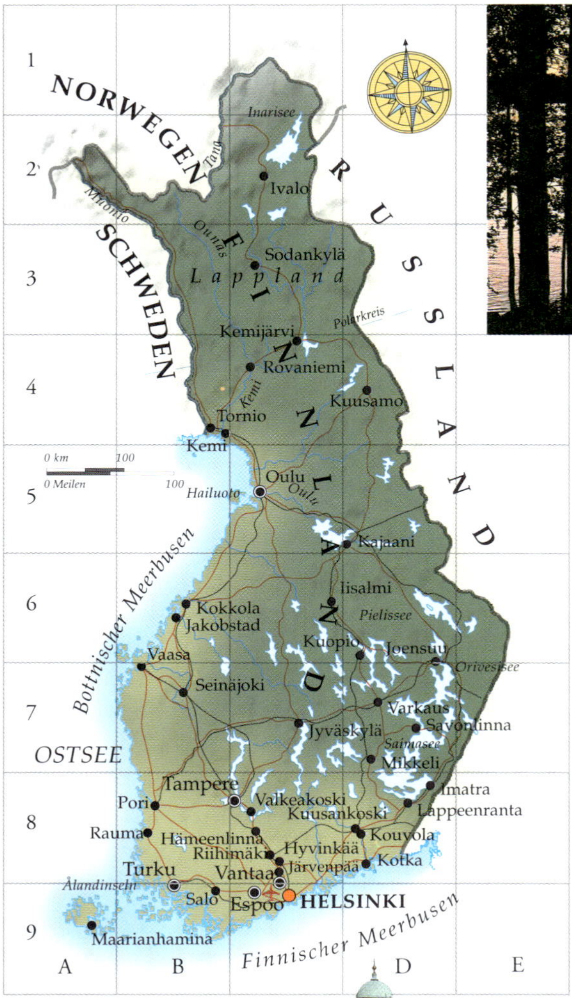

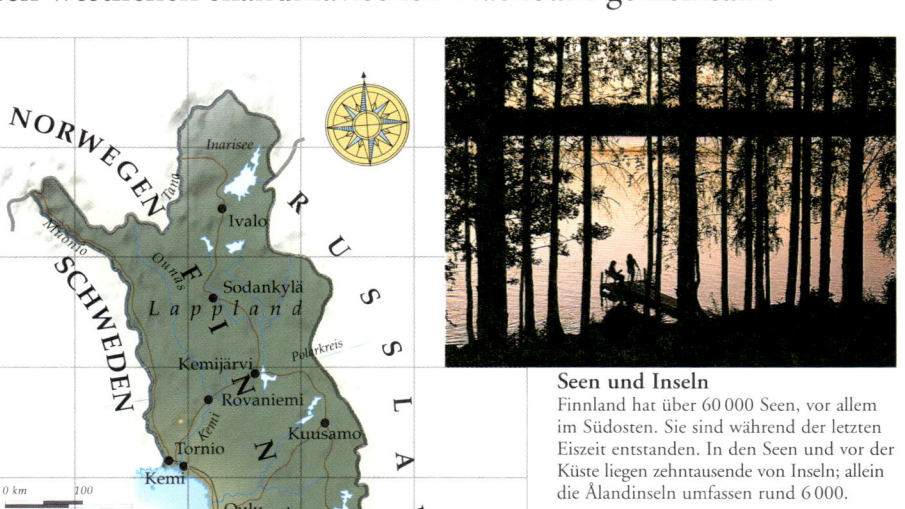

Geografie

Aus der Luft erscheint Finnland wie ein Flickenteppich aus Seen, Mooren und Wäldern. Wasser bedeckt rund 10 % der Oberfläche. In den Seen liegen etwa 98 000 Inseln, weitere 30 000 befinden sich vor der Küste. Die Gebiete im Norden, darunter Teile Lapplands, sind steinige Tundra.

Wälder
Wälder aus Fichten, Kiefern und Birken bedecken 65 % Finnlands. Finnland ist damit das waldreichste Land Europas. Am dichtesten ist der Wald südlich des Polarkreises.

Ödland 7,5 %
Siedlungen 0,25 %
Tundra 1,5 %
Wald und Buschland 80 %
Feuchtgebiete 0,5 %
Ackerland, Wiesen und Weiden 10,25 %

Seen und Inseln
Finnland hat über 60 000 Seen, vor allem im Südosten. Sie sind während der letzten Eiszeit entstanden. In den Seen und vor der Küste liegen zehntausende von Inseln; allein die Ålandinseln umfassen rund 6 000.

33 °C   -41 °C
17 °C   -6 °C
618 mm

Klima
Finnland hat kurze helle Sommer und lange kalte Winter. Dabei frieren die Seen oft bis in 1 m Tiefe zu. Nördlich des Polarkreises geht die Sonne im Sommer nicht unter.

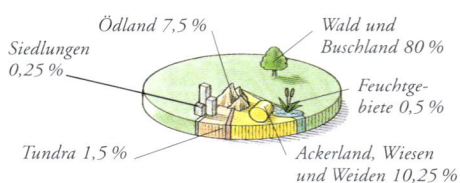

Landnutzung
Der größte Teil des Landes ist von dichten Wäldern, Seen, Flüssen und Hochmooren bedeckt. Nur rund 11 % der Oberfläche lassen sich landwirtschaftlich nutzen. Trotzdem werden alle benötigten Milchprodukte im eigenen Land erzeugt. Naturgemäß von großer Bedeutung ist die Holzindustrie und die Energieerzeugung aus Flüssen.

Bevölkerung
Die Hälfte der Bevölkerung lebt im Süden Finnlands. Die meisten Häuser haben eine Sauna, die der Entspannung dient. Frauen genießen einen hohen Grad an Gleichberechtigung und rund die Hälfte ist berufstätig.

Abkühlen nach der Sauna

Kirkniemi-Papierfabrik

Helsinki
Die Hauptstadt Finnlands liegt auf einer Halbinsel sowie auf mehreren Inseln im Finnischen Meerbusen und hat ungefähr 560 000 Einwohner. Helsinki wurde um 1550 gegründet, fiel jedoch 1808 einem Brand zum Opfer. Ein großer Teil der Stadt besteht aus Parks und einer Gartenstadt.

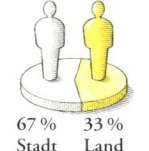

Hafenviertel von Helsinki

15 pro km²
67 % Stadt   33 % Land

Landwirtschaft und Industrie
Finnland produziert alle Nahrungsmittel selbst. Der Ackerbau hat seinen Schwerpunkt im Südwesten und auf den sonnigen Ålandinseln. In der Produktion von Sperrholz, Zellstoff und Papier ist Finnland führend in der Welt. Allein diese drei Produkte machen 30 % des Exports aus. Das Land hat eine hoch entwickelte Hightechindustrie. Hier und im Dienstleistungsgewerbe arbeiten die meisten Finnen.

SIEHE AUCH UNTER: ARKTIS · ENERGIE · EUROPA, GESCHICHTE · FISCHFANG · GLETSCHER · HANDEL UND INDUSTRIE · PAPIER · SEEN · SKANDINAVIEN, GESCHICHTE · WÄLDER · WINTERSPORT

FISCHE

DIE ERSTEN VORFAHREN der heutigen Fische traten vor 470 Mio. Jahren auf. Heute sind über 20 000 Arten bekannt, angefangen vom riesengroßen Walhai bis zur Zwerggrundel. Die meisten Fischarten leben entweder im Süßwasser oder im Salzwasser. Nur einige wenige wie die Aale und die Lachse wandern zwischen diesen beiden Bereichen hin und her. Manche Fische sind gefürchtete Räuber, die andere friedliche Fische fressen. Diese haben als Reaktion auf die Bejagung viele verschiedene Verteidigungsmechanismen entwickelt.

Flossen
Die meisten Fische haben paarige Brust- und Bauchflossen sowie eine unpaarige Rücken- und Schwanzflosse. Bei einigen Arten übernehmen die Flossen Spezialaufgaben, z. B. als Gliedmaßen oder als Saugnäpfe.

Schuppen
Die Schuppen der meisten Fische sind nach hinten gerichtet. Darüber liegt eine schützende Schleimschicht. Knochenfische haben oft flache, ovale oder viereckige Schuppen, die sich überlappen. Haie haben zahnartige Schuppen in der Haut.

Rückenflosse
Schwanzflosse
Kiemendeckel
Brustflosse
Karpfen
Afterflosse
Bauchflosse

Schwimmblase
Sehr viele Knochenfische haben eine luftgefüllte Schwimmblase. Sie können die Luftfüllung in der Schwimmblase verändern und sich damit unterschiedlichen Wassertiefen und -drücken anpassen.

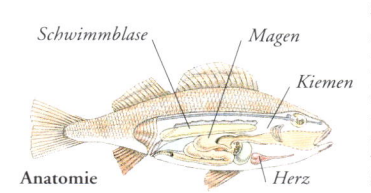

Schwimmblase Magen Kiemen
Anatomie
Herz

Merkmale
Gemeinsame Merkmale fast aller Fische sind die Flossen, das Schuppenkleid und eine meist ausgeprägte Stromlinienform. Die Fische entnehmen den benötigten Sauerstoff mit Hilfe von Kiemen dem umgebenden Wasser. Eine Besonderheit, die nur die Fische haben, ist das Seitenlinienorgan.

Kiemen
Fast alle Fische atmen mit Kiemen. Bei den Haien und Rochen hat jedes Kiemenpaar eine eigene Öffnung, die Kiemenspalte. Bei den Knochenfischen liegen die Kiemen hinter dem Kopf. Darüber befindet sich ein knöcherner Kiemendeckel als Schutz.

Plattfische
Plattfische wie Scholle oder Flunder liegen die meiste Zeit auf einer Körperseite auf dem Meeresboden. Oft graben sie sich halb in den Sand ein. Durch Farbwechsel sind sie vorzüglich getarnt. Aus den Eiern schlüpfen normale Fischlarven mit einem Auge auf jeder Seite.

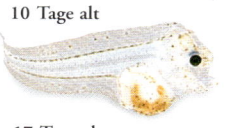

10 Tage alt

17 Tage alt

35 Tage alt

1 Die Junglarve hat auf jeder Kopfseite ein Auge.

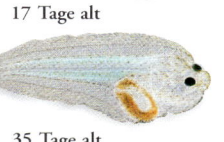

2 Langsam wandert ein Auge auf die andere Seite.

3 Erwachsene Plattfische liegen auf einer Körperseite, die Augen sitzen auf der anderen.

Unterteilung
Die Fische unterteilt man in 3 Großgruppen: in die primitiven kieferlosen Fische mit den Neunaugen und den Ingern, in die Knorpelfische mit den Haien, Rochen und Seekatzen und in die Knochenfische. Zu diesen zählen die meisten Fischarten, darunter so bekannte wie Hering, Dorsch, Flunder, Forelle, Hecht, Aal, Stichling, Goldfisch und Guppy.

Schwanzflosse Rückenflosse
Weißhai oder Menschenhai
Kiemenspalten
Brustflosse
Scharfe Zähne

Kieferlose Fische
Die Neunaugen und die Inger haben röhrenförmige Saugmünder. Die Neunaugen heften sich mit dem Mund an andere Fische an und raspeln ihnen mit den Zähnen das Fleisch ab.

Mund
Hecht
Neunauge

Knochenfische
Die meisten Fischarten sind Knochenfische mit verknöchertem Skelett. Sie umfassen sowohl Arten des Süß- wie Salzwassers.

Knorpelfische
Das Skelett der Knorpelfische setzt sich nur aus Knorpel zusammen. Die Knorpelfische umfassen die Haie, Rochen und Seekatzen. Die meisten Haie leben räuberisch.

Lebensräume
Wo es Wasser gibt, leben auch Fische. Den meisten Arten begegnen wir in den flachen Gewässern des Kontinentalschelfs. Die buntesten Fische finden wir in tropischen Korallenriffen. Nur wenige, hochspezialisierte Fischarten besiedeln die Tiefsee. Selbst zeitweilige Pfützen in Trockengebieten werden oft von Fischen besiedelt.

Festland
Einige wenige Fischarten wie die Schlammspringer der Mangrovegebiete können viele Stunden außerhalb des Wassers an Land verbringen. Den Sauerstoff nehmen sie mit dem Maul auf. Die Augen hoch oben am Kopf gestatten eine Rundsicht.

Schlammspringer

Meerbarbe

Regenbogenforelle

Meere
In den Meeren gibt es viele Lebensräume für Fische. Die meisten Arten halten sich in der Nähe der Küsten auf. Durch die Hochsee ziehen mächtige Schwärme z. B. von Tunfischen oder Makrelen. Auf sie machen vor allem die großen Haie Jagd.

Süßwasser
In allen Lebensräumen des Süßwassers leben Fische: in Bächen ebenso wie in Flüssen und Seen. Einige Arten in reißenden Gebirgsbächen saugen sich mit Haftscheiben an Steinen fest. Typisch für Fische in Fließgewässern ist ihre Stromlinienform.

Verteidigung

Zum Schutz vor Feinden setzen Fische bunte Farben, Tarnmuster oder auch Giftstacheln ein. Der Igelfisch nimmt bei einer Bedrohung viel Wasser oder Luft auf und vergrößert sich so auf das Doppelte. Einige Fische setzen elektrische Schläge ein. Große Schwärme erschweren es einem Angreifer, sich auf ein einzelnes Tier zu konzentrieren.

Skalpelle
Doktorfische haben zu beiden Seiten des Schwanzstieles bewegliche Messer oder Skalpelle. Es handelt sich dabei um eine umgebaute Schuppe. Bei Bedrohung stellt der Doktorfisch sein Skalpell auf und versetzt seinem Gegner einen tiefen Schnitt.

Eingeklapptes Skalpell am Schwanzstiel
Ausgefahrenes Skalpell

Doktorfisch

Der Doktorfisch fährt nur bei Bedrohung sein Skalpell aus.

Clownfisch
Flunder
Petermännchen

Färbung
Manche Fische machen Räuber durch eine Warntracht aufmerksam, dass sie giftig sind. Es besteht ein Zusammenhang zwischen Färbung und Lebensweise: Höhlenfische sind fast weiß, Tiefseefische schwarz und Hochseefische silbrig.

Tarnung
Einige Fischarten sehen genauso aus wie die Algen, zwischen denen sie leben. Das gilt vor allem für den Fetzen- und den Sargassofisch. Die Flunder ist wie viele Plattfische zum Farbwechsel befähigt und passt sich ihrer Umgebung genau an.

Gift
Einige Fische sind giftig. Sehr gefährlich ist das Petermännchen, das auch in der Nordsee vorkommt. Es gräbt sich halb im Sand ein und stellt bei Bedrohung den giftigen Rückenstachel auf. Wer hineintritt, erleidet unerträgliche Schmerzen.

Ernährung

Fleisch fressende Piranhas

Viele große Fische jagen lebende Beute. Dazu zählen etwa Haie, Wrackbarsche, Hechte und Barrakudas. Kleinere Fische, die meist riesige Schwärme bilden, ernähren sich von Plankton. Bodenbewohnende Fische wie die Flunder wühlen im Schlamm. Papageifische beißen mit ihrem harten Schnabel Korallenstöcke ab und fressen die Polypen.

Piranhas finden ihre Beute vor allem mit Hilfe des Seitenlinienorgans.

Piranhas
Diese südamerikanischen Fische haben rasiermesserscharfe Zähne. In Minutenschnelle kann ein Schwarm ein ganzes Schwein skelettieren. Sie gelten deshalb als gefährlich. Die meisten Piranhas fressen aber Früchte und Nüsse, die ins Wasser fallen.

Putzerfische
Einige Fische wie die Meerschwalbe betreiben Putzerstationen: Dort stellen sich große Fische ein und lassen sich Parasiten und tote Hautreste vom Körper ablesen. Die Putzerfische dringen sogar ungefährdet in das Maul ihrer Kunden ein.

Putzerfisch bei der Arbeit

Anglerfisch mit Laterne

Anglerfische
Die meisten Anglerfische leben in der Tiefsee. Der erste Strahl der Rückenflosse trägt einen Hautlappen und dient den Tieren als Köder. Sie locken damit kleinere Fische an, die sie anschließend verschlucken.

Fortpflanzung

Die meisten Weibchen legen ihre Eier ins Wasser ab; die Männchen gießen den Samen darüber. Die befruchteten Eier bleiben sich selbst überlassen. Einige Arten betreiben auch Brutpflege. Sie behüten ihre Jungen im eigenen Maul, in einer Bruttasche oder in Nestern. Viele Haie bringen lebende Junge zur Welt.

Stichlinge
Das Stichlingsmännchen baut aus Pflanzen ein Nest und lockt ein Weibchen mit einem Zickzacktanz an. Das Weibchen legt in das Nest seine Eier, die das Männchen befruchtet. Es übernimmt nun die Brutpflege, bis die Jungfische schlüpfen und sich selbst versorgen können.

Dreistacheliger Stichling, Männchen

Seepferdchen
Nur wenige Sekunden nach der Paarung überträgt das Weibchen etwa 200 befruchtete Eier in die Bauchtasche des Männchens. Dort bleiben sie 4 Wochen lang und werden ausgebrütet. Danach schlüpfen die kleinen Seepferdchen und schwimmen davon.

In der Fortpflanzungszeit färbt sich der Bauch des Stichlingsmännchens rot.

Stichlingseier

Lachs
Der Lachs legt seine Eier im Oberlauf von Flüssen. Die Junglachse halten sich dort 3 Jahre auf und schwimmen dann flussabwärts in den Atlantik. Dort wachsen sie heran. Bei der Geschlechtsreife kehrt der Lachs in seinen Heimatfluss zurück, um sich fortzupflanzen.

Auf ihrem Weg flussaufwärts überwinden Lachse auch meterhohe Stromschnellen.

SIEHE AUCH UNTER — FEUCHTGEBIETE, TIERWELT • HAIE UND ROCHEN • OZEAN, TIERWELT • SÜSSWASSER, TIERWELT • TARN- UND WARNTRACHT • TIERE, GIFTIGE • TIERWANDERUNGEN

Arten und Lebensräume

Meeresfische

Schleimfisch Er lebt in Spalten und Höhlen an Felsküsten.

Königlicher Gramma Dieser leuchtende Fisch lebt im Korallenriff.

Zebraflötenfisch Er verbirgt sich zwischen Seegras.

Große schwarze Flecken lösen die Körperumrisse auf.

Spiegelfleck-Lippfisch Diese Art ist vom Roten Meer bis in den Pazifik verbreitet.

Meerbarbe Die Art kommt im Mittelmeer und im Atlantik vor.

Zackenbarsch Das abgebildete Jungtier wird fast 1 m lang.

Extrem giftige Strahlen der Rückenflosse

Beide Augen auf der Oberseite

Flunder Dieser Plattfisch kann die Farbe wechseln.

Junger Seehase

Leopardendrückerfisch Der Fisch kann die ersten Strahlen der Rückenflosse aufstellen und verankern.

Seehase Die Brustflossen sind zu Saugscheiben umgewandelt. Mit ihnen hält er sich am Boden fest.

Rotfeuerfisch Die außerordentlich bunten Farben sind als Warntracht aufzufassen.

Freie Strahlen der Rückenflosse

Igelfisch Der Körper ist mit Stacheln bedeckt.

Stierkopfhai Diese Haiart legt ihre Eier als eine Art Gehäuse ab.

Petersfisch Er streckt die Kiefer weit vor und saugt Beutetiere ein.

Ringkaiserfisch Kaiserfische sind seitlich stark abgeplattet und damit von vorne kaum zu sehen.

Beilfisch Diese Art lebt in der Tiefsee und trägt an den Körperseiten Leuchtorgane.

Butterfisch Der langgestreckte Fisch lebt zwischen Algen und ist hier gut getarnt.

Kaiserfische sind meist sehr bunt gefärbt.

Sehr große Augen zum Sehen im Dunkeln

Süßwasserfische

Bitterling Das Weibchen legt die Eier in die Flussperlmuschel.

Große Augen zur Entfernungsschätzung

Elritzen leben in Schwärmen.

Elritze Dieser kleine silbrige Fisch lebt in schnellen, sehr sauberen Bächen.

Schützenfisch Er schwemmt mit einem gezielten Strahl Insekten ins Wasser.

Guppy Der Zahnkärpfling bringt als einer der wenigen Knochenfische lebende Jungen auf die Welt.

Stachelaal Der obere Teil des Mauls wirkt wie ein Schnabel.

Echter Neon Der kleine fluoreszierende bunte Fisch wird oft in Aquarien gehalten.

FISCHFANG

LANGE BEVOR DER MENSCH Ackerbau und Viehzucht kannte, lebte er als Sammler und Jäger und fing Fische. Diese Jagdtradition führt die Fischindustrie weiter. Auf allen Meeren der Erde fahren Fangschiffe. Trawler haben nur wenige Mann Besatzung und entfernen sich kaum weiter als eine Tagesreise vom Heimathafen. Die größten Fischereischiffe bleiben monatelang auf See und frieren ihre Beute an Bord ein.

Langleinenfischerei
Um Tunfische und andere wertvolle Fische zu fangen, legt man bis über 100 km lange Leinen aus. Von der Hauptleine zweigen viele kürzere Leinen mit Haken und Ködern ab. Die Fische werden also geangelt.

Fischen im Meer

Die meisten Meeresfische leben bis in eine Tiefe von 50 m. Sie sammeln sich in den flachen Küstengewässern der Kontinente. Früher dachte man, es würde immer genügend Meeresfische geben. Doch heute sind fast alle Weltmeere überfischt: So gibt es in den einst berühmten Fanggründen der Grand Banks vor Nordamerika fast keinen Dorsch mehr.

Trawler

Im Steuerhaus befindet sich ein Echolot, mit dem man Fischschwärme aufspüren kann (Fischlupe).

Mit der Winsch holt man den Fang an die Oberfläche.

Damit hievt man das Netz auf das Deck.

Fischen am Boden
Um bodenbewohnende Fische wie Flundern oder Butte zu fangen, setzt man Schleppnetze oder Trawls ein. Es sind riesige offene Beutel, die man über den Boden zieht. Dabei wird der Meeresboden richtiggehend umgepflügt und entsprechend beschädigt. Dann hievt man das Netz in das Schiff.

Ringwadenfischerei

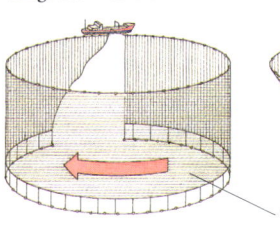

Reusen
Hummer fängt man mit Reusen, die man auf dem Meeresboden auslegt. Im Innern befindet sich ein Köder. Der Hummer klettert in die Reuse, findet aber den Ausgang nicht mehr. Früher fing man im Mittelmeer Tunfische mit langen Netzreusen. Im Süßwasser fängt man mit Reusen vor allem Aale.

Hummerreuse

Das Netz wird über das Heck auf das Schiffsdeck gehoben.

Das Netz schließt sich, die Fische sind gefangen.

Ringwaden sind an der Unterkante beschwert.

Fischen an der Oberfläche
Viele Hochseefische bilden größere Schwärme nahe der Oberfläche. Die Fangschiffe umstellen die Fischschwärme mit Zugnetzen, z. B. mit Ringwaden. Sie sind einem kreisrunden Vorhang vergleichbar. Dann schließt man die Wade an der Unterkante, sodass kein Fisch mehr entweichen kann.

Fischen im Süßwasser

Nur 5 % des gesamten Fischfangs stammen aus dem Süßwasser. In Entwicklungsländern spielt diese Fischerei mit Angel und Netz jedoch eine wichtige Rolle bei der Versorgung der Bevölkerung mit Protein. In den Industriestaaten ist das Angeln eine beliebte Freizeitbeschäftigung. Wer angeln will, muss eine Lizenz besitzen.

Künstlicher Köder aus Haaren und Federn

Angelrute

Widerhaken

Spitze

Zwillingshaken **Drilling** **Künstliche Fliege** **Bleigewicht**

Meeressäuger
In den Meeren leben auch viele Säugetiere. Gelegentlich jagt man noch Robben wegen ihres Fells. Seit die Zahl der Wale stark zurückgegangen ist, wurde der Walfang sehr eingeschränkt. Trotzdem verfangen sich immer wieder Delfine und andere Zahnwale in Treibnetzen für Tunfische oder in verloren gegangenen Netzen.

Walfänger stellten während ihrer Fahrten aus Zähnen der Schwert- oder Pottwale Schnitzereien her.

Fischzucht
Die Zucht von Fischen ist viel ergiebiger als der Fischfang. Seit Jahrhunderten züchtet man bei uns vor allem Karpfen und Forellen. Sehr einträglich ist auch die Zucht von Lachsen. Man hält sie vor der Küste in großen Netzbeuteln und füttert sie täglich. Dies bezeichnet man auch als Aquakultur.

Angeln
Der Angelsport ist so alt wie der Fischfang selbst. Man befestigt einen oder mehrere Haken an einer Schnur und wirft sie mit Hilfe einer Rute ins Wasser. An den Haken steckt man den Köder, z. B. einen Wurm. Viele Angler fischen mit künstlichen Fliegen, Blinkern oder Spinnern.

| SIEHE AUCH UNTER | ERNÄHRUNG | FISCHE | LANDWIRTSCHAFT | SCHIFFE | SPORT | WALE UND DELFINE |

FITNESS

WENN MAN EINE MASCHINE sorgfältig behandelt und immer wieder wartet, arbeitet sie ohne Probleme. Auch der menschliche Körper funktioniert am besten, wenn man ihn fit und gesund erhält. Gesundheit ist ein Zustand des körperlichen und geistigen Wohlbefindens. Die Fitness gibt uns einen Hinweis darauf, wie gut Muskeln, Herz und Lunge zusammenspielen. Wer fit ist, kommt mit den täglichen körperlichen Anforderungen besser zurecht, sei es beim Gehen, beim Tragen von Lasten oder auch beim Sprinten nach dem Bus. Die körperliche Fitness steht auch in engem Zusammenhang mit der geistigen, der mentalen Verfassung.

Was bedeutet Gesundheit?
Wer bei guter Gesundheit ist, dessen Körper ist voll leistungsfähig und wird nicht von Krankheiten auch geistiger Natur behindert. Die Gesundheit verschlechtert sich im Alter, aber auch durch Mangelernährung, Umweltverschmutzung oder schädliche Bedingungen am Arbeitsplatz.

Spielen im Freien trägt zur gesunden Entwicklung der Kinder bei.

Die Erhaltung der Gesundheit
Viele Menschen in den Industriestaaten sind zu dick, treiben zu wenig Sport und essen zu fett. Sie sind nicht fit, oft sogar ziemlich krank. Zu einer guten Gesundheitsvorsorge gehört eine ausgeglichene Ernährung mit viel Früchten und Gemüse und wenig Fett. Auch sollte man regelmäßig Sport treiben.

Ernährung
Gesunde Ernährung bedeutet, dass man die benötigten Nährstoffe in den richtigen Mengen aufnimmt: 20 % Eiweiße, 60 % Kohlenhydrate, 20 % Fette. Dazu kommen Vitamine, Mineral- und Ballaststoffe.

Früchte und Gemüse enthalten viel Vitamine.

Fische liefern Eiweiße, Fett und Eisen.

Milchprodukte enthalten Eiweiße und Fette.

Fleisch liefert Eiweiße und Vitamine.

Nüsse und Pilze liefern Eiweiße und Mineralstoffe.

Hülsenfrüchte, Reis und Nudeln enthalten Kohlenhydrate.

Gymnastik
Ein regelmäßiges Training erhält die Fitness. Herz und Kreislauf arbeiten dadurch besser, Muskeln und Knochen werden kräftiger. Der ganze Körper wird beweglicher.

Strecken der seitlichen Bauchmuskeln

Leichte, bequeme Kleidung

Leichte Streckübungen
Damit beginnt man ein Fitnessprogramm.

Körpergewicht auf das rechte Bein, um das linke zu strecken.

Alle größeren Muskelgruppen werden gedehnt

Trainingsschuhe sind wichtig.

Gegen Verkrampfungen Beine strecken.

Entspannung
Regelmäßige Entspannung wirkt Stress entgegen, fördert das Wohlbefinden und senkt das Krankheitsrisiko. Arten der Entspannung sind z. B. Joga, Meditation und Massage.

Joga: Lotossitz

Geistige Gesundheit
Geistige oder seelische Probleme können durch die eigene Lebensweise oder durch Schwierigkeiten in den Beziehungen mit anderen Menschen entstehen. Hier können Psychologen oder Psychotherapeuten helfen. Es gibt auch geistige und seelische Erkrankungen, die durch Vererbung oder Schädigungen des Gehirns und der Nerven entstehen.

Psychiater beschäftigen sich mit Krankheiten der Seele.

Gesundheitswesen
Das öffentliche Gesundheitswesen beschäftigt sich damit, wie man die Gesundheit der gesamten Bevölkerung verbessern kann. Es geht dabei um medizinische Versorgung, gesunde Wohnverhältnisse, Hygiene im privaten und öffentlichen Bereich, Verringerung der Umweltverschmutzung sowie Impfung gegen Infektionskrankheiten.

Hygiene
Zur Hygiene gehören sauberes Trinkwasser, funktionierende Kanalisation und Abwasserreinigung. Hygienische Maßnahmen verhindern, dass unsere Nahrung mit Krankheitskeimen infiziert wird und Krankheiten sich ausbreiten.

Hygienische Verhältnisse in englischen Slums, 19. Jh.

Spritze

Impfung
Bei einer Impfung werden dem Körper abgeschwächte Erreger einer Krankheit eingespritzt. Sie bewirken, dass wir Antikörper gegen diese Erreger entwickeln. Bei einer Infektion genießen wir dadurch Schutz vor dieser Krankheit.

Ärztliche Untersuchung
Bei einem Check-up untersucht der Arzt, ob der Patient ganz gesund ist oder ob er irgendwelche Krankheitssymptome zeigt. Der Arzt hört dabei mit dem Stethoskop Herz und Lunge ab, misst den Blutdruck und den Puls, untersucht das Blut und überprüft die wichtigsten Organe mit Ultraschall.

Ärztin bei einer Halsuntersuchung

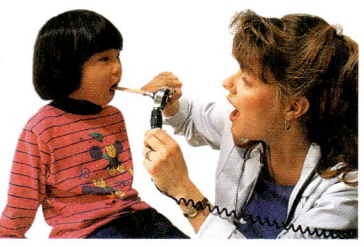

SIEHE AUCH UNTER: ARZNEIMITTEL UND DROGEN · ERNÄHRUNG · FAMILIE UND GESELLSCHAFT · KRANKHEITEN · MEDIZIN · ORGANSYSTEME · SPORT

FLAGGEN

SEIT JAHRHUNDERTEN gibt es Flaggen. Sie sind Symbole, Herrschaftszeichen oder Signale. Im Gegensatz zu Fahnen können sie durch gleich aussehende Stücke ersetzt werden. Wichtig ist nur die Darstellung. Zuerst wurden Fahnen und Flaggen im Krieg verwendet. Die Soldaten konnten daran Freund oder Feind unterscheiden. Heute sind Flaggen Symbole für Länder oder politische Organisationen. Seit 1930 gibt es in der Schifffahrt internationale Signalflaggen.

Kappe   Stropp   Toggle   Linkes Obereck   Rechtes Obereck

Liek

Flaggenmast

Linkes Untereck   Rechtes Untereck

An der Faggleine wird die Flagge gehisst.

Endstück   **Karabinerhaken**

Teile einer Flagge
Flaggen bestehen aus gefärbtem Tuch. In der Regel sind sie rechteckig oder quadratisch. Es kommen allerdings auch andere Formen vor, etwa die zweizipfeligen für die Buchstaben A und B des internationalen Flaggenalphabets. Als Vorbild für die meisten Nationalflaggen diente die dreifarbige Trikolore der Französischen Revolution.

Die Flagge hissen
Flaggen werden morgens mit Hilfe der Flaggleine gehisst und damit hochgezogen. Am Abend holt man sie wieder ein. Im Militär spricht man dabei von der Flaggenparade. Eine sehr große Rolle spielt das Flaggenwesen heute noch in der Seefahrt. Bei einer Schiffsparade flaggen die Schiffe „über die Toppen".

Toggle und Stropp

Erste Fahnen und Flaggen
Viele Heere führten früher Feldzeichen oder Standarten mit sich. Anfänglich waren es Stangen mit plastischen Darstellungen an der Spitze. Die Römer hatten später zusätzlich Fahnen aus Stoff, die an waagerechten Stangen befestigt waren.

Behelfsflaggen
Die erste Flagge war ein hell gefärbtes Tuch, das man an einen Stock band. Eine einfarbig rote Flagge gilt seit jeher als Gefahrzeichen.

Endstück mit dem Abzeichen der Legion

Mit Erdfarben gefärbtes Stück Tuch

Abzeichen der Legion

Stolz der Legion
Jede römische Legion besaß ein Feldzeichen mit einer Fahne. Es galt als schlimme Schande, die Fahne in einer Schlacht zu verlieren.

Name der Legion

Einsatz von Flaggen
Flaggen ermöglichen eine Kommunikation über Sprachgrenzen hinweg. Auf See verwendet man das internationale Flaggenalphabet. Man stellt dabei die Flaggen für mehrere Buchstaben zusammen. Die Bedeutung der Kombination erklärt das Signalbuch.

Rotes Kreuz

Flagge der Vereinten Nationen

Die Taube auf der Flagge von Greenpeace verkörpert die Hoffnung.

Symbolgehalte
Fast alle politischen Bewegungen und Organisationen haben heute eine Flagge, an der man sie erkennt. Die verwendeten Farben und Embleme entsprechen den Idealen der Organisation: Ein weißer Hintergrund steht z. B. für Frieden, ein Olivenzweig symbolisiert Versöhnung.

Fußball Der Linienrichter signalisiert mit Flaggen, wenn ein Ball im Aus ist.

Sportflaggen
Flaggen markieren in vielen Sportarten das Spielfeld. Man gibt mit Flaggen aber auch Anweisungen, z. B. bei Autorennen.

Golfflaggen an langen Masten zeigen die Lage des Loches an.

Plastikwimpel

Politische Symbole
Die Zeichen und Farben auf den Nationalflaggen zeigen die politischen Ideale eines Landes. Die frühere Sowjetunion hatte eine rote Flagge mit Hammer und Sichel. Sie waren Symbol für die revolutionären Arbeiter und Bauern.

Flaggenalphabet
Das Verfahren, mit zwei Flaggen das Alphabet darzustellen, ist in der Schifffahrt noch gelegentlich üblich. Man nimmt dazu gelbrote Flaggen, die man über weite Entfernungen gut sieht. Der Signalgebende verändert nur die Stellung der Arme.

A B C D E F G H I J K L M N
O P Q R S T U V W X Y Z

SIEHE AUCH UNTER | FRIEDENSBEWEGUNG | FUSSBALL | RÖMISCHES REICH | SCHIFFE | SOWJETUNION | VEREINTE NATIONEN | ZEICHEN UND SYMBOLE

Internationale Signalflaggen
Flaggenalphabet mit Bedeutungen

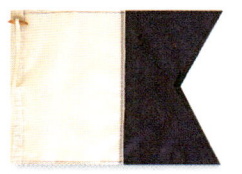

A Ich habe Taucher unten; halten Sie bei langsamer Fahrt gut frei von mir.

B Ich lade, lösche oder befördere gefährliche Güter.

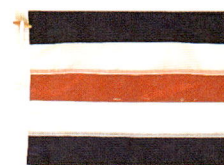

C Ja.

D Halten Sie frei von mir, ich manövriere unter Schwierigkeiten.

E Ich ändere meinen Kurs nach Steuerbord.

F Ich bin manövrierunfähig; treten Sie mit mir in Verbindung.

G Ich benötige einen Lotsen (Fischereifahrzeug: Ich hole Netze ein).

H Ich habe einen Lotsen an Bord.

I Ich ändere meinen Kurs nach Backbord.

J Ich habe Feuer im Schiff und gefährliche Ladung; halten Sie gut frei von mir.

K Ich möchte mit Ihnen in Verbindung treten.

L Bringen Sie Ihr Fahrzeug sofort zum Stehen.

M Meine Maschine ist gestoppt, ich mache keine Fahrt durchs Wasser.

N Nein.

O Mann über Bord.

P Alle Mann an Bord, da das Fahrzeug auslaufen will.

Q An Bord ist alles gesund, ich bitte um freie Verkehrserlaubnis.

R [Als einzelner Buchstabe keine Bedeutung]

S Meine Maschine geht rückwärts.

T Halten Sie frei von mir, ich bin beim Gespannfischen.

U Sie begeben sich in Gefahr.

V Ich benötige Hilfe.

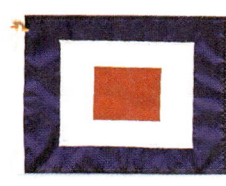

W Ich benötige ärztliche Hilfe.

X Unterbrechen Sie Ihr Vorhaben und achten Sie auf meine Signale.

Y Ich treibe vor Anker.

Z Ich benötige einen Schlepper.

Zweiflaggensignale

DX Ich sinke.

NG Sie sind in gefährlicher Position.

AC Ich verlasse mein Schiff.

NH Sie halten frei von allen Gefahren.

Zahlen

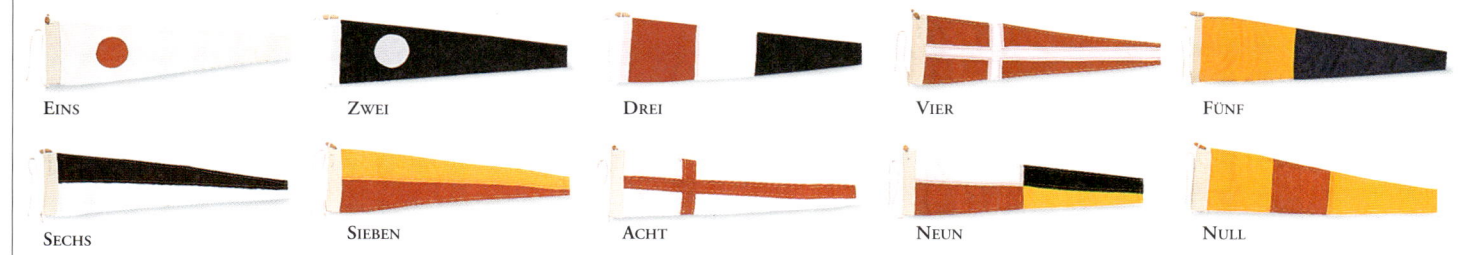

Eins

Zwei

Drei

Vier

Fünf

Sechs

Sieben

Acht

Neun

Null

FLEDERMÄUSE

MIT FAST 1 000 ARTEN sind die Fledermäuse hinter den Nagetieren die zweitgrößte Säugerordnung. Sie sind die einzigen Säugetiere, die richtig fliegen können. Ihre wissenschaftliche Bezeichnung *Chiroptera* bedeutet, wörtlich übersetzt, „Handflügler". Beim Schlafen hängen die Fledermäuse kopfunter. Die meisten Arten sind nachts aktiv. Fast alle Fledermäuse verfügen über ein Echolotsystem mit Ultraschall. Mit dessen Hilfe suchen sie nicht nur ihre Nahrung, sondern finden sich auch im Dunkeln zurecht.

Der Flügel besteht aus einer Flughaut, die von den Fingern der Vordergliedmaßen ausgespannt werden.

Merkmale
Die Flügel der Fledermaus bestehen aus einer elastischen Haut, die von den verlängerten Fingern der Vordergliedmaßen ausgespannt wird. Die Flughaut reicht bis zu den Hintergliedmaßen. Der Körper ist leicht gebaut und doch widerstandsfähig. Die Hinterbeine tragen sehr kräftige Krallen.

Insekten fressende Fledermäuse haben große Ohren für die Orientierung mit dem Echolot.

Fell

Vorne am Flügel steht ein Daumen mit Kralle.

Mit dem Schwanz wird der Flug gesteuert und abgebremst.

Fledermäuse fangen Insekten im Flug.

Krallen

Finger

Große Hufeisennase

Einteilung
Man teilt die Fledermäuse in 2 Gruppen ein, in die Großfledermäuse (Megachiroptera) oder Frucht fressenden Flughunde und in die Kleinfledermäuse (Microchiroptera), die überwiegend Insekten jagen.

Großfledermäuse
Die Flughunde leben in den tropischen und subtropischen Gebieten Afrikas, Asiens und Australiens. Die meisten Arten ernähren sich von Früchten. Einige besuchen Blüten und fressen dort Nektar und Pollen.

Große Augen, große Nase

Epaulettenflughund

Die Ohren sind fast so lang wie der gesamte Rumpf mit Kopf.

Langohr

Kleinfledermäuse
Nicht alle Arten dieser Unterordnung fressen Insekten. Viele ernähren sich von Früchten und Pollen, einige von Fischen und Blut. Die Kleinfledermäuse leben in gemäßigten wie tropischen Gebieten. In kühlen Regionen fallen die Tiere in Winterschlaf oder ziehen fort.

Ruheplätze
Alle Fledermäuse brauchen Ruheplätze. Selbst bei der nächtlichen Jagd ruhen sie sich öfter aus, z. B. wenn sie größere Tiere fressen. Tagsüber suchen sie Schlafplätze auf. Die Weibchen bringen ihre Jungen an einem sicheren, warmen Ort auf die Welt.

Gelbohrfledermäuse

Fledermaushöhlen
In warmen Gebieten verbringen Fledermäuse den Tag in Höhlen. Die Weibchen pflegen dort auch ihre Jungen. Die Höhle Bracken Cave in Texas hat mit bis zu 20 Mio. Tieren die größte Fledermauskolonie.

Bulldoggfledermäuse in der Bracken Cave

Baumhöhlen
Kleinfledermäuse ruhen oft in verlassenen Spechthöhlen Die Gelbohrfledermäuse Südamerikas bauen sich aus einem längs gefalteten Bananenblatt eine Art Zelt.

Winterschlaf
In gemäßigten Gebieten brauchen die Fledermäuse einen kühlen, nicht zu kalten Ort zum Überwintern. Er muß auch feucht sein, damit die Tiere nicht austrocknen. Solche Überwinterungsplätze sind Höhlen, Keller, Dachräume und Baumhöhlen.

Fransenfledermaus

Orientierung mit Ultraschall
Kleinfledermäuse geben im Dunkeln Ultraschallschreie ab. Diese werden von der Umgebung zurückgeworfen, z. B. von einer Motte. Die Fledermaus fängt die Echos auf und orientiert sich daran.

Motte

Echos

Hufeisennase

Wie eine Hufeisennase Beute fängt

Hufeisennasen geben die Schreie durch die Nase ab.

1 Das „Hufeisen" auf der Nase dieser Fledermaus bündelt den Schall. Das Tier schwenkt den Kopf hin und her und sucht mit dem Echolot nach Insekten.

Kleine Augen

2 Mit den großen beweglichen Ohren fängt die Fledermaus Echos auf, die ein fliegendes Insekt zurückwirft. Am Echo kann die Fledermaus die Größe ihres Beutetiers bestimmen.

Breite runde Flügel

3 Ist die Beute geortet, so fängt die Fledermaus sie mit ihren Flügeln und frisst sie meist schon im Flug.

Mit ihrer Flughaut bringt die Fledermaus die Motte zu ihrem Mund.

FLEDERMÄUSE

Ernährung

Fledermäuse nutzen verschiedene Nahrungsquellen. Die meisten Arten fressen Insekten und vertilgen in einer Nacht davon größere Mengen. Zwergfledermäuse fangen Stech- und Kriebelmücken. Größere Formen wie die Abendsegler und die Breitflügelfledermaus fressen Schaben und Mistkäfer. Einige Arten stürzen sich auch auf Beute am Boden. Die fruchtfressenden Flughunde leben in den Tropen.

Fischfledermaus
Die Fischfledermaus zieht ihre langen Krallen durch das Wasser.

"Falscher Vampir"
Beutesuche mit Ultraschall

Fischfresser
Einige Arten machen mit ihrem Ultraschallsystem Fische unter der Wasseroberfläche aus. Sie fliegen knapp darüber und packen die Beute mit ihren langen scharfen Krallen.

Fleischfresser
Viele größere Kleinfledermäuse fangen und fressen Mäuse, Ratten, Frösche und Echsen. Die falschen Vampirfledermäuse Asiens und Amerikas tragen ihre Beute zu einem Sitzplatz und verspeisen sie dort. Sie halten sie dabei mit ihren Daumen und der Flügelhaut.

Vampir
Echte Vampire kommen in Südamerika vor. Sie trinken das Blut von Säugern und Vögeln. Mit den rasiermesserscharfen Schneidezähnen setzen sie einen Schnitt in das Ohr oder den Knöchel. Dann saugen sie das Blut mit der gefurchten Zunge auf.

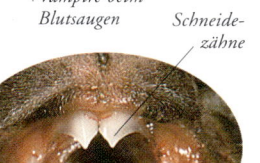

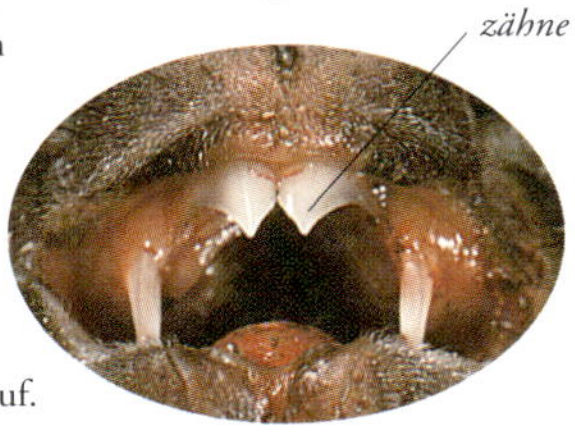

Vampire beim Blutsaugen
Schneidezähne

Die Fledermaus frisst nur das Fruchtfleisch.

Brillenblattnase

Fruchtfresser
Diese Tiere zerdrücken reife Früchte an ihrem gekielten Munddach. Die schwer verdaulichen Schalen und Samen spucken sie aus. Flughunde fressen die Früchte oft an Ort und Stelle, pflücken sie aber auch und tragen sie zu ihrem Ruheplatz.

Nektarfresser über Blüten

Langzüngler

Nektarfresser
Fledermausblüten bieten ihren Besuchern viel Nektar und Pollen. Die Zungen der Nektarfresser haben eine pinselartige Spitze, mit denen die Tiere den Blütennektar und Pollen aufnehmen. Bei der Nahrungsaufnahme schweben sie über den Blüten.

Fortpflanzung

Wie bei allen Säugetieren wachsen die Jungtiere im Bauch der Mutter heran und werden schließlich geboren. In der Regel bringt ein Weibchen nur ein Jungtier auf die Welt. Mehr könnte das Weibchen vom Gewicht her beim Flug nicht verkraften. Die trächtigen Weibchen treffen sich oft in Massen und ziehen ihre Jungen gemeinsam auf.

Junge Fledermäuse hängen kopfunter vom Gebälk, während ihre Mütter auf Nahrungssuche gehen.

Die Fledermäuse halten sich gegenseitig warm.

Die Weibchen säugen ihre Jungen kopfunter. Die Jungen halten sich mit Zähnen und Krallen an ihren Müttern fest.

Junge Fledermäuse können erst im Alter von 3 Wochen fliegen.

Wochenstube im Dach eines Hauses

Junge Fledermäuse kommen rosarot und ohne Haare auf die Welt und brauchen somit eine warme Umgebung.

Jedes Weibchen erkennt ihr Junges an seinem Schrei.

Die Rattenschlange jagt nachts.

Räuber und andere Gefahren
Die asiatische Rattenschlange fängt Fledermäuse in den Kronen von Mangrovebäumen. Auch andere Tiere fressen Fledermäuse, darunter der Fledermausfalke sowie Eulen und Katzen. Einige der größten Gefahren weltweit sind Pestizide, Vandalismus und Zerstörung der Lebensräume. Sehr viele Fledermausarten stehen vor dem Aussterben.

Größte und kleinste Art
Die größte Fledermausart ist ein malaiischer Flughund mit einer Flügelspannweite von 1,70 m. Die kleinste Art ist die Schweinsnasenfledermaus aus Thailand, die erst 1973 entdeckt wurde. Sie ist etwa 30 mm lang und wiegt nur ungefähr 2 g.

GROSSE HUFEISENNASE

WISSENSCHAFTLICHER NAME *Rhinolophus ferrumequinum*

ORDNUNG Chiroptera, Fledermäuse

FAMILIE Rhinolophidae, Hufeisennasen

VERBREITUNG Von Mittel- und Südeuropa sowie Nordafrika bis Japan

LEBENSRAUM Wälder, Weiden, menschliche Siedlungen

ERNÄHRUNG Insekten

GRÖSSE Länge 6–7 cm

LEBENSDAUER Bis zu 30 Jahre

SIEHE AUCH UNTER — HÖHLEN, TIERWELT — SÄUGETIERE — WALE UND DELFINE — WINTERSCHLAF

Fledermausarten

Besondere Mechanismen verhindern, dass die Fledermaus im Schlaf herunterfällt.

Die Fledermaus hält sich mit ihren starken gekrümmten Krallen fest.

Das Tier kann sich an verschiedenen Oberflächen festhalten.

Die Flügel werden von den Fingern ausgespannt.

Große Spießblattnase Sie frisst hauptsächlich Früchte, nimmt aber auch Insekten.

Daumen mit Kralle am Vorderrand des Flügels

Trichterohr Es lebt in Südamerika und ruht in Höhlen.

Lanzennase Sie kommt in der Neuen Welt vor.

Gelbschulter-Blattnase Sie frisst Nektar, Pollen und Früchte.

Mausschwanz-Fledermaus Sie lebt in Afrika und Asien.

Kurzschwanz-Blattnase Sie hat einen scharfen Geruchssinn.

Kleine Hufeisennase Sie ernährt sich von Insekten.

Kurzschwanz-Blattnase Sie frisst in Südamerika Bananen.

Epauletten-Flughund Die afrikanische Art frisst reife Früchte.

Nasenfledermaus Sie ruht in Bäumen nahe bei Flüssen.

Lanzennase Diese Art hat einen sehr guten Geruchssinn.

Vampir Sein Speichel verhindert, dass das Blut gerinnt.

Lanzennase Diese Art pflanzt sich zweimal im Jahr fort.

Riesenflughund Er hat ein fuchsähnliches Gesicht.

Abendsegler Er jagt über Wiesen und Weiden größere Käfer.

Streifenblattnase Sie ruht oft in Baumkronen.

Hängende Streifenblattnase

Der weiße Streifen dient zur Tarnung im Laub.

Diese Art kann schon zwei Wochen nach der Geburt fliegen.

Die Flügel werden beim Ruhen kopfunter eingefaltet.

Die Art hat einen scharfen Geruchssinn. Sie frisst vor allem Früchte, aber auch Insekten.

FLEISCH FRESSENDE PFLANZEN

AUF BÖDEN, die wenig Nitrate oder andere Stickstoffverbindungen enthalten – etwa in Mooren und in Sümpfen – verschaffen sich manche Pflanzen diese wichtigen Nährstoffe dadurch, dass sie Insekten fangen und verdauen. Diese Fleisch fressenden Pflanzen unterteilt man in 2 Gruppen: Die einen besitzen aktive Fallen mit beweglichen Teilen wie z. B. die Venusfliegenfalle. Die anderen verfügen über passive Fallen; sie fangen die Beutetiere an klebrigen Oberflächen oder ertränken sie in einer Flüssigkeit.

Kannenpflanze
Ranke

Kannenpflanzen
Die südostasiatischen Arten tragen die Fallen am Ende ihrer Laubblätter.

Hängende Kanne

Passive Fallen
Viele Fleisch fressende Pflanzen haben passive Fallen. Die Laubblätter sind an ihre Spezialaufgabe angepasst. Die Becher der Kannenpflanze z. B. stehen am Ende dieser Blätter. Hineinfallende Insekten werden von Verdauungssäften aufgelöst.

Farben als Lockmittel
Der Rand scheidet Nektar aus.
Deckel ist während der Entwicklung geschlossen.
Öffnung
Insekten werden in der Flüssigkeit verdaut.

Entwicklung einer Kanne
1 Junge Blattspitze verlängert sich zu einer Ranke.
2 Nach oben gerichtete Schwellung erscheint.
3 Die Schwellung entwickelt sich zu einer Kanne.
4 Der Deckel der reifen Kanne öffnet sich.

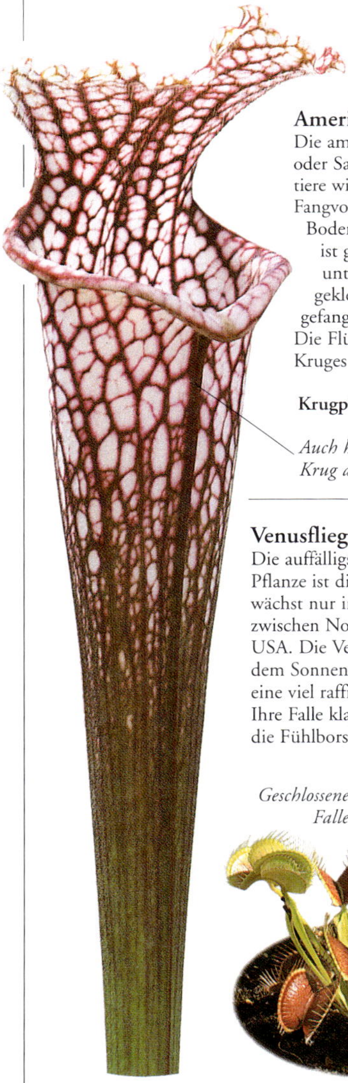

Amerikanische Krugpflanze
Die amerikanische Krugpflanze oder Sarrazenie fängt ihre Beutetiere wie die Kannenpflanzen. Ihre Fangvorrichtung wächst aber vom Boden nach oben. Das Innere ist glitschig und mit nach unten gerichteten Haaren ausgekleidet. Sie verhindern, dass gefangene Insekten entkommen. Die Flüssigkeit am Grund des Kruges verdaut die Beute.

Krugpflanze
Auch hier entsteht der Krug aus einem Laubblatt.

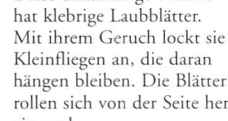

Fettkraut
Diese unauffällige Pflanze hat klebrige Laubblätter. Mit ihrem Geruch lockt sie Kleinfliegen an, die daran hängen bleiben. Die Blätter rollen sich von der Seite her ein und verdauen die Beute.

Fettkraut
Blatt

Die Blüten des Sonnentaus stehen am Ende eines langen Stängels.

Fliege in den Drüsenhaaren des Sonnentaus

Aktive Fallen
Aktive Fallen haben bewegliche Teile. Zu den Pflanzen mit solchen Fallen zählen Sonnentau- und Fettkrautgewächse sowie die Venusfliegenfalle.

Sonnentau
Auf der Oberseite des Laubblattes stehen rote Härchen, die am Ende ein Tröpfchen helle, klebrige Flüssigkeit abgeben. Insekten bleiben daran hängen. Dann rollt sich das Blatt langsam ein, umschließt die Beute und verdaut sie mit besonderen Enzymen.

Südafrikanischer Sonnentau
Klebriges Blatt

Venusfliegenfalle
Die auffälligste Fleisch fressende Pflanze ist die Venusfliegenfalle. Sie wächst nur in einem Sumpfgebiet zwischen Nord- und Südcarolina, USA. Die Venusfliegenfalle ist mit dem Sonnentau verwandt, hat jedoch eine viel raffiniertere Falle entwickelt. Ihre Falle klappt zu, wenn ein Insekt die Fühlborsten berührt.

Wasserschlauch
Der Wasserschlauch hat keine Wurzeln und lebt im Wasser. An den Fiederblättchen stehen Fangblasen mit Sinneshaaren. Wenn ein Tier diese berührt, öffnet sich der Deckel der Fangblase. Wasser strömt ein und reißt das Opfer mit.

Wasserschlauch

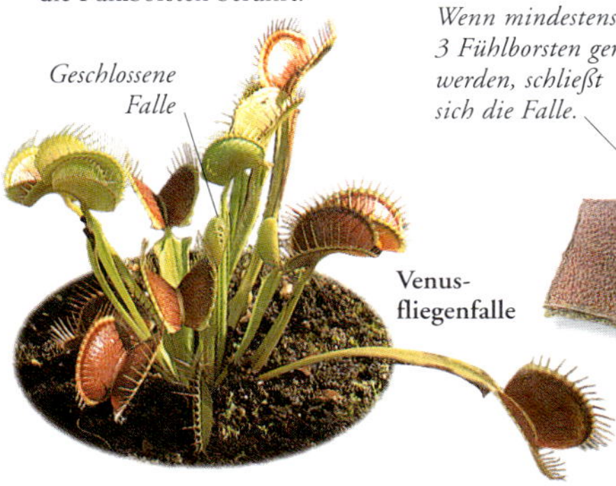

Geschlossene Falle
Wenn mindestens 3 Fühlborsten gereizt werden, schließt sich die Falle.
Oberseite
Venusfliegenfalle
Vergrößerte Fühlborste 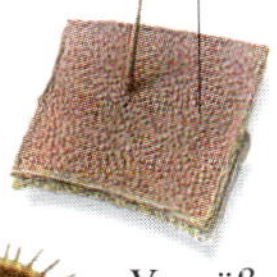

Wie die Venusfliegenfalle funktioniert
1 Ein Insekt landet auf dem Blatt und berührt die Fühlborsten.
2 Die Falle schließt sich blitzartig und hält das Insekt fest.
3 Die Falle schließt sich vollständig in 30 Min. Die Verdauung beginnt.

Fühlborste
Blattspreite am Rand mit langen Zähnen
Das Zuschnappen dauert 0,2 Sekunden.

SIEHE AUCH UNTER ASIEN, TIERWELT | BLÜTEN | INSEKTEN | NORDAMERIKA, TIERWELT | PFLANZEN | PFLANZEN, ANATOMIE | PFLANZEN, ANPASSUNG | PFLANZEN, FORTPFLANZUNG | SÜDAMERIKA, TIERWELT

FLIEGEN

DIE FLIEGEN ODER ZWEIFLÜGLER bilden mit rund 75 000 Arten eine der größten Ordnungen innerhalb der Insekten. Man erkennt sie daran, dass sie nur ein Flügelpaar haben. Wie schon ihr Name sagt, fliegen die Tiere außerordentlich gut. Die Schwebfliegen können sogar in der Luft stehen bleiben und rückwärts fliegen. Die Larven der Fliegen sehen den erwachsenen Tieren wenig ähnlich. Es sind fußlose Maden – kaum mehr als Fressmaschinen. Nach der Verpuppung schlüpfen die erwachsenen Fliegen.

Merkmale
Der Körper einer erwachsenen Fliege besteht aus 3 Teilen: Kopf, Brust und Hinterleib. Der Kopf trägt die saugenden Mundteile und die zusammengesetzten Augen. An der Brust sind 6 Beine und 2 Flügel befestigt. Der Hinterleib beherbergt die meisten Eingeweide.

Lange Borsten auf der Brust
Ein Flügelpaar
Kopf
Fühler
Schwammähnliche Mundwerkzeuge
Zusammengesetztes Auge
Sinnesborsten
Blauer Metallglanz
Geschmacksorgane auf den Fußsohlen
Halteren einer Schnake

Mundwerkzeuge
Die Mundwerkzeuge enden im stempelförmigen Organ, mit dem die Fliege Flüssigkeiten aufsaugt.

Nahrungsaufnahme

Schmeißfliege

Flugstabilisatoren
Fliegen haben nur ein Flügelpaar. Die Hinterflügel sind in die keulenförmigen Halteren oder Schwingkölbchen umgewandelt. Sie dienen der Flugsteuerung und ermöglichen es, die Lage zu kontrollieren.

Ernährung
Fliegenlarven ernähren sich von mikroskopisch kleinen Lebewesen, von Fleisch, von Pflanzen und Dung. Die Mundwerkzeuge der erwachsenen Fliege sind an die flüssige Ernährung angepasst. Sie haben Saugrüssel, mit denen sie nur flüssige Nahrung aufnehmen. Manche Fliegen spielen eine große Rolle bei der Ausbreitung von Krankheiten, z. B. der Schlafkrankheit.

Mit Blut angefüllter Hinterleib

Blutsauger und Räuber
Blutsauger und räuberische Fliegen haben stechende Mundteile, mit denen sie ein Loch bohren. Sie spritzen ein gerinnungshemmendes Mittel ein oder ein Gift, dass die Beute tötet. Die Beute wird außerhalb des Körpers verdaut und eingesogen.

Tsetsefliege

Schwebfliege

Nektarsauger
Blütenbesuchende Fliegen nehmen den flüssigen Nektar mit ihren Mundteilen auf. Feste Nahrung müssen die Fliegen erst mit Hilfe ihres Speichels verflüssigen und teilweise vorverdauen. Dann können sie sie aufsaugen.

Fortpflanzung
Nach der Paarung legt das Fliegenweibchen hunderte von Eiern an einen geeigneten Ort, wo die Larven genügend Futter finden, z. B. in Dunghaufen, Kadaver oder auch in lebende Tiere. Die Larven fressen unablässig und verpuppen sich vor der endgültigen Verwandlung in das erwachsene Tier.

Raubfliegen, Paarung

Paarung
Der Paarung geht meist eine aufwendige Balz voraus. Mücken und Fliegen vollführen dabei Tänze. Nach der Paarung fressen die Raubfliegenweibchen oft ihre Partner auf.

Larven
In Tierkadavern findet man oft hunderte von Fliegenlarven, die sog. Maden. Sie brauchen meist viel länger für die Entwicklung, als das erwachsene Tier schließlich lebt.

Schmeißfliege, Maden

Larven im Wasser
Stechmücken und andere blutsaugende Fliegen legen ihre Eier ins Wasser. Die Larven treiben nun an der Wasseroberfläche. Sie atmen Luft über ein Rohr am Hinterleibsende. Bei Störung tauchen die Larven ab. Nach der Verpuppung schlüpfen daraus die erwachsenen Mücken.

Atemrohr

Stechmückenlarve

Insektengruppen
Viele weitere Insektengruppen werden als Fliegen bezeichnet, obwohl sie mit diesen nicht näher verwandt sind und zwei Flügelpaare aufweisen. Auch die Verwandlung erfolgt meist anders: Bei Libellen und Eintagsfliegen schlüpft das erwachsene Tier nicht aus einer Puppe, sondern sofort aus der Larve.

Libellen
Libellen jagen fliegende Insekten, die sie mit ihren großen zusammengesetzten Augen wahrnehmen. Ihre Eier legen die Libellen ins Wasser.

Zusammengesetzte Augen

Köcherfliegen
Köcherfliegen leben am Wasser. Die Larven halten sich im Wasser auf und tragen als Schutz einen Köcher aus Pflanzenteilen oder Sandkörnern.

Lange Fühler

Eintagsfliegen
Eintagsfliegenlarven brauchen oft mehrere Jahre zur Entwicklung. Die erwachsenen Tiere schwärmen über dem Wasser und leben bis zur Eiablage oft nur Stunden.

Schwanzfäden

Florfliegen
Florfliegen zählen zu den Netzflüglern. Sie überwintern oft in Häusern. Die erwachsenen Tiere und ihre Larven fressen Blattläuse.

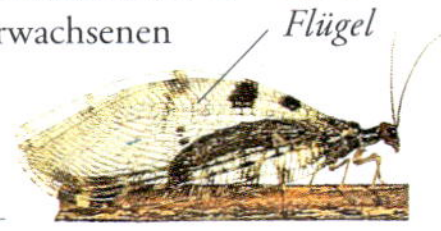

Zarte Flügel

SCHMEISSFLIEGE

WISSENSCHAFTLICHER NAME *Calliphora erythrocephala*

ORDNUNG Diptera, Fliegen

FAMILIE Calliphoridae, Schmeißfliegen

VERBREITUNG Europa

LEBENSRAUM Felder, Weiden, Wiesen, Häuser und Gebäude

ERNÄHRUNG Faulendes Fleisch, Kot, verwesendes organisches Material. Erwachsene Tiere saugen Nektar.

GRÖSSE Länge 10 mm

LEBENSDAUER Larven 7, Puppen 8–10 Tage; erwachsene Tiere unbekannt

SIEHE AUCH UNTER EIER, FEUCHTGEBIETE, TIERWELT, GLIEDERFÜSSER, INSEKTEN, KRANKHEITEN, VOGELFLUG

FLUGHAFEN

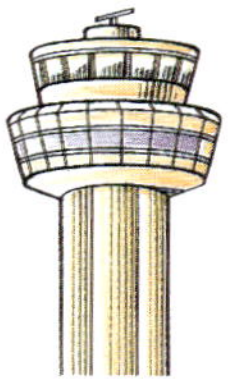

HEUTZUTAGE REISEN MEHR MENSCHEN mit dem Flugzeug als je zuvor. Mag es sich um Geschäftsleute oder Urlauber handeln – alle fliegen von einem Flughafen ab. Die größten internationalen Flughäfen haben zahlreiche Terminals. Ein solcher Flughafen ist wie eine Stadt mit Geschäften, Büros und Hotels. Hinzu kommen alle Gebäude, Start-, Lande- und Rollbahnen, die für den eigentlichen Betrieb notwendig sind. Ein wichtiger Punkt bei allen Flughäfen ist auch die Sicherheit, weil Flugzeuge schon öfter Ziele terroristischer Anschläge waren.

Aufbau

Die Flugzeuge starten und landen auf Betonpisten, die über Rollbahnen mit den Terminals verbunden sind. Dort besteigen und verlassen die Passagiere das Flugzeug. Auf dem Flugfeld können die Flugzeuge betankt und gewartet werden. Große Wartungen erfolgen in Hangars.

Start- und Landebahn
Damit auch die größten Flugzeuge starten können, müssen die Start- und Landebahnen 3–4 km lang und ca. 50 m breit sein. Ihr Belag muss für die tonnenschweren Flugzeuge besonders widerstandsfähig sein.

Terminals am Kansai International Airport, Osaka, Japan

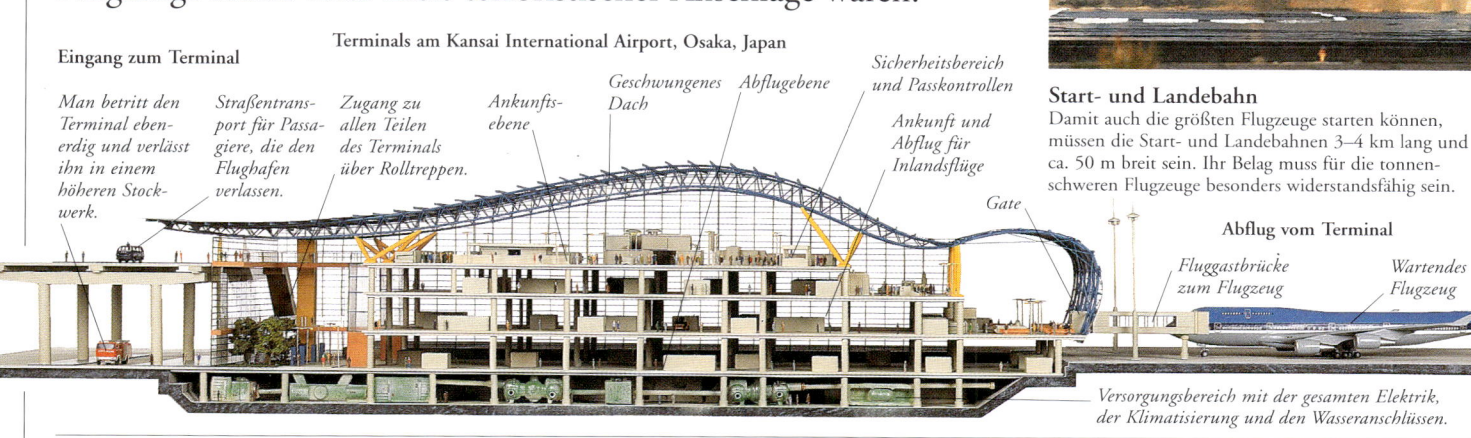

Eingang zum Terminal — Man betritt den Terminal ebenerdig und verlässt ihn in einem höheren Stockwerk.

Straßentransport für Passagiere, die den Flughafen verlassen.

Zugang zu allen Teilen des Terminals über Rolltreppen.

Ankunftsebene

Geschwungenes Dach

Abflugebene

Sicherheitsbereich und Passkontrollen

Ankunft und Abflug für Inlandsflüge

Gate

Abflug vom Terminal

Fluggastbrücke zum Flugzeug

Wartendes Flugzeug

Versorgungsbereich mit der gesamten Elektrik, der Klimatisierung und den Wasseranschlüssen.

Flugsicherung

Im Herzen des Flughafens liegt der Kontrollturm. Hier überwachen die Fluglotsen den gesamten Flugverkehr. Sie überprüfen, ob jeder Pilot der vorgeschriebenen Flugroute folgt, dass alle Flugzeuge auf der richtigen Bahn landen und zwischen den verschiedenen Starts und Landungen ein zeitlicher Mindestabstand liegt.

Fluglotsen im Kontrollturm

Flugnavigation
Jedes einfliegende Flugzeug erscheint auf den Radarschirmen des Kontrollturms. Die Fluglotsen können dem Schirm die genauen Daten entnehmen. Das Radarsystem erfasst alle Flugzeuge in einem Umkreis bis zu 50 km.

Flugweg
Die Fluglotsen führen den Piloten bis zur Landung. Dabei weisen sie ihm einen bestimmten Flugweg zu. Der Landeanflug kann heute bei den meisten Flughäfen blind durch ein Instrumentenlandesystem erfolgen.

Wie ein Flugzeug landet

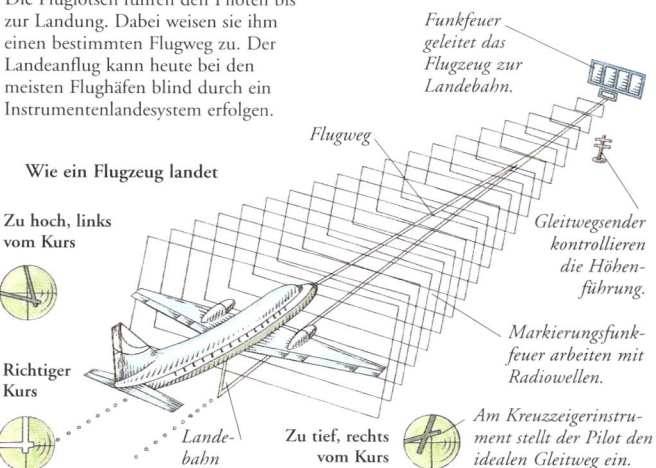

Zu hoch, links vom Kurs

Richtiger Kurs

Funkfeuer geleitet das Flugzeug zur Landebahn.

Flugweg

Gleitwegsender kontrollieren die Höhenführung.

Markierungsfunkfeuer arbeiten mit Radiowellen.

Landebahn

Zu tief, rechts vom Kurs

Am Kreuzzeigerinstrument stellt der Pilot den idealen Gleitweg ein.

Sicherheit

Auf Flughäfen werden Sicherheitsvorkehrungen gegen Schmuggel und Terrorismus getroffen. Vor allem Passagiere internationaler Flüge müssen sich einer Sicherheitsprüfung unterziehen. Metalldetektoren sprechen auf Metallteile, vor allem von Handfeuerwaffen, an. Schnüffelhunde wittern den Duft von Sprengstoff und Rauschgiften.

Ausweise
Wer in ein anderes Land reist, braucht in der Regel einen Reisepass. Es ist ein offizielles Dokument mit dem Namen und persönlichen Daten des Trägers. Den Pass muss man bei der Einreise vorzeigen.

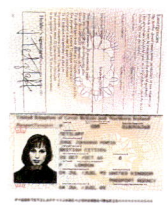

EU-Pass

Pistole bei der Röntgenkontrolle

Röntgenkontrolle
Auf großen Flughäfen wird das Gepäck der Passagiere mit Röntgenstrahlen durchleuchtet. Ein Beamter überprüft den Inhalt auf seinem Bildschirm. Metallische Gegenstände bilden sich scharf ab, so kann man z. B. Handfeuerwaffen leicht erkennen.

Flughäfen und Umwelt

Große Flughäfen können die Umwelt stark schädigen. Schon beim Bau werden die ausgewogenen Ökosysteme zerstört. Die Luftverschmutzung durch die Abgase richtet größere Schäden an. Viele Tiere werden vom Fluglärm vertrieben.

Ökosysteme
Auf großen Flughäfen besteht allerdings auch die Chance, dass Wildtiere in das Gelände einwandern und neue, vom Menschen völlig ungestörte Ökosysteme aufbauen.

Turmfalke

Von Flughäfen vertreibt man die größeren Vögel wegen der Kollisionsgefahr.

SIEHE AUCH UNTER — FLUGZEUGE · ÖKOLOGIE UND ÖKOSYSTEME · RADAR UND SONAR · TOURISMUS

FLUGZEUGE

DER TRANSPORT MIT FLUGZEUGEN ist heute die schnellste Form des Reisens. In einem großen Passagierflugzeug kann man in wenigen Stunden tausende von Kilometern zurücklegen. Statt ein paar Stunden mit dem Flugzeug wäre man mit dem Auto oder Schiff tagelang unterwegs, denn die Reisegeschwindigkeit beim Fliegen beträgt oft über 800 km/h. Zivile wie militärische Flugzeuge sind heute hoch komplizierte Maschinen. Sie werden aus Leichtmetallen wie Aluminium und maßgeschneiderten Kunststoffen hergestellt. Dem Piloten steht eine ausgeklügelte Bordelektronik zur Verfügung. Kleinere Flugzeuge dienen auch als Sportgeräte.

Bau eines Passagierflugzeugs

Die meisten Passagierflugzeuge, wie die abgebildete *Boeing 747-400*, haben denselben Aufbau. Der Rumpf besteht aus einer langen, dünnen Metallröhre. An deren Mitte sind die Flügel oder Tragflächen eingefügt. Höhenflossen und Seitenflosse befinden sich hinten. Die Triebwerke sind an den Tragflächen befestigt. Fracht- und Passagierraum sind voneinander getrennt.

Boeing 747-400 Das Flugzeug kann ohne aufzutanken über 13 600 km zurücklegen.

Rumpf

Oberdeck mit Sitzen der Business Class

Kabine mit Sitzplätzen der ersten Klasse

Instrumentenbrett mit Displays und Bedienungsgeräten

Steuersäule des Piloten

Hauptkabine mit Sitzen der Economy Class

Der Treibstoff befindet sich in Tanks im Innern der Flügel.

Die Triebwerke sind an den Tragflächen aufgehängt.

Seitenflosse

Höhenflossen

Flugzeugtypen

Die Bezeichnung „Flugzeug" bezieht sich auf Fahrzeuge, die schwerer sind als Luft, und umfasst somit auch Hubschrauber und Segelflugzeuge. Ballone und Luftschiffe hingegen zählen zu den Luftfahrzeugen, die leichter sind als Luft. Größe und Form des Flugzeugs richten sich nach seinem Verwendungszweck.

Doppeldecker
Viele Flugzeuge für den 1. Weltkrieg (1914–18) besaßen zwei Paar Tragflächen. Es waren einmotorige Doppeldecker.

Ballone
Ballone sind leichter als Luft, d. h. ihr Eigengewicht ist geringer als das Gewicht der verdrängten Luft. Sie fahren mit leichtem Heliumgas oder mit Heißluft.

Concorde
Die französisch-britische *Concorde* fliegt schneller als der Schall und kommt auf ungefähr 1 240 km/h. Sie überquert den Atlantik viel schneller als jedes andere Flugzeug, ist aber sehr laut und verbraucht viel Treibstoff.

Transportflugzeuge
Für den Transport von Truppen und Ausrüstung braucht man große Flugzeuge. Für schwere Panzer gibt es besondere Flugzeuge.

Segelflugzeuge
Diese antriebslosen Flugzeuge nutzen die Aufwinde, um größere Entfernungen zurückzulegen. Sie fliegen von Thermik zu Thermik.

Frachtflugzeuge
Diese Flugzeuge sind einzig auf den Transport von Gütern ausgelegt. Die Beladung erfolgt bei manchen Typen von vorne. Die *Boeing 747* lässt sich von einem Passagierflugzeug in ein Frachtflugzeug und umgekehrt verwandeln.

Cockpit
Das Flugzeug wird vom Cockpit aus bedient und gesteuert. Dem Piloten und Kopiloten stehen mehrere Instrumentenbretter zur Verfügung, auf denen Displays alle Anlagen des Flugzeugs und ihr Funktionieren anzeigen.

Catering
Der Begriff umfasst die Verpflegung an Bord. Die Mahlzeiten werden in Normbehältern geliefert und von Stewards und Stewardessen serviert.

Unterhaltung
Auf Langstreckenflügen zeigt man Videofilme. Die Passagiere können über Kopfhörer Musik hören.

Howard Hughes
Howard Hughes (1905–1976), ein flugbegeisterter amerikanischer Industrieller, gründete die Luftlinie *TWA* und brach mit Flugzeugen, die er entworfen hatte, mehrere Rekorde. Nicht alle hatten Erfolg: Die *Spruce Goose* von 1947 flog nur ein einziges Mal.

Kräfte beim Flug

Flugzeuge brauchen einen Motor, der sie vorwärts bewegt. Dabei muss der Luftwiderstand überwunden werden. Durch die Flügelform entsteht von einer bestimmten Geschwindigkeit an ein Auftrieb. Wenn er größer ist als das Gewicht, hebt das Flugzeug ab.

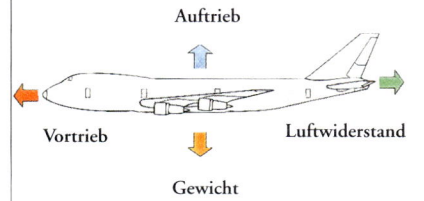

Auftrieb
Vortrieb — *Luftwiderstand*
Gewicht

Tragflächen

An den Tragflächen entsteht der Auftrieb. Dazu muss Luft schnell über die Tragflächen strömen.

Tragflächenprofil
Im Querschnitt zeigt jede Tragfläche – beim Flugzeug wie beim Vogel – eine stärker gewölbte Oberfläche und eine flachere Unterfläche. Tragflächen laufen hinten spitz aus.

Auftrieb
Durch die schnell strömende Luft ist der Druck unter dem Flügel größer als darüber.

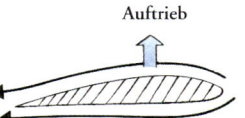

Auftrieb

Anstellwinkel
Durch Vergrößern des Anstellwinkels erhöht sich der Auftrieb.

Auftrieb

Flugsteuerung

Das Flugzeug steuert der Pilot mit 3 Rudern: die Höhenruder an der Höhenflosse, das Seitenruder an der Seitenflosse und die Querruder an den Tragflächen.

Nase hebt oder senkt sich.

Höhenruder Betätigung führt zum Nicken.

Querruder Betätigung führt zum Rollen.

Drehen um die Längsachse

Seitenruder Betätigung führt zur Kursabweichung.

Bewegung von links nach rechts

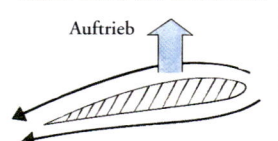

Flugzeugmotoren

Der Flugzeugmotor muss den nötigen Vortrieb erzeugen. Es gibt verschiedene Typen: Bei Kolbenmotoren und Turbopropmotoren erzeugen Propeller den Vortrieb – ähnlich wie die Schraube eines Schiffes. Bei Strahltriebwerken wie dem Turbojet und dem Turbofan wird ein heißer Abgasstrahl nach hinten abgegeben, der das Flugzeug vorwärts bewegt.

Kolbenmotoren
Wie beim Automotor mischen sich Treibstoff und Luft in den Zylindern und werden zur Explosion gebracht. Dadurch bewegen sich Kolben, die ihre Kraft an eine Welle weitergeben. Sie dreht den Propeller.

Welle

Turboprop
Die Verbindung zwischen einem Strahltriebwerk und einem Propeller heißt Turboprop. Der Motor betreibt einen Verdichter und den Propeller, der den Hauptantrieb bewirkt.

Der Propeller erzeugt den Hauptantrieb.

Turbojet
Dies ist das klassische Strahltriebwerk. Verdichtete Luft gelangt in eine Brennkammer. Die heißen Abgase werden nach hinten ausgestoßen. Das Flugzeug fliegt nach vorn, wie ein Ballon, der Luft verliert.

Abgasstrahl *Lufteinlass*

Turbofan
Der Turbofan steht zwischen dem Turbojet und dem Turboprop. Der Motor saugt Luft an und verbrennt Treibstoff im Inneren. Den Antrieb besorgen sowohl ein Propeller wie auch der Abgasstrahl.

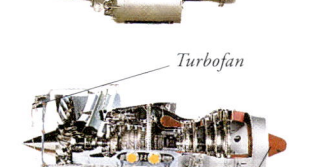

Turbofan
Abgasstrahl

Hubschrauber

Beim Hubschrauber oder Helikopter dreht sich ein Rotor mit 2 oder mehr Blättern. Sie erzeugen durch ihre Bewegung den Auftrieb. Hubschrauber können senkrecht starten und landen und brauchen dafür keine Bahnen. Sie können in der Luft schweben, seitwärts, vorwärts und rückwärts fliegen. Damit sind sie die beweglichsten aller Luftfahrzeuge. Dementsprechend groß ist ihr Anwendungsbereich: im Transportwesen, bei der Verkehrsüberwachung und im Rettungsdienst.

Rotorblätter Durch Verstellen ihres Neigungswinkels wird der Hubschrauber gesteuert.

Gasturbine *Hauptrotor*

Heckrotor Er verhindert, dass sich der Rumpf entgegen der Richtung des Hauptrotors dreht.

Landekufen anstelle eines Fahrwerks

Flugsteuerung
Der Hubschrauberpilot kann sein Fluggerät auf 2 Arten steuern: Mit der Steuersäule verändert er den Anstellwinkel des Rotors und so den Auftrieb. Mit den Schubstangen wirkt er auf die Taumelscheibe ein, die den Anstellwinkel der Rotorblätter bei jeder Umdrehung ändert.

Abheben
Vor dem Abheben beschleunigt der Pilot den Hauptrotor und den Heckrotor. Dann erhöht der Pilot über die Steuersäule den Anstellwinkel der Rotorblätter. Dadurch entsteht ein Auftrieb, und das Gerät hebt ab. Der Anstellwinkel aller Rotorblätter ist gleich geschaltet.

Wegfliegen
Ein gerichteter Flug wird dadurch möglich, dass die Rotorblätter bei jeder Umdrehung ihren Anstellwinkel verändern. Dadurch entsteht auf der einen Seite des Hubschraubers mehr Auftrieb als auf der anderen. Den Anstellwinkel verändert der Pilot mit Hilfe der beiden Taumelscheiben.

Igor Ivan Sikorsky
Sikorsky (1889–1972) kam in der Ukraine auf die Welt und wurde Flugingenieur. Im Jahr 1919 kam er in die USA und gründete dort eine Flugzeugfabrik. Er entwarf den ersten brauchbaren Hubschrauber, den *VS-300*, der 1939 zum ersten Mal flog. Die Konstruktion musste immer wieder verändert werden: Einmal flog der Hubschrauber in alle Richtungen außer nach vorne!

SIEHE AUCH UNTER: LUFTFAHRT · LUFTSCHIFFE UND BALLONE · MILITÄRFLUGZEUGE · MOTOREN · TRANSPORT, GESCHICHTE · WELTKRIEG, ERSTER · WELTKRIEG, ZWEITER

Flugzeugtypen

Militärflugzeuge

Doppelte Seitenflosse

Erdkampfflugzeug McDonnell Douglas F/A-18E Super Hornet

Der Harrier kann senkrecht starten und landen.

Kampfflugzeug der Marine McDonnell Douglas AV-8B Harrier II

Bei Überschallflug stark gepfeilte Flügel

Schwenkflügelbomber General Dynamics F-111A Aardvark

Großes Waffenarsenal mit massiver Feuerkraft

Erdkampfflugzeug Fairchild A-10 Thunderbolt II

Radarkuppel

Betankungsflugzeug/Frühwarnflugzeug Boeing EC-135 Stratotanker

Nase zur Beladung hochklappbar

Schweres Transportflugzeug Lockheed C-5A Galaxy, eines der größten Flugzeuge

Doppelpropeller

Radaranlage

Frühwarnflugzeug Fairey Gannet AEW-3, zur Überwachung des Flugraumes

Sehr lange Flügel für große Höhen

Erkundungsflugzeug Lockheed U-2, für Flüge in größten Höhen

Passagier- und Frachtflugzeuge

Die 777 hat die stärksten jemals gebauten Triebwerke.

Langstrecken-Passagierflugzeug Boeing 777-200

Die 737 ist das meist verkaufte Passagierflugzeug.

Mittelstrecken-Passagierflugzeug Boeing 737-300

Flüstertriebwerke

Kurzstrecken-Passagierflugzeug British Aerospace Bae 146-RJ85

Über 1 800 Stück wurden gebaut.

Frachtflugzeug Boeing 727

Platz für 8–14 Passagiere

Firmenflugzeug British Aerospace Bae 125-600

Turbopropmotoren

Regionalverkehrsflugzeug Fairchild Metro II

Platz für 4 Passagiere

Propeller

Sportflugzeug SOCATA TB-20 Trinidad

Zurückversetzte Triebwerke

Schwimmkörper

Amphibienflugzeug Beriew A-50 Mermaid

Hubschrauber

Raketen und Kanonen an den Seitenflügeln

Kampfhubschrauber Bell AH-1 Cobra

Hauptrotor mit 5 Blättern

Radar

Passagierhubschrauber Sikorsky S-61

Heckrotor

Zwei Rotoren

Transporthubschrauber Boeing CH-47 Chinook

Mischung zwischen Hubschrauber und Flugzeug

Kippen bis um 90°

Kippflügelflugzeug Boeing V-22 Osprey

Sportflugzeuge

Gleitet auf aufsteigenden Luftströmungen.

Start an einem Abhang

Hängegleiter Er besteht aus einem großen Flügel mit Gurten, an denen der Pilot hängt.

Mit Stoff überzogene Flügel

Doppeldecker/Schulflugzeug De Havilland Tiger Moth DH8A

Flügel aus leichtem Gestänge mit Textilbespannung

Propeller

Motor

Handgriff

Landen und Starten wie bei einem normalen Flugzeug

Ultraleichtflugzeug Es handelt sich um eine Art motorisierten Hängegleiter. Der Pilot sitzt in einer harten Schale vor dem Motor.

FLÜSSE

REGEN UND SCHMELZWASSER lassen Flüsse entstehen. Das Wasser, das nicht als Grundwasser versickert, fließt von Berg zu Tal. Auch unterirdisches Wasser tritt meist als Quelle wieder zu Tage und bildet den Ursprung eines Flusses. Es sammelt sich in kleinen Rinnsalen, die sich zu einem Bach vereinigen. Der Bach nimmt unterwegs andere Bäche auf und wird zum Oberlauf eines Flusses. Dieser entwässert sein gesamtes Einzugsgebiet. Durch zahlreiche Nebenflüsse entsteht schließlich ein Strom. Flüsse gestalten die Landschaft: Im Oberlauf tragen sie Gestein ab, zerkleinern es und lagern es im Unterlauf wieder ab. Dabei bilden sich große Schwemmebenen mit Flussschlingen, den Mäandern.

Flusstypen

Je nach Wasserführung unterscheidet man perennierende Flüsse, periodische Flüsse und episodische Flüsse. Periodische Flüsse treten nur zu bestimmten Jahreszeiten auf, z. B. nach der Schneeschmelze.

Episodischer Fluss
In Wüsten und Halbwüsten fällt nur selten Regen. Dann entstehen für wenige Tage oft reißende, episodische Flüsse. Sie füllen die ausgetrockneten Flusstäler, die Wadis.

Perennierender Fluss
In feuchteren Gebieten sind die Flüsse das ganze Jahr über vorhanden. Dabei können jahreszeitlich bedingte Wasserstandsschwankungen auftreten.

Einteilung

Im Oberlauf ist das Wasser sehr bewegt und fließt über Wasserfälle und Schnellen. Im Mittellauf münden viele Nebenflüsse, und das Wasser fließt nicht mehr so schnell. Im Unterlauf fließt der Fluss oder Strom durch eine Ebene, die er selbst angeschwemmt hat. Bei der Mündung bildet der Fluss oft ein Delta mit zahlreichen Nebenarmen. Man spricht auch von einem Ästuar.

Mittellauf
Das Wasser fließt nicht mehr so turbulent. Der Fluss durchzieht ein breites Tal und nimmt viele Nebenflüsse auf.

Trogtal mit abgerundeten Seiten
Gletscher
Nebenfluss
Wasserfall
Schnellen
Mäander
Ästuar
Meer
Abgelagerte Sedimente
Altwassersee
Mündung

Oberlauf
Der Oberlauf liegt meist im Gebirge. Den Anfang macht oft ein Gletscherbach. Der dazugehörige Gletscher hat ein U-förmiges Trogtal ausgekehlt. Weiter unten geht es in ein V-förmiges Kerbtal über, das der Fluss in den Fels gegraben hat.

Altwassersee
Beim Durchbruch eines Mäanders wird eine Flussschlinge abgeschnitten. Dadurch entsteht ein Altwassersee, der oft typisch halbmondförmig ausgebildet ist.

Unterlauf
Im Unterlauf verlangsamt sich die Fließgeschwindigkeit. Der Fluss lagert Sedimente ab und schüttet eine Schwemmebene auf. An der Flussmündung entsteht oft ein Ästuar oder ein Delta.

Delta
Wenn ein Fluss ins Meer mündet, kommen die Wassermassen schnell zum Stillstand. Die mitgeführten Sedimente werden nun abgelagert. Dadurch entsteht ein fächerförmiges Delta, das immer weiter ins Meer hinauswächst. Das Delta wird durch ein verzweigtes Netz von Flussarmen zerschnitten.

Chickahominy River, USA

Ästuar
An der Mündung eines Flusses in das Meer entsteht oft eine breite trichterförmige Öffnung, das Ästuar. Hier gehen die Lebensräume des Meeres, des Festlandes und des Flusses ineinander über. Bei großem Gezeitenhub entstehen ausgedehnte Watts. Das Wasser in den Ästuaren ist brackig, hat also einen geringen Salzgehalt.

Ästuar des Blackwater, England

FLÜSSE

Wasserfall

Auf seinem Weg zum Meer trägt der Fluss oft weiches Gestein am Flussbett bis weit in die Tiefe ab. Dadurch entsteht eine senkrechte Wand, und der Fluss bildet einen Wasserfall. Gesteinsbruchstücke am Fuß des Wasserfalls werden herumgewirbelt und höhlen einen tiefen Kolk aus.

Flussschnellen

Vor allem im Oberlauf findet man Abschnitte mit größerem Gefälle, wo das Wasser über Gesteinsschwellen und große Blöcke fließt. Diese Stromschnellen erschweren oder verhindern die Schifffahrt. Wie die Wasserfälle wandern sie in geologischen Zeiträumen stromaufwärts.

Hartes Gestein wird nur langsam abgetragen.
Turbulente Flussstrecke
Flussschnellen
Kolk
Weiches Gestein wird schnell abgetragen.
Steiniges Flussbett

Mitgeführtes Gesteinsmaterial

Jeder Fluss führt größere und kleinere Bruchstücke an Gestein mit sich. Die größten Brocken werden dem Flussbett entlang gerollt und dadurch an den Kanten abgerundet. Die Schwebefracht besteht aus kleineren Teilchen, die nicht mehr mit dem Untergrund des Flussbettes in Berührung kommen.

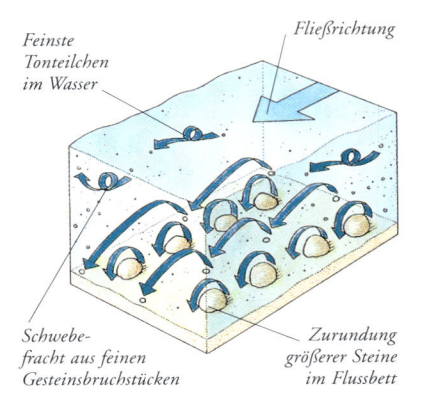

Feinste Tonteilchen im Wasser
Fließrichtung
Schwebefracht aus feinen Gesteinsbruchstücken
Zurundung größerer Steine im Flussbett

Abtragung

Flüsse erweitern ständig ihr Flussbett. Besonders bei Hochwasser wird durch die Wirkung des bewegten Wassers viel Material vom Flussufer abgetragen. Die mitgeführten Gesteinsbruchstücke sind dabei Schmirgelpapier vergleichbar und bewirken eine verstärkte Abtragung.

Quelle

Alles Wasser, das in Flüssen strömt, stammt letztlich von den Niederschlägen, von Regen und Schnee. Die meisten Flüsse entspringen einer Quelle. Hier tritt Grundwasser an die Oberfläche und fließt ab. In hohen Gebirgen vereinigt sich das Schmelzwasser eines Gletschers zum Gletscherbach.

Quelle

Manche Gesteinsschichten, z. B. Ton, sind wasserundurchlässig. Einsickerndes Grundwasser sammelt sich über der Tonschicht und tritt an einem Hang zu Tage. Dort entsteht eine Quelle.

Schmelzwasser

Im Gebirge bleibt der Schnee manchmal jahrzehntelang liegen und bildet Gletscher. Im Sommer schmilzt ein Teil des Eises ab und nährt einen Gletscherbach.

Quelle im Gebirge
Gletscher mit Gletscherbach

Wasser auf dem Festland

Wenn es regnet, versickert ein Teil des Wassers im Boden; ein Teil verdunstet oder wird von Pflanzen aufgenommen, ein anderer Teil fließt oberirdisch ab. Dies geschieht entweder in Rinnsalen oder Bächen oder bei Wassersättigung in der flächigen Schichtflut. Sie kann eine erhebliche Abspülung bewirken.

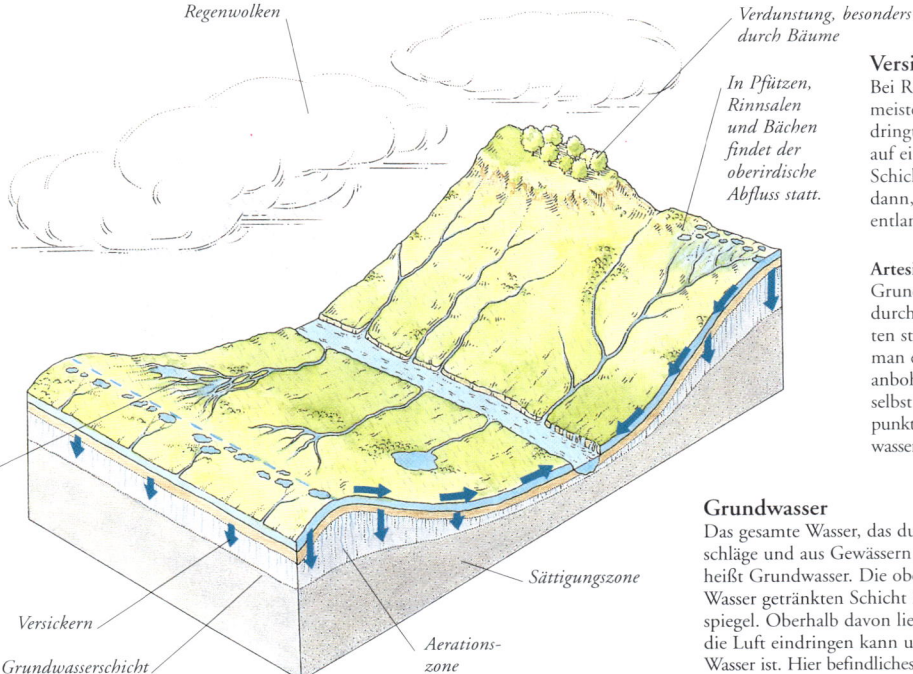

Regenwolken
Verdunstung, besonders durch Bäume
In Pfützen, Rinnsalen und Bächen findet der oberirdische Abfluss statt.
Schichtflut
Versickern
Grundwasserschicht
Sättigungszone
Aerationszone

Einzugsgebiet

Jeder Fluss hat ein bestimmtes Einzugsgebiet. Es versorgt den Fluss mit Wasser und entwässert dadurch gleichzeitig das Gebiet. Im Abflussbecken vereinigen sich mehrere Flüsse zu einem Strom, der das Wasser zum Meer trägt.

Versickern

Bei Regen versickert das meiste Wasser im Boden. Es dringt dabei so tief ein, bis es auf eine wasserundurchlässige Schicht stößt und bewegt sich dann, der Schwerkraft folgend, entlang dieser Schicht.

Artesischer Brunnen

Das Grundwasser zwischen 2 undurchlässigen Gesteinsschichten steht unter Druck. Wenn man es an der tiefsten Stelle anbohrt, steigt das Wasser von selbst hoch, da der Entnahmepunkt tiefer liegt als der Grundwasserspiegel.

Grundwasser

Das gesamte Wasser, das durch versickernde Niederschläge und aus Gewässern in den Boden gelangt, heißt Grundwasser. Die oberste Grenze dieser mit Wasser getränkten Schicht ist der Grundwasserspiegel. Oberhalb davon liegt die Aerationszone, in die Luft eindringen kann und die daher selten voll Wasser ist. Hier befindliches Wasser nennt man vados.

SIEHE AUCH UNTER: BODENARTEN · GESTEINE · MEERESKÜSTE · NIEDERSCHLAG · SCHIFFE · SEEN · WOLKEN · WÜSTEN

FLÜSSIGKEITEN

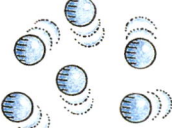

EIN VERSCHÜTTETES GETRÄNK bildet eine unregelmäßige Pfütze. Flüssigkeiten haben im Unterschied zu Festkörpern keine feste Form, behalten aber ihr Volumen bei. Sie nehmen die Form des Gefäßes an, in dem sie sich befinden. Flüssigkeiten bestehen aus Atomen oder Molekülen, die zusammenhalten. Deren Stellung ist jedoch nicht starr wie in Festkörpern, sondern sie können die Plätze tauschen.

Die Teilchen einer Flüssigkeit haben die Tendenz, Tröpfchen zu bilden.

Eigenschaften

Flüssigkeiten bilden beliebige Formen, z. B. die ihres Behälters. Man kann sie auch nicht zusammendrücken, weil die Kräfte zwischen den einzelnen Teilchen eine weitere Annäherung fast unmöglich machen.

Flüssigkeiten haben keine feste äußere Form.

Teilchen
Im Unterschied zu den Gasen herrscht zwischen Atomen oder Molekülen einer Flüssigkeit ein Zusammenhalt.

Oberflächenspannung

Die Anziehungskraft zwischen den Teilchen einer Flüssigkeit führt dazu, dass die Oberfläche eine Art Haut bildet. Die Oberflächenspannung bewirkt, dass die Oberfläche so klein wie möglich bleibt. Beim Quecksilber ist sie sehr viel höher als beim Wasser. Deswegen bildet das Quecksilber rundere Tröpfchen.

Wasser **Quecksilber**

Meniskus
Die Oberfläche einer Flüssigkeit bildet eine Wölbung, den sog. Meniskus. Flüssigkeiten mit geringem Zusammenhalt wie Wasser steigen an der Gefäßwand hoch und wölben sich nach unten, solche mit starkem Zusammenhalt wie Quecksilber wölben sich nach oben.

Wassertröpfchen **Quecksilbertröpfchen**

Viskosität
Die Viskosität oder Zähflüssigkeit gibt uns ein Maß dafür, welchen Widerstand eine Flüssigkeit dem Fließen entgegensetzt. Sie beruht auf der Reibung der Flüssigkeitsteilchen untereinander. Besonders groß ist sie z. B. bei der schwarzen Melasse. Eine geringere Viskosität weisen Sirup und Honig auf.

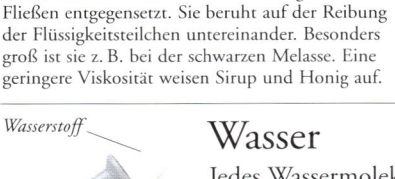

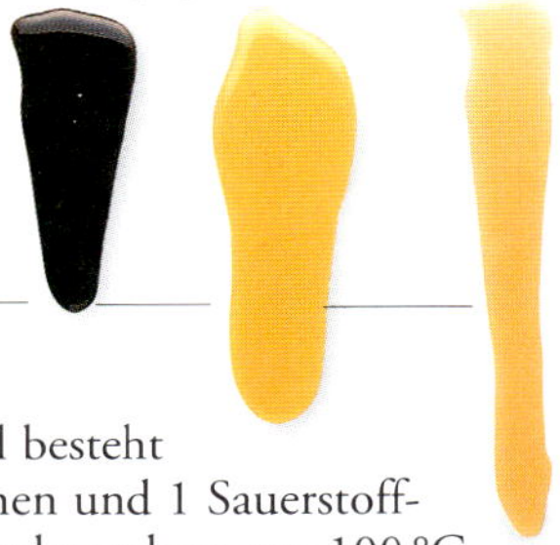

Melasse **Sirup** **Honig**

Siedepunkt

Wenn man eine Flüssigkeit erwärmt, erhalten deren einzelne Teilchen mehr Energie. Dadurch vibrieren sie schneller. Beim Siedepunkt haben die Teilchen genug Energie, um sich völlig voneinander zu lösen. Blasen steigen auf, und die Flüssigkeit wird gasförmig. Jede Flüssigkeit hat ihren eigenen Siedepunkt.

Verdunstung
Unterhalb des Siedepunktes wird eine Flüssigkeit nur langsam gasförmig. Wir bezeichnen diesen Vorgang als Verdunstung. Dabei erhalten einzelne Flüssigkeitsteilchen so viel Energie, dass sie sich von der Oberfläche lösen. Die Wäsche auf der Leine trocknet durch Verdunstung.

Wasserstoff
Wassermolekül (H_2O)
Wasserstoff
Sauerstoff

Wasser

Jedes Wassermolekül besteht aus 2 Wasserstoffatomen und 1 Sauerstoffatom. Oberhalb des Siedepunktes von 100 °C ist Wasser gasförmig. Unterhalb des Gefrierpunktes von 0 °C liegt Wasser als festes Eis vor. In Wasser lösen sich viele Stoffe, z. B. Salz.

Kochendes Wasser

Blasen steigen zur Wasseroberfläche und entweichen in die Luft.

Beim Kochen entstehen Blasen aus Wassergas (Dampf).

Gefäß von unten her erhitzt

Gefrieren
Wenn Flüssigkeiten abkühlen, verlieren ihre Teilchen Energie und die Bindungen verstärken sich zwischen ihnen. Am Gefrierpunkt wird die Flüssigkeit zum Festkörper. Verunreinigungen können den Gefrierpunkt erniedrigen. Reines Wasser gefriert z. B. eher als Meerwasser.

Aräometer
Mit dem Aräometer oder der Senkwaage misst man die Dichte einer Flüssigkeit, die Masse pro Volumeneinheit. Meist gibt man die relative Dichte, die Dichte im Vergleich zu Wasser, an. Je weniger tief das Aräometer eintaucht, umso dichter ist die Flüssigkeit. Glyzerin hat eine relative Dichte von 1,3; Alkohol ist mit 0,7 weniger dicht als Wasser.

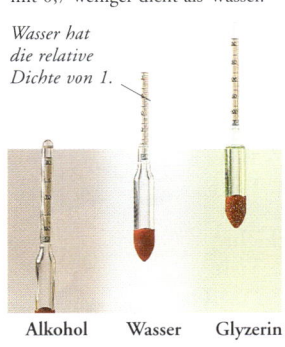

Wasser hat die relative Dichte von 1.

Alkohol **Wasser** **Glyzerin**

Eis
Die meisten Flüssigkeiten ziehen sich beim Gefrieren zusammen, weil die Teilchen näher aneinander rücken. Wasser dehnt sich beim Gefrieren jedoch aus. Deswegen platzen Rohre, wenn in Wohnungen die Temperatur unter 0 °C fällt.

Gefrorener Saft
Orangensaft enthält zur Hauptsache Wasser.

Osmose

Trennt man zwei unterschiedlich konzentrierte Lösungen durch eine sog. semipermeable Membran, so fließt Flüssigkeit von der schwächeren zur stärkeren Lösung. Der Austausch heißt Osmose. Er hält so lange an, bis die Konzentrationen ausgeglichen sind. Wenn man Trockenfrüchte in Wasser legt, quellen sie durch Osmose auf.

Trockenfrüchte

Trockenfrüchte nach dem Quellen

SIEHE AUCH UNTER | **ATOME UND MOLEKÜLE** | **FESTKÖRPER** | **GASE** | **MATERIE** | **OZEANE UND MEERE** | **REIBUNG**

FLUSSPFERDE

DIE GROSSEN FLUSSPFERDE verbringen fast den ganzen Tag untergetaucht im Wasser. Erst in der Abenddämmerung verlassen sie es, um Pflanzen zu fressen. Zu den Äsungsplätzen führen breite Trampelpfade. Es gibt 2 Arten von Flusspferden: das eigentliche Flusspferd oder Nilpferd und das Zwergflusspferd. Beide leben in den äquatornahen Gebieten Afrikas. Das Nilpferd ist nach dem Elefanten und dem Breitmaulnashorn das drittgrößte Landtier der Erde. Flusspferde vertilgen große Mengen Gras. Wo sie häufig auftreten, zerstören sie die Pflanzendecke in ihrer Umgebung und bewirken dadurch gelegentlich eine Bodenerosion.

Das Nilpferd

Das Nilpferd ist ein großes, angriffslustiges Tier. Trotz seiner beträchtlichen Abmessungen und den säulenförmigen Beinen, die zu kurz erscheinen für seinen fassartigen Körper, bewegt es sich überraschend schnell. Jeden in seiner Nähe greift es an. Nilpferde kennen mehrere Lautäußerungen, ein Bellen, Grunzen und Schnaufen.

Die Narben gehen auf Kämpfe zwischen den Männchen zurück.

Haut
Flusspferdhaut ist glatt und mit Ausnahme von ein paar Borsten auf der Nase, in den Ohren und am Schwanz fast unbehaart. Unter der Haut liegt eine dicke Fettschicht. Die Poren in der Haut sondern eine dicke hellrote Flüssigkeit ab, die die Haut geschmeidig erhält und sie vor Sonnenstrahlen schützt.

Kleine Ohren

Grasfresser

Herden
Das große Fluss- oder Nilpferd lebt in Herden von 20–100 Tieren. Es verbringt den Tag im Wasser oder Schlammlöchern. Die Männchen halten sich am Rand der Herde auf, während die Weibchen mit ihren Jungen in der Mitte sind. Kommen die Männchen zu nahe, werden sie von den Weibchen angegriffen. Nur in der Fortpflanzungszeit dürfen die Männchen in weibliches Territorium eindringen.

Junge
34 Wochen nach der Paarung bringt das Weibchen ein Junges auf die Welt. Dies geschieht meist auf dem Land, gelegentlich auch im Wasser. Das Neugeborene kann innerhalb weniger Minuten laufen und schwimmen. Verlässt ein Weibchen sein Territorium, dann kümmert sich eine andere Mutter um sein Kalb.

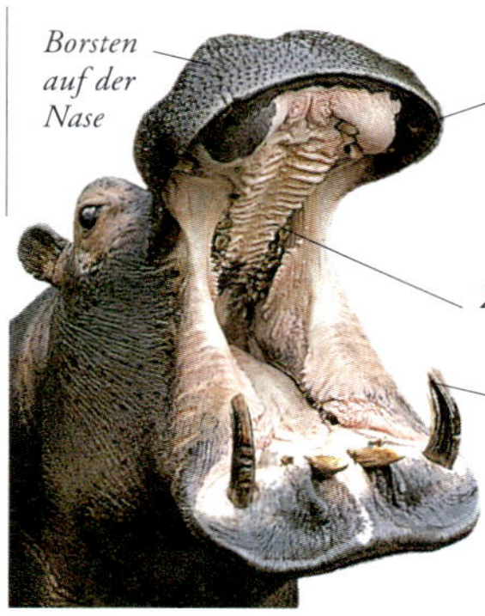

Borsten auf der Nase

Die Männchen drohen mit geöffnetem Maul und zeigen dabei ihre Hauer.

Zähne

Die größten Hauer sind bis zu 60 cm lang.

Flusspferde sind bis zu 18 Stunden am Tag im Wasser.

Ohren, Augen und Nasenlöcher ragen aus dem Wasser.

Drohverhalten
Die Männchen imponieren und drohen einander, indem sie ihr Maul weit aufsperren. Hat dieses Drohgähnen nicht die erwartete Wirkung, so beginnt ein Kampf, bei dem sich die Gegner mit ihren Hauern durchaus schwere Wunden zufügen können.

Leben unter Wasser
Das Flusspferd ist im Wasser eher zu Hause als auf dem Land. Untergetaucht hält es den Atem an und verschließt Augenlöcher sowie Ohren. Normalerweise hält es das Flusspferd 3–5 Minuten unter Wasser aus und taucht dann wieder auf. Im Notfall kann es aber die Luft viel länger anhalten. Es schwimmt ausgezeichnet und spaziert elegant auf dem Gewässerboden.

Flusspferd beim Gehen im Flussbett

Zwergflusspferd
Das Zwergflusspferd ist nur etwa ein Fünftel so groß wie das Nilpferd. Es schwimmt recht gut, hält sich aber insgesamt weniger im Wasser auf. In Sumpfwäldern bahnt es sich tunnelartige Trampelpfade durch das Unterholz. Bei Gefahr flüchtet es ins Dickicht. Zwergflusspferde sind scheue, nachtaktive Tiere, die einzeln oder paarweise leben. Sie ruhen tagsüber und fressen nachts Blätter und Früchte.

Abgerundete Körperform

Dicke Haut

FLUSSPFERD

WISSENSCHAFTLICHER NAME	*Hippopotamus amphibius*
ORDNUNG	Artiodactyla, Paarhufer
FAMILIE	Hippopotamidae, Flusspferde
VERBREITUNG	Tropisches Afrika
LEBENSRAUM	Flüsse, Seen und Ästuare
ERNÄHRUNG	Gras und Wasserpflanzen, bis zu 45 kg pro Tag
GRÖSSE	Höhe 1,52 m, Gewicht 4 t
LEBENSDAUER	50 Jahre

SIEHE AUCH UNTER: AFRIKA, TIERWELT · FEUCHTGEBIETE, TIERWELT · NATURSCHUTZ · SÄUGETIERE · SÜSSWASSER, TIERWELT

FORTPFLANZUNG

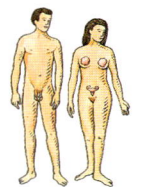

WIE ALLE LEBEWESEN muss sich auch der Mensch fortpflanzen, um das Überleben seiner Art zu sichern. Die weiblichen Geschlechtsorgane liegen innerhalb des Körpers, während die männlichen sich teilweise außerhalb befinden. Beide Organe produzieren Geschlechtszellen, nämlich weibliche Eizellen und männliche Samenzellen. Beim Geschlechtsverkehr wird dafür gesorgt, dass eine Samenzelle auf eine Eizelle trifft. Diese verschmelzen bei der Befruchtung. Damit beginnt die Entwicklung eines neuen Menschen. Er wächst 9 Monate in der Gebärmutter heran.

Weibliche Geschlechtsorgane
- Eierstöcke mit Eizellen
- Der Eileiter transportiert die Eier zur Gebärmutter.
- Harnröhre
- Kleine Schamlippen
- Kitzler
- Große Schamlippen
- Wirbelsäule
- In der Gebärmutter entwickelt sich das Baby.
- Muskulöse Gebärmutterwand
- Muttermund
- Scheide oder Geburtskanal
- Scheidenöffnung

Männliche Geschlechtsorgane
- Blase
- Bläschendrüse
- Vorsteherdrüse
- Harnröhre für den Transport des Samens
- In den Nebenhoden reifen die Samenzellen heran.
- In den Hoden entstehen die Samenzellen.
- Der Penis richtet sich vor dem Geschlechtsverkehr auf.

Samenzellen
Die Samenzellen oder Spermien sind die männlichen Geschlechtszellen. Sie sind rund 0,05 mm lang und bestehen aus einem Kopf mit einem Zellkern, einem Mittelstück und dem Schwanz. Im Durchschnitt produziert ein Mann ungefähr 300 Mio. Spermien pro Tag.

- Kopf
- Schwanz zur Vorwärtsbewegung

Eizellen
Weibliche Geschlechtszellen heißen Eizellen. Sie haben ca. 0,1 mm Durchmesser. Nach der Pubertät reift jeden Monat eine Eizelle heran und gelangt vom Eierstock in den Eileiter. Diesen Zeitpunkt nennt man Eisprung.

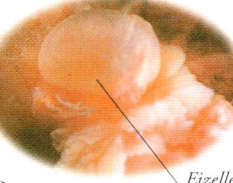

- Eizelle verlässt den Eierstock.

Geschlechtsapparat
Die Samenzellen des Mannes entstehen in den Hoden und bilden mit den Sekreten der Bläschen- und Vorsteherdrüse die Samenflüssigkeit, das Sperma. Die Eizellen entstehen in den Eierstöcken. Sie wandern durch den Eileiter in die Gebärmutter. Beim Geschlechtsverkehr bringt der Mann mit dem Penis den Samen in die Frau. Die Eizelle kann dabei befruchtet werden.

Menstruationszyklus
Beim Menstruationszyklus finden im Geschlechtsapparat der Frau jeden Monat Veränderungen statt. Der Zyklus dauert rund 28 Tage, und der Eisprung findet etwa am 14. Tag statt. Wird das Ei nicht befruchtet, so wird die Gebärmutterschleimhaut durch die Scheide abgestoßen. Dabei kommt es zur Monatsblutung oder Periode.

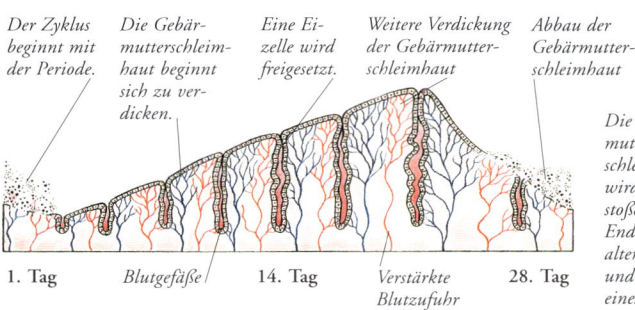

- Der Zyklus beginnt mit der Periode.
- Die Gebärmutterschleimhaut beginnt sich zu verdicken.
- Eine Eizelle wird freigesetzt.
- Weitere Verdickung der Gebärmutterschleimhaut
- Abbau der Gebärmutterschleimhaut
- Die Gebärmutterschleimhaut wird abgestoßen: Ende des alten Zyklus und Beginn eines neuen.
- 1. Tag
- Blutgefäße
- 14. Tag
- Verstärkte Blutzufuhr
- 28. Tag

Geschlechtsverkehr
Beim Geschlechtsverkehr führt der Mann seinen versteiften Penis in die Scheide der Frau ein. Beim Samenerguss werden Millionen von Samenzellen übertragen. Diese schwimmen in die Gebärmutter und von dort in die Eileiter, wo die Befruchtung stattfinden kann. Das befruchtete Ei nistet sich dann in der Gebärmutter ein.

Befruchtung
Bei der Befruchtung vereinigt sich eine Samenzelle mit einer Eizelle. Um das Ei im Eileiter sammeln sich tausende von Samenzellen. Alle versuchen einzudringen, aber dies gelingt nur einer Samenzelle.

Befruchtung und Einnistung

1 36 Stunden nach der Befruchtung hat sich das Ei zweigeteilt und wandert den Eileiter entlang in die Gebärmutter.

2 48 Stunden nach der Befruchtung besteht das Ei schon aus 4 Zellen. Von nun an teilen sich die Zellen etwa 2-mal am Tag.

3 72 Stunden nach der Befruchtung ist das Ei eine Kugel aus 64 Zellen.

4 Ungefähr am 6. Tag nistet sich der Zellhaufen in die Gebärmutterschleimhaut ein.

- Eileiter
- Eizelle
- Eierstock
- Gebärmutter
- Verdickte Gebärmutterschleimhaut
- Scheide

Einnistung
Das befruchtete Ei entwickelt sich zu einer Hohlkugel, der Keimblase. Diese nistet sich in die Schleimhaut der Gebärmutter ein und wächst dort zu einem Embryo heran. Vom 3. Monat an heißt der Keim Fetus.

Empfängnisverhütung
Geburtenkontrolle geschieht im Wesentlichen durch Empfängnisverhütung. Es gibt mehrere Verfahren. Kondom und Pessar (Diaphragma) verhindern, dass Samenzellen zur Eizelle gelangen. Hormonelle Verfahren mit der „Pille" verhindern, dass ein Eisprung auftritt; dadurch kann keine Befruchtung erfolgen.

- Pille zur Empfängnisverhütung
- Samentötendes Mittel
- Pessare werden in die Scheide eingeführt.
- Kondom

Schwangerschaft

Die Zeit, während der sich das Baby in der Gebärmutter entwickelt, nennt man Schwangerschaft. Sie beginnt mit der Empfängnis und endet mit der Geburt. Im Durchschnitt dauert die Schwangerschaft 40 Wochen. Der Bauch der Mutter wird dabei immer größer. Das Baby erhält über den Mutterkuchen, die Plazenta, und den Nabel Nährstoffe und Sauerstoff von der Mutter. Das Baby selbst ist durch das Fruchtwasser vor Schlägen geschützt.

Befruchtetes Ei
Die befruchtete Eizelle teilt sich auf dem Weg vom Eileiter in die Gebärmutter mehrere Male. Dort findet die Einnistung statt.

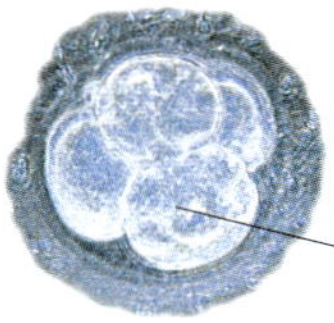

Befruchtetes Ei aus 4 Zellen

Embryo, 6 Wochen
Der Embryo ist 6 mm lang. Er entwickelt gerade sein Verdauungs- und Nervensystem sowie das Blut. Das Herz beginnt zu schlagen. Es entstehen die Anlagen für die Augen, Ohren und den Mund. Auch die Knospen der Gliedmaßen sind zu sehen.

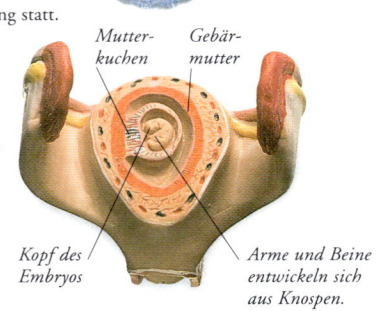

Mutterkuchen
Gebärmutter
Kopf des Embryos
Arme und Beine entwickeln sich aus Knospen.

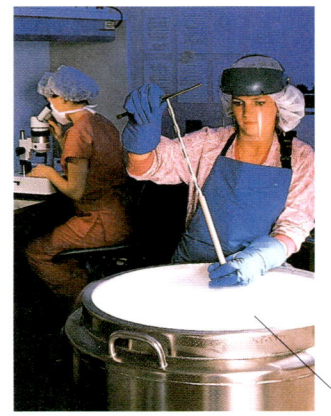

Fetus, 12 Wochen
Vom 3. Monat an nennt man den Keimling Fetus. Er ist nun 7,5 cm lang und ähnelt schon einem menschlichen Wesen. Finger und Zehen sind ausgebildet. Der Mund öffnet und schließt sich und kann schon saugen. Ohren, Augenlider und äußere Geschlechtsorgane sind schon vorhanden. Der Fetus gibt seinen Urin in das Fruchtwasser ab.

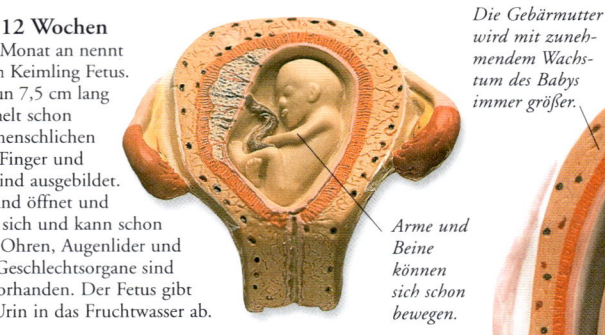

Arme und Beine können sich schon bewegen.

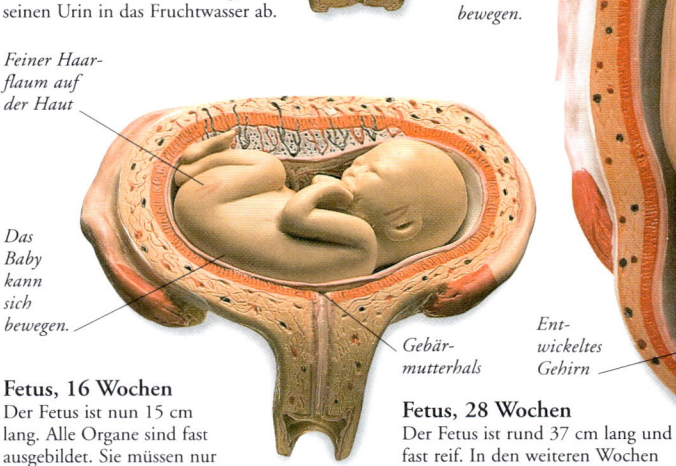

Feiner Haarflaum auf der Haut

Das Baby kann sich bewegen.

Fetus, 16 Wochen
Der Fetus ist nun 15 cm lang. Alle Organe sind fast ausgebildet. Sie müssen nur noch wachsen und heranreifen. Auch die Knochen entwickeln sich, und die Muskeln werden zunehmend kräftiger.

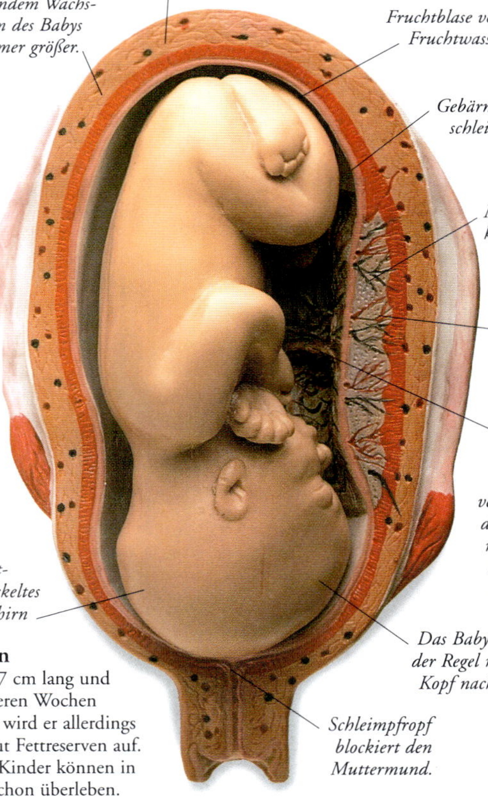

Gebärmutterhals

Fetus, 28 Wochen
Der Fetus ist rund 37 cm lang und fast reif. In den weiteren Wochen der Schwangerschaft wird er allerdings noch größer und baut Fettreserven auf. Frühzeitig geborene Kinder können in einem Brutapparat schon überleben.

Die Gebärmutter wird mit zunehmendem Wachstum des Babys immer größer.

Bei der Geburt ziehen sich die Muskeln zusammen und stoßen das Kind aus.

Fruchtblase voll Fruchtwasser
Gebärmutterschleimhaut
Mutterkuchen
Blutgefäße
Die Nabelschnur verbindet das Baby mit dem Mutterkuchen.
Entwickeltes Gehirn
Das Baby liegt in der Regel mit dem Kopf nach unten.
Schleimpfropf blockiert den Muttermund.

Unfruchtbarkeit

Manche Paare können kein Baby bekommen und sind unfruchtbar. Mit der künstlichen Befruchtung kann man oft abhelfen. Der Arzt entnimmt dem Eierstock der Frau reife Eizellen und befruchtet sie außerhalb des Körpers mit Samenzellen. Dann pflanzt er die befruchteten Eizellen in die Gebärmutter.

Spendersamen wird im Labor aufbewahrt.

Zwillinge

Es gibt eineiige und zweieiige Zwillinge. Die zweieiigen sind aus 2 Eizellen entstanden. Sie unterscheiden sich voneinander wie normale Geschwister. Eineiige Zwillinge entstehen dagegen aus einem einzigen befruchteten Ei und sind genetisch identisch. Sie sind sich zum Verwechseln ähnlich.

Margaret Sanger

Die Amerikanerin Margaret Sanger (1883–1966) war eine Pionierin der Empfängnisverhütung. Sie hielt sie für entscheidend, um die Lebensumstände armer Leute zu verbessern. 1916 eröffnete sie ein Informationszentrum zur Geburtenkontrolle. Sie wurde verhaftet, setzte ihre Kampagne danach aber fort.

Eineiige Zwillinge

Eineiige Zwillinge entstehen, wenn sich ein befruchtetes Ei zu 2 getrennten Zellen entwickelt. Jede Zelle wächst dann weiter zu einem Fetus und Baby heran. Beide Feten teilen sich in einen Mutterkuchen. Eineiige Zwillinge haben dieselben Gene und deswegen stets das gleiche Geschlecht.

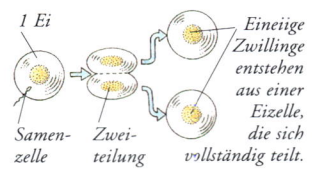

1 Ei
Samenzelle
Zweiteilung
Eineiige Zwillinge entstehen aus einer Eizelle, die sich vollständig teilt.

Wehen

Als Wehen bezeichnen wir schmerzhafte Muskelkontraktionen, die das Baby aus der Gebärmutter austreiben. Zunächst zieht sich die Gebärmutter zusammen, und der Muttermund öffnet sich. Dann wird zuerst das Baby geboren und schließlich der Mutterkuchen als Nachgeburt ausgestoßen.

Geburt

Bei der Geburt ziehen sich die Muskeln der Gebärmutter zusammen und treiben das Baby durch den Muttermund und die Scheide nach außen. Meist erscheint es mit dem Kopf voran. Außerhalb des Mutterleibs beginnt es zu atmen. Der Arzt durchtrennt die Nabelschnur. Das ist die Entbindung.

SIEHE AUCH UNTER: BIOLOGIE · HORMONE UND HORMONDRÜSEN · MEDIZIN · MUSKELN UND BEWEGUNG · ORGANSYSTEME · PFLANZEN, FORTPFLANZUNG · VERERBUNG · WACHSTUM UND ENTWICKLUNG

FOSSILIEN

DIE RESTE UND SPUREN vergangener Lebensformen nennt man Fossilien. Meist handelt es sich dabei um Versteinerungen. Alle Lebewesen können zwar fossil erhalten bleiben, doch in Wirklichkeit geschah das nur mit wenigen. Erhalten sind oft nur die versteinerten Panzer und Schalen von Pflanzen und Tieren. In seltenen Fällen finden sich auch Abdrücke von Gewebe. Die Wissenschaft von den Fossilien heißt Paläontologie.

Graptolithen

Conodonten

Datierung mit Fossilien
Einige Fossilien, wie die Graptolithen und die Conodonten, traten nur innerhalb kurzer geologischer Zeiträume auf. Mit ihrer Hilfe kann man somit Gesteine datieren, in denen sie gefunden wurden.

Wie ein Fossil entsteht
Damit ein Lebewesen fossil erhalten bleibt, muss es – möglichst vor der Verwesung – innerhalb kurzer Zeit von einem Sediment wie Sand oder Schlick begraben werden. Solche Bedingungen waren am ehesten in der Nähe von Gewässern gegeben.

Knochen lösen sich.
Wasser lagert Sediment ab.
Abtragung bringt die Knochen wieder an die Oberfläche.

1 Nach dem Tod verwesen die Weichteile des *Triceratops* schnell. Nur das Skelett und die Hörner bleiben übrig.

2 Im Lauf der Zeit verschwinden die Knochen unter dicken Sedimentschichten, die langsam verhärten.

3 Die Sedimentschichten sind zu festem Gestein geworden. Bei der Gebirgsbildung werden sie hochgedrückt.

4 Die Abtragung legt die Knochen wieder frei. Nun können Paläontologen die Dinosaurierreste untersuchen.

Untersuchung von Fossilien
Die Paläontologie untersucht auch, wie sich die Umwelt und die Lebensgemeinschaften entwickelten. Das abgebildete Kalkgestein enthält Fossilien mehrerer Tiere, darunter Korallen und Trilobiten. Es zeigt eine Lebensgemeinschaft, die es vor über 400 Mio. Jahren auf dem Meeresboden gab.

Kalkgestein von Much Wenlock, England

Korallen
Fossile Korallen treten häufig auf, weil sie ein hartes Skelett haben. Weichhäutige Tiere wie Seeanemonen und Quallen lebten zusammen mit den Korallen, sind aber fossil nicht erhalten geblieben.

Trilobiten
Die Trilobiten oder Dreilapper waren krebsähnliche Gliederfüßer. Sie lebten auf dem Meeresboden. Sie häuteten sich regelmäßig, wie es Krebse noch heute tun. Ihre Schalen blieben fossil erhalten. Einige Trilobiten zeigen abenteuerliche Auswüchse und Hörner.

Bernstein
Bernstein besteht aus fossilem Baumharz. Darin sind oft Insekten, andere Kleintiere und Pflanzenreste eingeschlossen und in allen Details erhalten geblieben.

Vulkanasche
Der Körper dieses Kindes wurde im Jahr 79 n. Chr. bei Pompeji von Vulkanasche begraben. Die Asche verfestigte sich zu Gestein. Der Körper des Kindes verweste. Zurück blieb ein Hohlraum, den man später mit Gips ausfüllte.

Fossile Bäume
Nicht selten blieben auch Wurzeln und Bäume fossil erhalten. Oft ersetzte dabei Kieselsäure das Holz der Bäume. Der Zellaufbau blieb dabei unberührt.

Versteinerung
Diese Zapfen der Araukarie sind erhalten, weil die Zellulose im Lauf der Zeit durch Kieselsäure ersetzt wurde. Der Aufbau der Zapfen wurde bei dem Vorgang nicht verändert.

Konkretionen
Um Fossilien herum, wie hier bei Herzmuscheln, entstehen oft unregelmäßig geformte, kugelige oder knollige Körper, die sog. Konkretionen.

Fossiltypen
Die Größe der Fossilien schwankt von mikroskopischen Algen bis zu Dinosaurierknochen. Dabei konnte das Material unverändert erhalten bleiben oder es wurde von anderen Mineralien ersetzt.

Knochen
Von Wirbeltieren sind meist nur Knochen fossil erhalten. Unter günstigen Bedingungen blieb ein Tier so erhalten, wie es starb, etwa im Fall des *Diplomystus*, eines Vorfahren unseres heutigen Herings.

Ammoniten
Diese Tintenfische lebten in den Meeren des Mesozoikums. Ihre Schalen bestanden aus Aragonit, das bei der Fossilisierung häufig durch andere Mineralien ersetzt wurde.

Die Weibchen waren viel größer als die Männchen.

Ammonitenschalen aus dem Eisenmineral Pyrit

Ammonit aus der Jurazeit

Georges Cuvier
Der französische Zoologe Georges Cuvier (1769–1832) suchte bei Fossilien von Tierkörpern Beziehungen: Ein Huftier musste z. B. die Zähne eines Pflanzenfressers aufweisen. So konnte er einen Unterkiefer eindeutig einem Beuteltier zuordnen.

SIEHE AUCH UNTER DINOSAURIER · ERDZEITALTER · EVOLUTION · GEOLOGIE · GLIEDERFÜSSER

Versteinerungen

Wirbellose

Raphidonema Schwamm warmer Meeresgebiete aus der Kreidezeit

Didymograptus Im Wasser schwebende Graptolithen aus dem Ordivizium

Trachyphyllia Pilzkoralle aus dem Miozän

Lonsdaleia Koloniebildende Koralle aus der Karbonzeit

Lovenia Herzseeigel mit abgeflachter Schale

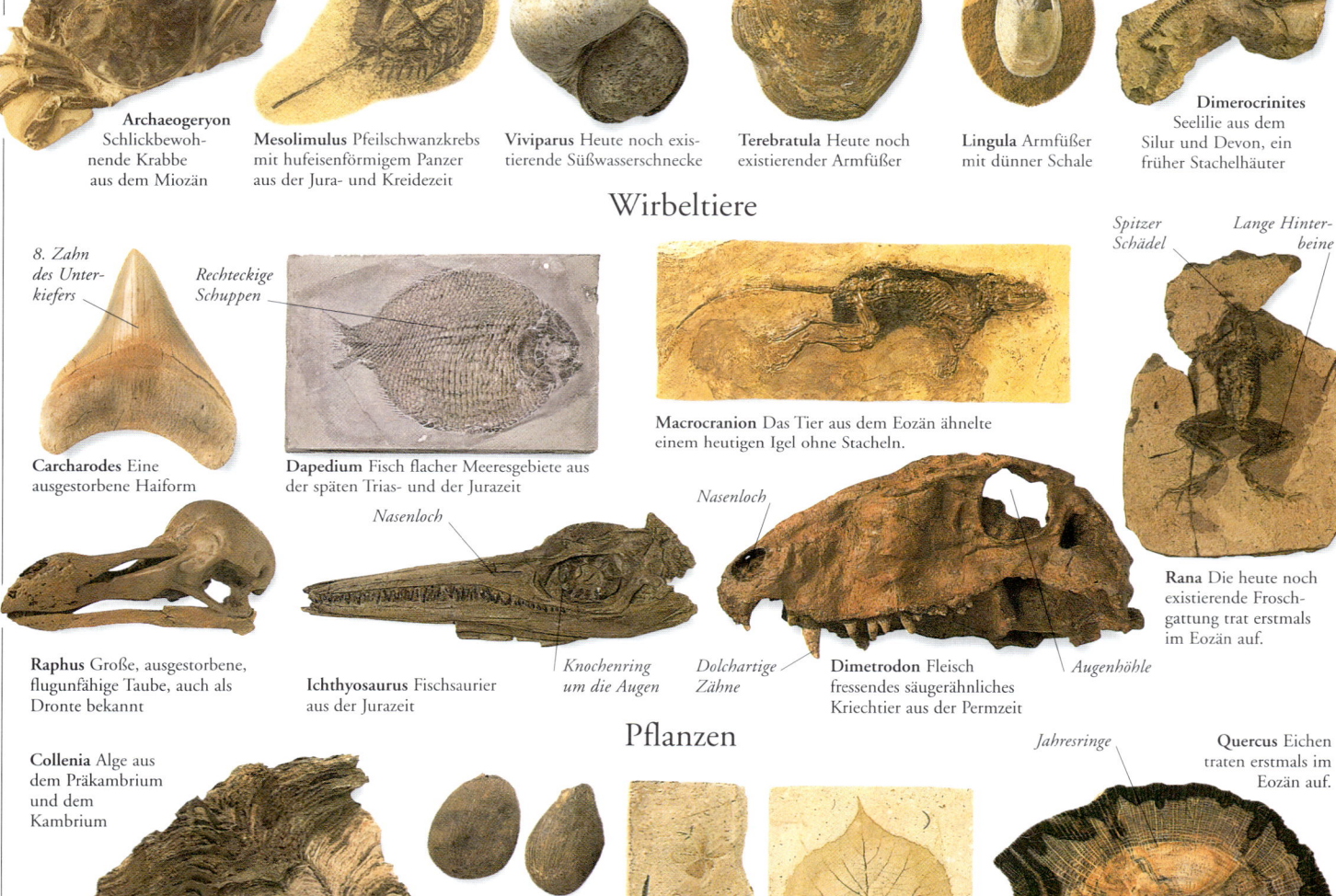

Archaeogeryon Schlickbewohnende Krabbe aus dem Miozän

Mesolimulus Pfeilschwanzkrebs mit hufeisenförmigem Panzer aus der Jura- und Kreidezeit

Viviparus Heute noch existierende Süßwasserschnecke

Armfüßer waren über einen Stiel am Boden festgeheftet.

Terebratula Heute noch existierender Armfüßer

Lingula Armfüßer mit dünner Schale

Stiel aus scheibenähnlichen Platten

Dimerocrinites Seelilie aus dem Silur und Devon, ein früher Stachelhäuter

Wirbeltiere

8. Zahn des Unterkiefers

Carcharodes Eine ausgestorbene Haiform

Rechteckige Schuppen

Dapedium Fisch flacher Meeresgebiete aus der späten Trias- und der Jurazeit

Macrocranion Das Tier aus dem Eozän ähnelte einem heutigen Igel ohne Stacheln.

Spitzer Schädel

Lange Hinterbeine

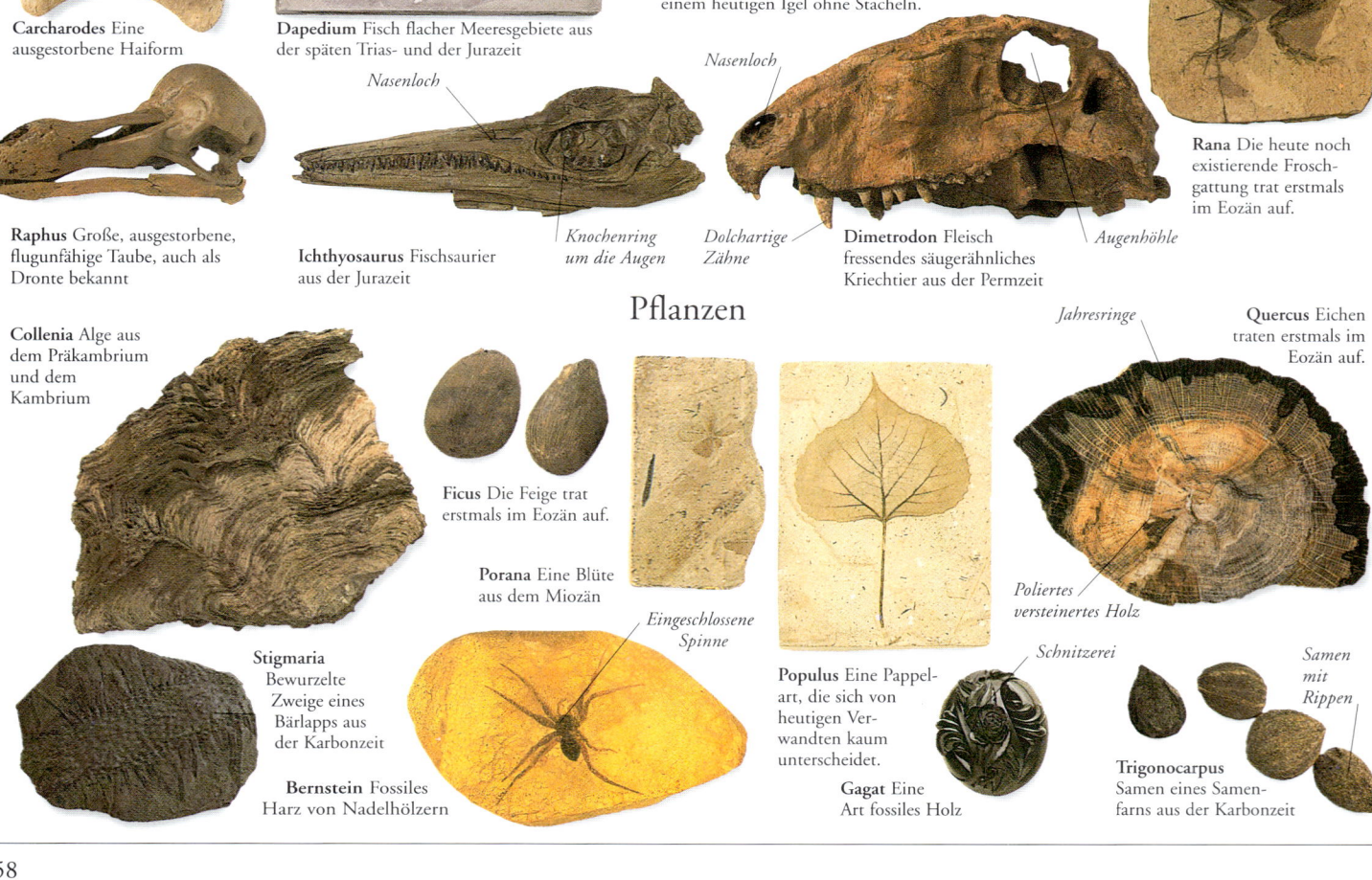

Raphus Große, ausgestorbene, flugunfähige Taube, auch als Dronte bekannt

Nasenloch

Ichthyosaurus Fischsaurier aus der Jurazeit

Knochenring um die Augen

Nasenloch

Dolchartige Zähne

Dimetrodon Fleisch fressendes säugerähnliches Kriechtier aus der Permzeit

Augenhöhle

Rana Die heute noch existierende Froschgattung trat erstmals im Eozän auf.

Pflanzen

Collenia Alge aus dem Präkambrium und dem Kambrium

Stigmaria Bewurzelte Zweige eines Bärlapps aus der Karbonzeit

Ficus Die Feige trat erstmals im Eozän auf.

Porana Eine Blüte aus dem Miozän

Eingeschlossene Spinne

Bernstein Fossiles Harz von Nadelhölzern

Populus Eine Pappelart, die sich von heutigen Verwandten kaum unterscheidet.

Schnitzerei

Gagat Eine Art fossiles Holz

Jahresringe

Quercus Eichen traten erstmals im Eozän auf.

Poliertes versteinertes Holz

Samen mit Rippen

Trigonocarpus Samen eines Samenfarns aus der Karbonzeit

FOTOAPPARATE

EIN VERSCHLOSSENER KASTEN mit einem Loch oder einem Objektiv an der einen Seite und einem lichtempfindlichen Film an der anderen, das sind die wichtigsten Bauteile des Fotoapparats. Beim Fotografieren richtet man das Objektiv mit den Linsen auf ein Objekt und drückt den Auslöser. Dadurch öffnet sich für kurze Zeit der Verschluss und vom Objekt ausgehendes Licht lässt ein scharfes Bild auf dem Film entstehen.

Teile einer Kamera

Heutige Kameras funktionieren meist vollautomatisch: Sie wählen automatisch die Belichtungszeit, die Blende und die Entfernung. Früher musste man diese 3 Werte von Hand einstellen. Sie entscheiden über die Qualität der Aufnahme.

Auslöser
Einstellknopf für Belichtungszeit
Selbstauslöser
Objektiv
Verriegelungsknopf für Objektiv
Einstellknopf für Belichtungszeit
Verbindung zum Blitz
Filmtransport
Auslöser
Blendeneinstellung
Objektiv
Entfernungseinstellung

Kleinbildkameras
Am beliebtesten sind Kleinbildkameras mit 24 x 36 mm Bildformat. Solche Kameras gibt es in verschiedenen Typen, von Systemkameras mit der Möglichkeit zum Objektivwechsel bis zu Kompaktkameras mit eingebautem Blitz und einem Zoomobjektiv, dessen Brennweite sich verändern lässt.

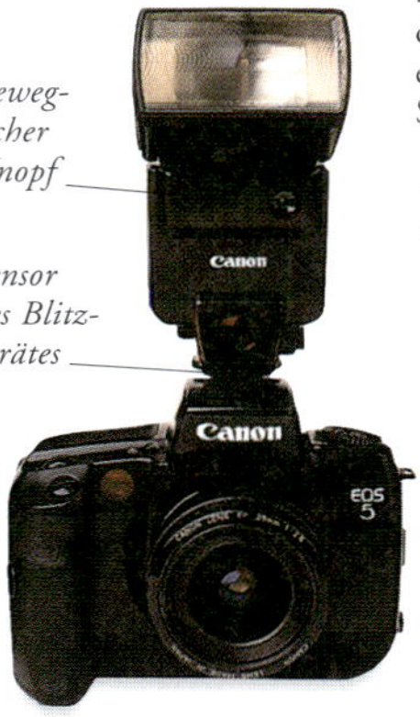

Objektive

Weitwinkelobjektive haben eine geringe Brennweite und bilden einen großen Ausschnitt ab. Mit dem Fischauge kann man sogar 360° abbilden. Teleobjektive haben eine lange Brennweite. Sie holen entfernte Gegenstände nah heran und bilden sie groß ab.

Normalobjektiv
Teleobjektiv
Weitwinkelobjektiv
Fischauge

Beweglicher Knopf
Sensor des Blitzgerätes

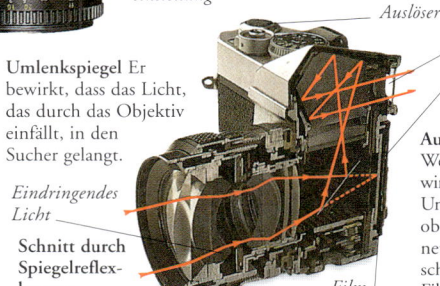

Umlenkspiegel
Er bewirkt, dass das Licht, das durch das Objektiv einfällt, in den Sucher gelangt.

Eindringendes Licht
Schnitt durch Spiegelreflexkamera
Auslöser
Sucher
Verschluss
Film

Auslöser
Wenn er betätigt wird, klappt der Umlenkspiegel nach oben. Danach öffnet sich der Verschluss und der Film wird belichtet.

Blitzgerät
Wenn es zu dunkel ist, braucht der Fotograf künstliches Licht vom Blitzgerät. Eine elektronische Steuerung sorgt dafür, dass der Blitz genau bei geöffnetem Verschluss aufleuchtet.

Spiegelreflexkamera
Im Sucher der Spiegelreflexkamera sieht man das Bild so, wie es auf dem Film erscheint. Ein Spiegel vor dem Verschluss lenkt das Licht nach oben in den Sucher. Der Umlenkspiegel klappt beim Auslösen hoch.

Filmtypen

Schwarzweiß- und Farbfilme liegen meist als Rollfilme in unterschiedlichen Formaten vor. In großformatigen Kameras verwendet man oft Platten. Die Lichtempfindlichkeit des Films wird in ASA/ISO oder DIN ausgedrückt.

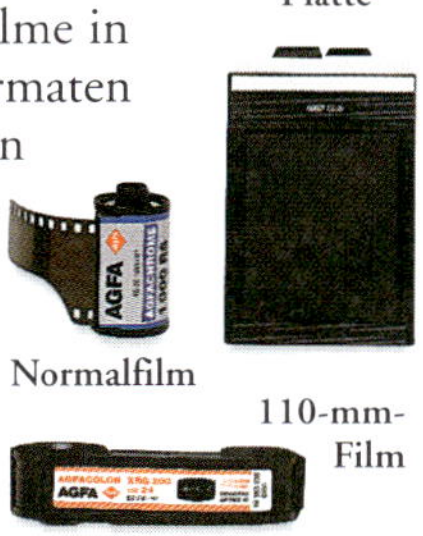

Platte
Normalfilm
110-mm-Film

George Eastman

Der amerikanische Erfinder George Eastman (1854–1932) gründete die Firma Kodak. Im Jahr 1884 produzierte er den ersten Rollfilm, 4 Jahre darauf die erste Boxkamera. Damit wurde die Fotografie jedermann zugänglich. 1889 brachte er den ersten Zelluloidfilm auf den Markt.

Blendenöffnung und Belichtungszeit

Mit der Blende steuert man die Lichtmenge, die auf den Film fällt. Über den Verschluss wählt man die Belichtungszeit. Es gilt die Regel: Je kleiner die Blendenöffnung, umso länger muss die Belichtungszeit sein, wenn das Bild scharf sein soll.

Blende 16, Belichtungszeit 1 Sek.
Blende 5,6, Belichtungszeit 0,125 Sek.
Blende 2, Belichtungszeit 1/60 Sek.

Digitale Kameras

Digitale Kameras verwenden keine Filme mehr. Das einfallende Licht wird Punkt für Punkt abgetastet. Die Daten werden auf Chips oder Disketten gespeichert und lassen sich am Computerbildschirm sichtbar machen.

Digitale Kamera

Chronologie

4. Jh. v. Chr. Erfindung der „Camera obscura": Sie besteht aus einem abgedunkelten Raum mit einer Öffnung, durch die Licht fällt.

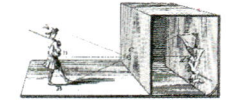

1822 Der Franzose Joseph Niepce nimmt das erste Bild auf einer asphaltbeschichteten Zinnplatte auf.

1839 Der Franzose Louis Daguerre entwickelt ein fotografisches Verfahren, die Daguerrotypie.

1839 Der Engländer William Fox Talbot erfindet ein Kopierverfahren für Fotografien.

1895 Die französischen Brüder Lumière entwickeln ein Gerät zur Aufnahme und Wiedergabe bewegter Bilder und erfinden damit die Kinematographie.

1948 Der amerikanische Erfinder Edwin Land baut die erste Sofortbildkamera. Sie wird von der Firma Polaroid verkauft.

1956 Erfindung der ersten digitalen Kamera. Sie speichert die Informationen über die Bildpunkte auf Magnetband.

SIEHE AUCH UNTER: ERFINDUNGEN · FARBEN · FERNSEHEN · FILM · FOTOGRAFIE · GLAS · KUNSTSTOFFE · LICHT · VIDEO

Kameratypen

Frühe Kameras

Kopfstehendes Bild

Talbots Kamera, 1835. Die Belichtungszeiten lagen über 1 Stunde.

Kamera für Daguerreotypien, Mitte 19. Jh. Die erste käufliche Kamera

Drahtauslöser

Kodak Autographic Special, 1918. Eine der ersten Rollfilmkameras

Festes Gehäuse

Ensign, 30er Jahre. Mit ausklappbarem Sucher, beliebt bei Sportfotografen

Brownie Hawkeye, 40er Jahre. Erstmals Verwendung von Kunststoffen

Oberes Objektiv für den Sucher

Duaflex, 50er Jahre. Eine zweiäugige Spiegelreflexkamera

Kleinbildkameras

Einstellknopf Belichtungszeit

Auslöser

Spiegelreflexkamera Die Entfernung wird von Hand eingestellt, Filmtransport durch Hebelaufzug.

Automatische Spiegelreflexkamera Einfädeln und Transport des Films erfolgen automatisch.

Einfache Kompaktkamera mit simplem Objektiv und eingebautem Blitz

Weiterentwickelte Kompaktkamera mit Zoom für Bildausschnitte

Elektrisch gesteuerter Zoom

Leica Diese deutsche Firma verwendete als erste Kleinbildfilme.

Das Bild ist hier zu sehen.

Spiegelreflexkamera mit Sucherlichtschacht. Die Kamera wird in Bauchhöhe gehalten.

Mittel- und Großformatkameras

Mittelformatkamera, 6 x 4,5 cm Ein leichter und handlicher Apparat

Mittelformatkamera, 6 x 6 cm Sie wird von vielen Berufsfotografen verwendet.

Mittelformatkamera mit Durchsichtsucher und automatischer Entfernungseinstellung

Mittelformatkamera, 6 x 7 cm Ideal für Landschaftsfotografien

Mittelformatkamera, 6 x 9 cm Dieses Format eignet sich sehr gut für starke Vergrößerungen.

Großformatkamera Für jedes Bild muss eine neue Platte eingelegt werden.

Spezialkameras

Großes Objektiv

Unterwasserkamera Sie ist selbst bei hohem Druck absolut wasserdicht.

Panoramakamera Während der Aufnahme wird das Objektiv um 360° geschwenkt.

Balgenkamera Mit dieser Kamera macht man Vergrößerungen für die Makrofotografie.

Ausziehbarer Balg für unterschiedliche Vergrößerungen

Bildausgabe

Polaroidkamera Sie liefert nach ca. 1 Minute ein fertiges Sofortbild.

Eingebauter Blitz

Wegwerfkamera Sehr einfache Kamera für nur einen Film.

Filmkameras

Debro pavro Eine der ersten Filmkameras. Den Film drehte man mit der Kurbel weiter.

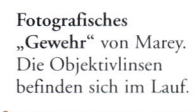

Fotografisches „Gewehr" von Marey. Die Objektivlinsen befinden sich im Lauf.

Der Abzug wirkt als Auslöser

Magazine für je 3 Filme nebeneinander

Technicolorkamera Mit dieser Kamera nahm man die ersten Farbfilme auf.

Vorsatz zum Fernhalten von Streulicht

Cine 8 Eine frühe Filmkamera für Amateure

Camcorder Diese Videokamera enthält keinen Film, sondern funktioniert digital.

Bildinformationen werden auf Magnetband gespeichert.

FOTOGRAFIE

MIT DER FOTOGRAFIE kann man einen Glücksmoment oder die Rekordleistung eines Sportlers festhalten. Die Fotografie zeigt die Grausamkeit des Krieges oder die Schönheit der Erde vom Weltraum aus. Allerdings liefert sie mehr als bunte Bilder für Zeitschriften. Mit Röntgenaufnahmen findet man Krankheitsherde im Körper oder macht fehlerhafte Schweißnähte in Pipelines ausfindig. Infrarotaufnahmen zeigen Baumschäden durch sauren Regen. Und mit Hilfe der Fotolithografie ätzt man winzige Stromkreise auf Computerchips.

Daguerres Fotografie der Dächer von Paris

Frühe Fotografien
Die erste Fotografie gelang dem Franzosen Joseph Niepce (1765–1833). Es war allerdings Louis Daguerre (1789–1851), der die Technik 1839 stark verbesserte. Die ersten Kameras konnten aber nur ruhende Objekte aufnehmen.

Verschiedene Techniken
Moderne Kameras machen das Fotografieren leicht. Berufsfotografen sind allerdings stark spezialisiert. Fotoreporter fangen die Stimmung großer historischer Augenblicke ein. Landschaftsfotografen hingegen brauchen viel Geduld und die Fähigkeiten eines Künstlers bei der Komposition ihres Bildes.

Weißer Schirm zur Reflexion des Lichts
Boden und Wände sind mit nahtlosem, weißem Papier bedeckt.
Der Streulichtschirm beseitigt Schatten.

Landschaftsfotografie
Die Natur bietet jedem Fotografen lohnende Objekte, weil sich die Stimmung mit Licht und Wetter und den Jahreszeiten ständig ändert. Dies versucht der Fotograf festzuhalten.

Schnappschüsse
Die Kamera kann Vorgänge zeigen, die das Auge nicht mehr wahrnimmt, weil sie zu schnell ablaufen. Heute kann man innerhalb 1 Sekunde 4 000 Bilder und mehr schießen. Sehr aufschlussreich sind mehrfach belichtete Bilder. Sie zeigen z. B. die Bewegungsabfolge beim Stabhochsprung.

Ost- und Westberliner an der Mauer, 1989

Netzanschlussgeräte für Studiobeleuchtung
Dreibeiniges Stativ für die Kamera
Filme in Schnellwechselmagazinen

Fotografen bei der Arbeit
Fotografieren kann man fast überall, doch qualitätvolle Bilder nimmt man am leichtesten in besonders ausgerüsteten Fotostudios auf. Der Fotograf übt hier vollkommene Kontrolle über den Hintergrund aus und kann die Richtung, Intensität und Farbe seiner Lichtquellen steuern.

Teamwork
Bei der Studiofotografie arbeiten viele Spezialisten zusammen. Der Fotograf braucht nicht nur das Modell und einen Assistenten, sondern vielleicht auch einen Friseur, eine Visagistin und eine Stylistin.

Makrofotografie
Bei der Makrofotografie macht man Nahaufnahmen. Auf Bildern von Blüten und Insekten beispielsweise erkennt man Einzelheiten, die man mit bloßem Auge nicht mehr sieht. Die Makrofotografie arbeitet auch mit Mikroskopen.

Fotoreportage
Fernsehbilder berichten live von Ereignissen in der Welt. Fotografien in Zeitschriften geben die Eindrücke aber oft besser wieder. Hiermit machen berühmte Fotoreporter z. B. auf die Schrecken des Krieges oder Hungersnöte aufmerksam.

Bildmanipulation
Das Verändern und Manipulieren von Fotografien ist seit jeher möglich. Doch Computer machen dies heute besonders einfach. Man kann z. B. 2 Bilder miteinander verschmelzen.

Städtischer Hintergrund aus dem Computer

Man Ray
Der 1890 in den USA geborene Maler und Fotograf Man Ray (E. Rudnitsky) zog 1921 nach Paris, wo er bis zu seinem Lebensende (1976) blieb. Ein Kennzeichen seines Stils waren Bilder mit dunklen Rändern, die er durch eine besondere Belichtungstechnik erreichte. Man Ray war dem Surrealismus verbunden. Er porträtierte berühmte Zeitgenossen, wie Picasso.

SIEHE AUCH UNTER | BUCHDRUCK | COMPUTER | ERFINDUNGEN | FERNSEHEN | FILM | FOTOAPPARATE | TRICKFILM

FRANKLIN, BENJAMIN

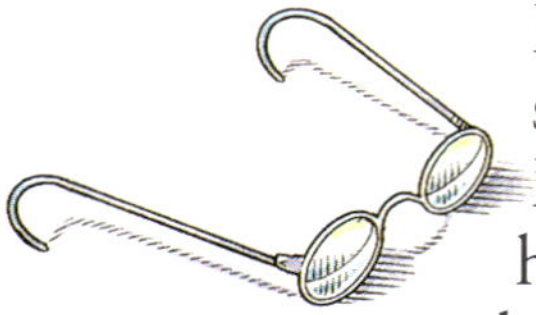

ERFINDER, DRUCKER, VERLEGER, Schriftsteller, Wissenschaftler, Politiker, Diplomat, Mitunterzeichner der amerikanischen Unabhängigkeitserklärung und der Verfassung – es gab kaum etwas, das Benjamin Franklin nicht angepackt hätte. Er stammte aus einer armen Familie, war aber sehr begabt und aufgeschlossen für alles Neue. So erfand er z. B. den Blitzableiter und die bifokale Brille. Seine eigentliche Leistung ist aber in seinem Beitrag zur Entstehung der Vereinigten Staaten von Amerika zu sehen.

Kindheit und Jugend
Benjamin Franklin wurde 1706 in der Hafenstadt Boston, USA, als Sohn eines Seifensieders und Wachsziehers geboren. Mit 10 Jahren verließ er die Schule, um dem Vater im Geschäft zu helfen. Später arbeitete er für seinen Halbbruder James, der eine Zeitung druckte und herausgab. Nach einem Zerwürfnis mit James ging Benjamin 1723 als Drucker nach Philadelphia.

Blitzableiter

Verbiegung durch Blitzschlag

Drucker
Franklin war als Drucker sehr erfolgreich und von 1732 bis 1757 Verleger des beliebten Almanachs *Poor Richard's*. Hierin veröffentlichte er viele allgemeingültige Sprüche, die später in die amerikanische Sprache eingingen. Er gründete auch eine Akademie, aus der die Universität von Pennsylvania hervorging.

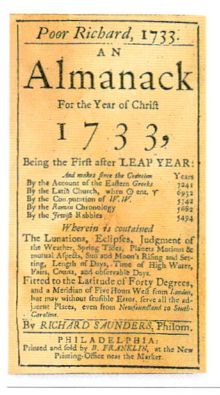

Wissenschaftler
Benjamin Franklin übergab 1748 seine Zeitungsdruckerei einem Mitarbeiter, um sich stärker der Naturwissenschaft zu widmen. Besonders interessierte ihn die Elektrizität, und die Beschäftigung damit führte zur Erfindung des Blitzableiters. Er verfasste auch eine Theorie über die Absorption von Wärme und spürte Wege auf, die die Stürme nehmen.

Blitzforschung
1752 ließ Franklin während eines Gewitters einen Drachen steigen, um die Elektrizität des Blitzes nachzuweisen. Die Elektrizität aus der Gewitterwolke floß an der feuchten Schnur entlang in einen Schlüssel aus Metall, an dem sich elektrische Ladung als Funken zeigte.

Franklins Blitzversuch war lebensgefährlich.

Erfinder
Franklin war ein rastloser Erfinder, der seine naturwissenschaftlichen Kenntnisse für zahlreiche Erfindungen einsetzte, die das Leben sicherer und angenehmer machten. Dazu gehörte z. B. die Bifokalbrille, bei der zwei Linsen so zusammengesetzt wurden, dass sie sowohl Kurz- wie Weitsichtigkeit korrigierten. Andere Erfindungen neben dem Blitzableiter waren ein Energiesparherd, den es heute noch gibt, und die „Armonica".

Sparherd
Unter Franklins vielen Erfindungen war auch ein Herd, der die Hitze nutzte, die sonst durch den Kamin entweicht. Ähnliche Herde gibt es noch in vielen amerikanischen Haushalten.

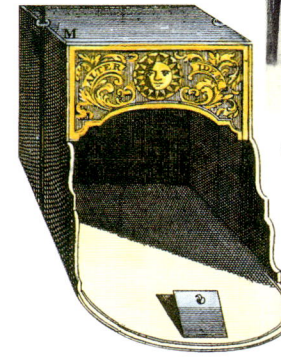

Die Töne auf der Glasharmonika wurden durch Reiben der feuchten Glasränder erzeugt.

Glasharmonika
Um 1760 baute Franklin ein merkwürdiges Musikinstrument, das aus einer Reihe von breiten Glasglocken bestand, die ineinander steckten. Wenn man die Pedale trat, bewegte eine Spindel die Glassäule durch ein Wasserbecken. Rieb der Musiker nun den Rand eines Glases, so erklang ein zarter Ton. Selbst Mozart und Beethoven haben für dieses Instrument Musik komponiert.

Staatsmann
Franklin war Mitglied des Komitees, das 1776 die Unabhängigkeitserklärung unterzeichnete. Im Jahr darauf segelte er nach Frankreich, um für sein Land die diplomatische Anerkennung zu erreichen. Nach dem Unabhängigkeitskrieg war er einer der Unterhändler bei den Friedensgesprächen.

Verfassung
1787 war Franklin am Entwurf der neuen amerikanischen Verfassung beteiligt. Obwohl sein Vorschlag für nur eine Kammer des Kongresses abgelehnt wurde, handelte er einen Kompromiss aus, der weitgehend der heutigen Verfassung entspricht.

Franklin (links) spricht vor dem König und der Königin von Frankreich (sitzend, rechts) am Hof.

BENJAMIN FRANKLIN

1706	Geboren in Boston, USA.
1723	Arbeit als Drucker
1732-57	Herausgeber des *Poor Richard's Almanac*
1752	Er führt den berühmten Versuch mit dem Blitz durch.
1776	Franklin ist an der Unabhängigkeitserklärung beteiligt.
1781	Delegierter bei den Friedensverhandlungen mit England
1787	Mitglied der verfassungsgebenden Versammlung
1790	Tod in Philadelphia, USA

SIEHE AUCH UNTER AMERIKANISCHE REVOLUTION · AUGE · ELEKTRIZITÄT · ERFINDUNGEN · MUSIKINSTRUMENTE · POLITIK UND MACHT · VEREINIGTE STAATEN VON AMERIKA, GESCHICHTE

FRANKREICH

FRANKREICH IST DAS GRÖSSTE LAND in Westeuropa und erstreckt sich von den Pyrenäen im Süden bis zum Ärmelkanal im Norden. Als Gründungsmitglied der Europäischen Wirtschaftsgemeinschaft, der heutigen Europäischen Union, spielt Frankreich eine große Rolle in der Weltpolitik. Das Land ist eine führende Industrienation und zugleich berühmt für seine landwirtschaftlichen Produkte. Zu Frankreich gehören auch Korsika, Französisch-Guyana sowie einige Inseln in der Karibik und im Pazifik.

FRANKREICH: DATEN	
HAUPTSTADT	Paris
FLÄCHE	543 965 km²
EINWOHNER	59 550 000
SPRACHE	Französisch
RELIGION	Christentum
WÄHRUNG	Euro
LEBENSERWARTUNG	78 Jahre
EINWOHNER PRO ARZT	330
REGIERUNG	Mehrparteiendemokratie
ANALPHABETEN	Unter 1 %

Seine
Auf ihrem Weg von der Quelle bis in die Nordsee fließt die Seine auch durch die Hauptstadt Paris. Die meisten französischen Flüsse, darunter auch die Loire und die Rhône, sind untereinander durch Kanäle verbunden, auf denen vor allem früher ein großer Teil der Transporte abgewickelt wurde.

Geografie
Frankreich ist landschaftlich vielgestaltig. Im Norden findet man hügelige Felder, im Zentralmassiv kahle Hänge, in den Alpen und Pyrenäen Hochgebirge. Der Südwesten ist Mittelmeerlandschaft.

Korsika
Mit 8 630 km² ist Korsika die drittgrößte Mittelmeerinsel. Sie besteht zum großen Teil aus schroffem Granitgebirge mit Hartlaubwald, dem Maquis. In den fruchtbaren Tälern halten die Menschen Schafe und bauen Wein an. Die Hauptstadt heißt Ajaccio.

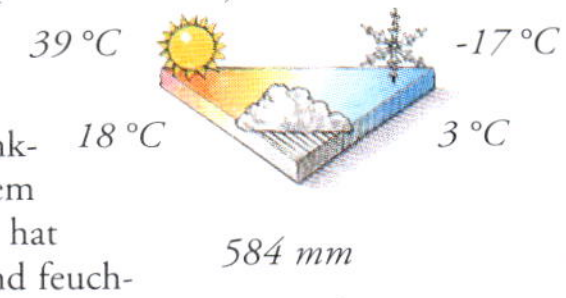

Klima
Nordwestfrankreich, vor allem die Bretagne, hat ein mildes und feuchtes Klima. Im Osten herrschen heiße Sommer und feuchte stürmische Winter vor. Im Süden sind die Sommer trockenheiß und es drohen ständig Waldbrände. In den Alpen und Pyrenäen fällt im Winter viel Schnee, sodass man dort gut Ski laufen kann.

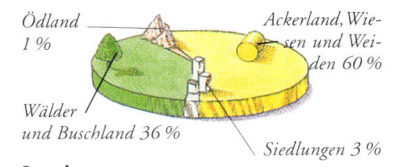

39 °C -17 °C
18 °C 3 °C
584 mm

Ödland 1 %
Ackerland, Wiesen und Weiden 60 %
Wälder und Buschland 36 %
Siedlungen 3 %

Landnutzung
Im Norden des Landes bauen die Menschen vor allem Weizen und Zuckerrüben an. Im Süden wächst viel Wein. Die Viehzucht ist überall verbreitet. Ein großer Teil des Zentralmassivs dient als Schafweide.

Paris
Der Louvre auf dem rechten Seine-Ufer in Paris war einst das Schloss der französischen Könige. Heute dient er als Museum. Auf dem linken Seine-Ufer wohnen vor allem Studenten und Künstler. Paris ist das kulturelle Zentrum Frankreichs und eine der schönsten und meistbesuchten Großstädte der Welt.

Das Museum des Louvre

FRANKREICH

Bevölkerung

Die Franzosen machen fast 94 % der Bevölkerung aus. Unter ihnen gibt es allerdings einige Gruppen, die eigene Sprachen sprechen und nach einer gewissen Unabhängigkeit streben. Zu ihnen zählen die Bretonen in der Bretagne, die rund 200 000 Basken in den Pyrenäen sowie die Korsen.

109 pro km²

75 % Stadt   25 % Land

Ethnische Gruppen
In Frankreich leben ungefähr 4 Millionen Einwanderer, darunter überwiegend Nordafrikaner und Wirtschaftsflüchtlinge aus Süd- und Osteuropa. Die meisten wohnen und arbeiten in Städten.

Sport und Freizeit

In Frankreich sind Fußball, Radfahren und Tennis sehr beliebt, ferner Pferde- und Autorennen. Die *French Open* von Paris ist eines der wichtigsten internationalen Tennisturniere.

Tour de France
Jedes Jahr fahren über 100 der besten Radprofis dieses berühmte Rundrennen. Es führt in 20–24 Tagesetappen über 3 500–4 000 km durch verschiedene Landschaften.

Boule
Auf allen Dorf- und Stadtplätzen in Frankreich wird Boule gespielt. Es ist das Nationalspiel der Franzosen. Man muss dabei eine große Metallkugel möglichst nahe an eine Zielkugel rollen.

Landwirtschaft

Die Franzosen haben eine vielseitige Landwirtschaft. Sie bauen Weizen, Gerste, Zuckerrüben, Obst und Wein an. Etwa ein Fünftel der landwirtschaftlichen Fläche dient als Weide für Kühe und Schafe. Frankreich produziert viel Käse und Fleisch.

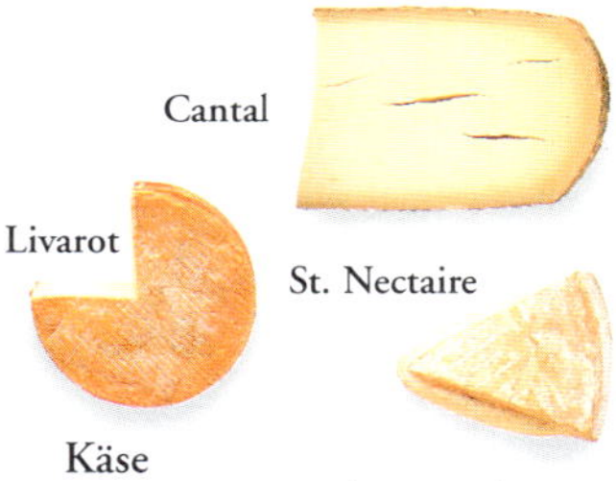

Cantal
Livarot
St. Nectaire

Käse
Die Franzosen produzieren über 350 Käsesorten aus Schaf-, Ziegen- und Kuhmilch. Berühmte Käsesorten sind z. B. St. Nectaire, Cantal, Livarot, Brie, Camembert sowie der Roquefort mit dem Blauschimmel.

Getreide
Das wichtigste Getreide Frankreichs ist der Weizen. Er wächst im fruchtbaren Norden, wo es große Betriebe gibt.

Wein
Aus der Champagne, Bordelais, Burgund und dem Rhônetal kommen weltberühmte Weine. Frankreich ist mit Italien führend in der Weinproduktion.

Landesküche

Die französische Küche genießt weltweiten Ruf und Begriffe wie Fritieren oder Flambieren stammen aus dem Französischen. Berühmte Gerichte sind die Bouillabaisse (Fischsuppe), Weinbergschnecken und Froschschenkel.

Garnelen
Zitronenscheibe
Schnecke
Hummer
Miesmuschel

Industrie

Frankreich ist ein Industrieland. Seine Stärken liegen in den Bereichen Chemie, Stahl, Elektronik, Fertigung und Weltraumtechnik. Die Kernkraft liefert Dreiviertel des benötigten Stroms. Eine wichtige Rolle spielen auch Parfums, Modeartikel und andere Luxusgüter.

Autos
Frankreichs Autoindustrie hat den 4. Rang in der Welt. Die meisten Franzosen kaufen einheimische Autos wie diesen Renault Espace. Weltmarken sind auch Peugeot und Citroen.

Parfums
Frankreich produziert weltberühmte Parfums, etwa Chanel. Man stellt sie u. a. aus ätherischen Ölen her, die man durch Wasserdampfdestillation aus Rosen, Jasmin und Lavendel gewinnt.

Tourismus
Die mondänen Ferienorte an der Côte d'Azur in Südostfrankreich ziehen im Sommer hunderttausende von Touristen an. Neben den Franzosen selbst kommen vor allem Deutsche und Briten in den Ferien hierher.

Transport

Frankreich hat den schnellsten Zug der Welt, den TGV, der mit einer Reisegeschwindigkeit von bis zu 300 km/h fährt. Ein Tunnel unter dem Ärmelkanal verbindet Frankreich direkt mit England.

Monaco

Das kleine unabhängige Fürstentum an der Côte d'Azur bezieht sein Einkommen aus dem Tourismus, dem Bankwesen, der Umsatzsteuer und dem Glücksspiel. Monaco pflegt enge Beziehungen zu Frankreich.

Spielcasino
Die Einwohner von Monaco zahlen kaum Steuern und haben das höchste Prokopfeinkommen auf der ganzen Welt. Das Spielcasino in Monte Carlo steht jedermann offen, der genügend Geld zum Ausgeben hat.

MONACO: DATEN

HAUPTSTADT Monaco
FLÄCHE 1,95 km²
EINWOHNER 32 000
SPRACHE Französisch
RELIGION Christentum
WÄHRUNG Euro
LEBENSERWARTUNG 78 J.

SIEHE AUCH UNTER | EISENBAHN | EUROPA, GESCHICHTE | EUROPÄISCHE UNION | FRANKREICH, GESCHICHTE | KLEIDUNG UND MODE | KRAFTFAHRZEUGE | LANDWIRTSCHAFT | RADSPORT | WELTREICHE

FRANKREICH, GESCHICHTE

FRANKREICH WAR EINST das Reich der Franken, des germanischen Stammes, der das Land im 5. Jh. eroberte und zu einem der größten Reiche im Mittelalter machte. In der Geschichte Europas spielte es eine wichtige Rolle. Es besaß bedeutende Herrscher, von Karl dem Großen im 9. Jh. über Ludwig XIV. im 17. Jh. bis zu Napoleon im 19. Jh. Unter Napoleon umfasste Frankreich einen Großteil Europas. Mit Deutschland führte Frankreich in der Zeit von 1870 bis 1945 drei erbitterte Kriege. Heute ist Frankreich ein führendes Mitglied der Europäischen Union und eines der reichsten Länder der Erde. Es gilt als eine der Supermächte der Welt.

Pferdekopf, Schnitzerei, um 10000 v. Chr.

Vorgeschichte
Unter den ersten Bewohnern Frankreichs gab es begabte Künstler. Vor über 20 000 Jahren schmückten sie die Höhlen von Lascaux und andere mit lebensnahen Malereien von Tieren. Die Archäologen fanden auch Schnitzarbeiten aus Knochen, Geweih und Gestein.

Schale aus Terra sigillata

Frankreich zur Römerzeit
In der Zeit von 58 bis 51 v. Chr. eroberte eine römische Armee unter Julius Caesar Frankreich. Die neue Provinz Gallien wurde eine der reichsten im Römischen Reich. Der Handel blühte. Die Römer bauten Straßen und Brücken und führten den Weinbau ein.

Zur Römerzeit stellten Töpfer in Gallien diese Tonware her.

Franken
Im Jahr 486 schlugen die germanischen Franken den letzten römischen Statthalter Galliens in die Flucht. Die Franken übernahmen die Herrschaft und die römische Kultur. Ihr Reich fiel in Bürgerkriegen auseinander. Erst die Könige Karl Martell, Pippin III. und Karl der Große stellten im 8. und 9. Jh. die Ordnung wieder her.

Karl der Große

Frankreich im Mittelalter
Wie auch anderswo in Europa wurde die Macht der französischen Könige stets von lokalen Fürsten eingegrenzt. Trotzdem stieg Frankreich im 11. Jh. zu einem der reichsten und mächtigsten Länder in Europa auf. Größere Handelsmärkte in der Champagne zogen Kaufleute aus ganz Europa an. Überall in Frankreich blühte der Handel.

Das Reich der Anjou
Dem Grafenhaus Anjou in Westfrankreich entstammten einige englische Könige, die dort das Haus Plantagenet begründeten. Nach dem Aussterben der französischen Linie 1480 wurde „Herzog von Anjou" Titel der französischen Prinzen.

Château Gaillard, Grafschaft Anjou

Religionskriege
Die Reformation entzweite Frankreich. Viele Katholiken wurden Protestanten und nannten sich Hugenotten. 1562 brach ein blutiger Bürgerkrieg aus. Das Edikt von Nantes im Jahr 1598 gewährte Religionsfreiheit, doch die Spannungen blieben. 1685 widerrief Ludwig XIV. das Edikt. Viele Hugenotten flohen nach England, Holland und Deutschland.

Renaissance
Jeanne d'Arc, die für Frankreichs Unabhängigkeit kämpfte, wurde 1431 von den Engländern auf dem Scheiterhaufen verbrannt. Im Lauf des 15. Jh. vertrieben die französischen Könige die Engländer, zerschlugen die Macht der Adligen und schufen ein einheitliches Reich. Im 16. Jh. kamen die Ideen der Renaissance von Italien nach Frankreich und die Künste blühten auf.

Das goldene Zeitalter
Das 17. und 18. Jh. waren das goldene Zeitalter der Künste. Mit königlicher Hilfe wurden 1602 die Gobelin- und 1756 die Porzellanmanufaktur von Sèvres gegründet. Der Adel unterstützte Maler wie Jean-Antoine Watteau und Jean Honoré Fragonard sowie Dichter und Schriftsteller wie Racine, Molière, Corneille oder Jean de La Fontaine.

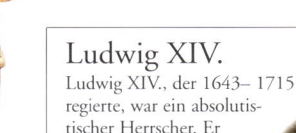

Bourbonen
Unter den Bourbonen entwickelte sich Frankreich im 17. Jh. zur führenden Macht in Europa. Die Habsburger, die über Spanien und Österreich herrschten und Frankreich feindlich gesinnt waren, wurden besiegt. Industrie und Handel blühten, und Frankreich begann Kolonien in Nordamerika und Indien einzurichten.

Schloss von Versailles
Um seine Macht zu stärken und die des Adels zu verringern, baute Ludwig XIV. dieses Schloss außerhalb von Paris. 36 000 Menschen, darunter die besten Künstler Frankreichs, waren am Bau beschäftigt. Im Zentrum war das Schlafzimmer des Königs, in dem Ludwig – im Bett liegend – Gäste empfing.

Handgemalte Figuren

Vergoldung

Kerzenleuchter aus Porzellan, Sèvres

Ludwig XIV.
Ludwig XIV., der 1643–1715 regierte, war ein absolutistischer Herrscher. Er glaubte, das Recht auf Herrschaft sei von Gott verliehen, und regierte ohne Parlament. Er organisierte die Armee neu und eroberte die Niederlande, Burgund und Elsass. Der aufwendige Lebensstil des Sonnenkönigs führte Frankreich zum Schluss aber fast in den Bankrott.

Monarchie und Kaiserreich

Nach der endgültigen Niederlage Napoleons im Jahr 1815 hatte Frankreich eine Reihe kurzlebiger schwacher Regierungen. Von 1815–48 regierten 3 Könige aus dem Haus der Bourbonen bzw. dem Haus Orléans. Die Zweite Republik zerbrach, als ihr Präsident Louis-Napoleon Kaiser wurde. Er regierte 1852–70.

Februarrevolution von 1848
Im Februar 1848 erhoben sich die Pariser gegen ihren unfähigen König Louis Philippe. Die Zweite Republik wurde gegründet. An ihrer Spitze stand Louis-Napoleon, ein Neffe des großen Napoleon. Er versprach erst radikale Reformen, ließ sich jedoch 1852 zum Kaiser krönen.

Revolutionäre in Paris, 1848

Französische Revolution
Die Revolution brach 1789 aus und fegte den König sowie den Adel hinweg. Es wurde ein Nationalkonvent gegründet, der im sog. Ballhausschwur gelobte, nicht eher auseinander zu gehen, bis Frankreich eine neue Verfassung hätte. Das Ende der Revolutionszeit kam 1804, als Napoleon Bonaparte Kaiser wurde.

Ausrüstung eines Infanteristen, Deutsch-Französischer Krieg

Deutsch-Französischer Krieg
1870–71 führten Deutschland und Frankreich Krieg. Die französischen Armeen waren schlecht darauf vorbereitet und unterlagen in der Schlacht von Sedan. Napoleon III. wurde gefangen und das Kaisertum in Frankreich brach zusammen. Elsass und Lothringen kamen zu Deutschland.

Dritte Republik
Die Dritte Republik (1870–1940) litt unter inneren Streitigkeiten und Konflikten zwischen Gemäßigten und Radikalen, Sozialisten und Anhängern einer Monarchie. Zwischen 1918 und 1940 gab es 44 Regierungen und 20 verschiedene Premierminister. Trotzdem blieb Frankreich eine führende Nation in Europa mit einem weltweiten Reich.

J'Accuse, Titel des Beitrags von Emile Zola zu Gunsten von Dreyfus

Die Affäre Dreyfus
Im Oktober 1894 wurde der jüdische Hauptmann Alfred Dreyfus wegen Landesverrats verurteilt. Er soll militärische Geheimnisse an Deutschland verraten haben. Doch das Gerichtsverfahren war regelwidrig gewesen, und die Affäre erschütterte ganz Frankreich. 1906 wurde Dreyfus rehabilitiert und bekam alle Ehrenrechte zurück.

Vichy-Regierung
Im Jahr 1940 fiel Deutschland in Frankreich ein und besetzte einen großen Teil des Landes. Im unbesetzten Teil errichtete Marschall Pétain eine autoritäre Regierung mit Sitz in Vichy. Dieses Regime arbeitete mit den Deutschen zusammen. Den Widerstand leitete von London aus Charles de Gaulle. Er war Anführer des Freien Frankreich und der Widerstandsbewegung, der Résistance.

Lothringer Kreuz — Fahne des Freien Frankreich

Moderne Zeit
Nach der Befreiung Frankreichs von der deutschen Besatzung im Jahr 1944 wurde die Vierte Republik errichtet. Sie war jedoch schwach und brach durch die Staatskrise während des Algerienkrieges 1958 zusammen. Charles de Gaulle wurde schließlich als Ministerpräsident berufen. Er gründete die Fünfte Republik.

Mai 1968
Im Mai 1968 verlangten die Studenten mehr Geld für die Ausbildung und eine Verringerung der hohen Verteidigungsausgaben. Nach ersten Demonstrationen brachen in Paris und anderen Städten Unruhen aus. Nach Kämpfen zwischen Polizei und Studenten kam es zum Generalstreik.

Nach den Maiunruhen, Paris 1968

Charles de Gaulle
Charles de Gaulle (1890–1970) war Offizier und befehligte eine Panzerdivision. Beim Zusammenbruch Frankreichs 1940 floh er nach Großbritannien und rief seine Landsleute zum Widerstand gegen die Deutschen auf. Im Jahr 1958 wurde er Präsident der Republik und führte sein Land bis zum Rücktritt 1969. Unter de Gaulle begann die Versöhnung zwischen Frankreich und Deutschland.

Algerienkrieg
Im Jahr 1954 verlangte Algerien, eine von mehreren französischen Kolonien in Afrika, die Unabhängigkeit. Dies führte zum Konflikt mit französischen Siedlern in Algerien. Die französische Armee unterstützte die Siedler in ihrem Wunsch, weiterhin zu Frankreich zu gehören und begann einen brutalen Krieg gegen die algerischen Rebellen. Die Algerier erlangten schließlich 1962 die Unabhängigkeit.

Chronologie

58–51 v. Chr. Gallien, das heutige Frankreich, wird dem Römischen Reich eingegliedert.

486 n. Chr. Die Franken übernehmen die Herrschaft.

1337–1453 Hundertjähriger Krieg zwischen Frankreich und England

1589 Heinrich IV. aus dem Haus Bourbon wird König.

1643–1715 Frankreich steht unter Ludwig XIV. am Höhepunkt der Macht.

1789 Beginn der Französischen Revolution

Encyclopédie, 1751

1848 Gründung der kurzlebigen Zweiten Republik nach der Februarrevolution

1870–71 Gründung der Dritten Republik

um 1875 Claude Monet und andere französische Maler begründen den Impressionismus.

Wasserlilien, Claude Monet

1914–18 Frankreich kämpft gegen Deutschland im 1. Weltkrieg.

1946 Gründung der Vierten Republik nach Ende des 2. Weltkriegs

ab 1951 Frankreich hat eine führende Rolle in der europäischen Einigung.

1958 De Gaulle führt die Regierung und gründet die Fünfte Republik.

SIEHE AUCH UNTER DEUTSCHLAND, GESCHICHTE · EUROPA, GESCHICHTE · FRANZÖSISCHE REVOLUTION · MITTELALTER · NAPOLEON BONAPARTE · NAPOLEONISCHE KRIEGE · WELTKRIEG, ERSTER · WELTKRIEG, ZWEITER

FRANZÖSISCHE REVOLUTION

IM JAHR 1789 BRACH IN PARIS die Revolution aus. Das Volk begehrte gegen Not und Ungerechtigkeit auf und beendete die Monarchie und den alten Ständestaat. Bis 1789 war die Armut unter dem Volk sehr groß. Der König war bei seinen Untertanen wenig beliebt, Adel und Geistlichkeit waren verhasst. Nach der Gründung des Nationalkonvents wurde aus Frankreich eine Republik und der König wurde hingerichtet.

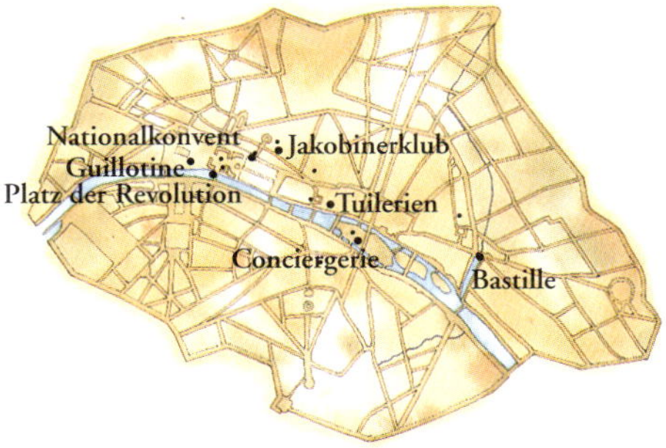

Revolution in Paris
Die eigentliche Revolution fand auf den Straßen von Paris statt. Politische Gruppen wie die Jakobiner entstanden. Sie erhielten viel Zulauf aus dem kleinen Volk, den *Sansculotten*.

Nationalkonvent
Als 1788 Frankreichs Staatskassen leer waren, berief Ludwig XVI. die Generalstände ein – Adel, Geistlichkeit und Bürgertum –, um Steuern zu erlassen. Der dritte Stand formte daraufhin die Nationalversammlung und gab sich eine neue Verfassung.

Menschenrechte
Der Nationalversammlung proklamierte die Menschen- und Bürgerrechte: „Alle Menschen sind von Natur und vor dem Gesetz gleich." Frauenrechte waren nicht erwähnt, aber die Ideale – Freiheit, Gleichheit, Brüderlichkeit – schlossen sie ein.

Sturm der Bastille
Eine wütende Volksmenge stürmte 1789 die Bastille, das Staatsgefängnis. Es war jahrzehntelang ein Symbol der Unterdrückung des Volkes. Der Sturm auf die Bastille war das Fanal für die Rebellion. Auf dem Land griffen die Bauern die Sitze des verhassten Adels an.

Die Bonnet war eine rote Mütze, das Zeichen der Revolution und Jakobiner. Im alten Rom trugen sie freigelassene Sklaven.

Korsisches Arbeiterhemd

Weiß war die Farbe des Königshauses.

Rot und Blau sind die Farben von Paris.

Gestreifte Hose

Feste Lederschuhe

Schreckensherrschaft
Die Revolution war bis 1792 mehrmals bedroht. Nahrungsmittel wurden gekürzt, auf dem Land gab es Aufstände der Königstreuen, Preußen wollte in Frankreich die Monarchie wiederherstellen. Die Macht der Jakobiner nahm zu. Sie riefen die Rebublik aus und richteten 1793 den König hin. Dann gründeten sie den Wohlfahrtsausschuss und führten eine Schreckensherrschaft. Jeder, der als Gegner der Revolution galt, kam unter die Guillotine. 1794 wurden die Jakobinerführer selbst enthauptet.

Guillotine
Dieses Fallbeil trug seinen Namen nach einem französischen Arzt. Die Guillotine bestand aus einem Holzgerüst mit einem scharfen Beil, das beim Herabfallen den Kopf des Opfers vom Rumpf trennte. Man hielt die Tötungsmaschine für menschlicher, weil sie rascher arbeitete als der frühere Henker.

Scharfes Beil

Robespierre
Der Rechtsanwalt Maximilien Robespierre (1758–1794) war einer der Revolutionsführer. Er leitete den Jakobinerklub und wurde 1793 Vorsitzender des Wohlfahrtsausschusses, der die Schreckensherrschaft einführte. 1794 musste auch Robespierre unter die Guillotine.

Revolutionäre
An der Französischen Revolution waren Männer und Frauen aus allen Volksschichten beteiligt: Anwälte, Bauern, Handwerker… Man nannte sie *Sansculotten*, weil sie im Gegensatz zum Adel keine Culotten, keine Kniehosen trugen. Zwei Gruppen standen sich gegenüber: die radikalen Jakobiner und die gemäßigten Girondisten.

Marseillaise
Seit 1792 verbreitete sich die Revolutionsidee über Frankreichs Grenzen. Ein Soldat der Rheinarmee komponierte die *Marseillaise*. Sie ist heute Frankreichs Nationalhymne.

Chronologie

1788 Frankreich ist bankrott. Ludwig XVI. ruft die Generalstände ein.

Mai 1789 Der 3. Stand formiert sich als Nationalkonvent.

Louis XVI.

14. Juli 1789 Der Pariser Mob stürmt die Bastille; Beginn der Revolution.

27. August 1789 Der Nationalkonvent verkündet die Menschenrechte.

Oktober 1789 Die Frauen marschieren nach Versailles, um Brot zu fordern.

1791 Die Französische Revolution regt zum Sklavenaufstand auf Haiti an.

1792 Die Nationalversammlung schafft die Monarchie ab. Frankreich wird Republik. Krieg mit Österreich und Preußen.

1793 Ludwig XVI. wird hingerichtet. Es kommt zur Konterrevolution. In ganz Europa Krieg mit dem Revolutionsheer.

1793–94 Schreckensherrschaft der Jakobiner

1795 Ein Direktorium aus 5 Männern regiert.

1799 Napoleon setzt das Direktorium ab und übernimmt als Konsul die Regierungsgewalt.

1804 Napoleon krönt sich in Paris selbst zum Kaiser.

SIEHE AUCH UNTER AMERIKANISCHE REVOLUTION • EUROPA, GESCHICHTE • FRANKREICH, GESCHICHTE • NAPOLEON BONAPARTE • POLITIK UND MACHT

FRAUENBEWEGUNG

ALS EMMELINE PANKHURST 1858 in England geboren wurde, hatten die Frauen kaum irgendwelche Rechte. Sie durften z. B. nicht wählen und konnten so auch nicht die Gesetzgebung beeinflussen. Das Wahlrecht zu erlangen machten sich Emmeline und ihre Töchter zur Lebensaufgabe. In ihrem Kampf dafür erfanden sie bis dahin ungekannte Strategien. So organisierten sie Protestmärsche ihrer Anhänger und ketteten sich selbst an Gebäuden an, um die Aufmerksamkeit der Öffentlichkeit zu erregen. Im Jahr 1918 erhielten die Frauen ab 30 Jahren schließlich das Wahlrecht in England. Dies war der Anfang zur Selbstbestimmung der Frauen.

Die Pankhursts
Emmeline Goulden (1858–1928) wurde in Manchester, England, geboren und besuchte ein Mädchenpensionat in Paris. Sie heiratete den Rechtsanwalt Richard Pankhurst, mit dem sie drei Töchter hatte. Christabel (1880–1958) und Sylvia (1882–1960), Vorsitzende der WSPU, unterstützten sie in ihrem Kampf.

Emmeline Pankhurst

Christabel Pankhurst

Sylvia Pankhurst
Die Sozialistin und Feministin Sylvia für das Stimmrecht eine Massenbewegung der Armen im Londoner East End in Gang. Als Pazifistin setzte sie sich im 1. Weltkrieg für den Frieden ein. Später kümmerte sie sich vor allem um Äthiopien.

WSPU
Emmeline Parker, ursprünglich Labour-Mitglied, gründete 1903 mit ihrer Tochter die WSPU, die Women's Social and Political Union in Manchester. Die WSPU wurde immer militanter und kämpferischer, als sich auch der liberale Premierminister 1906 gegen das Frauenwahlrecht ausgesprochen hatte.

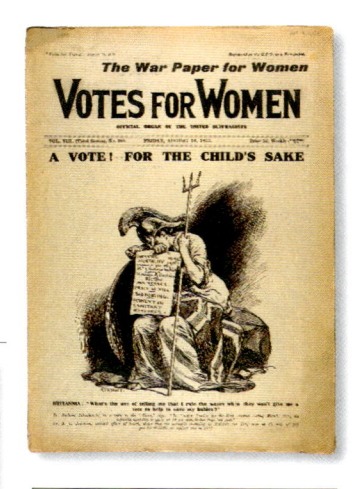

Suffragetten
Das Wort kommt vom englischen „suffrage", Stimmrecht. Als *Suffragetten* bezeichnete man Frauen, die oft unter Einsatz ihres Lebens für ihr Stimmrecht kämpften. So warf sich z. B. Emily Davison beim Pferderennen in Derby vor das Pferd des Königs und wurde zu Tode getrampelt. Andere Suffragetten kamen ins Gefängnis.

Demonstrationen
In den großen englischen Städten gingen Frauen für ihr Stimmrecht auf die Straße. Die größte Demonstration fand 1908 im Hyde Park in London statt. 200 000 Frauen nahmen daran teil. Besonders Mutige störten Gegenversammlungen und griffen sogar prominente Politiker an, die gegen das Frauenstimmrecht waren. Andere zerstörten öffentliche Gebäude. Viele dieser Frauen wanderten ins Gefängnis.

Stimmrecht für Frauen
Die Pankhursts verstanden es gut, die öffentliche Meinung für ihre Sache zu gewinnen. Sie gründeten die Frauenzeitung *Votes for Women*, die sie auf der Straße verkauften. Auch produzierten sie eine Art von Fan-Artikeln, um ihr Anliegen allgemein bekannt zu machen und Geld zu sammeln. Das war eine Form moderner Propaganda.

Hannah Mitchell
Hannah Mitchell (1871–1956) wurde in ärmlichen Verhältnissen auf dem Land in England geboren. Mit 14 Jahren lief sie von zu Hause fort und arbeitete als Dienstmädchen und Näherin. Als aktive Suffragette war Hannah Mitchell Stadträtin und Friedensrichterin in Manchester. Ihre Autobiographie beschreibt die Auflehnung gegen die Gesellschaft.

Gefängnis
Viele Suffragetten wurden eingesperrt. Man behandelte sie wie gewöhnliche Verbrecherinnen unter verschärften Bedingungen. Um als politische Gefangene anerkannt zu werden, traten viele Inhaftierte in Hungerstreik. Sie wurden qualvoll künstlich ernährt.

Die Haft
Die Pankhursts waren mehrmals im Gefängnis. Allein 1913 wurde Emmeline 12-mal festgesetzt und auf Grund des „Katz-und-Maus-Erlasses" jedes Mal wieder freigelassen.

Emmeline und Christabel in Gefängniskleidung, 1908

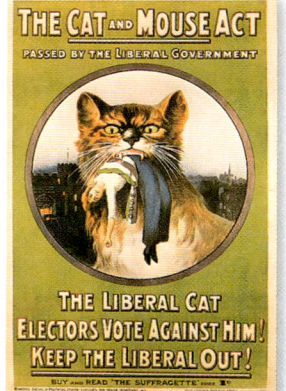

„Katz-und-Maus-Erlass"
1913 erließ das britische Parlament ein Gesetz, nach dem hungerstreikende Gefangene solange freigelassen wurden, bis sie wieder bei Kräften waren. Danach wurden sie erneut aufgegriffen und inhaftiert.

PANKHURST-FAMILIE

1858	Emmeline Pankhurst, geb. Goulden, in Manchester geboren
1880	Geburt von Christabel
1882	Geburt von Sylvia
1885	Geburt von Adela
1903	Gründung der WSPU
1913	Emmeline erhält wegen Brandstiftung 3 Jahre Haft.
1918	Christabel kandidiert erfolglos für das Parlament.
1918	Englische Frauen über 30 Jahre erhalten das Wahlrecht.
1928	Frauenstimmrecht mit 21, damit Männern gleichgestellt

SIEHE AUCH UNTER EMANZIPATION · ERZIEHUNG · MENSCHENRECHTE · POLITIK UND MACHT · RECHT UND GESETZ · VERBRECHEN

FREUD, SIGMUND

VOR 150 JAHREN hatte man noch keine Vorstellung, wie Geist und Seele des Menschen funktionieren. Sigmund Freud brachte als Erster Licht in dieses Dunkel. Er wird deshalb oft als Vater der Psychiatrie bezeichnet. Freud war Österreicher und verbrachte den größten Teil seines Lebens in Wien. Er beschäftigte sich mit Traumdeutung und dem Unbewußten. Er erforschte, wie Ereignisse vor allem der frühen Kindheit das Handeln und Empfinden der erwachsenen Menschen beeinflussen, und entwickelte die Psychoanalyse.

Kindheit und Jugend
Freud kam 1856 in der tschechischen Stadt Pribor (Freiberg) auf die Welt. 1859 übersiedelte seine Familie nach Wien. Freud war ein glänzender Schüler und 6 Jahre lang Klassenprimus. Er interessierte sich erst für Philosophie, nahm aber 1873 das Medizinstudium in Wien auf. 1881 bekam er den Doktortitel.

Freuds Couch

Die Psychoanalyse
Im Jahr 1886 begann sich Freud auf seelische Erkrankungen wie Neurosen zu spezialisieren. Um herauszufinden, was diese Krankheiten verursachte, verwendete er zunächst die Hypnose, später die freie Assoziation. Dabei sollten seine Patienten aussprechen, was ihnen gerade einfiel, weil er glaubte, sie würden dabei den Grund für ihre Krankheit verraten. Freud veröffentlichte seine Vorstellungen 1895 in seinem Werk *Studien über Hysterie*.

Freuds Brille

Notizen über Patienten

Die Couch des Analytikers
Ein großer Teil von Freuds Arbeit bestand darin, seinen Patienten zuzuhören, wenn sie über sich sprachen. Der Patient lag auf einer Couch in Freuds Studierzimmer. Freud selbst saß am Schreibtisch, umgeben von seiner Sammlung altägyptischer Statuen und machte Notizen. Diese Technik wird heute noch verwendet. Freuds Werke bestehen zum großen Teil aus Fallbeschreibungen: Berichte von psychoanalytischen Sitzungen und Schlüssen, die Freud daraus zog.

Zur Psychopathologie des Alltagslebens (1904)

Die Traumdeutung (1900)

Traumdeutung
Freud glaubte, dass unter unserem bewussten Geist das Unbewusste liegt, das einen großen Teil unseres Verhaltens bestimmt. In Träumen würde das Unbewusste zur Oberfläche gelangen. Diese Theorie veröffentlichte er in seinem Werk *Die Traumdeutung* (1900).

Versprecher
In seinem Buch *Zur Psychopathologie des Alltagslebens* (1904) erklärte Freud, Versprecher könnten verborgene, unbewusste Wünsche enthüllen. Er sah Verbindungen zwischen dem, was wir sagen und tun, und dem, was wir eigentlich meinen.

Freuds Stuhl

Internationale Psychoanalytische Vereinigung
Zu Beginn seiner Karriere stieß Freud auf viel Widerstand, doch langsam setzten sich seine Ideen durch. Im Jahr 1902 gründete er in Wien eine psychoanalytische Gesellschaft, 1910 die Internationale Psychoanalytische Vereinigung, um seine Ideen zu verbreiten. Bei regelmäßigen Treffen und Diskussionen bestätigte Freud seine Theorien und machte sie einem breiteren Publikum zugänglich.

Carl Gustav Jung
Der Schweizer Psychiater C. G. Jung (1875–1961) und Freud hielten 1909 in den USA gemeinsam Vorlesungen ab. Jung war der erste Präsident der Internationalen Psychoanalytischen Vereinigung. 1914 trat er zurück. Später gründete er eine eigene psychologische Schule.

Späteres Leben
In den 20er Jahren entwickelte Freud seine Theorie über die Seele. Danach besteht sie aus 3 Teilen: dem Es oder Unbewussten, das die Triebe enthält, dem Ich oder Bewusstsein und dem Über-Ich, das bestimmte Verhaltensweisen fordert. Freud verließ Österreich, als es von Deutschen besetzt wurde.

Anna Freud
1938 ging Freud nach London. Dort starb er auch im darauffolgenden Jahr. Seine jüngste Tochter Anna (1895–1982) führte seine Arbeiten fort. Als Lehrerin spezialisierte sie sich auf Kinderpsychiatrie. Sie gründete und leitete ein weltberühmtes kinderanalytisches Behandlungs- und Ausbildungszentrum in London.

SIGMUND FREUD
1856	Geboren in Freiberg, Mähren
1859	Übersiedlung nach Wien
1886	Beginn der Spezialisierung auf Nervenerkrankungen
1900	*Die Traumdeutung*
1910	Gründung der Internationalen Psychoanalytischen Vereinigung
1923	Wird zum ersten Mal wegen seines Kieferkrebses operiert und veröffentlicht *Das Ich und das Es*
1938	Verlässt Wien und geht nach London; veröffentlicht ein grundlegendes Werk zur Psychoanalyse
1939	Tod in London

SIEHE AUCH UNTER DEUTSCHLAND, GESCHICHTE · KRANKENHAUS · MEDIZIN · MEDIZIN, GESCHICHTE · NERVENSYSTEM UND GEHIRN

FRIEDENSBEWEGUNG

Taube als Friedenssymbol

SEIT ES MENSCHEN GIBT, führen sie Krieg gegeneinander. Und bei jedem Krieg tun sich einige Menschen zu einer Friedensbewegung zusammen, um gegen den Krieg zu protestieren. Die einen sind aus religiösen Überzeugungen oder wegen ihres Gewissens gegen jeden Krieg; andere widersetzen sich aus politischen Gründen einem bestimmten Krieg. Demonstrationszüge vieler tausend Menschen und mutige Proteste Einzelner tragen dazu bei, dass die Friedensbewegung immer stärker wird.

Pazifismus

Die Ansicht, Gewaltanwendung jeglicher Art sei falsch, bezeichnen wir als Pazifismus. Pazifisten sind prinzipiell gegen jeden Krieg und weigern sich, an Handlungen teilzunehmen, die direkt oder indirekt das Leben anderer Menschen bedrohen. Sie führen ihre Antikriegsproteste gewaltfrei durch. Andere Friedensbewegungen wenden manchmal sogar Gewalt an.

Proteste

Der volkstümliche Protest gegen den Krieg kennt die unterschiedlichsten Formen. Einzelne Menschen weigerten sich zu kämpfen oder in kriegswichtigen Industrien mitzuarbeiten. Gruppen organisierten öffentliche Proteste und Friedenscamps.

Weißer Mohn, das Symbol der Peace Pledge Union

Zur Erinnerung an all jene, die unter dem Krieg litten

Kriegsdienstverweigerer
Im 1. und 2. Weltkrieg weigerten sich Männer auf beiden Seiten aus Gewissensgründen, am Krieg teilzunehmen. Andere arbeiteten dort, wo sie nicht kämpfen mussten, z. B. als Ärzte. Viele Kriegsdienstverweigerer kamen ins Gefängnis.

Kriegsdienstverweigerer, 1. Weltkrieg

Peace Pledge Union
Diese pazifistische Organisation wurde 1934 gegründet. Bereits 1936 hatten über 100 000 Menschen die Forderung unterzeichnet, auf Krieg als Mittel zum Austragen von Streitigkeiten zwischen den Nationen zu verzichten.

Atomwaffengegner
In den 50er Jahren begannen Friedensbewegungen Druck auf Regierungen auszuüben, um die Atomwaffenlager abzubauen. In den USA heißen die führenden Gruppen SANE und Nuclear Freeze. Deutsche Kernwaffengegner veranstalten z. B. Ostermärsche.

Greenham Common
Die Frauen spielen in den Friedensbewegungen eine große Rolle. 1982 errichteten sie ein dauerndes Friedenscamp bei der US-Luftwaffenbasis von Greenham Common. Dort protestierten sie gegen die Stationierung von Atomwaffen auf britischem Boden.

Das CND-Symbol ist das Zeichen weltweiten Protestes gegen Kernwaffen.

Seit 1945 kämpfen Regierungen und Privatpersonen darum, dass Kernwaffen verboten werden.

Greenham Common

Der Beitrag von Regierungen

Regierungen sind die Hauptverursacher von Kriegen. Sie können aber auch zum Frieden beitragen, indem sie mit den Regierungen anderer Nationen freundschaftliche Beziehungen pflegen und versuchen, Streitigkeiten durch Verhandlungen und Diplomatie beizulegen. In Friedenszeiten wird allerdings häufig durch Waffenexporte in Krieg führende Länder gegen den Frieden verstoßen.

Camp-David-Abkommen
Der ägyptische Präsident Anwar Sadat (1918–81) und der israelische Ministerpräsident Menachem Begin (1913–92) unterzeichneten 1978 einen Friedensvertrag in Camp David, USA. Beide erhielten dafür den Friedensnobelpreis.

Begin (links) und Sadat (rechts)

Abrüstungskonferenzen
Die erste Abrüstungskonferenz fand von 1932–34 statt. Sie scheiterte. 50 Jahre später erzielte man bei der Abrüstung von Atomwaffen erstmals internationale Vereinbarungen.

Friedensnobelpreis
Seit 1901 wird der Friedensnobelpreis an Menschen verliehen, die den Frieden zwischen den Nationen fördern. Der schwedische Erfinder des Dynamits, Alfred Nobel (1833–96), gründete die Stiftung, die diesen Preis alljährlich verleiht.

Chronologie

1864 Die Genfer Konvention schützt die Neutralität der Zivilbevölkerung und des medizinischen Personals im Krieg.

1901 Verleihung des ersten Friedensnobelpreises

Der Gründer des Roten Kreuzes, Henri Dunant, erhielt 1901 den Friedensnobelpreis.

1915 Der Internationale Frauenkongress findet in Den Haag, Niederlande, statt und fordert ein Ende des 1. Weltkrieges. Abgesandte besuchen die Oberhäupter von 14 Staaten.

1932–1934 Erste Abrüstungskonferenz in Genf, Schweiz

1963 Die USA, die UdSSR und Großbritannien unterzeichnen ein Abkommen über das Verbot, Atomwaffen in der Atmosphäre zu testen.

1968 Der Atomwaffensperrvertrag verbietet den Export von Atomwaffen.

1972 Die USA und die UdSSR kommen in den SALT-Gesprächen überein, die Zahl strategischer Kernwaffen zu verringern.

Nuklearer Raketenkopf

um 1985 Proteste von Atomwaffengegnern gegen die Stationierung amerikanischer Atomraketen in Europa.

1988 USA und UdSSR vereinbaren, Kurz- und Mittelstreckenraketen mit Atomsprengköpfen abzubauen.

SIEHE AUCH UNTER EMANZIPATION · GANDHI, MOHANDAS · KALTER KRIEG · KRIEG · VEREINTE NATIONEN · WAFFEN · WELTKRIEG, ERSTER · WELTKRIEG, ZWEITER

FRIEDRICH DER GROSSE

IM 18. JH. STRITTEN Preußen und Österreich um die Führungsrolle in Deutschland. Es war fast eine persönliche Auseinandersetzung zwischen der österreichischen Kaiserin Maria Theresia und dem Preußenkönig Friedrich II. 1740 übernahm Friedrich mit 28 Jahren den Thron von einem strengen Vater, der die künstlerischen Neigungen seines Sohnes verachtete. Dennoch hat Friedrich als König den preußischen Staat erweitert und ihn zu einer zu beachtenden Größe in Europa gebracht.

Kindheit und Jugend

Friedrich wurde am 24.1.1712 in Berlin geboren. Der Kronprinz wurde vom tyrannischen Vater hart erzogen, der die musischen und philosophischen Neigungen des Sohnes missbilligte. Das ging soweit, dass er ihn mit seinem Freund, dem preußischen Offizier Hans Hermann von Katte, aufgreifen und verurteilen ließ. Friedrich wurde zwar begnadigt, der Freund aber vor seinen Augen hingerichtet.

Schloss Sanssouci

Das Schloss „Ohnesorge", wie es übersetzt heißt, ließ Friedrich II. zum Teil nach eigenen Entwürfen 1745–47 von G.W. von Knobelsdorff erbauen. Es gilt als eines der schönsten Rokokoschlösser Deutschlands. Hierhin zog sich Friedrich der Große zurück, um mit Europas Geistesgrößen, darunter dem Philosophen Voltaire, in der Tafelrunde zu diskutieren.

Schloss Sanssouci

Die Tafelrunde
Friedrich der Große bewunderte alles Französische und war ein Anhänger der Aufklärung. Er war mit deren wichtigstem Vertreter, Voltaire, befreundet und lud ihn an seinen Hof. Zu der Tafelrunde, die ab 1747 allabendlich in Schloss Sanssouci stattfand, gehörten Künstler und Philosophen aus ganz Europa.

Die Tafelrunde

Friedrich II. in der Schlacht bei Zorndorf (1758)

Preußens Aufstieg

Preußen war unter Friedrichs Vater, König Friedrich Wilhelm I. (1688–1740), nur ein kleines Reich in Europa. Der Soldatenkönig, wie man ihn nannte, baute das Land im Innern aus und hinterließ seinem Sohn einen gefestigten Staat mit strenger Kontrolle. Sein Nachfolger Friedrich der Große fügte Schlesien dem Königreich ein und konnte es auch im Siebenjährigen Krieg behaupten. Nach Friedrichs Tod 1786 war Preußen auf dem Höhepunkt seiner Macht und eine wichtige Größe in Europa.

Siebenjähriger Krieg
England hatte 1756 einen Vertrag mit Preußen geschlossen. Österreich verband sich daraufhin mit Frankreich, weil es die in Schlesien verlorenen Gebiete zurückerobern wollte. Als Preußen in Kursachsen einfiel, beschloss das Reich den Krieg gegen Preußen. Auch Russland und Schweden griffen in den Krieg ein, der 7 Jahre währte. Nur der Tod der Zarin Elisabeth und ein Friede mit Zar Peter III. bewahrte Preußen vor dem Untergang.

Tabaksdose Friedrich II.

Schlesische Kriege
Als die junge Maria Theresia mit 23 Jahren auf Habsburgs Thron kam, ergriff Friedrich II. die Gelegenheit und machte zweifelhafte Ansprüche auf die Erbschaft der Habsburger geltend. Es kam zum 1. Schlesischen Krieg (1740-42), dem zwei weitere folgten. Auch im Siebenjährigen Krieg, zugleich der 3. Schlesische Krieg, konnte Österreich Schlesien nicht zurückgewinnen. Schlesien blieb preußisch.

Kriegsherr und König
Wie sein Vater hielt auch Friedrich der Große die soldatischen Tugenden hoch und war seinen Leuten im Kampf ein Vorbild. Mit seinen Generälen zog er an vorderster Front in die Schlacht und erwies sich als kluger Stratege. Sein Wahlspruch lautete: „Ich bin der erste Diener meines Staates." Diesem Grundsatz blieb er stets treu.

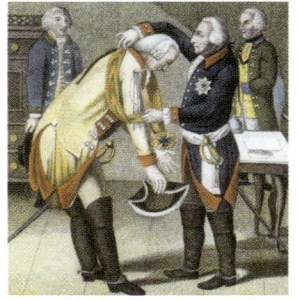

Friedrich II. verleiht dem General von Nassau den schwarzen Adler-Orden

Kartoffelernte im Oderbruch

Der Landesvater
Friedrich der Große war ein aufgeklärter Herrscher, der sein Land nach den Kriegsjahren aufbaute. Seine Toleranz in Religionsfragen ließ viele Protestanten und Juden nach Preußen einwandern. Er baute das Schulwesen aus und ließ zahlreiche Universitäten gründen. Er förderte das Gewerbe und die Landwirtschaft und führte die Kartoffel als Nahrungsmittel in seinem Land ein. Auf dem Balkon seines Schlosses verzehrte er heiße Erdäpfel.

Der Kunstsinnige
Kaum ein Herrscher zuvor vereinte so viele Begabungen wie Friedrich der Große. Er war ein Schöngeist, den Kunst und Literatur oft mehr interessierten als die Staatsgeschäfte. Die bedeutendsten Philosophen und Künstler lud er an seinen Hof. Er liebte die Musik und spielte bis ins hohe Alter die Flöte. Manche seiner Kompositionen für dieses Instrument spielt man noch heute.

Friedrich II. beim Flötenspiel

FRIEDRICH DER GROSSE

1712	Geboren in Berlin
1730	Gefangennahme durch den Vater und Hinrichtung des Freundes Katte
1740	Thronbesteigung
1740–42	Erster Schlesischer Krieg
1744–45	Zweiter Schlesischer Krieg
1747	Bau von Sanssouci in Potsdam
1756–63	Siebenjähriger Krieg
1763	Friede von Hubertusburg
1786	Tod Friedrichs des Großen

SIEHE AUCH UNTER: DEUTSCHLAND · DEUTSCHLAND, GESCHICHTE · EUROPA, GESCHICHTE · MARIA THERESIA · ÖSTERREICH · RUSSLAND, GESCHICHTE

FRÖSCHE UND KRÖTEN

DAS GEQUAKE DER FRÖSCHE ist im Frühling weit zu hören, weil sich die Tiere dann fortpflanzen und mit dem Rufen Geschlechtspartner auf sich aufmerksam machen. Die 2 600 Arten von Fröschen und Kröten sind Amphibien und damit wechselwarme Tiere, die im Wasser wie auf dem Land leben. Sie kommen in Seen, Weihern und Sümpfen sowie in Regenwäldern und Gebirgen vor. Unsere Frösche haben eine schleimige Haut und halten sich überwiegend im Wasser auf. Kröten dagegen leben mehr auf dem Festland und ihre Haut ist trocken und warzig. In den Tropen verwischen sich diese Unterschiede.

Merkmale
Frösche und Kröten haben eine weiche Haut, die Wasser und Luft leicht hindurchlässt. Deswegen nehmen sie über die Haut genauso viel Sauerstoff auf wie über die Lunge. Die meisten Arten haben Hornleisten im Mund oder sogar Zähne. Sie sehen und hören gut. Die kleinsten Frösche sind nur einige Zentimeter lang, während der afrikanische Goliathfrosch 40 cm erreicht.

Ernährung
Fast alle Kaulquappen sind Vegetarier, während die erwachsenen Tiere Insekten und andere Tiere fressen. Die meisten Arten fangen mit ihrer langen klebrigen Zunge Insekten. Größere Frösche und Kröten liegen auf der Lauer. Die Hornfrösche und die Ochsenfrösche haben mächtige Kiefer und können sogar größere Mäuse verzehren.

Klebzunge zum Fang von Beutetieren
Wechselkröte
Warzige Haut
Kurze Beine zum Hüpfen

Die Hinterbeine stoßen sich vom Boden ab.
Hinterbeine sehr lang und kräftig
Vorderbeine angelegt
Leopardfrosch
Hinterbeine voll ausgestreckt
Stromlinienform während des Fluges
Augen beim Flug geschlossen
Schwimmhaut
Den Antrieb beim Schwimmen besorgen die Hinterbeine. Sie werden in einer schnellen Bewegung nach hinten gestreckt. Dabei öffnen sich die Schwimmhäute.
Frösche bremsen das Eintauchen ins Wasser mit den Vorderbeinen ab.

Springen und Schwimmen
Frösche mit langen Hinterbeinen wie der nordamerikanische Leopardfrosch können mit einem einzigen Sprung das 30-fache ihrer Körperlänge zurücklegen. Für das Schwimmen sind die Schwimmhäute zwischen den Zehen sehr nützlich. Frösche und Kröten mit kurzen Hinterbeinen gehen, kriechen oder hüpfen. Die Kreuzkröte läuft auf allen vieren sehr schnell.

Fortpflanzung
Frösche und Kröten paaren sich meist im Wasser. Das Weibchen laicht seine Eier ab, und das Männchen gießt den Samen darüber. Wenige Arten kennen eine innere Befruchtung und bringen sogar lebende Jungtiere zur Welt. Aus den Eiern schlüpfen Kaulquappen, die sich im Wasser aufhalten und mit Kiemen atmen.

Die schwarzen Punkte entwickeln sich zu Kaulquappen.
Eier kleben aneinander
Die Kaulquappe schwimmt mit dem Schwanz.
Knospen der Vorderbeine
Hinterbeine
Der Schwanz verschwindet

Lebenszyklus eines Grasfrosches
1. Die Eier kleben aneinander und bilden Laichballen. Der schwarze Punkt in jedem Ei entwickelt sich zur Kaulquappe. Viele Eier werden von Räubern gefressen.
2. Die frisch geschlüpften Kaulquappen leben im Wasser und atmen durch äußere Kiemen. Die meisten ernähren sich von Pflanzen.
3. Nach 6–9 Wochen ist die Kaulquappe recht groß. Die Hinterbeine sind entwickelt. Die Larve bereitet sich nun auf die Metamorphose vor, die Verwandlung zum Frosch.
4. Mit 12 Wochen ist der Schwanz fast verschwunden. Aus der Kaulquappe ist ein Fröschchen geworden. Es geht an Land und atmet über die Lunge.

Quaken
Frösche und Kröten locken mit ihren Rufen Geschlechtspartner an. In der Regel quaken die Männchen. Viele Arten haben eine Schallblase an der Kehle, die den Ruf verstärkt. Jede Art hat ihren eigenen Ruf, sodass nur Weibchen derselben Art angezogen werden.

Riedfrosch
Schallblase

Verteidigung
Einige Frösche haben Giftdrüsen in der Haut und zeigen ihre Ungenießbarkeit durch grelle Farben an. Baumfrösche geben ein übel schmeckendes Verteidigungssekret ab. Viele Kröten, wie die Agakröte, haben große Giftdrüsen hinter den Augen.

Pfeilgiftfrösche
Diese südamerikanische Froschart ist eines der giftigsten Tiere der Welt. Die Farbe zeigt die Ungenießbarkeit an.

Hochgiftige Haut
Goldbaumsteiger

Roter Bauch

Rotbauchunke
Europäische Rotbauchunken sind grau und haben einen auffällig roten Bauch. Bei Gefahr drehen sie sich auf den Rücken und erschrecken so Räuber.

Laubfrösche
Laubfrösche klettern gern auf Bäume. An den Spitzen der Zehen und Finger haben sie Saugnäpfe. Den Daumen können sie den Fingern gegenüberstellen. Damit halten sie sich fest. Einige Flugfrösche besitzen Flughäute, auf denen sie von Ast zu Ast gleiten.

Saugnäpfe erlauben ein Festhalten auf Glasscheiben.
Rotaugen-Laubfrosch

LEOPARDFROSCH

WISSENSCHAFTLICHER NAME	Rana pipiens
ORDNUNG	Anura, Froschlurche
FAMILIE	Ranidae, Echte Frösche
VERBREITUNG	Nördliche und westliche USA, Kanada, New Mexico
LEBENSRAUM	Fast überall, selbst in größerer Entfernung vom Wasser; in USA oft „Wiesenfrosch" genannt
ERNÄHRUNG	Insekten
GRÖSSE	Länge 9–11 cm
LEBENSDAUER	Gefangen bis zu 6 Jahre

SIEHE AUCH UNTER · AMPHIBIEN · EIER · FEUCHTGEBIETE, TIERWELT · NATURSCHUTZ · REGENWALD, TIERWELT · SÜSSWASSER, TIERWELT · TIERE, GIFTIGE · WÄLDER, TIERWELT

FRÖSCHE UND KRÖTEN

Froschlurche

Gute Tarnung auf der Erde und der Bodenstreu

Färbung von tiefrot bis hellorange

Indischer Ochsenfrosch Er gräbt sich ein und kommt nur nachts an die Oberfläche. Bei Bedrohung bläst er sich auf.

Ruderfrosch Er legt seine Eier in Schaumnester auf Bäumen, die über Gewässer ragen.

Taubfrosch Diese Art aus Madagaskar lebt auf dem Festland und pflanzt sich in langsam fließenden Gewässern fort.

Die Flecken sehen wie Augen aus.

Fingerscheiben bremsen die Landung beim Gleitflug ab.

Helle Farben als Warntracht

Lange Finger und Zehen

Warnfarben schrecken Räuber ab.

Bibronkröte Sie trägt Augenflecke am Rücken, die Räuber verwirren.

Ruderfrosch Lebt auf Bäumen und hält sich mit Saugnäpfen fest.

Pfeilgiftfrosch Verbirgt sich in Felsspalten an Flüssen.

Harlekinfrosch Die Kaulquappen sind doppelt so groß wie das erwachsene Tier.

Pfeilgiftfrosch Seine Haut ist hochgiftig.

Sehr weites Maul

Die Art erreicht eine Länge von 20 cm.

Glatte, schleimige Haut

Saugnäpfe unter den Fingern

Goldfröschchen Die giftigen Fröschchen aus Madagaskar fressen kleine Wirbellose.

Südafrikanischer Grabfrosch Dieser große Frosch frisst andere Frösche, Reptilien und sogar Mäuse und Ratten.

Grasfrosch Er ist eine der häufigsten Arten in Mitteleuropa.

Korallenfinger Ein großer australischer Laubfrosch

Für eine Kröte ungewöhnlich glatte Haut

Diese Art kann schnell laufen.

Gute Rundumsicht

30–60 Eier in 2 Schnüren

Fleischige Hörner über den Augen verstärken das blattartige Aussehen.

Baumkröte Sie hat an den Fingern und Zehen Saugnäpfe zum Klettern.

Kreuzkröte Sie kommt in weiten Teilen Mitteleuropas vor.

Geburtshelferkröte Das Männchen trägt die Eier herum, bis die Kaulquappen schlüpfen.

Zipfelfrosch Er ähnelt einem trockenen Blatt und ist am Waldboden gut getarnt.

Sehr schmale Finger

Warzige Haut

Hornfrösche fressen gern Mäuse und auch Ratten.

Die Agakröte stammt aus Südamerika.

Schwimmhaut

Krallenfrosch Diese Art lebt nur im Wasser.

Schmuckhornfrosch Die aggressive argentinische Art hat einen mächtigen Appetit.

Agakröte Sie wurde in Australien als Schädlingsvertilger eingeführt und wurde selbst lästig.

Nasenkröte Die mittelamerikanische Art lebt eingegraben im Boden.

273

FRÜCHTE UND SAMEN

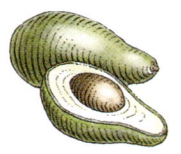

KIRSCHEN, TOMATEN UND BOHNEN sind alles Früchte. Als Frucht bezeichnen wir jenen Teil der Pflanze, der die Samen enthält und schützt. Die Frucht entsteht nach der Bestäubung und Befruchtung der Blüte. Zuerst fallen die Blütenblätter ab, dann schwillt der Fruchtknoten an. Er entwickelt sich zur Frucht und enthält einen oder mehrere Samen. Mit den Samen vermehrt sich die Pflanze. Im Innern der Frucht wachsen die Samen heran und werden mit allen Nährstoffen versorgt. Es gibt eine große Vielfalt von Früchten und Samen: Einige sind fleischig, süß und oft essbar, andere sind in der Reife trocken, z. B. Nüsse.

Teile einer Frucht

Die Fruchtwand (Perikarp), die den Samen umschließt, ist meist in 3 Schichten gegliedert, die der Botaniker Epi-, Meso- und Endokarp nennt. Bei Steinfrüchten sieht man die Dreiteilung deutlich, wobei die innere Fruchtwand den Stein bildet, der den Samen enthält. Bei anderen Früchten ist die Dreiteilung kaum zu erkennen.

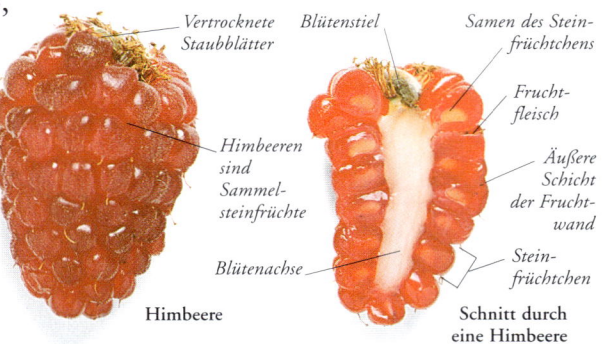

Vertrocknete Staubblätter — *Blütenstiel* — *Samen des Steinfrüchtchens* — *Fruchtfleisch* — *Äußere Schicht der Fruchtwand* — *Himbeeren sind Sammelsteinfrüchte* — *Blütenachse* — *Steinfrüchtchen*

Himbeere — **Schnitt durch eine Himbeere**

Wie eine Frucht entsteht

Nach der Bestäubung und Befruchtung entwickelt sich der Fruchtknoten zur Frucht. Im Innern der Frucht entstehen parallel dazu die Samen. Manche Früchte verändern sich während des Wachstums sehr stark. Bei den Obstsorten hat der Mensch den Anteil des süßen Fruchtfleisches stark vergrößert. Sehr deutlich wird dies bei der Melone.

Die Blüte ist auffällig gefärbt und zieht Bestäuberinsekten an.

Nach der Bestäubung schwillt der Fruchtknoten an.

Die Blüte wird nicht mehr gebraucht, welkt und fällt ab.

Die Frucht beginnt zu wachsen.

Die Frucht wird immer größer.

Die reife Frucht enthält in ihrem Innern hunderte von Samen.

Für den Botaniker ist die Melone eine Beere.

Teile eines Samens

Alle Samen enthalten einen winzigen Embryo und die Keimblätter, die die benötigten Nährstoffe liefern. Außen liegt die Samenschale. Der Embryo hat eine winzige Wurzel und eine ebenso kleine Sprossknospe, die Plumula. Beim Keimen nimmt der Samen Wasser auf. Die Keimblätter liefern Nährstoffe für den Keimling.

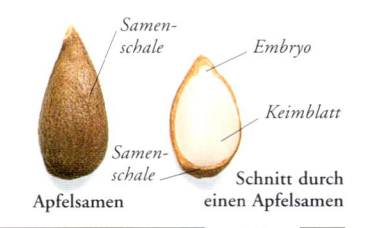

Samenschale — *Embryo* — *Keimblatt* — *Samenschale*

Apfelsamen — **Schnitt durch einen Apfelsamen**

Samenverbreitung

Die Pflanzen müssen ihre Samen verbreiten. Dies geschieht mit Hilfe von Wind, Wasser oder Tieren. Einige Pflanzen besitzen selbst Mechanismen zur Samenverbreitung: Wenn die Fruchtwand trocknet, reißt sie auf und schleudert die Samen weg.

Verbreitung durch Vergraben
Nüsse und Samen sind für Tiere eine wichtige Nahrungsquelle. Hörnchen und andere Nagetiere vergraben Eicheln und Nüsse und vergessen einen Teil. Im Frühjahr keimen die Pflanzen aus.

Grauhörnchen vergräbt Nüsse.

Verbreitung durch Vögel
Auffällig gefärbte Beeren ziehen Vögel an. Sie schlucken die Beeren ganz, verdauen aber nur die fleischigen Teile. Die Samen gelangen mit dem Kot nach außen und können schließlich auskeimen.

Rotdrossel

Wasserverbreitung
Einige Früchte und Samen schwimmen. Ihre Fruchtwand enthält Öltröpfchen oder Luft, sodass sie nicht untergehen. Kokosnüsse werden über tausende von Kilometern verfrachtet.

Keimende Kokosnuss am Strand

Windverbreitung
Leichte Früchte und Samen trägt der Wind weg. Die Samen der Akelei werden fortgeschleudert, wenn der Wind die trockenen Balgfrüchte schüttelt. Ahornfrüchte segeln durch die Luft.

Akelei, Balgfrucht

Tierverbreitung
Einige Früchte tragen außen Haken, mit denen sie leicht im Fell von Wildtieren hängen bleiben. Sie werden über längere Strecken transportiert und fallen schließlich ab.

Bison mit Klettfrüchten im Fell

Fruchttypen

Die einfachsten Früchte bestehen aus einem einzigen Fruchtknoten. Mehrere benachbarte Fruchtknoten entwickeln sich oft zu Sammelfrüchten. Manche Früchte bleiben in der Reife fleischig; andere verholzen, werden trocken und papierartig.

Beeren — *Traube*
Bei den Beeren ist die gesamte Fruchtwand fleischig. Sie enthalten oft viele Samen mit fester bis steiniger Schale.

Scheinfrüchte — *Birne*
Bei vielen Scheinfrüchten umschließt die fleischige Blütenachse die Frucht. Bei Birne und Apfel ist sie vom papiernen Gehäuse gebildet.

Steinfrüchte — *Pflaume*
Der äußere Teil der Fruchtwand von Steinfrüchten ist fleischig, der innere sehr hart. Dieser Stein enthält den Samen.

Trockene Früchte — *Jungfer im Busch, Frucht*
Die Früchte öffnen sich an Spalten und Nähten und entlassen die Samen. Die abgebildete Kapsel hat dafür Löcher.

SIEHE AUCH UNTER | BLÜTEN | ERNÄHRUNG | NUTZPFLANZEN | PFLANZEN | PFLANZEN, ANATOMIE | PFLANZEN, FORTPFLANZUNG | SÄUGETIERE | VÖGEL

Fleischige Früchte

Beeren

Kiwano Sie hat eine mit breiten Stacheln besetzte Schale und heißt auch Stachelgurke.

Avocado Im ölreichen Fruchtfleisch liegt ein Kern.

Johannisbeere Sie wird von Vögeln verbreitet.

Kaki Von der süßen Frucht gibt es mehrere Arten.

Traube Die fleischigen Beeren stehen in Rispen.

Tomate Die Samen sind von einer Art Gelatine umgeben, die sie im Tiermagen schützt.

Melone Die große Beere enthält süßes Fruchtfleisch.

Stachelbeere Sie ist mit der Johannisbeere verwandt.

Zitrone Botanisch sind Zitrusfrüchte Beeren.

Litschi Das wohlschmeckende Fleisch bildet eine dünne Schicht.

Rambutan Man erkennt sie an der haarigen Haut.

Kiwi Im grünen Fruchtfleisch liegen viele schwarze Samen.

Steinfrüchte und Sammelsteinfrüchte

Pfirsich Der Stein besteht aus der innersten Schicht der Fruchtwand.

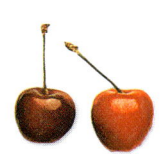

Kirsche Der Kirschkern enthält einen einzigen Samen.

Aprikose Die Samen der Aprikose kann man wie Mandeln verwenden.

Brombeere Die Sammelfrucht besteht aus vielen Steinfrüchtchen.

Nektarine Die Nektarine ist eine Pfirsichsorte mit glatter Schale.

Pflaume Von der Pflaume gibt es viele Sorten, z. B. auch die Mirabelle.

Mango Die Frucht schmeckt eigenartig nach Terpentin.

Reineclaude Eine grüne Sorte der Pflaume

Loganbeere Die amerikanische Art ähnelt der Himbeere.

Zwetschge Die blauviolette Frucht ist eine Pflaumensorte.

Salak Essbare Frucht einer Palmenart

Kokosnuss Frucht der Kokospalme

Scheinfrüchte

Vogelbeere Die fleischigen Teile der Früchte bestehen aus den angeschwollenen Blütenachsen.

Apfel Er besteht aus der angeschwollenen Blütenachse. Das Gehäuse ist die Frucht.

Feige Zahlreiche fleischige Früchtchen sind von der weichen Blütenachse umgeben.

Erdbeere Die Frucht besteht aus der Blütenachse. Sog. Nüsschen sitzen obenauf.

Quitte Das Fruchtfleisch enthält hier viele Holzzellen.

Brotfrucht Eine Sammelfrucht aus mehreren Früchten

Trockene Früchte

Silberblatt Papierartige Frucht mit flachen Samen.

Löwenzahn Die Fallschirmfrüchte verweht der Wind.

Labkraut Die Frucht hakt sich in das Fell von Tieren.

Ahorn Die Früchte haben Flügel zur Windverbreitung.

Rittersporn Balgfrucht öffnet sich und entlässt die Samen.

Bärenklau Papierartige Früchte mit 2 Samen.

Goldregen Trockene Hülsen öffnen sich.

Mohn Die Kapseln enthalten viele Samen.

Klette Sie heftet sich am Fell von Tieren fest.

Eichel Die Frucht der Eiche hat eine zähe Außenhaut.

Edelkastanie Die stachelige Hülle umgibt den Samen.

Buchecker Die Früchte der Buche sind ölhaltige Nüsschen.

FUSSBALL

ZU DEN POPULÄRSTEN SPORTARTEN gehört der Fußball. Er zieht Millionen von Zuschauern auf der ganzen Welt in seinen Bann. Entstanden ist Fußball vermutlich in China, wo es um 3000 v. Chr. ein ähnliches Spiel gab. Fußball ist ein Mannschaftsspiel und wird heute auch von Frauen gespielt. Aus dem Fußball hat sich in England 1823 das Rugby entwickelt, bei dem der Ball auch mit den Händen gespielt werden darf. Die wohl raueste Form des Spiels ist American Football, das vor allem in den USA Volkssport Nummer 1 ist.

Fußball

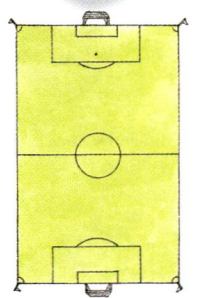

Fußball

Jede Mannschaft hat 11 Spieler auf dem Feld. Es geht darum, den Ball mit dem Fuß oder Kopf ins gegnerische Tor zu schießen. Als Einziger darf der Torhüter den Ball mit der Hand abwehren. Das Spiel dauert 90 Minuten mit 15 Minuten Pause nach der 1. Halbzeit. Gelegentlich gibt es 2-mal 15 Minuten Verlängerung.

Fußballfeld

Bundesliga
Die höchste deutsche Fußballklasse ist die Bundesliga. Sie wurde 1963 gegründet und ihr gehörten zunächst 16, später 18 Vereine an. Die Spieler werden von den Vereinen oft sehr hoch bezahlt und z.T. im Ausland angeworben. Fußball ist heute zu einem Milliardengeschäft geworden.

Mannschaft
Die Mannschaft besteht neben dem Torwart aus 10 Feldspielern, die verschiedene Aufgaben haben: Beim 4–4–2–System z. B. spielen 4 Abwehrspieler, 4 Mittelfeldspieler und 2 Angriffsspieler. Das Spielsystem kann sich je nach Taktik ändern.

Weltmeisterschaft
Die Fußballweltmeisterschaft ist ein sportliches Großereignis, das alle 4 Jahre stattfindet. Rund 170 Länder kämpfen um die 32 Finalplätze. Der Sieger erhält den World Cup, einen Wanderpokal.

Franz Beckenbauer
Franz Beckenbauer (geb. 1945) gilt als erfolgreichster deutscher Fußballer. Der Libero spielte 103-mal für die Nationalmannschaft, war 2-mal Weltmeister, 1-mal Europameister. Mit *Bayern München* gewann er 13 Titel sowie 3 Titel mit *Cosmos New York*.

American Football

Helm
Gesichtsmaske aus unzerbrechlichem Plastik
Schulterschutz
Oberarmschutz
Rippenschutz mit verbundenem Schulterschutz
Hüftschutz
Hose
Oberschenkelschutz

Es spielen 11 Spieler pro Mannschaft, bis zu 40 können ausgetauscht werden. Gespielt werden 4 x 12 Minuten. Die angreifende Mannschaft schickt ihre Offense (Angriff) aufs Spielfeld, die abwehrende ihre Defense (Verteidigung). Für Touchdowns (Ball hinter der Linie), Kicks und Field Goals (Tore aus dem Spiel) gibt es Punkte.

American Football: eiförmiger Ball und Spielfeld

Ausrüstung
Beim Spiel kommt es zu hartem Körpereinsatz. Die Spieler tragen deshalb Schutzkleidung. Dazu gehören Plastik- oder Schaumstoffeinlagen für Schultern, Arme, Rippen, Hüften und Knie sowie ein Helm mit Sichtgitter.

Frauenfußball
Heute spielen die Mädchen in vielen Ländern bereits in der Schule Fußball. 1991 wurde die 1. Weltmeisterschaft im Frauenfußball ausgetragen und 1996 wurde er olympische Disziplin.

Rugby

Das Spiel wird heute international mit 15 Spielern 2-mal 40 Minuten gespielt. Das Team ist meist aufgeteilt in 8 Stürmer, 2 Halb-, 4 Dreiviertelspieler und 1 Schlussmann. Der Ball darf mit Händen und Füßen bewegt werden. Ziel ist es, den Ball hinter dem gegnerischen Mal abzulegen oder über die Latte zu schießen.

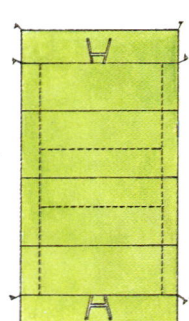

Rugbyspielfeld und eiförmiger Ball

Spielregeln
Das Spiel beginnt mit Antritt. Man darf den Ballträger zu Boden drücken. Es gelten strenge Abseitsregeln. Nach Regelverstoß gibt es ein geschlossenes Gedränge (Bild).

SIEHE AUCH UNTER BALLSPIELE · OLYMPISCHE SPIELE · SPORT · TENNIS UND SQUASH

GALAXIEN

IM WELTALL gibt es viele Billionen Galaxien. Sie bestehen oft aus Milliarden von Sternen sowie aus Staub und Gaswolken. Die meisten Galaxien entwickelten seit Jahrmilliarden ihre heutigen Formen. Sie werden von der Schwerkraft zusammengehalten und bilden selbst Galaxienhaufen.

Milchstraße

Die spiralförmige Milchstraße enthält mindestens 100 Milliarden Sterne. In den Spiralarmen stehen die jungen, heißen und hellen Sterne, während die älteren, nicht mehr so leuchtkräftigen Sterne im Kern stehen. Auch unser Sonnensystem liegt auf einem der Arme. Es dreht sich einmal in 220 Millionen Jahren um das Zentrum der Milchstraße.

Die Milchstraße hat einen Durchmesser von ca. 100 000 Lichtjahren. Der Kerndurchmesser beträgt 13 000 Lichtjahre.

Spiralarme von der Seite — *Zentraler Kern*

Galaxientypen

Die meisten Galaxien haben einen Kern aus Sternen und darum herum eine abgeflachte Scheibe. Die Astronomen unterscheiden aufgrund des Aussehens drei Galaxientypen. Keiner weiß, warum diese Formen entstanden sind. Es könnte mit der Geschwindigkeit, mit der sich Galaxien drehen, zusammenhängen.

Elliptische Galaxien
Ungefähr 60 % aller Galaxien sind runde Ansammlungen alter Sterne. Die Form schwankt von kugelförmig bis flach elliptisch. Die Astronomen verwenden für diese Galaxien den Buchstaben E gefolgt von einer Zahl von 0 bis 7. Je höher die Zahl ist, umso stärker abgeplattet ist die Galaxie.

Unregelmäßige Galaxien
Ungefähr 10 % aller Galaxien sind unregelmäßig oder irregulär. Es handelt sich dabei um Ansammlungen von Sternen ohne besondere Form oder Struktur. Jedenfalls passen diese Galaxien nicht in die obige Einteilung. Sie sind auch deutlich kleiner als durchschnittliche Galaxien und enthalten viel mehr Gas und Staub.

Spiralgalaxien
Ein Kern aus alten Sternen ist von einer abgeflachten Scheibe mit Spiralarmen jüngerer Sterne umgeben. Die Astronomen bezeichnen ihn mit S und einem Buchstaben von a bis d. Je stärker der Galaxienkern hervortritt, umso eher wird a verwendet.

E0 E3 E5 E7 Sa Sb Sc SBa SBb SBc

Einteilung der Galaxien nach ihrer Form

Balkenspiralen
Diese Galaxien haben einen zentralen Balken aus älteren Sternen und an dessen Enden spiralförmige Arme aus jüngeren Sternen. Die Bezeichnung ist SB, gefolgt von einem Buchstaben zwischen a und d. Dieser Buchstabe gibt wie bei den Spiralgalaxien die Kerngröße an.

Aktive Galaxien

Einige Galaxien strahlen ungewöhnliche Mengen Energie ab. Diese stammt von einem sichtbaren Objekt wie einem Quasar, oder einem unsichtbaren Objekt, einer Radiogalaxie. Auf welche Weise die Energie entsteht, ist noch nicht sicher. Doch es gibt Hinweise, dass sich im Zentrum dieser Galaxien ein Schwarzes Loch befindet.

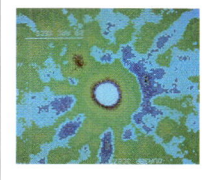

Quasare
Quasare sind die hellsten, am weitesten entfernten, beweglichsten und jüngsten Objekte außerhalb der Milchstraße. Es sind tausende bekannt. Alle geben starke Radiostrahlung ab. Man findet sie im Zentrum großer Galaxien.

Radiogalaxien
Radiogalaxien geben starke Radiostrahlung ab. Die Energie stammt von 2 Blasen beiderseits des Kerns. Man kann sie mit Radioteleskopen auffangen. Die nächste Radiogalaxie heißt Centaurus A und ist 16 Mio. Lichtjahre entfernt.

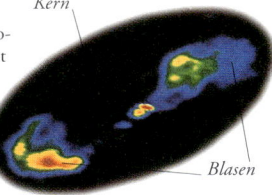

Kern — *Blasen*
Centaurus A

Kollidierende Galaxien
Galaxien können beim Flug durch das Weltall zusammenstoßen. Dies geschieht z. B. mit zwei Galaxien im Sternbild Bärenhüter (links). Die Galaxien durchdringen sich und ändern ihre Gestalt.

Edwin Hubble
Im Jahr 1923 bewies der amerikanische Astronom Edwin Hubble (1889–1953), dass es außerhalb der Milchstraße weitere Galaxien gibt und stellte die heute noch gültige Einteilung der Galaxien auf. Hubble zeigte auch, dass sich die Galaxien voneinander entfernen – das Weltall sich also ständig ausdehnt.

Galaxienhaufen

Galaxien sind zu Haufen angeordnet. Die Milchstraße zählt mit rund 30 weiteren Galaxien zur sog. lokalen Gruppe. Diese bildet mit anderen Galaxienhaufen den Virgo-Superhaufen, der ca. 2 500 Galaxien umfasst.

Superhaufen
Galaxienhaufen bilden Superhaufen mit einem Durchmesser von einigen hundert Millionen Lichtjahren. Der größte Superhaufen heißt Große Galaxienmauer oder Great Wall. Sie erstreckt sich über ein Gebiet von 250 Mio. mal 570 Mio. Lichtjahren.

Der Stick Man enthält Millionen Galaxien.

SIEHE AUCH UNTER ASTRONOMIE SCHWARZE LÖCHER SCHWERKRAFT STERNE URKNALL WELTALL

GALILEO GALILEI

DER ITALIENISCHE NATURFORSCHER Galileo Galilei war einer der größten Astronomen und Physiker aller Zeiten. Als Erster untersuchte er den Nachthimmel mit einem Fernrohr. Er begründete auch den Zweig der Physik, den wir heute Mechanik nennen, und zeigte, dass die Natur mathematischen Gesetzmäßigkeiten folgt. Galilei war ein moderner Wissenschaftler und forderte, die Wissenschaft müsse auf Beobachtung beruhen. Seine Ansichten über das Sonnensystem, die der Auffassung der katholischen Kirche damals widersprachen, brachten ihn in Schwierigkeiten.

Kindheit und Jugend
Galilei kam 1564 in Pisa, Italien, auf die Welt. Nach der Schule studierte er an der Universität Pisa Medizin. Doch Galilei war mehr an Mathematik und Physik interessiert und schloss seine Studien nicht ab. Im Alter von 25 Jahren kehrte er als Professor der Mathematik wieder an die Universität in Pisa zurück.

Fernrohr
1609 hörte Galilei von der Erfindung des Fernrohrs und stellte selbst ein solches Teleskop her. Damit entdeckte er, dass der Planet Venus wie unser Mond Phasen aufweist. Er stützte die Theorie des Kopernikus, dass sich die Planeten um die Sonne drehen.

Körper in Bewegung
Im 16. Jh. glaubten die Menschen, die Sonne bewege sich um die Erde. Galilei war da anderer Ansicht und unterstützte die Lehre des Nikolaus Kopernikus, nach der die Erde sich um die Sonne dreht.

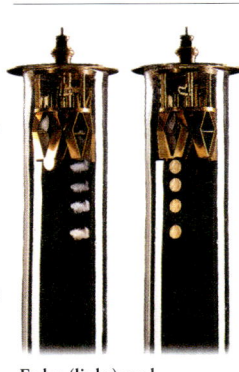

Feder (links) und Münze (rechts) fallen gleich schnell.

Schwerkraft
Galilei bewies, dass alle Gegenstände ohne Unterschied des Gewichts gleich schnell fallen. Zuvor hatte man geglaubt, schwerere Objekte würden schneller fallen. Es wird häufig berichtet, Galilei habe am Schiefen Turm von Pisa experimentiert, doch dies stimmt wohl nicht. Mit Sicherheit führte er ein Experiment wie im Bild links durch: Er ließ in gleichen, luftleer gepumpten Gefäßen unterschiedlich schwere Gegenstände fallen.

Nachbau von Galileis Fernrohr, 1609

Künstlerisches Bild der Milchstraße

Planet mit zwei Monden
Planet mit Ringen
Galileis Zeichnungen vom Saturn

Milchstraße
Im Jahr 1610 baute Galilei ein Teleskop, das stark vergrößern konnte. Damit gelang es ihm, tausende von Sternen zu sehen, die vor ihm noch niemand hatte wahrnehmen können. Vor allem beobachtete er die Milchstraße und fand, dass sie aus ganz unterschiedlichen Sternhaufen besteht.

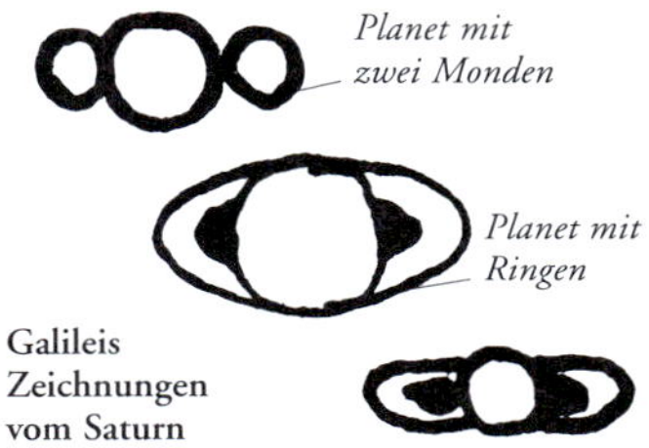

Planeten und Monde
Was Galilei mit seinem Fernrohr beim Planeten Saturn sah, hielt er zunächst für 2 kleine Monde. Er zeichnete sie in sein Notizbuch ein, erkannte dann aber später, dass es sich um die heute berühmten Ringe des Saturns handelte. Er entdeckte auch die 4 Jupitermonde und untersuchte die Krater auf unserem Erdenmond.

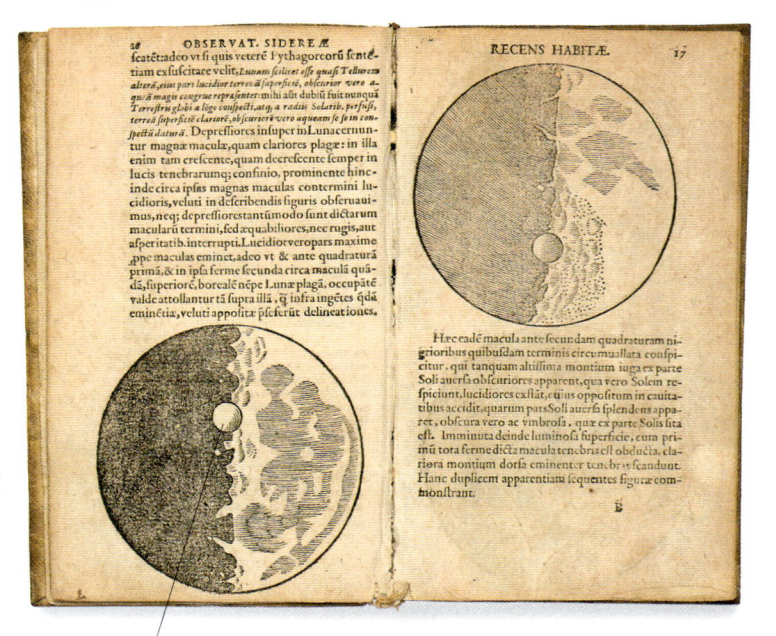

Sternenbotschaft
Im März 1610 veröffentlichte Galilei viele seiner Entdeckungen in dem Buch *Sidereus nuncius*, auf deutsch Sternenbotschaft. In diesem Buch gab er auch Kopernikus Recht, der behauptet hatte, die Erde drehe sich um die Sonne. Dies stieß auf heftigen Widerspruch der katholischen Kirche, für die die Erde unbeweglich im Zentrum des Weltalls stand.

Krater auf dem Mond

Illustrierte Seiten aus Galileis Werk Sidereus nuncius, 1610

Inquisition
Galileis Unterstützung der Ideen des Kopernikus erzürnte die katholische Kirche. Sie glaubte nämlich nach der Bibel, dass die Erde im Zentrum des Weltalls stehe. Im Jahr 1633 kam es zu einem Prozess vor dem Inquisitionsgericht in Rom. Unter Androhung von Folter widerrief Galilei seine Lehre und erklärte die Erde zum Mittelpunkt des Weltalls. Der Legende nach soll er jedoch gemurmelt haben: „Und sie bewegt sich doch!"

Gerichtsverhandlung gegen Galilei

GALILEO GALILEI
- 1564 Geburt in Pisa, Italien
- 1589 Professor der Mathematik in Pisa
- 1609 Bau des ersten Fernrohrs
- 1610 *Sidereus nuncius* erscheint.
- 1632 Veröffentlichung seines Werkes *Dialogo*, in dem er die beiden hauptsächlichen Weltsysteme darlegt
- 1633 Verurteilung durch die Inquisition
- 1642 Tod unter Hausarrest in Arcetri (heute zu Florenz gehörig), Italien

SIEHE AUCH UNTER KRAFT UND BEWEGUNG · NATURWISSENSCHAFT, GESCHICHTE · PLANETEN · SONNE UND SONNENSYSTEM · STERNE · TELESKOP

GANDHI, MOHANDAS

Als Indien im August 1947 von Großbritannien unabhängig wurde, war dies vor allem das Verdienst von Mohandas Gandhi. Ihm war es gelungen, die unterschiedlichen Gesellschaften in Indien zu einigen und zur Unabhängigkeit zu führen. Ghandi glaubte an den gewaltfreien Protest und verurteilte die Rassenkonflikte in seiner Heimat. Bekannt wurde er unter dem Namen Mahatma, „große Seele". Obwohl er zu früh starb, um die Früchte seines Wirkens zu erleben, gilt Gandhi heute doch als Vater dreier Bewegungen, die das 20. Jh. entscheidend prägten: Kampagnen gegen Rassismus, gegen Kolonialismus und gegen Gewalt.

Kindheit und Jugend
Mohandas Kamarchand Gandhi wurde 1869 in Porbandar, Indien, geboren. Seine Ausbildung erhielt er in Indien und England. 1889 wurde er Rechtsanwalt, 1893 ging er nach Südafrika. Hier gab er die Zeitung *Indian Opinion* heraus und wandte sich gegen die Rassendiskriminierung. 1904 erreichte er, dass die südafrikanische Regierung den Indern dauernde Bürgerrechte gewährte.

Indischer Nationalismus

Die Briten herrschten in Indien seit dem 17. Jh., doch später wollten immer mehr Inder sich selbst regieren. Im Jahr 1915 kehrte Gandhi von Südafrika zurück und wurde zu einem der Anführer der Unabhängigkeitsbewegung. Er stand an der Spitze vieler friedlicher Kampagnen gegen die britische Regierung, wobei er die Taktik des gewaltfreien zivilen Ungehorsams einsetzte. Er nannte dieses Verfahren Satyagraha – „Festhalten an der Wahrheit".

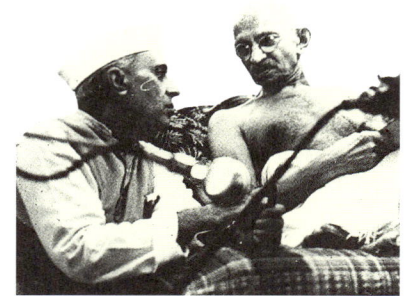

Gandhi mit Jawaharlal Nehru, dem Führer des sozialistischen Flügels der Kongresspartei

Nationalkongress
Die Partei „Indischer Nationalkongress" INC wurde 1885 gegründet. Ihr Ziel war es, die Beteiligung der Inder an der Regierung zu verstärken und alle Religionen und Kulturen zu vertreten. In den 20er Jahren trat der Nationalkongress unter Gandhi und Jawaharlal Nehru stark für Indiens Unabhängigkeit ein.

Gefängnisaufenthalte
Wegen zivilen Ungehorsams bei seinen vielen Kampagnen wurde Gandhi öfter ins Gefängnis geworfen. Doch nach jedem Gefängnisaufenthalt gewann er an Macht und Ansehen. Sein persönliches Prestige war so groß, dass die Menschen begannen ihn Mahatma, „große Seele", zu nennen. Er allein schien fähig, die verschiedenen Elemente der Unabhängigkeitsbewegung zusammenzuhalten, die den zahlreichen Religionen und Kulturen im Subkontinent Indien entsprachen.

Gandhis Brille
Gandhis Sandalen
Gandhis Uhr

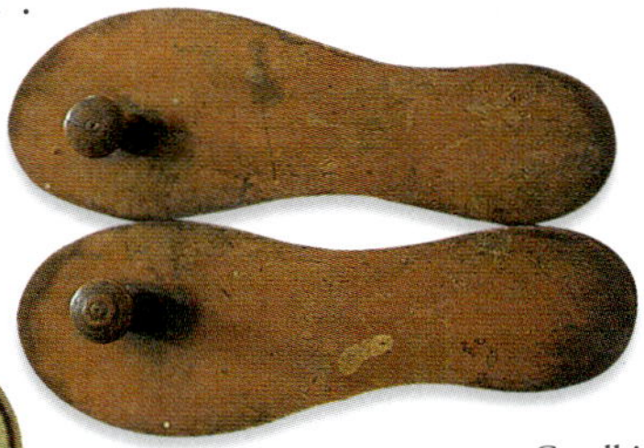

Gandhi führte ein sehr karges Leben. Er trug einfache Kleider und hatte nur wenige Besitztümer.

Der Salzmarsch
Die Briten besaßen in Indien ein Monopol über das Salz und diktierten die Preise dafür. Im Jahr 1930 führte Gandhi einen 320 km langen Demonstrationsmarsch zum Meer an. Tausende schlossen sich ihm an, um ihr eigenes Salz aus dem Meer zu gewinnen. Gandhi wurde wegen zivilen Ungehorsams verhaftet.

Soziale Reformen

Im Jahr 1937 erhielten die indischen Provinzen erhebliche Autonomierechte. Die Kongresspartei übernahm 7 der 11 Provinzen und begann mit einer Reform des Landes. Gandhi drängte auf Verbesserungen im sozialen und wirtschaftlichen Bereich sowie bei der Ausbildung. Er förderte das Handwerk, etwa das Spinnen von Baumwolle, da er glaubte, die Heimarbeit verbessere die Situation in den Dörfern.

Gandhi beim Spinnen von Baumwolle

Unabhängigkeit und Teilung

Indien wurde 1947 unabhängig. Die Hindus der Kongresspartei wollten ein vereintes Indien, doch die Moslems bestanden auf einem eigenen Staat. So wurde das Land gegen den erbitterten Widerstand Gandhis in Indien und Pakistan geteilt.

Ermordung
Gandhi nahm an den Unabhängigkeitsgesprächen wenig teil. Er drohte, sich aus Protest gegen die Gewalt zwischen Moslems und Hindus zu Tode zu hungern. 1948 wurde er von einem hinduistischen Fanatiker ermordet, weil er sich für die Moslems eingesetzt hatte.

Denkmal an der Stelle, an der Gandhi ermordet wurde

MOHANDAS GANDHI

1869	Geburt in Porbandar, Indien
1889	Ernennung zum Rechtsanwalt in Indien
1891–93	Tätigkeit als Rechtsanwalt
1893–1915	Aufenthalt in Südafrika
1920–22	Gandhi hat mit Nehru die Führung im Nationalkongress.
1930	Salzmarsch zum Meer
1942	Gandhi fordert im 2. Weltkrieg Indiens Unabhängigkeit und wird bis 1944 interniert.
1945	Die neue britische Regierung verspricht die Unabhängigkeit bis 1947.
1947	Indien wird unabhängig.
1948	Ermordung Gandhis

SIEHE AUCH UNTER HINDUISMUS   INDIEN, GESCHICHTE   MENSCHENRECHTE   SÜDAFRIKA, GESCHICHTE   WELTREICHE

GÄNSE UND ENTEN

DIE MEISTEN GÄNSE, ENTEN UND SCHWÄNE verbringen ihr Leben auf dem Wasser oder in dessen Nähe. Sie sind eng miteinander verwandt und bilden gemeinsam die Familie der Entenvögel. Ihre Schnäbel sind breit, die Füße kurz mit Schwimmhäuten. Entenvögel schwimmen gut und haben ein wasserdichtes Gefieder, das sie trocken hält. Auf der ganzen Welt leben ungefähr 160 Arten Entenvögel. Einige unter ihnen wurden zu Haustieren und sind auf vielen Bauernhöfen anzutreffen.

Khaki Campbell, eine Hausentenrasse

Enten

Die Enten bilden die arten- und formenreichste Gruppe. Die Männchen sind oft bunt gefärbt, die Weibchen eher unauffällig und damit gut getarnt, wenn sie brüten. Einige Entenarten leben am Meer, die meisten jedoch an Flüssen, Seen und Weihern.

Schwimmhäute geöffnet
Schwimmhäute geschlossen

Schwimmen
Die Schwimmhäute der Ente funktionieren wie Paddel, die man durchs Wasser zieht. Bei der Rückwärtsbewegung des Beines werden die Schwimmhäute geöffnet und gespreizt. Bei der Vorwärtsbewegung schließen sie sich und bieten somit dem Wasser viel weniger Widerstand.

Gefieder
Die Enten produzieren in der Bürzeldrüse an der Schwanzbasis ein wasserabstoßendes Öl. Mit dem Schnabel imprägnieren sie damit ihr Gefieder. Durch das Einölen des Gefieders bleiben die Tiere selbst beim Tauchen trocken.

Schwäne

Die größten Entenvögel sind die Schwäne. Sie haben eine Flügelspannweite von bis zu 2,30 m. Die meisten der 8 Arten sind weiß. Nur der australische Trauerschwan hat einen schwarzen Körper und weiße Flugfedern. Schwäne verbringen die meiste Zeit im Wasser.

Höckerschwanmännchen mit schwarzem Höcker an der Schnabelbasis

Ei des Höckerschwans
Schwanen-Ei

Sprung mit ausgebreiteten Flügeln

Die breiten Füße und die Flügelstummel bremsen den Fall wie ein Fallschirm.

Die junge Mandarinente verlässt auf den Zuruf der Mutter das Nest.

Einen Tag nach der Geburt springt das Junge, um Nahrung zu finden.

Schwanenjunge
Junge Schwäne bleiben ein Jahr bei den Eltern; das ist für Vögel eine lange Zeit. Wenn sie ihr Erwachsenengefieder ausgebildet haben, werden sie von den Eltern vertrieben.

Nistende Schwäne
Schwäne nisten auf dem Land nahe am Ufer. Das Weibchen bebrütet das Ei bis zu 38 Tage lang. Kommt ihm jemand zu nahe, dann zischt es laut. Wird die Warnung missachtet, greift es an. Mit dem kräftigen Schnabel und vor allem den Flügeln kann es schwere Verletzungen zufügen.

Enten auf Bäumen
Die meisten Enten haben ihre Nester auf dem Boden. Einige Arten legen ihre Eier in Baumhöhlen. Nach dem Schlüpfen der Jungen verlässt die Mutter das Nest und ruft ihre Jungen. Da sie nicht fliegen können, springen sie aus großer Höhe.

Gänse

Anders als die meisten Entenvögel ernähren sich Gänse auf dem Land. Sie reißen Gras mit dem Schnabel ab. Viele Arten brüten in der Tundra hoch im Norden. Die Blässgänse im Bild oben überwintern meist in Schottland und brüten im Sommer in Grönland.

Starten
Schwäne gehören mit bis zu 13 kg Gewicht zu den schwersten flugfähigen Vögeln. Sie können nicht aus dem Stand abheben, sondern müssen eine längere Strecke auf dem Wasser treten, um die nötige Geschwindigkeit zu erreichen.

Nach der Landung läuft das Junge davon.

HÖCKERSCHWAN

WISSENSCHAFTLICHER NAME *Cygnus olor*

ORDNUNG Anseriformes, Gänsevögel

FAMILIE Anatidae, Entenvögel

VERBREITUNG Westeuropa, Teile Zentralasiens; eingeführt auch in anderen Teilen der Welt, darunter Nordamerika, Australien und Neuseeland

LEBENSRAUM Flüsse und Seen

ERNÄHRUNG Wasserpflanzen

GRÖSSE Länge 152 cm

LEBENSDAUER Rund 20 Jahre

SIEHE AUCH UNTER EIER · LANDWIRTSCHAFT · MEERESVÖGEL · PINGUINE · TIERVERHALTEN · VÖGEL · VOGELFLUG

GÄRTEN

GÄRTEN SIND EINGEGRENZTE Landstücke, in denen Zierpflanzen und Nutzpflanzen gedeihen. Ziergärten dienen der Erholung und sind oft Landschaften im Kleinen. In Nutzgärten baut der Mensch seit frühester Zeit Gemüse und Heilkräuter an. Einst gehörte zu jedem Haus ein Garten. In Städten verbessern Gärten heute die Luft und bieten in heißen Gegenden einen schattigen Zufluchtsort. Botanische Gärten werden für wissenschaftliche Untersuchungen angelegt.

Gartengeräte

Gärtner verwenden viele Geräte. Die meisten haben sich seit Jahrhunderten kaum verändert, wie Grabgabel oder Spaten. Bevor es den Rasenmäher (1832) gab, schnitt man Gras mit der Sense.

Heckenschere — Schneide
Spaten und Grabgabel — Zinken
Gießkanne
Pflanzkelle
Handgabel

Entwicklung der Gärten

Gärten gab es schon in der Antike in China, Mesopotamien, Ägypten, Persien und Griechenland. Die Römer verbreiteten die Gartenkunst vom Mittelmeergebiet bis nach Nordeuropa. Nachdem das Römische Reich im 4. Jh. untergegangen war, führten Mönche die Tradition weiter und bauten Pflanzen in ihren Klostergärten an. Bis zur Renaissance befanden sich die Gärten immer innerhalb von Mauern einer Abtei oder einer Burg.

China und Japan
Die Gärten in China und Japan haben oft eine religiöse Bedeutung. Hier wird die Natur selbst verehrt. Diese Tradition ist jahrhundertealt. Die Gärten der Zen-Buddhisten haben oft einen Bereich mit sorgfältig geharktem Kies. Sie sind Orte der stillen Meditation.

Kies, zu einem Muster geharkt
Beschnittene Sträucher

Tempelgarten, Kyoto, Japan

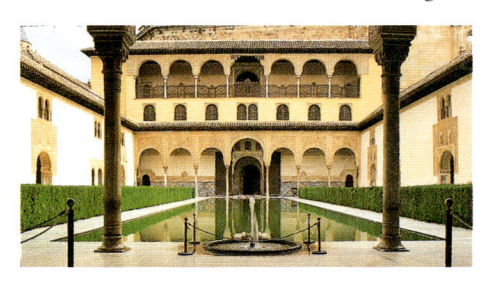

Islamische Gärten
Die Mauren Nordafrikas liebten schattige Gärten in Innenhöfen mit Wasserbecken und Brunnen, die die Luft kühlten und in denen sich der Himmel spiegelte. Der Myrtenhof der Alhambra von Granada in Spanien, das die Mauren im 8. Jh. eroberten, ist ein Beispiel dafür.

Renaissancegärten
Im 14. Jh. bezogen die Renaissancearchitekten Gärten in die Planung der Gebäude mit ein. Die Gärten waren damals offen, regelmäßig und wie mit Lineal und Zirkel gezogen. Sie erinnerten an die römische Gartenkunst.

Villa Lante, Bagnaia, Latium, Italien

Naturalismus im 18. Jh.
Der englische Gartenstil breitete sich im 18. Jh. über ganz Europa aus. Sein Begründer war der englische Architekt William Kent (1685–1748), der viel weniger steife Gärten entwarf, als sie bisher üblich waren. Er passte den Garten mehr der Natur an und setzte ihn dadurch von der strengen Form der Gebäude ab.

Das klassizistische Tempelchen auf einer Waldlichtung ist typisch für den englischen Stil.

Chiswick House, London, England

Botanische Gärten

In botanischen Gärten werden Pflanzen aus fernen Ländern kultiviert. Sie dienen wissenschaftlicher Forschung. Der botanische Garten entwickelte sich aus dem Klostergarten, in dem man früher Heilpflanzen anbaute.

Pflanzensammler
Vom späten 17. Jh. an sammelten Forschungsreisende auch exotische Pflanzen in allen Teilen der Welt und brachten sie lebend zurück. Richtige Expeditionen zum Sammeln von Pflanzen begannen im 18. Jh. Privatleute finanzierten oft Reisen, um Orchideen zu sammeln.

Sammler brachten aus China zahlreiche Päonienarten (Pfingstrose) mit.

Roberto Burle Marx
Der brasilianische Gartenarchitekt Roberto Burle Marx (1909–94) entwarf berühmte Gärten für moderne Gebäude in seinem Land. Dabei verwendete er nur Pflanzen Brasiliens. Er machte so seine Landsleute auf die Schönheit der heimischen Pflanzenwelt aufmerksam.

Wildgärten
Im 20. Jh. begannen sich die Gärtner immer mehr für die Tiere zu interessieren, die in den Gärten und Weihern lebten. Anstatt sie als Schädlinge zu betrachten, hieß man sie als Bewohner willkommen. Gärten nach ökologischen Prinzipien bieten zahlreichen Tieren Heimat und Unterschlupf.

Die Gärtner pflanzen Blumen, die Insekten anziehen.

SIEHE AUCH UNTER | ARCHITEKTUR | BUDDHISMUS | ISLAMISCHES REICH | KLÖSTER | MEDIZIN, GESCHICHTE | NUTZPFLANZEN | RENAISSANCE

GASE

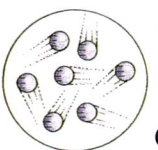

ALS GAS bezeichnen wir eine der 3 Zustandsformen der Materie. Gase haben keinen bestimmten Rauminhalt, und sie dehnen sich immer weiter aus. Alle Gase setzen sich aus Atomen oder Molekülen zusammen, die sich schnell bewegen und die untereinander keinen Zusammenhalt mehr haben. Manche Gase riechen nicht und sind unsichtbar.

Kondensation

An der Innenseite eines kalten Fensters wird feuchte Luft so stark abgekühlt, dass sich der Wasserdampf in Wassertröpfchen zurückverwandelt. Den Übergang eines Gases in den flüssigen Zustand nennt man Kondensation. Beim Abkühlen verlieren die Gasteilchen Energie, werden langsamer und rücken dichter zusammen.

Dampf
Wenn eine Flüssigkeit bis zum Siedepunkt erhitzt wird, geht sie unter Bildung von Dampfblasen in den gasförmigen Zustand über. Unterhalb der Siedetemperatur verdampfen nur die Moleküle an der Oberfläche der Flüssigkeit, man spricht dann von Verdunstung. Eine Farbschicht trocknet durch Verdunstung.

Brown'sche Bewegung

Oft kann man beobachten, wie winzige Staubteilchen im Sonnenlicht tanzen. Ihre zitternde Bewegung wird von unsichtbaren Luftmolekülen bewirkt, die auf sie auftreffen. Die ständige Bewegung von Gasteilchen wurde nach dem schottischen Biologen Robert Brown (1773–1858) benannt.

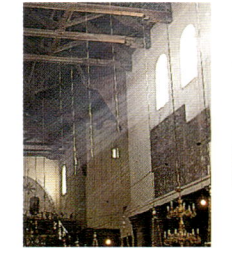

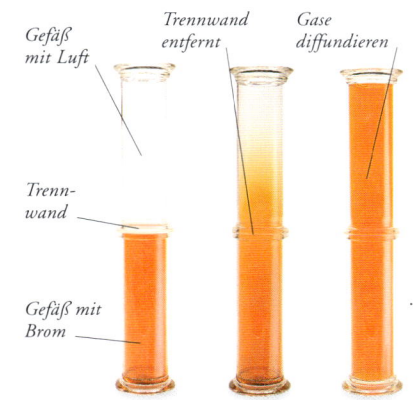

Gefäß mit Luft
Trennwand
Trennwand entfernt
Gase diffundieren
Gefäß mit Brom

Diffusion
Bringt man ein Gefäß mit Bromgas mit einem Gefäß mit Luft zusammen, so vermischen sich die Gase schnell, weil die Teilchen durch ihre Bewegung den ganzen verfügbaren Raum ausfüllen. Man nennt diese Erscheinung Diffusion. Wenn im Haus gekocht wird, erfüllen die Küchendüfte durch Diffusion bald das ganze Haus. Die Diffusion wirkt auch bei Festkörpern, die sich in Flüssigkeiten lösen.

Gasteilchen
Die Kräfte zwischen den schnellen Teilchen sind zu gering, als dass diese zusammenhielten. Deshalb dehnen sich alle Gase aus.

Stickstoffdioxid entweicht sofort aus dem Becher und verbreitet sich in der Luft.

Kupfer und Salpetersäure reagieren miteinander und braunes Stickstoffdioxidgas steigt auf.

Gasgesetze

Die Gasgesetze beschreiben, wie sich die Gase verhalten, wenn man deren Volumen, Druck oder Temperatur verändert. Es geht hier um Gase in geschlossenen Behältern. Volumen, Druck und Temperatur eines Gases hängen voneinander ab.

Gay-Lussac'sches Gesetz
Das Gesetz ist nach dem französischen Forscher L. J. Gay-Lussac benannt. Es besagt, dass sich das Volumen eines Gases bei konstantem Druck proportional zur Temperatur verändert. Man rechnet dabei mit der absoluten Temperatur.

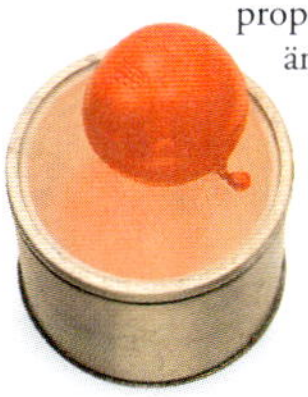

1 Kühlt man einen luftgefüllten Ballon in flüssigem Stickstoff auf -196 °C ab, werden die Gasteilchen langsamer.

2 Die Gasteilchen treffen weniger oft auf die Ballonhülle auf. Damit nimmt das Volumen des Gases ab: Der Ballon wird kleiner.

3 Erwärmt sich das Gas wieder, beschleunigen sich die Gasteilchen: Der Rauminhalt steigt, und der Ballon bläht sich auf.

Eigenschaften von Gasen

Gase dehnen sich sofort aus, weil sich die schnellen Teilchen in alle Richtungen bewegen. Je höher die Temperatur eines Gases, desto mehr Energie enthalten die Teilchen und desto schneller bewegen sie sich. Der Gasdruck hängt davon ab, wie viele Gasteilchen auf die Wand des Behälters auftreffen: Je häufiger die Kollisionen sind, umso größer ist der Druck.

Amedeo Avogadro
Im Jahr 1806 gab der italienische Anwalt Amedeo Avogadro (1776–1856) seinen Beruf zugunsten der Physik auf. 1811 behauptete er, dass alle Gase bei gleichem Volumen oder Rauminhalt dieselbe Zahl an Teilchen enthalten, sofern sie dieselbe Temperatur und denselben Druck besitzen. Dies bezeichnen wir heute als das „Avogadro'sche Gesetz".

Die Luftteilchen prallen öfter auf die Wand der Spritze auf, sodass der Luftdruck steigt.

Der Stempeldruck verringert das Volumen.

Boyle-Mariotte'sches Gesetz
Wenn wir den Finger auf das Ende einer Spritze halten und den Stempel hineindrücken, spüren wir, wie der Luftdruck in der Spritze steigt. Die Luft gehorcht dem Boyle-Mariotte'schen Gesetz, benannt nach dem irischen Physiker Robert Boyle und dem Franzosen E. Mariotte. Es besagt: Bei konstanter Temperatur ist der Druck eines Gases umgekehrt proportional zum Volumen. Oder: Halber Raum, doppelter Druck.

Der Druck im Innern sprengt den Deckel ab.

Druck
Erhitzt man eine verschlossene Dose, dann steigt der Luftdruck im Innern solange an, bis der Deckel davonfliegt oder die Dose platzt. Bei konstantem Volumen verhält sich der Druck proportional zur Temperatur. Erhöht sich die Temperatur, so steigt auch der Druck.

| SIEHE AUCH UNTER | ATOME UND MOLEKÜLE | DRUCK | FESTKÖRPER | FLÜSSIGKEITEN | LUFT | MATERIE | WÄRME UND TEMPERATUR |

GEBIRGE

DIE ERDOBERFLÄCHE ist nicht überall flach. An vielen Stellen entstanden durch Bewegungen der Erdkruste Erhebungen und hohe Gebirgszüge. An anderen Orten sind Täler und Schluchten in die Erdoberfläche eingegraben. Als Gebirge bezeichnen wir steile Gesteinsmassen, die sich über 600 m hoch erheben. Dies geschieht durch die ungeheure Kraft der tektonischen Platten, die auf der Erdoberfläche driften und die auch die Eruption von Vulkanen bewirken. Es gibt einzeln stehende Berge, doch die meisten bilden große Gebirgsketten mit tiefen Tälern wie der Himalaja.

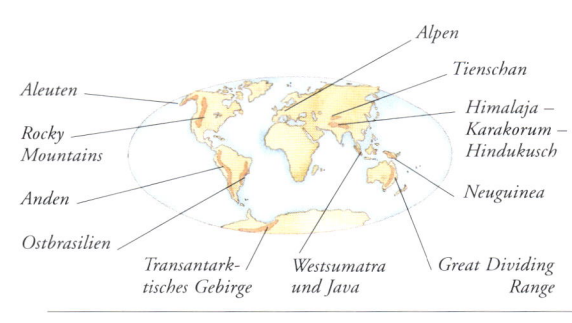

Gebirgszüge
Die meisten Berge der Erde sind zu Gebirgszügen angeordnet, etwa die Alpen in Europa. Dabei können sehr lange Ketten entstehen wie bei den Rocky Mountains oder den Anden. Einen mächtigen Gebirgszug bilden auch Himalaja, Karakorum und Hindukusch.

Aleuten, Alpen, Tienschan, Rocky Mountains, Himalaja – Karakorum – Hindukusch, Anden, Neuguinea, Ostbrasilien, Transantarktisches Gebirge, Westsumatra und Java, Great Dividing Range

Gebirgsbildung
Es gibt 3 Arten der Gebirgsbildung: Durch aufeinander folgende Eruptionen können isolierte Vulkane entstehen. Längs von Brüchen oder Verwerfungen in der Erdkruste schieben sich Schollen nach oben. Die meisten Gebirge entstanden aber durch Auffaltung infolge des Drucks sich bewegender tektonischer Platten.

Phasen der Auffaltung von Gebirgen

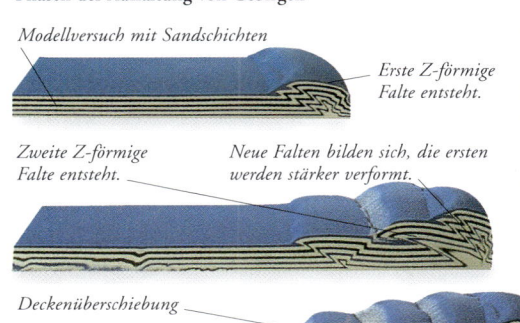

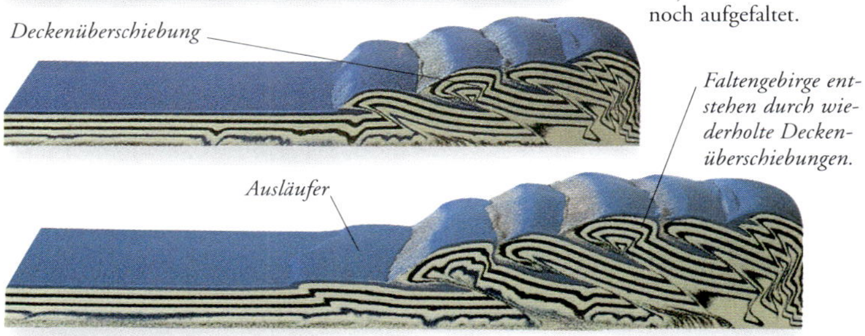

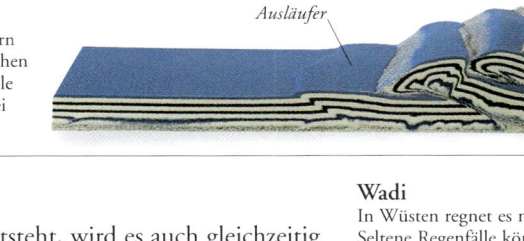

Modellversuch mit Sandschichten
Erste Z-förmige Falte entsteht.
Zweite Z-förmige Falte entsteht.
Neue Falten bilden sich, die ersten werden stärker verformt.
Deckenüberschiebung
Ausläufer
Faltengebirge entstehen durch wiederholte Deckenüberschiebungen.

Faltengebirge
Wenn 2 Platten aufeinanderstoßen, legt sich die Erdkruste in Falten. Hält der Druck an, so entstehen mächtige Faltengebirge. Das geschieht in relativ kurzer Zeit: Die meisten großen Faltengebirge sind weniger als 50 Mio. Jahre alt. Einige wie die Alpen und der Himalaja werden immer noch aufgefaltet.

Vulkankegel
Verschiedene Lavaschichten

Isolierte Bergspitzen sind meist Vulkane, die durch Eruptionen entstanden. Es gibt aber auch innerhalb großer Gebirgszüge Vulkane. Dazu zählen einige der höchsten Gipfel der Erde, etwa der Aconcagua in den Anden Südamerikas.

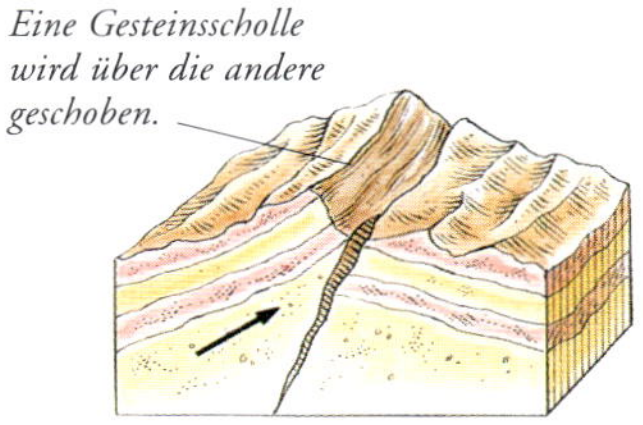

Verwerfung
Eine Gesteinsscholle wird über die andere geschoben.

Einige Gebirge entstanden nicht durch Auffalten von Gesteinsschichten, sondern durch Verwerfungen: An schrägen Brüchen in der Erdkruste bewegt sich eine Scholle nach oben, die andere nach unten. Zwei Verwerfungen können Gräben bilden.

Täler
Während ein Gebirge entsteht, wird es auch gleichzeitig abgetragen. Durch Verwitterung – Regen, Schnee, Eis, Wind und Sonne – wird das Gestein zerkleinert. Flüsse und Gletscher kehlen tiefe Täler aus und transportieren das Lockermaterial ab. Fließendes Wasser führt zur Ausbildung von V- oder Kerbtälern.

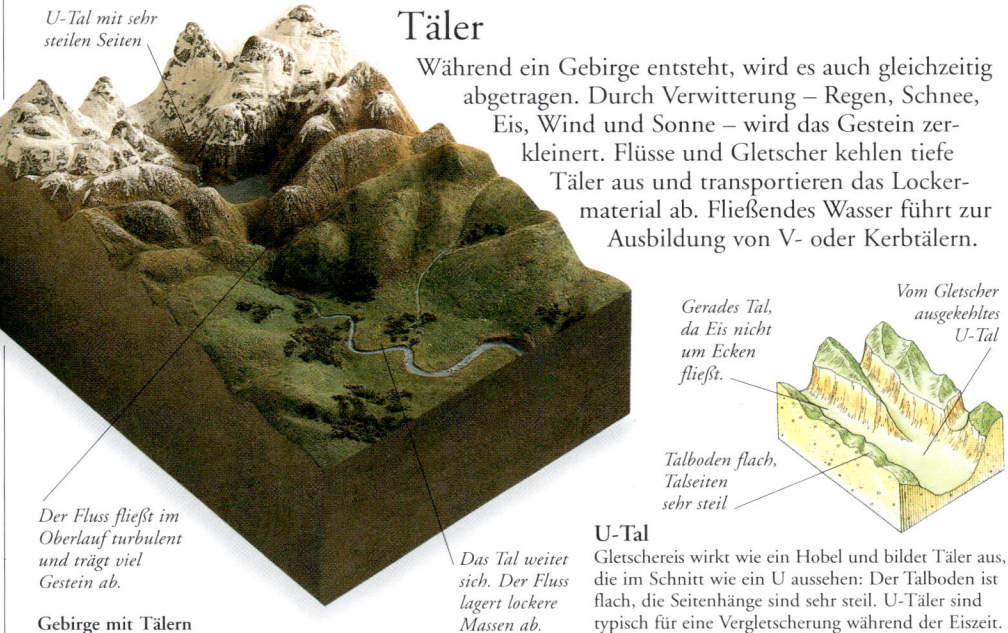

U-Tal mit sehr steilen Seiten
Der Fluss fließt im Oberlauf turbulent und trägt viel Gestein ab.
Gebirge mit Tälern
Das Tal weitet sich. Der Fluss lagert lockere Massen ab.
Gerades Tal, da Eis nicht um Ecken fließt.
Vom Gletscher ausgekehltes U-Tal
Talboden flach, Talseiten sehr steil

U-Tal
Gletschereis wirkt wie ein Hobel und bildet Täler aus, die im Schnitt wie ein U aussehen: Der Talboden ist flach, die Seitenhänge sind sehr steil. U-Täler sind typisch für eine Vergletscherung während der Eiszeit.

Wadi
In Wüsten regnet es nur wenig. Seltene Regenfälle können aber heftig sein und reißende Flüsse entstehen lassen, die tiefe Schluchten bilden. Nach dem Regen verschwindet das Wasser. Zurück bleiben Trockentäler, die Wadis.

Rifttal
Wenn tektonische Platten sich voneinander entfernen, entstehen lange Verwerfungen. Ein Teil der Erdkruste sinkt dann tiefer und bildet ein Grabensystem, das Rifttal. Der Atlantische Graben setzt sich in Island im Pingvellir fort.

Schlucht
Wo wenig Wasser an die Erdoberfläche kommt, in Kalkgebieten und Wüsten, gräbt sich ein Fluss tief in den Untergrund ein. Dadurch entstehen fast senkrechte Talseiten und tiefe Schluchten. Eine der bekanntesten ist der Grand Canyon in USA.

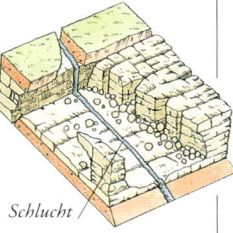

Schlucht

| SIEHE AUCH UNTER | ASIEN | ERDE | FLÜSSE | GEBIRGE, TIERWELT | GESTEINE | GLETSCHER | KONTINENTE | VULKANE |

GEBIRGE, TIERWELT

DIE GROSSEN GEBIRGSKETTEN der Erde sind zwar herrlich anzusehen, bieten Tieren aber schwierige Lebensbedingungen. Tiere, die hier dauernd leben, müssen an die Umweltbedingungen angepasst sein. Der Steinbock beispielsweise kommt in steilen Felsen schnell voran, der Andenkondor ist an die hohen Windgeschwindigkeiten und die kalten Nächte in dünner Luft gut angepasst. In gemäßigten und kalten Klimagebieten sind die Winter im Gebirge sehr streng. Es gibt Stürme, und es fällt so viel Schnee, dass die meisten Tiere talwärts überwintern. Im Sommer herrscht durch die starke Sonneneinstrahlung in der Höhe vielfältiges Leben.

Gebirge

Die Vegetationszonen und Lebensräume im Gebirge ändern sich mit zunehmender Höhe, und die Umweltbedingungen werden härter. Am Fuß der Gebirge liegen in den Tropen Regenwälder und in gemäßigten Gebieten Laubwälder. Beim Aufsteigen werden sie in den Tropen von Nebelwäldern und bei uns von Nadelwäldern abgelöst. Ab einer bestimmten Meereshöhe können keine Bäume mehr wachsen. Hier liegen alpine Weiden und Matten. Zum Gipfel hin wird das Pflanzenwachstum immer spärlicher; oberhalb der Schneegrenze ist es nur noch auf nackten Felsen möglich.

Aufragende Felsen
Schneefelder
Baumgrenze: Oberhalb davon wachsen keine Bäume mehr.
Dichter Wald in niedrigeren Lagen

Schichtung der Pflanzenwelt im Gebirge

Pflanzen
Oberhalb der Baumgrenze sind die Pflanzen nur noch klein. Die Blütenstiele müssen im Wind biegsam sein, um nicht zu brechen. Weit verbreitet sind Polsterpflanzen, die dicht am Boden liegen und Wärme zurückhalten. In einigen tropischen Gebirgen wachsen oberhalb der Baumgrenze allerdings auch große Pflanzen, in Afrika z. B. die bis zu 5 m hohen Lobelien.

Kleine drahtige Blätter widerstehen dem Wind.
Helle Farben ziehen Bestäuberinsekten an.

Vögel
Vögel kommen mit den strengen Lebensbedingungen im Gebirge gut zurecht. Ihr Gefieder isoliert sie gegen Kälte. Da sie fliegen können, sind die steilen Hänge kein Hindernis, und sie finden selbst in nahrungsarmen Gebirgen genügend zu fressen. Große Greifvögel wie die Adler nutzen die Aufwinde, um weite Strecken zurückzulegen. Viele Vögel im Gebirge ziehen im Herbst weg. Einige harren jedoch lange Zeit aus, etwa Samen fressende Finken und die Alpenkrähe.

Der Andenkondor ist der größte flugfähige Vogel der Welt.
Dichtes isoliertes Gefieder

Mauerläufer
Den Mauerläufer kann man an steilen Felsen in den Alpen beobachten. Mit seinem gekrümmten Schnabel sucht er in Felsspalten nach Insekten. Er bewegt sich stoßweise und hält sich bei der Futtersuche mit kräftigen Krallen fest. Im Winter fliegt der Mauerläufer in geschützte, wärmere Täler.

Andenkondor
Der Kondor hat eine Flügelspannweite von 3 m und segelt ohne Anstrengung in den Aufwinden, die überall im Gebirge auftreten. Auf Nahrungssuche legt er weite Strecken ohne einen einzigen Flügelschlag zurück. Der Kondor ist ein Geier und damit Aasfresser.

Bachsalamander
Der Bachsalamander lebt in kühlfeuchten Gebieten in den Gebirgen der nordöstlichen Vereinigten Staaten. Er hat keine Lunge und wird bis zu 11 cm lang. Er macht Jagd auf Insektenlarven, Würmer und andere Wirbellose, von denen er sich ernährt.

Säugetiere
Oberhalb der Waldgrenze leben nur noch wenige Säugetiere, in den Alpen etwa Gämse und Steinbock. Im Winter müssen sich auch diese in tiefere Lagen zurückziehen. Die Murmeltiere der Alpen und zentralasiatischen Gebirge leben in selbst gegrabenen Höhlen und verbringen über 6 Monate in tiefem Winterschlaf.

Dieser Schmetterling ernährt sich von Nektar.
Augenflecke

Bhutanitis lidderdalei
Das ist der wissenschaftliche Name dieses Schmetterlings, der am Fuß des Himalaja und einiger anderer Gebirge Zentralasiens lebt. Er gehört zur selben Familie wie der Schwalbenschwanz und der Segelfalter. Zahlreiche Schmetterlingsarten der Gebirge sind durch Spezialisierung und geografische Isolation entstanden – etwa die Apollofalter.

Mächtige Hörner

Steinbock
Steinböcke klettern hervorragend, selbst in steilsten Felsen. Eis- und Schneefelder meiden sie. Die Männchen tragen mächtige, die Weibchen nur sehr kurze Hörner. Mit ihrem dicken Fell sind sie gut vor den winterlichen Temperaturen geschützt.

Schneeleopard
Dieses wundervolle, seltene Raubtier macht in den Gebirgen Zentralasiens bis in 5 000 m Höhe Jagd auf Bergziegen, Bergschafe, Nagetiere und Vögel. Das dicke getüpfelte Fell hält sehr warm und bietet in der Landschaft aus Felsen und Schnee eine vorzügliche Tarnung. Im Winter zieht sich der Schneeleopard wie seine Beutetiere in tiefere Lagen unterhalb der Baumgrenze zurück.

SIEHE AUCH UNTER | BÄUME | GEBIRGE | GREIFVÖGEL | LÖWEN UND ANDERE GROSSKATZEN | SALAMANDER UND MOLCHE | SÄUGETIERE | SCHAFE UND ZIEGEN | SCHMETTERLINGE | VÖGEL

GELD

Man kann Geld nicht essen, doch wir alle brauchen es, um uns zu ernähren. Ohne Geld könnten wir uns nicht kleiden und hätten kein Heim. Wir bezahlen mit Geld für die Dinge, die wir zum Leben benötigen. Wir kaufen damit natürlich auch weniger wichtige Sachen. Es ist ein Tauschmittel, das so lange Gültigkeit hat, als sich Käufer und Verkäufer über den Wert des verwendeten Zahlungsmittels – sei es in Form von Papier, Münzen oder Plastik – einig sind. Geld dient also als Maßstab für den Wert einer Sache. Mit Geld kann man auch Reichtum speichern.

Goldstandard
Jedes Land hat sein eigenes Geld, seine eigene Währung. Dabei müssen die Regierungen wissen, welchen Wert die verschiedenen Währungen zueinander haben. Im 20. Jh. bemaßen viele Regierungen den Wert ihrer Währung an dem des Goldes und den eigenen Goldreserven. Dabei entsprach der Wert einer Banknote einer bestimmten Menge Gold. Dieser Goldstandard ging in den 70er Jahren zu Ende. Heute hängt der Wert einer Währung vom Markt und damit von den Devisenbörsen ab.

Formen des Geldes
Münzen und Banknoten sind Bargeld. Der größte Teil des Geldes in einer Bank liegt aber nicht als Papiergeld vor, sondern als so genanntes Buchgeld in Form von Daten in Computern.

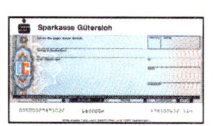

Euro-Banknoten

Kreditkarte

Banknote, 17. Jh., Schweden

Banknoten
Die ersten Banknoten gab es im 11. Jh. in China, etwa 600 Jahre später in Europa. Das Papiergeld konnte man früher gegen Gold umtauschen.

Kreditkarte
Mit einer Kreditkarte kann man etwas kaufen und erst später bezahlen. Vor allem Banken und große Unternehmen geben Kreditkarten aus. Jeden Monat verschickt das Unternehmen eine Gesamtrechnung an den Karteninhaber. Dieser muss die Schuld sofort begleichen, sonst sind für das geschuldete Geld Zinsen zu entrichten.

Mikroprozessor

Bankcards können mit Bargeld geladen werden.

Scheckvordruck

Rückseite einer Scheckkarte

Euro-Banknoten und -Münzen

Euro
Seit dem 1. Januar 1999 ist der Euro die einheitliche Währung der Europäischen Währungsunion. Ab 2002 wurden die nationalen Währungen der zugehörigen Länder gegen Euro-Münzen und Euro-Banknoten umgetauscht.

Euro-Münze

Scheck
Ein Scheck ist der ausgeschriebene Auftrag an die eigene Bank, dem Empfänger Geld auszuzahlen bzw. den Betrag gutzuschreiben (Verrechnungsscheck). Bei Vorlage einer Scheckkarte wird die Auszahlung von bestimmten Höchstbeträgen garantiert.

Ursprünge des Geldes
Das erste Geld wurde vor 4500 Jahren im alten Mesopotamien, dem heutigen Irak, verwendet. Zahlungen leistete man dabei mit bestimmten Silbermengen. Seither verwendete man in vielen Gebieten Gewichte aus Edelmetallen zum Bezahlen.

Gewichte
Den Wert des Metalls bestimmte man durch Wiegen. Dazu waren geeichte Gewichte nötig.

Mesopotamisches Gewicht

Preisliste
Dieses Tontäfelchen enthält eine Preisliste. Es wurde im 19. Jh. v. Chr. in Mesopotamien geschrieben. Die Preise sind in Schekel und Minen angegeben, den Standardgewichten jener Zeit. Mit einem Schekel Silber konnte man 12 Minen Wolle, 10 Minen Bronze, 3 Maß Gerste oder 3 Maß Sesamöl kaufen.

Erste Entwürfe zeigen die wichtigsten Darstellungen und Wörter, die auf der Banknote erscheinen.

Entwurf für fälschungssichere Linien, Schatten und Farben

Fälschungssicherheit
Sicherheitsfaden und Wasserzeichen im Papier erhöhen die Fälschungssicherheit der Banknote.

Druckfarben
Sie werden besonders gemischt und ergeben die exakten Farben für die Banknote. Auch dies erschwert Fälschern das Handwerk.

Druckfarben

Gerät zum Glätten von Oberflächen

Stichel zum Gravieren der Tiefdruckplatte

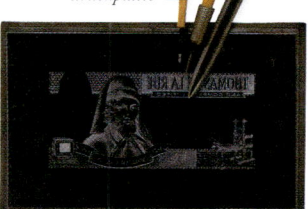

Druck von Banknoten
Um Fälschungen zu erschweren, werden manche Verfahren des Banknotendrucks geheim gehalten. Aus demselben Grund enthalten die Banknoten auch viele kleine Details, die man auf den ersten Blick nicht erkennt. Die Drucker verwenden andere Papiere und Farben als bei normalem Druck.

Druck
Banknoten werden in mehreren Durchgängen gedruckt: je einer für den Hintergrund, die Hauptzeichnung und die Seriennummer. Beim Tiefdruckverfahren steht die Druckfarbe etwas erhaben auf dem Papier. Dies dient der Fälschungssicherheit.

Fertige Banknote

Bank

Die meisten Menschen legen ihr Geld in eine Bank. Sie verwaltet das Geld und führt ein Konto, auf dem steht, wieviel Geld jeder Kunde besitzt. Die Kunden kommen an ihr Geld über Bargeldautomaten, durch Auszahlung am Schalter oder indem sie Schecks ausschreiben. Wer Geld, das er gerade nicht braucht, der Bank überlässt, erhält für sein Guthaben Zinsen. Wer Geld von der Bank leiht, muss für den Kredit Zinsen bezahlen.

Italienische Bankiers

Die ersten Banken

Die ersten Banken gab es in Babylon vor 3 000 bis 4 000 Jahren. Dort konnten die Kunden ihr Geld sicher aufbewahren. Um 600 v. Chr. hatten die Chinesen Banken. Im alten Rom boten die Banken bereits Investitionsmöglichkeiten und Währungsumtausch an. Im Mittelalter gab es fast kein Bankwesen, weil die Kirche das Geldverleihen gegen Zinsen missbilligte. Erst im 15. und 16. Jh. entstanden in Italien die ersten mächtigen Banken.

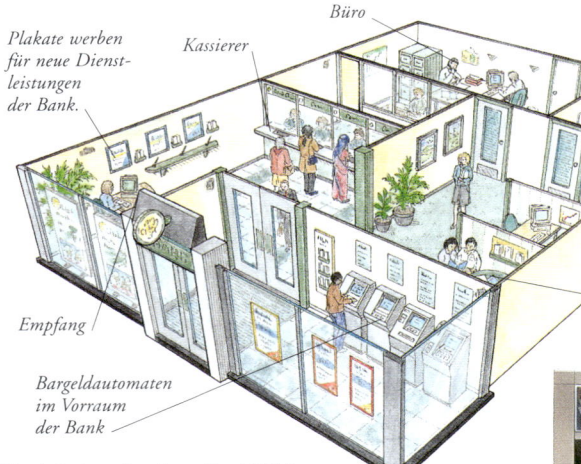

Plakate werben für neue Dienstleistungen der Bank. — *Kassierer* — *Büro* — *Hier empfängt der Direktor Privatkunden.*

Empfang — *Bargeldautomaten im Vorraum der Bank* — *Auskunftsschalter*

Sicherheit
Ein gepanzertes Sicherheitsfahrzeug bringt Banknoten in die Bank. Dort werden sie im Tresor aufbewahrt. Es handelt sich dabei um Stahlkammern, meist mit einer Zeitschaltuhr. Am Ende eines Arbeitstages wird das gesamte Bargeld an den Schaltern gezählt und kommt in den verschlossenen Tresorraum.

Banktresor — *Gepanzerte Tür* — *Sicherheitspersonal*

Die Arbeiten in einer Bankfiliale
Banken haben in allen größeren Orten Niederlassungen oder Filialen. Der Kassierer bedient die Kunden hinter Panzerglas. Er löst Schecks ein und tauscht Währungen um. Jede Transaktion wird im Zentralcomputer gespeichert. Den Kunden stehen Kontoauszugsdrucker zur Verfügung. So können sie jederzeit erfahren, wieviel Geld sie noch auf dem Konto haben. Die Bank lagert ihr Bargeld im Tresorraum.

Karte hier einführen — *Geheimnummer eintippen*

Bargeldautomat
An Bargeldautomaten können die Kunden 24 Stunden am Tag Geld von ihrem Konto abheben, selbst wenn die Bank geschlossen ist. Sie führen eine Plastikkarte ein und tippen ihre Geheimzahl (Persönliche Identifikationsnummer, PIN) ein. Der Automat ist mit dem Computer verbunden, der das Konto des Kunden verwaltet. Er führt Buch über jede Transaktion.

Schließfach

Bankschließfach
Die Banken vermieten im Tresorraum auch Schließfächer, in denen der Kunde Wertgegenstände aufbewahren kann. Zum Öffnen braucht man 2 Schlüssel.

Börse

Wer Geld in ein Unternehmen investieren will, kauft Aktien. Diese Wertpapiere werden von der Firma ausgegeben. Wenn die Aktien nachher an der Börse gehandelt werden, können ihre Preise stark schwanken. Die wichtigsten Börsenzentren sind New York, London und Tokio.

Wie die Börse funktioniert
Aktien kauft man nicht direkt von einem Unternehmen, sondern man erteilt einem Börsenmakler den Auftrag, die Wertpapiere an der Börse zu kaufen. Über den Preis der Aktie entscheiden Angebot und Nachfrage. Der Investor hofft natürlich, dass seine Aktien später im Preis steigen. Er verkauft sie wieder, wenn seiner Meinung nach der Preis am höchsten liegt. Doch kann man fast nie sagen, wann dies der Fall ist. Wer sein Geld mit solchen Käufen und Verkäufen von Aktien verdient, ist ein Spekulant.

Bildschirme mit den aktuellen Börsennotierungen

Händler und Börsenmakler

New Yorker Aktienbörse

Fort Knox
Die größten Goldreserven der Welt befinden sich in den USA in Fort Knox, Kentucky. Seit 1936 wird der größte Teil der amerikanischen Goldreserven dort aufbewahrt. Das Gold liegt in Kammern aus Stahl und Beton, die von einem großen, bombensicheren Gebäude mit massiven Wänden umgeben sind. Für zusätzlichen Schutz sorgen elektronische Alarmsysteme, automatische Fernsehüberwachung und bewaffnetes Sicherheitspersonal.

Unternehmen	Preis	Veränderung/Woche +/-
Gordon Properties	44	-2
JCP Interiors	69	-1
O'Neill Group	162	+7
Shaw Associates	121	+5
Thomson PLC	46	+2

Börsennotierung
Der Preis der Aktien bewegt sich dauernd. Nach Börsenschluss wird die letzte Börsennotierung veröffentlicht, das ist der derzeitige Aktienkurs. Auch die Veränderungen zum Vortag sind angegeben. Der Investor kennt so jederzeit den Wert seiner Aktien.

Inflation
Wenn die Preise steigen und man für dieselben Güter mehr Geld bezahlen muss, spricht man von Inflation. Herrscht z. B. eine (hohe) Inflationsrate von 10 %, so bedeutet dies, dass der Warenkorb, für den man im vorigen Jahr 60 Mark bezahlte, nun 66 Mark kostet. Jede Regierung versucht die Inflation zu bekämpfen, um die Kaufkraft des Geldes zu erhalten.

SIEHE AUCH UNTER — FAMILIE UND GESELLSCHAFT — HANDEL UND INDUSTRIE — POLITIK UND MACHT — WIRTSCHAFTSKRISEN

Banknoten
Afrika und Europa

Polen
10, 20, 50 Złoty

Schweden
20, 100 Kronen

Slowenien
10, 50 Tolar

Ungarn
200, 500 Forint

Dänemark
50, 100 Kronen

Russland
10, 50, 100 Rubel

Großbritannien
5, 10 Pfund

Norwegen
50, 100 Kronen

Schweiz
10, 100 Franken

Europ. Währungsunion
20, 100, 200 Euro

Kenia
100, 200 Shilling

Simbabwe
5, 10 Dollar

Südafrika
10, 50 Rand

Gambia
5, 25 Dalasi

Ägypten
5, 10 Pfund

Nord- und Südamerika

Mexiko
20, 50 Peso

Venezuela
100, 1 000 Bolivar

Asien und Australien

Australien
10, 20 Dollar

Indien
100, 500 Rupien

Kanada
5, 10, 20 Dollar

Vereinigte Staaten von Amerika
5, 10, 20 Dollar

Japan
1 000, 5 000 Yen

Indonesien
10 000, 20 000 Rupiah

GEOLOGIE

FRÜHER GLAUBTE MAN, die Erde sei nur eine Kugel aus Gestein. Die Geologen wissen heute, dass unser Planet sehr kompliziert aufgebaut ist. Die Geologie ist die Wissenschaft vom Aufbau, der Zusammensetzung und der Geschichte der Erde. Mitte der 60er Jahre des 20. Jh. konnte man beweisen, dass die Erdkruste aus riesenhaften Platten besteht, die sich dauernd bewegen. Mit Hilfe dieser Plattentektonik gelang es, die unterschiedlichen geologischen Erscheinungen zu erklären, angefangen von der Entstehung, der äußeren Form und Wanderung der Kontinente bis zum Auftreten von Vulkanen und Erdbeben.

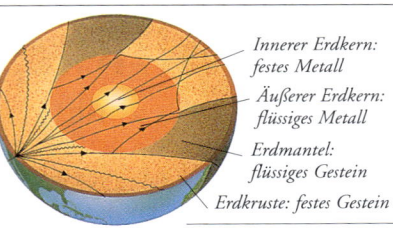

Innerer Erdkern: festes Metall
Äußerer Erdkern: flüssiges Metall
Erdmantel: flüssiges Gestein
Erdkruste: festes Gestein

Aufbau der Erde
Geophysiker und Geochemiker beschäftigen sich mit dem Erdaufbau. Die einen untersuchen physikalische Vorgänge wie den Wärmeaustausch zwischen Kern und Kruste, die anderen die chemische Zusammensetzung der Erde.

Seismographen
Seismographen zeichnen Erdbebenwellen auf. Ein solches Seismogramm verrät dem Geologen viel über den Aufbau und die Gesteine tieferer Schichten.

Seismogramme

Gesteine
Die Wissenschaft von den Gesteinen heißt Petrologie. Unter unseren Füßen liegen oft dutzende verschiedener Gesteinsschichten. Sie verraten viel über die Erdgeschichte einer Landschaft.

Gesteinsschichten
Viele Gesteine entstehen durch schichtartige Ablagerungen in Meeren. Man nennt sie Sedimentgesteine. Die Stratigraphie untersucht die zeitliche Abfolge der Schichten. Störungen bei der Abfolge bezeichnet man als Diskordanzen.

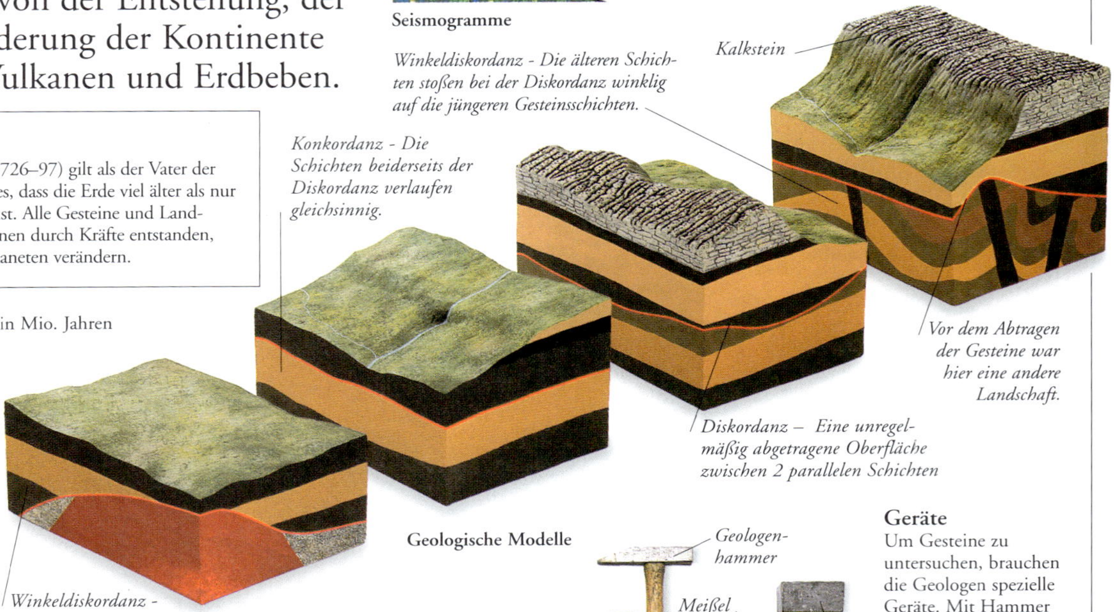

James Hutton
Der Schotte James Hutton (1726–97) gilt als der Vater der modernen Geologie. Er bewies, dass die Erde viel älter als nur einige hunderttausend Jahre ist. Alle Gesteine und Landschaften seien in Jahrmillionen durch Kräfte entstanden, die heute noch unseren Planeten verändern.

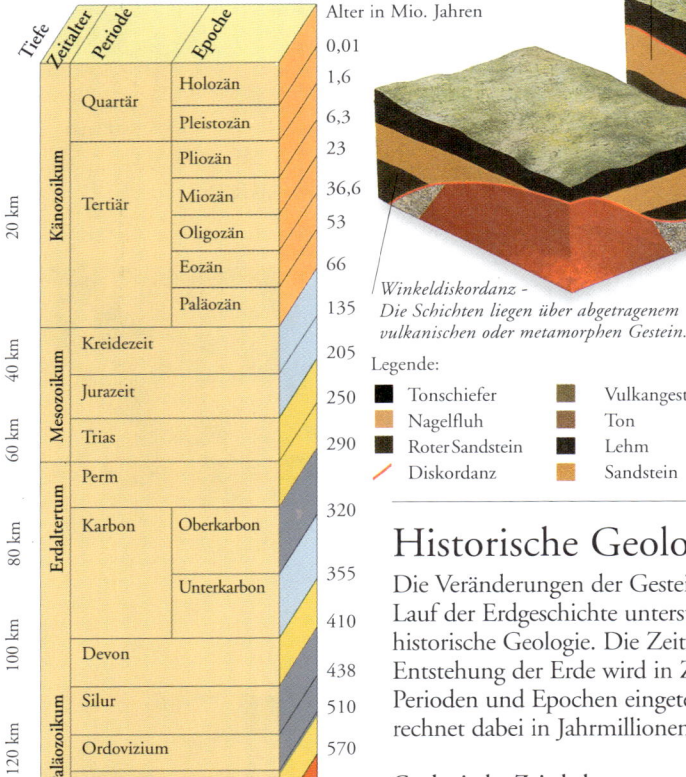

Winkeldiskordanz - Die älteren Schichten stoßen bei der Diskordanz winklig auf die jüngeren Gesteinsschichten.

Konkordanz - Die Schichten beiderseits der Diskordanz verlaufen gleichsinnig.

Kalkstein

Vor dem Abtragen der Gesteine war hier eine andere Landschaft.

Diskordanz – Eine unregelmäßig abgetragene Oberfläche zwischen 2 parallelen Schichten

Winkeldiskordanz - Die Schichten liegen über abgetragenem vulkanischen oder metamorphen Gestein.

Geologische Modelle

Geologenhammer
Meißel
Schutzbrille

Geräte
Um Gesteine zu untersuchen, brauchen die Geologen spezielle Geräte. Mit Hammer und Meißel nehmen sie Gesteinsproben. Dabei tragen sie eine Schutzbrille gegen die Gesteinssplitter.

Fäustel zum Schlagen auf Meißel

Tiefe	Zeitalter	Periode	Epoche	Alter in Mio. Jahren
				0,01
		Quartär	Holozän	1,6
			Pleistozän	6,3
20 km	Känozoikum		Pliozän	23
		Tertiär	Miozän	36,6
			Oligozän	53
			Eozän	66
			Paläozän	135
40 km	Mesozoikum	Kreidezeit		205
60 km		Jurazeit		250
		Trias		290
80 km	Erdaltertum	Perm		320
		Karbon	Oberkarbon	355
100 km			Unterkarbon	410
		Devon		438
120 km	Paläozoikum	Silur		510
		Ordovizium		570
140 km		Kambrium		4 600
		Präkambrium		

Legende:
- Tonschiefer
- Nagelfluh
- Roter Sandstein
- Diskordanz
- Vulkangestein
- Ton
- Lehm
- Sandstein

Historische Geologie
Die Veränderungen der Gesteine im Lauf der Erdgeschichte untersucht die historische Geologie. Die Zeit seit der Entstehung der Erde wird in Zeitalter, Perioden und Epochen eingeteilt. Man rechnet dabei in Jahrmillionen.

Geologische Zeitskala
Wären die Gesteine ungestört geblieben, würden sie seit Abkühlung der Erde eine 140 km hohe Säule bilden. Sie ist im Bild links mit den Namen der entsprechenden Zeitalter, Perioden und Epochen sowie den jeweils vorherrschenden Gesteinen dargestellt.

Probebohrungen finden dort statt, wo Geologen aufgrund der Gesteine Erdöl vermuten.

Die Suche nach Lagerstätten
Jedes Mineral in der Erdkruste ist an bestimmte geologische Strukturen gebunden. Bei der Suche nach Erdöl und Edelmetallen setzt man erst Fernerkundungssatelliten ein. Dann machen Geologen Probeschürfungen und -bohrungen.

Legende:
- Sandstein
- Ton
- Tonschiefer
- Kalk
- Metamorphite

SIEHE AUCH UNTER — ERDBEBEN · ERDE · FOSSILIEN · GEOWISSENSCHAFT · GESTEINE · VULKANE

GEOWISSENSCHAFT

FOSSILIEN GEBEN HINWEISE auf das Alter von Gesteinen. Aus dem Zustand der Atmosphäre kann man das Wetter für einige Tage vorhersagen. Beides sind Aufgaben der Geowissenschaft. Sie untersucht die Erscheinungen und Eigenschaften der Erde, von den Vulkanen bis zu den Regentropfen. Die Geowissenschaft wird in viele Spezialdisziplinen unterteilt. Je mehr wir über die Entstehung, die Zusammenhänge und Bedingungen der Erde wissen, umso mehr können wir zum Überleben unseres Planeten beitragen.

Zweige der Geowissenschaft

Den Begriff Geowissenschaft verwendet man seit den 70er Jahren. Sie beschäftigt sich mit allen unbelebten Aspekten der Erde. Die Wissenschaft von den Lebewesen ist die Biologie. Geowissenschaft und Biologie sind aber eng miteinander verzahnt, vor allem in der Ökologie.

Geröll

Steinkohle

Granit

Paläontologie
Die Paläontologie beschäftigt sich mit den meist versteinerten Resten von Lebewesen, die früher gelebt haben. Sie sind in Ablagerungsgesteinen enthalten. Anhand der Fossilien oder Versteinerungen kann der Paläontologe sagen, wie alt ein Gestein ist. Paläontologen haben viel zur Erforschung des Stammbaums der Lebewesen beigetragen.

Fossil eines Trilobiten

Geologie
Die Geologie untersucht die Geschichte und den Aufbau der Erde. Naturgemäß interessiert sie sich vor allem für die Erdkruste und deren Gesteine. Die Geologie hat enge Beziehungen zur Paläontologie, zur Geomorphologie und zur Vulkanologie.

Vulkanologie
Die Vulkanologie untersucht, wann und wie Vulkanausbrüche auftreten. Manche Vulkanologen arbeiten nahe an den Kratern. Sie tragen dabei Schutzkleidung und Helme gegen Hitze, ätzende Gase und umherfliegende Lavabomben.

Im Mittelpunkt der Geowissenschaft steht die Erde.

Vulkanische Bomben

Geomorphologie
Die Wissenschaft, die sich mit den Oberflächenformen der Erde beschäftigt, heißt Geomorphologie. Sie erklärt, wie die verschiedenen Formen von Tälern und Bergen entstanden. Geomorphologen können z. B. sagen, ob ein Tal von einem Fluss oder einem Gletscher geformt wurde.

Ozeanographie
Die Ozeanographie oder Meereskunde hat viele Disziplinen. Eine untersucht z. B. die Chemie der Meere, eine andere die Meeresströmungen (s. Satellitenbild).

Geografie
Die Geografie untersucht die Erdoberfläche; früher sagte man auch Erdkunde. Ein Zweig der Geografie beschäftigt sich mit den Kulturlandschaften und der Besiedlung.

Meteorologie
Die Meteorologie untersucht die Luftschicht. Sie konzentriert sich dabei auf Wettererscheinungen in den untersten 10 km der Atmosphäre und die Wettervorhersage. Klimatologen untersuchen das Klima.

Feldforschung

Laboruntersuchungen sind für die Geowissenschaft oft von untergeordneter Bedeutung. Die Forscher müssen im Freien – sie sagen: im Feld – beobachten, Daten sammeln und ihre Theorien überprüfen. Dies bedeutet z. B., dass sie Berge besteigen und sich nahe an Lavaströme heranwagen. Eine große Rolle spielt auch die Fernerkundung durch Satelliten.

Forschungsgeräte
Geowissenschaftler benutzen sehr spezielle Apparate. Im Bild links werden die Bewegungen der Erdkruste bei Erdbeben mit Laserlicht aufgezeichnet.

Ressourcen

Die Erde liefert uns alles für das Leben – von der Nahrung und dem Wasser über die Luft bis zu Baumaterialien und fossilen Brennstoffen. Wir sprechen auch von den Ressourcen der Erde. Die Geowissenschaft hilft mit, diese Ressourcen zu finden. Gleichzeitig zeigt sie auf, was geschieht, wenn wir die Ressourcen bedenkenlos ausbeuten.

Luft
Wir brauchen saubere Luft zum Atmen. Doch durch Abgase schädigen wir zunehmend die Luft und zerstören so langsam alles Leben auf der Erde.

Turmalin

Früchte

Tintenfisch

Mineralien
Fast alle unsere Werkstoffe stammen von Mineralien aus der Erdkruste. Zu den Ressourcen dieses Bereichs zählen auch die Metalle, die Edelsteine – und das Salz.

Wasser
Alles Leben hängt vom Wasser ab. Wo es nicht genug sauberes Wasser gibt, kann der Mensch auf Dauer nicht existieren. Dies gilt auch für die meisten Tiere.

Nahrung
Unsere Nahrung stammt von Lebewesen an der Erdoberfläche. Sie brauchen als Ressource saubere Luft, sauberes Wasser und fruchtbare Böden.

Energie
90 % der Energie, die wir verbrauchen, stammt aus Erdöl, Erdgas und Kohle, die der Mensch aus der Erdkruste gewinnt.

SIEHE AUCH UNTER ERDE · FOSSILIEN · GEOLOGIE · GESTEINE · KLIMA · OZEANE UND MEERE · VULKANE · WETTER

GERONIMO

ÜBER EIN JAHRHUNDERT nachdem die Indianer Nordamerikas den Kampf um ihr Land gegen die Weißen verloren haben, erinnert man sich noch immer eines Namens: Geronimo. Dieser furchtlose Krieger hat Geschichte gemacht. Als er etwa 25 Jahre alt war, verlor er durch mexikanische Soldaten seine ganze Familie. Geronimo schwor ewige Rache und beschloss, bis zum Tod für die Sache der Apachen zu kämpfen. Erst im hohen Alter musste er sich der weit überlegenen US-Armee ergeben.

Kindheit und Jugend
Geronimo wurde um 1829 in New Mexico, USA, geboren. Er war vom Stamm der Mimbreño; später war er Kriegshäuptling der Chiricahua-Apachen. Sein indianischer Name lautete Gokh-la-yeh.

Das Massaker
1858 überfiel ein mexikanisches Kavallerieregiment ein Dorf und tötete 130 Menschen, darunter Geronimos Mutter, seine Frau und seine 3 Kinder. Geronimos Hass und Rachsucht richteten sich von nun an gegen alle Weißen.

Lager der Prärieindianer

Apachen
Die Apachen waren eine Gruppe von Athapaskisch sprechenden Völkern. Die westlichen Apachen lebten im trockenen Bergland und der Wüste des Südwestens der USA, die östlichen z. T. in der Prärie. Sie ernährten sich von der Jagd und gingen später dazu über, Pferde und Nahrung bei den Siedlern zu stehlen. Dies machte sie in Texas und Mexiko verhasst.

Der Krieger
Als junger Krieger lernte Geronimo wie alle Indianer zu schießen, das Wild und Feinde aufzuspüren, in der Wildnis zu überleben und sich im Gelände unsichtbar für Weiße zu bewegen. Diese Erfahrungen kamen ihm bei seinem späteren Kampf zugute. Wie alle Indianer kannten auch die Apachen Wettkämpfe zur Entspannung. Aber selbst das bekannte Lacrosse-Spiel (links) war nur ein Training für den Kampf.

Reservationen
Als die europäischen Siedler immer weiter nach Westen vordrangen, wurden die Indianer in besondere Gebiete, die Reservationen, zurückgedrängt. Damit waren sie von ihrem Land abgeschnitten, das sie früher auf der Jagd und Suche nach Nahrung durchstreiften. Viele Stämme verließen die Reservationen und überfielen die weißen Siedler.

San-Carlos-Reservation
1877 wurde Geronimo mit 16 Kriegern gefangen und unter strenger Bewachung 400 Meilen weit nach Arizona in die San-Carlos-Reservation gebracht. In dieser Reservation in der Gilawüste herrschte Korruption. Der Indianeragent und die Händler bereicherten sich an Nahrungsmitteln, sodass die Apachen erneut ausbrachen und Raubzüge unternahmen.

Scharfe Metallklinge
Pfeifenkopf
Geschnitzter Holzschaft

Kampf
Geronimo war ein erfahrener Krieger, der mehrmals um sein Leben kämpfte. Mit einer kleinen Schar von zuletzt nur noch 37 Apachen, darunter 14 Frauen, widerstand er lange der überlegenen US-Armee. Er bewegte sich unauffällig durch das Land und verbreitete bei den Siedlern große Furcht. Wenn er verfolgt wurde, teilte sich die Gruppe. Die gute Kenntnis des Landes ermöglichte es den Indianern schnell unterzutauchen und der Gefangennahme zu entgehen.

Pfeifentomahawk der Apachen

Überfall
Die US-Behörden versuchten die Verhältnisse in der San-Carlos-Reservation zu ändern, doch Geronimo und seine Gefolgsleute brachen immer wieder aus und überfielen die Siedler. 1886 musste sich Geronimo aber der US-Armee ergeben.

Geronimo (ganz rechts) vor seiner Kapitulation

Fort Sill
Nachdem Geronimo gefangen genommen worden war, brachte man ihn nach Florida, dann nach Alabama und 1894 nach Fort Sill in Oklahoma. Dort wurde er Farmer und nahm das Christentum an. 1904 trat er bei der Weltausstellung in St. Louis auf, 1905 nahm er an der Parade zur Amtseinführung Präsident Theodore Roosevelts teil. Bis zu seinem Tod hoffte er, in die Heimat zurückzukehren.

GERONIMO

um 1829	Geb. in New Mexico, USA
1858	Mexikaner töten seine Familie.
1858	Er geht zu den Chiricahuas über, unter Cochise als Häuptling.
1876	Geronimo zieht sich in die Sierra Madre zurück und macht Überfälle beiderseits der amerikanisch-mexikanischen Grenze.
1877	Von der San-Carlos-Reservation aus überfällt er das Umland.
1886	Er gibt auf und wird nach Florida gebracht.
1894	Er kommt nach Fort Sill.
1909	Tod in Fort Sill

SIEHE AUCH UNTER INDIANER • MENSCHENRECHTE • VEREINIGTE STAATEN VON AMERIKA, GESCHICHTE

GERUCH UND GESCHMACK

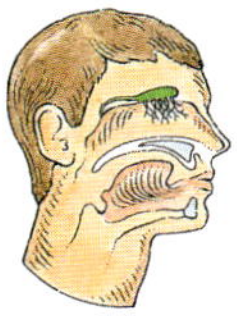

DIE LUFT, DIE WIR EINATMEN, und die Nahrung, die wir essen, enthalten chemische Stoffe, die wir mit dem Geruchs- und Geschmackssinn wahrnehmen. Beide besitzen Chemorezeptoren. Das sind Sensoren, die von chemischen Stoffen gereizt werden. Sie senden daraufhin Nervenimpulse an das Gehirn. Die Rezeptoren der Nase entdecken Gerüche, während jene auf der Zunge und im Mund den Geschmack aufnehmen.

Nase und Mund

Der Geruchssinn hat seinen Sitz in der Nasenhöhle. Diese ist zweigeteilt; jedes Nasenloch versorgt eine Hälfte. Die Rezeptoren oder Riechzellen liegen in der Riechschleimhaut im oberen Teil der Nasenhöhle. Die Geschmacksknospen finden sich auf der Oberfläche der Zunge und in der Mundschleimhaut.

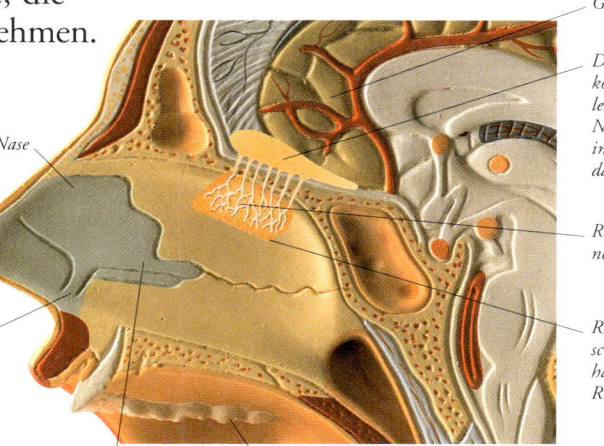

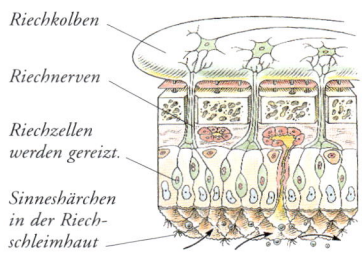

Gehirn

Der Riechkolben leitet die Nervenimpulse an das Gehirn.

Nase

Riechnerven

Nasenloch

Riechschleimhaut mit Riechzellen

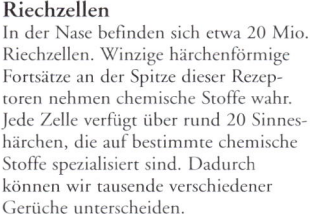

Nasenhöhle

Mund

Riechschleimhaut
Die briefmarkengroße Riechschleimhaut befindet sich im oberen Teil jeder Nasenhöhle. In ihr liegen die Sinneshärchen mit den Chemorezeptoren, die eingeatmete chemische Stoffe wahrnehmen können.

Riechkolben

Riechnerven

Riechzellen werden gereizt.

Sinneshärchen in der Riechschleimhaut

Geruch

Der Geruchssinn funktioniert, wenn man durch die Nase atmet. Die Atemluft enthält chemische Stoffe, die in der Riechschleimhaut hängen bleiben und zu den Rezeptoren auf den Sinneshärchen der Riechzellen gelangen. Dort werden sie wahrgenommen. Die Riechzellen senden Informationen darüber in den Riechkolben, der sie an das Gehirn leitet, wo der Geruchseindruck entsteht.

Riechzellen
In der Nase befinden sich etwa 20 Mio. Riechzellen. Winzige härchenförmige Fortsätze an der Spitze dieser Rezeptoren nehmen chemische Stoffe wahr. Jede Zelle verfügt über rund 20 Sinneshärchen, die auf bestimmte chemische Stoffe spezialisiert sind. Dadurch können wir tausende verschiedener Gerüche unterscheiden.

Geschmack

Unsere Zunge kann nur 4 grundlegende Geschmacksqualitäten wahrnehmen: süß, salzig, sauer und bitter. Diese Geschmacksrichtungen sind auf der Zunge unterschiedlich verteilt. An der Zungenspitze befinden sich z. B. nur Geschmacksknospen für Süßes. Die Zunge enthält rund 10 000 Geschmacksknospen. Sie liegen zwischen den Fortsätzen auf der Zunge, den Papillen.

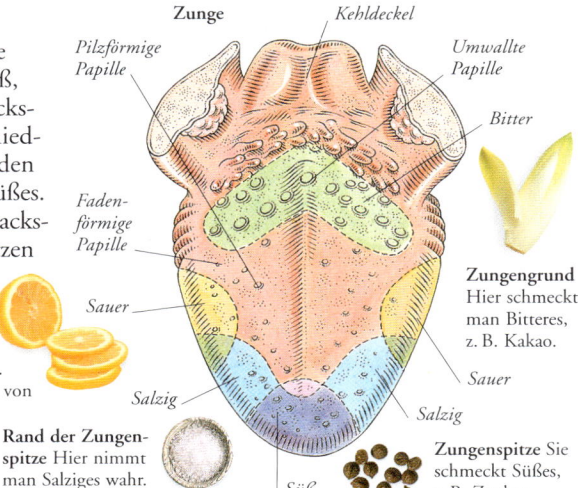

Zunge — *Kehldeckel*

Pilzförmige Papille — *Umwallte Papille*

Bitter

Fadenförmige Papille

Zungengrund Hier schmeckt man Bitteres, z. B. Kakao.

Sauer — *Sauer*

Salzig — *Salzig*

Süß

Papillen
Die Oberfläche der Zunge ist nicht glatt, sondern von Papillen bedeckt, die sie rau erscheinen lassen. Mit den Papillen kann man Nahrungsbissen beim Kauen im Mund bewegen. Man leckt damit auch das Eis. In Poren zwischen den Papillen liegen die Geschmacksknospen.

Zungenrand
Er nimmt Saures war, wie z. B. den Geschmack von Zitronen.

Rand der Zungenspitze
Hier nimmt man Salziges wahr.

Zungenspitze
Sie schmeckt Süßes, z. B. Zucker.

Geschmacksknospe

Geschmackspore

Stiftchen der Geschmackszellen

Geschmackszelle

Nerv

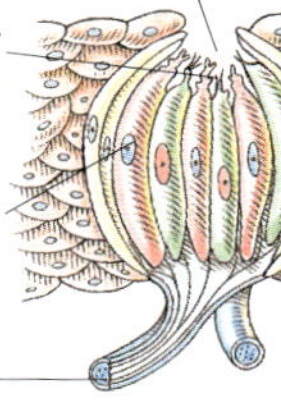

Geschmacksknospen
Jede Geschmacksknospe enthält ein Bündel von Sinnes- oder Geschmackszellen. Beim Kauen der Nahrung lösen sich chemische Stoffe im Speichel und gelangen durch die Geschmackspore bis zu den Stiftchen der Geschmackszellen. Dort erfolgt die Wahrnehmung. Die Geschmackszellen senden Informationen über diese Reize an das Gehirn. Ein Bereich im Gehirn „liest" die Informationen und erzeugt den Geschmackseindruck.

Geruchssinn
Im Vergleich mit vielen Tieren riechen wir sehr schlecht. Bei Hunden ist die Riechschleimhaut 10-mal so groß wie beim Menschen. Hunde riechen damit Stoffe, die für uns überhaupt nicht wahrnehmbar sind. Ihr Geruchssinn ist so fein, dass man sie zum Aufspüren von Drogen und Sprengstoffen abrichten kann.

Geschmackserlebnisse
Geruchs- und Geschmackssinn arbeiten beim Menschen eng zusammen. Beim Essen werden Geruchs- und Geschmacksinformationen vom Gehirn verarbeitet, wobei ein Gesamteindruck entsteht. Obwohl wir sagen, das Essen schmeckt, ist der Anteil des Geruchssinns an der Wahrnehmung viel größer. Wir riechen 20 000-mal besser, als wir schmecken. Manche haben einen sehr guten Geruchssinn und setzen ihn z. B. als Weinkoster oder Parfümeur ein.

Die Durian riecht für viele entsetzlich, schmeckt aber gut.

SIEHE AUCH UNTER CHEMIE · ERNÄHRUNG · HUNDE · NERVENSYSTEM UND GEHIRN · ORGANSYSTEME · VERDAUUNG · ZÄHNE

GESCHICHTE

DAS STUDIUM DER GESCHICHTE ist eine Möglichkeit, das Leben der Menschen in vergangenen Zeiten besser zu verstehen. Die Geschichtsforscher untersuchen dazu vor allem Primärquellen – z. B. Schriftstücke oder erhaltene Gegenstände – und versuchen daraus ein Bild der Vergangenheit zusammenzusetzen. Aber es gibt nur wenige Stücke von historischem Wert und jene, die erhalten sind, lassen oft verschiedene Deutungen zu. Die Geschichte ist also eine komplexe und oft widersprüchliche Wissenschaft, die nicht nur bei Historikern zu häufigen Meinungsverschiedenheiten führt.

Schädel des Parasaurolophus, eines Entenschnabelsauriers

Vorgeschichte
Die Schrift gibt es erst seit etwa 3 500 Jahren. Die ganze Zeit davor nennt man Vorgeschichte. Diese erforschen Paläontologen und Archäologen. Sie untersuchen z. B. Fossilien, Knochen oder Gegenstände, die sie ausgraben.

Geschichtsschreibung
Alle Primärquellen, Schriftstücke wie Fotos, müssen sorgfältig geprüft werden. Sie könnten subjektiv, also persönlich gefärbt sein.

Pyramide in Meroë, Sudan

Geschichtsquellen
Die Geschichtsforschung beruht auf Quellen. Zu den materiellen Quellen zählen z. B. Bauwerke, Straßen, Werkzeuge, Waffen, Kunstgegenstände und Kleidung. Zu den schriftlichen Quellen gehören Inschriften, Verträge, Urkunden, Gesetzestexte und Bücher. Hinzu kommt die mündliche Überlieferung.

Geschichtsfälschung
Oft werden historische Tatsachen verdreht, um politischen Zwecken zu dienen. In der Sowjetunion gab es nach Lenins Tod 1924 einen Machtkampf zwischen Josef Stalin (1879–1953) und Leo Trotzkij (1879–1940). Stalin trug den Sieg davon und ließ nachträglich Trotzkij auf allen Fotos entfernen.

Lenin

Auf dem Foto war ursprünglich auch Trotzkij zu sehen.

Engländer — *Normannen*

Materielle Quellen
Das Zuordnen von Fundstücken ist eine wichtige historische Arbeit. Der Bildteppich von Bayeux erzählt von einem bekannten historischen Ereignis, der Schlacht bei Hastings 1066, als die Normannen England eroberten. Bei näherem Hinsehen entdeckten die Historiker viele weitere Informationen, z. B. über das Leben in dieser Zeit, die Kleidung und Waffen und sogar über die Frauen, die diesen Teppich gemacht haben.

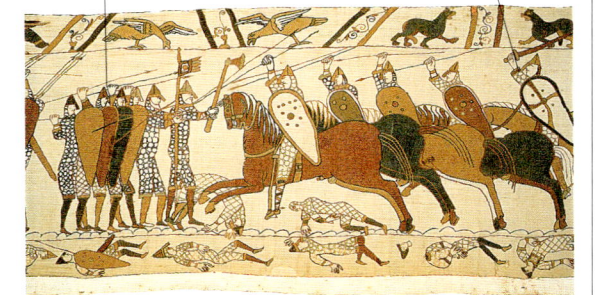

Normannenschlacht, Teppich von Bayeux

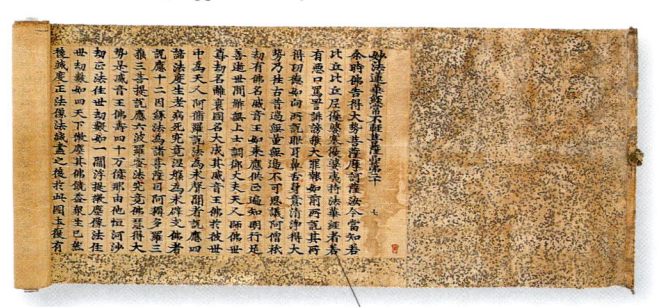

„Dunkles Zeitalter"
Historiker belegen bestimmte Zeitabschnitte mit Namen. So nennen manche z. B. die Periode in Europa nach dem Fall des Römischen Reiches um 500 n.Chr. das „Dunkle Zeitalter", obwohl damals Kultur und Wissenschaft doch weitergingen.

Buch von Durrow, um 800

Carl Burckhardt
Der Schweizer Carl Jacob Burckhardt (1891–1974) war Historiker und Diplomat. Als Hoher Kommissar des Völkerbundes bemühte er sich um die Zusammenarbeit der Völker Europas. Sein historisches Interesse galt vor allem den großen Gestalten der Geschichte.

Schriftliche Quellen
Urkunden, Staatspapiere, Briefe, Tagebücher, Zeitungen, Romane und Gedichte, alles Aufgezeichnete oder Gedruckte, sind schriftliche Quellen. Sie verlangen vom Historiker besondere Sorgfalt, um Wahrheitsgemäßes von Persönlichem zu trennen. Für einen richtigen Gesamteindruck müssen solche Quellen mit anderen verglichen werden.

Chinesischer Brief auf einer Schriftrolle *Je umfangreicher ein Dokument ist, desto mehr bietet es dem Historiker.*

Mündliche Überlieferung
Viele Völker kennen zwar ihre Geschichte, aber es gibt dennoch nichts Schriftliches. In Westafrika überliefern sog. *Griots* die Geschichte ihrer Stämme durch ausführliche Erzählungen, die oft von Musik begleitet werden. Zwischen 1960 und 1970 entstanden Vorbehalte gegen diese Art der Überlieferung, weil Historiker fanden, die Geschichtenerzähler hätten früher die Rolle der Frauen und Arbeiter vernachlässigt.

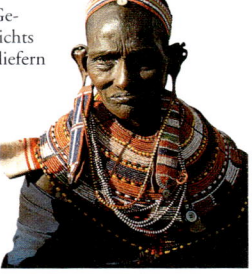

Mutter eines Kriegers, Kenia

Chronologie
um 1750 v. Chr. König Hammurapi lässt in Babylon eine Säule mit Gesetzen in Keilschrift aufstellen.

um 400 v. Chr. Herodot beschreibt die griechisch-persischen Kriege.

800 n. Chr. Mönche beginnen die angelsächsische Chronik.

1380 Der Araber Ibn Chaldun schreibt *Kitāb Al-Ibar*, eine Weltgeschichte mit bedeutender Einleitung.

1854 Theodor Mommsen veröffentlicht seine 3-bändige *Römische Geschichte*.

1859–68 Leopold von Ranke veröffentlicht eine 7-bändige Geschichte Englands.

Fossil

1867 Karl Marx schreibt *Das Kapital*, das die Welt verändert.

ab 1960 Die Historiker beschäftigen sich zunehmend mit Gesellschaftsgruppen, die bisher vernachlässigt wurden, z. B. die Frauen.

1992 Der US-Historiker F. Fukuyama sieht im Fall des Kommunismus das „Ende der Geschichte".

SIEHE AUCH UNTER — ARCHÄOLOGIE — MARX, KARL — OKTOBERREVOLUTION — SIEBEN WELTWUNDER DER ANTIKE

GESTEINE

DIE GESAMTE ERDKRUSTE BESTEHT aus Gesteinen, selbst wenn sie meist unter einer Pflanzenschicht oder unter Wasser verborgen liegt. Gesteine sind während der ganzen Erdgeschichte entstanden. Die ältesten Gesteine, die man kennt, gehen 3,9 Milliarden Jahre zurück und stammen somit fast vom Beginn der Erdgeschichte. Gesteine treten in den unterschiedlichsten Größen, Formen und Farben auf. Fast alle haben ein körniges Aussehen, weil sie meist aus kristallisierten Mineralien zusammengesetzt sind. Nach dieser Zusammensetzung unterscheidet man die Gesteine.

Einteilung von Gesteinen

Die Gesteinsarten lassen sich nur schwer und nur durch genaue Untersuchung eindeutig bestimmen. Generell unterscheidet man nach ihrer Entstehung magmatische oder Erstarrungsgesteine, Sedimentgesteine und metamorphe Gesteine. Auf der Erdoberfläche überwiegen die Sedimentgesteine.

Metamorphe Gesteine
Metamorphe Gesteine wie Schiefer entstehen, wenn bereits bestehendes Gestein ins Erdinnere gelangt und durch Hitze und Druck umgewandelt wird. Es wird dabei nicht oder nur teilweise aufgeschmolzen.

Schiefer

Gabbro

Magmatische Gesteine
Magmatische oder Erstarrungsgesteine entstehen zunächst bei Vulkanausbrüchen aus ausgeworfener Lava. Sie bilden sich aber auch, wenn Magma unter der Erdoberfläche in oft großen Horsten erstarrt. Da diese Erstarrung sehr lange dauert, entstehen schöne große Kristalle wie beim Granit.

Der Gesteinszyklus

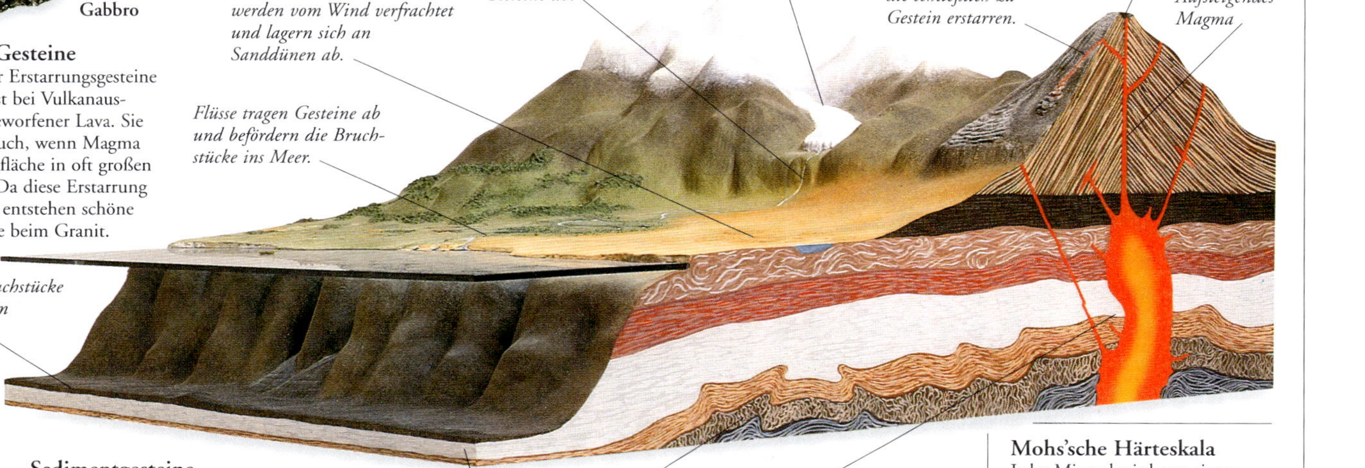

Feine Gesteinsbruchstücke werden vom Wind verfrachtet und lagern sich an Sanddünen ab.

Auch ein Wasserfall trägt Gesteine ab.

Der Gletscher trägt Gesteine ab und transportiert die Bruchstücke zu Tal.

Magma tritt aus und bildet Lavaströme, die schließlich zu Gestein erstarren.

Vulkan

Aufsteigendes Magma

Flüsse tragen Gesteine ab und befördern die Bruchstücke ins Meer.

Kleine Gesteinsbruchstücke lagern sich auf dem Meeresboden ab.

Sandstein

Sedimentgesteine
Die meisten Sediment- oder Ablagerungsgesteine, etwa Sandstein, entstehen aus Bruchstücken abgetragener Gesteine, die ins Meer geschwemmt wurden. Kalk entstand vor allem durch Ablagerungen pflanzlicher und tierischer Reste, z. B. Algen, Muschelschalen, Korallen.

Abgelagerte Schichten verfestigen sich unter Druck zu Sedimentgestein.

Durch extremen Druck und Wärme werden Sedimentgesteine zu metamorphem Gestein.

Die Hitze des Magmas verwandelt das umgebende Gestein in metamorphes Gestein.

Mohs'sche Härteskala
Jedes Mineral wird von einem Mineral höherer Härte geritzt. (Härtevergleich in Klammern)

1 Talk: sehr weich
2 Gips (Fingernagel)
3 Kalzit (Bronzemünze)
4 Fluorit (Eisennagel)
5 Apatit (Glas)
6 Feldspat (Taschenmesser)
7 Quarz (Stahlmesser)
8 Topas (Sandpapier)
9 Korund
10 Diamant: sehr hart

Vergrößerter Dünnschliff eines Gesteins

Mineralien
Manche Gesteine bestehen nur aus einem Mineral. Die meisten setzen sich aus mehreren, bis zu einem Dutzend Mineralien zusammen. Man unterscheidet Silikate und Nichtsilikate. Rund 98 % der Gesteine in der Erdkruste bestehen aus Silikaten. Sie enthalten somit die chemischen Elemente Sauerstoff und Silizium.

Bestimmung von Mineralien
Mineralien bestimmt man mit Hilfe verschiedener Merkmale: Kristallform und Farbe, Spaltbarkeit und Bruch, Glanz und somit Reflexion des Lichtes, Strich (Farbe auf einem weißen Porzellanscherben), Dichte, Härte und Reaktion auf chemische Stoffe, besonders Säuren.

Silikate
Es gibt über 500 verschiedene Silikatmineralien, darunter Granat, Glimmer, Feldspat, Olivin und der Edelstein Beryll. Silikate sind meist hart, durchsichtig oder durchscheinend und in Säuren unlöslich.

Beryll

Granat

Nichtsilikate
Die Sulfide, Schwefelverbindungen, bilden die größte Gruppe der Nichtsilikate. Dazu zählen wichtige Erze wie Bleiglanz, Zinkblende und Pyrit, aus dem man Eisen gewinnt. Auch Sulfate, Oxide und Karbonate sind Nichtsilikate.

Charles Lyell
Der schottische Geologe Charles Lyell (1797–1875) gilt als einer der Begründer der modernen Geologie. In seinem Buch *Grundsätze der Geologie*, das 1830 in England erschien, legte er überzeugend dar, dass die Erde sehr alt ist und seit Anbeginn von denselben Vorgängen geformt wird.

| SIEHE AUCH UNTER | ERDBEBEN | ERDE | FOSSILIEN | GEBIRGE | GEOWISSENSCHAFT | HÖHLEN | KRISTALLE | VULKANE |

Gesteinssammlung

Erstarrungsgesteine

Basalt Dunkles, feinköniges Ergussgestein aus schnell sich abkühlender Lava

Andesit Feinkörniges, silikatreiches Ergussgestein

Tuff Er entsteht aus ausgeworfener, sich dann verfestigender Vulkanasche.

Rhyolit Feinkörniges Ergussgestein, hauptsächlich aus Quarz und Feldspat

Diorit Grobkörniges, helles Erstarrungsgestein aus der Tiefe

Dolerit Mittelgroße Körner, gesprenkeltes Aussehen

Gabbro Ergussgestein aus großer Tiefe

Granit Erstarrungsgestein aus Quarz, Feldspat und Glimmer

Syenit Ähnelt dem Granit, enthält jedoch wenig Quarz

Trachyt Feinkörniges, feldspatreiches Ergussgestein

Peridotit Schweres, grobkörniges Erstarrungsgestein

Sedimentgesteine

Schluffstein Glattes, sehr feinkörniges Gestein aus Tonteilchen

Sandstein Er entsteht durch miteinander verfestigte Quarzteilchen.

Ton Er ist feinkörnig und in feuchtem Zustand verformbar.

Kalksinter Er entsteht an kalkreichen Quellaustritten.

Nagelfluh Dieses Konglomerat besteht aus verfestigtem Schotter.

Grauwacke Dies ist eine Art Sandstein aus Meeresablagerungen.

Schieferton Er entsteht aus verfestigten Tonteilchen.

Kalkstein Der Hauptbestandteil ist Kalzit oder Kalkspat.

Kreide Sehr reiner, weißer Kalk mit pulvriger Beschaffenheit

Brekzie Sie ist aus eckigen Gesteinsbruchstücken zusammengesetzt.

Arkose Sie entsteht in der Regel aus Granitbruchstücken.

Gips Er entsteht wie Steinsalz bei der Verdunstung von Meerwasser.

Lehm Er setzt sich aus verfestigten Tonteilchen zusammen.

Kalziumkarbonat Kalkform aus der Karbonzeit vor 360 Mio. Jahren

Metamorphe Gesteine

Marmor Er besteht aus metamorphem Kalk und zeigt oft schöne Farben.

Hornfels Er entsteht, wenn Tongestein durch Magma hoch erhitzt wird.

Tonschiefer Dieser Schiefer ist bei niedrigen Temperaturen aus Tongestein entstanden.

Glimmerschiefer Dieses Gestein ist bei hohen Temperaturen entstanden.

Gneis Die Mineralbestandteile sind gröber als bei Schiefer und bilden oft Bänder.

Quarzit Er entsteht aus locker gekörntem quarzreichen Sandstein.

GEWERKSCHAFT

AUF DER GANZEN WELT reagierten die Arbeiter auf schlechte Arbeitsbedingungen und zu niedrigen Lohn dadurch, dass sie Gewerkschaften gründeten. Gewerkschaften vertreten die Interessen der Arbeitnehmer und geraten deshalb immer wieder in Konflikt mit Arbeitgebern und Regierungen. Die ersten Gewerkschaften entstanden gegen Ende des 18. Jh. mit der beginnenden Industrialisierung in England. In Mitteleuropa setzte die Gewerkschaftsbewegung in breitem Umfang erst um 1890 ein.

Die Helden von Tolpuddle
Im Jahr 1834 wurden 6 englische Landarbeiter aus dem Dorf Tolpuddle in Dorset nach Australien deportiert, als Strafe dafür, dass sie eine Gewerkschaft organisiert hatten. Nach einer Kampagne kamen sie 1836 wieder frei.

Aufbau

Gewerkschaften sind Arbeitnehmervertretungen. Man unterscheidet Berufsgewerkschaften, die einzelne Berufe umfassen, und Industriegewerkschaften, zu denen alle Berufe eines Industriezweiges gehören. Die Mitglieder wählen die Funktionäre, die die Gewerkschaft verwalten, und stimmen regelmäßig über die Gewerkschaftspolitik ab.

Mitgliederausweise

Gewerkschaftssymbole

Mitgliedschaft
Am Anfang gab es Gewerkschaften nur für Arbeiter, wobei jeder Berufszweig seine eigene Gewerkschaft hatte. Später entstanden Gewerkschaften auch für Angestellte und sogar für Freiberufler. So gibt es Lehrergewerkschaften, Journalistengewerkschaften und Schriftstellerverbände.

Arbeiter einer deutschen Autofabrik sind in einer Industriegewerkschaft vereinigt.

Dienstleistungen
Gewerkschaften bieten ihren Mitgliedern Dienstleistungen. An erster Stelle stehen natürlich die Lohnverhandlungen, bei denen Gewerkschaftsvertreter versuchen, das Beste für ihre Mitglieder herauszuschlagen. Gewerkschaften bieten auch Rechtsberatung, vor allem bei Kündigungen, ferner Fortbildung und kulturelle Betätigung.

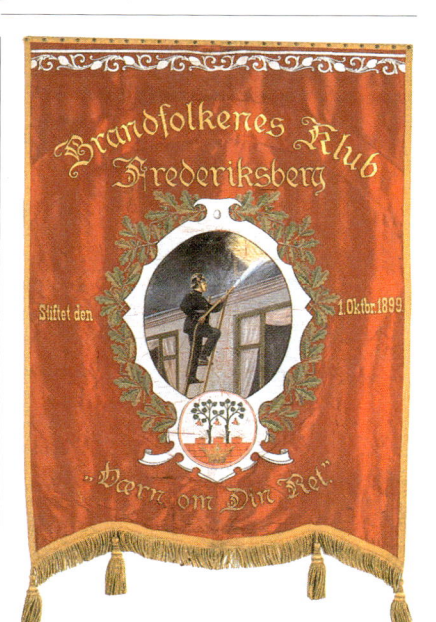

Internationale Verbindungen

Es gibt zwei weltweite Zusammenschlüsse von Gewerkschaften: der kommunistisch beeinflusste Weltgewerkschaftsbund, der 1945 gegründet wurde, und der Internationale Bund freier Gewerkschaften von 1949.

Gewerkschaftsarbeit

Gewerkschaften setzen sich ein für die Belange der Arbeitnehmer gegenüber den Arbeitgebern in Fragen des Lohnes, der Arbeitszeit oder der Urlaubszeiten. Sie vertreten auch einzelne Mitglieder in Rechtsstreitigkeiten bei der Kündigung oder der Arbeitsplatzsicherheit.

Schutzhelm

Gehörschutz

Streik
Die letzte und stärkste Waffe der Gewerkschaften bei einem Arbeitskampf ist der Streik durch Arbeitsniederlegung. Die Arbeiter erhalten während des Streiks aber keinen Lohn. Ein Teil davon wird ihnen aus der Streikkasse der Gewerkschaft ersetzt.

Tarifpolitik
Die Gewerkschaften handeln mit den Arbeitnehmern die Löhne und Gehälter sowie die allgemeinen Arbeitsbedingungen aus. Beide Seiten verhandeln, bis ein Kompromiss gefunden ist. Als stärkstes Kampfmittel setzen die Gewerkschaften dabei den Streik ein.

Betriebsrat
In Deutschland und anderen Ländern sind Arbeitnehmer größerer Betriebe durch einen Betriebsrat vertreten, der frei gewählt wird. In großen Firmen haben die Betriebsräte auch ein Mitspracherecht bei der Konzernpolitik.

Lech Wałęsa
Der polnische Gewerkschafter Lech Wałęsa (geb. 1943) wurde 1976 aus der Danziger Werft entlassen, weil er einen Streik organisiert hatte. Daraufhin gründete er die Gewerkschaft „Solidarność" in Konkurrenz zu den Gewerkschaften der Regierung. Nach dem Ende des Kommunismus wurde Wałęsa polnischer Staatspräsident.

Chronologie

seit 1829 Mit dem Wachstum der Fabriken nach der industriellen Revolution entstehen in England und USA Gewerkschaften.

um 1848 Gründung von Arbeitervereinen in Deutschland

1865 Tabakarbeiter Deutschlands bilden einen Gewerkverein. Buchdruckerstreik in Leipzig

1868 Gründung der Hirsch-Dunckerschen-Gewerkvereine – Vorläufer freier Gewerkschaften

1868 London: Verband der Trade Union hat 184 Einzelgewerkschaften.

1878 Deutsches Sozialistengesetz verbietet Arbeitervereine.

1913 Amsterdam: Internationaler Gewerkschaftsbund gegründet

1933–45 Verbot der Gewerkschaften im Dritten Reich

1952 Dt. Betriebsverfassungsgesetz sichert Mitsprache der Arbeiter.

SIEHE AUCH UNTER: EUROPA, GESCHICHTE · GELD · HANDEL UND INDUSTRIE · INDUSTRIELLE REVOLUTION · POLITIK UND MACHT · VEREINTE NATIONEN

GIRAFFEN

Mit dem langen Hals und ihren langen Beinen ist die Giraffe das höchste Tier der Welt. Trotz ihres merkwürdigen Aussehens bewegt sie sich sehr elegant. Die Giraffe lebt in den Savannengebieten Afrikas, wo noch einige Bäume und Sträucher wachsen. Sie frisst hauptsächlich das Laub der Akazie. Offenes Grasland meidet die Giraffe, weil sie dort keine Nahrung findet und leicht entdeckt wird. Die Zoologen kennen nur eine Giraffenart mit 8 Unterarten, die sich in Farbe und Muster des Fells unterscheiden.

Mit ihrer schmalen Greifzunge packt die Giraffe Akazienblätter.

Ein ausgewachsenes Männchen wird bis zu 5,30 m hoch.

Kurze Mähne

Der lange Giraffenhals hat genauso viele Halswirbel wie die übrigen Säuger. Die Wirbel sind nur größer.

Die Netzgiraffe zeigt unregelmäßig geformte, rostbraune Flecken.

Huf

Netzgiraffe

Äsen
Die große Höhe der Giraffen ist eine Anpassung an ihre Ernährungsweise. Giraffen fressen Zweige und Blätter von Baumästen. Sie nehmen auch Schösslinge, Blüten, Früchte, Samen und sogar Rinde zu sich, aber niemals Gras. Viele Akazien tragen gegen die Pflanzenfresser spitze Dornen. Der Giraffe mit ihrer beweglichen Greifzunge und den fleischigen Lippen macht das wenig aus.

Trinken
Für ein Tier, das so hoch wird wie die Giraffe, stellt das Trinken ein Problem dar. Um mit dem Kopf an das Wasser zu gelangen, muss sich die Giraffe hinknien oder ihre Vorderbeine stark spreizen. Dabei verringert sich das Gesichtsfeld, und die Giraffe ist angreifbar.

Merkmale
Massive Schulterblätter tragen die mächtigen Muskeln, die den langen Hals mit dem Kopf stützen. Die Hinterbeine sind kürzer als die Vorderbeine; die schräge Rückenlinie lässt sie kleiner erscheinen, als sie sind. Das Fellmuster löst die Umrisse des Tieres vor dem Hintergrund auf und dient der Tarnung.

Herden
Die Giraffen leben in der Regel in kleinen Gruppen von bis zu 12 Weibchen mit ihren Kälbern. Die erwachsenen Männchen leben einzeln und besuchen die Herde nur zur Paarung. Gelegentlich bilden Giraffen größere Gruppen von bis zu 70 Tieren und bleiben kurze Zeit zusammen.

Giraffen sehen außergewöhnlich gut.

Giraffen drohen, indem sie stillstehen und unverwandt auf eine mögliche Gefahr starren.

Fellzeichnung
Es gibt alle Übergänge von der geometrischen bis zur völlig unregelmäßigen Fellzeichnung. Die Männchen dunkeln im Alter aus und sind dann fast schwarz.

Netzgiraffe

Uganda-Giraffe

Massai-Giraffe

Mittleres Horn

Von Fell bedeckte Hörner

Die Hörner wachsen als Knochenzapfen über den Augen.

Große Nasenlöcher

Hörner
Die Giraffen beider Geschlechter tragen 2 kurze Hörner auf dem Kopf, die beim Männchen rund 30 cm lang werden. Einige Giraffen, vor allem die Netzgiraffe, zeigt ein drittes, mittleres Horn auf der Stirn. Die Uganda-Giraffe besitzt 2 weitere Hörner hinter den Ohren. Giraffen können also insgesamt 5 Hörner haben.

Kämpfe
Die Männchen ermitteln in Kampfritualen die Rangordnung: Der Herausforderer nähert sich einem Bullen mit hoch erhobenem Kopf und Hals und steifen Beinen. Nach anfänglichem Rempeln holt eines der Männchen in weitem Bogen mit dem Hals zum Schlag aus, um den Hals des Gegners mit seinen Hörnern zu treffen.

Der Giraffenhals ist sehr biegsam.

Okapi
Das einzige mit den Giraffen verwandte Tier, das Okapi, ist viel kleiner und hat kürzere Beine und einen kürzeren Hals. Während die Giraffe tags aktiv ist und Herden bildet, lebt das Okapi, das auch Waldgiraffe heißt, einzeln und ist nachts aktiv. Man begegnet ihm im tropischen Regenwald in Afrika. Das Okapi sieht schlecht, hört und riecht dafür umso besser. Das ist auch nützlicher im Wald, wo man ohnehin nicht weit sieht.

Männchen mit Hörnern

Große Ohren

Dunkles, kastanienfarbenes Fell

Cremeweiße oder hellgraue waagerechte Streifen zur Tarnung

Gestreifte Beine

NETZGIRAFFE

WISSENSCHAFTLICHER NAME *Giraffa camelopardalis reticulata*

ORDNUNG Artiodactyla, Paarhufer

FAMILIE Giraffidae, Giraffen

VERBREITUNG Afrika südlich der Sahara

LEBENSRAUM Savanne

ERNÄHRUNG Blätter, Schösslinge, kleine Zweige, Blüten und Früchte

GRÖSSE Höhe: Männchen 5,30 m, Weibchen 4,50 m

LEBENSDAUER 25 Jahre

SIEHE AUCH UNTER — AFRIKA, TIERWELT — GRASLAND, TIERWELT — PFLANZEN, ANPASSUNG — REGENWALD, TIERWELT — SÄUGETIERE — TARN- UND WARNTRACHT

GLAS

NUR WENIGE WERKSTOFFE haben ähnlich bemerkenswerte Eigenschaften wie das Glas. Es ist durchsichtig, leicht zu formen und zu reinigen, verrottet nicht und widersteht den meisten Chemikalien. Glas lässt sich auch billig herstellen, weil es zur Hauptsache aus Sand besteht. Wenn man es mit anderen Stoffen erhitzt, wird es flüssig und verfestigt sich beim Abkühlen. Obwohl es wie ein Kristall aussieht, zeigt es den Aufbau von Flüssigkeiten: Glas ist eine unterkühlte Schmelze.

Altes Glas
Schöne Glasgegenstände hat man schon in ägyptischen Gräbern aus der Zeit um 2500 v. Chr. gefunden. Nach der Erfindung der Glasmacherpfeife um 1000 v. Chr. stellte man in der antiken Welt überall Glasgefäße her.

Römischer Glaskrug, 1. Jh. v. Chr.

Glastypen
Zur Glasherstellung braucht man 3 Zutaten: reinen Quarzsand, Soda und Kalk. Diese Bestandteile werden im Schmelzofen auf ungefähr 1400 °C erhitzt. Dabei entsteht Soda- oder Natronkalkglas. Es ist das Glas für Flaschen und Fenster. Bessere Glassorten, z. B. farbiges Glas, erhält man durch spezielle Zutaten.

Bleiglas
Bleiglas oder Kristallglas enthält Bleioxid. Es ist dadurch leichter zu schneiden. Sein Lichtbrechungsvermögen erinnert an einen Diamanten.

Bleikristall

Optisches Glas
Linsen bestehen aus sehr reinem Glas. Die gewünschten optischen Eigenschaften erhält man durch Beifügen von Blei, Titan oder anderen Stoffen.

Brille

Lupe

Hitzebeständiges Glas
Gibt man Boroxid zur Schmelze, so erhält man hitzebeständige Borsilikatgläser. Man spricht auch von Jenaer Glas.

Hitzebeständiges Glas

Glasfasern
Glas wird auch zu feinsten Fasern ausgezogen. Aus diesen stellt man Matten zur Isolierung, verstärkte Kunststoffe und Glasfaserkabel her.

Glasfasern

Glasmalerei
Glasmalereien bestehen aus bunten Glasstücken, die man mit Bleiruten zusammenfügt. Im Mittelalter stellte man daraus künstlerische Glasfenster her. Später bemalte man auch bunte Glasstücke.

Glasfenster

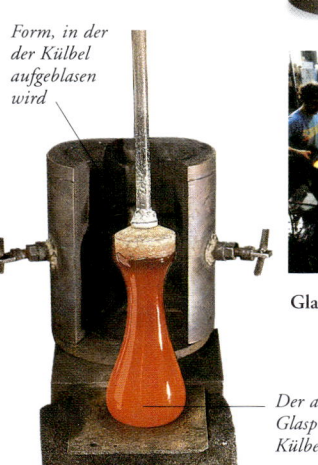

Glasverarbeitung
Glas ist leicht zu verarbeiten, wenn es in geschmolzenem Zustand vorliegt. Die häufigste Art der Formgebung erfolgt durch Blasen, sei es von einer Maschine oder dem Glasbläser. Billigere Glaswaren werden auch in Formen gepresst oder gegossen. Linsen werden heute noch so hergestellt.

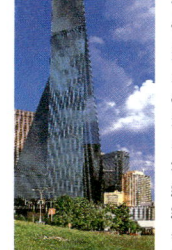

Tafelglas
Tafel- oder Flachglas war früher nur in Form kleiner Butzen herzustellen, oder man zog einen Streifen Glasschmelze senkrecht nach oben. Heute zieht man eine Bahn geschmolzenes Glas über geschmolzenes Zinn. Dieses „Floatglas" ist nicht verzerrt und stets gleich dick.

Glasfassade

Glasbläserei
Das traditionelle Glasblasen mit dem Mund wird nur noch bei der Herstellung spezieller, oft künstlerischer Gegenstände eingesetzt.

Glasschmelze

Eisenstab

1 Der Glasbläser taucht einen Eisenstab, die Pfeife, in die Glasschmelze und nimmt einen Glasposten auf. Von diesem schneidet er die benötigte Glasmenge mit einer besonderen Schere ab und lässt sie in das Messgefäß fallen.

Schere

Messgefäß

Form, in der der Külbel aufgeblasen wird

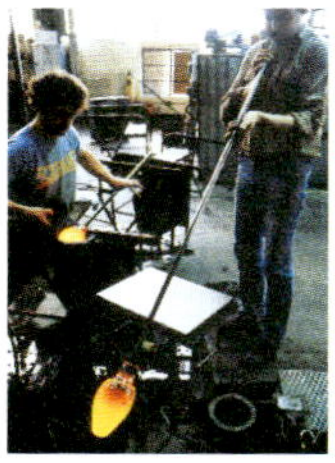

Glasblasen

Dampfschichten schützen das Glas.

Wo die Hälften der Form zusammenstoßen, zeigt die Flasche keinerlei Fugen.

Altglas

Glasrecycling
Altglas lässt sich leicht aufarbeiten und wiederverwenden. Man muss dabei das Glas in die 3 Farben Weiß, Braun und Grün trennen, da die Farben beim Einschmelzen erhalten bleiben. Das Glasrecycling erspart viel Energie. In Deutschland besteht schon über die Hälfte des Glases aus Altglas.

Der aufgeblasene Glasposten heißt Külbel.

2 Der Glasbläser nimmt das Glas nun mit der Pfeife aus dem Messgefäß auf und bläst es von der anderen Seite her auf, sodass ein Külbel entsteht.

3 Durch weiteres Aufblasen dehnt sich das Glas aus und gewinnt an Gestalt. Gleichzeitig wird die Glasmacherpfeife gedreht, damit keine Fugen der Form im Glas erscheinen.

4 Der Glasbläser nimmt die fertige Flasche aus der Form. Er erhitzt die Flaschenöffnung erneut und verleiht der Flasche das endgültige Aussehen.

| SIEHE AUCH UNTER | ARCHITEKTUR | AUGE | GESTEINE | KIRCHEN UND KATHEDRALEN | KRISTALLE | KUNSTSTOFFE | RÖMISCHES REICH | UMWELTVERSCHMUTZUNG |

GLETSCHER

IN FAST ALLEN TEILEN DER ERDE gibt es Landschaften, die in früheren Eiszeiten von Gletschern und Inlandeis geformt wurden. In Deutschland z. B. sind während der letzten Eiszeit vor 60 000 bis 15 000 Jahren die Ostseelandschaft und das Voralpengebiet entstanden. In kalten Gebieten wie in der Nähe der Pole entstehen heute noch solche glazialen Landschaften. Gletscher sind Eisströme, die sich dem allgemeinen Gefälle entsprechend vorwärts bewegen. Sie kehlen tiefe Trogtäler aus, hinterlassen gewaltige Moränen aus Schutt und bilden scharfe Grate.

Talgletscher

In Hochgebirgen wie den Alpen und dem Himalaja entstehen die Gletscher in Tälern. Schnee und Eis erhalten sie dabei von den umgebenden Wänden. Mehrere Talgletscher können sich zu einem Eisstromnetz vereinigen. Dabei fließen sie als Vorlandgletscher aus den Gebirgstälern oft weit in das Land hinein.

Im Firnbecken oder Kar beginnt der Gletscher.

Durch Frostverwitterung entstehen oft eindrucksvolle Felsformationen.

Talgletscher, Norwegen

Entstehung

Gletscher haben ihren Anfang dort, wo die Schneemassen des Winters im Sommer nicht mehr schmelzen. Diese verdichten sich zu Eisströmen und wandern talwärts. Das Eis des Gletscherstromes bildet quer oder längs verlaufende Gletscherspalten. Auf der Ober- und Unterseite transportiert der Gletscher viel Gesteinsschutt, den er als Moränen ablagert.

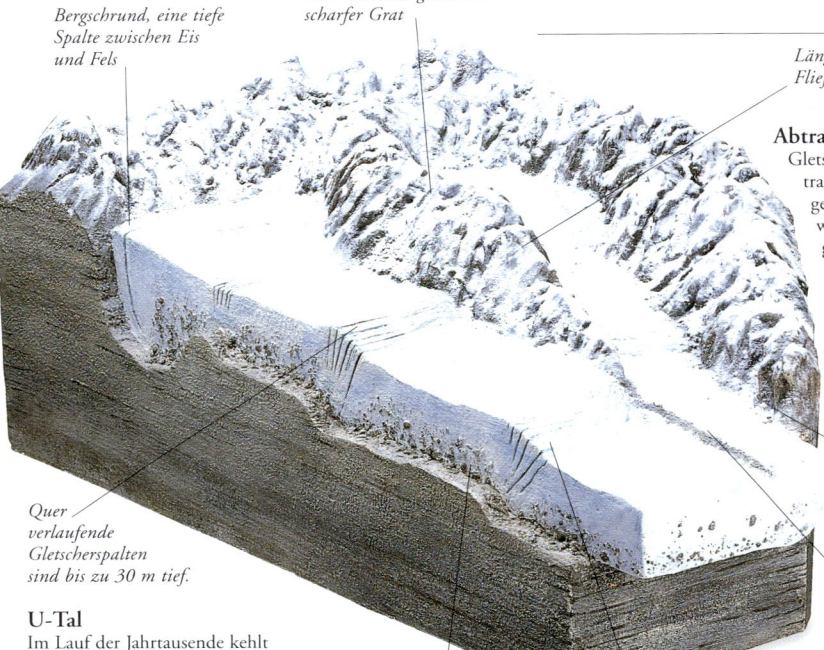

Bergschrund, eine tiefe Spalte zwischen Eis und Fels

Vom Gletscher gestalteter scharfer Grat

Längsspalten durch unterschiedliche Fließgeschwindigkeit des Eises

Abtragung durch Gletscher

Gletscher haben eine sehr große abtragende Wirkung. Das sich bewegende, abfließende Eis wirkt dabei wie Schmirgelpapier. Der Untergrund wird abgehobelt und geglättet. Besonders ausgeprägt zeigt sich dies bei der Grundmoräne am Gletscherboden. Die vom Eisstrom mitgeschleppten Bruchstücke führen zu glatten Flächen, dem Gletscherschliff, und zu Gletscherschrammen.

Eis füllt das Tal aus.

Quer verlaufende Gletscherspalten sind bis zu 30 m tief.

U-Tal

Im Lauf der Jahrtausende kehlt ein Gletscher ein sehr tiefes U-förmiges Trogtal aus. Wenn dieses bis zur Küste reicht und später mit Meerwasser gefüllt wird, entsteht ein Fjord.

Grundmoräne aus in der Tiefe mitgeführtem Gesteinsschutt

Gesteinsbruchstücke von den umgebenden Bergen fallen auf den Gletscher und bilden dort eine Seitenmoräne.

Eine Mittelmoräne entsteht beim Zusammenfluss zweier Gletscher.

Gletscherbruch mit Firnzacken über starken Unebenheiten des Untergrunds

Gesteinsschutt wird an der Gletschersohle mitgeführt.

Spuren der Vergletscherung

Gletscher transportieren sehr viel Gesteinsschutt, den wir insgesamt als Moräne bezeichnen. Ein Teil davon wird vom Gletscher selbst erzeugt. Der größte Teil fällt von den umgebenden Bergen auf den Gletscher und wird weitertransportiert. Wenn die Gletscher abgeschmolzen sind, bleiben oft mächtige Moränenhügel zurück.

Seitenmoräne an den Talseiten

Hohlräume im Eis füllen sich mit Schmelzwasser und Schutt.

Grundmoränen bilden oft langgestreckte, gewundene Rücken, sog. Oser oder Esker.

Schmelzwassersee unterhalb der Gletscherzunge

Endmoräne an der Gletscherzunge

Gletscherzunge

Kammer mit Schmelzwasser

Drumlins sind langgestreckte Hügel aus Grundmoränenschutt.

Fjorde

Als Fjorde bezeichnen wir sehr steile, schmale Meeresarme. Es handelt sich um Trogtäler, die von Gletschern ausgekehlt wurden. Dann stieg der Meeresspiegel und überflutete diese Täler. Die Küste Norwegens hat viele solche Fjorde.

GLETSCHER

Schneegrenze

Oberhalb der Schneegrenze ist es so kalt, dass der Schnee im Sommer nicht mehr vollständig abschmelzen kann. In den Tropen liegt die Schneegrenze deutlich über 5 000 m. In Grönland liegt sie nur noch auf 600 m, am Süd- und Nordpol auf Meereshöhe.

Kilimandscharo, Tansania

Lawinen

Die Schneedecke an Steilhängen ist oft sehr instabil. Es herrscht nur ein geringer Zusammenhalt zwischen zwei unterschiedlich alten Schneedecken. Selbst eine leichte Störung wie ein Skiläufer oder ein Knall kann eine Lawine auslösen.

Staublawinen rasen mit bis zu 300 km/h talwärts. Dabei können Gebäude bersten.

Inlandeis

Als Inlandeis bezeichnet man eine schildförmige Eisschicht, die nicht nur ein Tal, sondern große Gebiete bedeckt. Das Inlandeis über der Antarktis und Grönland ist in den tiefsten Schichten viele tausend Jahre alt. Es übt auf das darunterliegende Gestein hohen Druck aus und dellt es wie eine Schüssel ein. Das Eis greift mit Gletscherzungen am Rand bis an das Meer vor.

Eisberge

Eisberge sind große Eisbrocken, die von den Rändern des Inlandeises oder den Gletscherzungen ins Meer fallen. Häufig zeigen sie ein kantiges, tafelförmiges Aussehen. Eisberge schwimmen im Wasser, weil Eis weniger dicht ist. Als Faustregel: 1/8 des Eisberges liegt über dem Wasserspiegel, 7/8 liegen darunter.

Entstehung von Inlandeis

Das Inlandeis entsteht nach und nach dadurch, dass der Schnee nicht abschmilzt. Er verdichtet sich zunächst zu grobkörnigem Firn, schließlich zu blankem Eis. Ein kleiner Teil des Eises geht durch Ablation verloren, durch gelegentliches Schmelzen, und durch Verdunstung.

Das Inlandeis kann mehrere tausend Meter dick sein. Es stellt ein riesiges Süßwasserreservoir dar. Schmilzt das Eis, dann steigt der Meeresspiegel.

1 Inlandeis bildet sich, wenn der Schnee das ganze Jahr über liegen bleibt.

2 Neue Schneefälle verdichten die unteren Schichten zu grobkörnigem Firn.

3 Der Firn verdichtet sich im Lauf der Zeit durch den Druck von oben zu Eis.

Über das Inlandeis ragen die Bergspitzen, die Nunatakker.

Der Gletscher kriecht über geschmolzenem Eis vorwärts.

Das Untergrundgestein wird abgetragen.

Hier entstehen tiefe Spalten, an denen schließlich die Eisberge abbrechen.

Von den Gletschern auf Grönland brechen jedes Jahr rund 10 000 Eisberge ab.

Arktische Gletscher, die bis zum Meer reichen, bekommen durch Gezeiten und Wellengang tiefe Spalten. Schließlich brechen große Eisberge ab. Man sagt: Der Gletscher kalbt.

Nur rund 12 % eines Eisbergs liegen über dem Meeresspiegel.

Eisberge sind oft breit und tafelförmig. Die größten sind einige hundert Kilometer lang und brauchen Jahre bis zum völligen Abschmelzen.

Schätzungen zufolge beträgt das Durchschnittsalter des Eises in einem Eisberg 5 000 Jahre.

Louis Agassiz

Der amerikanische Geologe Louis Agassiz (1807–73) erkannte, dass vergangene Eiszeiten die Landschaft geformt hatten. 1836 entdeckte er, dass Gletscher sich vorwärts bewegen und dabei Felsen abschleifen. So kam er zum Schluss, dass ein großer Teil Nordeuropas einst von Eis bedeckt war.

Eiszeit

In der Erdgeschichte gab es mehrere Eiszeiten. Die Ursachen dafür sind noch unklar. Manche sehen einen Zusammenhang mit periodischen Neigungsänderungen der Erdachse, die dazu führen sollen, dass die Erde weniger Energie von der Sonne empfängt. Andere halten dies nicht für ausreichend für eine Eiszeit.

Die violetten Gebiete waren während der letzten Eiszeit von Gletschern bedeckt.

Der Untergang der Titanic

Weil der größte Teil eines Eisbergs unter dem Wasserspiegel liegt, kann er für Schiffe eine große Gefahr darstellen. Im Jahr 1912 sank das Luxusschiff *Titanic* nach einer Kollision mit einem Eisberg im Nordatlantik. Rund 1 500 Menschen ertranken.

SIEHE AUCH UNTER | ANTARKTIS | ARKTIS | FLÜSSE | GEOLOGIE | NIEDERSCHLAG | POLARFORSCHUNG | POLARGEBIETE, TIERWELT | TUNDRA

GLIEDERFÜSSER

ÜBER EINE MILLION ARTEN von Gliederfüßern bilden die größte Gruppe im Tierreich. Sie kommen in allen Lebensräumen vor, von den höchsten Bergen bis zu den tiefsten Gräben der Meere. Die Gliederfüßer haben keine Wirbel und zeigen eine große Vielfalt von Formen. Ihr Körper ist in Segmente unterteilt, und der deutlich erkennbare Kopf trägt Fühler und Augen. Alle Gliederfüßer haben ein Außenskelett. Die Beinglieder sind beweglich miteinander verbunden und haben der Tiergruppe auch den Namen gegeben.

Verschiedene Formen

Wir unterscheiden 4 Typen von Gliederfüßern: Insekten, Spinnentiere, Krebstiere und Tausendfüßer. Die kleinsten messen Bruchteile eines Millimeters, während die größten, die Krabben, einige Kilogramm wiegen. Die Insekten umfassen nahzu 90 % aller Gliederfüßer.

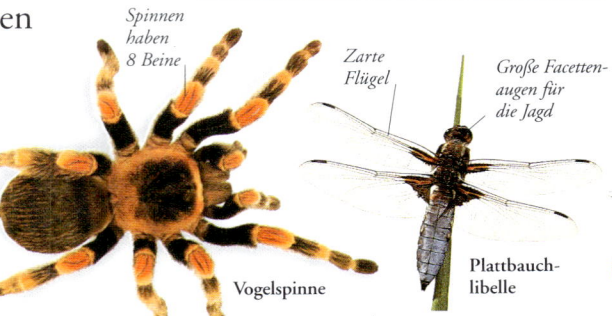

Spinnen haben 8 Beine

Zarte Flügel

Große Facettenaugen für die Jagd

Riesentausendfüßer

2 Beinpaare pro Körpersegment

Fühler

Tausendfüßer
Einige Tausendfüßer haben bis zu 200 Beine. Ihr gepanzerter Körper ist im Querschnitt kreisrund. Tausendfüßer fressen Pflanzen. Die Hundertfüßer leben räuberisch. Ihr Körper ist flach und hat weniger Beine.

Hummer

Vogelspinne

Plattbauchlibelle

Hartes Außenskelett

Spinnentiere
Die Spinnentiere umfassen die eigentlichen Spinnen, die Skorpione, die Weberknechte und die Milben. Sie alle haben 8 Beine; Skorpione tragen zusätzlich ein Paar Scheren. Echte Spinnen töten ihre Beute mit Giftzähnen; Skorpione nehmen dazu den Stachel.

Insekten
Die Insekten stellen die vielfältigste Gruppe der Gliederfüßer dar. Alle erwachsenen Insekten haben 6 Beine – die meisten auch Flügel. Damit sind sie die einzigen flugfähigen Gliederfüßer.

Krebse
Zu den Krebsen zählen Krabben, Garnelen, Hummer und Asseln. Die meisten leben im Süß- oder Salzwasser und haben 5 Beinpaare. Hummer und Krabben haben einen sehr harten Panzer.

Das Außenskelett ist vorwiegend aus Chitin.

Außenskelett einer Winkerkrabbe

Häutung und Wachstum
Das Außenskelett wächst nicht mit. Deshalb müssen Gliederfüßer ihre feste Außenhülle von Zeit zu Zeit abwerfen. Bevor das neue Außenskelett erhärtet, dehnt sich der Körper stark aus. Diesen Vorgang nennt man Häutung. Bei der unvollständigen Verwandlung machen die Insektenlarven mehrere Häutungen bis zum erwachsenen Tier durch. Bei der vollständigen Verwandlung schlüpft das erwachsene Tier aus dem Ruhestadium der Puppe.

Häutung

1 Die erwachsene Heuschrecke schlüpft aus der alten Larvenhaut, die am Rücken aufreißt. Vor dieser endgültigen Häutung hat sich die Heuschreckenlarve bereits 4-mal gehäutet.

Larve der Heuschrecke

Das erwachsene Tier verlässt die Larvenhaut.

2 Das erwachsene Tier hat die Beine und den größten Teil des Körpers befreit. Der Körper kann sich nun ausdehnen, bis die neue Haut erhärtet.

Altes, leeres Außenskelett

Die Heuschrecke pumpt Blut in die Flügel, um sie zu dehnen.

3 Die Häutung ist nun abgeschlossen. Das erwachsene Tier wartet, bis die Flügel steif geworden sind. Die alte Larvenhaut hängt noch am Zweig.

Fortpflanzung
Bei den Gliederfüßern finden wir die unterschiedlichsten Arten der Fortpflanzung. Die Befruchtung kann in oder außerhalb des weiblichen Körpers erfolgen. In der Regel legen die Tiere Eier, die sich selbst überlassen bleiben. Die Jungtiere, die ausschlüpfen, sehen oft ganz anders aus als ihre Eltern. Wir nennen sie Larven.

Frisch geschlüpfte Webspinnen

Ernährung
Die Gliederfüßer ernähren sich auf die unterschiedlichste Weise: Gottesanbeterinnen fangen z. B. lebende Beute. Käfer haben kauende Mundwerkzeuge, mit denen sie Pflanzenteile zerkleinern. Die Mundteile der Wanzen und Mücken erlauben das Einsaugen von Flüssigkeiten. Kleine Krebschen filtrieren Nahrungsteilchen aus dem Wasser.

Fleischfresser
Viele Gliederfüßer fressen andere Tiere, die Webspinnen z. B. Insekten. Nicht wenige Fleischfresser gehen auch gleichzeitig an Aas. Krabben machen sich auch gern über angeschwemmte tote Fische und Vögel her.

Eingewickelte Wespe

Kreuzspinne mit erbeuteter Wespe

Pflanzenfresser
Sehr viele Gliederfüßer leben von Pflanzen, etwa die Junikäfer. Die erwachsenen Tiere fressen gern Blüten, während ihre Larven Wurzeln anknabbern.

Junikäfer

Verteidigung
Gliederfüßer bilden für viele Räuber eine willkommene Beute. Zum Schutz und zur Verteidigung dient zunächst das harte Außenskelett, eine Art Panzer. Einige Tausendfüßer rollen sich auch zu einer Kugel ein und werden dadurch für kleine Räuber nahezu unangreifbar. Andere verfügen über Verteidigungswaffen; Krebse z. B. haben Scheren, Skorpione oder Wespen Giftstacheln. Viele Ameisen verspritzen scharfe Ameisensäure aus ihren Drüsen am Hinterleib.

Stacheln und Scheren
Einige Gliederfüßer haben Scheren und Stacheln zur Verteidigung. Die Skorpione packen mit ihren Scheren Beutetiere und spritzen anschließend mit dem Schwanzstachel ein lähmendes Gift ein.

Stachel

Augen

Skorpion

| SIEHE AUCH UNTER | AMEISEN UND TERMITEN | FLIEGEN | HEUSCHRECKEN UND GRILLEN | HÖHLEN, TIERWELT | INSEKTEN | KÄFER | KREBSE | SPINNEN UND SKORPIONE | TIERE, GIFTIGE |

GOETHE

JOHANN WOLFGANG VON GOETHE war Jurist und Advokat, Staatsbeamter, Geheimrat, Finanzminister, Theaterdirektor und Naturwissenschaftler – vor allem aber war er Deutschlands größter Dichter. Als er 1832 im Alter von 82 Jahren starb, wurde mit ihm ein Genie zu Grabe getragen. Bis heute haben seine Werke – sein Gesamtwerk umfasst über 143 Bände – kaum etwas von ihrer Wirkung eingebüßt. Fast jeder kennt wenigstens ein Gedicht von Goethe, und die ganze Welt kennt den *Faust*, das wohl bedeutendste deutsche Theaterstück.

Goethe mit 28 Jahren, Kupferstich, 1777

Kindheit und Jugend
Johann Wolfgang von Goethe wurde am 28. August 1749 in Frankfurt geboren. Sein Vater war Kaiserlicher Rat, und „Hätschelhans" wuchs in einem wohlhabenden Haus auf. Unterricht erhielt er von Hauslehrern. Mit 16 Jahren ging er nach Leipzig, um dort die Rechte zu studieren. Mehr beschäftigte er sich allerdings mit Literatur und Malerei und seiner ersten Liebe. 1770 ging er nach Straßburg, wo er ein Jahr später sein Studium beendete.

In Weimar
Im November 1775 traf Goethe in Weimar ein. Der jüngere Herzog Karl-August hat ihn an den Hof geholt. Schon bald wird Goethe Minister in dem kleinen Herzogtum, verantwortlich für den Wegebau, das Bergwerkswesen, schließlich für die Finanzen. Hier lernt Goethe auch Frau von Stein kennen.

Charlotte von Stein
Charlotte A. E. von Stein (1742–1827) war eine hochgebildete Frau und selbst Schriftstellerin. Obwohl 7 Jahre älter als Goethe und verheiratet, verband beide eine innige Beziehung. Frau von Stein hatte sehr großen Einfluss auf Goethes Schaffen, aber auch auf seine persönliche Entwicklung. Er trennte sich 1794 von ihr.

Goethes Haus in Weimar, das ihm der Herzog schenkte, ist heute ein Museum.

Sturm und Drang
Als Sturm und Drang bezeichnet man in der deutschen Literatur die Zeit von 1770 bis 1790. Damals stand bei den jungen Genies, zu denen auch Goethe und Schiller zählten, die Selbsterfahrung und die Befreiung des Menschen im Mittelpunkt ihres Schaffens. Goethes Drama *Götz von Berlichingen* (1773) und sein Roman *Die Leiden des jungen Werthers* (1774) sowie Schillers *Räuber* (1781) gelten als Beginn dieser Epoche. Von diesen mitreißenden Werken wurde eine ganze Generation ergriffen und nachhaltig beeinflusst.

Italienreise
1786 brach Goethe unvermittelt nach Italien auf. Es war das Land seiner Sehnsucht, und er blieb 2 Jahre, überwiegend in Rom. Dort lebte er unerkannt unter Malern. Der Italienaufenthalt veränderte sein literarisches Schaffen grundlegend. Er schrieb hier seine klassischen Dramen – *Iphigenie auf Tauris* und *Torquato Tasso*. Nun war er der große klassische Dichter. Berühmt ist seine Gedichtsammlung aus dieser Zeit, *Römische Elegien*.

Das Gemälde *Goethe in der römischen Campagna* malte Joh. Heinrich Tischbein, der 1787 mit Goethe nach Neapel reiste.

Goethe und Schiller
1794 nimmt Goethe nach gelegentlichen Begegnungen Beziehungen zu dem 10 Jahre jüngeren Friedrich Schiller (1759–1805) auf, der damals auf seine Vermittlung hin Geschichtsprofessor in Jena geworden war. Es kommt zu einem regen Gedankenaustausch zwischen den beiden grundverschiedenen Dichtern und zu einer literarisch fruchtbaren Freundschaft, in der sich beide gegenseitig anregen. Beide haben die literarische Gattung der Ballade durch Meisterwerke wie *Der Zauberlehrling* und *Das Lied von der Glocke* bereichert. Die Zeit bis zu Schillers Tod im Jahr 1805 nennt man auch Weimarer Klassik.

Goethe-Schiller-Denkmal in Weimar

Meisterwerke
Goethe war nicht nur ein begnadeter Dichter, er schrieb auch Romane wie *Die Wahlverwandtschaften* (1809) und *Wilhelm Meisters Wanderjahre* (1829) und vor allem viele berühmte Dramen, die heute noch aufgeführt werden. Den Höhepunkt seines Alterswerks bildet zweifellos der *Faust*, ein Stoff, mit dem er sich zeit seines Lebens beschäftigte. *Faust I* schildert das Leben eines Wissenschaftlers, der sich um den Lohn der Erkenntnis aller Dinge dem Teufel verschreibt. Er rettet sein Leben durch Einsicht. In *Faust II* lernt Faust alle verschiedenen Welten kennen. Zwar verwirkt er sein Leben an Mephisto endgültig, aber die himmlischen Heerscharen retten ihn.

Szene aus Faust I

JOHANN WOLFGANG VON GOETHE

1749	Geboren in Frankfurt/M.
1765–69	Studium in Leipzig
1770–71	Studium in Straßburg
1772	Advokat in Wetzlar
1775–1832	Leben in Weimar
1784	Naturwissenschaftliche Studien
1786–88	Italienreise
1806	Heirat mit der 16 Jahre jüngeren Christiane Vulpius; *Faust I* fertig (*Faust II* 1831)
1832	Tod in Weimar

SIEHE AUCH UNTER   DICHTUNG   LITERATUR   SCHAUSPIEL   THEATER

GOLFSTAATEN

SAUDI-ARABIEN, Jemen, Oman, Kuwait, die Vereinigten Arabischen Emirate, Katar und Bahrain bilden zusammen die Halbinsel Arabien. Mit Ausnahme des Jemen haben diese 7 Länder Anteil am Persischen Golf und werden deshalb oft Golfstaaten genannt. In dieser Region liegt rund die Hälfte der gesamten Erdölvorräte der Welt. Deswegen sind viele Golfstaaten reich und die Region ist politisch bedeutsam. In den vergangenen 50 Jahren haben in diesem einstmals unterentwickelten Gebiet beträchtliche soziale und industrielle Veränderungen stattgefunden.

Geografie

Fast die gesamte Arabische Halbinsel ist eine trockene, steinige oder sandige Wüste mit einigen zerklüfteten Gebirgszügen nahe der Küste. Kleine fruchtbare Gebiete gibt es nur in Meeresnähe, in einigen Gebirgsregionen und Oasen. Der größte Teil des Süßwassers für die Menschen in den Städten und die Industrie stammt von Meerwasserentsalzungsanlagen am Persischen Golf.

Rotes Meer
Die warmen, salzhaltigen Gewässer des 2 000 km langen Roten Meeres trennen Afrika von Asien. Das Rote Meer ist mit dem Mittelmeer über den Suezkanal verbunden, der 1869 gebaut wurde, um den Seeweg zwischen Europa und Ostasien abzukürzen.

Jemenitisches Gebirge
Dieses zerklüftete Gebirge im Westen des Jemens erreicht 3 760 m Höhe. Der Westabhang erhält genügend Regen von Winden vom Roten Meer. Hier gibt es eine ausgedehnte Terrassenkultur. Das Klima ist ideal für den Anbau von Kaffee, Wein und Baumwolle.

36 °C   17 °C
118 mm

Klima
Der größte Teil der Region ist das ganze Jahr über sehr trocken und heiß. Im nördlichen Saudi-Arabien und in Kuwait können die Temperaturen im Winter auch unter dem Gefrierpunkt liegen. Nur im Südwesten Saudi-Arabiens und im Nordjemen fällt regelmäßig Regen.

Wüste Nadschd
Die Wüste Nadschd ist eine umfangreiche steinige Hochfläche im Herzen Saudi-Arabiens. Dort leben noch einige Halbnomaden, die Kamele und Schafe züchten. Die meisten Bewohner sind aber schon in die Städte gezogen. Die größte Wüste Saudi-Arabiens ist die Rub' al Khali im Süden.

Islam
Seit fast 1 500 Jahren ist der Islam die bestimmende Religion der Golfstaaten. Die Moslems glauben an einen Gott Allah und an den Propheten Mohammed, der im saudiarabischen Mekka geboren wurde. Der Islam verlangt von seinen Anhängern, dass sie fünfmal am Tag beten. Dann steht auch der Verkehr still.

Moslems beim Gebet, Dubai

Saudi-Arabien

Saudi-Arabien ist das größte und wichtigste Land auf der Arabischen Halbinsel. 95 % bestehen aus Trockenwüste. Die am dichtesten besiedelten Gebiete liegen am Persischen Golf und am Roten Meer. Saudi-Arabien wurde von Ibn Saud 1922 gegründet und durch Erdöl, das man 1938 hier entdeckt hat, sehr reich. Das Land hat eine bedeutende petrochemische Industrie und gibt viel Geld für die Landwirtschaft und Erziehung aus.

Riad

Das moderne Riad ist seit 1932 die Hauptstadt Saudi-Arabiens. Hier leben 3 Mio. Menschen. Das Handels- und Regierungszentrum liegt zwischen Oasen und Palmenhainen. Man findet hier einfache Hütten neben Wolkenkratzern, die seit 1950 errichtet wurden.

Saudi-Cairo-Bank in Riad

Bevölkerung

Die meisten Saudis sind moslemische Araber. Sie halten sich streng an die Vorschriften des Korans, ihres heiligen Buches. Die Frauen müssen Schleier tragen und dürfen keine Autos lenken. Die Frauen spielen im öffentlichen Leben kaum eine Rolle, doch stehen ihnen Berufe wie Lehrerin oder Ärztin offen.

Beduinen

Nomadische Beduinen ziehen teilweise noch mit ihren Kamelen, Schafen und Ziegen von Oase zu Oase. Die Beduinen leben in Zelten. Allerdings versucht die Regierung sie zur Ansiedlung in Städten zu bewegen.

Kardamom verleiht dem Kaffee mehr Aroma.

Mekka

Jedes Jahr besuchen 2 Mio. Moslems die Kaaba inmitten der Moschee von Mekka. Die Geburtsstadt Mohammeds ist ihnen heilig. Jeder Gläubige sollte einmal im Leben diese Pilgerreise, den Hadsch, gemacht haben.

Linsen **Datteln**

Ackerbau

Mit entsalztem Meerwasser werden heute große kreisrunde Felder bewässert, sodass sesshafte Bauern in der Wüste nun Weizen, Gemüse und Obst anbauen können. In der Landwirtschaft arbeiten 12 % der Menschen.

Tomate

SAUDI-ARABIEN: DATEN

HAUPTSTADT	Riad
FLÄCHE	2 240 000 km²
EINWOHNER	21 845 000
BEVÖLKERUNGSDICHTE	9,7 pro km²
SPRACHE	Arabisch, Englisch
RELIGION	Islam
WÄHRUNG	Saudi-Riyal
LEBENSERWARTUNG	72 Jahre
EINWOHNER PRO ARZT	523
REGIERUNG	Absolute Monarchie
ANALPHABETEN	Männer 15 %, Frauen 32 %

Große Pipelines befördern das Öl von den Quellen zu den Küstenhäfen, wo Tanker es übernehmen.

Ölfelder

Saudi-Arabien hat die größten Erdöl- und Erdgaslagerstätten – 1/4 der Weltreserven – und ist der größte Ölexporteur. Das Einkommen aus dem Öl sorgt für hohen Lebensstandard.

Jemen

Der Jemen bestand früher aus zwei Staaten, die sich 1990 zusammenschlossen. Der Norden ist gebirgig mit einem schmalen fruchtbaren Küstenstreifen am Roten Meer. Hier wachsen – je nach Höhenlage – Getreide, Kaffee, Trauben und Baumwolle. Im Nordosten liegt die Trockenwüste Rub' al Khali. Haupteinnahmequelle des Jemen ist das Erdöl.

Traditionelle Kaffeekanne

Kaffee

Der Jemen produziert feine Kaffeebohnen, und das Kaffeetrinken scheint hier seinen Ursprung zu haben. Der Mokka hat seinen Namen nach dem Hafen von Al-Makha am Indischen Ozean, von dem aus er früher verschifft wurde.

JEMEN: DATEN

HAUPTSTADT	Sana
FLÄCHE	536 869 km²
EINWOHNER	18 500 000
SPRACHE	Arabisch
RELIGION	Islam
WÄHRUNG	Jemen-Rial

Sana

Die moderne Hauptstadt des Jemen befindet sich mitten im Land auf 2 350 m Höhe. Hier leben ca. 1 Million Menschen. Die Stadt verfügt über ein modernes Handels- und Industriezentrum, bedeutende historische Gebäude, Märkte (Sukhs) und viele Moscheen.

Oman

Das Sultanat von Oman ist größtenteils Wüste mit einem schmalen fruchtbaren Streifen am Golf von Oman im Norden. Dort leben auch die meisten Menschen. Das Erdöl brachte dem Land großen Wohlstand. 75 % der Bewohner gehören zur islamischen Sekte der Ibaditen, die den Frauen gegenüber eine liberale Haltung einnimmt. Ein Viertel der Einwohner sind Ausländer.

OMAN: DATEN

HAUPTSTADT	Maskat
FLÄCHE	309 500 km²
EINWOHNER	2 621 000
SPRACHE	Arabisch, Belutschi, Englisch
RELIGION	Islam, Hinduismus
WÄHRUNG	Rial Omani

Sardinen

Anchovis

Fischerei

Omanische Fischer fangen jedes Jahr in den Gewässern des Arabischen Meeres und des Golfs von Oman 118 000 t Fisch. Am wichtigsten sind Anchovis, Sardinen, Tunfisch und Tintenfische. Das Land exportiert Trockenfisch und Fischmehl.

Stadt im Sand

Die Archäologen haben im Sand des südlichen Oman die Reste einer Stadt gefunden, die wohl um 3000 v. Chr. erbaut wurde. Die Forscher glauben, es handle sich dabei um die legendäre versunkene arabische Stadt Ubar.

Kuwait

Das Erdöl hat das kleine Wüstenland Kuwait am Nordende des Persischen Golfs zu einer der reichsten Nationen gemacht. Im Jahr 1990 überfiel der Irak Kuwait, wurde im Golfkrieg mit Hilfe der Amerikaner aber zurückgeschlagen. Seit der Befreiung hat Kuwait seine Grenze zum Irak stark gesichert.

Die Stadt Kuwait
Das Land ist nach der Hauptstadt benannt, die im 18. Jh. gegründet wurde. Sie bildete einen natürlichen Hafen am Persischen Golf. Kuwait ist heute eine moderne Stadt mit geplantem Grundriss und zahlreichen attraktiven Gebäuden. Der Reichtum des Landes zeigt sich in den Hochhäusern.

Kuwait: Daten
- **Hauptstadt** Kuwait
- **Fläche** 17 818 km²
- **Einwohner** 1 926 000
- **Sprache** Arabisch, Englisch
- **Religion** Islam
- **Währung** Kuwait-Dinar

Erdöl
Kuwait besitzt ungefähr 10 % der gesamten Erdölreserven der Erde. Die Ölindustrie zieht viele ausländische Investoren an und liefert über 80 % der Exporterlöse des Landes. Kuwait verfügt auch über große Erdgaslager.

Ausbildung und Fürsorge
Die Einkünfte aus der Ölindustrie ermöglichen es der Regierung, allen Kindern beiderlei Geschlechts eine Gratisausbildung vom Kindergarten bis zur Universität zu gewähren. Die Kuwaitis haben eines der höchsten Prokopfeinkommen, zahlen keine Steuern und genießen kostenlose Gesundheitsfürsorge.

Vereinigte Arabische Emirate

Die Vereinigten Arabischen Emirate (VAE) sind ein Zusammenschluss 7 kleiner Staaten: Abu Dhabi, Dubai, Fujairah, Ras al Khaimah, Sharjah, Ujman sowie Umm al Quaiwan. Jeder wird von einem eigenen unabhängigen Emir oder Scheich regiert.

Fischerei
Alle Staaten am Persischen Golf haben Fischfangflotten. Im Hochsommer gehen auch Taucher auf Suche nach Perlmuscheln, in der Hoffnung einige kostbare Perlen zu finden. Die Perlenfischerei ist hier viele Jahrhunderte alt.

Eine Perle entwickelt sich um ein eingedrungenes Sandkorn.

Vereinigte Arabische Emirate: Daten
- **Hauptstadt** Abu Dhabi
- **Fläche** 77 700 km²
- **Einwohner** 2 612 000
- **Sprache** Arabisch, Hindi, Englisch
- **Religion** Islam
- **Währung** Dirham

Erdöl und Erdgas
Die VAE sind die siebtgrößten Exporteure von Erdgas und die sechstgrößten von Erdöl. Beide Rohstoffe verlassen das Land über den Hafen Mina Jabal Ali. Es ist der größte künstliche Hafen der Welt. Die Einnahmen werden unter anderem für den Ausbau der Infrastruktur verwendet.

Tourismus
Sonne, Sandstrände und zollfreier Einkauf machen die VAE zu einem attraktiven Ferienland, das im Winter gern von Europäern und Japanern besucht wird. Der Sommer ist zu heiß für den Tourismus. Weitere Touristenattraktionen sind Luxushotels, Reisen in die Wüste und die bunten Märkte.

Katar

Katar ist eine kleine Halbinsel im Persischen Golf. Wie bei den anderen Golfstaaten beruht der Reichtum des Landes auf Erdgas und Erdöl. Katar baut den größten Teil der benötigten Nahrung selbst an, indem es Grundwasserreservoire anzapft. Katars Frauen fahren Auto und tragen keine Schleier.

Katar: Daten
- **Hauptstadt** Doha
- **Fläche** 11 437 km²
- **Einwohner** 796 000
- **Sprache** Arabisch, Urdu, Englisch
- **Religion** Islam
- **Währung** Katar-Riyal
- **Lebenserwartung** 75 Jahre

Gastarbeiter
Nur 20 % der Einwohner sind Katarer, die beduinischen Ursprungs sind. Im Land leben viele Gastarbeiter aus Indien, Pakistan, Iran sowie anderen arabischen Staaten. Sie erledigen Arbeiten in der Ölindustrie. Zwei Drittel der Einwohner leben in der Hauptstadt Doha.

Bahrain

33 flache und felsige Inseln machen das kleine Land Bahrain aus. Die Ölreserven, die das Land reich gemacht haben, sind bald erschöpft, doch ist noch viel Erdgas vorhanden. Bahrain hat eine lange Geschichte. Schon 2000 v. Chr. lief über den Hafen der Handel mit Indien.

Bahrain: Daten
- **Hauptstadt** Manama
- **Fläche** 707 km²
- **Einwohner** 671 000
- **Sprache** Arabisch, Englisch
- **Religion** Islam
- **Währung** Bahrain-Dinar
- **Analphabeten** 13 %
- **Lebenserw.** 73 Jahre

Die Rolle der Frauen
Bahrain ist der liberalste Golfstaat. Obwohl der Islam Staatsreligion ist, werden die Frauen nicht gezwungen, den Schleier zu tragen. Sie haben freien Zugang zu Ausbildung und Beruf.

SIEHE AUCH UNTER ASIEN, GESCHICHTE ERDÖL FISCHFANG ISLAM ISLAMISCHES REICH LANDWIRTSCHAFT MOSCHEE WÜSTEN

GOTTHEITEN

SEIT FRÜHESTEN ZEITEN haben die Menschen Götter und Göttinnen verehrt. Sie galten als übernatürliche Mächte, die über die Natur herrschen und auch das Schicksal der Menschen bestimmen. Mythen und Legenden, die von diesen Gottheiten handeln, versuchen die wichtigsten Ereignisse in der Geschichte der Erde und der Menschheit sowie die Kräfte in der Natur zu erklären. Rituale der Götterverehrung sind ein verbindendes Element nicht nur in einer Gesellschaft, sondern auch untern Völkern.

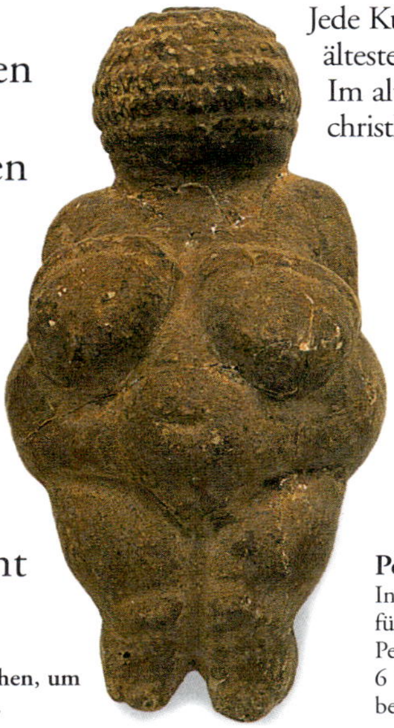

Muttergottheiten

Jede Kultur verehrt Muttergottheiten. Sie gehören zu den ältesten Gottheiten und stellen die Fruchtbarkeit dar. Im alten Ägypten hieß die Muttergottheit Isis. Die christliche Muttergottes zeigt viele Züge dieser Gottheit.

Venusfigürchen, um 4000 v. Chr.

Hades und Persephone

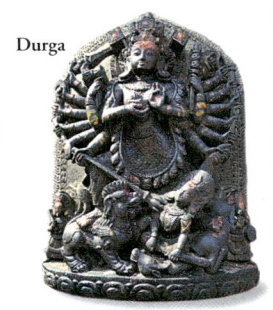

Durga

Persephone
In der griechischen Mythologie entführt Hades, der Gott der Unterwelt, Persephone. Sie kehrt jedes Jahr für 6 Monate auf die Erde zurück und beschert ihr Frühling und Sommer.

Durga
Diese hinduistische Gottheit ist die Gemahlin Schiwas und wird oft mit schönem Gesicht und 10 Armen dargestellt, von denen jeder eine Waffe trägt.

Götter

Vieles, was wir über Götter und Göttinnen wissen, wurde eher von Männern als von Frauen überliefert. In der Mythologie überwiegen deshalb männliche Gottheiten, oft Kriegsgötter. Viele Mythen schildern den Kampf zwischen Gut und Böse. Einige Gottheiten sind freundlich und gerecht, andere handeln schlecht und üben Verrat, wie der germanische Gott Loki. Meist werden Götter in Menschengestalt oder als Mischwesen dargestellt.

Thor
Thor oder Donar ist der Gott des Himmels, des Regens, des Donners und des Ackerbaus. Wenn er seinen Hammer Mjöllnir warf, erzeugte er Blitz und Donner. Germanische Götter wurden in Skandinavien bis ins 12. Jh. verehrt.

Thor kämpft gegen die Frostriesen

Mars war in Rom beliebt.

Mars
Der Kriegsgott Mars soll der Sage nach Vater des Gründers von Rom gewesen sein. Die Römer haben viele Götter von den Griechen übernommen. Mars wurde in der griechischen Mythologie Ares genannt.

Opfer

Mit Opfern wollte man Gottheiten besänftigen und günstig stimmen. Man opferte Tiere, Pflanzen, Besitztümer, ja sogar Menschen. Die Opfer fanden an besonderen Tagen und bei bestimmten Zeremonien statt. Beim feierlichen römischen Opfer, dem *suevotaurilia*, wurden ein Schwein, ein Schaf und ein Stier getötet. Das waren die wertvollsten Haustiere der Römer.

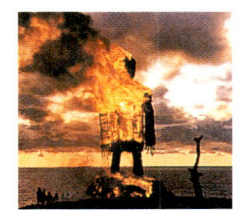

Figuren aus Flechtwerk
Römische Historiker schrieben, die Kelten in Gallien würden Menschenopfer in Flechtwerk einschließen und verbrennen. Figuren aus Flechtwerk verbrennt man heute noch bei Festen in Spanien und in der Schweiz.

Menschenopfer der Azteken

Die Azteken in Mexiko brachten ihrem Gott Tezcatlipoca und anderen Göttern Menschenopfer dar. Ihm zu Ehren wurden tausende von Menschen getötet, in der Regel Kriegsgefangene. Die Azteken wählten die Opfer sorgfältig aus. Sie wurden ein Jahr lang sehr gut behandelt. Am Opfertag schnitt der Priester ihnen mit einer Obsidianklinge den Brustkorb auf, holte das zuckende Herz heraus und bot es Tezcatlipoca dar.

Aztekischer Krieger mit Gefangenem

Priester

Priester, Zauberer, Medizinmänner oder Schamanen stellen in vielen Kulturen die Verbindung zwischen der Welt der Menschen und den Göttern her. Man schreibt ihnen magische Kräfte zu.

Priesterkostüm

Kleidung der Priester
Besondere Kleidung verleiht Autorität und erinnert an die Überlieferung. Die Kleidung der Medizinmänner der Nkimba im Kongo, Afrika, umfasst eine Holzmaske und ein Federkostüm.

Schamanen-Maske
Die Schamanen der nordamerikanischen Indianerstämme tragen Masken mit einem kunstvollen Kopfschmuck aus Federn als symbolischen Schutzgeist.

Orakel

Beim Orakel spricht eine Gottheit unmittelbar durch den Mund eines Priesters oder einer Priesterin. Das berühmteste Orakel im alten Griechenland befand sich im Apollotempel in Delphi. Der griechischen Mythologie zufolge befragten sowohl Ödipus als auch Herakles dieses Orakel. Doch dessen Antwort war stets zweideutig.

Orakel in Delphi

SIEHE AUCH UNTER — ÄGYPTER · AZTEKEN · GRIECHEN · HEXEREI UND ZAUBEREI · KELTEN · MAYA · RELIGIONEN · RÖMISCHES REICH

Götter und Göttinnen

Natur

Regengott der Maya

Men Ein anatolischer Mondgott

Gott des Ackerbaus, Azteken

Luna Die römische Mondgöttin

Luna fährt mit einem Gespann über den Nachthimmel.

Flussgott der Syrer

Ceres Römische Göttin des Getreides

Poseidon Griechischer Gott des Meeres

Silvanus Römischer Gott des unbebauten Landes

Flussgott der Kelten

Apollo Römischer Sonnengott

Hephaistos Griechischer Gott des Feuers

Gott des Donners und des Blitzes, Japan

Donnerbälle

Liebe und Fruchtbarkeit

Attis Ägyptische Göttin der Fruchtbarkeit

Artemis Griechische Göttin der Natur

Cupido Römischer Liebesgott

Aphrodite ist die Mutter des Eros.

Eros, der Gott der Liebe

Priapus Römischer Gott der Fruchtbarkeit

Krieg und Tod

Proserpina Römische Göttin der Unterwelt

Cerberus Der Höllenhund, der die Unterwelt bewacht.

Hades Griechischer Gott der Unterwelt

Athena Griechische Göttin des Krieges

Venus Römische Göttin der Liebe und Schönheit

Aphrodite Griechische Göttin der Liebe und Schönheit

Juno Römische Göttin der Ehe und Mutterschaft

Ares Griechischer Gott des Krieges

Serapis Ägyptischer Gott des Todes

Osiris Ägyptische Göttin der Unterwelt

Keltische Gottheit mit Geweih

GRÄSER

ALS GRÄSER BEZEICHNEN wir überwiegend krautige Pflanzen mit langen Halmen und Blättern. Der Botaniker unterscheidet 3 Gruppen von Gräsern, die nicht näher miteinander verwandt sind: Süßgräser, Sauergräser und Binsen. Sie gehören alle zu den einkeimblättrigen Pflanzen, die man an schmalen parallelnervigen Blättern und dem einzigen Keimblatt erkennt. Alle Gräser werden vom Wind bestäubt und haben somit sehr unscheinbare kleine Blüten.

Stängel mit Blüten

Blütenstände an der Spitze langer beblätterter Halme oder Stängel

Wolliges Honiggras

Süßgräser

Es gibt ungefähr 9 000 Arten Süßgräser, darunter unsere Getreidepflanzen wie Weizen, Gerste und Mais. Sie sind die verbreitetsten Blütenpflanzen. Die Einzelpflanzen bilden einen Horst. Die Blüten stehen meist an langen Halmen, die von Knoten unterteilt werden.

Schnitt durch Blütenstängel

Sauer- oder Riedgräser

Diese Familie mit rund 4 000 Arten umfasst z. B. die Seggen, die Simsen, die Wollgräser und die Papyruspflanze. Die Blätter bilden dichte Büschel an der Basis der Blütenstängel. Diese sind meist ohne Blätter und dreieckig.

Die männlichen Blüten oben am Kolben sind schon verwelkt und abgefallen.

Die reifen Früchte werden vom Wind verbreitet.

Wenn man diese Blätter abschneidet, wachsen neue nach.

Querschnitt durch den Stängel

Binsen

Die rund 400 Binsenarten sind kleine bis mittelgroße Pflanzen. Man findet sie vor allem in feuchteren Lebensräumen gemäßigter Gebiete. Sie haben grüne, weiße oder braune Blüten, die sich bei der Reife in Kapseln verwandeln. Die Blätter sind flach wie bei den Gräsern oder zylindrisch. Die Stängel aller Binsenarten sind im Schnitt kreisrund.

Frucht tragender Kolben

Eng gepackte weibliche Blüten am Kolben

Wurzelsprosse
Gräser vertragen dauerndes Abweiden und wiederholten Schnitt, weil aus den Wurzeln neue Sprosse entspringen. Ein wirklich schöner Rasen besteht nur aus Gräsern.

Rohrkolben
Die bis zu 2 m hohen Rohrkolben wachsen in langsam fließenden oder stehenden Gewässern. In Deutschland leben 5 Arten. Die Blüten stehen an einem länglichen Kolben – unten die weiblichen, oben die männlichen. Im Herbst sind die Kolben samtbraun.

Verholzte Bambussprosse sind in den Tropen mit die wichtigsten Werkstoffe.

Gräser halten mit ihren vielen Wurzeln Bodenteilchen fest.

Bambus
Die rund 830 tropischen und subtropischen Bambusarten erkennt man an ihren widerstandsfähigen verholzten Stängeln. Die größte Art erreicht eine Höhe von 35 m.

Bodenbefestigung
Gräser haben zahlreiche Wurzeln, die ausgedehnte Horste bilden. Dadurch wird der Boden befestigt und vor Erosion geschützt. Mit Strandhafer hält man sogar Dünen fest.

SIEHE AUCH UNTER — BLÜTEN — LANDWIRTSCHAFT — ÖKOLOGIE UND ÖKOSYSTEME — PFLANZEN, ANATOMIE — PFLANZEN, FORTPFLANZUNG

Süßgräser

Wiesenlieschgras Es gilt als gutes Weidegras.

Weiche Trespe Die Art wächst häufig auf unbebautem Land.

Wiesenrispengras Die Ährchen bilden zierliche Blütenstände.

Gemeine Quecke Sie ist ein häufiges Unkraut.

Staubblätter hängen weit nach außen.

Wohlriechendes Ruchgras Es enthält den Stoff Cumarin.

Kompakter Blütenstand

Wiesenkammgras Es tritt überall häufig auf.

Knäuelgras Es kommt in guten Weiden vor.

Die Blütenstände wirken kompakt.

Verzweigter Blütenstand

Zarte fedrige Grannen

Federgras Die schmalen Blätter dieser Steppenart sind eingerollt.

Hundszahngras Es ist in vielen warmen Gebieten verbreitet.

Eng gepackte Ährchen

Großes Zittergras Die Blütenstände dieser Art zittern beim leisesten Lufthauch.

Trespe Diese Art aus dem Mittelmeergebiet wurde in viele Länder eingeführt.

Lockere Blütenstände

Rasenschmiele Sie bildet bis zu 2 m hohe Horste.

Binsen und Sauergräser

Flatterbinse Diese Binse ist in Mooren und Sümpfen häufig.

Hainsimse In Deutschland gibt es davon 12 Arten.

Rispensegge Sie hat steife Blätter mit fein gezähnten Kanten.

Wiesensegge Sie breitet sich durch unterirdische Rhizome aus.

Gedrängter Blütenstand am Stängel

Falsche Fuchssegge Der Stängel ist scharf dreikantig.

Hängende Segge Die Blütenstände hängen stark nach unten.

Ufersegge Sie wächst am Ufer von Flüssen und Weihern.

Behaarte Segge Ihre Blätter und Früchte sind behaart.

GRASLAND, TIERWELT

Die wichtigsten Grasländer der Erde sind auf der Karte unten grün eingezeichnet.

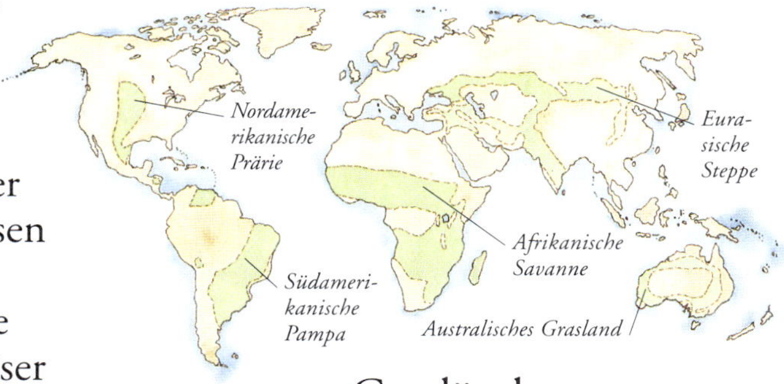

IN GRASLÄNDERN LEBEN mehr Säugetiere als in jedem anderen Lebensraum des Festlandes. Der Grund liegt darin, dass jede Art einen anderen Teil des Grases frisst. Auf diese Weise machen sich die Pflanzenfresser keine Konkurrenz. In der afrikanischen Savanne fressen beispielsweise die Zebras nur die Spitzen der Gräser. Die Gnus ziehen mittlere Schichten vor, während die Thomsongazelle ganz nahe am Boden äst. Hohe Gräser bieten einen Unterschlupf für tausende von Insekten und kleine Wirbeltiere, die oft in Erdhöhlen leben.

Nordamerikanische Prärie
Südamerikanische Pampa
Eurasische Steppe
Afrikanische Savanne
Australisches Grasland

Giraffen äsen von Bäumen.
Zebras und Springböcke fressen Gras.

Giraffen, Springböcke und Zebras grasen in der afrikanischen Savanne.

Grasländer

Grasländer bedecken 25 % der Oberfläche des Festlands. Am größten sind die Steppen Zentralasiens, die Savannen in Afrika, die Pampa in Südamerika, die Prärien Nordamerikas und die Grasgebiete in Australien. Im Wesentlichen ist es hier zu trocken für Bäume, doch widerstandsfähige Gräser wachsen in großer Menge. Sie überstehen das dauernde Abäsen durch Tiere und erholen sich schnell von Dürre, Bränden und Überflutungen.

Säugetiere

In Grasländern leben viele Pflanzen fressende Säugetiere. Sie treten oft in größeren Herden auf. Von ihnen ernähren sich Fleischfresser. Hyänen, Schakale und Geier fressen überwiegend Aas. Typische Säuger der Grasländer sind: die Zebras in Afrika, die Präriehunde und Kojoten in Nordamerika, die Mähnenwölfe in Südamerika, die Murmeltiere in Eurasien und die Kängurus in Australien.

Hirschziegenantilope
Hirschziegenantilopen durchzogen früher in Herden bis zu 10 000 Tieren die Grasgebiete Indiens. Durch die Jagd ist die Zahl jedoch stark zurückgegangen. Heute leben mehr Hirschziegenantilopen oder Sasins in Argentinien und in Texas, wo sie eingeführt wurden.

Männchen mit spiraligen Hörnern

Pampashase
Der Pampashase oder Mara sieht aus wie ein Hase, gehört aber zu den Nagetieren und ist ein Verwandter des Meerschweinchens. Er lebt in Gruppen von 30–40 Tieren in Erdbauen in der Pampa.

Lange, schlanke Beine für schnellen Lauf

Bison
Der Bison ist das Charaktertier der Präriegebiete Nordamerikas. Einst lebten hier 50–60 Mio. Tiere. Um 1880 waren die großen Herden durch die Jagd fast vernichtet. Es blieben nur 500 Tiere übrig, die allerdings geschützt wurden. Ihre Zahl beträgt heute wieder über 200 000.

Große Ohren und guter Geruchssinn für die Jagd

Hyänenhund
Hyänenhunde leben in Rudeln von bis zu 12 Tieren in der offenen Savanne Afrikas. Die Tiere gehen gemeinsam auf die Jagd. Zunächst trennen sie ein schwächeres Tier, etwa ein Zebra oder eine Gazelle, von der Herde. Dann nimmt ein Hyänenhundpaar die Jagd auf. Wenn es ermüdet, wird es von einem frischen Paar ersetzt. So wechseln sich die Hyänenhunde ab, bis das gehetzte Beutetier erschöpft ist und gerissen werden kann.

Ein Hyänenhundpaar kann Tiere reißen, die größer sind als es selbst.

Wirbellose

Wirbellose Tiere sind in subtropischen und tropischen Grasländern von großer Bedeutung. Sie fressen tote Pflanzen und helfen so bei deren Abbau mit. Wirbellose Tiere durchwühlen den Boden und tragen zur Fruchtbarkeit bei.

Mistkäfer
Mistkäfer wie der Skarabäus rollen den Kot der Pflanzenfresser zu Kugeln, vergraben sie und legen darauf Eier ab.

Ameisenlöwe
Der Ameisenlöwe, die Larve der Ameisenjungfer, baut im Sandboden runde Gruben und wartet dort auf Beute. Gelangt eine Ameise in die Falle, wirft er Sand nach seinem Opfer, bis es auf den Grund der Grube gelangt.

Termiten
Tropische Grasländer sind von Termitenhügeln übersät. Jeder kann bis zu mehrere Mio. Tiere enthalten. Termiten lockern den Boden wie Regenwürmer und bilden eine wichtige Nahrungsquelle für Insektenfresser.

Termitennester werden bis 6 m hoch.

Die Königin hat einen mächtigen, angeschwollenen Hinterleib und legt pro Tag bis zu 30 000 Eier.

Kriechtiere

In Grasgebieten leben viele Kriechtiere; sie kommen mit der Trockenheit und der Wärme sehr gut zurecht. Wenn das Gras kurz steht, bietet es wenig Sichtschutz. Deshalb haben die Reptilien ein Tarnkleid. Viele Schlangen und Echsen sind oft düster gefärbt mit braunen oder grauen Flecken, die sich gut in die Umgebung einfügen.

Große Krallen zum Festhalten der Beute

Kräftige Kiefer und scharfe Zähne

Buntwaran
Mit einer Länge von 2 m ist der Buntwaran die größte Waranart Australiens. Er lebt in Grasgebieten und in der Wüste zwischen Felsen. Der Buntwaran hat einen mächtigen Appetit und frisst lebende Tiere, aber auch Aas. Bei Bedrohung bläst er den Körper auf, zischt und teilt mit seinem Schwanz peitschende Schläge aus.

Der Buntwaran teilt bei der Verteidigung mit seinem langen Schwanz heftige Schläge aus.

Ringelnatter
Diese einheimische, ungiftige Schlange lebt in Grasgebieten nahe am Wasser. Sie schwimmt gut und fängt Fische, Frösche und Molche. Wenn sie bedroht wird, gibt sie eine übelriechende Flüssigkeit aus dem After ab oder stellt sich tot, indem sie sich auf den Rücken legt und die Zunge heraushängen lässt.

Ringelnatterweibchen legen in der Regel 30–40 Eier in faulendes Laub.

Puffotter
Versteckt zwischen den Grashalmen lauert in der afrikanischen Savanne die langsame, gefährliche Puffotter. Sie ist im Gras gut getarnt und wartet auf Beute. Mit ihrem Gift lähmt sie die Beutetiere, vor allem kleine Nager, und verteidigt sich damit auch gegen Feinde wie Ichneumons, Sekretäre und Adler.

Die Zeichnung löst die Umrisse der Schlange im Gras auf.

Vögel

In Grasgebieten leben viele Vögel, z. B. Trappen, Hühnervögel, langbeinige Seriemas und Sekretäre. Da hier nur wenige Bäume stehen, nisten die meisten Arten auf dem Boden. Die Kanincheneule der amerikanischen Prärie hat sogar unter der Erde einen Nestbau. Die Webervögel wiederum nisten zu tausenden in selbst gebauten korbähnlichen Nestern auf einem einzelnen Baum.

Emu
Der Emu ist nach dem Strauß der zweitgrößte Vogel. Er ist flugunfähig und lebt in Australien, wo er sich von Gräsern, Früchten und Insekten ernährt. Emus laufen sehr schnell und erreichen eine Schrittweite von 2,70 m und kurzzeitig eine Geschwindigkeit von bis zu 50 km/h. Die Männchen brüten die Eier aus und kümmern sich um die Jungen.

Lange, zottige Federn

Nackte Haut am Hals

Lange Laufbeine

Großtrappe
Der truthahngroße, bodenbewohnende Vogel erreicht eine Flügelspannweite von bis zu 2,40 m. Die Großtrappe lebt in Grasländern Asiens und Europas. Das Männchen zeigt eine spektakuläre Balz: Es bläht seinen Luftsack in der Kehle auf und klappt seine Schwanzfedern nach vorne, sodass es plötzlich fast ganz weiß erscheint.

Der lange Hals gewährt einen guten Überblick in der Steppe.

Bengalengeier
Geier sind Aas fressende Greifvögel. Indem sie tote Tiere beseitigen, halten sie die Umwelt sauber und spielen deshalb eine wichtige Rolle in der Natur. Der Bengalengeier sucht in den Aufwinden segelnd nach Aas. Wenn er einen Kadaver entdeckt hat, fliegt er in engen Spiralen auf den Boden. Dadurch werden weitere Aasfresser angezogen.

Geier an einem Ziegenkadaver

Pflanzen

Zu den bekanntesten Grasarten der Grasländer zählen das Büffelgras in Nordamerika und das Pampasgras in Südamerika. Welche Arten wachsen, hängt von der Meereshöhe und Temperatur, dem Bodentyp und Niederschlag ab. Bäume in Grasgebieten haben oft sehr tiefe Wurzeln, die bis zum Grundwasserspiegel reichen. Damit können sie auch in der Trockenzeit überleben. Einige Bäume speichern auch Wasser wie der Baobab, der in seinem Stamm bis zu 9 000 Liter Wasser zurückhält.

Akazie
Der Charakterbaum afrikanischer Savannen ist die Schirmakazie (*Acacia tortilis*). Sie versucht sich durch spitze Dornen vor dem Abweiden zu schützen. Giraffen werden davon nicht abgehalten. Sie kommen mit ihrer Greifzunge an die Blätter und Blüten heran. Die Hülsenfrüchte der Akazien dienen vielen Tieren als Nahrung.

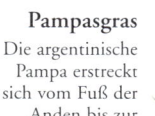

Flauschige, weiße Blütenstände

Pampasgras
Die argentinische Pampa erstreckt sich vom Fuß der Anden bis zur Atlantikküste. Hier wachsen viele Gräser, die bis zu 2,50 m hoch werden.

Anemonen
Sobald der Schnee in den asiatischen Steppen schmilzt, blühen viele Wildpflanzen zwischen den Gräsern, vor allem Anemone, Küchenschelle und Pfingstrose.

Kron- und Hochblätter, mit flaumartigen Haaren besetzt

SIEHE AUCH UNTER | AMEISEN UND TERMITEN | BÜFFEL UND ANDERE WILDRINDER | GRÄSER | GREIFVÖGEL | HIRSCHE UND ANTILOPEN | PFLANZEN, ANPASSUNG | WÖLFE UND WILDHUNDE

GREIFVÖGEL

DIE MEISTEN GREIFVÖGEL töten lebende Beute und fressen sie. Zu ihnen zählen z. B. Adler, Habichte, Bussarde, Weihen und Falken. Sie segeln hoch über dem Boden oder fliegen zwischen Bäumen und halten dabei mit ihren scharfen Augen nach Beute Ausschau. Sobald sie ein Beutetier entdeckt haben, greifen sie es mit den scharfen Krallen. Mit dem Hakenschnabel wird die Beute zerteilt. Nicht alle Greifvögel ernähren sich auf diese Weise. Einige wenige Arten haben sich auf ungewöhnliche Nahrung spezialisiert, etwa auf Schnecken oder Nüsse. Die Geier fressen Aas, also tote Tiere.

Lange, breite Flügel mit fingerförmigen Spitzen

Am Ende des Sturzfluges öffnet der Falke zum Abbremsen seine Flügel.

Der Falke steuert seinen Flug mit den langen Federn.

Augen
Greifvögel nehmen selbst aus größter Höhe Kleinsäuger auf dem Boden wahr. Die Augen sind nach vorne gerichtet und ermöglichen so ein sicheres Abschätzen von Entfernungen. Das ist wichtig für einen Vogel wie den Lannerfalken, denn er muss beim Sturzflug auf die Beute im genau richtigen Augenblick abbremsen.

Schnabel
Vögel haben keine Zähne und können deswegen vor dem Verschlucken das Fleisch nicht kauen. Greifvögel zerteilen es mit Hilfe ihres Hakenschnabels. Trotz seines gefährlichen Aussehens wird der Hakenschnabel fast nie als Waffe eingesetzt.

Weit abgespreizte Federn bremsen den Sturzflug im letzten Augenblick ab.

Merkmale
Greifvögel sehen außerordentlich gut, haben scharfe Krallen oder Fänge, einen Hakenschnabel und sind somit außerordentlich gut an die Jagd auf andere Tiere angepasst. Die Läufe (Beine) vieler Greifvögel sind teilweise oder ganz befiedert.

Lannerfalke
Diese Falkenart lebt in Wüsten und Steppengebieten Südeuropas, Afrikas und Vorderasiens. Wie andere Falken stürzt auch er sich im Steilflug auf Beutetiere, indem er die Flügel einschlägt. Der Wanderfalke greift sogar fliegende Vögel im Sturzflug an.

Krallen
Greifvögel haben große Füße mit scharfen Krallen oder Fängen. Die Beutetiere werden mit diesen Krallen getötet. Dann bringt der Greifvogel seine Beute an einen sicheren Ort. Dabei trägt er über die Hälfte des Eigengewichts.

Schwanzfedern zur Steuerung des Fluges

Das Chukarsteinhuhn ist eine Beute des Falken.

Abgespreizte Federn verringern Luftwirbel.

Flugweg des Turmfalken

Der Turmfalke sieht Mäuse auf dem Boden.

Lange, schmale Flügel

Rütteln
Der Turmfalke rüttelt über dem Boden und steht dabei an Ort und Stelle. Dazu verbraucht er viel Energie. Er stürzt sich in schnellem Flug auf Mäuse.

Flugweg eines Habichts

Jagdmethoden
Die großen Greifvögel wie die Adler segeln in Aufwinden und halten aus großer Höhe Ausschau nach Beute. Das erfordert wenig Energie. Kleinere Arten wie der Habicht jagen in niedrigem Flug zwischen Bäumen, wobei Flügelschläge mit Gleitflug abwechseln. Der Turmfalke rüttelt.

Breite, abgerundete Flügel

Lange, breite Flügel

Segeln
Adler, Bussarde und Geier segeln in der Luft und lassen sich von warmen Aufwinden tragen. Dabei verfolgen sie eine spiralförmige Flugbahn. Die Steuerung erfolgt im Wesentlichen mit dem Schwanz.

Flugweg des Adlers

Niedriger Jagdflug
Habichte fliegen auf der Jagd niedrig zwischen Bäumen und Sträuchern. Dabei sind sie außerordentlich wendig. Schnelle Flügelschläge wechseln mit kurzen Gleitflügen ab.

311

GREIFVÖGEL

Schlafplatz
Diese nordamerikanischen Truthahngeier treffen sich am späten Nachmittag auf einem Baum, um dort die Nacht zu verbringen. Viele Geier ruhen hoch oben auf Bäumen oder Klippen, weil sie von dort aus leichter starten können.

Der Geier hält Wache, während ein Artgenosse frisst.

Durch den langen Hals bringt der Geier den Kopf tief in den Kadaver.

Geier beim Fressen an Aas

Gänsegeier
Mit einer Flügelspannweite von über 2,50 m segelt der Gänsegeier über offene Landschaften in Südeuropa, Asien und Afrika. Kopf und Hals sind wie bei den meisten Geierarten unbefiedert. Lange Halsfedern würden beim Ausweiden der Kadaver mit Blut beschmutzt und dadurch nur steif.

Aasfresser
Geier ernähren sich von den Resten bereits toter Tiere. Sie selbst gehen nie auf die Jagd. Geier leben vor allem in offenen Gebieten, etwa in Wüsten, Grasländern und Gebirgen. Ihre Nahrung finden sie beim Segelflug aus großer Höhe. Geier haben große, scharfe Schnäbel, aber nur schwache Fänge.

Ernährung
Der Geier sieht ausgezeichnet. Wenn er einen Kadaver entdeckt, stürzt er sich darauf. Andere, die das sehen, folgen seinem Beispiel. So treffen die Geier schnell aus allen Richtungen ein. Die größten Arten fressen zuerst, den kleineren bleiben nur die Reste.

Nackter Kopf und Hals zur besseren Reinigung

Spezialisten
Einige Greifvögel haben im Lauf von Jahrmillionen einen hohen Spezialisierungsgrad entwickelt. Die meisten sind Fleischfresser geblieben, doch einige wenige sind zur vegetarischen Ernährung übergegangen. Je stärker die Spezialisierung ausgeprägt ist, umso größer wird auch die Abhängigkeit von der betreffenden Nahrung.

Schmutzgeier
Der Schmutzgeier ist einer der wenigen Vögel, die auf der Nahrungssuche Werkzeuge einsetzen. In Afrika frisst er vorzugsweise Straußeneier. Dazu hebt er Steine hoch und wirft sie auf das Ei, bis es aufbricht. Der Schmutzgeier ist auch in Südeuropa und Asien verbreitet.

Schmutzgeier

Sekretär
Augen seitwärts, statt nach vorne gerichtet

Schlanker Körperbau für die Jagd auf dem Boden im offenen Gelände

Die Federn am Hinterkopf sehen aus wie Stifte, die sich Sekretäre früher hinter die Ohren klemmten: daher der Name des Vogels.

Leichter Körperbau mit langen Flügeln

Lange Schwanzfedern für das Gleichgewicht

Schneckenweihe

Schneckenweihe
Die Schneckenweihe lebt in Sumpfgebieten von den südlichen USA bis Argentinien. Sie frisst fast ausschließlich Süßwasserschnecken, die sie mit den Füßen aus dem Wasser fischt. Dann holt sie mit ihrem schmalen, gekrümmten Schnabel das Weichtier aus der Schale.

Palmgeier
Die Ernährung dieses afrikanischen Geiers beruht im Wesentlichen auf den Früchten der Ölpalme. Manchmal frisst er auch Kleintiere. Im Gegensatz zu anderen Geiern muss er auf der Nahrungssuche keine langen Strecken zurücklegen.

Der Sekretär stellt den Federschopf auf, um ein Weibchen anzulocken.

Hell gefärbtes Gesicht

Sekretär
Dieser höchst ungewöhnliche Greifvogel aus Afrika jagt auf dem Boden. Er hat lange, kräftige Beine und tötet seine Beute, indem er sie zu Tode trampelt. Der Sekretär frisst oft Schlangen. Beim Angriff trägt er die Flügel wie einen Schild zur Verteidigung.

Kräftige Schuppen schützen das Bein vor giftigen Schlangenbissen.

Größenunterschiede
Der Andenkondor ist mit einer Flügelspannweite von über 3 m der größte Greifvogel. Er frisst nur Aas. Die kleinsten Greifvögel sind Zwergfalken und Fälkchen, die sich vorwiegend von fliegenden Insekten ernähren. Einige werden nur 15 cm lang.

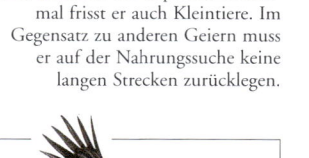

LANNERFALKE
WISSENSCHAFTLICHER NAME *Falco biarmicus*

ORDNUNG Falconiformes, Greifvögel

FAMILIE Falconidae, Falken

VERBREITUNG Südeuropa, Afrika und Vorderer Orient

LEBENSRAUM Wüste und Buschgebiete

ERNÄHRUNG Vögel, Kleinsäuger und Echsen

GRÖSSE Länge mit dem Schwanz: Männchen 37 cm, Weibchen 47 cm

LEBENSDAUER Ungefähr 10 Jahre

SIEHE AUCH UNTER — AFRIKA, TIERWELT — EULEN UND KÄUZE — GEBIRGE, TIERWELT — VÖGEL — VOGELFLUG — WÜSTEN, TIERWELT

GREIFVÖGEL

Jäger und Aasfresser
Adler, Habichte, Weihen und Falken

Große breite Flügel

Abgespreizte Schwanzfedern beim Rütteln

Turmfalke Er rüttelt gern auf der Nahrungssuche, anstatt im schnellen Flug wie andere Falken zu jagen.

Raubadler Er lebt hauptsächlich von Aas. Gelegentlich jagt er anderen Greifvögeln die Beute ab.

Habicht Er jagt in Wäldern und Parks und fängt Vögel im Flug.

Kaffernadler Er lebt im südlichen Afrika und liebt Gebirge mit Felsen und Klippen.

Fänge bis zu den Zehen befiedert.

Buntfalke Die kleine Falkenart ernährt sich oft von Insekten.

Steinadler Er kommt auf der Nordhalbkugel in abgelegenen Gebieten vor.

Wüstenbussard Die amerikanische Art jagt gelegentlich in Gruppen.

Kaiseradler Die seltene Art brütet in Spanien, Südosteuropa und Asien.

Karakara Die südamerikanische Art hat lange Beine für die Bodenjagd.

Wanderfalke Er gilt als einer der schnellsten Vögel der Welt.

Gaukler Diese afrikanische Weihe hat fast keinen Schwanz und einen ungewöhnlichen Zickzackflug.

Geier

Rabengeier Er kommt von Mexiko bis Südargentinien vor und hat wie der Truthahngeier schlanke Beine.

Truthahngeier Sein Verbreitungsgebiet erstreckt sich von Südkanada bis an die Spitze Südamerikas.

Halskrause aus weißen Federn

Mächtige Armschwingen für den Segelflug

Abgenutzte Federn werden in der Mauser ersetzt.

Andenkondor Er ist der größte Greifvogel. Der Kondor lebt in den Anden von Venezuela bis Südpatagonien.

Die Füße sind zu schwach, um Beutetiere zu greifen.

Gänsegeier Er hat wie alle Geierarten einen nackten Kopf und am Hals nur ein paar Federn.

Der unbefiederte Hals ist nach der Mahlzeit leicht zu säubern.

313

GRIECHEN

VOR ÜBER 2500 JAHREN entstand in Griechenland eine der blühendsten Kulturen der Menschheit. Vom 8. bis 2. Jh. v. Chr. hatten die griechischen Philosophen, Schriftsteller, Wissenschaftler und Künstler großen Einfluss auf andere Völker – besonders auf den Gebieten der Staatskunst, Philosophie, Architektur und Literatur. Nachdem die Griechen die Perser besiegt und weite Teile des Mittelmeerraumes kolonisiert hatten, begann ihr Niedergang und sie wurden vom Römischen Reich eingenommen.

Mykenische Kultur
In Mykene entstand in der Bronzezeit die erste griechische Hochkultur um 2700–1120 v. Chr. Sie war der Vorläufer der klassischen griechischen Kultur. Die Händler und Krieger Mykenes beherrschten damals den Mittelmeerraum. Die Goldmaske wird dem sagenhaften Agamemnon zugeschrieben, dem Führer im Trojanischen Krieg.

Der Parthenon
Dachziegel aus rotem Marmor
Bemaltes Fries
Marmorsäulen mit Rillen, den Kanneluren
Reliefs schmückten die Vorhalle.
Die Tempel wurden auf Stufen errichtet.

Polis

Das alte Griechenland bestand aus etwa 100 selbstständigen Stadtstaaten. Manche waren nicht größer als ein Dorf, andere wie Sparta oder Athen umfassten ein großes Gebiet. Man nannte einen solchen Stadtstaat Polis. Die Regierungsform, die Gesetze und auch die Feiertage waren verschieden von Polis zu Polis, die oft miteinander in Streit lagen. Um sich auszudehnen begannen einige Staaten zwischen dem 8. und 6. Jh. v. Chr. den weiteren Mittelmeerraum zu besiedeln.

Sparta
Das Leben in Sparta war hart und alles war unter Kontrolle. Sowohl die Mädchen wie die Jungen wurden in sportlichen Wettkämpfen und Ausdauer trainiert. Um die militärische Macht zu stärken, mussten alle Knaben Kiegsdienst leisten. 480 v. Chr. half Sparta den Athenern gegen die Perser. Doch im Peloponnesischen Krieg (431–404 v. Chr.) besiegte Sparta die Vormacht Athen.

Altes Griechenland im 4. Jh. v. Chr.

Athen
Seit dem 6. Jh. v. Chr. herrschte in Athen eine Art Demokratie, bei der alle männlichen Bewohner wahlberechtigt waren. Im 5. Jh. war Athen wegen seiner überlegenen Flotte die vorherrschende Macht in der Ägäis. In Griechenland selbst war nur Sparta ein Rivale. Die 250 000 Athener erlebten ein goldenes Zeitalter der Kultur und der Kunst. Nachdem sie auch noch die Perser besiegt hatten, bauten sie eine gewaltige Burg, die Akropolis. Der Parthenon, der wichtigste Tempel der Stadt, war der Schutzgöttin Athene geweiht. Er entstand 447 bis 432 v. Chr.

Spartanischer Krieger

Kampf der Titanen
Die Griechen glaubten, dass die Welt einst von Riesen, den Titanen, bewohnt war. Herrscher der Titanen war Kronos, der seine Kinder verschlang, damit sie ihm nicht gefährlich wurden. Doch ein Sohn entkam, Zeus, da seine Mutter Rhea Kronos einen Stein in Windeln reichte. Zeus wuchs in Kreta auf, brachte Kronos dazu, seine verschlungenen Kinder auszuspucken, besiegte die anderen Titanen und machte sich zum König der Götter.

Kronos verschlingt seine Kinder

Die Trojanische Sage
Von der alten Stadt Troja, die in der heutigen Türkei lag, ist nicht viel erhalten. Homers *Ilias* erzählt, dass die Griechen nach 10 Jahren Belagerung Troja etwa um 1250 v. Chr. eroberten. Der Legende zufolge gab die Göttin Athene den Griechen den Rat, die Krieger in einem Holzpferd in die Stadt zu bringen. Das brachte den Sieg im Trojanischen Krieg.

Trojanisches Pferd, Modell

Der Olymp

Die alten Griechen glaubten, dass zahlreiche Götter und Göttinnen das Treiben der Sterblichen von einem wolkenumfloren Palast auf dem höchsten Gipfel Griechenlands aus beobachteten. Das war der schneebedeckte Olymp. Die hier lebenden Gottheiten hießen Olympier. Jeder von ihnen hatte besondere Aufgaben: Poseidon war der Gott der Meere, Athene die Göttin der Weisheit und Künste, Apollo der Gott der Musik und Dichtung, Demeter die Göttin der Feldfrüchte. Der Göttervater und höchste Gott war Zeus. Jede Stadt verehrte bestimmte Schutzgötter, Athen z. B. die Athena.

Orakel von Delphi
Die alten Griechen suchten Rat und Vorhersage bei den Göttern an heiligen Plätzen, den sog. Orakeln. Am berühmtesten war das Orakel von Delphi. Die Menschen wallfahrteten dorthin, um im Heiligtum des Apollo Fragen zu religiösen oder politischen Dingen zu stellen. Eine jungfräuliche Priesterin versetzte sich in Trance, um die Antworten des Gottes zu geben. Viele Götter hatten Heiligtümer, und es herrschte ein Wettstreit darüber, welches das beste sei. Der Sage nach bekam Athene vor Poseidon den Parthenon.

Poseidon war ein Bruder des Zeus und Gott des Meeres.
Poseidon wird meist mit einem Fisch dargestellt.
Rest eines Dreizacks

Poseidon, Gott des Meeres

Homer
Der griechische Dichter Homer lebte vermutlich im 8. oder 7. Jh. v. Chr. Er gilt als Verfasser der beiden bedeutendsten Epen der Welt: der *Ilias* und der *Odyssee*. Das eine Epos beschreibt die 10-jährige Belagerung Trojas, das andere die Irrfahrten des Odysseus. Der Geburtsort Homers, der angeblich blind gewesen sein soll, ist nicht sicher bekannt.

GRIECHEN

Demeter, Göttin der Ernte

Überwurf

Chiton, eine Art Tunika

Kunst und Kultur

Wissenschaft und Kunst standen bei den Griechen in hohem Ansehen und setzten jahrhundertelang Maßstäbe in Europa. „Obwohl erobert, brachte Griechenland den unzivilisierten Römern die Kultur", schrieb der römische Dichter Horaz – und durch die Römer wurde die griechische Kultur weitergegeben.

Bildhauerei
Die Skulpturen der alten Griechen waren wegen ihrer Natürlichkeit und Vollkommenheit der Proportionen unerreicht. Sie zeigten Menschen in allen Lebenslagen. Götterstatuen wie die der Ceres wurden in den Tempeln aufgestellt.

Architektur und Drama
Eine eigenständige Leistung griechischer Architekten waren die Theater. Sie entstanden an Dreschplätzen unterhalb von Abhängen. Im goldenen Zeitalter Athens schrieben Aischylos, Sophokles und Euripides Tragödien, die man heute noch aufführt.

Bemalte Amphore

Figuren bei einem Bankett

Keramik
Um 530 v. Chr. ersetzten die rot gemalten Figuren auf schwarzem Grund die schwarz gemalten auf rotem Grund. Die meisten Figuren auf der Keramik waren männlich und zeigten Götter und Helden oder Alltagsszenen.

Das Theater von Epidauros

Die persischen Kriege

Nach 545 v. Chr. eroberten die Perser griechische Städte in Ionien, dem östlichsten Teil Griechenlands. Als die Athener den Städten zu Hilfe eilten (499–494 v. Chr.), drangen die Perser nach Griechenland ein, wurden aber bei Marathon zurückgeschlagen. 10 Jahre später besiegten Athen, Sparta und andere Stadtstaaten das persische Heer bei Salamis auf dem Land und zur See.

Schatzhaus in Delphi

Schlacht von Marathon
490 v. Chr. segelte eine persische Flotte durch die Ägäis und landete in Attika. Bei Marathon wurden die Perser wider Erwarten von den Athenern und ihren Verbündeten vernichtend geschlagen. Die Athener bauten zum Dank für den Sieg ein Schatzhaus in Delphi, füllten es mit persischer Erde und weihten es dem Kriegsgott Apollo.

Die Schlacht bei Salamis

480 v. Chr. führte der Perserkönig Xerxes eine gewaltige Streitmacht an die ägäische Küste. Als Mittelgriechenland fiel, evakuierten die Athener ihre Stadt. Eine kleine Flotte lockte die Perser in die Meerenge zwischen Athen und Salamis und brachte ihnen eine entscheidende Niederlage bei.

Philipp von Makedonien

Philipp II. herrschte 359–336 v. Chr. in Makedonien, einem griechischen Staat im Norden. Durch Kriege und Diplomatie machte er sein Königreich zur größten Macht der griechischen Welt. Als er in Persien eindringen wollte, wurde er ermordet. Sein Sohn Alexander setzte seine militärischen Erfolge fort.

Perikles

Perikles (um 495–429 v. Chr.) war seit 443 v. Chr. der bedeutendste Staatsmann und Feldherr Athens. Er war ein großer öffentlicher Redner und ein Befürworter der Demokratie. Nachdem die Perser besiegt waren, stärkte und erweiterte er das attische Reich und machte Athen zur schönsten Stadt Griechenlands. So ließ er z. B. den Parthenon und andere Gebäude auf dem Burgberg der Akropolis errichten.

Sprache und Literatur

Wie Latein ist auch das alte Griechisch eine sog. „klassische" Sprache. Werke von Dichtern wie Hesiod oder Apollonius, des Historikers Thukydides oder des Philosophen Plato sind uns als Literatur überliefert.

Dankinschrift für Asklepios (Äskulap), den Gott der Heilkunst

Alphabet
Unser Wort „Alphabet" geht auf die beiden ersten griechischen Buchstaben zurück: Alpha und Beta. Auch das kyrillische Alphabet, das in Osteuropa gebräuchlich ist, stammt von den griechischen Schriftzeichen ab.

Jason und die Argonauten — *Poseidon* — *Die Wandernden Felsen*

Jason und die Argonauten
Auch heute noch werden die griechischen Mythen und Heldensagen gelesen und verfilmt. Zu den dramatischsten Geschichten gehört der Raub des Goldenen Vlieses, das in Kolchis von einem Drachen bewacht wurde. Auf ihrer Reise mit dem Schiff *Argo* wurden Jason und die Argonauten von zahlreichen Göttern, Ungeheuern, Hexen und Riesen bedroht.

Chronologie

um 2700–1120 v. Chr. Die mykenische Kultur erlebt ihre Blütezeit.

750–550 v. Chr. Die Griechen legen Kolonien in Italien und Afrika an.

560–510 v. Chr. Athens Einfluss nimmt zu.

Detail einer Amphore

510 v. Chr. Der Athener Staatsmann Kleisthenes führt die Demokratie ein.

550–371 v. Chr. Unter Führung Spartas besteht der Peloponnesische Bund.

499–494 v. Chr. Die Griechen in Kleinasien revoltieren gegen die persische Herrschaft.

490 v. Chr. Schlacht bei Marathon

480–479 v. Chr. Die Griechen schlagen die Perser bei Salamis und Plataea vernichtend.

477 v. Chr. Athen und Ionische Städte gründen den Attischen Seebund.

459 v. Chr. Sparta besiegt Athen im 1. Peloponnesischen Krieg.

443–430 v. Chr. Perikles leitet die Demokratie Athens.

431–404 v. Chr. Sparta siegt im 2. Peloponnesischen Krieg.

378–371 v. Chr. Theben löst Sparta als führende Macht Griechenlands ab.

359–336 v. Chr. Regierung Philipps II. von Makedonien; ihm folgt sein Sohn Alexander der Große (bis 323 v. Chr.).

Hephaistos, Gott des Feuers

SIEHE AUCH UNTER ALEXANDER DER GROSSE · ETRUSKER · EUROPA, GESCHICHTE · GOTTHEITEN · KUNST, GESCHICHTE · MINOISCHE KULTUR · PERSER · RÖMISCHES REICH · SOKRATES · STÄDTE

GRIECHENLAND UND BULGARIEN

OBWOHL GRIECHENLAND und Bulgarien aneinanderstoßen, sind beide Länder doch durch ein hohes Gebirge getrennt. Sie haben auch sonst nicht viel gemeinsam. Drei Fünftel des griechischen Festlandes sind gebirgig und nur auf einem Drittel kann man Landwirtschaft betreiben. Bulgarien ist viel fruchtbarer. Griechenland hat eine lange demokratische Tradition, während Bulgarien ein halbes Jahrhundert unter kommunistischer Herrschaft stand und sich erst langsam zu einer Demokratie entwickelt.

Geografie

Griechenland ist auf 3 Seiten vom Meer umgeben und besteht aus dem Festland, der Halbinsel Peloponnes und über 2 000 kleinen Inseln. Es gibt hohe Gebirge, trockene staubige Ebenen und eine wild zerklüftete Küste. Bulgarien ist auf 3 Seiten von Festland umgeben. Die breiten, fruchtbaren Täler werden vom Rhodopen- und Balkangebirge durchzogen.

Klima 
Griechenland hat sehr heiße, trockene Sommer und kühlere Winter. In den nördlichen Gebirgen ist der Winter kalt. Es fällt insgesamt wenig Regen, und das Land leidet unter Wassermangel. Bulgarien hat warme Sommer und kalte, schneereiche Winter, besonders im Gebirge.

44 °C / -25 °C
24 °C / 6 °C
525 mm

Donauebene
Die mächtige Donau bildet die Nordgrenze Bulgariens zu Rumänien. Sie fließt durch eine breite, fruchtbare Tiefebene. Hier wird viel Landwirtschaft betrieben. Dem Fremden fallen vor allem Sonnenblumenfelder auf. Aus den Samen dieser Pflanzen gewinnt man ein Speiseöl. Auch hier werden viele Rinder, Schafe und Ziegen gehalten.

Kreta
Die größte griechische Insel hat eine Fläche von 8 261 km². Kreta liegt 100 km südöstlich des griechischen Festlandes. Auf Kreta leben rund 540 000 Menschen. Ein Drittel davon arbeiten in der Landwirtschaft, viele weitere im Tourismusgewerbe.

Olympos
Ein großer Teil Zentral- und Westgriechenlands besteht aus steilem, zerklüftetem Gebirge. Manche Gipfel tragen mehrere Monate im Jahr Schnee. Der Olympos ist mit 2 917 m der höchste Berg Griechenlands. Früher galt er als Aufenthalt der Götter. Heute ist er ein Nationalpark mit Skiorten.

Orthodoxe Kirche

Griechenland ist das einzige Land auf der Welt, in dem das orthodoxe Christentum Staatsreligion ist. Priester spielen in der Gesellschaft und im kulturellen Leben des Landes eine große Rolle. Auch viele Bulgaren bekennen sich zur orthodoxen Kirche. Sie spaltete sich 1054 von der römisch-katholischen Kirche ab und jedes Land hat nun seine eigene Kirche. So gibt es auch eine russisch- und eine serbisch-orthodoxe Kirche. 10 % aller Christen gehören einer orthodoxen Kirche an.

Griechisch-orthodoxer Priester

Griechenland

Als eine der ältesten Nationen in Europa erlangte Griechenland nach fast 500 Jahren türkischer Herrschaft im Jahr 1830 die Unabhängigkeit. Die Griechen haben ein starkes Nationalbewusstsein, das in der orthodoxen Religion seine Wurzeln hat. Die Sprache ist seit 2 700 Jahren in Gebrauch. Obwohl der Tourismus blüht, zählt das Land zu den ärmeren Staaten der EU. Sehr viele Schiffe laufen unter griechischer Flagge.

Petersilie
Tomate *Gurke* *Aubergine*
Oliven

Landwirtschaft
Durch den gebirgigen Charakter und die armen Böden ist die Landwirtschaft in Griechenland schwierig. Trotzdem sind 17 % der Bevölkerung in der Landwirtschaft tätig, vor allem in kleinen Familienbetrieben. Die wichtigsten Erzeugnisse sind Oliven, Zitrusfrüchte, Salat, Gemüse, Tomaten und Trauben. Kleine Schaf- und Ziegenherden liefern Milch für Fetakäse und Jogurt.

GRIECHENLAND: DATEN
HAUPTSTADT	Athen
FLÄCHE	131 957 km^2
EINWOHNER	10 700 000
BEVÖLKERUNGSDICHTE	81 Einw./km^2
SPRACHE	Griechisch
RELIGION	Christentum
WÄHRUNG	Euro
LEBENSERWARTUNG	78 Jahre
EINWOHNER PRO ARZT	313
REGIERUNG	Mehrparteiendemokratie
ANALPHABETEN	3 %

Landesküche
Die Griechen essen in den warmen Sommermonaten gerne draußen. Die Mahlzeiten sind einfach und bestehen zur Hauptsache aus Tomaten, Salat, Oliven, Fetakäse, Lammfleisch, Fisch und Jogurt aus Schafsmilch. Oft serviert man dazu Retsina, einen mit Harz aromatisierten Wein.

Athen
In Athen lebt fast ein Drittel der griechischen Bevölkerung. Die Stadt ist berühmt für ihre antiken Bauwerke, etwa die Akropolis und die 2 400 Jahre alten Ruinen des Parthenon. Athen leidet unter starkem Smog, der die antiken Bauwerke schwer in Mitleidenschaft gezogen hat. An gewissen Tagen dürfen keine Autos in die Innenstadt fahren.

Ruinen des Parthenontempels

Tourismus
Jedes Jahr besuchen ca. 12 Mio. Touristen Griechenland. Sie werden vom warmen Klima, den antiken Bauwerken und den schönen Küsten angezogen. Der Tourismus ist die Haupteinnahmequelle der griechischen Wirtschaft.

Verkauf von Badeschwämmen

Schifffahrt
Der schmale Kanal von Korinth, der 1893 erbaut wurde, verbindet das Ionische mit dem Ägäischen Meer. Bei den vielen Inseln müssen die Güter und Menschen mit Schiffen transportiert werden.

Bulgarien

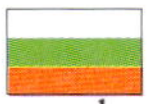

Von 1944 bis 1989 gehörte Bulgarien zum Ostblock und war kommunistisch. Seitdem hat sich das Land politisch und wirtschaftlich reformiert und strebt den Beitritt zur EU und NATO an. 85 % der Bevölkerung sind slawisch sprechende Bulgaren. Daneben gibt es Minderheiten von Türken, vor allem in den östlichen Rhodopen, sowie Roma. Sie wurden lange Zeit diskriminiert.

Tourismus
Die bulgarische Schwarzmeerküste ist seit jeher ein bedeutendes Ferienziel, besonders die Städte Warna und Burgas. Es sind auch Feriensiedlungen entstanden, die sich in die Natur der Sandküste mit ihren Kiefernwäldern gut einpassen. Über 2 Mio. Touristen, davon ein Drittel aus Ländern der EU, besuchen jedes Jahr das Land. Das Wandern, Bergsteigen und Skifahren wird gefördert.

Feriensiedlung bei Warna

BULGARIEN: DATEN
HAUPTSTADT	Sofia
FLÄCHE	110 910 km^2
EINWOHNER	8 124 000
BEVÖLKERUNGSDICHTE	73 Einw./km^2
SPRACHE	Bulgarisch, Türkisch, Romani
RELIGION	Christentum, Islam
WÄHRUNG	Lew
LEBENSERWARTUNG	71 Jahre
EINWOHNER PRO ARZT	324
REGIERUNG	Mehrparteiendemokratie
ANALPHABETEN	Unter 5 %
STADTBEVÖLKERUNG	69 %

Sofia
Bulgariens Hauptstadt zählt über 1 Million Einwohner. Sie wurde von den Römern gegründet und ist heute das wirtschaftliche wie kulturelle Zentrum des Landes. Ein Fünftel der Industrie hat dort ihren Sitz. Die Alexander-Newski-Kathedrale entstand 1904–12 zum Dank für die Befreiung von den Türken.

Alexander-Newski-Kathedrale

Energie
25 % der elektrischen Energie in Bulgarien stammt vom Kernkraftwerk Kosloduj, das die frühere Sowjetunion in einer Erdbebenzone errichtete. Ab 1990 wurden die Sicherheitsvorkehrungen verstärkt. Bulgarien muss 50 % seiner Energie importieren, weil es nur über geringe Lagerstätten an Kohle und Erdöl verfügt.

Landwirtschaft
Nahe der Stadt Kasanluk am Balkangebirge wachsen riesige Rosenfelder. Die Blütenblätter pflückt man in der Morgendämmerung und produziert daraus durch Destillation das berühmte bulgarische Rosenöl, das in der Parfümherstellung Verwendung findet. Im Tal der Maritza wird Tabak angebaut. In der Tiefebene des Donautales baut man Trauben an und produziert hochwertige Weine.

SIEHE AUCH UNTER: CHRISTENTUM · EUROPA, GESCHICHTE · EUROPÄISCHE UNION · GRIECHEN · HAFEN UND KANÄLE · LANDWIRTSCHAFT · SCHIFFE · SOWJETUNION · UMWELTVERSCHMUTZUNG

GROSSBRITANNIEN

DAS VEREINIGTE KÖNIGREICH Großbritannien und Nordirland umfasst England, Wales, Schottland, die nordirische Provinz sowie hunderte kleinerer Inseln. Hinzu kommen Außengebiete in verschiedenen Teilen der Erde, z. B. die Bermudas, die Falklandinseln und Gibraltar. Vom europäischen Festland ist Großbritannien durch den Ärmelkanal und die Nordsee getrennt. Das z. T. dicht besiedelte Land gehört zu den führenden Industrienationen und zu den Großmächten der Welt. Die britische Monarchie ist eine der ältesten Europas.

GROSSBRITANNIEN: DATEN	
HAUPTSTADT	London
FLÄCHE	243 820 km²
EINWOHNER	59 490 000
SPRACHE	Englisch
RELIGION	Christentum (Anglikanische Kirche, 57 %)
WÄHRUNG	Pfund Sterling
LEBENSERWARTUNG	78 Jahre
EINWOHNER PRO ARZT	610
REGIERUNG	Mehrparteiendemokratie
ANALPHABETEN	Unter 1 %

Küste
Großbritannien hat über 5 000 km Küste. An der Südwestküste Cornwalls herrschen steile Buchten und Kliffs vor, im Südosten gibt es breite Sandstrände. Die englische Kanalküste ist durch die weißen Kalkfelsen von Dover gekennzeichnet. Die schottische Küste hat fjordartige Buchten.

Geografie
Die grünen Hügelgebiete Südenglands stehen in scharfem Gegensatz zu den flachen Sümpfen im Osten. Schottland, Wales und Nordengland haben zerklüftete Gebirge mit windgepeitschten Mooren und Hügeln. Nordirland besteht aus hügeligen Weiden.

Landschaft
Aus der Vogelschau bildet die englische Landschaft ein farbiges Mosaik, in dem sich die jahrhundertelange Besiedlung und Landwirtschaft wiederspiegelt. Felder wechseln mit Hecken, Straßen, einzelnen Bauernhäusern und winzigen Siedlungen ab. Die Hecken markieren oft alte historische Grenzen und stellen ein Rückzugsgebiet für viele Tiere dar.

Klima
Großbritannien hat ein allgemein mildes Klima, doch ist das Wetter sehr veränderlich. Im Norden und Westen fällt viel Regen, am wenigsten im Südosten. Im Norden und in Berggebieten schneit es im Winter.

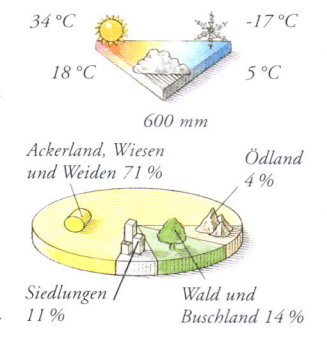

34 °C -17 °C
18 °C 5 °C
600 mm

Landnutzung
Über zwei Drittel des Landes werden für den Ackerbau und die Viehzucht genutzt. Dank staatlicher und privater Wiederaufforstungen nimmt die Waldfläche jährlich um ca. 200 km² zu. Dicht besiedelt ist Südostengland.

Ackerland, Wiesen und Weiden 71 %
Ödland 4 %
Siedlungen 11 %
Wald und Buschland 14 %

London
London, die Hauptstadt Großbritanniens, ist mit 7 Mio. Einwohnern die größte Stadt in Europa. Sie wurde von den Römern als Mittelpunkt des Handels mit Nordeuropa gegründet. London ist heute ein Weltzentrum der Wirtschaft und Politik. Einige Millionen Touristen besuchen jedes Jahr die historischen Stätten, die Museen, Theater, Galerien, Parks und Geschäfte.

Der Big Ben und das Parlament

GROSSBRITANNIEN

Bevölkerung

Engländer, Schotten, Waliser und Iren haben eigene Sitten, Gebräuche und Sprachen. Die britische Gesellschaft ist noch stark nach Herkunft und Besitz in Klassen gegliedert. Der Lebensstandard ist hoch, doch in den Großstädten gibt es auch Armut.

89 %   11 %   244 pro km²

Eine multikulturelle Gesellschaft
Seit den 50er Jahren sind viele Menschen aus früheren britischen Kolonien in Asien, Afrika und der Karibik nach Großbritannien eingewandert. So entstand eine multikulturelle Gesellschaft, zu der jedes Volk seine Landesküche, Musik, Religion und sein Brauchtum beitrug.

Freizeit

Die Briten sind sportbegeistert – „Sport" stammt aus ihrem Wortschatz. Sie spielen gern Fußball, Rugby, Kricket, Golf, Tennis oder Snooker. Beliebte Freizeitbeschäftigungen sind Angeln, Wandern und Radfahren. Briten gehen oft ins Kino oder Theater und lesen mit Hingabe Zeitung.

Gärtnern
Die Briten sind berühmte Gärtner. Sie verbringen Stunden um Stunden in ihren Gärten, wie klein er auch sein mag. Blumenausstellungen ziehen die Menschen zu tausenden an. Überall gibt es Gartenzentren, die Pflanzen, Bücher und Geräte für Hobbygärtner bieten.

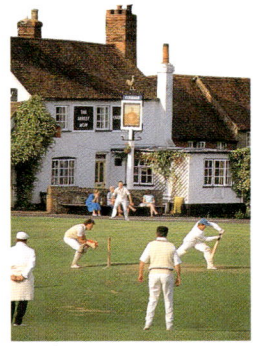

Kricket
Ein sommerliches Kricketspiel im Dorf ist eine typisch britische Szene. Die Engländer erfanden das Spiel im 14. Jh. Heute spielt man es in vielen englischsprachigen Ländern.

Landwirtschaft

Die britische Landwirtschaft ist hoch mechanisiert, produziert aber nur 66 % der benötigten Nahrung. In der Landwirtschaft sind nur 1,8 % der Arbeitnehmer beschäftigt. Die meisten Farmen sind klein und werden im Nebenerwerb betrieben. Viehzucht und Ackerbau sind gleichrangig.

Dartmoorschafe

Stier der Herefordrasse

Pflanzenbau
Weizen, Gerste, Zuckerrüben und Kartoffeln sind die wichtigsten Kulturpflanzen in England. Kent im Südosten ist berühmt für seinen Hopfen. Große Farmen in Ostengland produzieren vor allem Getreide, Erbsen und Bohnen.

Viehzucht
In den Weidegebieten züchtet man Fleisch- und Milchrinder. In kargen Gegenden hält man Schafe. Hühner wachsen in Legebatterien heran, nur Schweine weiden oft im Freien.

Autoindustrie
Großbritannien steht in der Autoproduktion weltweit an 6. Stelle und fertigt über 1,7 Mio. Fahrzeuge pro Jahr. Autos machen auch 7 % der Exporte aus. Die bekannten Nobelmarken wie Rolls Royce, Bentley und Jaguar wurden inzwischen von anderen Konzernen übernommen.

Landesküche

Die Briten sind besonders bekannt für ihr reichliches Frühstück, das Roastbeef und den Nachmittagstee. Fastfood und Essen zum Mitnehmen wurde wahrscheinlich in Großbritannien erfunden mit Fish and Chips – Fisch und Pommes – und dem Sandwich. Nationalgetränke sind Tee, Bier und schottischer Whisky. Die Briten haben auch berühmte Käse wie Cheddar und Stilton.

Englisches Frühstück

Transport

Der größte Teil des Gütertransportes findet mit Lkws statt. Es herrscht Linksverkehr. Intercity-Züge sind schnell und bequem. Es gibt viele internationale Flug- und Seehäfen. London hat das größte U-Bahn-Netz der Welt; die „Tube" befördert täglich Millionen Fahrgäste.

Eurotunnel
Der Eurotunnel, der 1994 eröffnet wurde, ist die erste Eisenbahnverbindung zwischen Großbritannien und Kontinentaleuropa. Die Eurostar-Züge brauchen von London nach Paris 3 Stunden. Der Tunnel ist 50 km lang; drei Viertel davon liegen unter dem Meeresboden.

Flughafen Heathrow
Heathrow ist der größte der 3 Londoner Flughäfen und gut erreichbar. Die 4 Terminals haben ein jährliches Flugaufkommen von über 60 Mio. Passagieren bei fast 500 000 Flugbewegungen.

Industrie

Bis vor kurzem hatte Großbritannien eine blühende Kohle-, Eisen- und Stahlindustrie. Erdöl und Erdgas aus der Nordsee haben die Kohle ersetzt. Der Rückgang der Fischbestände hat auch die Fischerei beeinträchtigt. Das Rückgrat der Wirtschaft sind heute die Verarbeitungsindustrie sowie Dienstleistungen.

Banken
Die City of London ist eines der führenden Finanzzentren der Welt. Hier haben viele Banken moderne Glaspaläste gebaut. In London werden mehr Devisen getauscht als in jeder anderen Stadt, und die Börse bestimmt weltweit die Aktienkurse.

Das Lloyds Building von Sir Richard Rogers

Tourismus
Über 25 Mio. Touristen besuchen jährlich Großbritannien. Viele kommen wegen der zahlreichen historischen Stätten und Kunstdenkmäler. Andere werden von den wilden Landschaften in Schottland oder Wales angezogen.

SIEHE AUCH UNTER: BALLSPIELE · EUROPA, GESCHICHTE · EUROPÄISCHE UNION · GÄRTEN · GELD · GROSSBRITANNIEN, GESCHICHTE · LANDWIRTSCHAFT · TUNNELS · WELTREICHE

GROSSBRITANNIEN, GESCHICHTE

IM LAUFE DER GESCHICHTE drangen immer wieder fremde Völker in Britannien ein. Nacheinander kamen Kelten, Römer, Angelsachsen und Wikinger und errichteten ihre Herrschaft. Schließlich unterwarfen die Normannen 1066 England und begründeten ihre Dynastie. Danach stieg England zur stärksten Nation auf den Inseln auf, eroberte zuerst Irland, dann Wales und vereinigte sich schließlich 1603 mit Schottland. Das Vereinigte Königreich wurde die führende Industrie- und Kolonialmacht der Welt und zählt bis heute zu den Großmächten in Europa.

Alter britischer Harnischbesatz

Das frühe Britannien
Die frühesten Bewohner der Britischen Inseln waren umherziehende Jäger und Sammler. Etwa um 4000 v. Chr. begannen die Menschen in Dörfern zu siedeln und Ackerbau und Viehzucht zu treiben.

Römisches Britannien
Julius Caesar drang 54 v. Chr. bis Britannien vor, um die Kelten zu hindern, die Gallier in Frankreich zu unterstützen. 100 Jahre später fügten die Römer England und Wales als Provinzen dem Römischen Reich ein. Sie gründeten Städte, bauten Straßen und 122 n. Chr. den Hadrianswall.

Römische Städte
Die Römer bauten ein Straßennetz sowie Handels- und Regierungszentren. Unter den Städten waren auch Londinium (London) an der Themse und Aquae Sulis (Bath).

Römische Thermen in Bath, Westengland

Angelsächsische Invasion
Die Römer verließen Britannien im Jahr 410. Es folgten die nordgermanischen Angelsachsen. Um 613 hatten sie ganz England erobert, das sie in 7 Königreiche aufteilten.

Christus bekommt einen mit Essig getränkten Schwamm gereicht.

Angelsächsisches Relief der Kreuzigung, Daglingworth, England

Der heilige Augustinus
Unrer römischer Herrschaft waren die meisten Briten Christen. Die Angelsachsen hatten eigene Götter. Papst Gregor schickte 596 den Bendiktinermönch Augustinus nach Canterbury, um die Angelsachsen zu bekehren.

Die Wikinger
Im Jahr 787 überfielen die Wikinger zum ersten Mal die englische Küste und kontrollierten bald den Norden und Osten des Landes. 1013 beherrschten sie das angelsächsische Reich. Unter ihrem König Knut II. (um 995–1035) wurde England ein Teil des riesigen Wikingerreiches, das Dänemark und fast ganz Skandinavien umfasste.

König Knut der Große

Normannisches England
1066 kam Wilhelm I., Herzog der Normandie, nach England und beanspruchte den Thron. Bei Hastings besiegte er das englische Heer unter König Harold und eroberte das Land. Die Normannen blieben bis 1135 an der Macht und errichteten in England eine zentrale Regierung.

Teppich von Bayeux: Der Sieg der Normannen

Magna Charta
Unter der Herrschaft der Normannen gab es zwischen dem König und den mächtigen Grafen häufig Auseinandersetzungen. 1215 erzwangen Adlige von König Johann Ohneland die Unterzeichnung der Magna Charta. Sie legte die Verantwortlichkeiten und Rechte der Bürger und der Kirche gegenüber der Krone fest. Die Magna Charta gilt als eine der Grundlagen der britischen Verfassung.

Magna Charta

Siegel von König Johann

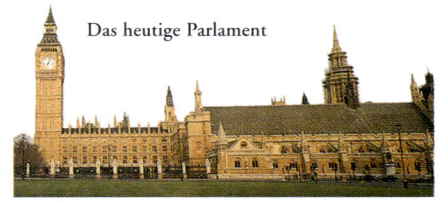

Wilhelm I.
Wilhelm der Eroberer (um 1027–87) stammte von Wikingern in der französischen Normandie ab. Als König von England herrschte er streng und brachte dem Land Ruhe. Er starb in Nantes, Frankreich, nach einem Sturz vom Pferd.

Das heutige Parlament

Parlament
Heinrich III. berief im Jahr 1265 Vertreter der Städte, des Adels und der Kirche in das erste Londoner Parlament, um die Regierung zu beraten. 100 Jahre später konnte das Parlament Gesetze erlassen und Steuern erheben.

Wales
Schon die Angelsachsen versuchten Wales zu regieren, aber die walisischen Fürsten leisteten Widerstand. Edward I. eroberte 1282 das Land und baute viele Burgen, um die Bevölkerung zu unterwerfen. Mit den *Acts of Union* 1536 schloss sich Wales England an. Die walisische Sprache wurde danach jahrhundertelang unterdrückt.

Dolbadarn Castle, Wales

Die Häuser Tudor und Stuart

Heinrich VII. kam als erster Herrscher der Tudors 1485 auf den Thron. Er regierte streng, beschnitt die Rechte der Lords und füllte die Kasse der Krone. Die Tudors regierten bis 1603. Ihnen folgten die Stuarts, die Englands führende Rolle in Europa trotz eines Bürgerkrieges bewahrten.

Auflösung der Klöster
Im Jahr 1534 brach Heinrich VIII. mit der katholischen Kirche in Rom, weil sie ihm die Scheidung verweigerte. Er gründete die Kirche von England und machte sich zu deren Oberhaupt. Dann löste er die Klöster auf und zog deren Besitz für die Krone ein.

Heinrich VIII., der zweite Tudorkönig, gemalt von Hans Holbein

Uniform der „Roundheads"
Rückenschild
Brustschild
Soldatenhut

Uniform der Royalisten oder „Kavaliere"
Offiziersmantel
Helm
Gelbbrauner Mantel
Brustharnisch
Rückenschild

Englischer Bürgerkrieg
Konflikte zwischen dem Parlament und Karl I. führten 1642 zum Bürgerkrieg zwischen den königstreuen „Kavalieren" und den „Roundheads". Der König unterlag und wurde 1649 hingerichtet. England war bis 1660 eine Republik.

Schottland
Schottland war seit 843 ein Königreich und blieb trotz ständiger Invasionen durch England jahrhundertelang unabhängig. Im Jahr 1603 erbte der schottische König Jakob VI. den englischen Thron von der Tudorkönigin Elisabeth I. Beide Länder wurden 1707 formell vereinigt.

Krone von Schottland

Das industrielle England

Im 18. Jh. wurde England als erstes Land der Welt industrialisiert. Millionen Menschen wanderten vom Land in die Städte, um in den neuen Fabriken zu arbeiten. Kanäle und Eisenbahnen wurden gebaut, um Rohstoffe und Fertigwaren durch das Land zu transportieren. England galt um 1850 als die „Werkstatt der Welt".

Viktorianisches England
Unter der Regierung Königin Viktorias (1837–1901) wurde Großbritannien das reichste Land der Welt. Das Empire umfasste ein Viertel der Erde. Dennoch waren die Lebensbedingungen für die Menschen in den Städten oft erbärmlich.

Der Kristallpalast auf der Weltausstellung 1851

Demonstration der Chartisten

Die Chartisten
Die Chartisten waren die erste Arbeiterbewegung in England. Sie nannte sich nach der 1838 von W. Lovett formulierten „People's Charter". Seit etwa 1830 demonstrierten Arbeitergruppen für bessere Arbeitsbedingungen und das Wahlrecht. Die meisten Reformen kamen erst viel später.

Das moderne Großbritannien

Während des 20. Jh. gab es in Großbritannien viele Veränderungen. Der größte Teil Irlands ging verloren. Die Kolonien wurden selbstständig und das Empire löste sich auf. Es begann der wirtschaftliche Niedergang. In den letzten Jahrzehnten wandelte sich Großbritannien zur multikulturellen Gesellschaft, da immer mehr Menschen aus früheren Kolonien ins Land strömten.

Der Zweite Weltkrieg
Großbritannien stand 1940 allein im Kampf gegen Nazi-Deutschland. Britische Kampfflieger wehrten eine geplante deutsche Invasion in der „Schlacht um England" ab. Dennoch wurden viele englische Städte durch Bomben zerstört.

Londoner suchen Schutz vor Luftangriffen in den U-Bahn-Schächten.

Kostenlose Schulmilch
Leistungen des Wohlfahrtsstaates
Billige Brille
Antrag auf kostenfreie Verschreibung
Rezept für kostenfreie Medizin

Der Wohlfahrtsstaat
Anfang des 20. Jh. wurde in Großbritannien die Nationale Pensionskasse und Arbeitslosenversicherung eingeführt, um Arbeiter vor Armut und Not zu bewahren. Seit 1948 gibt es einen kostenlosen staatlichen Gesundheitsdienst mit freien Arzneimitteln.

Beitritt zur EU
Nach einer Volksabstimmung unter den erwachsenen Bürgern trat Großbritannien 1973 der Europäischen Gemeinschaft, der heutigen Europäischen Union (EU), bei. Diese Mitgliedschaft brachte viele Vorteile, aber die Rolle Großbritanniens in Europa ist bei vielen Parteien umstritten.

Plakat zur Volksabstimmung für Europa

Chronologie

54 v. Chr. Caesar setzt über den Ärmelkanal nach Britannien über.

43–410 n. Chr. England und Wales werden Teil des Römischen Reiches.

613 Die Angelsachsen vollenden ihre Invasion von England.

787 Wikinger überfallen die Küste.

1016–35 Knut regiert England als Teil eines skandinavischen Reiches.

1066 Wilhelm der Eroberer siegt in der Schlacht bei Hastings: Die Normannen herrschen in England.

1455–85 Rosenkrieg: Die Häuser York und Lancaster, repräsentiert durch eine weiße bzw. rote Rose, kämpfen um den englischen Thron.

1603 Jakob I. (Jakob VI. von Schottland) kommt als erster Stuart auf den englischen Thron und vereint damit beide Königreiche.

Das Domesday Book der Normannen verzeichnet allen Grundbesitz in England.

1707 *Act of Union* zwischen England und Schottland. Sie führt zum Vereinigten Königreich von Großbritannien (UK).

1800 Union zwischen Großbritannien und Irland.

1837–1901 Regierung von Königin Viktoria. Höhepunkt des britischen Empire.

1922 Der größte Teil Irlands erhält seine Unabhängigkeit und nennt sich Irischer Freistaat.

1973 Großbritannien wird Mitglied der Europäischen Gemeinschaft.

SIEHE AUCH UNTER ANGELSACHSEN · ELISABETH I. · EUROPA, GESCHICHTE · INDUSTRIELLE REVOLUTION · IRLAND, GESCHICHTE · WELTKRIEG, ERSTER · WELTKRIEG, ZWEITER · WELTREICHE · WIKINGER

GUPTA-REICH

ZU BEGINN des 4. Jh. bestand Indien aus einer Reihe getrennter Königreiche. Im Jahr 320 eroberte Chandragupta I., der König von Magadha, Nachbarreiche und gründete das Gupta-Reich. Unter seinen Nachfolgern wuchs es weiter, bis es einen großen Teil Indiens umfasste und zum größten asiatischen Land seiner Zeit wurde. Das Gupta-Reich bestand 150 Jahre, dann fielen die Hunnen ein. Es war eine Blütezeit der Malerei, der Architektur, der Bildhauerei und Literatur.

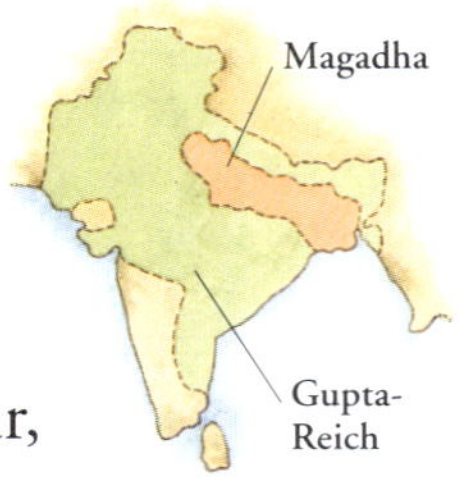

Magadha

Gupta-Reich

Organisation

Die Gupta-Herrscher unterteilten ihr Reich in kleinere abhängige Königreiche. Jede Region hatte ihren eigenen König, doch standen alle unter Kontrolle des Herrschers in Magadha. Die beiden ersten Gupta-Herrscher dehnten das Reich aus, während sich ihre Nachfolger bemühten, es zu halten.

Gupta-Münzen Sie zeigen anstelle von Porträts Symbole, z. B. Pferde.

Chandragupta I. In seiner kurzen Regierungszeit (320–330) vergrößerte Chandragupta I. sein Reich durch Eroberungen und die Heirat mit Prinzessin Kumara Devi vom Volk der Licchavi.

Samudragupta Der Sohn Chandraguptas (Regierungszeit 330–376) dehnte das Reich bis nach Bengalen, Zentralindien und das obere Gangestal aus.

Chandragupta II. Der dritte Gupta-Herrscher hatte eine lange, friedliche Regierungszeit (376–415), während der die indische Kunst und Literatur zu blühen begannen.

Außenansicht der buddhistischen Höhlentempel in Ajanta, Westindien.

Kunst und Literatur

Während der Gupta-Zeit schufen indische Künstler einige ihrer schönsten Werke. Prächtige Paläste und Tempel enthielten feinste Skulpturen und Gemälde. Klassische Formen der Musik und des Tanzes, die heute noch in ganz Asien gepflegt werden, entstanden unter den Gupta.

Padmapani, der „Lotusträger"

Bodhisattva

Musiker mit Leier

Wandgemälde
In den Hügeln um Ajanta gibt es über 30 buddhistische Schreine und Klöster. Viele Wände sind mit bunten Fresken oder Wandmalereien bedeckt. Diese Kunst blühte einige Jahrhunderte. Die Gemälde zeigen Szenen aus dem Leben Buddhas und andere fromme Darstellungen.

Die Figuren tragen Kleider aus der Gupta-Zeit.

Elefantenprozession

Wandgemälde bilden eine wichtige Informationsquelle über das Leben im Gupta-Reich.

Malerei mit Szenen aus dem Vorleben Buddhas, Höhle 17, Ajanta.

Bildhauerei
Die Tempel und Paläste wurden zur Gupta-Zeit mit lebensnahen Skulpturen geschmückt. Am häufigsten bildete man Buddha, Szenen aus seinem Leben und Bodhisattvas ab, d. h. Menschen, die das buddhistische Ziel der Erleuchtung erreicht haben und nun anderen Menschen auf demselben Weg helfen. Viele Skulpturen, wie der sitzende Musiker, wurden aus Terrakotta gefertigt.

Das goldene Zeitalter der Wissenschaft
Unter den Guptas gewannen die Universitäten an Gewicht. Man konnte dort Philosophie, Medizin und Logik studieren. Wissenschaftliche und literarische Werke schrieb man zu jener Zeit in Sanskrit, das längst nicht mehr gesprochen wurde. Einer der berühmtesten Dichter war Kalidasa. Er schrieb Gedichte, Epen und Komödien, die heute noch aufgeführt werden.

Devanagarischrift

Fa-Hsien
Im Jahr 399 kam Fa-Hsien, ein chinesischer Buddhist, nach Indien, um die heiligen Schriften zu studieren. Er hielt sich 10 Jahre hier auf. Seine Aufzeichnungen über das Leben im Gupta-Reich zählen zu den wichtigsten Quellen für diese Zeit.

Höhlenschreine
Viele buddhistische Höhlenklöster Westindiens wurden in die Felsen geschnitten. Die Arbeiten müssen mit den einfachen Geräten, die man zur Gupta-Zeit hatte, viele Jahre gedauert haben. Die Höhlenschreine sind dunkel, aber prächtig mit Skulpturen und Gemälden geschmückt. Hier hält Buddha die Hände in der Geste der Furchtlosigkeit, dem *Abhaya mudra*.

Chronologie

320 Chandragupta I. gründet das Gupta-Reich.

330–76 Samudragupta dehnt das Reich vom Indus bis in die Bucht von Bengalen und in die Gebirge des Nordens aus.

Bodhisattva

376–415 Chandragupta II. sichert die Reichsgrenzen und fördert den Handel.

415–50 Der Dichter Kalidasa schreibt seine Werke während der Regierungszeit von Kumaragupta (415–55).

um 450 Das Reich beginnt unter dem Hunnenansturm zu zerfallen.

554 Mit dem Tod des letzten Herrschers endet die Gupta-Dynastie.

Silbermünze mit Reiter

SIEHE AUCH UNTER: BUDDHISMUS · HEILIGTÜMER · HINDUISMUS · INDIEN, GESCHICHTE · MAURYA-REICH

HÄFEN UND KANÄLE

SCHIFFE BRAUCHEN PLÄTZE, an denen sie Fracht laden oder löschen können. Dies geschieht in Fluss- oder Meereshäfen. Sie bieten Schutz vor Wind und Wellen und ihr Wasser ist tief genug, damit auch die größten Schiffe an einem Liegeplatz festmachen können. Moderne Häfen haben alle Einrichtungen für die unterschiedlichsten Schiffstypen, z. B. Kräne, Pumpanlagen, Lagerhäuser sowie Trockendocks für die Reparatur. Kanäle sind künstliche Wasserstraßen. Sie verbinden zwei oder mehrere Flusssysteme wie der Rhein-Main-Donau-Kanal.

Alte Häfen
Viele antike Städte wurden reich, weil sie an einem natürlichen Hafen lagen, etwa in einer stillen Bucht oder an einer Flussmündung. Damit eigneten sie sich für den Handel und die Besiedlung. Im Meer wurden Wellenbrecher aus Stein oder Holz gebaut.

Hafen im römischen London

Hafeneinrichtungen

Frachthäfen haben Einrichtungen für unterschiedlichste Güter, z. B. Förderbänder oder Saugpumpen für Schüttgut, wie Sand, Kohle oder Getreide, fahrbare Lastkräne für Stückgut. Flüssigkeiten wie Erdöl werden abgepumpt. Öltanker ankern auf offener Reede vor der Hafeneinfahrt, weil sie zu großen Tiefgang haben und das Hafenbecken aufwühlen. In den meisten Häfen werden auch Container umgeschlagen: Die Stahlbehälter kann man von Schiffen direkt auf Eisenbahnwaggons und Lastwagen verladen.

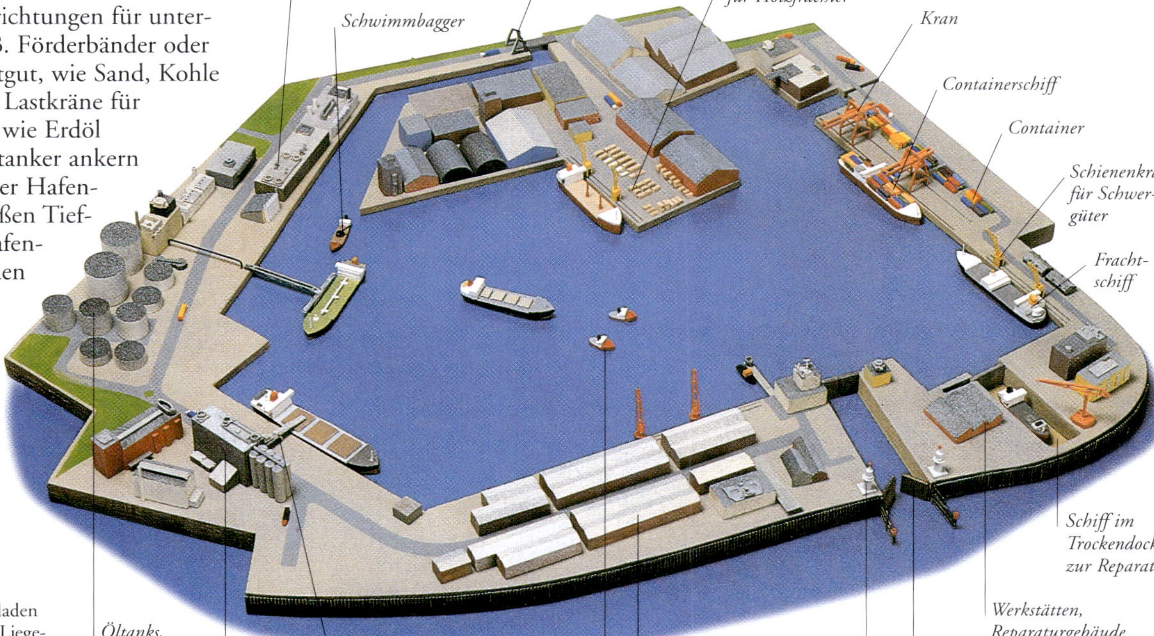

Petrochemische Fabrik
Drehbrücke für Flussschiffe
Besondere Anlegestelle für Holzfrachter
Schwimmbagger
Kran
Containerschiff
Container
Schienenkran für Schwergüter
Frachtschiff
Öltanks, Lager im Ölhafen
Schüttgutlager
Förderband vom Schiff zum Schuppen
Schlepper
Schuppen
Leuchtfeuer
Schleuse an der Hafeneinfahrt
Werkstätten, Reparaturgebäude
Schiff im Trockendock zur Reparatur

Anlegen
Damit Schiffe beladen und entladen werden können, müssen sie an Liegeplätzen festmachen. Befinden sich diese parallel zur Küstenlinie, so spricht man von Kais. Rechtwinklig dazu stehen die Piers.

Kanäle

Kanäle sind künstliche Wasserstraßen meist für die Flussschifffahrt. Bewässerungskanäle transportieren nur Wasser. Einige Kanäle wie der Panamakanal oder der Suezkanal ersparen Schiffen weite Umwege.

Schiffe überwinden eine Schleuse

Aquädukte
Die ersten Aquädukte bauten die Römer. Es waren Brücken mit Wasserrinnen, auf denen das Wasser über Täler in die römischen Städte lief. Moderne Aquädukte gibt es heute in der Schifffahrt. Die Schiffe überqueren auf solchen Kanalbrücken tiefe Täler.

Schleusen
Mit Hilfe von Schleusen überwinden Schiffe Höhenunterschiede in Kanälen. Das Schiff fährt in die Schleusenkammer, die Tore werden geschlossen. Je nach Fahrtrichtung wird Wasser ab- oder eingelassen und der Wasserspiegel dem nächsten Flussabschnitt angepasst.

Binnenschiffe
Der Frachttransport auf Flüssen und Kanälen erfolgt sehr preisgünstig. Man verwendet dazu schmale Schiffe mit flachem Boden. Viele haben einen eigenen Antrieb. Bargen ohne Motor werden zu Verbänden zusammengekoppelt und haben ein Schubschiff als Antrieb.

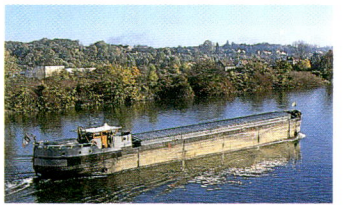

Binnenschiff mit eigenem Motor

| SIEHE AUCH UNTER | ERDÖL | FLÜSSE | HANDEL UND INDUSTRIE | INDUSTRIELLE REVOLUTION | PHÖNIZIER | RÖMISCHES REICH | SCHIFFE | TALSPERREN | TRANSPORT, GESCHICHTE |

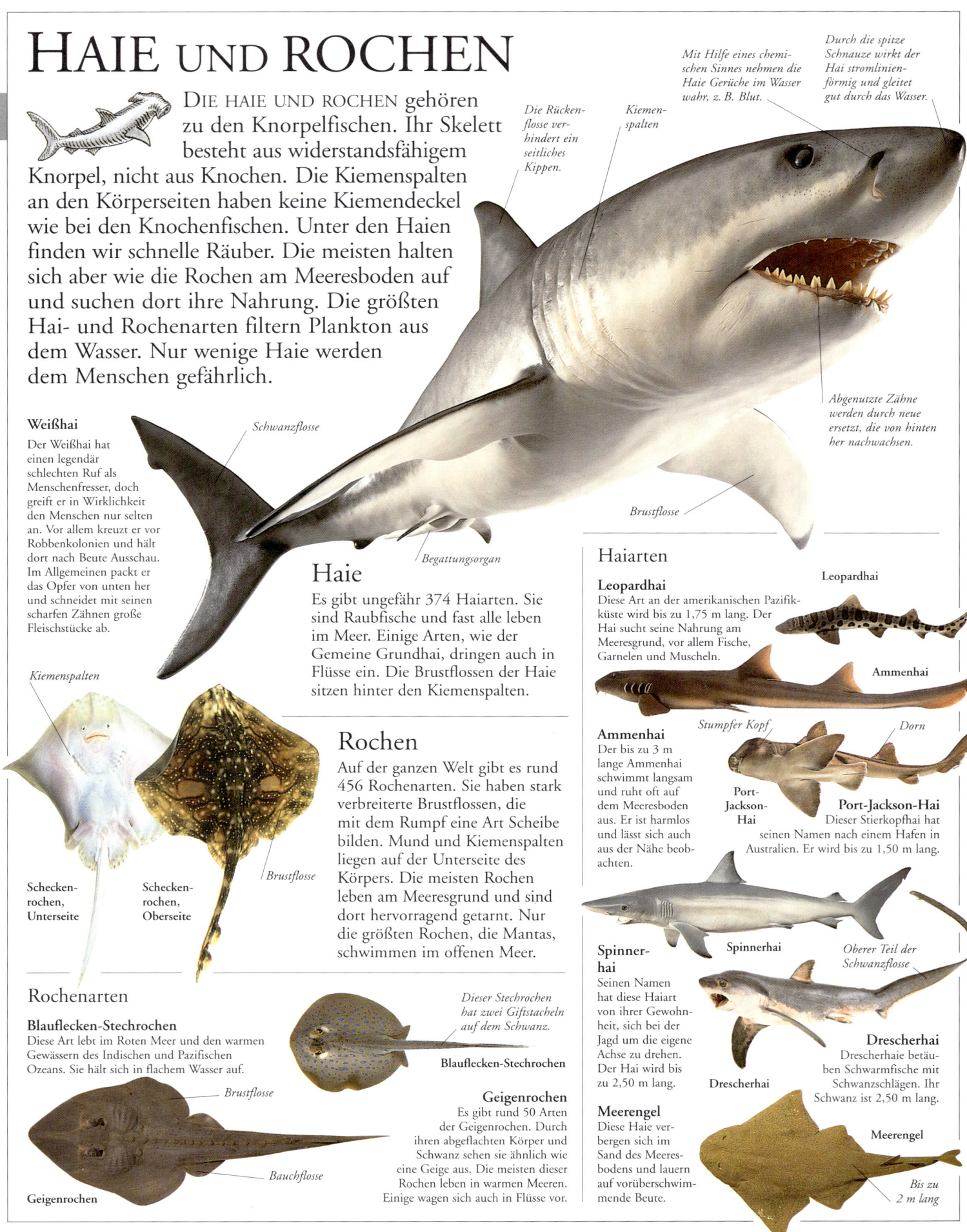

HAIE und ROCHEN

DIE HAIE UND ROCHEN gehören zu den Knorpelfischen. Ihr Skelett besteht aus widerstandsfähigem Knorpel, nicht aus Knochen. Die Kiemenspalten an den Körperseiten haben keine Kiemendeckel wie bei den Knochenfischen. Unter den Haien finden wir schnelle Räuber. Die meisten halten sich aber wie die Rochen am Meeresboden auf und suchen dort ihre Nahrung. Die größten Hai- und Rochenarten filtern Plankton aus dem Wasser. Nur wenige Haie werden dem Menschen gefährlich.

Mit Hilfe eines chemischen Sinnes nehmen die Haie Gerüche im Wasser wahr, z. B. Blut.

Durch die spitze Schnauze wirkt der Hai stromlinienförmig und gleitet gut durch das Wasser.

Die Rückenflosse verhindert ein seitliches Kippen.

Kiemenspalten

Abgenutzte Zähne werden durch neue ersetzt, die von hinten her nachwachsen.

Brustflosse

Weißhai
Der Weißhai hat einen legendär schlechten Ruf als Menschenfresser, doch greift er in Wirklichkeit den Menschen nur selten an. Vor allem kreuzt er vor Robbenkolonien und hält dort nach Beute Ausschau. Im Allgemeinen packt er das Opfer von unten her und schneidet mit seinen scharfen Zähnen große Fleischstücke ab.

Schwanzflosse

Begattungsorgan

Haie
Es gibt ungefähr 374 Haiarten. Sie sind Raubfische und fast alle leben im Meer. Einige Arten, wie der Gemeine Grundhai, dringen auch in Flüsse ein. Die Brustflossen der Haie sitzen hinter den Kiemenspalten.

Kiemenspalten

Scheckenrochen, Unterseite

Scheckenrochen, Oberseite

Brustflosse

Rochen
Auf der ganzen Welt gibt es rund 456 Rochenarten. Sie haben stark verbreitete Brustflossen, die mit dem Rumpf eine Art Scheibe bilden. Mund und Kiemenspalten liegen auf der Unterseite des Körpers. Die meisten Rochen leben am Meeresgrund und sind dort hervorragend getarnt. Nur die größten Rochen, die Mantas, schwimmen im offenen Meer.

Rochenarten

Blauflecken-Stechrochen
Diese Art lebt im Roten Meer und den warmen Gewässern des Indischen und Pazifischen Ozeans. Sie hält sich in flachem Wasser auf.

Dieser Stechrochen hat zwei Giftstacheln auf dem Schwanz.

Blauflecken-Stechrochen

Brustflosse

Bauchflosse

Geigenrochen

Geigenrochen
Es gibt rund 50 Arten der Geigenrochen. Durch ihren abgeflachten Körper und Schwanz sehen sie ähnlich wie eine Geige aus. Die meisten dieser Rochen leben in warmen Meeren. Einige wagen sich auch in Flüsse vor.

Haiarten

Leopardhai
Diese Art an der amerikanischen Pazifikküste wird bis zu 1,75 m lang. Der Hai sucht seine Nahrung am Meeresgrund, vor allem Fische, Garnelen und Muscheln.

Leopardhai

Ammenhai

Ammenhai
Der bis zu 3 m lange Ammenhai schwimmt langsam und ruht oft auf dem Meeresboden aus. Er ist harmlos und lässt sich auch aus der Nähe beobachten.

Stumpfer Kopf

Dorn

Port-Jackson-Hai

Port-Jackson-Hai
Dieser Stierkopfhai hat seinen Namen nach einem Hafen in Australien. Er wird bis zu 1,50 m lang.

Spinnerhai
Seinen Namen hat diese Haiart von ihrer Gewohnheit, sich bei der Jagd um die eigene Achse zu drehen. Der Hai wird bis zu 2,50 m lang.

Spinnerhai

Oberer Teil der Schwanzflosse

Meerengel
Diese Haie verbergen sich im Sand des Meeresbodens und lauern auf vorüberschwimmende Beute.

Drescherhai

Drescherhai
Drescherhaie betäuben Schwarmfische mit Schwanzschlägen. Ihr Schwanz ist 2,50 m lang.

Meerengel

Bis zu 2 m lang

HAIE UND ROCHEN

Schwimmen

Haie und Rochen haben anders als viele Knochenfische keine Schwimmblasen, die einen Auftrieb erzeugen. Einige Haie besitzen eine ölreiche Leber, die den Auftrieb verstärkt. Die meisten müssen aktiv schwimmen. Dazu bewegen sie den Schwanz seitwärts. Die Rochen bewegen beim Schwimmen die Brustflosse wellenförmig.

Zitterrochen

Das elektrische Organ an der Wurzel der Brustflosse teilt elektrische Schläge aus.

Dornhaie
Der Dornhai war an den Küsten des Nordatlantiks einst sehr häufig. Er wird bis zu 1 m lang und hat vor der ersten Rückenflosse einen Dorn. Die geräucherten Bauchlappen dieses Fisches isst man als Schillerlocken.

Der Leopardhai schwimmt mit einer S-förmigen Bewegung des Körpers.

Fleckenrochen
Rochen schwimmen durch eine wellenförmige Bewegung ihrer Brustflossen. Es sieht aus, als würden sie im Wasser fliegen. Der Rochenschwanz ist zu dünn, als dass er zum Antrieb etwas beitragen könnte.

Fleckenrochen

Zitterrochen
Der Zitterrochen schwimmt durch seitliche Schläge seines breiten Schwanzes. Gleichzeitig führt auch die Brustflosse wellenförmige Bewegungen durch. Alle Zitterrochen können elektrische Schläge von bis zu 300 Volt austeilen.

Ernährung

Alle Haie und Rochen sind Räuber. Die schnellsten Arten, wie die Makos und die Weißhaie, jagen Fische und Meeressäuger. Langsame Arten, etwa die Ammen- und Schwellhaie, lauern auf dem Meeresboden auf Beute. Die meisten Rochen fressen im Sand vergrabene Krebse und Muscheln. Die Mantas filtern mit ihren Kiemenreusen das Plankton aus dem Wasser.

Der Port-Jackson-Hai hat vorn spitze und hinten plattenförmige Zähne.

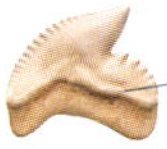

Kiemenreuse

Kiemenbogen

Zahn des Tigerhais mit scharfer Spitze und gezähnten Rändern

Zähne
Die Zahnform zeigt die Ernährungsweise. Mit nach hinten gekrümmten scharfen Zähnen fangen die Haie Fische. Zähne mit gezacktem Rand schneiden Fleisch. Mit flachen Zähnen zermalmen Haie Schalentiere.

Elektrischer Sinn
Haie nehmen winzige Ströme wahr, die Beutetiere mit ihren Muskeln erzeugen. Durch Poren an der Schnauze nehmen sie diese elektrischen Felder auf. Offensichtlich orientieren sie sich auch anhand des Erdmagnetfeldes.

Der größte und der kleinste
Der größte Hai und gleichzeitig der größte Fisch ist der Walhai, der Längen von über 12 m erreicht. Wie der Riesenhai und der Blauwal filtert er mit Kiemenreusen Plankton aus dem Wasser. Gelegentlich frisst er auch größere Fische. Die Laternenhaie bleiben am kleinsten und werden nur 20 cm lang.

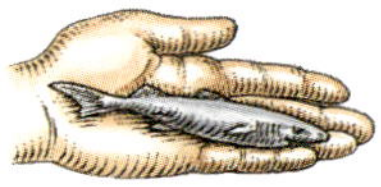

Walhai

Laternenhai

Filtrierer
Die Kiemenbögen im Maul des Riesenhaies tragen Fortsätze, die eine Art Sieb bilden. Der Hai presst das Wasser durch die Kiemen und filtert mit den Kiemenreusen winzige Lebewesen des Planktons heraus, die er verschluckt. Dieser riesige Hai macht also keine Jagd auf größere Lebewesen.

Sägehaie und Sägerochen
Unter den Rochen wie unter den Haien gibt es einige Arten, deren Schnauze lang ausgezogen ist und an der Seite spitze Zähne trägt. Diese Sägefische wühlen mit ihrer Schnauze im Meeresboden nach Beutetieren. Mit ihrer Säge können sie schwere Wunden zufügen.

Fortpflanzung

Haie wie Rochen haben eine innere Befruchtung: Das Männchen überträgt mit seinem Begattungsorgan den Samen unmittelbar auf das Weibchen. Die meisten Arten bringen lebende Junge auf die Welt. Der Dornhai legt jedoch große Eier in Hornkapseln. Im Vergleich mit Knochenfischen haben Haie und Rochen nur wenige Nachkommen – von 1 bis 300. Darum sind viele Arten gefährdet.

Schlüpfen eines Dornhais

1 Der Embryo braucht rund 9 Monate zur Entwicklung, bis er schlüpft.

2 Beim Schlüpfen aus der Eikapsel sieht der junge Hai schon wie ein erwachsenes Tier aus.

Fortsätze verankern die Eier an Algen.

3 Der junge Dornhai schwimmt weg und sorgt sofort für sich selbst. Bald ernährt er sich von kleinen Beutetieren.

Lebend gebärende Haie
Der junge Zitronenhai wird mit dem Schwanz voran geboren. Seine Nahrung im Innern des mütterlichen Körpers erhielt er über eine Art Mutterkuchen oder Plazenta – ähnlich wie ein Baby. Das ist ungewöhnlich. Die meisten Haijungen entwickeln sich aus großen dotterreichen Eiern im Mutterleib.

WEISSHAI

WISSENSCHAFTLICHER NAME	*Carcharodon carcharias*
ORDNUNG	Lamniformes
UNTERKLASSE	Elasmobranchii
KLASSE	Chondrichthyes, Knorpelfische
VERBREITUNG	Alle Weltmeere
ERNÄHRUNG	Fische, Robben, Delfine, auch Walkadaver
GRÖSSE	Bis zu 6 m lang

SIEHE AUCH UNTER EIER FISCHE FORTPFLANZUNG OZEAN, TIERWELT POLARGEBIETE, TIERWELT WALE UND DELFINE

HANDEL UND INDUSTRIE

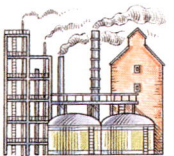

DIE INDUSTRIE VERARBEITET Rohstoffe zu Fertigprodukten. Dies geschieht meist in Fabriken oder größeren Betrieben, doch sind die Grenzen zum Handwerk fließend. Der Handel kauft die Fertigprodukte meist in größeren Mengen und verkauft sie weiter. Vom Produzenten bis zum Endverbraucher sind Zwischenhändler eingeschaltet. Es gibt viele Industriezweige, z. B. die Schwerindustrie mit der Eisen- und Stahlindustrie, die Maschinenbauindustrie, die Textilindustrie, die Nahrungsmittelindustrie.

Kohle ist ein wichtiger Brennstoff und Industrieträger; der größte Teil wird heute in Asien abgebaut.

Grundstoffindustrie
Kohle, Erdöl, Steine, Getreide und Holz zählen zu den Produkten der Grundstoffindustrie. Sie gewinnt Rohstoffe aus der Erde. Ihre Produkte kann man so verwenden, wie sie sind, oder zu anderen Produkten weiterverarbeiten.

Formen der Industrie
Wenn man von Industrie spricht, denken die meisten an große Fabriken mit Fließbändern. Das ist aber nur ein Teil der Industrie. Die Wirtschaft eines Landes teilt man in 3 Bereiche ein: in die Grundstoffindustrie, zu der auch die Landwirtschaft zählt, in die verarbeitende Industrie sowie in den Bereich der Dienstleistung. In einem Industrieland arbeitet die Mehrzahl der Menschen in der verarbeitenden Industrie und im Dienstleistungsgewerbe.

Autoindustrie

Verarbeitende Industrie
Die verarbeitende Industrie stellt aus Rohstoffen oder aus bereits verarbeiteten Halbfertigfabrikaten Endprodukte her. Dieser Industriezweig ist stark automatisiert: Roboter und Maschinen übernehmen schwere, stets gleiche Arbeiten.

Zum Dienstleistungsgewerbe gehören Restaurants, Geschäfte und alle Einrichtungen des Tourismus.

Dienstleistung
Das Dienstleistungsgewerbe produziert keine Güter, sondern bietet Dienste an, z. B. das Verwalten von Geld. In hoch industrialisierten Ländern arbeiten heute die meisten Menschen im Dienstleistungsgewerbe.

Restaurant in Paris

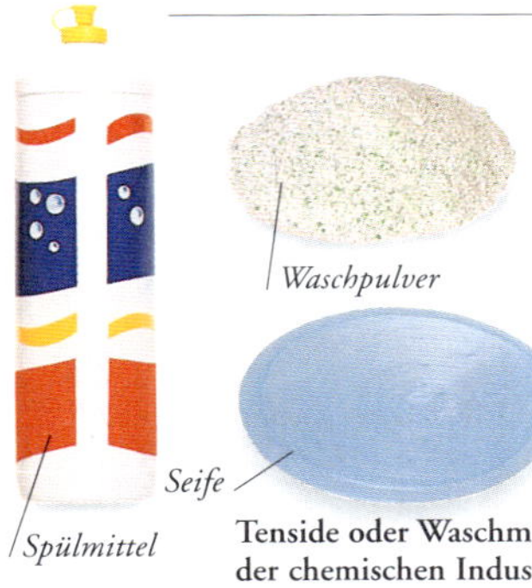

Was die Industrie braucht
Damit eine Industrie überhaupt etwas produzieren kann, benötigt sie Geld, Maschinen, Arbeitskräfte und Rohstoffe. Das Ziel jeder Industrie ist der Profit oder Gewinn. Die Industrie hängt dabei vom Markt ab: Wenn ihre Produkte niemand kauft, sind Kapital- und Arbeitseinsatz verloren. Ein Kennzeichen der Industrie ist, dass sie große Stückzahlen auf Vorrat produziert. Das Handwerk arbeitet auf Bestellung.

Spülmittel — *Waschpulver* — *Seife*
Tenside oder Waschmittel der chemischen Industrie

Geigenbauer

Kleinbetriebe
In Kleinbetrieben oder auch in Heimarbeit zu Hause werden oft Güter in kleiner Stückzahl produziert. Der Hersteller, z. B. ein Geigenbauer, verkauft seine Produkte selbst oder an einen Unternehmer, der einen Stückpreis bezahlt. Manche Unternehmer lassen nur in Heimarbeit billig produzieren.

Energie und Rohstoffe
Die Grundstoff- und Fertigungsindustrie braucht Rohstoffe und Energie zum Betreiben ihrer Maschinen. In der Vergangenheit entstanden umfangreiche Industriegebiete in der Nähe von Rohstoffvorkommen, etwa von Kohle wie im Fall des Ruhrgebiets.

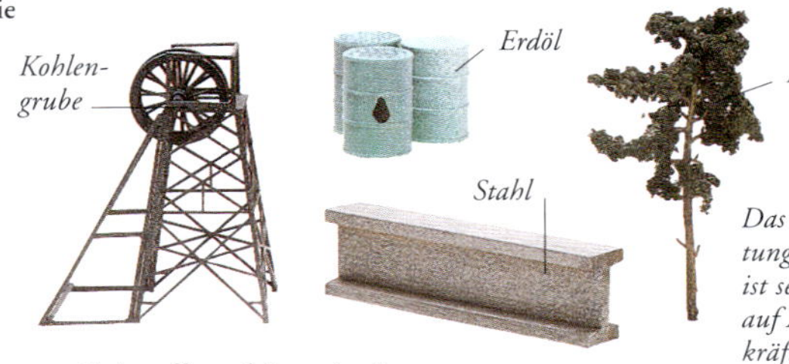

Kohlengrube — *Erdöl* — *Stahl* — *Holz*
Rohstoffe und Energieträger

Das Dienstleistungsgewerbe ist sehr stark auf Arbeitskräfte angewiesen.

Produktentwicklung
Von der ersten Idee bis zur Produktion vergeht viel Zeit. Auf der Grundlage eines Entwurfs werden Pläne erstellt. Die zu erwartenden Kosten werden berechnet und Marktanalysen zur Bewertung der Verkaufschancen durchgeführt. Dann stellt man einen Prototypen her. Dieser geht erst nach zahlreichen Prüfungen in die Produktion.

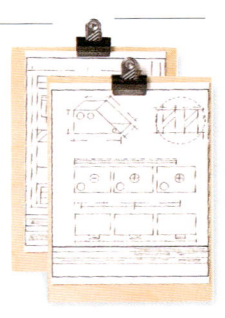

Produktpläne

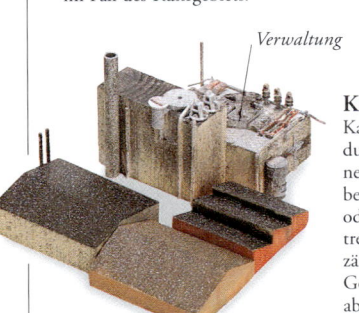

Verwaltung

Kapital
Kapital bedeutet Geld. Die Industrie setzt es ein, um Maschinen zu kaufen, Arbeitskräfte zu bezahlen, Gebäude zu errichten oder zu mieten und Werbung zu treiben. Zum Kapital einer Firma zählen auch die Grundstücke, Gebäude und die Maschinen, aber nicht die Rohstoffe, die weiterverarbeitet werden.

Fabrik

Arbeitskräfte
Viele Industrien siedeln sich in der Nähe großer Städte an, um immer genügend Arbeitskräfte zu haben. Sie brauchen Manager, Buchhalter, Forscher, Entwickler, Handwerker, Facharbeiter und auch ungelerntes Personal.

Kommunikation
Jede Industrie benötigt einen guten Standort mit Straßen-, Bahn-, Luft- und Seeverbindungen sowie ein weltweites Telekommunikationsnetz. Nur dann können Industrien einen Teil ihrer Produktion in Länder auslagern, in denen Rohstoffe und Arbeitskräfte billiger sind.

HANDEL UND INDUSTRIE

Handel

Handel ist der Austausch von Gütern und Dienstleistungen. Selbst reiche Länder haben nicht genug Ressourcen, um alles zu produzieren, was benötigt oder gewünscht wird. So exportiert man eigene Produkte in fremde Länder. Dies bezeichnen wir als Außenhandel. Ein Land mit starkem Außenhandel hat genug Devisen, um Produkte anderer Länder einzukaufen. Dies bezeichnen wir als Import. Der Binnenhandel findet nur im eigenen Land statt.

Markthändler, 15. Jh.

Geschichte des Handels

Schon vor 5 000 Jahren handelten die Phönizier im Mittelmeerraum mit Metallen, Stoffen und Tieren. Von 300 v. Chr. an reisten Händler auf der Seidenstraße von China nach Europa. Sie war eine der frühesten Handelsstraßen. Der Handel zwischen den verschiedenen Völkern führte auch zu einem kulturellen Austausch. Einen großen Aufschwung nahm der Handel seit dem Mittelalter. Die Kaufleute waren damals gleichzeitig oft auch Entdecker fremder Länder.

Vertrieb

Die Wege, auf denen Güter oder Dienstleistungen vom Produzenten zum Konsumenten gelangen, nennt man Vertrieb. Ein guter Vertrieb zum Groß- und Einzelhändler setzt günstige Transportsysteme voraus. Der internationale Handel konnte nur deshalb so sehr wachsen, weil die Transportmöglichkeiten immer besser wurden – von der Eisenbahn über Lkws bis zu Flugzeugen und Spezialschiffen.

Großhandelskühlhaus

Großhändler
Die meisten kleinen Geschäfte kaufen nicht direkt beim Produzenten, sondern bei einem Großhändler ein. Dieser kauft hohe Stückzahlen direkt vom Hersteller und kann bei Abnahme großer Mengen günstige Preise erzielen. Die Waren lagert er in Hallen und gibt sie in kleinen Mengen zu einem höheren Preis an die Einzelhändler ab. Die Großhandelslager sind auf gute Transportverbindungen angewiesen.

Einzelhändler
Einzelhändler kaufen ihre Waren meist von Großhändlern und verkaufen sie mit einem Preisaufschlag weiter. Der Aufschlag ist ihr Verdienst. Die Läden, in denen wir einkaufen, gehören meist Einzelhändlern. Diese haben Kontakt zu den Kunden.

Jeanskauf in einem Einzelhandelsgeschäft

Import und Export

Güter und Dienstleistungen, die ein Land einführt, heißen Importe. Was in andere Länder verkauft wird, bezeichnet man als Exporte. Um Geld für Importe zu haben, muss ein Land eigene Produkte exportieren.

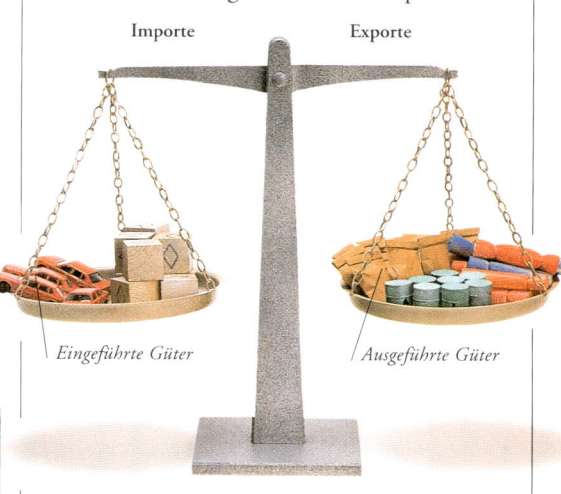

Importe   *Exporte*

Eingeführte Güter   *Ausgeführte Güter*

Zölle

Viele Länder erheben auf importierte Güter einen Zoll. Es ist eine Abgabe, die an der Grenze zu entrichten ist. Die Zölle bilden eine Einnahmequelle für die Regierung, sollen aber auch die eigene Industrie schützen, da die importierten Waren sonst vermutlich billiger wären als einheimische.

Fabrikschlote

Umweltverschmutzung

Die Industrie versorgt uns mit Kleidern, Nahrung, Heilmitteln und Maschinen, die uns Zeit sparen. Doch viele Fertigungsprozesse verschmutzen die Umwelt durch Abgase aus Fabriken oder durch flüssige Abfallstoffe, die in die Gewässer gelangen. Das schnelle Wachstum der Industrie führt auch dazu, dass die bekannten Vorräte an Erdöl und Erdgas bald erschöpft sind.

Zahlungsbilanz
Die Zahlungsbilanz stellt Zahlungen, die ein Land an andere Länder für importierte Güter zu leisten hat, den Zahlungen gegenüber, die es von anderen Ländern für exportierte Güter im gleichen Zeitraum erhält. Exportiert ein Land zu wenig, dann muss es Geld leihen, um seine Importe zu bezahlen.

Welthandel
Den internationalen Handel überwacht die Welthandelsorganisation WTO, die 1995 gegründet wurde. Ihr Ziel ist es, Zollschranken abzubauen. Sie ist Nachfolgerin des Allgemeinen Zoll- und Handelsabkommens GATT, das 1948 auf Anregung der Vereinten Nationen entstand.

Gebäude der Welthandelsorganisation

Werner von Siemens
Der deutsche Ingenieur Werner von Siemens (1816–92) entwickelte einen elektrischen Zeigertelegrafen und gründete dafür eine Firma, die Keimzelle der heutigen Siemens AG. Später entwickelte er die Dynamomaschine und begründete damit die Starkstromtechnik. 1879 baute er die erste funktionstüchtige elektrische Lokomotive.

Chronologie

um 3000 v. Chr. Die Phönizier treiben mit Ländern am Mittelmeer Handel.

um 1350 In Deutschland entsteht die Hanse, die den Handel auf der Ost- und Nordsee ausweitet.

Newcomens Maschine

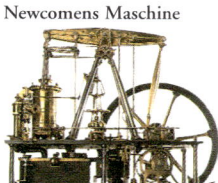

1705 Der englische Erfinder Thomas Newcomen (1663–1729) baut eine Dampfmaschine.

1765 Der Engländer James Watt (1736–1819) verbessert die Dampfmaschine; dies trägt zur industriellen Revolution in Großbritannien bei.

1911 In der Farbenfabrik Bayer Leverkusen steuern erstmals Lochkarten die Maschinen.

1913 Der Amerikaner Henry Ford (1863–1947) führt bei seinem Automodell T die Fließbandproduktion ein und regt die Massenproduktion an.

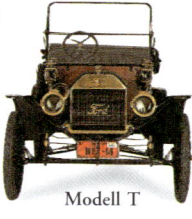

Modell T

1933 In England wird Polyethylen entdeckt; ab 1939 kommt es zur Massenproduktion von Kunststoffartikeln.

1968 Die Europäische Wirtschaftsgemeinschaft verzichtet für den „Gemeinsamen Markt" auf Zölle unter Mitgliedern.

| SIEHE AUCH UNTER | FISCHFANG | GELD | GEWERKSCHAFT | INDUSTRIELLE REVOLUTION | LANDWIRTSCHAFT | SUPERMARKT | TRANSPORT, GESCHICHTE | UMWELTVERSCHMUTZUNG | WERBUNG UND MARKETING |

HANDWERK

KORBFLECHTER, HOLZSCHNITZER ODER STEINMETZE sind Handwerker. Sie stellen Gegenstände von Hand her, die nützlich und oft gleichzeitig schön sind. Auch Schreiner fertigen Möbel noch von Hand. Heute werden Möbel aber in großer Stückzahl in Fabriken produziert. Trotzdem kann man einen Schrank in einer Schreinerei auch maßanfertigen lassen. Der Schreiner arbeitet dabei mit modernen Maschinen. Streng genommen bedeutet „handgemacht", dass mit einfachen Werkzeugen gearbeitet wird. Das gibt es fast nur noch im Kunsthandwerk.

Steinmetzin bei der Arbeit
Schutzbrille
Mit dem Meißel wird der Stein eingeschnitten.
Befestigung des Werkstücks mit Gips
Werkbank

Frühe Handwerker

Im Mittelalter gab es nur Handwerker und keine Industrie. Typische Berufe waren Küfer oder Schäffler, Färber, Gerber, Goldschmiede. Die Handwerker waren in Zünften organisiert, die die Preise festlegten und die Qualität der Arbeit überwachten. Wer in keiner Zunft war, konnte kein Handwerk ausüben.

Färber

Prüfung des Meisterstücks

Lehrzeit
Jungen zwischen 10 und 15 Jahren konnten ein Handwerk bei einem Meister lernen und mussten dafür Lehrgeld bezahlen. Die Lehrzeit dauerte 3 bis 7 Jahre. Dabei lernten sie alle Seiten ihres Berufes kennen.

Gesellenstück
Am Ende der Lehrzeit musste der Lehrling sein Gesellenstück abliefern, das zeigte, ob er sein Handwerk beherrschte. Wollte er Meister werden, musste er später sein Meisterstück anfertigen.

Formen des Handwerks

Handwerker verarbeiten viele Werkstoffe wie Holz, Stein, Metalle, Glas, Papier, Perlen, Binsen oder Muscheln. Es gibt über 120 Handwerksberufe. Die meisten kann man auch in Industriebetrieben erlernen. Daneben gibt es das Kunsthandwerk.

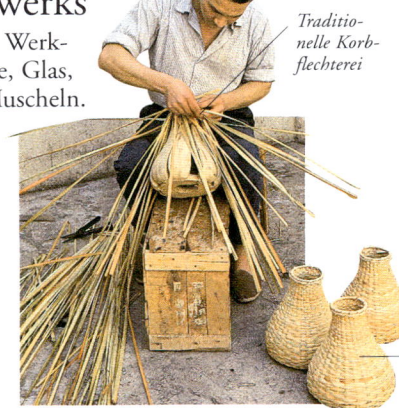

Korbflechterei
Seit jeher flicht der Mensch Behälter aus Zweigen, Gräsern oder Rindenstreifen. Flechtarbeiten verwendet man im Boots- und Hausbau und fertigt daraus Schuhe und Hüte. Maschinengeflochtene Körbe erreichen nie die Präzision von handgeflochtenen.

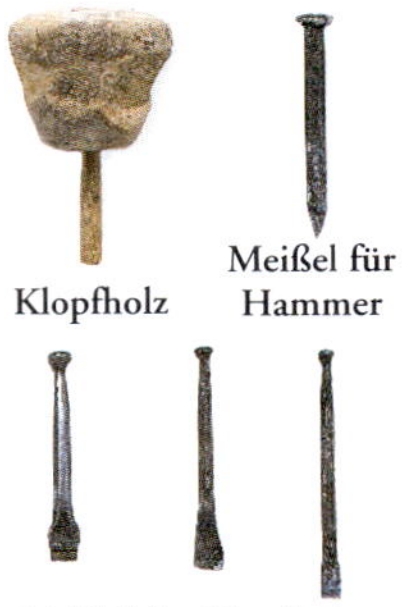

Traditionelle Korbflechterei
Fertige Körbe
Korbflechter, Spanien

Klopfholz
Meißel für Hammer
Meißel für Klopfholz

Werkstatt

Fast alle Handwerker haben eine Werkstatt, in der sie Werkzeuge und Materialien aufbewahren. Sie arbeiten meist auf Bestellung. Wenn keine Aufträge eingehen, können sie auch eine Zeit lang auf Vorrat arbeiten.

Steinmetz
Der Steinmetz bearbeitet Steine für den Bau. Im Mittelalter halfen Steinmetze beim Bau von Kirchen, Schlössern und reichen Bürgerhäusern. Der Übergang zum künstlerischen Beruf des Bildhauers ist fließend.

Vorarbeit
Der Steinmetz zeichnet die künftige Form des Steins auf eine durchsichtige Folie und überträgt sie dann auf den Stein. Die grobe Form schlägt er anschließend mit einem Zahneisen zu.

Die Umrisse werden auf den Stein gezeichnet.
Markierung des Musters

Feinarbeit
Mit verschiedenen Meißeln gibt der Steinmetz dem Stück seine endgültige Gestalt. Dabei entfernt er auch die groben Spuren des Zahneisens. Schließlich glättet er die Oberfläche so, dass keine Spuren der früheren Bearbeitung mehr zu sehen sind. Ein Steinmetz braucht Jahre, bis er gelernt hat ein solches Stück herzustellen.

Gotisches Maßwerk am Fenster einer Kathedrale
Vorspringende Spitze (Nase) in gotischem Maßwerk

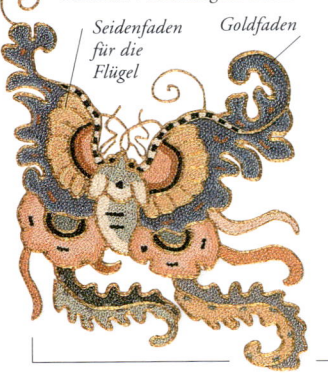

Seidenfaden für die Flügel
Goldfaden

Sticken
Mit Stickereien verziert man z. B. Kleidung für den Alltag wie für festliche Gelegenheiten, Tischdecken oder Kissenbezüge. Zunächst überträgt man das Muster auf den Stoff. Dann füllt man die entsprechenden Flächen mit Garnstichen aus. Das Sticken ist ein vorwiegend weibliches Handwerk.

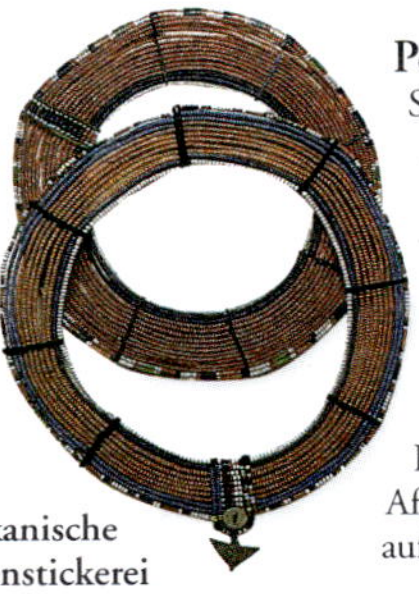

Gestickter Schmetterling, China

Perlenstickerei
Seit Jahrhunderten schmückt man Kleidungsstücke mit Perlen aus Holz, Samen, Knochen, Muschelschalen, Glas, heute auch aus Kunststoff. Die Perlen werden aufgenäht. Nordamerikanische Indianer nähen Perlen in geometrischen Mustern auf Kleider, Taschen und Schuhe. Afrikanische Perlensticker machen auf ähnliche Weise sogar Schmuck.

Afrikanische Perlenstickerei

Pappmaschee
Aus Pappmaschee stellte man früher Dosen, Schalen und Kerzenleuchter her. Die Bezeichnung Pappmaschee stammt von Papiermâché, übersetzt „gekautes Papier". Der Grundstoff ist tatsächlich eine weiche Paste aus Papierabfällen, versetzt mit Leim. Man kann daraus auch Köpfe modellieren.

Aus Pappmaschee lassen sich viele Formen herstellen, z. B. diese Schalen.

SIEHE AUCH UNTER GEWERKSCHAFT · INDUSTRIELLE REVOLUTION · MITTELALTER · TEXTILIEN · TÖPFEREI UND KERAMIK

HANDWERK

Kunsthandwerk

Korbflechterei

Einkaufskorb mit wulstförmigem Rand, England

Nähkörbchen mit Bambusgriff, Kanada

Korb Traditionelle Form, Thailand

Sisalkorb, Kenia

Kartoffelkorb Weide mit Drahtgeflecht, Frankreich

Steinmetzarbeiten und Holzschnitzerei

Maurerwerkzeug

Deckenschmuck, Italien

Schlussstein an Gewölbe, Dekor von Früchten und Blättern, England

Wandschmuck Großbritannien

Gotisches Maßwerk Großbritannien

Wandschmuck aus dem Mittelalter, Großbritannien

Geschnitztes Paneel Großbritannien, 16. Jh.

Holzschnitzerei aus dem Mittelalter, Großbritannien

Stickerei und Perlenstickerei

Tabaksbeutel Nordamerika

Perlenstickerei um Flaschenkürbis, Afrika

Halsband Südafrika

Metallteile

Tabaksbeutel Nordamerika

Perlenstickerei der Zulu, Südafrika

Flaschenkürbis mit Perlenstickerei, Afrika

Krokodilform als Glücksbringer

Nabelschnurtäschchen Nordamerika

Kinderwiege Nordamerika

Importierte Glasperlen

Traditionelles Muster

Kindermantel Nordamerika

Tanzkostüm Afrika

Bunte Stickerei

Mokassin aus Hirschleder, Nordamerika

Buntes geometrisches Muster

Schuhe mit Stickereiarbeit, Nordafrika

HASEN UND KANINCHEN

FAST ÜBERALL AUF DER WELT gibt es Hasen und Kaninchen. Ursprünglich fehlten sie in Australien und Neuseeland, doch führte man dort das Europäische Kaninchen ein. Die rund 40 Hasen- und Kaninchenarten zählen nicht zu den Nagetieren, sondern bilden die Ordnung der Hasenartigen. Sie fressen Pflanzen, Gräser, Blüten, Wurzeln und die Rinde junger Bäume. Das einheimische Kaninchen lebt in großen Kolonien, während die Hasen Einzelgänger sind. Sie kommen meist nur in der Fortpflanzungszeit zusammen. Unsere Feldhasen sind heute vom Aussterben bedroht.

Hasen und Kaninchen hören mit großen Ohrmuscheln sehr gut.
Augen an den Kopfseiten für Rundumsicht
Feldhase
Bei Gefahr schlägt das Kaninchen mit den Hinterbeinen aus.
Hasen und Kaninchen riechen sehr gut.
Europäisches Kaninchen

Hasen
Im Gegensatz zu den Kaninchen graben die Hasen keine Baue. Sie halten sich in Mulden versteckt, den Sassen. Hasen sind bis zu 70 km/h schnell und schlagen auf der Flucht viele Haken. Die Jungen laufen schon wenige Minuten nach der Geburt.

Kaninchen
In der Regel sind Kaninchen kleiner als Hasen. Ihre Ohren und Hinterbeine sind kürzer. Bei Gefahr trommeln sie mit einem Hinterbein auf den Boden. Dann verlassen sie sich auf ihre Geschwindigkeit. Die Jungen sind nach der Geburt völlig hilflos.

Kaninchenschädel
4 Schneidezähne

Zähne
Alle Hasentiere haben große Schneidezähne, die dauernd nachwachsen. Sie können damit bis knapp über dem Boden grasen. Mit den Backenzähnen wird die Nahrung zerkleinert.

Baumwollschwanzkaninchen
Diese Art kommt nur in Amerika vor. Die weiße Schwanzunterseite erinnert an eine aufgeplatzte Baumwollkapsel.

Warnsignal bei Gefahr

Kaninchenbau
Das Europäische Kaninchen lebt in großen Bauen. Sie bestehen aus einem komplizierten System unterirdischer Gänge. Im Bau herrscht eine strenge Rangordnung: Die dominierenden Tiere bewohnen die besten Teile des Baues.

Kaninchen richten sich auf, um einen besseren Überblick zu haben.
Kaninchen äsen in der Nähe des Baues.
Während ein Artgenosse Wache hält, können die anderen Tiere in Ruhe fressen.
Der Haupteingang führt zu Tunneln, die nur 15 cm breit sind.
Das Weibchen baut ein Nest in einer Seitenkammer.
Nest aus Gras und Haaren
Die Tunnel sind gerade breit genug für ein Kaninchen. In einigen sind Ausweichstellen eingebaut.

Boxende Hasen
In der Fortpflanzungszeit boxen die Hasenmännchen gegeneinander. Sie sammeln sich in der Nähe einer Häsin und kämpfen um sie. Die Weibchen vertreiben ebenfalls mit Boxschlägen unerwünschte Männchen. Die Hasen liefern sich in dieser Zeit auch lange Verfolgungsrennen.

Rivalen setzen beim Kampf die Vorderbeine ein.

Schneehase
Im Winter bekommt der Schneehase, der in der arktischen Tundra lebt, ein weißes Fell. Es hält das Tier warm und stellt eine hervorragende Tarnung im verschneiten Gelände dar. Im Sommer wächst den Tieren ein braunes Fell, mit dem sie nun in der Landschaft nicht auffallen. Schneehasen sind das ganze Jahr über aktiv und halten keinen Winterschlaf.

Pfeifhasen
Anders als bei Kaninchen und Hasen sind die Ohren der Pfeifhasen kurz und rund. Sie haben auch keinen Schwanz. Die meisten Arten leben in den Gebirgen sowohl in Nordwestamerika wie in Zentral- und Nordostasien. Sie graben Gänge und tragen im Sommer Gräser und Samen als Wintervorrat ein.

Extrem lange Ohrmuscheln

Eselhasen
Besonders langohrige amerikanische Hasenarten heißer Gebiete sind die Eselhasen. Die riesigen Ohren dienen vor allem der Temperaturregelung. Nahe der Hautoberfläche der Ohrmuscheln liegt ein Geflecht aus winzigen Blutgefäßen. Hier gibt das Blut Wärme an die Umgebung ab, während der Hase läuft. Das gekühlte Blut fließt dann in den Körper zurück.

KANINCHEN

WISSENSCHAFTLICHER NAME	*Oryctolagus cuniculus*
ORDNUNG	Lagomorpha, Hasenartige
FAMILIE	Leporidae, Hasen
VERBREITUNG	Spanien und Nordwestafrika, später vom Menschen weiter verbreitet
LEBENSRAUM	Grasland, Weiden, Sanddünen, Waldränder
GRÖSSE	Länge 35–45 cm
LEBENSDAUER	3–6 Jahre

SIEHE AUCH UNTER: NAGETIERE, POLARGEBIETE, TIERWELT, TARN- UND WARNTRACHT, TIERBAUTEN, TIERVERHALTEN

HAUT UND HAARE

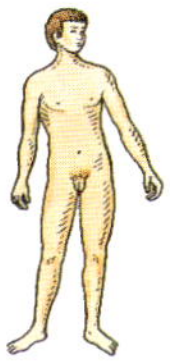

UNSER KÖRPER ist von einer schützenden Schicht bedeckt, die aus der Haut, den Haaren und den Nägeln besteht. Die Haut ist das größte Organ des Körpers und übernimmt mehrere Aufgaben. Sie verhindert, dass Wasser, Bakterien, Viren und schädliche UV-Strahlen eindringen. Die Haut enthält auch Sinnesorgane für Druck, Schmerz, Wärme und Kälte. Damit nehmen wir unsere Umgebung wahr.

Tote Zellen schilfern von der Oberseite der Epidermis ab.

Haarfollikel

Haarschaft

Basalzellenschicht Hier teilen sich die Zellen.

Oberhaut Sie besteht aus Zellen, die langsam verhornen und dann absterben.

Talgdrüsen produzieren den öligen Talg, der die Haut und die Haare einfettet.

Unterhaut Sie enthält zahlreiche Nervenenden und Blutgefäße.

Haarmuskel Er stellt das Haar bei Kälte auf.

Ausführgang der Schweißdrüse

Blugefäße versorgen die Haut mit Sauerstoff und Nahrung.

Schweißdrüse Sie produziert Schweiß.

Arterie | *Vene*

Sinnesorgane Sie nehmen Druck und Erschütterungen wahr.

Fettgewebe Es isoliert den Körper und hält ihn warm.

Haarwurzel

Schweißpore: Schweiß dringt hier an die Hautoberfläche.

Haut

Die Haut besteht aus der Oberhaut (Epidermis) und der Lederhaut (Dermis). Die Oberhaut bildet den schützenden Außenteil. Sie setzt sich aus weiteren Schichten zusammen. Die dickere Lederhaut ist sehr reißfest und enthält Blutgefäße, Nervenenden und Schweißdrüsen.

Hautfarben
Zellen in der Oberhaut stellen einen Farbstoff her, das Melanin. Es schützt den Körper vor starken Sonnenstrahlen. Dunkelhäutige Menschen produzieren mehr Melanin als hellhäutige.

Temperaturregelung
Die Haut hilft eine gleichmäßige Temperatur von rund 37 °C zu halten. Wird der Körper zu warm, geben wir über die Haut Schweiß ab, und die Blutgefäße weiten sich. Wird die Haut zu kühl, so ziehen sich die Blutgefäße zusammen.

Oberhaut
Die oberste Schicht der Oberhaut besteht aus toten, verhornten Zellen. Sie sind mit dem widerstandsfähigen Protein Keratin angefüllt. Dauernd schilfern tote Zellen als Schuppen ab und werden von unten her durch neue ersetzt. Bei der Bewegung nach oben füllen sie sich mit Keratin.

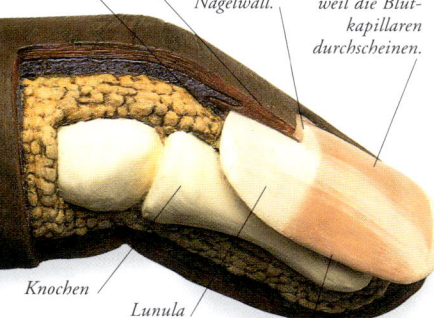

Nagelwurzel | *Nagelwall* | *Oberhaut bedeckt den Nagelwall.* | *Die Nägel erscheinen rosa, weil die Blutkapillaren durchscheinen.*

Knochen | *Lunula*

Aufbau des Nagels
Nägel bestehen aus dem harten Protein Keratin, dem Horn. Die farblosen Nägel erscheinen rosa, weil die Blutgefäße im Nagelbett durchscheinen. Die Nägel wachsen von einer Zellschicht am Rand und an den Seiten des Nagels. Am hinteren Nagelwall liegt die halbmondförmige weißliche Lunula, das nagelbildende Gewebe.

Nägel

Nägel sind hornige Organe, die die Enden der Finger und Zehen bedecken. An der Nagelwurzel teilen sich ständig Zellen und schieben den Nagel über das Nagelbett nach vorne. Fingernägel wachsen mit einer Geschwindigkeit von rund 5 mm pro Monat.

Der Nagel schützt empfindliche Haut.

Fingerabdrücke
Die Unterseite der Finger ist von Leisten bedeckt. Mit einem klebrigen Film aus Schweiß und natürlichen Ölen helfen sie Gegenstände zu greifen. Wenn man etwas berührt, bleibt ein Teil des Films haften: Man hinterlässt seinen Fingerabdruck mit dem Muster der Leisten.

Keine zwei Menschen, nicht einmal eineiige Zwillinge, haben dieselben Fingerabdrücke.

Haare

Der Körper ist von Millionen von Haaren bedeckt. Man unterscheidet 2 Haartypen: Feine Wollhaare wachsen fast auf dem ganzen Körper. Viel dickere Haare finden wir auf dem Kopf, an den Augenbrauen und den Wimpern. Die Kopfhaare wachsen um rund 1 cm pro Monat.

Krauses Haar | *Gewelltes Haar* | *Gerades Haar*

Aufbau der Haare
Der Haarschaft setzt sich aus 3 Schichten zusammen: An der Außenseite stehen sehr feine Schuppen, die sich überlappen. Die Rinde darunter bildet den Hauptteil des Haarschaftes; sie umgibt das lockerere Mark. Das Haar selbst entspringt am Grund einer Haarzwiebel.

Haartypen
Ob das Kopfhaar gerade, gewellt oder kraus ist, hängt von der Form des Haarfollikels ab. Runde Follikel erzeugen gerades Haar, ovale gewelltes Haar und gebogene krauses Haar. Diese Arten des Haares werden ebenso vererbt wie die Haarfarbe.

| SIEHE AUCH UNTER | KRANKHEITEN | MUSKELN UND BEWEGUNG | ORGANSYSTEME | SKELETT | VERBRECHEN | VERERBUNG | WACHSTUM UND ENTWICKLUNG | ZELLEN |

HEILIGES LAND

DIE JUDEN GLAUBEN, das Heilige Land sei das ihnen von Gott verheißene Land. Im Laufe der Jahrtausende hatte dieses Gebiet aus Gebirgen, Wüsten und Sümpfen viele Herrscher und viele Namen – etwa Kanaan, Zion, Israel, Juda und Palästina. Das Land mit Jerusalem als Mittelpunkt ist 3 Weltreligionen heilig: dem Judentum, dem Christentum und dem Islam. Hier soll sich Abraham, der Stammvater der Juden, um 1900 v. Chr. niedergelassen haben. Den Christen ist das Gebiet heilig, weil hier Jesus Christus gelebt hat. Und die Moslems glauben, dass Mohammed vom Felsendom in Jerusalem aus vor den Thron Allahs gelangt sei.

Das Heilige Land

Das Land im Nahen Osten wurde im Lauf der Jahrhunderte von Babyloniern, Persern, Griechen, Römern, Arabern, Byzantinern, Osmanen und Engländern erobert. Heute umfasst das Gebiet ganz Israel sowie Teile Jordaniens und Syriens.

Jericho
Aus Ausgrabungen wissen wir, dass die ummauerte Stadt Jericho vielleicht die älteste Siedlung der Welt ist. Der Bibel zufolge wurde sie mehrfach zerstört, einmal von Josua, der die Israeliten nach Moses anführte.

Jerusalem
Jahrhunderte kämpften Juden, Christen und Moslems um den Zugang zu den Heiligtümern. So wurden in einer der heiligsten Städte der Welt viele Kriege ausgefochten.

Salomos Tempel
Der Tempel wurde 957 v. Chr. von phönizischen Handwerkern vollendet. Er beherbergte die Bundeslade und war das erste feste religiöse Zentrum der Juden. Im Jahr 587 v. Chr. zerstörten die Babylonier den Tempel. 37 v. Chr. hat man ihn neu errichtet, doch 70 n. Chr. zerstörten ihn die Römer. Nur die Klagemauer blieb übrig.

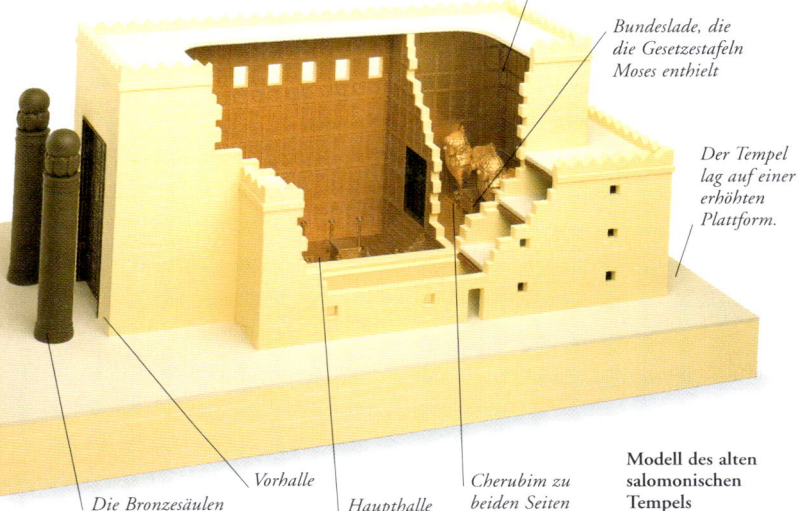

Allerheiligstes, mit Gold ausgelegt
Bundeslade, die die Gesetzestafeln Moses enthielt
Der Tempel lag auf einer erhöhten Plattform.
Die Bronzesäulen Jachin und Boaz
Vorhalle
Haupthalle
Cherubim zu beiden Seiten der Bundeslade
Modell des alten salomonischen Tempels

Kircheneingang

Grabeskirche
Im 12. Jh. bauten Kreuzfahrer eine Kirche auf dem Kalvarienberg über dem vermeintlichen Grab Christi neu auf. 6 Religionsgemeinschaften haben Besitzrechte: die römisch-katholische Kirche, die orthodoxen Griechen, die Armenier, Kopten, Syrer und Äthiopier.

Felsendom
Dieser massive Fels ist den Moslems heilig, weil Mohammed von hier in den Himmel aufgestiegen sein soll. Er ist auch ein Heiligtum der Juden, weil hier Abraham das Opfer an Isaak vorbereitet habe.

Philister
Die Philister gehörten zu den kriegerischen „Seevölkern". Um 1100 v. Chr. bedrohten sie die Israeliten, die sich an der Südküste Palästinas, im heutigen Israel, niedergelassen hatten. Die Israeliten waren 200 Jahre lang Untertanen der Philister, bis sie König David (Regierungszeit 1013–973 v. Chr.) besiegte.

Schleuder

David und Goliath
Goliath, ein gewaltiger Krieger der Philister, forderte die Israeliten auf, einen Gegner für einen Einzelkampf zu stellen. Nur der junge Hirte David wagte sich vor. Er traf Goliath mit dem Stein einer Schleuder und schnitt ihm den Kopf ab. David wurde nun zum größten König Israels und machte Jerusalem zu einem politischen und religiösen Zentrum.

Chronologie

um 8000 v. Chr. Nachweis der ersten menschlichen Siedlung in Jericho

um 1900 v. Chr. Stammvater Abraham lässt sich in Kanaan nieder.

um 1200 v. Chr. Auszug aus Ägypten unter Moses

Grabeskirche

1033–1013 v. Chr. Regierungszeit von Saul, dem ersten König Israels

1013–933 v. Chr. Regierungszeit von David und Salomo

587 v. Chr. Babylonier zerstören den 1. Tempel der Juden.

33 Kreuzigung Christi

70 Die Römer zerstören den 2. Tempel der Juden.

636 Beginn der islamischen Herrschaft

1096–1291 Kreuzzüge zur Befreiung Jerusalems vom Islam

1948 Unabhängigkeitserklärung des Staates Israel

König Salomo
Salomo (Regierungszeit 973–930 v. Chr.) war der Sohn Davids und dessen Frau Batseba. Er baute den ersten Tempel in Jerusalem sowie eine Reihe von Städten. Mit anderen Staaten schloss er nützliche Bündnisse, und Israel erreichte unter seiner Regierung die größte Ausdehnung. Salomo wird als sehr weise gepriesen, war in Wirklichkeit aber ein ziemlich strenger, ja tyrannischer Herrscher.

SIEHE AUCH UNTER CHRISTENTUM ISLAM ISRAEL KREUZZÜGE MYTHEN UND LEGENDEN

HEILIGES RÖMISCHES REICH

ÜBER 800 JAHRE LANG gehörte der größte Teil Mitteleuropas zum Heiligen Römischen Reich. Die lockere Verbindung verschiedener Länder war der Versuch, das alte Römische Reich auf christlicher Grundlage zu erneuern. Es entstand im Jahr 962 unter Otto dem Großen. 1273 kamen die Habsburger auf den Thron und behielten die Herrschaft bis 1806. Die Kaiser wurden von 7 deutschen Kurfürsten gewählt und bis 1530 auch vom Papst gekrönt.

Juwelenbesetztes Kreuz

Schilder aus Email

Ottos deutsche Kernlande

Heiliges Römisches Reich um 987

Die Kaiser waren auch Könige von Italien.

Reichskrone, 10. Jh.

Das Reich
Von der Gründung im Jahr 962 bis Mitte des 13. Jh. umfasste das Heilige Römische Reich einen großen Teil Deutschlands, die Niederlande, Österreich, die Schweiz und Norditalien. Das Reich wurde im Lauf der Zeit zwar kleiner, aber Deutschland blieb das Kernland.

Otto I. der Große
Im Jahr 936 wurde Otto I., ein Nachfahre Karls des Großen, deutscher König. Er besiegte die Ungarn 955 auf dem Lechfeld und schickte sich dann an, Norditalien zu erobern. 962 krönte ihn der Papst in Rom zum Kaiser des Heiligen Römischen Reiches.

Das Haus Habsburg
Die Habsburger hatten ihren Namen nach ihrer Stammburg in der Schweiz. Sie herrschten damals in Österreich, der Schweiz und Süddeutschland. 1273 wurde der Habsburger Rudolf I. deutscher Kaiser und damit Kaiser des Heiligen Römischen Reiches. Mit kurzen Unterbrechungen behielt das Haus Habsburg diese Herrschaft bis 1806. Während dieser Zeit stieg es durch Heirat zur Weltmacht auf.

Maximilian I. heiratete 1477 Maria von Burgund und gewann dadurch dieses Herzogtum.

Philipp I., der Sohn Maximilians, heiratete 1496 Johanna von Kastilien und Aragon.

Maria von Burgund

Ferdinand I., der Bruder Karls V., heiratete Anna und erbte damit Böhmen und Ungarn.

Karl V., der Sohn Philipps I., erbte Spanien von seiner Mutter Johanna und die Habsburger Länder von seinem Großvater Maximilian.

Machtkämpfe
Der Kaiser war der weltliche Herrscher der Christenheit, der Papst das geistliche Oberhaupt. Beide waren oft uneins und die Päpste sehr mächtig. So musste z. B. 1077 Kaiser Heinrich IV. einen Bittgang nach Canossa antreten, damit ihn Papst Gregor VII. vom Kirchenbann löste.

Karl V.
Die Macht der Habsburger in Europa erreichte 1519 ihren Höhepunkt, als Karl V. (1500–58) zum Kaiser gekrönt wurde. Er erbte von seinen Großeltern große Länder, darunter Spanien und dessen Besitzungen in Amerika. Karl herrschte bis 1556, verzichtete dann auf den Thron und teilte sein riesiges Reich unter seinem Bruder Ferdinand und seinem Sohn Philipp, der Spanien, die Niederlande und Italien erhielt. Ferdinand wurde nach Karls Tod 1558 deutscher Kaiser.

Schmuckvolle Renaissancefassade

Wien
Hauptstadt des Habsburgerreiches war das österreichische Wien. Es war schon damals eine der glänzendsten Städte Europas mit herrlichen Kirchen und Palästen. Die Herrscher residierten in der Hofburg, einem ausgedehnten Palastkomplex mit Räumen für kaiserliche Gäste und Beamte.

Das Schweizertor zur Hofburg in Wien

Maria Theresia
Als 1740 Kaiser Karl VI. starb, bestieg seine Tochter Maria Theresia (1717–80) den Thron. Preußen und Frankreich wollten ihr das Erbe streitig machen und erklärten den Krieg. Trotz ihrer Jugend nahm Maria den Kampf an und konnte Österreich zu einem mächtigen Staat entwickeln.

Chronologie
800 Krönung Karls des Großen

962 Der deutsche König Otto wird erster Kaiser des Heiligen Römischen Reiches.

1076 Der Papst überwirft sich mit Heinrich IV. und stellt die päpstliche Macht über die des Kaisers.

1273 Rudolf I. wird der erste Kaiser aus dem Hause Habsburg.

Ritterbild

1517 Die Reformation, ausgelöst durch Martin Luther, spaltet das Reich in die protestantischen Fürsten und den katholischen Kaiser.

1519 Karl V. wird mit der Kaiserkrönung der mächtigste Herrscher in Europa.

1556 Karl V. teilt das Reich zwischen seinem Bruder Ferdinand und seinem Sohn Philipp. Die Habsburger stellten fortan die Kaiser.

1806 Franz II. löst das Heilige Römische Reich auf.

| SIEHE AUCH UNTER | DEUTSCHLAND, GESCHICHTE | KARL DER GROSSE | MARIA THERESIA | REFORMATION | RÖMISCHES REICH |

HEILIGTÜMER

SEIT JEHER WERDEN GEISTER, Gottheiten oder Heilige an bestimmten Orten verehrt. Die Menschen errichteten ihnen Tempel, Kathedralen, kleinere Kirchen und Kapellen. In den asiatischen Religionen bezeichnet man die Heiligtümer oft als Schreine. Heiligtümer können auch geweihte Bezirke wie Wälder, Quellen oder Felsen sein, wo die Menschen hinpilgern und beten.

Gebetsfahnen flattern im Wind bei einem buddhistischen Schrein in Tibet.

Buddhistische Schreine
Die Buddhisten pilgern zu großen Tempeln mit Buddhastatuen, aber auch zu kleineren Schreinen, die oft auf Hügeln stehen. In Tibet sind viele Schreine den Bodhisattvas gewidmet. Diese außergewöhnlichen Menschen haben bereits die Erlösung erlangt, gehen aber nicht ins Nirvana ein, weil sie auch anderen den richtigen Weg weisen wollen. An den Schreinen flattern oft viele Gebetsfahnen. Auf jeder Fahne stehen Gebete geschrieben. Bei jedem Windhauch gelangen die Gebete in den Himmel.

Naturgeister
Viele alte Religionen verehren Naturgeister, die in heiligen Bäumen, Quellen oder Felsen wohnen. Wenn ein Schamane in heiligen Bezirken Rituale durchführt, wird er eins mit dem verehrten Geist.

Quellgeister
In einigen Teilen Englands werden alte Quellen einmal im Jahr mit christlichen Symbolen, Blumen und anderen Gegenständen aus der Natur geschmückt. Dies geschieht meist am längsten Tag des Jahres, der Sommersonnenwende, und deutet darauf hin, dass die Sitte heidnischen Ursprungs ist.

Jesus beruft seine Jünger.

Eine Quelle in Derbyshire, England, mit christlichem Schmuck

Viele Menhire in der Bretagne, Frankreich, sind in langen Reihen angeordnet.

Fruchtbarkeitssteine
Die großen, aufrecht stehenden Steinblöcke in Nordeuropa, die Menhire, weisen oft in die Richtung der Sonne zur Sommersonnenwende. Sie wurden von Völkern aufgestellt, die die Sonne verehrten. Noch heute besuchen Frauen, die sich ein Kind wünschen, diese Steine.

Santiago de Compostela ist dem heiligen Jakob geweiht.

Kleine Schreine
In vielen Ländern errichten die Menschen kleine Schreine, wo sie beten und sich Gott nah fühlen. Oft stehen sie an Stellen mit prächtiger Aussicht, neben der Straße oder vor dem Haus. Die Schreine der Gottheiten sind meist mit Blumen geschmückt.

Heiligtümer am Straßenrand
Kleine Schreine am Straßenrand sind in Griechenland häufig. Sie erinnern an bekannte Leute oder markieren die Stelle, wo ein Mensch zu Tode gekommen ist. Gelegentlich enthalten sie eine Statue oder ein Bild.

Dieser griechische Schrein am Straßenrand ähnelt einem kleinen Tempel.

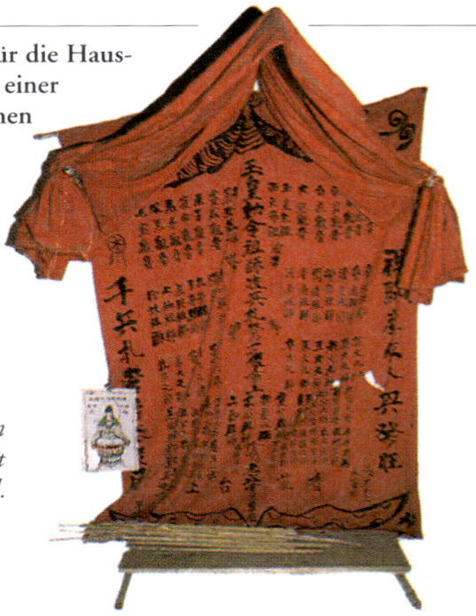

Schrein für die Hausgeister in einer chinesischen Küche

Pilgerreisen
In vielen Religionen spielen Pilgerreisen zu Heiligtümern eine große Rolle. Die Pilger hoffen dadurch näher zu Gott zu gelangen.

Santiago de Compostela
Compostela in Nordspanien ist seit Jahrhunderten eines der wichtigsten Pilgerziele für die Christenheit.

Jakobsmuschel, das Symbol des Heiligen von Compostela

Schreine für die Hausgeister
In vielen chinesischen Häusern findet man einen kleinen Schrein, der einem Gott, einem Hausgeist oder dem Geist eines Vorfahren geweiht ist. Meist ist er aus Holz und mit bunten Stoffen und Perlen geschmückt. Im Innern findet man eine kleine Statue der Gottheit. Die Familie betet regelmäßig vor dem Hausschrein und opfert dort auch Nahrung. Die Hausgötter sollen in der Not helfen.

| SIEHE AUCH UNTER | BILDHAUEREI | BUDDHISMUS | CHRISTENTUM | HINDUISMUS | ISLAM | KUNST, GESCHICHTE | RELIGIONEN | VORGESCHICHTE |

HERZ UND KREISLAUFSYSTEM

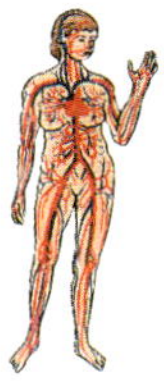

DAS HERZ IST EIN FAUSTGROSSER Hohlmuskel, der 24 Stunden am Tag Blut durch den Körper pumpt. Es fließt in einem Netz aus Adern oder Blutgefäßen. Zusammen bilden diese Organe das Kreislaufsystem. Nahe am Herz sind die Blutgefäße besonders groß. Sie teilen sich in immer kleinere Gefäße, die schließlich jede Zelle des Körpers mit Sauerstoff aus der Lunge und Nährstoffen aus der verdauten Nahrung versorgen. Das Blut befördert auch Abfallstoffe weg, verteidigt den Körper gegen Krankheitserreger und verteilt die Wärme gleichmäßig.

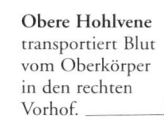

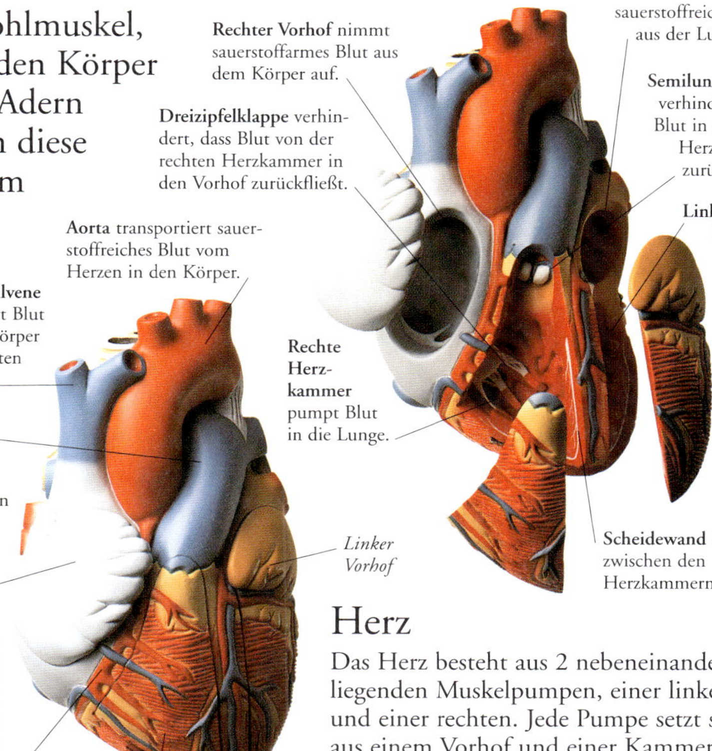

Rechter Vorhof nimmt sauerstoffarmes Blut aus dem Körper auf.

Dreizipfelklappe verhindert, dass Blut von der rechten Herzkammer in den Vorhof zurückfließt.

Aorta transportiert sauerstoffreiches Blut vom Herzen in den Körper.

Obere Hohlvene transportiert Blut vom Oberkörper in den rechten Vorhof.

Lungenarterie transportiert sauerstoffarmes Blut vom Herzen in die Lunge.

Rechter Vorhof

Linker Vorhof nimmt sauerstoffreiches Blut aus der Lunge auf.

Semilunarklappe verhindert, dass Blut in die linke Herzkammer zurückfließt.

Linke Herzkammer pumpt Blut in den Körper.

Rechte Herzkammer pumpt Blut in die Lunge.

Scheidewand liegt zwischen den Herzkammern.

Linker Vorhof

Herzkranzarterie versorgt das Herz mit Blut.

Rechte Herzkammer

Linke Herzkammer

Wie das Herz schlägt

Die Herzwand besteht aus dem Herzmuskel, der sich automatisch zusammenzieht. Die beiden Herzhälften schlagen gemeinsam. Im Innern des Herzens gelangt das Blut aus den Vorhöfen in die Herzkammern. Segelklappen – Dreizipfel- und Zweizipfelklappe – verhindern, dass das Blut von den Herzkammern in die Vorhöfe zurückfließt. Jeder Herzschlag besteht aus 3 Phasen.

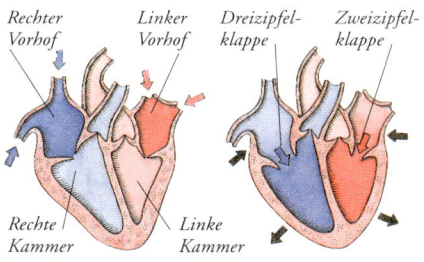

Rechter Vorhof *Linker Vorhof* *Dreizipfelklappe* *Zweizipfelklappe* *Aorta* *Lungenarterie*

Rechte Kammer *Linke Kammer*

1 In der 1. Phase, der Diastole, sind die Vorhöfe und Herzkammern erschlafft. Blut strömt in die Vorhöfe. Die Semilunarklappen am Ausgang der Kammern sind geschlossen.

2 In der 2. Phase, der Systole der Vorhöfe, öffnen sich die Drei- und Zweizipfelklappen. Die Vorhöfe ziehen sich zusammen und drücken das Blut in die Herzkammern.

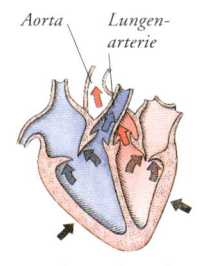

3 In der 3. Phase, der Systole der Herzkammern, wird Blut aus dem Herzen herausgetrieben. Die Drei- und die Zweizipfelklappe sind geschlossen, die Semilunarklappen offen.

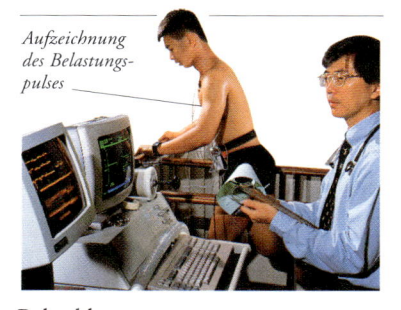

Herz

Das Herz besteht aus 2 nebeneinander liegenden Muskelpumpen, einer linken und einer rechten. Jede Pumpe setzt sich aus einem Vorhof und einer Kammer zusammen. Die linke Herzkammer hat eine dickere Wand, weil sie das Blut durch den ganzen Körper pumpen muss. Die rechte Kammer pumpt das Blut nur in die Lunge.

Aufzeichnung des Belastungspulses

Pulsschlag
Das Herz schlägt in der Regel 70-mal in der Minute. Das ist der Pulsschlag. Er ändert sich je nach Sauerstoffbedarf des Körpers. Bei Belastung steigt der Puls, damit mehr sauerstoffhaltiges Blut zu den Muskeln gelangen kann.

William Harvey
Der englische Arzt William Harvey (1578–1657) war der Erste, der den Blutkreislauf erkannte und untersuchte. Vor Harvey glaubte man, das Blut fließe in den Gefäßen ähnlich wie Ebbe und Flut hin und her. Harvey bemerkte, dass das Blut nur in einer Richtung fließt, dann zurück ins Herz gelangt und von ihm wieder weitergepumpt wird.

Blut

Blut ist ein flüssiges Transportmittel, das jede Körperzelle mit Sauerstoff und Nährstoffen versorgt und Abfallstoffe abtransportiert. Es setzt sich aus vielen Billionen Blutzellen zusammen. Sie schwimmen in einer gelblichen Flüssigkeit, dem Plasma. Man unterscheidet 3 Arten von Blutzellen: rote Blutkörperchen, weiße Blutkörperchen und Blutplättchen. Die roten Blutkörperchen machen 99 % aller Blutzellen aus. Sie entstehen im roten Knochenmark.

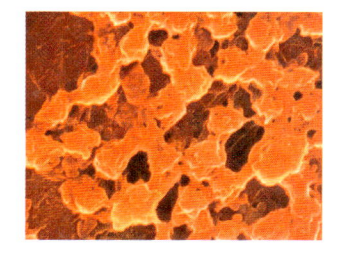

Blutplättchen
Die Blutplättchen sind Bruchstücke von Zellen. Sie sind für die Blutgerinnung wichtig. Ist ein Blutgefäß verletzt, so sammeln sich Blutplättchen bei der Wunde, gerinnen und verschließen sie.

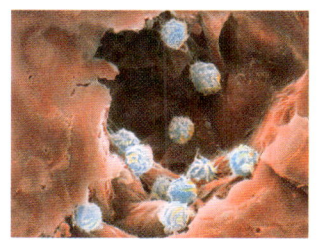

Weiße Blutkörperchen
Man unterscheidet 3 Typen weißer Blutkörperchen: Lymphozyten vernichten Krankheitserreger durch chemische Stoffe. Granulozyten und Monozyten fressen eingedrungene Keime.

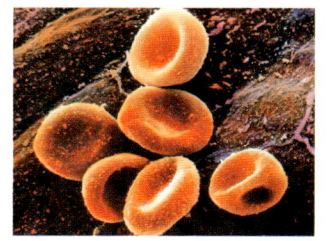

Rote Blutkörperchen
Die roten Blutkörperchen enthalten viel Hämoglobin. Dieses Protein nimmt Sauerstoff in der Lunge auf und gibt ihn an Stellen des Bedarfs, bei den einzelnen Zellen, ab.

HERZ UND KREISLAUFSYSTEM

Drosselvene transportiert Blut vom Kopf zum Herzen.

Unterschlüsselbeinvene

Achselvene

Obere Hohlvene transportiert Blut vom Oberkörper zum Herzen.

Lungenvene transportiert Blut von der Lunge zum Herzen.

Armvene

Pfortader transportiert Blut vom Darm in die Leber.

Untere Hohlvene transportiert Blut vom Unterkörper zum Herzen.

Beckenvene

Oberschenkelvene transportiert Blut vom Bein zum Herzen.

Unterschenkelvene

Arterienbogen des Fußrückens

Karotis versorgt den Kopf mit Blut.

Unterschlüsselbeinarterie

Aorta Hauptarterie. Sie verlässt das Herz.

Achselarterie

Lungenarterie transportiert Blut vom Herzen in die Lunge.

Armarterie

Beckenarterie

Oberschenkelarterie versorgt das Bein.

Fingerarterie versorgt die Finger mit Blut.

Fingervene transportiert Blut von den Fingern weg.

Kreislaufsystem

Das größte Blutgefäß, das das Herz verlässt, heißt Aorta. Sie teilt sich mehrmals und entsendet Arterien in die verschiedenen Körperteile. Diese verzweigen sich bis zu feinsten Kapillaren, die sich dann zu immer größeren Venen vereinigen. Die beiden größten sind die obere und untere Hohlvene. Sie führen zum Herzen zurück. Ein rotes Blutkörperchen braucht für den ganzen Kreislauf nur 1 Minute.

Radialvene

Ulnararterie

Elle

Speiche

Kreislauf im Arm
Die Blutgefäße im Arm zeigen, wie das Kreislaufsystem funktioniert. Die Armarterie teilt sich in mehrere Äste auf, z. B. die Radialarterie. Die Venen transportieren das Blut zurück und vereinigen sich zur Armvene, die in der Achselvene den Arm verlässt.

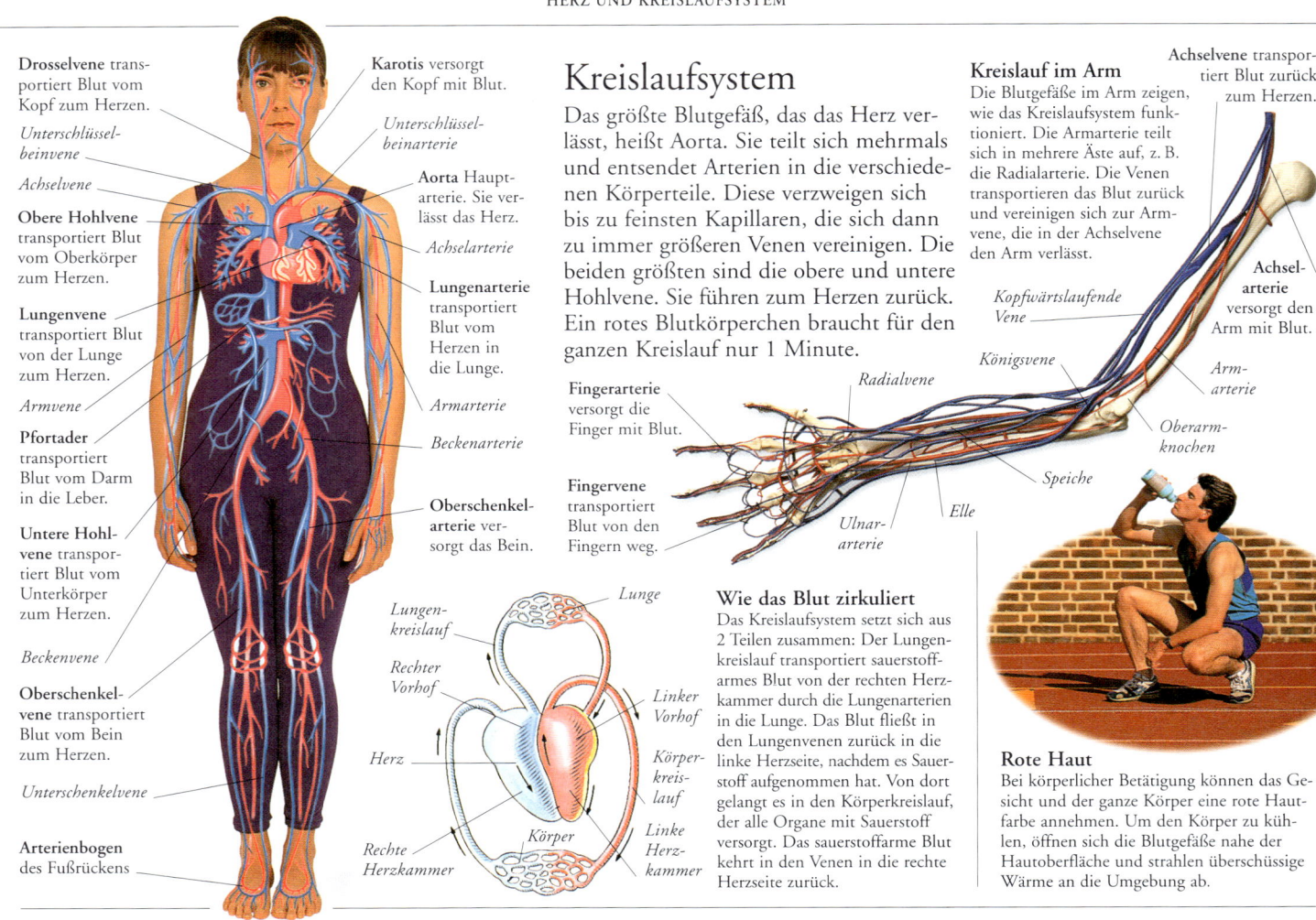

Kopfwärtslaufende Vene

Königsvene

Achselvene transportiert Blut zurück zum Herzen.

Achselarterie versorgt den Arm mit Blut.

Armarterie

Oberarmknochen

Wie das Blut zirkuliert
Das Kreislaufsystem setzt sich aus 2 Teilen zusammen: Der Lungenkreislauf transportiert sauerstoffarmes Blut von der rechten Herzkammer durch die Lungenarterien in die Lunge. Das Blut fließt in den Lungenvenen zurück in die linke Herzseite, nachdem es Sauerstoff aufgenommen hat. Von dort gelangt es in den Körperkreislauf, der alle Organe mit Sauerstoff versorgt. Das sauerstoffarme Blut kehrt in den Venen in die rechte Herzseite zurück.

Lungenkreislauf · *Lunge* · *Rechter Vorhof* · *Linker Vorhof* · *Herz* · *Körperkreislauf* · *Rechte Herzkammer* · *Körper* · *Linke Herzkammer*

Rote Haut
Bei körperlicher Betätigung können das Gesicht und der ganze Körper eine rote Hautfarbe annehmen. Um den Körper zu kühlen, öffnen sich die Blutgefäße nahe der Hautoberfläche und strahlen überschüssige Wärme an die Umgebung ab.

Blutgerinnung

Ist ein Blutgefäß beschädigt, so verringert die Gerinnung den Blutverlust. An der Wunde sammeln sich Blutplättchen und verklumpen zu einem Pfropf. Rote Blutkörperchen bleiben in den Fibrinfasern hängen und bilden eine Kruste. Weiße Blutkörperchen verhindern eine Infektion.

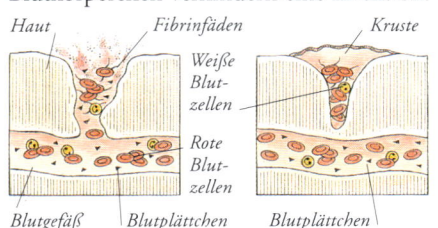

Haut · *Fibrinfäden* · *Kruste* · *Weiße Blutzellen* · *Rote Blutzellen* · *Blutgefäß* · *Blutplättchen* · *Blutplättchen*

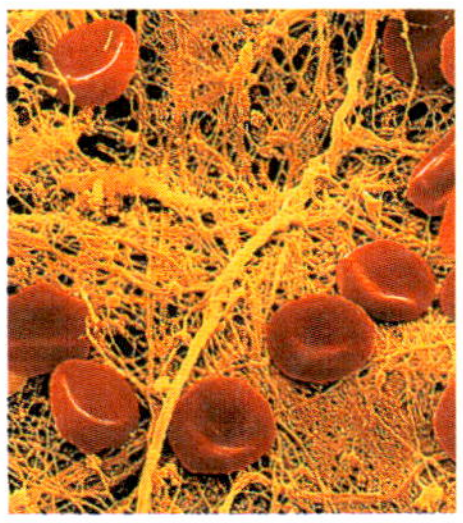

Fibrin
Unter dem Einfluss verschiedener chemischer Stoffe entsteht bei der Blutgerinnung der Faserstoff Fibrin. Er bildet ein feines Geflecht, in denen sich rote Blutkörperchen fangen. So entsteht eine Kruste oder ein Schorf.

Blutgefäße

Wir unterscheiden Arterien, Venen und Kapillaren oder Haargefäße. Arterien verzweigen sich immer weiter bis zu den Kapillaren. Diese vereinigen sich zu immer größeren Venen. In ihnen fließt das Blut zurück zum Herzen.

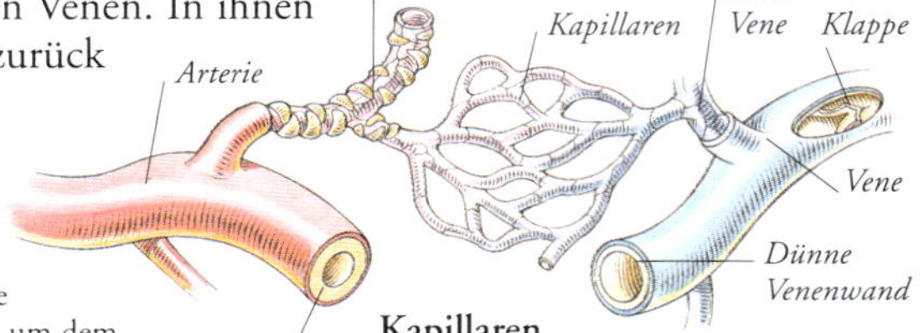

Arterien
Die Arterien transportieren das Blut weg vom Herzen. Sie haben dicke Wände, um dem hohen Blutdruck widerstehen zu können. Mit Ausnahme der Lungenarterie transportieren die Arterien sauerstoffreiches Blut.

Arterie · *Dicke Arterienwand*

Venen
Die Venen transportieren Blut zurück zum Herzen. Wegen des niedrigen Drucks haben sie dünne Wände. Venenklappen verhindern das Zurückfließen des Blutes.

Kleine Arterie · *Kapillaren* · *Kleine Vene* · *Klappe* · *Vene* · *Dünne Venenwand*

Kapillaren
Die Kapillaren oder Haargefäße bilden den Übergang zwischen den kleinen Arterien und den kleinen Venen. Sie versorgen die einzelnen Körperzellen.

Karl Landsteiner
Der österreichische Arzt Karl Landsteiner (1868–1943) entdeckte die Blutgruppen und ermöglichte dadurch die sichere Bluttransfusion. Im Jahr 1900 bewies er, dass die roten Blutkörperchen verschiedener Menschen miteinander verklumpen. Er entwarf das AB0-System der Blutgruppen und erhielt dafür 1930 den Nobelpreis für Medizin.

Blutgruppen

Je nach den Antigenen in den roten Blutkörperchen unterscheidet man 4 Blutgruppen. Das AB0-System hat 2 Antigene A und B, somit 4 Hauptkombinationen: A (mit Antigen A), B (mit Antigen B), AB (mit Antigen A und B) und 0 (ohne Antigen). Der sog. Rhesusfaktor ist das Antigen D.

Abzeichen für regelmäßiges Blutspenden

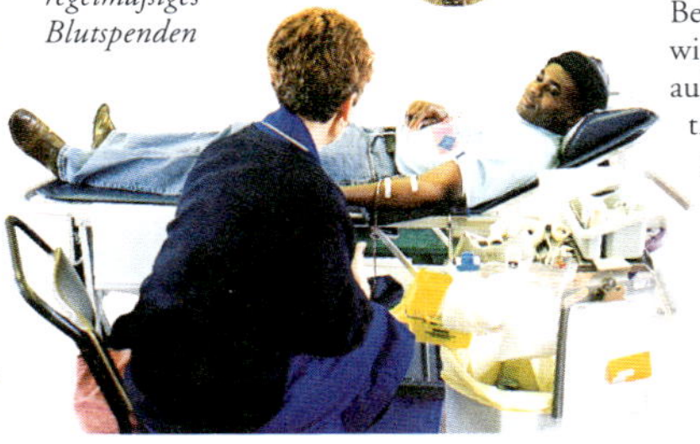

Bluttransfusion
Bei der Bluttransfusion wird Blut eines Menschen auf einen anderen übertragen. Menschen mit derselben Blutgruppe können untereinander Blut spenden und empfangen. Im Notfall können auch Menschen der Blutgruppe 0 allen anderen Blut spenden.

SIEHE AUCH UNTER ATMUNG · ERSTE HILFE · FITNESS · HORMONE UND HORMONDRÜSEN · IMMUNSYSTEM · MUSKELN UND BEWEGUNG · ORGANSYSTEME · ZELLEN

HETHITER

DAS KRIEGERISCHE VOLK der Hethiter erlebte von 1600 bis 1200 v. Chr. seine Blütezeit. Die Hethiter besaßen eines der schlagkräftigsten Heere der Antike. Ihre Heimat war ursprünglich Anatolien in der heutigen Türkei. Von ihrer befestigten Hauptstadt Hattusa aus kontrollierten sie das ganze Gebiet. Allmählich dehnten die Hethiter ihr Reich bis nach Syrien aus, wo sie mit den Ägyptern und den Assyrern zusammenstießen. Trotz ihres Rufes als wilde Krieger waren die Hethiter kluge Staatsleute, die diplomatische Verhandlungen einer Schlacht vorzogen. Vermutlich setzten äußere Feinde und eine Hungersnot ihrem Reich ein Ende.

Das Hethiter- oder Hattireich umfasste um 1300 v. Chr. den größten Teil der heutigen Türkei.

Teshub wurde oft mit einer Waffe in der Hand dargestellt.

Dreizackige Fackel

Streitwagen
Die Einführung von Pferden um 2000 v. Chr. und die Erfindung des Speichenrads machten aus den von Eseln gezogenen Karren ein gefährliches Kriegsgerät, das die Art der Schlachten im Nahen Osten veränderte. Die Hethiter beherrschten den Kampf mit Streitwagen meisterhaft.

Diplomatie
Die Hethiter versuchten durch Heirat den Frieden zu sichern – vor allem mit Ägypten. So wurde z. B. nach der Schlacht von Kadesch eine hethitische Prinzessin mit dem Pharao verheiratet. Ein anderes Mal bat eine ägyptische Königin, vermutlich die Witwe Tut-anch-amuns, den Hethiterkönig um die Ehe mit einem seiner Söhne.

Politik
Die hethitischen Herrscher waren Befehlshaber des Heeres, aber auch die obersten Richter und Hohepriester. Der bedeutendste König war Suppiluliuma I. (Regierung 1380–1346 v. Chr.), der ganz Syrien eroberte. Zwar erlangte er sein Reich durch Krieg, aber er bewahrte es, indem er seine ägyptischen Rivalen mit Gold bestach. Die Hethiter übernahmen viele syrische Götter, darunter auch Teshub, den Gott der Stürme und der Zerstörung durch Krieg.

Schlacht von Kadesch
Die älteste Schlacht, die rekonstruiert werden konnte, fand um 1285 v. Chr. zwischen dem Hethiterkönig Muwatalli und dem Pharao Ramses II. in Kadesch statt. Dabei wurden Streitwagen eingesetzt. Solche Wagen gab es noch 2000 Jahre später.

Ramses II.

Ugarit
Die reiche Handelsstadt Ugarit war wegen ihrer Lage an der Mittelmeerküste ein Zankapfel zwischen Ägyptern und Hethitern. Die Stadt wurde in den Untergangswirren des hethitischen Reiches verlassen. Archäologen haben hier eines der ältesten Alphabete in Keilschrift ausgegraben.

Teshub, der Gott der Stürme

Kopfschmuck, Zeichen hoher Würde

Kunst und Literatur
Die hethitischen Mythen betonen die göttliche Kriegskunst. Vor allem Teshub soll böse außerirdische Mächte besiegt haben. Die Ruinen der Hauptstadt Hattusa, das heutige Boğazköy in der Türkei, zeigen an der Stadtmauer behelmte Krieger und einige der zahlreichen Götter. Man fand auch kleine Goldfigürchen, die Könige und Götter darstellen. Sie tragen die typischen Schnabelschuhe der Bergbewohner.

Mischkultur
Die nordsyrischen Stadtstaaten übernahmen die hethitische Keilschrift. So blieb die Kultur nach dem Untergang des Hethiterreiches erhalten. Sie vermischte sich teils mit der phönizischen.

Relief mit Streitwagen

Nahrung und Getränke
Die wichtigsten Getreidesorten waren Gerste und Emmer, eine Weizenart. Daraus wurde Brot gebacken und Bier gebraut. Die Hethiter kannten Früchte wie Äpfel, Feigen und Aprikosen und machten daraus. An Haustieren hielten sie Schafe und Rinder.

Apfel — **Feige** — **Aprikose**

Tunika mit kurzem Ärmel

Schnabelschuhe

Goldfigürchen, vermutlich die Darstellung eines Königs

Chronologie

Kriegspferd

1600–1400 v. Chr. Das erste Hethiterreich entsteht in Anatolien, der Zentraltürkei.

1550 v. Chr. Die befestigte Hauptstadt der Hethiter, Hattusa, wird errichtet.

1595 v. Chr. König Mursili I. plündert Babylon, zieht aber wieder aus der Stadt ab.

um 1460 v. Chr. Tudhalijas II. begründet mit Eroberungen das sog. 2. Hethiterreich.

1380–1346 v. Chr. Suppiluliuma I. beherrscht ein riesiges Reich von der heutigen Westtürkei bis nach Nordsyrien. Hattusa, das heutige Boğazköy, ist der kulturelle Mittelpunkt in diesem Großreich.

1285 v. Chr. Bei Kadesch findet eine der ersten bekannten Schlachten zwischen den Hethitern und den Ägyptern statt.

1283 v. Chr. Hethiter und Ägypter unterzeichen Friedensverträge.

1200 v. Chr. Die Ausdehnung des Assyrischen Reiches sowie eindringende Seevölker aus Norden und Westen tragen neben Nahrungsmangel zum Untergang der Hethiter bei.

SIEHE AUCH UNTER ÄGYPTER · ASIEN, GESCHICHTE · ASSYRER · BABYLONIER · PERSER · SUMERER

HEUSCHRECKEN UND GRILLEN

ZU DEN AUFFÄLLIGSTEN und den größten Insekten gehören die Heuschrecken und Grillen. Man fasst sie in der Gruppe der Geradflügler zusammen. Ihre wichtigsten Kennzeichen sind die langen Sprünge und der zirpende Gesang. Sie leben vor allem in Grasländern und in Regenwäldern. Einige kommen auch in Wüsten und Höhlen vor. Manche graben sich Gänge im Boden. Heuschrecken sind meist am Tag aktiv, Grillen nachts. Im Sommer ist ihr Zirpen auch bei uns zu hören.

Merkmale

Heuschrecken haben lange Körper, große Köpfe und Augen und abwärts gerichtete Mundwerkzeuge. Verdickte Vorderflügel schützen die zarten Hinterflügel, mit denen der Flug erfolgt. Kräftige Hinterbeine erlauben weite Sprünge. Beim Zirpen werden die Hinterschenkel gegen die Schrillleiste am Vorderflügel gerieben.

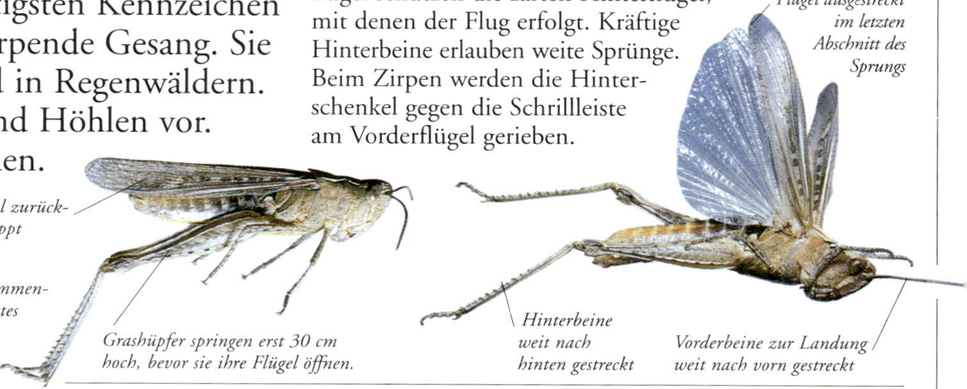

Flügel ausgestreckt im letzten Abschnitt des Sprungs

Flügel zurückgeklappt

Lange, kräftige Hinterbeine

Zusammengesetztes Auge

Grashüpfer springen erst 30 cm hoch, bevor sie ihre Flügel öffnen.

Hinterbeine weit nach hinten gestreckt

Vorderbeine zur Landung weit nach vorn gestreckt

Vorderbeine

Bereit zum Absprung

Gewöhnlicher Grashüpfer

Grillen und Heupferde

Grillen und Heupferde sind an einigen Merkmalen zu erkennen. Ihre Fühler sind oft viel länger als der Körper; die Hörorgane liegen an den Beinen und nicht am Hinterleib. Sie „singen", indem sie ihre Flügel gegeneinander reiben.

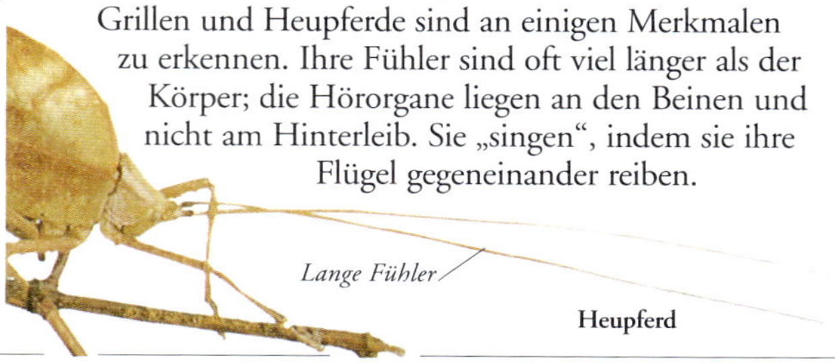

Lange Fühler

Heupferd

Trommelfell am Bein
Heupferde und Grillen haben eine Schwellung unterhalb des Kniegelenks. Zu beiden Seiten des Gelenks befindet sich ein Trommelfell. Es ist das Hörorgan, mit dem die Tiere Schallschwingungen wahrnehmen.

Heupferdbein mit Trommelfell

Weitsprünge
Heuschrecken springen weiter als alle anderen Insekten. Bei Gefahr entkommen sie auf diese Weise ihren Verfolgern. Sie strecken in einer plötzlichen Bewegung ihre Hinterbeine aus und schnellen weg. In der Luft öffnen sie die Flügel, schlagen damit und verlängern so den Sprung. Nach gut 1 m landen sie.

Schwärme
Nach starken Regenfällen sind die Bedingungen für Massenvermehrungen der Wanderheuschrecken sehr gut. Die Schwärme umfassen dann bis zu 50 Mrd. Tiere. Wo diese einfallen, verwüsten sie das Land.

Heuschreckenschwarm, Afrika

Fortpflanzung

Während der Paarung übertragen die Heuschrecken und Heupferde Samenpakete auf die Weibchen. Mit einer schwertähnlichen Legeröhre platzieren diese Eipakete von bis zu 100 Stück im Boden oder im Pflanzengewebe. Aus den Eiern schlüpfen winzige Larven, die den erwachsenen Tieren schon sehr ähnlich sehen. Bei der Entwicklung häuten sie sich mehrmals.

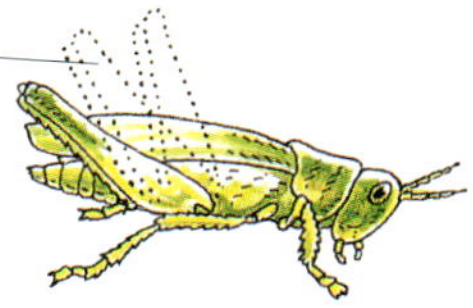

Grashüpfer reiben ihre Hinterbeine gegen die Flügel und erzeugen das Zirpen.

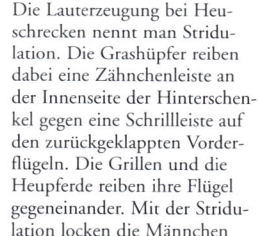

Das Weibchen nimmt das Samenpaket auf.

Legeröhre

Heupferd überträgt Samenpaket

Stridulation
Die Lauterzeugung bei Heuschrecken nennt man Stridulation. Die Grashüpfer reiben dabei eine Zähnchenleiste an der Innenseite der Hinterschenkel gegen eine Schrillleiste auf den zurückgeklappten Vorderflügeln. Die Grillen und die Heupferde reiben ihre Flügel gegeneinander. Mit der Stridulation locken die Männchen Geschlechtspartnerinnen an.

Ernährung
Die meisten Heuschrecken ernähren sich von Blättern, Knospen und anderen Pflanzenteilen, die sie mit den Mundwerkzeugen kauen. Viele Grillen und Heupferde fressen auch andere Insekten. Einige haben sich auf die räuberische Lebensweise spezialisiert. Hausgrillen oder Heimchen sowie Höhlengrillen leben von Abfall.

Heupferd frisst einen Grashüpfer.

Großes Heupferd

Verteidigung

Die meisten Heuschrecken und Grillen sind grün gefärbt und deshalb gut getarnt. Andere haben auffällig gefärbte Hinterflügel, die sie plötzlich zeigen und damit Feinde erschrecken. Einige Arten ahmen tote oder lebende Blätter täuschend nach.

Wetagrille

Verteidigungsstellung

Körperhaltung
Die neuseeländische Wetagrille hat Dornen an den Hinterbeinen. Bei Bedrohung streckt sie diese hoch in die Luft und schreckt damit Räuber ab.

Die hellen Farben verschwinden nach dem Sprung

Schrecktracht
In Ruhe sieht man nur die Vorderflügel. Bei Bedrohung zeigt die Heuschrecke die bunten Hinterflügel und erschreckt damit mögliche Räuber.

Afrikanische Heuschrecke

Schrecktracht
Diese Heuschrecke lebt von giftigen Pflanzen und speichert das Gift im Körper. Die bunte Farbe warnt Räuber davor, dass die Art giftig ist.

GEWÖHNLICHER GRASHÜPFER	
WISSENSCHAFTLICHER NAME	*Chorthippus brunneus*
ORDNUNG	Orthoptera, Geradflügler
FAMILIE	Acrididae, Feldheuschrecken
VERBREITUNG	Europa
LEBENSRAUM	Trockene offene Gebiete mit kurzem Gras
ERNÄHRUNG	Gräser, niedere Pflanzen
GRÖSSE	Länge: Weibchen bis zu 23 mm, Männchen bis zu 18 mm
LEBENSDAUER	6–7 Monate

SIEHE AUCH UNTER GLIEDERFÜSSER, GRASSLAND, TIERWELT, HÖHLEN, TIERWELT, INSEKTEN, NORDAMERIKA, TIERWELT, TARN- UND WARNTRACHT

HEXEREI UND ZAUBEREI

DER GLAUBE AN HEXEN UND ZAUBERER, also an Menschen mit übernatürlichen Fähigkeiten, ist uralt und auf der ganzen Welt anzutreffen. Seit frühesten Zeiten glauben die Menschen in allen Kulturen, dass einige Männer und Frauen mit besonderen Ritualen, mit Sprüchen und anderen magischen Handlungen Gutes und Böses bewirken könnten. Heute spricht man meist von Magie und von Magiern. Vom 15. bis zum 18. Jh. hielt man vor allem in Europa die Magie gleichbedeutend mit Teufelsverehrung. So kam es in dieser Zeit zu Hexenverfolgungen.

Heilkundige
Zwischen der Zauberei und der Heilkunde besteht seit jeher ein Zusammenhang. Die sog. Hexen waren vor allem in Europa heilkundige Frauen, die sich mit Heilpflanzen auskannten. Ihre überraschenden Heilerfolge galten bald als Zauberei. Noch heute spielen die heilkundigen Männer und Frauen bei indianischen und afrikanischen Völkern eine große Rolle. Sie setzen auch religiöse Rituale ein.

Fingerhut

Johanniskraut

Magie
Die Magie oder Zauberei ist der Versuch, mit Hilfe einer übernatürlichen Macht Geschehnisse zu beeinflussen. Das magische Denken hat eine lange Geschichte; Anzeichen dafür findet man schon in den Höhlenmalereien. Heute ist es noch in vielen Kulturen anzutreffen, als Aberglaube oder Religion. In einigen Kulturen üben Schamanen die Magie aus.

Afrikanischer Zauberer, Holzplastik

Merkmale
Hexen galten als schwer zu entlarven, weil sie wie alle übrigen Menschen aussahen. Im Mittelalter glaubte man allerdings, die Hexen würden auf einem Besen fliegen und besäßen einen Begleiter, etwa eine Katze, die nichts anderes sei als ein verkleideter Teufel.

Folter
Bei Verdacht auf Hexerei wurden Frauen schrecklich gefoltert, um sie zum Geständnis zu bringen. Man peitschte sie aus, brannte sie mit glühendem Eisen, spannte sie auf die Folterbank, legte ihnen Daumenschrauben an oder stach ihnen die Augen aus. Viele Frauen gestanden, nur um den Qualen zu entgehen.

Gerät zum Ausstechen der Augen

Daumenschrauben

Hexenverfolgung
Im frühen Mittelalter war der Glaube an Hexen ein normaler Bestandteil des täglichen Lebens. Vom 12. Jh. an begann das Christentum jedoch, diese Hexerei als Irrglauben oder Häresie zu betrachten. Man sah in den Hexen Teufelsverehrerinnen. So begann die katholische Kirche mit ausgedehnten Hexenjagden. Wer in Verdacht geriet, eine Hexe oder ein Zauberer zu sein, wurde verhaftet, vor ein Inquisitionsgericht gebracht, gefoltert und oft hingerichtet. Diese Hexenverfolgung dauerte 300 Jahre. Schätzungen zufolge kamen dabei mindestens 300 000 unschuldige Menschen, überwiegend Frauen, ums Leben.

Hexenverbrennung
Da man nicht beweisen konnte, dass eine Hexe mit dem Teufel im Bunde war, wendete man oft Gottesurteile an. Man warf etwa eine gefesselte Frau ins Wasser. War sie schuldig, so trieb sie obenauf. Unschuldige gingen unter. Auf „erwiesene" Hexerei stand die Todesstrafe, meist die Verbrennung bei lebendigem Leib. Sie sollte an das Höllenfeuer erinnern. Tausende von Frauen verbrannten auf dem Scheiterhaufen, unter ihnen auch Jeanne d'Arc. Die Engländer hatten sie als Hexe 1431 auf dem Scheiterhaufen verbrannt.

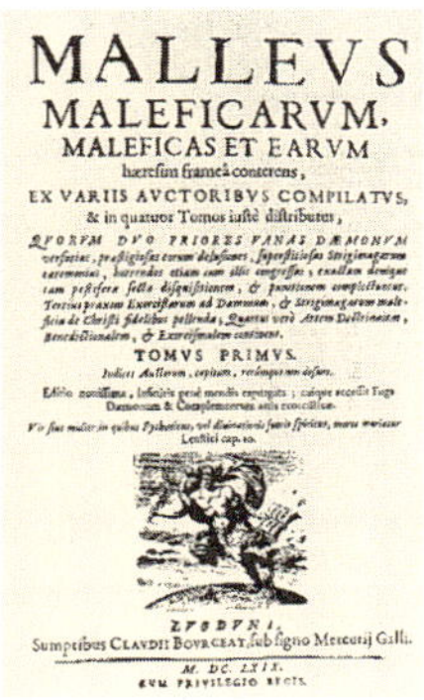

Hexenprozesse
Die Verfolgung angeblicher Hexen erreichte zwischen 1580 und 1660 ihren Höhepunkt. Damals fanden fast überall in Westeuropa Hexenprozesse statt. Mit zunehmender Hysterie wurden tausende von Frauen vor kirchliche und zivile Gerichte geschleppt. Vor allem ältere Frauen, Hebammen und Kräuterweiber verdächtigte man der Hexerei und des Bundes mit dem Teufel. Als Beweis genügten Gerüchte.

Der Hexenhammer
Im Jahr 1486 veröffentlichten zwei Dominikanermönche, Heinrich Institoris und Jacob Sprenger, das Buch *Malleus Maleficarum* (Hexenhammer). Es war ein Kommentar zur Hexenbulle von Papst Innozenz VIII. Darin wurden die Hexen und Zauberer als Antichristen bezeichnet. Die Autoren stellten Regeln auf, wie man Hexen erkennen, verfolgen und bestrafen solle. Das Buch galt als Standardwerk.

Die Prozesse von Salem
Die ersten englischen Siedler trugen die Angst vor Hexen auch in die amerikanischen Kolonien. Im Jahr 1692 fanden in Salem, Massachusetts, Hexenprozesse statt. Insgesamt machte man 27 Menschen den Prozess und verurteilte sie. 19 wurden gehängt, einen Mann begrub man lebendig unter Steinen. Die Urteile wurden später aufgehoben.

Halloween
Halloween fällt auf den 31. Oktober und war ein keltisches Fest. Man glaubte, in dieser Nacht würden Hexen und Zauberer umherfliegen. Man hielt sie mit Holzfeuern fern. Die Amerikaner stellen heute ausgehöhlte Kürbisse mit Lichtern auf.

SIEHE AUCH UNTER — EUROPA, GESCHICHTE — HUNDERTJÄHRIGER KRIEG — MEDIZIN, GESCHICHTE — RELIGIONEN — VERBRECHEN

HINDUISMUS

ALS ÄLTESTE WELTRELIGION nahm der Hinduismus in Indien vor über 5 000 Jahren seinen Anfang. Die Hindus kennen kein fest gefügtes Glaubensbekenntnis. Sie glauben aber an das umfassende All-Eine, ein absolutes Prinzip, das sie Brahman nennen. Nach hinduistischer Auffassung ist das Leben ein endloser Kreislauf von Wiedergeburten. Nach dem Tod werden wir als Tiere oder Menschen wiedergeboren. Das Ziel ist es, den Kreislauf zu verlassen und Teil von Brahman zu werden.

Wischnu
Die Hindus verehren Wischnu als Erhalter. Wenn auf der Erde das Böse überhand nimmt, steigt er auf die Erde herab und bringt der Welt das Gute. Seine Hauptaufgabe ist der Ausgleich zwischen bösen und guten Kräften. Wischnu hat die Erde unter 9 Menschen- und Tierformen besucht, darunter als Held Rama und als Gott Krischna.

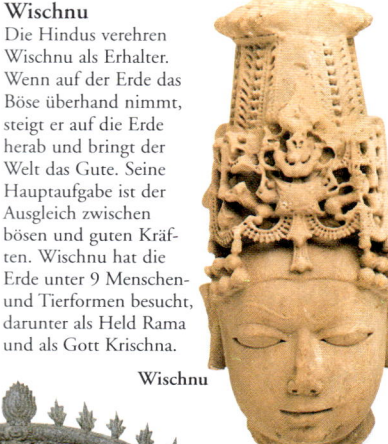

Wischnu

Götter
Die Hindus verehren viele Götter; sie gelten als Teile des Brahman. Einige Götter können ganz unterschiedliche Gestalten annehmen. In der Regel wählen sich die Hindus einen Lieblingsgott. Zwei der beliebtesten sind der intelligente Affengott Hanuman und Lakschmi, die Göttin der Schönheit und des Glücks. Sie ist die Gattin Wischnus. Wischnu, Schiwa und Brahma bilden eine Dreiheit.

Schiwa
Für viele Hindus ist Schiwa der absolute Gott. Er zerstört das Universum und schafft es wieder neu. So herrscht er über Leben und Tod. Von Schiwa gibt es über 1 000 Formen und Gestalten. Hier ist er als Gott des Tanzes dargestellt, der den Tanz des Lebens beendet, sodass ein neuer Lebenszyklus beginnt.

Schiwa schlägt die Handtrommel als Zeichen einer neuen Schöpfung.

Sein linker Fuß ist ein Symbol für die Befreiung.

Flamme als Symbol der Zerstörung

Der Flammenring symbolisiert die Energie des Weltalls.

Schiwa tanzt auf dem unterworfenen Dämon der Unwissenheit.

Brahma
Als Schöpfer des Weltalls hat Brahma 4 Arme. Sie symbolisieren die 4 Himmelsrichtungen. Mit seinen 4 Gesichtern kann er gleichzeitig in alle Richtungen blicken. Brahma wird im heutigen Hinduismus allerdings kaum mehr verehrt.

Diese Figuren stellen heilige Schriften dar.

Ganescha
Der elefantenköpfige Ganescha, der Gott der Weisheit, ist der Sohn von Schiwa und Parvati. Die Hindus opfern ihm vor einer Reise, weil sie glauben, dass er Hindernisse beseitigt.

Heilige Texte

Der Hinduismus kennt viele heilige Bücher, die den Menschen sagen, wie sie zu leben haben. Die 4 ältesten Texte heißen Weden. Sie enthalten Hymnen an Götter und Anweisungen, wie Priester ihre Pflichten zu erfüllen haben. Die Upanischaden bringen philosophische Texte über die Religion. Die Puranas umfassen 18 Werke über die gesamte indische Religion. Das Gesetzbuch des Manu enthält juristische und religiöse Anleitungen.

Rigweda
Die älteste und heiligste Sammlung der Weden heißt *Rigweda*. Sie enthält ungefähr 1 000 Hymnen zu Ehren der 33 wichtigsten Götter. Wie die übrigen Weden entstand auch der *Rigweda* um das Jahr 1200 v. Chr. und wurde zunächst mündlich überliefert. Dann legte man die Texte schriftlich in der Sprache Sanskrit fest.

Indra gilt in den Weden als der höchste Gott. Er beherrscht das Wetter und spendet den Regen.

Im Bhagavadgita lenkt Krischna den Wagen des Kriegshelden Arjuna.

Die Epen
Zwei epische Gedichte erzählen, wie die Götter auf die Erde herabstiegen. Das *Mahabharata* ist wohl das längste je geschriebene Gedicht. Die 100 000 Verse berichten, wie Wischnu als Krischna auf die Erde kam. Es enthält auch die *Bhagavadgita*, den Gesang des Erhabenen. Das *Ramayana* schildert, wie Wischnu als Held Rama auf die Welt kam.

Blaue Häuser in Jodhpur für die Brahmanen

Kastensystem
Die Hindugesellschaft ist in 4 Stände unterteilt: die Priester oder Brahmanen, die Kschatriya oder Krieger und Könige, die Waischya, die die Bauern, Handwerker und Händler umfassen, sowie die Schudra, die dienenden Tagelöhner. Diese 4 Stände zerfallen wiederum in viele weitere Kasten. Gegen die Regeln einer Kaste darf man nicht verstoßen. Früher heiratete man streng nur in der eigenen Kaste.

HINDUISMUS

Feste

Die Hindus feiern im Lauf des Jahres viele verschiedene Feste für ihre Götter. Janmastami im August ist der Geburtstag des Gottes Krischna; man liest aus dem *Bhagavadgita* und schenkt sich gegenseitig Süßigkeiten. Das Lichterfest *Diwali* erinnert an Ramas Sieg über seine Feinde und seine Lichterprozession nach Hause.

Pilger kommen an den Ganges, um zu baden.

Das heilige Wasser wäscht die Sünden weg.

Holi

Das Holi-Fest ist das bunteste aller indischen Feste. Man gedenkt dabei all der Streiche Krischnas, als er als Kuhhirte auf Erden lebte. Tagsüber bespritzen sich Männer, Frauen und Kinder gegenseitig mit Wasser und bewerfen sich mit farbigem Puder. Am Abend werden Freudenfeuer entzündet.

Pilgerfahrten

Pilgerreisen zu Heiligtümern sind für viele Hindus wichtig. Sie führen z. B. zu einem Schrein, von dem behauptet wird, dass hier ein Gott auf Erden erschienen sei. Die Hindus glauben, ihre Bitten würden an einem solchen Ort eher erhört werden. Das bedeutendste und wichtigste Pilgerziel ist die Stadt Benares oder Varanasi am heiligen Fluss Ganges in Nordwestindien.

Beim 2-tägigen Holi-Fest, einer Art Neujahrsfest, bespritzen sich die Menschen gegenseitig mit gefärbtem Wasser und stäuben sich mit rotem oder safrangelbem Pulver ein.

Heilige Kühe

Die weiße Kuh ist für den Hindu ein Symbol der Seele. Deswegen sind Kühe heilig. Sie dürfen frei herumlaufen und das Töten einer Kuh steht unter Strafe. Die Hindus melken zwar die Kühe und verwenden Kuhdung als Brennstoff. Der Genuss von Rindfleisch ist ihnen aber verboten. Viele Hindus verehren alle Tiere und leben deswegen vegetarisch.

Der Verkehr selbst in der Hauptstadt Delhi nimmt Rücksicht auf die Kühe.

Gottesdienst

Da die Hindus glauben, dass Gott oder das All-Eine in einem selbst ist, kann auch jede Tätigkeit, wenn man sie gut ausführt, ein Gottesdienst sein. Die Hindus kennen auch besondere Gottesdienste oder Andachten. Mindestens einmal am Tag gehen sie in den Tempel oder beten vor dem Hausaltar zu ihrem Lieblingsgott. Zu den Ritualen gehören Meditation und das Rezitieren heiliger Texte und Gebete. Man zündet Kerzen und Räucherstäbchen an und bringt Opfer dar.

Das Hauptbild stellt Wischnu dar.

Die Schlange Schescha schützt Wischnu.

Krischna und sein Bruder Ballarama sind ebenfalls dargestellt.

Schreine

In jedem Haus steht ein Schrein oder Hausaltar. Er enthält das Bild eines Hauptgottes sowie weiterer Götter. Ein Gefäß enthält vielleicht heiliges Wasser aus dem Ganges. Manche Hausaltäre bestehen nur aus einem Götterbild in der Ecke eines Raumes, andere sind aufwendig gestaltet und geschmückt.

Puja

Puja ist der rituelle hinduistische Gottesdienst. Vorher wird der Gott gewaschen, abgetrocknet und mit Gelbwurz- und Sandelholzpulver eingerieben. Als Opfer bringt man Blüten, Früchte und gekochten Reis dar. Man zündet Räucherwerk an und läutet während der Gebete mit einer Glocke.

Räucherbüchse

Mit Räucherwerk wird der Gott begrüßt.

Duftgefäß

Das Duftgefäß hat die Form einer Lotosblüte, Symbol der Schöpfung.

Joga

Alle Hindus wollen den Kreislauf der Wiedergeburten (Samsara) durchbrechen und eins werden mit Brahman. Einen Weg dazu bietet das Joga, das man als Vereinigung mit Gott bezeichnen kann. Es gibt verschiedene Joga-Arten, doch bei allen spielt die Meditation oder Versenkung eine Rolle.

Hindu bei einer Joga-Übung

Der große Hauptturm des Gebäudes symbolisiert die Berge, auf denen die Götter wohnen.

Im Innern des Tempels liegt das Allerheiligste mit dem Schrein des Gottes.

Hindutempel symbolisieren das Weltengebäude

Tempel

Die Hindus gehen nicht nur an Festtagen in die Tempel, um die Götter zu verehren und sich etwas von ihnen zu erbitten. Auch der Tempel selbst ist ein Objekt der Andacht, weil er als Wohnort der Götter gilt. Im Innersten des Tempels befindet sich ein Schrein mit einer Statue der Gottheit. In angrenzenden Räumen und Häusern leben die Priester. In den Eingangshallen werden auch religiöse Tänze aufgeführt.

Figuren von Göttern und mythischen Gestalten schmücken das Äußere.

Die Fenster stellen die Augen der Gottheit dar.

SIEHE AUCH UNTER | FESTE UND FEIERN | GOTTHEITEN | HEILIGTÜMER | INDIEN, GESCHICHTE | INDUS-KULTUR | LITERATUR | RELIGIONEN | SCHRIFT | ZEICHEN UND SYMBOLE

HIRSCHE UND ANTILOPEN

DER AUFFÄLLIGSTE UNTERSCHIED zwischen den Hirschen und Antilopen liegt in ihrem Kopfschmuck oder ihrer Stirnwaffe. Hirsche haben meist verzweigte Geweihe, die jedes Jahr abgeworfen werden, während Antilopen ihre unverzweigten Hörner zeitlebens beibehalten. Beide Tiere sehen ähnlich, aus, gehören jedoch zu verschiedenen Familien. Sie sind Paarhufer und Pflanzenfresser. Kleinere Antilopen nennt man Gazellen oder Ducker.

Weibchen ohne Geweih

Oryxantilope
Die Oryxantilope kam in vielen Unterarten früher in ganz Afrika vor. Sie heißt auch Spießbock.

Rothirsch
Diese am weitesten verbreitete Hirschart kommt in Europa und Asien sowie in Nordamerika vor, wo sie Wapiti heißt.

Beide Geschlechter mit langen, geraden Hörnern

Wachstum des Geweihs beim Damhirsch

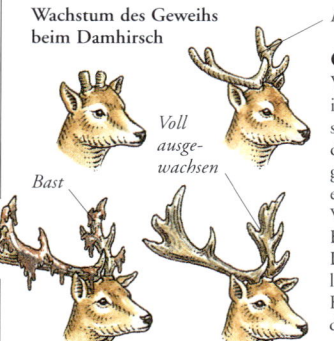

Im Wachstum
Bast
Voll ausgewachsen

Geweih
Während des Wachstums ist das Geweih von einer samtigen Haut überzogen, dem Bast, der viele Blutgefäße und Nervenenden enthält. Am Ende des Wachstums wird die Blutzufuhr abgeschnitten. Der Bast trocknet aus und löst sich vom Geweih. Der Hirsch hilft nach und fegt die Haut an Stämmen ab.

Hirsche
In Europa, Asien, Nordafrika sowie in Nord- und Südamerika leben 38 Hirscharten. Einige davon wurden nach Australasien eingeführt. Die meisten bilden unterschiedlich große Herden. Männliche Hirsche tragen verzweigte Geweihe, die jedes Jahr abgeworfen werden. Das neue Geweih trägt jedesmal noch mehr Enden.

Antilopen
Die meisten der 60 Antilopenarten leben in Afrika. Die Hirschziegenantilope und das Tschiru kommen in Asien vor. Bei den Antilopen gibt es erhebliche Größenunterschiede, angefangen von der Riesenelenantilope bis zu Zwergantilopen wie dem Kleinstböckchen, das nicht größer wird als ein Hase.

Hörner der Antilopen
Bei allen Antilopen haben die Männchen, bei einigen auch die Weibchen Hörner. Die Männchen schüchtern damit Rivalen ein und verteidigen ihr Territorium.

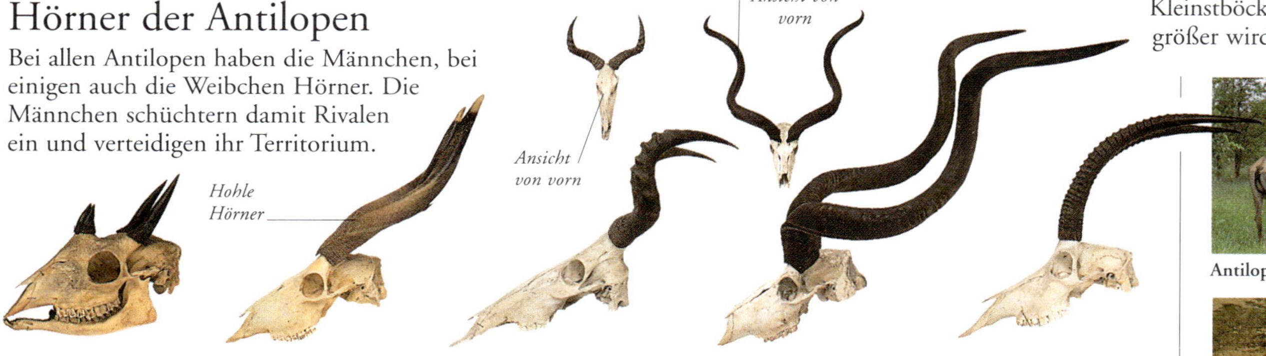

Hohle Hörner
Ansicht von vorn
Ansicht von vorn

Vierhornantilope
Die Männchen haben 2 Paar Hörner, wobei die vorderen kleiner ausfallen. Die Vierhornantilope lebt in Parklandschaften und Trockenwäldern Indiens.

Nyala
Die braunen Hörner haben weiße Spitzen. Sie werden bis zu 78 cm lang und sind meist nach oben geschwungen. Der Nyala lebt in Waldgebieten und Steppen Südafrikas.

Kuhantilope
Beide Geschlechter der südafrikanischen Kuhantilope, des Hartebeest, tragen gekrümmte Hörner. Jedes hat ungefähr 12 Querwülste und eine scharfe Spitze.

Großkudu
Die 3-fach spiraligen Hörner des männlichen Großkudus zählen zu den imponierendsten Stirnwaffen. Sie werden bis zu 1,50 m lang. Großkudus leben in Südafrika.

Pferdeantilope
Männchen und Weibchen tragen Hörner mit vielen Querringen. Sie sind rund 55 cm lang und fast im Viertelkreis nach hinten gekrümmt.

Antilope als Blattfresser

Gazellen als Weidegänger

Blattfresser und Weidegänger
Unter den Antilopen gibt es sowohl Blattfresser wie Grasfresser. In Afrika lebt z. B. die Thomsongazelle von Gräsern. Die Gerenuks hingegen ernähren sich überwiegend von Blättern und Schösslingen. Die Grant- und die Dorkasgazelle passen sich dem gerade Vorhandenen an.

Größter und kleinster Hirsch
Der größte Hirsch ist der Elch, der in Nordamerika und Europa vorkommt. Das erwachsene Männchen erreicht eine Schulterhöhe von 1,80 m und wiegt fast 550 kg. Der kleinste Hirsch ist der Südpudu aus Südamerika, der nur 35 cm hoch und rund 9 kg schwer ist.

Davidshirsch
Diese Hirschart lebte einst wild in China. Dann kam sie 3 000 Jahre lang nur in Parks vor. 1865 sah der französische Pater Armand David die letzte lebende Herde. Sie starb später aus. Zuvor hatte der Herzog von Bedford lebende Tiere aus China bekommen und verfügt heute noch über eine große Zucht. Vor kurzem hat man die Hirsche in China wieder angesiedelt.

HIRSCHE UND ANTILOPEN

Brunft
Den größten Teil des Jahres halten sich die Rothirschmännchen von den Weibchen und ihren Jungen fern. In der Fortpflanzungszeit, der Brunft, versammeln sie einen Harem von Weibchen um sich, den sie durch Röhren und notfalls durch Kämpfe verteidigen.

Fortpflanzung
Hirsche pflanzen sich fort, wenn das Wetter günstig und reichlich Futter vorhanden ist. Bei den Rentieren kommen die Jungen Anfang Juni auf die Welt, wenn die Herde größere Wanderungen unternimmt. Die Kälber folgen der Mutter gleich nach der Geburt. Bei einigen Arten wird das Junge allein gelassen. Die Mutter kommt mehrmals am Tag, um es zu säugen und zu pflegen, bis es der Herde folgen kann.

Rentier
Das Rentier Europas und Asiens und das Karibu Nordamerikas gehören zur selben Art. Die Tiere leben in großen Herden und legen jedes Jahr auf der Nahrungssuche weite Strecken zurück. Die nordeuropäischen Lappen machten das Ren zum Haustier.

Rentierweibchen haben als einzige Hirschweibchen ein Geweih.

Die Weibchen bringen ihre Jungen innerhalb von 14 Tagen auf die Welt.

Das Kalb zieht schon eine Stunde nach der Geburt mit der Herde weiter.

Das Rentierkalb wiegt bei der Geburt rund 4 kg.

Rentierweibchen mit Kalb

Lebensräume der Antilopen
Antilopen kommen in fast allen tropischen und subtropischen Lebensräumen vor. Die meisten halten sich in offenen Ebenen und Wäldern auf. Einige haben sich an das Leben in Wüsten, Gebirgen und Feuchtgebieten angepasst. Blattfresser bevorzugen Parks und Wälder.

Waldbewohner
Die scheue, einzelgängerische Vierhornantilope bewohnt bewaldete Hügelgebiete. Durch die Jagd ist die Art stark zurückgegangen. Sie kann sich heute nur noch in einigen indischen Reservaten und einem nepalesischen Reservat halten.

Huf der Sitatunga

Sumpfantilope
Die westafrikanische Sitatunga lebt nur in Sümpfen und anderen Feuchtgebieten. Mit ihren langen Hufen sinkt sie im Morast nicht ein. Bei Gefahr taucht sie im Wasser unter, nur die Nasenlöcher schauen heraus.

Verteidigung
Besonders die größeren Hirsche und viele große Antilopenarten setzen ihre Stirnwaffen zur Verteidigung ein. Die Pferdeantilopen knien beim Kampf nieder, um die Kehle und Brust nicht darzubieten. Hirsche und Antilopen sehen und hören hervorragend und nehmen ihre Feinde oft schon von weitem wahr. Bei einem Angriff vertrauen sie auf ihre Geschwindigkeit und fliehen.

Spitzes Geweih

Kopf des Muntjak

Hauerartiger Eckzahn

Schädel des Muntjak

Selbstverteidigung
Bei einem Angriff laufen die Muntjaks zunächst weg. Wenn dies nichts nützt, setzen die Männchen ihr Geweih ein, das auf hohen Rosenstöcken sitzt. Die Männchen können mit ihren hauerartigen Eckzähnen auch klaffende Wunden reißen.

Tarnung
Viele Hirsche und Antilopen schützen sich durch ein Tarnkleid, sodass sie in ihrer Umgebung nicht auffallen. Der afrikanische Kirkdikdik lebt in trockenem Gebüsch im Schutz der Dornsträucher.

Prunken
Der afrikanische Springbock erreicht auf der Flucht hohe Geschwindigkeit. Wie die meisten Gazellen vollführt er gern merkwürdige Sprünge, wobei er den Rücken krümmt und alle viere von sich streckt. Dieses „Prunken" drückt eine gewisse Erregung aus und warnt Artgenossen.

ROTHIRSCH
WISSENSCHAFTLICHER NAME Cervus elaphus
ORDNUNG Artiodactyla, Paarhufer
FAMILIE Cervidae, Hirsche
VERBREITUNG Europa und Asien; eingeführt nach Australien, Neuseeland und Südamerika
LEBENSRAUM Wald, Parklandschaften
ERNÄHRUNG Gras, Blätter, Schösslinge, Blüten (Weidegänger und Blattfresser)
GRÖSSE Schulterhöhe 1,40 m
LEBENSDAUER 12–15 Jahre

SIEHE AUCH UNTER AFRIKA, TIERWELT — BÜFFEL UND ANDERE WILDRINDER — GRASLAND, TIERWELT

HÖHLEN

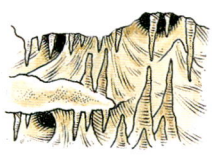

IN VIELEN GEBIETEN liegen unter der Erdoberfläche große, oft miteinander verbundene Hohlräume. Solche Höhlen können aus unterschiedlichen Gründen entstehen. Am häufigsten sind sie in Kalkgebieten, wo sie oft von Flüssen durchzogen sind oder Wasserfälle und sogar Seen enthalten. Kalkhöhlen sind voller Tropfsteine. Eine Höhle im malaysischen Teil Borneos ist 700 m lang und 50 m hoch. Das größte Sportstadion der Welt, der Superdome von Louisiana, hätte dreimal darin Platz. Die längste Höhle der Erde ist die Mammuthöhle in Kentucky, USA, mit 362 km Gängen.

Höhlentypen

Die größten und bekanntesten Höhlensysteme liegen in Karbonatgestein wie Kalk und Dolomit und entstehen durch Auswaschung. Kleine Höhlen kommen aber auch in anderen Gesteinen vor. Sie entstehen durch exogene, also äußere, wie endogene, innere Kräfte.

Brandungshöhle
An Steilküsten kann die Brandung eine Höhle graben. Gelegentlich entsteht oben auf dem Kliff ein Durchschlagsloch, durch das Gischt austritt.

Spaltenhöhle
Durch Bewegungen in der Erdkruste, z. B. bei Erdbeben, bilden sich längliche Spalten oder Schichtfugenhöhlen.

Eishöhle
Durch Schmelzwasserfluss unter dem Eis können Tunnels entstehen. Eishöhlen der Alpen enthalten dagegen viel Eis.

Lavahöhle
Tunnelhöhlen entstehen, wenn Lavaschichten von oben her erstarren und Lava darunter abfließt.

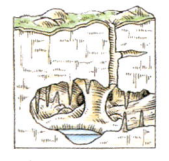

Kalkhöhle
Höhlen im Kalk bilden sich, wenn das Gestein von säurehaltigem Regenwasser aufgelöst wird. Man spricht hier auch von Karsthöhlen.

Wie eine Kalkhöhle entsteht

Die größten Höhlen der Welt sind durch die Wirkung des Wassers entstanden. Es sickert durch Spalten im Kalkgestein und weitet sie immer mehr, weil das kohlensäurehaltige Wasser den Kalk langsam auflöst.

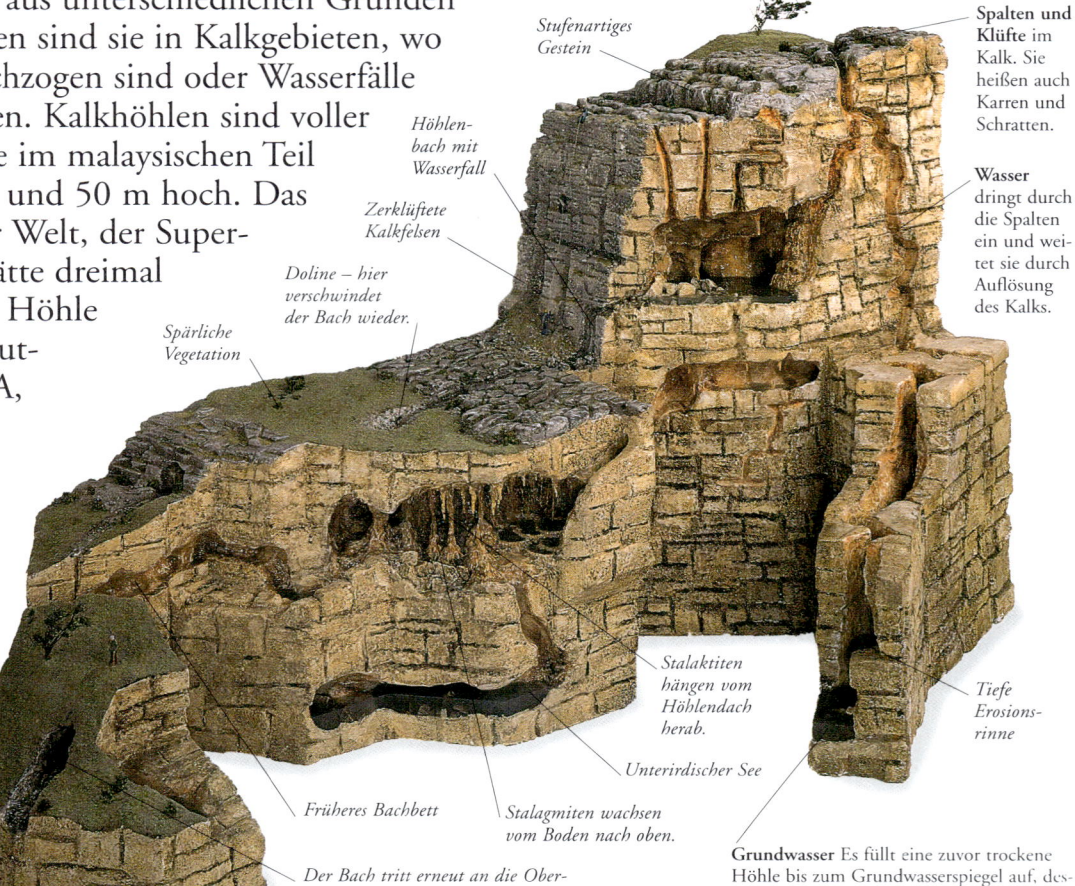

Stufenartiges Gestein

Höhlenbach mit Wasserfall

Zerklüfteter Kalkfelsen

Doline – hier verschwindet der Bach wieder.

Spärliche Vegetation

Spalten und Klüfte im Kalk. Sie heißen auch Karren und Schratten.

Wasser dringt durch die Spalten ein und weitet sie durch Auflösung des Kalks.

Stalaktiten hängen vom Höhlendach herab.

Tiefe Erosionsrinne

Unterirdischer See

Früheres Bachbett

Stalagmiten wachsen vom Boden nach oben.

Der Bach tritt erneut an die Oberfläche und fließt nun im Talgrund.

Grundwasser Es füllt eine zuvor trockene Höhle bis zum Grundwasserspiegel auf, dessen Höhe je nach Niederschlägen schwankt.

Tropfsteine

Das Regenwasser löst in Höhlen den Kalk und lagert ihn später meist in Form von Tropfsteinen wieder ab. So entstehen die Stalaktiten, die von der Decke herabhängen und die Stalagmiten, die vom Boden nach oben wachsen. Es gibt die unterschiedlichsten Formen von Tropfsteinen: schleierartige Vorhänge, Sinterfahnen oder spagettiartige Tropfröhrchen u. a.

Stalagmit

Stalagmiten und Stalaktiten
Stalagmiten und Stalaktiten – die zu einer Säule verschmelzen können – entstehen auf dieselbe Weise: Von der Höhlendecke tropfendes Wasser lagert feine Kalkschichten ab. Der größte Stalaktit ist 10 m lang und befindet sich in der Pruta do Janelão, Minas Gerais, Brasilien. Der größte Stalagmit ist über 32 m hoch und steht in der Krasnohorska-Höhle in der Slowakei.

Verschmolzene Stalaktiten

Stalaktit

Stalaktit mit ringförmigen Marken

Vorhangartiger Stalaktit

Höhlenforschung

Die Höhlenforschung ist eine nicht ungefährliche Wissenschaft und ein Hobby. Höhlenforscher vermessen die Höhlen und untersuchen deren Tierwelt. Dabei werden oft archäologische Entdeckungen gemacht. Die berühmten Höhlenmalereien von Lascaux in Frankreich wurden z. B. von Kindern entdeckt, die in eine Höhle eindrangen.

SIEHE AUCH UNTER — ERDBEBEN FOSSILIEN GESTEINE HÖHLEN, TIERWELT MEERESKÜSTE VORGESCHICHTE

HÖHLEN, TIERWELT

EINE TIEFE HÖHLE ist eine Welt für sich. In ihr herrschen ganz andere Bedingungen als an der Erdoberfläche. Höhlen sind völlig dunkel. Es gibt keinen Tag- und Nachtrhythmus, und die Temperatur ändert sich im Lauf des Jahres kaum. Pflanzen können hier nicht leben, wohl aber einige Tiere. Manche sind rein zufällig da, andere verbringen ihr ganzes Leben in dieser finsteren Umwelt. Sie suchen hier Nahrung und pflanzen sich fort.

Höhlenformen
Höhlen gibt es an Meeresküsten, in Vulkangebieten und sogar in Gletschern. Die eindrucksvollsten entstehen aber, wenn Regenwasser Risse im Kalkstein erweitert. In solchen Karstgebieten bilden sich Höhlenlandschaften aus Tropfsteinen, unterirdischen Seen und Flüssen. Es ist der Lebensraum einer eigenartigen, doch artenreichen Tierwelt. Kolonien von Fledermäusen hängen an der Höhlendecke und Scharen von Wirbellosen ernähren sich von deren Kot.

Kalkhöhle

Pflanzen
In völlig dunklen Höhlen können grüne Pflanzen nicht leben. Am Höhleneingang finden sich aber oft Moose, Farne und Algen, die gut an die feuchten schattigen Bedingungen angepasst sind. Manche dieser Pflanzen entsenden ihre Wurzeln in das nackte Gestein.

Farn *Moos*

Wirbellose
In Höhlen findet man oft viele Käfer, Spinnen, Schnecken, Würmer und Krebse. Sie ernähren sich von pflanzlichen und tierischen Abfallstoffen, die durch das Wasser eingeschwemmt werden.

Tastempfindliche Fortsätze

Pilzmückenlarven
An Eingängen neuseeländischer Höhlen wohnen leuchtende Pilzmückenlarven. Sie lassen von der Höhlendecke Seidenfäden mit klebrigen Tropfen herab, die sie mit ihrem eigenen Körper erleuchten. In diesen Fäden bleiben kleine fliegende Insekten hängen. Die Larven hieven die Beute dann in die Höhe und fressen sie auf.

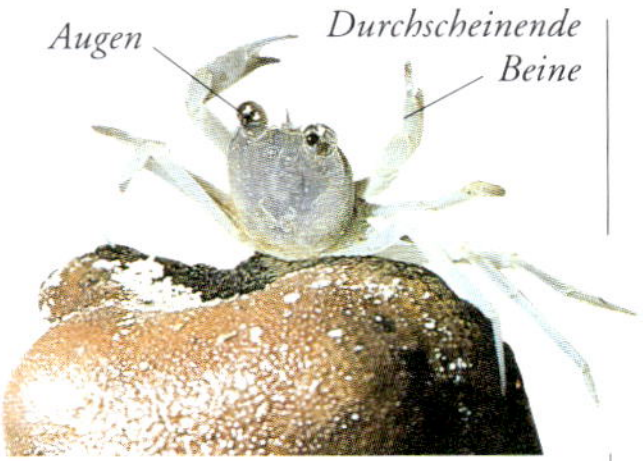

Augen *Durchscheinende Beine*

Vögel
Einige Vögel wie die Schleiereule und die Segler bauen ihre Nester auch in Höhlen. Der südamerikanische Fettschwalm nistet sogar tief im Höhleninnern und findet sich in völliger Dunkelheit durch ein Echolotsystem zurecht. Fettschwalme verlassen nachts die Höhlen in großen Schwärmen und suchen in Wäldern Früchte. Unter den Nestern entsteht mit der Zeit eine dicke Kotschicht – Nahrung für Wirbellose.

Fettschwalm

Lange Fühler

Höhlenschrecke
Die Höhlenschrecken finden sich mit ihren langen, fädigen Fühlern in der Höhle gut zurecht und spüren damit auch Nahrung auf dem Höhlenboden auf. Sie reagieren auf die leiseste Berührung und versuchen auf diese Weise Feinden zu entkommen. Wie die meisten Wirbellosen ernähren sich auch Höhlenschrecken von eingeschwemmten Abfallstoffen und vom Kot der Höhlenfledermäuse und Höhlenvögel.

Pilzmückenlarven mit Fangfäden

Insekt in der Falle

Höhlenkrabben
Tropische Höhlen beherbergen oft kleine Krabbenarten. Mit ihren Scheren nehmen sie tote, angeschwemmte Stoffe aus Bachbetten auf. Wie viele andere Höhlenbewohner, etwa Tausendfüßer, Spinnen, Salamander und Garnelen, sind sie bleich gefärbt. In der völligen Dunkelheit von Höhlen macht die Pigmentierung der Haut keinen Sinn mehr. Viele Höhlentiere sind deswegen auch blind.

Säugetiere
Manche Säugetiere leben zeitweilig in Höhlen. Das bekannteste Tier war der Höhlenbär, der schon in prähistorischer Zeit ausgestorben ist und dessen Skelett man immer wieder in Höhlen findet. Viele Fledermäuse ruhen tagsüber in Höhlen und hängen kopfunter an der Höhlendecke. Sie bringen hier ihre Jungen auf die Welt oder überwintern hier. Ihre Kolonien umfassen oft mehrere tausend Tiere.

Kleine Hufeisennase
Die Kleine Hufeisennase kommt in größerer Zahl in vielen Höhlen Europas, Asiens und Nordafrikas vor. Dort überwintert sie während der kalten Jahreszeit. Wie alle Fledermäuse findet sie sich in der Dunkelheit durch ihr Echolotsystem zurecht. Sie stößt hohe Schreie aus und fängt die Echos von den Höhlenwänden und Tropfsteinen auf.

Hautflügel, ausgespannt von den Fingerknochen

Fische
Einige Fische haben sich an das Leben in unterirdischen Flüssen angepasst, die durch die Höhlensysteme ziehen. Die meisten haben keine funktionsfähigen Augen mehr. Nur Reste dieser Sinnesorgane sind unter der Haut noch vorhanden.

Höhlensalmler
Blinde Höhlentiere haben zum Ausgleich für den Verlust ihres Gesichtssinnes oft einen sehr empfindlichen Tastsinn. Beim Höhlensalmler tritt die Seitenlinie sehr stark hervor, mit der die Fische Druckunterschiede im Wasser wahrnehmen können. Sie orientieren sich mit deren Hilfe und fangen damit auch Beutetiere.

Dunkle Schuppen bilden die Seitenlinie.

SIEHE AUCH UNTER | FISCHE | FLEDERMÄUSE | FLIEGEN | HEUSCHRECKEN UND GRILLEN | HÖHLEN | KREBSE | VÖGEL | WINTERSCHLAF

HOLOCAUST

VON 1939 BIS 1945 wurden 6 Millionen europäische Juden durch das Naziregime in Deutschland systematisch ermordet. Die meisten von ihnen starben in den Konzentrationslagern, kurz KZs genannt. Dieser Massenmord an den Juden wird nach einem Begriff aus der Bibel „Holocaust" – Brandopfer – genannt. Es war das Ziel der Politik Adolf Hitlers und seiner Gefolgsleute, alle Spuren jüdischer Kultur und jüdischen Lebens auszulöschen. Die Juden wurden zu allen Zeiten verfolgt. Nie zuvor gab es jedoch ein so schreckliches Ausmaß an Antisemitismus wie den Holocaust, bei dem zwei Drittel der europäischen Juden ihr Leben verloren.

Der Davidsstern
Seit 1933 begannen die Nationalsozialisten deutsche Juden vom Rest der Bevölkerung abzusondern. Juden mussten den gelben Davidsstern tragen und waren von öffentlichen Orten ausgeschlossen. Die Nazipropaganda schürte den Judenhass und jüdische Geschäfte wurden zerstört.

Das Getto
Gettos waren abgetrennte jüdische Wohnviertel. Als die Deutschen 1939 in Warschau, Polens Hauptstadt, einmarschierten, lebte dort eine halbe Million Juden. Man trieb sie in ein Getto und teilte ihnen nur Hungerrationen zu. Die Juden im Warschauer Getto wagten 1943 einen verzweifelten Aufstand, der brutal niedergeschlagen wurde. Als Sowjettruppen 1945 Warschau befreiten, lebten dort nur noch 200 Juden.

Im Warschauer Getto

Konzentrationslager
Die Nazis bauten Konzentrationslager, in die sie „unerwünschte Personen" brachten. Dazu zählten vor allem Juden. Seit 1941 entstanden überall in Osteuropa KZs wie in Majdanek, Treblinka und Auschwitz. Genau genommen waren es Todeslager, in denen Hitlers „Endlösung der Judenfrage", nämlich die Vernichtung aller Juden, durchgeführt wurde. Hunderttausende von Männern, Frauen und Kindern wurden in die Gaskammern geführt und dort getötet. Dies geschah mit Zyklon B, ein Blausäuregas, das durch Löcher in der Decke eindrang. Auch Roma und Sinti und Behinderte fanden diesen Tod.

Eingang zum KZ Auschwitz

Auschwitz
Eines der gefürchtetsten Vernichtungslager war Auschwitz (Oswiecim) in Polen. Dort wurden täglich bis zu 12 000 Gefangene vergast. Ihre Leichen hat man verbrannt; daher rührt auch der Begriff „Holocaust" – Brandopfer.

Fahrt in die Vernichtungslager

Deportation
Juden aus Frankreich und Griechenland hat man zusammengetrieben, in Viehwaggons geladen und mit der Eisenbahn in Vernichtungslager gebracht. Einheimische halfen oft bei der Deportation. Bis zu 1 000 Menschen wurden in einen Zug gepfercht, ohne Wasser und Nahrung. Bei der Ankunft wanderten die Überlebenden in die Gaskammern.

Widerstand
Trotz der Übermacht der Nazis gab es unter den Juden auch Widerstand. Neben dem Aufstand im Getto von Warschau kam es in Konzentrationslagern, z. B. in Sobibor, zu Revolten. Überall formierten sich auch kleine Gruppen jüdischer Partisanen, die heldenhaft im Feindesland kämpften, die Deutschen angriffen und militärische Einrichtungen oder Eisenbahnschienen zerstörten.

Befreiung
Seit 1942 gelangten Nachrichten von Vernichtungslagern auch in den Westen. Doch erst 1945 kam die volle grausame Wahrheit ans Licht: Als die Alliierten die Lager öffneten, fanden sie Berge von Skeletten vor – Tote, Sterbende und nur wenige, die überlebt hatten.

Chronologie
1925 Adolf Hitler veröffentlicht sein Buch *Mein Kampf*. Darin ist sein Judenhass, sein Antisemitismus, genau nachzulesen.

1933 Hitler wird deutscher Reichskanzler und beginnt mit der Judenverfolgung. In Dachau entsteht das erste KZ.

1935 Die Nürnberger Rassengesetze erklären Juden zu zweitklassigen Deutschen.

9./10. Nov. 1938 „Kristallnacht" – den Ausdruck erfand die Nazipropaganda für den Angriff auf 7 000 jüdische Geschäfte und das Einschlagen der Schaufenster. 30 000 Juden kommen ins KZ.

1941 Hitler, Eichmann, und andere Nazigrößen verkünden die „Endlösung der Judenfrage". Damit waren Massenvernichtungslager in ganz Europa gemeint.

1943 Aufstand im Warschauer Getto. Die Nazis töten oder deportieren in 4 Wochen 56 000 Juden.

1945 Die Alliierten befreien die Gefangenen aus den KZs.

1962 An der „Straße der Gerechten" in Israel wird der erste Baum gepflanzt. Dies geschieht im Gedenken an Nichtjuden, die im 2. Weltkrieg Juden retteten.

Anne Frank
Das jüdische Mädchen Anne Frank (1929–45) wurde in Frankfurt/M. geboren. 1933 floh ihre Familie nach Amsterdam, um der Verfolgung zu entgehen. Als die Deutschen 1941 Holland besetzten, versteckten Freunde im Juli 1942 die Familie. Im Versteck schrieb Anne ihr heute berühmtes Tagebuch. Im August 1944 wurden die Franks verraten, und die Nazis brachten sie ins KZ Bergen-Belsen, wo Anne mit 16 Jahren starb.

SIEHE AUCH UNTER DEUTSCHLAND, GESCHICHTE · EUROPA, GESCHICHTE · JUDENTUM · KALTER KRIEG · WELTKRIEG, ZWEITER

HORMONE UND HORMONDRÜSEN

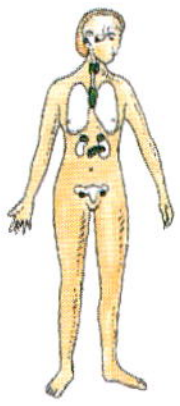

DIE HORMONDRÜSEN stellen neben dem Nervensystem das zweite Steuerungssystem des Körpers dar. Sie erzeugen Hormone und geben diese in die Blutbahn ab. Man spricht auch von endokrinen Drüsen. Hormone dienen als chemische Botenstoffe und regen bestimmte Organe zur Tätigkeit an. Sie wirken langsam und langfristig und steuern z. B. das Wachstum und die Fortpflanzung.

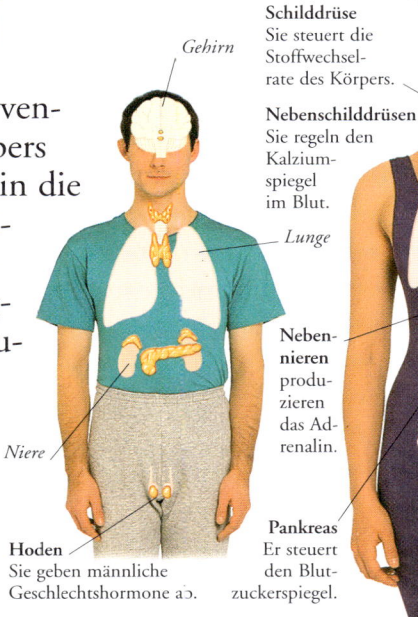

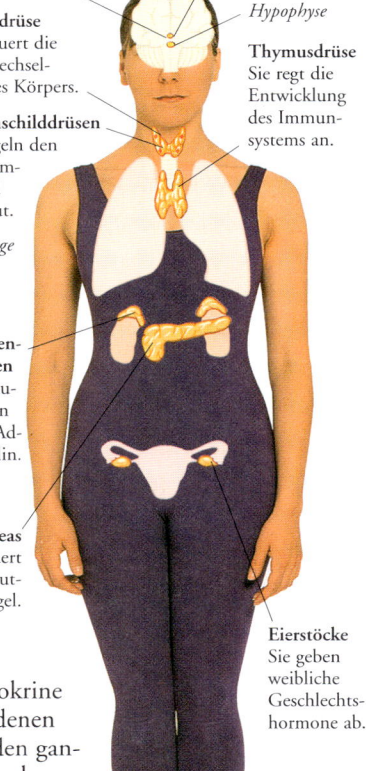

Was Hormone bewirken

Das Blut bringt die Hormone zu allen Körperteilen, doch wirken diese nur auf ganz bestimmte Organe und Zellen ein. Das jeweilige Hormon dockt an solchen Zielzellen an. Dadurch finden Veränderungen im Innern der Zelle statt. Die Bauchspeicheldrüse oder der Pankreas setzt z. B. das Hormon Insulin frei, um den Zuckerspiegel im Blut zu reduzieren. Das Insulin regt daraufhin die Leber an, den Zucker aus dem Blut aufzunehmen.

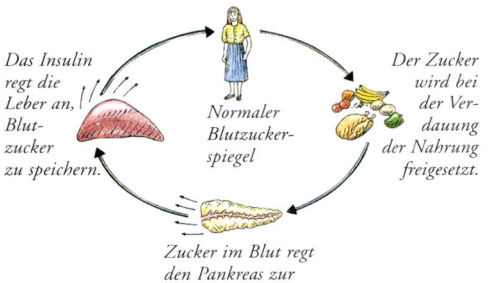

Das Insulin regt die Leber an, Blutzucker zu speichern.

Normaler Blutzuckerspiegel

Der Zucker wird bei der Verdauung der Nahrung freigesetzt.

Zucker im Blut regt den Pankreas zur Insulinproduktion an.

Hormonspiegel
Der Hormonspiegel im Blut wird durch einen Rückkopplungsmechanismus gesteuert. Bei erhöhtem Zuckerspiegel gibt der Pankreas Insulin ab. Das Insulin bewirkt, dass der Zuckerspiegel sinkt. Dies hat wiederum Rückwirkungen auf den Pankreas, der nun weniger Insulin produziert.

Gehirn

Hypothalamus Dieser Teil des Gehirns steuert die Hypophyse.

Schilddrüse Sie steuert die Stoffwechselrate des Körpers.

Nebenschilddrüsen Sie regeln den Kalziumspiegel im Blut.

Lunge

Niere

Hoden Sie geben männliche Geschlechtshormone ab.

Zirbeldrüse Sie steuert die körpereigene Uhr.

Hypophyse

Thymusdrüse Sie regt die Entwicklung des Immunsystems an.

Nebennieren produzieren das Adrenalin.

Pankreas Er steuert den Blutzuckerspiegel.

Eierstöcke Sie geben weibliche Geschlechtshormone ab.

Hormonsystem

Das Hormonsystem oder endokrine System setzt sich aus verschiedenen Drüsen zusammen, die über den ganzen Körper verteilt sind. Die bohnengroße Hypophyse im Gehirn übernimmt dabei die Steuerung der übrigen Hormondrüsen. Manche Organe haben neben der Hormonproduktion noch andere Aufgaben, z. B. die Bauchspeicheldrüse, die auch Enzyme für die Verdauung ausschüttet.

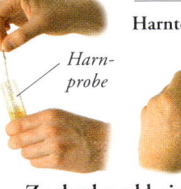

Harnprobe

Harntest

Farbskala

Zuckerkrankheit
Bei Zuckerkrankheit oder Diabetes steigt der Zuckerspiegel immer weiter an, weil die Bauchspeicheldrüse nicht genügend Insulin produziert. Der Patient hat dann auch Zucker im Urin, was man mit Teststreifen leicht nachweisen kann.

Jokichi Takamine
Der japanische Chemiker Jokichi Takamine (1854–1922) war der erste Forscher, der ein Hormon rein isolieren konnte. Aus Auszügen von Nebennieren gewann er Kristalle eines Stoffes, die den Blutdruck bei Tieren erhöhten. Später wurde dieser Stoff Adrenalin genannt.

Hypophyse

Die Hypophyse produziert mindestens 8 Hormone. Einige wirken direkt auf Körperfunktionen ein, während die anderen weitere Hormondrüsen zur Produktion anregen. Die Hypophyse ist in den Vorderlappen und Hinterlappen unterteilt. Der Vorderlappen produziert Hormone für das Wachstum und die Geschlechtstätigkeit. Der Hinterlappen steht in Verbindung mit dem Steuerungszentrum des Hypothalamus.

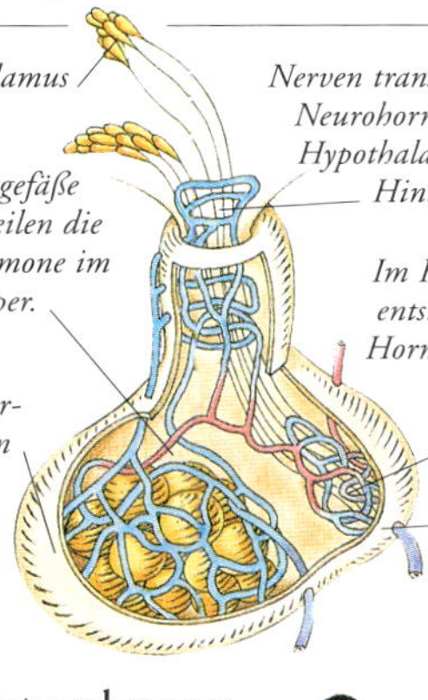

Prolaktin
Das Hormon Prolaktin wird im Vorderlappen produziert. Es regt die Milchproduktion einer stillenden Frau an. Saugt das Baby an der Brustwarze, gibt die Hypophyse Prolaktin ab.

Hypothalamus

Blutgefäße verteilen die Hormone im Körper.

Vorderlappen

Nerven transportieren Neurohormone vom Hypothalamus zum Hinterlappen.

Im Hinterlappen entsteht z. B. ein Hormon, das den Blutdruck steigert.

Hinterlappen

Wachstumshormon
Der Vorderlappen produziert auch Wachstumshormon. Es fordert den Körper zum Wachstum auf und regt die Zellen zur Teilung an. Die wichtigsten Zielgebiete dieses Hormons sind die Skelettmuskeln und die Knochen. Die Wachstumshormone sind in der Kindheit und Jugend am aktivsten.

Adrenalin
Wer tief erschrickt und dabei starkes Herzklopfen verspürt, erfährt die Wirkung von Adrenalin. Dieses Hormon hilft dem Körper auf Gefahren zu reagieren. Das Adrenalin beschleunigt die Atmung und den Herzschlag. Das Blut wird von den Verdauungsorganen auf die Muskeln umgeleitet. Man nennt das Stress.

| SIEHE AUCH UNTER | FORTPFLANZUNG | NERVENSYSTEM UND GEHIRN | ORGANSYSTEME | VERDAUUNG | WACHSTUM UND ENTWICKLUNG |

HUNDE

Seit über 12 000 Jahren leben Hunde mit dem Menschen zusammen. Der Hund entstand aus dem Wolf und schloss sich dem Menschen vermutlich an, weil er bei ihm Nahrung erhielt. Dann begann der Mensch, den Hund als Gehilfen bei der Arbeit zu nutzen. Zunächst diente er bei der Jagd. Später bewachten Hütehunde die Herden. Durch Züchtung entstanden nach und nach verschiedene Hunderassen. Doch erst gegen Ende des 19. Jh. begann man mit der Einteilung und Beschreibung der einzelnen Rassen. Heute gibt es auf der Welt über 350 Hunderassen. Sie zeigen eine Vielfalt wie kein anderes Haustier.

Sibirischer Husky

Englischer Setter

Shetland Sheepdog

Chihuahua

Scottish Terrier

Bloodhound

Einteilung
Die Menschen im alten Ägypten und Westasien züchteten als erste bestimmte Hunde für unterschiedliche Zwecke. Auch die Römer hielten Hunde. Man teilt sie meist nach ihrer Verwendung in folgende Gruppen ein – oben von links nach rechts: Gebrauchshunde, Jagdhunde, Hütehunde; – unten von links nach rechts: Begleithunde, Terrier, Spürhunde.

Barsois sehen sehr gut und sind Sichtjäger.

Lange, kräftige Beine und ein biegsamer Körper erlauben große Schnelligkeit.

Die Barsois wurden schon im 11. Jh. in Russland für die Jagd auf Wölfe gezüchtet.

Haushunde
Alle Haushundrassen, von der Deutschen Dogge bis zum Chihuahua, stammen vom Wolf ab. Sie haben seine Instinkte geerbt und sind wie die Wölfe Rudeltiere. Hunde sehen im Menschen ein Gruppenmitglied. Ein Hundehalter kann daher seinen Hund dazu erziehen, dass er ihn als Anführer eines Rudels anerkennt.

Merkmale
Der Wolf ist daran angepasst, Beutetiere zu jagen und zu töten. Er ist gewandt, hat kräftige Beine und läuft ausdauernd. Haushunde haben viele Merkmale des Wolfes bewahrt. Man hat einzelne durch Auslese und Züchtung verstärkt oder abgeschwächt.

Fell
Man unterscheidet im Wesentlichen 3 Fellarten: Kurzhaar, Langhaar und Draht- oder Rauhaar. Die meisten Rassen haben eine Unterwolle aus kürzeren Haaren und darüber längere Grannenhaare. Im Frühjahr und Herbst findet der Haarwechsel statt.

Kurzhaar    Langhaar    Rauhaar

Füße
Die Hunde gehen auf den Zehen und nicht auf der ganzen Fußsohle. Die Fußballen sind griffig, die Krallen nicht zurückziehbar.

Sinnesorgane
Hunde haben einen ausgezeichneten Geruchs- und Gehörsinn. Sie setzen diese Sinne bei der Kommunikation und der Jagd ein. Polizeihunde spüren Drogen, Explosivstoffe und Verbrecher auf. Die meisten Hunde sehen gut im Dunkeln und nehmen Bewegungen in großer Entfernung wahr.

Beagles züchtete man für die Hasenjagd.

Fortpflanzung
Die Hündin ist ungefähr 9 Wochen trächtig und bringt dann mehrere Welpen auf die Welt. Kurz nach der Geburt sind sie noch blind und taub. Ihre Augen öffnen sie nach 10 bis 12 Tagen, die Ohren nach 13 bis 17 Tagen. Im Alter von 3 bis 5 Wochen wachsen die Zähne.

Junge Welpen sind blind und hilflos.

Welpen kommen mit kurzem Schwanz zur Welt.

Augen geöffnet

1 Im Alter von 1 Woche schläft der Welpe die meiste Zeit. Er saugt Milch bei der Mutter und gibt auch Laute von sich.

2 Nach 2 Wochen versucht der Welpe die ersten unsicheren Schritte. Die Augen sind nun geöffnet und er kann hören.

3 Im Alter von 3 Wochen sieht der Welpe richtig. Er beginnt nun feste Nahrung zu fressen: Die Mutter würgt Fleisch für ihn hoch.

4 Nach 6 Wochen ist der Welpe entwöhnt. Die Zähne entwickeln sich rasch. Er kann nun der Mutter weggenommen werden.

| SIEHE AUCH UNTER | GRASLAND, TIERWELT | POLIZEI | SÄUGETIERE | TIERE | TIER-VERHALTEN | WÖLFE UND WILDHUNDE |

Hunderassen

Terrier

Airedale-Terrier Er ist die größte Terrierrasse. *Bis zu 60 cm hoch*

Border-Terrier Er wurde zur Rattenjagd gezüchtet.

Staffordshire-Bullterrier Er ist treu und anhänglich. *Fell in verschiedenen Farbschlägen*

Boston-Terrier Er entstand im 19. Jh. in Boston, USA.

Foxterrier Es gibt einen kurz- und rauhaarigen Typ. *Kurzhaariges Fell*

Jack-Russell-Terrier Sein Fell ist überwiegend weiß.

Yorkshire-Terrier Er dient heute als Wachhund.

Cairn-Terrier Sein zottiges Fell stößt Wasser ab.

Australischer Terrier Er kann Schlangen fangen. *Langgestreckter Körper*

Begleithunde

Papillon Der kleine Hund ist mit dem Spaniel verwandt. *„Papillon" – „Schmetterling" – bezieht sich auf die Ohrenform.*

Pekinese Er war Lieblingshund chinesischer Kaiser.

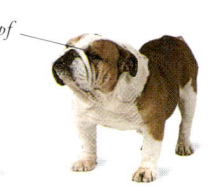

Bulldogge Der untersetzte Hund ist friedlich. *Großer Kopf*

Zwergpudel Er war um 1950 ein beliebter Modehund. *Dichtes, gekräuseltes Fell*

King-Charles-Spaniel Er stammt aus dem 17. Jh.

Mops Die Rasse stammt aus China.

Dalmatiner Die Rasse hat man in England gezüchtet.

Whippet Kurzhaariger, schneller Rennhund. *Kräftiger Rücken*

Irischer Wolfshund Größter Hund der Welt. *71–90 cm hoch*

Gebrauchshunde

Deutsche Dogge Sie eignet sich für Familien.

Mastiff Die Rasse gab es in England schon zur Römerzeit.

Boxer Er ist ein lebhafter und kinderlieber Hund.

Deutscher Schäferhund Er ist intelligent und wachsam.

Berner Sennenhund Er hat langes Haar.

Bernhardiner Er wurde als Lawinenhund berühmt.

Jagdhunde

Pointer Der lebhafte Hund braucht viel Training.

English-Springer-Spaniel Er ist die größte Spanielrasse.

Deutscher Vorstehhund Stichelhaariger Schlag. *Kräftige Hinterhand*

Basset Ein ruhiger und eigensinniger Jagdhund. *Schwanz leicht gekrümmt*

Dachshund Es gibt Kurz-, Lang- und Rauhaardackel. *Langer Körper, kurze Beine*

Curly-coated Retriever Er ist eine noch junge Rasse.

Hütehunde

Australischer Schäferhund Er ist sehr ausdauernd. *Tief angesetzte muskulöse Brust*

Border Collie Er ist ein unermüdlicher Hirtenhund.

Bobtail Er hat ein sehr dichtes Fell. *Haar fällt über die Augen.*

Windhunde

Afghane Er braucht sehr viel Training und Auslauf.

Saluki Dieser persische Windhund jagte einst Gazellen.

Greyhound Er ist der englische Rennhund.

HUNDERTJÄHRIGER KRIEG

IM JAHR 1337 begann Edward III., König von England (Regierung 1327–77), einen erbitterten Krieg mit Frankreich, der 100 Jahre dauern sollte. Edward und seine Nachfolger erhoben Anspruch auf den französischen Thron und wollten zugleich ihr Erbe in Südwestfrankreich sichern. Anfänglich sah England wie der sichere Sieger aus. Als aber der Herzog von Burgund die Engländer im Stich ließ und sich auf die Seite der Franzosen schlug, wendete sich das Kriegsglück. Das Ergebnis der langen Auseinandersetzung war, dass die Franzosen die Engländer aus dem Land warfen. Diesen blieb nur noch Calais als einziger Besitz auf dem europäischen Festland.

Die Sehne wird gespannt.
Bolzen

Französischer Armbrustschütze

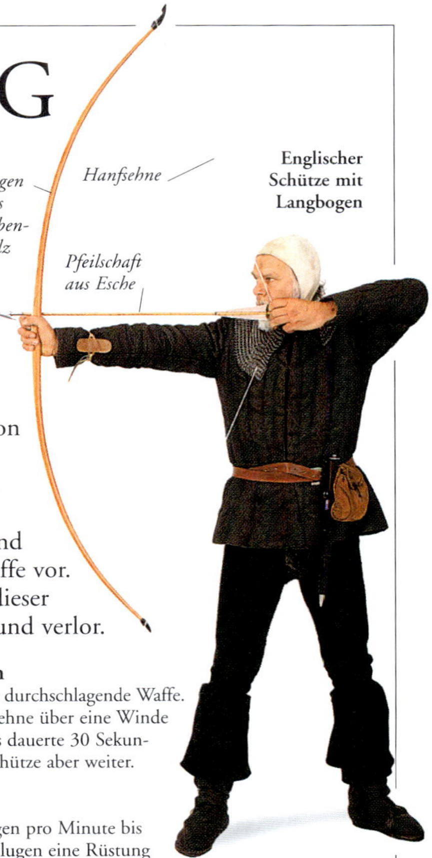

Bogen aus Eibenholz
Hanfsehne
Pfeilschaft aus Esche
Englischer Schütze mit Langbogen

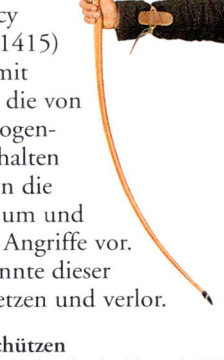

Die Gegner

Die Schlachten bei Crécy (1346) und Agincourt (1415) führten die Franzosen mit Angriffen von Rittern, die von den englischen Langbogenschützen leicht aufgehalten wurden. 1420 stellten die Franzosen ihr Heer um und trugen nun gezielte Angriffe vor. Die englische Armee konnte dieser Taktik nichts entgegensetzen und verlor.

Französische Armbrustschützen
Die Armbrust war eine langsame, aber durchschlagende Waffe. Nach jedem Schuss musste man die Sehne über eine Winde für den nächsten Schuss spannen. Das dauerte 30 Sekunden. In dieser Zeit schoss ein Bogenschütze aber weiter.

Englische Langbogenschützen
Ein Schütze konnte mit dem Langbogen pro Minute bis zu 12 Pfeile verschießen. Sie durchschlugen eine Rüstung noch aus 180 m Entfernung. Allerdings traf man mit dem Bogen nicht so genau wie mit der Armbrust.

Frühe Phasen des Krieges

Mit Hilfe ihres Verbündeten Burgund errangen die Engländer bis 1429 viele Siege. Dann wurden sie von den Franzosen unter Führung von Jeanne d'Arc bei Orléans besiegt. Gegen die französisch-burgundische Allianz von 1435 verlor England nach und nach seine Besitzungen in Frankreich.

1340–1360
England erbte Aquitanien und nahm 1347 Calais ein. 1359 versuchte es in Frankreich einzudringen. Die Franzosen schlugen die Engländer zurück, und 1360 schloss man den Frieden von Brétigny.

1360–1429
England hatte 1429 zwar Aquitanien verloren, dafür aber Gebiete in Nordfrankreich, darunter die Normandie, erobert. Innerhalb von 30 Jahren verlor England alle Gebiete in Frankreich; 1453 besaß es nur noch Calais.

Jeanne d'Arc

Göttliche Stimmen gaben Johanna (1412–31) ein, ihr Land zu befreien. Mit 17 Jahren führte sie die Franzosen zum Sieg über England. Später wurde sie gefangen und den Engländern ausgeliefert, die sie wegen Ketzerei verbrannten. 1920 wurde sie heilig gesprochen.

Die Kriegsführer

Persönlichkeit und militärisches Geschick von Jeanne d'Arc sowie von Heinrich V. gaben ihren Gefolgschaften Mut und Zuversicht. Die Herzöge von Burgund waren entscheidend, weil sie das Gleichgewicht zwischen England und Frankreich hielten.

Der Schwarze Prinz
Edward (1330–76), der älteste Sohn Edwards III., hatte seinen Namen nach seiner schwarzen Rüstung. Er kämpfte bei Crécy und Poitiers und herrschte seit 1360 in Aquitanien.

Karl VII.
Karl VII. (Regierungszeit 1422–61) wurde erst 1429 nach dem Sieg von Orléans zum französischen König gekrönt. Er konnte nun ein Heer gegen die Engländer aufbieten.

Philipp der Gute
Philipp (1396–1467), Herzog von Burgund, war erst Verbündeter Englands, wechselte dann aber die Seiten und half Frankreich. Er baute sein Herzogtum zu einem der mächtigsten in Europa aus.

Heinrich V.

Heinrich, der Enkel Edwards III., regierte England 1413–22. Er eroberte wichtige Städte wie Rouen und errang viele Siege. Durch seine Heirat mit Katharina von Valois galt er nach seinem Schwiegervater Karl VI. als Nachfolger auf dem französischen Thron, aber er starb vor Karl. Shakespeares Drama *Heinrich V.* schildert Heinrichs Kampf.

Chronologie

1346 Schlacht von Crécy: England baut seine Macht aus.

1360 Friede v. Brétigny: Edward III. erhält Aquitanien und verzichtet auf Frankreichs Thron.

1415 Sieg Englands bei Agincourt; Heinrich V. beherrscht die Normandie.

1420 Heinrich V. erhebt Thronanspruch.

1422 Tod Heinrichs V. und Karls VI.

1429 Jeanne d'Arc befreit Orléans und geleitet Karl VII. zur Krönung nach Reims.

1431 Jeanne d'Arc wird in Rouen als Ketzerin auf dem Scheiterhaufen verbrannt.

1435 Friede von Arras: Burgund schließt sich Frankreich an.

1453 Sieg Frankreichs bei Castillon: England verliert alle Besitzungen in Frankreich außer Calais.

SIEHE AUCH UNTER EUROPA, GESCHICHTE | FEUDALISMUS | FRANKREICH, GESCHICHTE | MITTELALTER | RÜSTUNGEN

HYÄNEN

DAS SCHAURIGE GELÄCHTER der Tüpfelhyäne ist einer der charakteristischen Laute in den Savannengebieten Afrikas. Man unterscheidet 3 Hyänenarten: die Tüpfelhyäne, die Streifenhyäne und die Schabrackenhyäne. Alle haben große breite Köpfe mit mächtigen Kiefern. Die Vorderbeine und die Schultern sind deutlich größer als die Hinterbeine. Obwohl die Hyänen wie Hunde aussehen, stammen sie von katzenartigen Vorfahren ab.

Kiefer
Knochen und Knochenmark bilden einen wichtigen Teil in der Ernährung der Tüpfelhyäne. Im Gegensatz zu allen anderen Fleischfressern frisst sie auch Hauer und Hörner. Dazu hat sie unglaublich kräftige Kiefer und Zähne, mit denen sie selbst die stärksten Knochen knacken kann.

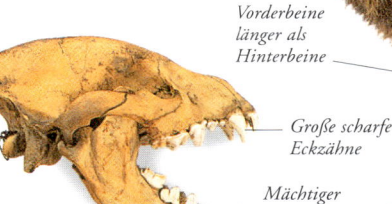

Kopf groß und breit mit mächtigen Kiefern
Abfallende Schultern
Rotbraunes Fell mit dunklen Flecken
Vorderbeine länger als Hinterbeine
Große scharfe Eckzähne
Mächtiger Unterkiefer

Tüpfelhyäne

Die Tüpfelhyäne ist die aggressivste und auch zahlreichste Art ihrer Familie. Sie kommt vor allem in offenem Gelände sowie an Waldrändern vor. Die Tiere leben heimlich und haben eine Vorliebe für Aas. Deshalb glaubte man früher, Hyänen würden sich nur von dem ernähren, was ihnen andere Raubtiere übriglassen. Tatsächlich gehen Tüpfelhyänen selbst auf Jagd. Sie spielen dabei eine wichtige ökologische Rolle, weil sie die Herden der Huftiere und die Pflanzenfresser zwingen, in neue Gebiete zu ziehen und so den Lebensraum zu schonen.

Rudel
Tüpfelhyänen leben in Rudeln von 10 bis 100 Tieren – angeführt von einem Weibchen. Tagsüber fressen sie Aas, nachts gehen sie selbst auf Jagd. Die Mitglieder eines Rudels arbeiten dabei zusammen und vermögen selbst Löwen von ihrer Beute zu vertreiben. Gelegentlich töten sie sogar einen älteren Löwen.

Ernährung

Tüpfelhyänen fressen von der Beute anderer Jäger und gehen selbst auf die Jagd. Sie töten dabei häufig junge Gazellen, Gnukälber und Zebras. Am wirkungsvollsten ist die gemeinsame Jagd. Die Rudelgröße hängt davon ab, wie viele Beutetiere im Territorium der Hyänen leben.

Ein Hyänenrudel frisst von einem Kadaver.

Jungtiere
In der Regel wirft das Weibchen 2 oder 3 Welpen in einem Bau. Die Jungen können sofort sehen. Mehrere Weibchen ziehen ihre Jungen in einem Kindergarten gemeinsam auf. Ein Weibchen bleibt als Wache immer im Bau zurück, während die anderen Futter suchen. Erst mit 18 Monaten sind die Welpen von der Mutter entwöhnt.

Die Welpen kämpfen schon früh um die künftige Stellung in der Rangordnung des Rudels.
Hyänenweibchen beim Säugen

Hyänenarten

Die Familie der Hyänen besteht aus der Tüpfelhyäne, der Streifenhyäne und der Schabrackenhyäne. Hinzu kommt noch der Erdwolf, der zu einer eigenen Familie gehört. Tüpfel- und Streifenhyäne leben in Afrika und in Asien. Die beiden anderen Arten sind auf Südafrika beschränkt.

Schabrackenhyäne
Sie ist im Wesentlichen eine wüstenbewohnende, scheue Art. Die Tiere leben im Verborgenen und sind selten zu sehen. Nachts frisst die Schabrackenhyäne von der Beute anderer Raubtiere. Sie kommt vor allem in Namibia und Botswana vor.

Struppiges Fell

Streifenhyäne
Sie ist deutlich kleiner als die Tüpfelhyäne und bewohnt ein Gebiet, das von Indien bis nach Tansania reicht. Die Streifenhyäne ist weniger aggressiv als die Tüpfelhyäne und lebt eher als Einzelgängerin. Sie hält sich in Felsspalten, Höhlen und Erdgängen verborgen.

Lange, struppige Mähne
Rumpf und Beine gestreift

Erdwolf
Der scheue Erdwolf verbringt den Tag oft in verlassenen Bauen anderer Tiere. Er hat schwache Kiefer, kleine, weit auseinander stehende Zähne und eine lange, biegsame Zunge. Damit frisst er Termiten und andere Insekten. Um Räuber abzuschrecken, gibt er aus einer Analdrüse eine übelriechende Flüssigkeit ab.

Kleiner Kopf
Gestreiftes Fell

TÜPFELHYÄNE

WISSENSCHAFTLICHER NAME	*Crocuta crocuta*
ORDNUNG	Carnivora, Raubtiere
FAMILIE	Hyaenidae, Hyänen
VERBREITUNG	Nord- und Ostafrika sowie Südasien
LEBENSRAUM	Offenes Grasland
ERNÄHRUNG	Hauptsächlich Aas, aber auch selbst erlegte Beute, z. B. Gazellen, Antilopen und Zebras
GRÖSSE	Schulterhöhe: 79 cm; Gewicht 80 kg
LEBENSDAUER	20 Jahre

SIEHE AUCH UNTER — AFRIKA, TIERWELT — ASIEN, TIERWELT — GRASLAND, TIERWELT — KATZEN — SÄUGETIERE — WÜSTEN, TIERWELT

IGEL UND ANDERE INSEKTENFRESSER

DIE INSEKTENFRESSER sind eine Ordnung der Säugetiere mit über 370 Arten. Zu ihnen zählen Igel, Maulwürfe, Spitzmäuse und Tanreks. Vor allem die kleinen Spitzmäuse sind sehr aktiv. Sie müssen fast den ganzen Tag fressen, um am Leben zu bleiben. Zwar sehen sie nicht gut, haben aber einen vorzüglichen Geruchssinn. Damit finden sie ihre Nahrung, vor allem Würmer, Schnecken und Insekten. Sie töten ihre Beute mit nadelspitzen Zähnen. Der Igel und viele Tanreks sind durch Stacheln geschützt.

Igel
Die Igel sind wie viele Insektenfresser nachts aktiv und Einzelgänger. Nur bei der Paarung kommen sie mit Artgenossen zusammen. Erwachsene Tiere brauchen ein eigenes Territorium, um genug Nahrung zu finden. Nicht alle Igel sind stachelig. Die europäischen Igel und der Wüstenigel sind durch ein dichtes Stachelkleid auf Kopf und Rücken vor Räubern, etwa Füchsen, geschützt.

Die europäischen Igel legen sich im Sommer eine Fettschicht zu, um beim Winterschlaf genügend Energie zu haben.

An der langen Schnauze stehen viele hoch empfindliche Schnurrhaare. Der Igel findet sich damit im Dickicht zurecht.

Das Igelweibchen wirft in der Regel zweimal im Jahr Junge.

Weiches Fell auf Brust und Bauch

Jungigel begleiten die Mutter auf Nahrungssuche.

Jungigel bleiben bis zum Alter von 7 Wochen bei der Mutter.

Die Stacheln des Igels
Der europäische Igel hat rund 5 000 Stacheln. Es sind Haare in Form zugespitzter steifer Röhren. Bei der Geburt liegt das erste helle Stachelkleid noch unter der Haut und bricht innerhalb weniger Stunden durch. Nach 2 Tagen erscheinen die Spitzen des zweiten, dunkel geringelten Stachelkleids.

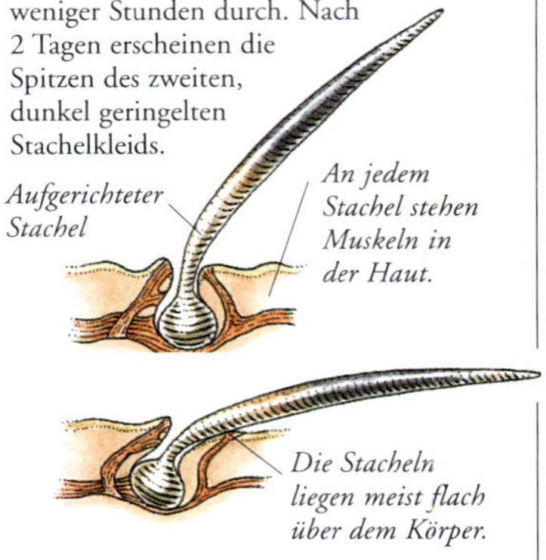

Aufgerichteter Stachel

An jedem Stachel stehen Muskeln in der Haut.

Die Stacheln liegen meist flach über dem Körper.

Zusätzlich rollt sich der Igel zu einer Kugel zusammen.

Maulwürfe
Maulwürfe leben unterirdisch in einem System selbst gegrabener Tunnel. Sie sind an ihre Lebensweise hervorragend angepasst und haben einen kompakten Körper, kurze Beine und winzige Augen. Die Ohren treten nicht hervor. Maulwürfe sind tag- und nachtaktiv, immer auf der Suche nach Würmern, Insektenlarven und Käfern.

Das Fell hat keinen Strich. Deshalb stellen sich die Haare auch beim Rückwärtsbewegen im Tunnel nicht auf.

Kräftige Krallen zur Lockerung des Bodens

Maulwurfshügel
Die Erdhügel entstehen durch die Grabtätigkeit der Maulwürfe. Das Tier schiebt lockere Erde durch senkrechte Tunnel mit den Hinterbeinen nach oben.

Nest unter dem Hügel

Grabfüße
Die breiten Vorderfüße tragen Krallen als Grabschaufeln. Sie leisten die Grabarbeit. Die Hinterfüße sind deutlich schmaler. Mit ihnen stößt der Maulwurf die Erde an die Oberfläche.

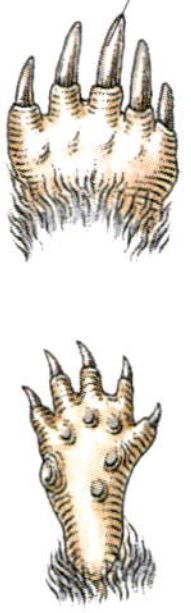

Spitzmäuse
Die Kleinsäuger haben eine lange Schnauze und kurze Beine. Sie müssen dauernd fressen, um am Leben zu bleiben. Spitzmäuse sind extrem aggressiv und greifen sich auch gegenseitig an. Viele Räuber machen einen weiten Bogen um Spitzmäuse, weil diese eine übelriechende Flüssigkeit abgeben.

Tanreks
Die 30 Tanrekarten leben nur auf der Insel Madagaskar. Einige können schwimmen, andere klettern, wiederum andere leben unterirdisch. Manche haben Stacheln, andere sehen eher wie Spitzmäuse aus. Eine häufige Art bringt in einem Wurf 34 Junge zur Welt.

Spitzmäuse nehmen täglich vier Drittel ihres Körpergewichts an Nahrung auf.

IGEL

WISSENSCHAFTLICHER NAME *Erinaceus europaeus*

ORDNUNG Insectivora, Insektenfresser

FAMILIE Erinaceidae, Igel

VERBREITUNG Europa, im Osten bis Russland. Eingeführt auch in Neuseeland.

LEBENSRAUM Lichte Wälder, Büsche, Hecken, Gärten, Felder

ERNÄHRUNG Wirbellose wie Käfer, Würmer, Raupen, Kleinsäuger, Aas

GRÖSSE Länge 25 cm

LEBENSDAUER 4–7 Jahre

SIEHE AUCH UNTER · TIERE · TIERVERHALTEN · WINTERSCHLAF

IMMUNSYSTEM

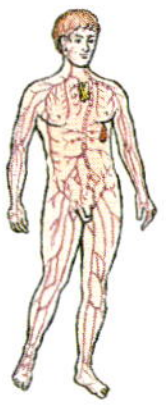

JEDEN TAG DRINGEN krankheitserregende Mikroorganismen in unseren Körper ein. Die Abwehr dieser Keime übernehmen das Immun- und das Lymphsystem. Zum Immunsystem gehören Zellen, die alle bisher eingedrungenen Krankheitserreger registrieren. Gelangen solche später erneut in den Körper, werden sie sofort zerstört: Man ist so immun gegen die Krankheit. Das Lymphsystem sammelt die Gewebsflüssigkeit oder Lymphe, filtert Krankheitskeime heraus und führt die Lymphe wieder ins Blut.

Lymphsystem

Das Lymphsystem besteht aus einem Netz von Röhren, den Lymphgefäßen. Sie versorgen alle Körperteile. Dazu kommen einige lymphatische Organe, etwa die Mandeln. Das größte Lymphgefäß ist der Milchbrustgang; er mündet in eine Vene.

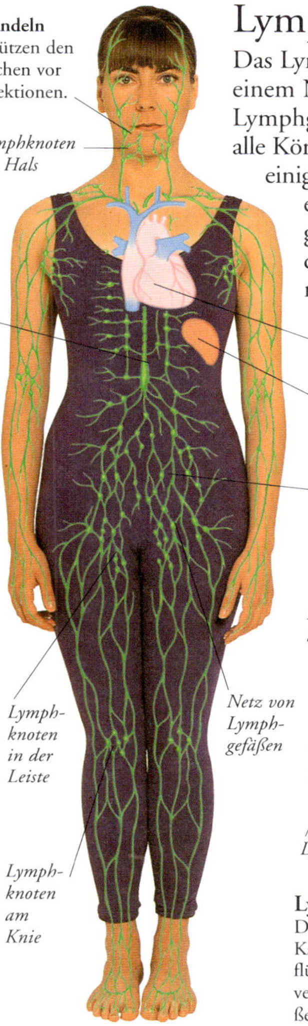

Mandeln schützen den Rachen vor Infektionen.

Lymphknoten am Hals

Milchbrustgang Er führt die Lymphe in eine Vene.

Herz

Milz Sie ist ein lymphatisches Organ, das auch Blut speichert.

Lymphknoten entfernen Krankheitserreger aus der Lymphe.

Lymphknoten in der Leiste

Netz von Lymphgefäßen

Lymphknoten am Knie

Lymphknoten

Lymphe verlässt dauernd das Blut und fließt in den Lücken zwischen den Zellen. Dabei passiert sie die Lymphknoten. Das sind kleine Anschwellungen der Lymphgefäße, in der die Lymphe gefiltert wird. In jedem Lymphknoten befindet sich ein Fasergewebe, in dem 2 Arten von Immunzellen eingelagert sind: die Lymphozyten und die Makrophagen.

Schnitt durch einen Lymphknoten

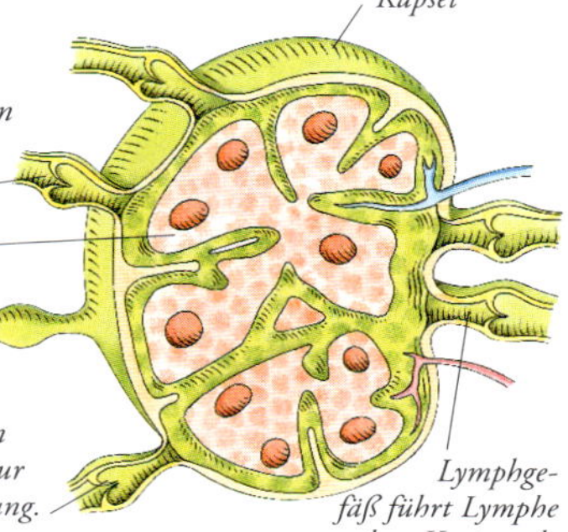

Kapsel

Lymphgefäß transportiert Lymphe in den Lymphknoten.

Gitterfasern mit weißen Blutkörperchen

Klappen leiten die Lymphe nur in eine Richtung.

Lymphgefäß führt Lymphe aus dem Knoten ab.

Lymphozyten
Lymphozyten in den Lymphknoten machen Krankheitserreger ausfindig und bilden gegen diese Antigene, die sog. Antikörper. Die Lymphozyten sind eine Form der weißen Blutkörperchen.

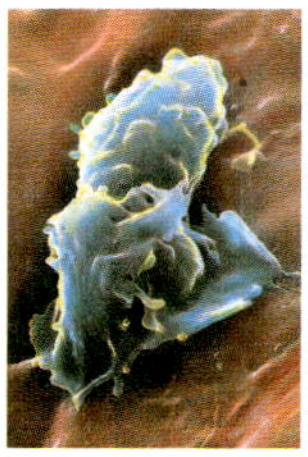

Makrophagen
Makrophagen sind Zellen, die Viren, Bakterien, Krebszellen und andere Eindringlinge in der Lymphe des Lymphknotens aufspüren, verschlingen und dadurch zerstören. Man nennt sie auch „Fresszellen".

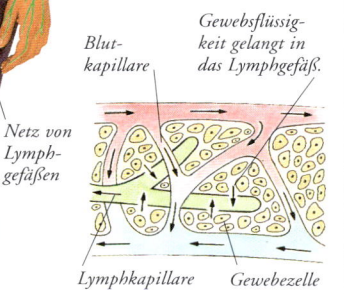

Gewebsflüssigkeit gelangt in das Lymphgefäß.

Blutkapillare

Lymphkapillare *Gewebezelle*

Lymphgefäße
Die kleinsten Lymphgefäße sind Kapillaren. In sie dringt Gewebsflüssigkeit ein. Lymphkapillaren vereinigen sich zu Lymphgefäßen, dann zu Lymphstämmen.

Immunisierung

Die Immunisierung verleiht Schutz gegen eine bestimmte Infektionskrankheit. Es gibt 2 Arten: Bei der aktiven Immunisierung oder Impfung bringt man tote Krankheitserreger in den Körper und regt so das Immunsystem an, Antikörper zu produzieren. Bei der passiven Immunisierung spritzt man bereits bestehende Antikörper ein. Dieser Schutz hält nur kurz.

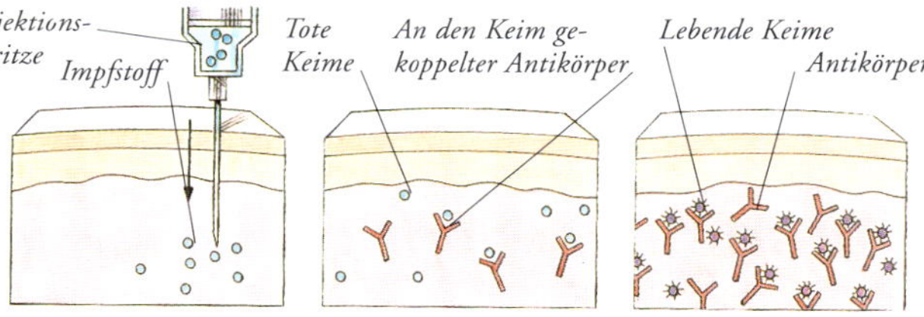

Injektionsspritze *Impfstoff* *Tote Keime* *An den Keim gekoppelter Antikörper* *Lebende Keime* *Antikörper*

1 Impfstoff mit toten oder abgeschwächten Krankheitserregern wird in den Körper gespritzt.

2 Das Immunsystem produziert Antikörper und hat eine „Erinnerung" an den Keim.

3 Dringen lebende Keime in den Körper ein, werden sofort Antikörper freigesetzt.

AIDS
Die Krankheit Aids ist eine erworbene Immunschwäche und wird von einem Virus (HIV) ausgelöst. Aidspatienten bekommen Krankheiten, die der Körper normalerweise überwindet, denn das HIV-Virus greift die Zellen des Immunsystems an und zerstört sie. Dadurch wird die Immunabwehr immer schwächer. Der Patient kann selbst einfache Infektionen nicht mehr bekämpfen und stirbt.

Gedenken an Aidsopfer

Lady Mary Wortley Montagu
Lady Mary Wortley Montagu (1689–1762), eine englische Schriftstellerin, führte eine frühe Form der Pockenimpfung in England ein. In der Türkei hatte sie beobachtet, wie die Menschen den Inhalt von Pockenpusteln mit einem kleinen Schnitt in die Haut Gesunder brachten. Damit schützte man sich vor den Pocken. Die englische Lady ließ auch ihre Kinder so impfen.

Allergien
Wenn das Immunsystem einen harmlosen Stoff, das Allergen, fälschlicherweise als gefährlich identifiziert, so leidet man unter einer Allergie. Der Körper reagiert auf das Allergen z. B. durch Schnupfen, Hautrötung oder Juckreiz. Unzählige Stoffe können Allergien auslösen; häufig sind es Pollen, Staub, Erdbeeren und Muscheln.

Erdbeere

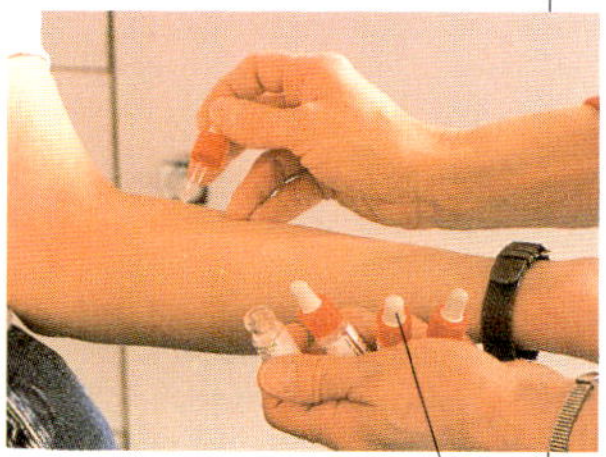

Beim Hauttest stellt der Arzt mögliche Allergene fest.

| SIEHE AUCH UNTER | FITNESS | HERZ UND KREISLAUFSYSTEM | MEDIZIN | MEDIZIN, GESCHICHTE | ORGANSYSTEME | PASTEUR, LOUIS | ZELLEN |

INDIANER

VOR ÜBER 30 000 JAHREN erreichten die ersten Menschen Nordamerika. Sie überquerten die Beringstraße, jenen Meeresteil zwischen Sibirien und Alaska, der in der Eiszeit trockengefallen war. Vor 500 Jahren kamen Eroberer und Siedler aus Europa, die den Ureinwohnern Amerikas ihr Land streitig machten. Sie verfolgten die Indianer und trieben sie in Reservationen, wo ihre Nachfahren z. T. heute leben.

Die Stämme Nordamerikas
Klima und örtliche Gegebenheiten bestimmten die Lebensweise der Ureinwohner. Im 17. Jh. lebten im Nordosten an der Atlantikküste und im Gebiet der Großen Seen Jäger, Fischer und Kleinbauern. Im trockenen Südwesten hatten sich Ackerbauern niedergelassen. An der Nordwestküste wohnten Fischer und Jäger. Die Great Plains waren die Heimat nomadisierender Jäger.

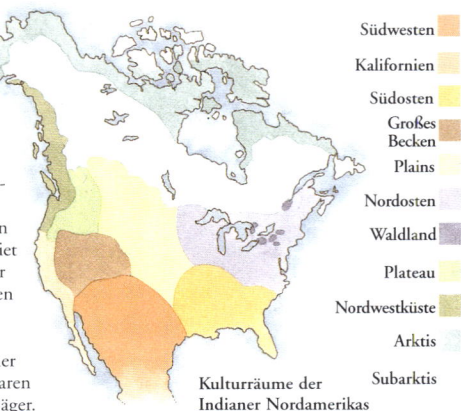

Kulturräume der Indianer Nordamerikas

Südwesten
Kalifornien
Südosten
Großes Becken
Plains
Nordosten
Waldland
Plateau
Nordwestküste
Arktis
Subarktis

Behausungen

Die Indianer mussten sich beim Hausbau ganz unterschiedlichen klimatischen Bedingungen anpassen – von der Eiseskälte der Arktis bis zu den heißen Wüstengebieten des Südwestens. Die Häuser errichteten meist die Frauen, wobei sie die Baustoffe verwendeten, die sie vorfanden: Eis, Schnee, Holz, Gras oder Tierhäute. Es gab Häuser für Einzelfamilien und für Gruppen.

Langhaus
Die Irokesen bauten eindrucksvolle Häuser aus Ulmenstämmen und Rinde, die bis zu 60 m lang waren. Darin lebten jeweils etwa 20 Familien. Sie bewohnten abgetrennte Abteile entlang des Hauptganges. Auf dem Gang lagen die Feuerstellen.

Dach aus Ulmenrinde

Vorratsraum
unter dem Dach. Hier wurde Mais und andere Nahrung getrocknet.

Gerüst aus Stämmen und Ästen

Kochstellen
im Gang des Langhauses wurden von mehreren Familien benutzt. Der Rauch zog durch Öffnungen im Dach ab.

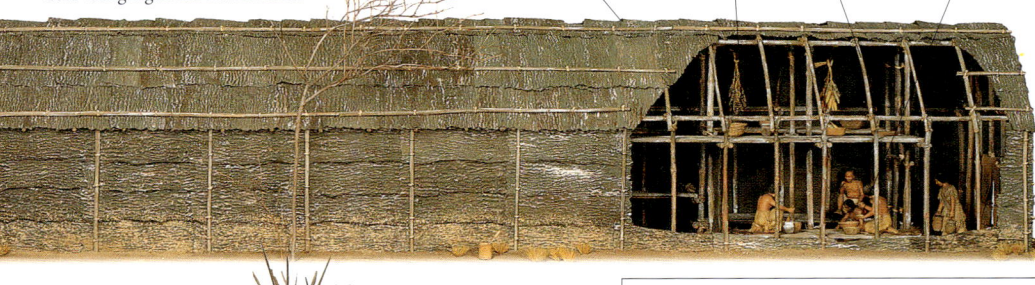

Iglu
Zwischen Oktober und Mai lebten die Inuit der Zentralarktis in Iglus. Dazu wurden feste Schneeblöcke mit einem Messer aus Horn oder Knochen ausgeschnitten. Die Blöcke wurden spiralig aufeinandergetürmt, bis der Kuppelbau stand. Im Innern spendete ein Feuer Licht und Wärme.

Schnee, zu Eisblöcken gepresst

Tipi
Die Sioux und andere Reitervölker der Prärie schlugen Tipis auf. Dazu stellten sie 20 bis 30 Stangen kreisförmig gegeneinander und bedeckten sie mit zusammengenähten Büffelhäuten. Die Häute wurden außen oft noch kunstvoll bemalt.

Rauchklappe zum Regulieren der Wärme
Verschluss mit Nadeln
Türklappe

Crazy Horse
Crazy Horse (um 1840–77) war Kriegshäuptling der Oglala-Sioux. Er bekämpfte die Einwanderung der Siedler auf den Great Plains und führte sein Volk zum Widerstand gegen Pläne der US-Regierung, durch das Stammesgebiet Straßen zu bauen. Mit der US-Armee lag er ständig im Krieg, bis er sich 1877 ergeben musste. Bei dem Versuch ihn festzunehmen, wurde er erstochen.

Lebensweise

Viele Stämme des Nordostens lebten in kleinen Dörfern, die von einem Palisadenzaun umgeben waren. Sie bauten in Gärten Mais, Bohnen, Kürbisse, Melonen und Tabak an.

Streitaxt
Pfeile 

Jagd
Die Indianer verehrten die Tiere, die sie jagten und töteten, und hatten viele Jagdrituale. Die Tiere lieferten ihnen nicht nur Fleisch, sondern auch Felle, Wolle, Horn und Knochen für Kleidung, Gebrauchsgegenstände und Waffen.

Bogen *Atlatl*

Frauen
Bei den meisten Stämmen mussten die Frauen härter arbeiten als die Männer. Sie sorgten für die Kinder, fertigten die Kleidung und bereiteten die Nahrung zu und legten Vorräte an. Sie bauten meist die Häuser, bestellten die Felder oder zerlegten die Jagdbeute.

Neues Selbstbewusstsein

Zwischen 1860 und 1890 führte der Widerstand gegen die Umsiedlung in Reservationen zu den Indianerkriegen. Die Indianer hatten gegen die Weißen keine Chance. In jüngster Zeit besinnen sich die Nachkommen der Ureinwohner Amerikas aber wieder auf ihre Kultur, ihre Sprache und Geschichte, die von der Regierung lange Zeit unterdrückt wurden.

Stadtindianer
Zwischen 1950 und 1970 versuchte das Indianerbüro, mehr Indianer in den Städten anzusiedeln. Nur wenige fassten Fuß. Seit 1980 bemühen sich Indianer in den Reservationen um Eigenständigkeit. Sie eröffneten Spielkasinos und eigene Betriebe.

Indianer in Reservationen
Seit dem 19. Jh. hat die US-Regierung immer wieder versucht, die Indianer auf festgelegte Reservationen einzugrenzen. Um 1970 begannen dann politische Gruppen den Ureinwohnern bei der Rückgewinnung ihres Landes zu helfen. Heute leben 1,5 Mio. Indianer in Reservationen, die sie selbst verwalten.

SIEHE AUCH UNTER | FAMILIE UND GESELLSCHAFT | GERONIMO | INKA | KANADA | KANADA, GESCHICHTE | KOLUMBUS, CHRISTOPH | NORDAMERIKA, GESCHICHTE | WAFFEN | WOHNHÄUSER

Indianische Kunst

Ritualgegenstände

Kalumet Das Kalumet oder die Friedenspfeife wurde nach dem Kampf geraucht.

Grabfiguren wurden an die Längsseite des Toten gelegt.

Schlangenstock Symbol für Blitz und Regen

Maske der Nordwestküste Symbol des Weltgeistes

Adlerfedern Schmuck an einem Zeremonialstab

Seelenfänger Damit sog man bei Krankheit den bösen Geist heraus.

Totempfahl Nordwestküste Symbol des Familienclans

Persönlicher Besitz

Mokassins aus Hirschleder mit Glasperlen verziert

Schneeschuhe der subarktischen Indianer

Ulu Ein Messer der Inuit

Ledermanschette mit Silber verziert

Halsband aus Bärenklauen Dieser Schmuck wurde von Häuptlingen getragen.

Tasche der Shawnee mit Stachelschweinborsten verziert

Kochlöffel

Spielzeugpferd

Puppe der Dakota in Stammeskleidung

Decke der Navajo Solche Decken hatten bestimmte festgelegte Muster.

Puppe der Seminolen in typischer Kleidung

Holzmörser zum Zerstampfen von Mais

Teller und Löffel aus Holz geschnitzt

Rassel der Creek mit Steinen gefüllt

Kriegspfeife bei einigen Stämmen der Plains üblich

Erntekorb mit getrockneten Maiskolben

Kindertrage aus weichem Leder gefertigt

INDIEN UND SRI LANKA

INDIEN BILDET zusammen mit den Ländern Pakistan, Bhutan, Bangladesch, Nepal und der Insel Sri Lanka, dem einstigen Ceylon, einen Subkontinent. Die Grenze im Norden stellt der mächtige Himalaja dar. Indien ist das siebtgrößte Land der Erde. Bei der Einwohnerzahl steht es an zweiter Stelle. Die Armut bildet ein großes Problem, doch Indien produziert alle benötigten Nahrungsmittel selbst. Die Industrialisierung macht zur Zeit große Fortschritte.

Geografie

Der Himalaja bildet im Norden Indiens eine natürliche Grenze. Von Pakistan bis Bangladesch zieht sich eine große Tiefebene, die von Indus und Ganges entwässert wird. Die Wüste Thar liegt an der Grenze zu Pakistan. An der West- und Ostküste des Subkontinents erheben sich lang gezogene Gebirge, die West- und die Ostghats.

Westghats
Das Gebirge der Westghats erstreckt sich an der Westküste Indiens und reicht bis in 2 695 m Höhe. Die Abhänge und das Tiefland westlich davon sind von Regenwald bedeckt, in dem noch Tiger und Elefanten leben. Am Ostabhang wächst laubabwerfender Trockenwald.

Ganges
Mit 2 700 km ist der Ganges der größte Fluss in Indien. Er fließt durch eine große, dicht besiedelte Ebene. Die Quelle liegt in 4 200 m Höhe in einer Eishöhle im Himalaja. Das Delta befindet sich zum größten Teil in Bangladesch. Für die Hindus ist der Ganges ein heiliger Fluss.

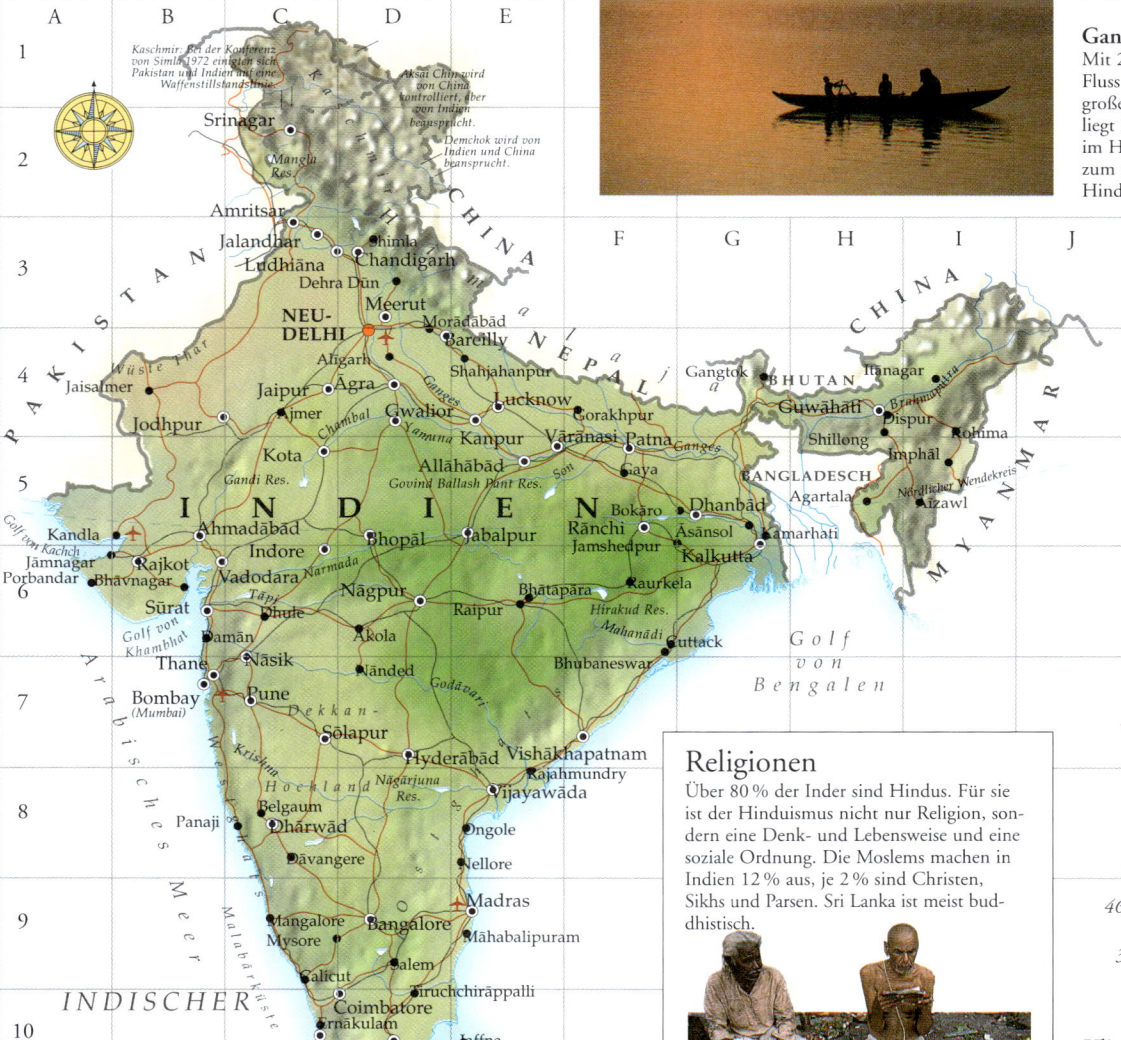

Sri Lanka
Vor der Südostspitze Indiens liegt die Insel Sri Lanka. Im Zentrum befinden sich hohe Berge, die von einer Küstenebene umgeben sind. Sri Lanka hat ein tropisches Klima mit 2 Jahreszeiten, die vom Monsun geprägt sind. Im Südwesten fällt die Trockenzeit aus und es ist das ganze Jahr über feucht. Der Nordosten mit seinen offenen Wäldern und Grasländern ist hingegen trockener.

46 °C   -14 °C
31 °C   14 °C
640 mm

Klima
Zwischen Juni und September fallen in Sri Lanka und Indien anhaltende Monsunregen. Am kühlsten ist es von November bis März. Die Wintertemperaturen liegen mit Ausnahme des Himalaja selten unter 20 °C. In den nördlichen Ebenen steigt die Temperatur im Sommer bis auf 50 °C.

Religionen
Über 80 % der Inder sind Hindus. Für sie ist der Hinduismus nicht nur Religion, sondern eine Denk- und Lebensweise und eine soziale Ordnung. Die Moslems machen in Indien 12 % aus, je 2 % sind Christen, Sikhs und Parsen. Sri Lanka ist meist buddhistisch.

Hindupriester

Indien

Indien ist laut Verfassung von 1950 eine demokratisch föderale Republik. 1947 wurde das Land unabhängig von Großbritannien. Es besitzt aus der Kolonialzeit ein umfangreiches Schienennetz, internationale Häfen und viele Textilfabriken. Heute gibt es in Indien eine gut ausgebaute Industrie und moderne Riesenstädte, allerdings mit großen Slums, in denen viele Menschen in extremer Armut leben. Indien verfügt über reiche Bodenschätze wie Kohle, Erdöl, Eisen, Bauxit und Mangan.

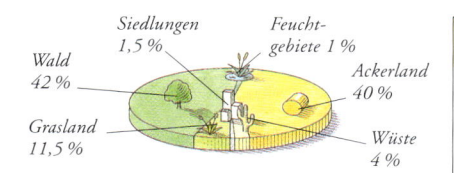

Landnutzung

Wald 42 %, Siedlungen 1,5 %, Feuchtgebiete 1 %, Ackerland 40 %, Grasland 11,5 %, Wüste 4 %

Auf dem größten Teil der Ackerfläche baut man Getreide wie Reis sowie Früchte an. Das Land kann sich weitgehend selbst ernähren. Bei der riesigen Bevölkerung besteht ein großer Bedarf an nutzbaren Böden. Deshalb wurden viele Wälder gefällt. Auch der Bergbau beansprucht größere Gebiete.

INDIEN: DATEN

HAUPTSTADT	Neu-Delhi
FLÄCHE	3 287 263 km²
EINWOHNER	1 030 000 000
SPRACHE	Hindi, Englisch; 17 weitere Amtssprachen
RELIGION	Hinduismus, Islam
WÄHRUNG	Indische Rupie
LEBENSERWARTUNG	63 Jahre
EINWOHNER PRO ARZT	2 440
REGIERUNG	Mehrparteiendemokratie
ANALPHABETEN	48 %

Bevölkerung

Die meisten Inder sind Hindus und leben nach ihrer Religion in einem Kastensystem. Es legt ihre Rolle in der Gesellschaft, die Wahl des Ehepartners und die Art des Lebensunterhalts fest. Frauen sind vom Gesetz her gleichberechtigt, doch in der Praxis trifft dies selten zu. Die Inder leben meist in Großfamilien, die oft die einzige soziale Sicherheit im Alter gewährleisten. Die Regierung versucht das Bevölkerungswachstum zu kontrollieren.

312 pro km² 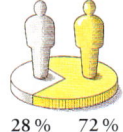 — 28 % Stadt — 72 % Land

Hindufamilie

Filmindustrie

Indien hat die größte Filmindustrie der Welt und es produziert mehr Filme als die USA. Das Zentrum dieser Industrie liegt in „Bollywood", dem indischen Hollywood in Bombay.

Indische Filme sind oft vollgepackt mit Stars, Tanz und Action.

Neu-Delhi

Neu-Delhi haben die Briten eigens als Hauptstadt Indiens errichtet. Es hat 301 000 Einwohner und liegt 5 km von der Stadt Delhi, die fast 7 300 000 Einwohner hat. Im Gegensatz zu den engen Gassen, Tempeln, Moscheen und Basaren des alten Delhi weist Neu-Delhi großzügige Parks und Alleen auf.

Jama-Masjid-Moschee, Delhi

Musik

Die musikalische Tradition Indiens reicht weit zurück. Eine klassische indische Musikform ist die Raga, eine Mischung aus Melodie und Tonleiter. Typische Instrumente sind Vina, Sitar und Sarod – alle drei lautenähnliche Saiteninstrumente – sowie Flöten und Trommeln. Die Volksmusik ist je nach Region sehr unterschiedlich; sie kennt mindestens 500 verschiedene Instrumente.

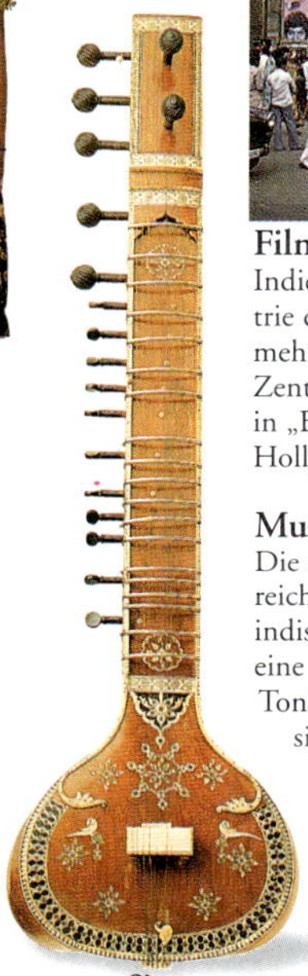

Sitar

Landesküche

Das klassische indische Gericht ist der Curry, eine zumeist scharfe Soße mit vielen Gewürzen, etwa Gelbwurz, Ingwer, Kardamom, Koriander, Muskatnuss und Mohnsamen. In dieser Soße kocht man Fleisch oder Gemüse. In ganz Indien isst man dazu Reis, im Norden zusätzlich Fladenbrot, das Chapati, Paratha oder Poori heißt. In Nordindien isst man vor allem Lamm- und Hühnergerichte. Im Süden bevorzugt man Hülsenfrüchte wie Dhal (Linsen), Kokosnuss, Meeresfrüchte und Fische.

Gekochter Reis — Gemüse in Currysoße

Landwirtschaft

Fast zwei Drittel aller Inder arbeiten in der Landwirtschaft. Viele bauen gerade so viel an, dass es für ihre Familie reicht. Andere arbeiten auf Plantagen, wo überwiegend Tee, Kautschuk, Zuckerrohr, Kaffee, Bananen, Mangos und Baumwolle für den Export produziert werden. Indien führt auch Teak, Sandel- und Rosenholz aus. Rinder werden für Butter und andere Milchprodukte gehalten, aber nicht geschlachtet.

Bananen — Sesamsamen — Mango

Industrie

Die Wirtschaft Indiens beruht heute noch auf Kleinbetrieben. Da die Löhne niedrig sind, wächst die Industrie schnell. In der südindischen Stadt Bangalore ist ein Elektronikzentrum entstanden und viele internationale Unternehmen haben hier Betriebe. Indien exportiert auch Maschinen, geschnittene Diamanten, Textilien und Chemikalien.

Elektronikindustrie

Kaschmir

1947 trennte sich das islamische Pakistan vom überwiegend hinduistischen Indien. Seit jener Zeit streiten sich beide Länder über den Besitz des früheren Fürstentums Kaschmir. Ein Teil davon liegt im indischen Staat Jammu und Kaschmir, der Rest wird von den Pakistanern beherrscht. Sie erheben Anspruch auf ganz Kaschmir, weil dort Moslems leben.

Transport

Die Eisenbahn ist das Haupttransportmittel. Das Schienennetz ist 62 915 km lang, von denen 20 % elektrifiziert sind. Nur die Hälfte des 3 320 000 km langen Straßennetzes ist asphaltiert. Auf 125 Menschen entfällt 1 Auto. Viele Inder fahren in überfüllten Bussen zur Arbeit. Auf dem Land sind auch noch Ochsenkarren häufig. In den Städten sieht man viele Fahrräder, Motorräder, Taxis und Rikschas.

In Kaschmir sind die Winter kalt.

Sri Lanka

Die Insel ist seit 1796 unter der Bezeichnung Ceylon bekannt. 1972 nahm das Land mit einer neuen Verfassung den Namen Sri Lanka an. Die Palkstraße trennt Indien von Sri Lanka, das aus einer großen Insel und mehreren Koralleninselchen besteht. 1960 wählte Sri Lanka als erster Staat der Welt eine Frau als Premierministerin, Sirimavo Bandaranaike. Seit 1983 tobt ein Bürgerkrieg zwischen den Singhalesen, die die Regierung innehaben, und den Tamilen, die für ihre Unabhängigkeit kämpfen.

Tamilen
Die Tamilen bilden eine hauptsächlich hinduistische Minderheit. Seit den 80er Jahren streben sie im Norden des Landes nach Unabhängigkeit. Ihr Zentrum ist Jaffna. Sie wehren sich dagegen, dass die Regierung in der Hand der Singhalesen ist, von denen die meisten Buddhisten sind. Bei Kämpfen der Guerillagruppe Tamil Tigers mit den Regierungstruppen kamen bisher über 50 000 Menschen ums Leben.

Tamile

SRI LANKA: DATEN
- HAUPTSTADT Colombo
- FLÄCHE 65 610 km²
- EINWOHNER 19 400 000
- SPRACHE Singhalesisch, Tamil, Englisch
- RELIGION Buddhismus, Hinduismus
- WÄHRUNG Sri-Lanka-Rupie

Prozession mit geschmückten Elefanten beim Perahera-Fest

Colombo
Sri Lankas Hauptstadt und Haupthafen Colombo wurde nach 1507 von den Portugiesen ausgebaut. Das Zentrum liegt im sog. Fort, dem Gelände der ehemaligen portugiesischen und holländischen Garnison im 16.–18. Jh. Die Stadt hat heute über 2 Mio. Einwohner und besteht aus alten und neuen, westlichen Gebäuden. Das geschäftige Basarviertel heißt Pettah. Colombo hat viele buddhistische und hinduistische Tempel sowie mehrere Moscheen.

Fort in Colombo

Der Heilige Zahn
Im Herzen Sri Lankas liegt die den Buddhisten heilige Stadt Kandy mit 110 000 Einwohnern. Im Innern des Dalada-Maligawa-Tempels wird in einer goldenen Schatulle ein Zahn aufbewahrt, der aus Buddhas Scheiterhaufen (486 v. Chr.) stammen soll. Beim Perahera-Fest findet eine feierliche Prozession statt, wobei ein reich geschmückter Elefant die Schatulle mit Buddhas Zahn trägt.

Ausbildung
Sri Lanka hat mit 10 % eine der niedrigsten Analphabetenraten in Asien. Es besteht Schulpflicht für Kinder von 5 bis 15 Jahren. Das Schulsystem ist nach britischem Vorbild ausgerichtet. An staatlichen Schulen ist der Unterricht kostenlos. Es gibt 12 Universitäten, davon zwei in der Hauptstadt.

- Nelken – stechend
- Chicoree – bitter
- Zitrone – sauer
- Steinsalz – salzig
- Salbei – zusammenziehend
- Süßkartoffel – süß

Ayurveda-Medizin
Die traditionelle hinduistische Heilkunde Ayurveda wird in ganz Sri Lanka praktiziert. Der Name stammt von einer alten Abhandlung über die Heilkunde, die die Nahrungsmittel in 6 Geschmacksrichtungen unterteilt. Eine gesunde Ernährung kombiniert alle Richtungen. Krankheit wird durch Aufnahme der fehlenden Geschmacksrichtungen geheilt. Sri Lanka hat aber auch ein ausgedehntes nationales Gesundheitssystem.

Landwirtschaft
Die meisten Srilanker leben im feuchten Südwesten der Insel. Rund 50 % sind arme Bauern, die Reis, Zuckerrohr, Maniok und Süßkartoffeln für den Eigenbedarf anbauen oder die auf Plantagen arbeiten. Diese produzieren Tee und Kautschuk oder Kokosnüsse für den Export. Rund 29 % des Landes werden bebaut und auf fast 7 % weiden Rinder, Wasserbüffel und Ziegen.

Kokosnuss
Reis

Aus Saphir geschnitzte Buddhafigur

Edelsteine
Sri Lanka gewinnt sehr viele Edelsteine. Man findet sie nahe der Edelsteinstadt Ratnapura südöstlich von Colombo. Sie ist besonders für ihre Saphire bekannt. Weitere Edelsteine sind tiefgelbe Topase, große Rubine sowie Amethyste. Sie werden meist zu Juwelen verarbeitet.

Tee
Sri Lanka nimmt in der Teeproduktion den 3. Rang in der Welt ein und es gibt mehr als 2 000 Teeplantagen. Ceylontee ist weltberühmt. Die Tees werden nach ihrem Anbaugebiet über Meereshöhe als Hochland-, Mittelland- oder Tieflandgewächse bezeichnet. Die beste Sorte kommt aus dem kühleren zentralen Hochland. Der Tee wird – meist von Frauen – von Hand gepflückt, um die zarten Blätter nicht zu zerstören.

Schwarzer Tee
Teeblätter

Tourismus
Trotz des Bürgerkriegs blüht die Tourismusindustrie in Sri Lanka. Immer mehr Europäer, die im Winter auf der Suche nach der Sonne sind, besuchen die wundervollen Palmenstrände der Insel mit ihren Korallenriffen. Buddhisten aus aller Welt unternehmen Pilgerreisen in die heilige Stadt Kandy.

SIEHE AUCH UNTER | ASIEN, GESCHICHTE | BUDDHA | BUDDHISMUS | FILM | HINDUISMUS | INDIEN, GESCHICHTE | LANDWIRTSCHAFT | MEDIZIN | MUSIK

INDIEN, GESCHICHTE

AUF DEM INDISCHEN SUBKONTINENT haben einige der ältesten Kulturen ihre Wurzeln. Herrscherdynastien wie die buddhistischen Maurya, die hinduistischen Gupta und die islamischen Moguln breiteten ihre Religion und Kultur über ganz Indien aus. Diese Vielfalt erschwerte es, das ganze Land unter einem Herrscher zu einigen. Das Mogulreich erlebte im 18. Jh. seinen Abstieg. Großbritannien verleibte schließlich Indien seinem Weltreich ein und regierte es von Europa aus. 1947 wurde der Subkontinent unabhängig und in die beiden Staaten Indien und Pakistan aufgeteilt.

Buddhistische und hinduistische Reiche

Im Jahr 324 v. Chr. begann Chandragupta Maurya, der König von Magadha, im östlichen Teil Indiens mit der Eroberung Nordindiens. Er begründete die buddhistische Maurya-Dynastie, die als Erste den Subkontinent einigte. Auf die Maurya folgten die Gupta. Diese hinduistischen Könige herrschten 320–700 v. Chr.

Universität von Nalanda, während der Guptazeit gegründet

Statue einer Göttin, Chola-Dynastie

Kopfschmuck zeigt den hohen Rang an.

Die Bronzegießer der Chola fertigten schöne Statuen mit feinen Details.

Gupta-Reich
Indien blühte unter den Gupta. Sie förderten die Wissenschaft und Architektur, die Malerei und Bildhauerei, den Tanz und die Musik und gründeten auch eine der ersten Universitäten. Die Dichter jener Zeit schrieben in Sanskrit, doch ihre Bücher werden heute noch gelesen.

Chola-Dynastie
Die Chola aus Südostindien waren Hindus. Im späten 9. Jh. übernahmen sie einen Großteil Südindiens und auch Ceylons und regierten von der Stadt Tanjore aus. Die Chola förderten vor allem den Seehandel, und ihre Kaufleute segelten westwärts bis nach Arabien und ostwärts bis nach China. Sie organisierten den Handel sehr wirkungsvoll und führten als Erste das Geld in Indien ein.

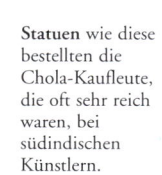

Statuen wie diese bestellten die Chola-Kaufleute, die oft sehr reich waren, bei südindischen Künstlern.

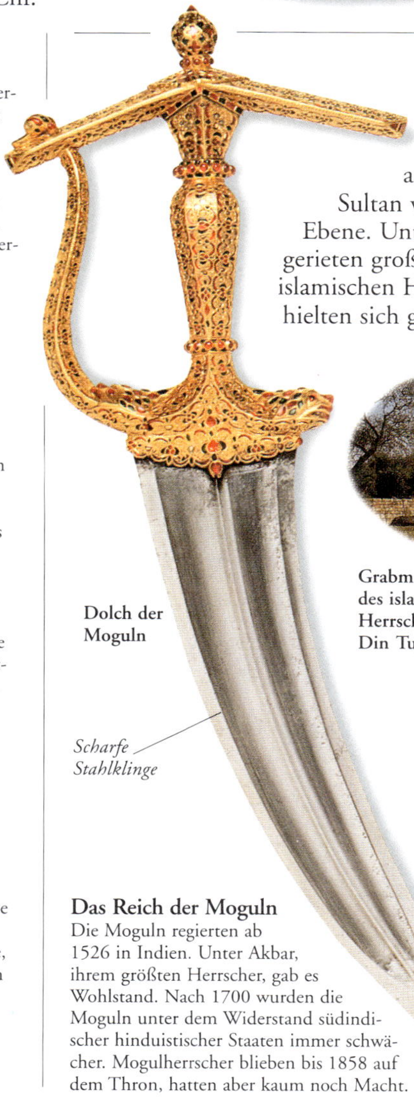

Dolch der Moguln

Scharfe Stahlklinge

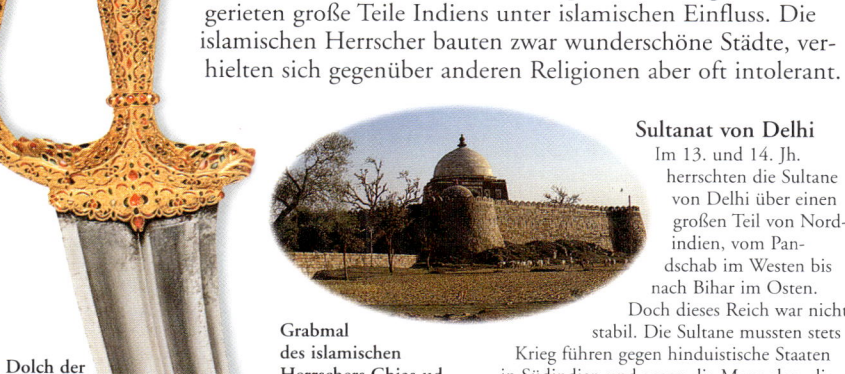

Das Reich der Moguln
Die Moguln regierten ab 1526 in Indien. Unter Akbar, ihrem größten Herrscher, gab es Wohlstand. Nach 1700 wurden die Moguln unter dem Widerstand südindischer hinduistischer Staaten immer schwächer. Mogulherrscher blieben bis 1858 auf dem Thron, hatten aber kaum noch Macht.

Das alte Indien

Seit rund 400 000 Jahren leben Menschen auf dem indischen Subkontinent. Einige gelangten aus Westasien nach Indien. Andere segelten auf primitiven Schiffen von Ostafrika herüber. Um 2500 v. Chr. entwickelte sich am Indus die erste Hochkultur des Subkontinents.

Specksteinsiegel, Industal, 2500–2000 v. Chr.

Indus-Kultur
Diese Kultur blühte von 2500–1700 v. Chr. Ihre Zentren waren große Städte nahe am Indus im heutigen Pakistan. Die Menschen bauten Getreide an, webten Baumwolle und hatten bereits eine Schrift.

Arische Kultur
Um 1600 v. Chr. drangen Nomaden aus dem Gebiet zwischen Schwarzem und Kaspischem Meer in indisches Gebiet vor. Sie zerstörten schließlich die Indus-Kultur. Alte religiöse Texte, die Veden, beschreiben ihr Leben, ihre Götter und ihr Kastensystem. Diese Kultur verbreitete sich später über ganz Indien.

Statue von Surya, eines arischen Gottes

Der Aufstieg des Islam

Zwischen dem 8. und dem 12. Jh. griffen viele islamische Eindringlinge aus Arabien und Westasien Indien an. 1206 herrschte ein islamischer Sultan von Delhi aus über die gesamte nordindische Ebene. Unter den Sultanen und später den Mogulkaisern gerieten große Teile Indiens unter islamischen Einfluss. Die islamischen Herrscher bauten zwar wunderschöne Städte, verhielten sich gegenüber anderen Religionen aber oft intolerant.

Grabmal des islamischen Herrschers Ghias-ud-Din Tughlak bei Delhi

Sultanat von Delhi
Im 13. und 14. Jh. herrschten die Sultane von Delhi über einen großen Teil von Nordindien, vom Pandschab im Westen bis nach Bihar im Osten. Doch dieses Reich war nicht stabil. Die Sultane mussten stets Krieg führen gegen hinduistische Staaten in Südindien und gegen die Mongolen, die Delhi 1398 schließlich eroberten.

Aurangseb
Der letzte große Mogulherrscher, Aurangseb (1618–1707), kam 1658 auf den Thron. 1678 erhoben sich die Hindus, sodass er gezwungen war, eine Reihe kostspieliger Kriege gegen seine Gegner zu führen. Er dehnte sein Reich aus, hinterließ es nach seinem Tod aber hoch verschuldet, sodass es bald zerfiel.

INDIEN, GESCHICHTE

Ostindienkompanien
Um 1600 gründeten europäische Länder Ostindienkompanien für den Handel mit Indien. Die englische Kompanie baute Befestigungen in Madras, Bombay und Kalkutta. Die Engländer nutzten die Ostindische Kompanie, um in Indien zu herrschen. Sie schlossen Bündnisse mit indischen Fürsten und vertrieben die Franzosen.

Fein geschnitzte, bemalte Figur

Vergoldung

Statue eines portugiesischen Ostindienoffiziers

Britisch-Indien
Im späten 18. Jh. besiegte die britische Ostindische Handelskompanie rivalisierende europäische Kolonialherren und errichtete ihr Reich mit den 3 Stützpunkten Bombay, Madras und Bengalen. Bis 1850 beherrschte die Kompanie drei Fünftel Indiens. Der Rest blieb in der Hand von Fürsten.

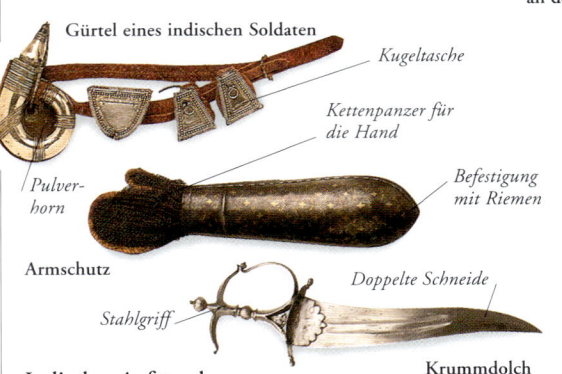

Gürtel eines indischen Soldaten

Kugeltasche

Kettenpanzer für die Hand

Pulverhorn

Befestigung mit Riemen

Armschutz

Stahlgriff

Doppelte Schneide

Krummdolch

Indischer Aufstand
1857–58 erhoben sich indische Truppen in der britischen Armee, weil die Briten zu wenig Rücksicht auf indische Sitten nahmen. Die Rebellen eroberten große Gebiete, konnten sie aber nicht halten. Nach viel Blutvergießen stellten die Briten im Juli 1858 die Ordnung wieder her.

Das britische Parlament nahm nach dem Aufstand mehr Anteil an der Regierung Indiens.

Britische Herrschaft
Nach dem Sepoy-Aufstand lösten die Briten 1858 die Ostindische Handelskompanie auf. Sie schufen eine Regierung unter einem Vizekönig, der als Statthalter des Königs in Indien regierte. Großbritannien nahm gegenüber seinen indischen Untertanen eine positive Haltung ein, doch blieben die Inder weitaus ärmer als die Briten.

Bau der Eisenbahn in Indien

Aufstieg der Industrie
Im 19. Jh. siedelte sich in Indien viel Industrie an. Die Briten bauten hier das größte Eisenbahnnetz Asiens, entwickelten die Schifffahrt und den Telegrafenverkehr. Indien exportierte Rohstoffe nach Großbritannien und baute eine Textilindustrie auf.

Unabhängigkeit
1885 wurde der Indische Nationalkongress gegründet, eine Partei, die für die Rechte der Inder eintrat. In den 1920er Jahren forderte die Partei unter ihrem Anführer Mohandas Gandhi die Unabhängigkeit. Darauf folgte eine lange Phase des Widerstands gegen die britischen Herren. Und erst 1945 entließen die Briten ihre Kolonie Indien in die Unabhängigkeit.

Indien / Pakistan / Lahore / Delhi / Dhaka / Heutiges Bangladesch / Indischer Ozean / Sri Lanka / Indischer Ozean

Nehru
Jawaharlal Nehru (1889–1964) war einer der Führer des Indischen Nationalkongresses. Wegen seiner politischen Tätigkeit war er 9-mal im Gefängnis. Nach der Unabhängigkeit wurde er 1947 der erste Premierminister Indiens. Er förderte die Industrie und wollte Indien zu einer Supermacht machen. Nehrus Tochter Indira Gandhi wurde 1966 Premierministerin.

Regionale Großmacht
Unter Nehru vermied Indien Bündnisse mit größeren Staaten. Durch diese bündnisfreie Politik gewann Indien große Macht. Diese verstärkte sich noch, als Indien Ostpakistan bei seinem Bürgerkrieg gegen Westpakistan im Jahr 1971 unterstützte.

Chemiefabrik, Indien

Pakistan
1940 forderte die Moslemliga unter Muhammad Jinnah erstmals einen unabhängigen islamischen Staat auf dem indischen Subkontinent. 1947 entstand Pakistan, das ursprünglich aus 2 Teilen bestand. Nach einem Bürgerkrieg trennte sich Ostpakistan 1971 vom westlichen Landesteil und wurde zum Staat Bangladesch.

Erster Indischer Nationalkongress

Kongresspartei
Der Indische Nationalkongress führte von Anfang an die Unabhängigkeitsbewegung an. Nach 1947 wurde er zur Kongresspartei. Sie regierte in der Zeit nach der Unabhängigkeit, wobei die Anführer im Wesentlichen aus der Nehru-Familie stammten: Nehru selbst (Premierminister 1947–64), seine Tochter Indira Gandhi (Premierministerin 1966–77, 1980–84) und ihr Sohn Rajiv (1984–89).

Chronologie
um 2500 v. Chr. Aufstieg der Indus-Kultur.

um 1600 v. Chr. In Westindien dringen arische Nomaden ein.

326 v. Chr. Alexander der Große gelangt bis in den Pandschab.

324–320 v. Chr. Maurya-Reich

320– um 700 Gupta-Reich

711 Erste islamische Invasion in Indien

1206–1526 Die Sultane von Delhi herrschen über Nordindien.

Muttergottheit aus Terrakotta, Mohenjo-Daro, Indus-Kultur

1526–1707 Beginn und Blütezeit des Mogul-Reiches

1600 Gründung der englischen Ostindischen Kompanie

1746 Krieg zwischen Briten und Franzosen in Indien

1858 Niederwerfung des Sepoy-Aufstandes durch die Briten

Mohandas Gandhi, Kämpfer für Indiens Unabhängigkeit

1917–44 Gandhi führt den Widerstand gegen britische Vorherrschaft an.

1947 Indien und Pakistan werden unabhängig.

1971 Bildung des Staates Bangladesch

ab 1990 Die „Grüne Revolution" erhöht die Ernteerträge und stärkt die indische Wirtschaft.

SIEHE AUCH UNTER ALEXANDER DER GROSSE | GANDHI, MOHANDAS | GROSSBRITANNIEN, GESCHICHTE | GUPTA-REICH | INDUS-KULTUR | MAURYA-REICH | MOGUL-REICH | WELTREICHE

INDISCHER OZEAN

DER INDISCHE OZEAN ist das drittgrößte Weltmeer. Er ist im Westen von Afrika, im Osten von Australien und Indonesien, im Norden von Asien begrenzt. Im Süden geht er im Polarmeer der Antarktis auf. Im Gegensatz zum Atlantik und Pazifik ist er im Norden völlig abgeschlossen. Nur der künstliche Suezkanal an der Nordspitze des Roten Meeres verbindet ihn mit dem Mittelmeer. Die Monsunwinde vom Indischen Ozean bestimmen das Klima in Indien und Südostasien.

Geografie

Die Strömungen des Indischen Ozeans ändern sich mit den Monsunwinden. Zwischen Februar und März fließt an der Küste Somalias ein kräftiger Strom in südwestliche Richtung. Zwischen August und September ändert er seine Richtung. In der Bucht von Bengalen fließt die Meeresströmung im Februar im Uhrzeigersinn, im August gegen den Uhrzeigersinn.

INDISCHER OZEAN: DATEN

FLÄCHE 74 126 000 km²
WASSERVOLUMEN 284,61 Mio. km³
MITTLERE TIEFE 3 840 m
GRÖSSTE TIEFE 7 455 m im Sundagraben
TEMPERATUR AM ÄQUATOR 28 °C
ANZAHL DER INSELN 5 000
GRÖSSTE INSEL Borneo (Kalimantan)
KLEINSTES LAND Singapur

Inseln
Im Indischen Ozean gibt es Schätzungen zufolge über 5 000 Inseln. Viele davon, etwa die Seychellen und die Malediven, sind Korallenatolle mit attraktiven Stränden und warmem Klima. Sie ziehen immer mehr Touristen an.

Monsun
Während des Winters im Norden wehen kühle, trockene Winde vom Nordosten auf den Ozean. Im Sommer ändert sich die Windrichtung und Südwestwinde wehen nordwärts vom Meer her. Sie bringen den Küstengebieten die lebenswichtigen Monsunregen, die aber oft auch zu Überschwemmungen führen.

Straße von Malakka
Die flache Straße von Malakka zwischen der indonesischen Insel Sumatra und der Malaiischen Halbinsel ist eine der Hauptschifffahrtsrouten. Sie verbindet den Indischen mit dem Pazifischen Ozean. Melaka in Malaysia und Singapur sind die beiden führenden Häfen dieses Gebiets.

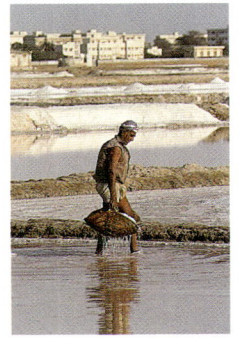

Salz
Besonders in Indien und im Mittleren Osten gewinnt man Salz aus dem Meerwasser. Man leitet es in große, flache Becken, schließt diese ab und wartet, bis das Wasser verdunstet ist. Die zurückgebliebenen Salzkristalle werden zusammengerecht, verpackt und schließlich verkauft. Meerwasser enthält rund 35 g Salz pro Liter.

Saline in Karatschi, Pakistan

INDISCHER OZEAN

Malediven

Die Malediven sind eine winzige Republik im Indischen Ozean südwestlich von Sri Lanka. Sie bestehen aus 1 190 kleinen Koralleninseln, von denen nur 202 bewohnt sind. Die Menschen leben hier seit 2 300 Jahren. Sie gehen auf Fischfang und züchten Kokosnüsse. Auf den größeren Inseln ist der Tourismus die Haupteinnahmequelle.

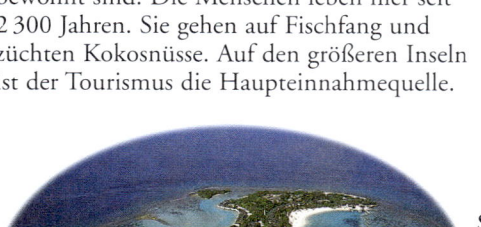

MALEDIVEN: DATEN
- **HAUPTSTADT** Malé
- **FLÄCHE** 298 km²
- **EINWOHNER** 311 000
- **SPRACHE** Maldivisch (Dhivehi), Englisch
- **RELIGION** Islam
- **WÄHRUNG** Rufiyaa
- **LEBENSERW.** 65 Jahre

Schutz der Riffe
Viele Koralleninseln im Indischen Ozean sind durchschnittlich nur 1,80 m hoch und können besonders während der Monsunzeit von Stürmen beschädigt werden. Große Wellen fegen dabei über die Inseln. Zum Schutz bauen viele Bewohner um ihre Insel Wellenbrecher aus Stein und Beton.

Brecher aus Stein und Beton

Tourismus
Die Malediver ziehen es vor, die Touristen von den Dörfern fernzuhalten, in denen sie leben. Viele Luxushotels wurden auf unbewohnten Inseln errichtet. Die Malediven sind berühmt bei den Tauchern: In den Korallenriffen schwimmen große Schwärme bunter tropischer Fische.

Seychellen

Die Seychellen sind ein afrikanischer Inselstaat, der sich im Indischen Ozean nordöstlich von Madagaskar über eine Meeresfläche von 400 000 km² erstreckt. Von den 115 Inseln bestehen 32 aus Granit. Hier lebt der größte Teil der Bevölkerung. Die übrigen Inseln bestehen aus Korallenkalk.

SEYCHELLEN: DATEN
- **HAUPTSTADT** Victoria
- **FLÄCHE** 454 km²
- **EINWOHNER** 82 000
- **SPRACHE** Kreolisch, Englisch, Französisch
- **RELIGION** Christentum
- **WÄHRUNG** Seychellen-Rupie

Natur
Durch die isolierte Lage sind auf den Seychellen zahlreiche einzigartige Pflanzen- und Tierarten entstanden, etwa die Coco de Mer, eine Palme mit den schwersten Früchten. Dazu kommen Orchideen, Riesenschildkröten, Geckos, Chamäleons und Fliegende Hunde aus der Gruppe der Fledermäuse. Zum Schutz dieses Naturerbes gibt es mehrere Reservate.

Tee-Ernte

Bevölkerung
Die meisten Seycheller sind gemischten afrikanischen und europäischen Ursprungs. Ungefähr 90 % leben auf der Insel Mahé. Der Lebensstandard ist einer der höchsten in Afrika. Die wichtigsten Exportgüter sind Tee, Kopra, Zimt und Fisch. 90 % des Außenhandels stammen vom Tourismus.

Mauritius

Mauritius liegt 2 000 km vor der Südostküste Afrikas und wird von erloschenen Vulkanen beherrscht. Das Land besteht aus der Hauptinsel Mauritius sowie aus einigen kleineren Inseln mehrere hundert Kilometer weiter im Norden. Mauritius ist dicht besiedelt. Über die Hälfte der Einwohner besteht aus indischen Hindus. Den Rest bilden Kreolen, Chinesen und Weiße.

MAURITIUS: DATEN
- **HAUPTSTADT** Port Louis
- **FLÄCHE** 2 040 km²
- **EINWOHNER** 1 200 000
- **SPRACHE** Englisch, Kreolisch, indische Sprachen
- **RELIGION** Hinduismus, Christentum, Islam
- **WÄHRUNG** Mauritius-Rupie
- **LEBENSERWARTUNG** 72 Jahre

Wirtschaft
Die wichtigsten Anbaupflanzen sind Tee und Zuckerrohr, die bis zu 30 % der Exporte ausmachen. Bedeutend sind auch die Elektronik- und Textilindustrie sowie der Tourismus. Wichtige Handelspartner sind Großbritannien und Frankreich.

Melasse

Ausbildung
Die Menschen in Mauritius sind gut ausgebildet und es besteht die Hoffnung, dass sich das Land zu einem unabhängigen Finanzzentrum entwickelt. Die 1965 gegründete Universität hat rund 1 800 Studenten und ist auf landwirtschaftliche Forschung spezialisiert.

Zuckerrohr *Zuckerrohrsaft*

Weitere Inseln

Die meisten Inseln im Indischen Ozean sind sehr klein. Von besonderem Interesse sind die Atolle der Aldabra-Gruppe, weil dort noch Riesenschildkröten vorkommen. Die Weihnachtsinsel südlich von Java heißt so, weil sie ein britischer Seefahrer am Weihnachtstag 1643 erstmals sichtete.

Réunion
Die Insel Réunion ist ein überseeisches Département von Frankreich. Sie hat eine Fläche von 2 512 km². Die meisten der über 700 000 Einwohner sind Kreolen. Sie gehören zu 90 % der katholischen Kirche an.

Mayotte
Die französische Insel Mayotte gehört zu den Komoren. Sie hat eine Fläche von 374 km² und ungefähr 160 000 Einwohner. Diese bauen für den Export viel Ylang-Ylang und Vanille an.

Fischerei
Obwohl die Fischerei im Indischen Ozean nicht so hoch entwickelt ist wie im Atlantik und Nordpazifik, beträgt der jährliche Fang doch über 7 Mio. Tonnen. Den größten Teil davon fangen örtliche Fischer in Küstennähe mit umweltverträglichen Methoden. Es gibt heute dort auch Fischfarmen.

Fischer auf den Malediven

SIEHE AUCH UNTER FISCHFANG · HÄFEN UND KANÄLE · INSELN · KORALLENRIFF · LANDWIRTSCHAFT · OZEANE UND MEERE · WINDE · ZENTRALAFRIKA, SÜD

INDONESIEN

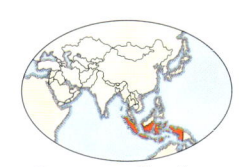

INDONESIEN UMFASST 13 677 Inseln und stellt damit den größten Archipel der Welt dar. Er erstreckt sich über eine Gesamtfläche von über 5 Mio. km². Von 1602 bis 1949 war Indonesien in niederländischem Besitz. Seit der Unabhängigkeit liegt die Regierung hauptsächlich in der Hand des Militärs. In Indonesien leben sehr viele Völker. Lange Zeit gehörte es zu den „Tigerstaaten" mit rasch wachsender Wirtschaft. 1975 besetzte Indonesien die ehemalige portugiesische Kolonie Osttimor, die 2002 unabhängig wurde.

INDONESIEN: DATEN	
HAUPTSTADT	Jakarta
FLÄCHE	1 889 834 km²
EINWOHNER	230 000 000
SPRACHE	Indonesisch, Englisch, Javanisch, Arabisch, Niederländisch
RELIGION	Islam
WÄHRUNG	Rupiah
LEBENSERWARTUNG	67 Jahre
EINWOHNER PRO ARZT	7 140
REGIERUNG	Mehrparteiendemokratie
ANALPHABETEN	16 %

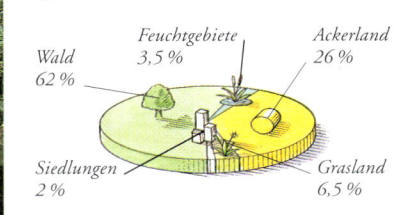

Wald 62 % Feuchtgebiete 3,5 % Ackerland 26 % Siedlungen 2 % Grasland 6,5 %

Geografie
Die Inseln sind gebirgig, meist vulkanisch und stark bewaldet. Folgende 5 Hauptinseln gehören ganz oder teilweise zu Indonesien: Sumatra, Java, Borneo, Sulawesi und Neuguinea mit dem Teil Irian Jaya.

Krakatau
Indonesien liegt an der Nahtstelle zweier tektonischer Platten. Daher rühren die vielen Erdbeben und Vulkane. Indonesien hat 300 Vulkane, darunter 70 aktive. 1883 flog die Vulkaninsel Krakatau in der Nähe von Java zum größten Teil in die Luft.

Inseln
Neben den 5 Hauptinseln gibt es tausende kleinerer Inseln, von denen über die Hälfte unbewohnt ist. Die Korallenriffe um die Inseln herum sind vor allem unter Tauchern berühmt. Hauptziele der Touristen sind die palmengesäumten Strände, die Landschaften und die Kultur auf Bali.

Tropischer Regenwald
Üppiger tropischer Regenwald bedeckte einst fast zwei Drittel von Indonesien. Auf Sumatra leben in den Wäldern heute noch Elefanten, Tiger, Tapire und Orang-Utans. Auf einem Hektar Regenwald kommen oft 100 Baumarten vor, die eine Höhe von bis zu 60 m erreichen. Große Teile des indonesischen Regenwaldes sind aber zur Holzgewinnung gerodet worden.

Klima
Von Dezember bis März bringt der tropische Monsun heftigen Regen in Indonesien. Java und die Sunda-Inseln haben zwischen Juni und September eine Trockenzeit.

26 °C 26 °C 1 775 mm

Landnutzung
Ein großer Teil Indonesiens ist gebirgig. Reisanbau ist nur auf Terrassen möglich. Überall werden Rinder und auch Schweine gehalten. Von großer wirtschaftlicher Bedeutung ist die Forstwirtschaft mit dem Holzeinschlag.

Jakarta
Indonesiens Hauptstadt ist eine moderne Metropole und mit 9,5 Mio. Einwohnern die größte Stadt in Südostasien. Jakarta oder Batavia war vor 2 000 Jahren schon Handelszentrum. Die Holländer konzentrierten im 17. Jh. hier den Gewürzhandel. Gebäude im alten Kolonialstil sind heute von Wolkenkratzern überragt.

Von den Wolkenkratzern Jakartas blickt man auf einfache Wohngebiete.

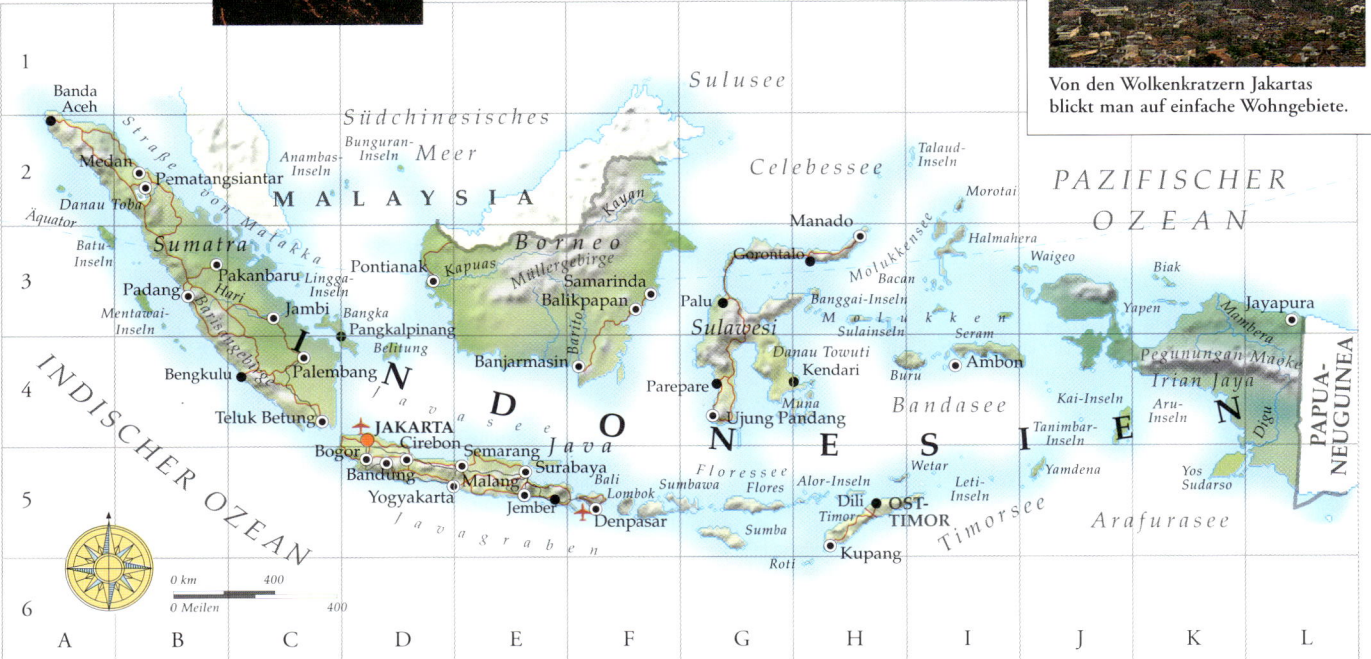

INDONESIEN

Bevölkerung

Indonesien steht bei der Bevölkerungszahl an 4. Stelle in der Welt. 60 % aller Indonesier leben auf der überbevölkerten Hauptinsel Java. Die meisten sind Moslems, die von den ersten malaiischen Siedlern abstammen. Insgesamt leben in Indonesien ungefähr 360 Volksgruppen mit über 250 Sprachen.

122 pro km² — 40 % Stadt — 60 % Land

Minangkabau
Die Minangkabau leben im Hügelgebiet von Zentralsumatra. Sie sind Moslems, aber matriarchalisch organisiert: Die Frauen haben das Sagen. Besitz und Familiennamen werden in der mütterlichen Linie weitervererbt.

Freizeit

Die Indonesier pflegen viele künstlerische Traditionen, etwa Musik, Tanz, Malerei, Holz- und Steinbildhauerei. Berühmt sind vor allem ihre vielfältigen Stoffe. Schattenspieltheater gibt es noch auf Java und Bali.

Die Gongs werden mit dem Hammer angeschlagen.

Gamelan
Gamelan heißen Orchester auf Java und Bali, die hauptsächlich aus Gongs, Trommeln, einem Xylophon sowie Flöte, Laute und Zupfzither bestehen. Es spielen bis zu 40 Musiker.

Tanz
Ausgefeilte Tanzdarstellungen, begleitet von großen Gamelanorchestern, gehören zum Leben auf Java und Bali und sind auch bei den Touristen beliebt. Dabei werden Geschichten aus der hinduistischen Mythologie erzählt. Die häufigsten Vorlagen stammen aus dem Heldenepos *Ramayana*, in dem der Gott Krischna als Rama auftritt.

Landwirtschaft

Über 40 % der Arbeitnehmer sind in der Landwirtschaft beschäftigt. Auf den fruchtbaren vulkanischen Böden werden Reis, Manjok, Palmnüsse, Mais, Zuckerrohr und Kartoffeln angebaut. Kaffee, Kautschuk und Tee sind wichtige Exportgüter.

Getrocknete Muskatnüsse

Muskatnuss am Baum

Geriebene Muskatnuss

Gewürze
Die Molukkeninseln (indonesisch Maluku) hießen früher einfach Gewürzinseln. Die wichtigste Pflanze ist hier die Muskatnuss. Es werden auch Zimt, Gewürznelken, Kardamom, Kreuzkümmel, Koriander, Sternanis und Ingwer angebaut.

Reis
Indonesien steht bei der Reisproduktion an 3. Stelle. Dank einem intensiven Pflanzprogramm mit neuen Reissorten ist das Land seit 1984 unabhängig vom Import. Der Reis wächst in bewässerten Feldern in der Ebene und an Hängen auf Terrassen, von denen einige schon 2 000 Jahre alt sind.

Landesküche

Reis und die vielen einzigartigen Gewürze bilden die Grundlage für die indonesische Küche. Häufig verwendet werden scharfe Chilischoten, Kokosnussmilch und Muskatnuss. In den gewürzten Soßen werden Fleisch und Fisch gekocht. Ein beliebtes Gericht ist gebratener Reis, auf indonesisch Nasi Goreng.

Nasi Goreng

Bergbau

Indonesien verfügt über reiche Bodenschätze und steht bei der Gewinnung von Kupfer an 3. Stelle, von Zinn an 2. Stelle in der Welt. Von Bedeutung ist auch Nickel.

Erdöl und Erdgas
Erdöl und Erdgas bilden seit 1970 das wirtschaftliche Rückgrat des Landes. Sie dienen zur Stromgewinnung und machen rund ein Fünftel der Exporte aus. Erdgas wird verflüssigt und in Spezialschiffen exportiert.

Verkehrsverbindungen

Indonesien erstreckt sich über 3 Zeitzonen. Eine staatliche Schifffahrtsgesellschaft verbindet die Inseln untereinander. Wichtige Ziele werden auch von Fluglinien angeflogen.

Satellitentelefon
Indonesien war eines der ersten Länder auf der Welt, das Satellitentelefone verwendete. Das ergab sich durch die Schwierigkeit, die vielen Inseln durch Kabel miteinander zu verbinden. Die Telefonverbindung zwischen zwei Inseln erfolgt nun über einen Satelliten.

Tourismus
Jedes Jahr kommen über 4 Mio. Touristen nach Bali, Sumatra und Java. Die Balinesen haben ihre Insel weithin bekannt gemacht und die höchsten Besucherzahlen. Die Touristen kommen wegen der schönen Landschaft, der reichen Kultur und der religiösen Feste.

Batikstempel

Stoff mit Batikmusterung

Batik
Batik ist ein jahrtausendealtes Färbeverfahren für Stoffe. In mehreren Färbegängen mit verschiedenen Farben erhält man schöne Muster. Stellen, die nicht eingefärbt werden sollen, überdeckt man meist mit Wachs. Nach dem Färben entfernt man es und trägt es an anderen Stellen auf. Die Wickelröcke der Frauen, die Sarongs, sind aus Batikstoffen.

Schifffahrt
Der Schiffverkehr von Insel zu Insel und auf den Flüssen ist für die indonesische Wirtschaft von Bedeutung. Das Land verfügt über 300 Häfen.

SIEHE AUCH UNTER — ASIEN, GESCHICHTE — ERDÖL — ISLAM — KORALLENRIFF — MUSIK — TANZ — TELEKOMMUNIKATION — TEXTILIEN — VULKANE

INDUS-KULTUR

AM UFER DES INDUS im heutigen Pakistan blühte zwischen 2700 und 1750 v. Chr. eine der ältesten Hochkulturen der Welt. Ihre Zentren waren die Städte Mohenjo-Daro und Harappa, jede mit bis zu 70 000 Menschen. Große öffentliche Gebäude aus Schlammziegeln künden vom Wohlstand dieser Kultur. Über das alltägliche Leben dieser Menschen wissen wir nur wenig. Sie trieben Handel mit den Sumerern. Über ihre Religion ist nahezu nichts bekannt, weil man z. B. keine Tempel gefunden hat. Die Indus-Kultur verschwand nach 1600 v. Chr. – vermutlich weil der Indus seinen Lauf veränderte.

Mohenjo-Daro

Die Städte des Industales wurden geplant und rechtwinklig angelegt. Sie hatten breite Haupt- und schmale Nebenstraßen. Das Abwasser floss in Kanälen ab. Alle Häuser waren um zentrale Höfe herum gebaut. Tagsüber lebten und arbeiteten die Menschen in diesen Höfen.

Der große Speicher Nach der Ansicht einiger Forscher verwendeten die Menschen den Kornspeicher als eine Art Bank. Er diente als Aufbewahrungsort für den Reichtum der Kaufleute und Stadtherrscher.

Kornspeicher Er hatte 46 m lange Holzwände und einen ebenso langen Dachgiebel.

Badehaus Es ist eines der größten und wichtigsten Gebäude von Mohenjo-Daro.

Kleine Bäder Sie befanden sich in Gebäuden nahe dem Badehaus.

Zentrales Bad Es diente womöglich religiösen Zwecken, etwa der rituellen Reinigung vor Zeremonien.

Zitadelle von Mohenjo-Daro

Maße und Gewichte
Die Indus-Kultur entwickelte ein System aus Maßen und Gewichten. Dies vereinfachte den Handel und machte auch Erhebungen zu Steuerzwecken möglich.

Stupa Dieses buddhistische Heiligtum wurde sehr viel später errichtet, erst nach dem Untergang von Mohenjo-Daro. Der ursprüngliche Haupttempel der Mohenjo-Daro-Leute liegt vielleicht unter dem Stupa.

Zitadelle Als Zitadelle bezeichnet man das erhöhte Gebiet mit bedeutenden öffentlichen Gebäuden, etwa dem Badehaus und dem Kornspeicher. Sie war vor Überschwemmungen sicher und leichter zu verteidigen.

Schrift

Archäologen fanden auf Specksteinsiegeln völlig unbekannte Schriftzeichen. Bei längeren Texten gelingt den Forschern fast immer eine Entzifferung. Doch die Inschriften der Indus-Kultur sind stets kurz und deswegen bisher nicht lesbar.

Einhorn *Schriftzeichen*

Siegel
Die Indus-Leute verwendeten Siegel wahrscheinlich um Besitztum zu markieren. Auf jedem Siegel ist ein Tier abgebildet, etwa ein Einhorn. Dazu kommen Schriftzeichen.

Religion

Über die Religion der Indus-Leute ist wenig bekannt. Die Bedeutung des Wassers zeigt sich z. B. im Badehaus. Einige Forscher sahen darin eine Verbindung zum späteren Hinduismus. Man fand auch Statuen, die vielleicht Götter oder Göttinnen darstellen.

Kopfschmuck

Figuren von Göttinnen
Die meisten Kleinstatuen tragen Kopfschmuck und anderes Geschmeide. Sie waren wohl Figuren von Göttinnen.

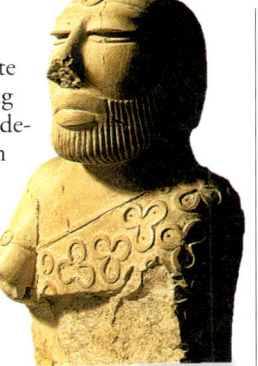

Priester
Diese Statue aus Speckstein ist der berühmteste Kunstgegenstand von Mohenjo-Daro. Der Ausdruck ist friedlich. Vielleicht handelt es sich um die Statue eines Priesters oder einer Gottheit.

Handwerk

Die Indus-Leute waren geschickte Töpfer und Metallarbeiter. Sie stellten bemalte Gefäße, Statuen aus Terrakotta und wundervolles Goldgeschmeide her. Sie verstanden Kupfer und Zinn zu Bronze zu schmelzen.

Tiere aus Terrakotta, Mohenjo-Daro

Stier *Schwein*

Goldschmuck, Harappa

| SIEHE AUCH UNTER | ASIEN, GESCHICHTE | BRONZEZEIT | HINDUISMUS | INDIEN, GESCHICHTE | MAURYA-REICH | STÄDTE |

INDUSTRIELLE REVOLUTION

VOR ÜBER 200 JAHREN fanden bei den Herstellungsverfahren von Gütern tief greifende Veränderungen statt. Das hatte Auswirkungen auf die gesamte Gesellschaft. Die Veränderungen nahmen um 1760 in Großbritannien ihren Anfang und werden als industrielle Revolution bezeichnet. Zu ihr gehörte die Verwendung von Wasser und Dampfkraft, die Erfindung von Maschinen, die erhöhte Kohle- und Eisenproduktion. Fabriken entstanden und im Transportwesen gab es Umwälzungen. Die Industrialisierung schuf neue Arten der Arbeit und auch neue soziale Gruppen.

Mit der Krempel wurden die Fasern parallel angeordnet.

Spinnmaschinen produzierten Baumwollgarn.

Haspeln brachten das fertige Garn auf Spulen.

Eine Welle übertrug die Drehbewegung des Wasserrades auf die Maschinen.

Neue Technologie

Die Textilindustrie wurde zuerst mechanisiert. Im 18. Jh. ersetzten neue, von Wasser- oder Dampfkraft getriebene Maschinen die alten Spinnräder. Dies bedeutete, dass vor allem Baumwollstoffe schneller hergestellt werden konnten.

„Spinning Jenny"
Der englische Weber James Hargreaves erfand 1764–67 eine erste Spinnmaschine, die „Spinning Jenny". Eine Person konnte damit 8 Fäden gleichzeitig spinnen.

Spinnmaschine
Diese Spinnmaschine wurde von Wasserkraft angetrieben. Sie war eine Weiterentwicklung der „Spinning Jenny" und kam in den ersten Fabriken zum Einsatz.

Baumwollspinnerei im frühen 19. Jh.

Ein großes Wasserrad trieb die Maschinen über ein System von Zahnrädern und Wellen an.

Behälter für die Baumwolle

Fabrik

Früher stellten die Menschen alle Güter zu Hause her. Durch die Erfindung neuer Maschinen wurde die Produktion in Fabriken verlagert. Die ersten waren Baumwollspinnereien, die mit Wasserkraft betrieben wurden. Es waren noch viele Menschen nötig, um die Maschinen zu bedienen. Die meisten arbeiteten 16 Stunden am Tag, 6 Tage die Woche, und es herrschte strenge Disziplin. Die Arbeit war hart und oft gefährlich, doch zum ersten Mal erhielten die Arbeiter regelmäßig Lohn.

Kinderarbeit
In Bergwerken oder Fabriken arbeiteten auch Kinder, weil sie sich in engen Räumen bewegen und mit ihren kleinen Händen feine Maschinen bedienen konnten. Viele Kinder kamen dabei ums Leben.

Neue Industriestädte

Als Folge der industriellen Revolution entstanden in der Umgebung von Kohlenbergwerken und Fabriken neue Städte, in die viele Menschen auf der Suche nach Arbeit drängten. In den Städten herrschten bis 1850 Überbevölkerung, Armut und miserable hygienische Verhältnisse.

Transport

Da man Rohstoffe und fertige Waren billig und schnell transportieren musste, fand auch im Transportwesen eine Revolution statt. Von 1760 an baute man viele Kanäle für den Transport von Kohle, Eisen und Stahl. Seit 1840 breitete sich eine der größten Errungenschaften des Industriezeitalters aus, die Eisenbahn.

Ironbridge
1779 wurde die erste Eisenbrücke der Welt über den Severn in England gebaut – eine Bogenkonstruktion aus Gusseisen.

Eisenbrücke über den Severn, England

Eisenbahn
Nachdem der Hüttenbesitzer Abraham Darby entdeckt hatte, dass man Eisen leichter mit Koks als mit Kohle verhütten kann, stand der Massenproduktion von Eisen nichts mehr im Wege. Die erste Eisenbahnstrecke wurde 1825 eröffnet. Sie verband die Kohlengruben von Darlington mit dem Hafen Stockton, England. 1870 gab es in England bereits 25 000 km Schienen.

„Puffing Billy"

INDUSTRIELLE REVOLUTION

Soziale Veränderungen

Die industrielle Revolution veränderte die Gesellschaft. Es entstand eine neue soziale Gruppe, die Arbeiterklasse. Zu ihr zählten die Arbeiter in den Fabriken, bei der Eisenbahn, in den Docks und Hüttenbetrieben. Mit der Industrialisierung bildete sich eine wohlhabendere Mittelklasse. Auch die Trennung von Wohnung und Arbeitsplatz hatte tief greifende Auswirkungen. Zum ersten Mal – wenn auch nur für den Mittelstand – wurde das Haus ein Ort der Ruhe und der Freizeit.

Neue Produkte

Durch Massenproduktion in Fabriken wurden viele Güter allgemein zugänglich. An erster Stelle stand billige Baumwollkleidung. Seife, Farbstoffe und Gegenstände aus Eisen fanden weite Verbreitung. Viele der damaligen Herstellungsverfahren waren für die Arbeiter aber oft sehr gesundheitsschädlich.

Eisenwaren Die Entwicklung der Eisenindustrie ermöglichte es, Roheisen in Formen zu gießen – von Töpfen und Bratpfannen bis hin zu Bettgestellen und Maschinenteilen.

Seife Die wachsende Textilindustrie förderte die Nachfrage nach Seife und Bleichmitteln. Erst die Herstellung von Soda ermöglichte hier die Massenproduktion.

Streichhölzer Streichhölzer wurden um 1830 hergestellt. Dazu tauchten Frauen Holzstäbchen in flüssigen weißen Phosphor, der sich durch Reibung entzündete. Die Arbeiterinnen wurden durch den Phosphor vergiftet, der Gesicht und Unterkiefer zerfraß.

Gaslicht Erhitzte Kohle lieferte ein brennbares, hoch giftiges Gas. Mitte des 19. Jh. gab es in Großstädten Gaslampen, die die Straßen erhellten. Bald wurden auch die Häuser mit Leuchtgas versorgt.

Mittelklasse

Zur Mittelklasse zählten im 19. Jh. Kaufleute und Industrielle. Die Männer leiteten Handelshäuser und Fabriken – oft eigene. Ihre Frauen hielten das Haus in Ordnung. Einigen Frauen war dies zu langweilig. Sie kümmerten sich um Bedürftige. Andere forderten die Gleichberechtigung der Frau und kämpften für das Frauenstimmrecht.

Satin- oder Seidenbänder
Knöpfe aus Perlmutt
Seidenschleife mit Spitzenkragen
Sonnenschirm aus Seide

Kleidung eines Mädchens der Mittelklasse Sie bestand meist aus feinem Stoff, z. B. aus Seide, und war aufwendig von Hand gearbeitet, etwa mit einem Spitzenkragen. Im Gegensatz zur Arbeiterklasse hatten Mädchen der Mittelklasse Kleider für alle Gelegenheiten.

Kinderstiefeletten mit hohem Schaft

Arbeiterklasse

Die Angehörigen der Arbeiterklasse mussten in den frühen Jahren der industriellen Revolution unaufhörlich schuften. Die Männer arbeiteten in den neuen Fabriken. Die Frauen trugen eine doppelte Last: Sie führten den Haushalt und arbeiteten zusätzlich noch in Spinnereien oder Fabriken.

Mütze
Wollschals gegen die Kälte
Dicke Wolljacke
Dicker Rock aus Baumwolle

Kleidung eines Mädchens der Arbeiterklasse Die Kleidung musste warm und widerstandsfähig sein. Sie war aus billigen Stoffen, vor allem aus Baumwolle oder Wolle.

Genagelte Lederstiefel

Protestbewegungen

Die frühen Jahre der industriellen Revolution waren für die Arbeiter hart. Soziale Unruhen nahmen zu und verschiedene Gruppen kämpften um bessere Arbeitsbedingungen. Die englischen Ludditen zerstörten z. B. die Maschinen, die ihnen die Arbeit wegnahmen. In England kamen um 1824 auch die ersten Gewerkschaften auf, in denen sich die Arbeiter organisierten.

Genossenschaftsbewegung

Die Anhänger dieser frühen politischen und sozialen Bewegung stellten den Wettbewerb der Industriegesellschaft in Frage. Sie traten für eine Kooperation ein, eine Form des Sozialismus. Daraus ging später die Genossenschaftsbewegung hervor. 1844 eröffnete sie den ersten genossenschaftlichen Konsumladen in England.

Robert Owen

Der Waliser Robert Owen (1771–1858) war ein früher Sozialist. In seinem Buch *Eine neue Auffassung von der Gesellschaft* (1813) trat er für Kooperation anstatt Wettbewerb in allen Schichten der Gesellschaft ein. Seine Ideen führten zur Eröffnung des ersten Konsumladens in England. Dort verkaufte man Nahrungsmittel zum Selbstkostenpreis. Owen gründete auch eine der ersten Gewerkschaften.

Chronologie

1709 Abraham Darby verhüttet Eisenerz mit Koks.

1733 John Kay erfindet den Schnellschützenwebstuhl.

1764–67 Erfindung der „Spinning Jenny" mit 8 Spindeln

Handspinnrad, um 1900

1761 Der Bridgewaterkanal verbindet die Kohlengruben mit Manchester.

1768 Richard Arkwright erfindet eine von Wasserkraft angetriebene Spinnmaschine.

1769 James Watt verbessert die Dampfmaschine.

1789 Erster dampfbetriebener Webstuhl in England

um 1830 Beginn der industriellen Revolution in Belgien und USA

1833 Ein englisches Gesetz verbietet, dass Kinder unter 9 Jahren in Baumwollspinnereien arbeiten. Schulbesuch wird Pflicht.

1842 Ein englisches Gesetz verbietet, dass Frauen und Kinder in Bergwerken arbeiten.

SIEHE AUCH UNTER EUROPA, GESCHICHTE · GEWERKSCHAFT · GROSSBRITANNIEN, GESCHICHTE · KLEIDUNG UND MODE · STÄDTE

INFORMATION UND KOMMUNIKATION

DIE VIRTUELLE WELT eines Computerspiels ist nur eine Seite der Informationstechnologie. Über Internet kann man auch mit Menschen auf der anderen Seite des Erdballs in Verbindung treten. Die Informationstechnologie umfasst die Verarbeitung, Speicherung und Übermittlung von Informationen mit Hilfe von Computern. Der Schlüssel dazu liegt in der Software oder den Programmen. Mit der richtigen Software kann man Zeitschriften entwerfen oder das Wetter vorhersagen. Eines Tages können Computer damit vielleicht sogar denken wie Menschen.

Programmierer bei der Arbeit

Computersprache
Ein Computer kann Informationen nur verarbeiten, wenn sie in Form binärer Zahlen und damit von Nullen und Einsen vorliegen. Programmierer schreiben ihre Befehle in besonderen Computersprachen. Der Computer selbst überträgt diese Anweisungen in binäre Befehle, die er dann verstehen kann.

Tabellenkalkulation aus zahlreichen Spalten und Zeilen am Bildschirm

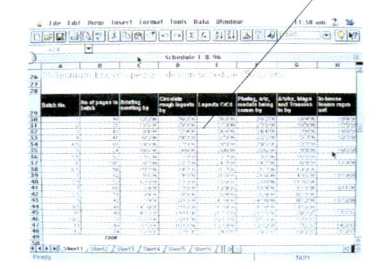

Der Grafiker kann die Farben in der Fotografie ändern.

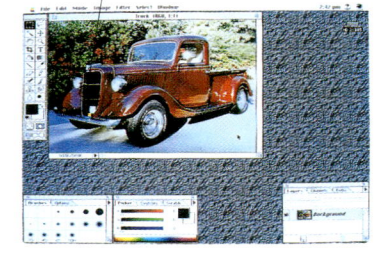

Programme
Computer benötigen Programme. Ein Programm ist die Aufeinanderfolge einfacher Befehle. Sie sagen dem Computer, wie er eine Aufgabe zu lösen hat, etwa die Addition von Zahlen oder das Ausdrucken eines Dokuments. Die Programme nennt man Software.

Alan Turing
Der englische Mathematiker Alan Turing (1912–54) bewirkte in der Computertheorie große Fortschritte. Er vertrat als Erster die Meinung, dass Computer eines Tages „denken" könnten, d. h. eine Aufgabe auf dieselbe Weise lösen wie ein Mensch.

Software-Anwendungen
Die Software, die die grundlegenden Funktionen des Computers steuert, nennt man Betriebssystem. Alle anderen Softwareprogramme heißen Anwendungen. Dazu gehören Textverarbeitung, mit der man Briefe und Dokumente schreiben kann, oder Multimedia, das Text, Bilder, Filme und Musik zu einem Ganzen verbindet.

Tabellenkalkulation
Die Tabellenkalkulation ist ein Programm, mit dem man Berechnungen in regelmäßig angeordneten Tabellen durchführt. Ändert sich ein Wert in der Tabellenkalkulation, werden alle anderen Werte automatisch neu berechnet.

Computergrafik
Grafiker können mit Hilfe besonderer Software direkt am Monitor Bilder neu gestalten. Bereits bestehende Bilder löst man in einem Scanner in Rasterpunkte auf und bearbeitet sie dann nachträglich am Bildschirm.

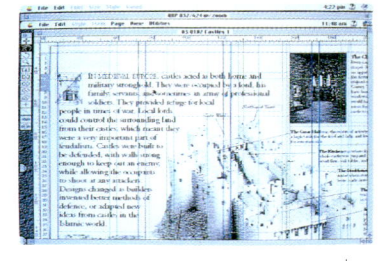

Desktop Publishing (DTP)
Beim Desktop Publishing erstellt man mit dem Computer druckfähige Vorlagen für Zeitschriften, Bücher und Zeitungen. Layout und Text-Bild-Verteilung erfolgen am Bildschirm.

Computersimulation
Mit hoch komplizierten Programmen kann ein Computer heute Situationen des wirklichen Lebens simulieren, z. B. das Steuern eines Flugzeugs, eines Spaceshuttles oder Rennwagens. Die Computersimulation wird in der Ausbildung ebenso verwendet wie in der Forschung und Unterhaltung.

Virtuelle Realität
Eine besondere Computersimulation ist die Virtuelle Realität. Der Computer schafft ein fast reales dreidimensionales Bild mit Geräuschen. Der Benutzer setzt einen Datenhelm auf und hält die Steuerung in der Hand. Er kann dann mit dieser virtuellen Welt in Beziehung treten.

Virtual-Reality-Spiel

Der Datenhelm zeigt eine vom Computer erzeugte Szene.

Handsteuerung

Virtual-Reality-Ausrüstung 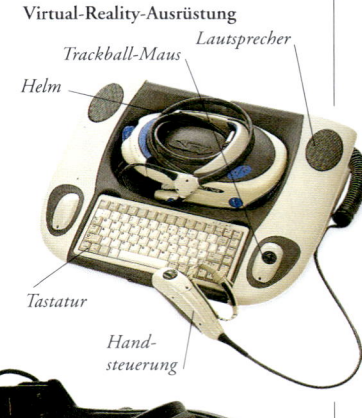
- *Lautsprecher*
- *Trackball-Maus*
- *Helm*
- *Tastatur*
- *Handsteuerung*

Computermodelle
Meteorologen verwenden z. B. Computermodelle zur Wettervorhersage. Als Grundlage dienen Informationen von Wetterstationen. Mit diesen Daten erzeugt der Computer das realistische Modell der Wettersituation. Ein Programm sagt ihm dann, wie er die wahrscheinlichste künftige Entwicklung zu berechnen hat.

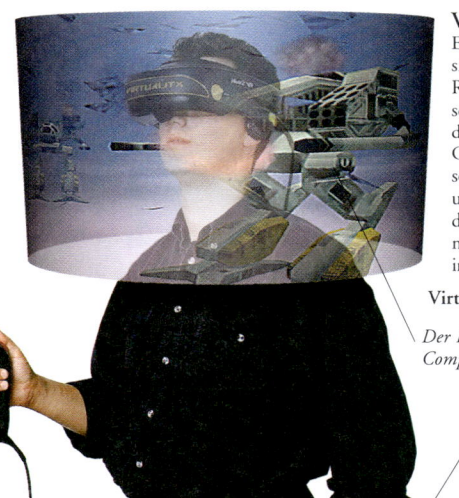

Ein Sensor nimmt horizontale und vertikale Bewegungen wahr und sendet darüber Informationen an den Computer.

Stereokopfhörer

3D-Bildschirm erzeugt ein Gefühl von Tiefe und Wirklichkeitsnähe.

Virtual-Reality-Helm

INFORMATION UND KOMMUNIKATION

Information-Super-Highway

Der Information-Super-Highway entsteht derzeit durch die Verschmelzung unterschiedlichster Netze zu einem universellen Kommunikationsnetzwerk, das den Zugang zu Internet, Fernsehen, Rundfunk, Telefonie, Film- und Musikangeboten, Computerspielen und Homeshopping erlaubt. Die Wortschöpfung geht auf den amerikanischen Vizepräsidenten Al Gore von 1993 zur Schaffung einer nationalen Informations-Infrastruktur zurück.

Multimedia-PC und Fernseher

Üblicher Fernseher
Fernbedienung
Tastatur
Eingebaute Stereolautsprecher
CD-ROM-Laufwerk
Rollkugel

Künstliche Intelligenz

Die Fähigkeit eines Computers zu denken, zu lernen und zu entscheiden, nennt man Künstliche Intelligenz (KI). Einige Computer können ihre eigene Leistung beurteilen und Verbesserungsvorschläge machen. Die KI-Forschung führte zu neuronalen Netzen und Spracherkennung sowie -erzeugung. Ob es Computer jedoch zu echter Intelligenz bringen, wird bezweifelt.

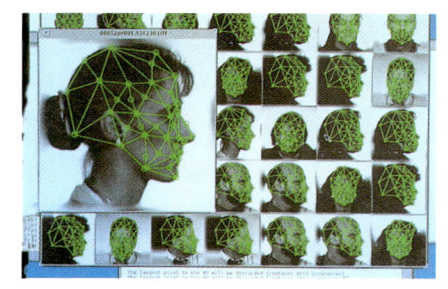

Sprachgenerator

Mustererkennung

Neuronales Netz

Neuronale Netze sind elektrische Schaltkreise, die ähnlich arbeiten wie die Nervenzellen oder Neuronen im Gehirn. Mit neuronalen Netzen kann man einfache Aufgaben lösen, etwa ein Gesicht identifizieren.

Spracherkennung

Bei der Spracherkennung geht es darum, die menschliche Sprache zu analysieren und in geschriebenen Text umzusetzen. Fernziel ist die elektronische Sekretärin. Auch der umgekehrte Weg wird versucht. Der Sprachgenerator erzeugt Sprache aufgrund eines eingegebenen Textes.

Internet

Das Internet ist ein weltumspannendes Netz von Computern, die durch Telefonleitungen miteinander verbunden sind. Man kann dadurch „elektronische Post" (E-Mail) absenden und empfangen, in Newsgroups Gedanken austauschen und Informationen im World Wide Web suchen. Dieses besteht aus Informationsseiten der unterschiedlichsten Institutionen, z. B. von Museen, Regierungen, Parteien, Firmen, Universitäten oder Einzelpersonen.

Kommunikation im Internet

Texte, Bilder, Töne und andere Informationen werden im Internet in Form von binären Zahlen oder Bits von Computer zu Computer verschickt. Die Datenübertragung erfolgt nach festgelegtem Protokoll in kleinen Datenpaketen.

Die Datenpakete werden via Internet zum Empfänger geschickt.

Bits und Bytes

Der Computer löst das Bild in Datenpakete auf.

Der Computer setzt die Datenpakete zusammen.

Bei belegter Linie sucht der Computer einen anderen Weg zum Zielort.

World Wide Web

Das Internet enthält an bestimmten Stellen (Websites) Informationsseiten (Pages). So entsteht ein weltumspannendes Informationsnetz. Zu diesen Seiten im Internet gelangt man mit Hilfe einer Software, dem Browser. Durch Anklicken bestimmter Stellen kann man die gewünschten Informationen zusammentragen.

E-Mail

Briefe, die man im Computer erfasst hat, kann man schnell und billig mit E-Mail im Internet verschicken. Jeder Internetbenutzer hat eine E-Mail-Adresse, sodass er Post von anderen Benutzern bekommen kann. Die Post wird über den Server, einen großen Computer, verschickt und empfangen.

Personal Computer (PC)

Die E-Mail wird erfasst und gelangt in binärer Form zum Modem.

Empfangen / **Senden**

PC-Modem

Modem
Das Modem verwandelt die binären, digitalen Computerdaten in elektrische Signale und überträgt sie in der Telefonleitung.

Telefonleitung überträgt Signale des Modems.

Server-Modem

Das Modem des Servers verwandelt die Signale zurück in binäre Daten.

Empfangen / **Senden**

Server
Der Server ist ein leistungsstarker Computer, der E-Mails an die richtige Internetadresse sendet und eintreffende Nachrichten in einer Mailbox sammelt, bis sie der Benutzer abruft.

John von Neumann

Der Mathematiker John von Neumann (1903–57) schlug als Erster vor, dass das Programm zum Betreiben eines Computers sich in dessen Speicher befinden solle. Er entwickelte auch einen Weg zur Erzeugung von Zufallszahlen. Diese sind heute entscheidend wichtig für viele moderne Software-Anwendungen.

Chronologie

ab 1960 Das US-Militär verbindet alle seine Computer im sog. ARPANET.

Späte 70er Jahre Computerbenutzer können mit der Maus Symbole auf grafischen Benutzeroberflächen am Bildschirm anklicken.

1976 Bill Gates gründet die Firma *Microsoft*. Sie entwickelt sich zum größten Software-Unternehmen der Welt.

Bill Gates, Gründer von Microsoft

1981 Die ersten IBM-Personalcomputer kommen auf den Markt. Sie arbeiten mit dem Betriebssystem MS-DOS von Microsoft.

80er Jahre Das ARPANET wird zum Internet, nachdem sich das US-Militär daraus zurückzieht. Es wird viel von Universitäten genutzt.

1985 Die ersten CD-ROMs kommen auf den Markt.

90er Jahre Die Internet-Anschlüsse nehmen stetig zu.

1997 Markteinführung von DVD-ROM-Laufwerken

2001 Erste Anwendung eines Quanten-Algorithmus

SIEHE AUCH UNTER COMPUTER · ELEKTRONIK · NERVENSYSTEM UND GEHIRN · TECHNOLOGIE · TELEFON · TELEKOMMUNIKATION · ZAHLEN

INKA

IM 15. JAHRHUNDERT errichteten die Inka in Peru ein riesiges Reich. Es war halb so groß wie Europa und erstreckte sich über 4 000 km Länge und 700 km Breite. Die Inka entwickelten sich aus einem Stamm der Quechua-Indianer durch Kriegskunst und eine strenge staatliche Ordnung zu einem der größten Völker der damaligen Welt. Als 1532 die Spanier nach Peru kamen, brach dieses gewaltige Reich zusammen.

Cuzco
Die Hauptstadt des Inkareiches war Cuzco, was soviel wie „Zentrum" bedeutet. Es liegt 3 400 m hoch in den Anden. Die beeindruckende Stadt wurde durch Pachacuti Inka erweitert. Im Mittelpunkt lag der Sonnentempel. Im modernen Cuzco leben heute noch viele Nachfahren der Inka.

Machu Picchu
Machu Picchu war eine Festungsstadt hoch in den Anden. Die Ruinen zählen heute zu den eindrucksvollsten Beispielen der Inka-Architektur. Tausende von Menschen müssen die schweren Steinblöcke in die Berge geschafft haben. Die Inkas verfugten die Blöcke ohne Zement so, dass kein Messer dazwischen passte.

Produktion
Die Beamten des Inkastaates verwalteten alle Güter wie Nahrungsmittel, Wolle und Kleidung und füllten damit die Lagerhäuser. Jede Stadt hatte mindestens zwei Speicher: einen für den Herrscher und einen für das Volk. Lamas brachten die Waren aus dem Land auf einem Netz aus gepflasterten Straßen herbei.

Quipus
Die Inka hatten keine Schrift. Dennoch hielten sie alles genau fest. Dazu dienten Schnüre, in die sie farbige Knoten knüpften. Mit diesen Quipus zählten sie nicht nur die Vorräte an Wollballen oder Kartoffeln, sondern auch die jährlichen Geburten und Todesfälle.

Landwirtschaft
Mais und Kartoffeln waren die wichtigsten Anbauprodukte der Inka. Dafür legten sie an steilen Hängen Terrassenfelder an. Sie verwendeten bereits Vogelkot und Fischköpfe als Dünger. Die Feldarbeit erfolgte gemeinsam. Das Land gehörte dem Staat und damit allen.

Gesellschaft
An der Spitze des Staates standen der Sapa Inka und seine Familie. Der Inka wurde als Abkömmling des Sonnengottes verehrt und nahm zuerst seine Schwester zur Frau. Die Adligen lebten in Cuzco oder hatten Paläste außerhalb, um das Reich zu kontrollieren. Das gewöhnliche Volk war auf Dorfgemeinschaften verteilt, die sog. Ayllus. Jedes Ayllu wurde von einem gewählten Ältestenrat geleitet. Die Herrscher siedelten manchmal solche Ayllus um, damit fremde Gebiete mit treuen Untertanen leichter regierbar wurden.

Arbeiter
Die Arbeiter im Inkareich schufen zuerst für den Kaiser und den Adel, dann für sich selbst. Dadurch war das öffentliche Wohl im Staat und die Herrschaft gesichert.

Herrschergott
Die Inka glaubten, dass ihre Herrscher vom Sonnengott Inti abstammten und verehrten sie deshalb als Götter. Manche Zeremonialgefäße zeigen das Porträt eines Inkakaisers.

Becher mit Porträt eines Kaisers

Religion
Der Hauptgott war der Weltenschöpfer Viracocha, der von den Adligen und Priestern sehr verehrt wurde. Der zweitwichtigste Gott war Inti, der Sonnengott und Urvater der Inkaherrscher. Die Erd- und Fruchtbarkeitsgöttin Pachamama genoss beim Volk höchste Verehrung. Es gab noch andere Götter, z. B. die Mondgöttin oder den Regen- und Gewittergott.

Sonnengott

Pachacuti
Pachacuti Inka wurde im Jahr 1438 gekrönt. Zusammen mit seinem Sohn Topa Inka konnte Pachacuti das Reichsgebiet der Inka wesentlich erweitern. Er herrschte über viele Provinzen und war ein kluger und fähiger Staatsmann.

Die Eroberung
Kurz bevor spanische Schiffe die Küste Perus erreichten, gab es unter den Inka einen Bürgerkrieg. Die Spanier unter Francisco Pizarro (um1475–1541) machten sich das zunutze und konnten so das übermächtige Inkareich erobern.

Spanische Münzen

SIEHE AUCH UNTER GOTTHEITEN · LANDWIRTSCHAFT, GESCHICHTE · SPANIEN, GESCHICHTE · SÜDAMERIKA · SÜDAMERIKA, GESCHICHTE

Kunsthandwerk der Inka

Gold

Goldfigürchen Götterfiguren; häufige Grabbeigaben bei wohlhabenden Inka

Kleine Figur Grabbeigabe aus Gussgold

Gürtelverzierungen aus Gold. Sie wurden ausgestanzt und gehämmert.

Kopf und Nacken sind verlötet.

Statuette eines Lamas aus Gussgold

Holz, Ton, Gewebe

Mundstück

Katzenkopf mit geöffnetem Maul

Trompete aus Ton Doppelter Katzenkopf; vermutlich Darstellung einer Gottheit

Pfeifen aus Borsten

Hirtenflöte Die unterschiedlich langen Röhren ergeben Tonfolgen.

Tasche mit Durchziehband Das eingewebte Muster zeigt peruanische Lamas.

Griff in Form eines Alpakakopfes

Steingefäß in Form eines Alpakas

Keramikgefäß Der Zweck des ausgearbeiteten Fußes ist unklar.

Abgeflachtes Gefäß zum Transport auf Lamarücken

Steinschale verziert mit zeremoniellem Umzug

Krug bemalt mit geometrischem Muster

Becher aus Holz Angefertigt für den spanischen Eroberer Pizarro

Langgezogener, enger Hals

Henkel zum Tragen

Meißel aus Kupfer vermutlich zum Holzschnitzen verwendet

Töpfe Meist ähnliche Form: konisch mit lang ausgezogenem Ausguss und zwei Henkeln. Diese Art Töpfe wurde hauptsächlich für Wasser und Bier verwendet.

Becher verziert mit Figuren des Inka-Hofes

INSEKTEN

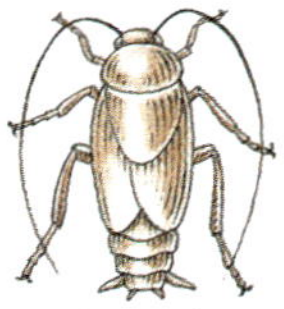

WAS ARTENREICHTUM und Anzahl an Tieren anbelangt, so stehen die Insekten im Tierreich einzigartig da. Auf der ganzen Welt gibt es wohl mehr als eine Million Arten. Insekten machen etwa drei Viertel aller Lebewesen aus. Sie sind Wirbellose und zählen zu den Gliederfüßern. Als Einzige in dieser Gruppe können sie fliegen. Viele Insekten haben einen komplizierten Lebenszyklus. Wo immer sie auch leben, spielen sie als Pflanzenfresser, Jäger, Bestäuber von Pflanzen oder Krankheitsüberträger eine wichtige Rolle.

Grabwespe
Diese Wespe lähmt ihr Beutetier, z. B. eine Fliege, und transportiert sie ins Nest als Nahrung für ihre Larven. Der Giftstachel tritt am Hinterleib aus.

Brust mit 3 Segmenten, Beinen und Flügeln

Kopf mit Mundteilen und Sinnesorganen

Fliege
Das Außenskelett besteht wie bei allen Insekten aus dem leichten, widerstandsfähigen Chitin. Die Wespe kann durch dieses Außenskelett hindurch stechen.

Fortpflanzung

Insekten sind getrenntgeschlechtig. Die Geschlechter ziehen sich durch Gerüche, Bewegungen und Signale gegenseitig an. Bei der Paarung überträgt das Männchen seinen Samen auf das Weibchen. Die Befruchtung findet in dessen Körper statt. Das Weibchen legt dann die Eier z.B. in die Erde oder auf die Oberfläche eines Blattes.

Erwachsene Eintagsfliege

Eintagsfliegen
Schwärme von Eintagsfliegen tanzen im Sommer über dem Wasser. Ihre einzige Aufgabe ist die Fortpflanzung. Innerhalb weniger Stunden paaren sie sich, legen Eier und sterben dann.

Brutpflege
Die meisten jungen Insekten müssen allein zurechtkommen. Nur einige Wanzen und Ohrwürmer schützen ihren frisch geschlüpften Nachwuchs.

Wanze mit Jungen

Merkmale der Insekten

Alle Insekten haben ein Außenskelett. Man sieht deutlich Kopf und Brust sowie den Hinterleib aus Ringen oder Segmenten. Die 6 gegliederten Füße sind an das Laufen, Springen, Graben oder Schwimmen angepasst.

Im Hinterleib liegen die inneren Organe.

Harte Flügeldecken schützen die Hinterflügel.

Feuerkäfer

Augen
Die großen Augen dieser Libelle bestehen – wie bei fast allen Insekten – aus hunderten von Sehkeilen mit je einer Linse. Sie erzeugen ein mosaikartiges Bild.

Fühler
Auf den Fühlern der Insekten befinden sich zahlreiche Sinnesorgane, z. B. für Geruch, Geschmack, Wärme und den Tastsinn. Bockkäfer haben die längsten Fühler.

Mundteile
Oberlippe, Oberkiefer, Unterkiefer und Unterlippe bilden die Mundteile, die den jeweiligen Bedürfnissen angepasst sind. Die abgebildete Florfliege hat kauende Mundwerkzeuge.

Flügel
Die Flügel sind zarte Membranen, verstärkt mit Adern. Die meisten Insekten haben zwei Flügelpaare. Das vordere Paar bildet bei Käfern harte Flügeldecken.

Lebenszyklus

Insekten entwickeln sich in mehreren Stufen oder Stadien: Einige verändern bei der vollständigen Verwandlung sehr stark ihre Körperform. Bei anderen Insekten mit unvollständiger Verwandlung erfolgen die Veränderungen schrittweise: Mit jeder Häutung werden sie dem erwachsenen Tier ähnlicher.

Vollständige Verwandlung
Die Larven der meisten Insekten sehen ganz anders aus als ihre Eltern. Aus den Eiern schlüpfen Larven. Diese verpuppen sich nach einiger Zeit. Aus der Puppe schlüpft dann das erwachsene Tier.

1 Das Weibchen des Schwalbenschwanzes legt ein Ei auf das Blatt der Nährpflanze, z. B. einer wilden Möhre.

2 Die Larve – in diesem Fall eine Raupe – schlüpft aus dem Ei und beginnt sogleich zu fressen.

3 Die Raupe wächst schnell heran und muss sich mehrmals häuten.

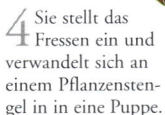

4 Sie stellt das Fressen ein und verwandelt sich an einem Pflanzenstengel in eine Puppe.

5 Im Innern der Puppe verwandelt sich die Raupe in den Schmetterling, der dann ausschlüpft.

Unvollständige Verwandlung
Die Libellenlarve ähnelt dem erwachsenen Tier, obwohl sie im Wasser lebt. Nach mehreren Häutungen klettert das letzte Larvenstadium aus dem Wasser und häutet sich zum erwachsenen Tier.

Die Larve klettert aus dem Wasser.

Die Haut reißt am Rücken auf.

Langsam schlüpft das erwachsene Tier.

Blut wird in die Flügel gepumpt.

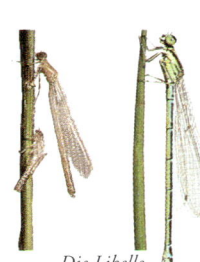

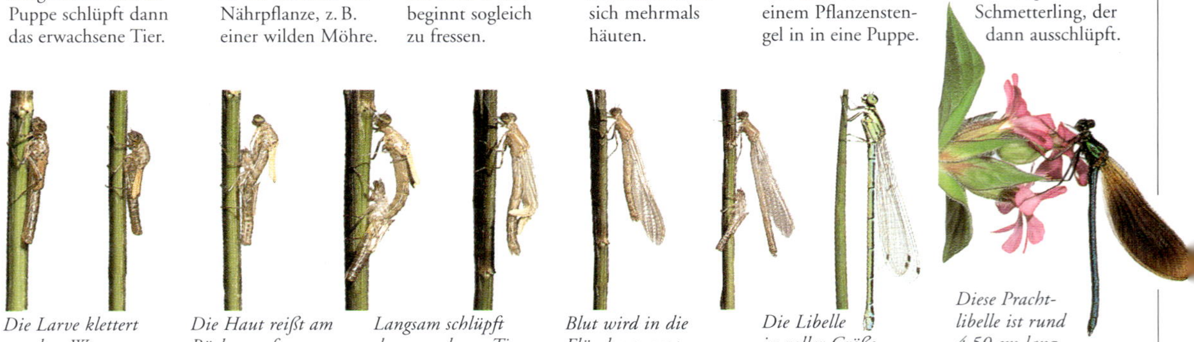

Die Libelle in voller Größe

Diese Prachtlibelle ist rund 4,50 cm lang.

INSEKTEN

Lebensräume

Insekten kommen selbst in den unwirtlichsten Lebensräumen in großer Zahl vor. Ihre größte Artenfülle erreichen sie in den Tropen, doch auch in Steppen und gemäßigten Wäldern leben tausende von Insektenarten, sowohl in der Pflanzendecke wie im Boden. Sehr viele Arten verbringen mindestens einen Teil ihres Lebens im Wasser.

Tropische Höhlen
Auch in tropischen Höhlen leben zahlreiche Insekten. Viele von ihnen sind blind. In absoluter Dunkelheit ernähren sich Käfer und Schaben vom Kot, den die Fledermäuse auf den Boden fallen lassen.

Skarabäus

Nester
Die besten Nestbauer sind Staaten bildende Insekten wie die Wespen, Bienen, Ameisen und Termiten. Tausende von Tieren leben in einem solchen Nest. Wespen stellen aus gekautem Holz prächtige Papiernester her.

Wespennest aus Papier

Schnitt durch das Wespennest

Die Wespenkönigin legt in jede Wabe ein Ei.

Kleiner Eingang zur Kontrolle von Temperatur und Feuchtigkeit

Wüsten
Die Suche nach Nahrung und Wasser gestaltet sich in Wüsten besonders schwierig. Skarabäen bauen eine unterirdische Röhre für ihre Larven und versorgen sie mit reichlich Nahrung – einer selbst gedrehten Kugel aus Kamelkot.

Wasser
Wasserkäfer und Rückenschwimmer verbringen ihr ganzes Leben im Süßwasser. Von manchen Insekten leben nur die Larven im Wasser. Köcherfliegenlarven tragen zum Schutz ein röhrenförmiges Haus mit sich herum.

Köcherfliegenlarve

Der Köcher besteht hier aus Blattstückchen.

Die Larve vergrößert laufend ihren Köcher.

Grylloblattide

Schneefelder
Auf Schneefeldern im Gebirge gibt es kleine, flügellose Insekten. Die Grylloblattiden leben dort von winzigen herangewehten Nahrungsteilchen. Frostschutzmittel in der Körperflüssigkeit verhindern, dass die zarten Tiere erstarren.

Ernährung

Viele Insekten spielen eine große ökologische Rolle beim Abbau toter pflanzlicher und tierischer Stoffe. Nur ganz wenige Pflanzen sind sicher vor Insektenfraß. Manche Insekten sind dabei hoch spezialisiert. So leben viele Rüsselkäfer von einer einzigen Pflanzenart. Schaben und viele Heuschrecken sind dagegen ausgesprochene Allesfresser.

Nektarsauger
Viele Blüten locken mit Nektar Insekten zur Bestäubung an, vor allem Schmetterlinge, Bienen und Fliegen. Beim Saugen stäuben sich die Tiere mit Pollen ein, den sie zur nächsten Blüte tragen.

Jäger
Nicht wenige Insekten sind schnelle Jäger. Sie verwenden dazu ihre spitzen Kiefer oder ihre Fangbeine. Die Gottesanbeterin lauert auf vorbeifliegende Beute und schlägt dann zu.

Gottesanbeterin packt eine Fliege.

Holzbohrer
Viele Insektenlarven bohren Löcher in totes Holz. Sie müssen viel fressen, weil Holz wenig Nährstoffe enthält. Die meisten richten dadurch gewaltige Schäden an.

Klopfkäfer

Parasiten
Parasiten ernähren sich von anderen lebenden Tieren. Sie halten sich entweder auf oder in ihrem Wirt auf, etwa blutsaugende Fliegen und Mücken. Solche Insekten übertragen bei ihrem Stich gefährliche Krankheiten, z. B. Malaria und Schlafkrankheit.

Stechendsaugende Mundteile

Drohende Wetagrille

Wandelndes Blatt

Verteidigung

Insekten und ihre Larven fallen vielen anderen Tieren zum Opfer, etwa Spinnen, Eidechsen, Vögeln und Säugern. Doch die Insekten wehren sich dagegen gefressen zu werden. Einige tun dies aktiv durch Gegenangriffe, während andere versuchen möglichst unbemerkt zu bleiben und sich geschickt zu tarnen.

Angriff
Einige Insekten vertreiben Feinde mit Giften, Schlägen, Bissen oder Giftstacheln. Mit die gefürchtetsten Waffen haben die Soldaten der Treiberameise. Sie greifen Eindringlinge an und verletzen sie dabei oft tödlich.

Mimikry
Die Schwebfliege ahmt mit ihrer Zeichnung eine Wespe nach, die von allen Räubern gefürchtet wird. Durch diese Täuschung profitiert sie von deren Gefährlichkeit und genießt so Schutz.

Streifen wie bei der Wespe

Tarnung
Manche Insekten ahmen in Form und Farbe Gegenstände ihrer Umgebung nach. Das Wandelnde Blatt beipielsweise ist so vollkommen getarnt, dass man es an einem Baum kaum erkennt.

Bedrohung
Feinde werden auch mit aggressiven Körperhaltungen und Geräuschen verscheucht. Die große neuseeländische Wetagrille streckt mit einem krachenden Geräusch ihre Hinterbeine in die Höhe.

SIEHE AUCH UNTER | BLÜTEN | EVOLUTION | ÖKOLOGIE UND ÖKOSYSTEME | TARN- UND WARNTRACHT | TIERBAUTEN | TIERE | VOGELFLUG

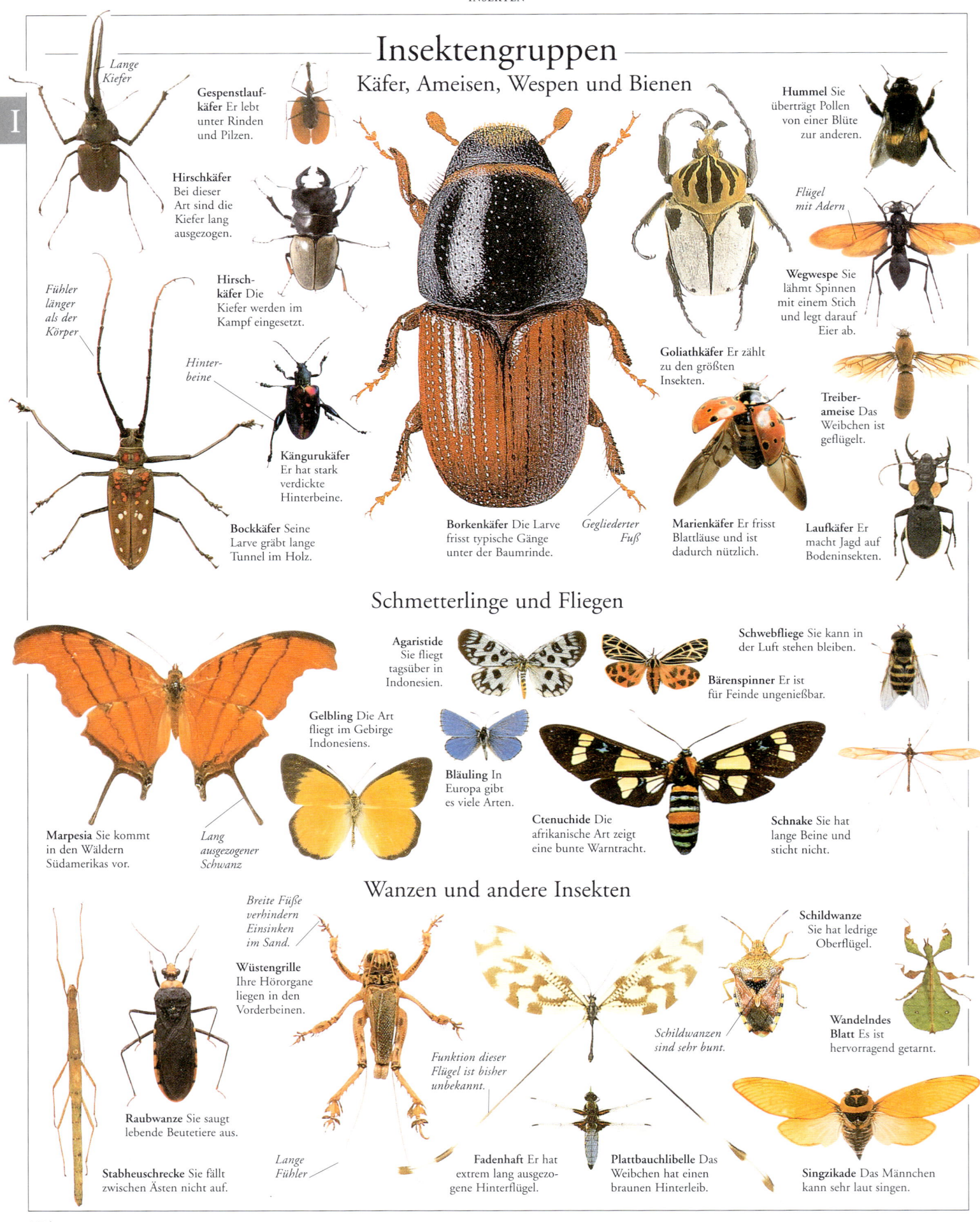

INSEKTEN

Insektengruppen
Käfer, Ameisen, Wespen und Bienen

Lange Kiefer

Gespenstlaufkäfer Er lebt unter Rinden und Pilzen.

Hirschkäfer Bei dieser Art sind die Kiefer lang ausgezogen.

Hirschkäfer Die Kiefer werden im Kampf eingesetzt.

Fühler länger als der Körper

Hinterbeine

Kängurukäfer Er hat stark verdickte Hinterbeine.

Bockkäfer Seine Larve gräbt lange Tunnel im Holz.

Borkenkäfer Die Larve frisst typische Gänge unter der Baumrinde.

Gegliederter Fuß

Goliathkäfer Er zählt zu den größten Insekten.

Marienkäfer Er frisst Blattläuse und ist dadurch nützlich.

Hummel Sie überträgt Pollen von einer Blüte zur anderen.

Flügel mit Adern

Wegwespe Sie lähmt Spinnen mit einem Stich und legt darauf Eier ab.

Treiberameise Das Weibchen ist geflügelt.

Laufkäfer Er macht Jagd auf Bodeninsekten.

Schmetterlinge und Fliegen

Agaristide Sie fliegt tagsüber in Indonesien.

Gelbling Die Art fliegt im Gebirge Indonesiens.

Bläuling In Europa gibt es viele Arten.

Ctenuchide Die afrikanische Art zeigt eine bunte Warntracht.

Schwebfliege Sie kann in der Luft stehen bleiben.

Bärenspinner Er ist für Feinde ungenießbar.

Schnake Sie hat lange Beine und sticht nicht.

Marpesia Sie kommt in den Wäldern Südamerikas vor.

Lang ausgezogener Schwanz

Wanzen und andere Insekten

Breite Füße verhindern Einsinken im Sand.

Wüstengrille Ihre Hörorgane liegen in den Vorderbeinen.

Raubwanze Sie saugt lebende Beutetiere aus.

Stabheuschrecke Sie fällt zwischen Ästen nicht auf.

Lange Fühler

Fadenhaft Er hat extrem lang ausgezogene Hinterflügel.

Funktion dieser Flügel ist bisher unbekannt.

Plattbauchlibelle Das Weibchen hat einen braunen Hinterleib.

Schildwanze Sie hat ledrige Oberflügel.

Schildwanzen sind sehr bunt.

Wandelndes Blatt Es ist hervorragend getarnt.

Singzikade Das Männchen kann sehr laut singen.

INSELN

IN DEN OZEANEN DER ERDE liegen Millionen von Inseln. Einige sind nicht größer als Felsspitzen, andere hingegen bilden riesige Landmassen, wie z. B. Grönland mit einer Fläche von 2,2 Mio. km². Inseln entstehen, wenn sich der Meeresspiegel hebt oder das Land senkt. Dabei ertrinken Täler und nur die höchsten Erhebungen schauen noch über den Wasserspiegel hinaus. Inseln bilden sich auch durch Vulkane am Meeresgrund. Durch aufeinander folgende Eruptionen werden immer wieder Lavaschichten abgelagert, bis die oberste Spitze aus dem Wasser ragt.

Wie ein Atoll entsteht

Korallen sind Lebewesen, die in Kolonien in tropischen Meeren vorkommen. Sie scheiden Kalk aus und bilden Korallenriffe. Unten sind die Korallen tot, oben wachsen sie weiter. Ein Riff kann um die Spitze eines Unterwasservulkans entstehen. Sinkt dieser ein, hinterlässt er eine ringförmige Koralleninsel, ein Atoll.

1 Durch Eruptionen bildet sich ein kegelförmiger Vulkan auf dem Meeresboden, dessen Spitze schließlich über dem Wasserspiegel liegt. Dadurch entsteht eine Insel. In warmen tropischen Gewässern beginnt in Küstennähe ein Saumriff zu wachsen.

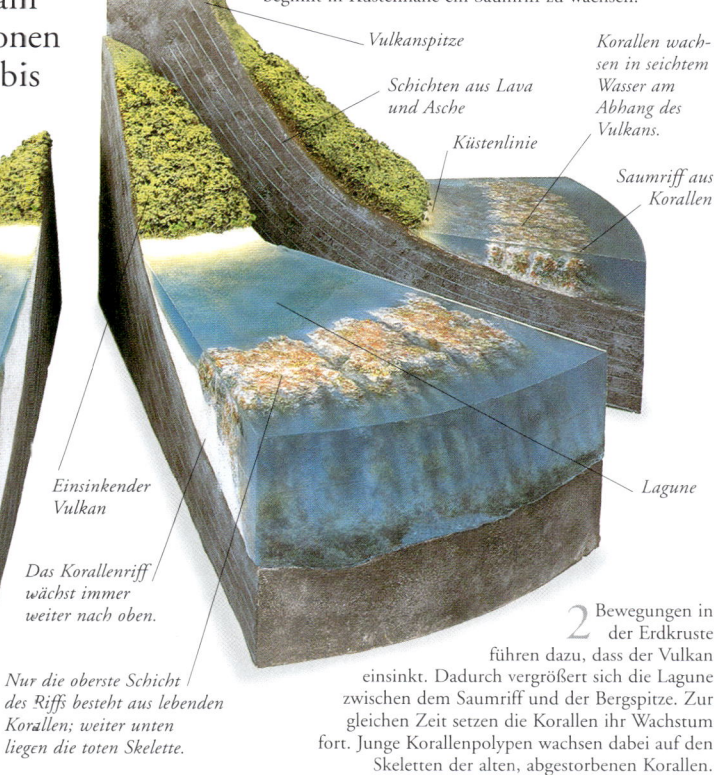

Vulkanspitze
Schichten aus Lava und Asche
Küstenlinie
Korallen wachsen in seichtem Wasser am Abhang des Vulkans.
Saumriff aus Korallen

Das Riff wird von Pflanzen besiedelt.
Nur noch die Spitze des Vulkans ist zu sehen.

4 Die Vulkanspitze ist schließlich ganz eingesunken. Nur das Korallenriff ist noch übrig. Es bildet eine ringförmige Insel, ein Atoll. Dieses wird zuerst von Sand bedeckt. Danach wachsen darauf Pflanzen.

Die Lagune füllt sich nach und nach mit Sand.

3 Der Vulkan sinkt immer weiter ein, während die Korallen wachsen. Die Lagune wird breiter und es entstehen in ihr neue Korallenriffe. Von einer bestimmten Höhe an trocknen die Korallenriffe oben aus.

Während der Vulkan einsinkt, wächst das Riff über den Wasserspiegel.

Einsinkender Vulkan
Das Korallenriff wächst immer weiter nach oben.
Nur die oberste Schicht des Riffs besteht aus lebenden Korallen; weiter unten liegen die toten Skelette.
Lagune

2 Bewegungen in der Erdkruste führen dazu, dass der Vulkan einsinkt. Dadurch vergrößert sich die Lagune zwischen dem Saumriff und der Bergspitze. Zur gleichen Zeit setzen die Korallen ihr Wachstum fort. Junge Korallenpolypen wachsen dabei auf den Skeletten der alten, abgestorbenen Korallen.

Vulkaninseln

Die Hawaii-Inseln bilden eine Kette von Vulkanen, die über einem „Hot Spot" entstanden sind. An dieser heißen Stelle schweißt geschmolzenes Gestein die Erdkruste auf und tritt aus. Die Kette der Hawaii-Inseln wird langsam länger, da sich die Erdkruste über dem Hot Spot hinweg bewegt.

Inselbögen
Wo zwei Platten der Erdkruste aufeinander stoßen, tritt geschmolzenes Gestein an die Oberfläche und bildet lang gezogene Inselbögen. Java, Bali, die Philippinen und Japan gehören zu einem gewaltigen Inselbogen.

Die Inseln Java und Bali aus der Luft fotografiert

Ertrunkene Länder

Viele große Inseln entstehen, wenn durch Bewegungen in der Erdkruste das Festland absinkt. So wurde Großbritannien zu einer Insel. Auch die Insel Wight trennte sich auf diese Weise vom britischen Festland.

Satellitenbild der Insel Wight, England

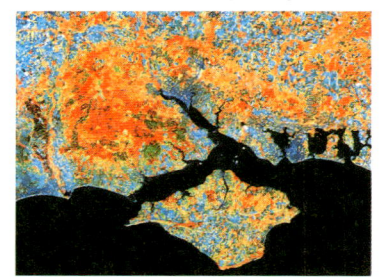

Flussinseln
Wenn ein Strom über breite Schwemmebenen fließt, bildet er nicht selten mehrere Arme. Im Lauf der Zeit transportiert er viel Sand und Schlamm heran, sodass im Flusslauf auch Sandbänke entstehen. Die Ilha do Bananal im brasilianischen Araguaia-Fluss zählt mit einer Fläche von 20 000 km² zu den größten Flussinseln der Erde.

Flussinsel in der Seine, Frankreich

Archipel
Wenn das Klima wärmer wird, schmilzt viel Eis in den Polargebieten. Damit nimmt das Wasser in den Ozeanen zu und der Meeresspiegel steigt. In diesem Fall ertrinken niedrige Küstengebiete. Es entsteht eine neue Küstenlinie mit zahlreichen Inselchen, die den Spitzen früherer Hügel oder Berge entsprechen. Solche zusammengehörende Inselgruppen nennt man Archipele.

Kykladen-Archipel, Griechenland

| SIEHE AUCH UNTER | ERDE | INSELN, TIERWELT | KONTINENTE | KORALLENRIFF | MEERESBODEN | MEERESKÜSTE | VULKANE |

INSELN, TIERWELT

DIE ISOLIERTE LAGE und oft auch das Fehlen von Nahrungskonkurrenten oder großen Räubern hat auf vielen Inseln zur Entwicklung einzigartiger Tierformen geführt. Die Lebensräume auf Inseln sind sehr vielfältig, angefangen von Eis und Fels in Grönland bis zu den tropischen Regenwäldern Borneos. Tiere und Pflanzen bilden hier empfindliche Ökosysteme, die von Eindringlingen und schlechten Wetterbedingungen leicht gestört werden. Einige Inseln haben Arten, die es sonst nirgendwo gibt, sog. Endemiten.

Inseln
Kontinentale Inseln wie Borneo trennten sich von größeren Festlandsmassen ab. Die Tierwelt ähnelt hier der des Kontinents. Ozeanische Inseln wie Fidschi bestehen aus Korallenriffen oder sind vulkanischen Ursprungs. Ihre Tier- und Pflanzenwelt ist oft eintönig. Die große Insel Sulawesi dagegen beherbergt asiatische und australische Formen und hat Endemiten wie den Hirscheber oder Babirusa.

Besiedelung
1883 zerstörte ein Vulkanausbruch alles Leben auf der Insel Krakatau. Sofort nach der Katastrophe begann die Neubesiedlung durch Tiere und Pflanzen. Sie mussten eine 40 km breite Meeresstraße überqueren. Zuerst kamen Algen und Farne. 40 Jahre später gab es schon Wälder, 29 Vogelarten, 2 Geckos, 1 Python, 1 Waran, sowie Insekten, Fledermäuse und Ratten.

Dichte Pflanzendecke als Unterschlupf für viele Tiere

Moorea, Französisch-Polynesien

Säugetiere
Große Fleisch fressende Säuger kommen nur auf großen Inseln mit entsprechend hoher Beutepopulation vor. Entwicklungsgeschichtlich alte Inseln beherbergen oft Endemiten. Madagaskar ist die Heimat der Lemuren, etwa des Fingertiers oder Aye-Aye. Auf Sulawesi lebt ein Kleinrind, das Anoa, das in 2 Arten oder Unterarten vorkommt. Auf abgelegenen Inseln sind Fledermäuse oft die einzigen Säuger, weil sie dorthin fliegen können.

Lange Finger für den Fang von Larven
Aye-Aye

Pflanzen
Der fruchtbare vulkanische Boden ozeanischer Inseln sorgt für ideale Wuchsbedingungen. Einige Pflanzen wie die Kokospalme kommen auf allen tropischen Inseln vor. Umgekehrt gibt es viele Endemiten. Die Kanarischen Inseln beherbergen 500 Pflanzenarten, die nur hier vorkommen, z. B. den Drachenbaum. Madagaskar hat 7 Baobab-Arten, auf dem afrikanischen Festland dagegen kommt nur eine einzige Art vor.

Baobab

Speerförmige Früchte, die nach dem Fall im Schlick feststecken

Mangrove

Samenverbreitung
Samen erreichen mit dem Wind oder mit Meeresströmungen, an Füßen oder im Magen der Vögel weit entfernte Inseln. Die Kokosnuss hat eine harte Außenschicht und kann lang im Meer treiben. Tropische Inseln mit schlickigen Stränden sind oft von Mangrovewald umgeben. Die Samen dieser Bäume keimen noch auf der Mutterpflanze. Dann fallen sie ab, bleiben senkrecht im Schlick stecken und beginnen sofort mit dem Wachstum.

Kokospalme

Kriechtiere
Die meisten Reptilien sind gute Schwimmer und besiedeln nahe Inseln. Zu weiter entfernten gelangen sie auf Treibholz. Die Leguane von Fidschi sind mit jenen Amerikas verwandt. Ihre Vorfahren drifteten wohl quer über den Pazifik hierher. Die Brückenechse oder Tuatara lebt nur noch auf kleinen Inseln vor Neuseeland. Sie ist die einzig Überlebende der früher verbreiteten Schnabelköpfe. Überlebende Tiere vergangener Erdzeitalter nennen wir lebende Fossilien.

Riesenschildkröte

Riesen und Zwerge
Die Lebensbedingungen auf Inseln können die Größe der Tiere beeinflussen. Die Riesenschildkröten erreichen ihre Ausmaße, weil auf den Galapagosinseln große Räuber fehlen. Auf Chappell Island nahe Australien wird eine Schlangenart größer als auf dem Festland. Sie frisst dort Unmengen von Küken der Sturmtaucher während deren Brutzeiten und bildet so Reserven für den Rest des Jahres. Wo die Nahrung begrenzt ist, zeigen die Tiere oft Zwergwuchs.

Die Brückenechse, ein lebendes Fossil

Kräftige Beine zum Graben von Gängen

Wirbellose
Auf allen Inseln leben wirbellose Tiere, die mit Treibholz, durch heftige Winde oder aktiven Flug anlanden. Insekten werden oft auch im Huckepack etwa von Vögeln verbreitet. Der Palmendieb, ein großer Krebs, legt seine Eier ins Meer. Nach dem Schlüpfen werden die Larven durch Meeresströmungen an weit entfernte Küsten getragen.

Der kräftige Krebs knackt sogar Kokosnüsse.

Palmendieb

Vögel
Besonders gute Flieger wie die Fregattvögel gehören zu den Ersten, die auf Inseln eintreffen. Auf manchen Inseln büßten gewisse Vogelarten im Lauf der Evolution die Flugfähigkeit ein, wie die Kiwis in Neuseeland, weil es keine großen Räuber gab, die ihnen hätten gefährlich werden können. Eingeführte Tiere bilden oft eine tödliche Gefahr. So werden die Kiwis von wildernden Hunden gejagt.

Fregattvogel

SIEHE AUCH UNTER AFFEN · FRÜCHTE UND SAMEN · INSELN · KONTINENTE · KREBSE · KRIECHTIERE · STRAUSSE UND KIWIS · WILDSCHWEINE

IRAN und IRAK

Die Länder Iran und Irak liegen in Südwestasien; gelegentlich spricht man vom Mittleren Osten. Das Gebiet besteht im Wesentlichen aus unwirtlichen zerklüfteten Gebirgen, nackten Hochebenen und felsigen Wüsten. Die Erdölförderung brachte beiden zunächst Wohlstand und einen gewissen Lebensstandard. Doch Grenzstreitigkeiten und Rivalitäten zwischen den streng islamischen Ländern führten 1980 bis 1988 zum Krieg. Der Irak wird diktatorisch regiert, und nach dem verlorenen Golfkrieg 1990/91 geht es ihm wirtschaftlich schlecht.

Geografie
Im Norden, Westen und Süden des Iran und im Osten des Irak überwiegen Gebirge. Der Rest besteht meist aus unbewohnter Wüste. Irans Küste am Kaspischen Meer ist fruchtbar, und im Südirak gibt es Feuchtgebiete.

32 °C   6 °C

193 mm

Klima
Iran und Irak haben sehr heiße, trockene Sommer. Die Winter sind im Iran viel kälter und strenger als im Irak. Insgesamt fällt wenig Regen; Trinkwasser ist knapp.

Elbursgebirge
Im Nordiran, südlich vom Kaspischen Meer, erhebt sich das Elbursgebirge. Südwärts wehende Winde aus Russland bringen Regen, sodass hier Ackerbau möglich ist. Der Südhang des Gebirges ist von den feuchten Winden abgeschirmt, trocken und unfruchtbar. Der höchste Gipfel ist der Demawend mit 5 604 m. Hier fällt viel Schnee und im Osten von Teheran gibt es daher Skigebiete.

Kurden
Das Volk der Kurden zählt ungefähr 25 Mio. Menschen. Sie leben in Kurdistan, einer Gebirgslandschaft an den Grenzen der Türkei, Syriens, des Irak und Iran. Die Kurden kämpfen um Unabhängigkeit und für einen eigenen Staat, doch wurden ihre Aufstände stets blutig niedergeschlagen. Nach dem Golfkrieg flohen viele Kurden aus dem Irak. Auch in der Türkei werden sie unterdrückt.

Iranische Hochebene
Vom Sagros- und vom Elbursgebirge im Norden begrenzt erstreckt sich die zentrale Iranische Hochebene. Sie besteht aus zwei großen Wüsten, Dasht-e Kavir und Dasht-e Lut genannt. Sie liegen in ungefähr 900 m Höhe und sind fast nicht besiedelt, weil es hier kein Trinkwasser gibt.

Mesopotamien
Der größte Teil des Wassers im Irak fließt im 2 753 km langen Euphrat und im 1 850 km langen Tigris. Über einen großen Teil ihrer Strecke fließen die beiden Ströme nahezu parallel. Der fruchtbare Landstreifen dazwischen heißt Mesopotamien. In diesem Zweistromland entstand vor 5 000 Jahren die Hochkultur der Sumerer.

Iran

Der Iran hieß bis 1934 Persien. Im Osten grenzt das Land an Afghanistan, im Westen an den Irak und im Norden an frühere Sowjetrepubliken. Lange wurde das Land von Monarchen beherrscht, den Schahs. Doch 1979 vertrieb Ayatollah Khomeini (1900–89) den letzten Schah und das Land wurde eine islamische Republik. Die heutige Regierung hält sich strikt an den Koran.

Teheran

Irans Hauptstadt liegt am Fuß des Elbursgebirges. In Teheran gibt es Parks, Museen, Kunstgalerien und einen der größten Basare der Welt. Der letzte Schah ließ die Stadt modernisieren und zur 2 500-Jahr-Feier der persischen Monarchie ein riesiges Monument errichten.

Freiheitsmonument, erbaut 1971

Moscheen

Moscheen sind islamische Gebetsstätten. Alle haben einen Turm, das Minarett, von dem aus die Gläubigen fünfmal am Tag zum Gebet aufgerufen werden. Moscheen sind oft reich geschmückt und mit Versen aus dem heiligen Buch des Islam, dem Koran, verziert.

Freitagsmoschee, Kerman, 14. Jh.

Perserteppich aus Wolle

Persische Teppiche

Seit dem 13. Jh. ist der Iran berühmt für handgeknüpfte Teppiche. Perserteppiche zeigen oft dunkle Farben und ein verschlungenes Muster und stellen noch heute das drittwichtigste Exportgut dar.

Landwirtschaft

Obwohl rund 22 % der Iraner in der Landwirtschaft arbeiten, sind wegen des Wassermangels nur rund 11 % des Landes nutzbar. Unterirdische Bewässerungskanäle aus früher Zeit, die Kanats, bringen Wasser auf die Felder. Wichtigste Nutzpflanzen sind Weizen, Gerste und Reis. Große Schafherden liefern Wolle und Fleisch.

Teppichhändler in Teheran

Der Wind trennt die Spreu vom Weizen.

IRAN: DATEN

HAUPTSTADT	Teheran
FLÄCHE	1 648 000 km²
EINWOHNER	70 330 000
SPRACHE	Farsi (Persisch)
RELIGION	Islam
WÄHRUNG	Rial
LEBENSERWARTUNG	70 Jahre
EINWOHNER PRO ARZT	1 250
REGIERUNG	Islamische Republik
ANALPHABETEN	28 %

Irak

Irak ist eine der führenden Militärmächte im Mittleren Osten. Unter Saddam Hussein (geb. 1937), der 1979 Präsident mit diktatorischer Befugnis wurde, begann der Irak seine Nachbarn zu beherrschen. Der Krieg mit dem Iran brachte kein Ergebnis. Die Besetzung Kuwaits und der folgende Golfkrieg (1990–91) schwächte den Irak stark. Das Land versucht verzweifelt die Wirtschaft wieder aufzubauen.

Landesküche

Die Iraker essen Lamm und Huhn oder Fisch mit Gemüse und Kichererbsen. Hauptnahrung ist Reis und Weizenbrot *(khubz)*. Beliebt sind mit Reis und Gewürzen gefüllte Weinblätter *(dolma)* und gegrilltes Lamm *(quozi)*.

Erdöl

Der Irak verfügt über große Erdöl- und Erdgasreserven. Vor dem Golfkrieg machte das Öl über 95 % der Exporterlöse aus. Auf Geheiß der UNO darf der Irak seither nur kleine Erdölmengen verkaufen, um Heil- und Nahrungsmittel zu erwerben. Die Ölindustrie wurde im Golfkrieg zerstört und muss neu aufgebaut werden.

Straßenhändler in Bagdad verkauft Brot.

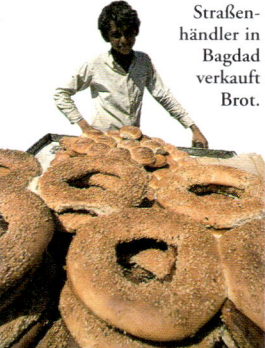

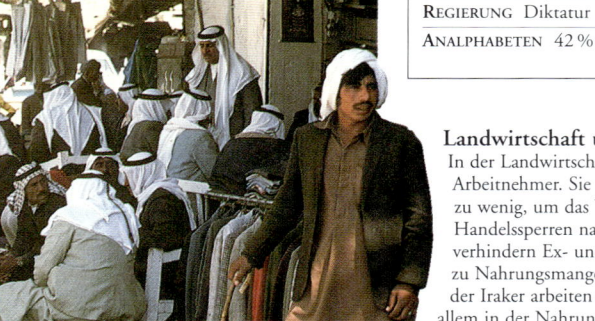

Bagdad

Die irakische Hauptstadt am Ufer des Tigris ist seit 752 n. Chr. ein bedeutendes arabisches Zentrum. Die alten, engen Gassen und lebendigen Märkte stehen in scharfem Kontrast zu modernen Gebäuden. Die Stadt hat viele Moscheen, und zahlreiche Denkmäler erinnern an Saddam Hussein.

Blick auf eine Moschee mit dem Minarett

Schatt el-Arab

Euphrat und Tigris bilden zusammen den Schatt el-Arab. Er ist von ausgedehnten feuchten Schilfgebieten umgeben. Hier wohnen Araber in Schilfhäusern auf künstlichen Inseln. Sie sind in ihrer Existenz von Plänen bedroht, diese Gebiete trockenzulegen.

IRAK: DATEN

HAUPTSTADT	Bagdad
FLÄCHE	438 317 km²
EINWOHNER	23 500 000
SPRACHE	Arabisch
RELIGION	Islam
WÄHRUNG	Irak-Dinar
LEBENSERWARTUNG	65 Jahre
EINWOHNER PRO ARZT	1 667
REGIERUNG	Diktatur
ANALPHABETEN	42 %

Landwirtschaft und Industrie

In der Landwirtschaft arbeiten 25 % der Arbeitnehmer. Sie produziert allerdings zu wenig, um das Volk zu ernähren. Handelssperren nach dem Golfkrieg verhindern Ex- und Importe und führen zu Nahrungsmangel. Nur etwa 10 % der Iraker arbeiten in der Industrie, vor allem in der Nahrungsmittelverarbeitung.

SIEHE AUCH UNTER ASIEN, GESCHICHTE · ERDÖL · ISLAM · ISLAMISCHES REICH · MOSCHEE · PERSER · SUMERER · TEXTILIEN · WÜSTEN

IRLAND

DIE REPUBLIK IRLAND nimmt zwei Drittel der Inseln vor der Westküste Englands ein. Die übrigen Inseln im Atlantik mit den 6 Grafschaften Nordirlands haben sich 1922 für die Zugehörigkeit zu Großbritannien entschieden, als der Freistaat Irland entstand. Im Jahr 1999 verzichtete Irland offiziell auf seine Gebietsansprüche auf Nordirland. Irland ist Mitglied der Europäischen Union und hat eine ausgedehnte Landwirtschaft und Nahrungsmittelindustrie. Von Bedeutung ist auch die Elektronikindustrie.

IRLAND: DATEN	
HAUPTSTADT	Dublin (Baile Atha Cliath)
FLÄCHE	70 273 km²
EINWOHNER	3 840 000
SPRACHE	Irisch (Gälisch), Englisch
RELIGION	Christentum
WÄHRUNG	Euro
LEBENSERWARTUNG	77 Jahre
EINWOHNER PRO ARZT	470
REGIERUNG	Mehrparteiendemokratie
ANALPHABETEN	Unter 5%

Geografie
Der mittlere Teil Irlands besteht aus einer fruchtbaren Ebene, die von Seen, Mooren und sanften Hügeln unterbrochen ist. Im Süden und Westen erheben sich niedrige Berge. An der Westküste gibt es tiefe Fjorde und Buchten. Der Shannon ist mit 370 km der längste Fluss.

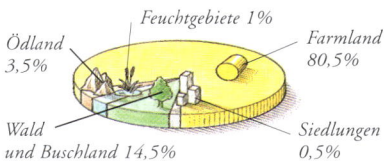

Connemara
Hunderte von Seen und Mooren bilden die wilde Landschaft von Connemara im Westen Irlands. Die eindrucksvolle Bergkette der Twelve Bens entstand in der letzten Eiszeit durch Gletscher.

Die Smaragdinsel
Der häufige Regen lässt Irland in sattem Grün erscheinen; daher bezeichnet man das Land auch als „Smaragdinsel". Auf saftigen Weiden grast Milchvieh – Irland ist bekannt für Butter und Käse. Auch Pferde finden hier ideale Bedingungen.

Klima
Das warme Wasser des Golfstroms sorgt für Irlands feuchtes und mildes Klima. Winde vom Atlantik bringen viel Regen, vor allem an der Westküste.

Landnutzung
Irlands natürlicher Reichtum besteht – neben ein wenig Öl vor der Küste – aus fruchtbaren Wiesen sowie Mooren, die Torf als Brennstoff liefern.

Feuchtgebiete 1%
Ödland 3,5%
Farmland 80,5%
Wald und Buschland 14,5%
Siedlungen 0,5%

Landwirtschaft und Industrie
Die irische Wirtschaft hat mit die größten Zuwachsraten in Europa. Neben der traditionellen Torfstecherei entwickelt sich die High-Tech-Industrie rasant. Dennoch gibt es eine hohe Arbeitslosenzahl und viele Iren wandern aus. Nur 8 % der Beschäftigten arbeiten in der Landwirtschaft.

Torfstechen in der Grafschaft Galway

Dublin
Die Hafenstadt Dublin ist der lebendige Mittelpunkt von Handel, Kultur und Geschäftigkeit. Die Kathedrale Christchurch wurde 1870 erneuert und gilt neben dem Trinity College und der Burg als eines der Wahrzeichen der Stadt.

Christchurch-Kathedrale

Bevölkerung
95 % der Bevölkerung sind Iren und meist römisch-katholisch. Die Kirche spielt eine Schlüsselrolle in der Gesellschaft, indem sie z. B. die Sozialpolitik durch christliche Wertvorstellungen prägt. Ehescheidungen etwa sind erst seit 1995 erlaubt. Dank staatlicher Unterstützung sprechen heutzutage wieder über ein Fünftel der Iren ihre traditionelle Sprache Irisch, eine keltische Sprache.

55 pro km²
41 % Land 59 % Stadt

Auf der Ha'penny Bridge in Dublin

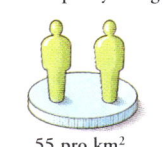

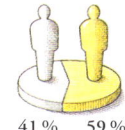

SIEHE AUCH UNTER: CHRISTENTUM · EUROPA · EUROPA, GESCHICHTE · EUROPÄISCHE UNION · GLETSCHER · HANDEL UND INDUSTRIE · IRLAND, GESCHICHTE · LANDWIRTSCHAFT

IRLAND, GESCHICHTE

DIE REICHE KELTISCHE KULTUR unterscheidet Irland von seinem Nachbarn England. Vielleicht ist die Geschichte beider Länder deshalb von Kampf geprägt. 1171 drangen Engländer in Irland ein. Die Fremdherrschaft war anfangs erträglich, aber seit dem 17. Jh. beherrschten die Briten Irland völlig. Die religiösen Unterschiede zwischen den protestantischen Briten und den katholischen Iren führten nun zu Spannungen. 1921 wurde die Insel schließlich geteilt: Die Grafschaften im Süden verwalteten sich selbst, der überwiegend protestantische Norden blieb bei Großbritannien.

Die Kelten fertigten hervorragende Metallarbeiten.

Keltenboot aus Gold

Das keltische Irland
Um 600 v. Chr. kamen Kelten aus Mitteleuropa. Die keltische Handwerkskunst – besonders das Metallhandwerk – beeinflusste die irische Kunst nachhaltig.

Der heilige Patrick
432 kam der Missionar Patrick nach Irland. In wenigen Jahren hatte er die Insel zum Christentum bekehrt. Der St. Patrickstag gilt als irischer Nationalfeiertag. In den folgenden Jahrhunderten erlebte Irland eine Blüte der Kunst und Wissenschaft. Aus irischen Klöstern kamen Missionare nach Deutschland.

Das Evangelienbuch von Kells
Eines der berühmtesten Klöster Irlands wurde vom heiligen Columban bei Kells errichtet. Dort wurde ein bedeutendes illuminiertes Manuskript des Evangeliums aus dem 8. Jh. aufbewahrt.

Illuminierter Anfangsbuchstabe aus dem *Buch von Kells*

Brian Boru
In Irland fehlte eine Zentralgewalt, und so konnten sich im 8. Jh. die Wikinger an der Küste niederlassen. Im Jahr 1002 machte sich Brian Boru, der König von Munster, zum Alleinkönig von ganz Irland. 1014 besiegte er die Wikinger bei Clontarf und trieb sie aus dem Land. Er selbst fiel in der Schlacht.

Fremdherrschaft
Papst Hadrian IV. gab dem englischen König Heinrich II. Irland 1155 zu Lehen. 1171 rief ein irischer König Heinrich zu Hilfe. Damit begann die 800 Jahre dauernde englische Herrschaft. Religiöse Konflikte seit 1600 und die Vorherrschaft der reichen englischen Protestanten über die katholischen Iren verschlechterten die Beziehungen beider Völker.

Die Schlacht am Boyne-Fluss
Der Protestant Wilhelm III. von Oranien besiegte 1690 den Katholiken Jakob II. von England am Boyne und bestieg dessen Thron. Protestanten in Nordirland feiern diesen Sieg über die Katholiken jedes Jahr am 12. Juli mit dem Oranierumzug.

Die große Hungersnot
1845 gab es in Irland eine Missernte bei Kartoffeln – dem wichtigsten Nahrungsmittel der Iren. In den folgenden 4 Jahren verhungerten 1 Mio. Menschen. Trotzdem verlangten die Grundbesitzer von ihren hungernden Pächtern den Zins. Damals wanderten mehr als 1 600 000 Iren in die USA aus.

Die Kartoffeln wurden durch Rostpilz zerstört.

Modernes Irland
1921 wurde Irland geteilt: in die 6 protestantischen Grafschaften des Nordens und die 26 restlichen katholischen Grafschaften. Diese formten 1922 einen Freistaat innerhalb des britischen Empire. Der Irische Freistaat wurde 1937 unabhängig und änderte seinen Namen in Irland.

Hauptpostamt in Dublin, Symbol des Osteraufstandes

Osteraufstand
Am Ostermontag 1916 machten militante Republikaner in Dublin einen Aufstand und besetzten das Hauptpostamt. Einer der Anführer, Patrick Pearse, rief von den Stufen des Postamtes die unabhängige Republik Irland aus. Die Briten warfen den Aufstand nieder und richteten 14 der Rädelsführer hin. Daraufhin ging eine Welle der Sympathie für die Aufständischen durch das Volk und der Protest gegen Großbritannien wuchs.

Nordirland
1921 unterzeichneten britische und irische Politiker den Anglo-Irischen Vertrag: Die 6 Grafschaften in Ulster blieben im Vereinigten Königreich. Die protestantische Verwaltung betrieb weiter eine anti-katholische Politik, was zu Protesten der Bürgerrechtler und 1968 zu Ausschreitungen führte. Großbritannien schickte Truppen, um die Ordnung wiederherzustellen. Sie sind heute noch in Nordirland.

Hausmauer in Belfast, Nordirland

Mary Robinson
Im Jahr 1991 wurde Mary Robinson (geb.1944) der erste weibliche Präsident der Republik Irland. Die Rechtsanwältin hatte sich für die Bürgerrechte und die Rechte der Frauen eingesetzt. Als Präsidentin kämpfte sie vor allem für die Benachteiligten in der Gesellschaft und sorgte für ein besseres Irlandbild im Ausland.

Chronologie
um 461 Tod des hl. Patrick. Ganz Irland ist christlich.

795 Die Wikinger segeln erstmals nach Irland.

1171 Heinrich II. kommt mit einem Heer nach Irland.

1607–41 Schottische und englische Protestanten siedeln in der Ulsterprovinz.

1690 Wilhelm von Oranien besiegt Jakob II.: protestantische Vorherrschaft.

1801 Vereinigung von Irland und Großbritannien

1845–48 Die große Hungersnot herrscht.

1916 Osteraufstand

1921 Teilung Irlands: Nordirland entsteht.

1922 Irischer Freistaat gebildet. Gegner der Teilung bekämpfen die Regierung.

1973 Irland gehört zur EG.

SIEHE AUCH UNTER CHRISTENTUM · EUROPA, GESCHICHTE · GROSSBRITANNIEN, GESCHICHTE · KELTEN · KLÖSTER

ISLAM

IM 7. JH. NACH CHRISTUS verbreitete sich eine neue Religion. Die Lehre wurde dem Propheten Mohammed geoffenbart und ihr Name ist Islam, auf arabisch soviel wie „Unterwerfung unter den Willen Gottes". Die Anhänger des Islam nennen sich Moslems oder Muslime. Sie glauben an einen Gott, den sie Allah nennen und der das Weltall erschaffen hat. Allah entsandte ihrem Glauben zufolge eine Reihe von Propheten um den Menschen zu sagen, wie sie leben sollten. Der letzte Prophet war Mohammed.

Der Koran
Die heilige Schrift des Islam ist der Koran. Die Moslems glauben, der Erzengel Gabriel habe auf Geheiß Allahs Mohammed den Koran vorgetragen. Von den Jüngern des Propheten wurde er schriftlich niedergelegt. Der Koran enthüllt Allahs Willen für die Menschheit. Moslems studieren den Koran, und einzelne Stellen oder Suren finden sich überall.

Gemme

Sure aus dem Koran als Inschrift

Die islamische Welt
Das Zentrum der islamischen Welt ist Mekka auf der Arabischen Halbinsel. Von hier aus breitete sich der Islam im 7. und 8. Jh. schnell aus. Das Verbreitungsgebiet erstreckte sich von Südspanien im Westen bis zum Indus im Osten. Seither hat sich der Islam weiter ausgebreitet, und heute leben auf der Welt über 1 Mrd. Moslems.

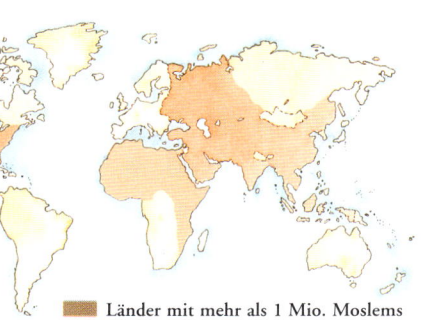

■ Länder mit mehr als 1 Mio. Moslems
Der Islam ist die zweitgrößte Religionsgemeinschaft.

Die Säulen des Islam
Jeder gläubige Moslem hat 5 Pflichten, die er erfüllen muss; es sind die 5 Säulen des Islam: Die erste ist das Glaubensbekenntnis oder Shahada: „Ich bekenne, dass es keinen Gott gibt außer Gott (Allah) und Mohammed der Gesandte Gottes ist." Das zweite Gebot (Salat) bedeutet die Verpflichtung, fünfmal am Tag zu beten. Das dritte Gebot (Zakat) besteht darin, Armen zu spenden. Das vierte ist das Fastengebot während des Ramadan. Das fünfte Gebot heißt Hadsch und verlangt mindestens eine Pilgerreise im Leben nach Mekka.

Die Kaaba ist der heilige Schrein inmitten der großen Moschee von Mekka.

Hadsch
Jeder Moslem, der es sich leisten kann und der gesund ist, muss einmal im Leben eine Pilgerreise nach Mekka in Saudi-Arabien unternehmen. In dieser Stadt ist Mohammed geboren. Jedes Jahr treffen sich dort im 12. Monat des islamischen Kalenders rund 2 Mio. Pilger. Für die meisten von ihnen ist diese Reise das wichtigste Ereignis in ihrem Leben.

Die Moslems wandern 7-mal gegen den Uhrzeigersinn um die Kaaba.

Die Salat
Fünfmal am Tag führen die Moslems die Salat aus, d. h. sie beten. Dazu richten sie sich nach Mekka aus. Am Freitagmittag gehen die Männer in die Moschee; sonst beten sie an jedem sauberen Ort. Die Frauen beten zu Hause. Zum Gebet gehören erst die Waschung, dann mehrere Verbeugungen.

Der Geistliche oder Imam beginnt das Gebet, indem er die Hände zu den Ohren hochhebt und nun das Glaubensbekenntnis spricht.

Der Imam beugt sich in der Hüfte, legt die Hände auf die Knie und verrichtet ein Gebet.

Dieser Gebetsteppich hat einen eingebauten Kompass, der die Richtung nach Mekka anzeigt.

Dschihad
Der Koran sagt, Moslems sollten sich all jenen widersetzen, die ihren Glauben nicht annehmen, notfalls mit Waffengewalt. Das arabische Wort *Dschihad* bedeutet Bemühung um die Ausbreitung des Islam, bisweilen auch „Heiliger Krieg". Die Dschihad kann auch die Bedeutung von guten Taten und Selbstkontrolle haben.

Eroberer breiteten im Mittelalter den Islam aus.

Diese Niederwerfung heißt Sujud.

Der Imam wirft sich zu Boden, wobei Stirn, Nase, Handflächen, Knie und Zehen den Boden berühren.

Der Imam sitzt einige Augenblicke auf den Knien und kehrt dann in die Haltung des Sujud zurück.

Am Ende des Gebets dreht der Imam seinen Kopf nach links und dann nach rechts, um die Nachbarn zu begrüßen.

Moslems beten auf einem Teppich, einer Strohmatte oder einfach auf dem sauberen Boden.

Feste

Die Moslems feiern mehrere wichtige Ereignisse im Leben Mohammeds. Dazu gehören das Geburtstagsfest des Propheten (Mawlid al-Nabi) und die Nacht der Bestimmung, in der er vom Erzengel Gabriel den Koran empfing (Laylat al-Qadr). In der Nacht der Himmelsreise (Laylat al-Mi'raj) soll Mohammed den Himmel besucht haben. Die wichtigsten islamischen Feste sind Id al-Fitr und Id al-Adha.

Die Feierlichkeiten zum Opferfest umfassen für die Moslems in Kamerun, Zentralafrika, auch Musik und Tanz.

Id al-Adha
Das Opferfest wird im 12. islamischen Monat begangen, in dem auch die Pilgerreise nach Mekka stattfindet. Die Moslems gedenken dabei Abrahams, der bereit war, seinen Sohn Ismail Gott zu opfern. An seine Stelle trat auf Geheiß Gottes ein Hammel. Die Moslems töten bei diesem Fest ein Schaf oder eine Ziege und geben ein Drittel des Fleisches den Armen.

Id al-Fitr
Der 9. Monat des islamischen Jahres ist der Fastenmonat Ramadan. Sein Ende wird als Fest des Fastenbrechens begangen. Es beginnt mit einem leichten Essen und einem Gebet in der Moschee. Danach trifft sich die Gemeinde und beschenkt sich gegenseitig, besonders mit Süßigkeiten. Deswegen heißt dieses Fest teilweise auch Zuckerfest. Vor dem Fest gibt man den Armen Geld, damit auch diese daran teilnehmen können.

Tanzende Derwische
Derwische sind Mitglieder mystischer islamischer Sekten, der sog. Sufis. Sie entstanden im 12. Jh. Es gibt verschiedene Derwischorden. Bekannt sind die tanzenden Derwische, die in eine Art Exstase geraten und dabei direkt Gott erfahren. Das Zentrum der tanzenden Derwische ist in Konya, Türkei.

Das alltägliche Leben

Der Islam bestimmt das gesamte Leben eines Moslems – den Alltag, die Sitten, die Gesetze, die Politik und die Kunst. Der Koran gibt Richtlinien vor für viele Lebenssituationen. Von den Familienmitgliedern wird erwartet, dass sie für einander sorgen. Die ältesten gelten als Familienoberhäupter. Heiraten werden oft arrangiert. Das Haus ist Bereich der Frau, doch immer mehr moslemische Frauen arbeiten auch außerhalb. Wenn sie das Haus verlassen, bedecken sie oft ihr Haupt.

Verse aus dem Koran

Arabische Schrift

Verzierungen der Verse

Speisegesetze
Der Koran unterscheidet reine und unreine Speisen. Unrein ist Fleisch von Schweinen und von Tieren, die andere fressen. Alle übrigen Fleischsorten sind rein, sofern sie nach den Geboten geschlachtet wurden. Dazu schneidet man den Tieren die Halsschlagader auf, sodass sie ausbluten.

Ausbildung
Jeder Moslem muss den Koran verstehen, weil dessen Lehren das tägliche Leben betreffen. Die religiöse Ausbildung ist daher wichtig. Den Moscheen sind in der Regel Koranschulen angegliedert, die Medrese. Die Schüler lesen dort den Koran auf Arabisch.

Islamische Fundamentalisten bei einer Demonstration im Iran mit Postern von Ayatollah Khomeini.

Zweige des Islam

Der Islam hat 2 Hauptzweige, die Sunna und die Schia. Nach dem Tod Mohammeds wählten seine Nachfolger Abu Bekr als Anführer. Dann folgten als Kalifen Omar, Othman und Mohammeds Schwiegersohn Ali. Dieser wurde ermordet und Moawija kam an die Macht. Für die Sunniten, die den größten Teil aller Moslems ausmachen, war diese Nachfolge rechtens. Die Schiiten hingegen halten heute noch daran fest, dass die Söhne Alis die Kalifen hätten sein müssen.

Der Halbmond als Anfang eines Monats ist von großer ritueller Bedeutung.

Diese schiitische Standarte trägt die Namen Allahs, Mohammeds und Alis.

Sunniten und Schiiten
Die Sunniten leiten ihren Namen vom arabischen *sunna* ab, das ungefähr Autorität bedeutet. Sie machen rund 90 % aller Moslems aus. Die restlichen 10 % sind Schiiten. Sie leben zur Hauptsache im Iran und Irak. Ihre Anführer heißen Ayatollah. Sunniten und Schiiten haben in manchen Gebieten verschiedene Auffassungen und befolgen auch ganz unterschiedliche Rituale.

Islamische Fundamentalisten
Einige Moslems haben sich ganz von der modernen westlichen Gesellschaft abgewandt und möchten so leben wie vor vielen Jahrhunderten. Man bezeichnet sie als islamische Fundamentalisten.

SIEHE AUCH UNTER | **HEILIGES LAND** | **ISLAMISCHES REICH** | **KREUZZÜGE** | **MOHAMMED** | **MOSCHEE** | **OSMANISCHES REICH** | **RELIGIONEN** | **ZEICHEN UND SYMBOLE**

ISLAMISCHES REICH

IM 8. JH. herrschten arabische Eroberer von Spanien bis an die Grenzen Chinas. Die arabischen Fürsten empfanden es als ihre heilige Pflicht, den Islam zu verbreiten, die Religion, die der Prophet Mohammed verkündet hatte. Die Moslems verehrten einen einzigen Gott, hatten als heiliges Buch den Koran und Arabisch als gemeinsame Sprache. Dieses islamische Reich brachte eine kulturelle Blüte: In vielen Städten wurden Paläste, Moscheen und Universitäten gebaut und die Araber waren zu jener Zeit führend in der Wissenschaft.

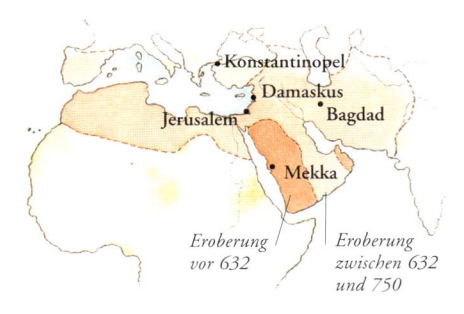

Eroberung vor 632 *Eroberung zwischen 632 und 750*

Ausbreitung des Reiches um 750
100 Jahre nach Mohammeds Tod hatten die Araber die Perser besiegt und den größten Teil des Byzantinischen Reiches erobert. Viele Völker bekehrten sich zum Islam, doch die Eroberer ließen auch andere Religionen zu.

Frühe Dynastien

Das Reich wurde erst von den religiösen Führern, den Kalifen, regiert. Zur Zeit des 4. Kalifen entstanden die beiden Zweige des Islam, Sunna und Schia. Nach dem Fall der Omajjaden- und Abbasiden-Dynastie (Sunna) kamen die schiitischen Fatimiden an die Macht. Sie herrschten mit örtlichen Machthabern; das Kalifat ging damit unter.

Omajjaden und Abbasiden
Die Omajjaden pflegten einen luxuriösen Lebensstil. Den Abbasiden missfiel dies und sie übernahmen die Macht. Ihr berühmtester Kalif, Harun al-Raschid (766–809), kommt in Märchen aus Tausendundeiner Nacht vor.

Tausendundeine Nacht, Illustration, Ausgabe 1898

Hauptstädte

Islamische Städte haben stets eine Moschee und überdachte Märkte, die Basare. Die erste islamische Hauptstadt war Mekka, Mohammeds Geburtsort und heiligste Stadt des Islam. 752 gründeten die Abbasiden Bagdad, das innerhalb von 50 Jahren die größte Stadt der Welt wurde.

Damaskus
Bevor die Abbasiden Bagdad erbauten, war Damaskus Hauptstadt des islamischen Reiches. Die Omajjaden hatten hier eine Moschee aus Marmor errichtet und mit Mosaiken verziert.

Omajjadenmoschee, Damaskus

Wissenschaft

Die Araber waren damals führend in allen Wissenschaften. An der Universität in Bagdad übersetzten Gelehrte Bücher aus dem alten Griechenland, aus Persien und Indien ins Arabische. Forscher beobachteten die Natur und stellten Messungen an. Die Mathematiker entwickelten die Algebra (arabisch al-jabr), und die arabischen Ziffern sind heute auf der ganzen Welt in Gebrauch.

Astronomie
Die Araber bauten Sternwarten und verbesserten das Astrolabium. Arabische Nomaden fanden sich in der Wüste mit Hilfe der Sterne zurecht.

Die Astronomen trugen ihre Astrolabien am Gürtel.
Sternenkarte mit Tierkreis
Bewegliches Lineal, die Alhidade, im Zentrum
Gradeinteilung
Persisches Astrolabium

Ingwer 
Koriander
Kardamom

Medizin
Die islamischen Ärzte entwickelten auf der Grundlage griechischer Theorien eine eigene Medizin. Sie wussten z. B. lange vor den Europäern, dass das Blut im Körper zirkuliert. Sie legten Wert auf gesunde Ernährung und kannten die Heilwirkung vieler Pflanzen.

Ibn Sina
Einer der größten Philosophen und Wissenschaftler des islamischen Reiches war Ibn Sina (980–1037). Er kam in Buchara im heutigen Usbekistan zur Welt. Bekannt war er als Arzt. Die Europäer nannten ihn Avicenna. Sein Werk *Kanon der Medizin* ist ein berühmtes Buch der Heilkunde.

Kanon der Medizin, Ausgabe von 1400

Chronologie

632 Tod Mohammeds; 4 seiner Gefährten folgen ihm im Kalifat. Beginn des islamischen Reiches.

634–650 Moslems erobern Mittleren Osten.

650 Schriftliche Niederlegung des Korans

661–750 Die Omajjaden-Dynastie herrscht über das islamische Reich. Sie macht Damaskus zu ihrer neuen Hauptstadt.

670–708 Die Moslems erobern Nordafrika.

711–721 Die Moslems erobern Spanien.

732 Vorstoß der Moslems wird in Frankreich gestoppt.

750–880 Die Abbasiden-Dynastie herrscht über das islamische Reich.

909 Die Fatimiden-Dynastie nimmt vom heutigen Tunesien aus ihren Anfang. Das islamische Reich splittert sich auf.

1055 Die türkischen Seldschuken beginnen das islamische Reich zu übernehmen.

Zimt

SIEHE AUCH UNTER ASIEN, GESCHICHTE | ISLAM | MEDIZIN, GESCHICHTE | MOHAMMED | NATURWISSENSCHAFT, GESCHICHTE | PERSER | SAFAWIDENREICH | WELTREICHE

ISRAEL

ISRAEL IST EIN SCHMALER LANDSTREIFEN zwischen dem Fluss Jordan und dem Mittelmeer. Der heutige Staat Israel wurde erst 1948 als Heimat für die Juden gegründet. Das Land selbst hat aber eine sehr alte Geschichte. Unter der Bezeichnung Palästina war es 1 400 Jahre lang die Heimat von Arabern gewesen. Zuvor hatte es 1 700 Jahre den Juden gehört. Seit 1948 hat Israel mehrere Kriege mit den arabischen Nachbarn ausgefochten. 1993 begannen Friedensgespräche, die bis heute nicht zu den erhofften Ergebnissen geführt haben.

ISRAEL: DATEN	
HAUPTSTADT	Jerusalem
FLÄCHE	20 991 km²
EINWOHNER	6 100 000
SPRACHE	Hebräisch, Arabisch, Jiddisch, Englisch
RELIGION	Judentum, Islam, Christentum
WÄHRUNG	Neuer Schekel
LEBENSERWARTUNG	78 Jahre
EINWOHNER PRO ARZT	345
REGIERUNG	Mehrparteiendemokratie
ANALPHABETEN	5 %

Geografie

Israel erstreckt sich südwärts durch die Negev-Wüste bis nach Elat am Roten Meer. Nördlich von Tel Aviv liegt eine grüne Ebene. Dahinter erhebt sich ein Hügelzug mit fruchtbaren Tälern im Westen und Wüste im Osten.

Negev-Wüste
Im Hebräischen bedeutet Negev „trockenes Land". Wie viele andere Wüsten ist auch der Negev nicht ganz lebensfeindlich. Ein großer Teil ist von Gestrüpp bedeckt. Wenn Regen fällt, blüht diese Wüste auf. Große Teile der Negev-Wüste werden heute bewässert und bebaut.

Totes Meer
Das Tote Meer liegt zwischen Israel und seinem östlichen Nachbarn Jordanien. Der See ist 74 km lang und 16 km breit. Der Wasserspiegel liegt etwa 408 m unter dem Meeresspiegel. Das Wasser ist so salzig, dass nur Bakterien darin leben können. Da Salzwasser schwer ist, geht man beim Baden nicht unter. 1 Liter Wasser enthält über 300 g Salze.

Küste
Die Küstenebene am Mittelmeer ist nirgendwo breiter als 32 km. Sie besteht aus schönen Sandstränden, die bei den Touristen sehr beliebt sind. Im Norden findet man auch Felsküste mit Kliffs und sehr schönen Meereshöhlen.

Jerusalem
Die israelische Hauptstadt Jerusalem ist über 3 000 Jahre alt und stellt für Juden, Moslems und Christen ein religiöses Zentrum dar. Die Westmauer des zweiten Tempels ist den Juden als Klagemauer heilig. Der Felsendom ist ein wichtiges Heiligtum der Moslems. Christen verehren die Grabeskirche über dem Grab Jesu. Das moderne Jerusalem hat über 650 000 Einwohner.

Felsendom

54 °C / -13 °C
23 °C / 9 °C
528 mm

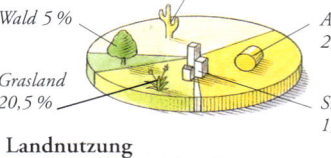

Klima
Israel hat heiße, trockene Sommer und milde Winter. Im Winter fällt der meiste Regen. Der jährliche Niederschlag schwankt von 25 mm in der südlichen Negev-Wüste bis zu 1 088 mm in Teilen Galiläas.

Wüste 43,5 %
Wald 5 %
Ackerland 29,5 %
Grasland 20,5 %
Siedlungen 1,5 %

Landnutzung
Fast die Hälfte Israels besteht aus Wüste. Durch Bewässerung konnte man einen Teil davon fruchtbar machen. Das Land verfügt über wertvolle Salze im Toten Meer sowie über Kupfererze und Phosphate.

ISRAEL

Bevölkerung
Israels Bevölkerung wächst jedes Jahr um etwa 3 %, meist durch Einwanderung. Ein Fünftel der jüdischen Bevölkerung ist in Israel geboren. Sie werden Sabras genannt. Die kulturelle und ethnische Vielfalt ist groß.

291 pro km²
91 % Stadt
9 % Land

Juden
Einige Juden leben seit jeher in Israel. Die Mehrheit wanderte jedoch erst nach 1945 ein. Sephardische Juden aus dem Mittleren Osten und dem Mittelmeergebiet sind in der Mehrzahl, doch die aschkenasischen Juden aus Mitteleuropa bestimmen die Politik und die Wirtschaft. Frauen sind gleichberechtigt und dienen auch in der Armee. Orthodoxe Juden halten den Sabbat von Freitagabend bis Samstagabend ein.

Freizeit
Die Israelis treiben Sport wie Fußball, Tennis, Basketball und Badminton. An der Küste überwiegen Wassersportarten wie Schwimmen und Surfen. Tauchen ist in Elat sehr beliebt. Die Israelis veranstalten auch Festivals für Volksmusik.

Heilschlamm
Die Salze des Toten Meeres haben besondere Heilkraft. Man stellt aus dem Schlamm spezielle Seifen und Cremes vor allem zur Behandlung von Hautkrankheiten her.

Salben aus Heilschlamm

Jüdische Festivals
Es gibt viele Festivals, die von den Familien besucht werden. Das jährliche Israel-Festival dauert 3 Wochen und umfasst auch Zirkus- und Theatervorstellungen.

Landwirtschaft
Nur rund 20 % des Landes können für den Ackerbau genutzt werden. Wassermangel ist das größte Problem und Bewässerung notwendig. In der fruchtbaren Küstenebene herrscht intensiver Anbau z. B. in Rebgärten und auf Zitrusplantagen.

Sprenganlage zur Bewässerung

Landesküche
Das Essen der orthodoxen Juden ist koscher und nach den jüdischen Speisegesetzen zubereitet. Viele israelische Restaurants servieren auch Gerichte aus Osteuropa, Russland, Österreich und Deutschland. *Falafel* besteht aus fritierten Kichererbsenkugeln mit Kräutern und Gewürzen. Sie werden zusammen mit *Pitta*, einem flachen Brot, und *Tahini,* einer Sesampaste, serviert.

Tahini *Falafel* *Pitta*

Rosen werden als Schnittblumen exportiert.

Bewässerung
Die israelische Landwirtschaft hängt stark von der künstlichen Bewässerung ab. Computergesteuerte Anlagen machen es möglich, die Wüste unter Kultur zu nehmen und dort Pflanzen anzubauen.

Ackerbau
Die Landwirtschaft macht rund 5 % der Exporte aus. Fast die Hälfte aller Nahrungsmittel wird in Kibbuzen gewonnen, in einer Art Genossenschaft, in der mehrere Familien leben und sich alle Aufgaben teilen. Am wichtigsten ist der Anbau von Zitrusfrüchten, Tomaten, Granatäpfeln, Trauben, Rosen und Nelken.

Granatapfel
Zitrusfrüchte

Transport
Israel hat gute Straßenverbindungen. Das Bussystem funktioniert sehr gut und die Schienenwege werden ausgebaut. Die größten Frachthäfen am Mittelmeer sind Haifa und Ashdod, am Golf von Aqaba im Roten Meer Elat. Hauptflughafen ist Tel Aviv-Jaffa.

Hafen von Haifa

Industrie
Tel Aviv-Jaffa ist das industrielle Zentrum des Landes. Die wichtigsten Zweige sind Elektronik, Maschinenbau, Rüstung, Kunststoffe, Chemikalien, Textilien und Nahrungsmittelverarbeitung.

Diamanten
Das Schneiden und Schleifen von Diamanten ist eine typisch israelische Industrie. Ungeschnittene Steine machen 16 % der Gesamtimporte, geschliffene Diamanten 22 % der Exporte aus. Die anderen größeren Diamantenschleifländer nach Israel sind Indien und Belgien.

Bergbau
In der Negev-Wüste werden Kupfer, Gips, Kalk, Marmor und Phosphat gewonnen. Fabriken am Rand des Toten Meeres (Bild) gewinnen aus den Mineralsalzen Kalium, Magnesium und Brom für Fotofilme, Farbstoffe und Narkosemittel.

Palästinenser
Als Israel 1948 gegründet wurde, verließen viele palästinensische Araber das Land. Es entstand ein Konflikt zwischen Juden und Palästinensern, der bis auf den heutigen Tag anhält. Etwa 1 Mio. Palästinenser haben die israelische Staatsangehörigkeit. Etwa 2 Mio. leben in den Autonomiegebieten Westjordanland und Gazastreifen.

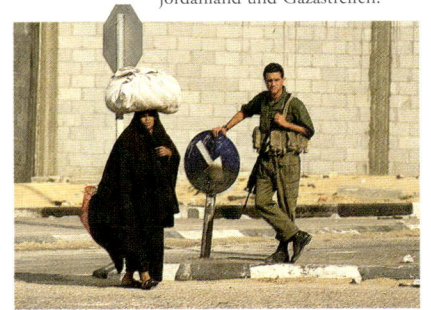

Es gibt Spannungen zwischen Juden und Arabern.

SIEHE AUCH UNTER — ASIEN, GESCHICHTE · CHRISTENTUM · HEILIGES LAND · ISLAM · JUDENTUM · KRISTALLE · LANDWIRTSCHAFT · WÜSTEN

ITALIEN

ITALIEN WIRD IM NORDEN von den Alpen begrenzt und erstreckt sich als stiefelförmige Halbinsel fast 1 000 km weit ins Mittelmeer. Mitte des 20. Jh. war Italien noch stark von der Landwirtschaft geprägt. Heute gehört es zu den führenden Industrienationen. Die reichsten und die am stärksten industrialisierten Landesteile liegen im Norden. Der Süden ist viel weniger entwickelt, und es besteht ein großer Gegensatz zwischen Norditalien und Süditalien, Sardinien und Sizilien.

Geografie

Die italienischen Landschaften werden von Gebirgen geformt, von den Alpen und Dolomiten im Norden über den Apennin in Mittelitalien bis Sizilien. Südlich der Alpen liegt die fruchtbare Poebene mit großen Industriestädten. Italien hat aktive Vulkane wie Ätna, Vesuv und Stromboli und wird auch öfter von Erdbeben erschüttert.

ITALIEN: DATEN

HAUPTSTADT	Rom
FLÄCHE	301 341 km²
EINWOHNER	57 700 000
SPRACHE	Italienisch, Deutsch, Französisch
RELIGION	Christentum
WÄHRUNG	Euro
LEBENSERWARTUNG	78 Jahre
EINWOHNER PRO ARZT	210
REGIERUNG	Mehrparteiendemokratie
ANALPHABETEN	Unter 5 %

Sizilien
Sizilien ist die größte Insel im Mittelmeer und sehr gebirgig. Der Ätna mit rund 3 323 m ist der größte aktive Vulkan Europas. Er liegt nördlich der Stadt Catania. Die Haupteinnahmequellen Siziliens sind Landwirtschaft und Tourismus. Fremde besuchen die Insel wegen des warmen Klimas, der schönen Strände und der reichen Kultur.

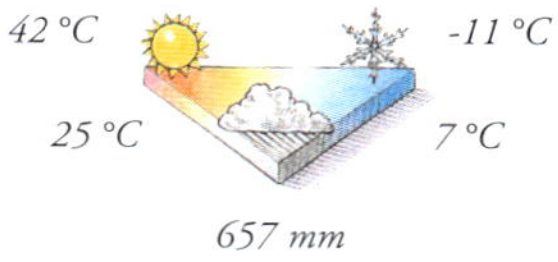

Apennin
Der Gebirgszug des Apennin erstreckt sich über 1 400 km von Nordwest- bis nach Südwestitalien und reicht von Ligurien bis Sizilien. Er stellt sozusagen das Rückgrat des Landes dar. Der höchste Berg ist der Gran Sasso mit 2 914 m.

Klima
In Süditalien sind die Sommer trockenheiß und die Winter mild.
Im Norden ist das Klima insgesamt etwas kühler. Die meisten Regenfälle treten im Winterhalbjahr auf. Die Poebene kann vom Herbst an sehr neblig sein. Am Alpensüdhang fällt viel Schnee und es gibt viele Skiorte, etwa Cortina d'Ampezzo.

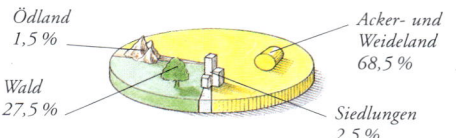

42 °C -11 °C
25 °C 7 °C
657 mm

Ödland 1,5 %
Wald 27,5 %
Acker- und Weideland 68,5 %
Siedlungen 2,5 %

Landnutzung
Der größte Teil Italiens wird kultiviert oder als Weideland genutzt. Auf den mageren Weiden im Süden überwiegen die Schafe. Als fruchtbarstes Gebiet gilt die Poebene. Italien verfügt über nur wenig Bodenschätze und führt viele Erdölprodukte ein.

Rom
Rom wurde vor ungefähr 2 500 Jahren auf 7 Hügeln in der Nähe des Flusses Tiber (Tevere) gegründet. Die Stadt zählt zu den schönsten der Welt. Es sind Bau- und Kunstwerke aus allen Epochen vorhanden, vor allem auch aus antiker Zeit. Ihr Anblick gehört zum alltäglichen Leben der fast 3 Mio. Einwohner. Rom ist als Hauptstadt Italiens auch Sitz der Regierung.

Piazza di Spagna

Bevölkerung

Italien hat deutsche und französische Minderheiten, doch bestehen kaum Spannungen. Viel stärker ist der Konflikt zwischen dem reichen Norden und dem armen Süden. In den 50er und 60er Jahren mussten viele Süditaliener als Gastarbeiter ins Ausland gehen.

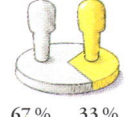

192 pro km² — 67% Stadt — 33% Land

Industrie

Italien verfügt nur über wenige Ressourcen. Dafür stellt das Land aus meist importierten Rohstoffen hochwertige Güter her. Die wichtigsten Exportartikel sind Autos und Maschinen, Nahrungsmittel, Kleidung und Schuhe. Italien ist berühmt für sein Design in Mode und Einrichtung.

Schuhe von Gucci

Familienleben
Die meisten Italiener leben vor der Ehe bei den Eltern. Das Familienleben ist sehr ausgeprägt. Oft leben mehrere Generationen zusammen. Sie helfen sich gegenseitig, auch bei Kindererziehung.

Kolosseum, Rom

Tourismus
Italien hat prächtige Städte, einzigartige Landschaften, viele Ruinen aus römischer Zeit und unermesslich reiche Museen. Jedes Jahr besuchen über 30 Millionen Touristen das Land. Der Tourismus spielt in der Wirtschaft eine große Rolle.

Design
Der gute Geschmack der Italiener wird besonders bei Autos und Kleidung deutlich. Die Modehäuser in Mailand, Rom und Florenz wetteifern mit ihren Konkurrenten in Paris. Designernamen wie Gucci, Armani, Benetton sind weltbekannt.

Freizeit

Die drei Leidenschaften der Italiener sind Fußball, schnelle Autos und die Oper. Beliebt sind Skilaufen, Segeln und Volleyball. Pferderennen werden gerne besucht.

Karneval
Vor der Fastenzeit feiert man in Italien überall Karneval. Dabei verkleidet man sich und trägt Masken. Am berühmtesten ist der Karneval von Venedig, der viele Touristen anzieht.

La passeggiata
Am frühen Abend unternehmen die Italiener gerne einen Spaziergang – *la passeggiata* – auf dem zentralen Platz oder auf den Straßen. Sie sprechen dabei mit Freunden und trinken in der Bar einen Espresso oder einen Aperitif. Die Spazierwege liegen oft unter überdachten Säulengängen.

Landwirtschaft

Typisch für die italienische Landwirtschaft sind Familienbetriebe, die z. B. Getreide, Obst, Gemüse oder Weintrauben anbauen. Italien ist ein führender Produzent von Oliven und Olivenöl, von Wein und Zitrusfrüchten.

Weinbau
Italien steht bei der Weinproduktion an erster Stelle. Berühmte Weine sind etwa der Barolo aus dem Piemont, der Chianti aus der Toskana oder der Marsala aus Sizilien.

Landesküche
Die italienische Küche ist weltberühmt, vor allem für 2 Gerichte: Pizza und Spagetti. Pizza ist ein Fladengebäck mit Belag. Spagetti sind eine Form der Pasta und somit Teigwaren, die mit Soße serviert werden. Die Italiener essen Pasta als ersten Gang. Im Norden isst man stattdessen oft auch einen Risotto aus Reis oder Polenta aus Mais.

Anchovis — *Tomatensauce* — *Mozzarella aus Büffelmilch* — **Pizza napoletana**

Vatikanstadt

Vatikanstadt im Zentrum Roms ist der kleinste unabhängige Staat der Welt. Er ist das Weltzentrum der römisch-katholischen Kirche; der Papst ist zugleich Staatsoberhaupt.

Petersdom
Im Petersdom finden bis zu 50 000 Menschen Platz. Sie ist die größte und für viele auch die schönste christliche Kirche der Welt.

VATIKANSTADT: DATEN
- **HAUPTSTADT** Das Land besteht nur aus dem Stadtstaat.
- **FLÄCHE** 0,44 km²
- **EINWOHNER** 455
- **SPRACHE** Latein, Italienisch
- **RELIGION** Christentum
- **WÄHRUNG** Euro

San Marino

San Marino liegt im nördlichen Apennin und wurde im 4. Jh. n. Chr. gegründet. Es ist die älteste Republik der Welt, seit 1599. Der Zwergstaat ist berühmt für seine Briefmarken.

Tourismus
Die Haupteinnahmen von San Marino stammen von den 3 Mio. Touristen, die jedes Jahr die Republik besuchen.

SAN MARINO: DATEN
- **HAUPTSTADT** San Marino
- **FLÄCHE** 60,5 km²
- **EINWOHNER** 27 000
- **SPRACHE** Italienisch
- **RELIGION** Christentum
- **WÄHRUNG** Euro
- **LEBENSERWARTUNG** 81 Jahre

Malta

Die maltesischen Inseln liegen zwischen Europa und Afrika im Mittelmeer. Bis zur Unabhängigkeit im Jahr 1964 herrschten hier die Briten. Haupteinnahmequelle ist der Tourismus.

Grand Harbour
Der Grand Harbour von Valletta ist ein geschäftiger moderner Hafen. Er liegt an den Schifffahrtsrouten zwischen Afrika und Europa.

MALTA: DATEN
- **HAUPTSTADT** Valletta
- **FLÄCHE** 316 km²
- **EINWOHNER** 390 000
- **SPRACHE** Maltesisch, Englisch
- **RELIGION** Christentum
- **WÄHRUNG** Maltesische Lira

SIEHE AUCH UNTER — CHRISTENTUM — DESIGN — EUROPA — EUROPA, GESCHICHTE — EUROPÄISCHE UNION — ITALIEN, GESCHICHTE — LANDWIRTSCHAFT — RÖMISCHES REICH — VULKANE

ITALIEN, GESCHICHTE

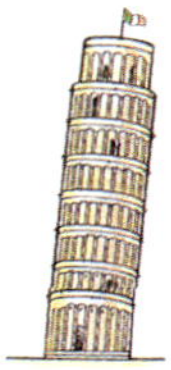

ITALIEN WAR EINST DAS ZENTRUM des römischen Weltreiches. Später war das Land die meiste Zeit aufgeteilt. Viele italienische Städte waren voneinander unabhängig und wurden oft sehr mächtig, wie etwa Venedig, Florenz, Bologna und Genua. Die Stadtrepubliken führten sogar Kriege gegeneinander. Wegen seines Reichtums war Italien immer wieder das Ziel von Eroberungszügen deutscher, spanischer, französischer und österreichischer Heere. Erst im Jahr 1861 fand Italien zu einer nationalen Einheit ohne Fremdherrschaft. Heute ist das Land eines der wichtigsten Mitglieder der Europäischen Union.

Das Ende des Römischen Reiches
Im 5. Jh. überrannten germanische Völker das Römische Reich. In Italien herrschten die Ostgoten, von denen viele zum Christentum übertraten und römische Sitten annahmen.

Mausoleum des Ostgotenherrschers Theoderich in Ravenna, 6. Jh.

Italienische Stadtstaaten
Während andere Länder wie Spanien und Frankreich im 14. und 15. Jh. geeinigt und groß wurden, blieb Italien ein Flickenteppich aus kleinen, sich gegenseitig bekämpfenden Staaten. Im Süden des Landes herrschten die Spanier, im Zentrum der Papst in Rom, der Norden bestand aus Republiken und Monarchien.

Cosimo de Medici

Die Familie Medici
Die Familie der Medici herrschte seit 1434 in der Republik Florenz fast 300 Jahre lang. Florenz wurde eine der reichsten Städte Europas, und die Medici waren sehr einflussreich und mächtig.

Venedig
Die Lagunenstadt wurde durch den Handel sehr reich. Der Seehandel im östlichen Mittelmeer lag in der Hand Venedigs, und venezianische Kaufleute kamen bis China.

Dogenpalast, Venedig

Die Einigung Italiens
Zwischen 1860 und 1870 vereinigten sich die italienischen Teilstaaten zu einem einheitlichen Land unter Viktor Emmanuel II., König von Sardinien-Piemont. Im Jahr 1866 verlor Österreich Venetien, 1870 der Papst sein Gebiet um Rom. Damit war Italien seit Jahrhunderten zum ersten Mal frei von Fremdherrschaft.

Cavour
Graf Cavour (1810–61), seit 1852 Premierminister von Piemont, glaubte fest an die Einigung Italiens. Durch kluge Diplomatie konnte er alle Gegner der Vereinigung auf seine Seite ziehen und proklamierte im März 1860 Italiens Einheit.

Piemont · Venetien 1866 · Toskana · Kirchenstaat · Rom · Sardinien · Königreich beider Sizilien
Sardinien-Piemont
Vereint 1860
Vereint 1870
Einigung Italiens

Garibaldi
Im Mai 1860 segelte der italienische Freiheitskämpfer Giuseppe Garibaldi (1807–82) mit 1 000 Freiwilligen von Genua nach Sizilien. Er wollte die Insel befreien und die Bourbonen aus Neapel hinauswerfen, was ihm auch gelang. Dreimal versuchte er in Rom einzudringen, doch er wurde jedesmal abgewehrt. Garibaldi gilt dennoch als einer der Väter des modernen Italien.

Das moderne Italien
Im Jahr 1946 sprach sich Italien für die Republik aus. Trotz häufiger Regierungswechsel und einer schwachen Politik wurde Italien eine bedeutende Industriemacht in Europa. Das Land ist führend in Design und Mode und produziert zahlreiche hochwertige Güter, von Haushaltsgeräten bis zu Sportwagen. Im Jahr 1957 war Italien Gründungsmitglied der Europäischen Wirtschaftsgemeinschaft. Die entsprechenden Verträge wurden in Rom geschlossen. Italien bleibt weiterhin ein wichtiges Mitglied der Europäischen Union.

Sportwagen von Ferrari

Faschismus
Im Jahr 1922 wurde Benito Mussolini italienischer Premierminister. Er führte die faschistische Partei an, eine gegen die Sozialisten gerichtete Bewegung, die stark nationalistisch geprägt war. Die Faschisten führten Italien in den Zweiten Weltkrieg.

Der Flug der Schwalben von Giacomo Balla

Chronologie
410 Die Westgoten unter ihrem Führer Alarich zerstören Rom.

476 Sturz des letzten weströmischen Kaisers

951 Otto I. wird römischer Kaiser. Deutsche Könige herrschen mit Unterbrechungen bis ins 15. Jh. in Italien.

1434 Beginn der Herrschaft der Medici über Florenz. Sie fördern Renaissancekünstler.

1494–1559 Frankreich und Spanien kämpfen um die Kontrolle über Italien.

1796 Napoleon Bonaparte dringt nach Italien ein.

Adelstürme in Bologna

1860–61 Einigung Italiens unter piemontesischer Führung

1870 Rom schließt sich Italien an und wird Hauptstadt.

1914–18 Italien kämpft mit den Alliierten im 1. Weltkrieg.

Benito Mussolini, 1883–1945

1922 Mussolini kommt an die Macht.

1940 Italien kämpft mit Deutschland im 2. Weltkrieg und kapituliert 1943.

1945 Mussolini wird von Partisanen erschossen.

1957 Italien ist Gründungsmitglied der späteren EU.

SIEHE AUCH UNTER EUROPA, GESCHICHTE · EUROPÄISCHE UNION · HEILIGES RÖMISCHES REICH · MITTELALTER · RENAISSANCE · RÖMISCHES REICH · WELTKRIEG, ERSTER · WELTKRIEG, ZWEITER

JAPAN

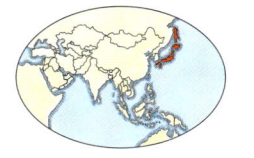

VIER HAUPTINSELN, Hokkaido, Honshu, Kyushu und Shikoku, sowie über 3 000 kleine Inseln vor der Ostküste Asiens gehören zu Japan. Sie erstrecken sich ungefähr 1 900 km weit in den Pazifischen Ozean. Alle liegen sie an jenem „Feuerring", an dem Platten der Erdkruste zusammenstoßen und häufig Vulkane ausbrechen sowie Erdbeben auftreten. Viele Japaner leben auf der Insel Honshu. Die Menschen leben meist in kleinen Tal- und Beckenlandschaften sehr dicht beieinander. Das Leben in der Stadt ist westlich geprägt.

JAPAN: DATEN	
HAUPTSTADT	Tokio (Tokyo)
FLÄCHE	377 837 km²
EINWOHNER	127 275 000
SPRACHE	Japanisch, Englisch
RELIGION	Schintoismus, Buddhismus
WÄHRUNG	Yen
LEBENSERWARTUNG	80 Jahre
EINWOHNER PRO ARZT	610
REGIERUNG	Mehrparteiendemokratie
ANALPHABETEN	Unter 5 %

Geografie

Japans Hauptinseln sind gebirgig. Rund 90 % sind von Wäldern bedeckt. Japans Küstenlinie ist über 20 000 km lang und weist viele fruchtbare Küstenebenen auf. Auf Honshu trennen die vulkanischen Japanischen Alpen die schneereiche Westküste von der wärmeren Ostküste.

Ryukyu-Inseln
Okinawa ist die bekannteste der über 100 Ryukyu-Inseln. Die Strände und Korallenriffe ziehen viele Besucher an; über 1 Mio. Menschen haben sich hier angesiedelt.

Hokkaido
Die zweitgrößte japanische Insel ist ein noch ziemlich unberührtes, überwiegend bewaldetes Gebiet mit vielen Bären. Die Winter sind hier lang und schneereich. Nur 4 % der Japaner leben auf dieser nördlichen Insel, darunter auch die Ainu, die japanischen Ureinwohner. Es gibt heute noch etwa 20 000 Ainu, denen es gelungen ist, mindestens einen Teil ihrer Kultur, Sprache und Religion beizubehalten.

Fudschijama
Der Fudschijama heißt auf japanisch Fuji-san. Mit 3 776 m ist er der höchste Gipfel Japans. Er liegt nahe am Meer im zentralen Honshu. Der völlig symmetrische Vulkankegel ist von weitem zu sehen. Der Fudschijama gilt als heiliges Symbol Japans und jedes Jahr besteigen ihn tausende von Pilgern bis zum Krater.

Klima
Das Klima zeigt große Unterschiede von Nord nach Süd. Hokkaido ist 4 Monate im Jahr schneebedeckt, während die südlichsten Inseln tropisches Klima haben. Auf Honshu sind die Sommer feucht, die Winter kalt mit Schnee. Kyushu und Shikoku haben lange, heiße Sommer und milde Winter. Die Niederschläge sind hoch.

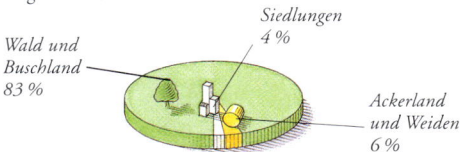

38 °C / -24 °C / 25 °C / 5 °C / 1 460 mm

Tokio
Tokio hat ohne Vorstädte etwa 8 Mio. Einwohner und gilt mit Vorstädten und rund 27 Mio. Einwohnern als die größte Stadt der Welt. Die meisten Menschen leben in den Betonvorstädten und gelangen mit Zügen auf dem gut ausgebauten Eisenbahnnetz ins Zentrum zur Arbeit. Alle großen japanischen Firmen haben ihre Zentrale in Marunouchi, dem Banken- und Geschäftszentrum von Tokio.

Wolkenkratzer in Tokio

Landnutzung
Wald und Buschland 83 %
Siedlungen 4 %
Ackerland und Weiden 6 %

Flache Gebiete für den Anbau von Pflanzen oder für die Viehzucht sind in Japan knapp. Über die Hälfte der Getreideproduktion stammt von den fruchtbaren Ebenen des sonst gebirgigen Hokkaido. Der Platzmangel führte dazu, dass die Gebäude sehr nahe beieinander stehen, vor allem in Städten.

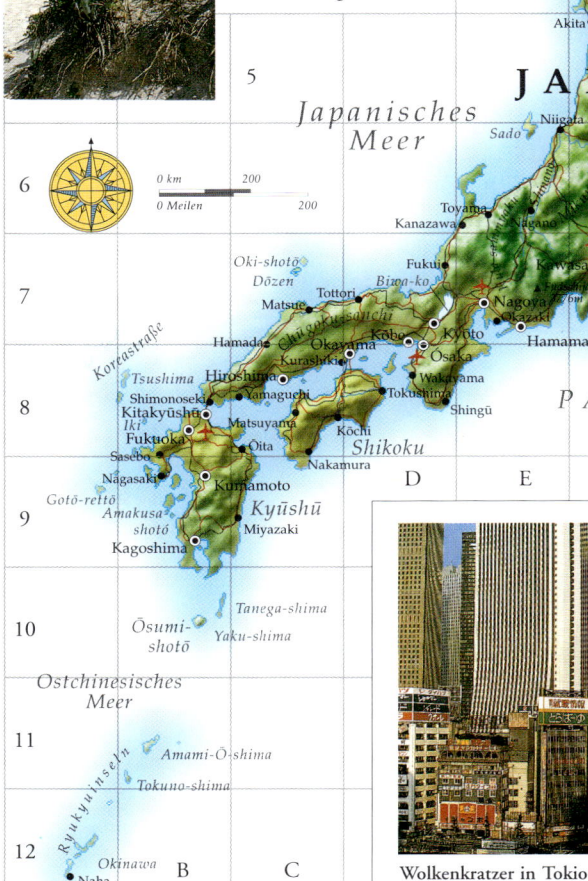

Bevölkerung

99 % der Bevölkerung sind Japaner; 3 Viertel leben in überbevölkerten Städten. Die Japaner geben viel Geld für Konsumgüter aus. Die beengten Wohnverhältnisse stehen im Gegensatz zum Lebensstandard. Die Japaner kleiden sich heutzutage nach westlichen Vorbildern.

337 pro km²  — 78 % Stadt — 22 % Land

Kinder
Die japanischen Kinder haben einen langen Schultag. Auch am Samstag ist Schule. Man erwartet von ihnen, dass sie sehr fleißig lernen und ihre Eltern achten. Kinder sind in Japan sehr willkommen und haben einen eigenen Feiertag.

Freizeit

Die Japaner arbeiten mehr als die Europäer und haben weniger Freizeit. Es gibt im Jahreslauf viele religiöse Feste und Feierlichkeiten, z. B. die Teezeremonie, das Reispflanzfest, das Kirschblütenfest sowie Prozessionen durch die Straßen.

Sport
Die Japaner betreiben traditionelle asiatische Sportarten wie Karate und Judo. Rein japanisch ist der Sumo-Ringkampf, bei dem sich zwei Kolosse aus dem Ring zu drängen versuchen. Beliebtester Zuschauersport ist Baseball. Wohlhabende spielen Golf oder Tennis.

Bonsai
Die Japaner sind Naturliebhaber und Experten in der Zucht von Miniaturbäumen, den Bonsai. Die rund 60 cm hohen Wacholder, Kiefern und Ahorne werden 100 Jahre alt.

Landwirtschaft

Ein durchschnittlicher Betrieb in Japan ist nur 1,2 ha groß. Trotzdem baut Japan einen Großteil der benötigten Nahrung selbst an. Die Hälfte des Ackerlandes dient dem Reisanbau. Berühmt für seine Qualität ist das japanische Rindfleisch.

Tunfisch

Fischerei
Japanische Fischer fangen jedes Jahr in heimischen und fremden Gewässern rund 6 Mio. Tonnen Fisch, auch Walfische, und verarbeiten Hochseefische direkt auf den Schiffen. Bei der Tokioter Fischauktion haben die Aufkäufer eine eigene Zeichensprache, um die hier angebotenen Fischsorten zu ersteigern.

Reis
Trotz des Mangels an Ackerland steht Japan bei der Reisproduktion mit 13 225 000 t an 8. Stelle in der Welt. Mit Hilfe von Düngemitteln und modernsten Maschinen pflanzen die Bauern hochwertige Reissorten an und nutzen buchstäblich jedes Stückchen Land.

Landesküche

Essstäbchen — Reis

Reis und Fisch stellen die Grundlage der japanischen Küche dar. Durchschnittlich isst jeder Japaner 30 kg Fisch pro Jahr. Das Essen wird für gewöhnlich auf schwarzen Lackschalen präsentiert und sieht sehr einladend aus. Die Japaner essen gern rohen Fisch, Sashimi, zusammen mit gesäuertem Reis, Sushi.

Roher Fisch

Industrie

Japan hat sich in den vergangenen 50 Jahren zum Industrieriesen entwickelt. Das Land stellt qualitativ hochstehende Güter her, von Öltankern bis zu Mikrochips. Traditionelle Industriezweige wie Kohleabbau, Stahl und Kunsthandwerk werfen zwar Gewinne ab, doch ist ihre Bedeutung stark zurückgegangen.

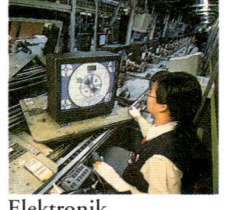

Elektronik
Japan ist heute führend in der Produktion qualitativ hochwertiger elektronischer Konsumgüter, etwa von Stereoanlagen, Fernsehern, Videorecordern, Kameras, Computern und Computerspielen. Japan ist führend in der Robotertechnologie.

Arbeitsmoral
Die Japaner müssen im Büro sehr viel länger anwesend sein und verbringen den Abend oft noch mit Kunden. Nicht selten gilt die Anstellung bei einer Firma für das ganze Leben. Die Firma selbst sorgt für Unterkunft, Gesundheit und oft auch Heirat ihrer Angestellten. Der Arbeitstag beginnt mit Gymnastik und einem Firmensong.

Autoindustrie
Die wichtigsten japanischen Exportgüter sind Autos und Motorräder. Japan ist führend im Bau von Motorrädern. Marken wie Toyota, Nissan und Honda sind weltbekannt.

Diese Honda-Maschine ist bis zu 190 km/h schnell.

Transport

Eisenbahnzüge und Flugzeuge sind die wichtigsten Transportmittel in Japan. Die Straßen sind überfüllt und es gibt kaum Parkplätze. Trotzdem steht Japan in der Autodichte an 2. Stelle hinter den USA.

Shinkansen
Der japanische Hochgeschwindigkeitszug Shinkansen ist einer der schnellsten der Welt. Das Eisenbahnnetz durchzieht das ganze Land. Viele Inseln sind durch Brücken oder Tunnel miteinander verbunden. Auch weit abgelegene Gebiete sind erschlossen.

Flugverkehr
Die Strecke Tokio–Chitose auf Hokkaido ist eine der meistbenutzten Flugrouten der Welt. Tokio hatte lange Zeit nur 1 Flughafen. Proteste von Umweltschützern haben die Eröffnung eines weiteren Flughafens in Narita, 66 km nördlich der Hauptstadt, 20 Jahre lang bis 1978 verzögert.

SIEHE AUCH UNTER: EISENBAHN · ELEKTRONIK · ERDBEBEN · FISCHFANG · FLUGHAFEN · JAPAN, GESCHICHTE · KRAFTFAHRZEUGE · LANDWIRTSCHAFT

JAPAN, GESCHICHTE

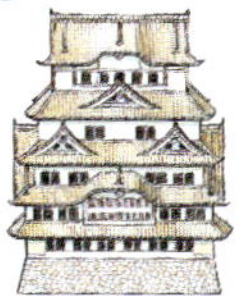

DIE INSELNATION JAPAN hat eine lange Geschichte. Im 4. Jh. begann ein Herrscherhaus die verschiedenen Königreiche zu unterwerfen. Im 6. Jh. übernahmen die Herrscher das chinesische Regierungssystem. Später verloren die japanischen Kaiser langsam an Macht, bis im 12. Jh. Kriegsführer, die Schogune, die Kaiser ins Abseits drängten. Im Jahr 1868 verloren die Schogune ihre Macht wieder und gaben sie an den Kaiser zurück. In den darauffolgenden 50 Jahren öffnete sich Japan westlichem Einfluss. Das Land modernisierte sich und wurde im 2. Weltkrieg fast vollständig zerstört. Heute ist Japan eine wirtschaftliche Supermacht.

Ainu
Die Ainu sind die Ureinwohner Japans. Sie gehören einer anderen Rasse an als die Japaner und bewohnen heute nur noch die Nordinsel Hokkaido.

Einfluss Chinas

China beeinflusste sehr stark die Geschichte Japans. Im 7. Jh. übernahmen die Japaner von den Chinesen der Tang-Zeit den Buddhismus, den Konfuzianismus, die Schrift, einen neuen Kalender, das Rechtssystem sowie künstlerische und architektonische Techniken.

Nara
Die japanischen Kaiser errichteten ihre erste Hauptstadt in Nara (Heijokyo) nach dem Vorbild der damaligen chinesischen Hauptstadt Chang-an. Nara war von 710–94 das religiöse und politische Zentrum Japans.

Großer Buddha, Todaiji-Tempel, Nara

Kyoto

Im Jahr 794 wurde Kyoto (Heian-Kyo) Hauptstadt Japans. Die Japaner entfernten sich damals vom chinesischen Einfluss, und Kyoto wurde das Zentrum einer rein japanischen Kulturentwicklung. Als die Schogune 1185 an Macht gewannen, ging der Einfluss Kyotos stark zurück. Von 1338 an verlegten die Ashikaga-Schogune ihren Hof wieder nach Kyoto. Ihre eleganten Tempel und Villen haben sich bis auf den heutigen Tag erhalten.

Höfische Kultur
Der Hof von Kyoto war den Künsten sehr zugeneigt. Die Höflinge schrieben Gedichte und malten Bilder. Die Adelige Murasaki Shikibu schrieb im 11. Jh. einen der ersten Romane der Weltgeschichte, die Geschichte vom Prinzen Genji.

Prinz Genji besucht seine Frauen

Kiyomizu-Tempel
Er steht auf Felsvorsprüngen über einem Wasserfall.

Kondo oder Haupthalle

Terrasse auf Pfeilern mit Blick über Kyoto

Kiyomizu-Tempel, gegründet 798

Tokugawa-Zeit
Mit den Tokugawa-Schogunen (1603–1868) gingen jahrhundertelange Bürgerkriege zu Ende. Die Schogune erließen strenge Gesetze zur Friedenssicherung. Die Schwerter waren weniger funktionstüchtig, doch dafür schmückte man sie mehr. Im Jahr 1641 schloss der Schogun Japan gegen die Außenwelt ab, um fremde Einflüsse fernzuhalten.

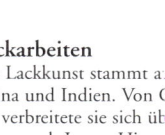

Schwert aus der Tokugawa-Zeit

Kriegerische Jahrhunderte

Um 1300 verlor das schwache Schogunat der Ashikaga die Kontrolle über die Provinzen. Auf den Fall von Kamakura im 15. Jh. folgte bis 1603 Anarchie mit Bürgerkrieg. In dieser Zeit der Unruhe kam der hl. Franz Xaver (1506–52), ein Jesuitenpater, nach Japan und bekehrte 100 000 Japaner zum Christentum. Toyotomi Hideyoshi (1536–98) befürchtete eine Übernahme durch die Europäer und vertrieb alle Missionare. 1596 ließ er 26 Christen kreuzigen.

Bürgerkrieg
Im Bürgerkrieg wurde Japan zersplittert und mächtige Familien bekämpften einander. Gegen Ende des 16. Jh. stellte der Soldatenführer Oda Nobunaga (1534–82) die Ordnung wieder her. Auf Oda folgte sein General Hideyoshi, der Japan erneut einigte. Tokugawa Ieyasu (1542–1616) gründete die Dynastie, die bis in die moderne Zeit hinein Bestand haben sollte.

Einflussgebiet der mächtigsten Familien, 1437–1590

Japanische Kunst

Als der chinesische Einfluss zurückging, entwickelte die japanische Kunst ihren eigenen Stil. In der Zeit der Momoyama (1573–1616) schufen Künstler in Farben und Formen außergewöhnliche Werke.

Fächer aus dem 17. Jh.

Lackarbeiten
Die Lackkunst stammt aus China und Indien. Von China aus verbreitete sich über Korea nach Japan. Hier entwickelten die Künstler erstaunliche neue Techniken, bei denen sie auch Goldstaub einsetzten.

Drachenmuster

Lackschirm

Meiji-Zeit

Im Jahr 1853 erschien Kommodore Perry der US-Marine mit Kriegsschiffen in der Bucht von Tokio. Westliche Mächte zwangen den Schogun, Japan zu öffnen. 1868 besiegten rebellierende Samurai, die um Japans Unabhängigkeit fürchteten, die Armee des Schoguns und stellten die Herrschaft von Kaiser Meiji wieder her. Die Hauptstadt wurde nach Tokio verlegt.

Die Expedition von Kommodore Perry, 1853

Die britische Tyre war die erste Lokomotive Japans.

Lokomotive, 1870

Industrie
Nach 1868 erfuhr Japan eine schnelle Industrialisierung. Die Meiji-Regierung förderte moderne Industrien, etwa den Schiffsbau. Besonders wichtig war der Bau neuer Eisenbahnlinien. Sie einigten Japan und förderten Industrie und Handel.

Expansion

Japan wetteiferte mit China und Russland. Diese Rivalität führte zum Chinesisch-Japanischen Krieg (1894–95) und zum Russisch-Japanischen Krieg (1904–05). Japan siegte beide Male und dehnte sich nach China und im Pazifik aus.

Russisches Kriegsschiff *Japanisches Torpedoboot*

Schlacht von Tsuschima, 1905, japanischer Farbholzschnitt

Der Krieg gegen China und Russland
Nach dem schnellen Sieg über China eroberte Japan Taiwan. Nachdem es 10 Jahre später Russland bei Tsuschima besiegt hatte, wurde Japan als Weltmacht anerkannt und übernahm russische Häfen in der Mandschurei (China). 1911 annektierte Japan auch Korea.

Zweiter Weltkrieg

Bis zum Frühjahr 1942 hatte Japan Malaya, Thailand, Birma, Hongkong, die Philippinen, Niederländisch-Ostindien und Teile Chinas erobert. Es verlor diese Gebiete wieder. Um die drohende Niederlage abzuwenden, flogen Piloten Kamikazeeinsätze gegen US-Kriegsschiffe. Japan kapitulierte nach den Atombombenabwürfen auf Hiroschima und Nagasaki.

Kamikaze bedeutet „Göttlicher Wind"

Hiroschima
Am 6. August 1945 warf ein amerikanischer B-29-Bomber eine Atombombe über Hiroschima ab. Ungefähr 200 000 Menschen starben sofort oder kamen an den Spätfolgen ums Leben. Drei Tage darauf zerstörte eine zweite Bombe den größten Teil Nagasakis und tötete 140 000 Menschen.

Hiroschima, August 1945

Selbstmörderische Kamikazepiloten

Das moderne Japan

Die japanische Industrie wurde im Zweiten Weltkrieg weitgehend zerstört, erholte sich aber nach 1945 und entwickelte neue Produkte und Märkte. Heute exportiert Japan Autos und hochwertige Konsumgüter in alle Welt.

Walkman *Handy* *Fernseher*

Wohlstand
Die japanische Wirtschaft wuchs in den 50er und 60er Jahren so schnell, dass oft von einem Wirtschaftswunder die Rede war. Dieses Wunder wurde vor allem durch gute Ausbildung, die Opferbereitschaft der Arbeitnehmer und moderne Maschinen möglich.

Datsun 240 Z

Umweltverschmutzung
Die Entwicklung der Industrie brachte Probleme mit sich. In den 60er Jahren litten viele Menschen an umweltbedingten Krankheiten. Die verantwortlichen Firmen mussten den Opfern Entschädigungen zahlen. Es wurden Umweltgesetze erlassen. Doch japanische Schiffe transportieren heute noch weltweit Atommüll.

Die Akatsu Maru befördert radioaktive Abfälle.

Wohlstand und Freizeit
Mit steigendem Wohlstand dehnte sich auch die Freizeitindustrie stärker aus. Rund 30 % ihres Einkommens geben die Japaner für die Freizeit aus. Kulturelle und sportliche Betätigung – z. B. Golf, Aerobic, Skilauf und Baseball – wurde immer beliebter. Auch der Auslandstourismus nahm stetig zu: Heute besuchen mehr Japaner als je zuvor fremde Länder.

Golfanlage

Chronologie

1192 Der erste Schogun übernimmt die Macht.

1274 Kublai Khan greift Japan an, wird jedoch von Stürmen abgetrieben.

1336 Machtübernahme der Ashikaga-Schogune (Muromachi)

1543 Unter dem Einfluss portugiesischer Händler kommen christliche Missionare ins Land.

1549 Der heilige Franz Xaver landet in Japan.

1603 Beginn des Tokugawa-Schogunats.

Noh-Maske

1641 Die Tokugawa-Schogune vertreiben die Europäer bis auf holländische Kaufleute auf einer Insel vor Nagasaki.

1853–54 Kommodore Perry vor Tokio; Ende der Abschottung Japans gegen den Westen.

1868 Beginn der Meiji

1911 Annektion Koreas

1912 Kaiser Meiji stirbt.

30er Jahre Expansion nach China

1955 Beginn des Wirtschaftswachstums

Kaiser Hirohito

Hirohito (Regierung 1926– 89), der nach seinem Tod Showa genannt wird, regierte Japan während des 2. Weltkriegs und in der Zeit des schnellen wirtschaftlichen Aufbaus. Seine politische Macht war begrenzt, obwohl er sich nach dem Krieg fast göttliches Ansehen genoss. Hirohito schuf die Einheit der Nation.

SIEHE AUCH UNTER: ARCHITEKTUR | ASIEN, GESCHICHTE | SCHOGUNE UND SAMURAI | WELTKRIEG, ZWEITER

JAZZ

DER JAZZ IST EINE DER aufregendsten musikalischen Entwicklungen des 20. Jh. Er nahm seinen Anfang in den südlichen Vereinigten Staaten, wo schwarze Musiker Elemente der afrikanischen Musik wie Blues und Spirituals mit europäischer Marschmusik verschmolzen. Der erste Jazzstil hieß nach seiner Heimatstadt New-Orleans-Jazz. Weiße Musiker schufen daraus den Dixieland. Dies wiederholte sich: Schwarze Musiker schufen einen neuen Jazzstil, weiße ahmten ihn nach. Jazz wird von kleinen Combos oder Big Bands gespielt.

Jazzband
Jazz wird von einzelnen Musikern oder großen Orchestern, sog. Big Bands, gespielt. Gruppen von 3 bis 5 Musikern heißen Combos. Sie bestehen z. B. aus einem Musiker, der den Rhythmus vorgibt (Schlagzeug, Bass und/oder Klavier), einem Trompeter, einem Saxophonisten und einem Leadsänger.

Synkopierung
Der Rhythmus ist ein Element des Jazz. Die Musiker weichen oft vom vorgegebenen Rhythmus ab. Das nennt man Synkopierung. Sie ziehen die Töne beim sog. Drive vor.

Musikshows gehörten zur frühen Musikszene in New Orleans.

New Orleans
Der Jazz hat seine Wurzeln in der Stadt New Orleans, USA. Hier entstand gegen Ende des 19. Jh. der erste Jazz. Wegen des damals herrschenden Rassismus wurde der Jazz erst bekannt, als er von weißen Musikern gespielt wurde. So breitete er sich in andere Städte wie Chicago, Kansas und New York aus. Bands, die auf Flussbooten spielten, und die ersten Schallplatten halfen bei der Verbreitung des Jazz.

Modernes Jazzquartett

Improvisation
Jazzmusiker improvisieren: Sie ändern Melodien so ab, dass jede Aufführung anders klingt, obwohl die musikalische Struktur dieselbe bleibt.

Die Wurzeln des Jazz
Der Jazz entstand aus verschiedenen musikalischen Traditionen. Die wichtigsten stammten aus Afrika. Die Sklaven brachten sie mit nach Amerika und behielten sie bei ihren Arbeitsliedern bei, vor allem den starken Rhythmus und die Improvisation bei der Melodie. Zum Christentum bekehrte Sklaven mischten Kirchenlieder mit eigenen Harmonien. Weitere Elemente des Jazz waren Ragtime und Blues.

Scott Joplin

Ragtime
Ende des 19. Jh. entstand in New Orleans, St. Louis und Memphis der Ragtime. Man spielte ihn auf dem Klavier, mit synkopierter Melodie und typischem Bass der linken Hand. Der bekannteste Komponist war Scott Joplin (1868–1917).

Bluesmusiker mit Banjo, 1902

Blues
Schwarze Musiker entwickelten den Blues, den melancholischen Gesang. Die meisten kannten hunderte von Liedern, die sie mit dem Banjo, der Gitarre oder der Mundharmonika begleiteten.

Formen des Jazz
Es gibt viele Formen des Jazz, darunter Boogie-Woogie, Swing, Bebop und den etwas kühleren, entspannteren Stil, wie er für den Trompeter Miles Davis (1926–91) typisch war. Der Jazz hat auch klassische Komponisten und vor allem Rock- und Popmusiker beeinflusst und viele nahmen Bluesrhythmen mit auf.

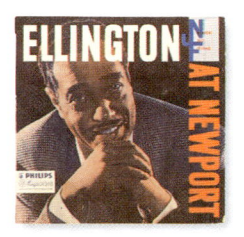

Swing
Die ersten Big Bands gab es in den 20er Jahren. Ihre Leader wie „Duke" Ellington (1899–1974) komponierten und arrangierten Musik, die als Swing bekannt ist. Eng synkopierte Rhythmen gaben dem Swing seinen typisch flotten Charakter.

Free Jazz
In den 60er Jahren verließ der Saxophonist John Coltrane (1926–67) die Konventionen des Jazz und bildete ein Quartett, mit dem er neue Techniken ausprobierte. Er entwickelte die Improvisation zu mehrstimmigem Spiel.

John Coltrane

Hoher Kick

Der Jazztanz ist oft sehr schnell und auf Show ausgerichtet.

Jazztänzer

Jazztanz
Mit den ausgeprägten Rhythmen und lebhaften Melodien der Jazzmusik entwickelten sich auch dazu passende Tanzstile, besonders für Swing und Bebop. Der Jazztanz hat viele moderne Tänze beeinflusst.

Ella Fitzgerald
Die Amerikanerin Ella Fitzgerald (1918–96) war eine der größten Jazzsängerinnen aller Zeiten. Sie hatte eine volle, tiefe Stimme und einen lockeren Stil, der besonders bei Big-Band-Begleitung zur Geltung kam. Ella war auch eine große Scatsängerin. Beim Scat improvisiert man eine Melodie mit sinnleeren Silben.

SIEHE AUCH UNTER — MUSIK — MUSIKINSTRUMENTE — ROCK UND POP — SKLAVEREI — TANZ

JESUS CHRISTUS

UNGEFÄHR IM JAHR 30 verkündete ein junger Mann in Palästina, er sei der Sohn Gottes, der Messias und Gesalbte, den gläubige Juden schon seit langer Zeit erwarteten. Viele Menschen nahmen seine Botschaft an und seine Jüngerschaft wuchs schnell. Den jüdischen Behörden missfiel dies. Jesus wurde gefangen gesetzt und um das Jahr 33 vom römischen Statthalter in Jerusalem gekreuzigt. Innerhalb eines Jahrhunderts verbreitete sich die Botschaft Jesu über Kleinasien bis nach Europa. Die Anhänger, die Christen, wurden zunächst verfolgt. Ab 313 durften sie ihre Religion im Römischen Reich frei ausüben.

Frühes Leben
Jesus wurde in Bethlehem geboren und wurde Zimmermann. Die Bibel sagt, dass seine Mutter Maria Jungfrau war, als sie ihn gebar. Als Jesus 30 Jahre alt war, gab er die Arbeit und das Leben im Verborgenen auf und widmete sich nur noch seiner Predigttätigkeit.

Mit 5 Broten und 2 Fischen speiste Jesus 5 000 Menschen.

Gleichnisse
Damit alle seine Botschaft verstünden, verwendete Jesus oft Gleichnisse, Geschichten mit einer tieferen Bedeutung. Berühmt ist das Gleichnis vom Sämann: Jesus vergleicht seine Worte mit dem Samen eines Sämanns. Einige Samen fallen auf steinigen Boden und keimen nicht; einige fallen auf guten Boden und tragen reiche Frucht.

Damals streute man die Körner noch von Hand aus.

Das Wirken Jesu
Jesus verkündete seine Botschaft in Palästina. Er scharte 12 Männer um sich, die ihm halfen. Sie wurden als die Apostel bekannt; aus dem Griechischen übersetzt bedeutet dies „Sendboten". Jesus predigte, die Menschen sollten ihre Sünden bereuen, an ihn glauben und ihm nachfolgen. Innerhalb von 3 Jahren sammelte er mit seinen Predigten und seiner Fähigkeit, Kranke zu heilen, eine beträchtliche Anhängerschaft in ganz Palästina.

Apostel
Die 12 Apostel waren einfache Männer aus dem Volk. Einige waren Fischer, andere Bauern.

Wunder
Der Bibel zufolge wirkte Jesus Wunder als Beweis dafür, dass er das Leiden überwinden könne. Bei einer Gelegenheit, der wunderbaren Brotvermehrung, soll er für 5 000 Menschen genügend Essen beschafft haben, obwohl nur wenige Brote und Fische zur Verfügung standen.

Tasche eines Sämanns

Johannes der Täufer
Zur Zeit von Jesu Geburt erwarteten viele, darunter auch Johannes der Täufer, ein Vetter von Jesus, die Ankunft des Messias. Johannes bereitete den Weg für Jesus, indem er dessen Auftreten prophezeite und ihn im Jordanfluss taufte.

Bergpredigt
Während seiner Tätigkeit hielt Jesus seinen Jüngern und den vielen Menschen, die ihm nachfolgten, zahlreiche Predigten. Am berühmtesten ist die Bergpredigt, in der Jesus die Hauptpunkte der christlichen Religion zusammenfasste und den Menschen aufzeigte, wie sie leben sollten.

Maria Magdalena
Maria Magdalena war eine von Jesu Jüngerinnen. Er heilte sie von „Dämonen" (wahrscheinlich einer Krankheit), und sie begleitete ihn und half ihm in Galiläa. Maria Magdalena war bei der Kreuzigung und bei der Grablegung dabei. 3 Tage später erschien ihr Jesus, und sie verkündete als Erste seine Auferstehung.

Tod
Nach 3-jähriger Predigttätigkeit ließ der römische Statthalter Pontius Pilatus Jesus festnehmen, um Unruhen unter den Juden zu vermeiden. Er wurde verhört, dann gegeißelt und schließlich gekreuzigt.

Letztes Abendmahl
Kurz vor seiner Gefangennahme aß Jesus ein letztes Mal mit den 12 Aposteln. Er brach das Brot und trank Wein mit ihnen. Dabei bat er sie immer, an ihn zu denken und mit seinem Werk fortzufahren. Die Christen feiern dieses Abendmahl in ihren Gottesdiensten. Sie teilen Brot und Wein aus als Sinnbild für Jesu Fleisch und Blut.

Kreuzigung
Jesus wurde mit Nägeln an einem Kreuz festgenagelt und starb daran. Das war eine häufige Form der Hinrichtung im Römischen Reich. Jesu Anhänger glauben, dass er 3 Tage später von den Toten auferstand.

JESUS CHRISTUS

um 4 vor unserer Zeitrechnung Geburt in Bethlehem

um 30 Beginn der Predigttätigkeit mit Heilungen von Kranken

33 Gefangennahme, Gerichtsverfahren und Kreuzigung durch die römischen Behörden in Jerusalem

ab 33 Der heilige Paulus und die übrigen Apostel verbreiten die Botschaft Christi. Christenverfolgungen im alten Rom.

65–75 Der heilige Markus verfasst sein Evangelium, den frühesten Bericht über das Leben Jesu.

313 Das Toleranzedikt erlaubt den Christen die Religionsausübung im Römischen Reich.

SIEHE AUCH UNTER   CHRISTENTUM   KIRCHEN UND KATHEDRALEN   KLÖSTER   RELIGIONEN   RÖMISCHES REICH

JUDENTUM

DIE ERSTE DER GROSSEN WELTRELIGIONEN, die den Glauben an einen Gott lehrte, war das Judentum. Es entstand im 13. Jh. v. Chr. Im Mittelpunkt dieser Religion steht die Thora, der heilige Text, den Gott oder Jahwe Moses und den alten Israeliten offenbarte. Weil sie diese Offenbarung erhielten, betrachten sich die Juden bis heute als das auserwählte Volk Gottes. Jude wird man im Allgemeinen durch Geburt. Die Juden üben keine Missionstätigkeit aus. Sie warten weiter auf den verheißenen Messias, mit dem ein neues Zeitalter, Gottes Herrschaft auf der Erde, beginnen soll. Dann werden alle Juden der Welt im Gelobten Land Israel leben.

Formen des Judentums
Orthodoxe Juden befolgen genau die Gebote der Thora und des Talmuds. Sie halten z. B. streng die Sabbatruhe ein und sind schon an ihrer Kleidung zu erkennen. Viele Reformjuden sind allerdings der Ansicht, die jahrtausendealten Gesetze sollten unserer Zeit angepasst werden. Sie kleiden sich auch modern.

Ursprünge

Abraham, Isaak und Jakob waren die Ersten, die einen einzigen Gott verehrten. Sie gelten als die Gründerväter des Judentums. Die Bibel erzählt, wie ihre Nachkommen, die Israeliten, von den Ägyptern unterjocht wurden und als Sklaven arbeiten mussten. Moses führte die Israeliten in die Freiheit und erhielt von Gott die Gesetze, die Thora.

Die Zehn Gebote
Auf dem Berg Sinai gab Gott Moses die Zehn Gebote. Die Juden feiern dieses Ereignis an *Schawuot*, dem Wochenfest. Sie lesen dabei die Geschichte von Moses in der Synagoge und bleiben nachts auf, um die Thora zu lesen und das Wort Gottes erneut anzunehmen.

Die Juden auf der Welt

Heute leben auf der ganzen Welt über 17 Mio. Juden. Die meisten gehören einer von 2 Großgruppen an: Die aschkenasischen Juden stammen aus Mittel- und Osteuropa und sprechen Jiddisch. Die aschkenasischen Juden sind in den USA in der Mehrzahl. Die sephardischen Juden stammen ursprünglich aus Spanien und Portugal. Die gemeinsame Sprache aller Juden ist Hebräisch.

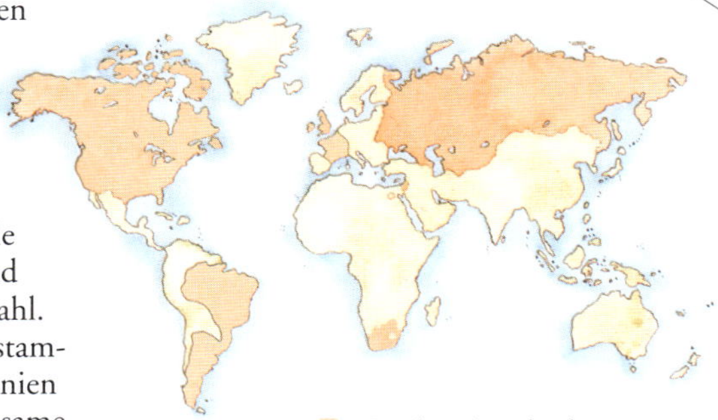

Jerusalem, die Hauptstadt des heutigen Israel, war das Zentrum der damaligen jüdischen Welt.

Länder mit mehr als 500 000 Juden

Israel
Nach der Zerstörung Jerusalems durch die Römer wurden die Juden in die ganze Welt zerstreut. Sie mussten unter Verfolgungen leiden. 1948 wurde der Staat Israel als dauernde Heimat der Juden gegründet. Die Befürworter Israels, die Zionisten, hofften, dass alle Juden dort friedlich leben könnten.

Heilige Schriften

Die jüdische Bibel heißt Tenach. Sie enthält 24 Bücher verschiedener Autoren. Die ersten 5 Bücher gehen auf Moses zurück und werden Thora genannt. Dazu kommen die Bücher der Propheten. Zu all diesen Werken, besonders aber zur Thora, gibt es einen umfangreichen Kommentar, den die Juden Talmud nennen. Er ist in 2 Versionen überliefert und enthält viele Vorschriften.

Thoraschrein
Die Thorarollen werden in einem Schrein aufbewahrt. Er befindet sich hinter einem Vorhang an der Wand in der Synagoge, die nach Jerusalem weist. Der Thoraschrein symbolisiert das Allerheiligste des untergegangenen jüdischen Tempels, die Bundeslade. Sie ist seit der Zerstörung des Tempels durch die Babylonier 586 v. Chr. verschwunden.

Bestickter Mantel

Die Krone symbolisiert die Thora, die das Wichtigste im Leben frommer Juden darstellt.

Man fasst die heiligen Thorarollen nur an den Griffen an.

Der Löwe ist das Symbol des jüdischen Stammes Juda.

Thorarollen

Band um die Thorarollen

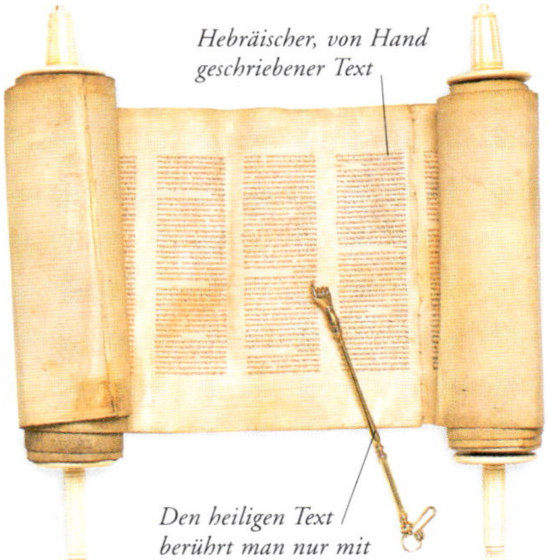

Hebräischer, von Hand geschriebener Text

Den heiligen Text berührt man nur mit dem Thorazeiger.

Thora
Die 5 Bücher der Thora stehen im Zentrum des Judentums. Sie enthalten 613 religiöse Gebote. Für die orthodoxen Juden sind diese Gebote verpflichtend. Die Thorarollen werden in der Synagoge in einem bestickten Mantel oder einem festen Behälter aufbewahrt.

Offenbarung Gottes
In der Thora hat sich Gott selbst geoffenbart. Er hat den Juden gezeigt, wie sie sich in jeder Lebenslage verhalten sollen. Ein wichtiger Teil des Gottesdienstes in der Synagoge besteht in der lauten Lesung der Thora. Beim Fest *Simchat Thora* kommt der jährliche Zyklus der Thoralesungen zu Ende und beginnt dann von vorn.

JUDENTUM

Heilige Tage und Feste

Das jüdische Jahr beginnt im Herbst mit dem Neujahrsfest. 10 Tage darauf folgt das Versöhnungsfest Jom Kippur; es gilt als das feierlichste Fest des ganzen Jahres. Die Juden begehen den Tag betend und fastend und bitten Gott um Verzeihung. Die weiteren Feste im Jahr erinnern an Ereignisse in der jüdischen Geschichte, etwa den Auszug der Israeliten aus Ägypten, die Übergabe der Zehn Gebote an Moses oder die Zerstörung des ersten und zweiten Tempels in Jerusalem.

Pessach

Dieses Frühjahrsfest, auch Passah genannt, erinnert an den Auszug der Israeliten aus Ägypten. Die Juden glauben, Gott habe die Ägypter bestraft, indem er deren erstgeborenen Söhne tötete. Der Racheengel überging dabei die Häuser der Israeliten. An Pessach essen die Juden das Sedermahl.

Salzwasser zur Erinnerung an die Tränen in der Sklaverei.

Matzen, ungesäuertes Brot

Ein geschmücktes Tuch bedeckt die Matzen.

Salat, Symbol für das Essen in der Sklaverei

Ei symbolisiert neues Leben

Platte zum Sederfest

Kräuter als Frühlingssymbol

Der Schienbeinknochen erinnert an die Opferlämmer beim ersten Pessachfest.

Das Pessachfest entspricht dem christlichen Ostern.

Paste aus Nüssen und Früchten

Der scharfe Meerrettich erinnert an das Elend der Sklaverei.

Laubhüttenfest

Das Laubhüttenfest oder *Sukkot* erinnert daran, wie Gott für die Juden sorgte, als sie 40 Jahre lang durch die Wüste ins Gelobte Land zogen. Die Juden binden dabei Palmblätter zu einem Lulaw und errichten Hütten als Symbol für die Zelte, in denen ihr Volk wohnte. Das Laubhüttenfest dauert 7 oder 8 Tage. Der letzte Tag heißt *Simchat Thora*, „Freude an der Thora".

Lulaw, Zweig aus Palmwedeln

Beim Laubhüttenfest wird ein Lulaw und ein Etrog 7-mal in der Synagoge herumgetragen.

Die duftende Zitrusfrucht Etrog ist ein Symbol für das Herz.

Lichterfest

Das Lichterfest *Chanukka* liegt mitten im Winter und dauert 8 Tage. Jeden Tag wird eine weitere Kerze am achtarmigen Leuchter angezündet. Bei *Chanukka* feiert man die Wiederaufnahme des Dienstes im Tempel von Jerusalem um 165 v. Chr. Wie auch andere Feste des jüdischen Jahres erinnert Chanukka an die Treue Gottes gegenüber seinem Volk.

Tägliches Leben

Heim und Familie spielen im Judentum eine große Rolle. Es gibt sehr viele Gebote und Verbote für das tägliche Leben, die Kleidung und das Essen, und die orthodoxen Juden versuchen sie alle zu beachten: vom morgendlichen Aufstehen mit einer rituellen Waschung der Hände bis zu den Segenssprüchen vor dem Zubettgehen.

Die Chanukka, der achtarmige Leuchter

Schammasch

Am Chanukkafest im Dezember zündet man am Leuchter jeden Tag ein Licht mehr an. Dazu benutzt man das 9. Licht, den Schammasch.

Koscheres Essen

Die Juden essen nur koschere, d. h. rituell reine Nahrung. Tiere, die keine Hufe haben und nicht wiederkäuen, sind verboten, ebenso Raubvögel und Wassertiere ohne Flossen und Schuppen. Die Tiere müssen durch Schächtung geschlachtet sein.

Sabbat

Die Hausfrau zündet am Freitagabend die Sabbatkerzen an. Dann beginnt die Sabbatruhe, die bis Samstagabend dauert. Der Sabbat erinnert daran, dass Gott nach Erschaffung der Welt am 7. Tag ruhte. Am Sabbat kleiden sich die Juden festlich, kochen und arbeiten nicht und zünden nicht einmal ein Licht an. Sie besuchen die Synagoge.

Gottesdienst

In der Synagoge wird gemeinsam gebetet und die Thora vorgelesen. An Wochentagen wird morgens, nachmittags und abends gebetet. Am Sabbat und an hohen Feiertagen dauern die Gottesdienste länger. Wenn ein Junge 13 Jahre alt ist, findet in der Synagoge eine feierliche Zeremonie statt. Bei dieser Bar-Mizwa-Feier wird er in die Gemeinde aufgenommen.

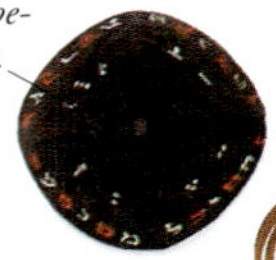

Die Juden tragen beim Gebet eine Kopfbedeckung.

Gebetsriemen mit Gebeten

Rabbiner

Die Rabbiner oder Rabbis waren ursprünglich Lehrer, die sich in der Thora genau auskannten. Das gilt heute noch. Sie übernehmen auch die führende Rolle im Gottesdienst und sind die Seelsorger ihrer Gemeinde.

Antisemitismus

Jahrhundertelang hatten die Juden keinen eigenen Staat und wurden oft als Bürger zweiter Klasse behandelt. In einigen Städten durften sie nur in bestimmten Vierteln wohnen, den Gettos. Immer wieder litten sie unter Verfolgungen, den sog. Pogromen. Die schlimmste Judenverfolgung war der Holocaust im Dritten Reich.

Eine aufgehetzte Menge fällt in Russland über einen Juden her, 1881.

| SIEHE AUCH UNTER | EUROPA, GESCHICHTE | FESTE UND FEIERN | HEILIGES LAND | HOLOCAUST | ISRAEL | JESUS CHRISTUS | RELIGIONEN | WELTKRIEG, ZWEITER |

KÄFER

ES GIBT MINDESTENS 350 000 Käferarten. Sie machen 40 % aller Insekten- oder 30 % aller Tierarten aus. Die kleinsten Käfer messen weniger als 0,5 mm, die größten sind bis zu 15 cm lang. In allen Lebensräumen findet man Käfer, in heißen Wüsten ebenso wie auf Schneefeldern im Gebirge. Die Nahrung der Käfer reicht von totem Holz bis zu anderen Lebewesen. Nicht wenige werden der Landwirtschaft schädlich. Wieder andere Arten spielen eine wichtige Rolle beim Abbau toter pflanzlicher und tierischer Stoffe.

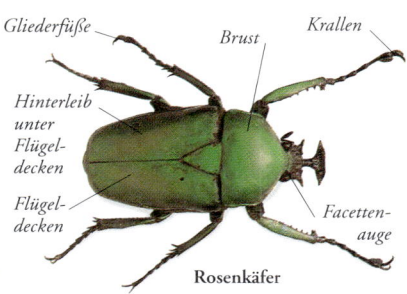

Gliederfüße — *Brust* — *Krallen*
Hinterleib unter Flügeldecken
Flügeldecken
Facettenauge
Rosenkäfer

Merkmale der Käfer
Käfer haben 3 Körperteile: Kopf, Brust und Hinterleib sowie Facettenaugen und Fühler für den Tast- und Geruchssinn. Die Vorderflügel sind zu harten Flügeldecken umgewandelt. Sie schützen die inneren Organe des Hinterleibs und die häutigen Hinterflügel.

Maikäfer
Hinterflügel schlagen.
Ausgestreckte Hinterbeine

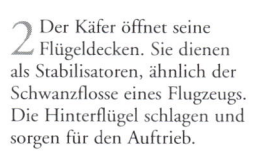

Wie ein Käfer fliegt
1 Große Käfer brauchen bis zum Start einige Sekunden. Zuerst pumpen sie Luft in ihren Körper, um den Hinterleib auszudehnen.

2 Der Käfer öffnet seine Flügeldecken. Sie dienen als Stabilisatoren, ähnlich der Schwanzflosse eines Flugzeugs. Die Hinterflügel schlagen und sorgen für den Auftrieb.

3 Der Maikäfer stößt sich mit seinen Beinen ab und schlägt mit den Hinterflügeln. Innerhalb weniger Sekunden erreichen sie 200 Schläge pro Sekunde, die für den Start nötig sind. Während des Fluges braucht der Käfer hundertmal mehr Sauerstoff als in der Ruhe.

Der Käfer bewegt die Flügel mehrmals vor dem Start.
Wahrnehmen der Windrichtung
Flügeldecken
Hinterflügel werden entfaltet.

Holzbohrer
Nicht wenige Käferlarven bohren Gänge in totem oder sterbendem Holz. Prachtkäferlarven brauchen mehrere Jahre bis zur Verpuppung. Sie leben von nährstoffarmem Holz.

Prachtkäfer

Fortpflanzung
Alle Käfer haben eine vollständige Verwandlung oder Metamorphose. Die Larven schlüpfen aus Eiern. Ihre Hauptaufgabe ist es zu wachsen. Dabei häuten sie sich mehrmals. Schließlich verpuppen sie sich um zu ruhen. In der Puppe verwandelt sich die Larve allmählich in den erwachsenen Käfer.

Mehlwurm, Käferlarve
Im Innern erfolgt die Verwandlung von der Larve zum Käfer.
Puppe, Ruhezeit 6 Wochen
Erwachsener Käfer 
Mehlkäfer

Kämpfe
Vor allem die Männchen der Hirschkäfer kämpfen miteinander um die Weibchen. Sie packen sich mit ihren mächtigen Kiefern und versuchen sich gegenseitig auf den Rücken zu legen. Die Kämpfe sind eher symbolisch: Die Männchen kommen dabei nicht zu Schaden und leben weiter.

Das Männchen hat mit seinen Kiefern den Rivalen gepackt.
Hirschkäfer

Ernährung
Unter den Käfern finden wir alle Formen der Ernährung. Nicht wenige leben von der Laubstreu der Wälder. Andere gehen an totes oder noch lebendes Holz. Die Laufkäfer machen Jagd auf andere Insekten. Aasfresser wie der Totengräber fressen Kadaver, während Mistkäfer Dung und Kot beseitigen. Es gibt unter den Kurzflüglern sogar einige Parasiten, z. B. an Fledermäusen.

Marienkäfer
Die Marienkäfer sind weltweit verbreitet. Sie leben von kleinen Insekten, besonders von Blatt- und Schildläusen. Dadurch werden sie im Garten nützlich. Marienkäfer helfen mit bei der Schädlingsbekämpfung.

Marienkäfer frisst Blattlaus.

Verteidigung
Durch die harten Flügeldecken und eine Tarntracht sind viele Käfer vor Räubern geschützt. Der Bombardierkäfer hat eine besondere Verteidigung entwickelt. Er stößt chemische Verbindungen aus, die mit Knall explodieren.

Bombardierkäfer

Wasserkäfer
Einige tausend Käferarten leben im Wasser. Die echten Wasserkäfer schwimmen mit paddelartigen Hinterbeinen. Die kleinen Taumelkäfer suchen die Wasseroberfläche nach Nahrung ab. Ihre Augen sind zweigeteilt. Mit der oberen Augenhälfte halten sie über dem Wasser nach Räubern Ausschau, mit der unteren sehen sie im Wasser.

Taumelkäfer

MAIKÄFER
WISSENSCHAFTLICHER NAME Melolontha melolontha
ORDNUNG Coleoptera, Käfer
FAMILIE Scarabaeidae, Blattkäfer
VERBREITUNG Europa und Westasien
LEBENSRAUM Hecken und Felder
ERNÄHRUNG Die Larven oder Engerlinge fressen Pflanzenwurzeln, etwa von Rosen und Eichen.
GRÖSSE Engerlinge bis zu 4 cm, erwachsene Tiere 2–3 cm
LEBENSDAUER Engerlinge 2 bis 3 Jahre, erwachsene Käfer 2 bis 3 Monate

SIEHE AUCH UNTER: GLIEDERFÜSSER · GRASLAND, TIERWELT · INSEKTEN · WÄLDER, TIERWELT · WÜSTEN, TIERWELT

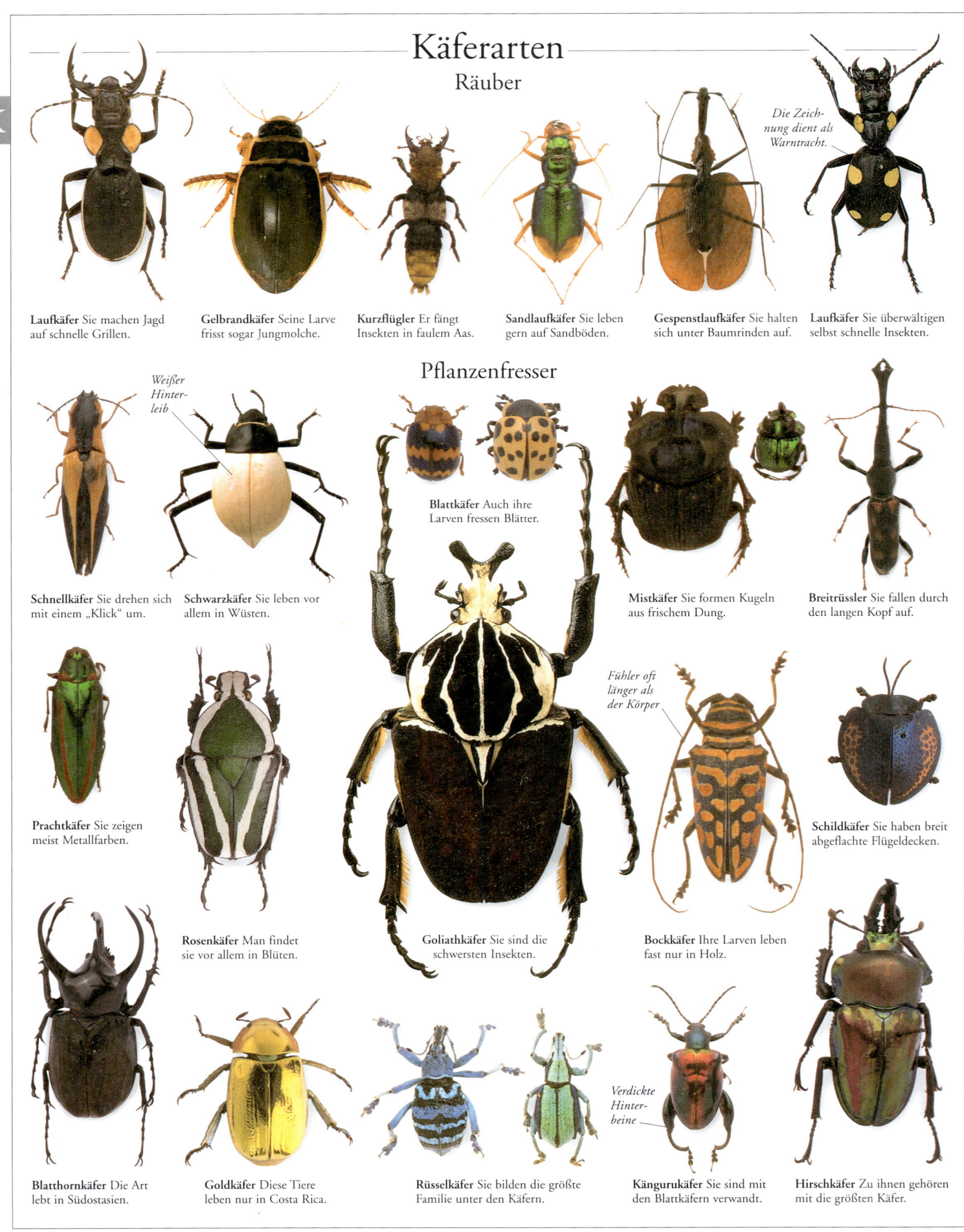

Käferarten

Räuber

Laufkäfer Sie machen Jagd auf schnelle Grillen.

Gelbrandkäfer Seine Larve frisst sogar Jungmolche.

Kurzflügler Er fängt Insekten in faulem Aas.

Sandlaufkäfer Sie leben gern auf Sandböden.

Gespenstlaufkäfer Sie halten sich unter Baumrinden auf.

Die Zeichnung dient als Warntracht.

Laufkäfer Sie überwältigen selbst schnelle Insekten.

Pflanzenfresser

Weißer Hinterleib

Blattkäfer Auch ihre Larven fressen Blätter.

Schnellkäfer Sie drehen sich mit einem „Klick" um.

Schwarzkäfer Sie leben vor allem in Wüsten.

Mistkäfer Sie formen Kugeln aus frischem Dung.

Breitrüssler Sie fallen durch den langen Kopf auf.

Prachtkäfer Sie zeigen meist Metallfarben.

Rosenkäfer Man findet sie vor allem in Blüten.

Fühler oft länger als der Körper

Schildkäfer Sie haben breit abgeflachte Flügeldecken.

Goliathkäfer Sie sind die schwersten Insekten.

Bockkäfer Ihre Larven leben fast nur in Holz.

Blatthornkäfer Die Art lebt in Südostasien.

Goldkäfer Diese Tiere leben nur in Costa Rica.

Rüsselkäfer Sie bilden die größte Familie unter den Käfern.

Verdickte Hinterbeine

Kängurukäfer Sie sind mit den Blattkäfern verwandt.

Hirschkäfer Zu ihnen gehören mit die größten Käfer.

KALTER KRIEG

DIE ALLIIERTEN STREITKRÄFTE der USA, Großbritanniens Frankreichs und Russlands besiegten 1945 die deutsche Wehrmacht im 2. Weltkrieg. Vier Jahre später hatten sich die Westmächte mit Russland überworfen, und es kam zu einem neuen, einem „kalten" Krieg. So nannte man die politische und diplomatische Schlacht zwischen dem kommunistischen Ostblock und dem kapitalistischen Westen. Beide Blöcke verhielten sich feindselig, indem sie z. B. im Korea- und Vietnamkrieg jeweils die Gegner unterstützten. Der Kalte Krieg endete erst 1990.

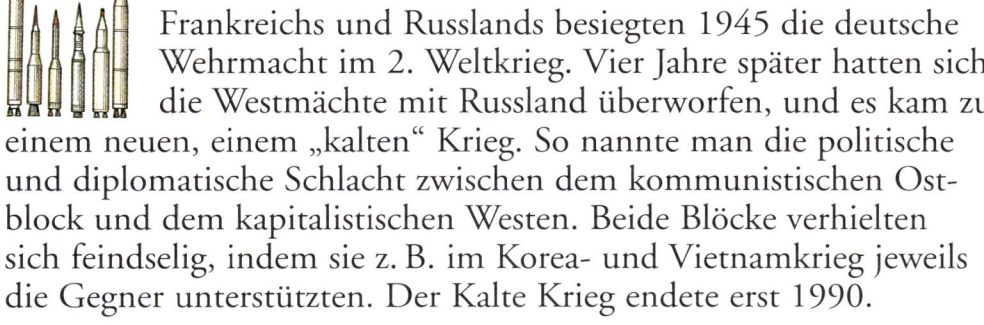

Winston Churchill, F. D. Roosevelt und Josef Stalin in Jalta

Konferenz von Jalta
1945 trafen sich in Jalta am Schwarzen Meer die Regierungschefs Großbritanniens, der USA und der UdSSR – Churchill, Roosevelt und Stalin –, um die Grenzen im Nachkriegseuropa festzulegen. Die UdSSR erhielt die Kontrolle über Osteuropa, was zur Teilung Europas in Ost und West führte.

Eiserner Vorhang
Zwischen den kommunistischen Staaten Osteuropas unter Vorherrschaft Russlands und den kapitalistischen Staaten im Westen unter Führung der USA bestand 1949 eine Trennung. Der Osten und Westen Europas standen sich feindselig gegenüber. Der britische Premier Churchill prägte für diesen Zustand schon 1946 den treffenden Begriff „Eiserner Vorhang".

Österreich war bis 1955 geteilt.
Die Schweiz war während des Krieges neutral.

Kapitalisten   Kommunisten

Mig-15

Koreakrieg
Korea war 1945 in den kommunistischen Norden und den von Amerika unterstützten Süden geteilt. 1950 marschierte Nordkorea in Südkorea ein und es kam zum Krieg: China und die UdSSR halfen Nordkorea, die USA Südkorea. 1953 gab es einen Waffenstillstand. Korea ist immer noch geteilt.

„Rote Gefahr"
In den 50er Jahren führte die Furcht vor dem Kommunismus in den USA zu einer Art Hexenjagd. Mitglieder der Kommunistischen Partei und deren Freunde wurden verfolgt. Senator Joe McCarthy war dabei die treibende Kraft. Er brachte viele Unschuldige um ihren Job.

Spionage
Im Kalten Krieg waren Informationen über die Technologien sehr wichtig. Um herauszufinden, was der Gegner plante, setzte man auf beiden Seiten Spione ein. Sie arbeiteten verdeckt an zivilen und militärischen Stellen und gaben oft kriegsverhindernde Geheimnisse an die Regierungen ihrer Länder weiter.

Unsichtbarer Puder am Körper eines Spions wurde durch UV-Licht sichtbar.

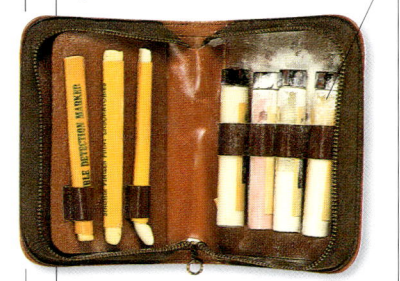

Sowjetische Schiffe auf dem Rückzug

Die Kubakrise
Sowjetische Schiffe brachten 1962 Kernwaffen ins kommunistische Kuba. Die USA, nur 80 Seemeilen von der Insel entfernt, verhängten eine Blockade. Das führte zur Krise mit der UdSSR. Nach Tagen der Kriegsgefahr zog sie ihre Raketen zurück.

Toilettenausrüstung für Spione

Entspannung
Die Spannungen zwischen Ost und West begannen sich in den Siebzigern zu lösen. 1970 schloss der deutsche Bundeskanzler Willy Brandt mit Polen und der UdSSR die Ostverträge. Ab 1987 begann Michail Gorbatschow mit Reformen in der Sowjetunion.

Die Berliner Mauer fällt, 1989

Antikommunistisches Plakat

Chronologie
1945 Europa ist in einen Ost- und einen Westblock geteilt.

1949 Die Westnationen gründen die NATO, das Nordatlantische Verteidigungsbündnis.

1950–53 McCarthy-Ära in USA

1950–53 Koreakrieg

NATO-Symbol

1955 Die kommunistischen Länder gründen den Warschauer Pakt, ein Militärbündnis.

1961 Die Berliner Mauer wird errichtet und teilt die ehemalige deutsche Hauptstadt.

1962 Höhepunkt des Kalten Krieges in der Kubakrise. Entspannung deutet sich an.

1989 Der Fall der Berliner Mauer ist auch der Zusammenbruch der DDR. Weitere kommunistische Regierungen in Osteuropa fallen.

1990 Wiedervereinigung von Ost- und Westdeutschland

1991 Gorbatschow tritt zurück. Der Kommunismus in der Sowjetunion bricht zusammen.

Michail Gorbatschow
Gorbatschow (geb.1931) wurde 1985 Führer der Sowjetunion. Er versuchte die UdSSR zu reformieren und schloss 1987 mit US-Präsident Reagan einen Abrüstungsvertrag. Gorbatschow konnte aber den Lebensstandard des russischen Volkes nicht heben und trat 1991 zurück.

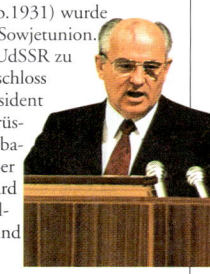

SIEHE AUCH UNTER EUROPA, GESCHICHTE · KRIEG · RUSSLAND, GESCHICHTE · SOWJETUNION · VEREINIGTE STAATEN VON AMERIKA, GESCHICHTE · WELTKRIEG, ZWEITER

KAMELE

AN DAS LEBEN IN DER WÜSTE sind die Kamele hervorragend angepasst. Man unterscheidet 2 Arten dieser Paarhufer: das Einhöckrige Kamel oder Dromedar Afrikas und Asiens, das nur als Haustier bekannt ist, und das Zweihöckrige Kamel oder Trampeltier, von dem es Haus- und Wildtiere gibt. Nah verwandt sind die 4 südamerikanischen Kleinkamele, die keine Höcker haben, und zwar das Guanako mit den Haustierformen Alpaka und Lama sowie das wilde Vikunja.

Merkmale

Die Kamele erreichen eine Schulterhöhe von 2,40 m und gehören zu den größten Paarhufern. Mit ihren langen Beinen gehen sie in wiegendem Schritt, dem Passgang. Sie haben eine gespaltene Oberlippe, die es ihnen erlaubt, trockene, sehr stachelige Pflanzen zu fressen. Bei Bedrohung spucken die Kamele oder beißen zu. In der Paarungszeit kämpfen die Hengste miteinander und versuchen sich gegenseitig in die Beine zu beißen.

Füße
Die beiden Zehen sind durch eine Haut verbunden. Auf der Unterseite liegen weiche, biegsame Schwielen, die sich beim Auftreten seitlich verbreitern. Das Kamel hat sehr breite Sohlen und sinkt auf sandigem Untergrund deshalb kaum ein, geht aber auch auf rauem Gelände gut.

Verbindende Haut

Fuß eines Dromedars

Dickes Fell
Es hält in den kalten Wüstennächten warm und schützt am Tag vor Überhitzung.

Breite Sohlen mit weichen Schwielen erlauben das Gehen auf Sand.

Zottiges Fell

Trampeltier

Höcker
Entgegen dem Volksglauben ist der Höcker nicht voll Wasser, sondern stellt einen Fettspeicher dar. Bei Nahrungsmangel versorgt er das Kamel mit Energie. Unter der übrigen Haut ist weniger Fett gespeichert, sodass das Kamel bei Hitze leichter Wärme abgeben kann.

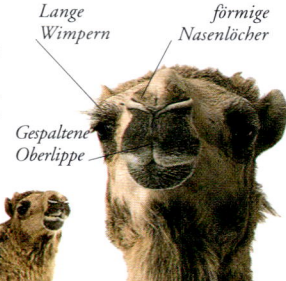

Lange Beine für große Laufleistung

Langer, gekrümmter Hals

Dromedar

Lange Wimpern

Schlitzförmige Nasenlöcher

Gespaltene Oberlippe

Kopf eines Dromedars

Augen und Nasenlöcher
Kamele haben lange Wimpern, die ihre Augen vor Sandstürmen schützen und durch die sie selbst unter schwierigen Bedingungen sehen. Sie können auch ihre schlitzförmigen Nüstern verschließen und so das Eindringen von Staub verhindern.

Wüstenschiffe

Kamele sind die einzigen Tiere, die schwere Lasten weite Strecken bei extremer Hitze und Wassermangel tragen können. Die Wüstennomaden nutzen auch die Haut, die Milch und das Fleisch und können so überleben.

Salzkarawane, Taoudenni, Mali

Wasserverlust

Kamele kommen längere Zeit ohne Wasser aus. Wenn sie auf Wasser stoßen, gleichen sie ihren Verlust in kürzester Zeit aus. Ihr ganzer Körper ist auf Wassersparen ausgelegt. Sie produzieren trockenen Kot und nur wenig dicken, sirupartigen Urin. Zusätzlich kann ihre Körpertemperatur bis auf 40,5 °C steigen. Erst bei Temperaturen darüber beginnen sie zu schwitzen und sich abzukühlen.

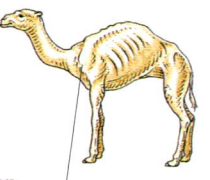

Das Kamel kann bei Wassermangel 25 % seines Körpergewichts an Wasser verlieren.

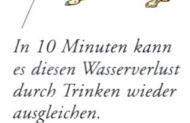

In 10 Minuten kann es diesen Wasserverlust durch Trinken wieder ausgleichen.

Kamelverwandte

Die Kleinkamele umfassen 2 Haustiere, das Lama und das Alpaka, sowie 2 Wildarten, das Vikunja und das Guanako. Alle leben in den Anden. Das Guanako kommt von Peru bis Feuerland in bis zu 4 250 m Höhe und in der Steppe vor und frisst Gräser oder Sträucher. Das Vikunja bevorzugt die Hochebenen und steigt bis auf 5 000 m.

Vikunjas stehen unter Schutz.

Vikunja
Vikunjas sind die kleinsten Kamele. Sie leben in Rudeln bis zu 20 Tieren.

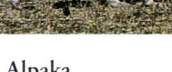

Alpakawolle ist schwarz, braun oder weiß.

Alpaka
Die Hochlandindianer Perus und Boliviens züchten Alpakas wegen ihrer weichen Wolle.

Lama
Lamas tragen ungefähr 100 kg Last bis auf 4 000 m. Nur die Männchen werden als Lasttiere eingesetzt.

Das Lama liefert Wolle, Milch und Fleisch.

DROMEDAR

WISSENSCHAFTLICHER NAME *Camelus dromedarius*

ORDNUNG Artiodactyla, Paarhufer

FAMILIE Camelidae, Kamele

VERBREITUNG Als Haustier in Nordafrika, im Mittleren Osten und Südwestasien; eingebürgert in Australien

LEBENSRAUM Wüste, Steppe

ERNÄHRUNG Wüstenpflanzen, auch stark dornige Zweige und Salzpflanzen, die andere Tiere meiden

GRÖSSE Gesamtlänge 3 m; Schulterhöhe 2,40 m; Gewicht bis zu 600 kg

LEBENSDAUER Bis zu 50 Jahren

SIEHE AUCH UNTER ASIEN, TIERWELT · SÄUGETIERE · SÜDAMERIKA, TIERWELT · TIERE · WILDSCHWEINE · WÜSTEN · WÜSTEN, TIERWELT

KAMPFSPORT

DIE KAMPFSPORTARTEN entwickelten sich in verschiedenen Kulturen. Judo, Karate, Kung-Fu, Taekwondo und Aikido entstanden in Asien und waren ursprünglich eine Lebensweise mit enger Verbindung zur Religion. Erst seit den 50er Jahren verbreiteten sich die östlichen Kampfsportarten auch im Westen. Westliche Kampfsportarten sind Boxen, Ringen und Fechten, deren Ursprünge bis in die Antike reichen. In Asien gibt es entsprechende Sportarten – Kickboxen, Sumo und Kendo.

Der Judoanzug oder Judogi besteht aus weiter Jacke und Baumwollhose.

Griffe werden an der Jacke angesetzt.

Rot
Schwarz
Braun
Blau
Grün
Orange
Gelb

Judo

Judo bedeutet „der sanfte Weg". Die Judoka versuchen, Gewicht und Stärke des Gegners gegen ihn selbst zu wenden. Es gibt über 40 anerkannte Würfe, um den Gegner auf den Rücken zu legen. Am Boden versucht jeder den Gegner mit dem Rücken auf der Matte zu halten. Bei Turnieren vergibt ein Schiedsrichter Punkte für Würfe und Griffe.

Mit dem Arm dämpft man die Wirkungen eines Wurfes.

Die Schulter wird durch eine Grifftechnik am Boden gehalten.

Hüftwurf

Punktwertung
Ein perfekter Wurf oder ein Haltegriff am Boden während 30 Sekunden zählt ein Ippon und damit 10 Punkte. Der Kampf ist dann entschieden. Fast vollkommene Würfe und kürzeres Festhalten am Boden zählen einen Waza-Ari oder 7 Punkte. Mit 2 Waza-Ari für einen Gegner ist der Kampf aus.

Gürtel
Die Farbe des Gürtels um die Hüfte zeigt den Grad des Könnens an. Man unterscheidet die Schülergrade oder Kyu und die höheren Meistergrade oder Dan. Die Meister tragen schwarze oder rote Gürtel.

Fechten

Beim Fechten zählt man die Treffer. Sie sind unterschiedlich, je nach Waffe: Oberkörper mit den Armen beim Säbel, Rumpf beim Florett und gesamter Körper beim Degen. Ein Gefecht oder Gang dauert so lange, bis ein Kämpfer die vereinbarte Anzahl von Treffern erzielt hat oder die Kampfzeit beendet ist.

Treffer

Waffen
Säbel und Florett wiegen nicht über 500 g, der Degen nicht über 770 g. Degen und Florett haben eine 90 cm lange Klinge und müssen das Ziel mit der Spitze treffen. Beim Säbel mit seiner 88 cm langen Klinge dürfen Stöße und Hiebe eingesetzt werden.

Florett
Degen
Säbel

Metallisierte Weste

Fechthandschuh
Maske

Fechtausrüstung
Die Fechter tragen einen festen Handschuh und eine Fechtmaske als Gesichtsschutz. Beim Florett- und Degenfechten werden die Treffer elektrisch angezeigt. Deswegen ziehen die Kämpfer ein Kabel hinter sich her.

Boxen

Die Boxer kämpfen in einem viereckigen, von Seilen abgegrenzten Ring. Amateurboxer tragen 3 Runden zu je 3 Minuten aus. Profikämpfe können bis zu 15 Runden gehen. Der Kampf endet durch Knock-out (K.o.), durch Abbruch oder Wertung nach Punkten.

Kopfschutz für Amateure
Boxhandschuhe
Hohe Stiefel

Muhammad Ali

Muhammad Ali (geb. 1942) ist der wohl bekannteste Boxer. Als Erster gewann er dreimal die Weltmeisterschaft im Schwergewicht. Als Cassius Clay holte er sich 1960 olympisches Gold, wurde dann Berufsboxer und gewann den ersten Weltmeistertitel 1964 gegen Sonny Liston durch K.o. Als er sich den Black Muslims anschloss, änderte er den Namen in Muhammad Ali.

Weitere Kampfsportarten

Viele weitere östliche Kampfsportarten stammen wie das Judo aus Japan, darunter Karate, Sumo und Kendo.

Karate
Beim Karate (wörtlich: „leere Hände") setzt man die Gliedmaßen für Schläge, Stöße und Stiche ein.

Sumo Dieser Sport hat seine Wurzeln im japanischen Schintoismus. Die Kämpfer versuchen sich gegenseitig aus dem Ring zu drängen.

Kendo Das Kendo geht auf die Kriegskunst der Samurai zurück. Man kämpft mit Bambusstöcken.

| SIEHE AUCH UNTER | GRIECHEN | JAPAN, GESCHICHTE | OLYMPISCHE SPIELE | RELIGIONEN | WAFFEN |

KANADA

ALS ZWEITGRÖSSTES LAND der Erde nimmt Kanada den nördlichen Teil Nordamerikas ein. Das Land besteht aus 10 Provinzen und 3 Territorien unter Bundesverwaltung. Kanada grenzt im Westen an Alaska und den Pazifik, im Osten an den Atlantik. Wegen der strengen Winter im nördlichen Landesdrittel, das größtenteils innerhalb des Polarkreises liegt, leben dort nur wenige Menschen. 80 % aller Kanadier wohnen in einem 320 km langen Streifen längs der amerikanischen Grenze. Kanada hat riesige Wälder, reichlich Bodenschätze und viel fruchtbares Ackerland.

KANADA: DATEN	
HAUPTSTADT	Ottawa
FLÄCHE	9 958 319 km²
EINWOHNER	31 600 000
SPRACHE	Englisch, Französisch, Chinesisch, Indianer-Sprachen, Eskimoisch
RELIGION	Christentum
WÄHRUNG	Kanadischer Dollar
LEBENSERWARTUNG	79 Jahre
EINWOHNER PRO ARZT	440
REGIERUNG	Mehrparteiendemokratie
ANALPHABETEN	Unter 5 %

45 °C / 21 °C / -63 °C / -11 °C
871 mm

Landnutzung
Siedlungen 0,5 %; Feuchtgebiete 2 %; Weideland 1 %; Wald 59 %; Tundra 27 %; Ödland 5,5 %; Ackerland 5 %

Ottawa
Kanadas Hauptstadt am Südufer des Ottawa-Flusses hat knapp über 1 Mio. Einwohner. Die Stadt hat breite Straßen mit vielen Parks. Der Rideau Canal gehört zu einem Komplex von Seen und Kanälen, die Ottawa mit dem Ontariosee verbinden. Er friert im Winter zu und wird dann zur längsten Eisbahn der Welt.

Eislaufen auf einem Kanal

Geografie
Mit seinen vielen Seen und Flüssen hat Kanada ein Drittel aller Süßwasserreserven der Erde. Im Norden liegen Tundra, im Süden Prärien, im Westen die Rocky Mountains.

Klima
Der größte Teil Kanadas hat kontinentales Klima mit langen kalten Wintern und heißen, feuchten Sommern. Die Küstengebiete sind milder, besonders die Westküste am Pazifik. Im Norden findet man Gletscher und Inlandeis.

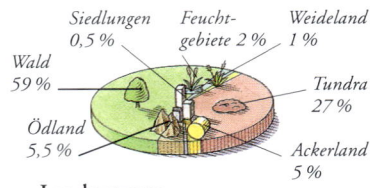

Rocky Mountains
Im Westen Kanadas liegen die schneebedeckten Rocky Mountains, die sich südwärts bis in die USA erstrecken. Der höchste Berg Kanadas ist der Logan mit 5 959 m.

Landnutzung
In den weiten Prärien Kanadas baut man Weizen an. Die ausgedehnte Holzindustrie nutzt die Wälder. Nur 5 % der Fläche dienen dem Ackerbau.

KANADA

Bevölkerung
Die meisten Kanadier haben europäische Vorfahren, vor allem aus Großbritannien, Frankreich, Deutschland, Irland und Italien. In Kanada leben auch viele Menschen, die aus der Ukraine, aus Indien oder China kommen. Die indianischen Ureinwohner machen nur 3 % aus.

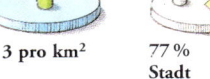

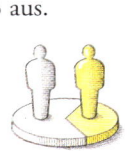

3 pro km²
77 % Stadt 23 % Land

Inuit
Die Inuit oder Eskimo zählen zu den einheimischen Völkern. Rund 27 000 Inuit leben in Nordkanada, ein Viertel davon auf Baffin Island am Polarkreis. Sie sprechen eine eigene Sprache, das Inuktitut. Die Inuit bilden enge Gemeinschaften und sind berühmte Kunsthandwerker.

Freizeit
Viele Kanadier treiben Sport im Freien. Im Sommer segeln sie gern, fahren auf Flößen oder in Kanus. Die wichtigsten Zuschauersportarten sind Eishockey, Baseball und Football.

Wintersport
Da in Kanada viel Schnee liegt, sind Skilaufen und Snowboarden sehr beliebt. Überall wird Eishockey gespielt, auf zugefrorenen Seen ebenso wie in großen Stadien. In Calgary fanden 1988 die Olympischen Winterspiele statt.

Eishockeyschläger
Scheibenförmiger Puck aus Hartgummi

Calgary Stampede
Die Calgary Stampede ist eine der größten Rodeoveranstaltungen. Jedes Jahr kommen 1 Mio. Zuschauer. Das Fest findet an 10 Tagen im Juli statt. Die Leute kleiden sich wie Cowboys, reiten auf wilden Pferden und Stieren und versuchen Kälber mit dem Lasso einzufangen.

Landwirtschaft
5 % des Landes stehen unter Ackerbau. Kanada exportiert Weizen, Hafer, Mais und Gerste. Wichtig sind auch Holzprodukte und Fische. Auf den Weiden im Südosten grasen Rinder und Schweine. Nur 3 % aller Arbeitnehmer sind in der Landwirtschaft beschäftigt.

Apfel
Cranberrys 

Niagara Fruit Belt
Das Land zwischen dem Ontario- und dem Eriesee heißt auf englisch „Niagara Fruit Belt", weil dort Früchte besonders gut wachsen, z. B. Kirschen und Pfirsiche. Aus British Columbia kommen Äpfel und Cranberrys. Im Osten liefern bestimmte Ahornarten, deren Blätter das nationale Emblem Kanadas darstellen, den süßen Ahornsirup.

Ahornblätter

Weizen
Die wichtigste Getreideart Kanadas ist der Weizen. Er wächst vor allem in den östlichen Prärien um Saskatchewan. Ungefähr die Hälfte der über 20 Mio. Tonnen Weizen pro Jahr wird exportiert.

Transport
Der 8 000 km lange Trans-Canada-Highway verbindet die Ostküste mit der Westküste. Der St.-Lorenz-Kanal verbindet die östlichen Provinzen mit dem Meer. Kanada hat auch gute Eisenbahn- und Flugverbindungen.

St.-Lorenz-Kanal
Dieser künstliche Kanal wurde 1959 eröffnet und verbindet die Großen Seen mit dem St.-Lorenz-Strom und dem Atlantik. Er ist über 725 km lang und gestattet es Seeschiffen, mit Hilfe von Schleusen ins Inland zu gelangen.

Schneepflüge
In den langen, kalten Wintern fällt viel Schnee und Eis. Autoreisen sind in dieser Zeit beschwerlich und gefährlich. Die Schneepflüge räumen die Straßen Tag und Nacht. Die meisten kanadischen Straßen sind so breit, dass auf der rechten Fahrbahnseite Platz ist für die Schneehaufen.

Industrie
In der Industrie arbeiten 22 % der Beschäftigten. Das Zentrum der kanadischen Industrie liegt am Westende des Ontariosees. Die Region wird als „Goldenes Hufeisen" bezeichnet. Kanada stellt Nahrungsmittel, Autos, Maschinen, Stahl, chemische Produkte und forstwirtschaftliche Erzeugnisse her.

Nickelerz  
Zinkerz

Bergbau
Bodenschätze spielten beim Wachstum der kanadischen Wirtschaft eine Schlüsselrolle. Das Land ist der weltgrößte Produzent von Asbest und Uran. Bei Nickel und Zink steht Kanada an 2. Stelle.

Forstwirtschaft
Durch seinen Waldreichtum haben Holz und -produkte eine große wirtschaftliche Bedeutung für Kanada. Sie liefern etwa 16 % des Exports. 80 % des Waldbestandes sind Nadelhölzer, wie Fichten, Douglasien und Zedern. Die holzproduzierenden Provinzen sind British Columbia, Quebec und Ontario.

Quebec
Die Stadt Quebec bildet das Herz des französischsprachigen Teils Kanadas. Das Zentrum der Stadt mit vielen Gebäuden aus dem 17. Jh. wurde 1985 zum Weltkulturerbe erklärt. In der Provinz Quebec leben über 7 Mio. Menschen. Über drei Viertel davon stammen ursprünglich aus Frankreich. Sie sprechen Französisch und halten die französische Kultur hoch. Quebec hat mehrfach Versuche unternommen, von Kanada unabhängig zu werden.

Château Frontenac, Altstadt von Quebec

SIEHE AUCH UNTER FISCHFANG · HÄFEN UND KANÄLE · INDIANER · KANADA, GESCHICHTE · LANDWIRTSCHAFT · SEEN · TUNDRA · WÄLDER · WINTERSPORT

KANADA, GESCHICHTE

LANGE ZEIT LEBTEN in Kanada nur Indianer und Inuit. Sie waren die Nachkommen der ersten Menschen, die dieses Gebiet in der Eiszeit besiedelten. Die meisten einheimischen Völker waren Jäger und Sammler. 1497 erreichten Europäer die Ostküste, doch dauerhafte Siedlungen entstanden erst im frühen 17. Jh. Franzosen und Briten kämpften im 18. Jh. um die Kontrolle über das ganze Land. Die Briten siegten, doch bis heute konnte sich in Quebec eine große französische Gemeinschaft erhalten.

Die ersten Kanadier
Die ersten Bewohner Kanadas waren Stämme aus Nordasien, die auf einer Landbrücke zwischen Sibirien und Nordamerika herüberkamen und sich dann südwärts wandten. Dies geschah in mehreren Wellen vor über 20 000 Jahren. Die Inuit kamen als letzte und blieben in den polaren Gebieten, während die übrigen indianischen Völker sich auf die Ebenen und Küstengebiete ausdehnten. Jedes Volk entwickelte seine eigene Kultur. Die Völker der Nordwestküste stellten z. B. ihre Ahnen und Familiengeister auf Totempfählen dar.

Jacques Cartier
Franz I., König von Frankreich, beauftragte den Seefahrer Jacques Cartier (1491–1557), eine Nordwestpassage um Nordamerika herum nach China zu finden. Dieser segelte 1534 in den St.-Lorenz-Golf und entdeckte ein Jahr später den gleichnamigen Strom. Unterwegs machte er Halt in zwei indianischen Dörfern: Stadacona (heute Quebec) und Hochelaga (Montreal). Später siedelten sich französische Einwanderer am St.-Lorenz-Strom an.

Pelzhandel
Europäische Siedler wurden von der Aussicht nach Kanada gelockt, mit dem Pelzhandel ein Vermögen verdienen zu können. Die englische Hudson's Bay Company, gegründet 1670, und andere Handelsgesellschaften errichteten befestigte Plätze, um dort mit den Indianern Tauschhandel zu treiben. Quebec (gegründet 1608) und Montreal (1642) wurden wichtige Zentren des Pelzhandels.

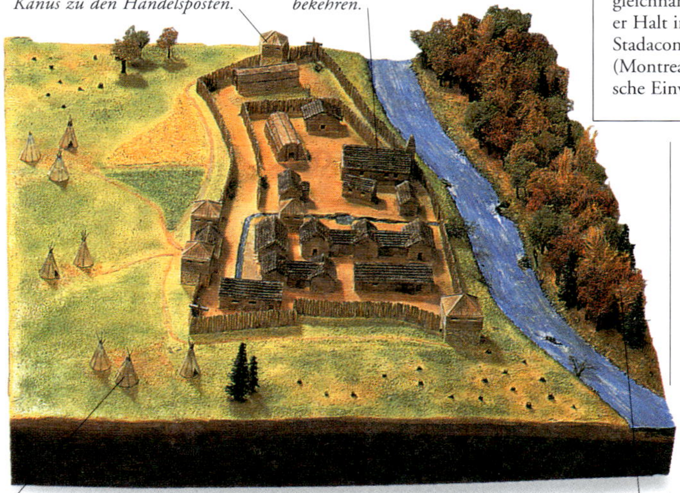

Die Händler reisen in Kanus zu den Handelsposten.

Missionare bauten Kirchen und wollten die Indianer bekehren.

Tipis aus langen Holzstangen, mit Birkenrinde oder Fellen bedeckt

Handelsposten

Häuser und Palisaden wurden aus dem Holz der Wälder gebaut.

Einnahme von Quebec
Im Jahr 1759 griffen britische Streitkräfte unter General James Wolfe Quebec an, die Hauptstadt der französischen Kolonie. Wolfe erschien mit einer Flottille von 168 Schiffen und 30 000 Männern im St.-Lorenz-Golf und nahm die Stadt ein. Dabei fiel er wie auch der französische Kommandant. Französisch-Nordamerika gelangte dabei in den Besitz der Briten.

Wolfes Flottille erreicht Quebec

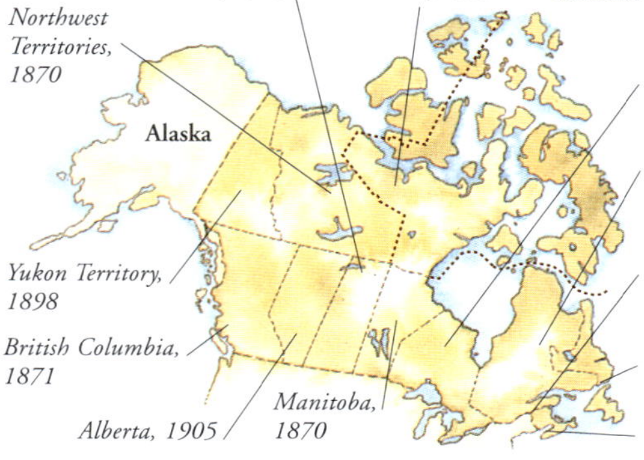

Kanadische Provinzen
- Saskatchewan, 1905
- Nunavut, 1999
- Northwest Territories, 1870
- Ontario, 1867
- Alaska
- Quebec, 1867
- New Brunswick, 1867
- Yukon Territory, 1898
- Neufundland 1949
- British Columbia, 1871
- Nova Scotia, 1867
- Alberta, 1905
- Manitoba, 1870

Unabhängigkeit
1867 wurde Kanada ein unabhängiges Dominion im britischen Weltreich und bestand zunächst nur aus Teilen Ontarios und Quebecs sowie 2 Provinzen an der Atlantikküste. Später schlossen sich andere Provinzen an. 1999 wurde das Nunavut-Territorium für die Inuit gegründet.

Einwanderung
Ende des 19. Jh. wuchs Kanadas Wirtschaft stark. Der Bau einer transkontinentalen Eisenbahnverbindung 1885 verbesserte den Transport. So wurde Kanada für europäische Auswanderer attraktiv. Zwischen 1891 und 1914 kamen über 3 Mio. Menschen nach Kanada auf der Suche nach Arbeit und einem neuen Leben. Kanadas Regierung forderte die Europäer zur Auswanderung auf und versprach ihnen Gesundheit und Wohlstand.

Plakat der kanadischen Regierung

Chronologie
1497 Der italienische Seefahrer John Cabot beansprucht Neufundland für Großbritannien.

1534–35 Jacques Cartier erforscht den St.-Lorenz-Golf für Frankreich und entdeckt dabei den St.-Lorenz-Strom.

1605 Franzosen gründen die erste Kolonie in Port Royal, Nova Scotia.

1754 Krieg zwischen England und Frankreich. Frankreich muss Quebec den Briten überlassen.

1846 Im Vertrag von Oregon wird die heutige Grenze zu den USA festgelegt.

1949 Kanada ist Gründungsmitglied der NATO.

1968 Gründung einer Partei für die Unabhängigkeit Quebecs

1976 Französisch wird Amtssprache in Quebec.

1989 Unterzeichnung einer neuen Verfassung für Kanada

Kanadische Flagge

Quebec
Kanada erkannte sowohl Englisch wie Französisch als Amtssprache an. In den 60er Jahren wollten viele französischsprachige Quebecer die Unabhängigkeit ihrer Provinz. Quebec erhielt 1982 den Status einer „besonderen Gesellschaft". Abstimmungen zur Unabhängigkeit 1980 und 1995 gingen jedoch negativ aus.

SIEHE AUCH UNTER ENTDECKUNGEN · FRANKREICH, GESCHICHTE · GROSSBRITANNIEN, GESCHICHTE · INDIANER · NORDAMERIKA, GESCHICHTE · VEREINIGTE STAATEN VON AMERIKA, GESCHICHTE

KARIBIK

IM KARIBISCHEN MEER, das östlich von Mexiko und Zentralamerika liegt und ein Teilmeer des Atlantiks bildet, liegen hunderte von Inseln. Man bezeichnet sie insgesamt als Westindien. Der Name Karibik stammt von den früheren Ureinwohnern vor der Ankunft der Spanier 1492, den Kariben. Die meisten Inselbewohner heute sind Nachkommen afrikanischer Sklaven, die vom 16. bis 19. Jh. in die Plantagen verschleppt wurden. Die Inseln haben ein tropisches Klima, türkisfarbenes Wasser und schöne Strände. Die Tourismusindustrie boomt. Trotzdem sind viele Menschen arm und leben nur von der Landwirtschaft.

Vulkanische Inseln
Viele Inseln in der Karibik bestehen aus vulkanischem Gestein. Sie entstanden vor vielen Jahrmillionen aus dem Meer. Der 798 m hohe Gros Piton und der Petit Piton (750 m) von St. Lucia sind Reste alter Vulkane, die sich vom Meeresboden erheben. Sie liegen in der Nähe der Stadt Soufrière. In der Karibik gibt es noch einige aktive Vulkane, etwa La Soufrière (1 219 m) auf St. Vincent.

Geografie
Lange Sandstrände, tropische Temperaturen und schöne Naturhäfen machen den Ruf der Karibik aus. Die meisten Inseln sind bewaldet und gebirgig. Einige entstanden durch Vulkane, andere werden von Korallenriffen gebildet. Das Gebiet wird häufig von Hurrikanen, Erdbeben und Vulkanausbrüchen heimgesucht.

Koralleninseln
Die warmen tropischen Gewässer bieten ideale Bedingungen für das Wachstum von Korallen. Einige der vulkanischen Inseln in der Karibik, etwa Barbados und die Caymaninseln, sind von Korallenriffen gesäumt, die zugleich die Wellen brechen. Die 700 Inseln der Bahamas bestehen ganz aus Korallen. Man erkennt sie gut von der Brücke, die Nassau mit Paradise Island verbindet.

Hurrikane
Jedes Jahr ziehen von Mai bis Oktober mächtige tropische Wirbelstürme, die Hurrikane, durch die Karibik und verursachen große Schäden. Kleine Gewitterstürme entwickeln sich allmählich zu einem gewaltigen Sturmsystem, das einen Durchmesser von vielen hundert Kilometern erreicht. Winde mit bis zu 360 km/h Geschwindigkeit und sintflutartige Regenfälle halten bis zu 18 Stunden an.

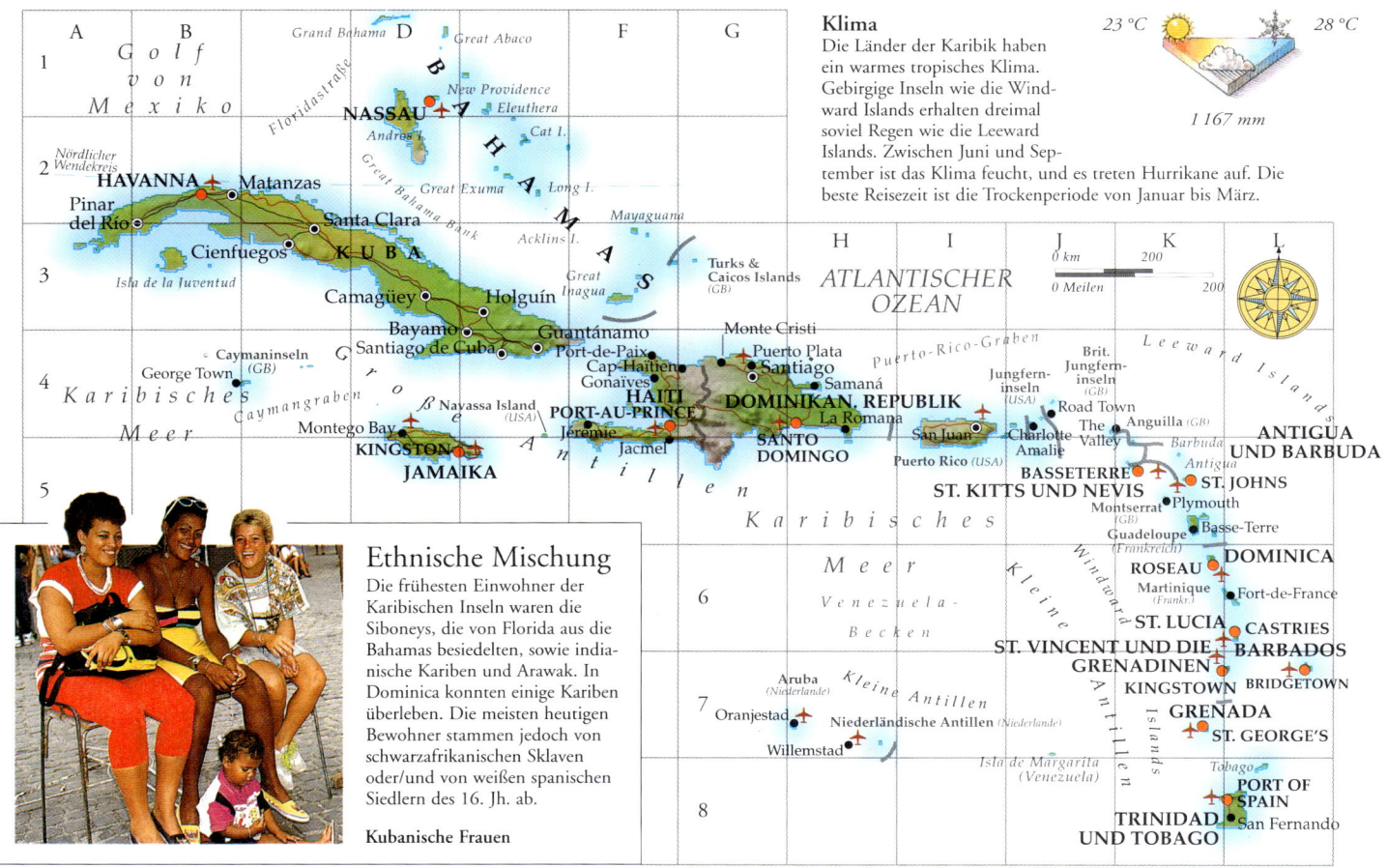

Klima
Die Länder der Karibik haben ein warmes tropisches Klima. Gebirgige Inseln wie die Windward Islands erhalten dreimal soviel Regen wie die Leeward Islands. Zwischen Juni und September ist das Klima feucht, und es treten Hurrikane auf. Die beste Reisezeit ist die Trockenperiode von Januar bis März.

23 °C   28 °C
1 167 mm

Ethnische Mischung
Die frühesten Einwohner der Karibischen Inseln waren die Siboneys, die von Florida aus die Bahamas besiedelten, sowie indianische Kariben und Arawak. In Dominica konnten einige Kariben überleben. Die meisten heutigen Bewohner stammen jedoch von schwarzafrikanischen Sklaven oder/und von weißen spanischen Siedlern des 16. Jh. ab.

Kubanische Frauen

KARIBIK

Kuba

Kuba ist die größte Insel in der Karibik. Zwischen 3 großen Gebirgen liegen fruchtbare Tiefebenen. Dort baut man Zucker, Reis, Tabak und Kaffee an. Der Bergbau liefert Chrom und Nickelerze. Kuba war einst spanische Kolonie und ist seit 1959 kommunistisch. Die USA haben seit langem ein Handelsembargo über Kuba verhängt, das der Wirtschaft sehr schadet.

Zucker gewinnt man aus dem Mark des Zuckerrohrs.

Zucker
Zuckerrohr ist Kubas wichtigste Kulturpflanze. Man baut es in der Gegend um Havanna an und verarbeitet es in städtischen Fabriken. Kuba ist heute mit über 3,4 Mio. Tonnen nur noch der zehntgrößte Zuckerproduzent. Früher wurde Zucker vor allem nach Russland und in den Iran ausgeführt. Im Tausch erhielt Kuba Erdöl.

Kommunismus
Kuba ist der einzige kommunistische Staat der Karibik. Staatschef ist Fidel Castro (geb. 1927), der schon die Revolution von 1959 anführte. Mit Hilfe der Sowjetunion machte Kuba wirtschaftliche Fortschritte, doch seit dem Zusammenbruch des Kommunismus 1991 ist der Lebensstandard in Kuba stark zurückgegangen. Die USA betrachten Kuba als Feind.

Havanna
Kubas Hauptstadt liegt in einem natürlichen Hafen und ist auch der größte Umschlagplatz. Havanna wurde 1515 von den Spaniern gegründet, woran die Altstadt noch erinnert. In Havanna gibt es zwar keine Slums, doch die Hälfte der 2,5 Mio. Einwohner lebt unter sehr schlechten Wohnverhältnissen.

Zigarren
Die fruchtbaren Böden und das warme Klima in Kuba sind ideal für den Anbau hochwertiger Tabaksorten. Havannazigarren sind weltberühmt. Sie werden aus mindestens 5 verschiedenen Tabakarten hergestellt und noch heute von Hand gerollt.

KUBA: DATEN
- **HAUPTSTADT** Havanna (La Habana)
- **FLÄCHE** 110 860 km^2
- **EINWOHNER** 11 400 000
- **SPRACHE** Spanisch
- **RELIGION** Christentum
- **WÄHRUNG** Kubanischer Peso

Bahamas

Die Bahamas liegen nordöstlich von Kuba und erstrecken sich 965 km weit südwärts. Von den 700 Koralleninseln sind nur 30 bewohnt. Die Einwohner sind meist Schwarze und Mulatten. Die Bahamas sind wegen vorteilhafter Steuergesetze ein Finanzzentrum, und der Tourismus blüht, in dem über die Hälfte der Beschäftigten arbeiten.

Feste
Musik und Tanz spielen überall in der Karibik eine große Rolle, ganz besonders aber beim Junkanoo Festival auf den Bahamas. Es wird jedes Jahr mit Tanz auf der Straße, Musik und bunten Umzügen in wilden Kostümen gefeiert. Das Fest hat seine Wurzeln in den Festtagen um Weihnachten, an denen die Sklaven arbeitsfrei hatten, sowie in den Feiern für einen Sklavenführer namens John Canoe.

BAHAMAS: DATEN
- **HAUPTSTADT** Nassau
- **FLÄCHE** 13 939 km^2
- **EINWOHNER** 304 000
- **SPRACHE** Englisch
- **RELIGION** Christentum
- **WÄHRUNG** Bahama-Dollar
- **ANALPHABETEN** Unter 5 %

Jamaika

Die drittgrößte Insel der Karibik ist voller Quellen, Flüsse, Wasserfälle und kilometerlanger weißer Sandstrände. Einige wenige reiche Familien beherrschen die Insel. Die Slumgebiete um Kingston befinden sich in der Hand gewalttätiger Banden. Viele Jamaikaner sind Rastafari, religiöse Anhänger des früheren Kaisers von Äthiopien. Jamaika ist verhältnismäßig reich an tropischen Früchten. Über 1,5 Mio. Touristen besuchen jährlich die Karibikinsel. Das beliebteste Spiel ist Kricket.

Reggae
Die Rastafaribewegung wurde vor allem durch den Reggae bekannt. Diese Musik entstand in den 60er Jahren als Ableger des Rhythm and Blues. In seinen Songs plädierte Bob Marley (1945–81) für politische Veränderungen. Den Geburtstag dieses berühmtesten aller Reggaemusiker feiern alle Jamaikaner.

Frauen
Die karibische Frauenrechtsbewegung begann in Jamaika. Auf der Insel nehmen viele Frauen im wirtschaftlichen und politischen Leben Schlüsselstellungen ein. Immer mehr ziehen es vor, ihre Kinder allein zu erziehen. Frauen überwiegen auch in der schnell wachsenden Datenverarbeitungsindustrie, weil sie für niedrigere Löhne arbeiten als Männer.

Okra (Lady's Fingers)

Brotfrucht

Taro

Früchte und Gemüse
In Jamaika wachsen viele verschiedene Obst- und Gemüsesorten. Vom Stärkelieferanten Taro werden die Wurzeln und die Blätter gegessen. Es gibt über 1 000 Tarosorten. Die Okra oder Lady's Fingers sind mit ihren sechseckigen Kapseln ein beliebtes Gemüse auch als Eintopf. Die Brotfrucht mit ihrem weichen Fruchtfleisch wird gebacken oder gegrillt verzehrt.

Bauxit
Jamaika ist der viertgrößte Bauxitproduzent der Erde. Aus diesem Erz wird Aluminium gewonnen. Raffinerien stellen daraus zunächst Aluminiumoxid oder Tonerde her. Dieses Ausgangsprodukt zur Verhüttung ist zehnmal so wertvoll wie Bauxit. Mit Tonerde erwirtschaftet Jamaika über 50 % seiner Exporterlöse.

JAMAIKA: DATEN
- **HAUPTSTADT** Kingston
- **FLÄCHE** 10 991 km^2
- **EINWOHNER** 2 650 000
- **SPRACHE** Englisch
- **RELIGION** Christentum, Rastafari
- **WÄHRUNG** Jamaika-Dollar

Haiti

Haiti nimmt das westliche Drittel der Insel Hispaniola ein und stellt eines der gebirgigsten Länder in der Karibik dar. Es ist auch das ärmste. Ungefähr 95 % der Menschen stammen von schwarzen Sklaven ab. Das Land ist überbevölkert, leidet unter Entwaldung, Bodenerosion, Versteppung und einer turbulenten politischen Geschichte.

Wodu
Im Wodukult mischen sich christliche und westafrikanische religiöse Vorstellungen, und viele Feste finden an christlichen Feiertagen statt. Trommeln, Tanz und Gesang spielen eine große Rolle. Woduanhänger glauben, durch Geisterverehrung könnten sie mit der Natur und ihren Ahnen in Harmonie leben.

Woduanhänger an Allerheiligen

HAITI: DATEN
- HAUPTSTADT Port-au-Prince
- FLÄCHE 27 750 km²
- EINWOHNER 6 970 000
- SPRACHE Französisch, Kreolisch
- RELIGION Christentum, Wodu
- WÄHRUNG Gourde

Port-au-Prince
Die Geschäftigkeit lockt viele Menschen in die Hauptstadt von Haiti, Port-au-Prince. Die Stadt hat zwei Kathedralen, eine Universität und viele Regierungsgebäude. Im Norden des Zentrums findet man aber auch die schlimmsten Slums in der ganzen Karibik. Sie sind überbevölkert, und es gibt dort kein fließendes Wasser.

Puerto Rico
Ungefähr 1 600 km südöstlich von Miami liegt die fast 9 000 km² große Insel Puerto Rico. Sie bildet einen Freistaat innerhalb der USA. Auf Puerto Rico leben fast 4 Mio. Menschen afrikanischer und spanischer Herkunft, davon die Hälfte in der weiteren Umgebung der Hauptstadt San Juan.

Balkone aus der Kolonialzeit von San Juan

Dominikanische Republik

Die Dominikanische Republik liegt fast 1 000 km südöstlich von Florida. Sie erstreckt sich über zwei Drittel der Insel Hispaniola. Hier befindet sich nicht nur der höchste Berg in der Karibik, der Pico Duarte (3 175 m), sondern auch der tiefste Punkt, der Enriquillosee, der 46 m unter dem Meeresspiegel liegt. Im Bergbau gewinnt man Nickel, Bauxit und Gold. Das Land ist wegen seiner Strände und der schönen Natur ein beliebtes Touristenziel.

Landwirtschaft
Ungefähr 15 % der Arbeitnehmer sind in der Landwirtschaft beschäftigt, deren Zentrum im Norden und Osten des Landes und im San-Juan-Tal liegt. Die wichtigsten Pflanzen sind Zuckerrohr, Bananen und Tabak. Der größte Teil wird in die USA exportiert.

Tabakblätter hängt man zum Trocknen auf und verarbeitet sie dann zu Zigaretten und zu Zigarren.

DOMINIKANISCHE REPUBLIK: DATEN
- HAUPTSTADT Santo Domingo
- FLÄCHE 48 422 km²
- EINWOHNER 8 686 000
- SPRACHE Spanisch
- RELIGION Christentum
- WÄHRUNG Dominikanischer Peso

Bevölkerung
Die Dominikanische Republik hat einen höheren Lebensstandard als das benachbarte Haiti und eine gute Gesundheitsfürsorge. Die Mulatten haben einen Anteil von etwa 73 % an der Bevölkerung. Die schwarze Minderheit arbeitet meist in der Landwirtschaft.

Tourismus
Die Dominikanische Republik ist das wichtigste Touristenziel in der Karibik. Jedes Jahr kommen über 2,5 Mio. Touristen. Die Einnahmen daraus sind fast doppelt so hoch wie die gesamten Exporterlöse. Der Tourismus schafft viele Arbeitsplätze.

St. Kitts und Nevis

Die Inseln St. Kitts (St. Christopher) und Nevis liegen im nördlichen Teil der Leeward Islands. Beide sind gebirgig und ihre idyllischen Palmenstrände locken viele Touristen an. Die meisten Einwohner sind Schwarzafrikaner; fast alle arbeiten in der Landwirtschaft oder im Tourismus.

ST. KITTS UND NEVIS: DATEN
- HAUPTSTADT Basseterre
- FLÄCHE 262 km²
- EINWOHNER 41 000
- SPRACHE Englisch
- RELIGION Christentum
- WÄHRUNG Ostkaribischer Dollar
- ANALPHABETEN 10 %

Zuckerrohr
Die Hauptpflanze auf St. Kitts ist Zuckerrohr. Zuckerprodukte machen 36 % der Exporte aus. Probleme entstehen jedoch durch schwankende Weltmarktpreise und Hurrikanschäden.

Antigua und Barbuda

Zu den beiden Inseln Antigua und Barbuda kommt noch eine winzige unbewohnte Felseninsel. Die blauen Lagunen und die Korallenriffe um Antigua beherbergen eine reiche Tierwelt. Das Land exportiert nur Erdölprodukte. Kreuzfahrttouristen kommen gern hierher.

ANTIGUA UND BARBUDA: DATEN
- HAUPTSTADT St. John's
- FLÄCHE 442 km²
- EINWOHNER 69 000
- SPRACHE Englisch, Kreolisch
- RELIGION Christentum
- WÄHRUNG Ostkaribischer Dollar

Jachtsport
Die Hauptstadt St. John's veranstaltet jedes Jahr eine Segelwoche, die Touristen, vor allem reiche Jachtbesitzer, anlockt. Luxussegler laufen den Nelson's Dockyard aus dem 18. Jh. an.

Dominica

Dominica ist die größte und die gebirgigste der Windward Islands und damit eine der landschaftlich schönsten. Die Tierwelt in den Regenwäldern ist noch ungestört. Hauptexportprodukte sind Bananen und Kokosnüsse. Erfolgreich ist die Zucht von Garnelen.

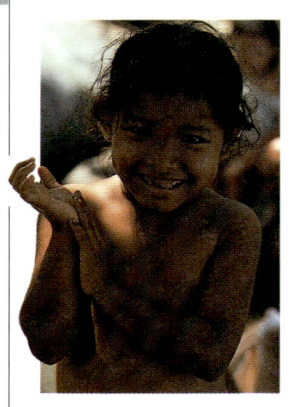

DOMINICA: DATEN

HAUPTSTADT Roseau
FLÄCHE 751 km²
EINWOHNER 75 000
SPRACHE Englisch, Kreolisch
RELIGION Christentum
WÄHRUNG Ostkaribischer Dollar

Karibenreservation
Um 1900 zwangen die Briten die Kariben in eine Reservation. Heute leben in dem Gebiet an der Ostküste über 2 000 Kariben. Sie sind Nachkommen der frühen Ureinwohner. Die Kariben halten an ihrem traditionellen Lebensstil fest, doch ihre ursprüngliche Sprache ist ausgestorben. Die Reservation ist eine Attraktion für Touristen, denen die Kariben Taschen aus Bananenblättern und Gräsern verkaufen.

St. Lucia

Die Insel St. Lucia hat klares Wasser, sandige Strände und überwältigende vulkanische Berge. Die Bewohner leben meist vom Tourismus und der Landwirtschaft. Wichtige Nutzpflanzen sind Bananen und Kokospalmen.

ST. LUCIA: DATEN

HAUPTSTADT Castries
FLÄCHE 616 km²
EINWOHNER 158 000
SPRACHE Englisch, Kreolisch
RELIGION Christentum
WÄHRUNG Ostkaribischer Dollar
ANALPHABETEN 33 %

Tourismus
Regenwälder, heiße Quellen und die beiden Bergspitzen der Pitons sind Hauptanziehungspunkte dieser Insel, die von etwa 400 000 Touristen im Jahr besucht wird.

Barbados

Barbados besteht aus einer einzigen Insel, die 160 km weiter östlich von der Inselkette der Kleinen Antillen liegt. Der britische Einfluss ist hier noch stark zu spüren. Die Einwohner von Barbados heißen Barbadier. Sie haben einen der höchsten Lebensstandards in der Karibik.

BARBADOS: DATEN

HAUPTSTADT Bridgetown
FLÄCHE 430 km²
EINWOHNER 275 000
SPRACHE Englisch
RELIGION Christentum
WÄHRUNG Barbados-Dollar
ANALPHABETEN Unter 5 %

Tourismus
Barbados hat eine sehr gut entwickelte und lukrative Tourismusindustrie. Jedes Jahr besuchen ungefähr 1 Mio. Touristen die Insel.

St. Vincent und die Grenadinen

Die ruhige Insel St. Vincent ist vulkanischen Ursprungs und deswegen fruchtbar. Die weiteren 100 Inselchen der Grenadinen hingegen sind flache Korallenriffe. Es gibt hier exklusive Touristenhotels; die Gewässer sind bei den Seglern beliebt.

ST. VINCENT UND DIE GRENADINEN: DATEN

HAUPTSTADT Kingstown
FLÄCHE 389 km²
EINWOHNER 115 000
SPRACHE Englisch, Kreolisch
RELIGION Christentum
WÄHRUNG Ostkaribischer Dollar

Pfeilwurz
St. Vincent ist der größte Produzent von Pfeilwurzmehl. Diese reine Stärke gewinnt man aus den Wurzelstöcken der Pfeilwurz. Sie dient als Verdickungsmittel. Heute veredelt man damit auch Computerpapier. Pfeilwurz ist nach Bananen das zweitwichtigste Exportgut.

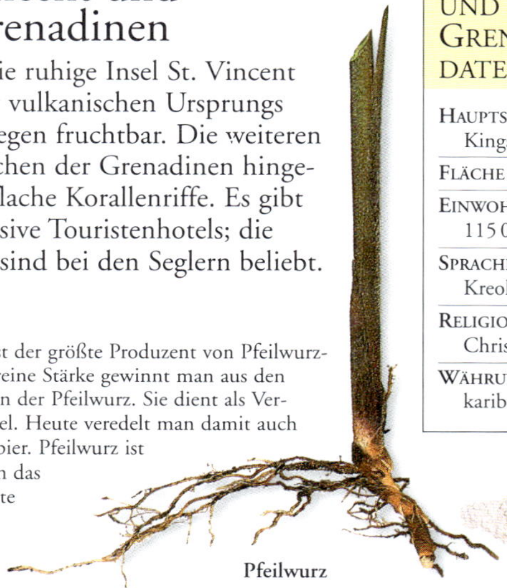

Pfeilwurz   Pfeilwurzstärke

Grenada

Die südlichste der Windward Islands hat eine zerklüftete Küste. Sie ist im Innern gebirgig und stark bewaldet. Die Wirtschaft der früheren britischen Kolonie beruht auf Tourismus, Bananen, Kakao und Gewürzen. Die Bewohner sind Schwarze oder Mischlinge.

GRENADA: DATEN

HAUPTSTADT St. George's
FLÄCHE 345 km²
EINWOHNER 100 000
SPRACHE Englisch, Kreolisch
RELIGION Christentum
WÄHRUNG Ostkaribischer Dollar

Muskatnuss   Ingwer   Zimt

Gewürze
Grenada wird auch „Gewürzinsel" genannt. Hier wachsen zwei Drittel der Muskatnussproduktion der Welt. Grenada beherrscht zusammen mit Indonesien den Markt. Dazu kommen große Mengen an Gewürznelken, Zimt, Ingwer, Lorbeer, Safran und Pfeffer.

Trinidad und Tobago

Die niedrige Insel Trinidad und die kleinere Insel Tobago liegen direkt vor der Küste Venezuelas. Die Inseln haben eine lebhafte kosmopolitische Kultur. Hier leben Menschen aus allen fünf Erdteilen. Auf beiden Inseln gibt es fruchtbaren Boden und schöne Strände.

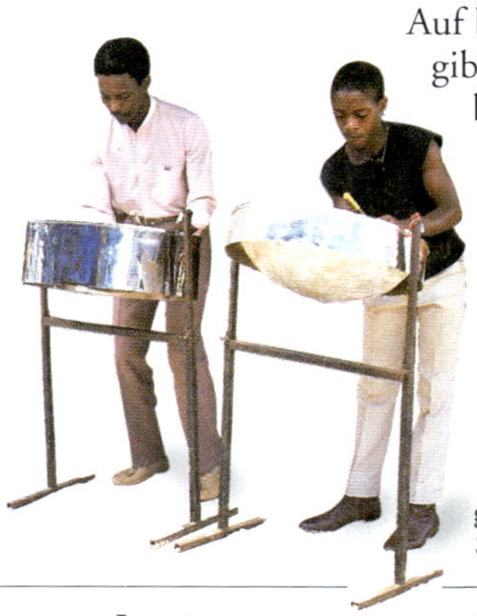

TRINIDAD UND TOBAGO: DATEN

HAUPTSTADT Port of Spain
FLÄCHE 5128 km²
EINWOHNER 1 300 000
SPRACHE Englisch, Hindi, Kreolisch
RELIGION Christentum, Hinduismus, Islam
WÄHRUNG Trinidad-und-Tobago-Dollar

Steelbands
Trinidad und Tobago sind die Heimat der Steelbands, des Calypso und des Limbo. Die ersten Trommeln dieser Steelbands waren leere Ölfässer. Heute sind die Trommeln reich verziert und so gestimmt, dass man darauf Melodien spielen kann. Sie bilden den Hintergrund für die Calypsosongs.

SIEHE AUCH UNTER CHRISTENTUM · FESTE UND FEIERN · INSELN · KARIBIK, GESCHICHTE · LANDWIRTSCHAFT · MUSIK · RELIGIONEN · SKLAVEREI · VULKANE

KARIBIK, GESCHICHTE

JAHRHUNDERTELANG LEBTEN auf den Karibischen Inseln nur die Kariben und die Arawak. Das Leben dieser eingeborenen Völker veränderte sich, als ab 1492 die Europäer kamen. Innerhalb von 100 Jahren wurden sie von den neuen europäischen Herren ausgerottet. Diese brachten auch tausende afrikanischer Sklaven in die Karibik und ließen sie auf den Zuckerrohrplantagen arbeiten. Diese Wirtschaftsform, die auf dem Zucker beruhte, ging erst im späten 19. Jh. zu Ende.

Ureinwohner
Die Kariben waren gute Seefahrer, die in hölzernen Kanus weite Entfernungen zurücklegten. Die Arawak waren geschickte Handwerker. Sie stellten Körbe und Möbel her.

Sitzmöbel aus Holz von den Bahamas im Stil der Arawak

Eroberung durch die Spanier
Die Ankunft des Seefahrers Christoph Kolumbus 1492, der in den Diensten der Spanier stand, wandelte die gesamte Region um. Innerhalb weniger Jahre besetzten spanische Soldaten fast jede Insel und siedelten sich dort an. Die Eindringlinge töteten fast alle Kariben. Bald segelten Konvois von Galeonen, beladen mit Gold und anderen Schätzen, von Mittel- und Südamerika zurück nach Spanien.

Das Schiff des Kolumbus, die Santa Maria

Europäische Besiedlung
Im 16. Jh. überfielen englische, französische und niederländische Piraten mit inoffizieller Unterstützung durch ihre Regierungen spanische Schiffe. Sie eroberten auch viele kleinere Inseln. Siedler aus Europa trafen ein, und bis 1750 waren die meisten Inseln unter englischer, französischer oder niederländischer Kontrolle.

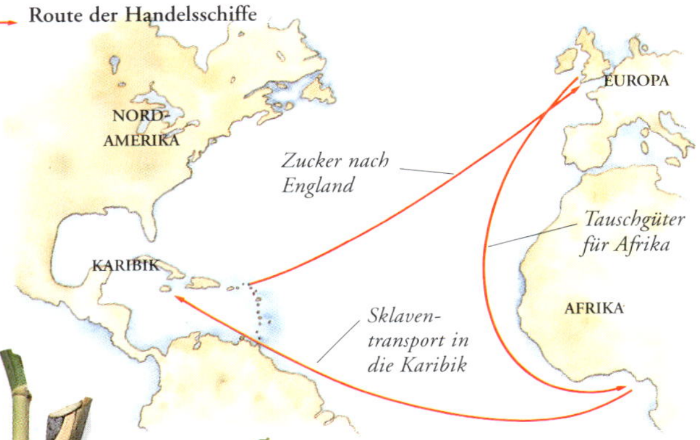

Route der Handelsschiffe
Zucker nach England
Tauschgüter für Afrika
Sklaventransport in die Karibik
NORDAMERIKA — EUROPA — KARIBIK — AFRIKA

Plantagen
Die Europäer richteten Plantagen ein, um den Bedarf nach Zucker und Tabak in Europa zu befriedigen. Schwarze Sklaven mussten die Arbeit machen.

Zuckerrohr  — *Tabak*

Sklavenhandel
Den größten Teil des Sklavenhandels kontrollierten englische Schiffe. Sie fuhren nach Westafrika und tauschten dort Sklaven ein. Sie wurden über den Atlantik transportiert. Dann fuhren die Schiffe nach England zurück, voll beladen mit Zucker, Tabak und anderen Produkten.

Toussaint L'Ouverture
Der ehemalige Sklave Toussaint L'Ouverture (1743–1803) führte ab 1790 einen Sklavenaufstand im französisch regierten Haiti an. Er rief die Republik aus. Die Franzosen schafften ihn nach Frankreich, wo er starb.

Rastafari
Viele Jamaikaner sind Rastafari. Sie glauben, der frühere Kaiser von Äthiopien, Ras Tafari oder Haile Selassie, sei der neue Messias, der eines Tages sein Volk zurück nach Afrika führen werde.

Spanisch-amerikanischer Krieg
1895 erhoben sich die Kubaner gegen ihre spanischen Herrscher; ein Aufstand war zuvor missglückt. 1898 erklärten die USA Spanien den Krieg und befreiten Kuba.

Auswanderung
Nach dem 2. Weltkrieg verließen viele Menschen die Karibik auf der Suche nach Arbeit und besseren Lebensbedingungen. 1948 fuhr die *Empire Windrush* mit 492 Auswanderern aus Kingston, Jamaika, nach London. In den darauf folgenden 20 Jahren wanderten tausende von Inselbewohnern nach Großbritannien aus.

Fidel Castro
Im Jahr 1959 wurde Fidel Castro (geb. 1927) Staatschef von Kuba und führte viele soziale Reformen ein. Die US-Regierung versuchte ihn 1961 zu stürzen, und Castro wandte sich an die Sowjetunion um Hilfe. Als diese 1962 Atomraketen nach Kuba brachten, drohte ein dritter Weltkrieg.

Chronologie

14. Jh. Die Kariben vertreiben die Arawak von den Inseln der Ostkaribik.

1492 Christoph Kolumbus landet auf den Bahamas.

16. Jh. Die Spanier übernehmen die Herrschaft über die Karibik.

18. Jh. Franzosen, Briten, Niederländer und Dänen erobern viele Inseln.

1804 Haiti erhält als erste Karibikinsel die Unabhängigkeit von europäischer Fremdherrschaft.

1898–1902 In Kuba herrschen die USA.

1933 Fulgencio Batista erlangt in Kuba die Macht.

1948 Die *Empire Windrush* bringt die ersten Auswanderer nach Großbritannien.

Fang eines Sklaven

1959 Revolution in Kuba: Diktator Batista wird gestürzt, Fidel Castro übernimmt die Macht.

1962 Die Kubakrise bringt die USA und die Sowjetunion an den Rand eines Atomkrieges.

1962 Jamaika erhält als erste karibische Kolonie der Engländer die Unabhängigkeit.

1962–83 Die meisten britischen Inseln werden unabhängig. Die französischen und niederländischen Inseln bleiben an Europa gebunden.

1983 Die USA marschieren in Grenada ein.

Flagge von Jamaika

1994 Die USA greifen in Haiti ein, um dort nach jahrelanger Diktatur die Demokratie zu festigen.

SIEHE AUCH UNTER ENTDECKUNGEN · FRANKREICH, GESCHICHTE · KOLUMBUS, CHRISTOPH · OSTAFRIKA · POLITIK UND MACHT · SKLAVEREI · SPANIEN, GESCHICHTE · WELTREICHE

KARL DER GROSSE

AM WEIHNACHTSTAG DES JAHRES 800 wurde in Rom einer der bedeutendsten Kaiser der Weltgeschichte gekrönt. Es war der Karolinger Karl, der später den Beinamen „der Große" erhielt. Karl war König der Franken und herrschte nach dem Untergang Roms über ein gewaltiges Reich. Europa erlebte unter Karl dem Großen eine Zeit des Friedens und der Einheit wie 400 Jahre lang nicht mehr. Der Kaiser hielt sein Reich mit großer Härte zusammen und unterwarf viele Stämme.

Jugendjahre
Karl wurde 747 vemutlich in Aachen als ältester Sohn des fränkischen Hausmeiers Pippin des Kleinen geboren. Er regierte seit 768 mit seinem Bruder Karlmann das Frankenreich und wurde nach dessen Tod 771 Alleinherrscher. Sowohl Franzosen wie Deutsche sehen in ihm ihren ersten König.

Karolingisches Reich
Karls Frankenreich dehnte sich immer mehr aus. Um das riesige Reich zu verwalten, setzte Karl Grafen und Bischöfe ein, die sowohl die Herrschaft wie das Christentum in ihren Bezirken sicherten. Mittelpunkt der Verwaltung war die königliche Kanzlei. Er erließ eine neue umfangreiche Gesetzgebung und führte mit Hilfe der Klöster ein Schulwesen für alle Stände ein.

Ausdehnung des Reiches
Das Reich Karls des Großen erstreckte sich bei seinem Tod 814 von Hamburg im Norden bis Rom im Süden, vom Atlantik im Westen bis zur Donau im Osten. Er eroberte das Langobardenreich, besiegte die Awaren, unterwarf Bayern sowie die Sachsen, die er zum Christentum zwang.

Reich Karls des Großen
- Fränkische Lande 714
- Angeschlossene Gebiete
- Reichsgrenzen

Marken
Um sein Reich gegen äußere Feinde zu schützen, ließ Karl der Große an den Grenzen Marken errichten: im Südwesten gegen das islamische Spanien, im Osten gegen die Ungarn und germanische Völker. Die Marken waren Befestigungen, in denen Ritter lebten, die ständig die Grenzen überwachten.

Karl der Große ließ die Grenzen seines Reiches von Rittern bewachen.

Zweischneidige Klinge

Lanzenschuh für den Schaft

Karolingische Lanzenspitze

Ein neuer römischer Kaiser
Im 8. Jh. war die Oberhoheit des Papstes über die Christenheit durch die Langobarden gefährdet. 774 rief Papst Hadrian Karl den Großen zur Hilfe. Karl siegte und machte sich zum langobardischen König. Nachdem Karl 799 Papst Leo III. half, krönte ihn dieser zum römischen Kaiser.

Münzbildnis Karls

Die Krönung
Karl der Große kam im Jahr 800 nach Rom und wurde vom Papst überraschend zum römischen Kaiser gekrönt. Damit gab es nach dem Untergang Roms wieder ein einheitliches Römisches Reich.

Dunkles Zeitalter
Die Zeit nach dem Untergang des Römischen Reiches nannten Historiker früher das dunkle Zeitalter. Wir wissen heute, dass es tatsächlich eine Zeit des Fortschritts in den Wissenschaften war, die unter Karl dem Großen ihre Blüte erlebten.

Aachen
Karl hatte in Aachen nach römischen und byzantinischen Vorbildern eine prächtige Kaiserpfalz errichten lassen, wo er residierte: Die Keimzelle des Aachener Doms war die achteckige Pfalzkapelle, Theoderichs Kirche in Ravenna ähnlich.

Wissenschaft
Karl der Große, der nur mit Mühe seinen Namen schreiben konnte, versammelte an seinem Hof die bedeutendsten Wissenschaftler. Er selbst rettete das klassische Latein vor dem Verfall und bemühte sich um die Verbreitung einer deutschen Sprache.

KARL DER GROSSE

747	Geboren in Aachen(?)
768	Mit seinem Bruder Karlmann Herrscher des Frankenreichs
771	Alleinherrscher
772	Beginn der Kriege gegen die heidnischen Sachsen
773	Unterwerfung der Langobarden in Norditalien
778	Unterwerfung Bayerns
795	Errichtung der spanischen Marken gegen den Islam
800	Kaiserkrönung in Rom durch Papst Leo III.
814	Gestorben und begraben in Aachen

SIEHE AUCH UNTER DEUTSCHLAND, GESCHICHTE • FEUDALISMUS • FRANKREICH, GESCHICHTE • HEILIGES RÖMISCHES REICH • RITTER UND WAPPEN • RÖMISCHES REICH • SCHRIFT • SPANIEN, GESCHICHTE

KATZEN

DER ZOOLOGE BEZEICHNET als Katzen verschiedene Raubtiere, vor allem die näheren Verwandten des Tigers und des Löwen. Aus der Nubischen Falbkatze, einer Verwandten unserer Wildkatze, sind vor etwa 4000 Jahren die Hauskatzen entstanden. Damals wie heute leisten sie dem Menschen Gesellschaft und fangen Mäuse. Mit ihren scharfen Augen, Ohren und Nasen sind sie bestens an die nächtliche Jagd angepasst.

Kätzchen
Katzen bringen 4–5 Kätzchen auf die Welt. Die Jungen sind außerordentlich verspielt und entwickeln im Spiel ihre Fähigkeiten, die sie als erwachsene Tiere brauchen.

Hauskatzen
Es gibt über 100 anerkannte Rassen von Hauskatzen. Man unterscheidet sie nach dem Körperbau und dem Fell. Seit etwa 150 Jahren werden Katzen nach besonderem Aussehen gezüchtet.

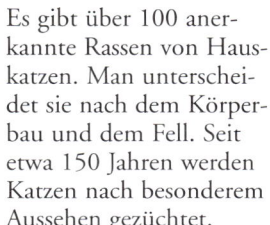

Weiß · Lila · Rot · Blau · Kakaofarben

Siamkatze · Britisch Kurzhaar · Persisch Langhaar · Devon Rex

Fell
Die Rassen werden in Kurzhaar- und Langhaarkatzen unterteilt. Häufige Fellfarben sind graublau, schwarz, braun, weiß, rot sowie Mischungen dieser Farben, etwa silber und lila.

Kopfform
Die Kopfform zeigt große Unterschiede: gedrungen und rund bei Britisch Kurzhaar bis keilförmig bei der Siamkatze. Perserkatzen haben eine eingedrückte Nase. Bei der schottischen Hängeohrkatze sind die Ohren nach vorne umgeklappt.

Beim Spiel lernt die Katze alle Jagdtechniken, z. B. das Anschleichen.

Lockere Haut gibt Bewegungsfreiheit.

Bewegliche Wirbelsäule zum Drehen des Körpers

Körperpflege
Katzen sind sehr reinliche Tiere und verbringen pro Tag mindestens eine Stunde mit der Körperpflege. Dabei verwenden sie ihre Zunge als „Kamm". Sie hat auf der Oberfläche dornförmige Papillen. Durch Lecken werden die Haare des Fells gekämmt und sauber gehalten.

Papillen

1 Wenn die Katze ausrutscht, teilt ihr das Gleichgewichtsorgan im Ohr die Körperlage mit.

2 Die Katze dreht ihren Kopf zuerst, damit sie sehen kann, wohin sie fällt und wo sie landet.

3 Dann dreht die Katze den restlichen Körper. Sie landet schließlich auf allen vieren.

Gleichgewicht
Mit dem langen, biegsamen Schwanz steuert die Katze ihr Gleichgewicht. Sie landet fast immer auf den Füßen, auch wenn sie aus großer Höhe fällt. Katzen haben sehr schnelle Reflexe und können ihren Körper in Bruchteilen von Sekunden drehen.

Hinterbeine nach vorne gestreckt

Sinnesorgane
Katzen können im Dämmerlicht sehr gut sehen und Entfernungen vorzüglich abschätzen. Mit den Ohren nehmen sie Geräusche wahr, die wir nicht mehr hören. Die Schnurrhaare reagieren empfindlich auf Berührung. Die Katzen finden sich damit in der Dunkelheit zurecht. Mit ihrer Hilfe überprüfen sie, ob sie durch eine enge Stelle hindurchkommen.

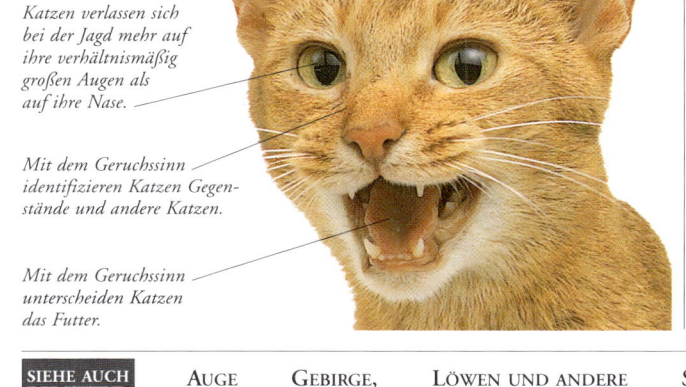

Tunnelförmige Ohrmuscheln zum Einfangen des Schalls

Die biegsamen Ohren werden nach der Schallquelle ausgerichtet.

Katzen verlassen sich bei der Jagd mehr auf ihre verhältnismäßig großen Augen als auf ihre Nase.

Mit dem Geruchssinn identifizieren Katzen Gegenstände und andere Katzen.

Mit dem Geruchssinn unterscheiden Katzen das Futter.

4 Die Katze streckt die Vorderbeine aus, um den Aufprall zu mildern.

Krallen
Katzen verwenden ihre Krallen bei der Jagd, bei der Selbstverteidigung und beim Klettern. Beim Gehen werden die Krallen in eine häutige Scheide zurückgezogen. Deswegen hört man Katzen im Unterschied zu den Hunden nicht gehen.

Wechsel der Pupillen
Die Pupillen der Katze vergrößern sich bei Dunkelheit, um möglichst viel Licht einzulassen. Eine Zellschicht im Augenhintergrund, das Tapetum, reflektiert das Licht ins Auge. Das Tapetum leuchtet in der Nacht auf.

Schmale Pupillen am Tag

Weite Pupillen nachts

| SIEHE AUCH UNTER | AUGE | GEBIRGE, TIERWELT | LÖWEN UND ANDERE GROSSKATZEN | SÄUGETIERE | TIERVERHALTEN |

Katzenrassen

Langhaarkatzen

Türkische Katze Sie hat ein kalkweißes Fell. — *Langes, seidiges Fell*

Persisch Langhaar Ihr Schwanz ist kurz und buschig. — *Flaches, rundes Gesicht*

Birmakatze Sie kommt in vielen Farbschlägen vor. — *M-förmige Zeichnung*

Somalikatze in sorrelfarbener Version

Ragdoll Sie ist aus der Siamkatze entstanden. — *Abgesetzte Pfoten*

Angorakatze Sie heißt nach der türkischen Stadt Ankara. — *Haarbüschel an den Ohren*

Balinesische Katze Sie hat lange, seidige Schwanzhaare.

Javanese Zimtfarbene Variante; elegant und geschmeidig.

Somalikatze in wildfarbener Version — *Lange struppige Haare*

Maine Coon Diese amerikanische Rasse wird bis zu bis 15 kg schwer.

Perser Colourpoint Die Körperenden sind dunkel.

Kurzhaarkatzen

Amerikanisch Drahthaar Sie entstand durch eine Mutation. — *Das struppige Haar fühlt sich wie Lammwolle an.*

Burmese Sie hat ein glänzendes, sehr weiches Fell.

Schottische Hängeohrkatze Sie entstand erst 1961. — *Ohren nach vorne und unten geknickt*

Exotisch Kurzhaar Die Rasse entstand in USA. — *Massiver, runder Kopf mit dickem Hals*

Manx-Katze Echte Manx-Katzen haben keinen Schwanz. — *Dicke Unterwolle mit längerem Deckhaar*

Amerikanisch Kurzhaar Sie hat ein dichtes Fell. — *Auseinander stehende Ohren mit runden Enden*

Koratkatze Sie hat ein silberblaues Fell. — *Muskulöser Körper*

Japanische Stummelschwanzkatze, eine alte Rasse — *10 cm langer, starrer Schwanz*

Ägyptische Mau Ihr Fell ist deutlich getupft. — *Aalstrich*

Siamkatze Sie hat ein eckiges Gesicht und große Ohren. — *Fell dunkelt im Alter nach.*

Europäisch Kurzhaar Ihr Fell ist deutlich getupft.

Britisch Kurzhaar Cremefarben mit dunkleren Extremitäten — *Kleine abgerundete Ohren, runder Kopf*

Orientalisch Kurzhaar Die schlanke Rasse mit glänzendem Fell entstand aus der Siamkatze.

Britisch Kurzhaar Von dieser kräftigen Rasse gibt es unzählige Farbschläge.

Cornish Rex Das Fell dieser Rex-Katze zeigt eine enge Musterung. — *Flacher Schädel und große Ohren*

Chartreux Diese alte französische Rasse zeigt immer dieselbe Farbe.

Tonkinese Sie entstand in den USA als Kreuzung aus Siam- und Burmakatze.

Abessinierkatze Sie stammt vielleicht direkt von altägyptischen Katzen ab. — *Ohren oft mit Haarbüscheln*

Russisch Blau Sie hat ein dichtes, weiches und seidiges Fell. — *Fell mit silbrigem Glanz*

Havanna Diese schokoladenbraune Katze entstand aus der Siamkatze.

KAUKASISCHE REPUBLIKEN

DIE LÄNDER Georgien, Armenien und Aserbaidschan liegen zwischen dem Schwarzen Meer im Westen und dem Kaspischen Meer im Osten und umfassen das Gebirge des Großen und des Kleinen Kaukasus. Gelegentlich spricht man auch noch von Transkaukasien. Die 3 Länder gehörten früher zur Sowjetunion. Sie gewannen ihre Unabhängigkeit im Jahr 1991. Seit dem Ende des Kommunismus traten die bestehenden Spannungen unter den verschiedenen Völkern im Kaukasus in kriegerischen Auseinandersetzungen offen zu Tage.

Geografie

Ein großer Teil des Gebietes ist gebirgig und stark zerklüftet. In Armenien gibt es ausgedehnte halbwüstenartige Hochebenen. Der längste Fluss ist mit 1 364 km der Kura. Er fließt von Zentralgeorgien durch die Ebenen Aserbaidschans ins Kaspische Meer. Westgeorgien, das an das Schwarze Meer grenzt, ist sehr feucht und grün. Das ganze Gebiet leidet unter Erdbeben.

26 °C   0 °C
375 mm

Klima
Die Schwarzmeerküste Georgiens ist warm und feucht, während Armenien ein trockenes Klima mit langen, kalten Wintern hat. In den Ebenen Aserbaidschans sind die Sommer lang und heiß und die Winter kühl. Natürlich werden mit zunehmender Meereshöhe die Winter immer kälter.

Ebenen vor dem Ararat
Ein großer Teil Armeniens besteht aus einer ausgedehnten halbwüstenartigen Hochebene. Im Südwesten fließt der Aras, der die Grenze zur Türkei bildet und den größten Teil Armeniens entwässert. In diesem fruchtbaren und geschützten Gebiet wird viel Obst, Gemüse und Wein angebaut.

Sewansee
Einst war der Sewansee für sein sauberes Wasser und die schöne Umgebung berühmt. Heute ist er höchst gefährdet. Bewässerungsprojekte und Wasserkraftwerke, die in den 70er Jahren gebaut wurden, ließen den Wasserspiegel um 16 m sinken.

Großer Kaukasus
Der Große Kaukasus erstreckt sich über rund 1 200 km vom Schwarzen Meer bis zum Kaspischen Meer und trennt dabei Europa von Asien. Man findet dort Lagerstätten von Kupfer, Eisen und Blei. Der Kaukasus schützt die kaukasischen Republiken vor den eisigen Winden, die von Russland südwärts wehen. Der höchste Berg ist der Elbrus (5 633 m) direkt an der russischen Grenze.

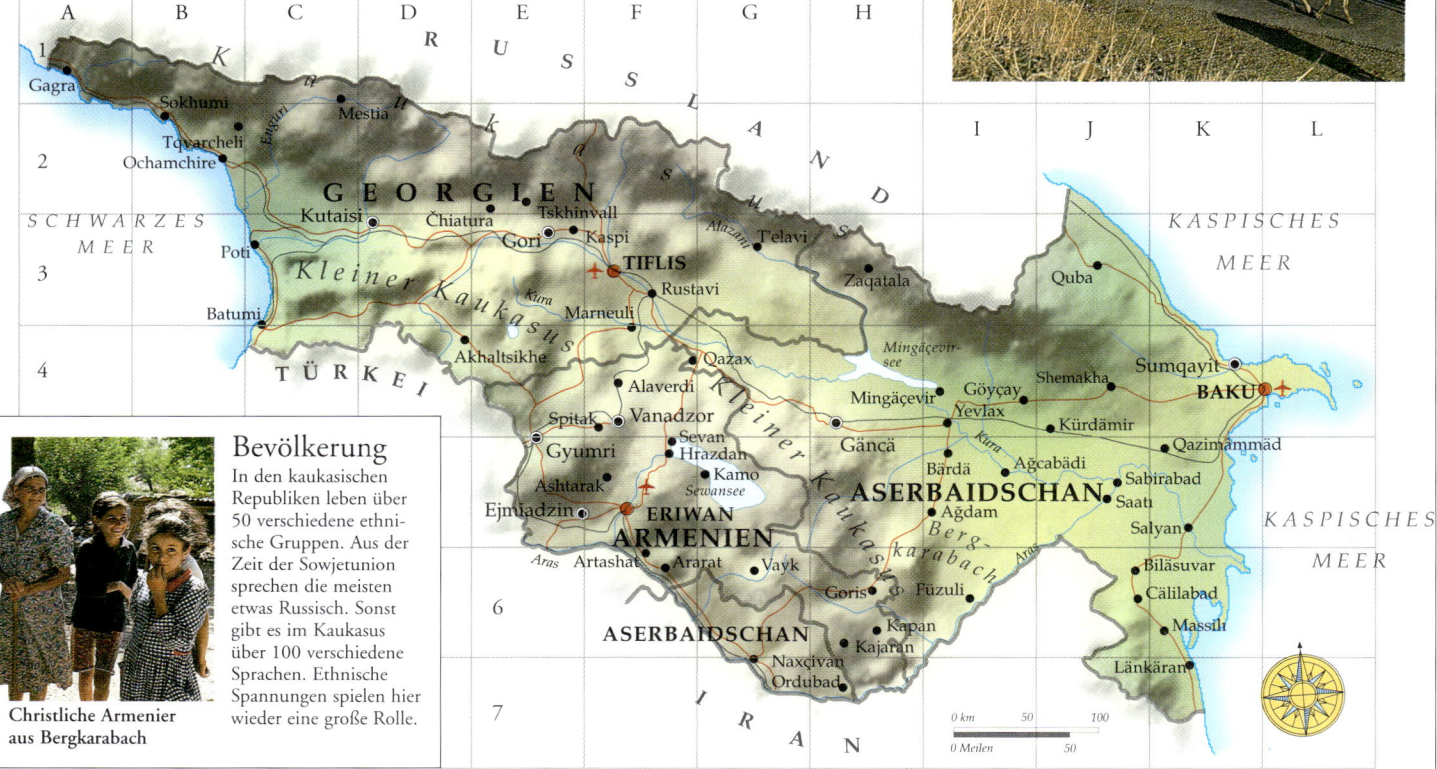

Bevölkerung
In den kaukasischen Republiken leben über 50 verschiedene ethnische Gruppen. Aus der Zeit der Sowjetunion sprechen die meisten etwas Russisch. Sonst gibt es im Kaukasus über 100 verschiedene Sprachen. Ethnische Spannungen spielen hier wieder eine große Rolle.

Christliche Armenier aus Bergkarabach

KAUKASISCHE REPUBLIKEN

Georgien

Georgien ist die westlichste der 3 Republiken. Ungefähr 70 % der Bevölkerung sind Georgier; sie gehören zur georgisch-orthodoxen Kirche. Die Wirtschaft hat unter den bürgerkriegsähnlichen Konflikten mit Abchasien, Adscharien und Südossetien sehr gelitten. Diese Gebiete streben nach Unabhängigkeit. Der Tourismus am Schwarzen Meer ist dadurch stark zurückgegangen.

Wollfäden verstärken das Muster.

Textilien
Georgien produziert schöne Seidentextilien. Überall gedeihen Maulbeerbäume, die das Futter für Seidenraupen liefern. Viele georgische Frauen tragen hell gemusterte Kopftücher aus Baumwolle.

GEORGIEN: DATEN
HAUPTSTADT	Tiflis (Tbilissi)
FLÄCHE	69 700 km²
EINWOHNER	5 500 000
SPRACHE	Georgisch, Russisch
RELIGION	Christentum
WÄHRUNG	Lari

Bevölkerung
In keinem Land soll es mehr 100-jährige geben als in Georgien. Offensichtlich tragen dazu gesunde Ernährung, saubere Umwelt und regelmäßige Arbeit bei – neben einer genetischen Veranlagung für hohes Alter. Dass einzelne Menschen bis zu 120 Jahre alt werden, ist bisher jedoch nicht bewiesen.

Tiflis
Georgiens Hauptstadt Tiflis oder Tbilisi liegt seit dem 5. Jh. am Ufer des Kura. Die multikulturelle Stadt hat 1 500 000 Einwohner. Hier lebt vor allem eine armenische Minderheit. In Tiflis sind viele Religionen vertreten.

Tee und Wein
Über 90 % des angebauten Tees, insgesamt 250 000 Tonnen, werden nach Russland verkauft. Georgien hat große Weingebiete und produziert berühmte Rotweine, die ebenfalls nach Russland gehen.

Armenien

Armenien ist die kleinste der kaukasischen Republiken. Das Land ist auf dem Straßen- und Schienenweg nur über Georgien oder Türkei zu erreichen. Die Bevölkerung besteht überwiegend aus Armeniern, die eine eigene Sprache sprechen. Das Land exportiert Obst, Branntwein aus Trauben, Kupfer und Edelsteine.

ARMENIEN: DATEN
HAUPTSTADT	Eriwan (Jerevan)
FLÄCHE	29 800 km²
EINWOHNER	3 800 000
SPRACHE	Armenisch, Russisch
RELIGION	Christentum
WÄHRUNG	Dram

Aserbaidschan

Aserbaidschan, die größte der Kaukasusrepubliken, verfügt über viel Acker- und Weideland. Etwa die Hälfte der Felder wird bewässert. Über vier Fünftel der Einwohner sind Moslems, die übrigen christliche Armenier und Russen. Nachitschewan ist seit 1924 eine Exklave in armenischem Gebiet.

ASERBAIDSCHAN: DATEN
HAUPTSTADT	Baku
FLÄCHE	86 600 km²
EINWOHNER	8 050 000
SPRACHE	Aserbaidschanisch (Aseri)
RELIGION	Islam
WÄHRUNG	Aserbaidschanischer Manat

Paprika und Zwiebeln zwischen Fleischstücken

Spieß zum Drehen des Fleisches

Landesküche
Hauptnahrung ist Lammfleisch, etwa als Kebab mit Gemüse oder als Schaschlik am Spieß. Die Armenier verwenden Mandeln und Pinienkerne. Spezialitäten sind Käse und Desserts.

Erdölindustrie
An der Küste des Kaspischen Meeres gewinnt man Erdöl und Erdgas. Pipelines verbinden Baku, das Zentrum der Ölindustrie, mit Iran, Russland, Kasachstan und Turkmenistan. Aserbaidschan produziert auch Chemikalien und Ausrüstung zum Bohren von Erdöl.

Eriwan
Die Hauptstadt Eriwan oder Jerevan hat rund 1,3 Mio. Einwohner. Sie ist das kulturelle und industrielle Zentrum des Landes. Auf den lebhaften Märkten werden auch bunt gemusterte Teppiche aus Wolle und Seide verkauft.

Territorialer Konflikt
Um die Enklave Bergkarabach im südlichen Aserbaidschan wird seit 1988 gekämpft. Die meisten Bewohner sind christliche Armenier, und Armenien beansprucht dieses Gebiet und hat es teilweise besetzt. 1994 wurde ein Waffenstillstand ausgehandelt.

Landwirtschaft
In der Landwirtschaft, vor allem im Tal des Aras, sind 40 % der Arbeitskräfte beschäftigt. Die Armenier bauen Getreide, Trauben, Früchte, Baumwolle und Tabak an und halten Schafe und Rinder.

Soldaten bei der Parade, Karabach

Einwohner
Die Aserbaidschaner sitzen gerne beisammen und trinken dabei heißen, süßen Tee aus kleinen Gläsern. Wie die Georgier sind sie berühmt für ihr hohes Alter. Es ist nichts Ungewöhnliches, dass 80-jährige noch voll in der Landwirtschaft arbeiten.

SIEHE AUCH UNTER | ASIEN, GESCHICHTE | CHRISTENTUM | ERDÖL | GEBIRGE | HANDEL UND INDUSTRIE | ISLAM | SOWJETUNION | TEXTILIEN

KELTEN

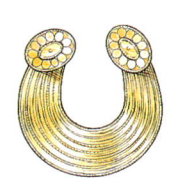

SIE WAREN STOLZE KRIEGER und hervorragende Metallbearbeiter, doch niemand weiß genau, woher die Kelten kamen. Die ersten Stämme lebten in Mitteleuropa in Hügelburgen. Um 400 v. Chr. waren sie auch auf den Britischen Inseln, in Spanien, Italien und Frankreich ansässig, und sie stießen sogar bis Kleinasien vor. Die einzigartige Kunst der Kelten verbreitete sich wie ihre Mythologie und Religion über die Handelswege in viele Länder. Ein großes Reich haben sie nie errichtet. Etwa um 50 v. Chr. wurden die Kelten von den Römern und Germanen in die Randgebiete Europas abgedrängt. Bis heute hat die keltische Kultur und Sprache in Schottland, Wales, Irland und Nordfrankreich überlebt.

Die Welt der Kelten um 200 v. Chr.
Die erste Phase der Keltengesellschaft entstand vermutlich um 1200 bis 750 v. Chr. bei Hallstatt in Österreich. Zwischen 500 und 50 v. Chr. liegt die 2. Phase, die sog. La-Tène-Kultur, am Neuenburger See in der Schweiz.

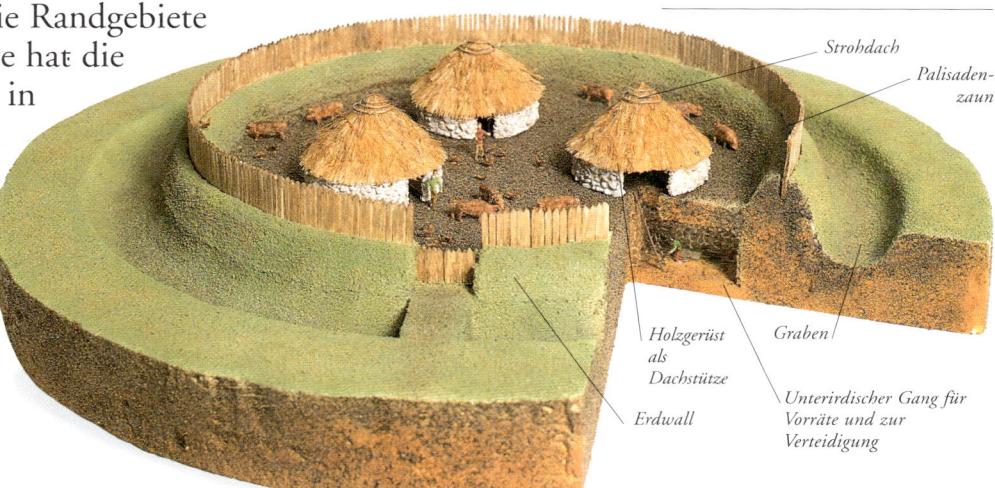

Gesellschaftsordnung

Die keltischen Stämme kannten eine Dreiklassengesellschaft aus Kriegern, Druiden und Bauern. Da der Krieg ein wichtiger Teil ihres Lebens war, bildeten die Krieger die Oberschicht. Die Druiden waren die religiösen Führer und Priester. Sie hatten Gewalt über Leben und Tod. Die Bauern stellten die wirtschaftliche Grundlage des Stammes dar. Sie hielten Vieh und bauten Getreide an. Die Kelten lebten in befestigten Hügelburgen. Obwohl diese für die Verteidigung angelegt waren, fanden hier auch Handel und Götterverehrungen statt; manche waren richtige Städte. Jeder Stamm hatte seinen eigenen König und vermutlich auch eigene Götter.

Keltische Hügelfestung

Keltisches Pferd
Das Pferd spielte bei den kriegerischen Kelten und in ihrer Religion eine große Rolle. Die ersten Kelten verehrten die Pferdegöttin Epona, die später auch bei den römischen Rittern Verehrung genoss. In keltischen Siedlungsgebieten finden sich in den Kalkstein geschnittene Figuren. Einige sehen Pferden ähnlich, wie man sie von keltischen Münzen kennt.

Das Pferd von Uffington, England

Die Druiden

Die Druiden waren für die Kelten heilige Männer. Die früheste Nachricht über Druiden stammt von Julius Caesar. Er berichtete, dass sie auf Waldlichtungen Rituale abhalten und mit goldenen Sicheln die Misteln von den heiligen Eichen schneiden. Die Druiden kannten alle Kräuter. Gelegentlich nahmen sie auch Tier- oder Menschenopfer vor. Die Druiden waren auch Richter. Man musste 20 Jahre lernen, um Druide zu werden.

Eichenlaub

Ritual
Die Druiden hinterließen keine schriftlichen Aufzeichnungen. So bleiben ihre Rituale im Dunkeln. Die Kelten verehrten zahlreiche Götter und besonders Geister von Bäumen, Felsen oder Bergen. Einer der ältesten Götter, Cernunnos, war Herr der Tiere. Er wurde oft mit einem Geweih oder mit horntragenden Tieren wie dem Hirsch dargestellt. Als Fruchtbarkeitsgott erscheint er mit goldenen Schlangen.

Cernunnos wurde oft mit Hirsch dargestellt.
Hornträger sind Symbole für Angriffslust.

Detail aus dem Gundestrup-Kessel

Götterkopf mit 3 Gesichtern

Der Kopfkult
Der menschliche Kopf hatte für die Kelten große Bedeutung, ebenso die Zahl „3". Es war z. B. Brauch, einem Feind den Kopf abzuschlagen und diesen an einem Pferdezaum aufgehängt zur Schau zu stellen. Die Druiden glaubten, die Seele des Menschen säße im Kopf und könnte durch das Ritual beherrscht werden.

Boudicca
Boudicca (gest. 61 v. Chr.) war Königin der Iceni, eines keltischen Stammes in Britannien. Als die Römer 43 v. Chr. die Insel eroberten, schlossen sich die Iceni ihnen an, um einen feindlichen Stamm zu besiegen. Doch die Römer besetzten ihr Land und ließen Boudicca auspeitschen. Sie zettelte nun eine Revolte gegen die Römer an und zerstörte deren Niederlassungen in St. Albans, Colchester und London. Nach dem Sieg der Römer nahm Boudicca Gift, um nicht in Gefangenschaft zu geraten.

KELTEN

Einlage aus rotem Glas
Schildbuckel
Kurvenmuster
Muster mit Zirkel gezogen

Battersea-Schild

Kunst
Die kriegerischen Kelten waren auch begabte Kunsthandwerker. Keltische Metallarbeiten erreichen in den verzierten Waffen, dem Schmuck, den Spiegeln und Gefäßen hohe Qualität. Nachdem sie Christen geworden waren, stellten keltische Mönche in Irland und England reich illustrierte Bücher her. Das Evangelienbuch von Lindisfarne (um 700) weist 45 verschiedene Farben auf – alle von Mineralien oder Pflanzen.

Der Battersea-Schild
Die schönsten Bronzeschilde der Kelten waren zu dünn für den Kampf. Wie der Battersea-Schild, den man 1857 in der Themse fand, wurden sie wohl nur bei Zeremonien getragen.

Schlangenreif
Der griechische Schriftsteller Strabo berichtete, dass die Kelten bunte Kleidung liebten. Sie trugen Schmuck aus Gold und Silber oder aus Elektrum, einer Gold-Silber-Legierung. „Sie tragen Schlangen um den Hals und Reifen an den Armen und Handgelenken" schrieb er weiter. Man fand in keltischen Gräbern viele Schlangenreifen aus Gold, Silber und Bronze.

Schlangenreif aus Elektrum

Bernstein
Golddraht
Email
Tara-Fibel

Die Tara-Fibel
Die Fibel aus Tara stammt aus dem 8. Jh. – der frühen christlichen Epoche im keltischen Irland. Obwohl sie nur einen Durchmesser von 7,5 cm hat, stellt sie ein meisterhaftes Schmuckstück aus Goldfiligran, Email, Bernstein und Silber dar.

Der Eber war den Kelten heilig.

Eber aus Bronze

Skulpturen
In der keltischen Kunst erscheinen oft Vögel und andere Tiere. Manche galten als heilig, etwa Schweine, vor allem der Eber, der oft in keltischen Sagen auftaucht. Der legendäre König Artus ist auch als „Eber von Cornwall" bekannt.

Metallarbeiten
Neben ausgeklügelten Waffen und Werkzeugen aus Eisen fertigten die erfahrenen keltischen Schmiede auch besondere Stücke für Stammesführer an. Sorgfältig gearbeitete und verzierte Gegenstände gingen auch über den Handel nach ganz Europa. In Gallien, dem heutigen Frankreich, verehrten die Schmiede sogar ihren eigenen Gott, Sucellos.

Schwert und Schild
Abstrakte Muster

Bronzeliege eines Stammesfürsten, Deutschland
Wagen mit Pferden *Rad* *Weibliche Figur*

Christianisierung
Während der römischen Besatzung kam das Christentum nach Britannien. Es wurde nur zögernd angenommen. Der heilige Patrick, ein Bekehrter, versuchte im 5. Jh. die Kelten in Irland zu missionieren. Sie wurden begeisterte Christen und Irland war lange ein Stützpunkt der römisch-katholischen Kirche.

Keltenkreuz

Mönche
Die keltischen Mönche waren für ihr entsagungsvolles Leben und ihre Hingabe an ihre Aufgaben berühmt. Seit dem 5. Jh. gab es Klöster – von Einsiedlerklausen bis hin zu Klosteranlagen in der Größe von Städten.

Frühe christliche Kirche, Irland

Missionare
Nachdem die irischen Mönche Klöster in England, Frankreich und Deutschland gegründet hatten, gingen sie daran die Bewohner der Länder zu missionieren. Die Mönche hielten die Kultur in Europa nach dem Untergang des Römischen Reiches aufrecht. Irische Mönche auf der Insel Iona vor Westschottland schrieben um das Jahr 800 das herrliche *Buch von Kells* mit seinen außergewöhnlichen illuminierten, d. h. verzierten Buchstaben.

XRI ist die Abkürzung für „Christus".
Griechischer Buchstabe X
Griechisches R
Griechisches I

Monogramm, Matthäusevangelium im Buch von Kells

Mythen
Die mündliche Überlieferung spielte bei den Kelten eine große Rolle. Ihre Geschichten handelten von mächtigen Göttern wie z. B. dem walisischen Bran oder dem irischen Dagda, dem Weltenvater. Daneben gab es Sagen von Helden wie Cùchulainn und König Artus oder von Zauberwesen der Unterwelt. Da die Kelten keine Schrift besaßen, schrieben später die Mönche ihre Geschichten auf.

Merlin
Die erste aufgeschriebene Sage vom Zauberer Merlin berichtet, dass sein Vater der Teufel war. Schon in zartem Alter stellte Merlin fest, dass er die Zukunft vorhersagen konnte. In späteren Geschichten erscheint er als Zauberer an König Artus Tafelrunde.

Der Zauberer Merlin, Kupferstich

Keltische Sprachen
Heute werden noch zwei keltische Sprachen gesprochen und auch geschrieben: Gallobritannisch (Bretonisch und das walisische Kymrisch) und Goidelisch (Irisch, Schottisch-Gälisch und Manx-Gälisch). Beide gehören zu den indoeuropäischen Sprachen.

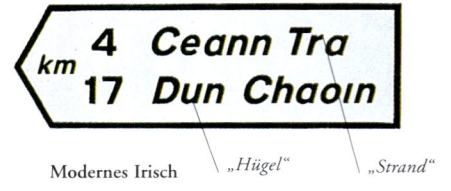

km 4 **Ceann Tra**
km 17 **Dun Chaoin**

Modernes Irisch *„Hügel"* *„Strand"*

SIEHE AUCH UNTER | CHRISTENTUM | EUROPA, GESCHICHTE | IRLAND, GESCHICHTE | METALLE | MYTHEN UND LEGENDEN | REITERVÖLKER | RELIGIONEN

KERNKRAFT

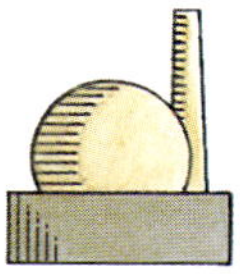

IM ZENTRUM JEDES ATOMS befindet sich der Atomkern. Er setzt sich aus winzigen Teilchen zusammen, den Protonen und den Neutronen. Bei Kernreaktionen werden Atomkerne entweder gespalten oder sie verschmelzen miteinander (Kernfusion). Wenn man schwere Atomkerne spaltet oder leichte miteinander verschmilzt, werden enorme Energiemengen frei. In Kernkraftwerken nutzt man diese Energie, um über Generatoren Strom zu erzeugen.

Kernspaltung

Im Reaktorkern läuft eine Kettenreaktion ab. Dabei werden Urankerne gespalten. Dadurch entsteht im Kern sehr viel Wärme. Ein Kühlkreislauf führt diese Wärme ab und übergibt sie einem zweiten Kreislauf, in dem aus Wasser hochgespannter Wasserdampf entsteht. Dieser Heißdampf treibt Dampfturbinen an, die mit Stromgeneratoren verbunden sind.

Röhren leiten den Heißdampf zu Gasturbinen außerhalb des Reaktors.

Im Wärmetauscher entsteht Heißdampf.

Zwei Stahlbetonwände verhindern, dass radioaktive Stoffe austreten.

Reaktorkern mit ungefähr 4 000 Brennelementen aus Uran.

Pumpen bewegen die Flüssigkeit im ersten Kühlkreislauf.

Kernfusion

Es können nur leichte Atomkerne mit wenigen Protonen und Neutronen miteinander verschmolzen werden. Bei sehr hohen Temperaturen tun sich 2 Wasserstoffkerne zu 1 Heliumkern zusammen und geben 1 Neutron ab. Die Kernfusion kann man heute allerdings noch nicht friedlich nutzen. In der Sonne finden ständig solche Kernfusionen statt.

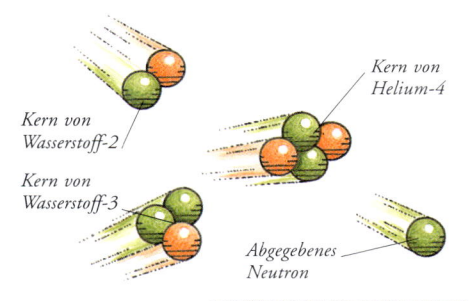

Kern von Wasserstoff-2
Kern von Wasserstoff-3
Kern von Helium-4
Abgegebenes Neutron

Fusionsreaktor
Im Kernreaktor ist bisher noch keine anhaltende Fusion geglückt. Im ringförmigen Versuchsreaktor (Torus) wird Wasserstoff auf viele Millionen Grad erhitzt. Dies ist die Bedingung für die Fusion.

Experimenteller Fusionsreaktor

Kernreaktor

In allen heutigen Kernreaktoren finden Kernspaltungen statt. Einige schwere Elemente haben instabile Kerne, die man durch Neutronenbeschuss spalten kann. Dabei werden weitere Neutronen und große Energiemengen frei. Die freien Neutronen setzen eine Kettenreaktion in Gang.

Brennelemente
Brennelemente liegen als Stäbe vor, die tablettenförmige Pellets des Uranisotops-235 enthalten. Dessen Kerne besitzen insgesamt 235 Protonen und Neutronen.

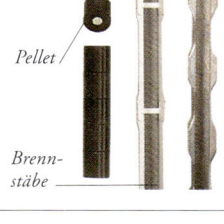

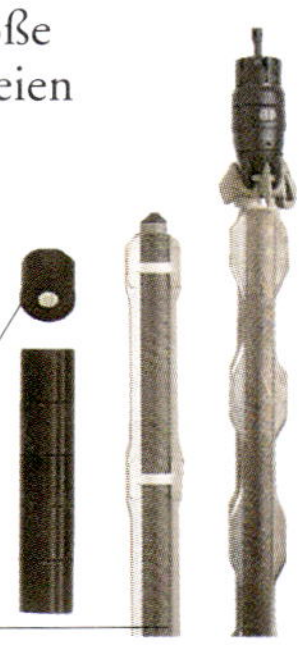

Pellet
Brennstäbe

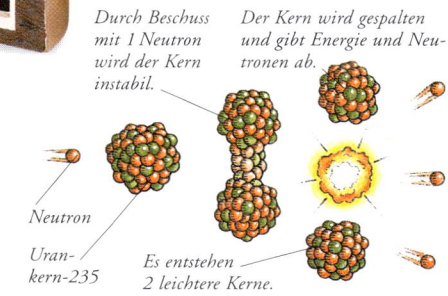

Durch Beschuss mit 1 Neutron wird der Kern instabil.
Der Kern wird gespalten und gibt Energie und Neutronen ab.
Neutron
Urankern-235
Es entstehen 2 leichtere Kerne.

Schneller Brüter
Kernreaktoren, die neues spaltbares Material „erbrüten", heißen schnelle Brüter. Dabei verwandelt sich ein Teil des Urans in hochgiftiges Plutonium, mit dem man Atombomben herstellen kann.

Gefahren

Beim Betrieb von Kernkraftwerken fällt viel hoch radioaktives Material an. Dieses muss für sehr lange Zeit sicher gelagert werden. Bei Kernwaffentests und Unfällen in KKW ist viel Radioaktivität ausgetreten, die zu schweren Erkrankungen geführt hat.

Behälter für radioaktive Abfälle  *Kernwaffentest*

Enrico Fermi
Der italo-amerikanische Kernphysiker Enrico Fermi (1901–54) verließ 1938 seine Heimat und ging in die USA. 1942 baute er in einer aufgelassenen Squashhalle der Universität Chicago den ersten Kernreaktor. Dort kam die erste Kettenreaktion in Gang. Fermi dachte auch bereits an die Kernfusion.

Chronologie
1911 Der neuseeländische Physiker Ernest Rutherford findet heraus, dass jedes Atom einen sehr dichten und sehr kleinen Kern enthält.

1938 Der deutsche Otto Hahn und die Österreicherin Lise Meitner entdecken die Kernspaltung.

1939 Der deutsche Hans Bethe behauptet, die Sonnenenergie entstehe durch Kernfusion.

1942 In den USA gelingt Enrico Fermi die erste Kettenreaktion.

1945 Atombomben zerstören die japanischen Städte Hiroshima und Nagasaki.

1954 Der russische Reaktor von Obninsk erzeugt als erster Strom.

1986 Bei der Explosion eines Reaktors bei Tschernobyl wird viel Radioaktivität frei.

1991 Im Rahmen des europäischen JET-Projekts erreicht man in Großbritannien die erste kontrollierte Kernfusion im Versuch.

SIEHE AUCH UNTER ATOME UND MOLEKÜLE · EINSTEIN, ALBERT · ENERGIE · MATERIE · MEITNER, LISE · RADIOAKTIVITÄT

KHMER-REICH

DAS KHMER-REICH war vom 9. bis 15. Jh. eine der bedeutendsten Kulturen in Südostasien. Es wurde von Gottkönigen regiert, die sich und ihr Volk in gewaltigen Bauprojekten verherrlichten. Die Hauptstadt der Khmer, Angkor, gründete König Jayavarman II. im Jahr 802. Von überallher zogen die Menschen in die Stadt. Im 12. Jh. wurde das Meisterwerk von Angkor erbaut, der Tempelkomplex Angkor Wat. Kurze Zeit danach wurde die Stadt und der Tempel von den Cham geplündert, doch König Jayavarman VII. ließ ihn innerhalb von 50 Jahren wieder aufbauen.

Ausdehnung des Reiches
Angkor, die Hauptstadt der Khmer-Kultur, liegt im heutigen Kambodscha. Auf dem Höhepunkt der Macht erstreckte sich das Khmer-Reich vom Südchinesischen Meer bis zum Golf von Siam und umfasste das heutige Kambodscha, Ostthailand, Vietnam und Laos.

Angkor Wat diente als königlicher Schrein.

Die 5 Türme stellen den Berg Meru dar, die Heimat der Hindugötter.

Die Grasflächen waren einst Wassergräben. *Die Außenwände stellten Berge am Rand der Welt dar.*

Buddhakopf, Angkor Thom

Religion
Die meisten Khmer-Könige waren Hindus und deshalb stellen viele Skulpturen von Angkor Wat hinduistische Gottheiten dar. Man hielt auch einige Könige für Abkömmlinge der Götter. Suryavarman II. hielt sich selbst für eine Verkörperung des Hindugottes Wischnu. Sein buddhistischer Sohn, Jayavarman VII., bezeichnete sich als Reinkarnation Buddhas.

Elefanten
Für die Khmer hatten Elefanten große religiöse Bedeutung. Sie fingen die Tiere und richteten sie für Paraden und den Krieg ab. Ein berühmtes Regiment soll sogar 200 000 Elefanten umfasst haben.

Angkor Wat
Angkor Wat ist der größte Khmer-Tempel und war jahrhundertelang auch das größte religiöse Gebäude der Welt. 50 000 Arbeiter mussten über 40 Jahre arbeiten, um das Bauwerk aus Stein in der Regierungszeit von Suryavarman II. (1113–50) zu vollenden. Der Legende zufolge wurde der Tempel vom Hindugott Indra gebaut, der eigens deswegen auf die Erde herabstieg. Die Reliefs zeigen hinduistische Götter, Kriegsszenen und königliche Prozessionen.

Elefanten unterstützen die Infanterie der Khmer.

Bayon
Viele Reliefs an der Umfassungsmauer des letzten großen Khmer-Tempels von Angkor, Bayon, erzählen von historischen Ereignissen, dem Leben am Hof und von Paraden. Jayavarman VII., der Sohn Suryavarmans II., erbaute Bayon um 1200 zur Erinnerung an seinen Sieg über die Cham, die Angkor 1177 zerstört hatten.

Landwirtschaft und Ernährung
Der Erfolg der Khmer-Kultur beruhte auf Fortschritten in der Landwirtschaft. Sie sicherte die Ernährung der umfangreichen Bevölkerung in den Tempelstädten. Ingenieure bauten ein Kanalsystem, in dem Nutzfische lebten und mit dem man die Reisfelder und in der Trockenzeit auch die Obstbäume bewässerte. So wurde bis zu 3-mal im Jahr geerntet.

Reis

Mango

Karpfen

Niedergang
Die benachbarten Thai griffen Angkor 1491 an. Dies leitete den Untergang der Stadt ein, die kurz danach aufgegeben wurde. Jahrhundertelang bedeckte dichter Dschungel den Tempel, sodass man Angkor die „verlorene Hauptstadt" nannte. Im Jahr 1861 entdeckte der französische Naturforscher Henri Mouhot die berühmte Stadt des Khmer-Reiches.

Die Tempel sind über und über mit Steinskulpturen verziert.

Stich des zentralen Tempelturms von Angkor Wat, 1875

Jayavarman VII.
Dieser König regierte von 1181–1219. Nach der Zerstörung Angkors durch das Volk der Cham leitete er einen erfolgreichen Gegenangriff ein und forderte sein Volk auf, Angkor wieder aufzubauen. Er selbst baute noch einen neuen Tempel, den Bayon, zur Erinnerung an seine großen Triumphe im Kampf. Die massiven Steingesichter auf den Außenwänden des Tempels Bayon stellen Jayavarman dar und sollen gleichzeitig an Buddha erinnern. Jayavarman ersetzte den Hinduismus als Staatsreligion durch den Buddhismus.

SIEHE AUCH UNTER — ARCHITEKTUR — ASIEN, GESCHICHTE — BUDDHISMUS — HINDUISMUS — LANDWIRTSCHAFT, GESCHICHTE

KINDERBÜCHER

BÜCHER WERDEN SEIT 4 000 JAHREN geschrieben, aber erst seit den letzten 300 Jahren gibt es eigene Bücher für Kinder. Zuvor bekamen die Kinder die Märchen und Sagen des Volkes erzählt. Die ersten Kinderbücher dienten noch für das Lernen. Im 19. Jh. wurden neue Formen oder Genres entwickelt, z. B. Abenteuerromane, Fantastische Literatur oder Bilderbücher.

Bucharten

Die Kinder- und Jugendliteratur hat mehr Formen hervorgebracht, als es für Erwachsene gibt. Sie reichen von Aufstellbüchern über Bilderbücher bis hin zu Romanen und Sachbüchern. Bücher für junge Leser haben große Buchstaben und viele Bilder. Mit zunehmendem Lesealter werden die Texte länger und anspruchsvoller.

Finnisch
Französisch
Deutsch
Japanisch
Russisch
Schwedisch
Italienisch
Persisch

Fabel

Eine kurze Geschichte mit einer Moral oder Lehre zum Schluss bezeichnet man als Fabel. Häufig werden dabei Tiere mit menschlichen Eigenschaften geschildert. Sie sind z. B. klug wie Menschen, gut oder gemein. Solche Fabeln wurden vor allem älteren Kindern vorgelesen, um sie zu richtigem Verhalten zu erziehen.

Aesops Fabeln
Die berühmteste Fabelsammlung wird dem Griechen Äsop zugeschrieben, der vermutlich im 6. Jh. v. Chr. gelebt hat. Es gibt viele Geschichten über ihn. Häufig heißt es, er sei ein freigelassener Sklave und königlicher Ratgeber gewesen. Die Fabeln des Äsop wurden wohl erst mündlich erzählt und sind im 4. Jh. v. Chr. aufgeschrieben worden.

Die Schildkröte und der Hase, Titel einer von Äsops Fabeln

Sagen und Märchen

In allen Kulturen gibt es Geschichten über Zauberwesen und magische Ereignisse. Die gleichen Sagen werden oft in verschiedenen Gegenden erzählt. Das gilt auch für Märchen. So gibt es bei vielen Völkern die Geschichte von einem Waisenkind und einer bösen Stiefmutter, z. B. Aschenputtel.

Ballettszene aus Cinderella. Das deutsche Märchen heißt Aschenputtel.

Ilustration aus Andersens Märchen Schneekönigin

Hans Christian Andersen
Der dänische Dichter Hans Christian Andersen (1805–75) schrieb als einer der Ersten ganz neue Märchen. Seine erste Märchensammlung erschien 1835. Bis zu seinem Tod verfasste Andersen über 160 Geschichten. Die meisten davon wie *Das hässliche Entlein* werden auch heute noch gerne gelesen.

Charles Perrault
Der Franzose Charles Perrault (1628–1703) schrieb als Erster im Volk erzählte Märchen auf. Seine *Feenmärchen für die Jugend* (1697) enthielten auch *Aschenputtel*, doch war seine Version nicht so grausam wie das Original.

Moderne Fabeln

Manche moderne Kinderbücher sind von der Fabel beeinflusst, z. B. die Geschichte „Peter Hase" von der Engländerin Beatrix Potter (1866–1943). Das unartige Kaninchen büßt zum Schluss seinen Übermut und wird beinahe gefangen.

Onkel Remus
Die *Onkel-Remus*-Geschichten des Amerikaners Joel Chandler Harris (1848–1908) sind Fabeln, die einen Schwarzen auf den Plantagen der Südstaaten zum Helden haben. Er erzählt dem Sohn des Plantagenbesitzers Geschichten in afroamerikanischem Dialekt und erfindet dabei Figuren wie den trickreichen Hasen Brer Rabbit.

Brer Rabbit und Brer Fox

Erich Kästner (1899–1961)
Der bekannte deutsche Autor schrieb mehr für Erwachsene als für Kinder. Aber seine Kinderbücher zählen zu den besten. Er schrieb auch eine Fabel, *Die Konferenz der Tiere*. Darin ruft Oskar, der Elefant, die Tiere aus allen Himmelsrichtungen zu einer Konferenz nach Kapstadt, um die Menschen zu bewegen, in Zukunft Kriege zu vermeiden.

Der rebellische Affe
Der Affe Sun Wuk`ung ist eine der bekanntesten Figuren aus der chinesischen Literatur. Der Autor Wu Cheng'en verwendete viele Volkserzählungen über den Affen in seinem Roman *Die Reise nach dem Westen* (um 1500).

Der Affe bekämpft den Weiß-Knochen-Dämon

Brüder Grimm

Die deutschen Brüder Jakob (1785–1863) und Wilhelm (1786–1859) Grimm waren Herausgeber von *Grimms Märchen*. Diese Sammlung enthielt u. a. *Hänsel und Gretel* und *Schneewittchen*. Die Sprachwissenschaftler Grimm sammelten die Märchen im Volk und achteten darauf, dass sie unverfälscht wiedergegeben wurden.

Wilhelm Grimm — *Jakob Grimm*

KINDERBÜCHER

Fantasy-Bücher

Bis Mitte des 19. Jh. waren die meisten Kinderbücher Erziehungsbücher, aus denen die Kinder richtiges Verhalten lernen sollten. Erst der große Erfolg von Christian Andersens Märchen ermutigte andere Autoren, fantasievolle Geschichten zu schreiben. So entstanden die ersten Fantasy-Bücher.

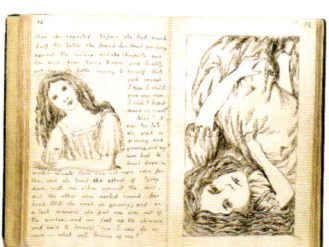

Alice im Wunderland
Der englische Autor Lewis Carroll, der eigentlich Charles L. Dodgson hieß (1832–98), revolutionierte die Kinderliteratur mit einer Fantasygeschichte. Sie spielt in einem Fantasieland, schildert verrückte Figuren und enthält keinerlei Moral. Alice erlebt zugleich einen Traum und Alptraum, als sie durch ein Kaninchenloch ins Wunderland fällt.

Der verrückte Hutmacher, Illustration von J. Tenniel

Peter Pan
Der schottische Autor J. M. Barrie (1860–1937) schrieb das märchenhafte Theaterstück *Peter Pan*, 1904. Peter – halb Kind, halb Elfe – ist „der Junge, der niemals groß werden wollte".

Der Zauberer von Oz
Der Amerikaner Lyman Frank Baum (1856–1919) erfand diese Märchen im Jahr 1900 und verfasste 13 Fortsetzungen. Darin wird Dorothy von einem Wirbelwind von Kansas in das „Land hinter dem Regenbogen" getragen, wo sie Freundschaft mit dem Blechmann, der Vogelscheuche Hunk und einem sprechenden Löwen schließt. Das Buch wurde 1938 verfilmt.

Der kleine Hobbit
Der Engländer J. R. R. Tolkien (1892–1973) schrieb 1937 die Erzählung *Der kleine Hobbit*, der 3 Bände *Herr der Ringe* folgten. In einem Fantasieland kämpft das Gute gegen das Böse.

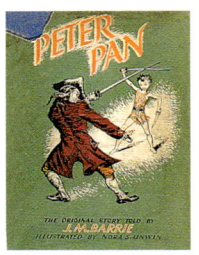

Peter Pan

Bild aus dem Film Das zauberhafte Land, 1938

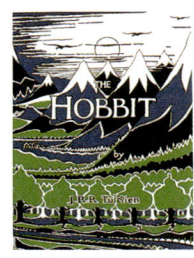

Der kleine Hobbit

Schulgeschichten

Die Schule ist oft Gegenstand von Erzählungen oder Romanen für Kinder. Einer der berühmtesten Schulromane ist *Das fliegende Klassenzimmer* (1933) von Erich Kästner. Er fußt teils auf eigenen Erfahrungen des Autors und schildert das Leben in einem Jungeninternat. Das Buch ist heute ein Klassiker und wurde 1954 verfilmt.

Illustration von Walter Trier zu Das fliegende Kassenzimmer

Karl May
Der Deutsche Karl May (1842–1912) hat mit seinen Abenteuerromanen Millionen von Jungen und Mädchen gefesselt. Obwohl er selbst erst spät und nur kurz in Amerika war, hat er die Welt der Indianer bei uns bekannt gemacht. Seine Romanhelden Winnetou und Old Shatterhand sind jedem Kind heute ein Begriff.

Familiengeschichten

Geschichten aus dem Familienleben gehen auf das 19. Jh. zurück. Dazu zählt z. B. *Little Women – Kleine Frauen* von 1869. Heute schildern solche Geschichten meist keine heilen Familien mehr, sondern die Schwierigkeiten von Kindern aus geschiedenen Ehen oder von alleinerziehenden Eltern.

Kleine Frauen
Die Amerikanerin Louisa May Alcott (1832–88) beschrieb für Kinder und Jugendliche das Leben in einer amerikanischen Kleinstadt in Neuengland. Darin wurden zum ersten Mal Kinder in ihrer Umwelt dargestellt. Die Geschichte der March-Familie mit Meg, Jo, Beth, Amy und ihrer Mutter Marmee regte andere Autoren zu ähnlichen Familiengeschichten an. In Deutschland beschrieb Agnes Sapper (1852–1929) z. B. in *Die Familie Pfäffling* eine kinderreiche Musikerfamilie.

Abenteuerbücher

Im 19. Jh. gab es auch die ersten Abenteuerromane für Kinder. Die Helden der Geschichten waren tapfer und mutig und erlebten spannende Abenteuer. Diese Bücher wurden mehr von Jungen als von Mädchen gelesen. Einige, wie *Die Schatzinsel*, spielten in fernen Ländern; *Huckleberry Finn* erlebte seine Abenteuer in der Nähe seines Wohnorts.

Huck und Jim

Die Schatzinsel
Diese Piratengeschichte schrieb der Schotte Robert Louis Stevenson (1850–94). Er lässt die Handlung von Jim Hawkins erzählen, der eine Karte von einem Schatz besitzt. Um den Schatz zu bekommen, muss er die Piraten besiegen.

Huckleberry Finn
Der Roman des Amerikaners Mark Twain (1835–1910) spielt am Mississippi. Ein Thema, das Sklaventum, wird durch Hucks Freundschaft mit dem davongelaufenen Sklaven Jim geschildert.

Szene aus dem Film Die Schatzinsel, 1950

Tiergeschichten

Geschichten von sprechenden Tieren knüpfen ein Band zwischen Tieren und Menschen, wie z. B. *Nils Holgerssons wunderbare Reise* (dt. 1907) der Schwedin Selma Lagerlöf oder *Das Dschungelbuch*.

Das Dschungelbuch
Der englische Autor Rudyard Kipling (1865–1936) schrieb dieses weltberühmte Buch 1894. Es erzählt die Geschichte des Knaben Mogli im indischen Dschungel, der mit Tieren Freundschaft schließt. Das Dschungelbuch diente als Vorlage für einen Walt-Disney-Film.

Das Dschungelbuch, Zeichentrickfilm, 1967

Szene aus dem Film Little Women, 1949

420

KINDERBÜCHER

Bilderbücher

Bilderbücher haben eine lange Tradition, die 1658 mit dem *Orbis Pictus – Die sichtbare Welt* des Johann Comenius begann. Für kleine Kinder, die noch nicht lesen können, sind Bilder fast so wichtig wie Wörter. Die Illustrationen erzählen Geschichten ohne Worte, und die kleinen Kinder lernen dabei Farben, Formen und Gegenstände ihrer Umwelt kennen und benennen.

Janosch
In den Kinderbüchern von Janosch (geb. 1931) machen kleine Tiere Menschenerfahrungen; von den alltäglichen Nöten und den fantastischen Möglichkeiten, diesen zu begegnen. Für *Oh, wie schön ist Panama* erhielt Janosch 1979 den Deutschen Jugendliteraturpreis.

Bär, Tiger und Tigerente

Vermarktung
Erfolgreiche Kinderbücher sind heute ein großes Geschäft. Die Helden der Geschichten kommen schon bald als Spielzeug, Spiele, sogar als Geschirr auf den Markt. Die Figuren werden auch auf T-Shirts gedruckt.

Beatrix-Potter-Bücher sind in viele Sprachen übersetzt.

Beatrix Potter
Eine weltberühmte Bilderbuchautorin war Beatrix Potter (1866–1943). Sie war als Kind viel sich selbst überlassen und brachte sich auch selbst das Zeichnen und Malen bei. Tiere malte sie besonders gut. Ihr erstes Buch, die Geschichte von *Peter Hase*, wurde 1901 veröffentlicht. Es folgten viele andere, die Millionen von Kindern in der Welt heute noch begeistern.

Peter Hase als Kuscheltier

Vermarktung der Beatrix Potter

Teekanne

Krug

Becher

Brettspiel

Wo die wilden Kerle wohnen
Als 1963 das erste Kinderbuch des amerikanischen Grafikers Maurice Sendak (geb.1928) erschien, hielten es viele für zu schrecklich für Kinder. Es erzählt die Geschichte von Max, der in das Land der wilden Kerle segelt und dort deren König wird. Sendaks Buch wurde ein Welterfolg.

Der Struwwelpeter
Zu den berühmtesten deutschen Bilderbüchern zählt der *Struwwelpeter*. Dieses Buch wurde 1847 von dem Frankfurter Nervenarzt Heinrich Hoffmann (1809–94) veröffentlicht. Es enthielt 15 Bildtafeln mit kurzen Gedichten von unartigen Kindern, die allesamt bestraft werden, weil sie nicht folgsam sind. Hoffmann schrieb und malte das Buch, das es heute noch gibt, für seinen kleinen Sohn. Es wurde in über 30 Sprachen übersetzt und ist vielleicht das am weitesten verbreitete Bilderbuch der Welt.

Gedichte für Kinder

Kindergedichte gehen auf Lieder und Balladen früherer Zeiten zurück. Die Kinder merkten sich die Reime und Melodien und so wurden diese von Generation zu Generation weitergegeben. Dichter schrieben auch eigene Gedichte und Reimgeschichten für Kinder. Jedes Kind kennt z. B. *Max und Moritz*.

Max und Moritz
Der deutsche Zeichner und Dichter Wilhelm Busch (1832–1908) brachte 1865 diese lustige Bildergeschichte. Sie erzählt in Versen die sieben Streiche der beiden Lausbuben Max und Moritz, die am Schluss böse enden. Es gibt auch noch andere Bildergeschichten von Busch, viele davon für Erwachsene.

Kinderdichter
Zu den bekanntesten modernen deutschen Kinderdichtern zählen James Krüss (1926–96) und Josef Guggenmos (geb. 1922). Ihre lustigen Kindergedichte stehen in vielen Lesebüchern.

„Die Krähen schreien:
Krah und krah!
Hurra, jetzt ist der
Winter da!
O weh, hurra!
Hurra, o weh!
Jetzt liegt die ganze
Welt voll Schnee."

Josef Guggenmos

Auszeichnungen und Preise

Heute werden mehr Kinderbücher produziert als je zuvor. Um Verlage, Schriftsteller und Illustratoren zu ermutigen, werden die besten Bücher prämiert. Die höchste Auszeichnung in Deutschland ist der Deutsche Jugendliteraturpreis.

Hans Christian Andersen-Preis
Diese internationale Auszeichnung wird alle zwei Jahre an einen Autor(in) und einen Illustrator(in) für ihr Gesamtwerk verliehen. U. a. erhielten Astrid Lindgren, Erich Kästner, James Krüss und Klaus Ensikat diesen Preis.

Deutscher Jugendliteraturpreis
Mit diesem Preis werden jedes Jahr die besten Kinder- und Jugendbücher ausgezeichnet. Der Preis wird in den Sparten Kinder-, Jugend-, Bilder- und Sachbuch vergeben.

Chronologie

15. Jh. Es gibt Aufstellbücher. Mit Benimmbüchern wird Kindern gutes Benehmen beigebracht.

1745 Der Verleger Newbery eröffnet in London einen Kinderbuchladen und verkauft *Little Goody Two-Shoes*.

Little Goody Two-Shoes

1776–82 erscheint die Zeitschrift *Der Kinderfreund* in Leipzig.

1883 In Italien veröffentlicht Carlo Collodi (1826–90) den *Pinocchio*.

1852 Die Amerikanerin Harriet Beecher schreibt *Onkel Toms Hütte*.

1876 schreibt der Amerikaner Mark Twain den Roman *Tom Sawyer*.

1881 Die Schweizer Autorin Johanna Spyri verfasst *Heidis Lehr- und Wanderjahre*.

1906 *Nils Holgerssons wunderbare Reise mit den Wildgänsen* der Schwedin Selma Lagerlöf (1899–1985) erscheint.

1926 erscheint *Pu der Bär* des Engländers Milne (1882–1956).

1931 Der französische Grafiker Jean de Brunhoff erfindet den Elefanten *Babar*.

1943 Der Franzose Antoine de Saint-Exupéry schreibt *Der kleine Prinz*.

1945 Die Schwedin Astrid Lindgren (1907–2002) bringt *Pippi Langstrumpf* heraus.

1957 Otfried Preußler (geb. 1923) schreibt *Die kleine Hexe*.

1979 Michael Ende (1929–1995) verfasst sein Kultbuch *Die unendliche Geschichte*.

1998 Joanne K. Rowling (geb. 1967) schreibt *Harry Potter und der Stein der Weisen*.

SIEHE AUCH UNTER | BUCHDRUCK | BÜCHER | DICHTUNG | ERZIEHUNG | LITERATUR | MYTHEN UND LEGENDEN | SCHAUSPIEL | SCHRIFT

KING, MARTIN LUTHER

IM LANGEN KAMPF der Schwarzamerikaner um Gleichberechtigung der Rassen ragt ein Mann ganz besonders hervor: Martin Luther King. Der Baptistenpfarrer war vom Christentum geprägt. Er trat für gewaltfreie Veränderung ein und führte zahlreiche Sitzstreiks, Protestmärsche sowie Kampagnen für das Wahlrecht an. Seine mitreißenden Reden machten Millionen Menschen Hoffnung. Doch diese wurde durch die Ermordung Martin Luther Kings im April 1968 jäh zerstört.

Die Bürgerrechtsbewegung

Schwarze Amerikaner hatten nach der Verfassung der USA zwar gleiche Rechte wie weiße, wurden aber vor allem in den Südstaaten als Menschen zweiter Klasse behandelt. Gesetze der Bundesstaaten verweigerten ihnen das Wahlrecht und den Besuch gemischtrassiger Schulen. Schwarze und Weiße waren streng getrennt, sogar in den Bussen. In den 50er und 60er Jahren entstanden immer mehr schwarze Bürgerrechtsbewegungen, an deren Spitze sich Martin Luther King setzte.

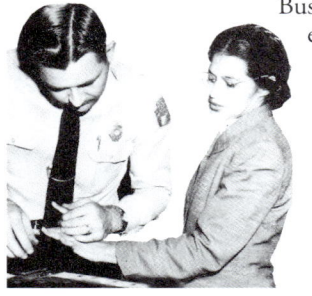

Bus-Boykott
Am 1. Dezember 1955 weigerte sich Rosa Parks, eine Schwarze in Montgomery, Alabama, ihren Sitzplatz im Bus einem Weißen abzutreten. Sie wurde dafür eingesperrt. King und Reverend Abernathy ermutigten die schwarze Bevölkerung, die Busse zu boykottieren: Unter dem finanziellen Druck wurde Rosa Parks freigelassen.

Sit-ins
Eine Taktik der Bürgerrechtler waren Sitzstreiks in Restaurants, die der Rassentrennung unterlagen. Martin Luther King wurde 1960 an einer nur für Weiße zugelassenen Imbisstheke in einem Kaufhaus in Atlanta verhaftet. Erst nachdem der demokratische Präsidentschaftskandidat John F. Kennedy eingeschaltet hatte, wurde King freigelassen.

Malcolm X
Viele Schwarze waren mit der Integration von Schwarz und Weiß, die King anstrebte, nicht einverstanden. Sie wollten eine Abspaltung von den Weißen. Ihr Anführer war Malcolm X. Er gehörte der Black-Muslim-Bewegung an, deren Führer Elijah Muhammad war. Später trat Macolm X zum Islam über und verfolgte nun die rassische Einheit. Im Februar 1965 wurde er ermordet.

Fahrten für die Freiheit
1961 demonstrierten schwarze und weiße Bürgerrechtler gegen die Rassentrennungsgesetze, indem sie die für Rassen getrennten Busse bestiegen. Die Regierung in Washington schickte Polizei zu ihrem Schutz. Dies führte zum Aufstand des rassistischen Ku-Klux-Klan, der mit brennenden Kreuzen durch die Südstaaten zog.

Kindheit und Jugend

Martin Luther King jr. wurde am 15. Januar 1929 in Atlanta, Georgia, geboren. Sein Vater war ein bekannter Baptistenpfarrer. Auch sein Sohn studierte Theologie und promovierte 1955 zum Doktor.

Little Rock
Als sich 1957 der Governeur von Arkansas weigerte, 9 schwarze Kinder in die weiße High School von Little Rock zu lassen, schaltete sich Präsident Eisenhower ein. Er schickte 1 000 Polizisten und 10 000 Mann der Nationalgarde, um den Schulbesuch zu sichern.

Kings Traum

Am 28. August 1963 führte King den Marsch nach Washington an, um die Bürgerrechte einzufordern. Er sprach vor über 200 000 Menschen: „Ich habe einen Traum, dass die Nation eines Tages ihr Bekenntnis wahrmacht: ‚Wir halten es für eine selbstverständliche Wahrheit, dass alle Menschen von Geburt an gleich sind.'"

Im Gefängnis
Martin Luther King ging für seine Überzeugung mehrmals ins Gefängnis. Bei einem Gefängnisaufenthalt im Frühjahr 1963 in Birmingham, Alabama, verfasste er einen Brief, in dem er seine Philosophie der Gewaltfreiheit darlegte. Er war von der Politik des Inders Mohandas K. Gandhi und dessen gewaltlosem Kampf gegen die britische Herrschaft stark beeindruckt.

Der Mord
Die letzten Jahre Dr. Kings waren von Auseinandersetzungen mit den immer radikaler werdenden Führern der Black Muslims überschattet. Im April 1968 besuchte er Memphis im Staat Tennessee, um die streikenden Arbeiter der Müllabfuhr zu unterstützen. Dort wurde er am 4. April in seinem Motel erschossen. In vielen US-Staaten kam es zu Aufständen.

MARTIN LUTHER KING

1929	Geboren in Atlanta, Georgia
1951	Bachelor in Theologie
1954	King wird Pfarrer der Baptistenkirche in Montgomery, Alabama.
1960	King wird Präsident der Konferenz der Kirchenführer in den Südstaaten; wegen Teilnahme an einem Sitzstreik wird er verhaftet.
1963	Er verkündet seinen gewaltlosen Widerstand und führt den Marsch nach Washington an.
1964	King wird für den Friedensnobelpreis vorgeschlagen.
1968	Ermordung in Memphis

SIEHE AUCH UNTER MENSCHENRECHTE · SKLAVEREI · VEREINIGTE STAATEN VON AMERIKA, GESCHICHTE

KIRCHEN UND KATHEDRALEN

DIE GOTTESHÄUSER der Christen nennt man Kirchen, Kathedralen oder Dome. Die frühchristlichen Kirchen waren klein und lagen in unterirdischen Katakomben. Sie boten Platz für den Altar und die Gemeinde. Mit Ausbreitung des Christentums baute man große Dome oder Kathedralen als Bischofskirchen.

Die ersten Kirchen

Das Christentum wurde im Jahr 391 im Römischen Reich Staatsreligion. Die ersten größeren Kirchen baute man nach dem Vorbild antiker öffentlicher Bauwerke, der Basiliken, in denen Gerichtsverhandlungen und Märkte stattfanden. Die Kirchengemeinde saß im Schiff, während sich der Altar im Chor befand.

St. Sabina, Rom
Diese frühe Kirche von 422 hat ein breites Mittelschiff mit rundem Abschluss, der Apsis.

Teile einer Kathedrale

Viele Kirchen haben im Grundriss die Form eines Kreuzes. Die Arme dieses Kreuzes nennt man Querschiffe. Sie enthalten kleine Kapellen. Der Altar liegt im Osten in der Apsis, zur aufgehenden Sonne hin. Das Mittelschiff mit den Seitenschiffen ist nach Westen ausgerichtet.

123 m hoher Turm

Kathedrale von Salisbury
Die gotische Kathedrale aus dem 13. Jh. hat Seitenwände mit vielen Spitzbogenfenstern. Dadurch wirkt sie trotz ihrer Größe elegant und zart. Der Turm wurde im 14. Jh. hinzugefügt und ist der höchste in ganz England.

Säulen und Gewölbe
Im Innern der Kathedrale finden wir Gewölbe aus Stein, die von Marmorsäulen getragen werden. Jede Säule hat 4 schmalere Halbsäulen, deren Fortsetzungen ein Rippengewölbe ergeben. Der Raum wirkt dadurch leicht.

Glockenturm Er hat Öffnungen an allen Seiten, damit das Geläut weit zu hören ist.

Mittelschiff Hier findet eine große Gemeinde Platz.

Bauschmuck an der Westfassade

Westliches Querschiff

Östliches Querschiff

Marienkapelle
Hochaltar
Vierung
Östliches Querschiff
Sakristei
Westliches Querschiff
Nördliches Seitenschiff
Mittelschiff
Südliches Seitenschiff
Vorbau
Westfassade

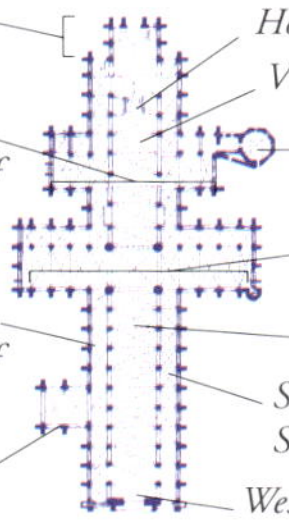

Grundriss
Der Grundriss zeigt die Form eines Kreuzes mit 2 Armen.

Vierung

Spitzbögen Sie sind ein typisches Merkmal der gotischen Architektur.

Marienkapelle

Strebepfeiler Sie helfen mit, das schwere Gewölbe zu tragen.

Innenraum
Das Mittelschiff wirkt mit seinem hohen Gewölbe durch die Seitenschiffe noch größer. Licht dringt durch die Glasfenster an den Seiten ein.

Haupteingang

Kirchenschmuck

Viele Kirchen und Kathedralen sind mit christlichen Darstellungen reich geschmückt. Dazu gehören z. B. Bilder und Statuen von Jesus Christus, von Maria, Heiligen und Engeln. Protestantische Kirchen sind in dieser Hinsicht nüchterner als römisch-katholische und orthodoxe Kirchen.

Fächergewölbe
Dieses Fächergewölbe mit gotischem Maßwerk befindet sich in der Kathedrale von Canterbury, England.

Wasserspeier
An gotischen Kirchen sind Wasserspeier in Form von Teufeln, Drachen, Tieren und Monstern häufig. Sie symbolisieren das Böse.

Triptychon
Solche dreiteiligen Bildtafeln stehen oft hinter dem Altar. Man nennt sie auch Flügelaltäre.

Statuen
Darstellungen von Maria mit dem Kind findet man vor allem in römisch-katholischen Kirchen. Diese Statue von 1896 im Stil der Neurenaissance steht in der Kirche Sacré-Coeur in Paris.

Mosaik
Mosaiken aus bunten Steinchen oder Glasstücken sind häufig in frühen Kirchen. Das abgebildete Mosaik ist aus der Kirche Santi Nereo e Achilleo, Rom.

Glasmalereien
Die Gotik liebte Fenster aus bunten Gläsern, die von Bleistegen zusammengehalten werden und meist Bibelszenen zeigen.

Kirchhöfe

Häufig sind Kirchen von Kirchhöfen umgeben, auf denen auch die Toten bestattet werden. Daneben gibt es auch Friedhöfe weitab von den Kirchen.

Irisches Kreuz
Das irische Kreuz verbindet 2 christliche Symbole: das Kreuz und den Kreis, das Zeichen der Ewigkeit.

Kolumbarium
Im Kolumbarium setzt man Urnen mit der Asche Verstorbener bei.

Grabdenkmäler
Das Grabdenkmal des französischen Revolutionärs F. Raspail, der in seinem Leben oft eingekerkert war, hat die Form eines Gefängnisses.

| SIEHE AUCH UNTER | ARCHITEKTUR | CHRISTENTUM | FESTE UND FEIERN | GLAS | MITTELALTER | RELIGIONEN |

KLEIDUNG UND MODE

K

DIE MENSCHEN TRAGEN SEIT JEHER Kleider als Schutz vor dem Wetter. Von Anfang an war die Kleidung auch Schmuck und sie sollte andere Menschen beeindrucken. Heute lässt die Kleidung oft Rückschlüsse auf die soziale Stellung, auf den ausgeübten Beruf oder die religiöse Überzeugung ihres Trägers zu. Zu Beginn des 20. Jh. zeigte sich die Emanzipation der Frauen z. B. auch in ihrer Kleidung: Sie trugen erstmals lange Hosen.

Sportmützen werden heute gerne getragen.

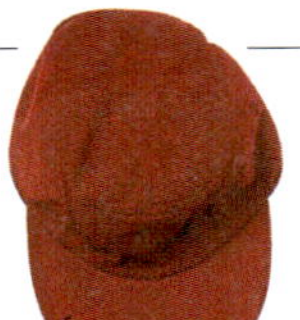

Kopfbedeckung
Bis Mitte des 20. Jh. trugen die Erwachsenen in der Öffentlichkeit Hüte. Seither kleidet man sich weniger formell, und die Bedeutung des Hutes ist stark zurückgegangen.

Gürtel

Hemd
Im Mittelalter trug man Hemden unter einem Obergewand. Im Lauf der Zeit ließ man immer mehr vom Hemd sehen. Heute gilt es als Oberbekleidung. Hemden und T-Shirts sind aus unempfindlichen Stoffen und pflegeleicht.

Vom Entwurf zum Modell

Modeschöpfer entscheiden über die Form eines Kleidungsstücks, über dessen Farbe und die verwendeten Stoffe. Ihre Vorstellungen werden davon beeinflusst, wer ein Kleidungsstück wozu trägt. Ein Arbeitshemd muss z. B. aus dauerhaftem festen Stoff sein. Eine modische Bluse kann aus feiner Seide bestehen.

Alltägliche Kleidung

Die Alltagskleidung besteht heute fast überall auf der Welt aus Hemd, Jeans und Turnschuhen. Das sportliche Outfit ist typisch für die veränderte Einstellung gegenüber der Kleidung im 20. Jh. Erstmals überwand die Kleidung die Schranken des Alters, des Geschlechts und der sozialen Klasse, denn fast alle tragen das Gleiche.

Jeans
Der deutschstämmige Händler Levi Strauss (1829–1902) verkaufte um 1850 in den USA die ersten Blue Jeans – die Levis – als Arbeitshosen an Goldwäscher. Seither sind diese Hosen überall beliebt und passen sich leicht der wechselnden Mode an.

Stoffprobe

Design
Einige Designer skizzieren ihre Ideen zunächst auf Papier. Andere arbeiten direkt mit dem Stoff, wickeln ihn um eine Anziehpuppe und stecken ihn mit Nadeln fest, bis er die richtige Form hat.

Schnittmuster
Ist man sich über das Design einig, so stellt man daraus Schnittmuster aus Papier oder Karton her. Mit␣ihrer Hilfe schneidet man die Stoffstücke aus. Für jede Körpergröße braucht man eigene Schnittmusterbögen.

Entwurf

Schnittmuster *Ärmel*
Rückenteil
Anleitung für den Schnitt

Turnschuhe
Turnschuhe wurden erst für sportliche Betätigung hergestellt, z. B. für Tennis oder Basketball. Seither haben Turnschuhe die klassischen Lederhalbschuhe im Alltag fast verdrängt.

Rutschfeste Sohle
Leder oder Stoff

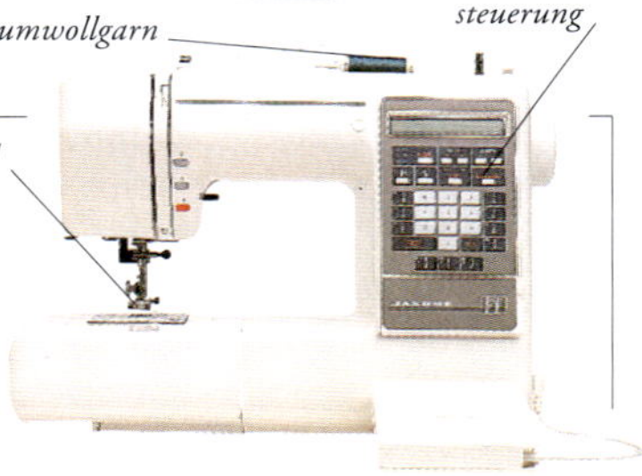

Bekleidungsindustrie

Weltweit arbeiten viele Millionen Menschen in der Bekleidungsindustrie. Nur wenige Kleider werden von großen Modehäusern noch als Einzelstücke gefertigt. Die meisten Kleidungsstücke stellt man in hohen Stückzahlen in Standardgrößen her. Vom Schnitt bis zum Bügeln handelt es sich um eine Massenfertigung.

Ausschneiden
Man legt auf langen Tischen bis 150 Stoffbahnen übereinander. Dann platziert man die Schnittmuster obenauf und schneidet das Material zu – entweder mit einem mechanischen Messer oder mit Laserstrahlen.

Nähen
Die ausgeschnittenen Stoffteile müssen zunächst zusammengetragen werden. Jede Maschinennäherin näht nur einen ganz bestimmten Teil des Kleidungsstückes fest, z. B. die Ärmel oder das Rückenteil.

Bügeln
Sind die Kleider fertig zusammengenäht, dann legt man sie zum Bügeln auf große flache Tische. Bei der Endkontrolle wird das fertige Kleidungsstück überprüft und dann an den Großhändler geliefert.

Nähmaschine
Die Nähmaschine arbeitet mit 2 Fäden: Die Nadel bildet mit dem oberen Faden eine Schleife, durch die der untere Faden gezogen wird. Nähmaschinen für zu Hause machen etwa 1 000 Stiche pro Minute, Industrienähmaschinen sind 10-mal so schnell.

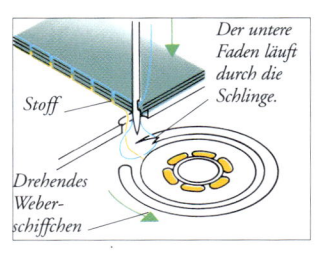

Computersteuerung
Baumwollgarn
Nadel

Der untere Faden läuft durch die Schlinge.
Stoff
Drehendes Weberschiffchen

Nadel bewegt sich nach oben.
Es entsteht ein Steppstich.

1 Die Nadel dringt durch den Stoff und es bildet sich eine Schlinge. Durch sie läuft das Weberschiffchen mit dem zweiten Faden.

2 Nach jedem Stich schiebt ein gezähntes Rädchen den Stoff weiter. Ein gefederter Fuß presst dabei den Stoff fest auf die Arbeitsplatte.

KLEIDUNG UND MODE

Traditionelle Kleidung

In manchen Ländern trägt man traditionelle, vielleicht jahrtausendealte Kleidung zusammen mit modernem Outfit. Die Nationaltracht entsprach früher meist der Kleidung der Bauern und war an die Umwelt- und die Arbeitsbedingungen jeweils sehr gut angepasst.

Traditionelle Jacke (Parka) aus modernem Stoff
Isolierte Stiefel

Kanada
Im Norden Kanadas schneit es von Oktober bis Mai. Die Inuit müssen sich deshalb durch ihre Kleidung vor der Kälte schützen.

Geschorener Kopf
Rubeka

Tansania
Die Masai tragen ein buntes Gewand, den *Rubeka*. Heiratsfähige junge Frauen haben noch einen besonderen Kopfschmuck.

Seidenjacke
Turnschuhe (nicht traditionell)

Südkorea
Die traditionelle Seidenjacke heißt *Hanbok*, was nur „koreanische Kleidung" bedeutet. Sie wird bei besonderen Gelegenheiten getragen.

Kopftuch
Stickerei
Hang pen

Vietnam
Die Tracht des Bergvolks der Dao heißt *Lamchu*: Sie besteht aus Kopftuch, Hemd, Jacke und um die Beine gewickelte *Hang pen*.

Indien
Das bekannteste Kleidungsstück indischer Frauen ist der Sari. Er besteht aus einem langen Stück Seiden- oder Baumwollstoff.

Elegant drapierter Sari

Wie man den Sari wickelt

Der Sari besteht aus einer einfachen 5–7 m langen Stoffbahn. Die Breite beträgt rund 1 m. Er wird über einem engen Mieder, dem *Choli*, und einem langen Unterrock getragen. Bei Hitze wickelt man den Sari lockerer, damit er luftiger ist.

Choli
Saristoff

1 Zunächst schlingt man den Sari einmal um die Hüfte und steckt ihn in den Unterrock.

2 Nun legt man den Stoff in Falten und befestigt sie im Unterrock.

3 Die übrige Stoffbahn legt man über die Schulter.

Coco Chanel

Die französische Modeschöpferin Gabrielle „Coco" Chanel (1883–1971) übte fast 60 Jahre lang starken Einfluss auf die Pariser und die Weltmode aus. Sie entwarf bequeme Kleider zu einer Zeit, als die Kleidung noch unbequem war. Viele ihrer Schöpfungen sind heute Modeklassiker, etwa die unten weiten Schlaghosen und das nach ihr benannte, mit Borten gesäumte Chanelkostüm.

Mode

Der neuesten Mode zu folgen konnten sich früher nur sehr reiche Leute leisten. Heute ist modische Kleidung durch die Fortschritte in der Bekleidungsindustrie und die Entwicklung der Kunststofffasern allen zugänglich. Der Stil ändert sich immer rascher, und die Mode ist zu einem großen Geschäft geworden. Modeschauen berühmter Häuser wie Dior (Frankreich) oder Armani (Italien) ziehen Käufer aus aller Welt an.

Modellkleid für die Hochzeit

Körperschmuck

Jede Kultur kennt den Körperschmuck, angefangen von Schmucknarben und Tätowierungen, die ein Leben lang bleiben, bis zu Körperbemalung oder Make-up, die nur kurz halten. Zu den ältesten Formen des Körperschmucks zählen Ringe, Hals- und Armbänder, Ohrringe und Broschen. Man trägt sie, um seinen Reichtum zur Schau zu stellen, als Glücksbringer oder einfach nur um schön zu sein.

Halsband aus Glas
Ohrclips
Armband

Schmuckstücke
Der Mensch fertigt seit jeher Schmuck aus Perlen, Beeren, Federn, Schalen, Knochen, Glas, Edelsteinen, Gold und Silber. Modeschmuck, den man nur kurze Zeit trägt, besteht meist aus billigem Material.

Modeschmuck

Körperbemalung
Die Menschen bemalen ihr Gesicht und oft den ganzen Körper, um religiöse Feste oder andere Ereignisse zu feiern oder um Krankheiten abzuwehren. Viele Frauen in Nordafrika und im Mittleren Osten tragen mit Henna Muster auf ihre Hände auf.

Körperbemalung in Papua-Neuguinea

Kopfbedeckung und Schuhe

Im Lauf der Zeit haben sich die Kopfbedeckungen und Schuhe stark verändert: vom aufwendigen Kopfputz bis zur Baskenmütze, von der Ledersandale bis zum Plateauschuh.

Abzeichen

Polizeimütze
Kopfbedeckungen verleihen Autorität. Das gilt besonders für die Schildmütze des Polizisten, die Teil seiner Uniform ist.

Reitkappe
Kinnriemen

Kappe und Helm
Wo das Risiko von Kopfverletzungen besteht, etwa am Bau oder beim Pferdesport, muss man eine feste Kappe oder einen Helm tragen.

Schuhe
Schuhe müssen die Füße schützen und sollten modisch sein. In der Regel sind sie aus dauerhaftem Leder. Heute verwendet man auch widerstandsfähige Textilien sowie zahlreiche Kunststoffe.

Futter
Zunge
Dünnes Oberleder
Passform für das Fußgewölbe

Schnitt durch einen Schuh

SIEHE AUCH UNTER — FARBSTOFFE · GLAS · INDIEN UND SRI LANKA · METALLE · NUTZPFLANZEN · TEXTILIEN

Mode im 20. Jh.

- Korsett drückt die Brust nach vorn, die Hüften zurück.
- Hemdkragen nach unten umgeschlagen, eine neue Mode
- Kopfschmuck aus Orangenblüten
- Weite Knickerbocker
- Rockähnlicher Ansatz bei beiden Kostümen
- Wickelrock

Alltagskleid Typisch S-förmige Silhouette, um 1900
Alltagskleid Schmal tailliert, um 1910
Straßenanzug Einreihig, um 1910
Hochzeitskleid Mit modernem kürzeren Rock, um 1920
Dreiteiliger Anzug Sportlich, um 1925
Badeanzüge Einteilig aus Wolle, um 1935

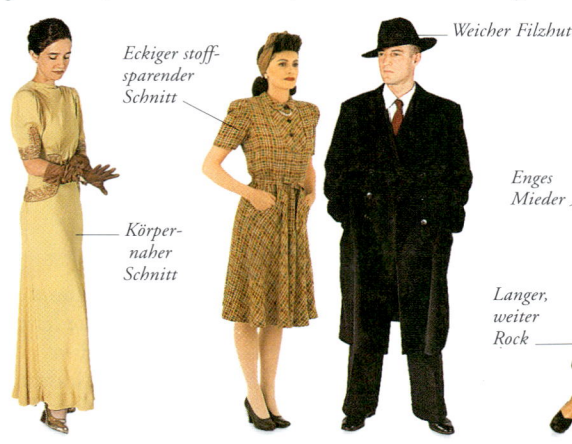

- Eckiger stoffsparender Schnitt
- Weicher Filzhut
- Körpernaher Schnitt
- Enges Mieder
- Langer, weiter Rock
- Schenkellanger Rock
- „Ethnische" Stile beeinflussen die Mode.
- Schlaghosen
- Hosen

Abendkleid Crepe, knöchellang, um 1935
Alltagskleidung Zweiter Weltkrieg, 1939–45
Kostüm Schöpfung von Christan Dior, um 1955
Minikleid Einfluss des Raumzeitalters, um 1965
Hippiemode Um 1975
Alltagskleidung Um 1995

Unterwäsche, Hüte, Schuhe

Damenhemd Baumwolle, mit Spitzen, um 1900 
Büstenhalter aus den 20er und 30er Jahren 
Korsett Aus den 30er bis 50er Jahren 
Unterwäsche Aus pflegeleichtem Nylon, 60er Jahre 
Einteiler Aus Polyester, um 1985 
Unterwäsche für Männer — Lange Unterhosen, um 1925; Baumwollunterhosen, um 1955; Boxershorts, um 1985

Strohhut Zur Sportkleidung getragen, um 1900
Seidenhut Über Drahtgestell, um 1925
Glockenförmiger Hut Mit schmaler Krempe, um 1925
Bowler Zum Reiten getragen, um 1925
Filzhut Mit Krempe, 30er Jahre
Seidenhut Beerenförmige Glasperlen, um 1955

Schuhe Mit Metallverzierung, um 1900
Kinderstiefel zum Rad fahren, um 1900 
Schuhe aus Schlangenleder Beliebt in den 20er Jahren 
Schnürschuhe Mit keilförmigem Absatz, 1940 
Damenstiefel Mit schwarzen und goldfarbenen, eingewebten Fäden, um 1965  
Plateauschuhe Mit hoher Sohle, um 1975

KLIMA

DAS WETTER KANN SICH oft von Augenblick zu Augenblick ändern. Den durchschnittlichen Verlauf des Wetters über viele Jahre nennen wir Klima. Wir unterscheiden 3 Klimatypen: tropisch warm, gemäßigt und polar. Das Klima ist nahe dem Äquator meist warm, in der Nähe der Pole dauernd kalt, bei uns gemäßigt. Es hängt aber auch von der Entfernung zum Meer ab. Danach unterscheidet man kontinentales und maritimes Klima. Welche Tiere und Pflanzen in einem Gebiet leben, wird ebenfalls vom Klima bestimmt.

Polargebiete
Gebirge
Tundra
Gemäßigt
Mediterran
Grasländer
Wüste
Subtropen
Tropen

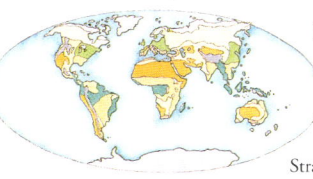

Klimazonen
Nahe dem Äquator steht die Sonne mittags hoch am Himmel und strahlt viel Wärme ab. In Polnähe steht sie viel tiefer und ihre Strahlung verteilt sich auf eine größere Fläche. Die Vegetationszonen widerspiegeln sehr genau die Klimazonen.

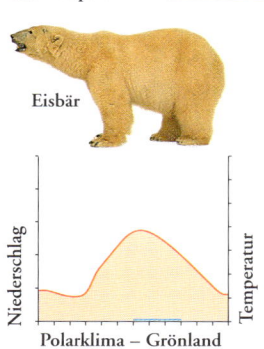

Eisbär

Polarklima – Grönland

Polares Klima
Gegen die Pole zu steht die Sonne stets niedrig und ist im Winter den ganzen Tag nicht zu sehen. Die Sommer sind hier sehr kurz. Die Wintertemperatur in der Tundra rund um den Nordpol fällt bis −60 °C und darunter.

Tropisches Klima
In tropischen Gebieten ist es immer warm und oft fällt sehr viel Regen. Es gibt auch tropische Wüsten mit trockenheißem Klima; doch in der Regel herrscht in den Tropen stets eine hohe Luftfeuchtigkeit.

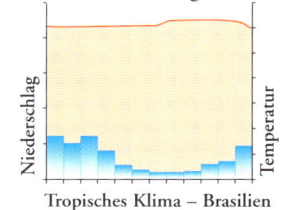

Papageien

Eichenzweig

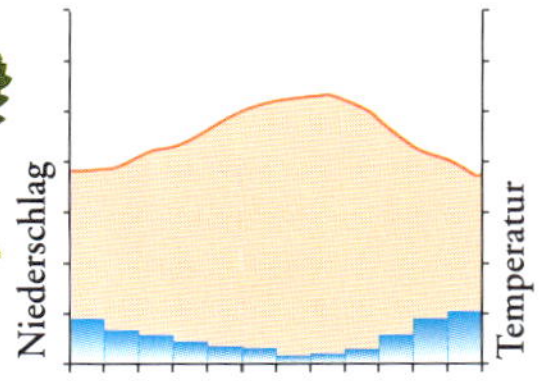

Gemäßigtes Klima – Seattle, USA

Maritimes und kontinentales Klima

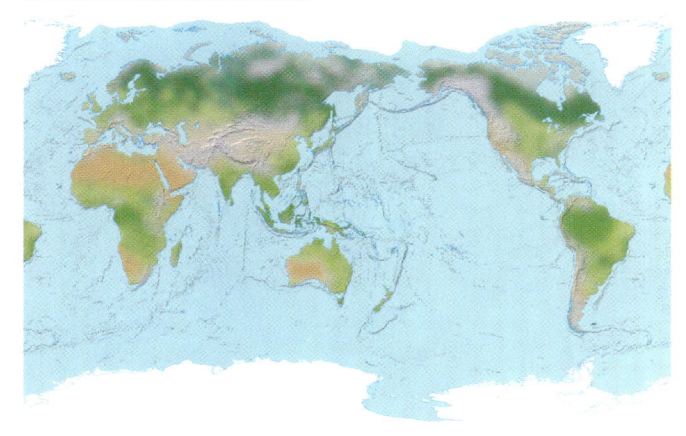

Tropisches Klima – Brasilien

Gemäßigtes Klima
In mittleren Breiten wie in den USA und in Mitteleuropa sind die Sommer warm und die Winter kühl. Es regnet das ganze Jahr über. Hierher gehört auch das Mittelmeerklima mit den trockenheißen Sommern und milden, feuchten Wintern.

Maritimes und Kontinentalklima
Das Meerwasser gleicht in Küstennähe das Temperaturgefälle zwischen Sommer und Winter sowie Tag und Nacht aus. Ein solches Klima nennen wir maritim. Weitab von der Küste herrscht kontinentales Klima: Die Temperaturunterschiede sind hier viel größer.

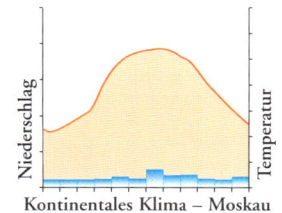

Wüstenklima
Über ein Fünftel der Erdoberfläche besteht aus Wüste. Hier fallen pro Jahr weniger als 100 mm Niederschläge. In den Tropen steigen die Lufttemperaturen tagsüber bis über 50 °C.

Monsunwinde
Einige tropische Gebiete haben eine Trocken- und eine Regenzeit. In Indien ist es von Oktober bis Mai trocken, und die Winde wehen vom zum Meer hin. Von Juni bis September wehen feuchte Winde vom Meer und bringen Regen.

Klima im Gebirge
Mit zunehmender Meereshöhe sinkt die Lufttemperatur. Auf Bergspitzen ist es nicht nur sehr kalt, sondern oft auch sehr feucht und windig. Oberhalb der Schneegrenze schmilzt der Schnee im Sommer nicht mehr ab.

Kontinentales Klima – Moskau

Breite Jahresringe deuten darauf hin, dass in dem betreffenden Jahr das Wetter günstig war und der Baum kräftig wuchs.

Klimaveränderungen
Über längere Zeitspannen hinweg kann sich das Klima verändern. Während der Eiszeiten war es auf der Erde sehr viel kälter als heute. Wir leben gerade in einer Warmzeit nach einer Eiszeit. Klimaveränderungen kann man an der Größe von Jahresringen von Bäumen ablesen.

Weltweite Erwärmung
Durch Umweltveränderungen wird das Klima auf der Erde möglicherweise wärmer. Das Kohlendioxid, das bei der Verbrennung von Erdöl entsteht, wirkt als Treibhausgas und hält in vermehrtem Maß die Sonnenwärme in der Atmosphäre fest. Dadurch könnte die Erde in den nächsten 50 Jahren durchschnittlich um 4 °C wärmer werden.

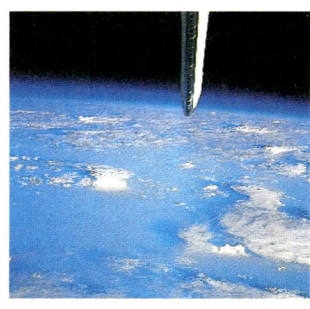

| SIEHE AUCH UNTER | GEBIRGE | NIEDERSCHLAG | OZEANE UND MEERE | UMWELTVERSCHMUTZUNG | WETTER | WETTERVORHERSAGE | WINDE | WÜSTEN |

KLÖSTER

MÖNCHE UND NONNEN, die sich von der Welt zurückziehen und ihr Leben der Religion weihen, leben in Klöstern. Besonders bei den Christen und den Buddhisten gibt es viele Klöster. Dazu gehören Kirchen oder Tempel für den Gottesdienst sowie die Gebäude, in denen die Klosterleute wohnen und arbeiten. Die meisten Klöster haben Ländereien und erhalten sich selbst.

Aufbau eines christlichen Klosters

Der Mittelpunkt eines christlichen Klosters ist die Kirche. Hier halten die Mönche oder Nonnen ihren täglichen Gottesdienst ab. Daneben gibt es Gemeinschaftsräume wie Speisesäle, Wasch- und Schlafräume und Studiersäle. In manchen Orden haben die Mönche oder Nonnen Einzelzimmer, die man auch Zellen nennt.

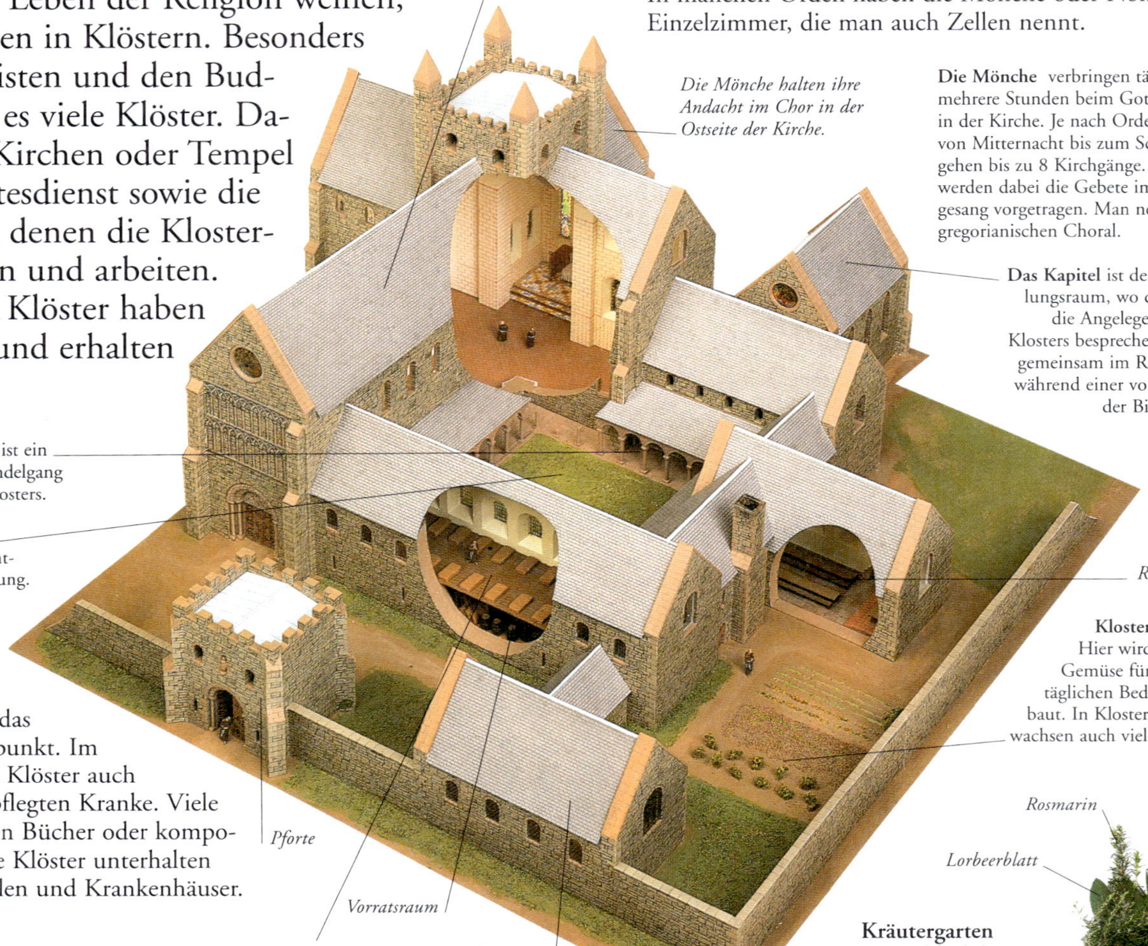

Im Kirchenschiff versammeln sich die Laien zum Gottesdienst.

Die Mönche halten ihre Andacht im Chor in der Ostseite der Kirche.

Die Mönche verbringen täglich mehrere Stunden beim Gottedienst in der Kirche. Je nach Orden gibt es von Mitternacht bis zum Schlafengehen bis zu 8 Kirchgänge. Häufig werden dabei die Gebete im Sprechgesang vorgetragen. Man nennt das gregorianischen Choral.

Das Kapitel ist der Versammlungsraum, wo die Mönche die Angelegenheiten des Klosters besprechen. Sie essen gemeinsam im Refektorium, während einer von ihnen aus der Bibel vorliest.

Kreuzgang Dies ist ein überdachter Wandelgang innerhalb des Klosters.

Klosterhof Er dient den Mönchen zur Entspannung und Erholung.

Refektorium

Klostergarten Hier wird das Gemüse für den täglichen Bedarf angebaut. In Klostergärten wachsen auch viele Kräuter.

Klosterleben

Im Kloster steht das Gebet im Mittelpunkt. Im Mittelalter boten Klöster auch Unterricht und pflegten Kranke. Viele Mönche schrieben Bücher oder komponierten. Moderne Klöster unterhalten heute noch Schulen und Krankenhäuser.

Pforte

Vorratsraum

Rosmarin

Lorbeerblatt

Kräutergarten In mittelalterlichen Klöstern gab es ausgedehnte Kräutergärten mit Heil- und Gewürzkräutern. Die Mönche kannten die Heilwirkung der meisten Kräuter und stellten daraus Arzneien für die Klosterapotheke her.

Produktion
Viele Klöster sind heute noch Selbstversorger. Die Mönche bearbeiten Feld und Garten oder betreiben eine Brauerei oder Molkerei. Auch Honig gehört zu den Produkten, die sie verkaufen.

Die Imkerei war schon früh in Klöstern verbreitet.

Schlafsaal Hier schlafen die Mönche gemeinsam. In manchen Orden haben sie auch eigene Schlafräume.

Krankenstation Sie ist in einem eigenen Haus untergebracht, um Ansteckungen zu vermeiden.

Klosterregeln

Das Leben im Kloster ist streng geregelt. Die Mönche müssen dem Abt oder Prior gehorchen, die Nonnen ihrer Äbtissin. Es gibt kein persönliches Eigentum. Beziehungen zum anderen Geschlecht sind untersagt.

Katholische Nonnen erkennt man meist an ihrer Tracht.

Novizen
Die ersten Jahre im Kloster verbringen Mönche und Nonnen als Novizen, d.h. Neulinge. In dieser Zeit prüfen sie sich, ob sie ihr Leben Gott weihen wollen. Erst danach nimmt sie der Orden auf.

Buddhistischer Mönch

Klöster in Asien

In buddhistischen Ländern verbringen junge Männer oft eine Zeit lang in einem Kloster. Das ist Teil ihrer Erziehung. Auch die Hindu und andere Glaubensgemeinschaften Indiens oder die Taoisten in China haben eine alte klösterliche Tradition.

Höhlenkloster
Mönche und Nonnen entsagen den Annehmlichkeiten des Lebens. Nur wenige gehen so weit wie die Mönche von St. Antoine im Libanon, die in Höhlen leben.

Höhlen des Ordens von St. Antoine

| SIEHE AUCH UNTER | BUDDHISMUS | CHRISTENTUM | HINDUISMUS | KIRCHEN UND KATHEDRALEN | MEDIZIN, GESCHICHTE | MITTELALTER | RELIGIONEN |

KOHLE

VOR ÜBER 200 MIO. JAHREN wuchsen mächtige Bäume in feuchtwarmen Sümpfen, die große Gebiete der Erde überzogen. Mit Hilfe der Sonnenenergie bauten sie ihr Holz auf. Die toten Bäume fielen in den Sumpf und wurden schließlich unter Sand begraben. Im Lauf der Jahrmillionen verwandelten sie sich unter Luftabschluss in Kohle. Wenn wir heute Kohle verbrennen, nutzen wir jene Sonnenenergie, welche die Bäume vor über 200 Mio. Jahren einfingen. Kohle und Erdöl bezeichnen wir insgesamt als fossile Brennstoffe.

Kohlenbergbau

Jedes Jahr werden fast 5 Mrd. Tonnen Kohle gewonnen. Die Spitzenplätze nehmen China und die USA ein, die zusammen etwa 2 Mrd. Tonnen fördern. Die besten Kohlenlager sind bis zu 20 m, durchschnittlich aber nur bis zu 3 m dick. Besonders wertvolle Kohlesorten liegen stets tief im Boden als Flöz zwischen den Gesteinsschichten.

Wie Kohle entsteht

Die erste Kohle entstand vor 350 Mio. Jahren in der Karbonzeit in Sumpfwäldern. Totes Pflanzenmaterial wurde von Sand- und Schlammschichten überdeckt. Die Reste der Pflanzen verwandelten sich langsam in 4 Schritten unter dem Einfluss von Wärme und Druck in Kohle und damit in reinen Kohlenstoff.

Totes Pflanzenmaterial sammelt sich in Sumpfgebieten an.

Torf stellt das erste Stadium bei der Entstehung der Kohle, der Inkohlung, dar. Er besteht größtenteils aus Torfmoosen. Der Heizwert ist gering.

Braunkohle oder Lignit enthält bis zu 60 % Kohlenstoff. Pflanzenreste sind noch deutlich zu erkennen. Braunkohle ist weich und krümelig und hat einen mittleren Heizwert.

Steinkohle enthält bereits über 80 % Kohlenstoff. Diese wertvolle Kohle wird von der Industrie wegen ihres hohen Heizwertes am meisten verwendet. Steinkohle ist hart, färbt aber deutlich ab.

Anthrazit ist mit über 90 % Kohlenstoff die hochwertigste Kohle. Er ist schwarzglänzend, färbt kaum ab und verbrennt mit nur wenig Rauch.

Kohlegewinnung im Tagebau

Tagebau
Wo Kohle – zumeist Braunkohle – dicht an der Erdoberfläche liegt, ist Tagebau möglich. Man trägt die oberflächlichen Schichten ab und gewinnt die Braunkohle mit großen Baggern. Später werden die Gruben rekultiviert.

Kohleabbau unter Tage

Untertagebau
Zu den Kohlenflözen tief in der Erde gelangt man über senkrechte Schächte und waagerechte Stollen. Die Kohle wird mit Hilfe von Schrämmmaschinen ausgehoben.

Kohlenprodukte

Durch Destillation gewinnt man aus Steinkohle eine Reihe wertvoller Produkte. Dazu erhitzt man die Kohle unter Luftabschluss in Koksöfen auf bis zu 1 300 °C. Der Kohle entweichen dadurch verschiedene Gase, die man in Kohlegas, Ammoniak und Teer trennt. Als fester Rückstand bleibt der Koks. Er ist entgaste Kohle.

Koks
Der feste, poröse Stoff ist wie die Kohle ein hervorragender Brennstoff, da er über 80 % Kohlenstoff enthält. Koks verwendet man zur Hauptsache in Hochöfen zur Verhüttung von Eisen. Dabei verbindet sich der Kohlenstoff des Kokses mit dem Sauerstoff des Eisenerzes zu Kohlendioxid.

Teer
Teer ist eine schwarze ölige Flüssigkeit, in der zahlreiche organische Stoffe enthalten sind, etwa Benzol, Phenol oder Kreosot. Aus Teerstoffen stellt man viele Produkte her, z. B. Farben, Lacke und Heilmittel.

Teerseife

Sicherheit

Die Arbeit der Bergleute ist gefährlich, da Stollen einstürzen und Gase wie Methan bei Schlagwetter durch Funken explodieren können. Der Engländer Davy entwickelte 1815 die Grubenlampe. Sie verhinderte Schlagwetter und man konnte den Methangehalt der Grubenluft ablesen.

Wetterlampe

Energieträger

Ungefähr 30 % der Energie auf der Welt stammen von der Kohle. In Kohlekraftwerken wird die Kohle pulverisiert und dann in einem Ofen verbrannt. Die heißen Gase erhitzen Wasser in Röhren zu Heißdampf. Dieser treibt Turbinen und verbundene Generatoren an, die Strom produzieren. Der niedrig gespannte Dampf wird schließlich in Kühltürmen in Wasser zurückverwandelt.

Kohlekraftwerk, Kühltürme; Deutschland

Brennstoff

Bis zur Mitte des 20. Jh. war die Kohle der am meisten verwendete Hausbrennstoff. Man heizte damit Öfen und kochte auf diesen. Später gab es auch eine Kohlenzentralheizung. Dann wurde die Kohle vom Erdöl, später auch vom Erdgas verdrängt. In einigen Städten ist die Kohle wegen der Rauchentwicklung als Brennstoff nicht mehr zugelassen.

Kohleöfen trugen zur Luftverschmutzung bei.

SIEHE AUCH UNTER: CHEMIE · EISEN UND STAHL · ELEKTRIZITÄT · ENERGIE · ERDÖL · FARBSTOFFE · FEUER · INDUSTRIELLE REVOLUTION · KUNSTSTOFFE

KOLIBRIS UND SEGLER

DIE SCHWARZEN ODER BRAUNEN SEGLER und die metallisch bunten Kolibris sind nah miteinander verwandt. Sie haben kleine Füße und sichelförmige Flügel. Beide Gruppen fliegen sehr gut, wenn auch auf unterschiedliche Weise. Die Segler fressen Insekten, die sie im Flug fangen. Dabei vollführen sie überraschende Wendungen. Ihre Nester bauen sie an Kirchtürmen und Kaminen oder in Höhlen. Die Kolibris leben vor allem vom Nektar der Blüten. Sie schießen von Pflanze zu Pflanze und trinken im Schwirrflug. Trotz ihrer geringen Größe sind Kolibris recht geräuschvoll und furchtlos. Oft kämpfen sie um die besten Futterplätze.

Segler
Einige der 92 Seglerarten verbringen die meiste Zeit in der Luft. Sie fressen, paaren sich und schlafen sogar in der Luft. Viele landen nur zum Brutgeschäft. Segler kommen in fast allen Ländern vor. Im Winter ziehen sie meist in wärmere Gebiete, weil sie nur dort genügend Insekten fangen.

Kolibris
Es gibt ungefähr 300 Kolibriarten. Sie alle kommen nur in Amerika vor. Die Kolibris gelten als die wendigsten Flieger unter den Vögeln. Sie können auf der Stelle schweben, seitlich und sogar rückwärts fliegen.

Männchen

Die metallischen Farben schimmern im Flug.

Befiederte Beine

Weibchen

Flug
Die Segler können mit ihren beiden Flügeln unterschiedlich schnell schlagen. Mit dieser ungewöhnlichen Fähigkeit führen sie bei hoher Geschwindigkeit die überraschendsten Wendungen durch.

Sichelförmige Flügel mit geringem Luftwiderstand

Flaggensylphe
Bei den meisten Kolibris sind die Männchen viel bunter gefärbt als die Weibchen. Sie kümmern sich jedoch nicht um die Aufzucht der Jungen. Das Männchen der Flaggensylphe hat zwei verlängerte Schwanzfedern. Mit ihnen lockt es ein paarungsbereites Weibchen an.

Der Schnabel des Schwertschnabels ist länger als sein Körper.

Schnabelformen
Die Form des Kolibrischnabels richtet sich nach den Blüten, von denen die Vögel leben. Der Schwertschnabel besucht Blüten mit langen Röhren. Einige Kolibris haben krumme Schnäbel und besuchen entsprechende Blüten.

Der Schwertschnabel misst zusammen mit dem Schnabel 25 cm.

Nester
Segler können nicht am Boden landen, um Nistmaterial zu sammeln. Stattdessen bauen sie ihre Nester aus Speichel und Material, das sie in der Luft greifen, an Felsen. Die essbaren Schwalbennester stammen von Seglern.

Essbare Schwalbennester

Schornsteinsegler
Diese nordamerikanische Art baut ihre Nester aus winzigen Zweigen und Speichel. Sie klebt sie oft an die Innenseite eines Schornsteins oder eines Lüftungsschachtes.

Der Schwirrflug der Kolibris

Bis zu 78 Flügelschläge pro Sekunde

Gestreckte Flügelgelenke

Die Flugmuskeln machen bis zu einem Drittel des Gesamtgewichtes aus.

1. Der Vogel schlägt die Flügel nach hinten zusammen, bis sie sich berühren. Dadurch entsteht ein Auftrieb nach oben.

2. Die Flügel drehen sich um sehr bewegliche Schultergelenke, während der Vogel sie nach vorne schlägt.

3. Der Abschlag der Flügel erzeugt einen Auftrieb und zusätzlich einen Vortrieb, der den Vogel nach vorne bewegt.

4. Bei einem Auf- und Abschlag beschreibt die Flügelspitze eine Acht. Man sieht dies aber nur in Zeitlupe.

SIEHE AUCH UNTER: BLÜTEN · SINGVÖGEL · TIERBAUTEN · TIERWANDERUNGEN · VÖGEL · VOGELFLUG

MAUERSEGLER
WISSENSCHAFTLICHER NAME Apus apus
ORDNUNG Apodiformes, Seglerartige
FAMILIE Apodidae, Segler
VERBREITUNG Europa und Asien (Sommer); Afrika (Winter)
LEBENSRAUM Offenes Gelände, oft auch in Städten
ERNÄHRUNG Fliegende Insekten
GRÖSSE Länge mit Schwanz: 18 cm
LEBENSDAUER 15–20 Jahre

KOLUMBIEN UND VENEZUELA

DAS NÖRDLICHE SÜDAMERIKA besteht aus 4 Ländern – Kolumbien, Venezuela, Guyana und Suriname – sowie einer Kolonie, Französisch-Guyana. Die Bevölkerung in diesem Gebiet ist stark gemischt, die meisten Bewohner sind Mestizen. An der Küste liegen kleine Siedlungen, bewohnt von Nachkömmlingen von Sklaven, die die Kolonialherren hierher verschleppten, um sie auf ihren Zuckerrohr- und Kaffeeplantagen arbeiten zu lassen. Der Gegensatz zwischen Arm und Reich, überbevölkerte Städte, Drogenhandel und Gewalt bilden in der Region ein großes Problem.

Slums
Viele Länder Südamerikas haben eine stark wachsende junge Bevölkerung. Die meisten Menschen leben dabei in den Städten des Nordens. Sie finden dort keine richtige Unterkunft und errichten eine Hütte in Slums oder Barrios am Rand der Städte. Hier gibt es kaum fließendes Wasser und keine Kanalisation.

Barackensiedlung für arme Leute im Bezirk Pro Patria von Caracas

Geografie
Die Anden beherrschen Westkolumbien und Venezuela. Um den Maracaibosee und am Unterlauf des Orinoco liegen fruchtbare Tiefebenen. Tropischer Regenwald bedeckt einen großen Teil des Inneren von Suriname und Guyana, die beide sumpfige Küsten haben.

Nördliche Anden
Die nördlichen Anden werden von den Tälern des Cauca und Magdalena in 3 Ketten unterteilt. Die meisten Kolumbianer und viele Venezolaner leben am Fuß dieser Berge.

Angel Falls
Die spektakulären Angel Falls am Fluss Churún in Ostvenezuela sind mit einer Gesamthöhe von 980 m die höchsten der Welt. Die längste Fallstrecke beträgt 807 m. Tausende von Touristen im Jahr besuchen den Wasserfall.

20 °C 21 °C

7 090 mm

Klima
Die Tiefebenen im nördlichen Südamerika sind feuchtheiß. Der Küstenabschnitt bei Maracaibo ist trockenheiß. Die Temperaturen in den Anden liegen viel niedriger.

Regenwald
Dichte tropische Regenwälder bedecken die südlichen Gebiete von Kolumbien und Venezuela sowie große Teile Surinames, Guyanas und Französisch-Guyanas. In unzugänglichen Gebieten leben noch Indianerstämme weitgehend isoliert von der modernen Welt.

Kolumbien

Die Anden trennen Kolumbien in einen nördlichen und einen südlichen Teil. Das Land hat Anteil am Atlantik wie am Pazifik. Wirtschaftlich ist es eines der reichsten in Südamerika, doch stellt der Drogenhandel ein ernsthaftes Problem dar. Mit Hilfe der USA führt die Regierung einen dauernden Krieg gegen die Drogenbarone.

Cumbia
Der Cumbia ist der bekannteste Tanz an der Karibikküste Kolumbiens. Er entstand durch spanische, indianische und afrikanische Einflüsse. Weiß gekleidete Männer und Frauen in langen Röcken tanzen zu Flötenmusik und Trommeln.

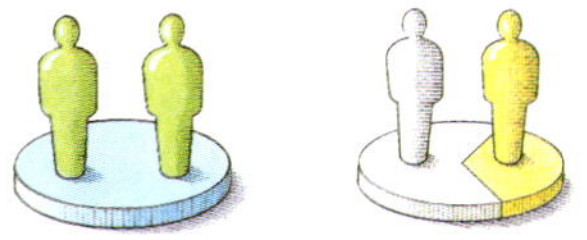

38 pro km² — 74 % Stadt — 26 % Land

Kolumbianischer Volkstanz

KOLUMBIEN: DATEN
- **HAUPTSTADT** Bogotá (amtl. Santafé de Bogotá)
- **FLÄCHE** 1 141 748 km²
- **EINWOHNER** 43 000 000
- **SPRACHE** Spanisch, Indianersprachen
- **RELIGION** Christentum
- **WÄHRUNG** Kolumbianischer Peso
- **LEBENSERWARTUNG** 71 Jahre
- **REGIERUNG** Mehrparteiendemokratie
- **ANALPHABETEN** 9 %

Bogotá
Kolumbiens Hauptstadt wurde von den Spaniern 1538 gegründet und liegt 2 610 m hoch in den Anden. Hier leben über 6 Mio. Einwohner. Bogotá ist das industrielle und finanzielle Zentrum des Landes.

Moderne Gebäude in Bogotá

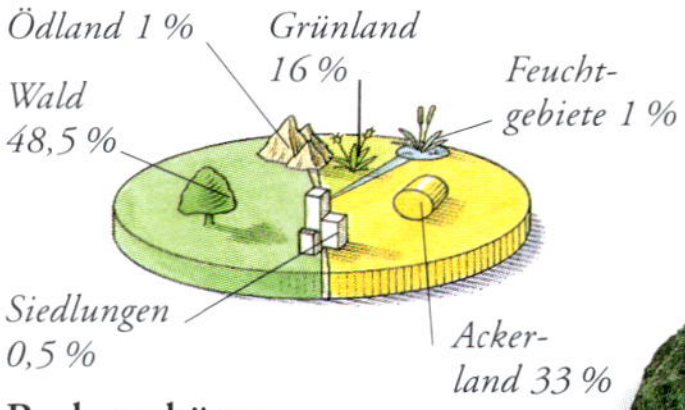

Landnutzung
Ödland 1 %, Grünland 16 %, Wald 48,5 %, Feuchtgebiete 1 %, Siedlungen 0,5 %, Ackerland 33 %

In den Tiefebenen Kolumbiens wachsen das ganze Jahr viele Kulturpflanzen. Kaffeesträucher werden in 1000 bis 1900 m Höhe angebaut. In den Waldgebieten gibt es viele forstwirtschaftlich genutzte Bäume.

Bodenschätze
Kolumbien fördert rund 90 % aller Smaragde auf der Welt. Das Land verfügt auch über große Reserven an Gold, Platin und Kohle. Neu entdeckte Erdöllager machen es energieunabhängig.

Smaragd, Kalzit

Landwirtschaft
Kolumbien ist der zweitgrößte Kaffeeproduzent. Man baut Kaffee, vor allem milde Sorten, in vielen tausend kleinen Plantagen an. Weitere wichtige Kulturpflanzen sind Zuckerrohr, Reis, Früchte, Gemüse, Tabak, Baumwolle und Schnittblumen. Es werden auch Rinder, Schweine, Schafe und Pferde gehalten.

Venezuela

Venezuela wird vom Orinoco entwässert. In der zentralen Ebene des Landes grasen 15 Mio. Rinder. Trotz Erdölreichtums und fruchtbarer Böden herrscht im Land Korruption, die in den späten 90er Jahren zu einer Wirtschaftskrise und in den städtischen Gebieten zu großem Elend führte.

Bodenschätze
Venezuela steht bei der Erdölförderung weltweit an 8. Stelle. Das Erdöl macht fast 80 % der Exporte aus. Die reichsten Lagerstätten finden sich am Orinoco und Maracaibosee. Die Ausrichtung auf die Erdölindustrie führte zu einer Vernachlässigung der übrigen Wirtschaft. Venezuela hat auch große Lagerstätten von Erdgas, Diamanten, Bauxit, Gold und Eisenerz.

VENEZUELA: DATEN
- **HAUPTSTADT** Caracas
- **FLÄCHE** 912 050 km²
- **EINWOHNER** 24 000 000
- **SPRACHE** Spanisch
- **RELIGION** Christentum
- **WÄHRUNG** Bolívar

Guyana

Abgesehen von einem schmalen, dicht besiedelten Küstenstreifen ist Guyana von Regenwäldern bedeckt. Die Wirtschaft beruht auf Bauxit, Gold, Reis und Zucker. Die Hälfte der Bevölkerung stammt von Indern, ein Drittel von afrikanischen Sklaven ab. Briten brachten sie als Plantagenarbeiter hierher.

Georgetown
Die Hauptstadt, größte Stadt und wichtigster Hafen von Guyana wurde 1781 von Briten gegründet und nach König Georg III. benannt. Sie hat seit 1963 eine Universität und einen sehenswerten botanischen Garten.

St.-Georgs-Kathedrale

GUYANA: DATEN
- **HAUPTSTADT** Georgetown
- **FLÄCHE** 214 969 km²
- **EINWOHNER** 775 000
- **SPRACHE** Englisch
- **RELIGION** Christentum, Hinduismus, Islam
- **WÄHRUNG** Guyana-Dollar

Suriname

In der ehemaligen niederländischen Kolonie leben überwiegend Menschen indischer Herkunft und von Java sowie Kreolen und Schwarzafrikaner. Viele Bewohner sind in die Niederlande ausgewandert. Bauxit und die daraus hergestellte Tonerde bilden die wichtigsten Exportgüter.

Fischerei
Meeresfische und besonders Garnelen oder Shrimps zählen zu den Hauptexportgütern. Man fängt sie in den Küstengewässern des Atlantiks vor Suriname.

SURINAME: DATEN
- **HAUPTSTADT** Paramaribo
- **FLÄCHE** 163 265 km²
- **EINWOHNER** 435 000
- **SPRACHE** Niederländisch, Hindi
- **RELIGION** Christentum, Hinduismus
- **WÄHRUNG** Suriname-Gulden

Französisch-Guyana

Französisch-Guyana ist die letzte Kolonie in Südamerika und seit 1946 ein französisches Überseedepartement. Auf 83 500 km² leben ca. 170 000 Menschen. Die Europäische Weltraumorganisation ESA hat hier einen Startplatz, Kourou.

Ariane-Rakete

SIEHE AUCH UNTER ERDÖL · FISCHFANG · INDIANER · KRISTALLE · LANDWIRTSCHAFT · RAUMFAHRT · SÜDAMERIKA, GESCHICHTE · TANZ · WELTREICHE

KOLUMBUS, CHRISTOPH

CHRISTOPH KOLUMBUS war nach den Wikingern der erste Europäer, der den amerikanischen Kontinent erreichte. Noch Ende des 14. Jh. wusste man in Europa nichts von Amerika. Man glaubte damals, der Atlantik trenne Europa von Asien. Deshalb hielt Kolumbus es auch für möglich, Asien und die reichen Gewürzländer Indiens westwärts mit dem Schiff schneller zu erreichen als über den Landweg. 1492 segelte er von Palos in Spanien los. Nach zwei Monaten stieß er auf Inseln in der Karibik und glaubte im Osten Indiens zu sein. Doch er hatte Amerika entdeckt!

Der Hafen von Genua im 16. Jh.

Kindheit und Jugend
Kolumbus wurde 1451 in der Hafenstadt Genua in Italien geboren. Sein Vater war Weber und konnte seinen Sohn nicht zur Schule schicken. Als Junge lief Christoph von zu Hause weg und ging zur See. Später arbeitete er in Lissabon, Portugal, wo er für die Seeleute Karten zeichnete.

Überquerung des Atlantiks

Während die Portugiesen und andere Seefahrer den Seeweg nach Asien suchten, indem sie Afrika umsegelten, wollte Kolumbus ihn in entgegengesetzter Richtung quer über den Atlantik finden. 1492 überredete er den König und die Königin von Spanien diese Reise zu finanzieren. Er erhielt 3 Schiffe; das größte davon war der Dreimaster *Santa Maria*. Bei der ersten Reise landete er nach 5 Wochen auf der heutigen Watlingsinsel, die zu den Bahamas gehört. Kolumbus hielt sie für eine Asien vorgelagerte Insel und segelte weiter.

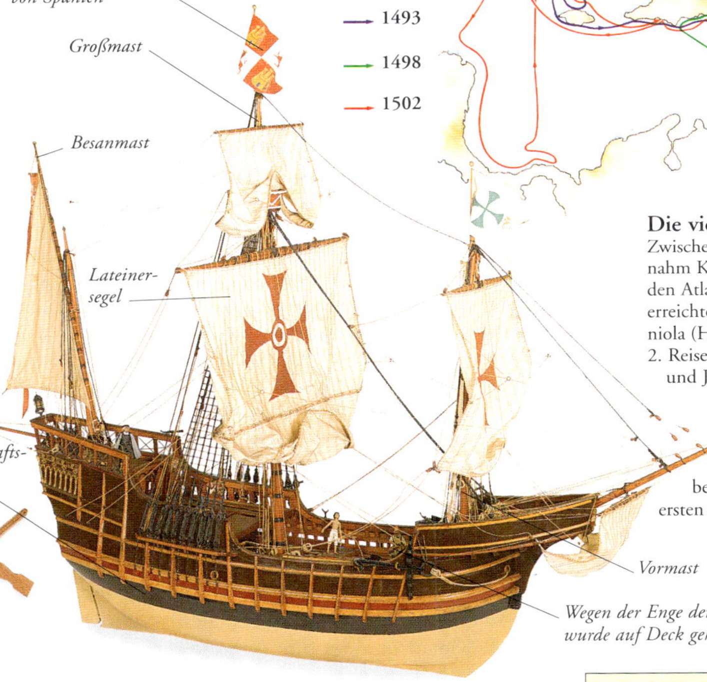

Die Santa Maria
- Königliche Flagge von Spanien
- Großmast
- Besanmast
- Lateinersegel
- Mannschaftsraum für 40 Leute
- Vormast
- *Wegen der Enge der Quartiere wurde auf Deck gekocht.*

Die 4 Reisen des Kolumbus
- 1492
- 1493
- 1498
- 1502

Die vier Reisen
Zwischen 1492 und 1504 unternahm Kolumbus 4 Reisen über den Atlantik. Auf der 1. Reise erreichte er die Bahamas, Hispaniola (Haiti) und Kuba. Auf der 2. Reise fand er Santo Domingo und Jamaika; auf der 3. Reise erreichte er Trinidad und die Küste Südamerikas. Erst auf der 4. Reise betrat er in Honduras zum ersten Mal den neuen Erdteil.

Navigation
Kolumbus hatte nur wenige Instrumente, um seinen Kurs auf dem Ozean zu finden: Mit dem Astrolabium bestimmte er die Höhe des Gestirns und damit den Breitengrad. Mit dem Jakobs- oder Kreuzstab maß er ebenfalls Sternhöhen. Kolumbus besaß auch einen einfachen Kompass.

Astrolabium
Peilung mit Jakobsstab 
Jakobsstab 

Die Westindischen Inseln

Von den Bahamas segelte Kolumbus in die Karibik und stieß auf zahlreiche Inseln. Die Europäer waren überwältigt von der Schönheit und üppigen Vegetation. Zu ihrer Enttäuschung fanden sie aber nicht die erhofften reichen asiatischen Städte. Kolumbus nannte die Inseln „Westindische Inseln". In den folgenden Jahrhunderten gründeten die Europäer hier Kolonien.

Kolumbus erreicht die Insel Hispaniola

Neue Erfahrungen
Auf den Westindischen Inseln probierten Kolumbus und seine Mannschaft Ananas, Kartoffeln und Zuckermais. Sie lernten die Hängematten der Indianer kennen und beobachteten, dass die Arawak auf Kuba trockene Blätter zu sicars – Zigarren – rollten und diese rauchten.

Der alternde Kolumbus
1493 war Kolumbus Vizekönig der „Neuen Welt". Doch er hatte keine glückliche Hand. 1500 gab es Klagen über seine Herrschaft in Hispaniola. Er wurde in Ketten nach Spanien gebracht. Dort ließ man ihn frei, und er segelte 1502–04 wieder nach Amerika. Bis zum Tod glaubte er in Indien gewesen zu sein.

CHRISTOPH KOLUMBUS

1451	Geboren in Genua, Italien
1476	Er arbeitet als Kartenzeichner in Lissabon, Portugal.
1479	Er heiratet die Adlige Filipa de Perestrelo e Moniz.
1484	Kolumbus wird Kapitän für ein portugiesisches Handelshaus.
1492	1. Reise über den Atlantischen Ozean auf der Suche nach einem Seeweg nach Asien
1493–96	2. Reise
1493	Errichtung einer europäischen Kolonie in Hispaniola (Haiti)
1498–1500	3. Reise
1502–04	4. und letzte Reise
1506	Tod in Valladolid, Spanien

SIEHE AUCH UNTER ENTDECKUNGEN · NAVIGATION · SCHIFFE · SPANIEN, GESCHICHTE · SÜDAMERIKA, GESCHICHTE · ZENTRALAMERIKA, GESCHICHTE

KOMETEN UND ASTEROIDEN

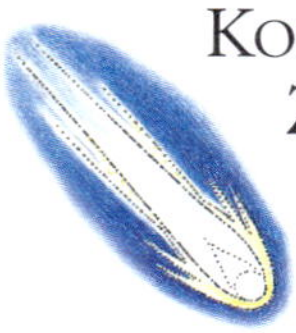

KOMETEN UND ASTEROIDEN SIND ÜBERBLEIBSEL aus der Zeit vor 4,6 Mrd. Jahren, als im Sonnensystem die 9 Planeten entstanden. Kometen sind schmutzige Schneebälle vom Rand des Sonnensystems, der sog. Oort'schen Wolke. Einige verlassen diese Wolke und wandern zur Sonne. Dort schmilzt ein Teil des Schnees, und der Komet beginnt zu leuchten. Asteroiden sind Kleinplaneten aus Gestein zwischen den Bahnen des Mars und des Jupiter.

Fern der Sonne ist der Komet ein schmutziger Schneeball.
Schweif entsteht bei Annäherung an die Sonne.
Nahe der Sonne ist der Schweif am längsten.
Schweif verkürzt sich mit Entfernung von der Sonne.

Dünner Gasschweif

Komet West Er flog 1976 an der Erde vorbei und hatte 2 Schweife.

Breiter Staubschweif

Kern *Koma*

Aufbau eines Kometen
Der Kern im Zentrum ist ein schmutziger, einige Kilometer großer Schneeball. Nahe der Sonne wird der Schnee zu Gas. Staub- und Gasteilchen treten nach außen und bilden eine Hülle – die Koma – sowie 1–2 Schweife.

Halley'scher Komet
Der Halley'sche Komet wurde als Einziger von nahem untersucht. 5 Raumschiffe wurden ihm entgegengesandt, als er 1986 durch das innere Sonnensystem zog. Die Raumsonde *Giotto* nahm dieses Bild von seinem dunklen Kern auf.

Edmond Halley
Kometen werden in der Regel nach ihren Entdeckern benannt. Dieser hat seinen Namen nach dem englischen Astronomen Edmond Halley (1656–1742). Er bewies als Erster, dass es periodische Kometen gibt, die wiederkehren. Der nach ihm benannte Komet kommt alle 76 Jahre.

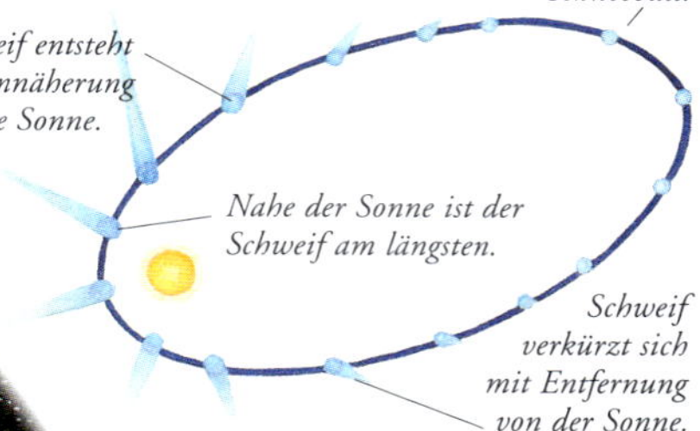

Periodische Kometen
Verlässt ein Komet die Oort'sche Wolke, kann dies auf einer Bahn geschehen, die ihn immer wieder ins Sonnensystem zurückführt. Das ist ein periodischer Komet. Etwa 150 kurzperiodische Kometen tauchen in Abständen unter 200 Jahren am Himmel auf und sind nach 20 000 Jahren aufgebraucht.

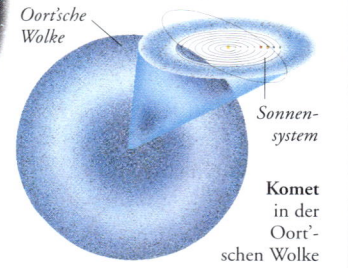

Oort'sche Wolke *Sonnensystem* *Komet in der Oort'schen Wolke*

Oort'sche Wolke
Um das Sonnensystem liegt die Oort'sche Wolke, in der sich 10 Bio. Kometen aufhalten. Die Entfernung ist aber so groß, dass man keinen davon sieht. Kometen sind nur dann zu erkennen, wenn sie von der Oort'schen Wolke ins Innere des Sonnensystems gelangen. Bisher kennt man rund 700 Kometen.

Meteoriten
Kleine Staub- und Gesteinsteilchen fliegen überall durchs Sonnensystem. Sie stammen von Kometen und Asteroiden. Etwa 220 000 Tonnen solcher Teilchen gelangen jedes Jahr in die Erdatmosphäre. Kleinere Teilchen verglühen und werden zu Meteoren oder Sternschnuppen, größere landen auf der Erdoberfläche und heißen Meteorite.

Sternschnuppen
Kleine Staubteilchen aus dem Weltall dringen in die Atmosphäre ein und erzeugen dort Lichterscheinungen, die Sternschnuppen. Mehrmals im Jahr fliegt die Erde durch Stäube aus früheren, aufgelösten Kometen. Dies äußert sich in Meteorströmen am Himmel. Die bekanntesten Ströme sind die Perseiden im Juli und August.

Meteoriten
Jedes Jahr fallen ca. 3 000 Meteoriten auf die Erde. Man unterscheidet Stein- und Eisenmeteoriten. Auch Steinmeteoriten enthalten einen Anteil an Nickeleisen und reagieren magnetisch.

Nickeleisen *Stein-Eisen-Meteorit*

Meteorit von Nakhla

Gestein vom Mars
Es sind 8 Meteoriten bekannt, die vom Mars stammen. Der Meteorit von *Nakhla* fiel 1911 in Ägypten. Er ist 13 Mio. Jahre alt. Solche Meteoriten sagen uns, dass der Mars einst flüssiges Wasser hatte.

Meteoritenkrater
Wenn ein größerer Meteorit auf die Erde prallt, kann er einen Krater erzeugen. Man kennt auf der Welt rund 150 solcher Aufprallstellen oder Astrobleme, etwa den *Wolfe-Krater* in Australien oder das *Nördlinger Ries* in Süddeutschland.

Wolfe-Krater

Asteroidengürtel
Zwischen den Bahnen von Mars und Jupiter liegt der Asteroidengürtel. In diesem Bereich kreisen Millionen Kleinplaneten oder Planetoiden aus Stein und Metall. Die kleinsten sind nur Staubkörner. Der größte Asteroid, Ceres, misst 900 km.

Gaspra
Bisher hat man ungefähr 5 000 Asteroiden entdeckt. Nur 10 sind kugelförmig und größer als 250 km. Die kleineren wie Gaspra sind unregelmäßig geformt und sehen wie Felsblöcke aus.

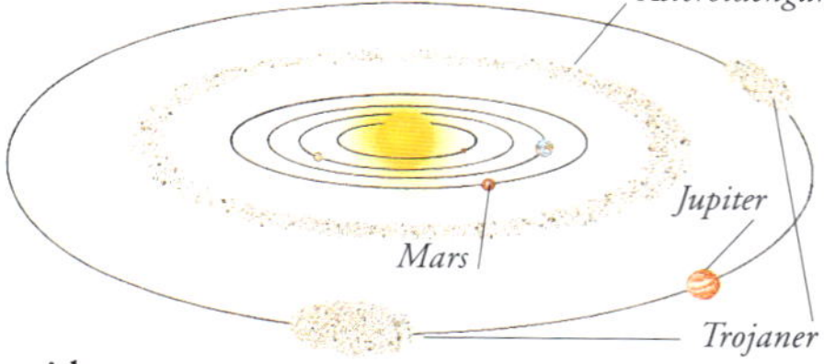

Asteroidengürtel *Mars* *Jupiter* *Trojaner*

Asteroidengruppen
Nicht alle Asteroiden halten sich im Asteroidengürtel auf. Etwa 10 % bewegen sich auf anderen Bahnen. Die Trojaner fliegen in einer Gruppe vor dem Jupiter, in einer anderen hinter dem Jupiter. Die Amor- und die Apollogruppe berührt fast die Erdbahn.

SIEHE AUCH UNTER ASTRONOMIE PLANETEN RAUMFAHRT SONNE UND SONNENSYSTEM WELTALL

KONFUZIUS

VOR 2 000 JAHREN HERRSCHTEN in China Aufruhr und Krieg. Die Regierung des Kaisers war zusammengebrochen und mit ihr die ganze bürgerliche Ordnung. Aus diesem Chaos zog ein Mann die Lehren: Konfuzius entwickelte einen Moralkodex auf der Grundlage von Menschenliebe, Ehrerbietung und Pflichten vor allem in der Familie. Der Weise glaubte, man könne die Menschen dazu bringen, dass sie in einer geordneten Gemeinschaft leben. Diese Ansicht hat heute noch großen Einfluss in China.

Kindheit und Jugend
Konfuzius wurde um 551 v. Chr. in der Provinz Lu in Nordostchina geboren. Sein Name war Kong Qiu. Sein Vater starb, als er 3 Jahre alt war. Die Mutter musste ihren Sohn allein erziehen. Er wurde als Kongfuzi oder „großer Meister Kung" berühmt. Im Westen erhielt er den lateinischen Namen Konfuzius.

Die Lehre des Konfuzius
Konfuzius entwickelte seine Gedanken aus der Erfahrung als Regierungsbeamter. Er lehrte, ein guter Herrscher solle Beispiel geben, indem er mit seinen Untertanen gerecht umgehe und Gewalt als letztes Mittel einsetze. Die Untertanen hätten die Pflicht, ihrem Herrscher zu gehorchen.

Ahnenverehrung
Konfuzius legte Wert auf die Ahnenverehrung, weil sie die Familienbande stärkt. Die Chinesen betrachteten sich als Teil der großen nationalen Familie, die die Lebenden, die Toten und die zukünftig Geborenen einschloss. Viele traditionelle chinesische Gottheiten galten als Ahnen, die als gewöhnliche Menschen in China gelebt hatten und nach ihrem Tod Einfluss auf das tägliche Leben nahmen.

Chün-tzu
Konfuzius' Ideal ist der „fürstliche Mensch" oder Chün-tzu. Er zeigt Mitmenschlichkeit, Selbstkontrolle, Achtung gegenüber Höherstehenden und sorgt sich um das Wohlergehen anderer. Konfuzius war gegen Sklaverei sowie Menschen- oder Tieropfer. Unter seinem Einfluss wurden kleine Figuren aus Terrakotta oder Bronze anstelle lebender Sklaven oder Tiere als Grabbeigaben üblich.

Grabbeigabe aus Bronze in Form eines Nashorns

Zhou-Dynastie
1027–256 v. Chr. wurde Nordchina von den Zhou regiert. Die ersten Zhou-Herrscher erfüllten ihre Aufgaben gut. Dann zerfiel China unter dem Einfluss lokaler Fürsten, die gegeneinander Krieg führten. Für Konfuzius waren die frühen Jahre der Zhou-Dynastie das goldene Zeitalter sozialer Harmonie.

Chinesische Göttin Kuan Yin

Henkel in Form eines mythischen Tieres

Ritualgefäß, Zhou-Dynastie

Politische Karriere
Einige Jahre lang arbeitete Konfuzius als Ratgeber des Fürsten von Lu sowie anderer lokaler Herrscher. Er riet den Herrschern zu Respekt vor der existierenden Sozialordnung und befürwortete politische Stabilität. Sein Lebensstil und seine strengen Ansichten machten ihn unbeliebt und Konfuzius musste Lu verlassen.

Gespräche des Konfuzius
Den größten Teil dessen, was Konfuzius lehrte, finden wir in einem Buch mit seinen Aussprüchen, dem *Lunyu* („Gespräche"). Diese Lehren wurden nach dem Tod des Konfuzius von seinen Jüngern zusammengefasst. Konfuzius soll auch 5 klassische Bücher mit der Bezeichnung *Wu Ging* herausgegeben oder redigiert haben. Das berühmteste darunter ist das *I Ging*, das „*Buch der Wandlungen*". Es enthält eine Methode zum Wahrsagen der Zukunft mit Hilfe gebrochener und ungebrochener Linien.

Chinesische Schriftzeichen eines späteren Jüngers von Konfuzius

Mencius
Nach dem Tod des Konfuzius führten Jünger sein Werk fort. Der berühmteste war Meng Zi (um 371–um 288 v. Chr.), lateinisch Mencius. Er lehrte, der Mensch sei von Natur aus gut. Es sei Pflicht des Herrschers, für Wohlstand, Bildung und moralisches Wohlergehen seiner Untertanen zu sorgen. Die Schüler von Mencius schrieben die Lehren des Meisters auf.

Auswirkungen
Obwohl Konfuzius keine Religion gründete, üben seine Lehren noch heute großen Einfluss in der chinesischen Welt aus, wo die traditionellen Familienwerte auf seine Ansichten zurückgehen. Der Moralkodex, den Konfuzius lehrte, passt gut zu asiatischen Religionen wie dem Buddhismus, dem Taoismus und dem Schintoismus. Konfuzius' Schriften und klassischen Texte werden heute auch im Westen studiert.

Chinesische Familie, 19. Jh.

KONFUZIUS
- **1027 v. Chr.** Zhou-Dynastie kommt in Nordchina an die Macht.
- **um 551 v. Chr.** Geburt des Konfuzius in Lu
- **532 v. Chr.** Heirat des Konfuzius
- **531 v. Chr.** Geburt eines Sohnes
- **517 v. Chr.** Konfuzius geht zum ersten Mal ins Exil.
- **501–496 v. Chr.** Bedeutende Staatsstelle in der Provinz Lu
- **483 v. Chr.** Rückkehr nach Lu
- **um 481–221 v. Chr.** China zerfällt in 7 kriegführende Staaten.
- **um 479 v. Chr.** Tod des Konfuzius

SIEHE AUCH UNTER BÜCHER · CHINA, GESCHICHTE · FAMILIE UND GESELLSCHAFT · PHILOSOPHIE · RELIGIONEN · SCHRIFT

KONTINENTE

DIE 7 GROSSEN LANDMASSEN der Erde heißen Kontinente. Es sind dies Nordamerika, Südamerika, Afrika, Europa, Asien, Australien und Antarktika. Diese Kontinente oder Erdteile erscheinen uns ewig und unveränderlich. Das trifft aber keineswegs zu. Sie bewegen sich vielmehr gegeneinander, weil die Erdkruste aus riesigen Schollen besteht. Wir bezeichnen sie als tektonische Platten. Die Kontinente sitzen auf diesen Platten, die sich dauernd gegeneinander verschieben. So entfernen sich z. B. Europa und Nordamerika pro Jahr um rund 4 cm. Die Kontinente sind im Lauf der Jahrmillionen über die Oberfläche der Erde gewandert. Seit 200 Mio. Jahren findet diese Kontinentaldrift statt und verändert das Aussehen unseres Planten ständig.

Kontinentaldrift

Auf einer Weltkarte erkennt man, dass die Ostküste Südamerikas so aussieht, als würde sie zur Westküste Afrikas passen. Der Grund liegt darin, dass vor 220 Mio. Jahren Afrika, Südamerika und die anderen Erdteile einen einzigen Urkontinent namens Pangaea bildeten. Die Pangaea zerbrach in kleinere Landmassen, die über die Erdoberfläche drifteten. Im Lauf der Zeit entstand die Verteilung der Kontinente, wie wir sie heute kennen. Geologen sprechen hier von der Kontinentaldrift.

Vor 200 Mio. Jahren: Die Pangaea beginnt aufzubrechen.

Vor 135 Mio. Jahren: Der Südatlantik öffnet sich und trennt Afrika von Südamerika. Indien bewegt sich auf Asien zu.

Afrika, Südamerika, Südatlantik, Nordatlantik, Asien, Indien, Europa, Australien, Nordamerika

Vor 50 Mio. Jahren: Antarktika und Australien trennen sich. Der Nordatlantik öffnet sich, Nordamerika und Europa entfernen sich.

Antarktika

Fossil von *Glossopteris*

Fossiler *Lystrosaurus*-Schädel

Beweise für die Kontinentaldrift

Auf den Südkontinenten, die nun weit auseinander liegen, hat man identische Fossilien landbewohnender Tiere und Pflanzen gefunden, z. B. eines Farns und eines Reptils. Die einzige Erklärung besteht darin, dass alle Kontinente einst miteinander verbunden waren.

Tektonische Platten

Der Geologe unterscheidet 9 größere und mehrere kleinere Platten. Sie passen wie die Teile eines Puzzles zueinander und bedecken die gesamte Erdoberfläche. Die Kontinente liegen auf kontinentalen Platten, etwa der Eurasischen Platte. Ozeanische Platten, etwa die Pazifische Platte, bilden den größten Teil des Meeresbodens. Die Kontinentalschelfe werden von kontinentalen Platten gebildet.

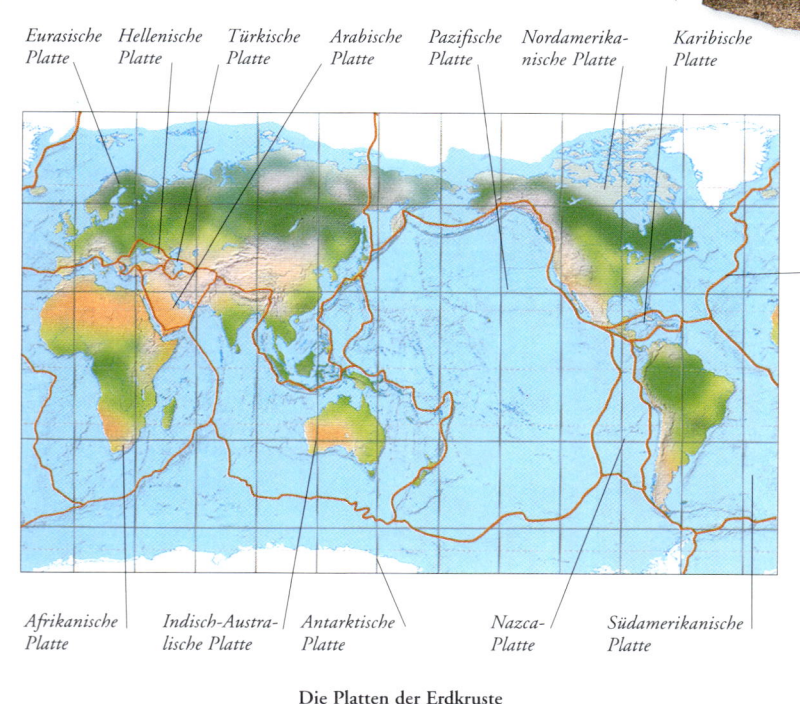

Eurasische Platte, Hellenische Platte, Türkische Platte, Arabische Platte, Pazifische Platte, Nordamerikanische Platte, Karibische Platte, Plattengrenze, Afrikanische Platte, Indisch-Australische Platte, Antarktische Platte, Nazca-Platte, Südamerikanische Platte

Die Platten der Erdkruste

Alfred Wegener

Der deutsche Meteorologe und Geophysiker Alfred Wegener (1880–1930) entwickelte die Theorie der Kontinentalverschiebung. Als Beweise führte er die passenden Küstenlinien, ähnliche Gesteinsschichten in den Kontinenten und Fossilien an. Wegeners Ideen, die damals verlacht wurden, haben sich bewahrheitet.

Riftbildung

An manchen Stellen der Erdkruste dringt heißes Magma aus der Tiefe nach oben. Das Gestein in diesem Gebiet wird durch Gräben aufgebrochen und sinkt ein: Es entsteht ein Rifttal. Die Gebiete beiderseits des Rifts entfernen sich im Lauf der Jahrmillionen voneinander und das Meer ergießt sich in die Senke. Auf diese Weise entstand der Atlantik zwischen Europa und Amerika. Am Beginn dieser Entwicklung steht der Ostafrikanische Graben. Er dehnt sich weiter aus, sodass schließlich der östlichste Teil Ostafrikas zu einer Insel wird.

Satellitenbild des Ostafrikanischen Grabens

Divergierende Platten

Inmitten der Ozeane erheben sich langgestreckte mittelozeanische Rücken. Hier liegen die Grenzen zweier divergierender Platten, die sich auseinander bewegen. In der Kammlinie steigt geschmolzenes Magma als Lava nach oben. Dadurch gelangt neues Gesteinsmaterial auf den Meeresboden. Die Platten werden dabei auseinander gedrückt; man spricht dabei auch von Meeresbodenspreizung.

Mittelozeanischer Rücken

Wo sich 2 Platten auseinander bewegen, verfestigt sich Lava aus dem Erdinnern und baut ein untermeerisches Gebirge auf, den mittelozeanischen Rücken. Solche Rücken ziehen durch alle großen Ozeane. Bei Island erhebt sich der Mittelatlantische Rücken über den Meeresspiegel. Die Kammlinie ist ein tiefer Schnitt in der Landschaft.

Mittelatlantischer Rücken, Thingvellir, Island

Modell des Nordatlantiks

Mohorovičić-Diskontinuität, die Grenze zwischen Erdkruste und Erdmantel

Kontinentale Kruste

Island sitzt dem Mittelatlantischen Rücken auf.

Mittelozeanischer Rücken

Richtung der Plattenbewegung

Kontinentale Kruste

Nordamerikanische Platte

Eurasische Platte

Erdmantel

Sedimente

Ozeanische Kruste

Transformstörungen Hier verschieben sich Platten seitwärts zueinander. Die Risse entstehen durch die Krümmung der Erdoberfläche.

Aufsteigendes Magma

Kammlinie Als langgezogenes Rifttal oder als Graben ausgebildet.

Konvergierende Platten

An manchen Stellen konvergieren die Platten und bewegen sich aufeinander zu. Dabei gibt es 2 Möglichkeiten: Eine Plattengrenze taucht unter der anderen ins Erdinnere ab und wird dort vom Erdmantel verschluckt und aufgeschmolzen. Man spricht dann von einer Subduktionszone. An anderen Stellen kollidieren die beiden Plattengrenzen und falten große Gebirgszüge auf, etwa die Alpen und den Himalaja.

Transformgrenzen

An einigen Stellen liegen Platten zwar nebeneinander, doch sie kollidieren nicht und bewegen sich auch nicht voneinander weg. Vielmehr gleiten sie in entgegengesetzte Richtungen aneinander vorbei. Der Geologe spricht von Transformgrenzen. Die berühmteste Grenze dieser Art ist der San-Andreas-Graben in Kalifornien, USA, wo die Pazifische und die Nordamerikanische Platte aneinander reiben. Dabei verhaken sie sich oft. Wenn die Spannungen sich lösen, entsteht ein heftiges Erdbeben.

San-Andreas-Graben, Kalifornien, USA

Modell der Subduktionszone um Japan

Magma steigt durch die Erdkruste hoch und bildet eine Kette vulkanischer Inseln.

Der japanische Inselbogen ist durch Subduktion entstanden.

Plattengrenzen

Eurasische Platte

Richtung der Plattenbewegung

Pazifische Platte

Philippinen-Platte

Kontinentale Kruste

Magma steigt hoch, wenn die Platte im Erdinneren schmilzt.

Ozeanische Kruste

Erdmantel

Tiefseegraben An dieser Stelle taucht eine Platte unter die andere ins Erdinnere ein.

Mohorovičić-Diskontinuität

Tiefseegraben

An der Stelle der Subduktion entsteht ein Sedimentkeil.

Sedimente auf dem Meeresboden

SIEHE AUCH UNTER | ERDBEBEN | ERDE | GEBIRGE | MEERESBODEN | OZEANE UND MEERE | VULKANE

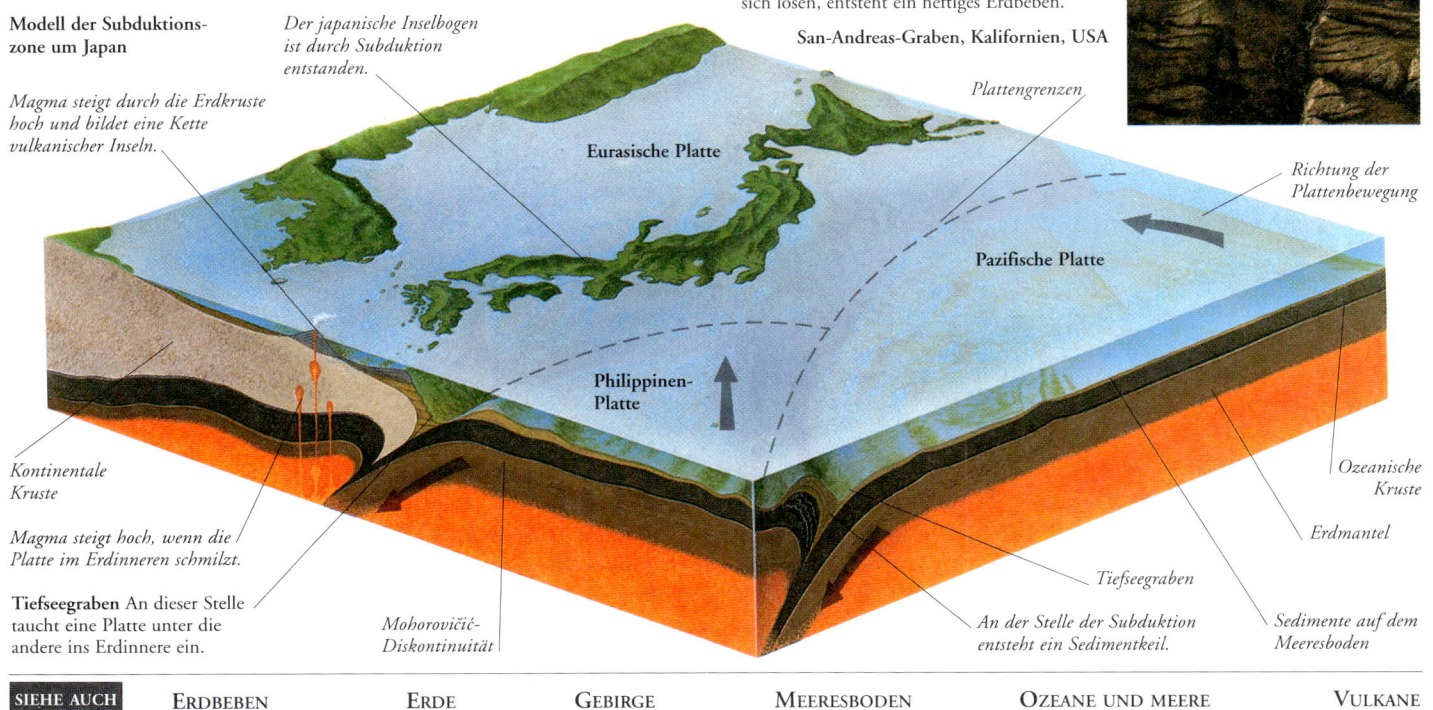

KORALLENRIFF

KORALLENRIFFE GEHÖREN zu den artenreichsten und schönsten Lebensräumen unter Wasser. Hunderte von Tierarten haben ihre Heimat im Riff. Die Korallen zählen zu den Hohltieren. Sie brauchen tausende von Jahren, um aus toten und lebenden Skeletten ein Riff zu bilden. Die Einzelwesen der Korallenstöcke, die Polypen, sind untereinander zu einem Überorganismus verbunden. Seit über 440 Mio. Jahren entstehen Riffe in tropischen seichten Meeren. Das Große Barriereriff vor Australien ist mehr als 2 000 km lang.

Die Korallen konkurrieren um Licht und um planktonreiche Wasserströmungen.

Korallenvielfalt

Korallenriffe bedecken 619 000 km² der Erdoberfläche. An Küsten begegnen wir meist Saumriffen. Atolle sind kreisrunde Riffe um versunkene Vulkankrater. Aus Korallen und deren Sand bestehen hunderttausende winziger Inseln in warmen Meeren. Es gibt alle nur denkbaren Formen und Farben von Korallen, und ihre Namen verraten schon viel über ihre Gestalt: Geweih-, Hirn-, Nadel-, Tisch-, Pilz- oder Salatkorallen.

Geweihkoralle gibt Eier frei.

Fortpflanzung
Korallen vermehren sich ungeschlechtlich durch Knospung, zuweilen auch geschlechtlich, indem sie Eier und Samenzellen ins Wasser abgeben. Die befruchteten Eier entwickeln sich zu Larven weiter, die im Plankton umhertreiben und sich schließlich festsetzen.

Symbiotische Algen
Algen im Innern von Korallen verleihen ihnen ihre Farbe.

Die Polypen öffnen sich nachts.

Die Polypen schließen sich tags.

Korallenpolypen
Korallenriffe bestehen aus vielen tausend Korallenpolypen, die in großen Stöcken zusammenleben. Es gibt auch einzeln lebende Korallen. Nach Art ihres Skelettes unterscheidet man die biegsamen Weichkorallen von den Hartkorallen, deren Skelett aus Kalzit besteht. Die Polypen selbst sind gallertige Tiere mit zahlreichen Tentakeln. Sie betäuben mit ihren Nesselzellen kleine Beutetiere und ziehen sie durch den Mund in den Magen, wo sie verdaut werden. Die meisten Polypen öffnen ihre Tentakel erst nachts. Dann sieht das Riff anders aus.

Fische

Korallenriffe bieten Lebensraum für viele Fische, vom Riesenwrackbarsch, der bis zu 1,80 m misst und sich in Höhlen aufhält, bis zu Schwärmen kleiner Ährenfische oder Riffbarsche, die Algen vom Riffdach abweiden. Im Korallenriff leben auch Räuber wie die Muräne oder der Papageifisch, der mit seinem harten Gebiss Korallenstücke abreißt.

Riffmuräne
Muränen sind Raubfische. Sie verbringen die meiste Zeit des Tages in Felsspalten und strecken nur den Kopf heraus, um die Umgebung zu beobachten und nach Beute Ausschau zu halten. Die Flossen sind in der dicken Haut verborgen.

Leierfisch
Der bunte Leierfisch hat am Kiemendeckel einen mehrzackigen Stachel, der schlecht heilende Wunden verursacht. Viel gefährlicher sind die Skorpionfische. Beim Rotfeuerfisch sind die Stacheln mit Giftdrüsen verbunden. Der Stich des Steinfisches, der reglos am Boden liegt, tötet Menschen.

Schwarzspitzen-Riffhai
Zu den größten Fischen in Korallenriffen zählen der Schwarzspitzen-Riffhai und der Riesenmanta. Beide patrouillieren an den Außenhängen von Saumriffen. Der Hai hält Ausschau nach größeren Fischen. Die Mantas sind harmlose Filtrierer, die von den planktischen Lebewesen angezogen werden.

Geschlossene Augen beim Angriff
Schwarze Flossenspitze
Kiefer mit scharfen Zähnen
Kiemen
Stromlinienförmiger Körper
Kräftiger Schwanz

Flossen
Breite Flossen für schnelles Schwimmen
Suppenschildkröte

Kriechtiere
Bei Korallenriffen leben Meeresschildkröten und Seeschlangen. Beide atmen an der Wasseroberfläche Luft. Zur Fortpflanzung begeben sich die Schildkröten auf das Festland und legen dort ihre Eier ab. Seeschlangen bringen lebende Junge zur Welt. Einige Meeresschildkröten fressen nur Schwämme und Quallen. Seeschlangen gehören zu den giftigsten Schlangen des Tierreichs. Sie fressen Fische des Riffs.

Wirbellose Tiere

Korallenriffe bieten Lebensräume auch für wirbellose Tiere, etwa für Meeresschnecken, Seegurken und Seeigel. Die Schwämme, die überall in den Riffen vorkommen, sind Filtrierer. In Riffspalten leben teilweise sehr große Muscheln. Auf den Korallenstöcken selbst hausen oft viele Krabben und Garnelen, die sehr gut getarnt sind.

Mit seinen Saugnäpfen hält der Krake Beutetiere fest.

Kraken
Riffe sind ideale Lebensräume für Kraken. Mit ihrem beweglichen Körper zwängen sie sich selbst durch enge Spalten. Als Beute schätzt der Krake vor allem Langusten. Diese packt er mit seinen Saugnäpfen und spritzt ihnen mit dem Hornschnabel Gift ein.

Riesenmuschel
Die Riesen- oder Mördermuschel wird bis zu 1,35 m lang und enthält wie die Korallen Algen, die für die bunten Farben verantwortlich sind. Die Muschel verbringt ihr ganzes Leben am selben Fleck und filtriert ihre Nahrung aus dem Meerwasser.

Schale aus 2 Hälften
Ausströmöffnung
Algen

SIEHE AUCH UNTER AUSTRALIEN · FISCHE · HAIE UND ROCHEN · OZEAN, TIERWELT · SCHILDKRÖTEN · TINTENFISCHE

KOREA, NORD UND SÜD

NORD- UND SÜDKOREA BILDEN zusammen eine Halbinsel zwischen dem Gelben und dem Japanischen Meer. Bis 1948 waren die beiden Länder vereinigt. Damals trennte sich Südkorea vom kommunistischen Nordkorea. Im Jahr 1950 griff Nordkorea den Süden an. Dies führte zum Koreakrieg, der innerhalb von 3 Jahren die Wirtschaft Südkoreas zerstörte. Während der 60er und 70er Jahre konnte sich Südkorea wieder erholen und gehört heute zu den erfolgreichsten Staaten Ostasiens.

SÜDKOREA: DATEN

HAUPTSTADT	Seoul
FLÄCHE	99 313 km²
EINWOHNER	47 000 000
SPRACHE	Koreanisch, Englisch
RELIGION	Buddhismus, Christentum
WÄHRUNG	Won
LEBENSERWARTUNG	75 Jahre
EINWOHNER PRO ARZT	817
REGIERUNG	Mehrparteiendemokratie
ANALPHABETEN	2 %

Südkorea

Südkorea zählt zu den wirtschaftlich erfolgreichen „Tigerstaaten" im Pazifik. Das Land exportiert vor allem elektronische Erzeugnisse, Textilien und Autos. Es hat enge Handelsbeziehungen mit Japan, USA und China.

Wald 73 % Siedlungen 2 % Ackerland 25 %

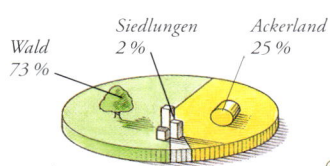

Landnutzung
Der Großteil des landwirtschaftlich genutzten Gebietes liegt im Westen und Süden. Es dient meist als Ackerland. Es wird Reis, das Grundnahrungsmittel, und Obst angebaut.

473 pro km²

Bevölkerung
Über 99 % sind Koreaner, deren Vorfahren sich schon vor Jahrtausenden ansiedelten. Die Familie ist in der koreanischen Gesellschaft sehr wichtig. Die moralphilosophische Lehre des Konfuzianismus beeinflusst das alltägliche Leben.

84 % Stadt 16 % Land

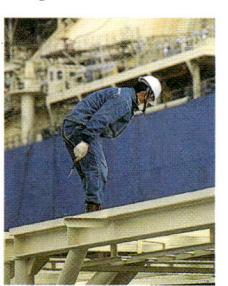

Wirtschaft
Südkorea war einst eine ländliche Gesellschaft. Doch nach dem Koreakrieg entwickelte sich das Land zu einer Industrienation. Heute ist Südkorea führend im Schiffbau und stellt Autos und elektronische Geräte her. Es ist auch eine bedeutende Fischereination.

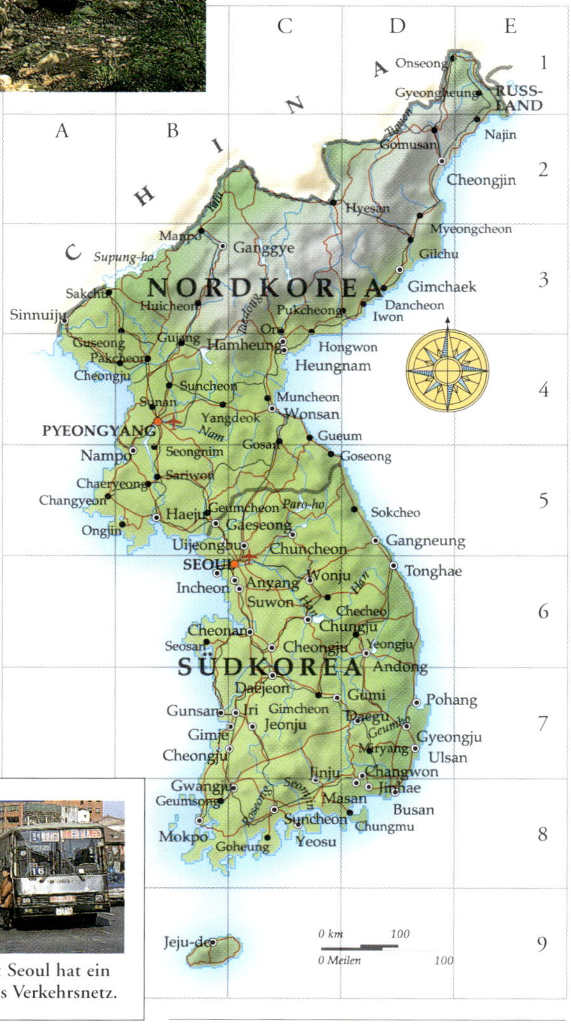

Wald im Seoraksan-Nationalpark

Wälder
Über zwei Drittel von Südkorea sind von dichtem Laubwald bedeckt, vor allem die Gebirge im Osten und im Süden. Die prächtige Landschaft und die glühenden Herbstfarben locken viele Touristen in die zahlreichen Nationalparks des Landes.

Gebirge
In Südkorea liegen 2 Gebirgszüge: Das Taebaeksanmaek-Gebirge verläuft längs der Ostküste, während das Seobaeksanmaek-Gebirge im Süden liegt.

Taebaeksanmaek-Gebirge

39 °C   -30 °C
25 °C   -5 °C
1 250 mm

Klima
Die Jahreszeiten sind ausgeprägt. Die Winter sind sehr kalt und trocken, die Sommer feucht mit viel Regen. Die Insel Jeju-do ist warm.

Nordkorea

Das kommunistische Nordkorea lebt von der Außenwelt fast völlig isoliert. Die Misswirtschaft aufgrund der Diktatur führte zu lang anhaltenden Hungersnöten. Nordkorea hat viele Bodenschätze wie Kohle, Eisenerz, Wolfram, Zink und Kupfer.

Kollektive Landwirtschaft
Die Landwirtschaft betreiben Kollektiven, die rund 300 Familien umfassen. Missernten führten 1996 und 1997 zu Hungersnöten.

NORDKOREA: DATEN

HAUPTSTADT	Pjöngjang (Pyeongyang)
FLÄCHE	122 762 km²
EINWOHNER	22 300 000
SPRACHE	Koreanisch, Russisch, Chinesisch
RELIGION	Buddhismus, Konfuzianismus
WÄHRUNG	Won

Seoul
Seit 1394 war Seoul die Hauptstadt Koreas. Während des Krieges wurde sie zerstört, dann aber wieder aufgebaut. Heute leben hier über 10 Mio. Einwohner – fast ein Viertel der Bevölkerung. Die Olympischen Sommerspiele 1988 fanden in Seoul statt.

Die Riesenstadt Seoul hat ein gut organisiertes Verkehrsnetz.

SIEHE AUCH UNTER: ASIEN, GESCHICHTE · GEBIRGE · HANDEL UND INDUSTRIE · LANDWIRTSCHAFT · PAZIFISCHER OZEAN · POLITIK UND MACHT · SCHIFFE · STÄDTE · WÄLDER

KRAFT UND BEWEGUNG

DIE WELT STEHT NICHT STILL: Der Verkehr fließt durch die Straßen, Fußgänger eilen vorbei, Wolken ziehen über den Himmel, und die Erde dreht sich um ihre Achse und umrundet die Sonne. Alle diese Bewegungen entstehen durch die Einwirkung von Kräften. Die Kräfte beschleunigen oder verlangsamen einen Körper oder ändern dessen Richtung. Jede Kraft hat eine Richtung und einen Betrag. Die Dynamik untersucht den Zusammenhang zwischen Kräften und Bewegungen.

Geschwindigkeit

Geschwindigkeit bezeichnet die zurückgelegte Strecke pro Zeiteinheit in m/s. Beschleunigung ist eine Änderung der Geschwindigkeit pro Zeiteinheit in m/s^2.

Wer 60 m in 12 s zurücklegt, hat eine Durchschnittsgeschwindigkeit von 5 m/s.

Der Sprinter stößt sich von den Startblöcken ab.

Die nach hinten ausgeübte Kraft treibt den Sprinter nach vorne.

Die Beschleunigung des Sprinters ist am Anfang des Laufes am größten.

Die Addition von Kräften

Gleiche Kräfte in entgegengesetzter Richtung, die am selben Punkt angreifen, haben keine Wirkung. Sind die Kräfte ungleich oder wirken sie nicht entgegengesetzt, so addieren sie sich zur Resultante.

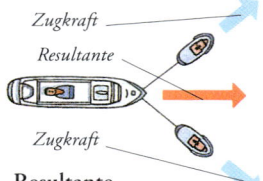

Zugkraft
Resultante
Zugkraft

Resultante
Zwei Schlepper ziehen ein großes Schiff in einem Winkel zueinander. Die Resultante dieser beiden Kräfte ergibt eine neue Kraft, die das Schiff in der gewünschten Richtung vorwärts bewegt.

Endgeschwindigkeit
Die Schwerkraft zieht den Fallschirm nach unten. Dieser Bewegung wirkt der Luftwiderstand entgegen. Ab einer bestimmten Geschwindigkeit heben sich beide Kräfte auf. Der Fallschirm beschleunigt nicht mehr, denn er hat die Endgeschwindigkeit erreicht.

Gleiche Massen

Gleichgewicht
Ein Körper ist im Gleichgewicht, wenn auf ihn einwirkende Kräfte sich gegenseitig aufheben. Die Resultante ist Null. Die Waage ist im Gleichgewicht, da die Körper in beiden Schalen dieselbe Masse haben.

Strebepfeiler stützen die Wände.

Statik
Die Statik untersucht Kräfte an ruhenden Körpern. Sie ist am Bau sehr wichtig, denn ein Haus fällt ein, wenn die darauf einwirkenden Kräfte nicht im Gleichgewicht sind.

Trägheit

Jeder Körper – in Ruhe oder in Bewegung – ist bestrebt, seinen Bewegungszustand beizubehalten. Er setzt jeder Bewegungsänderung einen Widerstand entgegen. Wir nennen ihn Trägheit. Je größer die Masse des Körpers, umso größer ist seine Trägheit. Dieselbe Kraft beschleunigt einen leichten Pkw schneller als einen schweren Lkw.

Impuls
Wenn zwei Körper zusammenstoßen, hängt das Ergebnis von deren Impuls ab. Den Impuls berechnet man, indem man die Masse mit der Geschwindigkeit malnimmt. Eine schwere Bowlingkugel hat z. B. einen größeren Impuls als ein leichter Plastikball, der sich mit derselben Geschwindigkeit bewegt, da die Masse der Bowlingkugel viel größer ist.

Durch ihre Masse hat die Bowlingkugel soviel Impuls, dass sie die Kegel umwirft.

Der leichtere Plastikball kann mit seiner geringen Masse die Kegel nicht umwerfen.

Archimedes

Der griechische Mathematiker Archimedes (um 287–212 v. Chr.) beschäftigte sich mit grundlegenden physikalischen Problemen. Er entdeckte z. B., warum Körper im Wasser schwimmen oder untergehen und fand die physikalischen Prinzipien für Hebel und Rollen.

Newtons Grundgesetze

Im Jahr 1687 formulierte der englische Physiker Isaac Newton die drei Grundgesetze der klassischen Mechanik.

Kraft   Bewegung

1. Trägheitsgesetz
Ein Körper verharrt im Zustand der Ruhe oder gleichförmigen Bewegung, sofern nicht eine Kraft auf ihn einwirkt. Der Inline-Skater im Bild wird mit derselben Geschwindigkeit weiterrollen, bis eine Kraft wie die Reibung auf ihn einwirkt und ihn stoppt.

2. Dynamisches Gesetz
Die Beschleunigung eines Körpers erfolgt proportional zur einwirkenden Kraft. Bei großer Masse ist die Beschleunigung entsprechend klein, und umgekehrt.

3. Reaktionsprinzip
Wenn ein Körper A auf einen anderen Körper B eine Kraft ausübt (Aktion), so übt auch Körper B auf den Körper A dieselbe Kraft aus (Reaktion): Beide Skater bewegen sich rückwärts.

Kreisbewegung

Wenn auf einen Körper keine Kraft einwirkt, so bewegt er sich geradlinig fort. Damit er eine Kreisbewegung durchführt, ist eine Zentripetalkraft notwendig. Sie zieht den Körper zum Mittelpunkt eines Kreises hin. Dabei ändert sich ständig die Bewegungsrichtung. Das Motorrad fährt mit Hilfe der Zentripetalkraft eine Kurve.

Die Reibung zwischen den Reifen und der Straße erzeugt die Zentripetalkraft.

SIEHE AUCH UNTER DRUCK MAGNETISMUS MASCHINEN REIBUNG SCHWERKRAFT

KRAFTFAHRZEUGE

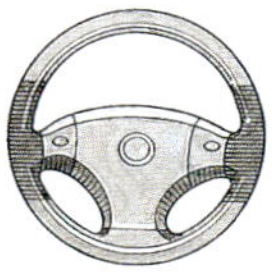

VON ALLEN TRANSPORTMITTELN haben die Autos oder Kraftfahrzeuge die größten Auswirkungen auf unser Leben. Das Auto macht es uns möglich, dorthin zu fahren, wo wir wollen. Einige Autos brauchen dazu nicht einmal eine Straße. Mit Lastkraftwagen transportiert man Güter oder erledigt spezielle Aufgaben, etwa die Brandbekämpfung. Wo es keine Eisenbahnlinien gibt, bieten Lkws die einzige Möglichkeit zum Transport. Kraftfahrzeuge verschmutzen aber die Luft, und weil heute so viele von ihnen auf den Straßen fahren, staut sich der Verkehr in den Städten und die Luft, die viele von uns einatmen müssen, ist voller Autoabgase.

Der erste Motorwagen von Carl Benz, 1886, fuhr 15 km/h.

Die ersten Autos

Die frühen Autos waren umgebaute Kutschen und sahen auch so aus. Carl Benz baute den ersten Motorwagen um 1885. Dieser hatte bereits viele Merkmale heutiger Autos und wurde von einem einzylindrigen Benzinmotor angetrieben, dessen Kraft über eine Kette auf die Räder übertragen wurde.

Moderne Autos

Effizienz, Sicherheit und Komfort sind die wichtigsten Merkmale eines modernen Autos. Hinzu kommt die Abgasreinigung. Man achtet heute auch auf sparsamen Treibstoffverbrauch u. a. durch eine gute Stromlinienform. Moderne Autos sind vollgestopft mit Elektronik, und Mikroprozessoren sorgen für die Regelung des Motors, des Getriebes und der Bremsen.

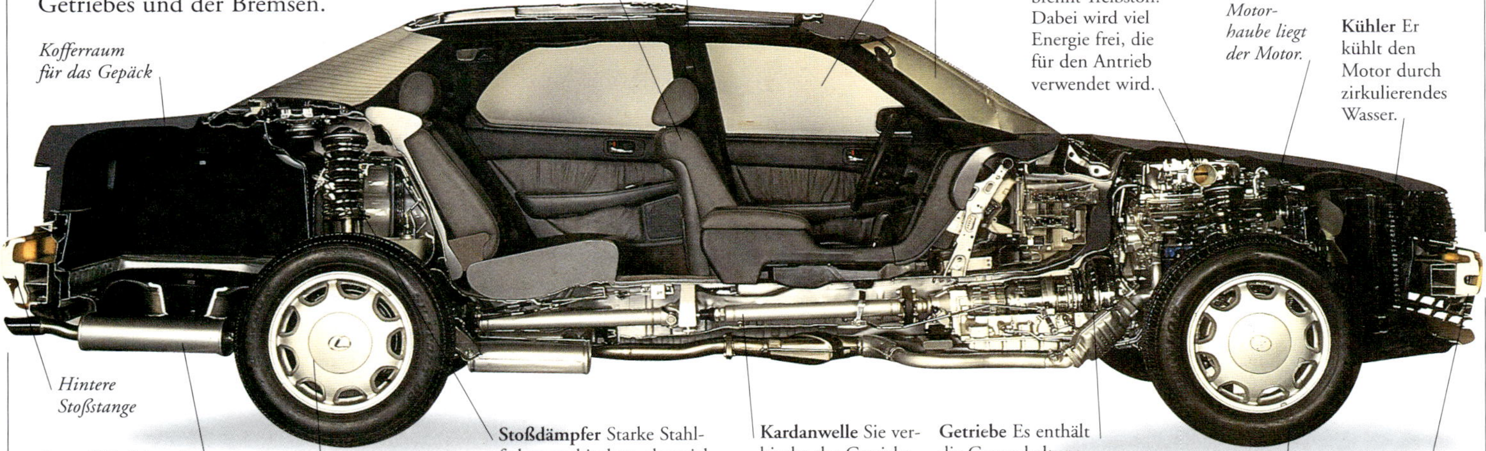

Henry Ford
Der amerikanische Ingenieur Henry Ford (1863–1947) gründete 1903 die Ford Motor Company. 1908 brachte er das *Modell T* auf den Markt. Es wurde billig am Fließband hergestellt und millionenfach verkauft.

Karosserie Sie besteht aus Stahlblechteilen, die in riesigen Pressen in Form gebracht und anschließend verschweißt werden. Das Stahlblech wird chemisch gegen Rost behandelt und zum Schluss lackiert.

Windschutzscheibe Sie besteht aus gehärtetem Glas und schützt die Insassen vor Wind und Regen. Bei einem Aufprall zerfällt die Windschutzscheibe in kleine Stücke, bildet aber keine gefährlichen Splitter.

Gepolsterte Sitze

Seitenfenster werden elektrisch bewegt.

Motor Er verbrennt Treibstoff. Dabei wird viel Energie frei, die für den Antrieb verwendet wird.

Unter der Motorhaube liegt der Motor.

Kühler Er kühlt den Motor durch zirkulierendes Wasser.

Kofferraum für das Gepäck

Hintere Stoßstange

Auspuff Er leitet die Abgase vom Motor nach außen. Die Abgase wurden zuvor vom Katalysator gereinigt.

Radkappen verdecken die Radnabe.

Stoßdämpfer Starke Stahlfedern verhindern, dass sich auf schlechten Straßen die Auf- und Abbewegung der Räder auf das Wageninnere überträgt.

Kardanwelle Sie verbindet das Getriebe mit den Hinterrädern, auf die die Kraft des Motors übertragen wird.

Getriebe Es enthält die Gangschaltung. Die meisten Autos haben 5 Gänge für unterschiedliche Geschwindigkeiten.

Reifen Sie dämpfen Unebenheiten der Straße und sorgen für eine gute Bodenhaftung.

Vordere Stoßstange

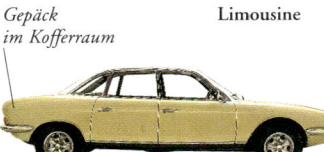

Gepäck im Kofferraum

Limousine

Das wasserdichte Verdeck wird bei schönem Wetter zurückgeklappt.

Kabrio, Sportwagen

Minivan

3 Reihen herausnehmbarer Sitze

Formel-1-Rennwagen

Flügel *Cockpit*

Autotypen
Die weiteste Verbreitung hat heute noch die Limousine mit festem Verdeck und abgeteiltem Kofferraum. Caravans haben hinten eine große fünfte Tür. Mit ihnen kann man besonders viel Gepäck transportieren.

Sportwagen
Sportwagen sollen schön aussehen und schnell sein. Die meisten sind Kabrios. Bei gutem Wetter klappt man das Verdeck zurück. Dies erfolgt automatisch; das Verdeck verschwindet in einer Versenkung. Im Winter kann man ein festes Dach, ein Hardtop, aufsetzen.

Minivan
Ein moderner Autotyp ist der Minivan. Er dient vielen Zwecken und hat mindestens 6 Sitzplätze sowie viel Platz für Gepäck. Der Minivan ist ideal für kinderreiche Familien, für Ausflüge und Ferienreisen. Die Übergänge zum Minibus sind fließend.

Rennwagen
Rennautos haben einen sehr leistungsfähigen Motor, Breitreifen und einen tief liegenden Schwerpunkt wegen der besseren Stabilität bei schneller Kurvenfahrt. Ein flügelähnlicher Heckspoiler bewirkt, dass das Auto bei hoher Geschwindigkeit auf die Straße gepresst wird.

Lastkraftwagen

Lastkraftwagen, abgekürzt Lkw, transportieren Fracht sowohl im Nahverkehr als auch über große Entfernungen. Für den Transport von Containern werden meist Sattelschlepper mit verhältnismäßig kleinen Zugmaschinen verwendet. Die Motoren haben über 400 PS oder 294 Watt Leistung. Der lange Aufleger ist mit der Zugmaschine über eine Kupplung verbunden. Der ganze Sattelzug ist dadurch wendig und kann auch enge Kurven fahren. In einigen Ländern, vor allem in Australien, ziehen Sattelschlepper nicht nur einen, sondern bis zu 4 überlange Anhänger. Sie bilden sog. Road Trains und transportieren Güter über tausende von Kilometern.

Motoren
Moderne Lkws haben meist Dieselmotoren. Zusammen mit einem Turbolader bringen sie hohe Leistungen. Turbolader sind kleine Turbinen, die von den Abgasen des Autos oder unmittelbar vom Motor angetrieben werden. Sie verdichten die Luft im Verbrennungsraum des Motors und erhöhen so die Motorleistung. Der Dieselmotor treibt auch die hydraulischen Teile an, die fast in jedem Lkw zu finden sind, z. B. Kräne.

Sattelschlepper mit Anhänger

Lkws haben bis zu 20 Vorwärts- und bis zu 10 Rückwärtsgänge.

Im Cockpit eines Lkw
Lkw-Fahrer verbringen viele Stunden am Steuer ihres Fahrzeugs. Die Cockpits sind auf Bequemlichkeit ausgelegt. Mit reiner Muskelkraft kann man sie weder lenken noch bremsen. Die Hauptarbeit nehmen den Fahrern dabei Servomotoren ab. Lkws für den Ferntransport haben hinter dem Cockpit einen Schlafplatz mit Dusche und Fernseher. Lkws enthalten heute einen Fahrtenschreiber. Er zeichnet auf, wann das Fahrzeug in Bewegung ist. Damit überprüft die Polizei, ob der Fahrer die vorgeschriebenen Ruhepausen einhält.

Klimaanlage Der Fahrer kann nach Bedarf Heizung oder Kühlung einschalten. Die Temperatur und Geschwindigkeit des Ventilators stellt er von Hand ein.

Kassettenrecorder, Radio und CB-Funk dienen der Unterhaltung auf langweiligen Fahrten. Mit CB-Funk warnen sich die Fernfahrer gegenseitig vor Verkehrsstaus.

Luftdüsen Der Fahrer kann sie nach Belieben ausrichten.

Warnleuchten Diese leuchten auf, wenn am Motor des Lkw etwas nicht stimmt.

Anzeigen Hier kann der Fahrer ablesen, wie schnell er fährt, wie heiß der Motor ist, wieviel Treibstoff er noch hat und wie hoch der derzeitige Verbrauch liegt.

Lenkrad Es hat einen großen Durchmesser und ist leicht zu drehen, weil dabei ein Servomotor hilft.

Gangschaltung *Kupplungspedal* *Bremspedal* *Gaspedal*

Carl Benz
Im Jahr 1886 ließ der deutsche Ingenieur Carl Benz (1844–1929) sein erstes Auto patentieren. Es hatte einen Benzinmotor mit elektrischer Zündung, 3 Räder, ein Differential und eine Wasserkühlung. 1926 verschmolz seine Firma mit der von Gottlieb Daimler. So entstand eine der führenden Autofirmen der Welt, die spätere Mercedes-Benz, die vor kurzem mit der amerikanischen Firma Chrysler fusioniert hat.

Forschung und Entwicklung
Die Wirtschaftlichkeit und Sicherheit, der Komfort und die Umweltverträglichkeit der Fahrzeuge werden ständig verbessert. Da die Erdölreserven zur Neige gehen, stellt man Versuche mit erneuerbaren Treibstoffen an, z. B. mit pflanzlichen Ölen. Das Gewicht der Fahrzeuge verringert man durch den Einsatz von Kunststoffen. Das wichtigste Forschungsthema ist die Einsparung von Treibstoff, etwa beim 3-Liter-Auto.

Katalysator
Alle modernen Autos enthalten heute einen sog. geregelten Dreiwegekatalysator. Er entfernt das Kohlenmonoxid sowie Stickstoffoxide und unverbrannte Kohlenwasserstoffe aus den Abgasen. Damit verringert sich die Umweltverschmutzung erheblich.

Katalysator zur Reinigung der Abgase

Testpuppe

Airbagtest

Sicherheitstechnik
Die Autoindustrie entwickelt ständig neue Sicherheitsmaßnahmen. Die letzte war der Airbag, der sich bei einem Unfall automatisch selbst aufbläst. Zur Sicherheit gehören auch die ABS-Bremsen, die nicht blockieren.

Lkw-Typen
Für Spezialtransporte hat man eigene Lkws konstruiert. Viele unterscheiden sich nur durch die Art der Aufbauten. Spezielle Lkws transportieren z. B. Müll, Flüssigkeiten, lange Baumstämme, ganze Hausteile oder andere Autos. Zu den Lkws zählen auch die vielen Baumaschinen, wie Kipplader, Betonmischer und Betonpumpen.

Müllauto
Dieser Lkw hat einen Container mit einer Vorrichtung zum Hochheben und Auskippen der Müllkübel sowie zum Pressen des Mülls.

Autotransporter
Autotransporter befördern Pkws von der Fabrik zum Händler. Die Pkws fahren über eine Rampe auf den Lkw. Die größten Autotransporter können bis zu 18 Wagen aufnehmen.

Stauraum

Pferdetransporter
Dieser Lkw transportiert Pferde zu Ausstellungen oder Rennen. Die Pferde steigen von hinten her über eine Rampe in den Laderaum.

SIEHE AUCH UNTER | ERDÖL | FAHRRÄDER UND MOTORRÄDER | KRAFT UND BEWEGUNG | MOTOREN | STRASSEN | TOURISMUS | TRANSPORT, GESCHICHTE | UMWELTVERSCHMUTZUNG

KRAFTFAHRZEUGE

Personenkraftwagen

Als „Silver Ghost" bekannt

Rolls Royce 40/50, GB, von 1907, Höchstgeschwindigkeit 88 km/h

Model T Ford, USA, von 1908, Höchstgeschwindigkeit 68 km/h

Erstes Auto mit Frontantrieb

Citroën Traction Avant, Frankreich, von 1934, Höchstgeschwindigkeit 113 km/h

Als Limousine das bestverkaufte Auto aller Zeiten

Volkswagen Käfer VW, Deutschland, von 1939, Höchstgeschwindigkeit 132 km/h

Jaguar XK120, GB, von 1949, Höchstgeschwindigkeit 203 km/h

Ein Kultauto der 50er Jahre

Ford Thunderbird, USA, von 1955, Höchstgeschwindigkeit 183 km/h

Mit den berühmten Flügeltüren

Mercedes-Benz 300 SL, Deutschland, von 1954, Höchstgeschwindigkeit 265 km/h

Fiat 500 D, Italien, von 1957, Höchstgeschwindigkeit 95 km/h

Citroën DS, Frankreich, von 1960, Höchstgeschwindigkeit 187 km/h

Ein sportlicher, kompakter Wagen

Austin Mini Cooper, GB, von 1963, Höchstgeschwindigkeit 161 km/h

Ford Mustang, USA, von 1964, Höchstgeschwindigkeit 204 km/h

Die erste turbogeladene Limousine der Welt

Saab 99 Turbo, Schweden, von 1978, Höchstgeschwindigkeit 196 km/h

Er gewann das 24-Stunden-Rennen von Le Mans 4-mal hintereinander.

Ford GT40, USA, von 1964, Höchstgeschwindigkeit 322 km/h

Stromlinienform

Porsche Carrera 911 RS, Deutschland, von 1972, Höchstgeschwindigkeit 293 km/h

Toyota Previa, Japan, von 1990, Höchstgeschwindigkeit 180 km/h

Lastkraftwagen

Pickup Dieser Kleinlaster mit offener Ladefläche ist vor allem in Amerika beliebt.

Zugmaschine

Zu lang und zu breit für Europa

Sattelzug So große Lkws fahren nur in Amerika und in Australien und auch dort nur auf den größten Straßen.

18 Räder

KRANKENHAUS

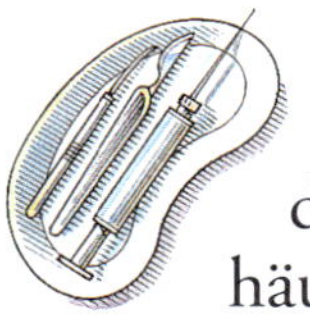

IM ALTEN ROM richteten die Ärzte Krankenzimmer in ihren Häusern ein, in denen sie Patienten behandelten. Das waren die Vorläufer der heutigen Krankenhäuser. Heute haben Kliniken neben der Heilung und Pflege der Patienten auch Forschungsaufgaben. In allgemeinen Krankenhäusern sind viele medizinische Fachbereiche vertreten, vor allem natürlich die Chirurgie mit ihren Operationssälen. Spezialkliniken widmen sich nur einem Fachgebiet, z. B. der Augenheilkunde oder der Tropenmedizin. In einem Krankenhaus arbeiten nicht nur Ärzte und Pflegepersonal, sondern auch Köche, Reinigungspersonal, Handwerker und Techniker.

Spezialkliniken

Manche Krankenhäuser oder Kliniken nehmen nur bestimmte Patientengruppen auf, z. B. nur Frauen oder Kinder. Es gibt Augenkliniken, psychiatrische Kliniken für seelische Erkrankungen, neurologische Kliniken für Nerven- und Gehirnschäden. Jede Spezialklinik ist für ihr Fachgebiet ausgerüstet.

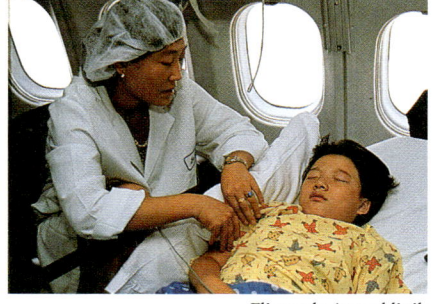

Kinderklinik
Für Kinder ist ein Krankenhausaufenthalt oft viel schlimmer als für Erwachsene, weil sie dann auch von ihren Eltern getrennt sind. Die Krankenzimmer in Kinderkliniken sind freundlich und überall liegen Spielsachen. In vielen Kinderkliniken gibt es heute Zimmer, in denen Eltern bei ihren Kindern bleiben können.

Teddybär

Fliegende Augenklinik

Augenkliniken
Die Augenheilkunde oder Ophthalmologie verlangt besonders feine und empfindliche Geräte, z. B. für Operationen mit Laserstrahlen. Die erforderliche Ausrüstung ist nicht in jedem Krankenhaus vorhanden. In Ländern mit abgelegenen Gebieten wie China oder Australien gibt es mobile Augenkliniken, gewöhnlich in einem kleinen Flugzeug.

Personal

Ärztinnen und Ärzte arbeiten erst in einzelnen Abteilungen des Krankenhauses, ehe sie sich spezialisieren. Spezialisierung gibt es auch bei Krankenschwestern, z. B. in Kinderheilkunde (Pädiatrie) oder in Intensivmedizin. In jeder Klinik arbeiten z. B. Röntgenspezialisten, Labormediziner, Anästhesisten und Physiotherapeuten.

Krankenpflege
Krankenschwestern und -pfleger betreuen die Patienten; sie waschen sie und geben ihnen zu essen. Krankenschwestern übernehmen auch medizinische Aufgaben; sie messen Puls und Temperatur und verabreichen Injektionen.

Krankenschwester

Ausstattung
Auch allgemeine Krankenhäuser müssen in der Ausrüstung auf dem letzten Stand der Medizintechnik sein. Bei Notfällen braucht man z. B. Gesichtsmasken zur Beatmung oder Intubationsschläuche, Spritzen zum Injizieren herzstimulierender Mittel und Geräte zur Blutstillung.

Spritzen und Zangen *Gesichtsmaske* *Ballonpumpe*

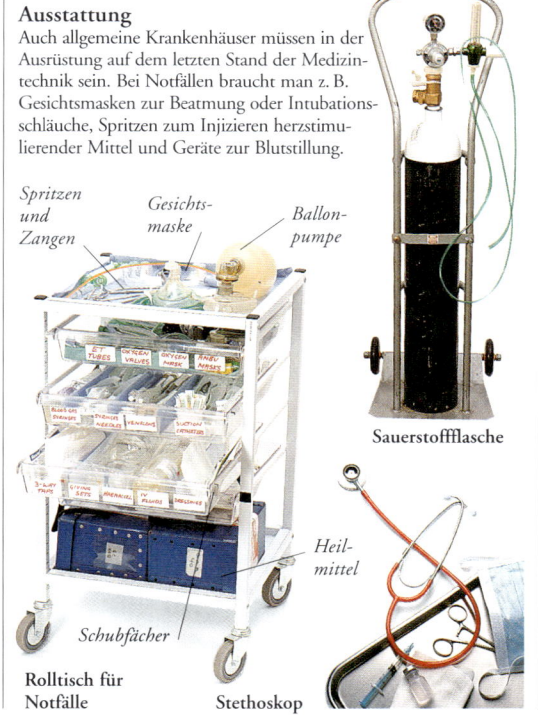

Sauerstoffflasche

Heilmittel

Schubfächer

Rolltisch für Notfälle *Stethoskop*

Allgemeines Krankenhaus

In allgemeinen Krankenhäusern arbeiten Ärzte der unterschiedlichsten Fachrichtungen. Vormittags findet die Visite statt. Die Ärzte kommen in die Krankenzimmer, beurteilen die Genesungsfortschritte und entscheiden über die weitere Therapie.

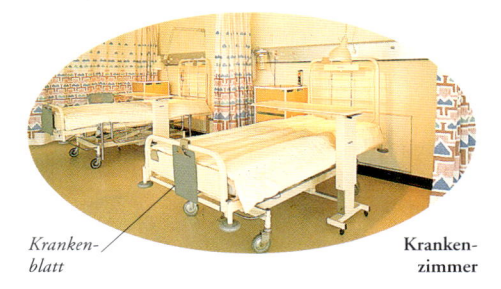

Krankenblatt *Krankenzimmer*

Krankenzimmer
Stationäre Patienten sind in Ein- oder Zweibettzimmern untergebracht, Patienten mit ähnlichen Krankheiten liegen auf einer Station. Patienten mit leicht übertragbaren Infektionskrankheiten kommen auf eine Isolierstation.

Wagen der Ambulanz

Hilfe bei Notfällen
Bei Unfällen oder plötzlichen Herzattacken ruft man über eine Notrufnummer die Ambulanz oder einen Notarzt. Sie leisten erste Hilfe, stabilisieren den Zustand des Patienten und sorgen dafür, dass er ins Krankenhaus kommt.

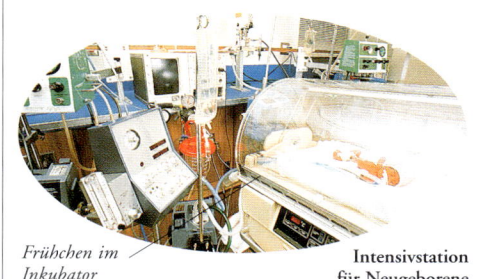

Frühchen im Inkubator *Intensivstation für Neugeborene*

Intensivstation
Patienten in Lebensgefahr und frisch Operierte kommen auf die Intensivstation. Dort werden lebenswichtige Vorgänge wie Kreislauf und Atmung elektronisch überwacht.

Wartezimmer

Ambulante Behandlung
Ambulante Patienten kommen nur zur Untersuchung oder einem kleineren chirurgischen Eingriff in das Krankenhaus.

SIEHE AUCH UNTER ARZNEIMITTEL UND DROGEN · ERSTE HILFE · MEDIZIN

KRANKHEITEN

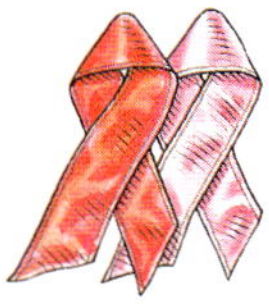

DER MENSCHLICHE KÖRPER ist in mancher Hinsicht einer Maschine vergleichbar: Er funktioniert lange Zeit ohne Probleme, doch gelegentlich arbeitet er nicht, wie er sollte. Daran können Unfälle schuld sein, etwa ein Knochenbruch. Meist sind jedoch Krankheiten die Auslöser. Dafür gibt es viele verschiedene Gründe. Infektionskrankheiten entstehen durch schädliche Keime, durch Viren und Bakterien. Andere Krankheiten kommen von selbst, ohne Einwirkung von außen, etwa Krebs. Das Immunsystem des Körpers kann zwar einige Krankheiten selbst bekämpfen, doch manchmal muss man Heilmittel einsetzen oder sich einer Operation unterziehen.

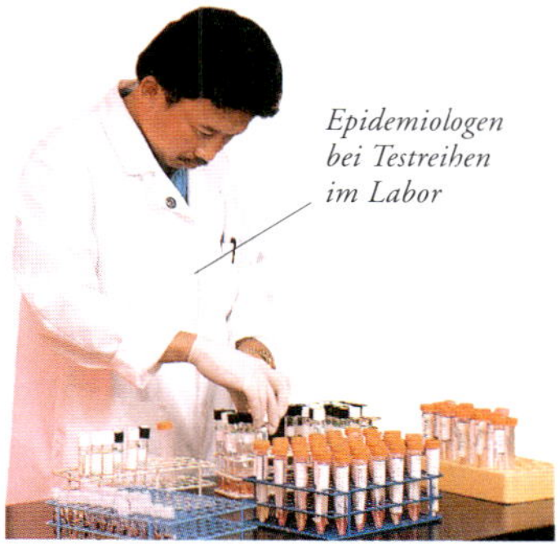

Epidemiologen bei Testreihen im Labor

Epidemiologie
Die Epidemiologie ist die Wissenschaft von der Verteilung und Ausbreitung von Krankheiten. Epidemiologen untersuchen z. B., warum Krankheiten in manchen Bevölkerungsgruppen gehäuft auftreten. Sie befassen sich auch mit deren Bekämpfung und Vorbeugung und fanden den Zusammenhang zwischen Rauchen, Ernährung, Stress und Herzinfarkt sowie Rauchen und Lungenkrebs.

Nicht ansteckende Krankheiten
Nicht ansteckende Krankheiten können nicht von Mensch zu Mensch übertragen werden. Dazu gehören z. B. Erkrankungen des Kreislaufsystems wie Herzinfarkt und Schlaganfall, ferner Krebs sowie Erkrankungen der Lunge, etwa Bronchitis und Lungenemphysem.

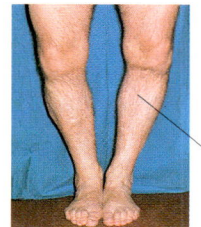

Ernährungsbedingte Krankheiten
Durch unausgewogene Ernährung kann es zu einem Mangel an Mineralstoffen oder Vitaminen kommen. Wenn ein Kind nicht genug Vitamin D hat, leidet es an Rachitis und die Knochen bilden sich nicht richtig.

Rachitispatienten haben oft verkrümmte Beine.

Bergleute haben häufig Lungenleiden.

Berufskrankheiten
Auch die Arbeit hat Auswirkungen auf die Gesundheit. Es können Berufskrankheiten entstehen, z. B. durch chemische Stoffe, Lärm, Strahlen und Stäube. Viele Bergleute leiden unter einer Staublunge.

Infektionskrankheiten
Ansteckende Krankheiten wie Grippe entstehen, wenn Mikroorganismen in den Körper eindringen. Am häufigsten sind Bakterien und Viren. Einige Krankheiten werden auch von Pilzen ausgelöst, etwa das Mundschwämmchen, oder von winzigen Einzellern, wie die Malaria. In der Regel überwindet das Immunsystem solche Infektionskrankheiten. Gegen Bakterien helfen Antibiotika.

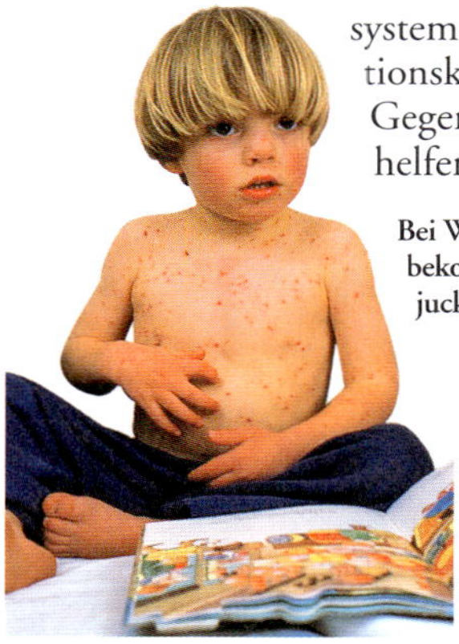

Bei Windpocken bekommt man einen juckenden Ausschlag.

Bakterien kommen im Wasser, im Boden und in der Luft sowie in Pflanzen und Tieren vor.

Bakterien
Bakterien sind einzellige Mikroorganismen. Die meisten sind harmlos. Einige vermehren sich im Innern des Körpers und erzeugen Giftstoffe, die Krankheiten auslösen. Bakterienkrankheiten sind z. B. Typhus, Scharlach und Tuberkulose.

Viren
Viren sind infektiöse Teilchen – eine Vorstufe zu den Lebewesen. Sie dringen in das genetische Material (DNA) der Zelle ein und zwingen sie, Kopien von sich selbst herzustellen. Damit befallen sie weitere Zellen. Viruserkrankungen sind z. B. Grippe, Masern und Aids.

Ansteckung
Viele Infektionskrankheiten werden durch nahen Kontakt von Mensch zu Mensch übertragen, etwa durch Tröpfcheninfektion beim Husten und Niesen oder durch ungeschützten geschlechtlichen Kontakt ohne Kondome. Weitere Infektionsquellen sind Insektenstiche, verseuchte Nahrung, unsauberes Wasser. Drogenabhängige, die gemeinsam Nadeln verwenden, erkranken oft an Hepatitis und Aids.

Hygiene
Der Kot des Menschen enthält oft Bakterien und Viren, die Krankheiten erzeugen. Wenn dieser Kot in Flüsse gelangt, ist eine Ansteckung beim Baden und Trinken sehr leicht möglich. Auf diese Weise verbreiten sich Dysenterie, Cholera und Typhus.

Einige Stechmücken übertragen Malariastämme, die gegen eine Behandlung resistent sind.

Insekten
Stechmücken und Flöhe ernähren sich von menschlichem Blut und können dabei Krankheiten übertragen. Durch einen Moskitostich kann man Malaria bekommen.

Sauberes Wasser ist die wichtigste Vorbedingung, um die Ausbreitung vieler Infektionskrankheiten einzudämmen.

HIV und Aids
Das menschliche Immunschwächevirus, kurz HIV, erzeugt die Krankheit Aids. Die Viren dringen in Zellen des Immunsystems ein und vernichten sie. Dadurch wird es immer mehr geschwächt. Der Aidskranke kann sich schließlich nicht mehr gegen gewöhnliche Krankheiten wehren, etwa Grippe oder Lungenentzündung. Das HIV-Virus wird durch Körperflüssigkeiten, vor allem Blut und Samenflüssigkeit, übertragen.

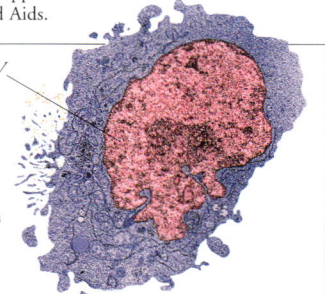

HIV

Vorbeugung vor Krankheiten
Die Vorbeugung spielt eine große Rolle. Infektionen beugt man durch Impfungen und strenge Hygiene beim Wasser und den Nahrungsmitteln vor. Auch durch ausgewogene Ernährung lassen sich viele Krankheiten verhindern.

Spritzen Wenn sie schlecht desinfiziert sind, übertragen sie Krankheiten.

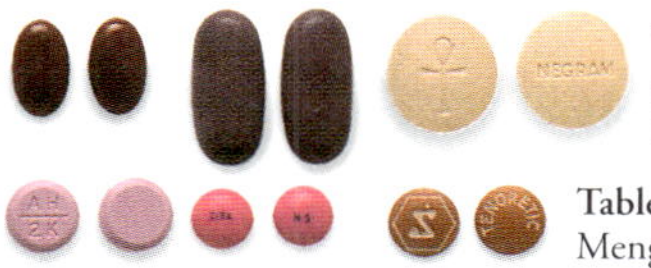

Tabletten enthalten dosierte Mengen an Arzneien.

Wasser In einigen Ländern sollte man nur Mineralwasser trinken.

| SIEHE AUCH UNTER | ARZNEIMITTEL UND DROGEN | CURIE, MARIE | IMMUNSYSTEM | ORGANSYSTEME | PASTEUR, LOUIS | PEST | ZELLEN |

KREBSE

Es gibt ungefähr 45 000 Krebse. Sie umfassen neben vielen anderen Hummer, Krabben, Garnelen, Wasserflöhe, Seepocken und Asseln. Krebse haben zwei Paar Fühler, Kiefer zum Kauen und ein festes Außenskelett. Die Größe schwankt von weniger als 1 mm bei den Flohkrebsen bis zu einer Spannweite von 3,60 m bei der Japanischen Riesenkrabbe. Die meisten Krebse leben im Meer. Einige kommen im Süßwasser vor, und nur wenige, wie die Asseln, haben sich dem Leben auf dem Festland angepasst.

Zähne

Scheren
Glatte Beine
Höckrige Vorderbeine
Panzer oder Carapax
Stacheln zum Schutz
Mund und Augen unter dem Panzer
Gliederfüße
Laufbeine

Seespinne

Verteidigung
Viele Krabben haben als Schutz einen harten Panzer. Sie verteidigen sich aber auch mit ihren zahnbewehrten Scheren. Gespensterkrabben tarnen sich mit Algen, die auf ihrem Panzer wachsen. Einige Zehnfußkrebse mit weichem Hinterleib pressen diesen in ein leeres Schneckenhaus und siedeln darauf eine Seerose mit giftigen Nesselfäden an. Trotz allem fallen Krabben Kraken, Meerbrassen, Meeresvögeln und auch Säugern zum Opfer.

Greifschere einer Japanischen Riesenkrabbe

Bewuchs von Algen und Muscheln
Gespensterkrabbe

Merkmale der Krabbe

Krabben zählen zu den Zehnfußkrebsen. Sie haben 4 Beinpaare zum Gehen und Schwimmen. Das fünfte, vorderste Beinpaar trägt Scheren. Typisch sind 2 Paar Fühler, Kiemen und ein Kalkpanzer oder Carapax. Beim Heranwachsen häuten sich die Krabben.

Ernährung
Krabben sind in der Regel Allesfresser. Sie jagen andere Tiere und fressen auch Aas. Mit den Scheren reißen sie Stücke los und geben sie an kauende Mundteile weiter, die Kiefer. Mit 2 weiteren spezialisierten Gliedmaßen stopft sich die Krabbe das Futter schließlich in den Mund. Der Einsiedlerkrebs kann nicht schwimmen. Seinen weichen Hinterleib schützt er durch ein Schneckenhaus. Darin lauert er auf vorbeischwimmende Beute.

Fisch **Einsiedlerkrebs**

Fortpflanzung
Das Weibchen trägt die befruchteten Eier entweder in einer Bruttasche mit sich herum oder entlässt sie ins Wasser. Aus den Eiern schlüpfen kleine Larven, die zunächst im Plankton leben. Beim Heranwachsen müssen sich die Krebse häuten.

Gestielte Augen
Vergrößerte Schere zum Anlocken von Weibchen
Winkerkrabbe

Fortbewegung
Bei der Nahrungssuche gehen die Krabben unter Wasser auf ihren 8 Laufbeinen langsam vor- oder rückwärts. Wenn sie sich bedroht fühlen, flüchten sie schnell seitwärts. Einige Krabben können sehr schnell schwimmen, weil ihr hinterstes Laufbeinpaar zu Schwimmflossen umgebaut ist.

Scheren
Verteidigungsstellung
Drehung nach links

Strandkrabbe *Fehlendes Bein* *Untergeklappter Hinterleib* *Seitliche Fluchtbewegung*

Seepocken

Entenmuscheln heften sich mit Stielen an Treibholz fest.

Die Larven von Seepocken und Entenmuscheln leben im Plankton. Nach einiger Zeit heften sie sich an einer Unterlage fest und scheiden Kalkplatten als Schutz aus. Häufig befallen sie den Rumpf von Schiffen. Bei Bedrohung oder Ebbe bleibt der Panzer geschlossen. Seepocken und Entenmuscheln sind Zwitter, d. h. Männchen und Weibchen zugleich.

Entenmuscheln

Ernährung
Die Seepocken strecken lange, fedrige Rankenfüße aus der Schale und fangen mit ihnen kleine Nahrungsteilchen ein. Sie ernähren sich also, indem sie das Plankton filtern. Die zurückgehaltenen Nahrungsteilchen werden dann der Mundöffnung zugeführt. Auch die Entenmuscheln ernähren sich auf diese Weise.

Asseln
Asseln leben vorwiegend im Wasser und atmen mit Kiemen. Nur die Landasseln bewohnen das Festland. Ihr Panzer besteht aus mehreren kalkigen Rückenplatten. Die Rollasseln können sich bei Trockenheit einrollen und so den Wasserverlust begrenzen.

Rückenplatten

KREBSE

Hummer

Die Hummer sind nahe Verwandte der Flusskrebse und der Langusten und zählen zu den Zehnfußkrebsen. Sie leben auf dem Meresboden und haben mächtige Greifscheren für den Beutefang und die Verteidigung. Die Männchen haben größere Scheren als die Weibchen. Hummer machen Jagd auf Fische, Seeigel und Muscheln. Die schwerste Art kann bis zu 25 kg wiegen.

Lebensraum
Hummer lieben Lebensräume mit vielen Spalten und Verstecken. Sie halten sich meist in einer Sandröhre unter einem Felsen auf.

Hummer beim Rückzug in seine Röhre

Zweites Beinpaar mit Krallen

Lange Fühler mit Sinnesorganen

Kleine Fühler *Augen* *Bei Bedrohung werden die Scheren geöffnet.*

Verteidigung
Bei Bedrohung verteidigen sich Hummer mit ihren Scheren. Sie können damit einem Menschen den Finger abzwicken. Manchmal werfen sie zum Schutz ein Bein ab. Dafür sind Bruchstellen an der Basis vorgesehen. Ein neues Bein wächst bald nach.

Hummer in Verteidigungsstellung

Im Gänsemarsch
Zu bestimmten Zeiten sammeln sich hunderte von Hummern und legen im Gänsemarsch auf dem Meeresboden Strecken von über 100 km zurück. Möglicherweise halten sie dabei Ausschau nach neuen Lebensräumen mit genügend Nahrung. Während dieser Wanderzüge erzeugen die Hummer Geräusche, die offensichtlich der Kommunikation mit anderen Hummern dienen. Ein derartiges Verhalten ist bisher in keiner anderen Gruppe der Krebstiere beobachtet worden.

Hummerzug

Wasserflöhe
Die Wasserflöhe atmen über blattförmige Beine mit Kiemen. Der Fortbewegung dienen die großen Fühler. Wasserflöhe leben im Süßwasser, oft in kleinen Pfützen. Wenn diese austrocknen, werden die Eier vom Wind verbreitet. Die 1 mm großen Tiere haben eine glasartig durchsichtige Schale.

Wasserflöhe oder Daphnien

Putzergarnelen
Auffällig gefärbte Putzergarnelen entfernen an bestimmten Stellen Hautreste und Schmarotzer von Fischen, z. B. Grundeln (Bild). Der Zoologe spricht hier von einer Symbiose, weil beide Partner einen Nutzen davon haben. Die Fische werden geputzt, und die Garnelen bekommen Nahrung. Weitere Symbiosen gibt es zwischen Garnelen, Schwämmen, Seeanemonen und Korallen.

Putzergarnele

Garnelen

Als Garnelen bezeichnet man Krebstiere mit ledrigem Außenskelett, nach unten gekrümmtem Hinterleib und oft sägezahnartigem Kopffortsatz. Die Scheren sind nur winzig. Große Garnelen heißen Hummerkrabben, Shrimps oder Gamberi. Die Nordseekrabben oder Granate sind ebenfalls Garnelen. In der Antarktis bilden Garnelen riesige Schwärme, den Krill.

Wachstum und Häutung
Die Krebstiere müssen sich während des Wachstums mehrmals häuten, weil ihr Außenskelett nicht mitwächst. Bis die neue größere Haut erhärtet, sind alle Krebstiere verwundbar. Die Chitinhaut wird durch Einlagerung von Kalk noch zusätzlich gehärtet.

Ledriges Außenskelett

Rote Garnele

Muschelkrebse
Die winzigen Muschelkrebse haben ihren Namen von der zweiklappigen Schale. Sie haben die größten Samenzellen im Tierreich. Das 0,3 mm lange Männchen eines Muschelkrebses erzeugt 20-mal so lange Samenzellen wie es selbst misst.

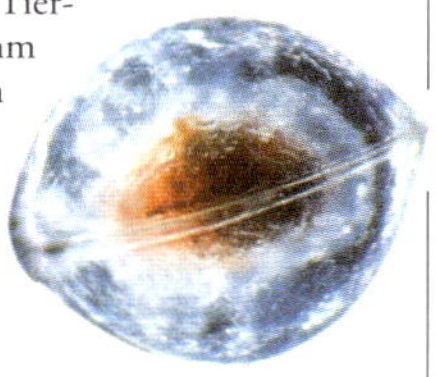

Ruderfußkrebse

Die winzigen Ruderfußkrebse oder Hüpferlinge machen einen großen Teil des Planktons aus. Eine einzige Art, *Calanus finmarchicus*, bildet die Hauptnahrungsquelle für Hochseefische wie Hering, Sprotte und Makrele. Viele Ruderfußkrebse leben als Schmarotzer z. B. in oder auf Würmern, Krebsen, Fischen und sogar Walen.

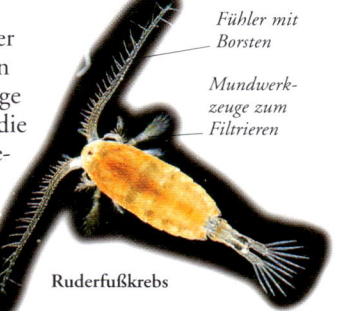

Fühler mit Borsten

Mundwerkzeuge zum Filtrieren

Ruderfußkrebs

Bohrassel
Bohrasseln bohren Gänge in untergetauchtem Holz und ernähren sich davon. Sie werden an Schiffsholz, Brücken und Hafenanlagen schädlich, weil sie diese zum Verfall und Einsturz bringen.

Rückenplatten

JAPANISCHE RIESENKRABBE

WISSENSCHAFTLICHER NAME *Macrocheira kaempferi*

UNTERKLASSE Malacostraca

ORDNUNG Decapoda, Zehnfußkrebse

VERBREITUNG Meere um Japan

LEBENSRAUM Meeresboden

ERNÄHRUNG Ein Alles- und Aasfresser, der Pflanzen und Tiere nimmt

GRÖSSE Spannweite bis zu 3,60 m

LEBENSDAUER Unbekannt; Hummer wurden in Gefangenschaft allerdings schon 70 Jahre alt

SIEHE AUCH UNTER GLIEDERFÜSSER HÖHLEN, TIERWELT KORALLENRIFF MEERESKÜSTE, TIERWELT OZEANE UND MEERE OZEAN, TIERWELT

KREUZZÜGE

JERUSALEM WAR LANGE das Ziel christlicher Pilger aus Europa. Im 11. Jh. geriet es jedoch unter die Herrschaft islamischer Türken, und die Pilger wurden oftmals angegriffen. Da rief im im Jahr 1095 Papst Urban II. zu einem Kreuzzug, um Jerusalem zurückzuerobern. Auf diesen ersten heiligen Krieg folgten bis 1270 sechs weitere. Alle liefen nach demselben Muster ab: Die Christen eroberten Städte wie Jerusalem oder Damaskus und die Moslems eroberten sie zurück. Schließlich hatten die Kreuzritter alle ihre Besitzungen im Heiligen Land verloren.

Kreuzfahrer
Die Kreuzfahrer kamen aus allen Bevölkerungsschichten. Dazu zählten die armen, schlecht ausgerüsteten Pilger des 1. Kreuzzuges genauso wie die gepanzerten Ritter. Außerdem gab es tausende von Fußsoldaten. Nur wer gut ausgerüstet war, hatte gegen die Heere der Seldschuken eine Chance.

Kreuzritter
Mit Schild, Topfhelm und einem Kettenhemd oder Kettenpanzer waren die Kreuzritter gegen die Schwerthiebe der Feinde gut geschützt.

Türkenkrieger
Die Seldschuken, ein türkisches Herrschergeschlecht, verteidigten die islamischen Länder. Sie hatten erfahrene Scharfschützen.

Land- und Seerouten
Der Weg von Westeuropa nach Syrien und Palästina war schwer und gefährlich. Viele Pilger erreichten das Heilige Land nie, weil sie unterwegs an Krankheit oder Hunger starben. Reisende zur See bestiegen Schiffe in Venedig oder Genua, die ausreichend Proviant an Bord hatten. Doch auch eine Seefahrt war nicht ohne Gefahren – denn im Mittelmeer gab es damals noch Piraten.

Kreuzzüge
- 1. 1096–99
- 2. 1147–49
- 3. 1189–92
- 4. 1202–04

1. Kreuzzug
Die Kreuzfahrer ritten durch Europa ins Heilige Land und nahmen Antiochia und Jerusalem ein. Dann besetzten sie das umliegende Land.

2. Kreuzzug
Die vereinigten Moslems griffen nach ihrer Niederlage die Christen im Osten an. Sie nahmen Damaskus ein und besiegten die neu angekommenen Kreuzfahrer.

3. Kreuzzug
1187 schlug Sultan Saladin ein Kreuzritterheer bei Hattin und eroberte Akko und Jerusalem. Kaiser Barbarossa ertrank auf dem Kreuzzug 1190 im Fluss Saleph, Türkei.

4. Kreuzzug
Venezianische Schiffe brachten die Kreuzfahrer nicht nach Palästina, sondern nach Konstantinopel, das geplündert wurde. Man rief dort Balduin von Flandern zum Kaiser aus.

Kinder-Kreuzzug
1212 marschierten tausende von Kindern vom Rhein zum Mittelmeer. Viele starben an Hunger. Die übrigen brachte man von Genua als Sklaven nach Ägypten.

Ritterorden
Die Ritterorden entstanden im 12. Jh. Es waren Mönche, die zu den Waffen griffen, um gegen die Moslems zu kämpfen. Zu ihnen zählten die Ritter des hl. Johannes oder Johanniter, sowie die Templer und die Deutschritter. In allen drei Orden gab es Ritter, Priester und dienende Brüder.

Johanniter
Sie hatten ein Hospital in Jerusalem, wo sie verwundete Kreuzritter und Pilger pflegten. Später siedelten sich auf Rhodos, 1522 auf Malta an, weshalb sie auch Malteser heißen. Sie trugen schwarze Mäntel mit weißen Kreuzen.

Templer
Die Tempelritter waren zuerst Beschützer der Pilger in Jerusalem. 1118 nahmen sie Sitz in einem Palast beim ehemaligen jüdischen Tempel; daher ihr Name. Ihr Ordenskleid war ein weißer Mantel mit rotem Kreuz.

Verbreitung der Wissenschaft
Durch die Kreuzzüge vertieften sich die Beziehungen zwischen dem Orient und Europa. Auf diese Weise gelangte die arabische Wissenschaft und Technik in den Westen. Medizin und Architektur empfingen von den Moslems viele Anregungen.

Windmühlen
Im östlichen Mittelmeerraum trieben Windmühlen die Steine zum Mahlen des Korns an. Die Kreuzfahrer brachten diese Idee vermutlich auch nach Europa. 1180 erschienen in Frankreich die ersten Windmühlen.

Arabische Medizin
Die Medizin war bei islamischen Völkern hoch entwickelt. Die Schriften des arabischen Arztes Avicenna oder Ibn Sina (980–1037) hatten großen Einfluss. Man verwendete viele Heilkräuter, z. B. Myrrhe bei Infektionen oder Melisse gegen Halsschmerzen.

Saladin
Der Kurde Salah ad-Din (1138–93) herrschte in Ägypten und Syrien. 1187 vertrieb er die Kreuzritter aus Jerusalem, eroberte Akko und besetzte Palästina.

Richard I.
König Richard Löwenherz von England war während seiner Regierung (1187–99) meist im Ausland. Beim 3. Kreuzzug eroberte er 1190 Akko zurück, nicht aber Jerusalem. Auf dem Rückweg wurde er auf der Burg Dürnstein, Österreich, gefangengesetzt und erst für Lösegeld freigelassen.

Chronologie
1096–99 1. Kreuzzug. Die siegeichen Heere richten erste Stützpunkte im Heiligen Land Palästina ein.

1147–49 2. Kreuzzug. Die Moslems erobern Damaskus zurück.

1189–92 3. Kreuzzug. Die Christen haben Akko, die Moslems Jerusalem.

1202–04 4. Kreuzzug. Kreuzfahrerheere plündern Konstantinopel.

1228–29 5. Kreuzzug. Jerusalem wird für kurze Zeit wiedergewonnen.

1229 Der ägyptische Sultan überlässt Friedrich II. durch Vertrag Jerusalem.

1270 7. und letzter Kreuzzug gegen Tunis.

1291 Moslems erobern Akko, die letzte Christenbastion in Palästina.

1312 Papst löst Templerorden auf.

SIEHE AUCH UNTER BYZANZ, HEILIGES LAND, MEDIZIN, GESCHICHTE, MITTELALTER, RITTER UND WAPPEN

KRIECHTIERE

DAS GROSSE ZEITALTER DER KRIECHTIERE oder Reptilien war vor 200 bis vor 65 Mio. Jahren, als die Dinosaurier die Erde beherrschten. Die ersten Reptilien entwickelten sich aus Amphibien: Diese legten ihre Eier nicht mehr ins Wasser ab und wurden so unabhängig von Feuchtgebieten. Heute gibt es über 6 000 Reptilienarten. Ihre trockene Haut ist mit Schuppen bedeckt, die vor Wasserverlust schützen. Alle haben eine innere Befruchtung und legen ledrige Eier. Die Jungtiere sehen wie die Eltern aus.

Der Kamm wirkt besonders bedrohlich.

Große Augen mit guter Rundumsicht

Kräftige Beine – auch zum Klettern

Schwanzspitze wurde nach Verlust ersetzt.

Mit dem Schwanz hält das Tier das Gleichgewicht beim Laufen. Er dient auch als Ruder beim Schwimmen und als Waffe.

Was ist ein Kriechtier?
Kriechtiere sind wechselwarme Wirbeltiere. Sie atmen mit Lungen und kommen vor allem in warmen Gebieten der Erde vor. In arktischen Regionen und im Hochgebirge fehlen sie fast vollständig. In gemäßigten Breiten halten sie eine Winterruhe.

Wasserdrachen
Der Wasserdrachen kommt in Südostasien vor, z. B. in Thailand. Er lebt auf Bäumen nahe am Wasser. Wenn er am Boden von einem Räuber überrascht wird, legt er eine kurze Strecke aufrecht auf den Hinterbeinen zurück. Dann klettert er auf einen Baum oder stürzt sich ins Wasser.

Wasserdrachen

Reptiliengruppen
Man unterscheidet 4 Gruppen von Reptilien: Schildkröten, Schuppenkriechtiere wie Schlangen und Echsen, Krokodile und Brückenechsen. Über die gegenseitige Verwandtschaft dieser Formen sind sich die Forscher uneins. Die Krokodile gelten allgemein als die nächsten Verwandten der Vögel.

Schildkrötenskelett im Schnitt

Schildkröten
Von diesen gepanzerten Kriechtieren gibt es über 270 Arten. Sie haben sich seit 200 Mio. Jahren fast nicht mehr verändert. Die einen Arten leben auf dem Land, die andern im Wasser. Ihr Panzer besteht aus Knochenschilden, die an der Wirbelsäule und an den Rippen befestigt sind. Darüber liegen Hornschilde.

Panterschildkröte

Meerechse

Pythonskelett

Tigerpython

Brückenechsen
Die Brückenechse oder Tuatara ist die letzte Überlebende der ausgestorbenen Gruppe der Schnabelköpfe. Sie verschwand vor rund 200 Mio. Jahren. Die Brückenechse lebt nur noch auf Felseninselchen vor der Küste Neuseelands. Sie ist nachts aktiv und frisst vor allem Insekten.

Meeresbewohner
Einige Kriechtiere sind dem Leben im Meer angepasst: die Meeresschildkröten, das Leistenkrokodil, die Seeschlangen und die Meerechse. Mit besonderen Drüsen scheiden sie das aufgenommene Salz aus. Ihr Herz hält auch tiefe Tauchgänge aus.

Schlangen und Echsen
Diese Schuppenkriechtiere sind als letzte Gruppe der Reptilien entstanden. Zu ihnen zählen auch Echsen mit winzigen oder mit völlig verkümmerten Beinen. Diese bezeichnet man als Schleichen.

Krokodile kühlen sich ab, indem sie im Wasser untertauchen.

Krokodile
Diese Gruppe umfasst rund 20 Arten, nämlich Krokodile, Alligatoren, Kaimane und Gaviale. Sie sind Überlebende der Jurazeit und eine Art lebende Fossilien.

Brillenkaiman

Haut und Schuppen
Die Haut verrät viel über die Lebensweise des Reptils. Kleine Geckos haben eine dünne, papierne Haut. Bei Skinken und anderen Echsen sowie Schlangen überlappen sich die Schuppen und erlauben das Kriechen durch Laubstreu und das Klettern. Schildkröten haben eine warzige Haut. Bei Krokodilen ist die Haut ledrig und stark gepanzert.

Kaiman
Die Haut ist dick und ledrig mit eingelagerten Knochenplatten als Panzer.

Chamäleon
Die Haut fühlt sich rau und körnig an. Chamäleons können die Hautfarbe ändern.

Skink
Kleine glatte Schuppen ermöglichen Skinken, im Sand oder in der Laubstreu zu graben.

Schienenechse
Die flexiblen Schuppen sind größer, fast plattenartig und dienen als Schutz.

Python
Die Schlange hat oben kleine Schuppen, auf der Bauchseite breite Bauchschilder.

KRIECHTIERE

Häutung und Regeneration

Die Haut der Kriechtiere wächst nicht mehr weiter. Sie müssen sich deswegen regelmäßig häuten. Einige Echsen können in höchster Gefahr ihren Schwanz abwerfen. Er wächst dann wieder nach. Dies bezeichnet man als Regeneration.

Aufgeplatzte Haut
Bauchhaut
Rückenhaut
Die jüngsten Klapperringe liegen am Körper.

Blindschleiche beim Häuten 
Haut einer Äskulapnatter

Neue Haut
Wenn Schlangen und Echsen wachsen, wird ihre alte Haut zu eng. Darunter entwickelt sich die neue Haut. Schließlich wird die alte Haut bei der Häutung abgestreift. Gelegentlich findet man in der Natur alte Schlangenhäute, die sog. Natternhemden.

Klapperschlange
Bei der Häutung der Klapperschlange bleibt am Schwanz ein Hornring zurück. Er bildet ein neues Glied in der Klapper am Schwanzende. Aus der Anzahl der Hornringe kann man das Alter der Schlange berechnen.

Ein neuer Schwanz
Viele Echsen können beim Kampf mit Räubern ihren Schwanz verlieren. Er löst sich dabei an einer Sollbruchstelle. Der abgeworfene Schwanz zuckt weiter und beschäftigt den Räuber, während die Echse flieht.

1 Der Skink warf seinen Schwanz ab, um sein Leben zu retten. Die Blutgefäße im Schwanzstumpf sind schon verheilt. Damit verliert das Tier nicht zuviel Blut. Der Schwanz beginnt mit der Regeneration.

2 Der neue Schwanz ist einfach aufgebaut. Es fehlt das Schuppenkleid, und auch die Färbung ist anders. Die Knochenwirbel im Innern werden durch ein knorpeliges Rohr ersetzt.

Der neue Schwanz besteht aus Knorpel und nicht aus Knochen.

Es wächst ein einfacher neuer Schwanz heran.

Der neue, voll entwickelte Schwanz zeigt nicht die alte Musterung.

3 Der Schwanz ist zur ursprünglichen Länge herangewachsen. Die Fähigkeit zur Regeneration geht bei älteren Tieren zurück.

Fortpflanzung

Die meisten Kriechtiere legen Eier. Die Jungtiere, die sich im Innern entwickeln, nehmen Sauerstoff aus der Luft auf. Der Dotter dient ihnen als Nahrungsreserve. Die Eischalen sind in der Regel ledrig und biegsam. Manche Eier haben auch harte Schalen. Einige Echsen und Schlangen bringen lebende Junge auf die Welt.

Brutpflege
Das Weibchen der Kornnatter legt etwa 12 weichschalige Eier und überlässt sie ihrem Schicksal. Nach 2 Monaten schlüpfen die Jungen. Weibliche Pythons ringeln sich um ihre Eier und bewachen sie. Die Königskobra baut sogar ein Laubnest.

Schlüpfen aus dem Ei
Junge Kornnattern sind anders gemustert als ihre Eltern.

1 Die junge Kornnatter ist schlüpfbereit. Mit einem Eizahn an der Spitze des Oberkiefers schneidet sie einen Schlitz in die Eischale.

2 Der Kopf erscheint und die Schlange sieht zum ersten Mal die Außenwelt. Sie ruht sich aus und achtet bereits auf Gefahren.

3 Die junge Schlange schlüpft langsam aus dem Ei und prüft mit der gespaltenen Zunge die Umwelt. Bei möglicher Gefahr zieht sie sich ins Ei zurück.

4 Nach einer Störung zog sich diese Jungschlange für 24 Stunden ins Ei zurück. Sie schlüpfte dann durch einen neuen Schlitz in der Eischale. Jungschlangen bringen oft mehrere Öffnungen im Ei an.

5 Die Kornnatter hat das Ei verlassen. Sie lebt noch rund 10 Tage lang von ihren Nahrungsvorräten, häutet sich dann und geht schließlich auf Jagd nach Echsen und kleinen Mäusen.

Lebend gebären
Boas wie diese Abgott- oder Königsschlange und viele Vipern bringen lebende Junge zur Welt. Sie werden in einem Hautsack geboren, den sie kurz nach der Geburt zerreißen. Diese Art Fortpflanzung ist ideal in kühlen Gebieten, in denen Eier nicht überleben.

Höckernatter
Tigerpython
Erdpython

Weichschalige Eier
Schlangen und die meisten Echsen legen weichschalige, pergamentartige Eier. Die Jungen könnten hartschalige Eier nicht durchstoßen. Die äußere Form ist recht unterschiedlich und nicht selten länglich und unregelmäßig geformt. Die Färbung ist unauffällig.

Waran
Matamata-Schildkröte
Mississippi-Alligator

Hartschalige Eier
Schildkröten, Krokodile und einige Echsen haben hartschalige Eier. Sie überleben in trockener Umgebung besser als weichschalige Eier, sind aber gleichzeitig zerbrechlicher. Sie werden in ein Nest oder in den Boden gelegt.

Kriechtiere in Gefahr
Viele Kriechtiere sind vom Aussterben bedroht, weil man aus ihnen Gegenstände herstellt. Aus der Haut von Schlangen, Echsen und Krokodilen fertigt man Taschen, Schuhe und Gürtel. Die Panzer von Meeresschildkröten werden zu Schildpatt verarbeitet; ihr Fleisch wird gegessen.

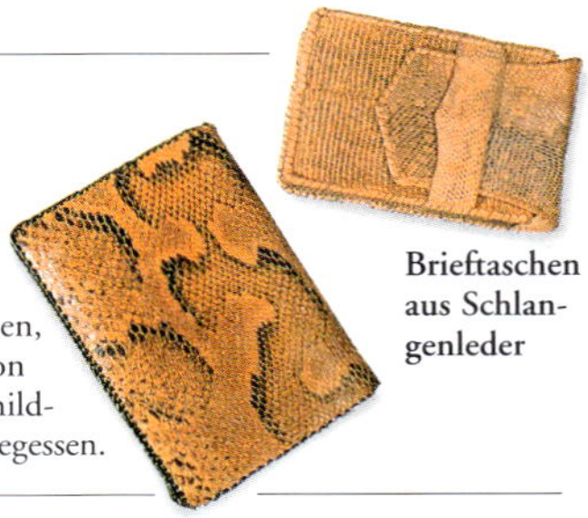

Brieftaschen aus Schlangenleder

SIEHE AUCH UNTER AMPHIBIEN · DINOSAURIER · ECHSEN · EIER · KROKODILE · NATURSCHUTZ · SCHILDKRÖTEN · SCHLANGEN

KRIEG

WENN SICH VÖLKER über Grenzen, Politik oder Religion streiten, kann die Auseinandersetzung die Form eines Krieges annehmen. Für ein starkes Land mag der Krieg als einfaches Mittel erscheinen, um Länder oder Rohstoffquellen zu erobern. Doch kommen dabei viele unschuldige Menschen ums Leben. Kriege zerstören soviel an Lebensqualität und Kraft eines Volkes, dass sie nur als letztes Mittel gelten dürfen, wenn Diplomatie nichts mehr bewirken kann. Die Vereinten Nationen versuchen zu schlichten, um Kriege zu verhindern.

Kriege in der Geschichte

Kriege und Schlachten gehören zur Geschichte jedes Landes. Früher verherrlichte man oft den Krieg und behauptete, eine Nation würde gestärkt daraus hervorgehen. Kriege waren damals begrenzter und weniger zerstörerisch als heute. Es war zudem schwieriger, ein großes Heer mit Nachschub zu versorgen.

Steigbügel
Die Technik entschied schon früher über Sieg oder Niederlage. Im 4. Jh. v. Chr. hatten chinesische Reiter Steigbügel. Sie saßen dadurch besser im Sattel und besiegten ihre Feinde, die Steigbügel nicht kannten.

Chinesische Figur eines Kriegers

Moderne Kriegführung

Mit dem technischen und wirtschaftlichen Fortschritt im 19. Jh. entwickelten die Völker immer schrecklichere Formen des Krieges. Mit Maschinengewehren und Panzern ließen sich mehr Soldaten töten. Durch verbesserte Transportmöglichkeiten konnte man in den entlegensten Gebieten kämpfen. Die Landwirtschaft sorgte dafür, dass die Truppen nur selten hungerten. In diesem „totalen Krieg" kämpften die einen, die anderen sorgten für Nachschub.

Bürgerkrieg
Bei einem Bürgerkrieg bekämpfen sich verschiedene Gruppen desselben Landes. Oft geht es um ethnische oder religiöse Gründe oder einfach um die Macht im Staat. Seit Ende des 2. Weltkrieges 1945 waren die meisten Konflikte Bürgerkriege.

Beim Bürgerkrieg in El Salvador starben über 70 000 Menschen.

Weltkrieg
Im 20. Jh. erfasste der Krieg erstmals nahezu die ganze Welt. Am 1. und 2. Weltkrieg nahmen fast alle Nationen teil. Der Militärdienst wurde für alle Männer Pflicht, und die Länder wandten alle Ressourcen für den Krieg auf. Die Zerstörung richtete sich auch gegen die Zivilbevölkerung und gegen die Wirtschaft des Feindes. Damit sollte dessen Kampfeswille gebrochen werden.

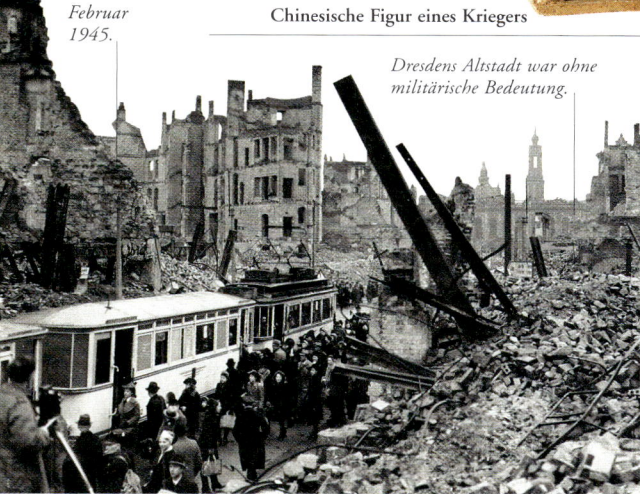

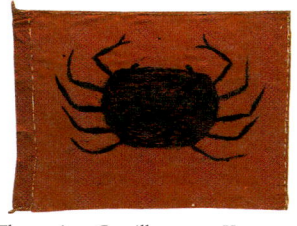

Flagge einer Guerillagruppe, Kamerun

Guerillakrieg
Truppen, die ein fremdes Land besetzen, werden oft von Guerillakämpfern angegriffen. Diese haben Erfolg, weil sie sehr beweglich sind, das Land gut kennen und von den Einheimischen in ihrem Kampf unterstützt werden.

Die Bomben der Alliierten verwüsteten Dresden im Februar 1945.

Dresdens Altstadt war ohne militärische Bedeutung.

Begrenzte Kriege
Einige moderne Kriege wie der Vietnamkrieg (1957–75) oder der Krieg zwischen Iran und Irak (1980–88) blieben auf kleine Gebiete beschränkt. Sie breiteten sich nicht weiter aus, weil Verbündete beider Seiten wenig zu gewinnen, aber viel zu verlieren hatten.

Amerikanische Soldaten in Vietnam

Kriegführung

Die Generäle wählen das Schlachtfeld mit Bedacht. Sie müssen die eigenen und die gegnerischen Stärken und Schwächen kennen und Nachschub organisieren. Es geht darum, dem Gegner dort eine Schlacht aufzuzwingen, wo er im Nachteil ist.

Carl von Clausewitz
Von Clausewitz (1780–1831) war ein preußischer General. Er schrieb ein einflussreiches Buch mit dem Titel *Vom Kriege*. Von Clausewitz stammt die Formel: „Der Krieg ist die Fortsetzung der Politik mit anderen Mitteln." Er definierte die Begriffe Taktik und Strategie.

Infanteriesoldaten

Zu Wasser
Als alle weiten Transporte mit Schiffen erfolgten, kämpften die Nationen um die Vorherrschaft zur See. Seit dem Flugzeug sind Seeschlachten nicht mehr wichtig. Zerstörer und Flugzeugträger sind leichte Ziele für Raketen. Man verlagerte daher die Feuerkraft z. T. unter Wasser, in Unterseeboote.

Deutsches U-Boot trifft im 2. Weltkrieg ein feindliches Schiff.

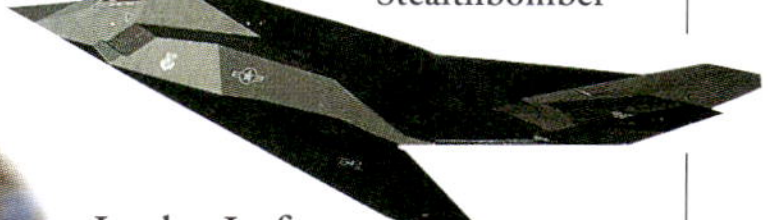

Zu Lande
Ein Hauptziel beim Krieg ist es, das Territorium eines Nachbarn zu besetzen. Die meisten Kriege werden deswegen mindestens teilweise zu Lande ausgefochten. Allerdings muss man erst die Luftherrschaft besitzen, wenn man auf dem Boden vorrücken will.

Stealthbomber

In der Luft
Im 1. Weltkrieg (1914–18) breitete sich der Krieg in die Luft aus. Radar und Lenkraketen schützen heute vor Bombern und Jagdflugzeugen. Als Gegenmaßnahme entwickelten die USA die Stealthbomber, die mit Radar nicht mehr zu erfassen sind.

KRIEG

Regeln für den Krieg

Auf Anregung des Schweizers Henri Dunant wurde 1864 die Genfer Konvention geschlossen, die fast alle europäischen Länder unterzeichneten. Das Abkommen sollte das Los Verwundeter verbessern. Die Haager Konventionen von 1899 und 1907 dehnten den Schutz der Soldaten weiter aus. Vieles davon geht auf den Amerikaner Francis Lieber (1798–1872) zurück, der Regeln gegenüber Verletzten und Kriegsgefangenen festlegte.

Nürnberger Prozesse
Nach dem 2. Weltkrieg kamen die Führer des Nationalsozialismus in Nürnberg vor ein Sondergericht. Sie mussten sich für den Mord an über 6 Mio. Menschen, vor allem Juden, verantworten. 22 Nazis wurden u. a. wegen Verbrechen gegen die Menschlichkeit verurteilt.

Kriegsgefangene
In früheren Zeiten machte man Kriegsgefangene zu Sklaven. Manchmal konnten sie ihre Freiheit zurückkaufen. Kriegsgefangene sind heute durch die Genfer Konvention geschützt. Sie werden bis zum Kriegsende in Lagern interniert und müssen menschenwürdig behandelt werden.

Das Rote Kreuz
Das Rote Kreuz ist ein internationales Hilfswerk. Im Krieg betreut es Gefangene und Internierte, überwacht deren Austausch, schafft Sicherheitszonen. Es wurde 1863 von Henri Dunant gegründet. Als Symbol nahm er die Schweizer Flagge und kehrte nur die Farben um.

Symbol des Roten Kreuzes

Burenfrauen als Kriegsgefangene

Die Kosten des Krieges

Im Krieg fürchtet jede Seite eine Niederlage so sehr, dass kein Preis für den Sieg zu hoch erscheint. Dabei sind auch die Verluste des Siegers oft ganz beträchtlich. Zu den finanziellen Kosten des Krieges kommt auch der Verlust von Menschenleben und von natürlichen Ressourcen. In den Kriegen des 20. Jh. wurden über 100 Mio. Soldaten und Zivilisten getötet.

Grab des Unbekannten Soldaten
Viele Länder haben die Leiche eines nicht identifizierten Soldaten beigesetzt. Dieses „Grab des Unbekannten Soldaten" soll an alle namenlosen Kriegsopfer erinnern.

Flüchtlinge
Kriege führen oft dazu, dass Zivilisten ihr Land verlassen und in einem Nachbarland um Asyl nachsuchen. Diese Flüchtlinge haben keine Rechte, oft auch keinen Besitz. Sie sind für die Ernährung, Unterkunft und medizinische Betreuung von ihrem Gastland oder Organisationen wie den Vereinten Nationen abhängig.

In den 90er Jahren verließen 4,5 Mio. Sudanesen ihre Heimat als Flüchtlinge.

Umweltschäden
In Kriegsgebieten werden die Natur und die Tierwelt immer stark in Mitleidenschaft gezogen. Manchmal benutzen Kriegsparteien Umweltschäden als Waffe: So entwaldeten im Vietnamkrieg die Amerikaner den Dschungel, um dem Feind die Unterschlupfmöglichkeiten zu nehmen. Auch durch Waffentests oder Flüchtlingslager wird die Natur oft vollständig zerstört.

Kriegsopfer
Etwa 8,5 Mio. Soldaten starben im 1. Weltkrieg. Durch die veränderte Kriegführung wurden im 2. Weltkrieg jedoch weit mehr Zivilisten als Soldaten getötet – insgesamt waren es über 30 Mio. Heute töten Minen und Bomben viele Zivilisten und noch mehr sterben an Hunger und Seuchen.

Soldatengräber aus dem 1. Weltkrieg in Frankreich

Kriegsanleihen versprechen hohe Zinsen.

Bombenschäden

Kriegskosten
Der Krieg verbraucht einen großen Teil des Volksvermögens. 1944 wendete die britische Regierung 60 % ihrer Einnahmen für den 2. Weltkrieg auf. Oft geben die Regierungen Anleihen aus, die spätere Generationen zurückzahlen müssen.

Chronologie

1096–99 Europäische Kreuzritter erobern beim ersten und erfolgreichsten Kreuzzug gegen die Araber Palästina, das Heilige Land. Dem Kreuzzug folgten noch 6 weitere im Lauf der Jahrhunderte.

1240 Mongolische Krieger aus Zentralasien erobern Kiew in der heutigen Ukraine. Sie beherrschen schließlich einen großen Teil Asiens und Osteuropas.

Mongolischer Köcher

1861–65 In einem blutigen Bürgerkrieg kämpfen die Nord- und die Südstaaten der USA gegeneinander. Dabei setzen sie moderne Waffen ein. Der Norden siegt. 600 000 Menschen sterben.

1914–18 30 Nationen kämpfen im 1. Weltkrieg gegeneinander. Die Friedensverträge halten gerade 21 Jahre lang.

1939–45 Im 2. Weltkrieg sterben mehr Soldaten (17 Mio.) als in allen früheren Kriegen zusammen.

1957–75 Amerika kämpft in Vietnam gegen kommunistische Kräfte.

Die Nazis zwangen die Juden, den gelben Judenstern zu tragen.

1967 Im Sechstagekrieg besiegt Israel die Araber.

1990–91 Golfkrieg: Eine Allianz unter Führung der USA besiegt Irak und befreit Kuwait.

1999 Die NATO bombardiert Serbien.

SIEHE AUCH UNTER FEUERWAFFEN | FRIEDENSBEWEGUNG | HOLOCAUST | KALTER KRIEG | KRIEGSSCHIFFE | MILITÄRFLUGZEUGE | VEREINTE NATIONEN | WAFFEN | WELTKRIEG, ERSTER | WELTKRIEG, ZWEITER

KRIEGSSCHIFFE

DIE MODERNE SEEKRIEGFÜHRUNG setzt verschiedene Schiffstypen ein, angefangen von kleinen schnellen Patrouillenbooten bis zu den gewaltigen Flugzeugträgern. Jedem Schiffstyp kommt eine bestimmte Aufgabe zu, etwa der Schutz von Handelsschiffen vor Angriffen oder das Aufspüren feindlicher Schiffe und Unterseeboote. Moderne Kriegsschiffe sind bestückt mit Navigations- und Waffensystemen. In der Regel bilden sie größere Verbände, die Flotten. Den Nachschub übernehmen Versorgungsschiffe.

Teile eines Kriegsschiffes

Kriegsschiffe müssen schnell und leicht zu manövrieren sein. Der Rumpf besteht aus Stahl oder Aluminium, für den Antrieb hat man Gasturbinen. Das Innere ist in wasserdichte Schotten unterteilt; dadurch sinkt das Schiff nach einem Treffer nicht unbedingt. Im Rumpf liegen die Mannschaftsquartiere, Lager und Kontrollräume. Über Deck befinden sich die Waffen, die Fernmelde- und Navigationssysteme. Kriegsschiffe haben Kanonen, Raketen und Torpedos an Bord.

Fregatte
Fregatten sind mittelgroße, leichte, schnelle Kriegsschiffe. Sie begleiten Flugzeugträger und schützen sie vor Angriffen. Dazu haben sie Raketen gegen feindliche Flugzeuge und Schiffe an Bord. Sie sind auch für die Jagd auf U-Boote ausgerüstet.

Täuschziel für Torpedos
Hubschrauber für die Suche nach U-Booten
Raketenwerfer
Radar zur Steuerung von Kanonen und Raketen
Schornstein
Beiboot
Antenne
Rundsichtradar
Mast
Radarantenne für Navigation und Hubschrauber
Radar zum Steuern von Kanonen und Raketen
Die Steuerbrücke ist das Kontrollzentrum.
Starter für Exocet-Raketen
Geschützturm
11-cm-Kanone
Schiffsschraube
Torpedorohr zur Bekämpfung von U-Booten
Rettungsfloß
Grauer Anstrich zur Tarnung
Standernummer
Leichter Rumpf aus Aluminium

Die Fregatte wurde während des 2. Weltkrieges entwickelt und schützt Konvois vor U-Boot-Angriffen.

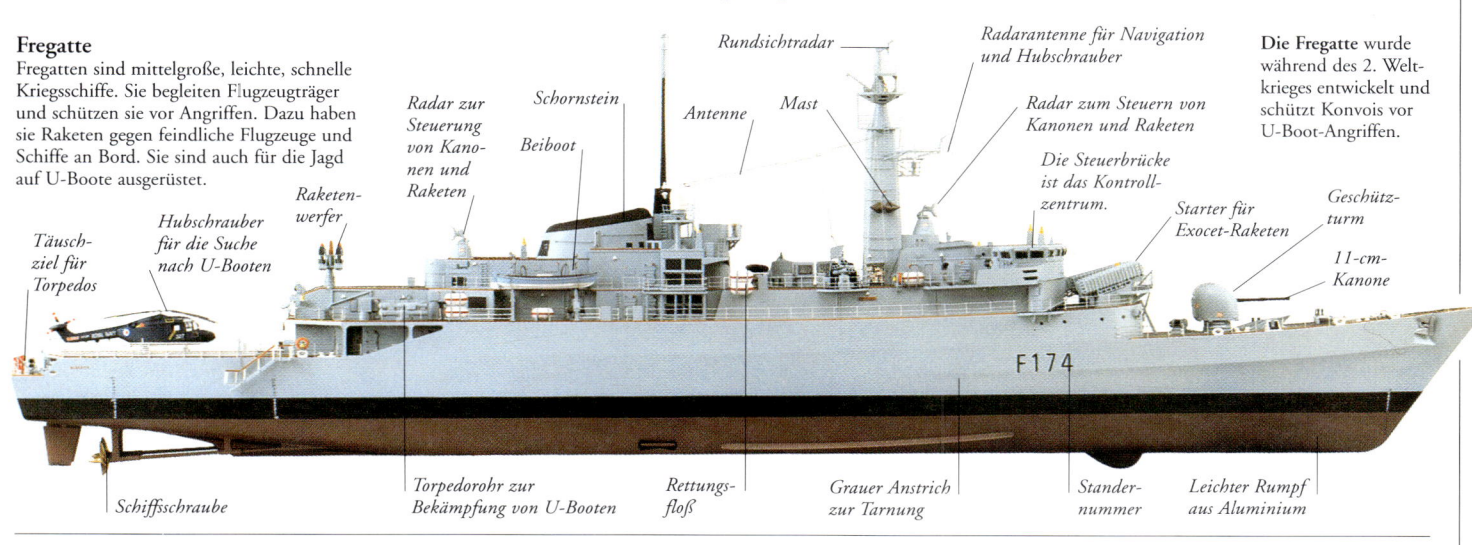

Schiffstypen
Überwasserschiffe teilt man ein in Schlachtschiffe, Zerstörer, Korvetten und Torpedoboote. Zu ihnen zählt auch der Flugzeugträger, auf dem Jagdflugzeuge und Bomber starten und landen. Bei U-Booten gibt es 2 Typen: Die einen machen Jagd auf feindliche Schiffe, andere sind Startbasen für Atomraketen und bleiben Monate unter Wasser.

Deutsches Minensuchboot

Amerikanischer Flugzeugträger

Flugzeugträger
Flugzeugträger sind die größten Kriegsschiffe und schwimmende Luftbasen. Sie haben Start- und Landebahnen und im Rumpf Hangars zur Wartung der Flugzeuge. Der Kontrollturm dient der Kommunikation mit den Piloten. Der größte Flugzeugträger bietet Platz für 100 Flugzeuge und über 2 000 Seeleute. Dazu kommen ca. 1 000 Mann Flugpersonal.

Minensuchboote
Minen sind Unterwasserwaffen, die explodieren, wenn ein Schiff in der Nähe vorbeifährt. Minensuchboote spüren Minen auf. Ihr Rumpf ist unmagnetisch, weil manche Minen auf Magnetismus reagieren. Minen werden von besonderen Minenlegern ausgebracht.

Kreuzer
Kreuzer sind große Kriegsschiffe mit Kanonen, Raketen und Torpedos. Hubschrauberkreuzer haben am Heck Landeplätze für Hubschrauber und im Rumpf Hangars zur Wartung.

US-Hubschrauberkreuzer

Marine
Im Krieg ist es die Aufgabe der Marine oder Navy, Schifffahrtslinien offen zu halten, zivile Schiffe auf See zu schützen, feindliche Schiffe zu zerstören sowie Heer und Luftwaffe zu unterstützen. In Friedenszeiten hilft die Marine bei Katastrophen und Rettungsaktionen auch in fremden Ländern.

Uniformen
Diese sowjetische Marineuniform ist traditionell. Viele Nationen haben ähnliche Uniformen.

Rangabzeichen
Abzeichen der Einheit
Pullover und Hemd
Hose
Mütze
Stiefel

SIEHE AUCH UNTER: KRIEG · RADAR UND SONAR · SCHIFFE · STREITKRÄFTE · TRANSPORT, GESCHICHTE · UNTERSEEBOOTE · WAFFEN · WELTKRIEG, ZWEITER

KRISTALLE

DIE WELT UM UNS besteht zum größten Teil aus winzigen Kristallen. Alle Gesteine setzen sich aus kristallisierten Mineralien zusammen. Als Kristall bezeichnen wir einen Festkörper, der eine regelmäßige äußere geometrische Form aufweist. Dabei treten Kanten und glatte Flächen hervor. Kristalle werden in der Industrie und als Schmucksteine verwendet. Viele Edelsteine schleift man aus größeren Kristallen; dabei kommt ihr Feuer besser zur Geltung. Diamanten erhalten einen Facettenschliff.

Kristallstruktur
Kristalle bestehen meist aus einem einzigen Mineral. Die Atome oder Moleküle sind zu einem regelmäßigen räumlichen Gitter angeordnet, in dem jedes Teilchen seinen festen Platz hat. Die äußeren glatten Kristallflächen sind nur ein Ausdruck dieser inneren Ordnung der Kristalle.

Kalkkristalle aus einem Wasserkocher

Cecil Rhodes
Der englische Geschäftsmann und Politiker Cecil Rhodes (1853–1902) erwarb sich im Diamantengeschäft ein großes Vermögen und wurde „König der Diamanten" genannt. Ab 1888 besaß er ein Monopol in der afrikanischen Diamantenindustrie.

Karikatur von Rhodes als „König der Diamanten"

Kubisch Zu dem System zählen Würfel, Oktaeder und Kristalle mit bis zu 48 Flächen.

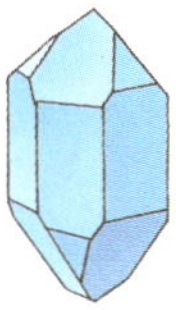

Hexagonal und trigonal Die beiden Systeme zeigen eine ähnliche Symmetrie.

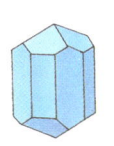

Tetragonal Diese Kristalle sind meist länger als die des kubischen Systems.

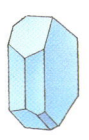

Triklin Das trikline System zeigt einen niedrigen Grad an Symmetrie.

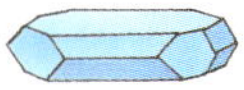

Orthorhombisch Zu diesem System zählen vor allem tafelige Prismen und flache Formen.

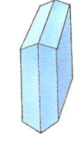

Monoklin Auch dieses System zeigt eine geringere Symmetrie als das kubische.

Kristallsysteme
Schön ausgebildete Kristalle zeigen regelmäßige, symmetrische Formen. Alle Kristallformen lassen sich nach den Kristallachsen und den Winkeln zwischen ihnen auf 7 Kristallsysteme zurückführen. Innerhalb dieser Systeme sind noch zahlreiche verschiedene Formen möglich.

Habitus
Als Habitus bezeichnet man die Gestalt der Kristallausbildung. Kristalle zeigen nämlich selten perfekte Formen. Die Bedingungen, unter denen sie wachsen, üben einen deutlichen Einfluss aus. Kristalle treten auch als Kombinationen mehrerer Kristallformen auf.

Prismatische Kristalle sind langgestreckt.

Massive Struktur Die Mineralien sind durcheinander und einzelne Kristalle kaum zu erkennen.

Dendritische Kristalle erinnern an Bäume oder Pflanzen.

Nadelige Kristalle treten oft in dichten Büscheln auf.

Stufen sind Gruppen von Kristallen derselben oder verschiedener Mineralarten.

Tafelige Kristalle sind flach bis blättrig.

Diamant in Kimberlit

Diamanten
Der Diamant ist der härteste Stoff der Erde. Der durchsichtige Edelstein hat viel Feuer. Die meisten Diamanten werden als Schneid- und Schleifwerkzeuge benutzt.

Edelsteine
Zu den Edel- und Schmucksteinen zählen schöne, seltene und harte anorganische Kristalle. Organischen Ursprungs sind z. B. Bernstein und Perlen. Manche Edelsteine werden heute im Labor hergestellt und sind von in der Natur gefundenen Steinen kaum mehr zu unterscheiden. Dazu zählen auch die künstlichen Diamanten.

Edelsteinschleifen
Kristalle für Schmucksteine werden geschnitten und poliert, damit sie ihren besonderen Glanz entfalten können. Zuerst muss der Schleifer den Kristall mit einer Lupe genau untersuchen und herausfinden, ob sich die Mühe des Schleifens lohnt.

Amethystkristalle in der Geode

Geode
Vor allem Quarzmineralien bilden in Gesteinen Hohlräume, deren innerste Schicht oft von Kristallen gebildet wird. Die äußeren Schichten bestehen meist aus Achat und zeigen eine oft intensive Streifung. Statt Geode kann man auch Druse sagen.

Quarz
Der Quarz ist piezoelektrisch: Durch Anlegen eines elektrischen Feldes verformt er sich. Dies geschieht in regelmäßigen Abständen, sodass man ihn zur Zeitmessung einsetzen kann.

Quarzuhr

1. Unter Berücksichtigung natürlicher Trübungen markiert der Schleifer die Stelle, wo er den Diamant schneidet und schleift.

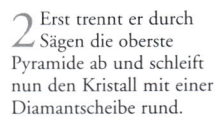

2. Erst trennt er durch Sägen die oberste Pyramide ab und schleift nun den Kristall mit einer Diamantscheibe rund.

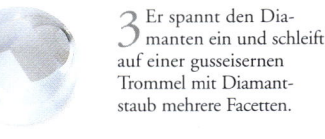

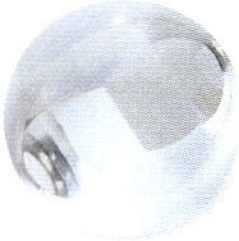

3. Er spannt den Diamanten ein und schleift auf einer gusseisernen Trommel mit Diamantstaub mehrere Facetten.

4. An den Seiten werden weitere Facetten in einem Winkel angebracht, der das Feuer des Diamanten zur Geltung bringt.

5. Auch die Unterseite wird auf diese Weise facettiert. Dann werden zusätzliche kleine Flächen eingeschliffen.

SIEHE AUCH UNTER — ATOME UND MOLEKÜLE · FESTKÖRPER · GESTEINE · ZEIT

Edelsteine

Tropfenförmiger Morganit

Wertvoller schwarzer Opal

Saphir

Brillantschliff

Tropfenförmiger Schliff

Smaragdschliff

Ceylonschliff

Morganit Eine rosafarbene Form des Berylls, durch Mangan gefärbt.

Opal ist verhärtete Kieselsäure. Er zeigt ein buntes Farbenspiel.

Saphir Er ist eine wertvolle, blaue Form des Korunds.

Diamanten bestehen aus Kohlenstoff und sind durch hohen Druck entstanden.

Smaragd Er ist die grüne Varietät des Berylls.

Aquamarin heißt die blaugrüne Varietät des Berylls.

Rubin Die wertvolle rote Form des Korunds

Halbedelsteine

Die Kristallisierung schreitet zum Zentrum der Geode fort.

Schichtförmiger Aufbau

Rauchquarz bildet oft verdrehte Stufen, die Gwindel.

Amazonit Er ist die blaugrüne Varietät des Mikroklin.

Amethyst Die violette Form des Quarzes

Rosenquarz Eine nicht kristallisierte Form des Quarzes

Kalzit Er besteht wie Kalk und Marmor aus Kalziumkarbonat.

Achat Er ist eine Form des Chalzedons und bildet verschieden gefärbte und verschieden dicke Schichten.

Rosenquarz Er bildet nur in äußerst seltenen Fällen schöne Kristalle.

Türkis ist in der Regel blau oder grün.

Manche glauben, Quarz hätte Heilwirkung.

Labradorit Die Lamellen zeigen schillernde Farben.

Rhodochrosit Er hat seine rote Farbe vom Mangan.

Türkis Er ist wegen seiner Farbe sehr begehrt.

Bergkristall So nennt man die farblose Varietät des Quarzes.

Lapislazuli Er besteht aus mehreren Mineralien.

Karneol Die rote Varietät des Chalzedons

Organische Schmucksteine

Korallenschnitzerei

Polierter Bernstein

Elfenbeinschnitzerei

Pillendose aus Perlmutt

Geschnittener und polierter Gagat

Gagat mit Fossilien

Perlen

Koralle Es handelt sich um das rosafarbene Kalziumkarbonatskelett der Edelkoralle.

Bernstein Er entstand aus fossilem Baumharz und enthält oft Einschlüsse.

Elfenbein Es stammt von den Zähnen von Säugetieren, meist vom Afrikanischen Elefanten.

Perlmutt Die bunt schimmernde Innenschicht vieler Weichtierschalen

Gagat oder **Jet** Gagat ist feinkörnige, feste Pechkohle.

Perlen Die meist erbsengroßen Kugeln bilden sich in einigen Muscheln.

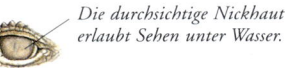

KROKODILE

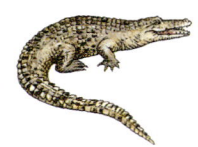

KROKODILE LAUERN unter Wasser auf vorbeiziehende Tiere und packen sie aus dem Hinterhalt. Diese altertümlichen Vertreter der Kriechtiere haben sich seit 140 Mio. Jahren kaum weiterentwickelt. Sie sind gefährliche Räuber. Zu den Krokodilen zählen auch die Alligatoren, die Kaimane und die Gaviale. Die Unterschiede zwischen ihnen zeigen sich vor allem bei den Zähnen und in der Form der Schnauze. Sie sind sehr gut an das Leben halb im Wasser halb auf dem Land angepasst.

Augen
Die Augen liegen oberhalb der Schnauze. Die Gesichtsfelder überlappen sich um 25° und ermöglichen Sehen in die Ferne. Die Nickhaut, die seitwärts über das Auge zieht, erlaubt Sehen unter Wasser. Die Schicht lichtempfindlicher Zellen in der Netzhaut leuchtet beim Schein einer Lampe rot auf.

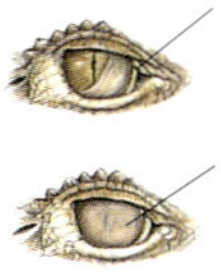

Die Nickhaut bewegt sich seitwärts über das Auge.

Die durchsichtige Nickhaut erlaubt Sehen unter Wasser.

Nasenlöcher und Augen liegen oben am Schädel, sodass das Tier auch untergetaucht atmen und sehen kann.

Krokodile
Krokodile sind tropische Reptilien, die vorwiegend im Süßwasser leben. Man unterscheidet 14 Arten. Die Körpergröße reicht von 2 m beim westafrikanischen Stumpfkrokodil bis zu 7,50 m beim Leistenkrokodil des indopazifischen Gebiets. Diese Art kann wie der Mississippi-Alligator auch im Meer leben. Das Siam- und das Rautenkrokodil sind durch Jagd und Zerstörung der Lebensräume vom Aussterben bedroht.

Mächtige kegelförmige Zähne im Kiefer

Nilkrokodil

Schnauzenform
Alligatoren und Kaimane haben breite, abgerundete Schnauzen, bei den Gavialen sind sie langgezogen. Krokodile besitzen breite oder schmale Schnauzen. Der 4. Zahn ist bei geschlossenem Maul von außen zu erkennen. Bei den Alligatoren bleibt er verborgen.

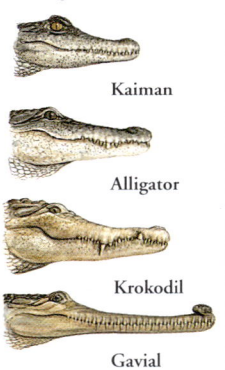

Kaiman
Alligator
Krokodil
Gavial

Fortpflanzung
Ein lautes Brüllen geht der Paarung unter Wasser voraus. Einen Monat darauf legt das Weibchen bis zu 90 ledrige Eier, die es 2 bis 3 Monate in einem Nest bewacht. Wenn die Temperaturen im Nest hoch sind, schlüpfen mehr Männchen als Weibchen. Vor dem Schlüpfen quäken die Jungen. Die Mutter öffnet dann das Nest, sodass ihre Jungen nach oben krabbeln können.

Die Mutter trägt das Jungtier zwischen ihren Zähnen zu einem Versteck.

Das junge Krokodil öffnet das Ei mit dem Eizahn.

Nilkrokodil mit Eiern

Fortbewegung
Auf dem Land kriechen die Krokodile; ihr Bauch schleift dabei auf dem Boden. Bei Gefahr fallen sie in eine Art „Galopp". Dabei heben sie ihren Körper ganz vom Boden ab. Aus flachem Wasser springen sie mit Hilfe des Schwanzes erstaunlich weit in die Höhe, um Beutetiere von Bäumen zu holen. Die Krokodile schwimmen mit seitlichen Schwanzschlägen.

Bauch vom Boden abgehoben

Sumpfkrokodil

Sprung nach oben mit Hilfe des Schwanzes

Ernährung
Krokodile liegen stundenlang auf der Lauer und stürzen sich plötzlich auf ein Beutetier am Ufer. Sie ziehen es unter Wasser, um es zu ertränken. Krokodile können nicht kauen. Sie zerreißen ihre Beute durch Drehbewegungen in einzelne Stücke. Das Tier wird mit Haut und Haar gefressen.

Leierantilope

Die kräftigen Kiefer zerbrechen selbst dicke Knochen.

Alligatoren
Es gibt 2 echte Alligatorarten: Der Mississippi-Alligator der südöstlichen Vereinigten Staaten wird bis zu 5,50 m lang. Er ist als einziges Krokodil nicht vom Aussterben bedroht. Der China-Alligator aus dem Jangtse in Ostchina wird nur etwa 2 m lang. Die nächsten Verwandten der Alligatoren sind die Kaimane.

Regelmäßige Schuppen

Mississippi-Alligator

Muskulöser, dicker Schwanz

Kaimane
Die Kaimane sind südamerikanische Alligatoren. Man unterscheidet 6 Arten. Die kleinste Art ist der Brauen-Glattstirnkaiman mit 1,50 m, die größte der Mohrenkaiman mit bis zu 4,50 m Länge. Der Brillenkaiman hat eine brillenstegähnliche Querleiste zwischen den Augen.

Brillenkaiman

Plumper Körper

Gaviale
Die beiden Gavialarten zeichnen sich durch ihre lange spitze Schnauze aus. Der Gangesgavial lebt in Indien, Bangladesch, Pakistan, Nepal und Birma. Er wird bis zu 7 m lang. Einige Männchen haben an der Spitze der Schnauze eine Anschwellung. Der Sundagavial lebt in Indonesien und Malaysia und wird ungefähr 4,70 m lang.

Spitze Zähne für den Fang von Fischen

Gangesgavial

NILKROKODIL

WISSENSCHAFTLICHER NAME Crocodylus niloticus

ORDNUNG Crocodylia, Krokodile

FAMILIE Crocodylidae, Krokodile

VERBREITUNG Afrika südlich der Sahara außer Kalahariwüste; Madagaskar. Im Nil in Ägypten fast verschwunden.

LEBENSRAUM Flüsse, Seen, Sümpfe, Ästuare und Mangroven. Schwimmt auch ins Meer hinaus

ERNÄHRUNG Fische, Frösche, Reptilien, Watvögel und Säugetiere bis zur Größe des Wasserbüffels. Auch Menschen sind manchmal Opfer.

GRÖSSE Länge bis zu 6 m

LEBENSDAUER 25–100 Jahre

SIEHE AUCH UNTER | EIER | FEUCHTGEBIETE, TIERWELT | FLÜSSE | KRIECHTIERE | NATURSCHUTZ | SÜSSWASSER, TIERWELT

KUBLAI KHAN

DER MONGOLENHERRSCHER Kublai Khan war einer der mächtigsten Kaiser der Welt. Er beherrschte das riesige Mongolenreich und fiel in Südchina ein, wo er die mächtige Song-Dynastie zerstörte. Zum ersten Mal in seiner Geschichte geriet China unter fremde Herrschaft. Unter Kublai Khan blühte China auf, und der Handel mit Europa und dem übrigen Asien gedieh. Kublai Khan starb 1294. Den Titel „Großkhan" hatte er sich zu Recht verdient.

Kindheit und Jugend
Kublai Khan, der Enkel des Mongolenherrschers Dschingis Khan, wurde 1215 in Nordchina geboren. Er wurde von konfuzianischen Gelehrten erzogen und war als junger Mann Heerführer und leitete zusammen mit seinem Bruder, dem Großkhan Möngke, das Reich. Als dieser 1259 starb, wurde Kublai sein Nachfolger, nachdem er einen Vetter als Rivalen besiegt hatte.

Eroberungen
Kublai Khans größte Leistung war die Eroberung Chinas. 1260 wurde er Großkhan und damit mächtigster Mongolenfürst. Die Mongolen kontrollierten damals nur den Teil Chinas, der nördlich vom Gelben Fluss lag. Fast zwei Jahrzehnte brauchte Kublai Khan, um das mächtige Song-Reich im Süden zu erobern. 1279 beherrschte er ganz China. Erst 1368 wurde die mongolische Yüan-Dynastie aus China vertrieben.

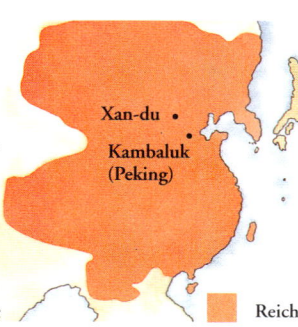

Reich des Kublai Khan

Kamikaze
Kublai Khan machte zwei erfolglose Versuche, Japan zu erobern: Der erste, 1274, musste abgebrochen werden, nachdem ein Sturm die Schiffe nach Korea verschlagen hatte. Den zweiten Versuch, 1281, beendete ein Taifun, ein Kamikaze oder Götterwind, wie die Japaner sagen. Er vernichtete die mongolische Flotte.

Kublai Khans Heer, indonesisches Relief

Südostasien
Zwischen 1257 und 1292 unternahmen die Mongolen unter Kublai Khan 5 Einfälle nach Südostasien, und zwar in den Norden Thailands, nach Annam, dem heutigen Nordvietnam, sowie 3-mal nach Pagan (Birma). 1292–93 gelangte eine Streitmacht der mongolischen Flotte sogar auf die Insel Java. Wenn auch die Mongolen Südostasien nicht eroberten, so stand es doch nahezu 100 Jahre unter ihrem Einfluss.

Yüan-Dynastie
Die Mongolen waren zwar Fremdherren in China, aber ihre Regierung wurde von den meisten Chinesen anerkannt. Kublai gründete ein neues Herrschergeschlecht – die Yüan – und förderte den Handel, indem er Beschränkungen der Kaufleute und zu hohe Steuern aufhob. Auch die Verwaltung des Landes baute er aus und errichtete in Kambaluk, dem heutigen Peking, eine neue Hauptstadt.

Handel und Verkehr
Kublai Khan förderte den Wohlstand Chinas und verbesserte die Verkehrsverbindungen in seinem riesigen Reich. Er ließ Kanäle und Straßen bauen und führte einen regelmäßigen Postdienst für Briefe ein. Mongolen bewachten die Seidenstraße zwischen Europa und China, und die Händler konnten auf dieser Route sicher vor Raubüberfällen sein.

Bedeckung mit Matten
Antrieb durch ein Paddel
Das Auge soll das Boot „sehend" machen.
Modell eines Flussbootes, 19. Jh.

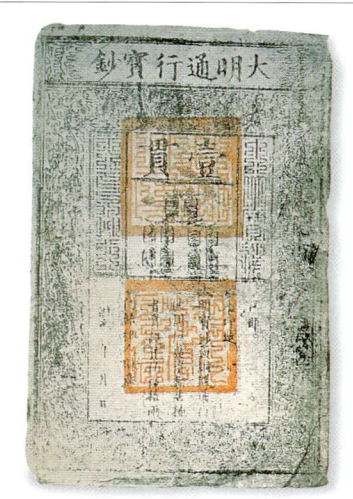

Die Gesellschaft
Der Khan änderte Chinas Gesellschaftsordnung grundlegend und führte eine Vier-Klassen-Gesellschaft ein, an deren Spitze die Mongolen standen. Die Verwaltungsbeamten wurden nach Verdiensten eingesetzt. Gelehrte aus vielen verschiedenen Völkern – außer Chinesen – dienten ihm als Ratgeber. Kublai Khan reformierte auch die Gesetzgebung, baute das Erziehungswesen aus und setzte den Gebrauch von Papiergeld durch.

Frühe chinesische Banknote

Marco Polo
Der venezianische Kaufmann Marco Polo (1254–1324) kam 1270 mit seinem Vater und dem Onkel nach China. Er trat in die Dienste Kublai Khans und war 17 Jahre Beamter am Hof. 1295 nach Europa zurückgekehrt, verfasste er sein Buch *Il milione* über seine Erlebnisse in China.

Kunst
Kunst und Kultur erlebten in der Yüan-Dynastie eine Blütezeit. Dichtung und Theater standen in hohem Ansehen und es gab neue Theaterstücke. Kunsthandwerker schufen edle Vasen aus blauem und weißem Porzellan. Diese Kunst wurde in der Ming-Dynastie vervollkommnet.

Porzellanvase mit Drachenmotiv

Xan-du
Kublai Khan ließ nördlich von Kambaluk ein luxuriöses Jagdschloss bauen. Samuel Coleridge, ein englischer Dichter des 18. Jh., pries den Palast in einem Gedicht.

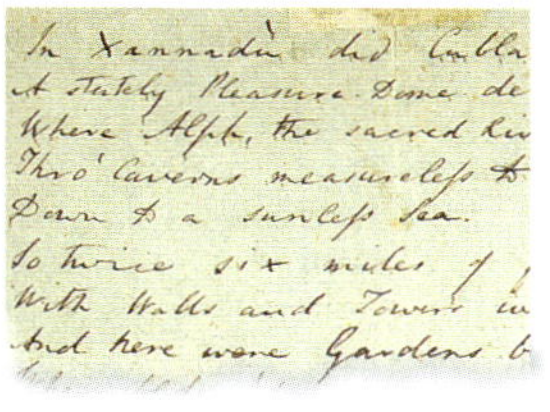

Manuskript des Gedichtes Kublai Khan von Coleridge

KUBLAI KHAN
1215	Geburt Kub(i)lai Khans
1257	Erster Mongoleneinfall in Annam (Nordvietnam)
1260	Kublai wird Großkhan.
1274	Erste Expedition nach Japan
1275–92	Marco Polo arbeitet für die chinesische Regierung.
1279	Kublai Khan erobert ganz China und besiegt die Song.
1281	Ein Taifun verhindert die Mongoleninvasion in Japan.
1292–93	Mongolenflotte in Java
1294	Tod Kublai Khans

SIEHE AUCH UNTER: ASIEN, GESCHICHTE · CHINA, GESCHICHTE · ENTDECKUNGEN · MONGOLEN · TÖPFEREI UND KERAMIK · WELTREICHE

KULTURFOLGER

DIE VOM MENSCHEN bestimmte Landschaft unserer Städte mag für Wildtiere völlig ungeeignet erscheinen. Trotzdem leben hier sehr viele, auch größere Tiere, z. B. Füchse, Kaninchen, Amseln, und sogar Fischreiher. Manche dieser Tiere suchen geradezu die Nähe des Menschen; man nennt sie Kulturfolger. Viel schwerer haben es die Kulturflüchter wie Schwarzstorch und Auerhuhn. Sie meiden den Menschen und gehen immer mehr zurück. Unberührte Lebensräume, etwa verwilderte Gärten, unbebaute Grundstücke und Gleisanlagen, ja selbst Betonbauten beherbergen noch Tiere.

Lebensräume in der Stadt

In Städten finden sich verschiedene Lebensräume für Tiere, z. B. verfallene Häuser, Parks, Gärten. In jedem Haus leben Insekten, oft Mäuse und sogar Ratten. Mülleimer ziehen überall Tiere an, z. B. Füchse, Dachse und selbst Waschbären. In Afrika kommen die Affen bis in die Nähe der Märkte, um sich dort Futter zu holen.

Waschbären, die sich auch bei uns ausbreiten, kippen auf Nahrungssuche oft Mülleimer um.

Dieser Waschbär durchsucht den Müll nach Nahrung.

Eisenbahngleise
Gleisanlagen sind fast ungestörte Lebensräume. Hier wachsen Pflanzen, deren Samen auch von der Eisenbahn verbreitet werden.

Gebäude
Vom Keller bis zum Dach ist jedes Haus von Kleintieren bewohnt. Störche, die auf dem Dach nisten, sind leider selten.

Kanalisation
Tiere, die ursprünglich Gänge graben, etwa die Wanderratte, fühlen sich sehr wohl in der Kanalisation. Hier finden sie Unterschlupf und Nahrung.

Anpassungskünstler
Die große Amerikanische Schabe kam vor langer Zeit mit importierten Lebensmitteln aus den Tropen nach Europa. Heute findet sie sich in vielen geheizten Gebäuden, in denen es für sie etwas zu fressen gibt. In Bäckereien und Restaurants ist sie fast nicht auszurotten.

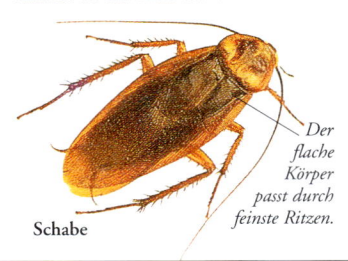

Der flache Körper passt durch feinste Ritzen.

Schabe

Waschbären durchwühlen nicht nur in vielen amerikanischen Städten sondern auch bei uns die Mülleimer.

Nahrungsquellen
In den Städten gibt es für die Tiere sehr viel zu fressen, nicht nur in Küchen, Geschäften und Supermärkten. Auch im Freien findet sich immer mehr Futter, weil sehr viele Nahrungsabfälle weggeworfen werden. Hinzu kommt, dass viele Stadtbewohner die Tiere noch füttern, z. B. Tauben und Singvögel. Von den Nestlingen der Parkvögel leben wiederum Raubtiere wie Marder und Wiesel.

Igel sind häufige Besucher in Gärten und werden dort auch oft mit Hackfleisch gefüttert.

Neue Lebensräume
Heute versucht man in Städten altbekannte Lebensräume wieder herzustellen. Ein Gartenteich beispielsweise ist ein kleines Feuchtbiotop. Ältere Bauwerke oder Mauern bilden einen Ersatz für Felsen und bieten mit ihren Spalten und Höhlungen für viele Vögel Unterschlupf. So erstaunt es nicht, dass man mitten in der Stadt dem seltenen Wanderfalken begegnen kann, der sonst in Felswänden brütet.

Mehlschwalben nisten in der Natur an steilen Felsen unter Überhängen. Viele bauen ihre Nester unter den Traufen von Bauernhäusern oder in offenen Ställen.

Frösche und Kröten kommen in Weihern mitten in der Stadt vor. Auf dem Land gehen ihre Lebensräume eher zurück.

Sauber gebautes Lehmnest

Viele Frösche leben heute in künstlichen Teichen.

Die Wärme der Stadt
Die Stadt ist im Vergleich zum umgebenden Land stets deutlich wärmer. Dazu tragen die Motoren von Autos und Maschinen und im Winter die Heizungen bei. Diese Extrawärme nutzen viele Tiere. Tauben und Stare ziehen im Winter ins Stadtzentrum und verbringen hier die Nacht. Zentralheizungen ermöglichen es auch tropischen Schadinsekten sich in unseren Häusern einzubürgern.

Stare nächtigen an der Fassade einer Kathedrale.

SIEHE AUCH UNTER GÄRTEN   INSEKTEN   NAGETIERE   PANDABÄREN   STÄDTE

KUNST, GESCHICHTE

SEIT FRÜHESTEN ZEITEN drückt der Mensch seine Gedanken und Gefühle durch Kunstwerke aus. Bei der bildenden Kunst, der Malerei und Bildhauerei, folgten viele verschiedene Stile aufeinander – von den ersten Darstellungen in der Steinzeit bis zur Pop-Art. Darin spiegeln sich auch Veränderungen des Denkens und der Weltanschauung wider. Selbst die Materialien der Künstler haben sich geändert und weiter entwickelt.

Frühe Kunst

Die frühesten Kunstwerke haben meist religiöse oder magische Bedeutung. Sie stellen z. B. einen Gott dar oder sollen den Jägern Glück bringen.

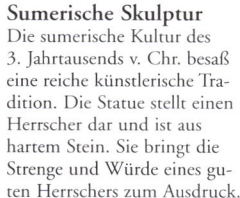

Sumerische Skulptur
Die sumerische Kultur des 3. Jahrtausends v. Chr. besaß eine reiche künstlerische Tradition. Die Statue stellt einen Herrscher dar und ist aus hartem Stein. Sie bringt die Strenge und Würde eines guten Herrschers zum Ausdruck.

Höhlen bei Lascaux
Hier brachten Höhlenbewohner vor über 17 000 Jahren schöne Malereien an den Wänden an. Die Umrisse wurden mit den Händen aufgetragen. Die lebhaften Farben im Innern sprühte man durch einen hohlen Knochen hindurch auf.

Antike

Die europäische Kunst wurzelt in den Traditionen der antiken Mittelmeerwelt, vor allem in der Kunst der alten Griechen und Römer. Besonders die Skulpturen aus dieser Zeit sind bemerkenswert lebendig und naturalistisch und konzentrieren sich auf die menschliche Gestalt.

Fresko aus Pompeji

Römische Wandmalerei
Nur wenige antike Gemälde sind erhalten geblieben. Das Bild links wurde von der Vulkanasche bei Pompeji konserviert. Es zeigt Figuren aus der römischen Mythologie. Die Wandmalerei schmückte das Innere eines römischen Hauses.

Hermes und Dionysos, 4. Jh. v. Chr.

Hermes und Dionysos
Diese Marmorstatue zeigt den Götterboten Hermes mit dem Weingott Dionysos als Kind im Arm. Das Werk verrät eine sichere Kenntnis der menschlichen Anatomie, etwa vom Aufbau von Knochen und Muskeln. Es zeigt die Idealform des Körpers auf dem Höhepunkt seiner Schönheit. Das Werk wird dem berühmtesten griechischen Bildhauer, Praxiteles, zugeschrieben.

Perspektivische Darstellung ergibt Raumtiefe.

Skelett als Symbol der Sterblichkeit

Masaccio, *Dreifaltigkeit*, 1428

Perspektive
Der Italiener Tommaso Masaccio (1401–28) verwendete als Erster perspektivische Darstellungen. Die Perspektive schafft die Illusion, dass hinter der Bildfläche der Raum weiter in die Tiefe reicht.

Nicht religiöse Kunst
In der Renaissance begannen Maler erstmals auch nicht religiöse Themen darzustellen, z. B. Szenen aus dem täglichen Leben. Trotzdem herrschten zunächst noch Darstellungen aus der Bibel vor.

Renaissance

Nach dem Untergang des Römischen Reiches galt die antike Kunst während der Romanik und der Gotik zunächst als zu heidnisch. Erst spät im 15. Jh. begannen Architekten, Bildhauer und Maler die antike Tradition wiederzubeleben. Die Wiedergeburt der antiken Kunst bezeichnet man als Renaissance. Sie begann in Italien und breitete sich über ganz Europa aus. Einen sehr großen Einfluss übte dabei Michelangelo Buonarroti, genannt Michelangelo (1475–1564), aus.

Jan Van Eyck, *Arnolfini-Hochzeit*, 1434

Farbherstellung

Die Malmaterialien haben einen großen Einfluss auf das endgültige Aussehen des Gemäldes. Vor dem 15. Jh. malten die Künstler direkt auf feuchten Putz (al fresco). Als Farbe verwendeten sie Tempera, eine Mischung aus Eidotter und Pigmenten. Die späteren Ölfarben entwickelten besonderen Glanz und Leuchtkraft.

Mineral, zu Pigment zermahlen

Ei-Tempera
Eigelb und Eiweiß sind ein gutes Bindemittel für Pigmente. Die dicken Temperafarben sind schwer zu verarbeiten, da sie sehr rasch trocknen.

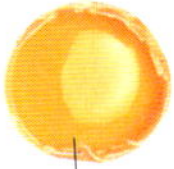

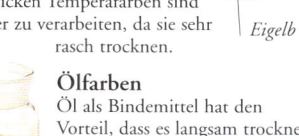

Eigelb

Ölfarben
Öl als Bindemittel hat den Vorteil, dass es langsam trocknet. Damit sind Korrekturen noch längere Zeit möglich.

Öl als Bindemittel für Pigmente

Teure Farben
Manche Farben, z. B. Gold, sind sehr teuer. Bis ins 17. Jh. hinein war nur Dunkelblau noch teurer, weil das Pigment aus dem seltenen Halbedelstein Lapislazuli hergestellt wurde.

Lapislazuli

Der teure Lapislazuli wurde genau abgewogen.

Barock

Als Barock bezeichnet man den Stil des 17. Jh. Er entstand in Rom, dem Mittelpunkt der katholischen Kirche. Im 16. Jh. hatte die Reformation stattgefunden. Im darauf folgenden Jahrhundert verwendete die katholische Kirche die Kunst zur Ausbreitung ihrer Lehre. Der neue Stil war theatralisch und sehr emotional. Die Maler arbeiteten mit Licht und Schatten, um dramatische Kontraste zu setzen. Die Barockbildhauer stellten ihre Figuren mitten in der Bewegung dar. Dies verlangte meisterliches technisches und künstlerisches Können.

Dramatischer Gesichtsausdruck

Der Pfeil als Symbol von Gottes Liebe

Bernini
Der italienische Maler, Bildhauer und Architekt Gianlorenzo Bernini (1598–1680) war einer der größten Barockkünstler. Er stellte seine Figuren in dramatischer Haltung dar; sie sollten dadurch den Glauben stärken. Die Skulptur zeigt die Ekstase der heiligen Theresa, bei der ein Engel sie mit einem Pfeil durchbohrte.

Bernini, *Verzückung der heiligen Theresa*, 1652

Caravaggio, *Berufung des hl. Matthäus*, um 1598

Licht und Schatten
Der italienische Maler Michelangelo Caravaggio (1573–1610) malte die Berufung des Matthäus zum Jünger Christi. Ein Lichtstrahl beleuchtet Matthäus, während Christus im Schatten verborgen bleibt.

Romantik

Das frühe 19. Jh. gilt als das Zeitalter der Romantik. Es war eine Reaktion auf den ausgeglichenen idealisierenden Klassizismus des 18. Jh. Die Romantiker fragten nach der Stellung des Menschen im All. Sie betonten das Gefühl und die Fantasie und stellten auf ihren Gemälden die wilden Naturkräfte dar. Die Kunst sollte zwischen der Natur und dem Menschen vermitteln.

Friedrich, *Wanderer über dem Nebelmeer*, 1818

Naturgefühl
Der deutsche Maler Caspar David Friedrich (1774–1840) ließ sich von gewaltigen Landschaften inspirieren. In diesem Gemälde liegt etwas Geheimnisvolles: Eine einzelne Figur betrachtet das mächtige Gebirge.

Eine gewaltige Landschaft mit Wolken symbolisiert das Geheimnis der Natur.

Entwicklung im 19. Jh.

Seit Mitte des 19. Jh. brachen die Künstler mit alten Traditionen. Früher hatten die Maler auf Bestellung gearbeitet und geliefert, was ihre Auftraggeber wünschten. Nun malten sie, was sie selbst wollten, und suchten dann Käufer für ihre Bilder.

Camille Pissarro, *Place du Théâtre Français*, 1898

Farbauswahl aus Renoirs Palette

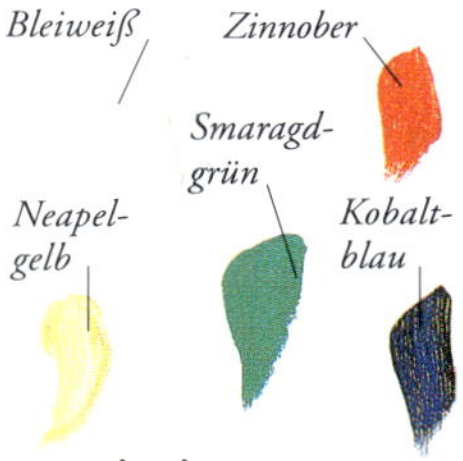

Bleiweiß *Zinnober*
Neapelgelb *Smaragdgrün* *Kobaltblau*

Impressionismus
Diese französische Stilrichtung entstand zu Ende des 19. Jh. Künstler wie Camille Pissarro (1830–1903), Claude Monet (1840–1926) und Auguste Renoir (1841–1919) versuchten flüchtige Eindrücke auf dem Bild festzuhalten, besonders das wechselnde Licht der Sonne. Zuerst wurden sie verlacht, weil man auf den Bildern mehr Details sehen wollte, doch später erlangten sie großen Einfluss.

Kunst des 20. Jh.

Während des 20. Jh. suchten die Künstler nach neuen Theorien über die Welt, über die Religion und den Geist des Menschen. Dazu probierten sie eine Vielzahl von Stilen aus. Damit schienen nach fast 2 500 Jahren die Ideale der Antike nun endgültig vergessen zu sein.

Surrealismus
In den 20er Jahren versuchten die Surrealisten bildlich darzustellen, wie das Gehirn und die Seele des Menschen funktionieren. Der Gedanke verbreitete sich, dass nur ein Teil des Gehirns bewusst eingesetzt wird. Die unbewusste Tätigkeit dagegen bleibt uns völlig verborgen. Die bizarren, traumartigen Gemälde der Surrealisten, etwa des bedeutenden spanischen Künstlers Salvador Dali (1904-89), sind von diesen Ideen inspiriert.

Salvador Dali

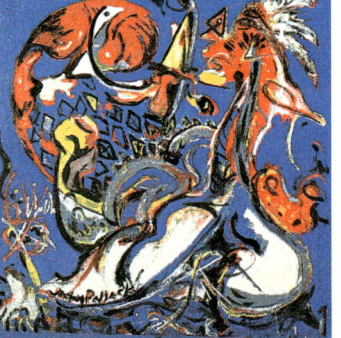

Abstrakte Kunst
Abstrakte Künstler wollen mit Farben und Formen nur Ideen und Emotionen erwecken. Hier ähnelt die abstrakte Kunst der Musik. Sie beschreibt etwas, das man mit Worten nicht ausdrücken kann, ist aber doch ausdrucksstark und bewegend. Wassily Kandinsky (1866–1944), Paul Klee (1879–1940) und Jackson Pollock (1912–1956) zählen zu den berühmtesten abstrakten Künstlern.

Jackson Pollock, *The Moon, Woman cuts the circle*, 1943

Moderne Kunst
Viele moderne Kunstwerke werden für Museen oder Galerien geschaffen, nicht für Häuser oder Kirchen wie früher. Diese Kunstwerke wollen oft überraschen oder den Betrachter provozieren; ihr Sinn ist oft nicht leicht zu verstehen.

Yoki Terauchi, *Air Castle*, 1994

Ambroise Vollard
Der französische Kunsthändler Ambroise Vollard (1865–1939) interessierte sich besonders für die moderne Kunst. Er gewährte den Künstlern des 20. Jh. oft große finanzielle und kreative Freiheiten, um das zu malen, was sie wollten. Paul Cézanne und Henri Matisse feierten ihre ersten Erfolge um 1900 in Vollards Galerie.

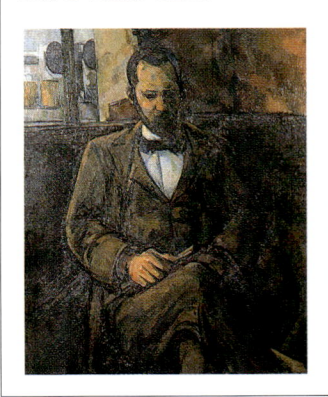

KUNST, GESCHICHTE

Kunst in Afrika

Die afrikanische Kunst hat eine lange Tradition, obwohl ihre Geschichte aus Mangel an schriftlichen Zeugnissen schwer zu verfolgen ist. Die wichtigsten Kunstformen sind Skulpturen und Masken. Man stellte sie meist für religiöse und rituelle Zwecke her. Bronze- und Holzplastiken erreichten in Afrika ein hohes Niveau.

Bildhauerei
Die reiche Bildhauertradition in Westafrika beginnt mit Terrakottafiguren der Nok um 500 v. Chr. Im 13. Jh. n. Chr. begannen die Ife in Nigeria außergewöhnlich schöne Bronzeskulpturen zu gießen. Sie beeinflussten wohl die Bronzebildnisse der Benin vom 16. bis 19. Jh.

Skulptur der Ife, 13. Jh.

Masken
Afrikanische Masken stellen in den meisten Fällen einen Geist oder einen Ahnen dar. Sie werden zu religiösen Feiern getragen, bei denen zur Musik auch getanzt wird. Die wichtigsten Werkstoffe sind Holz, Elfenbein und Weichtierschalen. Die Maske im Bild rechts zeigt einen deutlich abstrahierenden Stil.

Holzmaske, Elfenbeinküste

Asien

In der asiatischen Kunst ist die symbolische Bedeutung hinter dem Dargestellten oft wichtiger als die Illusion des Realismus. Chinesische Landschaftsmalereien bringen z. B. Harmonie mit der Natur, Frieden und Schönheit zum Ausdruck. In China und Japan galt das Schönschreiben, die Kalligrafie, als hohe Kunst. Sie verbindet sich mit dem Inhalt des Gedichts und dem gemalten Bild zum Gesamtkunstwerk.

Tang Yin, Traum von der Unsterblichkeit in einer strohgedeckten Hütte, 16. Jh.

Chinesische Malerei
In China entwickelte sich die Malerei aus der Kalligrafie, der Schriftkunst. Die Landschaftsmaler malten mit Pinsel und Tusche auf Papier oder Seide. Sie bildeten aber nicht die Wirklichkeit ab. Ihre Landschaften waren rein erdacht.

Hokusai
Katsushika Hokusai (1760–1849) ist der im Westen wohl bekannteste japanische Künstler. Auf Farbholzschnitten (ukiyo-e) stellte er Landschaften und Szenen aus dem täglichen Leben dar. Sie wirken lebendig und zeigen frische Farben.

Die Woge, 1823

Handschrift der Mogulzeit, 16. Jh.
- *Lebhafte Farben*
- *Große Detailfreude*
- *Kurze poetische Beschreibung der Szene*

Miniaturen
Während der Mogulzeit (16.–17. Jh.) stand die Miniaturmalerei in Indien in hohem Ansehen. Die entsprechenden Manuskripte wurden sehr reich ausgeschmückt. Die Illustration stammt aus einer Chronik über die Taten des Kaisers.

Indianische Kunst

Die Hochkulturen der Azteken und Maya in Mexiko sowie der Inka in Peru schufen außergewöhnliche Kunstwerke aus Stein, Metall und Ton. Rätselhaft sind die Scharrbilder der Nazca auf der Erde in Südperu. Man erkennt deren Umrisse nur vom Flugzeug aus. Von den Indianern an der Nordwestküste Nordamerikas stammen berühmte Holzschnitzereien und Totempfähle.

Totempfahl der Tlingit

Totempfähle
Die Küstenindianer schnitzen Totempfähle aus Baumstämmen. Sie zeigen oft die Wappentiere eines Häuptlings oder eines Clans.

Sandmalereien
Die Navajo im Südwesten der USA fertigen Bilder aus Sand und gemahlenen Steinen an. Die Bilder spielen bei Zeremonien eine Rolle. Sie werden morgens begonnen und am Abend wieder zerstört.

Sandbild der Navajo Es stellt mythologische Gestalten dar.

Osterinsel
In der Zeit vom 12. bis 17. Jh. schufen die Einwohner der Osterinsel bis zu 12 m hohe Figuren aus vulkanischem Gestein. Sie stellen die Ahnen von Häuptlingen dar.

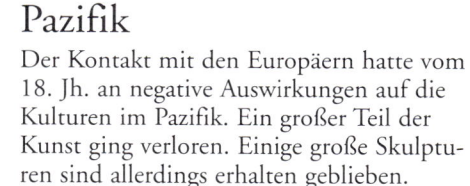

Pazifik

Der Kontakt mit den Europäern hatte vom 18. Jh. an negative Auswirkungen auf die Kulturen im Pazifik. Ein großer Teil der Kunst ging verloren. Einige große Skulpturen sind allerdings erhalten geblieben. Bedeutende Kunstformen im pazifischen Raum waren einst Bildhauerarbeiten aus Stein und Holz, Malereien auf Rindenbast, Masken und Tätowierungen.

Die Statuen blicken aufs Meer.

Statuen, Osterinsel

Chronologie

30 000–10 000 v. Chr. Höhlenmalerei in Nordspanien und Frankreich

um 500 v. Chr. Menschenähnliche Figuren der Nok in Westafrika

100 v. Chr.–300 n. Chr. Ausbreitung der klassischen Kunst in Europa

4.–6. Jh. Große Völkerwanderung

Krieger, Griechenland, 520 v. Chr.

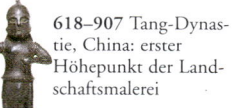

618–907 Tang-Dynastie, China: erster Höhepunkt der Landschaftsmalerei

9.–10. Jh. Zeitalter der karolingischen Kunst in Deutschland

15. Jh. Renaissance in Europa. A. Dürer (1471–1528) ist der wichtigste dt. Maler.

17. Jh. Goldenes Zeitalter der flämischen Malerei

um 1860–1890 Entwicklung des Impressionismus in Frankreich

1905 Beginn des Expressionismus in Deutschland

Tuben, erfunden um 1840

Ölfarben des 19. Jh.

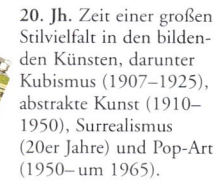

20. Jh. Zeit einer großen Stilvielfalt in den bildenden Künsten, darunter Kubismus (1907–1925), abstrakte Kunst (1910–1950), Surrealismus (20er Jahre) und Pop-Art (1950–um 1965).

SIEHE AUCH UNTER AFRIKA, GESCHICHTE · ARCHITEKTUR · BILDHAUEREI · FOTOGRAFIE · INDIANER · MALEN UND ZEICHNEN · MONET, CLAUDE · PICASSO, PABLO · RENAISSANCE

KUNSTSTOFFE

KUNSTSTOFFE ZÄHLEN heute zu den meistverwendeten Werkstoffen. Sie haben ein Merkmal gemeinsam: Ihre Moleküle bestehen aus langen gleichförmigen Ketten. Man nennt sie Polymere. Es gibt 2 Gruppen von Kunststoffen: Duroplastische wie die Kunstharze werden bei Erwärmen nicht weich, lassen sich also nach dem Erhärten nicht mehr verformen. Die meisten Kunststoffe sind thermoplastisch. Man kann sie durch Erwärmen wieder verformen. Thermoplastisch sind z. B. Polyethylen, aus dem die Plastiktüten bestehen, oder Polyvinylchlorid (PVC), das man als Fußbodenbelag kennt.

Polymere
Polymere sind Riesenmoleküle, die aus zahlreichen gleichartigen Untereinheiten, den Monomeren, bestehen. Die Kunststoffe sind Polymere: Man erhält sie durch Polymerisation. Die dabei entstehenden Moleküle sind sehr groß. Deswegen nennt man sie Makromoleküle.

PVC für Regenmäntel entsteht durch Polymerisation.

Verschiedene Kunststoffe

Fast alle Kunststoffe werden aus Bestandteilen des Erdöls und des Erdgases hergestellt. Aus dem Gas Ethylen, das reichlich im Rohöl vorhanden ist, gewinnt man durch Polymerisation das Polyethylen. Indem man die Ausgangsstoffe für die Polymere verändert, kann man Kunststoffe heute maßgeschneidert herstellen.

Verarbeitung

Thermoplastische Kunststoffe verarbeitet man, indem man Körner davon, sog. Granulat, erwärmt und die Flüssigkeit in eine Form presst. Dazu verwendet man einen Extruder oder eine Strangpresse. Kompliziertere Formen erhält man durch Vakuumtiefziehen oder durch den Spritzguss.

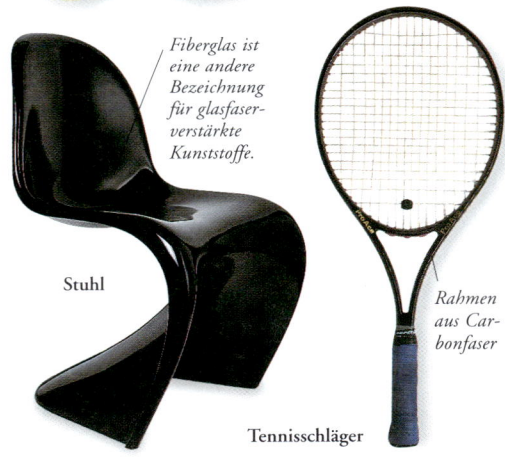

Zuführkanal für die Kunststoffmasse

Mit dem Spritzguss formt man kompliziertere Plastikteile.

Teile aus thermoplastischem Kunststoff

Acrylkunststoffe
Aus Acrylnitril gewinnt man einen thermoplastischen langkettigen Kunststoff vor allem für Textilfasern wie Nylon u. a. Chemisch verwandt ist das durchsichtige Acryl- oder Plexiglas, das seit den 30er Jahren bekannt ist.

Das Fell des Teddys besteht aus Acrylfasern.

Fahrradhelm

Epoxiharze
Die langen Moleküle der Epoxiharze vernetzen sich während des Erhärtens. Aus diesem Grund werden sie beim Erwärmen später auch nicht mehr weich. Epoxiharze trägt man auch auf Autokarosserien auf und lackiert anschließend darüber.

Fiberglas ist eine andere Bezeichnung für glasfaserverstärkte Kunststoffe.

Stuhl

Rahmen aus Carbonfaser

Tennisschläger

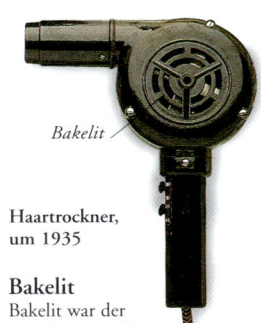

Bakelit

Haartrockner, um 1935

Bakelit
Bakelit war der erste Kunststoff. Er wurde nach seinem Erfinder Leo Baekeland (1863–1944) benannt. Bakeland schuf diesen Stoff 1909 durch die Reaktion von Phenol mit Formaldehyd. Bakelit ersetzte das Zelluloid und wird in geringem Umfang noch heute verwendet.

Gummi

Gummi ist ein Naturstoff. Er stammt vom Kautschukbaum, der auf Plantagen vor allem in Südostasien gepflanzt wird. Man schneidet die Rinde ein und sammelt den Milchsaft oder Latex, aus dem man den Rohkautschuk herstellt. Synthetischen Gummi gewinnt man chemisch durch Polymerisation des Isoprens.

Anzapfen von Kautschukbäumen in Malaysia

Verbundwerkstoffe
Verbundwerkstoffe bestehen aus zwei oder mehr Komponenten. Man verstärkt z. B. duroplastische Kunststoffe durch Glasfasern und erhält dadurch die glasfaserverstärkten Kunststoffe (GFK). Zur Verstärkung kann man auch Carbonfasern einsetzen.

Verwendung
Mit Schwefel behandelter Kautschuk ist Gummi. Das Verfahren dazu heißt Vulkanisierung. Naturgummi wird vor allem für hygienische Artikel verwendet, z. B. für Ärztehandschuhe oder Kondome. Gummi für Autoreifen besteht schon seit langem aus Synthesekautschuk.

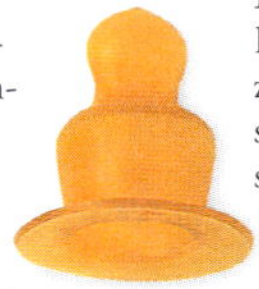

Reifen

Eigenschaften
Der Kautschuk aus Latex ist zuerst wenig elastisch und wird schnell spröde. Seine Eigenschaften verbessern sich, wenn man ihn vulkanisiert und mit Schwefel behandelt. Naturkautschuk für Reifen fügte man früher Ruß hinzu, um diese stabiler zu machen.

Gummischnuller

Recycling
Da die meisten Kunststoffe aus Erdöl hergestellt werden, ist es sinnvoll, sie wiederzuverwerten. Bei thermoplastischen Kunststoffen wie dem Polyethylen ist das leicht möglich, da man sie immer wieder aufschmelzen kann. Duroplastische Kunststoffe hingegen sind nicht recyclingfähig.

Wiederverwertbare Kunststoffe

SIEHE AUCH UNTER — ATOME UND MOLEKÜLE · CHEMIE · ERDÖL · KOHLE · TECHNOLOGIE · TEXTILIEN · UMWELTVERSCHMUTZUNG

LANDKARTEN

SEIT DER ANTIKE verwendet man Landkarten, um einen Überblick über bestimmte Länder oder die ganze Erde zu gewinnen. Viele Prinzipien der Herstellung von Landkarten, der Kartografie, gehen auf altgriechische Geografen wie Ptolemäus zurück. Fortschritte in der Astronomie, der Mathematik und der Technik fanden alle ihren Niederschlag in den Landkarten.

Die Karte des Italieners Enrico Martello, um 1470, zeigt die damals bekannte Alte Welt.

Frühe Karten
Die erste Karte stammt aus Babylon und entstand in der Zeit um 2500 v. Chr. Die Landkarten wurden vor allem im 15. Jh. durch die vielen Entdeckungsreisen immer genauer.

Kartenprojektionen
Die Kartografen verwenden verschiedene Projektionen, um die kugelige Oberfläche der Erde auf einem flachen Stück Papier abzubilden. Alle diese Projektionen enthalten gewisse Verzerrungen. Deswegen passt man die Projektionsart dem Kartentyp an.

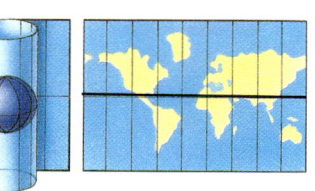

Legende
- Hauptstadt
- Großstadt
- Stadt
- Straße
- Eisenbahn
- Flüsse und Seen
- Landesgrenze
- Flughafen

Karte der Iberischen Halbinsel, Europa

Breitengrade Diese waagrechten Linien geben die Entfernung vom Äquator an. Man unterscheidet nördliche und südliche Breite.

Längengrade Die senkrechten Linien verbinden die Pole miteinander. Man spricht auch von Meridianen. Es gibt eine östliche und eine westliche Länge.

Die Windrose ist nach dem magnetischen Nordpol ausgerichtet.

Mercatorprojektion
Bei dieser Projektion werden die Punkte der Erdoberfläche auf einen Zylinder projiziert, den man anschließend abwickelt. Die Längen- und Breitengrade verlaufen überall parallel zueinander. Die Erdoberfläche erscheint in Polnähe stark verzerrt. Diese Projektion geht auf den flämischen Geografen Gerhard Mercator (1512–94) zurück.

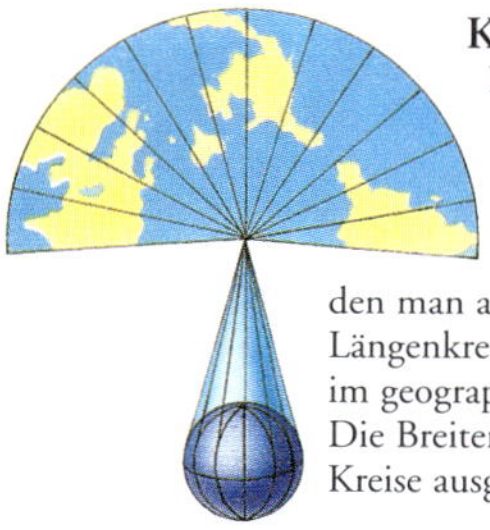

Kegelprojektion
Bei dieser Projektion projiziert man Punkte der Erdoberfläche auf einen Kegel, den man abwickelt. Die Längenkreise schneiden sich im geographischen Nordpol. Die Breitengrade sind als Kreise ausgebildet.

Relief Die Meereshöhe des betreffenden Gebietes wird auf unterschiedliche Weise zum Ausdruck gebracht: durch Schattierung, durch besondere Farben oder durch genaue Höhenlinien.

Maßstabsleiste Sie setzt die Entfernung auf der Karte in Beziehung zur echten Entfernung auf der Erdoberfläche.

Teile einer Karte
Die meisten Karten verwenden Symbole. Diese Kartenzeichen bezeichnet man als Signatur. Sie werden in der Legende erklärt.

Azimutalprojektion
Bei dieser Projektion bildet man die Oberfläche der Erde auf einem flachen Stück Papier ab. Es berührt die Erdkugel an der Stelle, die das Zentrum der Karte bildet. Die Verzerrung wird bei der Azimutalprojektion umso größer, je weiter man sich vom Zentrum der Karte entfernt. Deswegen bildet man mit diesem Verfahren oft Polargebiete ab.

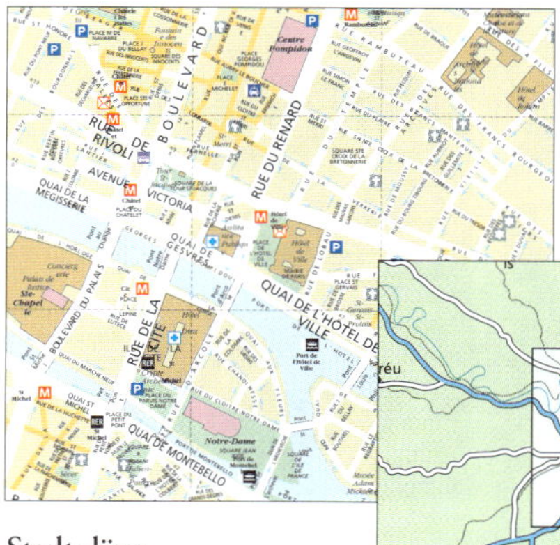

Stadtpläne
Stadtpläne decken relativ kleine Gebiete ab. Man muss darauf alle Straßen, Bahnhöfe, Krankenhäuser und öffentlichen Gebäude, ferner touristisch interessante Stellen verzeichnet finden, z. B. Museen, Kirchen und Parks.

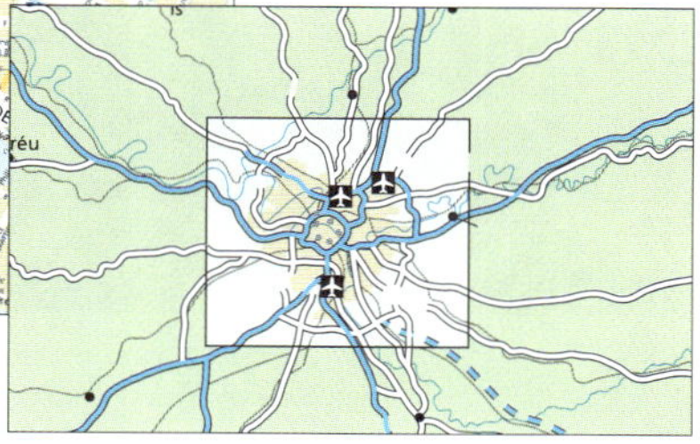

Kartentypen
Landkarten entsprechen den unterschiedlichsten Zwecken. Die einen Karten stellen die politische Gliederung dar, andere zeigen Straßenverbindungen. Besonders genaue Abbilder der Erdoberfläche liefern heute die Satelliten.

Satellitenkarten
Viele Satelliten, die über unseren Köpfen kreisen, dienen der Erderkundung. Sie haben Kameras und Detektoren an Bord und liefern genaueste Bilder von der Erdoberfläche. Mit Hilfe von Satellitenbildern kann man heute die Erde lückenlos überwachen.

Straßenkarten
Straßenkarten sind heute am häufigsten. In den Straßen- oder Autokarten sind die verschiedenen Straßentypen durch Farben und unterschiedliche Breiten gekennzeichnet. Auch die Entfernungen zwischen wichtigen Punkten sind angegeben.

SIEHE AUCH UNTER | ASTRONOMIE | ENTDECKUNGEN | KOLUMBUS, CHRISTOPH | MAGNETISMUS | NAVIGATION | RAUMFAHRT | SATELLITEN | TOURISMUS

LANDWIRTSCHAFT

DIE LANDWIRTSCHAFT UMFASST Ackerbau und Viehzucht. In Industrieländern sind etwa 10 % der Arbeitnehmer, in Entwicklungsländern rund 60 % in der Landwirtschaft beschäftigt. Im Westen ist die Landwirtschaft weitgehend mechanisiert, und sie produziert teilweise unter massivem Einsatz von Chemie große Mengen billiger Nahrungsmittel. In Entwicklungsländern liegen die Erträge oft sehr viel niedriger. Man setzt dort kaum Maschinen ein, dafür finden viele Menschen Arbeit und ein – wenn auch bescheidenes – Einkommen in der Landwirtschaft.

Ackerbau

Die ersten Bauern sammelten Samen der kräftigsten Wildpflanzen und säten sie auf eigenem Land aus. Die erste Pflanze, die man anbaute, war eine Art Weizen. Heute sind als Nahrungspflanzen Weizen, Reis, Mais und Kartoffeln am wichtigsten. Auch Baumwolle und Tabak werden viel angebaut. Boden und Klima entscheiden darüber, welche Pflanzen man anbauen kann.

Reife Baumwollkapseln

Baumwolle
Die Baumwolle liefert Fasern sowie Öl. Die größten Baumwollproduzenten sind China und die USA.

Reis
Reis ist ein Getreide und Hauptnahrung für die Hälfte der Weltbevölkerung. Asien produziert 90 % des Reises auf der Erde. Die Pflanze wächst in warmen Gebieten, meist auf überfluteten Feldern. Reis ist eine sehr arbeitsintensive Pflanze. Die meisten Arbeiten werden von Menschen und nicht von Maschinen ausgeführt.

Reisschösslinge

2 Tage alt | 2–3 Wochen | 4–5 Wochen

Reisernte von Hand
Terrassierte Felder

Reisfeld, China

Der Reis wird geschnitten und in Bündeln zum Trocknen abgelegt.

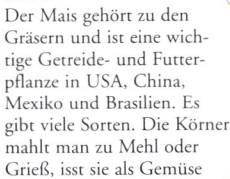

Sortieren der Maisernte, Ghana

Mais
Der Mais gehört zu den Gräsern und ist eine wichtige Getreide- und Futterpflanze in USA, China, Mexiko und Brasilien. Es gibt viele Sorten. Die Körner mahlt man zu Mehl oder Grieß, isst sie als Gemüse oder gewinnt daraus Öl.

Mais

Formen der Landwirtschaft

Noch vor 100 Jahren baute bei uns jeder Bauer verschiedene Pflanzen an und hielt Vieh. Durch den massiven Einsatz von Technik kam es zur Spezialisierung. Die meisten Betriebe bauen nur noch eine Pflanzenart an oder halten nur eine Art Vieh. Dafür sind die Erträge sehr hoch. Diese Landwirtschaft gleicht einer Industrie. Heute kehrt man oft zu alten Bewirtschaftungsweisen zurück: Der biologische Landbau verzichtet auf Kunstdünger und Pestizide.

Der Hirte holt Hülsen von einem Baum als Futter für seine Schafe.

Subsistenzwirtschaft
Bei dieser Wirtschaftsform produzieren die Bauern gerade genug für sich. Sie sind Selbstversorger. Die geringen Überschüsse verkaufen sie auf dem Markt. Die Subsistenzwirtschaft ist in Entwicklungsländern noch weit verbreitet. Oft beruht sie auf den jahrhundertealten Anbauverfahren.

Subsistenzwirtschaft, Kenia

Moderne Landwirtschaft
Die moderne Landwirtschaft zeichnet sich durch intensiven Anbau und intensive Viehhaltung aus. Ziel ist es, die Erträge mit Gewinn zu verkaufen. In vielen Ländern wird zu viel produziert und die Preise sinken. Manche Regierungen leisten Ausgleichszahlungen, um die Produktion zu drosseln.

Viehmarkt, Argentinien

Viehzucht

Die Landwirte halten Tiere wegen ihres Fleisches, der Milch, der Eier, der Häute und der Wolle. In Industrieländern ist die Intensivhaltung verbreitet. Die Aufzucht der Tiere erfolgt in Massen in geschlossenen Gebäuden unter künstlichen Bedingungen. Die Kosten für die Aufzucht frei laufender Tiere sind deutlich höher. Die Fleischqualität ist allerdings auch besser.

Schafsmilch
Schafe und Ziegen hielt man wegen der Milch lange vor Rindern.

Milchwirtschaft
Die Tierhaltung erfolgt hier wegen der Milch und der Milchprodukte. Hauptlieferanten sind Kühe, die pro Tag 10 bis 15 l Milch geben. Auch Schafe und Ziegen hält man der Milch und des Käses wegen.

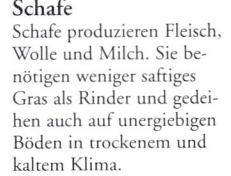

Butter aus Kuhmilch
Käse aus Ziegenmilch

Schafe
Schafe produzieren Fleisch, Wolle und Milch. Sie benötigen weniger saftiges Gras als Rinder und gedeihen auch auf unergiebigen Böden in trockenem und kaltem Klima.

Schafschur Sie erfolgt im späten Frühjahr.

Landtechnik

Im 18. Jh. begann man die Landwirtschaft wissenschaftlich zu betreiben. Dadurch erhöhte sich die Produktivität. Die volle Mechanisierung folgte in der zweiten Hälfte des 20. Jh. Der Einsatz von Kunstdünger und Pestiziden sowie die Züchtung neuer Sorten steigerte die Produktion. Mit gentechnischen Verfahren kann man heute einzelne Gene auf Kulturpflanzen übertragen. So gibt es bereits Tabakpflanzen, die Heilmittel produzieren. Dies eröffnet der Landwirtschaft völlig neue Bereiche.

Agrochemikalien
Die moderne Landwirtschaft setzt viele chemische Stoffe (Agrochemikalien) ein. Als organischen Dünger verwendet man seit Jahrhunderten Tierdung. Er wurde häufig durch anorganische Mineral- oder Kunstdünger ersetzt. Pestizide dienen dem Pflanzenschutz. Agrochemikalien haben auch Nachteile. Wenn Stickstoffdünger in die Gewässer gelangen, kommt es zu einer Eutrophierung und Veralgung der Flüsse.

Massenhaltung von Jungrindern

Gemüse Das Aussehen ist für den Verkauf wichtig. Die Züchtung „schöner" Sorten kann zu Geschmackseinbußen führen.

Intensiver Anbau

Unregelmäßige Form

Intensivhaltung
Bei der Intensivhaltung erzielt man möglichst hohe Erträge. Rinder, Schweine und Hühner werden unter kontrollierten Bedingungen in Massenbetrieben gehalten. Sie erhalten eine wohl ausgewogene Futtermischung, sodass sie in einer bestimmten Zeitspanne möglichst viel Gewicht zulegen. Auf diese Weise wird viel billiges Fleisch erzeugt, was der Verbraucher wünscht.

Landmaschinen

In der 2. Hälfte des 20. Jh. erhöhten Landmaschinen die Produktivität. Durch diese Vollmechanisierung ging der Bedarf an landwirtschaftlichen Arbeitskräften in den Industrieländern zurück. Eine zentrale Rolle spielte dabei der Traktor. Er ersetzte das Pferd als Zugtier und ist sehr vielseitig, weil man mit ihm fast alle Maschinen betreiben kann.

Traktoren kamen erstmals im späten 19. Jh. auf.

Sech schneidet in den Boden ein.

Mähdrescher arbeiten schnell und ermöglichen so die Ernte zum besten Zeitpunkt.

Melkmaschinen
Kein Landwirt melkt mehr seine Kühe von Hand. Das Melken übernehmen Maschinen, die mit Unterdruck arbeiten. Der Bauer setzt sie den Kühen an das Euter. Zweimal am Tag wird gemolken. Das Neueste sind vollautomatische Melkstände, sozusagen Melkroboter. Die Kühe gehen selbst an den Melkstand. Jede Kuh trägt ein Halsband mit Kennziffern. Ein Computer hält fest, wann die Kuh wieviel Milch gegeben hat.

Vorbereitung der Felder
Vor der Aussaat müssen die Felder umgepflügt werden. Dies geschieht mit dem Pflug. Er schneidet einen Streifen Erde aus dem Boden und wendet ihn. Unkraut gelangt dabei in den Boden und reichert ihn mit Nährstoffen an. Dann zerkleinert man die großen Schollen mit der Egge.

Traktor zieht Pflug.

Pflugschar trennt Erdstreifen ab.

Streichblech wendet den Boden um.

Erntemaschinen
Besonders nützlich sind Erntemaschinen. Mähdrescher schneiden das Getreide, trennen das Stroh von den Ähren und dreschen diese, sodass nur die Körner übrigbleiben. Ein Mähdrescher kann in 1 Std. 2 ha Land abernten. Auch für Zuckerrüben, Kartoffeln, Bohnen und Erbsen gibt es Vollernter.

Vollautomatischer Melkstand, Niederlande

Das Jahr des Landwirts

Der Bauer muss sich bei seinen Arbeiten nach den Jahreszeiten richten. Wer Pflanzen anbaut, hat vom Frühjahr bis zum Herbst am meisten zu tun. Obstbauern sind im Winter mit dem Schnitt ihrer Bäume beschäftigt. Milchbauern haben das ganze Jahr hindurch Arbeit, weil die Kühe jeden Tag zweimal gemolken werden müssen.

Äpfel bilden das wichtigste Obst in eher feuchtkühlen Gebieten. Es gibt über 6 000 Apfelsorten.

Die Bäume werden geschnitten, um viel Früchte zu tragen.

Die Bäume stehen in Reih und Glied, damit der Traktor hindurchfahren kann.

Winter: Während die Bäume ruhen, beschneidet sie der Landwirt, um Wildwuchs zu vermeiden und die Äpfel besser ernten zu können.

Fallobst

Landwirt beschneidet die Bäume.

Bienen besuchen die Blüten und bestäuben sie.

Bienenstock

Frei laufende Schweine fressen Fallobst.

Traktor transportiert die Ernte zum Bauernhof.

Heutige Apfelbäume sind klein, fast strauchförmig, damit die Ernte leicht erfolgen kann.

Spätsommer: Die Früchte sind nun reif und werden von Hand gepflückt.

Herbst: Die Ernte geht weiter. Aus Fallobst macht man süßen und sauren Most.

Frühjahr: Der Bauer stellt die Bienenstöcke in den Obstgarten, damit die Blüten bestäubt werden.

Im Frühjahr und Sommer werden Obstbäume gespritzt.

SIEHE AUCH UNTER | BODENARTEN | ERNÄHRUNG | FISCHFANG | INDUSKULTUR | LANDWIRTSCHAFT, GESCHICHTE | NUTZPFLANZEN | SCHAFE UND ZIEGEN | VERERBUNG | WILDSCHWEINE

LANDWIRTSCHAFT

Viehzucht
Fleisch-, Milch- und Wolllieferanten

Hühner liefern Eier und Fleisch.

Pfauen werden wegen ihrer Federn gehalten.

Enten liefern Eier, Fleisch und Daunen.

Schafe liefern Milch, Fleisch, Häute und Wolle.

Gänse versorgen uns mit Fleisch, Eiern und Daunen.

Rothirsche hält man in Gehegen wegen ihres Fleisches.

Jerseyrinder liefern eine außerordentlich fette Milch.

In Deutschland werden rund 15 Millionen Rinder gehalten.

Herefordrinder stammen ursprünglich aus England und werden heute in 50 Ländern gehalten.

Die Angoraziege liefert die besonders wertvolle Mohairwolle.

Rinder liefern Fleisch, Milch und Häute.

Ziegen versorgen uns mit Milch, Fleisch und Wolle.

Ziegen begnügen sich mit hartem Gras und Dornsträuchern.

Chinchillas sind Nagetiere.

Fast jeder Teil des Schweins ist essbar.

Zitzen

Schweine sind Allesfresser.

Strauße (Küken) liefern Fleisch, Eier und Federn.

Saanenziegen bilden die beste Milchziegenrasse der Welt.

Chinchillas hält man wegen ihres weichen Fells.

Schweine hält man wegen des Fleisches, der Häute und der Borsten.

Arbeitstiere

Lange, hochstehende Ohren

Muskulöse Beine

Poitou-Esel sind die größten auf der Welt.

Elefanten ziehen die schwersten Lasten.

Kamele dienen als Tragtiere, liefern aber auch Wolle, Milch, Fleisch und Häute.

Kaltblutpferde sind die klassischen Arbeitspferde.

Esel sind außerordentlich genügsame Tragtiere.

Maultiere sind Kreuzungen von Pferd und Esel.

Elefanten arbeiten vor allem in der südostasiatischen Forstwirtschaft.

LANDWIRTSCHAFT, GESCHICHTE

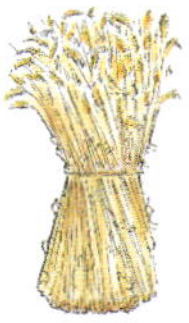

VOR RUND 10 000 JAHREN begann der Mensch, Pflanzen anzubauen und Tiere zu züchten. Die einstigen Jäger und Sammler, die sich von Wildpflanzen und Wildtieren ernährt hatten, wurden nach dieser neolithischen Revolution Bauern. Durch die Landwirtschaft besserte sich die Nahrungsmittelversorgung. Die Menschen wurden sesshaft und blieben an einem Ort. In Mesopotamien, Ägypten, Indien und China entstanden die ersten Hochkulturen. Die Methoden des Ackerbaus veränderten sich nur langsam. Erst in der Mitte des 18. Jh. kam es zu bedeutenden Wandlungen unter Einbeziehung wissenschaftlicher Erkenntnisse.

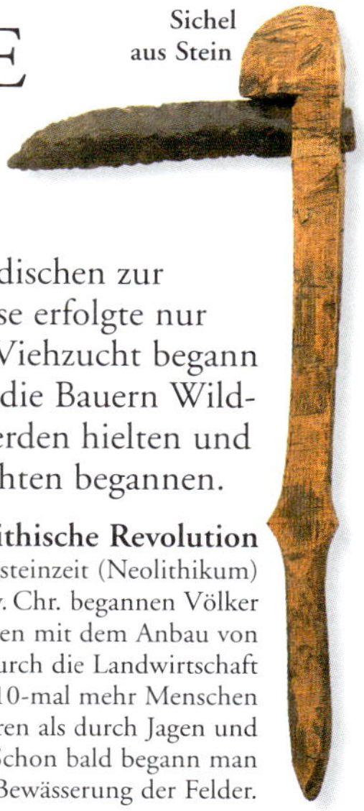

Sichel aus Stein

Die ersten Bauern
Der Übergang von der nomadischen zur sesshaften Lebensweise erfolgte nur langsam. Die Viehzucht begann damit, dass die Bauern Wildtiere in Herden hielten und sie zu züchten begannen.

Neolithische Revolution
In der Jungsteinzeit (Neolithikum) um 8000 v. Chr. begannen Völker in Westasien mit dem Anbau von Pflanzen. Durch die Landwirtschaft gelang es, 10-mal mehr Menschen zu ernähren als durch Jagen und Sammeln. Schon bald begann man auch mit der Bewässerung der Felder.

Reisanbau in China

Moderne Landwirtschaft
Ungefähr um 1750 begann das Zeitalter der modernen Landwirtschaft. Man untersuchte den Ackerbau und die Viehzucht mit wissenschaftlichen Methoden. Aufgrund solcher Erkenntnisse verbesserte man die Düngung und die Fruchtfolge der bisherigen Dreifelderwirtschaft.

Züchtung
In England führten Robert Bakewell (1725–95) sowie der 5. Herzog von Bedford (1765-1802) und andere Großgrundbesitzer auf ihren Gütern die systematische Auslesezüchtung ein. Sie wollten damit größere und gesündere Rinder, Ziegen, Schafe oder Truthähne mit höherem Ertrag an Fleisch oder Milch heranzüchten. Durch Auslese erhält man auch Rassen für bestimmte Zwecke. Das Carmarguerind z. B. wird nur beim Stierkampf eingesetzt.

Ziege
Camarguerind

Fruchtfolge
Die Fruchtfolge der mittelalterlichen Dreifelderwirtschaft umfasste Wintergetreide, Sommergetreide und beweidete Brache. In der Brachezeit erholte sich der Boden. Im 18. Jh. merkte man, dass man die Brache durch kluge Fruchtwahl nicht benötigte. Baute man stattdessen Weiße Rüben oder Klee an, dann trug das Feld im Jahr darauf auch Weizen.

Weiße Rübe und Weizen
Truthahn 

Dreschmaschine
Die Idee zur ersten Dreschmaschine hatte der Schotte Andrew Meikle im Jahr 1786. Diese Maschinen trennen die Getreidekörner vom Stroh und von der Spreu. Wirkungsvoll wurden Dreschmaschinen allerdings erst nach 1850, als man sie mit Dampfkraft antrieb.

Stroh fällt aus.
Trommel trennt Korn von Stroh.
Hier wird eingefüllt.
Der Treibriemen bewegt Dreschtrommel.
Das Antriebsrad bewegt den Treibriemen.
Kohlenkasten
Dampfbetriebene Dreschmaschine

Landwirtschaft im Mittelalter
Im frühen Mittelalter brannte man den Wald nieder und baute dort Pflanzen an. Ging der Ertrag zurück, gab man das Feld auf und rodete das nächste Waldstück. Daraus entstand die sog. Dreifelderwirtschaft. Jedes 3. Jahr ließ man ein Feld unbebaut (brach). Dann pflanzte man auf der Brache Hackfrüchte als Viehfutter.

Allmende
Als Allmende oder Mark bezeichnete man den Teil der Gemeindeflur, der allen Dorfbewohnern gehörte und auch von allen genutzt wurde. Das waren Weide, Wald und Ödland.

Charles „Turnip" Townshend
Der englische Graf Townshend (1674–1738) zog sich von einer brillanten politischen Karriere zurück, um sich ganz der Landwirtschaft zu widmen. Er führte die vierteilige Fruchtfolge ein und befürwortete die Düngung mit Kalk. Vor allem trat er für den Anbau von Weißen Rüben als Viehfutter im Winter ein. Diese Pflanze heißt auf englisch „turnip" – das trug ihm seinen Spitznamen ein.

Stundenbuch, 1416

Grüne Revolution
In den 60er Jahren des 20. Jh. fand eine grüne Revolution statt. Man führte Hochleistungssorten ein und erhöhte damit die Weizen- und Reiserträge in dicht besiedelten Gebieten wie Indien und China. Kritiker meinten allerdings, durch übermäßige Düngung und den Anbau nur einer einzigen Art (Monokultur) würde die Umwelt geschädigt. Heute kehren immer mehr Bauern zum biologischen, organischen Landbau zurück.

Algen, ein organisches Düngemittel

SIEHE AUCH UNTER — ÄGYPTER · BRONZEZEIT · CHINA, GESCHICHTE · ERFINDUNGEN · INDUSTRIELLE REVOLUTION · KHMERREICH · LANDWIRTSCHAFT · STEINZEIT · SUMERER

LASER UND HOLOGRAMM

EIN ENERGIEREICHER LASERSTRAHL kann Stahl so leicht durchschneiden wie ein Messer die Butter. Laser erzeugen stark gebündeltes einfarbiges Licht. Laser ist das englische Kurzwort für Light Amplification by Stimulated Emission of Radiation. Das bedeutet: Lichtverstärkung durch erzwungene Abgabe von Strahlung. Alle Laser produzieren kohärentes Licht. Die Lichtstrahlen schwingen dabei alle in der gleichen Phase. Mit Laserlicht kann man dreidimensionale Fotografien erzeugen, die Hologramme.

Von einem NdYAG-Laser geätzte Mikrochips

Mit dem Laserstrahl ätzt man Leiterbahnen auf den Chip auf.

Wie ein Laser funktioniert

Das Herz des Lasers besteht aus dem aktiven Medium. Dieses nimmt Energie auf, in der Regel Lichtenergie von einer sog. Pumplichtquelle. Die Atome des aktiven Mediums geben diese Energie als kohärentes Licht ab. Das Licht wird zwischen zwei Spiegeln hin und her geworfen und tritt dann am einen Ende durch einen teildurchlässigen Spiegel als Laserstrahl aus.

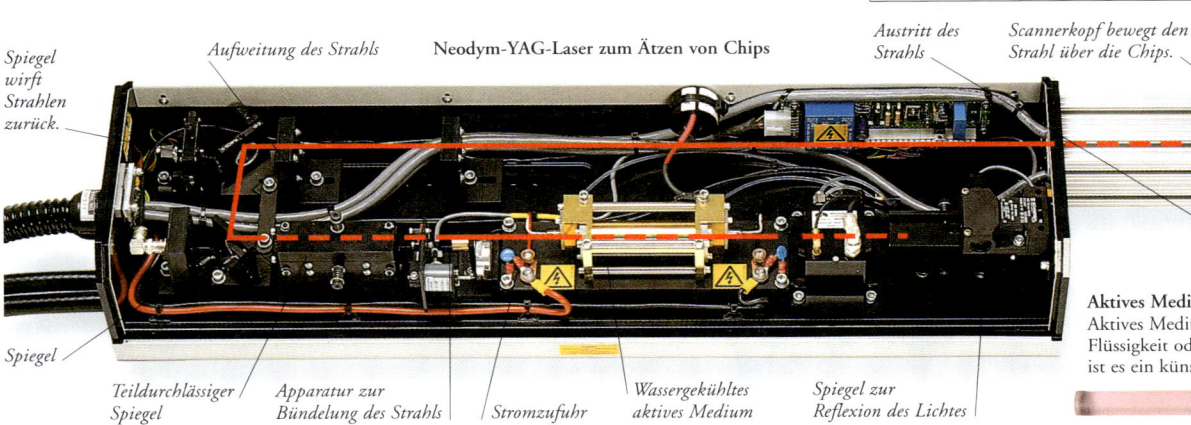

Theodore Maiman
Im Jahr 1953 erfand der amerikanische Physiker Charles Townes (geb. 1915) den *Maser*, der gebündelte Mikrowellen erzeugt. 1960 entwickelte der amerikanische Physiker Theodore Maiman (geb. 1927) mit denselben Prinzipien den *Laser*. Als aktives Medium verwendete er einen Rubinkristall.

Neodym-YAG-Laser zum Ätzen von Chips

Spiegel wirft Strahlen zurück.
Aufweitung des Strahls
Austritt des Strahls
Scannerkopf bewegt den Strahl über die Chips.
Spiegel
Teildurchlässiger Spiegel
Apparatur zur Bündelung des Strahls
Stromzufuhr
Wassergekühltes aktives Medium
Spiegel zur Reflexion des Lichtes

Aktives Medium
Aktives Medium kann ein Festkörper, eine Flüssigkeit oder ein Gas sein. Beim Laser ist es ein künstlicher Kristall.

Anwendung des Lasers

Für Laser gibt es zahlreiche Anwendungen, weil der Lichtstrahl über sehr lange Entfernungen scharf gebündelt bleibt und sich genau ausrichten lässt. Laser lesen den Strichcode an den Supermarktkassen oder die CDs im CD-Player, lenken Waffen und übertragen Signale in Glasfasern.

Metallbearbeitung
Ein leistungsstarker Infrarotlaser entwickelt eine solche Hitze, dass er Metalle durchschneidet oder 2 Metalle miteinander verschweißt.

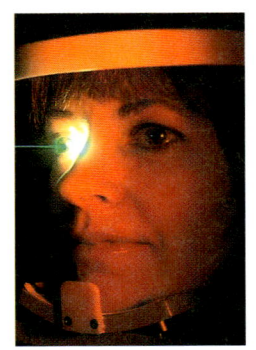

Laserchirurgie
Chirurgen können mit präzisen Laserstrahlen Krebszellen verbrennen und Augenoperationen ausführen, z. B. eine Netzhaut wieder befestigen.

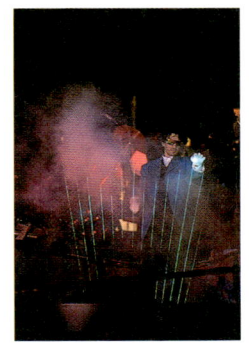

Lichtshow
Laserstrahlen bleiben immer gebündelt. Man kann deswegen mit ihnen bei Veranstaltungen erstaunliche optische Effekte erzielen.

Hologramme

Hologramme sind Fotografien, die dreidimensional erscheinen. Man nimmt mit 2 Lichtstrahlen von einem Laser die Fotografie eines Gegenstandes auf. Hologramme erlauben es, Gegenstände aus verschiedenen Winkeln zu betrachten.

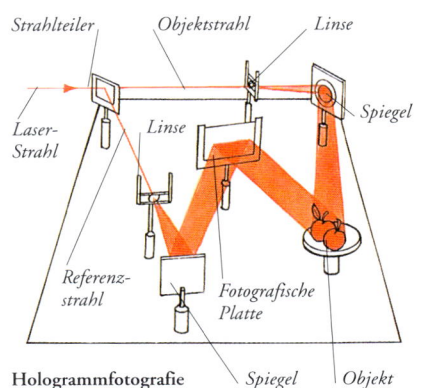

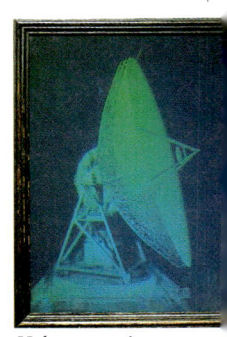

Strahlteiler *Objektstrahl* *Linse*
Laser-Strahl
Linse
Spiegel
Referenzstrahl
Fotografische Platte
Spiegel *Objekt*
Hologrammfotografie

Hologramm eines Radioteleskops

Erzeugung
Ein Laserstrahl wird in einen Objektstrahl und einen Referenzstrahl gespalten. Das Objekt wirft Strahlen zurück auf einen Film. Der andere Strahl fällt direkt auf den Film. Zwischen den beiden Strahlen kommt es zu Überlagerungen. Dadurch entsteht ein dreidimensionales Bild.

SIEHE AUCH UNTER | ELEKTROMAGNETISCHE STRAHLEN | ELEKTRONIK | ENERGIE | FOTOGRAFIE | LICHT | SCHALLAUFZEICHNUNG | WAFFEN

LEAKEY, FAMILIE

BEI DER ERFORSCHUNG der Menschwerdung und unserer nächsten fossilen Verwandten, der Hominiden, hat eine Familie mehr geleistet als jede andere: Louis Leakey, seine Frau Mary Leakey und ihr Sohn Richard fanden in Afrika viele Fossilien von Vorfahren des Menschen. Sie zeigen, dass auf diesem Kontinent 3 unserer Vorfahren lebten. Wie diese miteinander verwandt sind, ist immer noch umstritten, doch ohne die Leakeys könnte diese Debatte heute gar nicht stattfinden.

Mary Leakey

Louis Leakey

Richard Leakey

Die Leakey-Familie
Louis Leakey (1903–72) kam in Kabete, Kenia, auf die Welt. Er wuchs unter den Kikuyu auf und interessierte sich für die Kultur und Archäologie seiner Heimat. 1936 heiratete er Mary (1913–96), die ebenfalls eine berühmte Archäologin wurde. Louis spezialisierte sich auf Fossilien menschlicher Vorfahren, während Mary die Steingeräte der Hominiden untersuchte. Ihr Sohn Richard (geb. 1944) ist Archäologe und Naturschützer.

Olduvaischlucht

Louis und Mary Leakey gruben über 20 Jahre lang in der Olduvaischlucht südlich der Serengeti in Kenia aus. Sie fanden dort zwischen Tierknochen auch Steingeräte von Hominiden, die vor über 1 Mio. Jahre hier gelebt hatten. Mary und Richard entdeckten in der Schlucht gleichzeitig auch Hominidenknochen. Heute gilt die Olduvaischlucht als eine der berühmtesten archäologischen Fundstätten der Erde.

Homo habilis
1961 fand Louis Leakey einige Hominidenreste. Sie gehörten zu einer Art, die später *Homo habilis* („geschickter Mensch") genannt wurde, weil sie bereits primitive Geräte verwendete. Der *Homo habilis* ist 2 Mio. Jahre alt. Louis und Richard Leakey halten den *Homo habilis* für einen Vorfahr des modernen Menschen, des *Homo sapiens*.

Schädel des *Homo habilis*

Laetoli

1978 machte Mary Leakey eine bedeutende Entdeckung: Die fossilen Fußabdrücke dreier Hominiden. Sie hatten sich in Vulkanasche bei Laetoli südwestlich der Olduvaischlucht erhalten. Die Abdrücke bewiesen, dass *Australopithecus* vor 3,6 Mio. Jahren aufrecht ging – früher als bisher angenommen.

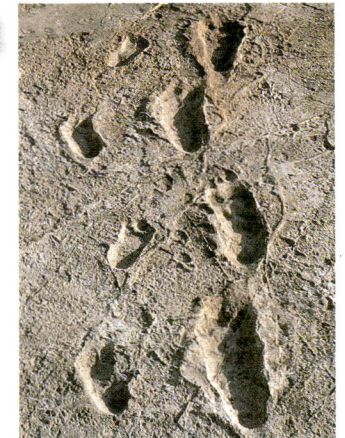

Louis und Mary untersuchen den „Zinj".

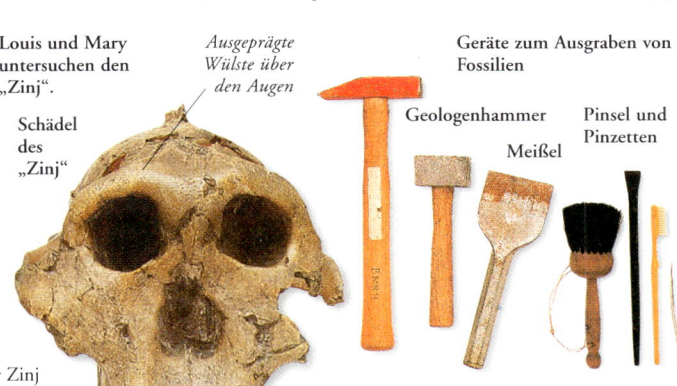

Ausgeprägte Wülste über den Augen

Schädel des „Zinj"

Geräte zum Ausgraben von Fossilien

Geologenhammer

Meißel

Pinsel und Pinzetten

Zinjanthropus
Im Jahr 1959 entdeckte Mary die Reste eines menschenähnlichen Schädels. Sie nannte ihn *Zinjanthropus*. Der „Zinj" erwies sich als 1,75 Mio. Jahre alt. Damit war er dreimal so alt wie das damals älteste Hominidenfossil. Später zeigte sich, dass der Zinj kein direkter Vorfahr des Menschen war, sondern ein *Australopithecus*, ein Hominide aus einer Seitenlinie.

Fußabdrücke von Laetoli

Turkanasee

Richard Leakey führte die Arbeit seiner Eltern weiter und machte beim Turkanasee in Kenia und an anderen Fundstellen in Ostafrika und Äthiopien wichtige Entdeckungen. Er fand z. B. Reste des *Homo habilis* mit einem Alter von 1,88 Mio. Jahren.

Der Junge vom Turkanasee
1984 entdeckte Richard das vollständige Skelett eines jungen männlichen *Homo erectus*, eines direkten Vorfahren des Menschen.

Kenianische Politik
1989 wurde Richard Leakey Direktor der kenianischen Nationalparks. Er bekämpfte die Wilderer, die Elefanten wegen des Elfenbeins und Nashörner wegen ihrer Hörner schossen, und wandte sich gegen Korruption im Nationalpark-Management. Das brachte ihm Ärger mit der Regierung. Der Präsident Arap Moi war ungehalten über die Kritik eines Weißen an führenden Personen des Landes.

FAMILIE LEAKEY

1903	Geburt von Louis Leakey in Kabete, Kenia
1913	Geburt von Mary Nicol in London
1944	Geburt von Richard Leakey
1959	Mary entdeckt den *Zinjanthropus* in der Olduvaischlucht.
1961	Louis entdeckt den *Homo habilis* in der Olduvaischlucht.
1972	Richard entdeckt einen *Homo habilis* beim Turkanasee.
1972	Tod von Louis Leakey
1978	Mary entdeckt die Fußspuren von Laetoli.
1996	Tod von Mary Leakey

SIEHE AUCH UNTER: ABSTAMMUNGSLEHRE · ARCHÄOLOGIE · EVOLUTION · FOSSILIEN · VORGESCHICHTE

LEICHTATHLETIK

DIE LEICHTATHLETIK geht auf altgriechische Ursprünge zurück. Bei den Olympiaden der Antike wurden schon Wettbewerbe im Laufen, Werfen und Springen durchgeführt. Heute unterscheidet man mehrere Wettkampfarten: Laufwettbewerbe mit Hürden- und Staffellauf, verschiedene Sprung- und Wurfwettbewerbe, Gehen und schließlich den Mehrkampf. Der Zehnkampf der Männer gilt als die Königsdisziplin der Leichtathletik. Die Frauen führen den Siebenkampf durch.

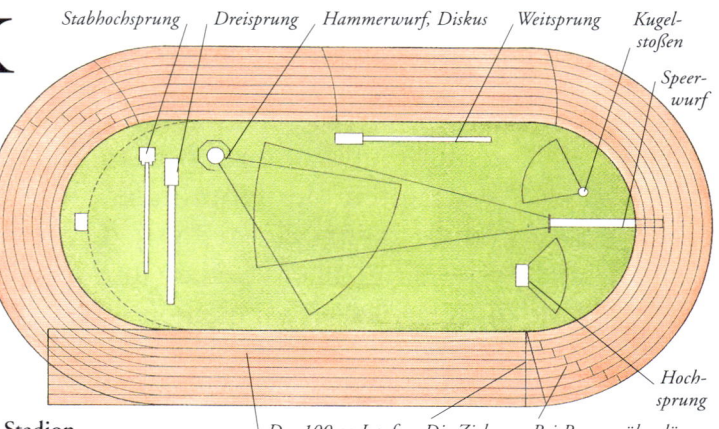

Stadion
In einem Leichtathletikstadion gibt es eine Laufanlage, meist mit 8 Bahnen und mit Kunststoffbelag. Alle übrigen Wettbewerbe trägt man innerhalb dieser Bahn auf Rasen aus.

Der 100-m-Lauf und der 110-m-Hürdenlauf werden als einzige Rennen auf gerader Strecke ausgetragen.

Die Ziellinie liegt für alle Rennen an derselben Stelle.

Bei Rennen über längere Strecken erfolgt der Start gestaffelt. Die Läufer starten nicht von einer gemeinsamen geraden Linie aus.

Laufen
Beim Laufen gibt es flache Rennen und Hürdenrennen. Kurzstreckenläufer bis 400 m müssen ihre Bahn beibehalten. Die 800-m-Läufer halten ihre Bahn bis zum Ende der 1. Kurve. Die Reihenfolge des Zieleinlaufs bestimmt man fotografisch. Die Zeit wird auf 0,01 s genau gemessen.

Die Läufer bleiben so wenig Zeit wie möglich in der Luft.

Die Hürden dürfen berührt und umgeworfen werden.

Carl Lewis
Im Jahr 1984 gewann der Amerikaner Carl Lewis (geb. 1961) olympisches Gold bei den Disziplinen 100 m, 200 m, 4 x 400-m-Staffel und Weitsprung. Bei späteren Olympischen Spielen holte er sich weitere 5 Goldmedaillen. Den Weitsprungtitel errang er dreimal – 1984, 1988 und 1996.

Hürdenlauf
Die Sportler müssen bei allen Wettbewerben – 100 m für Frauen, 110 m für Männer und 400 m für Männer und Frauen – 10 Hürden überwinden. Beim 3 000-m-Hindernislauf überwinden die Läufer in jeder Runde 4 Hürden und den Wassergraben.

Disziplinen
Auf der Bahn läuft man Strecken zwischen 100 m und 10 000 m (25 Runden). Bei Kurzstrecken bis 400 m verwendet man Startmaschinen. Bei den Staffelläufen, z. B. 4 x 100 m, übergeben sich die Läufer einen Stab.

Springen
Es gibt 4 Sprungwettbewerbe. Beim Hochsprung und Stabhochsprung wird die Sprunghöhe nach und nach erhöht. Wer eine Höhe dreimal nicht geschafft hat, scheidet aus. Beim Weit- und Dreisprung hat man mehrere Versuche; für die endgültige Wertung zählt der weiteste. Beim Dreisprung wechselt das Sprungbein.

Stabhochsprung
Der Stab beim Stabhochsprung besteht aus Glasfiber. Nach einem längeren Anlauf steckt ihn der Sportler in den Einstichkasten und springt hoch. Der Stab biegt sich durch und katapultiert den Springer nach oben, der versucht, die Latte mit den Füßen voran zu überqueren.

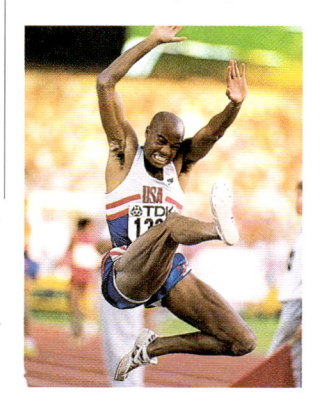

Weitsprung
Die Sportler müssen vor einem Balken abspringen. Die Sprungweite wird vom Balkenende aus gemessen. Entscheidend ist dabei der erste Eindruck im Sand. Deswegen klappen die Sportler bei der Landung den Körper zusammen.

Werfen
Beim Kugelstoßen, Diskus und Hammerwurf wirft man aus einem Kreis. Die Speerwerfer dürfen Anlauf nehmen, die Abwurflinie aber nicht übertreten.

Speer Der Speer für Männer ist 2,60 m lang und 800 g schwer. Bei den Frauen ist er etwas kürzer und nur 600 g schwer.

Kugel Sie besteht aus Metall und ist für Männer 7,27 kg und für Frauen 4 kg schwer.

Hammer Die Metallkugel ist an einem Draht mit Griff befestigt. Die Sportler drehen im Kreis und lassen den Hammer los.

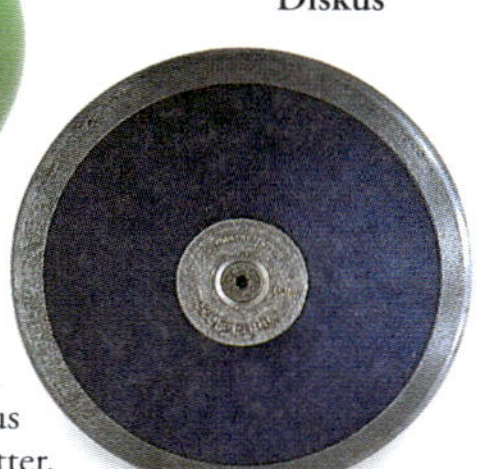

Diskus Die linsenförmige Holzscheibe hat einen Metallkern und einen Metallreifen. Man wirft aus einem Kreis mit Schutzgitter.

Hochsprung
Die Hochspringer verwenden heute allgemein den „Fosbury Flop". Dabei überqueren Kopf und Schulter zuerst die Latte. Die Landung erfolgt mit dem Rücken auf einem dicken Sprungkissen.

Marathonlauf
Dieser Lauf führt über 42,195 km. Nach der Schlacht von Marathon 490 v. Chr. lief ein Bote nach Athen zurück mit der Nachricht, dass die Athener die Perser besiegt hätten. Er wollte damit die Stadt vor einem Seeangriff warnen.

SIEHE AUCH UNTER FITNESS GRIECHEN OLYMPISCHE SPIELE ORGANSYSTEME SPORT

LEONARDO DA VINCI

MALER, KONSTRUKTEUR, BILDHAUER, Erfinder, Architekt, Wissenschaftler, Anatom: Leonardo da Vinci hatte viele Begabungen. Er wurde 1452 zur Zeit der Renaissance geboren und machte sich durch eine Reihe von Meisterwerken für reiche Auftraggeber einen Namen. Sein ruheloser Geist beschäftigte sich mit allen wissenschaftlichen und künstlerischen Gebieten. In seinen Notizbüchern skizzierte er Ideen, die oft erst Jahrhunderte nach ihm verwirklicht wurden.

Kindheit und Jugend
Leonardo kam 1452 in Vinci, einem Hügeldorf in der Nähe von Florenz, auf die Welt. Sein Vater war Rechtsanwalt, die Mutter Bauernmagd. 1466 trat Leonardo als Lehrling in die Werkstatt von Andrea del Verrocchio ein, einem bekannten Florentiner Maler. Schon bald darauf begann er mit eigener künstlerischer Tätigkeit.

Der Künstler
Leonardo war ein außerordentlich begabter Künstler, der Gemälde von unvergleichlicher Schönheit schuf. Der Kunsthistoriker Giorgio Vasari (1511–74) schrieb über ihn, er habe so schwierige Projekte ins Auge gefasst, dass seine Hände, obwohl er äußerst geschickt war, seine Vorstellungen gar nicht realisieren konnten. Deswegen vollendete er nur wenige seiner Gemälde. Leonardos abgeschlossene Meisterwerke sind oft in einem schlechten Zustand, weil er dauernd mit neuen Pigmenten und Materialien experimentierte. Viele davon waren aber nicht alterungsbeständig.

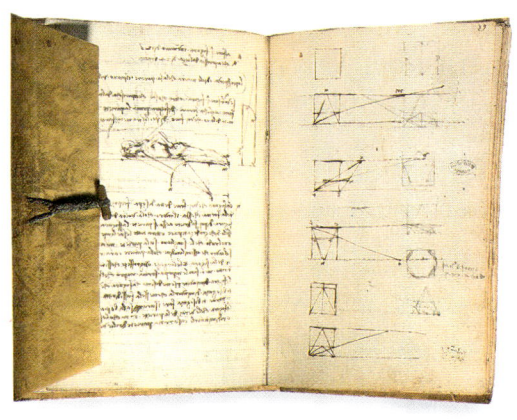

Mona Lisa
Um 1503 begann Leonardo mit dem Porträt einer Florentinerin, wahrscheinlich Lisa Gherardini, der Frau eines reichen Kaufmanns. Das Porträt, das fast alle als *Mona Lisa* kennen, hängt heute im Louvre in Paris. Wegen des rätselhaften Lächelns der Dargestellten ist es eines der berühmtesten Gemälde der Welt.

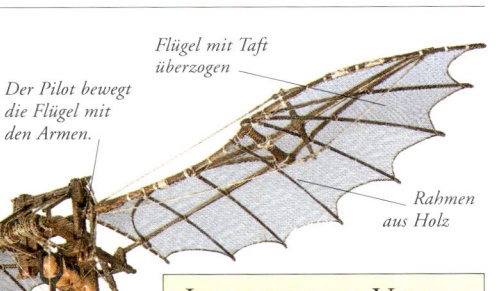

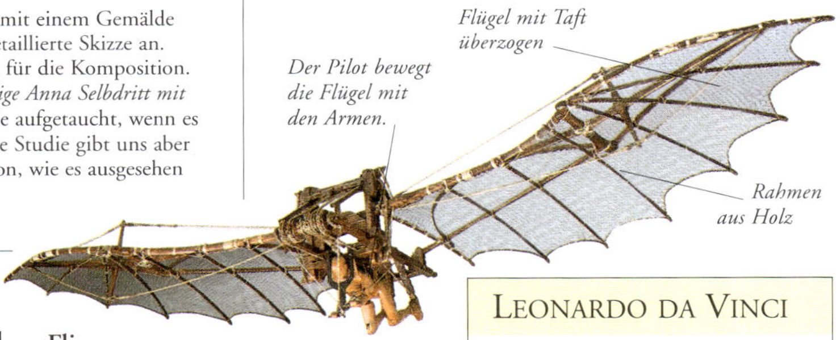

Jungfrau und Kind
Bevor Leonardo da Vinci mit einem Gemälde begann, fertigte er eine detaillierte Skizze an. Sie diente ihm als Vorlage für die Komposition. Das fertige Gemälde *Heilige Anna Selbdritt mit Johannes dem Täufer* ist nie aufgetaucht, wenn es denn vollendet wurde. Die Studie gibt uns aber eine gute Vorstellung davon, wie es ausgesehen haben mag.

Studien zur Perspektive
Sein Leben lang machte Leonardo detaillierte Notizen über die Kunst des Malens. Seine Schriften zu diesem Thema wurden erst 1651 zusammengefasst *(Buch der Malerei)*. 1492 schrieb er eine längere Abhandlung über die Perspektive und untersuchte dabei, wie das Auge Raum und Tiefe wahrnimmt. Auf den Seiten oben berichtet er über eine Darstellungsweise, die darauf ausgerichtet ist, das Auge zu täuschen. Es kann nicht unterscheiden, ob es einen gemalten oder einen wirklichen Gegenstand vor sich sieht.

Der Erfinder
Leonardo war auch Wissenschaftler und Erfinder. Sein Leben lang entwarf er Flugmaschinen, Waffen, mathematische Rätsel und Musikinstrumente. So ersann er auch eine Kreiselpumpe und einen Taucheranzug. Leonardo entwarf auch Gebäude und Befestigungen und baute Kanäle sowie Brücken, die man im Kriegsfall einstürzen lassen konnte.

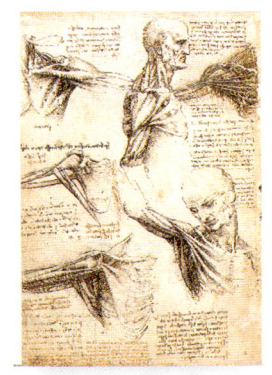

Anatomie
Leonardo war vom menschlichen Körper fasziniert, den er als Maschine betrachtete. Er sezierte über 30 Leichen und untersuchte vor allem die Mechanik der Muskeln.

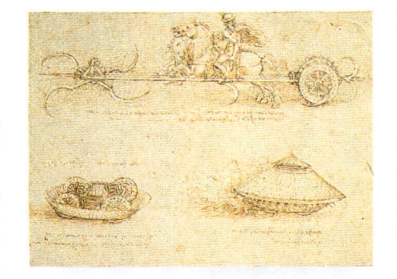

Fliegen
Leonardo beobachtete oft die Vögel beim Fliegen und entwarf eine Flugmaschine, die mit Muskelkraft fliegen sollte. Das Gerät war zwar technisch klug erdacht, hätte aber wegen seines Gesamtgewichtes niemals fliegen können.

Flügel mit Taft überzogen
Der Pilot bewegt die Flügel mit den Armen.
Rahmen aus Holz

Krieg und Kriegsführung
Obwohl Leonardo den Krieg als „tierische Verrücktheit" bezeichnete, entwarf er einige Kriegsmaschinen. Unter seinen Skizzen war auch ein Sensenfahrzeug und ein früher Panzer mit Kanonen. Er skizzierte als Erster auch eine Maschine, die Raketen verschoss. Bei der Explosion übergossen sie den Feind mit Feuer.

LEONARDO DA VINCI

1452	Geboren in Vinci bei Florenz
1466–72	Lehrling bei Andrea del Verrocchio in Florenz
um 1482	Übersiedelung nach Mailand, Arbeiten für den Herzog
1492	Untersuchungen über die Perspektive
um 1497	Er malt das *Letzte Abendmahl* in einem Kloster in Mailand.
1498–99	Studie zu *St. Anna Selbdritt*
1500	Rückkehr nach Florenz
um 1503–06	Er malt die *Mona Lisa*.
um 1515	Er nimmt die Einladung König Franz I. nach Frankreich an.
1519	Tod in Frankreich

SIEHE AUCH UNTER — ERFINDUNGEN — KUNST, GESCHICHTE — LUFTFAHRT — MALEN UND ZEICHNEN — RENAISSANCE

LICHT

OHNE LICHT könnte man diese Seite nicht lesen. Erst das Licht macht es möglich, dass wir die Welt um uns mit den Augen wahrnehmen. Licht ist eine Form der elektromagnetischen Strahlung und damit auch der Energie. Unsere wichtigste Lichtquelle ist die Sonne. Wir können Licht aber auch künstlich herstellen, was meist über Wärme erfolgt. Lichtstrahlen kann man mit Spiegeln und Linsen verändern.

Lichtquelle

Jeder Gegenstand oder Stoff, der Licht aussendet, ist eine Lichtquelle. In der Taschenlampe ist die Lichtquelle ein dünner Metallfaden im Innern der Glühlampe. Wenn man die Lampe einschaltet, fließt elektrischer Strom durch den Faden und lässt ihn glühen. Ein gekrümmter Spiegel hinter der Lampe wirft das Licht gebündelt nach vorn.

Die Atome im Glühfaden vibrieren schneller.

Die vibrierenden Atome geben Lichtstrahlen ab.

Glühfaden
Der Glühfaden besteht meist aus Wolfram. Beim Einschalten der Lampe heizt er sich auf 2 500 bis 3 200 °C auf. Dabei schwingen die Atome heftig hin und her. Einen Teil der aufgenommenen Energie geben sie in Form von Licht wieder ab. Die Ausbeute beträgt jedoch höchstens 5 %; der Rest ist Wärme.

Weißglühender Wolframfaden

Der Parabolspiegel wirft Lichtstrahlen nach vorn.

Augustin Fresnel

Der französische Physiker Augustin Fresnel (1788–1827) bewies mit Experimenten die Wellennatur des Lichtes. Er untersuchte auch das polarisierte Licht und erfand die Stufenlinsen, die in einzelne Ringzonen unterteilt sind. Mit diesen Fresnellinsen kann man Lichtstrahlen sehr gut bündeln. Man verwendet sie deswegen in Leuchttürmen, Suchlichtern sowie in Autoscheinwerfern.

Lichtstrahlen am frühen Morgen

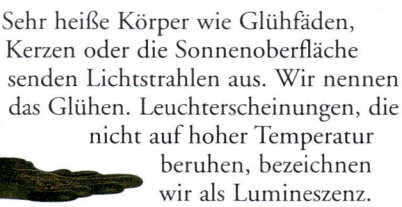

Glühen

Glühende Flamme

Sehr heiße Körper wie Glühfäden, Kerzen oder die Sonnenoberfläche senden Lichtstrahlen aus. Wir nennen das Glühen. Leuchterscheinungen, die nicht auf hoher Temperatur beruhen, bezeichnen wir als Lumineszenz.

Die Sonne ist an der Oberfläche 5 500 °C heiß.

Biolumineszenz
Glühwürmchen erzeugen in Organen am Hinterleib durch chemische Reaktion kaltes Licht. Man spricht von Biolumineszenz.

Fluoreszenz
Von Fluoreszenz spricht man, wenn Stoffe Lichtenergie aufnehmen und nach der Bestrahlung wieder abgeben. Waschpulver enthalten fluoreszierende Stoffe als optische Aufheller.

Fluoreszierendes Waschpulver

Gasentladung
In Leuchtstoffröhren erfolgen Gasentladungen. Dabei fließt elektrischer Strom durch das Gas und regt es zum Leuchten an. Die Lichtausbeute beträgt bis zu 40 %.

Leuchtstoffröhre

Polarisiertes Licht

Lichtstrahlen schwingen meist in verschiedenen Ebenen. Polarisationsfilter lassen nur noch Licht durch, das in einer bestimmten Ebene schwingt. Solches Licht bezeichnen wir als polarisiert. Mit Polarisationsgläsern lassen sich bestimmte Lichtanteile „ausblenden".

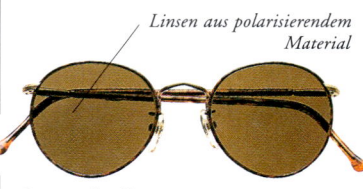

Lichtstrahlen
2. Filter hält die restlichen Strahlen ab.
1. Filter läßt nur Strahlen in einer Ebene durch.
Polarisiertes Licht

Linsen aus polarisierendem Material

Sonnenbrille
An Sonnentagen blendet uns das Licht, das vom Wasser und glatten Flächen reflektiert wird. Sonnenbrillen mir polarisierenden Linsen eliminieren einen hohen Anteil des zurückgestrahlten Lichts. Sie lassen nur Licht hindurch, das in einer Ebene schwingt.

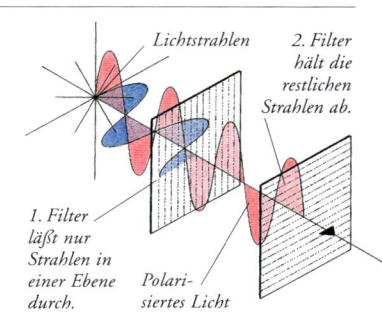

Flüssigkristallanzeige (LCD)
Die Flüssigkristallanzeige besteht aus 2 Polarisationsfiltern mit einer dünnen Schicht von Flüssigkristallen dazwischen. Beim Drücken der Tasten werden die Flüssigkristalle durch angelegte Elektroden immer wieder neu ausgerichtet. Die Polarisationsfilter lassen Licht an einigen Stellen durch und verschlucken es an anderen.

Lichtgeschwindigkeit

Licht pflanzt sich im leeren Raum mit einer Geschwindigkeit von 299 792,5 km/s fort. Das ist die absolut höchste Geschwindigkeit, die es gibt. Im Innern von Stoffen oder Medien ist das Licht langsamer: In Wasser legt es z. B. 225 000 km/s, in Glas rund 200 000 km/s zurück. Licht pflanzt sich auch immer geradlinig fort, kann aber reflektiert oder gebeugt werden.

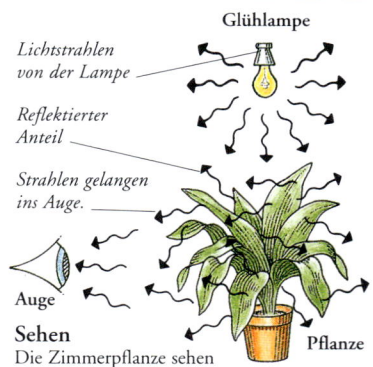

Glühlampe
Lichtstrahlen von der Lampe
Reflektierter Anteil
Strahlen gelangen ins Auge.
Auge
Pflanze

Sehen
Die Zimmerpflanze sehen wir nur, wenn sie von einer Lichtquelle angestrahlt wird, etwa einer Glühlampe. Die Pflanze nimmt gewisse Lichtanteile auf und wirft die grünen zurück. Dieses Licht gelangt in unser Auge. Deshalb erscheinen uns Pflanzen grün. Lichtempfindliche Zellen im Augenhintergrund nehmen die Lichtstrahlen wahr.

Stoff und Licht

Das Aussehen und die Farbe eines Stoffes hängen davon ab, wie seine Teilchen auf Licht reagieren. Durchsichtige oder milchige Stoffe lassen die Lichtstrahlen hindurchtreten. Undurchsichtige oder opake Stoffe absorbieren das Licht oder reflektieren es. Danach erscheint es dunkel oder glänzend. Solche Stoffe werfen auf jeden Fall einen Schatten.

Durchsichtig Bezeichnung für Stoffe wie Wasser und Glas, die Licht ungehindert hindurchtreten lassen.

Glühlampe deutlich zu sehen

Gefärbtes Wasser

Durchscheinend Bezeichnung für Stoffe wie Milch, die Licht hindurchtreten lassen, es zugleich aber in alle Richtungen streuen.

Aufleuchten und Streuung

Milchiges Wasser

Opak Bezeichnung für Stoffe, die kein Licht hindurchtreten lassen, weil es absorbiert oder reflektiert wird.

Nichts zu sehen

Schwarze Tinte

Heron von Alexandria

Das erste zusammenfassende Buch über das Verhalten von Spiegeln war die *Katoptrik* des Heron von Alexandria (1. Jh. n. Chr.). Dieser griechische Erfinder und Mathematiker lebte in Ägypten. Er erfand auch einige von Druckluft und Dampf betriebene Maschinen. Mit seinem Namen ist auch die heronische Formel verbunden, mit der man die Dreiecksfläche berechnen kann.

Lichtbrechung und Reflexion

Stellt man einen Stift in ein Glas Wasser, so erscheint der im Wasser befindliche Teil wie umgeknickt. Dies kommt durch die Lichtbrechung zustande. Wenn Licht in einen Stoff wie Wasser oder Glas eindringt, ändert es seine Richtung. Diese Brechung nutzen wir bei Linsen. Bei der Reflexion an glänzenden Oberflächen wie Spiegeln wird der Lichtstrahl zurückgeworfen.

Licht wird gebrochen, wenn es in Glas und Wasser übertritt.

Filzschreiber

Unterer Teil scheint umgeknickt.

Stift sieht wie halbiert aus.

Spiegel

Glänzende Oberflächen dienen als Spiegel. Flache Spiegel reflektieren Licht im selben Winkel, mit dem es eingefallen ist. Gekrümmte Spiegel verhalten sich ähnlich wie Linsen: Sie sammeln oder zerstreuen das Licht. Solche Spiegel findet man z. B. in Teleskopen.

Reflexion in einem Spiegel

Beim Spiegelbild sind links und rechts vertauscht.

Hohlspiegel Hohlspiegel sind auf der Innenseite verspiegelt. Parallel einfallende Lichtstrahlen sammeln sich bei manchen Hohlspiegeln im Brennpunkt. Der vergrößernde Rasierspiegel ist ein Hohlspiegel. Bei größerer Bildweite verkleinern Hohlspiegel.

Hohlspiegel

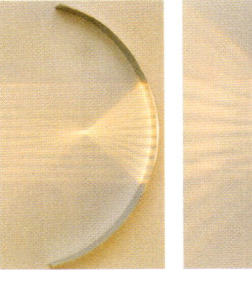

Wölbspiegel

Wölbspiegel Wölbspiegel sind auf der Außenfläche verspiegelt. Parallel einfallende Lichtstrahlen werden zerstreut. Die Spiegel erzeugen ein kleineres Bild. Autorückspiegel sind Wölbspiegel. Das Blickfeld ist groß, Autos erscheinen kleiner.

Linsen

Linsen bestehen aus Glas oder aus Kunststoff und verändern die Richtung der Lichtstrahlen durch Brechung. In allen optischen Geräten sind Linsen enthalten, z. B. in Brillen, Fotoapparaten, Ferngläsern, Mikroskopen und Projektoren.

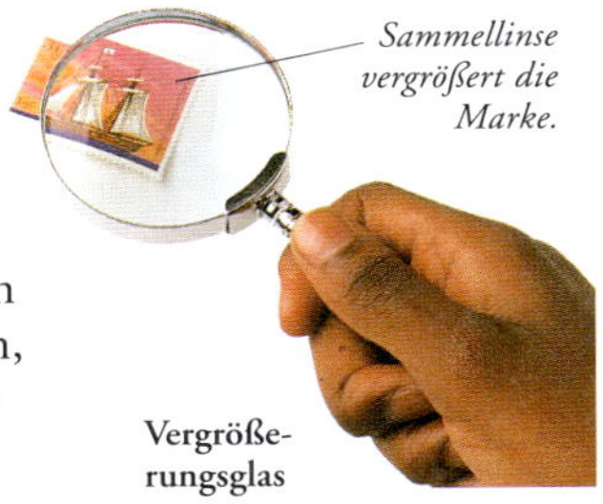

Sammellinse vergrößert die Marke.

Vergrößerungsglas

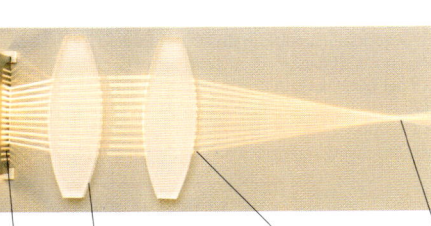

Sammellinse Sammellinsen sind konkav, d. h. nach außen gewölbt. Fallen parallele Lichtstrahlen durch eine Sammellinse, so treffen sie sich in einem Brennpunkt. Vergrößerungsgläser sind Sammellinsen. In Brillen korrigiert man damit Weitsichtigkeit.

Lichtquelle — *1. Sammellinse richtet die Strahlen parallel aus.* — *2. Linse sammelt die Strahlen.* — *Brennpunkt*

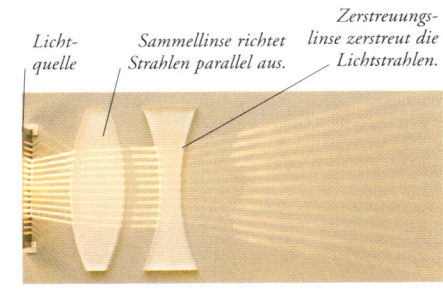

Totalreflexion Wenn ein Lichtstrahl in einem bestimmten Winkel in ein optisch dichteres Medium eintritt, so wird er in diesem Medium vollständig reflektiert und kann es nicht mehr verlassen. Die Totalreflexion ist der Grund dafür, dass man Licht in Glasfasern über weite Strecken übertragen kann. Der Grenzwinkel, bei dem bei Glas eine Totalreflexion auftritt, liegt bei rund 40°.

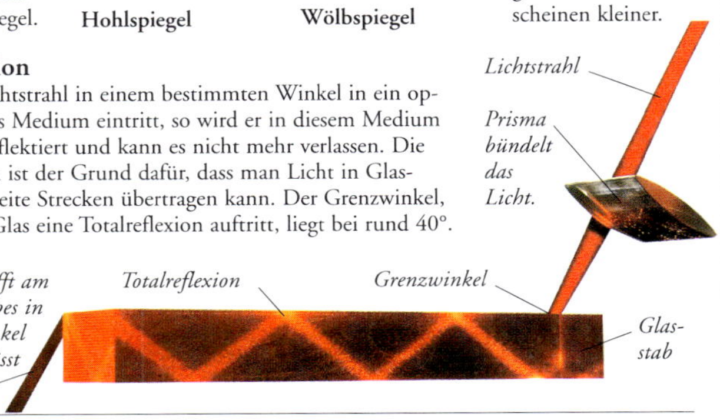

Lichtstrahl

Prisma bündelt das Licht.

Das Licht trifft am Ende des Stabes in steilerem Winkel auf und verlässt den Stab.

Totalreflexion *Grenzwinkel* *Glasstab*

Zerstreuungslinse Zerstreuungslinsen haben konkave Flächen, d. h. sie sind noch innen gewölbt. Solche Linsen zerstreuen parallel einfallende Lichtstrahlen. Mit Zerstreuungslinsen erzeugt man ein kleineres Bild, als es in Wirklichkeit ist. Damit korrigiert man in der Brille Kurzsichtigkeit.

Lichtquelle — *Sammellinse richtet Strahlen parallel aus.* — *Zerstreuungslinse zerstreut die Lichtstrahlen.*

Chronologie

um 500 000 v. Chr. Feuer beleuchtet die Höhlen.

1792 Der Schotte William Murdock erfindet das Gaslicht.

um 1815 Der Franzose Augustin Fresnel beweist Wellennatur des Lichts.

1849 Der französische Physiker Fizeau schätzt die Lichtgeschwindigkeit auf 315 000 km/s.

1864 Der Schotte James Clerk Maxwell beweist Licht als elektromagnetische Strahlung.

1879 Entwicklung einer Glühlampe durch den Amerikaner Thomas Edison und den Briten Joseph Swan.

1905 Albert Einstein legt die Teilchennatur des Lichtes dar.

Edisons Glühlampe

1939 Erste Leuchtstoffröhre wird vorgestellt.

SIEHE AUCH UNTER AUGE EINSTEIN, ALBERT ELEKTROMAGNETISCHE STRAHLEN ENERGIE FARBE LASER UND HOLOGRAMM MIKROSKOP TELESKOP

LINNÉ, CARL VON

ALS EINER DER ERSTEN versuchte der schwedische Botaniker und Arzt Carl von Linné, lateinisch Carolus Linnaeus, in die ungeheure Formenvielfalt der Pflanzen und Tiere Ordnung zu bringen. Dazu entwickelte der Forscher eine einheitliche Art der Benennung mit Namen aus der lateinischen Sprache. Latein war damals die Sprache der Gelehrten. Linnés sog. Nomenklatur hat noch heute Gültigkeit.

Kindheit und Jugend
Carl Linné wuchs in Südschweden auf. Schon früh interessierte er sich für Pflanzen. Ein Arzt, der sich mit Heilpflanzen beschäftigte, ermunterte ihn, Medizin zu studieren. Nachdem er seinen Doktor gemacht hatte, wurde er Professor für Botanik.

Linné als junger Mann

Forschungsreisen
Reisen im europäischen Ausland spielten in Linnés Ausbildung und Forschung eine große Rolle, weil er dadurch Pflanzen und Tiere aus den unterschiedlichsten Ländern kennenlernen konnte. Von 1732 an bereiste er große Teile Europas, darunter auch die Polargebiete. Er studierte die botanischen Gärten in den großen Städten, wo exotische Pflanzen aus Übersee wuchsen. So erlangte er umfassende Kenntnisse von der Formenvielfalt auf der Erde.

Flora Lapponica

Reise durch Lappland
Im Jahr 1732 machte sich Linné auf eine dreimonatige Expedition nach Lappland. Sie war eines der wichtigsten Ereignisse in seinem Leben. Unter schwierigsten Bedingungen machte er von allem, was er sah, Notizen. Schließlich veröffentlichte er ein Buch mit dem Titel *Flora Lapponica* (Die Pflanzen Lapplands). Damit begründete er seinen Ruf als Botaniker.

Forschung im Ausland
Im Jahr 1735 ging Linné nach Holland, um sich als Arzt weiterzubilden. Hier traf er einen reichen Kaufmann, George Clifford, der einen Garten mit exotischen Pflanzen besaß. Linné bestimmte und klassifizierte diese Pflanzen. Dann reiste er auch nach England und besuchte den Physic Garden in Chelsea, London, wo Heilpflanzen angebaut wurden.

Botanik
Linné war an fast allen Aspekten der Biologie interessiert, doch der Botanik, der Wissenschaft von den Pflanzen, gehörte seine große Liebe. Nach dem Aufenthalt in Holland kehrte er nach Schweden zurück, wo er erst Professor der Medizin, dann der Botanik wurde. 1753 erschien sein Buch *Species Plantarum* (Die Pflanzenarten). Es galt lange als Standardwerk.

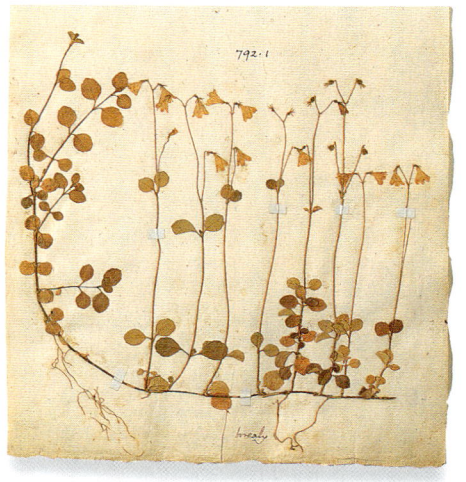

Nomenklatur
Linnés größte Leistung war das System der Benennungsweise, die Nomenklatur. Jede Pflanzen- und Tierart erhält einen zweiteiligen lateinischen Namen. Der erste Name bezeichnet den der Gattung, der zweite den der Art. So heißt z. B. der moderne Mensch *Homo sapiens*: *Homo* ist der Gattungsname, *sapiens* der Artname.

Späte Jahre
Als Linné ungefähr 50 Jahre alt war, galt er als einer der größten Biologen der Welt. 1761 wurde er geadelt. Als er 1778 starb, hatte er fast 200 wissenschaftliche Werke geschrieben. Nach dem Tod hielt sein Einfluss an. Ein Engländer kaufte die ganze Sammlung Linnés, die sich heute in London befindet. Ein Nachfolger von Linné war Charles Darwin, der eine Klassifikation nach der gegenseitigen Verwandtschaft befürwortete.

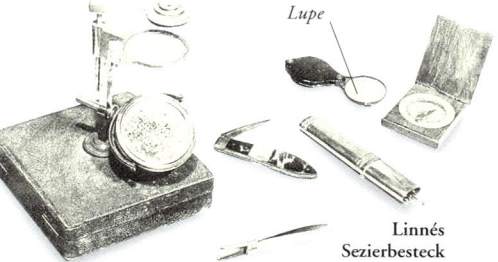

Lupe

Linnés Sezierbesteck

Einteilung der Pflanzen
Linné erfand einen neuen Weg zur Einteilung der Pflanzen. Er nannte ihn „Methodus sexualis", weil er sich dabei auf die Fortpflanzungsorgane der Pflanzen stützte. Heute ist dieses System nicht mehr gebräuchlich. Linnés Art der Benennung, die binäre Nomenklatur, gilt jedoch immer noch.

Genera Plantarum, mit Linnés Notizen

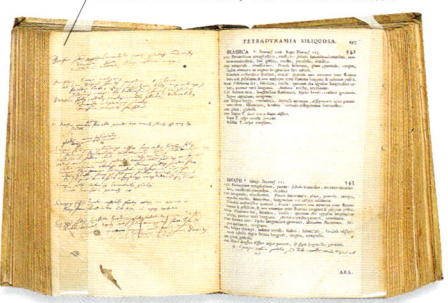

Kataloge des Lebens
1737 veröffentlichte Linné ein Werk mit dem Titel *Genera Plantarum* (Pflanzengattungen). Sein Hauptwerk trug den Titel *Systema Naturae*. Es erschien in immer wieder verbesserten und erweiterten Auflagen und klassifizierte alle Tier- und Pflanzenarten. Seither haben sich unsere Kenntnisse von der Formenvielfalt etwa verhundertfacht.

CARL VON LINNÉ

1707	Geboren in Råshult, Südschweden
1727	Studium in Lund
1732	Expedition nach Lappland
1735	1. Auflage von *Systema Naturae*
1736	Besuch in England
1741	Professor für Medizin in Uppsala
1742	Professor der Botanik in Uppsala
1753	Veröffentlichung des Werkes *Species Plantarum*
1778	Tod in Uppsala

SIEHE AUCH UNTER: BIOLOGIE, NATURWISSENSCHAFT, GESCHICHTE, PFLANZEN

LITERATUR

ALLES GESCHRIEBENE oder das in Schriftwerken niedergelegte geistige und künstlerische Schaffen nennt man Literatur. Ein Großteil der Literatur will unterhalten oder informieren, z. B. Artikel in Zeitungen und Zeitschriften. Ein anderer Literaturzweig ist die wissenschaftliche Literatur. Eigentlich verstehen wir unter Literatur aber Werke der Dichtkunst, das Drama, das Gedicht, den Roman und die Kurzgeschichte. Sie beschreiben Gefühle und Wünsche des Menschen. Die älteste Literatur ist mündlich überliefert.

Was ist Dichtkunst?
Literatur drückt die Gedanken, Hoffnungen und Ängste des Dichters aus. Zur Literatur zählen wir nur Werke, die gut geschrieben und für Menschen verschiedener Generationen und Gesellschaften von Interesse sind. Viele Dichter haben versucht, mit ihren Werken die Welt zu verändern, indem sie z. B. gegen Ungerechtigkeit und gegen falsche Auffassungen protestierten.

Der größte Teil der modernen Literatur erscheint in gedruckten Büchern.

Mündliche Literatur
Lange bevor es die Schrift gab, erzählten sich die Menschen Mythen in Form von Epen oder Gedichten und gaben sie weiter. Jeder Erzähler schmückte seine Geschichte immer weiter aus.

Kostümentwurf für Scheherezade

Tausendundeinenacht
Unter diesem Titel erschien eine Sammlung von Geschichten und Märchen, die einst Geschichtenerzähler in arabischen Ländern vortrugen. In der Rahmenhandlung, die alle Geschichten verknüpft, tritt Scheherezade auf. Sie fesselt den König durch ihre Erzählungen in 1001 Nächten und rettet dadurch ihr Leben.

Griechischer Helm

Ilias
Die *Ilias,* ein altgriechisches Heldengedicht, berichtet vom Trojanischen Krieg, in dem die Griechen 10 Jahre gegen die Trojaner kämpften, um die geraubte Helena zu befreien. Die Ilias wird dem griechischen Dichter Homer zugeschrieben, ist aber wohl vorher mündlich überliefert.

Epos
Eine altertümliche Form der erzählenden Dichtung ist das Epos. Es ist meist in Versen abgefasst und handelt von Helden und ihren Abenteuern. Berühmte Epen sind die *Ilias* sowie das deutsche *Nibelungenlied*. Fast jedes Volk hat ein Epos, das von der eigenen Geschichte erzählt.

Beowulf
Das altenglische Epos *Beowulf* wurde um 700 verfasst. Es erzählt die Geschichte des Helden Beowulf, der zwei Moordämonen, Grendel und seine Mutter, tötet und beim Drachenkampf stirbt.

Themen der Literatur
Die Dichter behandeln Themen, die sie selbst und ihre Leser betreffen. In der gesamten Literatur und in jeder Sprache geht es immer wieder um Liebe, Tod, sittliches Verhalten, Religion und Treue des Menschen. Man kann darüber eine witzige Komödie wie eine düstere Tragödie verfassen. Oft nehmen Dichter Themen früherer Schriftsteller auf und entwickeln sie weiter.

Pilger

Chaucer
Geoffrey Chaucer (um 1343–1400) war eine der großen Figuren der englischen Literatur. Sein berühmtestes Werk, *The Canterbury Tales* (1387-1400), besteht aus Einzelgeschichten, die eine Gruppe von Pilgern erzählt, die nach Canterbury reisen. Chaucer übernimmt Themen aus der europäischen Literatur und englischen Volksmärchen und gestaltet daraus Erzählungen in Versen und Prosa. Einige sind komisch, andere ernst.

Mit Buchmalereien geschmückte Seite von *The Canterbury Tales*

Szenen aus dem Faust

Faust trifft den Teufel

Goethe
Johann Wolfgang von Goethe (1749–1832) ist der berühmteste deutsche Dichter. Er schrieb Gedichte, Romane und Dramen. Sein bekanntestes Werk ist das Drama *Faust*. Es beruht auf der mittelalterlichen Legende eines Zauberers, der seine Seele dem Teufel verkauft. Im Faust geht es unter anderem um Sünde, Vergebung und das Wesen der Kunst.

Dante
Der italienische Dichter Dante Alighieri (1265–1321) wurde in Florenz geboren. In seinem Meisterwerk, *Die Göttliche Komödie*, beschreibt er einen Dichter, der im Traum die Hölle, das Fegefeuer und das Paradies aufsucht. Dante behandelt darin Fragen seiner Zeit.

Königsbuch
Seit einem Jahrtausend gilt das *Königsbuch (Shah-nameh)* des Dichters Firdausi (um 935–um 1020) als das Meisterwerk der iranischen Literatur. Es erzählt die Geschichte der persischen Könige seit Urzeit und berichtet von den Kämpfen gegen Monster. Das *Shah-nameh* wurde von iranischen Dichtern bis heute nachgeahmt.

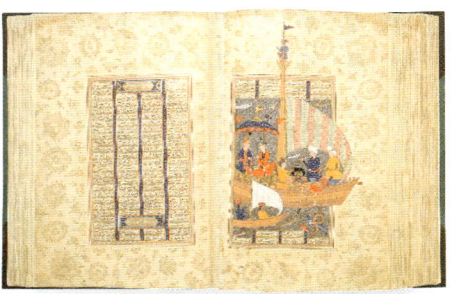

Königsbuch

Der Roman

Als Roman bezeichnen wir längere Prosatexte, meist in Buchform. Seit dem 18. Jh. wurde der Roman zur wichtigsten Literaturgattung der westlichen Welt. Ein Roman beschreibt in aller Breite einen längeren Abschnitt im Leben eines Menschen oder einen Ausschnitt aus einer Zeit. Romane können auch reine Fantasieprodukte sein. Weniger hohe Literatur sind z. B. Kriminal- oder Liebesromane.

Windmühlen in der Mancha

Filmszene nach J. Austens Roman, 1995

Jane Austen
Eine der ersten Schriftstellerinnen, die das Leben gewöhnlicher Menschen beschrieb, war die Engländerin Jane Austen (1775–1817). In dem Roman *Vernunft und Gefühl* (1811) schildert sie das Verhalten von Männern und Frauen auf der Suche nach Glück in Liebe und Ehe.

Miguel de Cervantes
Der spanische Dichter Miguel de Cervantes (1547–1616) schrieb von 1605 an 10 Jahre an dem Roman *Don Quixote*. Der etwas verrückte Held hält sich für einen Ritter. In seinem Wahn greift er Windmühlen an, die er für Drachen hält. Sein Gehilfe ist Sancho Pansa.

Leo Tolstoi
Der russische Graf Leo Tolstoi (1828–1910) schrieb u. a. die Romane *Krieg und Frieden* (1863–69), der zur Zeit der napoleonischen Kriege spielt, sowie *Anna Karenina* (1873–1877), in dem sich eine verheiratete Frau in einen Soldaten verliebt. Tolstoi schildert neben Motiven seiner Figuren auch das russische Leben.

Der Samowar oder Teekessel gehört in Russland zum Leben.

John Steinbeck
John Steinbeck (1902–68) beschrieb das Leben der armen amerikanischen Landbevölkerung. Sein berühmtester Roman, *Früchte des Zorns* (1939), schildert eine Familie, die das unfruchtbare Oklahoma verlässt, um auf den reicheren Böden in Kalifornien ein neues Leben zu beginnen.

Szene aus dem Film Früchte des Zorns, 1940

Kurzgeschichten
Kurzgeschichten sind straff komponiert und beschreiben ein bedeutsames Ereignis. Der Leser soll überrascht und provoziert werden. In der Erzählung *Die Verwandlung* (1915) beschreibt Franz Kafka (1883–1924) einen Mann, der als riesiger Käfer aufwacht. Kurzgeschichten haben auch oft ein schockierendes Ende: Der Amerikaner Edgar Allen Poe (1809–49) schrieb *Der Doppelmord in der Rue Morgue*, bei der sich ein Orang-Utan als der Mörder herausstellt.

Orang-Utan

Non-Fiction
Nicht alle Literatur ist frei erfunden, also Fiktion. Viele Bücher wurden über wirkliche Ereignisse in Form von Biografien, Lebensgeschichten oder Memoiren verfasst. Solche Literatur ist nicht erfunden, Non-Fiction. Faszinierend sind z. B. die Tagebücher des Samuel Pepys (1633–1703), der den großen Brand von London (1666) miterlebte. Das Tagebuch der Anne Frank (1929–45) enthält einen bewegenden Bericht über die Judenverfolgung der Nazis.

Jung Chang

Wilde Schwäne
Dieses Buch von Jung Chang (geb. 1952) erzählt die jüngste Geschichte Chinas, gesehen mit den Augen dreier Generationen in der Familie der Autorin. Es erschien 1991.

Populäre Literatur

Viele Bücher versuchen erst gar nicht tiefe Wahrheiten darzulegen, sondern wollen den Leser nur unterhalten und ihn in eine Welt des Abenteuers, der Fantasie, des Horrors oder der Romantik entführen. Mancher Schriftsteller gibt einem altbekannten Thema dabei oft eine völlig neue Wendung.

Boris Karloff

Lupe zur Spurensuche

Rote Rose als Zeichen der Romantik

Horror
Horrorgeschichten wie *Frankenstein* der englischen Autorin Mary Shelly (1797–1851) erwecken im Leser einen Schauer vor Monstern, Geistern und übernatürlichen Kräften. Gruselromane sind sehr beliebt.

Kriminalroman
Seit Arthur Conan Doyles (1859–1930) *Sherlock-Holmes*-Geschichten sind Kriminalromane beliebt. Der Leser kann versuchen, das Rätsel selbst zu lösen, denn meist werden die Indizien dazu geliefert. Eine der berühmtesten Krimiautorinnen war Agatha Christie (1890-1976).

Liebesroman
Viele Menschen träumen von vollkommener Liebe und Liebesromane zeigen, dass sich der Traum erfüllen kann. Der Held oder die Heldin muss viele Hindernisse überwinden, bis er oder sie das Herz des geliebten Menschen erobert.

Chronologie

vor 400 v. Chr. Das Heldenepos *Mahabharata* wird in Indien verfasst. Es ist das längste Werk seiner Art.

um 1000 n. Chr. Die adlige Dame Murasaki vom Kaiserhof in Japan schreibt den ersten Roman der Literaturgeschichte mit dem Titel *Die Geschichte vom Prinzen Genji*.

Aus dem Film Mahabharata

um 1100 Der persische Dichter Omar Khayyám schreibt *Rubaiyat* (Vierzeiler).

1580–1612 William Shakespeare (1564–1616), der größte englische Dramatiker, verfasst seine berühmten Dramen.

1719 Daniel Defoe (1660–1731) verfasst den *Robinson Crusoe*, den ersten Entwicklungsroman.

1852 Die Amerikanerin Harriet Beecher Stowe (1811–1896) zeigt in *Onkel Toms Hütte* die Sklaverei.

1864 Jules Verne (1828–1905) veröffentlicht den ersten Sciencefiction-Roman *Reise nach dem Mittelpunkt der Erde*.

1958 Der Nigerianer Chinua Achebe (geb. 1930) veröffentlicht *Okonkwo oder Das Alte stürzt*, in dem er Afrikas Wandel von der Tradition zur Moderne beschreibt.

1993 Die amerikanische Schriftstellerin Toni Morrison (geb. 1931) erhält als erste Schwarze den Nobelpreis für Literatur.

Toni Morrison

SIEHE AUCH UNTER: BUCHDRUCK · BÜCHER · DICHTUNG · KINDERBÜCHER · PAPIER · SCHAUSPIEL · SCHRIFT · SPRACHEN · THEATER

LÖWEN UND ANDERE GROSSKATZEN

DIE KATZEN BILDEN eine größere Gruppe der Raubtiere. In der Regel pirschen sie sich an ihre Beutetiere heran, überfallen sie aus dem Hinterhalt und töten sie mit einem Biss in den Hals oder Nacken. Die Familie der Katzen umfasst rund 37 Arten, von der 2,2 kg schweren Schwarzfußkatze bis zum 280 kg schweren Tiger. Löwe, Tiger, Jaguar und Leopard heißen auch Großkatzen; sie brüllen, während Kleinkatzen nur schnurren. Viele Wildkatzen sind vom Aussterben bedroht.

Zähne
Die Katzen haben scharfe Zähne und mächtige Kiefer. Mit den spitzen Eckzähnen packen sie die Beute, mit den Reißzähnen dahinter durchschneiden sie Haut, Fleisch und Knochen. Die Schneidezähne sind nur klein.

Breiter Kopf
Biegsame Wirbelsäule
Sandfarbenes Fell

Krallen Mit Ausnahme des Gepards ziehen Katzen ihre Krallen in häutige Scheiden zurück, damit sie sich nicht abnutzen.

Kräftiger, muskulöser Körper
Breite Pfoten
Löwin

Merkmale
Katzen haben kräftige Körper und lange Schwänze für das Gleichgewicht. Mit den scharfen gekrümmten Krallen halten sie die Beutetiere fest. Katzen haben sehr schnelle Reflexe, sehen und hören ausgezeichnet. Obwohl sie die meiste Zeit auf dem Boden verbringen, klettern sie auch sehr gut. Fast alle Arten leben einzelgängerisch.

Langer Schwanz für Gleichgewicht
Löwin mit erlegtem Büffel

Löwe
Der Löwe ist das kräftigste Raubtier. Er kommt hauptsächlich in Afrika vor; nur eine kleine Population überlebt in Indien. Die Männchen sind ungefähr um ein Drittel größer als die Weibchen. Ihre Mähnen werden im Alter fast schwarz. Dadurch sehen sie mächtiger aus. Mit der Mähne beeindrucken sie Weibchen und bedrohen Rivalen.

Zottige Mähne

Brüllen
Das Brüllen der Löwen ist eines der charakteristischen Geräusche in der afrikanischen Nacht. Es ist bei Sonnenaufgang und -untergang zu hören, tagsüber nur selten. Mit dem Gebrüll markieren die Löwen ihr Territorium und warnen Artgenossen.

Afrikanischer Löwe

Jagd
Der Löwe lebt in Grasländern, wo viele Grasfresser vorkommen. Die Jagd übernehmen hauptsächlich die Löwinnen. Sie schleichen sich in der Abenddämmerung an ein Beutetier an und greifen es aus kurzer Entfernung an. Dann stürzen sie sich auf das Tier, reißen es zu Boden und töten es mit einem Biss. Die Löwinnen arbeiten bei der Jagd oft zusammen. Eine Gruppe treibt die Beute der anderen Gruppe zu. Die Männchen kommen später dazu, fressen aber als Erste.

Löwenrudel
Löwen leben in Rudeln. Es sind Familiengruppen mit mehreren Weibchen und ihren Jungen. Dazu kommt noch ein Männchen. Die Weibchen halten das Rudel zusammen, das Männchen trägt nicht viel dazu bei. Es paart sich nur mit allen Weibchen, die alle 2 Jahre nach einer Trächtigkeit von 110 Tagen 2 bis 6 Junge gebären. Ihre Aufzucht erfolgt gemeinsam.

Männchen
Die Weibchen kümmern sich 18 Monate um die Jungen und lehren sie jagen.
Junges

Flehmen
Das Flehmen gehört zum Paarungsverhalten. Das Löwenmännchen leckt vom Urin des Weibchens, hebt seinen Kopf, stülpt die Oberlippe auf und entblößt die Zähne. Dann zieht es Luft über das Jacobson'sche Organ im Munddach. Auf diese Weise prüft das Männchen, ob das Weibchen paarungsbereit ist.

Lippen hochgezogen, Zähne freigelegt

Tiger
Der Tiger lebt in einem weiten Gebiet von Indien über Südostasien und Indonesien bis nach Sibirien und die Mandschurei. Der Sibirische Tiger ist die größte Katze. Die Männchen erreichen eine Schulterhöhe von bis zu 110 cm und wiegen bis zu 280 kg. Durch Wilderei und Verlust der Lebensräume sind die Tigerpopulationen stark zurückgegangen.

Fortpflanzung
Tigerweibchen paaren sich vom 3. Lebensjahr an alle paar Jahre. Die Brunft dauert 3 bis 7 Tage. In dieser Zeit finden mehrere Paarungen statt. Nach 110 Tagen kommen 2 bis 6 Junge auf die Welt. Sie öffnen die Augen erst nach 10 Tagen. Die Mutter säugt sie 8 Wochen lang. Pro Wurf überleben nur 1 bis 2 Junge.

Sumatra-Tiger mit Jungen 
Indischer Tiger im Dickicht

Die Jungen bleiben 2 bis 3 Jahre bei der Mutter.

Tarnung
Die auffällige Zeichnung mit den schwarzen Streifen löst die Körperumrisse im Dschungel und in Grasgebieten wirksam auf. Deswegen ist der Tiger hervorragend getarnt.

Territorium
Die Größe der Reviere schwankt nach der Anzahl der Beutetiere. Die Tiger markieren die Grenzen ihres Territoriums durch Kratzspuren an Bäumen und Verspritzen von Harn. Die Territorien der Weibchen sind mit 26 km² eher klein. Die der Männchen sind viel größer und umfassen auch die Reviere mehrerer Weibchen.

Sumatra-Tiger am Kratzbaum

LÖWEN UND ANDERE GROSSKATZEN

Leopard

Der Leopard kommt in einem großen Teil Afrikas, im Mittleren Osten und in Südasien vor und ist damit von allen Wildkatzen am weitesten verbreitet. Die meisten Leoparden leben im Wald, einige in Grasländern und Savannen. Sie klettern hervorragend, ruhen auf Bäumen und belauern von dort auch ihre Beute. Das Fell ist schwarz gefleckt mit einem helleren Hof darin. Im Licht und Schatten ihrer Lebensräume bietet dieses Muster gute Tarnung.

Jagd
Leoparden jagen meist in der Dämmerung. Sie lauern den unterschiedlichsten Tieren auf, darunter Hirschen, mittelgroßen Antilopen, Pavianen und Warzenschweinen. Sie schleichen sich an oder liegen auf der Lauer, nicht selten auf einem Ast über einem Wildwechsel. Leoparden töten mit einem Biss und zerren Beutetiere, die so schwer sind wie sie selbst, auf einen Baum.

Der Leopard brüllt, um Aasfresser fernzuhalten.

Der Leopard hält die erlegte Antilope mit seinen breiten Pfoten und den Krallen fest.

Die Beute liegt eingekeilt in einer Astgabel. Aasfresser wie Hyänen und Schakale können sie nicht erreichen.

Weibchen mit Jungen

Fortpflanzung
Leoparden werden im Alter von 2,5 bis 3 Jahren geschlechtsreif. Wenn das Weibchen in Hitze ist, lockt sein Geruch ein Männchen an. Die beiden paaren sich während einer Woche mehrmals. Nach 110 Tagen Trächtigkeit kommen 2 bis 3 Junge zur Welt. Sie werden nach 3 Wochen entwöhnt und sind erst nach 2 Jahren unabhängig.

Gepard

Mit ihren langen Beinen, dem kleinen Kopf und dem leichten Körperbau sind die Geparde die schnellsten Landtiere. Beim Sprint erreichen sie Geschwindigkeiten von bis zu 100 km/h. Die Weibchen leben oft allein. Die Männchen bilden Gruppen von 4 bis 5 Tieren. Meist sind es Brüder, die ein Leben lang zusammen bleiben. In Afrika leben nur noch 9 000 bis 12 000 Geparde. Die eleganten Katzen sind Kulturflüchter, leiden aber an Viruskrankheiten von Haustieren.

Kleiner Kopf

Gepard in vollem Sprint

Jagd
Geparde jagen tagsüber, wenn andere Räuber ruhen. Sie erlegen kleine Antilopen und Gazellen und verlassen sich auf ihre Schnelligkeit. Die Hetzjagd mit Höchstgeschwindigkeit halten sie jedoch nur wenige hundert Meter durch.

Lange Beine

Männliche Geparde jagen oft in kleinen Gruppen.

Lebensräume

Die meisten Katzen leben in Wäldern. Einige Arten haben sich auch an Wüsten, Grasländer, Feuchtgebiete und Gebirge angepasst. Die Sandkatze z. B. hält sich in Wüsten auf und begnügt sich mit dem Wasser, das sie mit Beutetieren aufnimmt. Dicke Fußballen lassen sie auf Sand schnell vorankommen. Die Fischkatze fängt Fische im Wasser.

Waldbewohner
Waldbewohnende Katzen haben ein geflecktes oder gestreiftes Fell und sind im Dickicht kaum zu erkennen. Nebelparder und Langschwanzkatze können den Kopf voraus an Stämmen herabklettern.

Jaguar im Regenwald

Gebirgsbewohner
Katzen im Hochgebirge brauchen ein dickes Fell mit einer festen Unterwolle als Schutz gegen die Kälte. Bei tagaktiven Arten ist die Tarnung wichtig. Das Muster des Schneeleoparden fällt in den verschneiten Felsen der zentralasiatischen Gebirge nicht auf.

Schneeleopard im Schnee

Kleine Wildkatzen

Serval
Der Serval ist eine sehr bewegliche schmalköpfige und langbeinige Katze. Er lebt in lockeren Waldgebieten und Savannen südlich und nördlich der Sahara und jagt in der Dämmerung. Dabei hört er das Rascheln von Echsen und besonders der Blindmäuse.

Große, aufrechte Ohren

Sehr lange Beine

Karakal
Der Karakal oder Wüstenluchs lebt in den Halbwüstengebieten Afrikas und Indiens. Er jagt Vögel, Nagetiere und kleine Antilopen. Der Karakal zeigt ein besonderes Geschick dabei, fliegende Vögel mit einem gewaltigen Sprung zu packen. Aus einem auffliegenden Vogelschwarm erbeutet er bei dieser Jagd oft mehrere Tiere.

Schwarze Ohrpinsel

Europäische Wildkatze
Die Stammform unserer Hauskatze ist nicht die Europäische Wildkatze, sondern vielmehr die Nubische Falbkatze, eine nah verwandte Unterart. Die Wildkatze lebt bei uns als Einzelgängerin vor allem in Wäldern und frisst Nagetiere und Vögel.

Gestreiftes Fell

Rotluchs
Der nordamerikanische Rotluchs kommt in Feuchtgebieten, Wäldern, Wüsten und im Gebirge vor. Nachts jagt er Nagetiere, Hasen und Kaninchen. Die Männchen verteidigen bis zu 100 km² große Territorien. Die Weibchen begnügen sich mit halb so großen Gebieten.

Kurzer Schwanz

LÖWE

WISSENSCHAFTLICHER NAME *Panthera leo*

ORDNUNG Carnivora, Raubtiere

FAMILIE Felidae, Katzen

VERBREITUNG Afrika südlich der Sahara, der Wald von Gir in Indien

LEBENSRAUM Offene Grasgebiete und baumbestandene Savannen

ERNÄHRUNG Der Löwe lebt von Gnus, Zebras, Antilopen und Gazellen. Im Rudel wagen sich Löwinnen auch an einen Büffel.

GRÖSSE Schulterhöhe 80 cm, Gewicht 204 kg

LEBENSDAUER 15–16 Jahre

SIEHE AUCH UNTER | AFRIKA, TIERWELT | ASIEN, TIERWELT | GEBIRGE, TIERWELT | KATZEN | NATURSCHUTZ | NORDAMERIKA, TIERWELT | REGENWALD, TIERWELT | TARN- UND WARNTRACHT

Großkatzen

Bewohner von Grasländern

Die Mähne lässt die Männchen viel größer erscheinen, als sie sind.

Puma Diese amerikanische Großkatze kommt auch im Gebirge vor. Sie kann bis zu 7 m weit springen.

Löwe Er ist das größte und kräftigste Raubtier in der Savanne.

Europäische Wildkatze Sie ist heute bei uns selten und vermischt sich oft mit verwilderten Hauskatzen.

Serval Er kann bis zu 3 m hoch springen und dabei Vögel erbeuten.

Gepard Er erlegt seine Beutetiere am Ende einer kurzen Hetzjagd.

Waldbewohner

Leopard Durch sein geflecktes Fell ist er auf dem Boden wie in Bäumen gut getarnt.

Schwarzer Panter Es handelt sich um eine schwarze Variante des Leoparden.

Luchs Die dunklen Ohrpinsel dienen der Kommunikation, da der Schwanz zu kurz ist.

Tiger Er ist die größte aller Großkatzen. Der Tiger kann nur schlecht klettern, aber sehr gut schwimmen.

Jaguar Er ist die größte südamerikanische Katze. Der Jaguar klettert sehr gut.

Bengalkatze Sie lebt in den Wäldern Südostasiens und fängt Säuger und Vögel.

Rotluchs Er lebt in Nordamerika und heißt dort Bobcat.

Langschwanzkatze Sie verbringt die meiste Zeit auf Bäumen und jagt nachts Jungvögel.

Die Ozelots wurden ihres schönen Fells wegen viel gejagt.

Ozelot Er lebt in Südamerika und jagt am Boden oder stürzt sich von Ästen auf Beute.

Gebirgsbewohner

Das Fell wird im Winter heller; damit ist der Schneeleopard gut getarnt.

Schneeleopard Er lebt in den Gebirgen Zentralasiens bis auf eine Höhe von 5 500 m.

Kleinfleckkatze Sie lebt im Hochgebirge der Anden.

Bewohner von Feuchtgebieten

Fischkatze Sie holt mit den Pfoten Fische aus dem Wasser.

Rohrkatze Sie lebt in Röhrichten und in der dichten Ufervegetation.

Wüstenbewohner

Sandkatze Sie lebt in der Sahara und Wüsten Westasiens. Tagsüber schläft sie in Erdbauen.

Ohrpinsel

Karakal Er erlegt Nagetiere und kleine Antilopen.

LUFT

WIR LEBEN UND ATMEN am Grunde eines ungeheuren Luftozeans, den wir Atmosphäre nennen. Luft ist unsichtbar und eine Mischung verschiedener Gase. In der Luft bewegen sich unzählige Gasmoleküle mit großer Geschwindigkeit regellos hin und her. Ohne Luft hätten auf der Erde keine Lebewesen entstehen können. Die in der Luft enthaltenen Gase sind lebenswichtig.

Fraktionierte Destillation
Die Luftgase kann man für verschiedene Zwecke nutzen. Man gewinnt sie durch fraktionierte Destillation. Die Luft wird soweit abgekühlt und zusammengepresst, bis sie eine bläuliche Flüssigkeit bildet. Beim Erwärmen der flüssigen Luft siedet jedes Gas bei einer ganz bestimmten Temperatur und kann so getrennt aufgefangen werden. Flüssiger Stickstoff beispielsweise siedet bei -196 °C.

Taucher verwenden zusammengepresste Luft.

Luftzusammensetzung
Trockene, saubere Luft besteht aus 78,09 % Stickstoff, 20,95 % Sauerstoff, 0,93 % Argon und 0,03 % Kohlendioxid sowie weiteren Gasen. Die farbigen Kugeln geben die Mengenanteile dieser Gase in der Luft an.

Kerze brennt im Glas.
Kerze erlischt. Das Wasser steigt, da Sauerstoff keinen Platz mehr braucht.

Kohlendioxid (CO_2)
Das Kohlendioxid ist für die Pflanzen wichtig. Sie nehmen es aus der Luft auf und stellen zusammen mit Wasser daraus Zucker her. Die Energie stammt vom Sonnenlicht.

Stickstoffdünger in Tablettenform

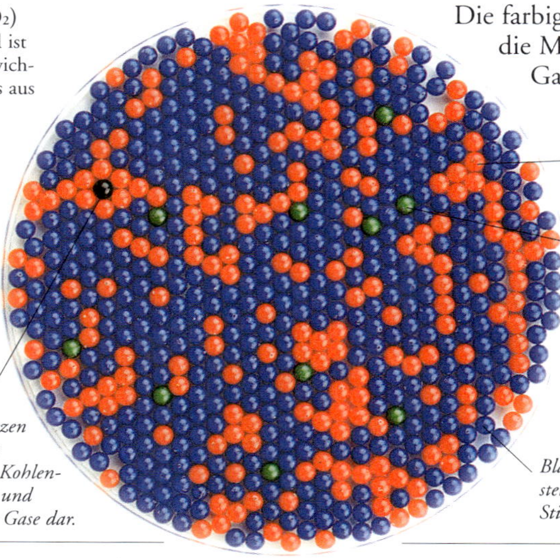

Stickstoff (N_2)
Jede lebende Zelle enthält Stickstoffverbindungen. Pflanzen nehmen Stickstoff nicht direkt aus der Luft auf, sondern nur über im Bodenwasser gelöste Salze. Dünger enthalten solche Salze.

Die schwarzen Kugeln stellen Kohlendioxid und andere Gase dar.

Rote Kugeln stellen Sauerstoff dar.

Grüne Kugeln stellen Argon dar.

Blaue Kugeln stellen Stickstoff dar.

Sauerstoff (O_2)
Bei jeder Verbrennung reagiert ein chemischer Stoff mit Sauerstoff, wie das obige Experiment zeigt. Die Kerze brennt im Glas, bis der gesamte Sauerstoff aufgebraucht ist. Tiere und der Mensch „verbrennen" die Nahrung im Körperinnern mit Sauerstoff und produzieren dabei Energie.

Argon (Ar)
Argon ist ein Edelgas, weil es keine chemischen Verbindungen eingeht. Glühlampen werden oft mit Argon gefüllt. Damit verhindert man, dass der metallische Glühfaden mit Sauerstoff reagiert, was dessen Lebensdauer stark verkürzen würde.

Luftverschmutzung
Selbst „saubere Luft" enthält in wechselnden Mengen andere Stoffe, etwa Staub, Wasserdampf, Bakterien und Pollen. Durch Luftverschmutzung gelangen viele chemische Stoffe in die Luft, die gesundheitliche Probleme in Städten verursachen und die Umwelt schädigen, besonders die Bäume.

Smog
Die Dunstglocke aus Abgasen, Rauch und Nebel heißt Smog. Sommersmog entsteht bei Sonneneinstrahlung aus Autoabgasen. Bei Wintersmog sammeln sich in der Luft vor allem Staub und Rauchgase wie Schwefeldioxid und Kohlenmonoxid.

Wasserdampf
Bis zu 4 % der Luft können aus Wasserdampf bestehen. Warme Luft kann viel mehr Wasserdampf aufnehmen als kühle. Ein kaltes Gefäß kühlt die Luft in der Umgebung ab. Dabei kondensiert Wasserdampf aus der Luft: An der Außenseite des kalten Gefäßes entstehen Tröpfchen.

Luftdruck
Über jedem von uns lastet eine Luftsäule, die ein erhebliches Gewicht aufweist. Dieses Gewicht bezeichnen wir als Luftdruck. Es entspricht ungefähr 1 kg auf 1 cm². Wenn wir im Gebirge aufsteigen, fällt der Luftdruck, weil die Luftsäule abnimmt.

Barometer
Mit dem Barometer misst man den Luftdruck. Man kann damit das Wetter vorhersagen. Steigender Luftdruck deutet auf schönes Wetter hin. Als Maß für den Luftdruck verwendet man heute Hektopascal.

Saugen
Wenn man an einem Strohhalm saugt, verringert die Lunge den Luftdruck im Halm. Da der Luftdruck außen derselbe geblieben ist, drückt er auf die Flüssigkeit und lässt sie im Trinkhalm hochsteigen.

Druckluft
Den Luftdruck erhöht man, indem man die Luft zusammendrückt: Man pumpt z. B. immer mehr Luft in einen begrenzten Raum. Fahrradreifen sind mit Druckluft gefüllt und federn dadurch Unebenheiten ab.

Das Gewicht der Luft
Luft hat ein Gewicht, wie dieses Experiment zeigt: Man befestigt identische leere Ballons an beiden Enden eines Stabes. Diesen hängt man in der Mitte auf, sodass er waagerecht steht. Bläst man nun einen der Ballons auf, neigt sich die Waage auf dieser Seite, weil der Ballon voll Druckluft mehr wiegt als der leere.

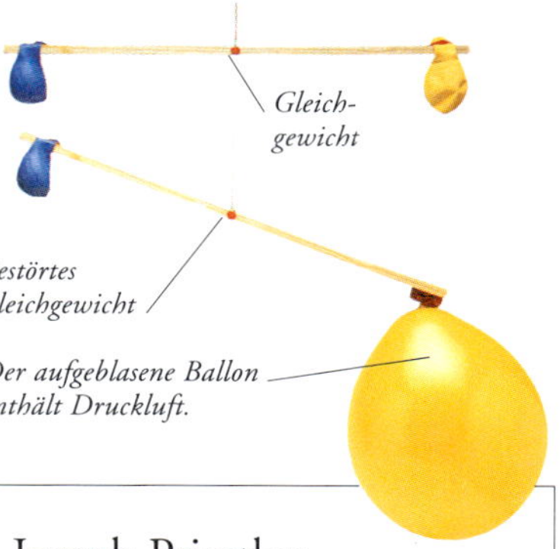

Gleichgewicht

Gestörtes Gleichgewicht

Der aufgeblasene Ballon enthält Druckluft.

Joseph Priestley
Der englische Naturwissenschaftler und Geistliche Joseph Priestley (1733–1804) entdeckte 1774 den Sauerstoff und später viele weitere Gase, darunter Distickstoffmonoxid (Lachgas) und Ammoniak. Priestley fand auch einen Weg zur Herstellung kohlensäurehaltigen Wassers.

SIEHE AUCH UNTER | ATMUNG | ATOME UND MOLEKÜLE | DRUCK | GASE | PHOTOSYNTHESE | UMWELTVERSCHMUTZUNG | WETTER | ZELLEN

LUFTFAHRT

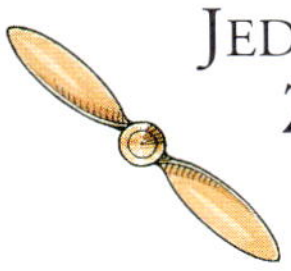

JEDEN TAG FLIEGEN MILLIONEN von Menschen zu Zielen auf der ganzen Welt. Flugzeuge sind heute ein häufiger Anblick am Himmel, obwohl es sie erst seit 1903 gibt. Der Wunsch zu fliegen ist schon uralt. Noch zu Beginn des 20. Jh. waren Ballone und Luftschiffe die einzigen Fluggeräte. Der Erste Weltkrieg beschleunigte die Weiterentwicklung des Flugzeugs. Und am Ende des Zweiten Weltkrieges gab es bereits Flugzeuge mit Strahltriebwerken und Raketen. Die bisher bedeutendste Weiterentwicklung war dabei die Raumfahrt.

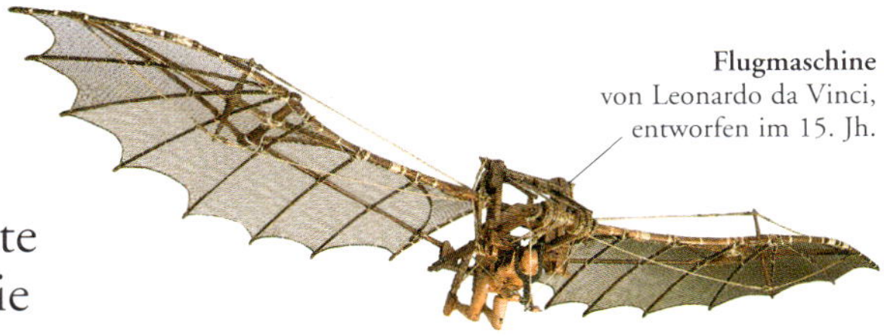

Flugmaschine von Leonardo da Vinci, entworfen im 15. Jh.

Fliegen wie die Vögel
Die Flügel oder Tragflächen erzeugen den nötigen Auftrieb, um in der Luft zu bleiben. Bevor man diese Funktionsweise der Flügel verstanden hatte, konnte man keine Flugzeuge bauen. Bei den ersten Flugversuchen beschränkte man sich darauf, das Schlagen der Vogelflügel nachzuahmen. Doch die Muskeln des Menschen sind dafür zu schwach. Viele „Vogelmenschen" stürzten bei ihren Flugversuchen ab.

Die *Flyer I* erreichte eine Höhe von 3 m.

Erster kontrollierter Flug
Der erste kontrollierte Flug eines motorgetriebenen Flugzeuges fand am 17. Dezember 1903 in Kitty Hawk, North Carolina, USA, statt. Das Flugzeug *Flyer I* flog 36 m weit und war weniger als 12 s in der Luft. Trotzdem ist dieser Flug wohl der berühmteste aller Zeiten. Die *Flyer I* hatten die Brüder Orville und Wilbur Wright nach jahrelangen Experimenten mit Drachen und Gleitern gebaut. Auch den Motor hatten sie angefertigt.

Wilbur Wright beobachtet, wie sein Bruder Orville abhebt.

Militärflugzeuge
Das Interesse der Militärs am Flugzeug als Waffe trug viel zur technischen Weiterentwicklung bei. Während des 1. Weltkriegs (1914–18) wurden aus langsamen, verwundbaren Flugzeugen schnelle, wendige Kampfmaschinen. In dieser Zeit baute man schon große Bomber.

Luftschiffe
Luftschiffe sind mit einem Gas gefüllt, das leichter ist als Luft. Den Vortrieb besorgen Motoren mit Propellern. Zu Beginn des 20. Jh. spielten Luftschiffe eine nicht unbedeutende Rolle. Sie erwiesen sich aber als zu störanfällig.

Charles Lindbergh
Der amerikanische Flugpionier Charles A. Lindbergh (1902–74) überquerte vom 20.–21. 5. 1927 als Erster den Atlantik im Alleinflug. Er benötigte von New York nach Paris 33,5 Stunden. Nach diesem Flug begann die Passagierluftfahrt.

Schutzkleidung Sie wurde von Piloten während des 1. Weltkriegs getragen. Besonders wichtig war die Brille.

Doppeldecker, 1917

Doppeldecker
Die Piloten des 1. Weltkriegs flogen Doppeldecker – ein Holzgerüst mit Stoffüberzug. Das Cockpit war der kalten Luft und Ölspritzern vom Motor ausgesetzt. Größere Flugzeuge hatten ein zweites Cockpit. Dort saß ein Soldat, der ein Maschinengewehr bediente. Einsitzige Jagdflugzeuge hatten ein Maschinengewehr, das zwischen den Propellerflügeln hindurch schoss.

Heutige Zeit
In den 1920er Jahren kam der Eindecker auf, der nur eine Tragfläche hat. Als Werkstoff setzte sich bei Rumpf und Flügeln Metall durch. Bis in die späten 1930er Jahre hatten alle Flugzeuge noch Kolbenmotoren mit Propellern. Dann gab es die ersten Strahltriebwerke.

Kampfflugzeug Harrier GR5

Strahlflugzeuge
Mit Strahltriebwerken konnten die Flugzeuge sehr viel schneller und ruhiger fliegen als mit Propellerantrieb. Nach dem 2. Weltkrieg baute man für Langstrecken nur noch Passagierflugzeuge mit Strahltriebwerken, die Jets.

Ariane-Rakete

Bordkarte
Flugticket

Passagiertransport
In den 60er Jahren wurden die Flugreisen bequem und für alle erschwinglich. Heute fliegen Millionen von Passagiere etwa mit der Boeing 747, dem sog. Jumbojet. Er ist die größte Passagiermaschine der Welt.

Raumflug
In den späten 50er Jahren baute man Raketen mit soviel Leistung, dass sie in den Weltraum gelangen konnten. Heute ist der Start des wiederverwendbaren amerikanischen Spaceshuttle ein ganz alltägliches Ereignis.

SIEHE AUCH UNTER | FLUGHAFEN | FLUGZEUGE | LUFTSCHIFFE UND BALLONE | MILITÄRFLUGZEUGE | RAUMFAHRT | TOURISMUS | TRANSPORT, GESCHICHTE | WAFFEN

LUFTSCHIFFE und BALLONE

LUFTSCHIFFE UND BALLONE erfahren einen Auftrieb nach oben. Dadurch steigen sie auf oder schweben in der Luft. Sie enthalten ein Traggas, das leichter ist als die sie umgebende Luft. Der Dichteunterschied ist so groß, dass auch schwere Bestandteile der Fluggeräte nach oben gehoben werden. Der erste Flug mit einem Heißluftballon gelang den Brüdern Montgolfier 1783. Ballone fliegen, wohin der Wind sie trägt. Luftschiffe haben Motoren mit Propellern und lassen sich steuern. Ob die Zeit der Luftschiffe zurückkehrt, ist fraglich. Ballonfahren ist jedoch heute ein Sport.

Ein modernes Luftschiff
Der wichtigste Teil eines heutigen Luftschiffs ist die mit Heliumgas gefüllte Hülle. Das Gas steht unter leichtem Druck, um die Hülle in Form zu halten. Flossen am Ende dienen der Steuerung und Stabilisierung. Die Crew hält sich in einer Gondel an der Unterseite des Luftschiffes auf.

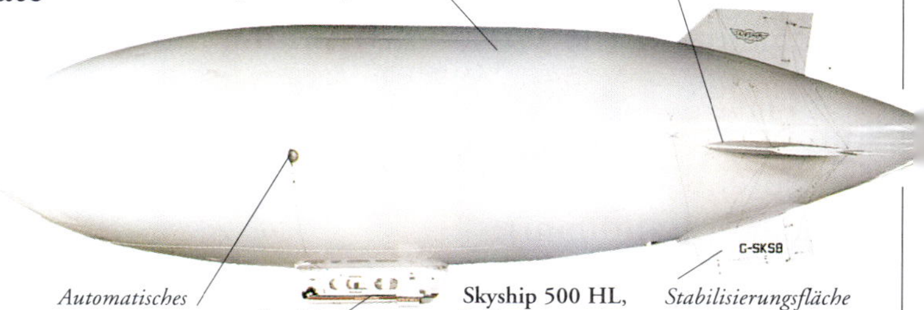

Luftdichte Polyesterhülle *Leitwerk*
Automatisches Ventil *Gondel* Skyship 500 HL, halbstarr *Stabilisierungsfläche mit Leitwerk*

Katastrophen
Die *Hindenburg*, 1937

Mehrere schwere Unfälle bewirkten, dass das Vertrauen in die Luftschiffe als Transportmittel verloren ging. Früher waren Luftschiffe mit dem brennbaren Gas Wasserstoff gefüllt. Deswegen verbrannte die *Hindenburg* 1937. Heute verwendet man das viel sicherere Gas Helium. Ein Problem, mit dem alle Luftschiffe zu tun haben, bleibt jedoch: das schlechte Wetter.

Ferdinand Graf v. Zeppelin
Ferdinand Graf von Zeppelin (1838–1917), ehemaliger Generalleutnant, begann 1891 mit der Arbeit an Starrluftschiffen. 1900 hatte er am Bodensee das erste Luftschiff LZ1 gebaut. Im 1. Weltkrieg wurden etwa 100 Zeppeline für militärische Zwecke eingesetzt.

Luftschifftypen
Luftschiffe konnte man erst nach der Entwicklung eines leichten Benzinmotors bauen. Die ersten Luftschiffe waren Starrluftschiffe wie der deutsche Zeppelin. Es folgten Prallluftschiffe, die ihre äußere Form nur durch den Überdruck des Traggases erhalten.

Prallluftschiffe werden aufgeblasen, bis die Außenhülle die Form erreicht hat. Die Last hängt an Seilen.

Starrluftschiff Die Außenhülle überzieht ein tragendes Gerüst. Zahlreiche Gaszellen liegen hintereinander. Das Traggas ist Helium.

Ballone
Ballone verwendete man erstmals in der Französischen Revolution zur Luftaufklärung, später im amerikanischen Bürgerkrieg. Auch im 1. Weltkrieg wurden sie noch militärisch eingesetzt. Heute ist das Fahren mit dem Heißluftballon ein beliebter Sport.

Wetterballone
Für Messungen in hohen Luftschichten lassen Meteorologen und Luftphysiker Heliumballone in große Höhen aufsteigen. Sie tragen Geräte, um die gewünschten Messungen durchzuführen und die Ergebnisse an Bodenstationen oder Satelliten zu funken.

Ballonfahrertreffen
Ballonfahren ist heute sehr beliebt. Im Sommer treffen sich die Ballonfahrer gerne zu Festivals und freuen sich am Anblick dutzender bunter Ballone am Sommerhimmel. Nicht wenige Firmen nutzen den Ballon auch als Werbeträger und verleihen ihm vielleicht sogar die Form ihres Produktes.

Start
Für den Aufstieg mit dem Heißluftballon braucht man einen klaren Tag und leichten Wind. Kräftigere Winde stellen bei Start und Landung ein Risiko dar. Nach dem Start verfolgt eine Bodencrew den Ballon im Auto bis zur Landung.

1. Der Ballon wird ausgelegt. Brenner füllen ihn mit Heißluft.
2. Die Ballonhülle dehnt sich aus und wird weiter mit Heißluft gefüllt. 
3. Der Ballon richtet sich langsam auf und fängt an zu schweben. 
4. Halteraue halten den Ballon noch fest, bis die Crew eingestiegen ist. 
5. Die Crew heizt die Luft im Innern mit dem Brenner weiter an. 

SIEHE AUCH UNTER ATMOSPHÄRE GALILEO GALILEI GASE LUFTFAHRT RENAISSANCE WETTERVORHERSAGE

Luftschiffe und Ballone

Ballonformen

Mongolfiere Nachbau des ersten Heißluftballons

Golfball Eine unkomplizierte, eigenwillige Ballonform.

Falscher Korb

Umgekehrter Ballon An der Oberseite des Ballons ist ein falscher Korb befestigt.

Ei von Fabergé Erinnerung an den berühmten russischen Juwelier

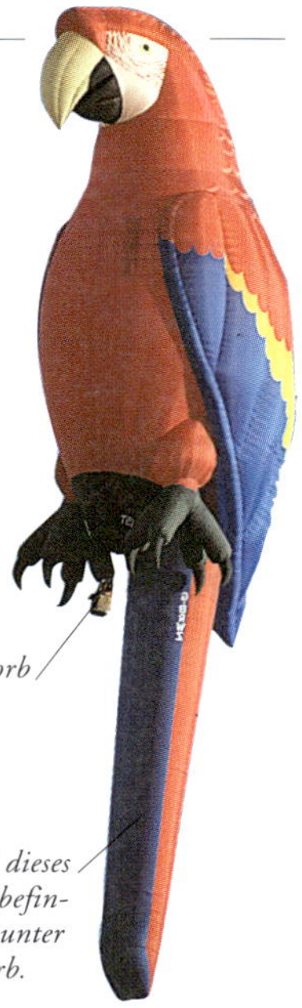

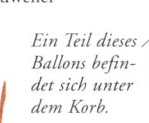

Korb

Ein Teil dieses Ballons befindet sich unter dem Korb.

Bunter Papagei, eine sehr exotische Ballonform

Märchengestalt aus Tausendundeinernacht

Carmen Miranda Eine bekannte Sängerin der 40er Jahre

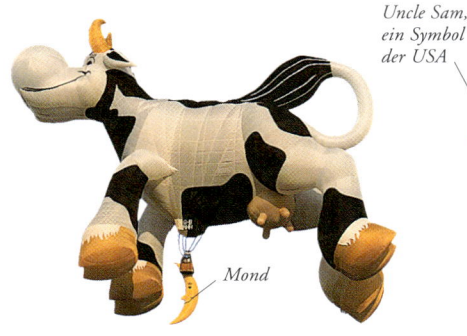

Mond

Eine „Kuh springt über den Mond" Von einem englischen Kinderreim inspirierte Ballonform

Uncle Sam, ein Symbol der USA

Ballon mit Gesicht Gesichter lassen sich leicht formen.

Traufen

Traktor Der Korb hängt dort, wo sich die Hinterachse befinden müsste.

Getränkedose Die erste nicht traditionelle Ballonform

Santa Claus Der amerikanische Weihnachtsmann

Spaceshuttle Das Symbol für die Raumfahrt

Elefant Mit Rüssel und überraschtem Gesichtsausdruck

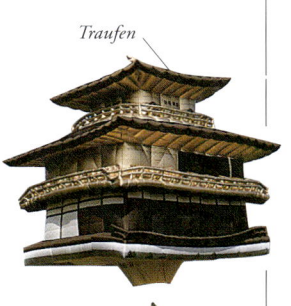

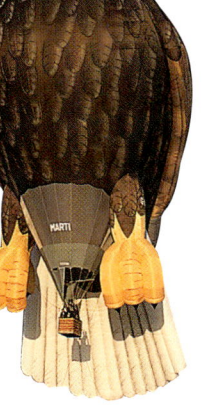

Japanische Pagode Authentische Nachbildung mit Stufendach und Balkongeländer

Luftschiffe

Seeadler Eine außerordentlich komplizierte und realistisch gestaltete Ballonform

Prallluftschiff Viele Unternehmen befördern heute gegen Bezahlung Passagiere in Ballonen und Luftschiffen.

Modernes Luftschiff Wegen ihrer Größe dienen solche Luftschiffe oft als Werbeträger.

Der Bär Rupert Eine weit bekannte Kinderbuchfigur

MAGELLAN, FERDINAND

FERDINAND MAGELLAN, auf portugiesisch Fernão de Magalhães, war der Erste, der den Atlantik und Pazifik in westlicher Richtung durchquerte. Er tat dies in spanischen Diensten, um eine Route zu den Gewürzinseln in Südostasien, den heutigen Molukken, zu finden. Diese waren damals noch nicht unter den Europäern aufgeteilt. Magellan kam zwar selbst nicht bis zu den Molukken, wohl aber zwei seiner Schiffe. Die *Victoria* erreichte schließlich als Einziges wieder Spanien. Damit war es Magellans Mannschaft gelungen, zum ersten Mal die Welt zu umsegeln.

Kindheit und Jugend

Magellan wurde 1480 als Sohn einer adligen portugiesischen Familie in Oporto geboren. Mit 12 Jahren war er Page am königlichen Hof in Lissabon, dann diente er in der Marine und 1505 als Aushilfe auf einem Schiff des Vizekönigs von Indien, Francisco de Almeida. 1513 wurde er zu einer Strafexpedition gegen Marokko geschickt. Wegen angeblicher finanzieller Unregelmäßigkeiten verlor er die Gunst des Königs von Portugal, der deshalb seinen Vorschlag abwies, westwärts zu den Gewürzinseln zu segeln.

Weltumsegelung

1517 trug Magellan seinen Plan, die Gewürzinseln auf westlichem Kurs zu erreichen, König Karl I. von Spanien vor. Dieser gab ihm 5 Schiffe und 265 Mann Besatzung. Am 20. September 1519 verließ Magellan Sevilla. Im November 1520 erreichte er den Pazifik und segelte weiter in Richtung Asien. 1521 landete er auf den Philippinen, wo er im Kampf mit Eingeborenen fiel. Die *Victoria* erreichte als einziges Schiff 1522 wieder Spanien.

Karte mit der Route der Victoria

Magellans Ziel auf seinem Westkurs waren die Molukken.

Meuterei

Magellan verbrachte den Winter 1520 an der Südspitze Südamerikas. Es kam zur Meuterei. 3 Schiffe nahmen die Meuterer, eines ging später unter. In der Magellanstraße drehte dann noch die *Antonia* ab und segelte nach Spanien zurück.

Ostindische Inseln

1494 teilte Papst Alexander VI. die damals zu erobernden Länder Amerikas und Asiens zwischen Spanien und Portugal auf. Alles Land westlich der Trennungslinie sollte zu Spanien, das Land östlich davon zu Portugal gehören. Die Gewürzinseln lagen in Ostindien, also in portugiesischem Anspruchsgebiet. Magellan versuchte sie westwärts zu erreichen, womit sie spanisch geworden wären. Dazu segelte er vom Atlantik in den Pazifik oder Stillen Ozean. Er nannte ihn so, weil er hier nach stürmischer Fahrt ein ruhiges Meer antraf.

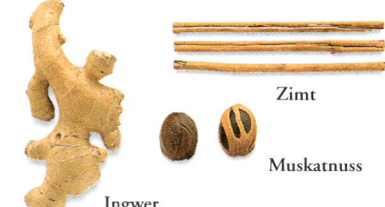

Ingwer
Zimt
Muskatnuss

Magellanstraße

Magellan hatte die meuternden Schiffe zurückgeholt. Im Oktober 1520 berichtete die Mannschaft zweier Erkundungsschiffe von einer Passage zwischen dem Festland und der Insel Feuerland. Magellan ließ Segel setzen und fuhr am 21. Oktober in die enge Meeresstraße, die heutige Magellanstraße. Im November erreichten die verbliebenen Schiffe den Pazifik.

Magellans Tod

Am 6. März 1521 erreichte Magellan die Marianen. 10 Tage später landete er auf den Philippinen. Auf der Insel Matan geriet Magellan – nicht ohne eigene Schuld – in ein Scharmützel mit Einheimischen und wurde dabei am 27. April getötet. Die führerlose Mannschaft lichtete die Anker und verließ die Philippinen.

Die *Victoria*

Nach Magellans Tod übernahm Sebastián Delcano das Kommando über die 2 Schiffe. Sie liefen schließlich die Gewürzinseln an. Die *Trinidad* versuchte die Heimfahrt über den Pazifik, musste aber umkehren. Die *Victoria* setzte die Fahrt nach Westen allein fort und beendete die erste Weltumsegelung im September 1522 in Spanien.

SIEHE AUCH UNTER ENTDECKUNGEN LANDKARTEN SPANIEN, GESCHICHTE

FERDINAND MAGELLAN

um 1480	Geboren in Portugal
1505–12	Dienste in Indien
1513–14	Kampf gegen die Mauren in Marokko
1517	Er gewinnt den spanischen König für seine Pläne, die Gewürzinseln westwärts zu erreichen.
1519	Segelt von Sevilla ab
1520	Segelt in den Pazifik
1521	Tod auf den Philippinen
1521	Delcano versucht, die 2 verbliebenen Schiffe mit Gewürzladungen nach Spanien zu bringen.
1522	Die *Victoria* erreicht Spanien.

MAGNETISMUS

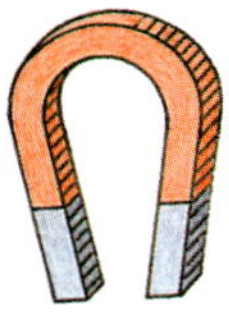

SEIT ÜBER 1 000 JAHREN verwenden Seefahrer den Magnetkompass, um sich auf dem Ozean zurechtzufinden. Die wahre Natur des Magnetismus ist aber bis heute nicht bekannt. Unter Magnetismus verstehen wir eine unsichtbare Kraft, die von Magneten ausgeht. Um den Magneten herum entsteht ein Magnetfeld.

Magnet
Ein Magnet hat 2 Pole: den Nordpol und den Südpol. Dort ist die Magnetkraft am stärksten. Magnetische Feldlinien verlaufen in der Umgebung des Magneten von Pol zu Pol.

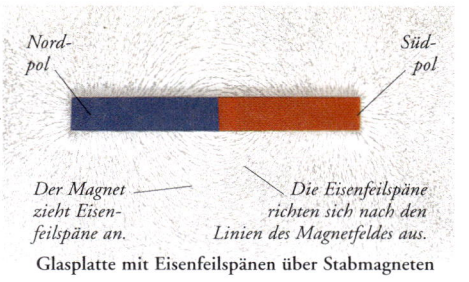

Nordpol *Südpol*
Der Magnet zieht Eisenfeilspäne an. *Die Eisenfeilspäne richten sich nach den Linien des Magnetfeldes aus.*
Glasplatte mit Eisenfeilspänen über Stabmagneten

Magnetische Kräfte
Wenn man 2 Magnete nebeneinander legt, beeinflussen sich die Magnetfelder gegenseitig. Ungleichnamige Pole (Nord und Süd) ziehen sich an. Gleichnamige Pole (Nord und Nord oder Süd und Süd) stoßen sich ab.

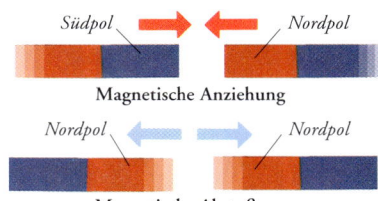

Südpol *Nordpol*
Magnetische Anziehung
Nordpol *Nordpol*
Magnetische Abstoßung

Die Erde als Magnet
Die Erde verhält sich wie ein riesiger Stabmagnet. Sie hat zwei magnetische Pole und ein Magnetfeld. Die Pole liegen in der Nähe des geografischen Nord- und Südpols. Der Erdmagnetismus entsteht wahrscheinlich durch geschmolzenes Eisen im Erdkern.

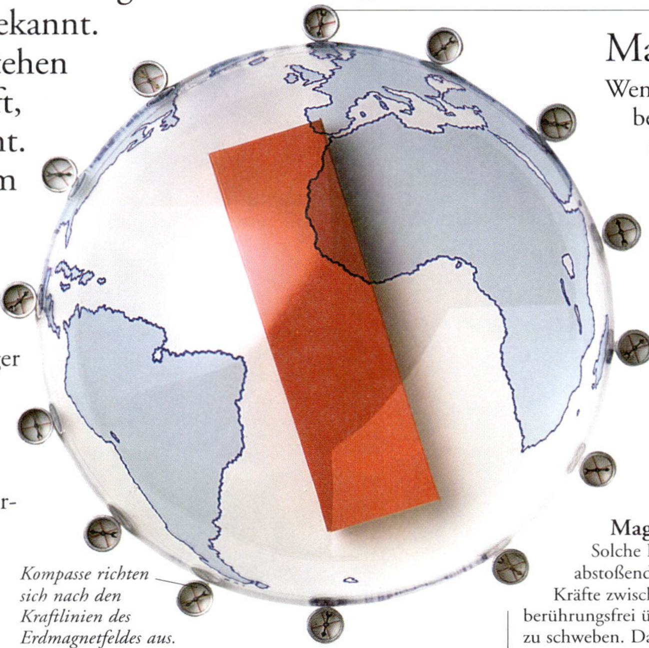

Kompasse richten sich nach den Kraftlinien des Erdmagnetfeldes aus.

Magnetit
Das Mineral Magnetit enthält viel Eisen und ist von Natur aus magnetisch. Früher hängten die Seeleute ein Stück Magnetit an einer Schnur auf und benutzten es als primitiven Kompass. Der Magnetit ist ein weit verbreitetes Mineral.

Kompass
Der Kompass ist eine Navigationshilfe. Er besteht aus einem kleinen, frei beweglichen Magneten, der Nadel. Sie richtet sich nach dem Magnetfeld der Erde aus. Wenn die frei drehbare Nadel zur Ruhe gekommen ist, weist sie in die magnetische Nordrichtung. Das andere Ende zeigt in die magnetische Südrichtung.

Magnetschwebebahn
Solche Bahnen nutzen die abstoßenden und anziehenden Kräfte zwischen Magneten, um berührungsfrei über dem Gleis zu schweben. Da die Reibung entfällt, bewegen sie sich mit hoher Geschwindigkeit vorwärts.

Magnetisierung
Einige Stoffe werden entweder kurzzeitig oder dauernd selbst zum Magneten, wenn man sie in ein Magnetfeld bringt. Sie sind magnetisierbar.

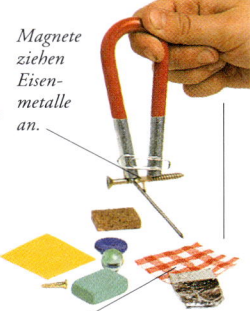

Magnete ziehen Eisenmetalle an.

Magnetismus im Weltraum
Das Erdmagnetfeld erstreckt sich über 60 000 km weit in den Weltraum. Damit beeinflusst es auch elektrisch geladene Teilchen wie Elektronen und Protonen, die als kosmische Strahlung von der Sonne auf die Erde gelangen. Auch die Sonne sowie die übrigen Planeten im Sonnensystem besitzen ein magnetisches Feld.

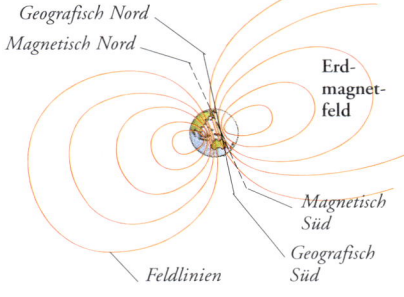

Geografisch Nord
Magnetisch Nord
Erdmagnetfeld
Magnetisch Süd
Geografisch Süd
Feldlinien

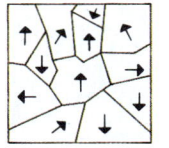

Domänen in magnetischem Material Domänen in einem Magneten

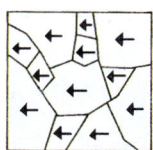

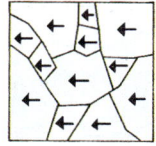

Nicht magnetische Stoffe wie Plastik, oder Aluminium werden nicht angezogen.

Magnetische Domänen
Magnetische Stoffe enthalten kleine Gebiete, die Domänen. Man kann sie mit winzigen Magneten vergleichen, die unterschiedlich ausgerichtet sind, sodass sich ihre Magnetkräfte aufheben. Bei einem Magneten sind alle Domänen gleich ausgerichtet.

Der Stahlstab wird magnetisch, wenn man ihn an einem Stabmagneten entlangzieht.

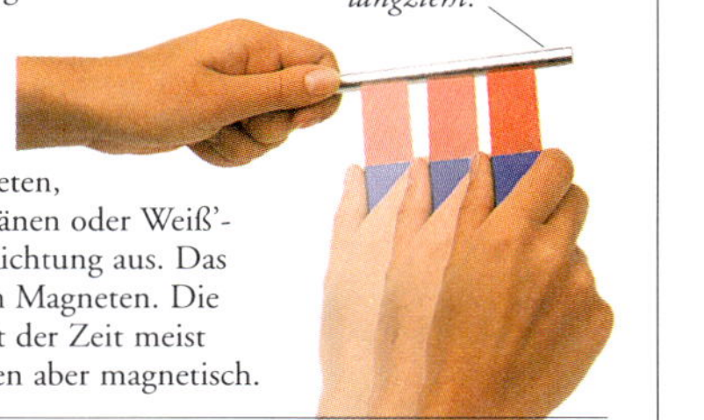

William Gilbert
Einer der Pioniere des Magnetismus war der englische Arzt und Physiker William Gilbert (1544–1603). Er schlug als Erster vor, man solle die Erde als riesigen Stabmagneten betrachten. Gilbert verwendete auch erstmals die Bezeichnung Magnetpol.

Polarlicht
Die Magnetpole der Erde ziehen elektrisch geladene Teilchen der kosmischen Strahlung an. Wenn sie auf die Erde fallen, regen sie Atome und Moleküle der Luft zum Leuchten an. Es entstehen bunte, schleierartige Polarlichter.

Protuberanzen
Durch Störungen im Magnetfeld der Sonne können heiße Gasströme über die Oberfläche der Sonne hinausschießen. Solche Eruptionen bezeichnen wir als Protuberanzen. Sie können bis zu 100 000 km lang werden.

Magnetisierung
Bringt man ein magnetisches Material in die Nähe eines Magneten, so richten sich die Domänen oder Weiß'schen Bezirke in einer Richtung aus. Das Material wird selbst zum Magneten. Die Magnetisierung geht mit der Zeit meist zurück. Stahlstäbe bleiben aber magnetisch.

SIEHE AUCH UNTER ELEKTRIZITÄT ELEKTROMAGNETISCHE STRAHLEN ELEKTROMAGNETISMUS ERDE KRAFT UND BEWEGUNG

MALAYSIA UND SINGAPUR

DIE 13 BUNDESSTAATEN von Malaysia liegen in 2 getrennten Gebieten. Die meisten Menschen leben in Malaya, einer langen Halbinsel auf dem südostasiatischen Festland, in 11 Bundesstaaten. Die Insel Singapur liegt vor der Südspitze. Die beiden restlichen malaysischen Bundesstaaten, Sarawak und Sabah, umfassen den nördlichen Teil der Insel Borneo. Dazwischen liegt Brunei, eines der reichsten Länder der Welt. Malaysia, Singapur und Brunei waren früher britisch. Malaysia und Singapur erlangten in den 60er Jahren die Unabhängigkeit, Brunei 1984. Seit jener Zeit ist die Wirtschaft stark gewachsen, besonders in Malaysia.

Gebirge und Wälder
Große Gebiete von Sabah und Sarawak sind gebirgig und von dichtem Wald oder Dschungel bedeckt. An vielen Stellen ist die Pflanzendecke absolut undurchdringlich. Der Fluss Rajang schlängelt sich durch Sarawak und bildet auf seinem Weg immer wieder bedeutende Wasserfälle.

Geografie
Eine zentrale Bergkette auf der Malaiischen Halbinsel trennt den schmalen Küstenstreifen im Osten von fruchtbaren Ebenen im Westen. Singapur ist meist flach und weitgehend bebaut, sodass man von einem Stadtstaat sprechen kann. Sabah und Sarawak haben sumpfige Küstenebenen und sind von den indonesischen Teilen Borneos durch stark bewaldete Gebirge getrennt. Im Innern Bruneis wächst tropischer Regenwald.

Völkergemisch
Wie in anderen südostasiatischen Staaten leben auch in Malaysia, Singapur und Brunei verschiedene Völker nebeneinander. Sie bewahren ihre eigene Kultur, Sprache und Lebensweise. Kuala Lumpur ist in diesem Sinn eine kosmopolitische Stadt, in der Malaien, Chinesen, Inder und Angehörige von Minderheitengruppen leben.

Menschen an Bushaltestelle, Kuala Lumpur

Cameron Highlands
Diese englische Bezeichnung gilt einem Hochland im Bundesstaat Penang auf der Malaiischen Halbinsel. Es liegt 1 200 m hoch. Das Klima ist hier viel kühler, und die Landschaft von beeindruckender Schönheit. Hier verbrachten die Engländer früher die heißen Monate und hier liegt das Zentrum der malaysischen Teeindustrie.

Klima 
Malaysia, Singapur und Brunei haben das ganze Jahr über ein feuchtheißes tropisches Klima. Monsunwinde bringen im März und April sowie im Oktober und November besonders viel Regen. In den Hochländern und im Gebirge ist das Klima deutlich kühler.

27 °C 27 °C
2 403 mm

Gunung Mulu
Riesige Höhlensysteme gibt es im Nationalpark Gunung Mulu in Sarawak. Einige besonders imposante Kavernen sind für Touristen freigegeben, darunter die Sarawak Chamber, ein Höhlenraum von rund 700 m Länge, 300 m Breite und über 70 m Höhe.

Malaysia

Malaysia ist eine der bedeutendsten Industrienationen Südostasiens. Die Holz-, Erdöl- und Kautschukindustrie sowie der Zinnbergbau spielen zwar noch eine Rolle, doch zwei Drittel der Exporterlöse gehen auf Industrieerzeugnisse zurück, vor allem aus der Elektronikbranche. Die Städte dehnen sich dadurch schnell aus. Trotzdem lebt noch fast die Hälfte der Bevölkerung in ländlichen Gebieten. In Sabah und Sarawak leben 20 % der Gesamtbevölkerung. Von den 13 Bundesstaaten werden 9 von Sultanen regiert, die alle 5 Jahre einen König wählen.

Bevölkerung

Die Malaien machen rund 58 % der malaysischen Bevölkerung aus. Seit dem 15. Jh. siedelten sich immer wieder chinesische Händler im Land an. Während der britischen Kolonialzeit gelangten viele Inder und Chinesen als Arbeiter hierher. Diese Perenakan, die in Malaysia geborenen Chinesen, bilden eine eigene Gesellschaft, eine Mischung aus chinesischer und malaysischer Kultur, und machen heute fast 27 % der Bevölkerung aus. Sie sind in der Regel wohlhabender als die Malaien, was zu einigen Spannungen führt.

Wohlhabende Frauen

MALAYSIA: DATEN

- **HAUPTSTADT** Kuala Lumpur
- **FLÄCHE** 329 733 km^2
- **EINWOHNER** 22 800 000
- **BEVÖLKERUNGSDICHTE** 69 pro km^2
- **SPRACHE** Malaiisch, Chinesisch, einheimische Sprachen, Englisch
- **RELIGION** Islam, Buddhismus, Hinduismus, Taoismus, Christentum u. a.
- **WÄHRUNG** Malaysischer Ringgit
- **LEBENSERWARTUNG** 72 Jahre
- **REGIERUNG** Mehrparteiendemokratie
- **ANALPHABETEN** 17 %

Kuala Lumpur

Malaysias Hauptstadt war erst eine Siedlung von Bergleuten am Zusammenfluss zweier Flüsse. Der malaiische Name bedeutet, wörtlich übersetzt, „schlammiger Versammlungsplatz". Heute ist Kuala Lumpur eine lebendige Stadt mit sehr vielen Hochhäusern und traditionellen Tempeln. Eines der berühmtesten historischen Gebäude ist der Hauptbahnhof, der im Stil an eine Moschee erinnert.

Bahnhof

Sepak raga

Zu den traditionellen Sportarten Malaysias zählt *Sepak raga,* das mit einem Ball aus Rattanstreifen (raga) gespielt wird. Das Rattan stammt von einer Kletterpalme, die überall wächst. Man kann *Sepak raga* als eine Art Volleyball mit Füßen bezeichnen. Die Hände dürfen dabei nicht eingesetzt werden. Die Mannschaft, auf deren Spielfeld der Ball den Boden berührt, bekommt einen Strafpunkt. Beliebt ist auch *Main gasing,* ein Spiel mit Hartholzkreiseln und sorgfältig austarierten Bleigewichten.

Drachenfliegen

Der beliebteste Zeitvertreib ist in Malaysia das Drachenfliegen oder *Wau,* das ursprünglich aus China stammt. Jeden Juni findet in Kelantan ein Drachenfestival statt. Ziel ist es, den Drachen so hoch und so lang wie möglich fliegen zu lassen.

Erfahrene Drachenlenker zeigen mit selbst gefertigten bunten Drachen erstaunliche Kunststücke.

Junge Teeblätter

Tee

Das feuchtheiße Klima in Malaysia ist ideal für den Anbau von Tee. Jedes Jahr werden rund 6 000 t Tee geerntet, der meiste davon wächst in den Plantagen auf den Cameron Highlands. Teepflückerinnen sammeln die jüngsten frischen Blätter, die man englisch als „flush" bezeichnet, und legen sie in große Kiepen. Die Teeblätter machen dann eine Art Gärung durch und werden zum Schluss getrocknet.

Schwarzer Tee

Palmöl

Malaysia ist führend in der Produktion von Palmöl aus den Früchten der Ölpalme. Das Öl wird im Wesentlichen zum Kochen verwendet. Man exportiert es in die ganze Welt und stellt daraus Margarine, Speiseeis und Seife her. Der Anbau der Ölpalme hat Malaysias Abhängigkeit vom Kautschuk reduziert.

Kautschuk

Malaysia ist der drittgrößte Produzent von natürlichem Kautschuk. Der Baum wurde 1876 aus Brasilien importiert und wächst nun in großen Plantagen an den Hängen der Malaiischen Halbinsel. Arbeiter ritzen die Rinde ein und sammeln den Milchsaft in Gefäßen oder halbierten Kokosnüssen. Dieser Latex wird weiterverarbeitet, indem man ihn mit Wasser und Säure mischt. Daraus gewinnt man Rohkautschuk.

Elektronik

Die Elektronikindustrie wurde in den 70er Jahren entwickelt, um die wirtschaftliche Basis des Landes zu vergrößern. Heute wirft sie viel Profit ab. Malaysia ist der weltgrößte Produzent von Laufwerken für Computer und einer der führenden Hersteller für integrierte Schaltkreise. Haupthandelspartner Malaysias sind Japan, USA und Singapur.

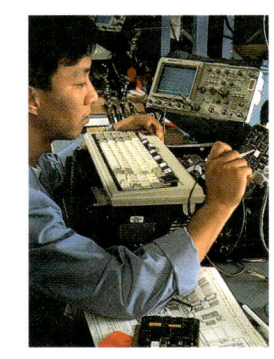

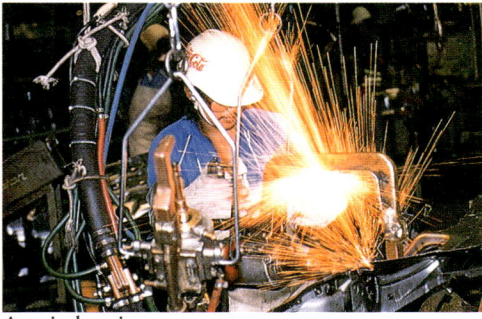

Autoindustrie

Jedes Jahr werden über 110 000 Pkw der Marke Proton produziert. Die größte Verbreitung hat der Proton in Malaysia, Indonesien, Singapur und Großbritannien. Die Fabrik nahm 1985 den Betrieb auf. Die Produktion soll ausgeweitet werden.

Singapur

Im Jahr 1819 gründete Sir Stamford Raffles (1781–1826) einen britischen Handelsposten in Singapur, das früher Temasek hieß. Dadurch wurde die Insel zum Freihandelszentrum in Ostindien. Heute hat Singapur eine erfolgreiche exportorientierte Wirtschaft. Der Staat gehört zu den am dichtest besiedelten der Erde. Neben traditionellen Gebäuden findet man riesige Hochhäuser und modernste Geschäfte.

Golf
Singapur ist für seine vielen Golfanlagen bekannt und bietet auch Golfferien an. Die Anlagen werden von durchreisenden Geschäftsleuten ebenso genutzt wie von einheimischen Golfern. Die Spiele können sich bis weit in den Abend hinziehen.

SINGAPUR: DATEN
- **HAUPTSTADT** Singapur
- **FLÄCHE** 647,5 km²
- **EINWOHNER** 4 200 000
- **SPRACHE** Malaiisch, Chinesisch, Tamil, Englisch
- **RELIGION** Buddhismus, Islam, Christentum, Taoismus, Hinduismus
- **WÄHRUNG** Singapur-Dollar

Chinatown
Rund 77 % der Bevölkerung sind Chinesen. Chinatown ist ein geschäftiges Viertel, in dem die alte Kultur noch blüht. Es ist ein Anziehungspunkt für Touristen. Man bekommt hier chinesisches Essen und Handarbeiten und kann Tempel besichtigen.

Recht und Gesetz
Die Regierung übt eine strenge Zensur über die Medien aus. Abfälle oder Kaugummis wegzuwerfen, in Zügen zu essen oder öffentlich zu rauchen ist streng verboten. Da empfindliche Strafen verhängt werden, ist die Kriminalität in Singapur niedrig.

Finanzzentrum
Seit den 60er Jahren ist Singapur eines der wichtigsten Finanzzentren in Südostasien. In das Land flossen große Investitionsgelder zum Aufbau der Industrie, besonders auf dem Gebiet der Elektronik. Die vielen Banken und die Börse erwirtschaften ungefähr ein Viertel des Einkommens. Singapur sieht seine wirtschaftliche Zukunft auf dem Gebiet des Hightech.

Orchideen
Land für Ackerbau ist in Singapur knapp. Trotzdem gibt es einige Orchideenzüchtereien. Das größte kommerzielle Unternehmen dieser Art, Mandai Garden, züchtet für den Export Orchideen und andere Blüten und setzt dabei modernste Technik ein. Die Orchideen erhalten für Farbe und Schönheit oft Preise und werden nach Japan, Europa, Australien und USA exportiert.

Die Orchidee ist die Nationalblume von Singapur.

Hafen
Jedes Jahr machen im Hafen von Singapur über 25 000 Schiffe fest. Damit gehört dieser Hafen zu den geschäftigsten auf der ganzen Welt. Tanker bringen Rohöl aus den Golfstaaten. Es wird hier raffiniert und schließlich in die ostasiatischen Nachbarländer exportiert.

Transportsystem
Ungefähr 800 000 Passagiere pro Tag befördert das städtische Transportsystem. Die Züge laufen teils unterirdisch. Das System wurde geschaffen, um die chronisch überfüllten Straßen zu entlasten. Autofahrer müssen bei einer Auktion das Recht ersteigern, ein neues Auto zu kaufen. Wer während der Hauptverkehrszeit in die City will, muss eine Abgabe zahlen.

Brunei

Der kleine Staat Brunei ist eine islamische Monarchie. Sein Reichtum gründet sich auf Lagerstätten von Erdöl und Erdgas in Küstennähe. Die Einwohner zahlen keine Steuern. Auch Ausbildung, Gesundheitsfürsorge und die Rente sind kostenlos. Brunei besteht zur Hauptsache aus Regenwald. Nur rund 3 % des Landes werden bebaut. Wichtige Pflanzen sind Reis, tropische Früchte und Kautschuk.

Sultane
Brunei ist eine Monarchie. Seit 1967 herrscht Sultan Hassan al-Bolkiah. Er gilt als einer der reichsten Männer der Welt. Vor einiger Zeit baute er einen prächtigen Königspalast in der Hauptstadt Bandar Seri Begawan. In der Stadt steht auch die größte Moschee Südostasiens, die nach Bolkiahs Vorgänger Omar Ali Saifuddien benannt ist. Zu der Moschee gehört ein eigener großer Teich.

BRUNEI: DATEN
- **HAUPTSTADT** Bandar Seri Begawan
- **FLÄCHE** 5 765 km²
- **EINWOHNER** 343 000
- **SPRACHE** Malaiisch, Chinesisch, Englisch
- **RELIGION** Islam, Buddhismus
- **WÄHRUNG** Brunei-Dollar

Erdöl
1929 fand man vor Bruneis Küste große Öllagerstätten. Schätzungen zufolge kann man noch 25 Jahre lang Öl und 40 Jahre lang Erdgas gewinnen. Ein Großteil der Einnahmen wird wieder investiert.

SIEHE AUCH UNTER | ASIEN | ASIEN, GESCHICHTE | DRACHEN | EISENBAHN | ERDÖL | HÄFEN UND KANÄLE | ISLAM | WELTREICHE

MALEN UND ZEICHNEN

DIE FRÜHEN MENSCHEN malten mit natürlichen Farben schon Jagdszenen an die Höhlenwände. Doch Malschulen, in denen man Malen und Zeichnen lernte, gab es erst im 16. Jh. Dazwischen liegen 20 000 Jahre. Wir zeichnen und malen heute auf viele Materialien mit einer reichen Palette an Farben. Vom Kunstwerk über Stoff- und Tapetenmuster, von der flüchtigen Skizze bis zu architektonischen Entwürfen bildet der Mensch seine Welt vielfältig ab.

Der Künstler mischt die Farben, um den richtigen Ton zu bekommen.

Malgeräte
Maler verwenden Stifte, Kreiden, Farben aus der Tube, Pinsel und Paletten. Diese haben sich seit Jahrhunderten kaum verändert. Farben gewinnt man oft aus Pigmenten von natürlichen Mineralien.

Wasserfarben bestehen aus Wasser und Pigmenten.

Kohle

Pigmente

Pastellfarben

Wasserfarbe

Palette
Die Palette dient zum Mischen der Farben. Der Maler steckt den Daumen durch das Loch und hält sie so.

Zeichnen

Künstler zeichnen mit Stiften, Tinten, Tuschen und Malkreiden. Zeichnungen waren zuerst nur Studien oder Skizzen als Vorarbeit für ein Ölgemälde oder eine Skulptur. Im 16. Jh. wurde die Zeichnung zum eigenständigen Kunstwerk.

Skizzen
Flüchtige Zeichnungen, die nur einen Eindruck festhalten, nennt man Skizzen. Diese schwarze Kreideskizze eines Elefanten stammt von dem niederländischen Maler Rembrandt (1606–69).

Technisches Zeichnen
Ingenieure, Architekten und Designer brauchen sehr genaue Zeichnungen, die auf mathematischen Berechnungen beruhen. Diese technischen Zeichnungen zeigen Entwürfe und Konstruktionen für Maschinen, Brücken, Häuser oder Möbel.

Kunstbetrachtung

Gemälde kann man auf verschiedene Arten bewundern: wegen der Meisterschaft der Komposition, der Qualität des Lichts, der Schönheit der Farbe. Die meisten Bilder haben einen verborgenen Symbolgehalt.

Das Modell
Der Ausschnitt zeigt, dass das Modell als Muse der Geschichte diente. In der griechischen Mythologie war für jede Kunst und jede Wissenschaft eine von 9 Musen zuständig.

Allegorie der Malerei von Jan Vermeer (1632-1675)

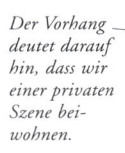

Der Vorhang deutet darauf hin, dass wir einer privaten Szene beiwohnen.

Das Licht fällt von der linken oberen Ecke ein.

Im Vorhang stellt Vermeer die Glanzlichter mit winzigen weißen Punkten dar.

Der leere Stuhl im Vordergrund lädt den Betrachter zum Verweilen ein.

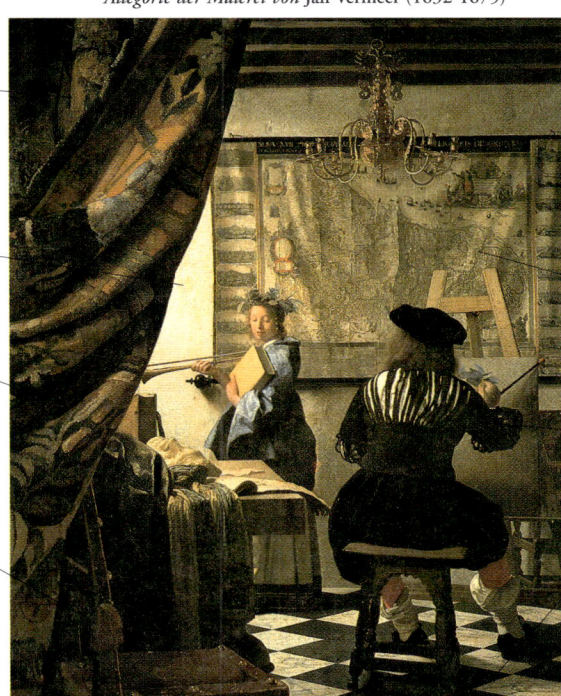

Viele gerade Linien wie die Deckenbalken verleihen der Szene den Eindruck von Sicherheit.

Die große Karte zeigt Holland und Flandern; Vermeer war Niederländer.

Jan Vermeer hat sich hier selbst dargestellt und arbeitet gerade an Details des Kostüms.

Die diagonalen Linien der Fliesen und der Tischkante führen das Auge ins Zentrum des Gemäldes.

Techniken

Seit über 100 Jahren ist die Kunst stark experimentell geprägt: Die Künstler probieren neue Techniken aus. Sie kombinieren Zeichnungen und Gemälde mit Collagen oder Druckwerken. Auch bei der Auswahl der Farben und des Untergrunds erproben die Künstler neue Verfahren.

Der Franzose Henri Matisse (1869–1954) verband Collagen mit Malerei.

Oberflächen
Ein Gemälde hat nicht nur Farben, sondern auch eine Oberfläche. Sie wurde hier vom Künstler betont, indem er die Farben auf verschiedene Materialien auftrug.

Collage
Der Künstler schnitt verschiedene Materialien aus und klebte sie zu einer Collage zusammen. Die Farben mit den krummen Linien erzeugen hier Dynamik.

Papier
Auch bei diesem Bild ging es dem Künstler um eine besondere Oberfläche. Hier besteht sie aus handgeschöpftem Papier, das nachträglich bemalt wurde.

| SIEHE AUCH UNTER | ARCHITEKTUR | DESIGN | FARBSTOFFE | KUNST, GESCHICHTE | LEONARDO DA VINCI | MONET, CLAUDE | PICASSO, PABLO | RENAISSANCE |

MALI-REICH

DAS REICH MALI WURDE um 1235 in Westafrika von Sundiata, einem großen Kriegerkönig, gegründet. Seinen Höhepunkt erreichte dieses Reich im 14. Jh. unter Sundiatas Nachkommen Mansa Musa. Der Wohlstand des Mali-Reiches stammte von Goldminen und vom Handel quer durch die Sahara. Das Mali-Reich konnte auch die umliegenden Völker unterwerfen, darunter die Songhai. Im 15. Jh. eroberten die Songhai das zu groß gewordene Mali-Reich.

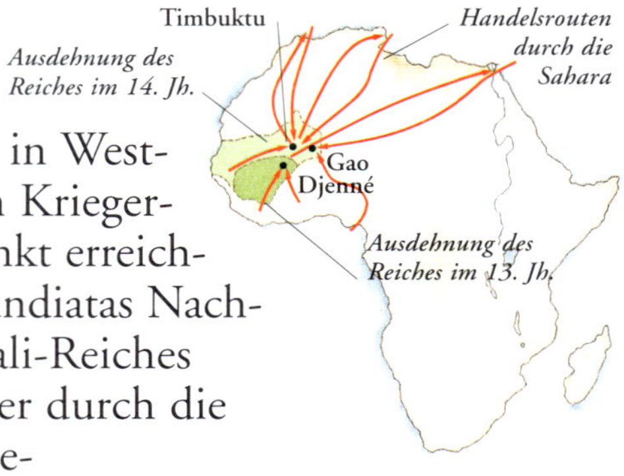

Ausdehnung des Reiches im 14. Jh. — Timbuktu — *Handelsrouten durch die Sahara* — Gao, Djenné — *Ausdehnung des Reiches im 13. Jh.*

Ausdehnung
Am Höhepunkt seiner Macht im 14. Jh. umfasste das Mali-Reich einen großen Teil des heutigen Senegal, Gambia, Guinea und das moderne Mali. Die Stadt Djenné und die Songhai-Städte Timbuktu und Gao am Niger wurden wichtige Handelszentren. Timbuktu war für seinen Goldhandel berühmt. Man fand das Metall in den Flusstälern des Niger und Senegal und exportierte es quer durch die Sahara nach Nordafrika.

Mansa
Mansa oder „König der Könige" war der Titel, den alle Herrscher des Mali-Reiches trugen. Sundiata (Regierung 1235–55), der erste Mansa, warf die Fremdherrschaft des Ghana-Reiches ab, das 800 km nordwestlich des heutigen Ghana lag. Er wurde Moslem und gründete sein eigenes Reich.

Mansa Musa

Mansa Musa
Kankan Musa, heute besser bekannt als Mansa Musa (Regierungszeit 1312–37), war der größte Herrscher Malis. Nachdem er Timbuktu, Gao und Walata erobert hatte, errichtete er hier Schulen, Kollegien und Büchereien und machte die Stadt zu einem Zentrum islamischer Gelehrsamkeit.

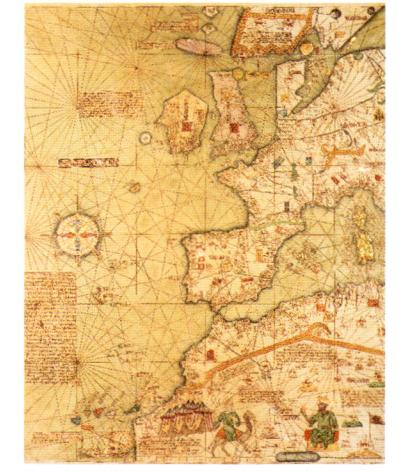

Spanische Karte aus dem 16. Jh. mit Darstellung des Mali-Reiches

Architektur
Die große Moschee in Djenné aus dem 13. Jh. ist das größte Lehmgebäude der Welt. Jedes Jahr bessern es die Menschen nach der Regenzeit wieder von Hand aus. Auf seiner Pilgerreise traf Mansa Musa den spanischen Gelehrten und Architekten As-Saheli und überredete ihn, nach Mali zu kommen. Nachdem er in der wichtigen Handelsstadt Timbuktu eingetroffen war, führte er gebrannte Ziegel als neues Baumaterial für wichtige öffentliche Gebäude ein, z. B. für Moscheen und Paläste.

Große Moschee in Djenné

Turmspitzen mit Straußeneiern, dem Symbol für Fruchtbarkeit und Glück — *Vorragende Balken*

Pilgerreise nach Mekka
Von 1324–25 machte Mansa Musa eine Pilgerreise nach Mekka. Sie war so verschwenderisch, dass Mali weltberühmt wurde. Beim Zug durch Ägypten verteilte Mansa Musa soviel Gold – wohl bis zu 1,5 t –, dass er das Metall entwertete und dadurch den heimischen Goldmarkt auf Jahre durcheinander brachte.

Kameltreiber

Karawanen
Karawanen aus bis zu 10 000 Kamelen transportierten die Güter Malis durch die Sahara. Sie legten in einer Woche 350 km zurück.

Handel
Arabische Händler verbreiteten nicht nur den Islam, sie erschlossen auch Karawanenwege durch die Sahara. Diese verbanden nordafrikanische Städte wie Fes und Kairo mit westafrikanischen Orten wie Djenné. Der Wohlstand der Sahelzone hing von den Handelsrouten ab. Das Mali-Reich kontrollierte sie von 1235 bis 1400.

Djenné
Die Händler transportierten ihre Waren am Fluss Niger entlang nach Djenné. Die Stadt lag auch an einer Karawanenstraße nach Süden. So wurde Djenné zum Handelszentrum für Güter aus Nordafrika etwa nach Benin.

Moderner Markt in Djenné, Mali

Ibn Battuta
1325 machte sich der marokkanische Schriftsteller, Jurist und Diplomat Ibn Battuta (1304–77) auf die Pilgerreise nach Mekka. Es wurde eine Weltreise. In 28 Jahren legte er 120 000 km zurück und besuchte 44 Länder. Die letzte Reise führte ihn ins Mali-Reich. Er pries den Hof Mansa Sulaymans und die Frömmigkeit der Menschen.

Chronologie
1235–55 Sundiata regiert in Mali, nachdem der das Ghana-Reich unterworfen hat.

1255 Sundiatas ältester Sohn Mansa Oulin übernimmt die Macht.

1298 Sundiatas General Sakura herrscht 1285–1300.

1300 Räuber ermorden Sakura.

Afrikanische Feigen

1312–37 Regierungszeit von Mansa Musa

1324–25 Pilgerreise von Mansa Musa nach Mekka

Um 1320–40 Höhepunkt des Mali-Reiches

1336–58 Mansa Sulayman, Enkel Mansa Musas, regiert.

1352 Ibn Battuta hält sich in der alten Hauptstadt Niani 9 Monate lang auf.

um 1400 Gao-Rebellen erheben sich gegen die Herrschaft von Mali; Beginn des Niedergangs.

1468 Das Songhai-Reich übernimmt das Mali-Reich.

SIEHE AUCH UNTER AFRIKA, GESCHICHTE | BENIN-REICH | ISLAM | ISLAMISCHES REICH | SONGHAI-REICH

MANDELA, NELSON

IM KAMPF DER SÜDAFRIKANER gegen die Apartheidpolitik der Weißen ragte ein Mann über alle hinaus: Nelson Mandela. Wegen seiner Auftritte im Afrikanischen Nationalkongress und seines Eintretens für die Rechte der schwarzen Bevölkerung war er insgesamt 27 Jahre im Gefängnis. Angebote ihn freizulassen, lehnte er stets ab – es sei denn zu seinen Bedingungen. 1990 konnte die südafrikanische Regierung Mandela nicht länger einsperren. 1993 erhielt er zusammen mit dem ehemaligen weißen Präsidenten de Klerk den Friedensnobelpreis. Damit wurde beider Leistung gewürdigt, ihrem Land Versöhnung und Frieden gebracht zu haben. N. Mandela wurde 1994 Staatspräsident seines Landes.

Kindheit und Jugend
Nelson Mandela wurde als Sohn eines Xhosa-Häuptlings 1918 in Transkei geboren. Er besuchte nach der Volksschule die beste Schule für Schwarze in Healdtown. Anschließend studierte er Recht am College in Fort Hare und an der Witwatersrand-Universität. In Johannesburg ließ er sich als Anwalt nieder.

Sharpeville
Eines der schlimmsten Massaker in Südafrika fand am 21. März 1960 statt. Die Polizei eröffnete das Feuer auf Menschen, die gegen die Passgesetze in Sharpeville im Südwesten von Johannesburg demonstrierten. 69 Afrikaner wurden getötet, etwa 400 verwundet. Die Demonstration war Teil einer Kampagne bürgerlichen Ungehorsams, die die Regierung zur Änderung von Gesetzen zwingen sollte. Die südafrikanische Regierung rief den Notstand aus. Dies und die Schüsse führten zu internationaler Kritik.

Afrikanischer Nationalkongress
Der Afrikanische Nationalkongress (ANC) wurde 1912 gegründet, um die schwarze Bevölkerung Südafrikas zu unterstützen. Mandela traf als junger Mann in Johannesburg den Bürgerrechtler Walter Sisulu, der ihn zum ANC brachte. 1950 war er im Parteivorstand. Er reiste durch ganz Südafrika, um die Vorstellungen des ANC von einer freien, multikulturellen und demokratischen Gesellschaft zu propagieren.

Mandela und Sisulu

Mandela verbrennt seinen Pass

Passverbrennung
Nach dem Gesetz musste jeder Schwarzafrikaner seinen Pass dabeihaben, wenn er eine den Weißen vorbehaltene Zone betrat. Wie viele andere verbrannte auch Mandela seinen Pass öffentlich aus Protest gegen dieses ungerechte rassistische Apartheidgesetz.

Gefangenschaft
1961 wurden der ANC verboten und seine Mitglieder verhaftet. Mandela konnte sich der Verhaftung zunächst entziehen, doch wurde er später aufgegriffen und 5 Jahre eingesperrt. Noch während er im Gefängnis saß, wurde er des Hochverrats angeklagt. Im Juni 1964 verurteilte man ihn zu lebenslänglicher Haft. Die meiste Zeit verbrachte er in einem Hochsicherheitstrakt auf Robben Island. Erst 1985 wurde er nach Kapstadt ins Hospital und dann in ein humaneres Gefängnis gebracht.

Winnie Mandela
1961 heiratete Nelson Mandela seine zweite Frau Winnie Mdikizela. Während er im Gefängnis saß, kämpfte sie unermüdlich für seine Freilassung und den ANC. Ihre eigene politische Tätigkeit führte jedoch zu Differenzen. Das Paar trennte sich 1990 nach Nelsons Freilassung und wurde 1996 geschieden. Mandela hat 1998 wieder geheiratet.

Boykott
Auf der ganzen Welt boykottierten Gegner der Apartheid südafrikanische Produkte wie Obst und Wein. Man protestierte so auch gegen die Haft Mandelas. Der Boykott schloss auch Verbindungen und Wettkämpfe im Sport ein. Er hat vermutlich die Regierung dazu veranlasst, Nelson Mandela freizulassen und schließlich mit ihm zu verhandeln.

Früchte aus Südafrika

Freiheit
Am 2. Februar 1990 hob der südafrikanische Präsident F. W. de Klerk das Verbot des ANC auf. 9 Tage später verließ Nelson Mandela das Victor-Verster-Gefängnis bei Kapstadt. Seine Freilassung nach 27 Jahren wurde auf der ganzen Welt begrüßt.

Präsident Mandela
Nach seiner Freilassung begann Mandela mit der weißen südafrikanischen Regierung über die Abschaffung der Apartheid und die Einführung einer gemischtrassigen Regierung zu verhandeln. Im April 1994 kam es zu freien Wahlen mit einem überwältigenden Sieg für den ANC. Nelson Mandela wurde der erste schwarze Präsident Südafrikas. Die neue Regierung begann den schwierigen Weg, das Land zu stabilisieren und zu modernisieren.

Mandela und de Klerk

NELSON MANDELA

1918	Geboren in Mvezo, Transkei
1944	Mitglied in der Jugendorganisation des ANC
1950	Mitglied des Exekutivausschusses des ANC
1961	Haftstrafe wegen Mitgliedschaft im ANC
1964	Verurteilung zu lebenslänglicher Freiheitsstrafe wegen Hochverrats
1990	Freilassung
1993	Friedensnobelpreis
1994–1999	Erster schwarzer Präsident von Südafrika

SIEHE AUCH UNTER | AFRIKA, GESCHICHTE | FAMILIE UND GESELLSCHAFT | MENSCHENRECHTE | POLITIK UND MACHT | SÜDAFRIKA | SÜDAFRIKA, GESCHICHTE

MANN, THOMAS

DER NOBELPREISTRÄGER Thomas Mann gilt als einer der bedeutendsten deutschen Erzähler des 20. Jh. Gleich mit seinem ersten Roman, den *Buddenbrooks*, wurde er weltberühmt. Als das Buch 1901 erschien, war er gerade 26 Jahre alt. Thomas Mann schildert darin den Verfall einer alten Kaufmannsfamilie in Lübeck und lässt sein eigenes Leben einfließen. Der Bucherfolg und eine reiche Heirat ermöglichten ihm ein sorgenfreies Leben. Erst nach dem 1. Weltkrieg wandte sich Thomas Mann mehr der Öffentlichkeit zu und wurde ein Verfechter der Demokratie. Wie viele Schriftsteller seiner Zeit verließ auch er Deutschland im Dritten Reich und lebte zunächst in der Schweiz, später in den USA im Exil. Nach 1945 kehrte er zwar als amerikanischer Staatsbürger nach Europa zurück, doch er nahm seinen Wohnsitz nicht mehr in seinem Vaterland, sondern blieb bis zu seinem Tod in seiner Wahlheimat, der Schweiz.

Kindheit und Jugend
T. Mann wurde 1875 in eine wohlhabende Lübecker Kaufmannsfamilie geboren und genoss eine unbeschwerte Kindheit. Als sein Vater, ein Getreidegroßhändler und Senator, gestorben war, übersiedelte die Familie 1893 nach München. Thomas nahm eine Lehre als Versicherungskaufmann auf, die er schon bald abbrach. Nach einem 2-jährigen Italienaufenthalt mit seinem Bruder Heinrich wurde er freier Schriftsteller.

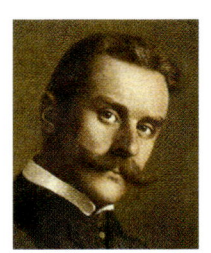

Thomas Mann 1900

Das Werk
Thomas Mann beherrschte alle Formen der Erzählkunst. Sein Werk umfasst ein Dutzend große Romane sowie zahlreiche Novellen und Erzählungen, die Deutschland den Anschluss an die Weltliteratur brachten. Zu seinen bekanntesten Büchern nach den *Buddenbrooks* zählen *Der Zauberberg*, *Lotte in Weimar* und *Bekenntnisse des Hochstaplers Felix Krull*, die alle verfilmt wurden. Im Alter wurde Thomas Mann zunehmend politisch und rief in Reden und Schriften zu Demokratie und Humanität auf.

Das Elternhaus von Thomas Mann

Lübecker Jahre
Lübeck war Freie und Hansestadt und seit 1871 Bundesstaat des Deutschen Reiches. Thomas Manns Vater war hier Steuersenator, eine Art Finanzminister, und führte in der 3. Generation eine Getreidehandlung. Die Familie zählte zum Großbürgertum. In den *Buddenbrooks* finden die Lübecker Jahre Thomas Manns ihren Niederschlag.

Szene aus der Verfilmung von Felix Krull mit Horst Buchholz

Wichtige Titel
Buddenbrooks (R., 1901)
Königliche Hoheit (R., 1909)
Tonio Kröger (Nov., 1914)
Herr und Hund (Erz., 1919)
Der Zauberberg (R. 1924)
Lotte in Weimar (R., 1939)
Doktor Faustus (R., 1947)
Felix Krull (R., 1954)

Die Familie Mann
1905 heiratete Thomas Mann Katja von Pringsheim, die Tochter eines reichen Professors aus einer Bankiersfamilie. Aus der Ehe gingen 6 Kinder hervor, von denen wiederum 3 – Erika, Klaus und Golo – Schriftsteller wurden. Zusammen mit Thomas' Bruder Heinrich hat es die Familie Mann in der deutschen Literatur des 20. Jh. zu großem Ruhm gebracht.

Erika Mann
Die Lieblingstochter (1905–69) Thomas Manns ging 1933 mit der Familie in die Emigration. Sie gründete in Zürich das Kabarett *Pfeffermühle*, das sich gegen Nazideutschland wandte. 1936 ging Erika Mann in die USA.

Klaus Mann
Der älteste Sohn (1906–49) stand lange im Schatten des Vaters. Er emigrierte 1933 nach Holland und lebte später in den USA. Mit dem Roman *Mephisto* (1936) wurde er weit bekannt. 1949 beging Klaus Mann Selbstmord.

Golo Mann
Der jüngste Sohn (1909–94), ein Historiker von Rang, folgte dem Vater in die USA und lehrte dort an verschiedenen Universitäten. Später kam er nach Deutschland zurück und war 1960–64 in Stuttgart Professor und Publizist.

Heinrich Mann
Thomas Manns Bruder Heinrich (1871–1950), war ein engagierter Gesellschaftskritiker. Bekannt wurde er mit dem Roman *Professor Unrat* (1905), in dem er die Spießer aufs Korn nimmt. In *Der Untertan* verspottet er das alte Kaiserreich und die Deutschtümelei. Heinrich Mann galt im Dritten Reich als unerwünschter Autor, und seine Bücher wurden im Gegensatz zu denen seines Bruders verbrannt. Nach dem Krieg lebte er in der DDR und war sogar für den Nobelpreis vorgeschlagen.

Szene aus dem Film Der Untertan

Im Exil
Als Hitler 1933 an die Macht kam, kehrte Thomas Mann von einer Reise nicht mehr nach Deutschland zurück. Er lebte kurz in Sanary-sur-Mer, Frankreich, dann in Küsnacht bei Zürich. 1936 wurde ihm die deutsche Staatsbürgerschaft aberkannt. 2 Jahre später ging er als Gastprofessor für Literatur an die Universität Princetown, USA. Schließlich ließ er sich in Pacific Palisades, Kalifornien, nieder und bekämpfte von hier aus den Faschismus in Deutschland in Radiosendungen.

Thomas Mann in USA

THOMAS MANN
1875	Geboren in Lübeck
1893	Übersiedlung nach München
1895–97	Italienaufenthalt mit Bruder Heinrich, u. a. in Rom und Palermo
1901	Erscheinen der *Buddenbrooks*
1905	Heirat mit Katja von Pringsheim
1929	Nobelpreis für Literatur
1933	Emigration in die Schweiz
1938	Exil in den USA
1944	Amerikanische Staatsbürgerschaft
1949	Goethepreis in Frankfurt/M.
1952	Rückkehr in die Schweiz
1954	Tod in Kirchberg bei Zürich

SIEHE AUCH UNTER DEUTSCHLAND, GESCHICHTE · EUROPA, GESCHICHTE · LITERATUR · WELTKRIEG, ZWEITER

MARDERARTIGE TIERE

Die marderartigen Tiere bilden eine Familie, die der Zoologe *Mustelidae* nennt. Ihre Hauptmerkmale sind ein langer Körper, kurze Beine und 5 Zehen an allen Füßen. Sie sind Räuber und fressen Fleisch. Nur die Dachse nehmen auch pflanzliche Kost. Der Honigdachs schätzt besonders wilde Waben, wie schon der Name vermuten lässt. Die meisten marderartigen Tiere geben aus Analdrüsen eine ölige, stark riechende Flüssigkeit ab. Sie verwenden sie zum Markieren des Territoriums oder auch zur Verteidigung.

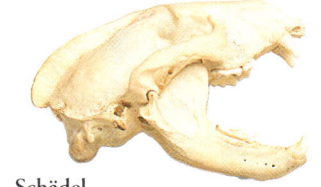

Schädel
Der Dachs frisst Tiere und Pflanzen. Seine großen Eckzähne und die breiten Backenzähne sind an diese Diät gut angepasst. Die kräftigen Kiefermuskeln setzen breit am Hirnschädel an.

Dachse

Alle Dachse sind kompakt gebaut mit kräftigen Beinen. Sie graben damit ihre Baue und holen Pflanzenwurzeln aus dem Boden. Sie sind nachts aktiv und verbringen den Tag mit ihren Familienangehörigen in Bauen. Man unterscheidet 8 Dachsarten sowie den Honigdachs, der eine eigene Unterfamilie bildet.

Kurzer Schwanz
Lange, gestreifte Schnauze
Lange Grannenhaare über dichter Unterwolle
Dachse haben einen guten Geruchssinn.

Pfoten
Der Europäische Dachs hinterlässt eine unverwechselbare Spur. Vor dem nierenförmigen Mittelballen sind 5 Zehenabdrücke zu sehen. Die längeren Vorderkrallen prägen die Spur.

Vorderpfote Abdruck
Hinterpfote Abdruck

Europäischer Dachs
Er ist die größte Art und hat die weiteste Verbreitung. Die Weibchen bringen im Februar bis zu 4 Junge auf die Welt. Nach 12 Wochen werden sie entwöhnt und suchen dann selbst nach Nahrung.

Baue
Der Dachs verbringt den Tag in einem komplizierten Bau mit vielen Gängen und Kammern. Dachsbaue erheben sich bis zu 2 m über die Umgebung.

Otter

Diese wasserbewohnenden Marder kommen außerhalb der Polargebiete auf jedem Kontinent vor, mit Ausnahme Australiens. Einige Arten leben nur im Meer, andere nur im Süßwasser, einige sind in beiden Lebensräumen zu Hause. Die meisten haben Baue an Land.

Fischotter

Zwergotter

Pfoten
Obwohl alle Otter schwimmen, haben nicht alle Schwimmhäute. Beim Fischotter sind sie deutlich ausgebildet, beim Zwergotter nur wenig. Er tastet mit seinen Füßen nach Nahrung.

Fell
Das Fell der Otter besteht aus 2 Schichten. Die dicke Unterwolle hält Luft fest und isoliert gut. Das Deckhaar verhindert, dass die Unterwolle nass wird.

Honigdachs
Der afrikanische Honigdachs oder Ratel hat eine locker sitzende Haut. Sie ist ungewöhnlich fest und für Räuber schwer zu beißen. Der Honigdachs kann sich in seiner weiten Haut sehr gut bewegen.

Fortbewegung
Mit dem langen Rücken und dem breiten Schwanz sehen Fischotter an Land plump aus. Im Wasser schwimmen sie gewandt und schnell. Sie bewegen das Körperende und den Schwanz auf und ab und rudern mit den Füßen.

Markierung
Otter produzieren einen sehr kräftigen Duft. Damit und mit ihrem Kot markieren sie ihr Territorium. Kotbrocken sieht man gelegentlich an erhöhten Stellen.

Skunks

Es gibt 13 Skunk- oder Stinktierarten. Alle kommen in Amerika vor. Sie verspritzen aus ihren Afterdrüsen eine stinkende Flüssigkeit. Dabei zielen sie auf die Augen des Feindes. Der Strahl kann zu einer zeitweiligen Erblindung führen. Die Skunks sind nachts aktiv und fressen Insekten und andere Kleintiere.

Warnzeichnung
Skunks haben eine auffällige schwarzweiße Zeichnung. Sie warnt wie die gelbe Bänderung der Wespe mögliche Räuber vor einem Angriff.

EUROPÄISCHER DACHS

Wissenschaftlicher Name *Meles meles*

Ordnung Carnivora, Raubtiere

Familie Mustelidae, Marderartige

Verbreitung Europa, Nordasien

Lebensraum Wald und landwirtschaftlich genutztes Gebiet

Ernährung Würmer, Insekten, Vögel, Kleintiere, Früchte und Pilze

Grösse Länge 1 m

Lebensdauer Ungefähr 7 Jahre

SIEHE AUCH UNTER MARDER UND WIESEL | NORDAMERIKA, TIERWELT | SÜSSWASSER, TIERWELT | TIERVERHALTEN | UMWELTVERSCHMUTZUNG

MARDER UND WIESEL

DIE SCHLANKEN MARDER und Wiesel gehören zu den wendigsten Raubtieren. Dank ihrer Geschicklichkeit können sie Beutetiere erlegen, die viel größer sind als sie selbst. Sie riechen, hören und sehen sehr gut, schleichen sich an und überfallen ihr Opfer mit einem tödlichen Biss. In ihrem Verbreitungsgebiet von der Arktis bis zu den Tropen kommen mehrere Arten vor. Einige leben auf Bäumen, andere zwischen Felsen und Baumwurzeln oder in Bauen.

Wiesel

Zur Unterfamilie Wiesel zählen neben Wiesel und Marder auch Hermelin, Nerz, Iltis, Zobel und Vielfraß. Sie haben einen schlanken Körper mit langem Hals und kurze Beine. Sie jagen meist nachts, laufen äußerst schnell, klettern und schwimmen gut.

Junge Wiesel
Das Mauswiesel pflanzt sich im Frühjahr fort und wirft bis zu 7 Junge. Sie halten sich in den ersten Wochen in einem Bau im Boden auf. Nur die Mutter kümmert sich um sie. Nach etwa 2 Monaten beginnen die kleinen Wiesel selbst zu jagen.

Mauswiesel
Das Mauswiesel ist eine der am weitest verbreiteten Wieselarten. In der niederen Vegetation macht es Jagd auf kleine Nagetiere, vor allem auf Mäuse, und verfolgt sie bis in die Gänge. Die Männchen werden doppelt so groß wie die Weibchen und jagen entsprechend größere Tiere. Jedes Mauswiesel hat ein eigenes Territorium, das oft mehrere Hektar umfasst.

Beim Sichern richten sich Hermeline auf den Hinterbeinen auf.

Hermeline haben eine biegsame Wirbelsäule und kräftige Rückenmuskeln.

Hermeline hören hohe Töne besonders gut, etwa das Quieken einer Maus.

Die kurzen Beine sind in den engen Gängen von Vorteil.

Hermelin
Das Hermelin, das hier der Duftspur einer Beute folgt, sieht ähnlich wie das Mauswiesel aus, ist jedoch etwas größer und hat eine schwarze Schwanzspitze. Es kann Beutetiere bis zu Hasengröße erlegen. Im Norden seines Verbreitungsgebietes wird sein Fell im Winter als Tarnung im Schnee ganz weiß. Mäntel aus diesen Fellen trugen früher die Könige.

Zwergwiesel: Schädel
Das Zwergwiesel ist mit nur 17,5 cm Länge das kleinste Raubtier der Erde. Die kräftigen Kiefer und die spitzen Eckzähne sind typisch für alle Wiesel.

Marder

In den Wäldern Europas, Asiens, Kanadas und Alaskas leben 8 Marderarten. Sie werden größer als die Wiesel und haben längere Beine. Dadurch klettern sie besser. Ihre Beute fangen sie gern auf Bäumen, jagen aber auch auf dem Boden. Sie leben von Eichhörnchen, Vögeln, Eiern, Insekten und auch Beeren.

Iltisse sind wie alle Wiesel Einzelgänger.

Iltis
Der Iltis ist ein sehr gewandter, vielseitiger Jäger, der Nagetiere, Kaninchen, Frösche, Vögel und Echsen frisst. Er läuft nachts sein Territorium ab und markiert es mit seinem Duft.

Nerz
Nerze sind gute Schwimmer und haben teilweise Schwimmhäute an den Füßen. Sie leben an Flüssen, Seen und in Sümpfen. Ihre Beutetiere, vorwiegend Fische, Frösche und Vögel, fangen sie im Wasser.

Nerze haben ein dickes, öliges, wasserdichtes Fell.

Baummarder
Der Baummarder läuft und springt ungeheuer geschickt von Ast zu Ast. Mit seinem buschigen Schwanz hält er dabei das Gleichgewicht. Die spitzen Krallen verankert er tief in der Rinde. Der Baummarder scheut den Menschen.

Fischermarder
Trotz seines Namens ernährt sich der Fischermarder überwiegend vom Fleisch von Vögeln und Kleinsäugern, etwa Kaninchen. Er erlegt auch Stachelschweine, wobei er deren ungeschütztes Gesicht und den Bauch angreift.

Vielfraß
Der Vielfraß oder Järv ist ein Riese unter den wieselartigen Tieren und wiegt bis zu 25 kg. Er erlegt ohne weiteres ein ausgewachsenes Rentier. Seiner Beute lauert er in einem Hinterhalt auf, oft auf einem Baum.

Zorilla
Die lebhaften Streifen des in Afrika weit verbreiteten Zorillas dienen Räubern als Warnung. Wenn sie trotzdem angreifen, hebt der Zorilla seinen Schwanz und verspritzt eine stinkende Flüssigkeit.

MAUSWIESEL

WISSENSCHAFTLICHER NAME *Mustela nivalis*

ORDNUNG Carnivora, Raubtiere

FAMILIE Mustelidae, Marderartige

VERBREITUNG Europa, ein großer Teil Asiens, Nordwestafrika

ERNÄHRUNG Nagetiere, Mäuse, Vögel

GRÖSSE Länge 21–29 cm

SIEHE AUCH UNTER — MARDERARTIGE TIERE — NAHRUNGSKETTEN — SÄUGETIERE — TIERVERHALTEN

MARIA THERESIA

ZWEI PERSÖNLICHKEITEN bestimmten in der Mitte des 18. Jh. die Politik in Europa – der Preußenkönig Friedrich II. und die österreichische Kaiserin Maria Theresia. Deren Länder standen sich als Machtblöcke gegenüber, auf der einen Seite der aufstrebende Preußenstaat, auf der anderen das auseinander fallende riesige Habsburger Reich. Nach dem Tode Kaiser Karls VI. glaubten Frankreich, Bayern und Preußen mit der jungen Kaiserin leichtes Spiel zu haben. Sie machten ihr die Erbfolge streitig, und es kam zu einer Reihe von Kriegen. Maria Theresia ging trotz Verlusten daraus nicht geschwächt hervor. Ihr war es zu verdanken, dass das Königreich Österreich-Ungarn im Wesentlichen erhalten blieb.

Aufgezwungene Kriege

Als Maria Theresia auf den Thron kam, war sie gerade 23 Jahre alt. Die Konkurrenten der Macht in Europa hielten die Gelegenheit für günstig, sich das Habsburgische Reich oder Teile davon einzuverleiben. Friedrich der Große begann 1740 den Krieg um Schlesien. Kurz darauf entbrannte ein Erbfolgekrieg zwischen Österreich und Bayern. Auch im Siebenjährigen Krieg (1756-63) ging es um die Vorherrschaft von Preußen oder Österreich.

Landtag in Preßburg, Juni 1741

Die Schlesischen Kriege

Das Heer des aufstrebenden Preußen fiel 1740 in Schlesien ein, nachdem Maria Theresia die Abtretung des Gebietes an Friedrich II. zuvor abgelehnt hatte. Nach fast 2-jährigem Kampf ging der 1. Schlesische Krieg mit dem Frieden von Breslau zu Ende. Preußen hielt Schlesien besetzt. Im Jahr 1744 drang Preußen erneut in habsburgische Stammlande vor, diesmal nach Böhmen. Der 2. Schlesische Krieg begann. Er endete 1745 mit dem Frieden von Dresden. Preußen erkannte Maria Theresias Gemahl als deutschen Kaiser an. Schlesien blieb nunmehr endgültig bei Preußen.

Die Erbfolgekriege

Während Österreichs Truppen in Schlesien kämpften, fiel Bayern 1741 mit Unterstützung Frankreichs in Österreich ein, um vermeintliche Ansprüche auf den Habsburger Thron zu sichern. Maria Theresia vertrieb die Invasoren mit Hilfe ihrer ungarischen Untertanen. Der Krieg dauerte bis 1748. Es folgte 1756 der Siebenjährige Krieg, in den ganz Europa verstrickt war.

Österreichischer Soldat, 1756

Reformen

Maria Theresia nahm nach dem Tod ihres Mannes ihren Sohn Joseph II. als Mitregenten auf. Manche seiner Reformen – Joseph brachte nach 1780 über 6 000 Gesetze auf den Weg – gingen ihr zu weit, vor allem die Kirche betreffend. Unter ihrer Regierung wurden aber z. B. das Strafrecht und das Schulwesen reformiert, die Schulpflicht eingeführt, Zensur, Frondienste und Folter abgeschafft. Sie schuf so die Grundlagen für einen modernen Staat.

Die Kaiserin im Spitzenkleid, 1744

Am Wiener Kaiserhof

Schloss Schönbrunn

Wie schon ihr Vater liebte auch Maria Theresia die Wiener Hofburg nicht besonders. Sie residierte meist im Rokokoschloss Schönbrunn, das sie 1744–49 zur kaiserlichen Residenz ausbauen ließ. Das Schloss war von herrlichen Gartenanlagen umgeben und sollte nach dem Willen der Kaiserin Versailles übertreffen.

Regierungsstil Maria Theresias

Im Zeitalter Maria Theresias begannen die Fürsten, den Untertanen mehr Rechte zuzugestehen. Allerdings war der König noch Souverän. Maria Theresia hielt wenig vom aufgeklärten Absolutismus. Auch viele Reformen ihres Sohnes Joseph II. missbilligte sie. Sie wollte „allgemeine und erste Mutter" der vielen Völker ihres Staates sein.

Kindheit und Jugend

Maria Theresia wurde 1717 als älteste Tochter des deutschen Kaisers Karl VI. in der Burg Wiener Neustadt geboren. Sie erhielt keine besondere Ausbildung und wurde auch nicht auf ihr späteres Amt vorbereitet. Karl VI. hatte immer noch auf einen männlichen Nachkommen gehofft. Mit 19 Jahren heiratete sie – eher gegen den Wunsch der Familie – ihre Jugendliebe, den Herzog Franz Stephan von Lothringen, mit dem sie eine glückliche Ehe und 16 Kinder hatte.

Erzherzogin, Königin, Kaiserin

Maria Theresia trug viele Titel: Von Geburt an war sie habsburgische Prinzessin und Erzherzogin von Österreich. 1736 wurde sie durch die Ehe mit Franz Stephan Herzogin von Lothringen. Mit der Thronbesteigung 1740 war sie zugleich Königin von Böhmen und Ungarn. Als ihr Mann 1745 zum deutschen Kaiser Franz I. gewählt wurde, nannte man sie Kaiserin.

Kaiser Franz I., 1745–65

Kaiserin und Mutter

Maria Theresia schenkte 16 Kindern das Leben, von denen aber zwei früh starben. Sie war trotz ihrer Belastung durch die Regierungsgeschäfte ihren Kindern stets eine gute Mutter. Vor allem trachtete sie danach, diese gut zu verheiraten – oft auch gegen deren Willen. Die bedeutendste Ehe schloss ihre Tochter Marie Antoinette mit dem französischen König Ludwig XVI. – beide wurden in der Französischen Revolution hingerichtet.

Kaiser Franz und seine Gemahlin mit 11 ihrer 16 Kinder in Schloss Schönbrunn

MARIA THERESIA

1717	Geboren in Wiener Neustadt
1736	Glanzvolle Hochzeit in Wien mit Franz Stephan von Lothringen
1740	Sie folgt ihrem Vater Karl VI. auf den habsburgischen Thron
1740–48	Österreichischer Erbfolgekrieg
1743	Krönung in Prag zur Königin von Böhmen und Ungarn
1745	Franz Stephan wird deutscher Kaiser, Maria Theresia ist Kaiserin.
1765	Mitregentschaft Josephs II.
1780	Maria Theresia stirbt in Wien.

SIEHE AUCH UNTER DEUTSCHLAND. GESCHICHTE · FRIEDRICH DER GROSSE · ÖSTERREICH

MARX, KARL

DIE INDUSTRIELLE REVOLUTION brachte in Europa eine Umverteilung des Geldes. Die Fabrikbesitzer oder Kapitalisten machten große Gewinne. Die Fabrikarbeiter produzierten den Wohlstand und wurden für ihre Arbeitskraft billig entlohnt. Der deutsche Philosoph Karl Marx wollte dieses System radikal ändern. Mit dem Aufruf „Proletarier aller Länder, vereinigt euch!" verkündete er, dass nur die Wirtschaft die Triebfeder der Geschichte sei. Er glaubte, dass es zwischen Proletariern, den Arbeitern, und Kapitalisten, den Besitzenden, zum Klassenkampf um die gerechte Güterverteilung komme. Eines Tages würde es eine klassenlose, kommunistische Gesellschaft geben. Marx' Ideen haben das ganze 20. Jh. geprägt.

Kindheit und Jugend
Marx wurde 1818 als Sohn eines jüdischen Rechtsanwalts in Trier geboren. Er wuchs in wohlhabenden Kreisen auf. Nach dem Studium der Rechte in Bonn und Berlin begann er sich für Geschichte und Philosophie zu interessieren. Marx wurde dadurch zunehmend zum Kritiker der herrschenden Klasse.

Das Kommunistische Manifest
1848 verfassten Marx und Engels gemeinsam das Kommunistische Manifest. Es begann mit den Worten: „Ein Gespenst geht um in Europa – das Gespenst des Kommunismus." Es war eine in 4 Abschnitte gegliederte Programmschrift, die zum internationalen Klassenkampf und zur Solidarität der arbeitenden Klasse gegen die Bourgeoisie aufrief – gegen die besitzende und herrschende Klasse.

Das Kapital
Marx wollte ergründen, was die kapitalistische Gesellschaft in Gang hält. Der erste Band seines wichtigsten Werkes, *Das Kapital*, erschien 1867; nach seinem Tod folgten 2 weitere Bände. Im *Kapital* versucht Marx zu erklären, warum die Arbeiterklasse von Kapitalisten ausgebeutet wird. Er behauptet, dass die kapitalistische Gesellschaft von der kommunistischen abgelöst wird.

1848er Revolutionen
1848 brachen in vielen europäischen Ländern Revolutionen aus. Sie erfolgten unabhängig voneinander. Gemeinsam war jedoch die Unzufriedenheit mit der Herrschaft, die die Massen auf die Straßen trieb. Die Aufstände wurden schnell im Keim erstickt. Marx sah darin den Beginn einer kommunistischen Weltrevolution.

Revolutionskampf auf den Straßen Wiens

Marx in London
Marx wurde 1849 aus Deutschland ausgewiesen und ging nach London, wo er bis zum Ende seines Lebens blieb. Er lebte von seinem Einkommen als Journalist und von der Unterstützung Engels', die ihm das Studium des Kapitalismus ermöglichte.

Londoner Straße im 19. Jh.

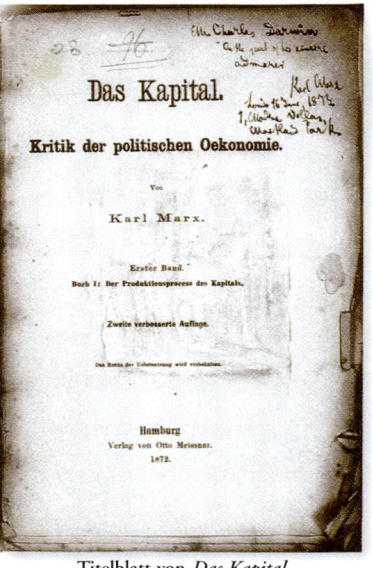

Titelblatt von *Das Kapital*

Friedrich Engels
Engels (1820–95) wurde in Wuppertal geboren, verbrachte aber einen großen Teil seines Lebens in Manchester, England, wo sein Vater noch eine Textilfabrik hatte. Hier begann er sich für die Bedingungen der Arbeiter zu interessieren. Als wohlhabender Mann unterstützte er Marx. Nach dessen Tod veröffentlichte er die zwei letzten Bände von *Das Kapital*.

Die „Erste Internationale"
Die Erste Internationale Arbeiterassoziation wurde 1864 von Marx gegründet. Er wollte dadurch seine Ideen verbreiten und die revolutionären Aktivitäten auf der Welt koordinieren. Nach Auseinandersetzungen zwischen Marx, der eine zentralistische Kontrolle wünschte, und dem Anarchisten Bakunin, der eine lockere Organisation wollte, löste sich die „Erste Internationale" 1876 auf.

Die Pariser Kommune
Nach der Niederlage Frankreichs im Krieg gegen Preußen 1871 verweigerten die Pariser den Einmarsch deutscher Truppen in ihre Stadt. Es kam zum Aufstand, der in einer provisorischen Regierung, einer Kommune nach Vorbild der Französischen Revolution, gipfelte. Die Revolte wurde niedergeschlagen. Viele Kommunarden waren Anhänger von Marx. Die Niederlage der Kommune war zugleich ein Schlag gegen den Kommunismus.

Marx' Tod
Obwohl müde, entmutigt und krank verfasste Marx in seinem späteren Leben noch viele Bücher und Schriften. Er starb am 14. März 1883; seine geliebte Frau und seine Tochter waren schon vor ihm gestorben. Marx wurde auf dem Highgate-Friedhof im Norden Londons begraben.

Marx-Denkmal

KARL MARX
- 1818 Geboren in Trier
- 1835–41 Studium der Rechte und Philosophie in Bonn und Berlin
- 1842 Redakteur der *Rheinischen Zeitung* in Köln
- 1843 Heirat mit Jenny von Westphalen
- 1848 *Manifest der Kommunistischen Partei* mit Friedrich Engels
- 1849 Ausweisung aus Deutschland als „Ruhestörer" und Übersiedlung nach London
- 1864 Gründung der „Ersten Internationale"; Abfassung des Programms
- 1867 Veröffentlichung des ersten Bandes von *Das Kapital*
- 1883 Tod in London

SIEHE AUCH UNTER EUROPA, GESCHICHTE | FAMILIE UND GESELLSCHAFT | HANDEL UND INDUSTRIE | INDUSTRIELLE REVOLUTION | KALTER KRIEG | OKTOBERREVOLUTION | POLITIK UND MACHT | SOWJETUNION

MASCHINEN

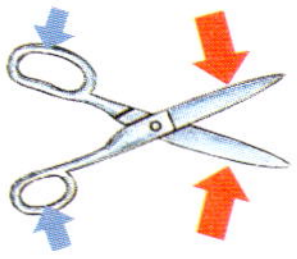

MASCHINEN ERLEICHTERN UNS die Arbeit. Die meisten Maschinen im Alltag sind recht kompliziert und bestehen aus viel einfacheren Maschinen wie Hebel, Rolle, schiefer Ebene und Zahnrad. Diese einfachen Maschinen wandeln Kräfte um oder verändern die Richtungen, in denen diese Kräfte wirken. Der Physiker unterscheidet meist 6 einfache Maschinen.

Schiefe Ebene

Die schiefe Ebene verringert die Kraft, die man braucht, um eine Last hochzuheben. Je geringer die Steigung, umso geringer auch die Kraft. Allerdings wird der zurückgelegte Weg immer größer.

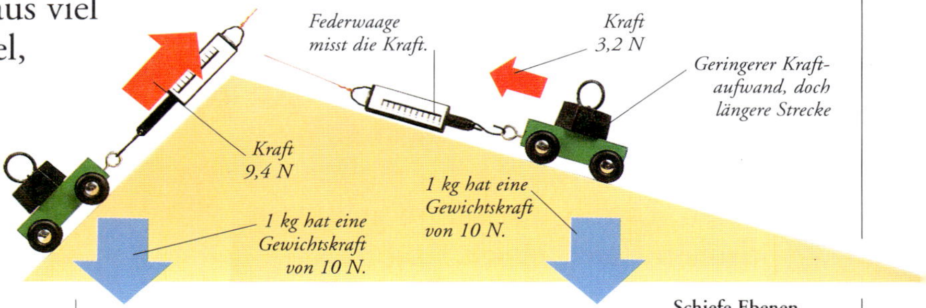

Federwaage misst die Kraft.
Kraft 3,2 N
Geringerer Kraftaufwand, doch längere Strecke
Kraft 9,4 N
1 kg hat eine Gewichtskraft von 10 N.
1 kg hat eine Gewichtskraft von 10 N.

Schiefe Ebenen

Hebel

Hebel bewegen sich um einen Drehpunkt. Am Hebel greift eine Kraft an und übt eine zweite Kraft aus, die wir Last nennen. Mit kleiner Kraft kann man so schwere Last heben. Die angreifende Kraft legt dabei einen größeren Weg zurück als die Last. Der abgebildete Bagger arbeitet nach dem Hebelprinzip.

Dieser Hebel ist zweiarmig.
Dieser Hebel ist einarmig.
An der Schaufel setzt ein zweiarmiger Hebel an.

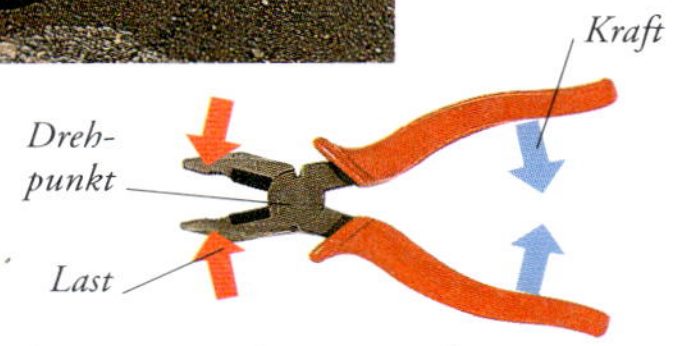

Zweiarmiger Hebel Hier greifen die beiden Kräfte an verschiedenen Seiten des Drehpunktes an. Beispiele sind die beiden Arme einer Zange mit gemeinsamem Drehpunkt.

Einarmiger Hebel Hier greifen die beiden Kräfte an derselben Seite des Drehpunktes an. Beispiele dafür sind der Nussknacker und die Schubkarre.

Drehpunkt, Kraft, Last

Zuckerzange Bei dieser Form des einarmigen Hebels greift die Kraft zwischen Drehpunkt und Last an. Sie muss größer sein als die Last. Die Angriffskraft hat den kürzeren Weg.

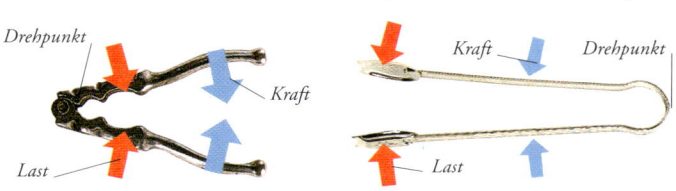

Kraft, Drehpunkt, Last

Last und Kraft
Bei der schiefen Ebene braucht man eine bestimmte Kraft, um die Last zu heben. Der Physiker misst diese Kräfte mit der Maßeinheit Newton (N). Das Produkt aus Kraft x Weg bleibt stets gleich.

Schraube
Die Schraube ist ein Stift, um den ein Gewinde spiralförmig aufgewickelt ist. Das Gewinde ist eine schiefe Ebene. Dreht man die Schraube am Kopf, so bewegt sie sich mit Kraft in die Unterlage. In ein Gewinde kann man auch Gegenstände einspannen und festhalten. Dies geschieht mit einer Spannvorrichtung oder Klemme.

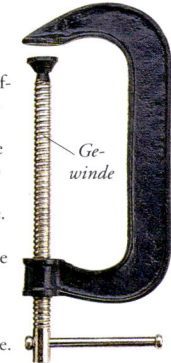

Gewinde

Christopher Polhem
Der schwedische Erfinder Christopher Polhem (1661–1751) trug viel zum Verständnis der Maschinen bei. Er schrieb mehr als 20 000 Artikel über Ingenieurwissenschaften und ähnliche Gebiete. Als einer der Ersten erkannte er, dass Maschinen die menschliche Arbeit ersetzen könnten.

Last-Kraft-Verhältnis
Das Last-Kraft-Verhältnis berechnet man, indem man die Last durch die aufgewendete Kraft teilt. Bei der flacheren Ebene ergibt sich ein Verhältnis von 3,13 (10:3,2), bei der steilen Ebene von nur 1,06 (10:9,4).

Wendeltreppe
Jede Treppe ist eine schiefe Ebene, auf der man den eigenen Körper nach oben bewegt. Man spart an Weg, wenn die Treppe schraubenförmig um eine Achse anlegt ist. Je steiler die Treppe ist, umso weniger Windungen sind notwendig. Dafür braucht man bei jedem Schritt mehr Kraft.

Maschinenelemente

Selbst die kompliziertesten Maschinen setzen sich aus einfacheren Maschinen und anderen mechanischen Teilen zusammen. Es geht dabei immer darum, Kräfte und deren Angriffsrichtungen zu verändern.

Schwungrad Die schwere Metallscheibe dreht sich mit konstanter Geschwindigkeit und ermöglicht so den ruhigen Lauf einer Maschine.

Kurbelwelle Sie verwandelt die Drehbewegung in eine Hin- und Herbewegung.

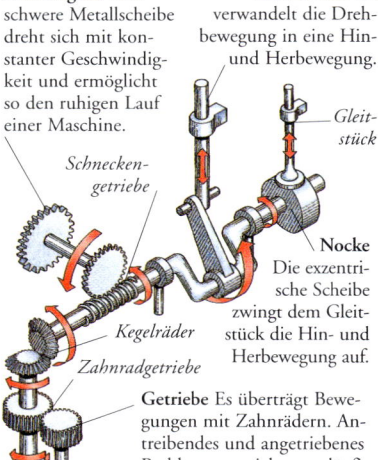

Gleitstück
Schneckengetriebe

Nocke Die exzentrische Scheibe zwingt dem Gleitstück die Hin- und Herbewegung auf.

Kegelräder
Zahnradgetriebe

Getriebe Es überträgt Bewegungen mit Zahnrädern. Antreibendes und angetriebenes Rad bewegen sich gegenläufig.

Rolle und Flaschenzug

Mit der festen Rolle lenkt man nur die Kraft um. Eine Verbindung zwischen einer festen und einer oder mehreren losen Rollen ergibt einen Flaschenzug, der Kraft spart.

Flaschenzüge
Flaschenzüge mit einer oder mehreren losen Rollen verstärken die Kraft. Der Weg, den die Last zurücklegt, verringert sich allerdings entsprechend. Dafür muss man umso mehr Seil zu sich heranziehen.

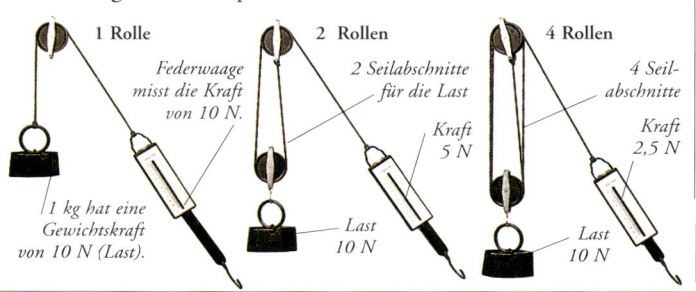

Wellrad
Das Wellrad oder die Winde besteht aus einem Rad, das mit einer Achse fest verbunden ist. Wenn man die Kurbel am Wellrad dreht, erzeugt man an der Achse eine ziemlich große Kraft. Mit Winden holte man früher Wasser aus Brunnen.

1 Rolle
Federwaage misst die Kraft von 10 N.
1 kg hat eine Gewichtskraft von 10 N (Last).

2 Rollen
2 Seilabschnitte für die Last
Kraft 5 N
Last 10 N

4 Rollen
4 Seilabschnitte
Kraft 2,5 N
Last 10 N

Diese Maschine fährt durch die Drehbewegung eines Wellrads.

SIEHE AUCH UNTER KRAFT UND BEWEGUNG · MOTOREN · REIBUNG · TECHNOLOGIE

MASSE UND GEWICHTE

IM ALTEN ÄGYPTEN war die Elle das wichtigste Längenmaß. Sie entsprach der Entfernung zwischen Ellbogen und Fingerspitzen. Da die Arme bei den Menschen unterschiedlich lang sind, ergab sich schließlich die Notwendigkeit, eine Standardlänge für die Elle zu definieren. Damit war sie im gesamten ägyptischen Reich gleich lang. Auch unsere modernen Maßeinheiten sind standardisiert. Im Alltag verwenden wir Maßeinheiten für Länge, Fläche, Inhalt, Temperatur und Gewicht. Und täglich kommen neue Maßeinheiten hinzu, weil immer neue Größen unser Leben beinflussen.

Längenmessung

Wenn wir Längen, Flächen oder Inhalte messen, so messen wir eigentlich den Raum. Längen sind eindimensionale Entfernungen zwischen 2 Punkten. Flächen sind zweidimensional. Inhalte oder Volumina sind dreidimensional.

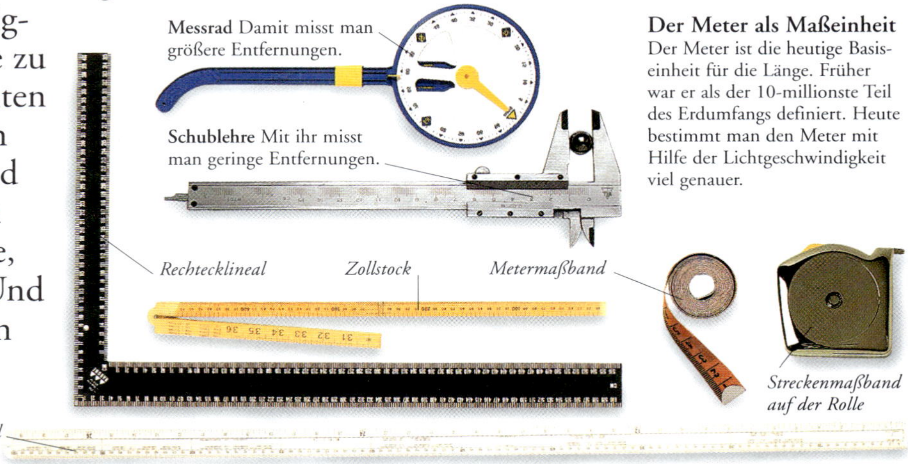

Messrad Damit misst man größere Entfernungen.
Schublehre Mit ihr misst man geringe Entfernungen.
Rechtecklineal   *Zollstock*   *Metermaßband*
Stahlband
Streckenmaßband auf der Rolle

Der Meter als Maßeinheit
Der Meter ist die heutige Basiseinheit für die Länge. Früher war er als der 10-millionste Teil des Erdumfangs definiert. Heute bestimmt man den Meter mit Hilfe der Lichtgeschwindigkeit viel genauer.

Gewichtsmessung

Das Gewicht eines Körpers geben wir in kg oder g an. Physikalisch ist dies falsch. Das Gramm ist die Maßeinheit für die Masse. Das Gewicht ist jedoch jene Kraft, die auf alle Körper einwirkt, weil sie von der Schwerkraft der Erde angezogen werden. Für die Gewichtskraft nehmen Physiker die Maßeinheit Newton.

Digitale Waage

Waagen
Gewicht misst man mit Waagen. Die heute im Haushalt übliche Digitalwaage misst das Gewicht elektronisch. Bei der Balkenwaage werden 2 Massen verglichen: In die eine Schale legt man den zu wiegenden Körper, in die andere Gewichte. Wenn der Balken genau waagerecht steht, wiegen die Massen in beiden Waagschalen gleich viel.

Mehl   **Balkenwaage**   *Gewichte*

Fläche
Um sicher zu sein, dass man genug Farbe kauft, muss man die Wandfläche messen. Die Grundeinheit dafür ist der Quadratmeter (m²). Grundbesitz gibt man häufig in Ar (a = 100 m²) oder aber in Hektar (ha = 10 000 m²) an.

Das Gesamtvolumen der Würfel entspricht dem Wasservolumen.

0,64 l Wasser

Inhalt oder Volumen
Die grundlegende Maßeinheit ist der Kubikmeter (m³). Im täglichen Gebrauch nimmt man meist den Kubikzentimeter (cm³). Bei Flüssigkeiten ist Liter (1000 cm³) am gebräuchlichsten.

10 Würfel, jeder mit 64 cm³ Inhalt

Standardeinheiten

Auf der ganzen Welt verwendet man heute zum Messen Standard- oder SI-Einheiten. Die wichtigsten sind Meter, Kilogramm, Sekunde, Ampere für die Stromstärke und Kelvin für die Temperatur. Diese Einheiten sind metrisch und damit dezimal. Nur in Großbritannien verwendet man heute z. T. noch andere Maßeinheiten.

Metrisches System
Als metrisch bezeichnen wir Systeme, die wie das Metersystem aufgebaut sind und der Zehnereinteilung folgen. Teile oder Vielfache der Maßeinheit werden mit Vorsilben benannt: Ein Tausendstelmeter ist z. B. ein *Milli*meter (mm) und 1 000 m sind ein *Kilo*meter (km).

Nicht metrische Systeme
Diese Maßsysteme folgen nicht dem Dezimal- oder Zehnersystem. Die Grundzahl ist nicht 10. Inch (in), Foot (ft), Ounce (oz), Pound (lb), Pint (pt) und Acre (ac) sind keine metrischen Einheiten. Ein Pound enthält z. B. 16 Ounces. Solche Maße sind nur noch in Großbritannien gebräuchlich.

Nicht standardisierte Einheiten
Als Maßeinheit nahm man früher Körperteile. In Deutschland war lange Zeit das Zoll üblich. Es entsprach einer Daumenbreite, etwa 2,2 bis 3 cm. 4 Zoll waren eine Handbreit. Das englische Zoll entspricht genau 1 Inch und damit 2,54 cm. Das merkwürdige Maß wird gelegentlich noch heute verwendet, z. B. bei Disketten.

Garn: 8 m lang; engl. 26 Foot (ft)
Band: 25 cm lang; engl. 10 Inch (in)
Öl: 1 l; engl. 1,76 Pint (pt)
Getreide: 250 g; engl. 9 Ounces (oz)
Mehl: 0,5 kg; engl. 1,1 Pound (lb)
Teppich: 6 m²; engl. 64 Square Foot (ft²)
Trauben: 200 g; engl. 7 Ounces (oz)

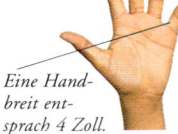

Eine Handbreit entsprach 4 Zoll.

SIEHE AUCH UNTER   ÄGYPTER   ERNÄHRUNG   FARBSTOFFE   MATERIE   MATHEMATIK   NATURWISSENSCHAFT   PFERDE   SCHWERKRAFT   ZAHLEN

MATERIE

JEDER GEGENSTAND UND JEDER STOFF, der im Weltall existiert, besteht aus Materie – auch die Luft, das Wasser, der Boden und unser eigener Körper. Die Wissenschaftler definieren Materie als etwas, das einen Raum einnimmt. Die gesamte Materie besteht aus winzigen Teilchen, vor allem den Atomen. Diese verbinden sich untereinander zu Molekülen. Auf diese Weise entstehen die unterschiedlichen Formen der Materie.

Die Luft ist ein Gasgemisch, vor allem aus Stickstoff und Sauerstoff.

Gas
Die Gasteilchen sind weit voneinander entfernt. Es herrschen zwischen ihnen kaum Bindungen. Das bedeutet, dass Gase sich ausdehnen und den verfügbaren Raum ausfüllen.

Das Wasser im Wasserfall ist eine Flüssigkeit.

Flüssigkeit
Zwischen den Flüssigkeitsteilchen herrschen so große Kräfte, dass sie beieinander bleiben. Die Teilchen füllen ein Gefäß aus, in dem sie sich befinden.

Gesteine bestehen aus Festkörpern.

Festkörper
Atome von Festkörpern liegen dicht gepackt und bilden ein Kristallgitter, in dem jedes seinen Platz hat. Zwischen den Teilchen herrschen große Kräfte.

Masse und Dichte
Masse ist die Menge an Materie, die ein Körper enthält. Als Maßeinheit verwendet man das Kilogramm (kg). Die Dichte ist als Masse pro Volumen definiert. Sie zeigt, wie konzentriert die Masse vorliegt. Ein Holzblock hat ein größeres Volumen als ein Block aus Blei derselben Masse. Blei ist dichter, weil die Teilchen in dem Metall enger zusammengepackt sind.

Blei ist 11-mal so dicht wie Holz.

Beide Blöcke haben dieselbe Masse. Dies zeigt die Waage.

Blei — Holz

Aggregatzustände
Stoffe können als Festkörper, als Flüssigkeit und als Gas existieren. Das sind die 3 Aggregatzustände oder Zustandsformen. In welcher Form ein Stoff bei Zimmertemperatur vorliegt, hängt von der Dichte und der Stärke der Bindungen zwischen den Teilchen ab.

Übergänge
Fast alle Stoffe kommen je nach Temperatur in den 3 Zustandsformen vor. Erhitzt man Festkörper, so schmelzen sie und werden flüssig. Flüssigkeiten verdampfen zu Gasen. Beim Abkühlen wandeln sich Gase durch Kondensation in Flüssigkeiten, die beim Gefrierpunkt fest werden. Der Übergang von Festkörpern direkt in Gase heißt Sublimation.

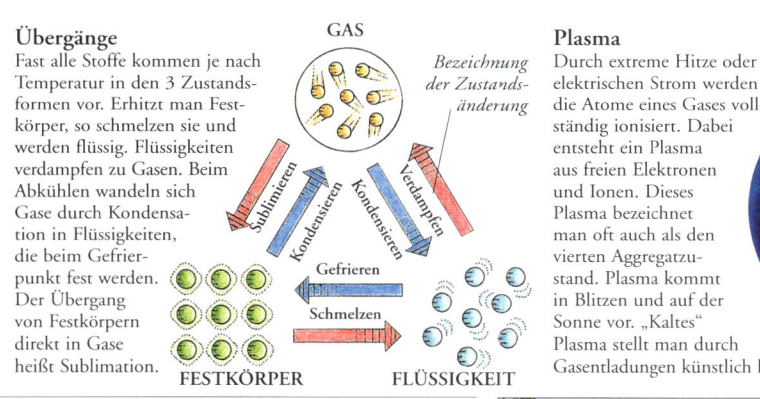

GAS — FESTKÖRPER — FLÜSSIGKEIT
Bezeichnung der Zustandsänderung
Sublimieren, Kondensieren, Verdampfen, Kondensieren, Gefrieren, Schmelzen

Plasma
Durch extreme Hitze oder elektrischen Strom werden die Atome eines Gases vollständig ionisiert. Dabei entsteht ein Plasma aus freien Elektronen und Ionen. Dieses Plasma bezeichnet man oft auch als den vierten Aggregatzustand. Plasma kommt in Blitzen und auf der Sonne vor. „Kaltes" Plasma stellt man durch Gasentladungen künstlich her.

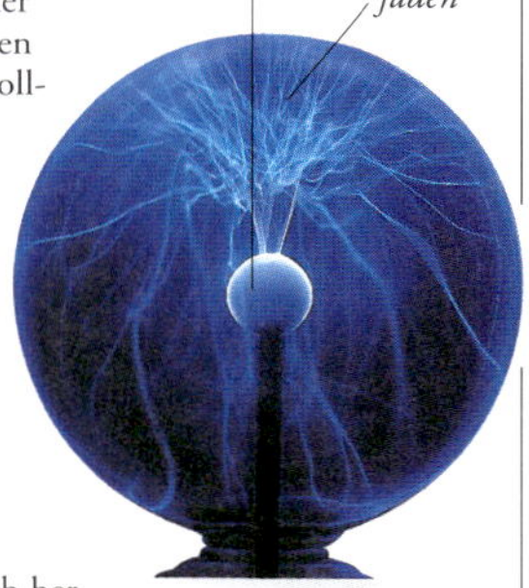

Elektrode — Plasmafäden

Gasentladung

Erhaltung der Materie
Bei chemischen Reaktionen bleibt die Materie stets erhalten. Dies bedeutet, dass die Atome der Reaktionspartner nicht zerstört, sondern zu neuen Verbindungen angeordnet werden. Die Masse der Reaktionspartner ist gleich der Masse der Produkte.

Schwefelsäure — Magnesium
316 g

Magnesiumsulfat und Wasserstoff sind entstanden.
316 g

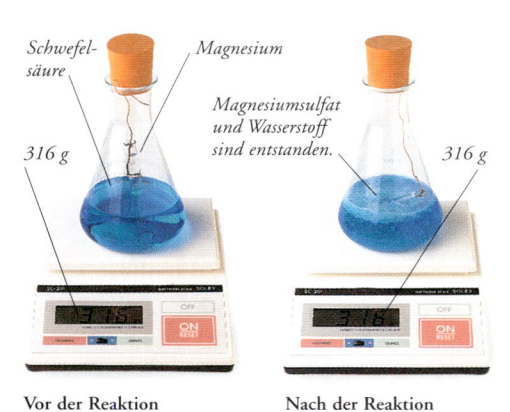

Vor der Reaktion — Nach der Reaktion

Materie und Energie
Wenn man einen Atomkern spaltet, gehen daraus 2 kleinere Kerne hervor. Dabei geht eine geringe Menge an Masse verloren. Die Waagschalen in der Grafik zeigen, dass ein solcher Massendefekt erfolgt, wenn ein Urankern in einen Barium- und einen Kryptonkern gespalten wird. Albert Einstein (1879–1955) zufolge wird diese fehlende Masse in Energie umgewandelt. Einstein zeigte, dass Masse und Energie letztlich dasselbe sind. Man spricht von der Massen-Energie-Äquivalenz.

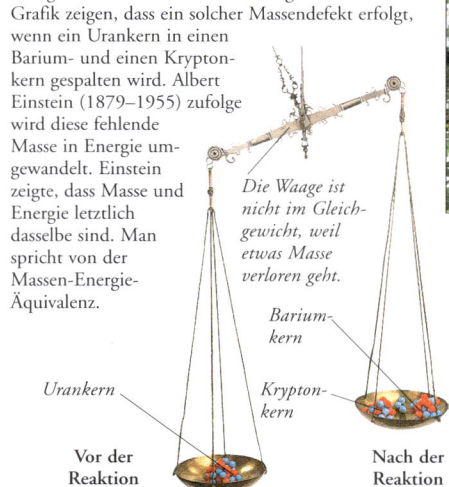

Die Waage ist nicht im Gleichgewicht, weil etwas Masse verloren geht.

Urankern — Bariumkern — Kryptonkern

Vor der Reaktion — Nach der Reaktion

Lebende Materie
Pflanzen und Tiere bestehen aus lebender Materie. Diese ist zwar auch aus Atomen aufgebaut, unterscheidet sich aber von unbelebten Formen der Materie dadurch, dass sie wachsen, sich bewegen, sich fortpflanzen und auf die Umwelt reagieren kann.

Tukan

Vakuum
Ein Vakuum ist ein Raum ganz ohne Materie. Ein vollkommenes Vakuum kann man nicht herstellen. Es gelingt z. B. nicht, alle Luftmoleküle aus einem Gefäß zu pumpen. Genau genommen herrscht in jedem Vakuum nur ein hoher Unterdruck. Dem Vakuum am nächsten kommt der Raum zwischen den Sternen im Weltall.

SIEHE AUCH UNTER: ATOME UND MOLEKÜLE · EINSTEIN, ALBERT · FESTKÖRPER · FLÜSSIGKEITEN · GASE · KERNKRAFT

MATHEMATIK

WIR SIND ALLE MATHEMATIKER, denn wir verwenden im täglichen Leben Zahlen. Die Wissenschaft von den Zahlen, Formen, Mengen und Strukturen heißt Mathematik. Zunächst diente die Mathematik dazu, Gegenstände zu zählen, Land zu vermessen und Häuser zu bauen. Heute ist sie eine wichtige Sprache für das Verständnis unserer Welt. Ingenieure berechnen mit mathematischen Formeln Maschinen, und ohne Mathematik gäbe es keine Computer und kein Internet. Die Mathematik hat viele verschiedene Zweige, z. B. die Geometrie, die Algebra und die Statistik.

Zweidimensionale Gebilde
Vielecke oder Polygone sind ebene Flächen mit 3 oder mehr geraden Seiten.

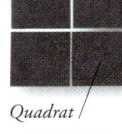

Quadrat
Dreieck 
Sechseck 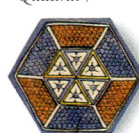
Kreis 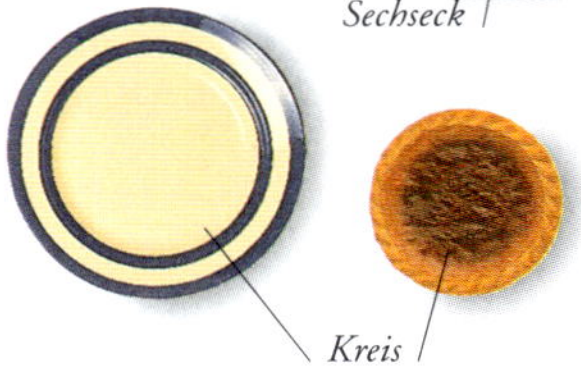
Rechteck 

Dreidimensionale Gebilde
Pyramide
Kegel
Zylinder
Würfel
Kugel

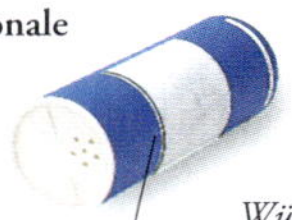

Polyeder oder Vielflächner sind z. B. die Würfel und Pyramiden. Ihre Begrenzungsflächen sind Polygone.

Geometrie
Die Geometrie beschäftigt sich mit Punkten, Geraden, Kurven, Oberflächen und Körpern. Mithilfe der Geometrie kann man z. B. den Inhalt bestimmter Flächen oder Körper oder den Kreisumfang berechnen, wenn man dessen Durchmesser kennt.

Ebene Flächen
Flächen sind zweidimensionale Gebilde; sie haben nur eine Länge und Breite, aber keine Tiefe. Flächen mit geraden Außenseiten nennt man Polygone oder Vielecke. Bei regelmäßigen Vielecken sind alle Seiten gleich lang.

Geometrische Körper
Kugeln und Würfel sind Körper und damit dreidimensional: Sie haben eine Länge, eine Breite und eine Tiefe und nehmen somit einen Raum ein. Körper mit ebenen Begrenzungsflächen nennt man Polyeder.

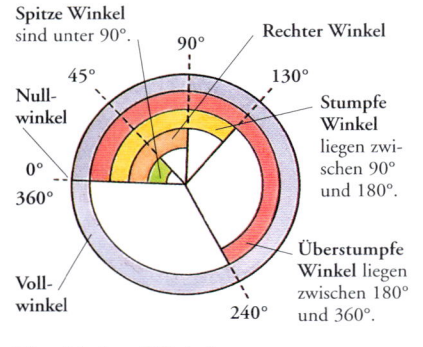

Winkel
Wo sich 2 Geraden schneiden, entstehen 4 Winkel. Die beiden Winkelstrahlen nennt man auch Schenkel. Der Winkel zwischen den Zeigern einer Uhr verändert sich mit der Zeit. Der Minutenzeiger macht in einer Stunde eine vollständige Umdrehung, der Stundenzeiger in 12 Stunden.

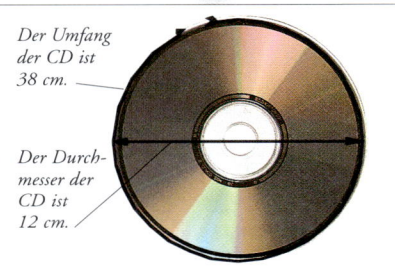

Spitze Winkel sind unter 90°.
Rechter Winkel 90°
Stumpfe Winkel liegen zwischen 90° und 180°.
Überstumpfe Winkel liegen zwischen 180° und 360°.
Nullwinkel 0°
Vollwinkel 360°

Verschiedene Winkel
Winkel misst man in Grad (°). Der Vollwinkel hat 360° und ist ein Kreis. Spitze Winkel sind kleiner als 90°. Den 90°-Winkel bezeichnet man auch als rechten Winkel. Der gestreckte Winkel hat die Größe von 180° und ist ein Halbkreis.

Der Umfang der CD ist 38 cm.
Der Durchmesser der CD ist 12 cm.

Pi (π)
Wenn man den Umfang eines Kreises durch seinen Durchmesser teilt, erhält man immer die ungefähre Zahl 3,14. Diese Zahl drückt das Verhältnis von Umfang und Durchmesser aus. Sie ist bei jedem Kreis gleich. Wir bezeichnen sie nach einem Buchstaben des griechischen Alphabets als Pi (π). Die Zahl Pi hört übrigens nach dem Komma nie auf.

Symmetrie
Eine Mittellinie teilt unser Gesicht in 2 Hälften, die beinahe wie Bild und Spiegelbild aussehen. Diese Mittellinie heißt auch Symmetrieachse. Es gibt geometrische Formen mit mehreren Symmetrieachsen.

Symmetrische Ziffern 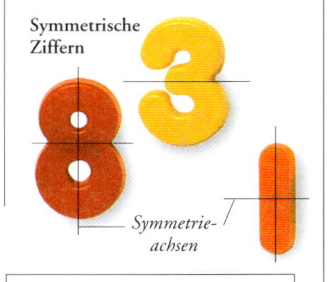
Symmetrieachsen

Rechtwinklige Dreiecke
Rechtwinklige Dreiecke enthalten einen Winkel von 90°. Sie haben besondere Eigenschaften. Man kann z. B. die Länge einer Seite leicht berechnen. Es gibt 2 Verfahren: Kennt man die Länge zweier Seiten, so erhält man mit dem pythagoräischen Lehrsatz die Länge der 3. Seite. Diese Formel erfand der griechische Philosoph Pythagoras (um 580– um 500 v. Chr.). Kennt man die Länge einer Seite und einen spitzen Winkel, so kann man mit Hilfe der Trigonometrie die Länge der gewünschten Seite berechnen.

Seite B ist 3 Einheiten lang, die Fläche beträgt 9 Einheiten².

Pythagoräischer Lehrsatz Er besagt, dass das Quadrat über der Hypotenuse in einem rechtwinkligen Dreieck gleich der Summe der Quadrate über den beiden Katheten ist: $A^2 + B^2 = C^2$.

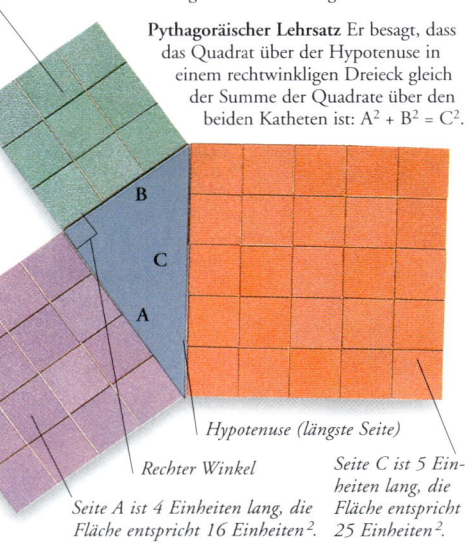

Hypotenuse (längste Seite)
Rechter Winkel
Seite A ist 4 Einheiten lang, die Fläche entspricht 16 Einheiten².
Seite C ist 5 Einheiten lang, die Fläche entspricht 25 Einheiten².

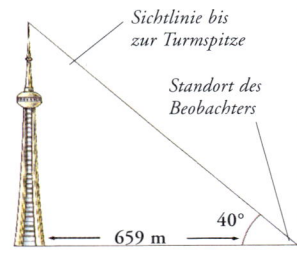

Trigonometrie
Zwischen den Winkeln und den Seitenlängen eines rechtwinkligen Dreiecks gibt es Beziehungen, die man Sinus, Tangens und Kosinus nennt. Jemand steht 659 m von einem Turm entfernt und kann die Spitze unter 40° anvisieren. Die Entfernung mal dem Tangens von 40° (0,839) ist die Höhe des Turms (553 m).

Sichtlinie bis zur Turmspitze
Standort des Beobachters
659 m
40°

Euklid
Der griechische Mathematiker Euklid (um 300 v. Chr.) war einer der Begründer der Geometrie. In seinem 13-bändigen Werk *Elemente* fasste er die geometrischen und mathematischen Kenntnisse seiner Zeit zusammen. Man verwendete dieses Werk bis weit in das 19. Jh. hinein.

MATHEMATIK

Algebra

Die Algebra beschäftigt sich mit Gleichungen und rechnet dabei auch mit Buchstaben als Symbolen. In der Gleichung rechts stellt die Banane eine unbekannte Zahl dar. Ihr ist die Zahl 4 zugeordnet. In algebraischen Gleichungen gibt es Variable mit veränderlichem Wert und Konstanten, die stets denselben Wert haben.

$+ 2 = 6$

Wieviel ist die Banane wert?

Funktionen
Als Funktion bezeichnen wir eine Gleichung mit 2 oder mehreren Variablen. In der Funktion: °C = (°F - 32) x $^5/_9$ stellen C und F die Temperaturwerte auf der Celsius- und Fahrenheitskala dar. Man kann damit z. B. berechnen, dass 80 °F etwas weniger als 27 °C entsprechen.

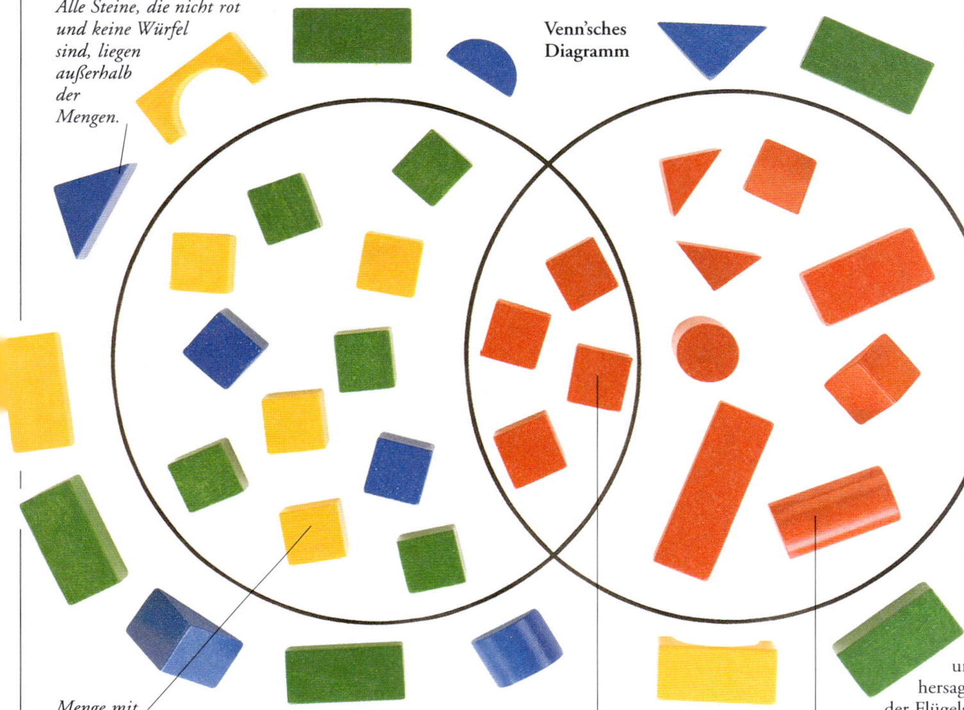

Alle Steine, die nicht rot und keine Würfel sind, liegen außerhalb der Mengen.

Venn'sches Diagramm

Moderne Mathematik

Mathematik ist mehr als Zahlen und Formeln. Ein moderner Mathematikzweig studiert die Beziehungen zwischen Mengen. Andere Zweige umfassen die Logik. Zur angewandten Mathematik zählt die Chaostheorie, die sich mit dem Verhalten unvorhersehbarer Systeme befasst.

Mengenlehre
Die Elemente einer Menge können irgendwelche Dinge unserer Anschauung sein, z. B. Zahlen, Gegenstände oder Ideen. Die Beziehungen zwischen den Gliedern mehrerer Mengen kann man in einem *Venn'schen Diagramm* darstellen. Es ist nach dem Engländer John Venn (1834– 1923) benannt. Dieses einfache Venndiagramm zeigt 2 Mengen: eine mit roten Steinen, die andere mit verschiedenen Würfeln. Die Schnittmenge der beiden enthält rote Würfel.

Chaostheorie
Eine kleiner Wind kann das Wetter beeinflussen, das sich einige Tage später entwickelt. Damit wird es fast unmöglich, langfristige Wettervorhersagen zu treffen. Im Prinzip kann der Flügelschlag eines Schmetterlings darüber entscheiden, ob in einigen Tagen schlechtes oder gutes Wetter herrscht. Ein solches chaotisches Verhalten zeigt sich z. B. auch an der Börse.

Kann ein Schmetterling das Wetter beeinflussen?

Menge mit Würfeln aus verschiedenen Farben

Schnittmenge mit roten Würfeln

Menge aller roten Steine

Statistik

Die Statistik beschäftigt sich mit häufig auftretenden Ereignissen. Sie analysiert sie und versucht sie möglichst genau vorherzusagen. Mit statistischen Verfahren können Mathematiker gewisse Trends aus Datensammlungen herauslesen. Diese Daten stellt man meistens grafisch dar, damit sie anschaulicher wirken. Am häufigsten sind Säulen- und Tortendiagramme.

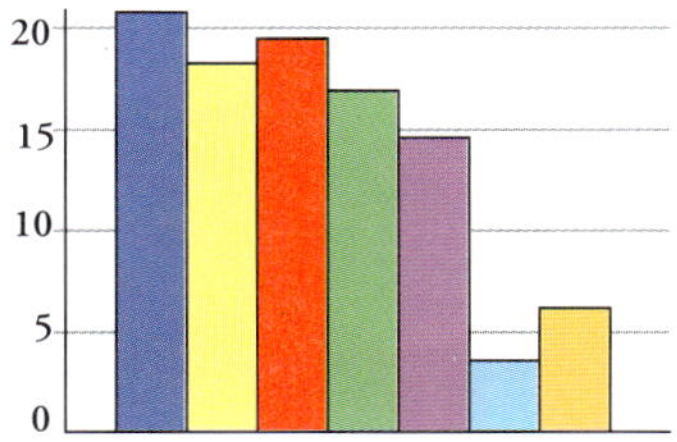

Säulendiagramm
Säulendiagramme zeigen unterschiedliche Mengen in Form von Säulen. Die Höhe der Säule ist ein Maß für die Menge und wird an der Skala links abgelesen. Ohne Skala ist ein Säulendiagramm nutzlos.

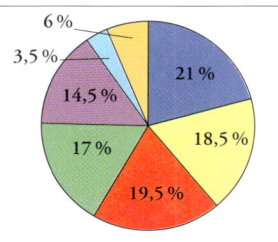

Tortendiagramm
Beim Tortendiagramm stellt man unterschiedliche Mengen als „Tortenstücke" (Sektoren) dar. Je größer eine Menge, umso größer ist der Winkel zwischen den Schenkeln des Sektors.

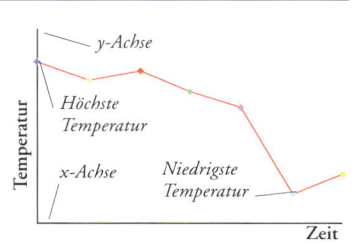

Kurvendiagramm
Die Veränderung einer Variablen im Lauf der Zeit kann man als Kurvendiagramm zeigen. Die Temperatur wird auf der senkrechten y-Achse, die Zeit auf der waagerechten x-Achse dargestellt.

Wahrscheinlichkeit
Die Wahrscheinlichkeit beim Münzwurf Kopf zu bekommen, ist 0,5. Man teilt die Zahl der günstigen Ereignisse (1) durch die Zahl der möglichen Ereignisse (2), nämlich Kopf und Zahl. Die Wahrscheinlichkeit, 2-mal Kopf zu werfen, ist gleich 0,5 x 0,5 = 0,25. Die Wahrscheinlichkeitslehre erlaubt Voraussagen für die Verteilung großer Datenmengen.

Münzwurf

Chronologie

um 30 000 v. Chr. Kerbzeichen auf Knochen stellen Zahlen dar.

um 2300 v. Chr. Das erste Zahlensystem wird in Mesopotamien entwickelt.

um 500 v. Chr. In Indien, China und Griechenland sind schon viele geometrische Sätze bekannt.

Napier berechnete mit Stäbchen die Logarithmen („Napiers Knochen").

um 1000 Arabische Mathematiker kennen Algebra und Geometrie.

1614 Der schottische Mathematiker John Napier entwickelt die Logarithmen.

um 1665 Der Engländer Newton und der Deutsche Leibniz veröffentlichen mathematische Werke.

80er Jahre Amerikaner entwickeln die Chaostheorie.

| SIEHE AUCH UNTER | GELD | MASSE UND GEWICHTE | NEWTON, ISAAC | PHYSIK | WÄRME UND TEMPERATUR | WETTER | ZAHLEN |

MAURYA-REICH

UM 322 V. CHR. vertrieb ein junger adliger Krieger, Chandragupta Maurya, die fremden Herrscher aus dem Pandschab. Diese hatten sich schon bald nach dem Tod Alexanders des Großen im westlichen Teil Indiens niedergelassen. Chandragupta und seine Nachfolger errichteten das Maurya-Reich, in dem sie fast ganz Indien, Afghanistan und Pakistan vereinigten. Das Reich hatte seine Blütezeit unter Chandraguptas Enkel Asoka, der den Buddhismus in Indien einführte.

Ursprünge des Reiches

Nach dem Tod Alexanders des Großen, der mit seiner Armee den Pandschab erobert hatte, hielt sich dieser östlichste Teil seines Reiches nur kurze Zeit. Von Pataliputra aus nahm Chandragupta das Königreich Magadha ein und zog dann westwärts bis in den Pandschab.

Alexander der Große

Die Säule von Sarnath zeigt die 4 Löwen, Indiens Emblem.

Asoka

Im Jahr 261 v. Chr. eroberte Asoka den südlichen Staat Kalinga. Bei der Schlacht kamen tausende von Menschen ums Leben, und dies erschütterte Asoka so sehr, dass er sich für immer von der Gewalt abwandte. Er bekehrte sich zum Buddhismus und regierte von nun an mit friedlichen Mitteln.

Fragment der sechsten Ediktsäule

Die Edikte von Asoka
Asoka ließ viele seiner Anordnungen oder Edikte auf Felsen und Säulen meißeln, die in ganz Indien errichtet wurden. Die Inschriften mahnen zu Toleranz, Friedfertigkeit, Einfachheit und vegetarischem Leben. Sie beschreiben den Kaiser als treusorgenden Herrscher, der sich um das Wohl seiner Untertanen sorgte.

Regierungssystem

Das Maurya-Reich war gut organisiert. Die Verwaltung kümmerte sich um Geburten und Todesfälle, um Einwanderung, Produktion, Kunsthandwerk, Handel und Steuern. Die Justiz sah schwere Strafen für Gesetzesbrecher vor. Jede Region wurde von Gouverneuren geleitet. Die beiden Herrscher vor Asoka hielten das System mit einer Armee von 700 000 Mann und einer Geheimpolizei zusammen.

Teil eines Tores an einem Stupa
Eine Yaksi, ein weiblicher Naturgeist
Die Yaksi hütet einen Schatz unter den Baumwurzeln.

Religiöse Toleranz

Asoka wollte sein Reich durch die Idee des Dharma, das rechte Denken, und nicht durch Gewalt zusammenhalten. Er forderte seine Adligen und Beamten zu einer Politik der religiösen Toleranz auf. So gelang es ihm, ein Reich zu einigen, in dem Menschen mit unterschiedlichen religiösen Ansichten lebten.

Buddhismus im Maurya-Reich
Der Buddhismus entwickelte sich während des Maurya-Reiches zu einer bedeutenden Religion. Viele Künstler begannen damals religiöse Gegenstände zu schaffen, besonders aus Speckstein (Steatit). Dazu gehören Reliquiare, die Überreste von Heiligen aufnahmen, ferner wichtige Symbole, z. B. das Rad der Lehre. Die Speichen dieses Rades symbolisieren den achtfachen Pfad, der zur Erlösung und Erleuchtung führt.

Rad der Lehre

Dieses Reliquiar enthielt Kristalle und Münzen.

Reliquiar aus Speckstein

Reliquiar aus Steatit

Stupas
Asoka ließ viele buddhistische Schreine oder Stupas bauen, zu denen die Buddhisten pilgerten. Die Darstellungen darin forderten zu Gebet und Meditation auf. Einige sind noch unverändert. Das Eintrittstor des Großen Stupa in Sanchi z. B. stammt noch aus der Maurya-Zeit.

Chronologie

322 v. Chr. Chandragupta Maurya gründet das Maurya-Reich.

um 301–269 v. Chr. Regierungszeit von Bindusara, Chandraguptas Sohn. Er erobert Teile des Dekkan in Südindien.

269–232 v. Chr. Höhepunkt des Maurya-Reiches unter Asoka, Chandraguptas Enkel

261 v. Chr. Asoka erobert das Königreich Kalinga.

Bildnis Buddhas

Reliquiar, Bergkristall

um 250 v. Chr. Asoka erbaut buddhistische Stupas und Säulen mit seinen Edikten.

184 v. Chr. Der letzte Kaiser, Brihadnatha, wird von einer rivalisierenden Familie getötet. Das Reich geht unter.

| SIEHE AUCH UNTER | ALEXANDER DER GROSSE | BUDDHA | BUDDHISMUS | GUPTA-REICH | INDIEN, GESCHICHTE |

MAYA

VOR ÜBER 2000 JAHREN entstand in Zentralamerika die Mayakultur. Sie erreichte in der klassischen Periode zwischen 300 und 900 n. Chr. ihren Höhepunkt. Die Maya waren ein hochgebildetes Volk mit hervorragenden astronomischen and mathematischen Kenntnissen. Sie entwickelten ein Schriftsystem und einen genauen Kalender. Mitten im Urwald legten sie gewaltige Tempelstädte wie Palenque und Tikal an, deren Ruinen wir heute bestaunen. Zahlreiche Götter, die sie nach festen Ritualen verehrten, bestimmten ihr Leben. Bis zur Ankunft der Spanier im 16. Jh. herrschten sie in Mesoamerika.

Die Tempel
Mayastädte besaßen stets ein Zeremonialzentrum. Dort standen die Stufenpyramiden mit den Tempeln auf der obersten Plattform. Dadurch glaubte man sich den Göttern nahe, die man mit dem Himmel in Verbindung brachte. Gleichzeitig konnten die Priester so die Rituale vor dem Volk geheim halten.

Palenque
Diese Tempelstadt im Tiefland Mexikos gewann unter ihrem Herrscher Pacal im 7. Jh. zunehmend an Einfluss. Er ließ in der Stadt einen riesigen Palast und mehrere Tempelpyramiden errichten. Pacal erweiterte seine Macht auch durch Kriege und Heirat.

Rituale
An besonderen Kalendertagen führten die Maya Rituale durch, an denen auch der Priesterkönig teilnahm. Dazu gehörten Blutopfer, aber auch die Tötung von Menschen und Tieren. Die Maya glaubten nämlich, dass sich die Götter von geopfertem Blut ernährten. Dafür opferten sie meist Kriegsgefangene oder Waisen.

Blutopfer
Dieses Steinrelief aus dem Tempel von Yaxchilan, Mexiko, zeigt den Priesterkönig „Jaguarschild" und seine Frau, „Prinzessin Xoc", bei einem königlichen Blutritual. Die Mayafürsten hielten ihr eigenes Blut für besonders wertvoll. Prinzessin Xoc opfert den Göttern und dem Herrscher Blut, indem sie sich eine Schnur mit Kaktusdornen durch die Zunge zieht.

Diese Maya-Glyphe bedeutet: „Er lässt Blut".
Schrumpfkopf als königlicher Haarschmuck
Perlenhalsband mit Bildnis des Sonnengottes
Diese Maya-Glyphe bedeutet: „Sie lässt Blut".
Name der Prinzessin Xoc
Sandalen mit Jaguarfell
Name von „Jaguarschild"
Die Fackel zeigt, dass das Ritual vermutlich nachts stattfand.
Haartracht bei Hof
Tränen auf Prinzessin Xocs Wangen und Lippen als Zeichen des Blutes, das sie für die Götter vergießt.
Mit Dornen besetzte Schnur, die sich Prinzessin Xoc durch die Zunge zieht.
Blutgetränktes Papier in einem Korb

Die Glyphen
Die Maya entwickelten eine Art Schrift, die aus ganz bestimmten Zeichen oder Glyphen bestand. Die meisten dieser Hieroglyphen stehen für Daten und Feste des komplizierten Mayakalenders, der sich nach der Sonne richtete. Viele Zeichen geben auch Namen der Herrscher wieder. Die Maya benutzten dazu eine Bilderschrift, wobei sie die Gedanken in Bildern ausdrückten. Die Glyphen für Schild und Keule bedeuten zusammen z. B. „Krieg".

Die Gesellschaft
An der Spitze der Maya-Gesellschaft stand ein König oder Priesterfürst. Unter sie reihten sich die adligen Landgutbesitzer, die Priester und Kaufleute ein. Das einfache Volk bestand aus Bauern, Jägern und Handwerkern. Auf der niedrigsten Stufe standen die Sklaven. Sie wurden im Krieg gefangen und mussten Schwerarbeit verrichten, z. B. beim Pyramidenbau.

Mayaherrscher
Kleidung wird als Tribut überreicht.

Mayaherrscher
Dieser Becher von 700 n. Chr. zeigt tributpflichtige Untertanen, die einem Mayaherrscher ihre Gaben überreichen.

Jagd
Die Maya jagten das Wild auf der Halbinsel Yucatan. Damit ergänzten sie ihre meist pflanzliche Kost. Die Jäger nannten das Gebiet auch „Land des Truthahns und des Hirsches".

Jäger
Hirsch

Behälter für Nahrung

Anbau
Bäuerinnen, wie sie diese Tonfigur darstellt, bestellten die Terrassenfelder oder die gerodeten Flächen im Regenwald. Sie pflanzten vor allem Mais, Kürbisse, Bohnen und Chili an.

Terrakottafigur

Skulpturen
Diese Skulpturen aus Feuerstein waren hoch geschätzt und wurden den Toten mit in das Grab gegeben. Die Form der Figur erhielt man durch Absplittern des harten Steins. Verbreitete Motive waren Götterfiguren, Gesichter von Menschen und verschiedene Fabelwesen.

Menschliche Gesichter
Kopfschmuck

Chronologie
2000 v. Chr.–300 n. Chr. Diese Periode dauert von der Entwicklung der Landwirtschaft bis zum Aufstieg der Maya.

300–550 Frühe klassische Periode: Im Tiefland entstehen Stadtstaaten.

550–900 Späte klassische Periode: Kunst und Architektur blühen in den Mayastaaten. Die Bevölkerung nimmt zu und eine intensive Landwirtschaft versorgt immer mehr Menschen.

ab 900 Nachklassische Periode: Die Mayastädte gehen unter. Neue mesoamerikanische Völker wie die Tolteken und später die Azteken gewinnen die Oberhand.

Topf in Froschgestalt

SIEHE AUCH UNTER — AZTEKEN · INKA · MESOAMERIKA · PYRAMIDEN · ZENTRALAMERIKA, GESCHICHTE

MEDIZIN

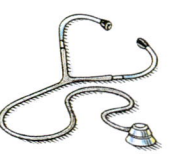

DIE MEDIZIN VERSUCHT Krankheiten des Körpers und der Seele zu verhindern und zu heilen. Die Erkrankungen reichen vom verstauchten Knöchel bis zum lebensbedrohenden Herzinfarkt. Vor allem durch technische Fortschritte bei der Diagnose, der Chirurgie und den Heilmitteln feiert die Medizin heute große Erfolge. In unserer Zeit leben mehr Menschen für längere Zeit in guter Gesundheit als jemals zuvor in der Geschichte der Menschheit.

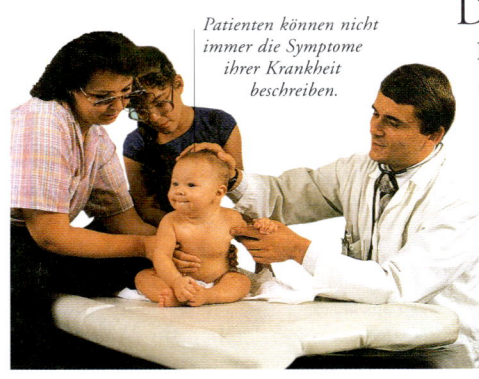

Patienten können nicht immer die Symptome ihrer Krankheit beschreiben.

Diagnose

Bei der Diagnose bestimmt der Arzt die Krankheit des Patienten. Die Diagnose erfolgt in mehreren Schritten. Zunächst hört sich der Arzt die Beschreibung der Symptome oder Krankheitsanzeichen an. Dann untersucht er den Patienten, indem er z. B. den Herzschlag und den Blutdruck misst. Manchmal müssen Blutproben untersucht werden. Dann kommt der Arzt zu einer Diagnose und legt danach die Art der Behandlung, die Therapie, fest.

Symptome und Zeichen
Symptome sind Anzeichen für eine Krankheit. Dazu gehören Schmerzen, Blutungen oder Ausschläge. Der Arzt verwendet diese Symptome mit anderen Krankheitsanzeichen, die er selbst entdeckt, und kommt schließlich zu einer Diagnose.

Tests
Um zu einer richtigen Diagnose zu gelangen, setzen die Ärzte viele Tests ein. Dabei werden z. B. Blut, Urin, Schleim, Kot und Eiter untersucht. Man füllt die Proben in Röhrchen und sendet sie in ein medizinisches Labor.

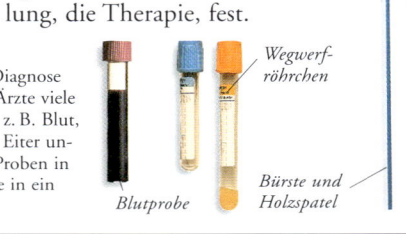

Wegwerfröhrchen
Blutprobe
Bürste und Holzspatel 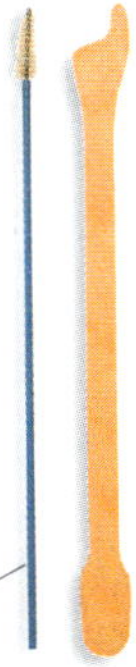

Diagnosegeräte
- Gaumenlöffel
- Nasenspiegel
- Spiegel
- Kehlkopfspiegel
- Augenspiegel
- Beatmungsröhre
- Ohrspiegel zur Untersuchung des Innenohrs

Instrumente

Die Ärzte nehmen Instrumente, um tiefer in den Körper zu blicken. Man bezeichnet diese als Spiegel. Mit dem Augenspiegel sieht man in die Augen, mit dem Ohrspiegel überprüft man, ob sich im Ohr Infektionen befinden. Mit dem Kehlkopfspiegel untersucht man Kehlkopf und Luftröhre.

Ärzte

Um Arzt zu werden, muss man an der Universität studieren. Schon während des Studiums praktiziert der angehende Arzt an einem Krankenhaus. Schließlich erhält er die Approbation und darf selbstständig als Arzt arbeiten. Nun kann er sich auf einem Spezialgebiet weiterbilden, z. B. in Frauenheilkunde, Kinderheilkunde oder Chirurgie.

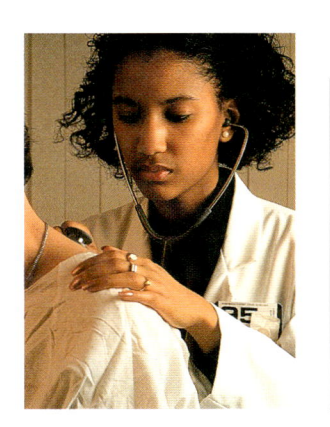

Fachgebiete

Die Medizin hat sehr viele Fachgebiete, und kein Arzt kann sich in allen auskennen. Der Hausarzt ist Spezialist für Allgemeinmedizin. In komplizierteren Fällen überweist er den Patienten an einen anderen Spezialisten, z. B. an einen Orthopäden oder an einen Neurologen.

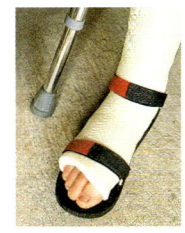

Orthopädie
Die Orthopädie beschäftigt sich mit Erkrankungen und Verletzungen der Knochen, Gelenke, Muskeln, Bänder und Sehnen. Bei einem Beinbruch muss man zum Orthopäden.

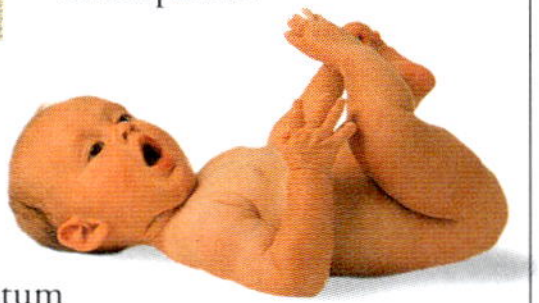

Gebrochenes Bein

Pädiatrie
Die Pädiatrie oder Kinderheilkunde untersucht das Wachstum und die besonderen Krankheiten in den ersten Jahren des Lebens.

Psychiatrie
Die Psychiatrie beschäftigt sich mit der Diagnose und Therapie seelischer Krankheiten sowie emotionaler Störungen. Die Therapie besteht aus Gesprächen, gelegentlich Heilmitteln oder Elektrokrampftherapie (EKT).

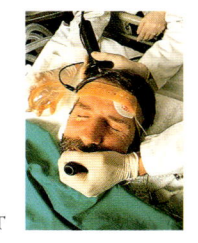

EKT

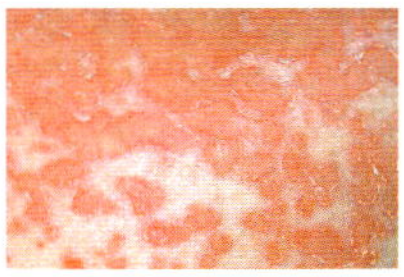

Dermatologie
Dieser Zweig befasst sich mit der Haut, den Haaren und Nägeln und behandelt z. B. Hautkrebs, Akne, Warzen und Ekzeme.

Ekzem

Gynäkologie
Der Gynäkologe beschäftigt sich mit dem Fortpflanzungssystem der Frau, mit Schwangerschaft und Geburt, aber auch Menstruationsproblemen und Unfruchtbarkeit.

Schwangere Frau

Neurologie
Neurologen behandeln das Nervensystem und Gehirn. Muskelschwund oder das Parkinsonsyndrom sind häufige Krankheiten.

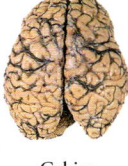

Gehirn

Dr. Christiaan Barnard

Der südafrikanische Chirurg Dr. Christiaan Barnard (1922–2001) führte 1967 im Groote Schuur Hospital in Kapstadt die erste Herzverpflanzung durch. Der Patient überlebte nur 18 Tage. Barnard wandte dabei jedoch eine Operationstechnik an, die heute in vielen Krankenhäusern der Welt zur Routine zählt und schon viele Herzkranke gerettet hat.

MEDIZIN

Chirurgie

Der Chirurg öffnet den Körper, um Krankheiten oder Verletzungen zu behandeln. Dies nennt man Operation. Man unterscheidet dabei die kleine Chirurgie, die auch der Allgemeinarzt durchführen kann, von der großen, die oft Stunden dauert, z. B. bei einer Bypassoperation am Herzen.

Operationssaal: Herzchirurgie

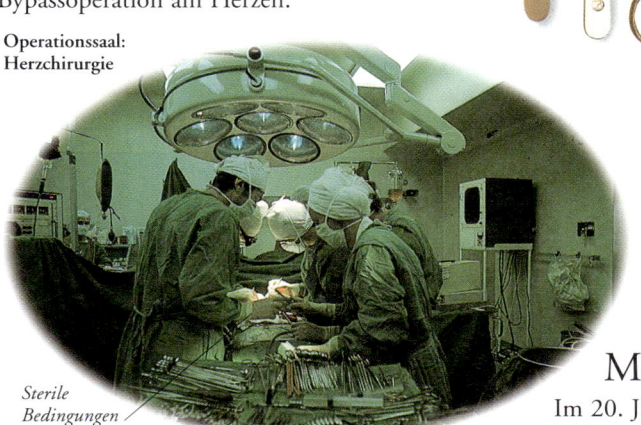

Sterile Bedingungen

Chirurgische Instrumente

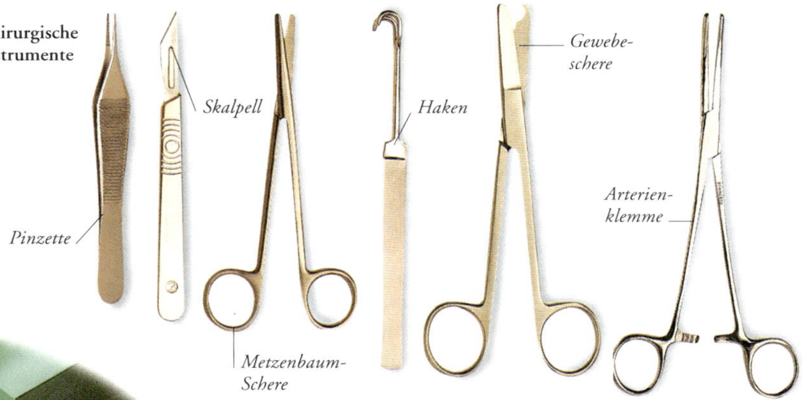

Pinzette — *Skalpell* — *Haken* — *Gewebeschere* — *Arterienklemme* — *Metzenbaum-Schere*

Chirurgische Instrumente
Beim Operieren verwendet der Arzt zum Schneiden Skalpelle und Scheren. Mit Haken hält man die Wundränder offen. Arterienklemmen verschließen die Blutgefäße und verhindern zu großen Blutverlust.

Anästhesie
Bei der Anästhesie erhält der Patient ein Mittel, durch das er das Schmerzempfinden und oft auch das Bewusstsein verliert. Er steht unter Narkose. Lokale Anästhesie betäubt nur die zu operierenden Körperteile.

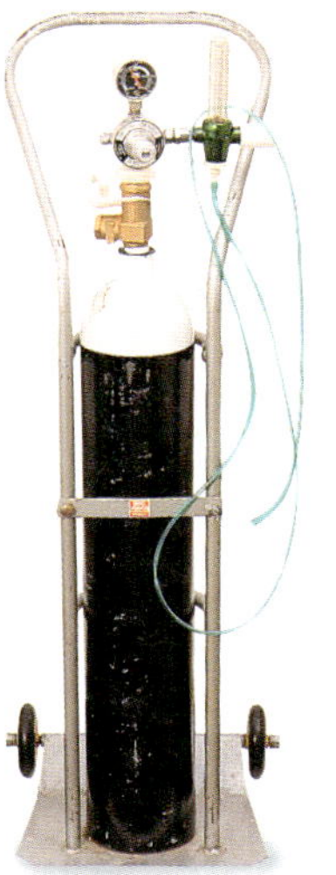

Sauerstoffflasche für künstliche Beatmung

Patrick Steptoe und Robert Edwards

Der englische Gynäkologe Patrick Steptoe (1913–88) und der Physiologe Robert Edwards (geb. 1925) entwickelten die Technik der In-Vitro-Fertilisation (IVF). Bei dieser künstlichen Befruchtung können auch unfruchtbare Frauen Kinder bekommen. Man entnimmt der Mutter eine Eizelle, befruchtet diese mit einer Samenzelle und bringt das befruchtete Ei in die Gebärmutter der Frau. 1978 kam so in England das erste Baby auf die Welt.

Patrick Steptoe — *Robert Edwards*

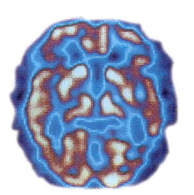

Medizintechnik

Im 20. Jh. machte die Medizintechnik große Fortschritte. Mit bildgebenden Verfahren, etwa durch Röntgentechnik, Computertomographie oder PET, kann man viele Krankheiten ohne weitere Eingriffe diagnostizieren. Notwendige chirurgische Eingriffe erfolgen heute oft nur noch über winzige Einschnitte (minimal-invasiv).

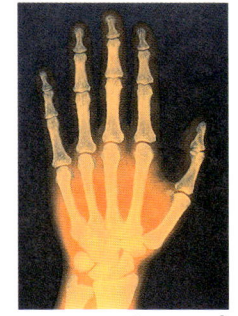

PET eines gesunden Gehirns 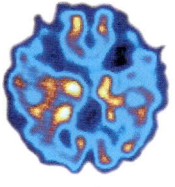 — *PET eines Gehirns mit Alzheimerkrankheit*

Endoskopisches Bild der Stimmbänder

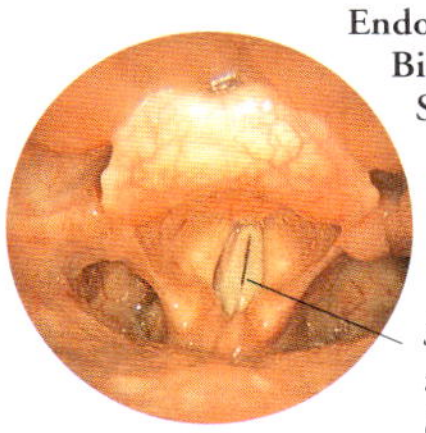

Stimmbänder nahe beieinander

PET
PET ist die Abkürzung für *Positronen-Emissions-Tomographie*. Man untersucht damit den Stoffwechsel des Gehirns. Mit PET kann man Tumore ausfindig machen und z. B. Epilepsie diagnostizieren.

Endoskope
Mit Endoskopen untersuchen die Ärzte Körperhöhlen. Im Endoskop liegen zahlreiche Glasfasern nebeneinander: Die einen beleuchten das Innere, die andern erzeugen ein Bild auf einem Bildschirm.

Röntgenaufnahme der Hand

Röntgenstrahlen
Röntgenstrahlen durchdringen alle weichen Teile des Körpers, werden aber von Knochen und Zähnen zurückgehalten. Da die Strahlen Filme schwärzen, kann man mit ihrer Hilfe fotografische Bilder vom Körperinnern aufnehmen.

Alternative Medizin

Unter dem Begriff der alternativen Medizin fassen wir heute Therapien zusammen, die mit der klassischen Schulmedizin, wie sie an Universitäten gelehrt wird, nichts zu tun haben. Es gibt darunter durchaus Verfahren, die auch von gelernten Ärzten angewendet werden, z. B. Akupunktur und Homöopathie.

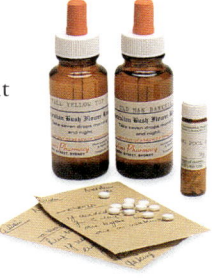

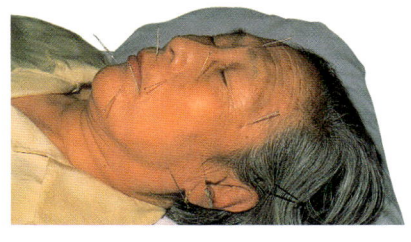

Akupunktur
Bei diesem chinesischen Verfahren steckt man Nadeln an bestimmten Stellen, den Meridianen, in die Haut. Dadurch soll die Lebensenergie *Qi* wieder fließen und die Gesundheit wiederherstellen.

Akupunkturbehandlung bei Gesichtslähmung

Homöopathie
Die Homöopathie verschreibt den Patienten in stark verdünnter Form jene Heilmittel, die unverdünnt dieselben Krankheitssymptome hervorrufen würden. Dadurch soll die natürliche Abwehr des Körpers angeregt werden.

Homöopathische Heilmittel

Reflexzonentherapie
Diese Therapie geht von der Erfahrung aus, dass zwischen der Körperoberfläche und der Gesundheit der inneren Organe Beziehungen bestehen. Besonders deutlich wird dies beim Fuß. Mit der Fußreflexzonenmassage versucht man, innere Krankheiten zu beeinflussen und sie womöglich zu heilen.

Die große Zehe ist der Stirn und dem Gehirn zugeordnet.

Dieses Gebiet ist dem Zwerchfell und dem Sonnengeflecht zugeordnet.

Dieser Teil des Fußes ist dem Ende der Wirbelsäule zugeordnet.

Reflexzonen

Dieses Gebiet ist dem Herzen zugeordnet.

Dieses Gebiet ist der Blase zugeordnet.

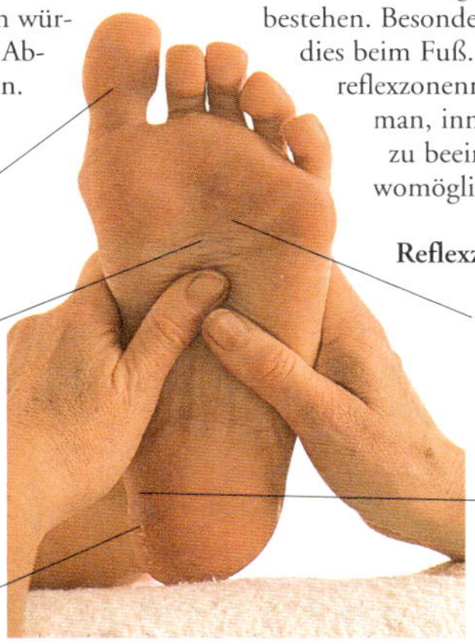

SIEHE AUCH UNTER | ARZEIMITTEL UND DROGEN | ERSTE HILFE | FITNESS | HERZ UND KREISLAUFSYSTEM | KRANKENHAUS | KRANKHEITEN | MEDIZIN, GESCHICHTE | NUTZPFLANZEN | ORGANSYSTEME

MEDIZIN, GESCHICHTE

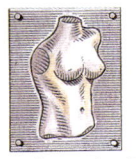

AUS ARCHÄOLOGISCHEN FUNDEN weiß man, dass Ärzte schon vor 4 500 Jahren Kranke behandelten. Die Ärzte wussten damals noch wenig über den Körper. Sie heilten oft mit Hilfe von Magie und pflanzlichen Arzneien. Die Medizin als Wissenschaft begann vor 300 Jahren, als man die Funktionsweise des Körpers erforschte. Später entwickelte man Therapien, wie die Immunisierung durch Impfen. Heute werden durch die Fortschritte der Medizin mehr Menschenleben gerettet als je zuvor.

Prähistorische Medizin

Ausgegrabene Skelette geben uns Hinweise über medizinische Behandlungen. Frühe Chirurgen bohrten bei der Trepanation die Schädel der Patienten auf, wahrscheinlich um eine Öffnung zu schaffen, durch die die Krankheit austreten konnte. Nicht alle Patienten starben bei der Prozedur, denn man fand auch Schädel mit verheilten Löchern.

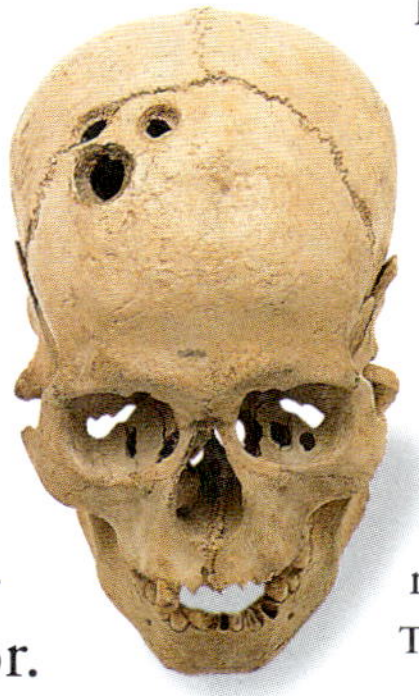

Trepanierter Schädel, 2000 v. Chr.

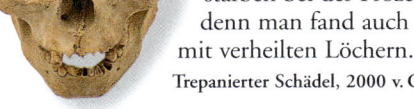

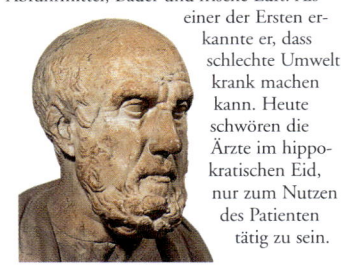

Ägyptische Heilverfahren
Die Ägypter gründeten vor 2 500 Jahren die erste Ärzteschule. Unser Wissen von der ägyptischen Medizin stammt vor allem vom *Papyrus Ebers* (16. Jh. v. Chr.), der ca. 700 Heilmittel aufführt.

Die alten Ägypter glaubten, roher Knoblauch helfe gegen Bandwürmer.

Knoblauch

Qing-Dynastie-Nadeln

Akupunktur
Chinesische Ärzte begannen schon um 2500 v. Chr. mit der Akupunktur. Man sticht dabei feine Nadeln an bestimmten Körperstellen in die Haut. Die meisten Ärzte akzeptieren heute die Akupunktur zur Schmerzbehandlung.

Akupunkturnadeln in Mahagonikästchen

Griechen und Römer

Griechische Ärzte waren chirurgisch gebildet und konnten Kriegswunden behandeln. Krankheiten schrieben sie den Göttern zu. Die Römer verbesserten vor allem die Hygiene.

Asklepios und Hygieia
Der griechische Gott der Heilkunde Asklepios hieß bei den Römern Aesculapius. Nach ihm ist der Äskulapstab benannt, das Wahrzeichen der Ärzte. Auf seine Tochter Hygieia geht unsere Bezeichnung Hygiene für die Gesundheitsfürsorge zurück.

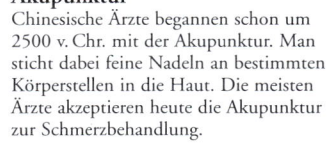

Hygieia *Asklepios*

Griechische Skulptur

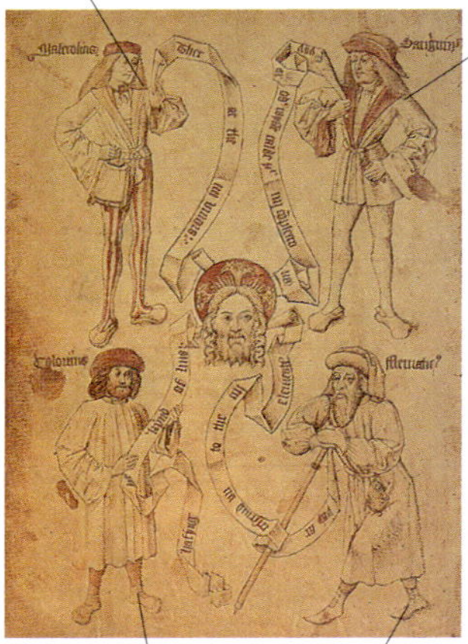

Schwarze Galle *Blut*

Viersäftelehre
Der griechische Arzt Galen (129–199) behauptete, der Mensch sei nur gesund, wenn seine 4 Körpersäfte im Gleichgewicht stünden, nämlich Blut, Schleim, gelbe und schwarze Galle. Diese entsprachen auch bestimmten Persönlichkeitstypen. Wer z. B. unter Melancholie litt, hatte zuviel schwarze Galle. Galens Theorie hatte bei den Ärzten lange Bestand.

Gelbe Galle *Schleim*

Die vier Säfte

Hippokrates
Der griechische Arzt Hippokrates (um 460–370 v. Chr.) trennte die Medizin von der Magie. Seine Therapien umfassten Diäten, Abführmittel, Bäder und frische Luft. Als einer der Ersten erkannte er, dass schlechte Umwelt krank machen kann. Heute schwören die Ärzte im hippokratischen Eid, nur zum Nutzen des Patienten tätig zu sein.

Islamische Medizin
Die Religion stellte eine wichtige Kraft in der arabischen Welt dar. Die heiligen Bücher enthalten Regeln zur Hygiene und zur Ernährung. Galens Viersäftelehre beeinflusste die frühe islamische Medizin. Doch dann entwickelten die Araber die Medizin weiter. Ibn-an-Nafis (1210–88) machte wichtige Entdeckungen über die Blutzirkulation.

Modernes türkisches Bad, Istanbul, Türkei

Die islamische Medizin erkannte die Rolle der Reinlichkeit bei der Aufrechterhaltung der Gesundheit.

Mittelalter

1 000 Jahre lang hielten die Ärzte an der Lehre Galens und an religiösen Vorstellungen fest. Noch in der Renaissance herrschte große Unwissenheit über den Ursprung von Krankheiten.

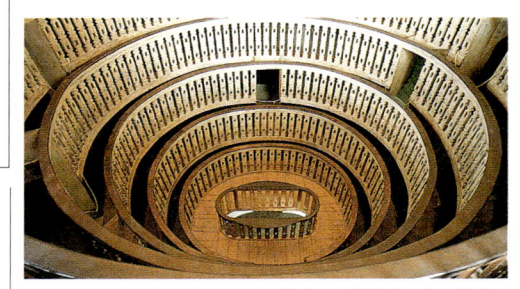

Seziersaal, Universität Padua

Universitäten
Im Mittelalter und in der Renaissance gab es kaum medizinische Hochschulen. Im 16. Jh. verfügte die Universität Padua über einen Seziersaal mit steil ansteigenden Rängen. Von dort konnten die Studenten das Sezieren einer Leiche durch den Professor beobachten.

Weise Frauen
Medizinische Hilfe fand man früher bei „weisen Frauen". Sie behandelten Krankheiten mit Heilpflanzen, z. B. dem Huflattich. Diese Frauen waren später von der medizinischen Ausbildung ausgeschlossen, obwohl sie über großes Erfahrungswissen verfügten.

Huflattich, ein Mittel bei Erkältungen

MEDIZIN, GESCHICHTE

Eine Revolution

Geburtszange von Smellie, um 1746

Vom 17. Jh. an schuf sich ein neuer Forschergeist Bahn. Man glaubte nicht mehr alles, was bisher gelehrt wurde, sondern wollte es beweisen. Eine der wichtigsten Erkenntnisse jener Zeit gelang dem Engländer William Harvey (1578–1657). Er zeigte, dass das Blut vom Herzen in den Körper gepumpt wird und von dort wieder zum Herzen zurückkehrt.

Immunisierung
Der englische Arzt Edward Jenner (1749–1823) infizierte 1796 einen Jungen mit harmlosen Kuhpocken, sodass er gegen die viel gefährlicheren Pocken immun wurde. Diese aktive Immunisierung schützt uns heute vor vielen einst tödlichen Krankheiten.

Jenner bei der ersten Impfung

Geburtshilfe
Bis ins 18. Jh. führte die Schwangerschaft oft zum Tod von Mutter und Kind. Der Ungar Ignaz Semmelweis (1818–65) bewies, dass Mangel an Hygiene zum tödlichen Kindbettfieber führte. Durch einfache Maßnahmen konnte er 8 von 10 Frauen retten. Um Babys bei langwierigen Geburten schneller auf die Welt zu bringen, entwickelte der Schotte William Smellie (1679–1763) die Geburtszange.

Schmerzbekämpfung
Bevor es eine Anästhesie gab, war die Chirurgie äußerst schmerzhaft. Der amerikanische Zahnarzt William Morton (1819–68) betäubte als Erster seine Patienten mit Ätherdämpfen.

Frühes Gerät zur Anästhesie

Zwangsjacke

Seelische Krankheiten

Bis ins 18. Jh. legte man seelisch kranke Menschen in Ketten, um ihre „Verrücktheit" zu bändigen. 100 Jahre später begann die Zeit der Psychotherapie: Der österreichische Arzt Sigmund Freud (1856–1939) erkundete in Gesprächen mit seinen Patienten die Ursachen ihrer seelischen Störungen.

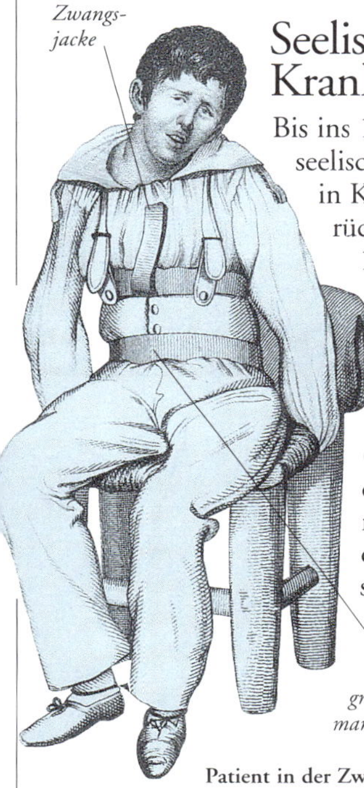

Riemen waren weniger grausam als die Ketten, in die man früher die Patienten legte.

Patient in der Zwangsjacke, um 1818

Joseph Lister
Der englische Chirurg Joseph Lister (1827–1912) erkannte, angeregt von Louis Pasteur (1822–95), dass man Wundinfektionen vorbeugen konnte, wenn man antiseptisch vorging und keimtötende Mittel verwendete. Er konnte dadurch die Todesrate nach Operationen um zwei Drittel senken.

Moderne Medizin

Im 20. Jh. machte die Medizin größere Fortschritte als je zuvor. Vor allem gelang es die Infektionskrankheiten zurückzudrängen. Die durchschnittliche Lebenserwartung stieg im 20. Jh. von 35 auf rund 75 Jahre. Da die Ärzte immer mehr Einblick in die Funktionsweise des Körpers erhielten, gelang auch die Entwicklung völlig neuer Therapieverfahren und Heilmittel. Dennoch sind noch viele Krankheiten auch heute unheilbar.

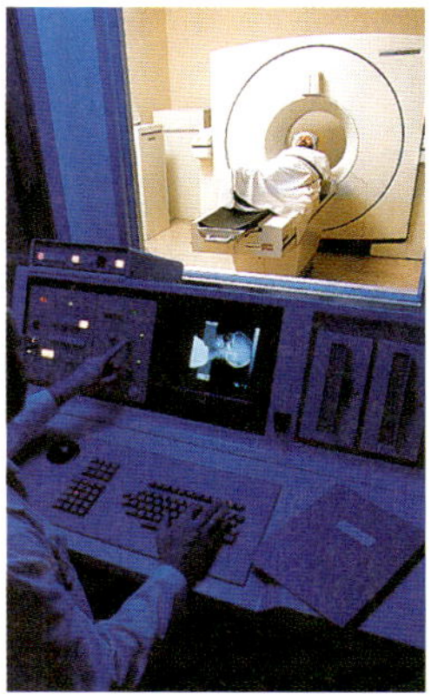

Blick mit Endoskop in den Magen

Medikamente
Mit den Fortschritten der Chemie gelang es immer mehr Medikamente aus dem Pflanzenreich künstlich herzustellen. Heute werden die meisten Heilmittel synthetisch im Labor gewonnen.

Augentropfen    *Tabletten und Kapseln*

Bildgebende Verfahren
Die Entdeckung der Röntgenstrahlen im Jahr 1895 erlaubte es den Ärzten, die Knochen des Patienten besser zu sehen als beim chirurgischen Eingriff. Um 1950 wurde das erste flexible Endoskop entwickelt, mit dem man das Innere von Körperhöhlen untersuchen konnte. Der Vorläufer des Geräts – eine Röhre und eine Kerze – stammte schon aus dem 18. Jh.

Forschung
Der technische Fortschritt ermöglichte viele neue Diagnoseverfahren. Eines der nützlichsten ist die Computertomographie. Man sendet scharf gebündelte Röntgenstrahlen durch den Körper. Detektoren nehmen die Strahlung wahr und Computer setzen die Daten in ein Bild um. Man kann so z. B. das Gehirn naturgetreu abbilden.

Computertomographie

Wiederentdeckung alter Kuren
Zu Beginn des 20. Jh. lehnten die Ärzte herkömmliche Therapien völlig ab. Später änderten die Ärzte ihre Meinung und griffen selbst wieder zu alten Heilverfahren. Eine amerikanische Firma versuchte sogar Gelbwurzumschläge patentieren zu lassen, die in Indien seit Jahrhunderten angewendet werden.

Gelbwurzpulver für Breiumschläge

Chronologie

1. Jh. Der römische Autor Aulus Celsus (25 v. Chr.–50 n. Chr.) schreibt 8 Bücher über die Medizin.

12. Jh. Die Klösterkrankenhäuser verbessern die medizinische Behandlung.

1163 Die Kirche verbietet Mönchen, chirurgisch tätig zu sein. Barbiere oder Bader arbeiten als Chirurgen.

1543 Der flämische Anatom Andreas Vesalius (1514–64) veröffentlicht erste genaue anatomische Abbildungen.

Schmerzstillendes Morphium wird aus Schlafmohn gewonnen.

Mohnkapseln

1849 Elizabeth Blackwell (1821–1910) ist die erste Ärztin in den USA.

1854 John Snow (1813–58) findet den Zusammenhang zwischen sauberem Wasser und Gesundheit.

um 1860 Der französische Chemiker Louis Pasteur entdeckt die Mikroorganismen oder Keime.

Spritze

1921 Behandlung der Zuckerkrankheit mit Insulin

1928 Der Schotte Alexander Fleming (1881–1955) entdeckt das Penicillin.

1953 John Gibbon jr. (1903–73) setzt seine Herz-Lungen-Maschine in der Herzchirurgie ein.

1960 John Charnley (1911–82) entwickelt das künstliche Hüftgelenk.

1979 Die Pocken sind ausgerottet.

1986 Entwicklung der minimalinvasiven Chirurgie

| SIEHE AUCH UNTER | ARZNEIMITTEL UND DROGEN | FREUD, SIGMUND | HERZ UND KREISLAUFSYSTEM | HEXEREI UND ZAUBEREI | MEDIZIN | NATURWISSENSCHAFT, GESCHICHTE | PASTEUR, LOUIS |

Frühe Medizin

Alte Heilpflanzen

Getrocknete Tollkirschenblätter

Getrocknete Tollkirschenwurzeln

Getrocknete Schafgarbenblüten

Getrocknete Blätter

Getrocknete Bocksdornbeeren

Stängel

Alraune Die Wurzel der Mandragora galt als Zauberpflanze.

Schafgarbe Mit ihr stillte man Blutungen und behandelte Erkältungen.

Getrocknetes Gummiharz

Pulver

Getrocknete Wurzeln

Samen

Frische Blätter

Blatt des Rizinusstrauches

Sellerie Er wurde im alten China und in Ägypten als Heilmittel gegen Arthritis eingesetzt.

Tollkirsche Man verwendete sie früher, um Krämpfe zu lösen und die Pupillen zu erweitern.

Myrrhe Man verwendete sie in Indien und im Mittleren Osten als keimtötendes Mittel.

Rizinusöl Es wird seit 4 000 Jahren als starkes Abführmittel benutzt.

Bocksdorn Er galt im alten China als Blutreinigungsmittel.

Instrumente

Mundstück

Sphygmomanometer, ein frühes Gerät zum Messen des Blutdrucks.

Skala zur Blutdruckmessung

Ventil für Ätherdämpfe

Sonde, Löffel und Haken der Römer

Biegsamer Gummischlauch

Skalpell und Pinzette der alten Römer

Spritzen, Mitte 19. Jh.

Diese Geräte nutzte man zur Wundversorgung.

Äthergetränkte Schwämme in Glasgefäß

Inhalator für Ätherdämpfe, 1847

Stethoskop nach Laennec, 1855

Zahnbohrer mit Aufziehmotor, 1864

Katheter und Spiegel der alten Römer Diese Geräte sind den heutigen noch ziemlich ähnlich.

Geräte zur Geburtshilfe, 1879

Gefäß zum Abmessen von Heilmitteln

Zerstäuber für Karbolsäure (Phenol), entworfen von Lister

MEERESBODEN

DIE MEERESBÖDEN sind entgegen unserer Vorstellung nicht nur eintönige Ebenen. Es gibt dort die längsten Gebirgszüge der Erde, einzelne Berge, Täler und Canyons. Diese Unterwasserlandschaft beherbergt eine außerordentlich reiche Tierwelt und bedeckt über 60 % der Erdoberfläche. Der Meeresboden verändert sich dauernd, da geschmolzene Gesteine in Spalten in der Erdkruste hochsteigen und im kalten Wasser sofort erstarren. Der gesamte Meeresboden ist von einer Sedimentschicht bedeckt. Er besteht aus den Resten toter Lebewesen, die langsam auf den Boden sinken.

Ozeane der Erde: Nordpolarmeer, Pazifischer Ozean, Indischer Ozean, Atlantischer Ozean, Südpolarmeer

Kartierung mit Sonar

Die Meeresforscher oder Ozeanographen erstellen mit Hilfe von Sonargeräten Karten vom Meeresboden. Dazu senden sie Schallwellen aus und empfangen deren Echos, die aufgezeichnet werden. Aus der Laufzeit kann man die Tiefe des Meeres an der Stelle berechnen.

Erforschung des Meeresbodens
Mit Sonargeräten machen sich Ozeanographen ein Bild vom Meeresboden. Wenn sie Genaueres sehen wollen, entsenden sie Tauchboote oder Kameraschlitten in die Tiefe. Beide müssen mit Scheinwerfern ausgerüstet sein, denn hier herrscht absolute Dunkelheit.

Sonarbild von Schlammströmen

Landschaft unter Wasser

Für die Geologen gehört der Kontinentalschelf noch zur kontinentalen Platte. Für sie beginnt der eigentliche Meeresboden erst beim Kontinentalhang. Der größte Teil davon liegt in einer Tiefe von über 2 000 m. Der Meeresboden ist hier überwiegend flach, weist aber immer wieder lange Gebirgsketten oder einzelne Tafelberge auf, die Guyots.

Kontinentalhang Hier taucht der Kontinentalschelf, der bis in 200 m Tiefe reicht, zum Tiefseeboden ab und bildet die Grenze des Kontinents.

Ausschnitt aus dem Meeresboden

Untermeerischer Canyon — Schlammstrom — Guyot, ein Tafelberg — Tiefseeberge — Mittelozeanischer Rücken, Kammlinie — Tiefseegraben, entstanden durch Abtauchen einer Platte unter eine andere

Kontinentale Platte — Vulkanisches Gestein — Tiefseeebene, bedeckt von einer dicken Sedimentschicht aus Resten meeresbewohnender Lebewesen, vor allem von Globigerinen — Aufsteigendes Magma — Ozeanische Platte

Hydrothermale Quellen

Nahe der Kammlinien mittelozeanischer Rücken stehen kaminartige Schlote, aus denen heißes (hydrothermales) Wasser austritt. Darin sind viele Mineralien und vor allem Schwefel gelöst, sodass ein schwarzer Niederschlag entsteht. Man spricht von „black smokers" („schwarzen Rauchern").

Niederschlag aus schwarzen Schwefelmineralien

Zu einem Bogen verbundene Kamine

Kamin aus verfestigten Mineralien

Bis zu 30 cm große Muscheln

Röhrenwürmer mit bis zu 3 m langen Tentakeln

Rohstoffe vom Meeresboden

Der Meeresboden und die Bereiche darunter sind reich an Rohstoffen. Einige versucht man heute zu gewinnen. Über 1/3 des Erdöls wird „offshore" gewonnen, durch Bohrinseln im Kontinentalschelf. Auf dem Meeresboden gibt es auch Lagerstätten von Diamanten, Zinn, Gold. Besonders eigenartig sind die Manganknollen. Selbst der Schlamm auf dem Meeresboden enthält größere Mengen Silber, Kupfer und Zink.

Ungeschliffene Diamantkristalle

Erdöl

Globigerinen

Die Skelette einzelliger Urtiere, wie die Globigerinen, bauen den Kalkschlick, eine wichtige Ablagerung der Tiefsee, auf. Globigerinenschlamm nimmt 36 % des Meeresbodens ein.

Einzellige marine Urtiere

SIEHE AUCH UNTER — ERDE — GESTEINE — KONTINENTE — OZEANE UND MEERE — RADAR UND SONAR — VULKANE

MEERESKÜSTE

DIE GRENZE ZWISCHEN MEER und Festland bezeichnen wir als Küste. Es gibt viele verschiedene Küstenformen, vom Sandstrand bis zum Kliff. Die Meeresküsten verändern sich aber dauernd, weil die Wellen unentwegt auf das Land zurollen. Ebbe und Flut wirken ebenfalls ständig auf die Küste ein, und auch Wind und Regen sind an der Gestaltung der Küsten beteiligt. Nach der groben Form unterscheidet man zunächst Flach- und Steilküsten. Dazwischen gibt es Übergänge. Als Strand bezeichnet man einen mit abgelagertem Sand bedeckten Uferstreifen.

Entwicklung einer Küste

Wellen prallen mit hohem Druck auf Steilküsten. Sie transportieren Sand und Steine mit sich und tragen die Küstenfelsen ab. Hohe Felsen werden vom Fuß her angenagt, sodass Teile davon abbrechen. Das Modell unten zeigt die Einwirkungen der Wellen auf die Küste.

Die Wellen fressen sich landeinwärts und lassen am Fuß des Kliffs eine Plattform stehen.

Das Meer trägt das Kliff ab, sodass ein Brandungstor entsteht.

Brandungspfeiler

Hohe Wellen tragen weiterhin das Kliff ab und dringen durch Spalten oder Blaslöcher ein.

Sturmwellen nagen weiter an der Kliffbasis.

Pfeiler wird abgetragen.

Höhleneingang

Größere Blöcke lösen sich ab und stürzen auf den Boden.

Strände und Sandbänke

Das von Felsküsten abgetragene Material zerkleinern die Wellen zu Sand und Kies. An Stränden und Sandbänken lagern sie es ab. Manche Sandbänke sind noch durch einen Streifen mit dem Festland verbunden. Wenn eine Landzunge eine Bucht abschneidet, spricht man von einer Nehrung.

Abgetragenes Material lagert sich an der Küstenlinie ab und bildet Strände.

Stürme bringen Brandungstore zum Einsturz. Es bleibt ein Brandungspfeiler übrig. Dahinter erscheint ein zweites Tor.

Durch den Abbruch von Material zieht sich das Kliff weiter zurück.

Küstenlinie bewegt sich mit der Abtragung des Kliffs rückwärts.

Küstentypen

Geologen unterscheiden eine Vielzahl von Küstentypen, z. B. Abtragungs- oder Ablagerungsküsten, Flach- oder Steilküsten. Von Bedeutung ist, ob der Meeresspiegel im Lauf der Jahrtausende gestiegen, gesunken oder gleich geblieben ist.

Kliffküste
Die Brandung trägt alle Vorgebirge ab und lagert das Material in dahinter liegenden Buchten ab. So entstehen nebeneinander liegende Buchten.

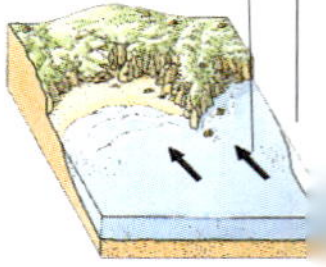

Wellenrichtung

Fjordküste
Wenn der Meeresspiegel steigt und/oder das Land sich senkt, werden Täler überflutet. Bei Flusstälern entsteht eine Riasküste, bei Gletschertälern eine Fjordküste.

Wellenrichtung

Aufgetauchte Küste
Wo sich Steilküsten hoben, zog sich das Meer zurück. So entstand eine Strandterrasse. Weiter unten gestaltet das Meer eine neue Kliffküste.

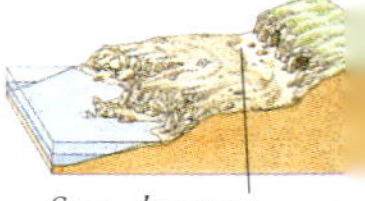

Strandterrasse

Deltaküste
An Flussmündungen entstehen Deltas mit breiten Stränden und Ästuaren.

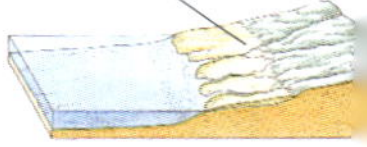

Viele Nebenarme im Delta

Wellen

Wellen wandern über das Wasser. Die Wasserteilchen bewegen sich dabei nur auf und ab. Gelangen Wellen an die Küste, so berührt deren Unterseite den Meeresboden und wird abgebremst. Die Oberseite bewegt sich weiter, sodass sich die Welle bricht.

Wellenbildung

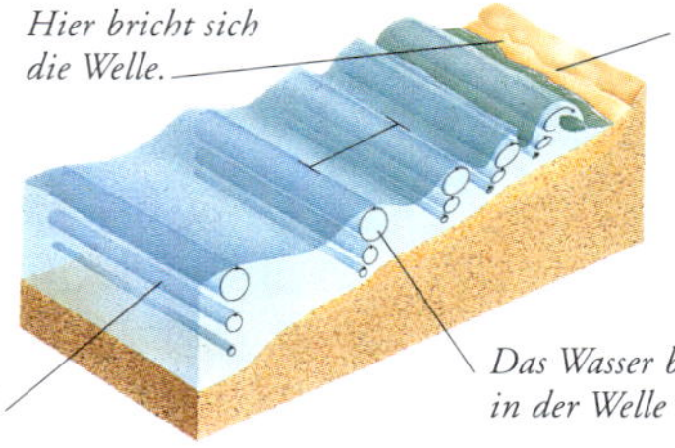

Hier bricht sich die Welle.

Bei Annäherung an den Strand werden die Wellen höher.

Kreisbewegung wird bei der Berührung des Strandes gestört.

Das Wasser bewegt sich in der Welle kreisförmig.

Küstenschutz
Wellen verfrachten durch das Auflaufen und den Sog beim Ablaufen Sedimente. Man spricht von Küstenversetzung. Durch Küstenverbauungen und Buhnen will man Abtragungen verhindern.

Küstenverbauung, England

Strandmaterial
Feinen Sand und Schluff findet man meist nahe der Uferlinie. Bei Stürmen gelangen Kiesel weiter nach oben. Nach heftigen Stürmen beobachtet man oberhalb der Hochwassermarke einen Streifen aus groben Kieseln, die hier abgelagert wurden.

Kies und Geröll

Feiner Sand

Grober Sand

SIEHE AUCH UNTER GEBIRGE · GLETSCHER · HÖHLEN · KORALLENRIFF · MEERESKÜSTE, TIERWELT · OZEANE UND MEERE

MEERESKÜSTE, TIERWELT

ALS KÜSTE BEZEICHNEN WIR den schmalen Streifen, an dem Festland und Meer aufeinander treffen. Vor allem am Atlantik und in der Nordsee sind die Gezeiten stark ausgeprägt: Der Tidenhub kann hier mehrere Meter betragen. Der Küstenbereich ist dort entsprechend groß. An Felsküsten wird deutlich, dass sich die Pflanzen und Tiere in waagerechten Zonen anordnen, je nachdem, wie sie mit den unterschiedlichen Umweltbedingungen zurechtkommen.

Sturmwellen donnern auf die Felsküste und reißen festsitzende Tiere und Algen los.

Uferzone

Die Zonierung ist an Felsküsten am deutlichsten, weil hier die Pflanzen und Tiere an der Oberfläche leben müssen. Die oberste Zone nennt man Litoralsaum. Er ist nur bei extremen Springfluten von Wasser bedeckt und wird sonst nur vom Spritzwasser erreicht.

An der Uferlinie werden tote Tiere und Pflanzen angeschwemmt.

Niedrige Felstümpel
Ihr Wasser wird bei jeder Flut regelmäßig ausgetauscht, sodass sie zahlreiche Lebewesen enthalten.

Hohe Felstümpel
Sie sind viel weniger besiedelt, weil ihr Salzgehalt und ihre Temperatur sehr stark schwanken können.

Sandküste
Sandküsten sehen von außen ziemlich unbelebt aus, weil sich die Tiere im Sand aufhalten. Erst wenn Flut die Sandfläche überdeckt, kommen sie an die Oberfläche, um zu fressen. Tote Tiere werden angeschwemmt.

Pflanzen

Eine große Vielfalt von Pflanzen halten in der Spritzzone extreme Schwankungen des Salzgehaltes aus. Die größeren grünen oder braunen Algen müssen dabei aber immer wieder von der Flut überdeckt werden. Am besten wachsen sie unterhalb der Gezeitenzone, wo viel Licht hinkommt. In manchen Meeren wachsen hier Seegraswiesen aus meeresbewohnenden Blütenpflanzen.

Weichtiere

An Meeresküsten leben viele Weichtiere. Dazu zählen vor allem Schnecken und Muscheln. Ihr Mantel scheidet die Kalkschale ab. An der Felsküste kriechen sie auf Nahrungssuche umher. Die meisten Weichtiere an der Sandküste liegen im Boden eingegraben.

Netzreusenschnecke
Die Netzreusenschnecke kommt in der mittleren Gezeitenzone vor. Sie lebt räuberisch und frisst vor allem Seepocken und Miesmuscheln. Mit den Reibezähnen ihres Mundes bohrt sie ein Loch in die Schale, um an das Fleisch zu kommen. Wenn die Felsoberfläche austrocknet, löst sie sich und rollt in tiefere Strandbereiche.

Inkrustierende Algen
Einige Rotalgen lagern im Gewebe Kalk ein und heißen deshalb Steinalgen. Sie bilden auf Felsen und Weichtierschalen dicke Überzüge.

Rote Steinalge

Plattmuscheln
Diese Muscheln leben eingegraben im Sand des mittleren Gezeitenbereichs und im Flachwasser. Bei Flut strecken sie 2 Siphonen an die Oberfläche und saugen Pflanzenreste ein.

Miesmuscheln
Miesmuscheln verankern ihre Schalen mit Hilfe der zähen Byssusfäden. Sehr junge Muscheln wandern auf ihrem Fuß noch umher, heften sich dann aber auf dem Untergrund fest.

Fuß der Napfschnecke von unten

Napfschnecken
Napfschnecken heften sich mit ihrem breiten Fuß an Felsoberflächen an. Selbst in der Brandungszone werden sie nicht von Wellen abgelöst. Bei Flut wandern sie umher und weiden Algenrasen ab.

Nacktkiemerschnecken
Nacktkiemerschnecken sind zarte, schalenlose Weichtiere mit oft gefiederten Kiemen an den Körperseiten. Sie leben im unteren Gezeitenbereich. Die abgebildete Art kriecht an Felsküsten zur Eiablage in den höheren Gezeitenbereich.

Braunalgen
Die größten Algen sind die Braunalgen, die wir auch als Tang oder als Kelp bezeichnen. Der Blasentang im Bild rechts wächst in der mittleren Gezeitenzone. Rot- und Grünalgen sind kleiner und gedeihen in der unteren Gezeitenzone.

Flechten
Orangefarbene, graue und schwarze Flecken an Felsen der Spritzzone bestehen aus Flechten, der Vergesellschaftung von Algenzellen mit Pilzen. Diese primitiven Pflanzen halten hohen Salzgehalt ebenso aus wie Trockenheit.

511

Krebse

Die meisten Krebse leben im Meer. Sie haben ein hartes Außenskelett, gegliederte Beine und vor dem Mund 2 Paar Fühler. Viele Krebse bewegen sich schnell auf ihren Beinen, andere können gut schwimmen. Die Seepocken leben festgeheftet etwa auf Felsen.

Kleine Schere zum Zerteilen von Fleisch

Seepocken wachsen auf dem Panzer.

Große Schere zum Knacken von Muscheln

Die beiden ersten Beinpaare enden in Scheren.

Die folgenden Beinpaare enden in Krallen.

Einsiedlerkrebse
Die meisten Einsiedlerkrebse verbergen ihren weichen Hinterleib in einer Schneckenschale. Die abgebildete bunte Art lebt im Korallenriff und sucht bei Ebbe zwischen den Felsspalten nach Nahrung.

Strandasseln
Diese Verwandten der Kellerasseln verbergen sich an feuchten Stellen im oberen Bereich des Strandes unter angeschwemmten Algen. Nachts verlassen sie ihren Unterschlupf und fressen totes organisches Material.

Hummer
Hummer finden sich auch in Felsentümpeln im unteren Gezeitenbereich. Das abgebildete Tier dient Seepocken als Unterlage. Diese Krebse heften sich nach dem frei beweglichen Larvenstadium mit dem Kopf an eine feste Unterlage und bilden einen 6-teiligen Kalkpanzer aus.

Stachelhäuter

Die Stachelhäuter umfassen die Seesterne, die Schlangensterne, die Seeigel und die Seegurken. Viele halten sich im tieferen Gezeitenbereich auf. Die weitaus meisten Stachelhäuter haben einen 5-strahligen Körperbau. Sie bewegen sich mit Hilfe von Füßchen fort, die sie aus ihrem Kalkskelett herausstrecken.

Sanddollars
Sanddollars sind Seeigel mit deutlich abgeflachtem Körper. Sie tragen zarte Stacheln und halten sich auf der Sandoberfläche in warmen Gewässern auf. Die leeren Schalen werden an den Strand gespült.

Herzigel
Der Herzigel gräbt sich mit seinen breiteren, abgeflachten Dornen auf der Unterseite in den Sand ein. Als Nahrung nimmt er Sand in den Körper auf und verdaut die Algenschicht auf den Sandkörnern.

Sonnenstern **Dornenstern** **Purpurstern**

Seesterne
Die Seesterne leben in der unteren Gezeitenzone von Felsküsten und in tieferen Gewässern. Auf der Unterseite jedes Armes liegen 2 Reihen von Ambulakralfüßchen. Mit Saugnäpfen halten sie sich an der Unterlage fest.

Seeigel
Der Mund liegt bei Seeigeln auf der Unterseite. Er hat 5 starke Kalkzähne, mit denen die Tiere den Algenbewuchs von Felsen abweiden. Die Spitzen der Seeigelstacheln brechen leicht ab und verursachen eiternde Wunden.

Ambulakralfüßchen

Dornen

Würmer

Würmer haben lang gestreckte Körper. Der Zoologe unterscheidet zahlreiche Gruppen, die nicht näher miteinander verwandt sind. Die meisten Würmer an Küsten haben segmentierte Körper und zählen somit zu den Ringelwürmern. Im Sand eingegraben leben die nicht segmentierten Spritzwürmer.

Körper mit über 100 Segmenten

Ringelwürmer
Die abgebildete Art hat seitlich Ruderfüße mit Borsten. Sie lebt unter Felsbrocken und Meerestang und schwimmt durch wellenförmige Bewegungen des Körpers.

Mit den Borsten bewegt sich die Seemaus vorwärts.

Seemaus
Mit ihrem großen, flachen Körper sieht die Seemaus nicht wie ein Wurm aus. Trotzdem zählt sie zu den Borstenwürmern. Sie lebt in der unteren Gezeitenzone, wird gelegentlich aber auch an Land gespült. Die Borsten schützen vor Feinden.

Wurm in pergamentartiger Röhre

Röhrenwürmer
Es gibt frei lebende und sesshafte Arten. Letztere halten sich in selbst gebauten Röhren auf, wie der Pergamentwurm im Bild oben. Am Vorderende seines Körpers stehen gefiederte Tentakel, mit denen er Nahrungsteilchen heranstrudelt. Bei Störung zieht sich der Wurm blitzschnell in sein Gehäuse zurück.

Spritzwürmer
Die bis zu 30 cm langen Spritzwürmer graben im Sand oder Schlick und kommen von der Küste bis in die Tiefsee vor. Der Mund ist von Tentakeln umgeben. Wenn die abgebildete Art ihren Körper zusammenzieht, sieht sie wie eine Erdnuss aus.

Purpurrose
Diese Seeanemone entfaltet ihre nesselnden Tentakel nur, wenn sie von Wasser bedeckt ist. Sie fängt damit kleine Tiere. Bei Ebbe zieht sich die Seeanemone zusammen.

Brotkrustenschwamm
Die meisten Schwämme leben in mittleren Wassertiefen. Die abgebildete Art wächst unter Steinen in der unteren Gezeitenzone. Schwämme sind ganz einfache, festsitzende Tiere.

Meeresschildkröte
Die Weibchen der Meeresschildkröten legen ungefähr 100 Eier und vergraben sie tief im Sand. Die meisten Arten kommen dazu nachts an den Strand, an dem sie einst selbst geschlüpft sind.

SIEHE AUCH UNTER | KREBSE | OZEAN, TIERWELT | QUALLEN, SEEANEMONEN UND SCHWÄMME | SCHILDKRÖTEN | WEICHTIERE

MEERESVÖGEL

MEERESVÖGEL VERBRINGEN fast ihr ganzes Leben am oder über dem Meer. Man kennt rund 300 Arten und 20 Familien. Die Vögel unterscheiden sich im Aussehen sehr stark und auch durch die Art des Nahrungserwerbs. Einige Meeresvögel fliegen knapp über der Wasseroberfläche und schnappen dort nach Beute. Andere tauchen ein und schwimmen mit Hilfe ihrer Füße oder Flügel. Meeresvögel legen nicht selten riesige Entfernungen über dem offenen Meer zurück.

Basstölpel
Dieser kräftig gebaute Meeresvogel lebt im Nordatlantik. Er fängt Fische, etwa Heringe und Makrelen, indem er sich mit dem Kopf voran ins Wasser stürzt und einen Fisch mit dem Schnabel packt. Kopf, Schnabel und Körper sind stromlinienförmig, sodass der Aufprall aus 30 m Höhe keinen Schaden anrichtet.

Tölpel fliegen sehr gut. Sie wechseln zwischen Ruder- und Gleitflug ab.

Beim Eintauchen ins Wasser werden die Flügel an den Körper angelegt.

Federn
Die meisten Meeresvögel ölen wie fast alle Wasservögel ihre Federn ein, damit sie das Wasser abstoßen. Das Öl stammt von der Bürzeldrüse am Schwanz.

Salzdrüsen
Das Meerwasser ist salzig, und die Nahrung der Meeresvögel enthält viel Salz. Dieses wird durch Salzdrüsen am Schnabel ausgeschieden. Das Salzwasser tröpfelt von der Schnabelspitze ab.

Nach vorn gerichtete Augen nehmen den Fisch von oben wahr.

Erst nach 5 Federwechseln (Mausern) wächst den Basstölpeln das reinweiße Gefieder.

Merkmale
Meeresvögel haben viele Merkmale gemeinsam, z. B. wasserundurchlässige Federn, Schwimmhäute an den Füßen und Salzdrüsen, die überschüssiges Salz ausscheiden. Die meisten sind gute Schwimmer, doch viele Arten setzen sich nur selten auf die Wasseroberfläche.

Füße
Alle Meeresvögel haben zwischen den Zehen Schwimmhäute. Damit paddeln sie im Wasser. Der Basstölpel setzt seine Schwimmfüße zum Start nach dem Sturztauchen ein.

Ernährung
Meeresvögel leben überwiegend von Fischen, Tintenfischen und Quallen sowie von Nahrungsteilen auf der Wasseroberfläche. Die Fangtechniken sind den Beutetieren angepasst. Einige Arten haben sich darauf spezialisiert, anderen Vögeln die Beute abzujagen.

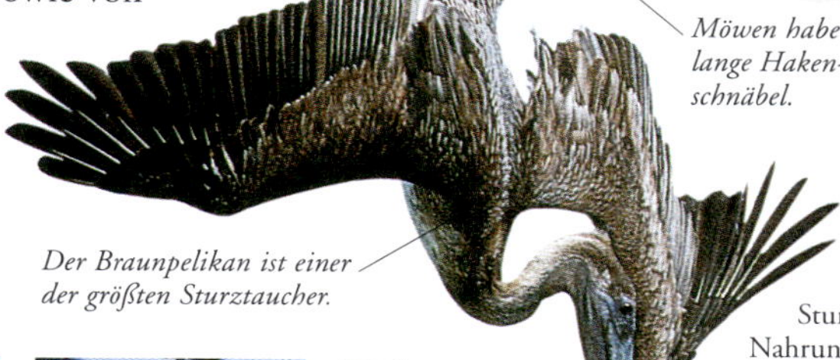

Der Braunpelikan ist einer der größten Sturztaucher.

Möwen haben lange Hakenschnäbel.

Oberflächentaucher
Alke, Papageitaucher und Kormorane schwimmen auf dem Wasser und tauchen zur Nahrungssuche ab. Alke setzen die Flügel zum Schwimmen ein.

Diebe
Fregattvögel segeln über dem Meer und gehen kaum je auf das Festland. Sie jagen andere Vögel und zwingen sie, ihre Beute fallen zu lassen.

Oberflächenjäger
Albatrosse, Möwen und Sturmtaucher suchen sich ihre Nahrung an der Wasseroberfläche. Albatrosse und Möwen tun dies meist im Flug, Sturmtaucher hingegen treten dabei das Wasser.

Sturztaucher
Pelikane, Tölpel und Seeschwalben stürzen sich aus der Luft in das Wasser. Sie tauchen nicht tief ein, sondern kehren gleich zur Oberfläche zurück.

Schwimmhäute

Kormoran beim Trocknen
Das Gefieder der Kormorane wird beim Tauchen nass. Dadurch verringert sich der Auftrieb der Vögel im Wasser, sodass sie tiefer tauchen können. Danach müssen sie aber ihr Gefieder trocknen.

Der Größte und der Kleinste
Der Wanderalbatross ist der größte Meeresvogel. Er wird rund 1,35 m lang und hat 3,30 m Flügelspannweite. Am kleinsten ist die Zwergsturmschwalbe mit einer Länge von rund 15 cm.

Nestbau
Das Festland ist vielen Meeresvögeln fremd. Einige verbringen Jahre auf See, bevor sie zum Brüten auf das Festland kommen. Zum Schutz ihrer Eier und Jungen bilden die meisten Meeresvögel Kolonien. Damit ist eine Verteidigung leichter. Einige wenige Meeresvögel graben Gänge im Boden. Die Alke brüten auf Felsvorsprüngen.

Am Boden
Papageitaucher graben an Abhängen Bodennester. Die Weibchen legen ein einziges Ei. Jungtiere bleiben 6 Wochen am Boden.

An Kliffs
Dreizehenmöwen bilden auf Kliffs große Kolonien. Jedes Paar baut ein Nest aus Algen und zieht 2 bis 3 Junge auf.

An Felsvorsprüngen
Alke legen ihre Eier auf Felsvorsprünge oder Gesimse. Die Eier sind am einen Ende zugespitzt, sodass sie sich drehen und nicht herabfallen.

BASSTÖLPEL
WISSENSCHAFTLICHER NAME *Sula bassana*
ORDNUNG Pelecaniformes, Pelikanvögel
FAMILIE Sulidae, Tölpel
VERBREITUNG Nordatlantik
LEBENSRAUM Küstengewässer, offenes Meer
ERNÄHRUNG Fische
GRÖSSE Länge mit Schwanz 91 cm
LEBENSDAUER Etwa 20 Jahre

SIEHE AUCH UNTER EIER · OZEAN, TIERWELT · PINGUINE · VÖGEL · VOGELFLUG · WATVÖGEL

MEITNER, LISE

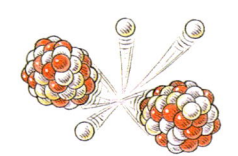

EINIGE DER WICHTIGSTEN Entdeckungen in der Kernphysik gehen auf Lise Meitner zurück. Da sie Frau und dazu Jüdin war, hatte sie in der Männerwelt der Physik unter vielen Vorurteilen zu leiden. Während ihrer langen Karriere in Österreich, Deutschland und Schweden veröffentlichte sie über 130 wissenschaftliche Arbeiten. Viele Entdeckungen machte sie zusammen mit ihrem Kollegen Otto Hahn (1879–1968). Dazu gehörte auch die Kernspaltung – Grundlage für die Nutzung der Kernenergie, aber auch für die Atombombe. Sie erhielt 1966 den Fermi Award, doch der Nobelpreis blieb ihr versagt.

Kindheit und Jugend
Lise Meitner wurde 1878 in Wien geboren. In ihrer Jugend bewunderte sie die englische Krankenschwester Florence Nightingale und die französische Physikerin Marie Curie. Als junge Frau überredete sie ihren Vater dazu, einen Privatlehrer anzustellen, der sie auf die Universität vorbereiten sollte. 1906 erhielt sie den Doktortitel der Universität Wien.

Die Physikerin
Im frühen 20. Jh. war es ungewöhnlich, dass eine Frau Physik studierte, und Lise Meitner begegnete vielen Vorurteilen. An der Universität Berlin, wo sie von 1926 bis 1933 Professorin war, musste sie in einem Schuppen arbeiten, weil Frauen keinen Zutritt zum Hauptgebäude hatten. Die männlichen Kollegen ignorierten sie und diskutierten ihre Arbeit nur mit Otto Hahn.

Lise Meitner und Otto Hahn waren gleichgestellt, doch es gab Vorbehalte gegen die Frau.

Arbeitstisch von Lise Meitner und Otto Hahn bei Experimenten, die zur Entdeckung der Kernspaltung führten.

Radioaktivität
Im Jahr 1896 entdeckte der französische Physiker Henri Becquerel (1852–1908) die Radioaktivität. Lise Meitner trug sehr viel bei zum Verständnis dieser eigentümlichen Strahlung. Während ihrer Laborarbeiten fühlte sie sich oft unwohl, weil sie häufig mit gefährlichen radioaktiven Substanzen und Quecksilberdämpfen in Kontakt kam.

Protactinium
1907 ging Lise Meitner an die Universität Berlin. 1917 kam sie an das Kaiser-Wilhelm-Institut und arbeitete dort mit Otto Hahn zusammen. Im Jahr darauf entdeckten beide ein neues Element namens Protactinium. Der Name bedeutet „vor dem Actinium", weil das Element Actinium durch den radioaktiven Zerfall von Protactinium entsteht.

Spektroskop zur Messung von Betastrahlen

Brief über die Entdeckung des Protactiniums

Kernspaltung
Im Jahr 1938 gelang Lise Meitner ihr bedeutendster Beitrag zur Kernphysik. Sie erkannte, dass man Kerne des Elements Uran in 2 kleinere Bruchstücke spalten konnte. Dabei wurde viel Energie frei. Diese Energie wird heute in Kernkraftwerken genutzt und stellt auch die Grundlage für die Atombomben dar. Lise Meitner weigerte sich jedoch, bei der Entwicklung dieser Waffen mitzuarbeiten.

Exil in Schweden
Im Jahr 1938 verließ Lise Meitner als Jüdin Deutschland, um der Verfolgung durch die Nazis zu entgehen. Der dänische Physiker Nils Bohr besorgte ihr eine Forschungsstelle an der Universität Stockholm, Schweden. Dort forschte sie mit ihrem Neffen, Otto R. Frisch, der Mitarbeiter von Nils Bohr war.

Erklärung der Kernspaltung
Während Lise Meitner in Schweden weilte, bombardierte Otto Hahn Urankerne weiterhin mit Neutronen. Er fand bei den Experimenten Spuren von Barium, wusste aber nicht, warum sie dort vorkamen. Meitner fand die Ursache: Sie erkannte, dass jedes Uranatom in 2 Bruchstücke zerfallen war, von denen das eine ein Bariumatom war.

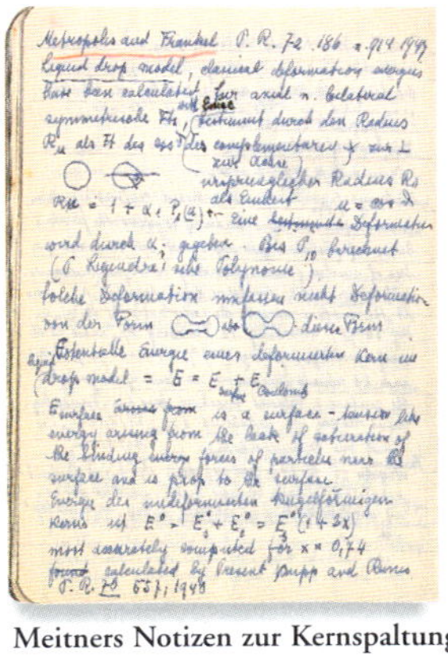

Meitners Notizen zur Kernspaltung

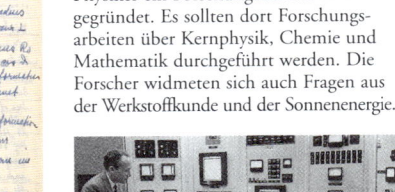

Hahn-Meitner-Institut
Im Jahr 1959 wurde zu Ehren der beiden Physiker ein Forschungsinstitut in Berlin gegründet. Es sollten dort Forschungsarbeiten über Kernphysik, Chemie und Mathematik durchgeführt werden. Die Forscher widmeten sich auch Fragen aus der Werkstoffkunde und der Sonnenenergie.

LISE MEITNER	
1878	Geburt in Wien
1906	Doktor der Universität Wien
1907	Reise nach Berlin wegen eines Vortrags; sie blieb über 30 Jahre.
1918	Entdeckung des Elements Protactinium mit Otto Hahn
1926	Professorin an der Universität Berlin
1938	Flucht vor den Nazis nach Stockholm, Schweden
1939	Sie veröffentlicht mit Otto Hahn eine wissenschaftliche Arbeit, in der die Kernspaltung erklärt wird.
1949	Schwedische Staatsbürgerin
1968	Tod in Cambridge, England

SIEHE AUCH UNTER CURIE, MARIE · EINSTEIN, ALBERT · KERNKRAFT · PHYSIK

MELANESIEN UND MIKRONESIEN

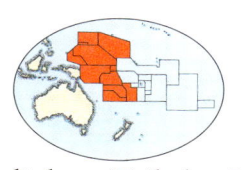

DIE INSELWELT im Südwestpazifik unterteilt man in Melanesien und Mikronesien. Melanesien umfasst den östlichen Teil der Insel Neuguinea mit dem Staat Papua-Neuguinea sowie die Inselwelt östlich und südöstlich davon. Mikronesien, das aus vielen Korallenriffen mit kleinen Inseln besteht, liegt weiter im Norden. Die meisten Menschen leben als Bauern. Sie bauen vor allem Kokosnüsse, Bananen, Kakao und Zuckerrohr an.

Geografie
Einige südwestpazifische Inseln sind sehr flach und werden bei Stürmen oft überflutet. Andere sind vulkanischen Ursprungs und haben schwarze Strände. Papua-Neuguinea ist sehr gebirgig und von Regenwald bedeckt.

Vulkane
Viele gebirgige Inseln Mikronesiens und Melanesiens sind vulkanischen Ursprungs. In Vanuatu gibt es aktive Vulkane, die jederzeit ausbrechen können. Andere Inseln werden von Atollen gebildet, die an den Kratern einsinkender Vulkane entstanden sind. Die Böden sind hier allgemein wenig fruchtbar.

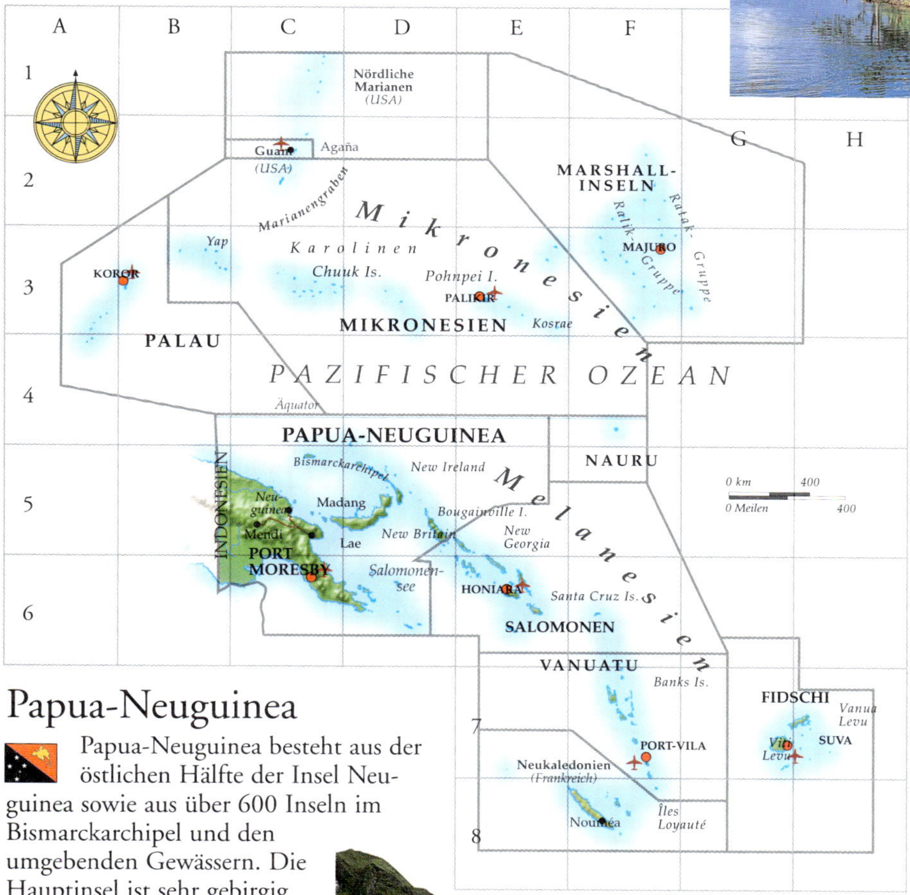

Kokosnüsse
Die Kokospalme wächst noch auf recht unfruchtbaren Böden und zählt auf den pazifischen Inseln zu den häufigsten Baumarten. Die Früchte werden am Strand angeschwemmt und keimen dort aus. Die Inselbewohner trocknen das Kokosfleisch zu Kopra. Aus Kokosfasern stellen sie Matten her.

Klima
Melanesien und Mikronesien haben das ganze Jahr über ein warmes Klima. Die Regenmenge schwankt, doch gibt es auf den Inseln eine Trockenzeit und eine Regenzeit.

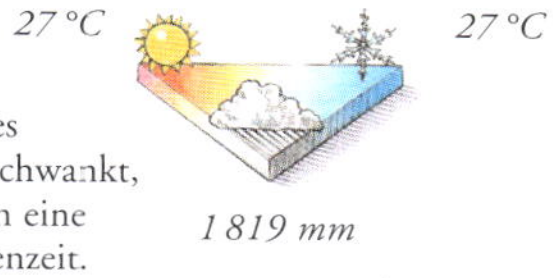

27 °C 27 °C
1 819 mm

Sprachen
Im südwestpazifischen Raum wird über ein Drittel aller Sprachen der Erde gesprochen. Die meisten findet man in Melanesien, davon rund 715 in Papua-Neuguinea, wo 1000 verschiedene Stämme leben. In Mikronesien spricht man 13 Hauptsprachen und mehrere Dialekte.

Jungen aus Papua-Neuguinea

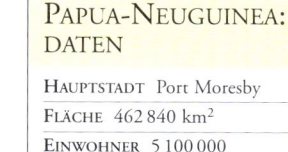

Papua-Neuguinea
Papua-Neuguinea besteht aus der östlichen Hälfte der Insel Neuguinea sowie aus über 600 Inseln im Bismarckarchipel und den umgebenden Gewässern. Die Hauptinsel ist sehr gebirgig und von Regenwald bedeckt. Zwischen den Gebirgszügen liegen sumpfige Flusstäler.

Bevölkerung und Sprachen
Die zahlreichen Stämme in den Gebirgen Neuguineas waren lange von der Außenwelt abgeschnitten und entwickelten eigene Sitten und Sprachen. Zwischen den Hochlandvölkern, die zu einem Teil noch vom Jagen und Sammeln leben, herrschen große Spannungen. Die Völker der Tiefebenen hatten hingegen schon länger Kontakte mit der Außenwelt.

Bergbau
Papua-Neuguinea steht an 10. Stelle der Goldproduktion und hat auf der Insel Bougainville eine sehr reiche Kupfermine. Das Land verfügt auch über große Erdgasreserven.

PAPUA-NEUGUINEA: DATEN

HAUPTSTADT	Port Moresby
FLÄCHE	462 840 km²
EINWOHNER	5 100 000
SPRACHE	Pidgin-Englisch, Motu, Papua sowie 715 Eingeborenensprachen
RELIGION	Christentum, Stammesreligionen
WÄHRUNG	Kina
LEBENSERWARTUNG	63 Jahre

Mikronesien

Die Föderierten Staaten von Mikronesien bestehen aus über 600 Inseln, die sich über 2 900 km erstrecken. Sie sind teils gebirgig, vulkanisch und dicht bewaldet, teils bestehen sie aus flachen Korallenatollen. Die meisten Inselbewohner leben ohne Strom und fließendes Wasser. Haupteinnahmequelle ist Fischerei und Kopra.

MIKRONESIEN: DATEN	
HAUPTSTADT	Kolonia
FLÄCHE	700 km²
EINWOHNER	135 000
SPRACHE	Englisch
RELIGION	Christentum
WÄHRUNG	US-Dollar
LEBENSERWARTUNG	67 Jahre
ANALPHABETEN	11 %

Traditionelle Tänze
Obwohl die Mikronesier überwiegend Christen sind, halten sie an ihrem althergebrachten Lebensstil fest. Feste feiern sie besonders mit Gesang und Tanz. Die Frauen spielen in der Gesellschaft eine wichtige Rolle. Mikronesien ist mit den USA verbündet und hängt auch von deren finanzieller Hilfe ab.

Marshallinseln

Seit 1990 sind die Marshallinseln unabhängig. Sie bestehen aus den 2 Inselgruppen Ratak und Ralik. Hauptprodukte sind Fische und Kopra.

Ebeye
Die Amerikaner siedelten die Bewohner von Kwajalein 1947 hier an, weil sie diese Insel als Raketenbasis nutzen wollten.

MARSHALL-INSELN: DATEN	
HAUPTSTADT	Dalap-Uliga-Darrit
FLÄCHE	181 km²
EINWOHNER	70 000
SPRACHE	Englisch
RELIGION	Christentum
WÄHRUNG	US-Dollar
LEBENSERWARTUNG	65 J.
ANALPHABETEN	7 %

Nauru

Diese winzige Insel ist seit 1968 unabhängig von Großbritannien und wurde reich durch ihre Phosphatlagerstätten.

Phosphate
Seit über 100 Jahren baut man hier Phosphate als Düngemittel ab. Dadurch sind 80 % der Insel unbenutzbar geworden. Die Phosphatvorkommen sind bald erschöpft.

NAURU: DATEN	
HAUPTSTADT	Yaren
FLÄCHE	21,3 km²
EINWOHNER	12 000
SPRACHE	Nauruisch, Englisch
RELIGION	Christentum
WÄHRUNG	Australischer Dollar
LEBENSERWARTUNG	61 J.
ANALPHABETEN	Unter 5 %

Vanuatu

Die Inselkette Vanuatu ist etwa 800 km lang und umfasst 82 vulkanische, gebirgige Inseln, die Neuen Hebriden. Viele Inseln haben Korallenriffe und dichten Regenwald. Die meisten Einwohner leben auf den 12 größten Inseln.

VANUATU: DATEN	
HAUPTSTADT	Port Vila
FLÄCHE	12 190 km²
EINWOHNER	195 000
SPRACHE	Bislama, Englisch, Französisch
RELIGION	Christentum, Stammesreligionen
WÄHRUNG	Vatu
LEBENSERWARTUNG	61 J.
ANALPHABETEN	47 %

Holzfiguren
Die Einwohner Vanuatus schnitzen ungewöhnliche Holzfiguren, die in ihrem Stil an die großen Steinköpfe auf der Osterinsel in Polynesien erinnern.

Salomonen

Die Salomonen waren bis 1978 eine britische Kolonie. Die größeren Inseln sind gebirgige, häufig dicht bewaldete Vulkaninseln; Guadalcanal bis 2 447 m.

SALOMONEN: DATEN	
HAUPTSTADT	Honiara
FLÄCHE	28 450 km²
EINWOHNER	480 000
SPRACHE	Englisch, 80 bis 120 melanesische und polynesische Sprachen
RELIGION	Christentum
WÄHRUNG	Solomon-Dollar

Rettung der Bäume
Eine aktive Umweltbewegung pflanzt neue Bäume als Ersatz für die vielen tausend Stämme, die exportiert werden.

Palau

Der Palau-Archipel liegt in der Inselgruppe der Karolinen und besteht aus rund 240 Inseln. Nur 11 davon sind bewohnt. Kopra und Fische, z. B. Tunfisch, werden exportiert.

PALAU: DATEN	
HAUPTSTADT	Koror
FLÄCHE	508 km²
EINWOHNER	19 000
SPRACHE	Palauisch, Englisch
RELIGION	Christentum, Stammesreligionen
WÄHRUNG	US-Dollar
LEBENSERWARTUNG	69 J.
ANALPHABETEN	8 %

Inselwelt
Diese eigentümlichen buckligen Inseln sind dicht bewaldet. In den Korallenriffen von Palau leben über 1 500 Fischarten und 700 Korallenarten.

Fidschi

Fidschi liegt am östlichsten Rand Melanesiens. Das Land besteht aus den 2 großen vulkanischen Inseln Viti Levu und Vanua Levu und etwa 320 weiteren Inseln.

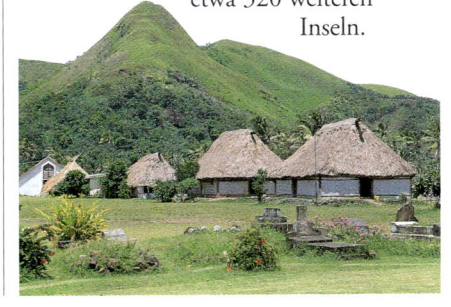

FIDSCHI: DATEN	
HAUPTSTADT	Suva
FLÄCHE	18 376 km²
EINWOHNER	845 000
SPRACHE	Englisch, Fidschianisch, Hindi
RELIGION	Christentum, Hinduismus, Islam
WÄHRUNG	Fidschi-Dollar
LEBENSERWARTUNG	68 J.
ANALPHABETEN	8 %

Dörfer
Die meisten Fidschianer leben auf dem Land in Dörfern. Viele arbeiten in Zuckerrohrplantagen. Zuckerprodukte machen 30 % der Exporte aus.

SIEHE AUCH UNTER BILDHAUEREI · KORALLENRIFF · OZEANIEN UND AUSTRALASIEN · PAZIFISCHER OZEAN · REGENWALD, TIERWELT · SCHIFFE · WELTKRIEG, ZWEITER · WELTREICHE

MENSCHENRECHTE

DIE MEISTEN VON UNS sind überzeugt, dass sie als Menschen gewisse Rechte haben: Sie dürfen ihre Meinung frei äußern, haben ein Anrecht auf gute und gerechte Behandlung und dürfen wegen Hautfarbe, Alter, Religion, ethnischer Zugehörigkeit oder sexueller Orientierung nicht diskriminiert werden. Diese und andere Rechte sind Menschenrechte, die jedermann auf der Welt zukommen. Viele Länder haben die Menschenrechte ausdrücklich in ihre Verfassung aufgenommen. Einige Länder verweigern sie jedoch ihren Bürgern.

Verfassung

In den ersten Artikeln des deutschen Grundgesetzes sind die Menschenrechte eingeführt und umrissen. Der Artikel 1 beginnt: „Die Würde des Menschen ist unantastbar. Sie zu achten und zu schützen ist Verpflichtung aller staatlichen Gewalt…".

Französische Revolution
In der Französischen Revolution, am 27. August 1789, beschloss die Nationalversammlung eine Erklärung zu den Menschen- und Bürgerrechten. Darin wurde die Rechtsgleichheit aller Menschen festgelegt. Drei Begriffe, die in der UN-Erklärung von 1948 wieder auftauchen, fassen diese Menschenrechte zusammen: Freiheit, Gleichheit, Brüderlichkeit.

Adenauer unterschreibt das deutsche Grundgesetz

Bürgerrechte

Darunter verstehen wir Rechte, die die Menschen in einzelnen Ländern genießen und die vom Gesetz geschützt sind. Sie umfassen alle Menschenrechte. Dazu kommen politische Rechte wie die Freiheit, sich einer Gewerkschaft anzuschließen. Wo Bürgerrechte verweigert werden, entstehen Bürgerrechtsbewegungen.

© Amnesty International

Meinungsfreiheit
Das Recht auf Meinungsfreiheit ohne Angst vor Zensur und Verfolgung, z. B. bei Äußerungen gegen die Regierung, ist ein grundlegendes Menschenrecht. In einigen Ländern wird es jedoch verweigert. Dort herrscht eine Zensur der Medien. Die Menschen dürfen dort auch nicht demonstrieren und in der Öffentlichkeit ihre Meinung kundtun.

Flugblatt von Amnesty gegen die Zensur

Minderheitenrechte
Gesetze werden oft ungerecht gegen Gruppen von Menschen eingesetzt, deren Kultur einer Minderheit entspricht. Oft müssen ethnische oder religiöse Minderheiten protestieren, um die Rechte zu erlangen, die die Mehrheit der Bevölkerung bereits innehat.

Als Minderheit mussten die Homosexuellen um Gleichbehandlung in vielen Ländern kämpfen.

Gerechtigkeit Sie wird als Figur mit verbundenen Augen, Schwert und Waage dargestellt.

Ein faires Gerichtsverfahren zählt zu den Menschenrechten.

Sauberes Wasser

Was sind Menschenrechte?
Die Menschenrechte sind Rechte, die jedem Menschen, unabhängig vom Land, in dem er lebt, dadurch zustehen, dass er als Mensch geboren ist. Dazu zählen z.B. das Recht auf Leben und Freiheit, die Gleichheit vor dem Gesetz, das Recht auf Asyl, Staatsangehörigkeit und Ehe. Manche vertreten die Ansicht, es gebe auch ein Recht auf Befriedigung der grundlegenden Bedürfnisse wie sauberes Wasser und saubere Umwelt.

Moderne Menschenrechte

Die Schrecken der Weltkriege und zahllose Scheußlichkeiten im 20. Jh. bewirkten, dass immer mehr Menschen die Menschenrechte in einer internationalen Übereinkunft festgeschrieben sehen wollten. Seit 1945 wurden viele internationale Abkommen geschlossen, um die Rechte unterdrückter Menschen auf der ganzen Welt zu schützen.

Allgemeine Erklärung der UN
Im Jahr 1948 verabschiedeten die Vereinten Nationen eine Erklärung der Menschenrechte als „das von allen Völkern und Nationen zu erreichende gemeinsame Ideal". Die Amerikanerin Eleanor Roosevelt (1884–1962) war Präsidentin der UN-Kommission für Menschenrechte und hatte den größten Anteil am Zustandekommen dieser Deklaration.

Eleanor Roosevelt

Amnesty International
Diese Organisation wurde 1961 gegründet und setzt sich für Menschen ein, die wegen ihrer Überzeugung, ihrer Hautfarbe, ihres Geschlechtes, ihrer ethnischen Herkunft, ihrer Sprache oder ihrer Religion inhaftiert sind.

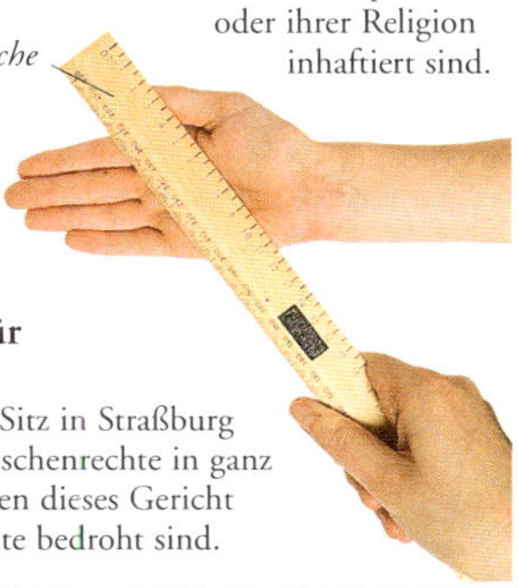

Der Europäische Gerichtshof verbietet die Körperstrafe.

Amnesty, Symbol

Europäischer Gerichtshof für Menschenrechte
Der Europäische Gerichtshof mit Sitz in Straßburg urteilt über Verletzungen der Menschenrechte in ganz Europa. Einzelne Menschen können dieses Gericht anrufen, wenn ihre Menschenrechte bedroht sind.

Rigoberta Menchu
Die guatemaltekische Menschenrechtsaktivistin Rigoberta Menchu (geb. 1959) kämpfte schon als Teenagerin um die Einhaltung der Menschenrechte in ihrem Land. Diese wurden von der Militärdiktatur bedroht. Menchus Eltern und ihr Bruder wurden von den Sicherheitskräften getötet. Für ihre Arbeit erhielt Rigoberta Menchu 1992 den Friedensnobelpreis.

SIEHE AUCH UNTER EMANZIPATION · FAMILIE UND GESELLSCHAFT · FRANZÖSISCHE REVOLUTION · FRIEDENSBEWEGUNG · KING, MARTIN LUTHER · SKLAVEREI · VEREINIGTE STAATEN VON AMERIKA, GESCHICHTE · VEREINTE NATIONEN

MESOAMERIKA

ARCHÄOLOGEN bezeichnen das Gebiet der altindianischen Hochkulturen in Mexiko sowie in Belize, Guatemala und Honduras als Mesoamerika. Hier lebten Azteken und Maya, aber auch Tolteken, Mixteken und Huaxteken. Sie verehrten die gleichen Götter, kannten Menschenopfer und spielten ein ähnliches Ballspiel. Zu ihren höchsten Leistungen gehören Tempelpyramiden aus Stein und prächtige Bildhauer- und Töpferarbeiten. Wie alle Indianervölker kannten sie weder das Rad noch Bronze oder Eisen. Ihre Blütezeit lag zwischen dem 9. und 14. Jh. Die Kulturen gingen mit Ankunft der Spanier im 16. Jh. unter.

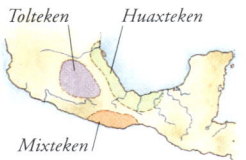

Tolteken *Huaxteken* *Mixteken*

Ballspiel
Das „Spiel" hatte für die mesoamerikanischen Völker große Bedeutung. Die Verlierer wurden oft den Göttern geopfert. Die Spieler mussten einen Ball aus Kautschuk mit Ellbogen, Knien oder Hüften durch einen steinernen Ring treiben, der an einer Seite des Ballspielplatzes in 3 bis 7 m Höhe befestigt war.

Ballspieler
Die Spieler waren meist Adlige. Sie trugen gepolsterte Spezialkleidung mit einem dicken Ledergürtel und waren damit vor dem Aufprall des harten Balles geschützt, der oft hohe Geschwindigkeiten erreichte.

Ballspielplatz, Chichen Itza

Ballspielplatz
Die Mesoamerikaner bauten in Tempelbezirken große Ballspielplätze. Sie waren an beiden Enden erweitert und glichen somit einem großen I.

Steinerne Ringe

Darstellung eines Ballspielplatzes in einem Codex

Hacha
Beim Spiel befestigten die Ballspieler Zeremonialköpfe an ihren Gürteln. Die Spanier bezeichneten sie als „hachas" – Äxte. Zur Herstellung verwendeten die Indianer Steinformen wie im Bild links.

Form für den Gürtel
Mesoamerikanische Handwerker stellten aus Jade Formen für die Schutzgürtel der Ballspieler her. Sie überzogen die Form mit nassem Leder und ließen es trocknen. Dann füllten sie den Gürtel mit dem baumwollähnlichen Kapok.

Bild der Kröte symbolisiert die Erde.

Tolteken
Die Tolteken stammten aus der Stadt Tollán (nahe dem heutigen Tula) im Hochtal von Mexiko. Sie waren blutdürstig und eroberten zwischen 900 und 1100 mehrere mexikanische Städte. Durch den Handel mit Obsidian waren sie reich.

Tollán
Die toltekische Hauptstadt hatte einen zentralen Bereich mit einem Markt und einer Tempelpyramide. Die meisten toltekischen Kunstwerke zeigten kriegerische Motive. Die Säulen der Pyramide stellten z. B. Soldaten dar.

Krieger
Einige Töpferfiguren tragen eine schmetterlingsförmige Brustplatte, mit deren Hilfe man sie als Krieger bestimmen kann.

Begräbnisurne
Dreifußvase

Handwerk
Die toltekischen Töpfer schmückten ihre Arbeiten mit bemalten Reliefs wie bei dieser Urne. Die Dreifußvase zeigt Bilder von Quetzalcoatl, der gefiederten Schlange, die auch die Azteken verehrten.

Nur die Oberschicht trug Schmuck.

Mixteken
Die Mixteken lebten um 1200 in Oaxaca und waren berühmt für ihre Metallarbeiten. Auch sie waren recht kriegerisch und eroberten benachbarte Städte. Im 15. Jh. leisteten sie den mächtigen Azteken Widerstand.

Goldring
Goldanhänger

Huaxteken
Die Huaxteken in der heutigen Provinz Vera Cruz zahlten den Azteken Tribut. Sie stellten farbige Baumwollkleider her und schufen eindrucksvolle Steinskulpturen. Ihre Kultur hatte zwischen 900 und 1450 ihre Blütezeit.

Der Kopfschmuck verrät die hochgestellte Persönlichkeit.

Hände auf dem Bauch deuten auf eine Fruchtbarkeitsgöttin.

Huaxtekische Gottheit aus Stein

SIEHE AUCH UNTER — AZTEKEN · MAYA · OLMEKEN · ZENTRALAMERIKA, GESCHICHTE

METALLE

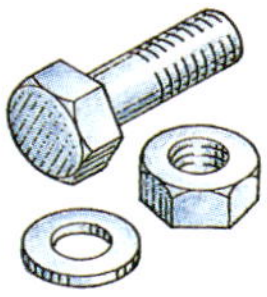

SEIT FRÜHESTEN ZEITEN spielen die Metalle bei der Weiterentwicklung der menschlichen Kulturen und Zivilisationen eine Schlüsselrolle. Die Gewinnung und Bearbeitung von Metallen ist auch in der modernen Welt eine lebenswichtige Industrie. Die Mehrzahl aller chemischen Elemente sind Metalle. Mischungen verschiedener Metalle nennt man Legierungen.

Schmieden von Eisen auf dem Amboss

Gießen flüssigen Eisens in eine Form

Eisenguss

Metallbearbeitung

Metalle sind unter anderem deswegen so nützlich, weil man sie verhältnismäßig einfach formen kann, seien sie nun kalt, heiß oder geschmolzen. Man kann sie auf dem Amboss hämmern, zu dünnen Schichten auswalzen oder zu Röhren und zu Drähten ausziehen. Weitere Techniken sind der Guss in einer Gussform und das Umformen in großen Pressen.

Schweißen
Metallteile verbindet man durch Schweißen miteinander. Man bringt die Ränder durch Gasflammen oder heiße Lichtbogen zum Schmelzen. Die Metalle zerfließen ineinander und bilden beim Abkühlen eine feste Verbindung.

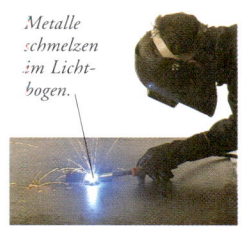

Metalle schmelzen im Lichtbogen.

Metallbindung
Die einzelnen Metallatome halten durch die sog. Metallbindung zusammen. Die äußeren Elektronen bilden dabei ein frei bewegliches Elektronengas zwischen den metallischen Atomkernen. Diese Metallbindung ist die Ursache dafür, dass Metalle den elektrischen Strom außerordentlich gut leiten.

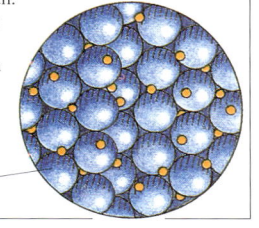

Elektronen bewegen sich frei zwischen den Atomen.

Eigenschaften der Metalle

Die meisten Metalle sind hart und dicht und leiten Strom und Wärme gut. Sie besitzen in der Regel einen viel höheren Schmelz- und Siedepunkt als nicht metallische Elemente. Eisen beispielsweise schmilzt bei 1 535 °C, der nicht metallische Stickstoff bei −210 °C.

Oberstes Ende der Luft ausgesetzt

Rost blättert vom Nagel ab.

Rost entsteht, wenn Eisen mit Wasser und Sauerstoff reagiert.

Eisennagel in Wasser

Halbleiter
Einige Elemente wie Germanium und Silizium heißen Halbleiter, weil sie den elektrischen Strom nur in geringem Maß und unter besonderen Bedingungen leiten. Gerade aus diesem Grund sind sie ideal für elektronische Bauteile, etwa Mikrochips. Man kann die elektrischen Eigenschaften dieser Halbleiter durch Zugabe von Fremdatomen (Dotieren) verändern.

Siliziumchip

Mikrochip

Quecksilber
Quecksilber ist das einzige Metall, das bei Zimmertemperatur flüssig ist. Es ist sehr schwer und hat einen silbrigen Glanz. Man verwendet das giftige Metall in Thermometern, Barometern und in Batterien.

Rost
Wenn Eisen Luft und Wasser ausgesetzt wird, korrodiert es und bildet einen Rostüberzug. Die meisten Metalle zeigen eine solche Korrosion. Eisen schützt man z. B. durch einen Zinküberzug vor Rost.

Erze
Nur wenige Metalle kommen in der Natur in gediegenem Zustand vor. Die meisten bilden Verbindungen mit Nichtmetallen, die Erze. Das reine Metall gewinnt man durch Verhüttung, meist bei großer Hitze oder durch Strom.

Kupfererz

Metallarten

Einige Metalle schätzt man wegen ihres Aussehens, andere wegen der vielseitigen Verwendbarkeit. Die meisten Metallgegenstände des täglichen Lebens bestehen aus Mischungen oder Legierungen.

Silber

Gold

Zinn

Bleikugeln

Platin

Schiffsglocke aus Messing

Römischer Helm aus Bronze

Messing Die Kupfer-Zink-Legierung ist leicht zu gießen.

Bronze Sie ist eine korrosionsfeste Kupfer-Zinn-Legierung.

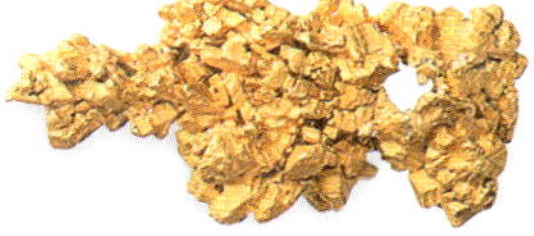

Edelmetalle
Gold, Silber und Platin werden oft zu Schmuckstücken verarbeitet. Diese Edelmetalle sind selten und daher teuer. Sie rosten auch nicht wie etwa Eisen. Man kann sie gediegen in der Natur finden, z. B. in sog. Seifen.

Unedle Metalle
Aluminium, Zinn, Blei und Eisen gelten als unedle Metalle, weil sie leicht mit anderen chemischen Stoffen reagieren. Sie kommen in der Natur nie gediegen vor und haben oft niedrigere Schmelzpunkte. Trotzdem werden diese Metalle wegen ihrer günstigen Eigenschaften sehr viel verwendet.

Legierungen
Legierungen bestehen aus 2 oder mehr Metallen. Sie haben andere Eigenschaften als die Grundmetalle. Blei und Zinn bilden z. B. ein Lötmetall. Die Weichmetalle Kupfer und Zinn ergeben bei Mischung die viel härtere Bronze. Einige Legierungen enthalten auch Nichtmetalle: So ist Stahl eine Mischung aus Eisen und Kohlenstoff.

| SIEHE AUCH UNTER | ATOME UND MOLEKÜLE | BRONZEZEIT | CHEMISCHE VERBINDUNGEN | EISEN UND STAHL | ELEKTRONIK | ELEMENTE | GESTEINE |

MEXIKO

MEXIKO BILDET die Verbindung zwischen den USA und den Spanisch sprechenden Ländern Zentralamerikas. Das Land selbst zählt noch zu Nordamerika. Bevor die spanischen Eroberer im 16. Jh. nach Amerika kamen, blühten in Mexiko mehrere Kulturen, darunter die der Maya und der Azteken. Noch überall sind beeindruckende Ruinen ihrer Tempel zu sehen. Viele Mexikaner haben auch Azteken oder Maya als Vorfahren. Mexiko hat viele Bodenschätze. Da die Bevölkerung aber sehr schnell wächst, ist die Arbeitslosigkeit hoch, die Wirtschaft schwach, und Millionen leben in Armut.

MEXIKO: DATEN

- **HAUPTSTADT** Mexico City
- **FLÄCHE** 1 953 162 km²
- **EINWOHNER** 102 000 000
- **SPRACHE** Spanisch, indianische Sprachen
- **RELIGION** Christentum
- **WÄHRUNG** Mexikanischer Peso
- **LEBENSERWARTUNG** 72 Jahre
- **EINWOHNER PRO ARZT** 621
- **REGIERUNG** Mehrparteiendemokratie
- **ANALPHABETEN** 10 %

47 °C   -4 °C
16 °C   13 °C
747 mm

Geografie

Mexiko hat eine sehr vielfältige Landesnatur mit Wüsten, Grasländern, tropischen Regenwäldern, Sümpfen und schneebedeckten Vulkangipfeln. Zwei Gebirgszüge durchqueren das Land: die westliche und die östliche Sierra Madre. Dazwischen liegt eine weite Hochebene.

Sierra Madre

Die beiden Gebirgszüge der Sierra Madre bilden nach Westen und Osten zu Barrieren. Im Westen liegen einige Vulkane, wie der 5 452 m hohe Popocatépetl. Der höchste Berg ist der Citlaltépetl mit 5 700 m.

Sonorawüste

An der Grenze zwischen Mexiko und den USA liegt die 310 000 km² große Sonorawüste. Im Nationalpark Pinacate westlich von Nogales ist die Wüste von riesenhaften Saguarokakteen übersät. Diese Säulenkakteen können bis zu 18 m hoch werden.

Klima

Das Klima hängt von der Meereshöhe ab. Der Norden ist überwiegend trocken und im Gebirge bitterkalt. Im Süden und an den Küsten ist es am heißesten und feuchtesten mit hohen Niederschlägen.

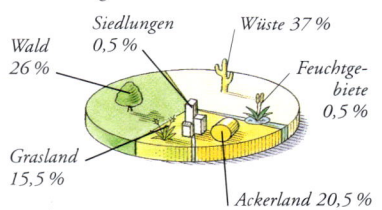

Wald 26 %
Siedlungen 0,5 %
Wüste 37 %
Feuchtgebiete 0,5 %
Grasland 15,5 %
Ackerland 20,5 %

Landnutzung

40 % des Landes sind so trocken, dass dort kaum Menschen leben und Landwirtschaft betreiben können. Die einst riesigen Regenwälder wurden für die wachsenden Städte gerodet.

Mexico City

Als zweitgrößte Stadt der Welt hat Mexico City mit den Vorstädten über 20 Mio. Einwohner. Die Stadt steht an der Stelle der aztekischen Hauptstadt, die im 14. Jh. erbaut wurde. Mexico City liegt zwischen zwei hohen Vulkanen und wird immer wieder von Erdbeben erschüttert.

Präsidentenpalast

MEXIKO

Bevölkerung

Mexikos Bevölkerung wird sich bis zum Jahr 2025 verdoppeln. Zur Zeit sind über ein Drittel der Einwohner unter 14 Jahre alt. Armut ist ein Problem für viele Mexikaner, mehrere Generationen leben auf engem Raum zusammen. Die meisten Mexikaner sind Mestizen, Mischlinge aus Indianern und Europäern.

52 pro km² · 75 % Stadt · 25 % Land

Indianische Bevölkerung
Ungefähr 15 % der Bevölkerung sind rein indianischen Ursprungs. Die Tarahumara beispielsweise leben in der Sierra Madre in der Umgebung von Chihuahua. Sie sind für ihre bunten Textilien bekannt, die die Frauen auf dem Markt verkaufen.

Freizeit

Beliebt sind Sportarten aus Spanien, etwa der Stierkampf sowie Rodeos, die in Mexiko *Charreadas* heißen. Fußballspiele ziehen immer große Zuschauermassen an.

Totenfest
Anfang November feiern die Mexikaner das Totenfest. Es wurzelt in aztekischer Tradition. Die Toten werden nicht betrauert, sondern gefeiert. An diesem Tag schmückt man die Häuser mit Blumen, und Skelette aus Pappmaschee werden in Umzügen durch die Straßen getragen.

Skelett aus Pappmaschee

Feste
Die Mexikaner feiern jedes Jahr über 120 Feste und Festivals. Viele gehen auf Traditionen der römisch-katholischen Kirche zurück. Das jährliche Tanzfest Guélaquetza in Oaxaca ist ein buntes Ereignis, das bis weit in präkolumbische Zeiten zurückreicht.

Landwirtschaft

Ein Viertel aller Mexikaner arbeitet in der Landwirtschaft, doch nur 15 % des Landes kann bebaut werden. Das Wasser ist knapp, und in einigen Gebieten muss das ganze Jahr über künstlich bewässert werden. Einige Bauern nehmen am Ejido-System teil: Sie bebauen regierungseigenes Land und behalten die Überschüsse.

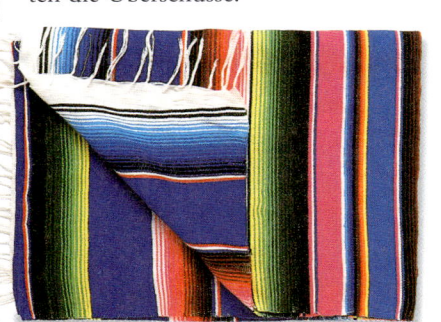

Avocado · Chilischoten · Mais · Grüne Paprika

Textilien
Monterrey, die drittgrößte Stadt des Landes, ist ein Zentrum der Webkunst. Die Farmer in der Umgebung der Stadt bauen Baumwolle an. Die meisten Stoffe werden heute von Maschinen gewebt, doch gibt es noch handgefertigte bunte Stoffe.

Pflanzen
Für den Export werden Kaffee, Tomaten, Obst und Gemüse angebaut. Zuckerrohr, Mais und Weizen pflanzen die Bauern für sich selbst. Beliebte Gemüsesorten sind Avocados, grüne Paprika und Chilischoten. Im warmen Klima wachsen auch Zitrusfrüchte.

Landesküche

Aus Mexiko stammen viele uns vertraute Lebensmittel, etwa Avocados, Tomaten, Mais, Schokolade und Vanille. *Tortillas* sind Maisfladen, die man wie Brot isst. Mit Füllung heißen sie auch *Tacos*. Man tunkt sie in die *Guacamole*, eine dicke, scharfe Sauce aus roten Paprikaschoten, Zwiebeln, Tomaten und Avocados.

Bier · Guacamole · Tortillas

Industrie

In Mexiko wird Silber abgebaut und Erdöl gefördert. Bedeutend ist auch die Auto-, Elektronik- und Textilindustrie. Die meisten Menschen arbeiten jedoch im Dienstleistungsgewerbe und im Tourismus.

Tourismus
Sandstrände und prächtige Ruinen locken jedes Jahr fast 20 Mio. Besucher nach Mexiko. Die Maya bauten ihre Tempelpyramiden wie in Chichén Itzá strategisch auf der Halbinsel Yucatan. Die Bauwerke zählen zum Weltkulturerbe.

Opferplatz

Silberbrosche

Silber
Mexiko ist der größte Silberproduzent der Welt. Das Metall wird im Zentrum des Landes bei Durango abgebaut. Dort entdeckten es spanische Siedler im 16. Jh. Mexiko hat auch größere Lagerstätten an Gold, Blei und Zink.

Erdöl
In der Erdölproduktion steht Mexiko an 7. Stelle in der Welt und Erdölprodukte machen etwa 7 % des Exporterlöses aus. Das meiste Öl gewinnt man in Offshorebohrungen im Golf von Mexiko und an der Atlantikküste. In der Bucht von Campeche lagern große Erdöl- und Erdgasreserven. Die Öleinkünfte nutzte man teilweise, um die Industrialisierung voranzutreiben.

Maquilladoras
Viele US-Firmen haben in Nordmexiko um den Rio Grande Fertigungsbetriebe eröffnet. Diese Maquilladoras haben amerikanische Investoren angelockt, da die Löhne geringer sind als in den USA.

SIEHE AUCH UNTER — AZTEKEN · ERDÖL · FESTE UND FEIERN · INDIANER · MAYA · VULKANE · WÜSTEN · ZENTRALAMERIKA, GESCHICHTE

MIKROORGANISMEN

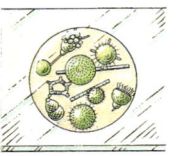

MIKROORGANISMEN sind Lebewesen, die man mit bloßem Auge nicht mehr genau sieht. In der Regel sind sie weniger als 1 mm groß. Zu den Mikroorganismen gehören die Protozoen oder Einzeller, die Bakterien, die Viren und auch viele Pilze und Algen. Man unterteilt die Mikroorganismen in die beiden Hauptgruppen, die Protisten und die Monera. Zu den Protisten zählen auch einfach aufgebaute mehrzellige Lebewesen wie die Braunalgen oder Tange, die über 50 m lang sind. Die Monera umfassen Bakterien, die oft nur ein paar Tausendstelmillimeter messen.

Protisten

Die Einzeller oder Protozoen, die einzelligen Algen und Pilze gehören in das Reich der Protisten. Es handelt sich um einzellige Lebewesen. Ihre Zellen enthalten einen echten Zellkern wie höhere Tiere und Pflanzen. Einige Protisten sind vielzellig. Sie bestehen aber nur aus einer Ansammlung gleichförmiger Zellen.

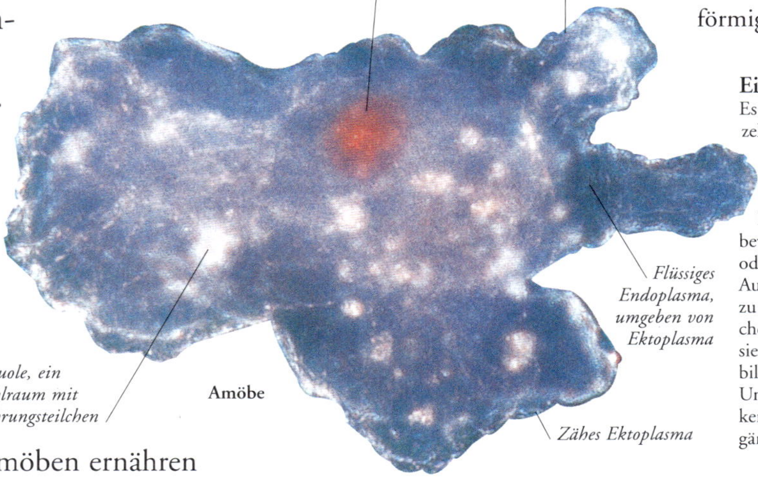

Zellkern
Zellmembran
Flüssiges Endoplasma, umgeben von Ektoplasma
Vakuole, ein Hohlraum mit Nahrungsteilchen
Amöbe
Zähes Ektoplasma

Einzeller

Es sind über 50 000 Einzeller oder Protozoen bekannt. Sie leben im Wasser oder in Körperflüssigkeiten, haben oft kunstvolle Schalen und bewegen sich mit Geißeln oder mit Wimpern fort. Auch die Amöben gehören zu den Einzellern. Sie kriechen auf Scheinfüßchen, die sie bei der Fortbewegung bilden, indem sie ihren Umriss verändern. Der Zellkern steuert alle Lebensvorgänge dieser Einzeller.

Wie sich Amöben ernähren

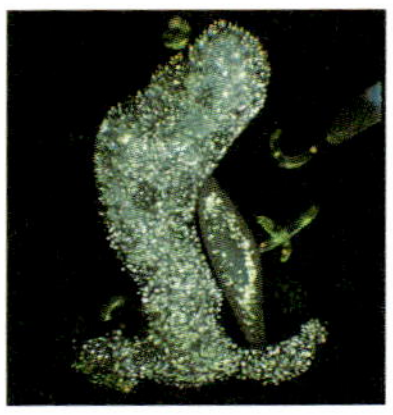

1 Amöben strecken bei der Bewegung Scheinfüßchen vor. Das ist möglich durch das flüssige Endoplasma und das zähe Ektoplasma.

2 Wenn eine Amöbe auf ein Nahrungsteilchen trifft, so umfließt sie es und nimmt es schließlich vollständig in den Körper auf.

3 Die „verschluckte" Beute wird in einem Nahrungsbläschen, der Vakuole, verdaut. Unverdauliche Stoffe werden ausgestoßen.

Einzellige Algen

Die Algen zählen zu den Pflanzen, weil sie ihre Nahrung durch Photosynthese selber herstellen. Die meisten Algen sind einzellig, doch gibt es auch mehrzellige Formen. Nach der vorherrschenden Farbe unterscheiden wir z. B. Rotalgen, Braunalgen und Grünalgen. Aus den vielzelligen Grünalgen haben sich vor Jahrmillionen die höheren Pflanzen entwickelt.

Einzellige Kieselalgen

Mikroskopische Pilze

Die meisten Waldpilze, die uns ins Auge fallen, sind recht groß. Viele Pilzarten bleiben jedoch mikroskopisch klein. Pilze erhalten ihre Nahrung nicht durch Photosynthese wie die grünen Pflanzen. Stattdessen bauen sie in ihren Fäden, den Hyphen, tote pflanzliche und tierische Stoffe ab und gewinnen daraus ihre Nahrung.

Termiten züchten Pilze in ihren Bauten.

Schleimpilze

Die Schleimpilze sind niedere Pilze und stellen eine Gruppe für sich dar. Viele dieser merkwürdigen Pilze wachsen fächerförmig auf der Unterlage, von der sie sich auch ernähren, z. B. auf faulendem Holz. Manche bestehen sozusagen aus einer Riesenzelle mit vielen tausend Zellkernen. Die Schleimpilze bilden zur Fortpflanzung wie echte Pilze Sporen aus.

Schleimpilz

Plankton

Im Süß- und Meerwasser schweben Billionen winziger Pflanzen und Tiere: Sie bilden insgesamt das Plankton. Das pflanzliche Plankton oder Phytoplankton besteht hauptsächlich aus mikroskopischen Algen und Bakterien. Es bildet den Anfang jeder Nahrungskette und wird vom tierischen Plankton, dem Zooplankton, gefressen, das aus winzigen Krebsen und Krebslarven besteht.

Plankton des Meeres

Monera

Das Reich der Monera umfasst vor allem die Bakterien und die Blaualgen. Beide besitzen keinen echten Zellkern. Die Bakterien sind allgegenwärtig in der Luft, auf dem Land und im Wasser. Einige lösen schwere Krankheiten aus.

Bakterien

Bakterien teilt man oft nach ihrer Form ein: Die Bazillen, wie *Bacillus subtilis*, sind stäbchenförmig. Andere Bakterien sehen kugelig oder korkenzieherartig aus. Bei einigen Arten legen sich die Zellen zu langen Fäden zusammen.

Vergrößerung 10 000-fach
Bacillus subtilis

Fortpflanzung

Die Bakterien vermehren sich in der Regel durch Teilung. Dabei entstehen aus einer Mutterzelle zwei Tochterzellen. Bakterien können sich etwa alle 20 Minuten teilen. Dadurch ergibt sich ein sehr schnelles Wachstum.

Bakterien nach der 1. Teilung
Bakterien nach der 7. Teilung
Bakterien nach der 5. Teilung
***Klebsiella*-Bakterien**

Blaualgen

Die Blaualgen sind mit den eigentlichen Algen nicht verwandt. Sie haben sich viele Lebensräume erobert. Unter günstigen Bedingungen kommt es zu einer Massenvermehrung, der Algenblüte. Einige Blaualgen sind für Mensch und Tier giftig.

Algenblüte in einem Tümpel

MIKROORGANISMEN

Viren

Alle Viren sind gefährliche Krankheitserreger. Sie bestehen aus Nukleinsäure in einer Hülle aus Protein. Genau genommen sind Viren keine Lebewesen. Sie borgen sich ihr Leben nur von anderen aus: Erst wenn sie in eine Wirtszelle eindringen, erwachen sie zum Leben und pflanzen sich fort. Dabei zwingen sie die Wirtszelle, viele Kopien des Virus herzustellen. Diese schwärmen dann aus, um neue Zellen zu befallen und sich zu vermehren.

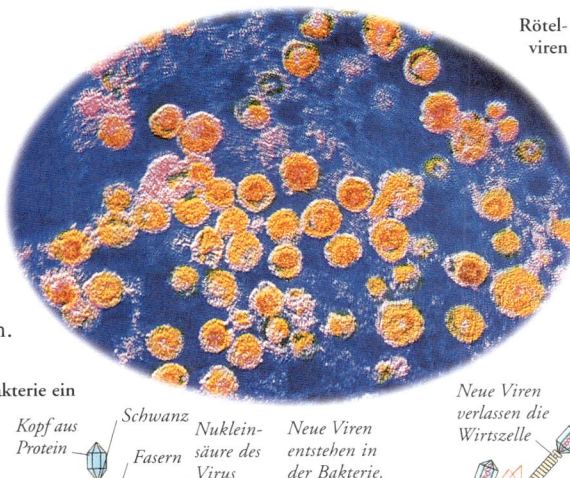

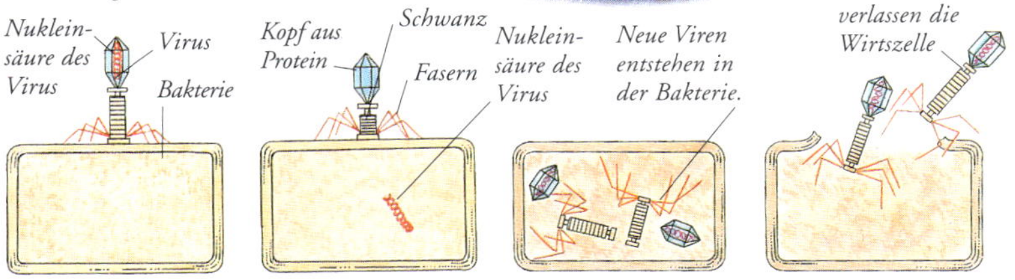

Rötelviren

Rötelviren verlassen eine Zelle

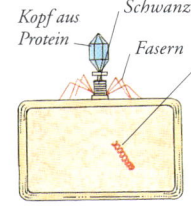

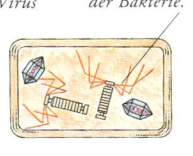

Vermehrung von Viren
Viren können sich nur fortpflanzen, indem sie ihre Nukleinsäure in eine Wirtszelle einspritzen und diese zwingen, weitere Viren zu produzieren. Fast jede Bakterienart hat einen Virus als Schmarotzer. Diese Viren heißen auch Bakteriophagen oder einfach Phagen.

Virus dringt in eine Bakterie ein

Nukleinsäure des Virus — *Virus* — *Bakterie*
Kopf aus Protein — *Schwanz* — *Fasern*
Nukleinsäure des Virus
Neue Viren entstehen in der Bakterie.
Neue Viren verlassen die Wirtszelle

Fortpflanzung eines Virus

1. Die Nukleinsäure befindet sich im Kopf des Virus, der aus Protein besteht. Auf den Kopf folgt der Schwanz. Das Virus hält sich mit Fasern an der Bakterie fest.

2. Der Schwanz des Virus zieht sich nun stark zusammen. Dadurch wird die gesamte Nukleinsäure aus dem Kopf des Virus in die Bakterie eingespritzt.

3. Die Nukleinsäure des Virus verbindet sich mit der Nukleinsäure der Bakterie und zwingt diese dazu, weitere Nukleinsäuren und anschließend Proteinhüllen für neue Viren herzustellen.

4. Nach ungefähr einer halben Stunde platzt die Bakterienzelle und entlässt ungefähr 300 neue Viren. Die Wirtszelle geht dabei zugrunde. Die neuen Viren schwärmen in neue Zellen aus.

Antony van Leeuwenhoek
Um 1670 begann der niederländische Kaufmann Antony van Leeuwenhoek (1632–1723) mit dem Bau seiner Mikroskope, die viel besser waren als die bisher bekannten Geräte. Sie vergrößerten 50–270-fach. Leeuwenhoek betrachtete damit als Erster Mikroorganismen und verschiedene Bakterien, die er als „Animalculi", als „winzige Tierchen", bezeichnete.

Infektionen durch Einzeller
Millionen von Menschen leiden an Krankheiten, die Einzeller verursachen. Am schlimmsten ist die Malaria (Erreger *Plasmodium*) und die Schlafkrankheit (Erreger *Trypanosoma*).

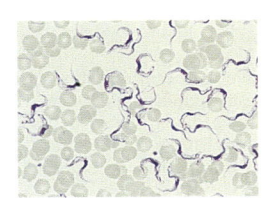

Trypanosomen im Blut

Infektionen durch Pilze
Nur wenige Pilzarten befallen den Menschen. *Trichophyton soudanense* führt zu Kopfflechte und Glatzköpfigkeit. Weitere Pilzkrankheiten sind der Fußpilz und das Mundschwämmchen der Kinder.

Trichophyton soudanense

Infektionskrankheiten

Wie alle Lebewesen werden auch die Menschen von Mikroorganismen oder Mikroben angegriffen, vor allem von Bakterien und Viren. Betroffene Personen erkranken oder sterben. Mikroorganismen schädigen ihre Wirte auf unterschiedliche Weise. Bakterien erzeugen oft Gifte, Protisten rufen dagegen meist allergische Reaktionen hervor.

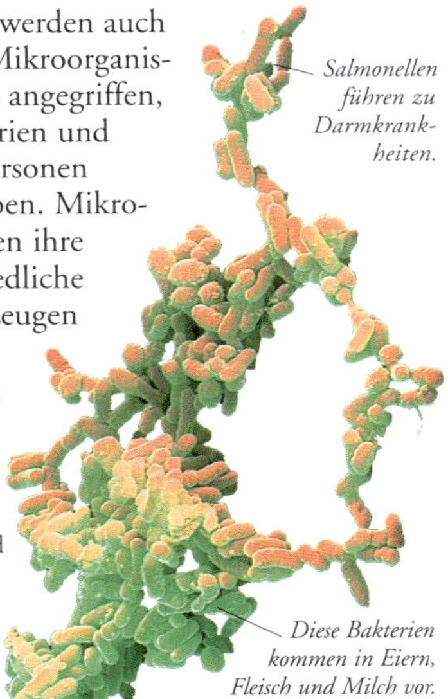

Bakterienkrankheiten
Die meisten Bakterien sind harmlos. Viele leben z. B. im Darm des Menschen und sind dort nützlich. Gefährliche Bakterienkrankheiten sind Cholera, Typhus und die Salmonellosen.

Salmonellen führen zu Darmkrankheiten.
Diese Bakterien kommen in Eiern, Fleisch und Milch vor.
Salmonella enteridis

Viruskrankheiten
Jedes Jahr sterben tausende von Menschen an Viruskrankheiten, z. B. Grippe, Aids, Gelbfieber oder Tollwut. Gegen einige Viruskrankheiten gibt es Impfstoffe, etwa gegen Windpocken und Kinderlähmung.

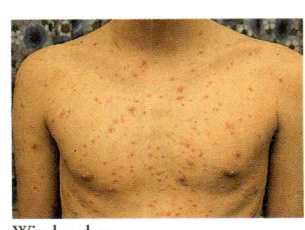

Windpocken

Symbiontische Mikroorganismen

Einige Mikroorganismen leben vor allem mit Tieren zusammen. Beide Partner bilden eine Symbiose. Im Innern von Korallen leben z. B. Algen, die Zooxanthellen. Bei der Photosynthese erzeugen sie Zucker, von denen sich die Korallen ernähren. Andere Mikroorganismen leben im Darm von Tieren, vor allem der Kühe, und helfen bei der Verdauung.

Gelbe Zooxanthellen leben in den Polypen der Korallen.

Korallenpolypen voll von Zooxanthellen

Mikroorganismen und Gärung
Hefepilze bewirken eine Gärung. Mit ihrer Hilfe stellt man Brot, Bier und Wein her. Andere Bakterien braucht man, um aus Milch Käse oder Sauerrahm zu gewinnen. Auch die Löcher im Emmentaler Käse entstehen z. B. durch Einwirkung von Bakterien, die das Gas Kohlendioxid erzeugen.

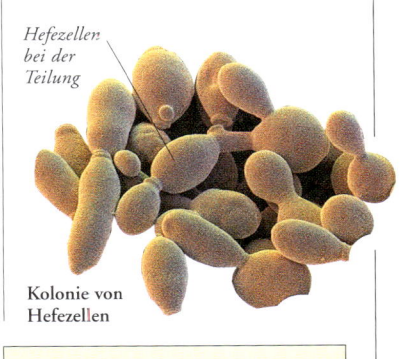

Hefezellen bei der Teilung

Kolonie von Hefezellen

AMÖBE

WISSENSCHAFTLICHER NAME	*Amoeba proteus*
ORDNUNG	Amoebida
FAMILIE	Gymnamoebidae
VERBREITUNG	Diese Einzeller kommen überall vor, wo es Wasser gibt.
LEBENSRAUM	Tümpel, Pfützen und sogar in den Verdauungsorganen von Tieren
ERNÄHRUNG	Winzige organische Teilchen sowie andere Mikroorganismen
GRÖSSE	0,1–2 mm
LEBENSDAUER	Höchstens 1 Monat

SIEHE AUCH UNTER — KORALLENRIFF — KRANKHEITEN — MIKROSKOP — OZEAN, TIERWELT — PARASITEN — PHOTOSYNTHESE — PILZE — VERERBUNG — ZELLEN

MIKROSKOP

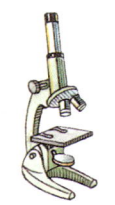

ALS MIKROSKOP BEZEICHNEN wir alle Geräte, mit denen man kleine Gegenstände vergrößert betrachten kann. Ohne Mikroskope hätte der Mensch nie die Welt des Kleinen und Kleinsten entdecken können. Die ersten Mikroskope entsprachen unseren heutigen Lupen. Sie hatten nur eine Linse und vergrößerten meist bis zu 25-fach. Zusammengesetzte Mikroskope haben zwei Linsensysteme und vergrößern über 1 000-fach. Größere Vergrößerungen sind mit Lichtstrahlen nicht zu erzielen, wohl aber mit den sehr feinen Elektronenstrahlen der Elektronenmikroskope (bis 200 000-fach).

Zusammengesetzte Mikroskope

Die zusammengesetzten Mikroskope – kurz Mikroskope genannt – haben zwei Linsen, das Okular und das Objektiv. Sie erlauben eine viel höhere Vergrößerung. Mit ihnen entdeckte man z. B. die Zellen.

Robert Hooke
Der Engländer Robert Hooke (1635–1703) verbesserte das Mikroskop und führte den Begriff der Zelle in die Biologie ein. Er war ein vielseitiger Forscher und nach ihm ist z. B. ein physikalisches Gesetz über die Verformung von Körpern benannt. Nach dem großen Brand von London im Jahr 1666 entwarf er als Architekt auch einige der berühmtesten Gebäude in London.

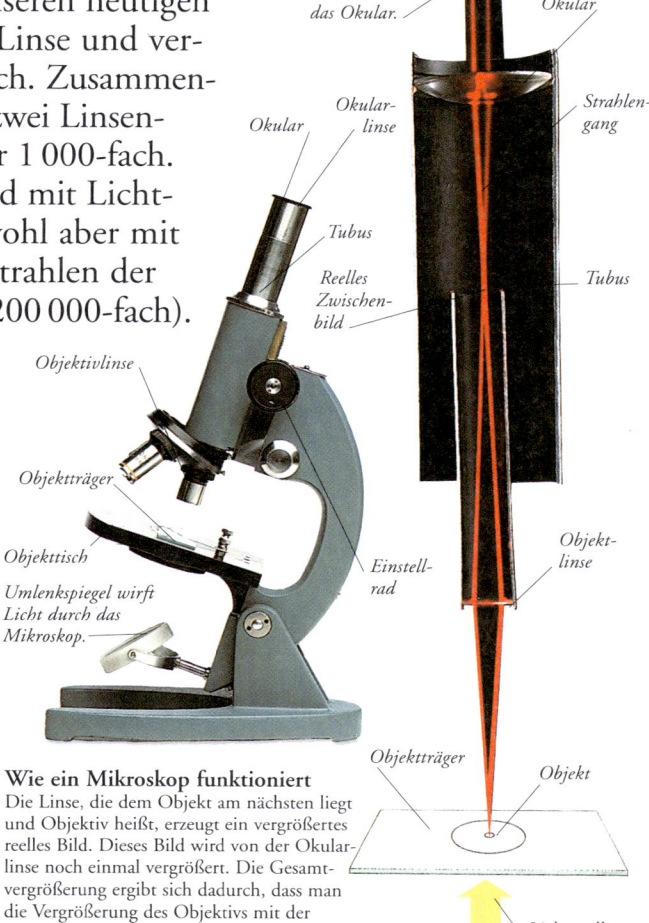

Wie ein Mikroskop funktioniert
Die Linse, die dem Objekt am nächsten liegt und Objektiv heißt, erzeugt ein vergrößertes reelles Bild. Dieses Bild wird von der Okularlinse noch einmal vergrößert. Die Gesamtvergrößerung ergibt sich dadurch, dass man die Vergrößerung des Objektivs mit der Vergrößerung des Okulars multipliziert.

Einfache Mikroskope
Der Niederländer Antony van Leeuwenhoek (1632–1723) verwendete als Erster eine hoch vergrößernde Lupe. Das Auge hielt er nahe an eine Wölblinse und betrachtete damit ein Objekt, das er mit einer Nadel heranführte. Seine besten Geräte vergrößerten 300-fach.

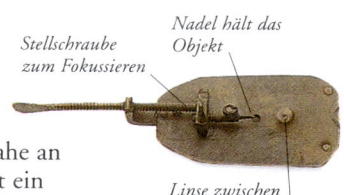

Wie eine Lupe funktioniert
Eine gewöhnliche Lupe oder ein Vergrößerungsglas besteht aus einer konvexen Sammellinse. Wenn man das Objekt in geeignetem Abstand betrachtet, sieht man es aufrecht und vergrößert. Die gewöhnliche Leselupe vergrößert 2-fach.

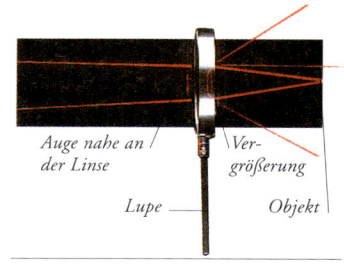

Vergrößerte Bilder
Das Mikroskop hat uns ganz neue Welten eröffnet. Kleintiergruppen wie Milben konnte man erst mit dem Mikroskop studieren. Es zeigte z. B. auch, dass die kugelförmigen Augen der Libellen aus tausenden winzigen Sehkeilen zusammengesetzt sind.

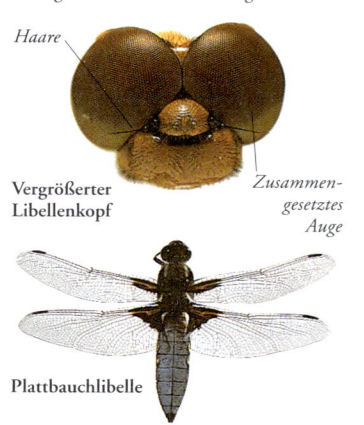

Polarisationsmikroskop
Mit diesem Mikroskop untersucht man Gesteine. Sie müssen zu feinen Platten geschliffen werden, damit Licht hindurch kann. Unter dem polarisierten Licht bestimmt man die Mineralarten.

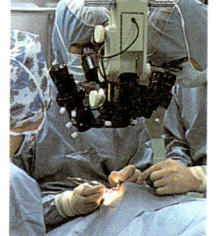

Mikrochirurgie
Bei mikrochirurgischen Eingriffen arbeiten die Chirurgen mit dem Mikroskop. Wichtig ist für sie dabei ein großer Objektabstand, damit sie ungestört arbeiten können.

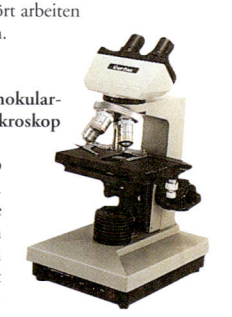

Binokularmikroskop
Dieses Mikroskop hat 2 Okulare. Man sieht damit aber keine räumliche Tiefe, weil nur ein Objektiv vorhanden ist. Ein dreidimensionales Sehen ist nur mit dem Stereomikroskop möglich.

Rasterelektronenmikroskop
Bei diesem Mikroskop dringen die Elektronen nicht durch das Objekt, sondern werden von ihm zurückgeworfen. Mit Hilfe dieser reflektierten Elektronen wird ein Bild auf einem Bildschirm erzeugt, das große Tiefenschärfe besitzt und plastisch wirkt.

SIEHE AUCH UNTER: ATOME UND MOLEKÜLE · ERFINDUNGEN · GLAS · LICHT · MEDIZIN · NATURWISSENSCHAFT, GESCHICHTE · TELESKOP · ZELLEN

MILITÄRFLUGZEUGE

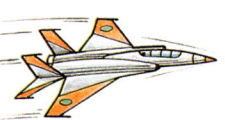

FLUGZEUGE WURDEN erstmals als Waffen im Ersten Weltkrieg (1914–18) eingesetzt. Seither haben sie sich zu den wichtigsten Waffensystemen entwickelt. Das Militär braucht Jagdflugzeuge, Betankungsflugzeuge und Kampfhubschrauber. Die Luftwaffe hat die Aufgabe, feindliche Flugzeuge und Ziele am Boden zu bekämpfen. Transportflugzeuge bringen Soldaten und Material zum Einsatzort. In Friedenszeiten werden Transportflugzeuge und Hubschrauber bei der Katastrophenhilfe eingesetzt.

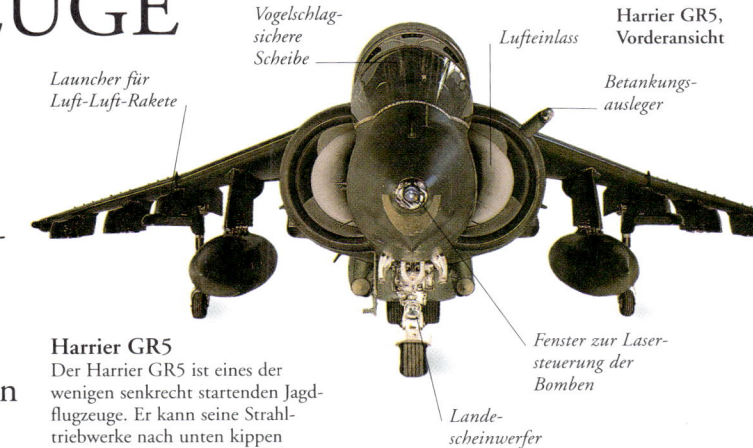

Vogelschlagsichere Scheibe — *Lufteinlass* — *Harrier GR5, Vorderansicht* — *Launcher für Luft-Luft-Rakete* — *Betankungsausleger* — *Fenster zur Lasersteuerung der Bomben* — *Landescheinwerfer*

Harrier GR5
Der Harrier GR5 ist eines der wenigen senkrecht startenden Jagdflugzeuge. Er kann seine Strahltriebwerke nach unten kippen und somit ohne lange Startbahn aufsteigen.

Anzeigetafel — *Schleudersitz* — *Verschiebbare Kabinenhaube* — *Schwenkbares Triebwerk* — *Blinklicht* — *Seitenflosse* — *Querruder* — *Abzeichen der Staffel* — *Licht für nächtlichen Formationsflug* — *Droptank zum Abwerfen* — *Nummer*

Harrier GR5, Seitenansicht

Teile
Jadgflugzeuge und Jagdbomber sind hochkomplizierte Flugzeuge. Computer an Bord helfen dem Piloten, das Flugzeug zu fliegen, sich zurechtzufinden und die Waffensysteme zu bedienen. Mit Luft-Luft-Raketen greifen sie andere Flugzeuge, mit Luft-Boden-Waffen Ziele auf dem Festland oder auf dem Meer an. Mit einem Selbstverteidigungssystem aus Elektronenstrahlen und Fackeln lenken sie Raketen in die Irre, die auf sie abgefeuert wurden.

Flugzeugtypen
Man unterscheidet Kampfflugzeuge und Flugzeuge, die nicht kämpfen, sondern andere Verbände unterstützen. Die Jagdflugzeuge versuchen die Lufthoheit zu erringen, sodass in ihrem Gefolge Bomber und Jagdbomber angreifen können. Andere Flugzeuge übernehmen den Transport von Truppen und Nachschub und vor allem die Aufklärung in feindlichem Gebiet.

Rockwell B-1B

Schwere Bomber
Schwere Bomber sind oft so groß wie Passagierflugzeuge. Sie fliegen hoch über dem Schlachtfeld und werfen Bomben ab. Ein solches Flugzeug braucht mehrere Crew-Mitglieder.

Kampfhubschrauber
Sie stellen eine Mischung aus Hubschrauber und Jagdflugzeug dar und bekämpfen feindliche Ziele mit Kanonen und Lenkraketen.

Transportflugzeuge
Transportflugzeuge wie die Galaxy (rechts) bringen hunderte voll ausgerüstete Soldaten in ihr Einsatzgebiet.

Cobra Venom AH-1W

Lockheed C5 Galaxy

Boeing E3A

Aufklärungsflugzeuge
Diese Flugzeuge erkunden feindliche Stellungen. Einige fliegen extrem niedrig und machen dabei Videoaufnahmen. Andere überwachen das feindliche Gebiet aus großer Höhe mit Hilfe von Radar.

Luftwaffe
Die Luftwaffe besteht aus sehr viel mehr als aus den Flugzeugen und der Besatzung. Tausende von Soldaten arbeiten als Bodenpersonal und helfen z. B. bei der Wartung der Flugzeuge. In der Luftwaffe gibt es verschiedene Staffeln. Die erste organisierte Luftwaffe war die britische Royal Air Force (RAF) von 1918.

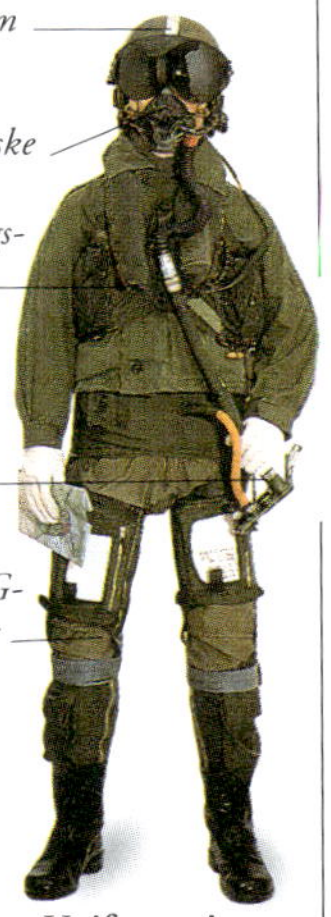

Pilotenhelm — *Sauerstoffmaske* — *Rettungsweste* — *Steckverbindungen* — *Anti-G-Anzug*

Uniform eines Jetpiloten

Aufblasbare Manschette

Besatzung
Jetbesatzungen tragen Rettungswesten für den Fall, dass sie sich mit dem Schleudersitz hinauskatapultieren müssen.

Spiegel — *Codebuch*

| SIEHE AUCH UNTER | FLUGZEUGE | KRIEG | LUFTFAHRT | LUFTSCHIFFE UND BALLONE | STREITKRÄFTE | WAFFEN | WELTKRIEG, ERSTER | WELTKRIEG, ZWEITER |

MINOISCHE KULTUR

AUF DER INSEL KRETA im Ägäischen Meer entstand etwa um 2500 v. Chr. eine unglaublich reiche Hochkultur – das erste europäische Reich. Diese Minoer waren Händler und haben ihren Namen nach dem sagenhaft reichen König Minos von Kreta. Die Minoer bauten üppig geschmückte Paläste. Wir wissen eine Menge über ihre Kultur aus ihren Malereien, den Gebäuden und archäologischen Funden. Ihre Schrift ist allerdings erst teilweise entziffert. Um 1450 wurden die Minoer von den kriegerischen Mykenern des griechischen Festlandes besiegt.

Ausbreitung des minoischen Reiches
Ausgehend von ihrer Heimat Kreta beherrschten die Minoer von 2000 bis 1450 v. Chr. das Ägäische Meer. Ihre Siedlungen lagen hauptsächlich an der Küste. In den wichtigsten wie Knossos, Mallia, Phaistos und Zakros entstanden große Paläste.

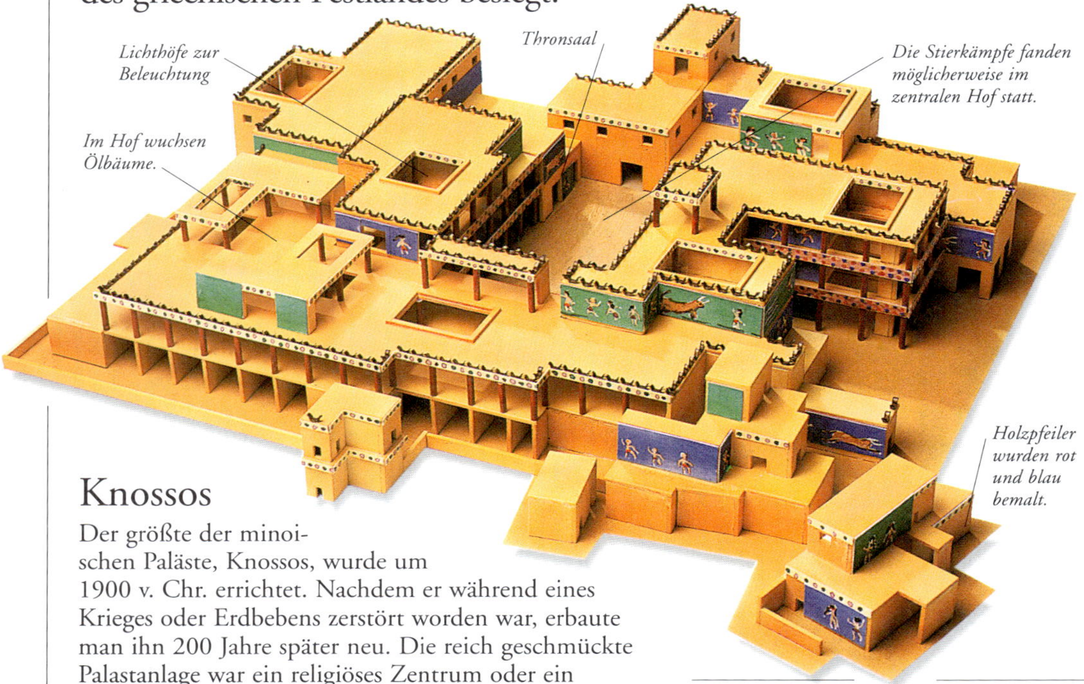

Lichthöfe zur Beleuchtung
Thronsaal
Die Stierkämpfe fanden möglicherweise im zentralen Hof statt.
Im Hof wuchsen Ölbäume.
Holzpfeiler wurden rot und blau bemalt.

Knossos
Der größte der minoischen Paläste, Knossos, wurde um 1900 v. Chr. errichtet. Nachdem er während eines Krieges oder Erdbebens zerstört worden war, erbaute man ihn 200 Jahre später neu. Die reich geschmückte Palastanlage war ein religiöses Zentrum oder ein Handelszentrum und wahrscheinlich auch Sitz eines Herrschers. Die Anlage erfolgte um einen Mittelhof. Es gab Räume für die unterschiedlichsten Zwecke: Wohnräume für den König, einen Thronsaal, Schreine, Hallen und dutzende Magazine.

Stierkampf
Dieser Sport hatte wohl religiöse Bedeutung. Junge Männer und Frauen versuchten einen Salto über den Stier zu schlagen.

Töpferei
Die Magazine von Knossos waren voller Tongefäße. Diese Pithoi waren bis zu 2 m hoch und enthielten Öl und Wein.

Religion
Vogel
Schlange
Rock mit Volant

Auf Hügeln und in allen Palästen wurden Schreine errichtet, in den die Minoer den Göttern Essen und Trinken opferten. Sie verehrten mehrere Gottheiten – Stiere galten vermutlich als heilige Tiere. Die wichtigste Gottheit war wohl eine Göttin der Erde und der Fruchtbarkeit, die oft mit Schlangen dargestellt wurde.

Schlangengöttin
Die Archäologen haben mehrere Darstellungen dieser Göttin gefunden. Sie trägt das typische Kostüm einer minoischen Frau. In den Händen hält sie Schlangen; bisweilen winden sich diese auch um ihren Körper. Die Minoer verehrten sie wahrscheinlich als Hüterin des Hauses und als Göttin der Fruchtbarkeit und der reichen Ernte.

Handel
Trauben
Oliven 

Die minoischen Händler befuhren eine kreisförmige Route, von Kreta nach Ägypten, von dort nach Palästina und über Zypern zurück. Sie exportierten Töpferwaren, Metallarbeiten und Lebensmittel und tauschten dafür Rohstoffe wie Kupfer und Edelsteine ein.

Thera
Früher glaubte man, ein Vulkanausbruch auf der Nachbarinsel Thera habe der minoischen Kultur um 1470 ein Ende bereitet. Heute weiß man, dass die Mykener aus Griechenland die minoische Kultur zerstörten.

Chronologie
2500 v. Chr. Siedlungen von Händlern beginnen sich auf Kreta auszudehnen.

1900 v. Chr. Bau der ersten minoischen Paläste. Die Minoer beginnen mit dem Überseehandel.

1800 v. Chr. Entstehung der Schrift auf Kreta, die heute Linear A heißt.

1700 v. Chr. Die minoischen Paläste gehen in Flammen auf, vielleicht in einem Krieg zwischen verschiedenen Staaten auf Kreta. Die Paläste werden wieder aufgebaut.

1550 v. Chr. Blütezeit der minoischen Kultur

1500 v. Chr. Man schreibt nun mit der Schrift, die wir heute Linear B nennen. Die Sprache ist eine altertümliche Form des Griechischen.

1470 v. Chr. Eruption auf der Insel Thera

1400 v. Chr. Knossos fällt, nachdem die Mykener Kreta erobert haben. Mykenische Kultur und Paläste breiten sich aus. Mykene dehnt den Handel im Mittelmeer aus.

SIEHE AUCH UNTER EUROPA, GESCHICHTE — GOTTHEITEN — GRIECHEN — SCHRIFT

MITTELALTER

IN EUROPA HERRSCHTE von etwa 500 bis 1500 n. Chr. das Mittelalter. Es ist der Zeitabschnitt vom Ende der Völkerwanderung bis zur Entdeckung Amerikas. Etwa ab dem 12. Jh. nahm der Handel einen Aufschwung und die Bevölkerung wuchs stetig an. In diese Zeit fallen auch viele Städtegründungen. Europa wurde von Königen und der mächtigen katholischen Kirche regiert. Das Volk lebte größtenteils in Armut und Unkenntnis, während die geistlichen und weltlichen Fürsten weitgehende Privilegien genossen. Erst allmählich bildete sich ab dem 13. Jh. das Bürgertum heraus.

Herrscher und Staat

In mittelalterlichen Gesellschaften besaß der Herrscher meist auch das Land. Auch die Kirche war Landbesitzer. So versuchte der Herrscher, die Kontrolle über die Kirche zu gewinnen. Das führte zu dauernden Machtkämpfen.

Friedrich II.
Der Kaiser des Hl. Römischen Reiches Friedrich II. (1194–1250) war ein glänzender Herrscher, der sein Reich gut verwaltete. Der Papst hatte ihn gegen das Versprechen, einen Kreuzzug durchzuführen, zum Kaiser gekrönt. Als Friedrich den Kreuzzug immer wieder verzögerte, traf ihn der Bann. 1228 zog er ins Heilige Land und erreichte ohne Blutvergießen mehr als andere vor ihm.

Ludwig der Heilige
Ludwig IX. von Frankreich (Regierungszeit 1226–70) war ein frommer Mann, der sich stark für das Christentum einsetzte und den Islam bekämpfte. Sein erster Kreuzzug war erfolglos. 1270 unternahm er einen Kreuzzug gegen die Moslems nach Tunis, wo er im Lager an Pest starb. Die Franzosen verehren ihn bis heute als friedliebenden und gerechten König.

Eleonore von Aquitanien
Eleonore (1122–1204), eine der mächtigsten Frauen ihrer Zeit, war in erster Ehe mit Ludwig VII. von Frankreich, dann mit Heinrich II. von England verheiratet und Mutter zweier Könige. Ihrem zweiten Mann brachte sie 1152 große Ländereien in Frankreich ein. Während der Regierung ihres Sohnes Richard I. hatte sie eine Schlüsselrolle in England.

Bischöfe und Kirche

Eine der größten Mächte im mittelalterlichen Europa war die Kirche mit dem Papst als Oberhaupt. Bischöfe und Erzbischöfe regierten in den Ländern neben den Herrschern. Als gebildete Leute hielten sie das einfache Volk unter ihrem Einfluss und besaßen dadurch viel Macht.

Klöster
Mönche und Nonnen in Klöstern verzichteten auf persönlichen Besitz, um ihr Leben Gott zu weihen. In der mittelalterlichen Gesellschaft spielten sie eine wichtige Rolle: Sie errichteten Schulen und Hospitäler, sie kümmerten sich um Notleidende und unterstützten die Armen. All diese Aufgaben leistet heute der Staat.

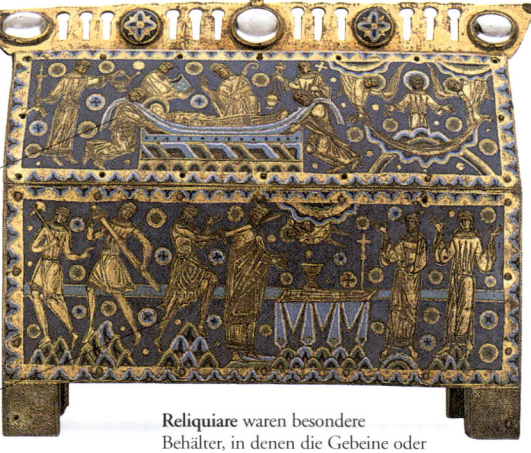

Beckett wird von Engeln zum Himmel getragen.

Beckett wird von einem der Mannen Heinrichs II. in der Kathedrale von Canterbury ermordet.

Reliquiare waren besondere Behälter, in denen die Gebeine oder andere Relikte von Heiligen aufbewahrt wurden. Dieser Reliquienschrein aus dem 12. Jh. zeigt die Ermordung Thomas Becketts, Erzbischof von Canterbury (1118–70).

Kirchenleute
Im Mittelalter erbte meist der älteste Sohn in Herrscherfamilien Titel und Vermögen vom Vater. Die jüngeren Söhne traten in den geistlichen Stand, d. h. in den Dienst der Kirche. Viele brachten es zum Bischof und hatten damit Macht. Oft erhielten sie Ämter im Staat und konnten so die Staatsgeschäfte beeinflussen.

Bauernaufstände

Während des Hundertjährigen Kriegs kam es in Frankreich (1358) und England (1381) zu Aufständen der Bauern, die brutal niedergeworfen wurden. In Süd- und Mitteldeutschland kämpften 1524/25 die Bauern gegen Adel und Geistlichkeit um eine Verbesserung ihrer wirtschaftlichen Lage und die Wiederherstellung alter Rechte. Sie verloren und waren nun Untertanen ihrer Landesfürsten.

Götz von Berlichingen im Bauernkrieg

Wie das Volk lebte

Die meisten Untertanen lebten als Bauern auf dem Land. Sie mussten ihrem Herrn für Schutz und Wohnung einen Teil ihrer Erzeugnisse abliefern. Die Lebenserwartung war viel kürzer als heute. Insbesondere durch häufige unvorhersehbare Pestepidemien nahm man den Tod als unausweichliches Schicksal gelassen hin.

Haken zum Herausheben von Fleisch aus dem Kessel

Messer zum Schneiden und Entbeinen

Gerät zum Entkernen von Äpfeln.

Haushalt
Bauernfamilien lebten in winzigen Hütten, die nur 2 Räume hatten: einen für das Vieh, den anderen für die Bewohner. Das Essen wurde im Kessel zubereitet. Man hatte nur wenige Haushaltsgeräte. Konservierung kannte man noch nicht, weshalb es im Winter wenig zu essen gab. Eine schlechte Ernte bedeutete Hungersnot.

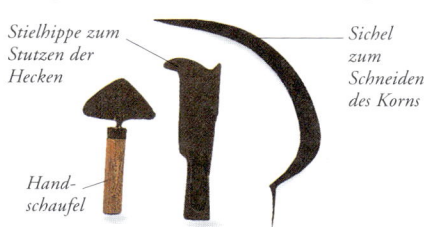

Stielhippe zum Stutzen der Hecken

Sichel zum Schneiden des Korns

Handschaufel

Feldarbeit
Die Arbeit auf den Feldern war schwer. Außer dem von Ochsen oder Pferden gezogenen Pflug, der den Boden aufriss, gab es keine landwirtschaftlichen Maschinen. Das Schneiden und Dreschen des Korns oder das Scheren der Schafe erfolgte von Hand.

MITTELALTER

Städte und Handel

Städte entstanden meist an Märkten oder Häfen und wuchsen mit dem Handel. Im 14. Jh. entstand der Bund der deutschen Hanse, dem zeitweilig bis zu 200 Hafenstädte der Nord- und Ostsee angehörten. Sie kontrollierten den Handel.

Geld
Mit zunehmendem Handel kam das Münzgeld in Europa in Gebrauch. Gold- und Silbermünzen wurden zwar schon im Altertum geprägt, doch erst seit Karl dem Großen kam Geld in Umlauf. Die Kaufleute wogen die Münzen mit der Waage ab und prüften sie auf ihren Gehalt an Edelmetall.

Stadtmauern
Fast alle Städte waren durch hohe Wehrmauern und starke Torhäuser befestigt. So wurden Räuber und Feinde abgehalten. In Carcassonne in Frankreich sieht man die Mauern noch heute.

Wissenschaft

Im Mittelalter fußte die europäische Wissenschaft auf den Schriften der Griechen und Römer. Die Europäer besaßen noch nicht die Voraussetzungen für eigene neue Entdeckungen wie die Araber. Auf manchen Gebieten gab es jedoch auch Fortschritte, etwa in der Baukunst: Mittelalterliche Baumeister errichteten die großen gotischen Kathedralen.

Das Astrolabium, mit dem man die Höhe der Gestirne messen konnte, war eine arabische Erfindung. Es gelangte mit dem Handel nach Europa und half den Seeleuten sich auf dem Meer zurechtzufinden.

Heilkräuter
Die mittelalterlichen Ärzte fertigten aus den Heilkräutern Arzneien und Salben oder machten Umschläge. Heute weiß man, dass diese Kräuter viele heilende Stoffe enthalten. Salbei enthält z. B. Stoffe gegen Erkältungen; das Öl im Lavendel hilft bei Verbrennungen; Rosmarin ist gut gegen Rheuma.

Astrolabium — *Das Stundenbuch* — *Mann* — *Frau* — *Tierkreiszeichen*

Die Körperteile – so zeigt es ein Manuskript aus dem 14. Jh. – wurden nach mittelalterlicher Auffassung von den Tierkreiszeichen beeinflusst.

Rosmarin — Minze — Melisse — Dill — Myrte — Wucherblume — Lungenkraut

Kunst

Die Kunst diente im Mittelalter der Kirche, die den Auftrag gab Kathedralen und Klöster auszuschmücken. In der Gotik entstanden viele Gotteshäuser mit auffälligen Spitzbogen. Künstler malten die gotischen Kirchen in lebhaften Farben mit meist stilisierten Figuren aus.

Skulpturen
Die Kathedralen waren mit Statuen der heiligen Familie, Bibelszenen und Heiligen geschmückt. Überlebensgroße Figuren wie hier in Chartres wurden geradezu ein Stilmerkmal der Gotik.

Statuen aus dem Alten Testament

Architektur
Mittelalterliche Baumeister errichteten Paläste und Kirchen. Dieses Haus in Lincoln, England, ließ ein jüdischer Kaufmann im 12. Jh. erbauen. Der Rundbogen am Eingang zeigt noch den Einfluss der Romanik, die vor der Gotik herrschte.

Illumination
Die Mönche in den Klöstern schrieben Texte aus der Bibel und anderen Büchern von Hand ab. Den Text schmückten sie mit Illustrationen. Anfangsbuchstaben malten sie mit leuchtenden Farben und Gold aus; dies nennt man Illumination.

Glasmalerei
Auf den bunten Glasfenstern der Kathedralen und Kirchen wurden Szenen aus der Bibel lebendig. Die Bilder wurden aus bunten Glasstückchen wie ein Mosaik gefertigt und mit Bleistegen gehalten. Die vielleicht schönsten Beispiele für Glasmalerei finden sich in der Kathedrale von Chartres in Frankreich.

Das Fenster der Blauen Jungfrau zeigt Jesus, der Wasser in Wein verwandelt.

Das Südrosettenfenster

Das Erlösungsfenster zeigt das Leiden Christi und seinen Tod am Kreuz.

Das Jessebaum-Fenster zeigt den Stammbaum Christi.

Kleidung
Bauern trugen einfache Kleidung aus Wolle – weite Kittel und Strumpfhosen. Edlere Stoffe wie Leinen, Samt oder weiche Wollsachen konnten sich nur Adlige oder Kaufleute leisten. Stiefel und Schuhe sowie Gürtel und Taschen wurden aus Leder hergestellt. Auch hierin gab es Qualitätsunterschiede.

Arbeiter: *Filzhut, Stickerei, Kurzer Wollkittel, Leinenhemd, Arbeitsstiefel, Wasserbehälter aus Leder, Wollener Beinling, Strohhut*

Büttel: *Spitzer Filzhut, Wams, Knöpfe aus Zinn, Leinenfutter, Steg, Lederstiefel*

Kaufmann: *Gugel, Wollmantel, Messer zum Essen, Langer Wollrock, Einheitliche Hose, Stiefel aus Kalbsleder*

Frau aus der Stadt: *Mütze aus Leinen, Leinenkleid, Rosenkranz, Wollstrümpfe mit ledernen Haltern, Überärmel, Holzschuhe*

SIEHE AUCH UNTER: EUROPA, GESCHICHTE · FEUDALISMUS · FRANKREICH, GESCHICHTE · HEILIGES RÖMISCHES REICH · KIRCHEN UND KATHEDRALEN · KREUZZÜGE · MEDIZIN, GESCHICHTE · NORMANNEN · PEST

MÖBEL

Jeden Tag sitzen wir auf Stühlen, schlafen in Betten, essen und arbeiten an Tischen. Möbel sind bewegliche Einrichtungsgegenstände des Hauses. Früher wurden sie noch ganz von Hand gefertigt. Nur in reichen Häusern gab es zahlreiche Möbel. Als die Produktion im 19. Jh. mechanisiert war, wurden die Möbel billiger und für jedermann erschwinglich. Das Design der Möbel folgte immer dem jeweiligen Kunststil.

Die Sessel auf diesem römischen Relief unterscheiden sich kaum von heutigen.

Frühe Möbel
Unterschiedliche Kulturen haben sehr ähnliche Möbel hervorgebracht. Die alten Ägypter hatten Faltbetten, die Römer Sessel mit Lehnen. Die ältesten Möbel fand man in ägyptischen Gräbern.

Antike Möbel
Als antik bezeichnet man Möbel, die über 100 Jahre alt sind. Antike Möbel wurden in der Regel von Hand angefertigt. Vom 16. Jh. an verkleidete man billige Hölzer mit Edelholzfolie, dem sog. Furnier. Antike Möbel werden heute teuer bezahlt.

Kabinettschrank, 18. Jh.

Möbeltypen
Möbel und Einrichtungsgegenstände für den privaten Gebrauch sollten so bequem wie möglich sein. Das Angebot ist groß genug, dass jeder Käufer etwas für seinen persönlichen Geschmack findet. Büromöbel sind in der Regel funktioneller und einfacher gestaltet.

Möbel zu Hause
Jede Wohnung hat ein Bett oder einen Futon. Diese ursprünglich japanische Matratze ist sehr raumsparend, weil sie nachts als Bett und tagsüber als Sofa dient.

Büromöbel
Moderne Büromöbel sind zweckmäßig, massiv gebaut und sollten auch bei starker Beanspruchung lange Zeit halten.

Verstellbarer Lampenschirm

Schwerer Lampenfuß

Trinkbrunnen
Trinkbrunnen und Mülleimer bilden eine Art Mobiliar des öffentlichen Raumes. Dieser auffällige gusseiserne Trinkbrunnen steht in Paris.

Wie ein Polstersessel entsteht
Die meisten heutigen Möbel werden überwiegend maschinell in Massen produziert. Sofas und Polstersessel bestehen aus maschinengefertigten Teilen, die man von Hand zusammenbaut. Das tragende Gestell besteht dabei fast immer aus einem hölzernen Rahmen.

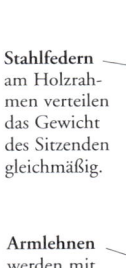

Stahlfedern am Holzrahmen verteilen das Gewicht des Sitzenden gleichmäßig.

Armlehnen werden mit Schaumstoff und einer Vliesschicht ausgepolstert.

Bezug Der Stoff wird vom Polsterer von Hand über der Polsterung angebracht.

Laufrollen sind kleine Räder, die am Fuß des Sessels angebracht werden, damit man ihn leicht verschieben kann.

Stahlfedern bewirken auch hier, dass man in dem Sessel bequem sitzt.

Drahtgeflecht Es wird mit Sackleinen, Wattefilz oder Sisalmatten abgedeckt.

Polsterung
Das hölzerne Gerüst des Sessels wird mit verschiedenen Materialien bedeckt, sodass es am Ende nicht mehr zu sehen ist. Für das Obermaterial gibt es eine reiche Auswahl an Dekorationsstoffen.

Kissen, gefüllt mit Schaumstoffteilen oder Federn

Bezugstoff Er bestimmt den Gesamteindruck.

Inneneinrichtung
Bei der Einrichtung einer Wohnung versucht man, Möbel, Stoffe, Farben und Formen aufeinander abzustimmen. Dies ist u. a. Aufgabe von Designern und Innenarchitekten. Mit dem einheitlichen Design begann man im 16. Jh., als Möbeltischler den Auftrag erhielten, Räume als Ganzes zu gestalten.

Textile Raumausstattung
Unter diesen Begriff fallen Vorhänge, Kissen, Tapeten, Teppichböden und Teppiche. Sie tragen viel zur Wohnlichkeit eines Raumes bei.

Kissen und Tapeten passen farblich zueinander.

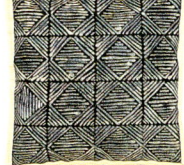

William Morris
Der englische Designer, Künstler und Sozialist William Morris (1836–96) war auf vielen Gebieten tätig. Besonders trat er für die Rückkehr zu handgefertigten Möbeln ein. Dazu gründete er die Arts-and-Crafts-Bewegung, die man als eine Vorläuferin des Jugendstils betrachten kann.

SIEHE AUCH UNTER ÄGYPTER · ARCHITEKTUR · DESIGN · HANDWERK · KUNST, GESCHICHTE · MUSEEN · WOHNHÄUSER

Englische Möbel

Lampen und Leuchter

Kerzenleuchter, Schmiedeeisen, spätes 17. Jh.

Kerzenleuchter aus Messing, frühes 18. Jh.

Sturmlampe aus Bronze, frühes 19. Jh.

Gasleuchter, vergoldet, Mitte 19. Jh.

Leuchter für Glühlampen, Glas und Messing, um 1900

Stehlampe, 1930–40

Stühle

Armstuhl, Eiche, geschnitzt, um 1620

Stuhl mit Jalousielehne, Walnuss, um 1680

Armstuhl, Buche, Sitz geflochten, um 1815

Polstersessel, Buche und Walnuss, um 1860

Armstuhl aus Buche, schwarz gebeizt, um 1890

Sperrholzstuhl, birkenfurniert, 1989

Tische, Kommoden und Schränke

Seitentische, Kiefer und Eiche, chinesischer Stil vergoldet, um 1690

Tischchen, Dreifuß, Mahagoni und Walnuss, um 1760

Seitentischchen, Rosenholz, um 1800

Spiel- und Nähtisch, kombiniert, um 1830

Tischchen im maurischen Stil, Mahagoni, um 1895

Seitentisch, Ahornfurnier, späte 30er Jahre

Aufsatzkommode, Walnussfurnier auf Weichholz, Queen-Anne-Stil, um 1700

Kassettenartiger Aufbau

Offenes Regal

Schränkchen mit bemalter Füllung

Buffet, Mahagoni, bemalte Füllungen, entworfen von Lewis F. Day im Jahr 1880

Füllungen mit Tierkreiszeichen bemalt

Dekoration im maurischen Stil

Verglaste Türen

Bücherschrank aus Eiche, mit nach oben verjüngten Säulen, 1993

MOGUL-REICH

IM 16. JAHRHUNDERT KAM in Indien die Dynastie der Moguln an die Macht. Sie einigte den Subkontinent zum ersten Mal seit 1 500 Jahren, war selbst aber islamisch geprägt. Der erste Mogulherrscher, Babur, kam aus Persien und war mit mongolischen Herrschern verwandt. Er und die späteren Moguln schufen ein Reich, das um 1700 ganz Indien mit Ausnahme der Südspitze umfasste. Die Moguln förderten die Künste und halfen mit, den Islam über ganz Indien zu verbreiten. Im 18. und 19. Jh. verfiel das Reich langsam unter der englischen Fremdherrschaft.

Akbar und seine Armee überqueren den Ganges.

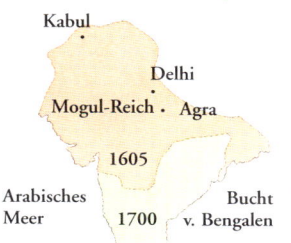

Indien unter den Moguln

Frühe Moguln
1526 besiegte Babur den Sultan von Delhi und übernahm im zentralen Nordindien die Macht. Babur war ein schlechter Verwalter und nach seinem Tod 1530 begann sein Reich auseinander zu fallen. Bis zum Jahr 1600 hatte Kaiser Akbar (Regierung 1556–1605) das Reich geeint und nach Süden ausgedehnt.

Akbar als Herrscher
Akbar (1542–1605) war der größte Mogulherrscher. Als Baburs Enkel kam er 1556 an die Macht. Im selben Jahr schlug er einen afghanischen Thronanwärter und festigte so seine Herrschaft. Während seiner langen Regierungszeit vergrößerte er das Reich, förderte die Künste und forderte zu religiöser Toleranz auf.

Akbar und die Hindus
Akbar wusste, dass er zur Einigung Indiens die Hilfe lokaler hinduistischer Autoritäten brauchte. Er gab diesen Männern Posten in seiner Verwaltung und förderte hinduistische Interessen. Er führte ein gerechtes Steuersystem ein und verzichtete auf die höheren Abgaben, die Hindus bisher hatten zahlen müssen.

Hauptstädte
Zunächst herrschte Akbar von Agra im nördlichen Zentralindien aus. Dort baute er das Rote Fort. Später verlegte er seine Hauptstadt nach Fatehpur Sikri. Von hier aus organisierte er die Verwaltung, sandte Gouverneure in die Provinzen und reformierte das Münz- und Maßsystem.

Rotes Fort in Agra

Spätere Moguln
Im Jahr 1605 wurde Akbars Sohn Jahangir Kaiser. Auf ihn folgte sein Sohn Shah Shujai, der das Reich weiter südwärts ausdehnte und viele große Städte und Paläste erbaute. Er und dessen Sohn Aurangseb zeigten weniger religiöse Toleranz als Akbar. Aurangseb zerstörte viele Hindutempel. Nach seinem Tod begann das Reich auseinander zu brechen.

Schlachtszene, Miniatur aus der Mogulzeit, 16. Jh.

Religiöse Toleranz
Im 16. Jh. gab es in Indien viele Religionen. Akbar erkannte, dass nur dann Frieden herrschte, wenn alle Bekenntnisse nebeneinander existieren konnten. Er baute das Ibadat Khana, die „private Audienzhalle", in der Vertreter der verschiedenen Religionen über ihre Vorstellungen diskutierten. Moslems, Hindus, Sikhs und sogar Christen aus Europa waren hier willkommen.

Akbar empfängt zwei schwarz gekleidete Jesuiten in der Audienzhalle.

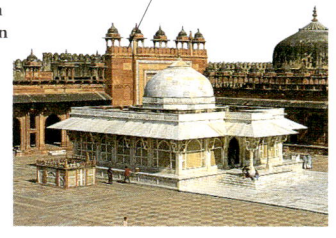

Steinmetzarbeiten und Wandmalereien an vielen Gebäuden

Kuppelgrab von Scheich Salim in Fatehpur Sikri

Fatehpur Sikri
Im Jahr 1569 baute Akbar die Stadt Fatehpur Sikri im nördlichen Zentralindien zu Ehren des islamischen Heiligen Scheich Salim, der die Geburt von Akbars Sohn Jahangir vorausgesagt hatte. Fatehpur Sikri wurde 1584 Hauptstadt.

Tadsch Mahal
Eines der berühmtesten Bauwerke der Moguln ist der Tadsch Mahal in Agra. Shah Jahan baute ihn als Grabstätte für seine Frau Mumtaz Mahal, die 1631 starb. Die Bauzeit dauerte über 17 Jahre. Viele hundert Arbeiter aus ganz Indien waren an diesem Bauwerk beschäftigt.

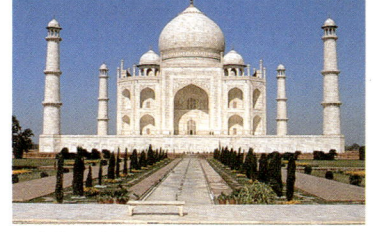

Tadsch Mahal

Chronologie

1504 Babur herrscht in Kabul.

1526 Babur besiegt den Sultan von Delhi in der Schlacht von Panipat.

1530 Baburs Sohn Humajun besteigt den Thron; das Reich zerfällt.

1556–1605 Regierungszeit von Akbar: Ausdehnung des Reiches, goldenes Zeitalter der Kultur und der religiösen Toleranz.

1605 Akbars Sohn Jahangir besteigt den Thron. Er liebt den Luxus und den Alkohol und ist ein schlechter Herrscher.

Brustplatte eines Panzers aus der Mogulzeit

1628–57 Regierungszeit von Shah Jahan. Er erbaute u. a. den Tadsch Mahal in Agra.

1658 Aurangseb entthront seinen Vater Shah Jahan. Das Reich erreicht seine größte Ausdehnung und zerfällt gleichzeitig.

SIEHE AUCH UNTER — ARCHITEKTUR — GUPTA-REICH — INDIEN, GESCHICHTE — ISLAM — MONGOLEN — WELTREICHE

MOHAMMED

EIN KAUFMANN AUS MEDINA in Arabien wurde zum Propheten einer neuen Religion, des Islam. Sein Name ist Mohammed, »der Gepriesene«. Seine Jünger glaubten, Gott selbst habe ihn als Propheten auserwählt. Er fühlte sich um 610 mit fast 40 Jahren berufen, eine neue Religion zu stiften. Der islamische Glaube verbreitete sich rasch. Als Mohammed 632 starb, hatte sich der Islam auf der gesamten Arabischen Halbinsel durchgesetzt.

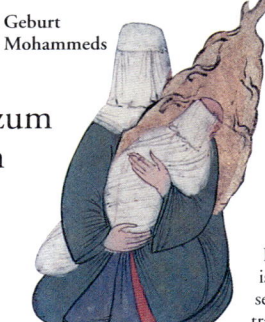

Der Erzengel Gabriel erscheint Mohammed.

Kindheit und Jugend
Mohammed, dessen eigentlicher Name Abu'l Kasim ibn Abd Allah lautete, wurde um 570 in der arabischen Stadt Mekka geboren. Sein Vater starb vor seiner Geburt, seine Mutter kurz danach. Mohammed wurde von seinem Onkel Abu Tâlib erzogen, dem Oberhaupt des Hashim-Clans. Über seine Jugend ist hier nichts überliefert. Die nach seinem Tod entstandenen Schriften tragen sehr viele legendäre Züge.

Geburt Mohammeds

Die Sendung
Wie der christliche Glauben verehrt auch der islamische Glauben den Erzengel Gabriel. In seinem Traum wurde Mohammed durch den Erzengel angewiesen, den Glauben an den einen wahren Gott, Allah, zu predigen und dessen bevorstehendes Kommen den Arabern zu verkünden. Die wichtigsten Glaubensgrundsätze soll Mohammed in weiteren Visionen im Laufe seines Lebens erfahren haben.

Die Offenbarung
Mohammed war arm. Mit 25 Jahren arbeitete er für die reiche Kaufmannswitwe Chadidja, die er heiratete. Als Kaufmann reiste Mohammed durch ganz Arabien und bis nach Syrien. Dabei lernte er die unterschiedlichen Religionen kennen. Um 610 gab Mohammed seine Tätigkeit als Kaufmann auf und ging in die Berge nördlich von Mekka, um dort zu meditieren. In einer Höhle am Berg Hira hatte er den Traum, dass Gott ihn als Propheten der wahren Religion auserwählt habe.

Die Hidjra
In Mekka hatte Mohammed zunächst nur wenige Anhänger, dafür aber umso mehr Gegner. Daher floh er 622 mit 70 Getreuen nach Medina im Norden. Diese Reise wird als heilige Flucht, die Hidjra, bezeichnet.

Medina
In Medina wurde Mohammed von jüdischen Arabern zunächst nicht begeistert aufgenommen, doch sein Ansehen wuchs rasch. Er gewann viele Anhänger in der Stadt und konnte hier die erste islamische Gemeinde gründen. Er baute auch eine erste Moschee.

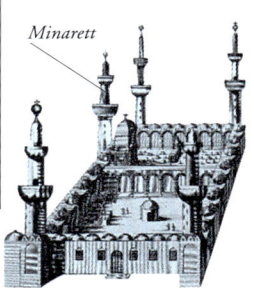

Richtung Mekka
Um 624 begannen die Moslems in Medina sich beim Gebet nach Mekka auszurichten. Dies ist bis heute so. In den Moscheen zeigen Gebetsnischen, sog. *Mihrabs*, den Gläubigen die *Kibla*, die Richtung nach Mekka.

Minarett

Der Koran
Die Offenbarungen, die Gott Mohammed in Visionen zuteil werden ließ, wurden später im Koran niedergelegt. Die Moslems glauben, der Koran enthalte wörtlich die von Allah an Mohammed gegebenen Botschaften. Der Text des Korans zerfällt in 114 Abschnitte oder Suren, die wiederum in Verse aufgeteilt sind. Der Koran ist neben der Bibel eines der meistgelesenen Bücher. Die Moslems lesen ihn auf Arabisch und lernen danach auch lesen und schreiben.

Exemplar des Korans aus der Türkei — *Lasche zum Schutz* — *Arabischer Text in Neschischrift*

Mihrab in einer Moschee

Der Kampf
Von Medina aus überfielen Mohammed und seine Gefolgsleute regelmäßig Karawanen von und nach Mekka. Durch die Beute konnte Mohammed eine kleine Armee ausrüsten. 624 besiegte er eine Armee aus Mekka in einer offenen Feldschlacht. Dieser Sieg trug ihm und seiner neuen Religion große Achtung in der arabischen Welt ein.

Die Einnahme Mekkas
Im Jahr 629 pilgerte Mohammed nach Mekka und bekehrte dort viele Bewohner zum Islam. Zu dieser Zeit waren moslemische Missionare im ganzen Mittleren Osten sowie in Äthiopien und Iran unterwegs. Mohammed war inzwischen stark genug, Mekka einzunehmen, das sich 630 ohne Kampf ergab. Damit war die gesamte Arabische Halbinsel in der Hand der Moslems.

Der Tod Mohammeds
Nach einer letzten Pilgerfahrt nach Mekka starb Mohammed am 8. Juni 632 in Medina. Dort liegt er auch begraben. Sein Nachfolger wurde sein Schwiegervater Abu Bekr, der den Titel eines Herrschers, des ersten Kalifen, annahm.

MOHAMMED

um 570	Geboren in Mekka im heutigen Saudi-Arabien
594	Er heiratet Chadidja, eine reiche Witwe.
610	In einer Vision erhält er den Auftrag, den neuen Glauben zu predigen.
622	Reise von Mekka nach Medina
624	Schlacht von Badr, bei der Mekka besiegt wird
625	Schlacht von Uhud gegen Mekka endet unentschieden.
630	Mohammed kehrt nach Mekka zurück und nimmt die Stadt ein.
632	Tod in Medina

SIEHE AUCH UNTER — AFRIKA, GESCHICHTE — ASIEN, GESCHICHTE — IRAN UND IRAK — ISLAM — ISLAMISCHES REICH — MOSCHEE — RELIGIONEN — SCHRIFT — SPANIEN, GESCHICHTE

MOND

DER MOND IST EINE GRAUE, trockene, unbelebte Gesteinskugel ohne Atmosphäre. Er ist zugleich der nächste Nachbar der Erde im Weltraum und kreist mit dieser um die Sonne. Der Durchmesser des Mondes ist ungefähr ein Viertel so groß wie der der Erde. 1969 betrat der erste Mensch den Mond.

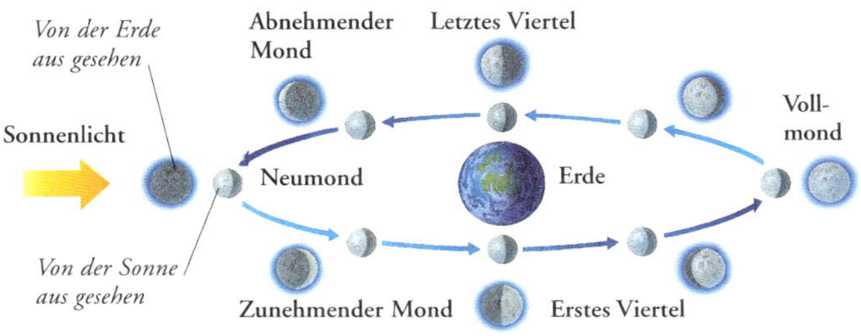

Mondphasen
Der Mond wird von der Sonne beleuchtet. Eine Mondhälfte liegt immer im Sonnenlicht, die andere im Schatten. Da der Mond um die Erde kreist, sind unterschiedliche Anteile der sonnenbeschienenen Hälfte zu sehen. Wir bezeichnen sie als Mondphasen. Sie reichen von einer dünnen Mondsichel bis zum Vollmond. Jeder Mondzyklus dauert 29,5 Tage und beginnt mit dem Neumond, wenn die sonnenbeschienene Mondseite von der Erde aus nicht zu sehen ist.

Mondoberfläche

Die Oberfläche des Mondes besteht aus Gesteinen und Staub. Sie ist von Kratern bedeckt. Die meisten entstanden vor rund 3 Mrd. Jahren, als Gesteinstrümmer den Mond bombardierten. Ausgeworfenes Material aus diesen Kratern bildete Gebirgszüge. Vulkanische Lava füllte viel größere Krater aus. Die Mondoberfläche ist seit Jahrmillionen unverändert.

Mondgestein
Amerikanische Astronauten und ferngesteuerte russische Raumschiffe brachten rund 2000 Gesteins- und Staubproben vom Mond auf die Erde.

Krater Kopernikus, Durchmesser 93 km

Apenninen

Meer der Heiterkeit (Mare Serenitatis)

Meer der Ruhe (Mare Tranquillitatis)

Ozean der Stürme (Oceanus Procellarum)

Krater Tycho

Mondfinsternis
Zwei- oder dreimal pro Jahr kommt es vor, dass Sonne, Erde und Mond genau auf einer Geraden liegen. Dann durchquert der Mond den Schatten, den die Erde wirft. In einem solchen Fall beobachten wir eine Mondfinsternis. Die Erde wirft einen kreisrunden Schatten auf den Mond, der über ihm hinweg zu wandern scheint.

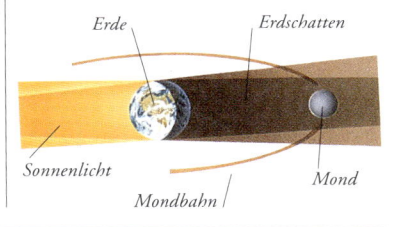

Krater
Wenn ein Gesteinsstück auf den Mond oder auf die Erde aufprallt, entsteht ein Krater. Ein Bruchstück von 1 km Durchmesser mit einer Geschwindigkeit von 100 000 km/h würde einen 18 km großen Krater schlagen. Der größte Krater auf diesem Bild hat 80 km im Durchmesser.

Mare
Frühe Forscher glaubten, die mit Lava gefüllten Krater seien Meere und nannten sie entsprechend. Sie verwendeten dazu das lateinische Wort Mare (Mária). Der Name ist geblieben, obwohl es an der Mondoberfläche kein freies Wasser gibt.

Terminator
Der Mond zeigt der Erde immer dieselbe Seite, weil er sich mit derselben Geschwindigkeit um die eigene Achse dreht. Von der Erde aus erkennt man helle Hochlandgebiete und dunklere Tiefebenen. Die Grenzlinie zwischen der Tag- und Nachtseite des Mondes heißt Terminator.

Entstehung
Man weiß nicht genau, woher der Mond stammt. Vielleicht wurde er von der Erde eingefangen oder er bildete sich aus Material, das nach der Entstehung der Erde übrig blieb. Am wahrscheinlichsten ist die Theorie, dass ein etwa marsgroßer Körper auf die Erde aufprallte und das Material wegriss, das heute den Mond bildet.

Neil Armstrong
Im Juli 1969 stand der amerikanische Astronaut Neil Armstrong (geb. 1930) im Mittelpunkt eines der wichtigsten Ereignisse der menschlichen Geschichte. Als erster Mensch betrat er den Mond und verbrachte auf dessen Oberfläche 2 Stunden und 35 Minuten.

Mondlandungen
In der Zeit zwischen 1969 und 1972 landeten 12 Männer auf dem Mond und verbrachten dort insgesamt fast 80 Stunden. Sie erforschten 90 km zu Fuß oder mit dem Mondmobil, sammelten Gesteine, führten Experimente durch und spielten Golf.

Fußspuren
Als die Astronauten den Mond verließen, blieben ihre Fußspuren und einige Geräte zurück. Da es auf dem Mond weder Wasser noch Luft gibt, bleiben diese Fußspuren über Jahrmillionen hinweg erhalten, sofern sie nicht ein aufprallender Körper auslöscht.

SIEHE AUCH UNTER — ERDE · KOMETEN UND ASTEROIDEN · PLANETEN · RAUMFAHRT · SONNE UND SONNENSYSTEM · URKNALL

MONET, CLAUDE

IM JAHR 1874 WURDE EIN GEMÄLDE ausgestellt, das einem neuen Kunststil seinen Namen verleihen sollte. Es hieß *Impression: Soleil Levant*, und sein Maler, Claude Monet, wurde der berühmteste Impressionist. Monet fand neue Wege, das Gesehene auf die Leinwand zu bringen. Statt im Atelier zu arbeiten, ging er mit der Staffelei in die Natur. Zusammen mit anderen Künstlern wie Renoir und Degas entwickelte er einen lockeren, schnellen Stil, der sich stark von der glatten, akademischen Malweise seiner Zeit unterschied.

Kindheit und Jugend
Claude Monet wurde 1840 in Paris geboren. Als er 5 Jahre alt war, übersiedelte seine Familie nach Le Havre in der Normandie. Hier lernte er das Malen. Er schuf Bilder seiner Familie sowie von Menschen und Landschaften seiner Umgebung.

Von der Normandie nach Paris
Als junger Mann traf Monet in Le Havre den Landschaftsmaler Eugène Boudin (1824–98). Boudin malte im Freien und überredete auch Monet, es zu versuchen. Dabei fand Monet Geschmack an der Malerei und beschloss Maler zu werden. 1859 ging er zum Kunststudium nach Paris, wo er den Maler Camille Pissarro (1830–1903) und andere Künstler traf, die später seine Freunde wurden.

Impressionismus
Monet und seine Freunde mochten die Gemälde nicht, die im Salon, der jährlichen Malerausstellung in Paris, gezeigt wurden. Deshalb stellten er und 29 andere Künstler ihre Werke bei einer eigenen Schau aus. Viele dieser Bilder waren nur klein und in der Natur entstanden. Die Künstler malten mit lockeren Pinselstrichen und trugen reine Farbtupfer auf. Zuerst glaubten die Betrachter, die Bilder seien noch nicht fertig. Heute zählen sie zu den begehrtesten Kunstwerken der Welt.

Impression: Soleil Levant, 1872
Monet zeigte diese Ansicht des Hafens von Le Havre 1874. Ein Kritiker namens Louis Leroy griff in einem Artikel das Gemälde an, weil es ihm unfertig erschien. Er sprach darin von der „Ausstellung der Impressionisten" und meinte das abwertend. Doch der Name blieb und bezeichnet heute den Kunststil von Monet und seinen Freunden.

Berthe Morisot
Berthe Morisot (1841–95) war die erste Frau in der Gruppe der Impressionisten. Sie entstammte einer reichen französischen Familie und erhielt Privatunterricht im Malen und Zeichnen. Sie lehnte den konventionellen Stil ihrer Lehrer ab und entschied sich für die impressionistische Art der Malerei. Berthe Morisot malte mit zarten Pinselstrichen gerne Familienszenen und Bilder von der Küste.

Malen im Freien
Im frühen 19. Jh. skizzierten die Künstler in der Regel in der Natur, malten dann aber ihr Bild im Atelier fertig. Monet war einer der Ersten, der seine Bilder im Freien vollendete. Er nahm seine Staffelei überallhin mit – an die Küste, auf die Felder, sogar in die Bahnhöfe. Monet baute ein Boot in ein schwimmendes Atelier um und fuhr damit am Ufer der Seine entlang.

Monets Palette

Baldachin über dem Deck

Zahlreiche Kabinenfenster

Monets schwimmendes Atelier

Wechselndes Licht
Monet war vom Licht fasziniert. Er malte ein und dasselbe Gemälde immer wieder unter stets anderen Lichtbedingungen, von 1892–93 beispielsweise die Kathedrale von Rouen. Dabei arbeitete er schnell an bis zu 14 verschiedenen Gemälden pro Tag. Mit den dicken Farbschichten wollte er die Schwere des Steins nachahmen.

Zwei Gemälde der Kathedrale von Rouen

Giverny
Im Jahr 1883 übersiedelte Monet nach Giverny in Nordwestfrankreich. Er schuf um sein Haus einen wundervollen Garten und pflanzte Seerosen in einem Teich. In den folgenden 25 Jahren war dieser Garten wichtigstes Thema seiner Malerei. Vor allem den Seerosenteich malte er immer wieder. Er war fasziniert von der Farbe der Blüten, den Lichteffekten auf den Blättern und den Spiegelungen an der Wasseroberfläche. Viele Seerosenbilder waren so groß, dass Monet ein eigenes Atelier dafür bauen ließ.

Monet in Giverny

Seerosen

CLAUDE MONET
1840	Geboren in Paris
1845	Übersiedelung nach Le Havre
1859	Studium in Paris
1874	Erste Impressionistenausstellung
1876–78	Freilichtmalerei am Bahnhof St. Lazare in Paris
1883	Übersiedelung nach Giverny
1892	Beginn einer Gemäldereihe von der Kathedrale von Rouen
1900	Aufenthalt in London
1908	Monet beginnt mit seiner Reihe der Seerosengemälde und verliert langsam sein Augenlicht.
1926	Tod in Giverny

SIEHE AUCH UNTER FARBE · FRANKREICH · KIRCHEN UND KATHEDRALEN · KUNST, GESCHICHTE · LICHT · MALEN UND ZEICHNEN · PICASSO, PABLO

MONGOLEI

DIE MONGOLEN herrschten einst in China, Zentralasien und Osteuropa. Heute ist ihr Binnenland nördlich von China abgelegen, dünn bevölkert und überwiegend landwirtschaftlich geprägt. Nur langsam entwickelt sich etwas Industrie. Die Mongolei verfügt über einige Bodenschätze. Lange Zeit wurde sie von China beherrscht. 1924 gründeten die Kommunisten einen unabhängigen Staat. Heute ist die Mongolei eine Mehrparteiendemokratie.

Geografie
Die Mongolei ist eine Hochfläche, die im Norden und Westen von Bergen und im Süden von der kalten Wüste Gobi umgeben ist. Der größte Teil der östlichen Landeshälfte besteht aus trockenem offenen Grasland. Im Nordwesten liegen Seen und Wälder.

MONGOLEI: DATEN
- **HAUPTSTADT** Ulan Bator (Ulaanbaatar)
- **FLÄCHE** 1 566 500 km²
- **EINWOHNER** 2 400 000
- **SPRACHE** Mongolisch (Chalcha)
- **RELIGION** Lamaismus
- **WÄHRUNG** Tugrik
- **LEBENSERWARTUNG** 65 Jahre
- **EINWOHNER PRO ARZT** 348
- **REGIERUNG** Mehrparteiendemokratie
- **ANALPHABETEN** 3 %

Ulan Bator
Das kleine Städtchen Urghat wurde unter kommunistischer Herrschaft zur Hauptstadt der Mongolei und erhielt den Namen Ulan Bator. Es ist heute mit 740 000 Einwohnern das politische, kulturelle und industrielle Zentrum mit Nahrungsmittel- und Textilindustrie.

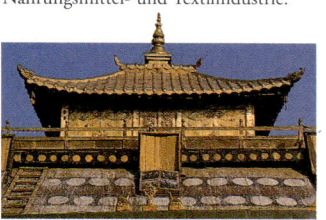

Choghin-Tempel im buddhistischen Gangan-Kloster, Ulan Bator

Wüste Gobi
Die Wüste Gobi umfasst ungefähr ein Drittel des Landes und ist die viertgrößte Wüste der Welt. Sie besteht teils aus Sand, teils aus nacktem Gestein und wird als Kältewüste bezeichnet. Paläontologen haben dort viele Dinosaurierfossilien gefunden.

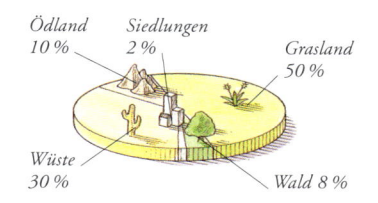

Altaigebirge
Der östliche Arm des Altaigebirges trennt die Mongolei im Norden von Russland und im Süden von China. Die mittlere Höhe liegt zwischen 2 000 und 3 000 m. Der höchste Berg des Altaigebirges in der Mongolei ist der Najramdal Uur mit 4 374 m.

Landnutzung
- Ödland 10 %
- Siedlungen 2 %
- Grasland 50 %
- Wüste 30 %
- Wald 8 %

Ein großer Teil der Wüste Gobi ist vegetationslos. In der Steppe halten Nomaden große Viehherden. In feuchteren Gebieten baut man Gerste, Hafer und Weizen an.

Klima
Die Mongolei ist trocken und windig mit kurzen milden bis heißen Sommern und langen Wintern, teilweise mit sehr tiefen Temperaturen. Es gibt häufig Erdbeben.

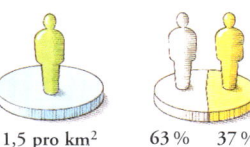

22 °C / 17 °C / -30 °C / -26 °C / 208 mm

Bevölkerung
Die größte Bevölkerungsgruppe stellen die Ostmongolen oder Chalcha. Sie sind seit jeher Nomaden und gute Reiter. Ihre Lebensweise geben sie mehr und mehr auf und ziehen in die Städte, wo sie zum Teil weiter in ihren traditionellen Jurten leben.

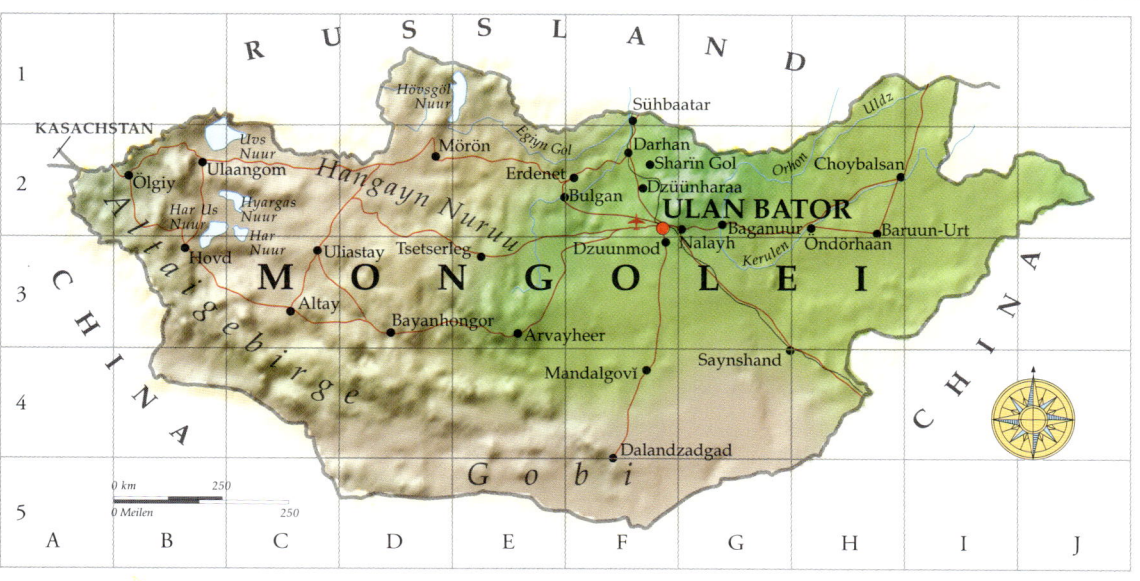

1,5 pro km² — 63 % Stadt — 37 % Land

Landwirtschaft und Industrie
Viele Mongolen arbeiten noch als Wanderhirten. Auf großen Betrieben wird Getreide angebaut. Die Industrie des Landes konzentriert sich um Ulan Bator. Hier verarbeitet man vor allem Holz, Nahrungsmittel und Tierhäute. In Darhan und Choybalsan wird Kohle gefördert.

SIEHE AUCH UNTER: ASIEN · ASIEN, GESCHICHTE · BUDDHISMUS · CHINA, GESCHICHTE · GEBIRGE · LANDWIRTSCHAFT · MONGOLEN · WÜSTEN

MONGOLEN

JAHRHUNDERTELANG führten die Mongolen ein nomadisches Leben in den Steppen oder Grasländern Asiens. Im 13. Jh. erschienen sie plötzlich auf der Weltbühne. Angeführt von Dschingis Khan eroberten sie ein Riesenreich, das sich über Asien bis nach Europa erstreckte. Die Mongolen waren erbarmungslose Soldaten, die jede eroberte Stadt in Asche legten. Jedoch herrschte in ihrem Reich ein Jahrhundert Frieden. Auf der Seidenstraße zwischen China und Europa blühte der Handel. Die Mongolen einigten China, doch ihr Reich brach nach dem Tod Kublai Khans im Jahr 1294 auseinander.

Gründung des Reiches

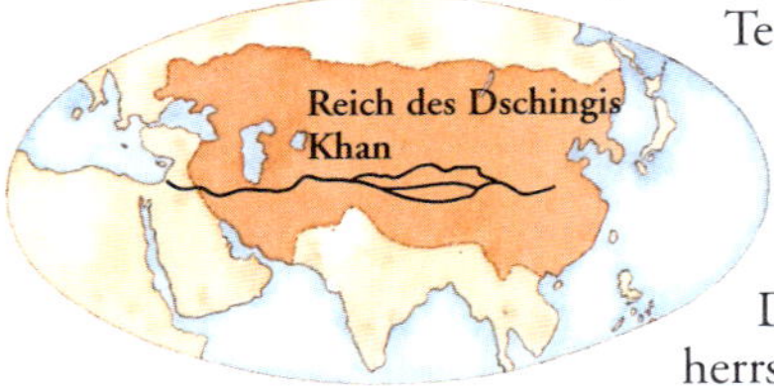

Im Jahr 1206 ernannte eine Versammlung (Kuriltai) mongolischer Stämme Temujin, den Anführer der Mongchol, zum obersten Herrscher „all jener, die in Filzzelten wohnen". Sie gaben ihm den Namen Dschingis Khan, „Weltherrscher". 70 Jahre danach herrschten die Mongolen über ein Reich, das sich von Mitteleuropa bis zum Pazifik erstreckte.

Jurten
Ein großer Teil der Mongolen lebt heute noch in Zelten, den Jurten. Sie bestehen aus Tierhäuten und Filz, die über ein Holzgerüst gelegt werden.

Mongolische Bogenschützen hatten rund 30 Pfeile.

Mongolischer Schild aus Holz und Leder

Mongolenkrieger

Die Mongolen waren geschickte, ausdauernde Reiter, die über 160 km am Tag zurücklegen konnten. Sie ritten auf kleinen Pferden, denen die bittere Kälte nichts anhaben konnte und die auf kurzen Strecken sehr schnell waren. Die Mongolen waren Bogenschützen und nur leicht bewaffnet. Ihre Pfeile durchdrangen den Panzer ihrer Feinde.

Kampf
Die Mongolen wandten im Kampf allerlei Finten an. Sie trieben z. B. reiterlose Pferde in die Linien ihrer Feinde, um diese zu verwirren; oder sie banden ausgestopfte Säcke auf Pferde, sodass ihr Heer zahlenmäßig größer erschien. Gern lockten sie ihre Feinde in einen Hinterhalt, indem sie vortäuschten, sich zurückzuziehen.

Messergarnitur

Essstäbchen aus Elfenbein

Soldatenstiefel

Aufgenähter Lederstreifen als Schutz

Zähes Oberleder

Stahlklingen

Lederscheide

Dschingis Khan
Dschingis Khan oder Temujin kam um 1162 in der Mongolei zur Welt. Als junger Mann wurde er Stammesführer. Nach der Wahl zum obersten Herrscher führte er seine Truppen durch Asien von Sieg zu Sieg. Er starb 1227 in China. Sein Reich wurde unter seinen Söhnen geteilt.

Mongolische Eroberungen

Zunächst überrannten mongolische Armeen Nordchina und eroberten 1215 Peking. Dann wandten sie sich nach Zentralasien und Persien. Spätere Kriegszüge führten sie westlich bis nach Ungarn und Polen, südwärts bis nach Ägypten und Indien und ostwärts bis Java und Japan.

Mongolische Krieger plündern Kiew.

Die Plünderung von Kiew
Im Jahr 1240 erreichten mongolische Armeen die große russische Stadt Kiew. Sie brannten sie nieder und töteten und verstümmelten jeden Einwohner. 6 Jahre darauf berichtete eine päpstliche Gesandtschaft, die zu den Mongolen reiste, dass von Kiew nur noch 200 Häuser übrig waren.

Tamerlan
Im frühen 14. Jh. verloren die Mongolen an Macht. Doch 1369 wurde Timur-i Läng („der Lahme", 1336–1405), auch Tamerlan genannt, Herrscher von Samarkand in Zentralasien. Er baute das mongolische Reich erneut auf und eroberte Zentralasien. Tamerlan starb, bevor er in China einfallen konnte.

Chronologie

1206 Temujin wird von einer Mongolenversammlung zum obersten Herrscher ernannt und heißt nun Dschingis Khan.

1211 Invasion in Nordchina

1227 Dschingis Khan stirbt in China.

Dschinghis Khan, Mongolenherrscher 1206–1227

1229 Dschingis Khans Sohn Ögädäi wird zum Herrscher gewählt.

1240 Mongolen erobern Russland und dringen bis Ungarn und Polen vor.

1241 Durch den Tod von Ögädäi endet die Mongoleninvasion in Europa.

1258 Die Mongolen erobern das Persische Reich.

1260 Die Ägypter schlagen die Mongolen bei Ain Jalut. Kublai Khan wird der fünfte und letzte Großkhan.

1279 Kublai Khan erobert Südchina und gründet die Yuan-Dynastie.

SIEHE AUCH UNTER ASIEN, GESCHICHTE · CHINA, GESCHICHTE · KRIEG · MONGOLEI · RÜSTUNGEN

MOOSE

AUF DER GANZEN WELT gibt es ungefähr 25 000 Moosarten. Die Botaniker nennen diese Gruppe *Bryophyta* und unterteilen sie in die Laubmoose und die Lebermoose. Moose sind kleine, niedrige Sporenpflanzen. Sie zeigen einen deutlichen Generationswechsel. Die eigentliche Moospflanze, die der Botaniker *Thallus* nennt, entwickelt männliche und weibliche Geschlechtsorgane. Aus der befruchteten Eizelle geht eine gestielte Kapsel hervor, die sehr viele Sporen erzeugt. Diese wachsen zu einer neuen Pflanze heran.

Kapsel mit Sporen
Stiel
Kleine Blättchen
Moose halten sich am Boden, an Felsen, Bäumen oder Wänden mit Hilfe kurzer wurzelähnlicher Rhizoiden fest.

Ein Laubmoos (*Bryon* sp.)

Moostypen

Moose leben überwiegend an feuchten oder an nassen Standorten. Man kann die einzelnen Arten anhand ihrer Wuchsformen unterscheiden.

Moospflänzchen bilden ein dichtes Polster.
Verzweigte Stängel
Ältere Teile der Stängel sterben ab, während die jüngeren weiterwachsen.

Moose

Moose sind durchweg niedrige Pflanzen. Ihre Stängel werden nicht länger als 20 cm, weil sie im Innern kein Gefäßsystem mit Leitbündeln zum Wassertransport haben. Das Wasser steigt kapillar an den Moospflänzchen hoch und kann von der gesamten Oberfläche der Pflanze aufgenommen werden.

Weißmoos
Hunderte kleiner Moospflänzchen wachsen sehr nahe nebeneinander und bilden ein kompaktes kissenförmiges Polster. Ältere Polster lassen sich als Ganzes ablösen.

Astmoos
Viele Moosarten haben verzweigte Stängel. Sie kriechen am Boden oder auf Stämmen entlang und bilden auf der Unterlage eine lose Masse aus leicht verfilzten Stängeln.

Frauenhaar
Zu den größten Moosarten zählt das Frauenhaar. Die kaum verzweigten Stängel bilden dunkelgrüne Rasen. In Ausnahmefällen werden sie bis zu 40 cm lang.

Torfmoos
Die Gattung der Torfmoose umfasst sehr viele Arten. Sie leben vor allem in sauren Hochmooren in feuchtkühlem Klima. Die Stängel dieser Torfmoose können mehrere Meter lang werden. Unten sterben sie ab und verwandeln sich langsam in Torf, während sie oben an der Spitze weiterwachsen.

Wächserne Oberfläche mit Poren für den Gasaustausch

Thallöses Lebermoos

Lebermoose

Man unterscheidet 2 Gruppen von Lebermoosen: thallöse und foliose (beblätterte). Beide wachsen an feuchten Stellen und verankern sich am Boden mit wurzelähnlichen Rhizoiden. Die thallösen Lebermoose sind lappig. Die foliosen haben Stängel und Blätter und wachsen in Büscheln.

Reifung der Sporenkapsel

Beim Trocknen wird sie braun.
Die Kapsel steht an einem Stiel.
Peristomzähne
Offene Zähne

1 Die Kapsel wächst an einem Stiel. Dies ist das Sporophyt. Der Stiel wurzelt in einer Moospflanze.

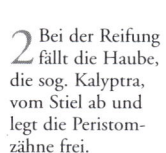

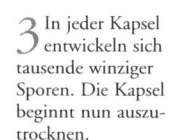

2 Bei der Reifung fällt die Haube, die sog. Kalyptra, vom Stiel ab und legt die Peristomzähne frei.

3 In jeder Kapsel entwickeln sich tausende winziger Sporen. Die Kapsel beginnt nun auszutrocknen.

4 Die trockenen Peristomzähne verformen sich und geben die Sporen frei. Diese verbreiten sich mit dem Wind.

Brutkörper
Einige thallöse Lebermoose pflanzen sich ungeschlechtlich durch Brutkörper oder Gemmen fort. Sie entwickeln sich in kleinen Bechern an der Oberfläche der Moose. Die Verbreitung der Brutkörper erfolgt mit Hilfe von Regentropfen.

Brutkörper

Blätter oft schalenförmig zum Festhalten von Wasser

Foliose Lebermoose
Diese Moose haben winzige Blättchen, die in 2 oder 3 Reihen wachsen. Zwei Blattreihen sind deutlich zu sehen. Die dritte ist nur winzig ausgebildet und liegt auf der Unterseite des Stängels.

SIEHE AUCH UNTER FEUCHTGEBIETE, TIERWELT · PFLANZEN · PFLANZEN, ANATOMIE · PFLANZEN, FORTPFLANZUNG

MOSCHEE

DAS ZENTRUM JEDER ISLAMISCHEN Gemeinschaft ist die Moschee, das Gebetshaus. Als Mohammed 622 nach Medina auswanderte, wurde sein Wohnhaus zum Vorbild für die ersten Moscheen. Fromme Moslems beten fünfmal am Tag, und die Moschee soll dazu den benötigten Platz bieten. In kleinen Dörfern findet man sehr einfache Moscheen, während es in großen Städten Gebäude von ungeahnter Pracht gibt.

Hufeisenbogen
Der Hufeisenbogen dieser Moschee ist typisch für die islamische Architektur. Im Innern des Gebäudes ist dieser Bogen überall zu sehen. Das Tor ist mit bunt glasierten Fliesen in abstrakten Mustern geschmückt. Die Tür besteht meist aus Holz, mit einem schweren Vorhang dahinter.

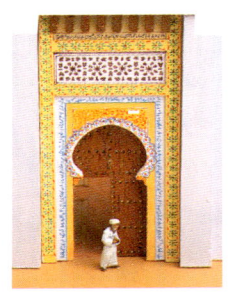

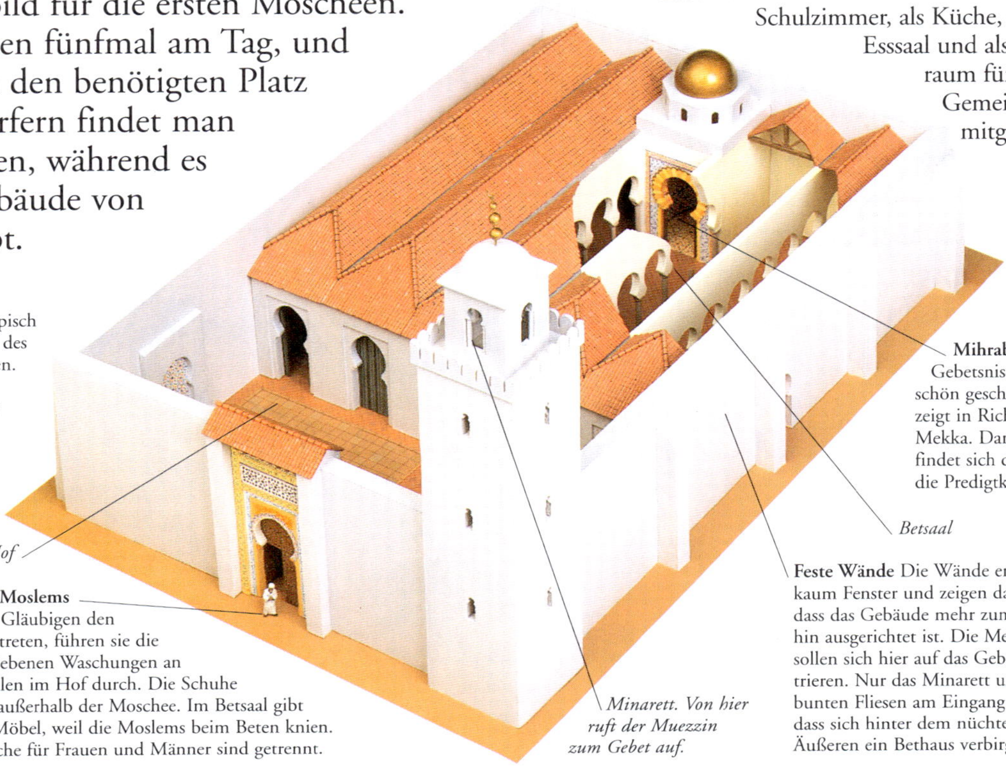

Teile einer Moschee
Der wichtigste Teil einer Moschee ist der Betsaal, wo sich die Moslems zum Gebet treffen, Predigten oder Vorlesungen aus dem heiligen Buch, dem Koran, hören. Im Allgemeinen haben Moscheen einen Hof und ein Minarett. Größere Moscheen haben sehr viele Räume. Sie dienen als Schulzimmer, als Küche, als Esssaal und als Schlafraum für ärmere Gemeindemitglieder.

Mihrab Diese Gebetsnische ist oft schön geschmückt und zeigt in Richtung Mekka. Daneben befindet sich das *Minbar*, die Predigtkanzel.

Betsaal

Feste Wände Die Wände enthalten kaum Fenster und zeigen dadurch, dass das Gebäude mehr zum Inneren hin ausgerichtet ist. Die Menschen sollen sich hier auf das Gebet konzentrieren. Nur das Minarett und die bunten Fliesen am Eingang verraten, dass sich hinter dem nüchternen Äußeren ein Bethaus verbirgt.

Minarett. Von hier ruft der Muezzin zum Gebet auf.

Hof

Gläubige Moslems Bevor die Gläubigen den Betsaal betreten, führen sie die vorgeschriebenen Waschungen an Wasserstellen im Hof durch. Die Schuhe lassen sie außerhalb der Moschee. Im Betsaal gibt es kaum Möbel, weil die Moslems beim Beten knien. Die Bereiche für Frauen und Männer sind getrennt.

Dekoration
Der Islam verbietet die bildliche Darstellung von Menschen und Tieren. Deswegen schmückt man die Moscheen mit wundervollen Inschriften und abstrakten Mustern, die oft der Pflanzenwelt entlehnt sind. Türen und Mihrabs sind besonders geschmückt.

Fliesen
In vielen Moscheen sieht man bunt glasierte Kacheln. Sie sehen nicht nur schön aus, sondern schaffen auch eine kühle Atmosphäre – ein Vorteil in den heißen arabischen Ländern, in denen der Islam seine Wurzeln hat.

Fliese mit Korantext

Wandmuster aus Fliesen

Häufig blaue Glasur

Fliesen in einer Moschee, Tunis

Kalligrafie
Zitate aus dem Koran findet man oft an den Wänden von Moscheen. Die Texte sollen die Menschen inspirieren und an die Worte Allahs erinnern.

Islamische Architektur
Man unterscheidet 2 Arten von Moscheen: In der einen tragen Längsreihen von Säulen das Dach; die andere ist von Kuppeldächern überwölbt.

Große Moschee in Córdoba
Mit dem Bau dieser Moschee, der Mesquita im südspanischen Córdoba, wurde im Jahr 786 begonnen. Die 19-schiffige Moschee zählt zu den bedeutendsten Sehenswürdigkeiten in Spanien.

Die Moschee von Córdoba, heute eine katholische Kathedrale.

Sinan
Sinan (um 1491–1588) war der bedeutendste Architekt der osmanischen Türkei. Er kam als Kind einer griechisch-orthodoxen Familie auf die Welt. Im Dienst des Sultans bekehrte er sich zum Islam. Sinan wurde Militäringenieur, und 1538 machte ihn Sultan Süleiman I. zum Chefarchitekten. Er entwarf zahlreiche Gebäude, darunter 34 Paläste und 79 Moscheen, unter ihnen die berühmte Süleymaniye Camii in Istanbul, die 1550–57 erbaut wurde.

SIEHE AUCH UNTER ARCHITEKTUR · ISLAM · ISLAMISCHES REICH · MOHAMMED · OSMANISCHES REICH · PERSER · RELIGIONEN

MOTOREN

JEDE MASCHINE, die sich selbst bewegt oder bewegliche Teile enthält, hat einen Motor. Motoren sind Kraftmaschinen; sie verwandeln die Energie von Brennstoffen oder elektrische Energie in Bewegungsenergie. Motoren können winzig klein sein wie in einer elektrischen Zahnbürste oder riesengroß wie in einem Tanker. Sie werden überall eingesetzt, vom Moped über Lokomotiven bis zum Flugzeug, im Haushalt, in Fabriken und in Kraftwerken.

Erste Motoren

Die ersten Kraftmaschinen wurden in der Mitte des 18. Jh. entwickelt und von Dampf angetrieben. Im 19. Jh. hatte man einen neuen Typ der Kraftmaschine, den Verbrennungsmotor. Er war leichter und vielseitiger einzusetzen als sein Vorläufer.

Früher Benzinmotor mit 4 Zylindern

Heutige Motoren

Die wichtigsten Anforderungen an einen Automotor sind hoher Wirkungsgrad, geringes Gewicht und eine geringe Wartung. Die Steuerung aller Motoren erfolgt heute auf elektronischem Weg.

Nockenwelle Sie steuert das Öffnen und Schließen der Ventile. Für die Ein- und Auslassventile gibt es getrennte Nockenwellen.

Schnittbild eines Verbrennungsmotors

Zahnriemen Er treibt die Nockenwelle an.

Zündkerze

Verbrennungskammer Hier findet die Verbrennung des Treibstoffs statt.

Zündverteiler Er erzeugt in jedem Zylinder im richtigen Augenblick einen Zündfunken, damit die Verbrennung des Treibstoffes stattfindet.

Ventile sorgen mit ihrem Spiel dafür, dass Abgase austreten und frischer Treibstoff mit Luft in den Motor gelangen kann.

Der Auspuffkrümmer führt die Abgase jedes Zylinders der Rohrleitung zu.

Zylinder mit Kolben

Verbrennungsmotor Fast alle Autos enthalten Verbrennungsmotoren. Die Verbrennung des Treibstoffs erfolgt im Zylinder. Dadurch bewegen sich Kolben auf und ab, die eine Kurbelwelle antreiben.

Außenansicht eines Verbrennungsmotors

Nockenwelle

Schwungscheibe und Kupplung

Wasserpumpe

Ölmessstab

Auspuffkrümmer

Ölfilter

Ölwanne

Kolben bewegen sich in den Zylindern auf und ab. Sie erzeugen die Kraft, die der Motor abgibt. Die Anzahl der Zylinder kann schwanken. In der Regel hat der Motor 4 Zylinder, die im Viertaktverfahren arbeiten.

Kurbelwelle Sie überträgt die Kraft des Motors über die Kupplung und das Getriebe auf die Räder. Die Auf- und Abbewegung der Kolben wird von Pleuelstangen in die Drehbewegung der Kurbelwelle umgewandelt.

Schmieröl wird ständig im ganzen Motor verteilt und muss alle beweglichen Teile der Maschine mit einem dünnen Film bedecken. Auf diese Weise verringert man die Reibung und den Verschleiß.

Kurbelwelle

Ölfilter

Viertaktmotor

Die Grafiken rechts zeigen, was im Zylinder eines Benzinmotors bei der Verbrennung des Treibstoffs vor sich geht. Im Viertaktmotor wiederholen sich 4 Phasen, in denen der Kolben sich je 2-mal nach oben und 2-mal nach unten bewegt. Wenn der Motor schnell läuft, können sich die 4 Takte bis zu 50-mal in der Sekunde wiederholen. Bei Motoren mit mehreren Zylindern sind die Arbeitstakte versetzt.

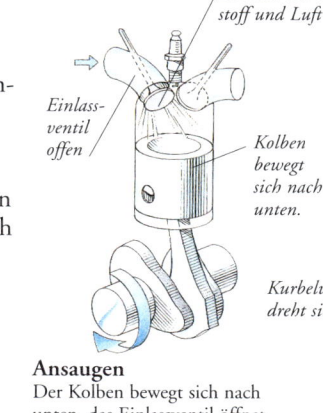

Gemisch aus Treibstoff und Luft

Einlassventil offen

Kolben bewegt sich nach unten.

Ventile geschlossen

Kolben bewegt sich nach oben.

Kurbelwelle dreht sich.

Ventile geschlossen

Zündkerze

Explosion treibt den Kolben nach unten.

Auslassventil öffnet sich.

Kolben bewegt sich nach oben.

Ansaugen Der Kolben bewegt sich nach unten, das Einlassventil öffnet sich. Das Treibstoff-Luft-Gemisch wird in den Zylinder eingesaugt.

Verdichten Die Ventile schließen sich. Der Kolben bewegt sich nach oben und verdichtet das Gemisch aus Treibstoff und Luft.

Arbeiten Die Zündkerze erzeugt einen Funken, der den Treibstoff zur Explosion bringt. Der Kolben bewegt sich nach unten.

Ausstoßen Der Kolben bewegt sich nach oben und stößt die Abgase aus dem Zylinder. Dazu öffnet sich das Auslassventil.

MOTOREN

Dieselmotor

Der Dieselmotor ist ein Viertaktmotor ohne Zündkerzen. Als Treibstoff verwendet man Leichtöl, den Diesel. Das Einspritzen erfolgt, sobald die Luft im Zylinder hoch verdichtet ist. Der Diesel erhitzt sich und entzündet sich nun von selbst.

Verwendung

Dieselmotoren haben einen hohen Wirkungsgrad. Man treibt mit ihnen Generatoren, Züge, Schiffe und Lkws an. Die robusten, langlebigen Dieselmotoren finden auch bei Pkws, vor allem als Turbolader, immer größere Verbreitung.

Achtzylinder-Dieselmotor eines Lkw

Dampfmaschine

Die Kolben einer Dampfmaschine werden durch hochgespannten Wasserdampf in den Zylindern bewegt. Dieser Dampf entsteht außerhalb der Zylinder in einem meist kohlebefeuerten Kessel. Deswegen spricht man von einer Kraftmaschine mit äußerer Verbrennung.

Verwendung

Bis in die Mitte des 20. Jh. wurden viele Lokomotiven und Schiffe von Dampfmaschinen angetrieben. Die allerersten Dampfmaschinen dienten zum Hochpumpen von Wasser aus Bergwerken. Heute spielen die Dampfmaschinen fast keine Rolle mehr.

Der Dampf zieht über den Schornstein ab.

Dampflokomotive — *Feuerbüchse* — *In den Röhren wird Wasser zu Dampf erhitzt.* — *Der Dampf gelangt in die Zylinder.* — *Kolben mit Pleuel*

Sonnenenergie

Erdöl und Kohle sind fossile Brennstoffe aus prähistorischen Lebewesen. Ihre Gewinnung ist teuer, und bei der Verbrennung entstehen schädliche Abgase. Sonnenenergie ist immer zur Verfügung und völlig unschädlich. Man kann damit Wasser und ganze Häuser heizen. Solarzellen wandeln Sonnenlicht direkt in elektrischen Strom um.

Solarpaneele

Solarzellen baut man zu großen Paneelen zusammen. Je größer deren Fläche, umso mehr elektrischer Strom wird erzeugt. Man kann damit Fahrzeuge, aber auch Telefone betreiben.

Solargetriebenes Fahrzeug

Die heißen Abgase versetzen die Turbinenschaufeln in Drehung. — *Hier wird Treibstoff verbrannt, was die Luft stark erhitzt.* — *Angesaugte Luft*

Gasturbinen

In Gasturbinen wird flüssiger Treibstoff verbrannt. Die heißen Abgase versetzen die Turbinenschaufeln in eine schnelle Drehung. Sie sind an einer Welle befestigt. Die zugeführte Luft wird vom Kompressor verdichtet.

Strahltriebwerk

Schnelle Flugzeuge wie Düsenjets haben als Antrieb Strahltriebwerke. Die heißen Gase dehnen sich stark aus und treten mit sehr hoher Geschwindigkeit nach hinten aus. Dadurch erfahren die Flugzeuge einen Schub nach vorn.

Verwendung

Gasturbinen arbeiten in Wärmekraftwerken, in denen Erdöl verbrannt wird. Auch die Luftschrauben von Luftkissenfahrzeugen werden von Gasturbinen angetrieben. Dasselbe gilt auch für die Rotoren großer Hubschrauber und die Schrauben großer Schiffe.

SR.N4 Luftkissenfahrzeug

Elektromotoren

Elektromotoren verwandeln elektrische Energie in Bewegung. Sie enthalten stets Magnete – in Kleinmotoren Dauermagnete, in größeren Motoren Elektromagnete. Die Drehbewegung des Ankers oder Rotors kommt zustande, weil sich Magnetfelder dauernd abstoßen und anziehen. Die meisten Haushaltsgeräte arbeiten mit Elektromotoren.

Saugen

Staubsauger enthalten eine elektrisch angetriebene Turbine. Sie saugt Luft an. Die Staubteilchen werden vom Luftstrom mitgerissen. Die staubhaltige Luft gelangt in einen Filterbeutel, der die Staubteilchen zurückhält.

Staubsauger

Blasen

Haartrockner

Der Elektromotor im Haartrockner versetzt eine Turbine in Drehung. Diese bläst Luft über rotglühende Drähte. Sie sorgen für die Erwärmung der Luft. Mit einem Stufenschalter regelt man die Drehgeschwindigkeit der Turbine.

Drehen

Viele Küchengeräte wie Mixer, Rührgeräte, Passierstäbe u. a. enthalten Elektromotoren. Die Drehgeschwindigkeit wird hier über Getriebe geregelt. Der benötigte Strom kommt aus der Steckdose oder aus Akkumulatoren oder Batterien.

Maschine zum Teigrühren

James Watt

Der Engländer James Watt (1736–1819) entwickelte 1765 die erste brauchbare Dampfmaschine. 1774 begann er mit Matthew Boulton den Bau von Dampfmaschinen, um Wasser aus Bergwerken hochzupumpen. Die Maßeinheit der Leistung, das Watt, ist nach ihm benannt.

Chronologie

1. Jh. Der Grieche Heron von Alexandria erfindet eine Kugel, die sich durch Wasserdampf dreht.

1698 Der Engländer Thomas Savery (um 1650–1715) baut den ersten Vorläufer der Dampfmaschine.

Getriebe

1815 Der englische Ingenieur George Stephenson (1781–1848) baut die erste Dampflokomotive.

1876 Nikolaus Otto (1832–91) entwickelt in Deutschland den ersten benzingetriebenen Viertaktmotor, den Ottomotor.

1892 Der Deutsche Rudolf Diesel erhält ein Patent auf den später nach ihm benannten Dieselmotor.

1895 Probefahrt der *Turbinia*, des ersten Schiffes mit einer Gasturbine

1937 Probelauf des ersten Strahltriebwerks des Engländers Frank Whittle

1957 Drehkolbenmotor des Deutschen F. Wankel

SIEHE AUCH UNTER — ELEKTRIZITÄT — FLUGZEUGE — INDUSTRIELLE REVOLUTION — KRAFTFAHRZEUGE — KRAFT UND BEWEGUNG

MOTORSPORT

Es gibt viele Arten von Motorsport, je nachdem, ob es sich um 2- oder 4-rädrige Fahrzeuge handelt. Es ist auch ein Unterschied, ob die Rennen auf Rundkursen, auf normalen Straßen oder querfeldein stattfinden. Der Autosport reicht von der Formel 1 über die Indy-Rennen bis zu den Gokarts, durch die viele Formel-1-Piloten ihr Handwerk gelernt haben. Nicht immer gehen bei Rennen eigens konstruierte Renn- oder Sportwagen an den Start. Rallyes werden z. B. mit Serienwagen gefahren. Auch beim Motorradsport gibt es eine ähnliche Vielfalt an Disziplinen. Neben Grand-Prix-Rennen sind hier z. B. noch Speedway und Motocross beliebt.

Formel 1
In der Formel 1 kämpfen die Fahrer der Rennställe um den Weltmeistertitel. Es werden 16 Rennen gefahren, jedes auf einem anderen Rundkurs. Die Startreihenfolge ergibt sich aus den Rundenzeiten im Abschlusstraining. Jeweils die ersten Sechs eines Rennens erhalten Weltcuppunkte, der Erste 10, der Zweite 6, dann 4, 3, 2, 1.

Start zu einem Grand Prix

Frontspoiler drückt den Wagen auf die Bahn.

Williams von 1990

10-Zylinder-Motor

Profillose Slicks bei trockenem Wetter

Stromlinienförmige Verkleidung

Flaggen
Ende des Rennens	Gefahr	An die Box
Ölspur	Servicecar auf Piste	Alle Wagen an die Box

Die Offiziellen verwenden farbige Flaggen, um den Piloten während des Rennens Anweisungen zu geben oder sie auf Gefahren aufmerksam zu machen. Das Ende des Rennens wird mit einer schwarzweiß karierten Flagge angezeigt.

Formel-1-Wagen
Rennformeln sind Vorschriften für Rennwagen. Sie lassen nur gleichartige Autos für die Rennen zu. Die Vorschriften beziehen sich z. B. auf Gewicht, Hubraum, Zylinder und Leistung. Die Formel-1-Rennwagen haben eine selbsttragende Karosserie in Schalenbauweise.

Michael Schumacher
Der Deutsche Michael Schumacher (geb. 3. 1. 1969) lernte Automechaniker und wurde dann Rennfahrer. Schon bei seinem ersten Rennen 1991 kam er unter die besten Sechs. Danach gewann er viermal die Weltmeisterschaft in der Formel 1.

Boxenstopps
Die Boxen liegen außerhalb des Rennkurses. Hier arbeiten Mechaniker während des Rennens an den Wagen. Die Dauer der Boxenstopps entscheidet oft über Sieg oder Niederlage. In möglichst wenigen Sekunden müssen die Reifen gewechselt und die Autos neu aufgetankt werden.

Formel-3-Rennen

Weitere Rennformeln
Bevor die Piloten in der Formel 1 fahren, haben sie im Allgemeinen Rennen in anderen Rennformeln hinter sich. Am bekanntesten sind Formel 2 und 3 sowie die Tourenwagenmeisterschaften. Es gibt auch formelfreie Rennwagen.

IndyCar-Rennen
Diese Rennen finden fast nur in den Vereinigten Staaten statt und führen über regelmäßig ovale Strecken. Die „IndyCars" ähneln Formel-1-Rennwagen. Die Meisterschaft gewinnt, wer in den zahlreichen Rennen die meisten Punkte gewonnen hat. Der abgekürzte Name *Indy* geht auf das berühmte 500-Meilen-Rennen von Indianapolis zurück.

Indianapolis 500
Die ovale Rennstrecke der Stadt Indianapolis heißt auch *The Brickyard*, weil ihre Oberfläche aus 3,2 Mio. Ziegeln besteht. Die 4 Kurven sind um 9° erhöht, und die Rundenlänge beträgt 4 025 m. Das Rennen führt über 200 Runden.

Dragracing
Bei diesem Rennen gehen die Autos paarweise an den Start. Das Rennen geht nur über 400 m. Es gibt mehrere Rennklassen. Am schnellsten sind die leichten Top-Fuel-Dragster (Bild oben), die entfernt an Rennwagen der Formel 1 erinnern. Sie fahren die Strecke in weniger als 6 Sekunden.

Gokart
Gokart ist ein Rennsport für alle Altersgruppen. Die einfachsten Karts haben einen Hubraum von 60 oder 100 cm^3 und kein Getriebe. Sie können von Jungen oder Mädchen ab 6 Jahren gefahren werden. Das Chassis liegt sehr niedrig, und der Fahrer sitzt nur knapp über dem Boden.

Rennen
Die Karts mit 250 cm^3 Hubraum sind Kleinstrennwagen und erreichen Geschwindigkeiten von 240 km/h. Auf längeren Rennstrecken können bis zu 60 Karts gegeneinander antreten. Auf kurzen Strecken reduziert sich die Zahl auf 20 Karts. Es gibt eigene Weltmeisterschaften.

Die 250-cm^3-Carts haben, wie Rennwagen der Formel 1, Sponsoren.

Rallye

Mit diesem englischen Wort bezeichnet man Langstreckenwettbewerbe in mehreren Etappen über normale Straßen und auch Feldwege. Rallyes dauern oft mehrere Tage und sind keine Geschwindigkeitsrennen. Die Fahrer müssen die Strecke in bestimmter Zeit zurücklegen. Wenn sie länger brauchen, verlieren sie Punkte.

Rallye Monte Carlo
Dieses Rennen wurde erstmals 1911 ausgeschrieben, um die Touristen zu einem Besuch Monacos im Winter zu ermuntern. Die Fahrer starten von verschiedenen Punkten in Europa aus und treffen sich dann in Monte Carlo.

Stock Car
Stock-Car-Rennen sind in Amerika besonders beliebt. Die schnellen Autos sind stark verändert und fahren Rennen in einem Oval. In Europa fährt man Stock-Car-Rennen mit gebrauchten Autos auf einer Naturstrecke. Die Fahrer dürfen und sollen sich dabei gegenseitig rammen.

Geschwindigkeitsrekord zu Land

1947 durchbrach das erste Flugzeug die Schallmauer. 1997 gelang dies in Nevada (USA) erstmals einem Raketenfahrzeug auf Rädern, der englischen *Thrust SSC*. Andy Green erreichte mit ihr eine Geschwindigkeit von 1 229,8 km/h. Der Antrieb erfolgte über Strahlturbinen.

Speedway

Bei Speedway-Rennen werden 4 Runden von je 4 Fahrern auf einer Aschenbahn gefahren. Die Motorräder haben keine Bremsen und kein Getriebe. Die Fahrer tragen einen Stahlschuh, mit dem sie am Boden bremsen. In der Kurve müssen sie gegenlenken. In Deutschland gibt es eine eigene Bundesliga. Die ersten Drei eines Rennens erhalten Punkte.

Eis-Speedway
In einigen Teilen Nordeuropas und Nordamerikas werden Speedway-Rennen auf Eisbahnen abgehalten. Die Motorräder haben Spezialreifen mit Spikes. Dadurch können sich die Fahrer ohne abzurutschen extrem schräg in die Kurve legen.

24-Stunden-Rennen von Le Mans

Dieses berühmte Rennen wird jedes Jahr auf einem 13,5 km langen Rundkurs bei Paris ausgetragen. 2 oder 3 Fahrer wechseln sich am Steuer eines Autos ab und fahren Tag und Nacht. In Frankreich ist dieses Rennen ein sportliches Großereignis mit Geschäften, Rummelplätzen und Restaurants für die vielen Besucher, die das Rennen ansehen.

Motorradrennen

Die meisten Motorradrennen finden auf besonderen Rundstrecken statt. Hersteller und Fahrer kämpfen jedes Jahr in 12 oder mehr Grand Prix um die Weltmeisterschaft. Die Maschinen werden nach Hubraum eingeteilt: 125 cm^3, 250 cm^3, 500 cm^3. Dazu gibt es die Klasse der Superbikes und Motorräder mit Seitenwagen.

Die Fahrer verlagern bei der Kurvenfahrt ihr Gewicht auf die Innenseite.

500-cm^3-Maschine

Motorrad und Seitenwagen bilden eine Einheit.

Fahrer und Maschine sind mit den Logos der Sponsoren bedeckt.

Der Beifahrer lehnt sich hinaus, um die Maschine in der Kurve zu stabilisieren.

Maschine mit Seitenwagen

Trial
Bei diesen Geschicklichkeitsprüfungen auf Motorrädern geht es darum, schwierige Strecken mit Wasser, Schlamm, Geröll und Steilhängen mit möglichst wenig Strafpunkten zurückzulegen. Die Motorräder haben extrem lange Federwege und sehr kleine Gänge, um langsam aber stetig voranzukommen.

Offroad-Rennen

Offroadbikes haben dicke Stollenreifen, die auf Schlamm und Naturboden gut haften. Die Maschinen sind höher gebaut und sehr stark gefedert.

Motocross
Motocross fährt man querfeldein mit Geländemotorrädern. Bis zu 40 Fahrer legen mehrere Runden auf einer hindernisreichen Strecke zurück. Jedes Jahr werden Weltmeisterschaften in mehreren Kategorien ausgetragen.

SIEHE AUCH UNTER — FAHRRÄDER UND MOTORRÄDER — KRAFTFAHRZEUGE — MOTOREN — RADSPORT — TRANSPORT, GESCHICHTE

MOZART, WOLFGANG AMADEUS

DAS BERÜHMTESTE WUNDERKIND seiner Zeit, Wolfgang Amadeus Mozart, kam 1756 in Salzburg, Österreich, auf die Welt. Er galt schon zu Lebzeiten als einer der bedeutendsten Komponisten. Im Alter von 5 Jahren schrieb er bereits sein erstes Stück, und er komponierte später bedeutende Opern, Sinfonie- und Instrumentalkonzerte sowie Kammermusiken der Klassik. In Wien, wo er seit 1781 lebte, entstanden einige seiner schönsten Werke. Obwohl weltberühmt, brachte er es nicht zu Reichtum. Sein Leben war von Krankheit überschattet. Er starb 1791, kurz vor seinem 31. Geburtstag, an einer Infektion.

Mozart spielte mit dieser Geige sowohl Kammermusik als auch Violinkonzerte.

Mozarts Violine

Kindheit und Jugend
Schon in zartem Alter zeigte „Wolferl" Mozart eine überragende musikalische Begabung. Auch seine ältere Schwester, Maria Anna, war eine begabte Musikerin, und der stolze Vater Leopold, ein Berufsmusiker, führte seine Kinder gern vor. Die Familie reiste von 1762–69 auf Konzerttourneen durch ganz Europa. Mozarts Kindheit bestand darin, an den Fürstenhöfen als Wunderkind bestaunt zu werden. Mit 13 Jahren erhielt er seine erste Stelle als Konzertmeister.

Der Komponist
Mozart hatte eine feste Anstellung als Konzertmeister beim Erzbischof von Salzburg. Es kam zum Zerwürfnis mit dem Brotgeber und Mozart bat 1781 um seine Entlassung. Er ging nach Wien, gab Klavierunterricht, schrieb Auftragsmusiken und komponierte eigene Werke. War seine Musik bis dahin eher konventionell, so verfasste er bald Orchesterwerke und Opern von hohem Rang. Das verwöhnte Wiener Publikum mochte seine Musik aber nicht so recht annehmen.

Flöte aus der Zeit Mozarts

Instrumentalkonzerte
Mozart war ein hervorragender Pianist und Violinist und schrieb viele Konzerte, in denen er selbst als Solist auftrat. Er komponierte aber auch Konzerte für andere Instrumente, z. B. für den Hornisten Ignaz Leutgeb oder den Klarinettisten Anton Stadler. Auch Flötenkonzerte für reiche Auftraggeber gehörten zu seinen Kompositionen, obwohl er die Flöte nicht sehr schätzte.

Horn aus der Zeit Mozarts

Werke
Mozart liebte das Theater und die Oper. Eine seiner ersten Opern, *Mitridate* (1770), wurde mit viel Beifall aufgenommen. Es folgten weitere Opern und Singspiele, von denen die komischen Opern *Die Hochzeit des Figaro* (1786), *Don Giovanni* (1787) und *Così fan tutte* (1790) heute zu jedem Opernrepertoire gehören.

Partitur der *Jupiter-Sinfonie* in C-Dur

Sinfonien
Mozart schrieb insgesamt 41 Sinfonien, nicht zuletzt, um seine Fähigkeit als Komponist zu schulen. 1788 komponierte er seine letzten 3 Sinfonien, darunter die 41. und berühmte *Jupitersinfonie*, die durch ihre dramatische Ausdruckskraft aus dem Rahmen fällt.

Mozarts Tod
Im November 1791 hatte sich Mozart an einer fiebrigen Krankheit angesteckt und starb am 5. Dezember. Er war so arm, dass man ihn in einem Massengrab beisetzte.

Partitur von Mozarts *Requiem*

Antonio Salieri
Mozarts Tod wurde nie richtig geklärt. Deshalb ging das Gerücht um, dass der Komponist Antonio Salieri (1750–1825), der auf Mozarts Ruhm und Musikalität eifersüchtig war, ihn vergiftet hätte. Salieri war ein Ehrenmann und hatte kein Motiv für die Tat. Aus der Geschichte machte der Engländer Peter Shaffer ein modernes Stück: *Amadeus*.

Requiem
Einige Monate vor seinem Tod nahm Mozart von einem geheimnisvollen Boten den Auftrag für ein Requiem, eine Totenmesse, an. Der Fremde bezahlte im Voraus. Es war ein Diener des Grafen Franz von Walsegg, und der Adlige wollte das Werk als eigene Komposition ausgeben. Mozart arbeitete fieberhaft an seinem *Requiem*, aber er konnte es nicht mehr fertigstellen. Sein Schüler Süßmayr vollendete das Werk nach Mozarts Vorgaben.

Die Zauberflöte
Mozart schrieb seine wohl bedeutendste Oper *Die Zauberflöte* im letzten Lebensjahr. Es ist ein Märchen und Zauberstück und erzählt die Geschichte des ägyptischen Prinzen Tamino, der auszieht, um Pamina, die Tochter der Königin der Nacht, zu erretten. Dabei helfen ihm eine Zauberflöte und der Vogelfänger Papageno.

Papageno

Bühnenbild für *Die Zauberflöte*

	WOLFGANG A. MOZART
1756	Geboren in Salzburg
1762	Erstes öffentliches Auftreten, Beginn der Konzertreisen
1769	Konzertmeister ohne Bezahlung beim Salzburger Erzbischof
1781	Kündigung der Konzertmeisterstelle in Salzburg, Übersiedlung nach Wien
1786	Uraufführung von *Die Hochzeit des Figaro* in Wien
1788	Mozart komponiert die Sinfonien Nr. 39, 40 und 41 (= die sog. *Jupiter-Sinfonie*).
1791	Uraufführung von *Die Zauberflöte* in Wien; Mozart stirbt am 5. Dezember in Wien.

SIEHE AUCH UNTER — BACH, JOHANN SEBASTIAN · BEETHOVEN, LUDWIG VAN · MUSIK · MUSIKINSTRUMENTE · OPER · SCHAUSPIEL · THEATER

MUNGOS UND ZIBETKATZEN

DER INDISCHE MUNGO ist berühmt dafür, dass er Giftschlangen töten kann und es mit einer großen Kobra aufnimmt. Er stellt eine von 38 Mungo- oder Ichneumonarten dar. Diese wiederum zählen zur Raubtierfamilie der Schleich- oder Zibetkatzen. Sie sind in Südeuropa, Südasien und einem großen Teil Afrikas verbreitet. Die Größe schwankt von der des Indischen Mungos mit einer Gesamtlänge von 1,22 m bis zu 30 cm, die die Zwergmanguste misst. Die afrikanischen Erdmännchen gehören ebenfalls zur Familie der Mungos oder Ichneumons.

Merkmale
Mungos und ihre Verwandten, wie die Mangusten, haben einen schlanken Körper, grobes Deckhaar, einen langen Schwanz, kurze Beine und Krallen, die sie nicht zurückziehen können. Die Farbe ist meist grau, graubraun mit dunkleren Flecken oder Bändern. Die Mungos halten sich meist auf dem Boden auf, können aber auch gut klettern und sogar schwimmen. Die meisten Arten werden nach 18 bis 24 Monaten geschlechtsreif; die Weibchen haben 2 bis 8 Junge.

Dunkle Bänderung · *Dickes, grobes Deckhaar* · *Langer Schwanz* · *Kurze Beine* · *Lange Krallen* · *Schmale Schnauze*

Zebramanguste

Schmale Schnauze · *Lange Krallen* · *Ausschau halten nach Gefahren* · *Termitenhügel* · *Dickes Fell*

Ernährung
Mungos fressen Vögel, Echsen, Kleinsäuger, Insekten, Früchte und Knollen. Die Krabbenmanguste jagt wie der Sumpf-Ichneumon Krebse, Frösche und Fische. Dieser frisst aber auch wie die Zebramanguste gerne Vogel- und Krokodileier. Sie werfen sie auf den Boden und lecken den Inhalt auf.

Zebramanguste mit Ei

Mungos und Schlangen
Größere Mungoarten, wie etwa der Indische Mungo, töten oft Schlangen. Sie sind keinesfalls immun gegen Schlangengift, sondern vermeiden durch Schnelligkeit und Wendigkeit, gebissen zu werden. Sie packen die Schlange hinter dem Kopf und halten sie fest, bis sie tot ist.

Mungo im Kampf mit einer Kobra

Familiengruppen
Die Zebra- und die Zwergmanguste sowie das Erdmännchen leben gesellig in Familiengruppen. Bei den Erdmännchen umfassen diese bis zu 30 Tiere. Jedes Tier hat besondere Aufgaben und Pflichten. Wächter halten von einer erhöhten Stelle aus Ausschau nach Räubern und warnen die Artgenossen bei Gefahr. Die Weibchen bleiben in der Nähe des Nestes, während sich Jäger auf Nahrungssuche begeben.

Gänge
Die Zebra- und die Zwergmanguste sowie das Erdmännchen graben oder scharren sich eigene Baue oder übernehmen Gänge von anderen Tieren, z. B. auch von Termiten. Schon am frühen Morgen kommen sie zum ersten Sonnenbad. Wächter warnen die Genossen vor Gefahren. Die Hauptfeinde der Erdmännchen sind Greifvögel. Sobald ein Mitglied der Gruppe angegriffen wird, eilen ihm die anderen zu Hilfe.

Aufgelassenes Termitennest als Ausguck für die Erdmännchen

Erdmännchen verlässt einen Gang unter dem Termitenhügel.

Einzelgänger
Die meisten Mungos, wie Sumpf-Ichneumon, Weißschwanz-Ichneumon oder der Indische Mungo, sind nachtaktive Einzelgänger. Der Sumpf-Ichneumon lebt im Schilf an Sümpfen und Flüssen. Er schwimmt gut und fängt Wasservögel, Kleinsäuger, Frösche, Fische und Insekten.

Sumpf-Ichneumon

Zibetkatzen
Zibetkatzen erinnern im Aussehen an Wiesel. Sie leben einzeln, vorwiegend in Wäldern, und sind nachts aktiv. Die Afrika-Zibetkatze liebt eher offene Landschaften und versteckt sich tagsüber gern im verlassenen Bau eines Erdferkels. Nachts geht sie auf Jagd. Sie hört, riecht und sieht sehr gut. Zibetkatzen sind Allesfresser; sie jagen Kleinsäuger, Vögel, Echsen, Frösche und Heuschrecken, fressen aber auch Beeren und Aas.

Grobes Haar · *Hinterbeine länger als Vorderbeine* · *Geflecktes und gestreiftes Fell zur Tarnung*

Zibet
Zibetkatzen produzieren in Duftdrüsen unter dem Schwanz eine stark riechende ölige Flüssigkeit, das Zibet. In starker Verdünnung verwendet es die Parfümindustrie. In manchen Teilen Afrikas, vor allem in Äthiopien und Sansibar, hält man Zibetkatzen und entnimmt ihnen mehrmals pro Woche das Zibet.

Afrika-Zibetkatze

ZEBRAMANGUSTE

WISSENSCHAFTLICHER NAME *Mungos mungo*

ORDNUNG Carnivora, Raubtiere

FAMILIE Viverridae, Schleichkatzen

VERBREITUNG Afrika südlich der Sahara

LEBENSRAUM Savanne in der Nähe von Wasser

ERNÄHRUNG Echsen, Schlangen, Frösche, Vogeleier, Mistkäfer

GRÖSSE Rumpflänge bis zu 45 cm, Schwanzlänge bis zu 30 cm

LEBENSDAUER Bis zu 11 Jahren

SIEHE AUCH UNTER AFRIKA, TIERWELT · GRASLAND, TIERWELT · SÄUGETIERE · SCHLANGEN · TIERBAUTEN · TIERE · TIERE, NACHTAKTIVE

MUSEEN

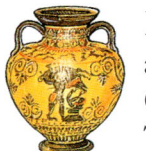

DIE ERSTEN MUSEEN entstanden im alten Griechenland. Dort stellte man Opfergaben für Gottheiten in den Tempeln aus. Heute kann man in Museen oder Galerien Kunstwerke oder andere Objekte betrachten. Es gibt hunderte von Museen, von allgemeinen Kunst- oder Naturkundemuseen bis zu Spezialsammlungen von Gaszählern oder Nachttöpfen. Manche sind sogar für ihre Architektur weltberühmt, wie das Guggenheim-Museum in New York.

Im Museum

Im 18. und 19. Jh. entstanden viele Nationalmuseen. Die Objekte – hauptsächlich aus der Kultur und Geschichte des eigenen Landes – kaufte man mit öffentlichem Geld, beschriftete sie und stellte sie in Glasvitrinen aus.

Fayenceteller

Interaktive Museen

Moderne Museen versuchen ihre Objekte dem Betrachter nahezubringen. Dazu setzen sie modernste Technik ein, etwa Computer und Multimedia. Manche Ausstellungen sind interaktiv und laden zu eigener Betätigung ein.

In diesem interaktiven, naturwissenschaftlichen Museum können die Besucher Experimente durchführen.

Aufgaben

Ein Museum hat im Wesentlichen 4 Aufgaben: Die Angestellten sollen neue Kunstwerke oder Objekte kaufen. Sie bearbeiten die Sammlung wissenschaftlich und stellen Teile der Sammlung aus. Schließlich muss das Museum seine Sammlungen und andere Gegenstände pflegen, instandhalten und restaurieren.

Konservierung von Gemälden

Kunstwerke müssen sorgfältig gepflegt werden. Die Kuratoren müssen Feuchtigkeit und Temperatur steuern, damit die Gemälde keinen Schaden nehmen.

Dieses Fresko wurde gereinigt und restauriert.

Vertreibung aus dem Paradies, Fresko des Italieners Tommaso Masaccio (1401–28)

Restaurierung von Gemälden

Der Restaurator entfernt Schmutzschichten und Firnisse und ersetzt verloren gegangene Teile mit Originalfarben. Er hält sich dabei möglichst genau an die Intention des Künstlers.

Privatsammlungen

Privatsammlungen widerspiegeln die besonderen Interessen ihrer Gründer. Meist befinden sie sich in Privathäusern, wie diese Sammlung von über 1 000 Glocken. Einige Nationalmuseen wie der Prado in Spanien begannen als Privatsammlung und gingen später in die öffentliche Hand über.

Kunstmuseen

Kunstmuseen nennt man auch Galerien. Einige zeigen nur die Werke eines einzigen Künstlers, etwa das Van-Gogh-Museum in Amsterdam. Andere Museen wie der Louvre in Paris, der jedes Jahr über 5 Mio. Besucher zählt, stellen Kunstwerke aus allen Ländern und aus allen Epochen der Kunstgeschichte aus.

Guggenheim-Museum, New York, USA

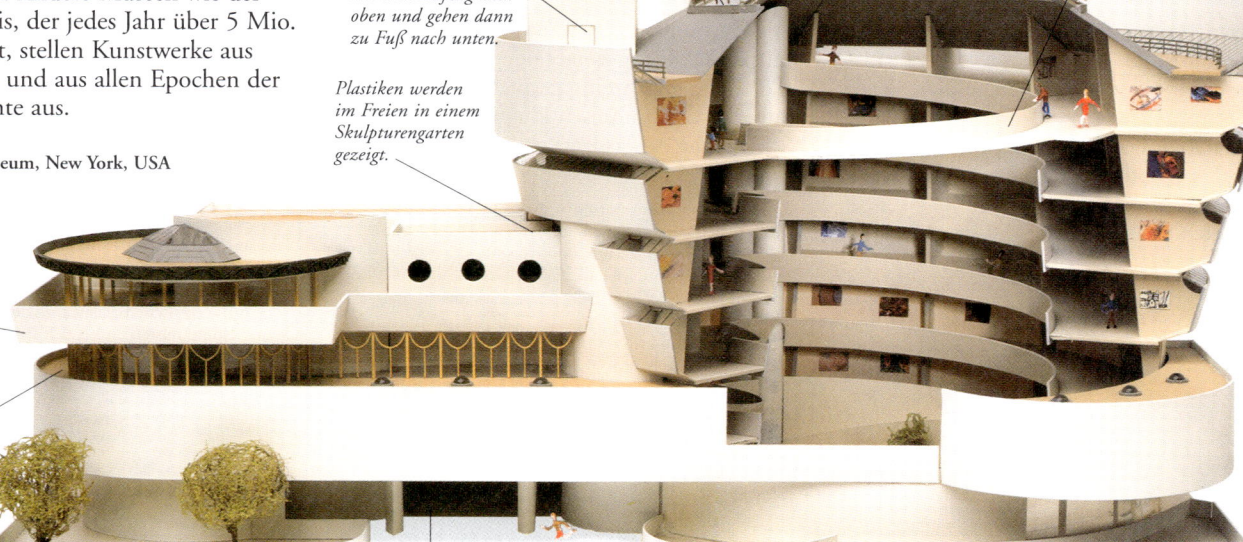

Dieses Kunstmuseum entwarf der amerikanische Architekt Frank Lloyd Wright (1869–1959).

In der kleinen Rotunde werden Arbeiten von Künstlern des 19. und 20. Jh. gezeigt.

Der Hauptteil der Galerie ist die große Rotunde, wo Spezialausstellungen stattfinden.

Die Besucher fahren mit dem Aufzug nach oben und gehen dann zu Fuß nach unten.

Plastiken werden im Freien in einem Skulpturengarten gezeigt.

Die Glaskuppel lässt viel Licht hindurch.

Die Besucher gehen auf leicht schrägen Rampen an den Kunstwerken vorbei.

Haupteingang

| SIEHE AUCH UNTER | ARCHITEKTUR | BILDHAUEREI | ERZIEHUNG | FARBSTOFFE | GRIECHEN | KUNST, GESCHICHTE | MALEN UND ZEICHNEN |

MUSIK

DAS BEDÜRFNIS, MUSIK ZU MACHEN, ist weit verbreitet. Alle Menschen in allen Kulturen lieben Musik. Sie ist eine der ältesten Formen, um tiefe Gefühle auszudrücken. Musik kann Emotionen wecken und Menschen zum Tanzen oder zum Weinen bringen. Sie lässt uns eintönige Arbeiten leichter ertragen. Überall, wo es zu feiern gilt, vom Erntedankfest bis zur Hochzeit, hört man Musik. Sie besteht aus einzelnen Tönen, die zusammen eine Melodie ergeben, aus Rhythmus und Harmonien.

Melodie

Jedes Lied hat eine Melodie. Sie besteht aus einer Reihe einzelner Töne. Auf vielen Blas- und Streichinstrumenten kann man nur einen Ton nach dem andern spielen und erhält so eine melodische Musik.

Japanische Musikerin, 18. Jh.

Der Sitar hat einen exotischen, flimmernden Klang.

Klassische indische Musikinstrumente

Mrdanga

Die Musiker sitzen zum Spielen auf dem Boden.

Asiatische Melodien
Die Melodie ist in der traditionellen asiatischen Musik wichtig, etwa bei den japanischen Holzblas- und Streichinstrumenten. Der hochkomplizierte Klang des indonesischen Gamelanorchesters entsteht durch Zusammenspiel von Gongs, Xylophonen und anderen Schlaginstrumenten, die eine einfache Melodie immer neu variieren.

Ragas and Talas
Die klassische indische Musik beruht auf Melodiemodellen, den Ragas, und rhythmischen Systemen, den Talas. Allgemein werden ungefähr 130 Ragas verwendet. Jedes steht mit einer bestimmten Tageszeit und einer besonderen Stimmung im Zusammenhang. Ein Sänger oder ein Sitarspieler wählt eine Raga und eine Tala und improvisiert. Der Musiker wird dann von Trommeln begleitet.

Rhythmus

Jedes Musikstück braucht einen Rhythmus. Es unterteilt die Musik in Zeiteinheiten. Der Rhythmus stellt eine Ordnung in der Zeit dar. Man kann ihn mit den Hebungen und den Senkungen der Sprache vergleichen.

Afrikanische Trommel

Afrikanische Traditionen
Aufregende Rhythmen sind typisch für die traditionelle afrikanische Musik. Sie wird von Gruppen gespielt. Mit Trommeln, Rasseln und Händeklatschen hält man den Rhythmus. Wichtig ist der Wechselgesang zwischen einem Solisten und dem Chor. Diese Musik brachten afrikanische Sklaven nach Amerika und entwickelten sie mit europäischen Elementen zum Jazz und Blues.

Afrikanische Musiker

Harmonie

Als Harmonie bezeichnen wir den schönen Zusammenklang zweier oder mehrerer Töne, die gleichzeitig gespielt werden. Darüber, was harmonisch klingt, gibt es unterschiedliche Auffassungen.

Polyphonie
Die klassische Musik beruht zum größten Teil auf der Polyphonie. Sie entstand im Mittelalter und verbindet getrennte Melodien auf harmonische Weise. Der Italiener Giovanni Palestrina (um 1525–94) schrieb einige der schönsten polyphonen Musikstücke.

Giovanni Palestrina

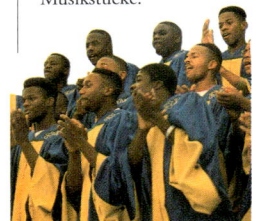

Gospel
Die reiche Harmonie amerikanischer Gospelchöre wurde auch außerhalb der Kirchen berühmt. Ihre Wurzeln hat der Gospelgesang in einer Mischung aus schwarzafrikanischer Musik und protestantischer Kirchenmusik.

Gospelchor

Musik der Antike

Die Musik der Antike wurde durch Anhören und Wiederholen weitergegeben. Es gab noch kein System der Aufzeichnung oder Notation. Man hat die Reste antiker Instrumente ausgegraben. Zusammen mit Malereien und Beschreibungen können wir uns ein Bild machen, wie die Musik damals geklungen haben mag.

Lyraspielerin

Griechenland
Die alten Griechen liebten die Künste, vor allem die Dichtkunst, den Tanz und die Musik. Der Philosoph Pythagoras (um 580–500 v. Chr.) unterwarf die Musik einer mathematischen Analyse und bezeichnete die Noten mit Buchstaben des Alphabets.

China
Musik und Philosophie waren im alten China eng verbunden. Die Philosophen schrieben Werke über die Bedeutung der Musik. Der Philosoph Konfuzius (5. Jh. v. Chr.) erkannte die Macht der Musik und forderte, sie solle unter staatliche Kontrolle gestellt werden. Bis zur Revolution im Jahr 1911 überwog in China die alte traditionelle elegante Musik, *Yayue* genannt.

Laute

Musikerin aus Ton, Tang-Zeit

Mittlerer Osten
Die Musik hatte in den Kulturen des Mittleren Ostens eine große Bedeutung. Um 2 000 v. Chr. spielte man in Mesopotamien Lyren, Harfen, Flöten und Tamburins. Ähnliche Instrumente verwendete man 500 Jahre später auch in Ägypten. Bei staatlichen und religiösen Zeremonien oder nur zur Unterhaltung wurde Musik gespielt.

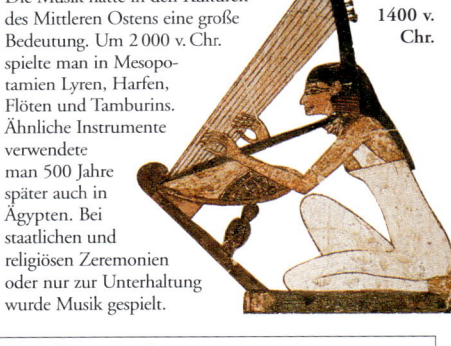

Ägyptische Grabmalerei, um 1400 v. Chr.

Volksmusik

Als Volksmusik bezeichnen wir traditionelle Musik, wie sie in ländlichen Gemeinschaften gespielt wird. Jedes Land hat seine eigene Volksmusik. Es gibt zahlreiche Stile und auch lokale Instrumente, etwa den schottischen Dudelsack oder die russische Balalaika. Viele Berufsmusiker und Komponisten haben sich später für Volksmusik interessiert, sie für die Nachwelt aufgezeichnet oder in eigenen Stücken weiterentwickelt.

Notenschrift

Komponisten verwenden eine Notenschrift mit verschiedenen Symbolen. Sie schreiben damit die Musik nieder, die sie sich ausgedacht haben. Die Notenschrift oder Notation dient den ausführenden Musikern als Anleitung. Die erste Notenschrift geht auf Mönche des 9. Jh. zurück. Voll entwickelt war sie um 1200. Die Notenschrift bildet die Grundlage der westlichen Kunstmusik.

Versetzungszeichen Das Zeichen bedeutet die Erniedrigung des Tones um einen Halbton.

Notenschlüssel Er gibt an, in welcher Tonhöhe gespielt wird. Dies ist ein Violinschlüssel.

Taktbezeichnung Die Bruchzahl gibt das Verhältnis der schweren zu den leichten Zählzeiten an.

Bassschlüssel

Tempobezeichnung Sie gibt an, wie schnell die Musik gespielt werden soll. Andante heißt mäßig bewegt.

Notenkopf Die Gestaltung des Notenkopfes und -halses gibt an, wie lange die Note gespielt wird.

Taktstrich Er gibt das Ende eines Taktes an. Musikstücke werden in verschiedene Takte untergliedert. Die Taktart wird durch die Taktbezeichnung angegeben.

Auflösungszeichen Es hebt die Geltung von Versetzungszeichen auf.

Rit. = ritardando (langsamer werdend)

Fermate (Pause; Schlusszeichen)

Dynamische Bezeichnung Man gibt damit an, wie laut die Musik gespielt wird: *mf* steht für *mezzo forte* (mittelstark).

Tonleiter
Die Lage einer Note im Notenliniensystem gibt deren Tonhöhe an. Die Tonhöhen innerhalb einer Oktave bezeichnet man mit den Buchstaben A bis G. Sie ergeben zusammen die auf- oder absteigenden Tonleitern.

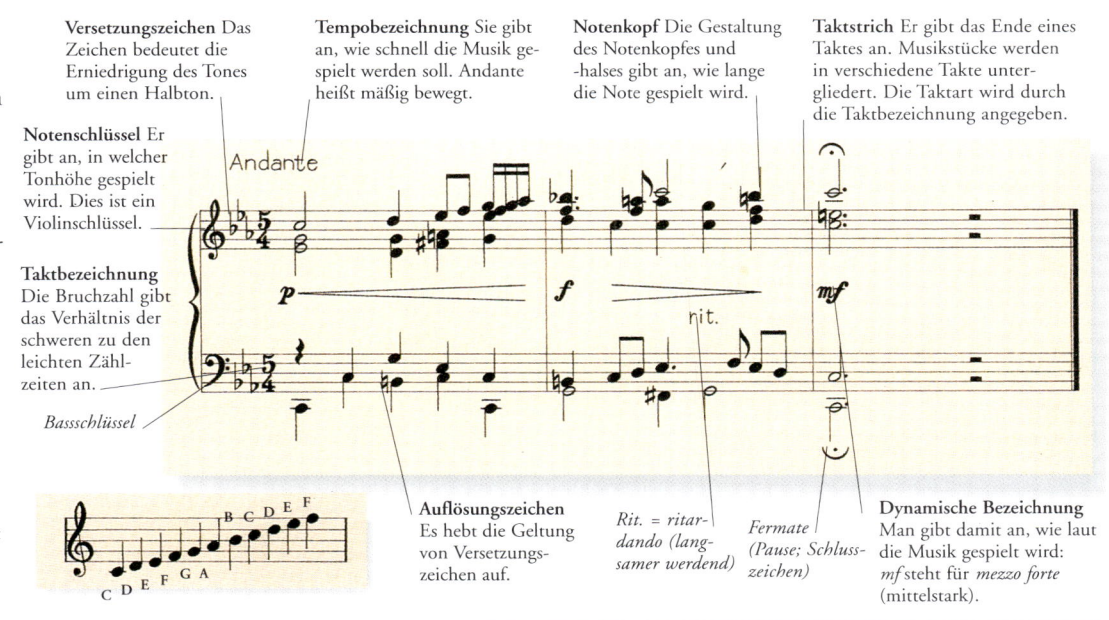

Mittelalterliche Musik

Bis ins späte 11. Jh. hinein bestand die Musik aus einfachen Melodien (Homophonie). Kirchenmusik wurde einstimmig – unisono – gesungen. Als sich jedoch die Notenschrift durchsetzte, konnten die Komponisten mehrstimmige, polyphone Musik schreiben. In der Zwischenzeit entwickelte sich auch die Instrumentalmusik, z. B. zur tanzartigen Estampie.

Gregorianischer Choral
Klöster waren lange Zeit Zentren der Musikausübung. Seit dem 8. Jh. singt man in katholischen Klöstern einstimmige lateinische Choräle, den gregorianischen Choral. Er ist nach Papst Gregor (Regierungszeit 590–604) benannt. Im 14. Jh. schrieben Komponisten jedoch bereits recht komplizierte Musikstücke mit mehreren Stimmen.

Troubadoure
In Mitteleuropa unterhielten wandernde Sänger, die Troubadoure oder Minnesänger, die Adligen in ihren Burgen. Sie sangen Liebeslieder und wurden von Streichinstrumenten begleitet, etwa Violen und Harfen. Die ersten Troubadoure traten in Südfrankreich auf. Sie wurden als Dichter wie als Musiker hoch geehrt.

Antonio Vivaldi
Der italienische Komponist Antonio Vivaldi (1678–1741) war Sohn eines Geigers und wurde Priester. Er schrieb eine unübersehbare Zahl von Werken, z. B. 43 Opern, 3 Oratorien und etwa 500 Konzerte. Am berühmtesten sind *Die Vier Jahreszeiten*.

Barockmusik

Die Musik zwischen 1600 und 1750 war reich verziert und verwendete oft mehrere Melodien nach Regeln des sog. Kontrapunktes. Es entwickelte sich das System der Tonarten, mit dem die Komponisten nun die unterschiedlichsten Stimmungen auszudrücken vermochten.

Konzerte
Seit dem 17. Jh. führte man Musik vermehrt öffentlich auf. Um 1600 gab es erste Opern, und die Orchester spielten öffentliche Konzerte. Die *Feuerwerksmusik* von Georg Friedrich Händel (1684–1759) erfuhr 1749 eine großartige Uraufführung.

Renaissancemusik

Um 1471 gab es in Italien erste gedruckte Musikstücke. Damit konnten sich neue musikalische Stile über ganz Europa verbreiten. Besonders die nicht religiös geprägte Musik wurde dadurch gefördert.

Musiker und Höflinge der Renaissance in Frankreich

Madrigal
Die Stimmen sind so angeordnet und gedruckt, dass sie 4 Leute an einem Tisch lesen und singen können.

Madrigale
Madrigale sind weltliche Lieder für 4 oder mehr unbegleitete Stimmen. Sie entstanden im 14. Jh. in Italien und wurden im 16. Jh. in ganz Europa beliebt. Madrigale handelten meist von der Liebe und stellten die erste Choralmusik dar, die man zu Hause aufführen konnte.

Am Hof von Burgund
Im 14. und 15. Jh. wurde Burgund ein einflussreiches Zentrum für alle Künste, darunter auch die Musik. Die Komponisten Guillaume Dufay (um 1400–74) und Josquin des Prez (1440–1521) lehrten hier. Josquin ist vor allem für Kompositionen bekannt, die Gefühle direkter ausdrückten als die frühere Musik.

Markusdom in Venedig
Venedig war in der Renaissance eine bedeutende Stadt. Andrea Gabrieli (um 1510–86) und sein Neffe Giovanni (um 1557–1612) schrieben hier neue Musikstücke, die im Markusdom aufgeführt wurden. Sie ließen dabei 2 Chöre auftreten und teilten die Stimmen noch mehrfach ein. Der wichtigste Schüler von Giovanni Gabrieli war der Deutsche Heinrich Schütz (1585–1672).

Hauptschiff des Markusdoms in Venedig

MUSIK

Klassische Musik

Im späten 18. Jh. lehnten die Komponisten den komplizierten Stil der Barockmusik ab und entwickelten einen einfacheren Stil. Wir bezeichnen ihre Musik als klassisch, was heute oft auch nur für ernste Musik gilt. Die wichtigsten Komponisten jener Zeit waren Joseph Haydn (1732–1809), Wolfgang Amadeus Mozart (1756–91) und Ludwig van Beethoven (1770–1827). Sie schrieben Sinfonien, aber auch Sonaten für das neuartige Piano.

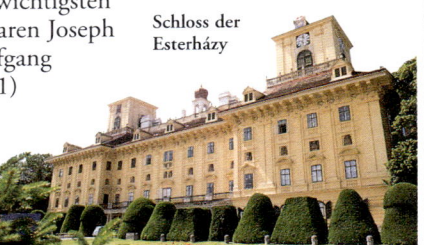

Schloss der Esterházy

Komposition von Beethoven

Die Sinfonie war die wichtigste Form der klassischen Orchestermusik.

Mäzene
Reiche Adlige förderten als Mäzene damals oft Komponisten. Der ungarische Fürst Paul Esterházy beschäftigte Haydn in seinem Schloss in Eisenstadt im Burgenland, Österreich, als Kapellmeister. Hier arbeitete Haydn 30 Jahre lang.

Sinfonie
Sinfonien (Symphonien) bestehen in der Regel aus 4 Sätzen. Jeder Satz hat einen anderen Charakter. Das Vorspiel einer Oper, die Ouvertüre, hieß zuerst auch Sinfonia.

Nationalismus
Romantische Musik wurde zum größten Teil von Komponisten aus Deutschland und Österreich geschrieben. Komponisten anderer Länder wollten aber ihren eigenen Nationalcharakter zum Ausdruck bringen. Der Norweger Edvard Grieg (1843–1907) nahm z. B. Elemente der Volksmusik in seine Werke auf, mit denen er die Natur seines Landes beschrieb.

Norwegischer Fjord

Romantik

Die romantische Musik entstand im 19. Jh. Die Komponisten verwendeten zwar noch die klassischen Formen wie die Sinfonie und die Sonate, doch die Stimmung war intensiver, emotionaler und individueller. Sie schrieben oft programmatische Musik, in der sie Szenen darstellten und Geschichten erzählten. Dabei setzten sie mittlerweile neu erfundene Instrumente ein.

Walzer
Dieser romantische Tanz entstand im 19. Jh. und wurde zum Wahrzeichen Wiens. Anfänglich galt der Tanz als schockierend, weil die Tänzer dabei so nahe beieinander waren.

Franz Liszt
Klavierkonzerte waren zur Zeit der Romantik sehr beliebt. Der ungarische Komponist und Pianist Franz Liszt (1811–86) war der Superstar seiner Zeit. Er spielte eigene Kompositionen, z.B. die 19 *Ungarischen Rhapsodien*. Liszt entwickelte die symphonische Dichtung als eine Form der programmatischen Musik, in der die Musik eine Geschichte erzählt.

20. Jahrhundert

Im 20. Jh. entstanden neue Arten der Musik, die sich von den traditionellen Vorstellungen von Tonarten und Harmonie weit entfernten. Der russische Komponist Igor Strawinsky (1882–1971) verwendete abgehackte Rhythmen, die anfänglich heftig abgelehnt wurden. Komponisten wie John Cage führten Zufallselemente in die Musik ein.

Arnold Schönberg

Debussy and Schönberg
Zu den Pionieren der modernen Musik des 20. Jh. zählen Claude Debussy (1862–1918) und Arnold Schönberg (1874–1951). Debussy experimentierte in seinen impressionistischen Stücken wie *Der Nachmittag eines Fauns* mit ungewöhnlichen Tönen und Harmonien. Schönberg schrieb atonale Musik, die nicht mehr auf einen Zentralton bezogen ist; man spricht von Zwölftonmusik.

Rundfunk
Durch die Erfindung des Radios und Grammophons konnte man zu Hause professionelle Musik hören. Manche Musiker konnten nun von ihren Schallplatten leben, und die Rundfunkanstalten gaben neue Kompositionen in Auftrag.

Transistorradio, um 1960

Neue Notenschrift
Ein großer Teil der Musik des späten 20. Jh., vor allem für elektronische Instrumente, ließ sich nicht mehr auf herkömmliche Weise niederschreiben. Einige Komponisten entwickelten dazu eine neue Notenschrift.

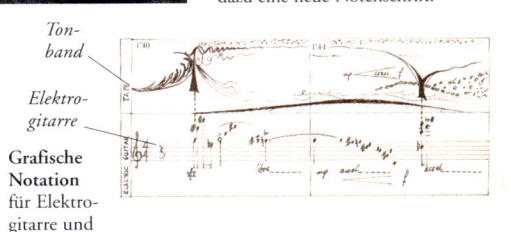

Tonband
Elektrogitarre
Grafische Notation für Elektrogitarre und Tonband

Auszug „Caressing Eternity" © Natasha Barrett 1994

John Cage
Der amerikanische Komponist John Cage (1912–92) schrieb Musik, die mit Geräuschen und Zufallselementen experimentierte. Er brachte den Zuhörer dazu, darüber nachzudenken, was Musik in Wirklichkeit ist. Cage schlug vor, alle musikalischen und nicht musikalischen Töne und Geräusche seien von gleichem Wert. Sein berühmtes Stück *Imaginary Landscape No. 4* schrieb er für 12 Radios, die zufällig eingeschaltet werden.

Chronologie

um 1200 Die französischen Mönche Léonin und Péotin komponieren die erste polyphone Musik auf der Grundlage einstimmiger Melodien.

um 1450 Guillaume Dufay schreibt die Messe *Se la face ay pale*, die Elemente des Mittelalters und der Renaissance enthält.

Steinplastik eines Musikers, Mittelalter

um 1600 Die ersten Konzerte für einander sich ergänzende Musikergruppen werden in Italien gedruckt.

1741 Georg Friedrich Händel vollendet den *Messias*, ein sog. Oratorium zu religiösen Texten.

1824 Beethovens *Neunte Symphonie* markiert das Ende der klassischen Zeit. Er drückt in dieser Sinfonie intensive menschliche Empfindungen und Gefühle aus.

1912 Schönberg komponiert das Werk *Pierrot Lunaire*, in dem er alle Tonalität aufgibt.

Schallplatte, 20. Jh.

1952 John Cage komponiert *4 Minuten, 33 Sekunden,* ein Stück nur aus Pausen.

1993 Der Franzose Pierre Boulez (geb. 1925) setzt in seinem Werk *...explosante fixe* Computer ein.

SIEHE AUCH UNTER — BACH, JOHANN SEBASTIAN — BEETHOVEN, LUDWIG VAN — JAZZ — MOZART, WOLFGANG AMADEUS — MUSIKINSTRUMENTE — OPER — ORCHESTER — TANZ

MUSIKINSTRUMENTE

AUF DER GANZEN WELT gibt es hunderte verschiedener Musikinstrumente. Die meisten davon lassen sich je nach der Art der Tonerzeugung in die 4 Gruppen einteilen: Schlaginstrumente, Blasinstrumente – zu ihnen gehören die Holz- und Blechblasinstrumente –, Saiteninstrumente und Tasteninstrumente. Bis zur Entwicklung der elektronischen Musik beruhen fast alle westlichen Instrumente auf diesen Prinzipien der Tonerzeugung.

Hängendes Becken
Tomtom
Kleine Trommel
Hängendes Becken
Stand-Trommel
Große Trommel
Samen in einer Muschel
Maracas

Schlaginstrumente

Schlaginstrumente werden geschlagen, gestampft oder geschüttelt. Die Allerersten waren wahrscheinlich Knochen und Stäbe, die man aufeinander schlug. Heute reichen die Schlaginstrumente von Trommeln über Rasseln bis zum Triangel. Auf dem Xylophon kann man richtige Noten spielen. Andere Schlaginstrumente dienen eher dem Rhythmus.

Trommeln
Trommeln gibt es auf der ganzen Welt. Eine wichtige Rolle spielen sie in der traditionellen afrikanischen Musik mit ihren komplizierten Rhythmen.

Hölzerne Schlaginstrumente
Der kurze trockene Ton hölzerner Schlaginstrumente ist typisch für südamerikanische Tanzmusik. Man verwendet dazu Claves, Kastagnetten, Maracas und Holzblöcke.

Becken und Gongs
Metallische Schlaginstrumente erzeugen einen lang anhaltenden Ton. Eine große Rolle spielen sie in Südostasien. Das indonesische Gamelanorchester umfasst verschiedene Gongs.

Blechblasinstrumente

Blechblasinstrumente sind lange Röhren mit einem Mundstück. Die Röhren sind in Schlingen gelegt, damit das Instrument handlicher wird. Die meisten Instrumente haben Ventile. Damit verändert man die Rohrlänge und spielt die schmetternden Töne, die sich besonders für feierliche Musik im Freien eignen.

Trompetenspielerin

Funktion
Die Musiker erzeugen die Töne, indem sie ihre Lippen am Mundstück zum Schwingen bringen. Die Spannung der Lippen kann verändert werden. Zusammen mit den Ventilen gelingt es, die ganze Tonskala zu erzeugen.

Ventil Wenn man es betätigt, schaltet man zusätzliche Segmente ein: Der Ton wird tiefer.

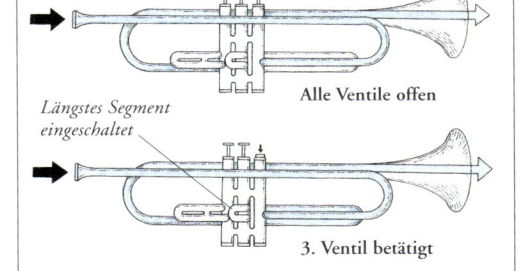

Alle Ventile offen

Längstes Segment eingeschaltet

3. Ventil betätigt

Frühe Instrumente
Die ersten Blechblasinstrumente waren aus Muschelschalen und Tierhörnern. In der Renaissance entwickelte man die Saqueboute, eine frühe Posaune, außerdem den Zink und den Serpent. Die Instrumente verschwanden alle im frühen 19. Jh., wurden später aber wieder zu neuem Leben erweckt.

Serpent

Schofar
Der Schofar ist ein ungewöhnliches Instrument aus dem Horn eines Hammels. Es erzeugt im Wesentlichen nur 2 Töne. Die Juden blasen es fast nur an hohen Festtagen, etwa am Versöhnungstag Jom Kippur.

Holzblasinstrumente

Holzblasinstrumente bestehen im Wesentlichen aus einer hohlen Röhre mit Grifflöchern und Klappen. Wenn man in die Röhre hineinbläst, bringt man die Luftsäule im Innern zum Schwingen. Die Musiker verlängern oder verkürzen mit den Grifflöchern oder Klappen diese Luftsäule und treffen so den richtigen Ton. Zu den Holzblasinstrumenten zählen Flöte, Oboe, Klarinette und Fagott sowie das Saxophon, obwohl es aus Metall gefertigt ist.

Klarinettenspielerin

Sheng Eine Art Mundorgel, die man seit 3000 Jahren in China spielt

Blatt einer Klarinette

Doppelrohrblatt der Oboe

Doppelrohrblatt des Fagotts

Funktion
Wenn man über einen Flaschenhals bläst, entsteht wie bei der Panflöte oder der Blockflöte ein Ton. Die übrigen Holzblasinstrumente enthalten 1 oder 2 Rohrblätter. Diese werden aus einem Mittelmeerschilf angefertigt. Die Blätter beginnen zu schwingen, wenn man sie anbläst.

Frühe Instrumente
Einst bestanden alle Holzblasinstrumente auch aus Holz. Heute enthalten sie oft Kunststoff oder Metall. Alte, heute kaum mehr verbreitete Instrumente sind die laute Schalmei, das schnarrende Krummhorn und das eigentümliche Rankett oder Wurstfagott.

MUSIKINSTRUMENTE

Saiteninstrumente

Die große Familie der Saiteninstrumente lässt sich in 2 Gruppen unterteilen: Streichinstrumente wie die Violine spielt man, indem man mit einem Bogen aus Pferdehaar über die Saiten streicht und sie dadurch in Schwingungen versetzt. Zupfinstrumente wie die Gitarre, die Harfe, die Laute und der Sitar werden mit den Fingern oder einem Plektrum gezupft oder angerissen. Viele Kulturen verwenden Instrumente aus beiden Gruppen.

Kinn und Schulter halten das Instrument.

Zupfinstrumente
Im alten Ägypten und in Griechenland spielten die Musiker die Lyra zur Begleitung ihrer Lieder und Gedichte. Aus der Lyra entwickelten sich die Harfe und die Zither. Die arabische Ud ist schon 4 000 Jahre alt und gilt als die Stammmutter der Gitarre.

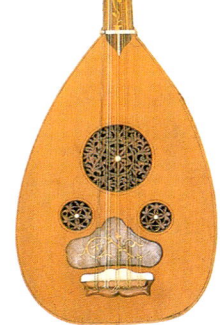

Marokkanische Ud

Geigenspielerin

Streichinstrumente
Streichinstrumente entstanden in Arabien, breiteten sich dann jedoch bald über die ganze Welt aus. In einem modernen Orchester sind unter den Streichern Violine, Bratsche, Cello und Kontrabass vertreten. Diese Instrumentenfamilie entstand in der Renaissance in Italien.

Funktion
Wenn eine Saite schwingt, verstärkt der Körper des Instruments den Ton. Länge, Dicke und Spannung der Saite beeinflussen die Höhe des erzeugten Tones.

1. Verkürzt man mit dem Finger die Länge der schwingenden Saite, wird der Ton höher.

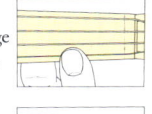

2. Saiten unterscheiden sich durch die Dicke. Dickere Saiten erzeugen niedrigere Töne.

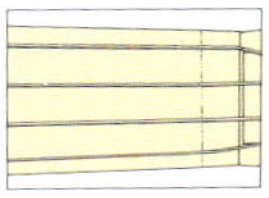

3. Eine straff gespannte Saite schwingt viel schneller. Der erzeugte Ton ist höher.

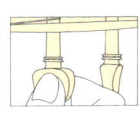

Antonio Stradivari
Der Italiener Antonio Stradivari (1644–1737) ist der wohl berühmteste Geigenbauer aller Zeiten. Er lernte in Cremona, Italien, und signierte seine erste Geige 1666. Die Violinen und Cellos, die er zwischen 1700 und 1715 fertigte, gelten als die besten der Welt. Viele werden heute noch gespielt.

Instrumentenbau

In der Geschichte der Musik sind die Instrumentenmacher oft so wichtig wie die Musiker und Komponisten. Der Instrumentenbau verbindet Kunst, Wissenschaft und Handwerk. Der Italiener Bartolomeo Cristofori (1655–1732) erfand das Piano, der Belgier Adolphe Sax (1814–94) das nach ihm benannte Saxophon. Beide eröffneten der Musik neue Töne.

Schnitzen des Bodens

Tasteninstrumente

Tasteninstrumente sind sehr vielseitig, da man mit ihnen zur selben Zeit zahlreiche Töne anschlagen kann. Während man eine Taste drückt, wird ein Mechanismus im Inneren in Bewegung gesetzt. Beim Cembalo reißt man damit eine Saite an. Beim Piano schlägt ein filzbezogenes Hämmerchen auf die Saite. Bei der Orgel strömt Luft durch eine Pfeife.

Cembalo
Das Cembalo und verwandte Instrumente wie Spinett und Virginal waren vom 15. bis 18. Jh. beliebt. Die Saiten wurden durch Tastenanschlag mit Federkielen angerissen. 1709 kam das Klavier mit Filzhämmerchen auf.

Spinett, um 1550

Orgel
Die Orgel ist das größte aller Musikinstrumente und hat auch den größten Tonumfang und die meisten Klangfarben. Sie dient im Wesentlichen der Kirchenmusik.

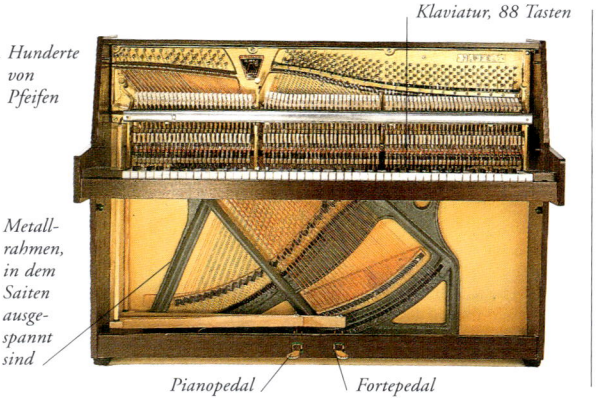

Ausarbeitung des Bodens — *Zargen* — *Holzstreifen als Schmuck* — *Boden*

Festkleben der Zargen

Vollständiger Körper — *Schalllöcher*

Griffbrett am Hals festkleben — *Bogen* — *Saiten* — *Steg* — *Saitenhalter* — *Lacke und Farben* — *Hals mit Schnecke* — *Wirbel* — *Kinnhalter*

Geigenbau
Die Herstellung einer Violine dauert Monate. Der Geigenbauer formt und fertigt das Instrument meist von Hand.

Piano
Das Piano, Pianoforte oder Klavier ist ein sehr ausdrucksfähiges Instrument. Die Musiker können die Töne leise (piano) oder laut (forte) spielen. Es hat einen sehr vollen Klang und eignet sich hervorragend für Konzerte. Das Klavier hat ein senkrechtes, der Flügel ein waagerechtes Gehäuse.

Hunderte von Pfeifen

Klaviatur, 88 Tasten

Metallrahmen, in dem Saiten ausgespannt sind

Pianopedal — *Fortepedal*

Display

Synthesizer

Elektrische und elektronische Instrumente
Das erste elektrische Tasteninstrument hieß *Ondes Martenot* und wurde 1928 gebaut. Man spielte damit vor allem Filmmusik. Spätere Instrumente wie die Hammondorgel und der Synthesizer können die ungewöhnlichsten Töne erzeugen. Man spielt sie oft zusammen mit anderen elektrisch verstärkten Instrumenten wie der Elektrogitarre.

| SIEHE AUCH UNTER | BACH, JOHANN SEBASTIAN | BEETHOVEN, LUDWIG VAN | JAZZ | MOZART, WOLFGANG AMADEUS | MUSIK | ORCHESTER | ROCK UND POP | SCHALL |

Instrumentenkunde

Blechblasinstrumente

Stürze

Weite Stürze ergibt weichen Klang

Posaune

Zur Veränderung von Tönen greift man mit der Hand in die Stürze.

Verlängerung der Schallröhre

Trompete

Kornett

Tenorhorn

Tuba

Waldhorn

Schlaginstrumente

Zentrale Erhebung, wird angeschlagen

Musiker schlägt den Rhythmus hier.

Schellen, auf dem Rahmen montiert

Claves

Schlegel mit Kopf aus Korken

Gong

Vibraphon Metallstäbe, wie eine Klaviatur angeordnet, werden mit Schlegeln angeschlagen.

Tabla, indische Trommel

Tamburin

Saiteninstrumente

Der Bogen für Cello, Bratsche und Violine ist ähnlich.

Jeder Wirbel ist mit einer Saite verbunden.

Diese Theorbe hat 2 Wirbelkästen und 14 Saiten.

7 Hauptsaiten laufen über Metallstege.

Sonderanfertigung für Linkshänder

Regler für Lautstärke, Höhe und Tiefe

Cello mit Bogen

Bratsche mit Bogen

Violine mit Bogen

Mandoline

Theorbe

Sitar

Elektrogitarre

Holzblasinstrumente

Pikkoloflöte, um 1800

Oboe

Englisch Horn, eine Tenoroboe

Doppelrohrblatt

Blockflöte

Shakuhachi, traditionelle japanische Flöte

Querflöte, um 1830

Sehr einfache Klappen im Vergleich zu einem modernen Instrument

Moderne Querflöte

Doppelrohrblatt

Panflöte

Baritonsaxophon

Fagott

MUSKELN UND BEWEGUNG

FÜR FAST ALLES, was wir tun, brauchen wir Muskeln. Diese können sich aktiv zusammenziehen und bewegen dadurch andere Körperteile. Sie nutzen dabei die Energie, die in der aufgenommenen Nahrung enthalten ist, und verwandeln sie in Bewegung. Man unterscheidet 3 Arten von Muskeln: gestreifte Skelettmuskeln, den Herzmuskel und glatte Eingeweidemuskeln. Die Skelettmuskeln stehen unter der bewussten Kontrolle des Gehirns. Alle übrigen Muskeln sind unwillkürlich und können mit dem Willen nicht beeinflusst werden.

Aufbau

Muskeln bestehen aus Bündeln langer Muskelfasern. Jede Faser enthält zahlreiche parallele Fäden, die Myofibrillen. In jeder Myofibrille sind 2 Arten von Proteinfäden enthalten: das Actin und das Myosin. Sie erzeugen die Muskelkontraktionen.

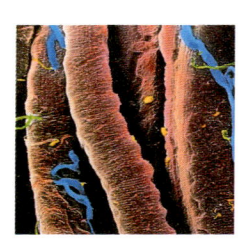

Skelettmuskeln
Die Fasern von Skelettmuskeln liegen parallel. Die Actin- und die Myosinfibrillen liegen in regelmäßigen Blöcken, den Sarkomeren. Dadurch ergibt sich die Querstreifung der Muskeln.

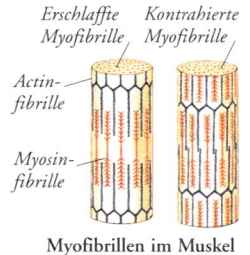

Funktion
Beim erschlafften Muskel überlappen sich die Actin- und Myosinfibrillen nur wenig. Auf einen Nervenimpuls hin verschieben sie sich ineinander. Dabei verkürzen sich die Myofibrillen und der Muskel kontrahiert.

Erschlaffte Myofibrille *Kontrahierte Myofibrille*
Actinfibrille
Myosinfibrille
Myofibrillen im Muskel

Szent-Györgyi
Albert von Szent-Györgyi (1893–1986) war ein amerikanischer Biochemiker ungarischer Herkunft. Er trug viel zur Erforschung der Muskelbewegung bei. Szent-Györgyi entdeckte das Protein Actin, das bei der Kontraktion der Muskeln eine Rolle spielt. Er isolierte auch als Erster das Vitamin C (Ascorbinsäure). 1937 erhielt er den Nobelpreis.

Muskelsystem

Man unterscheidet ungefähr 620 Skelettmuskeln, die über 40 % des Körpergewichts ausmachen. Die Muskeln setzen über Sehnen am Skelett an. Viele Muskeln sind mit einem Ende an einem Knochen befestigt, der sich nicht bewegt, und mit dem andern Ende an einem beweglichen Knochen. Bei der Kontraktion kommt eine Bewegung zustande.

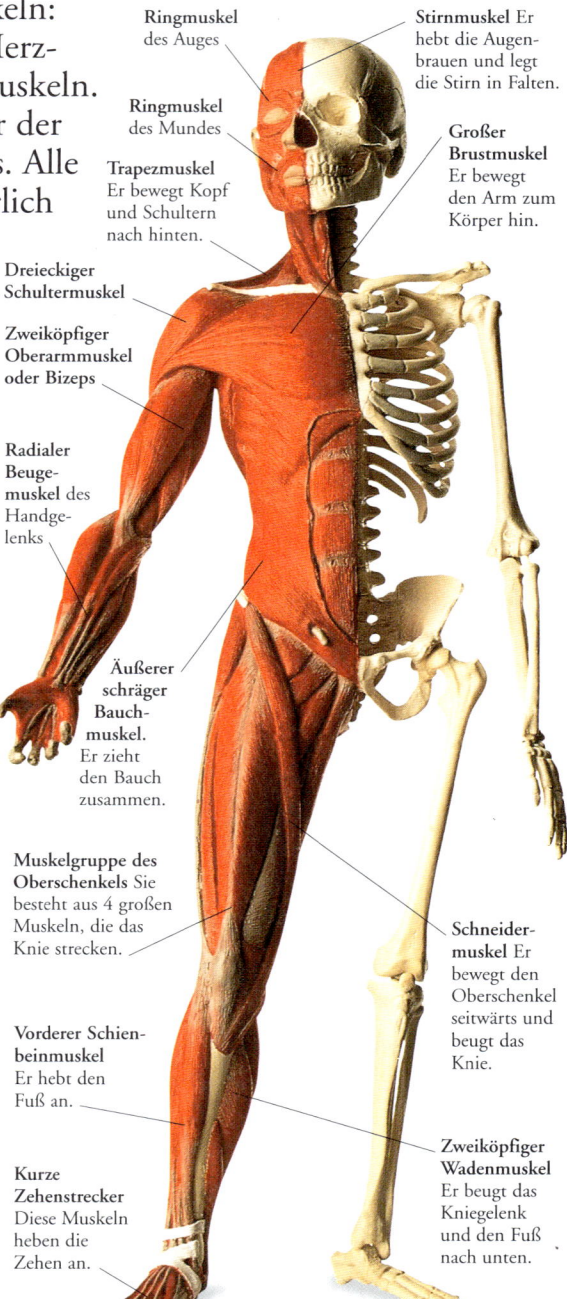

Ringmuskel des Auges
Ringmuskel des Mundes
Trapezmuskel Er bewegt Kopf und Schultern nach hinten.
Dreieckiger Schultermuskel
Zweiköpfiger Oberarmmuskel oder Bizeps
Radialer Beugemuskel des Handgelenks
Äußerer schräger Bauchmuskel. Er zieht den Bauch zusammen.
Muskelgruppe des Oberschenkels Sie besteht aus 4 großen Muskeln, die das Knie strecken.
Vorderer Schienbeinmuskel Er hebt den Fuß an.
Kurze Zehenstrecker Diese Muskeln heben die Zehen an.
Stirnmuskel Er hebt die Augenbrauen und legt die Stirn in Falten.
Großer Brustmuskel Er bewegt den Arm zum Körper hin.
Schneidermuskel Er bewegt den Oberschenkel seitwärts und beugt das Knie.
Zweiköpfiger Wadenmuskel Er beugt das Kniegelenk und den Fuß nach unten.

Gesichtsausdruck

Für den Gesichtsausdruck oder die Mimik werden über 30 kleine Gesichtsmuskeln eingesetzt. Sie bewegen keine Knochen, sondern die Gesichtshaut.

Lächeln

Um die Stirn zu runzeln oder grimmig dreinzuschauen, braucht man 2-mal so viele Muskeln wie bei einem Lächeln.

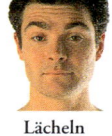

Stirnrunzeln

Bewegung

Die Muskeln bewegen die Körperteile immer durch Ziehen, nicht durch Stoßen. Deswegen braucht man für die meisten Bewegungen Muskelpaare, die abwechselnd ziehen. Sie liegen auf entgegengesetzten Seiten eines Gelenks. Wenn ein Muskel kontrahiert, erschlafft der andere.

Unterarm gestreckt
Zum Strecken und Biegen des Unterarms brauchen wir den Bizeps und den Trizeps. Bei gestrecktem Unterarm ist der Bizeps erschlafft, der Trizeps hingegen kontrahiert.
Bizeps erschlafft
Trizeps kontrahiert

Unterarm angehoben
Um den Unterarm anzuheben, sendet das Gehirn einen Befehl an den Bizeps, er solle sich zusammenziehen. Gleichzeitig erschlafft der Trizeps und wird länger.
Oberarm
Unterarm

Unterarm gebeugt
Bei vollständig angewinkeltem Unterarm ist der Bizeps voll kontrahiert und auf Minimallänge verkürzt. Der Trizeps ist erschlafft und hat Maximallänge. Andere Muskeln stabilisieren die Schulter und den Unterarm.
Bizeps kontrahiert
Ellbogen

Bodybuilding
Bodybuilder sind Männer und Frauen, die die Masse ihrer Skelettmuskeln stark erhöhen. Durch Sport wie Gewichtheben lässt sich dies nur bedingt erreichen. Zur Entwicklung der Muskeln nehmen Bodybuilder oft schädliche Anabolika.

| SIEHE AUCH UNTER | HERZ UND KREISLAUFSYSTEM | NERVENSYSTEM UND GEHIRN | ORGANSYSTEME | SKELETT | SPORT |

MUTTER TERESA

IN EINER DER ÄRMSTEN und bevölkerungsreichsten Städte der Welt, im indischen Kalkutta, widmete eine europäische Frau ihr Leben den Armen und Bedürftigen. Mutter Teresa, eine albanische Nonne, gründete dort 1950 den Orden der „Missionaries of Charity", die „Missionarinnen der Nächstenliebe". Zu Beginn hatte dieser Orden kaum Geld. Dank der Arbeit von Mutter Teresa treffen jetzt aber Spenden aus der ganzen Welt ein. Sie werden genutzt, um das Leiden und die Armut jener zu lindern, die sich selbst nicht helfen können.

Kindheit und Jugend
Agnes Gonxha Bojaxhio kam 1910 als Tochter einer reichen Familie in Albanien auf die Welt. Ihr Vater war Kaufmann und starb, als Agnes 9 Jahre alt war. Mit einem Schlag war ihre Familie nun arm. Diese Erfahrung brachte sie zur Überzeugung, dass sie Nonne werden und den Armen in Indien helfen sollte.

Ausbildung
Im Alter von 18 Jahren schloss sich Agnes dem irischen Orden der Schwestern von Loreto in Indien an. 9 Jahre diente sie als Novizin. 1937 legte sie die feierlichen Ordensgelübde ab und nahm den Namen Teresa nach der Heiligen Theresia von Lisieux an. Mutter Teresa blieb in Indien.

Nächstenliebe
Viele Nonnen halfen Teresa bei ihrer Arbeit für die Armen. So gründete sie den Orden der *Missionarinnen der Nächstenliebe*. Sie wurde bald als „Mutter Teresa" bekannt.

Schwestern von Loreto
Mutter Teresa wurde Äbtissin des Klosters von Entally, Kalkutta. Sie war dort 11 Jahre lang tätig, umgeben von Armut. 1948 erhielt sie die Erlaubnis, außerhalb des Klosters zu arbeiten. Sie gründete eine Schule für arme Kinder und kümmerte sich um die Kranken.

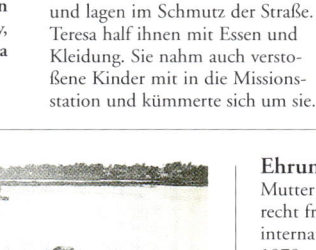

Kloster von Entally, Kalkutta

Die Armen
Überall in Kalkutta sah Mutter Teresa Armut. Die Armen und Kranken hatten oft kein Zuhause und lagen im Schmutz der Straße. Teresa half ihnen mit Essen und Kleidung. Sie nahm auch verstoßene Kinder mit in die Missionsstation und kümmerte sich um sie.

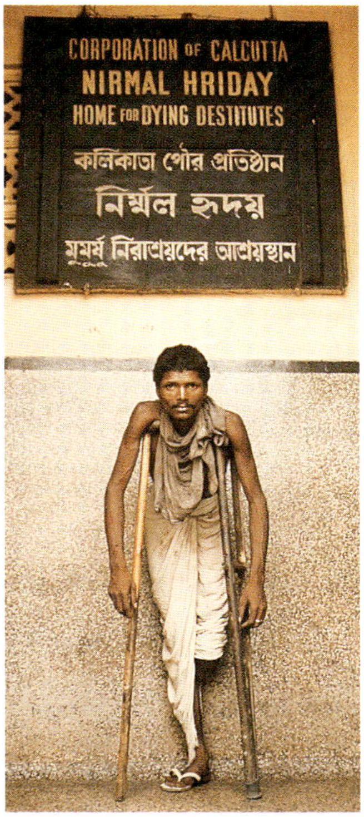

Die Kranken
Mutter Teresa versuchte die Schmerzen der Kranken zu lindern und half ihnen, in Würde zu sterben. Sie lehrte sie die ersten Krankheitsanzeichen, etwa von Lepra, zu erkennen, damit man sie frühzeitig behandeln konnte.

Expansion
Nach und nach wuchs der Orden der *Missionarinnen der Nächstenliebe*. Die Organisation dehnte sich über ganz Indien aus. 1963 nahm der Orden auch Männer auf. 1995 wurden die ersten Niederlassungen in Venezuela eröffnet. Heute arbeiten für den Orden auf der ganzen Welt über 4 000 Nonnen sowie 40 000 Laien. Es gibt eine eigene Zeitung, *Ek dil* (Ein Herz), die die Arbeit des Ordens bekannt macht.

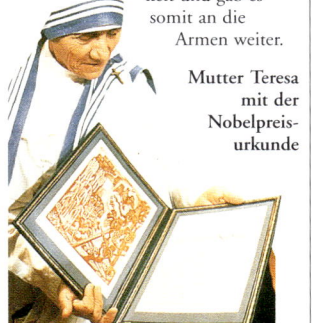

Mobile Klinik
Damit ihre Arbeit wirklich den Bedürftigsten zugute kommt, setzen die *Missionarinnen der Nächstenliebe* mobile Kliniken ein, die durch Indien fahren und den Kranken helfen. Diese Kliniken sind eine Hoffnung für viele arme Menschen in abgelegenen Gebieten. Durch die fahrbaren Kliniken verbreitet sich auch der Ruf des Ordens rasch im ganzen Land.

Ehrungen
Mutter Teresas Arbeit wurde schon recht früh anerkannt. Sie erhielt viele internationale Ehrungen und Preise. 1979 verlieh man ihr den Friedensnobelpreis. Sie verwendete das Preisgeld für ihre Tätigkeit und gab es somit an die Armen weiter.

Mutter Teresa mit der Nobelpreisurkunde

MUTTER TERESA

1910	Geboren in Skopje, Albanien
1919	Tod des Vaters
1928	Eintritt in das Kloster der Schwestern von Loreto in Skopje
1928–37	Novizin in Indien
1937	Teresa wird Äbtissin des Klosters von Entally in Kalkutta.
1948	Arbeit außerhalb des Klosters
1950	Gründung des Ordens der *Missionarinnen der Nächstenliebe*
1965	Eröffnung der ersten Niederlassung außerhalb von Indien
1979	Friedensnobelpreis
1997	Rückzug von der Ordensleitung und Tod in Kalkutta

SIEHE AUCH UNTER CHRISTENTUM · INDIEN UND SRI LANKA · INDIEN, GESCHICHTE · KLÖSTER · KRANKENHAUS · MEDIZIN · RELIGIONEN

MYTHEN UND LEGENDEN

WO IMMER MENSCHEN zusammenleben, erzählen sie sich Geschichten, die die Geheimnisse dieser Welt erklären sollen: Wie Erde, Menschen und Tiere entstanden, wie das Böse und das Gute in die Welt kam oder wer die Götter sind. Solche Geschichten nennt man Mythen. Sie berichten von Helden und Ungeheuern und erklären uns auf diese Weise das Leben. Legenden haben im Gegensatz zu Mythen oft einen geschichtlichen Kern. Beide zusammen – Mythen wie Legenden – vermitteln uns die Sicht der Menschen von der Welt.

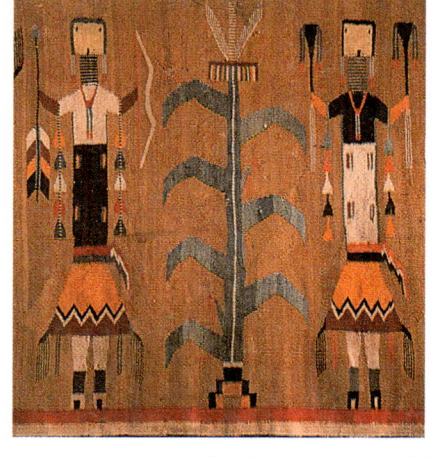

König Arthur
Die Legende von König Arthur oder Artus geht auf die Kelten zurück. Heute erzählen Filme und Bücher von den Rittern der Tafelrunde auf Schloss Camelot. Der wahre Arthur war wohl ein römisch-britischer Anführer, der im 6. Jh. gegen eindringende Sachsen kämpfte.

Szene aus dem Film *Excalibur*

Schöpfungsmythos der Navajo
In der Mythologie der Navajo-Indianer symbolisiert die Maispflanze oft eine Schöpfergöttin. Auf vielen Textilien der Navajo sind Heilungszeremonien mit dieser heiligen Pflanze abgebildet.

Gewebe der Navajo

Re
Der Sonnengott Re war der Schöpfergott im alten Ägypten. Re schuf alle anderen Götter. Als er weinte, wurden aus seinen Tränen Menschen. In der altägyptischen Mythologie verschlingt Res Enkelin, die Himmelsgöttin Nut, Re jede Nacht und gebärt ihn am darauf folgenden Morgen. In der Nacht kämpft Re mit der Schlange Apophis. Die Ägypter glaubten, das Ende der Welt sei gekommen, wenn es Apophis gelänge Re zu verschlingen.

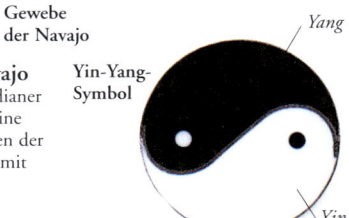

Schöpfungsmythen
In jeder Kultur, von Asien bis Amerika, erklären Schöpfungsmythen, wie die ersten Menschen entstanden sind. In der nordischen Mythologie schuf Gott Odin die Erde aus dem Fleisch eines Riesen und den Himmel aus dessen Schädel. Einer der aztekischen Schöpfergottheiten, Quetzalcoàtl, schuf Himmel und Erde aus dem Körper einer Schlange.

Yin-Yang-Symbol — *Yang*, *Yin*

P'an-ku
Ein chinesischer Mythos erzählt vom kosmischen Ei, aus dem als erstes Lebewesen P'an-ku schlüpfte. Er erfüllte den Raum zwischen den gegensätzlichen Kräften Yin und Yang. Yin symbolisiert den Himmel, Yang die Erde. Als P'an-ku starb, wurden seine Augen zu Sonne und Mond, aus seinen Tränen entstanden die Meere, aus seinen Flöhen die Menschen.

Legendäre Tiere und Pflanzen
Tiere und Pflanzen spielen in den Legenden eine besondere Rolle. Zu den mythischen Tieren zählen der Drache, das Einhorn und der Phönix, die alle über besondere Mächte verfügen. Der Phönix soll bei seinem Auftreten Wohlstand verbreitet haben. Sobald er ging, wich das Glück.

Kaiserliches Siegel, 14. Jh.

Drache
Der chinesische Drache symbolisiert Weisheit und Güte. Noch heute gilt er als Glückssymbol.

Yeti
Seit Jahrhunderten suchen die Menschen den Yeti. Er ist angeblich ein Affenmensch, der im Himalaja lebt.

Alraune
Die Pfahlwurzel der Mittelmeerpflanze Mandragora zeigt oft Menschengestalt. Man schrieb ihr magische Kräfte zu. Sie soll schreien, wenn man sie aus dem Boden zieht. Wer sie dabei hört, wird wahnsinnig.

Amaterasu
Als die japanische Sonnengöttin Amaterasu von ihrem Bruder, dem Sturmgott Susanowo, erschreckt worden war, versteckte sie sich in einer Höhle. Himmel und Erde blieben stockfinster. Die anderen Götter stellten daraufhin einen Spiegel vor den Höhleneingang und lockten Amaterasu heraus. Damit kam das Licht wieder in die Welt.

Atlantis
Der griechische Philosoph Plato (um 427– 347 v. Chr.) erzählt von der sagenhaften Insel Atlantis, die bei einem großen Sturm untergegangen sein soll. Noch heute suchen Forscher dieses Atlantis.

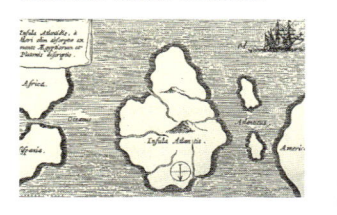

Elfen
Zwischen 1917 und 1920 nahmen zwei englische Mädchen in Cottingley eine Reihe von Fotografien auf, auf denen Elfen abgebildet waren. Viele Jahre lang hielten Experten die Bilder für echt. Später bekannten die Mädchen jedoch, dass sie die Bilder gefälscht hatten.

Moderne Legenden
Am 5. Dezember 1945 verschwanden 6 Flugzeuge der US-Marine im sog. Bermuda-Dreieck. Sie waren getrennt von Florida aus aufgestiegen und nie mehr gesehen. Das Bermuda-Dreieck liegt zwischen den Bermudainseln, Puerto Rico und Florida. In diesem Gebiet gehen seither immer wieder Flugzeuge unauffindbar verloren. Man schreibt das übernatürlichen Kräften zu. So rankt sich um das Bermuda-Dreieck bis heute eine Legende.

Ill.: Thorina Rose

SIEHE AUCH UNTER ÄGYPTER · GOTTHEITEN · HEXEREI UND ZAUBEREI · LITERATUR · RELIGIONEN

NAGETIERE

DIE HÄUFIGSTEN, ARTENREICHSTEN und weitest verbreiteten Säuger der Erde sind die Nagetiere. Man unterscheidet über 1700 Arten in 3 großen Gruppen: die Meerschweinchenartigen, die Mäuseartigen und die Hörnchenartigen. Nagetiere findet man auf der ganzen Welt, von der Arktis bis nach Australien. Sie kommen in allen Lebensräumen vor, von unterirdischen Gängen bis in die höchsten Baumwipfel. Die meisten Nagetiere sind Pflanzenfresser und nachts aktiv. Ein gemeinsames Merkmal sind die kräftigen Nagezähne, die dauernd nachwachsen.

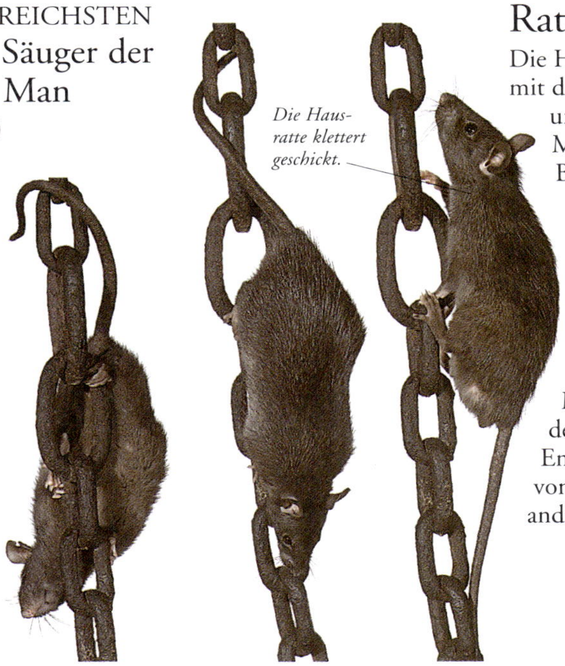

Die Hausratte klettert geschickt.

Ratten und Mäuse

Die Hausratte gehört zusammen mit den Mäusen, den Hamstern und den Lemmingen zu den Mäuseartigen. Sie hat kurze Beine, einen langen Schwanz, eine zugespitzte Schnauze, große Augen und Ohren und sehr empfindliche Schnurrbarthaare. Sie ist sehr anpassungsfähig, lernt schnell und hat sich auf das Leben mit dem Menschen eingestellt. Mit den Schiffen der ersten Entdecker gelangte die Ratte von ihrer Heimat Asien in alle anderen Erdteile.

Ernährung

Die Nagetiere fressen überwiegend pflanzliche Nahrung, darunter Wurzeln, Gräser, Samen und Nüsse aus Baumwipfeln. Viele vertilgen auch Würmer und Insekten und einige wagen sich sogar an Kleinsäuger und Vögel heran. Unser heimisches Eichhörnchen ernährt sich z. B. gerne von Jungvögeln und raubt auch die Vogelnester aus.

Leere Backentaschen
Halbvolle Backentaschen
Volle Backentaschen

Vorräte
Viele Nagetiere tragen mehr Nahrung ein, als sie im Augenblick brauchen, und legen für später Vorräte an. Die Hamster sind sprichwörtlich für dieses Verhalten. Zum Sammeln verwenden sie ihre Backentaschen. Den Nahrungsvorrat legen sie für den Winter an.

Der Hamster holt die Nüsse mit den Vorderpfoten aus den Backentaschen.

Meerschweinchenartige
Die Meerschweinchenartigen sind ziemlich groß und plump. Sie umfassen neben den Meerschweinchen auch die Stachelschweine, Pakas, Chinchillas sowie den größten Nager, das Wasserschwein oder Capybara. Die meisten Arten leben in Südamerika. Einige Stachelschweinarten sind auch nach Nordamerika gelangt; eine Art lebt im Mittelmeerraum.

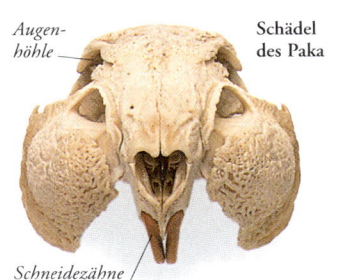

Augenhöhle — **Schädel des Paka**
Schneidezähne

Hörnchenartige
Die Hörnchenartigen sind meist größer als die Ratten und Mäuse. Viele unter ihnen sind eher tagsüber als nachts aktiv. Sie umfassen die baumbewohnenden Eichhörnchen und Chipmunks, grabende Arten wie die Murmeltiere und Ziesel sowie die wasserbewohnenden Biber.

Gebiss
Nagetiere haben große scharfe Schneidezähne, mit denen sie auch harte Stoffe durchbeißen können, etwa Samenschalen, Nüsse und Wurzeln. Die Nagezähne, die durch den Gebrauch abgeschliffen werden, wachsen ständig wieder nach. Mit ihren Zähnen fällen die Biber sogar armdicke Bäume.

Fortpflanzung

Nagetiere haben viele Nachkommen. So bringen Hamstermütter bei einem Wurf 12 Junge auf die Welt. Andere Arten pflanzen sich mehrmals im Jahr fort – Wühlmäuse bis zu 4-mal im Sommer. Viele Nachkommen fallen allerdings Räubern oder dem schlechten Wetter zum Opfer. Die Nagetiere treiben eine ausgiebige Brutpflege. Sie graben Brutkammern und bauen Nester aus Gräsern, Blättern und Zweigen.

1 Bei der Geburt wiegt das Mäusejunge kaum 1 g. Es kommt blind und nackt auf die Welt und kann sich noch gar nicht richtig bewegen.

2 Im Alter von 6 Tagen sind die jungen Mäuse immer noch ziemlich hilflos und Räubern ausgesetzt. Ihr Fell beginnt zu wachsen.

3 Bei 10 Tage alten Mäusen ist das Fell voll ausgebildet. Die Augen sind nun offen, und die Tiere können hören. Sie bleiben aber noch im Nest.

4 Im Alter von 2 Wochen erforschen die Mäuse die Umgebung. Sie sind nun fast entwöhnt. In wenigen Tagen sind sie selbstständig und pflanzen sich bald fort.

NAGETIERE

Biberburgen

Biber sind berühmt für ihre großen Burgen, die sie in Flüssen bauen. Zunächst errichtet die Biberfamilie einen Damm aus Holzknüppeln, Schlamm und Steinen. Dadurch wird der Fluss aufgestaut. Mitten im Wasser, hinter dem Damm, errichten die Biber dann ihre Burg.

Biber
Biber leben in Europa und in Nordamerika. Man erkennt sie an ihrem breiten, flachen, schuppigen Schwanz. Sie verwenden ihn beim Schwimmen als Ruder. Bei Gefahr schlagen sie damit auf die Wasseroberfläche und warnen so ihre Gefährten.

Die Wohnung der Familie liegt über der Wasserlinie.

Die Burg hat einen Eingang unter Wasser.

Lebensräume

Nagetiere kommen in fast allen Lebensräumen vor: von der arktischen Tundra bis zum üppigen Regenwald, von der trockenen Wüste bis zum überfluteten Sumpfgebiet. Die Tiere sind an ihre Lebensräume und die entsprechende Nahrungssuche sehr gut angepasst. Einige bauen aufwendige Wohnungen, vor allem die Biber.

Gebirge
Die Chinchillas leben sehr hoch in den südamerikanischen Anden, sodass sie nachts bitterer Kälte ausgesetzt sind. Dafür haben sie ein extrem dickes und weiches Fell entwickelt.

Ein Staubbad befreit das Fell von Schmutz und Parasiten.

Verteidigung

Viele Räuber haben es auf Nagetiere abgesehen. Diese sind ständig in Gefahr und wirken deswegen nervös. Am liebsten leben sie im Verborgenen und verkriechen sich bei der geringsten Störung. Nur wenige verteidigen sich aktiv gegen Angreifer.

Hausbewohner
Die Hausmaus lebt wie die Hausratte in den Häusern der Menschen. Sie frisst Nahrung, die wir wegwerfen. Dabei ist sie nachts unterwegs. Tagsüber verkriecht sie sich im Boden oder in Zwischenwänden, wo sie vom Menschen nicht entdeckt und nicht gestört wird.

Wüsten
Wüstenbewohnende Nagetiere wie die Stachelmäuse müssen damit zurechtkommen, dass es kaum Wasser und Futter gibt. Sie gehen haushälterisch damit um und pflanzen sich dann fort, wenn nach Regenfällen die Pflanzenwelt wieder aufblüht.

Große Augen und Ohren nehmen Feinde wahr.

Tarnung
Auf Wiesen, Feldern und im Wald leben sehr viele Mäuse. Dort sind sie durch ihre graubraune Farbe hervorragend getarnt. Bei Gefahr halten sie zunächst inne und verraten sich durch keine Bewegung.

Nacktmulle sehen sehr schlecht.

Im Untergrund
Der Nacktmull ist die höchst spezialisierte Nagetierart mit unterirdischer Lebensweise. Er gräbt sich durch den Boden und kommt so gut wie nie an die Oberfläche. Seine Augen und Ohren sind daher verkümmert.

Stacheln
Die langen Stacheln der Stachelschweine schrecken die meisten Feinde ab. Bei Angriff läuft das Tier auf den Feind zu und spießt ihm die Stacheln in die Haut. Das kann tödlich sein.

Größenunterschiede

Das Wasserschwein ist das größte Nagetier. Es lebt in südamerikanischen Sümpfen und wird bis zu 66 kg schwer. Damit ist es 10 000-mal so schwer wie die kleinste Nagerart, die amerikanische Zwergmaus, die in den Trockengebieten Mexikos vorkommt.

Körperpflege

Nagetiere pflegen ihr Fell regelmäßig und entfernen mit Pfoten und Zähnen Schmutz, Nahrungsreste und Parasiten. Die Hausratte mag im Müll oder in der Kanalisation leben, doch reinigt sie ihr Fell regelmäßig und äußerst sorgfältig.

Mit den Krallen entfernt sie Läuse.

Die Ratte reinigt sich den Bauch mit den Zähnen und den Vorderbeinen.

HAUSRATTE

WISSENSCHAFTLICHER NAME	*Rattus rattus*
ORDNUNG	Rodentia, Nagetiere
FAMILIE	Muridae, Mäuse
VERBREITUNG	Weltweit
LEBENSRAUM	Nahe menschlicher Siedlungen und Gebäude, vor allem in Häfen und auf Schiffen
ERNÄHRUNG	Vielfältig, besonders Körner
GRÖSSE	Rumpflänge 20–26 cm
LEBENSDAUER	1–2 Jahre

SIEHE AUCH UNTER — GEBIRGE, TIERWELT — HASEN UND KANINCHEN — SÄUGETIERE — TIERE — TIERVERHALTEN — WÜSTEN, TIERWELT

Katalog der Nager
Ratten und Mäuse

Zwerghamster werden nur bis zu 8,4 cm lang.

Feldmaus Sie pflanzt sich bis zu 8-mal im Jahr fort.

Schermäuse haben ein deutlich rundes Gesicht.

Schermäuse Sie sind sehr schnell und gut getarnt.

Rennmäuse haben kräftige Hinterbeine und einen langen Schwanz.

Goldhamster Er betreibt viel Körperpflege und hat ein weiches dickes Fell.

Rennmaus Sie ist ein beliebtes Heimtier und braucht wenig Pflege.

Chinesischer Zwerghamster Er lebt in den Grasländern und Halbwüsten Asiens.

Nordafrikanische Rennmaus Sie springt aus dem Stand 0,50 m weit und lebt in trockenen, sandigen Gebieten wie der ägyptischen Wüste.

Gelbhalsmäuse sind nachts aktiv.

Ägyptische Stachelmaus Sie hat steife Grannenhaare im Fell, die sie bei Gefahr aufrichtet.

Gelbhalsmaus Sie frisst Pflanzenmaterial wie Samenschösslinge oder Blätter und Insekten.

Entgegen den Erwartungen sind Ratten sehr reinliche Tiere.

Schwanzhaut wird bei Gefahr abgeworfen.

Wanderratte Sie ist bei uns weiter verbreitet als die Hausratte. Von ihr stammen die weißen Versuchstiere ab.

Hausratte Sie brachte in ihrem Fell die Flöhe mit, die die Pest verbreiteten.

Mit ihren langen Schwänzen halten die Ratten beim Klettern Balance.

Hörnchen und Meerschweinchen

Backentaschen

Meerschweinchen Die Indios halten sie als Fleischlieferanten.

Häufige Staubbäder helfen bei der Fellpflege.

Chinchilla Das dichte, graue Fell dient als Schutz gegen die Kälte in den südamerikanischen Anden.

Die Stacheln sitzen nur locker in der Haut und haben am Ende Widerhaken.

Stachelschwein Die Arten in Europa, Afrika und Amerika haben Stacheln als Verteidigungswaffen.

Chipmunk Wie viele Hörnchen hält es die Nahrung mit den Vorderpfoten fest.

Wasserschwein Die Capybaras leben in Zentral- und Südamerika und werden als größte Nager bis zu 1,20 m lang.

Grauhörnchen Es lebt im Wald und legt Baumnester, die Kobel, an.

NAHRUNGSKETTEN

DIE VERSCHIEDENEN ARTEN einer Lebensgemeinschaft sind durch Nahrungsbeziehungen voneinander abhängig. Wenn Pflanzen und Tiere von anderen Tieren gefressen werden, geht die enthaltene Energie wie in einer Kette auf das nächste Tier über. Die Nahrungsketten bilden zusammen ein kompliziertes Geflecht, das sog. Nahrungsnetz. Zwischen der Verfügbarkeit von Nahrung in einem Lebensraum und der Anzahl der Pflanzen- und Tierarten herrscht ein natürliches Gleichgewicht.

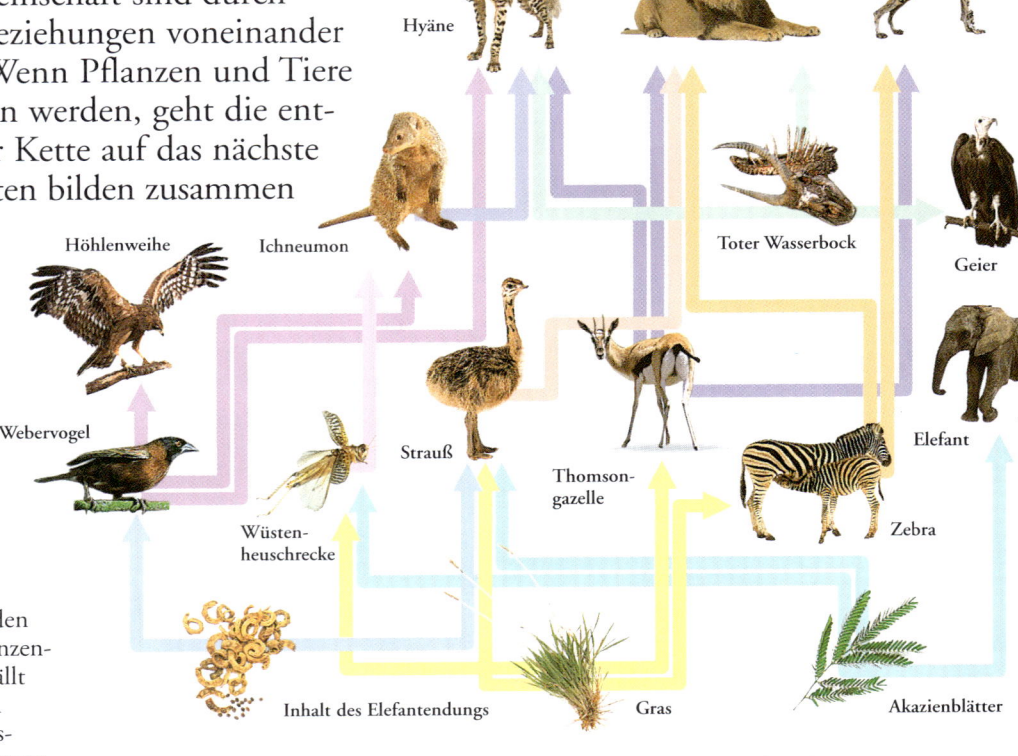

Nahrungsnetze

In einer einfachen Nahrungskette werden Pflanzen (Produzenten) von einem Pflanzenfresser (Konsument) verzehrt. Dieser fällt einem Fleischfresser (Konsument) zum Opfer. In der Natur sind die Nahrungsketten länger und zu einem Nahrungsnetz verflochten. Die Pfeile in diesem Diagramm zeigen ein vereinfachtes Nahrungsnetz in der afrikanischen Savanne. An der Spitze der Nahrungskette stehen große Raubtiere.

Reduzenten
Pilze, Bakterien und einige Tiere ernähren sich von totem pflanzlichem oder tierischem Material. Sie bauen es in einfache Stoffe ab, die grünen Pflanzen wieder zur Verfügung stehen.

Produzenten
Grüne Pflanzen sind die Produzenten. Sie stellen mit Hilfe des Sonnenlichts und Wassers Nährstoffe her und stehen somit am Anfang jeder Nahrungskette.

Konsumenten
Alle Tiere sind Konsumenten. Sie können ihre Nahrung nicht selbst herstellen, sondern beziehen auf direktem oder indirektem Weg ihre Energie und Nährstoffe von Pflanzen.

Räuber
An der Spitze dieser Nahrungskette steht der Waldkauz. Er muss viele Nagetiere oder Wiesel fressen, um seine Energiebedürfnisse zu stillen.

Die Anzahl der Pflanzen und Tiere ist ein Maß für die verfügbare Biomasse.

Nahrungspyramiden

Die Ökologen nennen jedes Glied in der Nahrungskette eine Ernährungsstufe. Die Biomasse in jeder dieser Stufen ergibt bildlich dargestellt eine Nahrungspyramide. In der nächst höheren Stufe steht jeweils nur ungefähr ein Zehntel der Biomasse oder Energie zur Verfügung wie in der Stufe, die darunter liegt.

Sekundärkonsumenten
Wiesel sind Sekundärkonsumenten, weil sie bereits andere Konsumenten fressen. Der Waldkauz ist sogar ein Tertiärkonsument, da seine Beute größtenteils aus Raubtieren besteht.

Primärkonsumenten
Mäuse erhalten ihre Energie direkt von den Pflanzen. Sie dienen vor allem den Wieseln als Nahrungsgrundlage.

Produzenten
Pflanzen speichern Sonnenenergie in Form chemischer Verbindungen. Sie bilden die Nahrungsgrundlage.

Populationszyklen
Schwankungen in der Anzahl der Beutetiere wirken sich auf die Anzahl der Räuber aus. Die Lemmingpopulation in der Tundra und in der Arktis folgt ungefähr einem 4-jährigen Zyklus. Wenn es viele Lemminge gibt, können sich die Polarfüchse erfolgreicher fortpflanzen. Damit steigt auch deren Zahl.

Polarfuchs

Gestörtes Gleichgewicht
Als man Afrikanische Riesenschnecken auf Pazifikinseln verschleppte, breiteten sie sich sehr stark aus, weil sie keine Feinde hatten. Dann führte man eine Schneckenart ein, die deren Eier fressen sollte. Diese rottete stattdessen die heimische Schnecke *Partula* aus.

| SIEHE AUCH UNTER | AFRIKA, TIERWELT | ENERGIE | ERNÄHRUNG | GRASLAND, TIERWELT | ÖKOLOGIE UND ÖKOSYSTEME | PHOTOSYNTHESE | REGENWALD, TIERWELT | TIERE |

NAPOLEON BONAPARTE

VON 1799 BIS 1815 BEHERRSCHTE ein Mann ganz Europa, Napoleon Bonaparte. Er war ein glänzender Befehlshaber, der die französische Armee zu einer Reihe von Siegen über die mächtigsten europäischen Staaten führte. Als Kaiser von Frankreich war er ein hervorragender Organisator. Er reformierte Frankreichs Regierung und schuf ein Rechtssystem, das in Europa bis heute Spuren hinterlassen hat. Doch er galt auch als widersprüchliche Persönlichkeit, da er viele Ziele der Französischen Revolution aufhob und mit einer Machtfülle regierte, die stark an das alte Königtum erinnerte.

Kindheit und Jugend
Napoleon wurde 1769 als Sohn eines Advokaten auf der Insel Korsika geboren. 1785 ging er zur Armee. Er kam zu erstem Ruhm, als er 1793 als Kommandeur die britische Belagerung Toulons sprengte.

Bonaparte in Ägypten
Durch seinen Sieg in Toulon wurde Napoleon schnell befördert. 1797 besiegte er die Österreicher in Italien. Im Jahr darauf schickte man ihn als Oberbefehlshaber nach Ägypten, um dort die Briten zu bekämpfen. Ägypten faszinierte ihn so, dass er Altertumsforscher im Heer mitnahm.

Napoleons Armee in Ägypten

Gerichtsszene zur Zeit Napoleons

Der Kaiser
1804 dehnte Napoleon seine Macht weiter aus, indem er sich in Anwesenheit des Papstes selbst die Kaiserkrone aufsetzte. Als Alleinherrscher Frankreichs trieb er viele Reformen voran: Er zentralisierte die Verwaltung, führte die Schulpflicht ein und schloss 1801 Frieden mit der katholischen Kirche, die sich seiner Herrschaft widersetzt hatte.

Der Code Napoléon
Napoleon führte 1804 ein neues Gesetzbuch ein, den *Code Napoléon* oder *Code Civil*, der auf den Grundsätzen der Französischen Revolution beruhte. Er enthielt 2 281 Artikel, schützte das Eigentum, sicherte Gleichheit vor dem Gesetz und Religionsfreiheit. Die französische Armee verbreitete das neue Recht in Europa, wo es Eingang in die Gesetzgebung fand.

Feldzüge
Napoleon war einer der begabtesten Feldherrn aller Zeiten. In kürzester Zeit durchquerte er mit seinen Armeen ganz Europa und besiegte oft übermächtige Heere. Seine größten Siege errang er gegen Österreich, Preußen und Spanien, doch im Russlandfeldzug bezwang ihn der russische Widerstand und der strenge Winter.

Der 18. Brumaire
Napoleon stieg in mehreren Stufen zur Macht auf: In einem Staatsstreich am 18. Brumaire, dem 9. November, 1799 stürzte er das unfähige Direktorium. Napoleon war nun einer von 3 Konsuln, die anstelle des Direktoriums regierten. 1802 wurde er Erster Konsul auf Lebenszeit und blieb dies bis zu seiner Krönung zum Kaiser der Franzosen 1804.

Invasion in England
Frankreich beherrschte zwar alles Land in Europa, aber die Briten hatten die Seeherrschaft. 1803 bereitete Napoleon sich auf die Invasion in England vor. Dazu benötigte er die Kontrolle im Ärmelkanal. 1805 besiegte Admiral Nelson die französisch-spanische Flotte bei Trafalgar und vereitelte damit alle Pläne Napoleons.

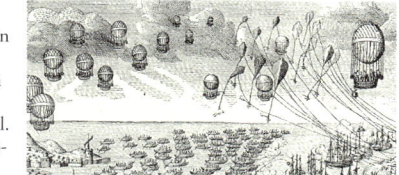

Französische Offiziersmütze

Napoleons Monogramm

Napoleon an der Spitze seiner Großen Armee

Napoleon wollte England mit Ballons erreichen.

Joséphine
Napoleon heiratete 1796 Joséphine de Beauharnais (1763–1814), von deren Schönheit und Geist er gefangen genommen war. Ihr erster Mann war 1794 während der Revolution hingerichtet worden. Sie brachte 2 Kinder mit in die Ehe. Als sie aber Napoleon keinen Erben schenkte, ließ sich der Kaiser 1809 von ihr scheiden. Joséphine starb völlig zurückgezogen.

Napoleon im Exil
Nach seiner Niederlage in Russland 1812 verlor Napoleon nach und nach die Kontrolle über sein Reich. 1814 musste er auf den Thron verzichten und auf die Mittelmeerinsel Elba ins Exil gehen. 1815 kam er zurück und wurde bei Waterloo endgültig besiegt. Diesmal schickte man ihn auf die Insel St. Helena im Südatlantik, wo er 1821 starb.

NAPOLEON BONAPARTE
1769	Geboren in Ajaccio, Korsika
1785	Eintritt in die Armee
1795	Befehlshaber der „Armee des Innern"
1796	Heirat mit Joséphine
1799	Sturz des Direktoriums und und Erster Konsul.
1802	Erster Konsul auf Lebenszeit
1804	Krönt sich selbst zum Kaiser; Einführung des *Code Napoléon*
1809	Scheidung von Joséphine
1814	Abdankung und Exil auf Elba
1815	Niederlage bei Waterloo; Exil auf St. Helena
1821	Tod auf St. Helena

SIEHE AUCH UNTER FRANKREICH, GESCHICHTE · FRANZÖSISCHE REVOLUTION · HEILIGES RÖMISCHES REICH · NAPOLEONISCHE KRIEGE

NAPOLEONISCHE KRIEGE

Von 1797 bis 1815 führte Napoleon Bonaparte, der spätere französische Kaiser, eine Reihe von Kriegen gegen Österreich, Preußen, Großbritannien und Russland. Frankreich stand schon seit 1792 im Krieg gegen europäische Mächte, weil es die Errungenschaften der Französischen Revolution verteidigen musste. Napoleon ging es darum, die Grenzen Frankreichs zu erweitern und ein europäisches Reich zu schaffen. 1808 hatten seine Armeen den größten Teil Westeuropas erobert. Die Überlegenheit der Briten auf dem Meer, der katastrophale russische Feldzug Napoleons und der allgemeine Aufstand in ganz Europa brachten die Wende. 1815 war Napoleon endgültig besiegt.

Feldzüge und Schlachten
Seit seinen Siegen gegen die Österreicher (1800 und 1805), die Preußen (1806) und die Russen (1807) war Napoleons Reich das größte in Europa seit dem Untergang Roms. Doch er konnte es nicht halten.

Trafalgar
Der Sieg von Lord Nelson über die Flotte Napoleons bei Trafalgar (1805) sicherte den Briten die Seeherrschaft. Napoleon konnte die Blockade britischer Güter nicht mehr durchführen, sodass der Nachschub das Festland erreichte.

Napoleons Armeen
Die französischen Armeen waren die größten und schlagkräftigsten in Europa. Die Soldaten waren junge Männer, die in Frankreich oder besetzten Ländern Dienst leisten mussten. Zwischen 1803 und 1815 wurden 2 Mio. Männer zum Wehrdienst gezwungen. Napoleon kommandierte eine Streitkraft von 250 000 Mann. Seine Armee war in Korps eingeteilt. Die Soldaten waren beweglich, kämpften in dichten Reihen und brachen so durch die feindlichen Linien.

Waffen
Die Soldaten wurden dauernd in der Verwendung ihrer Waffen gedrillt. Sie lernten es dabei, schnell zu laden und zu feuern, die Nerven zu behalten und Unfälle zu vermeiden. Die Schnelligkeit des Ladens entschied oft über Sieg oder Niederlage. Das verbreitetste Gewehr in Frankreich war das Steinschlossgewehr. Bewegliche Vorderladerkanonen verwendeten beide Seiten.

Steinschlossgewehr von 1777
Vorderlader-Geschütz

Ernährung und Medizin
Napoleons Soldaten lebten davon, was sie fanden und stahlen. Die medizinische Betreuung war primitiv. Viele Männer starben. In der Schlacht von Borodino (1812) verlor Napoleon z. B. 300 000 Mann.

Sägen wie diese dienten z. B. dazu, das Bein des Earl of Uxbridge in der Schlacht von Waterloo zu amputieren. Er war von einer Kanonenkugel getroffen worden.

Uniform eines französischen Korporals
Tschako mit kaiserlichem Adler und der Regimentsnummer
Winkel für 5 Jahre guter Führung
Korporalstreifen
Lose sitzende Hosen über eng sitzenden Kniehosen
Säbel
Messingschnalle
Genagelte Schuhe

Russlandfeldzug 1812
Napoleon drang mit 500 000 Mann in Russland ein. Die Russen wichen zurück, verbrannten Lebensmittel und Unterkünfte. Die Franzosen kamen bis Moskau, hatten im harten Winter aber keinen Nachschub. Tausende verhungerten oder erfroren.

Schlacht von Waterloo
Die letzte Schlacht der Napoleonischen Kriege fand 1815 im belgischen Waterloo statt. Preußische Heere unter Generalfeldmarschall Blücher und englische Heere unter Wellington besiegten Napoleon endgültig. Darauf folgte in Europa eine Zeit der Stabilität.

Chronologie
1792–95 Französische Revolutionskriege: Frankreich kämpft um die Errungenschaften der Revolution gegen andere europäische Mächte.

1800 Französischer Sieg über Österreich in der Schlacht von Marengo.

1804 Napoleon wird Kaiser. Er will mit einer Armee von 140 000 Mann nach England einfallen. Nach Trafalgar gibt er diese Pläne auf.

1805–09 Napoleon siegt in den Schlachten von Auerstädt, Austerlitz, Friedland, Jena und Wagram. Er beherrscht nun fast Europa.

1808–14 Krieg auf der Pyrenäenhalbinsel. Briten verbinden sich mit spanischen Guerillas zum Kampf gegen Franzosen in Spanien und Portugal. Es gelingt, sie zu vertreiben.

1813–14 Befreiungskriege. Österreich, Preußen und Russland besiegen Frankreich in der Völkerschlacht bei Leipzig.

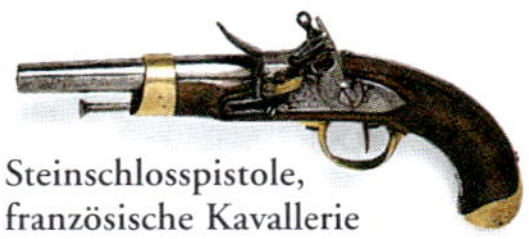

1814 Die Verbündeten dringen nach Frankreich ein. Napoleon muss ins Exil nach Elba.

1815 Napoleon kehrt für 100 Tage zurück, wird bei Waterloo besiegt.

Steinschlosspistole, französische Kavallerie

Uniformen
Die Moral der Truppen war wichtig für den Kriegserfolg. Schmucke Uniformen bewirkten, dass die französischen Soldaten gern dienten. Die Pflege der Uniform lehrte sie Disziplin und Gehorsam. Der Drill führte zu blindem Gehorsam in der Schlacht.

SIEHE AUCH UNTER FRANKREICH, GESCHICHTE · FRANZÖSISCHE REVOLUTION · KRIEG · NAPOLEON BONAPARTE · STREITKRÄFTE

NASHÖRNER UND TAPIRE

DURCH IHRE KÖRPERMASSE und ihre Hörner sind Nashörner beeindruckende Tiere. Es gibt 5 Arten: 2 in Afrika und 3 in Asien. Alle sehen nicht gut und verlassen sich mehr auf ihren Geruchssinn und die scharfen Ohren, um Gefahren zu erkennen. Vor Gefahren warnt sie auch der Madenhacker, der sich von Hautparasiten des Nashorns ernährt. Er kreischt bei Gefahr. Nashörner lieben Schlammbäder. Die feuchte Schlammschicht kühlt und schützt sie vor Insekten. Tapire sind mit den Nashörnern verwandt. Die guten Schwimmer verbringen einen großen Teil ihrer Zeit im Wasser.

Ernährung
Das Panzer- und das Breitmaulnashorn fressen Gras. Die übrigen Arten ernähren sich von Zweigen und Blättern. Das Spitzmaulnashorn packt die Zweige mit der beweglichen Oberlippe und streift mit einer Bewegung alle Blätter ab.

Spitzmaulnashorn
Das afrikanische Spitzmaulnashorn ist ein großes, aggressives Tier, das sofort jeden angreift, der in sein Territorium eindringt. Es hat eine sehr dicke, zähe Haut und 2 große Hörner aus Keratin, der Hornsubstanz. Mit seiner beweglichen Oberlippe reißt es Zweige ab.

Horn
Nasenloch
Bewegliche Lippe zum Abreißen von Zweigen
Dicke Beine
Hufe
Dicke, graue Haut

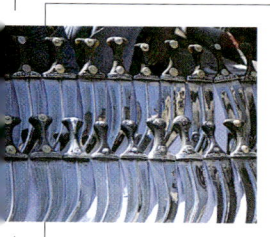

Hörner
Nashörner werden heute noch wegen ihrer Hörner gejagt. Alle Arten sind bedroht. Man schreibt den Hörnern magische oder medizinische Kräfte zu. Sie werden auch zu Griffen für Dolche verarbeitet.

Die Arten

Panzernashorn
Das ruhige Tier lebt in Indien und Nepal. Die tiefen Hautfalten sehen wie Panzerplatten aus. Beide Geschlechter haben 1 Horn.

Einzelnes großes Horn

Javanashorn
Das Javanashorn ist heute sehr selten. Die letzten Tiere leben in Java in einem Naturschutzgebiet. Ihre Oberlippe ist sehr beweglich. Nur die Männchen haben 1 kleines Horn.

Kleiner Kopf

Sumatranashorn
Diese Art ist die kleinste und sehr selten. Sie lebt in den Wäldern Südostasiens und ernährt sich von Blättern und Zweigen. Die Tiere tragen in der Jugend ein Fell und haben 1 Horn.

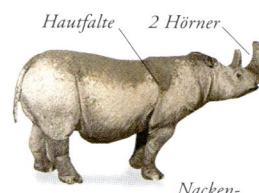

Hautfalte *2 Hörner*

Breitmaulnashorn
Das Breitmaulnashorn Afrikas ist am größten. Der langgestreckte Kopf trägt 2 Hörner. Die Art ist etwas heller als das Spitzmaulnashorn.

Nackenhöcker
Breite Kiefer

Fortpflanzung
Die Weibchen des Spitzmaulnashorns pflanzen sich im Alter von 3,5 bis 4 Jahren, die Männchen mit 6 Jahren fort. Nach 15 Monaten kommt ein etwa 22 kg schweres Kalb auf die Welt. Es kann sofort nach der Geburt stehen und sucht nach den Zitzen seiner Mutter. Die Entwöhnung erfolgt nach einem Jahr. Es bleibt jedoch noch ein weiteres Jahr bei der Mutter.

Junges beim Saugen
Haare auf den Ohren
Getrockneter Schlamm von einem Schlammbad
Große Nasenlöcher

Tapire
Man kennt 4 Tapirarten, davon leben 3 in den Regenwäldern Süd- und Zentralamerikas, 1 in Südostasien. Tapire sind scheue, einzelgängerische, nachtaktive Tiere. Ihre Schnauze ist zu einem beweglichen Rüssel verlängert. Sie setzen ihn beim Äsen von Schösslingen, Zweigen, Blättern und Wasserpflanzen ein.

Dünne Haut mit kurzen Haaren
Lange, bewegliche Schnauze
Hufe
Flachlandtapir

Territorium
Jedes Spitzmaulnashorn lebt in einem Territorium von einigen Quadratkilometern. Es überlappt sich mit den Territorien anderer Nashörner. Die Tiere teilen sich in die Nahrungsgründe, die Wasserstellen, die Wildwechsel, leben aber sonst unabhängig voneinander. Das Spitzmaulnashorn ist an sesshaftes Leben angepasst. Selbst bei großer Trockenheit verlässt es sein Territorium nicht, um woanders Wasser zu suchen. Als Warnung gegenüber anderen Bullen markiert das Männchen sein Territorium mit Urin.

Nashorn setzt Duftmarke.

SPITZMAULNASHORN

WISSENSCHAFTLICHER NAME *Diceros bicornis*

ORDNUNG Perissodactyla, Unpaarhufer

FAMILIE Rhinocerotidae, Nashörner

VERBREITUNG Afrika südlich der Sahara

LEBENSRAUM Gras- und Dornbuschsavanne

ERNÄHRUNG Blätter, Knospen, Zweige sowie kleine Äste verschiedener Bäume und Sträucher

GRÖSSE Schulterhöhe 1,70 m, Gewicht bis zu 1 300 kg; größte je gemessene Hornlänge 1,36 m

LEBENSDAUER Bis zu 40 Jahren

SIEHE AUCH UNTER | **AFRIKA, TIERWELT** | **ASIEN, TIERWELT** | **GRASLAND, TIERWELT** | **NATURSCHUTZ** | **REGENWALD, TIERWELT** | **SÄUGETIERE** | **SÜDAMERIKA, TIERWELT**

NATURSCHUTZ

ES IST DAS ZIEL des Naturschutzes, das Überleben aller Tier- und Pflanzenarten sowie der entsprechenden Lebensräume zu ermöglichen. Natürliche Ressourcen dürfen nur nachhaltig genutzt werden, damit auch künftige Generationen davon profitieren können. Der Naturschutz verlangt ein tiefes Verständnis der Ökologie, der Wissenschaft von den Beziehungen zwischen Tieren und Pflanzen und ihrer Umwelt. Die Menschen machen sich heute immer mehr Sorgen um die Natur und die Umwelt. Heute gibt es fast in jedem Land Natur- und Umweltschutzorganisationen.

Gründe für den Naturschutz

Mit wachsender Bevölkerung werden auch die natürlichen Ressourcen stärker beansprucht. Das hat negative Auswirkungen auf die Umwelt: Entwaldung, Verlust von Lebensräumen, Verschmutzung von Luft und Wasser, Ausrottung von Tier- und Pflanzenarten. Wilderer jagen einzelne Arten gezielt wegen ihres Fleisches, ihres Felles oder der Heilmittel, die man daraus gewinnt. Der Naturschutz will die Tier- und Pflanzenwelt erhalten.

Bedrohte Arten
Mit zunehmender Bevölkerung brauchen die Menschen mehr Land, um Nahrung anzubauen. Sie roden Wälder und zerstören so Lebensräume, ohne die die Wildtiere nicht leben können. Durch diesen Druck und durch die Jagd sind viele Großtierarten bedroht und stehen vor dem Aussterben, etwa das Breitmaulnashorn. Für den tasmanischen Beutelwolf ist es bereits zu spät.

Nashörner jagt man wegen ihrer Hörner.

Breitmaulnashorn

Der Grisli wird bis zu 3 m hoch.

Grisli Diese Bärenart ist das größte und kräftigste Tier im Yellowstone-Nationalpark.

Balz des Männchens mit Radschlagen

Beifußhuhn Bei der Balz erzeugt das Männchen dieser nordamerikanischen Hühnerart einen peitschenartigen Knall und versetzt die weißen Brustfedern in zitternde Bewegung.

Flügelspannweite bis zu 9 cm

Apollofalter Er kommt in den Rocky Mountains, aber auch bei uns vor.

Männchen mit Geweih

Wapiti Diese Rothirsche Nordamerikas werden größer als unsere Hirsche. Sie bilden Rudel im Yellowstone-Park.

Nachhaltigkeit

Die nachhaltige Nutzung der Natur muss deren Grundlagen nicht zerstören. In der Forstwirtschaft bedeutet dies etwa, dass nur so viele Bäume geschlagen werden, wie in der gleichen Zeit wieder nachwachsen können. Nachhaltige Nutzung ist also der Gegensatz zu Raubbau. Der gesamte Naturschutz dringt darauf, das Prinzip der Nachhaltigkeit zu beachten.

Wälder sind die Heimat der Wapitis.

Nationalparks
Nationalparks wurden geschaffen, um die Tier- und Pflanzenwelt eines Gebietes vollständig zu schützen. Hier sieht man, wie sich Lebensräume entwickeln, die sich selbst überlassen bleiben. Der erste Nationalpark war der *Yellowstone National Park*, USA. Dort leben noch Grislis und Wapitis. In Deutschland gibt es Nationalparks im Wattenmeer, im Bayerischen Wald und im Berchtesgadener Land. Der Schweizerische Nationalpark liegt im Engadin. Österreich hat in den Alpen drei Nationalparks.

Yellowstone National Park, USA

Naturschutzorganisationen
Hunderte von Organisationen befassen sich mit der Erhaltung von Tier- und Pflanzenarten. Weltweit bekannt sind die *International Union for Conservation of Nature and Natural Resources* (IUCN) und der *World Wide Fund for Nature* (WWF).

Park Rangers, WWF, Tsavo National Park

Schutzmaßnahmen

Die Einrichtung von Nationalparks, Reservaten und Naturschutzgebieten hilft mit, Lebensräume, Tiere und Pflanzen zu schützen. Weitere Maßnahmen sind Information und Ausbildung, Züchtungsprogramme, schärfere Gesetze und die Verwendung erneuerbarer Energien etwa von Sonnen- und Windenergie. Einige Entwicklungsländer willigten ein, größere Naturräume zu schützen.

Gesetzgebung
Das Washingtoner Artenschutzübereinkommen (CITES) regelt den Handel mit bedrohten Tierarten, etwa Tigern. In einem Anhang sind von der Ausrottung bedrohte Arten genannt.

Aus Tigerknochen stellen Chinesen Heilmittel her.

Reste eines sibirischen Tigers

Information
Information ist sehr wichtig. Schon im Schulalter müssen die Kinder erfahren, warum die Tiere und Pflanzen geschützt werden müssen. Maßnahmen für den Naturschutz können nur dann Erfolg haben, wenn auch die Bevölkerung voll dahinter steht.

Wildhüter klären Kinder auf.

Züchtungsprogramme
Die beste Chance zum Überleben aussterbender Tiere besteht in der Weiterzüchtung in Gefangenschaft. Später können diese Tiere ausgewildert werden. So fing man etwa die letzten Tiere des arabischen Spießbockes ein, züchtete sie in den USA weiter und setzte sie später mit Erfolg in Oman aus.

Helles Fell zur Tarnung in der Wüste

Spießbock

SIEHE AUCH UNTER BÄREN · HIRSCHE UND ANTILOPEN · LÖWEN UND ANDERE GROSSKATZEN · NASHÖRNER UND TAPIRE · ÖKOLOGIE UND ÖKOSYSTEME · UMWELTVERSCHMUTZUNG · ZOO

NATURSCHUTZ

Bedrohte Tiere

Dugong Diese Seekuh tropischer Meere ernährt sich von Seegras.

Blauwal Er ist das größte Tier, das je gelebt hat, und erreicht eine Länge von über 30 m.

Weißhai Er wird als Menschenfresser gefürchtet und lebt in allen warmen Meeren.

Cuvier-Schnabelwal Er kommt in fast allen Meeren vor.

Riesenpanda Er ernährt sich ausschließlich von Bambus.

Tiger Man jagt ihn wegen des Fells. Die Knochen nutzt die chinesische Medizin.

Jaguar Er ist durch Jagd und die Vernichtung der Lebensräume bedroht.

Er zählt zu den größten Schmetterlingen.

Königin-Alexandra-Vogelfalter Er lebt nur in Papua-Neuguinea.

Wasserfledermaus Sie jagt Insekten über Gewässern.

Kakapos werden von eingeführten Ratten und Wieseln gejagt.

Königs-amazone Sie lebt nur auf der Karibikinsel St. Vincent.

Kakapo Er ist ein nachtaktiver flugunfähiger Papageienvogel.

Flügelspannweite bis zu 2,70 m

Kalifornischer Kondor Er zählt zu den größten Vögeln.

Kammmolch Er ist mit einer Länge von bis zu 15 cm der größte Molch Europas.

Goldfröschchen Die Art aus Madagaskar leidet unter dem Verlust des Lebensraums.

Diese Grille gehört zu den größten Insekten der Welt.

Weta Die abgebildete Grillenart lebt nur auf einer Insel vor Neuseeland.

Przewalskipferd In abgelegenen Gebieten der Mongolei oder Tibets leben noch einige Herden.

Gorilla Er ist bedroht, weil die Berg- und Regenwälder vernichtet werden.

Davidshirsch In freier Wildbahn ist er schon vor Jahrhunderten ausgestorben.

Breitmaulnashorn Es kommt noch in Südafrika vor, im Kongo nur selten.

Bedrohte Pflanzen

Urwelt-Mammutbaum Wurde in China entdeckt.

Insekten bleiben im zusammengeklappten Blatt stecken.

Venusfliegenfalle Sie fängt Insekten.

Dieser Körbchenblütler wird von eingeführten Ziegen bedroht.

Silversword Die Pflanze lebt auf den Vulkaninseln Hawaiis.

Knowltonkaktus Er gehört zu den seltensten Kakteen.

Nur während der Blütezeit ist der Kaktus so auffällig.

Neuseeland-Lilie Sie wird vom eingeführten Opossum gefressen.

Cycas Diese Baumform wächst sehr langsam.

NATURWISSENSCHAFT

„HEUREKA!" rief der griechische Physiker Archimedes, als er den Grund entdeckte, warum Gegenstände auf dem Wasser schwimmen. „Heureka!" bedeutet „Ich hab' es gefunden!". Es ist das Ziel der Naturwissenschaft, Gründe zu finden für Dinge, die um uns geschehen. Die Naturwissenschaftler testen ihre Ideen sehr genau. Wenn diese sich nicht durch Versuche erhärten lassen, entwickeln sie neue Ideen und überprüfen sie erneut. Wissenschaftler tauschen ihre Erkenntnisse auf Kongressen, in wissenschaftlichen Gesellschaften, in Zeitschriften und heute auch im Internet aus.

Die wissenschaftliche Methode

Um eine Erscheinung zu erklären, stellen Wissenschaftler erst eine Hypothese auf. Diese wird durch Experimente überprüft. Wenn sich die Hypothese als richtig erweist, wird sie zur Theorie ausgebaut. Versuche müssen sich überall durchführen lassen.

Experiment — Licht fällt nur aus einer Richtung ein.

Kontrolle

Rotierender Zylinder: Die Pflanze erhält Licht aus allen Richtungen.

Gerades Wachstum der Kontrollpflanze

Erste Pflanze wächst schräg.

Blätter brauchen Licht.

Drei Wochen später

Hypothese
Eine Zimmerpflanze in der Nähe des Fensters wächst schräg. Die Hypothese sagt, dass Pflanzen immer in Richtung zum Licht wachsen. Dazu wird ein Experiment durchgeführt.

Experiment
Eine junge Pflanze erhält Licht nur aus einer Richtung. Eine Kontrollpflanze in nächster Nähe erhält Licht von allen Seiten. Die Frage ist, ob sich dadurch Unterschiede im Wachstum ergeben.

Beobachtung
Nach 3 Wochen untersucht man die Pflanzen erneut: Die Kontrollpflanze wuchs aufrecht; die Versuchspflanze wuchs in die Richtung, aus der das Licht kam.

Theorie
Aus dem Ergebnis leitet man die Theorie ab, dass an der lichtabgewandten Seite der Pflanze ein wachstumsfördernder Stoff in höherer Konzentration auftritt.

Gesellschaft

Als der englische Physiker John Cockcroft und sein irischer Kollege Ernest Walton 1932 als eine der Ersten Atomkerne spalteten, wussten nur wenige Menschen, dass diese Entdeckung zum Bau zerstörerischer Atomwaffen führen konnte. Da wir oft nicht voraussagen können, wie wissenschaftliche Entdeckungen sich auswirken, müssen sich die Wissenschaftler ihrer Rolle in der Welt bewusst sein und gelegentlich auch ihre eigene Arbeitsweise infrage stellen.

John Cockcroft (1897–1967) und Ernest Walton (1903–96)

Forschung

Naturwissenschaftler arbeiten in der Regel in Teams und stehen mit anderen Wissenschaftlern in engem Kontakt. Sie veröffentlichen ihre Ergebnisse in wissenschaftlichen Arbeiten. Manche Artikel stoßen dabei auf Widerspruch und fordern zur Diskussion heraus. So macht die Wissenschaft langsam Fortschritte.

Laboratorium
Laboratorien stellen wir uns meist als einen Raum voll merkwürdiger Geräte und chemischer Stoffe vor. Manche Labors sehen tatsächlich so aus, andere ähneln eher Gewächshäusern. Labors können auch in Zelten, Flugzeugen und sogar Raumschiffen liegen.

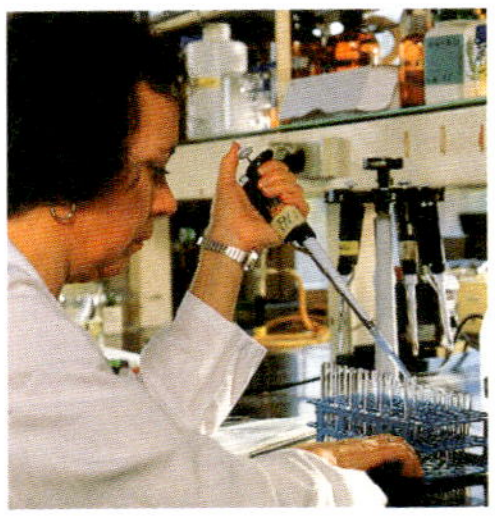

Arbeit in einem biochemischen Labor

Feldforschung
Bei einigen Naturwissenschaften wie der Geologie und der Biologie muss man Informationen und Daten im Freien sammeln und Beobachtungen draußen machen. Man nimmt auch Proben und untersucht sie später im Labor genauer.

Geologe bei der Untersuchung von Gesteinsproben

Wissenschaft und Technik
Die Anwendung der Naturwissenschaft auf Industrie und Handel heißt Technik oder Technologie. Im 20. Jh. erlaubte sie die billige Massenproduktion von Gütern sowie die Speicherung und Übertragung großer Datenmengen mit Hilfe des Computers.

Massenproduktion in einer modernen Fabrik

Sciencefiction
In seinem Buch *Nova Atlantis* sah der englische Politiker und Naturwissenschaftler Francis Bacon (1561–1626) neue Technologien voraus, darunter Laser, Telefon und Gentechnologie. In diesem Buch machte er Voraussagen über die Zukunft auf der Grundlage des Wissens seiner Zeit.

Titelblatt von Bacons *Nova Atlantis*

Karl Popper
Der aus Österreich stammende Philosoph Karl Popper (1902–94) forderte, man müsse Naturwissenschaft stets überprüfen können, da sie sich als falsch erweisen könnte. Dies bedeutet z. B., dass die Urknalltheorie keine echte naturwissenschaftliche Erkenntnis ist, weil man sie nicht überprüfen kann.

SIEHE AUCH UNTER ASTRONOMIE · BIOLOGIE · CHEMIE · EINSTEIN, ALBERT · GEOLOGIE · MEDIZIN · PHYSIK · TECHNOLOGIE · VERERBUNG

NATURWISSENSCHAFT, GESCHICHTE

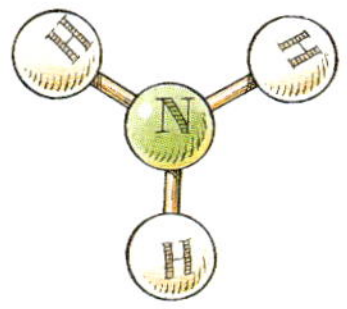

DIE NATURWISSENSCHAFT BESCHÄFTIGT sich mit allen Erscheinungen der umgebenden Welt. Sie versucht vor allem Erklärungen zu finden. Die naturwissenschaftlichen Kenntnisse, über die wir heute verfügen, sind das Ergebnis jahrhundertelanger Forschung, Beobachtung und Überprüfung. Bevor die naturwissenschaftliche Methode mit ihren Experimenten entwickelt wurde, bestanden die Erkenntnisse über die Welt jedoch im Wesentlichen nur aus Vermutungen. Eine moderne Naturwissenschaft im strengen Sinn gibt es eigentlich erst seit den letzten 400 Jahren.

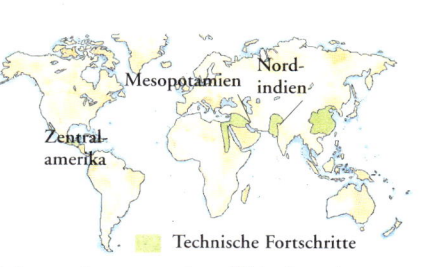

Vorwissenschaftliche Zeit
Schon in sehr frühen Kulturen gab es technische Fortschritte, aber keine echte Wissenschaft. Um 3800 v. Chr. fand man in Westasien heraus, wie man Metalle herstellt. Sie ersetzten den Stein als Werkstoff.

Astronomie
Die frühen Menschen beobachteten den Himmel, glaubten aber, er werde von Göttern gelenkt. Viele Kulturen bauten Observatorien aus Steinkreisen, etwa Stonehenge in England.

Feuer **Erde** **Luft** **Wasser**

Naturphilosophie
Die alten Griechen waren wohl die Ersten, die bei der Betrachtung der umgebenden Welt vernünftig argumentierten. Sie versuchten Theorien aufzustellen, um die Erscheinungen der Natur zu erklären. Einige dieser Theorien kommen heutigen Vorstellungen sehr nahe. Die Atomtheorie beispielsweise, die behauptet, alle Materie bestehe aus winzigsten Teilchen, geht auf den Denker Demokrit um 400 v. Chr. zurück.

Platonische Körper
Die alten Griechen glaubten, 4 ideale Körper würden die 4 Elemente darstellen, nämlich Feuer, Erde, Luft und Wasser. Aus diesen 4 Elementen bestünden alle Stoffe dieser Welt. Das Wort Atom heißt im Griechischen „unteilbar". Wir wissen heute, dass es eine Vielzahl von Atomen gibt und dass sie teilbar sind.

Naturwissenschaft im Mittelalter
Im Mittelalter hielt man an alten Theorien fest, vor allem an der Vorstellung des Aristoteles, alle Erscheinungen hätten einen göttlichen Grund. Mönche kopierten in jener Zeit immer wieder die alten Texte. Nur die islamische Welt baute damals das Wissen aus und entwickelte die Mathematik, Astronomie und Medizin.

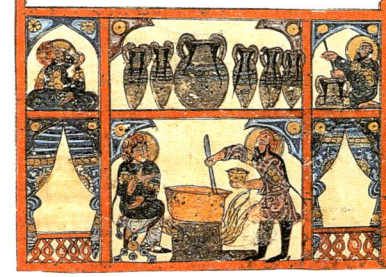

Brennblase zum Destillieren von Flüssigkeiten.

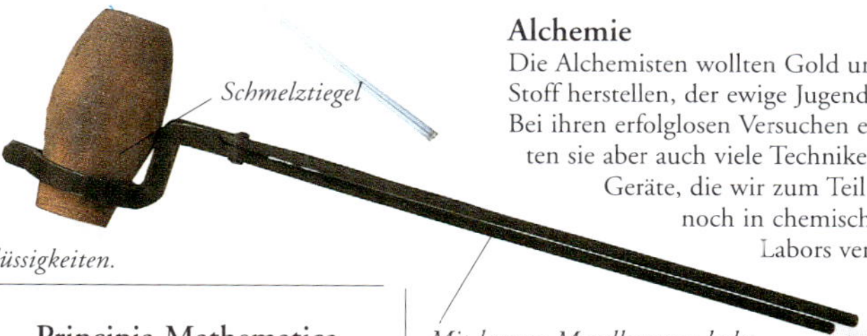

Alchemisten bei der Arbeit

Alchemie
Die Alchemisten wollten Gold und den Stoff herstellen, der ewige Jugend verleiht. Bei ihren erfolglosen Versuchen entwickelten sie aber auch viele Techniken und Geräte, die wir zum Teil heute noch in chemischen Labors verwenden.

Schmelztiegel

Mit langen Metallzangen holte man den Schmelztiegel aus dem Feuer.

Renaissance
Bis zum 15. Jh. betrachtete man die Lehren der alten Griechen und die der Kirche als unumstößliche Wahrheit, als Dogma. Erst während der Renaissance stellte man diese Dogmen in Frage und begann mit wissenschaftlichen Untersuchungen. Dabei setzte man nichts voraus. Nur mit Beobachtungen, Experimenten und Argumenten wurden Theorien entwickelt, die bestimmte Ereignisse erklären sollten. Große Wissenschaftler dieser Zeit waren Galileo Galilei und Isaac Newton.

Wissenschaftliche Instrumente
Mit neuen wissenschaftlichen Instrumenten wie dem Fernrohr sah man plötzlich Dinge, die zuvor noch kein Mensch gesehen hatte. Dabei wurden viele herkömmliche Theorien infrage gestellt. Modelle wie die Armillarsphäre versuchten neu gewonnene Erkenntnisse anschaulich zu machen.

Mit dieser Armillarsphäre versuchte man die komplexen Bewegungen der Planeten und Gestirne zu erklären.

Principia Mathematica
Nach der Erfindung des Buchdrucks konnten einflussreiche Werke wie die *Principia Mathematica* von Isaac Newton (veröffentlicht 1687) in großer Zahl gedruckt werden. Er beschrieb darin die Gesetze der Bewegung und seine Theorie von der Schwerkraft.

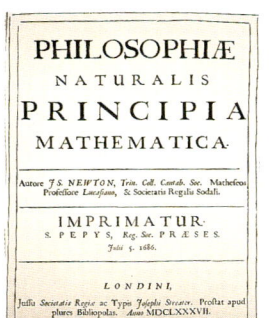

Francis Bacon
Der englische Philosoph und Staatsmann Francis Bacon (1561–1626) formulierte als Erster die naturwissenschaftliche Vorgehensweise. Zuvor hatte man Erklärungen von Erscheinungen einfach akzeptiert, ohne sie zu überprüfen. Bacon forderte, man müsse alle Ideen über die Natur ganz genau auf ihren Wahrheitsgehalt testen. Im Jahr 1605 veröffentlichte er das Werk *Advancement of Learning*, in dem er forderte, nach streng naturwissenschaftlicher Methode vorzugehen. In *Nova Atlantis* („Neu-Atlantis") rief er die Regierungen auf, Wissenschaftler für die Forschung anzustellen.

Wissenschaftliche Gesellschaften

Die neue Begeisterung für die wissenschaftliche Forschung führte seit der Renaissance zur Gründung gelehrter Gesellschaften. Hier konnten die Forscher ihre Ergebnisse bekanntmachen und im Kreis von Gleichgesinnten diskutieren. Eine der ersten naturwissenschaftlichen Gesellschaften war die *Royal Society for the Promotion of Natural Knowledge*, die 1660 in London gegründet wurde. Ihre Mitglieder trafen sich regelmäßig.

Akademie der Wissenschaft und schönen Künste, Frankreich

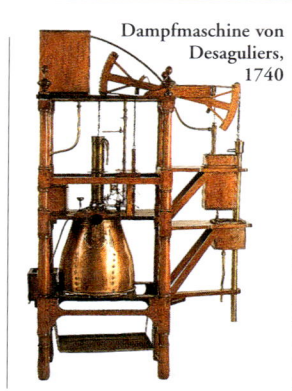

Dampfmaschine von Desaguliers, 1740

Mechanische Prinzipien

Während der industriellen Revolution bestanden enge Beziehungen zwischen Industrie und Physik. Die Entwicklung der Dampfmaschine war möglich, weil man immer besser verstand, wie sich Dampf verhielt und wie man ihn folglich nutzen konnte. Mit Dampfmaschinen pumpte man zuerst das Wasser aus Bergwerken.

Wissenschaft im 19. Jh.

Im 19. Jh. machten alle Naturwissenschaften dramatische Fortschritte – dank besserer Kommunikation, genaueren wissenschaftlichen Geräten und auch der Möglichkeit, damit Geld zu verdienen. Die Naturwissenschaft war nun weniger religiös geprägt. Die Forscher betrachteten die Welt als Teil einer riesenhaften Maschine. Mit dieser Anschauung gelangen ihnen außerordentlich wichtige wissenschaftliche Erkenntnisse.

Evolution

Die Evolutionstheorie von Charles Darwin erklärt, wie neue Arten entstehen können. Bei seinen Beobachtungen kam er zum Schluss, dass wir Menschen den Affen am nächsten verwandt sind und wohl von einem gemeinsamen Vorfahr abstammen. Diese Erkenntnis war zu jener Zeit sehr umstritten.

Handkurbel

Durch die Bewegung des Wassers entsteht messbare Wärme.

Paddel bewegen das Wasser.

Kräfte der Natur

Bis ins 19. Jh. hinein dachte man, zwischen den Kräften der Natur, etwa Wärme, Licht, Elektrizität und Magnetismus, bestünde keinerlei Zusammenhang. In Wirklichkeit ist Wärme eine Form der Bewegung. Der Beweis dafür und die Entdeckung des Elektromagnetismus, also durch Strom erzeugte magnetische Erscheinungen, führte um 1840 zu dem Begriff der Energie. Großen Anteil daran hatte der englische Physiker James Joule, der Bewegungsenergie in Wärmeenergie umwandelte. Nach ihm ist die Maßeinheit „Joule" benannt.

Moderne Naturwissenschaft

Ende des 19. Jh. glaubten viele Forscher, mit ihren Theorien könnten sie nun alles erklären. Um 1900 entdeckten Astronomen jedoch, dass unsere Milchstraße nur eine von Millionen ähnlicher Galaxien im Weltall ist. Auf solche Entdeckungen hin entwickelte sich die klassische Physik zur modernen Physik mit ganz neuen Theorien. Ihre bekannteste ist die Relativitätstheorie von Einstein und die Quantenphysik. Diese Theorien haben die gesamten Naturwissenschaften verändert.

Kosmologie

Angeregt von Einsteins Relativitätstheorie und immer besseren astronomischen Kenntnissen begannen die Forscher, Theorien über die Entstehung von Raum und Zeit auszuarbeiten. Die meisten Kosmologen glauben heute, dass alles mit dem Urknall begann.

Radiokarte von Wasserstoffgas, Andromedanebel

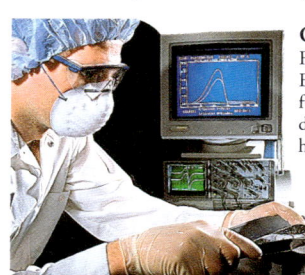

Genetik

Von 1853 bis 1865 entdeckte Gregor Mendel die grundlegenden Gesetze der Vererbung. 1953 klärten Forscher die Struktur der DNS (Desoxyribonukleinsäure) auf. Dieses Molekül ist für die Vererbung zuständig und kommt in jeder Zelle vor. Die Humangenetik ist eine bedeutende Wissenschaftsdisziplin, die die Ursache bereits vieler Krankheiten erforscht hat.

DNS-Molekül

Kohlenstoff
Phosphor
Sauerstoff
Stickstoff

Computerwissenschaft

Fortschritte auf dem Gebiet der Elektronik und der Mathematik führten schließlich zur Entwicklung des Computers. Der Computer ist heute ein wichtiges Werkzeug für alle Forscher, sowohl in den Natur- als auch in den Geisteswissenschaften.

Forscher mit Computer

Moderne Medizin

Die Entwicklung der Röntgenstrahlen zu Ende des 19. Jh. bedeutete einen enormen medizinischen Fortschritt. Daraus entstand ein neues bildgebendes Verfahren, die Computertomographie. Damit kann man die Organe des Menschen naturgetreu abbilden. Technische Fortschritte führten immer wieder zu einem tieferen Verständnis des menschlichen Körpers.

Schnitt durch das Gehirn mit Hilfe der PET

Elementarteilchen

1897 wurde das Elektron entdeckt. Es war das erste Elementarteilchen. Dann fand man, dass die Atomkerne aus Protonen und Neutronen zusammengesetzt sind. Heute kennt man über 200 Elementarteilchen. Sie entstehen, wenn man in Beschleunigern Teilchen miteinander kollidieren lässt. Die Forscher wollen damit herausfinden, wie die Materie aufgebaut ist.

Kollision zwischen atomaren Teilchen

Alfred Nobel

Jedes Jahr werden an hervorragende Forscher auf den Gebieten der Physik, und Chemie, der Physiologie oder Medizin Nobelpreise verliehen. Sie sind nach dem schwedischen Chemiker und Industriellen Alfred Nobel (1833–96) benannt. Nobel hatte mit seiner Erfindung des Dynamits viel Geld verdient und stiftete es für diese Preise. Die ersten Nobelpreise wurden 1901 verliehen, für Physik z. B. an Conrad Röntgen. Es gibt auch Nobelpreise für Literatur, Frieden und Wirtschaftswissenschaft.

SIEHE AUCH UNTER ATOME UND MOLEKÜLE · COMPUTER · DARWIN, CHARLES · EINSTEIN, ALBERT · INDUSTRIELLE REVOLUTION · MEDIZIN · NATURWISSENSCHAFT · NEWTON, ISAAC · VERERBUNG

NAVIGATION

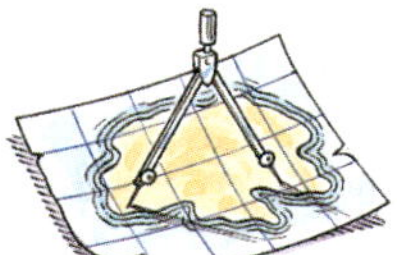

WENN MAN SICH ZU FUSS, mit dem Rad oder dem Auto von einem Ort zu einem anderen bewegen muss, plant man die Route im Voraus und überprüft unterwegs, ob man sich an die gewählte Strecke hält. Dieses Zurechtfinden bezeichnen wir als Navigation. Wenn man den Weg nicht kennt, braucht man Hilfsmittel dazu, etwa Karte und Kompass. Genaue Navigation ist besonders auf See oder in der Luft notwendig, weil es dort keine Landmarken mehr gibt. Die ersten Navigationshilfen waren Leuchttürme. Sie erlaubten es, Untiefen zu vermeiden.

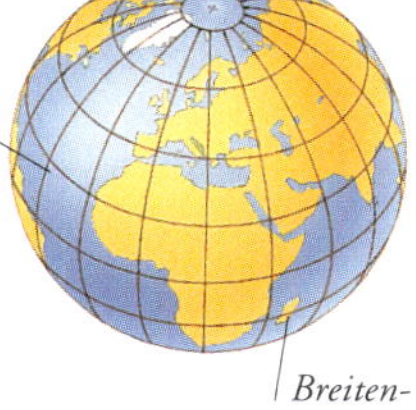

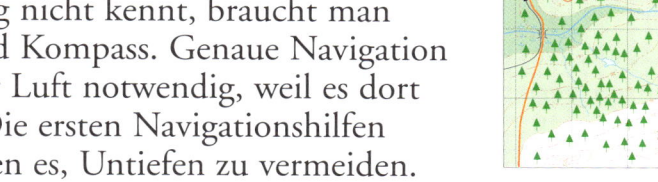

Längenkreise
Breitenkreise

Länge und Breite
Landkarten enthalten oft Längen- und Breitenlinien. Anhand dieser gedachten Linien auf der Erdoberfläche kann man die Lage eines Ortes exakt angeben. Die Längenkreise verlaufen von Nord nach Süd und somit von Pol zu Pol. Die Breitenkreise verlaufen parallel zum Äquator von Ost nach West.

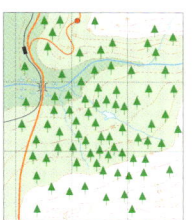

Landkarten
Landkarten bilden die Erdoberfläche in verkleinertem Maßstab ab. Sie gestatten einen Blick von oben. Es sind darauf Landmarken angegeben, etwa Gebäude, Straßen, Erhebungen und Flüsse. Anhand dieser Landmarken findet man sich auf der Karte zurecht. Für den Schiffsverkehr gibt es Seekarten.

Ausschnitt aus einer Landkarte

Elektronische Navigation
Bei der Funknavigation bestimmt man Ort und Kurs anhand von Radiosignalen, die ortsfeste Funkfeuer abgeben. Das genaueste Navigationsverfahren heißt GPS oder *Global Positioning System*. Es empfängt Signale mehrerer Satelliten und berechnet mit deren Daten sehr genau den eigenen Standort. Antennen nehmen die Satellitensignale auf.

Die rotierende Antenne nimmt Satellitensignale auf.
Bildschirm
Verschiedene Kanäle
Der GPS-Empfänger berechnet die Entfernung zu den Satelliten und damit die Lage auf der Erdkugel.

Empfänger des Global Positioning System

Schirm des Flugsicherungsradars im Flughafen Heathrow in London. Auf dem Bildschirm sind die Positionen aller Flugzeuge in diesem Gebiet angegeben.

Autopilot
Viele Flugzeuge haben ein automatisches computerisiertes Navigationssystem. Es besteht aus einem GPS-Empfänger und Computerkarten. Der Autopilot hält das Flugzeug ohne Zutun des Piloten auf dem richtigen Kurs. Auch Schiffe verfügen über ein ähnliches System.

Radar und Sonar
Weit entfernte Körper ortet man mit Radar. Die angepeilten Körper senden ausgestrahlte Radiowellen zurück. Anhand dieser Wellen erfolgt die Ortung. Mit dem Sonar findet man dagegen Objekte unter Wasser. Es funktioniert mit Schallwellen.

Fischlupe mit Sonar

Navigationshilfen
Im Lauf der Jahrhunderte wurden die Navigationshilfen verbessert. Mit dem Sextanten misst man den Winkel zwischen zwei Punkten, etwa die Höhe eines Gestirns.

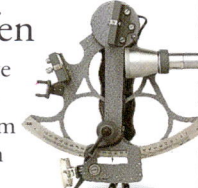

Moderner Sextant

Magnetkompass
Da die Erde ein riesiger Magnet ist, richtet sich eine drehbar gelagerte Kompassnadel nach den Feldlinien aus und zeigt in Richtung des magnetischen Nordpols.

Visier
Mit Handkompassen kann man Landmarken im Gelände anvisieren.

Kreiselkompass
Ein Kreisel, der sich schnell dreht, behält seine Drehachse bei. Dies nutzt man beim Kreiselkompass zur Anzeige der Nordsüdrichtung aus.

Kreiselkompass

Log
Mit dem Log misst man die Geschwindigkeit eines Bootes. Meist ist damit ein Meilenzähler verbunden, der die Propellerumdrehungen in Seemeilen umrechnet.

Logleine
Loguhr
Dieses Log mit Propeller heißt auch Patentlog. 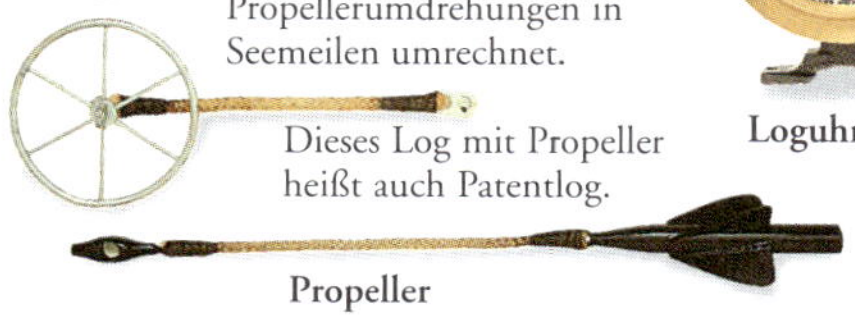
Propeller

Leuchtfeuer und Tonnen
Auf See erleichtert ein System von Leuchtfeuern, Feuerschiffen und Tonnen die Navigation. Tonnen sind schwimmende, auf dem Grund verankerte Seezeichen. Sie markieren das Fahrwasser und Gefahrenstellen, etwa Wracks oder Sandbänke.

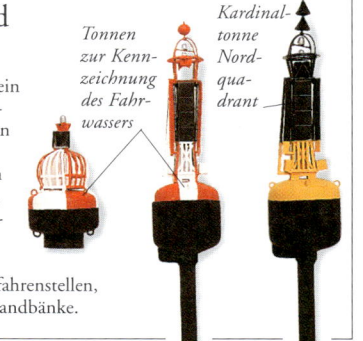

Tonnen zur Kennzeichnung des Fahrwassers
Kardinaltonne Nordquadrant

Chronologie

11. Jh. Chinesische Seefahrer verwenden einfache Kompasse.

14. Jh. Die Portugiesen entwickeln das Astrolabium. Man bestimmt damit anhand der Sonne und Sterne den eigenen Schiffsort.

1569 Der flämische Geograf Gerhard Mercator (1512–94) veröffentlicht die erste Weltkarte. Seeleute verwenden sie zur Navigation.

1762 Der Engländer John Harrison (1693–1776) baut eine genaue Schiffsuhr, ein Chronometer. Damit kann man nun die Länge genau bestimmen.

1930 Der Schotte Robert Watson-Watt (1892–1973) entwickelt das erste praktische Radarsystem. Die Idee dazu hatte sich allerdings schon 1904 der Deutsche Christian Hülsmeyer patentieren lassen.

1934 Der Engländer Percy Shaw (1890–1976) entwickelt das reflektierende Katzenauge mit dem man heute überall die Straßen markiert.

| SIEHE AUCH UNTER | ASTRONOMIE | LANDKARTEN | MAGNETISMUS | RADAR UND SONAR |

NERVENSYSTEM UND GEHIRN

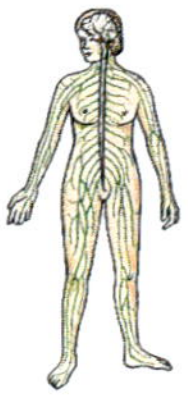

AN JEDEM GEDANKEN, an jedem Gefühl und an jeder Handlung ist das Nervensystem beteiligt. Das Gehirn und das Rückenmark bezeichnen wir als das Zentralnervensystem (ZNS). Das Gehirn erhält als Leitzentrale ständig hunderte von Informationen aus dem Körper. Es verarbeitet sie und sendet wieder Befehle an die einzelnen Körperteile aus, die ihnen sagen, was sie zu tun haben. Diese Kommunikation ist durch ein ausgedehntes Netz von Nerven möglich. Das ZNS und alle Nerven der Peripherie bestehen aus Milliarden Nervenzellen, den Neuronen.

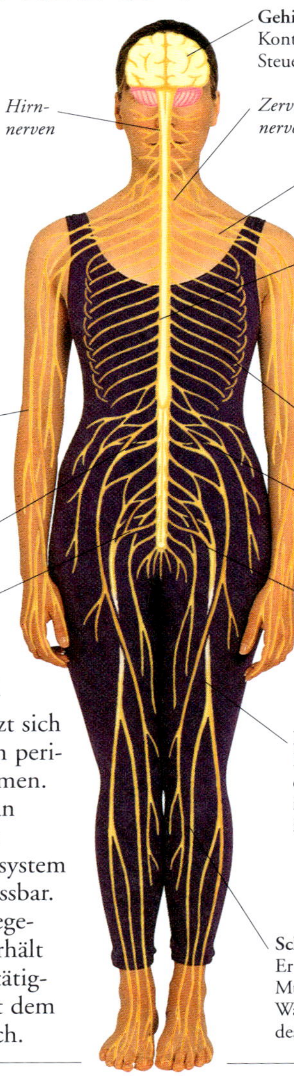

Gehirn Es ist das Kontroll- und Steuerzentrum.

Hirnnerven
Zervikalnerven
Armgeflecht

Rückenmark Es leitet Informationen zum Gehirn und in umgekehrter Richtung.

Thorakalnerven
Lumbarnerven
Sakralnerven

Armnerven Sie steuern die Muskeln im Arm und in der Hand.

Lendengeflecht
Kreuzbeingeflecht

Ischiasnerv Er steuert die Muskeln im Bein und im Fuß.

Schienbeinnerv Er steuert die Muskeln der Wade und des Fußes.

Nerven

Nerven bilden die „Drähte" des Nervensystems. Jeder Nerv setzt sich aus einem Bündel von Neuronen (Nervenzellen) zusammen. Solche Nerven entspringen dem Gehirn oder dem Rückenmark und ziehen zu allen Körperteilen. Die meisten Nerven enthalten sensorische Neuronen, die Impulse zum ZNS leiten, sowie motorische Neuronen, die Impulse vom ZNS zu den Organen leiten.

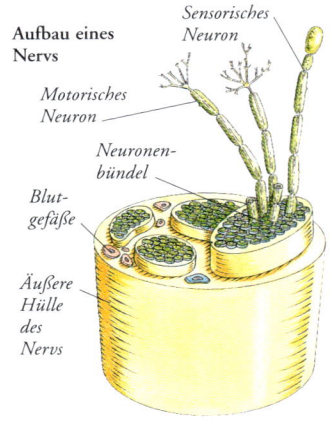

Aufbau eines Nervs
Sensorisches Neuron
Motorisches Neuron
Neuronenbündel
Blutgefäße
Äußere Hülle des Nervs

Nervenendigungen
An den Enden der sensorischen Neuronen stehen Nervenendigungen mit den Rezeptoren. Diese nehmen Reize wahr. Informationen über diese Reize wandern in Form von Nervenimpulsen zum Gehirn. Dort erfolgt die bewusste Wahrnehmung. Auf diese Weise können Blinde Blindenschrift mit den Fingerspitzen lesen.

Nervensystem

Das Nervensystem setzt sich aus dem ZNS und den peripheren Nerven zusammen. Hier unterscheidet man 2 Nervensysteme: Das zerebrospinale Nervensystem ist willentlich beeinflussbar. Das autonome oder vegetative Nervensystem erhält lebenswichtige Organtätigkeiten aufrecht und ist dem Willen nicht zugänglich.

Neuronen

Neuronen sind lange, dünne Nervenzellen, die elektrische Impulse weiterleiten. Man unterscheidet 3 Typen: sensorische und motorische Neuronen sowie Assoziationsneuronen. Diese sind am häufigsten. Sie übermitteln Signale von einem Neuron zum andern und kommen nur im ZNS vor.

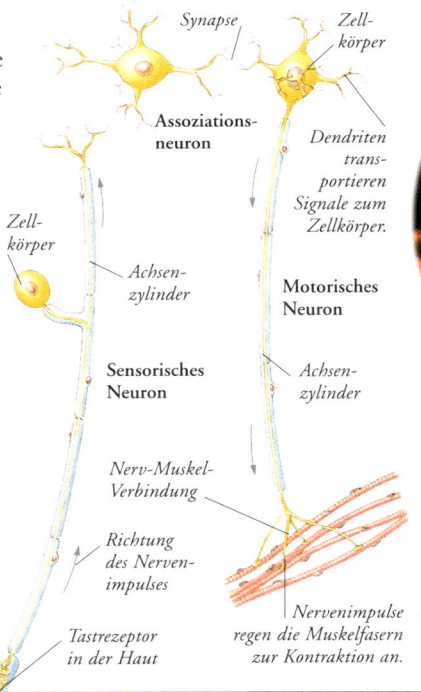

Synapse
Zellkörper
Assoziationsneuron
Dendriten transportieren Signale zum Zellkörper.
Zellkörper
Achsenzylinder
Sensorisches Neuron
Motorisches Neuron
Achsenzylinder
Nerv-Muskel-Verbindung
Richtung des Nervenimpulses
Tastrezeptor in der Haut

Die Verbindung zwischen Nerv und Muskel heißt motorische Endplatte.

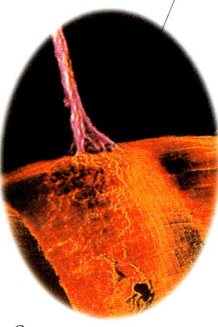

Synapsen
Synapsen sind Verbindungen zwischen 2 Neuronen. Sie berühren sich dort nicht, sondern sind durch einen Spalt getrennt. Ein Nervenimpuls löst die Freisetzung chemischer Stoffe aus. Diese wandern über den Spalt und erregen das zweite Neuron. Daraufhin entsteht ein neuer Nervenimpuls.

Nervenimpulse regen die Muskelfasern zur Kontraktion an.

Nervenimpulse
Nervenimpulse sind schwache elektrische Signale, die sich in den Neuronen schnell fortpflanzen. Die elektrischen Signale entstehen in den Rezeptoren oder Sensoren, wenn diese gereizt werden. Nervenimpulse können in einem Neuron nur in einer einzigen Richtung wandern.

Reflexe

Wenn man etwas Spitzes berührt, zieht man automatisch die Hand zurück ohne darüber nachzudenken. Dies ist ein Reflex. Ein sensorisches Neuron leitet Impulse zum Rückenmark. Ein Assoziationsneuron übergibt Impulse an ein motorisches Neuron. Nun zieht sich der Armmuskel zusammen.

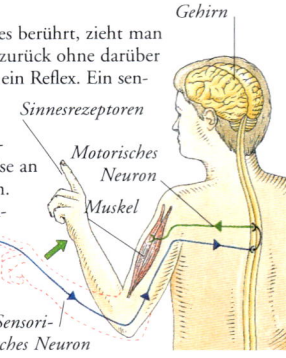

Gehirn
Sinnesrezeptoren
Motorisches Neuron
Muskel

Rezeptoren nehmen den Stich wahr und senden ein Signal an das Rückenmark.
Sensorisches Neuron

Santiago Ramón y Cajal
Der spanische Anatom Santiago Ramón y Cajal (1852–1934) studierte vor allem die Zellen, aus denen das Gehirn und die Nerven bestehen. Er entwickelte Färbeverfahren für Nervenzellen, sodass man sie deutlich unter dem Mikroskop erkennen konnte. 1906 erhielt er den Nobelpreis für Medizin.

Gehirn

Mit dem Gehirn denken wir und durch das Gehirn haben wir eine Persönlichkeit. Es steuert auch alle Körpervorgänge. Man unterscheidet vor allem 3 Bereiche: das Vorderhirn, das Kleinhirn und den Hirnstamm. Das Vorderhirn besteht aus dem Großhirn mit den beiden Hemisphären, dem Thalamus, dem Hypothalamus und dem limbischen System, das die Emotionen und das instinktive Verhalten steuert.

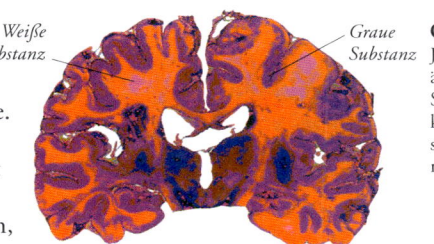

Weiße Substanz
Graue Substanz

Schnitt durch das Gehirn

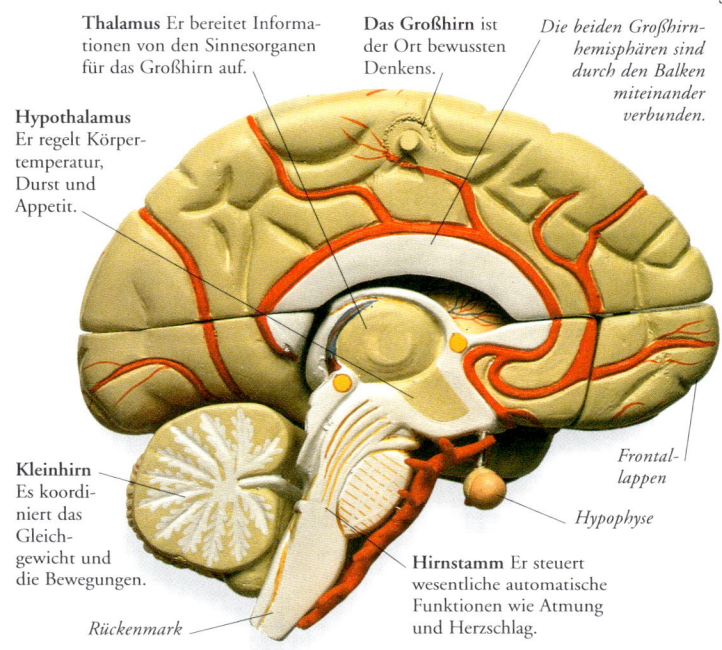

Graue und weiße Substanz

Jede Hemisphäre besteht aus 2 Schichten: Die äußere Schicht, die Hirnrinde, ist aus grauer Substanz zusammengesetzt; sie enthält die Zellkörper von Neuronen. Die innere, weiße Substanz enthält Nervenfasern, die die Hirnrinde mit anderen Teilen des Gehirns verbinden.

Thalamus Er bereitet Informationen von den Sinnesorganen für das Großhirn auf.

Hypothalamus Er regelt Körpertemperatur, Durst und Appetit.

Das Großhirn ist der Ort bewussten Denkens.

Die beiden Großhirnhemisphären sind durch den Balken miteinander verbunden.

Kleinhirn Es koordiniert das Gleichgewicht und die Bewegungen.

Rückenmark

Hirnstamm Er steuert wesentliche automatische Funktionen wie Atmung und Herzschlag.

Frontallappen
Hypophyse

Rechte Hemisphäre
Linke Hemisphäre
Die Hirnrinde bildet die Außenschicht der Hemisphäre.
Gesichtsschädel

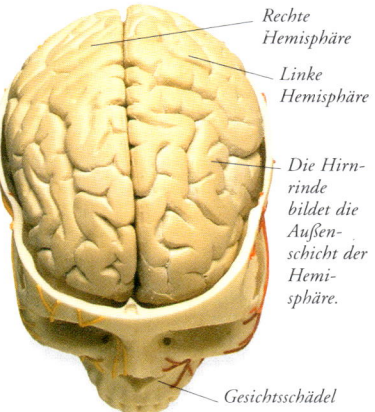

Die Hirnhälften

Die linke Hemisphäre oder Hirnhälfte steuert die rechte Seite des Körpers, die rechte Hemisphäre die linke Körperseite. Jede Hemisphäre weist eine gewisse Spezialisierung auf. Bei den meisten Menschen ist die linke Hemisphäre zuständig für die Sprache und die Schrift sowie für mathematische Fähigkeiten. Die rechte Hemisphäre ist eher der Kunst und Musik, dem Vorstellungsvermögen und der Formerkennung zugeordnet.

Zellen des Gehirns

Das Gehirn setzt sich aus vielen Milliarden Nervenzellen zusammen. Viele davon sind Assoziationsneuronen, die dauernd Nervenimpulse empfangen und weiterleiten. Jedes Neuron kann mit bis zu 1 000 weiteren Neuronen verbunden sein. Auf diese Weise entsteht ein äußerst kompliziertes Netz. Das Gehirn enthält auch Gliazellen, die die Neuronen umhüllen.

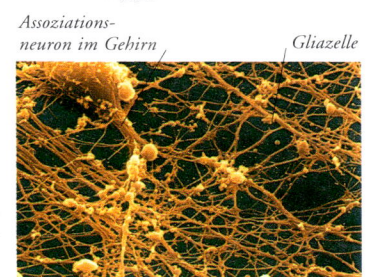

Assoziationsneuron im Gehirn
Gliazelle

Bereiche des Gehirns

Gewisse Bereiche des Großhirns sind bestimmten Körperfunktionen zugeordnet. Deswegen kann man eine Art Gehirnkarte erstellen. Motorische Bereiche oder Zentren, etwa für die Sprache, senden Befehle zur Steuerung willentlicher Bewegungen aus. Sensorische Bereiche, etwa für das Sehen, Fühlen, Hören und Riechen, empfangen Informationen von Sinneszellen im ganzen Körper. Assoziative Bereiche, vor allem der Stirnlappen, haben mit Gedanken, Persönlichkeit und Emotionen zu tun. Hier entsteht das Bewusstsein.

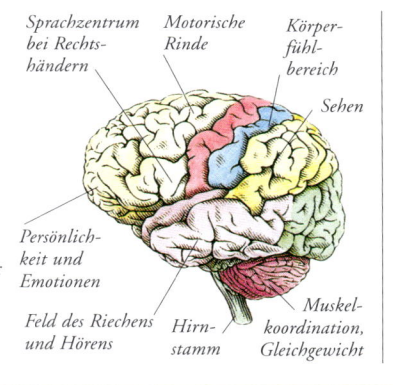

Sprachzentrum bei Rechtshändern
Motorische Rinde
Körperfühlbereich
Sehen
Persönlichkeit und Emotionen
Feld des Riechens und Hörens
Hirnstamm
Muskelkoordination, Gleichgewicht

Hirnstromwellen

Die Neuronen des Gehirns senden dauernd elektrische Impulse aus und empfangen umgekehrt welche. Diese Signale lassen sich mit einem Elektroenzephalographen (EEG) aufzeichnen. Dazu bringt man an der Kopfhaut Elektroden an. Es zeigen sich dabei auf dem Elektroenzephalogramm ganz bestimmte Hirnstromwellen.

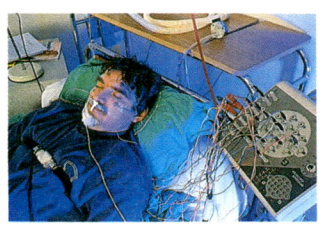

Schlaf und Traum
Beim Schlaf wechseln sich REM („rapid-eye-movement")-Phasen mit Träumen und schnellen Augenbewegungen und Non-REM-Phasen ab.

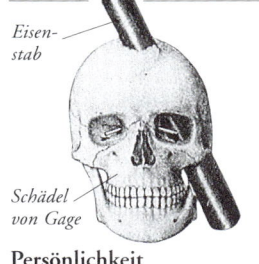

Eisenstab
Schädel von Gage

Persönlichkeit
Der Frontallappen spielt bei der Entstehung der Persönlichkeit eine große Rolle. Dies wurde im Fall des Amerikaners Phineas Gage deutlich: 1848 wurden Teile seines Gehirns durch einen eindringenden Eisenstab zerstört. Gage überlebte, doch der bis dahin ruhige Mann wurde völlig aggressiv.

Rückenmark

Das Rückenmark überträgt Informationen zwischen dem Gehirn und dem restlichen Körper. Es ist an vielen Reflexhandlungen beteiligt. Das Rückenmark ist ein flacher, rund 43 cm langer und etwa fingerdicker Zylinder. Es verläuft vom Hirnstamm bis zum Kreuzbein und ist von den Wirbeln umgeben.

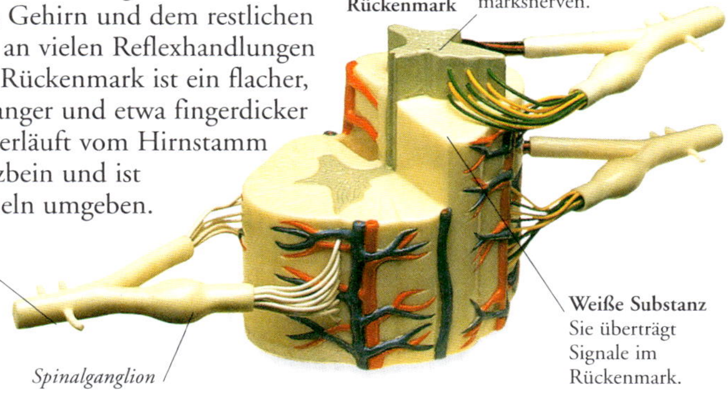

Rückenmarksnerv Er überträgt Impulse vom Körper zum Rückenmark und umgekehrt.

Schnitt durch das Rückenmark
Spinalganglion

Graue Substanz Sie überträgt Signale zwischen Rückenmark und Rückenmarksnerven.

Weiße Substanz Sie überträgt Signale im Rückenmark.

Pierre Paul Broca

Der französische Anatom und Chirurg Pierre Paul Broca (1824–1880) zeigte, dass ein bestimmter Hirnbereich einer Körperfunktion zugeordnet ist. Broca fand das Zentrum, das die Bewegungen der Muskeln im Mund und in der Kehle und damit die Sprache koordiniert. Heute spricht man vom „Brocazentrum". Broca machte die Entdeckung, als er einen Patienten behandelte, der nach einer Hirnverletzung nicht mehr sprechen konnte.

SIEHE AUCH UNTER | AUGE | GERUCH UND GESCHMACK | HAUT UND HAARE | MUSKELN UND BEWEGUNG | ORGANSYSTEME | ZELLEN

NEUSEELAND

NEUSEELAND LIEGT auf halbem Weg zwischen dem Südpol und dem Äquator in rund 1 600 km Entfernung östlich von Australien. Man unterscheidet 2 Hauptinseln sowie mehrere kleinere Inseln. Neuseeland unterhält besonders gute Beziehungen zum Nachbarn Australien und treibt Handel mit vielen Ländern am Rand des Pazifiks. Es gehört zum Commonwealth und gestand als erstes Land den Frauen das Stimmrecht zu.

NEUSEELAND: DATEN	
HAUPTSTADT	Wellington
FLÄCHE	270 534 km²
EINWOHNER	3 800 000
SPRACHE	Englisch, Maori
RELIGION	Christentum
WÄHRUNG	Neuseeland-Dollar
LEBENSERWARTUNG	78 Jahre
EINWOHNER PRO ARZT	301
REGIERUNG	Mehrparteiendemokratie
ANALPHABETEN	Unter 5 %

Geografie
Die Nord- und die Südinsel haben Gebirge, Hügel, fruchtbare Ebenen, Wälder und schnell fließende Gewässer, die man für die Stromerzeugung nutzen kann. Die Nordinsel ist vulkanisch aktiv.

Nordinsel
Die Nordinsel besteht aus grünen Wiesen, Wäldern, heißen Quellen und aktiven Vulkanen, etwa dem Mount Ngauruhoe. Man gewinnt Strom durch Erdwärme. Im Westen der Insel liegen lange Sandstrände, im Osten befinden sich viele kleine Inseln und Buchten.

Südinsel
Die Südinsel ist so gebirgig, dass man von Neuseeländischen Alpen spricht. Der höchste Berg ist der Mount Cook mit 3 754 m. In der Umgebung von Christchurch liegen die fruchtbaren Canterbury Plains. Der Südwesten hat beeindruckende Fjorde, Seen und Gletscher.

Klima
Das Klima ist in der Regel feucht und gemäßigt. Die Sommer im Norden sind warm und subtropisch. In den Alpen auf der Südinsel schneit es im Winter heftig. Das Wetter Neuseelands ist insgesamt recht veränderlich.

35 °C / −6 °C / 16 °C / 8 °C / 1 300 mm

Landnutzung
Neuseeland hat viel Weideland. Schaffleisch, Wolle und Milchprodukte stellen eine wichtige Einkommensquelle dar. Außerdem hat Neuseeland größere Lagerstätten von Kohle, Erdöl, Erdgas, Gold und Eisen.

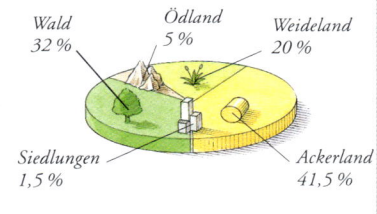

Wald 32 %, Ödland 5 %, Weideland 20 %, Siedlungen 1,5 %, Ackerland 41,5 %

Bevölkerung
Neuseeland hat eine sehr gemischte Bevölkerung. Rund 75 % stammen ursprünglich aus Europa. Die Ureinwohner, die Maori, machen noch rund 10 % aus. In den vergangenen Jahrzehnten wanderten auch Polynesier und Melanesier zu. Ungefähr drei Viertel der Bevölkerung leben auf der Nordinsel.

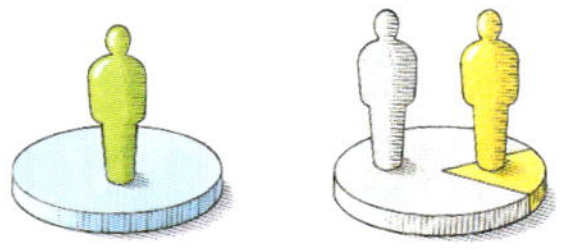

14 pro km² — 86 % Stadt / 14 % Land

Junge Maorifrau von der Nordinsel

Wirtschaft
Neuseeland ist der zweitgrößte Exporteur von Schafwolle. Auf dem Land grasen fast 50 Mio. Schafe, und das Canterbury-Lamm von den gleichnamigen Plains ist weltberühmt. Auch Rinder werden gehalten und liefern Fleisch, Milch und Häute. Die Industrie verarbeitet heute einen Teil der Wolle selbst zu Teppichen und Textilien weiter. Wichtige Exportgüter sind auch Käse, Butter und Fleisch, Holz und Holzprodukte sowie Früchte, vor allem Äpfel, Trauben und Kiwis.

Schafherde

Wellington
Wellington ist die viertgrößte Stadt Neuseelands und hat rund 165 000 Einwohner. Sie liegt im Herzen eines Industriegebiets und hat einen großen Hafen. Bemerkenswerte Gebäude sind das Parlament, das wegen seiner Form „Bienenstock" heißt, sowie die ganz aus Holz gebaute St.-Pauls-Kathedrale.

Parlament

SIEHE AUCH UNTER: ERDBEBEN · NEUSEELAND, GESCHICHTE · OZEANIEN UND AUSTRALASIEN · PAZIFISCHER OZEAN · POLYNESIEN · POLYNESIER UND MAORI · VULKANE

NEUSEELAND, GESCHICHTE

UM 1350 SEGELTEN Polynesier mit einer Flotte quer über den Ozean und erreichten Neuseeland, das damals kaum besiedelt war. Diese Polynesier entwickelten hier eine kriegerische Kultur, die völlig ungestört blieb, bis im 19. Jh. erste europäische Siedler anlandeten. Innerhalb weniger Jahre übernahmen die Europäer die Insel und drängten die Maori ab, die um ihr Leben kämpfen mussten. Lange Zeit hielt Neuseeland enge Verbindungen zu Großbritannien. In neuester Zeit orientiert sich das Land aber mehr zu seinen Nachbarn und zu asiatischen Ländern hin.

Häuptlingsstab der Maori
Augen aus Schneckenschalen
Schmuck aus Papageienfedern
Holzschaft
Aushöhlung zum Wasserschöpfen
Schöpfkelle aus Holz

Erste Bewohner
Die ersten Siedler in Neuseeland waren Polynesier, die um das Jahr 1000 den Pazifik mit Einbäumen überquerten. Sie brachten das Schwein, die Süßkartoffel und andere Pflanzen auf die Insel. Die zweite, größere Einwanderungswelle erfolgte dann im 14. Jh.

Kriegsaxt der Maori
Die Axt wurde aus Basalt hergestellt.
Walknochen, das übliche Material für Keulen
Maorikeulen
Holzschnitzerei

Europäische Besiedlung
Nachdem James Cook Neuseeland 1769 als britische Kolonie in Besitz genommen hatte, besuchten europäische Händler und Walfänger regelmäßig die Inseln. 1840 wurde die erste dauernde europäische Siedlung in Wellington gegründet. Alle Siedler waren Briten, die von der New Zealand Company geschickt wurden. Innerhalb weniger Jahre lebten hier mehr britische Siedler als Maori.

Abel Tasman
Der erste Europäer, der Neuseeland zu Gesicht bekam, war der niederländische Seefahrer Abel Tasman (1603–59). Er sichtete 1642 die Nordinsel und benannte sie nach Zeeland, einer niederländischen Provinz.

Vertrag von Waitangi
Vertragsunterzeichnung 1840
Am 6. Februar 1840 unterzeichneten die Maori einen Vertrag mit der britischen Regierung. Diese wollte das Land der Maori schützen, falls die Maori ihrerseits die britische Souveränität anerkennen würden. Heute ist der 6. Februar Nationalfeiertag in Neuseeland.

Maorikriege
Nach dem Vertrag von Waitangi widersetzten sich die Maori immer mehr der zunehmenden Zahl von Siedlern in ihrem Land. 1860 brach ein Konflikt zwischen den Maori und den Siedlern aus. Es dauerte bis 1870, ehe wieder Friede im Land einkehrte.

Unabhängigkeit
1907 wurde Neuseeland wie Kanada und Australien ein unabhängiges Dominion im britischen Weltreich. Großbritannien kümmerte sich bis 1947 auch um Neuseelands Außenpolitik. Die Verbindungen rissen nie ab, und neuseeländische Truppen kämpften in beiden Weltkriegen auf alliierter Seite.

Wohlfahrtsstaat
Nach langer Zeit wirtschaftlichen Niedergangs wurde 1890 eine liberale Regierung gewählt. Sie schuf den ersten Wohlfahrtsstaat der Welt, führte Pensionen und Reformen ein. 1893 gab Neuseeland den Frauen als erstes Land der Erde das Stimmrecht.

Neuseeland heute
Die wirtschaftliche Depression der 60er und 70er Jahre führte dazu, dass viele Errungenschaften des Wohlfahrtsstaates aufgegeben wurden und die Arbeitslosigkeit stieg. Nach erfolgreichen Reformen ist Neuseeland heute ein wichtiger Wachstumsstaat im Pazifikraum.

Apirana Ngata
Apirana Ngata (1874–1950) war Maori und Rechtsanwalt. Er kämpfte sein Leben lang für die Rechte der Maori. Als Sekretär der Partei *Young Maori* versuchte er seinen Landsleuten durch einen öffentlichen Gesundheitsdienst und bessere Anbaumethoden zu helfen. Ngata war fast 40 Jahre lang Parlamentsmitglied und trat unermüdlich für die Maori ein.

Chronologie
um 1000 n. Chr. Die ersten Menschen siedeln sich in Neuseeland an.

um 1350 Zweite, große polynesische Einwanderungswelle

1642 Der Niederländer Abel Tasman sichtet Neuseeland.

1769 James Cook beansprucht Neuseeland für die britische Krone.

1840 Erste britische Niederlassung in Wellington

1840 Vertrag von Waitangi: Die Maori erkennen die volle britische Souveränität an.

1852–56 Neuseeland verwaltet sich selbst.

1893 Die Frauen erhalten das Stimmrecht.

1907 Neuseeland wird unabhängiges Dominion im britischen Commonwealth.

ab 1984 Einleitung von wirtschaftlichen Reformen

1992 Einführung des Verhältniswahlrechts

1995 Abkommen, das den Maori 50 000 ha Land zurückgibt

SIEHE AUCH UNTER: AUSTRALIEN, GESCHICHTE · ENTDECKUNGEN · ÖKOLOGIE UND ÖKOSYSTEME · POLYNESIEN

NEWTON, ISAAC

DER ENGLISCHE MATHEMATIKER und Physiker Isaac Newton war einer der größten Naturwissenschaftler aller Zeiten. Er fand heraus, was das Weltall zusammenhält und wie Farben entstehen. Er entwickelte das Spiegelteleskop und die Differenzialrechnung. Newton fand seine wissenschaftlichen Ergebnisse ganz allein, ohne Hilfe von Assistenten oder Kollegen. Er hatte allerdings auch seine Schwächen. Newton hatte ein aufbrausendes Temperament und konnte Kritik von Kollegen nicht ertragen. Viel Zeit vertat er mit der Alchemie, denn er versuchte, unedle Metalle in Gold zu verwandeln. Dabei verkostete er alle möglichen Stoffe und wurde am Ende seines Lebens vermutlich davon krank.

Frühe Jahre
1643 wurde Isaac Newton in Woolsthorpe, England, geboren. In der Schule interessierten ihn mechanische Instrumente mehr als der Lehrstoff.

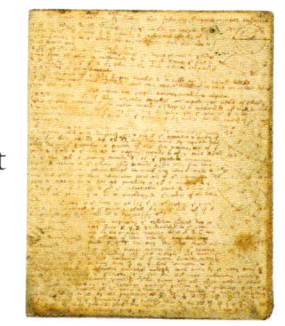

Newtons Mathematik
Mit 18 Jahren ging Newton zum Studium nach Cambridge. Als die Universität wegen der Pest geschlossen wurde, kehrte er nach Hause zurück. Aufgrund seiner zahlreichen Verdienste als Mathematiker wurde er im Alter von nur 26 Jahren Professor für Mathematik in Cambridge und damit Nachfolger seines ehemaligen Lehrers. Im Alter von 27 Jahren entwickelte er die Grundlagen der Fluxionsrechnung; wir bezeichnen sie heute als Differenzialrechnung.

Mathematisches Manuskript von Newton

Newtons Optik
1665 begann Newton die Natur des Lichts zu untersuchen. Mit einigen Experimenten konnte er beweisen, dass das weiße Licht sich aus den verschiedenen Farben des Regenbogens zusammensetzt. Er baute auch ein Fernrohr zum Studium der Sterne. Dabei sah er, dass die Bilder farbige Ränder hatten, wenn er zwei Linsen verwendete. Um dies zu vermeiden, entwickelte er das Spiegelteleskop, dessen Bauart noch heute nach Newton benannt ist.

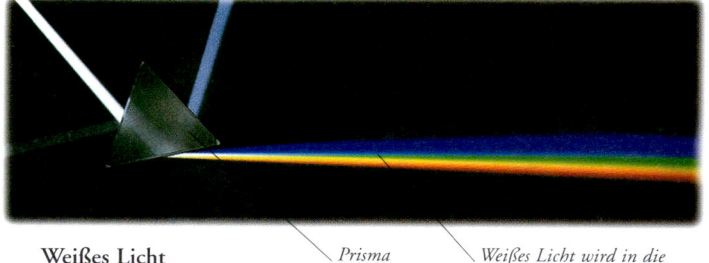

Newton untersuchte Sonnenstrahlen, die durch ein Loch in einem Schirm ins Zimmer fielen.

Weißes Licht
Newton lenkte einen Sonnenstrahl auf ein Prisma. Das Licht spaltete sich in das Farbspektrum auf und lenkte dieses auf ein Brett. Nun bohrte Newton ein Loch an der Stelle, wo das rote Licht hinfiel. Den roten Lichtstrahl ließ er durch ein weiteres Prisma fallen. Dabei entstand aber kein zweites Spektrum. Newton schloss daraus, dass weißes Licht aus verschiedenen Farben besteht.

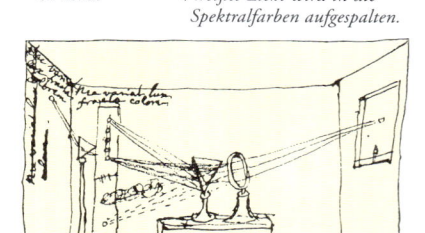

Prisma *Weißes Licht wird in die Spektralfarben aufgespalten.*

Newtons Zeichnung des Prismenversuchs

Newton und die Schwerkraft
Newton erkannte, dass jeder Planet und jeder Stern im Weltall eine Anziehungskraft ausübt, die andere Körper an sich zieht. Es ist die Schwerkraft. Er sah auch, dass diese Kraft den Mond auf seiner Umlaufbahn um die Erde hält und dass nur dessen Bewegung verhindert, dass er auf der Erde aufschlägt. Die Größe der Schwerkraft hängt von der Materiemenge und dem Abstand der beiden Körper ab.

Principia Mathematica
Im Jahr 1687 veröffentlichte Newton eines der wichtigsten wissenschaftlichen Bücher aller Zeiten: *Philosophia Naturalis Principia Mathematica* („Die mathematischen Prinzipien der Naturlehre"). Das Buch enthält seine Erkenntnisse über die 3 Bewegungsgesetze, eine Theorie der Gezeiten und die Theorie der Schwerkraft. Es brachte eine einheitliche Theorie über die Geschehnisse auf der Erde und im Weltall.

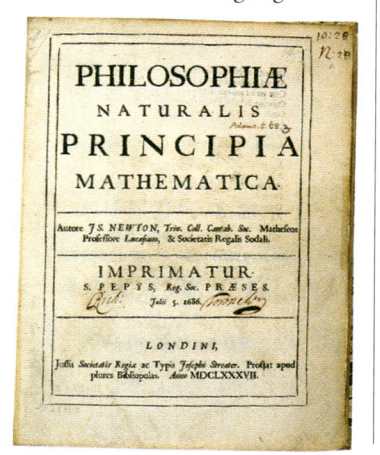

Titelseite von Newtons Principia

Die Royal Society
1671 wollte die Londoner Royal Society das Teleskop sehen, das Newton gebaut hatte. Sie war so beeindruckt, dass sie ihn zum Mitglied wählte. 1703 wurde er Präsident und blieb es bis zu seinem Tod. 1696 wurde Newton auch Vorsteher der Königlichen Münze und veranlasste verschiedene Änderungen.

Das Gebäude der Royal Society

ISAAC NEWTON
1643	Geburt in Woolsthorpe, England
1661	Besuch der Universität Cambridge
1665	Rückkehr nach Hause wegen der Pest in Cambridge
1665–66	Er stellt die 3 Grundgesetze der Mechanik auf.
1672	Mitglied der Royal Society
1687	Veröffentlichung der *Principia Mathematica*
1696	Ernennung zum Vorsteher der Königlichen Münze in London
1703	Präsident der Royal Society
1704	Veröffentlichung der *Opticks*
1705	Erhebung in den Adelsstand
1727	Tod in London

SIEHE AUCH UNTER: LICHT · MATHEMATIK · MOND · NATURWISSENSCHAFT, GESCHICHTE · PHYSIK · SCHWERKRAFT · SONNE UND SONNENSYSTEM · TELESKOP

NIEDERLANDE

WIR NENNEN DIE NIEDERLANDE oft auch Holland, obwohl diese Bezeichnung nicht ganz zutrifft, weil damit nur der westliche Teil des Landes gemeint ist. Die Niederländer behaupten von sich zu Recht, sie hätten ihr eigenes Land geschaffen, denn ein Drittel des Staatsgebietes haben sie dem Meer abgerungen. Sie errichteten nämlich Deiche und entwässerten das dahinter liegende Land. Die Niederlande sind eines der am dichtesten besiedelten Länder der Erde. Die offizielle Hauptstadt ist Amsterdam, doch hat die Regierung ihren Sitz in Den Haag.

NIEDERLANDE: DATEN

HAUPTSTADT	Amsterdam; Regierungssitz: Den Haag
FLÄCHE	41 526 km²; Land: 33 882 km²
EINWOHNER	15 900 000
SPRACHE	Niederländisch, Friesisch
RELIGION	Christentum
WÄHRUNG	Euro
LEBENSERWARTUNG	78 Jahre
EINWOHNER PRO ARZT	398
REGIERUNG	Mehrparteiendemokratie
ANALPHABETEN	Unter 5 %

Geografie

Die Niederlande sind im Wesentlichen flach und 27 % des Landes liegen unter dem Meeresspiegel. Das Land wird von natürlichen Sanddünen an der Küste und von künstlichen Deichen geschützt. Es besteht aus sandigen Ebenen, nur im Osten und im Süden erheben sich einige niedrige Hügel.

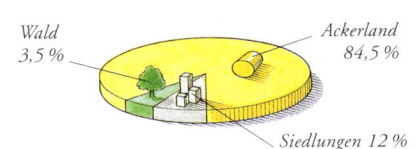

Kanäle
Die Niederlande sind von Kanälen durchzogen, die das Land entwässern und gleichzeitig als Wasserwege für Schiffe dienen. Allein Amsterdam hat über 100 Kanäle.

Windmühlen
Jahrhundertelang gab es in den Niederlanden 10 000 Windmühlen, die Pumpen zur Entwässerung des Landes antrieben. Diese Arbeit beim Kampf um das Land übernehmen heute elektrische Pumpen.

Klima
Die Niederlande haben ein mildes, regenreiches Klima mit kühlen Sommern. Im Winter peitschen Stürme aus dem Norden die Küste und drohen Deiche zu beschädigen. Bei kaltem Wetter frieren die Kanäle zu.

Landnutzung
Fast ein Drittel der Landfläche wurde dem Meer abgerungen. Diese Polder sind außerordentlich fruchtbar. Das Land hat im Norden große Erdgasreserven, und in der Nordsee gewinnt man durch Offshore-Bohrungen Erdöl.

Wald 3,5 % — *Ackerland 84,5 %* — *Siedlungen 12 %*

Amsterdam
Die Hauptstadt der Niederlande ist auf 90 Inseln gebaut. 500 Brücken überqueren die zahlreichen Kanäle. Am besten kommt man mit dem Fahrrad voran und über eine halbe Million Menschen fahren damit jeden Tag zur Schule und zur Arbeit. Amsterdam ist ein großer Anziehungspunkt für Touristen.

Einer der vielen Kanäle Amsterdams

Bevölkerung
Die Niederländer betrachten ihre Gesellschaft als die toleranteste in ganz Europa. Das Land war seit jeher gastfreundlich und nahm viele Menschen aus seinen früheren Kolonien auf, etwa aus Suriname und Indonesien, besonders den Molukken. Diese Menschen sind heute als niederländische Bürger vollständig integriert. Rund 4 % der Bevölkerung sind Ausländer, insbesondere Marokkaner und Türken.

Straßenszene, Amsterdam

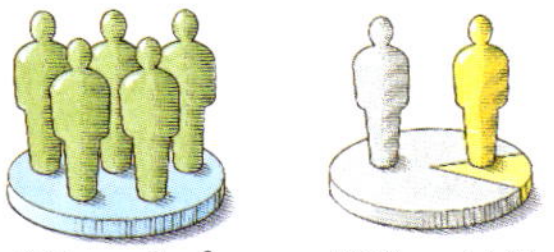

469 pro km² — *89 % Stadt* — *11 % Land*

Landwirtschaft und Industrie
Die Niederlande haben eine sehr erfolgreiche Wirtschaft. Die meisten Importe und Exporte laufen über Rotterdam, den größten Hafen der Welt. Die High-tech-Industrie umfasst besonders die Gebiete Elektronik, Telekommunikation sowie Chemie. Auch die Landwirtschaft ist sehr produktiv. Gemüse, Käse, Fleisch und Schnittblumen werden exportiert.

Tulpen aus Holland

SIEHE AUCH UNTER: EUROPA · EUROPA, GESCHICHTE · EUROPÄISCHE UNION · HÄFEN UND KANÄLE · LANDWIRTSCHAFT · NIEDERLANDE, GESCHICHTE · TALSPERREN · WELTREICHE

NIEDERLANDE, GESCHICHTE

WÄHREND IHRER GANZEN GESCHICHTE waren die Niederländer sehr stark vom Meer beeinflusst. Das gilt bis auf den heutigen Tag. Zunächst mussten sie ihr niedrig gelegenes Land vor Sturmfluten schützen und gleichzeitig neues Land dem Meer abgewinnen. Dies geschieht heute noch. Ihre Erfahrungen mit dem Meer nutzten die Niederländer zum Aufbau eines weltweiten Handelsimperiums. Im 16. und 17. Jh. profitierten Städte wie Amsterdam und Rotterdam vom Gewürzhandel mit Asien, und reiche Kaufleute förderten die Künste.

Windmühlen entwässern das Land

Meer

Wasserbau in den Niederlanden
Im 12. Jh. begannen die Niederländer Land durch eine Reihe von Deichen und Entwässerungskanälen zu gewinnen. Die niederländischen Wasserbauingenieure waren im Bau von Entwässerungsanlagen so gut, dass man ihre Dienste in ganz Europa begehrte.

Wilhelm I. der Schweiger
Prinz Wilhelm (1533–84) stammte aus Orange („Oranien") in Südfrankreich, hatte durch Erbschaft aber großen Besitz in den Niederlanden. 1576 wurde er Statthalter in den Niederlanden, führte jedoch den Aufstand gegen Spanien an. Er erwies sich als großer Staatsmann, doch wurde er ermordet, bevor Holland unabhängig wurde.

Wilh. von Oranien leitet den Aufstand

Aufstand gegen Spanien
Im Jahr 1556 kamen die Niederlande zum spanischen Zweig des Habsburger Reiches. Die protestantischen Niederländer wollten vom katholischen Spanien nicht regiert werden. Es gab einen Aufstand; 1581 erklärten die 7 nördlichen Provinzen ihre Unabhängigkeit von Spanien. Nach langem blutigen Krieg gab es 1609 einen Waffenstillstand. Erst 1648 wurden die Niederlande unabhängig.

Die Nachtwache von Rembrandt, Ausschnitt

Goldenes Jahrhundert
Frei von der spanischen Herrschaft wurden die Niederlande reich. Kaufleute machten mit dem Überseehandel ein Vermögen. Qualifizierte jüdische und protestantische Flüchtlinge fanden hier Zuflucht vor den Verfolgungen im katholischen Europa. Die Gesellschaft ermutigte den freien Austausch von Ideen. Kunst und Wissenschaft blühten. Maler wie Rembrandt und Vermeer schufen Meisterwerke für die reichen Bürger.

Eine reiche Stadt
Die niederländischen Kaufleute wurden mit dem Ostindienhandel reich. Die Hauptniederlassung in Indonesien hieß Batavia und ist das heutige Jakarta. Ihren Sitz hatten die Kaufleute jedoch in Amsterdam. Sie bauten hier große Häuser, die allerdings leicht sein mussten, weil sie an den Kanälen im schlammigen Boden standen. Deswegen baute man große Fenster ein und verwendete als Baustoffe überwiegend leichte Backsteine oder Sandstein.

Kolonialreich
Im späten 16. Jh. machten sich holländische Händler in Asien auf die Suche nach Gewürzen. 1602 gründeten sie die Niederländische Ostindienkompanie. In Indien, China, Japan und Indonesien gab es Handelsposten. Bis 1650 hatten die Niederländer ein großes Kolonialreich in Ostasien erworben.

Gewürzhandel
Pfeffer, Muskatnuss und Gewürznelken erzielten im 16. und 17. Jh. hohe Preise. Den Niederländern gelang es, die Engländer und Portugiesen im Gewürzhandel mit Europa auszustechen. Sie errichteten in Südostasien ein großes Kolonialreich und pflanzten hier später auch Kaffee an.

Frischer Pfeffer

Muskatnuss

Getrockneter Pfeffer

Seekriege
Als führende Seefahrernation mussten die Niederländer um ihren Wohlstand kämpfen. Rivalitäten zunächst mit England und dann mit Frankreich führten im späten 17. Jh. zu Seekriegen und schwächten die Niederlande.

Grab des Admirals de Ruyter, der in den Seekriegen fiel.

20. Jahrhundert
Die Niederlande waren im Ersten Weltkrieg neutral, wurden im Zweiten aber von Deutschland überrannt und von 1940–45 besetzt. Nach dem Krieg waren sie wirtschaftlich sehr erfolgreich. Während der sozialdemokratischen Regierung wurde ein Wohlfahrtsstaat aufgebaut. Die Niederlande fördern eine weitere Integration im Rahmen der Europäischen Union.

Plakat der Sozialdemokratischen Partei

Chronologie

14.–15. Jh. Die Niederlande gehören zu Burgund.

1477 Die Niederlande werden ein Teil des Habsburger Reiches.

1555 Bei der Reichsteilung fallen die Niederlande an Spanien.

1568 Aufstand gegen die Spanier

1579 Die 7 Nordprovinzen bilden die Utrechter Union.

1581 Die 7 Nordprovinzen erklären ihre Unabhängigkeit von Spanien.

1648 Der Westfälische Friede erkennt die Unabhängigkeit der Niederländer von Spanien an.

1830 Das katholische Belgien erhält die Unabhängigkeit von den nördlichen Niederlanden.

1940–45 Besetzung der Niederlande durch Deutschland

1957 Die Niederlande sind Gründungsmitglied der Europäischen Wirtschaftsgemeinschaft.

1980 Beatrix wird Königin der Niederlande.

SIEHE AUCH UNTER ASIEN, GESCHICHTE · EUROPA, GESCHICHTE · KUNST, GESCHICHTE · SPANIEN, GESCHICHTE · WELTKRIEG, ZWEITER

NIEDERSCHLAG

DAS SÜSSWASSER, das Flüsse und Seen füllt, Pflanzen am Leben erhält und uns als Trinkwasser dient, stammt von den Niederschlägen. Bei jeder Art Niederschlag fällt Wasser auf die Erde. Dies ist in Form von Regentropfen oder Eiskristallen möglich. Niederschlag fällt immer dann, wenn die Atmosphäre die zunächst dampfförmige Feuchtigkeit nicht mehr länger halten kann. Diese kondensiert zuerst zu winzigen Wassertröpfchen. Wenn die Tröpfchen größer und schwerer werden, fallen sie als Regen. Andere Niederschlagsformen sind Tau, Graupel, Hagel oder Schnee.

Gebirge zwingen die Luft aufzusteigen.

Die Luft erwärmt sich beim Absteigen und wird immer trockener.

Regen fällt, wenn sich die Luft abkühlt und Wasserdampf kondensiert.

Steigungsregen

Wie Regen entsteht
Wenn Konvektionswolken schnell aufsteigen und sich dabei abkühlen, fallen aus ihnen Schauer. Steigungsregen entsteht, wenn Winde im Gebirge aufsteigen und sich abkühlen. In Gipfelregionen fallen dann die Niederschläge. Regen entsteht auch in Kalt- und Warmfronten.

Regentropfen
In den Tropen sind auch die Wolken verhältnismäßig warm. Aus kleineren Wassertröpfchen bilden sich dabei größere Regentropfen, die irgendwann auf die Erde fallen. Außerhalb der Tropen sind die Regentropfen ursprünglich Eiskristalle. Bei ihrem Fall sinken sie durch warme Luftschichten und werden dabei flüssig.

Flüssiger Niederschlag

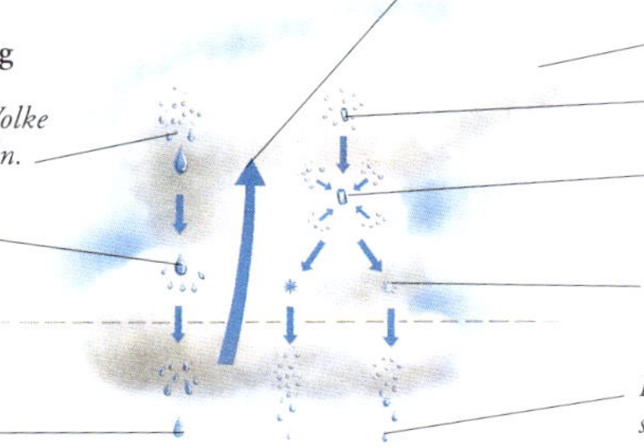

Kleine Wassertröpfchen in der Wolke verschmelzen zu größeren Tropfen.

Große Tropfen brechen beim Niederfallen auseinander.

0 °C-Grenze

Kleine Tröpfchen verschmelzen wiederum zu größeren Tropfen.

Heftige Luftströmungen transportieren die Feuchtigkeit nach oben.

Cumulonimbuswolke

Eiskristalle bilden sich.

Die Eiskristalle nehmen mehr Wasser auf und wachsen.

Die Eiskristalle bilden Schneeflocken oder Graupel.

Eiskristalle und Graupelkörner schmelzen beim Fallen durch wärmere Luftschichten.

Warmer Regen   Kalter Regen

Schnee
Eiskristalle fallen oft in Form von Schnee. Einzelne Schneekristalle lagern sich bei Temperaturen nahe 0 °C zu mehr oder weniger großen Flocken zusammen. Bei extremer Kälte bleiben die Schneekristalle getrennt und fallen dann als trockener Pulverschnee.

Vergrößerte Schneekristalle

Hagel
Bei Gewittern können über 5 mm große Hagelkörner fallen. Sie entstehen, wenn Eiskristalle in der Gewitterwolke immer wieder hochgewirbelt werden und dabei weitere Eisschichten anlagern. Hagelkörner zeigen daher einen deutlichen Schichtenaufbau.

Hagelkorn

Monsun
In vielen tropischen Gebieten vor allem in Asien fallen während der mehrmonatigen Regenzeit sturzbachartige Niederschläge. Sie entstehen durch feuchtigkeitsgesättigte Meeresluft, die sich abkühlt und schließlich abregnet. Dabei können heftige Überschwemmungen entstehen.

Frost
Bei Temperaturen unter 0 °C gefriert Wasser und überzieht den Boden und andere Oberflächen mit einer Eisschicht. Raureif entsteht, wenn feuchte Luft über sehr kalte Oberflächen streicht. Von Klareis spricht man, wenn unterkühlte Nebeltröpfchen langsam an Oberflächen anfrieren. Auf kalten Fensterscheiben bilden sich Eisblumen.

Raureif auf einem Auto

Schneeflocken
Wenn mehrere Schneekristalle miteinander verbacken, bilden sich Schneeflocken. Sie haben eine hexagonale Kristallform. Nicht alle Schneekristalle sind 6-eckige Sterne, es gibt z. B. auch 6-kantige Prismen. Kein Schneekristall gleicht aber dem anderen.

Blizzard
Schwere Schneestürme mit Temperaturstürzen heißen in Nordamerika auch Blizzards. Die Sichtweite geht dabei gegen Null. Es enstehen große Verwehungen, unter denen sogar Häuser verschwinden können.

Solche Schneesterne entstehen in Wolken bei wenigen Grad unter Null.

Wolken impfen
In Trockengebieten löst man gelegentlich Niederschläge durch Impfen von Wolken aus. Flugzeuge steigen auf und verteilen winzige Salzkristalle, an denen Wassertröpfchen kondensieren.

| SIEHE AUCH UNTER | ATMOSPHÄRE | KLIMA | UMWELT-VERSCHMUTZUNG | WETTER | WIRBEL-STÜRME | WOLKEN | WÜSTEN |

NIGHTINGALE, FLORENCE

DER BERUF DER KRANKENSCHWESTER war im 19. Jh. einer der wenigen, wenn auch gering geachteten Berufe für Frauen. Die meisten Schwestern waren ungelernt und arbeiteten unter schlechten Bedingungen. Das änderte sich erst mit Florence Nightingale. Sie erlebte im Krimkrieg als Krankenschwester das Leiden verwundeter Soldaten in schlecht ausgerüsteten Lazaretten und beschloss für eine bessere Pflege zu kämpfen. So setzte sie sich für die Ausbildung der Schwestern und für bessere Krankenhäuser ein. Als sie 1910 starb, hatte sie viel erreicht und ihr Berufsstand war nun angesehen.

Kindheit und Jugend
Florence Nightingale, Tochter reicher Engländer, wurde 1820 in Florenz geboren. Ein Leben als englische Landlady in Müßiggang schien ihr vorgezeichnet. Doch sie wollte etwas Nützliches tun. So entschloss sie sich Krankenschwester zu werden – ein ungewöhnlicher Schritt für eine Frau ihres Standes. Nach ihrer Ausbildung arbeitete sie als Krankenschwester in einem Frauenhospital.

Krimkrieg
1853 brach auf der Halbinsel Krim am Schwarzen Meer ein Krieg um den Fortbestand des Osmanischen Reiches aus. Nightingale überredete den britischen Kriegsminister, sie als Krankenschwester in den Krimkrieg zu lassen. Sie verließ England im Oktober 1854 mit 37 Schwestern und blieb bis zum Ende des Krieges 1856 am Schwarzen Meer.

Medizinische Kenntnisse
Zur Zeit von Florence Nightingale waren die medizinischen Kenntnisse gering. Es gab keine Antibiotika und die Behandlung in den Lazaretten beschränkte sich oft auf das Nötigste. Nur wenige Verwundete überlebten. Nightingale kämpfte darum, die Verhältnisse zu ändern und den Verletzten zu helfen, und sie reiste mit ihrem Medizinkoffer herum.

Opium gegen schlimme Schmerzen
Desinfektionsmittel
Chinin gegen Malaria
Koffer aus festem Holz
Messbecher aus Glas
Stärkungspillen

Florence Nightingales Medizinkoffer

Lazarett in Üsküdar
Während des Krimkriegs arbeitete Nightingale im Lazarett in Üsküdar am Bosporus. Die Verhältnisse waren dort nicht viel besser als in den Feldlazaretten. Für die verwundeten Soldaten gab es weder Medizin noch Pflege. Nightingale sorgte für Betten, Arznei und medizinisches Gerät und stellte ausreichendes Essen und richtige Pflege für die Verwundeten sicher. Sie kümmerte sich auch darum, dass die Verletzten sich erholen konnten, bevor sie wieder in den Kampf ziehen mussten.

Die Lady mit der Lampe
Florence Nightingale kümmerte sich persönlich um ihre Patienten und ging nachts mit einer Lampe durch die Krankensäle, um nach ihnen zu sehen. Nach ihrer Rückkehr wurde Florence in England als Heldin gefeiert. Zeitlebens hieß die treu sorgende Krankenschwester bei den Überlebenden des Krieges die „Lady mit der Lampe".

Mary Seacole
Mary Seacole war die Tochter einer jamaikanischen Mutter und eines schottischen Vaters. Sie hatte sich in Jamaika zur Krankenschwester ausbilden lassen. Als sie sich anbot, Florence Nightingale im Krimkrieg zu helfen, wurde sie – vermutlich wegen ihrer Abstammung – abgewiesen. Sie ging trotzdem nach Balaklava, um dort verwundeten Soldaten beizustehen. Nach dem Krimkrieg kehrte sie nach England zurück und lebte in Armut. Über ihr Leben schrieb sie ein Buch.

Mary Seacole kümmert sich um einen Verwundeten.

Schwesternausbildung
Nach dem Krimkrieg nutzte Nightingale ihre Bekanntheit, um eine bessere Ausbildung für Krankenschwestern zu erreichen. Sie gründete das Nightingale-Training-Centre am St.-Thomas-Hospital in London. Solche Ausbildungszentren für Krankenschwestern verbreiteten sich über das ganze Land.

FLORENCE NIGHTINGALE

1820	Geboren in Florenz, Italien
1850/1851	Ausbildung als Krankenpflegerin in Kaiserswerth bei Düsseldorf
1853	Beendigung der Ausbildung als Krankenschwester und erste Stellung an einem Frauenhospital
1854	Sie zieht in den Krimkrieg; Arbeit im Lazarett in Üsküdar
1856	Rückkehr nach England; Kampagne für eine bessere Ausbildung von Schwestern
1860	Errichtung einer Schwesternschule in London
1907	Als erste Frau mit dem *Order of Merit*, dem höchsten englischen Verdienstorden, ausgezeichnet
1910	Tod mit 90 Jahren in London

SIEHE AUCH UNTER: ARZNEIMITTEL UND DROGEN · EMANZIPATION · KRANKENHAUS · MEDIZIN, GESCHICHTE · OSMANISCHES REICH · PASTEUR, LOUIS

NORDAMERIKA

NORDAMERIKA umfasst die Länder Kanada, USA, Mexiko, ferner die Karibischen Inseln und Grönland, die größte Insel der Erde. Der größte Teil der Bevölkerung lebt im Nordosten mit seinem gemäßigtem Klima. Hier konzentriert sich auch die Industrie. Der heißere Süden und der trockene Westen sind dünner besiedelt, und im hohen Norden leben nur noch wenige Menschen. Die USA und Kanada sind mächtige und reiche Nationen, während Mexiko und viele Karibische Inseln zu den wirtschaftlich schwachen Regionen zählen.

Geografie

Die Rocky Mountains bilden im Westen ein mächtiges Faltengebirge, die älteren, bewaldeten Appalachen liegen im Osten. Dazwischen erstreckt sich eine fruchtbare Ebene, die Great Plains mit dem Mississippi. Nordkanada liegt nördlich des Polarkreises, der größte Teil Mexikos in den Tropen. Zwischen den USA und Kanada befindet sich das Gebiet der Großen Seen.

Die Großen Seen
Die fünf Großen Seen zwischen den USA und Kanada haben eine Fläche von 245 660 km² und enthalten 1/5 der Süßwasserreserven der Erde. Der Obere See ist nach der Fläche der größte Süßwassersee. Die anderen heißen Huron-, Michigan-, Erie- und Ontariosee. Sie sind über den St.-Lorenz-Kanal, der von hochseetüchtigen Schiffen befahren werden kann, mit dem Atlantik verbunden.

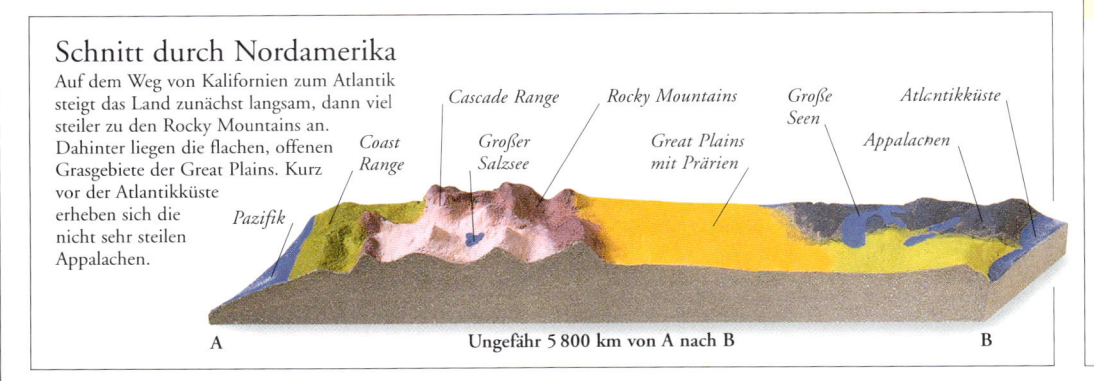

Grand Canyon
Der Grand Canyon im Südwesten der USA ist die längste Schlucht der Erde und eines der berühmtesten Naturwunder Nordamerikas. Der Coloradofluss mit seinen Nebenflüssen kehlte ihn in Jahrmillionen aus dem Gestein Arizonas aus. Stellenweise ist er 1,8 km tief.

Schnitt durch Nordamerika

Auf dem Weg von Kalifornien zum Atlantik steigt das Land zunächst langsam, dann viel steiler zu den Rocky Mountains an. Dahinter liegen die flachen, offenen Grasgebiete der Great Plains. Kurz vor der Atlantikküste erheben sich die nicht sehr steilen Appalachen.

Ungefähr 5 800 km von A nach B

NORDAMERIKA: DATEN

- FLÄCHE 24 344 000 km²
- EINWOHNER 485 000 000
- ANZAHL DER LÄNDER 23
- GRÖSSTES LAND Kanada
- KLEINSTES LAND St. Kitts und Nevis
- HÖCHSTER PUNKT Denali/Mt. McKinley in Alaska 6 194 m
- TIEFSTER PUNKT Death Valley, Kalifornien, 86 m u.M.
- LÄNGSTER FLUSS Mississippi 3 780 km
- GRÖSSTER SÜSSWASSERSEE Oberer See 82 100 km²

Klimagebiete

Das Klima Nordamerikas ist vielgestaltig und hängt von der Meereshöhe und der Küstenentfernung ab. Grönland ist von Inlandeis bedeckt. Im hohen Norden Amerikas wächst Tundra und Nadelwald. Die Grasländer der Great Plains liegen in einem warmen, eher trockenen Klima. Im Südwesten gibt es schneebedeckte Gipfel ebenso wie Wüsten.

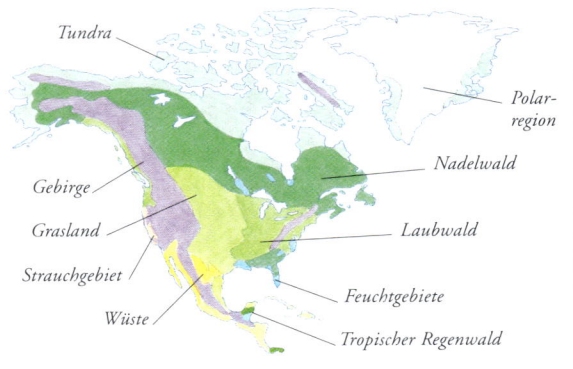

Tundra · *Polarregion* · *Nadelwald* · *Gebirge* · *Laubwald* · *Grasland* · *Strauchgebiet* · *Feuchtgebiete* · *Wüste* · *Tropischer Regenwald*

Tundra
Die nördlichsten Teile Alaskas und Kanadas liegen innerhalb des Polarkreises. In den kühlen kurzen Sommern taut das Land soweit auf, dass Blütenpflanzen wachsen. In den langen kalten Wintern sinken die Temperaturen bis -60 °C.

Gebirgszüge
Die Rocky Mountains, ein relativ junges Gebirge, ziehen im Westen des Kontinents von Alaska bis nach Mexiko, wo sie sich als Sierra Madre fortsetzen. Westlich der Rockys liegen die Coast Ranges. Die viel älteren Appalachen laufen parallel zur Ostküste.

Die Rocky Mountains sind bis 6 187 m hoch.

Rockys in Kanada

Nadeln · **Douglastanne** · *Zapfen* · *Über Flüsse besteht oft der einzige Zugang zum Wald.*

Nadelwald
Ein Großteil Kanadas und Alaskas ist Taiga mit Flüssen und Seen und von Fichten, Tannen, Lärchen und Kiefern bedeckt. Nadelwälder wachsen auch an den Abhängen der Rocky Mountains. Die Mammutbäume erreichen an der Pazifikküste 135 m Höhe.

Ahornblätter

Die bunte Herbstfärbung der Laubwälder heißt Indian Summer.

Laubwälder
Ausgedehnte Laubwälder bedecken das Gebiet südlich der Großen Seen und zu beiden Seiten der Appalachen in Kanada und den USA. In Mexiko wachsen noch einige wenige tropische Regenwälder.

Great Plains
In den Great Plains, an denen Kanada und die USA Anteil haben, liegen die Prärien, in denen berühmte Indianervölker lebten. Heute baut man hier viel Weizen an.

Kakteen halten die Trockenheit in der Sonorawüste aus.

Langgrasprärie

Wüsten
Halbwüsten und Wüsten bedecken Nordmexiko und die südwestlichen USA. Hier ist es sehr heiß und sehr trocken. Regen fällt nur selten. Zu den größten Wüsten zählen das Great Basin in der Nähe der Rocky Mountains, die Mohavewüste, das Death Valley und die Sonorawüste an der Grenze zwischen Mexiko und den USA.

Feuchtgebiete
Die Everglades in Florida sind das größte Feuchtgebiet der Erde und bedecken insgesamt 7 112 km². Das Sumpfgebiet des Okefenokee Swamp zwischen Florida und Georgia umfasst 1 555 km².

Bevölkerung
Die meisten Nordamerikaner stammen von europäischen Siedlern ab. Rund 12 % sind Nachkommen schwarzafrikanischer Sklaven. Die Anzahl der Indianer schätzt man auf 10 Mio. In den letzten Jahrzehnten sind viele Asiaten und spanischstämmige Menschen (Hispanics) eingewandert.

Nordamerikas Bevölkerung ist kulturell stark gemischt.

Ressourcen
Nordamerika ist reich an Ressourcen. Es gibt fast alle wichtigen Bodenschätze. Außerdem finden sich fruchtbare Böden für den Ackerbau, umfangreiche Wälder und Fischgründe, obwohl diese heute überfischt sind. Die wichtigsten Pflanzen sind Getreide, Obst und Gemüse.

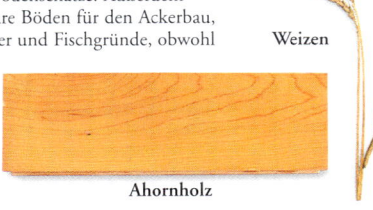

Mais · *Weizen* · **Ahornholz**

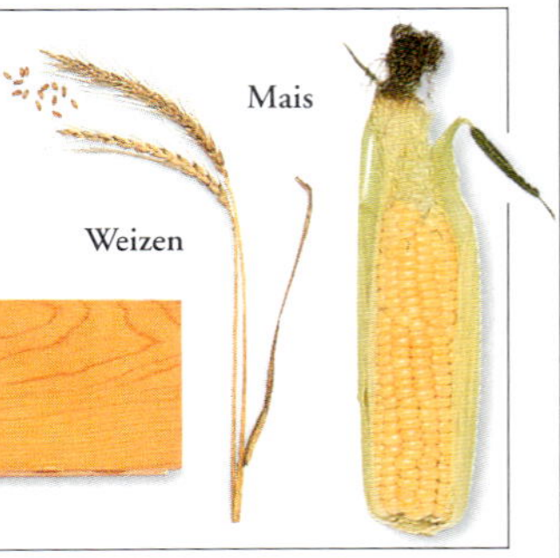

SIEHE AUCH UNTER: BÄUME · GEBIRGE · GRASLAND, TIERWELT · INDIANER · KLIMA · KONTINENTE · NORDAMERIKA, TIERWELT · TUNDRA · WÄLDER · WÜSTEN

NORDAMERIKA, GESCHICHTE

IM LAUFE VON JAHRTAUSENDEN entstanden in Nordamerika verschiedene Hochkulturen. Die Völker trieben Handel miteinander und bekämpften sich oft gegenseitig. Einige errichteten aufwendige Bauwerke und entwickelten den Ackerbau, andere zogen als Jäger und Sammler umher. In der kurzen Spanne von rund 350 Jahren wurden all diese Völker von europäischen Siedlern überrannt. Die Europäer eroberten ganz Nordamerika vom Atlantik bis zum Pazifik und gründeten zwei neue unabhängige Staaten: die Vereinigten Staaten von Amerika und Kanada.

Erste Amerikaner

Bis vor etwa 15 000 Jahren herrschte in Nordamerika die Eiszeit. Da sehr viel Wasser als Eis gebunden war, fiel der Meeresspiegel um etwa 90 m und gab zwischen Asien und Amerika eine Landbrücke frei. Bevor sich die Beringstraße wieder mit Wasser füllte, kamen Jäger und Sammler aus Asien.

Eskimomesser aus Walrosszahn

Pueblo Bonito

Die frühen Bewohner Nordamerikas errichteten bald Siedlungen. Eine der eindrucksvollsten ist der Pueblo Bonito im Chaco Canyon im Südwesten der USA. Den Pueblo bauten die Anasazi, die zwischen 950 und 1300 n. Chr. hier lebten. In der Blütezeit wohnten mehr als 1 200 Menschen in dem Pueblo. Es war ein einziges Gebäude, das aus Lehmziegeln, den Adobes, bestand. Die Behausungen waren wie Waben an- und übereinander gebaut und erreichten teilweise 4 Stockwerke Höhe. Der Zugang erfolgte über Leitern vom Dach aus. Der Pueblo Bonito galt bis ins späte 19. Jh. als das größte Wohnhaus Nordamerikas. Die Nachfahren der Anasazi sind die Pueblo-Indianer. Sie feiern noch immer die alten Zeremonien in der Kiva.

Kachina-Puppen
Sie sind wie bei der Kiva-Zeremonie gekleidet.

Rückwand mit 4 Stockwerken

Auf den Flachdächern spielte sich das Leben ab.

In unterirdischen runden Räumen, den Kivas, hielt man Zeremonien ab.

Keller, vermutlich als Lagerräume genutzt

Nahrung der Indianer

Die Prärien, Wälder und Flüsse lieferten mannigfache Nahrung. Beeren und essbare Pflanzen gab es im Überfluss. Riesige Herden von Büffeln und Hirschen sowie Lachse ergänzten das Angebot. Hinzu kam der Anbau.

Kürbisse
Die verschiedenen Kürbissorten aß man frisch oder trocknete die ölreichen Kerne für den Winter.

Mais
Mais wurde zu Mehl gemahlen. Es gab Maisbrei und Maiskuchen, eine Art Polenta. Man aß Mais auch geröstet mit Honig, Ahornsirup oder Fett.

Bohnen
Bohnen sind reich an Eiweiß und Vitaminen. Sie bildeten einen wichtigen Teil der Nahrung.

Adena-Kultur

Die Adena-Leute lebten 1000 v. Chr.–200 n. Chr. am Ohio. Sie waren vorwiegend Sammler und Jäger, bauten aber vermutlich schon Mais und Kürbisse an. Dieses Volk errichtete ausgedehnte Grabhügel, die Mounds. Am bekanntesten ist der Serpent Mound – der Schlangenhügel.

Hopewell-Kultur

Um 300 v. Chr.–700 n. Chr. lebten am Mississippi die Hopewell-Leute. Sie gehören wie die Adena-Leute zu den Mound Buildern, die große Grabhügel errichteten. Es gab einst viele tausende solcher Mounds. In einigen fand man Gegenstände aus Materialien, die von weither stammen mussten.

Figuren oder Tiere aus Ton und anderen Materialien waren Grabbeigaben.

Tonfigur

Vogel aus Kupfer

Chronologie

um 20000 v. Chr. Jäger und Sammler aus Asien überqueren die Landbrücke in der Beringstraße und ziehen immer weiter südwärts.

um 9000 v. Chr. Die ersten Amerikaner jagen auf den Great Plains den Bison, den amerikanischen Büffel.

um 5000 n. Chr. Die ersten Ackerbauer beginnen im Südwesten Nordamerikas Mais anzubauen.

um 500 n. Chr. Die Hopewell-Leute errichten am oberen Mississippi Grabhügel, die sog. Mounds.

700 Die ersten Pueblos entstehen im Südwesten.

John Cabot

um 1000 Die Wikinger landen an der Ostküste.

1492 Kolumbus entdeckt Amerika.

1497 Der Italiener John Cabot entdeckt Neufundland.

1534–35 Der Franzose Jacques Cartier segelt den St.-Lorenz-Strom aufwärts.

NORDAMERIKA, GESCHICHTE

Ankunft der Europäer

Nachdem Amerika entdeckt war, segelten die Europäer über den Atlantik nach Westen. Die Franzosen fuhren den St.-Lorenz-Strom aufwärts, die Engländer suchten von der Nordküste aus eine Route nach Asien, die Spanier zogen von Mexiko nordwärts.

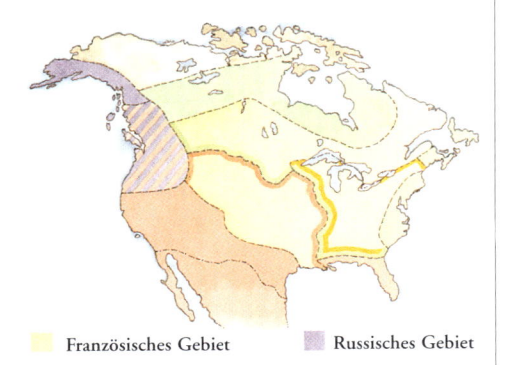

- Französisches Gebiet
- Russisches Gebiet
- Spanisches Gebiet
- Britisches Gebiet

Hernando de Soto

1539 zog der spanische Gouverneur von Kuba, Hernando de Soto (1496–1542), aus, um Nordamerika zu erobern. Er landete in Florida und wandte sich auf der – vergeblichen – Suche nach Gold, Silber und Edelsteinen nach Norden. 1541 erreichte er als erster Europäer den Mississippi. Er starb auf dieser Reise.

De Soto in Florida

Französische Häuser in Kanada

Französisch-Kanada

Nach der 1 200 km langen Fahrt des französischen Seemanns Jacques Cartier durch den St.-Lorenz-Strom 1534–35 versuchten französische Siedler 1541 vergeblich eine Kolonie in Montreal zu gründen. Erst 1608 gelang dies Samuel de Champlain (1567–1635) in Quebec. Es wurde 1663 die Hauptstadt von Neufrankreich, wie man das wachsende französische Kolonialreich in Nordamerika damals nannte.

Die Neue Welt lockt

Viele Gründe lockten die Europäer in die Neue Welt, etwa religiöse Verfolgung und Armut zu Hause, die Aussicht neue Länder zu erobern, die Hoffnung auf Reichtum durch den Pelzhandel und nicht zuletzt die Gier nach Gold. Um 1750 gab es im Norden und Osten britische, französische, holländische und deutsche Siedlungen; die Spanier hatten sich im Westen niedergelassen.

Religiöse Verfolgung

Im 17. und 18. Jh. flohen viele Menschen, die wegen ihres Glaubens verfolgt wurden, von Europa in die Neue Welt. Puritaner, Quäker, Presbyterianer, Shakers und andere Glaubensgemeinschaften gründeten vor allem im Osten Nordamerikas Kolonien, wo sie ihre Religion ungehindert ausüben konnten.

Die Shakers kamen 1774 nach Amerika

Erforschung

1682 befuhr der französische Händler Robert Cavelier de La Salle (1643–87) den Mississippi bis zur Mündung. Das Land nahm er für Frankreich in Besitz und nannte es Louisiana nach Ludwig XIV. 1803 kaufte die USA Louisiana von Frankreich. 1804 erhielten William Clark and Meriwether Lewis den Auftrag, es zu erforschen.

Der Oktant diente seit 1610 zur Bestimmung des Breitengrades.

Oktant

Fernrohr

Lewis und Clark fuhren in einem Indianerkanu.

Gold

1848 wurde in Kalifornien Gold entdeckt. Dies löste einen wahren Goldrausch aus. Die Goldgräber kamen von überall her. Neue Städte wie San Francisco schossen aus dem Boden und nahmen die Ankömmlinge auf.

Goldsuche in den USA

Trapper
- Waschbärmütze
- Gewehr für die Jagd und zur Verteidigung
- Warme, pelzgefütterte Kleidung
- Indianische Schneeschuhe

Fallensteller

Die einheimischen Pelztierjäger waren froh, ihre Felle von Bären, Füchsen, Bibern oder Seehunden bei den Siedlern gegen Gewehre, Pulver und Blei, Decken und Alkohol einzutauschen. 1670 gründeten englische Pelzhändler die Hudson's Bay Company, um diesen einträglichen Handel auszuweiten. In Kanada betrieben die Franzosen den Pelzhandel von Montreal und Quebec aus.

Otter

Bär

Nerz

Cabot und Cartier

Während die Spanier und Portugiesen Zentral- und Südamerika erforschten und eroberten, konzentrierten sich England und Frankreich auf Nordamerika. Der englische König Heinrich VII. beauftragte den Italiener John Cabot (um 1450– um 1499), einen neuen Seeweg nach Asien zu finden. Als erster Europäer erreichte Cabot die Insel Neufundland, die er für England in Besitz nahm. Der Franzose Jacques Cartier (1491–1557) segelte den St.-Lorenz-Strom hinauf und besuchte zwei Dörfer der Huronen, das spätere Quebec und Montreal. Das huronische Wort für Dorf, *kanata*, gab später dem ganzen Norden den Namen: Kanada.

Chronologie

1607 Jamestown, Virginia, ist die erste europäische Kolonie in Nordamerika von Dauer.

1608 Champlain gründet in Kanada Quebec als Kolonie.

1620 Die Pilgerväter kommen mit der *Mayflower* von England und gründen Plymouth, Massachusetts.

1625 Holländer gründen Neu-Amsterdam, das heutige New York.

1756-63 Siebenjähriger Krieg, der zwischen Briten und Franzosen auch in Nordamerika stattfindet

1763 Frankreich verliert seine Besitzungen in Nordamerika an England.

Die Mayflower

1774 Die britischen Kolonien unter George Washington kämpfen gegen Truppen des Mutterlandes.

1776 13 britische Kolonien erklären ihre Unabhängigkeit von England.

1781 England kapituliert.

1789 Die Vereinigten Staaten von Amerika werden gegründet; George Washington ist der erste Präsident.

1867 Englands Kolonien in Kanada vereinigen sich und gründen das unabhängige Dominion Kanada.

SIEHE AUCH UNTER: AMERIKANISCHE REVOLUTION · AMERIKANISCHER BÜRGERKRIEG · ENTDECKUNGEN · EUROPA, GESCHICHTE · INDIANER · KANADA, GESCHICHTE · KARIBIK, GESCHICHTE · VEREINIGTE STAATEN VON AMERIKA, GESCHICHTE

NORDAMERIKA, TIERWELT

DER RIESIGE KONTINENT Nordamerika erstreckt sich von der Arktis bis nach Mexiko und vom Pazifik bis zum Atlantik. Dieser Vielfalt an Lebensräumen entspricht eine ebenso mannigfaltige Tier- und Pflanzenwelt. Die wichtigsten Lebensräume in Nordamerika sind die kalte Tundra im Norden, das Nadelwaldgebiet oder die Taiga, die Laubwaldgebiete, die weiten Prärien, die Feuchtgebiete im Südosten sowie die Wüsten im Südwesten. Einige dieser Lebensräume sind heute durch die Ausbreitung der menschlichen Siedlungen stark gefährdet.

Tundra
Das Gebiet weit im Norden Nordamerikas hat lange kalte Winter und kurze Sommer. Gräser, Seggen, Moose und Flechten überleben in der dünnen Bodenschicht, die im Sommer auftaut. Dann sind auch Bestäuberinsekten, Säuger und Vögel aktiv.

Karibu
Karibus oder Rentiere bilden in der Tundra große Herden. Im Sommer wandern sie nordwärts, um sich von Gräsern zu ernähren. Im Winter weichen sie vor der Kälte nach Süden aus. In Sumpf und Schnee kommen sie gut zurecht.

Karibus haben ein dickes, wasserdichtes Fell.

Polarfuchs
Der Polar- oder Eisfuchs hat ein sehr dichtes Fell. Er kann damit den Winter in der Tundra überleben. Erst bei Temperaturen von -70°C beginnt er zu frieren. Er frisst nahezu alles, darunter Beeren, Vögel, Nager und die Reste, die der Eisbär zurückgelassen hat.

Weißes Fell zur Tarnung im Winter

Schnee-Eule
Das dicke weiße Gefieder, das auch die Füße bedeckt, hält den Vogel warm und dient im Winter als Tarnung. Schnee-Eulen leben in der Tundra, wandern aber bei Nahrungsmangel südwärts. Sie jagen tags und nachts Lemminge, Hasen, Enten und Möwen. Ihr Nest steht auf dem Boden.

Scharfe Krallen

Feuchtgebiete
Nordamerikas Feuchtgebiete umfassen Seen, Flüsse, Moore und Sümpfe, vor allem die subtropischen Everglades. Hier leben Wasservögel, Frösche, Fische, Insekten und wasserbewohnende Säuger wie Biber und Bisamratten.

Laubfrosch
Laubfrösche leben in Sträuchern und Bäumen nahe bei Quellen, Bächen, Flüssen, Seen und Sümpfen. Durch ihre Farbe sind sie sehr gut getarnt. Sie jagen meist nachts Insekten und Spinnen. Im Frühjahr gehen die Frösche ins Wasser, um sich dort fortzupflanzen.

Stromlinienform beim Sprung

Biber
Der Biber ist das größte Nagetier Nordamerikas. Er lebt an Flüssen und Seen und fällt mit seinen mächtigen Schneidezähnen armdicke Bäume. Er frisst die Rinde und errichtet aus den Stämmen Dämme. Im aufgestauten Wasser baut er dann seine Biberburg. Der Eingang liegt unter Wasser.

Biber haben einen stromlinienförmigen Körper und Schwimmhäute.

Mississippi-Alligator
Alligatoren leben in den subtropischen Feuchtgebieten der südöstlichen USA. Sie sonnen sich gerne an schlammigen Ufern. Ihre Nahrung suchen sie im Wasser wie auf dem Land, Tag und Nacht. Sie fressen Vögel, Amphibien, Reptilien, Fische und kleine Säuger.

Wüste
Im Südwesen Nordamerikas liegen heiße Wüsten. Hier ist die Heimat der Kakteen, die in ihren fleischigen Stängeln Wasser speichern. Viele Wüstentiere halten sich tagsüber versteckt und gehen nur nachts, wenn es kühl ist, auf Jagd und Beutesuche.

Kalifornischer Eselhase
Der Eselhase ist nachts aktiv und frisst Gräser, Kakteen sowie Rinden und Knospen von Sträuchern. Tagsüber verbirgt er sich vor der sengenden Sonne.

Lange Ohren zur Wärmeabstrahlung

Lange Hinterbeine für Geschwindigkeiten bis zu 56 km/h

Saguarokaktus
Dieser Riesenkaktus in der Sonorawüste nimmt mit seinen flachen Wurzeln viel Regenwasser auf und speichert es im Stamm. Blüten und Früchte liefern vielen Tieren Nahrung. Spechte hacken Bruthöhlen in den Stamm. Auch Kleineulen brüten hier.

Saguarokakteen werden bis zu 20 m hoch.

Roadrunner
Der Erdkuckuck oder Roadrunner („Straßenläufer") fliegt kaum mehr, sondern läuft bis zu 20 km/h schnell und entkommt so Feinden.

Wüstenschildkröte
Diese Schildkrötenart verbirgt sich vor der Sonne in ihrem Bau und frisst erst in der Dämmerung von fleischigen Kakteen.

Kräftige Beine zum Eingraben

Gebirge

Die Rocky Mountains sind ein junges Faltengebirge wie die Alpen und der größte Gebirgszug in Nordamerika. Mit zunehmender Höhe ändert sich die Pflanzendecke, von Nadelwald über Wiesen und Weiden bis zu Tundra, Fels und Eis. Jede dieser Vegetationszonen hat ihre eigene Tierwelt.

Berghüttensänger
Der Berghüttensänger lebt im Nordwesten. Im Sommer findet man diesen kleinen Vogel auf Wiesen über 1500 m Höhe. Dort fängt er Insekten oft im Flug. Im Winter fliegen die Berghüttensänger gruppenweise in flachere Lagen. Die Weibchen sind nicht so leuchtend bunt wie die Männchen.

Männchen mit hellblauem Gefieder

Hufe mit festem Griff

Weißrindenkiefer
Die Weißrindenkiefer gedeiht in den Rocky Mountains bis auf 4 000 m Höhe. Sie wächst oft strauchförmig und bietet vielen Tieren Unterschlupf und Nahrung vom Samen bis zur Rinde.

Puma
Der Puma heißt auch Berg- oder Silberlöwe und lebt in unberührten Gebirgsgegenden des westlichen Nordamerika. Dabei geht er bis in eine Höhe von 4 500 m. Pumas sind gewaltige Jäger und erbeuten vor allem Hirsche, aber auch Stachelschweine.

Schneeziege
Schneeziegen gehören zu den trittsichersten Tieren. Am Morgen und am Abend verlassen sie in kleinen Gruppen die unzugänglichen Felsgebiete und äsen in den Wiesen nahe der Baumgrenze.

Laubwald

Die Laubwälder sind die Heimat vieler Insekten, Vögel und Säuger, besonders im Sommer, wenn alles grünt. Es gibt hier über 150 Baumarten, vor allem Eichen und Ahorne.

Feuerkopf-Saftlecker
Diese Spechtart bohrt Löcher in die Rinden von Ahornen und Birken. Dann fliegt der Vogel weg. Später kehrt er zurück, um sich vom Zuckersaft zu ernähren, der aus dem Loch herausfließt. Jahr für Jahr bohrt der Saftlecker an diesen Löchern weiter.

Monarchfalter
Der Schmetterling unternimmt große Wanderungen. Im Sommer pflanzt er sich in den Wäldern der nördlichen USA fort. Im Herbst fliegen die Nachkommen nach Mexiko, überwintern und kehren zurück.

Nadelwald

Die Nadelwälder in Nordamerika bedecken eine große Fläche. Die Sommer sind warm, die Winter kalt und schneereich. Typische Waldbewohner sind Stachelschweine, Hasen und Raubtiere wie Luchse und Wölfe.

Die Hufe verhindern Einsinken

Männchen tragen schaufelförmige Geweihe

Urson
Der Urson oder Baumstachler klettert gut. Im Winter frisst er Nadeln, im Sommer Schösslinge, Wurzeln und Beeren. Mit den Stacheln verteidigt er sich.

Stacheln

Elch
Diese größte Hirschart lebt in Nadelwäldern. Der Elch steht gern im Wasser und frisst Wasserpflanzen. Dort ist er auch vor Wölfen sicher.

Kanincheneule
Dieses Käuzchen hat sich an einen Lebensraum mit sehr wenigen Bäumen angepasst. Es lebt in Erdhöhlen. Dazu sucht es leere Baue von Nagern, etwa von Präriehunden.

Prärie

Als Prärie bezeichnet man das Grasland der Great Plains. Als der Mensch dieses Gebiet besiedelte, rottete er den Bison und den Gabelbock fast aus. Glücklicherweise gibt es noch einige Präriegebiete, in denen Erdhörnchen und Kojoten leben.

Büffelgras
Das Büffelgras ist die häufigste Art in den halbtrockenen Gebieten der westlichen Prärie. Die Gräser sind an die trockeneren Bedingungen angepasst und wachsen nicht so hoch. Sie bieten Nahrung für Insekten, Nagetiere und vor allem auch Rinder.

Scharfe Krallen zum Fang von Schlangen.

Gabelbock
Kleine Herden von Gabelböcken oder Pronghorns fressen von den zahlreichen Grasarten in der Prärie. Die Tiere erreichen auf der Flucht vor Raubtieren Geschwindigkeiten von bis zu 96 km/h. Die Jagd brachte den Gabelbock an den Rand des Aussterbens. Heute leben wieder geschützte Herden in und um die Reservate.

Männchen mit gegabelten Hörnern

Heuschrecken
Vor allem in den westlichen Prärien leben diese großen, kräftigen Heuschrecken. Sie fressen Gräser und sind vom Sommer bis in den Frühherbst hinein aktiv. Sie treten allerdings kaum in Massen auf.

Gelbe Tarntracht

SIEHE AUCH UNTER | BÄUME | EULEN UND KÄUZE | GRÄSER | HEUSCHRECKEN UND GRILLEN | HIRSCHE UND ANTILOPEN | LÖWEN UND ANDERE GROSSKATZEN | NAGETIERE

NORDWESTAFRIKA

MAROKKO, ALGERIEN, TUNESIEN, LIBYEN und das umstrittene Territorium von Westsahara (Republik Sahara) bilden zusammen Nordwestafrika. In der Region dominieren seit über 1 300 Jahren die Araber und ihre Religion, der Islam. Algerien und Libyen sind große Flächenstaaten, doch bestehen sie überwiegend aus Wüste. Sie verfügen, wie auch Tunesien, aber über große Erdöl- und Erdgasvorkommen. Die Landwirtschaft wird heute durch Bewässerungsprojekte gefördert. Die Zahl der Nomaden nimmt hingegen immer mehr ab.

Mittelmeerküste
An der Küste lebten einst die Phönizier, die Griechen und die Römer. Deswegen sind hier noch viele antike Ruinen zu sehen, die Touristen in großen Scharen anlocken. Die meisten Einwohner leben in der Küstenebene mit ihrem fruchtbaren Boden und dem angenehm warmen Klima.

Geografie

Längs der Mittelmeer- und Atlantikküste liegt ein fruchtbarer Streifen Land, an dem die meisten Menschen leben. Das Atlasgebirge verläuft quer durch Marokko und schickt hügelige Ausläufer bis Algerien und Tunesien. Das restliche Land ist Wüste, unterbrochen von Oasen.

25 °C   12 °C
434 mm

Klima
An der Küste und in größerer Höhe sind die Sommer trockenheiß, die Winter eher warm und feucht. Tags steigt die Temperatur in der Wüste auf 38 °C; nachts kann sie nahe am Gefrierpunkt liegen. Regen fällt sehr unregelmäßig, oft nur 2,5 cm pro Jahr.

Sahara
Die Wüste Sahara misst rund 9 065 000 km². Nur ungefähr ein Fünftel davon besteht aus Sand. Den Rest bedecken nackter Fels, Gesteinsschutt oder Gebirge wie der Ahaggar in Algerien, der eine Höhe von 2 918 m erreicht. In 90 großen Oasen werden Nutzpflanzen angebaut.

Atlasgebirge
Das Atlasgebirge besteht aus mehreren Ketten, die sich von der Atlantikküste Marokkos bis zum Cap Bon in Osttunesien über 2 410 km erstrecken. Der höchste Berg ist der Djebel Toubkal (4 165 m) im Hohen Atlas in Südmarokko. Die Gebirgsflüsse sind für die Bewässerung der Felder lebenswichtig.

Berber
Die Ureinwohner Nordwestafrikas sind die Berber. Heute leben noch etwa 10 Mio. Berber in den Gebirgen und Wüsten. Die meisten von ihnen sind Moslems, doch sie haben ihre Sprache und eigene Kultur beibehalten. Die Tuareg sind nomadische Berber, die in der Sahara umherziehen.

Berber mit Kind

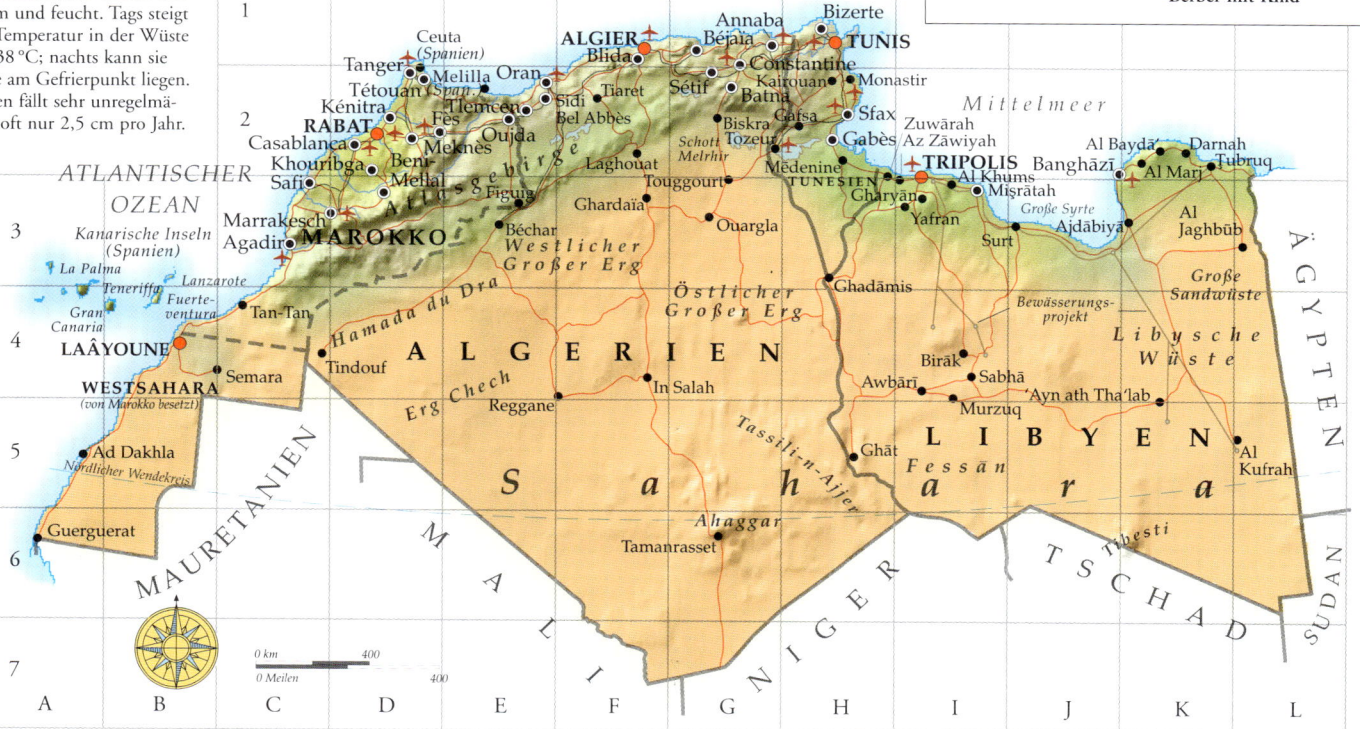

Marokko

In Marokko mischen sich afrikanische, islamische, arabische, berberische und europäische Einflüsse. Über 2 Mio. Touristen besuchen jährlich das Land. Wirtschaftlich bedeutsam sind Landwirtschaft, die unter Wasserarmut zu leiden hat, Fischerei und Phosphatabbau.

MAROKKO: DATEN

HAUPTSTADT Rabat
FLÄCHE 458 730 km²
EINWOHNER 30 200 000
SPRACHE Arabisch; Berbersprachen, Franz.
RELIGION Islam
WÄHRUNG Dirham

Minzetee
Das traditionelle Getränk in Marokko ist ein erfrischender Minzetee mit viel Zucker. Beim Einkaufen und Handeln in den Souks, den Märkten und Basaren, wird er oft gratis angeboten.

Teppiche
Im ganzen Land werden Wollteppiche geknüpft. Die größten Zentren sind Fes und Rabat. Die Teppiche zeigen kühne Farben und symbolische, oft abstrakte Muster. Der Teppichhandel ist Männersache, das Knüpfen leisten die Frauen.

Westsahara
Marokko hält seit 1975 die einst spanische Kolonie Westsahara besetzt. Die Befreiungsbewegung Polisario begann 1983 mit ihrem Kampf, um die Massenansiedlung von Marokkanern in dem phosphatreichen Land zu stoppen. Sie rief die Republik Sahara aus.

Kämpfer der Polisario-Bewegung

Tunesien

Die frühere französische Kolonie ist das kleinste Land in Nordwestafrika und einer der liberalsten arabischen Staaten. Jedes Jahr kommen fast 5 Mio. Urlauber, um sich an den Stränden zu erholen und die archäologischen Stätten zu besuchen.

Kuskus gart man in einem eigenen Topf im Dampf über dem Hauptgericht.

TUNESIEN: DATEN

HAUPTSTADT Tunis
FLÄCHE 163 610 km²
EINWOHNER 9 700 000
SPRACHE Arabisch; Berbersprachen, Franz.
RELIGION Islam
WÄHRUNG Tunesischer Dinar

Landesgericht
Das Grundnahrungsmittel in Tunesien ist Weizenschrot, aus dem Kuskus gekocht wird. Man reicht ihn mit einer Fleisch- oder Gemüsesoße. Die Tunesier essen gern scharf. Nach dem Hauptgang folgen ein Dessert aus Datteln mit Mandelfüllung oder Süßigkeiten mit Honig und Nüssen.

Souk
In allen nordwestafrikanischen Städten gibt es einen Souk oder Markt. Er besteht meist aus einem Gewirr enger Gassen mit vielen kleinen Läden. Die Menschen kaufen hier alles Mögliche ein, z. B. Nahrungsmittel, Teppiche, Schmuck und vieles andere.

Algerien

Im Jahr 1962 erlangte Algerien die Unabhängigkeit von Frankreich. Seit Jahren herrscht ein blutiger Kampf zwischen der Regierung und fundamentalistischen islamischen Gruppen. Über vier Fünftel Algeriens sind Wüste, wo es reiche Erdöl- und Erdgasvorkommen und große Oasen gibt.

ALGERIEN: DATEN

HAUPTSTADT Algier (El Djazaïr)
FLÄCHE 2 381 741 km²
EINWOHNER 32 000 000
SPRACHE Arabisch, Berbersprachen; Französisch
RELIGION Islam
WÄHRUNG Algerischer Dinar

Überbevölkerung
90 % aller Algerier leben im kühleren Norden das Landes. Die Bevölkerung wächst aber um über 2 % pro Jahr. 34 % der Bevölkerung sind unter 15 Jahren. In vielen Städten herrscht qualvolle Enge und es fehlt an Wohnraum, sodass in den Außenbezirken immer mehr Slums entstehen.

Auf jedem Fleck Erde werden Häuser gebaut.

Gelbe Datteln *Schwarze Datteln*

Datteln
Algerien ist ein bedeutender Dattelproduzent. Dattelpalmen wachsen im fruchtbaren Norden ebenso wie in den vielen Oasen. Sie liefern Holz und Blätter zum Dachdecken, vor allem bieten sie eine wichtige Einkommensquelle.

Libyen

95 % Libyens sind Wüste. Es gibt ein großes Bewässerungsprojekt für den Ackerbau. Aus der Sahara wird Grundwasser in die dicht bevölkerten Küstengebiete geleitet.

LIBYEN: DATEN

HAUPTSTADT Tripolis (Tarabulus)
FLÄCHE 1 775 500 km²
EINWOHNER 5 500 000
SPRACHE Arabisch; Tuareg und andere Berbersprachen, Englisch, Italienisch
RELIGION Islam
WÄHRUNG Libyscher Dinar

Erdöl und Erdgas
Die Entdeckung von Erdöl und Erdgas im Jahr 1959 machte Libyen mit einem Schlag reich. Viele Menschen zogen damals in die Städte auf der Suche nach Arbeit. 1992 verhängte die UN jedoch ein Handelsembargo, weil der libysche Führer Gaddafi internationale Terrorgruppen unterstützte.

Libysche Erdölarbeiter

Römische Ruinen
Libyen wurde 643 nach der Eroberung durch die Araber von den Römern aufgegeben. Die schönsten römischen Ruinen liegen östlich der Hauptstadt Tripolis in Leptis Magna, dem heutigen Labdah. Zwischen 1911 und 1951 war das Land eine italienische Kolonie.

SIEHE AUCH UNTER: AFRIKA | AFRIKA, GESCHICHTE | ERDÖL | ISLAM | ISLAMISCHES REICH | LANDWIRTSCHAFT | RÖMISCHES REICH | TEXTILIEN | WELTREICHE | WÜSTEN

NORMANNEN

IM JAHR 911 erlaubte der karolingische König Karl III. (879–929) einer Schar Wikinger, sich in Frankreich anzusiedeln. Diese Siedler wurden Normannen genannt, die „Männer aus dem Norden". Ihre neue Heimat war die Normandie. Sie übernahmen die Sprache und Gebräuche ihres Gastlandes, aber sie blieben Furcht einflößende Krieger. Im 11. Jahrhundert eroberten sie erst Sizilien und dann England. Die Normannen leisteten aber auch einen großen Beitrag zur Kultur Frankreichs, Englands und Italiens. Sie hinterließen herrliche Burgen und Kirchen, schufen ein Rechts- und Staatswesen und bereicherten die Literatur.

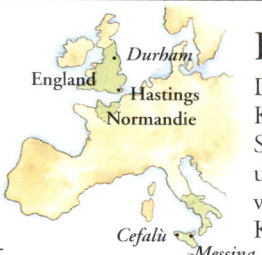

Kontrolle im Land

Die Normannen bauten Burgen und Kathedralen in den eroberten Ländern. So konnten sie das Land kontrollieren und die Ordnung sicherstellen. Sizilien wurde dadurch zu einem Mittelpunkt der Künste und Wissenschaften im 12. Jh.

Burg von Falaise
In dieser Burg in Nordwestfrankreich wurde Wilhelm der Eroberer geboren. Man findet in der Normandie noch viele ähnliche Burgen.

Dom in Cefalù
In Cefalù im Norden Siziliens steht diese herrliche Kathedrale. Sie wurde von Roger II. erbaut.

White Tower
Normannische Burgen haben überragende Türme für die Herrschaft wie diesen im „Tower of London".

Eroberer

Zwischen 1060 und 1091 eroberten die normannischen Brüder Robert Guiscard und Roger I. Sizilien. Die Insel wurde Stützpunkt für weitere Eroberungen im Süden. 1066 besiegte der Normannenherzog Wilhelm den angelsächsischen König Harold II. in der Schlacht von Hastings. Wilhelm der Eroberer wurde durch seinen Sieg König von England.

Kriegsflotte
Wie ihre Vorfahren, die Wikinger, waren auch die Normannen gute Schiffsbauer. Ihre Schiffe brachten eine große Anzahl von Soldaten, Waffen und selbst Material für die Burgen in die von ihnen eroberten Länder.

Soldaten
Die normannischen Soldaten trugen spitze Helme und drachenförmige Schilde. Von den Franzosen übernahmen sie die Kampfesweise zu Pferd, die den Wikingern unbekannt war.

Roger von Sizilien
Roger II. (1095–1154) wurde 1130 zum König von Sizilien gekrönt. Unter seiner Herrschaft wurden frühere normannische Eroberungen vereint und er kontrollierte ganz Süditalien bis Nordafrika. Roger regierte weise und schuf in Sizilien einen Beamtenstaat. Am Hof in Palermo förderte er Wissenschaft und Kunst und pflegte die Beziehung zur arabischen Welt.

Architektur

Die Normannen schätzten in der Architektur kühne Formen. Ihre Herrenhäuser und Dome bahnten der Gotik den Weg, die Rundbogen durch Spitzbogen ersetzte. Die dicken Mauern normannischer Burgen bestehen jedoch oft nur aus vermauertem Gesteinsschutt.

Die Abtei St. Etienne
Bevor Herzog Wilhelm England eroberte, gründete er mit seiner Gemahlin Matilda ein Zwillingskloster in Caen – eines für Mönche und eines für Nonnen. Die Männerabtei St. Etienne wurde 1115 fertiggestellt, lange nach Wihelms Tod.

St. Etienne, Caen, Frankreich

Die Kathedrale von Durham
Diese herrliche Kathedrale ist eines der herausragendsten Beispiele normannischer Baukunst in England. Die Normannen schmückten ihre Säulen mit einem Zickzackmuster oder einer Raute. Die frühgotischen Rippengewölbe mit ihren Spitzbogen beeinflussten die gesamte europäische Architektur. Man sieht sie in Durham zum ersten Mal.

Kirche und Staat

Zwischen den weltlichen Herrschern und der Kirche kam es immer wieder zu Auseinandersetzungen um die Macht.

Heinrich II. von England — Richard I.
König Johann — Heinrich III.

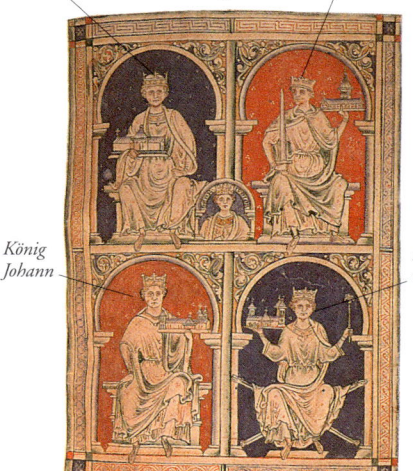

Der Einfluss der Kirche
Die Kirche war der Mittelpunkt im Leben der Menschen. Sie hatte viel Macht. Kirchenfürsten des 13. Jh. wie der Erzbischof von Canterbury bauten riesige Kathedralen.

Hl. Anselm (um 1033–1109)
Anselm, der Erzbischof von Canterbury, stritt mit Wilhelm II. und später mit Heinrich I. um die Vormachtstellung des Papstes vor weltlichen Herrschern.

Chronologie

911 Der Normanne Rollo und Karl der Einfältige von Frankreich vereinbaren die Ansiedlung von Normannen in Frankreich.

1061 Die Normannen erobern Messina in Sizilien.

Münze Wilhelms I.

1066 Schlacht von Hastings. Normannen erobern England.

1086 Das Domesday Book wird verfasst.

1087 Tod Wilhelm I. Die Söhne Wilhelm Rufus und Robert herrschen in England und der Normandie.

Siegel Wilhelms II. (Rufus)

1100 Wilhelms Sohn Heinrich I. erbt England; 1106 übernimmt er die Normandie.

1130 Roger II. vereinigt Sizilien, Kalabrien und Apulien.

SIEHE AUCH UNTER — ANGELSACHSEN · BURGEN · FEUDALISMUS · FRANKREICH, GESCHICHTE · GROSSBRITANNIEN, GESCHICHTE

NORWEGEN

DAS LANGGEZOGENE LAND im Westen der skandinavischen Halbinsel hat Grenzen zu Schweden, Finnland und Russland. Die norwegische Nordküste hat Anteil am Nordpolarmeer. Die Westküste am Atlantik ist reich an Fischen, Erdöl und Erdgas. Die relativ kleine Bevölkerung Norwegens genießt einen sehr hohen Lebensstandard. Das gebirgige Land verfügt über ein gutes Schul- und Ausbildungssystem und die Arbeitslosigkeit ist im europäischen Vergleich niedrig.

NORWEGEN: DATEN	
HAUPTSTADT	Oslo
FLÄCHE	323 759 km²
EINWOHNER	4 468 000
SPRACHE	Norwegisch, Samisch
RELIGION	Christentum
WÄHRUNG	Norwegische Krone
LEBENSERWARTUNG	78 Jahre
EINWOHNER PRO ARZT	326
REGIERUNG	Mehrparteiendemokratie
ANALPHABETEN	1 %

Geografie
Norwegen hat zerklüftete Gebirge und schmale Flusstäler. Die Küstenlinie ist mit 21 900 km eine der längsten, weil sie zahlreiche tief eingeschnittene Fjorde und 150 000 felsige Inseln umfasst. Es gibt im Land viele spektakuläre Wasserfälle.

Jostedalsbre
Der größte Gletscher des festländischen Europa ist der Jostedalsbre in Südnorwegen. Er bedeckt ein Gebiet von 487 km². Wenn ein Teil des Schnees schmilzt, entsteht im Sommer der Utigard-Wasserfall. Er ist mit 800 m Fallhöhe der dritthöchste der Erde.

Fjorde
Während der Eiszeit gruben Gletscher an der Westküste Norwegens tiefe U-förmige Trogtäler. Als sich das Eis zurückzog, hob sich der Wasserspiegel, und die Nordsee überflutete diese Täler. So entstanden die Fjorde. Auf dem längsten, dem Sognefjord, können Ozeanschiffe 200 km weit ins Inland fahren.

Klima
Das warme Wasser des Golfstroms bewirkt, dass Norwegen ein verhältnismäßig mildes Klima hat und die Häfen im Winter sogar im äußersten Norden eisfrei bleiben. Jenseits des Polarkreises geht die Sonne im Sommer nicht unter und im Winter nicht auf; es herrscht Polarnacht.

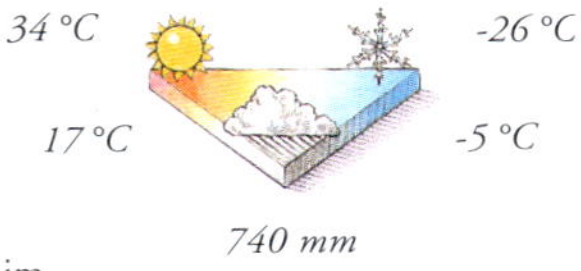

34 °C / -26 °C / 17 °C / -5 °C / 740 mm

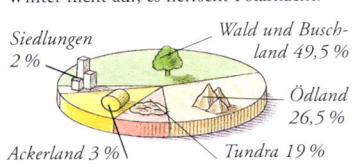

Siedlungen 2 %
Wald und Buschland 49,5 %
Ödland 26,5 %
Ackerland 3 %
Tundra 19 %

Landnutzung
Nur 3 % der Oberfläche können landwirtschaftlich bebaut werden. Deswegen spielt die Forstwirtschaft eine große Rolle. Die Flüsse nutzt man zur Stromgewinnung.

Bevölkerung
Über 96 % der Bevölkerung sind Norweger. Ihre Vorfahren erfanden zur Fortbewegung im Winter den Skilauf, und heute ist dies Nationalsport. Die Menschen leben meist nahe der Küste. Im Norden wohnen die Lappen. Sie halten Rentierherden und haben eine eigene Sprache.

14 pro km²

Am Skilift

73 % Stadt / 27 % Land

Industrie
Norwegen hängt stark von seinen natürlichen Ressourcen ab. Erdöl und Erdgas aus der Nordsee wird weltweit exportiert. Der Strombedarf ist zu 99 % durch Wasserkraft gedeckt. Das Land hat die größte Lachsproduktion, muss aber viele Lebensmittel einführen. Norwegen besitzt eine große Handelsflotte und der Schiffbau ist besonders wichtig.

Ölbohrinsel, Stavanger

Oslo
Die Hauptstadt Oslo ist ein geschäftiger Hafen sowie das industrielle und politische Zentrum des Landes. Es liegt am Ende eines Fjords und wurde 1050 gegründet. Historische Gebäude wechseln mit modernen Hochhäusern ab. Oslo hat rund 500 000 Einwohner und zahlreiche von Wäldern und Seen umgebene Vorstädte.

Hafen und Rathaus

SIEHE AUCH UNTER: ENERGIE · ERDÖL · EUROPA, GESCHICHTE · FISCHFANG · GEBIRGE · GLETSCHER · MEERESKÜSTE · SKANDINAVIEN, GESCHICHTE · TALSPERREN · WINTERSPORT

NUTZPFLANZEN

ALLE GESELLSCHAFTEN der Menschen hängen von Pflanzen und den daraus hergestellten Produkten ab. Fast alle Kulturen nutzen Getreide, Gemüse und Obst als Nahrung. Pflanzen haben aber sehr viel mehr Nutzanwendungen: Sie liefern Gewürze sowie Fasern, aus denen man Textilien herstellen kann. Bäume liefern uns nicht nur Holz und Harze, sondern auch Kautschuk, Kork und Zellstoff für Papier. Parfüms, Tees, Speiseöle, Heilmittel, Kosmetika, Schokolade und sogar Kaugummi – all dies stammt von Pflanzen.

Nahrungsmittel

Stärkereiche Pflanzen wie Getreide, Kartoffeln, Süßkartoffeln und Yams sind die wichtigsten Nährpflanzen. Aus Früchten gewinnt man Säfte, aus Kakao, Teeblättern und Kaffeebohnen stellt man einen Aufguss her. Wir süßen mit Zucker, den man aus Zuckerrohr oder Zuckerrüben gewinnt. Für alkoholische Getränke vergärt man süße Säfte.

Gewürze
Viele Pflanzen haben aromatische Früchte, Blätter, Wurzeln oder Rinden. Man trocknet sie und gewinnt so Gewürze. In der Küche verwendet man heute dutzende von Gewürzen, z. B. Pfeffer, Zimt, Muskatnuss, Lorbeerblatt, Origanum, Ingwer oder Minze.

Reis wird gekocht gegessen.
Aus Roggen backt man dunkles Brot.
Aus Weizen macht man Brot und Nudeln.
Viele Kekse enthalten Hafer.
Aus Gerste braut man Bier.
Aus Hirse macht man Brei oder Brot oder braut daraus Bier.

Heilmittel

Einige Pflanzen liefern chemische Stoffe, die im Körper starke Wirkung hervorrufen. Viele der Stoffe sind giftig, in kleiner Dosis jedoch heilsam. Aus dem Fieberrindenbaum gewann man früher das erste Heilmittel gegen die Malaria, das Chinin. Aus dem Fingerhut extrahiert man die herzstärkenden Digitalisglykoside. Sehr starke Schmerzmittel liefert uns der Schlafmohn, z. B. Morphium.

Fieberrindenbäume wachsen in Südamerika.
Aus der Rinde gewinnt man Chinin.
Chinintabletten 

Holz

Jedes Jahr werden auf der Welt über 3 Mrd. Kubikmeter Holz geschlagen. Holz ist widerstandsfähig, dauerhaft, elastisch und ideal für den Bau von Häusern, Booten, Möbeln und Gebrauchsgegenständen. Aus Kiefernharz gewinnt man z. B. Terpentin zum Verdünnen von Lacken.

Dieser Baum wurde so geschnitten, dass möglichst wenig Abfallholz entsteht.

Kork
Korkeichen entwickeln als Abschluss nach außen eine dicke Korkschicht, die man alle 9–10 Jahre abschälen kann. Dem Baum schadet das nicht. Die Korkschicht wächst weiter. Kork isoliert gut und dient seit alters für Verschlüsse von Weinflaschen.

Unbehandelter Kork
Korkfliese
Flaschenkork

Kautschuk
Unter der Rinde des Kautschukbaumes fließt Latex, ein klebriger Milchsaft. Man schneidet die Rinde ein, sammelt den Saft und trocknet ihn zu Latex. Durch Vulkanisieren mit Schwefel erhält man aus Rohkautschuk Naturgummi, der ganz besonders elastisch ist.

V-förmiger Einschnitt
Kautschuksammler: Er fängt den abtropfenden Milchsaft in halbierten Kokosschalen auf.

Papier
Papier hat viele Verwendungszwecke: Man kann es beschreiben, bemalen, bedrucken, zum Verpacken und vielem anderem benutzen. Hergestellt wird es aus feinst zerteiltem Holz, dem sog. Holzschliff. Einen Großteil des Papiers gewinnt man heute aus Plantagen von schnellwüchsigen Bäumen, etwa von Eukalyptus oder Pappeln.

Kartonverpackung
Wischtuch
Teebeutel
Papierserviette

Fasern

Die Fasern aus den Stängeln des Flachs oder Leins, des Hanfs oder aus dem Bast der Bastpalme verspinnt man zu Garnen. Die wichtigste Faserpflanze ist aber die Baumwolle. Man verwendet ihre Samenhaare. Die meist gefärbten Garne webt man zu Stoffen. Aus gröberen Fasern wie der Sisalagave oder der Kokospalme flicht man Matten und Körbe und stellt Seile und Taue her.

Stoffe aus Fasern der Bastpalme
Pflanzenfärberei in Marokko

Farbstoffe
Vor Erfindung synthetischer Farbstoffe färbte man aus Pflanzenfasern gesponnene Garne mit natürlichen Pflanzenfarben. Das tiefblaue Indigo ist wohl der älteste und bedeutendste Farbstoff. Weitere Färbepflanzen sind Krapp, Gelbwurz, Wau und Färberdistel.

Kosmetika
Viele Pflanzen liefern wichtige Zutaten zu Kosmetika. Als Duftkomponente enthalten sie meist ätherische Öle, etwa von Jasmin und Lavendel. In Feuchtigkeitscremes sind Aloe sowie Kakaobutter enthalten. Gele gewinnt man zur Hauptsache aus Meeresalgen.

Der Hennastrauch liefert Farben zum Färben von Haut und Nägeln.
Mit Henna geschmückte Hand
Hennapulver

Brennstoffe
Kohle, Erdöl und Erdgas sind aus Pflanzen hervorgegangen, die vor langer Zeit lebten. Über die Hälfte des Holzes, das jährlich gefällt wird, dient als Brennstoff. In einigen Gebieten, etwa in Irland, sticht man heute noch Torf und heizt damit.

| SIEHE AUCH UNTER | BÄUME | BAUTECHNIK | ERNÄHRUNG | FARBSTOFFE | FRÜCHTE UND SAMEN | GRÄSER | MEDIZIN | PFLANZEN, ANATOMIE |

OHR

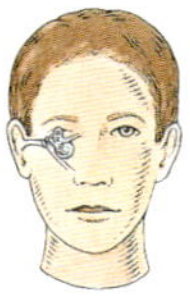

WENN EINE BIENE SUMMT, ein Tenor singt oder ein Jet startet, entstehen unsichtbare Luftschwingungen, die wir Schallwellen nennen. Sie gelangen in unser Hörorgan, das Ohr. Die Ohrmuschel fängt die Schallwellen auf. Im Innenohr reizen die Schallwellen dann bestimmte Sinneszellen. Diese senden Informationen darüber in Form von Nervenimpulsen an das Hörzentrum im Gehirn. Erst dort entsteht der Höreindruck. Das Ohr spielt die größte Rolle bei der sozialen Kommunikation und hilft auch bei der Orientierung im Raum.

Anatomie des Ohres

Das Hörorgan liegt zur Hauptsache im Schädel und besteht aus 3 Teilen: Gehörgang und Ohrmuschel bilden das Außenohr. Das Mittelohr ist mit Luft gefüllt und enthält die 3 Gehörknöchelchen. Das Innenohr ist mit Flüssigkeit gefüllt und enthält die Bogengänge sowie die Schnecke.

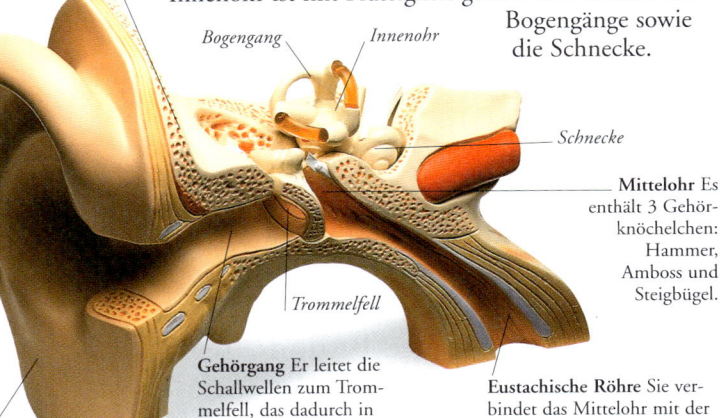

Schläfenbein
Bogengang
Innenohr
Schnecke
Trommelfell
Ohrmuschel

Gehörgang Er leitet die Schallwellen zum Trommelfell, das dadurch in Schwingungen versetzt wird.

Mittelohr Es enthält 3 Gehörknöchelchen: Hammer, Amboss und Steigbügel.

Eustachische Röhre Sie verbindet das Mittelohr mit der Mundhöhle. Hier führt man den Druckausgleich herbei.

Hören

Schallwellen versetzen das Trommelfell in Schwingungen. Diese werden durch die Gehörknöchelchen verstärkt und gelangen über das ovale Fenster in die Schnecke. Hier verwandeln Hörzellen mit Sinneshärchen die Schwingungen in Nervenimpulse. Diese gelangen über den Schneckennerv ins Gehirn.

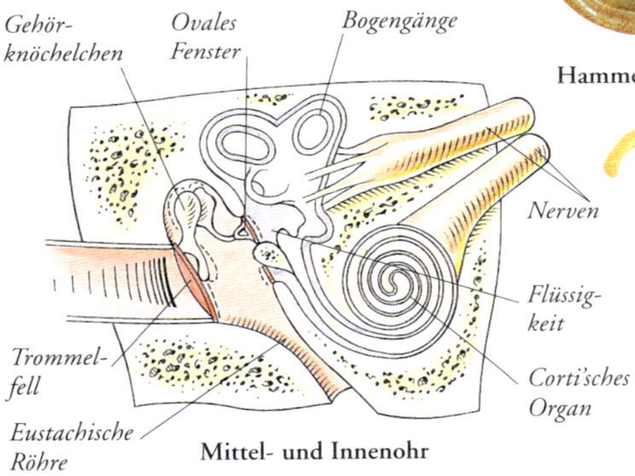

Gehörknöchelchen, Ovales Fenster, Bogengänge, Nerven, Flüssigkeit, Corti'sches Organ, Trommelfell, Eustachische Röhre
Mittel- und Innenohr

Corti'sches Organ, Vestibularmembran, Schneckennerv, Schnitt durch eine Schneckenwindung, Basilarmembran

Schnecke
Die Schnecke oder Cochlea besteht aus 2,5 Windungen und ist mit Flüssigkeit gefüllt. 2 Membranen unterteilen sie in 3 Räume. Im Schneckenkanal liegt das Corti'sche Organ, das aus ungefähr 20 000 Hörzellen mit Sinneshaaren besteht. Hier werden die Schallwellen wahrgenommen.

Trommelfell
Das Trommelfell bildet die Grenze zwischen dem Außenohr und dem Mittelohr. Es wird von Schallwellen in Schwingungen versetzt – ähnlich wie ein richtiges Trommelfell – und teilt die Schwingungen den Gehörknöchelchen mit.

Hammer, Amboss, Steigbügel

Gehörknöchelchen
Sie sind unsere kleinsten Knochen. Hammer, Amboss und Steigbügel verbinden das Trommelfell über das ovale Fenster mit der Schnecke.

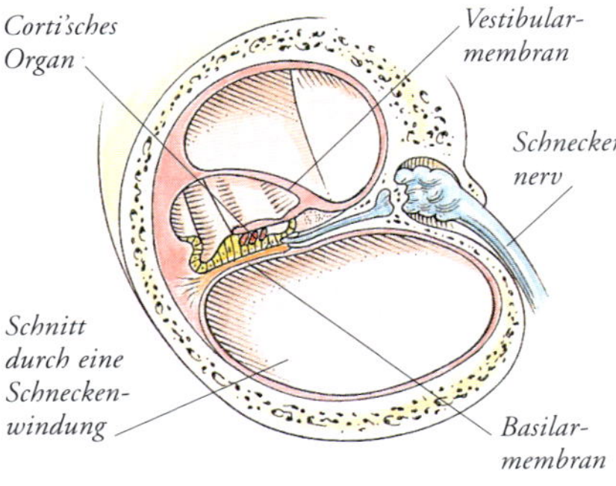

Bartolomeo Eustachio
Der italienische Anatom Bartolomeo Eustachio (1520–74) studierte als Professor in Rom die Anatomie des Ohres sowie anderer Organe des Körpers. Er verfasste die erste volle Beschreibung des Ohres in einem Werk, das 1562 erschien. Darin berichtete er auch über eine Röhre, die das Mittelohr mit dem Rachenraum verbindet. Sie wurde später ihm zu Ehren *Eustachische Röhre* genannt. Man kann auch Ohrtrompete dazu sagen.

Luftdruck
Solange der Luftdruck im Mittelohr gleich hoch ist wie in der Umgebung, hören wir gut. Ändert sich der Druck plötzlich, etwa beim Flugzeugstart oder beim Tauchen, so herrscht im Mittelohr ein höherer bzw. geringerer Druck, sodass wir schlechter hören. Wir öffnen dann den Mund zum Druckausgleich.

Gleichgewicht

Im Innenohr hat auch das Gleichgewichtsorgan seinen Sitz. Es ist der Vestibularapparat mit den 3 Bogengängen und den beiden Vorhofsäckchen. Sinneszellen sprechen hier auf Geschwindigkeitsänderungen an. Danach beurteilt das Gehirn die Lage des Körpers im Raum. Gehörlose haben jedoch nicht zwangsläufig Schwierigkeiten mit der Bewegung.

Eine Turnerin braucht einen guten Gleichgewichtssinn.

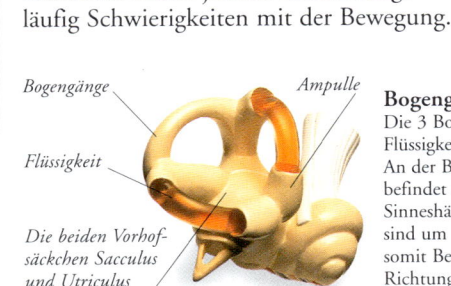

Bogengänge, Ampulle, Flüssigkeit, Die beiden Vorhofsäckchen Sacculus und Utriculus

Bogengänge
Die 3 Bogengänge sind mit einer Flüssigkeit gefüllt, der Endolymphe. An der Basis jedes Bogengangs befindet sich eine Ampulle mit Sinneshärchen. Die Bogengänge sind um 90° versetzt und nehmen somit Bewegungen in jeder Richtung wahr.

Hörbereich
Die Höhe eines Tones hängt von dessen Frequenz ab. Hohe Töne haben eine hohe, niedrige Töne eine geringe Frequenz. Als Maßeinheit verwendet man das Hertz (Hz). Es entspricht einer Schwingung pro Sekunde. Im Alter geht die Hörgrenze von 20 000 auf 12 000 Hz zurück. Sehr viele Tiere haben weitaus höhere Hörbereiche.

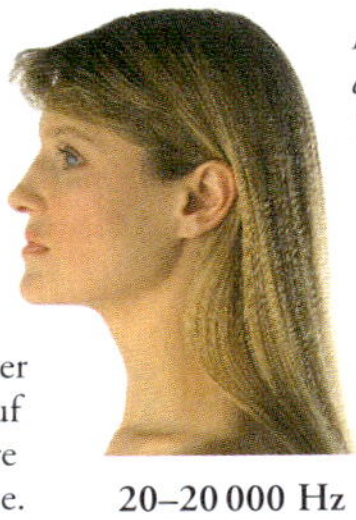

Die Ohren der Fledertiere empfangen hochfrequente Töne im Ultraschallbereich.

20–20 000 Hz | 1 000–120 000 Hz

SIEHE AUCH UNTER — NERVENSYSTEM UND GEHIRN — ORGANSYSTEME — SCHALL

ÖKOLOGIE UND ÖKOSYSTEME

KEIN TIER und keine Pflanze lebt nur für sich allein. Sie stehen immer mit anderen Lebewesen und ihrer Umwelt in Wechselbeziehung. Die Wissenschaft von diesen Beziehungen nennen wir Ökologie. Die Ökologen betrachten alle Lebewesen eines Gebiets als Lebensgemeinschaft, deren Glieder voneinander abhängen. Diese Lebensgemeinschaft wird auch von äußeren Umweltfaktoren beeinflusst, etwa von Temperatur, Wasser und Nahrungsangebot.

Lebensgemeinschaften
Lebensgemeinschaften gibt es überall – auf dem Land, im Süßwasser und im Meer. Im Normalfall besteht eine Lebensgemeinschaft aus Pflanzen und verschiedenen Tieren, die sich von ihnen ernähren. Räuber leben von anderen Tieren, während vor allem Bakterien tote organische Stoffe abbauen.

Bäume dienen Tieren als Unterschlupf. Sie bieten ihnen Nahrung in Form von Blättern, Blüten, Früchten und Samen.

Standort
Als Standort bezeichnet man die Gesamtheit der Umweltfaktoren, die am Wohnort eines Lebewesens auf dieses einwirken. Zum Standort gehören Gesteine, Wasser, Landschaft und die übrigen Lebewesen.

Mäuse fressen Samen und werden von anderen Tieren gejagt.

Dichter Unterwuchs bietet kleineren Tieren Unterschlupf.

Die meisten Kaulquappen, die aus dem Laich schlüpfen, fallen anderen Tieren zum Opfer.

In verrottendem Holz leben viele Pilze und wirbellose Tiere.

Schnecken ernähren sich von Blättern und werden selbst wieder von Vögeln gefressen, etwa Drosseln.

Zum Wachsen brauchen Farne Mineralsalze aus dem Boden.

Frösche leben auf dem Land wie im Wasser.

Biome
Biome sind Lebensgemeinschaften, die sich in einem Gebiet mit einheitlichem Großklima selbst herausbilden. Biome stellen das Endstadium oder die Klimax einer Entwicklung dar. Die Biome sind von Norden nach Süden streifenartig angeordnet. In Mitteleuropa leben wir im Biom des Laubwaldes.

Laubwald
Wenn man einen Acker sich überlässt, wachsen hier in wenigen Jahren Laubbäume, nach Jahrzehnten schließlich ein Laubwald. Dieses Biom ist das Endstadium.

Wüsten
In wolkenarmen, trockenen Gebieten entstehen Wüsten. Hier leben nur sehr wenige Pflanzen- und Tierarten, die mit diesen Umweltbedingungen zurechtkommen.

Grasland
Grasland stellt sich dort ein, wo längere Trockenzeiten herrschen. In Grasgebieten können viele Pflanzenfresser leben. Sie ziehen wiederum Räuber an. Die ostafrikanische Savanne ist eines der bestbekannten Grasländer.

Regenwald
In feuchtheißen Klimagebieten entstehen Regenwälder, in denen sehr viele Tierarten leben. Tropische Regenwälder bedecken zwar nur 10 % der Landoberfläche der Erde, enthalten aber über die Hälfte aller Tier- und Pflanzenarten.

Ökosysteme
Als Ökosystem bezeichnet man das Beziehungsgefüge, das zwischen Lebewesen und ihrem Lebensraum besteht. Zu diesem Lebensraum zählen die unbelebten Faktoren ebenso wie alle Lebewesen. Zu den verschiedenen Faktoren eines Ökosystems gehören Sonnenschein, Wasser, Mineralsalze und Nährstoffe im Boden, Bakterien, Pflanzen und Tiere.

Süßwasser
Die Lebensgemeinschaften des Süßwassers umfassen schwimmende und untergetauchte Pflanzen, das gesamte Plankton, viele wirbellose Tiere und die Fische. Am Oberlauf eines Flusses leben ganz andere Arten als am Unterlauf. Eine ähnliche Schichtung findet man auch in Seen.

ÖKOLOGIE UND ÖKOSYSTEME

Ökologische Wechselbeziehungen

Die Faktoren und Mitglieder eines Ökosystems sind durch Wechselbeziehungen miteinander verbunden. Regen verschafft z. B. den Pflanzen Wasser. Die Pflanzendecke selbst beeinflusst den Bodentyp. Im Boden leben Würmer, die ihn ihrerseits durch ihre Gänge lockern.

Die Gabelschwanzraupe frisst mit ihren scharfen Kiefern Blätter.

Tukane leben in den Baumkronen.

Nahrung
Am deutlichsten werden die Abhängigkeiten der Lebewesen untereinander bei den Nahrungsbeziehungen. Die meisten Arten dienen anderen Arten als Nahrung. Raupen fressen z. B. Blätter, werden aber selbst von Vögeln gefressen. Die Vögel wiederum fallen Greifvögeln zum Opfer. Dies bezeichnen wir als Nahrungskette.

Hallimasch

Unterschlupf
Der Unterschlupf, den Bäume und dichte Vegetation bieten, gewährt Tieren eine große Sicherheit. Im Regenwald fühlen sich die Tukane sicher. Sie können im dichten Geäst der Baumkronen ihre Jungen ohne Angst vor Räubern großziehen.

Höschen

Transport
Tiere sind beweglich, während Pflanzen an Ort und Stelle verharren. Deswegen setzen Blütenpflanzen Tiere ein, um Pollen und Samen weiterzuverbreiten. Hummeln bestäuben auf diesem Weg viele Blüten.

Hummeln sammeln Nektar und bestäuben dabei die Blüten.

Parasitismus
Tiere, Pflanzen und Pilze, die auf Kosten eines anderen Lebewesens leben, nennen wir Parasiten oder Schmarotzer. Eine parasitische Beziehung besteht zwischen einem Nadelbaum und dem Hallimasch. Der Pilz entzieht dem Baum Nährstoffe und dieser geht dadurch bald zugrunde.

Junger Bovist

Symbiose

Eine enge Lebensgemeinschaft zweier unterschiedlicher Arten zu beiderlei Nutzen heißt Symbiose. Oft besteht diese darin, dass ein Partner Unterschlupf bietet und dafür vom anderen Nahrung erhält.

Clownfisch
Clownfische leben zwischen den nesselnden Tentakeln von Seeanemonen. Sie können ihnen nichts anhaben. Der Fisch selbst lockt andere Fische an, die von der Anemone gefressen werden.

Clownfische sind mit Seerosen vergesellschaftet.

Anpassung

Alle Pflanzen und Tiere sind in irgendeiner Form an ihren Lebensraum angepasst. Auf welche Weise diese Anpassung geschah, ist der Schlüssel zur Evolution. Als ökologische Nische einer Art bezeichnen wir die Rolle und die Stellung dieser Art im Ökosystem.

Kakteen
Kakteen haben sich auf verschiedene Weise an das Leben in der Wüste angepasst. Die Blätter haben sich zu Dornen umgewandelt, die kein Wasser mehr verdunsten. Wenn einmal Regen fällt, speichert der Kaktus möglichst viel Wasser in seinem Spross.

Dornen schützen den dicken Spross.

Kreisläufe in der Natur

Die Natur verwertet alle lebenswichtigen Stoffe wieder. Dabei findet ein Austausch von Sauerstoff, Stickstoff, Wasserstoff, Kohlenstoff und Wasser zwischen der Luft, dem Boden, den Meeren und den Lebewesen statt. Wenn diese Stoffe nicht immer wieder zurück ins Ökosystem gelangen würden, käme das Leben bald zum Stillstand.

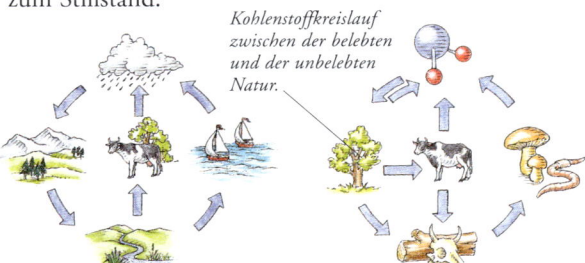

Kohlenstoffkreislauf zwischen der belebten und der unbelebten Natur.

Wasserkreislauf
Verdunstetes Wasser bildet in der Atmosphäre Wolken. Diese regnen über dem Land ab. In Flüssen fließt das Wasser zurück zum Meer. Dann beginnt der Kreislauf von neuem.

Kohlenstoffkreislauf
Tiere und Bakterien geben Kohlendioxid an die Luft ab. Dieses wird auch beim Abbau von Lebewesen frei. Die Pflanzen nehmen Kohlendioxid aus der Luft und bauen damit neue Substanz für die Tiere auf.

Ökologische Veränderungen

Ökosysteme verändern sich mit der Zeit. Bei einem Sturm werden z. B. viele Bäume entwurzelt. Bald wachsen auf der Lichtung erste Gräser und Kräuter. Sträucher und Bäume folgen schon kurz darauf. Nach einigen Jahren hat sich der Wald wieder regeneriert.

Eine solche Entwicklung vom Kahlschlag zum reifen Wald heißt Sukzession.

Der Einfluss des Menschen
Der Mensch verändert heute massiv Ökosysteme. Die Eingriffe sind oft so groß, dass keine Regeneration mehr möglich ist. Durch Übernutzung kommt es zur Abtragung des Oberbodens, zur Erosion. In solchen Gebieten kann die frühere Vegetation nicht mehr wachsen. Man bezeichnet sie als degradiert.

Landerosion in Madagaskar

| SIEHE AUCH UNTER | BODEN-ARTEN | EVOLUTION | NAHRUNGS-KETTEN | TIER-VERHALTEN | UMWELT-VERSCHMUTZUNG |

OKTOBERREVOLUTION

IN RUSSLAND ZWANG 1917 eine Revolution Zar Nikolaus II. zur Abdankung. Er stammte aus dem Haus Romanow, das über 300 Jahre geherrscht hatte. Die russische Revolution war erstmals von Bauern und Arbeitern getragen. Sie beeinflusste später die Revolutionen in China and Kuba und gilt als eines der wichtigsten Ereignisse des 20. Jh. Der Umsturz begann im März 1917 mit der Bildung einer Übergangsregierung. Da diese dem Volk zu wenig Zugeständnissse machte, wurde sie im November gestürzt. Nun übernahmen die Bolschewiken die Macht. Die Zarenfamilie wurde getötet. Russland wurde der erste kommunistische Staat der Welt.

Ursachen der Revolution
Russland befand sich 1917 in einer Krise. Die meisten Russen lebten als Bauern und Industriearbeiter in entsetzlicher Armut. Sie litten Hunger und der schwache, selbstherrliche Zar Nikolaus II. kümmerte sich nicht um sein Volk. Hinzu kamen schreckliche Verluste gegen Deutschland im 1. Weltkrieg. Alles zusammen führte zum Umsturz.

Die Revolutionen von 1917
In Russland gab es 1917 zwei Revolutionen, die man als Februar- und Oktoberrevolution unterscheidet. Da der alte russische Kalender dem restlichen Europa 13 Tage hinterherhinkte, fanden die beiden Revolutionen eigentlich im März und November statt. Die wichtigsten Ereignisse erfolgten in Petrograd (St. Petersburg) und führten rasch zur nationalen Erhebung im ganzen russischen Reich.

Karikatur Lenin räumt mit den Kapitalisten auf.

Februarrevolution
Soldaten, die Hungeraufstände in Petrograd niederschlagen sollten, schlossen sich den streikenden Arbeitern an. Daraufhin trat Zar Nikolaus II. (Regierung 1894–1918) zurück, und eine provisorische Regierung wurde gebildet.

Julitage
Im ganzen Land bildeten sich Arbeiter-, Bauern- und Soldatenräte, die Sowjets, die die radikalen Bolschewiki gegen die Regierung unterstützten. Bewaffnete Arbeiter und Soldaten versuchten mit dem Ruf „Alle Macht den Räten!", die Macht zu übernehmen. Die Regierung schlug hart zurück und Lenin floh aus Russland.

Oktoberrevolution
Lenin war aus Finnland zurückgekehrt und seine Bolschewiki stürmten den Winterpalast in Petrograd. Sie nahmen die Regierung gefangen. Lenin übertrug die Kontrolle über die Fabriken den Arbeitern und teilte den Bauern Land zu. 1918 erschossen Revolutionäre die Zarenfamilie. Russland beendete den 1. Weltkrieg.

Lenin
Wladimir Iljitsch Uljanow (1870–1924), bekannt als Lenin, stammte aus Simbirsk an der Wolga. Er gilt als der Kopf der Revolution. Nachdem man seinen Bruder 1887 wegen Verschwörung gegen den Zaren hingerichtet hatte, wurde er Revolutionär. Lenin studierte die Rechte, las die Werke von Karl Marx und war Führer der Sozialdemokraten, aus denen die Bolschewiki hervorgingen. Seit 1900 lebte er meist im Exil. Nach dem Sieg der Bolschewisten 1917 regierte er in Russland bis zu seinem Tod.

Bürgerkrieg
1918 kam es zu einem erbitterten Krieg zwischen den sog. Weißen oder Menschewiki, die gegen die kommunistische Revolution waren, und den Roten oder Bolschewiki. Nach 3-jährigem Kampf siegte die Rote Armee unter Leo Trotzkji (1879–1940).

Wirtschaftspolitik
Am Ende des Bürgerkriegs 1921 herrschte Hungersnot und die Bauernklasse wendete sich gegen Lenin. Als Antwort verkündete er eine neue ökonomische Politik (NEP) der völligen Planwirtschaft, die privatwirtschaftliche Unternehmungen wie freien Handel nur eingeschränkt zuließ.

Hungeropfer

Chronologie

1905 Ein Arbeiteraufstand führt zum Oktobermanifest. Zar Nikolaus II. gewährt eine Nationalversammlung, die Duma, verweigert aber echte Änderungen.

1914 Russland tritt in den 1. Weltkrieg ein. Bis 1917 werden 8 Millionen Menschen verwundet oder getötet. Es kommt zu Demonstrationen gegen den Krieg.

8. März 1917 (alter Kalender: Februar) Der Internationale Frauentag führt in Petrograd (St. Petersburg) zum Aufstand für Brot. Die Revolution beginnt, der Zar dankt ab.

Schwarzbrot

7. November 1917 (alter Kalender Oktober) Lenin und die Bolschewiken stürzen die provisorische Regierung.

17. Juli 1918 Zar Nikolaus II. wird mit seiner Familie erschossen.

1918–21 Bürgerkrieg

1921 Hungersnot in Russland. Seeleute meutern in Kronstadt. Lenin führt Wirtschaftspolitik (NEP) ein, die 1925 verbessert wird.

1922 Russland nennt sich Union der Sozialistischen Sowjetrepubliken (UdSSR).

21. 1. 1924 Tod Lenins

SIEHE AUCH UNTER — CHINA, REVOLUTION — KALTER KRIEG — MARX, KARL — POLITIK UND MACHT — RUSSLAND, GESCHICHTE — SOWJETUNION

OLMEKEN

IM FEUCHTEN TIEFLAND am Golf von Mexiko lebten um 1300 v. Chr. die Olmeken. Sie waren Ackerbauern und pflanzten Mais an. In ihrem Wohngebiet errichteten sie Siedlungen und begründeten eine der ältesten Kulturen Amerikas. Ihre größten Städte waren Zeremonialzentren mit Tempeln und Wohnanlagen. Die Olmeken schufen gewaltige Köpfe aus Stein, die vermutlich Herrscher und Priesterkönige darstellten. Die größten Köpfe, die man im Regenwald entdeckte, waren 3 m hoch und bis zu 30 Tonnen schwer. Da die Olmeken den Jaguar als Gott verehrten, nennt man sie auch „Jaguarvolk".

Zeremonialzentren

Die olmekischen Zeremonialzentren waren heilige Stätten mit Pyramidentempeln, Priesterwohnungen und Grabdenkmälern. Die größten Zentren lagen bei San Lorenzo und La Venta.

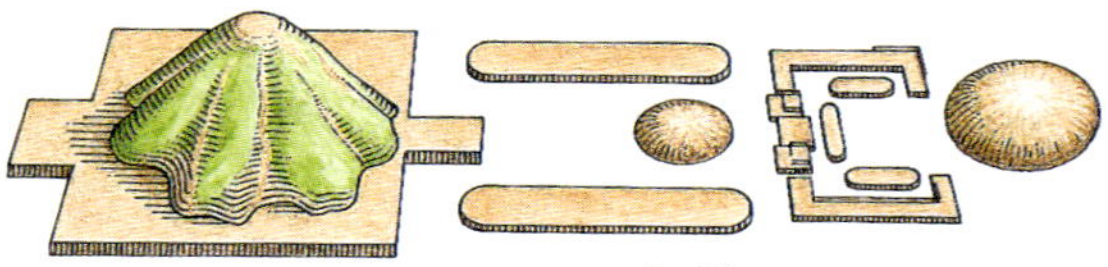

Steinrelief zeigt einen Priesterkönig der Olmeken.

Mexiko · San Lorenzo · La Venta

Olmekenreich

La Venta
Dieses große Zentrum lag in dem heutigen mexikanischen Bundesstaat Veracruz. Auf einer kleinen Insel im Mangrovesumpf am Golf von Mexiko waren Tempelpyramiden, Altäre, längliche Mounds sowie Säulenreihen und Grabmäler errichtet.

Dieser Kopf ist 1,50 m hoch und über 20 t schwer.

Auffällige fürstliche Haartracht

Dieser Kolossalkopf ist als „El Rey", der König, bekannt.

Kolossalköpfe
Die riesigen Köpfe der Olmeken sind aus Basalt, einem dunklen vulkanischen Gestein. Vermutlich zeigen die Gesichter die von herrschenden Priesterkönigen, man weiß es aber nicht genau. Jeder Kopf trägt eine Art Stirnbinde, vielleicht ein Symbol für Rang und Abstammung.

Götter

Viele frühe Kulturen Mittelamerikas glaubten, dass auf der Erde zuerst Wesen lebten, die halb Mensch, halb Jaguar waren. Die Olmeken sahen die Priesterfürsten als solche Jaguarmenschen an und dachten, dass der Geist des Jaguargotts in ihnen lebe. Er gab ihnen die Kraft und Stärke, die Menschen zu beherrschen, so wie der Jaguar König der Tiere ist. Daneben verehrten die Olmeken noch andere Götter, z. B. die Klapperschlange.

Jaguargott
Eine solche Steinaxt trug ein olmekischer Priester bei den Zeremonien. Sie zeigt das eingemeißelte Bild des Jaguargottes.

Steinfiguren
Diese Gruppe aus Jade- und Granitfigürchen, die Priester darstellen, fand man zusammen mit den Zeremonialäxten. Sie wurden vielleicht als Opfer in einem Tempel zurückgelassen.

Kunsthandwerk

Die frühen olmekischen Künstler fertigten kleine Statuen aus Ton. Berühmt sind die Olmeken für ihre „Babyfaces", die Babygesichter ihrer Figuren und Köpfe. Man vermutet, dass es stilisierte Jaguarköpfe sind. Später schufen die Olmeken Skulpturen aus Stein, von riesigen Basaltköpfen bis zu kleinen Figürchen. Sie sind meist aus grüner Jade, einem harten Schmuckstein.

Maske aus Jade.

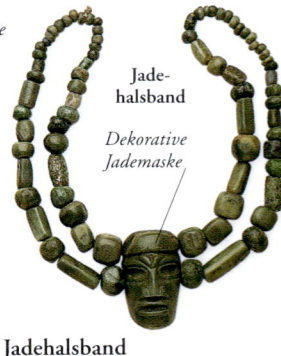

Jadehalsband

Dekorative Jademaske

Jademaske
Die Olmeken fertigten viele Masken oder menschliche Gesichter aus Jade oder Stein. Die Gesichter haben meist kindliche Züge und stellen vielleicht wirkliche Personen wie Ballspieler oder Priesterkönige dar. Viele zeigen aber auch den Jaguargott.

Jadehalsband
Jade ist ein blaugrüner bis brauner, sehr harter Edelstein. Er wurde von den Indianervölkern Mexikos höher geschätzt als Gold. Dieses Halsband mit einem Kopf als Anhänger trug vermutlich ein Adliger oder ein Priester der olmekischen Gesellschaft.

Nahrung

Die Hauptnahrung der Olmeken war Mais. Aus Maismehl kochten sie Brei und backten auf heißen Steinen Tortillas oder Tamalli, eine Art Maiskuchen. Auch Bohnen, Kürbisse und Tomaten wurden angebaut. Die Jagd auf Kaninchen, Hirsche und anderes Wild lieferte Fleisch.

Mais

Kürbis

Tomate

Fisch
An der Küste und in den Flüssen fing man Fisch, wie dieser Fisch aus Jade zeigt. Man kannte bereits Netze, Haken und Harpunen.

SIEHE AUCH UNTER — AZTEKEN · GOTTHEITEN · MAYA · ZENTRALAMERIKA, GESCHICHTE

OLYMPISCHE SPIELE

ALLE VIER JAHRE werden die Olympischen Spiele durchgeführt. Sie fanden erstmals 776 v. Chr. in Griechenland statt und hielten sich fast 1 000 Jahre lang. 1896 gründete der Franzose Coubertin die modernen Olympischen Spiele, die seither jeweils in einem anderen Land ausgetragen werden. Tausende von Athleten aus fast allen Ländern der Erde kommen hier zum sportlichen Wettstreit zusammen. Heute gibt es eine Sommer- und Winterolympiade sowie die Paralympischen Spiele behinderter Sportler.

Eröffnungszeremonie in Salt Lake City 2002

Olympische Flamme
Vor den Spielen wird an der alten olympischen Stätte in Griechenland mit Hilfe von Sonnenstrahlen ein Feuer entzündet. Das olympische Feuer wird dann an den neuen Austragungsort gebracht und mit einer Fackel ins Stadion getragen. Dort zündet man die olympische Flamme an, die für die Dauer der Spiele brennt.

Pierre de Coubertin
Die modernen Olympischen Spiele wurden von dem französischen Historiker Pierre de Coubertin (1863–1937) begründet. Durch die Ausgrabungen der alten Olympiastätten 1870 inspiriert, rief er 1894 das Internationale Olympische Komitee (IOC) ins Leben. Ihm gehören 199 Nationale Olympische Komitees (NOK) an.

Sommerolympiade
JAHR	AUSTRAGUNGSORT
1896	Athen, Griechenland
1900	Paris, Frankreich
1904	St Louis, USA
1908	London, England
1912	Stockholm, Schweden
1920	Antwerpen, Belgien
1924	Paris, Frankreich
1928	Amsterdam, Holland
1932	Los Angeles, USA
1936	Berlin, Deutschland
1948	London, England
1952	Helsinki, Finnland
1956	Melbourne, Australien
1960	Rom, Italien
1964	Tokio, Japan
1968	Mexico City, Mexiko
1972	München, Deutschland
1976	Montreal, Kanada
1980	Moskau, UdSSR
1984	Los Angeles, USA
1988	Seoul, Südkorea
1992	Barcelona, Spanien
1996	Atlanta, USA
2000	Sydney, Australien

Olympische Sportarten
Die Leichtathletik war von jeher die Attraktion der Olympischen Spiele. Heute gehören viele neue Sportarten dazu wie Schwimmen, Turmspringen, Turnen und Rhythmische Sportgymnastik. Auch Ballspiele wie Hockey, Basketball oder Fußball sind olympische Disziplin. Ursprünglich traten nur Amateure an, heute nehmen auch Profis teil.

Eröffnungszeremonie.
Bei der Eröffnung marschieren alle Athleten der teilnehmenden Länder ins Stadion ein. Manche Länder stellen hunderte von Aktiven, andere nur einen oder zwei. Die Eröffnung endet mit dem Entzünden der Flamme.

Medaillen
Die Sieger erhalten Medaillen aus Gold, die Zweiten aus Silber, die Dritten aus Bronze. Teams bekommen Plaketten für die Teilnahme an einem Spiel oder Wettbewerb.

Goldmedaille 2000

Silbermedaille 2000
Goldmedaillen bestehen aus Silber mit Goldauflage.

Bronzemedaille 2000
In einigen Sportarten bekommen beide Halbfinalisten Silbermedaillen.

Die olympischen Ringe
Fünf ineinander greifende Ringe bilden das Symbol der Olympischen Spiele. Sie erscheinen auf der weißen Olympiaflagge und sind ein Symbol für die 5 Erdteile, die 1914, als die Flagge entstand, an der olympischen Bewegung beteiligt waren.

Winterolympiaden
Die ersten Olympischen Winterspiele fanden 1924 in Chamonix in Frankreich statt. Zuvor waren 1908 der Eiskunstlauf und 1920 das Eishockey bei den Olympischen Sommerspielen aufgenommen worden. Bis 1992 wurden die Winter- und Sommerspiele jeweils im gleichen Jahr abgehalten. Seit den Spielen von Lillehammer, Norwegen, 1994, folgen sie im Wechsel von zwei Jahren aufeinander.

Winterdisziplinen
Auf dem Eis gibt es bei den Winterolympiaden den Eiskunstlauf, den Eisschnelllauf und das Eishockey. Hinzu kommen alle Disziplinen des Skilaufs, Biathlon und Skispringen sowie Wettbewerbe in Bobfahren und Rodeln.

Start für das Abfahrtsrennen

Paralympics
Seit 1960 werden kurz nach den Olympischen Spielen alle 4 Jahre die sog. Paralympics abgehalten. Es sind die Wettkämpfe der körperbehinderten Sportler, die am gleichen Austragungsort stattfinden. Die Idee des Sports für Körperbehinderte geht auf den deutsch-englischen Arzt Dr. Ludwig Guttman zurück, der Kriegsverletzte des 2. Weltkriegs durch Sporttherapie behandelte.

Paralympische Disziplinen
Bei den Paralympics gibt es Wettbewerbe für Blinde und Sehbehinderte oder z. B. im Rollstuhlfahren für Amputierte und teilweise Gelähmte. Es werden 17 Sportarten durchgeführt, darunter Schwimmen, Leichtathletik, Bogenschießen Basketball und Tennis.
Tanni Grey, Goldmedaille 1992 und 1996

SIEHE AUCH UNTER | KAMPFSPORT | LEICHTATHLETIK | PFERDESPORT | SCHWIMMSPORT | SPORT | TURNEN | WINTERSPORT

OPER

EINE OPER IST EIN MUSIKALISCHES SCHAUSPIEL, bei dem Sängerinnen und Sänger als Schauspieler auftreten und vom Orchester begleitet werden. Die Handlung wird dabei von gesungenen Dialogen, sog. Rezitativen, vorangetrieben. In Soli oder Arien drücken die Darsteller ihre Gedanken und Gefühle aus. Es gibt auch Szenen mit einem Chor. Die ersten Opern entstanden in Italien und hatten Mythen zum Inhalt. Spätere Opern handelten auch von anderen Themen.

Jenny Lind

Opernstars
Opernsolisten werden oft weltberühmt. Die Koloratursopranistin Jenny Lind (1820–87) war als „Schwedische Nachtigall" bekannt. Heute zählen der spanische Tenor Placido Domingo (geb. 1941) und die deutsche Sopranistin Waltraud Meier (geb. 1956) zu den Weltstars.

Szene aus Figaros Hochzeit von Mozart

Libretto für Cosi fan tutte von Mozart

Rezitativ

Libretto
Den Text einer Oper nennt man Libretto. Es kann auf einem Theaterstück oder Roman fußen oder eigens verfasst sein. Nur selten schreibt ein Komponist die Musik und das Libretto gleichzeitig.

Stimmlagen

In einem Opernensemble ist die führende Solistin, die Primadonna, meist ein Sopran, die höchste weibliche Stimmlage. Ihr steht ein männlicher Tenor gegenüber. Tiefere Stimmlagen bei den Sängerinnen sind Mezzosopran und Alt, bei den Sängern Bariton und Bass.

Opernformen

Es gibt verschiedene Formen der Oper. Im Italien des 18. Jh. unterschied man die *Opera seria*, die „ernste Oper", von der *Opera buffa*, der „komischen Oper". Die Komponisten wandelten die traditionellen Formen teilweise ab und schufen neue – z. B. der Deutsche Richard Wagner (1813–83), dessen ernste Opern man als Musikdramen bezeichnet.

Die große Oper
Eine ausgesuchte Handlung, große Chöre und eindrucksvolle Bühnenbilder zeichnen die große Oper aus. Sie entstand im 19. Jh. in Frankreich.

Musicals
Leichtere Opern entwickelten sich ab 1920 zu Musicals mit eingängigen Liedern und Tänzen. Amerikaner wie Jerome Kern (1885–1945) komponierten solche Werke.

Wilhelm Tell von Rossini ist eine große, üppig ausgestattete Oper.

West Side Story (1957) von Leonard Bernstein ist ein Musical, das auch verfilmt wurde.

Aufführung einer Oper

Eine Opernaufführung erfordert viele Mitarbeiter. Neben Sängerinnen, Sängern und Orchester sind Bühnenbildner, Kostümschneider, Maskenbildner, Beleuchter und viele Bühnenarbeiter am Erfolg beteiligt. Der Opernregisseur arbeitet eng mit dem Dirigenten zusammen, um die Aufführung zu einem künstlerischen Gesamterlebnis werden zu lassen.

Inneres eines Opernhauses

Logen

Parkett mit den Sitzreihen für das Publikum

Orchester im Orchestergraben vor der Bühne.

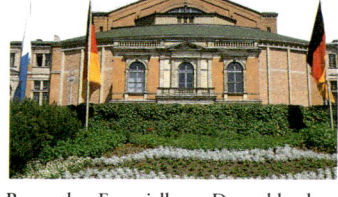

Bayreuther Festspielhaus, Deutschland
Es wurde für die Wagneropern gebaut.

Berühmte Opernhäuser
Die ersten Opern wurden in Theatern aufgeführt, doch baute man bald Opernhäuser mit entsprechender Technik für die aufwendigen Aufführungen. Zu den berühmtesten Häusern zählen die Pariser Oper, Covent Garden in London, die Mailänder Scala und die Metropolitan Opera in New York.

Giuseppe Verdi
Der italienische Komponist Giuseppe Verdi (1813–1901) schrieb 27 Opern; dabei wollte er nach dem Misserfolg mit der ersten schon aufgeben. Seine bekanntesten Opern sind *La Traviata, Rigoletto, Aïda* sowie *Othello*, das er mit 70 Jahren komponierte.

Chronologie

1607 Claudio Monteverdi (1567–1643) komponiert die Oper *La Farola d'Orfeo*.

1791 *Die Zauberflöte* von W. A. Mozart wird in Wien uraufgeführt.

1876 R. Wagner beendet den Zyklus *Der Ring der Nibelungen*, der aus 5 Opern besteht, und eröffnet damit in Bayreuth die Festspiele.

1935 *Porgy and Bess* von G. Gershwin (1898–1937) uraufgeführt. Sie enthält Jazzelemente.

1937 Oper *Lulu* von A. Berg (1885–1935) uraufgeführt

1945 B. Brittens (1913–76) Oper *Peter Grimes* uraufgeführt

1965 Oper *Die Soldaten* von Bernd A. Zimmermann (1918–70)

SIEHE AUCH UNTER | FILM | JAZZ | MOZART, WOLFGANG AMADEUS | MUSIK | MUSIKINSTRUMENTE | ORCHESTER | SCHALL | SCHAUSPIEL | THEATER

ORCHESTER

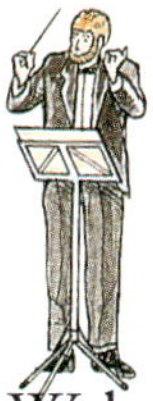

ALS ORCHESTER BEZEICHNET man eine größere Gruppe von Musikern, die unter der Leitung eines Dirigenten ein Musikstück spielt. Jeder Musiker trägt dabei mit seinem Instrument zum Gesamtklang bei. Die berühmten Orchester der Welt haben alle einen unverwechselbaren Klang. Die Grundlage jedes Orchesters bilden Streichinstrumente wie Violine, Bratsche, Cello und Kontrabass. Die meiste Orchestermusik sieht aber auch den Einsatz von Blas- und Schlaginstrumenten vor.

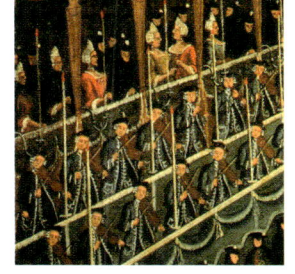

Erste Anfänge
Die ersten klassischen Orchester gab es im 17. Jh. Sie bestanden aus ungefähr 25 Streichern, in der Regel mit Cembalobegleitung. In der Mitte des 18. Jh. kamen Blasinstrumente und Pauken dazu. Im 19. Jh. wuchsen die Orchester: Die Komponisten schrieben Stücke für über 100 Musiker. Damit entstand ein viel reicherer Klang. Die großen Sinfonieorchester haben heute bis zu 60 Streichinstrumente, 30 Blas- und 20 Schlaginstrumente.

Orchester des 18. Jh.

Orchesterbesetzung
Das Orchester besteht aus 4 Instrumentengruppen: Holzbläser, Blechbläser, Schlagzeug und Streicher.

Sinfonieorchester
Die Art und Anzahl der Instrumente in einem Orchester hängt von der gespielten Musik ab. Sinfonien werden meist für die ganze Bandbreite der Instrumente geschrieben. Seit der Spätrenaissance, als es die ersten Orchester gab, sind viele neue Instrumente dazugekommen, besonders Blas- und Schlaginstrumente. Laute Instrumente werden hinten platziert, leise vorne.

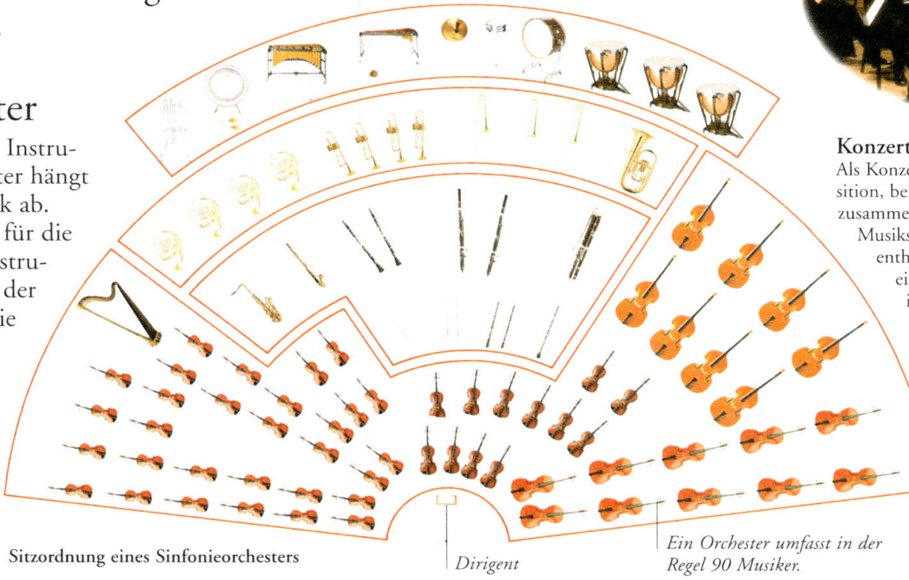

Sitzordnung eines Sinfonieorchesters
Dirigent
Ein Orchester umfasst in der Regel 90 Musiker.

Konzert
Als Konzert bezeichnen wir eine Komposition, bei der verschiedene Klanggruppen zusammenwirken. Die entsprechenden Musikstücke haben meist 3 Sätze. Sie enthalten oft ein Solo, bei dem ein einzelner Musiker mit seinem Spiel in den Vordergrund tritt.

Erster Geiger
Gleich neben dem Dirigenten sitzt der erste Geiger. Früher gab es noch keinen Dirigenten, und der erste Geiger „gab den Ton an" und schlug den Takt. Er hat heute noch eine herausgehobene Stellung im Orchester inne und spielt oft auch die Solopartien.

Kammerorchester
Einige Musikstücke brauchen nur ein kleines Orchester aus nicht mehr als 25 Musikern. Man spricht hier auch von einem Kammerorchester. Solche Orchester spielen oft frühe Musik auf zeitgenössischen Instrumenten.

Kammermusik
Klassische Musik für kleine Musikergruppen nennt man Kammermusik. Sie wurde ursprünglich im Musizierraum von Fürstenhäusern gespielt. In der Regel spielen dabei 3 bis 8 Musiker jeweils ein anderes Instrument. Beliebt ist das Streichquartett mit 2 Violinen, 1 Bratsche und 1 Cello.

Streichquartett

Dirigent
Der Dirigent leitet das Orchester und spornt die Musiker zu Höchstleistungen an. Er steht auf einer erhöhten Plattform, schlägt den Takt und bringt die Musiker dazu, das Stück in seinem Sinn zu interpretieren.

Der Gesichtsausdruck des Dirigenten fordert die Violinisten zu zartem Spiel auf.

Takt
Der Dirigent schlägt mit seinem Taktstock den Takt und gibt auch die Geschwindigkeit vor.

Zwei Takte *Drei Takte* *Vier Takte* *Fünf Takte*

Bewegungen des Taktstocks

Leonard Bernstein
Der Amerikaner Leonard Bernstein (1918–90) war ein sehr vielseitiger Musiker. Als Dirigent leitete er mehrere weltberühmte Orchester. Als Komponist schrieb er selbst rhythmische Musik, die als typisch amerikanisch gilt, z. B. die Musicals *West Side Story* und *Candide*.

Kapelle und Band
Unter einer Kapelle versteht man eine Gruppe von Instrumentalmusikern unter Leitung eines Kapellmeisters. In den meisten Fällen meint man Blaskapellen. Sie spielen meist Marsch- und Volksmusik. Wenn sie Jazz oder Tanzmusik darbieten, bezeichnet man sie oft als Bands. Ein Ensemble ist eine Gruppe Musiker, die meist klassische Musik spielt.

| SIEHE AUCH UNTER | BALLETT | BEETHOVEN, LUDWIG VAN | JAZZ | MOZART, WOLFGANG AMADEUS | MUSIK | MUSIKINSTRUMENTE | OPER | ROCK UND POP |

ORGANSYSTEME

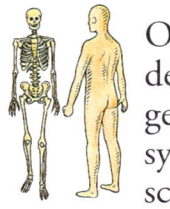

OBWOHL WIR ALLE anders aussehen, ist der Körper doch bei jedem gleich aufgebaut. Man unterscheidet 12 Organsysteme oder Apparate, z. B. das Ausscheidungssystem, den Verdauungsapparat und das Skelettsystem. Alle diese Systeme arbeiten zusammen, sodass der Körper einwandfrei funktioniert. Die Wissenschaft vom Aufbau unseres Körpers heißt Anatomie. Bedeutende äußere anatomische Unterschiede gibt es nur zwischen Männern und Frauen.

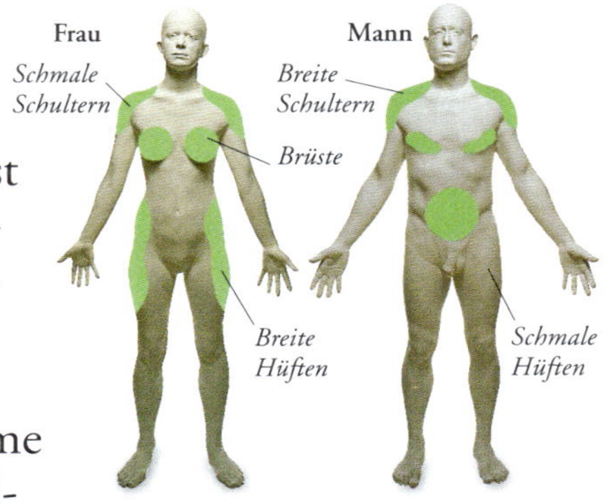

Frau — Schmale Schultern, Breite Hüften
Mann — Breite Schultern, Brüste, Schmale Hüften

Anatomie
Der menschliche Körper wird in Kopf und Hals, Rumpf (Brust, Unterleib und Beckenregion) sowie in die Gliedmaßen (Arme, Beine) unterteilt. Männer und Frauen unterscheiden sich durch ihre Geschlechtsmerkmale und die Stellen, an denen sich Fett ansetzt.

Von der Zelle zum System
Die vielen Milliarden Zellen des Körpers sind zu Geweben angeordnet. Jedes Gewebe setzt sich aus einem bestimmten Zelltyp zusammen. Mehrere verschiedene Gewebe bilden zusammen ein Organ, z. B. einen Knochen oder die Lunge. Mehrere Organe sind zu einem System verbunden. Alle Organsysteme zusammen ergeben den Körper.

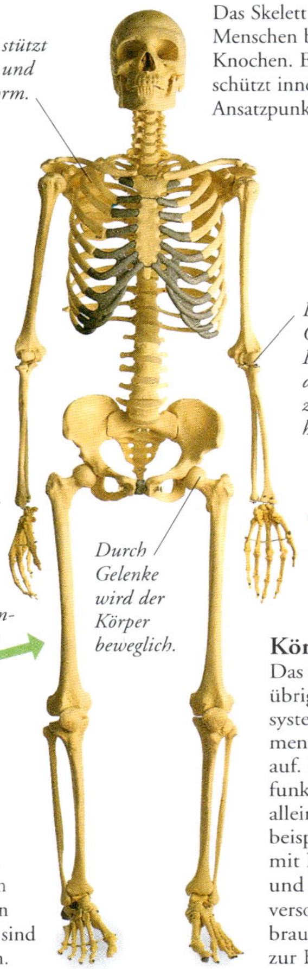

Skelett
Das Skelett eines erwachsenen Menschen besteht aus rund 206 Knochen. Es stützt den Körper, schützt innere Organe und bietet Ansatzpunkte für die Muskeln.

Das Skelett stützt den Körper und gibt ihm Form.
Das Knochenende ist von glattem Knorpel überzogen.
Kompakter Knochen
Oberschenkelknochen
Bälkchenknochen
Durch Gelenke wird der Körper beweglich.
Der Körper besteht aus hunderten von Milliarden Zellen.
Bänder sind Gewebe, die die Knochen an den Gelenken zusammenhalten.

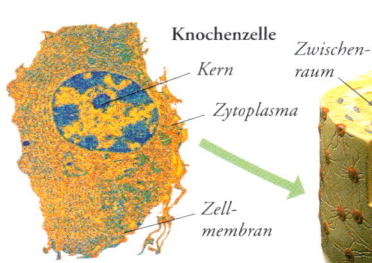

Zelle
Knochenzelle — Kern, Zytoplasma, Zellmembran
Osteozyten oder Knochenzellen sind spinnenförmig und bauen den Knochen auf. Sie liegen in Lücken eingebettet im Knochenmaterial. Diese Knochenzellen bewirken das Wachstum des Knochens, indem sie ein Kollagen abscheiden.

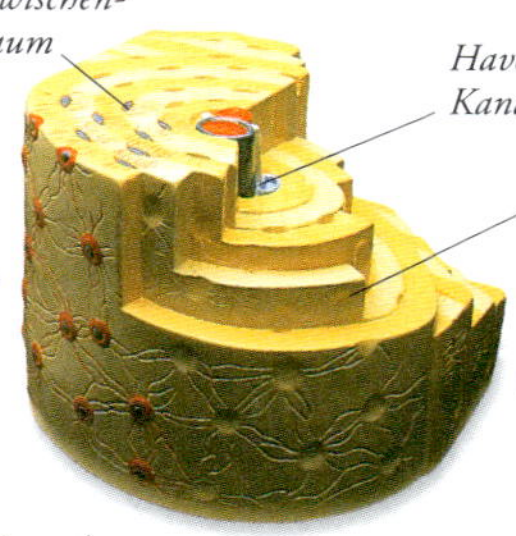

Gewebe
Kompakter Knochen — Zwischenraum, Havers'scher Kanal, Runde Schichten aus kompaktem Knochen
Kompakter Knochen besteht aus lamellenartigen Schichten harten Knochenmaterials, das sich um einen Havers'schen Kanal herum bildet. Dieser enthält Blutgefäße, die die Knochenzellen mit Nährstoffen und Sauerstoff versorgen.

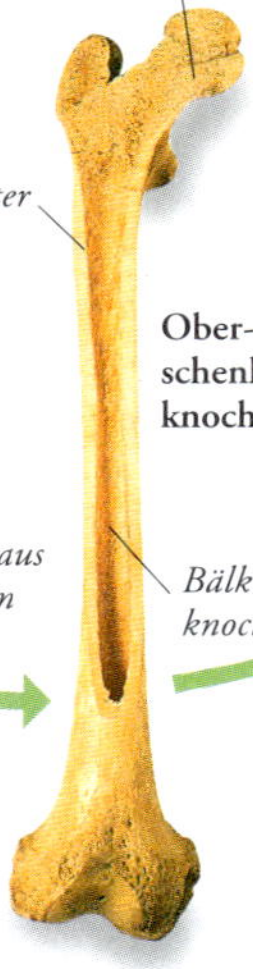

Organ
Große Knochen enthalten mehrere Gewebetypen. Röhrenknochen z. B. setzen sich aus kompaktem Knochen und Bälkchenknochen zusammen. Die Gelenkflächen sind von glattem Knorpel überzogen.

Körper
Das Skelett und die übrigen Organsysteme bauen den menschlichen Körper auf. Kein System funktioniert für sich allein. Das Skelett beispielsweise wird mit Nerven, Blut und Lymphgefäßen versorgt und braucht Muskeln zur Bewegung.

Organsysteme
Jedes Organsystem trägt zum Funktionieren des Körpers bei. Die Kontrolle über alle Systeme übernehmen das Nerven- und das Hormonsystem. Sie sorgen dafür, dass sehr viele Prozesse automatisch und ohne unser willentliches Zutun ablaufen.

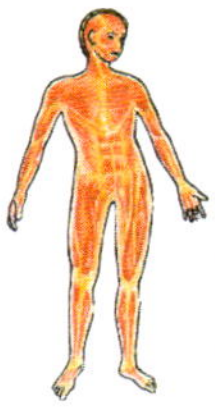

Muskelsystem Das Muskelsystem bewegt und stützt den ganzen Körper. Dazu sind an den Knochen mehr als 620 Skelettmuskeln befestigt.

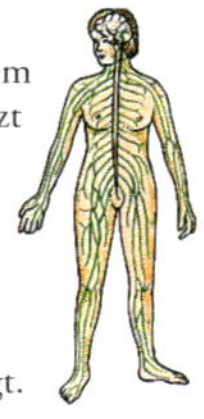

Nervensystem Das Nervensystem steuert alle Aktivitäten des Körpers. Es besteht aus dem Gehirn als Schaltzentrale, dem Rückenmark und den Nerven.

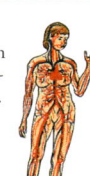

Kreislaufsystem Es transportiert Blut in alle Teile des Körpers und besteht aus dem Herz und den Blutgefäßen sowie den etwa 5 bis 6 Litern Blut.

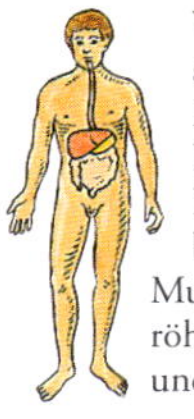

Verdauungssystem Es entzieht der Nahrung die Nährstoffe und besteht aus dem Mund, der Speiseröhre, dem Magen und dem Darm.

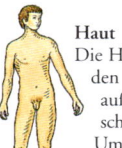

Haut Die Haut schließt den Körper nach außen ab und schützt ihn vor Umwelteinflüssen. Zur Haut gehören Haare und Nägel.

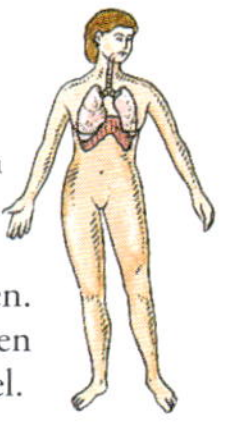

Atmungssystem Es versorgt den Körper mit Sauerstoff und besteht aus der Nase, der Luftröhre und der Lunge.

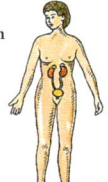

Ausscheidungssystem Es entfernt Abfallstoffe und besteht aus den Nieren, den Harnleitern, der Blase und der Harnröhre.

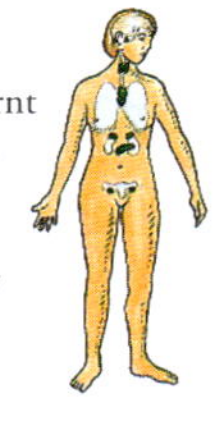

Hormonsystem Die Drüsen des Hormonsystems regeln viele Vorgänge im Körper. Dies geschieht mit chemischen Stoffen, den Hormonen.

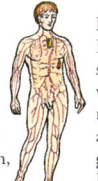

Lymphsystem Das Lymphsystem schützt den Körper vor Krankheitserregern. Es besteht aus vielen Lymphgefäßen und aus Lymphknoten.

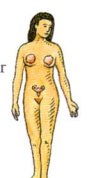

Fortpflanzungssystem Es ermöglicht die Zeugung von Kindern und ist bei Mann und Frau grundverschieden.

SIEHE AUCH UNTER | FORTPFLANZUNG | HAUT UND HAARE | HERZ UND KREISLAUFSYSTEM | MUSKELN UND BEWEGUNG | NERVENSYSTEM UND GEHIRN | SKELETT | WACHSTUM UND ENTWICKLUNG | ZELLEN

OSMANISCHES REICH

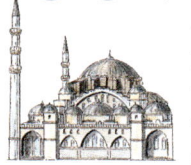

DIE TÜRKEN WAREN ursprünglich ein nomadisches Reitervolk aus Asien. Sie ließen sich in Anatolien in der heutigen Türkei nieder. Vom 14. Jh. an begannen die islamischen Türken mit dem Aufbau eines großen Reiches, das nach einem frühen Sultan Osmanisches Reich hieß. Im 17. Jh. umfasste es Griechenland, den Balkan, Nordafrika, Westasien und den Mittleren Osten. Nach 1600 begann der langsame Niedergang. Das Osmanische Reich, das später der „Kranke Mann am Bosporus" genannt wurde, hielt sich noch bis ins 20. Jh. Nach dem 1. Weltkrieg wurde es aufgeteilt. 1922 entstand die moderne Türkei.

Expansion des Reiches
Das Osmanische Reich entwickelte sich in mehreren Etappen aus einem kleinen Fürstentum in Anatolien. Im 14. Jh. dehnten die Türken ihren Einfluss auf den Balkan aus. Nach 1453 dominierte ihre Flotte im östlichen Mittelmeer. Im 15. Jh. eroberten die Osmanen Syrien, Ägypten und Ungarn und es bestand die Gefahr eines Einfalls nach Mitteleuropa.

Staat und Religion
Die Osmanen waren von einem starken religiösen Eifer beseelt. Die Sultane empfanden es als ihre Pflicht, ihre Nachbarn zum Islam zu bekehren und dehnten deswegen ihr Reich durch Eroberungen immer weiter aus. Wer als Freiwilliger im Kampf gegen die Ungläubigen teilnahm, erhielt den Ehrentitel Gazi.

Haus des Islam
Für die Osmanen war die Welt aufgeteilt in das Haus des Islam mit islamischer Regierung und Gesetzen und dem Haus des Krieges. Dieses wurde von Ungläubigen bewohnt. Nach islamischer Auffassung musste der Heilige Krieg (Dschihad) zwischen den beiden Häusern so lange weitergehen, bis das Haus des Islam triumphierte.

Stahlklinge mit Versen des osmanischen Dichters Nejati
Edelsteine
Osmanischer Dolch, 16. Jh.

Sultanat
Die Sultane waren die geistlichen und weltlichen Herrscher der Osmanen. Viele der frühen Sultane hatten ihr herausgehobenes Amt durch Fähigkeiten erworben. Diese Politik war eine der großen Stärken des Osmanischen Reiches. Später wurde das Sultanat erblich, und viele Herrscher erwiesen sich als faul und korrupt.

Es gibt nur wenige Porträts, weil der Islam Menschenbildnisse verbietet.

Sultan Ahmed I. als junger Mann

Kriegführung
Im 16. und 17. Jh. war das Osmanische Reich dauernd im Krieg. Wenn die Reiter (Spahi) und die Fußsoldaten (Janitscharen) ein neues Gebiet eroberten, teilte der Sultan es unter ihnen auf. Dies spornte die Soldaten an, die Grenzen immer mehr zu erweitern.

Janitscharen und Derwische
Die Janitscharen waren die besten Fußsoldaten der osmanischen Armee. In der Regel handelte es sich um nicht türkische, christliche Knaben aus Südosteuropa. Heilige Derwische rekrutierten sie bei der Knabenlese und sandten sie zur Ausbildung nach Istanbul. Dort bekehrten sie sich zum Islam. Wenn sie gut kämpften, wurden sie reichlich belohnt. Dadurch konnte sich der Sultan vollkommen auf die Treue seiner Janitscharen verlassen.

Janitschar, 16. Jh.

Schlacht bei Lepanto
Mitte des 16. Jh. war Westeuropa verwundbar, weil Protestanten und Katholiken sich bekämpften. So war ein Angriff der osmanischen Seestreitkräfte möglich. 1571 besiegte eine Koalition zwischen Spanien, Venedig, Genua und dem Vatikan eine Vorhut in der Seeschlacht von Lepanto und stoppte die Osmanen.

Topkapi-Palast
1453 benannte Sultan Mohammed II. (1451–81) die Stadt Konstantinopel in Istanbul um. Er baute den prächtigen Topkapi-Palast, der heute noch von tausenden von Touristen besucht wird.

Königlicher Salon, Topkapi-Palast

Chronologie
1363 Frühe osmanische Eroberungen in Europa

1453 Eroberung von Konstantinopel und Ende des Byzantinischen Reiches. Die Stadt heißt nun Istanbul.

1463 Sieg der Türken über Venedig

1516–17 Die Osmanen erobern Syrien und Ägypten.

1526 Sieg der Türken in der Schlacht von Mohács. Ungarn wird türkisch.

1529 Vergebliche Belagerung Wiens

1571 Osmanische Niederlage bei Lepanto

1600 Beginnender Niedergang

1683 2. vergebliche Belagerung Wiens

Janitscharen

1909 Der letzte Sultan Abdul-Hamid II. wird abgesetzt. An seine Stelle tritt Mohammed V.

1922 Das Sultanat wird abgeschafft: Der Weg ist frei für die türkische Republik.

Süleiman der Prächtige
Der größte aller Sultane war Süleiman I. (Regierungszeit 1520–66), der auch der Prächtige oder der Gesetzgeber genannt wird. Er war zugleich Dichter und ein Förderer aller Künste. Unter Süleiman erlangte das Osmanische Reich seine größte Ausdehnung. 1529 scheiterte eine Belagerung Wiens. Noch weitere 50 Jahre lang blieben die Osmanen aber eine wichtige Seemacht.

SIEHE AUCH UNTER | ARCHITEKTUR | ISLAM | ISLAMISCHES REICH | KRIEG | PERSER

OSTAFRIKA

Eine der ältesten Kulturen der Welt, die ägyptische, entstand im nördlichsten Teil Ostafrikas. Die südlichsten Länder Ostafrikas sind Kenia, Tansania und Uganda. Am Horn von Afrika liegen 4 der ärmsten Länder der Erde: Eritrea, Somalia, Äthiopien und Dschibuti. In den letzten Jahren wüteten in Somalia, Sudan und Äthiopien Dürrekatastrophen und Kriege. Die meisten Ostafrikaner können sich gerade selbst versorgen oder hängen von Lebensmittellieferungen ab.

Geografie
Durch Ostafrika verläuft das Große Rifttal, ein Graben in der Erdkruste, der durch das Rote Meer bis weit in den Norden reicht. In Ostafrika liegen auch der Nil, der längste Fluss der Welt, und der Victoriasee, der größte See Afrikas.

Nil
Der Nil ist 6 671 km lang und bildet die Lebensgrundlage für viele Millionen Menschen. Er fließt vom Victoriasee bis ins Mittelmeer. Bei Khartum, der Hauptstadt des Sudan, fließt der Weiße Nil in den größeren Blauen Nil.

Savanne
Die südlichen Länder Ostafrikas bestehen zu einem großen Teil aus Savanne. In diesem Grasland stehen vereinzelte Akazien und Baobabs. In der Savanne grasen große Herden von Antilopen, Giraffen, Zebras und Gazellen. Die wichtigsten Räuber sind hier Löwen und Hyänen.

Kilimandscharo
Der schneebedeckte Mount Kibo in der Kilimandscharo-Gruppe ist mit 5 892 m der höchste Berg Afrikas. Dieses Gebirge liegt im Nationalpark Arusha in Tansania an der Grenze zu Kenia. Der Kibo ist ein aktiver Vulkan, der immer noch Dampfwolken abgibt. Er gilt als Wahrzeichen Afrikas und wird oft mit dem Gebirgsstock gleichgesetzt.

Klima
Das Klima Ostafrikas hängt stark von der Meereshöhe ab. Dschibuti und Teile Ägyptens, Eritreas, Äthiopiens, Somalias und des Sudans sind wüstenartig und leiden unter Dürre. Südsudan und Westäthiopien haben Regenzeiten. Die tiefer gelegenen Teile von Tansania, Kenia und Uganda sind trockenheiß, höher gelegene feucht und eher gemäßigt.

23 °C   20 °C
580 mm

Nomaden
Viele Völker und Stämme in Ostafrika, besonders die Dinka im Sudan, leben nomadisch. Sie wandern mit ihren Herden von Weidegrund zu Weidegrund. Die moderne Entwicklung zwingt aber viele Nomaden heute zu einer anderen Lebensweise. Die Männer nehmen Gelegenheitsarbeiten in Städten an oder arbeiten auf Baustellen.

Viehzucht bei den Dinka, Sudan

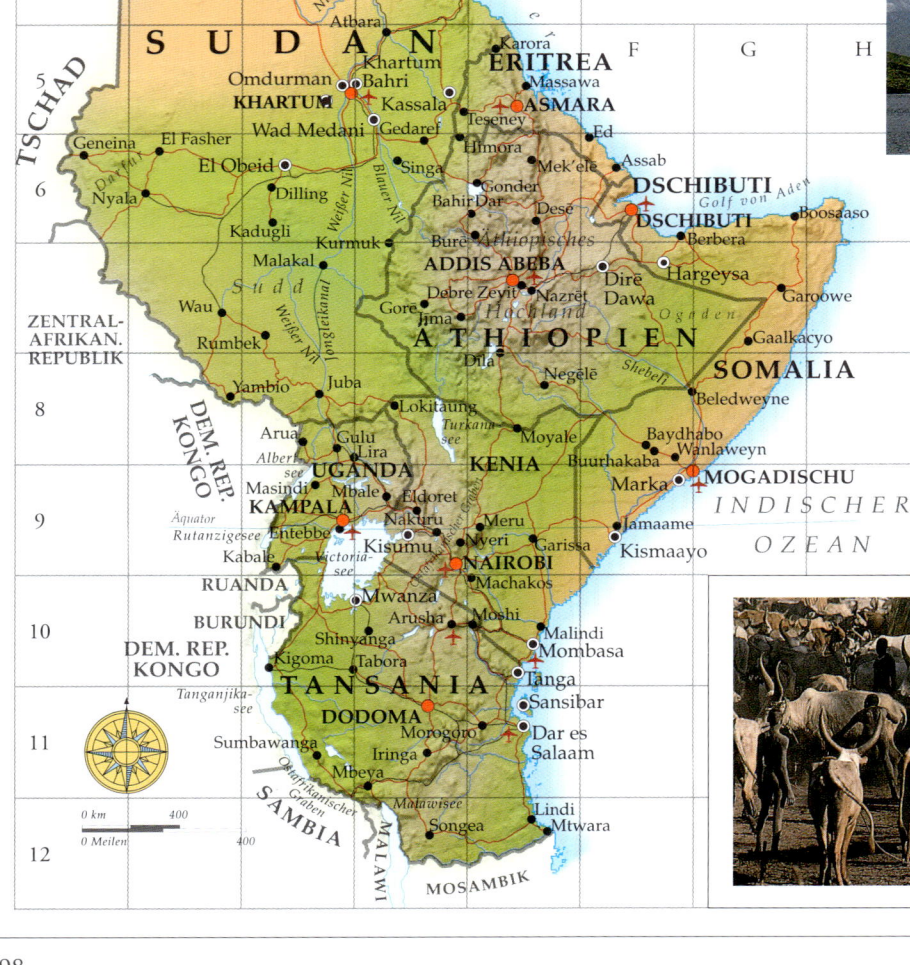

Ägypten

Wie zu frühesten Zeiten hängt Ägypten auch heute noch vom Nil ab. Er bietet Transportmöglichkeiten und spendet Wasser, Nahrung und Energie, etwa durch den Assuan-Staudamm. Ägypten kontrolliert den Suezkanal, der Europa, Asien und Afrika miteinander verbindet. Ungefähr 99 % aller Ägypter leben an den fruchtbaren Ufern des Nils. Die meisten sind Bauern. Doch auch die Erdöl- und Tourismusindustrie bieten immer mehr Arbeitsplätze.

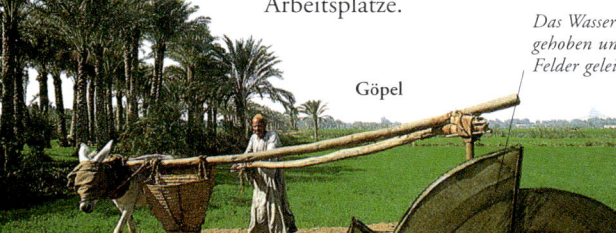

Das Wasser wird gehoben und auf die Felder geleitet.

Göpel

Bevölkerung
In Ägypten leben mehrere Völker. Die meisten sprechen Arabisch, doch gibt es auch Minderheiten von Berbern und Nubiern. Die Frauen in den Städten gehören zu den freiesten in der ganzen arabischen Welt. Auf dem Land herrscht noch die herkömmliche Arbeitsteilung: Die Frauen kochen und holen Wasser, die Männer arbeiten auf dem Feld.

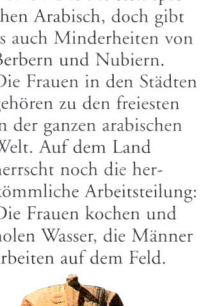

ÄGYPTEN: DATEN
HAUPTSTADT Kairo (Al Qahirah)
FLÄCHE 1 002 000 km²
EINWOHNER 68 500 000
BEVÖLKERUNGSDICHTE 68 Einw./ km²
SPRACHE Arabisch; nubische und Berbersprachen, Englisch, Französisch
RELIGION Islam; koptisches Christentum
WÄHRUNG Ägyptisches Pfund
LEBENSERWARTUNG 68 Jahre
EINWOHNER PRO ARZT 1 320
REGIERUNG Mehrparteiendemokratie
ANALPHABETEN 45 %

Landwirtschaft
Ägypten ist der zweitgrößte Dattelproduzent der Welt. Die Früchte wachsen gemeinsam mit Melonen in Oasen. Die meisten Fellachen betreiben den Ackerbau nach jahrhundertealten Verfahren. Hier treibt ein Maultier ein Wasserrad für die Bewässerung an. Die Vorrichtung heißt Göpel.

Ernährung
Das Nationalgericht der Ägypter *Ful medames* soll so alt sein wie die Pyramiden. Man kocht dazu dicke Bohnen mit Knoblauch, Zwiebel, Olivenöl und Gewürzen und serviert alles mit hart gekochten Eiern, Zitronen und Fladenbrot. Dazu trinkt man oft süßen Tee oder Kaffee.

Ful medames

Tourismus
Jedes Jahr kommen etwa 5 Mio. Touristen nach Ägypten, um die Pyramiden und andere Denkmäler zu bewundern, etwa die Gräber im Tal der Könige und die Tempel von Karnak und Luxor. Das älteste Bauwerk ist die Stufenpyramide bei Sakkara, die um 2650 v. Chr. für König Djoser erbaut wurde.

Mit Staubwedeln werden die Statuen sauber gehalten.

Statue von Ramses II., Tempel von Luxor

Baumwollpflanze

Kairo
Die Hauptstadt Ägyptens ist mit 7 Millionen Einwohnern zugleich die größte Stadt in Afrika. Sie hat etwa 1 000 Moscheen; einige davon wurden mit Steinen aus den Pyramiden erbaut. Im alten Kairo gibt es viele geschäftige Basare, am Westufer des Nils befinden sich moderne Hotels.

Die Sultan-Hassan-Moschee

Suezkanal
Jedes Jahr fahren über 20 000 Schiffe durch den Suezkanal. Er ist 190 km lang und verbindet den Golf von Suez mit dem Mittelmeer. Den Suezkanal baute der französische Ingenieur Ferdinand de Lesseps von 1859–69.

Baumwolle
Obwohl man nur auf 3 % der Landfläche Pflanzen anbauen kann, ist Ägypten doch ein führender Baumwollproduzent. Aus Baumwollstoff ist auch die Dschelaba, eine Art Tunika.

Baumwollkapsel

Sudan

Sudan ist das größte Land in Afrika. Von Norden nach Süden erstreckt es sich über 2 050 km. Im Norden besteht das Land aus Wüste, in der Mitte aus Grasland, im Süden aus Sumpfgebieten. Bei der Hauptstadt Khartum fließt der Weiße Nil in den Blauen Nil. Hier liegen fruchtbare Felder. Das Land verfügt über Erdölvorräte, die exportiert werden. Seit Jahren herrschen in Sudan Dürre und Bürgerkrieg.

Bevölkerung
In Sudan leben über 500 Völker und Stämme, und es gibt über 100 Sprachen und Dialekte. Einige sind sesshaft gewordene Nomaden. Die meisten bebauen ihr eigenes Land und leben in Lehmhütten entlang des Nil. Dort betreiben sie Ackerbau und Fischfang. Durch Bürgerkrieg und Hungersnot in Südsudan sind viele Menschen auf der Flucht.

SUDAN: DATEN
HAUPTSTADT Khartum
FLÄCHE 2 505 813 km²
EINWOHNER 26 600 000
SPRACHE Arabisch; afrikanische Sprachen
RELIGION Islam; Stammesreligionen, Christentum
WÄHRUNG Sudanesischer Dinar

Religiöse Konflikte
Die Führungsschicht im Norden des Landes besteht aus arabischen Moslems, und die hohen Minarette beherrschen die Landschaft. Weiter im Süden leben nilotische Völker und Stämme, die Christen oder Anhänger von Stammesreligionen sind. Die kulturellen und religiösen Unterschiede zwischen dem Norden und dem Süden führten zum Bürgerkrieg.

Eritrea

Das kleine trocken-heiße Land am Horn von Afrika erlangte erst nach einem 30-jährigen Bürgerkrieg die Unabhängigkeit von Äthiopien. Eritrea verfügt über Kupfererze, die bisher aber noch nicht abgebaut werden. Durch seine strategische Lage am Roten Meer hat Eritrea Zugriff auf Erdölfelder und reiche Fischgründe. Zudem liegt es im Schnittpunkt wichtiger Handelsrouten.

Eritrea: Daten
- Hauptstadt Asmara
- Fläche 121 144 km²
- Einwohner 4 140 000
- Sprache Tigrinya, Arabisch
- Religion Christentum, Islam
- Währung Nakfa
- Lebenserwartung 56 Jahre

Selbstversorger
Über 80 % aller Eritreer versorgen sich selbst mit Nahrungsmitteln, viele unter ihnen als nomadische Viehzüchter. Lebenswichtig sind die Regenfälle im September, denn erst sie ermöglichen eine Ernte. Wiederholte Dürreperioden führten zu Hungersnöten.

Bevölkerung
Durch den langen Krieg gegen Äthiopien entstand ein starkes Gefühl für die nationale Einheit, obwohl die Menschen zu mehreren Völkern gehören und auch unterschiedliche Sprachen sprechen. 30 000 Frauen kämpften im Bürgerkrieg mit, viele in führender Stellung. Sie setzten in der Verfassung die Gleichberechtigung der Frauen durch.

Somalia

Somalia ist ein trockenes, flaches Land am Indischen Ozean. Es hat einen der längsten Strände der Welt. Das Land erlangte 1960 seine Unabhängigkeit, doch seit etwa 1987 bestimmen Machtkämpfe rivalisierender Clans, Flüchtlingselend und Hungersnöte die Politik. Die meisten Menschen sind arm und leben in Küstenstädten im Norden und im Süden in der Nähe der Flüsse.

Somalia: Daten
- Hauptstadt Mogadischu (Muqdisho)
- Fläche 637 657 km²
- Einwohner 9 600 000
- Sprache Somali; Arabisch, Italienisch
- Religion Islam
- Währung Somalia-Shilling
- Lebenserwartung 48 Jahre

Mogadischu
Die Küstenstadt Mogadischu ist seit langer Zeit ein wichtiger Hafen. Vor über 1 000 Jahren wurde sie von Arabern gegründet und schließlich 1905 an die Italiener verkauft. 1960 kehrte die Stadt zu Somalia zurück. Im Bürgerkrieg wurden die teils arabischen, teils modernen italienischen Gebäude stark beschädigt.

Bürgerkrieg
Die Somalier bilden traditionell Clans. Diese Familiengruppen stehen unter der Leitung älterer Männer. Die Regierung zerstörte dieses System und rief dadurch schwere Fehden hervor. Viele Somalier sind heute auf Auslandshilfe angewiesen.

Äthiopien

Das Große Rifttal, eine Hochfläche und eine Trockenwüste beherrschen die äthiopische Landschaft. Das Land hatte oft unter Hungersnot, Dürre und Bürgerkrieg zu leiden. Durch Landreformen und eine Reihe guter Ernten ist Äthiopien nun weniger abhängig von ausländischer Hilfe. Vier Fünftel der Bevölkerung sind Bauern und Selbstversorger. Musik, Tanz und Erzählen spielen im Leben der Äthiopier eine große Rolle.

Äthiopien: Daten
- Hauptstadt Addis Abeba
- Fläche 1 133 380 km²
- Einwohner 63 500 000
- Sprache Amharisch; semitische und kuschitische Sprachen, Arabisch
- Religion Islam, Christentum
- Währung Birr

Nationalgericht
In Äthiopien isst man gern scharf. Zu Rindfleisch und Huhn wird *Wat*, eine scharfe Soße, serviert. Dazu gibt es weiches Fladenbrot, *Enjera*. Es wird aus Teff gebacken, einer Getreidesorte, die nur in Äthiopien wächst. Fisch können sich nur die Reichen leisten. Der Kaffeestrauch stammt wie der Name des Getränks ursprünglich aus Äthiopien.

Vegetarisches Gericht aus Kohl, Karotten, Knoblauch und roten Linsen

Hart gekochtes Ei

Stücke vom Huhn mit Eiern und roten Paprika

Enjera

Stücke vom Rind mit Zimt, Paprika, Chili und Tomaten

Wat, eine scharfe Sauce aus Zwiebeln, Knoblauch, Chilis und Ingwer

Orthodoxe Kirche
Die äthiopisch-orthodoxe Kirche ist die größte christliche Religionsgemeinschaft des Landes. Ihr gehören rund 25 Mio. Gläubige an. Der Pilgerort Lalibela im Hochland Äthiopiens hat Kirchen aus dem 10. Jh. Viele äthiopische Christen feiern jedes Jahr das Fest Timkat.

Orthodoxe Priester

Dschibuti

Das arme Wüstenland am Golf von Aden dient Äthiopien als Hafen. Im Norden leben die Afar, im Süden die Issa. Beide sind ursprünglich Nomaden, doch die Hälfte ist sesshaft und bewohnt die Hauptstadt Dschibuti.

Dschibuti: Daten
- Hauptstadt Dschibuti
- Fläche 23 200 km²
- Einwohner 600 000
- Sprache Arabisch, Französisch
- Religion Islam
- Währung Dschibuti-Franc
- Lebenserw. 51 J.

Schifffahrt
Im 19. Jh. war Dschibuti ein lebhafter Hafen am Roten Meer. Heute ist die Lage an wichtigen Schifffahrtswegen und die Nähe zu den arabischen Erdölfeldern von Bedeutung.

Kenia

Kenia liegt am Äquator und hat eine vielfältige Landschaft. Der Norden ist trocken und heiß, das südwestliche Hochland warm und feucht. Das fruchtbarste Gebiet liegt längs der Küste. Die Wirtschaft beruht im Wesentlichen auf dem Ackerbau. Über 40 % aller Kenianer sind unter 15 Jahre alt. Man unterscheidet ungefähr 40 Völker und Stämme, meist Bantu und Niloten. Im Süden leben Massai.

Kenia: Daten

Hauptstadt	Nairobi
Fläche	580 367 km²
Einwohner	30 300 000
Sprache	Kisuaheli; Englisch, Kikuyu u.a.
Religion	Christentum, Stammesreligionen, Islam
Währung	Kenia-Shilling

Nairobi
Die Hauptstadt Nairobi wurde 1899 von den Briten als Eisenbahnstation gegründet. Hier liegt das Geschäfts- und administrative Zentrum. Die moderne Stadt mit 1 900 000 Einwohnern steht in krassem Gegensatz zur Umgebung mit Elefanten und Löwen.

Tourismus
Die Nationalparks sind die Hauptattraktion für die rund 1 Mio. Touristen, die das Land jährlich besuchen. Die über 40 Nationalparks und Wildreservate machen 6 % der Landfläche aus. Im Massai-Amboselipark leben z. B. Löwen, Antilopen und Leoparden. Von hier aus hat man einen großartigen Blick auf den schneebedeckten Kilimandscharo.

Kaffeebohnen

Teeblätter

Grüne Bohnen

Nutzpflanzen
Etwa 75 % aller Einwohner arbeiten in der Landwirtschaft. Tee und Kaffee wachsen in Plantagen. Kenia ist der viertgrößte Teeproduzent der Welt. Es exportiert auch Pyrethrum, eine rosafarbene Blüte, aus der man ein natürliches Insektenvernichtungsmittel gewinnt.

Uganda

Die Unabhängigkeit von Großbritannien im Jahr 1962 führte zu Stammesfehden und zu Armut. 1986 wurde Friede geschlossen; seither erholt sich die Wirtschaft langsam. Die Landwirtschaft ist der Haupterwerbszweig. Uganda exportiert vor allem Kaffee, Baumwolle und Tee. 1993 erhielten die alten Königreiche wieder kulturelle Stammesrechte.

Uganda Daten

Hauptstadt	Kampala
Fläche	241 139 km²
Einwohner	23 500 000
Sprache	Englisch, Kisuaheli
Religion	Christentum, Stammesreligionen, Islam
Währung	Uganda-Shilling

Süßkartoffeln

Markt in Kampala

Landwirtschaft
Ungefähr 80 % aller Einwohner arbeiten auf dem Land. Die meisten bauen für sich Maniok, Mais, Hirse und Süßkartoffeln. Den Überschuss verkaufen sie auf dem Markt.

Kampala
Kampala, die Hauptstadt Ugandas, hat rund 773 000 Einwohner. Sie steht auf den Hügeln über dem Victoriasee, und hier regnet es fast täglich. Ein Mittelpunkt der Stadt ist die moderne Museveni-Universität, die neben dem alten Palast der früheren Könige von Uganda errichtet wurde.

Victoriasee
Der mit 69 484 km² drittgrößte See der Erde liegt zwischen Uganda, Kenia und Tansania. Der eingeführte Nilbarsch hat die außerordentlich reiche Fischfauna dieses Sees fast vernichtet. Mit einem Kraftwerk an den Owen Falls möchte Uganda die Ölimporte halbieren.

Tansania

Die Inseln Sansibar und Pemba vereinigten sich 1964 mit dem Festland Tanganjika zu Tansania. Über ein Drittel des Landes ist bewaldet. Die größte Stadt, Daressalam, war bis 1973 auch Hauptstadt des Landes. Sie ist aber weiterhin Sitz der Regierung und wichtigster Hafen. In Tansania liegt der bekannte Serengeti-Nationalpark.

Tansania: Daten

Hauptstadt	Dodoma
Fläche	945 087 km²
Einwohner	35 200 000
Sprache	Kisuaheli; Englisch, mehrere Bantusprachen
Religion	Christentum, Islam, Stammesreligionen
Währung	Tansania-Shilling

Baumwolle
Kaffee, Baumwolle und Cashewnüsse machen fast die Hälfte aller Exporte aus. Die meiste Baumwolle wird in Betrieben im nördlichen und südlichen Hochland und um den Victoriasee herum gewonnen. In Fabriken wird sie versponnen und das Garn zu bunten Stoffen gewebt.

Bevölkerung
Die 120 Völker und Stämme Tansanias leben friedlich zusammen; keine Gruppe ist vorherrschend. Fast 67 % der Menschen leben in kleinen verstreuten Dörfern. Die Politik zielt jedoch darauf ab, sie in größeren Siedlungen zusammenzufassen.

Sisaltaschen

Sansibar
Die Insel Sansibar und die kleine Insel Pemba liegen vor der Ostküste Tansanias. Sansibar ist führend in der Produktion von Gewürznelken und Sisal. Aus den Fasern dieser Pflanze stellt man Taue und Taschen her.

SIEHE AUCH UNTER AFRIKA, GESCHICHTE · ÄGYPTER · CHRISTENTUM · FLÜSSE · HÄFEN UND KANÄLE · ISLAM · KRIEG · LANDWIRTSCHAFT · TALSPERREN · WELTREICHE

ÖSTERREICH

ÖSTERREICH IST VOM Habsburger Reich, das zu Beginn des 20. Jh. noch Länder wie Tschechien, die Slowakei, Ungarn, Rumänien und Serbien umfasste, zuletzt übrig geblieben. Wie auch die Schweiz liegt die Alpenrepublik weitab von den Meeren und hat nur über die Donau Verbindung zum Schwarzen Meer. Etwa zwei Drittel der Fläche nehmen die Alpen ein. Österreich hat neben den Bergen viele herrliche Landschaften und ist übersät von alten Bauwerken, Kirchen und Schlössern. Der Bundesstaat besteht aus 9 Bundesländern. Eine wichtige Rolle spielt der Tourismus. Entlang der Donau liegt eine bedeutende Industrie.

Verkehrswege

Österreich ist verkehrsmäßig hervorragend erschlossen. Die österreichischen Straßenbauingenieure zählen zu den besten der Welt. Autobahnen, zahlreiche Tunnel und gut ausgebaute Bergstraßen verbinden alle Landesteile. Durch seine Lage im Herzen Europas und zahlreiche wichtige Alpenpässe leidet das Land zunehmend unter dem Transitverkehr zwischen Nord und Süd. Die Brennerautobahn wird jedes Jahr von Millionen von Fahrzeugen befahren.

Brennerautobahn

Geografie

Österreich ist größtenteils ein gebirgiges Land. Es umfasst nahezu die gesamten Ostalpen. Der nordöstliche Teil wird von der Donau bestimmt. Hier liegen die wichtigsten Siedlungen. Im Südosten wird das Land sehr flach und geht in die Ungarische Tiefebene über.

Die Donau

Die Donau entspringt in Südwestdeutschland und mündet nach 2858 km in das Schwarze Meer. 350 km weit fließt sie durch Österreich. Beidseits der Donau und ihrer Nebenflüsse erstrecken sich fruchtbare Ebenen. Viele kleine bäuerliche Betriebe erzeugen Kartoffeln, Zuckerrüben und Getreide. Überschüsse werden exportiert.

Stift Melk an der Donau

Klima

18 °C   -3 °C
925 mm

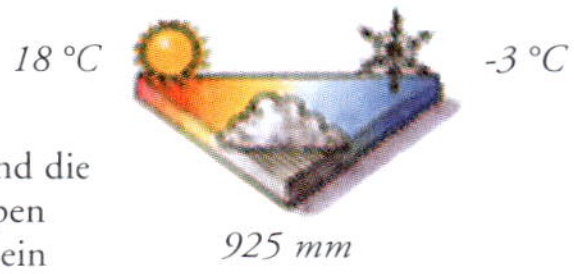

Die unterschiedlichen Höhenlagen und die Wetterscheide der Alpen bescheren Österreich ein sehr uneinheitliches Klima. Im Hochgebirge herrscht alpines Klima. Im Westen gibt es oft bis zu 2 000 mm Niederschläge, mäßig warme Sommer und milde Winter. Der Osten hingegen hat kontinentales Klima mit deutlich geringeren Niederschlägen, heißen Sommern und kalten Wintern.

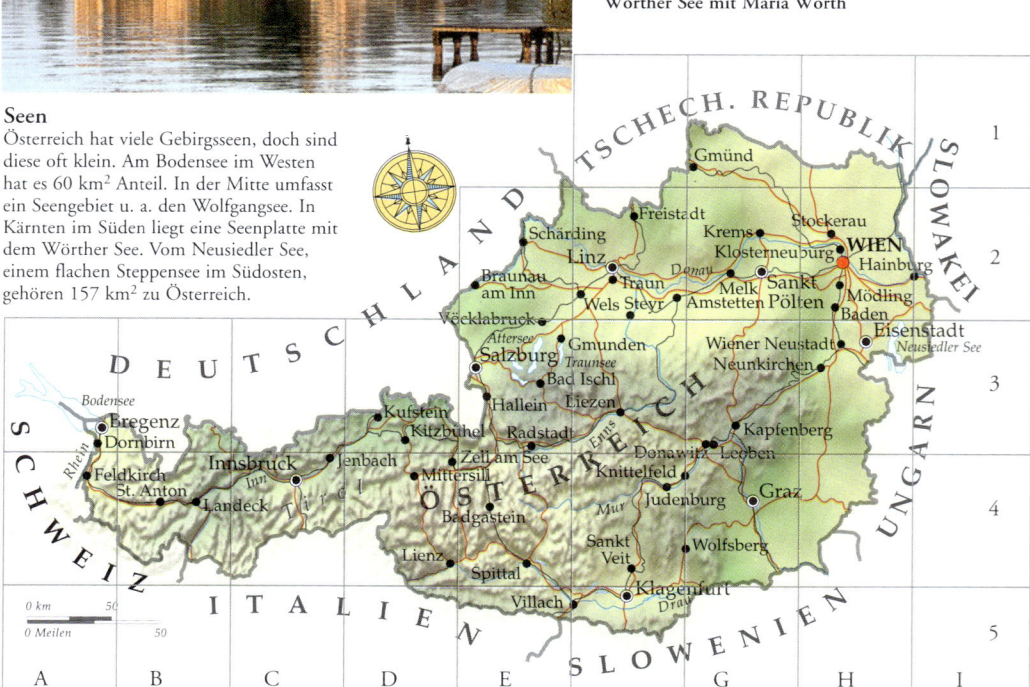

Wörther See mit Maria Wörth

Großglockner

Alpen

Die Alpen trennen Nord- von Südeuropa und gehören zu den imposantesten Faltengebirgen der Erde. In Österreich sind sie zwar nicht mehr ganz so hoch wie in Frankreich und der Schweiz, aber das Land hat über 800 Dreitausender und fast 1 000 Gletscher. Der höchste Berg Österreichs ist der Großglockner mit 3 797 m.

Seen

Österreich hat viele Gebirgsseen, doch sind diese oft klein. Am Bodensee im Westen hat es 60 km² Anteil. In der Mitte umfasst ein Seengebiet u. a. den Wolfgangsee. In Kärnten im Süden liegt eine Seenplatte mit dem Wörther See. Vom Neusiedler See, einem flachen Steppensee im Südosten, gehören 157 km² zu Österreich.

Ötztaler Alpen

ÖSTERREICH

Bevölkerung

Rund 90 % der Einwohner sind Österreicher. Die meisten sprechen Deutsch als Muttersprache. In Kärnten, der Steiermark und im Burgenland gibt es slowenische, kroatische und ungarische Minderheiten. 10 % der Einwohner sind Ausländer, die meisten aus dem ehemaligen Jugoslawien. Dass Österreich einst ein Vielvölkerstaat war, erkennt man heute noch an den Namen vieler Österreicher, die oft slawischen Ursprungs sind.

97 Ew. pro km² — 35 % Land — 65 % Stadt

Spanplattenfabrik

Industrie

In der Industrie sind rund 29 % der Arbeitnehmer beschäftigt. Sie stellen vor allem Maschinen und Fahrzeuge her. Auch die Papierfabrikation spielt eine große Rolle. Den Rohstoff liefern die heimischen Wälder. Wichtigster Handelspartner ist Deutschland.

Freizeit

Die Österreicher treiben Sport wie alle ihre Nachbarn, besonders Fußball und Skilaufen. Sie lieben den Motorsport sehr; zwei der berühmtesten Formel-1-Piloten der letzten Jahre sind Österreicher: Niki Lauda und Gerhard Berger. Musik und der Besuch des Theaters und der Oper ist vor allem ein Faible der musikbegeisterten Wiener.

ÖSTERREICH: DATEN

- **HAUPTSTADT** Wien
- **FLÄCHE** 83 859 km²
- **EINWOHNER** 8 150 000
- **SPRACHE** Deutsch, Slowenisch, Kroatisch, Ungarisch
- **RELIGION** Christentum
- **WÄHRUNG** Euro
- **LEBENSERWARTUNG** 78 Jahre
- **EINWOHNER PRO ARZT** 230
- **REGIERUNG** Mehrparteiendemokratie
- **ANALPHABETEN** 2 %

Landesküche

Die Vielfalt der österreichischen Küche rührt aus der Zeit, als zur Donaumonarchie viele Völker zählten. Typische österreichische Gerichte sind das Gulasch, das aus Ungarn stammt, das Wiener Schnitzel, das Backhendl und der Tafelspitz, ein besonderes Stück gekochtes Rindfleisch. Berühmt sind die Mehlspeisen, etwa der Kaiserschmarren oder die Palatschinken, gefüllte Pfannkuchen.

Wasserkraft und Energie

Österreich verfügt über viel Wasserkraft und erzeugt damit viel Strom, den es z. T. über das Verbundnetz exportiert. Eines der größten Wasserkraftwerke ist das Tauernkraftwerk bei Kaprun. Auch die Donau wird in zahlreichen Staustufen genutzt und liefert fast 40 % der im Land benötigten Energie. In einer Volksabstimmung hat man auf die Nutzung der Kernenergie verzichtet.

Kraftwerk Kaprun

Salzburg

Mozarts Geburtsstadt Salzburg, im Tal der Salzach gelegen, ist die Hauptstadt des gleichnamigen österreichischen Bundeslandes. Erst 1803 kam Salzburg zu Österreich, vorher war es ein erzbischöfliches Territorium. Die Altstadt am linken Salzachufer wird vom Mönchsberg und vom Festungsberg mit der im Jahre 1077 gegründeten Feste Hohensalzburg überragt.

Salzburg

Österreich und die Musik

Die Österreicher lieben die Musik über alles, und in Österreich lebten und wirkten viele berühmte Komponisten, etwa Joseph Haydn, Wolfgang Amadeus Mozart, Ludwig van Beethoven, Franz Schubert und Johannes Brahms. Von der Liebe zur Musik zeugt auch der weltbekannte Chor der Wiener Sängerknaben. In Wien komponierte Johann Strauß seine berühmten Walzer, und auch die Schrammelmusik ist hier entstanden.

Wien

Österreichs Hauptstadt zählt zu den schönsten Städten Europas. Als ehemalige Kaiserstadt hat es zahlreiche Sehenswürdigkeiten, z. B. die Hofburg, Schloss Schönbrunn und den Stephansdom. Wien hat dutzende Museen, und vor allem ist es die Stadt der Oper und des Theaters.

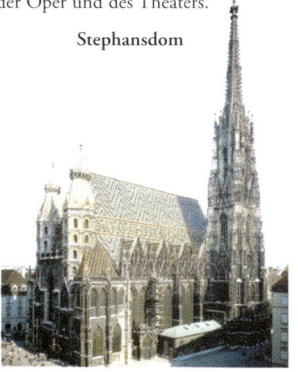

Stephansdom

Der Prater

Der Prater ist ein riesiger Freizeitpark an der Donau in Wien. Hier dreht sich seit 1897 das 65 m hohe Riesenrad, auch ein Wahrzeichen von Wien.

Das Riesenrad im Prater

„Alles Walzer"

Wiener Opernball

Einmal im Jahr findet in der Oper der Stadt Wien der Opernball statt. Bei diesem festlichen Ereignis betreten Töchter aus vornehmem Hause erstmals das gesellschaftliche Parkett: Sie debütieren und werden beim festlichen Debütantinnenball in die feine Gesellschaft eingeführt. Zum Wiener Opernball erscheinen geladene Gäste aus der ganzen Welt.

Salzburger Festspiele

Seit 1920 finden in Salzburg jährlich Festspiele mit Opern- und Theateraufführungen statt. Die Festspiele gehen auf den Dichter Hugo von Hofmannsthal, den Komponisten Richard Strauss und den Theaterregisseur Max Reinhardt zurück. Höhepunkt ist jeweils die Aufführung des *Jedermann* von Hofmannsthal vor der Kulisse des Domes. Es ist eine Art Mysterienspiel, wie es im Mittelalter gezeigt wurde.

Aufführung des *Jedermann* vor dem Salzburger Dom

SIEHE AUCH UNTER — EUROPA — EUROPA, GESCHICHTE — GEBIRGE — MARIA THERESIA — MUSIK — SCHWEIZ UND LIECHTENSTEIN — WINTERSPORT

OSTMITTELEUROPA

DER ÖSTLICHE TEIL MITTELEUROPAS setzt sich aus 4 Ländern zusammen: aus Polen, der Tschechischen Republik, der Slowakei und Ungarn. Diese Länder haben eine bewegte Geschichte hinter sich. Immer wieder wurden ihre Grenzen, die im flachen Land nur schwer zu sichern waren, verändert. Viele Nationen übten hier eine Fremdherrschaft aus – Deutsche, Österreicher, Franzosen und Russen. Nach dem Zweiten Weltkrieg (1939–45) wurden alle diese Staaten kommunistisch und waren eng an die Sowjetunion gebunden. Seit ihrer Unabhängigkeit Ende 1980 wenden sie sich dem Westen zu und streben eine Aufnahme in der Europäischen Union an.

Katholische Kirche

Trotz eines halben Jahrhunderts antireligiöser kommunistischer Herrschaft ist die katholische Kirche in Ostmitteleuropa immer noch bestimmend. Gedenktage von Heiligen und Kirchenfeste begeht man mit farbenfrohen Prozessionen. Der letzte Papst, Johannes Paul II., stammt aus Polen.

Katholische Prozession, Krakau, Polen

Geografie

Der größte Teil Ostmitteleuropas ist flach oder nur leicht hügelig. Eine Unterbrechung bilden die Sudeten und die Karpaten zwischen Polen und der Slowakei. Nördlich davon fließen die Flüsse in die Ostsee. Südlich davon münden sie in die Donau, die sich ins Schwarze Meer ergießt.

Hohe Tatra
Die Hohe Tatra zwischen Polen und der Slowakei ist der höchste Teil der Karpaten. Im Sommer zieht die atemberaubende Landschaft viele Wanderer an. Im Winter kann man auf den schneebedeckten Bergen Ski laufen.

Pußta
Pußta (Puszta) ist die ungarische Bezeichnung für Steppe. Diese trockenen, spärlich mit Gras bewachsenen Sandfelder der Ungarischen Tiefebene geben nur dürftige Weidegründe ab. Viele Gebiete sind in Wein- und Obstgärten umgewandelt oder aufgeforstet worden. Ein Relikt der ursprünglichen Landschaft existiert bei Debrecen in Ostungarn.

Wälder
Polens Nationalpark Bialowieza ist das größte zusammenhängende Waldstück des Landes. Ostmitteleuropa ist noch zu einem Viertel bewaldet, doch der saure Regen bedroht den Wald. In der Slowakei gibt es noch Urwälder.

Klima 
Ostmitteleuropa hat ein kontinentales Klima mit heißen Sommern und kalten Wintern. Im Süden sind die Winter eher mild, mit Ausnahme natürlich der Karpaten und anderer höhergelegener Gebiete. Im Sommer fallen meist die ausgiebigsten Niederschläge.

20 °C -2 °C
553 mm

Polen

Polen war lange Zeit ein Spielball fremder Großmächte gewesen und wurde immer wieder aufgeteilt. Von 1945 bis 1989 war es ein kommunistischer Staat und stark an die Sowjetunion gebunden. Seither fand aber ein massiver wirtschaftlicher, sozialer und politischer Wandel statt. Polen hat eine starke strategische Stellung zwischen Ost- und Westeuropa und gehört heute zur NATO.

Warschau

Seit dem 16. Jh. ist Warschau die Hauptstadt Polens. Sie wurde während des Zweiten Weltkrieges (1939–45) fast vollständig zerstört. Auf der Grundlage alter Pläne und Fotografien haben die Polen die Altstadt restauriert und wieder aufgebaut. Warschau hat heute über 1,6 Mio. Einwohner.

Platz in der Altstadt

Landwirtschaft
Polen produziert viel Roggen und Hackfrüchte wie Kartoffeln, Zuckerrüben und Rote Bete. Fast 60 % des Landes dient dem Ackerbau oder der Viehzucht. Die vielen privaten Betriebe sind meistens klein und dienen eher der Selbstversorgung der Familien. Es sind noch viele Arbeitspferde im Einsatz. In der Landwirtschaft arbeiten rund 20 % der polnischen Arbeitnehmer.

Weizen
Das wichtigste Getreide Polens ist Weizen, obwohl die Erträge eher bescheiden sind. Zwei Drittel dienen als Viehfutter. Aus einem Teil sowie aus Kartoffeln gewinnt man das Nationalgetränk Wodka.

Bevölkerung
Die Polen sind wie die benachbarten Tschechen und die Slowaken ein slawisches Volk. Polen hat kaum ethnische Minderheiten. Über 95 % der Bevölkerung sind römisch-katholische Polen. Sie halten an ihrer traditionellen Lebensweise fest und pflegen die Volkskunst. Dazu gehören Holzschnitzereien und farbenprächtige Stickereien.

Industrie
Ungefähr ein Drittel aller Arbeitnehmer ist in der Industrie beschäftigt. Die Produktion in den großen Fabriken nach sowjetischen Stil war allerdings unwirtschaftlich. Um die Wirtschaft zu beleben, privatisierte die Regierung nach und nach die Industrie. Ein wichtiger Zweig waren lange Zeit die Schiffswerften. Polen hat eine blühende Eisen- und Stahlindustrie sowie große Reserven an Kohle, Kupfer, Blei, Silber und Zink.

POLEN: DATEN
HAUPTSTADT	Warschau
FLÄCHE	312 685 km²
EINWOHNER	38 650 000
BEVÖLKERUNGSDICHTE	124 Einw./km²
SPRACHE	Polnisch
RELIGION	Christentum
WÄHRUNG	Złoty
LEBENSERWARTUNG	73 Jahre
EINWOHNER PRO ARZT	436
REGIERUNG	Mehrparteiendemokratie
ANALPHABETEN	1 %

Tschechische Republik

Die Tschechische Republik oder kurz Tschechien setzt sich aus Böhmen und Mähren zusammen, die einst Teil des Heiligen Römischen Reiches waren. Seit 1918 gibt es die Tschechoslowakei. Sie trennte sich 1993 in die Tschechische Republik und die Slowakei. Tschechien ist unter allen Staaten Ostmitteleuropas am stärksten industrialisiert und 40 % der Arbeitnehmer sind in der Industrie tätig.

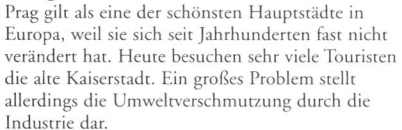

Prag

Prag gilt als eine der schönsten Hauptstädte in Europa, weil sie sich seit Jahrhunderten fast nicht verändert hat. Heute besuchen sehr viele Touristen die alte Kaiserstadt. Ein großes Problem stellt allerdings die Umweltverschmutzung durch die Industrie dar.

Nikolauskirche in Prag

Landwirtschaft
Nur 5 % der Beschäftigten arbeiten in der Landwirtschaft. Angebaut werden überwiegend Getreide, Zuckerrüben, Hopfen und Kartoffeln. Die Tschechen erzielen die höchsten Weizenerträge in Ostmitteleuropa. Der größte Teil dient als Viehfutter, weil die Milch- und Fleischproduktion Vorrang hat.

Böhmisches Glas
Seit dem 14. Jh. stellt man in Böhmen aus den feinen Sanden der Umgebung wundervolle Gläser her. Das böhmische Glas ist noch heute für seine hohe Qualität und Eleganz berühmt.

Bier
Das tschechische Bier ist weltberühmt. Das hopfige Pilsner stammt ursprünglich aus der böhmischen Stadt Pilsen (Plzeň). Die Brautradition ist viele Jahrhunderte alt.

Industrie
In der Tschechischen Republik ist besonders die Schwerindustrie auf der Basis von Eisen und Stahl gut entwickelt. Nach der kommunistischen Herrschaft wurden viele tschechische Firmen privatisiert. Einige sehr große Betriebe stehen noch unter Kontrolle des Staates. Die Autofirma Škoda in Jungbunzlau ist aber ein Joint-Venture mit Volkswagen (VW) eingegangen. Dort werden rund 200 000 Autos pro Jahr produziert. Škoda baut auch Lokomotiven, Flugzeuge, Werkzeugmaschinen und Rüstungsgüter.

TSCHECHISCHE REPUBLIK: DATEN
HAUPTSTADT	Prag
FLÄCHE	78 866 km²
EINWOHNER	10 300 000
BEVÖLKERUNGSDICHTE	130 Einw./km²
SPRACHE	Tschechisch, Slowakisch
RELIGION	Christentum
WÄHRUNG	Tschechische Krone
LEBENSERWARTUNG	75 Jahre
EINWOHNER PRO ARZT	270
REGIERUNG	Mehrparteiendemokratie

Slowakei

Die Slowakei war die ländliche und ärmere Hälfte der Tschechoslowakei. Nach der Unabhängigkeit von 1993 ging es dem Land wirtschaftlich schlecht. Ein großer Teil ist gebirgig und bewaldet. Die Hälfte der Landfläche dient dem Ackerbau oder der Viehzucht. Die Arbeitslosigkeit ist hoch. Die Slowaken stellen die meisten Bewohner, es leben hier auch Roma und Sinti sowie Tschechen und eine größere ungarische Minderheit.

SLOWAKEI: DATEN

HAUPTSTADT	Bratislava
FLÄCHE	49 034 km²
EINWOHNER	5 400 000
SPRACHE	Slowakisch, Ungarisch
RELIGION	Christentum
WÄHRUNG	Slowakische Krone

Bratislava
Von 1536 bis 1784 war Bratislava oder Preßburg Ungarns Hauptstadt. Heute ist es die Hauptstadt der unabhängigen Slowakei. Die Stadt wurde im 10. Jh. gegründet und hat seit 1467 eine Universität. Bratislava hat einen großen Donauhafen und ist ein wichtiger Eisenbahnknotenpunkt. Die Industrie stellt chemische Stoffe und Maschinen her.

Leben auf dem Lande
In der Slowakei gibt es viele Gebirgsdörfer, Burgen und Städte mit alten Stadtmauern. Viele Bauerngüter werden noch vom Staat betrieben. Die wichtigsten angebauten Pflanzen sind Kartoffeln, Zuckerrüben und Getreide. Das Leben auf dem Land ist hart und oft herrscht Armut. Deswegen ziehen viele junge Menschen auf der Suche nach Arbeit zunehmend in die Städte.

Folklore
Die Slowakei hat noch eine lebendige Volkskultur und Puppenspiele sind besonders beliebt. Hier soll die Puppenspielkunst ihren Anfang genommen haben. Die Slowaken lieben Volksfeste, bei denen sie in Tracht auftreten und zu traditioneller Musik singen und tanzen.

Marionette

Ungarn

Ungarn wurde vor ungefähr 1 000 Jahren von den Magyaren gebildet. Dieses Volk stammt ursprünglich aus Südrussland und spricht heute noch eine eigenartige Sprache. 97 % der Bevölkerung sind Ungarn. Das Land war von 1945 bis 1990 kommunistisch. Heute wendet sich Ungarn dem Westen zu, und es ist ihm gelungen, viele ausländische Investoren anzulocken.

Thermalquellen
Ungarn hat hunderte von heißen Quellen. Über 150 wurden zu Bädern ausgebaut, die dem Publikum offenstehen. Man sagt diesen Thermalquellen medizinische Heilwirkungen nach.

UNGARN: DATEN

HAUPTSTADT	Budapest
FLÄCHE	93 030 km²
EINWOHNER	10 100 000
BEVÖLKERUNGSDICHTE	109 Einw./km²
SPRACHE	Ungarisch
RELIGION	Christentum
WÄHRUNG	Forint
LEBENSERWARTUNG	72 Jahre
EINWOHNER PRO ARZT	330
REGIERUNG	Mehrparteiendemokratie
ANALPHABETEN	1 %

Wein
Ungarn baut seit Jahrhunderten Wein an. Die ungarischen Winzer produzieren Rot- und Weißweine. Einer der berühmtesten Weine Ungarns ist der *Tokajer*, ein goldfarbener Süßwein. Einen hervorragenden Ruf genießt auch der Rotwein *Erlauer Stierblut* oder *Egri Bikaver*; er hat seinen Namen von der dunkelpurpurnen Farbe.

Paprika
Ungarn ist vor allem für die Paprika oder Pfefferschote berühmt. Es gibt davon scharfe oder milde Sorten. Die Stadt Kalocsa in Südungarn lebt nur von diesem Gewürz und es gibt dort ein Paprikamuseum. Die Paprika stammt ursprünglich aus Zentralamerika und heißt auch Chili. Die Ungarn bauen Roggen, Mais, Weizen, Gerste, Zuckerrübe, Kartoffeln, Weintrauben und Sonnenblumen an, aus denen man Öl gewinnt.

Gulasch
Das bekannteste ungarische Gericht ist das Gulasch, geschrieben *Gulyas*. Rindfleischstücke werden mit Paprika bestäubt und schmoren im eigenen Saft. Es gibt dutzende Gulaschgerichte. Die Ungarn essen gern *Pörkölt* mit *Tarhonya*, mit Eiergraupen.

Das Gulasch ist ein ungarisches Eintopfgericht.

Budapest
Budapest besteht aus zwei Städten: Buda am hügeligen rechten Ufer der Donau und Pest am flachen linken Ufer. Buda war die alte Königsstadt Ungarns. Es gibt hier schöne alte Gebäude und sogar römische Reste. Pest hingegen ist das industrielle und Verwaltungszentrum.

Parlamentsgebäude in Pest, von Buda aus gesehen

Pferdezucht
Ungarn hat in der Pferdezucht eine lange Tradition. Am bekanntesten sind die Gestüte von Mezöhegyes und Bábolna. Die ungarischen Rassen Nonius und Furioso wurden in Mezöhegyes gezüchtet, die stark arabisch beeinflusste Shagyarasse in Bábolna. Heute züchtet man dort Rennpferde.

Das älteste ungarische Gestüt liegt in Mezöhegyes.

SIEHE AUCH UNTER — EUROPA · EUROPA, GESCHICHTE · HEILIGES RÖMISCHES REICH · LANDWIRTSCHAFT · PFERDE · POLITIK UND MACHT · SOWJETUNION · WELTREICHE

OZEANE UND MEERE

VOM WELTRAUM AUS erscheint die Erde blau, da der größte Teil von Ozeanen und Meeren bedeckt ist. Es gibt 5 Ozeane: den Pazifischen, den Atlantischen und den Indischen Ozean; sie verschmelzen in der Antarktis zum Südpolarmeer. Hinzu kommt das Nordpolarmeer. Das Mittelmeer, die Ostsee und das Rote Meer sind Nebenmeere; zu den Ozeanen besteht oft nur eine schmale Verbindung. Das Wasser der Ozeane und Meere ist dauernd in Bewegung, angetrieben vom Wind, den Gezeiten und mächtigen Strömungen, die an der Oberfläche und in der Tiefe der Meere verlaufen.

Nordpolarmeer Es ist fast das ganze Jahr von einer Eisschicht bedeckt.

Europäisches Mittelmeer Es ist der letzte Rest eines einst großen Ozeans.

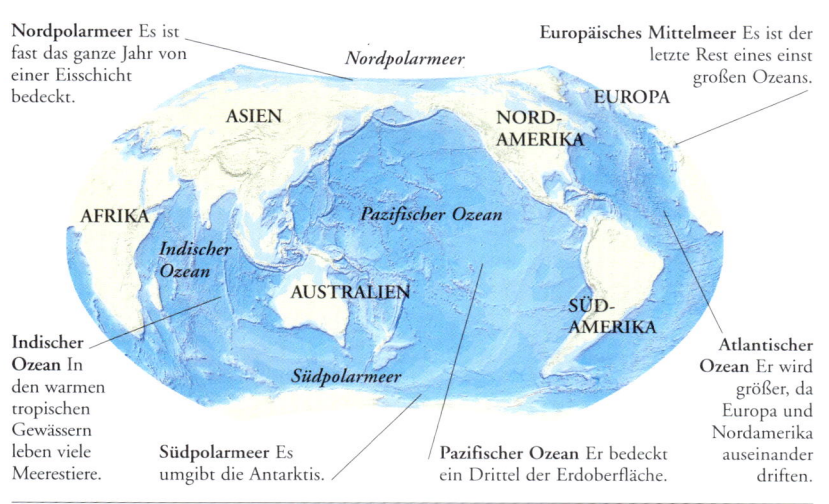

Indischer Ozean In den warmen tropischen Gewässern leben viele Meerestiere.

Südpolarmeer Es umgibt die Antarktis.

Pazifischer Ozean Er bedeckt ein Drittel der Erdoberfläche.

Atlantischer Ozean Er wird größer, da Europa und Nordamerika auseinander driften.

Zoneneinteilung

Wissenschaftler teilen des Meer je nach Wassertiefe in verschiedene Zonen ein. In der hellen, warmen sublitoralen Zone leben die meisten Fische. Hier kommen noch Algen vor, die Licht benötigen. In der abyssalen Zone ist es stockfinster und das Wasser eiskalt. Hier herrscht ein ungeheurer Wasserdruck.

Sublitorale Zone: Kontinentalschelf
Epipelagische Zone: bis in 180 m Tiefe
Bathyale Zone: 180–1 800 m Tiefe 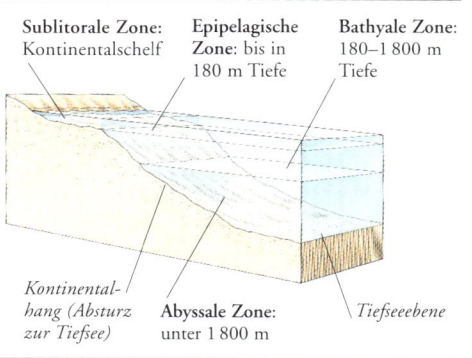
Kontinentalhang (Absturz zur Tiefsee)
Abyssale Zone: unter 1 800 m
Tiefseeebene

Gezeiten

Zweimal am Tag steigt der Meeresspiegel an der Küste an und sinkt dann wieder. Wir sprechen dabei von Ebbe und Flut. Diese Gezeiten entstehen durch die Schwerkraft der Sonne und des Mondes. Wenn sich beide Kräfte verstärken, wandert eine besonders hohe Springflut wie ein Wulst über den Erdball. Dann kommt es zu Überschwemmungen.

Erde – *Mond* – *Schwerkraft*

Meerestiefen

Die tiefsten Stellen der Erde sind die Ozeangräben, wo der Meeresboden steil abfällt. Mit der kugelförmigen *Bathysphäre* aus Stahl drangen die beiden Amerikaner *O. Barton* und *W. C. Beebe* 1934 als Erste in die Tiefsee vor. Große Fortschritte gelangen dann in den 60er Jahren dem französischen Meeresforscher J. Y. Cousteau mit seinen Tauchbooten, vor allem mit der *Calypso*.

Meeresströmungen

Alle Ozeane dieser Welt stehen miteinander in Verbindung. Konstant wehende Winde erzeugen Meeresströmungen an der Oberfläche, die oft mehrere tausend Kilometer lang sind. Tiefenströmungen werden durch Unterschiede in der Temperatur und im Salzgehalt ausgelöst. Dazu zählt z. B. der Golfstrom.

Meerwasser

Meerwasser besteht zu 96,5 % aus Wasser; den Rest machen gelöste Mineralsalze aus. Der Salzgehalt ist in seichten tropischen Gewässern am höchsten, weil dort das Wasser am schnellsten verdunstet. Am niedrigsten ist er in Polarmeeren, wo schmelzendes Wasser die Salzkonzentration verringert.

Meerwasser – Andere Salze – Hydrogenkarbonat – Kalium – Natrium – Kalzium – Chlorid – Sulfat – Magnesium

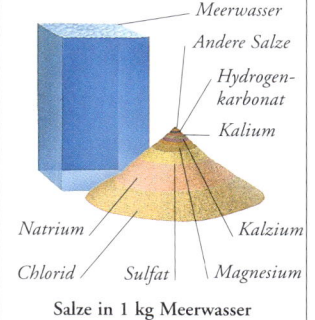

Salze in 1 kg Meerwasser

Tidenhub

Den Unterschied zwischen Hoch- und Niedrigwasser nennt man Tidenhub. Er beträgt an offenen Küsten im Atlantik in der Regel 2–3 m. An einigen Flussmündungen und in Buchten kann er jedoch bis zu 17 m erreichen.

Flussmündung bei Hoch- und Niedrigwasser

Tieftauchrekorde

- *Panzertaucher* Mark II
- *Bathysphäre:* 915 m
- *Tauchboot von Cousteau:* 915 m
- *Benthoscope von Barton:* 1 370 m
- *Tieftauch-Rettungsboot* 1 520 m
- *Tauchboot Cyanea von Cousteau:* 3 350 m
- *Ferngesteuerte Argo* mit Tauchgerät Jason (Roboter mit Fernsehkameras und Beleuchtung)
- *Tauchboot Alvin:* 3 810 m
- *Französisches Tauchboot Nautile:* 6 000 m
- *Japanisches Tauchboot Shinkai:* 6 500 m
- *Russisches Tauchboot* Mir: 6 000 m
- *Der Bathyskaph* Trieste der US-Navy erreichte 1960 eine Tiefe von 10 916 m.
- *In den größten Ozeantiefen herrscht ein Wasserdruck von 10 000 kg/cm^2*
- *Der Marianengraben im Pazifik ist mit 11 034 m die tiefste Stelle der Erde.*

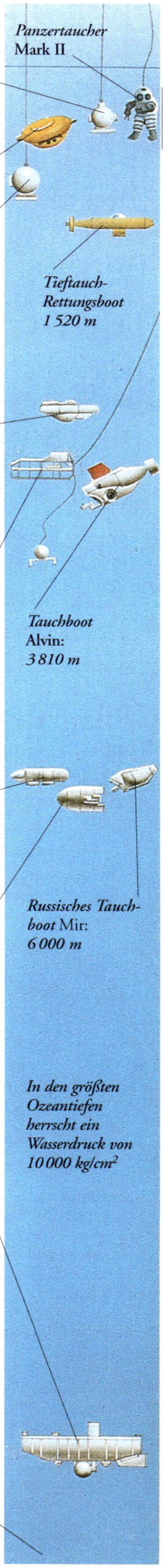

SIEHE AUCH UNTER: ENERGIE · GEOWISSENSCHAFT · INSELN · KONTINENTE · MEERESBODEN · MOND · OZEAN, TIERWELT · WINDE · WIRBELSTÜRME

OZEAN, TIERWELT

DIE OZEANE BEDECKEN zwei Drittel der Erdoberfläche. In ihnen lebt eine große Vielfalt von Pflanzen- und Tierarten. Auf dem Meeresboden erstrecken sich langgezogene Gebirgsrücken, ausgedehnte schlammbedeckte Tiefebenen und einzelne, isolierte Bergkegel, die Seamounts. In all diesen Bereichen leben auch Tiere. Die Pflanzen allerdings sind an das Vorhandensein von Licht gebunden und kommen deswegen nur in den oberen hellen Wasserschichten vor. Sie treiben als Plankton im Wasser oder sind am Meeresboden festgeheftet. In der Tiefsee gibt es nur noch das zu fressen, was von oben her auf den Boden absinkt. Weitaus die meisten Tierarten leben in den warmen und seichten Gewässern der Korallenriffe.

Ozeane

Man unterscheidet im Meer mehrere Lebensbereiche. Die obersten 20 m sind am dichtesten von Pflanzen und Tieren besiedelt. Darunter wird das Licht zunehmend schwächer. Bereits unterhalb von 200 m herrscht absolute Dunkelheit.

In Korallenriffen lebt eine vielfältige Tierwelt, von Riesenmuscheln bis zu bunten Korallenfischen.

Diese Meeresschildkröte muss zum Atmen zur Wasseroberfläche aufsteigen.

Die meisten Meerestiere, darunter alle Fische, entnehmen den benötigten Sauerstoff dem Wasser.

Pflanzen

Die größten Pflanzen im Meer sind die Tange und die Seegräser. Weitaus am häufigsten treten jedoch mikroskopisch kleine Algen auf, die im Meer schweben. Sie bilden insgesamt das Phytoplankton. Es stellt durch Photosynthese Zucker und Stärke her und steht am Anfang aller Nahrungsketten im Meer.

Sargassotang
Diese Braunalge heftet sich nicht am Meeresboden fest, sondern treibt in dichten Matten in der Sargassosee im Westatlantik. In diesen Pflanzeninseln halten sich Fische und Krabben auf.

Seegras
Seegräser sind Blütenpflanzen. Sie wachsen in flachen küstennahen Gebieten und bilden richtige Wiesen. Mit ihren Wurzeln verankern sie sich auf dem Sandboden zu einem dichten Geflecht.

Plankton
Winzige Tiere, die im Wasser treiben, bezeichnet man als Zooplankton. Es ernährt sich vom pflanzlichen Phytoplankton. Einige Tiere verbringen ihr ganzes Leben frei schwebend im Wasser. Andere, wie Krebse und viele Fische, haben nur planktische Larven.

Säugetiere

Mehrere Gruppen von Säugetieren haben vom Festland aus das Meer wieder besiedelt. Am besten sind die Wale und Delfine angepasst. Sie haben ihre Hintergliedmaßen verloren und schwimmen mit dem Schwanz. Wale und Delfine gebären ihre Jungen im Wasser. Robben und Walrosse begeben sich dazu an die Küste.

Beim Sonnenbad wird die Haut des Walrosses rot.

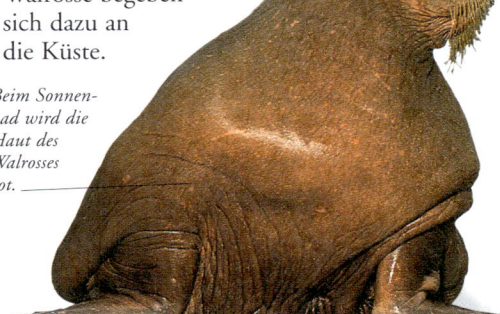

Walross
Walrosse leben im hohen Norden, wo sie sich vor allem von Muscheln auf dem Meeresboden ernähren. Mit ihren Hauern hieven sie sich auf große Eisschollen. Walrosse haben eine dicke Fettschicht zur Isolierung. Die Männchen und die Weibchen entwickeln Hauer.

Buckelwal
Buckelwale lassen sich immer wieder auf die Wasseroberfläche fallen. Vielleicht dient dies als Signal für Artgenossen. Vielleicht wollen sie damit aber auch nur Schwarmfische betäuben oder lästige Hautschmarotzer loswerden.

Nasenlöcher am oberen Ende der Schnauze

Tast- und bewegungsempfindliche Schnurrbarthaare

Große Augen zum Sehen im Wasser und in der Luft

Seelöwen
Diese ausgezeichneten Schwimmer bewegen sich mit den Vordergliedmaßen durch das Wasser. Auch an Land können sie sich fortbewegen. Die Männchen werden viel größer als die Weibchen. Zur Fortpflanzungszeit verteidigen die Männchen ihr Revier und hüten einen Harem von Weibchen.

Pottwal
Der Pottwal hält den Tieftauchrekord unter den Säugern. Er geht tiefer als 1 000 m. In seinem Kopf befindet sich eine riesige Melone; sie ist mit einem öligen, wachsartigen Gewebe angefüllt, dem Spermaceti. Damit regelt der Wal den Auftrieb.

Kriechtiere

Einst lebten im Meer mächtige Kriechtiere, die Fischsaurier. Heute kommen nur noch wenige Arten im Meer vor. Meeresschildkröten und Seeschlangen ziehen warme Gewässer vor. Die Schildkröten gehen zur Fortpflanzung und Eiablage an Land.

Breite Vorderflossen

Flacher Panzer

Die Suppenschildkröte ist vom Aussterben bedroht.

Meeresschildkröten
Meeresschildkröten treiben sich mit den Vorderflossen vorwärts und scheinen durch das Wasser zu „fliegen". Die Hinterbeine dienen als Ruder. Ihr flacher Panzer ergibt eine gute Stromlinienform. Die meisten Meeresschildkröten fressen überwiegend Quallen und Schwämme. Die Suppenschildkröte frisst Seegras.

Seeschlangen
Diese Reptilien bringen lebende Junge zur Welt. Sie treiben sich mit seitlich abgeflachten Schwänzen voran. Zu den Seeschlangen zählen die giftigsten Schlangen. Sie sind nicht aggressiv und werden mit ihren kleinen Mäulern dem Menschen kaum gefährlich.

Fische

Etwa zwei Drittel der rund 25 000 Fischarten leben im Meer. Hier sind alle Hauptgruppen vertreten: kieferlose Fische, Knorpelfische und Knochenfische. Die benthischen Fische, die in ihrer Lebensweise an den Boden gebunden sind, sind in der Überzahl im Vergleich zu den pelagischen Fischen der Hochsee.

Rückenflosse

Unterständiges Maul

Die Brustflosse erzeugt beim Schwimmen den Auftrieb.

Bauchflosse als Stabilisator

Schwanzflosse

Angel mit Leuchtorgan zum Anlocken

Kleines Auge

Beilfisch
Beilfische leben in der Dämmerzone, in die noch etwas Licht von oben her gelangt. Auf dem Bauch stehen Reihen von Leuchtorganen. Wahrscheinlich locken die Beilfische damit Beutetiere und Geschlechtspartner an.

Rochen
Die meisten Rochen leben am Meeresboden, wo sie sich von Muscheln und anderen gepanzerten Tieren ernähren. Sie zertrümmern sie mit ihren flachen Pflasterzähnen. Rochen sind mit Haien verwandt und zählen zu den Knorpelfischen.

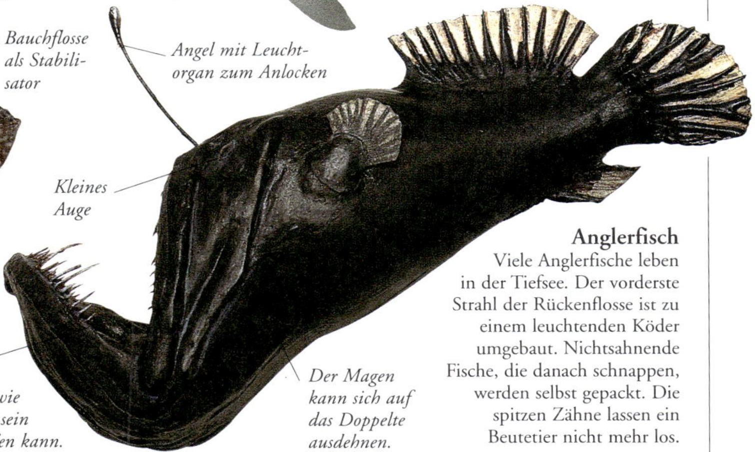

Wirbellose

Die ersten Lebewesen entstanden im Meer. Und noch heute leben in den Ozeanen weitaus mehr Tierstämme als auf dem Festland. Zu den vielen wirbellosen Tieren des Meeres zählen z. B. die Weichtiere wie Muscheln und Schnecken, die Schwämme und die Stachelhäuter sowie viele Arten von Würmern.

Asselspinnen
Mit ihren langen Beinen sehen die Asselspinnen wie Spinnen auf dem Festland aus. Eine nähere Verwandtschaft besteht jedoch nicht. Die Tiere sind so dünn, dass Teile des Darmes in den Beinen liegen. Asselspinnen findet man in allen Lebensräumen des Meeres.

Augen am Mantelsaum

Sinnestentakel

Jakobsmuschel
Unter den Muscheln zeichnen sich die Jakobsmuscheln dadurch aus, dass sie mit Rückstoßantrieb schwimmen. Die meisten anderen Muscheln bewegen sich langsam mit ihrem Fuß fort oder leben am Boden festgeheftet. Muscheln zählen wie die Schnecken zu den Weichtieren.

Portugiesische Galeere
Eine gasgefüllte Blase hält die Portugiesische Galeere an der Oberfläche. Diese Qualle besteht aus mehreren Einzeltieren, die unterschiedliche Aufgaben haben, z. B. Nahrungserwerb und Fortpflanzung. Die langen Fangtentakel nesseln stark.

Röhrenwurm
Unter den vielen Würmern, auf dem Meeresboden sind die Röhrenwürmer die schönsten. Sie sitzen in einer selbst gebauten Röhre und strecken oben Fangtentakel heraus, mit denen sie kleine Nahrungsteilchen ergreifen.

Gießkannenschwamm
Schwämme filtern Nahrungsteilchen aus dem Wasser. Sie haben ein Skelett aus Kalk- oder Kieselnadeln. Der Gießkannenschwamm gehört zu den Glasschwämmen und ist langgestreckt. Er lebt fest auf dem Meeresboden.

Spinnerhai
Der Spinnerhai lebt in warmen Küstengebieten. Er dreht sich bei der Jagd gerne um die eigene Längsachse und verwirrt dadurch Schwarmfische.

Das Modell dieses Anglerfisches zeigt, wie weit das Tier sein Maul aufreißen kann.

Der Magen kann sich auf das Doppelte ausdehnen.

Anglerfisch
Viele Anglerfische leben in der Tiefsee. Der vorderste Strahl der Rückenflosse ist zu einem leuchtenden Köder umgebaut. Nichtsahnende Fische, die danach schnappen, werden selbst gepackt. Die spitzen Zähne lassen ein Beutetier nicht mehr los.

SIEHE AUCH UNTER | ALGEN | ERDZEITALTER | FISCHE | HAIE UND ROCHEN | MEERESBODEN | ROBBEN | SCHILDKRÖTEN | WALE UND DELFINE

OZEANIEN UND AUSTRALASIEN

AUSTRALIEN, Neuseeland, Papua-Neuguinea und die benachbarten Inseln nennt man insgesamt Australasien. Ozeanien umfasst die weiter entfernten Inselgruppen wie Melanesien, Mikronesien und Polynesien und erstreckt sich über ein weites Gebiet im Südpazifik. Am größten ist Australien als eigener Kontinent. Obwohl viele pazifische Inseln einst von Europa aus regiert wurden, unterhalten sie heute doch enge wirtschaftliche Beziehungen zu Asien.

Geografie

Australasien und Ozeanien umfassen viele verschiedene Landschaften, vom tropischen Regenwald im Norden Australiens bis zur Trockenwüste im Zentrum. Viele Inseln sind vulkanischen Ursprungs. Sie haben Sandstrände und hohe Berge.

Koralleninseln
Die meisten der vielen tausend kleinen Inseln in Ozeanien sind die Spitzen von untermeerischen Vulkanen, die gerade bis zur Wasseroberfläche reichen. Die Inseln bestehen oft aus Atollen, d. h. runden oder ovalen Korallenriffen. Hier leben tausende von Fischarten.

Geysire
Diese Springquellen gibt es in Neuseeland. Oberflächennahes heißes Gestein erhitzt Wasser in einer Kammer. Wenn es kocht, schießt eine Dampffontäne bis zu 500 m hoch in die Luft.

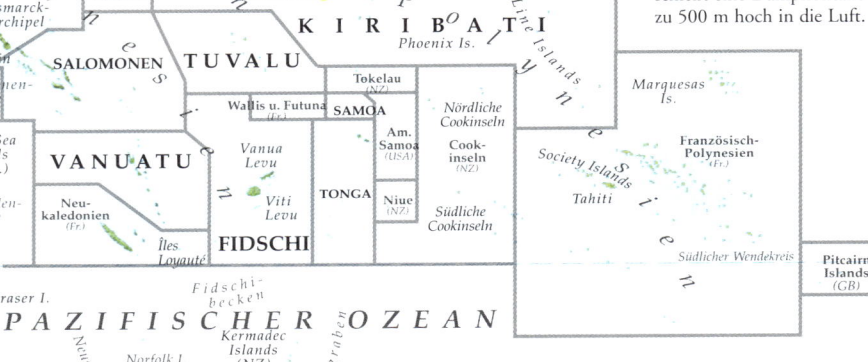

Pinnacles Desert
In der trockenheißen westaustralischen Wüste erheben sich hohe Kalkklippen aus dem Sand. Diese ungewöhnlich aussehenden Felsen wurden in den letzten 25 000 Jahren von Pflanzenwurzeln und der abtragenden Kraft des Windes geformt.

Schnitt durch Australasien

Australien ist im Wesentlichen flach mit niedrigen Gebirgen im Südwesten und einem wüstenartigen Zentrum. Der höchste Gebirgszug, die Great Dividing Range, liegt im Osten. Der Pazifik zwischen Australien und Neuseeland ist bis 5 000 m tief. Die Neuseeländischen Alpen durchlaufen die Südinsel der Länge nach.

Ungefähr 6300 km von A nach B

AUSTRALASIEN UND OZEANIEN: DATEN

FLÄCHE 8 515 083 km², davon Australien 7 692 300 km²
BEVÖLKERUNG 30 600 000
ANZAHL DER LÄNDER 14
HÖCHSTER PUNKT Mount Wilhelm (Papua-Neuguinea) 4 509 m
LÄNGSTER FLUSS Murray-Darling (Australien) 5 328 km
GRÖSSTER SEE Lake Eyre (Australien) 9 583 km²

OZEANIEN UND AUSTRALASIEN

Klima

In diesem ausgedehnten Gebiet gibt es mehrere verschiedene Klimatypen. Nordaustralien und Papua-Neuguinea sind stets heiß mit einer Trocken- und einer Regenzeit. Im Osten herrschen heiße Sommer und milde Winter. Das Zentrum Australiens ist eine trockenheiße Wüste. Die westlichsten Pazifikinseln sind tropisch und feuchtheiß.

Feuchtgebiet
Wüste
Tropischer Regenwald
Laubwald
Gebirge
Dornbusch
Grasland

Kleine niedrige Sträucher

Nach Regenfällen beginnen alle Pflanzen zu blühen.

In der Kronenschicht leben viele Insekten und andere Tiere.

Tropischer Regenwald
Feuchte tropische Regenwälder bedecken den größten Teil der Salomonen, die Gebirge von Papua-Neuguinea und Teile Nordaustraliens. Oft sind sie in Nebel gehüllt. Hier leben über 600 Baumarten und eine reiche Tierwelt. Um die Umwelt zu schützen, wird die Holzgewinnung in Queensland überwacht.

Dornbusch
An den Rändern der vier größten Wüsten im Innern Australiens wachsen widerstandsfähige dornige Büsche. Sie kommen mit wenig Niederschlag aus. Hier halten sich auch einige Gräser und vereinzelte Bäume.

Die Büsche sind meist niedrig, immergrün und dornig oder stachelig.

Grasland
In Australien gibt es ausgedehnte Grasgebiete. Der Australier bezeichnet sie als Outback. Das beste Weideland für Schafe und Rinder liegt in Queensland und in New South Wales. Oberflächenwasser ist selten; darum haben die Farmer artesische Brunnen gegraben. Im Osten Neuseelands gibt es sattes Weideland.

Eukalyptus
In Australien wachsen einige hundert Eukalyptusarten. In fast jedem Lebensraum gibt es mindestens eine speziell angepasste Art. Der Eukalyptus zählt zu den höchsten Bäumen. Er hat immergrüne ledrige Blätter. Aus einigen Arten gewinnt man ätherische Öle.

Eukalyptusblätter

Die schmalen, langen Blätter hängen herab und werfen kaum Schatten.

Durch Abtragung abgerundete Sandsteinfelsen

Küstenklima
Der Küstenstreifen zwischen Brisbane und Melbourne in Südostaustralien liegt am Abhang des Great Dividing Range. Vom Pazifischen Ozean her bringen warme Brisen dieser grünen fruchtbaren Region reichlich Niederschläge. Wegen des milden Klimas und der langen Sandstrände ist dieses Gebiet Australiens auch am dichtesten besiedelt.

Mächtige Wellen schaffen lange Sandstrände.
Byron Bay, New South Wales

Wüste
Die spektakulären roten Olgas Rocks erheben sich unvermittelt aus der flachen zentralen Ebene in Australien. Sie stehen nahe dem berühmten Ayers Rock oder Uluru. Die Gesteine entstanden vor über 570 Mio. Jahren und wurden in den letzten 150 Mio. Jahren abgetragen.

Laubwald
Die Westküste der Südinsel Neuseelands ist von sommergrünem Laubwald bedeckt. Im feuchten, milden Klima gedeihen Südbuchen und Eichen.

Südbuchenwald im Fjordland-Nationalpark, Neuseeland.

Bevölkerung
Die Ureinwohner Australiens sind die australischen Aborigines sowie die pazifischen Melanesier und Polynesier. Im späten 18. Jh. begannen die Europäer mit der Kolonisierung Australiens und Neuseelands. Seit den 70er Jahren gestattet Australien auch den Zuzug von Asiaten, darunter Chinesen, Kambodschaner und Vietnamesen.

Australische Schulkinder

Ressourcen
Eine Hauptressource in diesem Gebiet ist Land. Australien und Neuseeland halten darauf Schafe und Rinder und bauen Weizen an. Australien ist reich an Mineralien und steht bei der Produktion von Bauxit, Diamanten und Zink an erster Stelle in der Welt. Die wichtigsten Ressourcen der Pazifikinseln sind Fisch und Kokosnussprodukte wie Kopra und Kokosfasern.

Kokosnuss
Schaf
Tunfisch

SIEHE AUCH UNTER ABORIGINES · AUSTRALIEN, TIERWELT · INSELN · KLIMA · KORALLENRIFF · PAZIFISCHER OZEAN · VULKANE · WÄLDER · WÜSTEN

PAKISTAN

PAKISTAN ENTSTAND 1947 als unabhängiger Staat für die indischen Moslems. Das Land umfasste ursprünglich auch Ostpakistan, das frühere Bengalen. Dieser Landesteil machte sich 1971 unabhängig und wurde zu Bangladesch. Pakistan hat Grenzen zu Indien, China, Afghanistan und Iran. In Pakistan leben 4 Volksgruppen. Die Pandschabi machen über die Hälfte der Bevölkerung aus; die übrigen sind Belutschen, Paschtunen und Sindhi. Über 80 % der Menschen bewohnen die Flusstäler der Provinzen Pandschab und Sindh. Pakistan und Indien streiten um das vorwiegend islamische Kaschmir.

PAKISTAN: DATEN

HAUPTSTADT	Islamabad
FLÄCHE	796 095 km²
EINWOHNER	150 000 000
SPRACHE	Urdu, Pandschabi, Sindhi, Paschtu
RELIGION	Islam
WÄHRUNG	Pakistanische Rupie
LEBENSERWARTUNG	61 Jahre
EINWOHNER PRO ARZT	2 000
REGIERUNG	Mehrparteiendemokratie
ANALPHABETEN	57 %

Wald 4 %, Wüste 40 %, Grasland 42 %, Feuchtgebiete 1,5 %, Siedlungen 1 %, Ackerland 11,5 %

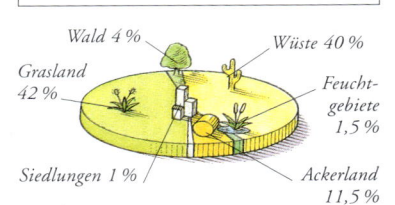

Landnutzung
Das Grasland wird vorwiegend als Schafweide genutzt. Bewässerungsprojekte im Industal erlauben den Anbau von Pflanzen. In westlichen Gebirgsregionen baut man viel Opium an.

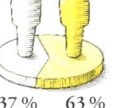

188 pro km² — 37 % Stadt / 63 % Land

Bevölkerung
Fast 100 % aller Pakistani sind Moslems. Im Land herrscht ein Klassensystem und zwischen Reich und Arm klafft eine große Lücke. Überbevölkerung bildet ein Problem.

Geografie
Im Nordwesten Pakistans liegen die Gebirgszüge des Karakorum und des Hindukusch. Pandschab und Sindh sind fruchtbare Flussebenen. Im Südwesten liegt die trockene, steinige Hochebene von Belutschistan. Im Südosten, nach Indien zu, erstreckt sich die Wüste Thar.

Karakorum
Der Karakorum erstreckt sich längs der Nordgrenze Pakistans zu China. Hier steht auch der K2, der zweithöchste Berg der Erde mit 8 611 m. Der Hindukusch bildet die Grenze zu Afghanistan.

Industal
Von der Quelle im Himalaja fließt der Indus 2 900 km weit durch Pakistan und versorgt die Ebenen des Pandschab und des Sindh mit Wasser. Vor 4 500 Jahren blühte hier im Industal die Indus-Kultur.

53 °C / -4 °C / 30 °C / 11 °C / 900 mm

Klima
Pakistan hat 3 Jahreszeiten. Der Winter (November bis März) ist mild mit kühlen Meeresbrisen. Der Sommer (April bis Juni) ist sehr heiß. Die Monsunzeit (Juli bis September) bringt heftige Niederschläge bis in die Gebirge.

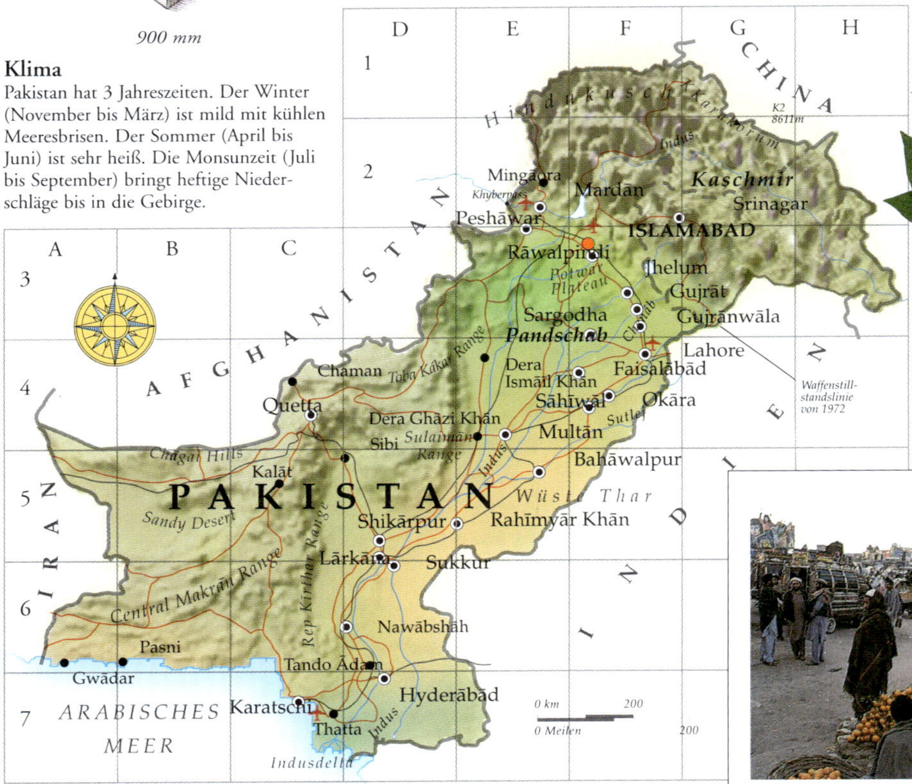

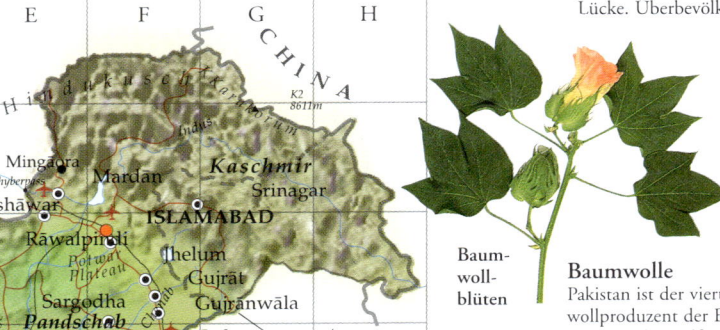

Baumwolle
Pakistan ist der viertgrößte Baumwollproduzent der Erde. Baumwollprodukte machen über die Hälfte der Ausfuhr aus. Die Baumwolle wächst in den fruchtbaren Ebenen des Industales. Die wichtigste Nährpflanze ist der Weizen. Auch Reis und Zuckerrohr werden angebaut.

Die aufgesprungenen Samenkapseln werden gepflückt.

Baumwollblüten — Reife Samenkapseln

Islamabad
Islamabad wurde erst in den 60er Jahren gebaut, um Karatschi als Hauptstadt des Landes abzulösen. Heute wohnen hier über 800 000 Menschen. Islamabad ist eine weiträumige Stadt mit modernen Gebäuden. Es hat auch die größte Moschee der Welt. Die größte Stadt und Haupthafen des Landes ist aber Karatschi mit 10 Mio. Einwohnern.

Straßenszene in Islamabad

SIEHE AUCH UNTER: ARZNEIMITTEL UND DROGEN · ASIEN, GESCHICHTE · BANGLADESCH UND NEPAL · GEBIRGE · INDIEN, GESCHICHTE · INDUS-KULTUR · ISLAM · TEXTILIEN

PANDABÄREN

ERST VOR KURZEM haben Zoologen die Verwandtschaftsbeziehungen zwischen den Panda- und den Waschbären geklärt. Mit modernen Verfahren konnte man beweisen, dass die Familie der Kleinbären in zwei Unterfamilien zerfällt, die eine mit Waschbär, Nasenbär und Wickelbär, die andere mit dem Kleinen Panda oder Katzenbär. Der Große Panda ist mit den Großbären verwandt. Wie der Kleine Panda lebt er in Asien. Alle anderen Kleinbären leben in Amerika.

Groß- und Kleinpanda
Beide Pandaarten zeigen einige ähnliche Eigenschaften, z. B. den falschen „Daumen". Deshalb glaubte man früher, sie seien nah miteinander verwandt. Heute gelten diese Merkmale als Anpassungen an den Lebensraum.

Großer Panda
Der Große Panda oder Riesenpanda wird 1,70 m lang und lebt nur in Bergwäldern Südwestchinas. Er frisst überwiegend Bambus. Da dieser sehr wenig Nährstoffe enthält, muss ein Panda davon jeden Tag 38 kg verzehren.

Pfoten
Der Große und der Kleine Panda haben 5 Zehen an jedem Fuß. Dazu kommt ein falscher Daumen an der Vorderpfote. Er entwickelte sich aus einem Handwurzelknochen. Die Tiere greifen damit Bambusstängel.

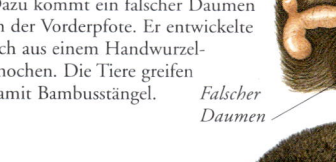

Falscher Daumen

Waschbären suchen mit ihren Pfoten oft im Wasser nach Nahrung.

Junge Waschbären

Waschbären
Es gibt 7 Waschbärenarten. Die bekannteste wurde von Amerika auch nach Europa eingeführt und hat eine schwarze Gesichtsmaske und einen Ringelschwanz. Der Waschbär ist ein geschickter Allesfresser und bei uns schon zur Plage geworden. Er verhält sich wie bei uns die Füchse: Er durchsucht Mülltonnen nach Essbarem.

Nasenbären
Diese Waldtiere leben auf dem Boden und auf Bäumen. Weibchen und Junge bilden Gruppen und suchen tagsüber nach Insekten, Echsen und Knollen. Mit ihrer langen beweglichen Schnauze und den Vorderpfoten holen sie ihre Nahrung auch aus engen Spalten.

Wickelbär
Der nachtaktive Wickelbär lebt in den Wäldern des tropischen Zentral- und Südamerikas. Er verbringt fast die ganze Zeit auf Bäumen. Als einziges amerikanisches Raubtier hat er einen Greifschwanz, mit dem er sich an Ästen festhält, während er Nahrung aufnimmt. Seine Backenzähne haben nicht mehr die schneidenden Kanten, die typisch sind für Raubtiere. Stattdessen sind seine Zähne stumpf, weil er nur noch Früchte kaut.

Roter Panda, Kleiner Panda
Diese Art wird mit Schwanz rund 1 m lang. Sie lebt am Abhang des südlichen Himalaja und in Teilen Chinas und verbringt einen großen Teil des Tages schlafend auf einem Baum. Nachts geht der Rote Panda auf Nahrungssuche. Er frisst nicht nur Bambus, sondern auch Vogeleier, Küken und Beeren.

Großer Panda mit Jungem

Junger Roter Panda

Pandajunge
Große Pandas bringen oft Zwillinge auf die Welt, doch in der Regel überlebt nur ein Tier. Die Jungen sind nackt und wiegen nur 90–100 g. Das Weibchen kümmert sich die ersten 3 Wochen dauernd um das Junge und trägt es 4–5 Monate herum. Kleine Pandas haben bis zu 4 Junge, die schon nach 3 Tagen laufen.

GROSSER PANDA

WISSENSCHAFTLICHER NAME	*Ailuropoda melanoleuca*
ORDNUNG	Carnivora, Raubtiere
FAMILIE	Ursidae, Großbären
VERBREITUNG	Südwestchina
LEBENSRAUM	Bambuswälder
ERNÄHRUNG	Bambus, auch Fleisch
GRÖSSE	Länge bis zu 1,70 m
LEBENSDAUER	Über 20 Jahre

SIEHE AUCH UNTER ASIEN, TIERWELT · BÄREN · KULTURFOLGER · SÜDAMERIKA, TIERWELT · TIERE

PAPAGEIEN

MIT IHREN LAUTEN RUFEN und bunten Farben gehören die Papageien zu den auffälligsten Vögeln. Man unterscheidet rund 330 Arten, von denen viele heute vom Aussterben bedroht sind. Die meisten Papageien findet man in tropischen Wäldern. Sie fliegen zwischen den Bäumen und klettern mit ihren kräftigen Füßen und Schnäbeln im Geäst. Viele Papageien leben paarweise oder in Gruppen und suchen gemeinsam nach Früchten, Samen, Nüssen und Blüten.

Papageien halten mit den Füßen Gegenstände fest.

Die unbefiederte Haut um die Augen heißt Wachshaut.

2 Zehen sind nach vorn und 2 nach hinten gerichtet.

Langer, zugespitzter Schwanz

Mit kräftigen Kaumuskeln knacken die Papageien Nüsse und Samen.

Merkmale

Die meisten Papageien sind gedrungene Vögel mit kurzem Hals und kräftigem Schnabel. Ihre kleinen Augen sind oft von einem Ring aus nackter Haut umgeben. Die Füße sind kurz, aber kräftig mit 4 fleischigen Zehen. Die Tiere packen damit Zweige und Früchte.

Gelbhaubenkakadu

Gelbflügelamazone
Dieser mittelgroße Papagei lebt in Wäldern an der Nordküste Südamerikas und auf benachbarten Inseln.

Federhaube
Papageien mit einer Federhaube auf dem Kopf heißen Kakadus. Die Männchen klappen sie bei der Balz auf und zu. Gleichzeitig bewegen sie ihren Kopf, sodass die Haube noch schöner erscheint. Damit lenken sie die Aufmerksamkeit eines Weibchens auf sich.

Arakanga
Die Aras sind die größten Papageien der Welt. Sie leben in Wäldern Zentral- und Südamerikas und fressen Früchte, Samen und Nüsse, die sie mit ihren mächtigen Schnäbeln knacken.

Schnabel
Der Oberschnabel ist beim Papagei viel größer als der Unterschnabel und hakenförmig gekrümmt. Durch Gelenke kann der Papagei seine beiden Schnabelhälften weit öffnen.

Ernährung

Papageien sind fast ausschließlich Vegetarier. Die meisten Papageien finden ihre Nahrung auf Bäumen, Eulenpapageien und Wellensittiche am Boden. Die Schnäbel sehen zwar ähnlich aus, doch die Zungen sind an unterschiedliche Nahrung angepasst.

Samenfresser
Der Wellensittich lebt in trockenen Grasgebieten Australiens. Er bildet oft Schwärme von mehreren tausend Vögeln, die im Outback auf der Suche nach Samen und Wasser umherfliegen.

Fruchtfresser
Der Edelpapagei frisst Früchte und hat eine fleischige Zunge. Er hält damit die Frucht oder die Nuss am Oberschnabel fest, während er sie mit dem Unterschnabel zu knacken versucht.

Blütenfresser
Loris und auch Schmuckloris wie dieser Braunlori haben schlanke Zungen mit bürstenartigen Spitzen. Sie lecken mit der Zunge Nektar und Pollen auf von den Blüten, die sie besuchen.

Aasfresser
Der neuseeländische Kea ist einer der wenigen Papageien, der Fleisch von toten Tieren frisst. Mit dem langen, spitzen Schnabel gräbt er auch nach Insekten oder Larven.

Gefährdete Arten

Ungefähr ein Viertel aller Papageienarten sind vom Aussterben bedroht. Viele wurden früher in großer Zahl gefangen und als Heimtiere verkauft. Andere Arten haben ihre Lebensräume verloren. Nicht wenige fallen eingeführten Raubtieren zum Opfer.

Fang
Der Handel mit wilden Papageien ist in vielen Ländern verboten. Trotzdem werden immer noch prächtige Aras gefangen und an Händler geliefert.

Kakapo
Dieser nachtaktive Papagei stammt aus Neuseeland. Er lebt auf dem Boden, da er nicht mehr fliegen kann. Der Kakapo oder Eulenpapagei ist fast ausgestorben, weil er eingeführten Raubtieren zum Opfer gefallen ist.

ARAKANGA	
WISSENSCHAFTLICHER NAME	*Ara macao*
ORDNUNG	Psittaciformes
FAMILIE	Psittacidae, Papageien
VERBREITUNG	Von Mexiko bis nach Brasilien und Bolivien
LEBENSRAUM	Lichte Wälder, Waldrand
ERNÄHRUNG	Früchte, Nüsse, Samen
GRÖSSE	Länge 85 cm
LEBENSERWARTUNG	Ungefähr 40 Jahre

SIEHE AUCH UNTER NATURSCHUTZ · REGENWALD, TIERWELT · VÖGEL

PAPIER

DAS PAPIER HAT SEINEN Namen vom Papyrus – jenem etwa meterhohen Sauergras, aus dem die alten Ägypter den ersten Schreibstoff gewannen. Heute stellt man das meiste Papier aus Holzschliff her. Das Papier hat eine sehr wichtige Rolle bei der weiten Verbreitung von Wissen gespielt, und selbst in unserem Computerzeitalter wird mehr Papier verbraucht als je zuvor. Ein Waldgebiet in der Größe von 450 000 km² – das entspricht etwa der Größe Schwedens – wird jedes Jahr gefällt, um den Papierverbrauch der Erde zu decken.

Was ist Papier?
Papier besteht aus verfilzten Holzzellulosefasern. Durch Zusatzstoffe fühlt es sich sehr glatt an. Wenn man ein Stück Papier zerreißt, kann man die Zellulosefasern erkennen. Sie liegen in einer Richtung, der Streichrichtung.

Miteinander verfilzte Zellulosefasern

Papierherstellung

Papier wird heute von großen Maschinen hergestellt. Man zerkleinert Weichholz zu Holzschliff und behandelt diesen chemisch, bis nur noch die Fasern übrig bleiben. Diese werden mit viel Wasser zu einem Brei aufgeschlämmt.

Papierherstellung von Hand

1 Zunächst muss das Rohmaterial in Schnitzel und Sägespäne zerkleinert werden. Dann macht man daraus einen Faserbrei.

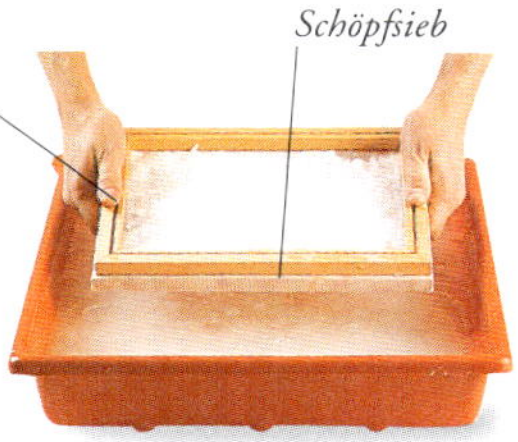

Bütte *Schöpfsieb*

2 Mit dem Schöpfsieb nimmt man etwas Papierbrei aus der Bütte. Das ganze Sieb muss bedeckt sein. Dann lässt man das Wasser ablaufen und kippt dabei das Sieb.

3 Ist das Wasser abgelaufen, legt man die dünne Papierschicht auf saugfähiges Material. Mehrere Schichten kommen übereinander, die man presst. Nach ca. 2 Stunden trennt man die Blätter und lässt sie trocknen.

Papierblätter zwischen saugfähigem Material

Fertiges Papier

Verwendungsarten

Das meiste Papier braucht man für den Druck von Zeitungen. Es handelt sich dabei um billiges, holzhaltiges Papier. Gestrichene Papiere enthalten mineralische Füllstoffe und werden für Bücher und Hochglanzmagazine verwendet. Hochwertige Papiere enthalten keinen Holzanteil mehr, sondern bestehen nur aus Lumpen und/oder Zellstoff. Aus widerstandsfähigen natürlichen oder künstlichen Fasern stellt man Umschläge her. Auch Stroh wird zu Karton verarbeitet.

Wasserzeichen
Auf wertvolleren Papieren erkennt man ein Wasserzeichen, wenn man es gegen das Licht hält. Dieses Wasserzeichen wird bei der Herstellung eingeprägt.

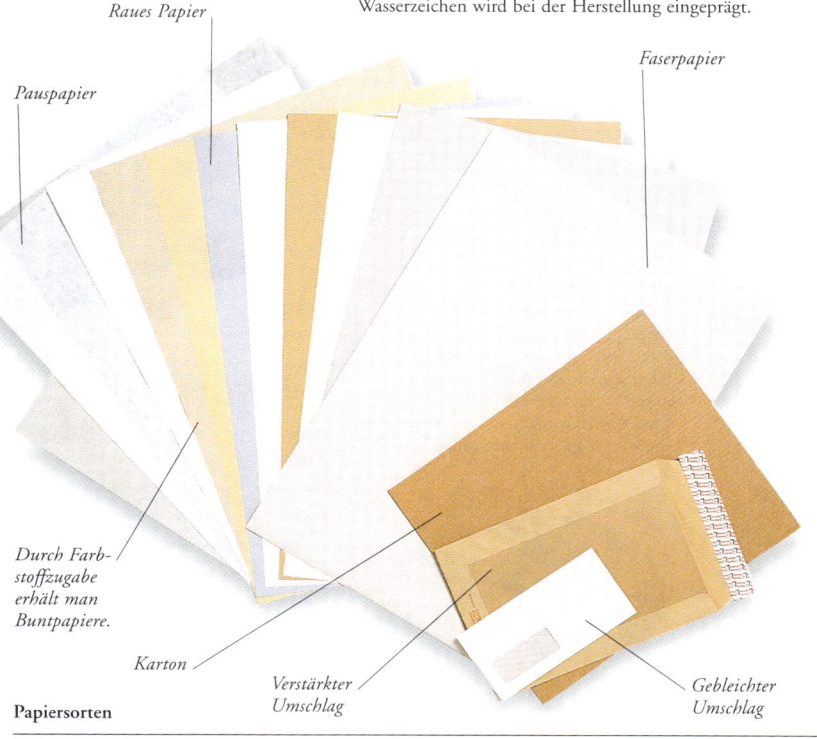

Papier mit Wasserzeichen

Raues Papier
Pauspapier
Faserpapier
Durch Farbstoffzugabe erhält man Buntpapiere.
Karton
Verstärkter Umschlag
Gebleichter Umschlag

Papiersorten

Papierverbrauch

In der westlichen Welt verbraucht jedermann pro Jahr bis zu 200 kg Papier in seinen unterschiedlichen Formen, vom Toilettenpapier bis zum Karton. Ein großer Teil davon wird weggeworfen. Große Waldgebiete werden kahlgeschlagen, um genügend Rohmaterial zu haben. Dadurch gehen Lebensräume für Tiere verloren.

Altpapier
Papier wird seit langem in großem Umfang rezykliert. Durch Recycling schont man Ressourcen: Es werden weniger Bäume gefällt, und man spart giftige Chemikalien für die Zellstoffherstellung.

Altpapier im Wertstoffhof

Erneuerbare Ressource
Damit immer genügend Holz für die Papierherstellung zur Verfügung steht, muss man nachhaltig wirtschaften. In einer bestimmten Zeit pflanzt man so viele Bäume nach, wie man fällt. Das Prinzip der Nachhaltigkeit wird bei uns schon lange befolgt.

Baumplantage, Rohstoffquelle für Papier

SIEHE AUCH UNTER | ÄGYPTER | BÄUME | BUCHDRUCK | BÜCHER | FARBSTOFFE | SCHRIFT | UMWELTVERSCHMUTZUNG | ZEITUNGEN UND ZEITSCHRIFTEN

PARASITEN

ALS PARASITEN oder Schmarotzer bezeichnet man Lebewesen, die in oder auf anderen Lebewesen, den Wirten, leben und sie als Nahrungsquelle missbrauchen. Der Wirt zieht aus dieser Beziehung keinerlei Nutzen, sondern wird sogar geschädigt. Der Parasit hat dauernd eine Nahrungsquelle zur Verfügung und meist auch einen sicheren Unterschlupf – im Körper des Wirts oder in dessen Fell, in dem er sich mit Haken oder Krallen festhält.

Haarschaft
Augen
Krallen zum Festhalten
Kopflaus des Menschen

Tiere als Parasiten

Es gibt wohl kaum ein Lebewesen ohne Parasiten. Läuse und Zecken leben auf der Haut ihrer Wirte und heißen deswegen Ektoparasiten. Die Endoparasiten wie Leberegel und Bandwürmer halten sich im Körperinneren auf. Es liegt im Interesse jedes Parasiten, seinen Wirt nicht zu töten, weil er dann selbst stirbt. Viele Krankheiten des Menschen gehen jedoch auf Parasiten zurück, etwa die Malaria, die Pest oder die Elephantiasis.

Flöhe und Zecken
Viele Tiere ernähren sich vom Blut anderer Tiere und können dabei auch Krankheiten übertragen. Dies tun auch erwachsene Flöhe, während ihre Larven sich nur von Abfallstoffen ernähren. Zecken saugen in allen Lebensstadien Blut von ihren Wirten und übertragen dabei gefährliche Viren.

Helmförmiger Kopf
Katzenfloh

Fortpflanzung
Parasiten haben oft einen komplizierten Lebenszyklus mit einem Wirtswechsel. Sie müssen dafür sorgen, dass ihre Eier zu einem geeigneten Wirt kommen. Aus diesem Grund produzieren sie oft ungeheure Eimengen. Der Schweinebandwurm gibt z. B. jeden Tag 13 Mio. Eier ab. Sie liegen in Körperabschnitten, die sich vom Hinterende loslösen.

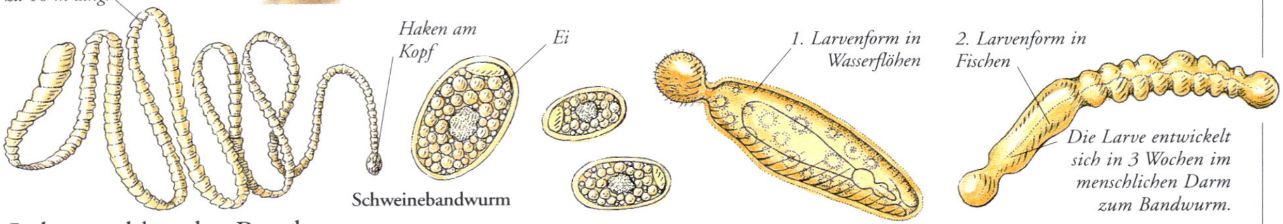

Bandwürmer werden bis zu 10 m lang.
Haken am Kopf
Ei
1. Larvenform in Wasserflöhen
2. Larvenform in Fischen
Die Larve entwickelt sich in 3 Wochen im menschlichen Darm zum Bandwurm.
Schweinebandwurm

Lebenszyklus des Bandwurms

1 Bandwürmer leben im Darm und gelangen dorthin über infizierten Fisch. Mit Haken am Kopf heften sie sich an der Darmwand fest.

2 Die Bandwurmeier gelangen mit dem menschlichen Kot ins Wasser und werden zu Larven, die von Wasserflöhen gefressen werden.

3 Im Innern des Wasserflohs entwickelt sich die Larve weiter. Wasserflöhe fallen oft Fischen zum Opfer.

4 Die Larven dringen ins Gewebe des Fisches und entwickeln eine 2. Form. Isst man diesen Fisch roh, bekommt man einen Bandwurm.

Saugwürmer
Der Saugwurm *Leucochloridium macrostomum* entwickelt sich als Parasit in einigen Schnecken. Um seinen Lebenszyklus abzuschließen, muss er in den Darm eines Vogels gelangen. Er dringt dazu in die Augenstiele der Schnecke ein, die anschwellen und bunte Streifen zeigen. Die Vögel halten die Augenstiele für Raupen und picken zu.

Mutualismus
Als Mutualismus bezeichnet man eine Beziehung zwischen zwei Lebewesen, die für beide Teile vorteilhaft ist, etwa für den Kaffernbüffel und den Madenhacker. Die Büffel leiden sehr unter Zecken. Der Madenhacker sucht sie ab und bekommt dafür Nahrung. Der Büffel wird dafür von den lästigen Zecken befreit.

Rotschnabel-Madenhacker auf einem Büffel
Der Madenhacker frisst parasitische Zecken.

Pflanzen als Parasiten
Auch unter den Pflanzen gibt es Parasiten. In der Regel entzieht die Pflanze ihrem Wirt durch Anzapfen Nährstoffe. Andere nutzen ihre Wirte zusätzlich als Stütze. Die Würgerfeige beispielsweise klettert an einem Baum hoch, um selbst an das Licht zu gelangen. Schließlich tötet sie ihren Wirt, ist aber nun selbst kräftig genug, um stehen zu bleiben.

Nützliche Parasiten
Manche Parasiten bringen dem Menschen Nutzen. Der medizinische Blutegel produziert einen gerinnungshemmenden Stoff, der das Blut verflüssigt, sodass weniger Gerinnsel entstehen. Winzige parasitische Fadenwürmer setzt man heute zur Schädlingsbekämpfung ein.

Der Blutegel saugt Blut.
Medizinischer Blutegel

Mistel
Die Mistel ist ein Halbschmarotzer. Sie entzieht ihrem Wirt nur Wasser und keine Nährstoffe. Diese baut sie selbst durch Photosynthese auf. Sie keimt direkt auf der Rinde ihres Wirts.

Seide
Die Seide betreibt keine Photosynthese, sondern entzieht ihren Wirten alle benötigten Nährstoffe. Sie bildet lange dünne Stengel aus und überwuchert ihre Wirtspflanze.

KOPFLAUS DES MENSCHEN

WISSENSCHAFTLICHER NAME	*Pediculus humanus capitis*
ORDNUNG	Phthiraptera, Läuse
FAMILIE	Pediculidae
VERBREITUNG	Weltweit
LEBENSRAUM	Auf dem Kopfhaar, Larven im Nackenhaar
ERNÄHRUNG	Blut des Menschen
GRÖSSE	1,50–3 mm
LEBENSDAUER	1–2 Monate

SIEHE AUCH UNTER KRANKHEITEN · MEDIZIN · MEDIZIN, GESCHICHTE · MIKROORGANISMEN · PHOTOSYNTHESE · WEICHTIERE · WÜRMER

PASTEUR, LOUIS

EINER DER GRÖSSTEN WISSENSCHAFTLER des 19. Jh., Louis Pasteur, begründete die Mikrobiologie. Das ist die Wissenschaft von den Kleinstlebewesen. Pasteur meinte, die Wissenschaft müsse auch eine praktische Nutzanwendung finden, und machte einen großen Teil seiner Forschungsarbeiten zu praktischen Zwecken. So entwickelte er Lösungen für Probleme der Wein- und Seidenindustrie. Die Ergebnisse seiner Forschungen über lebensbedrohliche Krankheiten wie die Tollwut machten ihn zum Star. Und Pasteurs Verfahren, Nahrungsmittel zu erhitzen, um Bakterien abzutöten, wird heute noch bei der Milcherzeugung eingesetzt.

Kindheit und Jugend
Louis Pasteur wuchs im französischen Dorf Arbois auf. Zunächst schien er nicht besonders intelligent. Dies änderte sich aber durch einen brillanten Chemielehrer. Er studierte an der Ecole Normale Supérieure in Paris und wurde mit 32 Jahren Dekan der Naturwissenschaftlichen Fakultät an der Universität Lille.

Bakterien
Pasteurs größte Entdeckung war, dass Gärung und Fäulnis von mikroskopischen Lebewesen, den sog. Keimen oder Bakterien, ausgelöst werden Von diesen Mikroorganismen glaubte man damals, sie würden sich durch Urzeugung von selbst in zerfallenden Stoffen bilden. Pasteur bewies, dass Lebewesen nur durch Stammorganismen entstehen.

Schwanenhalsflasche
Pasteur brachte Fleischextrakt in eine Schwanenhalsflasche. Sie lässt Luft hinzutreten, nicht aber Staubteilchen und Mikroorganismen. Der Fleischextrakt wurde nicht faul, und es wuchsen darauf keine Bakterien.

Der Schwanenhals verhindert, dass Staub und Mikroorganismen in die Flasche gelangen.

Fleischextrakt ist frei von Mikroorganismen.

Hefe
Ein Essigfabrikant bat Pasteur herauszufinden, warum die Gärung gelegentlich schief lief, so dass kein Essig entstand. Dasselbe Problem stellte sich auch bei der Weinbereitung. Pasteur beobachtete, dass guter Wein runde Hefezellen enthielt. In verdorbenem Wein waren die Zellen lang und schmal. Er erkannte, dass es sich um 2 verschiedene Hefezellen handelte: Eine bewirkte die ordnungsgemäße Gärung, die andere verdarb das Produkt.

Objektiv

Objekttisch

Pasteur untersuchte Hefepilze mit diesem Mikroskop.

Pasteurisieren
Pasteur fand heraus, dass unerwünschte Hefen abgetötet wurden, wenn man Wein auf rund 60 °C erhitzte. Dieses Verfahren wandte man bald auch auf andere Flüssigkeiten an, besonders die Milch. Man nannte es nach seinem Erfinder „Pasteurisieren". Noch heute wird das Verfahren benutzt, um Nahrungsmittel haltbar zu machen. Am weitesten verbreitet ist es bei der Milch. Die käufliche Milch wird 30 Minuten lang erhitzt, so dass Bakterien, die Tuberkulose auslösen könnten, zugrunde gehen. Die Milch selbst bleibt dadurch unverändert.

Krankheitserreger
Pasteur wies nach, dass viele Krankheiten von Bakterien ausgelöst werden. Bei der Impfung bringt man abgeschwächte Erreger in den Körper, so dass dieser eine Immunität entwickeln kann. Aufbauend auf der Arbeit des Engländers Edward Jenner (1749–1823) impfte Pasteur Schafe gegen Milzbrand.

Seidenkokons

Seidenraupen
1865 wandte Pasteur seine Theorie über die Keime auf eine Krankheit der Seidenraupen an. Er konnte beweisen, dass ein Parasit die Krankheit auslöste. Wenn man alle Raupen und Blätter verbrannte, gelang es, der Krankheit Einhalt zu gebieten.

Tollwut
1881 begann Pasteur mit Forschungen über die Tollwut, die Tiere und Menschen gleichermaßen befiel. Jedes Jahr starben daran hunderte von Menschen. Er stellte aus dem Hirn erkrankter Tiere (unten) einen Impfstoff her. 1885 erprobte er ihn an Joseph Meister, der von einem tollwütigen Hund gebissen worden war. Der Junge erholte sich rasch von der tödlichen Krankheit.

Institut Pasteur
Nachdem Pasteur einen Impfstoff gegen die Tollwut entwickelt hatte, wurde er zum Star. Man sammelte Geld für ein Institut, das seine wissenschaftliche Arbeit weiterführen sollte. Menschen aus der ganzen Welt sandten Beiträge, darunter auch der Zar von Russland und der Kaiser von Brasilien. Das Institut wurde 1895 gebaut. Pasteur starb im selben Jahr und wurde im Institut begraben.

Institut Pasteur, Frankreich

LOUIS PASTEUR

1822	Geburt in Dole, Frankreich
1843	Besuch der Ecole Normale Supérieure, Paris
1849	Heirat mit Marie Laurent
1854	Ernennung zum Dekan der Naturwissenschaftlichen Fakultät an der Universität Lille
1857–65	Untersuchungen über die Gärung
1865–70	Untersuchung der Seidenraupenkrankheit Pébrine
1881	Beginn der Arbeiten über die Tollwut
1882	Beweis für die Wirksamkeit der Milzbrandimpfung
1885	Joseph Meister wird gegen Tollwut geimpft.
1888	Pasteur wird Direktor des nach ihm benannten Instituts.
1895	Tod Pasteurs. Fertigstellung des *Instituts Pasteur*

SIEHE AUCH UNTER | BIOLOGIE | ERNÄHRUNG | KRANKHEITEN | MEDIZIN, GESCHICHTE | MIKROORGANISMEN | MIKROSKOP | NATURWISSENSCHAFT, GESCHICHTE

PAZIFISCHER OZEAN

DER PAZIFIK, der größte Ozean der Erde, ist doppelt so groß wie der Atlantik. Er bedeckt ein Drittel der Erdoberfläche und erstreckt sich von der Arktis im Norden bis zur Antarktis im Süden, von Amerika bis nach Asien und Australien. Der Pazifik ist von aktiven Vulkanen umgeben und es gibt über 20 000 Vulkan- und Koralleninseln. Hier liegt auch die größte gemessene Tiefe: 11 034 m im Marianengraben. Wichtige Handelsrouten führen über den Pazifik, und einige der reichsten Länder der Erde haben an dem Weltmeer Anteil, z. B. die USA, Japan und Australien.

Geografie
Pazifik heißt friedlich, doch das täuscht: Der Pazifik hat starke Strömungen, die das Wetter beeinflussen. Sie bewegen sich auf der Nordhalbkugel im Uhrzeigersinn, auf der Südhalbkugel umgekehrt.

PAZIFIK: DATEN
- FLÄCHE 181 340 000 km²
- MITTLERE TIEFE 4 028 m
- GRÖSSTE TIEFE 11 034 m im Marianengraben
- ANZAHL DER INSELN Mindestens 20 000
- HÖCHSTER BERG Mauna Kea, Hawaii. Er hat eine Gesamthöhe von 10 205 m und ragt noch 4 206 m über die Wasseroberfläche.

El Niño
In der Regel fließt ein kalter Meeresstrom an der Westküste Südamerikas. Alle paar Jahre tritt im Dezember ein warmer Strom auf, der gegen Peru fließt. Er heißt El Niño und erzeugt weltweit Wetteränderungen, z. B. Dürreperioden in Australien.

Feuerring
Der Pazifik ist von tiefen Ozeangräben umgeben, bei denen tektonische Platten ins Erdinnere abtauchen. In diesen Gebieten treten besonders häufig Erdbeben auf. Viele Vulkane bilden einen Feuerring um den Pazifischen Ozean; auch der Pavlof Volcano in Alaska gehört dazu.

Internationale Datumsgrenze
Die Zeitzonen der Erde beziehen sich alle auf den 0°-Meridian, der durch das Observatorium in Greenwich, London, geht. Auf der anderen Seite der Erdkugel verläuft der 180°-Meridian quer durch den Pazifik. Er markiert die Datumsgrenze. Wenn in Neuseeland Montag ist, so ist es in Samoa noch Sonntag. An einigen Stellen musste die Datumsgrenze etwas verschoben werden, damit sie nicht quer durch ein Land zieht und dort zweierlei Datum herrscht.

PAZIFISCHER OZEAN

Inseln

Die tausenden Inseln im Pazifik liegen über ein weites Gebiet verstreut. Auf ihnen leben rund 5 Mio. Menschen. Einige Inseln sind gebirgig und vulkanisch, während die flacheren meist aus Atollen hervorgegangen sind. Die meisten Inseln findet man im Südwestpazifik. Andere liegen deutlich isolierter, etwa die Osterinsel oder Hawaii, die einige tausend Kilometer von Nachbarinseln entfernt sind.

Koralleninseln
Die warmen Gewässer des Südpazifiks bieten ideale Bedingungen für das Wachstum von Korallen. Tausende dieser Inseln sind Atolle. Es sind kreisförmige Korallenriffe, die um versunkene Vulkankrater entstanden. Solche Inseln sind naturgemäß sehr klein.

Hawaii
Die Inseln des amerikanischen Bundesstaats Hawaii gehören nicht zum Feuerring, sondern stellen Hot-Spot-Vulkane dar. Hier tritt Magma durch eine Schwachstelle in der Erdkruste an die Oberfläche. Da sich die tektonischen Platten bewegen, entstehen neue Inseln. Die zwei aktiven Vulkane von Hawaii gießen ständig Lava ins Meer.

Militärbasen
Viele Pazifikinseln dienen als Militärbasen, vor allem den USA. Am bekanntesten sind Midway nördlich von Hawaii, Guam im Westpazifik, die Luftbasis Wake und das Johnstonatoll, das man für Kernwaffentests verwendete und das heute eine Deponie für Giftgase und andere chemische Waffen ist.

Basis der US-Navy auf Guam

Vogelschutzinseln
Viele tausend Inseln im Pazifik – etwa die amerikanischen Besitztümer Baker, Howland und Jarvis – sind unbewohnt. Hier leben Millionen von Meeresvögeln. Der Bindenfregattvogel beispielsweise kehrt zum Brüten jedes Jahr auf dieselben Inseln zurück.

Tropische Stürme

Passatwinde wehen dauernd über dem Pazifik von Nordosten bis Südosten zum Äquator hin. Hier entstehen die tropischen Wirbelstürme, die in Australien Willy-Willy oder Taifune genannt werden – vom chinesischen *tai fung*, was „großer Wind" bedeutet.

Handelsrouten

Fast die Hälfte aller großen Schifffahrtsrouten führen über den Pazifik. Große Containerschiffe verbinden die Länder an den Küsten des Pazifiks – die Amerikaner sprechen hier vom „Pacific Rim", dem Pazifikrand.

Schifffahrt
Große Supertanker und Schüttgutfrachter transportieren Erdöl und andere Rohstoffe wie Eisenerze und Kupfer z. B. von Alaska in andere Länder am Rand des Pazifiks, etwa Japan, China, Nord- und Südamerika oder Australien.

Containerhäfen
Der Hafen von Hongkong ist wie viele andere Häfen des Pazifiks darauf ausgerichtet, eine große Zahl von Containerschiffen jeden Tag möglichst schnell zu löschen und neu zu beladen.

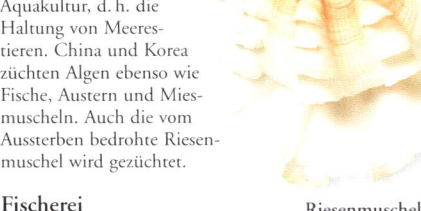

Rohstoffe

Der wichtigste Rohstoff des Pazifiks sind Fische und andere Meerestiere. Ein Teil des Meeresbodens ist von Manganknollen bedeckt, die viele Metalle enthalten. Man braucht sie zur Herstellung von Farben, Batterien und Stahl.

Aquakultur
Seit Jahrhunderten betreibt man am Pazifik Aquakultur, d. h. die Haltung von Meerestieren. China und Korea züchten Algen ebenso wie Fische, Austern und Miesmuscheln. Auch die vom Aussterben bedrohte Riesenmuschel wird gezüchtet.

Fischerei
Ungefähr die Hälfte aller Fische wird heute im Pazifik gefangen. Die meisten Fische leben in Küstennähe, besonders an der Küste Asiens. Wenn El Niño herrscht, liegt der Fischfang in Peru und Chile darnieder.

Riesenmuschel

Kokosnüsse
Auf allen tropischen Inseln im Pazifik wachsen Kokosnüsse. Die wasserhelle Flüssigkeit im Innern unreifer Früchte wird gern getrunken. Das reife Fleisch wird gegessen oder zu Kopra getrocknet. Daraus gewinnt man Öl. Aus den Fasern der Schale stellt man Stricke und Matten her.

Schale — Kokosnuss — Fleisch

Echter Bonito

Tourismus

Der Tourismus entwickelt sich wegen der langen Entfernungen und des Mangels an modernen Hotels nur langsam. Die Zentren sind Fidschi, Amerikanisch-Samoa, Tahiti und Hawaii. Auf den Galapagosinseln wird der Tourismus streng überwacht, damit er keine Umweltschäden anrichtet.

Touristen auf den Galápagosinseln

SIEHE AUCH UNTER — FISCHFANG · INSELN · KONTINENTE · KORALLENRIFF · MELANESIEN · OZEANE UND MEERE · POLYNESIEN · VULKANE · WINDE

PERSER

FAST EIN JAHRTAUSEND herrschen mächtige Fürsten über drei große persische Reiche: Der Erste war der „König der Könige", Kyros II. der Große, aus der Dynastie der Achämeniden. Sein Reich wurde von Alexander dem Großen zerstört, und die Griechen herrschten nun fast 100 Jahre in Persien. Ihnen folgten die Parther und Sassaniden. Den persischen Herrschern dienten Provinzfürsten, die Satrapen, die Steuern eintrieben und die Ordnung aufrechterhielten. Ein Netz von Handelsstraßen verband Europa und Kleinasien mit Indien, der Mongolei und China. Persien lag genau in der Mitte und wurde von vielen Kulturen beeinflusst.

Persische Dynastien
Das Achämeniden-Reich (559–331 v. Chr.) wurde 333 v. Chr. von Alexander dem Großen erobert. Nach einer kurzen Periode griechischer Herrschaft gewannen es die Perser zurück und errichteten das Reich der Parther. Die letzte persische Dynastie stellten die Sassaniden (227–651).

Persepolis

Dareios der Große (Regierungszeit 521–486 v. Chr.) ließ in Persepolis einen umfangreichen Palast erbauen, den erst sein Sohn Xerxes I. vollendete. Er lag in üppigen Gärten, und die riesige Audienzhalle diente prachtvollen Feierlichkeiten, vor allem beim Neujahrsfest jeweils am ersten Frühlingstag. 330 v. Chr. brannte Alexander der Große Persepolis nieder, vielleicht aus Rache für die Zerstörung der Akropolis 479 v. Chr. durch Xerxes.

Aufgang zum Tripylon, Persepolis

Quadratische Türme
Schlanke Säulen
Rosette
Relief der Tributträger
Doppel-Stier-Kapitelle der Säulen
Leibwache des Königs, die sog. 10 000 Unsterblichen
Löwe, einen Stier angreifend
Rosette

Kapitell mit zwei Stieren, Susa

Steinreliefs
In den Steinmauern waren große Porträts der Könige und des Hofstaates eingemeißelt. Die Treppen schmückten Bilder von der Neujahrsfeier. Abgesandte aller Völker zogen vorbei und brachten dem König Juwelen und Tribute, darunter auch lebende Tiere, z. B. Stiere.

Die Freitreppen waren so breit, dass 8 Reiter nebeneinander Platz hatten.

Dareios III. in der Schlacht bei Issos 333 v. Chr. gegen Alexander den Großen

Die Schlacht von Gaugamela
333 v. Chr. besiegte Alexander Dareios III. in der Schlacht bei Issos in Syrien. Dareios floh. Zwei Jahre darauf brachte Alexander Dareios in der Schlacht von Gaugamela-Arbela erneut eine Niederlage bei und trieb ihn weiter nach Osten. Damit ging die Dynastie und das Reich der Achämeniden unter. Dareios, der letzte Herrscher, floh wiederum ostwärts und wurde vermutlich von seinem Cousin ermordet. Alexander eroberte nun Babylon und Teile von Indien.

Handel und Tribut

Die Könige erhielten von allen Untertanen Steuern und Tributzahlungen. Sie förderten den Handel in den Häfen am Persischen Golf. Unter den Achämeniden-Herrschern wurden erstmals Kamele als Lasttiere eingesetzt. Von Susa im Iran führte eine 2 500 km lange Königsstraße mit über 100 Rasthäusern nach Sardes in Kleinasien. Auf dieser Route wurde der Handel mit der Mittelmeerküste betrieben.

Dromedar

Schaf mit Lamm

Elfenbein

Gold

Honig

Griechischer Einfluss

Um das eroberte Perserreich besser unter Kontrolle zu haben, verheiratete Alexander eine große Zahl seiner Soldaten mit persischen Frauen. In der alten Hauptstadt Susa wurden hunderte von Paaren an einem Tag getraut. Nach Alexanders Tod gründete sein General Seleukos die Dynastie der Seleukiden. Ihre Herrscher bauten griechische Städte und hielten die griechische Kultur am Leben. Alexander galt in Persien als Held und hieß Iskander.

Kyros der Große
Der Begründer des Reiches der Achämeniden, Kyros II. (Regierungszeit 559–530 v. Chr.), trug den Titel „der Große". Er war ein guter und gerechter König. Nachdem er die Lyder und Meder besiegt hatte, eroberte er 539 Babylon ohne Schwertstreich und ließ es zerstören. Seine erste Amtshandlung war die Befreiung der Juden aus der Babylonischen Gefangenschaft.

Regierung

Die Achämeniden schufen ein Regierungssystem, das sich über 1000 Jahre lang hielt: Der König war von einem Rat von Adligen umgeben, die die Völker des gesamten Reiches repräsentierten. Über 20 große Provinzen, die Satrapien, wurden autonom verwaltet. Die Regierung gab das Geld für öffentliche Aufgaben wie Straßenbau und Bewässerung.

Siegelabdruck

Sassanidisches Siegel als Symbole der Macht

Satrapien
Ausgediente Generäle oder lokale Fürsten kontrollierten als Satrapen die Provinzen. Sie waren tolerant und ließen den Untertanen deren Sitten, Gebräuche und Religion, solange sie pünktlich ihre Tribute an den König der Könige leisteten.

Zarathustra

Aus Persien kamen zwei Religionsstifter, Zarathustra (um 620– 551 v. Chr.) und Mani. Zarathustra lehrte, das Leben sei ein Kampf zwischen Gut und Böse und Gott *Ahura Mazda* der Inbegriff des Guten. Jeder Perserkönig glaubte, Ahura Mazda habe ihn als Herrscher auserwählt und würde ihn beschützen. Die von Zarathustra begründete Lehre wurde zur Staatsreligion in Persien. Nachdem die Araber das Sassaniden-Reich erobert hatten, bekannten sich die meisten Perser zum Islam. Die Anhänger des Zoroastrismus flohen nach Indien, wo sie bis heute ihrer Religion, die nun Parsismus heißt – „aus Persien stammend" – anhängen.

Moderner Parsipriester, Indien

Kunst und Handwerk

Persische Künstler fertigten Meisterwerke in Stein, Metall, Ton und auch als Gewebe. Die Gesichter der Sassaniden-Herrscher wurden häufig an alten Achämeniden-Palästen in Stein gemeißelt, meist mit riesigen Bildern, die ihre königliche Macht zeigten. Die Sorgfalt der Steinmetzarbeiten wurde noch von Metallarbeiten übertroffen, wie ein Tempelschatz beweist, den man in Afghanistan am Oxus fand.

Trinkhorn aus Gold, Achämeniden-Dynastie

Die Magi
In Persien veranstalteten die Hohepriester, die sog. Magi, die religiösen Feiern und heiligen Feuer. Zarathustra war wohl ein solcher Magus. Nachdem die anderen Magi seine Lehre angenommen hatten, wurden sie führende Vertreter dieser Religion und brachten den Feuerkult ein. Die Magi werden oft mit Reisig abgebildet, mit dem sie die heiligen Feuer nähren. Das Volk verehrte sie und suchte ihren Rat.

Mani
Der persische Prophet Mani (216–276) begründete eine neue Religion, die Teile aus verschiedenen anderen miteinander verband. Die Magi widersetzten sich und brachten König Bahram I. (Regierungszeit 273–276) dazu, Mani zu foltern und hinzurichten. Der Manichäismus hat sich längst überlebt; man findet im Taoismus gelegentlich Anklänge.

Der Tod Manis

Magus mit Reisigbündel

Metallarbeiten

Die Perser sind seit jeher von Tieren angetan. So findet man Schiffe aus Gold, Silber oder Bronze in Form von Löwen, Adlern oder legendären Hornträgern, die alle mythologische Bedeutung haben. Besonders die Metallarbeiten zur Zeit der Sassaniden sind meisterhaft. Bei den üppigen Gelagen wurden unzählige Gefäße auf den Tisch gebracht. Händler exportierten Silberwaren bis nach China, wo man die persischen Muster nachahmte.

Die Krone weist darauf hin, dass es sich vermutlich um einen König handelt.

Vergoldete Lotusblätter

Greif

Erhabenes Muster

Eingelegte Edelsteine

Steinbock

Geflügelte Steinböcke

Goldener Buckel

Goldfigürchen  — **Versilbertes Trinkhorn** — **Goldbrosche, Oxusschatz** — **Goldarmband, Oxusschatz**  — **Rundschild mit Goldeinlage**

Dareios der Große

Unter Dareios I. (521–486 v. Chr.) hatte das Persische Reich seinen Höhepunkt. Dareios war ein energischer Heerführer und begabter Staatsmann. In Susa errichtete er einen kunstvollen Palast, bevor er Persepolis gründete. Archäologen fanden Inschriften in Gold, Silber und Stein, die über Dareios' Taten berichten.

Chronologie

um 620 v. Chr. Geburt Zarathustras

559 v. Chr. Kyros II. ist König von Persien.

550 v. Chr. Kyros besiegt die Meder und gründet das Reich der Achämeniden.

539 v. Chr. Kyros II. erobert Babylon.

521–486 v. Chr. Dareios I., der Große, regiert.

333 v. Chr. Dareios wird in der Schlacht bei Issos von Alexander geschlagen.

331 v. Chr. Schlacht von Gaugamela beendet das Achämeniden-Reich.

321 v. Chr. Die Griechen begründen das Reich der Seleukiden.

239 v. Chr. Beginn des Parther-Reiches

227 Das Reich der Sassaniden entsteht.

651 Das Sassaniden-Reich fällt an die Araber. Persien wird im Laufe der Zeit moslemisch.

Steinbock an Goldarmband

SIEHE AUCH UNTER: ALEXANDER DER GROSSE — BABYLONIER — METALLE — RELIGIONEN — SAFAWIDENREICH

PEST

Eine tödliche Epidemie überzog Europa im 14. Jh., der Schwarze Tod. Man bezeichnet diese Krankheit als Pest. Sie beginnt mit Fieber, führt zu schwarzen Anschwellungen der Lymphdrüsen und innerhalb weniger Tage zum Tod. Millionen von Menschen starben damals. Die Bevölkerung floh in panischer Angst aus infizierten Gebieten und verbreiteten damit die Pest weiter. In den Städten markierte man die Türen von Häusern, die von der Pest befallen waren, mit Kreuzen als Warnung. Die Toten wurden in Massengräbern bestattet. In Europa starb ein Drittel der Bevölkerung – ebenso viele in Asien.

Verlauf der Epidemie

Die Pest erreichte, aus Asien kommend, das Schwarze Meer im Jahr 1346. Von dort brachten sie italienische Händler in Häfen am Mittelmeer. Sie verbreitete sich auf Land- und Flussrouten bis Nordeuropa. Bis 1350 war der größte Teil Europas befallen.

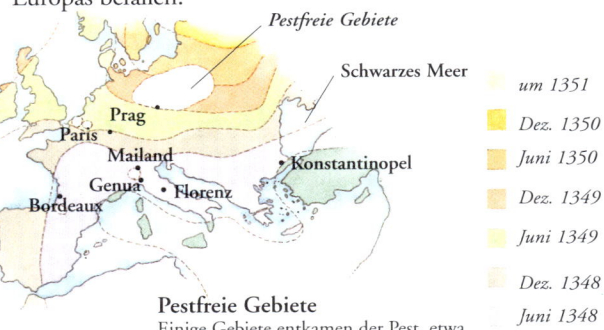

um 1351
Dez. 1350
Juni 1350
Dez. 1349
Juni 1349
Dez. 1348
Juni 1348
Dez. 1347

Pestfreie Gebiete
Einige Gebiete entkamen der Pest, etwa das heutige Polen und die Stadt Mailand. Die Gründe dafür sind unbekannt.

Krankheitsüberträger

Die Pest wird von einem Bakterium ausgelöst, das in Ratten lebt. Nach Europa gelangten die Ratten in Schiffen von Entdeckern und Händlern. Pestkranke übertrugen die Infektion auch direkt durch Tröpfcheninfektion beim Husten.

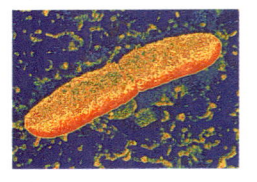

Pestbakterien
Das Bakterium heißt *Yersinia pestis* nach dem Schweizer Biologen Alexandre Yersin, der es entdeckt hat. In der freien Natur lebt es in Mäusen, Erdhörnchen und in Murmeltieren.

Flöhe als Überträger
Das Pestbakterium lebt auch im Verdauungssystem des Rattenflohs. Dort bewirkt es eine Blockade. Wenn der Floh Blut saugt, muss er es wieder ausspucken. Auf diese Weise wird der Wirt mit Pestbakterien infiziert.

Ratten als Überträger
Die Hausratte lebt in Städten und auf Schiffen und frisst dort allerhand Müll. Die Ratten haben Flöhe. Wenn mit der Pest infizierte Ratten sterben, suchen die Flöhe einen anderen Wirt auf. Dies kann auch der Mensch sein. So wurde die Pest übertragen.

Menschen als Verbreiter
Die Pest wurde so schnell zu einer Epidemie, weil sie von Reisenden weiterverbreitet wurde. Mongolische Nomaden und asiatische Händler transportierten die Pest quer durch Asien. Italienische Händler brachten die Krankheit in italienische Städte.

Auswirkungen der Pest

Die Pest breitete sich so sehr aus, dass viele ihre Familien verließen, um dem Schwarzen Tod zu entkommen. Für einige war es eine Strafe Gottes für die Sünden der Menschen. Zur Buße peitschten sie sich öffentlich aus, um Reue zu zeigen.

Arbeitskräfte
Ende des 14. Jh. bedeutete der Bevölkerungsrückgang, dass die Überlebenden ein leichteres Leben hatten. Verdienst und Nahrungsmittelangebot waren größer. Trotzdem kam es immer wieder zu Bauernaufständen.

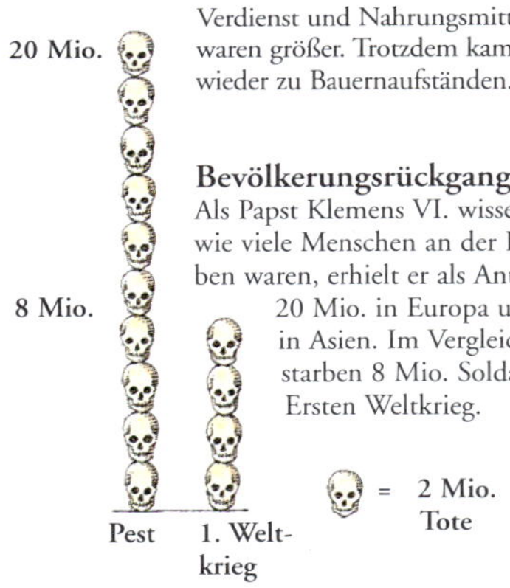

20 Mio.

Bevölkerungsrückgang
Als Papst Klemens VI. wissen wollte, wie viele Menschen an der Pest gestorben waren, erhielt er als Antwort: 20 Mio. in Europa und 17 Mio. in Asien. Im Vergleich dazu starben 8 Mio. Soldaten im Ersten Weltkrieg.

8 Mio.

Pest — 1. Weltkrieg — = 2 Mio. Tote

Gräber
In der Pestzeit waren die Menschen jeden Tag mit dem Tod konfrontiert. Grabdenkmäler aus jener Zeit stellen oft den Tod mit Skeletten und zerfallenden Leichen dar.

Messstipendien
Die Menschen hinterließen der Kirche oft Geld, damit Messen für ihr Seelenheil gebetet werden sollten. Dies geschah meist in Votivkapellen wie hier in Winchester, England.

Leben mit der Pest

Viele Menschen versuchten die Pest durch pflanzliche Heilmittel, Ansetzen von Blutegeln, Ausräuchern oder einem Bad in Urin zu bekämpfen. Im 15. Jh. entstanden auch viele Totentänze. Diese Gemäldezyklen stellen den Tod als Skelett dar, der Menschen unterschiedlichsten Standes und Alters aus dem Leben holt. Sie erinnerten die Menschen daran, dass sie jeden Tag sterben könnten.

Lungenkraut Minze Rose

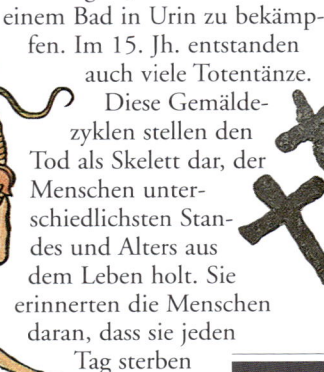

Einfache Bleikreuze für Tote in Massengräbern

Siehe auch unter: Asien, Geschichte · Europa, Geschichte · Krankheiten · Mikroorganismen · Mittelalter

PFERDE

ALLE ARTEN AUS DER FAMILIE der Pferde, zu denen auch Zebras und Esel gehören, sind soziale Tiere. In der Natur leben sie in Familiengruppen und größeren Herden. Das Pferd wurde vor ungefähr 6 000 Jahren gezähmt, und heute gibt es über 300 Pferderassen. Man kann sie in 3 Gruppen einteilen: Kaltblüter, Warmblüter und Ponys, die weniger als 1,47 m hoch sind.

Das Pferd
In der freien Natur frisst das Pferd Gras sowie Blätter von Sträuchern. In jedem Kiefer stehen 6 Schneidezähne und 12 Backenzähne zum Kauen. Wildpferde hören, sehen und riechen sehr gut und können Gefahrenquellen schon von weitem wahrnehmen. Bei der geringsten Störung suchen sie ihr Heil zuerst in der Flucht.

Tiger

Hellfuchs

Schecke

Falbe

Das Fohlen trinkt bis zu einem Alter von einem Jahr Milch von seiner Mutter.

Fünf Wochen altes Fohlen

Ohrenstellungen
Pferde können ihre Ohren getrennt voneinander bewegen. Die Stellung der Ohren gibt einen Hinweis auf ihre Stimmung. Nach vorn gerichtete Ohren deuten auf Interesse. Ein Ohr nach vorn, das andere nach hinten bedeutet, dass sich das Pferd unsicher fühlt. Nach hinten geklappte Ohren signalisieren Aggressivität oder Angst.

Fortpflanzung
Eine Stute ist durchschnittlich 11 Monate lang trächtig. Schon eine Stunde nach der Geburt steht das Fohlen auf den Beinen und kann bald gehen. In der freien Natur muss es sofort mit der Herde mithalten.

Bein eines heutigen Pferdes

Bein eines Pferdevorfahrs

Seitliche Zehe

Füße und Hufe
Das heutige Pferd hat nur noch eine Zehe, die den Huf bildet. Die ersten Vorfahren unserer Pferde, die nicht sehr viel größer als ein Fuchs waren, trugen an den Vorderfüßen noch 4 Zehen und an den Hinterfüßen 3 Zehen.

Farben
Die Fellfarbe diente ursprünglich als Tarnung. Heute werden die meisten Rassen in verschiedenen Farben gezüchtet. Bei einigen sind Beine, Mähne und Schwanz anders gefärbt als der übrige Körper. Manche tragen weiße Abzeichen an Kopf und Beinen.

Fortbewegung
Die meisten Pferde haben 4 Gangarten, nämlich Schritt, Trab, Arbeits- oder Mittelgalopp und Galopp. Der Galopp ist am schnellsten, aber auch am kräftezehrendsten, sodass das Pferd ihn nur über kurze Entfernungen durchhält. Es gibt noch 2 weitere Gangarten, den Pass, der im Mittelalter sehr beliebt war, und den Tölt des Islandponys.

Langsamer Schritt: Man hört 4 Hufschläge.

Trab: Man hört 2 Hufschläge. Die Beine bewegen sich diagonal.

Beim Arbeitsgalopp hört man 3 Hufschläge.

Arbeitsgalopp: Erstes Bein, dann diagonales Paar, dann letztes Bein.

Alle Beine vom Boden abgehoben.

Galopp: Vorderes und hinteres Beinpaar setzen gleichzeitig auf.

Pferdefamilie
Das Pferd gehört zoologisch gesehen zur Familie *Equidae*. Diese umfasst auch die Zebras, die Wildesel, das Przewalskipferd der Mongolei und das vor kurzem entdeckte, mit ihm verwandte Riwoche-Wildpferd aus Tibet.

Zebras
Man unterscheidet 3 Zebraarten, jede mit einer anderen Streifung. Zebraherden leben wild im tropischen Afrika.

Wildesel
Es gibt 3 Eselarten: den Afrikanischen Wildesel, den Asiatischen Wildesel oder Onager (Bild) und den chinesischen Kiang.

Hausesel
Der Hausesel stammt vom Afrikanischen Wildesel ab.

Przewalskipferd
Von ihm stammt das Hauspferd ab. Es gibt noch wild lebende Herden.

Herden
Die Angehörigen einer Herde sind miteinander befreundet. Sie stehen über Laute, Körpersprache und den Geruch miteinander in Verbindung. Bei Überraschung hebt das Pferd seinen Kopf und den Schwanz, beugt seinen Hals und weitet die Nüstern.

Zebra

Verwilderte Hauspferde
Verwilderte Hauspferde gibt es vor allem in Australien, wo sie Brumbys (Bild) heißen. In Nordamerika leben die Mustangs wild.

SIEHE AUCH UNTER EVOLUTION · GRASLAND, TIERWELT · LANDWIRTSCHAFT · PFERDESPORT · TRANSPORT, GESCHICHTE

Pferderassen

Warmblutpferde

Kräftiger Bau

Dichtes weißes Mähnenhaar

Irish Draught Ursprünglich ein Arbeitspferd auf kleinen Bauernhöfen

American Saddle Horse Es hat einen hohen Widerrist; ein gutes Showpferd.

Holsteiner Ein ausdrucksstarkes Sportleistungspferd; Stockmaß 163–173 cm

Pinto Ursprünglich spanisches Pferd aus Nordamerika, unterschiedliche Zeichnung

Camarguepferd Es lebt in halbwilden Herden im Rhônedelta, Frankreich.

Palomino Elegantes, vielseitiges Reitpferd mit goldglänzendem Fell

Kompakter Körper

Schwanz und Mähne lang

Kräftige Gelenke

Hackney Ein englisches Paradepferd für Turniere

Lipizzaner Die Rasse der spanischen Hofreitschule in Wien, Österreich

Morgan Die Rasse stammt von einem einzigen Hengst ab, nach dem Besitzer J. Morgan benannt.

Andalusier Spanische Rasse, aus der die Lipizzaner hervorgegangen sind.

Trakehner Die edelste deutsche Pferderasse mit raumgreifenden Gängen

Hannoveraner Ein edles Reitpferd; das verbreitetste Pferd in Deutschland

Appaloosa Diese Rasse wurde von den Nez-Percé-Indianern gezüchtet.

Quarter Horse Es ist angeblich die am weitesten verbreitete Pferderasse.

Araber Die älteste Rasse der Warmblutpferde und ihr Ausgangspunkt

Orlowtraber Ein großes, leicht gebautes Pferd aus Russland

Englisches Vollblut Die schnellste Pferderasse mit fast vollkommenen Maßen

Arabisches Vollblut Eine der ältesten Pferderassen; stammt aus Marokko.

Ponys

Gute, fallende Schulter

Ausgesprochen tiefe Brust

Dartmoor Ein ausdauerndes Pony, besonders für Kinder geeignet

Connemara Eine irische Rasse mit großem Sprungtalent

Exmoor Es stammt aus der gleichnamigen Gegend in Südwestengland.

Haflinger Robustes Gebirgspony; beliebt als Kinderreitpferd

Australian Pony Es hat ein sehr gutes Temperament.

Welsh Mountain Pony Eine ebenso schöne wie widerstandsfähige Rasse

Tief angesetzter Schwanz

Shetland Stockmaß bis 102 cm, kräftig genug, um einen Menschen zu tragen

Highland Eine trittsichere, kräftige und gefügige Rasse mit hoher Lebensdauer

Islandpony Es trägt schwere Lasten schnell über weite Strecken.

New Forest Pony Ein freundliches, gefügiges Reitpferd

Fjordpferd Es stammt aus Norwegen und erinnert stark an das Przewalskipferd.

Falabella Eine Zwergrasse mit einem Stockmaß von nur 70 cm

Kaltblutpferde

Kräftiger Hals

Stute mit Fohlen

Kurzer Rücken

Kräftige Kruppe

Suffolk Horse Ein sehr kräftiges Arbeitspferd auf englischen Bauernhöfen

Noriker Seltenes Gebirgspferd der Alpen; früher häufig als Tigerschecke

Shirehorse Eine der kräftigsten Kaltblutrassen, sehr willig und gefügig

Percheron Französische Rasse, die viel Araberblut enthält.

Ardenner Ein sehr hartes, gesundes und arbeitswilliges Kaltblutpferd

Belgier Eine sehr alte Rasse, auch als Brabanter bekannt

PFERDESPORT

Heute reiten viele Menschen zum eigenen Vergnügen und als Freizeitbeschäftigung. Es ist eine Art Hobbysport. Der professionell betriebene Reitsport ist dagegen anstrengend und aufwendig. Er umfasst z. B. die olympischen Disziplinen Springreiten, Vielseitigkeitsreiten und Dressur. Um reine Geschwindigkeit geht es bei den Galopprennen, bei denen Jockeys Vollblüter reiten. Ebenfalls zum Pferdesport zählen das Polo und das Fahren mit verschiedenen Gespannen. Und eine ganz eigene Sportart ist das Trabrennen mit dem Jockey im Sulky.

Reiten
Zuerst lernt man, wie man das Pferd lenkt. Dazu setzt man die Hände, die Beine, das Körpergewicht und auch die Stimme ein. Die natürlichen Gangarten sind Schritt, Trab und Galopp.

Harte Reitkappe
Trense
Zügel
Steigbügel
Sattel
Das Pferd wechselt vom verkürzten Trab in den Galopp.

Springreiten

Beim Springreiten lenken die Reiter ihr Pferd über einen Parcours mit künstlichen Hindernissen, z. B. ein Gatter, eine Mauer, einen Oxer oder den Wassergraben. Die Reiter bekommen Strafpunkte, wenn das Pferd verweigert, ein Hindernis umwirft oder die Maximalzeit überschreitet.

Reiter weiterhin nach vorn geneigt
Der Reiter gibt mit den Zügeln nach, damit das Pferd Kopf und Hals einsetzen kann.
Reiter lehnt sich aus den Hüften nach vorn.
Landung
Sprung über eine Stange
Das Pferd zieht die Hinterbeine an und streckt sie nach hinten.
Das Pferd zieht die Vorderbeine an.
Absprung

Mächtigkeitsspringen
Bei dieser Springprüfung geht es darum, wie hoch ein Pferd springt. Die Bahn hat 6–8 Hindernisse, die bei jedem weiteren Umlauf im Stechen erhöht werden.

Pferderennen

Pferde- oder Galopprennen führen über flache Strecken oder Hindernisstrecken. Das berühmteste, aber für Pferd und Reiter gefährlichste Hindernisrennen ist das Grand National Steeplechase in England über rund 7 km. Die Pferde werden bei Galopprennen von Berufsreitern geritten, den Jockeys.

Polo
Zwei Mannschaften zu je 4 Spielern versuchen mit einem langen Schläger eine Holzkugel in das Tor des Gegners zu treiben. Die Spielzeit beträgt bis zu 8 Abschnitte oder Chukkers zu je 7 Minuten. Nach jedem Chukker gibt es 3 Minuten Pause, während der die Pferde gewechselt werden.

Dressur

Die Dressur ist eine Art Pferdegymnastik. Die Tiere zeigen verschiedene Gangarten, Bewegungsrichtungen und Figuren und müssen dem Reiter genau gehorchen. Die einzelnen Übungen werden mit Punkten gewertet. Das Dressurreiten bildet die Grundlage für alle übrigen Disziplinen des Reitsports.

Flachrennen
Flachrennen finden über Entfernungen von 1 000–4 800 m statt. Viele Länder folgen der englischen Tradition und richten Derbys aus, Rennen für 3-jährige Pferde. Das Derby hat seinen Namen nach einem Earl of Derby und ging ursprünglich über eine englische Meile.

Das englische Derby

Grand National

Hindernisrennen
Bei Hindernisrennen unterscheidet man Hürdenrennen über versetzbare Hindernisse und Jagdrennen, auf englisch Steeplechase – „Kirchturmrennen". Früher ritt man querfeldein. Wer als erster am Kirchturm ankam, war Sieger.

Vielseitigkeit

Diese Prüfung wird an 3 aufeinander folgenden Tagen durchgeführt. Dazu gehört eine Dressur, eine Geländeprüfung in 4 Phasen, darunter eine Querfeldeinstrecke, sowie eine Springprüfung. Die Vielseitigkeit gilt als sehr schwierig, da jedes Mal dasselbe Pferd geritten werden muss.

Querfeldeinstrecke
Die Querfeldeinphase führt über 7 km mit ungefähr 30 festen Hindernissen. Die Strecke muss in bestimmter Zeit zurückgelegt werden. Überschreitungen ergeben Strafpunkte. Die Sprünge sind oft spektakulär und umfassen Wassergräben, Abhänge, Stufen sowie Mauern.

Ludger Beerbaum
Er zählt zu den besten Springreitern der Welt. Er gewann mit der Mannschaft bei Olympischen Spielen dreimal, bei Weltmeisterschaften und Europameisterschaften je zweimal die Goldmedaille. Im Einzelwettbewerb wurde er 1992 Olympiasieger, 1997 und 2001 Europameister.

SIEHE AUCH UNTER: MONGOLEN · OLYMPISCHE SPIELE · PFERDE · SÄUGETIERE · SPORT

PFLANZEN

DIE BOTANIKER KENNEN ÜBER 500 000 Pflanzenarten. Man unterteilt sie zunächst in Sporenpflanzen und Samenpflanzen. Beide stellen die Nahrungsgrundlage für viele Tiere dar. Ihre Größe schwankt von mikroskopischen Algen bis zu riesigen Mammutbäumen mit einem Stammdurchmesser von über 8 m. Fast alle Pflanzen enthalten Blattgrün oder Chlorophyll, das Sonnenlicht einfängt. Mit dieser Lichtenergie stellen die Pflanzen bei der Photosynthese ihre eigene Nahrung her, nämlich Zucker und Stärke.

Sporenpflanzen
Algen, Moose, Farne und ihre Verwandten breiten sich mit Hilfe von Sporen aus. Diese bilden einen feinen Staub, der in den Sporangien entsteht. Jede Spore enthält das genetische Material zum Aufbau einer neuen Pflanze.

Sporen produzierende Sporangien auf der Unterseite eines Farnwedels

Thallus
Grünalge

Sporenkapsel
Moos *Bryum*

Blatt

Fieder

Wedel eines Wurmfarns

Algen
Die einfachsten Pflanzen sind Algen. Sie haben weder Stengel noch Blätter oder Wurzeln. Ihren Körper bezeichnet man als Thallus. Sehr viele Algen sind einzellig, die größten sind mehrere Meter lang.

Moose
Moose haben einen ganz einfachen Aufbau ohne Leitbündel. Die Lebermoose sehen flach und wie Algen aus. Die meisten Arten leben in milden, feuchten Gebieten. Moose kommen auch hoch im Norden vor.

Farne
Farne sind die höchstentwickelten Sporenpflanzen. Sie haben Leitbündel, in denen Wasser, Nährstoffe und Zucker transportiert werden. Viele Farne leben an feuchten, kühlen Stellen, die größten in den Tropen.

Samenpflanzen
Die Samen- oder Blütenpflanzen unterteilt man zunächst in die Nacktsamigen mit den Nadelhölzern und die Bedecktsamigen. Der Samen enthält einen Embryo und meist reichlich Nahrungsreserven. Außen wird er von der Samenschale geschützt. Der heranwachsende Keimling lebt erst einmal von den angelegten Reserven.

Bedecktsamige Pflanzen
Die Samen dieser Pflanzen entwickeln sich im Innern eines Fruchtknotens, der insgesamt die Frucht bildet. Man kennt mindestens 250 000 Arten. Zu ihnen zählen fast alle Blütenpflanzen, vor allem die Nutzpflanzen.

Erbse
Hülse mit mehreren Samen
Frucht
Samen

Hülse
Schnitt durch eine Hülse
Keimblatt
Samenschale
Keimwurzel
Sprossknospe

Chinatanne

Samen auf Deckschuppen der Zapfen

Nacktsamige Pflanzen
Bei den nacktsamigen Pflanzen entwickeln sich die Samen zwischen den Schuppen eines Zapfens. Die nacktsamigen Pflanzen umfassen die baum- oder strauchförmigen Nadelhölzer, z. B. Tannen, Fichten, Kiefern, Lärchen, Zypressen und Zedern.

Keimblätter
Die bedecktsamigen Pflanzen haben 1 oder 2 Keimblätter – danach unterscheidet man Einkeimblättrige und Zweikeimblättrige. Lilien, Gräser und Orchideen zählen z. B. zu den einkeimblättrigen Planzen. Ihre Blüten sind meist dreizählig.

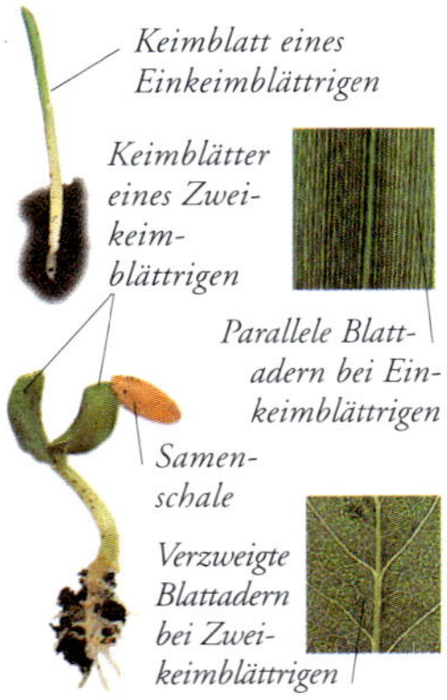

Keimblatt eines Einkeimblättrigen
Keimblätter eines Zweikeimblättrigen
Parallele Blattadern bei Einkeimblättrigen
Samenschale
Verzweigte Blattadern bei Zweikeimblättrigen

Älteste Pflanzen
Unter den Borstenkiefern von Utah, Nevada und Colorado findet man die ältesten Pflanzen. Einige bringen es auf über 5 000 Jahre. Die Botaniker bestimmen das Alter anhand der Jahresringe. Diese geben auch Hinweise auf Klimaveränderungen.

Lebensdauer
Pflanzen mit nicht verholzten Stängeln (Kräuter) haben nur eine kurze Lebensdauer. Einige keimen, blühen und fruchten innerhalb weniger Wochen. Holzpflanzen wachsen viel langsamer. Manche Bäume blühen erst nach 20 Jahren zum ersten Mal. Damit können sie dann allerdings hunderte von Jahren fortfahren.

Einjährige Diese Pflanzen keimen, wachsen, blühen und fruchten innerhalb eines einzigen Jahres.

Wucherblume

Zweijährige Zweijährige Kräuter entwickeln im 1. Jahr nur Blätter. Im 2. Jahr blühen und fruchten sie und sterben dann ab.

Silberblatt

Ausdauernde Pflanzen Sie leben länger als 2 Jahre. Bei diesen „perennierenden" Pflanzen unterscheidet man Holzgewächse und Stauden, die die oberirdischen Teile jedes Jahr neu ausbilden.

Eisenhut

| SIEHE AUCH UNTER | ALGEN | BÄUME | BLÜTEN | FARNE | FRÜCHTE UND SAMEN | MOOSE | PFLANZEN, ANATOMIE | PFLANZEN, FORTPFLANZUNG | PHOTOSYNTHESE |

Blütenpflanzen

Zweikeimblättrige

Opuntie Eine Kaktusart mit essbaren Früchten am Spross. *Sukkulenter flacher Spross*

Klatschmohn Die einjährige Pflanze wächst vor allem auf Ödland.

Seerose Die ausdauernde Pflanze hat ausgebreitete Schwimmblätter.

Nachtkerze Sie kommt an Wegrändern und auf Ödland vor. *Blüten öffnen sich in der Dämmerung.*

Silberblatt Die Früchte sind papierene Schoten.

Glattblattaster Die Art stammt aus Nordamerika.

Carpobrotus Diese fleischige Pflanze kommt aus Südafrika.

Gartenspringkraut Samenkapseln springen bei Berührung auf.

Malve Die ausdauernde Staude ist an Acker- und Wegrändern häufig. *Behaarte Blätter und Stängel*

Sumpfdotterblume Sie blüht im Frühjahr in Feuchtgebieten.

Strandplatterbse Sie kommt vor allem an Meeresküsten vor. *Leicht fleischige Blätter*

Frühlingsenzian Die ausdauernde Pflanze lebt auf Bergweiden.

Lichtnelke Sie wächst auf Feuchtwiesen und in Gebüschen. *Kronblätter tief eingeschnitten*

Stiefmütterchen Es ist ein häufiges Gartenunkraut.

Fieberklee Er kommt in Sümpfen und Weihern vor.

Wiesenstorchschnabel Die ausdauernde Pflanze hat malvenartige Blüten.

Eisenhut Die Staude gedeiht vor allem im Gebirge. *Alle Pflanzenteile sind giftig.*

Bittersüß Das Nachtschattengewächs kommt in Hecken vor. *Blüten entwickeln sich zu roten Beeren.*

Meerkohl Er wächst am Strand und hat graugrüne, wächserne Blätter.

Glockenheide Der niedrige immergrüne Busch kommt in Heiden und auf Mooren vor.

Einkeimblättrige

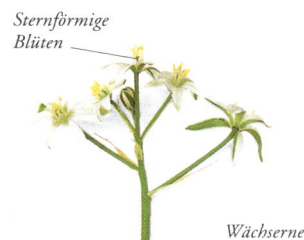

Milchstern Dieses Liliengewächs entspringt einer Zwiebel. *Sternförmige Blüten*

Orchidee Die abgebildete Art stammt aus dem Regenwald. *Wächserne Blüte*

Bromelie Die kleine Blüten sind von stacheligen Blättern umgeben. *Zähe, steife Blätter*

Schwanenblume Sie wächst in Teichen und an überfluteten Stellen.

Schwertlilie Sie kommt in Auwäldern und Sümpfen vor. *Die großen Blüten öffnen sich im Frühsommer.*

PFLANZEN, ANATOMIE

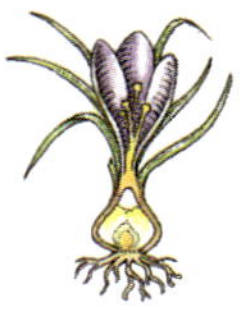

DIE WICHTIGSTEN TEILE einer Blütenpflanze sind Wurzeln, Stängel, Blätter und Blüten, die Fortpflanzungsorgane. Viele Pflanzen haben einen verholzten Stängel und werden dadurch höher. Sträucher sind Holzpflanzen, deren Stamm sich am Boden verzweigt. Bäume haben einen unverzweigten Stamm. Kräuter sind nicht verholzt, sie sterben am Ende der warmen Jahreszeit ab. Bei den Zweijährigen und den Stauden sterben nur die oberirdischen Teile ab, die unterirdischen keimen wieder aus.

Blüten

Blüten setzen sich aus Kelch-, Kron- und Staubblättern sowie dem Fruchtknoten zusammen. Diese sind am Ende des Blütenstiels angeordnet. Die Blüten sorgen für die Fortpflanzung.

Teil- oder Fiederblatt
Blattstiel
Zusammengesetztes Blatt

Von der Mittelrippe zweigen Hauptnerven oder Rippen ab.
Netznerviges Blatt mit mehreren Rippen
Einfaches Blatt

Blätter

Die Photosynthese findet zur Hauptsache in den Blättern statt. Sie fangen mit ihrer großen Fläche viel Sonnenlicht ein. Die Rippen sorgen für den Transport von Wasser, gelösten Salzen und Zucker.

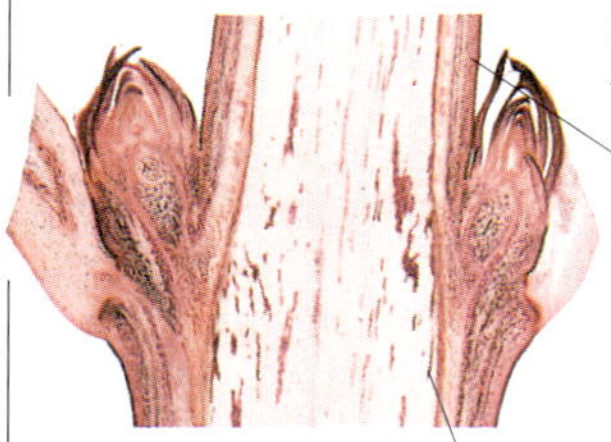

Blütenkörbchen vor der Öffnung
Körbchen
Blätter mit dornigem Rand
Vergrößerter Schnitt durch Ahornzweig
Rinde mit Borke
Wachsschicht auf dem Blatt als Schutz vor Austrocknung
Xylem und Phloem

Stängel

Der Stängel trägt die Blätter, die Blüten und die Früchte. Er enthält Leitbündel mit dem Xylem und dem Phloem. Sie transportieren Wasser, Mineralsalze und Zucker.

Wenn eine Ranke an die Unterlage stößt, rollt sie sich ein.
Ranken sind tastempfindlich.

Ranken
Pflanzen mit schwachen Stängeln, vor allem Kürbisse und Gurken, haben zu Ranken umgebaute Blätter, die sich um feste Unterlagen winden.

Die Wurzeln verankern die Pflanze im Boden.
Die Zellen im Stängel haben durch Zellulose verstärkte Zellwände. Sie sind dadurch gleichzeitig widerstandsfähig und biegsam.

Kratzdistel

Speicherorgane

Manche Pflanzen haben vergrößerte Teile, in denen Zucker oder Stärke gespeichert werden. Diese Nährstoffe braucht die Pflanze zum Auskeimen.

Zwiebel
Die Zwiebel ist eine Art Knospe. Sie setzt sich aus fleischig angeschwollenen Blättern zusammen.

Rhizom des Ingwer
Rhizom
Das Rhizom ist ein dicker Wurzelstock, der unterirdisch wächst.

Knolle der Süßkartoffel
Knolle
Kartoffel und Süßkartoffel haben unterirdische, verdickte Sprossknollen.

Stelzwurzeln
Die Mangroven wurzeln in schlammigen Meeresküsten. Seitliche Stelzwurzeln befestigen den Stamm. Zugleich entwickelt die Mangrove aus dem Schlamm emporwachsende Atemwurzeln mit einem Durchlüftungsgewebe. Damit nimmt die Pflanze den nötigen Sauerstoff aus der Luft auf.

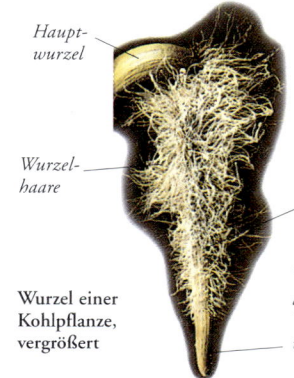

Wurzeln

Die Wurzel verankert die Pflanze im Boden. Alte Wurzeln sind oft pfahlartig dick und verholzt. Die feinsten Wurzelhaare nehmen aus dem Boden Wasser und darin gelöste Mineralsalze auf und leiten die Nährstoffe zu den Gefäßen im Innern der Pflanze.

Hauptwurzel
Wurzelhaare
Auch in der Wurzel sind Leitbündel mit Xylem und Phloem enthalten.
Wurzelspitze, an der die Wurzel weiterwächst

Wurzel einer Kohlpflanze, vergrößert

SIEHE AUCH UNTER | BÄUME | BLÜTEN | BODENARTEN | FARNE | FRÜCHTE UND SAMEN | PHOTOSYNTHESE | WÜSTEN, TIERWELT | ZELLEN

Blattformen

Zweikeimblättrige

Die meisten Blätter sind vorn spitz.

Gezähnte Teilblättchen

Hasenwurz Sie hat einfache, glänzende, nierenförmige Blätter.

Windenknöterich Seine Blätter sind einfach und pfeilförmig.

Brennender Hahnenfuß Diese Blattform heißt pfriemenförmig bis lanzettlich.

Endivie Diese Form hat einfache spatelige Blätter.

Lungenkraut Diese Blattform nennt man oval oder elliptisch.

Schierling Die Blätter sind mehrfach zusammengesetzt mit gezähnten Teilblättchen.

Blätter in 3- bis 5-zähligen Quirlen

Blattunterseite wollig behaart

Gartenspringkraut Das lanzettliche, zugespitzte Blatt ist am Rand gesägt.

Melisse Ihr Blatt ist oval bis rautenförmig und am Rand lappenförmig gekerbt.

Brauner Storchschnabel Das Blatt ist tief handförmig eingeschnitten und gekerbt.

Schmalköpfige Distel Die elliptischen, eingeschnittenen Blätter sind am Rand dornig.

Storchschnabel Sein Blatt ist tief handförmig eingeschnitten, am Rand glatt.

Krotonölbaum Seine Blätter haben eine außergewöhnlich seltene Form.

Teilblättchen oft mit weißer Zeichnung

Verzweigte Ranken

Nieswurz Das Blatt ist gefingert mit 5 bis 7 Teilblättern.

Ackerwitwenblume Die mittleren Stängelblätter sind fiederspaltig eingeschnitten.

Geißraute Ihre Blätter sind unpaarig gefiedert mit 5 oder mehr paarigen Fiederblättchen.

Wiesenklee Die Blätter sind 3-teilig und bestehen somit aus 3 Teilblättchen.

Lupine Ihre Blätter bezeichnet man als 9- bis 16-teilig gefingert.

Platterbse Ihre gefiederten Blätter laufen an der Spitze in eine verzweigte Ranke aus.

Stechpalme Das immergrüne Blatt ist sehr hart und am Rand dornig.

Kaktus Die Kakteen haben ihre Blätter in schützende Dornen umgewandelt.

Dickblatt Das ovale, einfache Blatt ist fleischig und speichert Wasser.

Lorbeerseidelbast Die ledrigen immergrünen Blätter sind länglich eiförmig.

Silberpappel Die wuchtig gelappten Blätter sind auf der Unterseite filzig behaart.

Geweihbaum Seine Blätter sind mehrfach gefiedert und wirken sehr locker.

Einkeimblättrige

Blätter mit langem Stängel

Die Blätter wachsen von der Basis aus.

Blatt mit 3 bis 9 parallelen Nerven

Froschbiss Er wächst in Seen und Weihern und hat runde, nierenförmige Blätter.

Traubenhyazinthe Ihr langes, schmales Blatt ist pfriemenförmig.

Philodendron Die Blätter dieses Aronstabgewächses zeigen oft wilde Formen.

Frauenschuh Das glänzende Blatt ist elliptisch, streifennervig und fühlt sich fleischig an.

Aronstab Die großen Blätter sind pfeilförmig, oft mit ausgeschweiftem Rand.

Schmerwurz Das Blatt dieser Kletterpflanze ist ausgeprägt herzförmig.

PFLANZEN, ANPASSUNG

DIE WURZELN, STÄNGEL UND STÄMME, die Blätter und Blüten, die Früchte und Samen einer Pflanze sind ständigen Angriffen ausgesetzt. Wind und Wetter, Hitze und Kälte sowie zahlreiche Fressfeinde setzen ihr zu. Dadurch kann die Gesundheit der Einzelpflanze und ihr Fortpflanzungserfolg gefährdet sein. Viele Pflanzen haben daher Strategien entwickelt, um Pflanzenfresser abzuhalten. Einige haben scharfe Dornen oder Stacheln, andere schmecken schlecht oder enthalten sogar ein tödliches Gift.

Insekten
Einige Akazien werden von Ameisen beschützt, die ihre Nester in den hohlen, scharfen Dornen haben. Wenn ein Pflanzenfresser zu äsen beginnt, stürzen die Ameisen heraus und greifen ihn an.

Ameisen auf dem Dorn einer Akazie

Akazien wachsen in trockenheißen Gebieten.

Vor allem Giraffen lieben das Akazienlaub.

Chemische Verteidigung
In den heißen afrikanischen Savannen wachsen vor allem Akazien. Wenn ein Tier die Blätter eines solchen schirmförmigen Baumes frisst, gibt er widerliche chemische Stoffe ab. Zugleich regt das Gas Ethylen benachbarte Akazien an, ebenfalls diese widerlichen chemischen Stoffe zu produzieren.

Dornen und Stacheln
Kakteen und viele andere Pflanzen überleben in trockenen Gebieten, indem sie Wasser in ihren Stängeln speichern. Die Blätter sind zu langen, harten Dornen umgewandelt. Diese schützen die sukkulenten, fleischigen Sprosse vor Pflanzenfressern. Eine ähnliche Aufgabe haben die scharfen Dornen an den Blatträndern einiger Pflanzen.

Kaktus

Stechpalme

Brennhaare
Brennnesseln haben auf den Blättern und Stängeln besonders ausgebildete Haare, die in die Haut eindringen und Histamine einspritzen. Das ist sehr schmerzhaft. Die Tiere lernen es bald, Brennnesseln zu meiden.

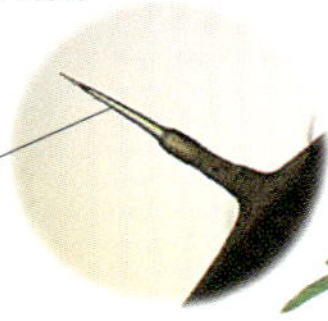

Vergrößertes Brennhaar

Brennhaare auf Blättern und Stängeln

Brennnessel

Gummiharze
Einige Pflanzen geben klebrige Stoffe ab, etwa die Rosskastanie. Ihre Knospen sind von Gummiharz umgeben, das die Mundteile von Insekten verklebt.

Rosskastanie

Knospe mit klebrigen Schuppen

Pflanzliche Mimikry
Südamerikanische Passionsblumen enthalten Gifte, die die meisten Tiere abschrecken. Einige Raupen fressen sie jedoch und speichern die Gifte im Körper. Die Weibchen legen ihre Eier nur auf Pflanzen, an denen noch keine solchen Eier zu sehen sind. Manche Passionsblumen erzeugen falsche Eier auf jungen Blättern, um die Schmetterlingsweibchen zu täuschen.

Falsche Eier auf Passionsblumenblatt

Giftpflanzen
Fingerhut Sein Gift ist in der richtigen Dosierung heute noch eines der wichtigsten Heilmittel bei Herzschwäche.

Giftsumach Wer die Pflanze auch nur berührt, bekommt Blasen und Verbrennungen auf der Haut.

Aronstab Der Saft dieser Art erzeugt schwere Entzündungen im Mund.

Wunderbaum Die Samen enthalten das Ricin, eines der stärksten Gifte überhaupt.

Tollkirsche In den appetitlich aussehenden Früchten ist das Gift Atropin enthalten.

Die wirksamen Stoffe im Fingerhut heißen Digitalisglykoside.

Das Gift befindet sich im Saft des Sumachs.

Aronstabblätter

Giftige Beere

| SIEHE AUCH UNTER | AFRIKA, TIERWELT | ARZNEIMITTEL UND DROGEN | NUTZPFLANZEN | PFLANZEN | WÜSTEN, TIERWELT |

PFLANZEN, FORTPFLANZUNG

PFLANZEN MÜSSEN SICH wie alle Lebewesen fortpflanzen, um die Existenz der eigenen Art zu gewährleisten. Bei allen Blütenpflanzen geschieht dies auf geschlechtlichem Wege in den Blüten. Dort befruchtet jeweils eine Samenzelle, der Pollen, eine Eizelle. Daraus geht schließlich ein Samen in einer Frucht hervor. Die ungeschlechtliche Fortpflanzung oder Vermehrung erfolgt z. B. mit Hilfe von Ausläufern oder mit Brutzwiebeln.

Befruchtung

Ist ein Pollenkorn bei der Bestäubung auf der Narbe gelandet, dann wächst ein Pollenschlauch durch den Griffel. In seiner Spitze liegen die männlichen Geschlechtszellen. Der Schlauch dringt durch die Mikropyle in die Samenanlage, und die mitgeführte Samenzelle verschmilzt mit der weiblichen Eizelle.

Pollenkorn, vergrößert
Pollenkorn keimt zum Pollenschlauch aus.
Pollenkorn
Pollenschlauch
Griffel
Männliche Geschlechtszelle
Samenanlage
Mikropyle
Pollenschlauch
Samenzelle verschmilzt mit Eizelle
Narbe und Griffel welken.
Samenschale
Nährgewebe
Embryo

Männliche Geschlechtszellen erreichen den Eingang zur Samenanlage.
Befruchtung Sie findet statt, wenn Samen und Eizelle verschmelzen.
Samenanlage Sie beginnt mit der Entwicklung zum Samen.

Geschlechtliche Vermehrung

Bei der geschlechtlichen Vermehrung oder Fortpflanzung entstehen Samen. Es kommt dabei zu einer Mischung des Erbgutes verschiedener Individuen. Das verbessert die Anpassung. Die Verschmelzung von Samen- und Eizelle bezeichnet man als Befruchtung.

Unfruchtbare Zungenblüten locken Insekten an.
Fruchtbare Röhrenblüten
Kelchblätter werden nun nutzlos.
Beginn der Samenentwicklung
Samen fallen auf den Boden.
Keimwurzel
Laubblatt
Keimblatt
Blütenstand entwickelt sich.
Stängel wird länger und dicker.

1 Die Blüte der Sonnenblume besteht aus zahlreichen kleinen Einzelblüten: Gelbe Zungenblüten locken die Insekten, dunkle Röhrenblüten bieten Nektar. Die Insekten bestäuben bei der Nektaraufnahme die Blüten.

2 Nach der Bestäubung der Röhrenblüten welken die hellgelben Zungenblüten.

3 Jede Samenanlage entwickelt sich zu einem Samen. Er keimt erst unter günstigen Bedingungen aus.

4 Der Samen nimmt Wasser auf und beginnt zu keimen.

5 Die Pflanze stellt mit den ersten echten Blättern ihre Nahrung selbst her.

6 Die Sonnenblume bildet Wurzeln aus und wächst nach oben. Sie trägt schließlich Blüten. Damit schließt sich der Lebenszyklus.

Ungeschlechtliche Vermehrung

Einige Pflanzen vermehren sich auf verschiedene Weise ohne Verschmelzung von Geschlechtszellen. Bei dieser vegetativen Vermehrung entstehen Pflänzchen, die mit der Elternpflanze genetisch identisch sind. Man nennt sie Klone.

Brutknospen
Das Brutblatt entwickelt am Blattrand kleine Knospen, die sich zu bewurzelten Pflanzen entwickeln. Diese fallen auf den Boden und wachsen dort fest.

Brutknospe
Pflänzchen
Blatt

Ausläufer
Erdbeeren bilden Nachkommen, indem sie Ausläufer entsenden. An deren Ende wachsen neue Pflanzen. Sobald diese groß sind und sich bewurzelt haben, stirbt der Ausläufer ab.

Mutterpflanze
Erdbeere
Ausläufer

Brutzwiebeln
Einige Liliengewächse produzieren in den Blattachseln Brutzwiebeln. Diese fallen auf den Boden und wachsen bei günstigen Bedingungen zu neuen Pflanzen heran.

Blatt
Brutzwiebel
Lilie
Neue Pflanze

Wachstum der Pflanzen

Das Pflanzenwachstum wird von Wachstumshormonen gesteuert. Einige bewirken, dass die Keimlinge zum Licht hin wachsen. Andere veranlassen das Wachstum der Wurzeln in Richtung der Schwerkraft. Krümmungsbewegungen zum Licht hin oder von ihm weg heißen Phototropismus.

Stiele wachsen zum Licht hin.
Blätter und Stiele sind positiv phototropisch.
Wurzeln sind negativ phototropisch.

SIEHE AUCH UNTER BLÜTEN FARNE FRÜCHTE UND SAMEN MOOSE PFLANZEN PFLANZEN, ANATOMIE PHOTOSYNTHESE VERERBUNG

PHILIPPINEN

IM OSTEN DES SÜDCHINESISCHEN MEERES liegen die 7 107 Inseln der Philippinen. Sie bilden nach Indonesien die zweitgrößte Inselgruppe der Erde und liegen am „Feuerring", einer Vulkanzone, die den Pazifik umgibt. Nur 9 der Inseln sind größer als 5 000 km²: Luzon, Mindanao, Samar, Negros, Palawan, Panay, Mindoro, Leyte und Cebu. Die spanische Kolonisierung ab 1565 und die amerikanische Besetzung von 1898 bis 1946 beeinflussten die Gesellschaft tiefgreifend.

PHILIPPINEN: DATEN	
HAUPTSTADT	Manila
FLÄCHE	300 000 km²
EINWOHNER	77 000 000
SPRACHE	Filipino, Englisch
RELIGION	Christentum, Islam
WÄHRUNG	Philippinischer Peso
LEBENSERWARTUNG	68 Jahre
EINWOHNER PRO ARZT	849
REGIERUNG	Mehrparteiendemokratie
ANALPHABETEN	5 %

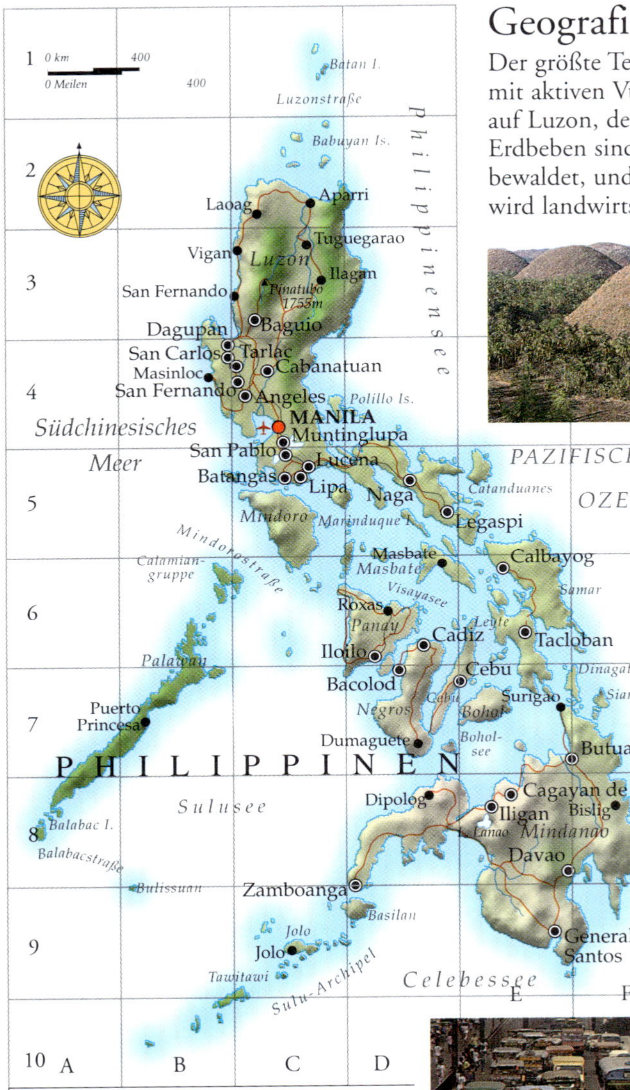

Geografie

Der größte Teil der großen Inseln ist gebirgig mit aktiven Vulkanen, wie etwa dem Pinatubo auf Luzon, der 1991 heftig ausbrach. Auch Erdbeben sind häufig. Die Inseln sind dicht bewaldet, und ungefähr ein Drittel des Landes wird landwirtschaftlich genutzt.

Chocolate Hills
Auf der Insel Bohol liegt eine zentrale Hochfläche mit über 1 000 runden Hügeln. Diese Chocolate Hills sind bis zu 120 m hoch.

Terrassen
Die Reisterrassen von Banaue in Nordluzon wurden in die Berge hineingeschnitten. Durch ein altbewährtes Bewässerungssystem erhält jede Terrasse genügend Wasser. Damit wird die Erosion des Bodens vermieden. Die Terrassen wurden mit Hilfe von Steinmauern vor 2 000 Jahren errichtet. Heute führt man hier Forschungsarbeiten zum Reisanbau durch.

Klima
Das Klima ist das ganze Jahr über heiß und feucht. Die Regenzeit dauert von Juni bis Oktober. Jedes Jahr suchen zwischen Juni und Dezember mehrmals Wirbelstürme die Ostküsten heim.

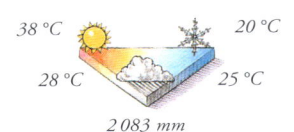

38 °C 20 °C
28 °C 25 °C
2 083 mm

Bevölkerung
Die Philippinen sind der einzige christliche Staat in Asien. Fast 85 % der Philippiner sind katholisch. Dies geht auf die Spanier zurück. Die Kirche spielt im sozialen und kulturellen Leben eine wichtige Rolle. Beim Moriones-Fest von Karfreitag bis Ostersonntag wird der Leidensweg Christi nachgespielt.

Vorgetäuschte Kreuzigung beim Moriones-Fest

Die Arbeiter müssen als Schutz vor herabfallenden Teilen Helme tragen.

257 pro km² 41 % Land 59 % Stadt

Manila
Die Hauptstadt Manila ist ein Zentrum der Industrie und des Handels. Fast 1,7 Mio. Menschen leben hier. Die Verkehrsstaus in Manila gehören zu den schlimmsten auf der ganzen Welt. Haupttransportmittel sind alte Jeeps, die von der US-Army nach dem Zweiten Weltkrieg (1939–45) zurückgelassen wurden. Man nennt sie in Manila *Jeepneys*.

Jeepneys im Verkehrsstau

Starkstromanlage eines Zementwerks

Landwirtschaft und Industrie
In der Landwirtschaft sind rund 40 % der Arbeitnehmer beschäftigt. Die wichtigsten Anbauprodukte sind Reis, Mais, Zuckerrohr, Maniok und Süßkartoffeln. Kokosnüsse und tropische Früchte, wie Ananas, werden exportiert. Die Philippinen sind als Billiglohnland bekannt, in dem viele ausländische Industriefirmen Textilien und elektronische Bauteile fertigen lassen.

SIEHE AUCH UNTER: ASIEN · ASIEN, GESCHICHTE · CHRISTENTUM · ENERGIE · ERDBEBEN · INSELN · LANDWIRTSCHAFT · VULKANE · WELTREICHE · WIRBELSTÜRME

PHILOSOPHIE

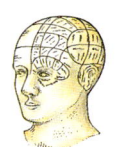

DIE PHILOSOPHEN SUCHEN einen Sinn in der Welt, im Tun und in den Erfahrungen des Menschen. Sie wollen abstrakte Begriffe verstehen, etwa Wahrheit, Schönheit, richtig oder falsch. Sie forschen nach den Gründen, warum wir so denken, wie wir es tun. Sie stellen Dinge infrage, die man zunächst akzeptiert. Die westliche Philosophie nahm im alten Griechenland ihren Anfang. „Philosophie" bedeutet wörtlich „Liebe zur Weisheit". Im Lauf der Zeit wandten die Philosophen ihre Aufmerksamkeit auch der Theorie der Wissenschaft zu. Immer aktuell sind Fragen nach dem sittlichen Verhalten des Menschen.

Zweige der Philosophie

Die Philosophie teilt sich in verschiedene Wissenschaftszweige auf, etwa in die Epistemologie, die Logik, die Metaphysik und die Ethik. Philosophen beschäftigen sich auch mit Religion, Sprache, der Bedeutung der Wörter und den Methoden der Wissenschaft. Sie dringen auch in andere Wissensgebiete vor, etwa in die Politik und Psychologie, und stellen die Methoden in Frage, mit deren Hilfe politische Denker und Psychologen zu ihren Schlüssen gelangen.

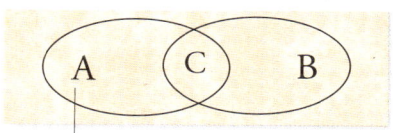

Epistemologie
Die Epistemologie ist die Lehre vom Wissen, die Erkenntnistheorie. Dieser Teil der Philosophie beschäftigt sich mit dem Wesen, dem möglichen Umfang, den Grenzen und der Tragweite unserer Erkenntnisse.

Venn'sche Diagramme stellen leicht erfahrbar die Beziehungen zwischen Mengen dar.

Logik
Beim Diskutieren und Argumentieren befolgen wir grundlegende Regeln des Denkens und Schließens. Die Logik beschäftigt sich mit diesen Gesetzen und verwendet dazu oft die mathematische Formelsprache.

René Descartes
Der französische Philosoph René Descartes (1596–1650) fragte, wie wir dessen sicher sein können, was wir wissen. Er begründete das gesamte Wissen auf einer zentralen Wahrheit: „Ich denke, also bin ich." Da wir nicht an der Existenz unserer eigenen Gedanken zweifeln können, müssten wir existieren.

Die Metaphysik untersucht, was hinter dem Weltall steht.

Metaphysik
Die Metaphysik beschäftigt sich mit Fragen, die über das hinausgehen, was wir mit unseren Sinnen wahrnehmen. Es geht dabei z. B. um Themen wie Gott oder den Ursprung aller Dinge, um Freiheit und Unsterblichkeit. Man kann auch sagen: Die Metaphysik erforscht die Grundlagen des Seins.

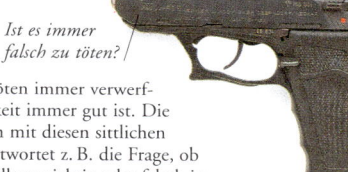

Ethik
Wir glauben, dass Töten immer verwerflich und Freundlichkeit immer gut ist. Die Ethik beschäftigt sich mit diesen sittlichen Problemen und beantwortet z. B. die Frage, ob eine bestimmte Handlung richtig oder falsch ist.

Ist es immer falsch zu töten?

Vorgehensweise der Philosophie
Die Philosophen haben kein allgemeines Verfahren entwickelt, um ihre Theorien zu beweisen. Sie verlassen sich auf Argumente und logisches Schließen. Um Probleme deutlicher darzulegen, denken sie sich Modellfälle aus und untersuchen sie nach allen Gesichtspunkten.

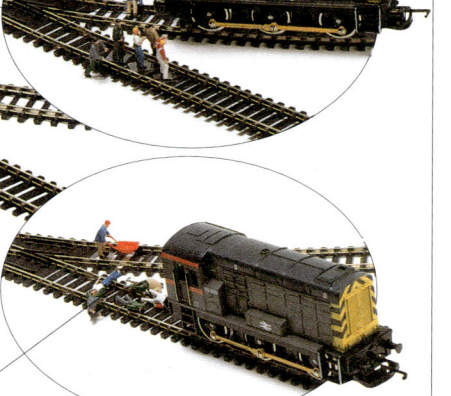

Wenn es gegen die eigenen Prinzipien verstößt zu töten, so wird es zum Problem, einen Menschen töten zu müssen, um 5 andere zu retten.

Der führerlose Zug stellt uns vor ein schwieriges Dilemma.

Prinzipien oder Konsequenzen
Die Philosophen untersuchen bestimmte Situationen anhand von Modellfällen. Das Beispiel hier geht auf die Philosophin Phillipa Foot zurück. Eine Frau sieht, wie eine führerlose Lokomotive sich einer Weiche nähert und auf eine Gruppe von 5 Arbeitern zufährt. Die Betrachterin kann die Weiche so stellen, dass statt deren 5 nur eine Person getötet wird. Wie handelt sie richtig? Es gibt darauf keine einfachen Antworten.

Wenn die Frau nichts unternimmt, sterben 5 Menschen. Wird sie durch Verzicht auf einen Eingriff verantwortlich für diese 5 Todesfälle?

Geist
Die Philosophen fragen sich, ob Geist und Seele dasselbe sind oder ob man den Geist nur als Summe von Millionen elektrischer Signale im Gehirn auffassen muss. Die Naturwissenschaftler wissen, dass Teile des Gehirns für die Sinneswahrnehmung und Geschicklichkeit zuständig sind.

Bewusstsein
Durch das Bewusstsein wissen wir, dass es uns und die Welt um uns gibt. Es ist ein wichtiges Merkmal menschlichen Geistes. Philosophen fragen, woher das Bewusstsein stammt. Erinnert man sich z. B. an eine Szene, so ist das, als sähe man ein Bild auf einem Bildschirm. Wenn man nicht erklären kann, von welchem Standpunkt aus man auf diesen Bildschirm sieht, kann man auch das Bewusstsein nicht erklären.

SIEHE AUCH UNTER GRIECHEN MATHEMATIK NERVENSYSTEM UND GEHIRN RELIGIONEN SOKRATES VERBRECHEN

PHÖNIZIER

VOR RUND 3 000 JAHREN beherrschten die Phönizier fast das gesamte Mittelmeer. Sie waren ausgezeichnete Seeleute und Händler. Ihre Heimat lag in dem schmalen Küstenstreifen der Levante am östlichen Mittelmeer, der heute von den Staaten Libanon, Syrien und Israel eingenommen wird. Die Reisen der Phönizier führten sehr weit. Um 1100 v. Chr. errichteten sie Handelsniederlassungen und Kolonien auf Sizilien, Malta, Sardinien und in Tunesien. Sie kamen sogar bis an die Küste Spaniens. 332 v. Chr. eroberte Alexander der Große Phönizien und zerstörte damit eines der größten Reiche der Antike.

Seefahrernation

Das phönizische Reich gründete sich auf den Handel. Die Phönizier fuhren mit vollbeladenen Handelsschiffen von ihren Häfen die Küsten entlang und tauschten in den Koloniestädten Luxusgüter gegen Rohstoffe. Die phönizischen Handwerker machten daraus wieder Tauschgüter.

Karthago

Einer Legende zufolge soll die nordafrikanische Küstenstadt Karthago, nordöstlich von Tunis gelegen, 814 v. Chr. von phönizischen Adligen aus Tyros gegründet worden sein, die unter der Königin Dido hierher kamen. Karthago, das soviel wie „Neustadt" bedeutet, soll aus dem Nichts erbaut worden sein. Es wurde die bedeutendste Handelsniederlassung der Phönizier. Um 600 v. Chr. wurde diese größte Küstenstadt westlich von Ägypten unabhängig.

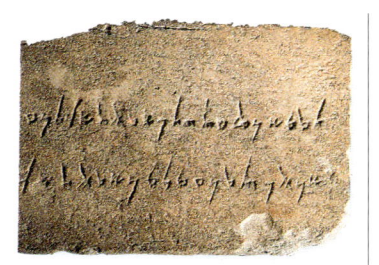

Phönizischer Text, Zypern, 391 v. Chr.

Alphabet
Auch unsere Schrift geht letztlich auf das phönizische Alphabet zurück. Es wurde zuerst von den Griechen und Etruskern übernommen, deren Kulturen etwa zur Blütezeit der Phönizier entstanden.

Kriegsschiffe
Die phönizischen Kriegsschiffe bildeten die Vorhut der Handelsflotte. Sie sicherten die Handelsrouten und schützten die Ladung vor Piraten. Kriegsschiffe hatten Ruder und Segel und waren dreimal so schnell wie die bauchigen Frachtsegler. Sie waren wegen ihres mit Bronze überzogenen Sporns, mit dem sie feindliche Schiffe rammten, sehr gefürchtet.

Silbermünze aus Tyros, 4. Jh. v. Chr.

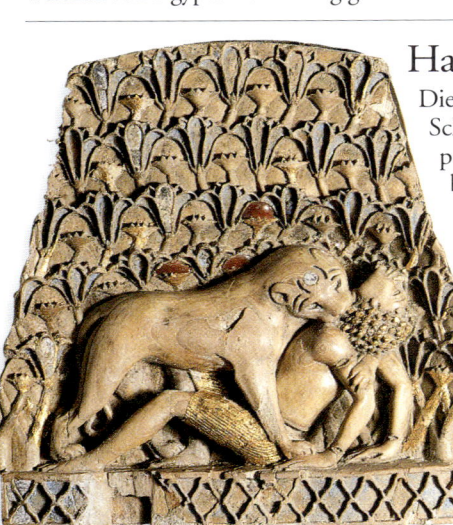

Handelsgüter
Die Phönizier handelten mit Schnitzereien, Glas und purpurfarbenen Gewändern. Dafür bekamen sie Elfenbein, Gold und andere Metalle sowie Edelsteine. Handelshäfen waren Tyros, Berytus, heute Beirut, und Karthago.

Elfenbeinschnitzerei
Die Handwerker in Tyros fertigten aus den Stoßzähnen der Elefanten herrliche Schnitzereien, die sie mit Blattgold und Edelsteinen verzierten. Sie dienten als Schmuckelemente in Möbeln. Karthago war der Umschlagplatz für Elfenbein.

Vergoldetes Paneel mit Elfenbein

Pigmente, die man zur Glasschmelze gab, färbten das Glas bunt.

Glas
Die Phönizier lernten die Technik der Glasherstellung von den Ägyptern. Das phönizische Glas war jedoch klarer als das der Ägypter, weil sie sehr viel mehr Quarzsand verwendeten. Halsbänder aus Glasperlen, Glasflaschen und Schalen aus Glas verkauften sie im gesamten Mittelmeerraum.

Anhänger *Glasperlen*
Halsband, 7.–8. Jh. v. Chr.

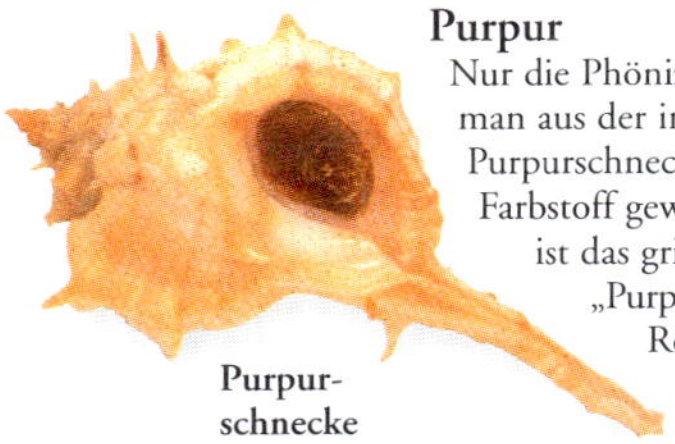

Purpur
Nur die Phönizier wussten, wie man aus der im Meer lebenden Purpurschnecke den tiefroten Farbstoff gewinnt. „Phoenizier" ist das griechische Wort für „Purpurhändler". Bei den Römern trugen die Senatoren eine purpurne Toga.

Weihrauchbehälter, 3.–1. Jh. v. Chr.

Purpurschnecke

Königin Dido
Nach einer römischen Sage soll Dido, die Tochter des Königs von Tyros, in Nordafrika gelandet sein. Sie bat einen feindlichen Herrscher um Land für eine Siedlung. Er wollte ihr nur soviel geben wie eine Ochsenhaut bedeckt. Die schlaue Dido schnitt die Haut in Streifen und legte sie aneinander, bis jene Fläche umgrenzt war, auf der die Stadt Karthago errichtet werden sollte.

Chronologie

1500 v. Chr. Phönizier gründen Städte am östlichen Mittelmeer.

1140 v. Chr. Phönizier errichten bei Utica (Utique, Tunesien) ihre erste Kolonie.

um 1000 v. Chr. Zwischen Phöniziern und der frühen griechischen Kultur in Mykene kommt es zu Konflikten.

um 1000 v. Chr. Phönizier entwickeln ein Alphabet. Es wird später von den Griechen übernommen.

957 v. Chr. Phönizische Zimmerleute und Maurer beenden den ersten salomonischen Tempel in Jerusalem.

Elfenbeinsphinx, 9. Jh. v. Chr.

814 v. Chr. Phönizier gründen Karthago in Nordafrika.

600 v. Chr. Karthago wird selbstständig.

332 v. Chr. Alexander der Große erobert Phönizien. Mit der Einwanderung griechischer Siedler kommt die alte phönizische Kultur allmählich zum Erliegen.

| SIEHE AUCH UNTER | ALEXANDER DER GROSSE | GLAS | GRIECHEN | RÖMISCHES REICH | SCHIFFE | SCHRIFT |

PHOTOSYNTHESE

GRÜNE PFLANZEN STELLEN mit Hilfe des Sonnenlichts aus Wasser und Kohlendioxid Zucker und Stärke her. Diesen Vorgang nennt man Photosynthese. Er findet zur Hauptsache in den Blättern statt, die das Blattgrün oder Chlorophyll enthalten. Dieser Farbstoff absorbiert einen Teil des eingestrahlten Sonnenlichts und verwandelt dessen Energie in chemische Energie. Bei der Photosynthese wird Sauerstoff frei.

Lichtenergie
Das Sonnenlicht setzt sich aus Lichtstrahlen unterschiedlicher Wellenlänge zusammen. Am wichtigsten für die Photosynthese ist rotes Licht. Es wird vom Chlorophyll absorbiert. Die anderen Wellenlängen werden reflektiert und lassen die Pflanzen grün erscheinen.

Das Sonnenlicht besteht aus rotem, orangefarbenem, gelbem, grünem, blauem, indigofarbenem und violettem Licht.

Das Chlorophyll in den Blättern fängt die Energie des Sonnenlichts auf.

Chloroplasten

Blattzelle

Chlorophyll
1 Das Blattgrün oder Chlorophyll liegt in den winzigen Chloroplasten im Innern der Blattzellen. Jedes Blatt enthält Millionen von Chloroplasten. Die Chloroplasten selbst setzen sich aus zahlreichen Lamellen zusammen, in denen die Chlorophyllmoleküle liegen.

Kohlendioxid
2 Ungefähr 0,03 % der Luft bestehen aus dem Gas Kohlendioxid. Tiere und Menschen atmen es aus, und es entsteht auch bei jeder Verbrennung. Das Kohlendioxid dringt beim Gasaustausch über die Spaltöffnungen ins Blattinnere vor. Die meisten Spaltöffnungen liegen auf der Blattunterseite.

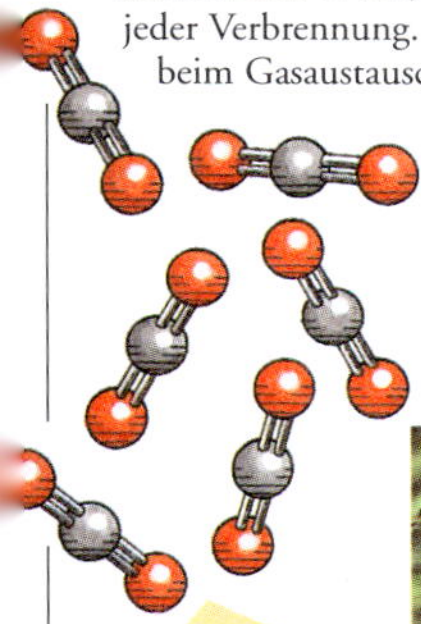

Moleküle des Kohlendioxids

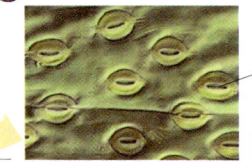

Sauerstoff
5 Dieses Gas ist ein Nebenprodukt der Photosynthese. Es verlässt das Blatt über die Spaltöffnungen und gelangt in die Luft. Die Pflanzen produzieren den gesamten Sauerstoff, den die Menschen, die Tiere und die Pflanzen selbst brauchen.

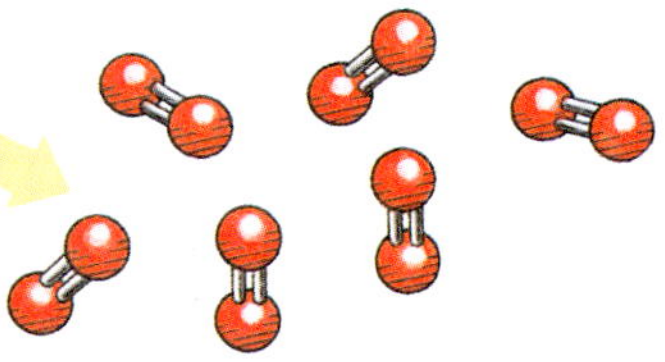

Spaltöffnung

Sauerstoffmoleküle

Wasser
3 Damit die Photosynthese stattfinden kann, braucht die Pflanze eine dauernde Wasserzufuhr. Sie nimmt es mit den Wurzeln aus dem Boden auf. Das Wasser wandert im Xylem der Leitbündel zu den Blättern. Während der Photosynthese wird das Wasser in den Chloroplasten aufgespalten. Dabei entstehen Wasserstoffionen und Sauerstoffmoleküle.

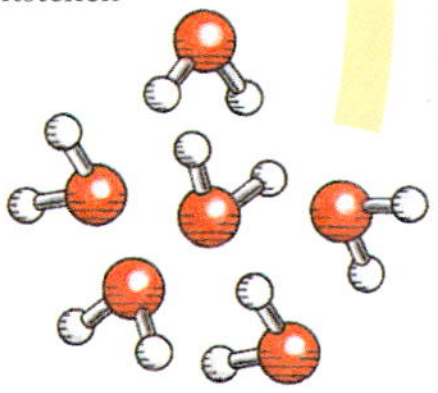

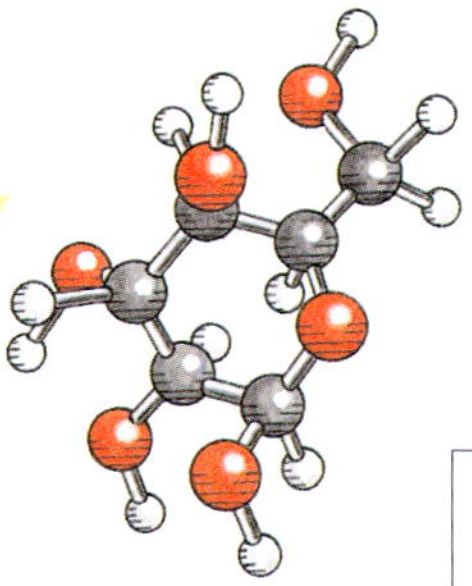

Glukosemoleküle

Glukose
4 Die Glukose, die bei der Photosynthese entsteht, ist ein einfacher Zucker. Sie enthält die gesamte Energie, die die Pflanze zum Wachstum und zur Fortpflanzung braucht. Aus Glukose stellt die Pflanze zusammen mit verschiedenen Mineralsalzen alle anderen Stoffe her, die sie benötigt, auch die Proteine. Stärke und Zellulose bestehen aus miteinander verketteten Glukosemolekülen.

Transpiration
Ein großer Teil des Wassers, das die Wurzeln aufnehmen, verdunstet über die Spaltöffnungen. Man spricht von Transpiration. So zieht ein dauernder Wasserstrom von unten nach oben. Die Pflanze kann die Wasserverdunstung regeln, indem sie die Spaltöffnungen schließt.

Wassermoleküle

Wasser verdunstet von den Blättern.

Wasser nehmen die Wurzeln aus dem Boden auf.

Wasser zieht nach oben.

Xylem und Phloem
Die Leitbündel in den Pflanzen bestehen aus dem Xylem und Phloem. Im Xylem zieht das Wasser von den Wurzeln bis zu den Blattspitzen. Das Phloem sorgt dafür, dass gelöste Zucker als Energieträger und Mineralsalze im gesamten Pflanzenkörper verteilt werden.

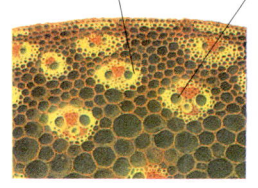

Das Xylem transportiert Wasser und gelöste Salze.

Das Phloem transportiert gelöste Zucker.

Jan Ingenhousz
Der Niederländer Jan Ingenhousz (1730–99) studierte Physik, Chemie und Medizin. Als einer der Ersten untersuchte er die Photosynthese. Er nahm Joseph Priestleys Entdeckung (1733–1804) auf, dass Pflanzen Sauerstoff abgeben, und veröffentlichte später eine Arbeit über den Gasaustausch bei Pflanzen. Ingenhousz bewies, dass die grünen Teile der Pflanzen Kohlendioxid aufnehmen und Sauerstoff abgeben, wenn Sonnenlicht auf sie fällt. Bei Dunkelheit geschieht genau das Gegenteil.

| SIEHE AUCH UNTER | ENERGIE | GASE | LICHT | LUFT | NAHRUNGSKETTEN | PFLANZEN | PFLANZEN, ANATOMIE | PFLANZEN, FORTPFLANZUNG |

PHYSIK

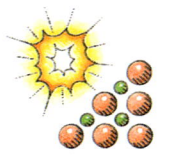

DIE PHYSIK UNTERSUCHT die Materie und die Energie und beschäftigt sich mit den kleinsten Elementarteilchen ebenso wie mit den größten Galaxien am Sternhimmel. Sie ist eine grundlegende Wissenschaft, weil sie zu erklären versucht, wie das Weltall funktioniert. Mit Hilfe der Physik kann man Gesetzmäßigkeiten der Astronomie, Chemie, Biologie und anderer Wissenschaften erklären. Eines der wichtigsten Hilfsmittel des Physikers ist die Mathematik. Mit mathematischen Verfahren lassen sich Ergebnisse analysieren und Theorien formulieren.

Klassische Physik
Vor dem 20. Jh. beschränkte sich die Physik auf Elektrizität und Magnetismus, auf Kraft und Bewegung, auf Licht und Wellen. Die Theorien jener Zeit nennt man heute klassische Physik. Sie nahmen im 16. Jh. z. B. mit der Untersuchung von Geschosskurven ihren Anfang.

Moderne Physik
Die moderne Physik beschäftigt sich mit Quantentheorie, der Natur der elektromagnetischen Strahlung, mit Elementarteilchen und der Relativitätstheorie. Die Chaostheorie untersucht komplexe Systeme wie das Wetter, die nicht vorhersehbar erscheinen. Sie lassen sich mit Fraktalen beschreiben.

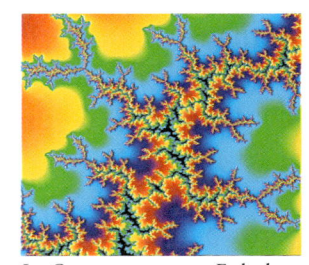

Im Computer erzeugtes Fraktal

Experimentalphysik
Die Physiker testen ihre Theorien durch Experimente im Labor. Ein Physiker, der sich z. B. mit Kraft und Bewegung beschäftigt, könnte z. B. das nebenstehende Experiment durchführen, um zu beweisen, dass sich ein Wagen auf einer schiefen Ebene konstant beschleunigt. Anhand der Ergebnisse überprüft er schließlich die Theorie.

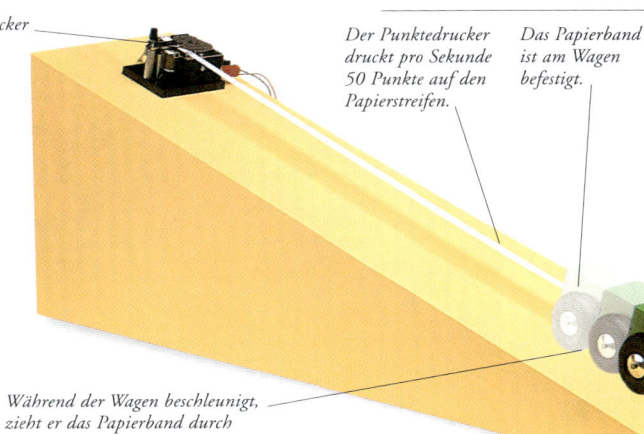

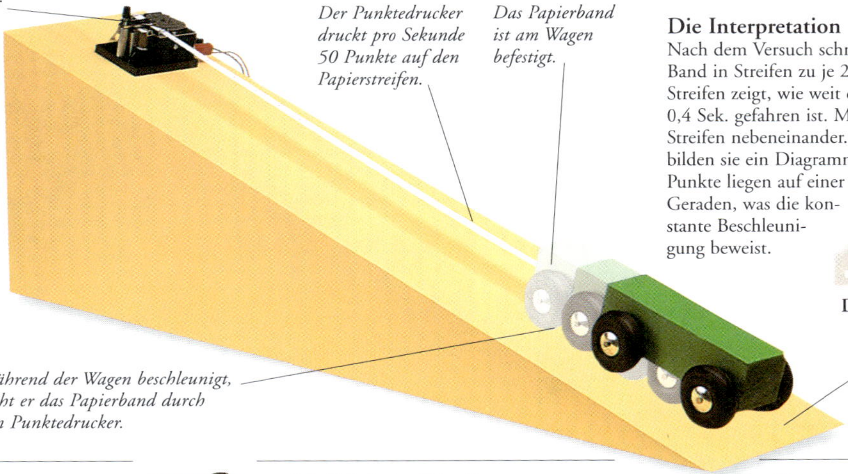

Punktedrucker

Der Punktedrucker druckt pro Sekunde 50 Punkte auf den Papierstreifen.

Das Papierband ist am Wagen befestigt.

Während der Wagen beschleunigt, zieht er das Papierband durch den Punktedrucker.

Je schräger die Ebene, umso größer ist die Beschleunigung des Wagens.

Die Interpretation
Nach dem Versuch schneidet man das Band in Streifen zu je 2 Punkten. Jeder Streifen zeigt, wie weit der Wagen in 0,4 Sek. gefahren ist. Man legt die Streifen nebeneinander. So bilden sie ein Diagramm. Die Punkte liegen auf einer Geraden, was die konstante Beschleunigung beweist.

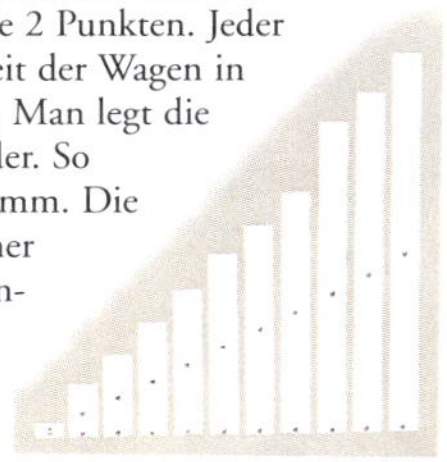

Diagramm der Ergebnisse

Zweige der Physik
Die Physik untersucht das Verhalten von Materie und Energie. Diese beiden Erscheinungen spielen überall eine Rolle. So kann man in jeder Naturwissenschaft physikalische Methoden anwenden.

Biophysik
Der Biophysiker untersucht die physikalischen Prozesse bei den Lebewesen, z. B. den Flug der Vögel oder Insekten. Mit dem Elektronenmikroskop sehen Biophysiker Einzelheiten, die im Lichtmikroskop nicht mehr wahrzunehmen sind.

Milbe im Elektronenmikroskop

Medizinische Physik
Mit physikalischen Verfahren gelingt es, bessere Diagnosen zu stellen und Krankheiten zu behandeln. Eines der besten Diagnosegeräte ist der Computertomograph, der mit Hilfe von Röntgenstrahlen dreidimensionale Bilder des Körpers erzeugt.

Computertomograph

Teilchenphysik
Bisher haben die Physiker über 200 verschiedene Elementarteilchen nachgewiesen, etwa Elektronen, Protonen und Quarks. Mit Beschleunigern und Blasenkammern untersuchen sie, wie sich die Teilchen verhalten, wenn sie miteinander kollidieren.

Spuren von Teilchen in der Blasenkammer

Geophysik
Der Geophysiker untersucht die physikalischen Vorgänge, die auf und in der Erde stattfinden, z. B. den Erdmagnetismus und die Wärmeproduktion. Mit Seismographen zeichnen Geophysiker Erdbeben auf.

Aufzeichnung eines Seismographen

Astrophysik
Die Astrophysik beschäftigt sich vor allem mit Sternen und Galaxien. Die meisten Daten stammen dabei von Teleskopen. Die Kosmologie ist ein Teil der Astrophysik und versucht den Beginn des Weltalls zu erklären.

Beobachterkuppel mit Teleskop

Zustandsänderungen
Materie kann sich verändern, wenn sie Energie aufnimmt oder verliert. Speiseeis schmilzt in der Sonne, weil es Wärmeenergie aufnimmt. Dieser Vorgang lässt sich umkehren: Wenn man das Eis ins Gefriergerät bringt, wird es erneut fest.

Chronologie
um 400 v. Chr. Der griechische Philosoph Demokrit lehrt, dass die gesamte Materie aus winzigen unteilbaren Atomen besteht.

4. Jh. v. Chr. Griechische Philosophen wie Aristoteles wollen die Welt durch logisches Nachdenken erklären.

1600 Der englische Philosoph Francis Bacon tritt dafür ein, dass man wissenschaftliche Theorien durch Experimente überprüft.

1680–1710 Der Engländer Isaac Newton legt die Grundlagen der Physik mit seinen Arbeiten über Schwerkraft, Licht und auch Mathematik.

1843 Der englische Physiker James Joule erklärt die Natur der Energie.

1895 Der deutsche Physiker C. Wilhelm Röntgen entdeckt die nach ihm benannten Strahlen. Mit klassischer Physik lassen sie sich nicht erklären. Das Zeitalter der modernen Physik beginnt.

1905 Albert Einstein veröffentlicht seine Relativitätstheorie. Darin behauptet er, Masse könne in Energie umgewandelt werden.

70er Jahre Physiker entwickeln eine allumfassende Theorie, die *Große Vereinheitlichte Theorie (GUT)*, die das gesamte Weltall erklärt.

SIEHE AUCH UNTER ATOME UND MOLEKÜLE · EINSTEIN, ALBERT · ENERGIE · MATERIE · MATHEMATIK · NEWTON, ISAAC

PICASSO, PABLO

UNBESTRITTEN IST PABLO PICASSO der größte Maler des 20. Jh. Doch er ist auch für seine Zeichnungen, Grafiken und bildhauerischen Arbeiten berühmt. Insgesamt schuf er ungefähr 20 000 Kunstwerke. Er war einer der Begründer des Kubismus und schockierte das Publikum oft mit seinen kräftigen Bildern. Dabei veränderte er die gängigen Vorstellungen von Kunst. Was Picasso mit eigenen Augen sah, war oft nur der Ausgangspunkt, von dem er zu malen begann. Seine Werke hängen in vielen Kunstmuseen auf der ganzen Welt.

Kindheit und Jugend
Picasso kam 1881 in Malaga, Spanien, auf die Welt und lernte zeichnen, bevor er sprechen konnte. Er hasste die Schule und half oft seinem Vater, einem Maler, in dessen Atelier. Als Pablo 13 Jahre alt war, gab sein Vater die Malerei auf und überließ es Pablo, die Tradition fortzuführen.

Farben
Kurz nach seiner Ankunft in Paris 1901 begann Picasso in Blautönen zu malen. Damit stellte er das Elend der Menschen dar. In dieser blauen Periode malte er Bettler und soziale Außenseiter. In der späteren rosa Periode stellte er vor allem Themen aus der Zirkuswelt dar.

Picassos Palette

Kubismus
Nach der blauen und der rosa Periode entwickelte Picasso den Kubismus. Als Grundformen setzte er Würfel und Kegel ein. Er zeigte das Dargestellte aus verschiedenen Gesichtswinkeln, sodass man viele Aspekte in einem Bild sah.

Das Mahl des blinden Mannes, 1903

Les Demoiselles d'Avignon
Das Gemälde *Les Demoiselles d'Avignon* betrachten viele als den Ausgangspunkt von Formen der modernen Kunst, darunter auch des Kubismus. Picasso arbeitete Monate daran, bevor er es seinen Freunden zeigte. Fast alle waren entsetzt über die verrenkten Figuren und die eckigen Frauengesichter. Picasso weigerte sich, das Bild zu verkaufen, und verbarg es viele Jahre vor der Öffentlichkeit.

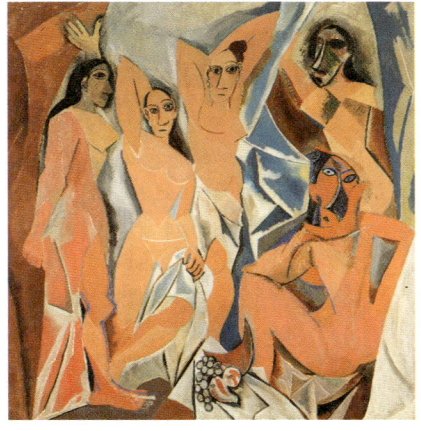

Les Demoiselles d'Avignon, 1907

Ballets Russes
Zwischen 1917 und 1924 arbeitete Picasso für die *Ballets Russes*, das russische Ballett von Sergej Diaghilew (1872–1929) in Paris. Diese Truppe war im frühen 20. Jh. führend und arbeitete mit den größten Talenten jener Zeit, darunter den bedeutendsten Choreographen, Tänzern und Bühnenbildnern. Komponisten wie Igor Strawinsky (1882–1971) und Erik Satie (1866–1925) schrieben die Musik. Picasso lieferte die Bühnenbilder für Ballette wie *Parade*, *Le Tricorne* und *Pulcinella*.

Parade
Das Ballett *Parade* wurde zum ersten Mal 1917 aufgeführt. Saties Musik umfasste auch die Geräusche einer Schreibmaschine. Bei der Premiere wurde das Stück ausgepfiffen, doch Picassos Vorhang erhielt Applaus. Er entwarf auch kubistische Bühnenbilder und Kostüme.

Vorhang von Picasso für das Ballett Parade

Guernica
Im Jahr 1936 brach der Spanische Bürgerkrieg aus. Im darauffolgenden Jahr malte Picasso *Guernica*. Es zeigt sein Entsetzen über die Bombardierung der Stadt durch die Faschisten. Picasso stellt dies anhand eines Stierkampfes dar.

Guernica, 1937 — *Mutter mit totem Kind* — *Das Pferd, sonst ein Symbol der Kraft, symbolisiert hier den Terror.* — *Das Fehlen von Farbe verstärkt die Düsterkeit.*

Spätere Arbeiten
Picasso lebte in den 40er Jahren in großer Not. Seine Kunst wurde düster, und er stellte oft Monster dar. Häufig malte er die Bilder alter Meister nach eigenem Stil neu.

Szene aus dem Film Mystère Picasso

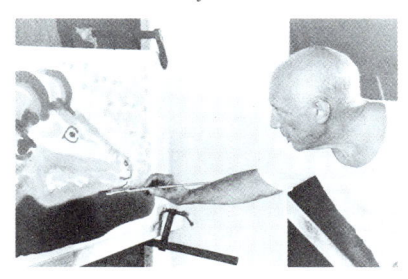

PABLO PICASSO
1881	Geburt in Malaga, Spanien
1900	Ankunft in Paris, wo er viele der bedeutendsten modernen Künstler kennenlernt.
1901–04	Blaue Periode
1906–07	Rosa Periode
1907	Vollendet *Les Demoiselles d'Avignon*, Geburt des Kubismus
1917	Beginnt mit der Arbeit als Bühnenbildner für die *Ballets Russes*
30er Jahre	Picasso fertigt seine bedeutendsten bildhauerischen Werke.
1937	Gemälde *Guernica*
40er Jahre	Er experimentiert mit vielen neuen Techniken, darunter der Lithographie.
1973	Tod in Mougins, Frankreich

SIEHE AUCH UNTER — BALLETT — BILDHAUEREI — KUNST, GESCHICHTE — MALEN UND ZEICHNEN — MUSIK — SPANIEN, GESCHICHTE — TÖPFEREI UND KERAMIK

PILGERVÄTER

Am 21. NOVEMBER 1620 wirft ein kleines Schiff in einer geschützten Bucht an der amerikanischen Ostküste, kurz hinter Cape Cod, die Anker. Das Schiff heißt *Mayflower*. An Bord sind 35 Menschen, die aus religiösen Gründen England verlassen haben, um in der Neuen Welt ein neues Leben zu beginnen – auf dem Schiff sind noch 67 andere Aussiedler. Man nennt sie heute die „Pilgerväter". Sie unternahmen eine Art Pilgerfahrt über den Ozean und gründeten die erste europäische Kolonie in Nordamerika. Den Ort, an dem sie sich niederließen, nannten sie Plymouth.

Die Reise der Mayflower
Die Pilgerväter verließen am 16. September 1620 den Hafen von Plymouth, Südwestengland. Nach stürmischer Fahrt über den Atlantik erreichten sie am 19. November Cape Cod. Nach wochenlangem Suchen nach einem geeigneten Platz entschieden sie sich am 16. Dezember für Plymouth Harbour, Massachusetts. An Weihnachten bauten sie dort das erste Haus.

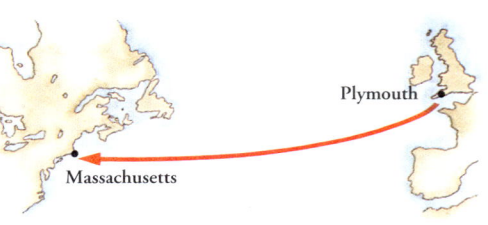

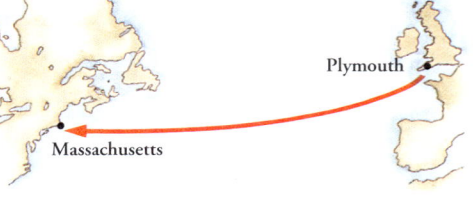

Separatisten und Puritaner
Ein Drittel der Passagiere der *Mayflower* waren sog. Separatisten. Sie lehnten den Pomp und die Zeremonien in der anglikanischen Kirche ab und traten für einen schlichteren Gottesdienst ein. Die Separatisten trugen einfache Kleidung und hielten sich von Vergnügungen fern. Später kamen auch Puritaner, die zwar Mitglieder der anglikanischen Kirche waren, aus ähnlichen Gründen nach Neu-England.

Neu-England und die Wampanoag
Das Gebiet, in dem die Pilgerväter zunächst siedelten, wurde bald „Neu-England" genannt. Hier lebte der Stamm der Wampanoag-Indianer. Einige von ihnen konnten bereits etwas Englisch von Trappern und Waldläufern. Die Wampanoags halfen den Siedlern beim Maisanbau und bei der Jagd. Ohne ihre Hilfe hätten die Ankömmlinge das erste Jahr kaum überlebt.

Paar der Wampanoag

Mayflower
Die *Mayflower* hatte 180 Bruttoregistertonnen und war ursprünglich ein Frachtschiff für Wein und andere Güter. Für Passagiere war sie völlig ungeeignet. Die 102 Passagiere hatten gerade genug Platz für je ein Bett. Viele der Pilgerväter wussten gar nicht, was sie erwartete. Sie nahmen viele Bücher mit und jede Menge Schuhe, aber weder Angeln, Fischnetze oder gar Pflüge. Auch keine Nutztiere, etwa Schafe oder Kühe, waren an Bord, die den Lebensunterhalt hätten sichern können. Ein Passagier starb auf der Überfahrt und ein Kind wurde geboren.

Die Siedlung
Die ersten Häuser der Pilgerväter waren aus rohen Baumstämmen aus den nahen Wäldern. Die Dächer waren mit Rinde gedeckt, um Regen und Schnee abzuhalten. Jeder musste hart arbeiten, um den Platz zu roden und Felder für Getreide anzulegen, das zum Überleben wichtig war. Solange es keine Kirche gab, hielt man den Gottesdienst im Freien ab.

Die Mayflower war ein Dreimaster, ein typischer Frachtsegler jener Zeit.

Die Mayflower

Flagge von England

Dreieckiges Lateinsegel

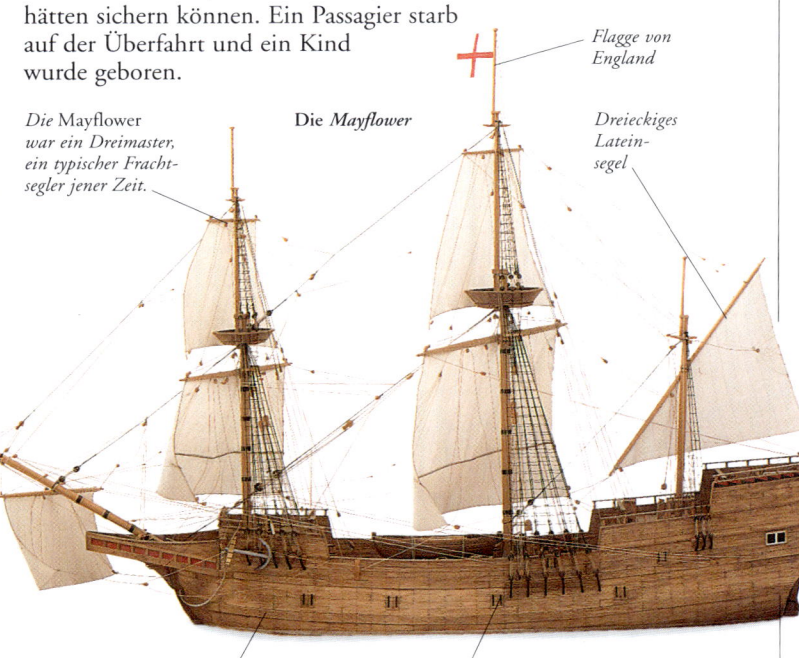

Erntedankfest
Nach einem Jahr feierten die Pilgerväter zum Dank für die Ernte ihr erstes Fest. Sie luden dazu 100 Mitglieder der Wampanoag ein. Das Fest dauerte mehrere Tage und es gab Pasteten aus Kürbissen, Äpfeln und Pekanüssen sowie gebratenen wilden Truthahn. 1789 wurde das Erntedankfest ein nationaler Feiertag, der „Thanksgiving Day". Seit 1863 gilt er überall in den USA als Feiertag.

Kürbispastete 
Gebratener Truthahn 
Apfelküchelchen

Harvard University
Diese älteste amerikanische Universität wurde 1636 von englischen Siedlern gegründet. Sie heißt nach dem Puritaner John Harvard, der nach Amerika auswanderte und sein Vermögen der Universität vermachte.

Die Mayflower war etwa 30 m lang.
Das Leben unter Deck war sehr beengt.
Im Schiffsbauch wurden ursprünglich Weinfässer transportiert.

Chronologie

September 1620 Die Pilgerväter verlassen Plymouth, England.

November 1620 Die Pilgerväter schließen den *Mayflower-Vertrag*, mit dem sie die Selbstverwaltung vereinbaren.

Dezember 1620 Die Pilgerväter gehen in Nordamerika an Land und gründen die Siedlung Plymouth.

1621 Die Kolonisten unterzeichnen einen Friedensvertrag mit den Wampanoag.

1629–40 Aus religiösen Gründen verlassen 20 000 Puritaner England und siedeln sich in Massachusettts an.

1691 Plymouth wird Partner der neuenglischen Kolonie an der Massachusetts Bay.

| SIEHE AUCH UNTER | EUROPA, GESCHICHTE | FESTE UND FEIERN | NORDAMERIKA, GESCHICHTE | RELIGIONEN | SCHULE UND UNIVERSITÄT | VEREINIGTE STAATEN, GESCHICHTE | WASHINGTON, GEORGE |

PILZE

NACH HEUTIGER AUFFASSUNG sind die Pilze weder Pflanzen noch Tiere, sondern bilden mit ihren über 80 000 Arten ein eigenständiges Reich von Lebewesen. Pilze enthalten kein Blattgrün und können somit ihre eigene Nahrung nicht herstellen. Statt dessen bauen sie mit Hilfe von Enzymen tote Pflanzen und Tiere ab und entnehmen ihnen Nähr- und Mineralstoffe. Die Pilze sind eine sehr vielgestaltige Gruppe. Dazu zählen z. B. auch die Hefen und die Schimmelpilze.

Lebenszyklus eines Pilzes

Fruchtkörper produzieren viele Sporen. Diese keimen und ergeben Hyphen, die das Myzel bilden. Das Myzel lebt viele Jahre im Boden oder im Holz und ernährt sich von totem Pflanzenmaterial. Im Herbst entstehen die Fruchtkörper, die erneut Sporen aussenden.

1 Die Fruchtkörper geben Sporen in riesiger Zahl frei. Doch nur wenige finden die richtigen Bedingungen und können auskeimen.

2 Bei der Keimung entsteht aus den Sporen ein einzelner Pilzfaden und schließlich ein Pilzgeflecht.

3 Das Pilzgeflecht oder Myzel wächst immer weiter und beginnt dann mit der Bildung der oberirdischen Fruchtkörper.

4 Nach einem Regenfall vergrößert sich der Fruchtkörper und nimmt seine typische Gestalt an. Im Bild ein Schopftintling.

5 Der Tintling zeigt alle typischen Merkmale eines Pilzes: Stiel, Lamellen auf der Unterseite des Hutes, Schleier zum Schutz der Lamellen während des Wachstums.

6 Die meisten Fruchtkörper entlassen die Sporen in die Luft. Der Tintling hingegen zerfließt zu einer schwarzen Flüssigkeit, in der Millionen von Sporen schwimmen.

Merkmale der Pilze

Generell sind Pilze nützliche Bodenmikroorgansimen oder gefürchtete Krankheitserreger, sie bilden pharmakologisch wertvolle Substanzen oder gefährliche Giftstoffe. Was wir in der Regel als Pilz bezeichnen, ist nur der Fruchtkörper. Er produziert die Sporen, mit denen sich der Pilz vermehrt. Die Sporen entstehen entweder an Lamellen oder in Röhren der schwammigen Hutunterseite. Der Fruchtkörper entspringt dem Myzel, einem Geflecht feiner Pilzfäden oder Hyphen, die im Boden wachsen.

Sporenverbreitung

Die Fruchtkörper der Pilze sehen ganz unterschiedlich aus. Alle bringen jedoch Sporen hervor. Die meisten geben sie aus Lamellen, Stacheln oder Röhren direkt an die Luft ab. Die Stinkmorchel hingegen ist darauf angewiesen, dass sie z. B. von Wildschweinen und Fliegen gefressen wird. Diese Tiere verbreiten ihre Sporen mit dem Kot. Der Bovist entlässt eine Sporenwolke, wenn ein Wildtier auf ihn tritt.

Sporenwolke eines Bovists

Stinkmorchel
Die Sporen der Stinkmorchel werden vor allem von Insekten verbreitet. Der Fruchtkörper sieht im Boden wie ein Ei aus. Dann wächst er schnell in die Höhe und wird 20 cm lang. Der Hut ist von einer schleimigen, stinkenden Sporenmasse bedeckt. Aasfliegen und Käfer ernähren sich davon. Sie fressen den Schleim und tragen dadurch zur Verbreitung der Sporen bei.

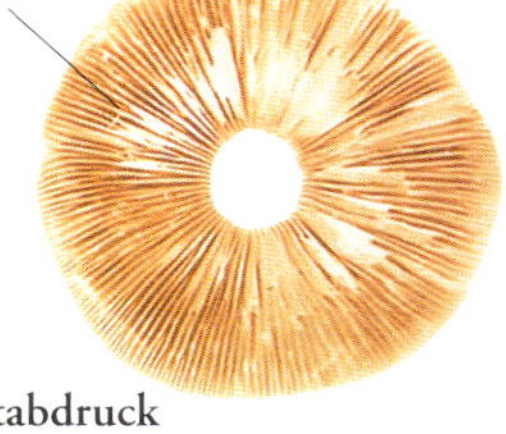

Hutabdruck
Wenn man den Hut eines Pilzes abschneidet und auf ein Blatt Papier legt, fallen über Nacht die Sporen aus und bilden das Lamellenmuster ab.

Pilzformen

Es gibt viele Arten von Pilzen. Im Myzel sehen sich fast alle ähnlich. Man unterscheidet aber größere Pilzgruppen. Die Hauptunterschiede liegen in den Fruchtkörpern und ihrer Anatomie. Die größten Fruchtkörper werden viele Kilogramm schwer, die kleinsten sieht man nur mit dem Mikroskop.

Schlauchpilze
Bei Becherlingen, Morcheln und Trüffeln entstehen die Sporen in einem Schlauch.

Ständerpilze
Ständerpilze erzeugen die Sporen auf keulenförmigen Organen. Zu ihnen zählen die meisten Pilze.

Mehltau
Mehltaupilze leben auf vielen Kulturpflanzen. Ihre Hyphen sehen spinnwebartig aus.

Schimmel
Schimmelpilze bilden Überzüge auf Früchten. Der Köpfchenschimmel wächst auf altem Brot.

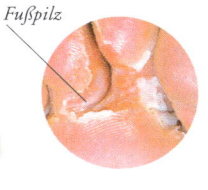

Fungi imperfecti
Lateinische Bezeichnung für Pilze ohne Fruchtkörper oder mit ungeschlechtlicher Vermehrung.

Lebensräume der Pilze

Pilze gibt es fast überall auf der Erde, auf lebenden und vor allem auf toten Pflanzen und Tieren. Besonders häufig sind sie in warmfeuchten Gebieten. Man findet Pilze im Meer, in Flüssen und Seen, auf Wiesen, in Wäldern und Höhlen. Sie gedeihen auf Früchten, Brot, Käse, Leder, faulendem Holz und Gartenabfällen. Warmes Wetter nach ausgiebigen Regenfällen fördert die Bildung von Fruchtkörpern.

Dieser Pilz wächst in lichten Wäldern, in Parks und unter Hecken.

Riesenschirmling

Wälder
Die meisten Pilze leben in Wäldern, auf dem Boden oder an den Bäumen. In Nadelwäldern finden wir ganz andere Pilze als in Laubwäldern oder in Mischwäldern.

Hexenring

Wiesen
Auf Wiesen findet man im Herbst oft viele Pilze. Nicht selten bilden sie Hexenringe. Diese entstehen, wenn sich die Hyphen von einem Punkt nach allen Richtungen ausbreiten.

Leuchtende Pilze
In allen Erdteilen, auch in Europa, gibt es leuchtende Pilze. Nachts geben sie ein fahles, grünes Licht ab. Es zieht wahrscheinlich Insekten an, die bei der Sporenverbreitung helfen. Man nennt dieses Leuchten Biolumineszenz. Sie ist manchmal beim Hallimasch zu sehen.

Ernährung
Die meisten Pilze leben von toten organischen Stoffen, die sie abbauen. Solche Pilze bezeichnet man als Saprophyten. Sie spielen eine entscheidend wichtige Rolle beim Recycling der Mineralstoffe in der Natur. Einige Pilze fangen als Räuber kleine Bodenwürmer und verdauen sie. Spezialisierte Pilze leben sogar auf Farben, Erdöl und Kunststoffen. Viele Pilze sind auf andere Lebewesen angewiesen: Sie schmarotzen oder leben mit ihnen in Symbiose.

Schmarotzerpilze
Schmarotzerpilze oder parasitische Pilze gewinnen ihre Nahrung aus lebenden Tieren, Pflanzen oder anderen Pilzen. Der Hallimasch bringt Obstbäume zum Absterben. Nutzpflanzen werden von Mehltau, Rost oder Brand befallen. Auch der Mensch und die Tiere leiden unter Pilzkrankheiten, den Mykosen.

Symbiontische Pilze
Viele Pilze leben nur mit anderen Pflanzen, der Fliegenpilz etwa mit der Birke. Die Hyphen durchdringen ihre feinen Wurzeln und bilden die Mykorrhiza. Das ist in beiderseitigem Nutzen: Der Pilz entzieht der Birke Nährstoffe, hilft ihr aber, Wasser und Mineralstoffe zu gewinnen. Flechten sind eine Partnerschaft von Pilzen und Algen. Die Pilze sorgen für Schutz, die Algen für Nährstoffe.

Hallimasch an Apfelbaum

Fliegenpilz auf Birkenstumpf

Gefährliche Pilze
Viele Pilze bergen Gefahren für den Menschen: Einige sind giftig, andere lösen Krankheiten aus, und wiederum andere beschädigen Häuser. Im 19. Jh. starben viele Franzosen am „Heiligen Feuer", weil sie Brot gegessen hatten, dass den Mutterkornpilz enthielt. Schimmelpilze vernichten Nahrungsmittel. Der Hallimasch kann ganze Obstgärten zum Absterben bringen.

Nützliche Pilze
Viele Pilze sind essbar und einige werden deshalb eigens gezüchtet. Quorn ist ein Fleischersatz aus Pilzen für Vegetarier. Die chemische Industrie setzt auch Pilze ein, um viele Produkte herzustellen, z. B. Zitronen- oder Oxalsäure, Enzyme für Waschpulver sowie für Farbstoffe. Eine wichtige Rolle spielen Pilze auch in der Pharmazie.

Hut bis zu 15 cm breit

Stiel weiß oder graugrün

Knollenblätterpilz

Giftpilze
Der Genuss von Knollenblätterpilzen führt zu schwersten Schädigungen und zum Tod. Die Vergiftung bemerkt man erst spät. Einige Pilze Amerikas wirken berauschend und führen zu Halluzinationen.

Hausschwamm
Der Hausschwamm lebt in feuchtem Holz von Bauten. Das Myzel durchwächst Holzbalken und feuchtes Ziegelwerk. Das Holz wird morsch, sodass der Einsturz des ganzen Daches oder sogar Gebäudes droht.

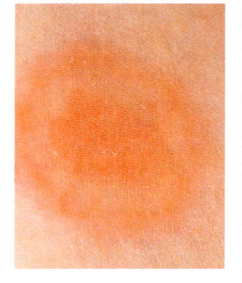

Kopfflechte
Die Kopfflechte ist ein Pilz, der besonders in der Kopfhaut von Kindern lebt. Er bewirkt meist Haarausfall. In den 40er Jahren gab es in Großbritannien eine wahre Epidemie der Kopfflechte.

Hefen
Hefepilze lassen das Brot aufgehen und verwandeln Zucker in Alkohol. Aus Hefen gewinnt man auch Ersatzstoffe für das Blutplasma, Vitamin B12 und gerinnungshemmende Stoffe.

Penicillium
Penicillium ist der wissenschaftliche Name für eine Schimmelpilzgattung. Man verwendet sie zur Herstellung von Blauschimmelkäse und gewinnt aus ihnen Antibiotika, z. B. Penicillin.

Schwarze Sommertrüffel

Essbare Pilze
Pilze haben wenig Nährwert, schmecken aber sehr lecker, zum Beispiel Champignon, Austernpilz, Steinpilz, Pfifferling und Trüffel. Die Trüffel wachsen im Boden und werden sehr teuer bezahlt.

SCHOPFTINTLING

WISSENSCHAFTLICHER NAME *Coprinus comatus*

KLASSE Homobasidiomycetes

FAMILIE Coprinaceae

VERBREITUNG Australien, Asien, Südafrika, Europa, Nordamerika

LEBENSRAUM Felder, Rasen, Weiden

ERNÄHRUNG Totes organisches Material

GRÖSSE 10–35 cm hoch

WACHSTUMSZEIT April bis November

SIEHE AUCH UNTER ERNÄHRUNG · KRANKHEITEN · MEDIZIN, GESCHICHTE · MIKROORGANISMEN · ÖKOLOGIE UND ÖKOSYSTEME · WÄLDER, TIERWELT

Ständerpilze

Bovist Er wächst gruppenweise in Wäldern.

Totentrompete Sie wächst versteckt in totem Laub.

Feuerling Er trägt im Innern oft „Eier".

Erdstern Er wird trocken wie Papier.

Keulenpilz Er wächst gerne im Moos.

Wolliger Milchling Er enthält eine scharfe Milch.

Schuppling Er wächst in sterbenden Bäumen.

Lackbläuling Er wird oft tiefviolett.

Stockschwämmchen Es wächst an Bäumen.

Birkenporling Er ist das ganze Jahr über häufig.

Tintenfischpilz Er stammt aus Australien.

Bitterling Er befällt nur Laubbäume.

Schwefelkopf Er gehört zu den häufigsten Holzpilzen.

Schmetterlingstramete Man dekoriert mit ihm Gestecke.

Wiesenkoralle Sie ist in Waldwiesen verbreitet.

Schwefelporling Er schmarotzt an Bäumen.

Leberpilz Er sitzt seitlich an Baumstämmen.

Fliegenpilz Er gilt als sehr giftig.

Hallimasch Er kommt oft in Massen vor.

Semmelstoppelpilz Man erkennt ihn an den Stacheln.

Zinnoberrote Tramete Man sieht sie nur selten.

Schlauchpilze

Orangenbecherling Er wächst häufig auf Lehmböden.

Holzkeule Sie wächst auf Laubholzstümpfen.

Trüffel Man findet sie im Boden zwischen Bäumen.

Prachtbecherling Er wächst gern zwischen Moosen.

Erdzunge Sie wächst im Gras oder Moos.

Gallertbecherling Er wächst auf toter Rinde.

Gallertkäppchen Er braucht viel Wasser.

Kugelpilz Er ist hart wie Holz.

Kernkeule Sie schmarotzt auf Insekten und Larven.

Grünspanbecherling Er färbt das Holz, auf dem er lebt.

Herbstlorchel Sie gilt heute allgemein als giftig.

☠ **Nur Pilze pflücken, die man genau kennt!**

PINGUINE

DIE 17 PINGUINARTEN bilden eine der bemerkenswertesten Vogelfamilien. Keine unter ihnen kann fliegen, doch sind die Tiere mit dem torpedoförmigen Körper hervorragend an das Schwimmen angepasst. Sie stehen meist aufrecht an Land und bewegen sich gehend oder hüpfend weiter. Auf dem Eis fahren sie gelegentlich auf dem Bauch Schlitten. Pinguine kommen gut mit der Kälte zurecht. Sie leben nur auf der südlichen Halbkugel; der Galapagospinguin kommt allerdings am Äquator vor.

Wasserdichtes Gefieder

Geschmeidiges neues Gefieder

Alte Federn vor der Mauser

Breite Füße mit kräftigen Krallen

Mauser
Jedes Jahr wechseln die Pinguine ihr Gefieder. Bei dieser Mauser fallen die alten Federn aus, wenn die neuen schon nachgewachsen sind. Damit sind die Pinguine immer gegen Kälte isoliert.

Flügel mit kurzen, harten Federn bedeckt

Königspinguin
Nur der Kaiserpinguin ist größer als der Königspinguin. Die Männchen und Weibchen sehen fast gleich aus und bleiben zeitlebens zusammen. Sie brüten auf windigen Inseln und haben alle 2 Jahre im Durchschnitt nur ein Junges.

Pinguinarten

Goldschopfpinguin
Diese Art brütet auf Inseln in der Antarktis. Über den Augen stehen lange hellgelbe Federn.

Humboldtpinguin
Die Art fängt Fische in den kühlen Gewässern des Humboldtstromes an der Westküste Südamerikas.

Adeliepinguin
Er ist der häufigste und am weitesten verbreitete Pinguin der Antarktis. Er nistet in großen Kolonien.

Galapagospinguin
Dieser seltene Pinguin lebt auf den Galapagosinseln am Äquator. Dort ist das Wasser allerdings kalt.

Merkmale

Pinguine haben einen kräftigen zugespitzten Schnabel, einen stromlinienförmigen Körper und kurze, steife Flügel, die sie nicht mehr zusammenfalten können. Die Beine sind kurz und weit am Körper nach hinten versetzt. Beim Stehen wird oft der Schwanz als Stütze eingesetzt. Die Federn sind kurz und wasserdicht. Unter der Haut liegt eine Fettschicht, die als Nahrungsspeicher dient und die Tiere isoliert.

Skelett
Im Gegensatz zu den flugfähigen Vögeln haben die Pinguine kräftige Knochen, sodass sie fast dieselbe Dichte wie das Meerwasser aufweisen. Damit können sie leicht tauchen. Die Flügelknochen sind fest miteinander verbunden.

Skelett eines Felsenpinguins

Felsenpinguin

Die Flügel werden wie Flossen eingesetzt.

Die Füße dienen als Ruder.

Starke Brustmuskeln bewegen die Flügel nach unten.

Der Pinguin steigt nach oben und durchstößt die Wasseroberfläche.

Schwimmen

Einige Pinguine schwimmen mit einer Geschwindigkeit von bis zu 40 km/h. Zum Antrieb werden die Flügel wie Flossen eingesetzt. Gesteuert wird mit den Füßen und dem Schwanz. Viele Pinguine springen beim Schwimmen immer wieder aus dem Wasser. Dabei erhalten die Federn eine Schicht aus Luftblasen, die die Reibung beim Schwimmen mindern.

Fortpflanzung

Die meisten Pinguinarten bauen Nester auf dem Boden oder in Erdlöchern. Der Königs- und der Kaiserpinguin brüten ihr einziges Ei auf den Füßen unter einer Hautfalte. Kaiserpinguine tun dies auf dem Eis der Antarktis. Das Weibchen legt ein Ei im Herbst und geht dann ans Meer. Das Männchen brütet das Ei im Winter bei Temperaturen unter -45 °C.

Die Vögel wechseln sich an der Außenseite ab.

Verringerung des Wärmeverlusts

Erwachsene Kaiserpinguine tragen die Küken auf ihren Füßen.

KÖNIGSPINGUIN

WISSENSCHAFTLICHER NAME *Aptenodytes patagonica*

ORDNUNG Sphenisciformes, Pinguine

FAMILIE Spheniscidae, Pinguine

VERBREITUNG Inseln und Meeresgebiete nördlich von Antarktika

LEBENSRAUM Küsten und offenes Meer

ERNÄHRUNG Fische und Tintenfische

GRÖSSE Länge mit Schwanz 95 cm

LEBENSDAUER Ungefähr 20 Jahre

SIEHE AUCH UNTER ANTARKTIS · INSELN, TIERWELT · POLARGEBIETE, TIERWELT · STRAUSSE UND KIWIS · VÖGEL

PIRATEN

AUF ALLEN WELTMEEREN gab es Piraten oder Korsaren – und es gibt sie zum Teil heute noch. Die Piraterie begann schon bald, nachdem die ersten Seefahrer mit voll beladenen Schiffen die Meere befuhren. Zur Zeit der Segelschifffahrt verfügten diese gefährlichen Verbrecher über die schnellsten Schiffe. Die Piraten jagten die wehrlosen Handelsschiffe und stahlen deren wertvolle Ladung. Manche Piratenbande tötete die Mannschaft und versenkte das überfallene Schiff, um ihr Verbrechen zu verbergen. Die berühmtesten und berüchtigsten Seeräuber trieben ihr Unwesen in der Karibik bis vor 300 Jahren.

Jolly Roger
Die Piratenschiffe des 18. Jh. hissten eine schwarze Flagge mit Todessymbolen, um ihre Opfer vorab zu erschrecken. Bekannt ist der Jolly Roger mit Totenkopf und Knochen. Viele Piratenkapitäne hatten auch eigene Embleme. Diese Flagge hier gehörte dem englischen Piraten Jack Rackham.

Piratengewässer
Die Piraten lauerten in Gewässern, wo sie mit reich beladenen Handelsschiffen rechnen konnten: an traditionellen Schiffsrouten oder wo Meerengen und Untiefen die Schiffe zwangen, dicht an der Küste zu segeln. Auch genaue Land- und Seekarten betrachteten die Piraten als wertvolle Beute.

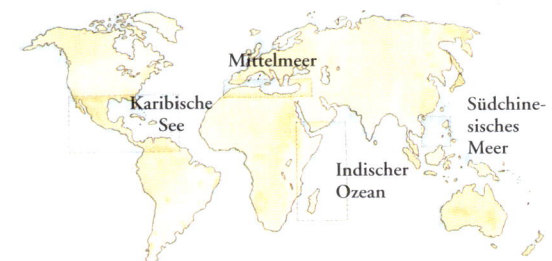

Mittelmeer
Die Piraterie im Mittelmeer hat eine lange Geschichte. Schon vor 2 500 Jahren griffen Piraten reiche griechische und römische Schiffe an. Im 16. Jh. gerieten christliche Korsaren aus Malta und moslemische Piraten aus Nordafrika aneinander.

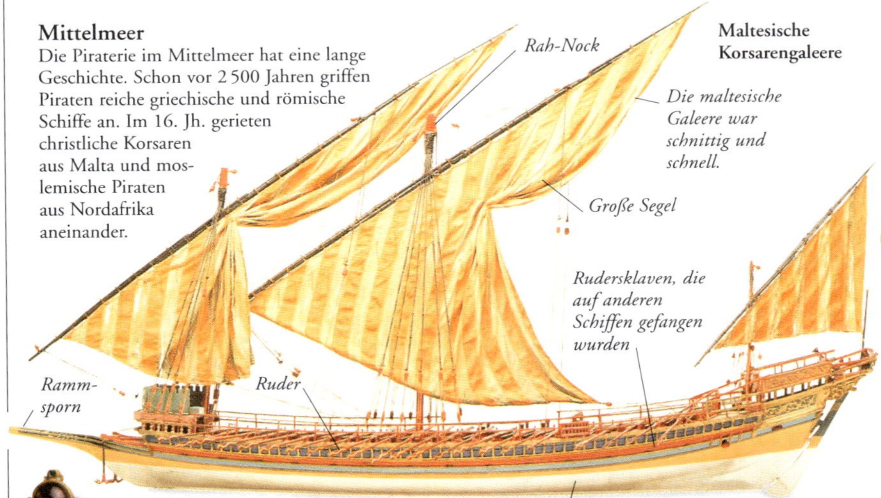

Rah-Nock

Maltesische Korsarengaleere
Die maltesische Galeere war schnittig und schnell.

Große Segel

Rudersklaven, die auf anderen Schiffen gefangen wurden

Rammsporn *Ruder*

Gewachster Rumpf, um die Geschwindigkeit zu erhöhen

Spanischer Bereich
Die Karibik war das lohnendste Jagdgebiet für Piraten. Im 16. Jh. lockten Geschichten von spanischen Schatzschiffen voll Silber und Gold Generationen von Piraten an. Sie wurden auch Freibeuter genannt.

Achterlinge

Golddoublonen

Goldener Siegelring

Fächergriff mit Granat **Rosa Saphir**

Piratenbeute
Nach der Plünderung des Laderaums beraubten die Piraten die Passagiere. Vor allem Handelsschiffe im Indischen Ozean, die nach Indien oder China unterwegs waren, boten reiche Beute. Da die Piraten oft hungrig und krank waren, schätzten viele Nahrung und Medizin höher ein als Edelsteine.

Edelsteinhalsband

Blackbeard
Der englische Pirat Edward Teach (gest. 1718), besser unter dem Namen „Blackbeard," – „Schwarzbart" – bekannt, plünderte im 18. Jh. Schiffe vor der Küste Amerikas. Er trat schwer bewaffnet und mit langen, brennenden Kerzen in Haar und Bart auf. Dadurch erschreckte er manche Mannschaft so sehr, dass sie sich ergab, ohne dass ein Schuss fiel. Obwohl er sein Unwesen nur ein paar Jahre trieb, hatte er an den Küsten Virginias und Carolinas einen schauerlichen Ruf. Angeblich soll er auch einen Schatz vergraben haben.

Piratinnen
In einer Schiffsmannschaft konnten Frauen unabhängig sein, wie es in der damaligen Gesellschaft undenkbar war. Einige wurden Piratinnen wie die Irin Anne Bonney (gest. 1720). Sie überfiel Schiffe in der Karibik und galt als sehr mutig und kampferprobt.

Anne Bonney

Kaperbrief
Im 16. und 17. Jh. stellten kriegführende Regierungen Kaperbriefe für Freibeuter aus. Die Piraten sollten Handelsschiffe des Feindes überfallen und so für Nachschub sorgen.

Sir Francis Drake
Der Admiral Drake (um 1540–96) wurde als Pirat von Elisabeth I. zum Helden. Seine Trommel schlägt angeblich stets, wenn England in Not ist.

Drakes Trommel, 1596

Moderne Piraterie
Im Südchinesischen Meer gibt es heute noch Piraten. Gewöhnlich überfallen sie Handelsschiffe, doch in den 80er Jahren schreckten sie nicht davor zurück, Boote armer Vietnamflüchtlinge zu kapern.

Vietnamesische Flüchtlinge

| SIEHE AUCH UNTER | ENTDECKUNGEN | FLAGGEN | GELD | GROSSBRITANNIEN, GESCHICHTE | SCHIFFE |

PLANETEN

DIE 9 PLANETEN des Sonnensystems haben vieles gemeinsam. Jeder bewegt sich auf einer elliptischen Umlaufbahn um die Sonne und bildete sich aus Gas- und Staubmassen, die nach der Entstehung der Sonne übrig geblieben waren. Die 4 inneren Planeten, darunter auch die Erde, bestehen aus Gestein. Sie sind winzig im Vergleich zu den 4 Gasplaneten, die im Kern ebenfalls Festkörper und Flüssigkeiten enthalten. Der am weitesten entfernte Planet, Pluto, ist eine kleine Gesteinskugel.

Gesteinsplaneten

Die 4 inneren Planeten heißen – in zunehmender Entfernung von der Sonne – Merkur, Venus, Erde und Mars. Jeder ist eine Gesteinskugel. Nur Erde und Mars haben Monde. Der kleinste und am weitesten entfernte Planet ist Pluto. Er besteht ebenfalls aus Gestein, ist aber wegen der großen Entfernung zur Sonne eine eisige Welt. Er sieht ganz anders aus als seine Nachbarn, die Gasplaneten, und stellt die Astronomen vor ein Rätsel.

Venus

Die oberste Wolkenschicht reflektiert das Sonnenlicht und lässt die Venus am Himmel hell aufleuchten. Sie macht ähnliche Phasen durch wie der Erdmond. Dichte Wolken halten die Sonnenwärme fest, sodass die Venus der heißeste Planet ist. Die sauren Wolken und der unerträgliche Druck lassen sie doppelt unwirtlich erscheinen. Vulkanische Ebenen bedecken rund zwei Drittel des Planeten.

Radarsonden schufen diese Gesamtansicht von der Venusoberfläche.

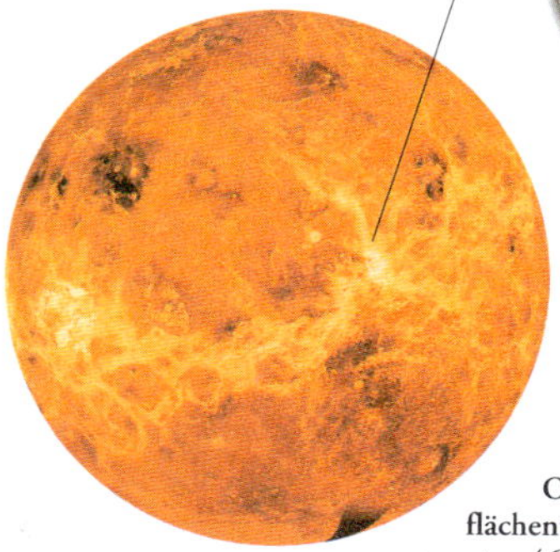

Maat Mons

Oberflächentemperatur 465 °C

Unter den Wolken
Mit Hilfe eines Radargeräts kartierte die erfolgreiche Sonde *Magellan* in den 90er Jahren 98 % der Venusoberfläche. Ungefähr 2 Tage brauchte man, um dieses Bild vom *Maat Mons* aufzunehmen, dem größten Schildvulkan auf der Venus.

Merkur

Der sonnennächste, zweitkleinste und schnellste Planet ist der Merkur. Er umrundet die Sonne in 88 Tagen. Er ist völlig trocken und von Kratern bedeckt. Der Planet hat einen Eisenkern, doch die Schwerkraft reicht nicht aus, um eine Atmosphäre festzuhalten. Die Temperaturunterschiede zwischen Tag und Nacht können bis zu 600 °C betragen.

Nur ein Drittel der Merkuroberfläche wurde 1974–75 von der Sonde *Mariner 10* kartiert.

Eine Welt aus Kratern
Die meisten Krater des Merkur entstanden vor etwa 3,5 Mrd. Jahren, als Meteoriten auf den Planeten aufschlugen. Die Krater haben einen Durchmesser von 1 m bis über 1000 km. Das Bild zeigt einen jüngeren, 12 km großen Krater (Mitte) in einem älteren Krater.

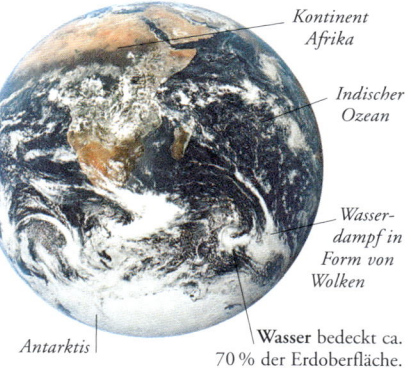

Mars

Der Mars ist der erdähnlichste Planet. Sein Durchmesser ist ungefähr halb so groß. Er hat Eiskappen an den Polen. Die rote Farbe stammt von eisenreichem Gestein und Staub, der den Planeten bedeckt. Etwa 40 % der Oberfläche sind Steinwüste. Auf dem Mars gibt es enorme Canyons. Das *Valles Marineris* ist 4 500 km lang und bis zu 7 km tief.

Tharsis Montes *Valles Marineris*

Der Mars ist ein kalter, unbelebter Planet mit einer sehr dünnen Atmosphäre.

Argyre Planitia

Olympus Mons
Vulkantätigkeit veränderte das Aussehen des Mars in der Vergangenheit. Man unterscheidet 2 Hauptgebiete: *Elysium Planitia* und *Tharsis Montes* mit dem *Olympus Mons*, dem größten Vulkan im Sonnensystem. Er ist 26,4 km hoch und damit dreimal so hoch wie der Mount Everest.

Erde

Kontinent Afrika
Indischer Ozean
Wasserdampf in Form von Wolken
Antarktis
Wasser bedeckt ca. 70 % der Erdoberfläche.

Die Erde ist der größte der 4 inneren Planeten. Nur auf ihr gibt es Wasser und damit Leben. Die Erde hat seit ihrer Entstehung vor 4,6 Mio. Jahren enorme Veränderungen durchgemacht. Sie entwickelte eine Atmosphäre und das Klima und die Festlandsmassen veränderten sich. Diese bewegen sich pro Jahr bis um 7 cm gegeneinander.

Pluto

Foto des Pluto
Charon, Plutos einziger Mond
Pluto

Dieser Planet aus Gestein und Eis ist eher ein Mond als ein Planet. Einige Astronomen halten ihn für einen besonders großen Asteroiden. Bisher wurde der Pluto noch von keiner Sonde besucht. Das klarste Bild von diesem Planeten und seinem Mond nahm das Weltraumteleskop *Hubble* im Jahr 1990 auf.

Clyde Tombaugh

Der Amerikaner Clyde Tombaugh (1906–97) gehörte zu einem Team am Lowell Observatory in Arizona, das einen Planeten suchte, der die Bahnen des Uranus und Neptun störte. Am 18. Februar 1930 entdeckte Tombaugh den Pluto, der jedoch zu klein war, um die Uranusbahn zu stören. Tombaugh suchte 8 Jahre weiter, doch er entdeckte keinen Planeten mehr.

Gasplaneten

Es gibt 4 Gasplaneten, mit zunehmender Entfernung von der Sonne Jupiter, Saturn, Uranus und Neptun. Sie sind die Riesen des Sonnensystems. Von außen ist nur ihre Gashülle zu sehen, die aus dichten und tiefen Wolkenschichten besteht. Unter dieser mächtigen Atmosphäre liegen Flüssigkeiten, und jeder Planet hat einen Kern aus Gestein. Alle 4 Gasplaneten besitzen Ringe sowie zahlreiche Monde, die sie begleiten.

Galilei'sche Monde
Die 4 größten und hellsten Jupitermonde sind nach dem italienischen Astronomen Galileo Galilei benannt, der sie entdeckt hat. Nach abnehmender Größe geordnet sind es Ganymed, Kallisto, Io und Europa. Ganymed ist der größte Mond im Sonnensystem und größer als die Planeten Pluto und Merkur. Die übrigen 12 Jupitermonde sind klein, die meisten mit einem Durchmesser von 100 km.

Ganymed ist der hellste der Monde. Auf seiner eisigen Kruste hat er Krater und lange parallele Gräben.

Kallisto hat an der Oberfläche schmutziges Eis und zahlreiche Krater. Er ist am lichtschwächsten.

Io erscheint wegen der Schwefelverbindungen, die seine aktiven Vulkane ausstoßen, leuchtend orange und rot.

Europa hat eine Eisschicht ohne Berge und mit wenigen Kratern. Spalten überziehen die Oberfläche.

Jupiter

Der Jupiter ist der größte Planet. Er hat 16 Monde und sein Gesteinskern ist 10–20-mal so groß wie die Erde. Darüber liegt metallischer und dann flüssiger Sauerstoff und schließlich eine 1 000 km dicke Atmosphäre, die zu 86 % aus Wasserstoff und zu 14 % aus Helium besteht. Das schmale Ringsystem wurde erst 1979 entdeckt und besteht aus 3 Staubringen. Hätte der Jupiter das 50-fache seiner Masse, so würde sich sein Kern soweit erhitzen, dass eine Kernverschmelzung stattfinden kann. Damit hätte sich der Planet Jupiter zu einem Stern entwickelt.

Nördliche polare Region
Nördlicher gemäßigter Gürtel
Nördliche tropische Zone
Nördlicher äquatorialer Gürtel
Südlicher äquatorialer Gürtel
Großer Roter Fleck
Phosphorspuren in der Atmosphäre geben den Wolken ihre rote Farbe.
Südliche polare Region

Gürtel und Zonen
Durch die schnelle Drehung des Jupiter entstehen mächtige Windsysteme, die die Atmosphäre in Bänder unterteilen. Diese bestehen aus Gürtel und Zonen und verlaufen parallel zum Äquator. Die rotbraunen Gürtel entsprechen absteigenden, die gelblich weißen Zonen aufsteigenden Gasen. Flecken, Ovale und Streifen sind Wetterstörungen an der Grenzfläche von Gürteln und Zonen.

Großer Roter Fleck
Der Große Rote Fleck, der seit über 300 Jahren bekannt ist, entspricht einem Sturm in den oberen Wolkenschichten. Er verändert immer wieder seine Farbe und Größe. Er war schon bis zu 3-mal so groß wie der Erddurchmesser. Dieser gewaltige Sturm rotiert in den obersten Schichten der Atmosphäre und führt alle paar Tage eine vollständige Drehung im Gegenuhrzeigersinn durch.

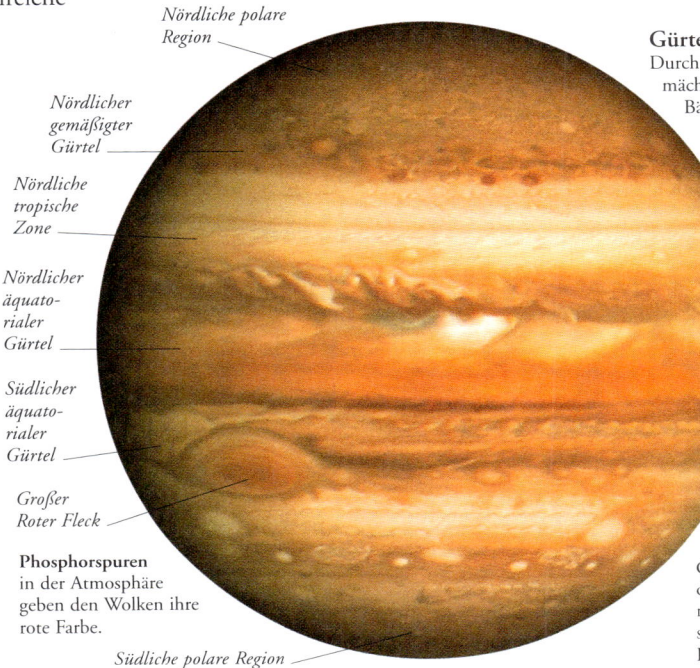

Saturn

Der Saturn ist der zweitgrößte Planet. Wie der Jupiter besteht er zur Hauptsache aus Wasserstoff mit einem Gesteinskern. Seine Bänder treten weniger deutlich hervor und zeigen weiße Flecken, die Stürmen entsprechen. Der Saturn hat die geringste Dichte aller Planeten und ein ausgedehntes Ringsystem. Er besitzt 20 Monde – mehr als jeder andere Planet.

Schwache Bänder in der Saturnatmosphäre
Ausbauchung am Äquator wegen der schnellen Rotation
Cassini'sche Teilung
Ring A
Ring B
Ring C
Ring D
Ring F

Das Ringsystem ist bis zu 2 km dick.

Saturnringe

Galilei beschrieb die Ringe als „Ohren" des Saturn, nachdem er sie 1610 entdeckt hatte. Auf die Ringstruktur stieß man 1656.

Titan
Über die Hälfte der Saturnmonde sind klein und unregelmäßig geformt. Der bei weitem größte ist der Titan. Er gehört zu den 3 Monden des Sonnensystems mit einer Atmosphäre. Der Titan ist eine Kugel aus Gestein und Eis, umgeben von einer dicken Stickstoffschicht.

Giovanni Cassini

In den Saturnringen gibt es mehrere Lücken. Die größte ist nach dem französischen Astronomen Giovanni Cassini (1625–1712) benannt. Er entdeckte auch 4 Saturnmonde. Aufgrund seiner guten Beobachtungen konnte man auch die Entfernungen im Sonnensystem ziemlich genau abschätzen.

Ringsystem
Um den Saturn liegen tausende von Ringen, die sich aus eisbedeckten Gesteins- und Staubteilchen zusammensetzen. Insgesamt unterscheidet man 7 Hauptringe. Die Teilchen sind einige Hundertstelmillimeter bis einige Meter groß. Das farbverstärkte Bild, das von der Sonde *Voyager 2* aufgenommen wurde, zeigt die Aufteilung in die einzelnen Ringe.

Uranus

Dieser Planet wurde 1781 entdeckt. Er ist von der Sonne doppelt soweit entfernt wie der Saturn und von der Erde schwer zu sehen. Erste Nahaufnahmen machte 1986 *Voyager 2*. Die Atmosphäre besteht vorwiegend aus Wasserstoff. Methan in den oberen Wolken verleiht dem Uranus seine blaugrüne Farbe. Er hat ein Ringsystem und 15 Monde.

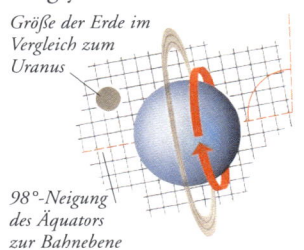

Größe der Erde im Vergleich zum Uranus

98°-Neigung des Äquators zur Bahnebene

Ein liegender Planet
Die Drehachse des Uranus liegt ungefähr in der Bahnebene. Deswegen sieht es aus, als würde der Planet auf der Seite liegen. Niemand weiß, warum die Drehachse des Uranus soweit gekippt ist – möglicherweise ist dies durch eine Kollision entstanden.

Wolken aus gefrorenem Methan bilden die oberste sichtbare Fläche des Uranus.

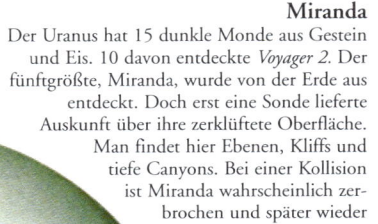

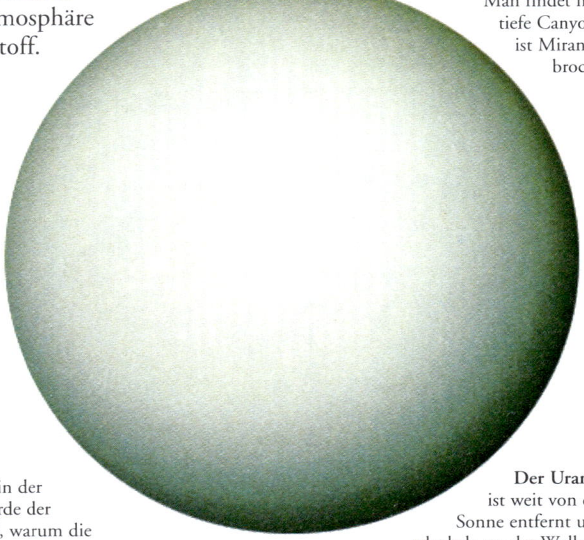

Der Uranus ist weit von der Sonne entfernt und sehr kalt, an der Wolkenoberfläche -210 °C.

Miranda
Der Uranus hat 15 dunkle Monde aus Gestein und Eis. 10 davon entdeckte *Voyager 2*. Der fünftgrößte, Miranda, wurde von der Erde aus entdeckt. Doch erst eine Sonde lieferte Auskunft über ihre zerklüftete Oberfläche. Man findet hier Ebenen, Kliffs und tiefe Canyons. Bei einer Kollision ist Miranda wahrscheinlich zerbrochen und später wieder zusammengewachsen.

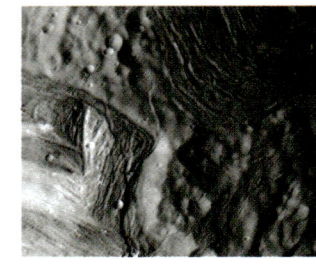

Die Ringe des Uranus
Das Ringsystem des Uranus entdeckte man 1977 von der Erde aus. Wenn der Uranus vor einem Stern vorbeizieht, wird das Ringsystem deutlich, da es das Sternenlicht blockiert. Es gibt 11 Ringe. Alle sind dunkel und bestehen aus rund 1 m großen Gesteinstrümmern.

William Herschel
Den Uranus entdeckte der englische Amateurastronom William Herschel (1738–1822) von seinem Garten in Bath, Südengland, aus. Er wurde dadurch sehr berühmt und erhielt Zugang zu wissenschaftlichen Gesellschaften. Herschel stellte seine Teleskope selbst her und untersuchte später Doppelsterne, Sternhaufen und Nebel. So wurde er zu einem der einflussreichsten Astronomen seiner Zeit.

Vorbeiflüge von Voyager
Zwei identische Sonden, *Voyager 1* und *Voyager 2*, wurden 1977 zu den 4 Gasplaneten gestartet. Beide flogen zum Jupiter und Saturn, entdeckten neue Monde und funkten Nahaufnahmen zur Erde zurück, besonders von den Saturnringen. *Voyager 1* flog dann zum Rand des Sonnensystems, *Voyager 2* erreichte 1986 den Uranus und 1989 den Neptun. Hier entdeckte die Sonde neue Ringe und insgesamt 16 Monde.

Kamera und Fernerkundung
Voyager 1
Kommunikationsantenne
Radioaktive Energiequelle
Ausfahrbarer Magnetsensor

Neptun

Der Neptun ist eine kalte, weit entfernte Welt. Er ist dem Uranus ähnlich und wie dieser wegen des Methangases blaugrün gefärbt. Gürtel und Zonen sind an der Oberfläche gerade noch zu erkennen. Dazu kommen weiße Wolken und ein dunkler Fleck. Der Neptun wurde 1846 entdeckt. Doch seine dunklen Ringe, 2 breite und 2 schmale, sowie 6 seiner 8 Monde fand erst die Sonde *Voyager 2* im Jahr 1989.

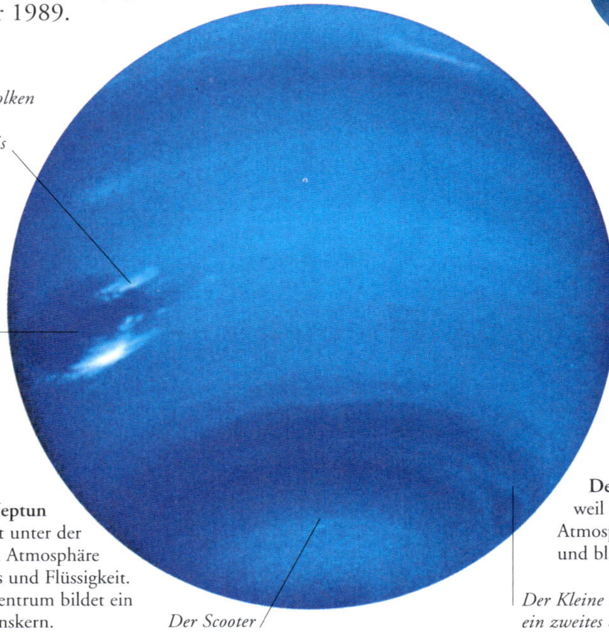

Weiße Wolken aus Methaneis
Großer Dunkler Fleck

Großer Dunkler Fleck

Der Große Dunkle Fleck
Der Neptun ist der windigste Planet des Sonnensystems. Die Astronomen maßen hier Windgeschwindigkeiten von bis zu 2 200 km/h. Sie blasen in westliche Richtung – entgegen der Drehrichtung des Planeten. Der Große Dunkle Fleck entspricht einem mächtigen Sturmgebiet mit hohem Druck. Er hat einen Durchmesser von rund 12 000 km.

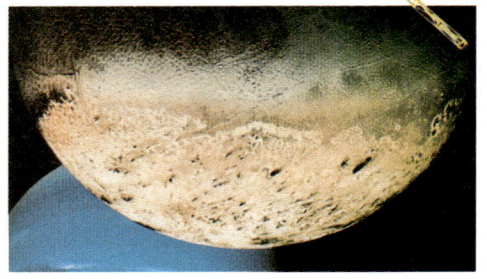

Triton
Der größte Neptunmond ist der Triton. Mit -235 °C bildet er zugleich den kältesten Ort im Sonnensystem. Triton hat eine dünne Atmosphäre, die zur Hauptsache aus Stickstoff besteht. Die Oberfläche verändert sich, da Vulkane Stickstoff und schwarzen Staub auswerfen, der auf der zerklüfteten Oberfläche Streifen bildet.

Der Neptun besteht unter der dicken Atmosphäre aus Eis und Flüssigkeit. Das Zentrum bildet ein Gesteinskern.

Der Scooter

Der Neptun sieht blau aus, weil das Methan in der oberen Atmosphäre rotes Licht absorbiert und blaues reflektiert.

Der Kleine Dunkle Fleck, ein zweites Sturmgebiet.

SIEHE AUCH UNTER | ATMOSPHÄRE | ERDE | GALILEO GALILEI | KOMETEN UND ASTEROIDEN | MOND | RAUMFAHRT | SONNE UND SONNENSYSTEM | VULKANE

POLARFORSCHUNG

ALS FORSCHER ZU BEGINN des 20. Jh. endlich den Nord- und Südpol erreicht hatten, ging die Zeit der großen Entdeckungsreisen zu Ende. Seit 1820 wusste man von der großen Festlandsmasse der Antarktis. Die Eiswüsten machten die Pole aber zu den lebensfeindlichsten Gebieten der Erde. Zu den schwierigen Bedingungen kamen noch die Stürme und Probleme mit dem Proviant. Die Polarforscher brauchten ungeheuren Mut und Widerstandskraft für ihre Reisen. Viele ließen bei der Eroberung der letzten Grenzgebiete unseres Planeten ihr Leben.

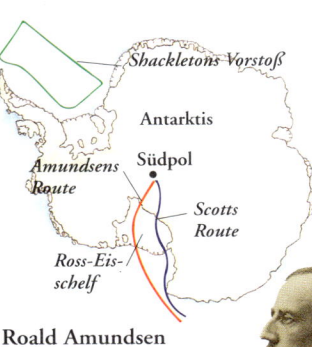

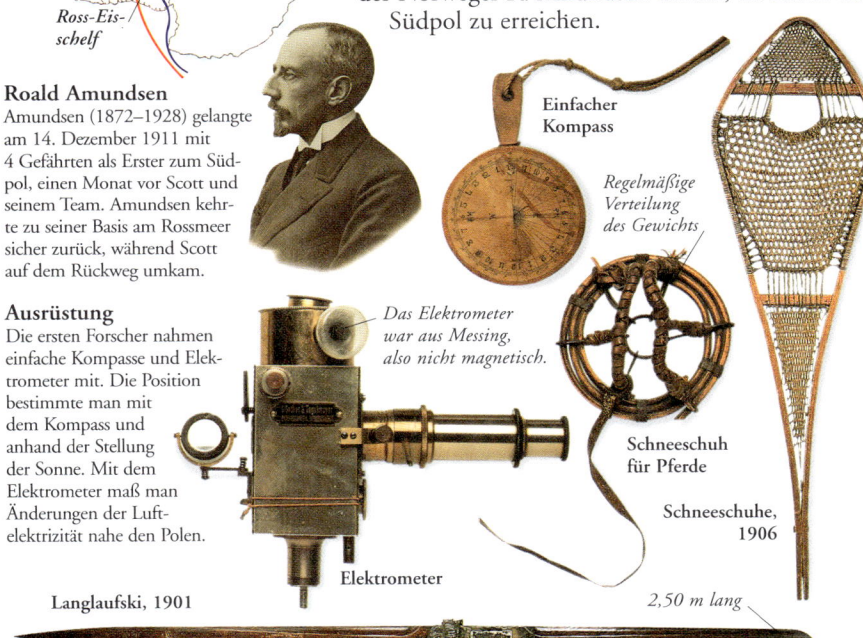

Arktis

Indianer, Inuit und sibirische Völker leben seit 5 000 Jahren in der Arktis. Europäische Seefahrer kamen auf der Suche nach einem Seeweg nach Asien in dieses Gebiet.

Peary and Henson
Der amerikanische Forscher Robert Peary (1856–1920) und sein Diener Matthew Henson (1866–1955) erreichten wohl als Erste den Nordpol. 1909 verließen sie Grönland mit 29 Inuit und 133 Schlittenhunden. Es sind jedoch Zweifel laut geworden, ob der ehrgeizige Peary richtige Angaben gemacht hat.

R. Peary

Nordostpassage
Im 16. Jh. versuchte der Niederländer Willem Barents Asien von Europa aus in nordöstlicher Richtung zu erreichen. Dies gelang erst 1878–79 dem schwedischen Geologen Nils Nordenskjöld (1832–1901).

Willem Barents (1550–97) sucht die Nordostpassage.

Nordwestpassage
Der Engländer John Franklin (1786–1847) starb auf der Suche nach der Asienroute längs der Nordküste von Kanada, der Nordwestpassage. Seine Expedition fand zwar den Eingang, aber die ganze Fahrt durch die Passage gelang erst Roald Amundsen 1906.

Medizinfläschchen

Medizinkasten der Franklin-Expedition

Das Rennen zum Südpol

Nachdem die Antarktis 1820 gesichtet worden war, kartierten Expeditionen aus Frankreich, den USA und Großbritannien die Küstenlinie. Die Erforschung des Innern begann erst 1900. Von 1906 an kämpften der Engländer R. Scott (1868–1912) und der Norweger R. Amundsen darum, als Erster den Südpol zu erreichen.

Roald Amundsen
Amundsen (1872–1928) gelangte am 14. Dezember 1911 mit 4 Gefährten als Erster zum Südpol, einen Monat vor Scott und seinem Team. Amundsen kehrte zu seiner Basis am Rossmeer sicher zurück, während Scott auf dem Rückweg umkam.

Ausrüstung
Die ersten Forscher nahmen einfache Kompasse und Elektrometer mit. Die Position bestimmte man mit dem Kompass und anhand der Stellung der Sonne. Mit dem Elektrometer maß man Änderungen der Luftelektrizität nahe den Polen.

Einfacher Kompass

Das Elektrometer war aus Messing, also nicht magnetisch.

Regelmäßige Verteilung des Gewichts

Schneeschuh für Pferde

Schneeschuhe, 1906

Langlaufski, 1901

Elektrometer

Holzski

2,50 m lang

Moderne Forschung

Obwohl heute die Polargebiete erforscht und kartiert sind, wird noch viel Polarforschung betrieben, vor allem von Stationen in der Antarktis aus.

Scott-Amundsen-Base

Forschungsbasen
An der Küste der Antarktis gibt es über 30 Forschungsstationen. Sie untersuchen das Wetter, Schnee und Eis, Tiere, Fossilien und Mineralien. Fast 150 Wissenschaftler arbeiten im Sommer in der Amundsen-Scott-Base; 27 auch im Winter.

Ernest Shackleton
Der irische Entdecker Shackleton (1874–1922) kam 1901 erstmals in die Antarktis. 1914 legte er bei einer Expedition in einem offenen Boot 1 300 km auf dem Meer zurück, um Hilfe für sein gestrandetes Team zu holen. Diese Heldentat machte ihn weltberühmt.

Chronologie

1611 Der englische Seefahrer Henry Hudson wird von Meuterern in der nach ihm benannten Bucht ausgesetzt.

1733 Eine russische Expedition erforscht die Landgebiete an der Grenze zur Arktis.

1820 Der amerikanische Robbenfänger Nat Palmer sichtet die Antarktis.

Scotts Streichholzschachtel

1901–1904 Scotts Expedition *Discovery* dringt in die Antarktis vor.

Dezember 1911 Amundsen erreicht den Südpol.

Januar 1912 Scott erreicht den Südpol.

1929 Erster Flug über den Südpol durch Richard E. Byrd (1888–1957).

1937 Die Russen bauen Stationen in der Arktis.

1957–58 Internationales Geophysikalisches Jahr: 12 Nationen errichten 50 Basen in der Antarktis.

SIEHE AUCH UNTER — ANTARKTIS — ARKTIS — ENTDECKUNGEN — INDIANER — NAVIGATION

POLARGEBIETE, TIERWELT

TEMPERATUREN UNTER null Grad, 6 Monate Dunkelheit, Sturmwinde und Nahrungsmangel tragen zur Lebensfeindlichkeit der Polargebiete bei. Nur besonders angepasste Pflanzen und Tiere können hier überleben. Sie alle – der Schneehase mit seinem Farbwechsel ebenso wie die Pinguine mit ihrem umgebildeten Federkleid – müssen sich im extrem kurzen Polarsommer fortpflanzen. Für viele Tiere stellt das Meer, das reich an Plankton und Krill ist, den Schlüssel zum Überleben dar. In der Antarktis sind fast alle Säuger und Vögel auf das Meer angewiesen.

Kaiserpinguine in der Antarktis

Polargebiete
Arktis und Antarktis unterscheiden sich stark. Die Arktis besteht aus dem gefrorenen Nordpolarmeer, das von Landmassen umgeben ist. Die Antarktis hingegen ist ein eisbedeckter Kontinent umgeben von Meeren. Innerhalb des nördlichen und des südlichen Polarkreises geht die Sonne mindestens an einem Tag im Jahr weder auf noch unter.

Säugetiere
Die Arktis ist wärmer als die Antarktis und deswegen gedeihen dort auch mehr Pflanzen. Einige Pflanzen fressende Landtiere können hier überleben. Andere Säuger hängen direkt oder indirekt vom Meer ab. Die Säuger der Antarktis leben alle im Meer. Wenn es Raubtiere gäbe, könnten hier nicht Millionen von Pinguinen leben.

Eisbär
Der Eisbär hat hohle, weiße Haare für eine besonders gute Wärmeisolation sowie eine schwarze Haut zur Aufnahme von Wärmestrahlen. Unter der Haut liegt eine dicke Fettschicht. Er kann lange Zeit hungern und von dieser Fettschicht leben.

Polar- oder Eisfuchs
Der Polarfuchs ist kleiner als unser Rotfuchs und bekommt im Sommer ein graubraunes Fell. Dieses ist außerordentlich dick und schützt zuverlässig vor der Kälte. Der Polarfuchs frisst, was er findet, Beeren, Eier, Lemminge, Vögel und Aas.

Weddellrobbe

Polarfuchs

Behaarte Ballen als Kälteschutz

Kräftige Vorderpfoten, teilweise mit Schwimmhäuten

Eisbär

Weißes Fell zur Tarnung in Schnee und Eis

Robben
Robben verbringen die meiste Zeit im Wasser, oft unter dem Eis. Nur zum Ruhen und zur Fortpflanzung kommen sie an Land. In der Arktis werden sie von Eisbären gejagt, in der Antarktis fallen sie Seeleoparden und Schwertwalen zum Opfer.

Schneehase
Der Schneehase entwickelt im Sommer ein braunes Fell, um vor Räubern besser getarnt zu sein. Er gräbt für seine Jungen Gänge in den Boden, was für Hasen unüblich ist.

Moschusochse
Der Moschusochse zählt zoologisch nicht zu den Rindern, sondern eher zu den Ziegen. Das lange, schwarze Fell absorbiert Sonnenwärme. Moschusochsen bilden bei Gefahr Verteidigungskreise. Angreifer sehen sich dann einer Front von Hörnern gegenüber.

Moschusochse

Wale
In den Polargebieten finden die Wale reichlich Futter. Die größten unter ihnen sind die Bartenwale. Mit Hornlamellen im Mund, den Barten, filtern sie große Mengen Plankton aus dem Wasser, besonders Krill. Die Zahnwale jagen Fische, Robben und auch Pinguine.

Kolonien von Seepocken und Walläusen leben auf der Haut.

Schrammen stammen von Begegnungen mit anderen Walen, mit Haien oder Booten.

Grauwal

Lemminge
Diese Nagetiere hoch im Norden vermehren sich in guten Jahren explosionsartig. Sie sind dann zum Abwandern gezwungen. Wenn sie bei ihren Zügen auf Hindernisse treffen, kommen Millionen Tiere durch den Druck der Nachrückenden zu Tode.

Sibirischer Lemming

Vögel

Die antarktischen Vögel kann man in 2 Gruppen einteilen: Die einen sind flugunfähig wie die Pinguine, die anderen fliegen hervorragend wie die Albatrosse. In der Arktis ist die Vogelvielfalt viel größer; dort kommen auch noch viele Zugvögel vor. Im kurzen arktischen Sommer brüten z. B. viele Watvögel. In der Arktis leben auch einige Greifvögel, etwa die Schnee-Eule und der Gerfalke. Sie ernähren sich vor allem von Lemmingen und Vögeln.

Küstenseeschwalbe
Diese Art legt allein auf ihren Zügen jährlich über 31 000 km zurück. Sie wandert vom Brutgebiet in der Arktis in die Antarktis und von dort zurück. Sie genießt somit fast das ganze Leben hindurch Sommer.

Krabbentaucher
Der Krabbentaucher ist einer der kleinsten Meeresvögel. Er nistet an arktischen Kliffs in großen Kolonien. Wie andere Alke hat er schmale Flügel und weit zurückgesetzte Füße. Er fängt seine Nahrung im Sturztauchen.

Nach vorn gerichtete Augen für Entfernungssehen

Weiße Federn als Tarnung im Winter

Federn auf Beinen und Füßen als Wärmeschutz

Schnee-Eule
Die große Schnee-Eule lebt einzeln und ist auch tags aktiv. Sie jagt andere Vögel und auch größere Beutetiere wie etwa Schneehasen oder Eiderenten. Ihr Nest hat die Schnee-Eule auf dem Boden.

Garnelen filtern Nahrung aus dem Wasser.

Die Leuchtorgane sind in der Dunkelheit zu sehen.

Der Krill wird nur 5 cm lang.

Krill kann so häufig auftreten, dass das Meer davon rot gefärbt wird.

Krill
Unter dieser Bezeichnung fasst man kleine Garnelen zusammen, die im Südpolarmeer häufig auftreten und z. B. den Bartenwalen als Futter dienen. Die Anzahl der Pinguine ist in den vergangenen Jahren gestiegen, wahrscheinlich weil es durch den Rückgang der Wale mehr Krill gab.

Pflanzen

Unter den extremen Klimabedingungen der Polargebiete haben die Pflanzen kein leichtes Leben. In der Antarktis gibt es nur 2 Arten von Blütenpflanzen. Im milderen Klima der Arktis gedeihen viel mehr Arten. Sie alle zeigen einen niedrigen Wuchs. Moose und Flechten sind hier am widerstandsfähigsten.

Kaiserpinguin und Junges

Pinguine
In der Antarktis brüten mehrere flugunfähige Pinguinarten zu Millionen. Sie haben als Kälteschutz ein dichtes Gefieder und eine Fettschicht unter der Haut. Der Kaiserpinguin kommt lange ohne Futter aus und brütet in dieser Zeit sein Junges aus.

Möwen
In der Antarktis lebt und brütet nur eine Art, die Dominikanermöwe. Sie frisst vor allem Napfschnecken und Krill. In der Arktis leben sehr viel mehr Möwenarten; sie brüten in der Tundra oder an Kliffs. Im Spätsommer ziehen sie südwärts in wärmere Gebiete.

Roter Steinbrech
Diese kriechende Pflanze sucht im Allgemeinen Schutz zwischen Felsen in der Arktis. Sie blüht kurz nach der Schneeschmelze auf, um möglichst viel von kurzem Frühling und Sommer zu haben. Der Steinbrech gedeiht am weitesten nördlich und kommt noch an der Nordküste Grönlands vor.

Arktische Weide
Dieser niedrige Strauch wächst nahe am Boden in der sumpfigen Tundra. Die langen, verholzten Stämme liegen dem Boden dicht an. Im Frühjahr blühen die Kätzchen auf, die unverhältnismäßig groß sind. Diese und verwandte Weidenarten sind die Lieblingsnahrung der Moschusochsen.

Schmiele
Die Antarktische Schmiele ist eine Blütenpflanze aus der Gattung der Süßgräser. Sie bildet niedere Rasen und kommt nur in Küstenbereichen vor, wo der Schnee im Frühjahr schmilzt. Hier liegen die Sommertemperaturen über 0 °C.

Flechten
Im Nord- wie im Südpolargebiet leben viele Flechtenarten. Sie zählen zu den Pionierpflanzen und gedeihen in der unverschmutzten Luft besonders gut. In der Regel bilden sie Krusten über dem Gestein. Gelegentlich düngen die Vögel sie mit ihrem Kot.

SIEHE AUCH UNTER ANTARKTIS · ARKTIS · MEERESVÖGEL · OZEAN, TIERWELT · PINGUINE · ROBBEN · TIERWANDERUNGEN · TUNDRA · WALE UND DELFINE

POLITIK und MACHT

DIE REGIERUNG EINES LANDES trifft alle politischen Entscheidungen, die notwendig sind, um den Staat zu lenken. Regierung und Politik sind in jedem Land anders, weil sie von der Geschichte und der Kultur bestimmt werden. Trotz dieser Unterschiede gibt es zwischen den einzelnen Ländern große Ähnlichkeiten in den politischen Systemen, vor allem in jenen Ländern, die demokratisch regiert werden.

Der Reichsapfel symbolisiert die geistliche Macht des Herrschers über seine Untertanen.

Die Krone symbolisiert die höchste Macht.

Reichsapfel

Russische Zarenkrone

Regierungsformen

Es gibt fast so viele Regierungsformen wie Länder auf der Welt. Man kann aber doch 3 Typen unterscheiden, die man als Monarchie, Republik und Diktatur bezeichnet. Die Anarchisten sind der Ansicht, man brauche überhaupt keine Regierung.

Republik
Die meisten Länder der Erde sind Republiken: Die Bürger bestimmen bei der Wahl das Staatsoberhaupt und die Regierung. Das Staatsoberhaupt hat je nach Verfassung unterschiedliches politisches Gewicht. In den USA hat es viel Macht, in Deutschland keine.

Monarchie
In der Monarchie ist das Oberhaupt der königlichen Familie auch gleichzeitig Staatsoberhaupt. In der Regel gilt die Erbfolge. In den meisten Monarchien wie Großbritannien und Japan hat der Monarch, auch König oder Kaiser genannt, nur wenig reale Macht. In Marokko, Saudi-Arabien und Jordanien hält der König die politische Macht durchaus in seinen Händen.

Diktatur
Viele Länder wurden im Lauf ihrer Geschichte schon von Diktatoren beherrscht, d. h. von Tyrannen, die alle Macht in Händen hielten. Moderne Diktatoren kommen meist durch einen Militärputsch an die Macht oder indem sie die Vorgänger vertreiben, wie dies Saddam Hussein 1979 im Irak tat.

Preußisches Zepter

Die Reichsinsignien – Krone, Reichsapfel und Zepter – weisen rechtmäßige Herrscher aus.

Demokratie

In der Demokratie entscheiden die Wähler zwischen mehreren politischen Parteien. Es gibt 2 Formen: In der repräsentativen Demokratie wählen die Bürger den Präsidenten, der den Premierminister und die Regierung bestimmt. Beim parlamentarischen System wählen die Bürger das Parlament, das den Regierungschef wählt.

Präsidialdemokratie
Eine Präsidialdemokratie gibt es z. B. in Frankreich und Russland. Jacques Chirac (geb. 1932) wurde vom Volk direkt gewählt. Er bestimmt die Richtlinien der Politik und ernennt den Premier.

Parlament in Canberra

Parlamentarismus
Diese Art der Demokratie gibt es in Republiken wie in konstitutionellen Monarchien. Das Parlament setzt sich aus gewählten Vertretern verschiedener politischer Parteien zusammen. Die Regierung wird in der Regel von der stärksten politischen Partei im Parlament gebildet. Der Anführer dieser Partei wird Regierungschef. Die meisten Länder auf der Welt sind parlamentarische Demokratien.

Die Regierung

In der Regel unterscheidet man im modernen Regierungssystem 3 getrennte Gewalten: Die Legislative macht die Gesetze, die Exekutive führt sie durch, die Judikative spricht Recht. Um Machtmissbrauch zu verhindern, müssen die 3 Gewalten voneinander unabhängig sein.

Sitzung des Deutschen Bundestages im Plenarsaal

Legislative
Die Legislative ist für die Gesetzgebung zuständig. Sie setzt sich aus gewählten Volksvertretern zusammen. In Deutschland sind es die Abgeordneten der Länderparlamente oder des Bundestags. Die Bundesregierung bringt die Gesetze ein, der Bundestag muss darüber abstimmen. Damit sie rechtskräftig werden, muss der Bundesrat den Gesetzen des Bundestags zustimmen. In der Schweiz und in Österreich ist es ähnlich, nur die Institutionen heißen anders: Der Bundestag entspricht in der Schweiz und in Österreich dem Nationalrat. Der deutsche und der österreichische Bundesrat entsprechen in der Schweiz dem Ständerat.

Das Capitol in Washington, Sitz des US-Kongresses

Englische Richter rufen so zur Ruhe.

Judikative
Die Judikative oder Justiz sorgt dafür, dass das Recht eingehalten wird. Sie ist für die Rechtsprechung zuständig. Richter urteilen über Einzelfälle und müssen dabei die Gesetze interpretieren. Es ist wichtig, dass die Rechtsprechung unabhängig ist von der Legislative und der Exekutive.

Exekutive
Die Exekutive ist die vollziehende Gewalt. Sie führt die Gesetze aus und bildet die Regierung. In parlamentarischen Demokratien besteht sie aus den Ministern, die die große Richtung vorgeben, und aus Beamten, die deren Anordnungen ausführen. Der amerikanische Außenminister Colin Powell ist ein Vertreter der Exekutive.

POLITIK UND MACHT

Wahlen

In einer Vielparteiendemokratie gehen die Bürger alle 3–5 Jahre zur Wahl und bestimmen ihre Volksvertreter aus einer Liste von Kandidaten. Die Wahlen geben den Politikern verschiedener Parteien die Gelegenheit, ihre Vorstellungen von der Regierung des Landes zu präsentieren. Die Wähler entscheiden sich für die eine oder andere politische Richtung und damit Partei. Früher waren Wahlen oft eine persönliche Angelegenheit und die Kandidaten suchten viele Wähler persönlich auf. Heute spielen die Massenmedien bei den Wahlen eine große Rolle.

Stimmabgabe
Die Bürger bestimmen den oder die Kandidaten in geheimer Wahl. Meist markieren sie die Namen auf einem Stimmzettel. Die Zettel werden in eine Urne eingeworfen. Die Kandidaten, die die meisten Stimmen bekommen, sind dann gewählt. Wichtig ist, dass die Wahl geheim und gleich ist, also die Stimmen aller Wähler das gleiche Gewicht haben.

Politische Parteien
Die politischen Parteien repräsentieren bestimmte Überzeugungen, etwa die Sozialdemokratische Partei (SPD) oder die Christlich Demokratische Union (CDU) in Deutschland. Politische Parteien sind auf lokaler wie nationaler Ebene tätig. Sie werben Mitglieder, die sich in der Partei einschreiben, und versuchen bei Wahlen möglichst viele Wählerstimmen zu gewinnen.

Bündnis 90/Die Grünen, Deutschland

Politiker
Politiker wird man aus unterschiedlichen Gründen. Einige geben vor, dem Volk zu dienen. Andere haben Fähigkeiten, von denen sie glauben, dass sie in der Regierung nützlich sein könnten. Viele Politiker haben sich zuerst in ihrer Gemeinde engagiert und wollen vom Kommunalpolitiker dann aufsteigen.

Wahlkongress der US-Republikaner

Politik
Zur Politik gehört die Diskussion. Erst in der Debatte gelingt es, einen Ausgleich zu finden zwischen den unterschiedlichsten Interessen. Politik findet auf kommunaler Ebene innerhalb der Gemeinde genauso statt wie auf nationaler Ebene, wo es um Belange des gesamten Staates geht.

Sitzungssaal des britischen Unterhauses, London

Politische Überzeugungen

Allgemeine politische Überzeugungen spielen eine große Rolle bei der Art und Weise, wie ein Land regiert wird. Linke Ideologien, etwa Sozialismus und Kommunismus, befürworten meist Reformen und fordern für den Staat mehr Eingriffsmöglichkeiten. Rechte Ideologien wie der Kapitalismus wollen bestehende Verhältnisse bewahren.

Kapitalismus
Bei diesem System befindet sich das Geld in der Hand weniger Menschen, die stark zu Gewinnstreben neigen. Kapitalismus führt zu großen Einkommensunterschieden zwischen Reich und Arm.

Sozialismus
Der Sozialismus will, dass die Wirtschaft vom Staat zum Nutzen der Gemeinschaft kontrolliert wird. Sozialistische oder sozialdemokratische Regierungen zielen auf Verteilung des Wohlstands ab.

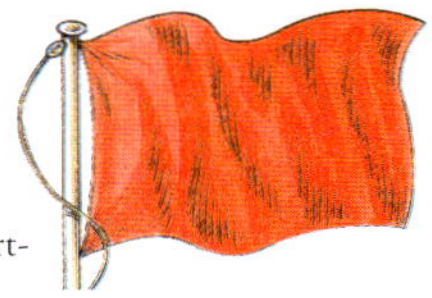

Faschismus
Der Faschismus fordert die absolute Autorität des Staates und ein Zurücktreten aller Einzelinteressen. Die Faschisten verfolgen eine nationalistische und militaristische Politik. Da der faschistische Staat allmächtig ist, stellt er eine Diktatur dar.

Kommunismus
Beim Kommunismus gehören das Land und aller Besitz der Gemeinschaft. Jeder Mensch wird nach seinen Bedürfnissen und Fähigkeiten bezahlt. Die meisten kommunistischen Staaten sind an ihrer Planwirtschaft gescheitert.

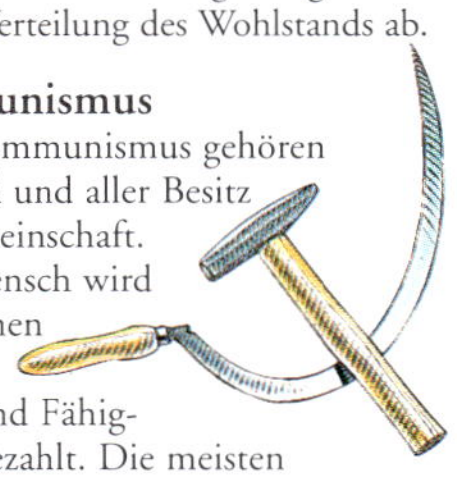

Öffentliche Meinung

Jedermann kann politisch aktiv werden, wenn er sich für eine bestimmte Sache von öffentlichem Interesse einsetzen will. Abgesehen von den Wahlen können Interessengruppen starken Druck auf eine Regierung ausüben. Sie werben z. B. öffentlich für bestimmte Themen, etwa den Umweltschutz oder die Einhaltung der Menschenrechte. Formen des öffentlichen Protestes sind etwa Demonstrationen oder Streiks.

Protestgruppen
Um ein Thema in die öffentliche Diskussion zu bringen, muss man gelegentlich direkte Maßnahmen ergreifen. So hatten z. B. lang anhaltende Proteste gegen die Stationierung von Kernwaffen oder den Bau von Autobahnen Erfolg.

Interessenvertretung
Interessenvertretungen oder Lobbys sind bei der Durchsetzung bestimmter politischer Vorstellungen wichtig. Eine typische Interessenvertretung ist die Organisation Greenpeace. Sie macht die Menschen immer wieder auf Umweltschäden aufmerksam.

Taube mit Olivenzweig, das Symbol der Hoffnung

Machiavelli
Niccolò Machiavelli (1469–1527) war Beamter in der Republik Florenz. Er sah das politische Chaos seiner Zeit und forderte die Regierungen auf, praktische und realistische Politik zu verfolgen, statt Idealen nachzuhängen. In seinem Buch *Der Fürst* (1532) beschrieb er Politik als Kunst des Möglichen. Man machte Machiavelli den Vorwurf, rücksichtslose Machtpolitik zu betreiben.

| SIEHE AUCH UNTER | EMANZIPATION | EUROPA, GESCHICHTE | EUROPÄISCHE UNION | FRIEDENSBEWEGUNG | GEWERKSCHAFT | KALTER KRIEG | MENSCHENRECHTE | RECHT UND GESETZ | VEREINTE NATIONEN |

POLIZEI

IN JEDER GEMEINSCHAFT gibt es Gesetze, die das Zusammenleben der Menschen regeln. Im Allgemeinen sorgt die Polizei dafür, dass diese Gesetze auch eingehalten werden. Sie verfolgt Verbrechen und übergibt Verbrecher dem Gericht. Dadurch schützt sie die übrige Bevölkerung vor Kriminellen. Die Polizei hat aber noch andere Aufgaben: Sie regelt den Straßenverkehr, schlichtet Streitigkeiten oder hilft bei Katastrophen. Es ist insgesamt ihre Aufgabe, die öffentliche Ordnung im Staat aufrechtzuerhalten, Verbrechen zu verhüten und die Bürger zu beschützen.

Gliederung

Uniformierte Beamte fahren oder gehen auf Streife, verhindern Verbrechen und verhaften Gesetzesbrecher. In der Verbrechensaufklärung arbeiten Kriminalbeamte meist in Zivil. Hier gibt es weitere spezialisierte Abteilungen, die Dezernate. Besondere Abteilungen wie die Wasserschutzpolizei, die Bahnpolizei oder die Grenzpolizei haben entsprechende Aufgaben.

Polizistin in Hongkong

Vorbeugung
Wo Polizei auf den Straßen präsent ist, verhindert sie einen großen Teil von Vergehen oder Verbrechen. Polizisten gehen in Stadtvierteln auf Streife. Über Funk sind sie mit ihrer Zentrale verbunden.

Stoppzeichen für den Verkehr aus dieser Richtung

Im Sommer trägt die Verkehrspolizei in Rom weiße Uniformen.

Verkehrspolizisten tragen Uniformen, damit man sie leicht erkennt.

Verkehrsregelung
Speziell ausgebildete Polizisten übernehmen die Verkehrsregelung, besonders bei Unfällen und großen Staus. Verkehrspolizisten überwachen auch die Einhaltung der Bestimmungen der Straßenverkehrsordnung und verhängen Bußgelder, z. B. für zu schnelles Fahren.

Verkehrspolizist in Rom, Italien

Verbrechensaufklärung

Bei der Kriminalpolizei haben sich die Polizisten auf die Aufklärung von Verbrechen spezialisiert. Sie suchen am Ort eines Verbrechens nach Spuren, befragen Zeugen und Verdächtige und überführen schließlich den Schuldigen. Dazu muss die Polizei allerdings Beweise vorlegen, die bei einer Gerichtsverhandlung standhalten, sodass eine Verurteilung möglich ist.

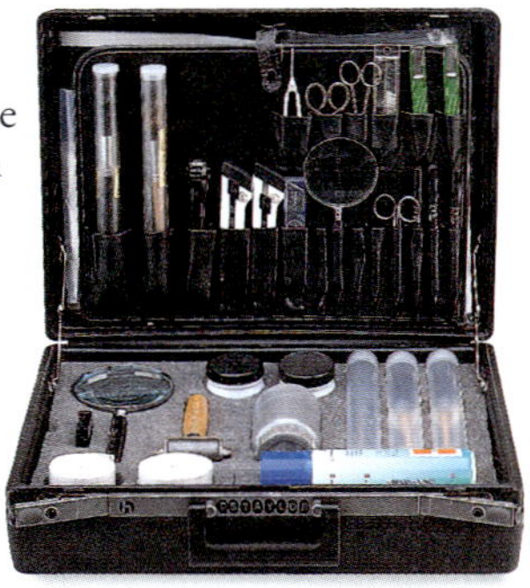

Am Ort eines Mordes tragen englische Kriminalbeamte Plastiküberalls, um selbst keine Spuren zu hinterlassen.

Kriminologie
Am Ort eines Verbrechens suchen spezialisierte Polizeibeamte nach Spuren und werten sie in kriminologischen Verfahren aus. Jede Spur kann Hinweise auf den Täter geben: Fingerabdrücke, Fußspuren, Textilfasern oder Teilchen von Haut, Haar oder Blut. Letztere überführen den Täter eindeutig mit Hilfe der DNS-Analyse.

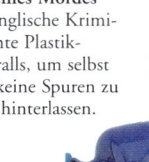

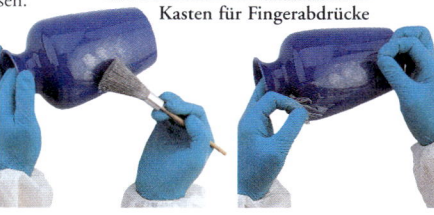

Bow Street Runner, 18. Jh.

Geschichte der Polizei
Die ersten Polizeikräfte stellten die Ägypter um 1340 v. Chr. auf. Sie sollten Händler auf dem Nil vor Piraten schützen. In Großbritannien wurden 1750 die Bow Street Runners gegründet, um Verbrecher im ganzen Land zu fangen. 1829 wurden sie von der Metropolitan Police ersetzt, der ältesten noch bestehenden Polizeitruppe. Schon seit dem Mittelalter gab es in Deutschland Polizisten, die Büttel.

Polizei weltweit

Jedes Land hat mindestens eine Polizeiorganisation, doch gibt es Unterschiede. In Frankreich untersteht eine nationale Polizeitruppe direkt der Regierung. Sie beschäftigt sich mit größeren Verbrechen; kleinere Vergehen werden von der örtlichen Polizei aufgeklärt. In Deutschland untersteht die Polizei den Innenministern der Länder, doch gibt es auch Bundespolizei, etwa den Bundesgrenzschutz.

FBI-Emblem

FBI
In den USA hat jede Stadt, jeder Distrikt und jeder Bundesstaat eine eigene Polizeitruppe. Landesweit beschäftigt sich das Federal Bureau of Investigation (FBI) mit Polizeiaufgaben. Es untersucht die Schwerkriminalität und unterhält ein computerisiertes Informationssystem über Verbrecher.

Interpol
Um das internationale Verbrechen zu bekämpfen, bildete die Kriminalpolizei vieler Länder 1946 die *International Criminal Police Organization*, kurz Interpol.

Die bolschewistische Geheimpolizei hieß Tscheka.

Hauptquartier der Interpol, Paris, Frankreich

Ausweis eines russischen Geheimpolizisten, 1918

Geheimpolizei
Einige Regierungen unterhalten eine Geheimpolizei, die vor allem sog. Staatsfeinde ausfindig machen und festnehmen soll. Eine sehr umfangreiche Geheimpolizei unterhielt die ehemalige DDR in Form der Staatssicherheit (Stasi).

Kasten für Fingerabdrücke

1 Das Abnehmen von Fingerabdrücken verlangt etwas Geschick. Man stäubt Aluminiumpulver über Gegenstände und sieht die Abdrücke sofort.

2 Sind Abdrücke, z. B. auf dieser Vase, klar erhalten, sodass man sie auswerten kann, hebt man sie mit einem Klebeband ab.

3 Das Band mit den Fingerabdrücken klebt man auf eine Plastikfolie und drückt diese mit einem Roller an.

4 Der Abdruck kommt in eine fälschungssichere Tasche und wird zur Identifikation an ein Polizeilabor gesandt.

SIEHE AUCH UNTER | **ARZNEIMITTEL UND DROGEN** | **FAMILIE UND GESELLSCHAFT** | **MENSCHENRECHTE** | **VERBRECHEN** | **VERERBUNG**

POLYNESIEN

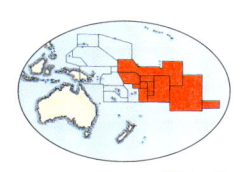

POLYNESIEN HEISST nichts anderes als „viele Inseln". Diese liegen über ein weites Gebiet des zentralen Pazifiks verstreut. Einige bestehen nur aus einem Felsbrocken oder einem kleinen Riff im Meer. Andere werden von Menschen bewohnt, deren Vorfahren vor Jahrtausenden hier eingetroffen sind. Polynesien umfasst heute die Staaten Kiribati, Samoa, Tuvalu, Tonga sowie noch viele abhängige Gebiete. Auch Neuseeland gilt als Teil Polynesiens. Viele Inseln sind heute noch schwer zu erreichen.

Geografie
Die polynesischen Inseln sind die Spitzen alter Vulkane, die sich vom Meeresboden erheben. Die meisten sind von Korallenriffen umsäumte Atolle. Diese umgeben geschützte Lagunen, die den einstigen Vulkankratern entsprechen. Die Gebirge der größeren Inseln sind von tropischem Regenwald bedeckt. Überall auf den Inseln wachsen Kokospalmen.

27 °C   26 °C

2 815 mm

Klima
Polynesien liegt in den Tropen und Subtropen und hat somit das ganze Jahr warmes Klima mit viel Regen. Auf vielen Inseln gedeiht nur eine spärliche Pflanzendecke, da die Böden aus Vulkanasche und Korallensand nur wenig Mineralsalze enthalten.

Kokosnüsse
Palmengesäumte Strände vor schroffen Bergen sind ein häufiger Anblick auf vielen größeren polynesischen Inseln, etwa auf Bora Bora in Französisch-Polynesien. Die Kokospalme pflanzt sich durch ihre Nüsse fort, die tausende von Kilometern im Meer zurücklegen können. Wo sie anlanden, keimen sie aus. Die Polynesier nutzen alle Teile der Kokosnuss.

Bevölkerung
Zu den polynesischen Völkern zählen die Samoaner, die Maori, die Tonganer, die Tahitianer und die Hawaiianer. Insgesamt sprechen sie ungefähr 20 Sprachen, die alle nahe miteinander verwandt sind. Die meisten Polynesier leben vom Fisch, den sie fangen, und von einigen Nährpflanzen, vor allem Maniok und Kokosnüssen.

Polynesisches Mädchen

Kanus
Die Polynesier sind ein Seefahrervolk. Sie leben von den Fischen, die sie von ihren kleinen Kanus aus fangen. Dazu höhlen sie einen Baumstamm aus und befestigen daran zur Stabilisierung einen Ausleger. Diese Auslegerboote ähneln noch sehr jenen, mit denen die ersten Polynesier die Inseln vor tausenden von Jahren besiedelten.

Der Ausleger verhindert ein Kentern bei Wellengang.

Kanu aus ausgehöhltem Baumstamm

Auslegerkanu

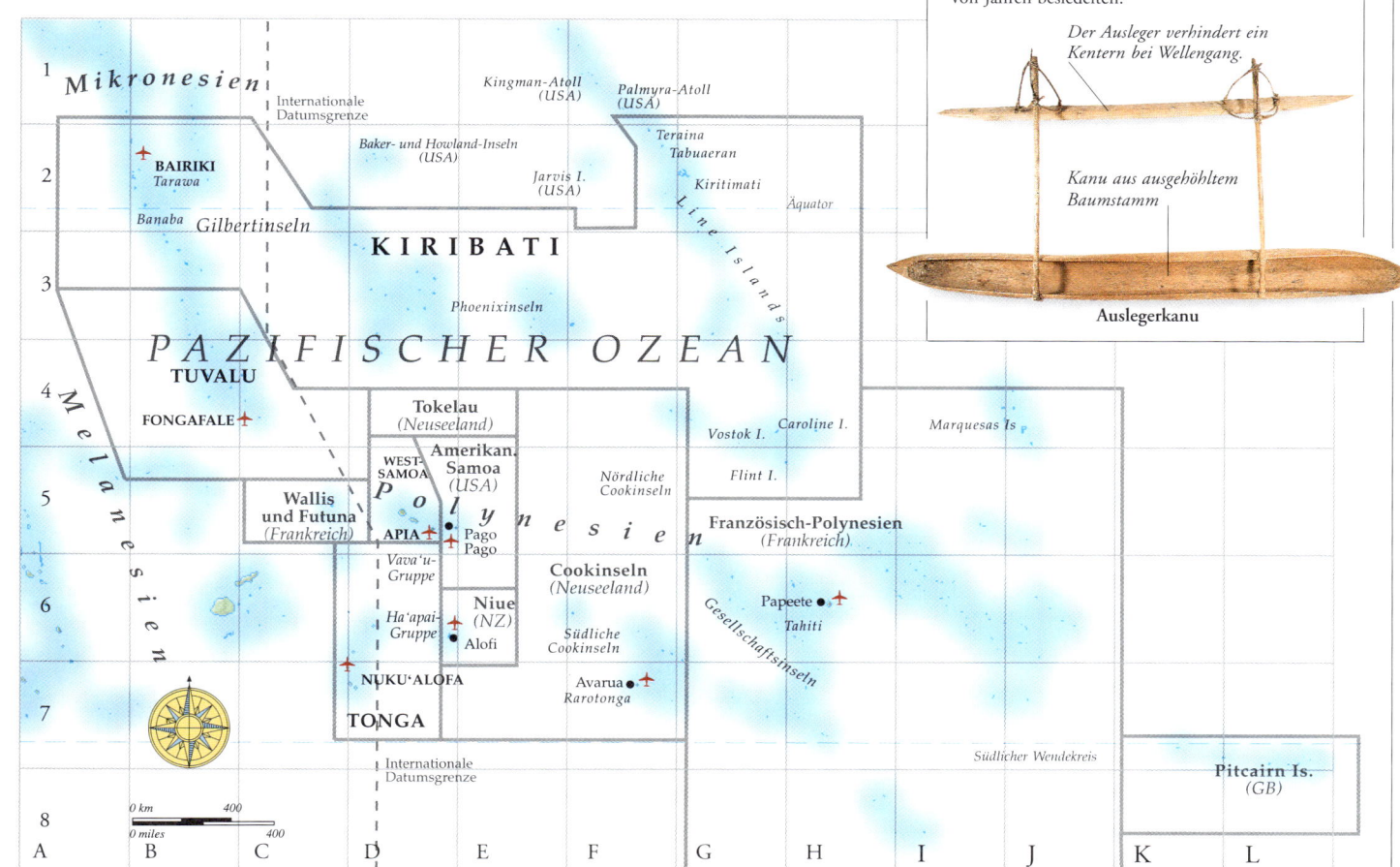

Kiribati

Kiribati, Kiribas ausgesprochen, besteht aus über 30 Atollen. Kiribati ist die Bezeichnung für das, was die früheren Kolonialherren, die Briten, Gilbert Islands nannten. Kokosnüsse, Kopra und Fische werden exportiert.

KIRIBATI: DATEN
- **HAUPTSTADT** Bairiki
- **FLÄCHE** 811 km²
- **EINWOHNER** 91 000
- **SPRACHE** Englisch, Kiribati
- **RELIGION** Christentum
- **WÄHRUNG** Australischer Dollar
- **LEBENSERWARTUNG** 60 J.

Fischerei
Wie die meisten Bewohner des Pazifiks hängen auch die Kiribatier von der Fischerei ab. Der Fischer auf dem Bild breitet seine Netze zum Trocknen aus. Sein Haus ist mit Blättern der Schraubenpalme gedeckt.

Tuvalu

Tuvalu besteht aus 9 Atollen und ist der viertkleinste Staat der Erde. Er liegt mitten im Pazifik und war bis zur Unabhängigkeit 1978 die britische Kolonie Elliceinseln. Die Menschen leben von der Landwirtschaft und der Fischerei.

TUVALU: DATEN
- **HAUPTSTADT** Vaiaku
- **FLÄCHE** 26 km²
- **EINWOHNER** 11 000
- **SPRACHE** Tuvaluisch, Englisch
- **RELIGION** Christentum
- **WÄHRUNG** Australischer Dollar
- **LEBENSERWARTUNG** 67 J.

Briefmarken
Das wichtigste Exportgut Tuvalus ist Kopra. Ein gewisses Einkommen erzielt der Staat durch den Verkauf bunter Briefmarken. Ohne ausländische Hilfe könnte Tuvalu allerdings nicht überleben.

Samoa

Samoa umfasst die Westhälfte der samoanischen Inselkette und wurde bis 1961 von Neuseeland regiert. Die größten der vulkanischen Inseln sind Savai'i und Upolu.

SAMOA: DATEN
- **HAUPTSTADT** Apia
- **FLÄCHE** 2831 km²
- **EINWOHNER** 160 000
- **SPRACHE** Samoanisch, Englisch
- **RELIGION** Christentum
- **WÄHRUNG** Tala
- **LEBENSERWARTUNG** 70 Jahre
- **ANALPHABETEN** 3 %

Fa'a Samoa
Mit diesem Begriff bezeichnet man die samoanische Lebensweise. Die Menschen leben in Großfamilien, die mehrere Generationen umfassen. Jede Familie hat ein gewähltes Oberhaupt, den *Matai*. Die Samoaner bewohnen offene, gedeckte Holzhäuser. Bei Regen stellen sie Wandschirme auf.

Tonga

James Cook nannte die Inselgruppe wegen der Freundlichkeit ihrer Bewohner Friendly Islands. Die östlichen Inseln sind flache Koralleninseln, die westlichen vulkanischen Ursprungs. Die Tonganer bauen Kokosnüsse, Bananen und Vanille für den Export an. Tonga wird von einem König regiert.

TONGA: DATEN
- **HAUPTSTADT** Nuku'alofa
- **FLÄCHE** 748 km²
- **EINWOHNER** 105 000
- **SPRACHE** Tongaisch, Englisch
- **RELIGION** Christentum
- **WÄHRUNG** Pa'anga
- **LEBENSERWARTUNG** 68 J.

Tourismus
Tropische Strände, das warme Klima und die Unterwasserwelt ziehen jedes Jahr über 25 000 Touristen an, vor allem aus Neuseeland und den USA. Die Tonganer sind bekannt als ein ethnisch sehr homogenes Volk, das seine traditionellen Bräuche pflegt. Diese Holzfiguren schnitzen die Tonganer, um sie an die Touristen zu verkaufen.

Abhängige Gebiete

Nach dem Zweiten Weltkrieg (1939–45) wurden viele Länder im Pazifik unabhängig. Einige Gebiete blieben abhängig und gehören noch zu Australien, zu Großbritannien, Frankreich, Neuseeland oder den USA.

Pitcairn (GB)
Diese abgelegene vulkanische Insel mit einer Fläche von 5 km² hat hohe Kliffs und eine kleine Bucht. Hier leben nur 50 Menschen.

Französisch-Polynesien (Fr)
Die Gruppe von 130 Inseln und Atollen bedeckt rund 4 200 km². Die meisten Menschen leben auf Tahiti.

Tokelau (NZ)
Die 3 Atolle haben eine Fläche von 10 km² und eine Bevölkerung von 1 500 Menschen. Hauptprodukte sind Kopra und Tunfisch.

Niue (NZ)
Mit 263 km² Fläche ist Niue die größte Koralleninsel der Erde. Hier leben 1 800 Niuaner, 14 500 leben in Neuseeland.

Amerikanisch-Samoa (USA)
Dieses US-Territorium hat eine Gesamtfläche von 195 km². Hauptstadt ist Pago Pago. Auf den gebirgigen Inseln leben 65000 Einwohner.

Midway (USA)
Auf den 5 km² großen Koralleninseln leben 450 Menschen. Midway ist eine Militärbasis und ein Vogelschutzgebiet.

Wallis and Futuna (Fr)
Auf den zwei Inselgruppen mit einer Fläche von 274 km² leben 15 000 Menschen, meist von der Landwirtschaft. Die Fischereirechte besitzt Japan.

Cookinseln (NZ)
Diese 240 km² großen Inseln liegen 3 500 km nordöstlich von Neuseeland. Die etwa 19 000 Einwohner leben von der Perlenfischerei, dem Tourismus und Finanzdienstleistungen für andere Länder.

Kernwaffentests
Seit November 1952 testeten Großbritannien, Frankreich und die USA im Pazifik ihre Kernwaffen. Nach 1995 führte Frankreich auf dem Mururoa-Atoll in Französisch-Polynesien unterirdische Kernwaffentests durch. Dies führte zu Protesten der sonst friedlichen einheimischen Bevölkerung auf diesen Inseln.

Proteste gegen Atomwaffentests

SIEHE AUCH UNTER CHRISTENTUM | INSELN | KORALLENRIFF | OZEANIEN UND AUSTRALASIEN | PAZIFISCHER OZEAN | SCHIFFE | WAFFEN | WELTREICHE

POLYNESIER UND MAORI

UNGEFÄHR SEIT 1300 V. CHR. begannen südostasiatische Völker die noch unbekannten Gewässer des Pazifiks zu befahren und sich auf den weit verstreuten Inseln niederzulassen. Sie nahmen Samen und Haustiere mit und gründeten kleine Dorfgemeinschaften. Vom 9. Jh. n. Chr. an erreichten die Siedler auch die großen Inseln Neuseelands. Dort entwickelte sich im Lauf der Jahrhunderte die einzigartige Maorikultur.

Karte der Besiedlung des Pazifiks

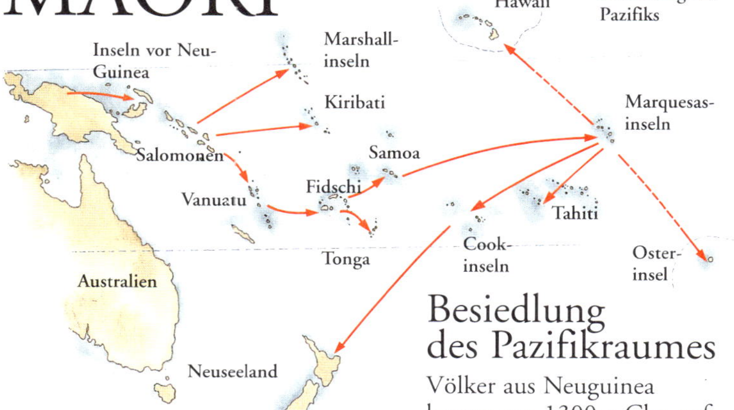

Besiedlung des Pazifikraumes

Völker aus Neuguinea kamen um 1300 v. Chr. auf die Insel Fidschi. Sie fuhren dann weiter ostwärts über Samoa und Tonga nach Polynesien. Auf den Marquesasinseln landeten sie um 200 v. Chr. Von hier aus erreichten sie Hawaii, die Osterinsel und Neuseeland.

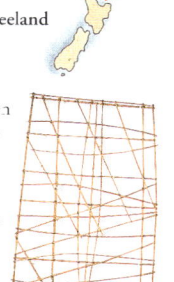

Polynesier

Die Polynesier leben vom Anbau tropischer Früchte, etwa von Jams, Brotfrüchten und Taro. Dazu züchten sie Schweine und Hühner und gehen auf Fischfang. Als die Europäer im 18. Jh. eintrafen, kannten die Polynesier keine Metalle, stellten aber schöne Gegenstände aus Stein, Holz, Knochen und Muschelschalen her. Viele Bewohner halten noch an der traditionellen Lebensweise fest.

Religion
Die Polynesier verehren viele Gottheiten in aufwendig gestalteten Tempeln, den Marae. Eine wichtige Rolle im Leben spielt das Tabu. Damit bezeichnet man alle Dinge, die verboten sind. Jeder Gegenstand, der heilig ist, kann tabuisiert werden. Vor allem Priester und Häuptlinge umgibt eine große Tabuzone. Deshalb sind sie sehr mächtig.

Polynesische Gottheit, Holzschnitzerei

Navigation
Die Polynesier überquerten den Pazifik in Kanus. Die Navigation erfolgte mit Hilfe der Sonne und der Sterne. Um die Lage der Inseln zu bezeichnen, verwendeten sie Stabkarten aus Kaurischnecken. Sie dienten als Seekarten.

Statuen auf der Osterinsel
Auf der Osterinsel am Ostrand Polynesiens schufen die Einwohner massive Steinstatuen auf erhöhten Plattformen, den *Ahu*. Man weiß bis heute nicht, warum dieses Statuen errichtet wurden. Sie hatten wohl religiöse Bedeutung. Einige waren bis zu 12 m hoch. Sie wurden in Steinbrüchen zubehauen und im fertigen Zustand dann mit Schlitten, Baumstämmen und Seilen zu ihrem endgültigen Standort gebracht.

Forscher beim Vermessen einer Steinstatue auf der Osterinsel

Maori

Die kriegerischen Maori auf Neuseeland lebten vom Fischfang, von der Landwirtschaft und der Jagd. Sie tätowierten ihre Körper mit spiralförmigen Mustern und waren dadurch im Krieg gut getarnt. Die Maori leisteten der britischen Kolonisierung ihrer Insel im 19. Jh. Widerstand, was zu einer Reihe blutiger Kriege führte. 1880 wurde Friede geschlossen.

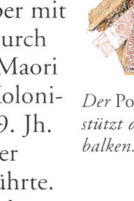

Die Sparren führen zu Figuren anderer Vorfahren an den Wänden.

Der Poutokomanwa stützt den Firstbalken.

Der Koruru stellt den Kopf des Vorfahren dar.

Maori heute
Heute machen die Maori etwa 10 % der neuseeländischen Bevölkerung aus. Noch immer herrscht Groll gegenüber der Regierung, denn die Maori sind der Ansicht, dass die Briten die Bedingungen der im 19. Jh. abgeschlossenen Verträge nicht einhielten. Die Maori kämpfen um Land, das ihnen die britischen Siedler gestohlen haben, und ihre Sprache und Kultur bewahren sie mit großer Sorgfalt. 1995 unterzeichnete Königin Elisabeth II. ein „Dokument der Versöhnung".

Versammlungshaus
Mittelpunkt im Leben der Maori ist das Versammlungshaus. Das große Holzgebäude mit aufwendigen Schnitzereien in Spiralform symbolisiert den Körper eines bestimmten Vorfahren: Der Firstbalken entspricht dessen Wirbelsäule, die Sparren stellen die Rippen dar. Im Versammlungshaus finden öffentliche Beratungen und Rituale wie Hochzeiten oder Trauerfeiern statt. Der Platz vor dem Versammlungshaus dient bisweilen für Debatten.

Maihi stellt die Arme des Vorfahren dar.

Raparapa sind die Finger des Vorfahren.

Tatau (Tür) — *Whakamahau (Vorhalle)* — *Matapihi (Fenster)*

Maorigesellschaft
Die Gesellschaft der Maori war in viele Stämme unterteilt, die oft gegeneinander Krieg führten. Viele Traditionen werden noch aufrecht erhalten. Das Rugbyteam der *All Blacks* führt heute noch den Haka-Tanz auf. Er entspricht einer Maoritradition, die Herausforderung und Aggression bedeutet.

| SIEHE AUCH UNTER | COOK, JAMES | KUNST, GESCHICHTE | MYTHEN UND LEGENDEN | NAVIGATION | NEUSEELAND | NEUSEELAND, GESCHICHTE | POLYNESIEN |

PORTUGAL

MIT SEINER LANGEN Küstenlinie am Atlantik nimmt Portugal die südwestliche Ecke der Iberischen Halbinsel ein. Portugal ist das westlichste Land Europas. Zu ihm gehören auch die Azoren und Madeira, zwei Inselgruppen im Atlantik, die sich selbst verwalten. 1986 trat Portugal der Europäischen Union bei. Es zählt zu den ärmeren Ländern in Westeuropa, hat aber eine stabile Regierung und macht zur Zeit dank ausländischer Investitionen große Fortschritte.

Geografie

Nordportugal besteht aus einer Reihe von Gebirgszügen und weiten Tälern in westöstlicher Richtung. Das Zentrum Portugals südlich des Flusses Tejo ist flach bis leicht hügelig. Im Süden, der Algarve, erheben sich erneut Gebirgszüge, die zum Meer abfallen.

PORTUGAL: DATEN	
HAUPTSTADT	Lissabon
FLÄCHE	92 391 km²
EINWOHNER	10 100 000
SPRACHE	Portugiesisch
RELIGION	Christentum
WÄHRUNG	Euro
LEBENSERWARTUNG	76 Jahre
EINWOHNER PRO ARZT	350
REGIERUNG	Mehrparteiendemokratie
ANALPHABETEN	12 %

Das Tal des Douro
Der Douro, der „Goldfluss", zieht 200 km weit von der spanischen Grenze quer durch Nordportugal bis nach Porto am Atlantik. An den steilen Talhängen baut man Reben an, aus denen man den weltberühmten Portwein gewinnt. In der Umgebung des Douro keltert man auch einen leichten spritzigen Weißwein, den sog. Vinho Verde, den „grünen Wein".

Algarve
Die Sandstrände und die hübschen Dörfer an der Algarve im Süden Portugals ziehen die Urlauber zu hunderttausenden an. Die Winter sind hier sehr mild, die Sommer nicht zu heiß. Weitere beliebte Touristenziele sind Figueira da Foz und Estoril in der Nähe von Lissabon. Diesen westlichen Küstenabschnitt am Atlantik nennt man auch die portugiesische Riviera.

Klima
Der Norden Portugals ist kühler und feuchter als der Süden. Hier scheint die Sonne fast das ganze Jahr hindurch. Wenn man sich der spanischen Grenze nähert, wird das Klima kontinentaler und heißer. Portugal leidet wie Spanien hin und wieder unter längerer Trockenheit.

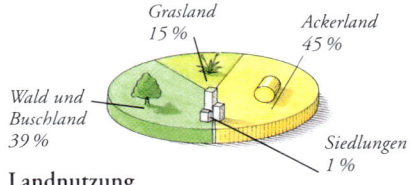

49 °C / -12 °C
22 °C / 11 °C
686 mm

Grasland 15 %
Ackerland 45 %
Wald und Buschland 39 %
Siedlungen 1 %

Landnutzung
Im Norden des Landes gedeihen dichte Laubwälder, hauptsächlich Eichen- und Buchenarten. Im Süden ist eine Hartlaubvegetation mit Stein- und Korkeichen, Kiefern, Pinien und Strauchmacchie verbreitet. Der größte Teil des Landes dient der Viehzucht und dem Ackerbau.

Lissabon
Die Hauptstadt Portugals liegt an der Mündung des Tejo und ist von Hügeln umgeben. Im 15. Jh. war Lissabon eine wichtige Hafenstadt. 1755 zerstörte ein schweres Erdbeben das Zentrum, das später mit rechtwinkligem Grundriss wieder aufgebaut wurde. In der Altstadt oder Baixa östlich vom Stadtzentrum gibt es noch viele Handwerker, z. B. Silberschmiede und Schuster.

Blick über die Dächer der Baixa

Bevölkerung

99 % der Einwohner sind Portugiesen. Die restliche kleine Minderheit bilden Einwanderer aus den früheren portugiesischen Kolonien in Afrika, etwa Angola. In jüngster Vergangenheit führte die Arbeitslosigkeit dazu, dass mehr als 3 Mio. Portugiesen ins Ausland abwanderten.

109 pro km²

36 % Land   64 % Stadt

Ländliche Gemeinschaften
Ungefähr ein Drittel aller Portugiesen leben noch auf dem Land, obwohl immer mehr auf der Suche nach Arbeit in die Städte ziehen. Die meisten Portugiesen sind römisch-katholisch und das Familienleben spielt eine große Rolle.

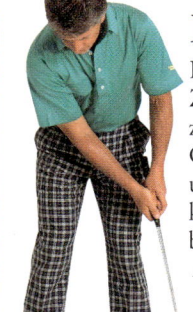

Freizeit

Portugiesen lieben den Fußball – als Spieler wie als Zuschauer. Ein international berühmter Klub ist z. B. Benfica Lissabon. Beliebt sind auch Tennis, Golf, Autorennen und alle Wassersportarten. Der unblutige Stierkampf und Feste, bei denen Dörfer ihre Heiligen mit Musik und Tanz feiern, gehören zur Folklore.

Golf
Reiche Portugiesen schätzen das Golfspiel. An der Algarve befinden sich einige der schönsten Golfplätze Europas in einer wundervollen Umgebung.

Stierkampf
Das Zentrum des portugiesischen Stierkampfes ist in der Provinz Ribatejo, wo die Stiere gezüchtet werden. Der Stier wird in der Arena nicht getötet, sondern mit bloßen Händen zu Boden geworfen.

Landwirtschaft

Etwa 14 % der Arbeitskräfte sind in der Landwirtschaft beschäftigt. Die kleinen Betriebe arbeiten traditionell. Wichtigste Pflanzen sind Weizen, Oliven, Feigen, Trauben, Tomaten und Kartoffeln. Die Trockenheit führt oft zu geringen Ernten.

Eukalyptus
Spanien und Portugal sind die einzigen Länder, in denen Eukalyptusbäume forstmäßig angepflanzt werden. Man gewinnt aus ihnen Gummiharze, Öl und Holz.

Portwein
Der berühmteste Wein Portugals ist der Portwein. Er hat seinen Namen nach der Stadt Porto, wo es große Portweinkellereien gibt. Die Trauben wachsen an den Hängen des Dourotales.

Schafe
Ein großer Teil Portugals ist hügelig oder gebirgig. Hier weiden Schafe, die man der Wolle, der Milch und des Fleisches wegen hält. Fast jeder Familienbetrieb besitzt eine kleine Schafherde. Die Portugiesen züchten auch Rinder.

Kork
Portugal ist der führende Korkproduzent. Kork ist die Rinde der Korkeiche. Man stellt daraus Weinkorken und Fliesen oder Tapeten her. Alle 9–10 Jahre wird die Korkeiche geschält. Die Rinde wird dann gedämpft und zu Platten gepresst.

Mann bei der Beurteilung der Korkqualität

Weinkorken

Korkfliese

Industrie

Die portugiesische Industrie leidet darunter, dass Erdgas und Erdöl fehlen. Wichtigste Einnahmequellen sind das Finanzwesen, Tourismus, Textilien und Schuhe, sowie Agrarprodukte, z. B. Kork, Portwein und Sardinen.

Fischerei
Überall in Portugal sieht man an der Küste Fischer, die ihre Netze ausbessern. Jeden Tag fahren kleine Boote weit aufs Meer hinaus, um die Netze auszulegen. Portugal hat große Fischfabriken und exportiert vor allem Sardinen und Anchovis in Dosen.

Austern

Sardinen

Töpferei
Straßenhändler bieten den vielen Millionen Touristen, die jedes Jahr kommen, einheimisches Kunsthandwerk an. Eine Spezialität sind bunte Töpferwaren und Azulejokacheln, ferner Silberfiligran und kunstvolle Stickereien.

Transport

Der Straßentransport hat sich seit den 60er Jahren stark entwickelt. Lissabon und Porto verbindet eine Autobahn. Auch im Landesinnern ist das Straßennetz ausgebaut worden. Das Land verfügt über eine gute Eisenbahn.

Küstenschifffahrt
Aufgrund der langen Küstenlinie wird ein großer Teil der Fracht mit Schiffen transportiert. Die Flüsse sind landeinwärts aber kaum zu befahren, weil Sandbänke an den Mündungen den Zugang versperren.

SIEHE AUCH UNTER: ATLANTISCHER OZEAN · EUROPA · EUROPA, GESCHICHTE · EUROPÄISCHE UNION · FISCHFANG · MOTORSPORT · WELTREICHE

PORTUGAL, GESCHICHTE

WÄHREND SEINER LANGEN GESCHICHTE hat sich Portugal stets mehr westwärts zum Atlantik hin gewandt als ostwärts nach Spanien und dem Rest Europas. Generationen von Fischern lebten vom Meer, während portugiesische Entdecker und Händler im 15. und 16. Jh. ein großes Reich schufen. Nach kurzer spanischer Herrschaft, die 1640 zu Ende ging, verlor Portugal an Macht. Es war im 20. Jh. eines der ärmsten Länder Europas und hatte eine Militärdiktatur. Heute hat es seine koloniale und militärische Vergangenheit abgelegt und ist eine aufstrebende Demokratie.

Römisches Portugal
Zur Zeit des Augustus (Regierungszeit 27 v. Chr.–14 n. Chr.) beherrschten die Römer ganz Portugal. Das Land übernahm die Sprache und die Kultur der Römer.

Römische Brücke bei Chaves

Unabhängigkeit
Nach den Römern herrschten bis 711 die Westgoten in Portugal. Dann eroberten islamische Mauren aus Nordafrika das Land. 1139 schlug Alfonso Enríquez die Mauren und wurde anschließend zum ersten König des unabhängigen christlichen Portugal gekrönt.

Kathedrale von Lissabon, erbaut während der Herrschaft von Alfonso I.

Entdeckungsreisen
Im 15. Jh. begannen Portugiesen mit einer Reihe von Entdeckungsreisen. Seeleute fuhren südwärts längs der Westküste Afrikas und umrundeten das Kap der Guten Hoffnung im Jahr 1488. Das portugiesische Kolonialreich umfasste bald Teile Afrikas, Brasilien in Südamerika, Goa in Indien und Macao an der Küste Chinas.

Das portugiesische Reich

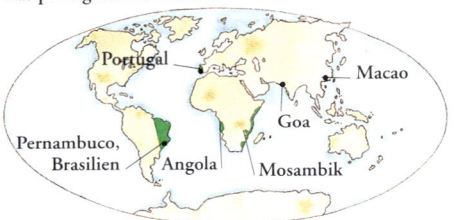

Von portugiesischen Siedlern erbaute Kirche in Brasilien

Heinrich der Seefahrer
Prinz Heinrich der Seefahrer (1394–1460), ein Sohn Johanns I., förderte die Erforschung Afrikas. Er gründete eine Seefahrerschule in Sagres und stellte dort die besten Astronomen und Navigatoren an. Bis zu seinem Tod hatten portugiesische Seefahrer die gesamte Westküste Afrikas erforscht.

Das Erdbeben von Lissabon
Am 1. November 1755 wurde Lissabon von einem schweren Erdbeben erschüttert. Zwei Drittel der Stadt wurden zerstört, rund 50 000 Menschen verschüttet. Sebastião de Carvalho, der später Marquês de Pombal und Premierminister von Portugal wurde, baute die Stadt mit breiten, eleganten Boulevards wieder auf.

Die portugiesische Revolte 1640
König Philipp II. von Spanien beanspruchte 1580 den verwaisten portugiesischen Thron. Portugal war sehr geschwächt, andere Nationen eroberten seine Kolonien. 1640 wurde das Land durch die Revolte von Johann von Braganças, befreit.

Die Teilung der Welt
1493 teilte Papst Alexander VI. die bekannte Welt unter Spanien und Portugal. Spanien sprach er den Westen und somit ganz Amerika zu. 1494 verlegte man die Trennlinie 270 Meilen weiter westlich, sodass Brasilien zu Portugal kam.

Das moderne Portugal
Im Jahr 1910 vertrieb eine Revolution die Monarchie und Portugal wurde Republik. Während der beiden Weltkriege verhielt sich das Land neutral. Durch die Kolonialkriege in Afrika wurde es immer ärmer. Von den 70er Jahren an besserten sich die Bedingungen, und 1986 trat Portugal der Europäischen Union bei.

Antonio Salazar
Der Wirtschaftswissenschaftler Antonio Salazar (1889–1970) wurde 1928 Finanzminister. 1932 war er Ministerpräsident Er herrschte dann bis 1968 als Diktator und führte mehrere Kolonialkriege in Afrika. Unter seiner Herrschaft wurde das Land immer ärmer und die Lebensbedingungen verschlechterten sich dramatisch.

Antonio Salazar

Die Revolution von 1974
Die Opposition gegen die portugiesische Herrschaft in den afrikanischen Kolonien ermutigte die Streitkräfte, den Diktator Marcello Caetano im April 1974, in der sog. Nelkenrevolution, zu stürzen. Das Land kam zur Ruhe, bis nach einem misslungenen Linksputsch der Sozialist Mário Soares die Regierung übernahm. 1976 gab es freie Wahlen.

Protestdemonstration der Linken in Lissabon

Chronologie
1. Jh. v. Chr.–5. Jh. n. Chr. Herrschaft der Römer über die ganze Iberische Halbinsel

711 Mauren aus Nordafrika dringen nach Portugal ein.

1139 Alfons I. schlägt die Mauren.

1498 Der portugiesische Entdecker Vasco da Gama erreicht die indische Küste.

1500 Portugal fordert Brasilien. Gründung des Kolonialreiches.

1580–1640 Spanische Herrschaft über Portugal

1755 Ein Erdbeben zerstört den größten Teil Lissabons.

1822 Unter Dom Pedro I. erklärt Brasilien seine Unabhängigkeit von Portugal.

1910 Gründung der Republik

1932 Antonio Salazar wird Ministerpräsident und macht sich selbst zum Diktator. Er regiert bis 1968.

1974 Militärputsch gegen die Diktatur Caetanos

1986 Portugal schließt sich der Europäischen Gemeinschaft an.

SIEHE AUCH UNTER   AFRIKA, GESCHICHTE   ENTDECKUNGEN   ISLAMISCHES REICH   RÖMISCHES REICH   SPANIEN, GESCHICHTE   SÜDAMERIKA, GESCHICHTE   WELTREICHE

PYRAMIDEN

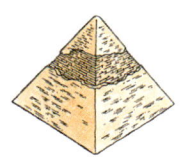

DIE ALTEN ÄGYPTER bauten für ihre Pharaonen die Pyramiden als Grabdenkmäler. Die dreieckigen, spitz zulaufenden Seiten erheben sich steil über einem quadratischen Grundriss. Die höchsten Pyramiden sind fast so hoch wie der Kölner Dom. Das Bauwerk symbolisierte für die alten Ägypter den Hügel, auf dem einst der Sonnengott stand, als er die anderen Götter erschuf. Jahrtausende später bauten auch Völker in Zentralamerika wie die Maya große Pyramiden. Diese besaßen Stufen und trugen auf der Spitze meist eine Plattform mit einem Tempel.

Ägyptische Pyramiden

Die Ägypter bauten ihre Pyramiden aus heimischem Kalkstein. Die Sargkammern hatten aber Türen aus Granit. Gänge verbanden die Kammer mit der Außenwelt. Es gab auch falsche Kammern und Gänge, um Grabräuber in die Irre zu führen.

Sakkara
Die Stufenpyramide des Pharaos Djoser wurde um 2950 v. Chr. erbaut und ist die älteste bekannte Pyramide. Sie steigt in 6 Stufen bis zu 58 m an.

Meidum
Dieses 95 m hohe Gebäude wurde als Stufenpyramide begonnen und später zu einer richtigen Pyramide umgebaut. Der Auftraggeber war Pharao Snofru.

Dahschur
Diese Pyramide, die ebenfalls für Snofru erbaut wurde, sieht geknickt aus, weil sie steil beginnt und dann im oberen Teil flacher wird.

Gize
Die größte Pyramide von Gize ist 146 m hoch. Jede Seite misst an der Basis 230 m. Diese Pyramide geht auf Pharao Cheops zurück (2567 v. Chr.).

Römische Pyramide
Diese steile Pyramide ist das Grabmal von Caius Cestius, eines reichen Römers, der 12 v. Chr. starb. Man erbaute sie in 330 Tagen. Sie ist mit Marmor ausgekleidet. Für Jahrhunderte war sie die einzige Pyramide Europas.

Die Cheopspyramide

Die Cheopspyramide besteht aus 2,3 Mio. Kalksteinblöcken. Für den Bau brauchte man 20 Jahre. Sie war das älteste der Sieben Weltwunder der Antike. Die oberste Sargkammer enthielt den Leichnam des Cheops. Pyramiden waren meist Mittelpunkt einer größeren Anlage.

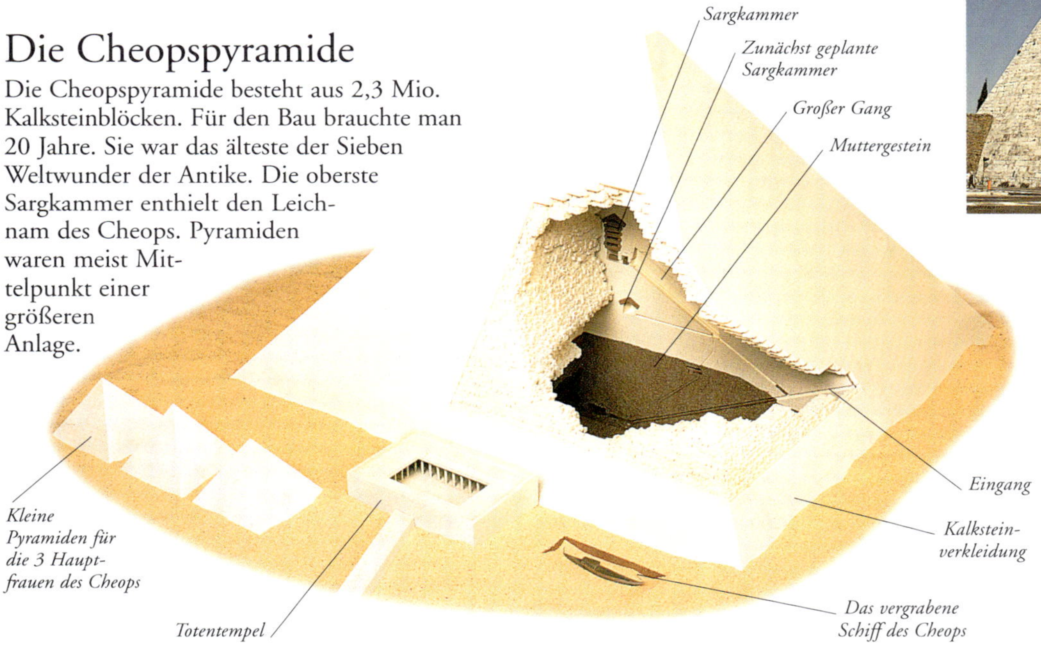

Kleine Pyramiden für die 3 Hauptfrauen des Cheops

Totentempel

Sargkammer
Zunächst geplante Sargkammer
Großer Gang
Muttergestein

Eingang
Kalksteinverkleidung
Das vergrabene Schiff des Cheops

Imhotep
Dieser erste namentlich genannte ägyptische Architekt baute die Stufenpyramide von Sakkara. Imhotep war erst Schreiber und wurde dann Ratgeber des Pharaos Djoser. Auch als Heilkundiger war er berühmt. Seine vielfältigen Talente beeindruckten die Ägypter so sehr, dass sie ihn nach seinem Tod als Sohn des Schöpfergottes Ptah verehrten.

Der Bau einer ägyptischen Pyramide

Pyramiden baute man aus massiven Kalksteinblöcken. Die Steine der Cheopspyramide wiegen 2,5 t oder mehr. Wahrscheinlich brachten die Ägypter sie mit Hilfe von Rampen an Ort und Stelle.

Arbeiter heben den Block mit einer Winde.

Der Stein wird mit dem Schlitten gezogen.

Steintransport
Der Transport der Steine erfolgte mit Schiffen auf dem Nil. Der Kalk stammte von benachbarten Steinbrüchen. Den Granit für die Sargkammer und die Türen musste man aus Assuan heranschaffen.

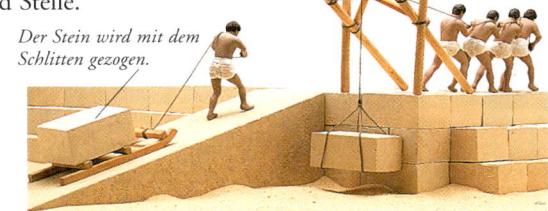

Einbau
Die Arbeiter zogen die Steinblöcke auf Holzschlitten über schräge Rampen. Die Reibung verringerte man dabei mit Wasser. Wahrscheinlich hoben die Arbeiter die Steinblöcke mit einer einfachen Winde hoch. Vielleicht kannten sie auch schon den Flaschenzug.

Zentralamerikanische Pyramiden

Der Pyramidenbau in Zentralamerika erreichte seinen Höhepunkt in der Zeit von 300–1542. Die Olmeken, die Tolteken und Maya bauten Pyramiden mit Treppen. Oben befanden sich Tempel, die oft Gräber enthielten.

Inschriftentempel
Die Inschriften diesesTempels in Palenque verglichen den Mayaherrscher Pacal, der hier 683 begraben wurde, mit den Göttern.

El Castillo
Die Maya bauten diese Stufenpyramide in Chichén Itzá um einen Toltektentempel herum. Die Treppen haben 365 Stufen – so viele Tage hat das Jahr.

SIEHE AUCH UNTER ÄGYPTER · BAUTECHNIK · MAYA · MESOAMERIKA · SIEBEN WELTWUNDER DER ANTIKE

QUALLEN, SEEANEMONEN UND SCHWÄMME

DIESE PRIMITIVEN TIERE leben seit über 550 Millionen Jahren in den Meeren der Welt. Alle zählen sie zu den Wirbellosen. Die ursprünglichsten dieser Tiergruppe sind die Schwämme, von denen einige wenige Arten auch im Süßwasser vorkommen. Sie besitzen ein Skelett aus Kalk, Kieselsäure oder Horn. Quallen und Seeanemonen gehören zu den Hohltieren, die auch die Korallen umfassen. Sie besitzen Nesselzellen mit mehr oder weniger giftigen Nesselkapseln, mit denen sie die Beute betäuben und töten.

Dicke Tentakel
Explodierende Nesselkapsel
Mundöffnung unter dem Schirm
Mangrovenqualle

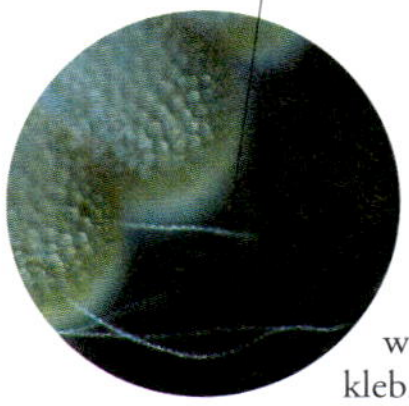

Nesselzellen
Die Tentakel der Quallen enthalten viele Nesselzellen. Wenn ein Tier ein Haar an der Außenseite einer Nesselkapsel berührt, explodiert diese und eine Harpune dringt in den Körper des Beutetiers ein. Gleichzeitig werden lähmende Gifte eingespritzt. Mit einem klebrigen Faden wird die Beute auch festgehalten.

Quallen
Quallen bestehen aus zwei Zellschichten mit einer Gallerte dazwischen. Ihr Körper ist kuppel- oder schirmförmig. Die Schönheit der Quallen ist trügerisch: Am Schirm sitzen lange Tentakel mit Nesselzellen. Mit ihnen lähmen und töten die Quallen ihre Beutetiere. Die Tentakel führen die Nahrung dann zur Mundöffnung.

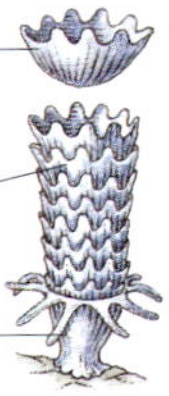

Polypen lösen sich und werden zu Quallen.
Vermehrung durch Knospung
Polyp einer Qualle

Lebenszyklus einer Qualle
Quallen pflanzen sich geschlechtlich fort. Die befruchteten Eier entwickeln sich zu Larven, die sich auf Felsen festsetzen. Die Larve wächst zu einem Polypen heran, der durch Knospung viele weitere Polypen erzeugt. Diese lösen sich ab und verwandeln sich in neue frei schwimmende Quallen.

Bewegung
Quallen schwimmen durch rhythmisches Zusammenziehen ihres Schirms. Dabei saugen sie Meerwasser an und stoßen es wieder aus. Ohne diese Bewegungen sinken die Quallen auf den Meeresboden.

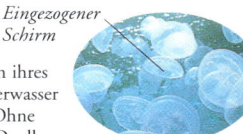

Eingezogener Schirm
Ohrenqualle

Schwämme
Schwämme sind die einfachsten mehrzelligen Tiere. Man kann sie als gefäßförmige Siebe bezeichnen. Das Wasser dringt durch die Wand des Körpers ein und verlässt ihn wieder durch die zentrale Öffnung an der Oberseite. Diese Öffnung heißt Osculum.

Osculum
Röhrenschwamm

Ernährung
Die meisten Schwämme sind Filtrierer. Sie entnehmen dem eingedrungenen Wasser winzige Nahrungsteilchen. Dazu filtern spezialisierte Zellen das Wasser mit langen Geißeln.

Fortpflanzung
Schwämme pflanzen sich oft geschlechtlich fort. Mit dem Wasser gelangen Samenzellen zu den Eizellen. Nach der Befruchtung entstehen Larven, die sich auf Felsen festsetzen. Ungeschlechtliche Fortpflanzung erfolgt durch Knospung.

Schwamm gibt Samen ab.

Seeanemonen
Seeanemonen oder Blumentiere sind einzeln lebende, sesshafte Polypen, die in ihrer Farbenpracht an Blumen erinnern. Sie besitzen eine Fußscheibe, mit der sie sich am Boden festhalten. An der zentralen Mundöffnung stehen viele Tentakel. Sie dienen dem Beutefang wie der Verteidigung. Die friedlich aussehenden Blumentiere sind aggressive Räuber, oft sogar Kannibalen. Sie selbst entkommen Feinden, indem sie sich in den Boden eingraben oder von ihm lösen und woanders niederlassen.

Fußscheibe
Tentakel mit gefangenem Fisch
Pferdeaktinie
Fisch wird in den Magen gezogen und verdaut.

Ernährung
Die Tentakel der Seeanemonen enthalten ganze Batterien von Nesselzellen. Damit werden die Beutetiere gelähmt und getötet. Sogar Fische fallen den Seeanemonen zum Opfer und gelangen durch die Mundöffnung in den Magen. Dort werden sie von Enzymen der Magenwand verdaut.

Symbiose
Seeanemonen gehen mit anderen Lebewesen Beziehungen zu gegenseitigem Nutzen ein. Clownfische verbergen sich zwischen ihren Tentakeln. Eine Schleimschicht schützt sie vor dem Nesselgift. Die Fische verteidigen ihre Seeanemone auch. Einsiedlerkrebse tragen auf ihrem Gehäuse oft Seeanemonen. Die Blumentiere schützen den Krebs und erhalten dafür von ihm Nahrungsreste.

Clownfisch in den Tentakeln einer Seeanemone

MANGROVENQUALLE
WISSENSCHAFTLICHER NAME	*Cassiopeia sp.*
STAMM	Coelenterata, Hohltiere
KLASSE	Scyphozoa
ORDNUNG	Rhizostomeae
VERBREITUNG	Karibik
LEBENSRAUM	Flache Mangrovebuchten
ERNÄHRUNG	Kleine Lebewesen
GRÖSSE	Bis zu 30 cm Durchmesser
LEBENSDAUER	Mehrere Jahre

SIEHE AUCH UNTER FEUCHTGEBIETE, TIERWELT · FISCHE · KORALLENRIFF · MEERESKÜSTE, TIERWELT · OZEAN, TIERWELT · TIERE · TIERE, GIFTIGE

RABENVÖGEL

DIE RABEN UND KRÄHEN und ihre Verwandten sind intelligente Vögel, die oft in Gruppen auftreten und viel Geschrei machen. Sie sind weit über die nördliche Halbkugel verbreitet. Einige Arten kommen in Gesellschaft des Menschen vor. Die meisten Rabenvögel haben sich nicht auf eine bestimmte Lebensweise spezialisiert. Stattdessen können sie die unterschiedlichsten Nahrungsquellen nutzen. Rabenvögel sind Allesfresser, die sich auch nicht scheuen, Küken anderer Arten zu verspeisen.

Die Familie der Rabenvögel

Die Familie umfasst rund 112 Arten. Dazu gehören Raben, Krähen, Dohlen und Elstern. Die meisten Arten sind fast schwarz. Häher und Elstern fallen durch ihre bunten Farben auf. Die Rabenvögel zählen zu den Singvögeln, obwohl ihre Rufe sich wie ein Krächzen anhören.

Aaskrähe
Die Aaskrähe ist in Europa und Asien verbreitet. Westlich der Elbe ist sie ganz schwarz und heißt Rabenkrähe. Östlich der Elbe heißt sie Nebelkrähe, denn bei ihr sind Rücken und der Bauch grau. Die Aaskrähe lebt oft von überfahrenen Tieren am Straßenrand.

Glänzend schwarzes Gefieder

Breite Flügel für den Segelflug

Blauhäher
Mit einer Länge von 28 cm ist dieser bunte Vogel eine der kleinsten Arten unter den Rabenvögeln. Er lebt im östlichen Nordamerika.

Kolkrabe
Der Kolkrabe ist der größte Rabenvogel. Er lebt an abgelegenen Orten, im Gebirge und an Felsküsten und hat einen lauten krächzenden Ruf.

Mit seinem mächtigen Schnabel zerlegt er die Kadaver toter Tiere.

Kräftige Beine mit großen Schuppen

Ernährung

Rabenvögel haben kräftige Schnäbel und sind bei der Nahrung nicht wählerisch. Sie fressen gerne Samen, Würmer und Insekten, im Frühjahr auch Eier und neu geschlüpfte Vogelküken. Viele Landwirte halten die Rabenvögel für schädlich und versuchen sie zu vertreiben. Dabei sind einige Arten bei uns sehr selten geworden, z. B. die Saatkrähe.

Samenfresser
Im Gegensatz zu den meisten Raben und Krähen fressen die Häher vor allem Samen und Nüsse. Im Herbst sammeln sie gerne Eicheln und vergraben sie. Diese Nahrungsvorräte suchen sie dann im Winter auf.

Nesträuber
Die Elster macht kleinen Singvögeln das Leben schwer, weil sie deren Eier und Junge raubt. Man sagt den Elstern nach, dass sie glänzende Gegenstände stehlen. Das kommt aber nur selten vor.

Hierarchie bei der Dohle
Dohlen kommen in Europa und Westasien vor. Sie leben in Gruppen mit einer strengen Hierarchie. Dohlen lieben die Gesellschaft des Menschen und sind Kulturfolger.

Soziale Gruppen

Kolkraben, Elstern und Häher leben meist allein oder paarweise. Einige Rabenvögel verbringen aber das ganze Leben in größeren Gruppen. Diese Lebensweise hat Vorteile, wenn es um die Nahrungssuche und die Verteidigung gegenüber Räubern geht.

Aasfresser
Kolkraben segeln hoch über dem Boden und suchen wie die Greifvögel nach Nahrung. In der Regel gehen sie allerdings nur an bereits tote Tiere.

Blauelster
Die Blauelster kommt in 2 voneinander getrennten Verbreitungsgebieten vor: in Ostsibirien, China und Japan sowie in Spanien und Portugal. Man nimmt an, dass die Art früher auch in Europa und Westasien vorkam, dann aber aufgrund von Klimaveränderungen ausgestorben ist.

Auffallend langer Schwanz

Saatkrähen
Saatkrähen bauen ihre Nester in Baumwipfeln. Bei Sonnenuntergang sammeln sie sich oft in in großen Gruppen auf hohen Bäumen. Im Winter bilden die Saatkrähen zusammen mit den Dohlen oft große Schwärme auf den Feldern.

KOLKRABE

WISSENSCHAFTLICHER NAME *Corvus corax*

ORDNUNG Passeriformes, Singvögel

FAMILIE Corvidae, Rabenvögel

VERBREITUNG Nordamerika, Europa, Nord- und Zentralasien

LEBENSRAUM Gebirge, Sumpf, Felsküste

ERNÄHRUNG Samen, Kleintiere, Reste von Kadavern

GRÖSSE Länge 64 cm

SIEHE AUCH UNTER — GREIFVÖGEL — PINGUINE — SINGVÖGEL — TIERVERHALTEN — VÖGEL — VOGELFLUG

RADAR UND SONAR

DIE GROSSEN ROTIERENDEN Schüsselantennen auf Flughäfen gehören zu einer Radaranlage. Mit solchen Antennen ortet man Flugzeuge, die noch hunderte von Kilometern entfernt sind – selbst nachts und bei schlechtesten Wetterbedingungen. Das Radar ist eine Art Echoortung: Man sendet Radiowellen aus und fängt die eintreffenden Echos wieder auf. Auch das Sonar arbeitet mit Echoortung, allerdings werden dabei Schallwellen eingesetzt. Schiffe und Boote machen damit Objekte unter Wasser aus und messen die Wassertiefe.

Wie das Radar funktioniert

Radarantennen senden Radio- oder Mikrowellen aus. Wenn sie auf Objekte treffen, werden sie zurückgeworfen und kehren zur Antenne zurück. Dort werden sie wahrgenommen. Aus der Zeit, die zwischen Aussenden und Wiedereintreffen verstreicht, berechnet ein Computer die Entfernung des Objekts.

Flugzeug

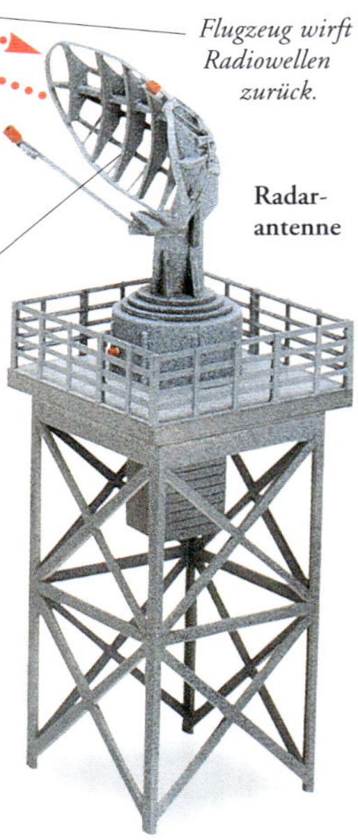

Flugzeug wirft Radiowellen zurück.

Die Antenne sendet Radiowellen aus.

Die Antenne dreht sich und sucht den Himmel nach Flugzeugen in allen Richtungen ab.

Radarantenne

Radar im Einsatz

Radarsysteme setzt man zu den verschiedensten Zwecken ein: Flugzeugpiloten und Schiffskapitäne finden damit ihre Route. Das Militär macht feindliche Flugzeuge aus und lenkt mit Radar die eigenen Raketen. Meteorologen spüren mit Radar Regengebiete auf und Astronomen kartieren Planeten.

Flugkontrolle
In Flughäfen sitzen Fluglotsen vor Radarschirmen und leiten eintreffende Flugzeuge sicher zur Landebahn. Sie überwachen auch Starts.

Navigation zur See
Schiffe finden sich auch bei Nacht und Nebel mit Hilfe von Radar zurecht. Auf dem Bildschirm erkennt man Felsen oder andere Schiffe.

Radarfalle
Polizeibeamte messen die Geschwindigkeit von Autos sehr einfach mit einer Radarpistole, die Mikrowellenimpulse aussendet.

Robert Watson-Watt

Der schottische Physiker Robert Watson-Watt (1892–1973) entwickelte in der Mitte der 30er Jahre das erste praktische Radarsystem, obwohl damals bereits viele Länder über Radarsysteme forschten. Im Zweiten Weltkrieg (1939–45) konnte man damit frühzeitig vor anfliegenden Bombern warnen.

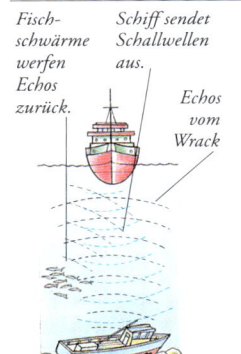

Sonar

Fischschwärme werfen Echos zurück.
Schiff sendet Schallwellen aus.
Echos vom Wrack

Am Schiffsrumpf sendet ein Transponder hochfrequente Schallwellen aus und nimmt gleichzeitig die Echos wahr, die irgendwelche Objekte oder der Meeresboden reflektieren. Aus der Zeit zwischen Aussenden und Empfangen kann man die Tiefe und die Entfernung zum Schiff berechnen.

Echoortung

Einige Tiere orientieren sich mit Hilfe der Echoortung. Delfine beispielsweise senden hochfrequente Schreie aus, die von der Umgebung zurückgeworfen werden. Im Gehirn des Delfins entsteht anhand der Echos ein Bild von der Umgebung und er findet sich so beim Schwimmen zurecht.

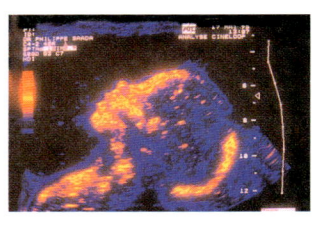

Delfin

Ultraschallbild eines Babys im Mutterleib

Sonographie
Mit Hilfe von Ultraschall gelingt es, die Organe des Bauches abzubilden. Diese Technik der Echoortung setzt man vor allem ein, um die Entwicklung der Babys im Mutterleib zu überwachen. Man spricht dabei auch von Sonographie.

Sonarschirm
Der Transponder nimmt die Echos wahr, die zum Schiff zurückkehren, und zeichnet sie als leuchtende Punkte auf einem Bildschirm auf. Am Bildschirm sieht man, wie tief der Meeresboden ist. Es gelingt auch Fischschwärme und Wracks am Meeresboden zu orten.

Sonarschirm bildet Meeresboden ab.

Chronologie

1904 Der deutsche Chr. Hülsmeyer entwickelt einen Vorläufer des Radargerätes.

1915 Nach dem Untergang der *Titanic* setzt der französische Physiker Paul Langevin Schallwellen ein, um U-Boote und Eisberge durch Echoortung ausfindig zu machen.

1922 Der italienische Erfinder Guglielmo Marconi schlägt ein Radarsystem vor.

1936 Schiffe nutzen das Radar zur Navigation.

Mobiles Radargerät, 1940

1939–45 Radarsysteme zum Aufspüren feindlicher Flugzeuge im 2. Weltkrieg

1958 Erste Ultraschallbilder Ungeborener

70er und 80er Jahre Astronomen kartieren mit Radar die Planeten Merkur und Venus.

SIEHE AUCH UNTER FLEDERMÄUSE · FLUGHAFEN · NAVIGATION · PLANETEN · POLIZEI · SCHALL · SCHIFFE · WALE UND DELFINE

RADIOAKTIVITÄT

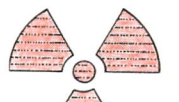

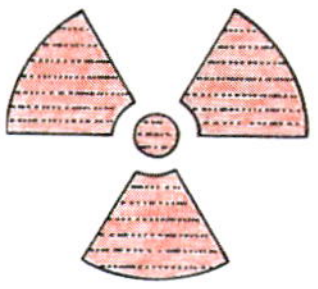

DIE MEISTEN ATOMKERNE sind stabil und unveränderlich. Bei chemischen Elementen mit sonst stabilen Kernen gibt es einige instabile Sorten, die Radioisotope. Diese zerfallen von sich aus und geben dabei Strahlung ab. Den Vorgang nennt man Radioaktivität. Sie tritt in verschiedenen Formen auf und wirkt in hoher Dosis tödlich.

Radioaktive Strahlung

Beim Zerfall von Atomkernen werden Strahlen ausgesandt. Man unterscheidet 3 Arten: Alpha-, Beta- und Gammastrahlen. Diese Strahlen können zusammen auftreten oder einzeln. Sie haben eine unterschiedliche Durchschlagskraft oder Eindringtiefe. Wenn sie von lebendem Gewebe aufgenommen werden, können sie jedoch alle sehr gefährlich werden.

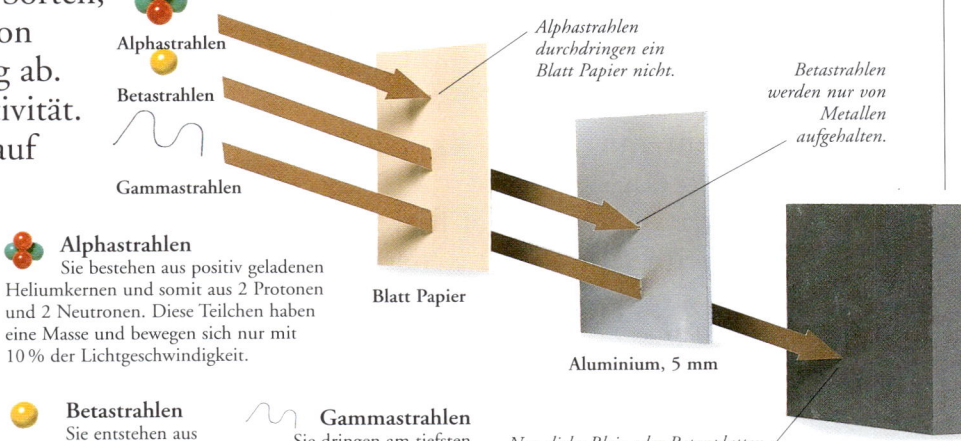

Alphastrahlen durchdringen ein Blatt Papier nicht.

Betastrahlen werden nicht von Metallen aufgehalten.

Blatt Papier

Aluminium, 5 mm

Nur dicke Blei- oder Betonplatten schützen vor Gammastrahlen.

Dickes Blei

Radioaktives Glühen
Radioaktive Gegenstände wie z. B. die Brennstäbe eines Kernreaktors werden in Wasser aufbewahrt, weil es die radioaktive Strahlung absorbiert. Radioaktive Strahlen erzeugen im Wasser ein hellblaues Leuchten.

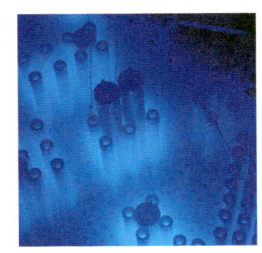

Antoine Becquerel
Der französische Physiker Antoine Becquerel (1852–1908) entdeckte 1896 die Radioaktivität: Bei Experimenten schwärzten in dunkles Papier eingewickelte Uransalze ein Fotopapier. Becquerel schloss daraus, dass Strahlen aus dem Uran durch das Papier auf das Fotopapier gelangt waren.

Alphastrahlen
Sie bestehen aus positiv geladenen Heliumkernen und somit aus 2 Protonen und 2 Neutronen. Diese Teilchen haben eine Masse und bewegen sich nur mit 10 % der Lichtgeschwindigkeit.

Betastrahlen
Sie entstehen aus negativ geladenen Elektronen, die der Kern aussendet. Elektronen sind fast ohne Masse und erreichen die halbe Lichtgeschwindigkeit.

Gammastrahlen
Sie dringen am tiefsten in Materie ein. Es handelt sich dabei um hochfrequente elektromagnetische Strahlung ohne Masse mit Lichtgeschwindigkeit.

Halbwertszeit
Die Halbwertszeit ist die Zeit, die vergeht, bis die Hälfte der Kerne eines radioaktiven Stoffes zerfallen sind. Wenn man von einem Haufen Kaffeebohnen alle 10 Minuten die Hälfte entfernt, bekommt man eine Vorstellung davon, was die Halbwertszeit bedeutet. Nach 1 Halbwertszeit ist noch die Hälfte da, nach 2 Halbwertszeiten ein Viertel usw. Jedes Radioisotop hat eine andere Halbwertszeit. Beim Uran-238 beträgt sie 4,5 Mrd. Jahre, beim Radon-221 nur 30 Sek.

Kaffeebohnen

Nach 10 Minuten — *Der Haufen ist nur noch halb so groß.*

Nach 20 Minuten — *Nur noch ein Viertel der Bohnen sind übrig.*

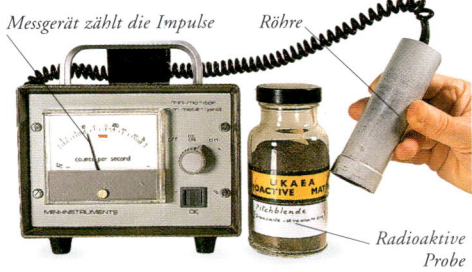

Radiokarbonmethode
Lebewesen enthalten das radioaktive Kohlenstoffisotop C-14 mit einer Halbwertszeit von 5 730 Jahren. Das C-14 zerfällt nach dem Tod eines Lebewesens. Wenn man die noch vorhandene Menge an C-14 bestimmt, kann man daraus das Alter der Probe errechnen. Diese Datierung heißt Radiokarbonmethode.

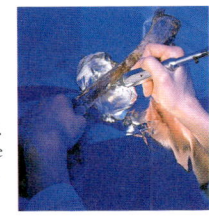

Datierung von Knochen

Geiger-Müller-Zählrohr
Das Gerät zur Messung radioaktiver Strahlen besteht aus einem Draht in einer Vakuumröhre, die bestimmtes Gas enthält. Dringt Strahlung in die Röhre ein, werden die Gasteilchen elektrisch geladen: Das Gerät zeigt einen Stromstoß an. Ein Messgerät zählt die Impulse. Je mehr Impulse vorhanden sind, umso stärker ist die Radioaktivität.

Messgerät zählt die Impulse   *Röhre*

Radioaktive Probe

Filmdosimeter
Die Beschäftigten in Kernkraftwerken müssen spezielle Dosimeter tragen. Diese zeichnen die Strahlungsmenge auf, der der Träger ausgesetzt war. Nach einem Monat entwickelt man den Film. Der Grad der Schwärzung gibt Auskunft über die Höhe der Strahlungsdosis.

Nutzen der Radioaktivität
Radioaktive Strahlung wird vor allem in der Medizin eingesetzt: Man behandelt damit Krebsgeschwülste, verfolgt den Weg von chemischen Stoffen im Körper und sterilisiert Geräte. Techniker überprüfen mit radioaktiven Stoffen Lecks in Pipelines und Risse in Maschinenteilen.

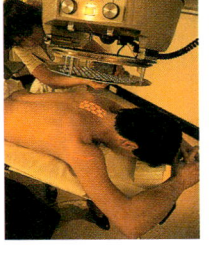

Strahlentherapie
Krebspatienten müssen sich oft einer Bestrahlung unterziehen. Man richtet eine Gammastrahlenquelle auf das erkrankte Gebiet und tötet mit den Strahlen die Krebszellen ab.

Rauchmelder
In einigen Rauchmeldern befindet sich eine leicht radioaktive Substanz. Ihre Strahlung erzeugt Strom. Wenn Rauch in den Sensor eindringt, ändert sich die Stromstärke. Dies löst den Alarm aus.

Chronologie

1896 A. Becquerel entdeckt die Radioaktivität des Urans.

1898 Die Polin Marie Curie und ihr französischer Mann Pierre Curie entdecken die radioaktiven Elemente Radium und Polonium.

1911 Der neuseeländische Physiker Ernest Rutherford entdeckt, dass Atome einen dichten Kern haben.

1908–28 Die deutschen Physiker Hans Geiger und Walther Müller entwickeln ein Gerät, mit dem man Radioaktivität messen kann. Es heißt heute kurz Geigerzähler.

Becherglas

Frühes Geiger-Müller-Zählrohr

1934 Die französischen Physiker Irène und Frédéric Joliot-Curie erzeugen künstliche Radioaktivität.

1968 Die radioaktive Bestrahlung wird zur Konservierung von Lebensmitteln eingesetzt.

| SIEHE AUCH UNTER | ATOME UND MOLEKÜLE | CURIE, MARIE | ELEKTROMAGNETISCHE STRAHLEN | KERNKRAFT | MEITNER, LISE |

663

RADSPORT

RADRENNEN finden auf Bahnen, auf Straßen und im Gelände statt. Die kürzesten Bahnrennen führen nur über 1 000 m. Sechstagerennen gehen über hunderte von Kilometern und werden von Mannschaften bestritten. Die längsten Straßenrennen sind Etappenfahrten wie die Tour de France, die 2 bis 3 Wochen dauern. Die Sportler fahren je nach Rennen unterschiedliche Räder. Bahnrennräder z. B. sind sehr leicht und haben keine Bremsen. Für Geländerennen nimmt man oft Mountainbikes.

Bahnrennen

Bahnrennen finden in Hallen auf Holzbahnen, im Freien auf Zement- oder Asphaltbahnen statt. Beliebt sind Verfolgungsrennen, bei denen die Gegner an 2 gegenüberliegenden Linien zur gleichen Zeit starten. Gewonnen hat, wer den Abstand zum Gegner verkürzt.

Die Rennfahrer nehmen eine stromlinienförmige Position ein.

Vollräder erzeugen in der Halle weniger Luftwiderstand als Speichenräder.

Bahnrennräder haben weder Bremsen noch Schaltung.

Bahnrennrad

Sattel hoch angebracht für große Tretkraft

Straßenrennrad

Radtypen
Techniker verbessern ständig das Design und die Werkstoffe für die Räder. Form und Gewicht sind wichtig. Bei der Verwendung von Speichen spart man Gewicht, doch erhöht sich dadurch die Luftreibung.

Speichen aus Carbonfaser

Speichen aus Stahl

Mannschaftsverfolgung
Beim Verfolgungsrennen wechseln sich die Fahrer an der Spitze ab. Die Zeit des Dritten bestimmt das Ergebnis. Der Vierte verausgabt sich bei der Führung und fällt am Ende des Rennens zurück.

Der Engländer Chris Boardman auf seinem Lotus-Rad

Zeitfahren
Beim Zeitfahren muss man eine Strecke möglichst schnell zurücklegen oder in einer bestimmten Zeit möglichst weit kommen. Diese Rennen verlangen dauernde Höchstleistung.

Straßenrennen

Straßenrennen finden auf gewöhnlichen Verkehrsstraßen statt. Es gibt Tagesrennen oder mehrtägige Rennen mit zahlreichen Etappen als Rundfahrten etwa durch Frankreich, Italien oder Spanien. Entscheidend ist die Gesamtzeit. Beim Zeitfahren starten die Fahrer hintereinander und müssen „gegen die Zeit" fahren. Auch bei großen Rundrennen werden Zeitfahrwettbewerbe ausgetragen.

Tour de France
Das berühmteste Radrennen der Welt ist die Tour de France, die rund 3 Wochen dauert. Der Beste in der Gesamtwertung trägt bei der nächsten Etappe das berühmte gelbe Trikot.

Miguel Indurain
Der spanische Rennfahrer Miguel Indurain (geb. 1964) war der Erste, der die Tour de France in 5 aufeinander folgenden Jahren (1991–95) gewinnen konnte. 1996 holte er bei den Olympischen Spielen in Atlanta, USA, auch eine Goldmedaille.

Geländerennen

Seit 1950 werden Weltmeisterschaften im Querfeldeinrennen ausgetragen. Die Räder ähneln Straßenrennrädern, haben aber Mittelzugbremse und Reifen mit Stollen. Beliebter sind heute Mountainbike-Rennen. Seit 1990 gibt es Weltmeisterschaften, und seit 1996 ist das Mountainbikefahren olympisch.

Querfeldeinrennen
Diese Rennen führen über einen bestimmten Parcours, der mehrere Male durchfahren wird. Etwa ein Viertel der Strecke überwinden die Fahrer mit dem Rad auf dem Rücken, z.B. Hindernisse wie Zäune, Tore, Gräben oder sehr steile Anstiege.

Mountainbikefahren
Mountainbikes sind robust und haben meist Rahmen aus Stahl oder Titan, eine gerade Lenkstange und dicke Stollenreifen. Der Kurs weist zahlreiche Aufstiege und Abfahrten auf und führt durch unterschiedliches Gelände.

Die Fahrerin verlagert ihr Gewicht nach hinten, um über den Stamm zu springen.

Gewicht über dem Hinterrad

Gewichtsverlagerung über das Vorderrad

Das Gewicht bleibt über dem Vorderrad bis zum Ende des Sprungs.

SIEHE AUCH UNTER FAHRRÄDER UND MOTORRÄDER · FITNESS · FRANKREICH · OLYMPISCHE SPIELE · SPORT

RAKETEN

DIE SCHWERKRAFT HÄLT UNS auf der Erde fest. Den Bereich der Anziehungskraft der Erde können Raketen nur aufgrund ihrer hohen Geschwindigkeit verlassen. Sie bringen Satelliten, Sonden und Instrumente auf eine Umlaufbahn um die Erde oder in das Weltall. Die ersten Raketen bauten die Chinesen vor 1 000 Jahren. In den Weltraum gelangte als Erste die deutsche V2-Rakete. Sie stieg 160 km hoch. Heutige Raketen haben mehrere Stufen. Wenn eine ausgebrannt ist, wird sie abgesprengt, fällt an einem Fallschirm zur Erde zurück und wird erneut verwendet.

Fluchtgeschwindigkeit

Die Schwerkraft hält auch eine Rakete am Boden. Um den Anziehungsbereich der Erde zu überwinden, muss sie eine Geschwindigkeit von 40 000 km/h erreichen. Dann verlässt sie die Erde und fliegt hinaus in den Weltraum. Bei geringerer Geschwindigkeit bleibt sie im Schwerefeld der Erde und kreist im Weltraum um den Planeten.

Schub der Rakete
Schwerkraft

Der Schub der Rakete

Die Nutzlast an Astronauten und Ausrüstung macht nur einen kleinen Teil des Gesamtgewichts der Rakete aus. Den größten Teil beansprucht der Treibstoff für den Start. Die meisten Raketen benutzen flüssige Treibstoffe und Feststoffraketen beim Startbeginn.

Sauerstofftank
Treibstofftank
Zündung

Flüssigkeitsrakete
Bei der Verbrennung von flüssigem Treibstoff mit flüssigem Sauerstoff – beide Stoffe reagieren sofort miteinander und sind daher in getrennten Tanks aufbewahrt – entstehen heiße Gase. Diese werden mit hoher Geschwindigkeit nach hinten ausgestoßen. Der Schub lässt die Rakete vom Boden abheben.

Schub entsteht dadurch, dass heiße Gase durch die Düse der Brennkammer nach hinten austreten.

Flüssiger Sauerstoff und flüssiger Treibstoff reagieren heftig miteinander in der Brennkammer.

Feststoffrakete
Feststoffraketen oder Booster verleihen beim Start zusätzlichen Schub. Der Treibstoff brennt vom einen Ende her wie ein Feuerwerkskörper ab. Diese Feststoffraketen brennen nur kurze Zeit, doch ihr Schub ist notwendig, damit die Rakete abhebt.

Fester Treibstoff beginnt zu brennen, sodass heiße Abgase entstehen.

Heiße Abgase treten durch die Düse aus und erzeugen den Schub.

Fester Treibstoff

Ariane-5

Die Europäische Weltraumorganisation (ESA) startet Satelliten und Sonden mit Ariane-Raketen. Die erste flog 1979. Seither wurden rund 90 Ariane-Raketen vom Raumfahrtzentrum Kourou in Französisch-Guyana gestartet. Der letzte und leistungsstärkste Typ ist *Ariane-5*, die eine neue Generation schwerer Satelliten und auch Raumschiffe mit Besatzung in eine Umlaufbahn bringen soll. Damit will Europa am europäischen Programm der Weltraumstation teilnehmen.

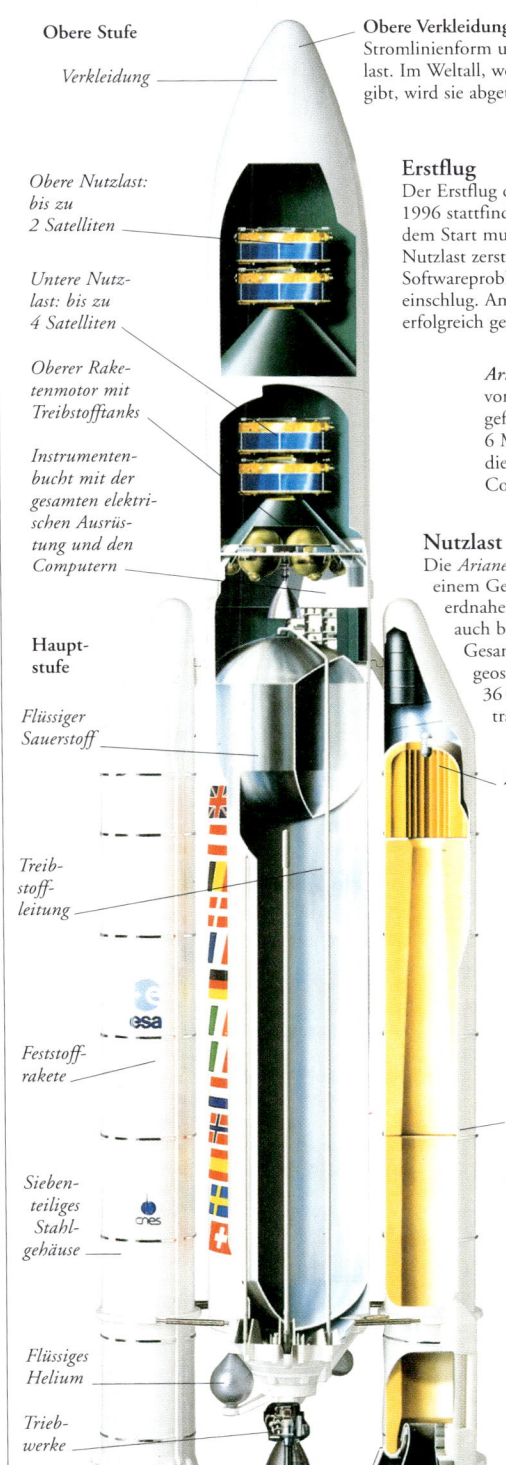

Obere Stufe
Verkleidung
Obere Nutzlast: bis zu 2 Satelliten
Untere Nutzlast: bis zu 4 Satelliten
Oberer Raketenmotor mit Treibstofftanks
Instrumentenbucht mit der gesamten elektrischen Ausrüstung und den Computern
Hauptstufe
Flüssiger Sauerstoff
Treibstoffleitung
Feststoffrakete
Siebenteiliges Stahlgehäuse
Flüssiges Helium
Triebwerke
Düse

Obere Verkleidung Sie hat eine gute Stromlinienform und schützt die Nutzlast. Im Weltall, wo es keine Luft mehr gibt, wird sie abgetrennt.

Erstflug
Der Erstflug der *Ariane-5* sollte am 4. Juni 1996 stattfinden. Weniger als 1 Minute nach dem Start musste man die Rakete mit ihrer Nutzlast zerstören, weil sie aufgrund eines Softwareproblems eine falsche Richtung einschlug. Am 30. 10. 1997 wurde sie erfolgreich gestartet.

Ariane-5 Sie wird 9 Stunden vor dem Start zur Startrampe gefahren. In den letzten 6 Minuten vor dem Start finden die letzten Kontrollen und der Countdown automatisch statt.

Nutzlast
Die *Ariane-5* kann bis zu 4 Satelliten mit einem Gesamtgewicht von 20 t in eine erdnahe Umlaufbahn bringen. Sie kann auch bis zu 3 Satelliten mit einem Gesamtgewicht von 6,8 t in eine geostationäre Umlaufbahn knapp 36 000 km über der Erde transportieren.

Zündung

Hauptstufe
Die Hauptstufe besteht aus 25 t flüssigem Wasserstoff und 130 t flüssigem Sauerstoff in getrennten Tanks. Nach der Zündung entwickelt die Rakete 570 Sek. lang einen Schub von 114–120 t. Die Hauptstufe wird ungefähr 140 km über dem Boden abgesprengt.

Treibstofffüllung

Triebwerk Es wird vor dem Start überprüft und dann gezündet.

Feststoffrakete
Zu beiden Seiten der Hauptstufe befinden sich Feststoffraketen oder Booster. Jeder ist 26,50 m hoch, 3 m breit und enthält 237 t Treibstoff. Bei der Verbrennung entsteht 130 Sek. lang ein Schub von 540 t. Die Booster werden 60 km über dem Boden abgesprengt und dann wieder verwendet.

RAKETEN

Start

Als Countdown bezeichnet man die letzten Überprüfungen und Tests vor dem Start. Der Countdown erfolgt heute in den letzten Minuten automatisch. Dann werden die Raketentriebwerke gezündet. Wenn sie genügend Schub entwickeln, hebt die Rakete ab. Sie beschleunigt sehr schnell. Die nächsten Minuten sind eine sehr kritische Phase. Nur wenn die Rakete die vorher bestimmte Geschwindigkeit erreicht, schwenkt sie in die vorgesehene Umlaufbahn um die Erde ein.

Geografische Breite des Startplatzes

Startfenster Startplatz liegt in der Ebene der Satellitenbahn.

Ideallinie

Absprengen der Verkleidung über der Nutzlast

Vorgesehene Umlaufbahn

Ebene der Umlaufbahn auf der Erde

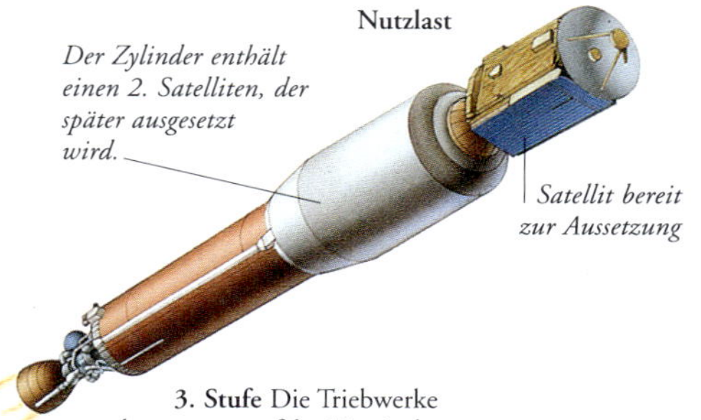

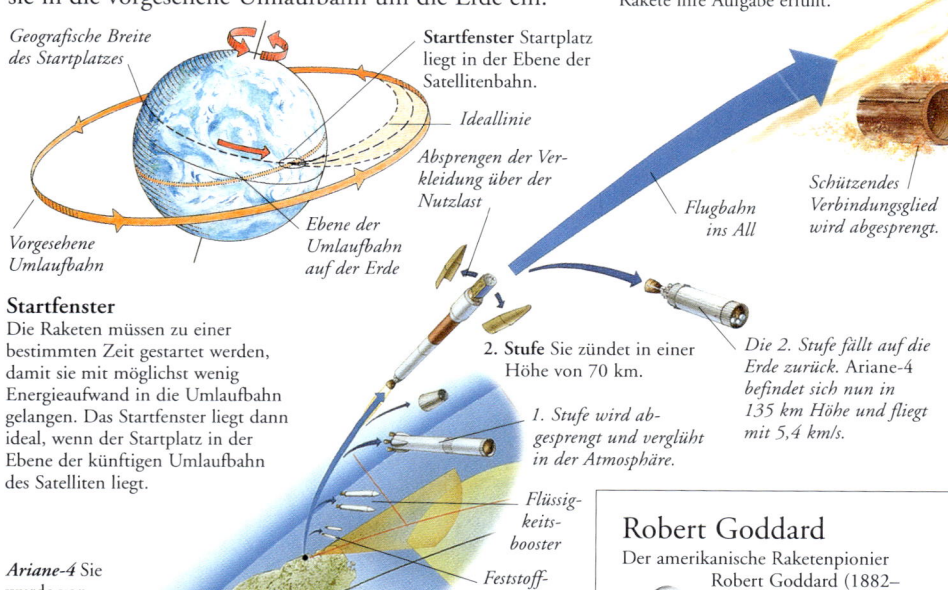

Startfenster
Die Raketen müssen zu einer bestimmten Zeit gestartet werden, damit sie mit möglichst wenig Energieaufwand in die Umlaufbahn gelangen. Das Startfenster liegt dann ideal, wenn der Startplatz in der Ebene der künftigen Umlaufbahn des Satelliten liegt.

Ariane-4 Sie wurde von Kourou in Französisch-Guyana aus gestartet.

Raketenstufen

Raketen können aus mehreren Stufen bestehen. Eigentlich stellt jede Stufe eine eigene Rakete mit getrennten Triebwerken und Treibstofftanks dar. Wenn der Treibstoff einer Stufe verbrannt ist, wird sie abgesprengt und die nächste Stufe gezündet. Durch das Abwerfen wird die Rakete leichter und kann somit stärker beschleunigt werden. Wenn die Nutzlast im Orbit ist, hat die Rakete ihre Aufgabe erfüllt.

Flugbahn ins All

Schützendes Verbindungsglied wird abgesprengt.

2. Stufe Sie zündet in einer Höhe von 70 km.

1. Stufe wird abgesprengt und verglüht in der Atmosphäre.

Die 2. Stufe fällt auf die Erde zurück. Ariane-4 befindet sich nun in 135 km Höhe und fliegt mit 5,4 km/s.

Flüssigkeitsbooster

Feststoffbooster

1. Stufe Die Booster brennen 135 Sek. lang.

Robert Goddard
Der amerikanische Raketenpionier Robert Goddard (1882–1945) startete am 16. März 1926 als Erster eine Flüssigkeitsrakete. Sie erreichte eine Höhe von 12,50 m. Ihr Flug dauerte nur 2,5 Sek.

Nutzlast

Der Zylinder enthält einen 2. Satelliten, der später ausgesetzt wird.

Satellit bereit zur Aussetzung

3. Stufe Die Triebwerke brennen ungefähr 12 min lang, bis die *Ariane-4* die geplante Umlaufbahn erreicht.

Spaceshuttle

Seit den frühen 80er Jahren transportiert das wiederverwendbare Spaceshuttle Astronauten und Satelliten ins Weltall. Es besteht aus 3 Teilen: der Raumfähre, oft auch Orbiter oder einfach Spaceshuttle genannt, einem großen Außentank und 2 Feststoffraketen. Diese Booster werden abgesprengt und fallen auf die Erde zurück. Der Raumtransporter fliegt um die Erde und kehrt schließlich im Gleitflug auf sie zurück.

Bodenkontrolle

Jeder Raketenstart wird von der Erde aus kontrolliert. Die Bodenkontrolle kann auch eingreifen, wenn etwas Außerplanmäßiges geschieht. Dazu besteht eine ständige Funkverbindung zum Raumschiff. Relaisstationen auf der ganzen Welt übertragen die Daten zum Bodenkontrollzentrum.

Im Kontrollzentrum
Das Kontrollzentrum in Houston, Texas, überwacht die amerikanischen Spaceshuttleflüge vom Augenblick des Starts bis zum Wiederaufsetzen auf der Landebahn.

Startplätze
Einige Länder haben mehr als einen Startplatz. Andere betreiben gemeinsam eine Basis, von der aus Raketen starten. Bis in die späten 90er Jahre hinein hatten 9 Nationen Raketen von eigenen Startplätzen ins Weltall gesandt. Diese liegen über den ganzen Globus verstreut. Die Drehgeschwindigkeit der Erde ist am Äquator am höchsten. Diese Auswirkung der Zentrifugalkraft nutzt man auch bei Raketenstarts.

Vandenburg, Plesetsk, Kapustin Jar, Wallops Island, Negev, Baikonur, Taiyuan, Cape Canaveral, Al-Anbar, Juiquan, Xichang, Tane-ga-Shima, Kagoshima, Kourou, Äquator, Hainan, San Marco, Sriharikota

Chronologie

1903 Der russische Gelehrte Konstantin Ziolkowskij schlägt Flüssigkeitsraketen für den Weltraum vor.

1926 Der amerikanische Physiker Robert Goddard startet die erste Flüssigkeitsrakete.

1942 Start der *V2*, der ersten in Deutschland massenproduzierten Langstreckenrakete

V2-Rakete, 1945

1961 Die sowjetische Rakete *Wostok* bringt den ersten Menschen in den Weltraum.

Wostok

1961 Eine *Mercury-3*-Rakete bringt den ersten Amerikaner, Alan Shepard, in den Weltraum.

1968 Start der *Apollo-7*-Kapsel mit einer Saturn-V-Rakete

1970 Japan startet einen Satelliten und ist damit die 4. Nation, die über Weltraumraketen verfügt.

1981 Start des ersten wiederverwendbaren Raumtransporters, des Spaceshuttle.

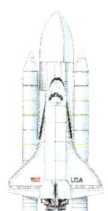

1988 Die leistungsstärkste Rakete aller Zeiten, die russische *Energija*, bringt das russische Spaceshuttle *Buran* in den Weltraum.

1996 Erster Testflug der *Ariane-5*

Spaceshuttle, 1981

SIEHE AUCH UNTER ASTRONAUTEN · ATMOSPHÄRE · KRAFT UND BEWEGUNG · MOND · PLANETEN · RAUMFAHRT · SATELLITEN · SCHWERKRAFT

RAUMFAHRT

DAS ZEITALTER DER RAUMFAHRT begann 1957 mit dem Start des ersten Satelliten. Seit jener Zeit sind viele Astronauten, Roboter und Sonden aufgebrochen, um das Weltall zu erforschen. Auf dem Mond sind 12 Astronauten gelandet. In einer Erdumlaufbahn fliegen dutzende von Satelliten, die die Erde selbst und das Weltall beobachten. Raumsonden haben mit der Ausnahme Plutos schon alle Planeten besucht.

Galileos Weg: 1989 Start vom Spaceshuttle Atlantis; 1989-1992 Flug um Erde und Venus, um Schwung zu erhalten; 1995 Umlaufbahn um Jupiter.

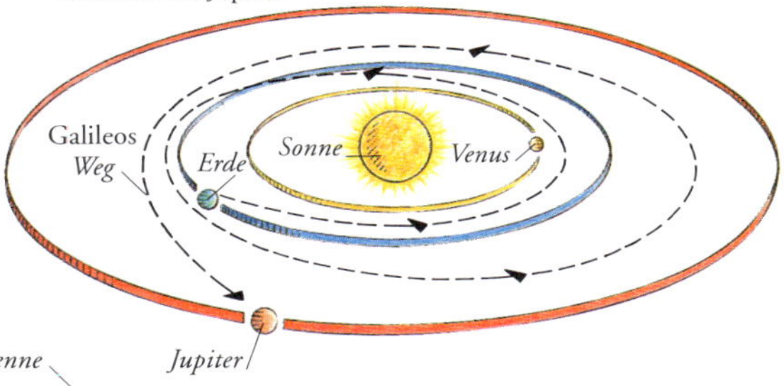

Raumsonden

Seit 1959 verwendet man Raumsonden für Langstreckenflüge zu den Planeten und ihren Monden. Die ersten Sonden flogen an den Himmelskörpern vorbei. Orbiter und Landegeräte gab es erst später. Wenn die Sonde nahe am Ziel ist, sammeln Geräte Daten, um sie zur Erde zu funken.

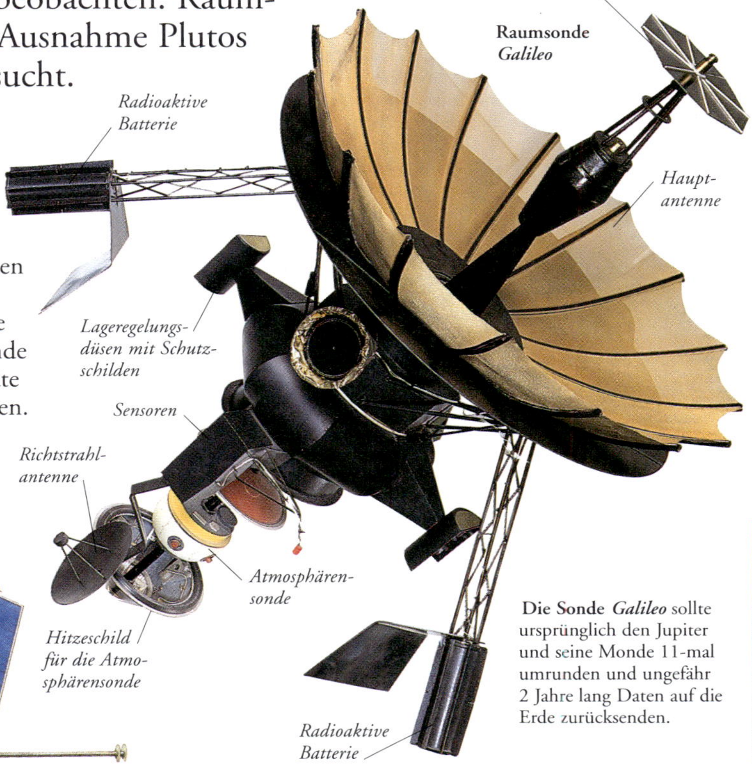

Raumsonde Galileo – *Radioaktive Batterie, Lageregelungsdüsen mit Schutzschilden, Sensoren, Richtstrahlantenne, Hitzeschild für die Atmosphärensonde, Atmosphärensonde, Radioaktive Batterie, Antenne, Hauptantenne*

Vorbeiflugtechnik
Raumsonden nutzen das Schwerefeld von Planeten, um ihre Richtung und Geschwindigkeit zu verändern. Die Sonde *Galileo* flog zweimal an der Erde und einmal an der Venus vorbei, um weiteren Schwung zu holen, bevor sie sich auf den Weg zum Jupiter machte.

Raumsonde Galileo
Sie war die letzte große Planetensonde des 20. Jh. Als Erste untersuchte sie die Atmosphäre eines Riesenplaneten, indem sie 1995 eine Minisonde in die Atmosphäre des Jupiter entließ. Diese stieg durch die dicke Atmosphäre des Planeten aus Wasserstoff, Helium und anderen Gasen auf die Oberfläche des Planeten ab und sammelte dort 57 Min. lang Daten, bevor sie betriebsunfähig wurde.

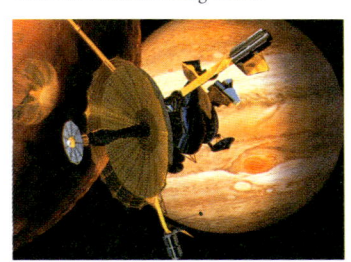

Die Sonde *Galileo* sollte ursprünglich den Jupiter und seine Monde 11-mal umrunden und ungefähr 2 Jahre lang Daten auf die Erde zurücksenden.

Vorbeiflug

Einige Sonden flogen nur an Planeten vorbei. Dann schalteten sich die Geräte an und zeichneten Daten auf. Nach dem Vorbeiflug wurden die Geräte wieder abgeschaltet.

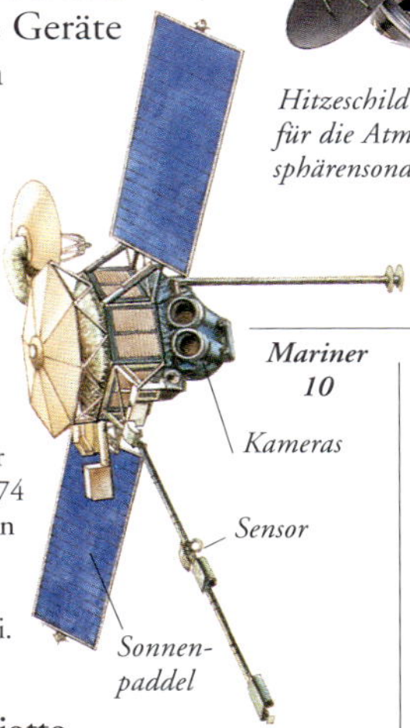

Mariner 10
Die einzige Sonde, die den Merkur besuchte, war *Mariner 10*. Zwischen 1974 und 1975 flog sie 1-mal an der Venus und 3-mal am Merkur vorbei.

Mariner 10 – Kameras, Sensor, Sonnenpaddel

Giotto
10 Instrumente der Sonde *Giotto* untersuchten 1986 den Halley'schen Kometen. Die Sonde flog in 600 km Abstand vom Kometenkern.

Orbiter

Orbiter sind Raumsonden, die in eine Umlaufbahn um den Planeten einschwenken. Sie bleiben dort für alle Zeiten und übermitteln Daten auf die Erde, so lange sie über genügend Energie verfügen.

Magellan
Im Jahr 1990 schwenkte die Sonde *Magellan* in einen Orbit um die Venus ein. Mit einer Radarausrüstung tastete sie die Oberfläche ab und nahm genaue Karten auf. *Magellan* flog 6-mal um die Venus, bevor sie in die Atmosphäre gelangte und dort verglühte.

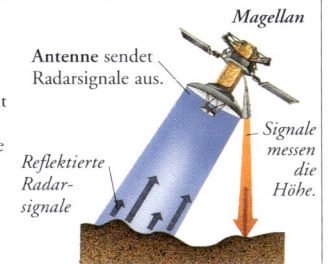

Magellan – Antenne sendet Radarsignale aus. Reflektierte Radarsignale. Signale messen die Höhe.

Venusoberfläche
Magellan kartierte fast 99 % der Venusoberfläche. Es gibt auf diesem Planeten Krater, Canyons, Vulkane und Lavaströme. Das Bild von *Magellan* zeigt das Hochland von Ischtar Terra.

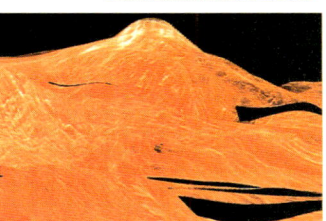

Landegeräte

Sonden, die in eine Umlaufbahn eingeschwenkt sind, können kleine Landegeräte entlassen. Solche haben z. B. die Venus, den Mars und den Mond besucht. Sie übermitteln die gesammelten Daten dem Orbiter, der sie an die Erde funkt.

Viking Lander
Im Juli und September 1976 landeten 2 Einheiten des *Viking*-Orbiters auf dem Mars. Sie nahmen Bilder auf und führten Versuche durch. Anhand ihrer Bodenproben konnten sie keine Lebenszeichen auf dem Planeten finden.

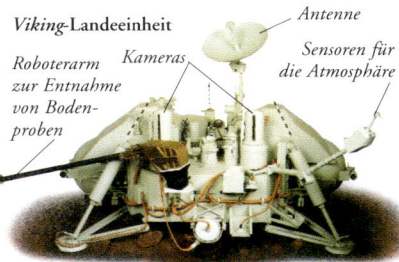

Viking-Landeeinheit – Roboterarm zur Entnahme von Bodenproben, Kameras, Antenne, Sensoren für die Atmosphäre

Wernher von Braun

Der Deutsche Wernher von Braun (1912–77) entwickelte 1942 die V2-Rakete. Später wurde er US-Bürger und baute weitere Raketen für die USA. Seine Saturn-V-Rakete brachte 1963 die Astronauten auf den Mond. Seit den 70er Jahren plante er das Weltraumprogramm der NASA.

Raumfahrt

Raumstationen

Eine dauernde Raumstation in einer Umlaufbahn um die Erde kann als Aufenthaltsbasis und als Startbasis für weitere Flüge ins Weltall dienen. Sowohl Russland wie die USA haben Raumstationen gebaut. Ein Team von ungefähr 18 Nationen plant und baut *Alpha*, die Raumstation für das 21. Jh.

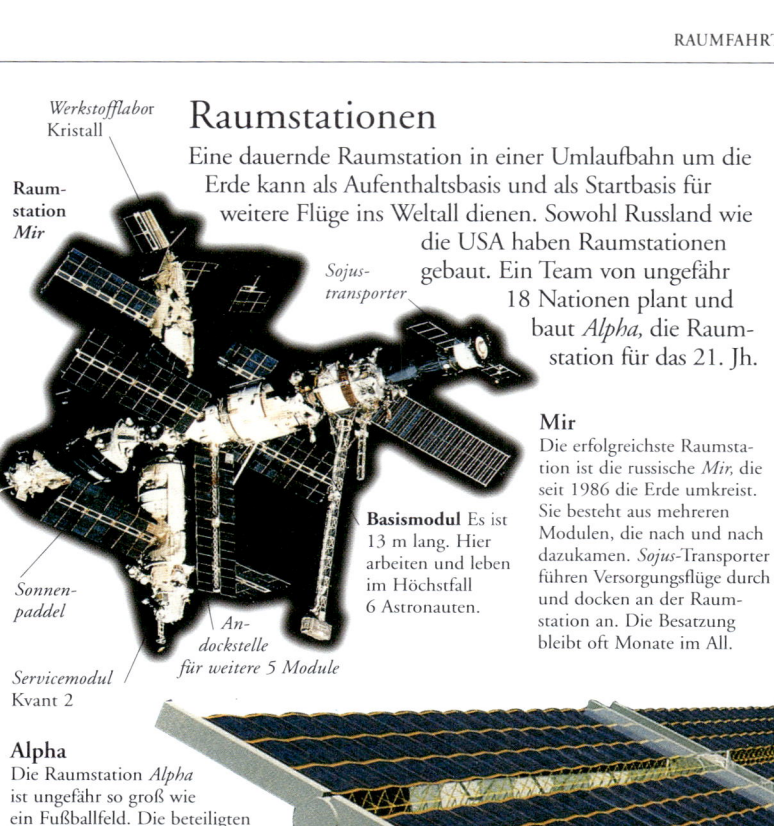

Werkstofflabor Kristall
Raumstation Mir
Sojustransporter

Basismodul Es ist 13 m lang. Hier arbeiten und leben im Höchstfall 6 Astronauten.

Sonnenpaddel
Andockstelle für weitere 5 Module
Servicemodul Kvant 2

Mir
Die erfolgreichste Raumstation ist die russische *Mir*, die seit 1986 die Erde umkreist. Sie besteht aus mehreren Modulen, die nach und nach dazukamen. *Sojus*-Transporter führen Versorgungsflüge durch und docken an der Raumstation an. Die Besatzung bleibt oft Monate im All.

Alpha
Die Raumstation *Alpha* ist ungefähr so groß wie ein Fußballfeld. Die beteiligten Nationen sind für unterschiedliche Teile zuständig. Russland liefert das Basismodul. Die anderen Teile fügt man nach und nach im Weltraum hinzu. Das amerikanische Spaceshuttle oder sein Nachfolger *Venture Star* übernimmt den Transport zwischen Raumstation und Erde. Die Station soll sich möglichst selbst versorgen. Es sind Bereiche für Wohnen, Arbeiten und Service vorgesehen.

Sonnenpaddel (USA)
Energiestation für wissenschaftliche Untersuchungen (international)
Raumstation Alpha
Mobiles Servicesystem (Kanada)
Energieeinheit (Russland)
Servicemodul mit lebenserhaltenden Systemen (Russland)
Modul für Lagerung und Ausrüstung (USA)
Labor (USA)
Mannschaftstransporter (USA)

Skylab
Die einzige amerikanische Raumstation *Skylab* wurde zwischen Mai 1973 und Februar 1974 von 3 Teams besucht. Sie führten Experimente im Labor durch und nutzten es als Arbeitsplattform zur Beobachtung der Erde und des Weltalls. 1979 verglühte *Skylab* in der Erdatmosphäre.

Auf dem Mond

Zwischen 1969 und 1972 landeten 12 amerikanische Astronauten an 6 verschiedenen Stellen auf dem Mond. Die ersten untersuchten ihn noch zu Fuß, spätere verwendeten ein Mondfahrzeug. Sie führten Experimente durch und brachten 380 kg Mondgestein und Staub zurück.

Lunochod
1970 und 1973 brachten die Russen 2 fahrbare Laboratorien auf den Mond, *Lunochod 1* und *2*. Sie fuhren über die Mondoberfläche, nahmen Bilder auf und führten Versuche durch.

Mondlandegerät
Zwei Astronauten von *Apollo 12* landeten am 19. November 1969 auf dem Mond. Sie gingen zu Fuß zur Sonde *Surveyor 3*, die hier 1967 gelandet war, und brachten daraus Material zur Analyse auf die Erde zurück.

Raumfahrtmissionen

Raumfahrtmissionen werden Jahre voraus geplant. Meist arbeiten internationale Teams daran und entwerfen Geräte für Raumsonden. Manche Missionen umfassen viele Starts, wie etwa die der Apolloraumschiffe zum Mond.

Cassini
Ende 1997 startete die Raumsonde *Cassini*, die im Jahr 2004 den Saturn erreichen soll. Während 4 Jahren soll sie 23-mal am Planeten vorbeifliegen, dessen Atmosphäre, Ringe und einige der Monde untersuchen. Die kleinere Sonde *Huygens* wird sich von der Hauptsonde trennen und zum größten Mond Titan fliegen. Sie wird dessen Atmosphäre durchqueren und schließlich auf ihm landen.

Botschaften
Raumsonden führen Botschaften für mögliche Weltraumbewohner mit sich. Auf Plaketten sind die Erde, der Mensch und wichtige Errungenschaften abgebildet. Neuere Sonden haben Tondokumente dabei.

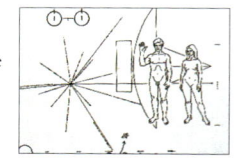

Plaketten in den Sonden *Pioneer 10, 11* zeigen die Erde und ihre Bewohner.

Alexei Leonow
Im Jahr 1965 unternahm der russische Kosmonaut Alexei Leonow (geb. 1934) den ersten Weltraumspaziergang. Bei seinem 2. Raumflug im Jahr 1975 dockte er *Sojus* am amerikanischen Raumschiff *Apollo* an. Dies war die erste internationale Begegnung im Weltall.

Chronologie

1962 *Mariner 2* fliegt an der Venus vorbei: Das erste Raumschiff besucht einen anderen Planeten.

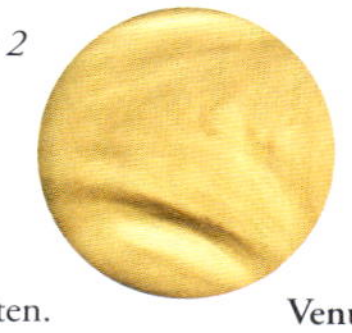

1966 *Luna 9* landet als erste Sonde auf dem Mond.

1969 Die ersten Menschen landen auf dem Mond.

1971 Start von *Saljut 1*, der ersten Raumstation

1973 Die Sonde *Pioneer 10* durchquert den Asteroidengürtel und fliegt am Jupiter vorbei.

1986 *Giotto* macht die ersten Nahaufnahmen von einem Kometenkern.

1987 Die Russen errichten die erste ständige Raumstation im Weltall, *Mir*.

1989 *Voyager 2* fliegt am Planeten Neptun und 3 Jahre später am Uranus vorbei.

1993 Reparatur des Weltraumteleskops *Hubble*. Erste detaillierte Bilder weit entfernter Himmelskörper

1996 Die Minisonde *Galileo* dringt als Erste in die Atmosphäre eines Riesenplaneten ein.

Venus
Hubble-Teleskop

SIEHE AUCH UNTER   ASTRONAUTEN   KOMETEN UND ASTEROIDEN   MOND   PLANETEN   RAKETEN   SATELLITEN   SONNE UND SONNENSYSTEM   WELTALL

RECHT UND GESETZ

GESETZE REGELN das Zusammenleben in einer Gesellschaft. Sie machen Aussagen über das politische System, über die Regierung und die Beziehung zu den Bürgern sowie über die Beziehungen der Menschen untereinander. Die Polizei sorgt dafür, dass die Gesetze eingehalten werden, und die Justiz beurteilt Gesetzesübertretungen. Die Gesetze entstanden im Lauf der Geschichte auf unterschiedliche Weise, aber es gibt keine Gesellschaft ohne Recht und Gesetz.

Hammurapi

Hammurapi
Die älteste Gesetzessammlung geht auf den mesopotamischen König Hammurapi (1792–1750 v. Chr.) zurück. Sie enthält 282 Gesetze zu Familie, Arbeit, Besitz und Handel. Die Gesetze wurden in eine Steinsäule eingemeißelt.

Frühe Gesetze
Die Gesetzessammlung jedes Landes ist in Jahrhunderten gewachsen. Dabei wurden oft Elemente früherer Gesellschaften mit aufgenommen. Die meisten westlichen Länder haben die Rechtsprinzipien der Römer übernommen. Kaiser Justinian (um 483–565) ließ über 1000 Jahre römischer Rechtsgeschichte aufzeichnen. Sein *Codex* ist in lateinischer Sprache verfasst.

Gerechtigkeit
Gerichte wenden das Recht nach allgemein anerkannten Prinzipien an. In westlichen Ländern gilt ein Angeklagter als unschuldig, bis seine Schuld nachgewiesen ist. Er hat das Anrecht auf Vertretung durch einen Rechtsanwalt.

Die Justitia wägt das Für und Wider der Beweise ab.

Das Capitol in Washington ist Sitz des Senats und des Repräsentantenhauses.

Gesetzgebung
Die Gesetzgebung ist in demokratischen Ländern kompliziert. Zuerst formuliert die Regierung einen Gesetzesentwurf. Zu ihm äußern sich alle Betroffenen, vor allem Organisationen. Über das Gesetz bestimmt aber letztlich die Legislative, die gesetzgebende Versammlung, in Deutschland der Bundestag und der Bundesrat. Die Gesetze erlangen dort durch Abstimmung ihre Gültigkeit.

Im Capitol werden die Gesetze der USA gemacht.

Rechtsordnung
Viele Menschen kennen strafrechtliche Aspekte durch Krimis in Film und Fernsehen. Es gibt jedoch für die meisten Aspekte des Lebens Gesetze, angefangen von der Straßenverkehrsordnung, über Finanzgesetze bis zum Familienrecht. Das Gesetz, das die Grundlagen des Staates und des Zusammenlebens seiner Bürger beschreibt, heißt Verfassung oder Grundgesetz. Alle später erlassenen Gesetze müssen daraufhin überprüft werden, ob sie mit dem Grundgesetz übereinstimmen.

Mit der Versenkung der Rainbow Warrior *verletzte Frankreich Völkerrecht.*

Internationales Recht
Das internationale Recht oder Völkerrecht regelt die Beziehungen zwischen verschiedenen Staaten. Die Vereinten Nationen können dieses Recht gegen andere Länder oder einzelne Menschen anwenden, die aggressiv gehandelt haben. Streitigkeiten zwischen Ländern und internationalen Organisationen werden vor dem Internationalen Gerichtshof in Den Haag verhandelt.

Verfassung
Die Verfassung oder das Grundgesetz eines Landes beschreibt die politischen Prinzipien, nach denen das Zusammenleben erfolgt. Einige Länder wie Großbritannien und Frankreich haben keine schriftlich niedergelegte Verfassung. Die Verfassung der Vereinigten Staaten von Amerika wurde am Ende des Unabhängigkeitskrieges 1787 schriftlich fixiert. Die ersten 10 Zusatzartikel garantieren gewisse grundlegenden Rechte, z. B. das Recht zum Tragen von Waffen, Religionsfreiheit und Freiheit der Meinungsäußerung. Diese Rechte bilden die Grundlage der amerikanischen Gesetze.

Die Unabhängigkeitserklärung legte die Grundlage für die amerikanische Verfassung.

Strafrecht
Das Strafrecht auferlegt allen Mitgliedern der Gesellschaft, gewisse Handlungen zu unterlassen, die sich gegen die Gesellschaft oder gegen andere Menschen richten. Beispiele sind z. B. Körperverletzung und Mord, Raub, Diebstahl und Erpressung. Das Strafrecht legt die Strafen für verbrecherisches Handeln fest. Nicht zum Strafrecht im eigentlichen Sinne gehören die nicht kriminellen Vergehen, die mit Bußen oder Ordnungsgeldern bestraft werden.

Verdächtiger mit Polizeinummer

Zivilrecht
Das Privat- oder Zivilrecht behandelt die Rechtsbeziehungen der Bürger untereinander. Es geht hier vor allem um Verträge, die geschlossen, oder um Sachen, die beschädigt wurden. Das Privatrecht beschäftigt sich mit dem krähenden Hahn in Nachbars Garten genauso wie mit dem Kauf eines Autos oder mit Fällen, bei denen auch internationale Gesellschaften eine Rolle spielen.

Viele Menschen suchen den Rat eines Anwalts, wenn es darum geht, ein Haus oder eine Wohnung zu kaufen.

Familienrecht
Das Familienrecht befasst sich mit den Beziehungen zwischen Verheirateten und ihren Kindern. Wichtig werden die Bestimmungen des Familienrechts bei Ehescheidungen. Es geht dann um Unterhaltszahlungen, die Verantwortung für die Kinder und das Besuchsrecht. Das Familienrecht schützt auch Kinder vor gewalttätigen Eltern.

Bei Scheidungen haben die Familiengerichte vor allem das Wohl der Kinder im Auge zu behalten.

Recht und Gesellschaft

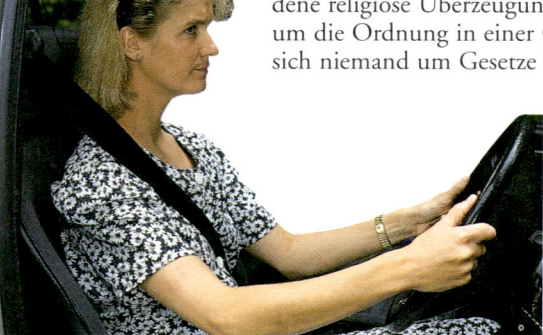

Diese Autofahrerin befolgt das Gesetz und gurtet sich beim Fahren an.

Jede Gesellschaft hat ein eigenes Rechtssystem mit Gesetzen und Verordnungen entwickelt. In den einzelnen Ländern gibt es aber ganz unterschiedliche Rechtsnormen. In Teilen der islamischen Welt beruht das Gesetz z. B. auf religiösen Geboten. In westlichen Ländern wäre dies kaum möglich, weil es hier zu viele verschiedene religiöse Überzeugungen gibt. Gesetze sind notwendig, um die Ordnung in einer Gesellschaft aufrechtzuerhalten. Wo sich niemand um Gesetze kümmert, entsteht ein Chaos.

Sultan-Hasan-Moschee, Kairo

Der Einfluss der Gesetze
Gesetze bestimmen viele Aspekte des täglichen Lebens. Es liegt auf der Hand, dass man sich der Gewaltanwendung und des Diebstahls enthält. Doch auch bei vielen Routinetätigkeiten wie beim Autofahren muss man Gesetze beachten. Das Gesetz schreibt z. B. vor, dass die Insassen den Sicherheitsgurt anlegen müssen. Wer dies nicht tut, übertritt das Gesetz und muss, wenn er ertappt wird, mit einer Buße rechnen.

Religiöse Gesetze
Einige islamische Länder haben die Scharia eingeführt, das religiöse Recht, das im Mittelalter formuliert wurde. Die Scharia geht direkt auf den Koran und den Propheten Mohammed zurück. Sie regelt die Beziehungen des Einzelnen zur Familie, zu den Nachbarn, zum Staat und zu Allah. Viele islamische Länder haben im 19. Jh. westliche Rechtssysteme übernommen und den Geltungsbereich der Scharia auf das Familienrecht eingeschränkt. Auch das Judentum kennt strenge Vorschriften.

Geschworenengericht in den USA

Bei Rechtsstreitigkeiten und Prozessen tauschen gelernte Juristen ihre Argumente aus. Diese Auseinandersetzung findet in der Regel in einem Gerichtssaal statt. Bei Strafprozessen klagt der Staatsanwalt an. Der Verteidiger versucht den Angeklagten zu entlasten. Die Entscheidung und das Urteil fällt bei uns der Richter mit seinen Beisitzern. In den USA entscheidet eine Jury aus Laien, den Geschworenen, über Schuld oder Unschuld des Angeklagten. Gerichtsverhandlungen sind im Allgemeinen öffentlich.

Richter Er überwacht den Fortgang des Prozesses, beruft Zeugen und verkündet zum Schluss das Urteil, das die Geschworenen gesprochen haben, sowie das Strafmaß.

Geschäftsstellenbeamter Er ist ein Assistent des Richters und verantwortlich für Verwaltungsfragen und Recherchen. Er berät den Richter auch in juristischen Fragen.

Beweise Bei Prozessen sind Beweise wichtig. Dazu gehören Aussagen, die vor Zeugen gemacht wurden, oder Schriftstücke, die bei Zivilprozessen eine Rolle spielen. Als Beweise bei Strafprozessen kommen auch Gegenstände in Frage, etwa die Mordwaffe mit den Fingerabdrücken des Mörders darauf, oder wissenschaftliche Daten wie Blutproben und genetische Fingerabdrücke des Täters.

Zeuge

Richterbank

Jury Die Jury des amerikanischen Gerichts besteht meist aus 12 ausgewählten Männern und Frauen. Sie wohnen dem gesamten Prozess bei, werten die Beweise und sprechen dann ihr Urteil. Diese Art Geschworenengericht gibt es bei uns nicht.

Protokollführer Er schreibt alles auf, was im Gericht gesagt wurde. Heute wird die Gerichtsverhandlung meist auf Tonband aufgenommen und dann schriftlich niedergelegt.

Staatsanwalt Er vertritt den Staat und klagt den vermeintlichen Täter an. Für die Schuld des Angeklagten muss der Staatsanwalt Beweise vorlegen.

Verteidigung Der Verteidiger vertritt den Angeklagten vor Gericht. Bei schwierigen Prozessen steht ihm oft ein Team von Rechtsberatern zur Seite. Der Verteidiger muss die Beweise des Staatsanwalts entkräften und widerlegen. Meist sitzt der Angeklagte neben seinem Verteidiger.

Gesetzestexte

Publikum Fast alle Strafprozesse werden öffentlich verhandelt. Es gibt auch Verhandlungen, bei denen das Publikum mit Rücksicht auf die Intimsphäre des Angeklagten oder der Kläger ausgeschlossen wird.

Rechtsberater Sie beraten den verteidigenden Rechtsanwalt, führen Recherchen durch und machen notwendige Zeugen ausfindig.

SIEHE AUCH UNTER — AMERIKANISCHE REVOLUTION · BABYLONIER · ISLAM · MENSCHENRECHTE · POLITIK UND MACHT · POLIZEI · RELIGIONEN · VERBRECHEN

REFORMATION

BIS ZUM 16. JH. VERLIESSEN SICH Europas Christen in allen Lebensfragen auf die römisch-katholische Kirche. Sie würde sie sicher durch das irdische Dasein zum Leben im Himmel führen. Viele Würdenträger der Kirche waren reich und korrupt. Einfache Priester hingegen blieben arm und unwissend wie das Volk. Da begannen Gelehrte Reformen zu fordern, um die Kirche von Grund auf zu erneuern. Doch Papst und Bischöfe reagierten kaum. So kam es zur Reformation, die von einigen Königen und Fürsten unterstützt wurde und die schließlich zur protestantischen Kirche führte.

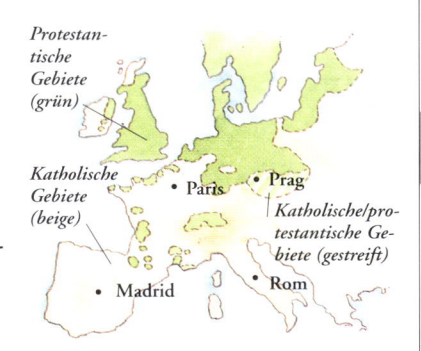

Protestantische Gebiete (grün)
Katholische Gebiete (beige)
Katholische/protestantische Gebiete (gestreift)

Christentum, um 1540
Trat ein Landesfürst zum protestantischen Glauben über, folgten ihm meist die Untertanen. In katholischen Ländern wie Frankreich wurden die Protestanten verfolgt. Es galt: Cuius regio, eius religio – wessen Land, dessen Religion.

Frühe Proteste

Zu den Vorläufern der Reformation gehörten der englische Gelehrte John Wyclif (um 1329–84) und der böhmische (tschechische) Priester Jan Hus (um 1369–1415). Wyclif beklagte die Korruption in der katholischen Kirche und sprach dem Papst die Kompetenz ab. Nach seinem Tod wurden viele seiner Anhänger, die sog. Lollards, hingerichtet.

Hus-Gedenkmünze

Hussiten
Hus, der Wyclif unterstützte und Reformen forderte, wurde als Ketzer auf dem Scheiterhaufen verbrannt. Seine Anhänger, die Hussiten, erklärten ihn zum Märtyrer und bekriegten die katholischen Länder. Die Hussiten wurden besiegt und Böhmen blieb katholisch.

Hus auf dem Scheiterhaufen

Martin Luther
Dr. Martin Luther (1483–1546) war ursprünglich katholischer Mönch und Theologe. 1517 schlug er an der Kirche zu Wittenberg seine 95 Thesen an, in denen er in Latein über das Wesen der Buße und den Missbrauch beim Ablasshandel zur Diskussion aufforderte. Er löste damit die Reformation aus. Einige Fürsten unterstützten Luther. Seine Lehre verbreitete sich durch die zuvor erfolgte Erfindung des Drucks rasch.

Auflösung der Klöster
Ab 1530 erreichte die Reformation auch England. Im Protestantismus gab es keine Klöster. Deshalb löste Heinrich VIII. 1536–39 alle englischen Klöster auf und zog deren Vermögen und Ländereien für die Krone ein.

Fountains Abbey, Yorkshire, England

Protestantische Flügel

Die protestantische Kirche war in sich gespalten. Die Gläubigen folgten verschiedenen Reformatoren wie Ulrich Zwingli (1484–1531) und Johannes Calvin (1509–64). Calvin beeinflusste die Reformation vor allem in der Schweiz, in Holland, Frankreich und Schottland.

Puritaner
Englische Anhänger Calvins nannte man Puritaner wegen ihrer Forderung nach reiner, „purer" Form des Gottesdienstes. Einige Puritaner übten große politische Macht aus und wurden verfolgt; andere errichteten in Nordamerika sog. „göttliche" Kolonien.

Protestantische Märtyrer

Die Bartholomäusnacht

Hugenotten
Während der Hochzeit ihrer Tochter mit dem calvinistisch gesinnten Heinrich von Navarra ließ Katharina von Medici im August 1572 in Paris etwa 3 000 Anhänger Calvins, sog. Hugenotten, vom katholischen Mob ermorden. Das Massaker ist als Bartholomäusnacht bekannt.

Protestantismus

Die Protestanten wollten eigentlich die katholische Kirche ändern, die sich nach ihrer Meinung vom christlichen Ideal der Bibel weit entfernt hatte. Ihre Reformen schlossen die Rückkehr zu schlichteren Zeremonien und einen geringeren Einfluss der Priesterschaft ein. Jeder sollte sich selbst auf die Suche nach Gott machen. Der Gottesdienst sollte auch nicht mehr in Lateinisch, sondern in der jeweiligen Landessprache abgehalten werden.

Allegorie des Glaubensbekenntnisses, Lucas Cranach d. J.
Gute Weingärtner stellen Protestanten dar.
Martin Luther
Betrunkener Priester
Schlechte Weingärtner stellen die katholische Kirche dar.

Gegenreformation

Im 16. Jh begann die Gegenreformation, um protestantische Länder für die katholische Kirche zurückzugewinnen. Triebfeder dieser Bewegung war die Gesellschaft Jesu, 1534 von dem Spanier Ignatius von Loyola (1491–1556) gegründet. Diese Jesuiten traten auch als Missionare vor allem in Amerika auf.

Ignatius von Loyola

SIEHE AUCH UNTER | CHRISTENTUM | DEUTSCHLAND, GESCHICHTE | HEILIGES RÖMISCHES REICH | RELIGIONEN | RENAISSANCE

REGENWALD, TIERWELT

DAS SCHREIEN DER AFFEN, das Zirpen von Insekten, die hellen Farben eines Vogelflügels – dies alles gehört zum artenreichsten Ökosystem der Erde, dem tropischen Regenwald. Hier lebt über die Hälfte aller Pflanzen- und Tierarten. Ein Gebiet von 100 km² bietet Platz für 750 Baumarten, 400 Vogelarten, 100 Arten von Kriechtieren und viele tausend Insektenarten. Es handelt sich dabei nicht um eine zufällige Anhäufung von Pflanzen und Tieren, sondern um eine sehr komplexe Gemeinschaft.

Sonnensittiche fliegen von Baum zu Baum und ernähren sich von Früchten, Knospen und Samen.

Oberste Kronenschicht – Baumriesen ragen über die untere Kronschicht weit hinaus.

Dichte untere Kronschicht

Liane am Baumstamm

Brettwurzel

Strauchschicht

Bodenschicht

Obere Kronschicht
Diese Schicht kann bis zu 60 m hoch über dem Boden liegen. Hier erheben sich einzelne Baumriesen über die umgebende Kronschicht. In dieser Höhe leben Fledermäuse und Vögel wie Greifvögel oder Fruchtfresser, etwa der Sonnensittich.

Untere Kronschicht
Diese Schicht liegt in einer Höhe von 30–45 m über dem Boden. Sie ist sehr dicht und enthält die größte Vielfalt an Waldtieren, vor allem Affen. Die Lianen gelangen an ihren Trägerpflanzen bis in diese Höhe.

Strauchschicht
Die Strauchschicht ist sehr dunkel, da die Baumkronen viel Licht wegnehmen. Hier leben viele Kriechtiere, die an den Baumstämmen hochklettern und sich von Pflanzen und Insekten ernähren.

Bodenschicht
Auf dem dunklen Boden im Regenwald leben viele Insekten, die totes, herabfallendes Material verwerten. Blattschneiderameisen tragen Blattstückchen ein und züchten darauf Pilze, die sie fressen.

Regenwälder
Regenwälder wachsen in Äquatornähe. Das feuchtheiße Klima ist ideal für Pflanzen. Hier herrscht die größte Artenvielfalt sowohl bei den Pflanzen wie bei den Tieren. Im Regenwald unterscheidet man mehrere Stufen; jede ist dicht von Tieren besiedelt.

Harpyie
Diese Adlerart ist der größte Greifvogel der mittel- und südamerikanischen Regenwälder. Er segelt über dem Kronendach und hält nach Beutetieren Ausschau, etwa Affen, Faultieren, Opossums und Schlangen. Nach einem schnellen Sturzflug packt er die Tiere mit seinen rasiermesserscharfen Krallen.

Bis zu 100 cm Länge

Vögel
Regenwälder enthalten die größte Vielfalt an Vögeln. Schnelle Greifvögel wie Adler und Falken stürzen sich auf Tiere der Kronschicht. Hier leben Tukane, Papageien und Hornvögel. Sie ernähren sich von Früchten und Kleintieren. Ganz unten scharren Bodenvögel nach Insekten und Pflanzenwurzeln.

Die Blätter haben eine Wachsschicht, um die Verdunstung zu verringern. Regenwasser leiten sie zu den Wurzeln.

Epiphyten

Die Pflanze nimmt Luftfeuchtigkeit über die Schuppen der Blätter auf.

Bromelie

Pflanzen
Viele Bäume im Regenwald sind sehr groß und wenig verzweigt und werden von Brettwurzeln gestützt. Sie tragen epiphytische Pflanzen wie Bromelien oder Orchideen. Diese Epiphyten oder Überpflanzen sind aber keine Parasiten. Sie besorgen sich nur Wasser und Mineralsalze. Bromelien haben quirlig angeordnete Blätter, die eine Zisterne bilden. Darin sammeln sich Wasser, abgefallene Blätter und Früchte. Wenn diese verrotten, haben die Bromelien Nährsalze.

Bankivahuhn
Das südostasiatische Bankivahuhn lebt in kleinen Gruppen auf dem Waldboden und nistet in Vertiefungen, die mit Gras ausgekleidet werden. Es ist die Stammform unseres Haushuhns und scharrt wie dieses im Boden nach Würmern.

Weißbrusttukan
Dieser Vogel lebt in der Kronschicht südamerikanischer Regenwälder. Mit seinem mächtigen, aber federleichten Schnabel packt er Früchte und Kleintiere am Ende dünner Äste.

Würgerfeige
Die Würgerfeigen haben einen ungewöhnlichen Lebenszyklus. Vögel geben die Samen in der Kronschicht mit dem Kot ab. Die Pflanzen entsenden erst Wurzeln in den Boden. Diese verdicken und umgeben den Wirtsbaum wie mit einem Gehäuse. Die Blätter der Würgerfeige nehmen dem Wirt das Licht weg. Schließlich stirbt dieser ab und verrottet. Die Würgerfeige steht dann ohne Stütze.

Pacu

Piranha

Rasiermesserscharfe Zähne

Fische
Die Bäche und Flüsse in den Regenwäldern sind voller Fische. Die Pacu oder Mühlsteinsalmler aus Südamerika ernähren sich von Früchten und Samen, die von überhängenden Zweigen ins Wasser fallen. Manche Piranhas jagen in Gruppen. Mit ihren scharfen Zähnen töten sie andere Fische oder Warmblütler, die sich ins Wasser wagen. Der Zitteraal betäubt seine Beutetiere mit elektrischen Schlägen. Mit dem elektrischen Feld, das er selbst aufbaut, orientiert er sich im schlammigen Wasser und nimmt Beute wahr.

Kriechtiere

In Regenwäldern leben viele Echsen und Schlangen. Leguane und Geckos haben lange Zehen und Krallen und können gut klettern. Einige entwickelten sogar einen Greifschwanz. Die meisten Echsen fressen Insekten; nur wenige leben von Pflanzen. In Regenwäldern leben die Königs- oder Abgottschlange sowie die giftige Gabunviper. Sie ernährt sich vor allem von Vögeln und Säugern.

In unauffälligem Braun ist die Gartenboa gut getarnt, während sie auf Beute lauert.

Gartenboa
Diese südamerikanische Schlange verbringt den größten Teil ihres Lebens in der Strauch- und Kronschicht des Regenwaldes und geht nur selten auf den Boden. Wenn ihr Kleinsäuger, Vögel oder Echsen zu nahe kommen, schlägt sie zu und packt die Beute mit den Zähnen. Dann umschlingt sie das Tier mit ihrem Körper und erdrückt es.

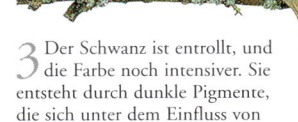

Parsons Chamäleon
Diese madegassische Art ist gut an das Leben in den Bäumen angepasst. Mit seinen Zehen und dem Greifschwanz hält sich das Chamäleon an Ästen und Zweigen fest. Hier wartet es stundenlang auf Insekten. Ist ein Beutetier in Reichweite, so schießt das Chamäleon seine lange klebrige Zunge nach vorn und fängt die Beute. Chamäleons verändern ihre Farbe je nach Stimmung und Umwelt.

Dunkle Streifen und Flecken

Die Haut ist nun sehr dunkel.

Farbwechsel

1 Das Parsons Chamäleon wird dunkler und warnt damit einen Rivalen, der in sein Territorium vorgedrungen ist.

2 Das Chamäleon wird immer dunkler; es treten purpurfarbene Streifen und Flecken auf. Es wird aggressiver und bläht seinen Körper auf, um größer zu erscheinen.

3 Der Schwanz ist entrollt, und die Farbe noch intensiver. Sie entsteht durch dunkle Pigmente, die sich unter dem Einfluss von Hormonen in der Haut ausbreiten.

Wirbellose Tiere

In den Regenwäldern lebt eine unübersehbare Vielfalt von wirbellosen Tieren. Viele sind noch unentdeckt und unbeschrieben. Auf dem Boden ernähren sich Würmer, Tausendfüßer, Käfer und Ameisen von Pflanzenresten und toten Tieren, die von der Kronschicht herabfallen. Auch Spinnen jagen hier; größere Formen erbeuten sogar Frösche und Kleinvögel. In der Strauch- und Kronschicht jagen Wespen, Wanzen und Fliegen andere Insekten. Riesige Schmetterlinge besuchen die Blüten.

Fühler

Giftklauen unter dem Kopf

Morphofalter
Dieser südamerikanische Tagfalter hat eine Spannweite von bis zu 18 cm. Unter einem bestimmten Blickwinkel erscheinen seine Flügel leuchtend blau. Die Weibchen sind eher zurückhaltend braun gefärbt. Die Morphos fliegen hoch oben in der Kronschicht.

Flacher Körper

Wandelndes Blatt
Diese Heuschrecke aus Südostasien ahmt Blätter täuschend nach. Bei einer Gefahr bewegt sich das Tier seitwärts, sodass es wie ein Blatt aussieht, das im Wind hin und her schwingt.

Riesenskolopender
Dieser Hundertfüßer aus Südamerika wird bis zu 20 cm lang. Er frisst Insekten und sogar kleine Reptilien und Säuger. Beutetiere nimmt er mit den Fühlern wahr und lähmt sie mit einem Biss seiner mächtigen Giftklauen.

Amphibien

Die feuchtwarmen Bedingungen im Regenwald kommen Fröschen und Kröten sehr gelegen. Sie sind meist gut getarnt oder tragen eine auffällige Warntracht, die ihre Ungenießbarkeit anzeigt. Einige Arten leben auf dem Boden, die meisten jedoch auf Bäumen, wo sie sich mit Greiffüßen festhalten.

Pfeilgiftfrosch
Die Buntheit dieser südamerikanischen Frösche warnt Räuber davor, dass sie giftig sind. Die Männchen schrecken mit der Farbe Rivalen ab, in ihr Revier einzudringen.

Leisten sehen wie Blattadern aus.

Zipfelfrosch
Durch die Körperform, die spitze Schnauze und die Zipfel über den Augen sehen diese Tiere wie ein Blatt aus. Die Färbung erinnert an totes verwelktes Laub. Mit dieser Tarnung bleiben die Zipfelfrösche sowohl Räubern wie Beutetieren verborgen.

Säugetiere

Säugetiere leben in allen Schichten des Regenwaldes. Bodenbewohner werden vor allem nachts aktiv und ernähren sich von Insekten, Samen und Pflanzen. Zu den größeren Pflanzenfressern zählen Tapire, Wasserschweine und Hirsche. Sie stellen wiederum Beutetiere für den Tiger oder den Jaguar dar. In der unteren Kronschicht leben Opossums und Ginsterkatzen, auf den Baumriesen darüber Fledermäuse, Affen und Tiere, die gleiten können, z. B. die Riesengleiter.

Jaguare klettern gern auf Bäume und lauern auf Beute.

Jaguar
Der Jaguar ist die einzige amerikanische Großkatze. Er jagt Hirsche und Nabelschweine. Im Regenwald mit seinem Wechselspiel von Sonne und Schatten bildet das gefleckte Fell eine vorzügliche Tarnung und ist kaum auszumachen. Dadurch kann sich der Jaguar nahe an ein Beutetier anschleichen.

Schwarzer Klammeraffe
Diese sehr bewegliche und aktive Affenart lebt in der Kronschicht südamerikanischer Regenwälder. Die Tiere bewegen sich außerordentlich schnell und machen Sprünge von bis zu 10 m Länge. Sie leben in Gruppen von bis zu 20 Tieren und suchen vor allem Früchte. Nur selten begeben sie sich auf den Waldboden.

Der Greifschwanz wickelt sich um Äste und dient als fünfte Gliedmaße.

| SIEHE AUCH UNTER | AFFEN | BÄUME | FRÖSCHE UND KRÖTEN | INSEKTEN | KRIECHTIERE | LÖWEN UND ANDERE GROSSKATZEN | TARN- UND WARNTRACHT | WÄLDER |

REIBUNG

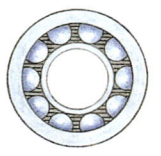

EINE SCHWERE KISTE über den Boden zu ziehen verlangt viel Kraft, da die Reibung der Bewegung entgegenwirkt. Reibung tritt zwischen Flächen auf, die sich berühren. Selbst scheinbar glatte Oberflächen haben mikroskopisch feine Unebenheiten, die ineinander greifen und bremsend wirken; raue bremsen stärker. Statische Reibung verhindert, dass sich Körper in Bewegung setzen. Dynamische Reibung bremst bewegte Körper ab.

Statische Reibung

Zwischen der schiefen Ebene aus Holz und dem Gewicht herrscht Reibung. Auf rauer Fläche ist die Reibung so groß, dass sich die Masse nicht bewegt. Auf der glatten Fläche gleitet sie abwärts, doch wird dabei die dynamische Reibung wirksam.

Die Schwerkraft lässt die Masse auf der glatten Fläche die statische Reibung überwinden und rutschen.

Glatte Fläche
Raue Fläche
Die raue Fläche verhindert durch ihre Reibung, dass die Masse ins Gleiten kommt.

Vom Nutzen der Reibung

Reibung ist lebenswichtig. Ohne Reibung könnten wir nicht gehen. Erst durch Reibung haften unsere Schuhe auf dem Boden, sodass die Füße nicht abrutschen. Ähnliches gilt für Reifen. Die meisten Bremsen funktionieren nur über Reibung und werden dabei oft sehr heiß.

Die Sohlen sind so gestaltet, dass die Reibung und damit die Griffigkeit hoch ist.

Elektrische Aufladung durch Reibung

Scheibenbremsen
Wenn der Motorradfahrer die Bremsen betätigt, pressen Backen die Metallscheibe im Inneren zusammen. Durch die Reibung wird Bewegungsenergie in Wärme umgewandelt. So kommt das Motorrad zum Stillstand.

Bremsbacken
Scheibe
Die Bremsen erhitzen sich beim Kurvenfahren. 

Reibung und Elektrizität
Wenn man 2 Gegenstände aneinander reibt, können sie sich elektrisch aufladen. Bei der Reibung zwischen einem T-Shirt und einem Ballon gelangen negativ geladene Elektronen auf den Ballon, während das T-Shirt eine positive Ladung trägt. Ungleichnamige Ladungen ziehen sich an: So bleibt der negativ geladene Ballon am positiv geladenen T-Shirt hängen.

Reibung und Wärme
Bei kaltem Wetter reiben sich die Menschen oft die Hände, um sie auf diese Weise zu wärmen. Die Reibung zwischen zwei sich bewegenden Flächen erzeugt stets Wärme. Bremsscheiben von Rennwagen werden durch das häufige Bremsen oft rotglühend.

Reibung verringern

Reibung in Maschinen erzeugt Wärme und vernichtet einen Teil der eingesetzten Energie. Man verhindert die Reibung zweier Maschinenteile, die dabei verschlissen werden, indem man die Kontaktfläche möglichst verringert.

Masse 1 kg
Das Gewicht bewegt sich fast reibungslos über die Rollen.
Stahlrollen

Rollen
Rollen oder Walzen unter dem Gewichtsstein erlauben eine reibungsarme Bewegung. Masse und Oberfläche der Stahlrollen kommen nur auf kleiner Fläche miteinander in Kontakt. Diese Rollreibung ist sehr viel geringer als die Gleitreibung.

Radnabe im Zentrum
Befestigung des Rades

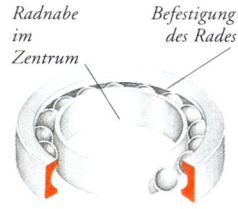

Kugellager
Mit Kugellagern verringert man die Reibung zwischen einem Rad und einer Achse. Wenn sich das Rad dreht, drehen sich auch die Stahlkugeln im Lager. Hier tritt nur eine Rollreibung auf.

Schmierung
Schmierstoffe wie Öle und Fette verringern die Reibung zwischen beweglichen Teilen. Das Öl überzieht die Oberfläche mit einem dünnen Film und verhindert somit einen Gleitkontakt.

Luftwiderstand
Der Luftwiderstand ist schon bei geringen Geschwindigkeiten groß. Die Stromlinienform bewirkt, dass die Luft das Fahrzeug möglichst ohne Wirbel umfließt. Im Windkanal zeigen Rauchspuren, wie sich die Luft über das Fahrzeug bewegt.

Luftkissenboot
Luftkissenboote überwinden das Problem der Reibung, indem sie Druckluft als Schmiermittel einsetzen. Turbinen blasen Luft gegen den Boden unter dem Fahrzeug. Sie erzeugen dabei einen Luftstau, auf dem das Fahrzeug über das Wasser hinweg gleitet. Für die Vorwärtsbewegung sorgen Gasturbinen, die Luftschrauben auf dem Deck antreiben.

Christopher Cockerell
Der englische Ingenieur Christopher Cockerell (1910–99) begann 1953 mit Versuchen zur Verringerung der Reibung zwischen Schiffsrumpf und Wasser. Als Lösung schlug er vor, den Rumpf aus dem Wasser zu heben und mit einem Kissen aus Druckluft zu umgeben. Nach erfolgreichen Modellen baute er 1959 das erste Luftkissenfahrzeug.

SIEHE AUCH UNTER | ELEKTRIZITÄT | KRAFTFAHRZEUGE | KRAFT UND BEWEGUNG | LUFT | MASCHINEN | SCHIFFE | WÄRME UND TEMPERATUR

REIHER, STÖRCHE UND FLAMINGOS

DIE REIHER UND IHRE Verwandten erkennt man an den langen dünnen Beinen, am langen Hals und dem großen Schnabel. Die meisten Reiher fressen Fische und andere Wassertiere. Dabei stehen sie im Wasser, ohne dass ihre Federn nass werden. Geduldig warten sie auf Beute, und einige Arten haben bemerkenswerte Fangtechniken entwickelt. Flamingos filtern ihre Nahrung, vor allem Kleinkrebse, durch ein System von Lamellen im Oberschnabel aus dem Wasser. Die meisten Störche fangen ihre Beute, vor allem Frösche, auf dem Land. Viele Reihervögel leben und nisten in Gruppen. Dadurch sind sie vor Räubern geschützt.

Hals in Ruhe und im Flug S-förmig gebogen

Reiher stehen gern nur auf einem Bein.

Junger Goliathreiher

Ausgewachsener Goliathreiher

Lange, gerade Beine

Reiher
Es gibt ungefähr 60 Arten von Reihern. Sie kommen mit Ausnahme der Arktis und der Antarktis fast überall vor. Die meisten leben in Wassernähe und nisten oft in Gruppen. Die Nester liegen auf Bäumen und bestehen aus Ästen und Schilfhalmen.

Kuhreiher
Diese kleine Reiherart lebt neben Rindern und anderen Pflanzenfressern und packt aufgescheuchte Insekten. In jüngster Zeit hat der Kuhreiher sein Verbreitungsgebiet stark erweitert.

Rohrdommel
Die Dommeln leben im dichten Röhricht, wo sie gut getarnt sind. Bei Bedrohung strecken sie ihren Schnabel nach oben und bewegen sich langsam hin und her – wie wogendes Schilf im Wind.

Glockenreiher
Der afrikanische Glockenreiher schreitet ins Wasser und breitet dort seine Flügel schirmförmig aus. Dadurch wirft er einen Schatten, der auf manche Fische anziehend wirkt.

Fischfang
Viele Reiher, darunter auch der Goliathreiher, stehen völlig unbeweglich im Wasser. Wenn ein Fisch in ihre Nähe kommt, duckt sich der Reiher und streckt schließlich seinen S-förmig gebogenen Hals. Mit dem Schnabel spießt er den Fisch auf. Auch der einheimische Graureiher fischt auf diese Weise. Er ist dabei so erfolgreich, dass ihn die Fischer verfolgen.

Mangrovereiher
Diese Reiherart jagt in der Regel nachts, wenn viele kleine Tiere unterwegs sind. Oft lauert er mit gebogenen Beinen auf einem niedrigen Zweig auf Beute.

Flamingoschädel

Marabu

Dieser Storch hat eine der größten Flügelspannweiten aller Vögel.

Lange Beine und Zehen

Flamingos
Flamingos leben in der Regel in flachen Salzseen, in denen es sonst kaum andere Tiere gibt. Mit dem Schnabel filtern sie winzige Krebschen und Algen aus dem Wasser. Die rosaroten Vögel werden gerne in Zoos gehalten.

Brutkolonien
Die Brutkolonien der Flamingos enthalten bis über 2 Mio. Tiere. Mit dem Schnabel bauen sie kraterförmige Schlammnester im Flachwasser.

Störche
Es gibt 19 Storcharten. Einige lieben das Wasser, doch die meisten leben in ziemlich trockenen Gebieten. Der afrikanische Marabu ist ein Aasfresser. Wie die Geier geht er an tote Tiere. Er fängt aber auch lebende Beute, etwa Insekten, Fische, Ratten und Kleinvögel.

Nester
Der Weißstorch legt auf seinem Zug lange Strecken zurück und kommt zum Brüten jedes Frühjahr von Afrika nach Europa. Er baut seine Nester gern auf Dächern und gilt als Glücksbringer.

Köderfischen
Die nordamerikanische Form des Mangrovereihers wirft kleine Zweige auf das Wasser und wartet, bis Fische von diesem Köder angezogen werden und in seine Reichweite gelangen.

GOLIATHREIHER

WISSENSCHAFTLICHER NAME	*Ardea goliath*
ORDNUNG	Ciconiiformes, Storchenvögel
FAMILIE	Ardeidae, Reiher
VERBREITUNG	Afrika, Arabische Halbinsel, Indien
LEBENSRAUM	Küsten, Seen, Flüsse
ERNÄHRUNG	Hauptsächlich Fisch
GRÖSSE	Länge 150 cm
LEBENSDAUER	Ungefähr 25 Jahre

SIEHE AUCH UNTER GREIFVÖGEL SÜSSWASSER, TIERWELT VÖGEL WATVÖGEL

REITERVÖLKER

DIE ALTEN GRIECHEN nannten alle Ausländer oder Nichtgriechen Barbaren. Vom 3. Jh. an wandte man diesen Begriff immer mehr auf berittene Nomadenvölker aus Asien und Osteuropa an, etwa die Goten, die Wandalen oder die Hunnen. Diese sog. Barbaren waren mit ihren berittenen Heeren auf der Suche nach Land und lösten in Europa eine große Völkerwanderung aus. Das führte schließlich zum Untergang des Römischen Reiches.

Wer waren die Barbaren?
Für Mitteleuropäer zählten zu den Barbaren die Hunnen und Awaren aus Asien, die Sachsen, Wandalen und Goten aus Germanien. Hunnen, die von Asien in Europa einfielen, vertrieben germanische Stämme, die in großer Zahl ins Römische Reich eindrangen. Zwei Jahrhunderte lang führte dies zu einer Völkerwanderung in ganz Europa.

Hunnen
Die Hunnen waren ein mongolisches Volk aus den Steppen Zentralasiens. Sie gelangten um 370 nach Südosteuropa. Als hervorragende Reiter besiegten sie die Ostgoten und trieben die Wandalen und andere Stämme nach Westen. Den Höhepunkt ihrer Macht erreichten sie unter Attila. Dabei plünderten sie das oströmische Reich und fielen nach Gallien, ins heutige Frankreich, ein. Im 5. und 6. Jh. eroberten die Weißen Hunnen, ein verwandtes Volk, Persien (Iran) und Nordindien.

Die Hunnen machten Bogen und Pfeile aus Horn und Knochen.

Sattel

Jagd in der Steppe von Chen Chii-Chung (Sung-Dynastie)

Katalaunische Felder
Die Hunnen waren als berittene Bogenschützen fast unbesiegbar. Ihre kurzen Bogen benutzten sie beim Reiten. Im Nahkampf setzten sie Säbel ein. Unter Attila gewannen die Hunnen viele Schlachten. Im Jahr 451 wurden sie jedoch von den Römern, den Westgoten und Franken auf den Katalaunischen Feldern nahe Chalons-sur-Marne in Frankreich besiegt.

König Attila
Attila (um 406–453) wurde 434 zusammen mit seinem Bruder Bleda König der Hunnen. 445 ermordete er ihn jedoch. Attila einigte sein Volk, das in Ungarn lebte, und griff dann das ost- und das weströmische Reich an. Man nannte ihn „Geißel Gottes". Er war grausam zu seinen Feinden, aber gerecht gegen das eigene Volk. Attila starb in der Nacht seiner Hochzeit mit Ildiko (Kriemhild) – vermutlich an Gift.

Ostgoten und Westgoten
Die Ostgoten waren ein germanisches Volk am Schwarzen Meer und mit den Westgoten im Donauraum verwandt. Nach dem Fall des Römischen Reiches 476 traten die Westgoten zum Christentum über. Ihr Bischof Wulfila übersetzte die Bibel in die gotische Sprache und schuf dazu eine eigene gotische Schrift.

Gotische Architektur
Im Spätmittelalter baute man Kirchen und Kathedralen im gotischen Stil. Viele Skulpturen wie die Wasserspeier galten späteren Renaissancekünstlern als „barbarisch" im Vergleich zum antiken Stil. Man nannte die Kunst gotisch nach den Völkern, die dem Römischen Reich das Ende bereitet hatten.

Wasserspeier an der Kathedrale Notre Dame in Paris.

Angeln und Sachsen
„Die Barbaren treiben uns ans Meer, und das Meer treibt uns zu den Barbaren zurück; auf die eine oder andere Weise kommen wir ums Leben." So schrieben Briten im 5. Jh. an ihre früheren Lehrer nach Rom. Die seefahrenden Barbaren, die sie bedrohten, waren Sachsen, Angeln und Jüten – nordgermanische Völker und geschickte Handwerker, die seit 500 fruchtbare Gebiete in Britannien besiedelten.

Angelsächsische Gewandschnalle
Gold und Granat
Angelsächsische Geldbörse
Gold und Email
Schlangenmuster
Gold
Email
Spange

Fort von Richborough
Die Römer bauten im 3. und 4. Jh. bei Richborough und an der Küste Südostenglands Befestigungen. Von hier aus konnten sie die vordringenden Angelsachsen angreifen.

Bis zu 1,20 m dicke Mauern

Britische Schiffe zerstören chinesische Dschunken.

Barbaren aus dem Westen
Viele Asiaten bezeichneten Ausländer als Barbaren. Im 18. Jh. sprachen die Chinesen von „fremden Teufeln" und bestanden darauf, dass der Handel zwischen China und dem Westen nur in Kanton abgewickelt werde. Die Japaner verboten über 200 Jahre lang, bis 1854, das Betreten ihres Landes.

SIEHE AUCH UNTER   **ANGELSACHSEN**   **KRIEG**   **RÖMISCHES REICH**

RELIGIONEN

IN ALLEN KULTUREN und zu allen Zeiten verspürten die Menschen das Bedürfnis nach Religion. Es sind Glaubensvorstellungen, die die Welt erklären. Die meisten Religionen kennen einen oder mehrere Götter. Diese offenbaren dem Menschen, wie die Welt entstanden ist und was nach dem Tode geschieht. Fast alle Religionen haben Rituale, um mit den Göttern in Kontakt zu treten und um die wichtigsten Ereignisse im Leben des Einzelnen zu feiern. Alle Religionen haben Regeln, die von den Gläubigen befolgt werden.

Weltreligionen

Es gibt 6 Welt- oder Universalreligionen, nämlich Christentum, Islam, Hinduismus, Buddhismus, Judentum und die Sikhreligion. Viele Menschen finden in der Religion eine moralische Richtschnur und den Sinn des Lebens. Religion schafft Gemeinschaft mit einem gemeinsamen Wertesystem. Dennoch führen religiöse Konflikte oft zum Krieg.

Sikhreligion
Diese fünftgrößte Religion hat Elemente mit dem Islam und dem Hinduismus gemeinsam. Die Sikhreligion wurde im 16. Jh. in Indien gegründet und besitzt eine heilige Schrift, den Granth.

Schintoismus
Zur altjapanischen Religion des Schintoismus gehört der Glaube an Naturgeister, die Kami, die Verehrung der Ahnen sowie der Respekt vor militärischen Tugenden, etwa der Ritterlichkeit. Bis 1945 war der Schintoismus Staatsreligion in Japan.

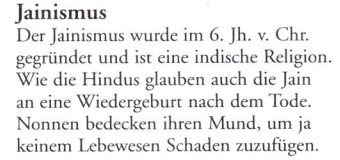

Jainismus
Der Jainismus wurde im 6. Jh. v. Chr. gegründet und ist eine indische Religion. Wie die Hindus glauben auch die Jain an eine Wiedergeburt nach dem Tode. Nonnen bedecken ihren Mund, um ja keinem Lebewesen Schaden zuzufügen.

Die Parsen glauben, dass das Feuer heilig ist. Deswegen unterhalten sie in ihren Tempeln immer ein Feuer.

Parsismus
Diese Religion wurde im 6. Jh. v. Chr. in Asien gegründet. Sie ist heute noch in Teilen des Iran und Indiens vertreten. Die Parsen glauben, dass das Leben ein Kampf zwischen 2 Kräften ist: einer guten, dargestellt vom Gott Ahura Mazda, und einer schlechten in Gestalt von Ahriman. Das Gute wird am Ende triumphieren.

Stammesreligionen

Einheimische Völker in Nordamerika, Australien und Afrika haben eigene Stammesreligionen. Es gibt dazu keine geschriebenen Texte, sondern die Glaubensvorstellungen und Rituale werden mündlich von Generation zu Generation weitergegeben. Viele Stammesreligionen verehren die Ahnen und die Naturkräfte.

Die Frauen der Aschanti in Westafrika tragen diese Fruchtbarkeitspuppen, damit sie schöne Kinder bekommen.

Die australische Rindenmalerei zeigt eine Gruppe von Vorfahren.

Für die Aschanti hat Holz als lebendes Material magische Fähigkeiten.

Ahnenverehrung
Die meisten Stammesreligionen glauben an ein Leben nach dem Tode. Der Geist des Toten lebt unter seinen Nachkommen weiter. Diese Ahnen verehrt man durch Gegenstände, die sie symbolisieren, etwa die geschnitzten Totempfähle im nordwestlichen Nordamerika.

Animismus
Der Glaube, dass allen Dingen ein Geist innewohnt, heißt Animismus. Diese Geister herrschen nicht nur über die Gegenstände, in denen sie wohnen, sondern auch über das Leben der Menschen und die Natur. Der Animismus findet sich in vielen Stammesreligionen.

Verbindung zu den Göttern

Alle Religionen haben Rituale oder Zeremonien, um mit den Göttern in Verbindung zu treten. In der einfachsten Form handelt es sich um Gebete. Durch Musik, Lesungen aus heiligen Büchern, Tanz, Meditation und andere Zeremonien gelangt der Gläubige in einen näheren Kontakt mit der Welt der Götter und des Jenseitigen.

Katholiken beten den Rosenkranz.

Gefäß mit Opferszene

Menschen wurden auf heiligen Bergen den Erdgöttern geopfert.

Rosenkranz

Die Rastafari schlagen beim Gottesdienst die Trommel.

Opfer
In vielen Religionen bringt man den Göttern Opfer in Form von Geld oder Nahrung dar. Einige Religionen, z.B. der Azteken, kannten Menschenopfer.

Musik
Musik ist ein Weg, um mit Gott zu sprechen. Durch das Singen von Hymnen entsteht auch ein starkes Gemeinschaftsgefühl.

Kruzifix, der gekreuzigte Christus

| SIEHE AUCH UNTER | BUDDHISMUS | CHRISTENTUM | FESTE UND FEIERN | GOTTHEITEN | HEILIGTÜMER | HINDUISMUS | ISLAM | JUDENTUM | ZEICHEN UND SYMBOLE |

Stammes- und Weltreligionen

Kultgegenstände

Mitra, die Mütze eines Bischofs

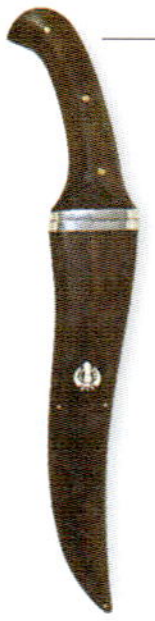

Schwert der Sikh, Kirpan genannt

Jüdisches Tuch zum Einwickeln des beschnittenen Babys

Hebräischer Text aus der Thora

Kopfschmuck eines tibetischen Mönchs

Peruanische Figur Grabbeigabe

Wächterfigur zur Ahnenverehrung

Halsband eines afrikanischen Heilers mit Amuletten

Schirme mit Ahnengeistern aus Nigeria

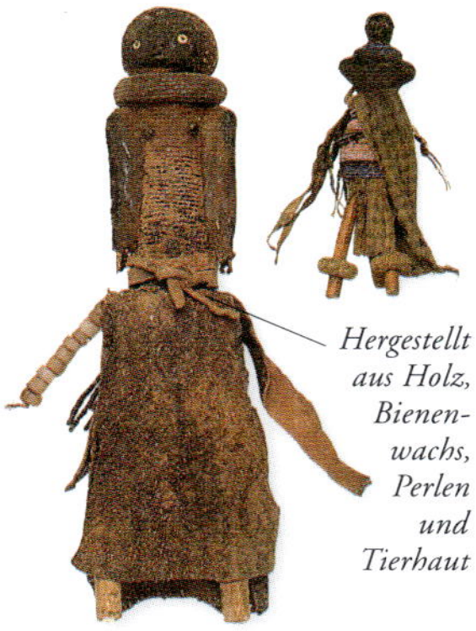

Fruchtbarkeitspuppen aus Afrika

Hergestellt aus Holz, Bienenwachs, Perlen und Tierhaut

Animistische Holzschnitzerei aus Polynesien

Shintoistische Gottheit

Schrein der Jain

Christliche Bibel

Islamische Lampe

Tirthankara der Jain

Glocke eines tibetischen Mönchs

Heilige Stätten

Christliche Kirche

Islamische Fenster

Tempel der Parsen

Glasfenster in einer christlichen Kathedrale

Islamische Moschee, Jerusalem

Fein gearbeitete Fliesen

Christliche Kirche, Portal, Frankreich

Kuppel aus grauem Sandstein über 8-eckiger Basis

Islamisches Mausoleum, Indien

Minarett einer islamischen Moschee

RENAISSANCE

VOM 15. JH. AN ERFUHREN die Künste und Wissenschaften in Europa eine Blütezeit. Man bezeichnet diese Epoche mit einem französischen Wort als Renaissance, als „Wiedergeburt". Sie breitete sich von Italien über Westeuropa aus und führte zu einer tiefgreifenden Änderung des Denkens. Mit „Wiedergeburt" war eine Wiederkehr der antiken Kultur gemeint. Die Künstler und Denker kehrten zu den Idealen der Griechen und Römer zurück. Der neue Humanismus stellte den Menschen ins Zentrum und löste sich von der Bevormundung durch die Kirche. In der Renaissance entstanden einige der schönsten Kunstwerke.

Kopie einer altgriechischen Bronze

Wurzeln der Renaissance

Die Renaissance begann in Italien, als die Dichter Dante, Petrarca und Boccaccio ein neues Interesse an der alten griechischen und römischen Kultur weckten. Sie glaubten, diese Völker hätten im 2. und 3. Jh. v. Chr. ein goldenes Zeitalter der Literatur und Kunst erlebt, und wollten es erneuern.

Francesco Petrarca

Petrarca
Der Dichter Petrarca (1304–74) sprach sehr gut Latein. Er studierte die antiken Autoren wie Vergil und Cicero und bemühte sich in seiner Dichtung um ähnliche Qualität. Wegen der Eleganz des Ausdrucks bezeichnen wir die antiken Autoren als Klassiker. Später wurde der Begriff auch auf bildende Künstler erweitert.

Neue Ordnung

Im Mittelalter glaubte man, das Leben auf Erden sei weniger wichtig als das nach dem Tode. In der Renaissance jedoch hielt man die Welt mit all ihren menschlichen Leistungen für den bedeutsamsten Teil von Gottes Schöpfung. Deshalb mehrten Forscher und Erfinder das Wissen.

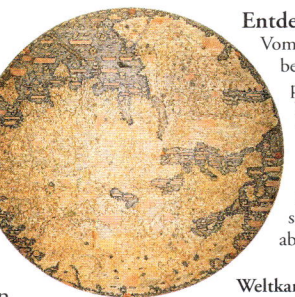

Entdecker
Vom neuen Forschergeist beflügelt entdeckten die portugiesischen Seefahrer Bartolomeu Diaz und Vasco da Gama den Seeweg nach Indien. Ferdinand Magellan machte sich auf eine Weltumsegelung, konnte sie selbst aber nicht zu Ende führen.

Weltkarte, frühes 15. Jh.

Planisphaerium Copernicanum, 1543

Sterne und Planeten
Der Astronom Nikolaus Kopernikus erkannte als Erster, dass sich das Weltall nicht um die Erde dreht. Stattdessen umkreist die Erde die Sonne. Spätere Astronomen wie Galileo Galilei unterstützten diese Theorie und ergänzten sie. Die Kirche verurteilte sie lange Zeit als Irrlehre.

Neue Ideen
Die Menschen der Renaissance glaubten, sie könnten alles erreichen. Mit Vertrauen, Erziehung und Glauben an Gott würde ein neues goldenes Zeitalter und eine bessere christliche Gesellschaft entstehen. Ein wahres Genie jener Zeit, der Künstler, Ingenieur und Forscher Leonardo da Vinci (1452–1519), ließ seiner Fantasie freien Lauf und entwarf Flugmaschinen 400 Jahre, bevor sie realisiert wurden.

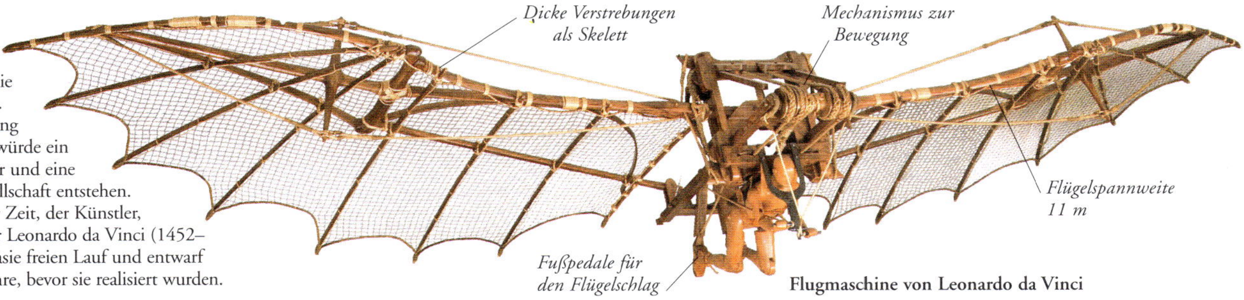

Dicke Verstrebungen als Skelett
Mechanismus zur Bewegung
Flügelspannweite 11 m
Fußpedale für den Flügelschlag
Flugmaschine von Leonardo da Vinci

Körper des Menschen

Viele mittelalterliche Künstler betrachteten den Körper des Menschen als etwas Vergängliches, ja Faulendes. Die Renaissance änderte diese Betrachtungsweise, und Michelangelo, Raffael und Tizian stellten den Menschen mit viel Schönheit und Grazie dar. Michelangelo idealisierte in seiner Pietà die menschliche Form und zeigte deren geistige Reinheit.

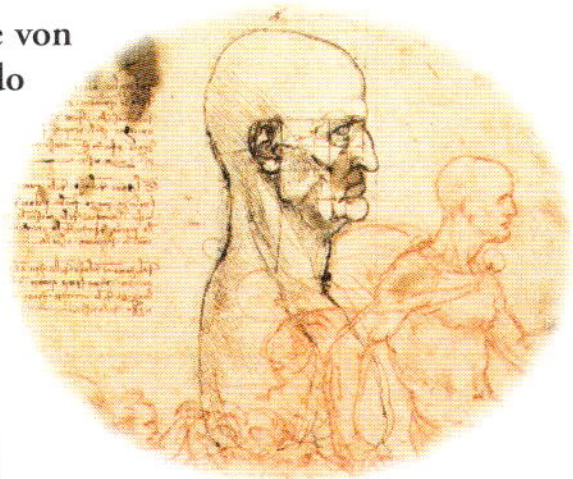

Pietà von Michelangelo

Studie von Leonardo da Vinci

Anatomie
Der Aufbau des Körpers faszinierte die Renaissancekünstler. Leonardo da Vinci beispielsweise stellte die Muskeln des Körpers wissenschaftlich genau und in großer künstlerischer Schönheit dar.

Der tote Christus liegt wie ein schlafendes Kind da.

Michelangelo
Michelangelo Buonarroti (1475–1564) aus Caprese in der Toskana war einer der größten Künstler aller Zeiten. Er arbeitete als Bildhauer, Maler, Dichter und Architekt und war vom menschlichen Körper und seiner Darstellung fasziniert. Die Bildhauerei liebte er am meisten. Wenn er an einer Figur arbeitete, glaubte er, er „entlasse" sie in die Freiheit. Sein berühmtestes Gemälde befindet sich in der Sixtinischen Kapelle, der Hauskapelle des Papstes in Rom.

Perspektive
Die größte Neuerung in der Renaissancemalerei war die Perspektive. Die Künstler lernten es, Raumtiefe und Entfernung richtig darzustellen. Diese Perspektive hatte bisher auf den flachen, zweidimensionalen Gemälden des Mittelalters gefehlt.

Nächtliche Jagd von Paolo Uccello (1396–1475)

RENAISSANCE

Die katholische Kirche

Im 15. Jh. wurde die Kirche reich, der Welt zugewandt und korrupt. Die Renaissance forderte die geringe verbliebene Autorität der Kirche heraus, weil sie die Bedeutung eigenen Forschens hervorhob. Die Kirchenfürsten verweigerten jede Reform. Bald gab es Karikaturen, die die Kirche und ihre Unfähigkeit, neue Ideen anzunehmen, verspotteten.

Bildung und Kultur
Jahrhundertelang hatte die Kirche die Künste und die gesamte Bildung kontrolliert. In der Renaissance kamen viele neue Ideen und Erfindungen auf. Eine davon war der Buchdruck. Zum ersten Mal in der Geschichte trugen gedruckte Bücher die Gedanken von Philosophen in die ganze Welt. Berühmte Herrscher, wie Lorenzo de' Medici, bauten für diese Bücher berühmte Bibliotheken, einige davon in Kathedralen.

Karikatur der Kirche, 1497

Kirche San Lorenzo, Florenz

Heinrich VIII.
Turniere und andere Kampfspiele
Alle Zelte waren mit Gold und Samt geschmückt.

Das Zusammentreffen der beiden Fürsten, Gemälde
Heinrich VIII. baute einen zeitweiligen Palast.

Renaissancefürsten

Im Lauf der Zeit wurden die Renaissancefürsten immer machtbewusster. Der Schriftsteller Niccolò Machiavelli (1469–1527) beschrieb in seinem Buch *Der Fürst* (1532), wie sich ein erfolgreicher Herrscher an der Macht hält. Er fand viele seiner Theorien beim Vergleich seiner eigenen Gesellschaft in Italien mit der des alten Rom.

Franz I.
König Franz I. von Frankreich (Reg. 1515–1547) hielt sich für den vollkommenen Renaissancefürsten. Er liebte Wissenschaft und Kunst und berief Genies wie Leonardo da Vinci und Benvenuto Cellini (1500-91) an seinen Hof. Im Juni 1520 trat er mit einem anderen großen Renaissancefürsten in Wettstreit, mit Heinrich VIII. von England. Beide trafen sich in der Nähe von Calais in Frankreich.

Mäzene

Als das Ansehen der Künstler in der Renaissance stieg, traten reiche Herrscher und Adelsfamilien als Mäzene auf. Sie gaben den Künstlern finanzielle Sicherheit, und diese konnten in Ruhe arbeiten. Die Florentiner Fürstenfamilie Medici unterstützte Künstler wie Michelangelo.

Artemisia Gentileschi

Die Medici in Florenz
Die Bankiersfamilie Medici kam in der Frührenaissance in Florenz an die Macht und trug viel zur Blüte der Künste bei. Die Medici machten Florenz zu einem kulturellen Zentrum. Selbst wer kein Geld von den Medici erhielt, wie die Porträtistin Artemisia Gentileschi (um 1590–1642), ging nach Florenz, um Kontakte zu knüpfen und die Technik zu verbessern.

Humanismus

Mit der Ausbreitung der Renaissance schufen nordeuropäische Denker den Humanismus, eine Philosophie, die die menschliche Würde und moralische Werte in den Mittelpunkt stellte. Die ersten Humanisten waren gläubige Christen. Sie studierten hebräische, griechische und lateinische Texte und lehrten die Jugend Geisteswissenschaften, anstatt sie die Bibel auswendig lernen zu lassen.

Erasmus von Rotterdam
Die humanistische Bewegung war in Deutschland, den Niederlanden und in England besonders stark. Erasmus von Rotterdam (um 1468–1536) war damals einer der berühmtesten Humanisten. Er wirkte in Basel, war Gelehrter und Theologe und übertrug viele religiöse Schriften in moderne Sprachen. Erasmus plädierte für eine friedliche Reform der Kirche.

Erasmus von Holbein

Thomas Morus
Englands führender Humanist war Thomas Morus (1477–1535). In seinem Buch *Utopia* sagte er, politische und soziale Probleme lösten sich, wenn alle gemeinsam das Land besäßen, Frauen und Männer eine Ausbildung bekämen und religiöse Toleranz herrschte. Heinrich VIII. ließ ihn hinrichten, weil Morus ihn nicht als Oberhaupt der englischen Kirche anerkannte.

Utopia von Thomas Morus, 1516

Ausbildung
Humanisten glaubten, die Menschen seien für ihr Schicksal selbst verantwortlich; griechische und römische Texte würden dies belegen. Viele Humanisten forderten die Jugend auf, die Klassiker zu studieren, um sie zu lernen der Gesellschaft zu dienen. Der Buchdruck förderte die Verbreitung humanistischer Gedanken.

Die Humanisten forderten Schulen für Frauen wie Männer.

Schule, Renaissancedarstellung

Albrecht Dürer

Albrecht Dürer (1471–1528) war einer der größten Renaissancekünstler. Er war eines von 18 Kindern und ging im Alter von 15 Jahren zu dem Maler und Buchillustrator Wolgemut in Nürnberg in die Lehre. 4 Jahre später reiste Dürer durch Europa und nahm Ideen anderer Künstler auf, darunter von Bellini und Raffael. Als echter Renaissancemensch war er in Latein ebenso bewandert wie in Mathematik. Dürer schuf berühmte Gemälde und Holzschnitte.

SIEHE AUCH UNTER — **BUCHDRUCK** — **GALILEO GALILEI** — **GRIECHEN** — **KUNST, GESCHICHTE** — **LEONARDO DA VINCI** — **NATURWISSENSCHAFT, GESCHICHTE** — **PHILOSOPHIE** — **RÖMISCHES REICH**

RITTER UND WAPPEN

DAS ZEITALTER DER RITTER dauerte vom 11. bis zum 15. Jh. In Kriegszeiten bildeten sie den Kern jeden Heeres. Im Frieden halfen sie mit, die Ordnung aufrechtzuerhalten. Im Laufe des Mittelalters gewannen die Ritter an Macht und Einfluss und wurden Teil der herrschenden Klasse. Sie führten eigene Wappen. Von einem Ritter wurde erwartet, dass er ein christliches Leben führte und die Tugenden der Ritterlichkeit beachtete. Rechte und Pflichten der Ritter waren im Lehnsvertrag mit dem König genau festgelegt. Nach 1500 schwand die Bedeutung der Ritter durch die Einführung neuer Waffen, etwa der Kanonen, sowie neuer militärischer Taktiken.

Stachel

Krieger
Die Herrscher überließen den Rittern für ihre Dienste ein Lehen. Die Menschen dieses Gebiets arbeiteten für den Ritter und wurden von ihm dafür beschützt. Die ersten Ritter waren oft von niedriger Geburt. Seit dem 13. Jh. leisteten nur Adlige Ritterdienste.

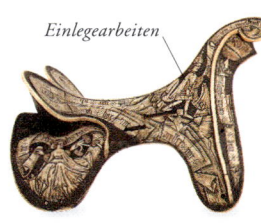

Sporn

Eiserner Steigbügel

Einlegearbeiten

Reittechnik
In der Schlacht lenkten die Reiter ihre Pferde mit den Sporen. Nach Karl dem Großen kamen Steigbügel und Stuhlsättel auf, die verhinderten, dass der Ritter beim Lanzenstoß vom Pferd geworfen wurde. Aus den Speerreitern wurden vom 9. Jh. an gepanzerte Ritter.

Eingelegter Holzsattel

Gebote der Ritterlichkeit
Mittelalterliche Ritter folgten ihren Idealen, nämlich Tapferkeit, Großzügigkeit, Treue, Frömmigkeit und Höflichkeit. Durch diesen Moralkodex wollte man aufwerten, was eigentlich eine primitive Tätigkeit war, der Kampf.

Höfische Liebe
Die Geschichten der Minnesänger halfen die Gebote der Ritterlichkeit zu formen. Viele Ritter glaubten, eine romantische Liebe würde sie zu großen Taten anspornen, wie etwa aus dem französischen *Roman de la Rose* und der Sage um König Artus hervorgeht.

Christliche Ritter
Die Kirche forderte junge Ritter auf, die Nichtchristen zu bekämpfen, aber niemals der Kirche selbst oder Schutzlosen Schaden zuzufügen.

Szene aus *Roman de la Rose,* 1487

Ritterrüstung
Die erste Pflicht des Ritters war der Kampf. Nach 1300 trug er eine immer ausgefeiltere und schwerere Rüstung. Sie konnte bis zu 25 kg wiegen. Ein mittelalterlicher Dichter nannte den Ritter „einen schrecklichen Wurm in einem eisernen Kokon".

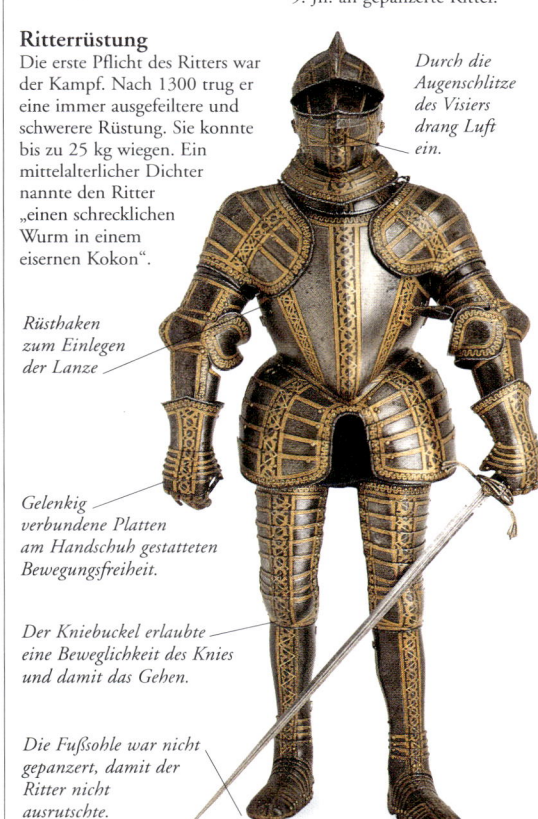

Durch die Augenschlitze des Visiers drang Luft ein.

Rüsthaken zum Einlegen der Lanze

Gelenkig verbundene Platten am Handschuh gestatteten Bewegungsfreiheit.

Der Kniebuckel erlaubte eine Beweglichkeit des Knies und damit das Gehen.

Die Fußsohle war nicht gepanzert, damit der Ritter nicht ausrutschte.

Turniere
Die Ritter hielten sich durch häufige Gefechte kampfbereit. Später entstand daraus das Turnier mit Zuschauern. Es gab den *Tjost*, bei dem 2 adlige Ritter mit Lanze und Schwert gegeneinander kämpften, und den *Buhurt*, bei dem 2 Mannschaften gegeneinander antraten und auch Gefangene machten. Das *Gestech* war meist ein Massenkampf.

Turnier, 15. Jh.

Wappen
Die Zuschauer eines Ritterturniers erkannten ihre Helden an den Wappen. Diese waren als Helmzier, auf den Umhängen, Schilden und Pferdedecken angebracht. In der Schlacht halfen die Wappen, Freund und Feind zu unterscheiden. Offizielle Beobachter, die Herolde, konnten damit die Heldentaten Einzelner besser verfolgen.

Heraldik
Seit ungefähr 1140 waren die Herolde Spezialisten in Wappenkunde – wir sprechen auch von Heraldik. Die heutige Form der Wappen geht direkt auf die Form der Schilde zurück, auf denen die Ritter ihre Erkennungszeichen aufgemalt hatten. Anhand von Wappen verfolgt man heute vor allem die Familiengeschichte.

Gefäß mit viergeteiltem Wappen

Knappen
Knappen oder Schildknappen waren junge Männer, die bei Rittern in die Lehre gingen. Sie dienten ihrem Herrn als Schildträger. Ein Knappe trat mit ungefähr 14 Jahren in den Dienst eines Ritters und wurde dann mit ungefähr 21 Jahren zum Ritter geschlagen. Dann hielt er meist nach einer reichen Frau Ausschau, die ihm seine Ritterlaufbahn finanzierte.

Knappe beim Üben

| SIEHE AUCH UNTER | EUROPA, GESCHICHTE | MITTELALTER | RÜSTUNGEN | SCHOGUNE UND SAMURAI |

Wappensammlung

Familien

Papst Sixtus V., Familienwappen

Am Arm getragenes Abzeichen des Dieners des Ritters François de Lorraine
Diener trugen oft Abzeichen auf der Livree.

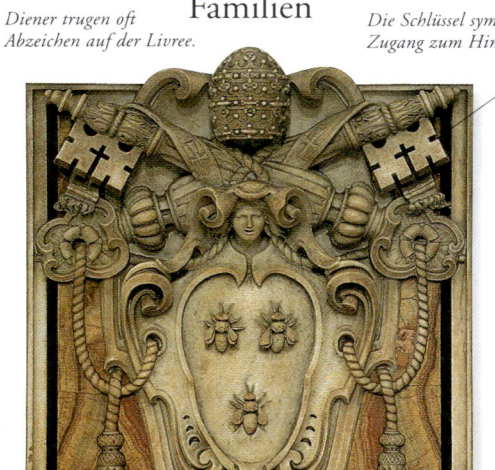

Papst Urban VIII., Petersdom, Rom
Die Schlüssel symbolisieren den Zugang zum Himmelreich.

Wappen bedeutender Bürger

Wappen aus Majolika sind oft an den Fassaden toskanischer Rathäuser angebracht.

Papst Pius II.

Papst Klemens X.

Maximilian I. von Österreich (Regierung 1493–1519)
Krone deutet auf königliche Familie.

Familie Medici, Florenz

Organisationen

Kleinod — *2 Löwen als Schildhalter* 
Metropolitan Police Force, Londoner Polizei

Waage der Gerechtigkeit 
Richterverband, Großbritannien

British Broadcasting Company, Britische Rundfunkgesellschaft

Der Schild ist das wichtigste Teil jedes Wappens. — *Motto* 
Königliche Gesellschaft für Tierschutz, Großbritannien

Sonne als Kleinod — *Habichte als Schildhalter* 
Gesellschaft der Brillenmacher, England, 1629

Länder und Städte

Einfaches stilisiertes Wappen Schwedens. Es ist weniger aufwendig als frühere Wappen, gilt aber immer noch als Symbol für die Königsfamilie.

Spanischer Teller mit dem Wappen von Kastilien und León

Symbol der Stadt Paris

Böhmen — *Mähren* — *Schlesien*
Wappen der heutigen Tschechischen Republik
Die Inschrift bedeutet „Siegreiche Wahrheit".

Wappen einer der 17 Contrade von Siena, Italien

Schilde und Waffen waren oft mit Wappen geschmückt. Der Holzschild aus dem 15. Jh. zeigt das Wappen von Prag.

ROBBEN

Mit ihrem stromlinienförmigen Körper und ihren flossenartigen Gliedmaßen sind die Robben sehr gut an das Leben im Wasser angepasst. Auf festes Land kommen sie, um sich auszuruhen, sich zu paaren und fortzupflanzen. Man unterscheidet 2 Gruppen: die Ohrenrobben und die Hundsrobben. Robben kommen in allen Meeren vor, häufig in der Arktis und Antarktis, weil es dort für sie am meisten Nahrung gibt. Lange hat man sie wegen ihres Fells und ihres Fettes gejagt. Heute sind sie durch die Verschmutzung der Ozeane gefährdet.

Skelett einer Ohrenrobbe

Große Halswirbel als Anheftungspunkte für mächtige Schwimmmuskeln.

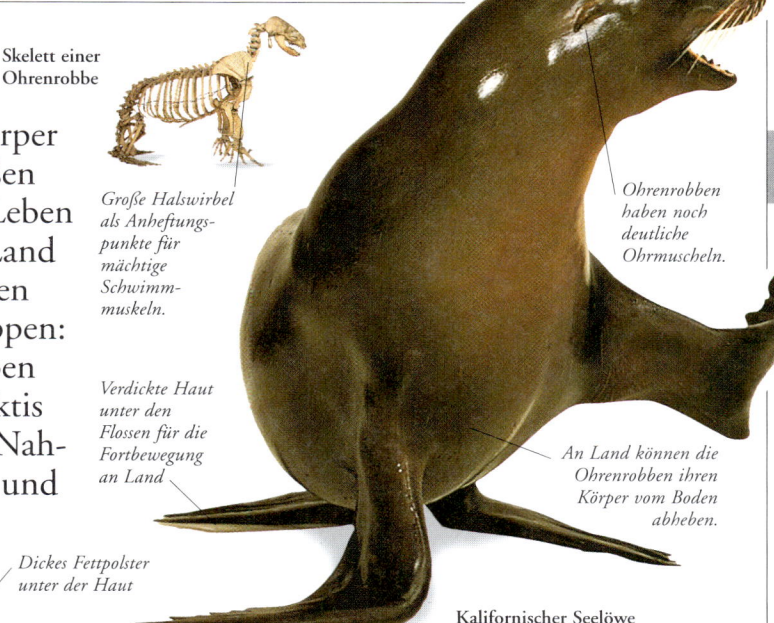

Ohrenrobben haben noch deutliche Ohrmuscheln.

Verdickte Haut unter den Flossen für die Fortbewegung an Land

An Land können die Ohrenrobben ihren Körper vom Boden abheben.

Kalifornischer Seelöwe

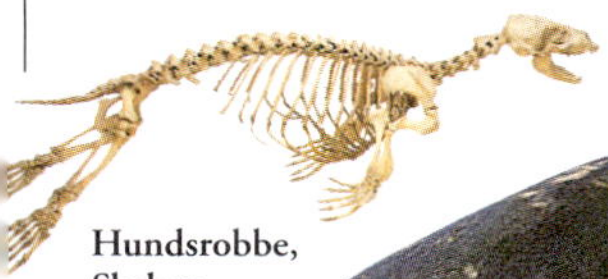

Hundsrobbe, Skelett

Dickes Fettpolster unter der Haut

Kegelrobbe

Krallen berühren den Boden

Ohrenrobben

Die Ohrenrobben sind an Land beweglicher als die Hundsrobben und erinnern noch am stärksten an ihre Landvorfahren. Zu ihnen zählen die Pelzrobben wie die Seebären und die Haarrobben wie die Seelöwen. Auch das Walross ist eine Ohrenrobbe.

Hundsrobben

Unterschiedliche Nahrung

Der Seeleopard packt Fische mit scharfen Zähnen.

Die vorderen Gliedmaßen sind kleiner als die hinteren und können das Gewicht der Robbe nicht mehr tragen. Die Hundsrobben bewegen sich auf dem Festland nur ungeschickt, sind aber an das Leben im Wasser vollkommen angepasst. Bevor sie bis zu 30 min abtauchen, entleeren sie ihre Lungen.

Ernährung
Robben sind Fleischfresser. Sie leben von Fischen, Tintenfischen, Kraken, Krabben, Hummern, Garnelen und Muscheln. Der Seeleopard macht auch Jagd auf Pinguine oder Robbenbabys, frisst aber auch Krill.

Hundsrobben
Hundsrobben treiben sich mit den Hintergliedmaßen durchs Wasser. Die Vorderflossen legen sie am Körper an, um möglichst stromlinienförmig zu erscheinen.

Ohrenrobben
Ohrenrobben schwimmen eher wie Pinguine. Den Antrieb besorgen die Vorderflossen. Seelöwen sind bessere Schwimmer als die Seebären und tauchen auch tiefer.

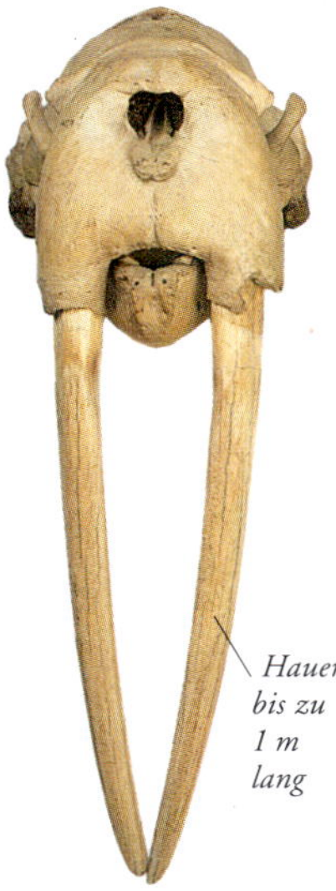

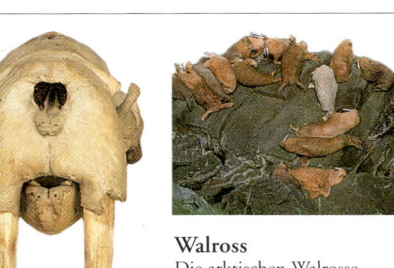

Walross
Die arktischen Walrosse kommen in Küstennähe vor und zählen zu den Ohrenrobben. Sie leben das ganze Jahr über in Gruppen.

Hauer
Hauer bis zu 1 m lang

Die oberen Eckzähne der Walrosse sind zu Hauern verlängert, die das Elfenbein liefern. Die Tiere kämpfen mit den Hauern und hieven sich damit aus dem Wasser.

Seeelefanten
Die Männchen werden viel größer als die Weibchen. Sie rufen laut mit ihren aufgeblähten Rüsseln und verteidigen damit ihren Harem.

Kolonien
Seebärenmännchen bilden Kolonien und verteidigen gleichzeitig ihr Territorium. Die Weibchen gebären an Land und werden darauf von den Männchen der Kolonie erneut begattet.

Fortpflanzung
Robben gebären ihre Jungen auf abgelegenen Inseln, weil sie Räubern kaum entkommen können. Sichere Brutplätze sind selten, sodass sich dort viele Tiere einfinden.

KEGELROBBE

Wissenschaftlicher name *Halichoerus grypus*

Ordnung Pinnipedia, Robben

Familie Phocidae, Hundsrobben

Unterfamilie Phocinae, Seehunde

Verbreitung Westlicher Nordatlantik, östlicher Nordatlantik, Ostsee

Lebensraum Meer. Kommt nur an Land, um sich fortzupflanzen und zur Geburt der Jungen

Ernährung Hauptsächlich Fische, Sandaale, Kraken und Hummer

Grösse Länge bis zu 3 m, Männchen größer als Weibchen

Lebensdauer Männchen 31 Jahre, Weibchen 46 Jahre

SIEHE AUCH UNTER OZEAN, TIERWELT · POLARGEBIETE, TIERWELT · SÄUGETIERE · WALE UND DELFINE

ROBOTER

ROBOTER SPIELEN IN UNSERER WELT eine immer größere Rolle. Viele Menschen stellen sie sich allerdings immer noch als menschenähnliche Maschinen wie die Androiden aus Sciencefiction-Filmen vor. Heute sind Roboter stumme Automaten, die computergesteuert bestimmte Aufgaben erfüllen. Die meisten Roboter sind in der Industrie eingesetzt: Sie schweißen z. B. Karosserieteile in Autofabriken zusammen oder führen gefährliche Arbeiten aus. Heute gibt es sogar schon Roboter für routinemäßige chirurgische Eingriffe.

Roboter und Sciencefiction
Den Begriff Roboter schuf 1923 der tschechische Schriftsteller Karel Capek in seinem Stück *Rossum's Universal Robots*. Das Thema menschenähnlicher Roboter spielte erstmals 1926 in dem Film *Metropolis* eine Rolle. Hier tritt eine menschenähnliche Maria auf. Bekannte Roboter im Film *Star Wars* trugen die Bezeichnungen C3PO und R2D2. C3PO war ein Androide, ein Maschinenmensch, während R2D2 etwas funktioneller aussah. Er führte Reparaturen an Raumschiffen durch.

Menschenähnliche Maria im Film *Metropolis*

Verwendung
Roboter setzt man in schwierigen, gefährlichen Situationen ein, denen man Menschen nicht aussetzen möchte. In Fabriken arbeiten Roboter, ohne zu ermüden und ohne von Lärm, Hitze und schlechter Luft gestört zu werden. Vor allem im Umgang mit gefährlichen Stoffen setzt man immer mehr Roboter ein. Roboter entnehmen z. B. auch Bodenproben von Planeten.

Entschärfung von Bomben
Bombenexperten überprüfen verdächtige Objekte mit diesem Roboter. Er ist ferngesteuert, bewegt sich auf Raupen und hat einen beweglichen Arm, mit dem er zupacken kann. Eine Videokamera kann Bilder übertragen.

Industrieroboter
Die meisten Roboter setzt die Autoindustrie ein. Sie verschweißen Karosserieteile und lackieren sie. Solche Roboter arbeiten zuverlässiger und genauer als der Mensch.

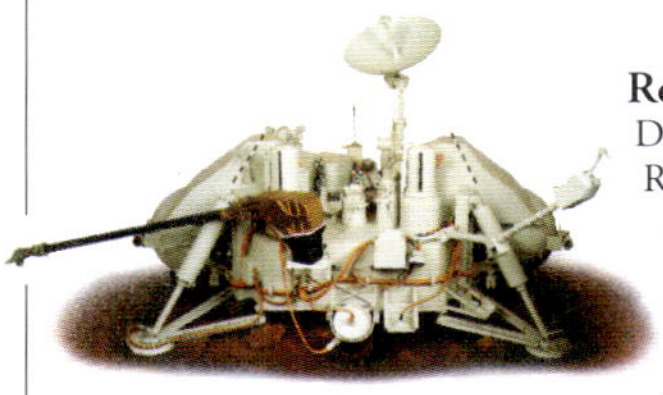

Roboter im Weltall
Das Weltall ist lebensfeindlich. Roboter erfüllen hier Forschungsaufgaben. 1976 sandte die USA 2 Viking-Sonden auf den Mars. Die Landegeräte waren Roboter, die Bodenproben auf Spuren nach Leben untersuchten.

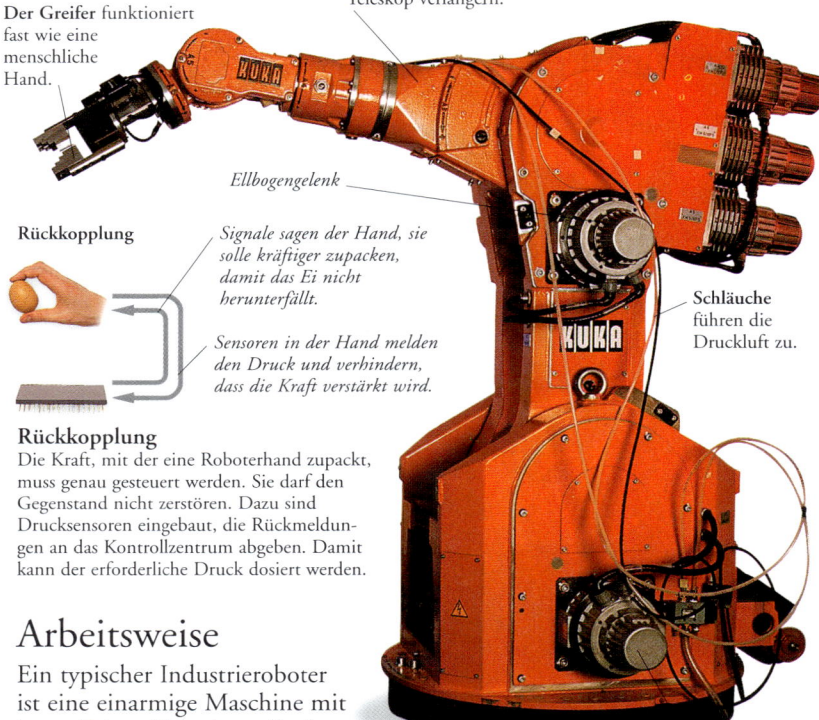

Der Greifer funktioniert fast wie eine menschliche Hand.

Der Arm bewegt sich auf und ab und kann sich wie ein Teleskop verlängern.

Ellbogengelenk

Rückkopplung

Signale sagen der Hand, sie solle kräftiger zupacken, damit das Ei nicht herunterfällt.

Sensoren in der Hand melden den Druck und verhindern, dass die Kraft verstärkt wird.

Rückkopplung
Die Kraft, mit der eine Roboterhand zupackt, muss genau gesteuert werden. Sie darf den Gegenstand nicht zerstören. Dazu sind Drucksensoren eingebaut, die Rückmeldungen an das Kontrollzentrum abgeben. Damit kann der erforderliche Druck dosiert werden.

Schläuche führen die Druckluft zu.

Arbeitsweise
Ein typischer Industrieroboter ist eine einarmige Maschine mit beweglichen Gelenken, die der menschlichen Schulter, dem Ellbogen und dem Handgelenk entsprechen. Der Greifmechanismus arbeitet wie eine Hand. Der Roboterarm wird mit Elektromotoren oder Druckluft bewegt. All diese Bewegungen werden von einem Computer gesteuert.

Drehgelenk zur Bewegung um eine Achse

Isaac Asimov
Der Sciencefiction-Autor Isaac Asimov (1920–96) stellte 3 Gesetze auf, um zu vermeiden, dass uns Roboter eines Tages beherrschen. Sie lauten: 1. Ein Roboter darf Menschen nicht schädigen und keine Schädigung zulassen. 2. Roboter müssen gehorchen, sofern dies nicht zum Konflikt mit dem 1. Gesetz führt. 3. Roboter müssen sich selbst schützen, sofern das nicht im Gegensatz zu den Gesetzen 1 und 2 steht.

Die Zukunft
Die Forschung zielt darauf ab, immer vielseitigere und benutzerfreundlichere Roboter zu bauen. Bessere Sensoren und dreidimensionales Sehen ermöglichen es, dass Industrieroboter immer mehr Routinejobs übernehmen. Mit Hilfe der künstlichen Intelligenz soll ein Roboter Probleme selbstständig lösen können.

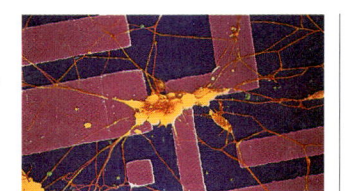

Experimente mit Nervenzellen auf der Oberfläche eines Siliziumchips

Künstliche Intelligenz
Die künstliche Intelligenz (KI) will Maschinen bauen, die denken und lernen und mit Menschen in Interaktion treten, ohne dass sie vorprogrammiert werden.

Roboter zu Hause
Roboter übernehmen einfache, eintönige Tätigkeiten. Damit würden sie sich für die Hausarbeit gut eignen. Die Hausarbeit ist jedoch viel komplizierter als die Arbeit eines Industrieroboters in der Autofabrik. Bis heute gibt es aber noch keine Roboter, die z. B. zuverlässig die Wohnung putzen, Betten machen und aufräumen könnten.

SIEHE AUCH UNTER | COMPUTER | INFORMATION UND KOMMUNIKATION | KRAFTFAHRZEUGE | RAUMFAHRT | TECHNOLOGIE

ROCK UND POP

IN DEN 50ER JAHREN entstand in den USA eine neue Art populärer Musik, der Rock and Roll. Er war laut, rau und aufregend und breitete sich schnell über die ganze Welt aus. Der Rock, wie er nun genannt wurde, entwickelte sich aus verschiedenen Quellen und beeinflusste seinerseits fast alle späteren Musikstile. Dazu gehört auch die Popmusik – eine Abkürzung von „Popular Music". Rock und Pop sind eng mit dem Aufstieg der Jugendkultur verbunden. Beide sind auch Big Business: Plattenfirmen und erfolgreiche Bands verdienen damit ungeheuer viel Geld.

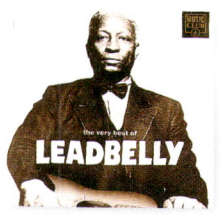

Bluesmusiker Leadbelly

Frühe Einflüsse
Zur populären Musik des frühen 20. Jh. zählten Blues, Jazz und Balladen der Tin Pan Alley, einer Straße in New York, in der die amerikanische Industrie der Unterhaltungsmusik residierte. Der Blues beeinflusste stark den Rock and Roll. Die alten Traditionen der Tin Pan Alley sind in vielen Melodien heutiger Popsongs noch lebendig.

Der Rock'n'Roll der 50er
In den frühen 50er Jahren entdeckten die Bluesmusiker in den USA den neuen Sound der Elektrogitarre. Dies führte zur Entwicklung eines neuen Musikstils, des Rhythm-and-Blues.

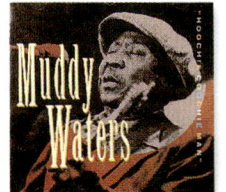

Muddy Waters

Rhythm-and-Blues
Im Gegensatz zum traditionellen Blues war der Rhythm-and-Blues schnell und aufregend und rhythmusbetont. Er wurde von schwarzen Musikern gespielt und gewann Beliebtheit als Tanzmusik. Die bekanntesten Künstler waren Muddy Waters (1915–83), Howlin' Wolf (1910–76) und Chuck Berry (geb. 1931).

Der Rock-and-Roll-Tanz war wild und aufregend.

Rock-and-Roll-Tänzer, 1956

Teenager
In den 50er Jahren entwickelten Teenager beiderseits des Atlantiks ihre eigene Kultur. Der Rock'n'Roll mit seinem rebellischen Image war ihre Musik. Schallplattenfirmen witterten das Geschäft und brachten Songs über erste Liebe, Ärger mit den Eltern oder frühen tragischen Tod.

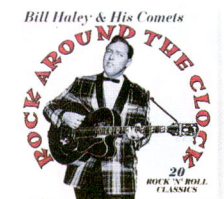

Bill Haley

Rock'n' Roll
Als amerikanische Plattenfirmen sahen, wie beliebt der Rhythm-and-Blues war, den schwarze Musiker geschaffen hatten, ließen sie diese Musik von Weißen spielen, um sie auch bei Weißen verkaufen zu können. Dieser Rock and Roll verband den Rhythm-and-Blues mit der Tradition der weißen Countrymusik. Bill Haley and His Comets hatten den ersten Rock-and-Roll-Hit mit *Rock around the Clock* im Jahr 1955.

Elvis Presley
Der amerikanische Sänger Elvis Presley (1935–77) war der größte Rock'n' Roll-Star. Er verkaufte Millionen von Platten. Da er eine gute Stimme hatte und ganz gut aussah, akzeptierten auch die Weißen in Amerika den Bluesrhythmus der Schwarzen in seiner Musik.

Der Sound der 60er Jahre
Während der 60er Jahre identifizierten sich viele junge Menschen mit der Musik, die ihre politischen Überzeugungen zum Ausdruck brachte. In den USA z. B. protestierten einige Songs gegen den Vietnamkrieg.

Reggae
Die Reggaemusik entwickelte sich in den 60er Jahren in Jamaika. Sie kombiniert Elemente der amerikanischen Soulmusik mit Volksmusik aus Jamaika und Afrika. In der Regel wird sie mit Betonung der schwachen Taktteile 2 und 4 gespielt. Der Reggae wurde zur Ausdrucksform der Rastafari.

Bob Marley (1945–81) war ein führender Reggaemusiker. Mit seinen Texten protestierte er gegen die Politik und machte den Reggae in der ganzen Welt bekannt.

Soul
Die Soulmusik ist eine Weiterentwicklung des Rhythm-and-Blues. Sie entstand in den 60er Jahren und wurde vor allem von schwarzen Musikern gepflegt. Soul kombiniert die Gospelmusik mit einem starken Rhythmus. Eine große Soulkünstlerin ist z. B. Aretha Franklin.

Tamla Motown
Die einflussreiche US-Schallplattenfirma Tamla Motown förderte in den 60er und 70er Jahren schwarze Rhythm-and-Blues- sowie Soulmusik. Berühmte Musiker dieses Labels waren The Supremes, Stevie Wonder (geb. 1950) und Ray Charles (geb. 1930).

Diana Ross (geb. 1944) war später als Solistin sehr erfolgreich.

The Supremes
Von 1964-69 hatte diese Girlgruppe 16 Top Tens in den US-Charts.

Beatlesfans, 1964

The Beatles
Während der 60er Jahre nannte man den Rock and Roll einfach Rock. Weltruhm erlangten in dieser Zeit die Beatles und die Rolling Stones mit ihrem typischen Sound. Vor allem die Beatles errangen die fast hysterische Bewunderung ihrer jungen Fans.

Bob Dylan, einflussreicher Sänger und Songschreiber der 60er Jahre

Folk rock
In den 60er Jahren machten Rock- und Folkmusik gegenseitig große Anleihen. Die Protestsongs von Bob Dylan (geb. 1941) und Joan Baez (geb. 1941) brachten die Kriegsverachtung vieler zum Ausdruck.

ROCK UND POP

Disco
In den 70er Jahren zeichnete sich die Discomusik durch wuchtigen Rhythmus aus. Sie wurde meist von Platten und Bändern, seltener live in Diskotheken gespielt. Führende Musiker jener Zeit waren die britische Gruppe The Bee Gees und die amerikanische Sängerin Donna Summer (geb. 1948).

Saturday Night Fever Der Film mit Musik der Bee Gees versetzte 1977 die Jugend ins Discofieber.

Trends der 70er Jahre
Die Konzerte in den 70er Jahren waren Großereignisse mit viel Bühnenrequisiten und Lightshows. Der „Glam Rock" etwa der britischen Band T-Rex zeigte ausgefallenste Shows. Die Mode spiegelte auch den Musikstil wider: Die jungen Menschen trugen Schlaghosen und langes Haar. Die wichtigsten Bewegungen waren Disco, Funk und Punk.

James Brown

In den Texten der Funkmusik kam die zunehmende Stärke der schwarzen Bürgerrechtsbewegung in den USA zum Ausdruck.

Funk
In den späten 60er und frühen 70er Jahren führte der Amerikaner James Brown (geb. 1928) die Soulmusik in eine neue aggressiv rhythmische Richtung. Die Texte dieser Funkmusik war stark sozial ausgerichtet. Eine wichtige Gruppe des Funk war Sly and the Family Stone.

Punks

Punk
Mit der Gruppe The Sex Pistols kam 1976 in England die Punkmusik auf. Sie war laut und verzerrt. Die Musiker spielten bewusst schlecht, die Texte waren aggressiv. Die Punks trugen zerschlissene Kleider und zeigten damit, dass sie bürgerliche Konventionen ablehnten.

80er Jahre und später
Die Popmusik in den 80er Jahren war von eingängigen Melodien, einfachen Harmonien und simplen Texten beherrscht. Seither verwenden die Bands immer mehr elektronisch erzeugte Töne. Es entstanden neue Stile wie Rap, House und Techno. Rap ist ein schneller Sprechgesang mit sozial ausgerichteten Texten. Bei House und Techno schaffen die Musiker mit Ausschnitten und Rhythmen aus anderen Stücken eine neue Tanzmusik.

Neue Technologie
Elektronische Sampler, Drum Machines und Synthesizer ermöglichen es den Musikern, Versatzstücke aus beliebiger Musik aufzunehmen, zu verändern und zu verfremden. Sie können sie in ihre eigene Musik einbauen. Dadurch entstehen oft überraschende und völlig neue Effekte.

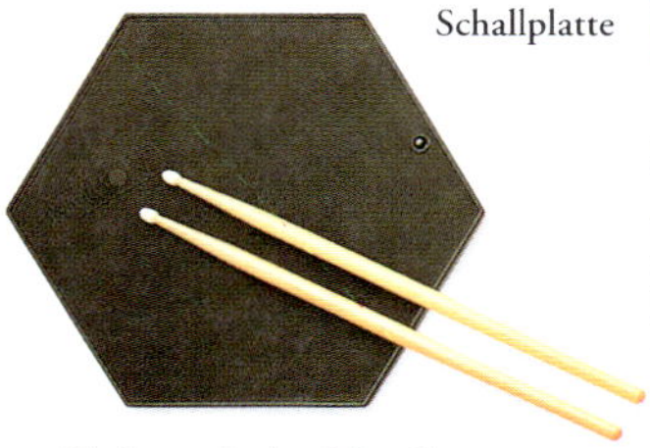

Die Band De La Soul nahm Ausschnitte aus anderen Werken in ihre eigene Platte auf.

Schallplatte

Elektronische Musik
Ein großer Teil heutiger Musik wird von elektronischen Instrumenten erzeugt. Wird das elektronische Trommelfell im Bild oben mit dem Schlegel angeschlagen, dann entsteht der gewünschte Ton auf elektronischem Weg.

Schallplatte und CD
Während der 80er Jahre verdrängte die CD langsam die Schallplatte. CDs halten länger, sind leichter aufzubewahren und können störungsfrei abgespielt werden.

Mischpult, mit dem verschiedene Tonspuren vereinigt werden.

Mit Computertechnologie können die Musiker verschiedene Spuren zu einem originellen Sound zusammenmischen.

Musikindustrie
Rock- und Popmusik bilden einen millionenschweren Markt. Musiker können mit wenigen Hits, die in die Charts aufsteigen, ein Vermögen verdienen. Ihre Musik wird auf CD, Kassette und Video verkauft. Marketing und Werbung auf diesem Markt sind sehr kompliziert und wenige Unternehmen beherrschen die Musikindustrie.

Die Isländerin Björk wurde 1992 mit Debut *ein Weltstar.*

Wie ein Hit entsteht
Wenn ein Musiker mit einer Plattenfirma einen Vertrag hat, so wird sie dessen Songs promoten, Termine für ihn in Rundfunk und Fernsehen organisieren und die Platten weltweit verteilen. Dazu kommen Tourneen, um die neue Platte vorzustellen.

Videos
Seit den 80er Jahren breiteten sich Videos aus, kreative Kurzfilme zu den Songs. Die Videos erscheinen zur selben Zeit wie die Songs und erreichen über TV ein großes Publikum. Gute Videos fördern den Verkauf der Songs stark.

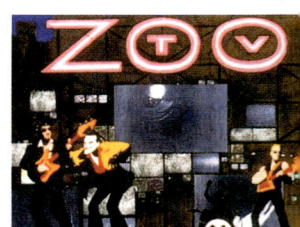

Madonna
In den späten 90er Jahren verkaufte die amerikanische Popsängerin und Songwriterin Madonna Ciccone (geb. 1958) die meisten CDs. Sie entwickelte ihr Image und ihren musikalischen Stil dauernd weiter und organisierte spektakuläre, zum Teil umstrittene Tourneen.

Konzerte
Für die meisten Bands sind Live-Auftritte ein zentraler Teil ihrer Musik. Berühmte Bands spielen in großen Stadien vor zehntausenden von Anhängern. Am Benefiz-Konzert „Jackson and Friends" 1999 für Kinder-Hilfsprojekte nahmen viele bekannte Sänger und Bands teil.

SIEHE AUCH UNTER | BEATLES | JAZZ | KLEIDUNG UND MODE | MUSIK | MUSIKINSTRUMENTE | SCHALL | SCHALLAUFZEICHNUNG | TANZ

RÖMISCHES REICH

IN ROM ENTSTAND eines der größten Reiche, das die Erde je gesehen hat. Es erstreckte sich in seiner Blütezeit über den größten Teil der damals bekannten Welt. Nach einer Legende wurde Rom 753 v. Chr. gegründet. Das römische Volk wurde zuerst von Königen regiert. Mit dem Sturz der Königsherrschaft um 510 v. Chr. wurde Rom aber eine Republik, eine *Res Publica,* die von Adligen regiert wurde. Octavian, der Nachfolger Caesars, wurde 27 v. Chr. der erste römische Kaiser. Er nannte sich fortan Augustus und das römische Kaiserreich währte noch fast 500 Jahre. Unter Trajan erlebte es die größte Ausdehnung. Rom prägte nicht nur die Länder Europas, sondern die römische Kultur wurde später in alle Welt getragen.

Ausdehnung
Unter Kaiser Trajan (98–117) besaß das Römische Reich seine größte Ausdehnung. Es reichte von Kleinasien bis Portugal, von Nordafrika bis Schottland.

Römische Kaiser
Alle römischen Kaiser bestimmten ihre Nachfolger aus der Verwandtschaft. Nach Nerva wurde Trajan 98 n. Chr. der erste Adoptivkaiser. Der letzte Herrscher des Römischen Reiches war Theodosius (379–395). Danach wurde das Reich in Ostrom und Westrom geteilt.

Theodosius

Provinzen
Nach jeder Eroberung machten die Römer aus dem Land eine Provinz des Reiches. Soldaten und Siedler errichteten eine sog. „Mutterstadt" und begannen von dort aus das Land zu romanisieren – notfalls mit Gewalt. Alle Wege führten von nun an nach Rom. Die Römer boten den Fremden einen gewissen Lebensstandard und die Aussicht auf römische Staatsbürgerschaft.

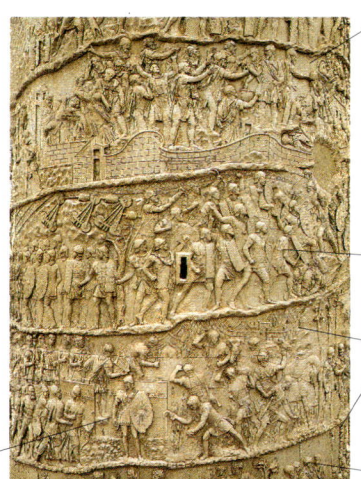

Römischer Legionär

Eroberung Dakiens auf der Trajanssäule

- Krieger aus Dakien, dem heutigen Rumänien
- Römische Legionäre greifen die Daker an.
- Militärlager
- Römische Standarten
- Trajan spricht zu seinen Truppen.

Pax Romana
Im 1. und 2. Jh. n. Chr. gab es gesicherten Frieden im Reich. Dieser römische Friede ging auf Kaiser Augustus zurück und hieß auch Kaiserfrieden. Jede Provinz verwaltete sich selbst, zahlte aber Steuern an Rom und leistete auch Militärdienst. Diese Art Verwaltung galt von Persien bis Nordafrika. Sie trug viel zur Ruhe im Reich bei, Handel und Reisen waren sicher.

Familie des Augustus, Friedensaltar in Rom

Teile und herrsche
Jede Revolte gegen die römische Herrschaft, wie z.B. der Aufstand in Palästina (66–73), wurde gnadenlos niedergeworfen. Nur selten kamen unterdrückte Völker einander zu Hilfe, und so behielten die Römer meist die Oberhand und die Herrschaft.

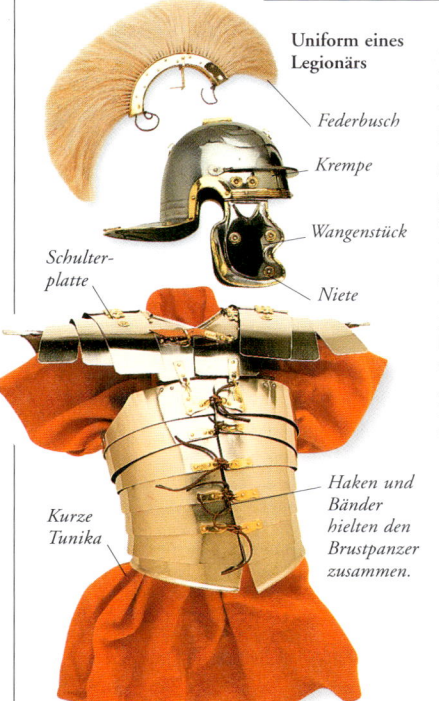

Das Heer
Der Erfolg der Römer beruhte vor allem auf der Durchschlagskraft des Heeres sowie seiner schnellen Anpassung an Gegebenheiten. Berufssoldaten waren in Kohorten von je 30 Mann und in Legionen eingeteilt. Jede Legion trug einen Namen und eine Nummer und bestand aus 5 500 Mann. Kriegsveteranen erhielten als Anerkennung für ihren Dienst ein Stück Land in römischen Kolonien.

Uniform eines Legionärs
- Federbusch
- Krempe
- Wangenstück
- Schulterplatte
- Niete
- Haken und Bänder hielten den Brustpanzer zusammen.
- Kurze Tunika

Römisches Recht
Das römische Recht ist bis heute Grundlage vieler Gesetzbücher in europäischen Ländern. Das Zwölftafelgesetz von 450 v. Chr. war die erste römische Gesetzessammlung. Die letzte erließ Kaiser Justinian 529 mit seinem *Codex*.

Der Senat
Der Senat war der einflussreiche Rat der Regierung in Rom. Er setzte sich am Anfang aus reichen Adligen, den Patriziern, später aus ehemaligen hohen Beamten zusammen. Das Volk, die Plebejer, war durch die Volkstribunen vertreten. Gesetze wurden vom Senat gebilligt. Bei öffentlichen Auftritten wurden den hohen Beamten die Zeichen ihrer Macht vorangetragen – die *Fasces*, die Rutenbündel mit der Axt.

Ein Liktor trägt das Rutenbündel.

Hadrianswall
Kaiser Hadrian (Regierungszeit 117–138) ließ in Nordengland einen großen Schutzwall gegen die barbarischen Skoten und Pikten errichten. Der 117 km lange Wall war die Nordgrenze des Reiches. In Deutschland hatten die Römer zwischen Rhein und Donau einen 548 km langen Limes als Schutzwall gegen die Ostgermanen gezogen. Gräben, Wachtürme und Kastelle sicherten hier die Reichsgrenzen.

Claudius
Der römische Kaiser Claudius (Regierung 41–54) fügte Britannien und Teile Nordafrikas ins Römische Reich ein. Er war ein eher schwächlicher Kaiser, der von seiner Nichte und vierten Frau Agrippina vergiftet wurde. Ihm folgte Nero als Kaiser.

RÖMISCHES REICH

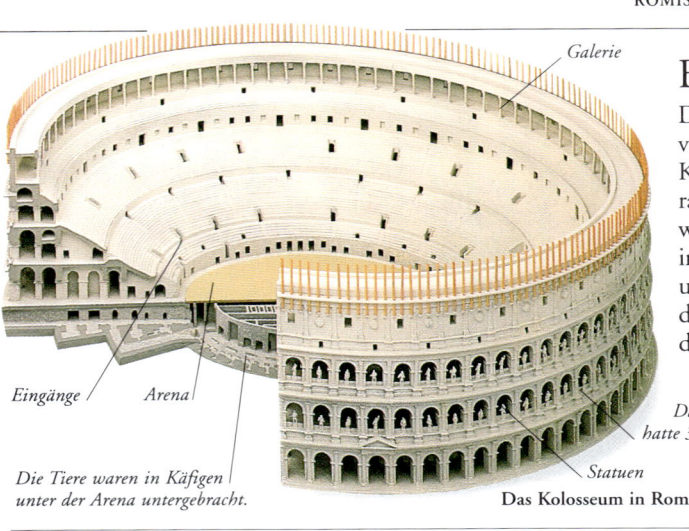

Bauwerke

Die Römer errichteten eindrucksvolle öffentliche Gebäude, z. B. das Kolosseum, und waren hervorragende Städtebauer. Die Städte waren gewöhnlich durch Straßen in quadratische Blöcke unterteilt und netzförmig angelegt. Innerhalb der Quadrate standen Villen, Grabdenkmäler oder Triumphbogen.

Galerie
Eingänge
Arena
Die Tiere waren in Käfigen unter der Arena untergebracht.
Das Kolosseum hatte 3 Stockwerke.
Statuen

Das Kolosseum in Rom

Thermen

Die meisten Städte hatten öffentliche Bäder, sog. Thermen, mit Heiß- und Kaltwasserbecken. Die Römer kamen auch hierher, um Freunde zu treffen. In reiche Privathäuser leitete man Wasser in Blei-, Ton- oder Holzröhren.

Aquädukt Pont du Gard

Die römischen Ingenieure waren sehr einfallsreich. In diesem Aquädukt, einer offenen gemauerten Wasserleitung, floss 500 Jahre lang Frischwasser aus den Bergen nach Nîmes, Frankreich.

Götter

Die Römer übernahmen viele Götter von den Griechen. So entsprachen z. B. Jupiter, Juno und Merkur den griechischen Göttern Zeus, Hera und Hermes. Selbst nachdem das Christentum Staatsreligion im Römischen Reich geworden war, lebte der alte Götterglaube noch fort. Besonders verehrt wurde Castor, der auch der Rossebändiger hieß. Er galt als großer Held und verkörperte die Treue. Zu Hause hatten die Römer einen Hausaltar mit ihren Hausgöttern, den *Laren*.

Castor und Pollux, die Zwillingsbrüder, wurden besonders von den Soldaten verehrt, da sie angeblich den Römern in der Schlacht beistanden.

Castor, der Rossebändiger

Gottkaiser Augustus

Der erste römische Kaiser Augustus (Regierungszeit 27 v. Chr.–14 n. Chr.) wurde nach seinem Tod zum Gott erhoben. Dies bürgerte sich ein und die Römer errichteten ihren Kaisern Tempel, wo sie als Götter verehrt wurden. Wer diese Verehrung ablehnte – wie die Juden und die Christen –, wurde verfolgt.

Latein

Latein, die Sprache der Römer, wurde im westlichen Teil des Reiches gesprochen, im Osten dagegen griechisch. Auf das Lateinische gehen viele heutige Sprachen zurück, z. B. Italienisch, Französisch und Spanisch. Das klassische Latein der Literatur etwa in Ciceros Reden oder Vergils Gedichten wird bei uns heute noch im Gymnasium gelehrt.

Gravierte Metallplatte
Lateinische Buchstaben

Das „X" auf dieser Silbermünze bedeutet 10. Die Münze ist 10 Kupferstücke wert.

Römische Ziffern

Die römischen Ziffern I, II, III, IV, V, VI, VII, VIII, IX, X, L, C, M werden heute noch verwendet. Die arabischen Zahlzeichen 1, 2, 3… kamen erst im 15. Jh. in Europa mehr und mehr in Gebrauch.

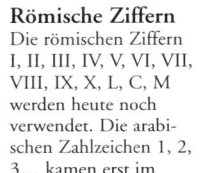

Silberdinar

Konstantin der Große

Konstantin (um 272–337) folgte seinem Vater Constantius I., 306 als weströmischer Kaiser. 324 vereinigte er Ostrom und Westrom und machte sich zum Alleinherrscher. In Byzanz am Bosporus erbaute er eine neue Hauptstadt Konstantinopel. 313 erließ er das Toleranzedikt von Mailand und beendete damit die Christenverfolgung. 391 wurde das Christentum unter Kaiser Theodosius schließlich Staatsreligion.

Bronzegladiator

Büste des Herkules
Verschluss für das Visier

Bronzehelm eines Gladiators

Gladiatorenkämpfe

Die römischen Bürger ließen sich durch aufwändige Spiele unterhalten. Bis zu 50 000 Zuschauer verfolgten die Gladiatorenkämpfe im Kolosseum, dem großen Amphitheater Roms. Im ganzen Reich gab es solche Arenen, in denen Sklaven als Gladiatoren miteinander oder gegen wilde Tiere kämpften und so ein blutiges Schauspiel boten. Manchmal ließ man die Überlebenden im Kampf frei.

Chronologie

753 v. Chr. Sagenhafte Gründung Roms durch die Zwillinge Romulus und Remus

509 v. Chr. Die Römer vertreiben die Etrusker und gründen die Republik.

27 v. Chr. Augustus wird Kaiser.

Genagelte Sandalen der Legionäre

9 n. Chr. 3 römische Legionen werden in der Schlacht am Teutoburger Wald von Germanen besiegt.

43 Claudius beginnt mit der Invasion in Britannien.

66 Aufstand der Juden

212 Alle Freien im Reich werden römische Bürger.

285 Diocletian teilt das Reich in zwei Hälften.

330 Konstantin verlegt die Hauptstadt nach Byzanz und nennt sie Konstantinopel.

391 Theodosius I. verbietet den Götterkult; Christentum wird Staatsreligion.

Römisches Glas

395 Das Römische Reich zerfällt endgültig in Ostrom und Westrom.

410 Die Westgoten unter König Alarich plündern Rom.

476 Ende des Weströmischen Reiches. Ostrom oder Byzanz bleibt bis 1453 bestehen.

SIEHE AUCH UNTER — ARCHITEKTUR — BYZANZ — CAESAR, GAIUS JULIUS — ETRUSKER — GOTTHEITEN — ITALIEN, GESCHICHTE — REITERVÖLKER — RÜSTUNGEN

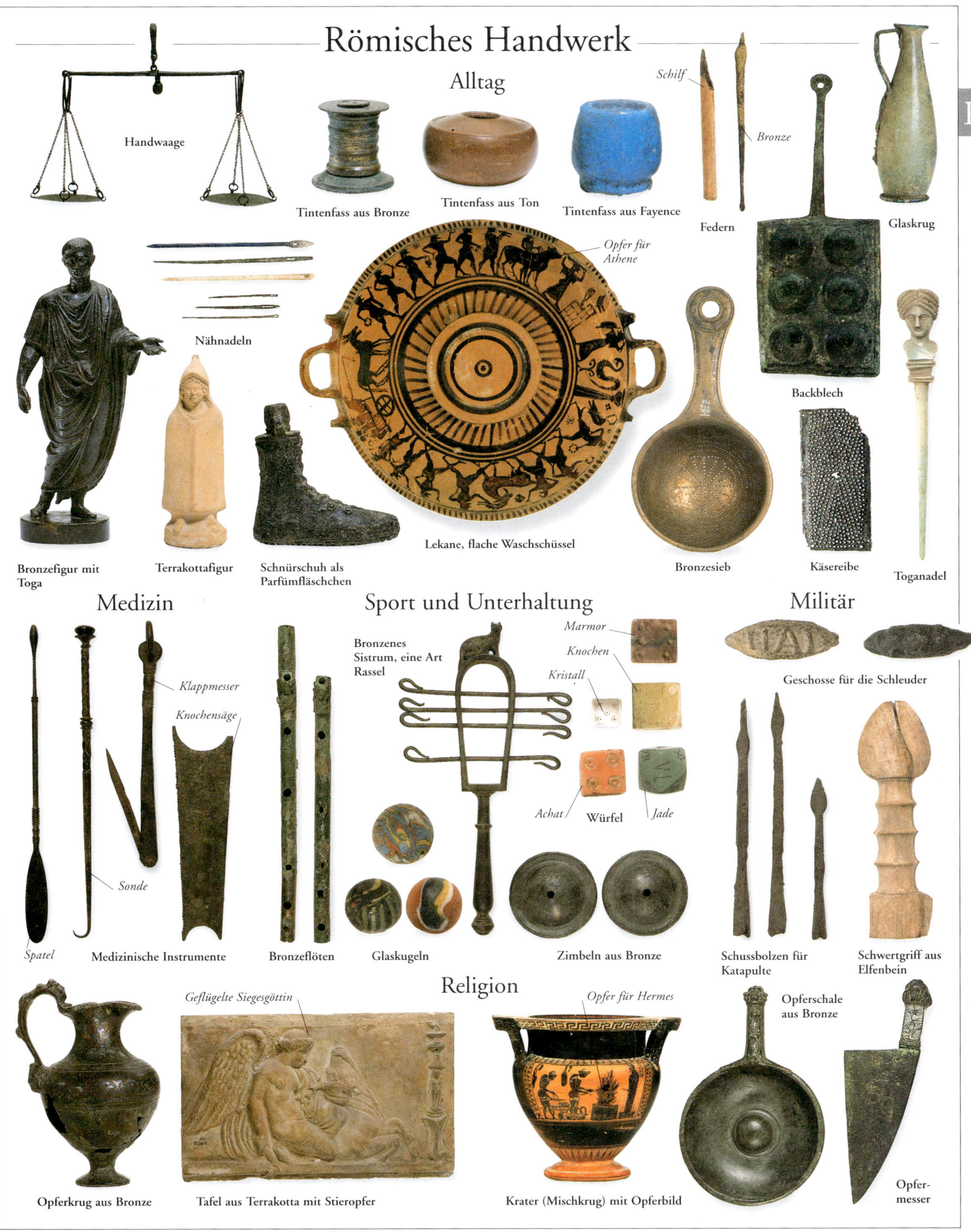

Römisches Handwerk

Alltag

- Handwaage
- Tintenfass aus Bronze
- Tintenfass aus Ton
- Tintenfass aus Fayence
- Federn (*Schilf*, *Bronze*)
- Glaskrug
- Nähnadeln
- Bronzefigur mit Toga
- Terrakottafigur
- Schnürschuh als Parfümfläschchen
- Lekane, flache Waschschüssel (*Opfer für Athene*)
- Bronzesieb
- Backblech
- Käsereibe
- Toganadel

Medizin

- Spatel
- Medizinische Instrumente (*Klappmesser*, *Knochensäge*, *Sonde*)

Sport und Unterhaltung

- Bronzeflöten
- Bronzenes Sistrum, eine Art Rassel
- Glaskugeln
- Würfel (*Marmor*, *Knochen*, *Kristall*, *Achat*, *Jade*)
- Zimbeln aus Bronze

Militär

- Geschosse für die Schleuder
- Schussbolzen für Katapulte
- Schwertgriff aus Elfenbein

Religion

- Opferkrug aus Bronze
- Tafel aus Terrakotta mit Stieropfer (*Geflügelte Siegesgöttin*)
- Krater (Mischkrug) mit Opferbild (*Opfer für Hermes*)
- Opferschale aus Bronze
- Opfermesser

RUMÄNIEN, UKRAINE UND MOLDAWIEN

RUMÄNIEN, DIE UKRAINE UND MOLDAWIEN liegen in Osteuropa, südwestlich von Russland. Die Ukraine und Moldawien gehörten zuvor als Republiken zur früheren Sowjetunion. Das ebenfalls kommunistische Rumänien war jedoch ein unabhängiger Staat. Seit Ende der kommunistischen Herrschaft in Rumänien 1989 und dem Untergang der Sowjetunion 1991 sind alle 3 Länder dabei, ihre Industrie zu modernisieren und bemühen sich um eine Aufnahme in die westlichen Bündnisse.

Steppen
Ein großer Teil der Ukraine und Moldawiens besteht aus flachen oder leicht hügeligen Steppen. Hier liegen mit die fruchtbarsten Böden der Erde, auf denen man Weizen, Zuckerrüben und Kartoffeln anpflanzt. Das übrige Gebiet dient als Weide.

Karpaten
Die Karpaten ziehen in einer S-Kurve quer durch Rumänien und umschließen dabei Transsilvanien. Der höchste Berg ist der Moldoveanu mit 2 543 m. In den dichten Wäldern leben noch viele Bären und Wölfe. In den Karpaten gibt es große Minerallagerstätten.

Orthodoxe Kirche
Die meisten Menschen in dieser Region sind Christen und Angehörige der orthodoxen Kirche, wobei hier von Land zu Land einige Unterschiede auftreten. So können die verschiedenen ethnischen Gruppen ihre Identität beibehalten.

Orthodoxer Ostergottesdienst in Rumänien

Geografie
Die Ukraine besteht meist aus flachem Grasland oder Steppe. Rumänien grenzt im Süden an die Donau und ist gebirgig. Moldawien besteht zur Hauptsache aus einer sanften Hügellandschaft.

Klima
Rumänien hat kontinentales Klima mit oft bitterkalten Wintern. In der Ukraine und in Moldawien ist das Klima ähnlich mit warmen Sommern und milden Wintern. Auf der Krim sind die Sommer heiß und die Winter mild.

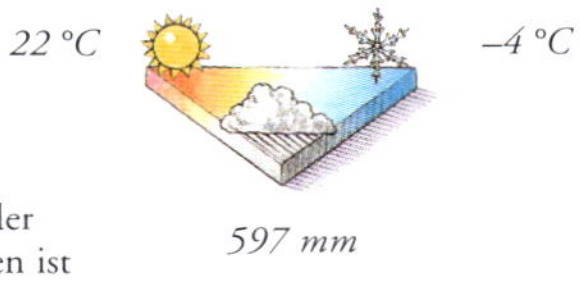

22 °C   −4 °C
597 mm

Krim
Die Krim ist eine Halbinsel im Schwarzen Meer. Die Ferienorte, die früher von kommunistischen Funktionären besucht wurden, werben heute um Touristen aus dem Westen. Auf der Krim wird viel Wein angebaut.

Rumänien

Rumänien wurde lange Zeit von den Osmanen, den Russen und den Habsburgern beherrscht und erlangte 1861 die Unabhängigkeit. 1947 wurde es kommunistisch und lehnte sich an die Sowjetunion an. Von 1965 an herrschte hier der Diktator Nicolae Ceaușescu. 1989 wurde er hingerichtet. Seither wendet sich Rumänien dem Westen zu und baut seine Wirtschaft um.

Bukarest
Seit 1861 ist Bukarest die Hauptstadt Rumäniens. Es wurde einst nach dem Vorbild Paris erbaut und hat heute 2 Mio. Einwohner. Die Stadt ist auch das kulturelle und industrielle Zentrum des Landes. Viele Menschen leben in Plattenbauten.

Palast des Volkes

Bevölkerung
90 % der Bevölkerung sind Rumänen. Die übrigen Bewohner setzen sich aus Ungarn sowie Roma und Sinti zusammen, die fast 2 % ausmachen. Roma und Sinti leben meist nicht mehr nomadisch, sondern in der Nähe von Städten. Derzeit geht die Bevölkerung zurück, da viele Menschen auf der Suche nach Arbeit auswandern.

Junge Romamädchen

Die Burg von Bran, in der Vlad Tepes lebte.

Transsilvanien
Der Name Transsilvanien ist vor allem mit dem des blutsaugenden Grafen Dracula verbunden. Vorbild für diese Figur war Fürst Vlad Tepes, der „Pfähler", der im 15. Jh. seine Feinde auf grausame Weise hinrichten ließ.

RUMÄNIEN: DATEN
- HAUPTSTADT Bukarest (București)
- FLÄCHE 238 391 km²
- EINWOHNER 22 400 000
- BEVÖLKERUNGSDICHTE 94 Einw./km²
- SPRACHE Rumänisch
- RELIGION Christentum
- WÄHRUNG Leu
- LEBENSERWARTUNG 70 Jahre
- EINWOHNER PRO ARZT 550
- REGIERUNG Mehrparteiendemokratie
- ANALPHABETEN 3 %

Ukraine

Die Ukraine ist das zweitgrößte Land Europas. Sie löste sich 1991 von der Sowjetunion. Ungefähr 73 % sind Ukrainer, 23 % Russen, die zur Hauptsache im Osten leben. Die Landwirtschaft und die Rohstoffvorkommen bilden das wirtschaftliche Rückgrat des Landes. Über 50 % der Fläche werden als Ackerland genutzt.

Borscht mit Sauerrahm

Piroschki

Roggenbrot

Kiew
Die ukrainische Hauptstadt Kiew liegt am Fluss Dnjepr. Vor ungefähr 1 000 Jahren breitete sich von hier der orthodoxe Glaube über Osteuropa aus. Kiew hat wunderschöne Kirchen und Parks und ist ein kulturelles und industrielles Zentrum.

Landesküche
Die traditionelle ukrainische Suppe aus Fleisch und Roten Beten heißt Borscht. Sie wird mit Sauerrahm und Piroschki, Teigtaschen, serviert. Die Ukrainer lieben Teigtaschen und Pasteten, gefüllt mit Fleisch, Fisch, Kohl, Pilzen, Eiern oder auch Marmelade. Dazu trinken sie gerne Wein aus der Krim.

St.-Georgs-Kirche beim Fluss Dnjepr

Industrie
Das Donezk-Becken im Osten der Ukraine ist reich an Kohle, Eisenerz, Zink, Mangan und Quecksilber. In der Eisen- und Stahlproduktion steht die Ukraine an 9. Stelle in der Welt. Das Land stellt Schiffe, Autos, Maschinen, Flugzeuge und chemische Stoffe her.

UKRAINE: DATEN
- HAUPTSTADT Kiew (Kyyiv)
- FLÄCHE 603 700 km²
- EINWOHNER 49 700 000
- BEVÖLKERUNGSDICHTE 82 Einw./km²
- SPRACHE Ukrainisch, Russisch
- RELIGION Christentum
- WÄHRUNG Griwna
- LEBENSERWARTUNG 67 Jahre
- EINWOHNER PRO ARZT 224
- REGIERUNG Mehrparteiendemokratie
- ANALPHABETEN 2 %

Moldawien

Moldawien, offiziell als Republik Moldau bezeichnet, war einst ein Teil Rumäniens, ging 1940 jedoch in der Sowjetunion auf. Von den früheren Sowjetrepubliken ist es am dichtesten besiedelt. Zwischen den Rumänisch sprechenden Moldawiern sowie den Russen und Ukrainern in den verschiedenen Landesteilen bestehen Spannungen.

Wein
Das warme Landesklima eignet sich gut für den Weinanbau. Moldawien produziert hervorragende Weine, die in großen unterirdischen Kellern gelagert werden. Die Temperatur ist hier das ganze Jahr über unverändert niedrig.

Landwirtschaft
Über die Hälfte der Moldawier lebt in kleinen landwirtschaftlich geprägten Gemeinschaften. Auf rund 65 % des Landes baut man Getreide, Früchte, Tabak, Gemüse und Weintrauben an. Man hält Schweine, Rinder und Schafe.

MOLDAWIEN: DATEN
- HAUPTSTADT Chișinău (Kischinjow)
- FLÄCHE 33 800 km²
- EINWOHNER 4 325 000
- SPRACHE Rumänisch, Russisch, Ukrainisch
- RELIGION Christentum
- WÄHRUNG Moldawischer Leu

SIEHE AUCH UNTER: CHRISTENTUM | EUROPA, GESCHICHTE | GRASLAND, TIERWELT | HANDEL UND INDUSTRIE | RUSSLAND, GESCHICHTE | SOWJETUNION | WELTREICHE

RUNDFUNK

WENN MAN SEIN RADIO einschaltet, hört man Musik, die ganz woanders produziert wurde. Die Übertragung erfolgt mit Hilfe elektromagnetischer Wellen, die sich mit Lichtgeschwindigkeit im Raum ausbreiten. In jedem Augenblick bewegen sich tausende von Radiosignalen durch die Atmosphäre. Aus diesen sucht der Empfänger den eingestellten Sender heraus. Erst zu Beginn des 20. Jh. gelang es, Nachrichten mit Hilfe von Radiowellen zu übertragen. Bis zur ersten Hörfunksendung vergingen aber noch fast 20 Jahre. Von da an veränderte der Rundfunk die Welt.

Radioempfänger um 1935

Erste Radiogeräte
Die ersten Radiogeräte waren sehr unbequem in der Handhabung. Große, zerbrechliche Röhren verstärkten die eintreffenden Wellen. Die Röhren mussten erst aufgeheizt werden und hielten nicht lange. Es gab nur wenige Programme. Trotzdem ermöglichte es der Rundfunk, zum ersten Mal zu Hause Nachrichten zu empfangen und Musik zu hören.

Wie der Rundfunk funktioniert
Beim Rundfunk werden Schallwellen in elektrische Signale umgewandelt. Diese wiederum strahlt man in Form von Radiowellen ab. Dabei wird eine Trägerwelle verändert oder moduliert. Man unterscheidet eine Amplituden- und eine Frequenzmodulation. Im Empfänger findet der umgekehrte Vorgang statt: Er holt die elektrischen Signale aus der Trägerwelle heraus und verwandelt sie wieder in Schallwellen.

Handapparat

Verwendung
Mit Radiogeräten holen wir uns Informationen und Unterhaltung ins Haus. Radiowellen übertragen auch die Ton- und Bildsignale beim Fernsehen oder die Bildsignale beim Videotext sowie die Signale von Mobil- und Autotelefonen. Auch alle Funkverbindungen, über Satelliten oder zu Raumfahrzeugen im Weltall werden mit Hilfe von Radiowellen aufrechterhalten. Kleine Funkgeräte mit begrenzter Reichweite nennen wir Walkie-Talkies. Sie kommen z. B. auf großen Baustellen oder in Krankenhäusern zum Einsatz.

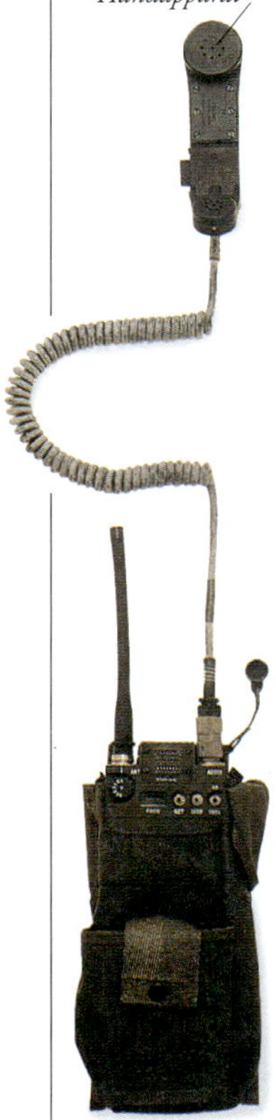

Studio
Das Mikrofon im Rundfunkstudio verwandelt die Sprache des Moderators in elektrische Signale. Dazu kommen die Signale der Musik, die gerade von einem Tonband oder einer CD gespielt wird. Beide Signale werden am Mischpult zusammengemischt und dann einer Trägerwelle aufgeprägt, die gesendet wird.

Moderator im Studio

Sendeanlagen
Das Aussenden von Radiowellen erfolgt beim Hörfunk wie beim Fernsehen über die Antenne des Sendeturms. Sie strahlt die Trägerwelle mit den aufmodulierten Signalen aus. Je nach Wellenlänge unterscheidet man Ultrakurzwellen (UKW), Kurz-, Mittel- oder Langwellen.

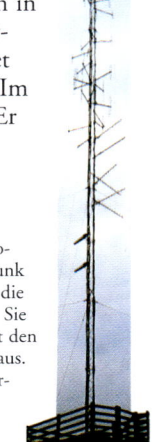

Sendeantenne

Blick in ein tragbares Radiogerät

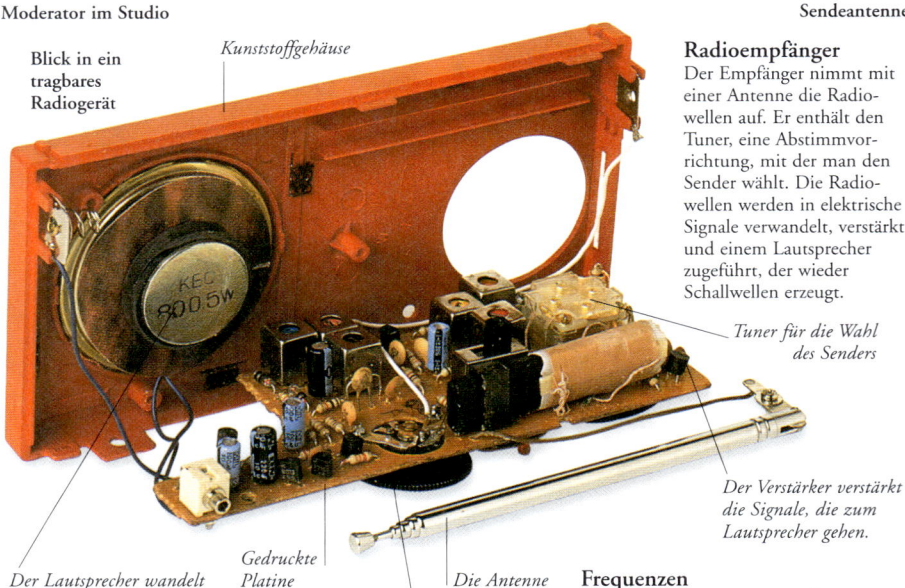

Kunststoffgehäuse

Radioempfänger
Der Empfänger nimmt mit einer Antenne die Radiowellen auf. Er enthält den Tuner, eine Abstimmvorrichtung, mit der man den Sender wählt. Die Radiowellen werden in elektrische Signale verwandelt, verstärkt und einem Lautsprecher zugeführt, der wieder Schallwellen erzeugt.

Tuner für die Wahl des Senders

Der Verstärker verstärkt die Signale, die zum Lautsprecher gehen.

Der Lautsprecher wandelt Spannungsschwankungen in Schallwellen und damit in Luftschwingungen um, die wir hören können.

Gedruckte Platine

Lautstärkeregler (veränderlicher Widerstand)

Die Antenne fängt Radiowellen auf.

Frequenzen
Die Radiowellen, die für die Übertragung zur Verfügung stehen, unterscheidet man nach ihrer Frequenz. Ultrakurzwellen reichen 100 km weit.

Funkverbindungen im Krieg
Kampfeinheiten haben immer ein tragbares Funkgerät bei sich. Sie können damit ihrem Hauptquartier Informationen über die eigene Lage sowie die Stellung des Feindes mitteilen. Mit dem Funkgerät fordert man auch Hilfe für Verletzte an. Der Gegner versucht oft diesen Funkverkehr zu stören.

Handfunkgerät der US-Armee, 90er Jahre

Guglielmo Marconi
Der italienische Ingenieur Guglielmo Marconi (1874–1937) ließ 1896 ein Verfahren zur Übermittlung von Signalen mit Hilfe von Radiowellen patentieren. Noch als Teenager begann er mit Radioversuchen im Elternhaus. 1901 sandte er das erste Radiosignal über den Atlantik und verwendete dazu den Morsecode.

Chronologie
1888 Der deutsche Physiker Heinrich Hertz (1857–94) entdeckt die Radiowellen.

1896 Marconi erwirbt ein Patent auf das erste praktische drahtlose Telegrafensystem.

1899 Marconi sendet Radiosignale über den Ärmelkanal.

1906 Erste öffentliche Radiosendung in den USA

1923 In Deutschland überträgt der Rundfunk erstmals am 29. Oktober Sendungen mit Musik und Unterhaltung.

1954 Transistoren ersetzen die großen Röhren. Damit werden die Empfänger sehr viel kleiner. Bald gibt es tragbare Radiogeräte zu kaufen, die mit dem Strom von Batterien auskommen.

1960 Erste Stereosendung in Pittsburgh, USA

Den benötigten Strom liefern Batterien.

Transistorgerät

SIEHE AUCH UNTER ELEKTRONIK FERNSEHEN SCHALL SCHALLAUFZEICHNUNG

RUSSLAND UND KASACHSTAN

DIE RUSSISCHE FÖDERATION, allgemein als Russland bekannt, ist das größte Land der Erde. Es erstreckt sich von der Ostsee im Westen bis an den Pazifik im Osten – von Europa bis an die Ostgrenze Asiens. Die meisten Menschen leben im fruchtbaren und stark industrialisierten europäischen Viertel des Landes, westlich des Uralgebirges. Östlich davon befindet sich Sibirien, das ein sehr strenges kontinentales Klima aufweist und sehr dünn besiedelt ist. Kasachstan liegt im Südwesten Russlands. Es gehörte früher als Republik zur Sowjetunion, ist heute aber selbstständig.

Sibirien
Sibirien erstreckt sich vom Uralgebirge bis zum Pazifik und umfasst mit 13 Mio. km² drei Viertel von Russland. Der größte Teil ist bewaldet. In Sibirien gibt es rund 1 Mio. Seen, 53 000 Flüsse und reiche Minerallagerstätten.

Frauen
Über 50 % aller Arbeitnehmer in Russland sind Frauen. Viele leisten körperliche Arbeit, z. B. am Bau oder in der Landwirtschaft. Andere fahren öffentliche Verkehrsmittel wie Busse und Straßenbahnen. Ihre Kinder geben arbeitende Mütter in eine Kinderkrippe oder die Großmutter passt auf sie auf. Auch die meisten Lehrkräfte in Russland sind Frauen.

Russische Bauarbeiterin, Moskau

Geografie
Von Norden nach Süden wechseln sich Tundra mit Dauerfrostboden, Nadelwälder der Taiga, Grasländer und Kaltwüsten ab. Südsibirien ist im Wesentlichen gebirgig.

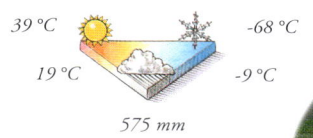

Klima
Russland hat warme Sommer und sehr kalte Winter. Frühling und Herbst sind sehr kurz. Die Temperaturen in Nordsibirien fallen bis auf -68 °C, in Kasachstan hat es im Winter im Schnitt -9 °C.

39 °C / -68 °C
19 °C / -9 °C
575 mm

Wolga
Mit 3 530 km ist die Wolga der längste Fluss im europäischen Teil Russlands. Sie fließt ins Kaspische Meer und wurde in eine Kette von Stauseen verwandelt, die Wasser für die Felder und für die Stromerzeugung liefern.

Steppen
Der Süden Russlands und Kasachstan bestehen im Wesentlichen aus Steppe. Sie ist baumlos und dient als Weide für Pferde, Rinder und Schafe. Zum Teil wird sie für den Anbau von Pflanzen bewässert. Im Süden geht die Steppe in Halbwüste und Wüste über.

Russland

Russland ist eine Föderation aus zahlreichen Regionen, Republiken und Territorien, von denen einige sich selbst verwalten. Es bildete das Kernland der einstigen Sowjetunion. Nach dem Zusammenbruch des Kommunismus 1991 tat sich das Land schwer, seine Rolle in der Welt neu zu finden. Die Wirtschaft hatte großen Schaden genommen. Im Kaukasusgebiet traten Konflikte zwischen verschiedenen Völkern auf, besonders in Tschetschenien.

Bevölkerung
Die meisten Russen leben in kleinen überfüllten Wohnungen. Der Lebensstandard ist sehr niedrig. Seit dem Zusammenbruch des Kommunismus ist die Kriminalität stark angestiegen, vor allem in den Städten. Viele Menschen sind arbeitslos und der ungeheuren Teuerung hilflos ausgeliefert.

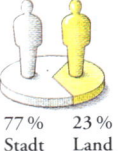

8,5 pro km² — 77 % Stadt — 23 % Land

Menschen in Moskau

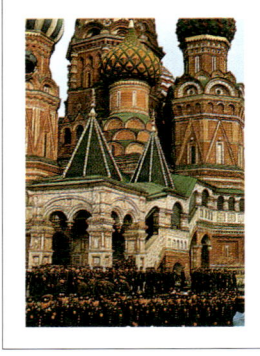

Landnutzung
Wald 50 % · Grasland 2 % · Feuchtgebiete 13 % · Tundra 18,5 % · Ödland 6 % · Ackerland 10 % · Siedlungen 0,5 %

Die meisten Nahrungspflanzen werden in dem Dreieck zwischen St. Petersburg, dem Kaspischen Meer und Omsk in Südsibirien angebaut. Die Wälder liefern viel Holz. In Sibirien gewinnt man Kohle, Erdöl und Erdgas.

Ballett
Russland ist berühmt für sein Ballett. Den besten Ruf genießen das Ballett des Bolschoitheaters in Moskau und das Kirow-Ballett von St. Petersburg. Die Ballettkunst gelangte im 18. Jh. über Paris nach St. Petersburg, das damals ein kulturelles Zentrum war. Im 19. Jh. entwickelte das russische Ballett seinen eigenen Stil.

Schachspiel aus Keramik

Schach
Das persische Schachspiel gelangte vor über 1 000 Jahren durch Händler, die die Ostsee befuhren, nach Russland. Es wurde dort schnell beliebt, weil man sich damit die dunklen Wintertage vertreiben konnte. Russen gehören seitdem zu den besten Schachspielern der Welt.

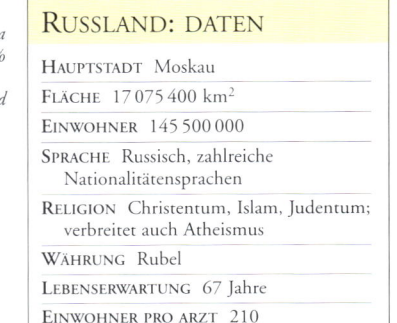

RUSSLAND: DATEN
- **HAUPTSTADT** Moskau
- **FLÄCHE** 17 075 400 km²
- **EINWOHNER** 145 500 000
- **SPRACHE** Russisch, zahlreiche Nationalitätensprachen
- **RELIGION** Christentum, Islam, Judentum; verbreitet auch Atheismus
- **WÄHRUNG** Rubel
- **LEBENSERWARTUNG** 67 Jahre
- **EINWOHNER PRO ARZT** 210
- **REGIERUNG** Mehrparteiendemokratie
- **ANALPHABETEN** 2 %

Landesküche
Getreide, Weißkohl und Kartoffeln sind die Grundnahrungsmittel in Russland. Bekannte Gerichte sind eine Suppe aus Roten Beten mit Sauerrahm, der *Borscht*, eine Kohlsuppe, der *Schi*, sowie Kohlrouladen und Piroggen und zu besonderen Anlässen Kaviar, Eier vom Stör. Dazu trinken die Russen schwarzen Tee (*Tschai*) und größere Mengen Wodka.

Blini sind kleine Pfannkuchen. Man serviert sie z. B. mit Kaviar und Sauerrahm.

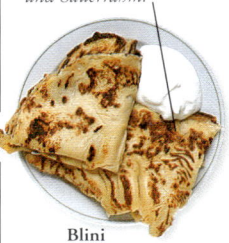

Blini — *Wodka*

Moskau
Mit fast 9 Mio. Einwohnern ist die Hauptstadt Moskau auch die größte Stadt im Land. Über einen Kanal ist sie mit der Wolga verbunden. Die Regierung hat ihren Sitz im Kreml, einer Befestigungsanlage der früheren Zaren. Davor liegt der Rote Platz. Moskau hat zahlreiche schöne Gebäude, Theater und Universitäten sowie eine weltberühmte Untergrundbahn, die 1935 eröffnet wurde.

Parade zum 1. Mai in Moskau

Russisch-orthodoxe Kirche
Der Kommunismus lehnte jede religiöse Betätigung ab und förderte den Atheismus. Viele Russen blieben dennoch streng gläubig. Seit den späten 80er Jahren wurden auch zahlreiche Kirchen restauriert und wieder geöffnet. Weihnachten liegt nach dem orthodoxen Kalender am 7. Januar und ist ein nationaler Feiertag.

Muttergottes mit Kind, russisch-orthodoxe Ikone

Baumstämme werden in verschiedene Abschnitte gesägt, sodass möglichst wenig Abfall entsteht.

Industrie
Russland ist der größte Erdgasproduzent und hat viele Lagerstätten an Erdöl und Kohle. 18 % des Energiebedarfs wird mit Wasserkraft gedeckt. Die wichtigsten Minerallagerstätten umfassen Wolfram, Uran, Nickel, Quecksilber, Diamanten, Gold, Kupfer, Bauxit und Eisenerz. Viele Erze werden in Sibirien gewonnen und in Gebiete westlich des Urals transportiert, wo die meisten Fabriken liegen. Auch Holz kommt aus Sibirien. Die Rohstoffe werden mit der Transsib befördert.

Holz — *Kohle*

Transsib
Die Transsibirische Eisenbahn verbindet den europäischen Teil Russlands mit der Pazifikküste und führt quer durch Sibirien. Nach 9 297 km endet sie in Wladiwostok. Es ist die längste durchgehende Eisenbahnstrecke der Welt. Die Reise dauert 8 Tage und führt über 8 Zeitzonen. Die lange Strecke befährt täglich nur jeweils ein Zug. Frachtzüge sind jedoch Tag und Nacht unterwegs.

Landwirtschaft
Nur ein Zehntel des Landes, das meiste im europäischen Teil, ist für den Anbau geeignet. Bei der Ernte von Hafer steht Russland weltweit an 1., bei Kartoffeln und Roggen an 2. Stelle. Auf den Feldern arbeiten oft mehr Frauen als Männer. Die technische Ausstattung mit Landmaschinen ist mangelhaft. Bedeutend sind die Rinder-, Schweine- und Schafzucht. Die Bauern halten privat Schweine und Geflügel.

Kasachstan

Kasachstan erstreckt sich über 2 400 km vom Kaspischen Meer im Westen bis zum Altaigebirge im Osten. Es ist die zweitgrößte der früheren Sowjetrepubliken. Das Land besteht aus Steppen und Hochflächen und hat mit die geringste Bevölkerungsdichte. Kasachstan verfügt über viele Bodenschätze – eine mögliche Quelle für späteren Reichtum. Die Regierung entwickelt zur Zeit die heimische Gebrauchsgüterindustrie, weil bisher fast alles aus dem Ausland importiert werden muss.

Siedlungen 1 %
Wald 4 %
Grasland 70 %
Ackerland 25 %

Landnutzung
Der größte Teil des Graslandes in Kasachstan dient als Weide für Schafe, Ziegen und Rinder. Durch Bewässerung konnte man ausgedehnte Gebiete in der Steppe kultivieren, wo vor allem Weizen, Reis und Baumwolle angebaut werden.

KASACHSTAN: DATEN

HAUPTSTADT	Astana
FLÄCHE	2 717 300 km²
EINWOHNER	16 700 000
BEVÖLKERUNGSWACHSTUM/JAHR	–0,6 %
SPRACHE	Kasachisch, Russisch
RELIGION	Islam, Christentum
WÄHRUNG	Tenge
LEBENSERWARTUNG	63 Jahre
EINWOHNER PRO ARZT	250
REGIERUNG	Präsidialrepublik
ANALPHABETEN	2 %

Bevölkerung
Aufgrund der Zwangsansiedlung von Russen, Ukrainern und auch Deutschen unter kommunistischer Herrschaft bilden die Kasachen heute nur 44 % der Bevölkerung. Viele Kasachen aus umliegenden Ländern sind in den vergangenen Jahren in ihre Heimat zurückgekehrt. Nur noch wenige Kasachen führen die traditionelle nomadische Lebensweise in der Steppe.

6 pro km² — 56 % Stadt — 44 % Land

Die nomadischen Kasachen leben in Jurten.

Kaviar
Kaviar besteht aus den Eiern, dem sog. Rogen verschiedener Störarten. Er wird leicht gesalzen und frisch gegessen. Der meiste Kaviar stammt vom Kaspischen Meer, an dem Kasachstan Anteil hat. Für die Menschen in der Region ist Kaviar ein Zeichen der Freundschaft.

Ketalachs-Kaviar
Beluga-Kaviar

Kaviar auf Toastbrot

Almaty
Almaty (Alma-Ata) war bis vor wenigen Jahren die Hauptstadt von Kasachstan. Sie liegt auf einer Hochfläche, umgeben von Bergen. Berühmt ist die Kathedrale, eines der höchsten Holzgebäude der Erde. Sie ist heute ein Museum. Die Stadt ist das wirtschaftliche und kulturelle Zentrum Kasachstans.

Kathedrale von Almaty

Religion
Der Islam ist die Religion der Kasachen. Seit dem Ende des Kommunismus hat er sich weiter ausgebreitet. In Kasachstan leben aber auch sehr viele Christen, die mehrheitlich der russisch-orthodoxen Kirche angehören.

Landwirtschaft
Bewässerungsprojekte zur Zeit der Sowjetunion haben Teile der kasachischen Steppe in Ackerland umgewandelt. Das Land versorgt sich heute selbst und produziert vor allem Getreide, Wolle und Fleisch. Der Wein- und Obstbau hat regionale Bedeutung.

Viele Boote strandeten, als der Aralsee austrocknete.

Aralsee
Noch 1960 war der Aralsee der viertgrößte See der Welt. Heute ist er nicht einmal halb so groß, weil sehr viel Wasser von seinen beiden Hauptzuflüssen Syr Darja in Kasachstan und Amu Darja in Usbekistan abgeleitet wurden. Der einst bedeutende Fischfang musste eingestellt werden.

Bergbau
Kasachstan hat große Lagerstätten an Kupfer, Eisenerz, Blei, Nickel und Uran. Der Bergbau ist die wichtigste Industrie des Landes. Einige der größten Öllagerstätten finden sich in der Nähe des Kaspischen Meeres. Auch Gold wird viel exportiert und bei der Chromproduktion steht Kasachstan an 1. Stelle. Das Land gewinnt auch Wolfram, Zink und Mangan.

Rohöl 
Öl-bohrmeißel
Gold
Die Spitzen der Bohrmeißel sind mit Diamanten bestückt.

Raumfahrtzentrum
Das Raumfahrtzentrum der früheren Sowjetunion befand sich im Kosmodrom von Baikonur in Zentralkasachstan. Der erste künstliche Satellit und der erste Mensch im Weltraum starteten von hier aus. Die Russen nutzen das Gelände für Raumfahrt noch heute.

SIEHE AUCH UNTER: ASIEN, GESCHICHTE · BALLETT · EISENBAHN · ERDÖL · FLÜSSE · RAUMFAHRT · RUSSLAND, GESCHICHTE · SOWJETUNION

RUSSLAND, GESCHICHTE

RUSSLAND LIEGT AN DEN GRENZEN Nordeuropas und Asiens und blieb in der Geschichte lange Zeit abseits. Das Land ist karg und hat ein kaltes Klima. Erst 1721 bekam es im Westen Zugang zur Ostsee. Von diesem Zeitpunkt an begann es in der europäischen Geschichte eine größere Rolle zu spielen. In den darauf folgenden zwei Jahrhunderten entwickelte sich Russland nach westlichem Vorbild, setzte schließlich den Zaren ab und stieg unter der Herrschaft der Kommunisten als UdSSR zu einer der beiden Supermächte auf. Nach dem Zusammenbruch der Sowjetunion 1991 sucht Russland heute nach einer neuen Rolle auf der Weltbühne.

Frühgeschichte

Vor ungefähr 850 lebten nur wenige Menschen im heutigen Russland. Im 9. Jh. stießen Wikinger aus Schweden auf der Suche nach Handelswaren südwärts vor. Sie legten einen Stützpunkt im heutigen Kiew in der Ukraine an und errichteten ein Handelsreich. Damals wohnten im restlichen Russland noch hunderte verschiedener Völker.

Rus
Das Wikingerreich im Süden hieß Rus. Durch die Rus zogen die Handelsrouten zwischen der Ostsee und dem Schwarzen Meer. Die Rus war der erste russische Staat, das Kiewer Reich.

Aufstieg des Christentums
Ende des 10. Jh. trafen christliche Missionare aus Byzanz in Kiew ein. Sie bekehrten die Menschen zum orthodoxen Christentum und führten die kyrillischen Buchstaben ein, die heute noch verwendet werden.

Aufstieg des Moskauer Reiches

Um 1330 machte sich das kleine Moskauer Fürstentum an der Nordgrenze des Tatarenreiches unabhängig. Die Moskauer schlugen 1380 die Tataren und erklärten sich 100 Jahre später als von ihnen unabhängig. 1550 nahm das Moskauer Reich in Russland eine führende Stellung ein und dehnte sein Territorium nach Polen und nach Sibirien aus.

Iwan IV.
Iwan IV. (1530–84) wurde als Dreijähriger Zar und herrschte 51 Jahre bis zu seinem Tod. Er vergrößerte sein Reich an der Wolga und brach die Vorherrschaft des Adels. Iwan galt als finsterer Tyrann. Er tötete viele Gegner und erhielt den Beinamen „der Schreckliche".

Peter der Große

Unter Peter dem Großen (1672–1725) entwickelte sich Russland zu einer europäischen Großmacht. Peter bereiste Westeuropa und kehrte mit Ideen zur Modernisierung seines Landes zurück. Er baute die Verwaltung um und förderte den Schulunterricht.

Eremitage, St. Petersburg

St. Petersburg
Peter der Große baute für sein neues Reich St. Petersburg. Straßen und Paläste ließ er von Architekten und Handwerkern aus Westeuropa errichten. Beim Bau der Stadt kamen über 150 000 Arbeiter ums Leben. Peter wollte mit seiner Hauptstadt mit Versailles konkurrieren.

Kreml
Jede größere russische Stadt hat eine Befestigung zum Schutze ihrer zivilen und religiösen Gebäude, den Kreml. Der Kreml in Moskau im Stadtzentrum ist viele Hektar groß und umfasst schöne Kirchen und Paläste.

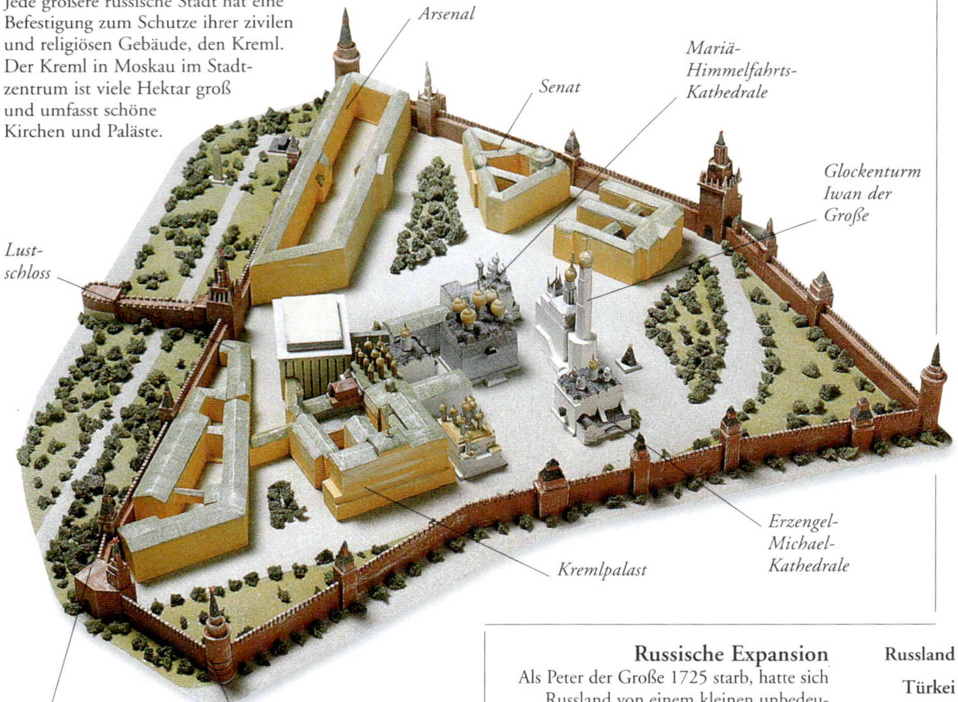

Arsenal
Senat
Mariä-Himmelfahrts-Kathedrale
Glockenturm Iwan der Große
Lustschloss
Erzengel-Michael-Kathedrale
Kremlpalast
Borowitzkijturm
Verkündigungsturm

Modell des Kreml, Moskau

Russische Expansion
Als Peter der Große 1725 starb, hatte sich Russland von einem kleinen unbedeutenden Land zu einem großen Reich entwickelt. Im Osten eroberte es ganz Sibirien und an der Ostsee gewann es Zugang zum Meer und ein „Fenster zum Westen". Im darauf folgenden Jahrhundert wurden weitere Territorien dazu gewonnen.

Russland
Türkei
Polen
Schweden
Österreich
Preußen

Den Schweden 1700–43 abgenommenes Gebiet
Erweiterung Russlands 1667–1795
St. Petersburg
Moskau
Den Polen 1767–95 abgenommenes Gebiet
Der Türkei 1768–92 abgenommenes Gebiet
Kiew
Prag

Die Grenze zeigt die Ausdehnung des russischen Reiches im Jahr 1795.

RUSSLAND, GESCHICHTE

Die Zaren
Die Dynastie der Romanow herrschte in Russland 1613–1917. Die Zarenfamilie hatte die Macht in ihren Händen, widersetzte sich jeder Veränderung und hielt lange am System der Leibeigenschaft fest. Die Anbaumethoden waren primitiv, und die meisten Menschen lebten in bitterer Armut, sodass die Unzufriedenheit wuchs.

Juwelen als Schmuck

Design der französischen Hofjuweliere von Ludwig XVI.

Ei von Carl Fabergé, Hofjuwelier und Goldschmied der russischen Zaren

Befreiung der Leibeigenen
1861, lange nach dem übrigen Europa, befreite Zar Alexander II. die russischen Bauern aus ihrer Leibeigenschaft. Sie bekamen Land zugewiesen, für das sie allerdings Pacht zahlen mussten. So hielt die Unzufriedenheit an.

Soldaten prügeln aufständische Leibeigene.

Revolution von 1905
Im Januar 1905 feuerten Truppen in St. Petersburg auf Arbeiter, die für höhere Löhne und weniger Arbeitszeit demonstrierten. Dies führte in ganz Russland zu Streiks und Meutereien. Zar Nikolaus II. gewährte daraufhin eine Verfassung und berief eine gewählte Volksvertretung ein, die Staatsduma. Die Reformen brachten aber wenig.

Duma
Die Staatsduma kam nach 1905 bei mehreren Gelegenheiten zusammen, doch schränkte Zar Nikolaus II. ihre Macht stark ein. Wenn die gewählten Vertreter nicht derselben Meinung waren wie der Zar, wurde die Duma in der Regel aufgelöst.

Versammlung der Staatsduma

Katharina die Große
Katharina II. (1729–96) wurde nach Absetzung ihres Mannes Peter III. Kaiserin. Sie rief Künstler und Handwerker aus ganz Europa nach Russland. Katharina führte so das Werk Peters des Großen fort und machte Russland zu einem mächtigen Staat.

Plakat zum Film *Panzerkreuzer Potemkin* von Sergej Eisenstein

Sowjetrussland
1917 fegten 2 Revolutionen die alte Zarenherrschaft hinweg und führten zur Bildung des ersten kommunistischen Staates auf der Welt. Er entwickelte sich zur Weltmacht und spielte eine entscheidende Rolle im 2. Weltkrieg beim Sieg über Deutschland. Der Sowjetstaat folgte den Prinzipien von Marx und Engels. Es gab kein privates Eigentum.

Sowjetische Flagge

Das heutige Russland
1991 brach die Sowjetunion zusammen, und Russland ging daraus als unabhängiger Staat hervor. Unter Präsident Boris Jelzin versuchte das Land seitdem demokratische Strukturen einzuführen und seine Wirtschaft und Gesellschaft nach westlichem Vorbild auszurichten.

Auflösung der Sowjetunion
Michail Gorbatschow, Staatsoberhaupt der Sowjetunion seit 1985, versuchte das Land zu reformieren. 1991 trat er zurück. Daraufhin erklärten die meisten Sowjetrepubliken ihre Unabhängigkeit. Dies führte zum Zusammenbruch der Sowjetunion.

- Hauptstädte früherer Sowjetrepubliken
- Russland
- Frühere Sowjetrepubliken

Sowjetisches Erbe
Die Sowjetherrschaft hinterließ Russland ein schweres Erbe. Die Industrie ist völlig veraltet und ineffizient. Die Landwirtschaft produziert nicht genug Nahrung, Radioaktive Abfälle und andere Gifte bedrohen die Umwelt.

Rostende sowjetische Kriegsschiffe

Marktwirtschaft
Russland ging langsam zur Marktwirtschaft über, was zu höheren Preisen führte. Nun musste niemand mehr um Nahrungsmittel anstehen. Die meisten Waren sind aber aus dem Ausland und zu teuer.

McDonalds, Moskau

Chronologie

Basiliuskathedrale, Moskau

9. Jh. Wikinger errichten ein neues Reich in der Ukraine mit der Hauptstadt Kiew.

10. Jh. Griechische Missionare bekehren die Russen zum orthodoxen Christenum.

1380 Dimitrij Donskoj besiegt die Tataren; Beginn des Moskauer Reiches.

1480 Iwan III. von Moskau erklärt sich zum Zaren aller Russen.

1533–84 Regierungszeit von Iwan IV. dem Schrecklichen

1682–1725 Regierungszeit von Peter dem Großen

1721 Russland besiegt Schweden und erhält Zugang zur Ostsee.

1762–96 Regierung Katharinas d. G.

1861 Ende der Leibeigenschaft

1905 Niederlage im Russisch-Japanischen Krieg; Aufstand in St. Petersburg

1914 Russland tritt aufseiten der Alliierten in den 1. Weltkrieg ein.

Heutige russische Flagge

1917 Februar- und Oktoberrevolution, Errichtung des ersten kommunistischen Staates

1985 Michail Gorbatschow beginnt mit der Reform der Sowjetunion.

1991 Zusammenbruch der Sowjetunion; Russland als neue Nation.

SIEHE AUCH UNTER: ASIEN, GESCHICHTE · EUROPA, GESCHICHTE · KALTER KRIEG · MARX, KARL · MONGOLEN · OKTOBERREVOLUTION · SOWJETUNION

RÜSTUNGEN

DIE WICHTIGSTEN KRIEGSWAFFEN waren früher Schwerter, Speere, Lanzen, Pfeile, Äxte und auch Keulen. Diese Waffen konnten tödlich sein. Deshalb schützten sich die Krieger mit Rüstungen aus Holz, Leder oder Metall. Durch die Erfindung der Feuerwaffen im 14. Jh. wurden die Rüstungen nutzlos, denn Metallplatten, die Kugeln abhalten konnten, waren viel zu schwer. Im 16. Jh. dienten die Rüstungen und die entsprechenden Waffen nur noch dem Prunk und der Schau. Soldaten tragen bei Paraden manchmal heute noch Rüstungen und Säbel. Im Kampf verwenden sie aber Gewehre und haben kugelsichere Westen an.

Panzer

Rüstungen und Panzer schützen zwar gegen Waffen, sie müssen aber noch beweglich sein. Dazu verwendete man die unterschiedlichsten Werkstoffe, z. B. Leder, Baumwolle und Metall.

Hörner
Eisenmaske

Samurai, 14. Jh.

Schwebescheibe und geschobene Achsel schützen Schulter und Achselhöhle.

Visier zum Schutz des Gesichts

Japanische Samurai
Die Rüstung der Samurai bestand aus kleinen Metall- und Lederteilchen, die durch farbige Seidenfäden verbunden waren. Als es Feuerwaffen gab, wurden die Rüstungen prunkvoller.

Mit dem Streitkolben konnte man Harnische zertrümmern.

Krieger der Benin
Die Soldaten dieses großen afrikanischen Reiches trugen Rüstungen und leichte Bambusschilde, mit denen sie sich vor schräg eintreffenden eisenbewährten Speeren wirksam schützen konnten.

Bronzeplatte der Benin

Europäische Ritter
Die Ritter trugen Kettenhemden als Schutz. Im 14. Jh. kam der Harnisch aus beweglich verbundenen Metallplatten auf, den sich aber nur wenige leisten konnten.

Europäischer Ritter, 14. Jh.

Waffen

Keulen sind Verlängerungen des Armes. Solche einfachen Waffen wirkten zerschmetternd. Die meisten Handwaffen hatten jedoch Schneiden, etwa die Schwerter, Dolche und Lanzen. Pfeile und Bumerangs waren Fernwaffen. Mit ihnen konnte man Gegner kampfunfähig machen, die noch weit weg waren.

4 kreisrunde Bossen bedecken die Befestigungspunkte der Griffe.

Defensivwaffen
Mit Schilden verteidigt man sich. Prähistorische Jäger erfanden sie vielleicht als Tarnung bei der Jagd. Später schützte man sich damit vor Schwerthieben. Holz- und Lederschilde sind leicht und können die meisten Schwertschläge abwehren.

Indischer Schild

Bumerang *Parierschild* *Halbmondförmige Schneide*

Tabar, indische Streitaxt

Tigerköpfe, mit Edelsteinen besetzt

Moguldolch

Scheide

Angriffswaffen
Seit Jahrhunderten kommen die unterschiedlichsten Waffen zum Einsatz. Gekrümmte Säbel versetzen tödliche Schnittwunden. Gerade Schwerter haben allerdings eine höhere Durchschlagskraft. Keulen und Äxte sind scharf und schwer, doch muss man mit ihnen beweglich umgehen können. Kleine Dolche waren oft Mordwaffen.

Waffen der Aborigines *Keule* **Shamshir, ein indischer Säbel**

Ein voller Rossharnisch wog bis zu 35 kg und mehr.

Dorn

Italienischer Rossharnisch, 1570

Vergoldung

Quasten am Kopf vertrieben die Fliegen.

Talisman aus kupfernen Glöckchen

Ledersattel

Rüstungen für Tiere
Die westafrikanischen Fulbe schützten ihre Pferde mit Steppdecken aus Baumwolle, die mit Kapok gefüllt waren. Im Kampf trugen die Pferde auch Kettenpanzer an den Seiten und am Kopf. In Europa war ein voller Rossharnisch sehr teuer. Die Ritter schützten deshalb meistens nur die Köpfe ihrer Pferde.

Pferderüstung der Fulbe

Heutige Schutzwesten
Polizisten und Soldaten tragen heute schusssichere Westen. Sie bestehen aus 16 oder mehr Schichten der Textilfaser Kevlar. Kugeln werden dadurch abgebremst, sodass sie dem Träger zwar einen starken Schlag versetzen, ihn aber nicht mehr verletzen. Andere Schutzwesten enthalten auch Keramikeinlagen.

Bereitschaftspolizei

SIEHE AUCH UNTER: ABORIGINES | BENIN-REICH | EUROPA, GESCHICHTE | FEUERWAFFEN | INDIEN, GESCHICHTE | JAPAN, GESCHICHTE | WAFFEN

Teile der Rüstung

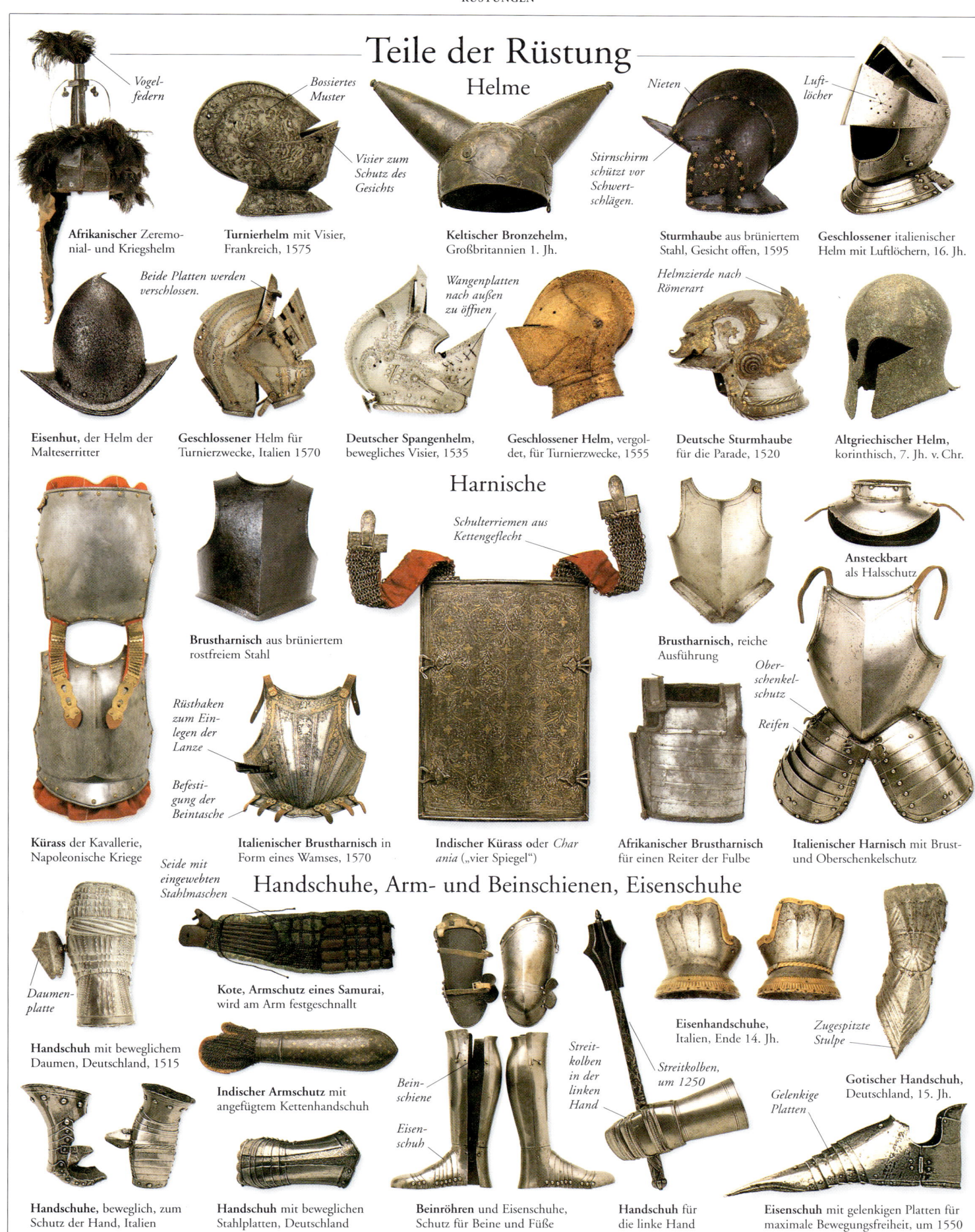

Helme

Afrikanischer Zeremonial- und Kriegshelm
- *Vogelfedern*

Turnierhelm mit Visier, Frankreich, 1575
- *Bossiertes Muster*
- *Visier zum Schutz des Gesichts*

Keltischer Bronzehelm, Großbritannien 1. Jh.

Sturmhaube aus brüniertem Stahl, Gesicht offen, 1595
- *Nieten*
- *Stirnschirm schützt vor Schwertschlägen.*

Geschlossener italienischer Helm mit Luftlöchern, 16. Jh.
- *Luftlöcher*

Eisenhut, der Helm der Malteserritter

Geschlossener Helm für Turnierzwecke, Italien 1570
- *Beide Platten werden verschlossen.*

Deutscher Spangenhelm, bewegliches Visier, 1535
- *Wangenplatten nach außen zu öffnen*

Geschlossener Helm, vergoldet, für Turnierzwecke, 1555

Deutsche Sturmhaube für die Parade, 1520
- *Helmzierde nach Römerart*

Altgriechischer Helm, korinthisch, 7. Jh. v. Chr.

Harnische

Brustharnisch aus brüniertem rostfreiem Stahl

Italienischer Brustharnisch in Form eines Wamses, 1570
- *Rüsthaken zum Einlegen der Lanze*
- *Befestigung der Beintasche*

Indischer Kürass oder *Char ania* („vier Spiegel")
- *Schulterriemen aus Kettengeflecht*

Brustharnisch, reiche Ausführung

Afrikanischer Brustharnisch für einen Reiter der Fulbe

Italienischer Harnisch mit Brust- und Oberschenkelschutz
- *Ansteckbart als Halsschutz*
- *Oberschenkelschutz*
- *Reifen*

Kürass der Kavallerie, Napoleonische Kriege

Handschuhe, Arm- und Beinschienen, Eisenschuhe

Handschuh mit beweglichem Daumen, Deutschland, 1515
- *Daumenplatte*

Kote, Armschutz eines Samurai, wird am Arm festgeschnallt
- *Seide mit eingewebten Stahlmaschen*

Indischer Armschutz mit angefügtem Kettenhandschuh

Handschuhe, beweglich, zum Schutz der Hand, Italien

Handschuh mit beweglichen Stahlplatten, Deutschland

Beinröhren und Eisenschuhe, Schutz für Beine und Füße
- *Beinschiene*
- *Eisenschuh*

Handschuh für die linke Hand
- *Streitkolben in der linken Hand*
- *Streitkolben, um 1250*

Eisenhandschuhe, Italien, Ende 14. Jh.
- *Zugespitzte Stulpe*

Gotischer Handschuh, Deutschland, 15. Jh.

Eisenschuh mit gelenkigen Platten für maximale Bewegungsfreiheit, um 1550
- *Gelenkige Platten*

SAFAWIDEN-REICH

NACH DEM FALL des letzten Reiches 651 wurde Persien fast 1 000 Jahre lang von den Arabern beherrscht. Im Jahr 1502 gründete dann der persische Krieger Ismail das Reich der Safawiden. Über 200 Jahre lang regierten die Safawiden ein unabhängiges Land. Der Schiismus, eine Form des Islam, wurde zur offiziellen Staatsreligion. Dies führte zu einem Gegensatz gegenüber den islamischen Nachbarn, besonders den Osmanen. Dafür wurden die Kontakte mit Europa ausgebaut und Persien durch den Handel reich. Die Safawiden schufen beeindruckende Bau- und Kunstwerke.

Ausdehnung des Reiches
Nach schnellen Siegen über die Araber eroberte Ismail das Gebiet des heutigen Iran und Teile des Irak. Die Safawiden ersetzten das Arabische durch das Persische als Staatssprache. Täbris war die Hauptstadt.

Ismail I.
Der Gründer des Safawiden-Reiches, Ismail I. (1501–24), war ein religiöser Führer und tapferer Soldat. Er nannte die Dynastie nach seinem Vorfahr, dem Heiligen Safind-Din. Ismail war erst 14 Jahre alt, als er Täbris eroberte und sich zum Schah oder König ausrief.

Schah Ismail I. kämpft gegen den Rivalen Alvand, Miniatur, 1541

Schiismus
Als Ismail Persien eroberte, waren die meisten Menschen Sunniten. Er forderte die arabischen Lehrer auf, den Schiismus zu verbreiten und machte ihn zur Staatsreligion. Die übrigen islamischen Länder betrachteten dies als Affront.

Moslems im Gebet

Osmanische Türken
Die Osmanen waren die Hauptgegner der Safawiden. Als Sunniten waren sie auch religiöse Feinde. Im 16. Jh. wagte der Osmanenherrscher Süleiman I. einen blutigen Krieg gegen die Safawiden.

Dolch von Sultan Süleiman I.

Muharram
Als Mohammeds Enkel Hussein 681 ermordet wurde, hielten ihm die Schiiten die Treue und betrachteten seine Nachkommen als die wahren Kalifen. Im 6. Jh. begannen die Safawiden den Todestag Husseins am 10. Tag des ersten islamischen Monats Muharram zu feiern.

Farbige Fliesen, typisch für den persischen Stil

Medrese Chehar Bagh, Isfahan

Isfahan
1598 baute Schah Abbas I. Isfahan zur Hauptstadt aus. Er ließ königliche Gebäude und Moscheen mit farbig glasierten Kacheln auskleiden und machte die Stadt zum Prunkstück persischer Architektur. Der Stil beeinflusste andere islamische Städte.

Abbas der Große
Schah Abbas I. (Regierungszeit 1587–1629) dehnte das Reich weiter aus. Da er fürchtete, seine Söhne würden ihm den Thron nehmen, tötete er einen und ließ die beiden anderen blenden. So hatte er keinen Nachfolger.

Himmelfahrt des Propheten Mohammed
Engel
Goldfarbe
Prophet Mohammed
Burak, ein mythisches geflügeltes Tier
Wolken in chinesischem Stil
Dekorative persische Schrift

Miniaturen
Mit Malereien geschmückte, in Leder gebundene Bücher waren eine Spezialität der Safawidenkünstler. Sie kopierten klassische persische Dichtwerke und fügten farbige Illustrationen, die Miniaturen, hinzu. Die Künstler verwendeten für Ihre Bilder feinste Pinsel und Goldfarbe.

Himmelfahrt des Propheten
Liebesgedichte und Legenden von persischen Königen (Buch der Könige) waren beliebte Themen für Miniaturen. Religiöse Bücher waren selten. Ein Künstler des 15. Jh., Aka Mirak, illustrierte die Werke des persischen Dichters Nezami (1141-1209).

Chronologie
651 Das letzte persische Reich der Sassaniden unterliegt den Arabern.

1502 Ismail erobert Täbris und erklärt sich selbst zum Schah.

1524–76 Regierungszeit Schahs Tahmasp I. Höhepunkt der safawidischen Kunst.

1603 Abbas I. vertreibt die Türken aus allen persischen Territorien. Höhepunkt des Reiches.

1722 Schah Hussein tritt zurück. Beginn des Niederganges.

1736 Der afghanische General Nadir stürzt Schah Tahmasp III. (ein Kind) und setzt damit der Safawiden-Dynastie ein Ende. Er erklärt sich selbst zum Schah.

Durchbrochene Metallstandarte

SIEHE AUCH UNTER | ISLAM | ISLAMISCHES REICH | OSMANISCHES REICH | PERSER

SALAMANDER UND MOLCHE

SALAMANDER BEWEGEN SICH auf dem Land ähnlich wie die Echsen seitlich schlängelnd fort. Die Salamander gehören zu den Amphibien und zu den Schwanzlurchen. Diese umfassen auch die Molche, die dauernd im Wasser leben. Die meisten Arten der Schwanzlurche findet man in gemäßigten Gebieten der Nordhalbkugel. Salamander bevorzugen feuchte, dunkle und kühle Lebensräume; einige bewohnen sogar Höhlen. Den Winter verbringen sie im Schlamm oder unter Steinen. In heißen Gebieten leben sie vor allem im Gebirge und verbringen Dürreperioden in feuchten faulen Holzstrünken.

Merkmale
Salamander und Molche behalten ihren Schwanz auch im Erwachsenenstadium bei. Ihre Haut ist wie bei allen Amphibien feucht, lässt Wasser und Luft hindurch und darf nicht austrocknen. Die Tiere atmen über die Haut und die Lunge. Die meisten Arten haben 4 Beine; sie können sehr klein sein wie bei den Armmolchen. Diese haben nur noch Vorderbeine und atmen über Kiemen.

Salamander
Die meisten Salamander sind klein, haben einen lang gestreckten Körper und kurze Beine. Riesensalamander werden jedoch bis zu 1,80 m lang. Die Salamander leben auf dem Festland in feuchten Gebieten und in der Nähe von Gewässern. Es gibt auch Höhlenbewohner wie den Grottenolm.

Sehr glatte Haut
Fleckenquerzahnmolch

Zur Fortpflanzungszeit wächst dem Männchen ein Kamm.

Kammmolch
5 Zehen an den Hinterbeinen
4 Zehen an den Vorderbeinen
Schwanzkamm

Molche
Die Molche sind an das Wasser gebunden. In der Fortpflanzungszeit kehren sie auf jeden Fall in ihre Gewässer zurück. Einige entwickeln dabei einen Kamm und bunte Farben. Die meisten Molche leben in eher kühlen Gewässern Europas, Asiens und Nordamerikas.

Neotenie
Einige Salamander und Molche, wie der europäische Grottenolm oder der mexikanische Axolotl, entwickeln sich nicht weiter. Sie behalten ihre Kiemen und die wasserbewohnende Larvenform bei, werden aber geschlechtsreif und pflanzen sich fort. Man spricht hier von Neotenie.

Rote verästelte Kiemen
Axolotl
Lebt in dunklen Höhlen und hat kein Hautpigment.

Ernährung
Wasserbewohnende Larven haben Hornzähne und ernähren sich von wirbellosen Tieren, kleinen Molchlarven oder Jungfischen. Die landbewohnenden erwachsenen Tiere fangen mit ihren scharfen Zähnen Insekten und Würmer. Der Chinesische und der Japanische Riesensalamander fressen auch Tierkot. Einige baumbewohnende Arten nagen Baumpilze.

Hautwarzen
Fleckensalamander
Er packt einen Wurm mit den Zähnen.

Fortpflanzung
Die meisten Salamandermännchen legen ein Samenpaket (Spermatophore) auf dem Festland ab. Das Weibchen nimmt es mit der Geschlechtsöffnung, der Kloake, auf. Die Eier werden im Innern befruchtet und an Land abgelegt. Der Feuersalamander bringt sogar lebende Junge auf die Welt. Molche hingegen paaren sich im Wasser. Sie legen ihre Eier einzeln oder in Gruppen auf Wasserpflanzen ab.

Das frisch abgelegte Ei wird mit dem Blatt umwickelt.
Lange, verästelte Kiemen
Eingeweide
3 Paar äußere Kiemen
Kurze Hinterbeine
Lange, dünne Beine

Entwicklung eines Kammmolches

1 Das Weibchen legt die Eier einzeln auf Wasserpflanzen. Dabei wickelt es das Blatt mit seinen Füßen um das Ei und klebt es fest. Die Larve schlüpft nach 3 Wochen.

2 Die Larve ist 5 Wochen alt. Sie atmet mit äußeren Kiemen. Sie schwimmt mit Hilfe des abgeflachten Schwanzes und frisst in der Hauptsache wirbellose Tiere.

3 Nach 8 Wochen ist die Larve deutlich größer und kräftiger. Die Kiemen bilden sich in 2-3 Monaten zurück, die Beine werden kräftiger. Der Molch begibt sich nun an Land und atmet mit der Lunge. Den Schwanz behält er bei.

Verteidigung
Bunte Farben als Warnung vor Gift
Giftdrüse

Feuersalamander
Der einheimische Feuersalamander zeigt durch bunte Farben an, dass er giftig ist. Sein Gift wirkt auf Kleinsäuger tödlich.

Viele Salamander und Molche leben gut getarnt im Verborgenen. Einige zeigen auch bunte Farben und haben eine giftige Haut. Wenn sie ein Räuber frisst, muss er sich erbrechen. Amerikanische Armmolche können kräftig zubeißen; andere werfen ihren Schwanz ab. Der Pyrenäen-Gebirgsmolch legt sich bei Gefahr auf den Rücken.

Dornen

Spanischer Rippenmolch
Diese Art hat Dornen an den Seiten. Sie bestehen aus den hervortretenden Enden der Rippen.

KAMMMOLCH
WISSENSCHAFTLICHER NAME Triturus cristatus
ORDNUNG Caudata, Schwanzlurche
FAMILIE Salamandridae, Salamander und Molche
VERBREITUNG Europa, Zentral- und Südrussland, Nordtürkei und Iran in Höhen unterhalb von 1 000 m.
LEBENSRAUM Tiefe Teiche
ERNÄHRUNG Wirbellose Tiere
GRÖSSE 15 cm, davon 7 cm Schwanz
LEBENSDAUER 25 Jahre (Gefangenschaft)

SIEHE AUCH UNTER | AMPHIBIEN | FEUCHTGEBIETE, TIERWELT | GEBIRGE, TIERWELT | HÖHLEN, TIERWELT | SÜSSWASSER, TIERWELT | TIERE, GIFTIGE | WINTERSCHLAF

SATELLITEN

SATELLITEN KREISEN über unseren Köpfen um die Erde. Sie vermitteln Telefongespräche, beobachten das Wetter, lenken Schiffe und Flugzeuge und führen Arbeiten aus, die auf dem Boden nicht möglich wären. Satelliten fliegen 10–30-mal so schnell wie ein Jet. Diese Bewegungsenergie verhindert, dass sie auf die Erde zurückfallen. Zwischen der Schwerkraft der Erde und der Tendenz eines Satelliten, ins All zu fliegen, herrscht Gleichgewicht. Deswegen kreist er endlos um die Erde.

ECS1 – European Communications Satellite 1

Sonnenpaddel verwandeln das Sonnenlicht in elektrische Energie.

Statt Sonnenpaddel sagt man auch Solarpaneel.

Eine Goldfolie verhindert, dass sich der Satellit zu sehr aufheizt.

Richtantenne

Transponder im Innern empfangen und übermitteln Signale.

Bodenstation sendet Signale mit der Parabolantenne zum Satelliten.

Empfangsantenne

Aufbau eines Satelliten

Das Gehäuse besteht aus Aluminium oder karbonfaserverstärktem Kunststoff. Die Satelliten müssen den Kräften widerstehen, die während des Starts auftreten, und gleichzeitig möglichst leicht sein. Die wichtigsten Systeme an Bord des Satelliten sind 2- oder 3-fach vorhanden.

Umlaufbahn

Statt Umlaufbahn sagt man mit einem englischen Wort auch Orbit. Erdnahe Satelliten müssen sich schneller bewegen als erdferne, weil auf sie eine größere Schwerkraft einwirkt.

Elliptische Umlaufbahn Die Umlaufbahn fast aller Satelliten ist deutlich elliptisch.

Astronomiesatellit

Russischer Fernmeldesatellit

Polare Umlaufbahn Beobachtungssatelliten mit diesem Orbit überfliegen immer andere Gebiete der Erdoberfläche.

Geostationäre Umlaufbahn Satelliten in rund 36 000 km Höhe über dem Äquator haben dieselbe Drehgeschwindigkeit wie die Erde. Für uns stehen sie immer an derselben Stelle des Himmels.

Wettersatellit

ECS1

Beobachtungssatellit

Fernmeldesatellit

Konstantin Ziolkowskij
Der russische Mathematiklehrer Konstantin Eduardowitsch Ziolkowskij (1857–1935) gilt als einer der Väter der Raumfahrt. Als einer der Ersten berechnete er Raketen- und Satellitenbahnen.

Sputnik I

Der Sputnik sandte deutliche Funksignale aus.

1957 starteten die Russen den ersten Satelliten, Sputnik I. Er war ganz einfach aufgebaut und maß die Temperatur der Atmosphäre. Die Ergebnisse sandte er auf die Erde zurück.

Batterien machten zwei Drittel des Gewichts des Sputnik aus.

Satellitentypen

Früher nutzte man Satelliten fast nur für die Spionage. Heute dienen Satelliten überwiegend friedlichen und zivilen Zwecken, vor allem der Kommunikation.

Kommunikation Fernmeldesatelliten übertragen Telefongespräche und Fernsehsendungen von einem Kontinent zum andern.

Wetter Wettersatelliten versorgen uns mit Daten und Bilder, die die Verteilung der Wolken zeigen.

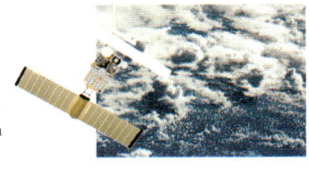

Beobachtung Diese Satelliten „sehen" mit Infrarotlicht und können z. B. feststellen, in welchem Reifezustand das Getreide auf der Erdoberfläche ist.

Astronomie Teleskope oberhalb der Atmosphäre erlauben den Astronomen einen ungestörten Blick ins Weltall.

Schrott
Seit dem Start des Sputnik schossen 8 Nationen pro Jahr insgesamt etwa 100 Satelliten ins Weltall. Einige zerfielen und die Bruchstücke kreisen als Weltraumschrott um die Erde. Dieser kann andere Satelliten zerstören. Im erdnahen Weltraum gibt es über 7 000 größere Objekte.

Chronologie

1687 Isaac Newton beschreibt, wie man einen Satelliten mit einer Kanone starten könne.

1945 Arthur C. Clarke schlägt eine geostationäre Umlaufbahn für Satelliten vor.

1957 Die Sowjets starten Sputnik I, den ersten künstlichen Satelliten. Kurz darauf folgt Sputnik II mit der Hündin Laika.

1958 Die USA starten ihren ersten Satelliten, Explorer I.

Telstar

1962 Die USA starten Telstar, einen TV-Satelliten, der erstmals Fernsehbilder überträgt.

1963 Die USA senden Syncom 2 als ersten geostationären Satelliten ins Weltall.

1972 Start von Landsat I, dem ersten Erderkundungssatelliten der USA.

1990 Start des Weltraumteleskops Hubble mit fehlerhaftem Spiegel. Astronauten reparieren ihn 1994.

1992 Der US-Satellit COBE (Cosmic Background Explorer), 1989 gestartet, registriert winzige Temperaturschwankungen kosmischer Strahlung als Spätfolge des Urknalls.

SIEHE AUCH UNTER ASTRONOMIE · RAKETEN · RAUMFAHRT · TELEKOMMUNIKATION · TELESKOP

SÄUGETIERE

DIE SÄUGETIERE bilden eine sehr komplexe und vielfältige Tiergruppe. Zu ihr gehört auch das größte Tier, das je auf der Erde gelebt hat. Durch mannigfache Anpassungen können die Säuger in allen Gebieten der Erde wohnen, mit Ausnahme des Kontinents Antarktis. Säugetiere haben ein Fell, eine Wirbelsäule, ein besonderes Unterkiefergelenk und Milchdrüsen zur Fütterung der Jungen. Säuger sind gleichwarm und haben eine konstante Körpertemperatur. Damit sind sie von der Temperatur ihrer Umgebung unabhängig.

Der schwere Kopf hilft mit, das Gleichgewicht zu halten.

Das kräftige Rückgrat muss das Gewicht des Körpers tragen.

Starke Muskeln für die Fortbewegung

Skelett

Der Skelettaufbau ist bei allen Säugern im Wesentlichen gleich: Eine Giraffe hat gleich viele Halswirbel wie der Mensch. Trotzdem unterscheiden sich die Säugetiere deutlich in ihren äußeren Formen und ihrer Lebensweise – man vergleiche z. B. eine Fledermaus mit der Giraffe.

18 Paar Rippen
Knie
Hüftgelenk
Kniegelenk
Kanonenbein
Sprungbeinhöcker
Hufbein
Fesselgelenk

Skelett eines Pferdes

Kiefer
Der Unterkiefer besteht aus einem einzelnen Knochen. Die Art und Weise, wie er am Schädel befestigt ist, ist ein deutlicher entwicklungsgeschichtlicher Unterschied zu den Reptilien. Der Oberkiefer ist nicht mehr beweglich.

Schädel eines Schimpansen

Wirbelsäule
Die Wirbelsäule besteht aus einzelnen Wirbeln. Diese können sich gegenseitig etwas bewegen. An der Wirbelsäule sind die Gliedmaßen befestigt. Im Innern der Wirbelkörper verläuft das Rückenmark mit den Nervenbahnen.

Anheftungspunkt der Schulterblätter

Am Kreuzbein ist das Becken befestigt.

Wirbelsäule eines Fuchses

Zähne

Säugetiere haben meist 4 Arten von Zähnen: Schneidezähne, Eckzähne, Vorbackenzähne und Backenzähne. Die Zahnform steht im Zusammenhang mit der Nahrung und Lebensweise. Säuger bilden in der Regel 2 Gebisse aus: das Milchgebiss in der Jugend und das Gebiss des erwachsenen Tieres.

Backenzahn *Reißzahn* *Vorbackenzahn* *Schneidezahn*

Oberkieferzähne des Hundes

Eckzahn

Raubtiere
Raubtiere haben kräftige Eckzähne zum Packen der Beute. Der letzte obere Vorbackenzahn und der erste untere Backenzahn sind zu Reißzähnen umgebaut. Damit zerschneiden die Tiere z. B. Knochen.

Löwenschädel

Nutriaschädel

Reißzähne

Nagetiere
Die Schneidezähne der Nager wachsen ständig und haben nur an der Vorderseite harten Zahnschmelz. Dahinter werden sie abgetragen und bleiben scharf. Zwischen Schneide- und Vorbackenzähnen ist eine Lücke. Nagetiere können bei geschlossenem Mund kauen.

Elefanten
Elefanten fressen grobe Nahrung, sodass ihre Zähne schnell abgeschliffen werden. Sie haben 3 Vorbacken- und 3 Backenzähne, verwenden aber jeweils nur einen. Ist dieser abgetragen, tritt der nächste Zahn an dessen Stelle.

Backenzahn, Afrikanischer Elefant
Backenzahn, Indischer Elefant

Haare

Die Haare und das Fell sind eines der Schlüsselmerkmale der Säugetiere. Fast alle Säuger haben ein vollständiges Fell. Einzig den Elefanten und den Walen fehlen praktisch alle Haare. Form und Funktion der Haare sind je nach Anpassung recht unterschiedlich. Bei den Gürtel- und Schuppentieren z. B. sind die meisten Haare durch Schuppen ersetzt.

Igel

Schützendes Haarkleid
Die meisten Haare des Igels sind zu kräftigen Stacheln geworden. Sie sind an einem Ende zugespitzt und bilden am anderen Ende in der Haut eine Verdickung. Bei Bedrohung rollt sich der Igel zusammen, sodass sich seine Stacheln aufstellen.

Zwergotter

Wasserdichte Haare
Otter haben eine dicke Unterwolle, die von dichten Deckhaaren trocken gehalten wird. Meeresotter müssen in regelmäßigen Abständen Salzkristalle im Süßwasser aus ihrem Fell waschen.

Lange Schnurrbarthaare

Empfindliche Haare
Die Schnurr- oder Tasthaare einer Katze sind am Grund mit Sinnesorganen verbunden. Diese nehmen auch leichte Bewegungen der Schnurrhaare wahr. Mit ihrer Hilfe kann die Katze bei Dunkelheit die Größe eines Durchschlupfes beurteilen.

SÄUGETIERE

Temperatursteuerung

Alle Säugetiere halten ihre Temperatur konstant bei rund 37 °C. Im Winter können manche Säuger gemäßigter und nördlicher Gebiete diese Temperatur nicht aufrechterhalten und verfallen in Winterschlaf. Dabei sinkt ihre Körpertemperatur auf wenige Grad über null. Gleichzeitig geht auch der Herzschlag und der gesamte Stoffwechsel zurück.

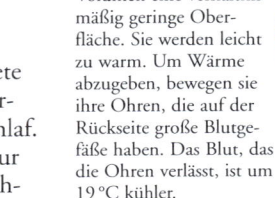

Wärmeverlust
Viele kleine Fledermausarten haben Schwierigkeiten, ihre Temperatur beizubehalten, weil sie über ihre häutigen Flügel viel Wärme verlieren. In Ruhe senken sie deswegen ihre Körpertemperatur auf die Umgebungstemperatur ab.

Rotfuchs

Größe
Polarfüchse leben in der Arktis. Sie sind kleiner als andere Füchse, etwa der Rotfuchs, und verlieren viel Wärme. Der Wärmeverlust beim Rotfuchs ist dagegen geringer, weil seine Oberfläche im Verhältnis zum Volumen geringer ist.

Polarfuchs

Kühlen
Elefanten haben für ihr Volumen eine verhältnismäßig geringe Oberfläche. Sie werden leicht zu warm. Um Wärme abzugeben, bewegen sie ihre Ohren, die auf der Rückseite große Blutgefäße haben. Das Blut, das die Ohren verlässt, ist um 19 °C kühler.

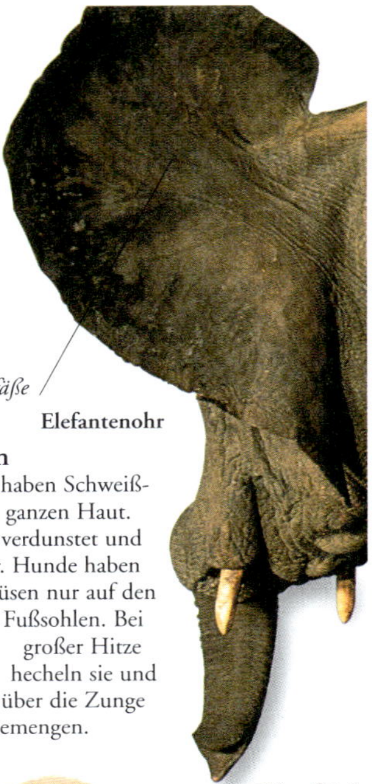

Große Blutgefäße
Elefantenohr

Schweißdrüsen
Vor allem Affen haben Schweißdrüsen in der ganzen Haut. Der Schweiß verdunstet und kühlt das Tier. Hunde haben Schweißdrüsen nur auf den Fußsohlen. Bei großer Hitze hecheln sie und verlieren somit über die Zunge größere Wärmemengen.

Oberfläche
Beim Eisbär ist das Verhältnis zwischen Oberfläche und Volumen günstiger als beim kleineren Braunbär. Dies bedeutet, dass der Eisbär über seine Oberfläche weniger Wärme verliert als der Braunbär. Je größer das Tier, umso günstiger ist das Verhältnis zwischen Oberfläche und Volumen.

Braunbär *Eisbär*

Duftdrüsen

Die meisten Säugetiere leben in einer Duftwelt. Mit Düften übertragen sie zahlreiche Informationen. Duftdrüsen sitzen an den unterschiedlichsten Körperteilen: Bei Katzen an den Wangen, bei Dachsen unter dem Schwanz, bei Kaninchen unter dem Kinn, bei Hirschen an den Beinen. Der Duft wird immer an die Umwelt abgegeben.

Kommunikation
Viele Säugetiere, etwa die Hyänen, lassen Duftspuren als Information für Artgenossen zurück. Sie verteilen den Duft auf Grasstängel. Er verrät anderen Hyänen etwas über Geschlecht, Zustand der Brunft und Alter.

Zugehörigkeit
Der Dachs verteilt mit seiner Analdrüse Duftproben auf die anderen Mitglieder seiner Gruppe. Dasselbe tun alle Mitglieder dieser Gruppe, sodass ein Mischgeruch entsteht. Man kann ihn als Familienduft bezeichnen, an dem sich alle gegenseitig erkennen.

Rangordnung
Zwergichneumons haben Duftdrüsen an den Wangen. Mit dem hier ausströmenden Duft teilen sie anderen Gruppenmitgliedern ihren sozialen Status mit. Damit wird die Rangordnung aufrechterhalten.

Fortpflanzung

Nach der Begattung und inneren Befruchtung nistet sich bei den meisten Säugern der Embryo in der Gebärmutter ein und wird über den Mutterkuchen, die sog. Plazenta, ernährt. Gleichzeitig werden Abfallstoffe über die Plazenta ausgeschieden. Alle Säugetiere bringen somit lebende Junge auf die Welt. Als Nachgeburt wird der Mutterkuchen ausgestoßen.

Brutpflege
Säugetiermütter ernähren ihre Jungen mit Milch aus den Milchdrüsen. Das ist aber nur ein Teil der Brutpflege. Gorillajunge beispielsweise bleiben viele Jahre bei den Eltern und lernen von ihnen alles, was sie für das spätere Leben in freier Wildbahn brauchen.

Katze bei der Geburt

Die Kätzchen kommen blind und taub zur Welt.

Hauskatzen bringen 4 oder 5 Kätzchen auf die Welt.

1 Nach 9-wöchiger Schwangerschaft gelangen die jungen Kätzchen durch den Geburtskanal an die Außenwelt.

2 Die Mutter entfernt die Eihaut durch Lecken und regt dabei ihr Junges zum ersten Atemzug an.

3 Die Mutter frisst die als Nachgeburt ausgestoßene Plazenta. In freier Natur würde diese nur Räuber anlocken.

4 Die Mutter leckt und trocknet ihre Jungen immer wieder. Innerhalb einer Stunde beginnen sie Milch zu saugen.

Keimruhe
Kegelrobben gebären ihre Jungen auf dem Festland und paaren sich gleich darauf wieder. Die Trächtigkeit dauert aber keine 12 Monate. Der Keim legt nach der Befruchtung eine längere Ruhepause ein.

Kloakentiere
Die Kloakentiere legen Eier. Das Schnabeltier brütet sie in einem Nest aus, füttert die Jungen aber nach dem Schlüpfen mit Milch, die von den Milchdrüsen aus der Brust der Mutter herabtropft.

Beuteltiere
In der Gebärmutter lebt das Junge eines Beuteltiers zur Hauptsache vom Dottersack. Es wird nach etwa 12 Tagen geboren und kriecht auf einer Speichelspur in den Beutel der Mutter. Dort beginnt es an den Zitzen Milch zu saugen und entwickelt sich.

Känguru mit Jungem

SIEHE AUCH UNTER: AFFEN · BEUTELTIERE · FORTPFLANZUNG · HAUT UND HAARE · NAGETIERE · SKELETT

Säugerarten

Bennettkänguru Es gehört zu den Beuteltieren und trägt sein Junges im Beutel.

Rostfarbener Fleck an der Schulter

Koala Dieses australische Beuteltier lebt von Eukalyptusblättern und verschläft die meiste Zeit.

Tüpfelhyäne Sie ist das zweitgrößte Raubtier in Afrika.

Afrikanischer Elefant Er ist das größte Landsäugetier. Nase und Oberlippe bilden den Rüssel.

Sumatranashorn Es ist die kleinste Nashornart und lebt nur in Südostasien.

Breite Pfoten

Streifen als Tarntracht im hohen Gras und im Dschungel

Indischer Tiger Er steht kurz vor dem Aussterben.

Stacheln

Ameisenigel Das australische Tier gehört zu den Eier legenden Säugern.

Waschbär Mit den Vorderpfoten fängt er Beutetiere im Wasser.

Kaninchen Es lebt sozial in größeren Gruppen.

Mauswiesel Es ist eines der kleinsten Raubtiere, erlegt aber Beutetiere, die größer sind als es selbst.

Maulwurf Er ist an die unterirdische Lebensweise angepasst.

Das Geweih wird jedes Jahr abgestoßen und wächst nach.

Der Höcker enthält Fett als Nahrungsreserve.

Rentier Es lebt in den Gebieten um den Polarkreis und ernährt sich in der Tundra von Moosen und Flechten.

Hohle Haare enthalten Luft und isolieren gut.

Die Streifen des Zebras verwirren Angreifer.

Dromedar Es lebt in den Wüstengebieten Nordafrikas und Südwestasiens.

Breite Füße verhindern das Einsinken im Sand.

Die langen Beine heben den Rumpf in die Höhe, wo die Luft kühler ist.

Katta Diese Halbaffen kommen nur auf der Insel Madagaskar vor.

Gorilla Gorillas sind die größten Affen. Man unterscheidet 3 Unterarten.

Zebra Es lebt in Familiengruppen, die von einem Hengst angeführt werden.

Eisbär Er ist das größte Landraubtier und eine von 7 Bärenarten.

Erdmännchen Es gehört zu den Ichneumons oder Mungos und lebt in großen Gruppen in der Kalahariwüste.

Gorillas schlafen auf Bäumen.

Manati Dieser Pflanzen fressende Meeressäuger zählt zu den Seekühen.

SÄUREN UND BASEN

ZITRONENSAFT UND ESSIG schmecken sauer, weil sie schwache Säuren enthalten. Als Säure bezeichnen wir einen Stoff, der sich in Wasser löst und dabei positiv geladene Wasserstoffionen (H^+) erzeugt. Das Gegenteil zur Säure ist die Base. Sie löst sich in Wasser und bildet dabei negativ geladene Hydroxidionen (OH^-). Basen und Säuren gleichen einander aus, weil sich Hydroxid- und Wasserstoffionen zu Wasser verbinden.

Salzsäure

Heftiges Aufschäumen, da Wasserstoffgas abgegeben wird.

Zink ersetzt den Wasserstoff in der Salzsäure und ergibt das Salz Zinkchlorid.

Körner aus Zink

pH-Wert

Die Konzentration der Wasserstoffionen in einer Lösung bezeichnen wir als pH-Wert. Man misst damit den Säuregrad einer Lösung. Eine Lösung mit einem pH unter 7 ist sauer, darüber gilt sie als alkalisch oder basisch. Wasser ist neutral mit einem pH von 7. Den pH-Wert misst man anhand von Farbveränderungen eines Indikatorpapiers.

Farbskala und darunter pH-Wert

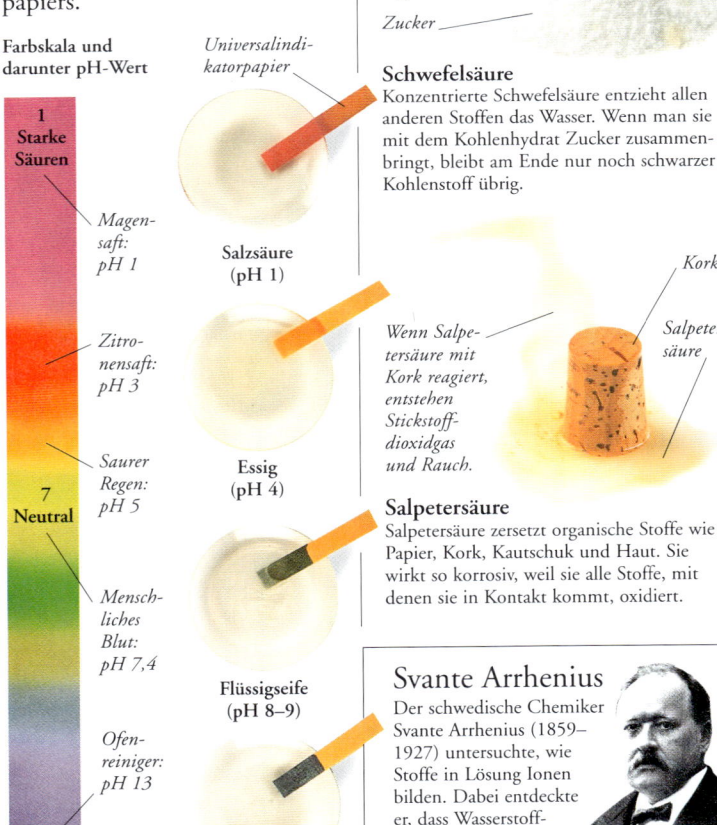

- 1 Starke Säuren
- Magensaft: pH 1
- Zitronensaft: pH 3
- Saurer Regen: pH 5
- 7 Neutral
- Menschliches Blut: pH 7,4
- Ofenreiniger: pH 13
- 14 Starke Basen

Universalindikatorpapier

- Salzsäure (pH 1)
- Essig (pH 4)
- Flüssigseife (pH 8–9)
- Haushaltsreiniger (pH 10)

Starke Säuren

Je mehr Wasserstoffionen eine Säure im Wasser bildet, umso stärker ist sie und umso niedriger liegt der pH-Wert. Starke Säuren wie Schwefel- und Salpetersäure sind sehr gefährlich.

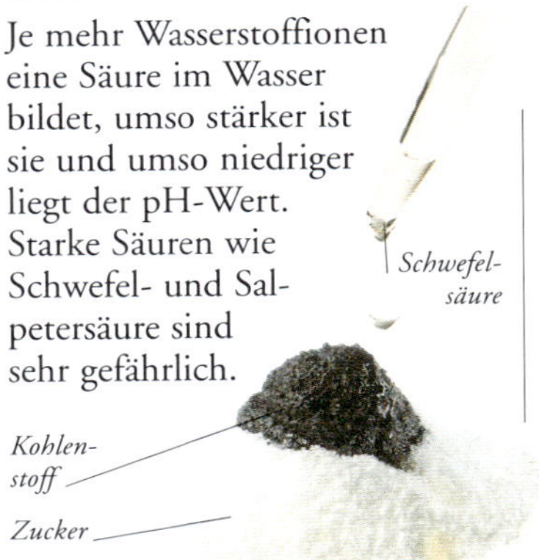

Schwefelsäure
Kohlenstoff
Zucker

Schwefelsäure
Konzentrierte Schwefelsäure entzieht allen anderen Stoffen das Wasser. Wenn man sie mit dem Kohlenhydrat Zucker zusammenbringt, bleibt am Ende nur noch schwarzer Kohlenstoff übrig.

Kork
Salpetersäure

Wenn Salpetersäure mit Kork reagiert, entstehen Stickstoffdioxidgas und Rauch.

Salpetersäure
Salpetersäure zersetzt organische Stoffe wie Papier, Kork, Kautschuk und Haut. Sie wirkt so korrosiv, weil sie alle Stoffe, mit denen sie in Kontakt kommt, oxidiert.

Svante Arrhenius
Der schwedische Chemiker Svante Arrhenius (1859–1927) untersuchte, wie Stoffe in Lösung Ionen bilden. Dabei entdeckte er, dass Wasserstoffionen die besonderen Eigenschaften der Säuren hervorrufen.

Säuren und Metalle

Selbst schwache Säuren kann man nicht in Metallgefäßen aufbewahren, weil die meisten das Metall angreifen. Bei dieser Reaktion wird Wasserstoffgas abgegeben. Das Metall löst sich in der Säure auf und bildet ein Salz. Die Reaktion erfolgt sehr heftig mit Metallen wie Natrium oder Kalium, und selbst bei Zink und Magnesium ist noch kräftiges Aufschäumen zu beobachten.

Salze

Wenn der Wasserstoff in einer Säure bei einer chemischen Reaktion durch ein Metall ersetzt wird, so entsteht eine neutrale Verbindung, ein Salz. Wenn Kupfer mit Salpetersäure reagiert, entsteht Kupfernitrat. Wie die übrigen Metalle bildet auch das Kupfer mit unterschiedlichen Säuren unterschiedliche Salze. Diese treten meist in Kristallform auf und sind bunt. Salze wie das Natriumchlorid (Bergsalz) kommen in der Natur in großen Mengen vor.

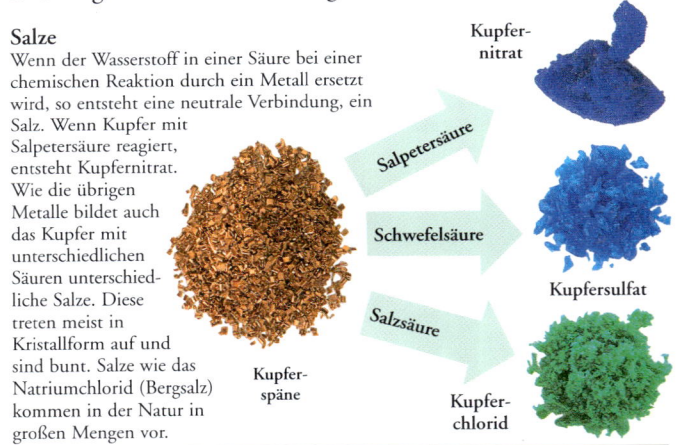

Kupferspäne

- Salpetersäure → Kupfernitrat
- Schwefelsäure → Kupfersulfat
- Salzsäure → Kupferchlorid

Säureindustrie

Die chemische Industrie braucht viele Säuren, weil sie bereitwillig reagieren. Schwefelsäure braucht man z. B. bei der Produktion von Farbstoffen, Kunstfasern, Kunststoffen, Seifen und Sprengstoffen. Man stellt sie aus reinem Schwefel her.

Schwefelsäureanlage

Saurer Regen
Bei der Verbrennung fossiler Treibstoffe zur Energiegewinnung entstehen Abgase. Diese lösen sich im Wasser der Wolken und bilden dabei Salpeter- und Schwefelsäure. Das Wasser fällt als saurer Regen. Er zerstört Skulpturen und Beton, tötet Bäume und Wassertiere ab und verringert die Bodenfruchtbarkeit.

SÄUREN UND BASEN

Basen

Die Säure des Essigs kann man mit Kalk (Kalziumkarbonat) neutralisieren. Solche Stoffe nennt man Basen. Wasserlösliche Basen heißen auch Alkalien oder Laugen. Ihre Stärke bemisst sich an der Anzahl der Hydroxidionen im Wasser. Starke Basen wie die Natronlauge (Natriumhydroxid) sind genauso korrosiv wie starke Säuren.

Kalk und Essig reagieren zusammen. Dabei entsteht das Gas Kohlendioxid.

Das Reaktionsprodukt ist ein Salz: Kalziumacetat.

Die Mischung schäumt über.

Die pH-Messung mit einem Universalindikator zeigt, dass die Lösung nun neutral ist. Die Säure wurde neutralisiert.

Seifen und Tenside

Basen lösen Öl und Fett und spielen deswegen bei der Herstellung von Seifen und Tensiden eine wichtige Rolle. Fett und Öl auf Tellern ist mit Wasser allein kaum wegzubekommen, denn Wasser und Fett mischen sich nicht. Seifen und Tenside lösen das Fett in winzige Tröpfchen auf, die ihrerseits wasserlöslich sind. Deshalb lässt sich der Schmutz mit Hilfe von Seife und Spülmitteln entfernen.

Tenside lösen Fette in winzige Tröpfchen auf und machen sie wasserlöslich. Nun erst kann das Wasser den Teller befeuchten.

Ölpest

Unfälle mit Öltankern können zu einer Ölpest führen. Das Rohöl schwimmt dabei auf der Wasseroberfläche und verbindet sich mit dem Salz des Meerwassers zu einem klebrigen Pech. Dieses verschmutzt das Gefieder von Wasservögeln, sodass es seine isolierenden Eigenschaften verliert. Naturschützer reinigen das Gefieder ölverseuchter Tiere mit schwachen Tensiden, wie sie in unseren Spülmitteln enthalten sind. Da Rohöl zudem giftig ist, überleben die Wasservögel kaum.

Batterien

Säuren, Basen und Salze sind Elektrolyte und leiten in gelöstem Zustand Strom. Batterien bestehen aus einem Elektrolyten – üblicherweise in Form einer Flüssigkeit oder Paste – zwischen 2 Stäben oder Platten, die man Elektroden nennt. Die häufigste Batterie ist die Trockenzelle, die Ammoniumchlorid als Elektrolyten enthält. Alkalibatterien enthalten z.B. Kaliumhydroxid als Elektrolyten, Autobatterien enthalten verdünnte Schwefelsäure.

Autobatterie
Alkalibatterie
Trockenzelle

Herstellung von Basen

Das wichtigste Rohmaterial zur Herstellung von Basen ist Salzlösung. Natriumhydroxid, mit dem man Seifen und Papier herstellt, erhält man durch Elektrolyse einer Salzlösung. Aus ihr gewinnt man auch Natriumkarbonat oder Soda, das man bei der Textilveredelung, in der Fotografie und zur Glasherstellung benötigt.

Elektrolyse einer Kochsalzlösung zur Herstellung von Natronlauge

Neutralisieren

Säuren und Basen reagieren miteinander und ergeben ein neutrales Salz. Dabei verbinden sich Hydroxidionen (OH⁻) der Base mit den Wasserstoffionen (H⁺) der Säure zu Wasser (H_2O). Im Alltag entfernt man unerwünschte Säure durch Zugabe einer entsprechenden Lauge.

Säuregrad des Bodens

Der pH-Wert im Boden kann stark schwanken. In sehr saurem Boden wachsen nur wenige Pflanzen, weil die Säure lebenswichtige Mineralsalze auswäscht, sodass sie der Pflanze nicht mehr zur Verfügung stehen. Landwirte behandeln sauren Boden, indem sie ungelöschten Kalk (Kalziumoxid) auf die Felder bringen. Er neutralisiert die überschüssige Säure und erhöht die Fruchtbarkeit.

Landwirt beim Kalken

Säurebindende Mittel schäumen bei Reaktion mit Zitronensaft auf.

Magendrücken

Unser Magen löst die Nahrung mit Hilfe von Salzsäure auf. Einige Nahrungsmittel bewirken, dass der Magen zuviel Säure produziert. Dann bekommen wir Sodbrennen. Als Abhilfe nimmt man ein säurebindendes Mittel zu sich. Es enthält schwach basische Stoffe, die die Säure neutralisieren, ohne den Magen zu schädigen.

Bienen- und Wespenstiche

Ein Bienenstich tut weh, weil er Säure enthält. Wenn man ihn mit einer schwachen Base behandelt, etwa mit Seife, lässt der Schmerz nach. Der Stich einer Wespe ist dagegen alkalisch. Ihn neutralisiert man mit schwacher Säure wie Essig oder Zitronensaft.

Wespe
Biene

Fritz Haber

Der deutsche Chemiker Fritz Haber (1868–1934) entwickelte 1908 ein Verfahren zur Herstellung von Ammoniak. Daraus stellt man Düngemittel und Sprengstoffe her. Beim Haber-Bosch-Verfahren reagiert Stickstoff aus der Luft mit Wasserstoff bei hohem Druck und hoher Temperatur. Haber erfand später noch ein Verfahren zur Herstellung von Salpetersäure aus Ammoniak.

Chronologie

um 600 v. Chr. Die Phönizier stellen mit alkalischer Holzasche Seife her.

11. Jh. n. Chr. Arabische Chemiker stellen Schwefel-, Salpeter- und Salzsäure her.

um 1780 Eröffnung der ersten Schwefelsäurefabrik in Frankreich

1865 Der belgische Chemiker Ernest Solvay entwickelt das erste Verfahren zur Massenproduktion einer Base, des Sodas oder Natriumkarbonats.

Natriumkarbonat

1887 Svante Arrhenius behauptet, das Wasserstoffion bewirke die Säureeigenschaften.

1908 Fritz Haber entwickelt ein Verfahren zur Herstellung von Ammoniak.

1909 Der dänische Chemiker Sören Sörensen (1868-1939) entwickelt die pH-Skala.

| SIEHE AUCH UNTER | ATOME UND MOLEKÜLE | BIENEN UND WESPEN | BODENARTEN | CHEMIE | CHEMISCHE VERBINDUNGEN | ELEKTRIZITÄT | UMWELTVERSCHMUTZUNG | VERDAUUNG |

SCHACH UND ANDERE BRETTSPIELE

KINDER WIE ERWACHSENE haben große Freude an Spielen. Man kämpft gegen einen anderen und vervollkommnet dabei seine Fähigkeiten. Sehr beliebt sind Brettspiele, auf denen zwei Gegner Figuren oder Steine nach bestimmten Regeln bewegen. Solche Brettspiele haben eine lange Tradition und es gibt sie in jeder Kultur. Sie reichen von hoch komplizierten Strategiespielen wie *Schach* bis zu den einfacheren Glücksspielen wie *Mensch ärgere dich nicht*, bei denen der Zufall über den Ausgang entscheidet.

Strategiespiele

Strategiespiele stellen hohe Anforderungen, denn der bessere Überblick und Konzentration entscheiden über den Ausgang. Glück spielt keine Rolle. Meist geht es darum, das Spielbrett zu überqueren und Steine des Gegners zu vernichten.

Go

Das asiatische Spiel *Go* oder chinesisch *Wei-Ch'i* ist mindestens 4 300 Jahre alt. Jeder Spieler beginnt dabei mit 16 Figuren und versucht möglichst viele Bereiche des Brettes in Besitz zu nehmen.

Schach

Schach ist ein Kriegsspiel. 2 Spieler versuchen die Figuren des Gegners zu schlagen, am Ende auch den König. Dieses Schachmatt ergibt sich, wenn der König von eigenen Figuren nicht mehr geschützt werden und sich nicht mehr bewegen kann ohne geschlagen zu werden. Das Wort Schachmatt stammt aus dem Persischen und heißt: Der König ist tot. Das Schachspiel macht allen Spaß, dem Anfänger ebenso wie dem Großmeister.

Das Schachbrett hat 64 Quadrate.

Jeder Spieler beginnt mit 16 Figuren.

Bild aus einer Abhandlung über das Schachspiel

Kasparow gegen den Computer.

Computerschach

Heute können Computer Schach gegen menschliche Gegner spielen. Der russische Großmeister Gary Kasparow (geb. 1963) verlor 1997 gegen einen entsprechend programmierten Computer. Die ungeheure Rechengeschwindigkeit ist bei einem Strategiespiel wie Schach von Vorteil.

Geschichte des Schachspiels

Vermutlich entstand das Schachspiel in China oder Indien vor über 1 400 Jahren. Es gelangte über Nordafrika durch die Mauren nach Spanien und war bald in ganz Europa bekannt. Anfangs erinnerten die Figuren an Armeen mit Elefanten, Kriegswagen und Soldaten.

Figuren

Die Figuren setzen sich aus 8 Bauern, 2 Läufern, 2 Springern, 2 Türmen, 1 Dame und 1 König zusammen. Jede Figur hat eine bestimmte Gangart. Bauern dürfen sich jeweils nur um 1 Feld vorwärts bewegen, die Dame darf sich geradlinig wie diagonal bewegen.

Wer kommt als Erster an?

Bei vielen Brettspielen wird eine Art Rennen ausgetragen. Der Gewinner muss als Erster auf einem bestimmten Feld ankommen. Viele Spiele dieser Art hängen vom Glück ab, weil ein Würfel über die Zahl der zurückgelegten Felder entscheidet. Damit können Spieler unterschiedlichen Alters gegeneinander antreten.

Ausgangsstellung für Mancala

Mancala

Es gibt mehrere Arten dieses alten afrikanischen Geschicklichkeitsspiels. 2 oder mehr Spieler versuchen ihren Bereich am Brett schnell frei zu bekommen. Dabei werden die Steine nacheinander in Vertiefungen gelegt.

Pachisi

In Indien gilt das Pachisi als Nationalspiel. 4 Spieler sitzen um ein kreuzförmiges Brett. Sie werfen den Würfel und bestimmen damit die Zahl der Felder, um die ihre Steine vorrücken dürfen. Auf Pachisi beruht z. B. das Ludo.

Ausgangsstellung für Backgammon

Männer beim Pachisi-spiel in Indien

Backgammon

Backgammon wurde vor 5 000 Jahren in Asien erfunden und wird zu zweit gespielt. Geschicklichkeit und Zufall spielen eine Rolle. Sieger ist, wer zuerst alle seine Steine vom Brett genommen hat. Auch hier geht es oft um Geld.

Kartenspiele

Für Kartenspiele braucht man zwar kein Spielbrett, aber eine freie Fläche. Im Allgemeinen spielt man zu zweit oder zu viert. Einige Spiele wie Bridge oder Skat verlangen viel Geschick und Konzentration. Darin werden auch Meisterschaften ausgetragen. Andere, etwa Poker, hängen eher vom Zufall ab. Poker wird häufig um Geld gespielt.

Ein Paket enthält 52 Karten in 4 verschiedenen Farben.

Herz

Karo **Pik** **Kreuz**

SIEHE AUCH UNTER — CHINA UND TAIWAN — COMPUTER — INDIEN UND SRI LANKA — JAPAN

SCHACH UND ANDERE BRETTSPIELE

Spielfiguren und Spielbretter
Schachfiguren

König Er zieht immer nur um 1 Feld in beliebiger Richtung.

Läufer Er läuft diagonal über das ganze Spielfeld.

Turm Er läuft parallel zu den Rändern des Brettes.

Bauer Er bewegt sich um 1 Feld nur vorwärts.

Springer Er geht 2 Felder vor oder zurück, dann 1 Feld links oder rechts.

Dame Sie bewegt sich beliebig in jede Richtung, nur nicht wie ein Springer.

Brettspiele

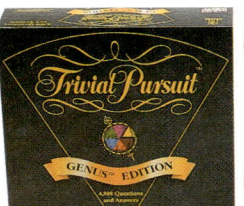

Zubehör für Trivial Pursuit

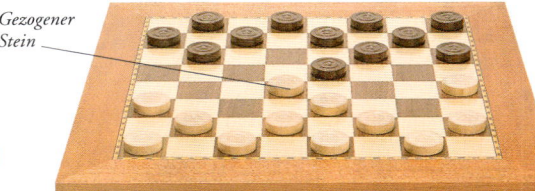

Gezogener Stein

Dame Ein Geschicklichkeitsspiel aus dem alten Ägypten

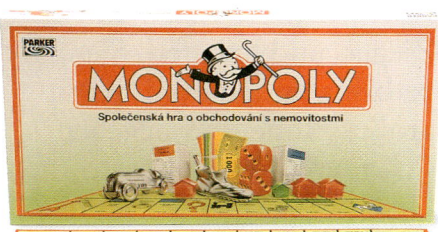

Der Würfel entscheidet über das Vorrücken der Figuren.

Trivial Pursuit Von diesem Spiel, das 1982 auf den Markt kam, gibt es verschiedene Ausgaben.

Monopoly Es wurde 1935 patentiert und wird heute auf der ganzen Welt begeistert gespielt.

Die Spieler bauen Wörter mit Buchstabensteinen.

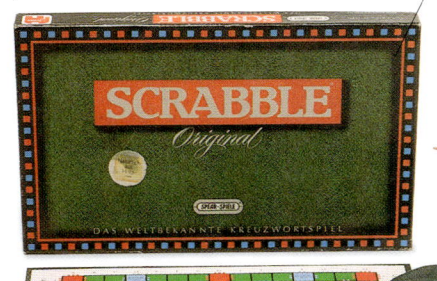

Die Spieler liefern sich ein Verfolgungsrennen.

Peter Rabbit's Race Game Das Spiel beruht auf Figuren der Kinderbuchautorin Beatrix Potter.

Als Spielsteine dienen oft Holzkugeln

Scrabble Dieses Spiel mit Buchstaben und Wörtern wurde 1931 entwickelt.

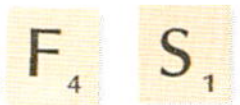

Scrabble-Buchstaben

Solitär Dieses Spiel spielt man gegen sich selbst.

Cluedo Dieses weit bekannte Detektivspiel wurde 1944 entwickelt.

Ludo Dieses Spiel entstand aus dem indischen Pachisi und ist mit *Mensch ärgere dich nicht* verwandt.

Spielesammlung Sie enthält mehrere verschiedene Brettspiele in einer Schachtel.

Leiterspiel Es ist ein Glücksspiel. Um die Anzahl der Felder, die man vorrückt, wird gewürfelt.

SCHAFE UND ZIEGEN

MIT IHREM DICKEN FELL und ihrem Klettervermögen können Schafe und Ziegen auch unter schwierigen Bedingungen überleben, etwa in der Hitze der Wüste oder der Kälte des Hochgebirges. Sie sind nah miteinander verwandt und bilden zusammen mit den Antilopen und den Rindern eine Familie. Im westlichen Nordamerika, in Nordafrika, Asien und Europa leben mehrere Arten von Ziegen und Schafen. Sie verbringen den Sommer in großer Höhe und begeben sich im Winter ins Tal.

Schraubenziege
Die Schraubenziege oder Markhor lebt im Hindukusch und in den benachbarten Gebirgen Afghanistans. Männchen wie Weibchen haben lange Bärte und Mähnen, die den ganzen Vorderkörper bedecken. Die korkenzieherartigen Hörner des Männchens erreichen entlang der Windungen eine Länge von 1,65 m.

Korkenzieherartiges Horn
Stirn nach außen gewölbt
Lange Haare
Bart

Merkmale
Schafe und Ziegen sind mit ihren paarigen Hufen selbst im steilsten Gelände sehr trittsicher. Sie hören und sehen auch sehr gut. Die Männchen (Böcke) tragen Hörner. Ziegen erkennt man am Kinnbart und dem scharfen Geruch. Schafe sind bartlos. Sie fressen in der Regel Gräser, während Ziegen Blätter von Sträuchern abweiden. Beide sind Wiederkäuer.

Dickhornschaf
Das Dickhornschaf oder Big Horn lebt in den Rocky Mountains in Nordamerika. Die Männchen tragen ein großes Gehörn. Es wächst zuerst rückwärts und dann wieder nach vorn bis auf Augenhöhe.

Horn des Männchens bis zu 91 cm lang
Stirn nach innen gewölbt
Dichte Wolle
Paarige Hufe

Horntypen
Die Männchen aller Wildschafe und aller Wildziegen tragen gekrümmte Hörner. Diese finden sich auch bei den Weibchen des Mähnenspringers und des Steinbocks.

Steinbock Bei allen Rassen tragen beide Geschlechter Hörner.

Mufflon Das einzige europäische Wildschaf hat nach innen gekrümmte Hörner.

Argali Bei diesem Wildschaf werden die Hörner bis über 1,80 m lang.

Blauschaf Die Hörner dieser zentralasiatischen Art sind beidseitig gekrümmt.

Fortpflanzung
Mit 2 Jahren sind die Weibchen geschlechtsreif; die Männchen brauchen dazu 3–4 Jahre. Die Böcke leben getrennt von den Weibchen und stoßen nur während der Brunftzeit zur Herde. Im Frühjahr bringt das Weibchen nach einer Trächtigkeit von 5-7 Monaten ein Junges oder bisweilen Zwillinge auf die Welt.

Familiengruppen
Die meisten Schafe und Ziegen bilden kleine Herden aus Weibchen und Jungtieren. Alte Böcke sind den größten Teil des Jahres Einzelgänger. Junge Böcke leben in Gruppen. Schafe und Ziegen fressen morgens und abends und halten sich tagsüber in felsigem Gebiet auf. Die Tiere sind sehr vorsichtig. Mehrere Weibchen halten Wache und warnen ihre Genossinnen vor drohender Gefahr.

Gämsherden umfassen bis zu 30 Tiere.
Familiengruppe der Gämse
Wachsame Weibchen
Lange Hörner
Die Böcke krachen mit den Köpfen zusammen.

Kämpfende Alpensteinböcke

Kämpfe
In der Fortpflanzungszeit kämpfen die Männchen um die Rangordnung. Sie schlagen mit den Vorderbeinen und gehen dann aufeinander los. Dann erheben sie sich auf die Hinterbeine und krachen mit den Köpfen und Hörnern zusammen. Es kommt vor, dass Tiere dabei das Bewusstsein verlieren. Die Böcke rammen sich auch in die Flanken.

Anpassung
Die meisten Schafe und Ziegen sind außergewöhnlich widerstandsfähig und leben in großer Höhe. Gämsen haben spezielle Hufe, die auf Fels gut haften und Kletterkunststücke ermöglichen. Die Schneeziege der Rocky Mountains kann sich selbst in steilen Wänden fortbewegen und vollführt weite Sprünge nach unten. Die Fähigkeit, mit ungünstigen Umweltbedingungen zurechtzukommen, war eine gute Voraussetzung für die Domestikation zum Haustier.

Das dichte, weiße Fell isoliert gut.
Schneeziege

DICKHORNSCHAF
WISSENSCHAFTL. NAME Ovis canadensis
ORDNUNG Artiodactyla, Paarhufer
FAMILIE Bovidae, Rinder
VERBREITUNG Nordamerika bis Mexiko, auch Ostasien
LEBENSRAUM Steile zerklüftete Gebiete oberhalb der Baumgrenze
ERNÄHRUNG Hauptsächlich Gras, im Sommer auch Schösslinge, im Winter Beeren, Flechten und Rinden
GRÖSSE Schulterhöhe des Männchens 1,06 m, Gewicht bis zu 136 kg
LEBENSDAUER Bis zu 15 Jahren

SIEHE AUCH UNTER EUROPA, TIERWELT · GEBIRGE, TIERWELT · HIRSCHE UND ANTILOPEN · LANDWIRTSCHAFT · NORDAMERIKA, TIERWELT · SÄUGETIERE

SCHALL

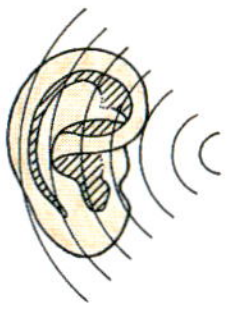

DIE WELT IST VOLLER Töne und Geräusche – angefangen vom leisen Rauschen der Blätter im Wald bis zum dröhnenden Stadtverkehr. Töne und Geräusche nennt man Schall. Er wird von schwingenden Körpern erzeugt, etwa einer Stimmgabel oder den Stimmbändern. Schallwellen breiten sich in der Luft aus. Die Teilchen vibrieren, stoßen mit anderen zusammen und übertragen ihnen ihre Energie.

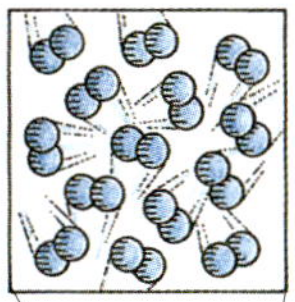

Verdichtung
Luftteilchen werden zusammengepresst, sodass die Dichte und der Druck der Luft ansteigen.

Schallwellen
Schall pflanzt sich in Luft und allen anderen Stoffen in Form von Wellen fort. Wenn eine Stimmgabel schwingt, bewegen sich ihre Zinken nach außen und erzeugen eine Verdichtung. Sobald sie zurückschnellen, dehnt sich die Luft aus. Es entstehen Verdünnungen, also Gebiete mit niedrigerem Druck. Diese Wellen pflanzen sich kugelförmig von der Schallquelle aus fort.

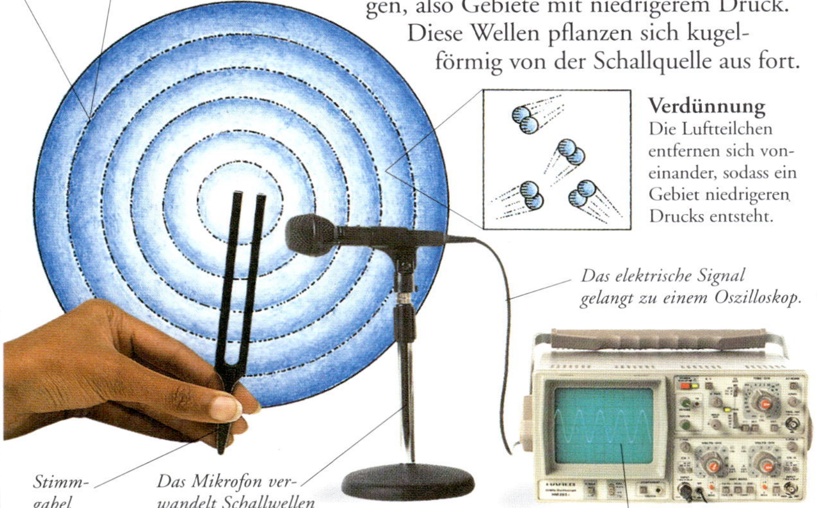

Verdünnung
Die Luftteilchen entfernen sich voneinander, sodass ein Gebiet niedrigeren Drucks entsteht.

Das elektrische Signal gelangt zu einem Oszilloskop.

Stimmgabel

Das Mikrofon verwandelt Schallwellen in elektrische Signale.

Das Oszilloskop stellt die Wellenform dar.

Echos
Schallwellen können von harten glatten Flächen reflektiert werden und kehren als Echo zurück. Wenn man sich in einigem Abstand von einer hohen Mauer aufstellt und in die Hände klatscht oder ruft, kann man das Echo kurze Zeit danach hören. Je weiter man von der Mauer entfernt steht, umso mehr Zeit vergeht bis zum Echo.

Wellenformen
Die Wellen, die auf dem Bildschirm erscheinen, zeigen unterschiedliche Formen. Die Wellenberge und Wellentäler entsprechen Gebieten mit hohem bzw. niedrigem Druck. Schallwellen werden durch ihre Tonhöhe und ihre Lautstärke bestimmt. Die Tonhöhe ergibt sich durch die Frequenz, d. h. die Anzahl der Wellenberge pro Sekunde. Die Lautstärke hängt von der Schwingungsweite und damit dem Umfang der Luftdruckschwankungen ab.

Oszilloskop
Schallwellen kann man nicht sehen. Das Oszilloskop zeichnet die Schwingungen allerdings auf und macht sie auf einem Bildschirm sichtbar. Die Druckveränderungen der Schallwellen erscheinen dann als Schlangenlinie auf dem Bildschirm.

Frequenz und Tonhöhe
Die Tonhöhe hängt von der Frequenz und damit der Anzahl der Schwingungen pro Zeiteinheit ab. Die Frequenz wird in Hertz (Hz) gemessen: 1 Hz entspricht einer Schwingung pro Sekunde. Die tiefsten Töne, die wir noch hören können, haben rund 20 Hz, die höchsten etwa 20 000 Hz.

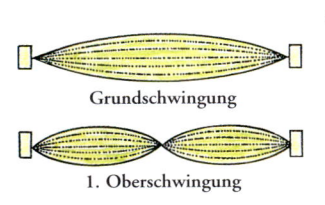

Grundschwingung

1. Oberschwingung

2. Oberschwingung

Obertöne
Schallerzeuger schwingen meist in mehreren Frequenzen. Man unterscheidet eine Grundschwingung und mehrere Oberschwingungen. Die Mischung der Obertöne bestimmt die Klangfarbe der Instrumente.

Display

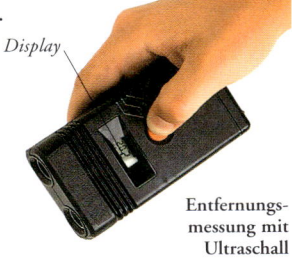

Entfernungsmessung mit Ultraschall

Ultraschall
Schallwellen mit einer Frequenz jenseits des menschlichen Hörvermögens bezeichnet man als Ultraschall. Dieses Entfernungsmessgerät sendet Ultraschallwellen aus, die als Echo zurückkehren. Aus der verstrichenen Zeit berechnet das Gerät die Entfernung.

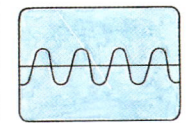

Hohe Töne haben eine hohe Frequenz, d. h. viele Schwingungen pro Sekunde. Die Wellenberge liegen nahe beieinander.

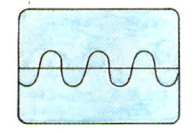

Tiefe Töne haben eine geringe Frequenz, also wenige Schwingungen pro Sekunde. Die Wellenberge stehen weit auseinander.

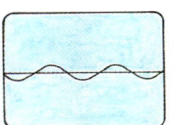

Leise Töne haben eine geringe Schwingungsweite oder Amplitude. Ihre Ausschläge auf dem Schirm sind klein.

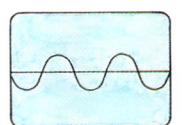

Laute Töne haben eine große Schwingungsweite (Amplitude). Der Abstand von Wellenberg zu Wellental ist groß.

Lautstärke
Je lauter ein Ton ist, desto mehr Energie erhalten die Schallwellen. Man misst die Lautstärke in Dezibel (dB). Töne oder Geräusche mit wenigen Dezibel sind gerade noch zu hören. Bei 130 dB empfindet man den Schall als schmerzhaft. Wer längere Zeit laute Musik im Kopfhörer hört, kann Gehörschäden davontragen. Die aufgewandte Energie ist zwar nicht sehr hoch, doch gelangt sie gebündelt direkt ins Ohr.

Kopfhörer

Christian Doppler
Die Tonhöhe eines Motorengeräusches steigt, wenn sich ein Auto uns nähert. Die Tonhöhe des Motorengeräusches fällt, sobald sich das Fahrzeug von uns entfernt. Diesen Effekt erklärte der österreichische Physiker Christian Doppler (1803–53) im Jahr 1842. Er fand auch heraus, dass sich durch die Bewegung einer Schallquelle die Frequenz verändert. Heute spricht man auch vom Dopplereffekt; eine Möglichkeit zur Geschwindigkeitsermittlung.

Schallgeschwindigkeit
Schall pflanzt sich in Luft mit einer Geschwindigkeit von rund 330 m/s fort. Das ist viel weniger als die Lichtgeschwindigkeit. Deshalb sieht man einen Blitz lange vor dem Donner. Die Zeit, die zwischen Blitz und Donner verstreicht, verrät, wie weit ein Gewitter noch entfernt ist: 3 Sek. entsprechen rund 1 km.

SIEHE AUCH UNTER   ENERGIE   MUSIKINSTRUMENTE   OHR   SCHALLAUFZEICHNUNG

SCHALLAUFZEICHNUNG

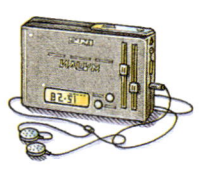

CDs ERMÖGLICHEN ES, Vergangenes wieder zu hören. Aus den Informationen, die auf der Scheibe liegen, erzeugt der CD-Player Schallwellen, die vorher an anderem Ort erzeugt wurden. Schallwellen sind Luftschwingungen. Das Mikrofon verwandelt sie in elektrische Signale, die man auf unterschiedliche Weise speichert – auf CD, DVD, Magnetband, Festplatte oder Schallplatte. Das gespeicherte Signal kann eine direkte Kopie des ursprünglichen Signals sein (analoge Aufzeichnung) oder es wurde in elektronische Informationen übersetzt (digitale Aufzeichnung).

Aufnahmestudio

Schallaufzeichnungen macht man meist in einem Tonstudio. Es besteht in der Regel aus 2 Räumen. In dem einen wird musiziert oder gesprochen. Die Töne der Instrumente und die Stimmen werden von Mikrofonen in elektrische Signale umgewandelt und getrennt aufgenommen und gespeichert. Diese Spuren mischt man dann im Kontrollraum zusammen.

Mikrofon, Schnitt
- Membran
- Spule
- Magnet

Mikrofon
Beim Mikrofon ist eine Spule mit einer Membran verbunden. Schallwellen versetzen Membran und Spule in Schwingungen. Da sich diese in einem Magnetfeld befindet, entstehen elektrische Spannungsschwankungen. Sie entsprechen den Luftdruckschwankungen des Schalls und heißen daher auch analog.

Die Künstler sprechen oder singen in einem schalldichten Raum in das Mikrofon.

Fernsehschirm z. B. für Synchronisierungen

Über Lautsprecher hört der Toningenieur, was im Aufnahmeraum geschieht.

Im Mischpult werden die Signale der unterschiedlichen Mikrofone und Bänder für den gewünschten Toneindruck zusammengemischt.

Das Tonbandgerät registriert die elektrischen Signale und kann zusätzliche Musik oder Geräusche einspielen.

System zur digitalen Aufzeichnung

Der Toningenieur kontrolliert die Qualität und mischt die Tonspuren.

Digitale Aufzeichnung
Bei der digitalen Aufzeichnung wird das analoge Signal des Mikrofons viele hundertmal pro Sekunde abgetastet und vermessen. Die entsprechenden Werte werden schließlich in binärer Form – als Abfolge von Nullen und Einsen – gespeichert. Diese Aufzeichnung in Form von Ziffern nennt man digital.

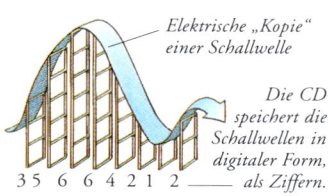

Elektrische „Kopie" einer Schallwelle

Die CD speichert die Schallwellen in digitaler Form, als Ziffern.

3 5 6 6 4 2 1 2

Aufzeichnungsform
Die analoge Aufzeichnung erfolgt über Rillen in Schallplatten oder mit Hilfe magnetischer Muster auf Tonbändern. Für die digitale Aufzeichnung verwendet man entweder magnetische Muster oder Reihen feinster Vertiefungen.

Analoges Tonband: zeichnet magnetische Schwankungen auf eisenoxidbeschichteten Kunststoffbändern auf.

Digitales Tonband: funktioniert wie das analoge, speichert die Informationen mit Hilfe binärer Zahlen.

Minidisc: speichert (digital) Schallsignale in spiraliger Spur auf Magnetscheibe.

Schallplatte (analog): zeichnet Schallschwingungen in Form seitlicher Ausschläge einer spiralförmigen Rille auf einer Vinylscheibe auf.

CD oder DVD (digital): Die Schallsignale liegen in Form kleiner Vertiefungen auf einer Spiralspur vor.

Emile Berliner
Der deutschstämmige Amerikaner Emile Berliner (1851–1929) erfand das Grammophon zum Abspielen von Schallplatten. Auf ihn geht auch ein Verfahren zur Herstellung hunderter solcher Platten von einer einzigen Originalkopie zurück.

Chronologie
1876 Bell erfindet das Mikrofon.

1877 Edison macht die erste Schallaufzeichnung auf Zinnfolie. Es sind die Worte „Mary had a little lamb".

1887 Berliner erfindet das Grammophon.

1898 Der dänische Erfinder W. Poulsen macht magnetische Schallaufzeichnungen auf einem Stahldraht.

1930 Magnetband zur Schallaufzeichnung

Poulsens Telegraphon

1948 Erste Schallplatte aus Vinyl (PVC)

1964 Erster Kassettenrekorder auf dem Markt

80er Jahre Die Compactdisc (CD) wird zum wichtigsten Medium bei der Schallaufzeichnung.

1992 Einführung der Minidisc

2001 DVD-Brenner erlangen Serienreife

SIEHE AUCH UNTER EDISON, THOMAS ALVA · ELEKTROMAGNETISMUS · MUSIK · SCHALL · TELEFON · TELEKOMMUNIKATION · VIDEO

SCHAUSPIEL

DAS SCHAUSPIEL ERFREUT das Publikum seit über 2 500 Jahren. Ein Broadway-Musical, ein Shakespeare-Drama oder eine Seifenoper im Fernsehen sind nur verschiedene Arten des Schauspiels. In all diesen Aufführungen stellen Schauspieler eine Geschichte als Stück auf der Bühne dar. Die Stückeschreiber oder Dramatiker wollen ihr Publikum entweder unterhalten oder in ernsteren Schauspielen menschliche Charaktere darstellen und Fragen über den Sinn des Lebens aufwerfen.

Antikes Drama

Die Griechen führten Schauspiele zu Ehren der Götter auf. Sie erfanden auch die 2 dramatischen Grundformen, die Tragödie und die Komödie. Diese wurden später von den Römern übernommen und uns überliefert.

Klassisches griechisches Drama
Die Griechen hielten Theaterfestspiele ab, bei denen die Dramatiker miteinander wetteiferten. Ihre Tragödien brachten Gestalten aus der Mythologie auf die Bühne. Ihre Komödien reichten von lustigen Satiren bis zu realistischen Schauspielen.

Thalia, die Muse der Komödie, mit einer Maske

Renaissance und 17. Jh.

Die Tradition des antiken griechischen Dramas wurde in der Renaissance in Italien neu belebt. Sie verbreitete sich über ganz Europa. Viele Stücke wurden in Versen geschrieben. Das Drama des 16. und 17. Jh. war geprägt von William Shakespeare (1564–1616) und dessen Zeitgenossen.

Lope de Vega

Mysterienspiel
Mit dem Untergang des Römischen Reiches verlor das Schauspiel an Bedeutung. Im 10. Jh. nahm es mit dem Christentum einen neuen Aufschwung. Jetzt kamen religiöse Themen auf die Bühne. Laienschauspieler führten Mysterienspiele nach Stoffen aus der Bibel auf, die oft mehrere Tage dauerten. Die Zuschauer strömten auf die Marktplätze.

Mysterienspiel im 13. Jh., York, England

Frankreich
Die Stücke des französischen Dramatikers Jean Racine (1639–99) waren stark von der griechischen Tragödie beeinflusst. Häufig spielten Frauen die Titelrolle, was damals sehr ungewöhnlich war. Jean Molière (1622–73), der zweite große Dramatiker dieser Zeit, schuf die französische Komödie. Er machte sich in seinen Stücken über die Bürger lustig.

Phädra (1677), von Racine

Spanien
Das 17. Jh. war das goldene Zeitalter des spanischen Theaters. Der spanische Dramatiker Lope de Vega (1562–1635) schrieb etwa 1 500 Stücke. Sein Schauspiel *Fuenteovejuna* brachte das erste Mal Arbeiter auf die Bühne. Der zweite berühmte Spanier dieser Zeit war Pedro Calderón de la Barca (1600–81), der viele historische Stücke und Tragödien verfasste.

Realismus und 20. Jh.

Seit Mitte des 18. Jh. wurde das Theater immer realistischer. Die Dramatiker brachten nun Menschen in allseits vertrauten Situationen auf die Bühne. Die Theater waren jetzt Guckkastenbühnen mit realistischen Requisiten. Stücke mit einer Moral zum Schluss kamen in Mode. Im 20. Jh. experimentierten die Autoren mit Dialog- und Handlungsmustern, um ihren Dramen eine Symbolik zu unterlegen.

Mutter Courage (1941), von Brecht spielt im Dreißigjährigen Krieg.

Ein Puppenheim (1879), von Ibsen

Realismus
Dramatiker wie der Norweger Henrik Ibsen (1828–1906) und der Schwede August Strindberg (1849–1912) schrieben Stücke, in denen sie die Engstirnigkeit der Gesellschaft anprangerten. Das Publikum war oft schockiert.

Bertolt Brecht
Der deutsche Dramatiker Bertolt Brecht (1898–1956) verarbeitete in vielen seiner Stücke sozialistische Ideen. Seine Lehrstücke sollten dazu anregen, über den Sozialismus nachzudenken und gleichzeitig das Geschehen außerhalb der Theaterwelt kritischer zu betrachten.

Schauspielformen

Viele Schauspiele sind Tragödien oder Komödien. In den ernsten Tragödien wird der Untergang des Helden dargestellt. Komödien haben meist ein Happyend. Sonderformen sind die Musikdramen, zu denen Oper, Operette und Musicals zählen.

Auf der Bühne steht nur ein einzelner Baum.

Warten auf Godot
Dieses Stück, das 1955 von dem Iren Samuel Beckett (1906–89) verfasst wurde, zählt zum „absurden Theater". Die Handlung hat kein Ziel. Beckett zeigt so die Sinnlosigkeit des Lebens.

Die Helden warten auf jemand, der nie ankommt.

Broadway
Der Broadway ist eine Straße im New Yorker Theaterviertel und weltberühmt. Man setzt ihn heute gleich mit der Theaterproduktion in Nordamerika. Broadway-Produktionen haben einen großen Etat und viele Zuschauer. Viele Stücke werden meist zuerst auf "Off-Broadway-Bühnen" aufgeführt und bei Erfolg am Broadway gespielt.

TV-Stücke

Szenenfoto aus der TV-Serie Lindenstraße

Das Fernsehen bringt täglich irgendwelche Schauspiele. Manche dieser Stücke wurden ursprünglich für die Bühne geschrieben und später für das Fernsehen bearbeitet. Es gibt heute aber immer mehr eigene Fernsehstücke. Viele davon sind Serien, sodass man jede Woche, manchmal sogar täglich eine neue Episode seines Lieblingsstückes sehen kann. Einige Formen des Fernsehspiels wurden sehr populär. Dazu zählen zum Beispiel Krimis, Abenteuerserien und vor allem Seifenopern.

Seifenopern sind TV-Serien, die sich meistens mit dem Leben und den Liebesgeschichten von Menschen „wie Du und Ich" befassen. Ihren Namen haben sie daher, dass sie ursprünglich von Waschmittelfirmen gesponsert, also bezahlt, wurden.

Schauspieler

Die Begabung der Schauspieler ist nicht zuletzt für den Erfolg eines Bühnenstückes ausschlaggebend. Die richtige Stimmlage, die Mimik und Gestik des Darstellers können die Illusion vermitteln, dass auf der Bühne Szenen aus dem wirklichen Leben dargestellt werden. Die Bühnenwirksamkeit lernt man an Schauspielschulen.

Die Pekingoper
Die Stoffe der chinesischen Oper stammen aus der Mythologie oder der Geschichte. Die Darsteller tragen prächtige Kostüme. Sprechrollen, Arien, Mimik und akrobatischer Tanz wechseln sich ab. Ein Orchester begleitet die Handlung mit Lauten, Gongs, Glocken und Trommeln.

Leb wohl, meine Konkubine (1993), ein Film über die chinesische Oper.

Nô-Spiel
Im traditionellen japanischen Nô-Spiel tragen die Schauspieler kunstvolle Kostüme und Masken. Die Bühne ist völlig kahl. Darsteller sind nur Männer, die sich sehr langsam mit bedeutungsvollen Gesten bewegen. Der Chorgesang wird von Musik begleitet. Diese Nô-Spiele dauern einen ganzen Tag.

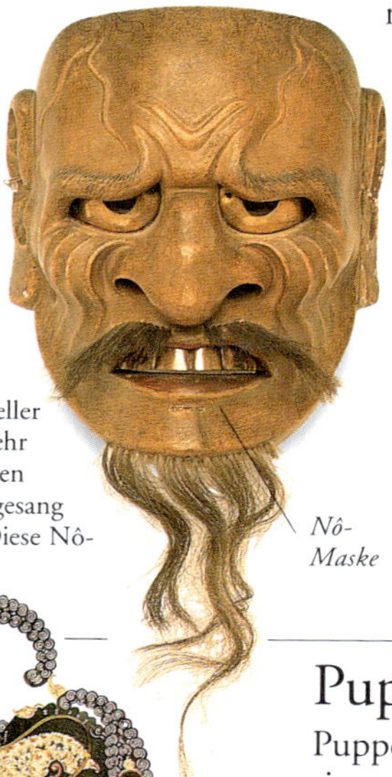

Nô-Maske

Schauspiel und Kultur

Bei vielen Völkern gibt es das Schauspiel als Ausdruck einer eigenständigen Kultur, ohne dass man von einer Theaterkultur in unserem Sinne sprechen könnte. In Asien und Afrika werden oft Geschichten von Göttern und Dämonen dargestellt. Die einheimischen Handwerker fertigen dafür Masken und Kostüme an. Die Begleitmusik wird auf alten Instrumenten gespielt.

Nô-Masken stellen 5 Typen dar: Männer, Frauen, Alte, Götter und Dämonen.

Rituelles Schauspiel
In Teilen Afrikas, Asiens und Melanesiens spielen überlieferte Aufführungen eine wichtige Rolle bei religiösen Feiern. Ein verkleideter Priester oder Schamane mit Maske führt Tänze auf. Das Volk glaubt, dass er dabei die Gestalt jenes Geistes annimmt, den er verkörpert.

Ritueller Tanz Religiöse Maskentänzer auf Papua-Neuguinea

Theaterfestspiele
In vielen Ländern gibt es Theaterfestspiele, auf denen man die besten Bühnenstücke und Schauspieler sehen kann. Das Angebot reicht von klassischen Stücken bis zum experimentellen Theater. Bekannt sind z. B. die Internationalen Festspiele in Edinburgh/Schottland.

Auf den Salzburger Festspielen wird jedes Jahr der „Jedermann" von Hofmannsthal aufgeführt.

Zirkus
Zirkusartisten müssen z. B. Jonglieren und Akrobatik beherrschen. Auch Zauberkunststücke und Clownerien gehören zum Repertoire. Erste Zirkusaufführungen gab es Ende des 18. Jh. Damals standen häufig Tierdressuren auf dem Programm, doch sind diese heute weniger gefragt.

Moskauer Staatszirkus

Puppenspiel

Puppen können sehr lebendig wirken, wenn sie von einem geschickten Puppenspieler bewegt werden. Das Puppenspiel ist übrigens eine der ältesten Formen des Schauspiels und geht bis in das 5. Jh. v. Chr. zurück. Eine besondere Art ist das Schattenspiel in Südostasien. Dabei wird mit einer Lampe der Schatten einer Puppe auf die Leinwand geworfen. Die Schattenfiguren agieren dann auf der „Bühne".

Schattenspielfigur aus Java

In Schattenspielen werden alte, überlieferte Geschichten erzählt.

Kleid aus Leder

Der Puppenspieler bewegt die Figur an dünnen Stäben.

Claus Peymann

Der deutsche Regisseur Claus Peymann (geb. 1937) war an berühmten deutschsprachigen Bühnen tätig, unter anderem am Wiener Burgtheater. Er brachte viele Stücke zeitgenössischer Autoren zur Uraufführung, bes. die Werke des Österreichers Thomas Bernhard. Peymann übertrug viele Klassiker in die Gegenwart.

Chronologie

5. Jh. v. Chr. Die Griechen erfinden Tragödie und Komödie.

1.–15. Jh. n. Chr. In Europa werden Mysterienspiele aufgeführt.

Statue eines Komödianten, Rom

1580–1642 In England entsteht im Zeitalter Elisabeths I. das englische Schauspiel.

1600–80 Goldenes Zeitalter des Dramas in Spanien.

1782 Friedrich von Schiller (1759–1805) schreibt *Die Räuber*. Dieses Stück hat die Sturm- und Drangbewegung in Deutschland stark beeinflusst.

um 1800 In Vietnam führt das Hat-Bo-Theater ein Stück über Leid und Krieg auf.

Ende 1800 Das „realistische" Drama entsteht und hat soziale Probleme zum Inhalt.

ab 1960 Das „absurde Theater" entsteht.

ab 1990 Musicals ziehen viele Zuschauer an.

SIEHE AUCH UNTER FESTE UND FEIERN, FILM, GRIECHEN, LITERATUR, MITTELALTER, OPER, RENAISSANCE, SHAKESPEARE, WILLIAM, THEATER

SCHIFFE

SEIT FRÜHESTER ZEIT stellen Boote und Schiffe ein wichtiges Transportmittel dar. Die ersten Boote waren nur ausgehöhlte Baumstämme oder Schilfbündel. Im Lauf der Zeit und mit beginnendem Seehandel verbesserten sich die Schiffsformen. Zwischen einem Boot und einem Schiff besteht kein grundlegender Unterschied. In der Regel bezeichnet man kleinere Wasserfahrzeuge mit einem einzigen Deck als Boote. Sie werden von Segeln, Riemen oder einem Außenbordmotor angetrieben. Schiffe sind größere, hochseetüchtige Fahrzeuge, die Fracht oder Passagiere übers Meer transportieren.

Boots- und Schiffstypen

Es gibt sehr viele verschiedene Schiffs- und Bootstypen. Die meisten erfüllen eine ganz bestimmte Aufgabe, etwa als Frachter, Fähre, Fischereischiff, Jacht oder Kriegsschiff. Je nach dem Zweck ergeben sich unterschiedliche Rumpfformen, Maschinenstärken sowie Aufbauten und Ausrüstungen.

Sport- und Freizeitboote
Auch hier herrscht je nach dem Verwendungszweck eine sehr große Vielfalt. Sie reicht vom leichten Jetboot bis zur luxuriösen Segeljacht oder einem Motorkreuzer.

Fischfangboote
Fischereifahrzeuge sind eher gedrungene Boote oder Schiffe, denen auch raue See nichts anhaben kann. Auch hier unterscheidet man noch spezielle Typen, z. B. Trawler. Die weitaus meisten Fischereischiffe sind heute motorisiert.

Spezialschiffe
Heute gibt es viele Spezialschiffe: Leistungsstarke Schlepper bugsieren große Dampfer in den Hafen und helfen ihnen wieder aufs Meer hinaus. Eisbrecher schaffen eine Fahrtrinne für nachfolgende Schiffe.

Kriegsschiffe
Kriegsschiffe patrouillieren auf allen Meeren der Erde. Am größten ist der Flugzeugträger. Er wird von Fregatten beschützt, die auch Jagd auf feindliche Unterseeboote machen.

Kreuzfahrtschiffe
Kreuzfahrtschiffe befördern Urlauber um die ganze Welt. Sie sind einem Luxushotel auf Wasser vergleichbar. Kreuzfahrten sind als Urlaubsform sehr beliebt. Bevor die Langstreckenflüge in den 60er Jahren aufkamen, fuhr man mit großen Passagierschiffen wie der *Queen Mary* von einem Kontinent zum andern.

Wie ein Schiff schwimmt
Schiffe tauchen bis zu bestimmter Höhe ins Wasser ein. Der Rumpf verdrängt dabei so viel Wasser, wie seinem Gesamtgewicht entspricht. Das Schiff erfährt einen Auftrieb, der der Schwerkraft entgegenwirkt.

Auftrieb und Gewicht sind im Gleichgewicht.

Aufbau
Ein Kreuzfahrtschiff ist in verschiedene Decks unterteilt. Die Schlafbereiche liegen abgetrennt. Alle sportlichen Tätigkeiten finden auf oberen Decks statt. Kabinen und Räume, die der Unterhaltung dienen, liegen in unteren Bereichen.

Kapitän
Der Kapitän ist verantwortlich für die Sicherheit der Passagiere und der Besatzung. Er hält vom Kontrollraum auf der Brücke aus den Kontakt mit anderen Schiffen in der Nähe und mit den Kontrollzentren auf dem Festland.

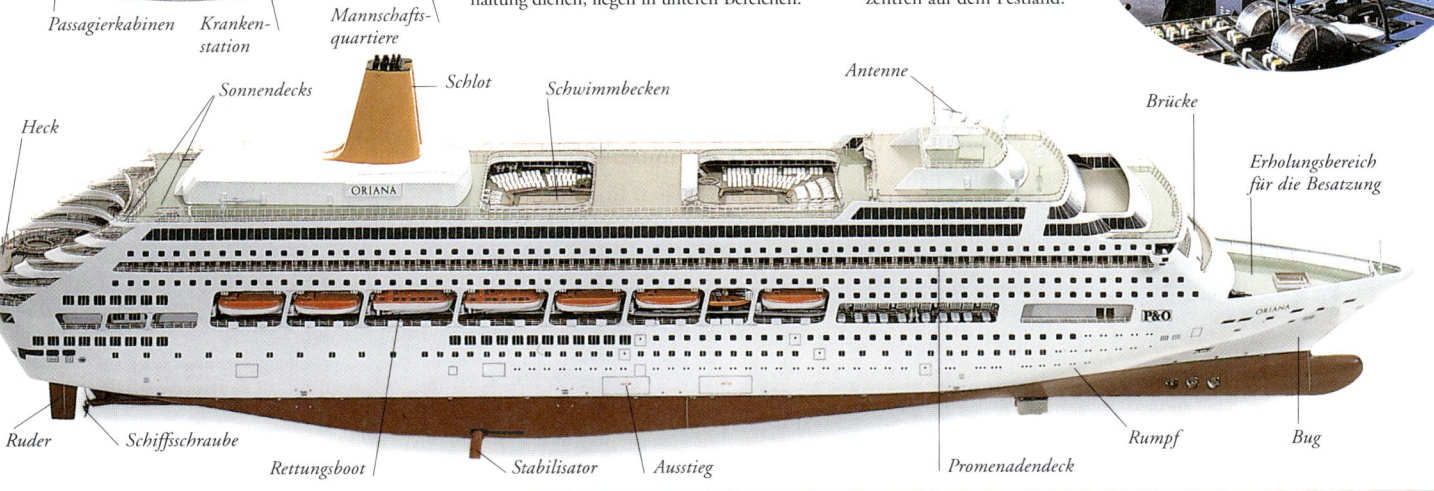

Sonnendeck — Unterhaltungsdeck — Passagierkabinen — Krankenstation — Mannschaftsquartiere

Heck — Sonnendecks — Schlot — Schwimmbecken — Antenne — Brücke — Erholungsbereich für die Besatzung — Ruder — Schiffsschraube — Rettungsboot — Stabilisator — Ausstieg — Promenadendeck — Rumpf — Bug

Rumpfformen
Boote und Schiffe haben je nach Verwendungszweck unterschiedliche Rumpfformen. Der Rumpf entscheidet mit darüber, wie tief ein Schiff im Wasser einsinkt, wie stabil es gegenüber Rollbewegungen ist und wie schnell es fährt.

Kielboot
Kielboote oder Jachten vergrößern ihre Seitenfläche mit einem Kiel. Am untersten Ende trägt er Ballast aus Beton oder schwerem Metall, um zu verhindern, dass die Jacht seitlich kentert.
Kiel

Frachtschiff
Der Rumpf des Frachtschiffes ist in der Mitte sehr breit, um möglichst viel Ladung aufnehmen zu können. Zum Bug hin wird der Rumpf stärker V-förmig und am Heck ist er abgerundet.
Rumpf

Schnellboot
Schnelle Boote haben einen flachen, V-förmigen Rumpf. Ab einer gewissen Geschwindigkeit erfährt das Boot einen dynamischen Auftrieb: Der Rumpf wird weit aus dem Wasser gehoben.
Flache V-Form

Katamaran
Katamarane oder Doppelrumpfboote sind sehr stabil. Sie haben durch die schmalen Rümpfe einen geringeren Reibungswiderstand.
Querträger

Antrieb

In der Regel erfolgt der Antrieb von Schiffen und Booten über eine oder mehrere Schiffsschrauben oder Propeller am Heck des Fahrzeugs. Bei der Drehung erteilen die Propeller dem Wasser eine Beschleunigung nach hinten, sodass das Schiff sich nach vorn bewegt. Große Schiffe haben als Antrieb heute Gasturbinen. Nur sehr wenige Schiffe fahren mit Nuklearantrieb.

Maschinenraum
Der Maschinenraum liegt tief unten im Schiffsrumpf. Hier befinden sich alle Antriebsaggregate und Stromgeneratoren. Sie werden immer wieder überprüft. In den meisten großen Schiffen überwacht ein Computer dauernd die Funktion der Maschinen.

Außenbordmotor
Kleine Boote werden meist von Außenbordmotoren angetrieben, die man am Heck befestigt. Die Drehgeschwindigkeit wird über eine Drosselklappe gesteuert.

Schiffsingenieur bei Maschinenprüfung

Drosselklappe

Auf der Brücke
Der Hauptkontrollraum eines Schiffes ist die Brücke. Sie liegt auf dem obersten Deck meist im vorderen Drittel und hat breite Fenster für eine gute Rundumsicht. Hier befinden sich alle Anlagen und Geräte zur Steuerung und Navigation, vor allem auch das Steuerrad, der Kompass und die Radaranlage.

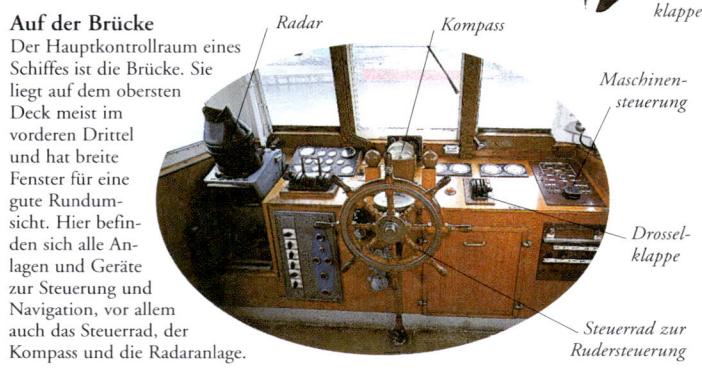

Radar — *Kompass* — *Maschinensteuerung* — *Drosselklappe* — *Steuerrad zur Rudersteuerung*

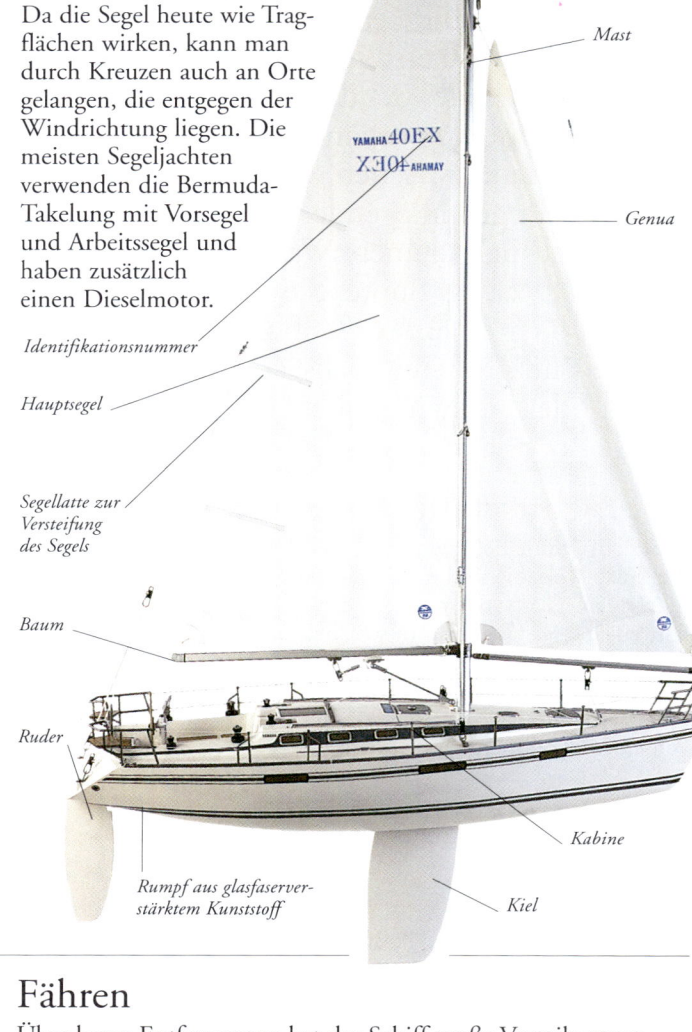

Schiffsbau

Schiffe werden in Werften gebaut. Hunderte von Handwerkern sind daran beteiligt. Die Grundstruktur der Schiffe hat sich in den letzten Jahrhunderten kaum verändert. Statt Holz verwendet man heute Stahl und glasfaserverstärkte Kunststoffe. Der Bau eines großen Schiffes kann mehrere Jahre dauern.

1 Als Erstes wird der Kiel gebaut. Dann folgen Bug und Heck. Baugerüste fixieren die Teile an Ort und Stelle. Schon vor dem Bau muss man sich Gedanken machen, auf welche Weise man das Schiff zu Wasser lässt.

2 Wenn die Grundstruktur des Schiffes steht, beginnt man mit dem Einbau der Decks und aller Einrichtungen, etwa der Antriebsanlage. Dann lässt man das Schiff oft als leere Hülle zu Wasser und vollendet den Innenausbau schließlich im Hafen.

Segeljacht

Segeljachten nutzen den Wind für den Antrieb. Er muss aber nicht von hinten (achtern) kommen. Da die Segel heute wie Tragflächen wirken, kann man durch Kreuzen auch an Orte gelangen, die entgegen der Windrichtung liegen. Die meisten Segeljachten verwenden die Bermuda-Takelung mit Vorsegel und Arbeitssegel und haben zusätzlich einen Dieselmotor.

Want zur Verspannung des Mastes — *Mast* — *Genua* — *Identifikationsnummer* — *Hauptsegel* — *Segellatte zur Versteifung des Segels* — *Baum* — *Ruder* — *Rumpf aus glasfaserverstärktem Kunststoff* — *Kabine* — *Kiel*

Fähren

Über kurze Entfernungen hat das Schiff große Vorteile gegenüber dem Flugzeug. Deswegen transportieren Fähren heute noch Millionen von Passagieren, teilweise mit ihren Autos. Diese rollen mit eigener Kraft auf die Fähre (Ro-Ro-Fähre). Spezielle Passagierschiffe sind die Luftkissen- und Tragflächenboote.

Luftkissenfahrzeug
Luftkissenfahrzeuge verringern den Wasserwiderstand, indem sie auf einem Luftkissen über der Wasseroberfläche gleiten. Dieses wird durch Gebläse erzeugt. Eine Begrenzung verhindert, dass die Luft wegströmt. Für den Vortrieb sorgen Luftschrauben an Deck. Luftkissenfahrzeuge fahren zum Be- und Entladen auf Land.

Tragflächenboote
Tragflächenboote haben unter dem Rumpf Tragflächen. Bei höherer Geschwindigkeit erzeugen diese einen Auftrieb, sodass der Rumpf vollständig aus dem Wasser gehoben wird. Das Boot gleitet dann auf den Tragflächen, verringert so den Wasserwiderstand und erreicht Geschwindigkeiten bis zu 80 km/h.

SIEHE AUCH UNTER | FISCHFANG | HÄFEN UND KANÄLE | MOTOREN | RADAR UND SONAR | TRANSPORT, GESCHICHTE | UNTERSEEBOOTE | WASSERSPORT

Schiffe und Boote

Handelsschiffe

Trampfrachtschiff Es verkehrt auf keiner festgelegten Route.

Öltanker Sie werden speziell für den Transport großer Rohölmengen gebaut.

Libertyschiff Frachtschiffe mit dieser Bezeichnung bauten die USA im 2. Weltkrieg in großer Stückzahl.

Container

Containerschiff Es ist speziell für den Transport genormter Container konstruiert.

Passagierschiff Sie transportieren keine Fracht und keine Autos. Für die Unterhaltung der Passagiere ist gesorgt.

Große Lkws auf dem Oberdeck

Roll-on-Roll-off-Fähre Autos fahren selbst auf die Ro-Ro-Fähren. Das Beladen dauert wenige Stunden.

Kriegsschiffe

Steuerung vom Kontrollturm aus

Landebahn

Radarantenne zur Minensuche

Torpedoboot Diese kleinen, schnellen Kriegsschiffe führen Torpedos und andere Waffen mit sich.

Flugzeugträger Lange Bahnen erlauben das Starten und Landen der Kampfflugzeuge.

Minensuchboot Es macht Unterwasserminen unschädlich.

Spezialschiffe

Mast

Trawler haben häufig Dieselantrieb.

Schwimmbagger Sie halten Schifffahrtswege frei, indem sie die Fahrtrinne ausbaggern.

Rettungsinsel Sie wird in Notfällen zu Wasser gelassen.

Anker

Tiefseetrawler Er zieht ein Schleppnetz hinter sich her.

Polizeiboot Es patrouilliert auf Flüssen und in Küstennähe und hält Ausschau nach Schmugglern und Umweltsündern.

Tauchboot Dies ist ein unbemannter Roboter.

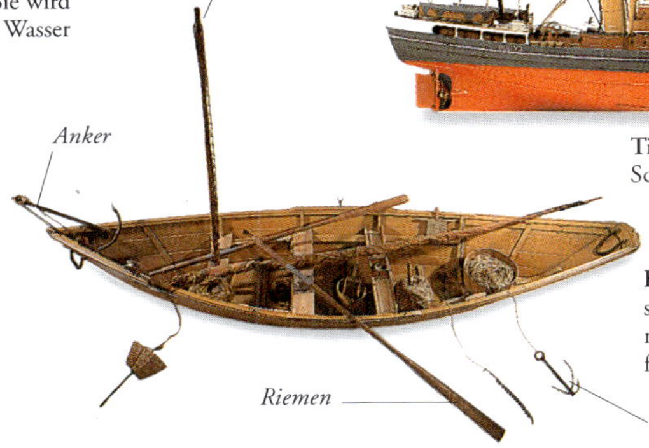

Riemen

Anker

Fischerboot Von einem solchen Boot aus setzt man kurze Netze oder fängt mit der Angel.

Sportboote

Segeljacht Man unternimmt mit ihr Urlaubsreisen oder fährt damit Rennen.

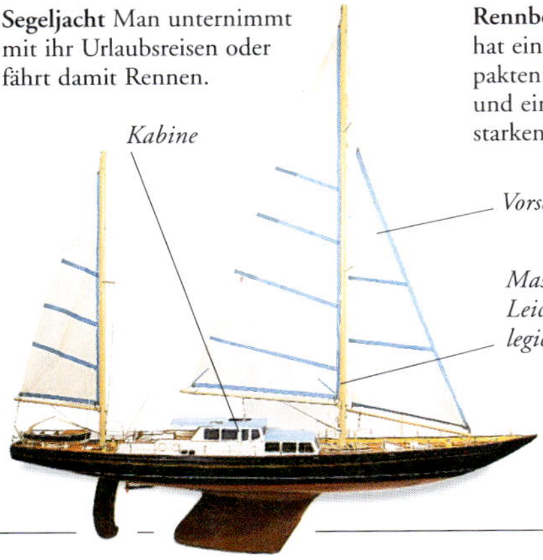

Rennboot Es hat einen kompakten Rumpf und einen starken Motor.

Segeldingi In einem solchen Boot lernt man das Segeln.

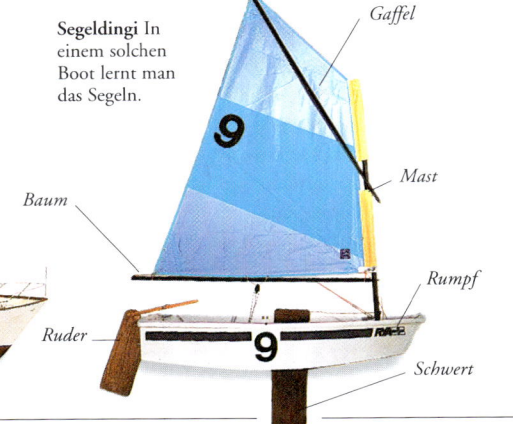

Gaffel

Kabine

Motorjacht Sie hat einen leistungsstarken Dieselmotor für lange Fahrten.

Baum

Mast

Vorsegel

Mast aus Leichtmetalllegierung

Rumpf

Ruder

Schwert

SCHILDKRÖTEN

HEUTE GIBT ES NOCH 250 Schildkrötenarten. Sie zählen zu den Kriechtieren, haben einen harten bis ledrigen Panzer und kommen von den gemäßigten bis zu den tropischen Gebieten vor. Nach ihrem jeweiligen Lebensraum unterscheidet man Meeres-, Land- und Sumpf- oder Wasserschildkröten. Alle haben scharfe Hornkiefer ohne Zähne und pflanzen sich durch Eier fort. Viele Schildkröten sind gefährdet, besonders meeresbewohnende Arten. Man hat sie wegen ihres Panzers oder Fleisches fast ausgerottet.

Hoch gewölbter Rückenpanzer

Der Bauchpanzer schützt vor Steinen und Zweigen.

Meeresschildkröten

Die Zoologen unterscheiden 7 Arten. Die größte ist die Lederschildkröte mit einer Länge von 1,80 m und einem Gewicht von bis zu 680 kg. Weitere Arten sind die Suppenschildkröte und die Karettschildkröte. Meeresschildkröten schwimmen weite Strecken bis zu ihren Nistplätzen. Die Weibchen legen bis zu 160 Eier in Löcher, die sie im Sandstrand graben.

Panzer
Der Panzer einer Schildkröte besteht aus einer Knochenschicht und einer Hornschicht. Beide sind aus zahlreichen Platten zusammengesetzt. Rücken- und Bauchpanzer sind miteinander und mit dem übrigen Skelett sowie der Wirbelsäule verbunden.

Landschildkröten

Die meisten Landschildkröten haben kurze Beine und einen stark gewölbten Rückenpanzer. Am größten sind die Riesenschildkröten der Galapagosinseln im Pazifik und der Insel Aldabra im Indischen Ozean. Beide Arten werden über 250 kg schwer und über 150 Jahre alt.

Gelenkschildkröten

In Afrika und Madagaskar leben 3 Arten von Gelenkschildkröten. Das hintere Drittel des Panzers hat ein Scharnier. Wenn die Tiere ihre Gliedmaßen eingezogen haben, können sie ihr Hinterteil durch Abklappen des Panzers vollständig abschließen.

Sternschildkröte
Ausgewachsene Sternschildkröten zeigen ein auffälliges Muster, das ihnen den Namen verliehen hat. Jedes Tier hat eine typische Zeichnung. Die Jungtiere sind ganz gelb mit gelben Zeichnungen zwischen Brust- und Bauchpanzer.

Kopf, Beine und Schwanz werden zurückgezogen.

Der hintere Teil des Panzers wird wie ein Visier heruntergeklappt.

Schwimmen
Meeresschildkröten schwimmen mit flossenartigen Gliedmaßen. Sie tauchen bis in erhebliche Tiefen und können den Atem lange anhalten.

Hintergliedmaßen zum Steuern

Stromlinienform zum schnellen Gleiten

Mächtige Vorderflossen sorgen für den Antrieb.

Suppenschildkröte beim Schwimmen

Hals und Kopf sind ungefähr 14 cm lang.

Sumpf- oder Wasserschildkröten

Arten dieser Familie kommen auf der ganzen Welt vor. Die meisten sind eher klein und bleiben unter 30 cm Länge. Unsere einheimische Sumpfschildkröte ist sehr scheu. Zur weiteren Verwandtschaft zählt die bis 80 cm lange amerikanische Schnappschildkröte. Sie ist sehr bissig und hat Badenden schon Zehen abgebissen.

Die Beine sind eher dem Gehen auf dem Festland angepasst.

Schlangenhalsschildkröte
Diese Schildkrötenart setzt ihren langen Hals wie einen Schnorchel ein. Sie packt damit auch vorüberschwimmende Beute und stöbert Beutetiere in tiefen Löchern auf. Sie muss ihren Hals seitwärts biegen, um ihn im Panzer verstecken zu können.

Sumpfschildkröten haben flache Rückenpanzer.

Schlüpfen der Panterschildkröte

1 Das Jungtier öffnet das Ei mit einem Vorsprung auf der Lippe.

2 Die Eischale zerbricht, während sich das Jungtier darin bewegt.

3 Die junge Schildkröte atmet zum ersten Mal mit ihrer Lunge.

4 Nach einiger Zeit wagt sich die junge Schildkröte ins Freie.

STERNSCHILDKRÖTE

WISSENSCHAFTLICHER NAME Geochelone elegans
ORDNUNG Testudines
FAMILIE Testudinidae, Schildkröten
VERBREITUNG Indien, Sri Lanka
LEBENSRAUM Trocken- und Regenwald
ERNÄHRUNG Pflanzen
GRÖSSE Länge 25 cm

SIEHE AUCH UNTER EIER, FEUCHTGEBIETE, TIERWELT, KRIECHTIERE, NATURSCHUTZ, OZEAN, TIERWELT, TIERWANDERUNGEN

SCHILDKRÖTEN

Landschildkröten

Sternschildkröte Die indische Art hat den Namen vom sternförmigen Muster.

Panterschildkröte Diese gefleckte Art lebt in Trockengebieten Afrikas.

Plumpe Vorderbeine mit kurzen Zehen

Köhlerschildkröte Die südamerikanische Art hat rote Schuppen auf den Vorderbeinen.

Rote Schuppen

Hinterer Rückenpanzer mit Scharnier

Gelenkschildkröte Die afrikanische Art kann den hinteren Teil des Rückenpanzers nach unten klappen und sich so vollständig schützen.

Griechische Landschildkröte Sie lebt in Süd- und Südosteuropa. Den Winter verbringt sie in einem Ruhezustand.

Strahlenförmiges Muster

Strahlenschildkröte Von dieser madegassischen Art weiß man, dass sie mindestens 137 Jahre alt wird.

Wasser- und Sumpfschildkröten

Rote Streifen als typisches Merkmal

Hieroglyphen-Schmuckschildkröte Hier ist ein frisch geschlüpftes Jungtier abgebildet.

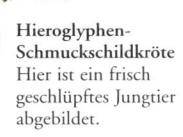

Ledriger Panzer anstelle harter Hornschilder

Die Männchen setzen ihre langen Krallen an den Vorderbeinen bei der Balz ein.

Rotwangen-Schmuckschildkröte Sie stammt aus Nordamerika und ist ein häufiges Heimtier.

Dornrand-Weichschildkröte Sie lauert eingegraben am Grund nordamerikanischer Seen und Flüsse auf vorbeiziehende Beute.

Der große Kopf mit dem kräftigen Schnabel kann ganz zurückgezogen werden.

Die Färbung wird oft von Algenwuchs bedeckt.

Pennsylvania-Klappschildkröte Sie kommt im westlichen Teil Nordamerikas vor.

Schnappschildkröte Das gefräßige Tier hat einen gefürchteten Biss.

Großkopfschildkröte Die südostasiatische Art schwimmt schlecht und klettert gut.

Zierschildkröte Sie hat einen schön gezeichneten Panzer.

Der Hals ist mindestens so lang wie der Körper.

Glatter, dunkler Rückenpanzer

Schlangenhalsschildkröte Die australische und asiatische Art legt beim Schlafen Kopf und Hals seitwärts in den Panzer.

Aus dem Rückenpanzer stellt man Schildpatt her.

Klappschildkröte Hinter- und Vorderlappen des Rückenpanzers schließen sich wie eine Schachtel.

Europäische Sumpfschildkröte Sie ist in Europa weit verbreitet.

Großkopf-Schlammschildkröte Sie hat mächtige Kiefer und ist in Belize unter der Bezeichnung „Zehenbeißer" bekannt.

Suppenschildkröte Sie ist vom Aussterben bedroht und verfängt sich heute häufig in Fischernetzen.

Geierschildkröte Sie ist die größte Wasserschildkröte Nordamerikas.

Rasiermesserscharfe Hornränder

SCHLANGEN

SCHLANGEN SIND lang gestreckte, schuppige und beinlose Kriechtiere. Es gibt etwa 3 000 Schlangenarten; 600 davon sind giftig. Außer auf der Antarktis kommen Schlangen in allen Erdteilen vor, selbst auf Inseln des Pazifischen und Indischen Ozeans. Sie haben sich aus Echsen entwickelt, die ihre Beine verloren. Schlangen sind erfolgreiche Räuber. Einige töten ihre Beute mit Giftzähnen, andere erwürgen ihre Opfer. Obwohl es insgesamt nur wenige Giftschlangen gibt, fallen ihnen doch jährlich bis zu 100 000 Menschen zum Opfer.

Waglers Lanzenotter

Sensoren für die Wärmestrahlung von Säugern

Wärmeempfindliche Grubenorgane
Boas, Pythons und Grubenottern haben ein Sinnesorgan für die Wärmestrahlung warmblütiger Tiere. Bei den Grubenottern bilden sie ein Grubenorgan zwischen den Augen und den Nasenlöchern. Die Sinnesorgane sind sehr empfindlich, denn sie reagieren schon auf ein Hunderstelgrad.

Merkmale
Schlangen sind beinlose Kriechtiere. Ihre Augenlider sind unbeweglich, sie haben eine sog. Brille. Schlangen haben auch keine Ohren. Sie sind taub, nehmen aber Schwingungen wahr. Beim Häuten streifen sie ihre alte Haut in einem Stück ab; daher stammt der Begriff „Natternhemd".

Glatter, muskulöser, trockener Körper.

Spitzkopfnatter

Gespaltene Zunge
Die Zunge der Schlangen ist ein hochempfindliches Geschmacks- und Geruchsorgan. Die Tiere nehmen damit Geschlechtspartner und Beute wahr und folgen einer Spur. Die Unterscheidung der Gerüche erfolgt im Jacobson'schen Organ.

Nasenloch

Die herausgestreckte Zunge überprüft die Luft.

Schuppen sind dachziegelartig übereinander liegende Verdickungen der Haut aus Horn. Die Zahl und Anordnung der Schuppen ist arttypisch.

Fortbewegung
Die meisten Schlangen bewegen sich auf dem Land und im Wasser schlängelnd fort. Große Schlangen wie die Anakondas gehen geradeaus auf ihren Bauchschildern. Einige Wüstenschlangen bewegen sich auf lockerem Sand diagonal. Dieses Seitenwinden hinterlässt versetzte parallele Spuren.

Seitenwinden

Ernährung
Alle Schlangen sind Fleischfresser. Einige töten die Beute mit Gift, die ungiftigen Arten erdrosseln sie. Die meisten Schlangen ernähren sich von Fröschen, Echsen, Vögeln und Kleinsäugern. Einige fressen Termiten, Krabben und Vogeleier. Die Königskobra vertilgt andere Schlangen.

Abgottschlange frisst Ratte

Beute wird mit dem Kopf voran verschluckt.

Giftzähne
Wenn z. B. eine Klapperschlange ihre Beute beißt, spritzt sie ihr durch hohle Zähne Gift ein. Es gibt unterschiedliche Gifte, die einen greifen das Nervensystem, andere das Herz, das Blut oder die Muskeln an. Speikobras setzen ihr Gift zur Verteidigung ein und spucken es Angreifern in die Augen.

Giftzähne der Klapperschlange

Die Schlange umschlingt das Beutetier und verschluckt es ganz.

Schwanz der Ratte

Töten durch Umschlingen
1 Die Abgottschlange, eine Boa, packt mit scharfen Zähnen ihre Beute, in diesem Fall eine Ratte. Dann wickelt die Schlange einige Körperwindungen um die Beute.

2 Die Windungen werden so stark angezogen, dass das Beutetier erstickt. Wenn es tot ist, beginnt die Boa mit dem Verschlingen. Sie kann dabei den Unterkiefer sozusagen aushängen und selbst große Beutetiere im Ganzen verschlucken.

3 Die Haut der Boa dehnt sich beim Schlucken. Die muskulöse Luftröhre erlaubt es weiterzuatmen. Hat etwa eine Python ein Schwein verschluckt, braucht sie danach monatelang nichts zu fressen.

Fortpflanzung
Die meisten Schlangen legen Eier. In der Regel verbergen sie die Eier im Boden oder in Laubhaufen und überlassen sie ihrem Schicksal. Königskobras bauen ein Nest und bewachen es. Pythons winden sich um die Eier und brüten sie aus. Wenige Schlangen wie die Boas sind lebendgebärend.

Grüner Baumpython mit Eiern

Lebensräume
Schlangen kommen in fast allen Lebensräumen vor, auch in Wüsten, Regenwäldern, gemäßigten Wäldern, Sümpfen, Savannen, in landwirtschaftlich genutztem Gebiet, Flüssen Ästuaren und sogar im Meer. Sie meiden nur nördliche Gebiete und Hochgebirge, weil es ihnen dort zu kalt ist. Die meisten Schlangen leben auf dem Festland. Es gibt hochspezialisierte Lebensformen, etwa im Boden grabende Blindschlangen mit glatten, schlüpfigen Schuppen.

Plattschwanz

Seeschlangen
Seeschlangen haben abgeflachte Schwänze, mit denen sie gut schwimmen. Im Gegensatz zu ihnen kommt der Plattschwanz auch auf dem Festland zurecht.

Baumschlangen
Baumschlangen haben gekielte Bauchschuppen und Wickelschwänze. Kräftige Wirbel lassen sie Zwischenräume überwinden.

Schlanker Körper erlaubt viele Windungen.

Greifschwanz zum Festhalten

Goldschlange

SPITZKOPFNATTER

WISSENSCHAFTLICHER NAME	*Gonyosoma oxycephalum*
ORDNUNG	Squamata, Schuppenkriechtiere
FAMILIE	Colubridae, Nattern
VERBREITUNG	Südostasien, von Thailand bis zu den Philippinen
LEBENSRAUM	Regenwälder
ERNÄHRUNG	Nagetiere und Vögel
GRÖSSE	Länge 1,75 m

SIEHE AUCH UNTER ECHSEN EIER KRIECHTIERE MUNGOS UND ZIBETKATZEN TIERE, GIFTIGE WÜSTEN, TIERWELT

SCHLANGEN

Arten und Nahrung

Wirbellosenfresser

Diese Schlange geht nachts auf die Jagd.

Diese Schlange gräbt in Laubstreu oder der obersten Bodenschicht.

Die Art ist in Sträuchern fast nicht zu sehen.

Kleiner Kopf und glatte Schuppen erleichtern das Graben.

Schneckennatter Das Tier lebt auf Bäumen und holt Schnecken aus ihren Häusern.

Erdotter Sie hat einen sehr kleinen Mund und frisst Regenwürmer und Larven.

Blindschlange Die abgebildete Art ist schwach giftig. Sie frisst wohl nur große Hundertfüßer.

Glatte Grasnatter Die amerikanische Art frisst Insekten und Spinnen.

Wirbeltierfresser

Die Anakonda erdrosselt ihre Beutetiere durch Umschlingen.

Dreiecksnattern werden wegen ihrer Zeichnung oft mit den giftigen Korallenschlangen verwechselt.

Die Schlange bricht die Eischale an einem Wirbelfortsatz auf.

Afrikanische Eierschlange Sie hat keine Zähne, verschluckt das Ei ganz und spuckt die zerbrochene Schale wieder aus.

Schnauze vorn aufgeworfen zum Graben in der Laubstreu und im Boden

Anakonda Diese größte, schwerste und kräftigste Schlange der Welt ernährt sich zur Hauptsache von Wasservögeln und Kaimanen.

Dreiecksnatter Die nord- und südamerikanische Art ernährt sich von Kleinsäugern, Echsen sowie anderen Schlangen.

Madegassische Schweinsnase Diese robuste Schlange kann große Nagetiere töten.

Bei Bedrohung spreizt sie ihre Rippen ab.

Die Zeichnung löst die Umrisse der Gestalt auf und dient der Tarnung.

Die Art fällt durch ihr gebändertes Muster auf.

Tarntracht löst Umrisse auf.

Gabunviper Diese mächtige Giftschlange lauert Nagetieren auf.

Brillenschlange Die südostasiatische Art gehört zu den Kobras.

Kupferkopf Diese Schlange der Waldgebiete Nordamerikas ortet mit ihrem Grubenorgan Mäuse.

Königsnatter Sie bewohnt die Wüstengebiete in Texas, USA, und jagt nachts Echsen.

Mit seinem muskulösen Körper erdrosselt der Python selbst große Beutetiere.

Bei Bedrohung presst diese Schlange eine blutige Flüssigkeit aus ihrer Kloake.

Die Schlange verschlingt Beutetiere, die 3-mal so breit sind wie ihr Kopf.

Kornnatter Die Art ist häufig in Siedlungen im Südosten der USA. Sie jagt Mäuse.

Nasenatter Die nordamerikanische Art frisst Echsen und deren Eier.

Es gibt auch Tiere mit heller Längszeichnung.

Kettennatter Sie frisst Kleinsäuger und andere Schlangen, darunter auch Klapperschlangen.

Tigerpython Diese kräftigen Riesenschlangen können selbst Hirsche oder Wildschweine erdrosseln.

SCHMETTERLINGE

FARBIGE SCHUPPEN auf den Flügeln und ein aufgerollter Saugrüssel sind die wichtigsten Merkmale der Schmetterlinge. Sie umfassen ungefähr 170 000 Arten, von denen 90 % zu den Nachschmetterlingen zählen. Ihr Lebenszyklus umfasst 4 Stadien: Ei – Raupe – Puppe – erwachsenes Tier mit Flügeln. Die Raupen fressen Blätter, während die erwachsenen Tiere Nektar und Pflanzensäfte saugen. Manche bunten Schmetterlinge sind giftig.

Dachziegelartig übereinander liegende Schuppen

Schuppen
Die Schuppen auf den Flügeln enthalten farbige Pigmente. Einige wirken durch Beugung des Lichts wie metallisch.

Vorder- und Hinterflügel verzahnt

Bunte Farben als Zeichen der Giftigkeit

Nachtfalter

Widderchen

Die meisten Schmetterlinge fliegen nachts. Sie sind eher düster gefärbt und halten in der Ruhe die Flügel waagerecht. Es gibt allerdings auch Verwandte von Nachtschmetterlingen, die sehr bunt aussehen und tagsüber fliegen.

Schwalbenschwanz
Papilio palinurus

Tagfalter

Meistens sind die Tagfalter bunter gefärbt als die Nachtfalter und haben einen dünneren Körper. Sie klappen in Ruhe ihre Flügel fast immer über dem Körper zusammen. Vorder- und Hinterflügel sind gleichgestaltet und wie bei allen Schmetterlingen durch Häkchen miteinander verzahnt. Die Tagschmetterlinge fliegen nur tagsüber.

Die Flügel bestehen aus einer häutigen Membran mit verstärkenden Adern.

Rüssel in Ruhe aufgerollt

Vergrößerte Fühlerfläche zur Aufnahme von Duftstoffen

Rüssel
Schmetterlinge saugen flüssige Nahrung mit dem Rüssel, z. B. zuckerhaltigen Blütennektar. Einige Nachtfalter haben keinen Rüssel, weil sie in ihrem Leben nichts mehr fressen.

Fühler
In den Fühlern hat der Geruchssinn seinen Sitz. Die Fühler der Nachtfalter sind häufig gekämmt, um möglichst viele Duftstoffe aufnehmen zu können.

Henry Bates
Der englische Naturforscher Henry Bates (1825–1892) untersuchte vor allem die Tarnung im Tierreich. Er fand heraus, dass einige harmlose Insekten ähnlich aussehen wie giftige und daher von Räubern in Ruhe gelassen werden. Diese Art Verkleidung zum Schutz nennt man Mimikry.

Lebenszyklus
Aus dem Ei der Schmetterlinge schlüpft eine Raupe. Diese wächst heran, häutet sich mehrmals und verwandelt sich in eine Puppe. Darin entwickelt sich der Schmetterling. Das ist eine vollständige Verwandlung.

Puppe als Ruhestadium

Der Falter schlüpft.

Er pumpt Blut in die Flügel, um sie zu entfalten.

Morphofalter, erwachsen

Verteidigung

Um Räubern zu entkommen, fliegen Schmetterlinge oft davon oder verbergen sich. Einige haben brennende Haare oder Dornen. Bunte Farben warnen Räuber auch davor, dass die Raupe oder der Schmetterling giftig ist. Das Gift stammt oft von den Pflanzen, von denen sich die Raupen ernähren.

Tarnung
Viele Falter und ihre Raupen sehen aus wie Gegenstände in ihrer Umgebung, z. B. wie ein Blatt oder ein Ast. Dadurch bleiben sie unbemerkt.

Augenflecken
Augenflecken auf den Flügeln können Räuber erschrecken und davon abhalten, den Kopf anzugreifen. Ein beschädigter Flügel ist nicht so schlimm.

Mimikry
Einige harmlose Schmetterlinge genießen Schutz, indem sie giftige nachahmen. Der Schmetterling im Bild oben ist giftig, der Nachahmer darunter genießbar.

Flügelfarbe
Tagfalter zeigen in der Ruhe nur die Flügelunterseite. Sie trägt oft eine Tarntracht. Mit der bunten Oberseite werden die Geschlechtspartner angelockt.

SCHWALBENSCHWANZ

WISSENSCHAFTLICHER NAME *Papilio palinurus*

ORDNUNG Lepidoptera, Schmetterlinge

FAMILIE Papilionidae, Schwalbenschwänze

VERBREITUNG Von Birma über Borneo bis zu den Philippinen

LEBENSRAUM Tropischer Regenwald

ERNÄHRUNG Blütennektar

GRÖSSE Flügelspannweite 9,50 cm

LEBENSDAUER Die Schmetterlinge leben einige Wochen, höchstens Monate.

SIEHE AUCH UNTER   INSEKTEN   TARN- UND WARNTRACHT   VOGELFLUG

SCHMETTERLINGE

Tagfalter

Brassolide

Japanischer Scheckenfalter

Gelbling

Weißling, Unterseite

Perlmutterfalter

Monarchfalter

Bläuling

Tagpfauenauge

Weißling

Bläuling

Riesenschwalbenschwanz

Morphofalter

Dukatenfalter

Dickkopffalter

Schwalbenschwanz

Vogelfalter

Zipfelfalter

Nachtfalter

Mondfleck

Weidenbohrer

Brahmaea

Afrikanischer Mondspinner

Widderchen

Stachelbeerspanner

Brauner Bär

Hornissenschwärmer

Spanner Milionia

Rieseneule

Schwärmer

Eichenspinner

Uraniafalter

Zahnspinner

Hieroglypheneule

SCHOGUNE UND SAMURAI

VON 1192 BIS 1868 HERRSCHTEN in Japan Feldherren, die Schogune. Zwar übten sie die Regierungsgewalt im Namen des Kaisers aus, doch blieb dieser nur eine Marionette. Über Großgrundbesitzer, die Daimyo, kontrollierten die Schogune eine adlige Kriegerklasse, die Samurai. Dieses Wort bedeutet „Einer, der dient". Die Samurai waren berühmt für ihren Mut und ihre Kriegskunst. Nach ihrer Moralvorstellung Bushido, dem „Weg des Kriegers", waren Treue und Ehre die höchsten Tugenden. Für Versagen gab es keine Entschuldigung. Die Menschen betrachteten die Samurai als Adlige, obwohl viele sehr einfach lebten.

Ursprünge der Samurai
Die ersten Samurai gab es im frühen 10. Jh. Ursprünglich bildeten sie mit Familienmitgliedern Banden. Später entstand daraus ein Feudalsystem. Berittene Samurai kämpften für ihren Daimyo und erhielten dafür Land.

Kamakura-Schogune
Minamoto Yoritimo (1147–99) griff 1192 nach der Macht und richtete in Kamakura eine Militärregierung ein. Er und seine Nachkommen nennt man Kamakura-Schogune. Nach Yoritimos Tod übernahm die Familie seiner Frau, die Hojo, die Regierung. In den Jahren 1274 und 1281 schlugen die Samurai der Hojo mongolische Eindringlinge zurück. Aber die Feldzüge schwächten das Kamakura-Schogunat so, dass es 1333 zusammenbrach.

Minamoto-Familie
Das erste Familienoberhaupt war Minamoto Yoshiie (1039–1106). Unter ihm wurde die Familie so reich, dass sie nach der Macht greifen konnte. 1185 ließ sich Yoshiies Sohn Yoritimo in Kamakura nieder, und 1192 machte er sich zum ersten Schogun. Seit dieser Zeit wurden alle Schogune aus Zweigen der Minamoto-Familie ausgewählt.

Minamoto Yoshiie

Ashikaga-Schogune
Im Auftrag des Kaisers besiegte Ashikaga Takauji 1333 die Kamakura-Schogune. 5 Jahre darauf machte er sich selbst zum Schogun und herrschte von Muromachi, Kyoto, aus. Die Ashikaga-Schogune interessierten sich mehr für die Künste, die Teezeremonie und das Nô-Theater als für die Kriegführung. 1573 vertrieb Oda Nobunaga (1534–82) den letzten Ashikaga-Schogun.

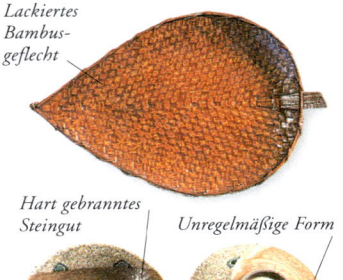

Lackiertes Bambusgeflecht

Hart gebranntes Steingut

Unregelmäßige Form

Teezeremonie
Im 12. Jh. führte ein buddhistischer Geistlicher die Teezeremonie aus China ein. 300 Jahre darauf baute der Ashikaga-Schogun Yoshimasa (1436–90) in seinem Palast einen Raum für die Teezeremonie. Im 16. Jh. verfeinerte der Teemeister Sen no Rikyu die Zeremonie und vereinfachte sie gleichzeitig. Für Schogune wie Samurai war die Teezeremonie eine erholsame, den Geist belebende Handlung.

Tablett und Gefäße für die Teezeremonie

Rüstung der Samurai
Über 700 Jahre lang blieben die 23 Teile der Samurairüstung unverändert. Im Lauf der Zeit wurde die Rüstung aber immer prächtiger ausgeführt.

- Kabuto (Helm)
- Menpo (Gesichtsschutz)
- Sode (Schulterschutz)
- Mune-ate (Brustplatte)
- Do (Harnisch)
- Kote (Armschutz)
- Tekko (Handschutz)
- Kusazuri (Oberschenkelschutz)
- Haidate (Unterschenkelschutz)
- Verbindungsnähte
- Suneate (Beinschiene)

Samurairüstung des 19. Jh.

Tokugawa-Schogune
Das Militärgenie Tokugawa Ieyasu war erst ein kleiner Daimyo und wurde 1603 Schogun. Er und seine Nachfolger erließen strenge politische und wirtschaftliche Regeln, die über 200 Jahre lang den Frieden im Land sicherten. 1868 musste der letzte Tokugawa zurücktreten und der japanische Kaiser übernahm wieder die Macht. Damit gingen 700 Jahre des Schogunats zu Ende.

Tokugawa Ieyasu (1543–1616)

Bushido
Bushido bezeichnet den Verhaltenskodex der Samurai. Bei Gefahr der Entehrung gehörte dazu auch der rituelle Selbstmord, Hara-kiri oder Seppuku genannt. 1703 rächten 47 Samurai den Tod ihres Herrn Asano, indem sie dessen Mörder töteten und schließlich Selbstmord begingen.

Darstellung eines rituellen Selbstmords oder Seppuku

Moderne Samurai
Zur Samuraitradition zählen Kendo (Fechten), Sumo (Ringen), Judo (Selbstverteidigung) und Ikebana (Blumenstecken). Bücher und Filme über die Samurai ziehen heute noch Millionen Japaner in ihren Bann. Klassische Filme wie *Kagemusha* und *Die sieben Samurai* feiern die alten Traditionen.

Szene aus *Kagemusha*

SIEHE AUCH UNTER — ASIEN, GESCHICHTE — BUDDHISMUS — JAPAN, GESCHICHTE — KRIEG — RÜSTUNGEN

SCHRIFT

KOMMUNIKATION MIT HILFE VON Zeichen auf einer Oberfläche bezeichnen wir als Schrift. Sie verschlüsselt gesprochene Sprache. Mit der Schrift kann man Gedanken festhalten, die sonst verloren gingen. Im Lauf der Geschichte wurden hunderte von Schriften für unterschiedliche Sprachen und Oberflächen erfunden, etwa auf Ton, Holz, Stein oder Papier. Abgesehen vom Inhalt sind viele Schriften auch schön anzusehen. Die Schönschreibkunst nennt man auch Kalligrafie.

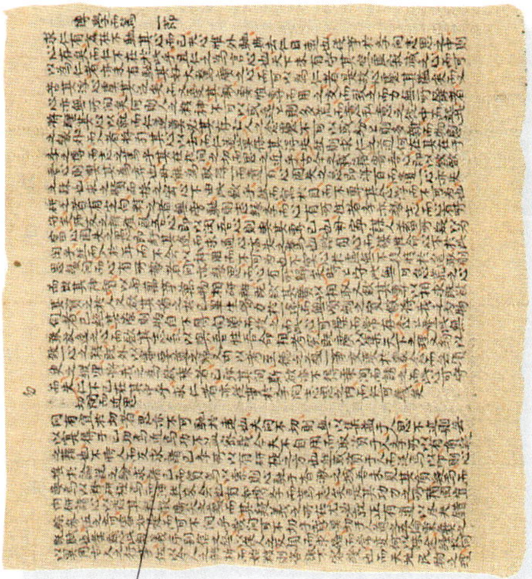

Schreibwerkzeug

Im Lauf der Geschichte verwendete man unterschiedliche Schreibwerkzeuge. Die größte Rolle spielte dabei der Beschreibstoff. Werkzeug und Beschreibstoff bestimmten das Schriftbild.

Ton und Griffel
Die erste Schrift erfanden die Sumerer vor 5 000 Jahren. Mit einem Griffel ritzten sie ihre Keilschrift in noch feuchte Tontäfelchen, die sie anschließend brannten.

Stylus, der Griffel

Feder und Tinte
Jahrhundertelang schrieben die Menschen auf Papier und nahmen dazu Federn, die sie in Tinte tauchten. Die ersten Schreibwerkzeuge waren zugeschnittene Gänsefedern. Später kamen Stahlfedern auf.

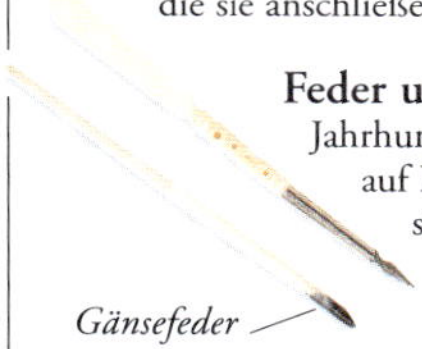

Gänsefeder

Kugelschreiber
Kugelschreiber haben an der Minenspitze eine rollende Kugel. Sie überträgt zähflüssige Tinte auf das Papier. Das Gerät wurde von den Brüdern Biro 1938 in Ungarn erfunden.

Kugelschreiber

Inschrift an einem römischen Denkmal

Lateinisches Alphabet
Die alten Römer entwickelten ein Alphabet zur Niederschrift der lateinischen Sprache. Es hatte 21 Zeichen und jedes Zeichen galt einem anderen Laut. Zuerst schrieb man nur in Großbuchstaben (Capitalis). Später kamen noch Kleinbuchstaben dazu. Die meisten westlichen Sprachen werden mit lateinischen Buchstaben und einigen zusätzlichen Zeichen geschrieben.

Sorgfältig geschriebene chinesische Schrift

Schriftarten
Bei der Wortschrift entspricht jedem Wort ein Bildzeichen mit fester Form. Eine solche Schrift verwenden z. B. die Chinesen. Bei der Silbenschrift gibt jedes Zeichen eine ganze Silbe wieder. Bei der Buchstabenschrift geben die Zeichen einzelne Laute an. Alphabetische Schriften sind Buchstabenschriften.

Chinesisch
Die chinesische Schrift hat die längste Geschichte und reicht mindestens bis 1500 v. Chr. zurück. Jedes Zeichen stellt ein anderes Wort dar. Selbst für einfache Texte muss man also einige tausend Schriftzeichen kennen. Ursprünglich wurden die Zeichen mit Pinsel und Tusche auf Papier gemalt.

Die flüssigen Linien der arabischen Schrift sehen sehr schön aus.

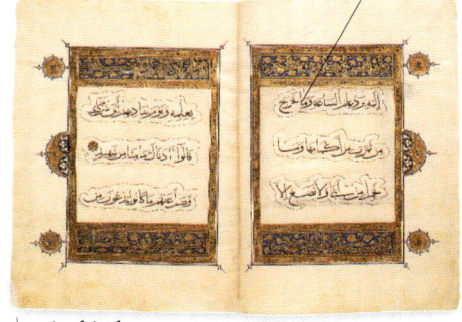

Arabisch
Das Arabische kennt 17 grundlegende Zeichen, die von rechts nach links geschrieben werden. Mit zusätzlichen Markierungen erhält man die insgesamt 28 Buchstaben des arabischen Alphabets. Sie werden untereinander verbunden, was ein sehr schönes, flüssiges Schriftbild ergibt. Der Koran, die heilige Schrift des Islam, bezeichnet die Schrift als Geschenk Gottes. Deswegen dient die Schrift wie auch bei den Chinesen als Dekoration und stellt eine eigene Kunstform dar. Auf den Wänden der Moscheen stehen Texte aus dem Koran.

Unbekannte Schriften
Es gibt noch einige alte Schriften, die wir nicht entziffern können. Die Sprachforscher beschäftigen sich damit teilweise schon seit über 100 Jahren. Die ägyptischen Hieroglyphen wurden erst 1824 von dem Franzosen Jean-François Champollion (1790–1832) entziffert.

Mayaglyphen in Stein

Rundliche, stilisierte Symbole

Mayaglyphen
In der Zeit von 300–1500 schufen die Maya in Zentralamerika tausende von Steininschriften. Viele der 850 Zeichen oder Glyphen stellen Tiere und Gegenstände dar, andere sind abstrakte Symbole. Bis in die 60er Jahre hinein konnte man die Mayaschrift kaum entziffern. Dann gelang es die Biografien von Mayaherrschern zu übersetzen. Heute versteht man rund 85 % der Zeichen.

Stenografie
Das Sprechen geschieht viel schneller als das Schreiben. Für Reporter und Sekretärinnen war deswegen eine Kurzschrift oder Stenografie nützlich, mit der man gesprochene Rede sehr schnell aufzeichnen konnte. Die erste Kurzschrift hat der Deutsche F. X. Gabelsberger 1834 erfunden. Stenografie können heute nur noch wenige, weil man auf Tonband oder Diktiergeräte zurückgreifen kann.

Chronologie

3100 v. Chr. Die Sumerer entwickeln die erste Schrift mit Piktogrammen, symbolhaften Darstellungen von Menschen und Dingen.

Piktogramme

3000 v. Chr. Die Ägypter entwickeln die Hieroglyphen.

1800 v. Chr. Die Chinesen ritzen auf Schildkrötenpanzer Schriftzeichen, die den heutigen schon ähnlich sehen.

um 1000 v. Chr. Die Griechen erfinden die erste Buchstabenschrift. Jeder Buchstabe entspricht dabei einem Laut.

um 63 v. Chr. Entwicklung einer Art lateinischer Kurzschrift. Diese Tironischen Noten werden 1 000 Jahre lang verwendet.

1905 Nach 5 000 Jahren entziffern Sprachforscher die sumerische Keilschrift.

SIEHE AUCH UNTER ÄGYPTER · MAYA · RÖMISCHES REICH · SPRACHEN · ZEICHEN UND SYMBOLE

SCHULE UND UNIVERSITÄT

IM ALTER VON 6 JAHREN geht man in die Schule und lernt zunächst Lesen und Schreiben. Damit beginnt die Ausbildung. Sie kann schließlich bis zur Universität führen. In der Schule geben Lehrer ihr Wissen weiter und helfen den Kindern, ihren Platz in der Gesellschaft zu finden. Bis ins 18. Jh. hinein gingen nur die Kinder reicher Eltern auf die Schule. Die Schulpflicht umfasst heute in vielen Ländern mindestens 8 Jahre.

Geografieheft, Frankreich

Schulheft, Maori, Neuseeland

Dinosaurier, gezeichnet von einem 10-jährigen Japaner

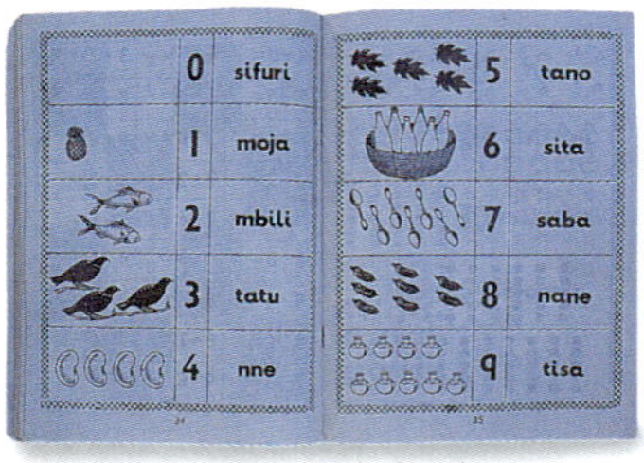

Schulbuch, Kenia

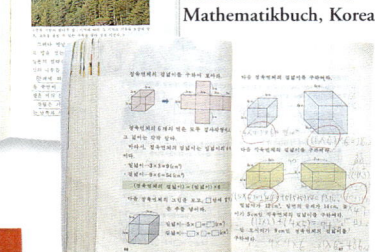

Naturkundebuch und Mathematikbuch, Korea

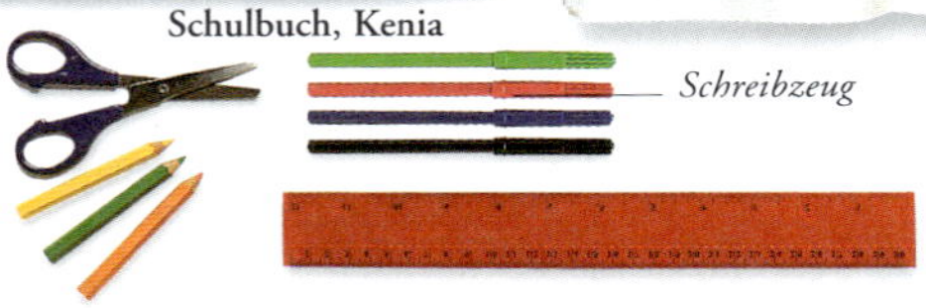

Schreibzeug

Altgriechische Schrift

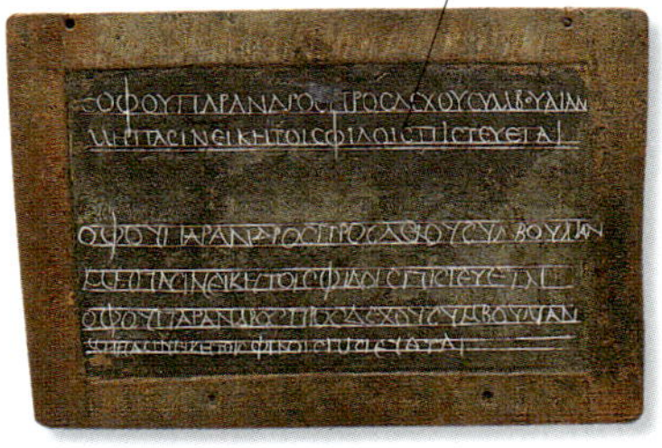

Die ersten Schulen
Die ersten Schulen hatten die Sumerer um 3500 v. Chr. Während der Antike waren die Lehrer oft auch Tempelpriester. Die Jungen lernten bei ihnen Lesen und Schreiben und übten auf flachen Schiefertafeln mit Kalksteinen oder Keramikscherben.

Schulstufen

In der westlichen Welt unterteilt man die Schullaufbahn in mehrere Stufen. Sie sind von Land zu Land anders. In der Regel unterscheidet man die Primarstufe mit einer 4- bis 6-jährigen Grundschule. Dann folgt die Sekundarstufe (in der Regel Klassenstufe 5 bis 10). Daran schließt sich die Sekundarstufe II an. In den Entwicklungsländern endet die Schulpflicht oft im Alter von 11 Jahren.

Fächer
In der Grundschule lernen die Kinder Lesen, Schreiben und Rechnen. In der Sekundarstufe wird das Wissen in den Fächern Deutsch, Fremdsprachen, Mathematik, Physik, Chemie, Biologie und Geschichte vertieft. Die Sekundarstufe II führt zum Abitur.

Zeugnisse
Die Zeugnisnoten am Ende des Schuljahres werden nach den Benotungen berechnet, die man in Prüfungen während des Schuljahres erhalten hat. In einigen Ländern gibt es noch Jahresabschlussprüfungen.

Physikunterricht

Höhere Ausbildung

Wer nach dem Besuch des Gymnasiums studieren will, geht an eine Fachhochschule, Hochschule oder Universität. Man entscheidet sich für eine Fachrichtung und wird von Professoren und Dozenten unterrichtet.

Absolventin einer englischen Hochschule mit Talar

Erste Universitäten
In Europa wurden die ersten modernen Universitäten in Italien (Bologna, 11. Jh.), Frankreich (Paris, 12. Jh.) und England (Oxford, 12. Jh.) gegründet. Die erste deutsche Universität war Prag (1348).

Siegel, Universität Paris

Akademische Grade
Das Studium schließt man mit einem Titel als Magister oder einem Diplom ab. Wer den Doktortitel erwirbt, ist promoviert. Wer sich dann habilitiert, darf an der Universität lehren.

Schulsysteme

In den meisten Ländern ist der Schulunterricht heute gratis. Für eine festgelegte Zahl von Jahren herrscht Schulpflicht. Über die Lerninhalte und die Lehrmethoden bestimmt der Staat. In den meisten Ländern sind die Klassen nach Geschlecht und nach Fähigkeiten gemischt. Für körperlich und geistig Behinderte gibt es bestimmte Förderschulen.

China
Die gesamte Erziehung und Ausbildung liegt in China in den Händen des Staates. Die Schüler müssen neben den üblichen Fächern auch den Kommunismus studieren. Die Besten kommen an Spezialschulen mit besseren Unterrichtsmöglichkeiten.

Unterrichten
Beim Unterrichten werden das gesammelte Wissen und die Fähigkeiten von einer Generation auf die nächste übertragen. In den meisten Fällen unterrichtet eine Lehrerin oder ein Lehrer. Sie selbst haben dafür an einer Universität oder Hochschule studiert. Die Kunst des Unterrichtens und Erziehens ist eine eigene Wissenschaft, die Pädagogik.

Lehrerin mit Schüler im Klassenzimmer

Chronologie

1088 Gründung der ersten modernen Universität in der italienischen Stadt Bologna.

1618 Einführung freier Dorfschulen in einigen Teilen der Niederlande.

1697 Einführung der Unterrichtspflicht in Volksschulen durch Preußen

1837 Der deutsche Pädagoge Friedrich Fröbel (1782–1852) eröffnet seinen ersten Kindergarten. Die Kinder sollen dort auf kreative Weise lernen.

1854 Eröffnung der ersten Schule in London für beide Geschlechter

70er Jahre Erste Sprachlabore in den Schulen

80er Jahre Computer ziehen in die Schule ein.

SIEHE AUCH UNTER — ERZIEHUNG — FAMILIE UND GESELLSCHAFT — MITTELALTER — SCHRIFT

SCHWARZE LÖCHER

DIE ENTSTEHUNG und Entwicklung der Sterne ist eines der Gebiete der Astronomie. Was geschieht mit einem massiven Stern am Ende seines Lebens? 1967 kam der Begriff „schwarzes Loch" für ein Objekt auf, das nach dem Tod eines Sterns übrig ist. 4 Jahre später fand man in Cygnus X-1 den ersten Kandidaten für ein solches Loch.

Merkmale

Schwarze Löcher sind schwarz, weil ihrer Schwerkraft nicht einmal Licht entkommt. Astronomen erkennen sie nur an den Wirkungen ihrer Schwerkraft, z. B. auf das Gas eines Nachbarsterns. Die Grenze des schwarzen Lochs heißt Ereignishorizont. Material, das von der Schwerkraft des schwarzen Lochs angezogen wird, bildet erst eine Akkretionsscheibe, bevor es den Ereignishorizont überquert.

Gasströme von einem benachbarten Stern

Durch die Schwerkraft bewegt sich das Gas auf das schwarze Loch zu.

Nahe dem schwarzen Loch beginnt das Gas zu glühen.

Schwerkraft Sie wächst, wenn der Kern des Sterns schrumpft.

Ereignishorizont

Was der Schwerkraft entkommen will, muss sich fast mit Lichtgeschwindigkeit bewegen, da sich der Kern der Größe des Ereignishorizontes nähert.

Ist der Kern kleiner als der Ereignishorizont, entkommt nicht einmal Licht.

Der Kern kollabiert weiter, bis er kein Volumen mehr hat. Der Stern wird zur Singularität, einem Punkt mit unendlich hoher Masse im Innern des schwarzen Lochs.

Massive Sterne beenden ihr Leben mit einer Explosion. Ein hoch verdichteter Kern bleibt.

Kollaps

Massive Sterne enden mit einer Explosion und werden zu einer Supernova. Ein massiver Kern bleibt zurück. Ist er schwerer als 3 Sonnenmassen, wird er zu einem schwarzen Loch. Die Schwerkraft führt zum Kollaps. Der Kern schrumpft weiter und die Schwerkraft nimmt zu. An einem bestimmten Punkt erreicht sie die Grenze, den Ereignishorizont.

Ereignishorizont

Schwerkraft Schwarze Löcher haben eine unglaublich starke Schwerkraft. Was den Ereignishorizont überquert, wird fast unendlich dicht zusammengepackt und kann nun nicht mehr entkommen.

Akkretionsscheibe

Akkretionsscheibe
Das Material, das sich um ein schwarzes Loch dreht, bildet eine sog. Akkretionsscheibe. Gegen das Zentrum zu wird es immer schneller und heißer. Nahe dem Loch gibt es Röntgenstrahlen ab, überquert dann den Ereignishorizont und verschwindet für alle Zeiten.

Schwarze Löcher sind deswegen schwarz, weil keine Strahlung und kein Licht entkommen kann. Auch keine Materie kann den Ereignishorizont in dieser Richtung überschreiten.

Besuch in einem schwarzen Loch

1 Zu Beginn des Falls erscheint alles normal.

Der Astronaut verformt sich.

2 Wenn sich der Astronaut dem Loch nähert, beginnt er sich zu verformen.

3 Auch die Wellenlänge des Lichtes wird größer, sodass der Astronaut langsam rot erscheint.

4 Die Schwerkraft verformt den Astronauten immer mehr. Nahe am schwarzen Loch wird er zerrissen.

Galaxie NGC 4261
Sie liegt im Sternbild Jungfrau und hat eine Akkretionsscheibe mit einem Durchmesser von 30 Mio. Lichtjahren.

Supermassive schwarze Löcher

Einige Galaxien strahlen sehr viel Energie ab. Im Kern solcher aktiver Galaxien befinden sich wahrscheinlich supermassive schwarze Löcher mit dem Hundertmillionenfachen der Sonnenmasse.

Im Innern des schwarzen Lochs

Raum und Zeit sind in einem schwarzen Loch stark verzerrt. Wer hineinfällt, wird lang gezogen wie Spaghetti, da die Schwerkraft an den Füßen stärker ist als am Kopf. Ein Beobachter sähe, dass die Zeit langsamer verstreicht, wenn ein Mensch auf den Ereignishorizont zu fällt.

Roger Penrose

Der englische Mathematiker Penrose (geb. 1931) forscht über die Natur von Raum und Zeit. Er bewies, dass ein massiver kollabierender Stern zwangsläufig zu einem schwarzen Loch wird und alle schwarzen Löcher eine Singularität aufweisen, einen Punkt, der die gesamte Masse des toten Sterns enthält. Diese Singularität wird stets von einem Ereignishorizont verdeckt.

SIEHE AUCH UNTER | **GALAXIEN** | **SCHWERKRAFT** | **SONNE UND SONNENSYSTEM** | **STERNE** | **WELTALL**

SCHWEDEN

SCHWEDEN IST DAS FÜNFTGRÖSSTE LAND in Europa und nimmt die östliche Hälfte der skandinavischen Halbinsel ein. Der unmittelbare Nachbar ist Norwegen. Der Bottnische Meerbusen trennt Schweden von Finnland. Im Süden reicht Schweden nahe an die dänischen Inseln heran. Ungefähr 25 % des Landes liegen nördlich des Polarkreises in Lappland. Schweden ist ein reiches, umweltbewusstes Land. Die Bevölkerung profitiert von einem gut ausgebauten Wohlfahrtssystem.

SCHWEDEN: DATEN	
HAUPTSTADT	Stockholm
FLÄCHE	449 964 km^2
EINWOHNER	8 900 000
SPRACHE	Schwedisch
RELIGION	Christentum
WÄHRUNG	Schwedische Krone
LEBENSERWARTUNG	79 Jahre
EINWOHNER PRO ARZT	370
REGIERUNG	Mehrparteiendemokratie
ANALPHABETEN	1 %

Geografie

Das südliche Drittel des Landes und die Küste im Osten wird vom skandinavischen Tiefland gebildet. Ganz Schweden ist dicht mit Kiefern und Fichten bewaldet und weist über 100 000 Seen auf. Die gebirgige nördliche Hälfte umfasst auch Lappland, wo die Lappen oder Samen leben.

Seen, Flüsse, Wasserfälle
An der norwegischen Grenze liegen die Quellen von Flüssen, die durch viele Seen hindurch in die Ostsee fließen. Auf dem Weg nutzt man deren Wasserkraft zur Stromerzeugung. Der größte See in Schweden ist der Vänern mit einer Fläche von 5 584 km^2.

Bevölkerung
Der größte Teil der schwedischen Bevölkerung lebt im Süden und genießt einen hohen Lebensstandard. Das gut ausgebaute Sozial- und Gesundheitssystem wird durch hohe Steuern finanziert. Die Schweden haben mit die höchste Lebenserwartung Europas.

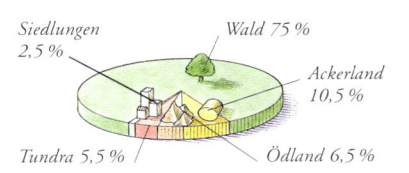

Schwedische Familie in Tracht beim Mittsommernachtsfest, Dalarna

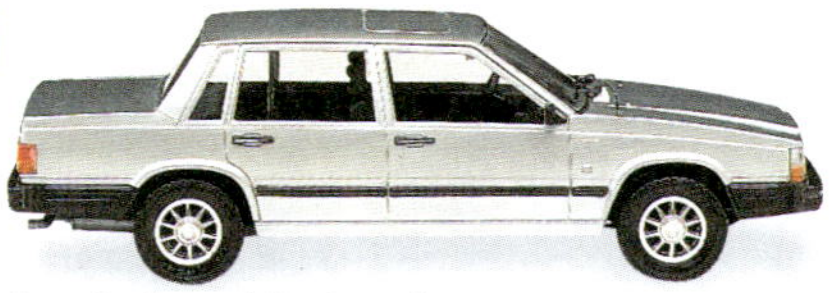

20 pro km^2 — 83 % Stadt — 17 % Land

Nationalparks
Naturschutz spielt in Schweden eine sehr große Rolle. Die Menschen machen sich Sorgen um die Auswirkungen des sauren Regens. In Sarek wurde 1909 der erste europäische Nationalpark gegründet.

35 °C   -38 °C
16 °C   -4 °C
622 mm

Klima
Die Winter im Norden sind sehr kalt mit 6 Monaten Schnee und nur wenig Sonne am Tag. Im Süden ist das Klima milder und der Schnee hält sich längst nicht so lange.

Siedlungen 2,5 % — Wald 75 % — Ackerland 10,5 % — Tundra 5,5 % — Ödland 6,5 %

Landnutzung
Nur rund 10 % des Landes kann landwirtschaftlich genutzt werden. Der Süden ist am fruchtbarsten. Dort werden Feldfrüchte angebaut und Tiere gehalten. Über 70 % des Landes sind bewaldet. Papier und andere Holzprodukte machen 16 % der Exporte aus. Bei der Produktion von Nadelholz steht Schweden weltweit an 6. Stelle.

Volvo

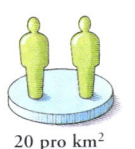

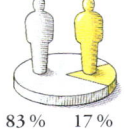

Landwirtschaft und Industrie
Milch und Fleisch sind die Hauptprodukte der Landwirtschaft. Eine viel größere Rolle spielt die Industrie, z. B. mit Firmen wie Volvo, Ikea und Ericsson. Schwedische Produkte sind für Design und Langlebigkeit berühmt.

Stockholm

Die schwedische Hauptstadt ist eine Hafenstadt und wurde auf 14 Inseln errichtet, die durch 50 Brücken miteinander verbunden sind. Die Altstadtinsel wurde 1250 gegründet. In den engen, belebten Straßen liegen viele Kunstgeschäfte. In der Stadt gibt es über 50 Museen.

Stadtmitte

| SIEHE AUCH UNTER | ARKTIS | EUROPA, GESCHICHTE | HÄFEN UND KANÄLE | KRAFTFAHRZEUGE | NATURSCHUTZ | PAPIER | SKANDINAVIEN, GESCHICHTE | WÄLDER |

SCHWEIZ und LIECHTENSTEIN

DIE SCHWEIZ LIEGT im Herzen Westeuropas. Die einzige Verbindung zum Meer ist der Rhein, der ab Basel schiffbar ist. Wichtige Alpenübergänge, vor allem der St.-Gotthard-Pass, ermöglichen den Transitverkehr. Da die Schweiz über keine Rohstoffe verfügt, war sie schon früh gezwungen, Industriebetriebe anzusiedeln. Das Land konnte sich aus den zwei Weltkriegen heraushalten und gilt als Hort der Sicherheit. Schweizer Banken verwalten deshalb viele ausländische Gelder. Die Schweiz liegt wie eine Insel inmitten der Europäischen Union. Zwischen ihr und Österreich befindet sich das kleine Fürstentum Liechtenstein.

Geografie

Die Schweiz gliedert sich in 3 Großlandschaften. Die südliche Landeshälfte nehmen die Alpen ein. Im Westen liegt der Jura, ein Kalkgebirge. Zwischen Alpen und Jura und dem Rhein breitet sich das flache oder hügelige Mittelland aus. Es ist unter allen Landschaften am dichtesten besiedelt. Hier leben rund zwei Drittel aller Schweizer.

Aletschgletscher

Mittelland
Das Mittelland liegt mit wenigen Ausnahmen nicht über 800 m hoch. Es ist überwiegend flach oder hügelig und eignet sich deswegen besonders gut für den Ackerbau, etwa den Anbau von Getreide, Kartoffeln und Gemüse. Die Landwirtschaft allerdings geht zurück, weil die Siedlungen immer mehr Raum beanspruchen.

Jura
Der Gebirgszug des Jura bildet die Grenze zu Frankreich. Er verläuft vom Genfer See im Süden bis nach Schaffhausen im Norden. Der Jura ist 300 km lang und auf Schweizer Seite fast 1 700 m hoch. Die Region ist berühmt für ihre Wälder, und viele Uhrenfabriken haben hier ihren Sitz. Bekannt sind auch die genügsamen Freiberger Pferde.

Alpen
Die Alpen bilden eine gebirgige Grenze zwischen Mittel- und Südeuropa. Sie sind bis zu 1 200 km lang. Die Schweiz nimmt das Herzstück ein. Der höchste Gipfel ist die Dufourspitze (4 634 m). Das Matterhorn mit 4 478 m ist der wohl bekannteste Berg der Erde. Die Alpen sind wenig besiedelt, doch gibt es hier den meisten Tourismus.

Matterhorn

Alphornbläser
Das Alphorn wird aus Tannenholz gefertigt und besteht aus einer 1,40 bis 3 m langen konischen Röhre, auf die am Ende ein gebogenes, ausgehöhltes Teil als Schalltrichter aufgesetzt wird. Ursprünglich diente das Alphornblasen zum Anlocken der Kühe. Heute werden Kuhreigen und Alpsegen geblasen, und das Alphorn wird in der volkstümlichen Musik eingesetzt. Die weichen Töne brauchen zur vollen Klangwirkung ein Echo.

Das Alphorn wird stehend geblasen. Das Ende der Röhre liegt auf dem Boden oder wird auf einem Felsen aufgestützt.

Verkehr
Über die Gebirgsketten der Schweiz führten früher oft sehr beschwerliche Saumpfade. Den wichtigsten Übergang vom Norden in den Süden bildet seit jeher der St. Gotthard. Schon zu Beginn des 13. Jh. wurde in einer Schlucht in Passnähe die waghalsige Teufelsbrücke gebaut. Heute hat die Schweiz das dichteste Eisenbahnnetz der Erde. Der Straßentunnel durch den St. Gotthard ist mit 16 km der längste der Welt.

Zug auf Viadukt

Klima
Die Schweiz hat ein sehr vielfältiges Klima. Im Westen des Landes ist es eher ausgeglichen, und hier wächst an vielen Stellen Wein. Die Ostschweiz dagegen hat ein raueres Klima. Am Alpensüdhang, im Tessin, ist es fast so warm wie am Mittelmeer.

19 °C   -1 °C
813 mm

Seen
Die beiden größten Seen der Schweiz sind der Bodensee und der Genfer See. In diese teilt sich die Schweiz jedoch mit den Nachbarländern. Außerdem liegen in der Schweiz noch viele reizvolle Seen. Der Vierwaldstätter See spielte z. B. in der Geschichte von Wilhelm Tell eine große Rolle. Der Silsersee im Oberengadin (Bild) ist 4 km² groß und bis 77 m tief.

Schweiz

Die Keimzelle der Schweiz entstand 1291, als sich 3 Gebiete in der heutigen Innerschweiz zur Eidgenossenschaft zusammentaten. Im Lauf der Jahrhunderte schlossen sich immer mehr Gebiete diesem Bund an, und als letztes kam 1815 das Wallis dazu. Die demokratische Schweiz, wie man sie heute kennt, gibt es seit 1848. Die Schweizer sind je zur Hälfte katholisch und protestantisch.

Bern

Die Hauptstadt Bern hat einen mittelalterlichen Kern. Wappentier und Namensgeber dieser Stadt, die Bären, werden heute noch im Bärengraben gehalten. Die Berner sprechen sehr gemächlich und gelten deshalb in der Schweiz als besonders langsam.

Blick auf Bern

Bevölkerung

In der Schweiz werden viele Sprachen gesprochen: Deutsch, Französisch, Italienisch und Rätoromanisch. Die Schweizer sind stolz auf ihre direkte Demokratie, obwohl sie selbst nur in bescheidenem Maß aktiv daran teilnehmen: Sie werden häufig zur Urne gerufen, um über Gesetze und größere Vorhaben abzustimmen.

Milchwirtschaft

Flächen für den Ackerbau gibt es fast nur im Mittelland. Auf saftigen Weiden in den Bergen betreibt man Milchwirtschaft. Die Schweiz ist eines der führenden Exportländer für Milchprodukte, besonders für Käse. Aus Milch stellt man auch Schokolade her, die Henri Nestlé (1814–90) erfunden hat.

Industrie

Etwa 26 % aller Arbeitnehmer sind in der Industrie beschäftigt. Es werden vor allem hochwertige Güter gefertigt, z. B. Maschinen und Apparate. Weltweiten Ruf genießt die Schweiz wegen ihrer feinmechanischen Geräte, vor allem den Uhren. Die Schweizer Uhrenindustrie konnte sich nach einem katastrophalen Einbruch in den 60er Jahren erholen. Immer mehr Bedeutung erlangt die chemische und pharmazeutische Industrie.

Schweizer Uhr

Kapseln

Kantone

Die Schweiz ist in 23 Kantone gegliedert. Die Kantone Unterwalden, Basel und Appenzell werden in je 2 Halbkantone unterteilt. Diese Halbkantone haben praktisch dieselben Befugnisse wie die großen Kantone, sodass es eigentlich 26 Kantone gibt. Jeder Kanton hat seine eigene Regierung, sein Parlament, seine Verfassung und einen Hauptort. Sie entsenden National- und Ständeräte ins eidgenössische Parlament nach Bern und vertreten dort die Kantonsinteressen.

Banken

Politische Neutralität, finanzielle Stabilität und ein striktes Bankgeheimnis führten dazu, dass die Schweiz zu einem bedeutenden Bankenplatz wurde. In der Schweiz zahlt man auch niedrige Steuern, was ausländische Investoren anlockt.

Filiale der First National City Bank in Genf

Schweiz: Daten

- **HAUPTSTADT** Bern
- **FLÄCHE** 41 285 km²
- **EINWOHNER** 7 200 000
- **SPRACHE** Deutsch, Französisch, Italienisch, Rätoromanisch
- **RELIGION** Christentum
- **WÄHRUNG** Schweizer Franken
- **LEBENSERWARTUNG** 79 Jahre
- **EINWOHNER PRO ARZT** 263
- **REGIERUNG** Mehrparteiendemokratie
- **ANALPHABETEN** 1 %

Rütli-Schwur

Seit 1891 feiert die Schweiz jährlich am 1. August den Zusammenschluss ihrer Urkantone Uri, Schwyz und Unterwalden im Jahr 1291. Der damals im Bundesbrief beschworene und verbriefte »Ewige Bund« zur gegenseitigen Wahrung ihrer Rechte und des Landfriedens war der Ausgangspunkt im Kampf um die Unabhängigkeit. Auf diesen Zusammenschluss und den Aufstand der Eidgenossen gegen die Herrschaft der Habsburger beziehen sich die Sagen von dem Schweizer Freiheitshelden Wilhelm Tell und dem Rütli-Schwur, die in Schillers Drama Wilhelm Tell ihre dichterische Verklärung fanden.

Die Eidgenossen W. Stauffacher, W. Fürst und A. Melchthal beim Rütli-Schwur.

Liechtenstein

Das Fürstentum Liechtenstein liegt zwischen der Schweiz und Österreich. Der Westen wird von der Rheinebene eingenommen. Im Osten hat es Anteil an den Alpen. Liechtenstein hat seinen Namen von einem Adelsgeschlecht, das 1719 in den Fürstenrang erhoben wurde. In der heutigen Form existiert der kleine Staat seit 1921. Er ist eine Erbmonarchie mit einem Parlament. Der Lebensstandard ist so hoch wie in der Schweiz, und es bestehen enge Beziehungen zwischen beiden Ländern. Sie verwenden z. B. die gleiche Währung. Die außenpolitische Vertretung erfolgt durch den größeren Nachbarn.

Vaduz

In der Burg Vaduz, 120 m über dem Zentrum der Hauptstadt (5 000 Einwohner), residiert der Landesfürst. Die ältesten Teile der Burg stammen aus dem 12. Jh. In der Stadt kann man die bedeutenden Kunstsammlungen und das Postmuseum bewundern. Über den Rhein führt eine gedeckte Holzbrücke von 1901.

Liechtenstein: Daten

- **HAUPTSTADT** Vaduz
- **FLÄCHE** 160 km²
- **EINWOHNER** 32 500
- **SPRACHE** Deutsch
- **RELIGION** Christentum
- **WÄHRUNG** Schweizer Franken
- **REGIERUNG** Monarchie

Bevölkerung

Rund zwei Drittel der Bevölkerung sind einheimische Liechtensteiner. Das letzte Drittel bilden Ausländer vor allem aus der Schweiz, Österreich und Deutschland. Die Frauen erhielten das Wahlrecht auf Landesebene erst 1984. Einige Gemeinden verweigern es ihnen heute noch. Haupteinnahmequellen sind der Tourismus und das Bankgewerbe. Die Gründung einer Firma wird in Liechtenstein sehr erleichtert.

Chronologie

1291 Gründung der Eidgenossenschaft durch die 3 Waldstätte Uri, Schwyz und Unterwalden

1315 Schlacht am Morgarten

1353 Die Schweiz besteht bereits aus 8 Kantonen

16. Jh. Trotz Glaubensspaltung besteht die Schweiz als Staat.

1648 Im Westfälischen Frieden wird die Eigenstaatlichkeit der Schweiz anerkannt.

1798–1803 Helvetische Republik in der Französischen Revolution

1803 Durch die Mediationsakte von Napoleon entsteht wieder ein Staatenbund mit 13 alten und 6 neuen Kantonen.

1848 Errichtung eines festen Bundesstaates aus 22 Kantonen

1978 Bildung des Kantons Jura

SIEHE AUCH UNTER EUROPA, GESCHICHTE · EUROPÄISCHE UNION · GEBIRGE · ÖSTERREICH · TALSPERREN · WINTERSPORT

SCHWERKRAFT

OHNE SCHWERKRAFT würden wir von der rotierenden Erde in den Weltraum davonfliegen. Die Schwerkraft oder Gravitation wird zwischen 2 Körpern wirksam – seien sie groß wie Galaxien oder klein wie Elementarteilchen. Von den Massen der Körper und ihrer Entfernung hängt die Stärke der Gravitation ab. Große Masse bedeutet große Schwerkraft. Zwischen weit entfernten Körpern ist ihre Wirkung nur schwach.

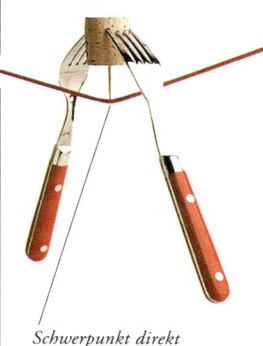

Schwerpunkt

Die Schwerkraft wirkt auf alle Teile eines Körpers ein. Man kann sich aber vorstellen, dass die Schwerkraft nur an einem einzigen Punkt angreift. Das ist der sog. Schwerpunkt oder Massenmittelpunkt. Bei drehbaren Körpern darf der Schwerpunkt nicht außerhalb des Auflagepunktes liegen, sonst kippt der Körper.

Schwerpunkt direkt unter dem Auflagepunkt auf der Schnur: stabile Lage

Schwerkraft im Weltraum

Die Schwerkraft ist nicht nur auf der Erdoberfläche, sondern überall im Weltraum wirksam. Gewaltige Schwerkräfte halten dort z. B. Millionen von Sternen in einer Galaxie zusammen.

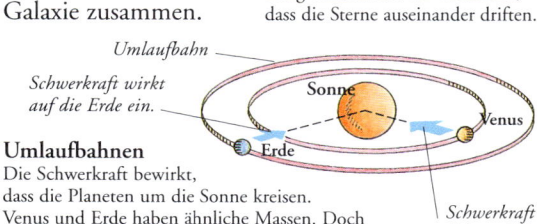

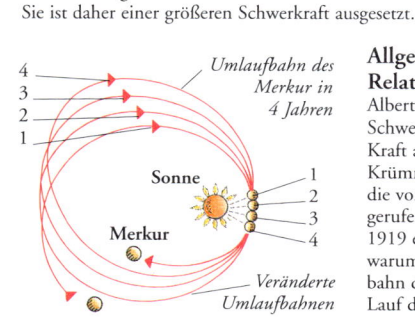

Galaxien
Eine Galaxie hat in der Regel einen Durchmesser von 100 000 Lichtjahren. Die Sterne sind so groß, dass die Schwerkraft trotz der Entfernung wirksam ist. Sie verhindert, dass die Sterne auseinander driften.

Umlaufbahn
Schwerkraft wirkt auf die Erde ein.

Umlaufbahnen
Die Schwerkraft bewirkt, dass die Planeten um die Sonne kreisen. Venus und Erde haben ähnliche Massen. Doch die Venus liegt der Sonne viel näher als die Erde. Sie ist daher einer größeren Schwerkraft ausgesetzt.

Schwerkraft wirkt auf die Venus ein.

Umlaufbahn des Merkur in 4 Jahren

Allgemeine Relativitätstheorie
Albert Einstein sah die Schwerkraft nicht als eine Kraft an, sondern als eine Krümmung des Raumes, die von Materie hervorgerufen wird. Bereits 1919 erklärte man damit, warum sich die Umlaufbahn des Merkur im Lauf der Zeit ändert.

Veränderte Umlaufbahnen

Gewicht

Gewicht ist die Schwerkraft, die auf einen Körper einwirkt. In der Physik verwendet man wie für alle Kräfte dafür die Maßeinheit Newton (N). Das Gewicht eines Körpers hängt von seiner Masse ab. Auf der Erde hat 1 kg Masse rund 10 N.

Der Apfel wiegt rund 1 N.
Die Federwaage misst Gewichte und andere Kräfte.
Der Apfel hat eine Masse von 100 g.

Die Schwerkraft wirkt konstant auf den Ball ein.

Der Ball wird bei der Aufwärtsbewegung langsamer.

Der Ball wird beim Fall beschleunigt.

Die Schwerkraft zieht den Ball nach unten.

Auf der Erde

Die Schwerkraft wirkt stets zum Zentrum der Erde hin. Damit weiß man immer, wo „unten" liegt. Die Schwerkraft beschleunigt einen fallenden Ball und verlangsamt dessen Aufstieg. Der Ball übt auch eine Kraft auf die Erde aus, doch hat diese angesichts der großen Masse der Erde keine erkennbaren Auswirkungen.

Schwerkraft des Mondes
Der Mond ist kleiner und hat eine geringere Masse als die Erde. Damit ist auch seine Schwerkraft geringer. Ein Hammer wiegt auf dem Mond nur ein Sechstel. Er braucht 1,10 s, um 1 m zu fallen. Auf der Erde sind es nur 0,44 s.

Erde   Mond

Aristoteles
Der griechische Philosoph Aristoteles (um 384–322 v. Chr.) glaubte, schwere Gegenstände würden schneller fallen als leichte. Diese Ansicht galt solange, bis Galileo Galilei (1564–1642) bewies, dass die Schwerkraft alle Gegenstände gleich beschleunigt.

Gezeiten
Zweimal am Tag steigt (Flut) und fällt (Ebbe) die Meereshöhe. Diese Bewegung nennt man Gezeiten. Sie entstehen im Wesentlichen durch die Anziehungskraft des Mondes. Auch die Sonne spielt eine Rolle. Wenn Erde, Sonne und Mond in einer Linie liegen, kommt es zu den viel höheren Springtiden.

Hafen bei Ebbe

Chronologie

4. Jh. v. Chr. Aristoteles behauptet, Steine würden zu Boden fallen, weil sie schwer sind. Rauch steige wegen seiner Leichtigkeit auf.

1604 Der italienische Physiker Galileo Galilei untersucht, wie Gegenstände zu Boden fallen.

17. Jh. Der Engländer Isaac Newton veröffentlicht seine Ideen zur Schwerkraft, vermutlich von einem fallenden Apfel dazu angeregt.

Modell der Krümmung des Raumes um einen Planeten

1915 Albert Einstein beschreibt die Schwerkraft als Krümmung des Raumes.

1919 Der englische Astronom Arthur Eddington (1882–1944) bestätigt Einsteins Theorie, als er beobachtet, wie Licht eines fernen Sterns von der Schwerkraft der Sonne abgelenkt wird.

SIEHE AUCH UNTER | EINSTEIN, ALBERT | KRAFT UND BEWEGUNG | MATERIE | MOND | NEWTON, ISAAC

SCHWIMMSPORT

SCHWIMMEN IST ein Freizeitvergnügen und zugleich ein Leistungssport. Mit Arm- und Beinbewegungen erteilt man dem Körper im Wasser einen Vortrieb. Dafür gibt es verschiedene Techniken. Am leichtesten lernt man Schwimmen mit Auftriebshilfen, etwa Schwimmflügeln. Auch das Wasserspringen wird wettkampfmäßig betrieben. Es geht darum, beim freien Fall vom Sprungbrett festgelegte Sprungfiguren zu zeigen und möglichst elegant einzutauchen.

Schwimmtechniken

Man unterscheidet im Wettkampf 4 Techniken: Kraulschwimmen (Freistil), Brustschwimmen, Rückenkraulschwimmen und Schmetterlingsschwimmen.

Beginnende Anwinkelung der Beine

Arme nach vorn gestreckt

Brustschwimmen
Dies ist die langsamste Schwimmart. Arme und Beine bewegen sich dabei symmetrisch unter Wasser. Für den größten Antrieb sorgen die Bewegungen der Beine. Sie werden zum Körper angezogen und abgestoßen. Die Arme werden zur Brust hingezogen. Sofort darauf erfolgt die Beinbewegung wie bei einem Frosch.

Schnelle Armbewegung nach vorn

Schmetterlingsschwimmen
Es entstand aus dem Brustschwimmen. Die Arme werden über Wasser nach vorn geführt. Die Beine bewegen sich gleichzeitig auf und ab – ähnlich wie bei einem Delfin. Deswegen sagt man auch Delfinschwimmen.

Rückenkraulschwimmen
Man liegt dabei auf dem Rücken und bewegt die Arme wie beim Kraulen wechselweise in einer schaufelartigen Bewegung durch das Wasser. Die Beine pendeln dabei auf und ab.

Gertrude Ederle

Sie schwamm 1926 als erste Frau durch den Ärmelkanal.

Kanalschwimmen
Der schwierigste aller Langstreckenwettbewerbe ist die Durchquerung des Ärmelkanals (mindestens 34 km) zwischen England und Frankreich.

Kraulschwimmen
Dies ist die schnellste Schwimmart. Deswegen kommt sie auch beim Freistilschwimmen zum Einsatz. Das Kraulschwimmen eignet sich besonders für längere Strecken. Der Schwimmer liegt mit dem Bauch auf dem Wasser. Arme und Beine werden wechselweise bewegt. Die Arme werden in einer Schaufelbewegung durchs Wasser gezogen; die Beine pendeln auf und ab.

Die Beine bewegen sich von der Hüfte auf und ab.

Durchzug durch das Wasser

Seitliche Rollbewegung des Körpers

Der Arm wird aus dem Wasser gehoben.

Mark Spitz
Der amerikanische Schwimmer Mark Spitz (geb. 1950) erzielte einen noch nie dagewesenen Rekord, als er 1972 bei den Olympischen Spielen in München 7 Goldmedaillen gewann. Er siegte in 100 m und 200 m Freistil, in 100 m und 200 m Schmetterling sowie in 3 Mannschaftsstaffeln – jeweils mit Weltrekord.

Schwimmwettkämpfe

Schwimmen ist ein wichtiger olympischer Sport. Man schwimmt festgelegte Strecken – 50, 100, 200, 400, 800 (Frauen) bzw. 1500 m (Männer) – in verschiedenen Techniken. Insgesamt gibt es für Männer 16, für Frauen 18 olympische Wettbewerbe, da Frauen zusätzlich 2 Wettbewerbe im Synchronschwimmen haben.

Start und Anschlag
Der Start erfolgt von Startblöcken aus. Der Anschlag am Ende des Rennens wird elektronisch registriert. Die Schwimmbahnen müssen bei olympischen Wettbewerben 50 m lang sein.

Wasserspringen

Das Wasserspringen gehört im weitesten Sinne zum Schwimmen. Man unterscheidet 2 Wettbewerbe, das Kunstspringen vom 3-m-Brett und das Turmspringen von der 10-m-Plattform. Die Sportler zeigen verschiedene Sprünge und erhalten Punkte für Schwierigkeit und Ausführung.

Kliffspringen
Kliffspringen ist eine beliebte Show für Touristen an einigen Ferienorten auf Hawaii oder in Mexiko. Mutige junge Männer springen von rund 35 m hohen Klippen in nur wenige Meter tiefes Wasser.

Sprunggruppen

Man unterscheidet 6 Typen: Vorwärts-, Rückwärts-, Auerbach-, Delfin-, Schrauben- und Handstandsprünge.

Handstandsprung
Diese Sprungart wird nur beim Turmspringen gezeigt. Der Springer geht am Rand der Plattform erst in den Handstand und lässt sich dann ins Becken fallen.

Rückwärtssprung
In der Startposition für den Rückwärtssprung ist der Körper gestreckt. Die Arme werden vor dem Absprung von der Plattform oder dem Sprungbrett nach oben bewegt.

Vorwärtssprung
Solche Sprünge können aus dem Lauf oder aus dem Stand erfolgen. Wie bei allen Sprüngen sollte der Körper möglichst glatt und ohne Spritzer in das Wasser eintauchen.

| SIEHE AUCH UNTER | FITNESS | MEXIKO | OLYMPISCHE SPIELE | SPORT | WASSERSPORT |

SEEN

EIN FÜNFTEL DER SÜSSWASSERRESERVEN der Erde liegt in Seen. Sie erhalten ihr Wasser vor allem aus Flüssen. Fast jeder See hat einen Zufluss und einen Abfluss. Einige Seen, etwa der Lake Eyre in Australien, verlieren ihr Wasser durch Verdunstung, sodass sie mit der Zeit immer salziger werden. Seen sind kurzlebige geologische Erscheinungen, denn sie werden höchstens einige hunderttausend Jahre alt. Der Baikalsee in Sibirien bildet eine der wenigen Ausnahmen, da es ihn schon seit 25 Mio. Jahren gibt. Seen stellen wichtige Trinkwasserreserven dar.

Das Leben eines Sees

Einige wenige Seen bringen es auf ein Alter von mehreren Millionen Jahren. Die meisten Seen werden nur einige tausend Jahre alt. Die Flüsse füllen sie mit Gesteinsmaterial auf. Wenn der Niederschlag ausbleibt, trocknen sie aus. Auch vom Ufer her erfolgt eine Verlandung.

Kaum sind Seen entstanden, füllen ihre Zuflüsse sie schon mit Sedimenten auf.

An der Mündungsstelle in den See schüttet der Fluss oft ein flaches Delta auf.

Einzigartige Tier- und Pflanzenwelt in der Umgebung des Sees

Der Fluss lagert immer mehr Sand, Kies und Geröll ab.

Der See wird flacher. An seichten Stellen wachsen Pflanzen, die zu einer schnellen Verlandung des Seeufers führen.

Durch die dichte Vegetation fließt der Fluss immer langsamer und lagert dadurch noch mehr Sedimente ab.

Schließlich ist der See vollkommen gefüllt und zu einem verlandeten Feuchtgebiet geworden.

Stadien der Entwicklung und Verlandung eines Sees

Die größten Seen der Erde

Der größte See der Erde ist so groß, dass man ihn als Meer bezeichnet: Das Kaspische Meer in Westasien hat 386 400 km² Fläche, über 600-mal soviel wie der Bodensee. Am tiefsten ist der Baikalsee in Sibirien mit 1 637 m.

Salzseen

Seen in manchen Trockengebieten haben einen Zufluss, aber keinen Abfluss. Das Wasser verdunstet unter der starken Sonneneinstrahlung und führt zu einer Konzentration der Salze. Beispiele sind der Große Salzsee in USA oder das Tote Meer.

Jerusalem
Totes Meer

Typen von Seen

Die Form eines Sees hängt meist mit seiner Entstehungsweise zusammen. Die größten Seen entstanden durch Bewegungen der Erdkruste, etwa der Baikalsee, oder durch Vergletscherung wie die Großen Seen in Nordamerika.

Künstliche Seen
Künstliche Seen entstehen durch Aufstauen eines Flusses mit Hilfe von Staudämmen oder Talsperren. Man nutzt das gestaute Wasser zur Stromgewinnung.

Stausee

Eiszeitliche Seen
Gletscher kehlen hoch oben im Gebirge nischenartige Höhlungen aus. Weiter unten führen sie zur Bildung U-förmiger Trogtäler. Wenn diese sich nach dem Rückzug der Gletscher mit Wasser füllen, entstehen lang gezogene Rinnenseen. Im Gebirge bilden sich Karseen. Auch Inlandeis hinterlässt große Vertiefungen, die sich später mit Wasser füllen, etwa die Seen von Kuopio in Finnland.

Rinnensee

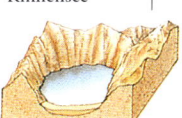

Karsee

Moränenseen
Gletscher hinterlassen beim Rückzug Moränenzüge. Es entstehen Hohlformen, in denen sich Seen bilden. Beim Abschmelzen von Toteisblöcken bilden sich Vertiefungen mit sog. Kesselseen.

Moränensee

Vulkanische Seen
In den Kratern erloschener oder ruhender Vulkane kann sich allein durch Regenwasser ein Kratersee bilden, z.B. der Crater Lake in Oregon, USA. Lavaströme können auch einen See aufstauen, wie den See Tiberias im Nahen Osten.

Kratersee

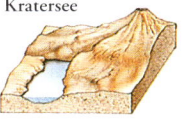

Von Lava aufgestauter See

Tektonische Seen
Durch die Bewegungen der Erdkruste können Vertiefungen entstehen, die sich mit Seen füllen. Dies ist z. B. in Rifttälern der Fall, die durch tektonische Brüche entstehen. Der Malawisee in Afrika ist auf diese Weise entstanden. Erdrutsche führen zur Bildung natürlicher Stauseen.

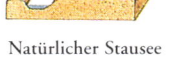

See in einem Rifttal

Natürlicher Stausee

Altwasserseen
Wenn ein Fluss eine Schlinge abschneidet, bildet sich ein meist halbmondförmiger Altwassersee. Die Schlingen des Flusses nennt man Mäander. Strandseen oder Lagunen entstehen, wenn Buchten durch eine Nehrung vollkommen vom Meer abgetrennt werden.

Abgeschnittene Flussschlinge

Fluss

Altwassersee

| SIEHE AUCH UNTER | ELEKTRIZITÄT | FLÜSSE | GLETSCHER | KONTINENTE | OZEANE UND MEERE | SÜSSWASSER, TIERWELT | TALSPERREN | VULKANE |

SEESTERNE UND SEEIGEL

AUF DEM MEERESBODEN leben viele Seesterne und Seeigel. Sie haben eine stachelige Haut und heißen deswegen auch Stachelhäuter. Zu der Gruppe zählen auch die Seelilien, Schlangensterne und Seegurken – insgesamt rund 6 000 Arten. Sie alle bewegen sich mit Saugfüßchen auf dem Meeresboden und benutzen dabei ein röhrenartiges Wassergefäßsystem. Als einzige Tiere haben sie einen radialsymmetrischen Körper.

After oben auf der Körperscheibe

Seesterne

Seesterne haben 5 Arme, die an einer Körperscheibe befestigt sind. Der Mund liegt auf der Unterseite dieser Scheibe, der After an der Oberseite. Verloren gegangene Arme wachsen nach. Auf der Unterseite des Körpers stehen lange Reihen von Saug- oder Ambulakralfüßchen, mit deren Hilfe sich das Tier fortbewegt. Der ganze Körper wird von Kalkplatten geschützt.

Ernährung

Viele Seesterne leben räuberisch und ernähren sich von Muscheln. Sie packen die Beute und üben mit den Armen so lange einen Zug aus, bis die Muschel sich öffnet. Nun stülpt der Seeigel seinen Magen in die Muschel, verdaut ihr Fleisch an Ort und Stelle und schlürft den Brei ein.

Einer von 5 Armen *Saugfüßchen* **Gemeiner Seestern frisst Muschel**

Füßchen mit Saugnäpfen

Oberseite mit kleinen Stacheln und Greiforganen

Saugfüßchen eines Seesterns

Fortbewegung

Die Fortbewegung erfolgt durch ein kompliziertes Druck-Saug-System: Das Meerwasser wird durch eine Siebplatte in den Stein- und Ringkanal geleitet. Von dort führen Seitenkanälchen zu den Saugfüßchen und enden in einer Ampulle. Muskeln drücken das Wasser in die Saugfüßchen, die sich wie Beinchen ausstrecken. Haben sich die Füßchen festgesaugt, wird das Wasser wieder in die Ampulle zurückgedrückt.

Der Seestern beginnt mit dem Umdrehen. *2 Arme halten sich am Boden fest.* *3 Arme suchen einen Halt.* *Der Seestern liegt nun wieder richtig.*

Wie sich ein Seestern umdreht

1 Seesterne werden oft von Wellen umgedreht und liegen dann auf dem Rücken, schutzlos den Räubern preisgegeben.

2 Zwei Arme versteifen sich und halten sich am Boden fest. Der Körper hebt sich an, die anderen Arme tasten nach einem Halt.

3 Wenn die 3 Arme einen Stützpunkt gefunden haben, kann sich der Seestern langsam drehen. Das dauert oft bis zu einer Stunde.

4 Der Körper des Seesterns hat nun wieder die richtige Lage. Manche Seesterne können ihren Körper auch bogenförmig krümmen.

Seeigel

Die meisten Seeigel haben einen Durchmesser von 6–8 cm und leben in geringer Tiefe auf dem Meeresboden. Sie sind kugelig und tragen auf dem kalkigen Außenskelett bis zu 4 cm lange Stacheln sowie Saugfüßchen für die Fortbewegung. Einige Arten wie der Sanddollar sind abgeflacht und leben im Sand. Sie bewegen sich mit besonderen Stacheln fort.

Geschlechtsöffnung und After oben *Stacheln* *Saugfüßchen* *Mund unten*

Verteidigung

Die langsamen Seeigel brauchen gute Schutzeinrichtungen. Auf ihrem Körper stehen spitze bis spatelförmige Stacheln, die von Muskeln bewegt werden können. Bei einigen tropischen Seeigeln stehen die Stacheln mit Giftdrüsen in Verbindung. Manche Seeigel haben auch Greiforgane, die ein Gift zur Lähmung von Beutetieren abgeben.

Ernährung

Einige Seeigel sind Räuber, andere ernähren sich von Algen und toten Tieren. Die Zähne zerkleinern die Nahrung, bevor sie in den langen Darm gelangt. Diese Zähne sind beweglich in einem kräftigen Kiefer befestigt, der „Laterne des Aristoteles".

Laterne des Aristoteles

Tentakel

Seegurken

Diese ledrigen Tiere sehen wie große Nacktschnecken aus. Um die Mundöffnung sitzen die Tentakel. Sie leben auf dem Meeresboden in größerer Tiefe und bewegen sich mit Saugfüßchen fort. Einige Seegurken können graben und sogar schwimmen.

Schlangensterne

Die Schlangensterne bilden mit 2 000 Arten die größte Gruppe der Stachelhäuter. Ihre langen, feingliedrigen Arme sind sehr biegsam und beweglich. Die Schlangensterne benutzen sie zum schnellen Vorwärtskommen. Die meisten Schlangensterne filtrieren ihre Nahrung aus dem Plankton, einige fressen auch Aas.

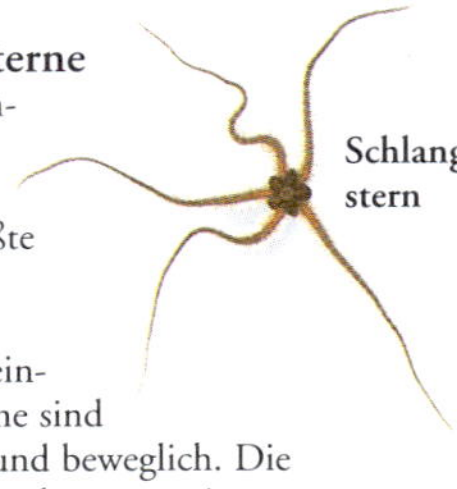

Schlangenstern

Seelilien

Die eigentlichen Seelilien sitzen am Meeresboden fest und filtrieren mit ihren langen Armen das Meerwasser. Sie haben einen langen Stiel; bei den Haarsternen fehlt er.

Haarstern

GEMEINER SEESTERN

WISSENSCHAFTLICHER NAME *Asterias rubens*

ORDNUNG Forcipulata

FAMILIE Asteriidae

VERBREITUNG In Atlantik und Nordsee in Tiefen von 1 bis 200 m

LEBENSRAUM Felsküste und grober Sand

ERNÄHRUNG Lebt von Muscheln und ist an Austern- und Miesmuschelbänken ein gefürchteter Schädling

GRÖSSE Durchmesser bis zu 30 cm

LEBENSDAUER 2–4 Jahre

SIEHE AUCH UNTER | KORALLENRIFF | MEERESKÜSTE, TIERWELT | OZEAN, TIERWELT | TIERE | TIERE, GIFTIGE

SHAKESPEARE, WILLIAM

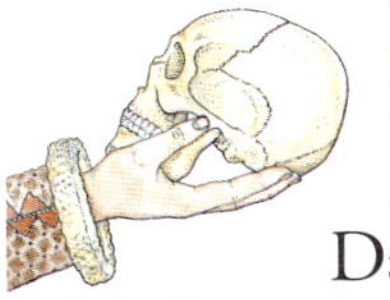

DER ENGLISCHE DICHTER war wohl der größte Dramatiker aller Zeiten. Trotzdem weiß man über sein Leben nur wenig. Zeitgenossen beschrieben ihn als gutaussehenden Mann, der ein ruhiges Dasein liebte. 37 Stücke von ihm sind erhalten geblieben, doch hat er wohl noch mehr geschrieben, die aber verloren gingen. Er schrieb meist in reimlosen Versen, verwendete aber auch Prosa. Shakespeare war als Dramendichter und als Schauspieler sehr erfolgreich und konnte sich in seiner Heimatstadt Stratford-upon-Avon ein großes Haus kaufen. In den letzten Jahren seines Lebens zog er sich dorthin zurück.

Shakespeares Geburtshaus

Kindheit
Shakespeare kam 1564 in Stratford-upon-Avon, England, auf die Welt. Sein Vater war Geschäftsmann. Shakespeare besuchte vermutlich die Lateinschule der Stadt und erhielt dort eine strenge Ausbildung.

Globe Theatre
Seit 1592 arbeitete Shakespeare als Schauspieler und Dichter in London und schloss sich der Truppe *Lord Chamberlain's Men* an. 1599 wurde er mit 6 Geschäftsfreunden Besitzer des Globe Theatre in der Nähe der Themse. Hier wurden viele Stücke Shakespeares zum ersten Mal aufgeführt.

Das Globe Theatre existiert nicht mehr. Es könnte so ausgesehen haben.

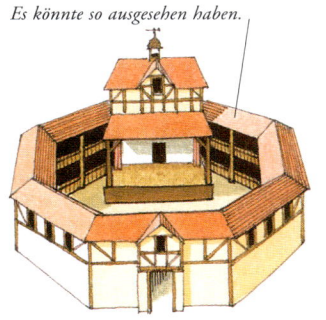

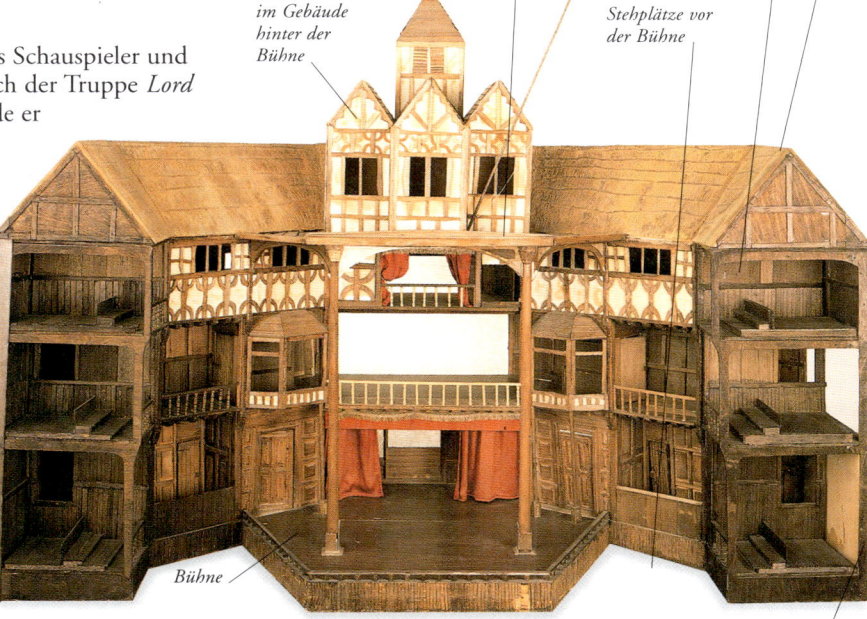

Holzdach über der Bühne
Umkleideräume im Gebäude hinter der Bühne
Galerien mit Sitzbänken
Stehplätze vor der Bühne
Strohdach
Bühne
Fachwerkbau aus Eiche

First Folio
Shakespeare wollte seine Stücke für seine Schauspieltruppe reservieren und veröffentlichte sie deshalb nicht. Erst nach seinem Tod trugen seine Freunde Henry Condell und John Hemminges seine Stücke zusammen und brachten sie dann unter dem Titel *First Folio* heraus.

Porträt von Shakespeare auf der Titelseite des First Folio

Shakespeares Werke
Beim Schreiben der Stücke dachte Shakespeare an seine Schauspieler. Er verfasste Komödien für den berühmten Schauspieler Will Kempe und Tragödien für Richard Burbage. Eine ganze Reihe von Dramen wie *Heinrich V.* und *Richard III.* handeln von englischer Geschichte. Shakespeare war einer der vielseitigsten Dichter seiner Zeit.

Richard III.

Tragödien
Shakespeares berühmteste Stücke sind Tragödien. Sie handeln von ernsten Dingen und gehen traurig oder tragisch aus. Seine bekanntesten Tragödien sind *Othello*, *König Lear*, *Hamlet* und *Macbeth*.

Othello

Sonette
Shakespeare schrieb 154 Sonette, 14-zeilige Gedichte. Einige richten sich an einen jungen Mann, andere an eine Frau mit dunklem Haar; die Engländer bezeichnen sie als „Dark lady". Wer diese Figuren in Wirklichkeit waren, wurde nie geklärt.

Titelblatt der ersten Ausgabe der Sonette

Komödien
Shakespeares Komödien sind Liebesgeschichten mit überraschenden Wendungen. Sie sind heute noch sehr beliebt und werden viel gespielt, etwa *Ein Sommernachtstraum*, *Wie es euch gefällt* oder *Was ihr wollt*.

Jester in *Was ihr wollt*

WILLIAM SHAKESPEARE
1564	Geburt in Stratford-upon-Avon
1582	Heirat mit Anne Hathaway
1592	Er schreibt die ersten Stücke in London für die Lord Chamberlain's Men.
1593–94	Die Pest führt zur Schließung des Theaters. Shakespeare schreibt Gedichte wie *Venus und Adonis*.
1594–99	Komödien und historische Dramen entstehen.
1599	Bau des Globe Theatre
1603	Die Lord Chamberlain's Men treten in die Dienste von König Jakob I.
1608	Die großen Tragödien entstehen.
1616	Tod in Stratford-upon-Avon

SIEHE AUCH UNTER DICHTUNG · ELISABETH I. · GROSSBRITANNIEN · SCHAUSPIEL · THEATER

SIEBEN WELTWUNDER DER ANTIKE

DIE GRIECHEN begannen vor rund 2 500 Jahren die Welt auch außerhalb ihrer Heimat zu erkunden. Schriftsteller berichteten zu jener Zeit über die größten technischen Leistungen, allen voran der Geschichtsschreiber Herodot. So kam es, dass man sieben Bau- und Kunstwerke als Weltwunder bezeichnete. Sie reichten von den Pyramiden von Gize in Ägypten bis zum Koloss von Rhodos, einer mächtigen Statue an der Hafeneinfahrt dieser Insel. Die hier genannten Monumente wurden teilweise durch andere ersetzt. In späterer Zeit hat man auch römische Bauten aufgenommen, etwa das Kapitol und das Kolosseum.

Die Weltwunder lagen alle rund um das Mittelmeer.

Leuchtturm von Alexandria

Dieser große Leuchtturm wurde in der Regierungszeit von Ptolemaios I. von Ägypten geplant und um 280 v. Chr. auf der Insel Pharos vor Alexandria in Ägypten gebaut. Das Licht des Feuers war noch in 50 km Entfernung zu sehen. Der Leuchtturm war so berühmt, dass er als Vorbild für viele Bauten dieser Art diente. 796 wurde er von einem Erdbeben beschädigt, doch die Fundamente sind heute noch zu sehen.

Mausoleum von Halikarnassos
Das Grabdenkmal des persischen Satrapen Mausolos wurde im 4. Jh. v. Chr. in Halikarnassos, in der heutigen Türkei, errichtet. Es war berühmt für seine Größe und seinen Schmuck. Ein Erdbeben im 13. Jh. beschädigte es. Später wurde es abgebrochen.

Hängende Gärten
Der babylonische König Nebukadnezar II. baute diese schattigen Gärten im 7. Jh. v. Chr., um seine Gattin Amytis an ihre Heimat Persien zu erinnern. Sie waren ein technisches Meisterwerk mit kleinen Bächen, die über die Terrassen flossen und Pflanzen und Bäume bewässerten.

Pyramiden bei Gize
Diese Pyramiden in Ägypten sind die einzigen der sieben Weltwunder der Antike, die noch bestehen – und zugleich die ältesten. Es gibt 3 Pyramiden: die Cheopspyramide, die um 2560 v. Chr. gebaut wurde, sowie die beiden späteren der Pharaonen Chephren und Mykerinos.

Zeusstatue
Spitze des Turms in 105 m Höhe
Metallspiegel zur Reflexion des Lichts
Dauernd brennendes Feuer aus Holz oder Öl
Mittlerer Abschnitt mit achteckigem Grundriss
Unterer Abschnitt mit viereckigem Grundriss
Statue an der Spitze
Basis mit den Maßen 38 x 32 m
Schlafräume und Brennstoffspeicher
Die Ägypter bauten ihre Pyramiden von innen nach außen.
Das Fundament reicht über den Meeresspiegel.
Jede Seite misst an der Basis 230 m.

Zeusstatue
Im Jahr 456 schuf der Bildhauer Phidias eine 13 m hohe Statue des Zeus aus Elfenbein und Gold. Zeus hielt eine Figur der Siegesgöttin in der Hand. Um diese Statue herum baute man in Olympia einen Tempel. Im Jahr 394 brachte man die Statue nach Konstantinopel, wo sie später aber zerstört wurde.

Artemistempel
Dieses Gebäude wurde um 560 v. Chr. in Ephesos in der heutigen Türkei als Heiligtum der Artemis errichtet, der Göttin der Jagd, der Keuschheit und der Geburt. Ostgoten zerstörten den Tempel im Jahr 263.

52 x 112 m
Reich geschmückte Säulen

Koloss von Rhodos
Diese mächtige Statue des griechischen Sonnengottes Helios stand im Hafen der Insel Rhodos. Sie war 33 m hoch und aus einzelnen Bronzeteilen mit einem Eisenskelett im Innern gebaut. Der Koloss war die größte Statue seiner Zeit. Um 225 v. Chr. fiel er bei einem Erdbeben um – nur 65 Jahre nach seiner Fertigstellung.

Herodot
Der griechische Schriftsteller Herodot (um 484–425 v. Chr.) gilt als der Vater der Geschichtsschreibung. Er wurde in Halikarnassos geboren und beschrieb einige Weltwunder, besonders die Pyramiden. Er berichtete auch über die Mauern Babylons, die einige anstelle des Leuchtturms von Alexandria in die Liste der sieben Weltwunder aufnehmen.

SIEHE AUCH UNTER ALEXANDER DER GROSSE · BABYLONIER · GRIECHEN · PYRAMIDEN

SIMBABWE, RUINENSTÄTTE

EINES DER GRÖSSTEN archäologischen Rätsel Afrikas ist die von einem Mauerring umgebene Ruinenstätte von Simbabwe. Mit den Bauarbeiten an dieser Tempel- und Palastanlage begann man im 13. Jh. Im 14. Jh. war Simbabwe die Hauptstadt eines Königreiches, das sich zwischen den Flüssen Sambesi und Limpopo erstreckte. Die Simbabwer jener Zeit waren hauptsächlich Ackerbauern, doch die Stadt diente auch als Zentrum für den Handel und die Religion. Um 1450 wurde Simbabwe aus unbekannten Gründen aufgegeben. Die Ruinen befinden sich im heutigen Staat Simbabwe, der seinen Namen von dieser Ruinenstätte hat.

Der Aufstieg von Simbabwe
Der Kern der späteren Hauptstadt Simbabwe, eine Niederlassung von Ackerbauern, bestand wohl schon im 2. Jh. Die Menschen züchteten Rinder und suchten auf der Hochfläche auch Gold und Kupfer. Im 12. Jh. führte die Handelsstraße für Gold und Silber von der Ostküste Afrikas durch Simbabwe. Die Siedlung gewann an Bedeutung und wurde reich. Man errichtete sie schließlich größer und mit Häusern aus Stein.

Der große Mauerring
Der große Mauerring wurde aus massiven Granitblöcken, aber ohne Mörtel erbaut. Er umgab die Stadt und beschützte wohl die Menschen. Im Innern lebten sie in kreisrunden Häusern aus Lehm mit Strohdächern. Man fand auch oben offene runde Umfriedungen sowie einen konischen Steinturm, doch man weiß nicht, wozu sie dienten. Neben dem Mauerring befand sich ein Hügelkomplex für religiöse Rituale.

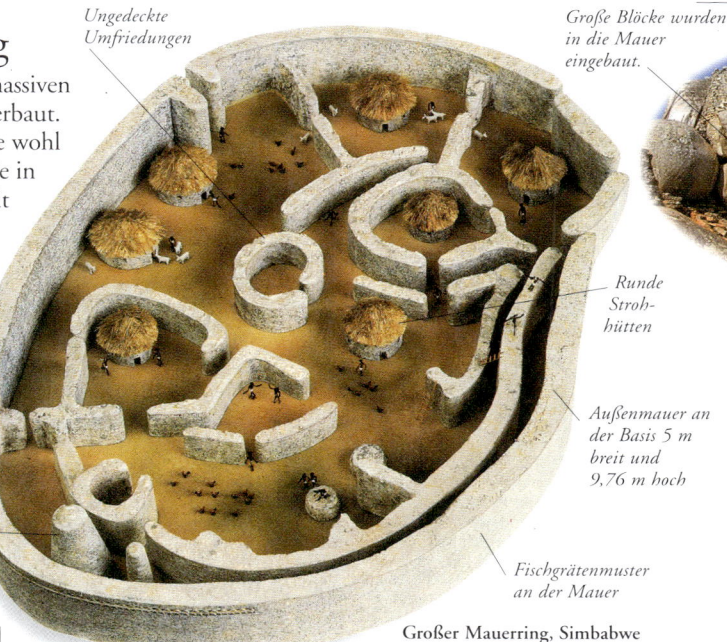

Ungedeckte Umfriedungen
Große Blöcke wurden in die Mauer eingebaut.
Runde Strohhütten
Außenmauer an der Basis 5 m breit und 9,76 m hoch
Fischgrätenmuster an der Mauer
Der Steinturm war 9 m hoch und bestand ganz aus Stein.

Großer Mauerring, Simbabwe

Hügelkomplex
Das religiöse Zentrum, in dem die Geister der Ahnen verehrt wurden, lag auf einem Hügel nahe dem großen Mauerring. Auf einer freien Fläche davor führten die Herrscher (Mambo) heilige Riten durch.

Konischer Turm
Im Innern der großen Mauer steht ein massiver konischer Steinturm. Einigen Archäologen zufolge sollte er als Denkmal für die Macht und den Reichtum der Herrscher von Simbabwe dienen.

Landwirtschaft
Während der Blütezeit lebten in Simbabwe und in nächster Umgebung 10 000 Menschen. Die meisten trieben Landwirtschaft. Sie hielten Rinder und pflanzten Sorgum, Hirse, und Gemüse an. Diese verkauften sie an viele Händler, die die Stadt besuchten.

Rinder in Simbabwe

Ahnenverehrung
Die Bewohner von Simbabwe verehrten die Geister ihrer toten Herrscher. Während ihrer Riten töteten sie Kälber und boten das Fleisch auf schön gearbeiteten Specksteintellern ihren Ahnen an. Diese Schüsseln wurden an heiligen Stellen außerhalb des Hügelkomplexes aufgestellt.

Vögel
In Simbabwe entdeckte man 8 Vogelfiguren aus Speckstein. Sie befanden sich auf 1 m hohen Säulen an heiligen Stellen. Jeder Vogel stellte möglicherweise einen königlichen Vorfahr dar. Eine dieser Darstellungen dient heute als Symbol des modernen Staates Simbabwe.

Vogel auf Specksteinsäule

Handel
Das Handelszentrum Simbabwes lag an einer der Handelsstraßen, die Südafrika mit der Ostküste verbanden. Händler aus Sofala und Kilwa in den heutigen Staaten Mosambik bzw. Tansania exportierten Gold und Kupfer aus Simbabwe nach Arabien und Asien.

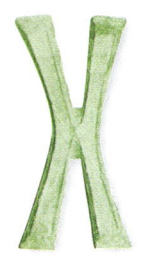

Karl Mauch
Der deutsche Geologe Karl Mauch (1837–75) reiste von 1865–72 durch Südafrika. 9 Monate hielt er sich in Simbabwe auf, kartierte die Ruinen und fertigte Skizzen der Steine und Metallobjekte an, die dort gefunden wurden. Mauchs Arbeit verdanken wir das meiste Wissen über Simbabwe.

Chronologie
um 900 Das eisenzeitliche Volk der Shona siedelt zwischen Sambesi und Limpopo in Südafrika.

12. Jh. Der Handelsverkehr durch Simbabwe auf der Straße nach Ostafrika nimmt zu.

13. Jh. Gold aus Simbabwe wird nach Asien exportiert.

1250 Beginn der Steinbauten in Simbabwe

Frühes 15. Jh. Vollendung des großen Mauerrings, Blütezeit von Simbabwe

1450 Simbabwe wird aufgegeben, wahrscheinlich weil die Böden erschöpft sind und kein Anbau mehr möglich ist.

Metallexporte
Die Bewohner von Simbabwe gewannen in Bergwerken Gold, Kupfer, Eisen und Zinn. Die X-förmigen Barren tauschten sie mit Handelsgütern aus Asien, etwa Glaswaren und Keramik.

Kupferbarren

SIEHE AUCH UNTER: AFRIKA, GESCHICHTE · MALI-REICH · METALLE

SINGVÖGEL

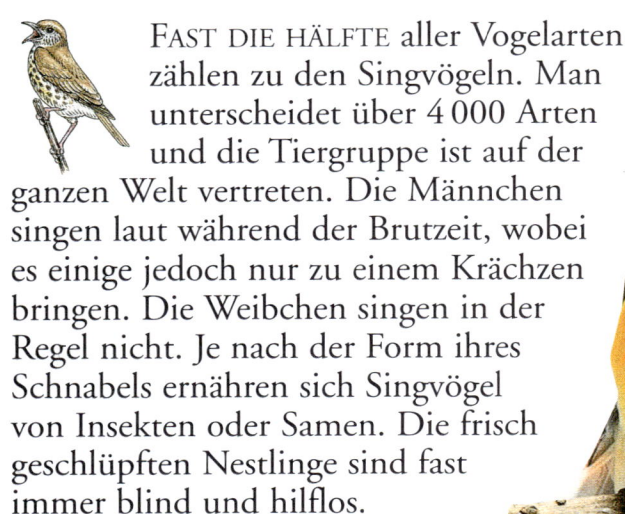

FAST DIE HÄLFTE aller Vogelarten zählen zu den Singvögeln. Man unterscheidet über 4 000 Arten und die Tiergruppe ist auf der ganzen Welt vertreten. Die Männchen singen laut während der Brutzeit, wobei es einige jedoch nur zu einem Krächzen bringen. Die Weibchen singen in der Regel nicht. Je nach der Form ihres Schnabels ernähren sich Singvögel von Insekten oder Samen. Die frisch geschlüpften Nestlinge sind fast immer blind und hilflos.

Kleiner Kopf mit breitem Schnabel

Brust beim Weibchen heller als beim Männchen

Hinterzehe größer und kräftiger als Vorderzehen

Merkmale
Die Singvögel sind äußerlich recht vielgestaltig. Die meisten erscheinen aber klein mit kompaktem Körper und kurzem Schnabel. Sie haben kleine Füße mit 4 Zehen. Diese sind so angeordnet, dass der Vogel auf Zweigen sitzend schlafen kann. Die Männchen haben oft ein anderes Federkleid als die Weibchen.

Gouldamadine
Diese prächtig gefärbten Samenfresser aus Nordaustralien sind typische Singvögel. Sie verbringen die meiste Zeit auf hohen Gräsern oder in Büschen und landen nur zum Trinken auf dem Boden.

Sitzfuß
Bei den Singvögeln sind 3 Zehen nach vorn, 1 Zehe nach hinten gerichtet. Je mehr Gewicht auf dem Vogelfuß lastet, umso stärker umschließt er den Zweig, auf dem er sitzt.

Syrinx
Der untere Kehlkopf wird auch als Syrinx bezeichnet. Er liegt am Grund der Luftröhre und dient den Vögeln als Stimmorgan.

Lunge / *Luftröhre* / *Syrinx* / *Lunge*

Gimpel

Knospen
Der Gimpel frisst im Frühjahr Knospen und im Sommer Samen.

Zapfen

Kreuzschnabel

Karden

Stieglitz

Dicker Schnabel zum Abbeißen

Gekreuzter Schnabel holt Samen aus Zapfen.

Spitzer Schnabel zum Herausholen der Samen aus den Karden

Samenfresser
Samenfresser wie Gimpel, Kreuzschnabel und Stieglitz haben sich auf Pflanzen spezialisiert. Mit den Schnäbeln holen sie die Samen heraus und öffnen die Samenschale. Viele dieser Vögel fressen auch Beeren und Knospen und gelegentlich Insekten.

Ernährungsweise und Schnabel
Die Schnabelform verrät viel über die Ernährungsweise. Vögel mit kurzen, gedrungenen Schnäbeln fressen in der Regel Samen. Lange, spitze Schnäbel deuten auf Insekten- oder Allesfresser hin. Insekten fressende Singvögel ziehen im Herbst aus gemäßigten Gebieten ab, weil sie hier keine Nahrung mehr finden.

Insektenfresser
Insekten fressende Singvögel suchen ihre Beute entweder in Spalten und anderen Verstecken oder sie fangen sie mitten im Flug. Einige verschlucken sie an Ort und Stelle, andere fliegen damit zu ihrem Ansitz zurück.

Der Grauschnäpper stürzt sich von seinem Ansitz auf vorbeifliegende Insekten.

Grauschnäpper

Star

Mit seinem scharfen, spitzen Schnabel stochert der Star gern im Erdboden.

Allesfresser
Stare, Drosseln und Krähen fressen alles, was ihnen gerade unterkommt. Sie nehmen Samen, Würmer, Insekten und bisweilen sogar die Reste von toten Tieren.

Werkzeuggebrauch
Der Kaktusfink auf den Galapagosinseln ist eines der wenigen Tiere, die Werkzeuge gebrauchen. Der Vogel pflückt einen Kaktusdorn und holt damit Insekten aus Spalten in Baumrinden.

Nahrung unter Wasser
Die Wasseramsel ist einer der wenigen Singvögel, der sich ins Wasser wagt. Sie läuft oder schwimmt in Bächen und pickt mit dem Schnabel Insekten vom Boden des Gewässers auf.

Nektarfresser
Nur wenige Singvögel ernähren sich von Blütennektar. Ihre Schnäbel sind oft hochspezialisiert. Die Nektarvögel Afrikas und Südasiens haben sehr spitze, nach unten gekrümmte Schnäbel. Sie saugen Nektar und verwenden ihre Zunge wie einen Strohhalm.

Nektarvogel

SINGVÖGEL

Balz

Während der Fortpflanzungszeit verteidigen die Männchen vieler Arten ein Territorium. Dies kündigen sie mit ihrem Gesang an. Fremde Männchen werden vertrieben. Weibchen hingegen sind als Geschlechtspartnerinnen und für die Aufzucht der Jungen willkommen.

Geschlechtspartnerin
Wenn ein Rotkehlchenmännchen ein Weibchen in sein Territorium gelockt hat, gibt es ihm oft zu fressen. Man nennt das Balzfüttern. Damit fordert das Männchen das Weibchen zur Paarung, zum Nestbau und zur Eiablage auf.

Territorien
Die Territorien der Männchen ändern sich jedes Jahr. Ist reichlich Futter vorhanden, sind die Territorien der Rotkehlchen kleiner. Bei Futtermangel und wenigen Männchen werden die Territorien größer.

Territorien von Rotkehlchen in aufeinander folgenden Jahren

Jede Farbe gilt für ein Rotkehlchenmännchen

Warnruf
Singvögel erkennt man an ihrem Gesang. Er dient als Erkennungszeichen innerhalb der Art. Gesellig zusammenlebende Singvögel haben auch einen Warnruf, mit dem sie Artgenossen aufmerksam machen.

Singdrossel

Brutpflege

Die meisten Singvögel sind geschickte Nestbauer. Sie legen die Nester in der Regel auf Bäumen oder in dichter Vegetation an. Während der Fortpflanzungszeit sind die erwachsenen Tiere mit dem Nestbau, dem Ausbrüten und dem Füttern der Jungen ausgiebig beschäftigt. In guten Jahren folgen mehrere Bruten aufeinander – im Extremfall bis zu fünf.

Schlüpfen
Die Blaumeise ist ein typischer Singvogel unserer Wälder. Sie legt 6–12 Eier. Das Weibchen beginnt unmittelbar nach der Ablage des letzten Eies mit dem Brüten. Die Jungtiere schlüpfen nach ungefähr 14 Tagen. Sie brauchen weitere 2 Wochen, um ihre Federn zu entwickeln. In dieser Zeit wachsen sie auch sehr schnell.

Nestbau
Singvögel bauen meist napfförmige Nester. Sie sammeln dazu Zweige, Blätter und anderes Nistmaterial und bringen es in Form, indem sie es mit der Brust anpressen. Einige Arten kleiden das Nest mit einer dünnen Schlammschicht aus.

Füttern
Die meisten Singvogeljungen sind nach dem Schlüpfen völlig hilflos (Nesthocker). Sie müssen von ihren Eltern gefüttert und gewärmt werden. Bei fast allen Arten teilen sich das Männchen und das Weibchen die Aufgabe der Brutpflege.

1. Im Alter von 4 Tagen sind die Nestlinge immer noch nackt und ihre Augen nicht vollständig ausgebildet. Wenn die Eltern am Nestrand landen, betteln sie laut um Futter.

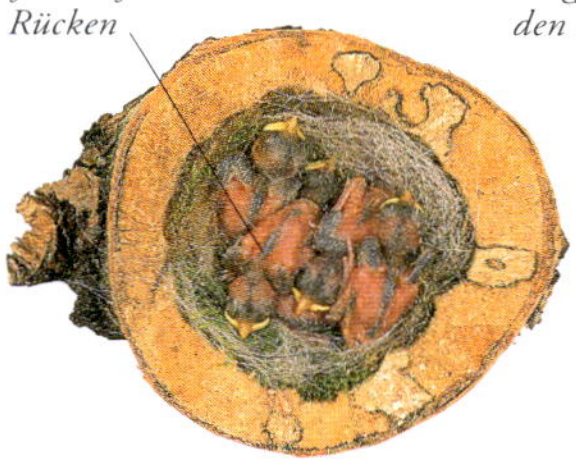

2. Am 6. Tag beginnen die Federn zu wachsen. Die Deckfedern entwickeln sich nur an bestimmten Stellen, den Federfluren. Daunen wachsen auf dem ganzen Körper.

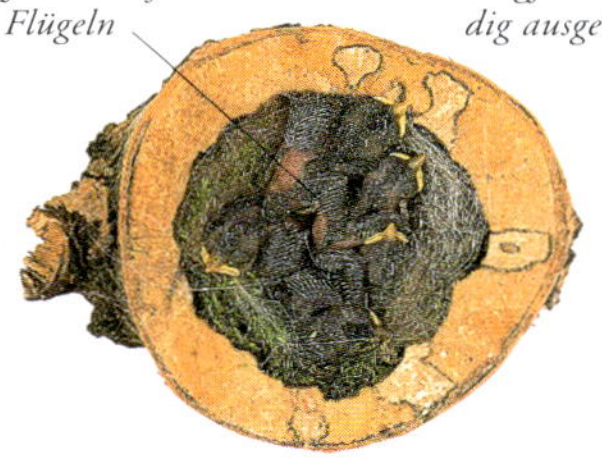

Federflur auf dem Rücken

3. Nach 9 Tagen beginnen die Flügelfedern aus ihren häutigen Scheiden zu wachsen. Den übrigen Körper bedecken nun die kürzeren Deckfedern.

Flugfedern auf den Flügeln

4. Nach 13 Tagen haben die Nestlinge fast ihr gesamtes Federkleid. In weiteren 4 oder 5 Tagen verlassen sie das Nest, folgen noch ihren Eltern und lernen, wie man Futter findet.

Flugfedern fast vollständig ausgebildet

Singvogelarten

Haussperling Er stammt aus Afrika und Asien und kommt heute auf der ganzen Welt vor.

Blauohr Es hat einen rauen Ruf. Der große australische Singvogel frisst Insekten, Früchte und Blütennektar.

Nachtigall Sie ist für ihren Gesang berühmt, der bei Sonnenuntergang und am Morgen zu hören ist.

Baltimoretrupial Er kommt in Nordamerika sehr häufig vor und gehört zu einer Familie mit scharfen, spitzen Schnäbeln.

Satrap

Goldhähnchen Sie zählen zu den kleinsten Singvögeln. Der amerikanische Satrap wird nur 9 cm lang.

Scharlachtangare

Tangaren Sie leben in den amerikanischen Tropen und Subtropen. Die Scharlachtangaren gehen allerdings nordwärts bis nach Kanada.

Blutschnabelweber
Diese kleinen afrikanischen Singvögel sind wahrscheinlich die häufigste Vogelart der Erde. Sie fressen Samen und treten gelegentlich in Gruppen von über 1 Mio. Tieren auf. In Afrika gibt es mindestens 1,5 Bio. Tiere dieser Art.

GOULDAMADINE

WISSENSCHAFTLICHER NAME *Chloebia gouldiae*

ORDNUNG Passeriformes, Singvögel

FAMILIE Estrildidae, Prachtfinken

VERBREITUNG Tropisches Nordaustralien

LEBENSRAUM Offenes Waldgebiet, Grasland und Busch

ERNÄHRUNG Samen von Gräsern und anderen Pflanzen

GRÖSSE Länge von der Schnabelspitze bis zur Schwanzspitze 13 cm

LEBENSDAUER Ungefähr 5 Jahre

WANDERUNGEN Standvogel

GEFIEDER Weibchen etwas heller

NEST Graskuppel, in der Regel in einer Bodenvertiefung

SIEHE AUCH UNTER EIER TIERBAUTEN TIERVERHALTEN VÖGEL

SKANDINAVIEN, GESCHICHTE

TROTZ SEINER GERINGEN Bevölkerungszahl spielte Skandinavien in der Geschichte Europas eine große Rolle. Wikinger aus Dänemark und Schweden überfielen im 9. und 10. Jh. viele europäischen Länder und hinterließen ihre Spuren. Im 16. Jh. war Schweden eines der mächtigsten Länder Europas; nach dem 30-jährigen Krieg beherrschte es auch Teile von Deutschland. Dieses Reich hielt sich 200 Jahre lang. Im 20. Jh. bauten die Skandinavier als Erste Wohlfahrtsstaaten auf. Norwegen war das erste Land Europas, das den Frauen das Stimmrecht verlieh.

Knut der Große
1016 übernahm der Däne Knut der Große den englischen Thron. Innerhalb weniger Jahre fielen ihm auch Dänemark, Norwegen und Südschweden zu. Knut der Große regierte bis zu seinem Tod 1035 mit großem Geschick.

Münze von Knut dem Großen

Aufstieg des Christentums
Die skandinavischen Völker bekehrten sich im 9.–11. Jh. zum Christentum. Abgelegene Gebiete hielten an ihrem herkömmlichen Glauben jedoch noch länger fest. In Norwegen wurden die ersten Kirchen aus Holz gebaut.

Kalmarer Union
1397 vereinigte sich Dänemark unter Margarete mit Norwegen und Schweden. Dies geschah in der Kalmarer Union. Sie bestand mit Unterbrechungen bis 1523, als Gustav I. König von Schweden wurde.

Margarete von Dänemark (1353–1412)

Stabkirche, Norwegen
Die Wände der Kirche bestehen aus senkrechten Bohlen.

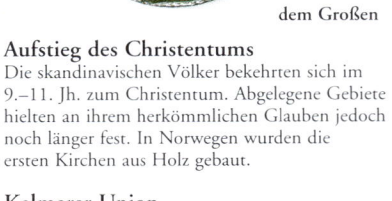

Schweden
Im 16. und 17. Jh. eroberte Schweden norwegische Städte wie Trondheim und stieg zu einem der mächtigsten Staaten Europas auf. Das Land nahm den lutherischen Glauben an und wurde zu einem Vorreiter des Protestantismus. Fähige Könige schufen ein großes Reich, das bald die ganze Ostsee sowie Finnland und Teile Russlands und Norddeutschlands umfasste.

Schwedisches Reich — Trondheim, Stockholm

Zweiter Nordischer Krieg
Im Jahr 1700 verbanden sich die Nachbarstaaten, um Schwedens Vorherrschaft in der Ostsee zu brechen. Mit dem Frieden von 1721 verlor Schweden seine Vormachtstellung in dieser Region. Russland erhielt sein „Fenster nach Europa", den Zugang zur Ostsee.

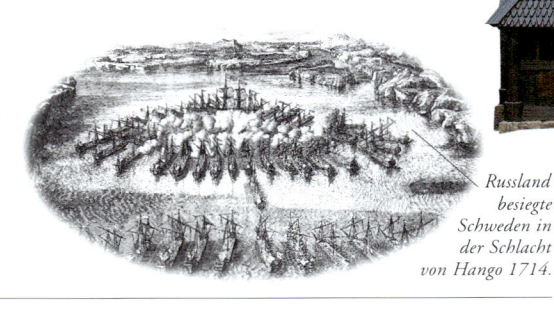

Russland besiegte Schweden in der Schlacht von Hango 1714.

Gustav II. Adolf
Gustav Adolf (1594–1632) wurde 1611 König von Schweden. Zusammen mit seinem Kanzler Axel Oxenstierna förderte er die Wirtschaft und dehnte das schwedische Reich nach Nordpolen aus. 1630 griff er auf protestantischer Seite in den 30-jährigen Krieg ein und kämpfte gegen die katholischen Habsburger. Innerhalb weniger Monate gewann er einige Schlachten, sodass die politische Landkarte Europas verändert wurde.

Modernes Skandinavien
1905 wurde Norwegen von Schweden unabhängig. Finnland erreichte 1917 dasselbe von den Russen. Die skandinavischen Länder gründeten 1952 den Nordischen Rat zur Verbesserung der gegenseitigen Beziehungen. Dänemark, Schweden und Finnland schlossen sich der Europäischen Union an.

Wohlfahrtsstaaten
Die Skandinavier führten als Erste ein Wohlfahrtssystem mit Kinderbetreuung, Kranken- und Rentenversicherung ein. Um diese Leistungen zu bezahlen, wurden allerdings hohe Steuern erhoben.

Wohnanlage

Skandinavien im Zweiten Weltkrieg
1940-45 waren Dänemark und Norwegen von den Deutschen besetzt. Finnland stand unter der Herrschaft der Russen. Schweden verhielt sich neutral. Dänen und Norweger misstrauten den Besatzern. König Christian X. half Juden zur Flucht nach Schweden. Norwegen hatte eine faschistische Regierung unter Vidkun Quisling (1887–1945), die mit Deutschland kollaborierte.

Christian X. von Dänemark (Regierung 1912–47)

Chronologie
8. Jh. Die Wikinger überfallen Städte an europäischen Küsten.

1016 Knut der Große herrscht über Dänemark, Norwegen und England.

1397 Kalmarer Union

1523 Schweden verlässt die Union und wird unabhängig.

1658 Das schwedische Reich erreicht seine größte Ausdehnung.

1700–21 Zweiter Nordischer Krieg. Schweden verliert seine Vormachtstellung in der Region.

1814 Norwegen kommt von Dänemark an Schweden.

1905 Norwegen erlangt die Unabhängigkeit von Schweden.

1917 Finnland erhält von Russland die Unabhängigkeit.

1940–45 Deutschland besetzt Dänemark und Norwegen; Russland besetzt Finnland.

1967 Dänemark tritt der EG bei.

1995 Schweden und Finnland treten der EU bei.

SIEHE AUCH UNTER ANGELSACHSEN · EUROPA, GESCHICHTE · GROSSBRITANNIEN, GESCHICHTE · HEILIGES RÖMISCHES REICH · NORMANNEN · RUSSLAND, GESCHICHTE · WELTKRIEG, ZWEITER · WIKINGER

SKELETT

DAS STÜTZSYSTEM des Körpers bezeichnen wir als Skelett. Es besteht beim Erwachsenen aus rund 206 Knochen. Das Skelett schützt die inneren Organe wie die Lunge oder die Leber. Das Gehirn liegt in einer knöchernen Hirnschale. Am Skelett sind die Muskeln befestigt. Das wichtigste tragende Element ist die Wirbelsäule. Sie trägt den Schädel und die Rippen. An diesem Achsenskelett sind über den Schulter- und den Beckengürtel die Gliedmaßen befestigt.

Alte Knochen
Wenn ein Mensch nach dem Tod begraben wird, lösen sich die weichen Gewebe auf und verschwinden. Die harten Mineralsalze in den Knochen können aber ihre Form mehrere tausend Jahre beibehalten. Durch Skelettfunde erfahren die Archäologen viel über die Lebensweise unserer Vorfahren.

Beweglichkeit
Viele Knochen sind über Gelenke beweglich miteinander verbunden. Die Muskeln sind an den Knochen so befestigt, dass sich eine Bewegung ergibt, wenn sich der Muskel zusammenzieht. Auf diese Weise kann der Körper zahlreiche Bewegungen durchführen.

Mit Armbewegungen hält sich der Körper im Gleichgewicht.

Das Bein streckt sich am Knie so, dass der Körper vom Boden abgehoben wird und sich nach vorn bewegt.

Die Beine biegen sich beim Knie, bevor der nächste Fuß aufsetzt.

Beugen Beim Beugen wird der Winkel eines Gelenks verringert. In dieser Laufphase werden das linke Bein und der rechte Arm gebeugt.

Bei dieser Bewegung vergrößert sich der Winkel des Gelenks. In dieser Phase strecken sich das rechte Bein und der linke Arm.

Hirnschädel Er umgibt und schützt das Gehirn.

Schädel Er setzt sich aus Hirn- und Gesichtsschädel zusammen.

Gesichtsschädel Er bildet im Wesentlichen das Gesicht.

Wirbel Die Wirbelsäule besteht aus einzelnen Wirbeln.

Schulterblatt

Schlüsselbein

Brustbein

Oberarmknochen

Rippen

Wirbelsäule

Elle

Speiche

Becken

Handwurzelknochen Es gibt 8 Handwurzelknochen.

Mittelhandknochen Sie bilden den Handteller.

Oberschenkelknochen Er ist der größte Knochen des Skeletts.

Fingerknochen Mit Ausnahme des Daumens hat jeder Finger 3 dieser Knochen.

Schienbein

Kniescheibe Sie schützt das Kniegelenk.

Mittelfußknochen Sie bilden das Fußgewölbe und den Ballen.

Wadenbein

Zehenknochen An jedem Fuß stehen insgesamt 14 Zehenknochen.

Fußwurzelknochen, insgesamt 7

Wirbelsäule
Die Wirbelsäule bildet das Achsenskelett des Körpers. Sie setzt sich aus 24 einzelnen Wirbeln sowie weiteren 9 miteinander verschmolzenen Wirbeln zusammen. Die einzelnen Wirbel sind untereinander leicht beweglich. Insgesamt ist die Wirbelsäule doppelt S-förmig und sehr kräftig. Die Zwischenwirbel- oder Bandscheiben bestehen aus Knorpel. Sie federn die Wirbelsäule ab.

Kreuzbein

Steißbein

Beckengürtel Die beiden Hüftbeine sind vorn und am Kreuzbein verbunden.

Schmales Becken

Becken des Mannes

Hüftbein

Beckenausgang Er ist für die Geburt bei der Frau breiter.

Breites Becken

Becken der Frau

Becken beim Mann und bei der Frau
Das Becken bildet den Knochengürtel zwischen der Wirbelsäule und den Beinen und stützt gleichzeitig die Bauchorgane. Es setzt sich aus 2 Hüftbeinen zusammen und ist mit dem Kreuzbein und dem Steißbein verbunden. Beim Becken zeigen sich deutliche Geschlechtsunterschiede. Bei der Geburt muss das Kind durch den Beckenausgang treten. Deshalb hat die Frau ein breiteres Becken.

Röntgenstrahlen
Mit Röntgenstrahlen kann man ins Innere des Körpers blicken. Sie durchdringen weiches Gewebe, werden aber von Knochen aufgehalten. Die Röntgenstrahlen schwärzen einen fotografischen Film und ergeben ein negatives Abbild, die Radiografie, auf der nur die Knochen zu sehen sind.

Falschfarbenfotografie eines gebrochenen Unterarms

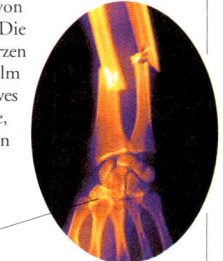

Knochen

Knochen bestehen aus hartem, lebendem Gewebe, das mit Blutgefäßen und Nerven versorgt wird. Die Knochenzellen oder Osteozyten liegen in einiger Entfernung voneinander eingebettet in eine Grundsubstanz aus Bindegewebsfasern, die dem Knochen eine gewisse Biegsamkeit verleihen, sowie Mineralsalzen, vor allem Kalziumphosphat, das für das harte Gerüst zuständig ist. Außen liegt eine harte, feste Schicht, im Innern der viel leichtere Bälkchenknochen. In den Räumen zwischen den Bälkchen befindet sich das rote Knochenmark.

Im roten Knochenmark entstehen rote und weiße Blutkörperchen.

Die Bälkchen bilden ein dichtes Geflecht.

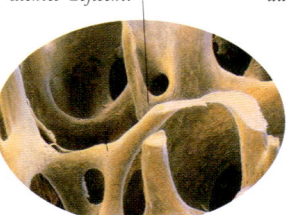

Jedes Osteon besteht aus Lamellen.

Aufbau eines kompakten Knochens

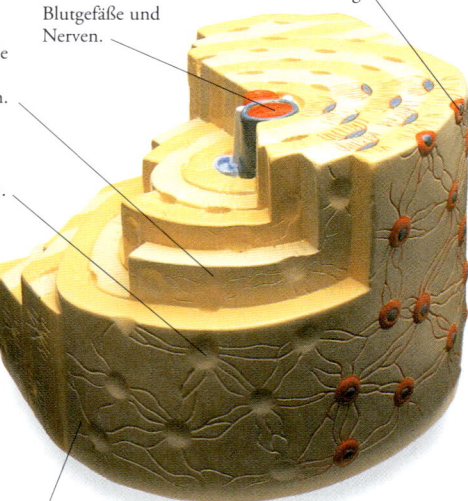

Lamelle Um die Havers'schen Kanäle herum liegen zahlreiche Lamellen.

Lakune In diesem Hohlraum liegt eine Knochenzelle (Osteozyt).

Havers'scher Kanal Er liegt im Zentrum eines Osteons oder Knochenröhrchens und enthält Blutgefäße und Nerven.

Blutgefäße Sie versorgen Knochenzellen mit Sauerstoff und Nahrung.

Knochenmark
Das weiche, fettreiche rote Knochenmark kommt in der Jugend in fast allen Knochen vor. Später hält es sich nur in den Rippen. Im roten Knochenmark entstehen die Blutkörperchen.

Bälkchenknochen
Der Bälkchenknochen liegt unter dem kompakten Lamellenknochen. Durch die zahlreichen Hohlräume verringert sich das Gewicht, aber nicht die Zug- und Bruchfestigkeit.

Kompakter Knochen
Kompakter oder Lamellenknochen liegt auf der Außenseite. Nach den Zähnen stellt er das härteste Material dar. Er setzt sich aus einzelnen Knochenröhrchen oder Osteonen zusammen.

Osteon Ein solches Knochenröhrchen besteht aus zahlreichen konzentrisch angeordneten Lamellen. Sie liegen um einen Havers'schen Kanal herum.

Gelenke

Wo verschiedene Knochen aufeinander treffen, können Gelenke entstehen. Die meisten erlauben eine gewisse Beweglichkeit. Wenn sich Muskeln zusammenziehen, folgen die Knochen dieser Bewegung. Je nach Art der Bewegung unterscheidet man Kugelgelenk, Sattelgelenk und Scharniergelenk.

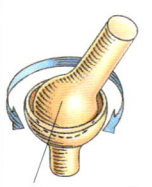

Oberschenkelknochen

Kniegelenk
Es ist ein Scharniergelenk zwischen Schienbein und Oberschenkelknochen.

Kugelgelenk
Es besteht aus einem kugelförmigen Gelenkkopf und einer entsprechend geformten Gelenkpfanne. Das Kugelgelenk erlaubt Bewegungen in alle Richtungen. Beispiele sind das Schultergelenk und das Hüftgelenk.

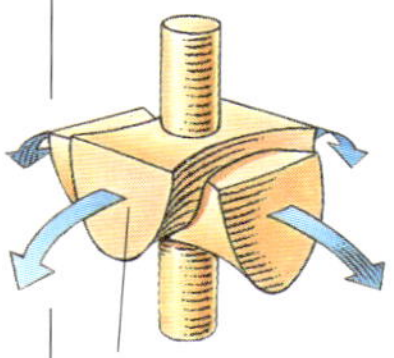

Bewegungen in alle Richtungen

Sattelgelenk
Bei diesem Gelenk sind die Enden der Knochen sattelförmig. Es erlaubt Bewegungen in 2 Ebenen. Es gibt aber auch Sattelgelenke, die eine Bewegung in alle Richtungen zulassen, etwa beim Daumen.

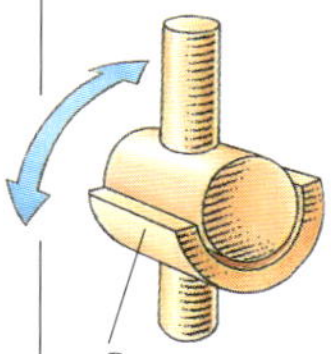

Bewegung in 2 Ebenen

Scharniergelenk
Die zylindrische Oberfläche des einen passt in die röhrenförmige Gelenkpfanne des anderen Knochens. Damit ist nur eine Bewegung in einer Ebene möglich. Scharniergelenke haben Knie und Ellbogen.

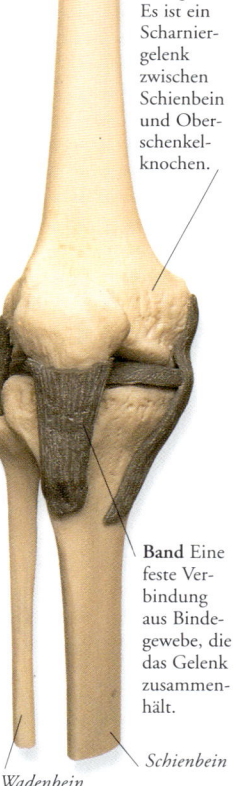

Bewegung nur in einer Ebene möglich

Band Eine feste Verbindung aus Bindegewebe, die das Gelenk zusammenhält.

Wadenbein *Schienbein*

Stirnbein *Scheitelbein*

Die beiden Schädelknochen sind durch eine Naht verbunden.

Schädel
Der Schädel besteht aus 22 Knochen. 21 davon sind über unbewegliche Nähte miteinander verbunden. Nur der Unterkiefer ist frei beweglich. An der Naht sind die Schädelknochen durch Bindegewebe verbunden. Man spricht von einem Bandhaft.

»Explosionsdarstellung« des Schädels

Andreas Vesalius

Der Flame Andreas Vesalius (1514–64) sezierte als einer der ersten Ärzte seiner Zeit Leichen um herauszufinden, wie der Körper des Menschen funktioniert. Das war damals ein ungeheures Unterfangen, weil die katholische Kirche das Aufschneiden einer Leiche verbot. 1543 veröffentlichte Vesalius ein berühmtes Buch über die Anatomie des Menschen mit dem Titel *De Humani Corporis Fabrica*.

Knochenbrüche

Bei schwerer Belastung können Knochen brechen. Man unterscheidet 2 Arten von Knochenbrüchen oder Frakturen: Bei der geschlossenen Fraktur bleiben die Knochenenden in der Knochenhaut. Bei der offenen Fraktur wird diese Haut mehr oder minder stark beschädigt, sodass auch umgebende Gewebe Schaden nehmen. Gebrochene Knochen heilen von selbst.

Gipsverband
Die Enden gebrochener Knochen müssen in der richtigen Lage zusammenwachsen. Um sie zu fixieren, legt man einen Gipsverband an. Der Gips erhärtet und macht Bewegungen unmöglich. Heute verbindet man die Knochenenden auch durch Nägel.

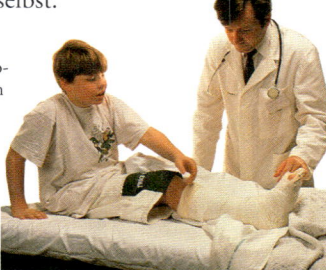

1 An der Bruchstelle entsteht ein Blutgerinnsel.

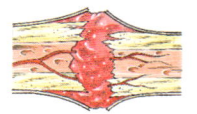

2 Bälkchenknochen verbinden die Enden.

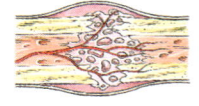

3 Der Bruch ist geheilt; der Knochen hat seine alte Form.

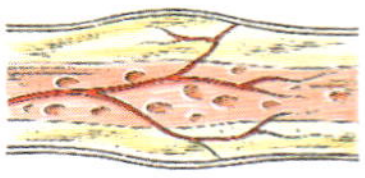

SIEHE AUCH UNTER | ELEKTROMAGNETISCHE STRAHLEN | MEDIZIN | MEDIZIN, GESCHICHTE | MUSKELN UND BEWEGUNG | ORGANSYSTEME | WACHSTUM UND ENTWICKLUNG

SKLAVEREI

WENN EIN MENSCH einem anderen Menschen ganz gehört und nicht mehr über sich verfügen kann, ist er dessen Sklave. Er wird dann wie eine Sache behandelt. Schon die Sumerer, die Ägypter, Griechen und Römer hielten Sklaven. Im 15. Jh. begann ein ausgedehnter Sklavenhandel. Europäer verschifften damals Afrikaner in ihre Kolonien. Das ging so bis ins 19. Jh. und hatte großen Einfluss auf afrikanische und amerikanische Kulturen. Heute ist Sklaverei verboten, doch gibt es sie in einigen Teilen der Welt immer noch.

Antike
Die Sklaverei der Antike erreichte unter Griechen und Römern den Höhepunkt. Sklaven stellten das meiste her, arbeiteten im Haus und auf den Feldern. Rechte hatten sie kaum. Einige erlangten auch die Freiheit und eine hohe Stellung.

Sklavenhandel
Die Portugiesen begannen um 1440 mit dem Sklavenhandel zwischen Afrika und Europa. Den Höhepunkt erreichte er jedoch unter den Engländern. Sie transportierten viele Afrikaner über den Atlantik, wo diese als Sklaven in den Baumwoll- und Tabakplantagen ihrer amerikanischen Kolonien arbeiten mussten. Über 7 Mio. Afrikaner gelangten so nach Amerika und verbrachten dort ein Leben im Elend. Der Sklavenhandel brachte Europäern wie Afrikanern große Gewinne ein und verwüstete einige afrikanische Königreiche. Um 1800 war bereits die Hälfte der Bevölkerung Brasiliens afrikanisch.

Händler
Die Händler segelten von englischen Häfen nach Westafrika. An der Küste tauschten sie Güter gegen gefangene Afrikaner. Die Sklaven wurden wie Vieh gebrandmarkt und nach Amerika verschifft.

Sklavenschiffe
Zwischen 1701 und 1810 starben über 1 Mio. Afrikaner durch Ersticken, Hunger oder Krankheit auf der Reise über den Atlantischen Ozean, die bis zu 10 Wochen dauern konnte. Die Sklaven wurden angekettet, um zu verhindern, dass sie über Bord sprangen. Denn der Verlust eines Sklaven bedeutete weniger Profit.

Märkte
In Amerika versteigerten die Händler ihre „Ware" auf Sklavenmärkten an Plantagenbesitzer. Für Händler wie Käufer waren die Afrikaner keine Menschen, sondern nur Sachen. Familien wurden in der Regel auseinander gerissen.

Brandeisen

Fußfessel

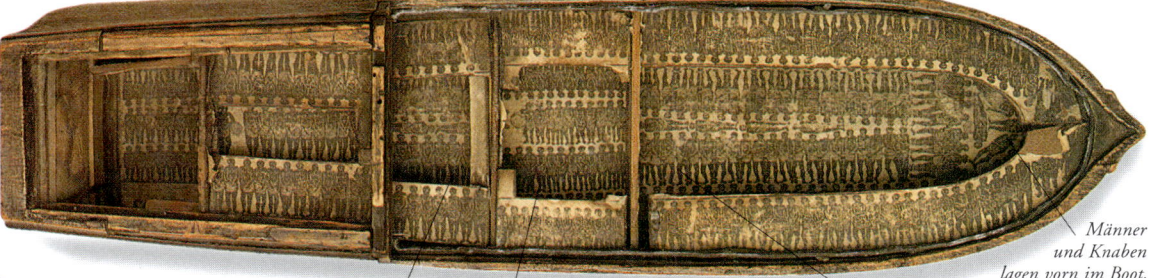

Modell des englischen Sklavenschiffes Brookes

Frauenbereich / Männerbereich / Die Sklaven bekamen Reis, Mais, Jams, Maniok und Hülsenfrüchte zu essen.

Männer und Knaben lagen vorn im Boot, Frauen hinten. Die meisten Sklaven waren zwischen 16 und 45 Jahre alt.

Sklaven auf den Plantagen
Die Sklaven arbeiteten von morgens bis abends in den Baumwollplantagen der südlichen USA. Die Frauen schufteten im Haus. Die Schwarzen lebten in Hütten und schliefen auf Bodenmatten. Sie hatten keinerlei Rechte und gehörten dem Plantagenbesitzer. Wegen der Unterdrückung gab es über 250 Sklavenaufstände.

Gegner der Sklaverei
Vom späten 18. Jh. an gab es in England und Amerika Bewegungen zur Aufhebung der Sklaverei. *Onkel Toms Hütte* (1851) von Harriet Beecher Stowe war ein Roman gegen die Sklaverei. 1833 gaben die Briten den Sklavenhandel auf. In den USA hielt er sich weiterhin, besonders im Süden, bis nach dem Bürgerkrieg 1865.

Chronologie
73–71 v. Chr. Spartakus führt den Sklavenaufstand im Römischen Reich an. Nach der Niederlage werden 6 000 Sklaven gekreuzigt.

12. Jh. Araber bringen westafrikanische Sklaven nach Arabien und Asien.

1619 Die erste Schiffsladung mit afrikanischen Sklaven kommt in Virginia an.

1780–86 Einige amerikanische Staaten erlassen Gesetze zur Befreiung von der Sklaverei.

1831 Nat Turner führt einen erfolglosen Sklavenaufstand in Virginia, USA, an.

1833 Die Briten stellen den Sklavenhandel ein.

1857 Der Oberste Gerichtshof der USA legt fest, dass afrikanische Amerikaner keine Bürger des Landes sind.

1863 Die Sklaven erhalten in den Südstaaten der USA die Freiheit.

1948 Die Erklärung der Menschenrechte durch die Vereinten Nationen verbietet die Sklaverei und den Sklavenhandel.

Harriet Tubman
Harriet Tubman (um 1820–1913) wurde als Sklavin in Maryland, USA, geboren. 1849 entlief sie. Sie half etwa 300 Sklaven, auf einem geheimen Weg vom Süden in den Norden zu entkommen. Im Bürgerkrieg arbeitete Harriet Tubman als Krankenschwester und Spionin für die Nordstaaten.

SIEHE AUCH UNTER AFRIKA, GESCHICHTE · AMERIKANISCHER BÜRGERKRIEG · KARIBIK, GESCHICHTE · MENSCHENRECHTE · RÖMISCHES REICH

SOKRATES

DER GRIECHISCHE DENKER Sokrates, der vor 2400 Jahren lebte, war eine der bedeutendsten Figuren in der Geschichte der Philosophie. Er selbst schrieb keine Bücher, und wir wissen wenig über sein Leben. Trotzdem übte Sokrates einen starken Einfluss auf das westliche Denken aus. Er vertrat die Meinung, die Philosophie solle sich nicht mit abstrakten Ideen, sondern mit dem täglichen Leben beschäftigen. Er schätzte Intelligenz, Logik und eine offene Diskussion und zeigte den Menschen, wie sie ein gutes Leben führen sollten.

Kindheit und Jugend
Sokrates wurde 469 v. Chr. in Athen geboren. Über seine Kindheit ist wenig bekannt. Vermutlich war seine Mutter Hebamme und sein Vater Sophroniskos Steinmetz. Wahrscheinlich übte auch Sokrates dieses Handwerk aus. Später diente er in der athenischen Armee als Hoplit, als Fußsoldat. Erst in späteren Jahren wandte sich Sokrates der Philosophie zu und gewann viele Anhänger.

Späteres Leben
In mittleren Jahren studierte Sokrates die Lehren anderer großer Denker und entwickelte eine eigene Philosophie. Regelmäßig diskutierte er mit anderen Philosophen darüber. Das meiste, was wir über ihn wissen, stammt aus den Schriften zweier seiner Schüler, des Philosophen Platon und des Historikers Xenophon.

Platons Dialoge
Platon (um 428–347 v. Chr.) verfasste eine Reihe von Büchern mit dem Titel *Dialoge*. Er beschreibt darin die Argumente des Sokrates in Form von Gesprächen mit anderen Denkern. Platon erinnert daran, dass das Orakel von Delphi Sokrates als den weisesten Mann in ganz Griechenland betrachtete. Sokrates fand, dass andere beanspruchten, intelligent zu sein und ihre Unwissenheit nicht kannten, während er seine Unwissenheit zugab.

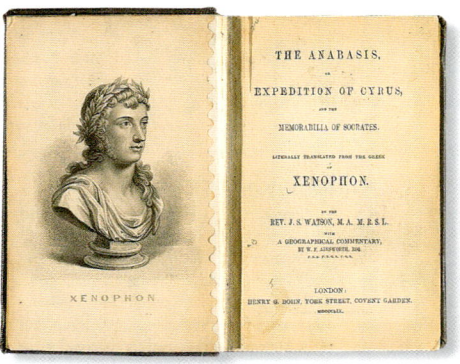

Xenophon
Im Gegensatz zu Platon, der die Philosophie des Sokrates beschrieb, zeichnete Xenophon (um 430–354 v. Chr.) in seinen Büchern *Erinnerungen* und *Anabasis* ein praktisches Bild. In seinem Buch *Oikonomikos* schilderte er beispielsweise die Diskussion zwischen Sokrates und einem anderen Mann über die Führung eines Haushalts.

Prozess des Sokrates
Sokrates schaffte sich mit seiner Lehre viele Feinde. Im Jahr 399 v. Chr. klagte man ihn an, er mache die Götter verächtlich und verderbe die Jugend. Man befand ihn für schuldig und verurteilte ihn zum Tod durch Gift. Dazu musste er einen Becher mit giftigem Schierling trinken. Von seinem Tod berichtet Platon in seinem Dialog *Phaidon*. Der französische Maler Jacques-Louis David schuf im 18. Jh. das Gemälde *Tod des Sokrates*.

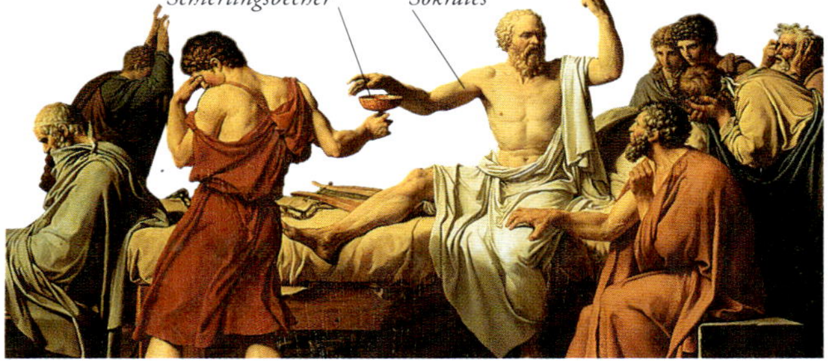

Die Philosophie des Sokrates
Sokrates fordete, die Philosophie müsse auf Ereignisse des täglichen Lebens angewandt werden. Um ein gutes Leben zu führen, müsse man wissen, was Tugend sei. Ihm zufolge ist es Erkenntnis. Er betonte die Bedeutung der Selbsterkenntnis und lehrte seine Schüler, jede Behauptung auf ihren Wahrheitsgehalt zu prüfen.

Die Schule von Athen, Raffael

Griechische Philosophen treffen sich zur Diskussion.

„Erkenne dich selbst"
Sokrates behauptete, nur wer sich selbst und die eigenen Überzeugungen verstehe, könne einen Kommentar über die Umwelt und über die bestmögliche Lebensweise abgeben. Die Bedeutung der Selbstbefragung in der Philosophie begann mit ihm.

Die Methode des Sokrates
Seine Methode bezeichnen wir heute als Dialektik. Wenn sich griechische Philosophen zur Diskussion trafen, gab Sokrates vor, unwissend zu sein. Er stellte eine Reihe von Fragen zu jeder Behauptung, um herauszufinden, was wirklich wahr sei. Indem er alle Behauptungen in Frage stellte, glaubte er zur Wahrheit gelangen zu können.

Schierlingsbecher *Sokrates*

SOKRATES

469 v. Chr. Geboren in Athen

Um 420 v. Chr. Sokrates heiratet Xanthippe.

399 v. Chr. Verurteilung zum Tod durch den Schierlingsbecher

387 v. Chr. Platon gründet die Akademie, die erste Philosophenschule, um das Werk des Sokrates weiterzuführen.

361–347 v. Chr. Platon übt bis zum Tod seine philosophische Lehrtätigkeit an der Akademie aus. Sein bedeutendster Schüler war Aristoteles, der Lehrer Alexanders des Großen.

SIEHE AUCH UNTER ALEXANDER DER GROSSE · FAMILIE UND GESELLSCHAFT · GRIECHEN · PHILOSOPHIE · RELIGIONEN

SONGHAI-REICH

DAS SONGHAI-REICH WAR im 16. Jh. eines der größten Reiche in Westafrika. Der Überlieferung zufolge wurde es im 7. Jh. von al-Yaman, einem Christen, gegründet. Im 11. Jh. bekehrten sich die Herrscher jedoch zum Islam. Im 14. Jh. herrschte das Mali-Reich über die Songhai, doch 1464 erhob sich ein Kriegerkönig namens Sonni Ali und eroberte Timbuktu, die Hauptstadt des Mali-Reiches. Damit waren die Songhai wieder unabhängig. Ihr Reich wurde immer mächtiger und wohlhabender, bis es durch innere Uneinigkeit und eine marokkanische Invasion 1591 zerfiel.

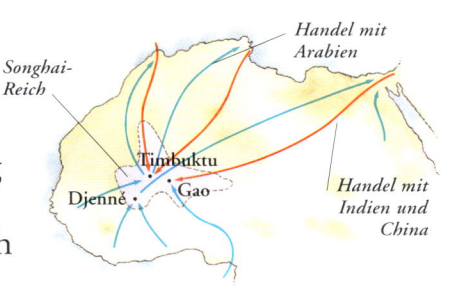

Grenzen des Reiches
Das Songhai-Reich, das von 1464–1591 seine Blütezeit hatte, nahm ursprünglich dieselbe Fläche ein wie das Mali-Reich, das zuvor bestanden hatte. Gao war die Hauptstadt der Songhai. Von hier aus breiteten sie sich weiter ostwärts aus und überfielen die Hausa-Staaten im heutigen Nordnigeria.

Herrscher der Songhai
Die beiden größten Herrscher waren Sonni Ali (1464–92) und der Staatsmann Askia Muhammad (1493–1528). Sonni Ali gründete das Songhai-Reich durch Eroberungen, Muhammad festigte es und dehnte es weiter aus.

Askia Muhammad
Nach Sonni Alis Tod 1492 folgte ihm sein Sohn Sonni Baare. Er war ein schwacher Herrscher, und Askia Muhammad, General in Sonni Alis Armee, verdrängte ihn 1493 vom Thron. Muhammad erweiterte das Reich und kontrollierte die Handelsrouten nach Nordafrika. Er schuf eine gute Verwaltung und verteidigte das Reich mit einer stehenden Armee und einer Flotte von Kriegskanus.

Sahara-Handel
Von Handelszentren im Songhai-Reich, etwa der Oasenstadt Walata, transportierte man Güter durch die Sahara nach Nordafrika, in die Handelsstädte am Mittelmeer. Von hier brachte man die Güter mit Schiffen nach Europa, Arabien und China.

Handelsgüter
Afrika war seit jeher reich an Ressourcen, etwa Kupfer, Salz und Gold. Die Songhai gründeten ihr Reich auf dem Goldhandel mit Arabien und Europa. Sie handelten allerdings auch mit anderen Gütern, etwa Feigen, Datteln, Kolanüssen und Elfenbein. Dafür tauschten sie Keramik, Seide, Perlen und Kaurimuscheln ein.

Der Fluss Niger
Der Fluss Niger floss durch das Songhai-Reich von Ost nach West. Er war für die Wirtschaft des Landes von größter Bedeutung – wie auch schon für das Mali-Reich vom 12.–15. Jh. Die Händler transportierten ihre Waren mit Kanuflotten auf dem Fluss von einem Handelszentrum zum andern, etwa nach Djenné, Gao und Timbuktu.

Religion und Ausbildung
Die Songhai hatten bedeutende Lehrer, darunter Ahmad Baba (geb. 1556), der etwa 50 Bücher über islamische Tradition und ein großes Wörterbuch schrieb. Religiöses und wissenschaftliches Zentrum war Timbuktu.

Timbuktu
Timbuktu gilt als die heilige Stadt des Sudan. Sie besaß 3 große Moscheen: Jingereber, Sidi Yahya und Sankore, in der viele schöne Kopien des Korans aufbewahrt wurden. In Timbuktu gab es eine Universität und 180 Schulen.

Niedergang des Reiches
Die Marokkaner wollten die Quelle des westafrikanischen Goldes erobern. 1591 entsandte Ahmad al-Mansur (1578–1603), Sultan von Marokko, eine Armee zur Eroberung des Songhai-Reiches. Die Marokkaner eroberten Timbuktu und herrschten dort über 100 Jahre lang. Kurz danach übernahm Marokko das gesamte Songhai-Reich.

Chronologie
1464 Sonni Ali erobert Timbuktu, früher Zentrum des Mali-Reiches.

1473 Sonni Ali erobert die Handelsstadt Djenné.

1492 Sonni Baare, Sonni Alis Sohn, weigert sich, zum Islam überzutreten.

1493 Bürgerkrieg: Sonni Baare wird vom Moslem Askia Muhammad gestürzt.

1496 Askia Muhammad pilgert nach Mekka.

1528 Askia Muhammad wird von seinem Sohn Musa abgesetzt.

1588 In einem Bürgerkrieg kämpfen Askias Nachkommen um die Nachfolge.

1591 Die Marokkaner besiegen das Heer der Songhai bei Gao.

SIEHE AUCH UNTER: AFRIKA, GESCHICHTE; GELD; HANDEL UND INDUSTRIE; MALI-REICH

SONNE UND SONNENSYSTEM

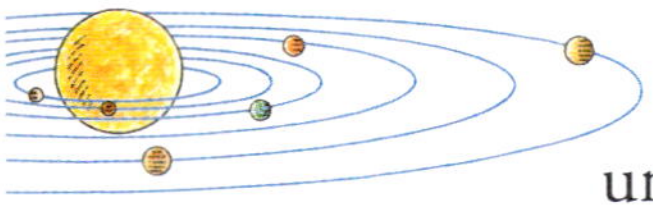

DIE SONNE IST EIN STERN, eine mächtige rotierende Gaskugel, und ungefähr 5 Milliarden Jahre alt. Sie bildet das Zentrum des Sonnensystems und bewirkt mit ihrer Schwerkraft, dass die Erde und 8 weitere Planeten, über 60 Monde sowie Millionen von Kometen und Asteroiden um sie kreisen. So entsteht ein scheibenförmiges System von vielen Milliarden Kilometern Durchmesser. Alle diese Himmelskörper hängen von der Sonne ab.

Das Innere der Sonne

Die Sonne ist eine unheimlich heiße Gaskugel, die Energie erzeugt. Ihr Kern ist außergewöhnlich dicht und heiß. Hier verschmelzen Wasserstoffkerne zu Heliumkernen. Diese Kernreaktion erzeugt Energie, die das gesamte Sonnensystem erleuchtet und erwärmt. Die Energie gelangt in Form von Strahlung und Konvektionszonen an die Oberfläche (Photosphäre) und dann über die Sonnenatmosphäre (Chromosphäre) in den Weltraum.

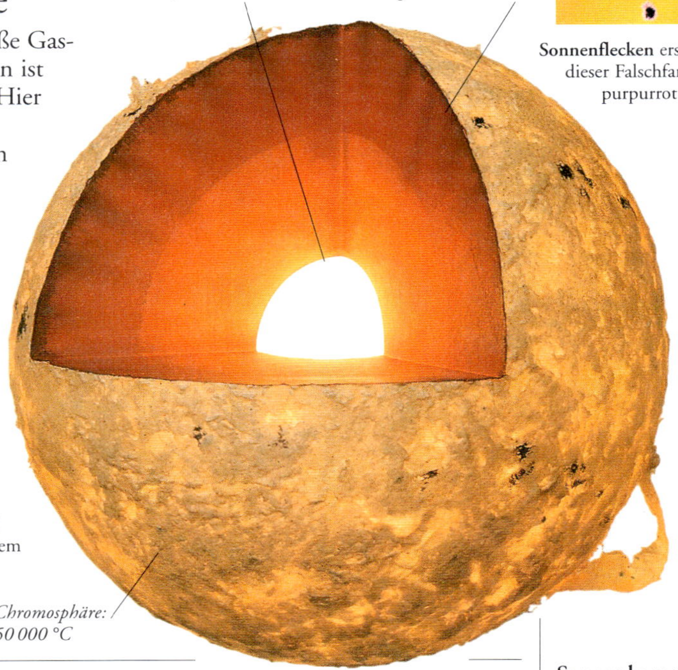

Das Leben der Sonne
In ungefähr 5 Mrd. Jahren wird der gesamte Wasserstoff im Kern der Sonne in Helium umgewandelt sein. Die äußeren Schichten werden sich dann aufblähen. Die Sonne wird sich auf das 150-fache vergrößern und zu einem Roten Riesen. Dabei wird sie den Merkur verschlingen. Schließlich schrumpft sie zu einem Weißen Zwerg. Auf der Erde ist dann kein Leben mehr möglich.

Kern: 15 Mio. °C *Photosphäre: 5 500 °C*

Chromosphäre: 50 000 °C

Die Oberfläche der Sonne

Die Erde ist 149,6 Mio. km von der Sonne entfernt, doch kann man ihre Oberfläche sehen. Energie, die im Kern entstanden ist, braucht Jahrmillionen, um an die Oberfläche, die Photosphäre, zu gelangen. Dort kann man Sonnenflecken, Flares und Protuberanzen beobachten.

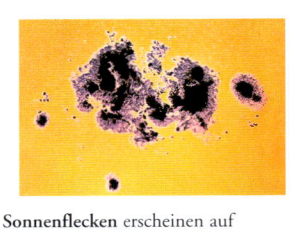

Sonnenflecken
Störungen im Magnetfeld der Sonne erzeugen dunklere kühlere Sonnenflecken in der Photosphäre. Sie haben einen 11-jährigen Zyklus: Zuerst erscheinen sie in hohen Breiten und treten dann immer häufiger in Äquatornähe auf.

Sonnenflecken erscheinen auf dieser Falschfarbenaufnahme purpurrot und schwarz.

Protuberanzen sind heiße, gasförmige Wolken.

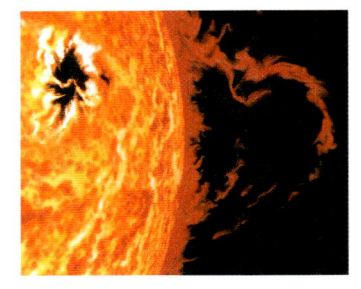

Flares und Protuberanzen
Flares sind Eruptionen auf der Sonne. Dabei erhebt sich ein Gasstrom aus der Photosphäre. Einige Minuten lang ist er ganz hell und nach einer Stunde verblasst er. Protuberanzen sind längerlebig. Sie können mehrere Monate anhalten und bis zu 200 000 km lang sein. Kurzlebige Protuberanzen bilden eine Schleife, die zur Sonne zurückkehrt.

Sonnenkorona
Jenseits der Photosphäre liegt die Chromosphäre und schließlich die Korona: Man kann sie als die Sonnenatmosphäre bezeichnen. Sie wird nur während einer totalen Sonnenfinsternis sichtbar. Die Korona erstreckt sich über 1 Mio. km über die Photosphäre hinaus.

Sonnenbewegung

Auch die Sonne dreht sich. Nicht alle Teile der Sonne brauchen gleich lang für eine Umdrehung. Am Äquator dreht sie sich am schnellsten und braucht ungefähr 25 Tage für eine vollständige Umdrehung. An den Polen braucht sie 35 Tage.

Arthur Eddington

Unser heutiges Wissen von der Natur der Sterne gründet auf den Forschungsarbeiten des englischen Astronomen Arthur Eddington (1882–1944). Er erforschte ihren inneren Aufbau und lieferte den ersten Beweis für die allgemeine Relativitätstheorie von Albert Einstein.

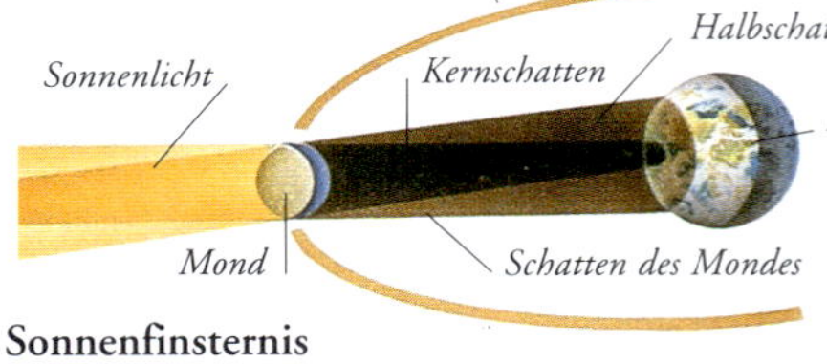

Ekliptik

Die Stellung der Sonne im Sonnensystem ändert sich nicht. Trotzdem scheint sie sich am Himmel zu bewegen. Durch die Erddrehung geht die Sonne am Morgen auf und am Abend unter. Die scheinbare Bahn der Sonne am Himmelsgewölbe bezeichnen wir als Ekliptik. Sie ist gegenüber dem Himmelsäquator um rund 23° geneigt.

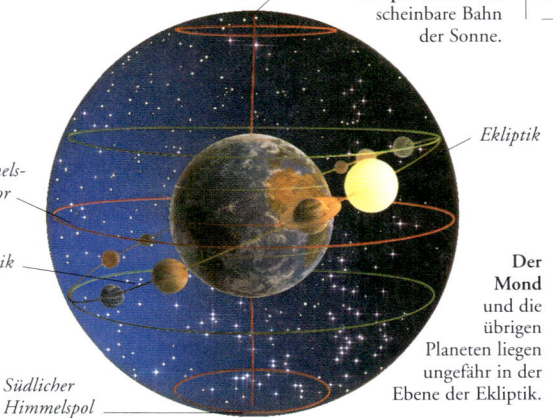

Nördlicher Himmelspol
Ekliptik Sie ist die scheinbare Bahn der Sonne.
Himmelsäquator
Ekliptik
Der Mond und die übrigen Planeten liegen ungefähr in der Ebene der Ekliptik.
Südlicher Himmelspol

Umlaufbahn des Mondes
Sonnenlicht *Kernschatten* *Halbschatten* *Erde*
Mond *Schatten des Mondes*

Sonnenfinsternis
Wenn der Mond direkt zwischen Sonne und Erde steht, bedeckt er die Sonnenscheibe. Dann kommt es zu einer Sonnenfinsternis. Im Bereich des Kernschattens auf der Erde ist sie total. Im Halbschatten sieht man eine partielle Sonnenfinsternis. Eine solche Finsternis ist nur deswegen möglich, weil Sonne und Mond am Himmel gleich groß erscheinen. Der Mond ist zwar 400-mal kleiner als die Sonne, doch auch 400-mal näher an der Erde.

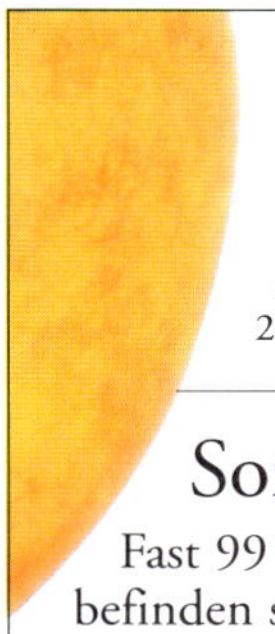

SONNE UND SONNENSYSTEM

Die Sonne ist der erdnächste Stern und eine Gaskugel. Rund 70 % ihrer Masse bestehen aus Wasserstoff, 28 % aus Helium.

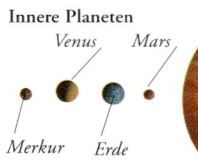

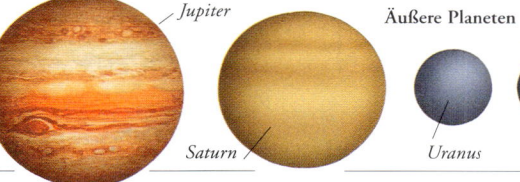

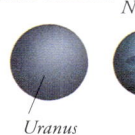

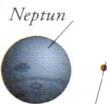

Innere Planeten
Venus, Mars, Merkur, Erde

Jupiter, Saturn

Äußere Planeten
Neptun, Uranus, Pluto

Die Planeten
9 Planeten kreisen um die Sonne. Die 4 inneren sind Gesteinsplaneten, die 4 äußeren Gasplaneten. Der kleinste Planet, Pluto, ist wiederum ein Gesteinsplanet.

Sonnensystem

Fast 99 % der Masse des Sonnensystems befinden sich in der Sonne. Ihr Durchmesser ist 109-mal so groß wie der der Erde, und der Jupiter hätte noch 10-mal darin Platz. Die kleinsten Objekte des Sonnensystems sind winzige Staubteilchen. Alle diese Körper drehen sich um eine Achse und folgen einer Umlaufbahn um die Sonne. Sie entstand vor ungefähr 5 Mrd. Jahren. Die Planeten folgten etwas später.

Plutos Bahn, Neptunbahn, Uranusbahn, Saturnbahn, Jupiterbahn, Marsbahn, Merkur, Erde, Jupiter, Uranus, Neptun, Venus, Mars, Saturn, Pluto

Umlaufbahnen

Die Planeten und Asteroiden umrunden die Erde alle – vom nördlichen Himmelspol aus gesehen – im Gegenuhrzeigersinn. In der Geschwindigkeit unterscheiden sie sich stark. Die Umlaufbahnen sind Ellipsen und liegen alle etwa in derselben Ebene. Die Bahn des Pluto ist am stärksten geneigt, um 17° gegenüber der Ekliptik.

Die Umlaufbahn des Pluto ist am längsten und stärksten elliptisch.

Die Umlaufbahn der Venus ist fast rund.

Die Anziehungskraft der Sonne
Die Anziehungskraft der Sonne bewirkt, dass alle Planeten des Sonnensystems um sie kreisen. Zwischen Umlaufgeschwindigkeit und Umlaufbahn besteht ein Zusammenhang. Die sonnennächsten Planeten bewegen sich am schnellsten, um nicht in die Sonne zu stürzen. Mit zunehmender Entfernung nimmt die Anziehungskraft ab.

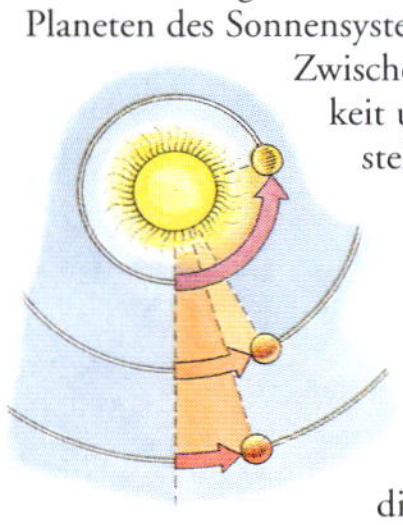

Der größte Planet
Jupiter ist der massereichste Planet. Er enthält 318 Erdmassen. Gleichzeitig ist auch sein Volumen am größten: Die Erde fände in ihm 1330-mal Platz.

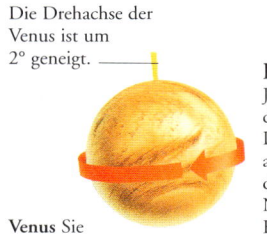

Die Drehachse der Venus ist um 2° geneigt.

Rückläufige Bewegung
Jeder Planet dreht sich, während er um die Sonne läuft, auch um eine eigene Drehachse. Diese liegt nie senkrecht auf der Umlaufebene. Die Drehachse der Erde ist um 23,5° gekippt. Vom Nordpol aus gesehen dreht sich die Erde im Gegenuhrzeigersinn. Venus und Uranus drehen sich im Uhrzeigersinn und damit rückläufig.

Venus Sie braucht für eine Umdrehung 243 Tage.

Tage und Jahreszeiten
Die Erde dreht sich alle 23 Std., 59,6 Min. um ihre Achse. Alle 365,25 Tage vollendet sie eine Umlaufbahn um die Sonne. Auf dieser Reise erhalten die verschiedenen Stellen der Erde auch unterschiedliche Energiemengen von der Sonne, da die Rotationsachse der Erde um 23,5° im Vergleich zur Bahnebene geneigt ist. Auf diese Weise entstehen die Jahreszeiten. Stünde die Rotationsachse senkrecht zur Bahnebene, so wären Tag und Nacht immer gleich lang und es gäbe keine Jahreszeiten.

Die Jahreszeiten
Juni: Der Nordpol liegt der Sonne zugewandt, längster Tag im Norden, kürzester im Süden. 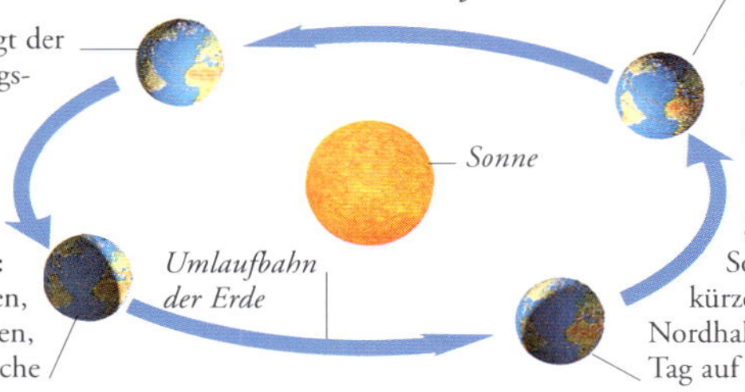

September: Frühjahr im Süden, Herbst im Norden, Tagundnachtgleiche

März: Frühjahr im Norden, Herbst im Süden, Tagundnachtgleiche

Dezember: Der Südpol liegt der Sonne zugewandt, kürzester Tag auf der Nordhalbkugel, längster Tag auf der Südhalbkugel.

Sonne, Umlaufbahn der Erde

Ursprünge

Die Sonne und alle anderen Himmelskörper ihres Systems entstanden aus derselben Gas- und Staubwolke. Diese verdichtete sich. Zunächst entstand die junge Sonne, umgeben von einer Scheibe restlichen Materials. Merkur, Venus, Erde und Mars entstanden aus sonnennahem Staub. Weiter draußen verbanden sich Gas, Schnee und Staub zu Jupiter, Saturn, Uranus, Neptun.

Asteroidengürtel
Die kleineren Körper im Sonnensystem, darunter Pluto und die Planetenmonde, entstanden aus Material, das die Planeten nicht in sich aufnehmen konnten. Zwischen Mars und Jupiter liegt der Asteroidengürtel aus Millionen von Gesteinsbruchstücken. Die Schwerkraft des Jupiter verhinderte, dass sich dieses Material zusammenballte.

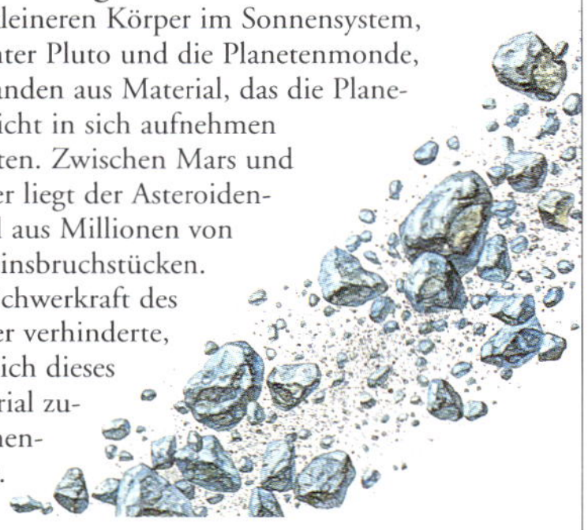

Johannes Kepler
Das erste genaue Modell des Sonnensystems stellte der deutsche Astronom Johannes Kepler (1571–1630) auf. Er entwickelte die drei nach ihm benannten Gesetze, mit der man die Planetenbewegungen beschreibt. Durch Kepler setzte sich die Lehre durch, dass die Planeten auf elliptischen Bahnen um die Sonne kreisen.

SIEHE AUCH UNTER | ERDE | GALILEO GALILEI | KOMETEN UND ASTEROIDEN | MOND | PLANETEN | SCHWERKRAFT | STERNE | ZEIT

SOWJETUNION

AUS DEM CHAOS der russischen Oktoberrevolution von 1917 ging schließlich als erstes kommunistisches Land die Sowjetunion hervor. Sie hieß amtlich Union der Sozialistischen Sowjetrepubliken (UdSSR). In ihrer 75-jährigen Geschichte wurde die Sowjetunion eine militärische Supermacht. Doch es gelang ihr nicht, den Menschen Wohlstand und Freiheit zu bringen. Die Bemühungen um die Reform des kommunistischen Systems misslangen. 1991 zerfiel die Sowjetunion in souveräne Staaten.

Fünfjahrespläne
In den 20er und 30er Jahren entwarf der Sowjetherrscher und Diktator Josef Stalin eine Reihe von langfristigen Wirtschaftsplänen. Diese Fünfjahrespläne wurden für die Schwerindustrie, die Landwirtschaft, die Leichtindustrie, die Verteidigung und Waffenproduktion erstellt.

Sowjetisches Propagandaplakat mit Arbeitern

Der Sowjetstaat
Die Sowjetunion bestand aus 15 Unionsrepubliken. Diese wurden von Räten oder Sowjets geleitet. Der Staat kontrollierte das gesamte Leben. Er übernahm Industrie und Landwirtschaft, die Presse wurde zensiert, und das kulturelle Leben war auf die Verherrlichung des kommunistischen Systems ausgelegt. Eine Geheimpolizei, der KGB, kontrollierte die Bevölkerung und eliminierte alle Andersdenkenden, die sog. Dissidenten oder Abweichler.

Josef Stalin
Josef Stalin (1879–1953) kam in der Unionsrepublik Georgien auf die Welt. 1923 übernahm er die Führung der Partei, ein Jahr darauf die der ganzen Sowjetunion. Er verfügte über absolute Macht, ließ Gegner und Dissidenten foltern und hinrichten. Seine Form der Diktatur heißt heute Stalinismus.

Die UdSSR im Krieg
Am 22. Juni 1941 drangen 79 deutsche Divisionen in die Sowjetunion vor. Sie besetzten innerhalb kurzer Zeit weite Strecken der westlichen Sowjetunion, konnten aber Moskau vor Einbruch des Winters nicht erobern. Die deutschen Truppen erlitten bei Stalingrad im Jahr 1943 eine schwere Niederlage.

Belagerung von Leningrad
Im September 1941 schlossen die deutschen Truppen Leningrad ein. Die Stadt hielt 900 Tage aus, bis zum Januar 1944. Durch Bombardierung, Hunger und Kälte kamen aber Tausende von Menschen um.

Kriegsfolgen
Im Krieg wurde ein großer Teil der westlichen Sowjetunion zerstört. Über 20 Mio. Menschen kamen ums Leben. Nach 1945 besetzten Sowjettruppen weite Teile Osteuropas und errichteten eine kommunistische Pufferzone gegenüber dem Westen.

Schauprozesse
In den 30er Jahren ließ Stalin alle seine Gegner in Schauprozessen verurteilen. Sie wurden erschossen oder kamen ins Gefängnis. Hunderttausende von Sowjetbürgern mussten in Sibirien oder in der Arktis zwangsarbeiten.

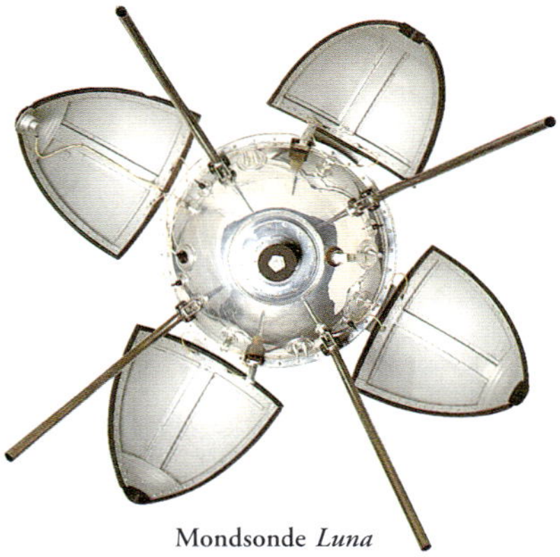

Schauprozess gegen Stalins Gegner, Moskau

Mondsonde *Luna*

Das Rennen im Weltraum
1957 startete die UdSSR erstmals einen künstlichen Satelliten. Der erste Astronaut im Weltraum war der Russe Jurij Gagarin 1961. Den Wettlauf um die erste Mondlandung gewannen allerdings die Amerikaner. Sie landeten 1969 auf dem Mond.

Supermacht
Die UdSSR ging aus dem 2. Weltkrieg als Supermacht hervor. Bald trat sie vor allem in militärischen Dingen in einen Wettstreit mit den USA. 1949 zündete sie die erste Atombombe. Im Kalten Krieg kam es zwar nicht zu einer direkten Konfrontation der beiden Supermächte, die Sowjets unterstützten aber Länder, die gegen die USA kämpften, z.B. Vietnam.

Chronologie
1917 Russische Revolution: Unter Führern wie L. Trotzkij siegt der Kommunismus.

1918–20 Die Rote Armee gewinnt den Bürgerkrieg.

1924 Stalin übernimmt die Macht nach dem Tod des Revolutionsführers W. I. Lenin.

1928 Erster 5-Jahresplan

1941–45 Im Zweiten Weltkrieg erleidet die UdSSR große Verluste.

1945 Russische Truppen besetzen den größten Teil Osteuropas.

1953 Tod Stalins

Revolutionsführer Leo Trotzkij (1879–1940)

Perestroika
1985 wurde Michael Gorbatschow Staatsoberhaupt. Er begann mit Reformen des kommunistischen Systems und propagierte Perestroika (Umbau) und Glasnost (Transparenz). Gorbatschow trat nach einem Staatsstreich 1991 zurück.

Michael Gorbatschow

1956 Der neue russische Ministerpräsident Nikita Chruschtschow klagt die Schreckensherrschaft Stalins an.

1964 Leonid Breschnew übernimmt die Macht von Chruschtschow.

1985 Gorbatschow wird Staatsoberhaupt und beginnt mit Reformen.

1991 Die Sowjetunion zerfällt.

SIEHE AUCH UNTER EUROPA, GESCHICHTE · KALTER KRIEG · MARX, KARL · OKTOBERREVOLUTION · POLITIK UND MACHT · RUSSLAND, GESCHICHTE · WELTKRIEG, ZWEITER

SPANIEN

DIE PYRENÄEN TRENNEN Spanien vom restlichen Europa. Zwischen Spanien und Nordafrika liegt die Straße von Gibraltar. Zusammen mit Portugal bildet es die Iberische Halbinsel. Es ist das viertgrößte Land in Europa und im Mittel auch eines der höchstgelegenen. Seit dem Beitritt zur Europäischen Gemeinschaft 1986 hat Spanien ein stürmisches Wirtschaftswachstum erlebt. Heute ist es eine Industrienation mit bedeutender Landwirtschaft und einem boomenden Tourismus.

SPANIEN: DATEN	
HAUPTSTADT	Madrid
FLÄCHE	504 790 km²
EINWOHNER	40 000 000
SPRACHE	Spanisch, Katalanisch, Galicisch, Baskisch
RELIGION	Christentum
WÄHRUNG	Euro
LEBENSERWARTUNG	79 Jahre
EINWOHNER PRO ARZT	260
REGIERUNG	Mehrparteiendemokratie
ANALPHABETEN	3 %

Geografie

Spanien ist ein Land der Kontraste mit Gebirgen im Norden, im Zentrum und im Süden und einer sehr trockenen Hochfläche, der Meseta, im Zentrum. Im Nordwesten liegen gemäßigt feuchte Gebiete, am Mittelmeer warme Ebenen.

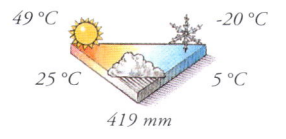

49 °C -20 °C
25 °C 5 °C
419 mm

Ödland 0,5 %
Grasland 20 %
Feuchtgebiete 0,5 %
Wald 28,5 %
Ackerland 49,5 %
Siedlungen 1 %

Klima
Die Meseta hat trockenheiße Sommer und im Winter Schneestürme. An der Küste und auf den Balearen wechseln trockene Sommer mit milden, feuchten Wintern ab.

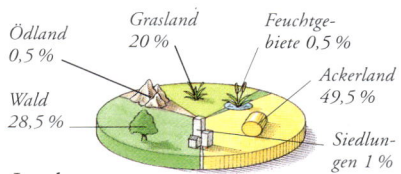

Landnutzung
Spanien hat sehr wenige Bodenschätze und auch wenig Trinkwasser. Ein Fünftel der Anbaufläche wird bewässert. Man baut Getreide, Oliven, Zitrusfrüchte und Trauben an. Rund 20 % sind Weideland, vor allem für Schafe.

Balearen
Mallorca, Menorca und Ibiza sind die größten Inseln der Balearen. Sie liegen vor der Mittelmeerküste Spaniens und haben eine Gesamtfläche von 5 014 km². Die Einwohnerzahl beträgt 735 000. Die Inseln sind an erster Stelle für ihren Tourismus berühmt. Millionen Deutsche besuchen sie jedes Jahr.

Pyrenäen
Die Pyrenäen bilden das Grenzgebirge zwischen Frankreich und Spanien. Es verläuft vom Atlantik bis zum Mittelmeer und enthält viele Gipfel mit über 3 000 m Höhe. In den Pyrenäen leben noch einige Bären und Wölfe.

Meseta
Die trockene Hochfläche der Meseta nimmt den größten Teil Zentralspaniens ein. Hier gibt es nur Hügel und niedrige Gebirgszüge. Viele Flüsse trocknen im Sommer vollständig aus. Der Ackerbau ist deshalb stark auf künstliche Bewässerung angewiesen.

Madrid
König Philipp II. machte 1561 Madrid zur Hauptstadt Spaniens, weil er das Klima und die zentrale Lage liebte. In Madrid und Umgebung leben heute fast 5 Mio. Menschen. Es ist ein Finanz-, Regierungs- und Industriezentrum. Hier befindet sich eines der größten Kunstmuseen der Welt, der Prado.

Gran Via

SPANIEN

Bevölkerung
In Spanien leben mehrere Völker mit eigener Sprache und Kultur zusammen. Ungefähr 16 % sind Katalanen, 8 % Galicier und etwa 2 % Basken. Die Mehrheit der Bevölkerung besteht aus Kastiliern, und ihre Sprache wird als Spanisch in den Schulen gelehrt.

79 pro km² — 78 % Stadt — 22 % Land

Leben in der Stadt
Über drei Viertel aller Spanier leben in der Stadt. Die zweitgrößte Stadt hinter Madrid ist Barcelona, ein Handels-, Finanz- und Industriezentrum. Die Landbevölkerung ist überaltert, da viele junge Leute heute in die Städte ziehen, um dort zu arbeiten.

Freizeit
Die Spanier lieben das Fußballspiel, als Aktive wie als Zuschauer. International berühmt sind die Teams Real Madrid und der FC Barcelona. Nach wie vor gehen viele Spanier zum Stierkampf.

Fiestas
Die meisten Spanier sind römisch-katholisch. Den Stadtheiligen verehrt man bei der Fiesta oft mit einer Prozession in alten Kostümen. Anschließend wird getanzt. Jedes Jahr finden in Spanien über 3 000 Fiestas statt.

Flamenco
Diesen traditionellen spanischen Tanz entwickelten andalusische Sinti und Roma im 15. Jh. Die Männer tanzen in Schwarz, die Frauen in hellen, weiten Röcken. Dazu wird Gitarre gespielt.

Industrie
Spanien stellt Textilien, Fischereiprodukte, Maschinen, Chemikalien, Metalle, Schiffe und Autos her. Eine große Rolle spielt der Tourismus. Seit den 80er Jahren haben sich viele Elektronik- und Hightechfirmen niedergelassen.

Sherry
Der berühmteste Wein Spaniens ist der Sherry. Man stellt ihn durch Zugabe von Alkohol zu einem Grundwein her. Sherry hat seinen Namen nach der Stadt Jerez de la Frontera, wo der Wein hauptsächlich produziert wird. Sherry trinkt man überall auf der Welt als Aperitif.

Oliven
Das warme Mittelmeerklima im Süden und Osten ist ideal für den Anbau von Oliven. Spanien steht im Olivenanbau hinter Italien an 2. Stelle. Die meisten Oliven presst man zu Olivenöl. Ein Teil wird getrocknet oder eingelegt und zu Käse und Wein gegessen.

Oliven werden oft als Vorspeise gegessen.

Landwirtschaft
Unfruchtbare Böden und Wassermangel erschweren die Landwirtschaft. Die Bauern pflanzen außer Getreide viel Obst und Gemüse an. Die wichtigsten Haustiere sind Schafe. Viele Bauern halten auch Schweine, während Rinder und Ziegen seltener sind.

Orangen und Zitronen
Das Mittelmeerklima ist ideal für den Anbau von Zitrusfrüchten. Spanien exportiert sehr viele Orangen und Zitronen. Die Bitterorangen im Gebiet um die Stadt Sevilla sind die besten zur Herstellung von Marmelade.

Landesküche
Eines der bestbekannten Gerichte ist die Paella, ein Reisgericht mit Huhn, Garnelen, Muscheln, Erbsen und Safran. Zum Essen trinkt man meist Wein, z. B. roten Rioja. Ein Erfrischungsgetränk aus Rotwein, Limonade, Zitronen und Branntwein ist die Sangria.

Garnele, Muschel, Huhn, Reis

Tourismus
Sandstrände, historische Städte und stetiger Sonnenschein ziehen jährlich rund 60 Mio. Touristen an. Im Tourismus sind 10 % aller Arbeitskräfte beschäftigt. Die Costa Brava und die Costa Blanca sowie die Balearen sind als Reiseziele besonders bei Briten und Deutschen beliebt.

Autoproduktion
Spanien steht bei der Autoproduktion an 5. Stelle. Die einst berühmten einheimischen Marken wie Hispano-Suiza und Pegaso gehören aber der Vergangenheit an. Heute werden nur noch ausländische Autos in Lizenz hergestellt, z. B. in der Firma SEAT, einem VW-Unternehmen.

Andorra
Andorra ist ein winziges Land in den Pyrenäen zwischen Frankreich und Spanien. Es ist eine Demokratie mit zwei Fürsten an der Spitze. Die Haupteinnahmen Andorras stammen aus dem Tourismus.

Landschaft
Andorra ist ein gebirgiges Land, das viele Besucher zum Skilaufen und zum Wandern anzieht. Auch der zollfreie Einkauf war lange eine Attraktion.

ANDORRA: DATEN
- **HAUPTSTADT** Andorra la Vella
- **FLÄCHE** 468 km²
- **EINWOHNER** 67 000
- **SPRACHE** Spanisch, Katalanisch, Französisch
- **RELIGION** Christentum
- **WÄHRUNG** Euro
- **LEBENSERW.** 83 Jahre

SIEHE AUCH UNTER: CHRISTENTUM · EUROPA · EUROPA, GESCHICHTE · EUROPÄISCHE UNION · FESTE UND FEIERN · SPANIEN, GESCHICHTE · TANZ

SPANIEN, GESCHICHTE

WÄHREND EINES GROSSEN TEILS seiner Geschichte wurde Spanien von fremden Mächten beherrscht. Griechen, Römer, Westgoten und Mauren hinterließen Spuren in diesem Land. 1492 war Spanien endlich vereinigt. Es stieg zu einer Weltmacht auf und eroberte ein großes Reich in Amerika. Die Anstrengung, dieses Reich zusammenzuhalten, schwächte Spanien. Um 1700 war es erschöpft und verlor an Einfluss. 1936 erlebte es einen schrecklichen Bürgerkrieg. Eine faschistische Regierung kam an die Macht. Die Monarchie wurde 1975 wiederhergestellt.

Römisches Spanien

133 v. Chr. eroberten die Römer Spanien. Sie einten das Land und brachten Frieden, Wohlstand, später auch das Christentum. Die Römerherrschaft dauerte über 500 Jahre, bis germanische Stämme Iberien im 5. Jh. überrannten.

Römisches Relief

Maurisches Spanien

Im Jahr 711 drangen Moslems aus Nordafrika, die Mauren, auf die Iberische Halbinsel vor und vertrieben die christlichen Herrscher in die Gebirge im Norden des Landes. 700 Jahre lang beherrschten die Mauren einen großen Teil Spaniens. Sie führten den Islam ein, ließen Juden und Christen aber ihre Religion. An die Mauren erinnern heute noch herrliche Bauwerke

Deckengewölbe in der Alhambra, Granada

Königin Isabella von Kastilien

König Ferdinand von Aragonien

Ferdinand und Isabella
1479 wurden die beiden christlichen Königreiche Spaniens vereinigt, als Ferdinand von Aragonien Isabella von Kastilien heiratete. 1492 wurden die Mauren aus Spanien vertrieben und die Reconquista, die „Wiedereroberung", abgeschlossen.

Ferdinand und Isabella mit ihrer Armee

Reinigung des Tempels von El Greco

Goldenes Zeitalter

Im 16. und frühen 17. Jh. war Spanien eines der mächtigsten Länder Europas. Es kontrollierte einen großen Teil Italiens, die Niederlande und ein riesiges Reich in Amerika. Gold und Silber aus südamerikanischen Bergwerken flossen ins Land, das dadurch sehr reich wurde. Maler wie El Greco, Murillo und Velázquez machten Spanien zu einem künstlerischen Zentrum in Europa.

Bürgerkrieg 1936–1939

1936 begann ein Bürgerkrieg zwischen Nationalisten, die eine faschistische Regierung anstrebten, und Republikanern, die die Macht der Armee brechen und zum Sozialismus zurückkehren wollten. Das faschistische Italien und die deutschen Nationalsozialisten unterstützten die Nationalisten unter General Franco. Nach 3-jährigem Kampf und 1 Mio. Toten kam er schließlich an die Macht.

Basken
Die Basken in Nordspanien sind ein Volk mit eigener Sprache und Kultur. 1936 schlossen sie sich den Republikanern an. Um General Franco zu unterstützen, zerstörten deutsche Bomber die baskische Stadt Guernica. Es gab 1 645 Tote.

Republikanische Söldner

Juan Carlos

Nach dem Tod General Francos (1892–1975) ging die Macht an Juan Carlos (geb. 1938), den Enkel des letzten spanischen Königs, über. Unter seiner Regierung entwickelte sich Spanien zu einer parlamentarischen Monarchie.

Philipp II.

Philipp II. (1527–98) herrschte über Spanien, Süditalien und seit 1556 auch über die Niederlande. Als Sohn Kaiser Karls V. führte er den Krieg seines Vaters gegen Frankreich weiter und zog auch England in den Konflikt. Ein Aufstand der Niederländer nach 1568 schwächte seine Macht, doch konnte er 1580 noch Portugal übernehmen. 1588 schickte er seine Armada gegen England. Die Niederlage führte zum Niedergang Spaniens.

Chronologie

33 v. Chr. Römische Herrschaft

300 Spanien wird christlich.

711 Die Mauren dringen in Spanien ein und verbreiten den Islam.

1479 Vereinigung der Königreiche Aragonien und Kastilien

1492 Vertreibung der Mauren. Kolumbus entdeckt Amerika und Spanien wird Weltmacht.

1556–98 Regierung Philipp II.

1808–14 Napoleon besetzt Spanien.

1816–28 Spanien verliert sein Reich in Süd- und Zentralamerika.

General Franco

1936–39 Bürgerkrieg. Nach dem Sieg kommt der faschistische Diktator Franco an die Macht.

1975 Tod Francos. König Juan Carlos stellt die Monarchie wieder her.

1986 Spanien wird Mitglied der EG.

SIEHE AUCH UNTER HEILIGES RÖMISCHES REICH · KOLUMBUS, CHRISTOPH · SÜDAMERIKA, GESCHICHTE · ZENTRALAMERIKA, GESCHICHTE

SPECHTE UND TUKANE

SPECHTE UND TUKANE sehen sich nicht ähnlich und ernähren sich auch anders und sind doch nahe miteinander verwandt. Sie leben in Waldgebieten und verbringen die meiste Zeit auf Bäumen. Ihre Nester errichten sie in Baumhöhlen. Die Spechte suchen mit ihren Meißelschnäbeln nach holzbewohnende Insekten in Ästen und Stämmen. Die Tukane klettern in die Kronschicht der Bäume und sammeln dort Früchte.

Flug
Spechte haben einen wellenförmigen Flug. Sie schlagen ein paar Mal mit den Flügeln und schließen sie dann für einige Zeit.

Schwanz
Spechte verwenden ihren kräftigen, kurzen Schwanz als Stütze. Die Schwanzfedern sind versteift.

Spechte

Es gibt ungefähr 200 Spechtarten. Die Familie ist mit Ausnahme Australiens und der Antarktis auf allen Kontinenten vertreten. Die Spechte halten sich mit ihren scharfen Krallen an senkrechten Stämmen fest. Mit ihrem Schnabel hacken sie Baumhöhlen als Nistgelegenheit. Sie stehen auch untereinander über Klopfsignale in Verbindung.

Krallen
Spechte haben kurze, kräftige Zehen. Mit ihren Krallen klammern sie sich an der Rinde fest. Der Schwanz dient als Stütze.

Eichelspecht
Im westlichen Nordamerika verwendet der Eichelspecht Baumstämme als Vorratslager. Er hackt hunderte von Löchern und steckt in jedes eine Eichel als Nahrung für den Winter.

Grünspecht
Der Grünspecht lebt in Bäumen und ist dort gut getarnt. Seine Nahrung sucht er allerdings mehr auf dem Boden. Er hat einen lachenden, absteigenden Ruf, den man im Frühjahr überall hören kann.

Tukane

Es gibt 33 Tukanarten. Sie leben nur in Süd- und Mittelamerika. Zu ihnen zählen auch die Arassaris. Die meisten haben einen großen Schnabel, der oft halb so lang ist wie der Körper. Tukane spielen gern mit ihrer Nahrung, beugen dann den Kopf nach hinten, um sie zu verschlucken.

Der Schnabel enthält luftgefüllte Hohlräume. Deswegen ist er leichter, als er aussieht.

Zunge um den Schädel aufgewickelt.

Schnabel
Die Schnäbel der Tukane sind oft bunt gefärbt. Die Arten können sich daran erkennen. Auf andere Tiere wirken die mächtigen Schnäbel bedrohlich.

Weißbrusttukan
Der Weißbrusttukan frisst Früchte, Insekten, Spinnen und andere Tiere wie Echsen oder sogar kleine Vögel. Er lebt im nördlichen Südamerika hoch oben im Regenwald und tritt einzeln oder paarweise auf.

Zunge
Die Zunge eines Spechtes kann 3-4mal so lang sein wie der Schnabel. An der Spitze ist sie klebrig oder dornig. Der Specht stochert mit ihr nach Insekten. In Ruhe liegt die Zunge um den Schädel herum aufgerollt, unmittelbar unter der Haut.

Schmale Zunge

Glänzend schwarzer Schnabel

Schnabel viel größer als der Kopf

Braunohrarassari
Der Schnabel dieser Art ist lang und schmal und gekrümmt. Ober- wie Unterschnabel haben deutlich gezähnte Ränder.

Dottertukan
Diese Art kommt im südlichen Teil des amazonischen Regenwaldes vor und ernährt sich von Früchten und Kleintieren.

Riesentukan
Er hat einen der größten Schnäbel. Damit erreicht er Enden von Zweigen, die sein Gewicht nicht mehr tragen.

Tukannester
Tukane nisten in Baumstämmen. Sie verwenden dazu entweder natürliche Höhlen, in denen das Holz schon verfault ist, oder Höhlen, die ein Specht gemeißelt hat. Einige Arten kleiden die Höhle mit Blättern aus, doch die meisten lassen sie so, wie sie ist. Die Weibchen legen 2–4 glänzend weiße Eier. Beide Partner wechseln sich beim Brüten ab und füttern die Jungen. Nach ungefähr 3 Wochen öffnen die Nestlinge ihre Augen, und nach ungefähr 6 Wochen sind sie imstande, allein zurechtzukommen.

GRÜNSPECHT

WISSENSCHAFTLICHER NAME Picus viridis
ORDNUNG Piciformes, Spechtvögel
FAMILIE Picidae, Spechte
VERBREITUNG Europa und Westasien
LEBENSRAUM Wald, offenes Gelände
ERNÄHRUNG Ameisen, andere Insekten
GRÖSSE Länge mit Schwanz 30 cm
LEBENSDAUER Ungefähr 7 Jahre

SIEHE AUCH UNTER — EISVÖGEL UND NASHORNVÖGEL — TIERBAUTEN — VÖGEL — WÄLDER, TIERWELT

SPINNEN UND SKORPIONE

AUF LANGEN BEINEN nähern sich die Spinnen lautlos ihren Beutetieren, ohne dass diese etwas hören. Auch die Skorpione stechen unbemerkt zu. Für den Menschen sind aber nur wenige Spinnen und Skorpionarten gefährlich. Beide Gruppen zählen zu den Spinnentieren, die räuberisch auf dem Festland leben. Spinnentiere sind auch die 30 500 Milben- und Zeckenarten sowie die 4 500 Arten der langbeinigen Weberknechte.

Giftzähne
Zwischen den Kiefertastern oder Pedipalpen liegen die Giftzähne (Chelizeren). Sie stehen mit einer Drüse in Verbindung, die Gift in das Beutetier pumpt.

Reizhaare werden auf Angreifer geschleudert.

Hinterleib

Cephalothorax

Giftzähne

Kiefertaster

1. Beinpaar

2. Beinpaar

3. Beinpaar

4. Beinpaar

Vogelspinne

Merkmale der Spinnen
Es gibt 40 000 Spinnenarten. Alle haben 4 Beinpaare, wobei die Spannweite von 2 mm bei den Zwergspinnen bis zu 30 cm bei Vogelspinnen reicht. An Stelle von Fühlern haben sie Kiefertaster oder Pedipalpen, die beim Männchen auch den Samen übertragen. Kopf und Brust sind zu einem Cephalothorax verwachsen. Daran ist der Hinterleib befestigt. Die Spinnen haben 4, 6 oder sogar 8 Augen.

Spinnwarzen
Am Ende des Hinterleibs liegen 6 paarige Spinnwarzen. Hier treten die Seidenfäden für die Netze und die Kokons aus. Die Seide selbst besteht aus Proteinen und ist stärker als ein Stahldraht derselben Dicke.

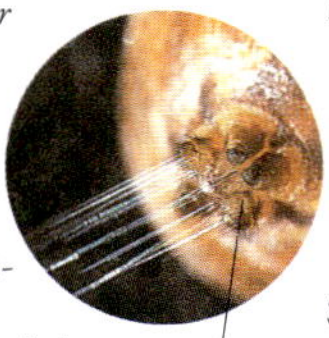

Spinnwarzen

Netze
Die meisten Spinnen bauen Netze für den Beutefang. Es gibt die unterschiedlichsten Netzformen, von unregelmäßigen Baldachinen bis zu geometrischen Radnetzen. Falltürspinnen leben in einer Seidenröhre mit Deckel und spinnen Stolperfäden. Wenn ein Insekt daran stößt, schlägt der Deckel zu. Jungspinnen verwenden oft einen langen Seidenfaden als Fallschirm.

Netzbau

1 Die Spinne baut erst einen Y-förmigen Rahmen und befestigt daran die Netzspeichen.

2 Eine erste Spirale aus nicht klebrigen Seidenfäden hält die Speichen zusammen und dient als Gerüst.

3 Nun legt die Spinne eine enge Fangspirale aus klebriger Seide, an der die Insekten hängen bleiben.

4 Nach dem Netzbau wartet die Webspinne in der Mitte des Radnetzes geduldig auf ihr erstes Beutetier.

Ernährung
Alle Spinnen sind Fleischfresser und erbeuten vor allem Insekten. Dazu bauen die meisten Arten Netze. Wolfsspinnen gehen auf die Pirsch. Spinnen nehmen keine feste Nahrung zu sich. Sie spritzen in ihr Beutetier ein lähmendes Gift und dann Enzyme ein, die die Organe verflüssigen. Nun saugen sie den Nahrungsbrei ein. Das Außenskelett bleibt übrig.

Fortpflanzung
Die Weibchen betrachten die kleineren Männchen oft als Beute und verspeisen sie noch vor der Paarung. Um das zu verhindern, zupfen die Männchen der Webspinnen am Netz und melden sich an. Andere bringen ein Beutetier oder wickeln das Weibchen bei der Paarung in Seide ein. Trotz aller Vorsicht werden viele gefressen.

Schwarze Witwe mit Kokons

Kokons
Viele Spinnen packen ihre Eier in Seidenkokons ein. Damit verhindern sie, dass diese gefressen werden oder austrocknen. Die aus den Eiern schlüpfenden Jungspinnen bahnen sich einen Weg durch den Kokon.

Wolfsspinne mit erbeuteter Fliege

Verteidigung
Viele Spinnen verbergen sich einfach vor ihren Feinden. Andere tun so, als wären sie Ameisen. Manche Vogelspinnen bewerfen Angreifer mit brennenden Haaren. Die südamerikanische Bananenspinne und die australische Falltürspinne *Atrax* können dem Menschen durch ihren Biss gefährlich werden.

Falltürspinne *Atrax*

Hoch erhobene Vorderbeine

Giftzähne

Skorpione
Die meisten Skorpione leben in heißen Ländern und verbergen sich tagsüber in Spalten oder unter Steinen. Nachts werden sie aktiv und fangen Insekten. Dabei setzen sie ihre Scheren und ihren Stachel ein. Einige Skorpione können dem Menschen gefährlich werden. Man kennt rund 2 100 Arten. Am größten ist der Imperatorskorpion mit 18 cm Länge.

Fortpflanzung
Bei der Paarung stellen sich die Tiere einander gegenüber und packen sich an den Scheren. Sie vollführen einen Tanz. Das Männchen zieht das Weibchen dabei über ein vorher abgelegtes Samenpaket, damit es dieses aufnehmen kann.

Stachel

Scheren

Imperatorskorpion

Die Jungen sitzen auf der Mutter.

VOGELSPINNE

WISSENSCHAFTLICHER NAME	*Brachypelma smithii*
ORDNUNG	Araneae, Spinnen
FAMILIE	Theraphosidae, Vogelspinnen
VERBREITUNG	Mexiko
LEBENSRAUM	Trockene Buschgebiete und Wälder, Felsen mit Bewuchs
ERNÄHRUNG	Große Insekten, andere Spinnen, kleine Reptilien, gelegentlich sogar Kleinsäuger
GRÖSSE	Spannweite bis zu 16 cm
LEBENSDAUER	Männchen 7 bis 8 Jahre, Weibchen 20 bis 30 Jahre

SIEHE AUCH UNTER FEUCHTGEBIETE, TIERWELT • GLIEDERFÜSSER • HÖHLEN, TIERWELT • TIERE, GIFTIGE • WÜSTEN, TIERWELT

Spinnen

Bananenspinne Ihr Biss kann zum Tod führen. Mit Bananen gelangt sie auch nach Europa.

Hausspinne Sie kommt häufig in feuchten Kellern vor, ist aber harmlos. — *Spinnwarzen*

Krabbenspinne Sie lauert in Blüten auf Insekten und nimmt die Farbe der Blume an. — *8 Augen*, *Krabbenförmiger Körper*

Lange Taster, *Gestreifte Beine*

Zitterspinne Bei Gefahr beginnt sie im Netz zu zittern.

Kreuzspinne Sie baut runde Netze und wartet im Zentrum auf Beute.

Große Augen, *Kurze, kräftige Beine*

Springspinne Sie schleicht sich an und springt der Beute auf den Rücken.

Wolfsspinne Sie jagt ihre Beutetiere und tötet sie mit einem starken Gift.

Rotfüßige Vogelspinne Diese Art erreicht eine Spannweite von 16 cm. — *Beutehaare zur Verteidigung*

Winkelspinne Sie sieht ihre Beute schon auf 1 m Entfernung.

Trichterspinne Sie lauert am Ende eines trichterförmigen Gewebes. — *Haarige Beine*

Lange Taster, *Spinnwarzen*

Vogelspinne Manche südamerikanische Art gilt als ausgesprochen beißlustig.

Falltürspinne Sie baut eine Röhre mit einem Deckel.

Tropische Webspinne Sie lebt auf Blüten und ist durch ihre Stacheln geschützt. — *Stachelartige Fortsätze*

Jagdspinne Sie läuft auf der Wasseroberfläche und fängt dort ihre Beute. — *Körper mit gelbem Saum*

Vogelspinne Manche Vogelspinnen kann man heute in Terrarien halten.

Skorpione

Imperatorskorpion Er hat dicke Scheren, mit denen er seine Beutetiere knackt. — *Gekrümmter Stachel*, *Gegliederter Schwanz*, *Mächtige Scheren*

Marmorskorpion Er lebt in der Streu australischer Wälder.

Wüstenskorpion Er hat kleine Scheren, dafür aber ein tödliches Gift. — *Stachel*, *Gelbe Farbe als Tarnung im Wüstensand*

SPORT

SEIT FRÜHESTEN ZEITEN treiben die Menschen Sport, sei es zur Erholung oder als ernsthaften Wettbewerb. Im alten Griechenland besuchten die Männer regelmäßig das Gymnasion, um sich zu entspannen und um fit zu bleiben. Seit Anbeginn waren die Olympischen Spiele Sportwettbewerbe. Heute kann jeder aus einer unglaublichen Vielfalt von Sportarten wählen, etwa Leichtathletik, Bogenschießen oder Reiten. Sport ist wichtig als Ausgleich für eine sitzende Lebensweise.

Sport heute

Der Sport ist heute eine große Industrie. Durch Fernsehrechte, Werbung, Sponsoren und das Publikum werden viele Milliarden umgesetzt. Die Menschen zahlen Eintrittsgeld und leisten sich oft eine eigene teure Sportausrüstung.

Tausende von Menschen nehmen an Sportereignissen teil, wie bei diesem Rugbymatch in Hongkong.

Sportarten

Man kann die Sportarten nach den unterschiedlichsten Gesichtspunkten einteilen, z. B. nach der Art des Sportgeräts oder dem Ort, wo sie stattfinden. So unterscheidet man etwa Wintersport, Radsport, Wassersport, Reitsport, Ballspiele, Turnen und Gymnastik.

Leichtathletik
Die Leichtathletik gehört zu den beliebtesten Sportarten. Sie umfasst Lauf, Hürdenlauf, Sprung und Wurf. Das Laufen reicht vom Gehen und Joggen für die Gesundheit bis zum schnellen Sprint.

Joggen aus Spaß

Wintersport
Die Wintersportarten finden auf Eis oder Schnee statt. Dazu gehören z. B. alpiner und nordischer Skilauf sowie Eishockey. In manchen Ländern kann man das ganze Jahr über in Hallen Schlittschuh laufen.

Schlittschuhlaufen lernen

Profis
Wer den Sport zum Beruf gemacht hat, ist ein Profi. Spitzenstars wie Tiger Wood verdienen damit viel Geld. Früher durften sie nicht an den Olympischen Spielen teilnehmen.

Sponsoren
Firmen sponsern Teams, Einzelsportler und Sportereignisse. Dafür dürfen sie für ihre Produkte werben.

Internationales Fußballspiel

Tiger Wood

Radsport
Spezialkleidung erlaubt Bewegungsfreiheit.

In vielen Ländern ist das Radfahren nicht nur eine Fortbewegungsart, sondern Sport. Man hält sich damit fit und verschmutzt die Umwelt nicht. Im Radsport unterscheidet man mehrere Disziplinen.

Kampfsport
Viele Kampfsportarten gingen aus Zweikämpfen auf Leben und Tod hervor. Die Regeln des Judo, Karate oder Ringens zielen aber heute darauf ab, Schäden zu vermeiden. Das Boxen ist umstritten, weil es dem Gegner bewusst Schaden zufügen will.

Gokart

Tennis

Motorsport
Beim Motorsport steht nur das Gokartfahren dem gewöhnlichen Publikum offen. An den übrigen Rennen nehmen nur Profis teil. Sie brauchen ein großes Team von Mechanikern.

Rückschlagspiele
Rückschlagspiele wie Tennis, Badminton und Squash verlangen einen geschickten Umgang mit dem Schläger und eine sehr gute Koordination. Die Profis müssen auch eine außergewöhnliche Ausdauer zeigen.

Judo

Windsurfen

Fußball

Vorbereitung zum Reiten

Wassersport
Das Wasser bietet Möglichkeiten für viele Sportarten, vom geruhsamen Segeln und Baden bis zum anstrengenden Rudern und Wettschwimmen. Hallenbäder erlauben heute ganzjährigen Wassersport.

Ballspiele
Viele Ballspiele sind Mannschaftssportarten, etwa Fußball, Volleyball oder Basketball. Tennis spielt man zu zweit oder viert, Golf hingegen spielt jeder für sich allein.

Reitsport
Der Reitsport verlangt sehr viel Geschick, weil man ein Gefühl für die Reaktionen des Pferdes benötigt. Reiter und Pferd müssen genau aufeinander abgestimmt sein. Zu den Disziplinen im Reitsport gehören Dressur, Springreiten und Galoppsport.

Rhythmische Sportgymnastik

Gymnastik
Gymnastik vereinigt Eleganz, Wendigkeit und Disziplin. Die rhythmische Sportgymnastik verwendet auch Handgeräte wie Reifen, Keulen, Seil, Ball und Band.

SIEHE AUCH UNTER | BALLSPIELE | KAMPFSPORT | LEICHTATHLETIK | MOTORSPORT | PFERDESPORT | RADSPORT | SCHWIMMSPORT | TENNIS UND SQUASH | TURNEN | WINTERSPORT

SPRACHEN

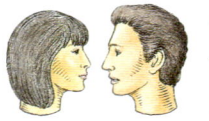

OB WIR SPRECHEN oder schreiben – stets tauschen wir mit Hilfe von Sprache Informationen aus. Sprache ist ein System aus Lauten oder Zeichen, die Informationen über Gegenstände, Handlungen und Ideen weitergeben. Erst die Sprache ermöglichte die Entstehung von Kulturen und Zivilisationen. Nur über die Sprache konnten die Menschen ihr Wissen überliefern. Die Sprachen entwickelten sich über Jahrtausende und passen sich dauernd den Bedürfnissen ihrer Benutzer an. Neue Wörter, wie Internet, gelangen in den Wortschatz, und selbst grammatische Regeln ändern sich im Lauf der Zeit.

Die Sprachen der Welt
Auf der Welt gibt es mindestens 4 000 Sprachgemeinschaften. Für ungefähr 90% von ihnen besteht die Gefahr, dass sie aussterben. Allein in Nordamerika gibt es für 100 Sprachen heute jeweils weniger als 300 Leute, die sie noch sprechen.

Allein in Papua-Neuguinea werden 750 Sprachen gesprochen.

Sprachfamilien
Niemand weiß, wie sich die menschliche Sprache aus den Lautäußerungen unserer Vorfahren entwickelt hat. Obwohl wir eine große Zahl von Lauten erzeugen können, verwenden die meisten Sprachen weniger als 40. In der Regel sind diese Laute in Wörtern die Bedeutungsträger. Dennoch bleibt ein Wort allein ohne den Zusammenhang des ganzen Satzes oft unverständlich.

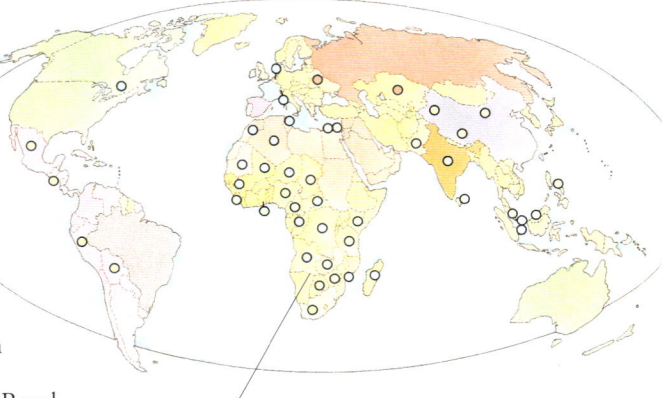

Die Sprachverteilung in Afrika zeigt, dass der Erdteil von Europa aus kolonisiert wurde.

Schlüssel: Sprecher in Mio.
- Arabisch 170
- Chinesisch 1 200
- Englisch 1 400
- Französisch 270
- Portugiesisch 160
- Russisch 280
- Spanisch 280
- Hindi 700
- Andere 2 000

Die wichtigsten Sprachen
Fast die Hälfte der Weltbevölkerung spricht eine von 10 weit verbreiteten Sprachen. Einige davon entstanden in Europa, breiteten sich aber mit der Kolonisierung über die ganze Welt aus. Die Portugiesen brachten ihre Sprache z. B. nach Brasilien.

Noam Chomsky
Der einflussreiche amerikanische Sprachforscher Noam Chomsky (geb. 1928) behauptet, dass gewisse sprachliche Fähigkeiten angeboren seien. Einige grundlegende Züge der Grammatik würden uns durch die Gene mitgegeben und somit vererbt.

Sprachverwandtschaft
Die Verwandtschaft von Sprachen erkennt man an ähnlichem Wortschatz und ähnlichen grammatischen Strukturen. Russisch, Tschechisch, Serbisch und Kroatisch sind z. B. verwandt und bilden die slawischen Sprachen. Große Sprachfamilien sind etwa die indoeuropäischen Sprachen oder die Turksprachen.

Dialekte
Dialekte sind Spielarten einer Sprache. Sie sind landschaftsgebunden und können sich zu eigenen Sprachen entwickeln, wie dies bei römischen Dialekten Spaniens, Italiens oder Frankreichs der Fall war.

Die Sinti und Roma
sprechen Romani, das aber stark von den jeweiligen Landessprachen beeinflusst wird.

Zeichen- und Körpersprache
Es gibt noch andere Formen der Kommunikation als Sprache und Schrift. Gesten übermitteln Botschaften und können die gesprochene Sprache verstärken. Wenn man mit der Faust auf den Tisch schlägt, versteht jeder diese Körpersprache.

Verschränkte Arme bedeuten Abwehr

Körpersprache
Selbst wenn man seine Sprache kontrollieren will, verrät der Körper, was man denkt. In dem nebenstehenden Bild zeigt die Frau durch verschränkte Arme an, dass sie nicht bereit ist auf das einzugehen, was ihre Gesprächspartnerin sagt.

Zeichensprachen
Menschen mit Hörschäden unterhalten sich mit Hilfe einer Zeichensprache. Diese Gehörlosensprache kennt sogar verschiedene Dialekte.

Amerikanisches Zeichenalphabet

A B C D E F G
H I J K L M N O P
Q R S T U V W X Y Z

| SIEHE AUCH UNTER | CODES UND CHIFFREN | ERZIEHUNG | FAMILIE UND GESELLSCHAFT | SCHRIFT | VERERBUNG | ZEICHEN UND SYMBOLE |

STÄDTE

VOR WENIGER ALS 200 JAHREN lebten die meisten Menschen noch auf dem Land in Dörfern. Heute wohnt ein Drittel der Weltbevölkerung in Städten. Im 19. Jh. dehnten sich die Städte aus. Die Menschen verließen das Land, um in den neu entstandenen Industrien Arbeit zu finden. Dadurch wuchsen sehr viele Städte regellos. Die Städte der Antike waren meist sorgfältig geplant.

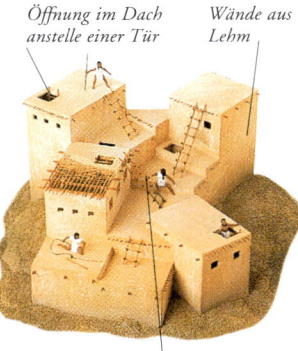

Öffnung im Dach anstelle einer Tür
Wände aus Lehm
Çatal Hüyük
Früheste Städte ohne Straßen

Erste Städte
Um 4000 v. Chr. entwickelten sich in Westasien Siedlungen wie Jericho (Israel), Ur (Irak) und Çatal Hüyük (Türkei) zu Städten. Damals begannen die Handwerker auch mit weiter entfernten Gebieten Handel zu treiben. So kam Reichtum in die Stadt. Man baute Paläste, Tempel und Verteidigungsmauern. Die Städte wurden dadurch immer bedeutender.

Moderne Städte
In unserem Jahrhundert sind die Städte sehr schnell gewachsen, doch mangelte es vielerorts an Planung. So herrschen in manchen Stadtvierteln oft schlechte Lebensbedingungen. Armenviertel, Elendsquartiere, reiche Gebiete und Gebiete, die überwiegend von einer einzigen ethnischen Gruppe bewohnt werden, sind typische Merkmale heutiger Großstädte.

Wohngebiete
Nahe dem Stadtzentrum befinden sich oft ältere Wohnhäuser. Neue Viertel erstrecken sich meist an der Peripherie. Sie entstehen dort, wo es gute Verkehrsverbindungen wie Straßen, Autobahnen und Eisenbahnlinien gibt.

City Das Geschäftszentrum liegt fast immer im Herzen der Stadt, der City. Heute erkennt man das Geschäftsviertel an den hohen Bürogebäuden.

Apartmenthaus
Wolkenkratzer
Warenhaus, umgewandelt in Wohnungen
Sandsteingebäude
Untergrundbahn
Kanalisation

New York
In New York stehen einige der höchsten Wolkenkratzer – überwiegend Bürogebäude. Es gibt hier aber auch hohe Apartmenthäuser sowie alte Warenhäuser, von denen einige in Wohnungen, sog. Lofts, umgewandelt wurden. Dazwischen stehen Sandsteingebäude aus dem 19. Jh. Treppen führen zur Untergrundbahn mit Geschäftspassagen.

Gärten, Parks und große Plätze geben den Menschen die Möglichkeit, sich vom täglichen Stress zu erholen.

Kulturelles Zentrum
Fast jede Stadt hat ein solches Viertel. Dazu gehören Theater, Museen, Galerien, Kinos und Opernhäuser.

Sydney, Australien

Straßen, Eisenbahnen, Schiffe und Fluglinien bringen die Menschen ins Stadtzentrum.

Industriegebiete
Handwerksbetriebe und kleine Fabriken hatten ihren Sitz einst im Herzen der Stadt. Heute baut man Industriekomplexe wegen der Umweltverschmutzung weit außerhalb der Städte.

Dörfer
Dörfer sind kleine ländliche Siedlungen, die oft an Flüssen liegen. In vielen Teilen der Welt leben die Menschen noch in Dörfern. Sie arbeiten hier, treiben in der Umgebung Landwirtschaft und Handel mit den Nachbardörfern.

Massai-Dorf, Kenia
Viele Massai leben in Dörfern aus strohgedeckten Lehmhäusern. In der Mitte liegt ein umzäunter Platz für die Rinder.

Stelzenhäuser in Sumatra
In Südostasien stehen die Häuser oft auf Stelzen, um Hochwasser und gefährliche Tiere fernzuhalten.

Geisterstädte
Im 19. Jh. entstanden Goldgräberstädte. Sie wurden verlassen, als die Vorkommen erschöpft waren.

Verbotene Stadt
Die Verbotene Stadt in Peking wurde im 15. Jh. gebaut. Nur der Kaiser, seine Familie und seine Beamten hatten hier Zutritt.

Chronologie
8000 v. Chr. In Jericho werden Stadtmauern und ein Steinturm gebaut.

3500 v. Chr. Stadtstaaten wie Ur entstehen in Mesopotamien, dem heutigen Irak.

5. Jh. v. Chr. Die Griechen planen und bauen die elegante Innenstadt von Athen.

1. Jh. v. Chr. Das Römische Reich dehnt sich aus; neue Städte entstehen in Europa.

12. Jh. Steinmauern schützen mittelalterliche Städte wie Carcassonne in Südfrankreich.

1421 Beginn der Bauarbeiten in der Verbotenen Stadt in Peking

15. Jh. Architekten der Renaissance entwerfen die ideale Stadt, etwa Pienza in der Toskana.

19. Jh. Die Industrialisierung führt zu einem Wachstum der Städte in Europa und Amerika.

Siena, Italien

um 1955 Planung und Bau Brasilias, der neuen Hauptstadt Brasiliens.

90er Jahre Wolkenkratzer bestimmen die Skyline vieler Städte.

SIEHE AUCH UNTER ARCHÄOLOGIE · ARCHITEKTUR · BAUTECHNIK · EISENBAHN · EISEN UND STAHL · FAMILIE UND GESELLSCHAFT · INDUSTRIELLE REVOLUTION · RENAISSANCE

STEINZEIT

VOR 2,5 MILLIONEN JAHREN begannen die Vorfahren des Menschen, die Hominiden, einfache Werkzeuge wie Faustkeile aus Stein herzustellen. 1 Mio. Jahre später stellte ein Hominide mit größerem Gehirn, der Homo erectus, kompliziertere Steingeräte wie Pfeilspitzen und Klingen her. Diesen Zeitabschnitt nennt man Altsteinzeit oder Paläolithikum. Die Hominiden schnitzten mit ihren scharfen Steinwerkzeugen Hörner und Geweihe, stellten Kleider aus Tierhäuten her und bearbeiteten Brenn- und Bauholz. In der Jungsteinzeit, dem Neolithikum, schufen die Menschen schöne Geräte, Wandmalereien und Skulpturen. Die mittlere Steinzeit zwischen Alt- und Jungsteinzeit heißt Mesolithikum.

Geräte aus Stein und Knochen

Als die Menschen Größe und Form der Abschläge eines Feuersteinstücks bestimmen konnten, wurden immer mehr Steingeräte hergestellt. Man spricht von der Levallois-Technik. Nun fertigte man spezielle Geräte an, z. B. Messer und Schaber. Die kleinen abgeschlagenen Splitter oder Mikrolithen dienten als Klingen und Pfeilspitzen. Die Frühmenschen stellten jetzt auch Hämmer, Nadeln und Harpunen aus Knochen und Geweihen her.

Faustkeil
Faustkeile mit scharfer Spitze und beidseitiger Schneide dienten für alle Arten des Schneidens und Hackens. Mit Faustkeilen enthäutete und zerteilte man z. B. erlegte Tiere oder man schnitt damit Äste ab, die man als Windschirm verwendete.

Harpune
Knochenspitzen befestigte man auf Holzschäfte und verwendete diese um Fische zu speeren.

Abgerundeter Hammerkopf

Hammerklopfer
Mit hammerartigen Geräten aus Geweih oder Knochen bearbeitete man Feuerstein und erhielt so kleine Abschläge.

Schaber
Steingeräte mit einer gebogenen scharfen Schneide verwendete man zum Säubern von Tierhäuten. Das abgebildete Stück war wahrscheinlich vor über 35 000 Jahren in Gebrauch.

Pfeilspitzen
Jäger befestigten fein zugeschlagene Pfeilspitzen an Holzschäften und hatten so wirksame Waffen.

Faustkeil

Spitze zum Bohren
Scharfe Schneide

Bohrer
Mit diesem Gerät bohrte man Löcher oder Vertiefungen und stellte vielleicht auch Ritzzeichnungen auf Felswänden her. Der Bohrer ist über 35 000 Jahre alt.

Kunst

Die Menschen der Steinzeit schufen einige hervorragende Malereien und Skulpturen. Man findet sie häufig in tiefen, dunklen Höhlen. Archäologen glauben, dass sie zur Ausschmückung von Zeremonialstätten oder geheimen religiösen Heiligtümern dienten.

Talisman
Ein Künstler in Frankreich schnitzte vor über 10 000 Jahren dieses stilisierte Mammut aus dem Schulterblatt eines erlegten Tieres. Man stellte oft die wichtigste Jagdbeute dar, in der Hoffnung, die Jäger würden dadurch Glück haben. Das Mammut war besonders begehrt.

Großskulpturen
In einigen Höhlen fand man lebensgroße Skulpturen. Diese Wisente aus Lehm bilden das Herzstück einer Höhle bei Tuc d'Audoubert in Frankreich.

Höhlen- und Felsmalerei
Die schönsten steinzeitlichen Malereien fanden sich in europäischen Höhlen und unter Felsüberhängen in Australien. Dieses Bild von Jägern oder Kriegern aus Valltorta, Spanien, ist wohl 10 000 Jahre alt.

Ein Faustkeil

Die allerersten Geräte waren zufällig entstandene Geröllstücke. Die altsteinzeitlichen Frühmenschen lernten bald bessere Geräte durch Abschläge herzustellen. Sie bearbeiteten ein Kernstück mit anderen Steinen und gaben ihm die gewünschte Form.

Kerngerät
Zunächst bearbeitete man ein geeignetes Stück Flint oder Feuerstein mit einem anderen Stein oder mit einem Steinhammer. Mit wenigen Schlägen erhielt man so einen groben Faustkeil.

Abschlaggerät
Im Lauf der Zeit wussten die frühen Menschen, wo der Stein bei einem kräftigen Schlag eine Bruchstelle entwickeln würde. Von der Unterseite des Kerngeräts schlugen sie lange Splitter weg. So erhielt der Faustkeil eine scharfe Schneide.

Unterseite

Druckabschlag
In späterer Zeit entfernte man mit einem Hammer aus Knochen oder Geweih durch Druckabschlag kleine Steinsplitter und erhielt so eine sehr scharfe Schneide.

Handwerk

Aus Lehm, Schilf und Holz stellten die Menschen Geräte für den Transport und zum Kochen her. Nur wenige Holzobjekte sind erhalten. In Japan fand man ein Brett, das mindestens 50 000 Jahre alt ist.

Töpferei
Die ersten Töpfe wurden vor 12 500 Jahren in Japan hergestellt. Man legte lange Tonwülste spiralförmig übereinander und verstrich die Zwischenräume.

Schale

Korbflechterei
Steinzeitmenschen flochten aus Zweigen, Binsen, Schilf und Ruten Behälter. In Westasien haben sich 10 000 Jahre alte Abdrücke von Flechtarbeiten im Lehm von Feuerstellen erhalten.

Korb

Chronologie

2–2,5 Mio. Jahre v. Chr. Hominiden verwenden erste grobe Geröllgeräte.

1,3 Mio. Jahre v. Chr. Entwicklung des Faustkeils und feiner abgeschlagener Geräte in Afrika.

460 000 v. Chr. Erster Nachweis der Verwendung von Feuer in Zhoukoudian, China.

100 000 v. Chr. Moderner Mensch.

60 000 v. Chr. Abschlagtechniken in Europa.

9000–8500 v. Chr. Beginn des Neolithikums in Westasien.

6500 v. Chr. Neolithikum beginnt in Europa.

3000 v. Chr. Metall ersetzt den Stein für Geräte und Waffen.

Mikrolithen

SIEHE AUCH UNTER ABSTAMMUNGSLEHRE · BRONZEZEIT · HANDWERK · KUNST, GESCHICHTE · VORGESCHICHTE

STERNE

DIE ZAHL DER STERNE im Weltall ist unvorstellbar groß. Jeder Stern ist eine rotierende Kugel aus heißen, leuchtenden Gasen. Die meisten Sterne enthalten fast nur Wasserstoff und Helium. Bei der Umwandlung von Wasserstoff in Helium wird sehr viel Energie produziert. Sterne leben einige Milliarden Jahre und machen dabei Veränderungen durch, die von ihrer Masse abhängen.

Kernverschmelzung
Die chemischen Elemente entstehen im Innern durch Kernverschmelzungen. Diese Nukleosynthese beginnt damit, dass aus Wasserstoff Helium entsteht. Durch eine Abfolge von Reaktionen bei immer höheren Temperaturen bilden sich immer schwerere Elemente. Die meisten Sterne machen nur einen Teil dieser Prozesse durch.

4 Wasserstoffkerne (Protonen) kommen durch Druck und Hitze einander sehr nah. 2 positive Teilchen werden abgegeben: Beide Protonen verwandeln sich in Neutronen.

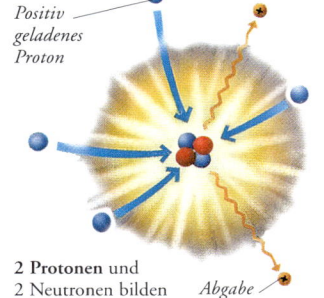

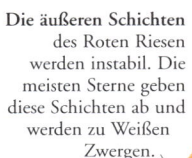

Positiv geladenes Proton

2 Protonen und **2 Neutronen** bilden einen Heliumkern.

Abgabe eines positiven Teilchens

Hipparch
Der griechische Forscher Hipparch (um 170–127 v. Chr.) stellte den ersten Sternkatalog auf. Er blieb 1800 Jahre in Gebrauch. Hipparch teilte 850 Sterne nach ihrer Helligkeit ein. Dieses System bildet die Grundlage für die heutigen Größen- oder Helligkeitsklassen.

Bildung und Entwicklung eines Sterns

Ein Protostern kondensiert. Es beginnen die ersten Kernreaktionen und Energie wird erzeugt.

Wasserstoff wird im Kern in Helium verwandelt. Der Stern nimmt an der Entwicklung der Hauptreihe teil.

Die Sonne befindet sich auf halbem Weg ihrer Hauptreihenentwicklung, die 10 Mrd. Jahre dauert.

Sterne blähen sich auf, wenn der Wasserstoff aufgebraucht ist. Die Oberfläche kühlt sich ab und wird rot.

Sterne werden zu Roten Riesen und verlassen die Hauptreihe der Sternentwicklung.

Die äußeren Schichten des Roten Riesen werden instabil. Die meisten Sterne geben diese Schichten ab und werden zu Weißen Zwergen.

Orionnebel In dieser interstellaren Gas- und Staubwolke entstehen neue Sterne. Links vom Zentrum erkennt man 4 junge helle Sterne, die das sog. Trapez bilden.

Sternhaufen
Eine zusammengehörige Gruppe benachbarter Sterne ist ein Sternhaufen. Er kann aus wenigen oder tausenden von Sternen bestehen. Sie entstanden alle aus derselben Gas- und Staubwolke. Alle Sterne eines Haufens sind etwa gleich alt, doch macht jeder eine eigene Entwicklung durch.

Plejaden

Geburt eines Sterns
Sterne entstehen aus Gas- und Staubwolken. Diese rotieren und das Material im Innern kondensiert und teilt sich in kleinere Wolken. Sie rotieren ihrerseits, kondensieren und bilden Protosterne. Hat das Material im Kern des Protosterns eine kritische Dichte und Temperatur erreicht, so setzen Kernverschmelzungen ein, bei denen viel Energie entsteht. Damit ist der Stern entstanden. Sterne aus der ursprünglichen Materiewolke bilden einen Sternhaufen oder Cluster.

Doppelsterne
Fast die Hälfte aller Sterne sind Doppelsternsysteme. Sie entstanden aus derselben Materiewolke und bleiben durch die gegenseitige Anziehungskraft weiterhin beisammen.

Kugelsternhaufen
Ältere Sterne kommen dicht gepackt in Kugelsternhaufen vor. Im Sternbild Herkules befindet sich der berühmte Kugelsternhaufen M13 mit hunderttausenden Sternen.

Herkules-Kugelsternhaufen

Offener Sternhaufen
Junge Sterne sind in offenen Haufen locker gebunden und verteilen sich schließlich. Die Sterne in den Plejaden sind immer noch von interstellarem Material umgeben, das von ihrer Bildung übrig geblieben ist.

Tod eines Sterns
Nach Jahrmilliarden ist der für die Kernverschmelzung nötige Wasserstoff verbraucht. Der Stern beginnt zu sterben, doch kann sich dies Jahrmillionen hinziehen. Über die Art des Todes entscheidet die Masse. Ein Stern wie die Sonne gibt nach und nach Material von den Außenschichten ab. Ein Stern mit 8 Sonnenmassen kann sein Leben mit einer gigantischen Explosion beenden, die wir Supernova nennen.

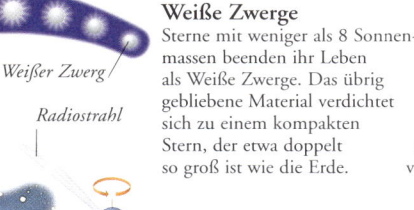

Weißer Zwerg
Radiostrahl
Pulsar
Neutronenstern

Massivere Sterne explodieren als Supernovae.

Weiße Zwerge
Sterne mit weniger als 8 Sonnenmassen beenden ihr Leben als Weiße Zwerge. Das übrig gebliebene Material verdichtet sich zu einem kompakten Stern, der etwa doppelt so groß ist wie die Erde.

Eine Zündholzschachtel voller Material von einem Weißen Zwerg wiegt soviel wie ein Elefant.

Neutronensterne und Pulsare
Wenn ein massiver Stern als Supernova explodiert ist, verdichtet sich der Kern unter der Wirkung der Schwerkraft. Das Material ist so dicht gepackt, dass es nur noch in Form von Neutronen vorliegt. So entsteht ein Neutronenstern mit einem Durchmesser von 10–15 km. Pulsare sind schnell rotierende Neutronensterne, die Radiowellen aussenden.

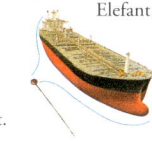

Ein Stecknadelkopf aus dem Material eines Pulsars wiegt viel mehr als der größte Tanker.

STERNE

Leuchtkraft

Die Leuchtkraft eines Sterns entspricht der abgestrahlten Lichtmenge pro Zeiteinheit (absolute Helligkeit). Da sich die Sterne nicht im selben Abstand von der Erde befinden, kann man ihre Helligkeit nicht direkt miteinander vergleichen. Die Astronomen verwenden deshalb die absolute und die scheinbare Helligkeit, um die Leuchtkraft eines Sterns anzugeben. Als Maßeinheit dient die Magnitudo: Je höher die Zahl, umso schwächer der Stern.

Absolute und scheinbare Helligkeit

Die scheinbare Helligkeit gibt an, wie hell der Stern von der Erde aus gesehen erscheint. Sterne mit einer Magnitudo bis 6 sind mit bloßem Auge zu erkennen. Für Sterne über 7 braucht man ein Fernrohr. Die absolute Helligkeit entspricht der scheinbaren Helligkeit eines Sterns in der Standardentfernung von 32,6 Lichtjahren (Lj) von der Erde. Die Zunahme der Magnitudo um 1 bedeutet, dass der Stern um das 2,5-fache weniger hell ist.

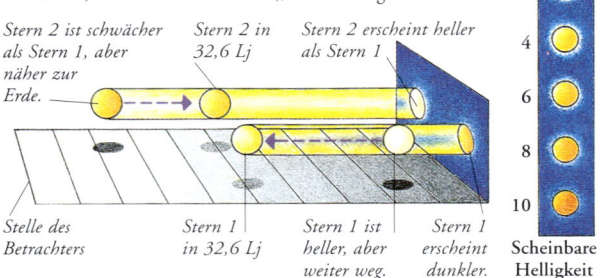

Stern 2 ist schwächer als Stern 1, aber näher zur Erde.

Stern 2 in 32,6 Lj

Stern 2 erscheint heller als Stern 1

Stelle des Betrachters

Stern 1 in 32,6 Lj

Stern 1 ist heller, aber weiter weg.

Stern 1 erscheint dunkler.

Scheinbare Helligkeit

Sternbilder

Die Himmelskugel wird heute in 88 lückenlos aneinander passende Sternbilder aufgeteilt. Viele sind nach Tieren oder Figuren aus der griechischen Mythologie benannt. 12 Sternbilder, die Tierkreiszeichen, bilden den Hintergrund, vor dem sich die Sonne und die Planeten bewegen.

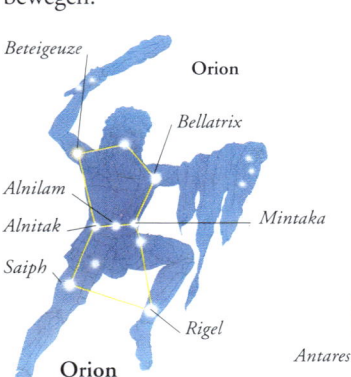

Beteigeuze, Orion, Bellatrix, Alnilam, Alnitak, Mintaka, Saiph, Rigel

Orion
Eines der Sternbilder, das man am leichtesten erkennt, ist der Himmelsjäger Orion. Die entsprechenden Sterne leuchten sehr hell. Am stärksten fällt Rigel auf, ein blauweißer Überriese. Beteigeuze ist ein roter Überriese.

Sternnamen: Die Astronomen bestimmen hervortretende Sterne durch einen griechischen Buchstaben und die Angabe des Sternbilds. Antares heißt z. B. Alpha Scorpii, Akrab ist Beta Scorpii.

Zirkumpolare Sterne
Da sich die Erde um ihre Achse dreht, bilden sich die Sterne bei längerer Belichtung auf Film als Kreisbahnen ab. Das Zentrum liegt direkt über dem Nordpol.

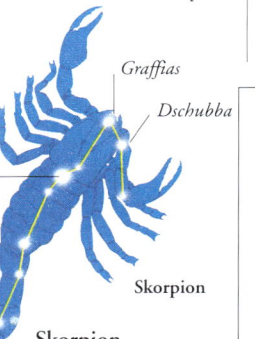

Graffias, Dschubba, Antares, Shaula, Skorpion

Skorpion
Ein roter Überriese, Antares, markiert das Zentrum dieses Sternbilds. Die griechische Mythologie sagt, dieser Skorpion habe Orion zu Tode gestochen.

Sterntypen

Die Sterne werden nach den Eigenschaften ihres Spektrums in verschiedene Klassen eingeteilt. Das Spektrum liefert uns Informationen über Farbe, Temperatur und chemische Zusammensetzung. Man unterscheidet 7 Spektralklassen, von der heißesten bis zur kühlsten: O, B, A, F, G, K und M.

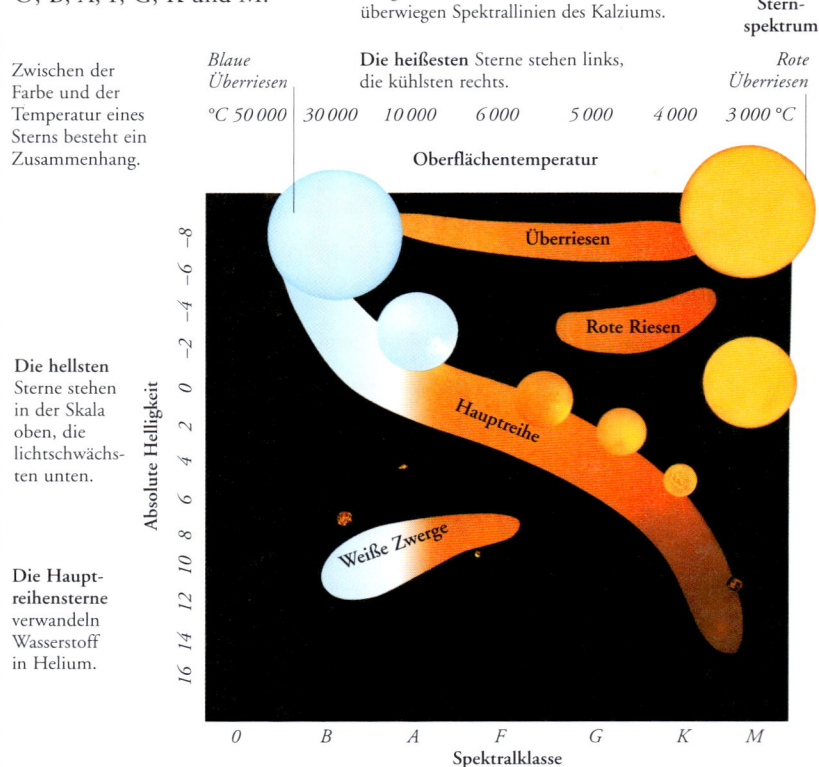

Licht vom Stern — Stern — Prisma spaltet Licht in das Spektrum auf. — Absorptionslinien

Sternspektrum
Das aufgespaltene Licht eines Sterns ergibt ein Spektrum. Schwarze Absorptionslinien zeigen, dass im Stern bestimmte Atome sind. Die Stärke dieser Linien gibt einen Hinweis auf die Temperatur. Blauweiße Sterne gehören zur Spektralklasse A, weil die Wasserstofflinien überwiegen. Bei gelben Sternen der Klasse G, wie der Sonne, überwiegen Spektrallinien des Kalziums.

Sternspektrum

Zwischen der Farbe und der Temperatur eines Sterns besteht ein Zusammenhang.

Blaue Überriesen — Rote Überriesen

Die heißesten Sterne stehen links, die kühlsten rechts.

°C 50 000 30 000 10 000 6 000 5 000 4 000 3 000 °C

Oberflächentemperatur

Die hellsten Sterne stehen in der Skala oben, die lichtschwächsten unten.

Die Hauptreihensterne verwandeln Wasserstoff in Helium.

Überriesen — Rote Riesen — Hauptreihe — Weiße Zwerge

Absolute Helligkeit / **Spektralklasse** (O B A F G K M)

Hertzsprung-Russell-Diagramm
Wenn man in einem Diagramm die absolute Helligkeit von Sternen gegen ihre Temperatur aufzeichnet, so erscheinen Gruppen, die den verschiedenen Stadien im Leben eines Sterns entsprechen. Die meisten Sterne gehören der Hauptreihe an, die von oben links nach unten rechts verläuft. Ist der Wasserstoff aufgebraucht, wird der Stern lichtschwächer und verlässt die Hauptreihe. Riesensterne findet man oberhalb der Hauptreihe, Zwergsterne darunter. Dieses Diagramm ist nach seinen Autoren E. Hertzsprung und H. N. Russell benannt. Es gibt uns einen Überblick über den Lebenslauf von Sternen.

Die Sonne gehört der Spektralklasse G in der Hauptreihe an. Von hier aus entwickelt sie sich zu einem Roten Riesen und dann zu einem Weißen Zwerg.

Cecilia Payne-Gaposchkin
Die britisch-amerikanische Astronomin Payne-Gaposchkin (1900–79) studierte ihr Leben lang die Sterne. Als sie mit der Astronomie begann, ging es vor allem um die Frage der Zusammensetzung und Struktur der Sterne. Sie maß die Oberflächentemperatur verschiedener Sterntypen und bewies, dass die Hauptreihensterne aus Wasserstoff und Helium bestehen. Sie fand auch heraus, dass die Rotationsgeschwindigkeit bei den Cepheiden mit der Helligkeit zu tun hat.

Veränderliche Sterne
Manche Sterne verändern innerhalb von Minuten oder auch nur von Jahren ihre Helligkeit. Das kann seinen Grund darin haben, dass ein zweiter Stern regelmäßig vor dem ersten vorbeizieht und eine Finsternis bewirkt. Andere Sterne pulsieren: Die Außenschichten dehnen sich aus und ziehen sich zusammen, sodass die Helligkeit schwankt.

Die Cepheiden sind gelbe Überriesen mit schwankender Größe und Temperatur. Sie ziehen sich abwechselnd zusammen und dehnen sich wieder aus. Deswegen schwankt auch ihre Helligkeit. Ein Zyklus dauert zwischen 1 und 50 Tagen.

SIEHE AUCH UNTER — ASTRONOMIE — ELEKTROMAGNETISCHE STRAHLEN — GALAXIEN — SCHWARZE LÖCHER — SONNE UND SONNENSYSTEM — TELESKOP — URKNALL — WELTALL

STRASSEN

OHNE STRASSEN wäre es schwierig, Menschen und Güter in der Stadt und auf dem Land zu transportieren. Straßen gibt es schon seit ältesten Zeiten. Die ersten modernen Straßen mit festem Belag baute man im 18. Jh. vor allem für Pferdekutschen, die Post und Passagiere beförderten. Mit der Erfindung des Autos gegen Ende des 19. Jh. gewann der Straßenbau an Bedeutung. Heute werden immer noch viele neue Straßen gebaut und alte verbreitert. Umweltschützer wollen dem allerdings ein Ende setzen und fordern, dass die Menschen vermehrt öffentliche Verkehrsmittel benutzen.

Antike Straßen

Mit Steinen gepflasterte Straßen und Wege bauten viele antike Kulturen, darunter auch die Chinesen und die Mesopotamier. In Europa schufen die Römer ein bedeutendes Straßennetz, das vor allem für schnelle Truppenverschiebungen gedacht war. Im Jahr 200 konnte man auf gepflasterten Straßen von Spanien bis in den Orient reisen.

Antike Straße in Knossos, Kreta

Straßennetz

Das Straßennetz ermöglicht es, leicht und schnell von einem Ort zum andern zu gelangen. Es setzt sich aus Straßen unterschiedlicher Größenordnungen zusammen, von Autobahnen bis zu kleinen Landstraßen. Einbahnstraßen sind nur in einer Richtung befahrbar und sorgen dafür, dass der Verkehr in Stoßzeiten gut fließt.

Autobahnen stellen eine möglichst schnelle Verbindung zwischen größeren Städten her.

Straßenbeleuchtung für erhöhte Sicherheit.

Verkehrszeichen und Richtungsweiser für die Autofahrer

Überführung für kreuzungsfreien Verkehr

Modell des Stadtverkehrs

Für Straßen in der Stadt gelten Parkverbote und Geschwindigkeitsbeschränkungen.

Straßenmarkierung

Zubringer

Ampel

Übergang für Fußgänger

Fußgänger
Straßenplaner müssen stets auch die Fußgänger berücksichtigen. Sie brauchen Übergänge an Ampeln, eigene Bürgersteige sowie Unterführungen unter viel befahrenen Straßen. Viele Stadtzentren wurden zu Fußgängerzonen erklärt.

Kreuzungen
Hier treffen 2 Straßen zusammen. Die Vorfahrt an Kreuzungen wird meist durch Ampeln geregelt.

Straßenbelag
Er besteht heute vorwiegend aus Asphalt oder Beton auf einer verfestigten Unterschicht.

Kreisverkehr Hier können Autos ihre Richtung ändern, ohne dass eine echte Kreuzung entsteht.

Straßenbau
Der Bau einer Straße ist kompliziert. Bulldozer glätten das Gelände. Dann trägt man mit Maschinen die verschiedenen Schichten des Unterbaus und des Oberbaus auf. Die oberste Schicht tragen Deckenfertiger auf. Für den Bau von Tunnels und Brücken werden weitere Maschinen eingesetzt.

Straßenbaumaschinen im Einsatz

Verkehr

Die Fahrzeuge, die die Straßen benützen, wie Pkws, Lkws, Motorräder, Fahrräder und Busse, bezeichnet man insgesamt als Verkehr. In den meisten Ländern herrscht Rechtsverkehr. In Großbritannien, Japan, Thailand und Australien fährt man auf der linken Straßenseite.

Verkehrssteuerung
An verkehrsreichen Straßen werden Überwachungskameras aufgestellt. Je nach Verkehrsfluss kann man die einen Ampeln schneller, die andern langsamer schalten. Anzeigetafeln geben veränderliche Höchstgeschwindigkeiten vor. Bei Staus sind rasche Umleitungen möglich.

Verkehrsstau
Die Zahl der Fahrzeuge nimmt auf der ganzen Welt schnell zu. In jeder Großstadt gibt es heute zur Rushhour Verkehrsstaus, bei denen sich die Autos kaum noch vorwärts bewegen. Dabei wird Zeit und Benzin verschwendet und die Umwelt verschmutzt.

Tankstellen
In regelmäßigen Abständen, vor allem aber an Ausfallstraßen aus Städten, gibt es Tankstellen, an denen man auch Autoreparaturen durchführen lassen kann. Zum Service gehört auch die Kontrolle des Reifendrucks und des Ölstands im Motor.

Naturstraßen

Der Straßenbelag aus Asphalt oder Beton bewirkt, dass das Regenwasser schnell abfließt und keine Schäden anrichtet. Naturstraßen haben keinen Belag. Bei trockenem Wetter sind sie befahrbar. Wenn es regnet, verwandeln sie sich jedoch in Schlammpfade und werden oft vollständig weggespült.

Naturstraße, Mbuji-Mayi, Kongo

SIEHE AUCH UNTER | BRÜCKEN | KRAFTFAHRZEUGE | RÖMISCHES REICH | STÄDTE | TOURISMUS | TRANSPORT, GESCHICHTE | TUNNEL | UMWELTVERSCHMUTZUNG

STRAUSSE UND KIWIS

FLIEGEN IST DIE SCHNELLSTE ART der Fortbewegung. Allerdings hat es auch Nachteile. Es ist sehr energieaufwendig. Nur Tiere mit geringem Körpergewicht können fliegen. Während der Evolution haben einige Vögel das Fliegen deswegen aufgegeben. Stattdessen laufen sie – oder schwimmen, wie etwa die Pinguine. Einige erreichen dabei sehr hohe Geschwindigkeiten. Heute gibt es rund 40 flugunfähige Vögel, darunter Kiwis, Emus sowie den größten Vogel der Welt, den Strauß. In der Vergangenheit existierten noch viel mehr Arten. Einige erreichten riesige Ausmaße, wie die Elefantenvögel und die Moas.

Langer Hals mit spärlichen Federn

Kurze, fächerartige Flügel, die bei der Balz eingesetzt werden.

Weibchen etwas kleiner als Männchen, Gefieder braun statt schwarz

2 große Zehen mit Krallen

Kinderschulen
Auf Jungstrauße passt ein erwachsenes Männchen auf. Die Jungen aus verschiedenen Familien bilden eine sog. Schule.

Kiwis
Diese mittelgroßen Vögel kommen nur in den Wäldern Neuseelands vor. Ihre Flügel sind nur noch rund 5 cm lang und der Körper mit einem merkwürdigen Gefieder bedeckt, das eher Haaren gleicht. Kiwis sind nachtaktiv und sehen schlecht. Sie finden ihre Nahrung mit dem Geruchssinn.

Strauß
Der Strauß ist der größte Vogel. Er läuft bis zu 65 km/h schnell und entkommt mit seiner Ausdauer den meisten Feinden. Der Laufvogel hat 2 Zehen, jeweils mit einer langen Kralle. Gerät ein Strauß in Bedrängnis, dann verwendet er seine Krallen als tödliche Waffen.

Schlüpfen
Die Schale eines Straußeneies ist fest wie Porzellan, wenn auch nicht so hart. Das Junge befreit sich durch Hiebe mit dem Schnabel und Tritte.

1 Das Küken schlägt mit Schnabel und Füßen auf die Schale und dreht sich dabei.

2 Die halbe Eischale ist schon zerbrochen und das Küken hat sich fast befreit.

3 Das Küken ist geschlüpft. Nun trocknet es sich und macht sich bald auf Nahrungssuche.

Haarähnliche Federn zur Sinneswahrnehmung

Kleine Flügel liegen unter dem Gefieder verborgen.

Kräftige Beine mit breiten Füßen

Das Ei ist im selben Maßstab abgebildet wie der Kiwi oben.

Harter Helm auf dem Kopf

Kasuare
Diese großen Laufvögel leben in dichten Wäldern Neuguineas und Nordaustraliens. Sie setzen ihre Krallen als Waffen ein und haben damit sogar schon Menschen getötet.

Nandus flüchten bei Gefahr.

Nandus
Die beiden Nanduarten leben in den offenen Ebenen und Grasländern Südamerikas. Die Jungtiere sind hell gestreift, die Erwachsenen einfarbig graubraun.

Schnabel zum Stochern
Der Kiwi hat seine Nasenlöcher an der Spitze des Schnabels. Er findet damit seine Nahrung auf dem Waldboden.

Das Ei des Kiwis
Ein Kiwi-Ei ist 13 cm lang und wiegt ein Viertel soviel wie das Weibchen. Damit legt der Kiwi im Verhältnis zum Körpergewicht die größten Eier aller Vögel.

Emus
Der Emu ist der zweitgrößte Vogel auf der Welt. Er kommt nur in Australien vor. Emus bilden größere Gruppen und legen auf Nahrungssuche weite Strecken zurück. Gelegentlich richten sie auf den Feldern Schaden an.

STRAUSS

WISSENSCHAFTL. NAME	*Struthio camelus*
ORDNUNG	Struthioniformes, Straußenvögel
FAMILIE	Struthionidae, Strauße
VERBREITUNG	Tropisches West- und Ostafrika, Südafrika
LEBENSRAUM	Savanne und Halbwüste
ERNÄHRUNG	Früchte, Samen, Kleintiere
GRÖSSE	Bis 2,40 m, Gewicht bis 154 kg
LEBENSDAUER	Ungefähr 30 Jahre

SIEHE AUCH UNTER AUSTRALIEN, TIERWELT • EIER • GRASLAND, TIERWELT • PINGUINE • SÜDAMERIKA, TIERWELT • VÖGEL

STRAWINSKY, IGOR

IGOR STRAWINSKY WAR einer der größten Komponisten des 20. Jh. Er wurde 1882 in Russland geboren, lebte später aber in Paris und in den USA. Berühmt wurde er mit dem Ballett *Der Feuervogel*, das auf altrussischen Geschichten beruht. Viele seiner Kompositionen wurzeln in der russischen Volksmusik. Strawinsky entwickelte seinen Stil aber zeitlebens weiter. Seine Musik ist ungewöhnlich, bisweilen auch schockierend.

Ballets Russes

Strawinsky schrieb 3 seiner bekanntesten Werke, *Der Feuervogel*, *Petruschka* und *Sacre du Printemps*, für die Ballettgruppe des russischen Impresarios Diaghilew. Strawinsky war noch jung, als diese russischen Ballette Paris im Sturm eroberten. Vor allem durch sein Ballett *Der Feuervogel* wurde Strawinsky schlagartig in aller Welt berühmt.

Figuren aus Sacre du Printemps

Sergej Diaghilew

Diaghilew
Sergej Diaghilew (1872–1929) verließ 1918 seine Heimat Russland und ging nach Paris. Im darauf folgenden Jahr gründete er die Ballets Russes, die beim jungen Strawinsky und anderen bekannten Komponisten Musik für ihre Aufführungen bestellten.

Sacre du Printemps
Dieses Ballett erzählt die Geschichte eines Mädchens, das als Opfer für die Wiederkehr des Frühlings dient und sich zu Tode tanzt. Die heftigen Rhythmen und Harmonien waren bei der Uraufführung zuviel für die Zuhörer. Es entstand ein Streit zwischen Befürwortern und Gegnern dieser Musik, und die Aufführung endete im Chaos.

Bunte Kostüme waren ein Markenzeichen der Ballets Russes.

Kostümentwurf für Der Feuervogel

Aufführungen

Strawinsky war als Dirigent ebenso bekannt wie als Komponist und berühmt für seine Präzision. Er gab zahlreiche Konzerte, vor allem seiner eigenen Werke, und nahm viele Schallplatten auf. Sie zeigen besonders deutlich, wie Strawinsky seine eigene Musik aufgeführt wissen wollte.

Robert Craft
In späteren Jahren hatte Strawinsky einen Assistenten, den amerikanischen Musiker Robert Craft (geb. 1923). Er sollte ihm helfen, wenn ihm sein schlechter Gesundheitszustand das Dirigieren nicht mehr ermögliche. Zusammen schrieben sie mehrere Bücher über Musik.

Strawinsky mit Robert Craft

Datum, an dem Strawinsky die Komposition vollendete

Strawinskys Autograph von Sacre du Printemps

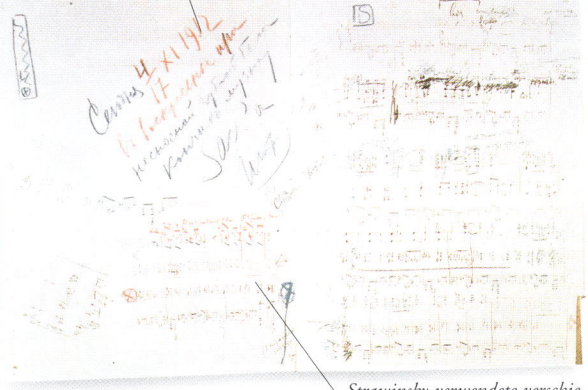

Strawinsky verwendete verschiedene Farben für Anweisungen.

Handgeschriebene Partituren
Strawinskys handgeschriebenen Partituren zeigen, wie genau er arbeitete, um die von ihm gewünschte Wirkung zu erzielen. Damit ließ er den Dirigenten und Musikern wenig Raum für eine eigene Interpretation.

Jugendjahre
Strawinsky kam in der Nähe von St. Petersburg auf die Welt, wo sein Vater Sänger war. Er studierte Rechtswissenschaft, begegnete aber 1902 dem Komponisten Rimski-Korsakow und entschied sich daraufhin für die Musik. Der Einfluss der großen russischen Komponisten ist in seinen frühen Stücken noch deutlich.

Der Feuervogel
Der Feuervogel, Strawinskys erstes Werk für die Ballets Russes, wurde 1910 aufgeführt. Die Geschichte passte zu Strawinskys farbigem Stil. Obwohl er schon zu dieser Zeit teilweise in Westeuropa lebte, schrieb er immer noch Musik über russische Themen.

Neoklassizismus
Bald nach dem Ersten Weltkrieg änderte Strawinsky seinen Stil. Er entdeckte die Musik des 18. Jh. neu, formte sie um und schuf einen neuen klaren Stil, den wir heute als Neoklassizismus bezeichnen.

Die Geschichte vom Soldaten
Dies ist eines der berühmtesten Stücke, ein Märchen für Musiker, Erzähler und einen Tänzer. Dieses „Musiktheater" von 1918 lässt auch den Einfluss damals beliebter Musikformen erkennen, etwa des Ragtime.

IGOR STRAWINSKY

1882	Geburt in St. Petersburg, Russland
1910	Uraufführung von *Der Feuervogel* in Paris
1913	Uraufführung von *Sacre du Printemps*, Theaterskandal
1920	Übersiedlung nach Paris. Uraufführung des Stücks *Pulcinella*
1930	Abschluss der *Psalmensinfonie*
1939	Übersiedlung in die USA
1951	Abschluss der Oper *The Rake's Progress*
1957	*Agon*, ein Ballett in Zwölftonmusik
1971	Tod in New York

SIEHE AUCH UNTER BALLETT · MUSIK · OPER · ORCHESTER · TANZ

STREITKRÄFTE

SEIT ÄLTESTEN ZEITEN hat sich die Rolle der Streitkräfte nicht gewandelt: Es geht darum, das Land gegen Angriffe zu verteidigen und dabei auch gegnerisches Terrain anzugreifen. Heute unterscheidet man Heer, Marine und Luftwaffe. Die 3 Gattungen arbeiten zusammen. Noch heute fechten die Fußtruppen, die Infanterie, die meisten Kämpfe aus. Früher wurden sie von Reitern unterstützt, der Kavallerie. Im 20. Jh. wurde die Kavallerie durch Panzer ersetzt.

Altes Griechenland
Jeder Stadtstaat hatte seine Armee. Die griechischen Soldaten hatten einen guten Ruf und kämpften als Söldner auch für fremde Länder.

Geschichte
Die ersten Streitkräfte gab es in Assyrien, Ägypten, China und Indien. Am Anfang waren es schlecht ausgebildete, undisziplinierte Zivilisten, die zum Kampf gezwungen wurden. Die alten Griechen führten die Wehrpflicht und ein scharfes Training für ihre Streitkräfte ein. Die Römer besaßen die erste Berufsarmee zum Schutz ihrer Grenzen.

Moderne Streitkräfte
Der Nachschub an Nahrung und Munition für die Truppen an der Front muss reibungslos funktionieren. Sie benötigen auch technische Unterstützung. Ingenieure reparieren z. B. beschädigte Straßen und Brücken. Hinter der Kampflinie behandeln Ärzte und Krankenschwestern Verwundete.

Wehrpflicht
Viele Länder, darunter Deutschland, Österreich und die Schweiz, kennen eine Wehrpflicht: Jeder junge Mann muss seinen Militärdienst oder ggf. Ersatzdienst ableisten. Man spricht auch von Miliz. Berufsarmeen setzen sich aus Freiwilligen zusammen, die sich für eine gewisse Zeit zum Militärdienst verpflichten.

Werbeplakat der Bundeswehr

Ausrüstung der britischen SAS

Gasmaske — Messerscheide — Lederhandschuhe — Schusssichere Weste — Gesichtsmaske — Funksäge — Tasche für Handgranate — Gürtelschlaufe — Magazintasche — Oberschenkelgurt — Lederstiefel — Verstärkte Spitze

Überlebensausrüstung: Miniaturharpunen, Drahtsäge, Material zum Feuermachen

Spezialeinheiten
In fast allen Streitkräften gibt es Einheiten, die für besonders schwierige Aufgaben, z. B. Sabotage hinter feindlichen Linien, ausgebildet sind. Zu ihnen zählen die amerikanischen Green Berets und die britischen Special Air Service (SAS).

Britischer Offizier — *Italienischer Offizier*

Ausbildung
Moderne Waffen sind hoch komplizierte Hightechgeräte. Die Soldaten müssen nicht nur fit sein, sondern auch mit ihrem Material gut umgehen können und Entscheidungen in Sekundenbruchteilen treffen. Die technische Ausbildung ist deswegen heute in vielen Truppengattungen wichtiger als Drill.

Offiziere
Damit Befehle die verschiedenen Stufen schnell durchlaufen, ist eine strenge Rangordnung nötig. Die Offiziere, die man an den Rangabzeichen erkennt, sind in Menschenführung ausgebildet. Sie führen die Truppe und müssen ihre Soldaten notfalls motivieren.

Terrorismus
In einigen Ländern gibt es Untergrundarmeen. Sie wollen die herrschende Regierung stürzen oder kämpfen für die Unabhängigkeit ihres Landes. Sie nennen sich Freiheitskämpfer, ihre Gegner sprechen von Terroristen. Terroristen führen oft Bombenattentate durch, um die Gegner oder die Bevölkerung zu verunsichern.

Terroristischer Angriff

Einsatz im Frieden
Selbst im Frieden spielen die Streitkräfte eine wichtige Rolle. Sie helfen z. B. bei Naturkatastrophen wie Erdbeben, Überflutungen oder Hungersnot, indem sie Nachschub heranschaffen, Strom- und Wasserversorgung sowie Nachrichtenverbindungen wiederherstellen. Fremde Truppen sichern in Bürgerkriegsgebieten oft auch den Frieden.

Friedenssicherung
Um feindliche Parteien in einem Bürgerkrieg zu trennen, entsenden die Vereinten Nationen (UN) oft Friedenstruppen in bestimmte Gebiete. An diesen nehmen Streitkräfte der unterschiedlichsten Länder teil.

Krisengebiete
Streitkräfte müssen in Krisenzeiten schnell reagieren und eingreifen. Frachtflugzeuge fliegen Nachschub, Lkws und sogar kleine Panzer in bedrohte Gebiete. Die Soldaten folgen mit Truppentransportern nach.

SIEHE AUCH UNTER: GRIECHEN · KALTER KRIEG · KRIEG · KRIEGSSCHIFFE · RITTER UND WAPPEN · RÖMISCHES REICH · RÜSTUNGEN · VEREINTE NATIONEN · WAFFEN

SÜDAFRIKA

SÜDAFRIKA GRENZT im Osten an den Indischen und im Westen an den Atlantischen Ozean. Das große Land umschließt als Enklaven zwei unabhängige Staaten, Lesotho und Swasiland. Lange Zeit betrieb Südafrika eine rassistische Politik. Von 1948 an herrschte die weiße Minderheit über das Land und bestand auf einem System der Rassentrennung, der Apartheid. 1994 fanden jedoch die ersten demokratischen Wahlen statt. Mit dem Ende der Apartheid wurde Nelson Mandela zum ersten schwarzen Präsidenten Südafrikas gewählt.

SÜDAFRIKA: DATEN	
HAUPTSTADT	Pretoria (Regierungssitz), Kapstadt (Parlamentssitz)
FLÄCHE	1 219 080 km²
EINWOHNER	43 600 000
SPRACHE	Englisch, Afrikaans, Ndebele, Nordsotho, Südsotho, Swati, Tsonga, Setswana, Venda, Xhosa, Zulu
RELIGION	Christentum
WÄHRUNG	Rand
LEBENSERWARTUNG	48 Jahre
EINWOHNER PRO ARZT	1 520
REGIERUNG	Mehrparteien-demokratie
ANALPHABETEN	18 %

Geografie

Südafrika ist ein Land der Kontraste. Der südliche Teil des Landes ist eher gebirgig mit oft sehr steilen Felsen. Im Zentrum liegen flache Hochebenen. Die Namib- und die Kalahariwüste im Nordwesten stehen in scharfem Gegensatz zu den üppigen Wäldern im Nordosten des Landes.

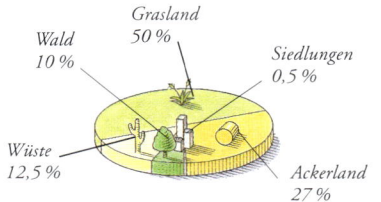

Landnutzung
- Wald 10 %
- Grasland 50 %
- Siedlungen 0,5 %
- Wüste 12,5 %
- Ackerland 27 %

Ein erheblicher Teil des Landes liegt in größerer Meereshöhe und wird als Weide und für den Anbau von Pflanzen genutzt, vor allem für Mais und anderes Getreide. Südafrika hat reiche Bodenschätze, etwa Gold und Kohle.

Drakensberge
Dieser Gebirgszug liegt im Südwesten Südafrikas und Lesothos. Er steigt unvermittelt bis zu 1 000 m über dem Meer auf und geht dann in eine Hochebene über. Die höchsten Stellen sind die Spitze Thabana Ntlenyana mit 3 482 m Höhe sowie Champagne Castle mit 3 376 m. Es gibt hier viele Niederschläge, die im Winter als Schnee fallen.

Klima
Südafrika hat allgemein ein warmes, sonniges, trockenes Klima. Im Osten fällt 3-mal so viel Regen wie in den nördlichen und westlichen Wüstenregionen. Die Winter sind mild und dauern von Juni bis August. Die höchsten Gipfel in der Kapprovinz und den Drakensbergen haben oft Schnee. Von Oktober bis April herrscht in der Provinz ein heißer Sommer.

42 °C / 21 °C / -9 °C / 11 °C / 785 mm

Veld
Das Tafelland oder die grasbewachsene Hochebene, die den größten Teil Südafrikas bedeckt, heißt auch Veld. An einigen Stellen liegt es höher als 1 200 m. Die zentrale Hochfläche ist eine Trockensavanne mit vereinzelten Bäumen. Im Nordosten befindet sich das feuchtere Lowveld mit Grasland und subtropischen Hölzern und einer Vielfalt an Pflanzen- und Tierarten.

3 Hauptstädte
Südafrika hat 3 „Hauptstädte". Pretoria ist Regierungssitz und Verwaltungszentrum, das Parlament tagt in Kapstadt am Fuß des Tafelberges. Die obersten Gerichtshöfe des Landes befinden sich in Bloemfontein.

Kapstadt mit Tafelberg

SÜDAFRIKA

Bevölkerung

Die meisten Südafrikaner sind schwarz und gehören zu den Stammesgruppen der Zulu und Xhosa. Ungefähr 9 % sind Coloureds, also Mischlinge. Die Weißen britischen oder niederländischen Ursprungs machen rund 13 % aus. Die Schwarzen sind heute die führende Schicht.

36 pro km²

60 % Stadt   40 % Land

Townships
Während der Apartheid mussten die schwarzen Südafrikaner in eigens gebauten Townships leben. Die meisten sind dort geblieben. Soweto in der Nähe von Johannesburg ist ein Komplex von 29 großen Siedlungen mit einer geschätzten Gesamtbevölkerung von 2 Mio.

Freizeit

Südafrikaner lieben Spiele im Freien wie Kricket, Rugby, Football und Tennis. Seit dem Ende der Apartheid kann das Land wieder an internationalen Wettkämpfen teilnehmen.

Rugby
Der südafrikanische Nationalsport ist das Rugby. 1995 fand hier der erste *Rugby World Cup* statt. Er wurde vom einheimischen Team der *Springboks* gewonnen.

Wandmalereien
Die Ndebele-Frauen in Transvaal sind für ihre wunderschön bemalten Häuser berühmt. Jedes Frühjahr erneuern sie die Malerei und geben ihre Kunst an die Töchter weiter. Ältere Wandmalereien sind rein geometrisch. Neuerdings sieht man auch moderne Symbole wie Autos.

Landwirtschaft

85 % der Nutzfläche dienen der Viehwirtschaft. Südafrika kann fast den gesamten Nahrungsbedarf selber decken. Angebaut werden Zuckerrohr, Mais, Weizen und Obst. Die Landwirtschaft trägt 4 % zum Bruttoinlandsprodukt bei.

Limette    Orange    Zitrone

Zitrusfrüchte
Zitronen, Limetten und Orangen wachsen in den tropischen Gebieten Südafrikas. Äpfel und Birnen werden in der Kapprovinz für den Export angebaut. Südafrika hat auch eine große Fruchtsaftindustrie.

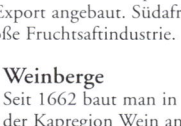

Weinberge
Seit 1662 baut man in der Kapregion Wein an. Er hat sich in den letzten Jahren wegen seiner hohen Qualität einen guten Ruf erworben. Eine der wichtigsten Städte für den Weinanbau ist Stellenbosch.

Bergbau
Die Bergbauindustrie bildet das Rückgrat der südafrikanischen Wirtschaft. Das Land hat sehr reiche Lagerstätten an Diamanten, Gold, Mangan, Chrom, Blei, Uran und Steinkohle.

Industrie

Zu den wichtigen Industriezweigen gehören die Hüttenindustrie, Metall verarbeitende und chemische Industrie, Nahrungs- und Genussmittelindustrie sowie Textil- und Bekleidungsindustrie.

Diamantenminen verbrauchen sehr viel Landschaft.

Gold
Südafrika steht bei der Goldproduktion mit Abstand auf Platz 1. Die Minen in Johannesburg liefern 20 % der Weltproduktion. Das meiste Gold verwendet man für Schmuck und in der Elektronik.

Krügerrand

Lesotho

Lesotho, eine kleine Monarchie, liegt inmitten von Südafrika. Das Land ist sehr gebirgig. 38 % seiner Bewohner arbeiten in der Landwirtschaft, die meist Viehzucht betreibt. Die Wasservorkommen werden für die Energiegewinnung genutzt.

Frauen bauen von Hand eine Straße.

LESOTHO: DATEN

HAUPTSTADT	Maseru
FLÄCHE	30 355 km²
EINWOHNER	2 200 000
SPRACHE	Englisch, Sesotho
RELIGION	Christentum
WÄHRUNG	Loti

Frauen
Die Frauen in Lesotho haben ein hartes Leben. Viele Männer arbeiten nämlich in südafrikanischen Bergwerken. Zu Hause müssen die Frauen selbst anpacken. Dennoch haben sie die geringste Analphabetenrate Afrikas.

Swasiland

Swasiland liegt zwischen Südafrika und Mosambik. Das kleine Königreich besteht aus mehreren Hochflächen. Es verfügt vor allem über Asbest und Diamanten. In der Landwirtschaft sind rund 35 % der Arbeitnehmer beschäftigt. In Plantagen werden Zitrusfrüchte, Ananas und Zuckerrohr für den Export angebaut.

SWASILAND: DATEN

HAUPTSTADT	Mbabane
FLÄCHE	17 363 km²
EINWOHNER	925 000
SPRACHE	Siswati, Englisch
RELIGION	Christentum, Stammesreligionen
WÄHRUNG	Lilangeni
LEBENSERW.	39 Jahre

Swasi
Die meisten Einwohner sind Swasi. Sie leben verstreut auf dem Land in Clans, die vom Häuptling und dessen Mutter angeführt werden. Die Swasi haben eine reiche, mündlich überlieferte Literatur.

SIEHE AUCH UNTER: BALLSPIELE · GEBIRGE · GESTEINE · GRASLAND, TIERWELT · LANDWIRTSCHAFT · MANDELA, NELSON · SÜDAFRIKA, GESCHICHTE

SÜDAFRIKA, GESCHICHTE

VOM 2. JH. AN WURDE SÜDAFRIKA von Bantu sprechenden Ackerbauern besiedelt. Im 17. Jh. gründeten niederländische Siedler Farmen und Plantagen in der Kapkolonie und vertrieben die einheimischen Bauern. Britische Siedler folgten den Niederländern, und es kam zu einer heftigen Auseinandersetzung mit der schwarzen Mehrheit, besonders den Zulu. Im 19. Jh. kämpften Briten und Niederländer, die sich nun Buren nannten, um die Kontrolle über den Reichtum Südafrikas. Erst 1994 übernahmen die bisher unterdrückten Schwarzen in demokratischen Wahlen die Regierung in Südafrika.

Holzschnitzerei

Kopfstütze

Bantu
Vor 2000 Jahren siedelten eisenzeitliche, bantusprachige Ackerbauern aus dem Nordosten an der Ostküste Südafrikas und in den Savannengebieten Transvaals. Sie waren die Vorfahren der meisten Südafrikaner. Heute spricht die Mehrheit der Südafrikaner eine Bantusprache.

Europäische Siedler

1651 gründeten Niederländer die ersten Siedlungen in der Kapkolonie. Man nannte sie Buren, und ihre Nachkommen heißen heute Afrikaaner. Von 1795 an verloren die Niederländer immer mehr Macht, und Großbritannien nahm Südafrika schließlich ein.

Der große Treck
1806 übernahm Großbritannien die Kapkolonie von den Buren. Um der britischen Herrschaft zu entkommen, wanderten die Buren ins Landesinnere. Im Zuge des großen Trecks (1836–45) gründeten die Buren 2 unabhängige Staaten, den Oranjefreistaat und Transvaal.

Pause beim großen Treck

Schild aus Rinderhaut

Burenkrieg
Seit 1880 versuchten die Briten, die Kontrolle über die Burenrepubliken zu erlangen. Nach der Entdeckung von Gold- und Diamantenlagerstätten in Transvaal im Jahr 1886 verdoppelten die Briten ihre Anstrengungen. Ein zweiter Krieg 1899 führte schließlich dazu, dass sich die Buren 1902 ergaben.

Fächer, Erinnerung an den Burenkrieg

Zulu

1818 gründete ein Zuluhäuptling namens Chaka (gest. 1828) im nordöstlichen Natal das Reich Zululand. Seine straff organisierten Krieger, die Impi, kämpften gegen die Buren und Briten. Sie waren sehr stolz und diszipliniert und marschierten bis zu 64 km am Tag.

Zuluschild

Südafrikanische Union

Im Jahr 1910 bildeten die Briten und die Buren die Südafrikanische Union, wobei die Regierung britisch war. Es folgten für die Schwarzen Jahrzehnte der Unterdrückung.

Apartheid
Während der Apartheidpolitik seit 1950 wurden alle Südafrikaner nach ihrer Rasse eingeteilt. Die schwarzen Südafrikaner verloren das Stimmrecht und durften ohne Erlaubnis kein Land besitzen, nicht arbeiten oder reisen. Asiaten und Mischlinge durften zwar wählen, mussten sich aber sonst von Weißen getrennt halten. Die Weißen reservierten für sich die besten Wohnungen, Jobs und Schulen.

Posteingang für Nichtweiße

Flagge des ANC

Afrikanischer Nationalkongress
Der Afrikanische Nationalkongress oder ANC (gegr. 1912) vertrat als einzige Partei die Interessen der schwarzen Südafrikaner. Sein Ziel war die Aufhebung der Apartheid. Die südafrikanische Regierung verbot den ANC, musste ihn aber 1990 kurz vor Mandelas Freilassung anerkennen.

Das neue Südafrika
1990, nach 28 Jahren Haft, wurde einer der ANC-Führer, Nelson Mandela, freigelassen. Sofort traf er mit Präsident F. W. de Klerk zusammen, um über politische Veränderungen in Südafrika zu beraten. In der Folge wurde die Apartheid aufgegeben, die ersten freien Wahlen für alle fanden statt. Erstmals besaßen alle Menschen in Südafrika dasselbe Wahlrecht. Mandela wurde zum Präsidenten des neuen demokratischen Südafrika gewählt.

Anstehen für die Wahl, Katlehong

Steve Biko
Steve Biko (1946–77) widersetzte sich der Apartheid und gründete die South Africa's Students Organization (SASO) und mit anderen die Bewegung Black Consciousness. 1977 wurde er verhaftet und bewusstlos geprügelt. 6 Tage später starb er, was zu internationalem Protest führte. Niemand wurde des Mordes angeklagt. Erst 1997 begann eine neue Untersuchung.

Chronologie

1852 Gründung der unabhängigen Burenrepubliken

1910 Gründung der Südafrikanischen Union mit der Kapprovinz, Natal, Oranjefreistaat und Transvaal

1931 Südafrika wird unabhängig.

Schutz aus Ziegenfell

1948 Die National Party (NP) bildet die Regierung.

1950 Die Regierung beschließt die Apartheidpolitik; Wohngebiete für die schwarze Mehrheit, sog. Homelands, entstehen.

1976 Die Polizei schießt auf Studenten in Soweto; überall im Land folgen Demonstrationen.

70er Jahre Die Weltgemeinschaft verhängt Handelssanktionen gegen Südafrika.

1990 Der ANC-Abgeordnete Nelson Mandela wird aus dem Gefängnis entlassen.

1991 Ende der Apartheid

1994 Erste allgemeine Wahlen

SIEHE AUCH UNTER: AFRIKA, GESCHICHTE · ENTDECKUNGEN · MANDELA, NELSON · POLITIK UND MACHT · WELTREICHE

SÜDAMERIKA

DER VIERTGRÖSSTE KONTINENT, Südamerika, ist nur dünn besiedelt. Die 12 unabhängigen Länder waren einst Kolonien europäischer Mächte, besonders von Spanien und Portugal. Deren Sprachen, Kultur und Religion haben den Kontinent stark beeinflusst. Viele Südamerikaner sind Bauern, die ihre Nahrung selbst anbauen. Drei Viertel der Einwohner leben jedoch in großen, übervölkerten Städten unter oft schlimmen Bedingungen. Viele Länder haben hohe Auslandsschulden.

Geografie

Die Landschaften Südamerikas reichen von den vulkanischen Bergspitzen der Anden bis zu den tropischen Wäldern des Amazonasbeckens im Zentrum und im Osten. Weiter südlich liegen die Grasgebiete des Gran Chaco und der Pampa. Im Westen befindet sich die trockenheiße Atacamawüste, im extremen Süden erstreckt sich die Kältewüste Patagoniens.

Anden
Die Anden erstrecken sich längs der südamerikanischen Pazifikküste von Venezuela bis Chile über 8 000 km. Sie sind die längste Gebirgskette der Erde. Die höchsten Gipfel sind vulkanischen Ursprungs und das Gebiet leidet unter Erdbeben. Der Aconcagua ist mit 6 960 m der höchste Berg.

Amazonas
Der Amazonas ist der größte Fluss der Erde. Er hat eine Länge von knapp 6 500 km. Schiffe können ihn ungefähr 3 700 km weit befahren. Die Mündung des Amazonas ist 150 km breit. Im Mittel ergießen sich aus dem Strom pro Sekunde 80 000 m³ Wasser in den Atlantischen Ozean.

Patagonien
Über die kahle Hochfläche Patagoniens weht dauernd ein stürmischer Wind. Mit nicht mehr als 25 cm Regen pro Jahr ist ein großer Teil Patagoniens eine Kältewüste mit spärlicher, grauer Gras- oder Strauchvegetation. Im Norden hält man Schafe.

Schnitt durch Südamerika
An der Pazifikküste ragen steil die Anden auf. Sie teilen sich in 2 parallele Ketten. Dazwischen liegt eine trockene, grasbewachsene Hochebene, der Altiplano. Östlich der Anden liegt das feuchtheiße Amazonasbecken, an das sich eine Hochfläche anschließt. Es folgt der sanfte Abfall zum Atlantik.

Peru-Chile-Graben (Pazifischer Ozean) — Anden — Titicacasee — Amazonasbecken mit zahlreichen Nebenflüssen — Bergland von Guyana, eine Hochfläche mit Savanne — Atlantischer Ozean — Karibische Inseln

A — Ungefähr 3 637 km von A nach B — **B**

SÜDAMERIKA: DATEN

- **FLÄCHE** 17 816 000 km²
- **EINWOHNER** 330 000 000
- **ANZAHL DER UNABHÄNGIGEN LÄNDER** 12
- **GRÖSSTES LAND** Brasilien
- **KLEINSTES LAND** Suriname
- **HÖCHSTER PUNKT** Aconcagua (Chile, Argentinien) 6 960 m
- **NIEDRIGSTER PUNKT** Salinas Grandes (Argentinien) 40 m unter dem Meeresspiegel
- **LÄNGSTER FLUSS** Amazonas (Peru, Kolumbien, Brasilien)
- **GRÖSSTER SÜSSWASSERSEE** Titicacasee (Bolivien, Peru) mit 8288 km²

Klima

Das Amazonasbecken ist das ganze Jahr über heiß und feucht. Die mittlere Temperatur liegt bei 21 °C, der jährliche Niederschlag bei über 2000 mm. Ein großer Teil der südlichen Hälfte des Kontinents hat heiße Sommer und kühle Winter. Hier gibt es große Grasgebiete und einige Halbwüsten. Mit zunehmender Höhe in den Anden wird das Klima kühler und trockener. Die höchsten Gipfel sind das ganze Jahr über von Schnee bedeckt.

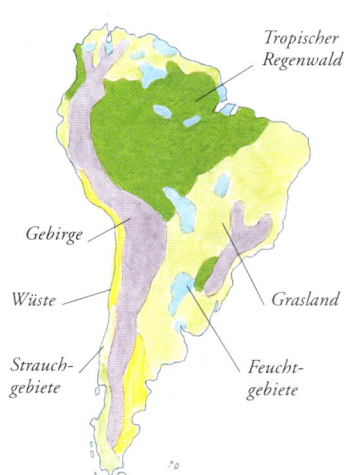

Tropischer Regenwald
Gebirge
Wüste
Grasland
Strauchgebiete
Feuchtgebiete

La Gran Sabana, Venezuela

Grasland
Im gemäßigten Klima bedeckt Grasland weite Gebiete Südamerikas, etwa die argentinischen Pampas und den Gran Chaco in Paraguay und Bolivien. Im Norden findet man Grasland oder Llanos im Bergland von Guyana auf der La Gran Sabana in Venezuela oder auf der Hochfläche des Mato Grosso in Brasilien.

Ausgedehnte tropische Grasländer werden als Weidegebiete genutzt.

Wächserne Blätter

Eucryphia
Blüten im Frühjahr

Die Araukarie gehört zu den Nadelhölzern.

Zapfen
Araukarie

Tropischer Regenwald
Das Amazonasbecken ist von dichtem, undurchdringlichem Regenwald bedeckt. Ein Vorwärtskommen ist nur auf Flüssen möglich. Dieses Gebiet enthält ungefähr 30 % der Waldbestände der Erde und 20 % des gesamten Süßwassers. Der Amazonas und seine Nebenflüsse entwässern 40 % von Südamerika, ein Gebiet von rund 7 Mio. km².

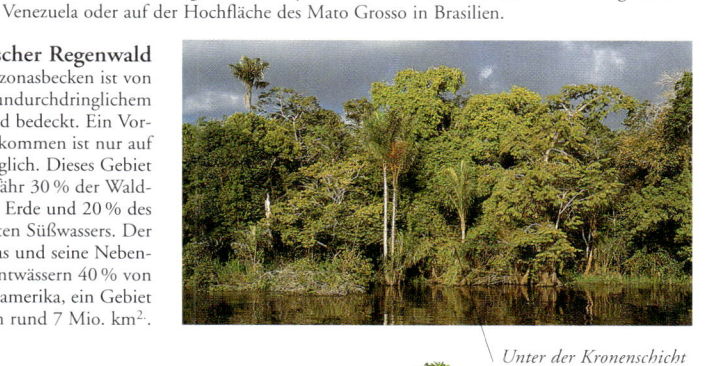

Unter der Kronenschicht wachsen Lianen und Epiphyten, die andere Pflanzen als Träger verwenden.

Trockenwälder
In Nordostbrasilien, im Süden Paraguays, in Zentralchile und Nordargentinien gibt es große Trockenwälder, die in Savanne übergehen. Die Vegetation ist von Bäumen wie der Araukarie und von Sträuchern wie der Eucryphia geprägt. Ihre immergrünen Blätter halten Dürreperioden gut aus.

In der Atacamawüste erheben sich säulenförmige Felsen – ein Endprodukt der Abtragung.

Die Wälder Südbrasiliens erstrecken sich bis zur Atlantikküste.

In der heißen Sonne an der Küste gedeihen kleine Kakteen.

Kälte- und Trockenwüsten
Südamerika hat 2 Wüsten, die patagonische Kältewüste in Argentinien und die heiße Atacamawüste in Nordchile. Diese erstreckt sich längs der Küste über rund 950 km und ist die trockenste aller Wüsten. In einigen Teilen hat es hier schon seit über 100 Jahren nicht geregnet.

Laub abwerfender Regenwald
Teile Südbrasiliens und Norduruguays sind von Laub abwerfendem Regenwald bedeckt. Im Gegensatz zum Amazonasbecken tritt hier eine längere Trockenzeit auf, bei der viele Bäume ihr Laub abwerfen. Hier leben auch deutlich weniger Baumarten als im tropischen Regenwald des Amazonasgebietes.

Mediterrane Strauchgebiete
Das zentrale Tal in Chile hat ein warmes Mittelmeerklima mit trockenheißen Sommern und mildfeuchten Wintern. An den Abhängen zum Meer gedeihen kleine Dornsträucher, Kakteen und Gräser, die der Trockenheit widerstehen. Das Gebiet ist berühmt für die guten Weine, die hier wachsen.

Bevölkerung
Nur 2 % der Einwohner stammen von Indianern oder Indios ab, die Südamerika Jahrtausende vor der Ankunft der Europäer besiedelt hatten. Die meisten sind Mestizen und damit gemischten indianischen und europäischen Ursprungs. Viele Südamerikaner stammen auch von Afrikanern ab, die meist als Sklaven zur Arbeit auf den Plantagen ins Land gebracht wurden.

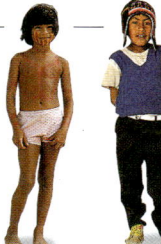

Mädchen aus Brasilien **Junge aus Bolivien** **Junge aus Argentinien**

Ressourcen
Die reichen vulkanischen Böden eignen sich sehr gut für den Ackerbau, vor allem für den Anbau von Weizen, Mais, Obst, Kaffee, Tomaten und Kartoffeln, die aus Südamerika stammen. In den Regenwäldern wachsen hunderte von Arzneipflanzen. Der Erdteil besitzt viele Bodenschätze, vor allem Erdöl, Erdgas, Gold, Kupfer, Zink sowie Edelsteine.

Kaffeebohnen  **Orange**

Smaragd

| SIEHE AUCH UNTER | FLÜSSE | GEBIRGE | GRASLAND, TIERWELT | INDIANER | REGENWALD, TIERWELT | SÜDAMERIKA, TIERWELT | WÜSTEN | WÜSTEN, TIERWELT |

SÜDAMERIKA, GESCHICHTE

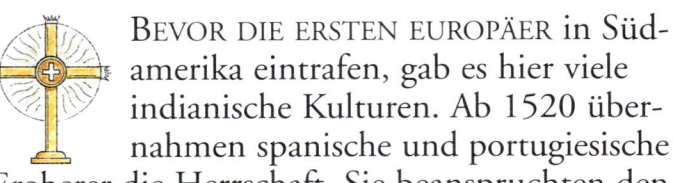

BEVOR DIE ERSTEN EUROPÄER in Südamerika eintrafen, gab es hier viele indianische Kulturen. Ab 1520 übernahmen spanische und portugiesische Eroberer die Herrschaft. Sie beanspruchten den Erdteil mit all seinen Menschen und regierten 300 Jahre lang. Im frühen 19. Jh. wurde der Kontinent unabhängig. Die neuen südamerikanischen Staaten waren arm und instabil. Heute gibt es in Südamerika eine lebendige Kultur mit indianischen, europäischen und afrikanischen Elementen.

Frühe Kulturen
Die Kulturen der Indianer oder Indios, wie sie auch in Südamerika heißen, bestanden jahrtausendelang und blühten besonders im Gebiet der Anden. Als die Europäer Südamerika eroberten, gehörte ein großer Teil des Kontinents zum Reich der Inka, die ihr Zentrum im heutigen Peru hatten.

Gefäß der Inka mit menschlichem Gesicht

Die Suche nach Silber
Im Jahr 1545 entdeckte man in Potosí, Bolivien, die größten Silberlager der Erde. In großen Mengen schaffte man nun Silber nach Sevilla in Spanien. Es spielte eine große Rolle im europäischen und transatlantischen Handel. Die Abbaubedingungen waren elend: 4 von 5 Indianern, die in den Minen arbeiteten, kamen im ersten Jahr ums Leben.

Silbermine, Potosí

Silber aus Bolivien

Die Spanier
Nach den Eroberungen von Francisco Pizarro (1475–1541) und anderer Konquistadoren wurde Südamerika von Spanien aus regiert. Die spanischen Könige sandten sog. Vizekönige, die die Gebiete verwalten, Steuern erheben und Recht sprechen sollten. Im 18. Jh. herrschte z. B. der Vizekönig von Neugranada über Kolumbien, Ecuador, Panama und Venezuela.

El Dorado
Unter den spanischen Eroberern kursierte das Gerücht, jenseits der Anden lebe ein Volk, das soviel Gold besäße, dass sich der König jedes Jahr mit Goldstaub bedecke. Dieser „Vergoldete" – „El Dorado" – wurde zwar nie gefunden, doch die Legende trieb viele spanische Abenteurer auf die Suche nach dem Gold.

Francisco Pizarro

Einheimische Völker
Die indianischen Völker Südamerikas litten schrecklich unter der neuen Herrschaft. Sie hatten nur geringe Widerstandskraft gegen Krankheiten, die die Europäer einschleppten, und von den Eroberern wurden sie schlecht behandelt. In den ersten 100 Jahren der europäischen Herrschaft ging die Zahl der Indianer von 16 auf 4 Mio. Menschen zurück.

Bartolomé de las Casas
Der Dominikanerpater Bartolomé de las Casas (1474–1566) bezeichnete die spanische Eroberung als illegal und forderte die Freiheit für die Indianer. Er wandte sich gegen ihre Misshandlung durch spanische Siedler. Zwar wurden Gesetze zum Schutz der einheimischen Völker erlassen, doch meist hielt man sich nicht daran.

Die katholische Kirche
Während der spanischen Eroberung wurden fast alle Tempel und Heiligtümer der Indianer zerstört. Die meisten Indianer bekehrten sich zur römisch-katholischen Kirche, hielten aber insgeheim an ihren alten Überlieferungen fest. Überall baute man Kirchen im spanischen Stil, oft mit Werken einheimischer Künstler.

Szene aus dem Film The Mission

Missionar der Jesuiten

Dorfbewohner

Jesuiten
Der katholische Orden der Jesuiten, die Gesellschaft Jesu, gründete unter den Völkern der Guarani und Tapes in Paraguay Missionsstationen. In der Mitte des 18. Jh. gab es 30 solcher Stationen. In den Dörfern gehörten das Land und die Tiere allen Bewohnern gemeinsam. Um 1770 wurden die Jesuiten aus spanischen und portugiesischen Gebieten vertrieben und tausende von Indianern gerieten in Sklaverei oder wurden getötet.

Kirchen
Um die Indianer vor Übergriffen der portugiesischen Siedler zu schützen, bauten die Jesuiten ihre Missionsstationen mit den Kirchen im Barockstil mitten in den Urwald. So waren sie selbst von der Außenwelt abgeschirmt.

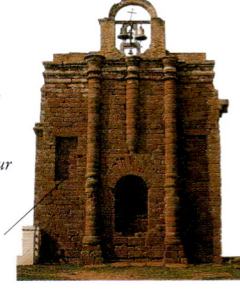

Viele der Jesuitenkirchen waren nur einfache Steingebäude.

SÜDAMERIKA, GESCHICHTE

Unabhängigkeit

Im frühen 19. Jh. drangen die Franzosen nach Spanien ein und ersetzten König Karl IV. durch Joseph Bonaparte (Regierungszeit 1808–13), den Bruder Napoleons. Die Kolonien blieben Karl IV. zunächst treu. Bald regten sich jedoch Unabhängigkeitsbestrebungen in Südamerika. Sie wurden von Spaniern getragen, die in Südamerika geboren waren. Der bedeutendste unter ihnen war Simón Bolívar. Er hoffte auf ein vereintes Südamerika, doch konnten sich die verschiedenen Völker nicht verständigen, sodass der Kontinent in viele Nationen zerfiel.

Brasilien

Während der Napoleonischen Kriege floh Portugals König Johann VI. nach Brasilien und regierte von dort aus. Das Land wurde reich. Da eine Revolution drohte, kehrte der König zurück. Sein Sohn, Dom Pedro, erklärte Brasilien 1822 für unabhängig.

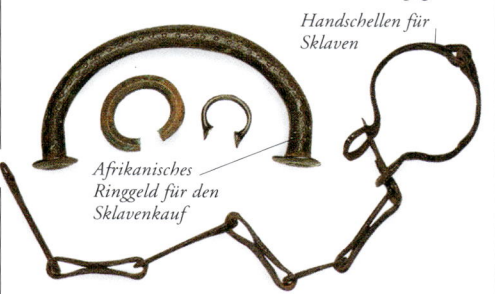

Handschellen für Sklaven

Afrikanisches Ringgeld für den Sklavenkauf

Sklaverei

In Brasilien gab es keine großen Siedlungen von Einheimischen. Deswegen holten die portugiesischen Siedler Sklaven aus Westafrika, die auf ihren Plantagen und in Bergwerken arbeiten mussten. Entlaufene Sklaven bildeten eigene Siedlungen, die Quilombos: Die berühmteste war in Palmares, wo einige tausend Menschen in Kleinstädten und Dörfern lebten.

Eva Perón

Eva („Evita") Duarte (1919–52) wuchs in Armut auf und war Radiosprecherin. Sie heiratete den Politiker Juan Perón, der 1946 Präsident Argentiniens wurde. Von den Armen des Landes wurde Evita sehr verehrt, und erreichte es, dass ihr Mann 1952 wiedergewählt wurde. Im selben Jahr starb sie.

Spanische Kolonien
Britische, niederländische und französische Kolonien
Portugiesische Kolonie
Lima
Santiago
San Fernando

José de San Martín

General José de San Martín (1778–1850) wurde in Argentinien geboren. Dort führte er die Bewegung an, die 1816 zur Unabhängigkeit von Spanien führte. Dann marschierte er nach Chile, besiegte die Spanier und setzte den patriotischen Führer Bernardo O'Higgins wieder in sein Amt ein. 1821 eroberte er Lima in Peru und erklärte das Land für unabhängig.

Modernes Südamerika

Im 19. Jh. waren die neuen südamerikanischen Nationen auf den Anbau von Pflanzen wie Kaffee angewiesen. In der Wirtschaftskrise der 1930er Jahre sank plötzlich die Nachfrage. Tausende von Menschen strömten in die Städte, um in den Fabriken Arbeit zu finden. Seither leben noch heute Südamerikaner meist in Städten.

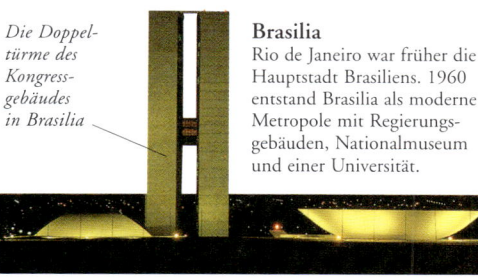

Die Doppeltürme des Kongressgebäudes in Brasilia

Brasilia

Rio de Janeiro war früher die Hauptstadt Brasiliens. 1960 entstand Brasilia als moderne Metropole mit Regierungsgebäuden, Nationalmuseum und einer Universität.

Chile

1970 wurde Salvador Allende (1908–73) zum Präsidenten gewählt. Als Marxist verfolgte er eine sozialistische Politik. Er starb bei einem Militärputsch, den der spätere Diktator Augusto Pinochet (geb. 1915) anführte.

Salvador Allende

Bernardo O'Higgins

O'Higgins (1778–1842) war der Sohn eines Iren und spanischen Gouverneurs von Chile. 1814 übernahm er den Posten seines Vaters, wurde aber von den Spaniern wegen republikanischer Gesinnung abgesetzt. Er kämpfte für die Unabhängigkeit des Landes und wurde 1817 Chiles erstes Staatsoberhaupt.

Rote, weiße und blaue Federn symbolisieren die Freiheit.

Bernardo O'Higgins

José de San Martín

Kautschuk

Der Kautschukbaum stammt aus Südamerika. Im 19. und frühen 20. Jh. war Kautschuk für Autoreifen sehr gefragt. In Brasilien wurden deswegen viele Plantagen angelegt. 1900–14 gab es einen wahren Kautschukboom, bei dem viele Plantagenbesitzer reich wurden. Mit der Erfindung des Gummis sank die Nachfrage.

Milchsaft oder Latex wird abgezapft und gehärtet.

Ankunft britischer Truppen auf den Falklandinseln

Falklandkrieg

1833 besetzten britische Siedler eine Inselgruppe im Südatlantik, die sie Falklandinseln nannten. Argentinien besetzte diese Inseln 1982. Großbritannien sandte Truppen zur Rückeroberung. Argentinien kapitulierte. Doch bis auf den heutigen Tag sind die Falklandinseln oder Malvinen umstritten.

Chronologie

900–1476 Chancay-Kultur an der Westküste Südamerikas

1438–1532 Blütezeit der Inka-Kultur in Peru und den umgebenden Ländern

Um 1530 Portugiesische Siedler treffen in Brasilien ein.

1530–60 Spanien erobert den größten Teil Südamerikas.

Chancay-Tonfigur

1532 Die Spanier unter Pizarro erobern das Inka-Reich.

1717 Die Spanier errichten das Vizekönigtum von Neugranada und regieren von dort aus Südamerika. Brasilien ist Portugals Kolonie.

1767 Der spanische König Karl III. vertreibt die Jesuiten aus dem Land und den Kolonien.

1808 In den südamerikanischen Kolonien beginnen blutige Unabhängigkeitskriege.

1825 Der Unabhängigkeitskampf endet mit der Schaffung des neuen Staates Bolivien.

1900–14 Kautschukboom in Brasilien

Opernhaus in Manaus, Brasilien

1955 Juan Perón wird durch einen Militärputsch aus Argentinien vertrieben.

1976–82 Tausende Argentinier werden Opfer von Todeskommandos der Militärjunta.

1982 Krieg zwischen Argentinien und Großbritannien um die Falklandinseln

---

SIEHE AUCH UNTER | CHAVIN-KULTUR | ENTDECKUNGEN | INKA | MAYA | PORTUGAL, GESCHICHTE | RELIGIONEN | SPANIEN, GESCHICHTE | ZENTRALAMERIKA, GESCHICHTE

SÜDAMERIKA, TIERWELT

DIE LEBENSRÄUME in Südamerika sind sehr vielgestaltig: tropische Wälder im Norden, Grasländer im Zentrum und im Süden, das Gebirge der Anden im Westen, Wüsten an der Westküste, Feuchtgebiete in Brasilien. Südamerika ist auch reich an Pflanzen- und Tierarten, vor allem im Regenwald. Typisch sind z. B. Ameisenbären, Faultiere, Opossums und die neuweltlichen Affen. Sie entstanden, als der Erdteil noch von Nordamerika getrennt und isoliert von der übrigen Welt war.

Regenwälder

Die südamerikanischen Regenwälder, besonders im Amazonasbecken, beherbergen eine große Artenvielfalt. Viele Pflanzen und Tiere sind noch gar nicht entdeckt. Bäume bieten Insekten, Amphibien, Reptilien, Vögeln und Säugern Unterschlupf und Nahrung.

Hoatzin
Hoatzins leben in kleinen Gruppen auf Bäumen am Ufer von Flüssen und in Sümpfen. Sie fliegen schlecht und gleiten eigentlich nur von Baum zu Baum. Am Zielort klettern sie nach oben, wobei sie 2 Krallen am Vorderrand der Flügel zu Hilfe nehmen. Die jungen Hoatzins klettern schon kurz nach dem Schlüpfen.

Zweizehen-Faultier
Faultiere verbringen die meiste Zeit in Bäumen hängend. Auf den Boden begeben sie sich nur, um Kot abzusetzen. Sie bewegen sich im Geäst äußerst langsam.

Faultiere fressen Blätter.

Faultiere halten sich mit ihren langen, gebogenen Krallen fest.

Hartschalige Früchte mit Nüssen

Baumozelot
Diese kleine Katze, die auch Margay heißt, ist hervorragend an das Leben in Bäumen angepasst. Sie kann im Gegensatz zu anderen Katzen auch mit dem Kopf voran nach unten klettern. Baumozelots sind Einzelgänger, die Baumfrösche, Echsen, Vögel und kleine Affen erbeuten. Mit ihrem gefleckten Fell ist die Katze im Wald gut getarnt.

Baumozelots verbringen die meiste Zeit auf Bäumen.

Paranussbaum
Der Paranussbaum ist einer der vielen hundert Baumarten im tropischen Regenwald des Amazonas. Er wird bis zu 45 m hoch und bringt hartschalige Früchte hervor. Diese brechen auf und enthalten 8–24 harte Nüsse, die wie die Schnitze einer Orange angeordnet sind. Auf Paranussbäumen leben viele Arten von Insekten, Vögeln und Säugern.

Brustflosse

Tiefer Bauch

Beilbauchfische
Diese kleinen Fische leben in Flüssen des Regenwaldes. Sie springen aus dem Wasser, schlagen dabei geräuschvoll mit ihren Brustflossen und legen kurze Strecken „fliegend" zurück. Beilbauchfische fressen Insekten und Krebstiere an der Wasseroberfläche.

Feuchtgebiete

Es gibt 2 große Feuchtgebiete in Südamerika. Das eine liegt im Amazonas, wo der Waldboden immer wieder überschwemmt wird. Die Flussbewohner ernähren sich z. B. von Früchten, die ins Wasser fallen. Das größte Feuchtgebiet der Erde ist das Pantanal in Südbrasilien. Hier leben sehr viele Wasservögel wie der Rosalöffler.

Wabenkröte
Diese Art lebt in tropischen Flüssen. Sie sucht im Schlamm nach wirbellosen Tieren und nimmt sie über Tastorgane an den Fingern wahr. Das Weibchen legt Eier, die das Männchen auf dessen Rücken presst. Sie versinken dort in der Rückenhaut und entwickeln sich zu Kaulquappen.

Die Eier entwickeln sich in der Rückenhaut des Weibchens.

Rosalöffler
Rosalöffler leben in Sümpfen, Lagunen, Küstengewässern und Mangrovewäldern. Bei der Nahrungssuche bewegen sie ihre löffelartigen Schnäbel hin und her und filtern dabei kleine Krebse, Fische oder Pflanzen aus dem Wasser. Löffler nisten in kleinen Kolonien auf Bäumen oder im Röhricht.

Löffelartiger Schnabel

Füße mit Schwimmhäuten

Riesenotter
Dieser kräftige Otter lebt in langsam fließenden Strömen und deren Seitenarmen. Er fängt Welse und andere Fische und frisst sie mit dem Kopf voran. Er jagt auch Säuger und Wasservögel an Land.

Stromlinienförmiger Körper, Ruderschwanz und Schwimmhäute

Kaiman
Kaimane sind mit den Alligatoren verwandt. Sie leben in Sümpfen, an Strömen sowie in Altwassern mit Schlammboden. Kaimane schwimmen sehr gut und ernähren sich von Fischen, Krebsen und anderen Tieren, die sie im Wasser erbeuten. Sie packen auch Kleinsäuger und Wasservögel und ertränken sie. Das Weibchen legt seine Eier in ein selbstgebautes Nest und bewacht sie.

Kaimane haben scharfe Zähne zum Festhalten ihrer Beutetiere.

Waldstorch
Diese große, langbeinige Storchart lebt gruppenweise in Sümpfen und überfluteten Wäldern. Sie nisten gemeinsam in Baumkronen. Waldstörche stehen oft bis zum Bauch im Wasser und bewegen ihren breiten, offenen Schnabel hin und her. Wenn sie auf ein Beutetier treffen, z. B. auf Fische, Frösche oder Krebse, klappen sie den Schnabel schnell zu.

Sehr lange Beine zum Waten im Wasser

SÜDAMERIKA, TIERWELT

Gebirge

Die Anden verlaufen an der Westseite Südamerikas von Nord nach Süd. Der Westabhang hat wenig Regen und keine üppige Pflanzen- und Tierwelt. Am östlichen Abhang wachsen feuchte Wälder. Hier leben die meisten Arten. Das Vikunja ist an das Leben in großer Höhe angepasst.

Andenkondor
Der Andenkondor ist mit einer Flügelspannweite von über 3 m der größte flugfähige Vogel. Er gehört zu den Geiern und ernährt sich hauptsächlich von Aas. Gelegentlich greift er auch schwache oder verwundete Tiere an oder holt sich Eier aus den Seevogelkolonien an der Küste Perus.

Kondore segeln oft stundenlang in warmen Aufwinden und suchen Nahrung.

Vikunja
Mit seinen beweglichen Füßen kommt das Vikunja in jedem Gelände gut voran.

Das Vikunja ist ein Hochgebirgstier und die kleinste Kamelart. Kleine Herden leben in den zentralen Anden zwischen 3 800 und 5 000 m. Sie ernähren sich von Gras. Das Vikunja wurde durch die Jagd an den Rand des Aussterbens gebracht. Heute lebt es geschützt in einigen Nationalparks.

Vikunjas haben sehr feine, weiche Wolle.

Dichtes Fell als Wärmeschutz im Gebirge

Brillenbär
Der Brillenbär ist die einzige Großbärenart in Südamerika. Er lebt in feuchten Wäldern und Grasgebieten der nördlichen Anden. Seinen Namen hat er von der hellen Fellzeichnung um die Augen. Ein erwachsenes Männchen wiegt bis zu 180 kg. Weibchen werden nur halb so groß. Der Brillenbär klettert gut und sucht auf Bäumen nach Früchten. Er frisst auch Insekten und Aas und schlägt gelegentlich sogar einen Hirsch.

Darwin-Nandu
Dieser große, flugunfähige Vogel sucht nach Wurzeln, Samen, Insekten und Kleintieren. Sein Nest hat er in einer Bodenvertiefung. Ein Männchen brütet die Eier aus, die mehrere Weibchen in ein Nest legen.

Nandus sind bis zu 50 km/h schnell.

Großer Ameisenbär
Die Art lebt in Grasgebieten und offenen Wäldern und ernährt sich fast nur von Ameisen und Termiten. Der Ameisenbär hat eine lange, biegsame Schnauze und einen sehr scharfen Geruchsinn. Mit den mächtigen Vorderbeinen und den großen Krallen bricht es die Termitennester auf und stößt dann seine 60 cm lange, klebrige Zunge bis zu 150-mal pro Minute ins Nest.

Lange Schnauze und Zunge

Grasländer

Gras- und Strauchgebiete bedecken einen großen Teil des zentralen östlichen und südlichen Südamerika. Die bekanntesten Lebensräume sind die Pampas in Argentinien und Uruguay, die heute landwirtschaftlich genutzt werden. Im Westen sind diese Grasländer eher trockenheiß, im Osten feuchter.

Karakara
Diese bodenbewohnende Falkenart dreht mit ihren langen Füßen und Krallen Steine um und kratzt auf der Nahrungssuche im Boden. Der Karakara fängt dabei Insekten, Frösche, Echsen, Schlangen, Jungvögel und Kleinsäuger. Er fliegt auch tief über Grasgebiete auf der Suche nach Aas.

Hakenschnabel

Lange Beine zum Gehen durch das Gras

Lange Beine zum Laufen durch hohes Gras

Mähnenwolf
Mähnenwölfe jagen nachts. Sie schleichen sich an Beutetiere wie Kaninchen, Nagetiere, Gürteltiere und Kriechtiere an. Sie nehmen auch Insekten, Eier und Früchte.

Wüsten

In Südamerika gibt es 2 größere Wüsten, die patagonische Wüste in Argentinien und die Atacamawüste in Peru und Chile. Letztere ist die trockenste Wüste der Erde. Nebel vom Pazifik sorgen in einer bestimmten Zone aber für etwas Feuchtigkeit, sodass einige Kakteen, Echsen und Nagetiere überleben.

Cardon
Cardon nennen die Einheimischen einen Kaktus, der in Monte wächst, einem Wüstengebiet östlich der Anden in Argentinien. Die Kakteen sind an das Leben in trockenheißen Gebieten sehr gut angepasst. Sie haben ein ausgedehntes, flaches Wurzelsystem, mit dem sie Wasser sehr schnell aufnehmen können. Dieses speichern sie in ihren säulenförmigen, dehnbaren Sprossen.

Wasserspeicher in dehnbaren Sprossen

Philodryas chamissonis
Diese Schlange, die keinen deutschen Namen trägt, lebt am Südrand der Atacamawüste sowie in trockeneren Teilen Chiles bis in 1 500 m. Sie jagt tagsüber vor allem Echsen und klettert auch auf Sträucher.

Chile-Teju
Dies ist eine der Echsenarten, die in der Nebelzone der Atacamawüste und in Trockengebieten am Westabhang der Anden lebt. Sie macht tagsüber Jagd auf Insekten und kleinere Echsen und speichert Fett in ihrem Schwanz. Der Chile-Teju wird bis zu 50 cm lang.

Der Chile-Teju ist in Felsgebieten gut getarnt.

SIEHE AUCH UNTER | BÄREN | ECHSEN | GREIFVÖGEL | KAMELE | KROKODILE | SCHLANGEN | STRAUSSE UND KIWIS | WÖLFE UND WILDHUNDE | ZAHNARME TIERE

SUMERER

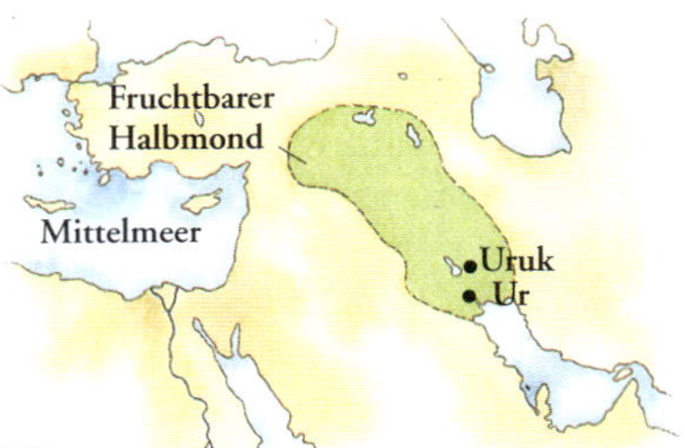

IN MESOPOTAMIEN, dem fruchtbaren Zweistromland zwischen Euphrat und Tigris, siedelten sich etwa um 5000 v. Chr. die Sumerer an. Sie gründeten dort Bauerndörfer, die um 3200 v. Chr. zu den ersten Städten der Welt heranwuchsen. Die Städte blühten auf und waren durch Wasserwege verbunden. Sie trieben miteinander Handel, kämpften aber auch um die Macht. Die Sumerer entwickelten eine Kultur mit gemeinsamer Sprache, Schrift und Kunst und gemeinsamen religiösen Vorstellungen und Baustilen. Als um 2000 v. Chr. Wüstenvölker aus dem Osten in Mesopotamien einfielen, ging die sumerische Kultur unter.

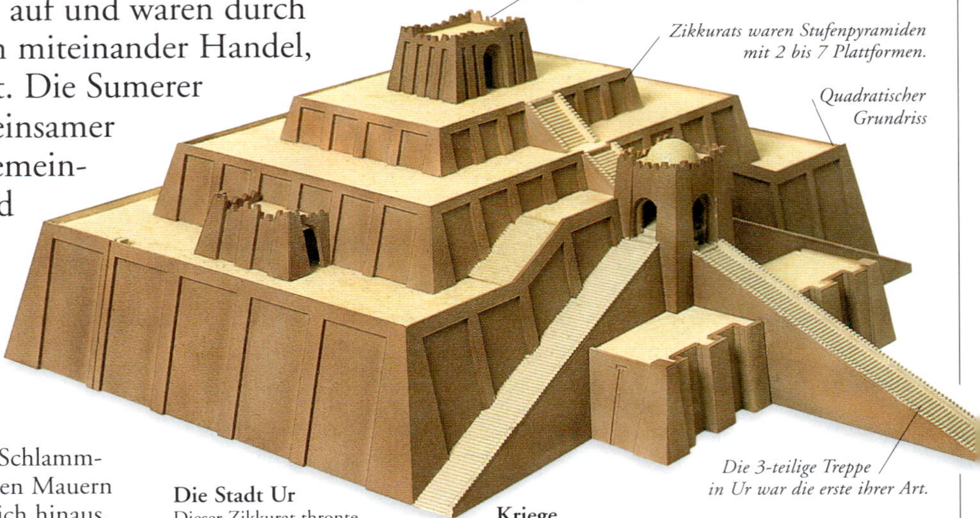

Heiligtum

Zikkurats waren Stufenpyramiden mit 2 bis 7 Plattformen.

Quadratischer Grundriss

Die 3-teilige Treppe in Ur war die erste ihrer Art.

Leben in der Stadt

In den Städten der Sumerer gab es Häuser aus Schlammziegeln sowie Paläste und Tempel, die von großen Mauern umschlossen waren. Die Menschen gingen täglich hinaus, um die Felder zu bestellen oder zu fischen. Je mehr Nahrung produziert wurde, desto mehr Menschen konnten in den Städten Steine und Metalle bearbeiten, Stoffe weben oder Ziegel für den Bau von Zikkurats und Tempeln herstellen.

Die Stadt Ur
Dieser Zikkurat thronte über der Stadt, die dem Mondgott Nanna geweiht war. Die sumerische Religion kannte hunderte von Göttern, und jede Stadt hatte ihre eigene Schutzgottheit.

Kriege
Die Konkurrenz zwischen den Städten um Ackerland und Rohstoffe führte zu endlosen Kriegen. Die Standarte von Ur, eine verschwenderische Einlegearbeit, zeigt den König, der mit Soldaten ins Feld zieht. Sie sind mit Filzmänteln, Kupferhelmen, Speeren und Äxten ausgerüstet.

Goldenes Halsband  **Goldhelm**  **Goldener Stierkopf**

Kunstgegenstände
Die sumerischen Künstler waren sehr geschickt. Sie schmückten die Wände von Palästen und Tempeln mit Einlegearbeiten aus Muscheln und Steinen. Bildhauer schufen aus importierten Steinen Statuen von Göttern, Menschen und Tieren. Goldschmiede fertigten Schmuck aus Gold, Silber und Edelsteinen wie Lapislazuli und Karneol.

Keilschrift

Die Sumerer entwickelten das erste Schriftsystem. Mit einem schräg abgeschnittenen Schilfrohr drückten sie keilförmige Zeichen in feuchten Lehm ein. Die Zeichen stellten Laute dar und wurden zu Wörtern zusammengesetzt.

Symbol für den 3. Tag *Symbol für eine Ware* *Symbol für 10 Einheiten*

Ackerbau und Fischerei
Zwischen 6000 und 5000 v. Chr. entstanden in Mesopotamien Ackerbaugesellschaften. Auf den fruchtbaren Sumpfböden ließen sich leicht Pflanzen anbauen. Die Siedler legten Kanäle zur Entwässerung an. Sie hielten Schafe, Ziegen und Schweine. Noch heute leben die Araber im irakischen Schatt el-Arab ähnlich wie ihre sumerischen Vorfahren vor Jahrtausenden.

Auf dem Sumpfboden wuchsen Weizen und Gerste sowie Dattelpalmen.

Sargon
Der Legende zufolge wurde Sargon als Baby in einem Korb auf dem Euphrat ausgesetzt. Die Göttin Ischtar schenkte ihm ein Reich. Tatsächlich war Sargon von Akkad (um 2000 v. Chr.) der erste Eroberer Sumers und Mesopotamiens. Er vereinigte die Territorien zu einem einzigen Reich.

Chronologie

5000 v. Chr. Ackerbauer und Fischer besiedeln den sog. Fruchtbaren Halbmond im südlichen Mesopotamien.

3200 v. Chr. Es entstehen große Städte wie Uruk.

3100 v. Chr. Die Sumerer erfinden die Keilschrift.

2700 v. Chr. Könige wie der legendäre Gilgamesch von Uruk herrschen über unabhängige Städte.

2600 v. Chr. Die Sumerer tauschen ihre Produkte gegen Metalle und Edelsteine.

um 2350 v. Chr. Sargon von Akkad vereint die sumerischen Städte zu einem Reich.

um 2300–2100 v. Chr. Sargons Reich zerfällt. Einzelne Städte übernehmen die Macht.

um 2100 v. Chr. Urnammu von Ur regiert mit Hilfe seiner Beamten über ganz Sumer.

um 2000 v. Chr. Die Amoriter aus der Syrischen Wüste dringen in Mesopotamien ein. Sumerisch wird immer weniger gesprochen. Man verwendet weiterhin die Keilschrift für Denkmäler und religiöse Inschriften.

Lapislazuli

Ziegenbock, Ur

SIEHE AUCH UNTER ASSYRER BABYLONIER HETHITER KRIEG LANDWIRTSCHAFT, GESCHICHTE SCHRIFT STÄDTE

SUPERMARKT

FRÜHER KAUFTE MAN die Dinge des täglichen Bedarfs in vielen verschiedenen Geschäften ein: das Fleisch beim Metzger, das Brot beim Bäcker, Garne beim Kurzwarenhändler. Oft stellten die Händler ihre Waren auch gleichzeitig her. Heute bieten Supermärkte alle Waren des täglichen Gebrauchs unter einem Dach an. Sie haben die sog. Tante-Emma-Läden verdrängt. Es gibt riesige Supermarktketten. Sie haben hunderte oder tausende von Filialen und sind oft sogar weltweit vertreten.

Einkaufszentrum

Die größte Auswahl findet man in Einkaufszentren. Hier bekommt man beinahe alles, was man für das Leben braucht. Früher sagte man auch Warenhaus oder Kaufhaus. Das erste dieser Art öffnete 1865 in Paris. Einkaufspassagen gab es schon im 19. Jh. Es waren Arkaden, die Straßen im Stadtzentrum miteinander verbanden.

Einkaufspassage, Kuala Lumpur, Malaysia

Warenhaus
Einige Warenhäuser sind berühmt für ihre Auswahl an Luxusgütern und gelten heute sogar als Touristenziele. Zu ihnen zählen Bloomingdales in New York, GUM in Moskau, Au Bon Marché in Paris und Harrods´ in London.

Passagen
In Passagen oder Galerien findet man nicht nur Geschäfte, sondern auch Banken, Kinos, Büros und Restaurants. Passagen sind überdacht und verkehrsfrei. Manche wurden außerhalb von Städten erbaut und sind nur mit dem Auto zu erreichen. Die Kunden haben hier den Vorteil, dass es keine Parkprobleme gibt.

Werbeartikel von Harrods´, London

F. W. Woolworth
Der Amerikaner Frank Winfield Woolworth (1852–1919) verdiente ein Vermögen mit Billigläden, in denen jeder Artikel nur 5 oder 10 Cent kostete. Die Kette, die er 1879 gründete, hat heute auf der ganzen Welt 9 000 Filialen.

Märkte

Einkaufszentren mögen sehr bequem und billig sein, doch es fehlt ihnen meist die Atmosphäre traditioneller Märkte, wie man sie überall noch auf der Welt findet.

Gewürzstand in einem marokkanischen Souk

Frisches Gemüse

Basare und Souks
Basare und Souks sind überdachte Märkte vor allem in Nordafrika und in Asien. Einige sind riesig. Im Basar von Istanbul könnte man 700 Tennisplätze unterbringen.

Schwimmende Märkte
In Venedig und Bangkok, wo man auf Kanälen am schnellsten vorankommt, verkaufen die Händler ihre Waren von Booten.

Metzgerladen im alten Rom

Geschäfte in früher Zeit
Die ersten Läden entstanden, nachdem der Mensch sesshaft geworden war. Um 3000 v. Chr. waren sie in den Hochkulturen schon häufig. Sie ersetzten aber nicht die Märkte, die in regelmäßigen Abständen abgehalten wurden. Der riesige aztekische Markt von Tlaltelolco in Mexiko versetzte die Spanier im 16. Jh. in Erstaunen.

Supermarkt

Supermärkte sind Selbstbedienungsgeschäfte für alle Waren des täglichen Bedarfs. Der erste Supermarkt wurde 1916 in Memphis, Tennessee, eröffnet. Die Erfindung des Einkaufswagens 1937 machte es möglich, mehr zu kaufen, als man tragen konnte. In den 50er Jahren gab es überall in den USA Supermärkte, und in Europa breiteten sie sich allmählich aus.

Verpackte Frühstücksflocken

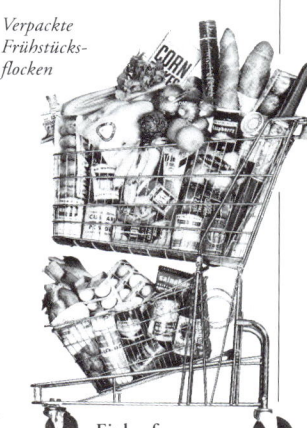

Verpackung
Die Nahrungsmittel im Supermarkt sind fast alle fertig verpackt. Erst dadurch ist eine schnelle Selbstbedienung möglich.

Einkaufswagen der 50er Jahre

Strichcode
Der Strich- oder EAN-Code identifiziert den Inhalt einer Packung. An der Kasse wird der Code von einem Scanner abgetastet. Der Preis wird sofort angezeigt. Der Strichcode vereinfacht auch die Lagerhaltung.

Strichcode

Versandhaus
Die Bestellung aus dem Katalog war ursprünglich besonders nützlich für Behinderte und für Menschen in abgelegenen Gebieten. Die British Army and Navy Cooperative Society druckte 1872 den ersten Versandkatalog. Der erste Katalog von Sears and Roebuck in den USA erschien 1894. Bestellen per Telefon, Fax oder via Computer und Internet ist heute üblich.

Bestellen aus dem Katalog, 30er Jahre

SIEHE AUCH UNTER   GELD   HANDEL UND INDUSTRIE   WERBUNG UND MARKETING

SÜSSWASSER, TIERWELT

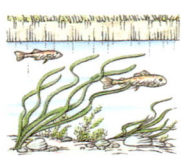

DIE LEBENSRÄUME des Süßwassers sind im Vergleich zu den Ozeanen nur winzig klein. Trotzdem leben in den vielen Weihern und Seen, Bächen und Flüssen zahlreiche Tierarten. Pflanzen wurzeln im weichen Gewässerboden und liefern den Tieren Nahrung und Unterschlupf. Unter den Tieren des Süßwassers finden wir die unterschiedlichsten Lebensformen. Die einen halten sich die ganze Zeit im Wasser auf, etwa die Fische, andere stammen ursprünglich vom Festland und haben sich erst nachträglich an das Wasser angepasst. Sie atmen mit Lungen.

See mit dem kalten, klaren Wasser von Bergbächen

Flüsse und Seen

In Flüssen und Seen herrschen die unterschiedlichsten Wassertemperaturen, Fließgeschwindigkeiten, Tiefen, Sichttiefen und Gehalte an Mineralsalzen. Kleintiere sind oft nur an ganz bestimmte Bedingungen angepasst.

Wonder Lake beim Mount McKinley, Alaska

Flusspferde verbringen den Tag im Wasser, um kühl zu bleiben.

Säugetiere

Nur sehr wenige Säugerarten wie die Flussdelfine verbringen ihr ganzes Leben im Süßwasser. Die anderen sind eigentlich Festlandtiere, die ihre Nahrung überwiegend im Wasser suchen. In steilen Uferhängen legen Nagetiere gern ihre Baue an.

Mit dem muskulösen Schwanz treibt sich der Otter vorwärts und steuert zugleich.

Fischotter
Die schlanken Fischotter tauchen auf der Suche nach Nahrung. Zum Antrieb verwenden sie nur den Schwanz und die Hinterbeine. Das Fell ist wasserdicht. Otter verschließen beim Schwimmen ihre Nasenlöcher und Ohren.

Biber
Biber nutzen Gewässer vor allem als Zuflucht. Sie bauen im Wasser ihre großen Biberburgen, suchen ihre Nahrung aus Pflanzen aller Art aber am Ufer.

Flusspferd
Fluss- oder Nilpferde verbringen den Tag in Seen oder Flüssen. Erst abends gehen sie auf das Festland um Gras zu fressen. Sie wiegen bis zu 3 Tonnen, schwimmen und tauchen aber sehr elegant.

Vögel

Viele Vogelarten sind an Flüsse und Seen gebunden. Einige tauchen, andere paddeln an der Oberfläche oder waten bei der Nahrungssuche im seichten Wasser. Spezialisten schnappen Fische im Flug über der Wasserfläche.

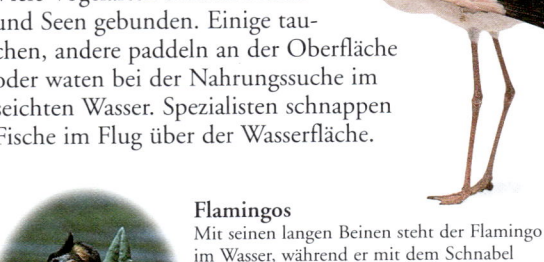

Flamingos
Mit seinen langen Beinen steht der Flamingo im Wasser, während er mit dem Schnabel Kleinlebewesen aus dem Wasser filtert. An afrikanischen Salzseen nisten unzählige Flamingos.

Stelzen wippen unaufhörlich mit dem Schwanz.

Haubentaucher
Die Haubentaucher paddeln an der Wasseroberfläche. Dann tauchen sie plötzlich lautlos unter, um einen Fisch zu fangen.

Gebirgsstelze
Die Gebirgsstelze nistet am Ufer schnell fließender Bäche. Ihre Nahrung findet sie in unmittelbarer Nähe des Bachlaufes.

Kriechtiere und Amphibien

Nur wenige Arten verbringen ihr ganzes Leben im Wasser. Doch auch Amphibien wie Frösche, Kröten und Molche entfernen sich nie weit von ihren Seen und Flüssen. Auch Schildkröten und Krokodile sind eng an das Wasser gebunden und viele Schlangen und Echsen gehen gerne ins Wasser, um dort Nahrung zu suchen oder um ihre Eier abzulegen.

Nilkrokodil
Das Nilkrokodil lauert untergetaucht im Wasser, wobei nur die Nasenlöcher und die Augen hervorragen. Er stürzt sich auf arglose Säugetiere, die ans Ufer kommen um hier zu trinken.

Molchlarve verlässt das Ei.

Kaulquappen
Die Larven der Molche und Frösche, die Kaulquappen, leben ganz im Wasser. Mit Kiemen nehmen sie den im Wasser gelösten Sauerstoff auf. Sie schwimmen vor allem mit dem Schwanz.

Anakonda
Die südamerikanische Anakonda ist die größte Schlangenart. Sie jagt vor allem in der Nähe von Gewässern und geht auch ins Wasser. Ihre Beutetiere tötet sie, indem sie diese umschlingt und dabei erdrosselt.

Krokodile töten ihre Beutetiere, indem sie sie unter Wasser ziehen und dort ertränken.

Die scharfen Zähne werden dauernd ersetzt.

Scharfe Krallen

Fische

Flüsse und Seen auf der ganzen Welt sind die Hauptlebensräume der Fische. Diese sind am besten an das Leben im Wasser angepasst. Mit Kiemen nehmen sie gelösten Sauerstoff auf. Die Flossen dienen der Fortbewegung. In allen Süßwassern gibt es Fische.

Dieser Süßwasserwels stammt aus Südamerika.

Welse
Welse leben am Gewässerboden teilweise im Schlamm. Heftigen Strömungen weichen sie aus. Mit ihren langen Barteln am Kopfende tasten sie den Boden nach Nahrung ab.

Forellen
Forellen sind mit ihrem muskulösen, stromlinienförmigen Körper typische Bewohner schnell fließender Gewässer. Sie kommen aber auch in Seen vor, wo sie gewaltige Ausmaße erreichen. Forellen steigen oft an die Wasseroberfläche und fangen angeflogene Insekten.

Die schwarzen Flecken auf dem Rücken dieser Regenbogenforelle dienen zur Tarnung.

Buntbarsche
Die Buntbarsche oder Cichliden bilden eine große Familie in tropischen Gewässern. Sie sind für ihre Brutpflege berühmt. Einige nehmen ihre Jungfische sogar ins Maul auf, wenn ihnen Gefahr droht.

Piranhas haben mächtige kurze Kiefer.

Piranhas
Die hochrückigen Fische leben in südamerikanischen Flüssen. Die meisten fressen Pflanzen. Einige haben rasiermesserscharfe Zähne zum Schneiden von Fleisch, wie die abgebildete Art. In größeren Schwärmen greifen sie sogar Tiere an, die größer sind als sie selbst. Doch die gefräßigen Tiere gehen nur dann an Fleisch, wenn es keine Früchte und Nüsse zu fressen gibt.

Wirbellose

Flüsse und Seen sind die Heimat zahlreicher wirbelloser Tiere. Zu ihnen gehören Insekten und ihre Larven, Muscheln, Krebse und Garnelen. Viele Wirbellose treiben einfach im Wasser oder bewegen sich auf dem Gewässerboden fort. Einige haben jedoch elegante Schwimmarten entwickelt.

Rückenschwimmer
Diese Wanzenart verwendet ihre Hinterbeine als Paddel. Sie schwimmt mit dem Bauch nach oben und jagt Krebse, Kaulquappen, Fischlarven und die Larven anderer Insekten.

Große Schlammschnecke
Diese Pflanzen fressende Wasserbewohnerin kann auf dem Festland nicht lange überleben. Sie legt gallertige Eier auf die Unterseite von Seerosenblättern.

Blutegel
Blutegel sind parasitische, wurmähnliche Tiere. Sie heften sich an Fischen und an anderen Tieren fest, die ins Wasser gelangen, und saugen deren Blut.

Pflanzen

Ohne Pflanzen, die Nahrung und Unterschlupf bieten, gäbe es nur sehr wenige Tiere in Flüssen und Seen. Viele Pflanzenarten sind ebenfalls an das Leben im Wasser angepasst. Sie wurzeln im Gewässerboden oder treiben an der Oberfläche.

Steife Stiele strecken die Blüten in die Luft.

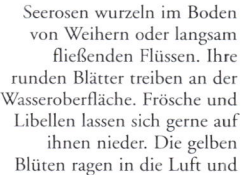

Blätter mit wächserner Oberfläche, von der das Wasser abläuft.

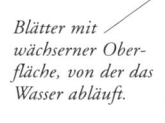

Nach der Bestäubung entwickelt sich jede Blüte unter Wasser zu einer Frucht.

Strauchpflanzen
An Gewässerufern wachsen vor allem Weiden, Pappeln und Erlen. Die langen, verzweigten Wurzeln halten den Uferboden zusammen und erstrecken sich weit ins Wasser, wo sie Wassertieren Unterschlupf gewähren.

Seerose
Seerosen wurzeln im Boden von Weihern oder langsam fließenden Flüssen. Ihre runden Blätter treiben an der Wasseroberfläche. Frösche und Libellen lassen sich gerne auf ihnen nieder. Die gelben Blüten ragen in die Luft und ziehen verschiedene Bestäuberinsekten an.

Weiche, biegsame Stängel

Erlen wurzeln im Wasser.

Schilf
An seichten Gewässerufern bildet sich oft eine dichte Vegetation aus Schilf, Binsen und auch Seggen. Mit ihren Wurzeln stehen die Pflanzen im Wasser. Die oberirdischen Teile dagegen werden 1 bis 2 m hoch.

Algen
In den meisten Flüssen und Seen stellen einfache Algen den größten Teil der Biomasse. Sie schweben als Einzeller im Wasser oder bilden lange, dichte Rasen auf den Steinen.

SIEHE AUCH UNTER | AMPHIBIEN | FISCHE | FLÜSSE | INSEKTEN | KRIECHTIERE | NAGETIERE | PFLANZEN | SÄUGETIERE | SEEN | VÖGEL

SYRIEN UND JORDANIEN

DIE LÄNDER SYRIEN, JORDANIEN UND LIBANON zählen zum Nahen Osten, der zwischen Europa, Afrika und Asien liegt. Die meisten Einwohner sind Moslems mit einer gemeinsamen Kultur. Die benachbarte Insel Zypern hingegen ist zumindest in ihrem südlichen Teil mehr nach Europa ausgerichtet und christlich. Insgesamt ist die ganze Region politisch nicht stabil. Die drei Länder auf dem Festland liegen an wichtigen Handelsrouten. Durch Syrien und Jordanien ziehen Pipelines, die Öl von weiter östlich gelegenen Ländern zu Erdölhäfen transportieren.

Geografie

In den Ländern auf dem Festland überwiegen Trockenwüsten mit fruchtbaren Streifen am Mittelmeer und im Jordantal. Der Jordan fließt von seiner Quelle im Grenzgebiet zwischen Syrien und Libanon 300 km weit bis in das Tote Meer. Zypern hat fruchtbare Ebenen, hohe Gebirge und weite Sandstrände.

Wadi Rum

Im südlichen Jordanien erhebt sich im Wadi Rum ein beeindruckendes Sandsteingebirge. Als Wadi bezeichnet man ein ausgetrocknetes Flusstal. Das Wadi Rum bietet eine der schönsten Wüstenlandschaften der Erde. Es ist als Nationalpark ausgewiesen, in dem mehrere halbnomadische Beduinenstämme noch nach alter Sitte leben.

Troodos-Gebirge

Das Troodos-Gebirge erstreckt sich 113 km weit in Südzypern von West nach Ost. Die höchste Spitze ist der Olympos mit 1 953 m Höhe. An den Abhängen liegen Weinberge und Wälder. Das Gebirge hat wertvolle Bodenschätze, darunter Asbest, Gold und Silber.

27 °C 10 °C
444 mm

Klima

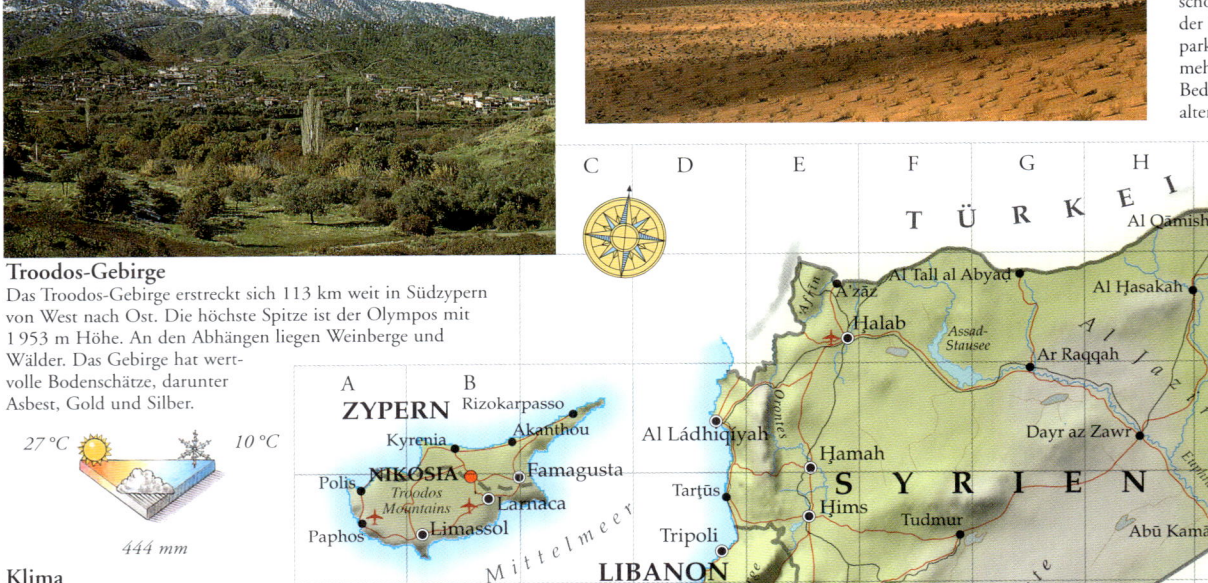

Die Sommer sind im ganzen Gebiet heiß und trocken, die Winter kühl mit Niederschlägen. Das Jordantal hat warme Winter und glühendheiße Sommer. In den Gebirgen Libanons und Zyperns sind die Winter kälter und feuchter. In höheren Lagen kann es sogar schneien.

Beduinen

Seit Jahrhunderten ziehen nomadische Beduinen mit ihren Haustieren durch die Wüsten des Nahen Ostens. Die Familienclans leben in Zelten und nutzen die begrenzten Wasserreserven und Weiden. Einige Beduinen halten noch Kamele, andere Schafe und Ziegen. Die meisten haben unter dem Druck ihrer Regierungen die vollnomadische Lebensweise bereits aufgegeben.

Beduinen im Zelt, Jordanien

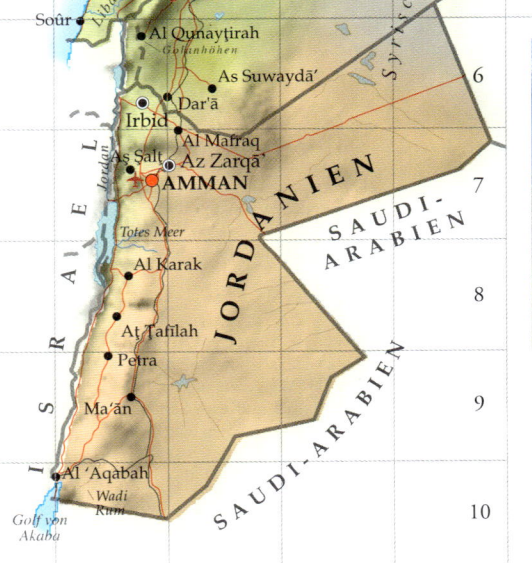

Libanongebirge

Ungefähr die Hälfte des Libanon liegt in einer Höhe von 900 m. Von Nord nach Süd ziehen 2 Gebirgsketten, der 160 km lange Djebel Lubnan, das Libanongebirge, längs der Westküste und weiter östlich der niedrigere Djebel esh Sharqi, auch Antilibanon genannt. Zwischen diesen beiden Gebirgen liegt das fruchtbare Beka-Tal.

Syrien

Syrien ist seit vielen tausend Jahren bewohnt und hat eine sehr alte Kultur. Nur ein Drittel des Landes wird landwirtschaftlich genutzt. Erdöl ist die Haupteinkommensquelle. Fast 20 % Syriens sind Wüste, ein Teil davon dient als Weideland. Die meisten Syrer sind islamische Araber. Im Norden lebt eine kurdische Minderheit. Führende politische Kraft ist die herrschende Ba'ath-Partei.

Baumwolle
Syrien baut besonders im Norden viel Baumwolle an. Das Land wird dabei mit Wasser aus dem Euphrat und Orontes bewässert. Auch Weizen, Gerste, Obst und Gemüse werden angebaut.

SYRIEN: DATEN	
HAUPTSTADT	Damaskus
FLÄCHE	185 180 km²
EINWOHNER	16 700 000
SPRACHE	Arabisch
RELIGION	Islam
WÄHRUNG	Syrisches Pfund

Säcke voller Baumwolle

Damaskus
Die syrische Hauptstadt wurde vor etwa 5 000 Jahren am Fluss Barada erbaut. Das bedeutendste Bauwerk ist die Omajjaden-Moschee aus dem 7. Jh., die Teile einer früheren christlichen Kirche enthält. Im benachbarten Al-Hamidiyah-Basar kann man alle nur denkbaren Dinge kaufen. Überall in der Stadt bieten kleine Geschäfte frische Früchte an.

Libanon

Dieses kleine Land am Mittelmeer war um 1200 v. Chr. die Heimat der Phönizier. Von 1975 bis 1991 wurde der Libanon von Bürgerkriegen zwischen Christen und Moslems erschüttert. Das Land ist bemüht an seine Tradition als wichtigster Handels- und Finanzplatz des Nahen Ostens wieder anzuknüpfen.

LIBANON: DATEN	
HAUPTSTADT	Beirut
FLÄCHE	10 452 km²
EINWOHNER	3 600 000
SPRACHE	Arabisch, Französisch
RELIGION	Islam, Christentum
WÄHRUNG	Libanesisches Pfund

Beirut
In der Hauptstadt des Libanon leben heute über 1,5 Mio. Menschen. Die Stadt ist im Zentrum der Kultur, des Handels und auch des Tourismus. Zur Zeit werden die vom Krieg zerstörten Gebäude neu errichtet.

Eingelegte Paprikaschoten

Eingelegte Steckrüben

Kibbeh

Süßigkeit

Landesküche
Das typische Landesgericht heißt *kibbeh* und besteht aus Weizengrieß *(burghol)* mit Lammfleisch- oder Fischfüllung. Die kleinen Klößchen werden meist fritiert. Die Libanesen lieben kleine, in Honig getauchte Süßigkeiten, gefüllt mit Nüssen und Datteln.

Jordanien

Mit Ausnahme von einem kurzen Küstenstreifen am Golf von Akaba hat Jordanien keinen Zugang zum Meer. Der Osten ist wüstenhaft. Die Menschen leben vor allem im fruchtbaren Nordwesten nahe am Jordan. Das Tote Meer ist mit 400 m unter dem Meeresspiegel der tiefste Punkt der Erde. Die meisten Jordanier sind Moslems und sprechen Arabisch. Jordanien spielt eine Mittlerrolle zwischen Israel und seinen Nachbarn.

JORDANIEN: DATEN	
HAUPTSTADT	Amman
FLÄCHE	89 342 km²
EINWOHNER	5 200 000
SPRACHE	Arabisch
RELIGION	Islam
WÄHRUNG	Jordan-Dinar

Vom Minarett aus werden die Moslems zum Gebet gerufen.

Moschee in Amman

Landwirtschaft und Industrie
Jordanien erzielt den größten Teil seines Einkommens aus dem Phosphatabbau, der Leichtindustrie und dem Tourismus. Trotz der Wasserknappheit werden Tomaten, Gurken, Auberginen und Weizen angebaut.

Amman
Amman ist erst seit 1921 jordanische Hauptstadt. Die Stadt reicht weit in biblische Zeiten zurück und wurde auf 7 Hügeln erbaut. Heute findet man dort eine Mischung aus alten und neuen Gebäuden. Der zentrale Souk erinnert lebhaft an die Ursprünge dieser Stadt. In Amman lebt etwa ein Viertel der gesamten jordanischen Bevölkerung.

Petra
Arabische Nabatäer bauten vor 2 000 Jahren die Stadt Petra und schlugen Gräber, Wohnungen und Tempel in das feste Gestein. Petra liegt in einem Tal und kann nur durch einen schmalen Eingang, den sog. Siq, erreicht werden. Heute ist Petra ein bedeutendes Touristenziel.

Zypern

Zypern ist die größte Insel im östlichen Mittelmeer. Sie wurde 1959 unabhängig und wird von griechischen Zyprioten sowie von türkischen Zyprern bewohnt. 1974 führten Feindseligkeiten zu einer Teilung in einen größeren, griechischsprachigen Teil und in das türkische Nordzypern.

ZYPERN: DATEN	
HAUPTSTADT	Levkosia (früher Nikosia)
FLÄCHE	9 251 km²
EINWOHNER	980 000
SPRACHE	Griechisch, Türkisch; Englisch
RELIGION	Christentum, Islam
WÄHRUNG	Zypern-Pfund, Türkische Lira

Tourismus
Sonne, Sand, schöne Landschaften und ein reiches kulturelles Erbe ziehen jedes Jahr viele Touristen nach Zypern. Berühmt sind die Ruinen des Heiligtums der Aphrodite bei Paphos.

SIEHE AUCH UNTER | ASIEN, GESCHICHTE | IRAN UND IRAK | ISLAM | ISLAMISCHES REICH | ISRAEL | KREUZZÜGE | MOSCHEE | PHÖNIZIER | WÜSTEN

TALSPERREN

IN VIELEN GEBIETEN der Erde gibt es Talsperren. Man staut damit Seen auf, um Trinkwasser zu gewinnen oder um Wasser zur Stromerzeugung zu nutzen. Talsperren werden quer über enge Täler gebaut – sie füllen sich durch den natürlichen Zufluss. Im Pumpspeicher wird allerdings Wasser von einem tieferen Becken hinaufgepumpt. Dies geschieht in Zeiten, in denen die Kraftwerke zuviel elektrische Energie produzieren. Pumpspeicher dienen also der Energiespeicherung. Die Stärke einer Talsperre hängt von der Wassertiefe ab. Der Grand-Coulee-Damm in den USA wiegt z. B. fast 10 Mio. Tonnen.

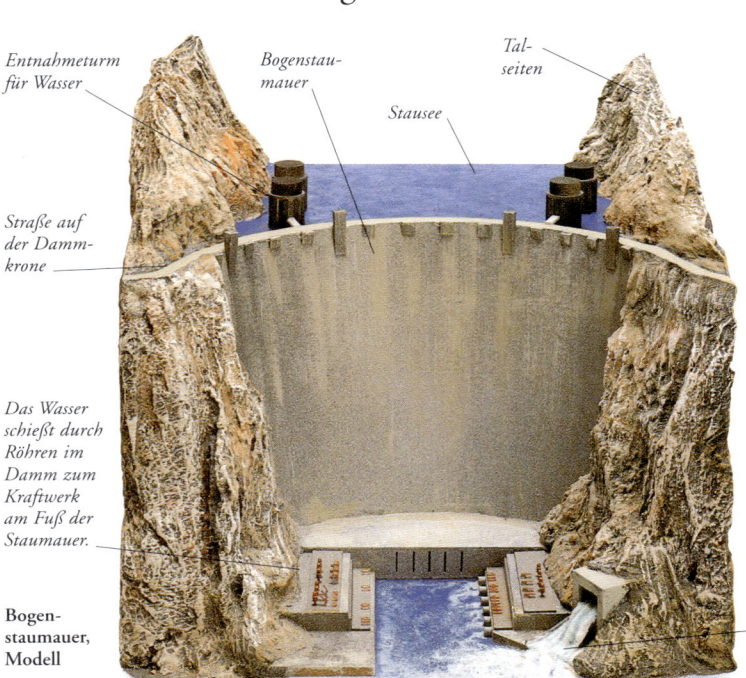

Bautypen

Man unterscheidet im Wesentlichen 3 Arten von Talsperren: Bogenstaumauern, Gewichtsstaumauern und Pfeilerstaumauern. Welcher Typ gebaut wird, hängt von den örtlichen Gegebenheiten ab. Eine Rolle spielen Breite und Tiefe des Flusstales und das Gestein, das oft als Widerlager dient.

Pfeilerstaumauer
Hier staut sich das Wasser hinter der Betonmauer. Zur Verstärkung der Mauer sind in kurzen Abständen schräge Pfeiler zum Abstützen eingebaut. Man kann auch Pfeiler- und Bogenstaumauern miteinander kombinieren.

Bogenstaumauer
Diese Talsperren empfehlen sich bei sehr engen Tälern: Die Mauer ist wesentlich höher als breit. Durch die runde Form werden die auftretenden Kräfte auf das Gestein zu beiden Seiten des Tales abgeleitet.

Gewichtsstaumauer
Diese Aufschüttung aus Erde und Steinen hält das Wasser allein durch ihr Gewicht. Einen Wasserdurchtritt verhindert man durch eine Kerndichtung aus Lehm oder aber durch eine Betonhaut.

Entnahmeturm für Wasser
Bogenstaumauer
Talseiten
Stausee
Straße auf der Dammkrone
Das Wasser schießt durch Röhren im Damm zum Kraftwerk am Fuß der Staumauer.

Bogenstaumauer, Modell

Bogenstaumauer

Das Modell links zeigt einen Stausee, der vor allem der Stromgewinnung dient. Die Mauer besteht aus verhältnismäßig dünnem Beton, der durch tausende von Stahlstäben verstärkt ist. Wasser aus dem Stausee treibt Generatoren im Kraftwerk am Fuß der Staumauer an und erzeugt mit seiner Fallenergie Strom.

Am Fuß des Dammes fließt das zur Stromerzeugung genutzte Wasser ab.

Hochwasserschutz

In Küstengebieten kann bei Springtiden viel Wasser über Flussmündungen ins Land eindringen. Dies verhindert man mit Flutwehren, die quer über Flüsse gebaut werden. Durch die offenen Wehre fließt das Wasser vor und zurück. Steigt die Flut an, werden die Schützen geschlossen, damit kein Meerwasser stromaufwärts fließt.

Ökologische Auswirkungen

Talsperren und Stauseen können die Umwelt schwer beeinträchtigen. Immer größere Landstriche werden unter Wasser gesetzt. Mehrere Talsperren bewirken, dass ein Fluss zu einer Kette von Stauseen wird. Fische gelangen dann nicht mehr in ihre Brutgebiete im Oberlauf.

Gezeitendamm

An der Mündung der Rance in Frankreich steht ein Gezeitenkraftwerk. Ein Damm schließt die Flussmündung ab und enthält Kraftwerke. Bei Ebbe und bei Flut treiben die Gezeiten Generatoren an, die Strom liefern.

Gezeitenkraftwerk, Frankreich

Wehr

Als Wehr bezeichnet man ein flaches Bauwerk, mit dem man Wasser aufstaut. Wehre schaffen etwas tieferes Wasser und dienen somit der Schiffbarmachung.

Wehr in Middlesex, England

Modell eines Flutwehres an der Themse

Hydraulische Hebel für das Wehr
Runde Schützen zum Öffnen und Schließen
Dach aus Stahlplatten
Wasserspiegel
Beton
Bei geschlossenem Wehr kann das Wasser nicht flussaufwärts fließen und Überschwemmungen anrichten.
Das Wehr besteht aus einer halbkreisförmigen beweglichen Platte aus bestem Stahl.
Stahlgründung im Flussbett

| SIEHE AUCH UNTER | ELEKTRIZITÄT | ENERGIE | NIEDERSCHLAG | OZEANE UND MEERE | SEEN | STRASSEN |

TANZ

WENN SICH MENSCHEN im Takt der Musik bewegen, nennt man das Tanz. Die Menschen haben einen natürlichen Drang, zu einem Rhythmus zu tanzen. Kinder hüpfen auf und ab, wenn sie aufgeregt sind. Babys bewegen sich im Rhythmus, den sie spüren oder hören. Beim Tanz sind diese natürlichen Bewegungen in sichtbare Abläufe gegliedert. Es gibt eine Vielzahl von Tänzen. Tanz kann eine künstlerische Ausdrucksform sein. Er kann Emotionen mitteilen und Stimmungen hervorrufen oder eine Geschichte erzählen.

Ursprünge

Der Tanz ist eine der ältesten Kunstformen. Die ersten Tänze entstanden vielleicht aus spontanen Stampfschritten. Diese erhielten später besondere Rhythmen und Formen und wurden von Lauten begleitet.

Zeremonialtänze
Schon früher erkannten die Menschen, dass rhythmische Bewegungen auch starke Wirkungen auf den Geist haben. Der Tanz hatte für sie magische Kraft. Sie tanzten, um böse Geister abzuwehren, zu heilen und eine gute Ernte zu fördern.

Australische Aborigenes bei einem Corroboree

Tanz als Unterhaltung
Die alten Ägypter kannten als Erste den Tanz als eine Form der Belustigung. Professionelle Tanzmädchen unterhielten den Pharao und seine Gäste bei Banketten. Zu den Tänzen gehörten hohe Beinwürfe und sinnliche Hüftbewegungen.

Altägyptische Tanzmädchen

Tanz als Theater
Die alten Griechen machten den Tanz zur Grundlage des Theaters. Der Chor bestand aus Schauspielern, die einen Kommentar zur Handlung gaben und dabei tanzten.

Chor, griechische Vasenmalerei

Massai-Tänze
Die ostafrikanischen Massai bewegen sich beim Tanz in geraden Linien. Immer wieder vollführen sie hohe Sprünge. Wie bei allen afrikanischen Tänzen besteht die Begleitung aus rhythmischen Trommelschlägen.

Asiatische Tänze

Die Tänze in Asien sind zum größten Teil von Indien beeinflusst. Eine große Rolle spielen festgelegte Bewegungen und Stellungen der Hände und Finger, besonders in Indien, Sri Lanka, Birma, Thailand und Kambodscha.

Drachen
Der Drache ist ein sehr wichtiges Symbol in der chinesischen Kultur. Beim chinesischen Neujahrsfest werden deshalb auch Drachentänze aufgeführt.

Die Tänzer tragen ein Drachenkostüm.

Kopfbedeckung

Fingerstellung

Klassische Thaitänzerin

Europäische Volkstänze

Jedes Land hat seine eigenen Volkstänze. Sie werden meist in größeren Gruppen aufgeführt. Man tanzt in Tracht oder Kostüm und bildet dabei oft einfache Formationen wie Kreise und gerade Reihen. Europäische Volkstänze wurden von Siedlern nach Amerika gebracht.

Afrikanische Tänze

Der Tanz ist ein wichtiges Element im Leben vieler Afrikaner. Bei bedeutenden Ereignissen wie Geburt, Tod und Eintritt ins Erwachsenenalter wird getanzt. Die Tänze können Stunden dauern. Die Männer vollführen dabei anstrengende Stampf- und Hüpfbewegungen. Frauen tanzen ruhiger. Sie klatschen auch gern zum Rhythmus der Musik.

Indische Tänze
Indische Tänzer und Tänzerinnen stellen Geschichten aus der Mythologie dar. Dazwischen sind abstraktere Tanzszenen eingestreut.

Es gibt 6 Stile des klassischen indischen Tanzes.

Südostasiatische Tänze
Der klassische Tanz in Südostasien umfasst langsame, kontrollierte Bewegungen und viele elegante Finger- und Handstellungen. Tanzdramen sind besonders in Indonesien und Thailand beliebt. Sie werden von ausgebildeten Tänzerinnen und Tänzern aufgeführt. Daneben gibt es auch viele Volkstänze.

Flamenco
Der Flamenco ist wohl der berühmteste aller spanischen Tänze. Er entstand aus der spanischen und arabischen Kultur. Die Tänzer zeigen komplizierte Beinstellungen, während die Tänzerinnen mehr mit den Armen arbeiten. Man tanzt zu schneller, dramatischer Gitarrenmusik.

Flamencotänzer setzen auch die Stimme ein.

Irische Tänze
Der irische Jig wird meist von Einzelpersonen oder Paaren aufgeführt. Es gibt auch irische Tänze für Gruppen. Der Jig beruht auf einfachen Schritten, die die Tänzer zu komplizierten Sprüngen ausbauen. Der Oberkörper ist gerade, die gestreckten Arme hält man nach unten. Im Bild halten sich die Tänzerinnen an den Händen. Zur Begleitung spielt man Fiedel und Dudelsack.

Südamerikanische Tänze

Die Tänze Mittel- und Südamerikas widerspiegeln die Kulturen der einheimischen Völker, der europäischen Siedler und ihrer afrikanischen Sklaven. Viele Tänze, die in diesem Gebiet entstanden, etwa der Tango und der Samba, sind heute auf der ganzen Welt beliebte Gesellschaftstänze.

Macumba
Den Macumba brachten afrikanische Sklaven nach Brasilien. Er ist eine Form der Wodu-Verehrung, bei der ein Gott Besitz ergreift vom Tänzer. Die Macumbatänzer verehren Yemannjah, eine Meeresgöttin. Wie bei allen Wodu-Tänzen werden der Kopf und die Schultern geschüttelt.

Tango
Dieser Tanz entstand vor ungefähr 200 Jahren in Argentinien. Bevor er zu Beginn des 20. Jh. in Europa modern wurde, musste er „gereinigt" werden, weil er zunächst als zu schamlos erschien.

Zeitgenössischer Tanz
Dieser Tanz kennt keine festgelegte Technik. Die Tänzer drücken ihre Gefühle durch Bewegungen aus. Der zeitgenössische Tanz begann Anfang des 20. Jh., als die Amerikanerin Isadora Duncan ihren eigenen Ballettstil entwickelte.

Samba
Der Samba stammt ursprünglich aus Brasilien und wird besonders während des Karnevals getanzt. Er wurde in den frühen 1940er Jahren auch in den USA und Europa berühmt. Die Paare zeigen einfache Schrittkombinationen und schwingen dabei ihren Körper. In Brasilien gibt es viele Varianten des Sambas, jede mit anderem Rhythmus und einem anderen Tempo.

Die Tänzer sind in Flirtstimmung.

Beim Samba gibt es keinen Körperkontakt.

Beim Karneval in Rio findet jeweils ein Tanzwettbewerb statt.

Seitliche Beckenbewegungen bei vielen Figuren.

Die Paare bewegen sich gegen den Uhrzeigersinn.

Samba

Gesellschaftstänze

Die europäischen Gesellschaftstänze entstanden aus Volkstänzen und wurden seit dem 15. Jh. an Fürstenhöfen gepflegt. Man tanzte auf flachem Parkett, was elegante, gleitende Bewegungen ermöglichte. Heute zählen zu den Gesellschaftstänzen auch Tanzformen aus Nord- und Südamerika.

Walzer

Bei Tanzwettbewerben trägt man förmliche Kleidung.

Die Partner tanzen in engem Körperkontakt.

Das Paar bewegt sich auf dem Parkett im Gegenuhrzeigersinn.

Walzer
Als sich der Walzer im 18. Jh. an den Adelshöfen ausbreitete, galt er zunächst als ziemlich unschicklich, weil die Tänzer engen Körperkontakt hatten. Der Walzer war ursprünglich ein einfacher österreichischer Volkstanz. Im 19. Jh. wurde er jedoch sehr beliebt und Komponisten wie Johann Strauss Sohn (1825–99) spezialisierten sich auf Walzermusik.

Profitänzer müssen sehr fit und geschmeidig sein.

Gene Kelly
Der amerikanischer Tänzer Gene Kelly (1912–96) machte mit seinem athletischen Tanzstil das Filmmusical populär. Sein bekanntesten Filme sind *Ein Amerikaner in Paris* (1951) und *Du sollst mein Glücksstern sein* (1952).

Fred Astaire, amerikanischer Tänzer und Schauspieler

Steptanz
Im 19. Jh. verbanden schwarze Sklaven ihre afrikanischen Rhythmen mit den Jigs der britischen und irischen Siedler. So entstand der Steptanz und wurde sehr beliebt.

Jazztanz
Als die Jazzmusik in den 20er Jahren berühmt wurde, entwickelte sich parallel der expressive, energiegeladene Jazztanz. Heute ist er eine wichtige Tanzform in Musicals und Filmen.

Disko
In den 70er Jahren wurde das Tanzen in Diskos populär. Der Name stammt von der Diskothek, wo die Musik von Schallplatten, CDs oder DVDs gespielt wird und ein Diskjockey (DJ) die Auswahl gestaltet. Die typische Disko-Musik ist stark rhythmisch betont.

SIEHE AUCH UNTER: BALLETT · FILM · JAZZ · MUSIK · OPER · ROCK UND POP · SCHAUSPIEL

TARN- UND WARNTRACHT

TIERE HABEN unterschiedliche Farben, Formen und Muster zum Überleben entwickelt. Die Paradiesvögel sind z. B. auffallend bunt gefärbt und locken damit Geschlechtspartner an. Der Feuersalamander verkündet mit seinen grellen Farben, dass er ungenießbar und giftig ist. Kiebitzjunge und Eisbären sind so getarnt, dass man sie in ihrer natürlichen Umgebung kaum erkennen kann. Die Tarntracht hilft Räubern wie Beutetieren gleichermaßen: beide bleiben unerkannt.

Farbanpassungen

Bei den Farbanpassungen unterscheidet man 2 Hauptgruppen: die Tarntrachten und die Warntrachten. Die Schutzfärbung bezweckt, dass das Tier unentdeckt bleibt, sei es als Beutetier oder als Räuber, der seinen Beutetieren auflauert. Die Warntracht verfolgt die gegenteilige Strategie. Die Farben, Muster und dazugehörigen Bewegungen sind sehr auffällig, ja übertrieben. Die Warntracht macht das Tier gut erkennbar; auch die Droh- oder Schrecktrachten gehören hierher.

Mit seinen bunten Farben zieht das Männchen Weibchen an.

Frisch geschlüpfte Kiebitze sind gut getarnt.

Junge Kiebitze im Nest

Tarntracht
Tarntrachten sind besonders unter Vögeln häufig. Wüstenbewohnende Arten heben sich mit ihrem Gefieder nicht vom Untergrund ab. Kronenbewohner wie Papageien sind oft grün gefärbt und im dichten Laub nicht zu sehen. Nicht immer sind alle Angehörigen einer Art getarnt. Bisweilen gilt dies nur für die Weibchen und die Nestlinge, die eine Tarnung nötiger brauchen. Die Männchen hingegen zeigen oft recht auffällige Muster und Farben zum Anlocken der Weibchen.

Gouldamadine

Warntracht
Die Warntracht hebt den Träger hervor, sodass er auffällt und bemerkt wird. Die bunten Farben haben viel mit Imponieren zu tun, etwa bei der Balz, wo auffallend gefärbte Männchen Weibchen anlocken. Bunte Farben und außergewöhnliche Muster warnen mögliche Räuber davor, dass das erspähte Beutetier giftig ist. Schrecktrachten wirken durch das plötzliche Vorweisen auffälliger Farbmuster. Ein wahrer Meister im Farbwechsel ist das Chamäleon.

Tarnung
Tarnung bedeutet, dass das Tier in der Färbung wie im Muster in die Umgebung passt. Viele Bodenbrüter wählen einen Nistplatz, der mit der Farbe der Eier möglichst übereinstimmt. Manche Muster bewirken, dass die Gestalt des Tieres aufgelöst wird (Somatolyse). Die Tarntracht kann durch besondere Verhaltensweisen noch verstärkt werden, etwa durch Bewegungen, Bewegungslosigkeit und eigenartige Körperhaltungen.

Somatolyse
Streifenmuster, Punkte und eine Gegenschattierung haben zur Folge, dass sich die Umrisse des Tieres in seiner Umgebung völlig auflösen, wie zum Beispiel beim Tiger. Man nennt das Somatolyse.

Tiger im hohen Gras

Mimese
Ein besonders gute Tarnung wird erreicht, wenn durch Musterung, Färbung und Körperhaltung ein anderes Objekt nachgeahmt wird. Das können Pflanzen oder andere Tiere sein. Stabheuschrecken ahmen z. B. kleine Zweige und Blätter nach. Nachtschwalben sehen am Boden wie Holzstücke oder Steine aus.

Riesenstabheuschrecke

Mimikry
Mimikry ist eine besondere Form der Schutztracht. Sie ist gegeben, wenn eine ungefährliche, essbare Art wie eine aggressive oder giftige Art aussieht. Der Nachahmer sieht nicht nur aus wie sein Vorbild, sondern verhält sich auch wie dieser. In Europa werden vor allem Wespen nachgeahmt. In Amerika ahmt die Kettennatter die giftige Korallenschlange nach. Der harmlose Schmetterling Hypolimnas sieht dem ungenießbaren Monarchfalter täuschend ähnlich.

Korallenschlange

Kettennatter

Kettennattern sind ähnlich gefärbt wie die giftigen Korallenschlangen.

Bewegungslosigkeit
Die Tarntracht wird meist nur dann wirksam, wenn sich das Tier ruhig verhält. Viele Tiere reagieren auf eine Gefahr zunächst durch Bewegungslosigkeit. Riedbockmännchen ducken sich dabei und sind im Gras kaum zu erkennen. Bodenbrüter wie Ziegenmelker oder Nachtschwalben schmiegen sich bei Gefahr möglichst eng dem Boden an, um keinen Schatten zu werfen.

Riedbock

Raubwanze
Viele Raubwanzen zeigen durch ihre auffällige Färbung an, dass sie gefährlich sind und schnell zustechen. Eine Art mit dem wissenschaftlichen Namen *Salyavata variegata* lebt in Termitennestern. Sie tarnt sich, indem sie ihren Körper mit Abfallstoffen aus dem Termitennest bedeckt. Mit Hilfe dieser Maskierung kann sie unerkannt in das Nest eindringen.

Die Raubwanze maskiert sich mit Abfällen.

Termite

TARN- UND WARNTRACHT

Soziale Verhaltensweisen

Soziale Verhaltensweisen reichen vom Drohverhalten bis zu lebenslanger Ehe. Tintenfische verändern ihre Farbe; sie drücken damit ihre Stimmung aus und bedrohen z. B. Gegner. Das Männchen der Grasantilope senkt an den Grenzen seines Territoriums den Kopf und führt mit den Hörnern einen Scheinangriff durch. Damit warnt es Rivalen sein Territorium zu betreten. Gleichzeitig fordert es mit diesem Verhalten das Weibchen auf, sich seinem Harem anzuschließen.

Signale

Mit Zeichen und Signalen bleiben die Tiere untereinander im Kontakt, halten die Rangordnung aufrecht und schrecken Rivalen und Feinde ab. Die Signale müssen deutlich und eindeutig sein. Die Kattas aus Madagaskar heben ihre langen Schwänze und geben dabei Düfte gegen ihre Rivalen ab. Mit den Schwänzen halten sie auch untereinander Kontakt. Die schwarzen Ringe um die weiße Schwanzspitze des Gepards dienen den Jungtieren als Signal ihren Eltern zu folgen. Ohne dieses Muster wären sie im hohen Gras kaum zu sehen.

Kattas geben Signale mit erhobenen Schwänzen.

Balz

Viele Tiere locken Geschlechtspartner mit besonderem Balzverhalten an. Die Winkerkrabbe winkt mit ihrer stark vergrößerten Schere, der See-Elefant bläst seine Nase auf und das Beifußhuhn spreizt den Schwanz und vergrößert seine Luftsäcke. Ein beeindruckendes Balzverhalten zeigen das Pfauenmännchen, die Paradies- und Laubenvögel. Sie stoßen laute Rufe aus, zeigen ihr Gefieder, schütteln die Federn und schmücken den Nistplatz mit farbigen Gegenständen.

Im Ruhezustand bilden die Schwanzfedern eine Schleppe.

Pfau

Der Pfau macht sich daran, sein Rad zu schlagen.

Das Männchen ruft vor dem Radschlagen.

Die kräftigen Schwanzfedern stützen das von den Schwanzdecken gebildete Rad.

Pfau beim Radschlagen

Henry Walter Bates

Der englische Naturforscher Henry Bates (1825–92) verbrachte 11 Jahre im Amazonasgebiet und kam danach mit 8 000 bis dahin unbekannten Insektenarten zurück. Im Jahr 1861 veröffentlichte er als Beitrag zur Theorie der natürlichen Auslese eine Arbeit über Mimikry. Er behauptete darin, harmlose Insekten würden gefährliche Tiere nachahmen, um deren Schutz zu genießen.

Blutzikade

Warnsignale

Tiere haben verschiedene Verfahren entwickelt, um Angreifer abzuschrecken. Giftige Formen müssen sich nicht tarnen, sondern tun mit greller Warntracht kund, dass man sie besser nicht angreift. Die Stinktiere oder Skunks warnen mit ihren auffälligen weiß-schwarzen Streifen, dass sie eine höchst unangenehme Flüssigkeit versprühen können.

Täuschung

Viele Tiere setzen bei der Verteidigung auch Täuschung ein. Vögel spreizen dabei ihre Federn, breiten die Flügel aus oder klappern mit den Schnäbeln. Viele Frösche und Kröten blasen sich auf, damit sie größer erscheinen. Einige Schwärmerraupen ahmen sogar Schlangen nach. Die Kragenechse stellt ihre Halskrause auf und zischt laut.

Die Kröte hebt ihren Körper um größer zu erscheinen.

Erdkröte

Die Raupe sieht aus wie eine kleine Otter und erschreckt dadurch Räuber.

Schwärmerraupe

Jahreszeitliche Änderungen

Einige Polartiere wie der Eisbär und die Schnee-Eule sind das ganze Jahr über weiß. Sie sind dadurch ihrer Umgebung gut angepasst. Andere haben eine Sommer- und eine Wintertracht. Weit im Norden wird das Hermelin im Winter mit Ausnahme der schwarzen Schwanzspitze ganz weiß. In wärmeren Gegenden behält es dagegen seine bräunliche Färbung bei oder färbt sich nur teilweise weiß. Diese Fähigkeit zum Farbwechsel verbessert die Tarnung.

Hermelin im dunklen Sommerkleid

Hermelin im hellen Winterkleid

| SIEHE AUCH UNTER | EULEN UND KÄUZE | FRÖSCHE UND KRÖTEN | HIRSCHE UND ANTILOPEN | LÖWEN UND ANDERE GROSSKATZEN | SCHLANGEN | TIERE, GIFTIGE | VÖGEL | WANZEN |

TECHNOLOGIE

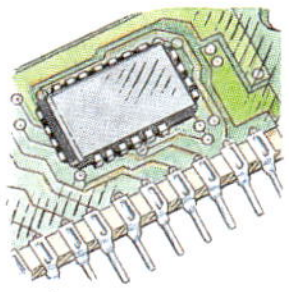

FORSCHER ENTDECKEN WISSENSCHAFTLICHE Prinzipien, Eigenschaften und Vorgänge. Ingenieure nutzen diese neuen Kenntnisse, um Geräte oder Maschinen zu bauen und neue Herstellungsverfahren auszuarbeiten. Ihre Wissenschaft nennt man Technik oder Technologie. Die größten Auswirkungen hat die Technologie seit dem 18. Jh. Damals wurden zahlreiche neue Technologien entwickelt, die das Leben der Menschen veränderten. In diesem Zusammenhang spricht man von der industriellen Revolution.

Frühe Technologie
Schon in der Frühzeit der Menschheit wurden mit den ersten Werkzeugen Technologien entwickelt. Die Menschen richteten mit wenigen Abschlägen Geröllsteine für den Gebrauch zu. Später formten sie mit ähnlicher Technik aus Feuerstein Äxte, Pfeilspitzen und andere Waffen. Steinwerkzeuge gab es bis um 5000 v. Chr. Dann gelang es im Nahen Osten, Kupfer zu erschmelzen. Um 3500 v. Chr. breitete sich die Metalltechnologie mit der Entdeckung der Bronze aus. Auf die Bronzezeit folgte um 1500 v. Chr. die Eisenzeit.

Behauener Faustkeil mit scharfer Schneide

Moderne Technologie
Die Grundlagen der modernen Technologie wurden im 18. Jh. mit Beginn der industriellen Revolution in England gelegt. Durch zahlreiche Erfindungen wandelte sich die handwerkliche zur industriellen Fertigung. Schlüsselerfindungen wie Watts Dampfmaschine (1775) lieferten dazu die nötige Bewegungsenergie.

Quorn ist ein Fleischersatz auf der Grundlage von Pilzeiweißen.

Gefriergetrocknete Nahrungsmittel sind leicht und enthalten doch Nährstoffe. Daraus besteht das Essen von Astronauten.

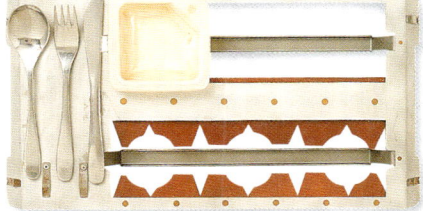

Astronautennahrung

Lebensmitteltechnologie
Einer der wichtigsten Aspekte der Lebensmitteltechnologie ist die Konservierung. Seit Jahrtausenden setzt man das Salzen oder Einpökeln ein. Moderne Verfahren sind das Eindosen und das Schockgefrieren. Bei der Gefriertrocknung wird den Nahrungsmitteln Wasser entzogen. Dies ist eines der schonendsten Verfahren der Konservierung. Die Lebensmitteltechniker untersuchen auch, ob man Fleisch durch pflanzliche Proteine ersetzen kann.

Werkstoffe
Zur Herstellung von Gütern, Maschinen und Bauwerken braucht man die unterschiedlichsten Werkstoffe. Kunststoffe sind z. B. sehr beliebt, weil sie wenig kosten und leicht zu formen sind. Aus Kunststoffen bestehen Textilfasern, Verpackungsmaterialien und sogar große Teile von Flugzeugen und Autos. Metalle wie Eisen und Aluminium spielen beim Bau von Maschinen und Häusern noch eine große Rolle. Der wichtigste Baustoff ist heute aber der Beton, vor allem der eisenbewehrte Stahlbeton sowie Spannbeton im Brückenbau.

Stahlbeton

Informationstechnologie
Die Informationstechnologie beschäftigt sich mit der Übertragung von Informationen und ist aufs engste mit der Computertechnologie verbunden. Mit dem Internet entstand ein weltumspannendes Informationsnetz. Es erlaubt den Zugang zu „Sites", von denen man Informationen abrufen kann. Die einzelnen „Surfer" (Benutzer) treten miteinander in Verbindung.

Desktop-Computer findet man heute an fast jedem Arbeitsplatz.

Ingenieurwesen
Ingenieure bringen die Technik zum Laufen. Sie entwerfen und verbessern neue Maschinen und elektrische Einrichtungen, sind im Tief- und Hochbau tätig, gestalten chemische Anlagen oder arbeiten in Kernkraftwerken. Sie haben an einer Technischen Universität, einer Hochschule oder Fachhochschule studiert.

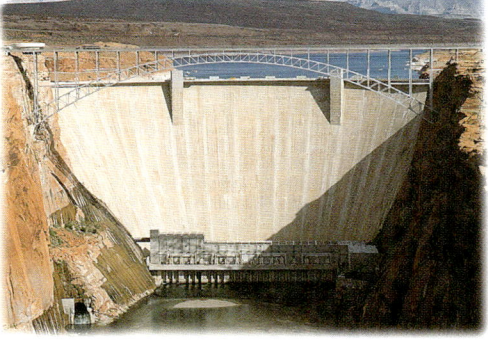

Bautechnik
In der Bautechnik unterscheidet man Hochbau und Tiefbau. Der Hochbau beschäftigt sich mit Bauten über der Erdoberfläche. Beim Tiefbau geht es um den Bau von Straßen, Brücken, Talsperren, Dämmen und Tunnels. Eine der beeindruckendsten Ingenieurleistungen der Tiefbautechnik ist der Tunnel unter dem Ärmelkanal, der Großbritannien mit Frankreich verbindet.

Staudamm im Glen Canyon, Arizona, USA

Sanfte Technik
Viele Entwicklungsländer können sich keine technischen Großprojekte leisten. Sie versuchen Probleme mit einfachsten Mitteln und örtlich vorhandenen Ressourcen zu lösen. Zur sanften Technik gehören z. B. Solarkocher, mit deren Hilfe man Essen zubereiten kann, ohne Holz zu verbrennen. Auch die Bewässerung von Feldern lässt sich mit Hilfe einfacher, aber ausgeklügelter Wasserräder bewerkstelligen.

Solar-Igel mit 135 Helligkeits-Sensoren; dient als Steuerungsinstrument

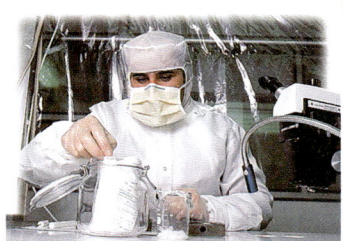

Ingenieurchemiker bei Experimenten in steriler Umgebung

Verfahrenstechnik
Die Verfahrenstechnik beschäftigt sich mit Bau und Funktion von chemischen Produktionsanlagen, z. B. in Raffinerien. Die Techniker übertragen Versuche, die den Forschern im Labor gelungen sind, auf die Großproduktion. Dabei versuchen sie, die Reaktionen in einzelne Schritte aufzuteilen.

Technischer Kundendienst

Entwurf und Wartung
Neue Produkte werden heute von Ingenieurteams entworfen. Sie entscheiden darüber, wie das Produkt aussehen und hergestellt werden soll und welche Werkstoffe man dazu verwendet. Nach dem Verkauf müssen sich Techniker und Ingenieure im Kundendienst um die Wartung der Geräte kümmern.

SIEHE AUCH UNTER BAUTECHNIK · BRÜCKEN · DESIGN · ERFINDUNGEN · INDUSTRIELLE REVOLUTION · INFORMATION UND KOMMUNIKATION · KUNSTSTOFFE · TALSPERREN

TELEFON

DAS TELEFON DIENT zum Senden und Empfangen von Gesprächen zwischen zwei Fernsprechteilnehmern. Das Mikrofon im Handapparat wandelt Schallschwankungen der Stimme in elektrische Signale um. Am Zielort gelangen die elektrischen Signale in den Lautsprecher des angerufenen Apparats, wo sie in Schallschwingungen zurückverwandelt werden. Die Übertragung von einem Apparat zum anderen erfolgt mit Hilfe von Lichtimpulsen in Glasfaserkabeln oder durch Radio- oder Mikrowellen über Antennen oder Satelliten. Die Verbindungen werden automatisch durch die Zentrale geschaltet, sobald das Freizeichen ertönt.

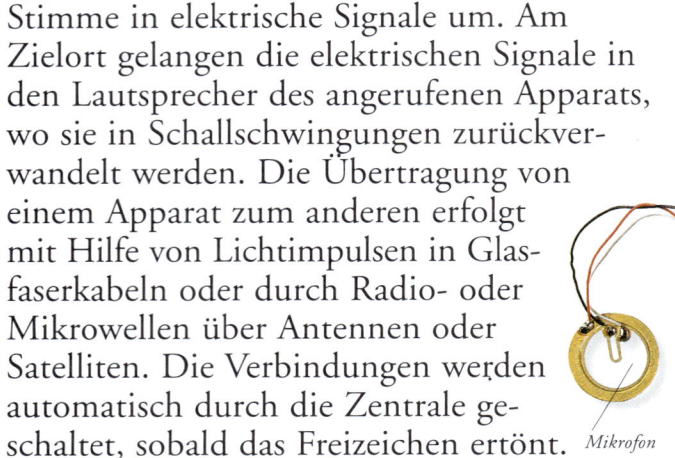

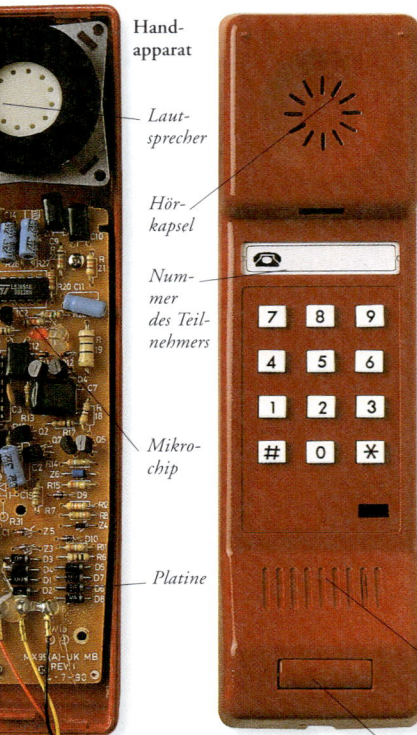

Handapparat
Lautsprecher
Hörkapsel
Nummer des Teilnehmers
Mikrochip
Platine
Mikrofon
Elektrische Verbindung
Anrufer spricht in das Mikrofon
Taste zur Beendigung des Gesprächs

Hörkapsel
Der Hörkapsel enthält einen Lautsprecher. Wenn die elektrischen Signale aus der Leitung eintreffen, bringen sie eine Membran im Lautsprecher zum Schwingen und bauen damit die Schallwellen der Stimme im anderen Apparat wieder auf.

Wähltasten
Wenn man einen Anruf tätigen will, nimmt man den Handapparat auf. Dabei wird automatisch eine Leitung zur Zentrale geschaltet. Beim Drücken der Tasten sendet man elektrische Impulse oder unterschiedliche Töne an die Zentrale. Diese leitet daraufhin den Anruf an den angewählten Apparat im Netz.

Alexander Graham Bell
1875 gelang dem schottischen Erfinder Alexander Graham Bell (1847–1922) die erste Übertragung der menschlichen Stimme über einen metallischen Draht. Er patentierte das Telefon im darauf folgenden Jahr und schlug seinen amerikanischen Rivalen Elisha Gray (1835–1901) nur um zwei Stunden.

Sprechkapsel
Im Innern der Sprechkapsel befindet sich ein Mikrofon mit einer dünnen Membran. Die Schallwellen der Stimme versetzen diese Membran in Schwingungen. Dabei erzeugt sie ein elektrisches Signal, das in der Telefonleitung zum Empfänger wandert.

Wie das Telefon funktioniert
Wenn die Verbindung zwischen zwei Handapparaten steht, wandeln die jeweiligen Mikrofone die Stimme in elektrische Signale um. Lautsprecher im jeweils anderen Gerät verwandeln die Signale in Schallwellen. Beide Teilnehmer können anders als im Funkverkehr gleichzeitig miteinander sprechen.

Fernsprechnetz
Jeder Anruf gelangt auf verschiedenen Wegen ans Ziel. Die Ortszentrale vermittelt Verbindungen mit jedem Telefon ihres Bereichs. Hauptvermittlungsstellen besorgen nationale und internationale Verbindungen auch über Funk. Über das Land verteilte Funkfeststationen stellen die Verbindungen zu den Mobiltelefonen her.

Satelliten stellen die Verbindung zwischen Kontinenten her.
Fernsprechnetz
Hauptvermittlungsstelle für nationale und internationale Verbindungen
Es läutet im angerufenen Apparat.
Funkfeststation für den Mobilfunk
Die Ortsvermittlungsstelle leitet Ferngespräche an die Hauptvermittlungsstelle.
Anrufer gibt über Tasten die gewünschte Nummer ein.

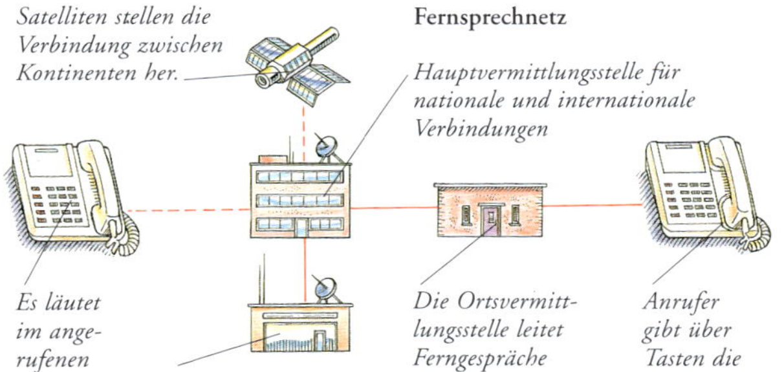

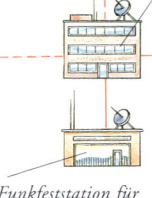

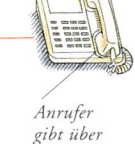

Bildtelefon
Mit Bild- oder Fernsehtelefonen kann man die angerufene Person auf einem Bildschirm sehen. Oben am Gerät ist eine kleine Fernsehkamera angebracht. Ihre Signale werden gleichzeitig mit den Schallsignalen gesendet. Obwohl die technischen Möglichkeiten vorhanden sind, wird die Bildtelefonie aber kaum genutzt. Ein Telekommunikationsverfahren ist auch die Videokonferenz, die von bestimmten Studios aus geführt werden kann.

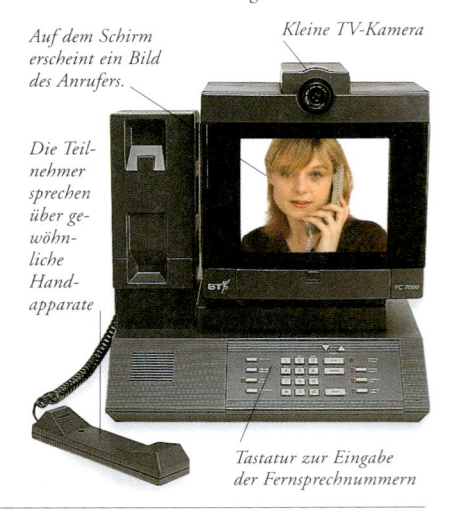

Mobiltelefon
Mobiltelefone kann man fast überall benutzen, da sie mit dem internationalen Telefonnetz über Radiowellen verbunden sind. Jedes Gerät hat einen Funkempfänger und -sender.

Die Antenne empfängt Funksignale von der Funkstation.
Die Sprechkapsel wird nach dem Gebrauch eingeklappt.

Vermittlungsstelle
Die Vermittlungsstelle oder Zentrale empfängt eintreffende Anrufe und leitet sie an die gewünschten Nummern weiter. Tausende von Relais besorgten früher die automatische Schaltung. Heute erfolgt diese elektronisch mit Computern.

Wartungsarbeiten an einer Ortsvermittlungsstelle

Fernmeldesatelliten
Transkontinentale Anrufe werden oft in Form von Mikrowellensignalen zu geostationären Satelliten gesandt. Diese verstärken die Signale und lenken sie zurück zu einer Bodenstation auf dem anderen Kontinent.

Auf dem Schirm erscheint ein Bild des Anrufers.
Kleine TV-Kamera
Die Teilnehmer sprechen über gewöhnliche Handapparate
Tastatur zur Eingabe der Fernsprechnummern

SIEHE AUCH UNTER | ELEKTRIZITÄT | ELEKTROMAGNETISMUS | ELEKTRONIK | LICHT | SCHALL | SCHALLAUFZEICHNUNG | TELEKOMMUNIKATION | VIDEO

Fernsprechapparate

Wählscheiben

Wählscheibe Vor dem 1. Weltkrieg

Farbige Kunststoff-Wählscheibe 30er Jahre

Schwarze Wählscheibe Schweiz, 20er Jahre

Entwicklung des Telefons

Sprech- und Hörtrichter

Apparat von Alexander Graham Bell, 1876

Durch Aufnehmen der Hörkapsel wurde eine Leitung zur Zentrale geschaltet.

Kurbel

Tischtelefon, 1905. Der Benutzer musste die gewünschte Nummer dem „Fräulein vom Amt" mitteilen.

Haken für eine zweite Hörkapsel

Kurbeltelefon, um 1890. Der Benutzer betätigte die Kurbel und machte die Vermittlung auf sich aufmerksam. Nach Ende des Gesprächs musste wieder gekurbelt werden.

Sprechkapsel

Wählscheibe

Tischtelefon mit Wählscheibe, 30er Jahre. Hör- und Sprechkapsel waren damals noch getrennt.

Wählscheiben

Kunststoff-Wählscheibe 1963

Alphanumerische Wählscheibe Mit Buchstaben und Ziffern, 1960

Wählscheibe eines Telefontechnikers, um 1960

Mobiltelefone

Mobiltelefon, Mitte der 80er Jahre. Wie alle Handys enthält es einen Funkempfänger und -sender.

Frühes Autotelefon Um 1985

Handapparat

Mobiltelefone

Handgerät Mit ausklappbarer Sprechkapsel, wobei die Tasten sichtbar werden

Sprechkapsel zum Einklappen

Antenne

Mobiltelefon oder Handy Um 1995

Flüssigkristallanzeige

Tischtelefon Gehäuse aus walnussartigem Bakelit, 20er Jahre

Tischtelefon Neue Kunststoffe in Farbe, 30er Jahre

Kompaktes Tischtelefon Design von 1967

Tischtelefon mit eingebauter Tastatur. Bei früheren Modellen war die Tastatur getrennt.

Einspeichertasten

Modernes Tastentelefon Häufig angerufene Nummern lassen sich speichern.

Formen

Mickey-Mouse-Telefon, 1980 Die Comicfigur hält den Handapparat.

Tischtelefon Leuchtende Wählscheibe, 60er Jahre

Klingelgehäuse

Telefon mit getrennter Klingel Die lange Strippe erlaubt Umhergehen beim Telefonieren, 1977.

Hörkapsel

Marmortelefon 1984

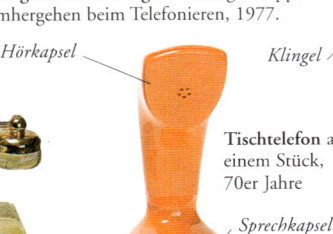

Tischtelefon aus einem Stück, 70er Jahre

Sprechkapsel

Klingel

Durchsichtiges Telefon Es gewährt Einblick ins Innere, 50er Jahre.

Telefon mit Umkleidung, um 1980

Snoopy-Telefon Der Comic-Hund Snoopy hält das Handgerät.

TELEKOMMUNIKATION

DIE WELT SCHEINT zu schrumpfen angesichts der modernen Telekommunikation. Unter diesem Begriff versteht man die gesamte Nachrichtentechnik. Sie erlaubt es, Informationen und Daten in Form von Sprache, Musik, Bildern und Dokumenten zu senden und zu empfangen. Möglich wird dies durch Telefone, Funkgeräte, Satelliten, Fernsehen und Computernetze. Vorläufer der modernen Telekommunikation war der Telegraf, mit dem man verschlüsselte Signale über Leitungen senden konnte.

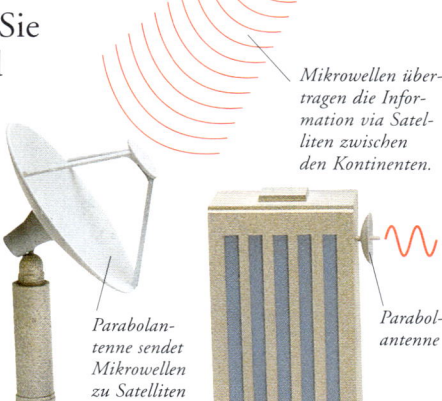

Telekommunikationsnetz

Damit eine Botschaft beim Empfänger eintrifft, sind zahlreiche Verbindungen und Übergänge erforderlich. Die Informationen werden in Form elektrischer Signale in Kupferkabeln, als Lichtimpulse in Glasfaserkabeln oder als Radio- und Mikrowellensignale zwischen schüsselförmigen Antennen und Satelliten übertragen.

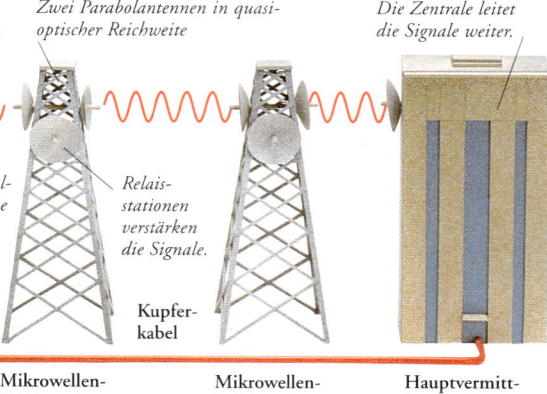

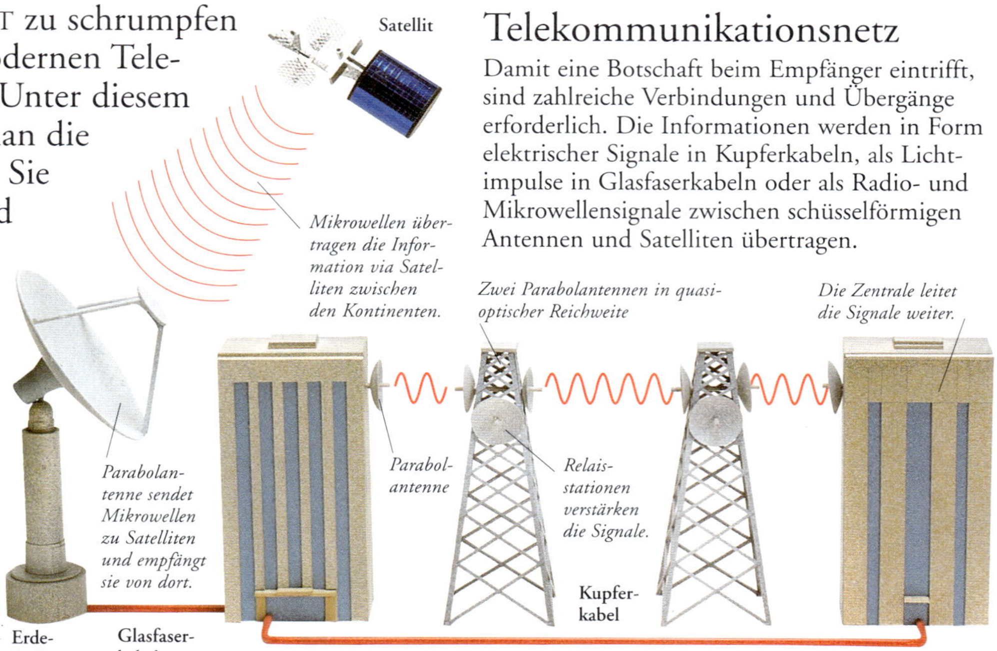

Satellit

Mikrowellen übertragen die Information via Satelliten zwischen den Kontinenten.

Zwei Parabolantennen in quasioptischer Reichweite

Die Zentrale leitet die Signale weiter.

Parabolantenne sendet Mikrowellen zu Satelliten und empfängt sie von dort.

Parabolantenne

Relaisstationen verstärken die Signale.

Kupferkabel

Erdefunkstelle — Glasfaserkabel — Hauptvermittlungsstelle — Mikrowellen-Relaisstation — Mikrowellen-Relaisstation — Hauptvermittlungsstelle

Samuel Morse

Der Amerikaner Samuel Morse (1791–1872) entwickelte ein Telegrafensystem mit dem Morsecode. Dabei wurden Buchstaben und Zahlen durch kurze oder lange Stromimpulse in Form von Punkten oder Strichen verschlüsselt und auf diese Weise weitergeleitet.

Telefax

Das Telefaxgerät sendet und empfängt Fernkopien von Dokumenten und Bildern. Die Übertragung erfolgt über das Telefonnetz. Das Gerät rastert das Dokument in Punkte auf und sendet Informationen darüber an das Empfängergerät. Dieses baut die eingehenden Informationen wieder als Dokument auf.

Handgerät — *Tastatur* — *Flüssigkristallanzeige*

Gespräche wie Faxe laufen über die Telefonleitung. — *Dokumente werden hier eingeschoben.* — *Die Fernkopie entsteht auf Spezialpapier.*

Kombiniertes Telefon- und Telefaxgerät

E-Mail

Früher verwendeten Zeitungen und Firmen für den schnellen Austausch von Informationen Telexgeräte oder Fernschreiber. Buchstaben und Ziffern waren durch elektrische Impulse verschlüsselt. Der Telexdienst ist fast vollständig durch Telefax oder E-Mail ersetzt.

Bildschirm zeigt abgesandte und empfangene Nachricht an.

Telexgerät

Eingabe der Nachricht über Tastatur

Modulation

Die Übertragung von Informationen mit Hilfe von Radiowellen wie beim Rundfunk geschieht durch Veränderung einer Trägerwelle. Ihr werden die Informationen aufgeprägt. Man nennt das Modulation. Die „aufmodulierten" Informationen werden im Empfängergerät wieder demoduliert.

Trägerwelle bei AM

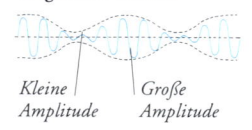

Kleine Amplitude — *Große Amplitude*

Amplitudenmodulation
Bei der Amplitudenmodulation (AM) wird die Information durch Veränderung der Amplitude der Trägerwelle übertragen.

Trägerwelle bei FM

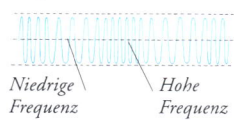

Niedrige Frequenz — *Hohe Frequenz*

Frequenzmodulation
Bei der Frequenzmodulation (FM) wird die Information durch Veränderung der Frequenz der Trägerwelle übertragen.

Chronologie

1793 Der Franzose Claude Chappe erfindet den Flügeltelegrafen: Bewegliche Arme auf Türmen übertragen auf optischem Weg kodierte Nachrichten.

1845 Samuel Morse baut in den USA die erste Telegrafenverbindung auf.

Frühes Telefon

1876 Erfindung des Telefons durch Alexander Graham Bell

1878 Eröffnung der ersten Telefonzentrale in New Haven, USA

1901 Der italienische Erfinder Guglielmo Marconi überträgt ein Signal mit Hilfe von Radiowellen über den Atlantik, von England nach Kanada.

1927 Erster öffentlicher Bildtelegrafenverkehr, ein Vorläufer des Telefax

1962 Erste Telefonverbindung von Amerika nach Europa über Satelliten

1977 Übertragung der ersten Telefongespräche über Glasfaserkabel

---

SIEHE AUCH UNTER | CODES UND CHIFFREN | COMPUTER | ELEKTRIZITÄT | LICHT | RUNDFUNK | SATELLITEN | SCHALLAUFZEICHNUNG | TELEFON

TELESKOP

SELBST KLEINE HIMMELSKÖRPER sind deutlich zu erkennen, wenn man sie durch ein Teleskop hindurch betrachtet. Teleskope oder Fernrohre erzeugen ein vergrößertes Bild eines fernen Körpers. Man unterscheidet zwei Haupttypen. Das Linsenfernrohr enthält lichtbrechende Linsen oder Prismen. Das Spiegelteleskop, auch Reflektor genannt, arbeitet mit reflektierenden Spiegeln. Sie erzeugen das vergrößerte Bild. Mit den lichtstärksten Teleskopen können Astronomen unvorstellbar weit ins Weltall blicken. Radioteleskope fangen Radiowellen von weit entfernten Sternen oder Galaxien auf.

Vergrößerung
Mit bloßem Auge sieht der Mond sehr klein aus, weil er weit entfernt ist. Ein Teleskop kann dieses Bild vergrößern. Dadurch erscheint der Mond größer und näher. Das wichtigste Leistungsmerkmal eines Teleskops oder Fernrohrs ist der Durchmesser des Objektivs. Amateurfernrohre vergrößern etwa 100-fach.

Bloßes Auge — *Fernrohr*

Fernrohr
Fernrohre enthalten eine Konvexlinse, das Objektiv. Es erzeugt ein kopfstehendes Bild vom Gegenstand. Eine zweite Linse, das Okular, bricht die Lichtstrahlen erneut und erzeugt ein vergrößertes Bild.

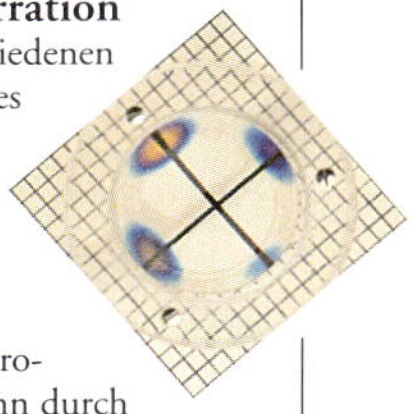

Schnitt durch ein Linsenfernrohr

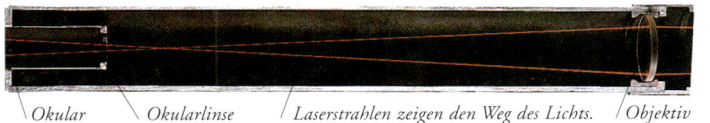

Chromatische Aberration
Licht besteht aus verschiedenen Farben. Wenn das weißes Licht durch eine Linse wandert, wird jede Farbe in einem anderen Winkel gebrochen. Um jede Linse entsteht ein Farbspektrum. Diese chromatische Aberration kann durch weitere Linsen unterbunden werden.

Okular — Okularlinse — Laserstrahlen zeigen den Weg des Lichts. — Objektiv

Galileos Fernrohr
Der italienische Physiker Galileo Galilei (1564–1642) baute als Erster ein Fernrohr für Himmelsstudien. Damit machte er bedeutende Entdeckungen über Sterne und Planeten.

Beweglicher Tubus für Scharfeinstellung — Objektivlinse
Okularlinse — Galileos Fernrohr (Kopie)

Spiegelteleskop
Ein konkaver, nach innen gewölbter Spiegel sammelt Lichtstrahlen von einem Objekt und wirft sie auf einen flachen Fangspiegel. Eine Okularlinse vergrößert dann das Bild für den Betrachter. Die Vergrößerung kann durch mehrere Spiegel noch erhöht werden.

Schnitt durch ein Spiegelteleskop
Okular — Okularlinse — Bild
Konkaver Spiegel — Reflektiertes Licht — Fangspiegel — Lichteinlass

Ferngläser
Das Fernglas besteht aus 2 nebeneinander angeordneten Fernrohren. 2 Prismen im Innern bewirken, dass ein aufrechtes, seitenrichtiges Bild entsteht. Die getrennten Strahlengänge lassen im Auge einen räumlichen Eindruck entstehen.

Okularlinse — Scharfeinstellung — Die beiden Prismen lenken das Licht um und erlauben die kürzere Länge des Fernglases. — Objektivlinse

Keck-Teleskop
Große Teleskope stehen auf Bergspitzen, wo der Himmel klar ist. Das größte optische Teleskop, das Keck-Teleskop, steht auf dem Mauna Kea auf Hawaii. Der Facettenspiegel umfasst 36 sechseckige Spiegel mit 10 m² Gesamtfläche.

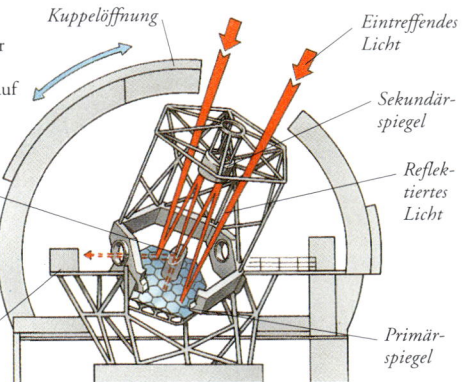

Kuppelöffnung — Eintreffendes Licht — Sekundärspiegel — Reflektiertes Licht — Der 3. Spiegel lenkt das Licht zum Beobachter. — Beobachter — Primärspiegel

Radioteleskope
Radioteleskope fangen Radiowellen auf, die von Sternen, Galaxien, Nebel und anderen Himmelsobjekten ausgesandt werden. Eine große Parabolantenne lenkt die eintreffenden Radiowellen auf eine Antenne. Ein Computer erzeugt dann ein Bild vom beobachteten Objekt.

Radioteleskop von Arecibo, Puerto Rico

Chronologie

William Herschels Teleskop

10. Jh. Die Chinesen entdecken, dass gekrümmtes Glas Licht bricht.

1608 Der Niederländer Hans Lippershey erfindet das Fernrohr.

1673 Der Engländer Isaac Newton stellt das erste Spiegelteleskop her.

1789 Der englische Astronom William Herschel entwirft eines der ersten großen Teleskope.

1880 Erfindung des Fernglases

1917 Bau des Teleskops auf dem Mount Wilson, Kalifornien, USA

1931 Der Amerikaner Karl Jansky entdeckt, dass Radiowellen aus dem Weltall zur Erde gelangen.

1937 Der amerikanische Amateurastronom Grote Reber baut das erste Radioteleskop.

1970 Bau des Very-Large-Array (VLA)-Radioteleskops in New Mexico, USA

1990 Start des Weltraumteleskops Hubble, das in 500 km Höhe um die Erde kreist

1992 Bau des Keck-Teleskops auf dem Mauna Kea in Hawaii

1998 Das VLA-Radioteleskop beobachtet die Geburt eines Doppelsternsystems.

Weltraumteleskop Hubble

SIEHE AUCH UNTER ASTRONOMIE · ELEKTROMAGNETISCHE STRAHLEN · GALAXIEN · GALILEO GALILEI · LICHT · MOND · NEWTON, ISAAC · STERNE

TENNIS UND SQUASH

TENNIS IST DAS beliebteste und auch das älteste Rückschlagspiel. Bei dieser Art von Spielen muss ein Ball über ein Netz oder als Abpraller von einer Wand zurückgespielt werden. Es spielen 2 Einzelspieler gegeneinander oder je 2 Spieler im Doppel. Weitere Rückschlagspiele, bei denen man einen Schläger verwendet, sind Badminton, Squash und Tischtennis. In einigen Teilen der USA ist heute der neue Sport Racquetball weit verbreitet. Ein Rückschlagspiel ohne Schläger ist Volleyball.

Der Aufschläger steht etwas seitlich von der Mitte an der Grundlinie.

Er wirft den Ball hoch, während der Arm mit dem Schläger von hinten ausholt.

Augen auf den Ball

Schlagarm beim Treffen des Balls ganz gestreckt

Der Aufschläger legt seine ganze Kraft in den Schlag und setzt dabei die Beinmuskeln ein.

Aufschlag zu Beginn des Ballwechsels

Tennis

Royal Tennis
Royal Tennis wurde im Mittelalter in Frankreich und England in Königspalästen gespielt. Die Adligen schauten von Fenstern aus dem Spiel zu. Heute gibt es noch einige Plätze, die in Innenhöfen liegen.

Beim Tennis muss man den Ball so über das Netz schlagen, dass der Gegner ihn nicht retournieren kann. Gelingt dies dem Aufschläger, so heißt es 15:0, dann 30:0, 40:0. Beim nächsten Punkt ist ein Spiel gewonnen. Mit 6 Spielen ist ein Satz entschieden. Allerdings muss der Sieger 2 Spiele mehr haben als der Gegner, z. B. 6:4 oder 7:5.

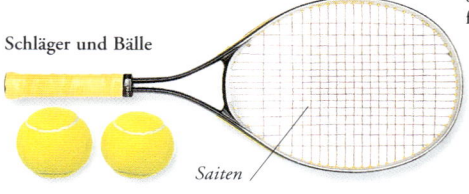

Schläger und Bälle

Saiten

Tennisbälle
Die weißen oder gelben Tennisbälle haben 6,5 cm Durchmesser und wiegen rund 57 g. Sie müssen besonderen Anforderungen entsprechen. Bei großen Turnieren werden die Bälle nach 9 Spielen erneuert.

Tennisschläger
Der Rahmen des Schlägers besteht aus Holz oder Metall, häufig auch aus Kunststoffen wie Karbonfaser. Im Zentrum sind Saiten gespannt. Die Gesamtlänge darf nicht mehr als 81,3 cm, die Breite nicht mehr als 31,8 cm betragen.

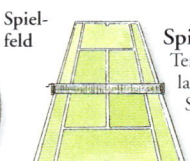

Spielfeld

Spielfeld
Tennis wird auf einem 23,77 m langen Spielfeld gespielt. Die Spielfeldbreite beträgt beim Doppel 10,97 m, beim Einzel 8,23 m.

Steffi Graf
Die Deutsche Steffi Graf (geb. 1969) war eine der erfolgreichsten Tennisspielerinnen. Sie gewann 107 Turniere, darunter 22 Grand-Slam-Titel. 377 Wochen lang stand sie an der Spitze der Weltrangliste. Nach 17 Jahren als Profi beendete sie 1999 ihre Karriere.

Squash

Squash wird in einem geschlossenen Raum gespielt. Er ist das gemeinsame Spielfeld. Man muss den Ball so gegen die Vorderwand und möglichst noch eine andere Wand spielen, dass der Gegner ihn nicht weiter spielen kann. Der Ball darf nur 1-mal auf dem Boden aufschlagen.

Zurückspielen eines niedrigen Balles

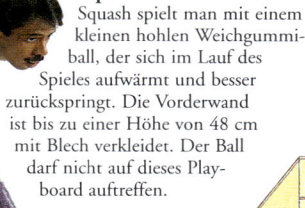

Squash: Ball und Feld
Squash spielt man mit einem kleinen hohlen Weichgummiball, der sich im Lauf des Spieles aufwärmt und besser zurückspringt. Die Vorderwand ist bis zu einer Höhe von 48 cm mit Blech verkleidet. Der Ball darf nicht auf dieses Playboard auftreffen.

Spielhalle

Schläger und Ball

Racquetball
Das Spiel entstand 1950 in den USA und ist dort beliebter als Squash. Wände, Boden und Decke der Halle zählen zum Spielfeld. Der Ball muss stets die Vorderwand treffen und darf nur einmal auf dem Boden aufschlagen.

Badminton

Bei diesem Spiel geht es darum, einen Federball so über ein hohes Netz zu schlagen, dass ihn der Gegner nicht mehr erreichen kann, bevor er den Boden berührt. Man spielt auf 2 Gewinnsätze. Nur der Aufschläger kann punkten. Die Herren gewinnen mit 15, die Damen mit 11 Punkten. Es gibt Einzel und Doppel.

Badmintonschläger

Federbälle

Spielgerät
Die Federbälle können aus Plastik sein, doch die meisten Spieler ziehen Korkbälle mit richtigen Gänsefedern vor. Die Schläger werden aus Karbonfaser oder aus Metall gefertigt und sind sehr leicht.

Spielfeld

Tischtennis

Die Spieler schlagen den Ball so, dass ihn der Gegner nicht retournieren kann. Der Ball muss auf der gegnerischen Hälfte auftreffen, bevor man ihn zurückschlagen darf. Der Aufschlag muss zuerst die eigene Hälfte berühren.

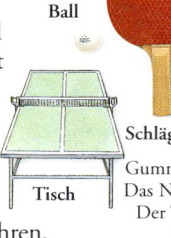

Ball

Schläger

Tisch

Spielgerät
Der kleine Ball hat 38 mm Durchmesser und besteht aus Zelluloid. Die hölzernen Schläger tragen beidseitig eine Gummischicht mit Noppen. Das Netz ist 15,25 cm hoch. Der Tisch ist 2,74 x 1,52 m groß und 76 cm hoch.

SIEHE AUCH UNTER BALLSPIELE · FITNESS · MITTELALTER · OLYMPISCHE SPIELE · SPORT

TEXTILIEN

TEXTILIEN BESTEHEN AUS miteinander verbundenen Fasern. Jahrtausendelang stellte man alle Textilien aus Naturfasern her, die man entweder von Tieren oder von Pflanzen gewann. Im 20. Jh. kamen auch Kunstfasern oder Synthesefasern aus Kunststoffen auf. Die meisten Textilien werden heute noch durch Weben angefertigt. Zu den Textilien zählen aber auch gezwirnte, gewirkte, gestrickte und gewalkte Materialien. Daraus stellt man eine große Zahl von Gütern her, etwa Kleider, Schuhe, Hüte, Vorhänge, Teppiche, Seile, Segel und Fallschirme.

Jacke aus Kunstfasern: Ein Mischgewebe aus Nylon und Pertex®, das trocken hält und nicht zu warm ist.

Nylonrucksack, dauerhaft und weitgehend wasserdicht

T-Shirt: Eine Mischung aus Baumwolle und synthetischen Polyesterfasern. Das Polyester hält das T-Shirt in Form.

Wolle
Wolle stammt vom Fell von Schafen, Ziegen, Kamelen und Lamas. Man stellt daraus Kleider, Pullover und Teppiche her. Wollfasern sind fest, dehnbar, warm und nehmen Feuchtigkeit auf.

Ungefärbte Wolle

Die wichtigsten Wollproduzenten sind Australien, Neuseeland, Südafrika und Argentinien.

Gesponnene Wolle

Fasern
Bei den Naturfasern stammen Wolle und Seide von Tieren, Baumwolle, Leinen und Hanf von Pflanzen. Kunstfasern wie Polyester und Acrylfasern werden hauptsächlich aus Erdöl hergestellt. Jede Faser hat ihre besonderen Eigenschaften. Gewebe bestehen meist aus 2 oder 3 Faserarten.

Wolldecke

Denim Ein grobes, strapazierfähiges Baumwollgewebe

Wasserdichte Textilien Gewebe z. B. für Schuhe müssen wasserdicht sein. Sie tragen eine dünne Schicht aus Harz.

Erdöl liefert den Rohstoff für Nylon.

Aus Spinndüsen austretende Nylonfäden

Nylon
Das Nylon ist chemisch gesehen eine Polyamidfaser. Man presst die erhitzte flüssige Substanz durch Spinndüsen. Die Fäden erkalten sofort. Später verspinnt man sie zu Garn. Daraus stellt man dann unterschiedliche Gewebe her.

Spinnen
Bevor man aus einer Faser einen Stoff oder ein anderes Textil herstellen kann, muss man sie zu Garn verarbeiten. Die meisten Naturfasern sind kurz und müssen deshalb zu längerem Garn versponnen werden. Kunstfasern werden beim Spinnen stärker. Man kombiniert sie auch mit Naturfasern.

Baumwollspinnerei
Baumwolle wird heute von großen Maschinen versponnen. Aus den gewaschenen Fasern stellt man durch Rollen erst eine Matte her. Diese wird immer weiter aufgeteilt und schließlich zu feinem Garn verdrillt.

Baumwollbausch Er kann aus 500 000 kurzen, weißen Fasern bestehen.

Baumwollspinnerei in Indien

Weben
Aus Garn stellt man schließlich Stoffe her. Eines der wichtigsten Verfahren dazu ist das Weben. Es handelt sich dabei um eines der ältesten Handwerke. Die ersten archäologischen Hinweise stammen von 5000 v. Chr. Das Weben geschieht heute auf mechanischen Webstühlen, doch gibt es auch noch die Handweberei.

Herstellung eines Knüpfteppichs

Starke Kettfäden

Handwebstuhl

Mechanische Webstühle in einer Textilfabrik

Handwebstuhl
Am Handwebstuhl befestigt man erst die Kettfäden der Länge nach. Quer dazu werden Schussfäden eingefügt. Sie verlaufen abwechselnd über den einen Kettfaden und unter dem nächsten hindurch. Es entsteht eine Art Geflecht. Bei Teppichen wird der Flor von Hand eingeknüpft.

Textilindustrie
Bis zum 18. Jh. erfolgte das Weben in Heimarbeit. Die industrielle Revolution nahm vom Spinnen und Weben ihren Ausgang. Mit Maschinen konnte man nun sehr viel mehr Garne und Stoffe herstellen. Automatische Webstühle erzeugen heute pro Tag tausende Meter von Stoff.

SIEHE AUCH UNTER | CHEMIE | FARBSTOFFE | HANDEL UND INDUSTRIE | INDUSTRIELLE REVOLUTION | KLEIDUNG UND MODE | LANDWIRTSCHAFT | SCHAFE UND ZIEGEN

THAILAND UND MYANMAR

DIE SÜDOSTASIATISCHEN LÄNDER Thailand und Myanmar liegen nebeneinander und ähneln sich in vielerlei Hinsicht. Beide Länder sind im Norden gebirgig und bewaldet und haben fruchtbare Flusstäler, ähnliche Bodenschätze und den Buddhismus als Religion. In der Regierungsform und der Wirtschaft unterscheiden sie sich jedoch. Thailand ist eine wohlhabende Monarchie mit demokratischer Regierung. Myanmar, das frühere Birma, ist eine unterentwickelte Diktatur.

Geografie

In den dicht bewaldeten Gebirgen im Norden von Thailand und Myanmar entspringen viele Flüsse, etwa der Menam und der Irrawaddy. Beide fließen südwärts durch fruchtbares Hügelgebiet. An der Westküste, die an die Andamanensee grenzt, liegen zahlreiche kleine Inseln.

Irrawaddy
Der Irrawaddy ist der größte Fluss von Myanmar. Er entspringt im Norden und fließt 2 090 km weit bis zu einem großen Delta in der Bucht von Bengalen. Flüsse versorgen die Thai und die Birmesen mit dem Wasser, das sie für die Bewässerung ihrer Reisfelder benötigen.

Monsunwald
An der Grenze zwischen Myanmar und Thailand wächst dichter Monsunwald. In den 80er Jahren führte die Abholzung der Wälder, besonders der Teakholzbestände, zu ernsthaften Überschwemmungen. Deswegen stellte die thailändische Regierung 1989 das Abholzen unter Strafe.

Andamanensee
Westlich des südlichen Teiles von Myanmar und Thailand liegt die Andamanensee. Sie gehört zum Indischen Ozean. An der Küste liegen zahlreiche Mangrovewälder. Mit den vielen hundert vorgelagerten Inselchen im Mergui-Archipel ist das Gebiet von hohem touristischen Wert.

Klima
Thailand und Myanmar haben ein Monsunklima mit 3 Jahreszeiten: Regenzeit von Mai bis September, milde Trockenzeit von Oktober bis Februar, heiße Trockenzeit von März bis April. Im Süden fällt das ganze Jahr über Regen. Die Durchschnittstemperaturen sind hoch.

27 °C 25 °C
2 008 mm

Hill Tribes
Unter diesem Begriff fasst man die Bergvölker zusammen, die im Grenzgebiet von Thailand, Myanmar und Laos leben. Das Gebiet heißt auch „Goldenes Dreieck". Die Bergvölker wohnen in kleinen Dörfern und betreiben noch schädliche Brandrodung. Viele von ihnen bauen Schlafmohn an, aus dem Opium und Morphium gewonnen wird. Hier herrscht ein lebhafter Rauschgifthandel.

Frau des Bergvolks der Akha mit Opiumpfeife

Thailand

Das Königreich Thailand ist von Myanmar, Laos, Kambodscha und Malaysia umgeben. Nach seiner Gründung im 13. Jh. hieß es lange Zeit Siam. In der Landessprache heißt Thailand *Myang Thai,* das bedeutet „Land der Freien". Als einziges Land auf dem südostasiatischen Festland wurde es nie von einer europäischen Macht kolonisiert. In Thailand ist die Wirtschaft rasch gewachsen, obwohl in ländlichen Bereichen, wo 80 % der Bevölkerung leben, immer noch viel Armut herrscht. Bangkok ist die einzige wirklich große Stadt Thailands und stark übervölkert.

Thai
Die meisten Thai gehören einem Volk an, dass vor fast 2 000 Jahren von China aus südwärts wanderte. Die Thai sind seit jeher Buddhisten. Ungefähr 12 % der Bevölkerung sind Chinesen.

König von Thailand
Der neunte thailändische König, Bhumibol Adulyadej, bestieg 1946 den Thron. Seine Familie, die Chakri, herrschen seit 1782 in Thailand. Der König ist hoch geachtet und darf nicht kritisiert werden.

THAILAND: DATEN

HAUPTSTADT	Bangkok (Krung Theb)
FLÄCHE	513 115 km²
EINWOHNER	61 700 000
SPRACHE	Thai, Chinesisch, Englisch
RELIGION	Buddhismus, Islam
WÄHRUNG	Baht
LEBENSERWARTUNG	69 Jahre
EINWOHNER PRO ARZT	4 245
REGIERUNG	Mehrparteiendemokratie
ANALPHABETEN	6 %

Landwirtschaft
Die Landwirtschaft nutzt 40 % der Fläche. In den fruchtbaren Flusstälern wird überwiegend Reis angebaut. Die Ernte beträgt über 20 Mio. Tonnen jährlich. Reis ist das Hauptnahrungsmittel. Dazu isst man oft stark gewürzte Gerichte. Anstelle von Salz verwenden die Thai eine Fischsauce.

Industrie
Die Industrie, in der 20 % der Thai arbeiten, gewinnt in der Gesamtwirtschaft an Bedeutung. Viele amerikanische und japanische Betriebe haben Fabriken in Thailand. Das Land zählt heute zu den führenden Elektronikherstellern. Andere Produkte werden aus Jute und Kautschuk hergestellt. Im Bergbau gewinnt man vor allem Zinn und Edelsteine.

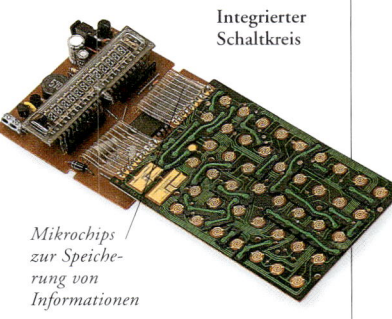

Integrierter Schaltkreis

Mikrochips zur Speicherung von Informationen

Kulturpflanzen
Rund die Hälfte aller thailändischen Arbeitnehmer sind in der Landwirtschaft beschäftigt. Wichtige Kulturpflanzen sind Ananas, Maniok und Zuckerrohr. Thailand ist der größte Exporteur von Dosenananas. Das Land produziert auch Naturkautschuk, Bananen, Kokosnüsse, Jute und Baumwolle.

Ananas — Maniok — Zuckerrohr

Tourismus
Die buddhistischen Tempel und das gesamte kulturelle Erbe ziehen jedes Jahr Millionen von Touristen an. Japanische Besucher schätzen vor allem neu gebaute Golfplätze. Die meisten Urlauber kommen aber, um an den sauberen Stränden zu baden.

Bangkok
Die thailändische Hauptstadt wurde an Kanälen erbaut, die heute noch dem Transport dienen. Für eine Sechsmillionenstadt hat Bangkok verhältnismäßig wenige große Straßen und öffentliche Verkehrsmittel. Seine Verkehrsstaus gehören zu den schlimmsten auf der ganzen Welt. Viele Pendler haben in ihrem Auto ein „Büro" mit Telefon und Fax.

Schwimmender Markt auf einem Kanal

Myanmar

Als Birma 1948 unabhängig wurde, verfolgte es eine Politik der Isolierung gegenüber der Welt. Dadurch wurde das einst reiche Land zu einem der ärmsten. Heute heißt es Myanmar und ist berüchtigt für Unterdrückung von Minderheiten und Menschenrechten.

Fischerei
Fisch mit Gemüse spielen eine wichtige Rolle in der birmesischen Landesküche. Garnelen und Fische fängt man vor der Küste. Viele Häuser sind auf Stelzen gebaut, um vor Überflutungen sowie Schlangen und Nagern sicher zu sein.

Teakholz
1990 verfügte Myanmar über rund 70 % der gesamten Teakholzreserven. Nur noch selten werden die Teakbäume einzeln gefällt und mit Hilfe von Arbeitselefanten abtransportiert. An die Stelle dieser schonenden Ernte ist die maschinelle Abholzung getreten.

Rubine
Die Rubine aus Nordost-Myanmar gelten als die schönsten der Welt. Man schätzt sie wegen ihrer tiefroten Farbe. Myanmar hat auch reiche Lagerstätten an Saphiren, Silber, Kupfer, Jade, Blei, Zink und Zinn sowie an Eisenerz und Erdgas.

MYANMAR: DATEN

HAUPTSTADT	Rangun (Yangon)
FLÄCHE	676 552 km²
EINWOHNER	48 000 000
SPRACHE	Birmanisch
RELIGION	Buddhismus, Christentum, Islam
WÄHRUNG	Kyat

SIEHE AUCH UNTER ASIEN, GESCHICHTE • BUDDHISMUS • KRISTALLE • NATURSCHUTZ • POLITIK UND MACHT • REGENWALD, TIERWELT • WINDE

THEATER

SEIT JAHRTAUSENDEN gibt es Theater. Sie besitzen eine Bühne für die Schauspieler und einen Raum für die Zuschauer. Das ist beim Pariser Opernhaus nicht anders als bei den ältesten griechischen und römischen Freilufttheatern. Moderne Theaterbauten unterscheiden sich aber in der Anlage je nach den Stücken, die dort aufgeführt werden. Ein Opernhaus ist aufwendiger als ein Schauspielhaus oder ein Marionettentheater. Moderne Theater benötigen auch einen riesigen Stab an Mitarbeitern. Dazu zählen Handwerker und Requisitenbauer, Bühnenarchitekten und Bühnenbildner, Maskenbildner und Kostümschneider.

Römisches Amphitheater

Frühe Theater
Die ersten Theater waren die griechischen Amphitheater. Die Zuschauer saßen auf Steinstufen, die halbkreisförmig um die mit Säulen eingefasste Bühne anstiegen. Die Römer übernahmen das griechische Modell. Später schlug man Bühnen aus Holz auf.

Die Reichen saßen auf den Rängen, die Armen mussten im Hof stehen.

Theaterhäuser
In der Renaissance gab es Theaterbauten mit schlichter Ausstattung. Das „Globe Theatre" in London, wo Shakespeares Stücke aufgeführt wurden, besaß drei überdachte Ränge oder Galerien. Die Bühne im Hof lag im Freien.

Moderne Theaterbauten
Im 19. Jh. wurden die Theater immer aufwendiger. Erst im 20. Jh. begann man schlichter zu bauen. Heute liegen viele Theater, wie das Londoner Nationaltheater, oft in großen Gebäudekomplexen, wo auch Kinos untergebracht sind.

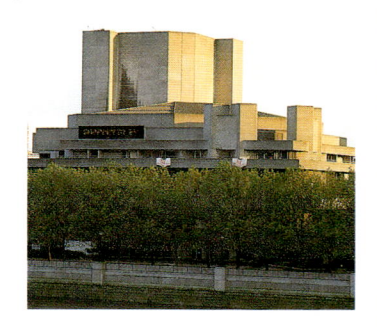

Globe Theatre, London   **Nationaltheater, London**

Theaterbau
Im 19. Jh. wurden die Aufführungen aufwendiger mit häufigen Szenenwechseln. Dem mussten die Theaterbauten Rechnung tragen. Jedes Theater hat heute 3 Teile: das Bühnenhaus, das Foyer und den Zuschauerraum.

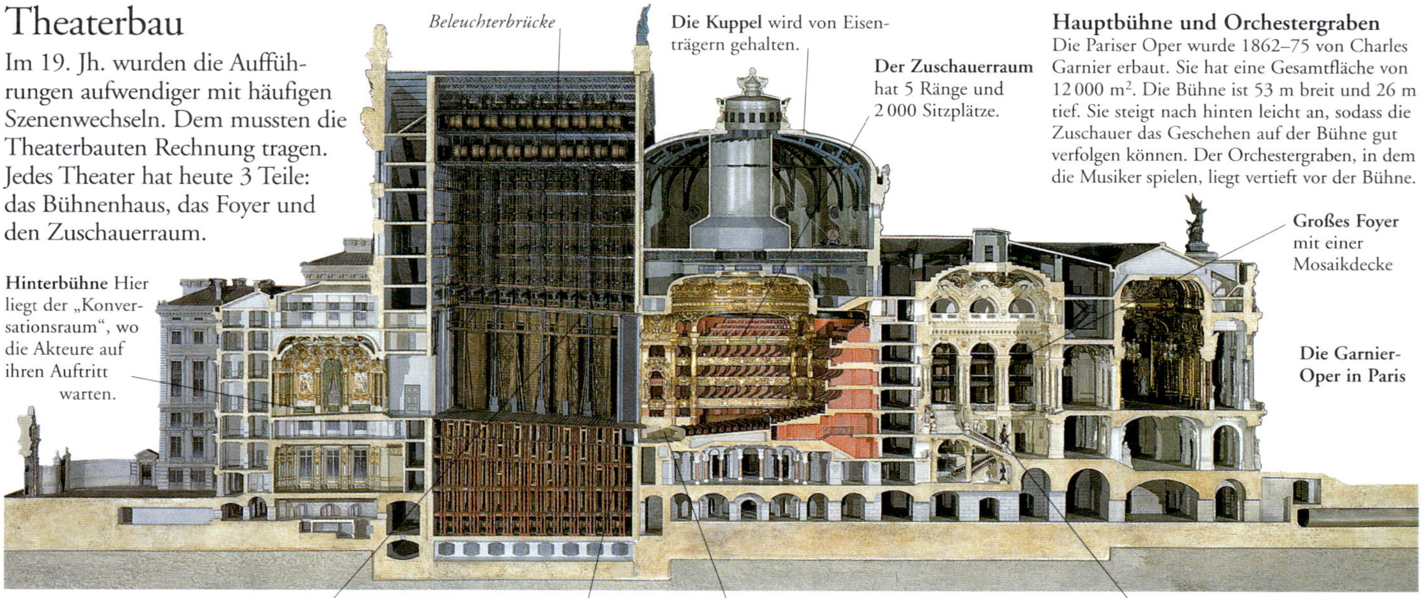

Hinterbühne Hier liegt der „Konversationsraum", wo die Akteure auf ihren Auftritt warten.

Beleuchterbrücke

Die Kuppel wird von Eisenträgern gehalten.

Der Zuschauerraum hat 5 Ränge und 2 000 Sitzplätze.

Hauptbühne und Orchestergraben
Die Pariser Oper wurde 1862–75 von Charles Garnier erbaut. Sie hat eine Gesamtfläche von 12 000 m². Die Bühne ist 53 m breit und 26 m tief. Sie steigt nach hinten leicht an, sodass die Zuschauer das Geschehen auf der Bühne gut verfolgen können. Der Orchestergraben, in dem die Musiker spielen, liegt vertieft vor der Bühne.

Großes Foyer mit einer Mosaikdecke

Die Garnier-Oper in Paris

Bühnenportal Mit Handzügen werden schwere Dekorationen auf die Bühne gehievt.

Unterbühne mit Lager für Kulissen

Die Bühne der Pariser Oper fasst bis zu 400 Schauspieler.

Großes Treppenhaus

Das Foyer
Die Zuschauer strömen durch das Haupthaus in das Theater. Hier befinden sich die Theaterkassen und die Garderoben. Vom Foyer der Pariser Oper führt das Treppenhaus zu den verschiedenen Rängen. Die Theaterbesucher halten sich vor der Vorstellung und in den Pausen im Foyer auf. Im Treppenhaus gibt es viele Balkone. Von hier aus pflegten im 19. Jh. die Besucher der Ränge die Ankunft der feinen Pariser Gesellschaft zu beobachten.

Das große Treppenhaus in der Pariser Oper

Zuschauerraum
Der Zuschauerraum, wie hier im „Theatre Royal" in London, hat ansteigende Sitzreihen auf verschiedenen Ebenen: Parkett, Ränge und Logen. Von den Plätzen im Parkett hat man den besten Blick. Sie sind neben den Logen auch am teuersten. Die Seitenränge sind billiger. Am wenigsten kosten die Plätze im obersten Rang, dem so genannten „Juchee". Die Sicht auf die Bühne ist hier natürlich nicht so gut.

Theatre Royal, Haymarket, London

Inszenierung

An der Inszenierung eines Theaterstücks sind viele Leute beteiligt – der Theaterdirektor oder Intendant, der Regisseur, die Schauspieler, die Bühnen- und Maskenbildner, die Licht- und Toningenieure. Die Proben dauern Wochen, bis endlich die Generalprobe vor der Uraufführung erfolgt.

Regisseur
Der Spielleiter oder Regisseur kennt das Stück genau und gibt den Schauspielern Anweisungen, wie sie einen Charakter darstellen und die Rolle sprechen sollen. Die Schauspieler lernen ihre Rollen auswendig. Dabei machen sie sich im Text Notizen über Gesten, Betonung und Requisiten.

Bill Alexander, Theaterregisseur

Requisiten
Gegenstände, welche die Schauspieler auf der Bühne benutzen, nennt man Requisiten. Sie werden vom Requisiteur sorgfältig gehütet und sind oft sehr wichtig in einem Stück. Nach der Vorstellung werden sie hinter die Bühne gebracht und deutlich sichtbar abgelegt, damit die Schauspieler sie beim nächsten Mal sofort finden.

Für die Zuschauer ist die Attrappe echt.

Krone aus Papiermaschee *Telefon von 1920*

leicht zu öffnen *Plastik statt Marmelade*

Handschelle mit Eisenkugel und Kette *Marmeladenschüssel*

Schminke
Unter den grellen Theaterscheinwerfern sieht ein ungeschminktes Gesicht fahl aus. Das Schminken ist deshalb wichtig. Es betont den Gesichtsausdruck und lässt den Schauspieler lebendiger erscheinen.

Maske
Durch Schminke kann man ein Gesicht auch völlig verändern, sodass die Schauspieler viel älter aussehen. Manchmal will man auch einen unrealistischen Effekt erreichen, zum Beispiel durch weiße Schminke, die Clowns im Gesicht auftragen.

Schwarzweißes Make-up und rotumrandete Augen vermitteln ein Bild der Auszehrung.

Ein angeklebter grauer Bart lässt den Schauspieler sofort älter erscheinen.

Letzte Korrekturen stellen sicher, dass das Make-up im grellen Rampenlicht hält.

Beleuchtung
Direktes Licht erzeugt wirkungsvolle Schatten und Stimmung, Flutlichtstrahler sorgen für „natürliche" Lichtwirkung. Man kann so Teile der Bühne abschwächen oder hervortreten lassen. Linsenscheinwerfer heben Personen heraus. Der Beleuchter hat viele Möglichkeiten.

Scheinwerfer leuchten den einzelnen Darsteller aus. *Flutlichtbänder*

Szene aus dem Musical Jesus Christ, Superstar

Kabuki
Kabuki ist eine traditionelle Theaterform in Japan. Die Schauspieler sind nur Männer, die nach strengen Regeln aus dem 17. Jh. geschminkt werden. Jeder trägt ein maskenähnliches Make-up, an dem die Zuschauer den dargestellten Charakter sofort erkennen.

Uzaemo Ichimura, ein Darsteller des Kabuki

Orson Welles
Der amerikanische Schauspieler und Filmregisseur Orson Welles (1915–85) ist durch seinen Filmklassiker *Citizen Kane* (1941) weltberühmt geworden. Er war aber auch ein bedeutender Theaterregisseur. Eine seiner frühen Inszenierungen war *Macbeth* (1936), wobei er erstmals alle Rollen mit schwarzen Schauspielern besetzte.

Halskrause, Mode des 16. Jh. *Samtbarett* *Federhut*

Leuchtende Farben *Borte*

Lederschuhe *Männerkleidung aus der Zeit Elisabeths I.* *Original Pumps* *Frauenkleidung von 1940*

Kostüme
Bei vielen Stücken braucht man historische Kostüme. Garderobieren oder Garderobiers kümmern sich darum und helfen den Schauspielern sich zwischen den Akten umzuziehen.

Modell für Dream King

Bühnenbild
Die Bühnenbildner entwerfen den Gesamteindruck der Bühne zuerst in einem Modell. Danach gestalten sie mit Bühnenmalern und Bühnenschreinern das Bühnenbild.

SIEHE AUCH UNTER: ELISABETH I. · FILM · GRIECHEN · JAPAN, GESCHICHTE · OPER · RENAISSANCE · RÖMISCHES REICH · SCHAUSPIEL · SHAKESPEARE, WILLIAM

TIERBAUTEN

EINIGE TIERE VERBRINGEN ihr gesamtes Leben im Freien und sind immer in Bewegung. Andere ähneln in dieser Hinsicht eher den Menschen: Sie bauen sich einen Unterschlupf, nutzen ihn bei schlechtem Wetter und ziehen darin ihre Jungen groß. Man kann im Wesentlichen zwei Arten von Tierbauten unterscheiden: Nester oder gangartige Baue im Boden. Die meisten Vögel sammeln Nistmaterial und bauen daraus ein Nest. Einige Fische verhalten sich ähnlich. Säugetiere und Insekten legen hingegen eher Erdbaue an.

Trauerbachstelze

Vogelnester

Die kleinsten Vogelnester passen in einen Eierbecher, die größten wiegen mehr als eine Tonne. Die meisten Vögel bauen das Gerüst des Nestes aus Ästen und Zweigen. Einige vermischen Lehm mit Speichel. Die Mischung erhärtet beim Trocknen.

Gemeinschaftsnester
Afrikanische Webervögel bauen riesenhafte Gemeinschaftsnester. Sie weben und flechten sie aus Gras. Ein solches Nest kann mehrere hundert Paare aufnehmen. Manchmal ist es so schwer, dass Bäume unter der Last zusammenbrechen.

Jedes Paar hat seine eigene Abteilung im Gemeinschaftsnest.

Lehm — Samen — Federn — Pferdehaar
Blätter — Zweige — Wolle — Rinderhaar
Schnur — Alufolie — Moos
Bindegarn — Papier — Flechten — Gras

Nistmaterialien
Dieses Nest einer Trauerbachstelze enthält viele verschiedene Materialien. Seine Form bekommt es durch Blätter und Zweige. Federn, Wolle und Haare halten die Nestlinge warm. Moos und Flechten dienen der Tarnung.

Fische

Die meisten Fische geben ihre Eier direkt ins Wasser ab und treiben keinerlei Brutpflege. Nur einige wenige bauen Nester und bewachen ihre Jungen, z. B. der Stichling. Einige Fische fertigen sich jede Nacht ein Nest an, um vor Feinden sicher zu sein.

Schaumnest
Das Fadenfischmännchen aus Südasien stellt aus Luftblasen ein Schaumnest her. Das Weibchen gibt seine Eier unter dem Nest ab. Diese steigen auf und gelangen ins Nest. Das Männchen bewacht die Eier, bis die Jungfische schlüpfen.

Nächtlicher Schutz
Bei anbrechender Nacht verstecken sich Papageifische im Korallenriff und umgeben sich mit einer Hülle aus klarem Schleim. Vermutlich verhindert der Fisch so, dass Geruchsteilchen an die Außenwelt gelangen. Morgens verlässt der Fisch sein Schleimnest.

Nest am Bachboden
Stichlinge sind geschickte Nestbauer. Das Männchen formt aus Blättern und Wurzeln von Wasserpflanzen ein tunnelförmiges Nest. Das Weibchen legt seine Eier dort hinein. Das Männchen befruchtet und bewacht sie anschließend.

Der Fisch trägt mit dem Maul Wasserpflanzen ein.

Der Fisch biegt mit der Schnauze Algen zurecht.

Nest unter kleinem Steinblock

1 Das Stichlingsmännchen hält nach einem Stück Geröllboden in der Nähe von Wasserpflanzen Ausschau. Mit den Flossen hebt es eine flache Grube aus. Es kann auch einzelne Steinchen in das Maul aufsaugen. Dann sammelt es Nistmaterial.

2 Blätter, Wurzeln, Algen und Zweigstücke sind die besten Materialien für den Nestbau. Das Männchen trägt sie in seinem Maul ein und baut daraus einen kleinen Haufen. Sobald es genügend Nistmaterial gesammelt hat, wird dieses verklebt.

3 Das Männchen zementiert das Nistmaterial mit einer klebrigen Substanz, die seine Nieren abgeben. Steht das Nest, so gräbt es mit seiner Schnauze einen Tunnel. Nach dem Nestbau folgt eine ausgefeilte Balz, die das Weibchen davon überzeugen soll, seine Eier in das Nest zu legen.

Nestarten

Die Nester vieler großer Vögel, etwa von Adlern oder Reihern, sind unordentliche Haufen grober Äste. Kleinvögel fertigen ihre Nester aber oft sehr sorgfältig.

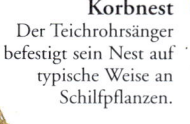

Beutelnest
Das Nest dieses Baltimore-Trupials besteht aus Haaren und langen Fasern. Der Vogel hat das Nest mit einigen Windungen an der Unterlage festgebunden.

Korbnest
Der Teichrohrsänger befestigt sein Nest auf typische Weise an Schilfpflanzen.

Napfnest
Dieser häufigste Nesttyp hat eine Außenschicht aus Gras und Zweigen und ist innen ausgepolstert, z. T. mit Lehm. Ein solches Nest hält Regen stand.

Insektennester

Bei den Insekten bauen die Weibchen oft Nester für ihre Jungen oder Larven. Staatenbildende Insekten wie Bienen, Wespen, Ameisen und Termiten arbeiten dabei in Familiengruppen zusammen. Ihre Nester sind oft Miniaturstädte mit Vorräten an Nahrung und einer eigenen Klimaanlage.

Einzelgänger
Wespen der ostasiatischen Gattung *Stenogaster* bauen Nester aus Lehm. Jedes Weibchen hat ein eigenes Nest, das Platz bietet für einige Larven. Das Weibchen versorgt sie mit Nahrung und verschließt das Nest, wenn sie reif sind zur Verpuppung.

Blattminierer
Einige Schmetterlingsraupen und andere Insektenlarven sind so klein, dass sie im Innern eines Blattes leben können. Die Raupe frisst sich durch das Blatt, lässt aber die oberste und unterste Zellschicht stehen. So entsteht ein Fressgang, die Blattmine.

Nest der Wespe Stenogaster

Blattmine in einem Brombeerblatt

Nester und Baue von Säugern

Einige Säuger bauen Nester über dem Boden. Die meisten legen aber Erdbaue mit Kammern an, die sie mit trockenem Gras und Blättern auspolstern. Einige grabende Säuger suchen ihre Nahrung an der Erdoberfläche, andere finden alles im Boden.

Nacktmull
Dieses afrikanische Nagetier lebt in Familiengruppen mit rund 40 Mitgliedern. Die Königin pflanzt sich fort, während die anderen mit ihren Zähnen Tunnels graben und Nahrung suchen.

Waldmaus
Die Gänge der Waldmaus messen weniger als 2 cm im Durchmesser. Dadurch werden die meisten Raubtiere ferngehalten – allerdings nicht das Maus- oder Zwergwiesel.

Erdhügel über dem Bau

Kobel in einer Astgabel

Maulwurfshaufen
Maulwürfe verbringen ihr ganzes Leben im Boden. Sie schlafen und gebären in einer speziellen Kammer. Ihre Nahrung finden sie in Gängen, die parallel zur Erdoberfläche verlaufen. Regenwürmer und Insektenlarven fallen in diese Tunnels und die Maulwürfe finden sie mit ihrem Geruchs- und Tastsinn.

Eichhörnchenkobel
Kleinsäuger wie Eichhörnchen verlieren viel Wärme und müssen sich im Winter vor der kalten Witterung schützen. Das Nest des Eichhörnchens, der Kobel, sieht wie eine Kugel aus. Eine Verkleidung aus Blättern hält den Wind ab.

Haselmaus
Im Sommer baut sich die Haselmaus ein kleines Nest aus Gras. Im Herbst fertigt sie ein größeres Nest mit dickeren Wänden für den Winter. Dort rollt sich die Haselmaus zu einer Kugel zusammen und beginnt nun ihren mehrmonatigen Winterschlaf.

Winternest der Haselmaus aus trockenem Farn und Gras

Zusammenarbeit

1 Gewöhnliche Wespen bauen ihre Nester aus gekauten Holzfasern, die zu einer Art Papier erhärten. Die Königin beginnt mit dem Bau. In jede Wabe legt sie ein Ei.

2 Wenn die Larven schlüpfen, versorgt die Königin sie mit Futter. Gleichzeitig baut sie das Nest weiter aus und fügt neue Schichten hinzu.

3 Das Nest ist nun von mehreren Papierschichten umgeben. Papier ist ein guter Isolator und im Nest ist es viel wärmer als außen. Dies fördert die Entwicklung der Larven.

4 Wenn sich die ersten Larven zu Wespen entwickelt haben, beteiligen sie sich am Nestbau. Sie reißen alte Innenwände ab und bauen auf der Außenseite neue Wände an. Jetzt legt die Königin nur noch Eier.

5 Im Sommer ist das Nest fußballgroß und bietet mehreren hundert Wespen Unterkunft. Die Arbeiterinnen sterben im Spätherbst. Nur junge Königinnen überleben und beginnen im Frühjahr erneut mit dem Nestbau.

Königin beginnt mit dem Nestbau.

Die Königin kaut Holzfasern und vermischt sie mit Speichel zu Papiermasse.

Neue Schichten werden um die alten gelegt.

Kleines Eintrittsloch; das Nestinnere bleibt warm.

Arbeiterin bricht innere Wände ab.

Verschiedenfarbige Schichten durch unterschiedliche Holzsorten

Arbeiterin trägt Blattstückchen ein.

Pilzgarten

Blattschneiderameise
In Zentral- und Südamerika arbeiten Blattschneiderameisen zusammen und bauen ein unterirdisches Nest. Es kann einen Durchmesser von mehreren Metern erreichen. Die Ameisen tragen Blattstückchen ein und züchten darauf einen besonderen Pilz, der ihnen als Nahrung dient. Im Bild oben liegt der Pilzgarten in einem Glasbehälter und ist deutlich zu sehen.

| SIEHE AUCH UNTER | AMEISEN UND TERMITEN | BIENEN UND WESPEN | FISCHE | IGEL UND ANDERE INSEKTENFRESSER | INSEKTEN | TIERVERHALTEN | VÖGEL |

TIERE

Mit seinen großen Augen sieht der Leopard auch in der Dämmerung.

Der Körper ist außen von Fell bedeckt und wird innen von einem Skelett gestützt.

Schwanz zum Ausbalancieren des Sprungs

BISHER KENNT MAN über 1,5 Mio. Tierarten. Wahrscheinlich sind aber noch viele weitere Arten erst zu entdecken. Tiere kommen nahezu in allen Lebensräumen vor, in der Tiefsee ebenso wie in der Arktis, sogar im Innern von anderen Tieren und Pflanzen. Früher teilte man das Tierreich ein in die Wirbellosen, wie die Schnecken und Insekten, und die Wirbeltiere, etwa die Frösche und die Affen. Die Wirbellosen machen 97 % aller Tierarten aus. Unter ihnen stellen wiederum die Insekten die größte Gruppe.

Panter
Dieser schwarze Panter ist ein Leopard und ein Säuger. Am Kopf trägt er zahlreiche Sinnesorgane, etwa Augen, Nase, Zunge und Schnurrhaare. Mit seinen scharfen Zähnen tötet er Beutetiere und reißt Fleischstücke los. Mit seinen muskulösen Beinen kann er schnell laufen und weit springen.

Durch die Nasenlöcher atmet der Leopard Luft ein.

Was ist ein Tier?
Tiere bestehen aus mehreren Zellen. Fast alle bewegen sich aktiv. Selbst festsitzende Tiere bewegen einzelne Körperteile. Tiere müssen Nahrung aufnehmen. Sie haben Sinnesorgane und ein Nervensystem. Beide erlauben es ihnen, Reize wahrzunehmen und darauf angemessen zu reagieren.

Landbewohnender Plattwurm

Einteilung der Tiere
Man teilt die Tiere nach gemeinsamen Eigenschaften und Vorfahren in Gruppen ein. Zur Zeit unterscheidet man 39 Tierstämme. Diese Stämme werden weiter in Klassen, Ordnungen und Familien unterteilt. Die kleinste Einheit ist die Art.

Skelett eines Badeschwamms

Seeanemonen

Schwämme
Die Schwämme (Stamm *Porifera*) sind die einfachsten Tiere. Es gibt ungefähr 5 000 Arten, von denen die meisten festgeheftet am Meeresboden leben. Durch Öffnungen nehmen sie Meerwasser auf und filtern die darin enthaltenen Nahrungsteilchen mit besonderen Zellen heraus.

Nesseltiere
Man kennt über 9 000 Arten der Nesseltiere (Stamm *Cnidaria*). Die meisten leben im Meer, z. B. die Quallen, die Seeanemonen, die Polypen und die Korallen. Die Nesseltiere fangen ihre Beute mit Tentakeln, an denen Batterien von Nesselzellen sitzen.

Plattwürmer
Diese Würmer (Stamm *Platyhelminthes*) haben einen abgeflachten Körper mit einem Mund auf der Unterseite. Man unterscheidet rund 12 500 Arten, darunter auch die parasitischen Bandwürmer, die Mensch und Tier befallen.

Fadenwürmer
Die Fadenwürmer (Stamm *Nematoda*) haben einen dünnen zylindrischen Körper, der an beiden Enden zugespitzt ist. Frei lebende Nematoden kommen in großer Zahl im Boden vor. Viele Arten leben jedoch parasitisch in Pflanzen und Tieren.

Fadenwurm

Gestieltes Auge

Spiralige Schale als Schutz

Ringelwürmer
Die Ringelwürmer (Stamm *Annelida*) umfassen die Regenwürmer, Borstenwürmer und Blutegel. Die Zoologen unterscheiden über 18 000 Arten. Ihr Körper ist aus gleichartigen Segmenten zusammengesetzt. Der Mund liegt am vorderen, der After am hinteren Ende.

Schnecke verlässt ihre Schale.

Meeresringelwurm

Weichtiere
Die Weichtiere (Stamm *Mollusca*) bilden eine vielfältige Gruppe mit rund 128 000 Arten. Zu ihnen zählen Nackt- und Gehäuseschnecken, alle Muscheln, Käferschnecken, Kraken und Tintenfische. Der weiche Körper ist oft von einer Kalkschale geschützt. Die meisten Weichtiere außer einigen Schnecken leben im Wasser.

Muskulöser Fuß zur Bewegung

Fühler

Kopf und Fuß ausgestreckt

Stachelhäuter
Alle Stachelhäuter (Stamm *Echinodermata*) leben im Meer. Zu den 6 000 Arten gehören Seeigel, Seesterne, Schlangensterne und Seegurken. Die Stachelhäuter haben einen 5-strahligen symmetrischen Aufbau und Saugfüßchen.

Buckelstern

Gänsefußstern

Seestern

Gliederfüßer
Mit über 1 Mio. Arten bilden die Gliederfüßer (Stamm *Arthropoda*) die größte Tiergruppe. Zu ihnen zählen Insekten, Krebstiere, Spinnentiere, Skorpione und Tausendfüßer.

Gegliedertes, hartes Außenskelett

Scharfe Zähne für den Beutefang

Chordatiere
Es gibt rund 70 000 Arten der Chordatiere (Stamm *Chordata*). Weitaus die meisten sind Wirbeltiere wie Fische, Amphibien, Kriechtiere, Vögel und Säuger. Sie gelten als die am weitesten entwickelten Tiere.

Viele Wirbeltiere haben einen Schwanz, der das Gleichgewicht steuert.

Kaiman

Tarantel

Skelettformen

Das Skelett ist ein Stützgerüst, das die äußere Form aufrecht erhält und eine Bewegung ermöglicht. Die meisten Skelette sind harte Strukturen, die entweder innen oder außen am Körper liegen. Skelette schützen auch innere Organe. Das Außenskelett, wie es z. B. Insekten haben, bewahrt vor Wasserverlust.

Die Gliedmaßen sind an der Wirbelsäule befestigt.

Krabbe, Außenskelett

Salamander, Innenskelett

Innenskelett
Fast alle Wirbeltiere haben ein Innenskelett, das aus Knorpel oder Knochen besteht. Gelenke zwischen den einzelnen Skelettteilen ermöglichen die Bewegung. Das Innenskelett wächst mit dem Körper mit.

Außenskelett
Insekten und alle Gliederfüßer haben ein Außenskelett. Auch die Schale einer Schnecke kann man als solches bezeichnen. Das Außenskelett der Insekten wächst nicht mit und wird bei der Häutung immer wieder abgeworfen.

Regenwurm

Wasserskelett
Ein Skelett nach Art des Wasserkissens findet man bei weichhäutigen Tieren wie Regenwürmern. Flüssigkeitsgefüllte Hohlräume werden von Muskeln unter Druck gesetzt und dienen als Widerlager.

Fortbewegung mit Hilfe des Wasserskeletts

Fortbewegungsweise eines Aales

Beim Schlängeln stößt sich der Aal vom Wasser ab.

Fortbewegung

Die Fortbewegung ist ein Hauptmerkmal der Tiere. Sie entkommen dadurch Feinden, suchen Futter oder einen Geschlechtspartner. Die Fortbewegungsart hängt von der Anatomie, der Lebensweise und dem Lebensraum des Tieres ab. Man unterscheidet Schwimmen, Gehen, Laufen, Kriechen, Springen, Segeln und Fliegen.

Abwärtsbewegung der Flügel für den Auf- und Vortrieb

Fliegen
Insekten, Vögel und Fledermäuse sind zum aktiven Flug befähigt. Die Vögel haben einen leichten, stromlinienförmigen Körper. Durch Flügelschlagen erzeugen sie den Auftrieb und den Vortrieb. Ihre Flügel haben dasselbe Profil wie ein Flugzeugflügel.

Junger Buchfink im Flug

Fortbewegung im Wasser
Viele wasserbewohnende Tiere haben zur leichteren Fortbewegung einen stromlinienförmigen Körper. Die meisten Fische bewegen ihren Schwanz seitwärts. Damit versetzen sie Wassermassen. Dies führt zu einer Vorwärtsbewegung. Die Wale bewegen ihren Schwanz auf und ab.

Indischer Elefant

Die Füße verbreitern sich beim Aufsetzen durch das Körpergewicht.

Fortbewegung auf dem Land
Viele Landtiere haben Gliedmaßen, mit denen sie ihren Körper vom Boden abheben. Sie bewegen sich dann gehend, laufend oder hüpfend vorwärts. Kriechende Tiere bewegen ihren Körper mit oder ohne Gliedmaßen unmittelbar auf dem Boden.

Sinnesorgane

Die wichtigsten Sinne der Tiere sind Sehen, Hören, Fühlen, Schmecken und Riechen. Mit Hilfe ihrer Sinne erkunden die Tiere ihre Umwelt. Reize aus der Außenwelt werden aufgenommen. Auf Nervenbahnen gelangen Informationen darüber zum Gehirn und werden dort interpretiert. Das Gehirn bestimmt die Reaktionen.

Libelle, Augen

Augen
Augen enthalten Lichtsinnesorgane. Wenn Licht auf sie fällt, senden sie Nervenimpulse zum Gehirn. Dort entsteht das eigentliche Bild. Insekten haben zusammengesetzte Augen aus zahlreichen Einzelaugen, den Sehkeilen oder Ommatidien.

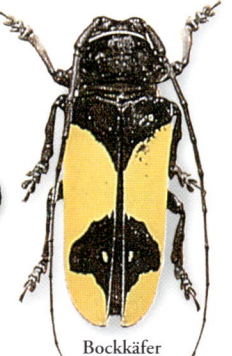

Ernährung

Alle Tiere müssen Nahrung aufnehmen. Dabei gibt es mehrere Fressstrategien. Sehr viele Tiere fressen Pflanzen. Räuberische Tiere machen Jagd auf andere Arten. Von winzigen Nahrungsteilchen im Wasser ernähren sich die Filtrierer. Die Nahrung wird verdaut und liefert die nötige Energie.

Schwärmerraupe beim Fressen

Pflanzenfresser
Pflanzenfresser haben oft hoch spezialisierte Mundteile, z.B. breite Zähne zum Aufschließen der Nahrung. Pflanzenmaterial ist nicht sehr nährstoffreich. Um genug Nährstoffe zu bekommen, vertilgen Pflanzenfresser große Mengen.

Bockkäfer

Fühler
Die Gliederfüßer und vor allem die Insekten tragen vorn am Kopf Fühler. Sie nehmen damit Geruchsstoffe und Pheromone war, mit denen sie untereinander Informationen austauschen. Manche Fühler sind auch auf Schwingungen in der Luft und im Wasser empfindlich.

Riesenmuschel

Filtrierer
Diese Tiere ernähren sich von winzigen Teilchen, die im Wasser schweben. Filtrierer sind oft festsitzend und holen ihre Nahrung mit siebartigen Vorrichtungen aus dem Wasser. Die größten Filtrierer sind die Bartenwale.

Fleischfresser
Fleischfresser müssen andere Tiere aufspüren, fangen und töten. Sie fressen sie ganz oder teilweise. Fleischfresser findet man in den meisten Tierstämmen. Libellenlarven z.B. leben im Wasser und erbeuten sogar kleine Fische.

Libellenlarve mit Beute

Die Ohren werden zur Schallquelle gerichtet.

Ohren
Sehr viele Tiere können Schwingungen in der Luft und im Wasser hören. Auch hier interpretiert erst das Gehirn das Gehörte. Viele Tiere stehen durch Laute miteinander in Verbindung und hören herannahende Raub- oder Beutetiere.

Haushund, Basenji

SIEHE AUCH UNTER | AMPHIBIEN | FISCHE | INSEKTEN | KRIECHTIERE | SÄUGETIERE | TIERVERHALTEN | VÖGEL | VOGELFLUG | WEICHTIERE

TIERE, GIFTIGE

BEI DEN GIFTIGEN Tieren kann man zunächst aktiv giftige und passiv giftige unterscheiden. Aktiv giftig sind etwa Skorpione oder Schlangen, weil diese sich durch Stiche und Bisse verteidigen und dabei dem Feind Gift einspritzen. Die Gifte der passiv giftigen Tiere wirken sich erst aus, wenn man sie anfasst oder isst. Viele giftige Tiere tarnen sich auch nicht, sondern zeigen im Gegenteil durch bunte Warnfarben an, dass sie gefährlich, ungenießbar oder beides sind. Es kommt vor, dass harmlose, ungiftige und genießbare Tiere giftige Arten in Farbe, Form und Verhalten nachahmen. Man bezeichnet das als Mimikry.

Pitohui
Vögel fehlen meist in der Liste der Giftiere. Vor kurzem hat man aber entdeckt, dass einige Pitohuis aus Neuguinea giftige Federn und ein giftiges Fleisch haben. Das Gift wirkt auf die Nerven und kann zu Lähmungen führen. Das reicht aus, um Feinde abzuschrecken.

Zweifarbenpitohui

Pufferfisch
Wenn man Puffer- oder Kugelfische isst, nimmt man das Gift Tetrodotoxin auf, das zu Lähmungen und zum Tod führen kann. In Japan gilt das Fleisch des Kugelfisches oder Fugu als Delikatesse. Es wird von speziell ausgebildeten Köchen zubereitet. Trotzdem sterben jedes Jahr ungefähr 50 Esser.

Passiv giftige Tiere
Passiv giftige Tiere werden nur gefährlich, wenn man sie berührt oder isst. Giftige Hautsekrete, die zu einer Erkrankung oder zu einem Brennen im Mund führen, lehren den Räuber, in Zukunft ähnliche Tiere zu meiden. Die einheimische Erdkröte gibt aus den Parotisdrüsen hinter dem Auge ein starkes Gift ab, das einen Hund ohne weiteres töten kann.

Pfeilgiftfrosch
Südamerikanische Pfeilgiftfrösche haben wenige Feinde. Indianer vergiften ihre Blasrohrpfeile mit dem Hautsekret dieser Frösche und gehen damit auf Jagd nach Vögeln und Affen.

Die bunten Streifen dienen als Warntracht.

Rotgebänderter Pfeilgiftfrosch

Rotfeuerfisch
Der Rotfeuerfisch kommt in vielen Korallenriffen vor und hat verlängerte Flossenstacheln, mit denen er Gift einspritzen kann. Er gehört zu den Skorpionsfischen oder Drachenköpfen, von denen viele über Giftstacheln verfügen. Als gefährlichster Fisch gilt der australische Steinfisch. Er ist auf dem Meeresboden hervorragend getarnt und sticht Badende, die auf ihn treten. Giftig sind auch die Stechrochen und die Petermännchen, die beide in der Nordsee vorkommen.

13 giftige Rückenstacheln

Drei giftige Analstacheln

Aktiv giftige Tiere
Diese Tiere geben ihre Giftstoffe auf unterschiedliche Weise ab. Schlangen und Spinnen beißen ihre Opfer und injizieren ihnen das Gift. Eine Raupe aus dem Amazonasgebiet hat giftige Haare. Killerbienen stechen Tiere zu Tode. Krustenechsen beißen auf ihren Opfern herum, sodass Gift in die Wunde eindringen kann. Im Meer leben besonders viele Gifttiere. Sehr gefürchtet sind Quallen, die an langen Tentakeln ganze Batterien von Nesselzellen tragen.

Gegengifte
Mit Gegengiften oder Seren kann man die Opfer giftiger Bisse oder Stiche retten. Um Schlangenserum zu gewinnen, gibt man Pferden immer höhere Dosen Schlangengift. Das Pferd entwickelt dagegen Antikörper. Nun zieht man aus dem Pferdeblut das Gegengift und spritzt es den Opfern von Schlangenbissen ein. Diese können darauf allerdings allergisch reagieren.

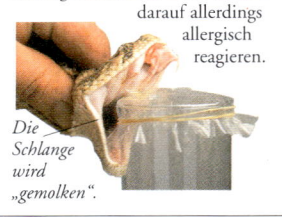

Die Schlange wird „gemolken".

Empfindlicher Schnabel

Schnabeltier
Unter den Säugern gibt es nur 3 giftige Formen: Das männliche Schnabeltier hat einen Giftstachel am Hinterbein. Beim Ameisenigel ist er kleiner ausgeprägt und nicht bei der Verteidigung eingesetzt. Spitzmäuse töten Regenwürmer mit einem giftigen Biss.

Die Spinne spritzt ihr Gift mit den Giftklauen ein.

Falltürspinne Atrax
Die gefährlichste Spinne ist die australische Falltürspinne Atrax. Der Biss des Männchens führt zu Lähmungen und zum Tod. Auch Bisse der Schwarzen Witwe in Europa und in USA haben schon Menschen getötet.

Bei Gefahr werden die blauen Flecken größer.

Blauringelkrake
Dieser Tintenfisch lebt in Australien und ist die giftigste Art. Wenn man ihn in die Hand nimmt, beißt er zu und spritzt Tetrodotoxin ein, dasselbe Gift wie das des Pufferfisches. Es führt zu Atemlähmung und innerhalb weniger Stunden zum Tod.

Die Schlange rasselt mit ihren Schuppen.

Sandrasselotter
Die Sandrasselotter ist in Afrika und Asien weit verbreitet. Ihr Biss ist außerordentlich gefährlich und führt zu Nierenversagen. Trotz ihrer geringen Größe kann sie einen Erwachsenen töten.

SIEHE AUCH UNTER | AUSTRALIEN, TIERWELT | FISCHE | FRÖSCHE UND KRÖTEN | QUALLEN, SEEANEMONEN UND SCHWÄMME | SCHLANGEN | SPINNEN UND SKORPIONE | TARN- UND WARNTRACHT | TINTENFISCHE

TIERE, NACHTAKTIVE

WENN DIE NACHT hereinbricht, werden in Wäldern, Grasgebieten und Gärten viele Tiere aktiv. Diese nachtaktiven Tiere schlafen den Tag über und gehen nachts auf Futtersuche. In der Dunkelheit sind sie kaum sichtbar und können ihren Feinden ausweichen. Viele Wüstenbewohner sind zu nächtlicher Aktivität gezwungen, weil es tagsüber zu heiß ist. Nachtaktive Tiere sind daran angepasst, sich nachts zu orientieren, Nahrung und Geschlechtspartner zu finden und Räubern aus dem Weg zu gehen.

Große Augen für das Sehen in der Nacht

Große Ohren zur Ortung von Insekten

Nachtaugen

Eulen, Halbaffen wie Makis, Fingertiere und Loris sowie auch Katzen haben im Verhältnis zum Körper sehr große Augen. Je größer die Augen, umso mehr Licht können sie durch die weit geöffneten Pupillen aufnehmen. Manche haben eine lichtreflektierende Schicht im Augenhintergrund, das Tapetum. Man kann es als eine Art Restlichtverstärker bezeichnen. Nachtaktive Tiere sehen im Dunkeln unvergleichlich besser als der Mensch. Bei absoluter Dunkelheit können sie allerdings auch nichts mehr erkennen.

Leuchtende Augen der Katze

Bushbaby
Das nachtaktive Bushbaby lebt in afrikanischen Wäldern. Die großen Augen sind nach vorn gerichtet und erlauben präzises räumliches Entfernungssehen. Damit kann der Halbaffe im Dunkeln zielsicher von Ast zu Ast springen.

Tapetum
Diese spiegelähnliche Schicht im Auge reflektiert Lichtstrahlen, sodass sie noch einmal durch die Netzhaut durchtreten. Katzen sehen bei Dämmerlicht sechsmal mehr Licht als der Mensch.

Empfindliche Ohren

Einige nachtaktive Tiere setzen bei der Jagd vor allem ihren scharfen Gehörsinn ein. Der Löffelhund richtet seine großen Außenohren nach den eintreffenden Schallwellen und nimmt damit Insekten und Skorpione wahr, von denen er hauptsächlich lebt. Auch Hauskatzen hören das Rascheln einer Maus oder eines anderen Beutetiers.

Die Kängururatte legt auf der Suche nach Samen weite Strecken hüpfend zurück.

Kängururatte
Zu den nachtaktiven Wüstentieren gehört auch die australische Kängururatte. Sie verbringt den heißen Tag in einem Bau im Boden und verlässt ihn nur nachts zur Nahrungssuche. Das Tier hat ein großes Trommelfell und einen scharfen Gehörsinn. In der Stille der Wüste ist diese Fähigkeit von großem Nutzen. Die Kängururatte hört sogar die Luft, die an einem Eulenflügel vorbeistreicht, und das Geräusch, das eine Schlange beim Kriechen auf Sandboden verursacht. So hat sie genügend Zeit, um ihren Feinden zu entkommen.

Große Ohren für die Echos

Orientierung in der Nacht
Nachtaktive Tiere müssen sich im Dunkeln zurechtfinden ohne anzustoßen. Die meisten Fledermäuse tun dies mit Echoortung. Sie senden hochfrequente Töne aus und fangen mit ihren großen Ohren die Echos auf. Anhand dieser Echos erstellt ihr Gehirn eine Karte von der Umgebung. Katzen finden sich mit ihren Augen und den Schnurrhaaren zurecht. Diese nehmen jede Veränderung des Luftdrucks wahr.

Großes Mausohr

Klapperschlange
Schlangen sehen in der Regel schlecht. Ihre Beute nehmen sie mit ihrer gespaltenen Zunge wahr. Auch auf Bodenerschütterungen reagieren sie empfindlich. Klapperschlangen und verwandte Arten haben auf beiden Seiten des Kopfes zwischen dem Auge und dem Nasenloch ein wärmeempfindliches Grubenorgan. Es nimmt Infrarotstrahlung wahr. Die Klapperschlange „sieht" damit warmblütige Beutetiere selbst bei absoluter Dunkelheit.

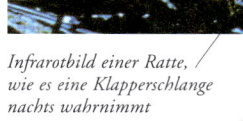

Infrarotbild einer Ratte, wie es eine Klapperschlange nachts wahrnimmt

Scharfer Geruchssinn

Einige nachtaktive Tiere finden ihre Nahrung mit Hilfe des Geruchssinns. Hunde können Spuren noch nach Tagen verfolgen. Auch Insekten riechen sehr gut. Moskitoweibchen nehmen die Gerüche und die Wärme warmblütiger Tiere wahr, von deren Blut sie sich ernähren.

Nachtfalter
Die Männchen einiger Nachtfalter, vor allem der größeren Spinner, haben stark gefiederte Fühler. Sie nehmen damit chemische Stoffe, Pheromone, wahr, die die Weibchen aussenden. Motten hören sogar die hochfrequenten Töne der Fledermäuse und lassen sich daraufhin sofort fallen.

Fühler eines nordamerikanischen Spinners

Gestaltauflösende Tarntracht

| SIEHE AUCH UNTER | AFFEN | EULEN UND KÄUZE | FLEDERMÄUSE | KORALLENRIFF | KULTURFOLGER | NAGETIERE | SCHLANGEN | TIERVERHALTEN | WÜSTEN, TIERWELT |

TIERVERHALTEN

ALLE TIERE REAGIEREN auf ihre Umgebung. Die Hauskatze z. B. krümmt vor einem Rivalen ihren Rücken, während sie sich beim Anschleichen dem Boden anschmiegt. Alles, was ein Tier tut, und die Art und Weise, wie es dies tut, gehört zu seinem Verhalten. Durch richtige Verhaltensweisen erhöht es seine Überlebenschancen und findet einen Geschlechtspartner, um seine Gene an die nächste Generation weiterzugeben. Einige Verhaltensweisen sind angeboren oder instinktiv. Andere erlernt das Tier.

Eirollbewegung
Die Graugans nistet auf dem Boden. Wenn ein Ei aus dem Nest rollt, vollführt sie mit Hals und Schnabel eine stets gleiche Eirollbewegung und holt das Ei zurück ins Nest. Liegt ein Ei am falschen Ort, wirkt dies als Schlüsselreiz und löst die Erbkoordination der Eirollbewegung aus.

Helle Farben im Frühling

Instinktverhalten

Als instinktiv bezeichnet man Verhaltensweisen, die ein Tier automatisch durchführt, ohne dass es sie gelernt haben muss. Man spricht auch vom angeborenem Verhalten. Das Instinktverhalten setzt sich aus Erbkoordinationen zusammen, aus zeitlich und räumlich geordneten Folgen von Muskelbewegungen. Das Tier reagiert damit auf einen Schlüsselreiz.

Netzbau
Viele Spinnen, darunter auch die Schwarze Witwe wie im Bild, bauen Netze für den Beutefang. Es handelt sich dabei um eine Instinkthandlung. Eine Spinne könnte in ihrem kurzen Leben die komplizierte Bauweise ihres Netzes gar nicht erlernen.

Schlüsselreiz
Im Frühjahr bekommen männliche Stichlinge einen roten Bauch. Wenn nun ein Männchen in das Territorium eines anderen Männchens eindringt, wirkt die rote Farbe als Schlüsselreiz. Dadurch wird eine Erbkoordination ausgelöst. Der Inhaber des Reviers vertreibt den Eindringling.

Die bunten Farben verschwinden nach der Fortpflanzung.

Erlerntes Verhalten

Lernen findet statt, wenn sich ein Tier seiner Umgebung durch Änderung des Verhaltens anpasst. Es geht dabei auf veränderte Umweltbedingungen ein und erhöht so seine Überlebenschancen. Lernen braucht Zeit. Tiere mit hohen Anteilen an erlerntem Verhalten leben lang und haben große Gehirne.

Versuch und Irrtum
Wenn ein Tier mit einer Handlung Erfolg hat und dabei z. B. Nahrung bekommt, so verbindet es die beiden Ereignisse miteinander. Das Tier lernt durch den Erfolg und erfährt eine Konditionierung. Sie ist die Grundlage der Dressur.

Welpen kämpfen spielerisch miteinander.

Werkzeuggebrauch
Einige Tiere verwenden einfache Werkzeuge bei der Nahrungssuche. Meerotter vor der Küste Kaliforniens schwimmen auf dem Rücken und haben einen Stein auf der Brust. Darauf öffnen sie Muscheln, ihre Lieblingsnahrung. Jungtiere lernen den Werkzeuggebrauch von den Eltern.

Junge Enten folgen der Mutter.

Prägung
Prägung kommt vor allem bei Jungtieren vor. Junge Enten folgen dem ersten großen Körper, den sie nach dem Schlüpfen sehen, überallhin. In der Natur ist dies stets die Mutter. Durch die Prägung steigen die Überlebenschancen der Jungen.

Lernen durch Einsicht
Diese Art des Lernens erfordert eine gewisse Überlegung. Die Tiere lösen neue Probleme aufgrund vergangener Erfahrungen. Schimpansen lernen so, wie man Termiten mit einem Zweig aus dem Nest holt.

Kommunikation

Tiere tauschen untereinander Informationen in Form von Signalen aus. Es kann sich dabei um Laute, Düfte oder optische Signale handeln. Durch Kommunikation gelingt es, Geschlechtspartner zu finden, Rivalen oder Feinde abzuwehren, ein Territorium zu verteidigen, vor einer Gefahr zu warnen oder eine Gruppe zusammenzuhalten.

Die Singdrossel singt von einem Ast aus.

Optische Signale
Optische Signale dienen unterschiedlichsten Zwecken. Die Raupe des Gabelschwanzes schreckt damit Fressfeinde ab. Wer diese Warnung nicht beachtet, wird zusätzlich mit scharfer Ameisensäure besprizt.

Gabelschwanzraupe

Bunte Farben verstärken das Warnverhalten.

Laute
Kommunikation mit Hilfe von Lauten ist häufig, z. B. bei Grillen, Fröschen und Walen. Das Singdrosselmännchen grenzt mit dem Gesang sein Territorium ab. Es zieht dabei Weibchen an und warnt Rivalen vor dem Eindringen.

Chemische Stoffe
Viele Tiere geben in winzigen Mengen chemische Stoffe, die Pheromone, ab und teilen dadurch Artgenossen etwas mit. Schwammspinnerweibchen locken mit Pheromonen Männchen aus mehreren Kilometern Entfernung an.

Schwammspinner

Balz

Bei den meisten Säugern und Vögeln findet die Paarung nur zu bestimmten Zeiten des Jahres statt. Mit dem Balzverhalten versuchen die Männchen, eine Geschlechtspartnerin anzulocken, um sich mit ihr zu paaren. Das Männchen tut zunächst kund, dass es nicht aggressiv gestimmt ist. Bei der Balz treten die Männchen meist in Konkurrenz. Sie zeigen den Weibchen ihre Paarungsbereitschaft. Die Weibchen wählen die Männchen oft aufgrund der Qualität ihres Balzverhaltens aus.

Das Männchen weiss, dass das Weibchen ihm einen Hieb versetzen kann.

Das Männchen umwirbt das Weibchen.

Hauskatze
Die weibliche Hauskatze gerät ungefähr zwei Mal im Jahr in Hitze und ist dann sexuell aktiv. Sie produziert bestimmte Gerüche und ruft laut, um Männchen anzulocken. Meist streiten dann mehrere Männchen um das Weibchen. Das siegreiche Männchen berührt sein Weibchen zart und ruft nach ihm.

Das Weibchen ist sexuell ansprechbar oder rollig.

Paradiesvogel
Fast alle Vögel haben ein ganz bestimmtes Balzverhalten. Es sorgt dafür, dass sich nur Tiere der gleichen Art paaren. Die Männchen sind oft bunter gefärbt als die Weibchen. Das gilt besonders für den Kaiserparadiesvogel. Die Männchen werben um die Weibchen, indem sie ihre langen Federn schütteln und laut rufen.

Revierverhalten

Tiere verteidigen ihr Revier, um Nahrung und Wasser sowie einen Ort zur Fortpflanzung zu haben. Die Reviergröße hängt von vielen Umständen ab. Die Territorien werden von Einzeltieren oder Gruppen gehalten. Die Grenzen des Reviers werden bei Vögeln durch Gesang, bei Säugern oft durch Duftmarken markiert.

Katzen
Die meisten Katzenarten sind Einzelgänger und besitzen ein Revier. Geparde patrouillieren an der Grenze ihres Territoriums und markieren sie mit Harnspritzern an Bäumen oder anderen Landmarken.

Dreizehenmöwe
Wie viele verwandte Arten nistet die Dreizehenmöwe in Kolonien an Kliffs. Jedes Paar verteidigt ein kleines Territorium. Es reicht gerade aus, um Eier zu legen und Jungtiere großzuziehen.

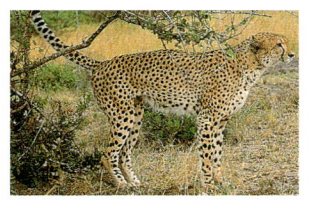

Aggression

Manche Tiere zeigen gegenüber Artgenossen bei Konkurrenz um Wasser, Nahrung oder Geschlechtspartner ein Angriffsverhalten. Sie setzen dabei Hörner, Geweihe, Zähne, Krallen oder Hufe ein. Fast alle Tiere drohen vor einem Angriff. In vielen Fällen reicht dies aus.

Aufgeblähter Igelfisch

Kämpfende Dickhornschafe

Aggression unter Artgenossen
Diese Dickhornschafe tragen mit ihren Hörnern Kämpfe um Geschlechtspartnerinnen aus. Der Sieger steigt in der Rangordnung auf und hat mehr Weibchen. Aggressionen dieser Art sind hoch ritualisiert, sodass kaum Verletzungen auftreten.

Aggression bei verschiedenen Arten
Bei Bedrohung reagieren die meisten Tierarten aggressiv und gehen selbst zum Angriff über. Häufig ist ein Drohverhalten, das das Tier grösser erscheinen lässt und Feinde abschreckt. Dieser Igelfisch bläht sich auf, sodass die Stacheln senkrecht abstehen.

Sozialverhalten

Soziale Tiere leben in Gruppen. Mehrere Individuen arbeiten zusammen, um Nahrung zu finden, sich zu verteidigen und Jungtiere aufzuziehen. Die sozialen Gruppen reichen von Fischschwärmen bis zu Bienenstaaten, in denen das Leben jedes einzelnen Tieres bestimmt ist.

Arbeiterin

Einander helfen
Hyänenhunde sind sehr sozial und helfen einander. Die Männchen hüten auch Jungtiere, die von einem nahen Verwandten stammen. Auf diese Weise haben die Jungen größere Überlebenschancen.

Leben in Schwärmen
Viele Fische schwimmen in dichten Schwärmen oder Schulen. Sie bewegen sich synchron und erscheinen als ein großes Lebewesen. Räuber tun sich schwer, einzelne Fische herauszugreifen.

Männliche Biene oder Drohne

Blick in ein Bienennest

Konrad Lorenz
Der österreichische Zoologe Konrad Lorenz (1903–89) gilt als ein Pionier der Verhaltensforschung. Er fand z. B. die Prägung bei Enten und Gänsen. Sein Lieblingstier war die Graugans. 1973 erhielt er mit Karl von Frisch und Niko Tinbergen den Nobelpreis.

Staatenbildende Insekten
In den Nestern staatenbildender Insekten herrscht Arbeitsteilung. Bei den Bienen legt die Königin Eier. Sie wird von den Drohnen befruchtet. Die Arbeiterinnen, unfruchtbare Weibchen, übernehmen die Brutpflege, das Nahrungssammeln und die Verteidigung.

SIEHE AUCH UNTER — FISCHE · INSEKTEN · SÄUGETIERE · SINGVÖGEL · VÖGEL

TIERWANDERUNGEN

AN JEDEM TAG sind hunderte von Millionen Tieren auf Wanderung. Sie begeben sich zielgerichtet von einem Ort zum andern und legen dabei weite Strecken zurück. Wandernde Tiere gibt es unter den Insekten, Fischen, Amphibien, Kriechtieren, Vögeln und Säugern. Sie finden ihren Weg durch angeborenes oder erlerntes Wissen und orientieren sich dabei am Erdmagnetfeld oder an der Stellung der Sonne, des Mondes und der Sterne. Es gibt viele Gründe für Tierwanderungen: Die Tiere suchen neue Nahrungsgründe oder Brutplätze oder weichen einer drohenden Überbevölkerung aus.

Fortpflanzung

Ein wichtiger Grund für Wanderungen ist die Suche nach genügend Platz und Nahrung für die Fortpflanzung. In den Ozeanen wandern Wale und Robben in wärmere Gewässer, um dort ihre Jungen zu gebären. Einige Fischarten legen zwischen ihren Fortpflanzungsgebieten und Futtergründen große Strecken zurück.

Grauwal
Viele Wale suchen ihr Futter in kalten, nährstoffreichen Gewässern. Zur Fortpflanzung ziehen sie in wärmere, tropische Gebiete. Der Grauwal schwimmt dazu von der Arktis bis zur kalifornischen Küste.

Blankaale

Stromlinienförmiger Körper mit kräftigen Muskeln

Lachs
Junge Lachse schlüpfen im Oberlauf von Flüssen und verbringen dort erst einige Jahre. Dann schwimmen sie ins Meer. Hier entwickeln sie sich zu ihrer endgültigen Grösse. Dann machen sie sich wieder auf den Weg zu ihren Heimatgewässern. Dabei müssen sie oft Wasserfälle durch Sprünge überwinden. Nach der Eiablage sterben viele Lachse ab.

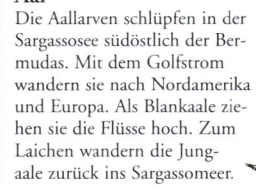

Aal
Die Aallarven schlüpfen in der Sargassosee südöstlich der Bermudas. Mit dem Golfstrom wandern sie nach Nordamerika und Europa. Als Blankaale ziehen sie die Flüsse hoch. Zum Laichen wandern die Jungaale zurück ins Sargassomeer.

Flucht vor dem Wetter

Viele Tiere wandern, um kalten Wintern oder heißen Sommern zu entfliehen. Sie kehren zurück, wenn das Wetter besser ist. Zu ihnen zählen die Zugvögel, die unser Land im Herbst verlassen und im Frühjahr wiederkommen. Im Gebirge wechseln Tiere oft nur zu einer anderen Höhenstufe.

Jeder Vogel reitet auf der Welle seines Vordermannes und spart so Kräfte.

Schneegans
Schneegänse brüten im Sommer in der Arktis und ziehen im Winter südwärts, um im Golf von Mexiko zu überwintern. Sie fliegen dabei in einer V-förmigen Keilformation, durch die sie viel Energie sparen.

Höhenwanderung
Ein australischer Nachtschmetterling steigt in der heißen Jahreszeit weiter in die Höhe, wo es erheblich kühler ist.

Hummerwanderung
Jeden Herbst wandern bis zu 100 000 Hummer in Gruppen von bis zu 60 Individuen auf dem Meeresboden. Die Tiere berühren sich gegenseitig mit den Fühlern und bleiben so miteinander in Kontakt.

Nahrungssuche

Regelmäßige Schwankungen des Nahrungsangebots lassen viele Tierarten jedes Jahr Wanderungen durchführen. Vertikale Wanderungen dieser Art unternehmen z. B. Steinbock und Gämse im Gebirge.

Wanderheuschrecke
Wenn Heuschrecken in größeren Gruppen aufwachsen, bekommen sie lange Flügel. Die Überbevölkerung zwingt sie zur Auswanderung. Sie fliegen bis zu 3 200 km weit. Die größten Schwärme umfassen Milliarden von Tieren.

Gnu
In den Savannen Ostafrikas legen die Gnus auf der Suche nach frischem Gras und Wasser weite Strecken zurück. Sie nehmen Wasser auf Entfernungen bis zu 100 km wahr und folgen den jahreszeitlichen Niederschlägen. Die Herden werden dauernd von Löwen und Hyänen angegriffen.

Langstreckenwanderer

Viele Tiere legen bei ihren jährlichen Wanderungen oft mehrere tausend Kilometer zurück. Dabei verbrauchen sie viel Energie. Deshalb müssen sie sich vor der Wanderung eine Speckschicht anfressen.

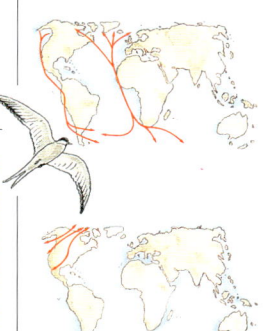

Küstenseeschwalbe
Diese Art zieht von allen Vögeln am weitesten: von der Arktis in die Antarktis und wieder zurück – eine Rundreise von 50 000 km!

Monarchfalter
Diese Schmetterlinge legen jeden Herbst bis zu 4 000 km zurück und wandern von Kanada nach Mexiko und Kalifornien. Dort überwintern sie in Bergwäldern. Sie selbst oder ihre Nachkommen wandern dann dieselbe Strecke zurück.

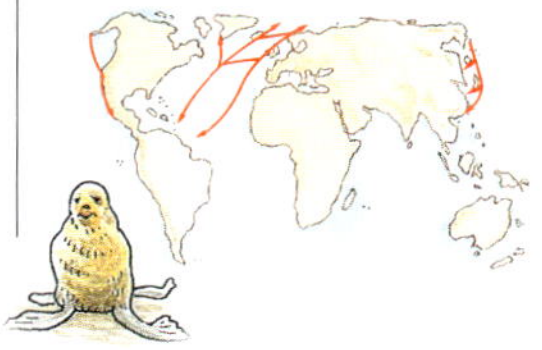

Nördlicher Seebär
Die Weibchen dieser Robbenart wandern im Winter rund 5 000 km von den Brutplätzen im Norden zu tropischen Gewässern. Im Frühling kehren sie wieder zurück.

| SIEHE AUCH UNTER | AFRIKA, TIERWELT | POLARGEBIETE, TIERWELT | TIERVERHALTEN | WALE UND DELFINE | WINTERSCHLAF |

TINTENFISCHE

DIE TINTENFISCHE bilden eine Gruppe der Weichtiere und umfassen die Kraken, die Kalmare, die Sepien und den Nautilus. Alle leben sie im Meer und schwimmen mit einem Rückstoßantrieb. Tintenfische haben ein entwickeltes Nervensystem und ein großes Gehirn. Viele können zur Tarnung und Abwehr eines Räubers oder aber zur Anlockung eines Geschlechtspartners ihre Farbe wechseln.

Kompliziertes Auge, ähnlich dem des Menschen

Sackförmiger Körper, der auch in engen Spalten Platz findet.

Die Tentakel entsprechen dem Fuß der übrigen Weichtiere.

Stromlinienförmiger, lang gestreckter Körper

Merkmale
Die Tintenfische heißen auch Kopffüßer, weil ihr Kopf von einem Kranz von Tentakeln umgeben ist. Die Augen treten deutlich hervor und sind kompliziert aufgebaut. Tintenfische atmen mit Kiemen und haben einen Hornschnabel.

Kalmare
Kalmare besitzen 10 Arme, darunter 2 lange Fangarme, die mit Saugnäpfen bedeckt sind. Kalmare haben im Körperinnern als Skelett eine Art Hornfeder. Beim schnellen Schwimmen dienen die beiden Seitenflossen als Stabilisatoren.

Saugnäpfe mit Organen für den Tast- und Geschmackssinn

Arme können bei Verlust nachwachsen.

Lebendiger Nautilus

Kraken
Die Kraken leben im Flachwasser zwischen Felsen und Korallenriffen. Es gibt allerdings auch Arten in der Tiefsee. Der Körper ist sackförmig mit 8 Armen. Mit ihnen laufen die Tiere geschickt auf dem Meeresboden.

Fortbewegung
Kraken klettern und gehen mit den Armen. Bei schneller Flucht pressen sie jedoch Wasser aus dem Trichter und nutzen diesen Rückstoß zur Fortbewegung. Die Kalmare erreichen so über kurze Strecken eine Geschwindigkeit von 32 km/h und zählen damit zu den schnellsten Meerestieren.

Verteidigung
Die weichhäutigen Tintenfische sind sehr verwundbar. Viele Kraken halten sich tagsüber in Felsspalten auf und gehen nur nachts auf Nahrungssuche. Die Kalmare kommen nur nachts zur Wasseroberfläche, wenn die Gefahr eines Angriffs durch Meeresvögel geringer ist.

Farbwechsel
Sepien können wie auch die Kraken ihre Farbe dem Untergrund anpassen. Dabei dehnen sich pigmenthaltige Zellen in der Haut aus. Die Sepia drückt ihre innere Stimmung ebenfalls durch ein kräftiges Farbenspiel aus.

Sepia wird heller

Tinte
Die Sepia stößt eine Tintenwolke aus und verwirrt dadurch einen Angreifer. Alle Tintenfische erzeugen die Tinte im Innern des Körpers. Bei Tiefseeformen kann sie sogar leuchten.

Bisse
Tintenfische beißen ihre Beutetiere mit den Hornschnäbeln und verteidigen sich auch damit. Die meisten spritzen dabei einen giftigen Speichel ein. Der Blauringelkrake des Pazifiks kann einen Menschen töten.

Schnitt durch Nautilus-Schale

Auftrieb
Wenn der Nautilus wächst, baut er eine weitere Kammer an. Die letzte Kammer ist mit einer Flüssigkeit und mit Gas gefüllt. Mit dessen Hilfe erzeugt der Nautilus gerade so viel Auftrieb, dass er nicht absinkt und nicht durch dauerndes Schwimmen Energie verbrauchen muss.

Rückstoßantrieb
Alle Tintenfische nutzen den Rückstoßantrieb. Sie nehmen Wasser in die Mantelhöhle auf und pressen es durch den Trichter wieder nach außen. Dabei bewegen sie sich in entgegengesetzter Richtung vorwärts.

Sepien verbringen die meiste Zeit in Ruhe.

Schweben im Wasser
Sepien schweben an Ort und Stelle, indem sie beide Flossensäume wellenförmig bewegen. Im Körperinnern liegt der kalkige Schulp, der zum Auftrieb beiträgt.

KRAKE
WISSENSCHAFTLICHER NAME	*Octopus vulgaris*
ORDNUNG	Octopoda, Achtarmige Tintenfische
FAMILIE	Octopodidae
VERBREITUNG	Atlantik und Karibik
LEBENSRAUM	Felsküste
ERNÄHRUNG	Krebstiere und Fische
GRÖSSE	Spannweite 60–90 cm
LEBENSDAUER	Männchen bis zu 15 Jahre

SIEHE AUCH UNTER TARN- UND WARNTRACHT · TIERVERHALTEN · WEICHTIERE

TÖPFEREI UND KERAMIK

ZUR KERAMIK ZÄHLEN alle Produkte aus Ton oder anderen Mineralien, die bei großer Hitze gebrannt werden. Seit vielen Jahrtausenden stellen Töpfer oft sehr schöne Keramikgefäße in den unterschiedlichsten Formen her. Kacheln oder Fliesen, Backsteine, Dachziegel und Waschbecken bezeichnet man als Baukeramik. Die heutige Hightechkeramik umfasst elektrische Isolatoren, Glaskeramikfelder in der Küche, hitzeresistente Werkstoffe, Schleif- und Schneidwerkzeuge sowie Motorenteile.

Schale aus der Ukraine, 3700–3000 v. Chr.

Frühe Töpfer
Seit mindestens 9 000 Jahren wird getöpfert. Die Töpfer formten die Gefäße erst freihändig. Große Töpfe fertigten sie aus Tonwülsten. Diese legten sie übereinander und strichen die Zwischenräume glatt. Gebrannte Scherben sind so haltbar, dass sie zu den wichtigen Zeugnissen archäologischer Forschung gehören.

Der Töpfer bei der Arbeit
Ton kann von Hand geformt oder in Formen gepresst werden. Die wohl am weitesten verbreitete Technik verwendet eine Töpferscheibe. Sie wurde um 3000 v. Chr. in China und später – unabhängig davon – auch in Südafrika erfunden. Der Töpfer zieht die Form hoch, während das Tonstück auf der Scheibe rotiert. Man braucht viele Jahre, um dieses Handwerk zu beherrschen.

Vorbereiteter Ton
Schürze zum Schutz
Unter dem leichten Druck der Hand entsteht die Form.
Werkzeug zum Formen
Die Tonmasse muss genau in der Mitte liegen.
Wassergefäß zum Befeuchten der Hände
Mit dem Pedal regelt der Töpfer die Drehgeschwindigkeit.

Vorbereitung des Tons
Der Töpfer knetet den Ton und versetzt ihn mit Wasser, sodass er formbar und glatt wird. Vor allem müssen Luftblasen vermieden werden, die das Gefäß beim Brennen platzen lassen.

Formen
Der Töpfer legt die Tonmasse in die Mitte der Scheibe und versetzt diese nun in Drehung. Dann drückt er seine Finger in das Zentrum und bildet zunächst ein Gefäß mit dicken Wänden. Nun formt er die Seiten mit einer Hand auf der Innenseite und der anderen auf der Außenseite. Das fertige Gefäß holt er zum Schluss mit einem Messer oder mit einem Metalldraht von der Töpferscheibe.

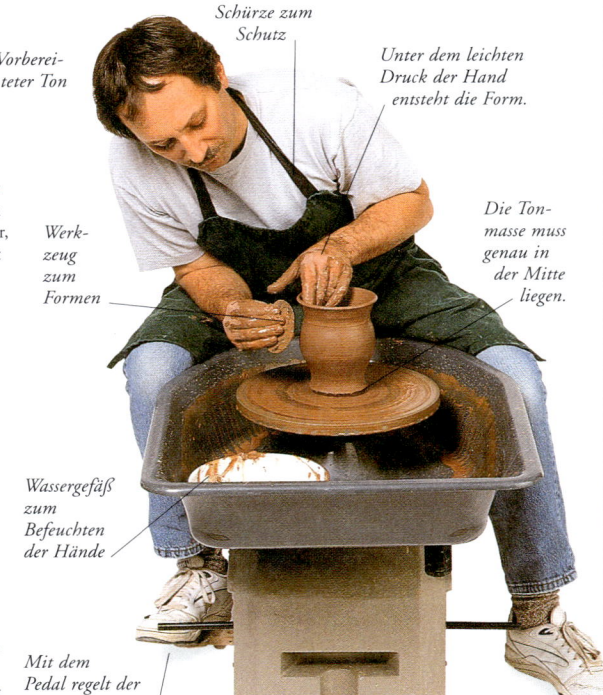

Keramiktypen
Bei der Keramik unterscheidet man je nach dem Ausgangsmaterial und der Brenntemperatur Irdenware, Steingut und Porzellan. Irdenware wird bei relativ niedriger Temperatur gebrannt. Steingut in Form der Fayence zeigt oft bunte Muster. Die höchstwertige Keramik ist das weiße Porzellan.

Porzellan
Porzellan besteht aus Kaolin und Feldspat. Das erste Porzellan stellten die Chinesen her. Das Porzellan der Ming-Dynastie (1368–1644) wird heute von Kunstsammlern hoch geschätzt. In Deutschland ist das Porzellan aus der Manufaktur Meißen besonders berühmt.

Irdenware
Diese Keramik wird unter 1 100 °C gebrannt. Ohne Glasur ist sie nicht wasserdicht.

Steingut
Steingut wird bei über 1 200 °C gebrannt. Es ist widerstandsfähiger als Irdenware und auch wasserdicht.

Fabriken
Keramiken werden heute in Massen produziert, indem man flüssige Tonmasse, den Schlicker, in Gipsformen gießt. Der Gips absorbiert das Wasser aus dem Schlicker, sodass die Form von einer regelmäßigen Tonschicht überzogen ist. Schließlich nimmt man das Tongefäß aus der Form, fügt z. B. noch Henkel hinzu, und brennt es im Ofen.

Mechanisierter Brennofen, Holland

Brennen
Das fertige Gefäß wird erst an der Luft getrocknet und dann in einem Ofen gebrannt. Die Temperatur muss sorgfältig überprüft werden und hängt vom Keramiktyp ab. Sie liegt auf jeden Fall über 700 °C.

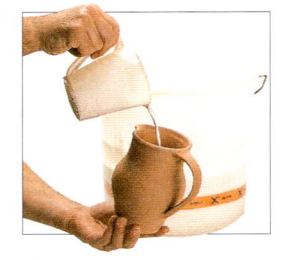

Glasur
Um das Gefäß zu verschönern und wasserdicht zu machen, erhält es einen Überzug aus einer Salzmischung, der Glasur. Der Topf wird erneut gebrannt, bis die Glasur schmilzt. Die Farbe hängt u. a. von der Temperatur ab.

Dekoration
Im noch feuchten Ton kann man Ritzzeichnungen und Muster eindrücken. Mit Pinsel trägt man Muster als Unterglasurmalerei auf. Die Glasur selbst kann durch verschiedene Salze Farbtöne annehmen.

Waschbecken aus Keramik

Badezimmer
Die Badezimmereinrichtung besteht zum großen Teil aus Keramik. Die Glasur macht sie wasserfest.

Technische Keramik
Keramik ist ein schlechter Wärmeleiter und leitet keinen elektrischen Strom. Sie wird kaum von chemischen Stoffen angegriffen und ist ideal für Haushalt und Industrie.

Spaceshuttle
Nase und Unterseite des Spaceshuttle sind von Keramikfliesen überzogen. Sie halten der großen Hitze beim Wiedereintritt des Shuttle in die Erdatmosphäre stand.

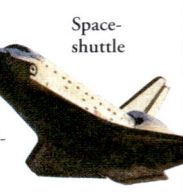

Spaceshuttle

SIEHE AUCH UNTER   **GESTEINE**   **GLAS**   **HANDWERK**

Chinesisches Porzellan

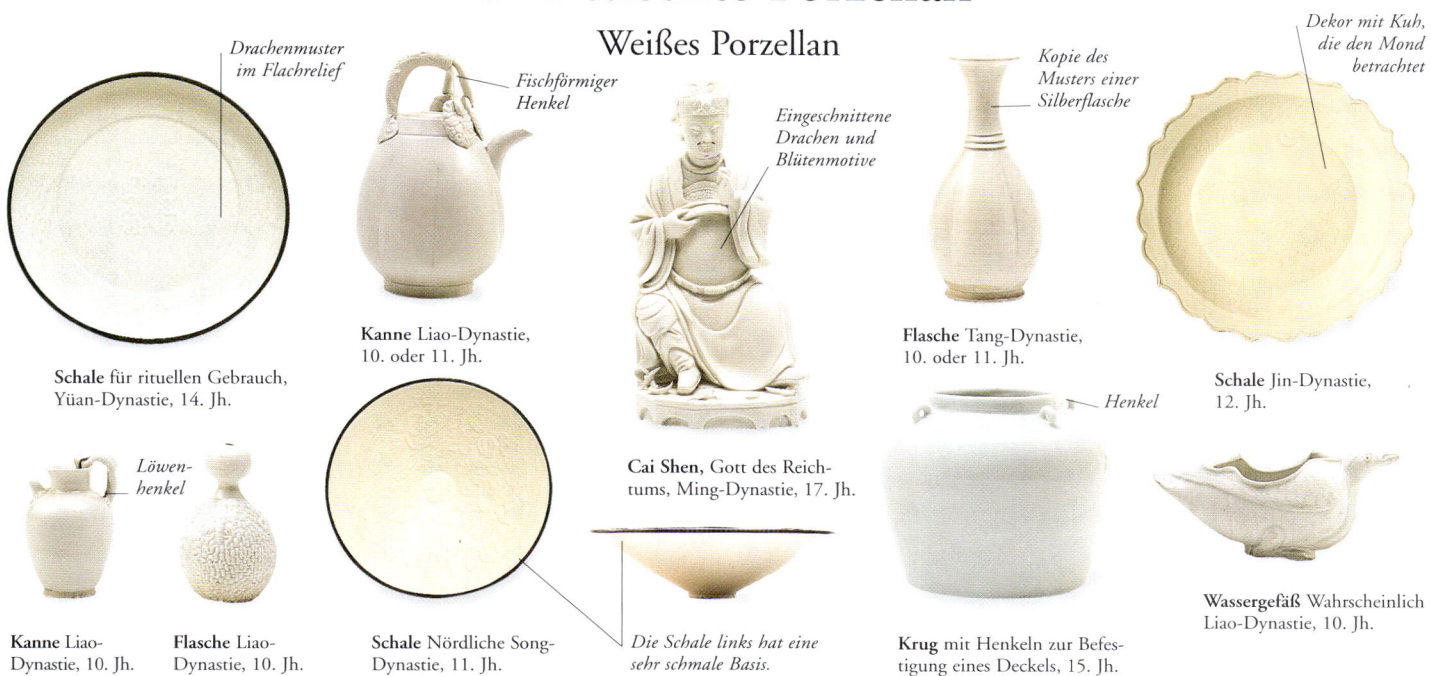

Weißes Porzellan

Drachenmuster im Flachrelief

Fischförmiger Henkel

Eingeschnittene Drachen und Blütenmotive

Kopie des Musters einer Silberflasche

Dekor mit Kuh, die den Mond betrachtet

Schale für rituellen Gebrauch, Yüan-Dynastie, 14. Jh.

Kanne Liao-Dynastie, 10. oder 11. Jh.

Flasche Tang-Dynastie, 10. oder 11. Jh.

Schale Jin-Dynastie, 12. Jh.

Löwenhenkel

Cai Shen, Gott des Reichtums, Ming-Dynastie, 17. Jh.

Henkel

Kanne Liao-Dynastie, 10. Jh.

Flasche Liao-Dynastie, 10. Jh.

Schale Nördliche Song-Dynastie, 11. Jh.

Die Schale links hat eine sehr schmale Basis.

Krug mit Henkeln zur Befestigung eines Deckels, 15. Jh.

Wassergefäß Wahrscheinlich Liao-Dynastie, 10. Jh.

Eisen- oder Kupferglasur

Unterglasmalerei

Anhua (verborgenes Drachenmuster)

Reine Kupferglasur

Vase Yüan-Dynastie, 14. Jh.

Schale Ming-Dynastie, 14. Jh.

Schale Ming-Dynastie, 15. Jh.

Hellbraune Eisenglasur

Schale Ming-Dynastie, frühes 15. Jh.

Schale Ming-Dynastie, 15. Jh.

Schale Ming-Dynastie, spätes 14. Jh.

Blauweißporzellan mit Kobaltglasur

Drachenmotiv

Beliebtes Phönixmotiv

Metallmontierung bei wertvollen Stücken

Teller Yüan-Dynastie, 14. Jh.

Lycheemuster

Schale Yüan-Dynastie, 14. Jh.

Schale Ming-Dynastie, frühes 15. Jh.

Schale Ming-Dynastie, 15. Jh.

Henkel

Glasur

Pilgerflasche Ming-Dynastie, frühes 15. Jh.

Schmuckkästchen Ming-Dynastie, 15. Jh.

Krug Yüan-Dynastie, 14. Jh.

Gefäß mit Deckel, Ming-Dynastie, 15. Jh.

Altarvase mit ringförmigen Henkeln, Yüan-Dynastie, 14. Jh.

TOURISMUS

SEIT FRÜHESTEN ZEITEN sind die Menschen auf Reisen: ursprünglich um Nahrung und Unterkunft zu finden, dann aus Gewinnstreben und Entdeckerlust und schließlich aus reinem Vergnügen. Erst mit dem Aufkommen neuer schneller Transportmöglichkeiten im 19. Jh. wurde der Massentourismus möglich. Im Jahr 2000 fanden fast 700 Millionen Auslandsreisen statt.

Frühe Reisen
Die alten Römer besuchten für ihre Gesundheit Thermalbäder. Im Mittelalter legten Pilger große Entfernungen zu Heiligtümern zurück. Im 18. Jh. machten junge Adlige die „Grand Tour" und besuchten die Orte der klassischen Antike. Vor dem Aufkommen der modernen Transportmöglichkeiten war das Reisen eine Strapaze. Die Menschen gingen zu Fuß und waren oft in Gefahr, von Räubern überfallen zu werden. Nur Reiche konnten komfortabel reisen.

Thermalbad Bath, England

Eine Industrie
Der Tourismus hat sich zur weltgrößten Industrie entwickelt, da immer mehr Leute für kurze Zeit ihren Wohnort verlassen. Die meisten besuchen Verwandte oder Freunde oder wollen ein neues Land kennen lernen. Andere unterbrechen die Routine des Alltags durch eine Kur, nehmen an Studienreisen teil oder sind geschäftlich unterwegs.

Urlaub am Meer
Im 18. Jh. waren Reisen ans Meer bei reichen Engländern sehr beliebt. Um 1840 hatten sich die wirtschaftlichen Bedingungen so weit gebessert, dass sich auch Arbeiter Ferien am Meer leisten konnten. Sie reisten mit dem Zug. Heute schätzen vor allem Europäer und Nordamerikaner einen Meeresurlaub.

Reisebüros
Das erste Reisebüro öffnete in den 50er Jahren des 19. Jh. Seither hat sich eine Industrie entwickelt, die Rundreisen organisiert, Tickets und Hotelaufenthalte vermittelt und verkauft.

Thomas Cook
Der Baptistenmissionar Thomas Cook (1808–92) begann 1841 seine Karriere im Tourismus. Er organisierte eine Zugfahrt für Missionare. 1855 verkaufte er Reisen zur Pariser Weltausstellung, gestaltete für Kunden die „Grand Tour" und baute so langsam das erste Reisebüro der Welt auf.

Einwanderung
Im Lauf der Jahrhunderte kam es immer wieder vor, dass Menschen ihre Heimat verließen, um ein besseres Leben zu suchen oder Krieg, Hunger und Armut zu entgehen. Zwischen 1892 und 1954 erlebten die USA die größte Einwanderung. Fast 17 Mio. Menschen kamen damals in New York an, bevor sie sich in anderen Landesteilen niederließen. Ein weiteres Ziel der Einwanderer war Australien.

Die Freiheitsstatue in New York begrüßt Neuankömmlinge.

Flüchtlinge
Durch Kriege werden Millionen von Menschen vertrieben. Sie suchen Asyl in anderen Ländern. Häufig verlieren sie dabei ihre Staatsangehörigkeit und werden staatenlos. Die Flüchtlinge werden aus ihren Häusern gejagt und können oft nicht einmal das Nötigste mitnehmen, wie etwa 1999 im Kosovo. In den 80er Jahren zeigte sich die Tragik der Flüchtlinge bei den vietnamesischen Boat People, die ihr Land aus Angst vor Verfolgung verließen.

Ökotourismus
Gebiete mit interessanter Tierwelt wie die Antarktis wurden zu Ferienzielen für Naturliebhaber. Spezialisierte Reisebüros organisieren Touren zu den abgelegensten Teilen der Erde. Diese Art des Tourismus kann aber katastrophale Auswirkungen auf empfindliche Ökosysteme haben. Deswegen entstand in den 90er Jahren der Ökotourismus, eine sanfte Form des Tourismus. Er bemüht sich, in den besuchten Ländern möglichst keine Schäden zu hinterlassen.

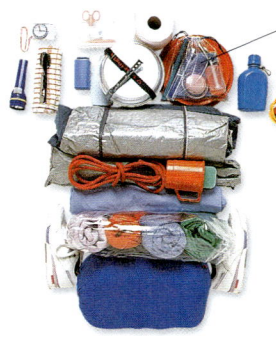

Ferien heute
Fast alle Menschen machen heute Pauschalurlaub und buchen Flüge und Hotels zu sehr günstigen Bedingungen. Die Suche nach bisher noch unentdeckten Touristenzielen geht immer weiter. Eine Neuentwicklung dabei ist der Ökotourismus.

Touristen an den Pyramiden, Ägypten

Im Rucksack findet alles Platz, was der Rucksacktourist braucht, etwa einen Schlafsack und eine Campingausrüstung.

Rucksacktourismus
Vor allem junge Leute ziehen unabhängiges Reisen den Pauschalreisen vor, auch weil sie oft nicht sehr viel Geld zur Verfügung haben. Rucksacktouristen nehmen nur das mit, was sie auf dem Rücken tragen können. Sie nutzen lokale Transportmöglichkeiten und kaufen das Essen im Land. Auf diese Weise können sie abgelegene Gebiete besuchen, in die der Pauschaltourismus noch nicht vorgedrungen ist.

| SIEHE AUCH UNTER | CAMPING | FLUGHAFEN | ÖKOLOGIE UND ÖKOSYSTEME | SIEBEN WELTWUNDER DER ANTIKE | TRANSPORT, GESCHICHTE | VEREINTE NATIONEN |

TRANSPORT, GESCHICHTE

VOM EINFACHEN FLOSS bis zum Überschallflugzeug reicht die Geschichte des Transportwesens. Dazwischen liegen viele Jahrtausende Entwicklung. Bis zur Erfindung des Rades um etwa 3500 v. Chr. konnte man sich auf dem Festland nur auf Schusters Rappen, also zu Fuß, oder auf dem Rücken von Tragtieren fortbewegen. Mit dem Rad begann der Bau von Wagen, die den Transport auf dem Land revolutionierten. Im 18. Jh. konnten sie mit Hilfe der Dampfmaschine selbst fahren. Doch erst spät im 19. Jh. wurde unser heutiger Automotor erfunden.

Gusseiserne Speichen
Drahtspeichenrad
Rad aus einer Leichtmetalllegierung

Räder
Die wichtigste Erfindung in der Geschichte des Transports war das Rad. Tiere konnten auf Wagen sehr viel schwerere Lasten transportieren als auf dem eigenen Rücken. Die Räder waren erst Holzscheiben. Um 2 000 v. Chr. wurden die Speichen entwickelt. Die Radreifen bestanden ursprünglich aus Eisen. Erste luftgefüllte Gummireifen erschienen um 1890.

Wagen und Kutschen
Anfänglich reiste man auf zweirädrigen Wagen oder vierrädrigen Kutschen. Als Zugtiere dienten Pferde oder Ochsen. Pferdelose Kutschen mit einer Dampfmaschine als Antrieb gab es schon im 18. Jh. Sie setzten sich jedoch kaum durch.

Kamin · *Kessel* · *Karosserie* · *Fahrersitz* · *Dampfpfeife* · *Eiserner Radreifen* · *Holzspeiche*

Dampfwagen von Bordino, 1854

Straßentransport
Vor über 2 000 Jahren schufen die Römer ein dichtes Straßennetz, auf dem vor allem Truppen und Güter schnell im ganzen Reich transportiert werden konnten. Bis ins 18. Jh. hinein wurden nur wenige neue Straßen gebaut; man brauchte sie damals für Postkutschen. Im 20. Jh. legte man für den aufkommenden Autoverkehr viele neue Straßen an.

Personenkraftwagen
Kurz nach der Erfindung des Verbrennungsmotors 1876 versuchte man den Bau von Automobilen. 1886 stellte Karl Benz das erste funktionsfähige Auto der Öffentlichkeit vor. Heute ist der Pkw fast überall das verbreitetste Personenbeförderungsmittel.

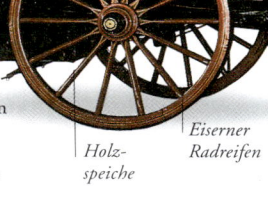

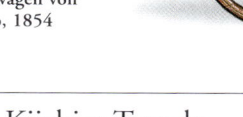

Porsche Targa 911
Die sportlichen Coupés von Porsche zeichnen sich durch ein klassisches Design und moderne Technik aus.

Lastkraftwagen
Die ersten Lastwagen gab es in den 90er Jahren des 19. Jh. Sie wurden von Dampfmaschinen angetrieben und ersetzten zum Teil die Pferdegespanne. Heute gibt es Lkws mit starken Dieselmotoren für alle Transportzwecke: Tank- und Kühllastwagen, Betonmischer, Tieflader, Sattelschlepper, Reisebusse…

Moderner Sattelzug

Kiichiro Toyoda
Der japanische Ingenieur Kiichiro Toyoda (1894–1952) gründete 1937 die Autofabrik Toyota. Er wollte preiswerte Pkws produzieren und baute dazu eine große Fabrik auf. Toyota zählt heute zu den größten Automobilfirmen der Welt.

Schienentransport
Eine wichtige Entwicklung in der Geschichte des Transports begann 1804 mit der ersten Dampflokomotive. Bereits ab 1820 gab es erste Eisenbahnen. Sie boten schnellen Transport auf dem Land. Dampflokomotiven fuhren bis in die Mitte des 20. Jh. Dann wurden sie von Elektro- und Dieselloks verdrängt.

Moderne Züge
Der elektrische Strom für den Betrieb von Zügen stammt entweder von den Gleisen oder von der Oberleitung. Hochgeschwindigkeitszüge haben eine Stromlinienform und bieten ein bequemes Reisen. Ein Beispiel ist der Eurostar, der in wenigen Stunden von London nach Paris fährt und dabei den Ärmelkanaltunnel benutzt. Pendlerzüge befördern täglich Millionen von Menschen.

Fahrrad
Als erstes Fahrrad gilt die Draisine von 1817. Dieses Laufrad des Deutschen Karl Drais hatte keine Pedale. Der Fahrer stieß sich mit den Füßen vom Boden ab. Pedale am Vorderrad kamen 1839 auf. Das moderne Fahrrad mit Pedalen, die über eine Kette das Hinterrad antreiben, wurde in den 80er Jahren des 19. Jh. entwickelt. Radfahren ist heute ein beliebter Freizeitsport, besonders im Flachland. In China und in einigen Ländern Afrikas transportiert man mit dem Fahrrad auch schwere Lasten.

Die ersten Züge
Die Passagiere in den ersten Zügen reisten unbequem in offenen Wagen, die von langsamen, schnaubenden Dampfloks gezogen wurden. Im Laufe der Zeit wurden die Dampfmaschinen immer leistungsstärker und die Wagen bequemer. Ende des 19. Jh. erreichten Expresszüge bereits Geschwindigkeiten von über 150 km/h.

Elektrisch betriebener Eurostar wartet im Endbahnhof London auf das Abfahrtssignal.

Modernes Mountainbike

TRANSPORT, GESCHICHTE

Transport auf dem Wasser

Die Fortbewegung auf dem Wasser ist eine der ältesten Transportarten. Man benutzte zunächst ausgehöhlte Baumstämme oder Flöße. In Ägypten und Mesopotamien baute man Boote aus Schilfbündeln. Später kamen hölzerne hochseetüchtige Schiffe auf, mit denen man Handelsgüter transportierte. Bis zur Entwicklung der Eisenbahnen im 19. Jh. waren Boote und Schiffe die einzigen Transportmittel für schwere Güter über weite Entfernungen. Heute gibt es Boote und Schiffe aus unterschiedlichsten Werkstoffen, von Holz und Tierhaut bis zu glasfaserverstärkten Kunststoffen, Stahl und Leichtmetall.

Hölzerne Masten

Mit dünnen Holzlatten versteifte Segel

Queen Elizabeth II., Passagierschiff

Segeln
Die ersten Segelschiffe gab es um 3500 v. Chr. Sie hatten einfache viereckige Rahsegel. Diese trieben das Schiff nur vorwärts, wenn der Wind von hinten (achtern) kam. In Gegenrichtung musste man rudern. Vom 17. Jh. an kamen dreieckige Lateinsegel dazu. Mit ihnen konnte man gegen den Wind kreuzen. Damit wurden die Entdeckungsreisen möglich und die Handelsschifffahrt über die Ozeane begann.

Dampfschifffahrt
Im 19. Jh. ersetzte der Dampfantrieb die Segel. Damit waren die Schiffe vom Wind unabhängig. Zur selben Zeit begann man mit dem Bau der ersten Eisenschiffe. Sie waren sehr viel größer als die früheren Holzschiffe. Es kam die Zeit der luxuriösen Passagierdampfer, die mit den besten Hotels auf dem Land konkurrierten.

Traditionelles Geschirr gibt es heute noch auf Vergnügungsbooten.

Chinesische Dschunke mit Lateinsegeln

Rumpf aus Holzplanken

Ruder am Heck zur Steuerung

Ferdinand de Lesseps
Der französischer Unternehmer Ferdinand de Lesseps (1805–94) war ein Kanalbauer. Sein größte Leistung war der Suezkanal. Er wurde 1869 eröffnet und verbindet das Rote Meer mit dem Mittelmeer.

Geschirr, wie es auf Kanalbooten des 19. Jh. verwendet wurde

Kanäle
Bevor es Züge und Lkws gab, transportierte man schwere Güter auf künstlichen Wasserwegen, den Kanälen. Dazu verwendete man Kähne mit flachem Boden, die Bargen. Der Suezkanal wurde gebaut, um sich den Weg um Afrika zu ersparen. Heute transportieren Kanalschiffe immer noch Frachten. In manchen Ländern überwiegen jedoch die Vergnügungsboote auf den Kanälen.

Lufttransport

Der erste Flug mit einem Motorflugzeug fand 1903 statt. Nach dem 2. Weltkrieg begannen Post- und Passagierflüge. Der Transport von Gütern und Passagieren in der Luft ist heute alltäglich.

Passagierluftfahrt
Die ersten Airliner waren umgebaute Bomber des 1. Weltkriegs. In den 20er und 30er Jahren des 20. Jh. wurden große Flugzeuge und Flugboote ganz aus Metall gebaut. Jets mit Strahltriebwerken wurden in den 50er Jahren in Dienst gestellt, etwa die Boeing 707. Das Fliegen wurde dadurch schneller, leichter und billiger. Mit der Einführung der Großraumjets wie der Boeing 747 im Jahr 1970 nahm der Flugtourismus einen großen Aufschwung.

Ballone und Luftschiffe
Der erste bemannte Flug fand in einem Heißluftballon statt. Ballone können nicht gesteuert werden. Ab 1920 transportierten von Motoren angetriebene Luftschiffe Passagiere über den Atlantik. Diese Zeppeline waren mit Wasserstoff gefüllt und dadurch hoch gefährdet.

Hubschrauber
Um die Entwicklung des Hubschraubers bemühten sich Ingenieure im 20. Jh. Funktionstüchtige Hubschrauber wurden erstmals in den 40er Jahren produziert. Sie benötigen keine langen Start- und Landebahnen und können in der Luft stehen bleiben. Sie sind unersetzlich beim Transport in schwer zugängliche Gebiete und bei Rettungsaktionen.

Die Rotoren des Hubschraubers werden von Gasturbinen angetrieben.

Chronologie

1804 Richard Trevithick baut die erste Dampflokomotive.

1825 Die Eisenbahn von Stockton nach Darlington in England nimmt als Erste ihren Dienst auf.

Das Hochrad wurde in England entwickelt.

1838 Der Passagierdampfer *Great Western* nimmt den regelmäßigen Transatlantikdienst auf.

1874 In England wird das Hochrad erfunden. Es hat ein großes Vorderrad, ein sehr kleines Hinterrad und ist schwer zu fahren.

1886 Jungfernfahrt des ersten Automobils, einer dreirädrigen Benzinkutsche, in Deutschland

1903 Die Gebrüder Wright unternehmen in den USA den ersten motorgetriebenen Flug mit ihrer *Flyer*.

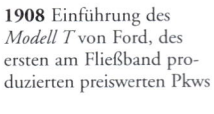

Modell T von Henry Ford

1908 Einführung des *Modell T* von Ford, des ersten am Fließband produzierten preiswerten Pkws.

1952 Die britische BOAC stellt die ersten strahlgetriebenen Passagierflugzeuge der Firma *De Havilland Comet* in Dienst.

SIEHE AUCH UNTER — EISENBAHN · FAHRRÄDER UND MOTORRÄDER · FLUGZEUGE · HÄFEN UND KANÄLE · KRAFTFAHRZEUGE · LUFTFAHRT · LUFTSCHIFFE UND BALLONE · SCHIFFE

TRICKFILM

TRICK- ODER ANIMATIONSFILME stellt man mit Hilfe von Zeichnungen oder Modellen her. Die Bewegungen entstehen dadurch, dass von einer Aufnahme zur anderen die Zeichnungen oder Modelle leicht verändert werden. Die ersten Trickfilme gab es Anfang des 20. Jh. Sie entwickelten sich parallel zum Realfilm. Heute produziert man Trickfilme mit Hilfe des Computers. Das erspart viel Zeichenarbeit. Trickfilm und Comic sind nah verwandte Techniken.

Hanna-Barbera
Die amerikanischen Trickfilmzeichner Bill Hanna (1910–2001) und Joe Barbera (geb. 1911) schufen viele berühmte Figuren. Ihr erster Film, *Puss Gets the Boot*, erschien mit Tom und Jerry 1940. Weitere Figuren von Hanna-Barbera waren der Yogibär und die Feuersteins.

Tom und Jerry

Die ersten Zeichnungen sind nur Skizzen.

Weitere Details

Merkmale eines Hörnchens

Strichzeichnung ohne Farbe

Wenn das Hörnchen zweimal springt, nehmen die Techniker dieselbe Sequenz von Cellos noch einmal auf.

Der Zeichner will die natürliche Bewegungsweise des Hörnchens einfangen.

Die fertigen Cellos legt man vor eine Hintergrundzeichnung.

Zu Beginn
Skizzen von jeder Figur werden erst fotografiert. Damit überprüft man, ob die Bewegungen natürlich aussehen. Ein Assistent kopiert dann die Linie mit Tusche auf Celloschichten.

Markierung
In jedes Cello werden an genau festgelegten Punkten Löcher gestanzt. Damit wird der richtige Stand des Cellos vor der Hintergrundzeichnung gewährleistet. Wenn man die Cellos einer Sequenz aufeinander legt, kann man beurteilen, wie glatt die Bewegung erfolgt.

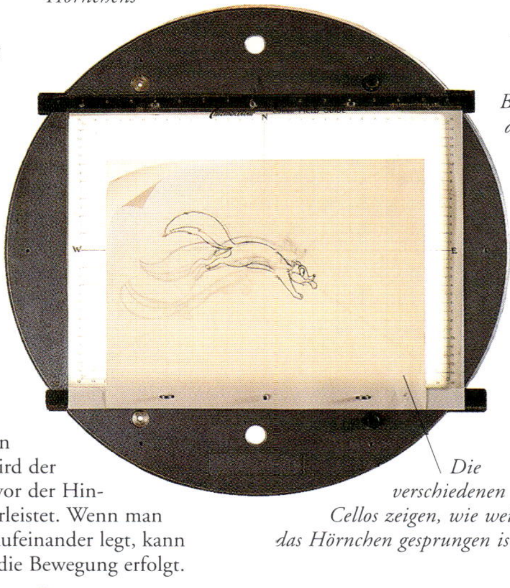

Die verschiedenen Cellos zeigen, wie weit das Hörnchen gesprungen ist.

Arbeiten mit Cellos
Für jede Sekunde Film müssen die Zeichner mindestens 12 Zeichnungen anfertigen. Der Hintergrund bewegt sich im Allgemeinen nicht und wird auf Papier gezeichnet. Dann überträgt man die beweglichen Figuren auf durchsichtige Cellos (Folie). Jedes Cello zeigt eine Phase des Bewegungsablaufes. Der gezeichnete Hintergrund scheint durch die Cellos hindurch.

Kolorierung
Ist die Zeichnung auf der Vorderseite eines Cellos fertig, so malt man die Farben auf die Rückseite. Die Techniker achten darauf, dass die Farben immer die gleichen bleiben. Deswegen mischt man zu Beginn der Produktion große Farbmengen an.

Puppentrickfilm
Bei diesem Verfahren werden die Figuren aus Knetmasse gestaltet. Für jede Aufnahme werden sie vor dem Hintergrund etwas verschoben und auch in ihrem Ausdruck etwas verändert.

Tonmodell

Ausdrucksänderung zwischen 2 Aufnahmen

Weitere Verfahren
Die herkömmliche Trickfilmherstellung mit gezeichneten Cellos ist langsam und sehr aufwendig. Die Bewegungen im Film sehen nicht immer gut aus. Viel natürlicher wirken Aufnahmen mit Knetfiguren, die der Animateur leicht in Position bringen kann.

Computeranimation
Der Computer nimmt den Zeichnern viel Arbeit ab. Sie zeichnen nur noch Anfangs- und Endphase, der Computer übernimmt die Zwischenphasen. Man verbessert damit auch handgezeichnete Bilder, etwa in *Aladdin* (1992).

Szene aus Aladdin © Disney

Chuck Jones
Der amerikanische Trickfilmzeichner Chuck Jones (1912–2002) entwarf das Kaninchen *Bugs Bunny* und viele andere berühmte Figuren für die Firma Warner Brothers. Er stellte 1938 seinen ersten Trickfilm her und machte seither 300 weitere Filme. Drei davon wurden sogar mit einem Oskar ausgezeichnet.

Wallace und Gromit

SIEHE AUCH UNTER | DISNEY, WALT | FILM | FOTOAPPARATE | MALEN UND ZEICHNEN | ZEITUNGEN UND ZEITSCHRIFTEN

TUNDRA

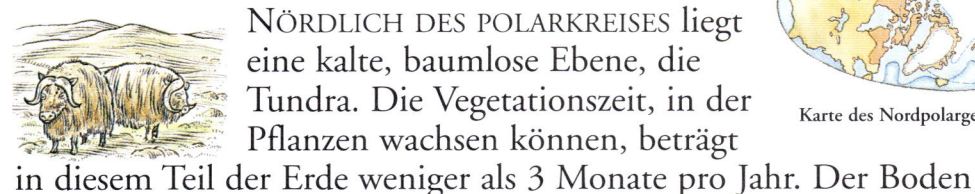

NÖRDLICH DES POLARKREISES liegt eine kalte, baumlose Ebene, die Tundra. Die Vegetationszeit, in der Pflanzen wachsen können, beträgt in diesem Teil der Erde weniger als 3 Monate pro Jahr. Der Boden ist dauernd gefroren und taut im Sommer nur an der Oberfläche auf. Die Pflanzendecke besteht aus Moos, Flechten, Seggen, Binsen sowie gelegentlich niedrigen Büschen. Bekannte Tiere der Tundra sind Rentier, Moschusochse, Schneehase und Eisfuchs. Im Sommer ist die Tundra eine sehr feuchte Landschaft mit vielen flachen Seen und Sümpfen.

Karte des Nordpolargebiets

Tundra

Tundragebiete
Tundra gibt es vor allem innerhalb des Polarkreises und damit am Nordrand Alaskas, Kanadas, Skandinaviens und Sibiriens. Ihre größte Ausdehnung hat sie in Nordsibirien. Im Süden reicht sie fast bis zur Halbinsel Kamtschatka.

Landschaft
Die Tundra ist die meiste Zeit von Eis und Schnee bedeckt. Der Boden ist das ganze Jahr gefroren und heißt Permafrost. Nur in den wärmsten Monaten schmilzt das Wasser in den obersten Bodenschichten. Durch steten Wechsel von Gefrieren und Auftauen, die Kryoturbation, entstehen im Boden besondere Strukturen.

Periglaziale Gebiete
Die Landschaften in der Umgebung dauernder Eisflächen heißen periglazial. Die Tundra ist eine typische periglaziale Landschaft, ebenso die Nunatakker in den Eisschilden. Im Winter bleibt die Temperatur immer weit unter dem Gefrierpunkt und kann bis auf -50 °C fallen. Während der kurzen, milden Sommer schmilzt das Eis.

Periglaziale Landschaft

Streifenböden
Durch den Wechsel von Gefrieren und Auftauen werden steinige und erdige Bodenbestandteile voneinander getrennt. Auf diese Weise entstehen Steinstreifen, Steinnetze oder Polygonböden.

Gefrorener Boden
bildet oft Spalten. Schmelzwasser füllt sie auf. So entstehen Eiskeile.

Spärliche Vegetation

See

Durch Eis im Boden entstehen Pingos.

Neuer Eiskeil

Oberboden taut während des kurzen Sommers auf.

Muttergestein

Wenn Eis in gefrorenem Boden schmilzt, wird dieser wie flüssig und kommt selbst an schwachen Abhängen in Bewegung.

Durch Kryoturbation verfaltete Sedimente. Man spricht auch von Verwirkungen.

Eiskeil mit Schutt gefüllt

Dauernd gefrorener Unterboden

Nunatakker
Als Nunatakker bezeichnet man Berge, die sich über den Eisschild erheben. Die Bedingungen hier sind ähnlich wie in der Tundra. Auf den isolierten Nunatakkern können sich gelegentlich einzelne Tier- und Pflanzenarten halten, doch sind sie meist völlig nackt.

Mammut
Permafrostböden sind schon seit Jahrtausenden gefroren. Bisweilen enthalten sie die Reste längst ausgestorbener Tiere, z. B. vollständige Kadaver von Mammuts, die vor über 10 000 Jahren lebten. Dieses Mammutjunge wurde in Sibirien gefunden.

Pingos
Pingos sind Eisansammlungen im Boden, die bis zu 50 m hoch werden können. Der Eiskern war einst ein flacher See oder eine Linse aus gefrorenem Grundwasser. Wenn dieses Wasser auftaut, sackt der Hügel zusammen und bildet kleine kreisrunde Teiche.

Permafrost — *Nicht gefrorener Boden* — *Permafrostkräfte zwingen Grundwasser nach oben.* — *Spalten an der Oberfläche* — *Zusammengesackter Pingo*

See — *Eiskern* — *Eiskern*

SIEHE AUCH UNTER ARKTIS • BODENARTEN • GEBIRGE • GLETSCHER • KLIMA • SEEN • WETTER

TUNNEL

UNTER STRASSEN UND HÜGELN, unter Bergen, Flüssen und Seen, ja sogar unter dem Meeresgrund liegen viele tausend Kilometer Tunnel. Durch sie führen Straßen und Schienen oder auch nur Versorgungsleitungen. Tunnel zum Transport von Wasser und Abwasser heißen auch Stollen. Die ersten Tunnel gruben die Griechen und Römer in mühseliger Arbeit. Die meisten Tunnel baut man heute mit riesigen Tunnelbohrmaschinen. Auf Tunnel, die unter Gebirgen hindurchziehen, lasten oft mehrere tausend Meter Gestein.

Tunnelbauverfahren

Das Tunnelbauverfahren hängt davon ab, in welchem Gestein gegraben wird und wie tief der Tunnel liegen soll. Für die geschlossenen Bauweisen verwendet man meist eine Tunnelbohrmaschine. Einen Straßentunnel beginnt man von 2 Seiten her zu bauen und trifft sich in der Mitte.

Offene Bauweise U-Bahnen, die knapp unter der Oberfläche verlaufen, erstellt man meist in offener Bauweise. Man gräbt einen Graben, baut den Tunnel an dessen Sohle und schüttet alles wieder zu.

Explosivstoffe Sehr hartes Gestein lockert man durch Zündung von Sprengladungen in Bohrlöchern. Solche Tunnel sind standfest und tragen sich ohne Ausbau selbst.

Ausbau Um an Kohleflöze oder Erzadern zu gelangen, baut man in Bergwerken Stollen. Diese müssen mit Stützen aus Holz oder Stahl ausgebaut werden, um nicht wieder einzustürzen.

Förderbänder für die Tübbinge
Tübbing, Betonauskleidung
Modell einer Tunnelbohrmaschine (TBM)
Hydraulische Verankerung und Fortbewegung der TBM
Steuerstand
Schneidkopf frisst sich durch das Gebirge.

Bohrarbeiten Eine Tunnelbohrmaschine (TBM) gräbt sich durch weiches Gestein wie Kreide. Der Schneidkopf vorne trägt Gestein ab. Das abgebrochene Gestein wird sofort nach hinten verräumt. Die TBM kleidet den Tunnel gleichzeitig mit Beton aus.

Teile eines Tunnels

Ein Tunnel besteht in der Regel aus einer Röhre, die mit Beton, Stahl oder Steinen ausgekleidet ist. Die Verkleidung verleiht Festigkeit und verhindert das Eindringen von Wasser. Tunnel wie der unter dem Ärmelkanal, der England mit Frankreich verbindet, sind komplizierte Systeme aus mehreren parallelen Röhren, zwischen denen Querverbindungen bestehen.

Schnitt durch den Ärmelkanaltunnel

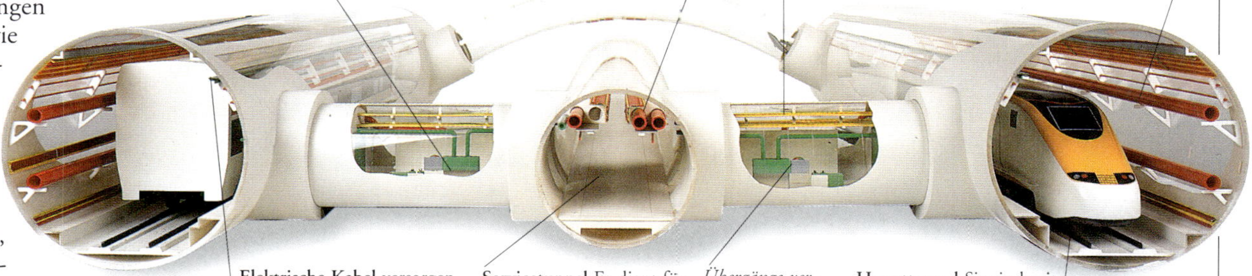

Geräte zur Brandbekämpfung
Entlastungsröhren Sie verhindern, dass sich in den Tunneln ein großer Luftdruck aufbaut.
Entwässerungsröhre
Kommunikationskabel Sie übertragen Befehle für die Signale, Ferngespräche und Computerdaten.
Kühlrohre Sie enthalten kaltes Wasser. Es soll Wärme absorbieren, die von den Zügen abgegeben wird.

Elektrische Kabel versorgen die Züge, die Beleuchtung, die Signale und die Belüftung mit Strom.
Servicetunnel Er dient für die Wartung des Tunnels und für Rettungseinsätze.
Übergänge verbinden die beiden Haupttunnel.
Haupttunnel Sie sind mit Beton ausgekleidet. In ihnen fahren Hochgeschwindigkeitszüge in beiden Richtungen.

Sicherheit
Moderne Tunnel sind mit Sensoren ausgerüstet, die bei Feuer oder Überflutung Alarm schlagen. Früher trugen Bergleute und Tunnelbauer Kanarienvögel in Käfigen mit sich. Wenn die Tiere umfielen, war dies ein Zeichen für giftige oder explosive Gase in der Luft.
Kanarienvogel 

Belüftung
Straßen- und Eisenbahntunnel müssen gut belüftet werden, damit die Passagiere nicht ersticken. Besonders in langen Straßentunneln braucht man zum Absaugen der giftigen Abgase mächtige Ventilatoren und Lüftungsschächte, die senkrecht zur Oberfläche führen. Lebenswichtig wird die Belüftung bei Bränden.

Chronologie
1. Jh. Römische Ingenieure bauen einen Aquädukt, der auch Tunnel mit einer Gesamtlänge von 25 km enthält. Diese werden mit Haue und Schaufel gegraben.

1818 Der englische Ingenieur Marc Isambard Brunel entwickelt den Schildvortrieb, der den Tunnelbau erleichtert.

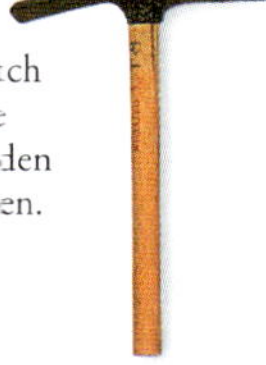

Haue

1867 Der Tunnelbau durch hartes Gestein wird leichter, nachdem Alfred Nobel das Dynamit erfunden hat.

1871 Der Mont-Cenis-Tunnel unter den Alpen wird als Erster mit Drucklufthämmern gebaut.

1988 Eröffnung des Seikan-Tunnels in Japan. Der Tunnel unter dem Meer ist mit 54 km der längste der Welt.

1994 Eröffnung des Eurotunnels unter dem Ärmelkanal

| SIEHE AUCH UNTER | BRÜCKEN | DRUCK | EISENBAHN | KOHLE | RÖMISCHES REICH | STRASSEN | TRANSPORT, GESCHICHTE |

TÜRKEI

DIE TÜRKEI liegt zwischen Europa und Asien und ist von strategischer Bedeutung für das Schwarze Meer, das östliche Mittelmeer, den Nahen Osten und Zentralasien. Die Türkei ist dem Westen zugewandt, auch durch die vielen Gastarbeiter in europäischen Ländern. Der asiatische Teil der Türkei heißt Anatolien. Auf der zentralen Hochebene leben noch viele Bauern, die tief in der islamischen Tradition verwurzelt sind. Die moderne Türkei entstand 1913 aus dem Osmanischen Reich.

Geografie
Der westliche Teil der Türkei besteht aus einem Zipfel der Balkanhalbinsel. Küstenebenen sowie das Nordanatolische Gebirge und das Taurusgebirge umgeben das zentrale Hochland von Anatolien. Im gebirgigen Osten entspringen die Flüsse Euphrat und Tigris.

TÜRKEI: DATEN
- HAUPTSTADT Ankara
- FLÄCHE 779 452 km²
- EINWOHNER 67 000 000
- SPRACHE Türkisch, Kurdisch
- RELIGION Islam
- WÄHRUNG Türkische Lira
- LEBENSERWARTUNG 71 Jahre
- EINWOHNER PRO ARZT 1 176
- REGIERUNG Mehrparteiendemokratie
- ANALPHABETEN Männer: 6 %
  Frauen: 23 %

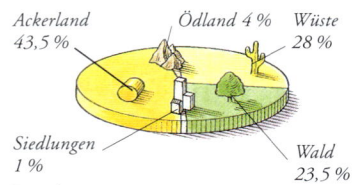

Landnutzung
- Ackerland 43,5 %
- Ödland 4 %
- Wüste 28 %
- Siedlungen 1 %
- Wald 23,5 %

Die Westhälfte der anatolischen Hochebene dient vor allem als Weidegrund. In den breiten, fruchtbaren Tälern nahe am Mittelmeer gibt es intensiven Ackerbau. Ungefähr ein Drittel des Landes ist gebirgig und wüstenhaft.

Küstenregionen
Die Türkei ist auf 3 Seiten vom Meer umgeben. Sandstrände und türkisfarbene Buchten in der Ägäis und am Mittelmeer ziehen Urlauber an. Dahinter liegen fruchtbare Küstenebenen. Die Schwarzmeerküste ist gebirgiger und wilder und hat ein kühleres Klima mit hohen Niederschlägen.

Van-See
Mit 3 713 km² ist der Van-See der größte See der Türkei. Er liegt im Osten des Landes in der Nähe des Ararat in einer Höhe von 1 646 m.

Armenische Kirche aus dem 10. Jh. auf der Insel Akdamar im Van-See

Anatolische Hochebene
Ein großer Teil Anatoliens besteht aus einer Hochebene in über 800 m. Die Hochfläche im Westen ist trocken mit nur wenigen Flusstälern. Der östliche Teil ist stärker zerklüftet und gebirgig. In Zentralanatolien leben heute noch voll- oder teilnomadische Stämme, die Schafe halten.

Klima
43 °C / -1 °C
23 °C / 0 °C
367 mm

Die Küstengebiete der Ägäis und des Mittelmeers haben heiße Sommer und milde Winter. Auf der anatolischen Hochebene und in den Gebirgen sind die Sommer mild oder warm und die Winter kalt und schneereich.

Ankara
Ankara in Zentralanatolien ersetzte 1923 Istanbul als Hauptstadt. Die Stadt steht auf historischem Grund, wurde aber neu erbaut. Auf über 1 km² liegen mehrere Steinmonumente. Über der Stadt erhebt sich das Mausoleum von Kemal Atatürk. Er liberalisierte das Land und gilt als Vater der modernen Türkei.

Atatürks Mausoleum

TÜRKEI

Bevölkerung
Rund 70 % der Bevölkerung sind Türken; 20 % machen die Kurden aus, von denen die meisten in Ostanatolien leben. Dazu kommen Minderheiten von Arabern, Tscherkessen, Armeniern und Flüchtlingen aus früheren Sowjetstaaten.

86 pro km² • 75 % Stadt • 25 % Land

Bevölkerung
Die meisten Türken leben in der Westtürkei. Viele zogen vom Land in die Städte, um hier Arbeit zu finden oder vielleicht ein Geschäft im Basar zu eröffnen. Fast alle Türken bekennen sich zum Islam, der in der Geschichte wie in der Kultur eine Schlüsselrolle spielt.

Freizeit
Türkische Familien lieben ein Picknick an einem schattigen grünen Ort über alles. Beliebte Freizeitsportarten sind Fußball und die türkische Form des Ringens, bei denen sich die Kämpfer mit Öl einreiben.

Türkische Kaffeekanne

Lokum – Süßigkeiten aus gezuckerter aromatisierter Gelatine

Teehäuser
Türkische Männer treffen sich regelmäßig in Teehäusern, Kiraathane oder Cayevi genannt. Sie trinken dort stark gesüßten Tee, rauchen die Wasserpfeife und spielen Backgammon.

Ringen
Ringen ist Nationalsport in der Türkei. Die Männer salben ihren Körper mit Olivenöl ein, damit der Gegner Mühe hat, seine Griffe anzubringen. Die Ringerveranstaltungen heißen *Kirkpinar*.

Landwirtschaft
Etwa 50 % aller türkischen Arbeitnehmer sind in der Landwirtschaft beschäftigt. Aufgrund des günstigen Klimas wachsen hier sehr viele Pflanzen. Landwirtschaftliche Erzeugnisse werden exportiert. Wichtig ist auch die Baumwolle, die Rohstoffe für die Textilindustrie liefert.

Schafe und Ziegen
Auf den Weiden grasen große Schaf- und Ziegenherden. Die Ziegen liefern die Angorawolle, die ihren Namen nach der türkischen Hauptstadt Ankara hat.

Nahrungspflanzen
Die Türkei deckt den Eigenbedarf an Nahrungspflanzen. Man baut hier Weizen, Mais und viel Obst und Gemüse an, etwa Trauben, Zitrusfrüchte und Auberginen. An der Schwarzmeerküste gedeihen Tee und Haselnüsse. Die Türkei ist der größte Produzent von Feigen, die am Mittelmeer wachsen.

Haselnuss • **Feige** • **Pfirsich**

Landesküche
Reis und Jogurt bilden die Grundlage vieler türkischer Gerichte. Man isst sehr viel Lammfleisch, meist in Form von Spießen als *Schischkebap*. An der Küste gibt es auch oft viel Fisch. Eine große Rolle in der türkischen Küche spielt das Gemüse. Als Dessert lieben die Türken vor allem mit Honig getränkte Süßigkeiten, z. B. den Honigstrudel *Baklava*. *Aşure* heißt eine suppenartige Süßspeise.

Pilaw • *Gegrillte Fleischstücke vom Lamm* • *Jogurtsoße*

Transport
Da die Türkei an 3 Seiten ans Meer grenzt, spielt der Seetransport eine große Rolle. Die Handelsflotte umfasst rund 900 Schiffe. Fährschiffe und 2 Brücken verbinden den asiatischen mit dem europäischen Teil. Das Eisenbahnnetz ist 8600 km lang und verbindet die größten Städte miteinander.

Industrie
Die Industrie der Türkei konzentriert sich im westlichen Landesteil. Es werden überwiegend Nahrungsmittel, Textilien, Eisen, Stahl, chemische Stoffe, Maschinen und Fahrzeuge produziert. Der Bergbau fördert Kohle, Eisenerz, Kupfer und Chrom.

Teppiche und Kelims
In der ganzen Türkei werden Kelims und Teppiche geknüpft. Kelims sind Flachgewebe und leichter anzufertigen als Teppiche. Diese haben zusätzlich einen senkrechten Flor, der von Hand eingeknüpft wird. Jede Region hat eigene Muster. Kelims werden auf allen Märkten verkauft.

Tourismus
Jedes Jahr besuchen über 10 Mio. Touristen die Türkei. Sie werden von den vielen antiken Stätten, dem milden Klima und den schönen Stränden angezogen. An der Ägäisküste liegen zahlreiche antike Ruinenstätten. Eines der berühmtesten Touristenziele ist Pamukkale mit Sinterterrassen aus blütenweißem Kalk. Sie entstanden durch mineralreiches warmes Quellwasser.

Die Sintertassen von Pamukkale bestehen aus Kalk.

Istanbul
Istanbul liegt am Bosporus und erstreckt sich teils in Europa, teils in Asien. Früher hieß die Stadt Konstantinopel oder Byzanz. Von 330–1923 war Istanbul Hauptstadt. Heute ist sie die größte türkische Stadt mit rund 8,3 Mio. Menschen. Es gibt bunte Basare, Moscheen und moderne Geschäfte.

Sonnenuntergang in Istanbul

SIEHE AUCH UNTER: ASIEN, GESCHICHTE • EUROPA, GESCHICHTE • ISLAM • LANDWIRTSCHAFT • MEERESKÜSTE • OSMANISCHES REICH • RÖMISCHES REICH • SCHIFFE • TEXTILIEN

TURNEN

TURNEN WAR FRÜHER die Bezeichnung für alle Arten von Leibesübungen. Heute versteht man darunter vor allem das Kunstturnen und die rhythmische Sportgymnastik. Beim Kunstturnen zeigen die Sportler und Sportlerinnen Übungen an Geräten wie Ringen, Reck, Barren oder am Schwebebalken. Die rhythmische Sportgymnastik wird nur von Frauen ausgeführt. Dazu zählen Übungen mit dem Reifen oder Ball. Andere Sportarten, die man ebenfalls dem Turnen zuordnet, sind das Trampolinturnen und die Sportakrobatik.

Männer

Der Wettkampf der Kunstturner findet in 6 Disziplinen statt: Bodenturnen, Seitpferd, Ringe, Barren, Reck und Pferdspringen. Die Sportler müssen in jeder Disziplin eine Pflicht- und eine Kürübung zeigen. Sie brauchen dazu Kraft, Gleichgewicht und Dynamik.

Seitpferd
Das Seitpferdturnen verlangt Kraft in den Armen und Schultern. Die Turner halten sich bei den Übungen an den Pauschen fest.

Ringe
An Ringen turnen nur Männer. Die Übungen erfordern viel Kraft. Einige Stellungen müssen 2 Sek. beibehalten werden, ohne zu schwingen.

Barren
Der Barren ist ein gutes Allroundgerät. Er ermöglicht ganz unterschiedliche Bewegungen, Schwünge, Flüge und statische Teile, bei denen es auf Balance ankommt. Grundvoraussetzung für das Barrenturnen ist das richtige Schwingen.

Das Halten der Stellung kostet Kraft.

Bodenturnen
Die Vorführung dauert 50 bis 60 Sek. und verlangt Gleichgewichtsstellungen ebenso wie Salti und andere Überschläge. Die Turner dürfen die Matte nicht verlassen.

Pferdspringen
Die Männer zeigen verschiedene Sprünge über das längsgestellte Pferd, das Langpferd. Sie springen mit Anlauf und stützen sich dann mit den Händen am Langpferd ab.

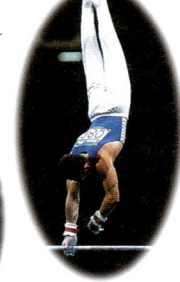

Reck
Beim Reckturnen ist der Sportler dauernd in Bewegung und zeigt Unterschwünge, Aufschwünge und Umschwünge, wobei er immer wieder die Richtung wechselt.

Frauen

Das Kunstturnen der Frauen umfasst 4 Disziplinen: Bodenturnen, Schwebebalken, Stufenbarren und Pferdspringen. Das Kunstturnen der Frauen verlangt vor allem Beweglichkeit und Gleichgewichtssinn. Das Bodenturnen enthält Ballettelemente.

Schwebebalken
Das Schwebebalken ist 5 m lang und nur 10 cm breit. Die Turnerinnen zeigen Übungen, bei denen es vor allem auf das Gleichgewicht ankommt, z. B. Salti und andere Überschläge. Das Turnen am Schwebebalken kommt der Artistik sehr nahe.

Sprung in den Überschlag
Turnerin blickt auf den Boden.
Ein Bein voran

Bodenturnen
Das Bodenturnen der Frauen erfolgt zur Musik. Die Mädchen und Frauen haben 60 Sek. Zeit. Man verlangt von ihrer Übung Tanzschritte und spektakuläre Salti und Überschläge.

Pferdspringen über das Seitpferd

Stufenbarren
Der Stufenbarren ist wohl das schwierigste Gerät des Frauenturnens. Die Holme sind 2,30 m beziehungsweise 1,50 m hoch. Die Übungen sollen flüssig und ohne Zögern erfolgen. Wer bei der Vorführung den Holm loslässt, erhält Punkteabzüge.

Pferdspringen
Wie die Männer stützen sich auch die Frauen während des Sprunges am Gerät auf. Die Übungen bestehen aus ein- oder mehrfachen Salti oder Schrauben. Die Landung sollte weich erfolgen.

Nadia Comaneci
Die rumänische Turnerin Nadia Comaneci (geb. 1962) erreichte als erste Sportlerin bei einem olympischen Wettbewerb die Idealnote 10. Damals zählte sie 14 Jahre. Bei der Olympiade in Montreal 1976 erreichte sie die Traumnote 7-mal und gewann Gold im Achtkampf, am Stufenbarren und Schwebebalken.

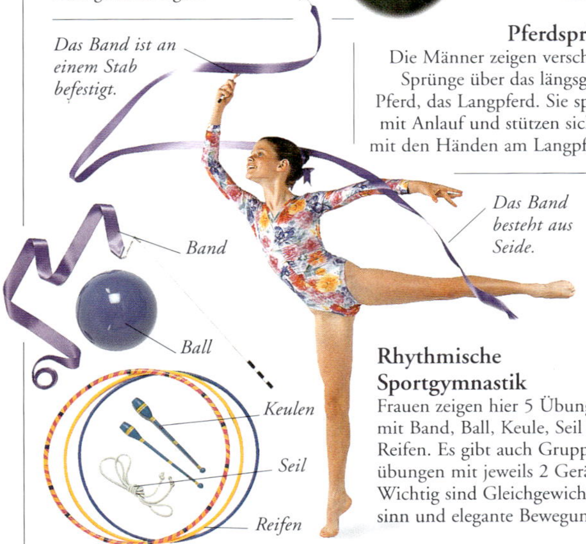

Das Band ist an einem Stab befestigt.
Band
Ball
Keulen
Seil
Reifen
Das Band besteht aus Seide.

Rhythmische Sportgymnastik
Frauen zeigen hier 5 Übungen: mit Band, Ball, Keule, Seil und Reifen. Es gibt auch Gruppenübungen mit jeweils 2 Geräten. Wichtig sind Gleichgewichtssinn und elegante Bewegung.

Trampolinturnen
Das Trampolin ist ein Sprunggerät mit einem elastischen Sprungtuch, das Sprünge bis in 6 m Höhe zulässt. Die Sprünge umfassen vor allem Schrauben und Salti. Auch hier bewertet die Jury die Übungen aus Pflicht und Kür mit bis zu 10 Punkten.

Sportakrobatik
In der Sportakrobatik gibt es 2 Disziplinen: das Springen oder Tumbling und die Gruppenübungen. Das Springen erfolgt auf einer langen Springerbahn. Gruppenübungen gibt es für Männer, für Frauen und als Mixed. Manche Übungen, besonders zu dritt und zu viert, erinnern an Zirkusakrobatik.

Halbspagat, Mixed

SIEHE AUCH UNTER   BALLETT   OLYMPISCHE SPIELE   SPORT

TURNEN

Sportakrobatik

Fester Handgriff — *Körper gestreckt* — *Zurücklehnen*

Gehaltener Kniestand auf Unterpartner

Der Unterpartner liegt mit dem Rücken auf dem Boden. — *Unterschiedliche Beinstellungen*

Gehaltener Schulterstand auf Unterpartner

Der Oberpartner hält den Körper möglichst gerade.

Gegenseitige Liegestütze auf einem Unterpartner

Ruhige Körperhaltung — *Biegung der Länge nach*

Halbspagat auf gestreckten Beinen

Oberpartner im Spagat — *Der Unterpartner trägt das Gewicht mit seinen Füßen.*

Handstützgrätsche auf einem Unterpartner

Rhythmische Sportgymnastik

Übung zu Musik — *Ballettartige, elegante Bewegung* — *Arm gerade* — *Anmutige Armstellung*

1 Reifen um Hüften schwingen.
2 Eine Seite kippt nach unten.
3 Springen durch den Reifen.
4 Reifen seitlich halten.
1 Ball auf ausgestreckter Hand halten.
2 Kreisförmige Bewegung des Balls
3 Spirale auf andere Körperseite.
4 Aufstehen zu einer Arabeske.

Bodenturnen

Y-förmiger Gleichgewichtsteil — *Beine zusammen und gestreckt halten.* — *Arme nach oben strecken für besseres Gleichgewicht.* — *Zehen gestreckt* — *Beine zusammenpressen.* — *Körper abrollen lassen.* — *Kopf einziehen.* — *Vierteldrehung* — *Finger gespreizt*

Die Turner üben in der Regel barfuß. — *Die Phasen der Übung gehen glatt ineinander über.*

1 Der Turner hält 2 Sek. lang das Gleichgewicht.
2 Anlauf zu einer Rolle
3 Bewegung nach oben und nach vorn zum Abtauchen
4 Landung auf den Händen und Rolle
5 Abrollen auf die Füße zum ruhigen Stand
6 Übergang zu ruhigem Handstand, dann Vierteldrehung mit den Händen

Schwebebalken

Der Schwebebalken wird nur von Mädchen und Frauen geturnt und verlangt ein außergewöhnliches Gleichgewichtsgefühl. Bevor man auf dem Schwebebalken turnen darf, muss man schon erhebliche Fähigkeiten beim Bodenturnen erworben haben.

Kopf hoch, Rücken gerade — *Zu Beginn lernt die Turnerin, wie man auf dem Schwebebalken geht, umdreht und sitzt.* — *Blick nach vorn* — *Die Turnerin versucht so hoch wie möglich zu springen.* — *Gestreckte Zehen* — **Bei Wettbewerben** gibt es einen Punkteabzug für unsichere Landungen. — *Beugen der Knie bei der Landung*

1 Die Turnerin steigt an einem Ende auf den Schwebebalken.
2 Die erste Übung erfolgt langsam. Zehen sind gestreckt.
3 Die Turnerin bereitet sich auf einen Sprung vor.
4 Nach einem Schritt hebt sie mit beiden Füßen ab.
5 Ein Bein ist gerade nach vorne gerichtet, das andere nach hinten abgewinkelt.
6 Vorbereitung zur Landung
7 Sicherer Stand nach der Landung

TWAIN, MARK

MILLIONEN VON MENSCHEN, Jung und Alt, haben mit Vergnügen das Buch *Die Abenteuer Huckleberry Finns* gelesen. Es handelt von einem ungewöhnlichen Jungen und einem entlaufenen Sklaven, die den Mississippi auf einem Floß hinunterfahren. Hinter dem Buch steht die Lebensgeschichte des Autors Mark Twain. Er verlor seinen Vater mit 12 Jahren und arbeitete als Setzer, Verleger und Lotse. Später beschrieb er seine Erlebnisse in Romanen, die durch Verwendung der Alltagssprache die Literatur Amerikas veränderten.

Kindheit und Jugend

Mark Twain kam 1835 als Samuel Langhorne Clemens in Missouri im mittleren Westen auf die Welt. Nach dem Tod seines Vaters 1847 machte er eine Setzerlehre in Hannibal am Ufer des Mississippi. Hier begann er mit seiner schriftstellerischen Karriere und arbeitete für eine Zeitung, die sein Bruder besaß.

Schiffslotse
1857 reiste Clemens südwärts nach New Orleans, um in Südamerika sein Glück zu versuchen. Er verließ aber nie die Stadt, sondern wurde stattdessen Lotse auf dem Mississippi. In dieser Zeit nahm er das Pseudonym *Mark Twain* an. Es bedeutet „zwei Faden" und ist eine Angabe der Wassertiefe. Viele Orte, die er besuchte, und viele Menschen, die er dabei traf, tauchen später in den Romanen und Kurzgeschichten von Mark Twain wieder auf.

Lotsenpatent von Clemens

Reisen und Vorträge

Als 1861 der amerikanische Bürgerkrieg ausbrach, kam der Verkehr auf dem Mississippi zum Erliegen und Mark Twain verlor seinen Job. Er begann für die *Virginia City Examiner* zu schreiben, später auch für eine Zeitung in San Francisco. Unter dem Pseudonym Mark Twain veröffentlichte er humorvolle Geschichten. Er reiste viel und hielt Vorträge.

Die Arglosen auf Reisen
Nach seiner Rückkehr von einer Reise zum Mittelmeer und ins Heilige Land 1869 schrieb Twain das Buch *Die Arglosen auf Reisen*. Mit dem erfolgreichen Buch begann auch die anhaltende Beschäftigung der Amerikaner mit der Alten Welt jenseits des Atlantiks.

Raddampfer auf dem Mississippi

Der eigene Verlag

Um 1875 gründete Mark Twain einen eigenen Verlag, der seine Romane und Geschichten veröffentlichte. Er schrieb in dieser Zeit viele Bücher, darunter *Bummel durch Europa* (1880) nach einer Reise zu Fuß durch Deutschland, *Der Prinz und der Bettelknabe* (1882), eine Fantasiegeschichte aus England, und *Leben auf dem Mississippi* (1883). Darin erzählt er von seiner Zeit als Lotse. Mark Twain war zu jener Zeit einer der berühmtesten Autoren Amerikas.

Ein Yankee
Twains Buch *Ein Yankee am Hofe des Königs Artus* (1889) ist eine Satire, in der er Gegenwart und Geschichte vermischte. Twain zeigt den Gegensatz zwischen dem gesunden Menschenverstand des Amerikaners und dem Aberglauben des englischen Hofes, um die Unterschiede in beiden Gesellschaften zu verdeutlichen.

Der Yankee aus Connecticut

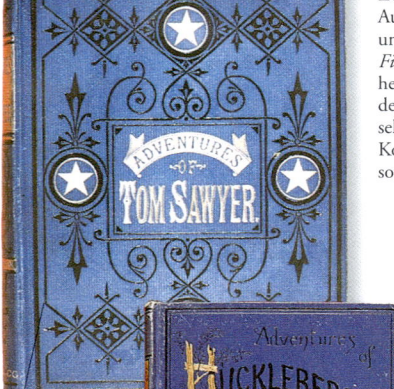

Tom Sawyer und Huckleberry Finn
Zwei Bücher machten Twain zu einem der beliebtesten Autoren aller Zeiten: *Die Abenteuer Tom Sawyers* (1876) und deren Fortsetzung, *Die Abenteuer Huckleberry Finns* (1885). Beide Bücher handeln von Twains Kindheit in Hannibal und zeichnen ein unvergessliches Bild des Frontierlebens am Mississippi. Die Bücher sind sehr humorvoll, geben aber auch einen moralischen Kommentar über das amerikanische Leben ab, insbesondere über die Sklaverei.

Bankrott
1894 schlugen die meisten geschäftlichen Unternehmungen Mark Twains fehl und er steckte tief in Schulden. Um sie zu bezahlen, ging er auf Vortragsreisen und schrieb Bücher und Geschichten, um mit seinem Namen Geld zu verdienen.

Spätere Jahre
Im Alter bereiste Mark Twain die Welt und hielt überall Vorträge. Er erhielt Ehrendoktorwürden von vielen Universitäten, darunter auch Oxford, England. Seine letzten Jahre waren überschattet. 1904 starben zwei seiner drei Töchter, ihnen folgte bald darauf die Mutter. 1906 wurde sein eigener Tod bekannt gegeben, obwohl er noch lebte. Er telegrafierte an die Presseagentur: „Die Nachricht von meinem Tod war eine Übertreibung".

Prachtausgabe mit Goldschnitt

Huckleberry Finn

Twains Oxforder Talar

MARK TWAIN

1835	Geburt in Florida, Missouri
1857–61	Arbeit als Schiffslotse
1867	*Der berühmte Springfrosch der Provinz Calaveras*, eine Sammlung von Kurzgeschichten
1869	*Die Arglosen auf Reisen*
1876	*Die Abenteuer Tom Sawyers*
1883	*Leben auf dem Mississippi*
1885	*Die Abenteuer Huckleberry Finns*
1895–96	Mehrere Vortragsreisen
1910	Tod in Connecticut

SIEHE AUCH UNTER BÜCHER   LITERATUR   VEREINIGTE STAATEN VON AMERIKA, GESCHICHTE

Umweltverschmutzung

Jeden Tag gelangen durch die Tätigkeit des Menschen giftige Stoffe in die Umwelt. Alle Bereiche des menschlichen Lebens und jeder Einzelne tragen zu dieser Verschmutzung der Umwelt bei – die Industrie ebenso wie die Landwirtschaft, der Verkehr genauso wie die Haushalte. Die Umweltverschmutzung betrifft die Luft, den Boden, das Trinkwasser und die Meere. Sie wirkt sich immer auch auf die Lebewesen und letztlich auch auf den Menschen aus, z.B. in Form von gesundheitlichen Problemen.

Landwirte sprühen mit Traktoren und sogar Flugzeugen Pestizide zur Schädlingsbekämpfung. Diese töten auch andere Tiere und reichern sich in der Nahrungskette an.

Rauch und Abgase gelangen über hohe Kamine von Kraftwerken und Fabriken in die Atmosphäre und breiten sich dort aus.

Kohlenstaubteilchen werden von der Luft weiter verbreitet.

Die Pflanzen- und Tierwelt wird in Stadt- und Industriegebieten zerstört.

Schadstoffe aus der Industrie, etwa Sulfidlaugen von Papierfabriken, werden in die Flüsse abgegeben.

Kläranlage

Die Abwässer aus Häusern werden in Kläranlagen gereinigt. Den Klärschlamm, der dabei zurückbleibt, kippt man oft noch ins Meer.

Folgen der Verschmutzung

Manche Formen der Verschmutzung stellen eine ernsthafte Bedrohung für die Umwelt dar. Tiere werden vergiftet, und sterben. Sie leiden auch an indirekten Folgen, wenn etwa Schmutzstoffe den Sauerstoffgehalt des Wassers verringern oder wenn Pflanzen absterben, die den Tieren als Nahrung dienen. Gefährlich auch für uns sind Klimaveränderungen durch Luftverschmutzung.

Saurer Regen führt zum Absterben von Bäumen. Sie verlieren zunächst die Nadeln und Blätter.

Im Gebirge sind Luft und Wasser noch am saubersten.

Saurer Regen
Fabriken und Autos geben als Abgase Schwefeldioxid und Stickstoffoxide ab. Diese vermischen sich mit Wasser in der Atmosphäre und kehren in Form des sauren Regens auf die Erde zurück. Der Regen dringt in den Boden ein, schädigt die Wurzeln der Bäume, aber auch Süßwassertiere wie Frösche und Fische.

Müll wird in Deponien oder Gruben gelagert. Abfall aus Plastik oder Metall kann Tiere verletzen, die in der Mülldeponie Nahrung suchen. Giftstoffe aus dem Müll treten aus Behältern aus, gelangen ins Grundwasser und vergiften das Trinkwasser des Menschen. Wilde Mülldeponien verunstalten die Landschaft.

Chemische Stoffe Stoffe aus dem Haushalt gelangen ins Abwasser, z. B. Spülmittel, Waschmittel, Putzmittel, Salze, Säuren und Laugen.

Bei der Verbrennung von Treibstoffen entstehen zahlreiche schädliche Abgase. Sie bewirken z. B. sauren Regen und Smog.

Formen der Verschmutzung

Es gibt die unterschiedlichsten Verschmutzungsarten. Abgase von Autos und Fabriken gelangen in die Luft. In die Flüsse gelangen Abwässer aus dem Haushalt und aus Fabriken. Die Landwirtschaft belastet die Böden mit Pestiziden und übermäßigen Düngergaben. Jahrzehntelang hat man gefährliche Abfälle einfach in wilden Deponien gelagert oder ins Meer geworfen.

Öl, das aus Tankern ausläuft, schwimmt auf der Meeresoberfläche und schädigt vor allem Wasservögel und verschmutzt Strandbereiche.

Meeresverschmutzung Das Meer wird auch verschmutzt, wenn Touristen und Freizeitkapitäne ihren Abfall hineinwerfen.

Wracks rosten im Laufe der Zeit durch und können jahrzehntelang Giftstoffe an das Wasser und die Umwelt abgeben.

Meerespflanzen werden z. B. durch Abwässer aus Flüssen geschädigt. Wenn sie Giftstoffe einlagern, sind davon auch alle Tiere in den darauf folgenden Stufen der Nahrungspyramide betroffen.

Zu Umweltkatastrophen kommt es, wenn Fässer mit radioaktivem oder giftigem Abfall, die im Meer versenkt wurden, durchrosten und ihren Inhalt freilassen.

UMWELTVERSCHMUTZUNG

Luftverschmutzung

Jedes Jahr gelangen Millionen von Tonnen Abgase in die Luft. Einige bleiben in Bodennähe, verpesten die Atemluft und führen zu Lungenkrankheiten. Andere sammeln sich in der oberen Erdatmosphäre und verändern den Wärmehaushalt der Erde.

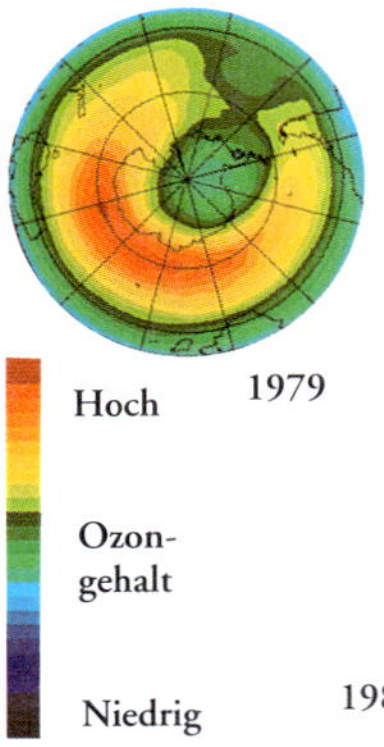

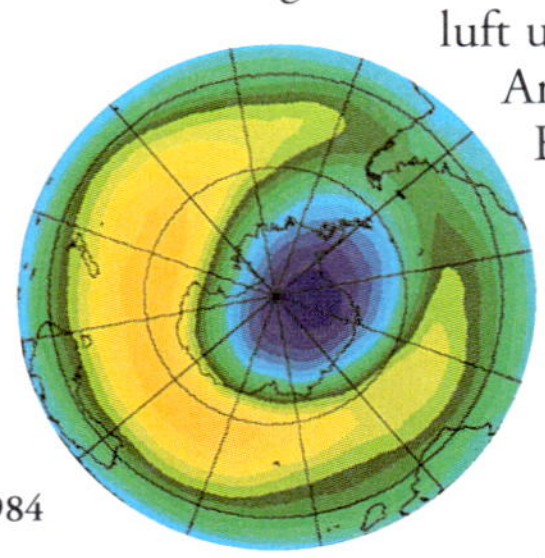

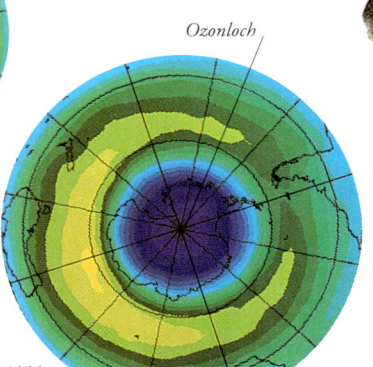

Hoch 1979
Ozongehalt
Niedrig 1984
Ozonloch
1990

Ozonlöcher
Eine natürliche Ozonschicht hoch oben in der Atmosphäre schützt uns vor schädlichen UV-Strahlen. Gewisse Gase wie die Fluorchlorkohlenwasserstoffe (FCKW) und Methan zerstören dieses Ozon. Seit 1979 treten Löcher in der Ozonschicht auf, zuerst nahe dem Südpol, jetzt auch über dem Nordpol. Sie werden immer größer, wie diese Satellitenbilder zeigen. Die Farben stellen unterschiedliche Ozongehalte dar.

Treibhauseffekt
Gase, die seit jeher in der Erdatmosphäre vorhanden sind, fangen das Sonnenlicht ein und verhindern dessen Rückstrahlung in den Weltraum. Diese Erscheinung nennt man Treibhauseffekt. Durch die Verbrennung von Erdöl, Erdgas und Kohle erhöht sich nun seit Jahren der Gehalt der Luft an Kohlendioxid und anderen Treibhausgasen. Dies führt zu weltweiter Erwärmung. Die Verschmutzung der Luft mit Abgasen ist auf dieser Straße in Bangkok deutlich zu erkennen.

Auswirkungen auf die Tierwelt

Tiere und Pflanzen reagieren ganz unterschiedlich auf Umweltverschmutzung. Empfindliche Arten sterben schnell aus. Widerstandsfähigere können sich halten oder ihre Bestände sogar vergrößern, weil die Konkurrenz geringer ist. Auf jeden Fall verarmt die Tier- und Pflanzenwelt.

Fischotter
Die Umweltverschmutzung spielt die Hauptrolle beim Verschwinden des Fischotters aus fast allen Flüssen. Industrieabfälle und Pestizide im Wasser gelangen über die Nahrungskette auch in die Fische. Je mehr Fische ein Otter frisst, umso mehr Giftstoffe nimmt er damit auf. Am stärksten sind also Tiere an der Spitze einer Nahrungskette betroffen.

Birkenspanner
Der normal schwarzweiß gesprenkelte Birkenspanner hat auch eine einfarbig dunkle Form. Sie breitete sich in Großbritannien nach der industriellen Revolution im 19. Jh. aus. Der Fabrikruß färbte die Birkenstämme schwarz. Vor diesem Hintergrund war die dunkle Form schlecht zu sehen und wurde somit von Räubern weniger gefressen. Damit konnte sie sich vermehrt fortpflanzen und überwog.

Umweltkatastrophen

Immer wieder kommt es durch Unachtsamkeit, oft sogar Böswilligkeit zu Umweltkatastrophen. Fast jedes Jahr gibt es Unfälle mit Öltankern. Eine der schlimmsten Katastrophen war während des Golfkrieges 1990–91, als 850 brennende Ölquellen mit ihrem Ruß den Himmel verdunkelten.

Brennende Ölquelle und Ölschlamm in Kuwait, 1991

Ölpest
Wenn ein Öltanker auseinander bricht, ist eine Ölpest die Folge. Das Öl verklebt das Gefieder von Wasservögeln oder das Fell von Robben. Viele Tiere sterben sofort, weil sie das giftige Rohöl verschlucken. Küstenabschnitte, die von einer Ölpest befallen sind, brauchen viele Jahre, um sich von dieser Katastrophe wieder zu erholen. Den Fischern wird dadurch jede Lebensgrundlage entzogen.

Organischer Landbau
Einige Landwirte sind zu einem organischen oder ökologischen Anbau von Pflanzen zurückgekehrt. Sie verzichten auf künstliche Düngemittel oder Pestizide zur Schädlingsbekämpfung. Davon profitiert die Umwelt und auch der Konsument. Die Erträge sind dafür allerdings oft etwas geringer.

Saubere Umwelt
Anstrengungen zur Verringerung der Umweltverschmutzung haben dazu geführt, dass im Benzin kein Blei mehr enthalten ist. Elektrische Straßenbahnen sind saubere Verkehrsmittel in der Stadt. Fahrradfahrer nutzen die sauberste aller Energiequellen, die Muskelkraft. Viele Städte haben den Innenraum für Kraftfahrzeuge gesperrt. Diese verkehrsberuhigte Einkaufsstraße liegt in Freiburg im Breisgau.

Kampf der Verschmutzung

Umweltschützern geht es zunächst einmal darum, Menschen über die schädlichen Folgen ihres Tuns aufzuklären. Glücklicherweise kann jeder Einzelne viel dazu beitragen, um die Umweltverschmutzung zu verringern. Man ändert seinen Lebensstil, lässt z. B. das Auto stehen und fährt mehr Rad. Man geht insgesamt sparsam mit der Energie um und kauft Produkte, bei deren Herstellung die Umwelt wenig belastet wurde.

Öffentliche Verkehrsmittel und Fahrräder verringern die verkehrsbedingte Umweltverschmutzung.

SIEHE AUCH UNTER: ATMOSPHÄRE · ERDÖL · KLIMA · KOHLE · LANDWIRTSCHAFT · ÖKOLOGIE UND ÖKOSYSTEME

UNTERSEEBOOTE

UNTERTAUCHEN und größere Strecken unter Wasser zurücklegen kann nur ein Unterseeboot. Diese Fähigkeit macht es zu einem gefürchteten Kriegsschiff. Um dem Wasserdruck zu widerstehen, benötigt es einen widerstandsfähigen Rumpf. Der Antrieb muss über Wasser und unter Wasser funktionieren. U-Boote kamen erstmals im 1. Weltkrieg zum Einsatz. Heute unterscheidet man Unterseeboote, die feindliche Schiffe angreifen, und strategische Unterseeboote, die mit Raketen und Marschflugkörpern Landziele beschießen.

Aufbau eines Unterseeboots

Die äußere Hülle besteht aus einem dicken Stahlrumpf. Der Turm ragt beim aufgetauchten Unterseeboot über das Wasser. Die Boote haben 2 oder 3 Decks. Querschotten unterteilen den Rumpf in mehrere Abteilungen. Bei einem Leck wird das entsprechende Schott geschlossen, sodass nicht das ganze Boot voll Wasser läuft.

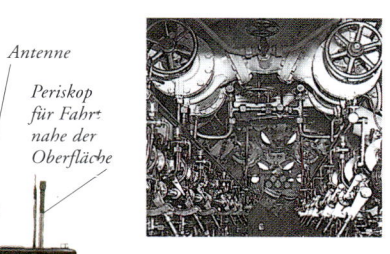

Antrieb
Unterseeboote haben entweder einen dieselelektrischen Antrieb oder laufen mit Kernenergie. In jedem Fall wird ein Propeller in Bewegung versetzt, der das Boot durch das Wasser treibt.

Antenne — *Periskop für Fahrt nahe der Oberfläche* — *Turm* — *Rumpf* — *Wohnräume für die Offiziere* — *Torpedorohr* — *Bug*

Propeller — *Heck* — *Seitenruder* — *Tiefenruder zum Ab- oder Auftauchen* — *Maschinenraum* — *Messe für die Besatzung von über 150 Mann* — *Funkstation* — *Kombüse* — *Torpedostation*

Unterseeboot

Tauchen und Auftauchen

An der Oberfläche schwimmt ein Unterseeboot wie ein normales Schiff. Zum Tauchen werden große Ballastzellen zu beiden Seiten des Rumpfes geflutet, d. h. mit Wasser gefüllt. Wenn das Unterseeboot wieder auftauchen will, wird das Wasser aus den Ballasttanks mit Druckluft herausgepresst oder herausgepumpt.

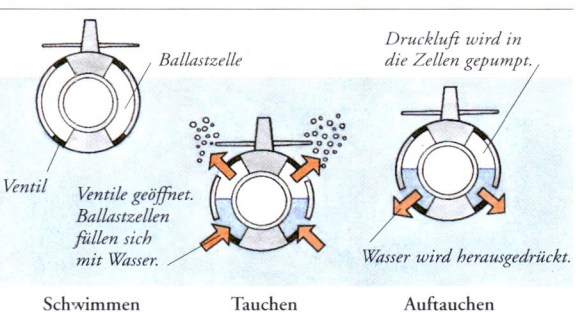

Ballastzelle — *Druckluft wird in die Zellen gepumpt.* — *Ventil* — *Ventile geöffnet. Ballastzellen füllen sich mit Wasser.* — *Wasser wird herausgedrückt.*

Schwimmen — **Tauchen** — **Auftauchen**

Tauchboote

Unterseeboote, die nicht militärischen Zwecken dienen, heißen Tauchboote. Sie sind kleiner und erfüllen Spezialaufgaben wie das Überprüfen von Pipelines im Meer oder sie dienen der Forschung und Personenrettung. In der Regel sind Tauchboote nur wenige Stunden unter Wasser im Einsatz.

Größte Tauchtiefe
Die meisten Unterseeboote tauchen bis zu 750 m Tiefe. Die größte Tauchtiefe erreichte ein amerikanisches Unterseeboot mit 6 200 m.

Atomunterseeboote

Die leistungsstärksten Unterseeboote haben einen Atomantrieb und führen Raketen mit Kernsprengköpfen und Marschflugkörpern mit. Jede Rakete kann eine große Stadt zerstören. Der Atomantrieb erlaubt es diesen Booten, viel länger unter Wasser zu bleiben als mit dieselelektrischem Antrieb. Dieselelektrische Boote müssen häufiger wieder auftauchen.

Torpedos

Konventionelle Unterseeboote haben Torpedos an Bord. Sie werden von Rohren am Bug oder Heck aus gestartet. Eine automatische Zielsteuerung lenkt die Torpedos ins Ziel.

Chronologie

1776 David Bushnells *Turtle* ist ein wasserdichtes Holzfass mit Hand- und Fußpedalen.

1864 Das von Muskelkraft angetriebene U-Boot *Hunley* mit Eisenrumpf versenkt erstmals ein Schiff. Es bringt seine Sprengladung mit einem langen Stab an.

Die Turtle

1901 *Holland VI* ist das erste Unterseeboot mit Verbrennungs- und Elektromotor.

1958 Das erste atomgetriebene Unterseeboot, die US-*Nautilus*, unterquert das Eis am Nordpol.

60er Jahre Unterseeboote der US-Navy führen als Erste Raketen mit Atomsprengköpfen mit.

1986 Das amerikanische Tauchboot *Alvin* fotografiert das Wrack der *Titanic*.

SIEHE AUCH UNTER DRUCK · KERNKRAFT · KRIEGSSCHIFFE · MOTOREN · WELTKRIEG, ERSTER · WELTKRIEG, ZWEITER

URKNALL

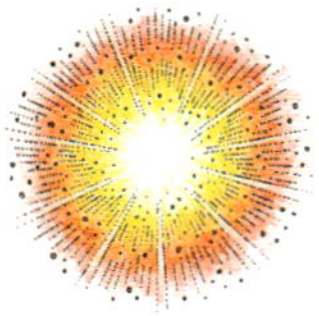

BEI EINER EXPLOSION von unvorstellbarer Heftigkeit, dem Urknall, soll das gesamte Weltall entstanden sein. Diese Theorie wird heute von Beobachtungen an Galaxien und von Wärmestrahlungen aus dem Weltall gestützt. Die Astronomen untersuchen, was genau beim Urknall geschah und was sich im heutigen Weltall befindet: nämlich Materie und Energie, auch Raum und Zeit, die Galaxien, die Sterne, die Planeten und wir selbst.

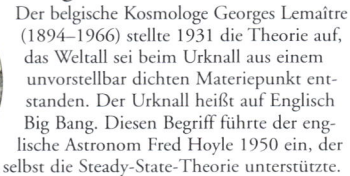

Der Ursprung des Weltalls

Eine der schwierigsten Fragen der Naturwissenschaften im 20. Jh. war die nach dem Ursprung des Weltalls. Dass es sich verändert, war bekannt. Doch wie ist es entstanden und wie entwickelt es sich weiter? Die Steady-State-Theorie behauptete, das Weltall habe weder Anfang noch Ende. Heute gilt die Theorie vom Urknall als wahrscheinlicher. Sie behauptet, das Weltall sei vor 15 Mrd. Jahren bei einer Explosion entstanden. Seit jener Zeit wird es immer größer und komplexer.

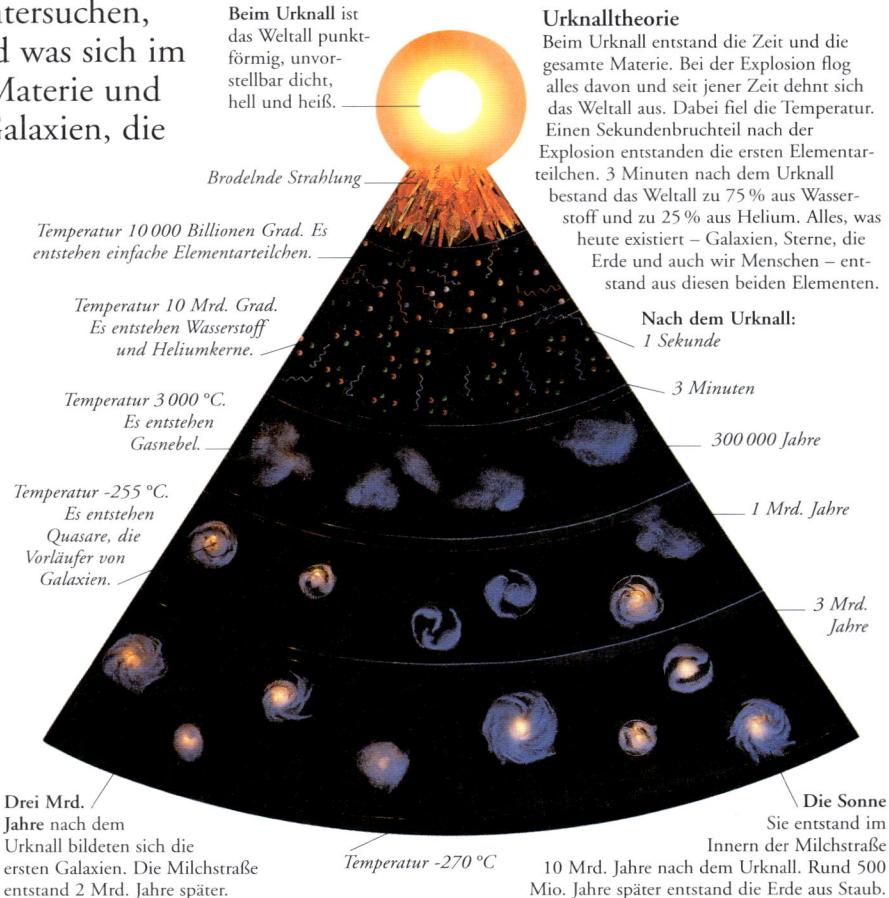

Steady-State-Theorie
In den 40er und 50er Jahren des 20. Jh. war die Steady-State-Theorie sehr populär. Sie behauptete, das Weltall verändere sich nicht. Es dehne sich zwar aus, befinde sich aber in vollkommenem Gleichgewicht, denn es würde immer neues Material entstehen, sodass die Dichte des Weltalls konstant bleibe. Als die Forscher Beweise für die Urknalltheorie fanden, wurde die Theorie vom Steady-State aufgegeben.

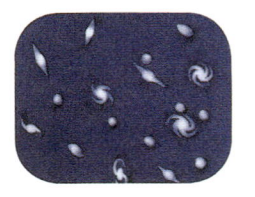

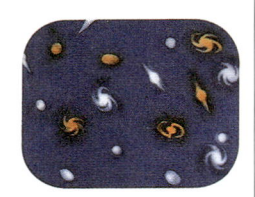

Ein Steady-State-Weltall heute (links) und später (rechts). Die Galaxien haben sich voneinander entfernt; an deren Stelle entstehen neue Galaxien (orange). Die Dichte bleibt damit konstant.

Georges Lemaître
Der belgische Kosmologe Georges Lemaître (1894–1966) stellte 1931 die Theorie auf, das Weltall sei beim Urknall aus einem unvorstellbar dichten Materiepunkt entstanden. Der Urknall heißt auf Englisch Big Bang. Diesen Begriff führte der englische Astronom Fred Hoyle 1950 ein, der selbst die Steady-State-Theorie unterstützte.

Urknalltheorie
Beim Urknall entstand die Zeit und die gesamte Materie. Bei der Explosion flog alles davon und seit jener Zeit dehnt sich das Weltall aus. Dabei fiel die Temperatur. Einen Sekundenbruchteil nach der Explosion entstanden die ersten Elementarteilchen. 3 Minuten nach dem Urknall bestand das Weltall zu 75 % aus Wasserstoff und zu 25 % aus Helium. Alles, was heute existiert – Galaxien, Sterne, die Erde und auch wir Menschen – entstand aus diesen beiden Elementen.

Beim Urknall ist das Weltall punktförmig, unvorstellbar dicht, hell und heiß.

Brodelnde Strahlung

Temperatur 10 000 Billionen Grad. Es entstehen einfache Elementarteilchen.

Temperatur 10 Mrd. Grad. Es entstehen Wasserstoff und Heliumkerne.

Temperatur 3 000 °C. Es entstehen Gasnebel.

Temperatur -255 °C. Es entstehen Quasare, die Vorläufer von Galaxien.

Drei Mrd. Jahre nach dem Urknall bildeten sich die ersten Galaxien. Die Milchstraße entstand 2 Mrd. Jahre später.

Temperatur -270 °C

Nach dem Urknall:
- 1 Sekunde
- 3 Minuten
- 300 000 Jahre
- 1 Mrd. Jahre
- 3 Mrd. Jahre

Die Sonne Sie entstand im Innern der Milchstraße 10 Mrd. Jahre nach dem Urknall. Rund 500 Mio. Jahre später entstand die Erde aus Staub.

Ausdehnung des Weltalls

In den 20er Jahren ergab die Analyse von Sternenlicht, dass sich die Galaxien von der Erde wegbewegen. Im Laufe der Zeit wird das Weltall immer größer und weniger dicht. Aus diesen Beobachtungen entstand die Theorie, das Weltall habe sich bei einer riesigen Explosion gebildet und dehne sich seither aus.

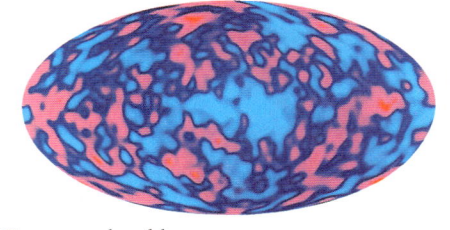

Rotverschiebung Je rascher sich Galaxien wegbewegen, umso mehr verschieben sich die Wellenlängen des Sternenlichts zum Rot hin.

Die Spektrallinien sind zum roten Ende des Spektrums hin verschoben.

Spektrallinien zeigen die Geschwindigkeit der Galaxie.

Weiter entfernte Galaxien bewegen sich schneller als nahe. Ihr Licht hat eine größere Rotverschiebung.

Hintergrundstrahlung
Seit dem Urknall kühlt sich das Weltall langsam ab. Zur Zeit hat es eine Temperatur von -270 °C. Diese ergibt sich durch Mikrowellenstrahlung am gesamten Himmel. Die Falschfarbenkarte zeigt Schwankungen in der Temperatur 300 000 Jahre nach dem Urknall. Die blauen, kühleren Flecken sind Gaswolken, aus denen Galaxien entstanden.

Zukunft des Weltalls

Niemand weiß genau, wie es mit dem Weltall weitergeht. Zur Zeit wird es immer größer und weniger dicht. Viele Astronomen meinen, die Expansion werde einmal aufhören. Über die weitere Zukunft sind sie sich uneins: Wird es ewig bestehen, schließlich sterben oder sich wieder zusammenziehen?

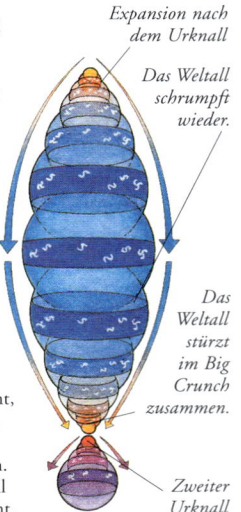

Big Crunch
Wenn sich das Weltall wieder zusammenzieht, führt dies möglicherweise zu einem Kollaps, dem Big Crunch. Doch dieser muss nicht zwangsläufig das Ende des Weltalls bedeuten. Es könnte danach zu einem weiteren Urknall kommen, bei dem das Weltall erneut entsteht.

Expansion nach dem Urknall

Das Weltall schrumpft wieder.

Das Weltall stürzt im Big Crunch zusammen.

Zweiter Urknall

SIEHE AUCH UNTER: ASTRONOMIE · GALAXIEN · SCHWARZE LÖCHER · SCHWERKRAFT · STERNE · WELTALL · ZEIT

VERBRECHEN

WER SCHULDHAFT eine rechtswidrige Handlung begeht, ist ein Straftäter. Schwere Straftaten nennt man Verbrechen, leichtere Vergehen. Straftaten richten sich gegen die Gesellschaft oder deren Mitglieder. Was als Straftat gilt, ist von Land zu Land verschieden. In einigen arabischen Ländern darf man keinen Alkohol trinken, aber mehr als eine Frau heiraten. In westlichen Ländern ist Alkoholgenuss erlaubt, doch darf der Mann nur eine Frau haben.

Die Bronzekatze aus dem alten Ägypten ist der Katzengöttin Bastet geweiht.

Töten von Katzen
Die alten Ägypter verehrten Katzen als heilige Tiere. Das Töten einer Katze galt als schlimmes Verbrechen. Die Strafe bestand in der Regel in der sofortigen Hinrichtung.

Arten von Verbrechen

Einige Straftaten, wie Mord oder Raub, gelten in nahezu allen Gesellschaften als Verbrechen. Die Römer bezeichneten sie als *malum in se*, als schlecht in sich. Das Fahren eines Autos ohne Führerschein ist ein *malum prohibitum*: Es ist eine Straftat, weil das Gesetz es so bestimmt.

Personendelikt
Wenn ein Mensch schuldhaft und mit Vorsatz einen anderen Menschen tötet, ist er ein Mörder. Er verletzt dabei das Recht jedes Einzelnen auf Leben und körperliche Unversehrtheit. Mord ist ein Personendelikt wie Körperverletzung, Vergewaltigung und Geiselnahme. Wenn man jemanden tötet, um sich selbst oder andere zu schützen, z. B. im Krieg, gilt dies nicht als Mord und ist straffrei.

Eigentumsdelikte
Das Gesetz verbietet es, fremdes Eigentum gegen den Willen des Besitzers an sich zu nehmen oder zu beschädigen. Zu den Eigentumsdelikten zählen Diebstahl, Fälschung von Banknoten, Brandstiftung und mutwillige Zerstörung.

Silber Antiquitäten Schmuck Diebesgut Elektronische Güter

Organisiertes Verbrechen

Im Rahmen des organisierten Verbrechens verüben ganze Gruppen von Gangstern oder Banden kriminelle Handlungen. Die Hauptgebiete der organisierten Kriminalität sind Drogenhandel, Entführung und Erpressung, Glücksspiel und Prostitution.

Verbrechersyndikate
Geheime kriminelle Organisationen gibt es überall auf der Welt, z. B. die Mafia, die vor Jahrhunderten in Sizilien entstand. In den 20er Jahren bildete sich in Chicago ein mächtiges Verbrechersyndikat, das von brutalen Gangstern wie Al Capone (1899–1947) geführt wurde.

Al Capone

Gefängnis

Wer ein Verbrechen begangen hat, wird vor Gericht gestellt und kommt vielleicht ins Gefängnis, in die Justizvollzugsanstalt. Die Zeit im Gefängnis gilt als Strafe und soll auf andere Täter abschreckend wirken. Zugleich soll der Gefangene während der Haft wieder in die Gesellschaft eingegliedert werden. Man nennt das Resozialisierung.

Hochsicherheitszelle in einem englischen Gefängnis

Vergittertes Fenster
Guckloch zur Überwachung der Insassen

Häftlinge dürfen nur 1 Brief pro Woche versenden.
Einfache Ausstattung
Die Haftinsassen dürfen nur wenige persönliche Dinge ins Gefängnis bringen.

Alcatraz
Auf der Insel Alcatraz in der Bucht von San Francisco, USA, gab es von 1933–63 ein Hochsicherheitsgefängnis, aus dem kein Gefangener entkommen konnte. Von den 23, die es versuchten, wurden 5 erschossen, 6 ertranken und 12 fing man wieder ein.

Hochsicherheitszelle
Gefährliche Verbrecher kommen in Hochsicherheitszellen. Die Insassen dürfen ihre Zelle nur zum Essen und Hofgang sowie zum Arbeiten verlassen. Für geringere Vergehen gibt es den offenen Strafvollzug: Die Straftäter arbeiten tagsüber draußen und übernachten im Gefängnis.

Für Männer und Frauen gibt es getrennte Gefängnisse. Die Insassen verbringen bis zu 23 Stunden pro Tag in ihren Zellen. In der Regel teilen sie sie mit weiteren Gefangenen. Alle tragen Anstaltskleidung.

Bestrafung

Theorien über die Bestrafung wurden vom 18. Jh. an entwickelt. Damals wurden Straftäter selbst bei kleineren Vergehen grausam bestraft. Die Strafe sollte auch als Abschreckung für andere dienen. Heute ist in westlichen Ländern die Gefängnisstrafe am üblichsten.

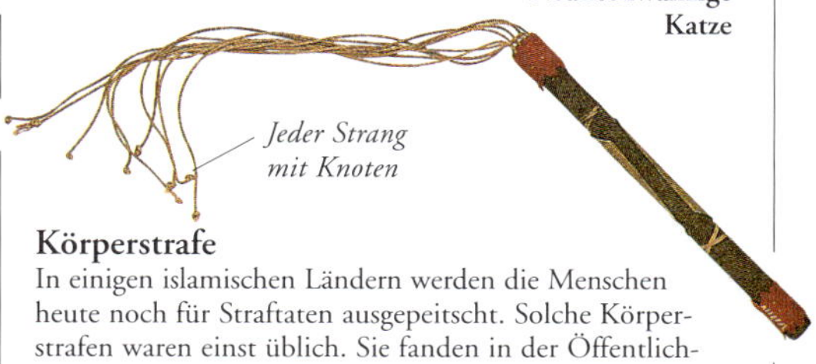

Neunschwänzige Katze
Jeder Strang mit Knoten

Körperstrafe
In einigen islamischen Ländern werden die Menschen heute noch für Straftaten ausgepeitscht. Solche Körperstrafen waren einst üblich. Sie fanden in der Öffentlichkeit statt, um Verbrecher abzuschrecken.

Todesstrafe
Die schwerste Strafe für ein Kapitalverbrechen ist die Hinrichtung durch Hängen, Giftgas, Giftspritze, Erschießen oder den elektrischen Stuhl. Früher hat man Verbrecher enthauptet. Viele Menschen halten die Todesstrafe für moralisch ungerechtfertigt. Sie argumentieren, dass immer Justizirrtümer vorkommen. In den USA gibt es die Todesstrafe heute noch.

Elektrischer Stuhl

SIEHE AUCH UNTER ÄGYPTER FAMILIE UND GESELLSCHAFT MENSCHENRECHTE POLIZEI RECHT UND GESETZ

VERDAUUNG

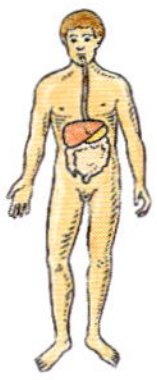

DER KÖRPER BRAUCHT NÄHRSTOFFE um zu wachsen und um Energie zu erhalten. Diese Nährstoffe entzieht er der Nahrung. Das Verdauungssystem zerlegt die Nahrung in ihre Bestandteile. Vereinfacht gesagt findet die Verdauung in einem langen Schlauch statt, der vom Mund bis zum After führt. Die Nahrung passiert den Verdauungskanal und wird dabei durch Enzyme verdaut und aufgeschlossen. Im Dünndarm ähnelt sie einer Suppe. Dort wandern die Nährstoffe durch die Darmwand hindurch in den Blutkreislauf.

Schlucken

Nach dem Kauen schiebt die Zunge den Nahrungsbissen im Mund nach hinten. Sobald er die Kehle berührt, löst er einen Reflex aus und gelangt in die Speiseröhre. Der Kehldeckel schließt den Eingang zur Luftröhre ab und verhindert, dass Nahrung in die Lunge gelangt.

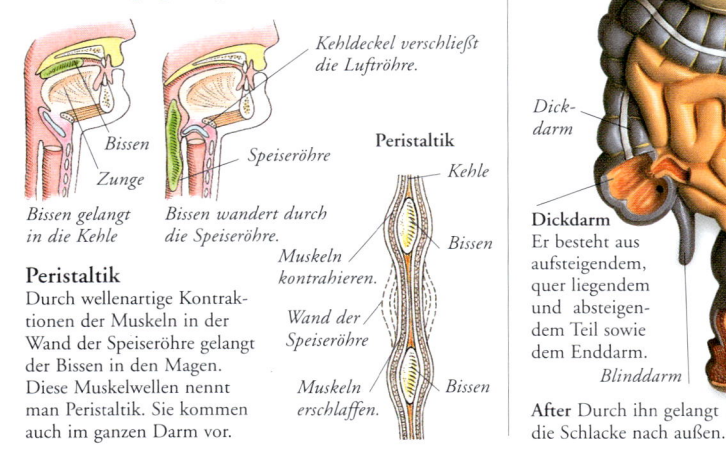

Kehldeckel verschließt die Luftröhre.

Bissen
Zunge
Speiseröhre

Bissen gelangt in die Kehle
Bissen wandert durch die Speiseröhre.

Peristaltik
Kehle
Bissen
Muskeln kontrahieren.
Wand der Speiseröhre
Muskeln erschlaffen.
Bissen

Peristaltik
Durch wellenartige Kontraktionen der Muskeln in der Wand der Speiseröhre gelangt der Bissen in den Magen. Diese Muskelwellen nennt man Peristaltik. Sie kommen auch im ganzen Darm vor.

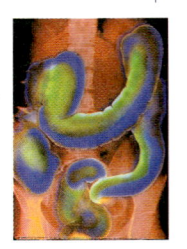

William Beaumont

Der amerikanische Chirurg William Beaumont (1785–1853) beobachtete als Erster wie Nahrung im Magen verdaut wird. 1822 behandelte er einen Patienten, der sich selbst in den Bauch geschossen und eine Öffnung im Magen hatte. Durch diese Öffnung konnte Beaumont sehen, was während der Verdauung geschah, und führte genau Buch darüber.

Verdauungsvorgänge

Bei der Verdauung unterscheidet man 4 Phasen: Aufnahme, eigentliche Verdauung, Absorption und Ausscheidung. Die Aufnahme geschieht beim Kauen. Die Verdauung erfolgt in Magen und Dünndarm. Bei der Absorption gelangen Nährstoffe ins Blut. Unverdauliches wird am Ende ausgeschieden.

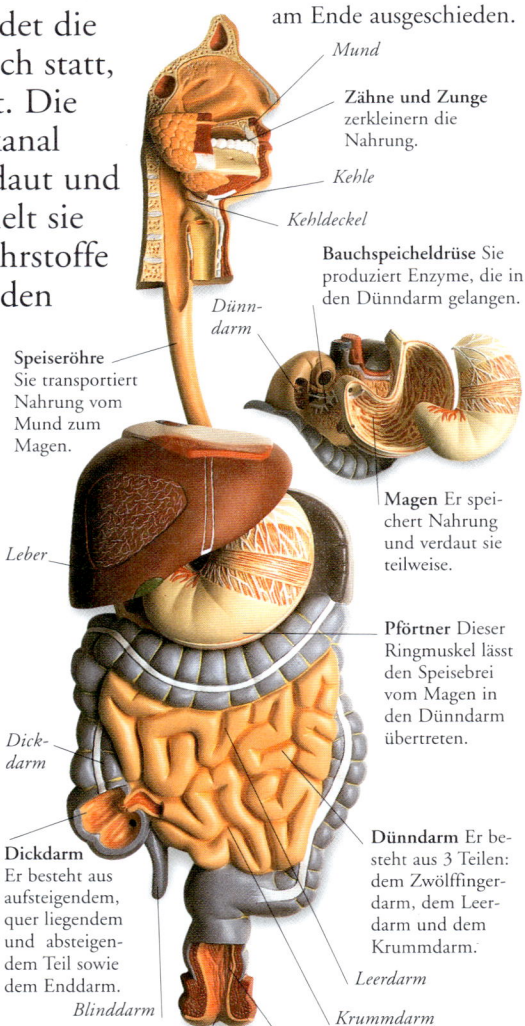

Mund

Zähne und Zunge zerkleinern die Nahrung.

Kehle
Kehldeckel

Bauchspeicheldrüse Sie produziert Enzyme, die in den Dünndarm gelangen.

Dünndarm

Speiseröhre Sie transportiert Nahrung vom Mund zum Magen.

Leber

Magen Er speichert Nahrung und verdaut sie teilweise.

Pförtner Dieser Ringmuskel lässt den Speisebrei vom Magen in den Dünndarm übertreten.

Dickdarm

Dickdarm Er besteht aus aufsteigendem, quer liegendem und absteigendem Teil sowie dem Enddarm.

Dünndarm Er besteht aus 3 Teilen: dem Zwölffingerdarm, dem Leerdarm und dem Krummdarm.

Leerdarm
Krummdarm
Enddarm

Blinddarm

After Durch ihn gelangt die Schlacke nach außen.

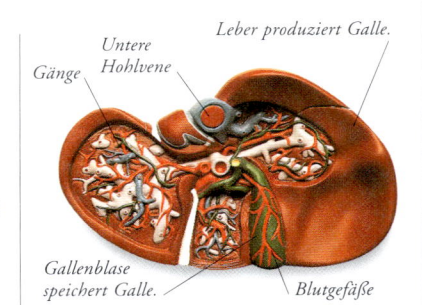

Leber und Bauchspeicheldrüse

Untere Hohlvene
Gänge
Leber produziert Galle.
Gallenblase speichert Galle.
Blutgefäße

Diese beiden Organe sind an der Verdauung beteiligt, erfüllen aber im Körper noch andere Aufgaben. Die Leber produziert Galle, die in der Gallenblase gespeichert wird. Sie hilft bei der Fettverdauung. Die Bauchspeicheldrüse (Pankreas) gibt ihre Enzyme an den Dünndarm ab.

Absorption

Die Nährstoffe gelangen durch die Wand des Dünndarms in das Blutgefäßsystem. Winzige fingerähnliche Fortsätze, die Zotten, vergrößern die Oberfläche, an der diese Absorption der Nährstoffe erfolgt.

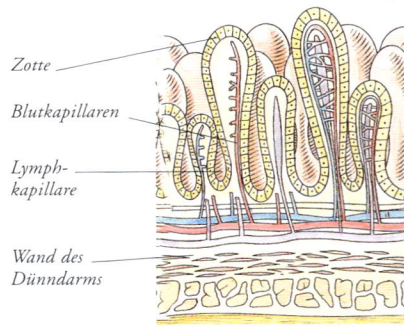

Zotte
Blutkapillaren
Lymphkapillare
Wand des Dünndarms

Röntgenbild

Lage und Form des Darms kann man im Röntgenbild sichtbar machen. Der Patient muss dazu ein Kontrastmittel schlucken, das die Röntgenstrahlen aufnimmt. Der Arzt kann am Röntgenbild krankhafte Veränderungen erkennen.

Nahrung und Enzyme

Enzyme sind biologische Katalysatoren, die chemische Reaktionen beschleunigen. Verdauungsenzyme beschleunigen den Abbau von Kohlenhydraten, Fetten und Proteinen. Diese sind die Hauptbestandteile unserer Nahrung.

Kohlenhydrate
Sie sind die wichtigsten Energieträger und kommen in Form von Zucker und Stärke vor. Enzyme bauen die Stärke in einzelne Zuckermoleküle (Glukose) ab.

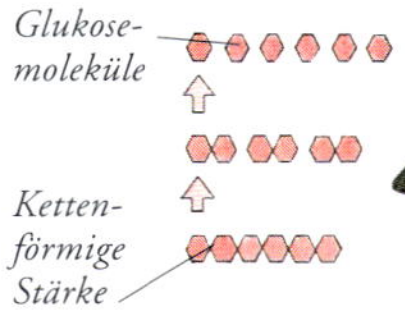

Glukosemoleküle
Kettenförmige Stärke

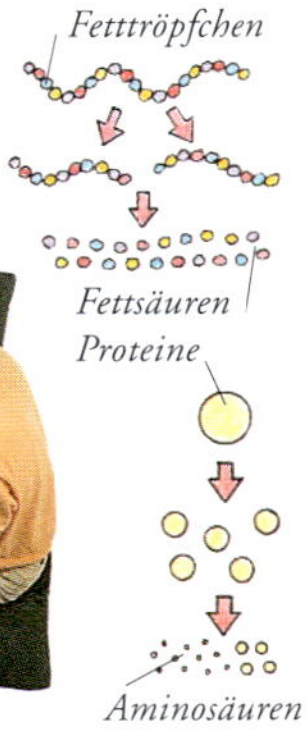

Fetttröpfchen

Fette
Fette versorgen den Körper mit Energie. Fettreich sind z. B. Eier, Fleisch und Nüsse. Die Fette werden bei der Verdauung zu Fettsäuren abgebaut.

Fettsäuren
Proteine

Proteine
Proteine brauchen wir vor allem für das Wachstum. Fleisch, Fisch und Milch enthalten viele Proteine. Sie werden zu Aminosäuren abgebaut.

Aminosäuren

SIEHE AUCH UNTER CHEMIE · ERNÄHRUNG · HORMONE UND HORMONDRÜSEN · IMMUNSYSTEM · ORGANSYSTEME · ZÄHNE

VEREINIGTE STAATEN VON AMERIKA

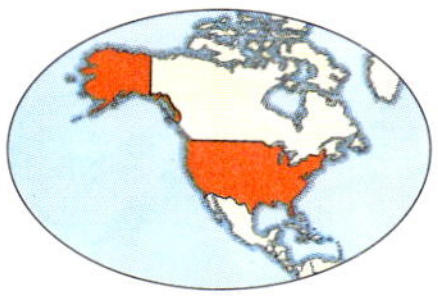

DAS MÄCHTIGSTE UND REICHSTE LAND der Erde, die Vereinigten Staaten von Amerika (USA), ist zugleich das viertgrößte in der Welt. Die USA setzen sich aus 50 Staaten zusammen, von denen 48 den zentralen Teil Nordamerikas einnehmen. Der 49. Staat, Alaska, liegt im Nordwesten des Kontinents, und der 50., Hawaii, ist eine Inselkette im Pazifik. Seit 1945 sind die USA eine Supermacht und spielen eine Hauptrolle in der Weltpolitik.

VEREINIGE STAATEN VON AMERIKA: DATEN	
HAUPTSTADT	Washington D.C.
FLÄCHE	9 809 155 km²
EINWOHNER	282 000 000
SPRACHE	Englisch, Spanisch
RELIGION	Christentum
WÄHRUNG	US-Dollar
LEBENSERWARTUNG	77 Jahre
EINWOHNER PRO ARZT	380
REGIERUNG	Mehrparteiendemokratie
ANALPHABETEN	3 %

Geografie
Zwischen den hohen Rocky Mountains im Westen und den stark abgetragenen Appalachen im Osten liegt eine weite Ebene. Der Mississippi durchquert sie in südlicher Richtung. Im Nordwesten des Landes wachsen dichte Wälder.

Klima
57 °C / -26 °C / 25 °C / 1 °C / 1 064 mm

Die Sommer sind heiß und feucht: in Florida subtropisch und in Hawaii tropisch. Im Winter fällt viel Schnee, vor allem in Alaska und im Gebirge. Hurrikane, Überschwemmungen und Dürreperioden sind häufig.

Monument Valley
Dieses Tal liegt in der Trockenwüste von Arizona. Die Abtragung hat hier bis zu 300 m hohe senkrechte Sandsteinkliffs übrig gelassen. Besonders auffällig ist eine Formation mit der Bezeichnung *The Mittens*.

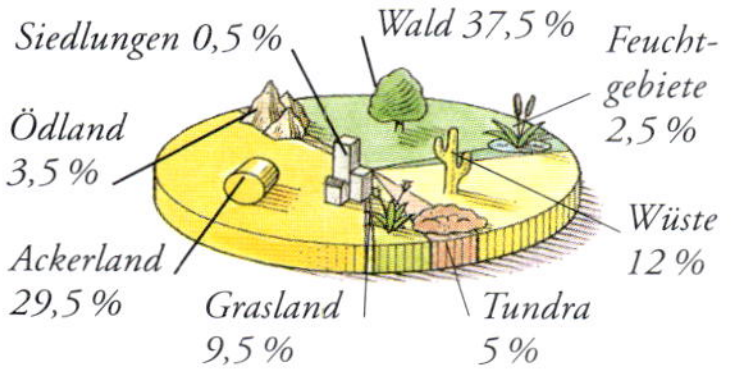

Landnutzung
Die USA haben ausgedehnte Wälder, die Holz für die Zellstoffindustrie liefern. Auf den fruchtbaren Ebenen und Prärien wächst viel Weizen und etwa 40 % der Weltproduktion an Mais.

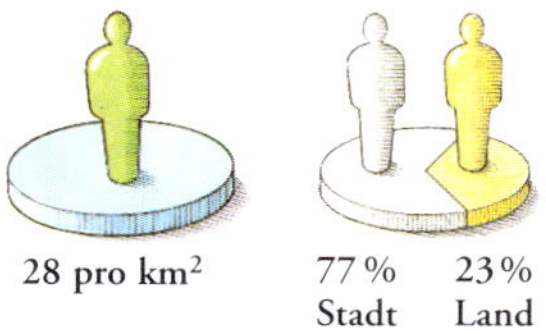

Siedlungen 0,5 %
Wald 37,5 %
Feuchtgebiete 2,5 %
Ödland 3,5 %
Wüste 12 %
Ackerland 29,5 %
Grasland 9,5 %
Tundra 5 %

Bevölkerung
In den USA leben Menschen unterschiedlichster Herkunft. Es sind die Nachkommen von Einwanderern, die aus Europa, Afrika, Asien und Südamerika kamen.

28 pro km²
77 % Stadt
23 % Land

Washington D.C.
Die Hauptstadt Washington liegt zwischen Virginia und Maryland und ist nach dem ersten US-Präsidenten benannt. Sie hat 500 000 Einwohner und ist der Regierungssitz mit Parks und prächtigen Gebäuden.

Das Capitol

Nordöstliche Staaten

Diese Region gehört zu den ersten, die von europäischen Einwanderern besiedelt wurde. Sie hat ein reiches historisches und kulturelles Erbe und ist ein Schmelztiegel zahlreicher Völker und Kulturen. Dank reicher Bodenschätze, vieler Häfen und Flüsse ist dieses Gebiet am stärksten industrialisiert und besiedelt. Geschäftige Städte wie Boston, New York, Pittsburgh und Philadelphia stehen in scharfem Gegensatz zu den geruhsamen Farmen in Neuengland.

New York City
Mit 780 km² Fläche ist New York City die größte Stadt in den USA und führend in den Bereichen Kunst, Business und Finanzen. Die Börse an der Wallstreet ist die größte der Welt. New York gilt auch als die kulturell lebhafteste Stadt der Welt. Der Broadway ist ein Weltzentrum des Theaters. Über 18 Mio. Menschen leben und arbeiten im Großraum New York, der sich bis nach New Jersey und Connecticut erstreckt.

Ende Oktober werden auf den Märkten Riesenkürbisse für die Halloween-Feiern verkauft.

Fischerei
Die Küstengewässer des Nordatlantik sind reich an Kabeljau, Hering und Muscheln. Allein Maine hat 3 840 km Küste und der Staat ist berühmt für seine Hummer.

Tourismus
Über 45 Millionen Menschen besuchen jedes Jahr die USA. Viele kommen in die nordöstlichen Staaten, weil sie die hügelige Landschaft Neuenglands und vor allem den Herbst, den *Indian Summer*, schätzen; dann verfärbt sich das Ahornlaub. Touristenzentren sind New York und die Niagarafälle an der Grenze zu Kanada. Hier kann man fischen, wandern und Ski laufen.

Zeitungen
In den USA werden über 1 700 Tages- und 7 500 Wochenzeitungen veröffentlicht. Die meisten sind nur von lokaler Bedeutung. Nationale Verbreitung haben nur das *Wall Street Journal* (Auflage 1 757 000), *USA Today* und die *New York Times*. Die Zeitungen haben heute mit starker Konkurrenz von seiten des Satelliten- und Kabelfernsehens sowie des Internet zu kämpfen.

Anbau von Cranberrys
Die Amerikaner bauen viele Cranberrys an; das sind großfruchtige Heidelbeeren. Man erntet sie nach Überflutung der Felder. Cranberrysauce gehört zum Truthahn, den man am Thanksgiving Day isst.

Das Gebiet der Großen Seen

Die 6 Staaten Minnesota, Wisconsin, Illinois, Indiana, Michigan und Ohio liegen an den Großen Seen. Es besteht eine Verbindung zum Mississippi und damit zum Golf von Mexiko. Abgesehen von der sehr günstigen Lage weist das Gebiet auch reiche Bodenschätze auf, etwa Kohle, Eisen und Kupfer. So entstand hier ein wichtiges Industriegebiet. Auch die Landwirtschaft in den Prärien brachte viel Wohlstand.

Platten von Motown

Das Label Motown
In den USA sind einige populäre Musikformen entstanden. 1959 gründete Berry Gordy das Label *Tamla Motown* in Detroit. Diese Stadt ist auch als „Motor Town" bekannt. Berry Gordy förderte auch viele schwarze Sänger, darunter Stevie Wonder und Diana Ross.

Der Sears Tower ist mit 443 m das höchste Bürogebäude der USA.

Chicago hat 43 km Strände am Michigansee.

Autoindustrie
Detroit ist das Zentrum der amerikanischen Autoindustrie. General Motors, DaimlerChrysler und Ford beschäftigen viele Menschen. Jedes Jahr werden über 5,5 Mio. Pkws in den USA produziert.

Chicago
Die drittgrößte Stadt Amerikas hat 2,8 Mio. Einwohner. Sie heißt oft „Windy City", weil vom Michigansee her steife Brisen wehen. Chicago ist eine architektonisch interessante Stadt mit innovativen Hochhäusern. Der Sears Tower hat 110 Stockwerke, wurde 1973 erbaut und war damals das höchste Bürogebäude der Welt.

Hamburger
Die USA sind führend im Konsum von Fast Food. Jede Sekunde werden dort 200 Burger verzehrt. Der *Hamburger* ist tatsächlich nach der deutschen Stadt Hamburg benannt. Siedler brachten die Frikadelle über den Atlantik. Heute ist sie als schnelles Essen weltweit verbreitet.

Hamburger

Segeln
Die 5 großen Seen in Nordamerika bilden das größte Süßwassergebiet der Erde. Sie ziehen jedes Jahr Millionen von Besuchern an. An den Ufern liegen zahlreiche Jachthäfen und viele Ferienhäuser.

Zentrale Staaten und Staaten im Gebirge

Die 10 Staaten dieser Region reichen von Montana an der kanadischen Grenze bis nach Oklahoma im Süden. Hier treffen die offenen Gebiete der Great Plains mit ihren Prärien auf die steilen Rocky Mountains. Das Gebiet wird vom Mississippi und seinen Nebenflüssen entwässert. Tornados sind im Frühsommer häufig. Die meisten Menschen, die hier leben, arbeiten auf Farmen und im Bergbau.

Yellowstone National Park
Dieser Nationalpark im nördlichen Wyoming wurde 1872 eröffnet und war der Erste auf der ganzen Welt. Er hat eine Fläche von 8 980 km², heiße Quellen sowie über 200 Geysire und beherbergt viele Tier- und Pflanzenarten, darunter auch Schwarz- und Grislibären. Der berühmte Geysir Old Faithful bricht rund alle 80 Minuten aus.

Getreide
Die Farmen des mittleren Westens sind stark mechanisiert und hoch produktiv. Iowa wird auch „Maisstaat" genannt, weil hier 20 % des Maises angebaut werden. Die Getreidefarm bei Cedar Rapids (oben) ist die größte der Welt.

Cowboys
Moderne amerikanische Cowboys züchten Rinder in luxuriösen Ranches in der Ebene. Sie geben das Leben auf dem Pferderücken immer mehr auf und treiben ihre Herden lieber mit dem Pick-up oder mit Hubschraubern.

Traditioneller breitkrempiger Stetson

Köpfe der Präsidenten Washington, Lincoln, Jefferson und Roosevelt

Westernsattel

Mount Rushmore
Über 14 Jahre brauchte man, um die Porträts von 4 amerikanischen Präsidenten in den Granit des Mount Rushmore in South Dakota zu meißeln. Die Köpfe sind 18 m hoch und ziehen tausende von Touristen an. Sie wurden von Gutzon Borglum bzw. seinem Sohn geschaffen.

Gold
1874 wurde in der Homestake Mine in South Dakota Gold gefunden. Seither gehören die USA zu den größten Goldproduzenten der Welt. Jedes Jahr werden rund 300 Tonnen Gold gewonnen.

Südliche Staaten

Die 14 südlichen Staaten werden von 3 Regionen geprägt: den Appalachen im Zentrum, den fruchtbaren Ebenen im Süden und Westen und dem tropischen Golf von Mexiko. Eine entscheidende Rolle in der Geschichte bildeten die Baumwollplantagen, die im 19. Jh. aufgebaut wurden und in denen afrikanische Sklaven arbeiten mussten. Heute hat das Gebiet eine vielfältige Wirtschaft, bei der Erdöl, Kohle, Industrie und Tourismus eine große Rolle spielen.

Mundstück mit einfachem Rohrblatt

Jazz
Die Jazzmusik nahm Anfang des 20. Jh. von New Orleans ihren Ausgang. Sie entwickelte sich aus dem Ragtime, den schwarze Musiker bei Begräbnissen und Straßenparaden spielten. Nach und nach breitete sich der Jazz nach Chicago und New York aus. Die „Original Dixieland Jazz Band", eine Gruppe von 10 weißen Musikern, nahm als Erste Jazzplatten auf.

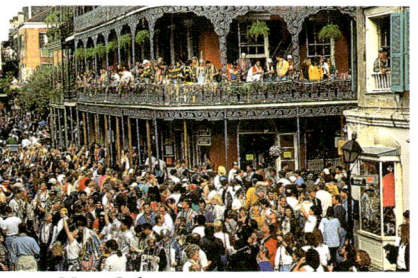

New Orleans
New Orleans haben die Franzosen 1718 gegründet. Die Hafenstadt zählt mit 500 000 Menschen zu den größten Ballungsgebieten im Süden. Die Hälfte der Einwohner sind afrikanischen Ursprungs. Der französische Einfluss ist beim Mardi-Gras-Festival am Fastnachtsdienstag noch spürbar.

Baumwolle
Die USA sind der zweitgrößte Baumwollproduzent der Erde. Die Baumwollindustrie ist im Süden beheimatet und entstand in den Tagen der Sklaverei. Heute ist sie stark mechanisiert. Aus Baumwollstoffen stellt man Hand- und Tischtücher sowie vor allem Jeans her.

Disney World
Walt Disney World® in Orlando, Florida, wurde 1971 eröffnet und ist heute mit über 20 Mio. Besuchern pro Jahr eine der Hauptattraktionen Amerikas. Der Fantasykomplex ist die Welt der Comicfiguren von Walt Disney, eingebettet in zahlreiche Hotels und Restaurants. Das benachbarte Epcot Center zeigt Zukunftstechnologien.

Das Saxophon hat einen warmen, durchdringenden Ton.

Landwirtschaft
In den Südstaaten werden Sojabohnen, Tabak und Erdnüsse angebaut, aus denen man Erdnussbutter herstellt. Florida ist der zweitgrößte Orangenproduzent der Welt. Von hier stammen 75 % aller in den USA verzehrten Zitrusfrüchte.

Erdnussbutter

Erdnüsse

Jeans aus Denim

Südwestliche Staaten

Die 6 Staaten im Südwesten liegen in einem trockenen Gebiet, das noch Anteil an den Rocky Mountains hat. Enge Verbindungen zu Lateinamerika führten dazu, dass hier die meisten Indianer in den USA leben, ferner viele Mestizen und Menschen spanischer Abstammung. Houston in Texas ist die viertgrößte Stadt der USA und das Zentrum des Raumfahrtprogramms.

Navajo
Rund 220 000 Navajo leben in Arizona, Utah und New Mexico in der größten Reservation Amerikas mit einer Fläche von 70 000 km². Die Navajos waren früher Nomaden. Heute betreiben sie Landwirtschaft und bauen Mais, Bohnen und Kürbisse an. Sie sind geschickte Töpfer, Weber und Silberschmiede.

Typisch geometrisches Navajo-Muster

Teppich der Navajo

Rinder
Die Rinderzucht begann in der Mitte des 19. Jh., weil man den Lebensmittelbedarf der wachsenden Städte an der Ostküste decken wollte. Heute ist die Rinderzucht immer noch einträglich und wird in den großen Ebenen von Texas, New Mexico und Colorado betrieben.

Ölarbeiter beim Abteufen einer Bohrung

Las Vegas
Die Stadt Las Vegas hat sich ganz dem Glücksspiel verschrieben. Die glitzernden Neonlichter locken die Menschen in die Spielkasinos und Nachtklubs. Las Vegas liegt neben dem Grand Canyon mitten in der Wüste von Nevada und zieht jedes Jahr über 30 Mio. Besucher an.

Ölindustrie
1901 wurde in Texas Erdöl entdeckt. Seither produziert dieser Staat zusammen mit Alaska am meisten Öl. Das Zentrum der Industrie liegt in Houston. Hier stehen viele Raffinerien.

Pazifische Staaten

Die 3 Staaten Washington, Oregon und Kalifornien haben eine lange Küste am Pazifischen Ozean. Im Norden liegen Gebirge, Vulkane und Wälder, in Kalifornien findet man Trockenwüsten und die Sierra Nevada. Allen 3 Staaten geht es wirtschaftlich sehr gut. Kalifornien ist am dichtesten besiedelt und zieht viele Touristen an.

San Francisco
San Francisco liegt an einer natürlichen Bucht an der Westküste und ist das Zentrum für den Seehandel. Die hügelige, grüne Stadt leidet unter häufigen Erdbeben. Die Wolkenkratzer sind aber erdbebensicher gebaut. In San Francisco leben rund 750 000 Menschen.

CD

Holzgewinnung
Ein Drittel des Weichholzes der USA stammt aus den Wäldern Washingtons und Oregons. Den größten Teil verarbeitet man zu Papier. Die höchsten Bäume der Erde, die Redwoods oder Mammutbäume an der Küste Kaliforniens, werden über 100 m hoch.

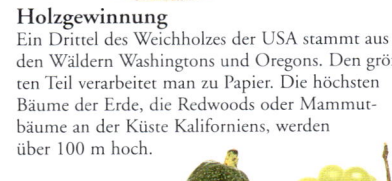

Silicon Valley
Das Santa Clara Valley südlich von San Francisco heißt heute einfach Silicon Valley, weil dort über 3 000 Computer- und Elektronikfirmen ihren Sitz haben. Die Hightech-Industrie entwickelt hier neue Ideen und arbeitet dabei oft partnerschaftlich mit der benachbarten Stanford University zusammen.

Hollywood
Hollywood ist ein Vorort von Los Angeles und liegt in einer hübschen Umgebung. Seit den 1920er Jahren haben hier sehr viele große Filmstudios ihren Sitz. Seinen Ruf erwarb sich Hollywood während der ersten Blütezeit des Kinos in den 40er und 50er Jahren. Hier leben heute noch viele berühmte Filmschauspieler. Obwohl einige Studios weggezogen sind, bleibt Hollywood die Filmhauptstadt der Welt.

Technicolorkamera für 3 Farbauszüge

Avocado **Trauben** **Pfirsich** **Mandeln**

Landwirtschaft
Fruchtbare Böden und das warme Klima begünstigen Kalifornien. Hier wird die Hälfte des Obstes und Gemüses produziert, das die Amerikaner verzehren, z. B. Avocados, Pfirsiche, Mandeln und Pistazien. In Washington gedeihen vor allem Äpfel und Trauben.

Alaska
Die Amerikaner kauften Alaska im nordwestlichen Nordamerika 1867 den Russen ab. Alaska ist der größte aller US-Staaten. Die Pflanzendecke besteht aus Nadelwäldern und Tundra. 1968 entdeckte man in Alaska Erdöl. Die Hauptwirtschaftszweige sind seither die Ölgewinnung, neben Fischerei und Forstwirtschaft. Alaska ist dünn besiedelt, doch leben hier noch viele Inuit.

Hawaii
Die Kette aus 8 vulkanischen Inseln und 124 Inselchen im Pazifk wurde 1959 der 50. Bundesstaat der USA. Wegen seiner Palmenstrände gilt Hawaii als Tropenparadies. Der Tourismus erbringt neben der Landwirtschaft das Haupteinkommen. Auf Hawaii gibt es große Militärbasen. Die Hawaiianer stammen von Polynesiern, Europäern, Amerikanern, Chinesen und Japanern ab.

SIEHE AUCH UNTER DISNEY, WALT · ERDBEBEN · ERDÖL · FILM · INDIANER · JAZZ · NORDAMERIKA, GESCHICHTE · WÄLDER · ZEITUNGEN UND ZEITSCHRIFTEN

VEREINIGE STAATEN VON AMERIKA,
GESCHICHTE

VOR ETWAS MEHR ALS 200 JAHREN erlangten die britischen Kolonien an der Ostküste Amerikas als Erste in der Neuen Welt die Unabhängigkeit von Europa. Innerhalb von 100 Jahren entstand dort eine Nation, die einen großen Teil des Erdteils umfasst. Viele Amerikaner zogen westwärts und siedelten sich in der Prärie an. Andere begaben sich auf Goldsuche nach Kalifornien. Millionen von Europäern wanderten nach Amerika aus, um Armut und Verfolgung zu entkommen.

Unabhängigkeitserklärung, 1776

Geburt einer Nation
Die 13 britischen Kolonien der Ostküste erhoben sich gegen das Mutterland, weil sie hohe Steuern zahlen mussten ohne im Parlament vertreten zu sein. 1776 erklärten sie sich für unabhängig und die Briten mussten nach 5-jährigem Krieg kapitulieren.

Verfassung
1787 entwarfen Vertreter der einzelnen Staaten eine Verfassung. Sie schufen ein System von Bundesstaaten und teilten die Macht unter diesen und der Zentralregierung auf.

Westwärts
1862 erließ die US-Regierung ein Gesetz, dass den Farmern 65 Hektar Land westlich des Mississippi zusprach, nachdem sie es 5 Jahre lang bebaut hatten. So zogen die Menschen in Planwagen durch die Prärie. Einige nahmen den *Oregon Trail* über die Rockys nordwestwärts.

Wasserdichte Plane über Bügeln aus Eisen
Holzräder mit Eisenreifen
Der Wagen enthielt alles, was eine Familie benötigte.

Ausdehnung
Innerhalb von 65 Jahren nach der Unabhängigkeit hatten die 13 ursprünglichen Staaten der Ostküste das Territorium der USA über den ganzen Kontinent ausgedehnt.

- 1776
- 1783
- 1803
- 1845
- 1846
- 1848

Ausdehnung der USA

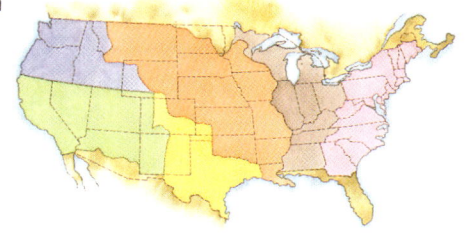

Holzbaracken

Barackensiedlungen
Bei Minerallagerstätten im ganzen Land entstanden Barackensiedlungen, in denen die Bergarbeiter wohnten. 1848 wurde Gold in Kalifornien entdeckt. Daraufhin zogen viele tausend Goldsucher in diesen Bundesstaat.

Von Küste zu Küste
Bis 1860 gab es Eisenbahnen fast nur im östlichen Teil Amerikas. Nach Westen konnte man nur auf Pferderücken oder mit dem Planwagen reisen. Am 10. Juli 1869 wurde die erste Eisenbahnlinie quer durch den Kontinent fertig gestellt. Sie verband die Ost- mit der Westküste. Bis 1909 baute man 6 weitere transkontinentale Strecken.

Einwanderer
Iren flohen vor dem Hunger, Juden vor der Verfolgung, Italiener und andere vor der Armut. Sie alle überquerten den Atlantik und begannen ein neues Leben in den USA. In einem einzigen Jahrzehnt, 1890–1900, stieg die Bevölkerung um 13 Mio. auf 76 Mio. Bis 1907 kamen jedes Jahr über 1 Mio. Einwanderer aus allen Ländern Europas. So wurden die USA zum Schmelztiegel der Sprachen und Kulturen.

Einwanderer kommen in New York an.

Gettysburg
1861 kam es zwischen den Nord- und den Südstaaten über die Frage der Sklaverei zum Krieg. Er dauerte 4 Jahre. Einer der Wendepunkte war die Schlacht von Gettysburg im Juli 1863. Hier wurde der Vormarsch der Südarmeen nach Norden gestoppt. Tausende von Männern verloren ihr Leben. Die Nordstaaten gewannen schließlich den Bürgerkrieg und setzten die Abschaffung der Sklaverei durch.

Schlacht zwischen den Nord- und Südstaaten bei Gettysburg

Chronologie
1783 Gründung der Vereinigten Staaten von Amerika

1787 Die Verfassung der USA tritt in Kraft.

1789 George Washington wird zum ersten Präsidenten der USA gewählt.

1861–65 Bürgerkrieg zwischen Nord- und Südstaaten

Um 1890 Die USA werden zu einer bedeutenden Macht.

1903 Präsident Roosevelt erwirbt das Recht zum Bau des Panamakanals.

Theodore Roosevelt

Industrialisierung

Von 1870 bis 1914 verdreifachte sich die Industrieproduktion der USA. Sie wurden zu einer Wirtschaftsmacht. 1912 führte Henry Ford die Fließbandproduktion ein.

Der Ford Modell T war das erste Auto vom Fließband.

Pearl Harbor
Als 1939 der Krieg in Europa ausbrach, blieben die USA erst neutral. Doch am 7. Dezember 1941 bombardierten japanische Flugzeuge die US-Flotte in Pearl Harbor, Hawaii. Die USA schlossen sich nun dem Krieg gegen Deutschland, Italien und Japan an und kämpften bis 1945 in vielen Erdteilen.

Die wilden 20er Jahre

Nach dem 1. Weltkrieg erlebte die Wirtschaft der USA eine Blüte. Die 20er Jahre bezeichnet man auch als Zeitalter des Jazz. 1920 kam die Prohibition, das Alkoholverbot. Die Kriminalität stieg an, da Gangster nun um die Kontrolle im Alkoholschmuggel kämpften.

Damenmode der frühen 30er Jahre

John F. Kennedy
John F. Kennedy (1917–63) kam in Massachusetts auf die Welt. Er wurde der 35. Präsident der USA und war mit 43 Jahren auch der jüngste. Seine Jugend und Kraft wirkten auf viele Wähler attraktiv. Im Land musste er das Problem der Rassendiskriminierung lösen, da die schwarzen Amerikaner dieselben Rechte beanspruchten wie die Weißen. Hinzu kam die Bedrohung durch Atomraketen auf Kuba. Erst nach harten Verhandlungen zog Russland diese im Oktober 1962 von Kuba ab. Bevor Kennedy seine Reformen zu Ende führen konnte, wurde er in Dallas, Texas, ermordet.

Die große Depression
1929 brach die New Yorker Börse zusammen. Eine weltweite Wirtschaftskrise war die Folge. Bis 1932 waren über 12 Mio. Amerikaner arbeitslos. Die Hungrigen gingen in die öffentlichen Suppenküchen.

Vietnamkrieg
1965–1973 kämpfte die USA in Vietnam um zu verhindern, dass das Land unter einer kommunistischen, nordvietnamesischen Regierung wiedervereinigt würde.

Nachkriegsgesellschaft

Zwischen 1945 und 1970 blühten die amerikanische Wirtschaft und Wissenschaft auf. Die Produktion vervierfachte sich fast und das reale Einkommen der Durchschnittsfamilie wurde mehr als verdoppelt. Heute sind die USA weiterhin wirtschaftlich wie politisch das mächtigste Land. Besonders auf dem Hightech-Sektor ist es führend. Der wirtschaftliche Erfolg kommt aber nicht allen Bevölkerungsschichten zugute. In vielen Großstädten herrscht Massenarbeitslosigkeit. Millionen Amerikaner – vor allem Schwarze – leben nahe der Armutsgrenze.

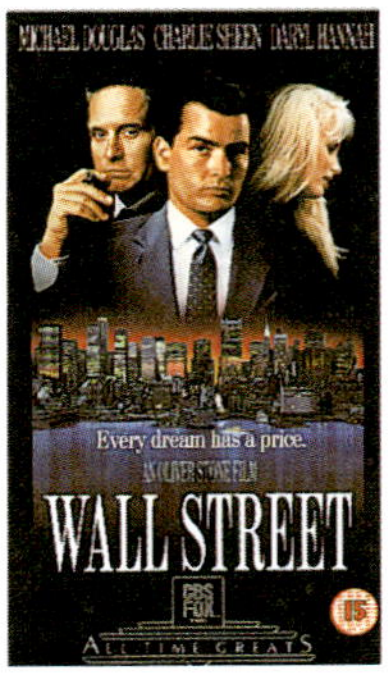

Die 50er Jahre
Die 50er Jahre waren eine Zeit wachsenden Wohlstands. Die meisten Familien konnten sich nun ein Auto, elektrische Haushaltsgeräte wie Waschmaschinen und Geschirrspüler sowie Fernseher leisten.

Woodstock
In den 60er Jahren entstand auf der Grundlage der Rockmusik eine Jugendkultur. Über 300 000 junge Leute nahmen im August 1969 am Festival von Woodstock teil, eine der erfolgreichsten Musikveranstaltungen aller Zeiten.

Konsumgesellschaft
In den 50er Jahren eröffneten überall auf dem Land Einkaufszentren. Der zunehmende Wohlstand erlaubte den Menschen, mehr Geld für Konsumgüter auszugeben. Erstmals machte der Durchschnittsamerikaner Ferien im Ausland.

Wall Street
In den 80er Jahren ging es den USA weiterhin gut und viele Leute wurden durch Spekulationen an der Wall Street reich. 1987 brach der Aktienmarkt zusammen, wobei an einem einzigen Tag 500 Mrd. US-Dollar an Aktienwerten vernichtet wurden. Die Börsenaufsicht beschränkte damals den Handel mit zu großen Aktienpaketen.

Das Chipwunder
Man kann heute Millionen von Transistoren auf eine Siliziumoberfläche aufätzen. Dadurch wurden die Computer kleiner, billiger und leistungsfähiger. In der Computerindustrie sind die USA führend.

Chronologie

1917 Die USA treten an der Seite Großbritanniens und Frankreichs in den Ersten Weltkrieg ein.

1920–33 Die Prohibitionsgesetze verbieten Herstellung und Verkauf alkoholhaltiger Getränke in USA.

1929 Zusammenbruch der Börse

Meldungen vom Börsenkrach

1929–39 Die Wirtschaftskrise führt zu Massenarmut.

1933 Präsident F. D. Roosevelt verspricht den New Deal, um die USA aus der wirtschaftlichen Talsohle herauszuholen.

1945 Abwurf amerikanischer Atombomben auf Japan, Ende des Zweiten Weltkriegs

1945–89 Kalter Krieg zwischen den USA und der Sowjetunion

1954 Der Oberste Gerichtshof verbietet die Rassentrennung in den Schulen.

1965–73 Über 50 000 amerikanische Soldaten fallen im Krieg in Vietnam.

60er und 70er Jahre Die Schwarzen kämpfen um Gleichberechtigung.

1969 Neil Armstrong landet auf dem Mond.

1987 Präsident Reagan und M. Gorbatschow vereinbaren den Abbau von Mittelstreckenraketen.

Ronald Reagan und Michail Gorbatschow

SIEHE AUCH UNTER | AMERIKANISCHE REVOLUTION | AMERIKANISCHER BÜRGERKRIEG | HANDEL UND INDUSTRIE | KALTER KRIEG | KING, MARTIN LUTHER | NORDAMERIKA, GESCHICHTE | PILGERVÄTER | WIRTSCHAFTSKRISEN

VEREINTE NATIONEN

AUF DEM HÖHEPUNKT des Zweiten Weltkriegs einigten sich die 26 alliierten Länder, die als „Vereinte Nationen" auftraten, mit den Kriegsgegnern Deutschland, Italien und Japan keinen Separatfrieden zu schließen. Aus dieser Erklärung entstand die UN, die neue internationale Organisation zur Sicherung des Weltfriedens und Förderung der internationalen Zusammenarbeit. Heute gehören fast alle Staaten der Welt der UN an. Sie dient als Forum, auf dem Probleme diskutiert und oft auch gelöst werden.

Der Völkerbund
Der Völkerbund entstand 1919 nach dem 1. Weltkrieg in Genf. Er sollte den Weltfrieden sichern, hatte aber keine eigenen Streitkräfte um Entscheidungen durchzusetzen. Die USA und andere Nationen blieben dem Völkerbund fern. Er konnte der aggressiven Politik z. B. Deutschlands in den 30er Jahren nicht entgegentreten und zerfiel im Laufe des 2. Weltkrieges. An seine Stelle traten die Vereinten Nationen.

Generalversammlung
Das wichtigste Forum der UN ist die Generalversammlung. Jeder Staat entsendet einen Delegierten zu dieser Versammlung, die 4 Monate im Jahr tagt. Entscheidungen werden mit einfacher Mehrheit getroffen, sofern sie nicht sehr wichtige Dinge betreffen, die eine Zweidrittelmehrheit erfordern. Die Generalversammlung hat wenig Macht. Sie dient eher als eine Art internationales Parlament.

Sekretariatsgebäude, wo die Verwaltung ihren Sitz hat

Flaggen der Mitgliedsstaaten säumen den UN-Komplex

Internationaler Gerichtshof
Streitfragen zwischen einzelnen Ländern schlichtet der Internationale Gerichtshof in Den Haag, Niederlande. Er setzt sich aus 15 Richtern zusammen, die vom Sicherheitsrat und der Generalversammlung bestimmt werden. Die Urteile müssen durch Mehrheitsentscheidung gefällt werden.

Besuchereingang

Das Konferenzgebäude beherbergt mehrere Sitzungssäle für UN-Organisationen.

Sicherheitsrat

Der Treuhandrat ist für Gebiete verantwortlich, die sich nicht selbst regieren, die sog. Mandatsgebiete.

Wirtschafts- und Sozialrat

Das Hauptquartier der UN befindet sich in New York. Der gesamte Komplex ist eine internationale Zone mit eigenen Briefmarken und eigenem Postamt.

Friedensgarten mit 25 Rosensorten

Sicherheitsrat
Die mächtigste Organisation der UN ist der Sicherheitsrat. Er hat 10 nicht ständige und 5 ständige Mitglieder, nämlich USA, Russland, China, Großbritannien und Frankreich. Die nicht ständigen Mitglieder werden alle 2 Jahre von der Generalversammlung gewählt. Der Sicherheitsrat kann sich jederzeit treffen und die Armeen der Mitgliedsstaaten zur Zusammenarbeit aufrufen.

Wirtschafts- und Sozialrat
Die 54 Mitglieder dieses Rates wachen über die Angelegenheiten der Mitgliedsstaaten im Hinblick auf Wirtschaft, Zusammenleben, Kultur, Gesundheit und Ausbildung. Sie wollen auch den Menschenrechten zur Geltung verhelfen. Dieser Rat berichtet der Generalversammlung.

Statue vor dem UN-Hauptquartier

Schwerter zu Pflugscharen

Sekretariat
Die Verwaltung der UN liegt in Händen des Sekretariats. Die Beamten kommen aus allen Nationen. Sie arbeiten im Hauptquartier in New York und in jedem anderen Land, wo die UN aktiv tätig ist.

Generalsekretär
Die mächtigste Person in der UN ist der Generalsekretär, den die Generalversammlung für jeweils 4 Jahre wählt. Seit 1997 ist Kofi Annan Generalsekretär. Er wurde 1938 in Ghana geboren, studierte in den USA und verbrachte seine ganze berufliche Karriere bei den UN. 1996 war er Sonderbeauftragter für das frühere Jugoslawien. Der Generalsekretär kann nur tätig werden, wenn der Sicherheitsrat Maßnahmen einstimmig beschließt.

Sonderorganisationen

Einen großen Teil der Aufgaben der UN übernehmen 17 Sonderorganisationen in Verbindung mit den Vereinten Nationen. Einige wurden gegründet, bevor es die UN überhaupt gab, z.B. die Internationale Arbeitsorganisation (ILO). Andere Organisationen entstanden nach und nach. Sie kümmern sich z. B. um die Zivilluftfahrt und die Seeschifffahrt, um das Weltpostwesen und die Entwicklungshilfe.

UNICEF
Das Weltkinderhilfswerk UNICEF kümmert sich um die Kinder der ganzen Welt. Es beschäftigt sich mit Gesundheitsfürsorge und -erziehung in vielen Entwicklungsländern. Besonders engagiert es sich für Waisen oder kriegsverletzte Kinder.

UNESCO
Die Organisation der Vereinten Nationen für Erziehung Wissenschaft und Kultur wurde 1946 gegründet, um die internationale Zusammenarbeit auf kulturellem Gebiet zu fördern. Zu ihren Aufgaben zählt auch die Restaurierung kulturell besonders wertvoller Stätten, etwa von Angkor Wat in Kambodscha.

IWF
Der Internationale Währungsfonds IWF wurde 1944 gegründet, um die internationale Zusammenarbeit, die Stabilität der Währungen und die Ausdehnung des Welthandels zu fördern. Der IWF berät Mitgliedsländer bei wirtschaftlichen und finanziellen Problemen.

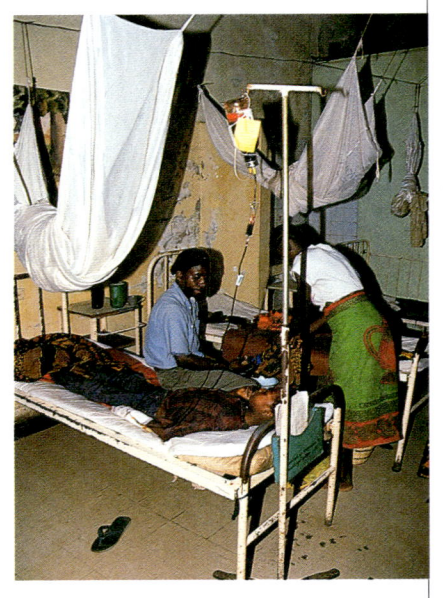

WHO
Die Weltgesundheitsorganisation WHO will die hygienischen Verhältnisse verbessern und Krankheiten bekämpfen. Die wichtigste Errungenschaft war die Ausrottung der Pocken 1980. Ähnliche erfolgreiche Kampagnen wurden gegen die Kinderlähmung und die Lepra durchgeführt.

Die Arbeit der UN

Die UN und ihre Sonderorganisationen sind in fast allen Ländern der Welt tätig. Die größte Aufmerksamkeit widmen sie jedoch den ärmeren, weniger entwickelten Nationen und den Gebieten, die unter Krieg, Hunger und Katastrophen zu leiden haben. Die UN kann eigene technische Hilfe und Rat bieten, hängt aber für weitere Zuwendungen, vor allem bei Friedenstruppen, von den Mitgliedsstaaten ab.

Skulptur vor dem Hauptquartier der UN

Friedenssicherung
Die UN versucht bei Kriegen zwischen den Parteien zu vermitteln. Die berühmten Blauhelme sind in fast allen Krisengebieten der Erde im Einsatz, etwa im Nahen Osten und auf dem Balkan. Zur Zeit arbeiten rund 17 000 Mann in 17 Ländern bei den Friedenstruppen.

Humanitäre Hilfe
Die UN leistet humanitäre Hilfe bei Notsituationen in einzelnen Ländern. Der Hochkommissar für Flüchtlinge in Genf beschafft z. B. Nahrung und Unterkunft für Menschen, die vor Krieg, Hungersnot oder Dürrekatastrophen flüchten. Andere Organisationen verbessern die Wasserversorgung oder kümmern sich um die Gesundheit und Ausbildung.

Umweltschutz
Die UN beschäftigt sich in zunehmendem Maß auch mit Umweltfragen. 1992 berief sie den Umweltgipfel von Rio de Janeiro ein. Dort wurde die *Agenda 21* verabschiedet. Die teilnehmenden Länder verpflichteten sich, die Luftverschmutzung zu verringern, um eine weltweite Erwärmung der Erde zu stoppen.

Eine Konferenz der UN 1996 spricht sich für das Verbot aller Nuklearversuche aus.

Dag Hammarskjöld
Der schwedische Politiker Dag Hammarskjöld (1905–61) wurde 1953 Generalsekretär der UN. Er war ein geschickter Diplomat, der durch seine unparteiische Haltung bei internationalen Krisen – etwa in der Suezkrise 1956 – der UN großes Ansehen erwarb. 1961 kam Hammarskjöld bei einem Flugzeugunglück ums Leben. Er erhielt nach seinem Tod den Friedensnobelpreis.

Chronologie

1945 Auf der Konferenz von San Francisco verabschieden die Länder die Charta der UN. Sie wird bei der Erstversammlung der UN in London im Oktober ratifiziert.

1946 Trygve Lie aus Norwegen wird erster Generalsekretär der UN.

Ständige Mitglieder des Sicherheitsrates

1950–53 UN-Truppen in Südkorea versuchen die Invasion durch Nordkorea zu stoppen.

1953 Dag Hammarskjöld wird Generalsekretär.

1960–64 Die UN interveniert im Bürgerkrieg im Kongo.

1961 U Thant aus Birma wird Generalsekretär.

1964 Die UN entsendet Friedenstruppen nach Zypern.

1971 Taiwan muss die UN verlassen, China tritt bei.

1972 Der Österreicher Kurt Waldheim wird Generalsekretär.

1982 Der Peruaner Javier Pérez de Cuéllar wird Generalsekretär.

1992 Nach Ausbruch des Bürgerkrieges im früheren Jugoslawien entsendet die UN Friedenstruppen nach Bosnien.

1992 Der Ägypter Boutros Boutros-Ghali wird Generalsekretär.

1997 Kofi Annan aus Ghana wird Generalsekretär.

SIEHE AUCH UNTER: EUROPA, GESCHICHTE — FRIEDENSBEWEGUNG — GELD — KALTER KRIEG — KRIEG — POLITIK UND MACHT — STREITKRÄFTE

VERERBUNG

JEDER MENSCH IST einzigartig. Er erbt aber viele Merkmale und Eigenschaften und oft auch das Aussehen von seinen Eltern. Die Genetik oder Vererbungswissenschaft untersucht, wie Merkmale von den Eltern auf die Kinder übergehen. Im Zentrum der Vererbung steht dabei die Desoxyribonukleinsäure (DNS, engl. DNA), die in jeder lebenden Zelle vorkommt. Sie enthält einen komplexen chemischen Code, in dem das gesamte Erbgut verschlüsselt liegt. In jedem Chromosom im Zellkern liegen DNS-Stränge. Und auf diesen Strängen sind die Einheiten der Vererbung, die Gene, ähnlich wie bei einer Strickleiter angeordnet.

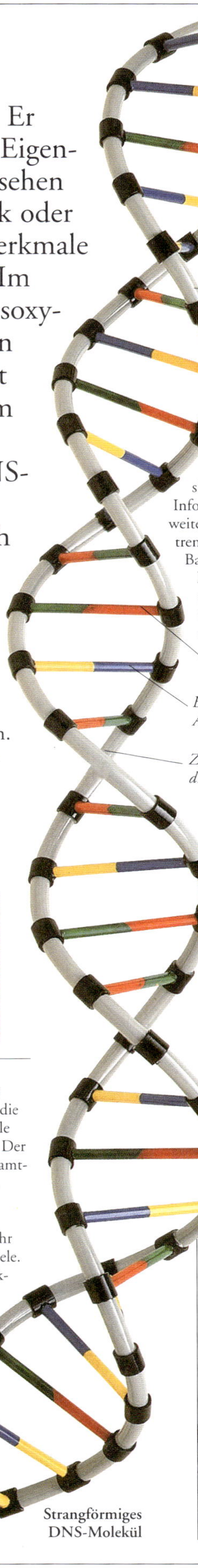

Chromosomen

Chromosomen sind fädige Strukturen im Zellkern. Sie enthalten DNS. Wenn sich eine Zelle teilt, teilen sich auch die Chromosomen. Die meisten Zellen des Menschen enthalten 46 Chromosomen in 23 Paaren. Je 23 Chromosomen stammen von einem Elternteil.

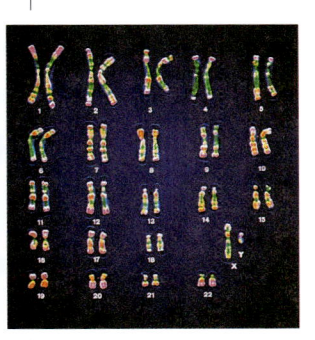

Chromosomenpaare, gefärbt

Chromosomendefekte
Es kommt vor, dass von einem Chromosom ein Stück fehlt oder ein Chromosom zuviel vorhanden ist. Auch Fehler in der DNS selbst sind möglich. Solche Defekte können zu Erkrankungen oder Missbildungen führen, teilweise schon im Mutterleib oder erst später.

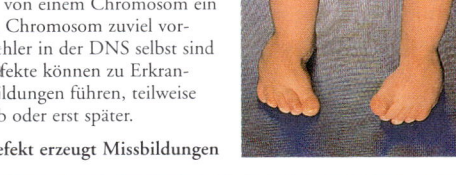

Genetischer Defekt erzeugt Missbildungen

Gene

Das Gen ist die Grundeinheit der Vererbung. Es entspricht einem Abschnitt auf der DNS. In den 46 Chromosomen des Menschen liegen rund 100 000 Gene. Sie enthalten die Anweisungen zum Aufbau der Proteine, die die Zelltätigkeit steuern. Die Gene entscheiden somit über die Merkmale eines Lebewesens.

Genotyp und Phänotyp
Als Genotyp bezeichnen wir die Gesamtheit aller Erbmerkmale und Gene eines Lebewesens. Der Phänotyp entspricht der Gesamtheit aller äußeren Merkmale.

Allele
Viele Gene haben 2 oder mehr Zustandsformen, die sog. Allele. Sie bestimmen dasselbe Merkmal, z. B. die Augenfarbe, entsprechen aber verschiedenen Versionen, z.B. blau.

Blaugrünes Auge Rundliche Form, lange Wimpern, großes Augenlid

Dunkelbraunes Auge Mandelförmig mit kurzen Wimpern

Hellbraunes Auge Feine Wimpern mit schmalem Augenlid

Strangförmiges DNS-Molekül

DNS

Das DNS-Molekül enthält alle Informationen für den Aufbau und den Betrieb eines bestimmten Lebewesens. Die DNS liegt im Zellkern und besteht aus 2 spiralig umeinander gewickelten Strängen, der sog. Doppelhelix. Man kann sie mit einer Leiter vergleichen: Die Sprossen entsprechen 4 Basen: Thymin, Adenin, Cytosin und Guanin.

Das „Rückgrat" des DNS-Stranges besteht aus Zuckern und Phosphaten.

- Thymin
- Adenin
- Cytosin
- Guanin

Replikation
Die DNS ist insofern einzigartig, als sie von sich eine Replik oder Kopie herstellen kann. Wenn sich eine Zelle teilt, wird die Information der DNS unverändert weitergegeben. Bei der Replikation trennen sich die beiden Stränge. Die Bausteine der DNS, die Nukleotide, lagern an dem unpaaren Strang so an, dass die Basenpaare einander entsprechen. So entstehen aus einem 2 DNS-Moleküle.

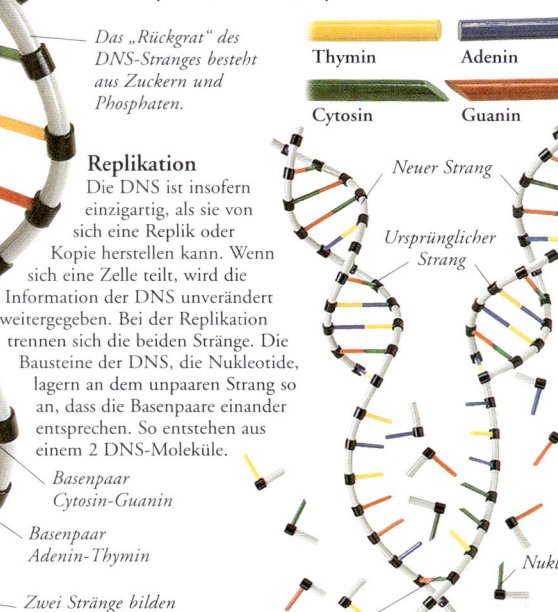

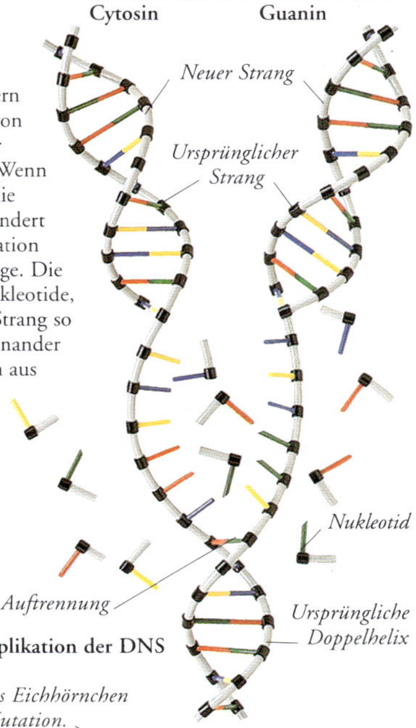

Basenpaar Cytosin-Guanin
Basenpaar Adenin-Thymin
Zwei Stränge bilden die Doppelhelix.
Neuer Strang
Ursprünglicher Strang
Nukleotid
Auftrennung
Ursprüngliche Doppelhelix

Replikation der DNS

Mutationen

Ein weißes Eichhörnchen ist eine Mutation.

Mutationen sind zufällige Veränderungen in der Struktur der DNS oder auch in der Zahl und Form der Chromosomen. Durch Mutationen treten neue ungewöhnliche Merkmale auf.

Variabilität
Die Angehörigen einer Art sehen einander sehr ähnlich, sind aber nie identisch. Am besten sehen wir das bei uns Menschen. Die Variabilität ergibt sich durch die einzigartigen Merkmalkombinationen der DNS bei der Fortpflanzung.

Variabilität bei Blüten

Franklin, Watson, Crick
Die Entdeckung der Struktur der DNS gelang durch Teamarbeit. Rosalind Franklin (1920–58) leistete grundlegende Arbeiten. Auf ihnen bauten 1953 Francis Crick (geb. 1916) und James Watson (geb. 1928) sowie Maurice Wilkins (geb. 1916) auf. Watson, Crick und Wilkins erhielten 1962 den Nobelpreis.

Rosalind Franklin, englische Biochemikerin

James Watson, amerikanischer Biologe

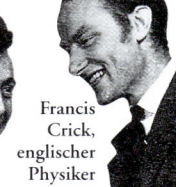

Francis Crick, englischer Physiker

833

Vererbung

Vererbung ist die Weitergabe von Merkmalen von einer Generation zur nächsten. Diese Merkmale für Haar- und Hautfarbe, Größe und Geschlecht werden von Genen bestimmt. Wenn sich unterschiedliche Zustandsformen oder Allele desselben Gens treffen, z. B. blaue und braune Augenfarbe, so erweisen sich einige als dominant und setzen sich durch, andere sind rezessiv und treten zurück. Dies erkannte zuerst Gregor Mendel (1822–1884).

Vererbung in der Familie

Kinder übernehmen Merkmale von den Eltern.

Jedes Kind ähnelt den Eltern, ist aber nie mit ihnen identisch.

Jedes Kind ist einzigartig, weil es eine unterschiedliche Mischung elterlicher Gene erbt.

Genotyp des Elters: 2 dominante Allele — RR — *Rosa Blüte*
Genotyp der Keimzelle — R

Genotyp der Keimzelle — r
Genotyp des Elters: 2 rezessive Allele — rr — *Weiße Blüte*
Genotyp der Keimzelle: Aufspaltung bei der Keimzellenbildung — r

Im Rahmen: Die 4 möglichen Genkombinationen bei Nachkommen einer Pflanze mit rosa Blüten und einer mit weißen Blüten. — Rr, Rr, Rr, Rr

Dominante Gene
Wenn 2 Formen desselben Gens und somit 2 Allele in derselben Zelle vorhanden sind, wirkt sich nur das dominante Gen aus. In diesem Fall ist R, das rosa Blüten erzeugt, dominant. Weiß ist rezessiv.

Genotyp des Elters — Rr — *Elter mit einem dominanten und einem rezessiven Gen*
Genotyp der Keimzelle — R, r

Genotyp der Keimzelle — R, r
Genotyp des Elters — Rr — *Elter mit einem dominanten und einem rezessiven Gen*

Weiße Blütenfarbe durch zwei rezessive Gene — rr

Die Diagramme zeigen die Genotypen möglicher Nachkommen und wie Gene die Blütenfarbe beeinflussen.

Rezessive Gene
Ein rezessives Gen tritt dann zurück, wenn in derselben Zelle ein dominantes Allel vorhanden ist. Treffen jedoch 2 rezessive Gene aufeinander, so wirken sie sich aus. In diesem Fall ist r das Gen für die weiße Blütenfarbe. Als rezessives Gen tritt es aber nur hervor, wenn 2 solche Gene aufeinander treffen (rr).

Geschlechtschromosomen

Ob ein Tier weiblich oder männlich ist, bestimmt in der Regel 1 Paar Geschlechtschromosomen. Beim Menschen und bei Säugern sind die weiblichen Geschlechtschromosomen identisch und heißen XX. Beim Mann ist ein Chromosom kleiner; das Paar heißt XY.

X-Chromosom, Mensch

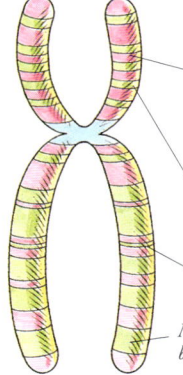

Mutation eines Gens in diesem Gebiet bewirkt eine Form des Muskelschwundes.
Mutation dieses Gens bewirkt eine Augenkrankheit.
Mutation dieses Gens bewirkt Wolfsrachen.
Mutation dieses Gens bewirkt Bluterkrankheit.

Geschlechtsbestimmung
Ei- und Samenzelle enthalten nur 1 Geschlechtschromosom. Alle Eier haben ein X-Chromosom, die Hälfte der Samenzellen ein X- und die andere Hälfte ein Y-Chromosom. Bei der Befruchtung steht die Chance 50:50, dass ein männliches (XY) oder ein weibliches (XX) Individuum entsteht.

Die meisten roten Katzen sind Kater.

Dreifarbige Katzen sind stets weiblich.

Geschlechtsverbundene Vererbung
X- und Y-Chromosomen bestimmen nicht nur das Geschlecht. Einige Gene sind jeweils typisch für männliche oder weibliche Merkmale. Auf dem X-Chromosom liegen mehr solche geschlechtsgebundenen Gene als auf dem Y-Chromosom.

Genetischer Code

Die DNS enthält Informationen zum Aufbau aller Proteine. Vier Basen – Adenin (A), Cytosin (C), Guanin (G) und Thymin (T) – tun sich paarweise zusammen und bilden durch ihre Abfolge (Sequenz) einen Code. Dieser Code verschlüsselt die Reihenfolge der Aminosäuren in den Proteinen.

Human Genome Project
Bei diesem Forschungsvorhaben will man die Basensequenz aller 100 000 Gene des menschlichen Körpers entschlüsseln. Man begann mit diesem Projekt 1993. Bis 2003 soll das gesamte menschliche Erbgut entschlüsselt sein.

Der genetische Code besteht aus 4 Basen A, C, G, T.

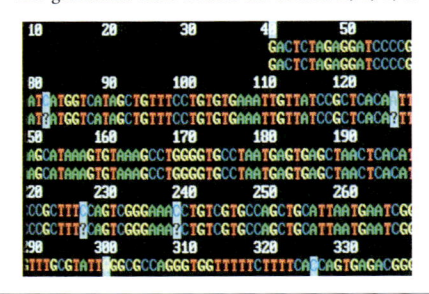

Gentechnologie

Gentechnologie bedeutet u. a., dass man Gene aus einer Zelle entnimmt und sie in andere Zellen einpflanzt. Damit erzeugt man neue Kombinationen von Merkmalen. Ein Fernziel der Gentechnologie ist es, schlechte Gene in menschlichen Zellen durch gute zu ersetzen.

Genfood
Nahrungsmittel, die man aus gentechnologisch veränderten Lebewesen gewinnt, nennt man Genfood. Gentechnologen erreichen z. B. durch Genverpflanzung, dass Tomaten nicht so schnell faulen und Transporte leichter übersteken. In Nutzpflanzen baut man auch Gene gegen Schädlinge ein.

Gentechnisch veränderte Tomaten

SIEHE AUCH UNTER: BIOLOGIE · ERNÄHRUNG · FORTPFLANZUNG · KRANKHEITEN · ORGANSYSTEME · PFLANZEN, FORTPFLANZUNG · ZELLEN

VIDEO

EIN AUFREGENDES Sportereignis oder eine lustige Geburtstagsparty kann man leicht auf Video festhalten, um sie später noch einmal anzuschauen. Als Video bezeichnen wir das Aufzeichnen und Abspielen von Bild- und Tonsignalen. Die Informationen für Bild, technisch Video, und Ton, technisch Audio, werden auf ein Videoband übertragen. Diese Signale werden beim Abspielen im Fernsehgerät wieder in Bild und Ton umgewandelt. Mit Hilfe der Videotechnik kann man auch Signale eines TV-Senders auf Videoband speichern, während man gleichzeitig eine andere Sendung sieht.

Blick in einen Videorekorder

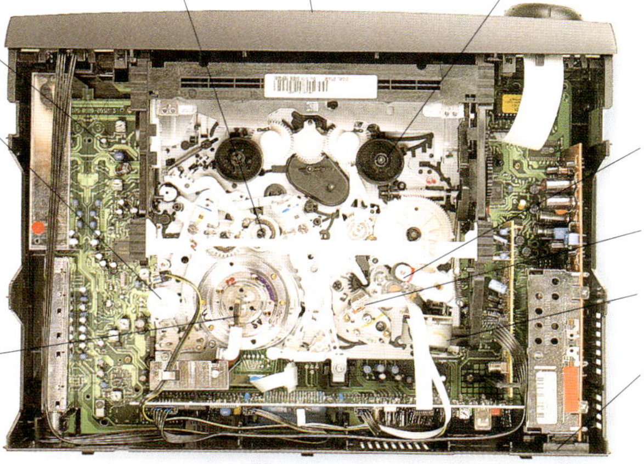

Führungsrolle

Platine

Löschkopf entfernt alle früheren Daten.

Die Kopftrommel dreht sich 50-mal pro Sekunde.

Hier schiebt man die Kassette ein.

Die Tonwelle dreht das Videoband.

Führungsrollen gewährleisten den glatten Lauf des Bandes.

Tonkopf

Elektromotor

Signale von der Fernsehantenne

Camcorder

Der Camcorder ist eine tragbare Fernsehkamera. Die Lichtstrahlen, die durch das Objektiv eintreten, erzeugen in den sog. CCD-Elementen das Videosignal. Vom Mikrofon kommt das Audiosignal. In der Regel werden diese Signale auf einem Videoband gespeichert und mit einem Videorekorder über das Fernsehgerät wieder abgespielt.

Videorekorder

Eine Videokassette enthält ein Magnetband, auf dem Bild- und Tonsignale gespeichert sind. Im Inneren des Rekorders bewegt sich das Band an einer Kopftrommel vorbei, die die Signale abliest. Sie gelangen zum Fernsehgerät, das Bild und Ton wieder aufbaut. Wir hören den Ton aus den Lautsprechern und sehen das Bild auf dem Bildschirm. Der Rekorder kann auch die Signale speichern, die er über die Fernsehantenne aufnimmt.

Schrägspuraufzeichnung
Die Informationen auf dem Band liegen in Form schräger Bildspuren vor. Auch die Kopftrommel ist schräg angeordnet. Sie dreht sich sehr schnell und liest die Spuren diagonal ab. Die Tonspur läuft an einer Kante des Bandes mit und wird vom Tonkopf gelesen.

Bedienung
Ein Camcorder ist leicht zu bedienen: Man richtet den Sucher auf die Szene und drückt auf Aufnahme. Mit dem Zoom kann man näher herangehen oder einen größeren Ausschnitt aufnehmen. Ist die Szene zu dunkel, lässt sich die Lichtempfindlichkeit des Geräts erhöhen.

Sucher

Mikrofon

Anzeige

Behälter der Videokassetten

Objektiv *Scharfeinstellung* *Zoom* *Flüssigkristallanzeige* *Batteriefach*

Videosignale auf dem Bildschirm

Schlitz für die Karte

Digitales Abspielgerät

Kopfhörer zur Überprüfung der Tonqualität

Der Sucher zeigt genau das Bild, das aufgenommen wird.

Digitale Video Cards

Plastikkarten mit Daten in digitaler Form

Digitale Memory Cards
Einige Camcorder speichern die Video- und Audiosignale auf einer Plastikkarte statt auf einem Magnetband. Die Speicherung erfolgt hier digital, d. h. mit Hilfe der Ziffern 0 und 1. Dadurch erreicht man eine viel bessere Bild- und Tonqualität.

Verwendungsarten

Videoaufzeichnungen versorgen uns mit Informationen und Unterhaltung. Mit dem Videorekorder kann man Fernsehsendungen aufzeichnen. TV-Reporter machen Aufnahmen mit dem Camcorder. Alarmanlagen in Geschäften und Banken sind mit einer Videokamera gekoppelt.

Unterhaltung
Fast überall gibt es Videotheken, wo man Videokassetten kaufen oder ausleihen kann. Bekannte Filme sind heute alle auf Videokassette erhältlich.

Fernsehen
Fernsehstudios arbeiten mit derselben Technik wie die Videokameras. Man spricht in diesem Zusammenhang auch von MAZ für Magnetbildaufzeichnung.

Sicherheit
Geschäfte, Banken und große Firmen überwachen ihre Räumlichkeiten oft mit Videokameras. Mit Hilfe der Videobilder kann man Einbrecher identifizieren.

Reportage
Reporter senden Videoaufzeichnungen von Ereignissen auf der ganzen Welt in die TV-Stationen. Sie berichten in Echtzeit vom Schauplatz.

SIEHE AUCH UNTER | ELEKTRONIK | FERNSEHEN | FILM | FOTOAPPARATE | FOTOGRAFIE | LICHT | SCHALLAUFZEICHNUNG | TELEFON

VIETNAM, KAMBODSCHA, LAOS

DIE LÄNDER VIETNAM, Kambodscha und Laos bilden die östliche Hälfte des südostasiatischen Festlands. Lange Zeit hieß das Gebiet Indochina. Vor ungefähr 2 000 Jahren waren hier Menschen aus China eingewandert. Im 19. Jh. kolonisierten die Franzosen das Gebiet. Japan besetzte im Zweiten Weltkrieg (1939–45) Indochina und forderte die Völker zur Unabhängigkeit auf. Die Franzosen widersetzten sich, wurden aber im Indochinakrieg von 1946–54 besiegt. Daraufhin erlangten alle drei Länder ihre Unabhängigkeit.

Geografie
Gebirgige Waldgebiete wechseln sich mit fruchtbaren Flusstälern ab. Der einzige große See ist der Tonlé Sap in Kambodscha. 7 Monate lang entlässt er Wasser in den Mekong. Während der Monsunzeit füllt der Mekong den See so auf, dass er 10-mal so groß wird.

Ha Long Bay
Ein Drachen soll die Küsten im Delta des Roten Flusses in Vietnam zertrümmert haben. Dabei seien die Kalkfelsen und die tausende Inseln und Höhlen der Ha Long Bay entstanden.

Der Mekong
Der Mekong entspringt in Tibet und fließt 4 300 km weit durch China, Myanmar, Laos und Kambodscha. In Südvietnam mündet er in einem Delta ins Meer. An seinen Ufern liegen viele Städte und Dörfer. Die Menschen bewässern mit den Fluten des Mekong vor allem die Reisfelder.

Wälder
Ein großer Teil der Region ist von dichten Regenwäldern bedeckt, besonders in höheren Lagen. Dort wohnen verschiedene Bergvölker, die noch Brandrodung betreiben. In Kambodscha und Laos werden viele Harthölzer gefällt, vor allem Teak und Rosenholz.

Klima
Kambodscha und das südliche Vietnam haben ein tropisches Klima mit hohen Temperaturen während des ganzen Jahres. Die Trockenzeit endet im Mai. Die Monsunregen dauern bis zum Oktober. Nordvietnam und Laos haben etwas kühlere und feuchtere Winter.

28 °C   21 °C
1 618 mm

Reis
Der Reis ist das Grundnahrungsmittel in Südostasien. Er wächst sehr gut in feuchtwarmem Klima. Vietnam ist der viertgrößte Reisproduzent der Erde und exportiert sehr viel von diesem Getreide. Die wichtigsten Reisanbaugebiete liegen im Delta des Roten Flusses und des Mekong.

Reisernte in Phnom Penh, Kambodscha

Vietnam

18 Jahre lang herrschte ein schrecklicher Krieg zwischen dem kommunistischen Nordvietnam und dem von den USA unterstützten Südvietnam. 1975 siegte der Norden und die beiden Landesteile wurden vereinigt. Vietnam gewinnt langsam seine wirtschaftliche Stärke zurück. Es hat enge Handelsbeziehungen mit Japan, Osteuropa und Südostasien.

VIETNAM: DATEN
- HAUPTSTADT Hanoi
- FLÄCHE 331 114 km^2
- EINWOHNER 80 000 000
- SPRACHE Vietnamesisch
- RELIGION Buddhismus, Christentum
- WÄHRUNG Dong

Boat People
Nach dem Krieg flohen etwa 1 Mio. Vietnamesen auf Schiffen nach Hongkong, Malaysia und Singapur in der Hoffnung, vom Westen aufgenommen zu werden. Tausende starben auf den überfüllten Booten, die meisten wurden zurückgeschickt. Einige der Boat People leben in Hongkong.

Transport
Nur wenige Vietnamesen können sich ein Auto leisten. Die häufigsten Verkehrsmittel sind Motorräder und Fahrräder, auf denen ganze Familien Platz finden. In Stoßzeiten sind die Straßen voll von Radfahrern, die durch Rufen auf sich aufmerksam machen. Schwere Lasten transportiert man auf dem Wasser.

Fischerei
Fische und Meerestiere spielen in der Landesküche eine große Rolle. Tausende verdienen ihren Lebensunterhalt durch Fischerei an der Küste und in den Deltas. Sie fangen pro Jahr über 1 Mio. Tonnen Fische, Schalentiere und Tintenfische.

Kambodscha

Kambodscha war einst das Zentrum des Khmer-Reiches. Im 20. Jh. erlebte das Land schreckliche Zeiten. Von 1957–79 wurde es von den kommunistischen Roten Khmer unter Pol Pot terrorisiert. Über 1 Mio. Menschen wurden getötet, darunter sehr viele Intellektuelle. Langsam findet das Land wieder zu normalem Leben zurück.

Minenfelder
Nach den Kriegen in Kambodscha blieben über 3 Millionen Landminen im Boden zurück. Tausende Menschen wurden von ihnen getötet oder verstümmelt.

KAMBODSCHA: DATEN
- HAUPTSTADT Phnom Penh
- FLÄCHE 181 035 km^2
- EINWOHNER 12 500 000
- SPRACHE Khmer, Französisch, Chinesisch, Vietnamesisch
- RELIGION Buddhismus
- WÄHRUNG Riel

Klassischer Tanz
Der hochstilisierte, klassische kambodschanische Tanz geht auf religiöse Tänze zurück, wie sie im Tempel von Angkor Wat im 12. Jh. aufgeführt wurden. Tänzerinnen und Tänzer brauchen Jahre zur Ausbildung. Die Kostüme sitzen so eng, dass sie vor der Aufführung am Körper genäht werden.

Die Khmer
Über 90 % der Kambodschaner sind Khmer und gehören einem Volk mit einer großartigen Hochkultur an, die im 12. Jh. ihre Blütezeit hatte. Die meisten leben in kleinen Dörfern, deren Häuser wegen der häufigen Überschwemmungen auf Pfählen stehen.

Laos

Laos ist ein Binnenland und hat reiche Bodenschätze: Zinn, Blei, Zink, Eisen und Kohle. Trotzdem ist es eines der am wenigsten entwickelten Länder der Erde. Über 70 % der Menschen leben auf dem Land und bauen gerade genug für sich selbst an. Seit 1975 steht Laos unter kommunistischer Herrschaft.

Buddhismus
Über die Hälfte der Laoten sind Buddhisten. Sie sind Anhänger der ältesten Form des Buddhismus, die man Theravada nennt. Eine wirkliche Befreiung vom Leiden ist bei dieser Form fast nur den Mönchen möglich.

LAOS: DATEN
- HAUPTSTADT Vientiane
- FLÄCHE 236 800 km^2
- EINWOHNER 5 600 000
- SPRACHE Lao, Miao, Yao; Französisch
- RELIGION Buddhismus, Stammesreligionen, Christentum
- WÄHRUNG Kip

Friendship Bridge
Der Mekong bildet die natürliche Grenze zwischen Laos und dem Nachbarn Thailand. Seit 1988 treiben die beiden Länder vermehrt Handel miteinander. 1994 wurde mit australischem Geld eine „Freundschaftsbrücke" über den Fluss gebaut. Sie verbindet Vientiane mit der thailändischen Stadt Nong Khai. Laos erhielt dadurch Zugang zu Häfen in Thailand.

Bergvölker
Die Kha, die zahlreichen laotischen Bergvölker, waren die Ureinwohner des Landes. Sie wurden jahrhundertelang von den zugewanderten Lao wie Sklaven behandelt. Die Kha leben vereinzelt in Dörfern und sprechen viele Sprachen. Sie treiben Brandrodung und bauen u. a. Schlafmohn für den Drogenhandel an.

Kha-Frau

SIEHE AUCH UNTER: ASIEN | ASIEN, GESCHICHTE | BUDDHISMUS | KHMER-REICH | POLITIK UND MACHT | TANZ | VEREINIGTE STAATEN VON AMERIKA, GESCHICHTE | WELTREICHE

VÖGEL

Die Flügel berühren sich fast beim Aufschlag.

IN DER HEUTIGEN TIERWELT sind nur Vögel, Insekten und Fledermäuse zum aktiven Ruderflug befähigt. Die Vögel sind die größten und schnellsten Flieger und die Einzigen mit Federn. Man unterscheidet fast 9 000 Arten in nahezu allen Lebensräumen dieser Erde. Ihre Ernährungsweise ist sehr vielfältig. Vögel finden ihr Futter hauptsächlich mit den Augen. Zur Fortpflanzung legen sie Eier. Die meisten Arten treiben eine ausgiebige Brutpflege.

Taube im Flug

Abgespreizte Schwanzfedern als Bremse

Die Handschwingen werden bei der Landung abgespreizt.

Merkmale

Vögel haben ein leichtes Skelett. Die Federn verleihen ihnen eine glatte äußere Stromlinienform, die ein Fortkommen in der Luft erleichtert. Vögel haben harte Schnäbel, aber keine Zähne. Sie setzen sie zum Nahrungserwerb ein sowie für viele Zwecke, für die andere Tiere ihre Vordergliedmaßen gebrauchen, etwa das Wegtragen von Gegenständen.

Beim Flug werden die Beine an den Körper angelegt.

Beine
Die Beine der Vögel sind in der Regel mit Schuppen bedeckt. Die Muskeln zur Bewegung liegen nahe am Körper. Die Form der Beine verrät viel über die jeweilige Lebensweise.

Schnabel
Der Vogelschnabel besteht aus Horn oder Keratin, also aus demselben Material wie unsere Fingernägel. Das Keratin wächst dauernd nach, sodass die Kanten des Schnabels nicht abgetragen werden.

Flügel
Die Knochen im Vogelflügel ähneln denen im menschlichen Arm. Die meisten Vögel fliegen mit den Vordergliedmaßen. Kräftige Muskeln vollführen dabei eine Auf- und Abbewegung der Flügel. Nach dem Flug falten die Vögel ihre Flügel ein.

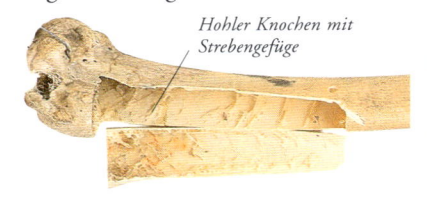

Hohler Knochen mit Strebengefüge

Knochenaufbau
Die großen Knochen der Vögel sind hohl, um Gewicht zu sparen. Sie enthalten Lufträume, die mit den Luftsäcken der Vögel in Verbindung stehen. Tauchvögel haben kompaktere Knochen, die das Tauchen erleichtern.

Skelett
Vögel haben weniger Knochen als Kriechtiere oder Säuger, und viele davon sind miteinander verschmolzen. Auffällig ist vor allem der hohe Brustbeinkamm, an dem die Flugmuskeln ansetzen.

Federn

Die Federn ermöglichen den Flug und halten das Tier gleichzeitig warm und trocken. Die Fahne jeder Feder wird aus parallelen Ästen gebildet. Daran sind links und rechts Nebenäste befestigt. Nebenäste verschiedener Äste verbinden sich untereinander mit kleinen Häkchen. So entsteht die feste Federfahne der Flügelfedern.

Brutkleid
Vogelmännchen sind oft bunter gefärbt und locken Weibchen an. Bei einigen Arten verschwindet das Brutkleid am Ende der Fortpflanzungszeit mit der Mauser. So nennt man den Wechsel des Gefieders. Das Fasanenmännchen behält sein schönes Kleid bei.

Flügelfeder eines Aras

Gebogene Spitze mit ineinander greifenden Häkchen

Große Federfahne

Kiel

Mikroskopische Häkchen verbinden die Nebenäste.

Der hohle Kiel verankert die Feder in der Haut.

Daunenfedern
Diese kurzen, flaumigen Federn haben keine Häkchen. Sie bilden direkt an der Haut des Vogels eine Isolierschicht, weil sie mit ihren Ästen Luft festhalten. So kann keine Wärme entweichen.

Konturfedern
Die Spitzen dieser Federn liegen wie Dachziegel übereinander. Sie erzeugen das glatte Aussehen des Vogels. Nahe der Basis sind diese Federn flaumig, um möglichst viel Wärme festzuhalten.

Flügelfedern
Diese Federn haben einen kräftigen, aber biegsamen Kiel. Mit ihrer Hilfe erzeugt der Vogel den Auftrieb. Das Federkleid muss stets sauber gehalten werden, damit es seine Aufgaben erfüllt.

Schwanzfedern
Mit den Schwanzfedern steuert und bremst der Vogel den Flug. Die langen, bunten Schwanzfedern einiger Männchen spielen bei Balz und Paarungsverhalten eine Rolle.

VÖGEL

Fortpflanzung

Die Vögel legen ihre Eier auf den nackten Boden oder in ein Nest. Meist beteiligen sich beide Eltern am Brutgeschäft: Sie sitzen auf den Eiern und brüten sie aus. Die Jungvögel schlüpfen in unterschiedlichen Entwicklungsstadien. Nestflüchter können sofort für sich selbst sorgen. Nesthocker sind noch länger auf die Eltern angewiesen.

Eier
Vogeleier haben eine harte Schale. Bei Bodenbrütern zeigen sie oft Tarnfarben. Vögel, die auf Bäumen oder in Höhlen brüten, haben oft einfarbige Eier.

Nesthocker
Baumbewohnende Arten schlüpfen oft unentwickelt und noch ohne Federkleid. Die Jungen werden noch einige Wochen im Nest gefüttert und gepflegt.

Nestflüchter
Die Jungen der Bodenbrüter laufen meist bereits Stunden nach dem Schlüpfen und suchen Futter. Sie verlassen das Nest und folgen der Mutter.

Stiefeltern
Brutparasiten legen ihre Eier in fremde Nester. Hier füttert ein Rohrsänger einen Kuckuck, der in seinem Nest geschlüpft ist.

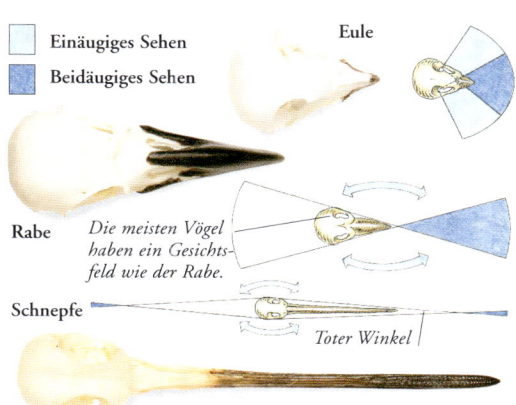

Sinnesorgane

Für die meisten Vögel ist der Gesichtssinn am wichtigsten. Sie nehmen damit ihre Nahrung und viele Gefahren wahr. Das Gehör spielt bei der Kommunikation eine Rolle, vor allem bei nächtlichen Jägern. Der Geruchssinn ist weniger wichtig; er fehlt bei manchen Arten völlig. Einige Vögel wie der Kiwi finden ihre Nahrung jedoch mit dem Geruch.

Einäugiges Sehen
Beidäugiges Sehen

Eule
Rabe — *Die meisten Vögel haben ein Gesichtsfeld wie der Rabe.*
Schnepfe — *Toter Winkel*

Gesichtsfeld
Bei Greifvögeln und Eulen stehen die Augen vorn am Kopf. Das schränkt ihr Gesichtsfeld ein, doch können sie durch beidäugiges Sehen Distanzen besser abschätzen. Watvögel haben Augen an den Kopfseiten zur besseren Rundumsicht.

Kronenkranich
Wie die meisten Vögel sieht der Kronenkranich sehr gut. Seine Augen sind so groß, dass sie in der Schädelmitte fast aneinander stoßen. Die Ohröffnungen liegen an der Basis der Krone und werden durch kleine Federn verdeckt. Die Nasenlöcher befinden sich im Schnabel.

Krone aus drahtigen Federn
Kronenkranich

Flug

Das Fliegen erfordert komplizierte Bewegungsabläufe und gute Koordination. Einige Vögel schlagen fast dauernd mit den Flügeln, andere können stundenlang segeln. Bei beiden Flugarten erzeugt das Flügelprofil den Auftrieb. Im Flug passen die Vögel die Form des Flügels der Geschwindigkeit und der Flughöhe an.

Der Taubenflügel erlaubt in gespreiztem Zustand eine hohe Manövrierfähigkeit. Beim schnellen Flug wird er teilweise geschlossen.

Der Turmfalkenflügel erzeugt einen hohen Auftrieb, besonders wenn der Vogel beim Rütteln unbeweglich in der Luft stehen bleibt.

Der Schneehuhnflügel ist kurz und gedrungen. Die Tiere können schnell auffliegen, aber keine langen Strecken zurücklegen.

Der Wanderfalkenflügel deutet mit seiner Sichelform auf hohe Fluggeschwindigkeit hin. Im Sturzflug wird der Flügel teils angelegt.

Flügelform
Die Flügelformen richten sich nach der Lebensweise. Kurze, gedrungene Flügel erzeugen viel Auftrieb, eignen sich aber nicht für hohe Geschwindigkeiten. Sichelförmige Flügel vermeiden Reibung und schneiden die Luft. Damit fliegen Vögel über 100 km/h.

Flugunfähige Vögel
Im Laufe der Evolution haben einige Vogelarten die Flugfähigkeit eingebüßt. Diese Tiere brauchen keinen leichten Körper. Deswegen gehören zu dieser Gruppe die größten Vögel die jemals gelebt haben, die Elefantenstrauße.

Der flugunfähige Nandu lebt in Südamerika.

Ernährung

Vögel verbringen die meiste Zeit auf Nahrungssuche. Gerade für den Flug brauchen sie sehr viel Energie. Viele fressen Kleintiere, die sie auf dem Land, in der Luft oder im Wasser erbeuten. Andere Vögel leben von Früchten, Samen, Blütennektar und Pollen. Nicht wenige Arten fressen, was sie gerade finden. Im Gegensatz zu den Säugern leben nur wenige Vögel von Gras oder von Blättern.

Fischfresser
Der Kanadareiher fängt Fische, indem er sie mit seinem Schnabel aufspießt. Andere Arten packen Fische mit ihren Krallen. Fischfresser finden wir auch unter den Sturztauchern.

Samenfresser
Unter Samenfressern gibt es hochspezialisierte Formen. Der abgebildete Distelfink lebt von Distelsamen. Der Kreuzschnabel holt mit seinem Schnabel die Fichtensamen aus den Zapfen.

Insektenfresser
Die Insektenfresser finden ihre Nahrung auf dem Boden, auf Blättern oder in der Luft. Das abgebildete Goldhähnchen sucht Insekten vor allem in den Baumkronen. Es findet auch kleine Insekten, die sich unter Blättern oder Rinden verbergen.

Fleischfresser
Viele Vögel fressen Kleintiere. Greifvögel wie die Eule haben sich auf größere Tiere spezialisiert, vor allem Säuger und Kriechtiere aber auch auf andere Vögel. Sie zerteilen ihre Beute mit dem scharfen Hakenschnabel.

Rekorde
Der schwerste Vogel ist der Strauß. Er bringt es auf 125 kg Gewicht. Damit ist er 80 000-mal so schwer wie die seltene Bienenelfe, der kleinste Vogel der Welt. Die Eier dieser Kolibriart sind so groß wie Erbsen, das Ei des Straußes ist 20 cm lang.

SIEHE AUCH UNTER: EIER | EULEN UND KÄUZE | GREIFVÖGEL | SINGVÖGEL | SKELETT | STRAUSSE UND KIWIS | TIERBAUTEN | TIERVERHALTEN | VOGELFLUG

Nahrung der Vögel

Fisch- und Fleischfresser

Nachtreiher Der weit verbreitete Reiher jagt nachts Fische. *Große Augen*

Inkaseeschwalbe Sie rüttelt in der Luft, bevor sie sich nach unten auf einen Fisch stürzt.

Brillenkauz Er sieht und hört außerordentlich gut und lebt von Kleintieren.

Wüstenbussard Mit dem Hakenschnabel zerteilt er die Beute, bevor er sie frisst.

Flamingo Er filtert mit dem Oberschnabel Kleintiere aus dem Wasser.

Lachender Hans Dieser Eisvogel Australiens heißt auch Kookaburra. Er frisst Fische.

Samenfresser

Rotbrust-Zwerggans Mit dem breiten Schnabel nimmt sie an der Wasserfläche Samen auf.

Felsensittich Die Papageienart Argentiniens und Chiles frisst Grassamen.

Carolinataube Die nordamerikanische Art findet ihre Nahrung am Boden.

Distelfink Mit seinem schmalen Schnabel holt er Samen vor allem aus Disteln.

Wellenastrild Diese afrikanische Finkenart der Savannen frisst allerlei Samen. *Scharlachroter Augenstreif*

Sperling Er öffnet mit dem kurzen, stumpfen Schnabel die Schalen von Samen.

Insektenfresser

Kentuckywaldsänger Sein schmaler Schnabel ist ideal für den Fang von Kleininsekten.

Ockerbauch-Pipratyrann Er lebt von Insekten und fängt sie im Flug.

Fliegenschnäpper Er wartet auf einem Ansitz auf vorbeifliegende Insekten.

Goldkuckuck Die afrikanische Art hat sich auf haarige Raupen spezialisiert.

Rotohryuhina Diese asiatische Art pickt Insekten von Blattflächen ab. *Federhaube*

Spatelracke Sie ernährt sich hauptsächlich von Ameisen und Termiten.

Nektarfresser

Blaukrönchen Der Papagei hat eine bürstenförmige Zunge, mit der er Nektar und Pollen aufsammelt.

Braunlori Er besucht Baumblüten in den Wäldern Neuguineas und leckt den Nektar mit der Zunge auf.

Goldmaskenspecht Er ernährt sich von Früchten und trinkt auch gerne Blütennektar. *Hellgelbe Kehle*

Zimtkolibri Mit seiner Zunge saugt er Nektar vom Grund von Blüten.

Flaggensylphe Mit dem kurzen Schnabel kommt sie nur bei weiten Blüten bis zum Grund.

Fruchtfresser

Gimpel Mit seinem gedrungenen Schnabel frisst er Früchte und Knospen.

Senegalfurchenschnabel Er frisst Feigen und hackt mit dem Schnabel Nisthöhlen ins Holz.

Braunohrarassari Mit seinem langen Schnabel packt er Früchte am Ende langer Zweige. *Gezackte Ränder*

Rotbüschel-Bartvogel Die malaiische Art frisst Früchte und Insekten.

Prachtglanzstar Er fliegt auf einzeln stehende Bäume mit Früchten.

Geelvinkstar Er sucht Früchte auf Bäumen an Waldrändern.

Allesfresser

Eichelhäher Im Herbst und Winter lebt er von Eicheln. Das Jahr über ist er weniger wählerisch.

Alpendohle Sie lebt von Pflanzen und Samen und geht auch an Aas.

Rotschnabelkitta Er frisst Samen und Früchte, aber auch Echsen und Schlangen.

Zwergdrossel Sie frisst Insekten, Spinnen und im Winter Früchte.

Gelbhosenpipra Er rüttelt vor Pflanzen und frisst deren Früchte, gleichzeitig Insekten.

Schwarzkinnhabia Sie fängt fliegende Insekten, frisst aber auch Früchte.

VOGELFLUG

VÖGEL SIND DIE MEISTER im Fliegen. Doch auch Insekten und Fledermäuse beherrschen den aktiven Flug. Viele andere Tiere können über kurze Strecken passiv segeln, z. B. einige Schlangen. Die Flugfähigkeit bietet Vorteile: Die Nahrungssuche ist leichter, der Vogel entkommt seinen Feinden und kann weite Strecken zurücklegen. Dazu besitzt er besonders geformte Flügel, kräftige Flugmuskeln und einen stromlinienförmigen, leichten Körper.

Vögel

Vogelflügel haben ein Profil wie eine Tragfläche: oben gewölbt, unten leicht eingebuchtet. Wenn sie durch die Luft bewegt werden, erzeugen sie einen Luftdruckunterschied, der sich als Auftrieb äußert. Der Vogel steuert, indem er den Anstellwinkel der Flügel verändert und diese sowie den Schwanz mehr oder weniger abspreizt.

Schwirrflug
Beim Schwirrflug bleiben Kolibris in der Luft stehen und schlagen sehr schnell mit den Flügeln, sodass deren Spitzen eine Acht beschreiben. Beim Auf- und Abschlag erzeugen sie den Auftrieb. Kolibris können sogar seitwärts, rückwärts und mit dem Kopf nach unten fliegen.

Zwischen den Schlägen faltet der Vogel die Flügel zusammen.

Schwanz zur Richtungsänderung

Die Rotschwanzsivas fliegen wellenförmig.

Siva im Flug

Federn beim Abschlag geschlossen

Ruderflug
Fast alle Vögel sind zum Ruderflug befähigt. Bei den kleinen Arten ist er besonders deutlich zu verfolgen. Beim Abschlag erzielen sie einen Auftrieb und einen Vortrieb. Bei der Aufwärtsbewegung verkleinern die Vögel ihre Flügelfläche.

Segelnder Albatros

Segelflug
Sehr große Vögel schlagen nur selten mit den Flügeln. Albatrosse z. B. gleiten auf den Luftmassen, die sich mit den Wellen aufwärts bewegen. Sie legen an einem Tag hunderte von Kilometern zurück. Landgreifvögel lassen sich von aufsteigenden Warmluftströmungen, der Thermik, nach oben tragen.

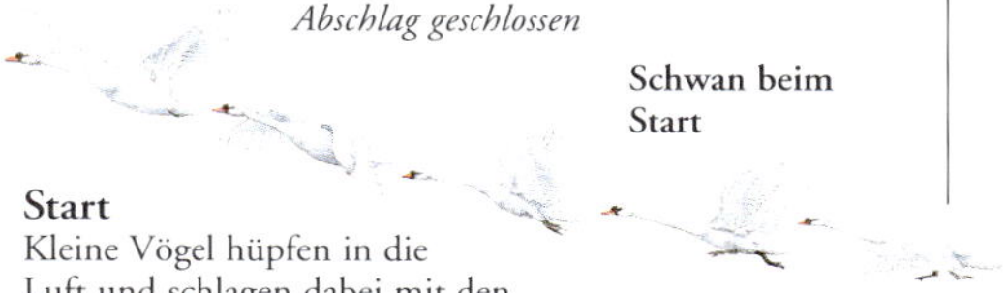

Schwan beim Start

Start
Kleine Vögel hüpfen in die Luft und schlagen dabei mit den Flügeln. Sie können sich sofort vom Boden lösen. Schweren Vögeln wie dem Schwan ist dies verwehrt. Er muss erst eine längere Strecke laufen und dabei mit den Flügeln schlagen, bis er genug Auftrieb zum Abheben hat.

Insekten

Eine Stechmücke bewegt ihre Flügel rund 300-mal in der Sekunde auf und ab. Die meisten Insekten schlagen langsamer, der Maikäfer etwa 40-mal. Die schnellsten Insekten sind die Libellen. Sie erreichen Geschwindigkeiten von 30 km/h. Ihre 2 Flügelpaare schlagen unabhängig voneinander.

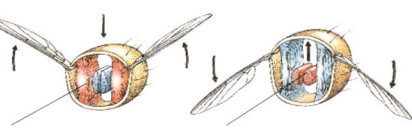

Senkrechte Muskeln bewegen die Flügel nach oben.

Horizontale Muskeln bewegen die Flügel nach unten.

Flügelmuskeln
Die Insektenflügel entstanden wahrscheinlich aus dem Außenskelett. Sie sind nicht mit Beinen zu vergleichen, weil sie keine Muskeln enthalten. Die Flügelmuskeln liegen stattdessen in der Brust.

Fledermäuse

Die Fledermäuse sind die einzigen flugfähigen Säuger. Ihr Flug ist aber eher ein Flattern. Sie haben 4 Paar große und mehrere Paare kleiner Flugmuskeln. Die Vögel benötigen nur 2 Paar. Der Fledermausflügel besteht aus einer Haut, die von den Fingern ausgespannt wird.

Der Flügel besteht aus einer elastischen Membran.

Die Flügelmembran reicht bis zu den Füßen.

Lange, schmale Flügel für schnellen Flug in offenem Gelände

Hufeisennasen nehmen ihre Beute durch Echoortung wahr.

Daumen zum Festkrallen an rauen Flächen

Start des Maikäfers
Der Maikäfer hat 2 Paar Flügel. Die Vorderflügel sind harte Flügeldecken. Sie tragen zum aktiven Flug nur wenig bei und werden einfach abgespreizt. Die biegsamen, häutigen Hinterflügel schlagen auf und ab und erzeugen den nötigen Auftrieb für den Flug.

Gleiter

Einige Tiere beherrschen den Gleitflug. Sie haben breite Flughäute oder Flossen, die sie nach dem Absprung ausbreiten. Die Flughäute bremsen wie Fallschirme. Die Tiere müssen Entfernungen genau abschätzen.

Gleithörnchen
Auf seiner Flughaut gleitet das Gleithörnchen bis zu 100 m weit. Es gelangt dabei von Baum zu Baum. Den Schwanz verwendet es als Steuerruder.

Faltengecko
Der Gecko hat an der Körper- und der Schwanzseite eine Hautfalte. Nach dem Sprung breitet er sie aus. Als Steuerruder dienen Flughäute an den Zehen.

Fliegender Fisch
Diese Fische schwimmen nahe der Oberfläche. Bei Gefahr schnellen sie aus dem Wasser und gleiten bis zu 50 m weit auf ihren Brustflossen.

Gleithörnchen

Fliegender Fisch

SIEHE AUCH UNTER FLEDERMÄUSE · FLUGZEUGE · INSEKTEN · LUFTFAHRT · TIERE · TIERWANDERUNGEN · VÖGEL

VORGESCHICHTE

UNSERE FRÜHESTEN VORFAHREN, die man allgemein Hominiden nennt, lebten in Afrika. Schon recht früh entwickelten sie den aufrechten Gang und begannen mit der Herstellung von Werkzeugen. Vor rund 100 000 Jahren entstand der moderne Mensch, der *Homo sapiens sapiens*. Die Zeit bis zum Einsetzen schriftlicher Quellen bezeichnet man als Vorgeschichte. Sie ist ganz auf die Ausgrabungen angewiesen. Aus solchen Funden weiß man z. B., dass die frühen Menschen Jäger und Sammler waren und jahrtausendelang auf dieser Kulturstufe lebten. Erst 9000 v. Chr. begannen sie mit der Landwirtschaft.

Religion
Heiligtümer wie Steinkreise und Grabstätten deuten darauf hin, dass unsere frühen Vorfahren religiöse Rituale kannten und an ein Leben nach dem Tod glaubten.

Kultfiguren
Archäologen fanden in Griechenland, vor allem auf den Kykladen, zahlreiche kleine Marmorfiguren. Sie stellten weibliche Gottheiten dar, die wohl verehrt wurden.

Einfache Marmorfigur, 15 000–25 000 v. Chr.

Bestattung
In früher Zeit wurden die Toten oft in Hockerstellung begraben. Man gab ihnen persönliche Dinge mit ins Grab, die sie im Leben nach dem Tod benötigten.

Stonehenge
Dieser berühmte Steinkreis in Südengland wurde vor über 4 000 Jahren für religiöse Zwecke erbaut. Am längsten Tag im Sommer erhebt sich die Sonne direkt über dem Heel Stone.

Carnac
Im französischen Carnac steht das größte Steinheiligtum. Es besteht aus rund 1 100 Steinen in 11 Reihen. Sie sind von West nach Ost ausgerichtet und deuten auf eine Sonnenreligion ihrer Erbauer hin.

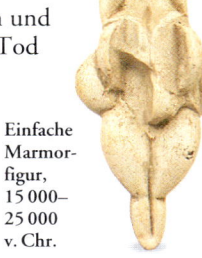

Ernährung
Wenn es den frühen Menschen nicht gelang, genug Nahrung in ihrem Wohngebiet zu finden, zogen sie fort. Sie führten oft jahreszeitliche Wanderungen durch und wichen im Winter in wärmere Gebiete aus. In den meisten Gesellschaften sammelten die Frauen Pflanzenmaterial, während die Männer mit Pfeil und Bogen, Keulen und Speeren jagten.

Pfeilspitzen aus Knochen befestigte man mit Birkenpech am Pfeilschaft.

Die Befiederung am Ende ließ den Pfeil weiter und geradeaus fliegen.

Jagd
Fleisch war eine wichtige Nahrungsquelle, wenn es an essbaren Pflanzen mangelte. Die Jagd verlangte die Zusammenarbeit mehrerer Männer, um große Tiere wie Hirsche oder gar Mammuts zu erlegen.

Fischerei
Menschen, die nahe am Meer, an Seen oder Flüssen wohnten, lebten im Wesentlichen von Fischen, die sie mit Angeln, Pfeilen und Speeren fingen.

Wie das Steinrelief zeigt, erlegten die Menschen große Fische mit Harpunen aus Knochen oder Geweih.

Sammeln
Die frühen Menschen mussten sich erst Kenntnisse darüber erwerben, welche Pflanzen essbar waren und welche nicht. Sie sammelten vor allem Beeren, Nüsse und Wurzeln.

Mit dem Grabstock grub man Wurzeln und Engerlinge aus.

Kleidung
In der letzten Eiszeit, vor rund 18 000 Jahren, lernten es die Menschen, Tiere zu enthäuten und aus deren Fellen Kleider herzustellen.

Gewand aus Tierfell

Rohwolle

Spindel

Schafwolle konnten die Menschen schon früh zu Garn verspinnen und daraus Kleider weben.

Schutz
Höhlen bieten einen guten Unterschlupf. Unsere frühesten Vorfahren lebten vor 100 000 Jahren in Höhlen. Wo Höhlen fehlten, bauten sich die Menschen Windschirme oder Hütten aus Holz, Steinen oder Torf.

Höhlen
Einige Höhlen, etwa Silozwane Cave in Simbabwe, wurden das ganze Jahr über benutzt und bewohnt. Andere dienten nur als zeitweilige Unterkunft für Jäger und Fischer.

Zeitweilige Unterkunft
Vor 18 000 bis 12 000 Jahren bauten die Menschen in Mitteleuropa Unterkünfte aus Mammutknochen und -häuten. Ein Feuer in einem Herd aus Lehm oder Steinen wärmte die Hütte.

Dauernde Unterkunft
Einige frühe nordamerikanische Völker lebten in solide gebauten Unterkünften. Sie bauten ein Fachwerk aus Pfählen, errichteten eine niedrige Lehmmauer und deckten jedes Haus mit Stroh.

Schlafplatz, Strohdach, Lehmmauer, Eingang

Nahrung im Jahresverlauf

Im Frühjahr gab es viel frisches Grünzeug, z. B. Löwenzahnblätter.

Im Sommer vervollständigten Trauben und andere Früchte den Speiseplan.

Im Herbst sammelte man Beeren und Nüsse und hob sie für den Winter auf.

Im Winter brachten die Jäger Fleisch, das man zusammen mit Wurzeln und Nüssen kochte.

Quarzkiesel zur Beschwerung

Keil

Chronologie

vor 35 Mio. Jahren Die Entwicklungslinie zum Menschen spaltet sich von den menschenaffenähnlichen Vorfahren ab.

vor 2–2,5 Mio. Jhr. Erste Hominiden treten in Afrika auf.

100000 v. Chr. Entwicklung des *Homo sapiens sapiens*

50000 v. Chr. Die ersten Menschen treffen in Australien und Amerika ein.

11000 v. Chr. Haustierzüchtung in Westasien

10500 v. Chr. Erste Töpferwaren in Japan

9000 v. Chr. Anbau von Weizen und Gerste in Asien

6500 v. Chr. Entwicklung der ersten Städte in Westasien

SIEHE AUCH UNTER — ABSTAMMUNGSLEHRE — BRONZEZEIT — FOSSILIEN — STEINZEIT

VULKANE

DIE ERUPTION EINES Vulkans kann eines der gewaltigsten Naturereignisse sein. Vulkane sind Öffnungen in der Erdkruste, durch die geschmolzenes Gestein aus dem Erdinnern austritt. Dieses Magma kann langsam als Lava hervorquellen. Es kann aber auch zu einer heftigen Explosion kommen. Dabei entstehen riesige Dampfwolken und dünnflüssige Lava. Glühende Gesteinsbrocken und heiße Asche werden viele Kilometer weit durch die Luft geschleudert.

Wolken aus Asche, Dampf und ätzenden Gasen werden in die Atmosphäre gestoßen.

Der Schlot ist meist durch erkaltete Lava blockiert.

Eruptionen

Es kommt dann zu einer heftigen Eruption, wenn Magma in der Magmakammer unter dem Vulkan einen derart hohen Druck aufgebaut hat, dass der verstopfte Schlot gesprengt wird. Der plötzliche Druckabfall hat eine schnelle Ausdehnung von Kohlendioxidbläschen zur Folge, die zuvor im Magma gelöst waren. Das Aufschäumen führt zu Lavafontänen, die mit großer Heftigkeit aus dem Krater ausfließen.

Lebensphasen

Die Vulkane auf dem Festland und auf dem Meeresboden befinden sich in unterschiedlichen Lebensstadien. Einige Vulkane sind sehr aktiv und brechen Jahr für Jahr aus. Andere ruhen und sind nur in Abständen tätig. Viele scheinen endgültig erloschen zu sein. Vulkanologen überwachen ruhende und aktive Vulkane, um künftige Ausbrüche vorhersagen zu können.

Lavastrom

Dicke, langsam fließende Lava aus Andesit erstarrt schnell und bildet die Steilhänge des Vulkans.

Magma wird im Schlot und Nebengängen hochgedrückt.

Das Magma sammelt sich in der Magmakammer, wobei der Druck dauernd steigt.

Vulkankegel aus Schichten von Lava und Asche

Magmakammer

Explosive Vulkane werfen bei Eruptionen große Materialmengen aus. Diese erstarren und bilden die typische Kegelform der Vulkane aus.

Erloschene Vulkane
Erloschene Vulkane werden von Wind und Wetter langsam abgetragen. Von diesem erloschenen Vulkan in Le Puy in Ostfrankreich ist nur der harte Schlot stehen geblieben.

Aktive Vulkane
Einige Vulkane geben fast ständig Lava ab, während andere in unregelmäßigen Abständen heftig ausbrechen. Jedes Jahr gibt es rund 25 größere und tausende kleinere Vulkaneruptionen auf dem Festland.

Vulkantypen

Die Geologen unterscheiden mehrere Typen nach der Form der Austrittsöffnung und der Zähflüssigkeit der Lava.

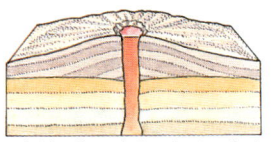

Schildvulkane haben breite, flache Kegel aus sehr dünnflüssiger Lava, die leicht abfließt.

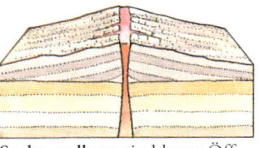

Spaltenvulkane sind lange Öffnungen im Boden, aus denen die Lava langsam austritt.

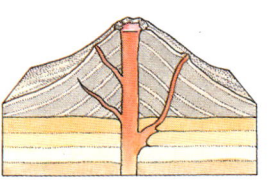

Schichtvulkane bestehen abwechselnd aus Lava- und Ascheschichten oder nur aus Asche.

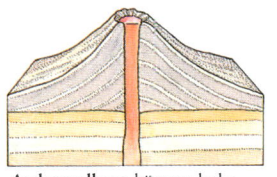

Aschenvulkane können hohe Kegel bilden. Sie bestehen aus lockeren Auswurfprodukten.

Katia and Maurice Krafft

Die französischen Vulkanologen Maurice (1946–91) und Katia Krafft (1947–91) waren dafür berühmt, dass sie näher an ausbrechende Vulkane herangingen als alle anderen Forscher. Sie sammelten einzigartige Daten und machten aufregende Filme und Fotos. Dabei fanden sie allerdings den Tod. 1991 wurden sie von einem japanischen Vulkan verschluckt. Ihre Leichen wurden nie gefunden.

Lavatypen

Lava ist geschmolzenes Gestein, das aus Vulkanen austritt. Die häufigsten Lavaformen sind der kompakte, schwarze Basalt und der dicke, helle Rhyolit. In welcher Form ein Vulkan ausbricht, hängt von der Zähflüssigkeit des Magmas ab.

Saure Lava
Sehr zähflüssige Lava entsteht in der Regel aus saurem Magma mit einem besonders hohen Anteil an Silikaten.

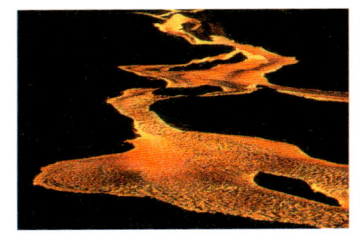

Aa-Lava
Auf Hawaii ist der Mauna Loa fast die ganze Zeit über aktiv. Die Lava erstarrt dort zu scharfen Brocken, die man Aa- oder Blocklava nennt. Die Lava auf Hawaii ist nicht sauer.

Pahoehoe
Lava kann schnell abkühlen und zu seil- oder wurstartigen Strukturen erstarren. Unter der obersten, festen Haut kann die Lava dabei weiter fließen. Auf Hawaii nennt man diese Lava Pahoehoe.

Lockermaterial

Manche Vulkane stoßen viel Lockermaterial aus. Der Geologe spricht in diesem Zusammenhang von Pyroklastika. Diese treten in unterschiedlichen Korngrößen auf.

Gasblasen im Gestein

Ascheausbruch
Bei mächtigen Eruptionen gelangen große Asche- und Staubmengen weit in den Himmel. Daraufhin kann ein Ascheregen niedergehen, der den Boden mit einer meterdicken, grauen Schicht bedeckt.

Tephra
Als Tephra oder Pyroklastika bezeichnet man alle Lockerprodukte. Sie werden oft kilometerweit in den Himmel geschleudert und fallen dann auf die Erde zurück.

Bomben
Pyroklastische Bruchstücke mit einem Durchmesser von über 32 mm nennt man Bomben. Oft sind sie durch ihre Drehung in der Luft rundlich geformt.

Lapilli
Lapilli sind ungefähr nussgroße ausgeworfene Lockerprodukte. Bisweilen bestehen sie aus stark aufgeschäumten Bimsstein, der so leicht ist, dass er auf dem Wasser schwimmt.

Peles Haar
Die Lava auf Hawaii ist so flüssig, dass bei Eruptionen lange, glasartig erstarrte Fäden entstehen. Man nennt sie nach der Vulkangöttin „Peles Haar".

Vulkanlandschaft

Im Vulkangebieten hat die Hitze im Untergrund noch ganz andere Auswirkungen. Heiße Gase können durch Spalten austreten. Die Wärme des Erdinnern reicht aus, um Grundwasser zum Kochen zu bringen. So entstehen hohe Geysire oder kochende Schlammlöcher.

Überhitztes Grundwasser, das reich ist an gelöstem Kalk, kühlt ab und bildet Terrassen aus Sinter oder Travertin.

Geysire sind kleine Öffnungen im Boden, durch die kochendes Wasser wie aus einer Fontäne an die Erdoberfläche tritt.

Grundwasserkammer

Heißes Gestein erwärmt Wasser in unterirdischen Kammern. Wenn es kocht, steigt der Druck so an, dass es durch Spalten im Boden nach oben getrieben wird.

Mineralreiches Wasser, das vom Gestein erwärmt wurde, fließt in heißen Quellen nach oben.

Vulkanische Spuren

Vulkane und vulkanische Aktivität hinterlassen zahlreiche Spuren in der Landschaft. Am auffälligsten sind alte Lavaströme und Krater. Aber auch merkwürdig geformtes Gestein zeugt oft von vulkanischer Tätigkeit.

Calderen
Calderen sind kesselartige Vertiefungen. Sie entstehen durch den Einsturz über den weitgehend entleerten Magmaherden. Eine kleinere Caldera bildet sich auch, wenn ein Vulkan den obersten Teil seines Kegels einfach wegbläst.

Giants Causeway
Basalt zeigt oft die Form sechseckiger Säulen. Besonders schön sind diese beim Giants Causeway in Nordirland ausgebildet. Solche Basaltsäulen findet man auch in der Eifel.

Tuff
Tuff ist verfestigte vulkanische Asche. In Kappadokien in der Türkei entstand durch Abtragung eine eigentümliche Landschaft aus tausenden von merkwürdig geformten Tuffkegeln.

SIEHE AUCH UNTER ERDBEBEN · ERDE · FOSSILIEN · GEBIRGE · GESTEINE · KONTINENTE · RÖMISCHES REICH

WACHSTUM UND ENTWICKLUNG

WÄHREND DES WACHSTUMS und der Entwicklung macht der Körper zahlreiche Veränderungen durch. Zwischen Geburt und Erwachsenenalter liegen verschiedene Phasen. Der Körper wächst nicht immer gleich schnell. Ein rasches Wachstum findet im Kindesalter und während der Pubertät statt. Im Erwachsenenalter ist das Wachstum hingegen ganz eingestellt. Nun beginnt der Körper bereits zu altern. Die Zellen erneuern sich langsamer und arbeiten nicht mehr so gut. Wenn eines oder mehrere Körpersysteme ausfallen, stirbt der Mensch.

Veränderung der Körperproportionen

Nicht alle Körperteile wachsen gleich schnell. Welche Veränderungen stattfinden, sieht man am leichtesten, wenn man Fotos von Kindern und jungen Erwachsenen so nebeneinander legt, dass sie gleich groß erscheinen. Den Hintergrund teilt man mit einer Skala in 8 gleiche Teile. Beim Baby macht der Kopf ein Viertel der Körperlänge aus, beim 20-jährigen nur noch ein Achtel.

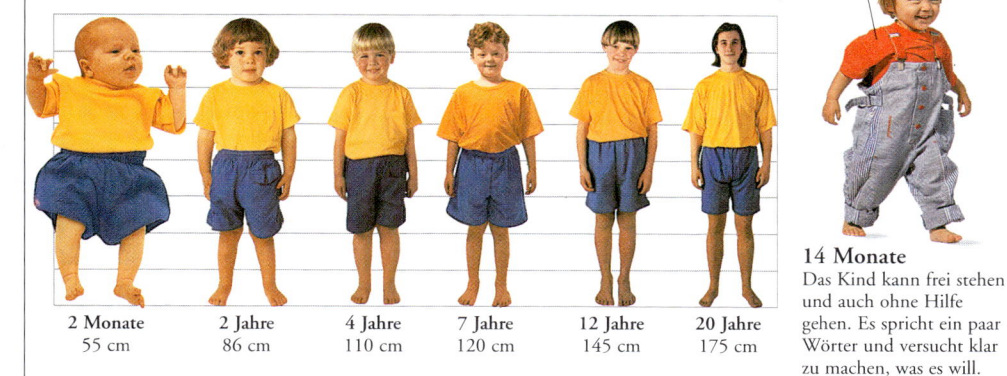

2 Monate	2 Jahre	4 Jahre	7 Jahre	12 Jahre	20 Jahre
55 cm	86 cm	110 cm	120 cm	145 cm	175 cm

Vom Baby zum Kind

Während der ersten 2 Lebensjahre wächst und entwickelt sich der junge Mensch schnell. Ein 6 Wochen altes Baby ist völlig hilflos. Im Alter von 2 Jahren kann das Kleinkind aber schon gehen, sprechen und selbst essen. Man unterteilt das Wachstum in eine Reihe von Phasen, für die bestimmte neu erworbene Fähigkeiten typisch sind.

8 Monate
Das Baby sitzt selbstständig da, versucht zu krabbeln und mit Hilfe zu stehen. Es wendet sich einer bekannten Stimme zu und kann einfache Laute nachahmen.

6 Wochen
Das Baby schläft, wenn man es nicht gerade im Arm hält oder füttert, und schreit, wenn ihm etwas nicht behagt. Es folgt Figuren, die in seinem Gesichtsfeld bewegt werden.

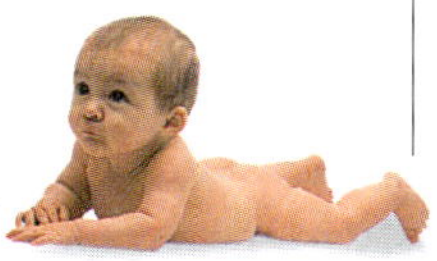

6 Monate
Das Baby kann aufrecht sitzen, wenn man es seitlich abstützt. Es trägt den Kopf aus eigener Kraft und hält Gegenstände fest.

10 Monate
Das Baby krabbelt und steht, wenn es sich dabei festhalten kann. Es nimmt Gegenstände auf und spricht die ersten Wörter, meist Mama und Papa.

Das Kleinkind kann ein paar Schritte allein gehen.

Das Kind braucht noch Hilfe beim Ankleiden, zieht aber Socken und Schuhe schon allein an.

Das Kind kann sich schon selbst an- und ausziehen.

14 Monate
Das Kind kann frei stehen und auch ohne Hilfe gehen. Es spricht ein paar Wörter und versucht klar zu machen, was es will.

2 Jahre
Das Kind kann laufen und springen und Buchseiten umblättern. Es erkennt Bilder vertrauter Gegenstände und bildet kurze Sätze.

4 Jahre
Das Mädchen hat ein gutes Gleichgewichtsgefühl und hüpft auf einem Bein. Es malt einfache Bilder und kopiert schon Buchstaben.

Knochenentwicklung

Das Skelett wird vor der Geburt aus biegsamen Knorpel gebildet. Später wird der Knorpel durch Knochen ersetzt, wie am Röntgenbild deutlich wird. Das Skelett vergrößert sich in der Jugend und verhärtet.

Neugeborenes Sein Skelett besteht aus Knorpel und Knochen. Knorpel ist im Gegensatz zu Knochen im Röntgenbild nicht sichtbar.

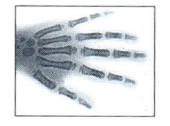

6 Jahre Die Handwurzelknochen bilden sich und die Hand besteht nun aus mehr Knochen. Alle Knochen sind gewachsen.

16 Jahre Die 27 Knochen der Hand und der Handwurzel sind nun vollständig und hart. Sie zeigen ihre endgültige Form.

Adoleszenz und Pubertät

Als Adoleszenz bezeichnet man die Entwicklung vom Kind zum Erwachsenen. Sie beginnt mit der Pubertät, der eintretenden Geschlechtsreife. Der Körper wächst schnell und verändert seine Form. In dieser Zeit finden auch starke Veränderungen im Denken und im Gefühlsleben statt.

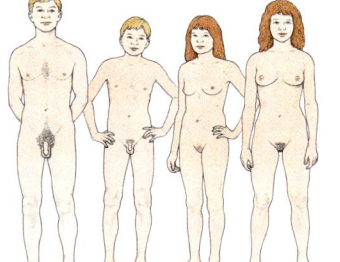

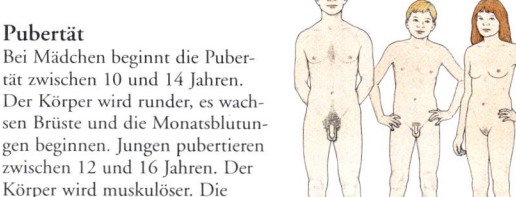

Pubertät

Bei Mädchen beginnt die Pubertät zwischen 10 und 14 Jahren. Der Körper wird runder, es wachsen Brüste und die Monatsblutungen beginnen. Jungen pubertieren zwischen 12 und 16 Jahren. Der Körper wird muskulöser. Die Hoden produzieren Samenflüssigkeit und mit dem Stimmbruch wird die Stimme tiefer.

Pubertät: bei Jungen   bei Mädchen

Altern

Wir altern, weil die Körperzellen nicht mehr so gut arbeiten. Erste Anzeichen des Alters erscheinen in der Regel mit 40 Jahren. Der Körper ist weniger beweglich, das Haar wird dünner, die Haut bekommt Falten. Die Knochen werden spröder und brechen leichter. Sport und gesunde Ernährung können das Altern sehr verlangsamen und hinauszögern.

SIEHE AUCH UNTER FORTPFLANZUNG · HORMONE UND HORMONDRÜSEN · MUSKELN UND BEWEGUNG · NERVENSYSTEM UND GEHIRN · ORGANSYSTEME · SKELETT

WAFFEN

IN EINEM KAMPF OHNE WAFFEN entscheiden Geschicklichkeit und Stärke über den Ausgang. Bei bewaffneten Auseinandersetzungen kommt es meist auf das bessere Tötungswerkzeug an. Seit Menschen sich um Land oder Nahrung streiten, sind sie auf der Suche nach immer besseren Waffen. Waffen aus Metall waren Steinwaffen überlegen; die Kernkraft wurde erstmals in Bomben eingesetzt. Der Rüstungswettlauf hat zu derart zerstörerischen Waffen geführt, dass man damit einen Krieg zwar gewinnen, aber auch alles vernichten kann.

Frühe Waffen

Zu den ersten Waffen zählten Keulen und kurze Dolche. Mit Lanzen und Speeren griff man den Feind aus größerer Entfernung an. Mit Wurfwaffen wie dem Bumerang konnte man Gegner aus Abstand bekämpfen. Bogen und Steinschleudern erhöhten die Reichweite erheblich.

Bolzen mit panzerbrechender Spitze

Klinge aus Stein, Bronze oder Eisen

Der Dolch für den Kampf Mann gegen Mann war eine der ersten Waffen.

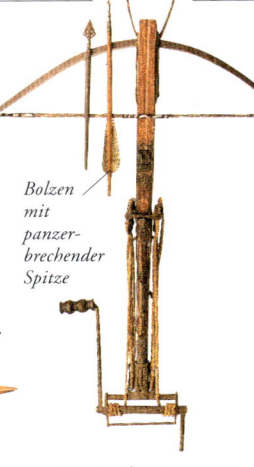

Die Armbrust war die gefährlichste Waffe im Mittelalter.

Schießpulver

Die weitreichendste Entwicklung in der Waffentechnologie kam im 14. Jh. mit dem Schießpulver und den Feuerwaffen. Schon sehr bald konnte man damit Geschosse über weite Entfernungen schießen. Die Schlachten entwickelten sich aus einem Nahkampf immer mehr zu einem Fernkampf.

Schießpulver

Nikolaus v. Dreyse

Der deutsche Gewehrmacher Dreyse (1787–1867) entwickelte mit dem Zündnadelgewehr den ersten Hinterlader: Die Soldaten luden von hinten her nach und mussten dazu nicht mehr aufstehen, sondern konnten in Deckung bleiben. Die preußische Armee setzte das Gewehr ab 1840 ein.

Fallen und Minen

Guerillakämpfer setzen oft Fallen ein, um Gegner zu verwunden oder gefangen zu nehmen. Sie verwenden z.B. Fußangeln, Stolperdrähte und Fallgruben mit Pfählen. Moderne Fallen funktionieren mit Sprengstoff. Panzerminen explodieren, wenn ein Panzer nahe an ihnen vorbeifährt. Die meisten Landminen richten sich aber gegen Menschen. Sie heißen Antipersonenminen.

Wie eine Antipersonenmine funktioniert

Wenn man auf eine Antipersonenmine tritt, führt der Druck zur Explosion des Sprengstoffes. Die Sprengkraft wird nach oben gebündelt. Man will damit Menschen vor allem verstümmeln, denn ein Verwundeter braucht viel Pflege, die feindliche Kräfte bindet.

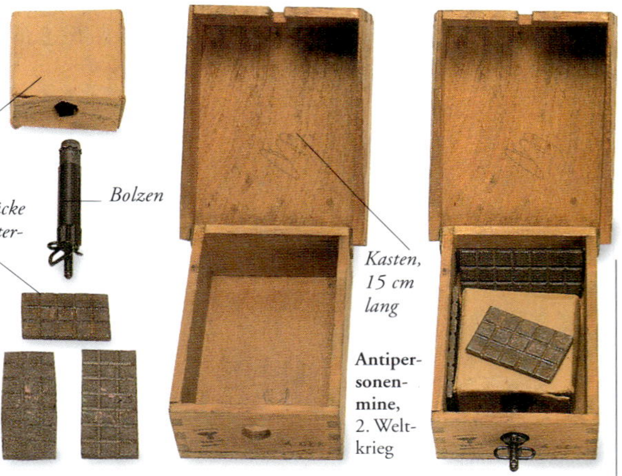

Sprengstoff
Metallstücke zur Splitterbildung
Bolzen
Kasten, 15 cm lang

Minenopfer

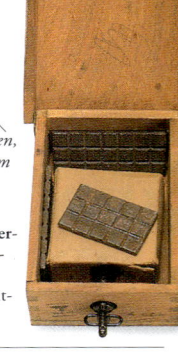

Antipersonenmine, 2. Weltkrieg

Bomben und Raketen

Bomben sind mit Sprengstoff gefüllte Behälter, die man mit einem Zünder versieht. Bei der Explosion entstehen tödliche Splitter. Raketen haben ein eigenes Antriebssystem. Sie tragen einen oder mehrere konventionelle oder nukleare Sprengköpfe. Mit Interkontinentalraketen können weit entfernte Länder gegeneinander Krieg führen.

Massenvernichtung

Kernwaffen und chemische Waffen können eine ganze Stadt zerstören und weite Landstriche vergiften. Man versucht über internationale Verträge, die Verwendung solcher Waffen zu verbieten und ihre Verbeitung zu verhindern.

Gasmaske zum Schutz der Lunge
Spezialanzug als Schutz vor Nervengas

Bombenabwurf im Ersten Weltkrieg. Damals geschah dies noch von Hand.

Flugzeugbomben

Für Bombenabwürfe gibt es heute spezielle Bomber, die man nach Reichweite unterscheidet. Moderne Bomben haben Stabilisierungsflächen. Sie explodieren beim Auftreffen.

Smart Bomb vor dem Ziel

Smart Bombs

Unter dieser englischen Bezeichnung versteht man Raketen, die sich mit Hilfe von Laser und einer Computerkarte selbst ins gewünschte Ziel steuern. Einige Bomben tragen Videokameras.

Gelände für Atombombenversuche

Kernwaffen

In einer Atombombe entwickelt ein würfelzuckergroßes Stück Uran dieselbe Zerstörungskraft wie ein großes Haus voll konventionellen Sprengstoffs.

Chemische Kampfstoffe

Chemische Kampfstoffe enthalten schwerste Gifte für den Menschen. Die Betroffenen sterben langsam und binden durch ihre Pflege gegnerische Kräfte. Biologische Waffen enthalten Bakterien, die Seuchen verbreiten.

| SIEHE AUCH UNTER | FEUERWAFFEN | FRIEDENSBEWEGUNG | HUNDERTJÄHRIGER KRIEG | KERNKRAFT | KRIEG | RÜSTUNGEN | WELTKRIEG, ERSTER | WELTKRIEG, ZWEITER |

Kriegswaffen
Waffen ohne Schießpulver

Hellebarde — Reißhaken um den Ritter vom Pferd zu ziehen

Pfeilspitzen, 2700–1800 v. Chr. — Feuerstein

Arabischer Dolch (Jambiya) — Zweiseitige geschliffene, gekrümmte Klinge

Kampfbumerangs

Samuraischwert mit Scheide — Japanische Schwerter sind besonders schön.

Tomahawk — Eisenbeil; Von Europäern für den Handel mit Indianern hergestellt

Bajonett — Als Handwaffe verwendet oder auf den Gewehrlauf aufgesteckt

Englischer Langbogen mit Pfeil — Der Bogen war etwa so groß wie der Schütze. Reichweite der Pfeile bis zu 270 m

Metallkeule zum Durchschlagen von Rüstungen

Feuerwaffen

Gewehr Reichweite 275 m, frühes 19. Jh. — Behälter für Kugeln

Frühe Vorderladerpistole — Radschloss erzeugt Funken, die das Schießpulver zünden.

Halbautomatisches Gewehr mit Schalldämpfer, 2. Weltkrieg — Schalldämpfer; Hebel für automatisches oder halbautomatisches Feuer

Scharfschützengewehr Kaliber 6,5 mm — Zielfernrohr, Kolben

Colt Commando Carbine — Ein kurzes, leichtes Sturmgewehr — Tragegriff, Visier, Ausziehbare Schulterstütze

Gewehr mit Granatwerfer — Rohr für die Granate, Abzug für den Granatwerfer, Pistolengriff, Abzug für das Gewehr

Revolver Peacemaker

Taschenpistole — Elfenbeingriff

Automatikpistole Taisho Verwendung in der Arktis — Vergrößerter Abzugbügel für den Winter

Pistole Liberator 2. Weltkrieg — Abzugbügel

Automatikpistole Heckler und Koch — Schlitten

Panzer, Bomben und Raketen

Polaris-A3-Rakete Sie wird von einem Unterseeboot auf Landziele gefeuert. — Nuklearer Sprengkopf, Haube, Zünder vor dem Start aktiviert

V1 Ein unbemanntes Flugzeug als Bombe, 2. Weltkrieg — Argus-Schmidt-Rohr für den Antrieb, Sprengkopf

Granatwerfergeschoss, NATO-Munition — Flosse

Infanteriepanzer 2. Weltkrieg — Kanone, Fährt mit 25 km/h, Gewicht 25 Tonnen

Torpedo Die Waffe der Unterseeboote — Sprengkopf

WÄLDER

EIN DRITTEL der Landoberfläche ist von Wald bedeckt. Wälder sind Lebensräume, in denen die Bäume vorherrschen. Sie schaffen die besonderen Umweltbedingungen des Waldes. Je nach Klima unterscheidet man mehrere Waldtypen, z. B. den tropischen Regenwald, den gemäßigten Laubwald und den nördlichen Nadelwald. Wälder binden sehr viel Kohlendioxid und wirken deswegen dem Treibhauseffekt entgegen.

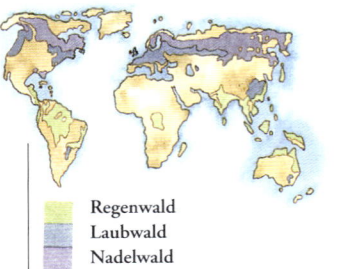

Tropischer Wald

Tropische Wälder oder Regenwälder kommen in feuchtwarmem Klima vor. Der Boden ist meist reich an Aluminium und Eisen. Auf einem Hektar wachsen bis zu 200 Baumarten. Dort leben hunderte Arten von Vögeln, Säugern und Kriechtieren sowie tausende von Insekten.

2. Kronenschicht in 60 m Höhe

1. Kronenschicht in 50 m Höhe

Kletterpflanzen brauchen eine Stütze.

Strauchschicht mit jungen Bäumen

Jeder Wald ist in Schichten gegliedert. In den Tropen ragen die höchsten Bäume über die allgemeine Kronenschicht hinaus.

Regenwald
Laubwald
Nadelwald

Laubwald

Auf den nach unten gerichteten Ästen kann sich der Schnee nicht halten und gleitet ab, ohne dass größere Schäden entstehen.

Am Waldboden ist es im Sommer dunkel, sodass hier nur wenige Pflanzen blühen.

Laubblätter wachsen schnell im Frühjahr und werden im Herbst abgeworfen.

Laubwald

Laubwälder kommen in milden oder gemäßigten Klimagebieten vor. Die Winter sind sehr kühl, die Sommer warm. Die meisten Bäume werfen ihr Laub im Herbst ab, etwa die Eichen und Buchen. Viele Laubwälder hat man gerodet, weil der Boden darunter sehr fruchtbar ist.

Nadelwald

In nördlichen oder borealen Gebieten wie in Nordasien liegen ausgedehnte Nadelwälder, die man auch als Taiga bezeichnet. Sie setzen sich überwiegend aus Nadelhölzern zusammen, vor allem Fichten, Kiefern, Tannen und Lärchen.

Der Boden ist in diesen Wäldern nährstoffarm.

Nördlicher Nadelwald

Aufforstung

Immer mehr Menschen begreifen den Wert der Wälder. In Südostasien beginnt man nach Jahren des Raubbaus mit großflächigen Aufforstungen. Noch bestehende Wälder stehen unter Schutz.

Entwaldung

Jedes Jahr wird auf der Erde eine Fläche halb so groß wie Deutschland abgeholzt, um Holz oder Weideland für Rinder zu gewinnen. Die Entwaldung erzeugt riesige Umweltprobleme. Der Boden wird durch die großflächige Abholzung zerstört und das Klima ändert sich.

Viehzucht
Große Regenwaldgebiete in Brasilien werden für die Rinderzucht abgeholzt. Der Boden ist dann in wenigen Jahren erschöpft und zerstört.

Brandrodung
Seit Jahrhunderten betreiben Bergvölker Brandrodung. Sie verlassen das gerodete Gebiet nach einigen Jahren, sodass es sich wieder erholen kann.

Überweidung
Nomadische Völker sind oft gezwungen, an einem Ort zu bleiben. Das Land wird dann überweidet und der Boden trocknet aus.

| SIEHE AUCH UNTER | BÄUME | BODENARTEN | KLIMA | NUTZPFLANZEN | ÖKOLOGIE UND ÖKOSYSTEME | REGENWALD, TIERWELT | UMWELTVERSCHMUTZUNG | WÄLDER, TIERWELT |

WÄLDER, TIERWELT

WO IN GEMÄSSIGTEN GEBIETEN genug Regen fällt, ist der Wald die natürliche Form der Pflanzendecke. In einigen Gebieten überwiegt eine einzige Baumart. In den meisten Regionen setzt sich der Wald jedoch aus immergrünen Nadelhölzern und Blätter abwerfenden Laubhölzern zusammen. In südlicheren Regionen kommen immergrüne Laubbäume hinzu. Wälder sind überall artenreiche Lebensräume. Es leben hier zwar nur wenige große Säuger wie Wildschweine, doch die Zahl der Insekten- und Vogelarten ist sehr groß.

Schichten des Waldes

Die Wälder der gemäßigten Breiten haben in der Regel 5 deutlich voneinander abgrenzbare Schichten mit einer eigenen Tier- und Pflanzenwelt. Für eine weitere Auflockerung sorgen Lichtungen und Bäche, sodass außerordentlich komplexe Lebensräume entstehen.

Kronenschicht
Die Kronenschicht setzt sich aus den Kronen der höchsten Bäume zusammen. Hier liegt die Hauptmasse der Zweige und Blätter, weil hier noch am meisten Licht herrscht. Die Kronenschicht bietet Schutz für Insekten, Vögel und baumbewohnende Säuger wie etwa Eichhörnchen.

Strauchschicht
Unter der Kronenschicht befindet sich die einige Meter hohe Strauchschicht. Sie setzt sich aus niedrigeren Sträuchern wie Haselnuss und Weißdorn sowie jungen Bäumen zusammen, die noch weiter in die Höhe wachsen. In der dichten Strauchschicht nisten viele Vögel.

Krautschicht
Die Krautschicht umfasst auch Farne und Moose. In manchen Wäldern ist die Krautschicht im Sommer gering ausgeprägt, weil nur wenig Licht auf den Boden gelangt. In Laubwäldern blühen die Pflanzen der Krautschicht oft vor dem Blattaustrieb der Bäume. Dazu zählen z. B. Buschwindröschen.

Streuschicht
Als Streu bezeichnet man die toten Blätter, Äste, Zweige und Früchte, die am Boden liegen. Die Schicht ist sehr belebt, weil es hier genug zu fressen gibt. In der Streuschicht leben Käferlarven und Tausendfüßer. Von ihnen leben Säuger und Vögel.

Boden
Alle Pflanzen wurzeln im Boden. Er wird von der Streuschicht mit Mineralsalzen versorgt, und der Stoffkreislauf schließt sich. Maulwürfe und Mäuse graben Gänge im Boden. Hier leben viele Insektenlarven und Würmer.

Regenwurm

Säugetiere

Waldbewohnende Säuger sind selten zu sehen, weil sie meist nur nachts aktiv sind. Sie verraten ihre Anwesenheit nur durch ein Rascheln im Laub, durch frisch aufgeworfene Erde am Eingang zu ihrem Bau oder durch Fußspuren im feuchten Boden. Zu diesen Tieren zählt z. B. der Dachs. Auf Bäumen leben vor allem das Eichhörnchen und der Baummarder.

Backentaschen

Streifenbackenhörnchen
Diese Nagerart in den nordamerikanischen Wäldern bewegt sich mit Leichtigkeit im Wald voran. Das Hörnchen klettert im Geäst, sucht auf dem Boden Samen und Nüsse und wohnt in einem selbst gegrabenen Bau im Boden.

Reh
Noch vor 100 Jahren war das Reh bei uns ein sehr scheues, seltenes Tier. Heute hat es sich an den Menschen gewöhnt. Es äst am liebsten auf Feldern am Waldrand. Dort ist es in der Dämmerung zu sehen. Tagsüber zieht es sich in den Wald zurück, wo es sich im Unterholz versteckt. Es verlässt sich auf seine scharfen Sinnesorgane und auf seine Schnelligkeit bei der Flucht.

Rehbock am Waldrand

Dachs am Eingang zu seinem Bau

Dachs
Große Baue sind das Kennzeichen der Dachse. Sie graben die Gänge mit ihren starken Krallen. Jeder Bau besteht aus zahlreichen Gängen und Kammern und hat mehrere Eingänge. Dachse gehen nachts auf Nahrungssuche und stöbern in der Streuschicht Würmer, Käferlarven sowie Früchte und Nüsse auf.

Vögel

Die Vogelwelt der Wälder ist außerordentlich mannigfaltig. Fasane suchen ihr Futter auf dem Boden. Fruchtfresser wie Amseln halten sich in der Strauchschicht auf, Singvögel in der Kronenschicht. Waldränder und Lichtungen werden von niedrig streifenden Greifvögeln besucht. Im Frühling und Sommer sind die meisten Tiere aktiv. Im Herbst werfen die Bäume die Blätter ab und die Vögel ziehen weg in wärmere Gebiete.

Braun gemusterte Federn zur Tarnung am Tag.

Waldkauz
Der Waldkauz jagt nachts. Er lauert in der Baumkrone und sucht den Boden nach Beutetieren ab. Mit seinen großen Augen und den empfindlichen Ohren nimmt er die leiseste Bewegung eines Nagers oder einer Spitzmaus wahr.

Grünspecht
Grünspechte sind berühmt dafür, dass sie mit ihren Schnäbeln Nisthöhlen in Baumstämme meißeln. Der Grünspecht findet seine Nahrung weniger unter Baumrinden als vielmehr auf dem Boden. Dort bricht er gerne Ameisennester auf. Besonders gern frisst er Rote Waldameisen.

Ziegenmelker
Der Ziegenmelker brütet im Sommer bei uns, zieht aber im Herbst weg und überwintert in Afrika. Er lebt mehr am Waldrand und in offeneren Waldgebieten. Nachts fliegt er umher auf der Jagd nach Motten. Tagsüber ruht er auf Zweigen oder auf dem Boden und vertraut auf seine Tarntracht.

Hervorragend getarnter Ziegenmelker

WÄLDER, TIERWELT

Kriechtiere

Die Echse kann den Schwanz abwerfen.

Die Echse kann die Farbe wechseln.

In fast allen Wäldern leben Echsen und Schlangen. Viele halten sich auf dem Boden, in der Laubstreu, unter Steinen oder Hölzern und hohlen Baumstrünken auf. Andere klettern in die Strauchschicht hoch, um hier Insekten und Vögel zu fangen. Die nördlichsten Wälder sind zu kalt für eine reiche Kriechtierfauna. Hier leben nur noch wenige Reptilien.

Anolis
Mit ihren langen Haftzehen sind die Anolis unter allen Echsen am besten an das Baumleben angepasst. Der nordamerikanische Rotkehlanolis jagt im Geäst Insekten und Spinnen. Seine Körperfarbe bietet ihm hinreichend Tarnung. Wenn er auf dem Stamm oder am Boden läuft, kann er die Hautfarbe innerhalb weniger Sekunden ins Braun verändern.

Kletternatter
Die Kletternatter lebt in nordamerikanischen Wäldern und macht Jagd auf Kleinsäuger, Vögel und Echsen. Sie geht weit in den Norden und ist während der kalten Jahreszeit zur Winterruhe gezwungen. Dabei verbirgt sie sich in der Streuschicht oder in hohlen Baumstrünken und harrt mehrere Monate in Kältestarre aus.

Die Kletterschlange wird bis 2,50 m lang.

Zunge

Amphibien

Saugnäpfe an den Zehen

Hautfarbe als Tarnung in den Bäumen

Obwohl die Amphibien in der Regel im oder am Wasser leben, finden doch auch viele Arten genügend Feuchtigkeit noch in den Wäldern, etwa im Schatten hoher Bäume oder in der Nähe von Waldbächen. Kröten und Salamander suchen ihre Nahrung vorwiegend in der Kraut- und Streuschicht. Einige Froscharten haben sich an größere Höhe angepasst und sind auch noch in Gebirgswäldern anzutreffen.

Nordamerikanische Laubfrösche
Baumbewohnende Frösche gibt es in wärmeren Gebieten auf der ganzen Welt. Sie halten sich im Laub auf und fressen dort Insekten und Spinnen. Heimische und nordamerikanische Frösche halten sich im Geäst mit Saugnäpfen fest. Sie können ihre Hautfarbe verändern und sich so der Umwelt anpassen.

Fleckenquerzahnmolch
Salamander kommen in den feuchten Gebirgswäldern der östlichen USA häufig vor. Der Fleckenquerzahnmolch verbringt die meiste Zeit im Boden und in der Laubstreu. Er jagt hier nach Würmern und Schnecken. Seine auffällige Färbung dient als Warntracht. Er zeigt damit anderen Tieren an, dass er giftig ist.

Helle Flecken warnen vor dem giftigen Molch.

Glatte, leicht schleimige Haut

Insekten

Arbeiterin auf der Futtersuche

Riechorgane an den Fühlerspitzen

Im Frühjahr schlüpfen Larven aus den Eiern und die Insekten, die den Winter in einer Kältestarre verbracht haben, sind nun wieder aktiv. Von der Kronschicht bis zum dunklen Boden sammeln die Insekten Nektar, machen Jagd aufeinander oder fressen Blätter, Holz und totes Laub.

Rote Waldameise
Die Roten Waldameisen leben in großen Kuppelnestern, die sie aus Zweigen und Nadeln errichten. Die Königin legt Eier, während die Arbeiterinnen Nahrung suchen und das Nest ständig vergrößern.

Feuerkäfer
Die Larven dieses bunten Käfers bohren Gänge unter der Baumrinde. Hier sind sie vor den meisten Räubern sicher, können aber den Schnabelhieben der Spechte zum Opfer fallen.

Fühler

Waldwespe
Die Waldwespen leben in großen Kolonien. Sie stellen ihre Nester aus papierähnlichem Material her. Diese hängen von Zweigen und Ästen. Die Arbeiterinnen kauen mit ihren starken Kiefern Holzstückchen, vermischen sie mit Speichel und stellen auf diese Weise das Material her.

Vergrößerte Oberkiefer

Hirschkäfer
Der Hirschkäfer legt seine Eier in tote Eichenstrünke. Die Männchen haben mächtig verlängerte Kiefer, die sie aber nicht zum Fressen, sondern zum Kampf mit anderen Männchen einsetzen. Den Weibchen fehlt dieses „Geweih". Der Hirschkäfer ist mit einer Länge von bis zu 7,5 cm der größte europäische Käfer.

Düstere Farben zur Tarnung

Schwarzes Ordensband
Dieser Schmetterling tritt nur im Hochsommer auf und fliegt nachts vor allem in feuchten Auenwäldern. Tagsüber verbirgt er sich in hohlen Bäumen. Die Raupen schlüpfen im Spätsommer, überwintern und entwickeln sich erst im Jahr darauf zu den erwachsenen Tieren, die nur wenige Wochen leben.

Pflanzen und Pilze

Unter Waldbäumen wachsen Sträucher, Kräuter, Moose und Farne. Kräuter blühen oft zeitig im Frühjahr und nutzen das Licht, solange es noch ungehindert auf den Waldboden fällt. Im Sommer wachsen im Wald nur Pflanzen, die mit dem wenigen Licht auskommen, das durch das Kronendach fällt. Pilze und Waldorchideen brauchen kein Licht, weil sie Nährstoffe aus lebenden oder toten Pflanzen beziehen.

Eichengallen
Gallen sind Missbildungen an Pflanzen. Sie werden von Gallwespen und anderen Insekten ausgelöst, die ihre Eier in die Blätter legen. Die schlüpfenden Larven veranlassen die Pflanze, eine nährstoffreiche Schicht um sie zu bauen.

Eichengalle

Porlinge
Im Herbst wachsen viele Pilze auf dem Waldboden. Die Porlinge oder Trameten entspringen oft abgestorbenen Baumstämmen. Sie durchziehen ihre Unterlage mit feinsten Fäden und gewinnen aus dem toten Holz Nährstoffe für sich selbst.

Kiefernsamen

Kiefernzapfen
Die Nadeln der Kiefern bieten Tieren wenig Nährstoffe. Die Zapfen enthalten aber nahrhafte Samen. Eichhörnchen und Häher brechen sie auf, um an die Samen zu gelangen. Andere Tiere müssen warten, dass sich die Zapfen bei trockenem Wetter öffnen und die Samen freilassen.

Farne
Die Farne gehören zu den Sporenpflanzen. Sie kommen häufig an feuchten, schattigen Stellen im Wald vor. Mancherorts besteht die Krautschicht fast nur aus Farnen. In warmen Gebieten werden Farne einige Meter hoch.

Farnwedel entrollen sich.

SIEHE AUCH UNTER AMPHIBIEN · BÄUME · BODENARTEN · INSEKTEN · KÄFER · KRIECHTIERE · PFLANZEN · PILZE · TARN- UND WARNTRACHT · WÄLDER

WALE UND DELFINE

UNTER ALLEN SÄUGETIEREN sind die Wale an die Lebensweise im Wasser am besten angepasst. Unter ihrer dicken, glatten Haut liegt eine Fettschicht, der sog. Blubber, die sie gegen die Kälte isoliert. Wie alle Säuger sind auch die Wale gleichwarm, atmen Luft und gebären Junge. Zur Ordnung der Waltiere zählen auch die Delfine und die Tümmler. Sie alle haben sich aus vierfüßigen Huftieren entwickelt. Man unterteilt die Wale in 2 Gruppen, in die Zahnwale mit rund 80 Arten und in die Bartenwale mit 12 Arten. Auch die verwandten Seekühe oder Sirenen sind Meeressäuger.

Der Körper ist von Seepocken übersät.

Grauwal

Bartenwale

Diese Wale sind die Riesen der Meere. Sie schwimmen mit weit geöffnetem Mund durch Schwärme von Garnelen, den sog. Krill. Dann schließen sie den Mund und pressen mit der Zunge das Wasser durch die Barten wieder heraus. Die Garnelen werden dabei zurückgehalten und herausgefiltert. Erwachsene Blauwale können gewaltige Mengen an Krill auf einmal verschlucken.

Zähne
Alle Zahnwale haben gleiche Zähne. Sie sind wie beim Schwertwal konisch zugespitzt und nach hinten gerichtet.

Mächtige Kiefer

Barten
Die Barten sind bis zu 1 m lange Hornlamellen, die vom Munddach der Wale herabhängen.

Blick auf einen blasenden Wal

Blaslöcher
Im Laufe der Evolution sind die Nasenlöcher fast aller Wale auf die Oberseite des Kopfes gewandert. Damit können die Tiere bei untergetauchtem Körper atmen. Zahnwale haben nur noch ein Blasloch, Bartenwale zwei. Beim Atemholen presst der Wal die Luft mit einem Zischen aus dem Blasloch. Die Feuchtigkeit in der Atemluft kondensiert und erzeugt den typischen Blas, eine Art Nebel. Nach dem Einatmen taucht der Wal sofort wieder ab.

Grauwal
Der Grauwal gehört zu den Bartenwalen und ernährt sich von kleinen Krebsen. Mit der Schnauze wühlt er das Sediment auf und filtert sie mit seinen kurzen Barten heraus. Jedes Jahr wandern die Grauwale von ihren Nahrungsgründen im Nordpolarmeer zu den Lagunen Südkaliforniens und Mexikos, um sich fortzupflanzen.

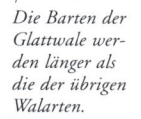

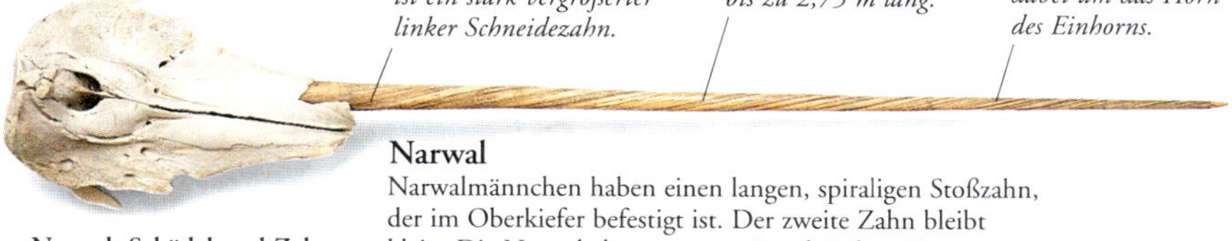

Die Barten der Glattwale werden länger als die der übrigen Walarten.

Zahnwale

Zu den Zahnwalen zählen Delfine, Tümmler, Pottwale, Schnabelwale, der Schwertwal, der Beluga oder Weißwal und der ungewöhnliche Narwal. Die Zahnwale haben 2–260 Zähne. Sie fangen und packen damit ihre Beute, vor allem Fische und Tintenfische. Die Nahrung wird aber nicht gekaut, sondern ganz hinuntergeschluckt.

Der Stoßzahn des Narwals ist ein stark vergrößerter linker Schneidezahn.

Der Stoßzahn wird bis zu 2,75 m lang.

Bis ins 17. Jh. glaubte man, es handle sich dabei um das Horn des Einhorns.

Schwertwal
Der Schwertwal macht zur Hauptsache Jagd auf Fische, Pinguine und Robben. Oft gehen mehrere Tiere gemeinsam auf Jagd. Selbst ein großer Wal hat gegen eine Gruppe von Schwertwalen kaum eine Chance.

Narwal, Schädel und Zahn

Narwal
Narwalmännchen haben einen langen, spiraligen Stoßzahn, der im Oberkiefer befestigt ist. Der zweite Zahn bleibt klein. Die Narwale kommen nur in arktischen Gewässern vor, wo sie in Gruppen von etwa 12 Tieren leben.

Gewöhnlicher Delfin
Der Gewöhnliche Delfin lebt in warmen und gemäßigten Meeren. Bisweilen kommen Gruppen von einigen hundert Tieren vor. Der Delfin frisst Fische und wurde früher gejagt. Deshalb ist er stark zurückgegangen.

Luftsprünge
Delfine sind sehr verspielt und vollführen oft spektakuläre Luftsprünge. Gern begleiten sie Schiffe und lassen sich von deren Bugwelle mittragen.

Eintauchen mit dem Kopf voran

Sehr hohe Anfangsgeschwindigkeit

Der Körper löst sich ganz vom Wasser.

Delfine und Tümmler
Delfine und Tümmler gehören zu den Zahnwalen. Sie fressen Fische und Tintenfische. Die meisten Delfine sind größer als Tümmler, die einen etwas runderen Körperbau zeigen.

WALE UND DELFINE

Abtauchen
Die Schwanzflosse oder Fluke des Wales ist waagerecht und erzeugt durch Auf- und Abschlagen den Vortrieb. Bevor die Wale tief abtauchen, heben sie ihre Schwanzflossen in die Luft und bekommen dadurch einen erheblichen Schwung. Die Form der Fluke ist stets zweizipfelig, doch der sonstige Umriss je nach Art verschieden. Dies gilt auch für die Art des Abtauchens. Der Pottwal, wie in den Bildern links, hält die Fluke so hoch in die Luft, dass man ihre Unterseite sehen kann.

Bedrohung
Die großen Wale haben abgesehen vom Schwertwal kaum natürliche Feinde. Kleinere Wale werden von Haien angegriffen. Manche Wale werden heute noch von Menschen gejagt, und viele Arten stehen am Rand des Aussterbens. Viele Delfine und Tümmler bleiben in Fischnetzen hängen und ersticken.

Strandung
Diese Grindwale sind an der Küste Tasmaniens gestrandet. Bis heute weiß man nicht, warum dies den Walen widerfährt. Einer Theorie zufolge orientieren sie sich mit Hilfe des Erdmagnetfeldes und werden gelegentlich verwirrt, etwa während magnetischer Stürme. Andere Forscher meinen, die Verschmutzung der Meere verringere die Widerstandskraft der Wale.

Zahnwale finden ihre Beute mit Echoortung.

Mit den Schnurrhaaren findet das Tier Nahrung am Grund.

Manatis wiegen bis zu 1,6 Tonnen.

Seekühe
Die 4 Arten von Seekühen oder Sirenen – 3 Manatis und 1 Dugong – leben wie die Wale nur im Wasser. Sie fressen ausschließlich Pflanzen, vor allem Seegras. Die Manatis kommen in tropischen Küstengewässern zu beiden Seiten des Atlantischen Ozeans vor. Dabei dringen sie auch in große Flüsse und Ästuaren ein. Im offenen Meer sind sie selten zu sehen. Der Dugong lebt an den Küsten des Indischen und westpazifischen Ozeans.

Echoortung
Zahnwale haben hochspezialisierte Hörorgane entwickelt. Wie die Fledermäuse verwenden sie eine Echoortung. Sie stoßen viele sehr hohe Klicklaute aus, die der Mensch nicht mehr hören kann. Die eintreffenden Echos dieser Laute fangen sie auf und machen sich mit deren Hilfe ein Bild von der Umwelt.

Nagelmanati

Schulen
Die meisten Wale leben in Gruppen oder Schulen. Ihre Größe schwankt erheblich. Die kleinste Gruppe umfasst ein Männchen, mehrere Weibchen und ihre Jungen. Die oben abgebildeten Schwert- oder Killerwale greifen auch gemeinsam an. Grindwale bilden gelegentlich Gruppen von tausenden Tieren.

Mutter und Jungtier bleiben nahe beieinander.

Der neugeborene Blauwal ist 2 Tonnen schwer und über 7 m lang.

Kehlfurchen erlauben eine Ausdehnung des Mundes.

Blauwal
Der Blauwal wird bis zu 32 m lang und bis zu 160 Tonnen schwer. Allein seine Zunge wiegt 4 Tonnen und damit fast so viel wie ein ausgewachsener Elefant. Der Wal kann seine ungeheure Körpermasse nur dadurch erreichen, dass das Wasser sein Gewicht trägt. Blauwale leben in kühlem Wasser im offenen Meer und sind weltweit verbreitet.

Die Fluke kann ein Viertel der Körperlänge ausmachen.

Größenrekorde
Der Blauwal ist das größte Tier aller Zeiten. Der Golftümmler oder Vaquita gilt als kleinste Walart. Ein erwachsenes Tier wird 1,20–1,50 m lang. Die Art verfängt sich öfter in Fischnetzen, ist in der Natur sonst aber nur selten zu beobachten.

Fortpflanzung
Wale bringen in der Regel nach 10–12 Monaten Schwangerschaft ein Junges auf die Welt. Sofort geleitet es die Mutter zur Wasseroberfläche, wo es seinen ersten Atemzug tut. Sie kümmert sich intensiv um ihr Kalb und säugt es manchmal mehrere Jahre lang.

GRAUWAL
WISSENSCHAFTLICHER NAME	*Eschrichtius robustus*
ORDNUNG	Cetacea, Wale
FAMILIE	Eschrichtiidae, Grauwale
VERBREITUNG	Pazifikküsten in Nordamerika und Asien
LEBENSRAUM	Flache Küstengewässer
ERNÄHRUNG	Krebstiere

SIEHE AUCH UNTER FLEDERMÄUSE · HAIE UND ROCHEN · OZEAN, TIERWELT · POLARGEBIETE, TIERWELT · ROBBEN · SÄUGETIERE · TIERWANDERUNGEN

Zahnwale und Delfine

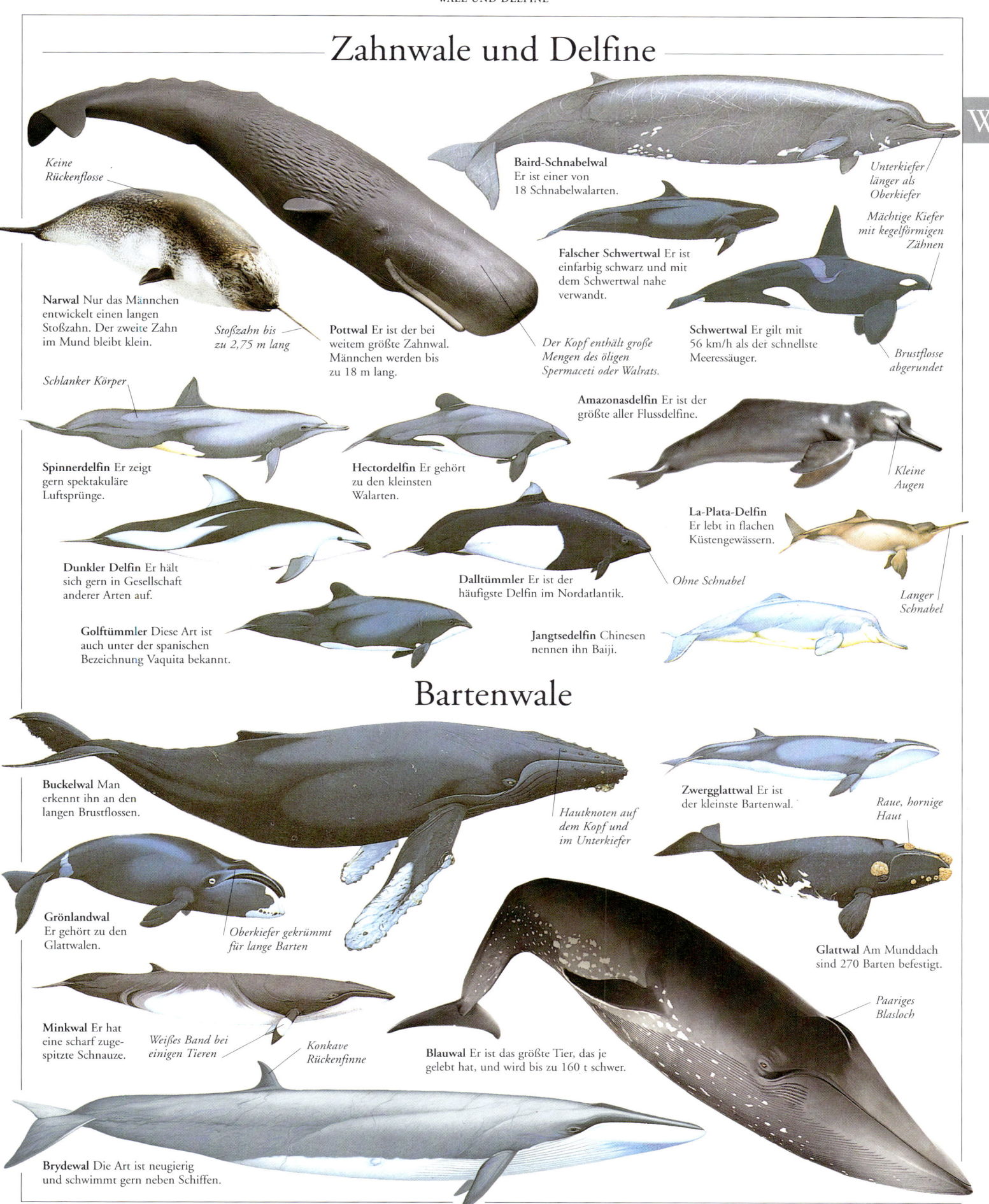

Narwal Nur das Männchen entwickelt einen langen Stoßzahn. Der zweite Zahn im Mund bleibt klein.

Keine Rückenflosse

Stoßzahn bis zu 2,75 m lang

Pottwal Er ist der bei weitem größte Zahnwal. Männchen werden bis zu 18 m lang.

Der Kopf enthält große Mengen des öligen Spermaceti oder Walrats.

Baird-Schnabelwal Er ist einer von 18 Schnabelwalarten.

Unterkiefer länger als Oberkiefer

Falscher Schwertwal Er ist einfarbig schwarz und mit dem Schwertwal nahe verwandt.

Schwertwal Er gilt mit 56 km/h als der schnellste Meeressäuger.

Mächtige Kiefer mit kegelförmigen Zähnen

Brustflosse abgerundet

Schlanker Körper

Spinnerdelfin Er zeigt gern spektakuläre Luftsprünge.

Hectordelfin Er gehört zu den kleinsten Walarten.

Amazonasdelfin Er ist der größte aller Flussdelfine.

Kleine Augen

Dunkler Delfin Er hält sich gern in Gesellschaft anderer Arten auf.

Dalltümmler Er ist der häufigste Delfin im Nordatlantik.

La-Plata-Delfin Er lebt in flachen Küstengewässern.

Ohne Schnabel

Langer Schnabel

Golftümmler Diese Art ist auch unter der spanischen Bezeichnung Vaquita bekannt.

Jangtsedelfin Chinesen nennen ihn Baiji.

Bartenwale

Buckelwal Man erkennt ihn an den langen Brustflossen.

Hautknoten auf dem Kopf und im Unterkiefer

Zwergglattwal Er ist der kleinste Bartenwal.

Raue, hornige Haut

Grönlandwal Er gehört zu den Glattwalen.

Oberkiefer gekrümmt für lange Barten

Glattwal Am Munddach sind 270 Barten befestigt.

Paariges Blasloch

Minkwal Er hat eine scharf zugespitzte Schnauze.

Weißes Band bei einigen Tieren

Konkave Rückenfinne

Blauwal Er ist das größte Tier, das je gelebt hat, und wird bis zu 160 t schwer.

Brydewal Die Art ist neugierig und schwimmt gern neben Schiffen.

WANZEN

BEI „WANZEN" denkt jeder sofort an die unangenehme, Blut saugende Bettwanze. Es gibt aber tausende harmlose und oft sehr schöne Wanzenarten, etwa die großen Schild- oder Raubwanzen. Wanzen bilden zusammen mit den Zikaden, Blattflöhen und Blattläusen die Gruppe der Schnabelkerfe. Diese sind an ihren Mundwerkzeugen zu erkennen, mit denen sie meist Pflanzensäfte saugen. Die Gruppe der Pflanzensauger unterscheidet sich von den Wanzen durch gleichartige Vorder- und Hinterflügel. Viele der 55 000 Schnabelkerfe schaden der Land- und Forstwirtschaft. Die größten Probleme bereiten dabei die Blattläuse.

Merkmale

Alle Schnabelkerfe haben stechend-saugende Mundteile, mit denen sie lebendes Gewebe anstechen. Der abgebildete Laternenträger gehört zu den Pflanzensaugern, weil die 4 Flügel gleichartig aussehen. Bei den Wanzen sind die Vorderflügel ledrig verdickt.

Laternenträger mit offenen Flügeln

Kopffortsatz
Falsche Augen
Echte Augen
Hinterleib
2 Flügelpaare
Die Vorderflügel überlappen sich in der Ruhe.
Gegliederte Beine
Dornen an den Hinterbeinen zur Verteidigung
Laternenträger

Jungfernzeugung

Blattläuse vermehren sich außerordentlich schnell durch Jungfernzeugung ohne Paarung und Befruchtung. Die Weibchen produzieren aus unbefruchteten Eiern identische Weibchen, die sich selbst durch Jungfernzeugung fortpflanzen.

Fortpflanzung

Wanzen locken Geschlechtspartner auf vielerlei Arten an. Sie geben z. B. Duftstoffe, die Pheromone ab. Wasserwanzen versetzen die Wasseroberfläche in Schwingung. Männliche Zikaden locken Weibchen mit lautem Gesang an. Sie erzeugen ihn mit einem trommelähnlichen Organ am Hinterleib. Die Weibchen legen hunderte von Eiern. Aus ihnen schlüpfen Jungtiere, die den Eltern schon sehr ähnlich sehen.

Schildwanzen

Schildwanzen kommen überall auf der Welt vor. Viele geben einen widerlichen Geruch ab. Die Weibchen schützen ihre Jungen vor Angriffen.

Junge Schildwanzen unter der Obhut ihrer Mutter

Ernährung

Wanzen stechen ihre Mundteile in Pflanzen und andere Tiere. Sie saugen dabei deren Säfte oder spritzen Enzyme ein, die den Inhalt verflüssigen, sodass sie ihn einsaugen können. Ameisenwanzen ernähren sich von Blattläusen. Bettwanzen leben vom Blut von Säugetieren und Vögeln. Die meisten Wanzen oder Schnabelkerfe begnügen sich jedoch mit Pflanzensäften.

Raubwanzen

Raubwanzen machen Jagd auf andere Insekten. Einige stehlen Beutetiere aus Spinnennetzen. Manche Raubwanzen verteidigen sich, indem sie auf Angreifer giftigen Speichel spritzen.

Mundteile
Raubwanze saugt eine Schabe aus.

Zwergzikaden

Die Zwergzikaden bohren Löcher in Blätter und saugen dann den Saft der Pflanzen. Bei massenhaftem Auftreten können diese Kleinzikaden recht schädlich werden.

Verteidigung

Wanzen und Pflanzensauger haben viele Feinde – von Marienkäfern bis zu Vögeln. Zum Schutz haben sie einige seltsame Abwehrmechanismen entwickelt. Buckelzikaden sind vorzüglich getarnt. Schildwanzen und andere Arten geben einen penetranten Geruch ab. Die Larven von Kleinzikaden hüllen sich in ein Schaumkleid aus Kuckucksspeichel. Blattläuse verwöhnen Ameisen mit Zuckersaft und nutzen sie als Schutztruppe.

Buckelzikaden

Buckelzikaden ahmen z. B. die Dornen von Rosen nach und sind so gut getarnt.

Wasserwanzen

Einige Wanzen leben im Wasser. Die Wasserläufer laufen auf der Wasseroberfläche. Die Rückenschwimmer tragen unter den Flügeln einen Luftvorrat mit sich, den sie von Zeit zu Zeit an der Wasseroberfläche erneuern.

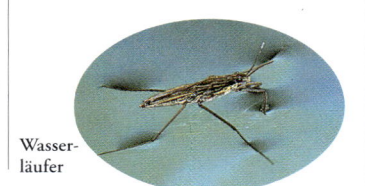

Wasserläufer

KLEINZIKADE

WISSENSCHAFTLICHER NAME *Graphocephala coccinea*

ORDNUNG Homoptera, Pflanzensauger

FAMILIE Cicadellidae, Kleinzikaden

VERBREITUNG Östliche USA und östliches Kanada

LEBENSRAUM Wiesen und Gärten

ERNÄHRUNG Pflanzensaft

GRÖSSE Länge 8–11 mm, Flügelspannweite 12–16 mm

LEBENSDAUER Bis zu 4 Monate

SIEHE AUCH UNTER GLIEDERFÜSSER · INSEKTEN · LANDWIRTSCHAFT · PARASITEN · PFLANZEN, ANPASSUNG · SÜSSWASSER, TIERWELT · TARN- UND WARNTRACHT

WÄRME UND TEMPERATUR

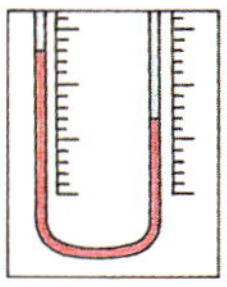

WENN ES IM SOMMER lange sehr heiß ist, weichen Straßendecken auf und Schienen verbiegen sich. Dies wird durch die Wärme der Sonne bewirkt. Wärme ist eine Form der Energie. Sie kann Asphalt und sogar Eisen zum Schmelzen bringen. Die Temperatur eines Stoffes gibt an, wieviel Wärmeenergie er enthält. Genauer gesagt ist die Temperatur ein Maß für die durchschnittliche Energie der Teilchen eines bestimmten Stoffes.

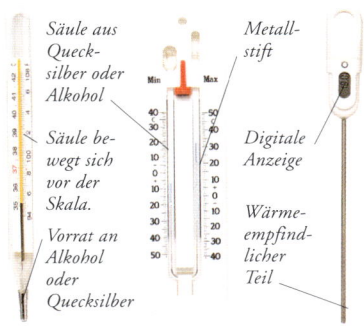

Säule aus Quecksilber oder Alkohol
Säule bewegt sich vor der Skala.
Vorrat an Alkohol oder Quecksilber
Metallstift
Digitale Anzeige
Wärmeempfindlicher Teil

Flüssigkeit   **Maximum-Minimum**   **Digital**

Thermometer
Mit dem Thermometer misst man Temperaturen. Das Flüssigkeitsthermometer enthält Quecksilber oder Alkohol. Beide Stoffe dehnen sich bei Erwärmung aus und bewegen sich dabei über eine Skala. Das Maximum-Minimum-Thermometer zeichnet die Temperaturextreme über eine bestimmte Zeit auf. Dabei werden Metallstifte von der Flüssigkeitssäule verschoben. Das Digitalthermometer misst die Temperatur mit Hilfe des elektrischen Stroms.

Wärmeausdehnung
Wenn man einen Stoff erwärmt, nehmen dessen Teilchen mehr Energie auf. Sie bewegen sich nun schneller und brauchen mehr Raum. Fast alle Stoffe dehnen sich bei Erwärmen aus. Man spricht von Wärmeausdehnung.

Die Kugel passt durch den Ring.
Flamme erhitzt Kugel.
Bunsenbrenner
Ring wird weggedreht.
Die heiße Kugel passt nicht mehr durch den Ring.

1 Eine Metallkugel besteht aus vielen Millionen eng gepackter, schwingender Teilchen. Die kalte Metallkugel passt leicht durch den Ring.

2 Die Gasflamme erhitzt die Kugel. Deren Teilchen nehmen Energie auf.

3 Durch die zusätzliche Energie hat sich die Kugel ausgedehnt. Die Teilchen brauchen mehr Raum zum Schwingen: Die Kugel passt nun nicht mehr durch den Ring.

100 °C (373 K): Wasser kocht.
85 °C (331 K): höchste je gemessene Lufttemperatur auf der Erde
43,3 °C (316,3 K): Körpertemperatur eines Sperlings

Temperaturskalen
Als Maßeinheit für die Temperatur verwenden wir Grad Celsius (°C). Die Celsiusskala ist festgelegt durch den Schmelzpunkt (0 °C) und den Siedepunkt (100 °C) von Wasser. Die Kelvinskala (K) verwendet als Ausgangspunkt den absoluten Nullpunkt (-273 °C). 273 K entspricht demnach 0 °C.

37 °C (310 K): Körpertemperatur des Menschen
28,1 °C (301,1 K): Körpertemperatur des Schnabeligels

Absoluter Nullpunkt
Es gibt keine obere, wohl aber eine untere Temperaturgrenze. Wir nennen sie den absoluten Nullpunkt (-273 °C, 0 K). Die Atome und Moleküle bewegen sich dabei praktisch nicht mehr. Es ist den Tieftemperaturphysikern gelungen, sich bis auf ein millionstel Grad dem absoluten Nullpunkt zu nähern. Erreicht werden kann er jedoch nie.

Tieftemperaturphysiker bei der Arbeit

18 °C (291 K): normale Zimmertemperatur
0 °C (273 K): Schmelz- oder Gefrierpunkt des Wassers

Celsiusskala

Kühlschrank
Die Tatsache, dass Flüssigkeiten beim Verdampfen Wärme aufnehmen, nutzt man beim Kühlschrank. Das Kühlmittel zieht durch Röhren in der Kühlschrankwand. Es nimmt Wärme vom Kühlschrankinneren auf und verdunstet dabei. Das gasförmige Kühlmittel wird nun komprimiert und fließt durch eine Röhre an der Rückseite des Kühlschranks. Dort wird die aufgenommene Wärme an die Umwelt abgegeben.

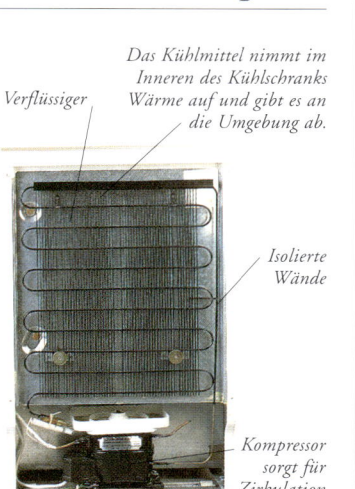

Wärmeerzeugung
Wärme kann auf mehrere Arten erzeugt werden, etwa durch Reibung, durch chemische Reaktionen und durch elektrischen Strom.

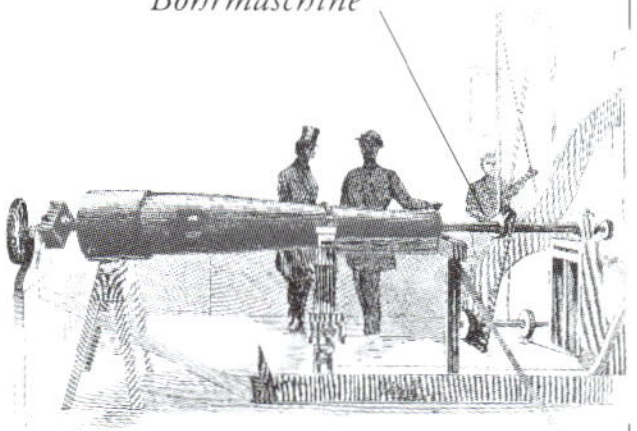

Bohrmaschine

Wärme durch Reibung
Graf Rumford (1753–1814) entdeckte als Erster, dass Reibung Wärme erzeugt. In einer bayerischen Waffenfabrik bemerkte er, dass ein Kanonenrohr beim Drehen des Laufes extrem heiß wurde. 1798 veröffentlichte er eine Arbeit über Reibungswärme.

Chemische Reaktion
Sportler legen auf ein verstauchtes Glied oft eine Wärmepackung auf. Sie enthält pulverisiertes Eisen, das mit dem Sauerstoff der Luft reagiert, wenn man die Packung bewegt. Dabei entsteht Wärme, sodass der Schmerz nachlässt.

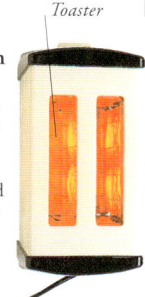

Toaster

Elektrischer Strom
Elektrische Ströme erzeugen immer auch Wärme. Wenn Strom durch die Wendeln eines Toasters fließt, werden sie rotglühend und strahlen sehr viel Wärme ab. Dadurch wird die Brotscheibe geröstet.

Das Kühlmittel nimmt im Inneren des Kühlschranks Wärme auf und gibt es an die Umgebung ab.
Verflüssiger
Isolierte Wände
Kompressor sorgt für Zirkulation

Kühlschrank, Rückansicht

Latente Wärme

Wenn ein Flüssigkeit kocht, führt weitere Wärmezufuhr nicht zu zusätzlicher Temperaturerhöhung. Die zugeführte Energie wird zur Verdampfung der Teilchen verwendet. Wir nennen sie latente Wärme oder Verdampfungswärme. Diese Energiemenge wird wieder frei, wenn das Gas zu einer Flüssigkeit kondensiert. Latente Wärme tritt auch beim Schmelzen von Festkörpern auf und wird frei, wenn die Flüssigkeit gefriert.

Die Gasblasen bestehen aus reinem Wasserdampf.

Die Wassermoleküle nehmen Wärme vom Gefäß auf und bewegen sich schneller.

Wärmebewegung
Die gesamte Materie besteht aus Teilchen, die sich dauernd bewegen. Die Temperatur ist ein Maß für diese Wärmebewegung. Bei Erwärmung bewegen sich die Teilchen viel schneller und die Temperatur steigt entsprechend an.

Wärmestrahlung

Alle Körper geben Energie in Form von Infrarot- oder Wärmestrahlen ab. Ein heißer Körper wie eine Glühbirne strahlt sehr viel Infrarot ab. Die Strahlen beheizen benachbarte Körper auf. Dunkle Oberflächen nehmen Wärmestrahlung gut auf, helle, glänzende reflektieren sie. Wir können Infrarotstrahlen zwar nicht sehen, aber ihre Auswirkungen spüren. Je näher wir die Hand an eine Glühlampe halten, umso wärmer wird es.

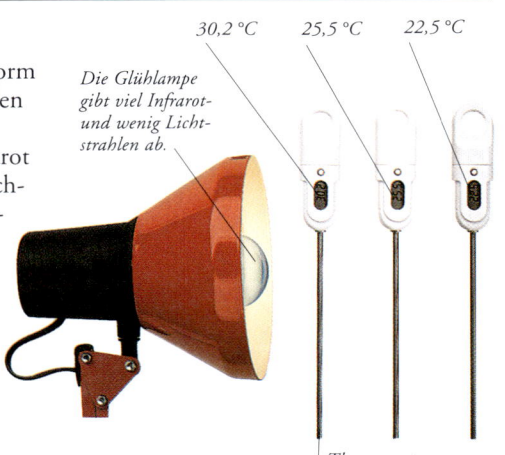

Die Glühlampe gibt viel Infrarot- und wenig Lichtstrahlen ab.

30,2 °C 25,5 °C 22,5 °C

Thermometer messen die Strahlungswärme der Glühlampe.

Treibhaus
Samen treiben unter warmen Bedingungen besser aus. Man lässt sie daher meist in einem kleinen Treibhaus aus Kunststoff keimen. Das Sonnenlicht dringt durch den Kunststoff und wärmt den Boden. Dieser strahlt ein Teil der Wärme in Form von Infrarotstrahlen ab. Diese Strahlen können aber nicht durch den Kunststoff dringen und bleiben im Innern des Treibhauses gefangen.

Konvektion

In Gasen und Flüssigkeiten findet der Wärmetransport vor allem in Form von Konvektion statt. Erwärmt man Wasser in einem Becken von unten her, so steigt es auf, weil es sich ausdehnt und dadurch weniger dicht ist. Kühleres und dichteres Wasser sinkt auf den Boden ab. Bald ist auch dieses Wasser aufgewärmt und steigt auf. So entsteht eine Konvektionsströmung.

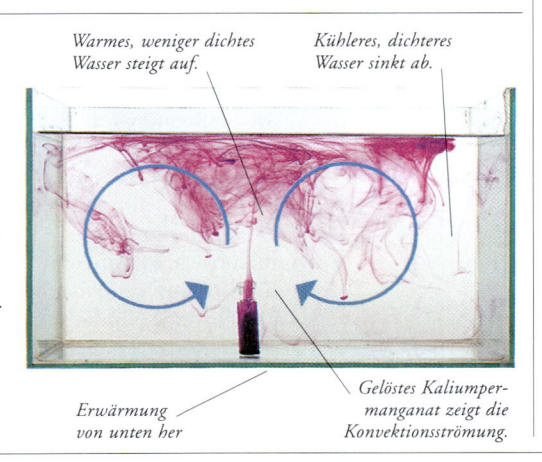

Warmes, weniger dichtes Wasser steigt auf.
Kühleres, dichteres Wasser sinkt ab.
Erwärmung von unten her
Gelöstes Kaliumpermanganat zeigt die Konvektionsströmung.

Wärmeleitung

Wird ein Stoff erwärmt, schwingen dessen Teilchen schneller und regen durch ihre Wärmebewegung auch andere Teilchen an. Diese Art des Wärmetransports nennen wir Wärmeleitung. Sie erfolgt immer vom wärmeren zum kälteren Stoff. Die warme Luft in einem Raum verliert Wärme über das Fenster. Durch Isolation will man diese Wärmeleitung so gering wie möglich halten.

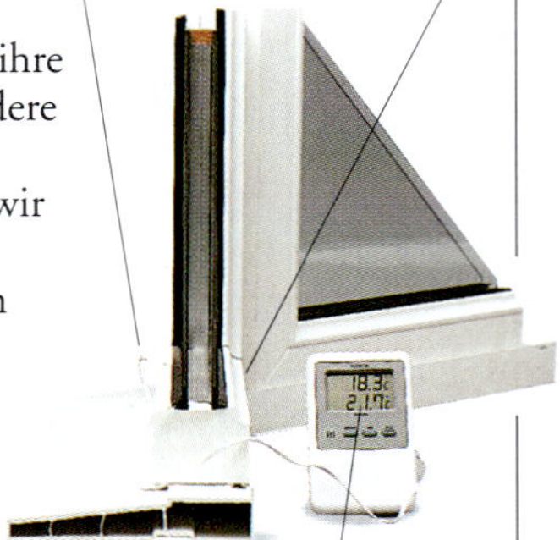

Temperatur draußen 18,3 °C *Temperatur drinnen 21,7 °C*

Das Gerät zeichnet den Temperaturunterschied zwischen drinnen und draußen auf.

Wärmeleiter
Einige Stoffe leiten Wärme sehr gut. Wenn man Wachs an die Enden eines Löffels aus Metall und aus Kunststoff klebt und beide in heißes Wasser steckt, so schmilzt das Wachs auf dem Metalllöffel zuerst. Fast alle Metalle sind gute Wärmeleiter.

Wärmeleitung im Löffel
Schmelzendes Wachs gleitet am Stiel herab.
Metall leitet Wärme besser als Kunststoff.

Warm oder kalt?
Marmorfliesen fühlen sich bei Zimmertemperatur kühler an als ein Teppich. Marmor leitet die Wärme besser als der Teppich. Der Fuß verliert seine Wärme auf Marmor viel schneller. Der Teppich isoliert gut, weil er die Luft festhält.

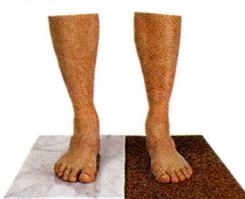

Marmorboden Teppich

Isolierstoffe

Schlechte Wärmeleiter wie Kunststoffe, Holz, Kork und Luft heißen auch Isolatoren. Man verringert mit ihnen den Wärmeverlust. Wenn man die beiden Becher rechts mit Wasser von 80 °C füllt und 15 Minuten stehen lässt, wird der Becher, den man mit Blisterfolie umhüllt hat, die Wärme am besten halten. Die Luft in den Blasen ist ein guter Isolator.

27 °C 42,4 °C

Blisterfolie

Nicht isolierter Becher Isolierter Becher

Thermosflasche
Die Thermosflasche hält Getränke warm oder kalt. Sie verhindert den Wärmeaustausch mit der Umgebung. Wärmeleitung kann nur durch Materie hindurch erfolgen. Die Thermosflasche hat deshalb ein Vakuum zwischen beiden Gefäßwänden. Die Verspiegelung reflektiert die Wärmestrahlen. Der luftdichte Stopfen ist aus isolierendem Material.

Luftdichter Stopfen
Heiße oder kalte Flüssigkeit
Vakuum zwischen zwei Glaswänden
Verspiegelte Wände reflektieren Wärmestrahlen.

SIEHE AUCH UNTER ELEKTRIZITÄT · ENERGIE · FESTKÖRPER · FLÜSSIGKEITEN · GASE · MATERIE · METALLE · REIBUNG

WASHINGTON, GEORGE

DER ANFÜHRER DER AMERIKANISCHEN Streitkräfte, die den Revolutionskrieg gegen die Briten gewannen, war George Washington. Er war auch der erste Präsident der neuen Nation und gilt als einer der Gründerväter der USA. George Washington sammelte militärische Erfahrungen, als er um 1750 für die Briten kämpfte. Er war ein guter Politiker und Verwalter und versuchte die Nation zu einigen und widerstrebende Interessen auszugleichen. Seine Aufrichtigkeit und Bescheidenheit machten ihn zu einer Symbolfigur der USA.

Kindheit und Jugend
Washington wurde 1732 als Kind eines Gutsbesitzers in Virginia geboren. Als er 11 Jahre alt war, starb sein Vater und er lebte bei seinem Halbbruder Lawrence. George wollte zur See, erhielt dann aber eine Ausbildung als Landvermesser. Trotz geringer Schulbildung erwarb er sich großes Wissen.

Muskete aus dem Krieg gegen die Franzosen

Krieg gegen Franzosen und Indianer
1753 besetzten französische Armeen aus Kanada das Ohiotal. Washington kämpfte für die Briten gegen die Franzosen und die mit ihnen verbündeten Indianer. Wegen seiner militärischen und organisatorischen Fähigkeiten wurde er schnell befördert.

Mount Vernon
Als sein Halbbruder Lawrence 1752 starb, erbte George Washington das große Familiengut von Mount Vernon, Virginia. Er führte dort viele Veränderungen ein und experimentierte mit neuen Pflanzen. 1759 heiratete er Martha Custis, eine reiche Witwe, und ging in die Politik, zuerst im Heimatstaat Virginia. Der Mount Vernon blieb Washingtons Zufluchtsort und er verbrachte dort auch sein Lebensende.

Kontinentalkongress
George Washington war früh ein Befürworter der amerikanischen Unabhängigkeit. 1774 und 1775 arbeitete er als Delegierter Virginias im Kontinentalkongress, der den Kampf der 13 Kolonien gegen die Briten organisieren sollte. Als 1775 der Revolutionskrieg ausbrach, bestimmte der Kongress Washington zum Oberbefehlshaber der Truppen der aufständischen Kolonien.

Abgeordnete am Kontinentalkongress

Washington überquert den Delaware, Gemälde von Emanuel Leutze

Oberbefehlshaber
Als 1775 der Krieg ausbrach, übernahm Washington ein schlecht organisiertes und schlecht ausgerüstetes Heer, das die britischen Truppen kaum schlagen konnte. Obwohl sich der Kongress immer wieder einmischte, schuf er eine effiziente Streitmacht, die 1781 die Briten besiegte.

Trenton
In den beiden ersten Kriegsjahren waren die Briten den amerikanischen Truppen weit überlegen. Am 25. Dezember 1776 überquerte Washington den zugefrorenen Fluss Delaware nahe Trenton, New Jersey. Am nächsten Tag überraschte er die britische Armee in der Schlacht von Trenton.

Valley Forge
Die amerikanische Armee verbrachte den Winter 1777/78 in Valley Forge, Pennsylvania. Es war kalt und es gab kaum Kleidung und Nahrung. Trotz Desertionen und der Gefahr einer Meuterei gelang es Washington mit Entschiedenheit, seine Armee zusammenzuhalten. Im Frühjahr war sie für den Kampf wohl vorbereitet.

Präsident der USA
Nachdem die USA 1783 die Unabhängigkeit erlangt hatten, zog sich Washington von der Politik zurück. Doch Konflikte zwischen einzelnen Staaten führten dazu, dass er erneut eine Führungsrolle übernahm. 1787 leitete er die verfassunggebende Versammlung, und 1789 wurde er einstimmig zum Präsidenten Amerikas gewählt. Er diente zweimal 4 Jahre und zog sich 1797 endgültig zurück.

Thomas Jefferson
Der Autor der amerikanischen Verfassung, Thomas Jefferson (1743–1826), wurde Staatssekretär unter Washington und führte die Demokratisch-Republikanische Partei an, die für bundesstaatliche Rechte eintrat. Washington hielt sich von Parteipolitik fern, stand aber den Föderalisten näher, die einen stärkeren Nationalstaat wollten. Washington hatte in seiner Präsidentschaft viele Probleme mit der Parteipolitik.

Whiskey-Rebellion
1794 brachen Unruhen wegen der Einführung einer Alkoholsteuer aus. Die Regierung versuchte, das Gesetz durchzusetzen, und Washington sah sich am Ende gezwungen, Truppen zur Hilfe zu rufen. Diese und andere Schwierigkeiten hatten zur Folge, dass sich Washington gegen eine 3. Amtsperiode entschied.

GEORGE WASHINGTON

1732	Geburt in Virginia
1743	Nach dem Tod des Vaters lebt er bei seinem Bruder Lawrence.
1754–59	Kampf in der britischen Armee gegen die Franzosen
1759	Politiker in Virginia
1774–75	Abgeordneter bei zwei Kontinentalkongressen
1775	Oberbefehlshaber der amerikanischen Streitkräfte
1783	Die USA werden unabhängig von Großbritannien.
1789–97	2 Amtsperioden als Präsident
1799	Tod in Mount Vernon

SIEHE AUCH UNTER AMERIKANISCHE REVOLUTION · POLITIK UND MACHT · RECHT UND GESETZ · VEREINIGTE STAATEN VON AMERIKA, GESCHICHTE

WASSERSPORT

AUF FLÜSSEN, SEEN und auf dem Meer kann man den unterschiedlichsten Booten begegnen. Einzelpersonen und Mannschaften rudern oder paddeln in Kanus und segeln mit Dingis oder Jachten. Andere Wassersportler surfen, fahren Wasserski oder lenken Motorboote. Die Rennen reichen von 500-m-Kanusprints bis zu Jachtrennen, die fast um die ganze Welt führen. Segeln, Rudern, Kanufahren und Windsurfen sind heute neben den Schwimmsportarten olympische Disziplinen.

Segeln

Segelboote nutzen den Wind als Antrieb. In der Größe reichen sie von Einmanndingis bis zu hochseetüchtigen Jachten mit 12 oder mehr Mann Besatzung. Heutige Segel funktionieren wie Tragflächen, sodass man mit ihnen in einem Zickzackkurs auch gegen den Wind segeln kann.

Mast

Hauptsegel

Die dem Wind zugewandte Seite heißt Luv, die vom Wind abgewandte Seite Lee.

Regattasegeln
Bei Segelwettbewerben in Küstennähe muss man einen mit Bojen abgesteckten Kurs segeln. Größere Regatten führen quer übers Meer. Meist treten vergleichbare Boote in Konstruktionsklassen gegeneinander an. Es gibt auch Handicaprennen, bei denen ein Ausgleich erfolgt.

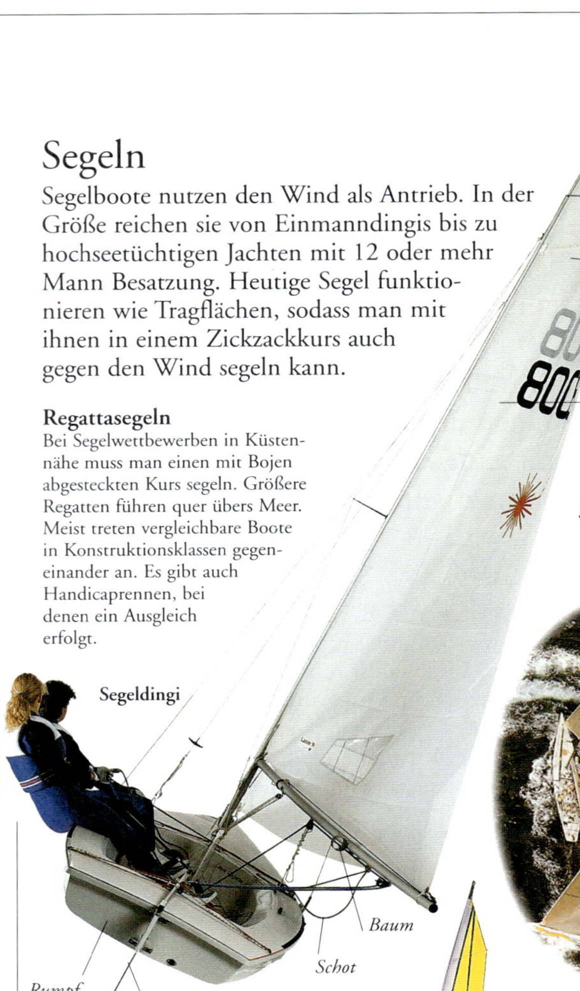

Segeldingi

Rumpf
Baum
Schot
Steuerruder
Gabelbaum

Kanusport

Beim Kanusport unterscheidet man 2 Formen, das Wildwasserrennen und das Flachwasserrennen. Es gibt auch 2 Bootstypen – den Kajak und das eigentliche Kanu oder den Kanadier. Im Kajak sitzt der Fahrer im Boot, das er mit einem Doppelpaddel antreibt und steuert. Im breiteren Kanadier kniet der Fahrer und arbeitet mit einem Stechpaddel.

Kanadier

Flachwasserrennen
Auf Flüssen und Seen gibt es Wettbewerbe im Einer-, Zweier- und Vierer-Kajak für Frauen und Männer sowie im Einer- und Zweier-Kanadier nur für Männer. Man fährt 3 Strecken: Kurzstrecke 500 m, Mittelstrecke 1 000 m und Langstrecke 10 000 m.

Kajaks

Wildwasserrennen
Diese Rennen auf schnellen Gebirgsbächen werden mit Kajaks und geschlossenen Kanadiern gefahren. Beim Slalom müssen eine Reihe von Toren durchfahren werden, die über dem Wasser hängen. Die Fahrer sitzen und müssen Schutzhelme und Schwimmwesten tragen.

Windsurfen
Beim Windsurfen steht der Sportler auf einem Brett oder Board und steuert mit Hilfe eines Kippsegels, das er über den Gabelbaum festhält. Es gibt unterschiedliche Wettkämpfe. Statt Windsurfen sagt man heute offiziell auch Segelsurfen oder einfach Surfen.

America's Cup
Der America's Cup ist der älteste Wanderpreis des Segelsports. Man startet in der 12-m-Klasse mit Jachten von rund 30 m Länge. Das Rennen wird auf einem olympischen Kurs ausgetragen. Sieger ist, wer 4 von maximal 7 Rennen gewinnt. Das Rennen ist nach dem Schoner „America" benannt, der 1851 die besten britischen Jachten schlug.

Rudern

Beim Rennrudern treten Einer, Zweier, Vierer und Achter gegeneinander an. Im Achter fährt ein Steuermann mit, Zweier und Vierer gibt es auch ohne Steuermann. Die Ruderer sitzen auf Rollsitzen. Skullboote haben zwei Ruder oder Riemen, Riemenboote nur je eines. Die Rennen gehen für Männer und Frauen über 2 000 m.

Riemenboot

Skullboot

Steven Redgrave
Der englische Ruderer Steven Redgrave (geb. 1962) ist der erste Ruderer, der Goldmedaillen in 4 aufeinander folgenden Olympischen Spielen holte. Dies gelang bisher nur 3 weiteren Sportlern. Er gewann 1984 im Vierer ohne Steuermann, 1988, 1992 und 1996 im Zweier ohne Steuermann. Insgesamt errang er 10 Goldmedaillen bei Olympischen Spielen bzw. Weltmeisterschaften.

Wellenreiten
Die Wellenreiter oder Surfer paddeln auf leichten Brettern hinaus ins Meer und kehren auf hohen Brandungswellen zur Küste zurück. Bei Wettbewerben werden Eleganz, Stil und Schwierigkeit der Wellen berücksichtigt. Wettkampfboards haben 3 Heckfinnen.

Wasserski
Wasserskiläufer lassen sich auf 1 oder 2 Ski von Motorbooten ziehen. Bei Wettbewerben gibt es 3 Disziplinen: Beim Slalom müssen 6 Bojen umfahren werden. Beim Figurenlaufen sind möglichst schwierige Figuren zu zeigen. Beim Springen geht es um Weite und Figuren.

SIEHE AUCH UNTER FLÜSSE · OLYMPISCHE SPIELE · SCHIFFE · SCHWIMMSPORT · SPORT

WATVÖGEL

ZU DEN WATVÖGELN oder Limikolen zählen 12 nahe miteinander verwandte Familien. Sie umfassen rund 200 Arten, alle mit langen Beinen und schlanken Schnäbeln, mit denen sie ihre Nahrung im feuchten Sand, Schlick oder Schlamm suchen. Einige öffnen mit den Schnäbeln sogar Muscheln. Andere ziehen Würmer aus dem Boden oder fangen schwimmende Tiere. Die meisten Watvögel leben an Meeresküsten und an den Ufern von Gewässern.

Merkmale

Watvögel haben hochspezialisierte Schnäbel. Die meisten Arten gehen auf ihren langen Beinen im flachen Wasser oder im Uferbereich. Sie sehen sehr gut und können Gefahren schon von weitem erkennen.

Augen an den Kopfseiten für Rundumsicht

Kräftiger Schnabel zum Öffnen von Muscheln

Austernfischer

Austernfischer
Wie die meisten Watvögel legen auch die Austernfischer gut getarnte Eier direkt auf den Boden. Wenn sich ein Räuber nähert, versucht ein Elternvogel ihn wegzulocken.

Ernährung

Watvögel fressen viele verschiedene Beutetiere, z. B. Muscheln, Schnecken, Würmer und Garnelen. Viele Arten leben von Tieren, die sich normalerweise im Schlamm oder im trüben Wasser verstecken. Die Vögel fangen ihre Beute, ohne sie zu sehen. Dazu tragen sie an den Schnabelspitzen Sinnesorgane.

Amerikanischer Säbelschnäbler

Austernfischer öffnen Muschelschalen mit dem stumpfen Ende des Schnabels.

Dünner, aufwärts gekrümmter Schnabel

Großer Brachvogel

Der Säbelschnäbler schnäbelt mit geöffnetem Schnabel.

Der Schnabel des Brachvogels ist bis zu 19 cm lang.

Hämmern
Einige Austernfischer haben eine seitlich abgeflachte Schnabelspitze. Sie öffnen damit Muschelschalen. Bei anderen Arten ist der Schnabel zugespitzt, sie fressen Regenwürmer.

Säbeln
Der Säbelschnäbler bewegt den Schnabel direkt an der Wasseroberfläche seitwärts. Wenn er beim Säbeln auf ein Beutetier trifft, packt er es sofort.

Stochern
Der Brachvogel stochert mit seinem gekrümmten Schnabel tief im Boden und im Schlamm. Er fängt Würmer und Weichtiere, die andere nicht erbeuten.

Blatthühnchen sehen den Rallen ähnlich.

Schild über der Schnabelbasis

Blatthühnchen
Diese Watvögel leben in den Tropen und gehen auf Wasserpflanzen in Weihern. Die langen Zehen verteilen ihr Gewicht und verhindern ein Einsinken.

Lange Beine

Dünne Zehen mit langen Krallen

Thorshühnchen
Bei den meisten Vögeln sind die Männchen bunter gefärbt als die Weibchen. Beim Thors- und beim Odinshühnchen liegen die Dinge umgekehrt. Die Weibchen sind auffälliger, die Männchen betreiben die Brutpflege.

Festlandsbewohner

Watvögel kommen auch in Feuchtgebieten des Binnenlandes vor, z. B. an Flussufern, in Sümpfen und Mooren. Hier finden sie sichere Plätze für den Nestbau und die Aufzucht der Jungen.

Waldvögel
Waldschnepfen sind scheue Waldvögel. Sie fressen bei Dämmerung und stochern im Boden nach Regenwürmern. Ihr Gefieder ist wie Falllaub gefärbt und tarnt sie gut.

Sumpfvögel
Kiebitze sind in Asien und Europa in Feuchtwiesen und Sümpfen häufig. Die Männchen zeigen in der Fortpflanzungszeit akrobatische Flugkunststücke.

Ufervögel
Der Schmiedkiebitz lebt in Südafrika und hält sich in der Regel nahe am Wasser auf. Seinen Namen hat er von seinem Alarmruf. Er hört sich an, als würde ein Schmied Eisen hämmern.

AUSTERNFISCHER

WISSENSCHAFTLICHER NAME	*Haematopus ostralegus*
ORDNUNG	Charadriiformes, Watvögel
FAMILIE	Haematopodidae, Austernfischer
VERBREITUNG	Europa, Asien, Afrika
LEBENSRAUM	Fels- und Schlickküsten
ERNÄHRUNG	Weichtiere, Würmer
GRÖSSE	Länge 43 cm
LEBENSDAUER	Ungefähr 5 Jahre

SIEHE AUCH UNTER FEUCHTGEBIETE, TIERWELT · GÄNSE UND ENTEN · MEERESVÖGEL · REIHER, STÖRCHE UND FLAMINGOS · VÖGEL

WEICHTIERE

ALLE WEICHTIERE haben einen muskulösen Fuß und eine Außenhaut, den Mantel, der die Mantelhöhle umgibt. Er scheidet meist ein Kalkgehäuse ab, das bei einigen Arten stark verkleinert oder ganz verloren gegangen ist. Die rund 128 000 Weichtierarten unterteilt man in Schnecken, Muscheln, Tintenfische, Käferschnecken und Kahnfüßer. Weichtiere kommen in fast allen Lebensräumen vor.

Schnecken

Alle Schnecken bewegen sich auf einem flachen, muskulösen Fuß fort. Sie haben Tentakel und eine Raspelzunge, die Radula. Die meisten Schneckenarten bilden ein Gehäuse. Meeresbewohnende Schnecken atmen über Kiemen. Viele Süßwasser- und Landschnecken haben eine Art Lunge.

Die Gehäuse sind in der Regel rechtsgewunden.

Landbewohnende Gehäuseschnecken

Schneckenhäuser dienen als Schutz vor Feinden und Austrocknung. In ihrer Färbung sind sie meist hervorragend an die Umgebung angepasst. Am längeren Fühlerpaar sitzen die Augen. Gehäuseschnecken sind Zwitter, das heißt Männchen und Weibchen zugleich. Sie legen große Eier in den Boden, aus denen junge Schnecken schlüpfen.

Radula Das zungenähnliche Organ besteht aus Zähnen, die die Pflanzennahrung zerkleinern.

Fuß *Langer Fühler* *Kopf* *Auge*

Kriechsohle mit Schleim. **Achatschnecke**

Verlassen der Schale

1 Der Schneckenkörper liegt in der Schale aufgerollt. Eine Schleimschicht dient als Deckel.

2 Durch eine Drehbewegung erscheint der Kopf als Erstes am Gehäuseausgang; dann folgt der übrige Körper.

3 Die langen Tentakel mit den Augen werden als Letzte ausgestülpt. Der Fuß der Schnecke liegt nun flach auf dem Boden.

Kegelförmiges Haus

Kegelschnecke
Die wunderschönen Kegelschnecken töten Beutetiere, meist kleine Fische, indem sie ihnen eine Giftharpune in den Körper schießen. Die Fische werden dann ganz verschluckt. Der Stich einer Kegelschnecke kann auch dem Menschen gefährlich werden.

Kopf *Fuß*

Nacktschnecken
Nacktschnecken haben nur eine winzige oder gar keine Schale mehr. Sie schützen sich mit einer dicken Schleimschicht. Die landbewohnenden Nacktschnecken sind meist Pflanzenfresser und Schädlinge; es gibt aber auch Räuber.

Muscheln

Alle Muscheln haben eine zweiklappige Schale. Sie atmen mit 2 Paar Kiemen und filtern mit diesen auch ihre Nahrung aus dem Wasser. Einige Muscheln heften sich mit Byssusfäden an ihrer Unterlage fest. Vor allem grabende Muscheln haben lange Atemröhren, die Siphonen, zum Ein- und Ausatmen des Wassers. Eine Riesenmuschelart des Pazifiks, die Mördermuschel, kann einen Durchmesser von bis zu 1,35 m erreichen.

Jakobsmuschel

Jakobsmuschel
Die Jakobs- oder Kammmuscheln schwimmen, indem sie ihre Schalenhälften schnell auf- und zuklappen. Der Mantel trägt einen Saum von Tentakeln. Dazwischen sitzen Augen. Der Hauptfeind der essbaren Jakobsmuschel ist der Seestern.

Austern
Austern gehören zu den bekanntesten Muscheln, weil sie von Feinschmeckern sehr geschätzt werden. Fast überall auf der Welt werden Austern in Bänken gezüchtet. Eine Auster legt in einer einzigen Fortpflanzungsperiode bis zu 50 Millionen Eier. Viele Austern erzeugen auch Perlen.

Auster

Käferschnecken
Käferschnecken haben 8 Kalkplatten auf dem Rücken. Diese sind untereinander beweglich und erlauben ein Einrollen des Tieres. Die Käferschnecken zeigen einen einfachen inneren Aufbau und leben von Algen. Sie werden bis zu 30 cm lang und bewohnen die Felsküsten.

Kalkplatten *Gürtel*

Auge

Tintenfische

Auch Tintenfische sind Weichtiere. Ihr Fuß ist in eine Reihe von Tentakeln am Kopf umgewandelt. Sie schwimmen nach dem Rückstoßprinzip, wobei sie Wasser aus der Körperhöhle stoßen. Vor allem Sepien und Kraken geben zum Schutz Tinte ab. Der größte Tintenfisch ist ein 20 m langer Kalmar.

Tentakel am Kopf *Tintenwolke*

Sepia mit Tintenwolke

Kahnfüßer
Die meeresbewohnenden Kahnfüßer bilden eine eigene Weichtiergruppe. Sie sind von einer röhrenförmigen Schale umschlossen, die an den Stoßzahn eines Elefanten erinnert. Das breite Ende liegt im Sand vergraben und enthält den Kopf und den Fuß des Tieres. Das spitze Ende ragt ins Wasser. Die meisten Kahnfüßer leben in großen Meerestiefen.

ACHATSCHNECKE

WISSENSCHAFTLICHER NAME	*Achatina achatina*
ORDNUNG	Sigmurethra
ÜBERFAMILIE	Achatinacea
VERBREITUNG	Afrika, Amerika und Asien
LEBENSRAUM	Wälder, Gärten und Hecken
ERNÄHRUNG	Pflanzenfresser
GRÖSSE	Gehäuse wird bis zu 15 cm lang
LEBENSDAUER	In Gefangenschaft bis zu 25 Jahre

SIEHE AUCH UNTER KULTURFOLGER, MEERESKÜSTE, TIERWELT, OZEAN, TIERWELT

Katalog der Weichtiere

Schnecken

Schnecken des Festlandes Sie passen sich in Form und Farbe der Umgebung an.

Gehäuse sind meist rechtsgewunden.

Hier erfolgt das Wachstum durch Kalkanlagerung.

Partula Diese Schnecke ist am Aussterben.

Hinterer Fühler

Vorderer Fühler

Hain-Bänderschnecke Sie bevorzugt wärmere Gebiete.

Garten-Bänderschnecke Bei trockenem Wetter zieht sie sich in ihr Haus zurück und verschließt es mit einem Deckel aus Kalk.

Apfelschnecke Sie wird oft in Aquarien gehalten.

Dünne Schale

Rüssel, um Seepocken aufzubohren

Wellhornschnecke Meeresschnecke, die auch in der Nordsee vorkommt.

Blasenschnecke Sie scheint im Wasser zu „fliegen".

Schlammschnecke Sie lebt in kleinen Tümpeln.

Netzreusenschnecke Die Art lebt von Seepocken.

Kiemen zur Atmung im Wasser

Strandschnecke Sie tritt massenhaft an Felsküsten auf.

Doris Die auffälligen Farben sollen Räuber abschrecken.

Nacktkiemerschnecke Schnecke tropischer Meere in vielen bunten Arten

Große Wegschnecke Diese gefräßige Nacktschnecke hat kein Haus mehr.

Muscheln

Mantel

Zwei Schalenhälften

Scharnier

Riesenmuschel Sie lebt in Korallenriffen und trägt einen bunten Mantelsaum.

Stachelauster Beide Schalen tragen längere Stacheln.

Jakobsmuschel Feinschmecker schätzen sie wie die Auster.

Auster Die untere Schalenhälfte ist am Fels festgewachsen.

Miesmuscheln Sie heftet sich mit Byssusfäden an Felsen fest.

Tintenfische

Beim Schwimmen nimmt er Wasser in die Mantelhöhle auf und stößt es über einen Trichter wieder aus.

Auge, ähnlich dem des Menschen

Giftige Hornkiefer

Länglicher Körper mit Dreiecksflügeln

Tentakel

Saugnäpfe

Kalmar Er hat 10 Arme und schwimmt vorwärts genauso gut wie rückwärts.

Luftgefüllte Kammern für den Auftrieb

Krake Er hat 8 Arme und frisst gern Krebse.

Nautilus In der Tiefsee des Indopazifiks beheimatet.

Sepia Unter dem Rücken liegt eine harte Kalkschale, der Schulp.

WELTALL

ALLES, WAS EXISTIERT, gehört zum Weltall, angefangen von den kleinsten Elementarteilchen bis zu den größten Strukturen. Das Weltall oder Universum umfasst alles, was wir sehen können, aber auch das, was unsichtbar bleibt, alles, was wir wissen, aber auch das, was wir noch nicht wissen. Im Laufe der Zeit haben sich die Menschen ganz unterschiedliche Vorstellungen vom Weltall gemacht – wie es begann, wie es heute ist und wie es zukünftig aussehen wird.

Aufbau des Weltalls

Das häufigste Objekt im Weltall ist der Stern. Es gibt Milliarden davon. Mindestens ein Stern, die Sonne, hat Planeten. Und auf einem dieser Planeten, auf der Erde, existiert Leben. Sterne, Planeten und Menschen sind sehr unterschiedliche Objekte, haben aber eines gemeinsam: sie bestehen aus denselben chemischen Elementen oder aus Verbindungen davon und in allen herrschen dieselben physikalischen Gesetze, etwa das der Schwerkraft. Wenn man die Bestandteile des Weltalls und die herrschenden Gesetze versteht, gelingt es auch, dessen Vergangenheit zu entschlüsseln und Voraussagen für die Zukunft zu machen.

Interstellares Material
Die Gas- und Staubteilchen zwischen den Sternen machen rund 10 % der Masse des Weltalls aus. An manchen Stellen ist dieses Material so dünn verteilt, dass man von einem Vakuum sprechen kann. Stellenweise bildet es aber riesenhafte Wolken. Aus Gas und Staub entstehen neue Sterne. Sterbende Sterne stoßen einen Teil des Materials als Gas und Staub ins All.

Ein großer Stern stirbt als Supernova.

Galaxien enthalten Milliarden von Sternen.

Die Sonne, ein gewöhnlicher Stern mittleren Alters

Sternhaufen

Komet

Planeten, Kugeln aus Gestein, Gas oder Eis

Gas- und Staubwolken

Scheinbare Position des Sterns

Wahre Position des Sterns

Weg des Lichts

Große Mauer
Die größten Strukturen im Weltall sind fadenförmige Gebilde, die aus tausenden von Galaxien bestehen. Sie umgeben ungeheure Leerräume, sog. Voids. Die Computersimulation zeigt den Blick von einem Raumschiff, das sich über der Großen Galaxienmauer befindet.

Das Weltall entstand vor 15 Mrd. Jahren beim sog. Urknall. Seither verbindet sich die Materie zu Sternen, Galaxien, Planeten und Lebewesen.

Ptolemäus

Einst glaubte man, die Erde sei der Mittelpunkt des Weltalls und die übrigen Körper würden sich um die Erde drehen. Diese Ansicht vertrat der Ägypter Claudius Ptolemäus (um 100 – um 160). Man spricht auch vom ptolemäischen Weltsystem. Im 2. Jh. trug Ptolemäus die astronomischen Kenntnisse seiner Zeit in seinem Werk *Almagest* zusammen.

Dunkelmaterie
Die Astronomen haben berechnet, wieviel Materie das Weltall enthält: erstaunlicherweise 90 % mehr, als man entdeckt hat. Die abgebildete Gaswolke mit dem Galaxienhaufen in der Mitte enthält vielleicht einige fehlende Dunkelmaterie.

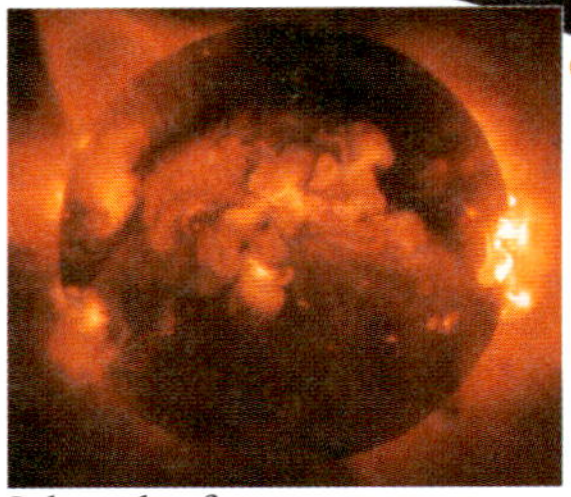

Schwerkraft
Die Gasteilchen eines Sterns werden von der Schwerkraft zusammengehalten. Sie ist die bestimmende Kraft im Weltall. Sie bewirkt auch, dass Körper auf der Erdoberfläche bleiben. Sie hält das Sonnensystem und die Sterne der Milchstraße zusammen. Die Schwerkraft nimmt mit der Masse eines Körpers zu.

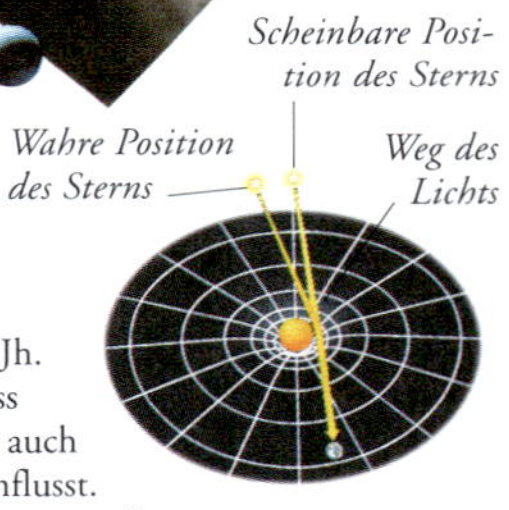

Allgemeine Relativität
Anfang des 20. Jh. wusste man, dass die Schwerkraft auch den Raum beeinflusst. Massive Körper mit großer Schwerkraft krümmen den Raum. Dies wird deutlich, wenn das Licht eines Sterns durch den gekrümmten Raum in Umgebung der Sonne zieht. Von der Erde aus ergibt sich eine krumme Bahn. Man spricht von allgemeiner Relativität.

Der Blick ins Weltall

Alle Kenntnisse über das Weltall haben wir von der Erde oder ihrer nächsten Umgebung aus gewonnen. Riesige Teleskope nehmen heute elektromagnetische Strahlung der unterschiedlichsten Wellenlängen aus dem Weltraum wahr. Durch eine genaue Analyse der empfangenen Daten kann man sich ein ziemlich genaues Bild vom Weltall machen.

Infrarot
Der Andromedanebel im Infrarotbereich. Mit Infrarotbildern können Astronomen kühlere Objekte und Regionen ausmachen, die im sichtbaren Licht nicht zu sehen sind.

Sichtbares Licht
Der Andromedanebel im sichtbaren Licht. Er ist die größte Galaxie in der Nähe der Milchstraße und hat 2 kleinere, ebenfalls sichtbare Begleitgalaxien.

Röntgenstrahlen
Röntgenbild des Andromedanebels. Röntgenstrahlen enthalten sehr viel Energie. Sie weisen auf „heiße Flecken" oder auf Gebiete mit hoher Aktivität hin.

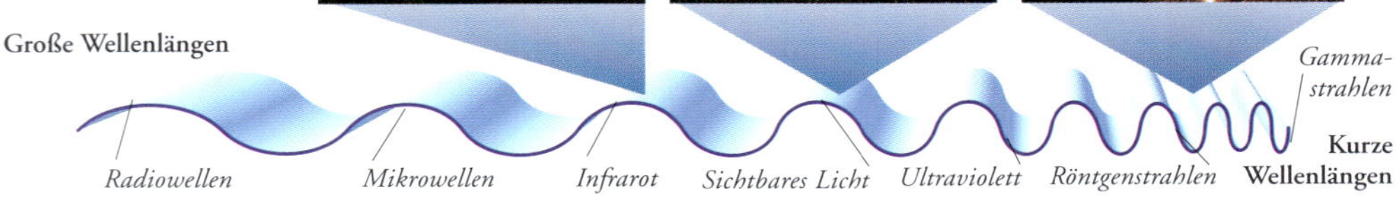

Am Rand des Weltalls
Mit neuen Teleskopen konnten die Astronomen immer tiefer ins Weltall hineinblicken. Mit heutigen Instrumenten sieht man fast bis zum Rand des Weltalls in einer Entfernung von 15 Mrd. Lichtjahren. Der Quasar im Bild ist 12 Mrd. Lichtjahre von der Erde entfernt.

Jede Wellenlänge liefert andere Informationen über einen Körper.

Große Wellenlängen

Radiowellen — Mikrowellen — Infrarot — Sichtbares Licht — Ultraviolett — Röntgenstrahlen — Gammastrahlen

Kurze Wellenlängen

Größenordnungen im Weltall

Die Erde ist winzig im Vergleich zu anderen Körpern im Weltall und zu dessen Gesamtausdehnung. Für Entfernungen auf der Erde verwenden wir Kilometer. Im Weltall ist diese Maßeinheit zu klein. Im Sonnensystem verwenden die Forscher astronomische Einheiten (AE), außerhalb davon gelten Lichtjahre (Lj). Die Entfernungen verändern sich ständig, da sich das Weltall unentwegt ausdehnt. Dies tut es schon seit dem Urknall.

Von der Erde zur Sonne
Die Erde hat keinen konstanten Abstand von der Sonne, weil sie sich auf einer elliptischen Bahn bewegt. Die mittlere Entfernung beträgt 149,6 Mio. km oder 1 AE. Das Sonnenlicht braucht 8,3 Minuten um zur Erde zu gelangen.

Erde - Sonne: 1 astronomische Einheit (AE)

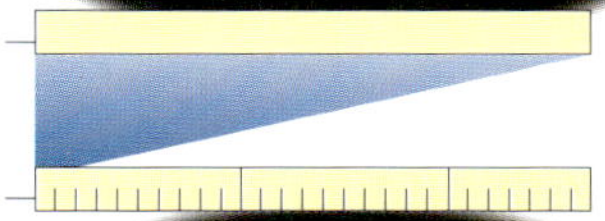

Sonne – nächste Sterne: 270 000 AE

Von der Sonne zum nächsten Stern
Der sonnennächste Stern, Proxima Centauri, ist 4,2 Lj entfernt. 1 Lichtjahr ist die Entfernung, die das Licht in 1 Jahr zurücklegt (9,46 Bio. km). Im Umkreis von 10 Lj finden sich keine 10 Sterne.

Sonne - nächster Stern: 10 Lj

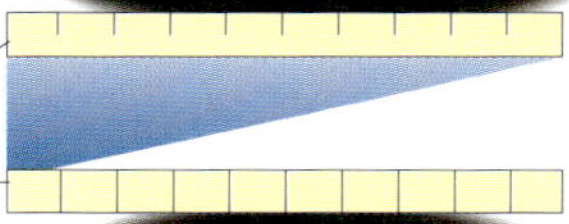

Milchstraße: 100 000 Lj

Milchstraße
Die Galaxie der Milchstraße hat ca. 100 000 Lj Durchmesser und besteht aus Mrd. von Sternen. Im Schnitt sind die Sterne 4 Lj voneinander entfernt. Das Sonnensystem liegt 27 700 Lj vom Zentrum der Milchstraße.

Milchstraße: 100 000 Lj

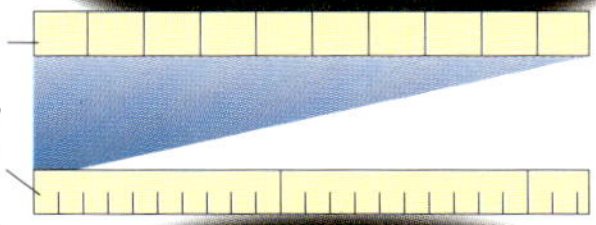

Milchstraße – nächste Galaxien: 2,25 Mio. Lj

Von der Milchstraße zum Andromedanebel
Die größte der benachbarten Galaxien ist der Andromedanebel in 2,25 Mio. Lj Entfernung. Die Milchstraße und der Andromedanebel zählen zur lokalen Gruppe, die ungefähr 30 Galaxien enthält.

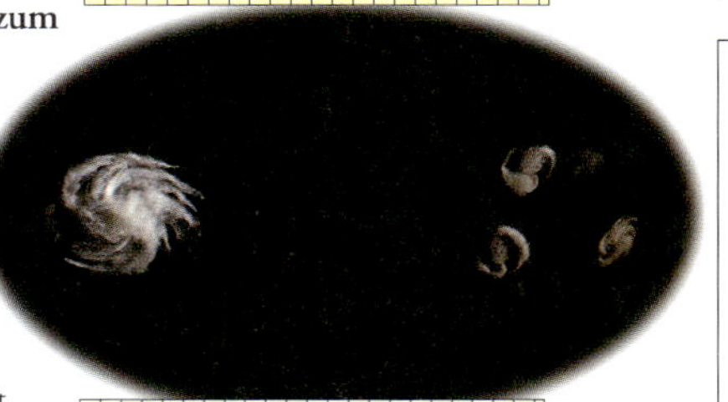

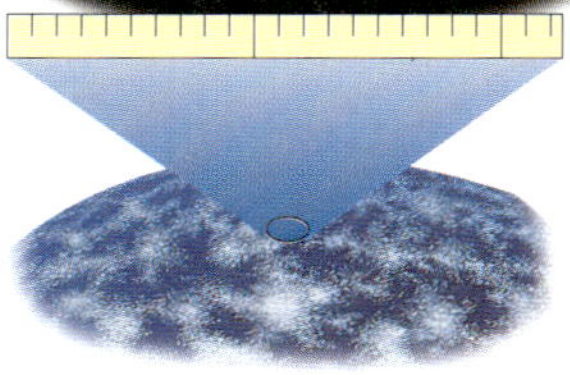

Entfernungen im Weltall
Durch Entfernungsmessung der entferntesten Galaxien können die Astronomen die Größe des Weltalls berechnen. Sein Radius beträgt 15 Mio. Lj.

Entfernungsmessung

Der Mond und die Planeten sind der Erde am nächsten. Ihre Entfernung misst man mit Radar. Die Entfernung der nächsten Sterne bis zu 1 600 Lj misst man durch die Parallaxe. Entfernungen zu anderen Sternen und Galaxien berechnet man anhand von Eigenschaften des Lichts oder durch Vergleich mit einem Körper bekannter Entfernung.

Rotverschiebung
Das Licht von Sternen oder Galaxien sagt uns, ob sich diese Himmelskörper auf uns zu oder von uns wegbewegen. Dies erfolgt durch die Spektralanalyse. Bewegt sich der Himmelskörper von uns weg, so sind die Wellenlängen der Spektrallinien zum roten Ende des Spektrums hin verschoben. Man spricht von Rotverschiebung. Bewegt sich das Objekt auf die Erde zu, erfolgt die Verschiebung zum blauen Ende des Spektrums.

Beide Galaxien entfernen sich. Je stärker die Rotverschiebung, umso größer ist die Geschwindigkeit.

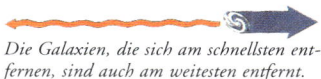

Die Galaxien, die sich am schnellsten entfernen, sind auch am weitesten entfernt.

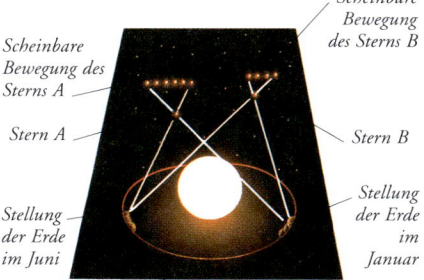

Scheinbare Bewegung des Sterns A
Scheinbare Bewegung des Sterns B
Stern A
Stern B
Stellung der Erde im Juni
Stellung der Erde im Januar
Weg der Erde um die Sonne

Parallaxe
Bei dieser Methode wird ein Stern in 6 Monaten 2-mal beobachtet und vermessen. In dieser Zeit scheint er sich vor dem Hintergrund des Weltalls bewegt zu haben. Der Winkel der Verschiebung, die Parallaxe, gibt einen Hinweis auf die Entfernung. Je größer der Winkel, umso näher der Stern.

Das Weltall im Lauf der Geschichte

Im Laufe der Zeit entstanden unterschiedliche Vorstellungen vom Weltall. Am Anfang ging es darum, die Mechanik des Sonnensystems zu verstehen. Als weiter entfernte Objekte gefunden wurden, nahm das bekannte Weltall an Größe zu. Neuentdeckungen führten zu immer neuen Ansichten.

Babylonier
Die Götter spielten in der babylonischen Vorstellung vom Weltall vor 3 500 Jahren die Hauptrolle. Sie hätten die Sonne, den Mond, die Planeten und die Sterne am Himmel aufgehängt. Die Erde wäre ein großer, runder, hohler Berg, der auf dem Wasser ruhte und die Himmelskuppel trug.

Ptolemäus
Für die alten Griechen war die Erde das Zentrum des Weltalls. Die Sonne, der Mond und die 5 damals bekannten Planeten kreisten um sie. In weiterer Entfernung lag die Himmelskuppel mit den Fixsternen.

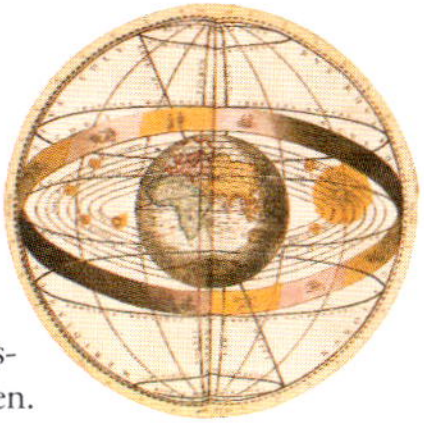

Kopernikus
Das kopernikanische System ist die Grundlage für das heutige Verständnis vom Weltall. Die Erde dreht sich einmal am Tag um ihre Achse und umrundet die Sonne in 1 Jahr. Sie steht nicht im Zentrum und ist nur einer der 11 Planeten.

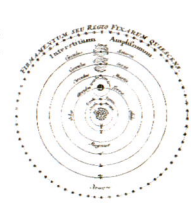

Kopernikus
Die Arbeiten des polnischen Astronomen Nikolaus Kopernikus (1473–1543) bedeuteten eine tiefgreifende Veränderung in der Auffassung vom Weltall. Er behauptete, die Sonne und nicht die Erde stehe im Zentrum des Weltalls. Seine Theorie wurde erst Mitte des 17. Jh. anerkannt, als Astronomen handfeste Beweise dafür vorlegten, dass alle Planeten und folglich auch die Erde um die Sonne kreisen.

Heute
Im 20. Jh. fanden die Astonomen sehr viel Neues über das Weltall heraus. Sie entdeckten z. B., dass die Milchstraße nicht die einzige Galaxie ist. Es gibt davon noch viele Millionen im Universum mit Milliarden von Sternen. Das Weltall entstand vermutlich vor rund 15 Mrd. Jahren beim Urknall. Seit jener Zeit dehnt es sich aus und entwickelt sich weiter.

SIEHE AUCH UNTER: ASTRONOMIE, ELEKTROMAGNETISCHE STRAHLEN, GALAXIEN, SCHWARZE LÖCHER, SCHWERKRAFT, STERNE, TELESKOP, URKNALL

WELTKRIEG, ERSTER

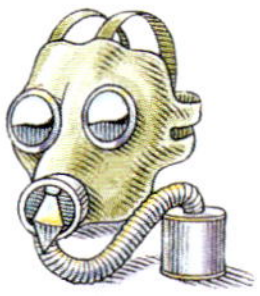

ÜBER VIER JAHRE LANG tobte zu Beginn des 20. Jahrhunderts ein schrecklicher Krieg, wie ihn die Welt bisher noch nicht gesehen hatte. Dieser Erste Weltkrieg entstand durch die wirtschaftlichen, kolonialen und militärischen Rivalitäten zwischen den Ländern Europas. Die Ermordung des Thronfolgers der österreichisch-ungarischen Habsburger 1914 löste alles aus. Innerhalb von Monaten brachen Kämpfe in Europa, Afrika und Asien aus. Als der Krieg 1918 zu Ende ging, lagen die alten Weltreiche in Trümmern. An ihre Stelle trat eine neue Weltmacht, die USA.

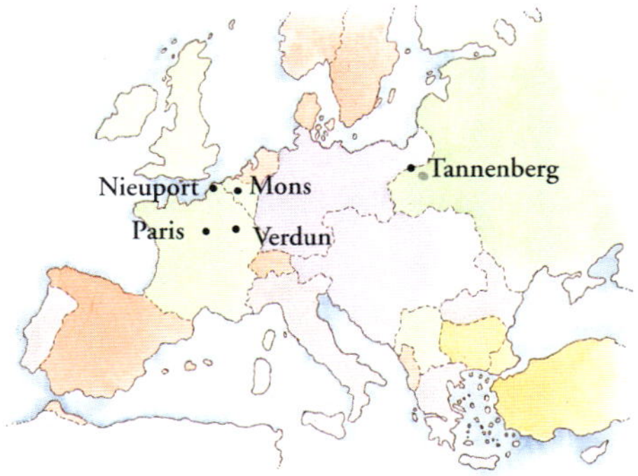

Neutrale Staaten
Mittelmächte Österr.-Ungarn
Mittelmächte Türkei
Alliierte (1914)
Alliierte (1915)

Ausbruch des Krieges
Am 28. Juni 1914 wurde der österreichische Thronfolger Franz Ferdinand in Sarajewo getötet. Österreich erklärte Serbien den Krieg. Russland kam Serbien zu Hilfe, Deutschland hielt zu Österreich und drang aus Furcht vor einem Zweifrontenkrieg in Belgien und Frankreich ein. Nun griff auch Großbritannien ein.

Front im Westen
Die Deutschen wollten innerhalb weniger Wochen durch Belgien und Nordfrankreich ziehen, Paris einnehmen und Frankreich schnell besiegen. Diesen Plan vereitelten die Franzosen am Fluss Marne. Beide Seiten gruben sich in ihren Verteidigungsstellungen in den Boden ein. Schützengräben erstreckten sich vom Ärmelkanal bis zur schweizerischen Grenze.

Eingegrabene Soldaten bei Passchendaele

Schützengräben an der Somme

Schlacht an der Somme
Am 1. Juli 1916 versuchten die verbündeten Briten und Franzosen die deutschen Linien an der Somme in Frankreich zu durchstoßen. Am Ende der 4-monatigen Schlacht waren die Alliierten um 8 km vorgerückt. 1 Mio. Soldaten waren gefallen.

Passchendaele
Im Juli 1917 versuchten die Verbündeten erneut, die deutschen Linien zu durchbrechen, diesmal in der Nähe des Dorfes Passchendaele in Belgien. Schlechtes Wetter verwandelte das Gebiet in einen Sumpf und über 300 000 alliierte Soldaten kamen ums Leben.

Schlacht von Passchendaele

Rekrutierung
Zunächst wurden die regulären Truppen von tausenden von Freiwilligen verstärkt. Da aber viele Soldaten starben, führten viele Staaten eine Wehrpflicht für alle ein, um die Stärke ihrer Armeen halten zu können.

Plakat zur Anwerbung von Soldaten, Südafrika

Fronten im Osten
Der Krieg in Osteuropa zwischen Deutschland und Österreich-Ungarn auf der einen und Russland auf der anderen Seite war beweglicher als im Westen. Viele Schlachten fanden im freien Feld, im heutigen Polen und im östlichen Mittelmeerraum statt. Als die Türkei Ende 1914 Russland angriff, dehnte sich der Krieg bis Asien aus. Da die Türkei auch eine Gefahr für Syrien und Palästina darstellte, sandten die Alliierten Truppen von Ägypten nach Norden zur Verteidigung der Region.

Britische Truppen in Palästina

Uniform schottischer Soldaten
Sie war kakifarben und bot im Schlamm deswegen gute Tarnung.
Mütze
Felltasche
Gürtel
Kilt
Jacke

Ausrüstung französischer Infanteristen
Dazu gehörte eine Patronentasche und ein kleiner Vorrat an Nahrungsmitteln.
Patronentasche
Wasserflasche
Brotbeutel

Manfred von Richthofen
Der berühmteste Pilot des Ersten Weltkriegs war der Deutsche Manfred von Richthofen (1892–1918). Er soll 80 alliierte Flugzeuge abgeschossen haben, bevor er selbst über Frankreich abstürzte. Wegen seines hellroten Fokker-Dreideckers wurde er auch der Rote Baron genannt.

Chronologie

Juni 1914 Der österreichische Thronfolger Erzherzog Franz Ferdinand wird in Sarajevo von einem serbischen Attentäter erschossen.

Juli 1914 Österreich-Ungarn fällt zur Vergeltung in Serbien ein. Frankreich, Deutschland und Russland mobilisieren ihre Armeen.

August 1914 Deutschland erklärt Russland und Frankreich den Krieg und fällt in Belgien ein. Großbritannien tritt in den Krieg ein. Die Deutschen besiegen die Briten bei Mons in Belgien und die Russen bei Tannenberg.

September 1914 Briten und Franzosen stoppen den deutschen Vormarsch am Fluss Marne.

Deutscher Infanterist

Oktober 1914 Die Türkei tritt an der Seite Deutschlands in den Krieg ein.

April 1915 Die Deutschen setzen zum ersten Mal in der Geschichte bei Ypern in Belgien Giftgas ein. Die Alliierten versuchen, die Türkei durch die Eroberung der Dardanellen bei Gallipoli zu lähmen.

Mai 1915 Italien nimmt auf alliierter Seite am Krieg teil.

Zivile Hilfe

Die Millionenheere brauchten die Unterstützung der Heimat, die sie mit Waffen und Nahrung versorgte. Die Zivilbevölkerung, vor allem die Frauen, arbeiteten fast nur noch für den Krieg. Sie produzierte Waffen und Munition und hielt die gesamte Industrie und den Handel in Gang, während Millionen von Männern an der Front kämpften.

Britischer Panzer Mark V

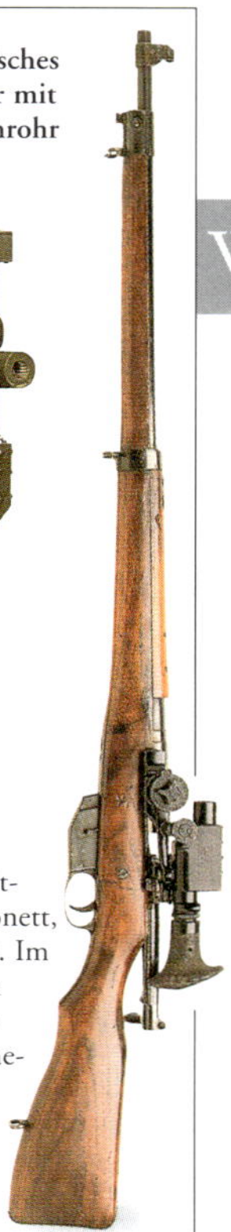

Gasmaske

Kanadisches Gewehr mit Zielfernrohr

Frauen fahren Krankenwagen an der Front

Frauen im Krieg
Vor 1914 arbeiteten Frauen nur in Berufen, die Männer nicht mochten. Während des Krieges mussten die Frauen jedoch Aufgaben übernehmen, die sonst von den Männern erfüllt wurden. In ganz Europa arbeiteten sie in Fabriken und Büros, steuerten Busse und Straßenbahnen, waren in der Landwirtschaft und sogar bei der Polizei tätig.

Propaganda
Beide Seiten setzten eine massive Propaganda ein, um die Moral im eigenen Land zu stärken und die des Gegners zu untergraben. Auf Plakaten, Handzetteln und im Rundfunk verbreitete man Greuelmärchen über den Feind. In England erhielten Wehrdienstverweigerer als Zeichen ihrer „Feigheit" weiße Federn.

Weiße Federn

Weltkrieg

Dieser Krieg war der erste wirklich internationale Krieg in der Geschichte. Menschen aus allen Kontinenten nahmen an den Kämpfen teil. In Afrika und Asien wurden das türkische Reich und frühere deutsche Kolonien von Briten überrannt. Auch in Vorderasien und im Pazifik wurde gekämpft. Der Kriegseintritt der USA 1917 bedeutete das Ende der europäischen Vorherrschaft in der Weltpolitik.

Neue Waffen
Die wichtigsten Waffen des Ersten Weltkriegs waren das Gewehr mit dem Bajonett, das Maschinengewehr und die Granate. Im April 1915 verwendeten die Deutschen als Erste Giftgas, später hatten es beide Seiten. Die Briten setzten in der Somme-Schlacht im September 1916 erstmals Panzer ein. Das Flugzeug gewann an Bedeutung, erst zur Erkundung, dann zum Bombardieren.

Das Ende des Krieges

1918 trafen frische amerikanische Truppen ein, um auf alliierter Seite zu kämpfen. Unter den deutschen Soldaten herrschte immer mehr Hunger und Unzufriedenheit. Im August 1918 brachen die Alliierten durch die deutschen Linien. Österreich-Ungarn und die Türkei brachen im Oktober zusammen. Deutschland musste am 11. November 1918 kapitulieren.

Friedensvertrag in Versailles
Der Friedensvertrag wurde am 28. Juni 1919 im Schloss von Versailles unterzeichnet. Deutschland verlor große Gebiete, musste seine Armee verkleinern und Entschädigungen an die Alliierten bezahlen. In späteren Verträgen wurde die Karte Osteuropas neu gestaltet.

Unterzeichnung des Vertrags

Kriegsverluste
Niemand weiß, wie viele Menschen im Krieg starben. Rund 9 Mio. Soldaten und vermutlich 13 Mio. Zivilisten wurden getötet. Weitere 20 Mio. starben bei der Grippeepidemie von 1918–19. Die Mohnpflanzen, die auf den Schlachtfeldern in Frankreich wuchsen, wurden zum Symbol für die Kriegsgefallenen.

Mohn

Kriegskunst
Die Schrecken des Krieges inspirierten Maler und Dichter auf beiden Seiten. Die alte romantische Vorstellung vom heldenhaften Krieg wurde von der Erkenntnis ersetzt, dass er nur grausam und zerstörerisch war. Sehr viele junge Künstler und Schriftsteller kämpften an der Front. Der Maler August Macke (geb. 1887) fiel z. B. im September 1914 in Frankreich.

Kriegslandschaft des britischen Künstlers Paul Nash

Chronologie

Februar 1916 Deutsche Kräfte versuchen in 10-monatiger Schlacht die französische Festung Verdun einzunehmen.

Mai 1916 Seeschlacht der englischen und der deutschen Flotte vor Dänemark.

Französischer Infanterist

Juli–November 1916 Schlacht an der Somme, erstmals Panzereinsatz

April 1917 Die USA nehmen auf alliierter Seite am Krieg teil.

Juli–November 1917 Schlacht von Passchendaele

März 1918 Friedensschluss zwischen Deutschland und Russland

März 1918 Fortschritte deutscher Kräfte an der Westfront

Juli 1918 Der Vormarsch der Deutschen kommt zum Stillstand.

August 1918 Mit Hilfe amerikanischer Kräfte gelingt den Alliierten der Durchbruch durch die deutschen Linien.

Handbemalte Tarnkleidung

Oktober 1918 Italien besiegt Österreich-Ungarn, das zusammen mit der Türkei um Frieden nachsucht.

November 1918 Waffenstillstand zwischen den Deutschen und den Alliierten

Juni 1919 Friedensvertrag von Versailles. Die Bedingungen, die die Deutschen erfüllen mussten, waren später ein Grund für den Ausbruch des Zweiten Weltkriegs.

SIEHE AUCH UNTER DEUTSCHLAND, GESCHICHTE · EUROPA, GESCHICHTE · FRANKREICH, GESCHICHTE · GROSSBRITANNIEN, GESCHICHTE · STREITKRÄFTE · WELTKRIEG, ZWEITER · WELTREICHE

WELTKRIEG, ZWEITER

DER ZWEITE WELTKRIEG WAR der zerstörerischste Krieg in der Geschichte. Zum ersten Mal starben mehr Zivilpersonen als Soldaten. Insgesamt wurden über 50 Mio. Menschen getötet, darunter 20 Mio. Russen, 6 Mio. Polen und 6 Mio. Juden. Der Krieg, der von 1939 bis 1945 dauerte, fand auf jedem Kontinent statt und nur wenige Länder blieben vom Blutbad verschont. In Europa konnten nur die Russen und die Amerikaner zusammen Deutschland schlagen. In Japan wurden zur Beendigung des Krieges erstmals Atombomben eingesetzt.

Wie der Krieg begann
Adolf Hitler kam 1933 in Deutschland an die Macht und wollte sein Land wieder zur Großmacht in Europa machen. Er baute ein starkes Heer mit einer Luftwaffe auf und expandierte nach Osteuropa. Am 1. September 1939 fielen deutsche Truppen in Polen ein. Als Antwort darauf erklärten Großbritannien und Frankreich den Krieg.

Deutsches Jagdflugzeug Messerschmitt Bf 109E

Britisches Jagdflugzeug Hawker Hurricane Mark 1

Blitzkrieg
Die Deutschen fielen mit Panzern, unterstützt durch Bomber aus der Luft, schnell in feindliches Gebiet ein. Diese Strategie hieß Blitzkrieg und war 1939–40 sehr erfolgreich.

Die Schlacht um England
1940 lieferten sich Briten und Deutsche 4 Monate lang heftige Luftkämpfe. Nach schweren Verlusten gab Deutschland den Plan einer Invasion Englands auf.

Weltkrieg
Im Juni 1941 fielen deutsche Truppen in Russland ein. 6 Monate darauf bombardierten die Japaner die amerikanische Flottenbasis in Pearl Harbor. Damit traten die USA in den Krieg ein. Ende 1941 standen die Alliierten mit den USA, Russland und Großbritannien den Achsenmächten mit Deutschland, Italien und Japan gegenüber.

Krieg in Europa

- Achsenmächte
- Von den Achsenmächten kontrolliert
- Alliierte
- Von den Alliierten kontrolliert
- Neutrale Staaten
- Grenzen der deutschen Besatzung

Krieg im Pazifik

1942 von Japanern kontrollierte Gebiete
Grenzen japanischer Besatzung

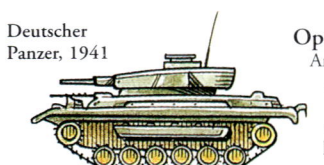

Deutscher Panzer, 1941

Operation Barbarossa
Am 22. Juni 1941 marschierten 79 deutsche Divisionen bei der größten Militäroperation aller Zeiten in Russland ein. Sie kamen erst schnell voran. Doch durch den russischen Widerstand konnten Moskau und Leningrad nie erobert werden.

Pearl Harbor
Am 7. Dezember 1941 griffen japanische Flugzeuge überraschend die US-Pazifikflotte an, die in Pearl Harbor, Hawaii, stationiert war. Japan fiel auf den Philippinen, in Hongkong und Malaysia ein. Die USA erklärten nun Japan und Deutschland den Krieg.

Bombardierung der amerikanischen Flotte bei Pearl Harbor

Wendepunkt
Mitte 1942 hatte Deutschland den größten Teil Europas und Nordafrikas besetzt und die Japaner kontrollierten fast den gesamten Pazifik. 3 Schlachten brachten den Wendepunkt: Midway, wo die USA die Japaner stoppten; El Alamein in Nordafrika und Stalingrad, wo die deutsche Armee eingekesselt wurde.

Mütze, Reithosen, Jacke, Lederstiefel

Uniform eines deutschen Offiziers

Adolf Hitler
Hitler (1889–1945) wurde 1933 deutscher Kanzler. Er trat sofort als Diktator auf und herrschte bis zu seinem Tod. Viele Menschen ließen sich überzeugen, dass Deutschlands Größe, die im 1. Weltkrieg verloren gegangen war, neu hergestellt werden könnte.

El Alamein
1942 rückten deutsche und italienische Truppen unter der Führung von Feldmarschall Rommel quer durch Nordafrika nach Ägypten und den Suezkanal vor. In der Schlacht von El Alamein in Ägypten konnte die 8. britische Armee unter General Montgomery Rommel schlagen.

Rommel in Nordafrika

Chronologie

März 1936 Deutschland besetzt rechtswidrig das Rheinland.

Oktober 1936 Deutschland und Italien verbünden sich zur Achse Rom – Berlin.

November 1936 Deutschland verbündet sich mit Japan.

März 1939 Deutsche Truppen fallen in die Tschechoslowakei ein und besetzen das Land.

Generalmajor, deutsches Heer

September 1939 Deutschland und Russland fallen in Polen ein. Großbritannien und Frankreich erklären den Krieg.

April 1940 Deutsche Truppen überrennen Dänemark und Norwegen.

Mai 1940 Deutschland besetzt die Niederlande, Belgien und Frankreich und zwingt die Briten zum Rückzug.

Juli–Oktober 1940 Sieg der britischen Luftwaffe in der Schlacht um England. Deutschland verzichtet auf eine Invasion.

Das besetzte Europa

Das Leben in den von Deutschen besetzten Gebieten war hart. Die Nahrung war rationiert, Zeitungen und Radio standen unter strenger Zensur. Die Bevölkerung musste für die deutsche Kriegsrüstung arbeiten. Die Juden wurden grausam verfolgt und aus ganz Europa in die Vernichtungslager etwa nach Auschwitz und Treblinka geschickt, wo man sie tötete.

Widerstand
In ganz Europa bildeten sich Widerstandsbewegungen gegen die deutsche Besatzung. In den Niederlanden und Dänemark verbargen viele Menschen Juden bei sich zu Hause. In Frankreich und Jugoslawien kämpften Widerstandsbewegungen mutig gegen die Besatzer.

Kämpfer der Résistance, des französischen Widerstandes

Brandbomben

Zivilbevölkerung

Zum ersten Mal wurde der Krieg von den Schlachtfeldern direkt in die Zivilbevölkerung getragen. Mit der Bombardierung von Städten wollte man die Bevölkerung treffen. Diese suchte in Luftschutzkellern Zuflucht. Der U-Boot-Krieg richtete sich auch gegen die Versorgung im Land und führte zu zunehmender Verknappung der Nahrungsmittel.

Rationierung
Die Nahrungsmittelknappheit in Europa führte zur Rationierung. Jeder erhielt eine Lebensmittelkarte, auf der in Abreißmarken angegeben war, wie viel man pro Woche einkaufen durfte.
Wochenration eines Erwachsenen in England, 1941

Schinken 113 g
Fleisch für 10 Pence
Tee 56,5 g
Margarine 113 g
Butter 56,5 g
Speck 56,5 g
Käse 28 g
1 Ei
Zucker 226 g

Dresden nach dem Luftangriff 1945

Luftangriffe
1940–41 bombardierte die deutsche Luftwaffe viele englische Städte. Tausende Zivilisten kamen dabei ums Leben. Als die Alliierten die Oberhand gewannen, wurden deutsche Städte angegriffen. Im Februar 1945 bombardierten alliierte Flugzeuge Dresden. Im Bombenhagel fanden über 50 000 Menschen den Tod.

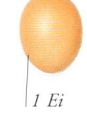

Winston Churchill
Churchill (1874–1965) wurde im Mai 1940 britischer Premierminister. In vielen Reden stärkte er die Moral seiner Landsleute vor allem während der Schlacht um England. 1945 führte er Großbritannien zum Sieg, musste aber im Juli 1945 zurücktreten. 1951–55 wurde er erneut Premierminister.

Arbeitslager
In Deutschland mussten Millionen Juden, Zigeuner und Kriegsgefangene in Lagern für die Kriegsrüstung arbeiten. Sie waren dort Arbeitssklaven, die vor allem Munition produzierten. In den Konzentrationslagern, den KZs, wurden Juden systematisch ermordet. In deutschen Lagern, auch in jenen für Kriegsgefangene, herrschten schreckliche Zustände. Viele Gefangene starben an Seuchen und Unterernährung.

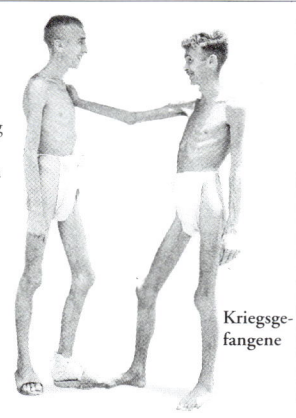

Kriegsgefangene

Kriegsende

1944 war ein Ende des Krieges zugunsten der Alliierten abzusehen. Italien hatte kapituliert. Die Russen rückten langsam nach Berlin vor. Im Juni 1944 wurde Frankreich befreit. Damit entstand eine neue Front im Westen. Die Russen drangen im April 1945 in Berlin ein. Im Mai 1945 kapitulierte Deutschland.

D-Day
Am 6. Juni 1944 überquerten über 100 000 alliierte Soldaten mit tausenden von Schiffen und Flugzeugen den Ärmelkanal und landeten an den Küsten Nordfrankreichs. Sie stießen zunächst auf erbitterten deutschen Widerstand, doch am 25. August befreiten sie Paris. Bis Ende des Jahres war ganz Frankreich wieder frei.

Invasion am D-Day

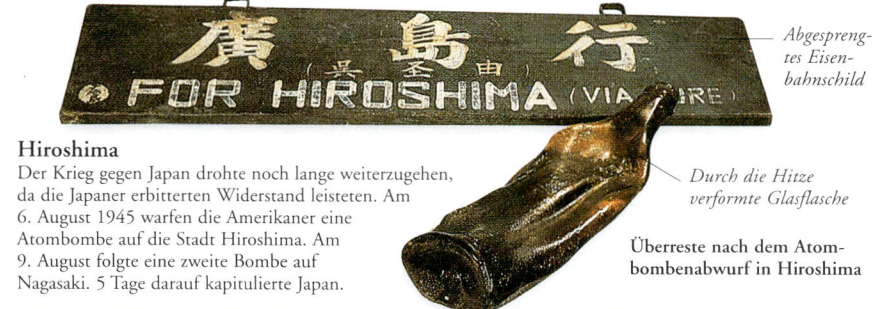

Hiroshima
Der Krieg gegen Japan drohte noch lange weiterzugehen, da die Japaner erbitterten Widerstand leisteten. Am 6. August 1945 warfen die Amerikaner eine Atombombe auf die Stadt Hiroshima. Am 9. August folgte eine zweite Bombe auf Nagasaki. 5 Tage darauf kapitulierte Japan.

Abgesprengtes Eisenbahnschild
Durch die Hitze verformte Glasflasche
Überreste nach dem Atombombenabwurf in Hiroshima

Dezember 1941 Japan bombardiert die US-Flotte. Die USA treten in den Krieg ein.

1942 Die amerikanische Flotte stoppt das japanische Vordringen im Pazifik bei Schlachten in der Korallensee, vor allem bei Midway.

November 1942 Niederlage des deutschen Afrikakorps bei El Alamein, Ägypten.

Amerikanischer Soldatenroman

Januar 1943 Die 6. deutsche Armee geht in Stalingrad unter.

Juni 1943 Invasion der Alliierten in Italien

Juli 1943 Der italienische Diktator Mussolini tritt zurück.

Juni 1944 D-Day: Invasion der Alliierten in Nordfrankreich

Juni–August 1944 Die Rote Armee der Sowjetunion erreicht Warschau (Polen) und Ostpreußen.

Eiserne Ration eines GI

April 1945 Die Rote Armee erreicht Berlin; Adolf Hitler begeht Selbstmord.

Mai 1945 Kapitulation Deutschlands

August 1945 Abwurf von Atombomben auf die Städte Hiroshima und Nagasaki; Kapitulation Japans

---

SIEHE AUCH UNTER ASIEN, GESCHICHTE · DEUTSCHLAND, GESCHICHTE · EUROPA, GESCHICHTE · FRANKREICH, GESCHICHTE · GROSSBRITANNIEN, GESCHICHTE · HOLOCAUST · STREITKRÄFTE · VEREINIGTE STAATEN, GESCHICHTE

WELTREICHE

IM LAUF DER GESCHICHTE gab es viele Weltreiche, angefangen vom Römischen Reich in der Antike über das Inka-Reich in Peru bis zur heutigen Supermacht USA. Das größte Weltreich aller Zeiten war das Britische Empire. Die meisten Weltreiche verfügten über eine Armee, mit der sie fremde Länder eroberten und Aufstände unterdrückten. Eine Zivilverwaltung sorgte für Ordnung und trieb Steuern ein. Kein Weltreich dauert ewig. Es geht etwa durch Bürgerkriege unter, durch wirtschaftlichen Niedergang oder durch die Schwierigkeiten, viele verschiedene Völker unter einer Führung zusammenzuhalten.

Osmanisches Schwert mit Scheide

Wachstum

Weltreiche entstehen, wenn einzelne Länder oder Herrscher sich fremde Territorien einverleiben, um z. B. Einnahmen durch Handel und Steuern zu haben. Dazu ist ein starkes Heer erforderlich.

Osmanisches Reich
Die türkischen Osmanen dehnten ihr Reich auf militärischem Weg aus. Auf dem Höhepunkt ihrer Macht im 17. Jh. beherrschten sie das Mittelmeer von Griechenland bis Tunesien.

Kreuz des Hl. Römischen Reiches

Heiliges Römisches Reich
Die Führer dieses im Wesentlichen deutschen Reiches betrachteten sich als Erben der römischen Kaiser. Die Kaiser wollten über alle Christen im Westen religiöse und über die anderen Herrscher politische Macht ausüben, etwa über die deutschen und italienischen Fürsten.

Britisches Weltreich

Das größte Reich, das die Welt je gesehen hatte, nahm im 18. und frühen 19. Jh. seinen Anfang. Damals erwarb Großbritannien Australien, Kanada und zahlreiche weitere Territorien von Honduras bis nach Hongkong. Das „Kronjuwel" des Reiches war jedoch Indien. Die Briten herrschten dort mit Hilfe der Ostindienkompanie. Königin Viktoria (Reg. 1837–1901) übernahm 1876 den Titel einer Kaiserin von Indien. Die Briten beeinflussten die beherrschten Gebiete – im Guten wie im Schlechten. Die britische Verwaltung diente den unabhängig gewordenen Staaten als Vorbild. Andererseits beuteten die Briten manche ihrer Kolonien aus.

Britisches Empire, 1918

Ausdehnung des Empire
Nach dem Sieg in den Napoleonischen Kriegen und dem Niedergang der alten Weltreiche Spanien, Portugal und Niederlande wurde Großbritannien zu einem der mächtigsten Länder. Im Lauf des 19. Jh. kamen Teile Afrikas und Südostasiens zum britischen Weltreich. 1918 erreichte das Empire seinen Höhepunkt.

Victoria Station, Bombay, Indien

Gordon von Khartum
1882, zwei Jahre nach der Aufnahme Ägyptens in das Britische Empire, kam General Charles Gordon (1833–85) in den Sudan, um den Ägyptern bei der Bekämpfung eines Aufstands zu helfen. Gordon wurde in der Stadt Khartum eingeschlossen und fiel nach 10-monatiger Belagerung. Es herrschte große Empörung, weil man den Helden des Empire nicht mit einem Entsatzheer rettete.

Ressourcen
Großbritannien verfügte über begrenzte Ressourcen, aber eine expandierende Industrie. So verwendeten die Briten ihr Reich als Quelle für Rohstoffe und als Markt für ihre Güter. Aus den Kolonien kamen z. B. Baumwolle, Edelsteine, Harthölzer, Tee, Kautschuk, Zinn, Kupfer und Wolle.

Baumwolle — *Smaragd* — *Holz*

Bautätigkeit
Die Briten sorgten dafür, dass zumindest die größten Städte des Empire englischen Städten möglichst ähnlich sahen. Überall auf der Welt bauten britische Ingenieure und Architekten Regierungssitze, Bahnhöfe, Museen und andere öffentliche Gebäude im englischen Stil. Städte wie Bombay haben heute noch Verwaltungszentren, die an die viktorianische Zeit erinnern.

Chronologie

509 v. Chr.–476 n. Chr. Das Römische Reich umfasst große Teile Europas, Westasiens und Nordafrikas.

221–206 v. Chr. Kaiser Qin einigt China.

321–187 v. Chr. Maurya-Reich in Indien.

395–1453 Byzantinisches Kaiserreich im östlichen Teil des früheren Römischen Reiches

962–1806 Das Hl. Römische Reich ist in Mitteleuropa die beherrschende Macht.

1206–1405 Die Mongolen schaffen ein Weltreich, das den größten Teil Asiens umfasst.

1345–1521 In Mexiko entsteht das Aztekenreich.

Helm eines Konquistadors

1521–1825 Spanien beherrscht ein großes Reich in Südamerika.

1580–1931 Wachstum des britischen Weltreiches

30er Jahre Niedergang des Britischen Empire. In den 40er Jahren fordern viele Länder Unabhängigkeit.

Imperialismus

Als Imperialismus bezeichnen wir die wirtschaftliche Herrschaft Europas, der USA und Russlands über Teile Asiens, Nordamerikas und Afrikas seit dem 17. Jh. Auch das Römische Reich der Antike war imperialistisch.

Der Bär als Symbol Russlands, 1888

SIEHE AUCH UNTER BYZANZ · HEILIGES RÖMISCHES REICH · ISLAMISCHES REICH · OSMANISCHES REICH · PERSER · RÖMISCHES REICH

WERBUNG UND MARKETING

WENN EINE FIRMA ihre Produkte oder Dienstleistungen besser verkaufen will, treibt sie Werbung. In Zeitungen, Zeitschriften, auf Plakatwänden, im Rundfunk und Fernsehen preist sie ihre Ware an. Unter dem englischen Wort Marketing versteht man alle Anstrengungen, ein Produkt oder eine Dienstleistung zu schaffen, dafür zu werben und sie zu verkaufen.

Headline Sie gibt uns Produktinformationen. Die Reifenfirma Pirelli macht hier mit Humor und einem auffallenden Bild Werbung für die Griffigkeit ihrer Reifenprodukte.

Bekannter Sportler

Das Bild des Sportlers in hochhackigen Schuhen erregt Aufmerksamkeit.

Produktname

Wie Werbung funktioniert

Die Werbung setzt starke Bilder ein, um Aufmerksamkeit zu erregen. Kurze, schlagwortartige Slogans werden mit dem Produkt in Verbindung gebracht. Bei Werbekampagnen sind dieselben Bilder oft im Fernsehen, auf Plakatwänden und in Zeitschriften zu sehen.

Image
Die Werbeleute versuchen ein Produktimage zu schaffen, das bestimmte Konsumenten anspricht. Bei der Parfümwerbung z. B. wird ein Bild von Schönheit und Kultiviertheit vermittelt. Wohlbekannte Persönlichkeiten machen Werbung für das Produkt.

Marketing
Zu den Marketingstrategien einer Firma gehören Marktforschung, Produktentwicklung, Werbung, Public Relations und einheitlich gestaltete Verkaufsstellen, die *Points of sale*. Die Marktforschung stellt fest, welche Produkte die Kunden wünschen, und sorgt dafür, dass diese die Erwartungen und Bedürfnisse der Käufer erfüllen.

Marktforschung
Eines der Ziele der Marktforschung ist es herauszufinden, welche Menschen ein Produkt kaufen und was ihre Entscheidung für ein Produkt beeinflusst. Die Marktforscher erhalten diese Informationen durch Interviews, Fragebögen und Statistiken.

Point of sale
Einheitlich gestaltete Verkaufsstellen erhöhen den Wiedererkennungseffekt. Dekoration im Schaufenster soll die Aufmerksamkeit der Vorübergehenden auf sich lenken. Künftige Kunden werden dadurch aufgefordert den Laden zu betreten.

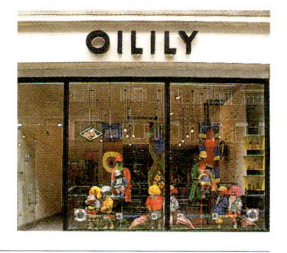

Public Relations
Viele Firmen verbessern durch Public Relations (PR, Öffentlichkeitsarbeit) ihren Bekanntheitsgrad. Die wichtigsten Bereiche der PR sind Recherche und Kommunikation. Durch die Recherche will man herausfinden, was die Leute über die Firma und ihre Produkte denken. Bei der Kommunikation treten oft bekannte Persönlichkeiten auf und werben um Sympathie.

Pepsi-Cola ließ für Werbezwecke eine *Concorde* blau anmalen.

Werbeagenturen

Werbeagenturen beraten Firmen über ihre Werbestrategie. Sie führen Marktforschung durch, machen Vorschläge über die Art der Werbung und die Wahl des Werbeträgers. Schließlich gestalten sie auch alle Werbemittel sowie gedruckte oder gesendete Anzeigen.

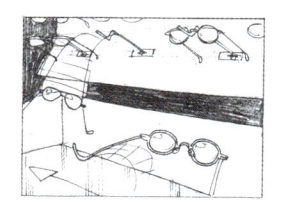

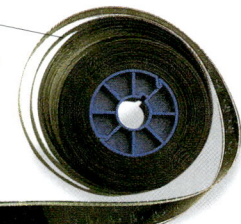

Die Aufnahmen werden zusammengeschnitten und mit Tonspur versehen.

Storyboards
Der erste Schritt bei der Gestaltung einer Fernsehwerbung besteht in Storyboards. Mit Skizzen und Kurztexten zeigt man dem Werbekunden, wie der Werbebeitrag aussehen wird. Storyboards sehen wie Comics aus: Eine Reihe von Bildern zeigt, wie der Spot ablaufen wird. Hat der Kunde das Storyboard genehmigt, beginnt die Produktion.

Produktion
Die Werbeagentur beauftragt ein Team mit der Produktion des Films. Auch bei diesen kommerziellen Filmen spielt der Regisseur eine große Rolle, weil er die künstlerische Gestaltung mitbestimmt. In der Tonspur ist meist eine markentypische Melodie, das sog. Jingle, zu hören. Natürlich wird der Produktname einmal oder mehrmals genannt, damit er sich den möglichen Käufern einprägt.

Werbesendung
Den fertigen Werbefilm zeigt man dem Kunden. Wenn dieser zufrieden ist, geht der Spot an die Fernsehstationen. Die Werbezeit muss bezahlt werden. Fernsehwerbung ist die teuerste Form der Werbung, gilt aber zugleich auch als die wirksamste, weil sie Millionen von Menschen zu Hause erreicht.

SIEHE AUCH UNTER   DESIGN   FERNSEHEN   FILMINDUSTRIE   HANDEL UND INDUSTRIE   SUPERMARKT

WESTAFRIKA

DER ATLANTIK grenzt an 12 der 15 Länder Westafrikas. Ein großer Teil des Gebietes wird von der Sahara und der Sahelzone beherrscht. Der Niger bildet noch heute eine wichtige Lebens- und Verkehrsader. Seit Jahrhunderten verbinden Handelsrouten durch die Sahara Westafrika mit der Mittelmeerküste im Norden Afrikas. Obwohl viele Länder über reiche Bodenschätze verfügen, sind sie heute sehr arm. Analphabetentum und Arbeitslosigkeit sind sehr hoch. Für die Westafrikaner ist das Leben ein ständiger Kampf gegen Dürre und politische Instabilität.

Sahelzone
Unmittelbar südlich der Sahara schließt sich die Sahelzone an, die sich durch ganz Westafrika zieht. Sie bildet ein breites, trockenheißes, halbwüstenartiges Grasland. Regen fällt hier nur selten. Häufig herrscht Dürre, sodass sich die Sahara weiter südwärts ausbreiten kann.

Klima
Von Norden nach Süden gibt es vier Klimagebiete in Westafrika: Die Wüste Sahara, die Sahelzone, die Savanne und den tropischen Regenwald. Der Süden ist feucht und hat tropisches Klima mit einer ausgeprägten Regenzeit, die 4 bis 6 Monate dauert.

25 °C   26 °C
1 879 mm

Geografie
Westafrika liegt 200 bis 400 m ü. d. M. Die Sahara nimmt große Teile von Mauretanien, Mali und Niger ein, und die Sahelzone erstreckt sich bis Senegal, Burkina Faso und Nigeria. Die größten Flüsse im Westen und Süden sind Senegal, Gambia, Volta und Niger.

Fluss Niger
Der 4 200 km lange Niger ist der drittlängste Fluss Afrikas. Er fließt in einem großen Bogen von Guinea durch Mali, Niger, Benin und Nigeria in den Golf von Guinea und bildet dort ein weites Delta. Auf der unteren Hälfte seines Laufes ist der Niger schiffbar.

Erdnüsse
Erdnüsse zählen zu den Hülsenfrüchten wie Erbsen und Bohnen und wachsen tatsächlich unter der Erde. Sie werden in Westafrika viel angebaut und enthalten viele Proteine und Vitamine. Die Nüsse liefern auch ein Öl. Die Erdnuss kam von Südamerika nach Westafrika.

Erdnussernte

Mauretanien

Fast zwei Drittel Mauretaniens sind Wüste. Ackerbau ist nur an einem schmalen Streifen an den Ufern des Senegal im Südwesten möglich. Hier liegen kleine Dörfer und Oasen. Zwei Drittel der Bewohner sind nomadische Mauren arabischen Ursprungs, ein Drittel sind Bauern. Das Land zählt zu den ärmsten der Welt.

Fischfang
Die Gewässer vor Mauretanien zählen zu den fischreichsten auf der Welt. Sie ziehen viele ausländische Fischereischiffe an. Alle Fänge werden über die staatliche Fischereigesellschaft verkauft. Der Fisch macht die Hälfte der mauretanischen Exporte aus.

Ausdehnung der Wüste
Dürrejahre und Übernutzung der Sahelzone ließen die Wüste südwärts weiter ausdehnen. Die Rinder kamen um und die Nomaden mussten Arbeit in den Städten suchen.

Durch Verringerung der Bodenerosion will man Land zurückgewinnen.

Bodenschätze
In der Wüste Mauretaniens lagern die reichsten Gipsvorkommen der Welt. Außerdem verfügt das Land über große Vorkommen an Eisenerz. Auch etwas Gold wird abgebaut. Zwischen den Bergwerken und dem Hafen der Hauptstadt Nouakchott besteht eine einschienige Eisenbahnlinie.

Gipskristall

MAURETANIEN: DATEN
- **HAUPTSTADT** Nouakchott
- **FLÄCHE** 1 030 700 km²
- **EINWOHNER** 2 750 000
- **SPRACHE** Arabisch (Hassaniya); Wolof, Pular, Solinke, Französisch
- **RELIGION** Islam
- **WÄHRUNG** Ouguiya

Senegal

Die halbwüstenartigen Ebenen Senegals werden von 3 Flüssen durchquert: Senegal, Gambia und Casamance. Sie liefern das Wasser für die Landwirtschaft, die neben dem Fischfang die Haupteinnahmequelle des Landes ist. In Senegal leben verschiedene Völker; das größte bilden mit 44 % die Wolof.

Dakar
Haupthafen und Hauptstadt von Senegal ist Dakar, ein lebendiges Zentrum mit Restaurants, Geschäften und Märkten. Viele der über eine Million Einwohner leben allerdings in den Vorstadtslums.

Musik
Bei Festen und Zeremonien treten Griots als Sänger auf und tragen traditionelle Geschichten vor, wobei sie von der Kora oder Stegharfe begleitet werden.

Kora

Der Musiker zupft an den insgesamt 21 Saiten.

Kürbis als Schallkörper

Viele Früchte und Gemüse werden exportiert.

Ackerbau
Ungefähr 75 % aller Senegalesen arbeiten in der Landwirtschaft und bauen Erdnüsse und Tomaten für den Export sowie Reis und Hirse zur eigenen Versorgung an. Früher waren Erdnüsse und Erdnussöl die wichtigsten Exportgüter, heute sind es Fische und Fischereiprodukte.

SENEGAL: DATEN
- **HAUPTSTADT** Dakar
- **FLÄCHE** 196 722 km²
- **EINWOHNER** 10 500 000
- **SPRACHE** Wolof, Französisch; Ful, Bambara, Sèrèr, Diola, Mandingo
- **RELIGION** Islam, Christentum, Stammesreligionen
- **WÄHRUNG** CFA-Franc

Gambia

Gambia ist der kleinste afrikanische Staat auf dem Festland. Er besteht aus einem schmalen Streifen zu beiden Seiten des Flusses Gambia und ist von Senegal umgeben. Die meisten Menschen arbeiten in der Landwirtschaft. Die Erdnüsse machen 80 % der Exporte aus. Die wichtigsten Völker heißen Mandingo, Fulbe und Wolof.

Tourismus
Gambia ist ein Ziel für all jene, die im Winter sonnenbaden möchten. Der Tourismus war seit den 70er Jahren die am schnellsten wachsende Branche. Nach dem Militärputsch 1994 gab es aber starke Einbußen.

GAMBIA: DATEN
- **HAUPTSTADT** Banjul
- **FLÄCHE** 11 295 km²
- **EINWOHNER** 1 400 000
- **SPRACHE** Englisch; Manding, Wolof
- **RELIGION** Islam, Christentum, Stammesreligionen
- **WÄHRUNG** Dalasi

Guinea-Bissau

In Guinea-Bissau fällt regelmäßig Regen, sodass das Land genügend Reis für sich selbst anbauen kann. Die Küstenstriche werden jedoch immer wieder überflutet, weil die Bauern die Mangroven gefällt haben und dort jetzt Reis anbauen. Das wichtigste Transportmittel ist das Boot.

Cashewnuss

Geriebene Kokosnuss

Kokosnuss

GUINEA-BISSAU: DATEN
- **HAUPTSTADT** Bissau
- **FLÄCHE** 36 125 km²
- **EINWOHNER** 1 300 000
- **SPRACHE** Portugiesisch; Crioulo
- **RELIGION** Stammesreligionen, Islam, Christentum
- **WÄHRUNG** CFA-Franc

Landwirtschaft
83 % aller Arbeitnehmer sind in der Landwirtschaft tätig. Reis ist Grundnahrungsmittel. Für den Export werden Cashew- und Erdnüsse, Baumwolle und Kopra erzeugt.

Guinea

Mit über 30 % der Weltreserven an Bauxit sowie mit weiteren Lagerstätten von Diamanten, Eisen, Kupfer, Mangan, Uran und Gold könnte Guinea ein sehr reiches Land sein. Doch durch viele Jahre politischer Misswirtschaft geht es dem Land auch ökonomisch nicht gut.

GUINEA: DATEN

HAUPTSTADT	Conakry
FLÄCHE	245 857 km^2
EINWOHNER	7 800 000
SPRACHE	Französisch; Ful, Mande
RELIGION	Islam, Christentum
WÄHRUNG	Guinea-Franc
LEBENSERWARTUNG	46 Jahre

Kaffeebohnen

Bananen

Ananas

Landwirtschaft
Die Bauern sind Selbstversorger. Mit Bananen und Ananas, die gut im Hügelgebiet von Fouta Djalon (Hochland von Guinea) wachsen, sowie Kaffee, Ölpalmen und Erdnüsse tragen sie auch zum Export bei.

Bevölkerung
Drei Viertel aller Einwohner gehören zu einer der 3 wichtigsten Volksgruppen: den Malinke oder Fulbe, die den Norden und das Zentrum des Landes bewohnen, oder den Soussou an der Küste. Zwei Drittel leben in Dörfern, wo der Lebensstandard sehr niedrig ist. 95 % der Einwohner sind Moslems. Nur 40 % der Einwohner können schreiben und lesen.

Sierra Leone

Die Briten gründeten Anfang des 19. Jh. Sierra Leone als Kolonie für befreite Sklaven. Der Name geht auf das portugiesische „Löwenberge" zurück und bezieht sich auf das Donnergrollen häufiger Gewitter. Größte Völker sind die Mende und Temne. Das Land leidet seit 1991 unter einem Bürgerkrieg.

SIERRA LEONE: DATEN

HAUPTSTADT	Freetown
FLÄCHE	71 740 km^2
EINWOHNER	4 930 000
SPRACHE	Englisch; Krio, Mende, Temne
RELIGION	Stammesreligionen, Islam, Christentum
WÄHRUNG	Leone

Industrie
Der Bergbau ist der wichtigste Industriezweig in Sierra Leone. Hauptsächlich werden oft noch von Hand geschürfte Diamanten und Gold exportiert, sowie Bauxit und Titanerze. In der Landwirtschaft werden vor allem Kaffee, Kakao und Palmkerne für den Export angebaut.

Ungeschliffene Diamanten sehen wie Kiesel aus.

Freetown
Die Hauptstadt von Sierra Leone ist ein wichtiger Naturhafen mit 500 000 Einwohnern. Die Stadt wurde 1787 zur Ansiedlung freigelassener Sklaven von Engländern gegründet. Sie hat die älteste Universität Westafrikas. 1808 wurde Sierra Leone britische Kolonie und 1961 unabhängig.

Côte d'Ivoire

Côte d'Ivoire hat eine 600 km lange Atlantikküste, die Elfenbeinküste, wonach das Land benannt worden ist. Über 50 % der Einwohner arbeiten in der Land- und Forstwirtschaft. Das Land ist der größte Kakaoproduzent. Kakao, Kaffee sowie Holz und Baumwolle machen 50 % des Exports aus. Landeswährung ist der CFA-Franc.

CÔTE D'IVOIRE: DATEN

HAUPTSTADT	Yamoussoukro; Regierungssitz: Abidjan
FLÄCHE	322 462 km^2
EINWOHNER	16 400 000
SPRACHE	Französisch; Baoulé
RELIGION	Stammesreligionen, Islam, Christentum

Einsatz von giftigen Pflanzenschutzmitteln in Plantagen, ohne Schutzkleidung

Die Basilika *Notre Dame de la Paix*
In Yamoussoukro, der Geburtsstadt des Präsidenten Houphouët-Boigny, steht die größte christliche Kirche der Welt. Sie ist dem Petersdom in Rom nachempfunden und bietet 18 000 Menschen Platz.

Kakao
Côte d'Ivoire produziert über ein Drittel der Welternte an Kakaobohnen. Fabriken stellen daraus Kakaobutter her, den Grundstoff für Schokolade und viele Kosmetika. Die Kakaoplantagen liegen in den feuchten tropischen Gebieten. Dafür und wegen des Edelholzes wurden große Regenwaldflächen gerodet.

Liberia

Die USA gründeten um 1820 Liberia als Heimat für befreite Sklaven. Liberia war nie Kolonie. Ungefähr 5 % der Einwohner stammen von früheren Sklaven und amerikanischen Siedlern ab. Die übrigen kommen aus 16 verschiedenen Völkern. 70 % der Liberianer arbeiten auf dem Land und bauen – für den Export – Ölpalmen, Kaffee, Kakao und Kautschuk an.

LIBERIA: DATEN

HAUPTSTADT	Monrovia
FLÄCHE	97 754 km^2
EINWOHNER	3 100 000
SPRACHE	Englisch; Gola, Kpelle, Mande, Kru u. a.
RELIGION	Stammesreligionen, Islam, Christentum
WÄHRUNG	Liberianischer Dollar

Bürgerkrieg
Von 1990–97 herrschte in Liberia ein blutiger Bürgerkrieg, der die blühende Wirtschaft des Landes zerstörte. Der Krieg forderte 150 000 Tote und machte 500 000 Menschen obdachlos. Mehr als ein Viertel der Bevölkerung flohen aus dem Land.

Monrovia
Mit über 4 560 mm Niederschlag pro Jahr ist Monrovia die feuchteste Hauptstadt der Erde. Die Hafenstadt mit rund 1 Mio. Einwohnern besitzt ausgedehnte Dockanlagen für die große Handelsflotte des Landes. Fast alle Schiffe sind jedoch in ausländischem Besitz. Hauptexportgüter sind Eisenerz, Naturkautschuk und Holz.

Mali

Wüste und Halbwüste bedecken im Norden zwei Drittel von Mali. Die meisten Menschen leben im Süden, in Dörfern nahe den Flüssen Niger und Senegal. Staudämme am Niger haben die Ackerfläche erweitert. Dürreperioden sind häufig. Das wichtigste Exportgut ist Baumwolle. Von Bedeutung ist auch der Abbau von Gold und Phosphat.

Gebäude wie dieser Kornspeicher bestehen nur aus Lehm.

MALI: DATEN

HAUPTSTADT	Bamako
FLÄCHE	1 240 192 km²
EINWOHNER	11 400 000
SPRACHE	Französisch; Bambara, Ful, Soninke, Arabisch
RELIGION	Islam, Stammesreligionen
WÄHRUNG	CFA-Franc
LEBENSERWARTUNG	47 Jahre

Bemalte Stoffe

Bevölkerung
Die wichtigsten Volksgruppen in Mali sind die Bambara, die Ful und die Senufo sowie mehrere kleinere Stämme, darunter die Boso. Sie sind bekannt dafür, dass sie ungefärbte Stoffe mit abstrakten Mustern bemalen. Dazu verwenden sie Erdfarben.

Timbuktu
Timbuktu am Rand der Wüste wird noch von Kamelkarawanen besucht. Sie bringen Salz aus dem Norden, um es auf dem Niger nach Mopti zu verschiffen. Die historische Stadt ist heute ein Zentrum des Islams.

Burkina Faso

Burkina Faso liegt in der Sahelzone und wird von der Sahara bedroht, die sich südwärts ausdehnt. Das Land ist sehr arm. Über 90% der Bevölkerung arbeiten in der Landwirtschaft, meist in der Viehwirtschaft, die aber unter häufigen Dürren leidet. Angebaut werden Hirse, Reis und Baumwolle.

BURKINA FASO: DATEN

HAUPTSTADT	Ouagadougou
FLÄCHE	274 200 km²
EINWOHNER	12 300 000
SPRACHE	Französisch; More, Mande, Ful, Arabisch
RELIGION	Stammesreligionen, Islam, Christentum
WÄHRUNG	CFA-Franc

Kinder der Fulbe

Fulbe
Die Fulbe sind eine Stammesgruppe von 17 Mio. Menschen in West- und Zentralafrika. In Burkina Faso leben ungefähr 1,2 Mio. Fulbe und bilden dort eine der rund 160 Volksgruppen. Sie hüten seit jeher Rinder ortsansässiger Bauern im Tausch gegen Reis.

Wirtschaft
Der Verkauf von Baumwolle bringt ungefähr 60 % der Exporterlöse. Die Landwirtschaft wird allerdings von der Massenauswanderung junger Arbeiter bedroht, die mit Geldsendungen ihre Familien unterhalten. Das Land hat auch Silber- und Manganlagerstätten und exportiert etwas Gold.

Ghana

Ghana besteht aus weiten Ebenen und Savannen an der Küste und einer Hochfläche im Inneren. Man nannte es früher auch „Goldküste", weil die Europäer vor 500 Jahren hier Gold fanden. Der Kakao ist heute für die Wirtschaft auch wichtig. Ghana ist einer der größten Kakaoproduzenten. Der 8 480 km² große Voltasee dient der Wasserversorgung und Stromerzeugung.

GHANA: DATEN

HAUPTSTADT	Accra
FLÄCHE	238 537 km²
EINWOHNER	19 500 000
SPRACHE	Englisch; Kwa-Sprachen, Gur-Sprachen, Ful sowie 70 weitere
RELIGION	Christentum, Stammesreligionen, Islam
WÄHRUNG	Cedi

Eseye (eine Art Spinat)

Kochbanane

Landesküche
Ein beliebtes Essen in Ghana ist Banku, eine Mischung aus Maisbrei und Maniok. Die Ghanaer mischen Eseye-Blätter, eine Art Spinat, mit Palmöl und machen daraus eine Soße zu Fisch oder Gemüse.

Bevölkerung
Die Großfamilie spielt in Ghana noch eine bedeutende Rolle. Ungefähr die Hälfte aller Ghanaer zählen zu den Aschanti, deren Vorfahren eine der reichsten Kulturen Afrikas entwickelten. Weitere bedeutende Volksgruppen sind Fanti, Ewe und Ga. Ungefähr 38 % der Ghanaer leben in Städten.

Ghanaische Familie

Togo

Togo hat eine langgezogene Form und ist höchstens 110 km breit. Die zentrale Hochfläche ist bewaldet, im Norden und Süden liegt Savanne. Zwei Drittel der Bevölkerung arbeiten in der Landwirtschaft, die der Selbstversorgung dient. Wichtigste Exportgüter sind verarbeitete Baumwolle, Phosphat, Kaffee- und Kakaobohnen.

TOGO: DATEN

HAUPTSTADT	Lomé
FLÄCHE	56 785 km²
EINWOHNER	5 200 000
SPRACHE	Französisch; Kabyé, Ewe
RELIGION	Stammesreligionen, Christentum, Islam
WÄHRUNG	CFA-Franc

Landwirtschaft
Die Togoer produzieren für den Export Kakao, Kaffee, Baumwolle, Kopra und Palmkerne, neuerdings auch Gewürze, Tomaten und Zucker. Hauptnahrungsmittel sind Mais, Mohrenhirse und Maniok. An der Küste ist der Fischfang von Bedeutung.

Mais

Marktfrauen
Obwohl die Politik und die übrigen Jobs fest in den Händen der Männer sind, spielen die Frauen im täglichen Wirtschaftsleben eine große Rolle. Die „Nana Benz", reiche Frauen, die angeblich alle einen Mercedes Benz besitzen, beherrschen die Märkte und das Taxigeschäft, besonders in der Hauptstadt Lomé. Die streitbaren Frauen müssen sich in hartem Konkurrenzkampf behaupten.

WESTAFRIKA

Nigeria

Mit seinen großen Lagerstätten an Erdöl und Erdgas, Kohle, Eisen, Blei, Zinn und Zink sowie den reichen fruchtbaren Böden besaß Nigeria bei der Unabhängigkeit von Großbritannien im Jahr 1960 beste Voraussetzungen. Durch eine Reihe von Putschen, durch Konflikte zwischen den verschiedenen Völkern und durch Korruption ist das Land nun in großen Schwierigkeiten.

Abuja
Die von Grund auf neu geplante Stadt Abuja ersetzte 1991 Lagos als Hauptstadt, weil die Regierung glaubte, Lagos sei zu stark vom Volk der Yoruba beeinflusst. Heute sind noch weite Teile von Abuja wegen finanzieller Schwierigkeiten nicht fertiggestellt.

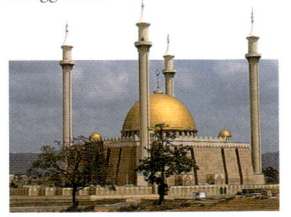

Hauptmoschee in Abuja

Bevölkerung
In Nigeria leben über 400 Völker und Stämme zusammen. Zwei Drittel der Bevölkerung gehören zu einer von 3 Gruppen – den Hausa im Norden, den Ibo im Osten oder den Yoruba im Westen. Über 50 % der Menschen leben noch in kleinen Dörfern, doch nimmt der Zuzug in die Städte immer mehr zu.

Nigerianisches Erdöl hat einen niedrigen Schwefelgehalt.

Erdöl
Nigeria produziert in Afrika am meisten Erdöl und steht in der Weltrangliste an 13. Stelle. Das Erdöl macht 95 % der Exporte aus. Die Wirtschaft Nigerias hängt vom Erdölpreis ab. Zugleich entstehen durch die Ölförderung schwerste Umweltschäden.

Plantagen
Über 35 % aller Nigerianer sind in der Landwirtschaft beschäftigt. Die meisten bearbeiten nur ein kleines Stück Land. Doch gibt es auch große, modern eingerichtete und z.T. bewässerte Plantagen. Hier werden vor allem Baumwolle, Kaffee, Kakao sowie Ölpalmen und Kautschukbäume für den Export angebaut.

Die besten Stoffe bestehen aus Baumwolle und Seide.

Stoffe
Die Yoruba und Hausa stellen schöne, mit Pflanzenfarben handgefärbte Tücher her. In der Hausa-Stadt Kano im Norden färben die Männer diese Stoffe noch nach althergebrachter Art in Färbegruben.

NIGERIA: DATEN
- **HAUPTSTADT** Abuja
- **FLÄCHE** 923 768 km²
- **EINWOHNER** 124 000 000
- **BEVÖLKERUNGSDICHTE** 134 Einw./km²
- **SPRACHE** Englisch, Hausa, Yoruba, Ibo
- **RELIGION** Islam, Christentum, Stammesreligionen
- **WÄHRUNG** Naira
- **LEBENSERWARTUNG** 51 Jahre
- **EINWOHNER PRO ARZT** 3 700
- **REGIERUNG** Mehrparteiendemokratie
- **ANALPHABETEN** Männer 33 % Frauen 53 %

Benin

Die frühere französische Kolonie, die im Jahr 1960 unabhängig wurde, hieß bis 1975 Dahomey. Das schmale Land hat einen kurzen Küstenabschnitt am Golf von Guinea. Der größte Teil des Landes ist flach und bewaldet, mit großen Sumpfgebieten im Süden. Die Landwirtschaft produziert vor allem Baumwolle für den Export. Landeswährung ist der CFA-Franc.

BENIN: DATEN
- **HAUPTSTADT** Porto-Novo; Regierungssitz: Cotonou
- **FLÄCHE** 112 622 km²
- **EINWOHNER** 6 600 000
- **SPRACHE** Französisch; Fon, Bariba, Yoruba, Adja, Ful, Ewe, Mina
- **RELIGION** Stammesreligionen, Islam, Christentum

Fischfang
In den Lagunen an der Küste werden jährlich etwa 40 000 t Fische gefangen, die überwiegend für den Verbrauch im Inland bestimmt sind.

Somba
Die Somba oder Betamaribé bilden eine der 5 größeren Volksgruppen in Benin. Sie leben im Nordwesten des Landes. Jahrhundertelang blieben sie unbeeinflusst von der europäischen Kultur. Deswegen konnten sie auch viele ihrer Traditionen bis heute erhalten.

Niger

Niger, das größte Land in Westafrika, besteht zu zwei Drittel aus Wüste. Die Menschen sind sehr arm und leben in der trockenen Sahelzone oder im Südwesten nahe am Fluss Niger. 85 % treiben Ackerbau und Viehzucht. Niger ist der viertgrößte Produzent der Welt von Uran, dem wichtigsten Exportgut.

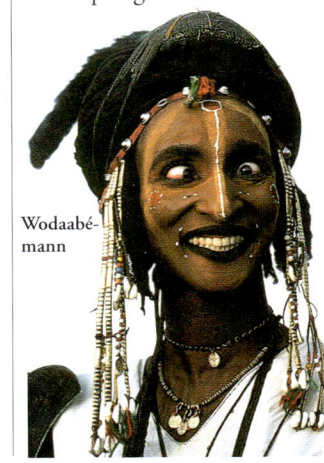

Wodaabé-mann

NIGER: DATEN
- **HAUPTSTADT** Niamey
- **FLÄCHE** 1 267 000 km²
- **EINWOHNER** 10 500 000
- **SPRACHE** Französisch, Hausa; Dscherma, Ful, Tamaschagh
- **RELIGION** Islam, Stammesreligionen
- **WÄHRUNG** CFA-Franc

Kampf gegen die Wüste
Die Einwohner versuchen dem Vordringen der Wüste in die Sahelzone Einhalt zu gebieten, indem sie Bäume und Gräser anpflanzen. Auf diese Weise stoppen sie die Bodenerosion.

Schönheitswettbewerb für Männer
Bei einem alljährlich wiederkehrenden Fest, dem Gerewol, stellen sich die jungen heiratswilligen Männer der Wodaabé einem Schönheitswettbewerb. Nach langen Tänzen treffen die Frauen ihre Wahl. Wenn es zu einem Heiratsantrag kommt, raubt der Mann die Frau und beide beginnen in der Wüste ein Leben als Nomaden.

SIEHE AUCH UNTER AFRIKA, AFRIKA, GESCHICHTE, BENIN-REICH, ERDÖL, FISCHFANG, LANDWIRTSCHAFT, NATURSCHUTZ, SKLAVEREI, TEXTILIEN, WÜSTEN

WETTER

WIND, REGEN, SCHNEE, Nebel, Sonnenschein und Frost sind Äußerungen des Wetters. Sie werden durch ständige Veränderungen in der untersten Schicht der Atmosphäre hervorgerufen. Dabei spielen 4 Faktoren eine Rolle: die Luftbewegung in Form von Winden, die Lufttemperatur, die Frost oder Hitze erzeugt, der Feuchtigkeitsgehalt, der zu Nebel und Niederschlägen führt, und der Luftdruck, der für wolkenlose Tage oder Stürme sorgt. Das Wetter eines Gebietes über einen längeren Zeitraum nennt man Klima.

Hochdruckgebiete

Hochs entstehen durch dichte, schwere Luft. Das Barometer zeigt dabei hohen Luftdruck an. In der Regel sind Hochdruckgebiete mit klarem, schönem Wetter verbunden. Der Himmel ist wolkenlos und die Luft trocken.

Tiefdruckgebiete und Fronten

Die Atmosphäre setzt sich aus Luftmassen unterschiedlichen Drucks zusammen. Als Front bezeichnen wir die Grenze zwischen 2 unterschiedlichen Luftmassen. Wo sich warme und kalte Luft treffen, steigt die Warmluft über die Kaltluft und erzeugt ein Tiefdruckgebiet. In östlicher Richtung sind damit Gewitter und Stürme verbunden.

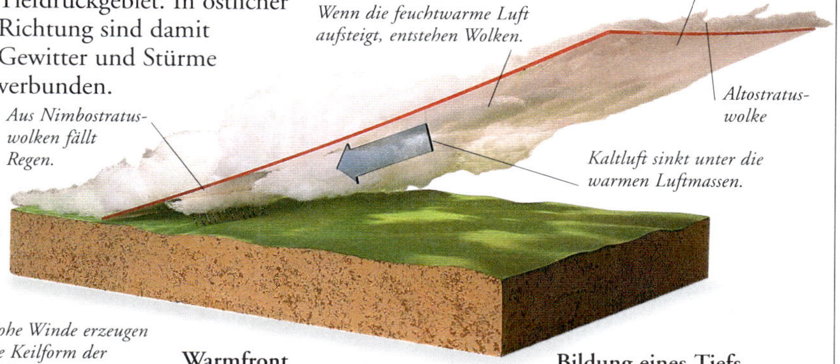

Hohe Cirruswolken gehen der Warmfront voraus.

Wenn die feuchtwarme Luft aufsteigt, entstehen Wolken.

Aus Nimbostratuswolken fällt Regen.

Altostratuswolke

Kaltluft sinkt unter die warmen Luftmassen.

Warmfront

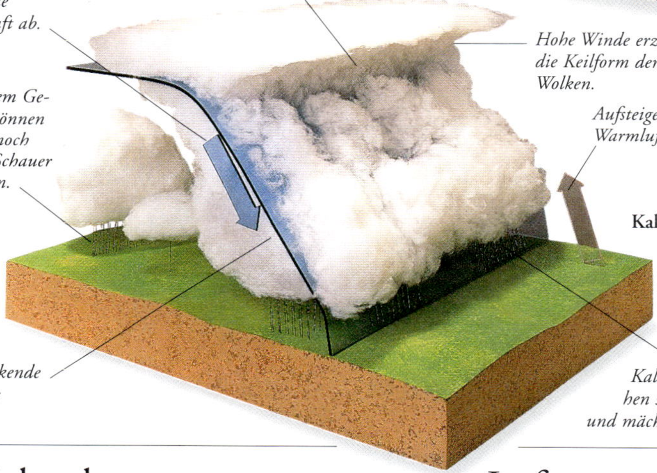

Die Kaltluft taucht steil unter die Warmluft ab.

Ein Teil der Feuchtigkeit gefriert zu Eiskristallen.

Nach dem Gewitter können immer noch leichte Schauer auftreten.

Hohe Winde erzeugen die Keilform der Wolken.

Aufsteigende Warmluft

Warmfront
In einem Tiefdruckgebiet zerfällt die Front oft in eine Warmfront und eine Kaltfront. Wenn das Tief vorbeizieht, kommt die Warmfront in der Regel vor der Kaltfront. Die Warmluft steigt langsam über der Kaltluft an und erzeugt einen Dauerregen.

Kaltfront
Nach dem Vorüberzug der Warmfront herrscht in der Regel eine kurze Pause. Die Kaltluft taucht dann scharf unter die Warmluft ab und drückt sie nach oben weg. Das führt zu mächtigen Wolken mit Gewitter und starkem Regen.

Kaltfront

Drückende Front

Längs der Kaltfront entstehen starke Winde und mächtige Wolken.

Bildung eines Tiefs

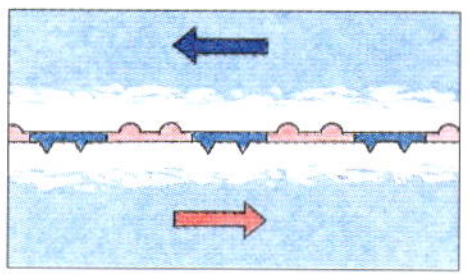

1. Eine Polarfront entsteht, wenn warme tropische Luft auf kalte Polarluft trifft.

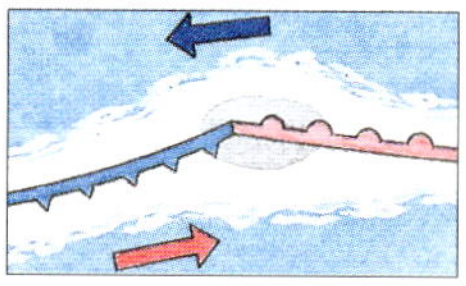

2. Wenn Warmluft über die Kaltluft fließt, beginnt sich ein Tief zu bilden.

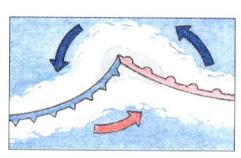

3. Kaltluft fließt unter Warmluft; es entstehen 2 Fronten, eine warme und eine kalte.

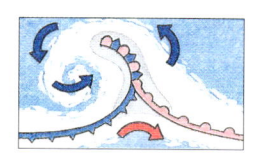

4. Die Kaltfront hebt die Warmfront vom Boden ab. Es entsteht eine Okklusion.

Luftdruck

Luft hat ein Gewicht und übt auf die Erdoberfläche eine Gewichtskraft aus. Diese äußert sich als Luftdruck. Warme Luft dehnt sich aus, sodass der Luftdruck sinkt. Kaltluft zieht sich zusammen und der Luftdruck steigt. Luftdruckänderungen erzeugen die Wettererscheinungen.

Barometer
Das Barometer misst den Luftdruck. Wenn der Druck sehr schnell abfällt, ist das ein Zeichen für ein herannahendes Tiefdruckgebiet mit heftigem Gewitter.

Aneroidbarometer

Isobaren
Luftdruck wird in Hektopascal gemessen. Auf Wetterkarten verbindet man Punkte gleichen Luftdrucks durch Isobaren. Je näher diese beieinander liegen, umso ausgeprägter sind die Luftdruckunterschiede.

Wetterkarte mit Isobaren

Lufttemperatur

Die Lufttemperatur hängt vor allem von der Sonneneinstrahlung ab. Man misst diese Temperatur nur im Schatten; das Thermometer befindet sich in einer eigenen Wetterhütte. Temperaturangaben in der Sonne sind sinnlos.

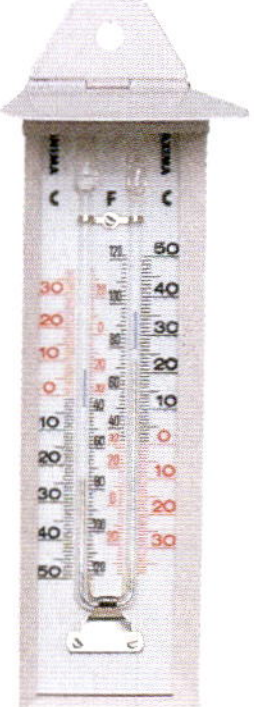

Maximum-Minimum-Thermometer Es zeichnet die Höchst- und Tiefsttemperaturen des Tages auf.

Feuchtigkeit

Die Luftfeuchtigkeit liegt als unsichtbarer Wasserdampf in der Luft vor. Wenn Luft abkühlt, kondensiert der Wasserdampf ab einer bestimmten Temperatur zu Tröpfchen. Dabei entstehen Wolken, Nebel oder auch Regen.

Hygrometer Mit diesem Gerät misst man die Luftfeuchtigkeit.

SIEHE AUCH UNTER   ATMOSPHÄRE   KLIMA   LUFT   NIEDERSCHLAG   WETTERVORHERSAGE   WIRBELSTÜRME   WOLKEN   ZEIT

WETTERVORHERSAGE

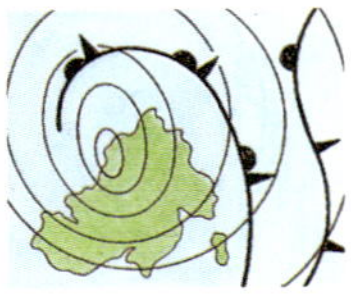

FÜR LANDWIRTE, FISCHER, MAURER und viele andere Berufe ist es wichtig zu wissen, wie das Wetter in den nächsten Tagen sein wird. Bei der Wettervorhersage unterscheidet man Kurz- und Mittelfristprognosen. Langfristige Vorhersagen über Wochen oder gar Monate hinweg sind noch nicht möglich. Alle 3 Stunden messen 10 000 Wetterstationen auf der ganzen Welt gleichzeitig die Wetterbedingungen. Diese synoptischen Werte werden in den 13 wichtigsten Wetterzentren der Weltorganisation für Meteorologie in Supercomputer eingegeben. Die Meteorologen erstellen dann die Wetterkarte aufgrund von Computerberechnungen sowie von Satelliten- und Radarbildern.

Wetterkarte

Die Wetterkarten im Fernsehen verwenden verständliche Symbole für Wolken, Regen und Sonnenschein. Sie beruhen auf detaillierten Wetterkarten, die Supercomputer erstellt haben. Die Linien auf den Karten sind Isobaren, Linien gleichen Luftdrucks. Die Fahnensymbole geben Windrichtung und Windgeschwindigkeit an.

Wetterstation

Linien mit Dreiecken und Halbkreisen bedeuten Okklusionen.

Linien mit Dreiecken stehen für Kaltfronten.

Linien mit Halbkreisen bezeichnen Warmfronten.

Isobaren sind Linien gleichen Luftdrucks.

Lewis Richardson
Der englische Mathematiker Lewis Richardson (1881–1953) entwickelte die numerische Vorhersage. Dabei werden zukünftige Wetterzustände auf der Grundlage der gerade herrschenden Wetterbedingungen berechnet. Dazu sind riesige Supercomputer nötig.

Wetterzeichen in der Natur
Zahlreiche Zeichen in der Natur geben Hinweise auf das Wetter. Pflanzen und Tiere reagieren auf Feuchtigkeitsänderungen in der Luft und zeigen kommenden Regen an.

Geschlossene Kiefernzapfen kündigen Regen an.

Wolle schrumpft bei trockener Luft und kräuselt sich.

Tange glänzen bei feuchter Luft.

Wetterstationen
Auf der ganzen Welt gibt es über 10 000 Wetterstationen, mitten im Meer ebenso wie in Städten oder auf Bergspitzen. Ihre Ausrüstung besteht in der Regel aus Thermometer sowie Hygrometer zur Messung der Luftfeuchtigkeit, Anemometer für die Windgeschwindigkeit, Niederschlagsmesser und Quecksilberbarometer zur Messung der Luftdruckschwankungen.

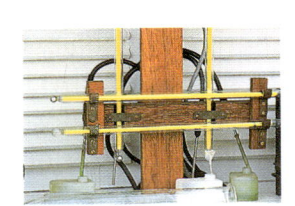

Thermometerhütte
Die Lufttemperatur muss im Schatten gemessen werden. Die Messgeräte befinden sich in der Thermometerhütte, einem weißen Kasten mit Jalousien für gute Belüftung.

Radiosonden werden mit Helium gefüllt.

Wetterballon
Jeden Tag werden auf der ganzen Welt, am Mittag und um Mitternacht GMT (Greenwich Mean Time, Weltzeit) Wetterballons gestartet. Sie bringen Radiosonden in Höhen von bis zu 20 km und messen Luftdruck, Temperatur und Luftfeuchtigkeit.

Wetterflugzeuge
Solche Flugzeuge liefern detaillierte Informationen über die Bedingungen hoch oben in der Atmosphäre. Spezialinstrumente messen z. B. den Eisgehalt von Wolken oder die Gaszusammensetzung der Luft. Solche Flugzeuge machen auch Messungen in Hurrikanen.

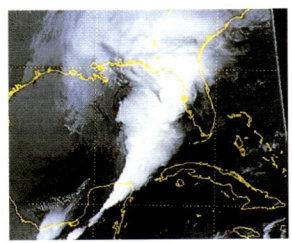

Wettersatelliten
Wettersatelliten machen auch Aufnahmen der Bewölkung. Aufschlussreich sind Aufnahmen, die wenige Stunden nacheinander gemacht werden. Man bestimmt aus den Wolkenbildern Windgeschwindigkeit und Windrichtung.

Tiefdruckgebiet über Großbritannien

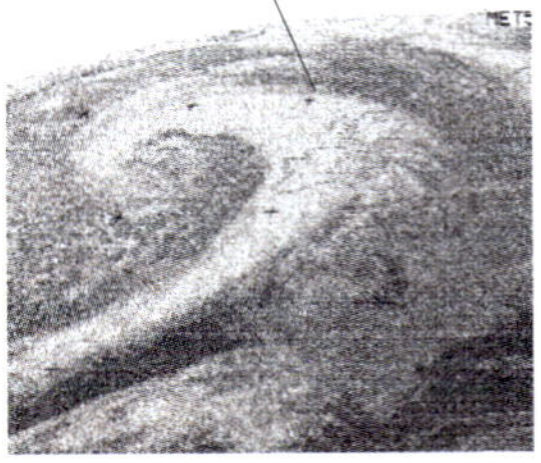

Radar
Die Radiowellen von Radarsignalen werden von Wasser in der Luft zurückgeworfen, etwa von Regen oder Schnee. Mit Verfahren der Radarmeteorologie gelingt es, Bilder von Tiefdruckgebieten zu erzeugen. Mit Radar ist auch eine genaue Niederschlagsmessung möglich.

| SIEHE AUCH UNTER | ATMOSPHÄRE | COMPUTER | LUFTSCHIFFE UND BALLONE | RADAR UND SONAR | SATELLITEN | WETTER |

WIKINGER

ZWISCHEN DEM 8. UND 11. Jahrhundert verließen die kriegerischen Wikinger ihre Heimat in Norwegen, Schweden und Dänemark und fielen im übrigen Europa ein. Sie waren hervorragende Schiffsbauer und Seeleute. Mit ihren Langschiffen kamen sie bis an die Küste Nordamerikas und in das östliche Mittelmeer. Die Wikinger waren gefürchtete Räuber. Wo immer sie anlandeten, rafften ihre Anführer Reichtümer zusammen. Einige gründeten in den Ländern, die sie eroberten, aber auch Kolonien.

Grönland · Gebiet der Wikinger · Flussreisen · Island · Vinland · Konstantinopel

Erforschung

Von Skandinavien aus erreichten die Wikinger die Küsten Europas, wo sie sich niederließen. Sie überquerten den Atlantik und kamen nach Island, Grönland und Neufundland. Auf den Flüssen reisten sie bis Russland und Konstantinopel.

Mast · Quadratisches Segel · Quadratisches Segel · Taue als Fangleinen · Raum für die Fracht · Geringer Tiefgang; die Schiffe konnten auf Flüssen fahren

Die Knarre, das Lastschiff der Wikinger, brachte Siedler nach Grönland.

Der Bug in Form eines Schlangenkopfes · Mit dem Steuerruder gab man im Flachwasser die Richtung an. · Bei Windstille wurde gerudert.

Langschiffe der Wikinger waren sehr schnell und wurden im Kampf und für lange Seereisen eingesetzt.

Schiffe

Alle Wikingerschiffe hatten einen Kiel. Bug und Heck waren gleich, die Planken lagen wie Dachziegel übereinander. Die schlanken, schnellen Schiffe dienten für Raubzüge, die bauchigen Knarren zum Lastentransport.

Räuber

Im Jahr 793 plünderte eine Schar Wikinger das Kloster von Lindisfarne in Nordengland. Dies war der erste von vielen Überfällen an den Küsten und entlang der Flüsse Europas. Die Wikinger plünderten Häuser und auch Kirchen, machten Gefangene und verlangten Lösegeld für deren Freilassung.

Krieger
Jeder Krieger sorgte selbst für seine Waffen. Manche trugen eine Rüstung, andere nur ein Lederwams. Aber fast alle hatten einen Eisenhelm und einen Holzschild.

Zweischneidiges Schwert

Waffen
Die meisten Wikinger kämpften mit Schwertern oder Äxten. Sie hatten auch Bogen und Speere. Ihre wichtigste Waffe war aber das Schwert aus Eisen.

Eroberungen
Die Wikinger besiegten mächtige Völker Europas, darunter auch die Angelsachsen unter ihrem König Edmund. Er wurde getötet, als er sich weigerte dem Christentum abzuschwören.

Händler

Die Händler der Wikinger brachten Felle, Holz, Walknochen und Walrosselfenbein nach Britannien und ins Mittelmeer. Dafür tauschten sie in England Korn und Kleidung, in den Mittelmeerländern Gefäße und und Wein ein.

Häute und Pelze
Die Wikinger handelten mit tierischen Produkten, die es nur im Norden gab. Walrosshäute ließen sich zu Leder und Seilen verarbeiten. Braunbären und Wölfe lieferten warme Pelze.

Gewichte
Die Wikinger hatten bereits ein Maß- und Gewichtssystem Mit diesen fünf Gewichten wurden kleinere Mengen gewogen, z. B. Gold- und Silberschmuck. Das größte Gewichtsstück wog rund 40 g.

Schmuck

Wohlhabende Leute trugen Armbänder, Broschen, Anhänger und Ringe aus Gold oder Silber, ärmere hatten Schmuck aus Bronze oder Zinn.

Brosche mit Tiermotiv · Silberner Armreif

Münzen
Die meisten Händler betrieben Tauschhandel – sie brachten Waren aus ihrer Heimat und erhielten dafür andere Güter. Dann kam das Geld auf und gegen Ende des 10. Jh. wurde mit Münzen bezahlt.

Braunbär · Grauer Wolf · Seehund

Eiserne Gewichte

Leif Eriksson

Um das Jahr 1000 segelte Leif Eriksson (geb. um 970) nach Nordamerika. Er erforschte die Küste und verbrachte den Winter in Neuschottland, das er wegen der dort wachsenden Weintrauben Vinland nannte. Schon 986 hatte ein anderer Wikinger, Bjarni Herjolfsson, zufällig Nordamerika erreicht. Ein Sturm hatte ihn auf seiner Reise von Island nach Grönland vom eingeschlagenen Kurs abgetrieben.

SIEHE AUCH UNTER · ARCHÄOLOGIE · ENTDECKUNGEN · NAVIGATION · SCHIFFE · SKANDINAVIEN, GESCHICHTE

Wikingerkunst

Gebrauchsgegenstände

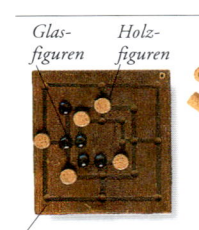

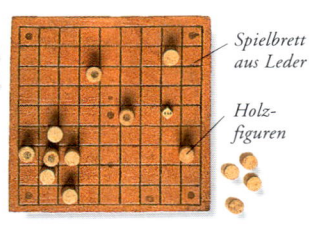

Glasfiguren *Holzfiguren* *Spielbrett aus Leder* *Holzfiguren*

Spielbrett aus Holz

Hnefetafl, ein beliebtes Brettspiel der Wikinger

Neun-Männer-Tanz wird manchmal heute noch gespielt.

Glasgegenstände besaßen nur reiche Wikinger, da sie selten waren. In Schweden fand man in Gräbern Krüge und Becher aus Glas.

Halbmondförmiges Ledertäschchen mit Gürtel *Wetzstein* *Dolch und Scheide mit Runen* *Kamm und Futteral mit eingravierten Runen*

Börsen und Taschen waren allgemein üblich.

Waffen und Rüstung

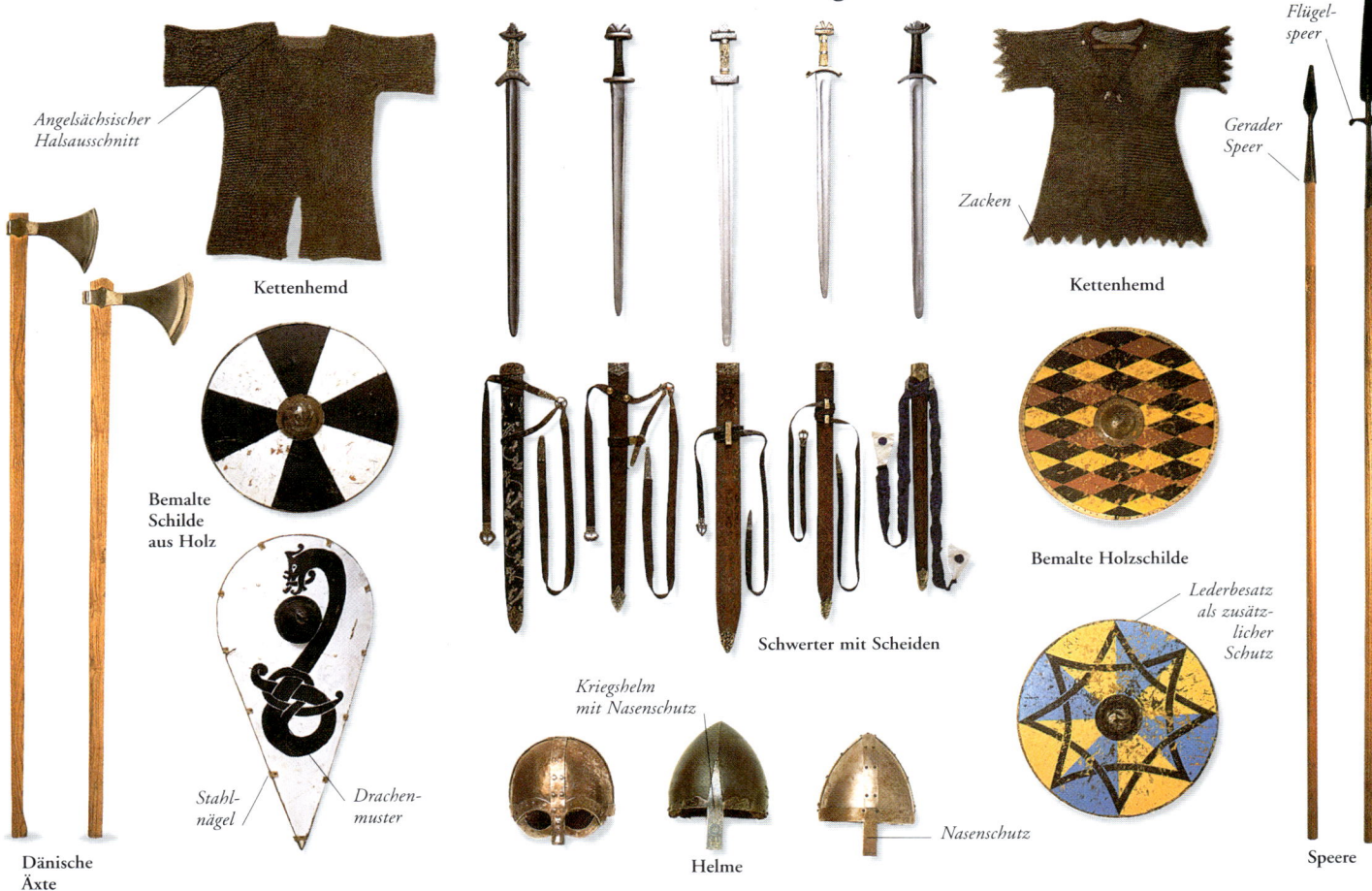

Angelsächsischer Halsausschnitt

Kettenhemd

Zacken

Kettenhemd

Flügelspeer *Gerader Speer*

Bemalte Schilde aus Holz

Bemalte Holzschilde

Stahlnägel *Drachenmuster*

Schwerter mit Scheiden

Kriegshelm mit Nasenschutz

Lederbesatz als zusätzlicher Schutz

Helme

Nasenschutz

Dänische Äxte

Speere

Schmuck

Fibel in Form eines Tieres **Kleeblattfibel** **Runde, schwedische Fibel** **Ovale Fibel**

Thors Hämmer

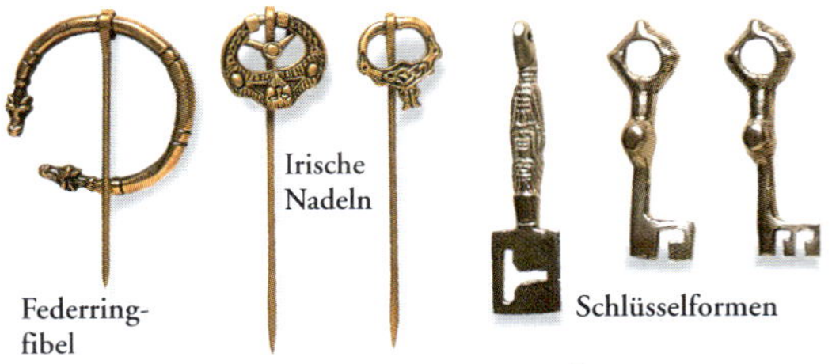

Federringfibel **Irische Nadeln** **Schlüsselformen**

Fibeln oder Spangen dienten zum Schließen der Kleidung.

Runder Anhänger **Anhänger in Kammform** **Kreuz als Anhänger** **Zwerg als Anhänger**

Perlen aus Glas und Bernstein *Walrosszahn*

Männerschmuck wie dieses Halsband war meist sehr dekorativ.

Figur aus Birka **Wotanhaupt** **Walküre** **Birkakreuz**

Anhänger für die Wohlhabenden waren meist aus Gold oder Silber, die Ärmeren hatten Anhänger aus Bronze oder Zinn.

Anhänger zeigten entweder heidnische Symbole wie Wotan oder eine Walküre oder christliche wie das Kreuz.

WILDSCHWEINE

DIE RÜSSELFÖRMIGE SCHNAUZE ist das auffälligste Kennzeichen des Hausschweins. Es gräbt damit im Boden nach Nahrung. Das Hausschwein stammt vom Wildschwein ab. Die Männchen einiger Arten – man nennt sie Eber – haben große, oft ungewöhnlich geformte Hauer. In der Alten Welt leben insgesamt 14 Wildschweinarten. Mit ihnen verwandt sind die Nabelschweine oder Pekaris in Südamerika.

Fortpflanzung
Die weiblichen Wildschweine, die Bachen, haben sehr viele Nachkommen. Eber sind mit 4 Jahren geschlechtsreif, die Weibchen ab 18 Monaten. Die Männchen schließen sich in den Wintermonaten zur Fortpflanzung der Rotte an. Trotz der dicken Haut tragen sie von Kämpfen um die Weibchen oft Verletzungen davon. Nach 115 Tagen bringt die Bache 4-8, manchmal bis zu 12 Frischlinge zur Welt.

Die Frischlinge sind 6 Monate lang gestreift.

Muskulöse Schnauze

Ernährung
Die Wildschweine graben mit ihren Rüsseln im Boden nach Nahrung. Sie sind in der Dämmerung am aktivsten. Dann hört man gelegentlich ihr Grunzen. Wildschweine sind buchstäblich Allesfresser und nehmen Wurzeln, Pilze, Blätter, Früchte, Aas, Kleintiere und sogar Mäuse.

Grobes, borstiges Fell

Niederknien beim Fressen

Wildschwein
Das Wildschwein ist weiter verbreitet als jedes andere Landsäugetier. Heute kommt es mit Ausnahme der Antarktis auf jedem Kontinent vor. Es hat einen mächtigen Körper, kurze Beine und eine dicke Haut als Schutz vor dem Unterholz. Mit dem geraden Schwanz vertreibt es Fliegen und gibt auch seine Stimmung kund. Die Männchen sind Einzelgänger.

Rotten
Die Wildschweinweibchen leben mit ihren Jungen in Rotten von bis zu 50 Tieren. Sie fressen, ruhen und suhlen gemeinsam. Sie wälzen sich in schlammigen Pfützen, um sich abzukühlen und sich vor den Insekten zu schützen.

Wildschweinarten

Babirusa
Das Babirusa oder der Hirscheber kommt auf Sulawesi und anderen indonesischen Inseln vor. Es lebt in Regenwäldern an Flüssen und Seen, schwimmt sehr gut und ernährt sich von Wasserpflanzen.

Fast unbehaarte Haut

Riesenwaldschwein
Diese Art ist die größte unter den Wildschweinen. Sie hat sehr grobes, schwarzbraunes Haar und eine große Schwellung unter den Augen. Das Riesenwaldschwein lebt in Afrika stets nahe am Wasser.

Grobes Haar

Zwergwildschwein
Das ungefähr hasengroße Zwergwildschwein ist nachts aktiv und sehr scheu. Man hielt es für ausgestorben, bis es 1972 in einer Teeplantage in Assam wieder entdeckt wurde. Es lebt im Dschungel am Fuß des Himalaja.

Rundlicher Körper

Buschschwein
Das westafrikanische Busch- oder Pinselohrschwein ist auffällig gefärbt. Der Körper ist rotorange, an den Kopfseiten stehen schwarze und weiße Zeichnungen. Auf dem Rücken verläuft ein weißer Aalstrich.

Weißer Aalstrich

Augen hoch angesetzt

Breite Schnauze

Halbkreisförmige Hauer

Breite Warzen zum Schutz der Augen vor Verletzungen

Warzenschweine
Warzenschweine leben in den afrikanischen Savannen südlich der Sahara. Sie fressen Gräser, Blätter, Früchte und Wurzeln. Die Tiere sehen schlecht, hören und riechen aber gut. Mit den Hauern können sie schwere Verletzungen zufügen. Warzenschweine bilden Familien mit Männchen und Weibchen sowie den Jungen. Alte Männchen sind Einzelgänger.

Baue
Warzenschweine leben in unterirdischen Bauen, die sie von anderen übernehmen, vor allem von Erdferkeln. Bei Bedrohung verziehen sie sich rückwärts gehend in den Bau und präsentieren dem Eindringling ihre Hauer.

Warzenschwein am Bau

Pekaris
Es gibt 3 Pekariarten: das Weißbartpekari, das Halsbandpekari und das Chacopekari. Alle haben kleine Schwänze und Hauer im Oberkiefer, die nach unten wachsen. Weißbart- und Chacopekaris bilden große Gruppen. Bei Gefahr rücken sie eng aneinander und präsentieren ihre Hauer. Das Halsbandpekari lebt in kleinen Gruppen und frisst Früchte, Wurzeln und kleine Tiere.

Halsbandpekari

WILDSCHWEIN

WISSENSCHAFTLICHER NAME Sus scrofa

ORDNUNG Artiodactyla, Paarhufer

FAMILIE Suidae, Wildschweine

VERBREITUNG Europa, Nordafrika, Asien ostwärts bis Japan, Sumatra und Java. Eingeführt in Nordamerika und Neuseeland.

LEBENSRAUM Mehr oder minder dichte Wälder

ERNÄHRUNG Wurzeln, Früchte, Pilze, auch Aas und Kleintiere

GRÖSSE Schulterhöhe 100 cm, Gewicht bis zu 350 kg

LEBENSDAUER Bis zu 18 Jahren

SIEHE AUCH UNTER AFRIKA, TIERWELT · ASIEN, TIERWELT · EUROPA, TIERWELT · GRASLAND, TIERWELT · SÄUGETIERE · SÜDAMERIKA, TIERWELT · WÄLDER, TIERWELT

WINDE

DIE LUFT STEHT selten still. Wenn sie dauernd in eine Richtung strömt, spricht man von Wind. Die Winde bilden ein weltumspannendes Zirkulationssystem. Sie strömen stets von Hochdruckgebieten zu Tiefdruckgebieten. Aufsteigende Luft erzeugt einen niedrigeren Luftdruck; es entstehen Tiefdruckgebiete. Absinkende Luft erzeugt höheren Luftdruck, also ein Hochdruckgebiet. Sehr große Luftdruckunterschiede führen zu Stürmen und Hurrikanen. Um Winde zu vergleichen, teilt man sie nach der Beaufort-Skala in 12 Stärken ein.

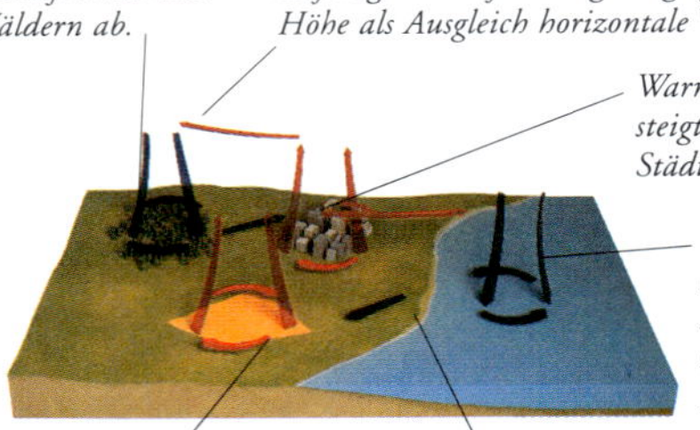

Kaltluft sinkt über Wäldern ab.
Aufsteigende Luft erzeugt in großer Höhe als Ausgleich horizontale Winde.
Warmluft steigt über Städten auf.
Über dem Meer sinkt die Luft ab.
Tiefdruckgebiet, da die Luft von der Sonne erwärmt wird.
Kaltluft unter Hochdruck fließt zu einem Tiefdruckgebiet.

Entstehung

Wo die Sonne die Erdoberfläche erwärmt, entsteht ein Tiefdruckgebiet. In Hochdruckgebieten ist die Luft kühler. Solche Hochs lenken Luftströmungen zu den Tiefs. Dies geschieht nicht etwa auf geradem Weg, sondern in spiraliger Form. Auf der Nordhalbkugel drehen sich diese Wirbel im Uhrzeigersinn.

Örtliche Winde

Einige Winde wehen nur an bestimmten Stellen und zu gewissen Zeiten, etwa der nordamerikanische Chinook. Rinderzüchter in den Rocky Mountains lieben den Chinook, weil dieser warme, trockene Wind den Schnee schmelzen lässt.

Herannahende heftige Winde

Vorherrschende Winde

Im Deutschen benennt man Winde nach der Richtung, aus der sie kommen. Ein Wind, der von West nach Ost bläst, ist ein Westwind. An vielen Stellen auf der Erde weht der Wind vorherrschend nur aus einer Richtung.

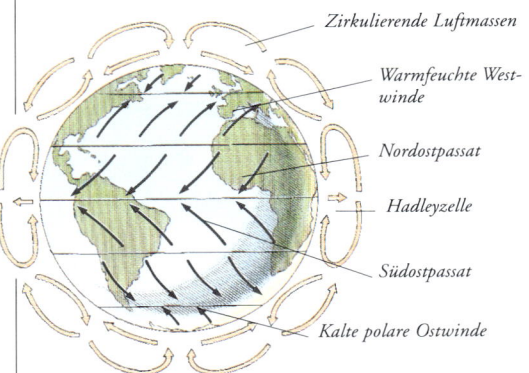

Zirkulierende Luftmassen
Warmfeuchte Westwinde
Nordostpassat
Hadleyzelle
Südostpassat
Kalte polare Ostwinde

Hadley-Zelle

Die vorherrschenden Winde sind Teile großer Zirkulationssysteme. Für jeden Wind auf dem Boden gibt es in großer Höhe einen Wind in umgekehrter Richtung. Die Zirkulationszelle beiderseits der Tropen heißt Hadley-Zelle nach dem englischen Meteorologen George Hadley (1685–1768).

Corioliseffekt

Die Erddrehung verhindert, dass die Winde direkt von einem Hoch zu einem Tief wehen. Stattdessen werden die Winde seitlich abgelenkt. Auf der Nordhalbkugel führt dieser sog. Corioliseffekt zu einer Ablenkung nach rechts, auf der Südhalbkugel nach links.

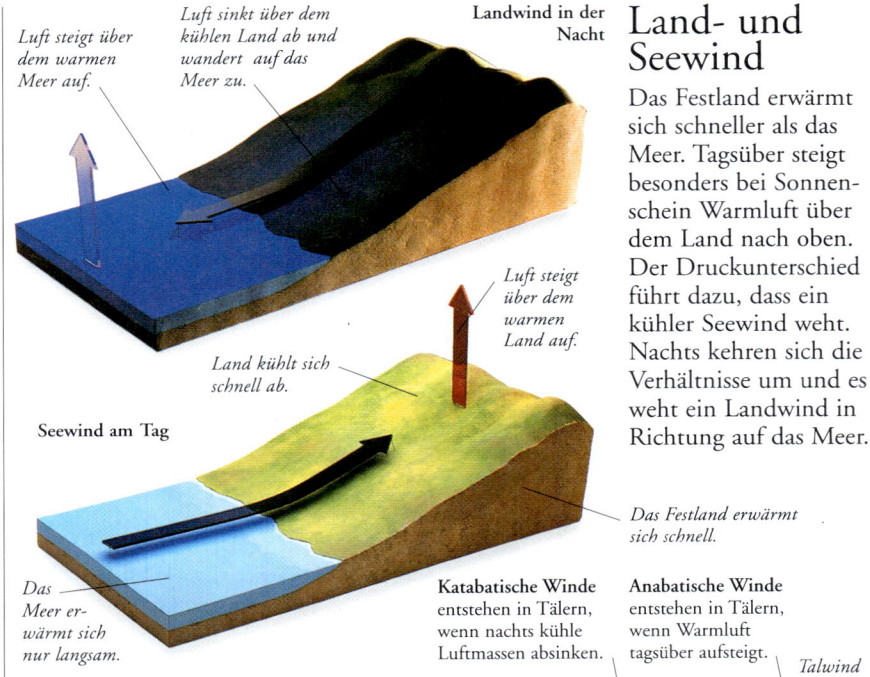

Luft steigt über dem warmen Meer auf.
Luft sinkt über dem kühlen Land ab und wandert auf das Meer zu.
Landwind in der Nacht

Luft steigt über dem warmen Land auf.
Land kühlt sich schnell ab.
Seewind am Tag
Das Meer erwärmt sich nur langsam.
Das Festland erwärmt sich schnell.

Berg- und Talwinde

Gebirge erzeugen oft ihre eigenen lokalen Winde. Nachts fließt ein kühler Bergwind talauswärts. Tagsüber entstehen durch die Sonneneinstrahlung aufsteigende Winde, die zu einem warmen Talwind führen.

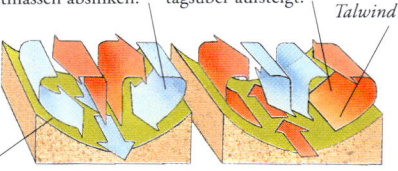

Land- und Seewind

Das Festland erwärmt sich schneller als das Meer. Tagsüber steigt besonders bei Sonnenschein Warmluft über dem Land nach oben. Der Druckunterschied führt dazu, dass ein kühler Seewind weht. Nachts kehren sich die Verhältnisse um und es weht ein Landwind in Richtung auf das Meer.

Katabatische Winde entstehen in Tälern, wenn nachts kühle Luftmassen absinken.

Anabatische Winde entstehen in Tälern, wenn Warmluft tagsüber aufsteigt.

Talwind
Bergwind

Strahlströme

In großen Höhen wehen enge Strahlströme oder Jetstreams mit Geschwindigkeiten von 370 km/h oder mehr um die Erde. Das Satellitenbild zeigt einen Strahlstrom über der Sahara in Ägypten.

Rossbywellen

In unseren Breiten zieht ein Strahlstrom ostwärts um den ganzen Erdball. Der Strom bildet dabei 4–6 riesenhafte Wellen, sog. Mäander. Man nennt sie Rossbywellen. Unterhalb dieser Wellen bleibt das Wetter sehr unbeständig.

1 Eine Rossbywelle entwickelt sich unter dem Einfluss der polaren Luftströmung.

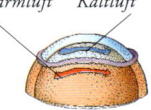

2 Durch den Corioliseffekt entwickelt die Welle eine ausgeprägtere Form.

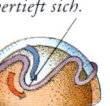

3 In der Schlinge bleiben warme und kalte Luftmassen gefangen und werden zu zyklonalen Wirbeln.

Warmluft *Kaltluft* — *Welle vertieft sich.* — *Luft ist gefangen.*

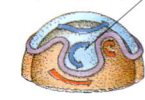

SIEHE AUCH UNTER | ATMOSPHÄRE | DRACHEN | GEBIRGE | LUFT | OZEANE UND MEERE | SCHIFFE | WASSERSPORT | WETTER

WINTERSCHLAF

WENN IM WINTER die Temperaturen fallen und es nur noch wenig zu fressen gibt, steht den gleichwarmen Tieren, besonders den Säugern, ein schweres Leben bevor. Viele kleinere Arten fallen in einen Winterschlaf. Sie ziehen sich tief in den Boden zurück, verringern ihre Körpertemperatur sowie die ganze Stoffwechselrate. In einem Leben „auf Sparflamme" verbringen sie den Winter und wachen erst im Frühjahr wieder auf. Der Winterschlaf wird durch die kürzere Tageslänge, die zunehmende Kälte und die innere Uhr des Tieres ausgelöst.

Nagetiere
Nager wie die Haselmaus und das Murmeltier bilden unter Überwinterern die größte Gruppe. Eine Ausnahme sind bodenbewohnende Mäuse; sie bleiben den ganzen Winter über aktiv. Die Haselmaus baut sich in der Erde oder in Baumhöhlen ein Nest und rollt sich im Herbst zu einer Kugel zusammen, um möglichst wenig Wärme zu verlieren. Manche Tiere wachen während des Winterschlafs in regelmäßigen Abständen auf, um zu fressen, zu trinken und Schlackenstoffe auszuscheiden.

Nest aus Stroh und Gras
Überwinternde Haselmaus
Haselmaus, zu einer Kugel eingerollt

Winterschlaf
Nagetiere, Fledermäuse und Insektenfresser halten Winterschlaf. Mit ihrer geringen Körpergröße fällt es ihnen leicht, sich schnell abzukühlen und aufzuwärmen. Viele Arten fressen sich im Spätsommer und im Herbst eine dicke Fettschicht an, um im Winter genug Energie zu haben. Andere Arten wachen gelegentlich auf und nehmen Nahrung zu sich. Die Körpertemperatur fällt auf einige Grad über null, der Herzschlag verlangsamt sich, die Stoffwechselrate sinkt auf 1 %.

Fransenfledermaus

Fledermäuse
Sehr viele Fledermausarten der gemäßigten Gebiete fallen in einen Winterschlaf. Sie bilden dazu oft große Gruppen und hängen dicht nebeneinander von der Decke in Höhlen, Kellern, Bergwerken und verlassenen Gebäuden. Auch hohle Bäume suchen sie auf.

Kolibri im Nest

Vögel
Im Herbst ziehen fast alle Vögel weg. Nur ganz wenige Arten kennen eine Art Winterschlaf, etwa der amerikanische Poorwill, ein Ziegenmelker. Viele Kolibris fallen nachts in eine Art Winterschlaf: Sie senken ihre Körpertemperatur und können auf diese Weise in kühlen Gebieten überleben.

Winterruhe
Einige größere Säuger wie Eichhörnchen, Dachs und Bär, die in den nördlichen Gebieten Europas und Nordamerikas leben, fallen in eine Winterruhe. Dieser Zustand unterscheidet sich vom Winterschlaf. Die Körpertemperatur wird dabei nicht so drastisch abgesenkt und die Tiere können bei Gefahr schnell aufwachen. Trotzdem bedeutet die Winterruhe eine erhebliche Energieersparnis.

Dachs
Dachse leben in Wäldern und legen hier umfangreiche Baue an. Darin verbringen sie den größten Teil des Winters. Sie kuscheln sich in Nistmaterial und verfallen in Winterruhe, die in Sibirien 7 Monate dauern kann. In dieser Zeit leben sie von Fettreserven, die sie sich im Sommer und Herbst angefressen haben.

Der Bär frisst Beeren, um die Fettreserven aufzufüllen.

Braunbär
Der Braunbär lebt in Asien, Nordamerika und Europa. Im Sommer frisst er sich eine dicke Fettschicht an. Im Herbst gräbt er einen Bau, polstert ihn mit Pflanzen aus und zieht sich zur Winterruhe zurück. Seine Körpertemperatur fällt dabei um 5 °C, die Stoffwechselrate sinkt auf die Hälfte. Nach dem Winter wiegt der Bär nur noch halb so viel wie im Herbst.

Puppe des Kohlweißlings

Diapause
Die Diapause der Insekten fällt oft in den Winter. Diese Entwicklungsruhe findet im Ei- oder Puppenstadium statt. Der Kohlweißling legt seine Eier im Sommer. Im Herbst verpuppt sich die Raupe und macht während des Winters eine Diapause durch. Im Frühjahr nimmt das Tier die Entwicklung wieder auf und schlüpft schließlich als fertiger Schmetterling.

Sommerruhe
In manchen Gebieten legen die Tiere während der trockenen, heißen Monate eine Sommerruhe ein. Lungenfische bewohnen Gewässer, die im Sommer austrocknen. Wenn der Wasserspiegel sinkt, gräbt sich der Fisch tief in den Schlamm ein. Er rollt sich in einer Kammer ein und scheidet um sich herum einen Schleimbeutel ab. Nun wartet er 4–6 Monate, bis es regnet und sich das Gewässer wieder füllt.

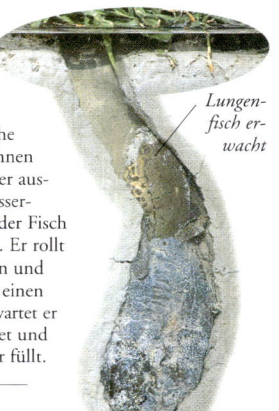

Lungenfisch erwacht

| SIEHE AUCH UNTER | BÄREN | FLEDERMÄUSE | IGEL UND ANDERE INSEKTENFRESSER | NAGETIERE | SÄUGETIERE | TIERVERHALTEN | TIERWANDERUNGEN |

WINTERSPORT

DIE WINTERSPORTARTEN finden auf Schnee oder Eis statt. Alle vier Jahre werden Olympische Winterspiele abgehalten. Beim Skilauf unterscheidet man die alpinen Disziplinen mit Abfahrt, Super-G und Slalom sowie die nordischen Wettbewerbe mit Langlauf und Skispringen. Hinzu kommt das Trickskifahren oder Freestyle, bei dem es vor allem um Akrobatik geht. Junge Leute fahren heute besonders gern mit dem Snowboard. Zum Wintersport auf Schnee zählen auch die Bob- und Rodelrennen. Und auf Eis gibt es viele Disziplinen bis hin zum Eishockey.

Handschuhe

Abfahrtsskistiefel

Die Bindung öffnet sich bei bestimmter Belastung automatisch.

Skibindung

Skilaufen
Im alpinen Skilauf spielen Technik und Geschwindigkeit die Hauptrolle, beim nordischen Skilauf die Ausdauer. Auch die Ausrüstung ist anders. Alpine Ski sind kürzer. Die Skistiefel stecken fest in Sicherheitsbindungen. Langläufer tragen leichte Schuhe, die sich bei jedem Schritt vom Ski heben.

Skispringen
Beim Skispringen heben die Sportler nach dem Anlauf vom Tisch der Sprungschanze ab. Sie versuchen in eleganter Körperhaltung so weit wie möglich zu fliegen und glatt zu landen. Für die Wertung zählen die erzielten Weiten und die Haltung.

Langlauf
Langlaufstrecken führen durch möglichst ebenes Gelände. Die Rennen gehen über 10–50 km, wobei die Sportler in Halbminutenabständen starten. Zur nordischen Kombination gehört auch ein Springen, beim Biathlon muss man in bestimmten Abständen noch auf Zielscheiben schießen.

Skistöcke Abfahrtsski
Abfahrtslauf

Alpine Disziplinen
Beim Abfahrtslauf geht es um 100-stel Sekunden. Die Fahrer sind so schnell, dass sie bei Bodenwellen oft abheben. Beim Slalom oder Torlauf sind Stangen möglichst schnell zu umfahren.

Schlittensport
Kinder können an jedem Hang Schlitten fahren. Wettbewerbe im Rennrodeln finden auf vereisten Bahnen statt. Die Kunst besteht darin, das Körpergewicht so zu verlagern, dass der Rennschlitten den schnellsten Weg nach unten nimmt. Die 1 000 m lange Bahn wird in 4 Läufen durchfahren. Die Zeiten der einzelnen Läufe werden addiert.

Schlittschuhlauf
Beim Eiskunstlauf und beim Eistanz geht es darum, möglichst schöne Figuren zu zeigen. Beim Eisschnelllauf treten die Sportler immer paarweise an. Wettbewerbe finden über Distanzen von 500–10 000 m statt. Gewonnen hat, wer die Strecke in der kürzesten Zeit zurücklegt. Eishockey, ein Mannschaftsspiel, hat in Nordamerika und Europa viele Anhänger.

Eisschnelllauf
Wettbewerbe im Eisschnelllauf finden auf 400-m-Bahnen statt, wobei 2 Läufer gegeneinander antreten. Kurzstrecken werden mit Armeinsatz gelaufen, bei Langstrecken legt man die Arme auf den Rücken.

Shorttrack-Eisschnellläufer

Die Arme halten das Gleichgewicht.

Die Läufer müssen sich stark in die Kurve legen.

Der Läufer darf das Eis mit der Innenhand berühren.

Rennrodeln
Der Schlitten ist als Ein- oder Zweisitzer konzipiert. Er hat weder Steuerung noch Bremsen. Die Rennrodler lenken mit den Beinen und Schultern. Sie liegen dabei auf dem Rücken und heben nur den Kopf an.

Skeletonfahren
Das Skeleton ist ein niedriger Schlitten, auf dem der Fahrer bäuchlings liegt. Auch hier erfolgt die Steuerung durch Verlagerung des Körpergewichts. Die berühmtesten Rennen werden auf dem Cresta Run bei St. Moritz in der Schweiz ausgetragen.

Bobfahren
Zweier- oder Viererbobs haben Metallkufen, eine Steuerung und eine Bremse. Beim Viererbob helfen die beiden Männer in der Mitte, den Bob durch Gewichtsverlagerung zu steuern. Der Bremser greift nur in Notfällen ein.

Sonja Henie
Die norwegische Eiskunstläuferin (1912–69) ging 1936 zu den Profis, nachdem sie insgesamt 13 Goldmedaillen bei Olympischen Spielen und Weltmeisterschaften gewonnen hatte. Mit ihrer theatralischen Darbietung revolutionierte sie den Eiskunstlauf. Henie gründete später eine eigene Eisrevue und ging in den USA auf Tournee.

Eiskunstlauf
Die Läuferinnen und Läufer treten in 2 Disziplinen an, dem Originalprogramm und der Kür. Als Höhepunkt gilt die Kür mit ihren Pirouetten und Sprüngen. Punktrichter benoten die Leistung. Der Eistanz ist weniger athletisch und legt mehr Betonung auf die Musik.

Eishockey
Je 6 Spieler sind auf dem Feld. Sie versuchen den Puck, eine Hartgummischeibe, mit dem Schläger ins Tor des Gegners zu befördern. Gespielt werden 3 Drittel zu je 20 Minuten. Bei Regelverstößen gibt es Zeitstrafen.

Der Puck wird beim Bully vom Schiedsrichter eingeworfen.

SIEHE AUCH UNTER   BALLSPIELE   FITNESS   MOTORSPORT   OLYMPISCHE SPIELE   SPORT

WIRBELSTÜRME

HEFTIGE REGENFÄLLE, DONNER, Blitz und Böen können bei einem Gewitter erhebliche Zerstörungen anrichten. Die Windgeschwindigkeiten betragen dabei oft weit über 75 km/h. Die Meteorologen bezeichnen dies als Sturm. In Europa sind verheerende Stürme und Gewitter selten. Am gefährlichsten entwickeln sich tropische Wirbelstürme. Sie entstehen um Tiefdruckgebiete herum und können eine Ausdehnung von mehreren 100 km haben. In Asien heißen sie Taifune, in Australien Willy-Willy und in Amerika Hurrikane.

Hurrikane

Diese tropischen Wirbelstürme erreichen bis zu 650 km Durchmesser. Sie entstehen aus mehreren Gewittern über tropischen Meeren. Schließlich bildet sich ein spiraliges Windsystem mit einem ruhigen Auge, in dem Tiefdruck herrscht. Hurrikane bewegen sich westwärts und bringen heftige Regenfälle bei Windgeschwindigkeiten von bis zu 350 km/h. Über dem Festland verlieren sie rasch an Energie.

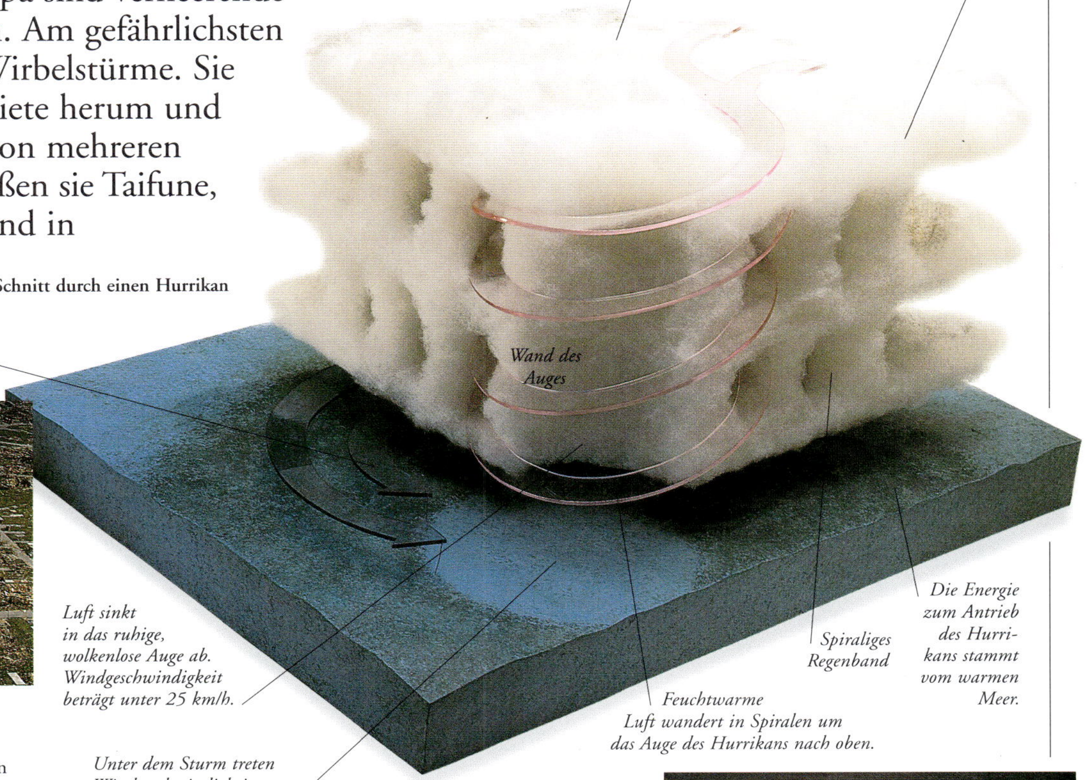

Schnitt durch einen Hurrikan

Eiskristalle entstehen oben an den Wolken.

Sich ausbreitende Wolkenzüge

Die heftigsten Winde treten unmittelbar außerhalb des Auges auf.

Wand des Auges

Luft sinkt in das ruhige, wolkenlose Auge ab. Windgeschwindigkeit beträgt unter 25 km/h.

Unter dem Sturm treten Windgeschwindigkeiten von über 160 km/h auf.

Spiraliges Regenband

Feuchtwarme Luft wandert in Spiralen um das Auge des Hurrikans nach oben.

Die Energie zum Antrieb des Hurrikans stammt vom warmen Meer.

Hurrikanschäden
Heftige Winde bewirken die meisten Schäden. Sie zerstören Gebäude und entwurzeln Bäume. Es kann zu einer plötzlichen Sturmflut kommen, wobei weite Teile des küstennahen Gebietes überschwemmt werden. Der Hurrikan Andrew in Florida 1992 (Bild oben) ließ 15 Tote und über 50 000 Obdachlose zurück.

Tornados
Tornados sind sehr kleine, aber verheerende Wirbelstürme. Sie treten unter einer Gewitterwolke auf und dauern nur Minuten. Die Windgeschwindigkeiten erreichen 400 km/h. Der Luftdruck im Zentrum ist so niedrig, dass die angesaugte Luft Autos und sogar ganze Züge mitreißt. Tornados treten fast nur im mittleren Westen der USA auf.

Wasserhosen
Wenn eine Trombe über eine Wasserfläche zieht, wirbelt sie in der rotierenden Luftsäule Wasser auf. Solche Wasserhosen halten sich oft länger als Tornados, bleiben in der Windgeschwindigkeit aber oft unter 80 km/h.

Dust Devil
In Wüsten erzeugen Tromben Staub- und Sandwirbel. Sie wandern eine kurze Strecke und brechen dann zusammen. Die Amerikaner nennen diese kurzlebigen Tornados oder Tromben Dust Devil, „Staubteufel".

Gewitterstürme
Gewitter entstehen aus großen Cumulonimbus-Wolken an Kaltfronten oder über Gebieten, die von der Sommersonne aufgeheizt wurden. In der Wolke selbst herrschen heftige Aufwinde, sodass durch Angefrieren von Wasser immer größere Hagelkörner entstehen können.

Blitz
Die Luftströmungen führen zu einer großen Aufladung der Wolke. Blitze sorgen für den Ausgleich der enormen elektrischen Spannungen. Die Entladung ist von Donner begleitet.

Clement Wragge
Einem Gerücht zufolge kam der Australier Clement Wragge (1852–1922) auf die Idee, Hurrikane nach Frauen zu benennen, die er nicht ausstehen konnte. Heute erhalten die Hurrikane ihre Namen aus einer alphabetischen Liste, wobei sich jedes Jahr männliche und weibliche Vornamen abwechseln.

SIEHE AUCH UNTER: FRANKLIN, BENJAMIN · LUFT · NIEDERSCHLAG · OZEANE UND MEERE · WETTER · WETTERVORHERSAGE · WINDE · WOLKEN

WIRTSCHAFTSKRISEN

AM 24. OKTOBER 1929 HÖRTE das finanzielle Herz der Welt, die New Yorker Börse, auf zu schlagen. Die Aktienpreise fielen in den Keller, niemand investierte mehr, Banken gingen Pleite und Millionen von Menschen verloren ihre Arbeit. Innerhalb eines Jahres hatte eine Wirtschaftskrise die Welt erfasst, gegen die die Regierungen nichts ausrichten konnten. Eine ungenügende Wirtschaftspolitik führte zu sozialer Unruhe und zu faschistischen Regierungen in Europa. Die Wirtschaftskrise hielt fast ein Jahrzehnt an. Sie ging erst zu Ende, als Krieg in Sicht war und Rüstungsgüter produziert wurden.

Die wilden 20er Jahre
Nachdem sich die Wirtschaft vom 1. Weltkrieg erholt hatte, wuchs sie schnell. Die Zinsen waren niedrig und optimistische Investitionen führten zu einem Boom in den 20er Jahren. Die Frauen genossen mehr Freiheiten und viele Menschen gaben mehr Geld für Freizeit und Vergnügen aus als je zuvor.

Damenmode der 20er Jahre

Titelblatt eines US-Magazins, 1926

Börsenkrach
Nachdem die Aktien jahrelang stets gestiegen waren, erlebte die Börse an der Wall Street 1929 einen Zusammenbruch. Durch den Preisverfall gingen viele Privatleute und Firmen Bankrott.

Der Jarrow-Marsch nach London

Anstehen um Brot, New York, 1932

Suppenküchen
Beim Börsenkrach verloren viele Menschen ihre Ersparnisse. Bankrotte Firmen entließen ihre Angestellten. Ohne Arbeit und ohne soziale Sicherung kämpften Millionen amerikanischer Familien mit Armut und Hunger. In jeder Stadt richtete man Suppenküchen ein, wo die Bedürftigen ein warmes Essen am Tag erhielten.

Der Marsch von Jarrow
In den frühen 30er Jahren hatte sich die Wirtschaftskrise auch in Großbritannien und Deutschland ausgebreitet. 1936 marschierten 200 Arbeitslose 444 km weit von Jarrow in Nordostengland nach London und forderten Arbeit. In Deutschland betrug die Arbeitslosenquote 1932 über 30 %. Professoren, Rechtsanwälte, Ärzte und viele andere standen täglich Schlange um Hilfsarbeiten.

Verarmte Familie in Texas, 1938

Dust Bowl
In den USA führte eine zu intensive Landwirtschaft in den 30er Jahren zu verheerenden Staubstürmen im mittleren Westen. Das betroffene Gebiet nannte man Dust Bowl, „Staubbecken". Tausende von Farmern, die schon unter der Wirtschaftskrise litten, mussten ihr Land aufgeben und Arbeit in den Obstfarmen Kaliforniens suchen. Ihre hoffnungslose Lage schilderte John Steinbeck in seinem Roman *Früchte des Zorns* (1939).

Wiederbewaffnung
In den 30er Jahren begannen die Politiker mit der Bekämpfung der Arbeitslosigkeit. Der US-Präsident Roosevelt startete dazu den New Deal. Das Ende der Arbeitslosigkeit kam aber durch den Krieg in Europa. Rüstungsfabriken produzierten nun Flugzeuge und Panzer und diese neuen Jobs brachte die Weltwirtschaft wieder zum Laufen.

New Deal
1932 wurde F. D. Roosevelt zum amerikanischen Präsidenten gewählt. Er leitete mit dem New Deal eine Reformpolitik ein, z. B. in Form von öffentlichen Bauvorhaben. So ließ er eine Reihe von Talsperren zur Stromgewinnung bauen, etwa den Hoover-Damm, der nach seinem Vorgänger im Amt benannt wurde.

Franklin D. Roosevelt
Roosevelt (1882–1945) wurde 1910 demokratischer Senator für New York und war 1913–20 Ministerialdirektor bei der Navy. 1921 erkrankte er an Kinderlähmung und blieb an den Rollstuhl gefesselt. 1928 kehrte er als Gouverneur von New York in die Politik zurück. 1932 wurde er zum Präsidenten gewählt. Er versprach direkte Maßnahmen gegen die Wirtschaftskrise und wurde dreimal wiedergewählt. Im Zweiten Weltkrieg führte er die USA zum Sieg.

Der Faschistenführer Benito Mussolini bei einer Parade in Rom

Aufstieg des Faschismus
Die Wirtschaftskrise erzeugte viele Spannungen. Sozialisten traten für Reformen ein. Einige Länder wandten sich rechtsradikalen Parteien zu. Italien hatte seit 1922 eine faschistische Regierung. Deutschland bekam sie 1933, Spanien 1936. Diese Regierungen unterdrückten den Protest von Arbeitern und Linksintellektuellen.

Hoover-Damm, Nevada, USA

Chronologie
1929 Börsenkrach an der Wallstreet in New York

1930 Die Arbeitslosigkeit auf der Welt verdoppelt sich.

1932 Über 25 % der Arbeitswilligen haben in den USA keine Arbeit. Die Arbeitslosenzahl in Deutschland verdreifacht sich auf 5,6 Millionen.

1933 Hitler übernimmt die Macht in Deutschland und verspricht Arbeit durch Wiederbewaffnung und nationale Expansion.

ab 1933 Langsame Erholung in den USA und Europa

1939 Ausbruch des 2. Weltkrieges. Die Menschen finden nun vor allem in den Rüstungsfabriken Arbeit.

SIEHE AUCH UNTER: DEUTSCHLAND, GESCHICHTE; VEREINIGTE STAATEN, GESCHICHTE; WELTKRIEG, ZWEITER

WOHNHÄUSER

JEDER MENSCH BRAUCHT ein Haus, als Schutz vor dem Wetter und aus Bequemlichkeit. Meist baut man dauerhafte Häuser. Einige Menschen leben allerdings in zeitweiligen Unterkünften, etwa in Zelten. Auf der ganzen Welt gibt es eine große Vielfalt von Wohnhäusern. Sie unterscheiden sich durch die Baumaterialien und die Bauweise, weil diese dem örtlichen Klima angepasst ist. Gemeinsam ist ihnen jedoch, dass sie den Bewohnern Raum zum Schlafen, Essen und Kochen bieten.

Überhängendes Strohdach hält Regen ab und bietet Schatten.

Holzbalken tragen das Dach.

Schlammziegel

Strohmatte

Frühe Häuser
Seit jeher bauen die Menschen ihre Häuser aus Stoffen, die sie an Ort und Stelle vorfinden. Häuser wie dieses werden in Afrika seit Jahrtausenden gebaut. Über einer runden Wand aus Lehm oder Schlammziegeln liegt ein Dach, das seitlich von Holzpfosten abgestützt wird.

Im Inneren

In modernen Häusern sind die meisten Versorgungssysteme dem Blick entzogen. Es sind die Leitungen für die Wasser- und Stromversorgung, die Heiz- und Abwasserrohre. Die meisten Rohre und Leitungen liegen in der Wand verborgen und sind von außen nicht mehr zu erkennen. Die Kanalisation verläuft unterirdisch.

Wassertank im Dachgeschoss als Speicher

Sparren aus Holz

Boden aus Holz

Innere Schicht aus Betonsteinen

Äußere Ziegelschicht

Fenster mit Holz- oder Aluminiumrahmen

Holztür mit überdachtem Vorbau

Bau
Moderne Häuser in Europa und Nordamerika bestehen aus Ziegeln, Holz oder Beton. In Amerika baut man gerne eine innere Schicht aus Betonblöcken und eine äußere Schicht aus Backsteinen. Holz braucht man für Böden, Türen und die Dachkonstruktion.

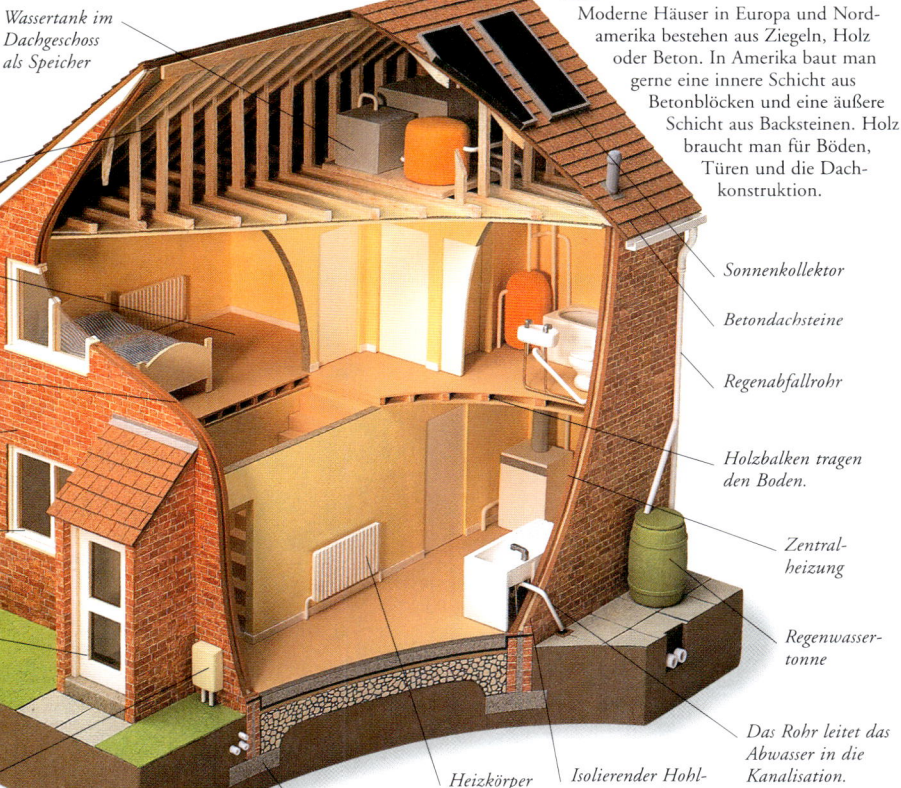

Sonnenkollektor

Betondachsteine

Regenabfallrohr

Holzbalken tragen den Boden.

Zentralheizung

Regenwassertonne

Das Rohr leitet das Abwasser in die Kanalisation.

Japanische Häuser
Traditionelle Häuser in Japan sind aus Holz. Das hängt auch mit der Erdbebengefahr zusammen. In den Zwischenräumen zwischen den tragenden Pfosten stehen Holzpaneele. Fenster aus Papier lassen Licht herein. Zum Schlafen legt man Strohmatten aus, die Tatami.

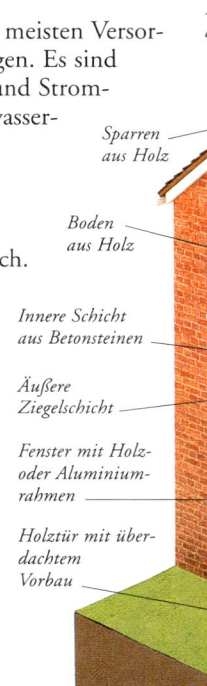

Stromverteilerkasten

Betonfundament

Heizkörper

Isolierender Hohlraum zwischen den Wandschichten

Mietwohnungen

In Städten mit ihrer begrenzten Fläche bleibt meist nichts anderes übrig, als Häuser mit mehreren Stockwerken zu bauen. Solche Miethäuser breiteten sich im 19. Jh. aus, als die Städte schnell anwuchsen. Die ersten Dampfkräne erleichterten auch das Bauen in die Höhe. Damals wurde auch der erste sichere Aufzug entwickelt.

Römische Miethäuser
Die Römer bauten als Erste mehrgeschossige Miethäuser. Durch den Zuzug in Städte wie Rom oder Ostia stiegen damals schon die Grundstückspreise enorm. So entstanden bereits zur Römerzeit Mietskasernen mit bis zu 5 oder 6 Stockwerken.

In Ostia lagen die Wohnungen über dem Erdgeschoss mit den Läden.

Apartmentblock aus Beton und Stahl, Frankreich

Moderne Apartmenthäuser
In Wohnblocks mit vielen kleinen Wohnungen besteht jede Wohnung meist nur aus einem Zimmer, das zum Wohnen und Schlafen genutzt wird, aus Küche und Bad.

| SIEHE AUCH UNTER | AFRIKA, GESCHICHTE | ARCHITEKTUR | BAUTECHNIK | INDUSTRIELLE REVOLUTION | JAPAN | MÖBEL | RÖMISCHES REICH | STÄDTE |

Wohnbauten
Dauerhafte Häuser

Höhlenwohnungen aus Tuff herausgeschlagen, Kappadokien, Türkei

Stelzen schützen vor Überschwemmungen und Tieren.

Haus auf Stelzen mit Strohdach, Malaysia

Adobehaus aus ungebrannten, getrockneten Lehmziegeln, New Mexico, USA

Durch dicke Wände und wenige Fenster bleibt das Haus kühl.

Geschmücktes Lehmhaus, Saudi-Arabien

Rasen für die Isolierung

Bauernhaus in den Abhang hinein gebaut, Dach mit Rasen gedeckt, Island

Palast aus Stein

Kleine Fenster verlieren wenig Wärme.

Holzhaus auf Stelzen, Kanada

Schräges Dach wegen Schneelast

Chalet aus Holz, Schweiz

Skihütte Blockbau mit weit vorkragendem Dach, Wyoming, USA

Steincottage Dach mit Stroh gedeckt, Donegal, Irland

Viel Speicherraum unter dem Dach

Doppelstreben zur Verstärkung

Dacherker erweitern das Dachgeschoss.

Fachwerkhaus Gefache aus Backstein, Deutschland

Hoher Sandsteinfels als Fundament

Sommerpalast Wadi Dahr, Jemen

Holzverkleidung als Wetterschutz

Holzhaus mit äußerer Holzverschalung, USA

Zeitweilige und bewegliche Häuser

Alter Wohnwagen der Roma, von Pferden gezogen

Schneekuppel

Eingang

Iglu der Inuit aus Schnee und Eisblöcken erbaut, Kanada

Hirtenhütte aus geflochtenen Strohbündeln, Spanien

Dicke Filzmatte über dem Eingang

Jurte Filzdecken über einem hölzernen Gerüst, Mongolei

Holzstangen, oben zusammengebunden

Kreisförmiger Eingang

Tipi Holzstangen mit Büffelhaut überzogen, Arizona, USA

WÖLFE UND WILDHUNDE

DIE FAMILIE DER HUNDEARTIGEN oder Canidae umfasst über 30 Arten. Die Caniden entstanden in Nordamerika und breiteten sich von dort aus. Die Hauptformen dieser Gruppe sind die Wölfe, die Schakale, die Kojoten, die Füchse und die Hunde. Größere Arten leben in Gruppen, z. B. der Wolf, der Rothund und der Afrikanische Wildhund. Auf gemeinsamer Jagd erlegen sie auch große Beutetiere wie Zebras, Hirsche oder Elche. Kleinere Arten wie die Füchse leben einzeln oder in Familiengruppen und jagen Kleintiere. Alle Hundeartigen haben einen ausgezeichneten Geruchssinn.

Füchse sind leicht gebaut und sehr wendig.

Der Fuchs fängt Kleinsäuger nach Katzenart, indem er sich auf sie stürzt und mit den Pfoten am Boden festhält.

Füchse

Unter allen Fuchsarten ist unser Rotfuchs am größten und weitesten verbreitet. Nur in Wüsten kommt er nicht vor. Durch hohe Intelligenz und Anpassungsfähigkeit kann er in Städten ebenso wie auf dem Land leben. Der Fuchs bildet keine Rudel, sondern lebt einzeln oder in kleinen Familien.

Wölfe

Der Wolf ist in mehreren Unterarten über Nordamerika, Europa und Asien verbreitet. In manchen Ländern ist er schon ausgestorben. Wölfe leben in Rudeln, die von einem Weibchen und einem Männchen angeführt werden. Das Rudel markiert seine Reviergrenzen. Der südamerikanische Mähnenwolf zählt eher zu den Füchsen.

Die erwachsenen Tiere des Rudels gehen auf Jagd.

Dicke Unterwolle und langes Deckhaar schützen den Wolf bei bitterer Kälte.

Der Wolf riecht und hört ausgezeichnet.

Die Unterseite ist heller gefärbt als die Oberseite des Körpers mit den Ohren und dem Schwanz.

Im Schnee tritt jeder Wolf in die Spuren seines Vorgängers.

Lange Beine, 4 Zehen an den hinteren, 5 Zehen an den vorderen Pfoten

Tarntracht durch gesprenkelte Zeichnung

Jagd

Die am höchsten spezialisierten Rudeljäger finden sich unter den Afrikanischen Wildhunden. Bei ihnen herrscht die beste Zusammenarbeit in der Gruppe. Durch die Jagd und durch eingeschleppte Krankheiten sind diese Tiere aber heute stark gefährdet.

Marderhund, Albino mit weißem Fell

Er gehört zur Familie der Füchse

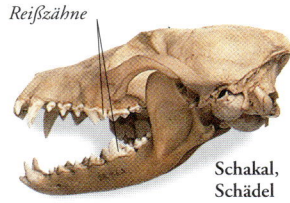

Reißzähne

Schakal, Schädel

Schakale bleiben lebenslang ein Paar.

Wilde Hunde

Zu dieser Gruppe gehören etwa der Afrikanische Wildhund, der asiatische Rothund sowie der Waldhund und der Marderhund aus Amerika. Der Marderhund ist ein scheues, einzelgängerisches Tier, das im dichten Unterholz lebt und Früchte, Insekten und Kleintiere frisst. In der kalten Jahreszeit hält er eine Winterruhe. Der Marderhund wurde auch in Europa eingeschleppt.

Schakale
Die 3 Schakalarten sowie der Kojote sind nahe mit dem Wolf verwandt. Sie haben wie fast alle Hundeartigen zwei scharfe Reißzähne, mit denen sie Fleisch und sogar Knochen durchschneiden. Mit den spitzen Eckzähnen wird die Beute festgehalten und getötet.

Lernen
Die Welpen müssen erst lernen, sich zu verteidigen und Beutetiere zu töten. Dies erfolgt beim Spielen. Sie stürzen sich aufeinander und jagen sich gegenseitig. Hundeartige mit ausgeprägtem Sozialleben lernen von den erwachsenen Tieren im Rudel.

Junge Rotfüchse gehen erst im Alter von 12 Wochen mit ihren Eltern auf die Jagd.

ROTFUCHS
WISSENSCHAFTLICHER NAME Vulpes vulpes
ORDNUNG Carnivora, Raubtiere
FAMILIE Canidae, Hundeartige
VERBREITUNG Nordamerika, Nordafrika, Eurasien, Australien
ERNÄHRUNG Fleisch, Insekten, Früchte
GRÖSSE Länge rund 110 cm
LEBENSDAUER In der Natur 3 Jahre

SIEHE AUCH UNTER | AFRIKA, TIERWELT | HUNDE | HYÄNEN | KULTURFOLGER | POLARGEBIETE, TIERWELT | SÄUGETIERE | TIERVERHALTEN | WÜSTEN, TIERWELT

Die wichtigsten Hundeartigen

Waldhund Er schwimmt und taucht sehr gut und jagt wasserbewohnende Tiere.

Marderhund Der Allesfresser hat breite Backenzähne zum Zermahlen von Früchten und Samen.

Wolf Er ist die größte Art in seiner Familie. In vielen Ländern seines einstmals großen Verbreitungsgebietes ist er heute ausgestorben.

Ein erwachsener Wolf frisst bis zu 6 kg täglich.

Goldschakal Das Männchen beteiligt sich an der Aufzucht der Jungen.

Schulterhöhe rund 80 cm

Afrikanischer Wildhund Sein Fell zeigt eine ausgeprägte Tarnzeichnung aus Braun, Ocker und Weiß.

Dingo Er ist ein verwilderter Haushund, den man in Australien vor rund 7 000 Jahren einführte.

Runde Ohren

Rothund Die Fellfarbe dieser indischen Art geht von Hellbraun bis Orangerot.

Mähnenwolf Er beansprucht in Grasländern Südamerikas ein großes Territorium.

Fennek Der Wüstenfuchs ist die kleinste Art der Familie.

Große Ohren zum Orten von Schallquellen

Löffelhund Er ernährt sich von Käfern und anderen Wirbellosen.

Abessinischer Fuchs Er lebt in Nordafrika und im Nahen Osten.

Scharfer Geruchssinn wie bei allen Hundeartigen.

Rotfuchs Er hat sich sogar an das Leben in Stadtzentren angepasst.

Graufuchs Er klettert gut; seine Höhle in mächtigen Bäumen liegt in 9 m Höhe.

Ohren aufgestellt als Schallfänger

Pfoten zur Isolierung dicht behaart

Eisfuchs Sein Winterfell ist hell, das Sommerfell dunkel.

WOLKEN

IN GEMÄSSIGTEN Klimagebieten stehen fast immer ein paar Wolken am Himmel. Gelegentlich ist es auch vollständig bewölkt. Wolken bestehen aus Wassertröpfchen oder Eiskristallen, die so winzig sind, dass sie in der Luft schweben. Wenn sich aufsteigende Luft so weit abkühlt, dass der Wasserdampf nicht mehr gelöst bleiben kann, bilden sich Wolken. Der Wasserdampf kondensiert dann zu winzigen Wassertröpfchen. Man unterscheidet 3 Grundformen von Wolken: Haufenwolken, Schichtwolken und Federwolken. Dazu kommen noch viele weitere Ausprägungen. Die Wolkenformen geben einen Hinweis auf das Wetter.

Wolkenbildung

Wolken entstehen durch Kondensation oder Gefrieren von Wasserdampf. Ihre Form hängt von der Meereshöhe und der Geschwindigkeit ab, mit der die Luftmassen aufsteigen. Steigen Warmluftmassen schnell auf, so entstehen Haufen- oder Cumuluswolken. Wenn die Luft langsam und gleichmäßig über ein großes Gebiet aufsteigt, bilden sich Schicht- oder Stratuswolken.

Cumuluswolken
Bei Sonnenschein steigen warme Luftmassen auf. Diese Luft kühlt sich ab. Wassertröpfchen kondensieren, sodass eine Wolke entsteht. Die Wolke wird größer, so lange die Thermik Wasserdampf von unten her nachliefert.

Bildung einer Haufenwolke in 3 Phasen

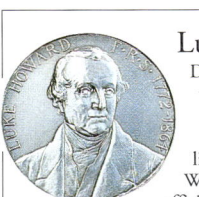

Luke Howard
Der englische Apotheker und Amateurmeteorologe Luke Howard (1772–1864) führte ein detailliertes Tagebuch über das Wettergeschehen. Vor der offiziellen Wetteraufzeichnung lieferte er wichtige meteorologische Daten. Howard bezeichnete jede Wolke mit lateinischen Namen. Seine Einteilung der Wolken gilt heute noch.

Wolkentypen

Die Meteorologen unterscheiden 10 Typen von Wolken. Die hohen Wolken (Cirrus, Cirrocumulus, Cirrostratus) entstehen in 5–13 km Höhe, die mittelhohen Wolken (Altocumulus, Altostratus) in 3–5 km Höhe, die tiefen Wolken (Stratocumulus, Stratus) vom Boden bis zu 2 km Höhe. Cumulus-, Cumulonimbus- und Nimbostratus-Wolken erstrecken sich sehr weit in der Vertikalen.

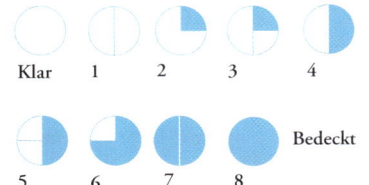

Cirruswolken Sie entstehen in großer Höhe bei heftigen Luftströmungen.
Cirrostratus So heißen schichtförmige Cirruswolken.
Altostratus Bezeichnung für eine dünne, wässrig wirkende Schichtwolke
Cirrocumulus Diese Wolken setzen sich aus Eiskristallen zusammen und wirken scheckig.

Wolkenbedeckung
Es hängt von der Wolkenbedeckung ab, wie viel Sonnenlicht auf den Boden gelangt. Die Gesamtbedeckung misst man in Okta oder Achtel. Ein Okta bedeutet, dass höchstens ein Achtel des Himmelsgewölbes von Wolken bedeckt ist. Ein klarer Himmel ist wolkenlos.

Klar 1 2 3 4
5 6 7 8 Bedeckt

Cumulonimbus Diese Wolken entstehen durch heftige Aufwinde und führen zu starken Gewittern.

Altocumulus Bezeichnung für ballen- oder watteartige Wolken in mittlerer Höhe
Cumulus Weiße Haufenwolken, oft kurzlebig

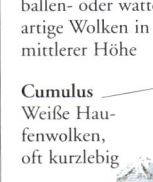

An Bergspitzen bilden sich Wolkenfahnen.

Dunst und Nebel

Wenn Wasserdampf in der Luft nahe am Boden kondensiert, so entstehen Dunst und Nebel. Strahlungsnebel treten in kühlen Herbstnächten auf, wenn der Boden die Tageswärme schnell verliert und die Luft darüber bis unter den Taupunkt abkühlt. Advektionsnebel entstehen, wenn feuchtwarme Luft über eine kalte Unterlage geführt wird.

Küstennebel
Wenn feuchtwarme Luft über kaltes Wasser gleitet, kondensiert Wasserdampf und bildet einen Advektionsnebel. Dieser Küstennebel tritt am häufigsten frühmorgens im Sommer bei unbewegter Luft auf.

Beachy Head, Sussex, England

Nimbostratus Dunkle, schichtförmige Regenwolke
Schichtwolke Bei langen Regenperioden häufig.

SIEHE AUCH UNTER ATMOSPHÄRE · KLIMA · NIEDERSCHLAG · WETTER · WETTERVORHERSAGE · WINDE · WIRBELSTÜRME

WÜRMER

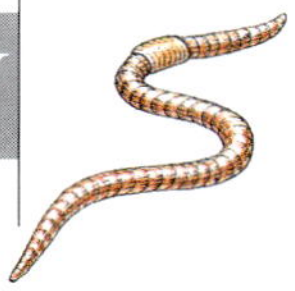

ALS WÜRMER bezeichnen wir Tiere mit einem lang gezogenen Körper ohne echte Beine. Es gibt über 40 000 Arten, die sich in ihren Bauplänen unterscheiden. Die längsten Würmer werden bis zu 30 m lang. Die bekannteste Gruppe sind die Ringelwürmer, zu denen z. B. die Regenwürmer und Blutegel gehören. Die Bandwürmer zählen zu den Plattwürmern, die Fadenwürmer zu den Rundwürmern. Würmer kommen in allen Lebensräumen vor. Viele schmarotzen auch in Pflanzen, Tieren und Menschen.

Kurze Fühler helfen bei der Futtersuche.
Tentakel
Beweglicher, flacher Körper

Ringelwürmer

Die Ringelwürmer umfassen 2 Gruppen, die Vielborster und die Wenigborster. Zur ersteren zählt der Meeresringelwurm. Zur zweiten gehören alle Regenwürmer sowie der Schlammröhren- oder Blutwurm, der in verschmutzten Bächen lebt. Auch die Blutegel sind Vielborster.

Meeresringelwurm
Der Meeresringelwurm hält sich als Aasfresser und Räuber in selbst gegrabenen Röhren im Meeresboden auf. Er hat am Kopf 2 kurze Fühler und 4 lange Tentakel, Augen und einen Mund mit kräftigen Kiefern. An den Seiten jedes Körpersegments tragen die Würmer paddelartige Fortsätze mit vielen Borsten. Der Meeresringelwurm bewegt sich schnell vorwärts und kann auch sehr gut schwimmen.

Meeresringelwurm

Regenwürmer
Regenwürmer fressen sich sozusagen durch den Boden und graben dabei Gänge in der Erde. Durch ihre Tätigkeit erhöhen sie die Lockerheit und Fruchtbarkeit des Bodens. In einem Kubikmeter Wiesenerde können bis zu 500 Regenwürmer leben. Regenwürmer sind Zwitter und legen ihre Eier in einen Kokon.

Kokons der Regenwürmer enthalten bis zu 20 Eier. In der Regel entwickelt sich aber daraus nur ein Wurm.

Röhrenwürmer
Röhrenwürmer leben festsitzend in selbst gebauten Röhren am Meeresboden. Die gefiederten Tentakel am Vorderende ziehen sie bei Bedrohung blitzschnell in die Röhre zurück. Eine Gruppe von Röhrenwürmern kann ganze Riffe bilden.

Tentakel zum Filtrieren und Atmen
Mund in der Mitte der Tentakel

Wie ein Regenwurm kriecht

1 Beim Regenwurm sind Ringmuskeln über den ganzen Körper verteilt. Wenn sie sich zusammenziehen, bewegt sich das vordere Körperende voran.

2 Wenn sich die Längsmuskeln zusammenziehen, wird das hintere Ende nachgezogen. Der Wurm verankert sich mit Borsten dazu im Boden.

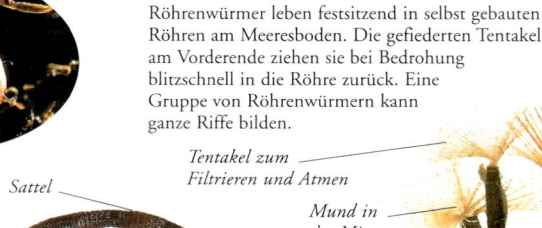

Sattel
Hinterende
Regenwurm

Rundwürmer

Die Rund- oder Schlauchwürmer umfassen sehr kleine, spindelförmige Würmer. Die ersten 7,5 cm eines Hektars Boden enthalten rund 7,5 Milliarden Fadenwürmer. Viele Fadenwürmer leben als Schmarotzer in anderen Lebewesen, etwa die Trichinen und die Filarien. Ein Weibchen dieser tropischen Würmer legt pro Tag bis zu 200 000 Eier.

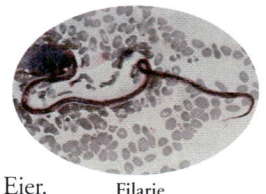

Filarie

Elephantiasis
Der Fadenwurm *Wuchereria* (Haarwurm) lebt im Menschen und gehört zu den Filarien. Er führt zu einer starken Verdickung der Beine, der sog. Elephantiasis. Stechmücken übertragen bei ihrem Biss die Larven des Haarwurms auf den Menschen. Diese wachsen im Körper heran und pflanzen sich fort, indem sie weitere Larven in den Lymphstrom entlassen. Dort blockieren sie die Lymphgefäße, was die Schwellung der Gliedmaßen verursacht.

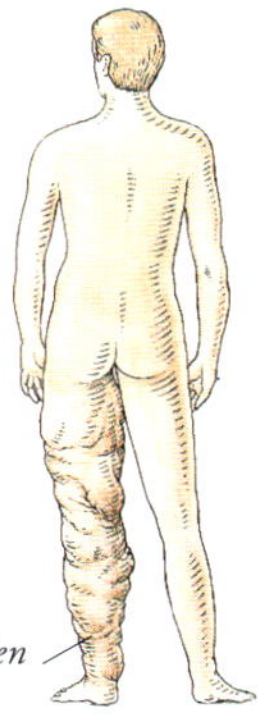

Verdickte Gliedmaßen

Schnurwürmer
Schnurwürmer leben frei im Meer. Man findet sie in Felsspalten, im Boden und unter Steinen. Einige Arten sind bunt wie Clowns. Im Verhältnis zu ihrer Länge sind sie sehr dünn, sodass sie an einen Bindfaden erinnern.

Schnurwurm auf Nahrungssuche

Einige Schnurwürmer werden bis zu 30 m lang.

Plattwürmer

Man unterscheidet bei den 12 500 Arten von Plattwürmern 3 Gruppen: Strudelwürmer, Saugwürmer und Bandwürmer. Die Strudelwürmer leben in Bächen, die Saugwürmer sind Parasiten, z. B. der Leberegel, der gelegentlich auch im Menschen vorkommt. Der Schweinebandwurm lebt als Schmarotzer im Menschen und wird bis zu 18 m lang.

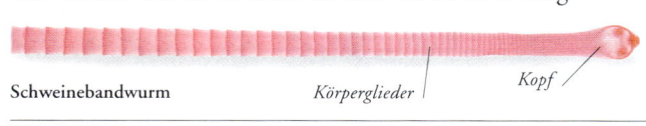

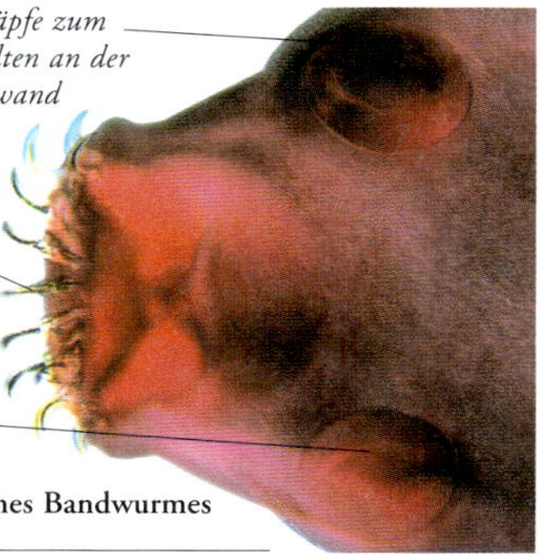

Saugnäpfe zum Festhalten an der Darmwand
Haken
Saugnapf

Schweinebandwurm — *Körperglieder* — *Kopf*
Kopf eines Bandwurmes

MEERESRINGELWURM

WISSENSCHAFTLICHER NAME *Nereis diversicolor*

KLASSE Aclitellata

FAMILIE Nereidae

VERBREITUNG Meeresgebiete Westeuropas, auch Nord- und Ostsee

LEBENSRAUM Alle Meeresküsten

ERNÄHRUNG Allesfresser, jagt Würmer und ernährt sich auch von Aas

GRÖSSE 7–25 cm, gelegentlich bis 90 cm

LEBENSDAUER Bis zu 1 Jahr, stirbt oft nach der Paarung

SIEHE AUCH UNTER: DARWIN, CHARLES · KRANKHEITEN · MEERESKÜSTE · MEERESKÜSTE, TIERWELT · OZEAN, TIERWELT · PARASITEN

WÜSTEN

KAUM EINE GEGEND der Erde ist so lebensfeindlich wie die Wüste. Wüsten entstehen da, wo pro Jahr weniger als 100 mm Niederschläge fallen. Und dieser Regen verdunstet auch noch schnell. Unter diesen Bedingungen können nur wenige Pflanzen überleben und Boden kann sich kaum entwickeln. Die Landschaft besteht aus nackten Sand- oder Geröllflächen und Felsen. Starke Sonneneinstrahlung führt zu extremen Temperaturen. In den Wüsten nahe den Tropen nähert sich die Lufttemperatur tagsüber 50 °C. In höheren Lagen gibt es auch Kältewüsten.

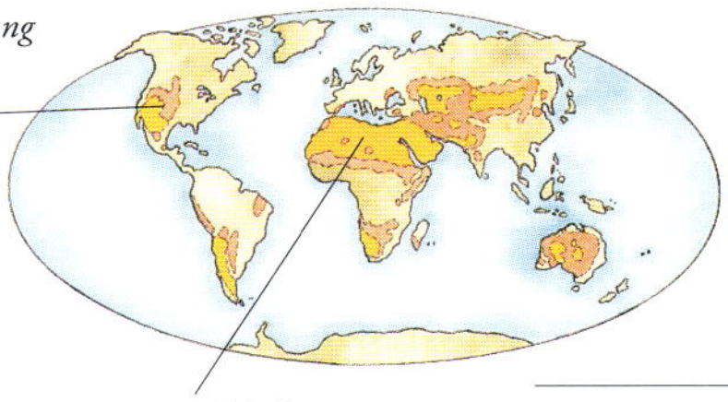

Von der Wüstenbildung bedrohte Gebiete (orange)

12 % des Festlandes sind Wüste.

Wüstengebiete
Die großen Wüsten der Erde liegen im Innern von Kontinenten in einiger Entfernung zu den feuchten Ozeanen. Sie befinden sich innerhalb der Wendekreise beiderseits des Äquators, weil dort absinkende Luft für stabiles, trockenes Wetter sorgt.

Landschaftsformen der Wüste

Heftige Winde, plötzliche Überflutungen und extreme Temperaturen führen zur Entstehung typischer Landschaftsformen. Der Wind häuft Sand zu Dünen auf. Gewaltige Regenfälle graben canyonartige Täler in den Boden. Mit Sand beladener Wind gestaltet Felsentore.

Wadi, ein schluchtähnliches, trockenes Tal

Tafelberg, ein isolierter Berg mit flachem Hochland

Parabeldünen sind auch an der Küste häufig.

Oasen
Oasen wie die von Azraq in Jordanien (oben) sind fruchtbare Gebiete inmitten einer Wüste. Die Oasen liegen an einer Süßwasserquelle. Hier können Bauern und Vieh leben und man kann vor allem Datteln anpflanzen. Durch Bewässerung lassen sich auch künstliche Oasen schaffen.

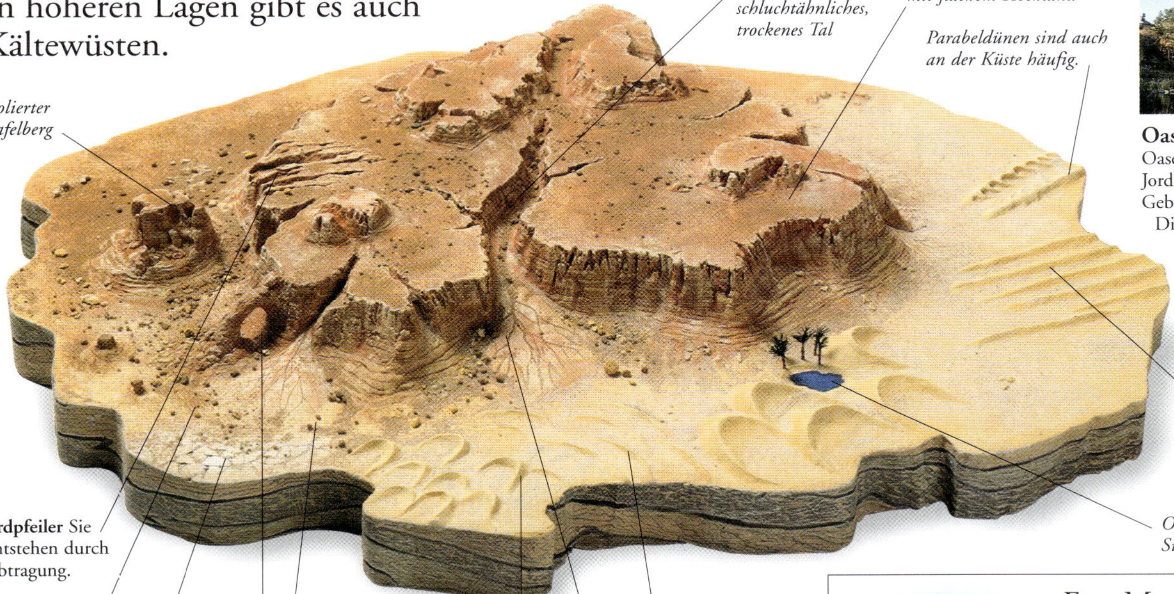

Isolierter Tafelberg

Längsdünen Sie entstehen an Orten, wo der Wind aus 2 Richtungen weht.

Oasen liegen an Süßwasserquellen.

Erdpfeiler Sie entstehen durch Abtragung.

Felsentor

Querdünen entstehen senkrecht zur Windrichtung.

Fata Morgana
In der Wüste liegen oft kalte und warme Luftschichten nebeneinander. Die Grenzfläche wirkt ähnlich wie ein Spiegel. Man sieht z.B. einen See, der unter dem Horizont liegt, vielleicht sogar mit Palmen. Manche Spiegelbilder stehen auf dem Kopf.

Hamada Sie ist eine Fels- oder Steinwüste aus grobem Schutt.

Barchan Die Schenkel dieser Sicheldünen sind vom Wind abgewandt.

Bajada Spanische Bezeichnung für den trockenen Schutt- und Sandkegel eines Flusses.

Ebenes Wüstental

Playa Ein ausgetrockneter Salzsee

Wüstenformen

Man unterscheidet mehrere Wüstenformen. In der Sahara kennt man z. B. die Sandwüste Erg, die Fels- oder Steinwüste Hamada und die Geröllwüste Reg. In der Antarktis gibt es Eiswüsten, in Zentralasien Kältewüsten. Die Wüsten in den westlichen USA sind so heiß, dass Regen sofort verdunstet und gelöste Mineralsalze als harte Kruste zurückbleiben.

Sandwüste
In flachen Gebieten können Sandwüsten entstehen. Nach einem Regenguss kann der Fluss in einem Trockental oder Wadi heftig anschwellen. Er tieft sich in den Untergrund ein. Felsen erodieren.

Felswüste
Viele Wüsten der Erde sind von Steinblöcken übersät, die durch Flutströme hierher geschleppt wurden. Diese Felsbrocken werden durch Wind und Wetter allmählich abgetragen.

Die Felsbrocken wurden durch Fluten hierher verfrachtet.

Die Ausbreitung der Wüste

Wenn sich das Klima ändert, dehnen sich Wüsten aus oder schrumpfen. In der Vergangenheit erhielt die Sahelzone im Süden der Sahara im Sommer Regenfälle. In den letzten Jahren blieb der Regen aus. Dies führte zu Dürreperioden und Hungersnöten im Sudan und in Äthiopien.

Desertifikation
Mit diesem Fachwort bezeichnet man die Begünstigung der Wüstenbildung z. B. durch starke Überweidung. Rinder, Schafe und Ziegen verwandeln das Grasland in Wüste.

| SIEHE AUCH UNTER | GESTEINE | KLIMA | ÖKOLOGIE UND ÖKOSYSTEME | WETTER | WÜSTEN, TIERWELT |

WÜSTEN, TIERWELT

DIE TROCKENSTEN LEBENSRÄUME auf der Erde heißen Wüsten. Es gibt hier für Tiere wenig zu fressen und kaum Unterschlupf vor Sonne und Wind. Wüsten sind die lebensfeindlichsten Ökosysteme. Trotzdem kommen hier einige bemerkenswerte Tierarten vor, die sich den harten Umweltbedingungen angepasst haben. Am häufigsten sind Vögel, Reptilien, Säuger, Insekten und Spinnen. Auch unter den Pflanzen gibt es Spezialisten.

Wüsten
Wüsten können ganz verschieden aussehen. Allein in der Sahara unterscheidet man eine Sandwüste, eine Stein- oder Felswüste und eine Geröllwüste. In den meisten Wüsten ist es tagsüber sehr heiß. Nachts kann die Temperatur bis an den Gefrierpunkt fallen.

Sahara
Die Sahara, die sich quer über Nordafrika erstreckt, ist die größte Wüste der Erde. Sie besteht aus sandigen und steinigen Abschnitten. Gelegentlich bieten Dattelpalmen und Büsche spärlichen Schatten. Die meisten Tiere sind nachts aktiv und verbergen sich tagsüber unter Steinen oder im Boden.

Oasen
Oasen entstehen dort, wo Süßwasserquellen entspringen oder wo sich Regenwasser aus dem Gebirge ansammelt. Hier gedeihen Pflanzen und auch die Wüstentiere finden an solchen Stellen genug zu trinken.

Vögel
In der Wüste gibt es verhältnismäßig wenige Singvögel, etwa Finken, die vor allem Samen sammeln. Die bekanntesten Wüstenvögel leben hingegen räuberisch. Die gesamte benötigte Feuchtigkeit entziehen sie ihren Beutetieren.

Gilaspecht
Diese Art sucht in den Wüsten Mexikos und der USA nach Insekten. Der Specht meißelt sein Nistloch in die Stämme großer Kakteen.

Rennkuckuck
Der Rennkuckuck fliegt selten auf, sondern flüchtet lieber zu Fuß. Er fängt oft Wüstenschlangen, die er mit einer Reihe kräftiger Schnabelhiebe betäubt und tötet.

Lannerfalke
Diese Falkenart nistet in Felsgebieten der Sahara. Der Lannerfalke jagt Kleinvögel, die er mitten im Flug oder auf dem Boden greift. Er nimmt aber auch Wüstenspringmäuse, alle Arten von Echsen und große Heuschrecken.

Falken sehen Beutetiere aus großer Höhe.

Säugetiere
Wüstenbewohnende Säugetiere zeigen die bemerkenswerte Fähigkeit, mit Trockenheit und Hitze fertig zu werden. Kamele halten eine Erhöhung ihrer Körpertemperatur gut aus und können lange Zeit dürsten. Bodenbewohnende Arten haben raffinierte Verfahren entwickelt, um selbst das im Atem enthaltene Wasser wieder zurückzugewinnen.

Zwerghamster
Diese Hamsterart lebt in den Kältewüsten der Mongolei, Sibiriens und Chinas. Der Zwerghamster hat ein dickes Fell, das ihn in den bitterkalten Wintern warm hält.

Helles Fell wirft Wärmestrahlen zurück.

Seinen langen, buschigen Schwanz wickelt der Fennek nachts um den Körper, um sich zu wärmen.

Mit seinen großen Ohren kann der Fuchs Schallquellen sehr genau orten.

Fennek
Der Wüstenfuchs ist ein kleines Raubtier mit großen, zugespitzten Ohren. Über die Ohren verliert das Tier überschüssige Wärme. Trotzdem braucht der Fennek ein dichtes Fell, um sich in den kalten Wüstennächten warm zu halten.

Rotes Riesenkänguru
Diese Kängurus australischer Halbwüsten fressen Blätter. Um Wasser zu sparen, setzen sie trockenen Kot ab. Den Wasserverlust, der durch Schwitzen entsteht, gleichen sie in Regenlöchern aus.

Erdhörnchen
Diese grabenden Nager fressen Samen und leben auch in der Kalahariwüste in Südwestafrika. Tagsüber tragen sie den Schwanz bogenförmig über dem Rücken, damit er auf den Körper Schatten wirft.

Zweihöckriges Kamel
Kamele sind an das Leben in der Wüste am besten angepasst. Sie können über 10 Tage in der Wüste leben, ohne zu trinken und zu schwitzen. Die beiden Höcker dienen als Fettreserven. Das zottige Fell schützt das Trampeltier vor der Kälte in der asiatischen Wüste Gobi.

Die Höcker erschlaffen, wenn das Fett aufgezehrt ist.

Lange Haare auf der Oberseite der Füße

Kriechtiere und Amphibien

Schlangen und Echsen lieben die trockene Wärme. Sie zählen zu den häufigsten Wüstentieren. Amphibien kommen hier weniger vor, weil sie eine dauernd feuchte Umgebung benötigen. Doch erscheinen nach seltenen Regenfällen auch Amphibien an der Oberfläche.

Die Sandotter gräbt sich mit dem Schwanz voran ein.

Die Schlange taucht senkrecht im Sand ab.

Sandotter
Die Sandotter kann sich sehr schnell im Sand eingraben. Es dauert nur einige Sekunden, bis sie vollständig im Boden verschwunden ist. Sie entkommt auf diese Weise Feinden, verbirgt sich so aber bei der Jagd auch vor Beutetieren.

Fransenfinger
Diese Echse jagt in sandigen Wüsten. Wird die Bodenoberfläche zu heiß, hebt sie zwei Beine hoch, um sie abzukühlen. Fortsätze zwischen den Zehen verhindern, dass die Echse zu tief im Sand einsinkt.

Der Fransenfinger kann die Nasenlöcher verschließen, damit kein Sand eindringt.

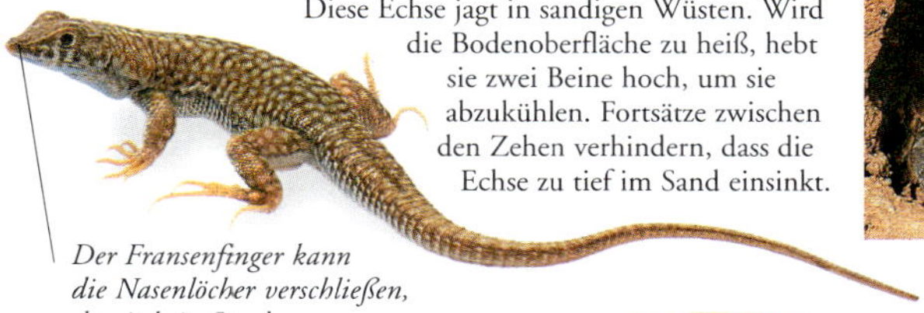

Wasserreservoirfrosch
Viele Monate verbringt dieser Frosch im Boden in Trockenstarre. Nach schweren Regenfällen kommt er hervor und pflanzt sich fort. Ehe er in den Boden zurückkehrt, füllt er seinen Körper mit Wasser an.

Sandskink
Der Sandskink lebt auf Sanddünen. Man nennt ihn auch Sandfisch, weil er gleichsam im Sand schwimmt. Dazu hat er eine keilförmige Schnauze und abgeflachte Zehen, fast wie Flossen. Der Sandskink frisst vor allem Insekten.

Glatte Schuppen

Gilakrustenechse
Das große, plumpe Tier verlässt seinen Unterschlupf in der Dämmerung. Es jagt Nagetiere und plündert Vogelnester aus. Sein Biss ist giftig. In seinem Schwanz speichert es Fett für Hungerzeiten.

Yukkamotte
Die Yukkamotte der amerikanischen Wüsten lebt in Symbiose mit der Yukkapflanze. Die Motte bestäubt die Blüten und legt gleichzeitig ein Ei darauf ab. Die Raupe frisst nur wenige Samen.

Wüstengrille
Die Wüstengrille Indiens und Pakistans kann sich rasch im Sand eingraben. Dazu sind ihre Beine und Fußglieder verbreitert. Sie gräbt das Loch direkt unter ihrem Körper und taucht ab.

Wirbellose Tiere

Die häufigsten Tiere in den Wüsten sind Insekten, Spinnentiere und Skorpione. Manche haben eine wachsartige Außenschicht, um Wasserverlust zu begrenzen. Die meisten wirbellosen Tiere sind erst nachts unterwegs.

Weiße Flecken als Warntracht

Laufkäfer Anthias
Dieser große, schwarze Käfer lebt in den Wüsten Nordafrikas und des Nahen Ostens. Tagsüber verbirgt er sich unter Steinen und in Tierbauen. Nachts kommt der Laufkäfer an die Oberfläche und jagt hier vor allem Insekten.

Skorpion
Skorpione gehören zu den widerstandsfähigsten Wüstentieren. Sie halten Sonnenschein aus, obwohl sie meist nachts jagen. Mit ihren kräftigen Scheren und dem Giftstachel überwältigen sie Spinnen, Heuschrecken, und andere Skorpione.

Das Gift dieses Skorpions kann einen Menschen töten.

Der Skorpion packt Beutetiere mit seinen Scheren.

Pflanzen

Nur Pflanzen, die völlige Trockenheit überstehen, können das ganze Jahr in der Wüste leben. Zu ihnen zählen Kakteen und Yukkas. Die meisten anderen Pflanzen warten als Samen auf einen kräftigen Regen. Dann keimen sie, blühen und fruchten.

Wüstenmelde
Einige Wüstenpflanzen erscheinen sehr staubig. Sie geben über Poren Salze ab, die wie weißes Pulver aussehen. Dieses reflektiert einen Teil der Sonnenstrahlen. Damit bleiben die Blätter länger kühl und verlieren auch weniger Feuchtigkeit.

Kakteen
In den amerikanischen Wüsten wachsen hunderte von Kakteenarten. Fast alle speichern in ihren dicken, saftigen Sprossen Wasser. Um den Wasserverlust zu verringern, sind die Blätter zu Stacheln umgewandelt. Sie halten auch Tiere von den fleischigen Stämmen ab.

Die Samen entstehen nach der Bestäubung der Blüten.

Welwitschia
Diese außergewöhnliche Pflanze hat 2 riemenartige Blätter. Millionen Poren in diesen Blättern nehmen die Feuchtigkeit auf, die im Nebel der Namibwüste in Afrika enthalten ist.

Die Welwitschia kann bis über 1 000 Jahre alt werden.

Jedes Blatt wird bis zu 2 m lang.

Die Blätter teilen sich am Ende in mehrere Streifen.

Krautpflanzen
Wenn in der mexikanischen Wüste Regen fällt, keimen die Samen der oben abgebildeten Pflanze. Sie wachsen sehr schnell und ranken sich an anderen Pflanzen hoch. Bevor die Trockenheit zurückkehrt, blüht die Pflanze und bildet Früchte mit Samen aus.

SIEHE AUCH UNTER — AFRIKA, TIERWELT · AMPHIBIEN · ASIEN, TIERWELT · GREIFVÖGEL · INSEKTEN · KRIECHTIERE · PFLANZEN · SÄUGETIERE · VÖGEL · WÜSTEN

ZAHLEN

„FÜNF, VIER, DREI, zwei, eins ..." zählt man die Sekunden vor dem Start einer Rakete. Mit Zahlen bezeichnet man Abstände und Mengen. Die einfachste Art eine Zahl zu bezeichnen, besteht in einer Reihe von Strichen. Doch mit diesem System kann man größere Zahlen fast nicht mehr lesen und schreiben. Deshalb verwenden wir das Dezimalsystem mit den Ziffern 0 bis 9. Man kann damit große Zahlen leicht darstellen. Der Computer rechnet im binären System mit den Ziffern 0 und 1. Die Lehre von den Zahlen heißt Arithmetik.

Drehkreuze der Metro in Paris

Zählen
Beim Zählen ordnet man Dingen eine fortlaufende ganze Zahl zu. Man nennt sie natürliche Zahlen. Die Drehkreuze an den Sperren der Pariser Metro zählen z. B. die Passagiere mit natürlichen Zahlen. Dies geschieht über einen einfachen Zählmechanismus im Inneren.

Zahlenarten
Zum Abzählen z. B. von Keksen verwenden wir ganze Zahlen. Ist nur noch ein Teil des Kekses vorhanden, nehmen wir Brüche. Man unterscheidet noch weitere Zahlenarten, z. B. negative, rationale und die irrationale Zahlen.

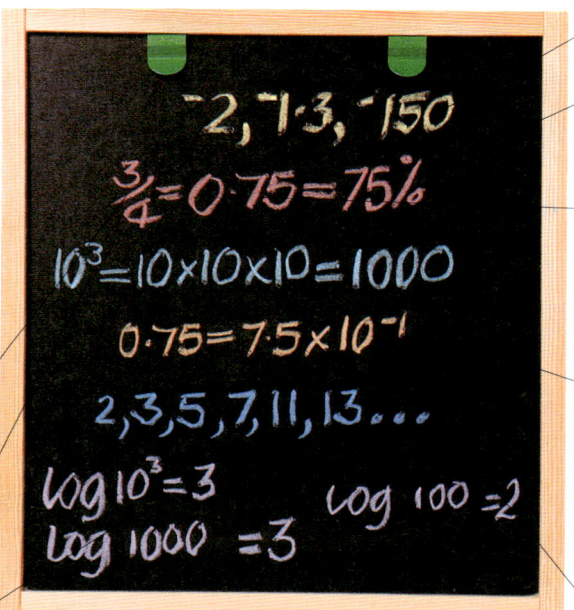

Brüche Teile von ganzen Zahlen stellt man als Quotient zweier ganzer Zahlen dar. Der Bruch $3/4$ entspricht der Zahl, die sich ergibt, wenn man 3 durch 4 teilt. Im Dezimalbruch sind das 0,75.

Potenzen Sie zeigen, wie oft man eine Zahl mit sich selbst malnehmen muss. 10^3 entspricht 1 000.

Logarithmen Der Logarithmus von x entspricht der Zahl, mit der die Grundzahl oder Basis potenziert werden muss, um x zu erhalten. Der Logarithmus der Zahl 1 000 zur Basis 10 ist 3, denn $10^3 = 10 \times 10 \times 10 = 1 000$.

Tafel mit der Darstellung verschiedener Zahlenarten

Negative Zahlen Sie sind kleiner als 0.

Prozentangaben Sie entsprechen einem Hundertstel: 75 % (Prozent) = $75/100$.

Dezimalbrüche Schreibweise für Brüche ohne Bruchstrich. Die Zahl 0,75 entspricht 7 Zehntel und 5 Hundertstel.

Wissenschaftliche Schreibweise Man verwendet sie bei großen oder komplizierten Zahlen und schreibt dazu Potenzen von 10. 0,75 entspricht dann $7,5 \times 10^{-1}$.

Primzahlen Alle Zahlen größer als 1, die sich nur durch 1 oder sich selbst teilen lassen.

Tontäfelchen mit Berechnungen der Getreideernte

Babylonisches Tontäfelchen, 2900 v. Chr.

Zahlensysteme
Bei einem Stellenwertsystem hängt der Wert einer Ziffer von ihrer Stelle ab. Bei der Zahl 22 ist die Zahl 2 an der linken Stelle 10 mal (x) soviel wert wie die 2 auf der rechten Seite. Wir verwenden das Dezimalsystem mit der Basis 10. Die alten Babylonier verwendeten als Basis die Zahlen 16 oder 60. Damit berechneten sie z.B. den Ernteertrag.

1 x 8   1 x 4   0 x 2   1 x 1

Diese Glühlampen stellen die Dezimalzahl 13 im binären System dar. Dort ist sie gleich 1 101 (8 + 4 + 0 + 1 = 13).

Kilometerzähler

Binäres System
Das binäre System hat als Basis die Zahl 2. Die Stellen der Ziffern bedeuten von links nach rechts 1er, 2er, 4er, 8er, 16er usw. Um eine Zahl im binären System darzustellen, braucht man also nur die Ziffern 0 und 1.

Dezimalsystem
Das Dezimalsystem mit der Basis 10 entstand wahrscheinlich durch das Zählen mit den Fingern. Die Stellen bedeuten hier von rechts nach links 1er, 10er, 100er, 1 000er usw. Der Kilometerzähler stellt die zurückgelegte Strecke in Dezimalzahlen dar.

Jedes Rad dreht 10-mal so schnell wie das Rad links davon.

Beide Seiten der Gleichung haben den Wert 6.

Gleichheitszeichen verbindet die beiden Seiten

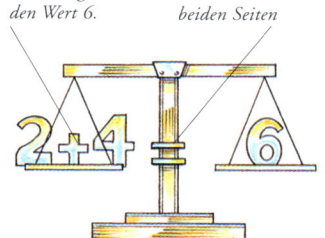

Immer im Gleichgewicht

Gleichungen
Gleichungen sind zwei Gruppen von Symbolen und Zahlen, die durch ein Gleichheitszeichen (=) verbunden sind. Solche Gleichungen kann man sich mit einer Waage vergegenwärtigen: Bei Gleichungen muss sie im Gleichgewicht sein. Wenn man auf der einen Seite noch eine Zahl hinzuaddiert, muss man die gleiche Zahl auch auf der anderen Seite hinzufügen.

Arithmetische Symbole
Für die 4 Grundrechenarten verwendet man die Symbole + (addieren), − (subtrahieren), x (multiplizieren) und : (dividieren). Diese Symbole werden in Gleichungen benutzt. Man liest die Gleichung 2 + 3 = 15 : 3 folgendermaßen: Zwei plus drei ist gleich fünfzehn dividiert durch drei.

Gesucht ist die Summe der beiden Zahlen.

Die beiden Zahlen müssen miteinander malgenommen werden.

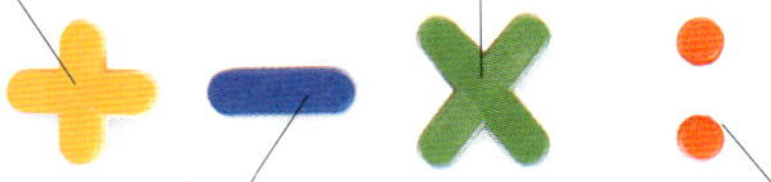

Hier wird die zweite Zahl von der ersten abgezogen.

Hier findet man heraus, wie oft eine Zahl in der anderen enthalten ist.

John Napier
Dem schottischen Mathematiker John Napier (1550–1617) gelangen viele wichtigen Entdeckungen über Zahlen. Am berühmtesten wurde er durch die Logarithmen, die komplizierte Berechnungen sehr viel einfacher machten. Er veröffentlichte die erste Logarithmentafel und erfand die Rechenstäbchen, die man bald „Napiers Knochen" nannte.

SIEHE AUCH UNTER COMPUTER MASSE UND GEWICHTE MATHEMATIK NATURWISSENSCHAFT

ZAHNARME TIERE

UNTER DIESEM BEGRIFF fasst man 3 merkwürdige Säugetiergruppen zusammen, nämlich die Ameisenbären, die Gürteltiere und die Faultiere. Sie alle kommen im Wesentlichen nur in Zentral- und Südamerika vor. Der Begriff „Zahnarme Tiere" führt in die Irre. Nur die Ameisenbären sind zahnlos. Einige Gürteltiere haben sogar mehr Zähne als andere Landsäuger. Allerdings sind es einfache Stiftzähne ohne Zahnschmelz. Zoologen nennen diese Tiere daher heute Nebengelenktiere, wegen ihrer Fortsätze an den Lendenwirbeln.

Jungtiere
Das Weibchen des Ameisenbären bringt immer nur ein Jungtier auf die Welt. Es lässt sich ein Jahr lang von der Mutter herumtragen. Nach Ablauf dieser Zeit ist es schon halb so groß wie seine Mutter.

Ameisenbären
Es gibt 4 Arten von Ameisenbären. Der Große Ameisenbär lebt in den Grasländern, die anderen 3 Arten halten sich in Wäldern auf und haben einen Greifschwanz zum Klettern auf Bäumen. Mit ihren langen Schnauzen und Zungen fangen sie Termiten und Ameisen. Sie nehmen ihre Beute mit dem Geruchssinn wahr. Mit den Krallen brechen sie Termitennester auf. Die Vorderkrallen sind so groß, dass sie auf den Knöcheln gehen müssen. Bei Bedrohung richten sich die Ameisenbären auf den Hinterbeinen auf und versuchen den Gegner mit ihren Krallen aufzuschlitzen.

Großer Ameisenbär beim Aufbrechen eines Termitennests

Zunge
Ameisenbären haben lange, klebrige Zungen, die sie tief in Termitennester hineinstecken. Die Zunge trägt kleine, rückwärts gerichtete Dornen, an den Ameisen und Termiten hängen bleiben.

Rückwärts gerichtete Dornen

Langer, buschiger Schwanz

Großer Ameisenbär

Gürteltiere
Von den 21 südamerikanischen Gürteltierarten ist das Riesengürteltier mit einer Länge von über 90 cm am größten. Das kleinste Gürteltier ist der 15 cm lange Gürtelmull in Argentinien. Das Riesengürteltier hat in der Jugend bis zu 100 stiftartige Zähne. Das Neunbinden-Gürteltier, das noch bis Texas, USA, vorkommt, bringt stets Vierlinge desselben Geschlechts auf die Welt.

Krallen
Gürteltiere haben lange, gekrümmte Krallen. Sie suchen damit Nahrung im Boden und können sich auch selbst schnell eingraben. Die mittlere Kralle des Riesengürteltiers ist mit 18 cm die längste des ganzen Tierreichs.

Neunbinden-Gürteltier

Faultiere
Faultiere verbringen fast ihr ganzes Leben auf Bäumen. Sie sind an das Leben mit dem Kopf nach unten angepasst. Mit den Krallen halten sie sich an Ästen fest und drehen den Kopf bis um 270°. Sie paaren sich und gebären auch auf Bäumen. Ihr Haar liegt in umgekehrter Richtung, damit das Regenwasser ablaufen kann. Beim Schlafen drücken sich die Faultiere in eine Astgabel. Es gibt 7 Faultierarten. Sie alle fressen nur Pflanzen.

Dreizehenfaultier mit Jungtier

Grüne Algen im Fell

Fortbewegung
Faultiere sind unendlich langsam, daher haben sie auch ihren Namen. Sie steigen nur auf den Boden, um Kot abzusetzen. Trotz ihrer Langsamkeit sind sie im Wasser gute Schwimmer.

Schwimmendes Faultier

Tarnung
Durch die hohe Feuchtigkeit im Regenwald und die geringe Bewegung des Faultiers wachsen Grünalgen in dessen Fell. Somit ist das Tier noch besser getarnt. Im Verlauf der Jahreszeiten verändern die Algen ihre Farbe und passen sich ihrer Umgebung an.

Große Krallen *Behaarte Bauchseite* *Neunbinden-Gürteltier*

Panzer
Gürteltiere haben einen Hautknochenpanzer aus gürtelartigen Ringen, die eine hohe Beweglichkeit ermöglichen. Bei den meisten Arten bedecken die Platten nur den oberen Teil des Körpers. Bei Bedrohung rollen sich die Kugelgürteltiere zu einer Kugel zusammen. Andere Arten können sich erstaunlich schnell in den Boden eingraben.

Schuppentier
Die 7 Schuppentierarten haben mit den Zahnarmen Tiere zwar viel gemeinsam, werden aber heute zu einer eigenen Ordnung gezählt. Ihr Körper ist von breiten Hornschuppen bedeckt, sodass sie wie Tannenzapfen aussehen. Einige Arten haben einen langen Greifschwanz, den sie auch gegen Räuber einsetzen. Schuppentiere fangen mit ihrer langen Zunge ebenfalls Ameisen und Termiten.

Javaschuppentier

GROSSER AMEISENBÄR
WISSENSCHAFTLICHER NAME	*Myrmecophaga tridactyla*
ORDNUNG	Edentata, Zahnarme Tiere
FAMILIE	Myrmecophagidae, Ameisenbären
VERBREITUNG	Südamerika
LEBENSRAUM	Grasgebiete, Savannen
ERNÄHRUNG	Termiten und Ameisen
GRÖSSE	Länge mit Schwanz 1,83 m
LEBENSDAUER	Bis zu 25 Jahre

SIEHE AUCH UNTER — ASIEN, TIERWELT · GRASLAND, TIERWELT · NATURSCHUTZ · REGENWALD, TIERWELT · SÄUGETIERE · SÜDAMERIKA, TIERWELT · TARN- UND WARNTRACHT

ZÄHNE

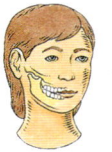

BEVOR WIR DIE NAHRUNG hinunterschlucken können, müssen wir sie zerkleinern, sodass sie durch die Speiseröhre passt. Das Schneiden und Zerkleinern ist Aufgabe der Zähne und erfolgt beim Kauen. Die Zähne liegen in den Knochen des Ober- und Unterkiefers eingebettet. Ihre Form richtet sich nach ihrer jeweiligen Aufgabe. Die vorderen Zähne dienen dem Schneiden, die hinteren, flachen dem Zerreiben. Kinder haben zunächst ein Milchgebiss mit 20 Zähnen. Das Dauergebiss des Erwachsenen umfasst 32 Zähne.

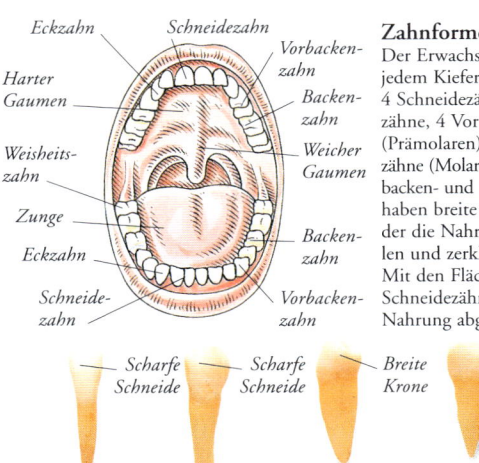

Zahnformen
Der Erwachsene hat in jedem Kiefer 16 Zähne: 4 Schneidezähne, 2 Eckzähne, 4 Vorbackenzähne (Prämolaren), 6 Backenzähne (Molaren). Die Vorbacken- und Backenzähne haben breite Kronen, mit der die Nahrung zermahlen und zerkleinert wird. Mit den Flächen der Schneidezähne wird die Nahrung abgebissen.

Wachstum

Im Laufe des Lebens bekommen wir 2 Gebisse. Das Milchgebiss mit 20 Zähnen entwickelt sich bis zum 3. Lebensjahr. Im Alter von 6 Jahren lockern sich die Wurzeln einiger Milchzähne. Die Zähne des Dauergebisses stoßen nach und ersetzen schließlich die Milchzähne.

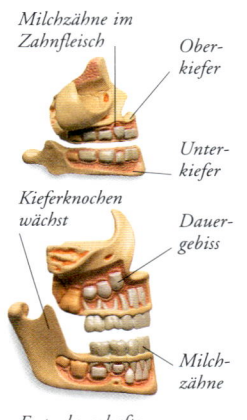

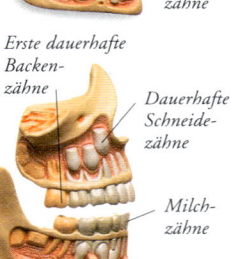

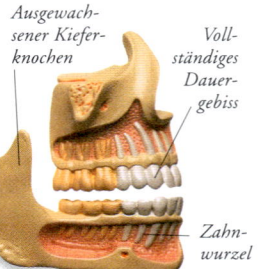

Das Neugeborene hat noch keine sichtbaren Zähne. Im Ober- und Unterkiefer entwickeln sich aber schon die Milchzähne. Die Ersten durchstoßen im Alter von etwa 6 Monaten das Zahnfleisch.

Ein 5-jähriges Kind hat ein vollständiges Milchgebiss aus 20 Zähnen: 4 Schneidezähne, 2 Eckzähne und 4 Backenzähne in jedem Kiefer. Die Zähne des Dauergebisses brechen nun bald durch.

Ein 9-jähriges Kind hat Milchzähne und dauerhafte Zähne. Die Milchzähne sind noch in der Überzahl, doch sind die ersten Schneide- und Backenzähne des Dauergebisses bereits durchgebrochen. Mit 12 Jahren ist der Zahnwechsel in der Regel abgeschlossen.

Beim 20-jährigen sind die Kiefer voll ausgewachsen und alle Zähne des Dauergebisses entwickelt. Die letzten Backenzähne treten oft erst im Alter von 20 Jahren, manchmal sogar noch später auf. Deswegen heißen sie auch Weisheitszähne. Sie sind aber oft zurückgebildet.

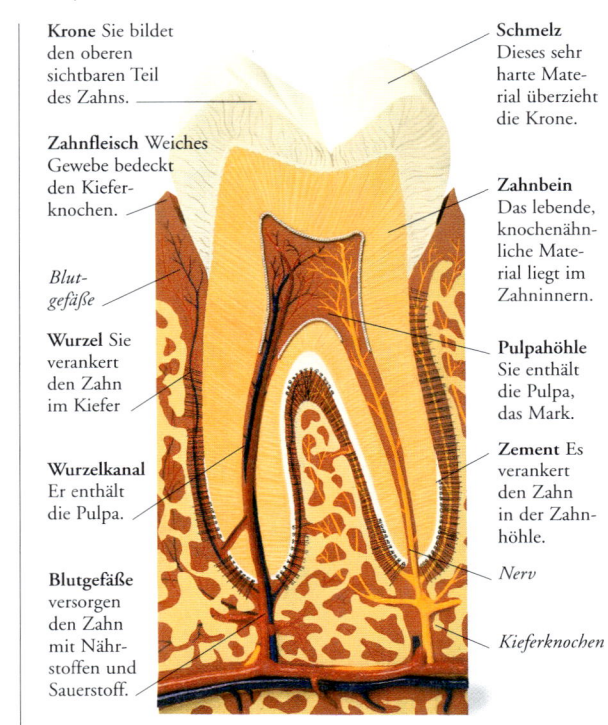

Krone Sie bildet den oberen sichtbaren Teil des Zahns.

Zahnfleisch Weiches Gewebe bedeckt den Kieferknochen.

Blutgefäße

Wurzel Sie verankert den Zahn im Kiefer

Wurzelkanal Er enthält die Pulpa.

Blutgefäße versorgen den Zahn mit Nährstoffen und Sauerstoff.

Schmelz Dieses sehr harte Material überzieht die Krone.

Zahnbein Das lebende, knochenähnliche Material liegt im Zahninnern.

Pulpahöhle Sie enthält die Pulpa, das Mark.

Zement Es verankert den Zahn in der Zahnhöhle.

Nerv

Kieferknochen

Aufbau

Jeder Zahn besteht aus 3 Schichten: Außen ist der harte, schützende Zahnschmelz. Dann folgt die Hauptmasse des Zahns aus Zahnbein oder Dentin. Dieses erstreckt sich bis in die Zahnwurzel. Das Zahnmark oder die Pulpa enthält Nerven und Blutgefäße.

Karies oder Zahnfäule
Auf Nahrungsresten siedeln Bakterien. Sie bilden auf Zähnen eine feste Schicht, die Plaque oder den Zahnstein. Die Bakterien setzen Säuren frei, die den Zahnschmelz angreifen. Dies führt zu Karies.

Kauen und beißen

Die Verdauung beginnt mit dem Kauen, wobei die Nahrung zerkleinert und eingespeichelt wird. An der Kaubewegung sind 3 Muskeln beteiligt: Der Schläfen- und der Kaumuskel bewegen den Unterkiefer nach oben. Der viel schwächere Pterygoidmuskel bewegt den Kiefer nach unten sowie seitwärts.

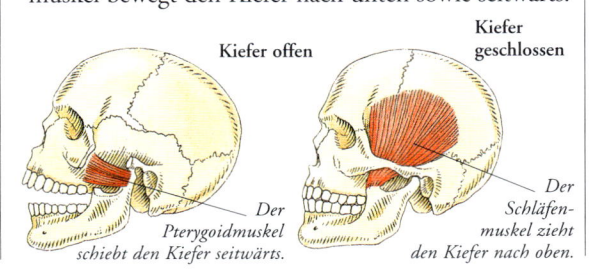

Zahnmedizin
Früher hat man zerstörte Zähne kurzerhand gezogen. Heute bemühen sich die Zahnärzte darum, Schäden an einem Zahn zu entfernen, um ihn möglichst lange zu erhalten. Sie füllen durch Karies entstandene Löcher, überziehen das Zahnbein mit künstlichen Kronen oder schrauben sogar künstliche Zähne in die Kiefer.

SIEHE AUCH UNTER | ABSTAMMUNGSLEHRE | MEDIZIN | MUSKELN UND BEWEGUNG | ORGANSYSTEME | SKELETT | VERDAUUNG | WACHSTUM UND ENTWICKLUNG

ZEICHEN UND SYMBOLE

ÜBERALL SIND WIR von Zeichen und Symbolen umgeben. Sie dienen der Verständigung und Kommunikation auf unterschiedliche Weise. Zeichen sind Gegenstände oder auch Gesten, die auf etwas hinweisen und schnelle, klare Informationen vermitteln. Verkehrszeichen z. B. geben Anweisungen oder warnen vor Gefahren. Symbole dagegen sind weniger direkt. Sie stehen stellvertretend für eine verborgene, tiefere Bedeutung und erfordern etwas Nachdenken.

Glückszeichen
Viele Menschen glauben, bestimmte Symbole würden Glück bringen. Das gilt z. B. für das Auge. Portugiesische Fischer malen auf ihre Boote heute noch Augen. Chinesische Seeleute glauben, ein Schiff würde ohne eine solche Zeichnung seinen Weg verlieren. In der Türkei wehren Glasperlen in Augenform den „bösen Blick" ab.

Türkische Glasperle

Zeichen zur Information
Zeichen müssen leicht verständlich sein, auch für Menschen, die die Landessprache nicht sprechen und lesen. Die wichtigsten Zeichen kommen ohne Worte aus. Ein Ausrufezeichen in einem Dreieck heißt „Gefahr!" und ist für jeden klar.

Bildzeichen überwinden in internationalen Flughäfen die Sprachgrenzen.

„Aufzug zum Parkhaus"
„WC für Männer, Frauen und Behinderte"
„Abflug"
„In diese Richtung"
„Gepäckaufbewahrung"
„Flughafenhotel"

Pfeile
Zeichen funktionieren nur, wenn alle sich über deren Bedeutung einig sind. Für die meisten Menschen deutet das spitze Ende eines Pfeils in die Richtung, in die man gehen muss.

Markenzeichen
Hersteller entwickeln für ihre Produkte Symbole oder Markenzeichen. Diese stellen eine Verbindung zwischen der Firma und ihrem Produkt her. Markenzeichen sind unverwechselbar und umfassen sehr oft auch den Produktnamen.

Markennamen
Die bestbekannte Marke auf der Welt ist vermutlich Coca-Cola. Der unverwechselbare Schriftzug ist überall bekannt und zu einem Symbol des Getränks und ganz allgemein der amerikanischen Kultur geworden. Auch die Flaschenform ist ein Markenzeichen und als solches auf der ganzen Welt geschützt.

Silber und Gold
Silber- und Goldobjekte, z. B. Goldbarren, weisen mehrere Marken oder Punzen auf. Mit einem davon wird der Feingehalt angegeben, also der Anteil reinen Silbers und Goldes in dem betreffenden Stück.

Beschauzeichen
Jahr der Beschau (1986)
Mustermarke
Herstellungsland
Feingehaltszeichen

Marken und ihre Bedeutung

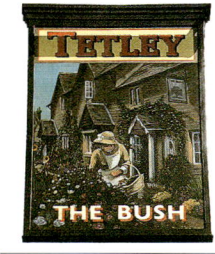

Zugehörigkeit
Zeichen und Symbole bringen auch die Zugehörigkeit zu Ländern, Völkern, Religionen und Organisationen zum Ausdruck. Einige Symbole wie das Kreuz des Christentums sind jahrtausendealt. Andere dagegen widerspiegeln die Veränderungen in der Gesellschaft.

Aids-Schleife
Diese einfache, hellrote Ansteckschleife steht symbolisch für den Kampf gegen die Krankheit Aids. Der Träger drückt damit seine Solidarität mit den Erkrankten aus und spendet für die weitere Forschung.

Siegel und Abzeichen
Siegel sind Abdrücke eines Stempels in Wachs- oder Siegellack. Damit beglaubigten früher Könige, Fürsten und Behörden ihre Urkunden. Die modernen Siegel und Abzeichen stehen in der alten Tradition.

Entworfen von Besatzungsmitgliedern des Spaceshuttle

Staatssiegel von Florida
Space-Camp-Abzeichen

Religiöse Symbole
Symbole stehen oft im Zentrum religiöser Rituale. Das Symbol kann Gott repräsentieren und in sich selbst heilig sein. Die Sikhs haben 5 Symbole als Zeichen ihrer Religionszugehörigkeit.

Ansteckschleife, seit 1991 das Symbol im Kampf gegen Aids

Kamgha (Kamm)
Kara (Stahlarmreif)
Kirpan (Dolch)

3 der 5 Sikh-Symbole

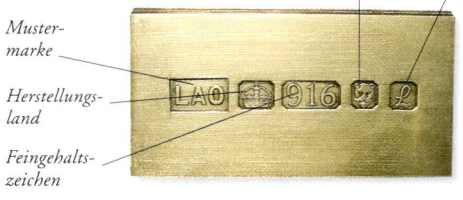

Ladenschilder
Bevor es Hausnummern gab, hängten Kaufleute Ladenschilder außen an ihr Haus. In vielen Teilen Europas zeigt heute noch ein aufgehängter Buschen an, dass hier Wein ausgeschenkt wird. Besonders aufwendig wurden früher die Wirtshausschilder gestaltet.

Symbolismus
Schriftsteller, Maler und Musiker verwenden gerne Symbole, um ein Thema einzuführen ohne allzu deutlich zu werden. So gelten in der westlichen Kunst z. B. Fledermäuse als Symbole für Dunkelheit, Chaos und Tod. Solche symbolischen Bedeutungen sind aber nicht immer auf der ganzen Welt dieselben. In China bedeutet die Fledermaus z. B. Glück.

Die Fledermaus bedeutet bei uns Tod.

SIEHE AUCH UNTER — CODES UND CHIFFREN — FLAGGEN — SPRACHEN — SUPERMARKT — WERBUNG UND MARKETING

897

ZEICHEN UND SYMBOLE

Zeichensprache

Religiöse Zeichen und Symbole

Om Eine geheiligte Silbe des Hinduismus

Swastika Das Hakenkreuz, Emblem des Hindugottes Wischnu

Davidstern Er ist das Hauptsymbol des Judentums.

Opferlamm Ein Symbol für Jesus Christus

Tiere als Symbole

Krake Er gilt bei manchen Völkern als Symbol der Unbeständigkeit.

Krokodil Seine Tränen sind ein Zeichen der Heuchelei.

Frosch In China ist er ein Symbol des Heilens und des Wohlstands.

Kamel Es kniet, um Lasten aufzunehmen; ein Zeichen für Demut.

Weißkopfseeadler Nationalsymbol der USA

Wal Symbol von Tod und Wiedergeburt

Gefahr- und Verbotszeichen

Entzündbar, Brandgefahr

Radioaktivität Dreiecke sind Warnzeichen.

Gift

Radfahren verboten

Das Durchstreichen des Symbols bedeutet Verbot.

Kein Trinkwasser Rote Kreise sind Verbotszeichen.

Rauchen verboten

Allgemeine Informationen

Postamt

Touristeninformation

Zugang für Behinderte

Telefon

Damentoilette

Herrentoilette

Wetterkartensymbole
Internationale Symbole der Meteorologen

Windstille

Nebel

Sprühregen

Regen

Schnee

Schauer

Gewitter

Regenbogen

Graupel

Windgeschwindigkeit 32–40 km/h

Cumulonimbuswolke

Astronomische Symbole

Sonne

Mond

Merkur

Venus

Mars

Jupiter

Saturn

Uranus

Neptun

Pluto

ZEIT

DIE ZEIT FLIESST gleichmäßig dahin wie ein Fluss und bringt uns von einer Vergangenheit, die wir kennen, in eine Zukunft, die wir noch nicht kennen. Obwohl wir keinen Einfluss auf die Zeit haben, können wir doch ihr Verstreichen mit Uhren und Kalendern messen und unser Leben danach einrichten. Doch Zeit ist keine Konstante. Unter bestimmten Bedingungen läuft sie langsamer ab. Einige Forscher glauben sogar, im Innern von schwarzen Löchern komme die Zeit zum Stillstand.

Tag
1 Tag entspricht der Zeit, die die Erde braucht, um sich einmal um ihre Achse zu drehen. Jeder Tag hat 24 Stunden. Jede Stunde besteht aus 60 Minuten und jede Minute aus 60 Sekunden.

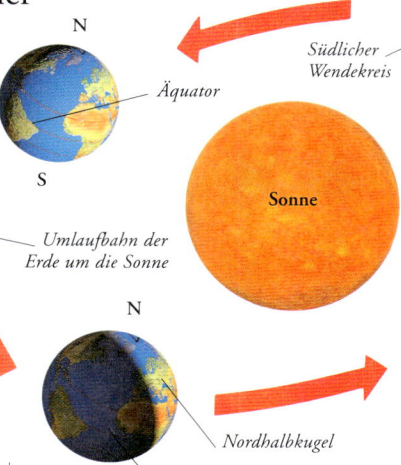

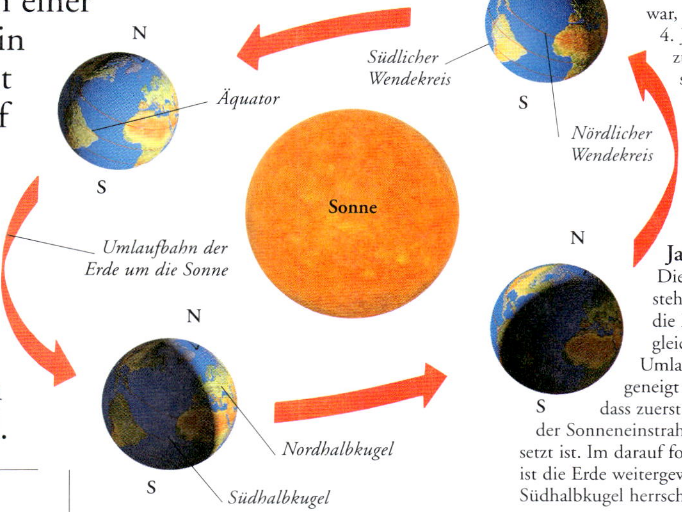

Äquator
Südlicher Wendekreis
Umlaufbahn der Erde um die Sonne
Sonne
Nördlicher Wendekreis
Nordhalbkugel
Südhalbkugel

Jahr
Das Jahr hat 365 Tage. In 365 1/4 Tagen umkreist die Erde die Sonne. Da dieser Vierteltag unpraktisch und störend bei Berechnungen war, schaltete man jedes 4. Jahr einen Tag zusätzlich ein. Ein solches Schaltjahr hat dann 366 Tage und der Kalender ist wieder ausgeglichen.

Erdachse

Jahreszeiten
Die Jahreszeiten entstehen dadurch, dass die Erdachse im Vergleich zur Ebene der Umlaufbahn um 23,5° geneigt ist. Dies bedeutet, dass zuerst die Nordhalbkugel der Sonneneinstrahlung länger ausgesetzt ist. Im darauf folgenden Halbjahr ist die Erde weitergewandert und auf der Südhalbkugel herrscht nun Sommer.

Moderne Auffassungen
Die Physiker mussten ihre Vorstellung über die Natur der Zeit ändern, nachdem Albert Einstein (1879–1955) seine Relativitätstheorie veröffentlicht hatte. Er behauptete, dass sich die Zeit für Körper nahe der Lichtgeschwindigkeit verlangsamt. Die Forschung zeigte, dass dies schon bei geringerer Geschwindigkeit zu beobachten ist. Astronauten, die ein Jahr im Weltraum verbringen, altern um eine Hundertstelsekunde weniger als die Bewohner auf der Erde.

Astronauten im Weltraum

Die Zeit auf der Erde
Die Zeit auf der Erde bemessen wir nach der Bewegung unseres Planeten sowie der des Mondes. Durch die Erddrehung entstehen Tag und Nacht. Beide sind bei der Tagundnachtgleiche gleich lang. Dann steht die Sonne direkt über dem Äquator. Am längsten Tag steht die Sonne direkt über dem nördlichen Wendekreis, am kürzesten Tag steht sie genau über dem südlichen Wendekreis.

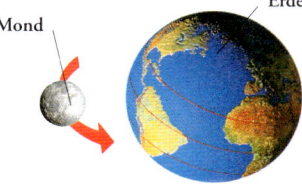

Mond *Erde*

Monate
Jedes Jahr hat 12 Monate mit je 28 bis 31 Tagen. Die Monate gehen ursprünglich auf die Zeitspanne zurück, die der Mond braucht, um seine Phasen zu durchlaufen. Es sind 29,5 Tage.

Glas zersplittert.

Zeitpfeil
Wie können wir sicher sein, dass die Zeit nicht rückwärts läuft? Der Beweis liegt in der wachsenden Unordnung im Weltall. Wenn wir ein Glas fallen lassen, zerbricht es. Die Bruchstücke setzen sich nie wieder selbst zusammen. Dies beweist, dass der Zeitpfeil unumkehrbar ist.

Jeder Monat ist nach einem Tier benannt.

Kalender
Heute verwendet man allgemein den gregorianischen Kalender mit 365 Tagen. Er beruht auf der Zeit, die die Erde für einen vollständigen Umlauf um die Sonne braucht. Im Lauf der Geschichte wurden aber viele andere Kalender entwickelt. Der traditionelle Kalender der Hindus, der Chinesen, Moslems und Juden beruht auf dem Mondzyklus. Der chinesische Kalender hat 12 Monate und das Jahr 354 Tage. Der Kalender der Azteken war dem gregorianischen Kalender ähnlich. Er bestand aber aus 18 Monaten zu je 20 Tagen. Die 5 Extratage galten als Unheil bringend.

Chinesischer Kalender   **Aztekischer Kalender**

Im Zentrum des aztekischen Kalendersteins steht der Sonnengott.

Zeit und Geschwindigkeit
Geschwindigkeit ist der in einer bestimmten Zeit zurückgelegte Weg. Das Diagramm unten zeigt die Beziehung zwischen Geschwindigkeit und Zeit. Wo die Kurve ansteigt, beschleunigt das Auto, d. h. es findet eine Geschwindigkeitsänderung pro Zeiteinheit statt.

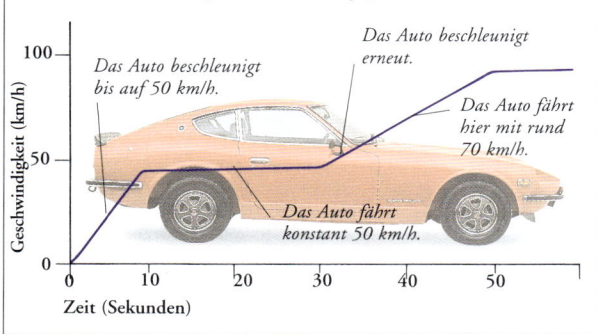

Das Auto beschleunigt bis auf 50 km/h.
Das Auto beschleunigt erneut.
Das Auto fährt hier mit rund 70 km/h.
Das Auto fährt konstant 50 km/h.

Geschwindigkeit (km/h)
Zeit (Sekunden)

Zeitzonen
Die ganze Welt ist in Zeitzonen von je ca. 15 Längengraden eingeteilt. Die Zeitzonen sind so eingerichtet, dass es beim höchsten Sonnenstand 12 Uhr mittags ist. Manche Länder haben die Sommerzeit, sodass die Uhren 1 Stunde vorgehen. Die Karte zeigt die Uhrzeit in einzelnen Ländern, wenn es in England mittags 12 Uhr ist.

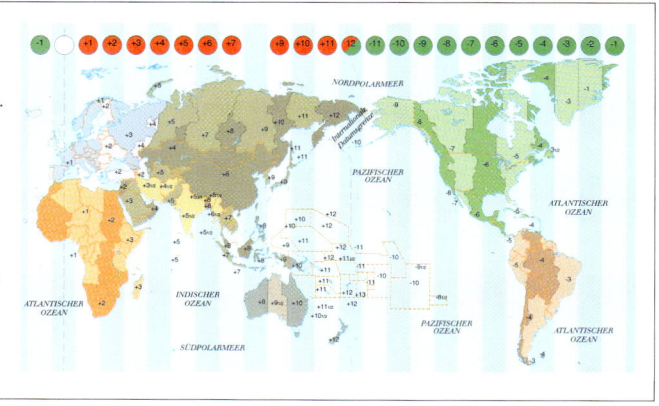

ZEIT

Frühe Zeitmesser

Zur Zeitmessung verwendete man schon in sehr früher Zeit den veränderlichen Schatten, den ein Stab warf. Dazu baute man Sonnenuhren. Nachts nutzte man die Stellung der Sterne. Erste Wasseruhren gab es vor 5000 Jahren. Später entwickelte man Sand- und Kerzenuhren. Mechanische Uhren erlaubten ab dem 14. Jh. eine genauere Zeitmessung.

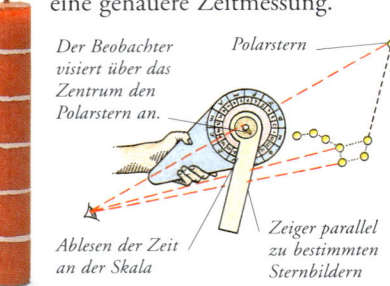

Sonnenuhr
Der Schatten eines Stabes ändert sich im Lauf des Tages, da die Sonne über den Himmel zieht.

Kerzenuhr
Eine Kerze mit regelmäßiger Stundeneinteilung misst beim Abbrennen die Zeit.

Sternuhr
Mit der Sternuhr konnte man nachts die ungefähre Zeit bestimmen. Man verwendete dazu die Stellung bekannter Sterne.

Der Beobachter visiert über das Zentrum den Polarstern an.
Polarstern
Ablesen der Zeit an der Skala
Zeiger parallel zu bestimmten Sternbildern

Sanduhr
Der Sand rieselt in bestimmter Zeit von der oberen in die untere Hälfte des Gefäßes.

Mechanische Uhren

Die ersten mechanischen Uhren wurden für Klöster und Kathedralen im 13. Jh. gebaut. Den Antrieb besorgten Gewichte. Sie drehten ein Ankerrad über die sog. Hemmung, wobei ein Pendel als Zeitmesser diente, und hoben in regelmäßigen Abständen den Anker vom Ankerrad ab. Es drehte sich so jeweils um einen Zahn weiter. Kleinere Uhren wurden mit der Erfindung der Feder möglich. Das führte zur Entwicklung von Taschen- und Armbanduhren. Sie enthielten zahlreiche mechanische Teile, vor allem Zahnräder.

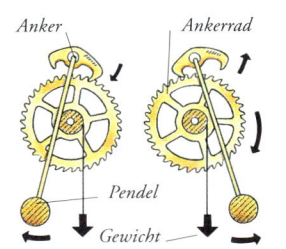

Anker *Ankerrad*
Pendel
Gewicht

Hemmung
Die meisten Pendeluhren werden von fallenden Gewichten angetrieben, die mit einer Hemmung verbunden sind. Wenn das Pendel schwingt, bewegt es einen Anker. Dieser greift abwechselnd links und rechts in die Zähne des Ankerrads ein. Sobald sich das Rad um einen Zahn weiterbewegt, rücken die Zeiger vor.

Stundenzeiger
Stunden in römischen Ziffern
Minutenzeiger

Zifferblatt
Auf dem Zifferblatt sind 12 Stunden eingezeichnet. Dies bedeutet, dass der Stundenzeiger pro Tag 2 Umdrehungen macht. Der Minutenzeiger macht jede Stunde eine volle Umdrehung. Viele Uhren haben auch einen Sekundenzeiger, der alle 60 Sekunden wieder an derselben Stelle steht.

Gewichte treiben den Mechanismus an.
Dieser Stein dient als Gegengewicht.

Pendel
Das Pendel ist ein Gewicht, das an einem Stab oder einer Kette hin und her schwingt. Jede Schwingung dauert gleich lang. Die regelmäßige Bewegung des Pendels eignet sich sehr gut für die Zeitmessung. Bei Uhren steuert das Pendel die Hemmung.

Jede Hin- und Herbewegung ist eine Periode.

Uhrfeder
Im 16. Jh. ersetzten Federn die Gewichte für kleinere Uhren. Um die Feder mit dem Schlüssel aufzuziehen, musste man Energie aufwenden. Diese wird in der Feder gespeichert.

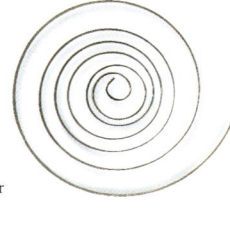

Quarzuhr

Die meisten modernen Uhren haben im Innern eine dünne Scheibe aus Quarz. Strom aus einer kleinen Batterie bringt den Quarzkristall zum Schwingen. Er erzeugt nun in regelmäßiger Folge elektrische Impulse. Ein Mikrochip übernimmt diese Impulse und reduziert sie auf einen Impuls pro Sekunde. Dieser Impuls wird weitergeleitet, entweder um die Zahlen auf der digitalen Anzeige zu verändern oder um den Zeiger zu bewegen. Quarzuhren gehen auf 15 Sekunden pro Jahr genau.

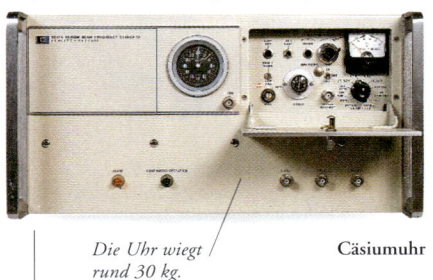

Motor
Quarzkristall
Spule sendet Signale zum Motor
Batterie

Quarzuhr

Atomuhr
Am genauesten gehen die Atomuhren. Ihre Gangabweichung beträgt nur 1 Sekunde in 300 000 Jahren. Atomuhren messen die natürlichen Schwingungen von Atomen, besonders die des Elements Cäsium. Die Sekunde wird von den Physikern heute als jene Zeit definiert, in der ein Atom des Cäsiums genau 9 192 770 Schwingungen ausführt.

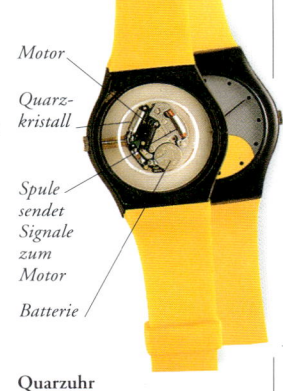

Die Uhr wiegt rund 30 kg.
Cäsiumuhr

Von 0 bis 24 Uhr
Bei offiziellen Zeitangaben macht man keinen Unterschied zwischen Vormittag und Nachmittag, man nummeriert die Stunden durch. 1 Uhr nachmittags entspricht dann 13.00 h. Dieses System der Zeitangabe schließt Verwechslungen aus.

Christiaan Huygens

Der niederländische Physiker Christiaan Huygens (1629–95) baute 1657 die erste praktische Pendeluhr. Er fand auch die mathematische Beziehung zwischen der Schwingungsdauer eines Pendels und dessen Länge. Eine Schwingungsperiode dauert umso länger, je länger das Pendel ist. Huygens behauptete auch als Erster, das Licht sei eine Welle.

Chronologie

um 2600 v. Chr. Die Chinesen entwickeln eine einfache Sonnenuhr.

um 1400 v. Chr. Die Ägypter verwenden die ersten Wasseruhren. Dabei fließt Wasser durch ein Loch langsam aus einem Gefäß.

Chinesische Wasseruhr

um 890 Erste Kerzenuhren in England

um 1300 Erste mechanische Uhren in italienischen und englischen Klöstern

1581 Der Italiener Galileo Galilei beobachtet die regelmäßigen Schwingungen eines Pendels.

Pendel, von Galilei

1657 Huygens baut die erste Pendeluhr.

1759 Der Engländer John Harrison baut ein Schiffschronometer, das nach 5-monatiger Schiffsreise weniger als 1 Minute Gangabweichung aufweist.

Harrisons Chronometer

1884 Die Zeit von Greenwich, London, wird als Standardzeit für die ganze Welt eingeführt.

1905 Albert Einsteins spezielle Relativitätstheorie führt zu einem neuen Verständnis der Zeit.

1929 Der Amerikaner Warren Morrison erfindet die Quarzuhr.

1948 Entwicklung der Atomuhr in den USA

1965 Die Amerikaner A. Penzias und R. Wilson beweisen, dass die Zeit mit dem Urknall begann.

SIEHE AUCH UNTER | ATOME UND MOLEKÜLE | AZTEKEN | EINSTEIN, ALBERT | GALILEO GALILEI | KRISTALLE | PHYSIK | SCHWARZE LÖCHER | SONNE UND SONNENSYSTEM

Zeitmesser

Vorläufer der Uhren

Sanduhr Der feine Sand fließt in bestimmter Zeit von der oberen in die untere Hälfte.

Taschensonnenuhr Man liest die Zeit am Schatten des Stabes ab. — *Schattenstab*

Chinesische Feueruhr Sie enthält einen Stab, der verglimmt und die Fäden der Gewichte durchtrennt. — *Die Gewichte fallen in regelmäßigen Abständen.*

Gnomon Mit diesem Gerät beobachteten die Ägypter den höchsten Punkt eines Gestirns. — *Lot, Rechtwinklig aufgebogen*

Tibetische Sonnenuhr Der Schatten der Metallnadel zeigt die Zeit an. — *Löcher für die Nadel. Die Stellung der Nadel änderte man im Lauf des Jahres.*

Historische Uhren

Wagenuhr Diese Uhr konnte man auf Reisen mitnehmen. — *Tragegriff*

Taschenuhr 18. Jh. — *Die Uhr wurde mit Kette im Knopfloch getragen.*

Bahnhofsuhr Die Uhren aller Bahnhöfe waren aufeinander abgestimmt. — *Zeitangabe für genaue Abfahrt*

Stutzuhr Sie stand im 17. Jh. auf Tischen oder Kommoden. — *Eigene Zeiger für den Stundenschlag*

Pendeluhr Die Zeitmessung übernimmt ein Pendel, das von Gewichten bewegt wird. — *Schwingendes Pendel. Fallende Gewichte treiben Zeiger an.*

Spindeluhr Sie wird von einer Feder angetrieben.

Kuckucksuhr Sie wurde um 1730 in Deutschland erfunden. — *Zur vollen Stunde ruft der Vogel „Kuckuck".*

Standuhr Das Pendel bewegt sich in einem langen Gehäuse. — *Durch die Holzverkleidung tönte das Ticken besonders laut.*

Laternenuhr Sie sieht einer Stallaterne ähnlich. — *Die Regelung der Uhr erfolgte durch kleine Gewichte an einem Stab.*

Japanische Schmuckuhr Das Gehäuse besteht aus Türkisen. — *Außenskala für die Minuten*

Funktionsuhren

Blindenuhr Die Skala ist in Blindenschrift und kann abgetastet werden.

Stoppuhr Mit ihr misst man Sekundenbruchteile. — *Start/Stopp, Sekundenzeiger*

Mechanischer Wecker Er läutet zur vorausbestimmten Zeit.

Taucheruhr Wasserdicht bis zu 300 m Tiefe — *Die Uhr zeigt die Tauchzeit an. Gliederband*

Kinderuhr Große Zeiger und deutlich lesbare Ziffern

Sprechende Uhr Sie teilt die Zeit durch Sprache mit.

Digitalwecker Die Uhr funktioniert mit Quarzkristall. — *Digitale Flüssigkristallanzeige*

Schwesternuhr Sie hängt an der Tracht. — *Umgekehrt getragen*

ZEITUNGEN UND ZEITSCHRIFTEN

ZEITUNGEN BERICHTEN TÄGLICH über örtliche, nationale und internationale Geschehnisse. Sie tun dies oft in großer Ausführlichkeit und spielen eine wichtige Rolle in der öffentlichen Meinung. Zeitungen bringen auch umfassende Artikel über Politik, Lebensart, Kultur und Sport. Gleichzeitig enthalten sie immer Werbung sowie auch einige Comics oder Rätsel zur Unterhaltung. Zeitschriften erscheinen wöchentlich oder monatlich und sind weniger aktuell. Sie sind auf besseres Papier gedruckt und meist farbig illustriert.

Sportteil

Berichte über Medien und Fernsehen

Wirtschaftsteil mit Börsennachrichten

Artikelüberschrift

Feuilleton mit Buchbesprechungen

Zeitungskopf

Aufteilung in Spalten zum leichteren Lesen

Wöchentliche Beilage der „Süddeutschen Zeitung"

Pressefoto

Vorläufer
Im alten Rom wurden Blätter mit Neuigkeiten, die *Acta Diurna*, regelmäßig angeschlagen, um die Leser über Gladiatorenspiele und militärische Erfolge zu unterrichten. Eine weitere frühe Zeitung hieß *Dibao*. Sie wurde zwischen 618 und 1911 an die Beamten in Peking verteilt.

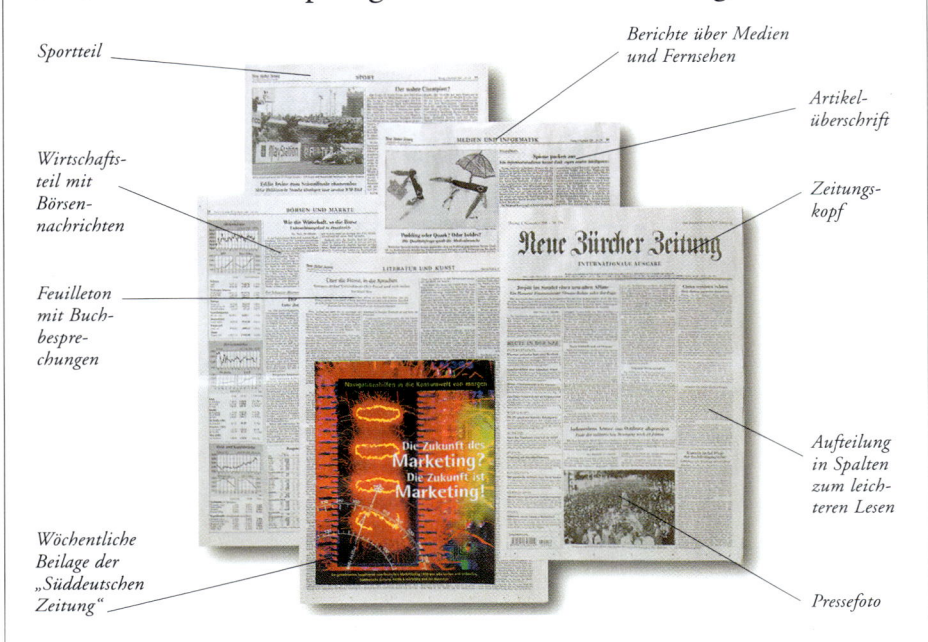

Zeitungsarten
Es gibt viele Arten von Zeitungen. Einige unterstützen politische Parteien, während sich andere in dieser Beziehung neutral verhalten. Manche Zeitungen widmen sich nur einem Spezialgebiet, etwa der Wirtschaft und den Finanzen oder dem Sport. Zeitungen erscheinen meist täglich oder wöchentlich.

Boulevardzeitungen
Diese Zeitungen bringen überwiegend Sensationsnachrichten und schmücken sie oft sehr aus. Große Schlagzeilen und auffallende Bilder ziehen das Interesse der Leser auf sich.

Tageszeitungen
Diese Zeitungen bringen Nachrichten zu den wichtigsten Ereignissen im In- und Ausland. Dazu liefern Korrespondenten fundierte Kommentare und Analysen.

Merkmale einer Zeitung
Zeitungen enthalten aktuelle Artikel über viele Gebiete des öffentlichen Interesses. Die Titelseite bringt die Schlagzeile und Meldungen der wichtigsten Ereignisse. Fast jede Zeitung hat einen eigenen Teil für Sport, Wirtschaft und Kultur. Oft enthalten Zeitungen noch Beilagen in Farbe.

Neue Zürcher Zeitung
Die *Neue Zürcher Zeitung* wurde 1780 in Zürich als liberale schweizerische Tageszeitung gegründet. Sie ist auch außerhalb der Schweiz weit verbreitet. Sie richtet sich an ein gebildetes Publikum und ist für die Qualität ihrer Artikel berühmt. Mit ihren Beilagen deckt sie viele Bereiche des nationalen und internationalen Lebens ab.

William Randolph Hearst
William Hearst (1863–1951) war einer der einflussreichsten Pressezaren der USA. Er besaß bis zu 28 Zeitungen und lebte in einem Schloss in Kalifornien. Rekordverkäufe seiner Zeitungen erzielte er durch Sensationsberichte, dreiste Werbung und aggressive Schlagzeilen.

Wie eine Zeitung entsteht
Eine Zeitung entsteht in Zusammenarbeit. Reporter, Korrespondenten und Fotografen schicken ihre Beiträge und Bilder an die Redaktion. Dort werden sie von Redakteuren bearbeitet und auf einer Seite angeordnet. Dabei ist auch der Raum für die Werbung zu berücksichtigen.

Nachrichtenredaktion
Hier laufen die Nachrichten von eigenen Reportern und Nachrichtenagenturen aus aller Welt zusammen. Die Redakteure müssen schnell die wichtigsten Nachrichten herausfiltern und gegebenenfalls weitere Recherchen in Auftrag geben.

Paparazzi
Eine Zeitung ohne Bilder verkauft sich schlecht. Verlage zahlen deshalb viel Geld für aufsehenerregende Fotos. Einige Fotografen, die sog. Paparazzi, lauern z. B. bekannten Personen auf, um möglichst private Bilder von ihnen zu schießen.

Paparazzi

Nachrichtenredaktion

Seitenlayout am Bildschirm

Bildschirmarbeit
Redakteure und Layouter stellen die Zeitungsseiten am Computerbildschirm zusammen. Das Layout mit Texten und Bildern gelangt von dort elektronisch zur Druckmaschine.

Vertrieb
Zeitungen brauchen einen gut funktionierenden Vertrieb. Große Tageszeitungen lassen ihre Ausgaben gleichzeitig in verschiedenen Städten drucken. Damit ist sichergestellt, dass die Zeitung am Tag des Erscheinens zum Leser gelangt.

Zeitungskiosk

ZEITUNGEN UND ZEITSCHRIFTEN

Die ersten Magazine

Magazine gingen aus billigen Schriften hervor, die im 17. Jh. als Kommentare zu politischen und religiösen Ereignissen erschienen. Im 18. Jh. breiteten sich Magazine mit Artikeln zu den unterschiedlichsten Themen aus. Der Wettbewerb war damals gewaltig. Um 1790 gab es allein in Deutschland 3 493 Zeitschriften und Magazine.

Französisches Magazin zur Jahrhundertwende

Autozeitschrift

Wirtschaftszeitschrift

Diese Zeitschrift richtet sich vor allem an junge Menschen

Magazine

Das Wort „Magazin" bedeutet auch Lagerhaus, und alle Magazine oder Zeitschriften sind Sammlungen von Beiträgen. Magazine erscheinen in regelmäßigen Abständen. Ihr Inhalt kann nicht so aktuell sein wie der von Tageszeitungen. Dafür werden die Themen ausführlicher behandelt. Moderne Zeitschriften gibt es über jedes denkbare Thema: angefangen von der wissenschaftlichen Fachzeitschrift über Wirtschaftsmagazine bis zu Lifestyle- und Modezeitschriften, die von Millionen gelesen werden.

Computermagazin   *Lifestylemagazin für Frauen*   *Wissenschaftliches Magazin*   *Wohnmagazin*

Der Artikel handelt von der Farbe Blau in der Inneneinrichtung.   *Attraktives Layout*   *Auf dieser Seite geht es um Ostern.*

Features

Die Hauptartikel in Zeitschriften oder Magazinen heißen Features. Sie behandeln ein bestimmtes Thema recht ausführlich und werden von Fotos begleitet. Das Feature in einem Wirtschaftsmagazin kann z.B. von einer erfolgreichen Firma handeln. Im Feature der Wohnzeitschrift im Bild rechts geht es um die Farbe Blau bei der Dekoration.

Für diesen Text wurden spezielle Fotos in Auftrag gegeben.

Comics

Comics sind witzige, spannende oder auch satirische Bildergeschichten. Sie kamen erstmals um 1890 in Amerika auf. Damals brachten Verleger Comics, um ihre Zeitungen attraktiver zu gestalten. Über ein Drittel der Weltbevölkerung liest heute regelmäßig Comics.

Werbung

Zeitungen und Zeitschriften hängen stark von Werbeeinnahmen ab. Je größer die Zahl der Leser, umso mehr kann die Zeitschrift für Werbung verlangen. Spezialisierte Zeitschriften haben zwar eine kleine, dafür umso interessiertere Leserschaft. Hier sind die Streuverluste der Werbung geringer. Der Auftraggeber bestimmt die Art und die Gestaltung der Werbung.

Doppelseite mit Werbung für gehobene teuere Sportwagen

Comics mit Superhelden

Seit den 30er Jahren handeln die beliebtesten Comics in Amerika von Superhelden. Sie verfügen über ungewöhnliche Kräfte und kämpfen gegen Gefahren, die der Menschheit drohen. *Batman* wurde 1939 von Bob Kane erfunden. Die Abenteuer dieses Helden gibt es heute auch in Form von Kino- und Fernsehfilmen. Weltberühmt sind auch die Abenteuer von *Asterix und Obelix*.

Früher Batman-Comic

Chronologie

59 v. Chr. Erste handgeschriebene Zeitung im Rom

1615 Erste gedruckte Zeitung in Deutschland

1766 Schweden garantiert als erstes Land die Pressefreiheit.

Amerikanisches Magazin aus dem 2. Weltkrieg

1815 Die britische Zeitung *The Times* hat eine Auflage von 5 000 Stück.

1853 Die Zeitschrift *Die Gartenlaube* wird in Leipzig gegründet. 1875 hat sie fast 400 000 Auflage.

1854 W. Russel, einer der ersten Kriegsberichterstatter, schreibt für *The Times* über den Krimkrieg.

Arabische Zeitung

1939 Erste Batman-Comics von Bob Kane

1952 erscheint in Hamburg die *BILD Zeitung*, eine stark illustrierte Straßenzeitung, die bald 5 Mio. Auflage erreicht.

SIEHE AUCH UNTER — **BUCHDRUCK** — **BÜCHER** — **DISNEY, WALT** — **INFORMATION UND KOMMUNIKATION** — **PAPIER** — **TRICKFILM** — **WERBUNG UND MARKETING**

ZELLEN

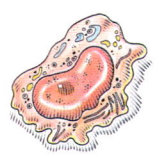

ALLE LEBEWESEN setzen sich aus Zellen zusammen. Einige bestehen nur aus einer einzigen Zelle, etwa die Amöben. Andere Lebewesen wie der Mensch enthalten viele Milliarden Zellen. Jede Zelle hat einen Zellkern, der das Erbgut in Form der DNS enthält. In der DNS liegen die Instruktionen verschlüsselt, die für den Aufbau, den Betrieb und die Fortpflanzung der Zelle notwendig sind. Um den Zellkern herum liegt das Zytoplasma, das die Organellen enthält. Die Zellmembran schließt die Zellen nach außen ab.

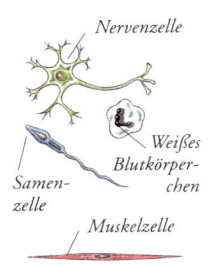

Spezialisierte Zellen

Die meisten Pflanzen und Tiere enthalten zahlreiche verschiedene Zelltypen, die auf bestimmte Aufgaben spezialisiert sind. Neuronen sind lang gestreckte Nervenzellen, die elektrische Impulse leiten. Flüssigkeitsgefüllte Schließzellen regeln die Spaltöffnungen auf den Blättern.

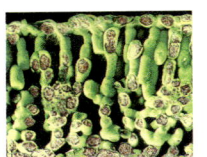

Palisadenzellen
Diese lang gestreckten Zellen liegen in der Blattmitte dicht gedrängt. Sie sind voll gepackt mit Chloroplasten, die das Blattgrün Chlorophyll enthalten. Mit diesem Farbstoff nehmen Pflanzen Sonnenenergie auf.

Palisadenzellen

Leberzellen
Die Leber des Menschen erfüllt im Zusammenhang mit dem chemischen Gleichgewicht des Körpers über 500 Aufgaben. Die Leber mit Millionen von Zellen ist eine chemische Fabrik, die den Körper entgiftet.

Leberzellen

Abnorme Zellen
Die Zellteilung im Innern eines Lebewesens geht stets kontrolliert vor sich. Bisweilen beginnen aber einzelne Zellen mit unnatürlich häufigen Teilungen. Auf diese Weise entsteht eine Geschwulst oder ein Tumor. Es gibt gutartige Tumore, die sich nicht weiter vergrößern, und bösartige, die immer weiter wachsen. Man spricht dann von Krebs.

Eine Krebszelle (gelb) wird von einem T-Lymphozyten (grün) angegriffen.

Marie-François Bichat
Der französische Arzt Marie-François Bichat (1771–1802) bewies, dass die Organe von Pflanzen und Tieren aus unterschiedlichen Zellen bestehen. Verbände gleichartiger Zellen nannte er Gewebe. Bichat stellte fest, dass dieselben Gewebe in verschiedenen Organen vorkommen können. Seine Forschungen bildeten die Basis der heutigen Histologie.

Modell einer Tierzelle

Endoplasmatisches Reticulum In dem Netz aus Membranen werden chemische Stoffe hergestellt.

Golgiapparat Hier werden bestimmte Sekrete gebildet.

Zellkern Das Steuerzentrum der Zelle.

Vakuole Hohlraum, zeitweilig mit Flüssigkeit gefüllt

Glykogen Die Körnchen enthalten ein stärkeähnliches Kohlenhydrat.

Pinozyten Sie lassen gewisse Stoffe in die Zelle dringen.

Zellstruktur
Der Aufbau der meisten Zellen ist ähnlich. Sie bestehen aus dem gelartigen bis flüssigen Zytoplasma, einer Zellmembran sowie einem Zellkern. Im Zytoplasma liegen zahlreiche Kleinorgane, die Organellen. Pflanzenzellen haben eine feste Zellwand und Chloroplasten im Zytoplasma.

Zellmembran Diese dünne, biegsame Haut umschließt das Zytoplasma.

Mitochondrien Sie gelten als Kraftwerke der Zelle, da sie Energie aus Zuckern und Fettsäuren gewinnen.

Zytoplasma Hauptmasse der Zelle; es gibt ihr die Form.

Organellen Strukturen im Zytoplasma für bestimmte Aufgaben

Modell einer Pflanzenzelle

Zellwand Sie besteht aus Zellulose und bildet eine starre äußere Hülle.

Zellmembran Sie läßt wie bei den Tierzellen bestimmte Stoffe hindurchtreten.

Chloroplasten Diese Organellen gibt es nur in grünen Pflanzen. Sie wandeln bei der Photosynthese Sonnenlicht in chemische Energie um.

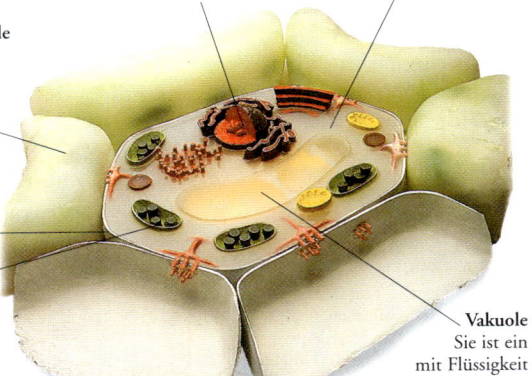

Kernkörperchen, Zentrum des Zellkerns *Zytoplasma*

Vakuole Sie ist ein mit Flüssigkeit gefüllter Hohlraum.

Zellteilung

Zellen vermehren sich durch Teilung. Zuerst teilt sich der Zellkern, dann das Zytoplasma. Man unterscheidet 2 Arten von Zellteilung: die Mitose und die Meiose. Bei der Mitose entstehen Zellen, die für das Wachstum notwendig sind. Die Meiose führt zu Geschlechtszellen.

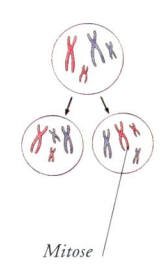

Mitose
Bei der Mitose entstehen aus der Mutterzelle 2 identische Tochterzellen. Dazu stellen die Chromosomen Kopien von sich selbst her. Die Chromosomen wandern zu entgegengesetzten Enden der Zelle und bilden dort 2 neue Kerne. Daraufhin teilt sich auch das Zytoplasma.

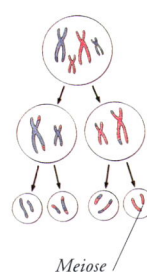

Meiose
Sie findet in den Geschlechtsorganen statt und besteht aus 2 Zellteilungen. Aus 1 Zelle entstehen 4 Geschlechtszellen mit jeweils halbem Chromosomensatz. Die Geschlechtszellen heißen beim Mann Samenzellen und bei der Frau Eizellen.

Zellstudien

Zellen sind so klein, das man zur Untersuchung ein Mikroskop braucht. Damit man aber auch alle Einzelheiten der Zellen erkennt, müssen diese chemisch behandelt und gefärbt werden. Von Geweben untersucht man nur dünnste Schnitte.

Farbstoffe zum Färben von Zellen

Zellfärbung
Wenn man Zellen unter das Mikroskop legt, sieht man zunächst fast nichts, weil sie durchsichtig sind. Deswegen färbt man sie ein. Dabei tritt z. B. der Zellkern deutlich hervor.

SIEHE AUCH UNTER: BIOLOGIE · FORTPFLANZUNG · MIKROORGANISMEN · MIKROSKOP · ORGANSYSTEME · PFLANZEN, FORTPFLANZUNG · PHOTOSYNTHESE · VERERBUNG

ZENTRALAFRIKA, NORD

DER ÄQUATOR läuft mitten durch Zentralafrika. Das feuchtheiße Klima um diesen Breitenkreis bestimmt auch die Lebensweise der Menschen. Sie leben meist von der Landwirtschaft. Zehn Länder gehören zum nördlichen Zentralafrika. Sie waren früher europäische Kolonien und erlangten seit 1960 die Unabhängigkeit. Kamerun ist heute ein gefestigtes Land. Die Kongo-Staaten und die Zentralafrikanische Republik litten lange unter Diktaturen.

Geografie

Der größte Teil Zentralafrikas besteht aus sanften Hügeln und Tälern. Die Landschaft ändert sich mit zunehmender Entfernung vom Äquator. Im Norden und Osten liegen steile Gebirge. Im äußersten Norden stößt Zentralafrika an die Sahara und die Sahelzone. Im Kongobecken wachsen noch unberührte tropische Regenwälder.

Trockenwälder

In niederschlagsärmeren Gebieten Zentralafrikas gedeihen Trockenwälder mit Akazien und den mächtigen Baobabs. Diese Affenbrotbäume haben bis zu 50 m Stammumfang. Die Stämme dienen als Wasserspeicher. Manche Baobabs in Kamerun sind über 1 000 Jahre alt.

Tibesti

Die zackigen Formen des vulkanischen Tibestigebirges an der Grenze zwischen Tschad und Libyen ragen mitten in der Wüste Sahara auf. Der höchste Gipfel ist der Emi Koussi mit 3 415 m.

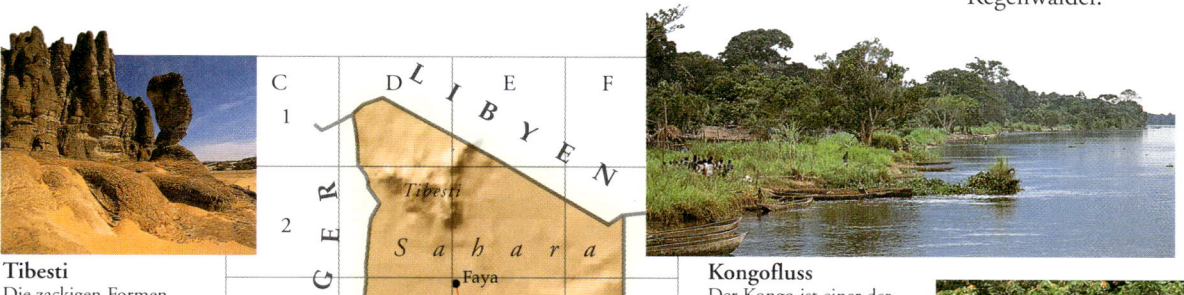

Kongofluss

Der Kongo ist einer der längsten Flüsse der Welt. Er fließt in einer großen Kurve 4 374 km weit und kreuzt dabei zweimal den Äquator. Der Kongo entwässert ein Gebiet von 3 690 000 km².

Tropischer Regenwald

Das Kongobecken ist das größte Rückzugsgebiet afrikanischer Regenwälder. Hier leben tausende von Pflanzen- und Tierarten. Die Bäume der Regenwälder konkurrieren um das Licht und ihr Laubdach bildet mehrere Stockwerke.

Klima

In der Sahara und in der Sahelzone fällt sehr wenig Regen. In den Regenwäldern am Äquator regnet es dagegen jeden Tag. Hier fallen im Schnitt über 38 mm Niederschlag pro m². Im Süden des Gebietes gehen zwischen Mai und Oktober heftige Monsunregen nieder.

29 °C   27 °C
1 434 mm

Bevölkerung

In Zentralafrika leben hunderte verschiedener Stämme und Völker, jedes mit eigener Kultur und Sprache. Die größten Völker sind die Kongo und die Luba. In Lichtungen im Regenwald leben mehrere Pygmäengruppen, darunter die Twa, die BaKa und Mbuti. Viele Afrikaner ziehen heute in die Städte um Krieg, Trockenheit und Hunger zu entgehen. Sie hoffen dort auch Arbeit zu finden, doch ist diese Hoffnung meist trügerisch.

Stammeshäuptling, Brazzaville, Kongo

ZENTRALAFRIKA, NORD

Tschad

Der Tschad gehört zu den ärmsten Ländern der Erde. Fast die Hälfte des Landes besteht aus Wüste oder liegt in der Sahelzone, wo nur unregelmäßig Regen fällt. Etwa 80 % der Menschen leben als Bauern nahe am Fluss Chari. Ständig herrscht Nahrungsmangel. Der Tschad hat zwar einige Bodenschätze, doch werden sie noch nicht genutzt.

Moslemische Nomaden
Über 100 000 moslemische Nomaden leben in der Wüste und in der nördlichen Sahelzone. Zu ihnen gehören auch die Kanembo, die aus einer Vermischung mit den Berbern Nordafrikas hervorgegangen sind. Jeden Tag müssen die Frauen weite Strecken bis zu den Wasserstellen zurücklegen.

Kamele
Die Sahara lässt sich am besten auf Kamelrücken durchqueren. Die Tiere transportieren z. B. Salz und Mineralien vom Tschadsee. Kamele dienen als Reittiere und betreiben sogar Wasserpumpen. Auch ihre Milch, ihr Fleisch und ihre Haut wird geschätzt.

In trockenen Kürbisschalen wird gebuttert.

Fulbe
Über West- und Zentralafrika verstreut lebt das nomadische Volk der Fulbe. Es umfasst etwa 17 Millionen Menschen. Die Fulbe züchten Rinder, trinken deren Milch und stellen Butter und Käse her. Sie benutzen verzierte trockene Flaschenkürbisse als Behälter und Gefäße.

TSCHAD: DATEN

HAUPTSTADT	N'Djamena
FLÄCHE	1 284 000 km²
EINWOHNER	8 200 000
SPRACHE	Französisch, Arabisch, Sara
RELIGION	Islam, Christentum, Stammesreligionen
WÄHRUNG	CFA-Franc

Kamerun

Kamerun an der afrikanischen Westküste war zur Hälfte eine französische und britische Kolonie. Beide Teile wurden 1957 unabhängig und vereinigten sich. Heute ist Kamerun ein wirtschaftlich erfolgreiches Land, das Erdöl, Bauxit und viele Naturprodukte wie Kakao, Kaffee und Gummi exportiert. Im Land leben über 200 Stämme mit eigenständiger Kultur und eigener Sprache. Die größte Volksgruppe bilden die Bantu.

Holz
Wie viele andere afrikanische Staaten verkauft auch Kamerun Harthölzer, darunter Mahagoni und Ebenholz aus den Regenwäldern. Damit kommen Devisen ins Land. Obwohl der Holzhandel nur 11 % der Gesamtexporte ausmacht, bedroht er doch die Zukunft der Wälder.

Hohle Kürbisse verstärken den Ton.

Musik
Makossa ist eine Bezeichnung für einen Stil afrikanischer Volksmusik, die in Kamerun entstanden ist. Sie wird auf traditionellen Instrumenten gespielt, darunter der Mvet. Diese besteht aus einem Steg, Saiten aus Pferdehaar und hohlen Kürbissen. Mvetspieler genießen bei der Bevölkerung hohes Ansehen.

Die Mvet ist eine Stabzither. Die Saiten werden angezupft.

Fußball
Fußball gehört zu den beliebtesten Sportarten in Kamerun. Überall spielen die Menschen Fußball in ihrer Freizeit. Offizielle Spiele locken große Menschenmassen an. Die Nationalmannschaft von Kamerun gilt als eine der besten in Afrika und hat auch schon an Weltmeisterschaften teilgenommen.

KAMERUN: DATEN

HAUPTSTADT	Jaunde (Yaoundé)
FLÄCHE	475 442 km²
EINWOHNER	15 800 000
SPRACHE	Französisch, Englisch, Bantu, Fang, Duala, Ful
RELIGION	Christentum, Stammesreligionen, Islam
WÄHRUNG	CFA-Franc

Zentralafrikanische Republik

Die Zentralafrikanische Republik liegt im Herzen Afrikas und hat eine wechselvolle Geschichte hinter sich. Dürre und eine 13-jährige Diktatur machten sie zu einem der ärmsten Länder der Erde. Nur etwa 2 % der Menschen leben im trockenen Norden, weitaus die meisten wohnen in Dörfern der südlichen Regenwaldzone.

Bantufrau

Baumwolle
Baumwolle wächst in großen Plantagen. Alle Teile werden verwendet. Die Samenhaare verspinnt man zu Garnen. Aus den Samen selbst gewinnt man Öl. Nach der Ernte werden die Stengel und Blätter wieder als Dünger untergepflügt. Baumwolle, Kaffee, Tropenholz und Diamanten sind die Hauptexportgüter.

Nach dem Trocknen wird die Baumwolle sortiert.

Bevölkerung
Die Bevölkerung besteht hauptsächlich aus Ubangi-Gruppen mit eigener Sprache. Dazu kommen Angehörige vieler kleinerer Stämme. Noch heute leben mehrere tausend Jäger und Sammler in den Regenwäldern. Sie bewohnen Hütten, die sie aus großen Blättern bauen.

Ernährung
Die Bewohner sind Selbstversorger. Für ihre Ernährung bauen sie Maniok, Jams, viele Gemüsesorten, Bananen, Erdnüsse und als Getreide Hirse, Mohrenhirse und Mais an. Fische aus den Flüssen Chari und Ubangi sind eine wichtige Eiweißquelle.

Hirse

Maniok

ZENTRALAFRIKANISCHE REPUBLIK: DATEN

HAUPTSTADT	Bangui
FLÄCHE	622 980 km²
EINWOHNER	3 650 000
SPRACHE	Französisch, Sangho, Ubangi-Sprachen, Fulani, Arabisch
RELIGION	Stammesreligionen, Christentum, Islam
WÄHRUNG	CFA-Franc

ZENTRALAFRIKA, NORD

Kongo, Republik

Die Republik Kongo war bis 1960 eine französische Kolonie. Das feuchtheiße Land ist im Norden dicht bewaldet. Fast die Hälfte der Bevölkerung gehört zur Volksgruppe der Kongo. Den Rest machen Batéké, M'Bochi und Sangha aus. Durch den Mineral- und Holzreichtum ist der Kongo ein reiches Land, doch viele Menschen sind noch Selbstversorger, die nur für das eigene Überleben produzieren.

Gespannte Tierhaut

Jede Kakaofrucht enthält rund 30 Samen, aus denen man Schokolade und Kosmetika herstellt.

Kaffeebohnen

Nutzpflanzen
Die Hälfte aller Berufstätigen arbeitet in der Landwirtschaft. Für den Eigenbedarf werden Maniok, Mais, Reis, Erdnüsse und Früchte angebaut. Viele Nahrungsmittel müssen jedoch importiert werden. Kaffee und Kakao werden exportiert.

Kakaofrucht

Trommeln
Die Trommel spielt im Leben der Afrikaner eine wichtige Rolle als Musikinstrument wie als Signalgeber. Die meisten Trommeln sind aus einem Stück Holz geschnitzt und oft reich verziert. Trommeln gibt es in allen Formen und Größen – die abgebildete ist fast mannshoch.

Industrie
Erdöl aus dem Atlantik macht ungefähr 85 % des kongolesischen Exports aus. Auf den Erdölvorkommen beruht der Reichtum des Kongo, auch wenn bei sinkenden Ölpreisen wirtschaftliche Schwierigkeiten auftreten. Der Holzreichtum, darunter viele Edelhölzer, wird forstwirtschaftlich genutzt. Große Schiffe transportieren auf dem Kongo die Baumstämme bis nach Brazzaville. Eine Eisenbahn führt von dort bis nach Pointe Noire, dem einzigen Hafen des Landes.

KONGO: DATEN
- HAUPTSTADT Brazzaville
- FLÄCHE 342 000 km²
- EINWOHNER 3 000 000
- SPRACHE Französisch, Lingala, Kikongo
- RELIGION Christentum, Stammesreligionen
- WÄHRUNG CFA-Franc

Gabun

Ein palmengesäumter, 800 km langer Sandstrand und üppige tropische Vegetation prägen die Landschaft. Das Land verdient über 80 % seiner ausländischen Devisen mit Erdöl. Es exportiert aber auch Holz, Mangan und Uranerz. Gabun könnte ein reiches Land sein, doch durch die Misswirtschaft der Regierung herrscht weiterhin Armut.

Junge Frau in Libreville, Gabuns Hauptstadt

Libreville
Die lebendige Hafenstadt Libreville wurde 1849 von Franzosen gegründet. Diese „freie Stadt" war eine neue Heimat für befreite Sklaven. Heute ist Libreville ein modernes Zentrum der Kultur und Industrie sowie der Sitz der Regierung. Viele Einwohner sind wohlhabend, doch gibt es auch noch viel Armut.

Bevölkerung
Obwohl Gabun zu den am dünnsten besiedelten Ländern Afrikas gehört, leben hier doch über 40 verschiedene Völker und Stämme. Die Fang bilden die größte Gruppe. Einst waren sie wilde Krieger, doch heute dominieren sie in der Regierung. Zwei Drittel der Einwohner sind Christen, und für die Kinder besteht eine 10-jährige Schulpflicht. Tanz, Gesang, Dichtkunst und Geschichten erzählen spielen seit jeher im täglichen Leben eine wichtige Rolle.

GABUN: DATEN
- HAUPTSTADT Libreville
- FLÄCHE 267 667 km²
- EINWOHNER 1 250 000
- SPRACHE Französisch, Fang
- RELIGION Christentum, Stammesreligionen
- WÄHRUNG CFA-Franc

Die Transgabun-Eisenbahn führt von Libreville nach Franceville.

Transgabun-Eisenbahn
Diese Eisenbahnlinie wurde 1986 für den Transport von Gold und Mangan eröffnet. Sie war sehr umstritten, weil ihr Bau durch den Regenwald große ökologische Schäden anrichtete.

Äquatorialguinea

Zwei frühere spanische Kolonien bilden das heutige Äquatorialguinea: Rio Muni, auch Mbini genannt, liegt auf dem Festland. Die Insel Bioko befindet sich nordwestlich davon vor der Küste des benachbarten Kamerun. Die fruchtbaren, vulkanischen Böden der Insel sind ideal für den Anbau von Kakao.

Volksmedizin
Viele Menschen in Äquatorialguinea und ganz Afrika glauben, Krankheiten seien auf den Einfluss von bösen Geistern zurückzuführen. Heiler vertreiben sie mit Tänzen und Gesängen. Bei ihren Zeremonien verwenden sie tierische Knochen, Schneckenhäuser, Muscheln, Stöcke, Wurzeln und andere Pflanzenteile.

Nilpferdzahn

Kaurischnecke

Baumwurzel

Tierknochen

Großfamilien
Die Einwohner von Äquatorialguinea leben meist in Großfamilien. Zwischen den Mitgliedern herrscht ein enger Zusammenhalt und sie helfen sich gegenseitig in der Not.

ÄQUATORIAL-GUINEA: DATEN
- HAUPTSTADT Malabo
- FLÄCHE 28 051 km²
- EINWOHNER 480 000
- SPRACHE Spanisch, Bubi, Fang
- RELIGION Christentum, Stammesreligionen
- WÄHRUNG CFA-Franc

ZENTRALAFRIKA, NORD

Kongo, Demokr. Republik

Die frühere Kolonie Belgisch-Kongo wurde 1960 unabhängig und 1971 in Zaire umbenannt. 1997 erfolgte eine neue Umbenennung in Demokratische Republik Kongo. Das Land besteht aus einer 1 200 m hohen Hochfläche, durch die der Kongo-Fluss fließt. Das Land ist reich an Bodenschätzen, doch herrscht durch Misswirtschaft, Korruption, Bürgerkrieg und den Konflikt mit Rebellen noch große Armut.

Aufgenähte Kaurischnecken als Schmuck

Masken
Zu den zahlreichen Völkern und Stämmen in Kongo zählen auch die Kuba. Der Stammeshäuptling trägt eine Jagdmaske, die sog. Mashamboy-Maske, aus Perlen, Muschelschalen und Raphiabast. Sie symbolisiert die Macht seines Volkes über den großen Geist.

KONGO: DATEN
HAUPTSTADT	Kinshasa
FLÄCHE	2 344 885 km²
EINWOHNER	53 500 000
SPRACHE	Französisch, Kisuaheli, Lingala, Kikongo, Chiluba
RELIGION	Christentum, Islam, Stammesreligionen
WÄHRUNG	Kongo-Franc

Ankauf von Diamanten

Landwirtschaft
Zwei Drittel der Bevölkerung sind Selbstversorger und bauen Früchte, Gemüse, Mais, Baumwolle, Kaffee, Kakao und Reis an. Es müssen dennoch Nahrungsmittel eingeführt werden. Sehr fruchtbar ist der vulkanische Boden in der Umgebung des Nationalparks Virunga.

Bergbau
Kupfererz, Kobalt und Industriediamanten machen rund 80 % der Exporte aus. Das Land ist der drittgrößte Diamantenexporteur der Welt. Das Zentrum des Bergbaus liegt in der Provinz Shaba.

Flusshafen
Der Kongo-Fluss und seine Nebenflüsse sind auf einer Strecke von 11 500 km schiffbar. Es gibt viele Flusshäfen mit Bootswerften und lebhaften Märkten, auf denen Maniok, Früchte, Fische und Leckereien wie Affen- und Schlangenfleisch verkauft werden. Die Händler bieten ihre Waren am Fluss in Einbäumen an, die von einheimischen Handwerkern hergestellt werden.

Völkermord
Die heutigen Staatsgrenzen in Zentralafrika gehen auf die Zeit der europäischen Kolonien zurück und verlaufen zum Teil mitten durch zusammengehörige Stammesgebiete. So kommt es zwischen einzelnen Stämmen und Völkern immer wieder zum Krieg, vor allem zwischen Hutu und Tutsi in Ruanda und Burundi. Seit Jahrhunderten herrschen in Ruanda die Tutsi über die Hutu. 1959 rebellierten die Hutu, 1994 kam es zum Völkermord an den Tutsi. Seither sind in der Region tausende von Menschen auf der Flucht.

Flüchtlingslager, Tansania

São Tomé und Príncipe

Dieses winzige Land besteht aus den beiden Vulkaninseln São Tomé und Princípe sowie 4 weiteren kleineren Inseln rund 200 km vor der Küste von Gabun. Die Berge sind mit Wäldern bedeckt und auf dem fruchtbaren Boden wachsen Kakao, Kaffee, Bananen, Zuckerrohr und Kokospalmen.

Ruanda

Ruanda ist eines der am dichtesten besiedelten Länder Afrikas. Durch den Konflikt zwischen Hutu und Tutsi flohen Tausende in den Kongo und wieder zurück. Die Wirtschaft des Landes liegt darnieder. Die Exporterlöse aus Kaffee, Tee, Zinn und Wolfram sind gering. Die meisten Menschen produzieren nur das Nötigste für sich selbst.

Burundi

Burundi litt wie der Nachbarstaat Ruanda sehr unter den Kämpfen zwischen Tutsi und Hutu. Der Bürgerkrieg forderte tausende von Toten. Zwar verfügt das Land über große Erdöl- und Nickelvorräte im Tanganjikasee, hat aber kein Geld für die Förderung. Die meisten Menschen sind Selbstversorger.

Pfeffer
Pfefferkörner sind anfangs grün, in der Reife rot. Man trocknet die halbreifen Körner an der Sonne und erhält so schwarzen Pfeffer. Weißer Pfeffer wird aus den reifen, roten Früchten gewonnen.

Vulkanpark
Der Nationalpark der Vulkane, von denen 2 noch aktiv sind, ist das letzte Rückzugsgebiet für die Berggorillas. Von diesen Affen haben bis heute nur noch etwa 650 Tiere überlebt.

RUANDA: DATEN
HAUPTSTADT	Kigali
FLÄCHE	26 338 km²
EINWOHNER	7 600 000
SPRACHE	Kinyarwanda, Englisch, Französisch, Kisuaheli
RELIGION	Christentum, Islam, Stammesreligionen
WÄHRUNG	Ruanda-Franc

Landwirtschaft
Die Bauern pflanzen Mais und Maniok für den Eigenbedarf an. Kaffee, Tee und Baumwolle werden exportiert. Die Übernutzung des Bodens führt häufig zu Erosionen.

BURUNDI: DATEN
HAUPTSTADT	Bujumbura
FLÄCHE	27 834 km²
EINWOHNER	6 500 000
SPRACHE	Kirundi, Französisch, Kisuaheli
RELIGION	Christentum, Stammesreligionen
WÄHRUNG	Burundi-Franc

Kreolische Kultur
Als portugiesische Entdecker 1470 auf diesen Vulkaninseln landeten, waren sie unbewohnt. Später siedelten die Portugiesen Sklaven an, die sich zum Teil mit den Weißen vermischten. Es entstand eine kreolische Mischkultur mit eigener Sprache. Die Bevölkerung besteht heute meist aus Schwarzen.

SAO TOME UND PRINCIPE: DATEN
HAUPTSTADT	São Tomé
FLÄCHE	1001 km²
EINWOHNER	160 000
SPRACHE	Portugiesisch, Kreolisch
RELIGION	Christentum
WÄHRUNG	Dobra

SIEHE AUCH UNTER: AFFEN · AFRIKA, GESCHICHTE · EISENBAHN · ERDÖL · LANDWIRTSCHAFT · MUSIK · SKLAVEREI · WÄLDER · WELTREICHE

ZENTRALAFRIKA, SÜD

DER SÜDLICHE TEIL ZENTRALAFRIKAS besteht aus 7 Ländern sowie aus der Insel Madagaskar und den Komoren im Indischen Ozean. Die Landwirtschaft spielt in diesen Ländern immer noch die erste Rolle. Bedeutende Vorkommen von Diamanten, Uran, Kupfer- und Eisenerzen haben allerdings zur Folge, dass viele Menschen Arbeit in der Industrie suchen. Sie wandern in die Städte ab. Im südlichen Zentralafrika leben zahlreiche Völker und Stämme mit eigener Sprache und eigener Kultur.

Geografie

Der größte Teil des Gebietes liegt in 400 bis 1 500 m ü. d. M. Nur an der Küste finden sich Tiefebenen. Im westlichen und zentralen Teil der Region liegen die Namib- und Kalahari-Wüste, ferner Savannen und Trockenwälder. Im Norden wachsen feuchte, subtropische Wälder.

Akazien, Madagaskar

Klima

Der größte Teil des Gebiets liegt in den stets heißen Tropen. Doch kann man hier eine Regenzeit und eine Trockenzeit unterscheiden. In Botswana und Namibia herrscht überwiegend ein ziemlich trockenes Klima. Namibia ist größtenteils eine Wüste. Ostmadagaskar weist dagegen ein feuchtes, tropisches Klima auf.

23 °C 16 °C
964 mm

Namib-Wüste

Die Namib-Wüste erstreckt sich über 1 900 km in einem 80–130 km breiten Streifen von Südwestangola längs der Skelettküste bis zur Grenze Südafrikas. Obwohl es hier selten regnet, ist das Klima an der Küste feucht mit kalten Morgennebeln. Die Sanddünen werden bis zu 300 m hoch und reichen bis an die Atlantikküste. Hier kommt man nur mit dem Kamel vorwärts.

Savanne

Ein großer Teil der Region ist von Grasland oder Savanne bedeckt. Am häufigsten findet man hier Dornbäume, besonders Akazien. Sie haben sich an die Trockenheit angepasst und wachsen an der Grenze zur Kalahari sowie anderer Halbwüsten.

Die Rolle der Frauen

In Afrika war es seit jeher die Aufgabe der Frauen, das Haus in Ordnung zu halten und die Kinder zu erziehen. Bei manchen Völkern bauen sie auch Pflanzen an oder errichten sogar die Häuser. Heute müssen viele Frauen Zentralafrikas neue Aufgaben übernehmen, weil ihre Männer in Bergwerken und Städten arbeiten. Sie bekleiden jedoch kaum öffentliche Ämter und haben auch keinen eigenen Besitz.

Frau aus Simbabwe mit ihrem Baby

ZENTRALAFRIKA, SÜD

Angola

Im Jahr 1975 erreichte Angola nach langem Krieg die Unabhängigkeit von Portugal. Mit seinen fruchtbaren Landstrichen und den Lagerstätten von Diamanten, Erdöl und Erdgas könnte Angola ein sehr reiches Land sein. Doch nach der Unabhängigkeit setzte ein Bürgerkrieg ein, der eine wirtschaftliche Entwicklung verhinderte. Seit 1996 herrscht ein allerdings unsicherer Waffenstillstand.

ANGOLA: DATEN

HAUPTSTADT	Luanda
FLÄCHE	1 246 700 km²
EINWOHNER	12 500 000
SPRACHE	Portugiesisch; Bantu-Sprachen
RELIGION	Christentum, Stammesreligionen
WÄHRUNG	Kwanza

Erdöl und Diamanten
Der größte Teil des Erdöls wird in Cabinda, einer winzigen angolanischen Enklave im Kongo produziert. Das Öl macht 90 % der angolanischen Exporte aus. Bei den Diamanten steht Angola an 3. Stelle der Weltförderung.

Luanda
Die Hauptstadt Angolas wurde 1575 von den Portugiesen gegründet. Heute leben hier über 2 Mio. Menschen. In Luanda wurden früher Sklaven nach Brasilien verschifft. Das moderne Luanda ist ein Industriezentrum mit eigener Erdölraffinerie.

Sambia

Die Südgrenze Sambias bildet der Fluss Sambesi. Sambia besteht aus Hochflächen, von denen 80 % Savanne oder Wald tragen. Die Hälfte der Bewohner baut gerade das Nötigste für sich selbst an, ständig von Dürre bedroht. Lediglich Tabak wird exportiert. Den größten Teil der Energie liefert Wasserkraft. Die Wirtschaft des Landes ist stark vom Kupferpreis abhängig.

SAMBIA: DATEN

HAUPTSTADT	Lusaka
FLÄCHE	752 614 km²
EINWOHNER	10 400 000
SPRACHE	Englisch; Bantu-Sprachen
RELIGION	Christentum, Stammesreligionen
WÄHRUNG	Kwacha
LEBENSERWARTUNG	41 Jahre

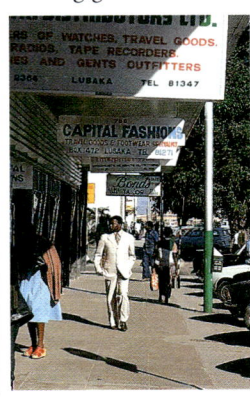

Kobalt braucht man in der Stahlproduktion

Kupfer macht 70 % der Exporte aus.

Armreifen aus Kupfer

Kupfer und Kobalt
Sambia ist der zwölftgrößte Kupferproduzent der Welt. Die entsprechende Lagerstätte, genannt Copperbelt, ist 320 km lang. Bei Kobalt steht Sambia an 2. Stelle der Weltrangliste. Auch Blei, Silber und Zink werden abgebaut.

Leben in der Stadt
Die Hälfte der Bevölkerung, die sich aus über 70 Völkern und Stämmen zusammensetzt, lebt in Städten. Am dichtesten besiedelt ist der Copperbelt, weil es dort die meiste Arbeit gibt. Lusaka ist eine lebendige Industrie- und Handelsstadt mit rund 1 Mio. Einwohnern.

Namibia

Die einstige deutsche Kolonie wurde 70 Jahre lang von Südafrika verwaltet. Namibia wurde 1990 unabhängig. Der Bergbau ist die wichtigste Industrie des Landes. Die Landwirtschaft betreibt hauptsächlich Viehzucht. Der Ackerbau hat unter häufiger Dürre zu leiden. An der Atlantikküste liegen gute Fischgründe.

NAMIBIA: DATEN

HAUPTSTADT	Windhuk
FLÄCHE	824 292 km²
EINWOHNER	1 800 000
SPRACHE	Englisch, Afrikaans, Deutsch; Bantu- und Buschmannsprachen
RELIGION	Christentum
WÄHRUNG	Namibia-Dollar

Frau der Himba

Uran
Die größte Uranmine der Welt liegt in der Namibwüste. Hier werden jedes Jahr über 3 000 Tonnen Uran gefördert. Namibia nimmt bei der Uranförderung die 3. Stelle in der Welt ein und ist der siebtgrößte Produzent von Diamanten.

Bevölkerung
Namibia hat eine friedliche gemischte Bevölkerung. Die weiße Minderheit lebt überwiegend in Windhuk in Häusern europäischer Bauart. Von den vielen Stammesgruppen bilden die Ovambo im Norden die größte. Die halbnomadischen Himba im Westen züchten vor allem Rinder.

Geflochtenes Haar mit Perlen

Botswana

Der Südwesten Botswanas hat Anteil an der Kalahari-Wüste. Im Norden liegt das sumpfige Delta des Flusses Okawango, ein Paradies für Tiere. Insgesamt ist Botswana aber ein sehr trockenes Land. Die meisten Menschen leben im fruchtbaren Osten und arbeiten in der Landwirtschaft. Botswana ist der viertgrößte Diamantenproduzent der Welt.

BOTSWANA: DATEN

HAUPTSTADT	Gaborone
FLÄCHE	581 730 km²
EINWOHNER	1 600 000
SPRACHE	Englisch; Setswana und andere Bantusprachen
RELIGION	Stammesreligionen, Christentum
WÄHRUNG	Pula

Fleischeintopf mit Spinat *Getreidebrei*

San
Die Ureinwohner Botswanas sind die nomadischen San, die man früher Buschmänner der Kalahari nannte. Heute gibt es weniger als 40 000 San. Einige unter ihnen leben noch als Jäger und Sammler in kleinen Gruppen in der Kalahari. Dort fangen sie Kleintiere und sammeln vor allem Pflanzenwurzeln. Viele San arbeiten heute in Rinderfarmen, die zumeist ausländischen Besitzern gehören.

Landesküche
Die Tswana, die 95 % der Bevölkerung ausmachen, treiben Viehzucht und bauen als Selbstversorger Mais, Hirse und Mohrenhirse an. Sie essen einen Fleischeintopf mit einer Art Getreidebrei. Frisches Gemüse kommt nur selten auf den Tisch.

Simbabwe

Im Jahr 1980 wurde die frühere britische Kolonie Rhodesien unabhängig und nannte sich Simbabwe nach einer berühmten Ruinenstätte. 60 % der Simbabwer leben von der Landwirtschaft. Die wichtigsten Nutzpflanzen sind Tabak, Baumwolle, Mais, Kaffee und Zucker. Es gibt auch eine vielseitige Industrie und man baut Kohle, Gold, Chrom und Nickel ab.

SIMBABWE: DATEN
HAUPTSTADT	Harare
FLÄCHE	390 757 km²
EINWOHNER	12 600 000
SPRACHE	Englisch; Fanagalo, Bantu-Sprachen
RELIGION	Stammesreligionen, Christentum
WÄHRUNG	Simbabwe-Dollar

Tourismus
Die Hauptattraktion Simbabwes sind die spektakulären Victoria-Fälle, der Kariba-Staudamm, die Nationalparks und die Ruinenstätte Simbabwe. Die Touristen fahren gerne mit Kanus und Raft-Booten auf dem Sambesi.

Harare
Die Hauptstadt Simbabwes hieß früher Salisbury. Die schöne, britisch geprägte Stadt ist durch blühende Bäume, bunte Parks und moderne Gebäude gekennzeichnet. In dem Industrie- und Handelszentrum leben heute über 1 Mio. Menschen.

Madagaskar

Madagaskar, die viertgrößte Insel der Welt, hat wegen seiner isolierten Lage vor der Küste Ostafrikas eine einzigartige Tierwelt. Eine Hochfläche zieht sich von Norden nach Süden und fällt zu einem schmalen, fruchtbaren Streifen im Osten ab, wo die meisten Menschen leben. Die Wirtschaft des Landes beruht auf Ackerbau und Viehzucht.

MADAGASKAR: DATEN
HAUPTSTADT	Antananarivo
FLÄCHE	587 041 km²
EINWOHNER	16 000 000
SPRACHE	Malagasy, Französisch
RELIGION	Stammesreligionen, Christentum
WÄHRUNG	Madagaskar-Franc

Vanille
Madagaskar ist der weltgrößte Exporteur von Vanille. Mit den Schoten dieser Orchidee würzt man Schokolade, Eiscreme und andere Süßigkeiten. Weitere Exportgüter sind Gewürznelken, Sisal und Kakao.

Vanilleschoten werden 25 cm lang.

Ackerbauern
Die meisten Madagassen stammen von Asiaten aus Malaysia und Indonesien ab, die vor fast 2 000 Jahren das Land besiedelten. Später kamen in mehreren Wellen Afrikaner vom Kontinent, sodass eine einzigartige gemischte Gesellschaft entstand. Drei Viertel der Madagassen bauen zur Selbstversorgung Pflanzen wie Maniok und Reis an. Das Land ist sehr arm.

Mosambik

Mosambik litt viele Jahre unter einem Bürgerkrieg. Das Land ist fruchtbar – Baumwolle und Cashewnüsse werden exportiert – und reich an Bodenschätzen. Mosambiks Eisenbahnen und Häfen verbinden Swasiland, Malawi und Simbabwe mit dem Meer. Aus diesem Transitverkehr erhält das Land die meisten Devisen.

MOSAMBIK: DATEN
HAUPTSTADT	Maputo
FLÄCHE	799 380 km²
EINWOHNER	19 400 000
SPRACHE	Portugiesisch; Kisuaheli
RELIGION	Stammesreligionen, Christentum, Islam
WÄHRUNG	Metical

Fischerei
Der wichtigste Industriezweig in Mosambik ist die Fischerei; Krustentiere machen fast 30 % der Exporterlöse aus. Pro Jahr werden rund 25 000 Tonnen Fisch gefangen.

Malawi

Das seit 1964 unabhängige Malawi ist ein landwirtschaftlich geprägtes Land ohne viele Bodenschätze. Die Industrie stellt hauptsächlich Nahrungsmittel und Textilien für den Eigenbedarf her. Jährlich werden über 50 000 t Fische aus dem Malawisee gefangen.

MALAWI: DATEN
HAUPTSTADT	Lilongwe
FLÄCHE	118 484 km²
EINWOHNER	11 300 000
SPRACHE	Chichewa, Englisch
RELIGION	Christentum, Stammesreligion
WÄHRUNG	Malawi-Kwacha

Landwirtschaft
Fast 84 % aller Einwohner arbeiten in der Landwirtschaft; sie erzeugen Tee, Tabak, Kaffee, Baumwolle und Zucker sowie für sich selbst Mais, Reis, Maniok und Kochbananen. Das Land versorgt sich selbst mit Nahrungsmitteln.

Tee wächst gut im tropischen Klima des Hügellands

Komoren

Die drei größeren und mehrere kleinere Inseln der Komoren liegen nördlich von Madagaskar im Indischen Ozean. Bis 1975 herrschten hier die Franzosen. Die Wirtschaft ist unterentwickelt, die meisten Menschen sind Selbstversorger.

Ylang-Ylang
Die Komoren sind der weltgrößte Produzent von Ylang-Ylang. Der aromatische Baum hat grünlich-gelbe Blüten, die ein Duftöl für die Herstellung von Parfüm liefern.

KOMOREN: DATEN
HAUPTSTADT	Moroni
FLÄCHE	1 862 km²
EINWOHNER	650 000
SPRACHE	Französisch, Arabisch, Komorisch
RELIGION	Islam
WÄHRUNG	Komoren-Franc
LEBENSERW.	60 Jahre

SIEHE AUCH UNTER: AFRIKA, GESCHICHTE · AFRIKA, TIERWELT · ERDÖL · FAMILIE UND GESELLSCHAFT · FISCHFANG · GESTEINE · LANDWIRTSCHAFT · SIMBABWE, RUINENSTÄTTE · WELTREICHE · WÜSTEN

ZENTRALAMERIKA

ZWISCHEN NORD- UND SÜDAMERIKA liegt die Landbrücke von Zentralamerika. Dieses Gebiet umfasst 7 Länder. Im Westen liegt der Pazifik, im Osten das Karibische Meer, ein Nebenmeer des Atlantiks. Beide Ozeane sind durch den Panamakanal verbunden, der Schiffen den Weg um die Südspitze Amerikas erspart. Die ursprünglichen Bewohner Zentralamerikas waren Indianer. Im 16. Jh. eroberten die Spanier dieses Gebiet. Seit ihrer Unabhängigkeit leiden die Länder Zentralamerikas unter instabilen politischen und wirtschaftlichen Verhältnissen.

Geografie

Zentralamerika besteht aus einem vulkanischen Gebirge mit großen Kraterseen. Es verläuft von Guatemala bis Costa Rica. Die Pazifikküste ist flach und fruchtbar. Die Tiefebenen im Osten, die an das Karibische Meer grenzen, sind von Sümpfen und Regenwäldern bedeckt und kaum besiedelt.

Tropischer Regenwald
Das feuchtheiße Klima der zentralamerikanischen Karibikküste begünstigt das Wachstum dichter tropischer Regenwälder, besonders in Belize und Guatemala sowie an der Moskitoküste von Nicaragua. Leider werden diese Wälder zunehmend zur Holzgewinnung gefällt.

Sierra Madre
Als Sierra Madre bezeichnet man das Hochland von Guatemala und El Salvador. Es ist die Fortsetzung der mexikanischen Sierra Madre. Zu ihr zählt der Tajumulco, ein erloschener Vulkan, der mit 4 210 m der höchste Berg in Zentralamerika ist.

Nicaraguasee
Der Nicaraguasee hat eine Fläche von 8 264 km² und ist bis 70 m tief. Über den Rio San Juan ist er mit dem Karibischen Meer verbunden. Im See liegen 310 Inseln – die größte ist Ometepe mit 276 km². Sie besteht aus 2 Vulkanen, verbunden durch eine Landbrücke.

Klima
25 °C   22 °C

In ganz Zentralamerika herrscht ein heißes, tropisches Klima mit einer deutlichen Regenzeit von Mai bis November oder Dezember. Auf den Hochflächen und im Gebirge ist es kühler. An der Karibikküste regnet es mehr als auf der pazifischen Seite – im Extremfall bis zu 6 600 mm pro Jahr.

1615 mm

Pan-American Highway

Der Pan-American Highway zieht auch durch ganz Zentralamerika. Im Norden besteht eine Verbindung mit den US-amerikanischen Highways, und im Süden führt diese Straße bis nach Chile. Von der mexikanischen Grenze an verläuft der Pan-American Highway ungefähr 9 000 km weit.

Pan-American Highway, Costa Rica

Guatemala

Guatemala war einst das Zentrum der Mayakultur. Heute ist es das größte und bevölkerungsreichste Land Zentralamerikas. Es gibt hier ziemlich viele Fabriken, die Nahrungsmittel, Textilien, Papier, Arzneimittel und Gummiwaren produzieren. Im Süden baut man in Plantagen Kaffee, Bananen, Baumwolle und Zuckerrohr an.

Landwirtschaft

Die Hälfte der Guatemalteken sind Nachfahren der Maya. Die meisten leben im westlichen Hochland, bauen Pflanzen an und züchten Vieh. Mit den Produkten treiben sie in der Umgebung Handel. Zu den Wochenmärkten strömen Menschen aus den abgelegensten Gegenden.

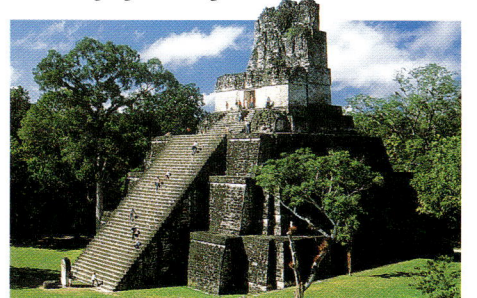

GUATEMALA: DATEN

- HAUPTSTADT Guatemala City
- FLÄCHE 108 889 km²
- EINWOHNER 12 500 000
- SPRACHE Spanisch, Maya-Quiché-Sprachen
- RELIGION Christentum
- WÄHRUNG Quetzal

Tikal

Der Tourismus ist eine Wachstumsindustrie in Guatemala. Jedes Jahr besuchen über 500 000 Touristen die Mayaruinen. Die Mayastadt Tikal wurde um 600 n. Chr. gegründet und hatte ihre Blütezeit bis ungefähr 890. Dann wurde sie plötzlich aufgegeben. Einst lebten hier 40 000 Menschen.

Honduras

Das kleine, arme Honduras hing jahrelang vom Export von Bananen, Kaffee und Harthölzern ab. Durch den Preisverfall wurden rund 40 % der Menschen arbeitslos. Die Hälfte lebt in kleinen Dörfern und baut gerade genug Nahrung für sich selbst an. Die Plantagen und Bergwerke gehören meist Fremdfirmen.

HONDURAS: DATEN

- HAUPTSTADT Tegucigalpa
- FLÄCHE 112 492 km²
- EINWOHNER 6 400 000
- SPRACHE Spanisch, Englisch, Kreolisch, Indianersprachen
- RELIGION Christentum
- WÄHRUNG Lempira

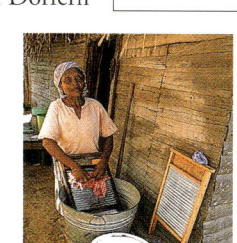

Bevölkerung

Ungefähr 90 % aller Honduraner sind Mestizen und damit europäischen wie indianischen Ursprungs. An der Karibikküste leben die Garifuna. Diese stammen von schwarzen Sklaven ab, die vor über 350 Jahren an Land schwammen, als Sklavenschiffe aus Nigeria vor der honduranischen Küste Schiffbruch erlitten.

Bananen

Große Plantagen im Nordosten produzieren Bananen für den Export. Sie erbringen noch rund 10 % des Exporterlöses. Wichtiger ist der Kaffee. Viele Plantagen gehören aber reichen Großgrundbesitzern oder US-Firmen, die erwarten, dass ihre Arbeiter für niedrigen Lohn viele Stunden fleißig sind.

El Salvador

Dieses kleinste Land in Zentralamerika hat eine zerklüftete Landschaft mit über 20 Vulkanen. Auch Erdbeben sind eine ständige Bedrohung. Auf den Hochflächen bieten dicke Schichten vulkanischer Asche und Lava ideale Bedingungen für den Kaffeeanbau. Das Land ist sehr arm wegen eines Bürgerkriegs, der 1979–92 hier wütete.

EL SALVADOR: DATEN

- HAUPTSTADT San Salvador
- FLÄCHE 21 041 km²
- EINWOHNER 6 300 000
- SPRACHE Spanisch, Englisch
- RELIGION Christentum
- WÄHRUNG El-Salvador-Colón

Bevölkerung

El Salvador ist das am dichtesten besiedelte Land Zentralamerikas. Mehr als die Hälfte der Bevölkerung lebt ländlich in dörflichen Siedlungen. Das Bevölkerungswachstum beträgt fast 2,5 % pro Jahr. Die Menschen sind eine Mischung aus Indios und Spaniern, was sich auch in der Kultur zeigt. Nur noch 10 % sind reinrassige Indios.

Entwaldung

Heute sind nur noch rund 5 % von El Salvador bewaldet. Große Waldgebiete hat man gefällt, um Edelhölzer zu exportieren. Auch für den Anbau von Kaffee und anderen Pflanzen wurde viel Wald abgeholzt.

Belize

Der größte Teil von Belize ist dichter Regenwald. Die Bevölkerung lebt überwiegend an der Karibikküste. Die beiden größten Bevölkerungsgruppen bilden Mestizen und Kreolen. Diese stammen von schwarzen Sklaven ab, die man hier im 17. Jh. ausgesetzt hat.

BELIZE: DATEN

- HAUPTSTADT Belmopan
- FLÄCHE 22 965 km²
- EINWOHNER 255 000
- SPRACHE Englisch, englisches Kreolisch, Spanisch, Maya, Garifuna
- RELIGION Christentum
- WÄHRUNG Belize-Dollar

Barriereriff

Vor den sumpfigen Küstenebenen von Belize liegt das zweitgrößte Barriereriff der Erde mit einer Länge von 290 km. Hier leben viele bunte Fische und Korallen.

Belmopan

Belize City, der Haupthafen, war jahrelang Hauptstadt des Landes. 1960 richteten ein Hurrikan und eine Flutwelle große Schäden an. 1970 baute man die neue Hauptstadt Belmopan im Landesinneren, weit weg von der Küste. Die Stadt hat nur 7 000 Einwohner, hauptsächlich Beamte.

ZENTRALAMERIKA

Nicaragua

Nicaragua wird gelegentlich das Land der Seen und Vulkane genannt. Es liegt in der Mitte Zentralamerikas. Einige Vulkane sind noch aktiv und Erdbeben treten häufig auf. Von 1978 bis 1990 herrschte ein Bürgerkrieg zwischen den linken Sandinisten, die die Regierung bildeten, und den rechtsgerichteten Contras, die von den USA unterstützt wurden.

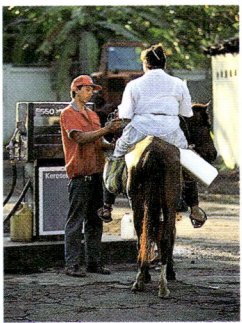

Bevölkerung
Mestizen machen 70 % der Nicaraguaner aus. Der Rest verteilt sich auf Weiße, Indios und Schwarze, die von Afrikanern abstammen, die im 18. Jh. als Sklaven ins Land gebracht wurden. Der überwiegende Teil der Bevölkerung lebt auf der pazifischen Seite des Landes.

NICARAGUA: DATEN
HAUPTSTADT	Managua
FLÄCHE	120 254 km²
EINWOHNER	5 070 000
SPRACHE	Spanisch, Englisch, indianische Sprachen
RELIGION	Christentum
WÄHRUNG	Córdoba

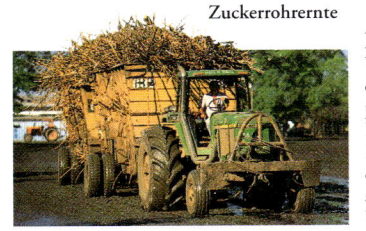

Zuckerrohrernte

Landwirtschaft
Über 40 % der Arbeitnehmer sind in der Landwirtschaft beschäftigt. Sie produziert vor allem Baumwolle, Kaffee, Zuckerrohr, Bananen und Fleisch. Das Land verfügt über einige Fabriken, die die landwirtschaftlichen Produkte weiter verarbeiten, z. B. Raffinerien für Zucker.

Schwarzer Pfeffer, Knoblauch, Paprika, Zwiebel, Frühlingszwiebel, Scharfe Chilisauce

Landesküche
Die Nicaraguaner lieben geröstete Maiskolben und dünne Maisfladen, die Tortillas. Dazu essen sie mit Pfeffer und Knoblauch scharf gewürzte Gerichte aus Fleisch und Bohnen. Das Essen wird oft in eine scharfe Chilisauce getunkt.

Costa Rica

Im Gegensatz zu seinen Nachbarn ist Costa Rica ein stabiles, friedliches Land mit einer demokratisch gewählten Regierung. Seit 1949 hat es keine Armee mehr. In Costa Rica gibt es gute Schulen und Krankenhäuser. Die meisten Einwohner sind Weiße. Im Gebiet von Puerto Limón leben englischsprachige Schwarze, die Nachfahren früherer Sklaven.

COSTA RICA: DATEN
HAUPTSTADT	San José
FLÄCHE	51 060 km²
EINWOHNER	3 800 000
SPRACHE	Spanisch, englisches Kreolisch, Englisch
RELIGION	Christentum
WÄHRUNG	Costa-Rica-Colón

In Costa Rica leben rund 750 Vogelarten – mehr als in den gesamten USA.

Dunkel geröstete Kaffeebohnen haben ein volles Aroma.

San José
Die Stadt San José wurde 1737 gegründet und 1823 Hauptstadt. Sie hat viele Parks und ein Gemisch aus traditioneller und moderner spanischer Architektur. San José ist über Eisenbahnlinien mit dem Pazifik und der Karibik verbunden und liegt am Pan-American Highway.

Tourismus
Über 20 % von Costa Rica sind heute Nationalparks. Dazu gehören die Spitzen von Vulkanbergen und ungestörte tropische Wälder mit vielen Pflanzen- und Tierarten. Viele Touristen kommen wegen der einzigartigen Tierwelt, die z. B. aus Jaguaren, Meeresschildkröten, Krokodilen und Gürteltieren besteht.

Kaffee
Kaffee aus Costa Rica gilt als einer der feinsten der Welt. Er wächst auf den reichen, schwarzen Vulkanböden nahe der Hauptstadt San José. Costa Rica war das erste zentralamerikanische Land, das Kaffee anbaute. Auch Bananen spielen für den Export eine große Rolle.

Panama

Panama nimmt den südlichsten und schmalsten Teil Zentralamerikas ein. Das Land wird vom Panamakanal, der den Atlantik mit dem Pazifik verbindet, in zwei Hälften geteilt. Panama hat eine abwechslungsreiche Natur und einige der undurchdringlichsten Wälder Zentralamerikas.

Jedes Jahr passieren rund 14 000 Schiffe den Panamakanal und sichern dem Land durch die Gebühren ein hohes Einkommen.

PANAMA: DATEN
HAUPTSTADT	Panama City
FLÄCHE	75 517 km²
EINWOHNER	2 850 000
SPRACHE	Spanisch, Englisch, Indianersprachen
RELIGION	Christentum
WÄHRUNG	Balboa

Finanzzentren
Die Städte Colón und Panama City liegen an den entgegengesetzten Enden des Panamakanals. Beide sind wichtige Geschäftszentren mit einer weit entwickelten Dienstleistungsindustrie, vor allem auf dem Finanzsektor.

Panamakanal
Den Panamakanal bauten die USA. Er wurde 1914 eröffnet und ist 81,6 km lang. Der Kanal hat 3 Schleusenanlagen und erspart den Schiffen eine 6 000 km lange Reise um die Südspitze Amerikas. Die Kanalzone war bis zur Übergabe an Panama am 31. 12. 1999 ein US-Schutzgebiet.

Garnelen
Panama verfügt über eine größere Fischereiflotte. Sie fängt u. a. Hummer und vor allem Garnelen, die rund 10 % der Exporterlöse einbringen. Kleine Anchovis, aus denen man Fischmehl herstellt, sind ein weiteres wichtiges Exportgut.

SIEHE AUCH UNTER ERDBEBEN · FISCHFANG · INDIANER · KORALLENRIFF · LANDWIRTSCHAFT · MAYA · WÄLDER · ZENTRALAMERIKA, GESCHICHTE

ZENTRALAMERIKA, GESCHICHTE

ZENTRALAMERIKA HAT eine sehr bewegte Geschichte mit Bürgerkriegen, Revolutionen und schrecklicher Unterdrückung. Die reichen natürlichen Ressourcen des Gebietes weckten die Begehrlichkeiten. Ursprünglich lag hier die Heimat der Mayakultur. Im 16. Jh. kamen die Spanier und begannen Mexiko und die südlich gelegenen Länder zu erobern und zu besiedeln. Als spanische Kolonie hieß das Gebiet Generalkapitanat von Guatemala. Nachdem die Region um 1825 die Unabhängigkeit erreicht hatte, spaltete sie sich in verschiedene Nationen auf, die von wenigen Familien beherrscht wurden. Während des 20. Jh. griffen die USA immer wieder in die Politik ein.

Maya
Die Kultur der Maya erreichte ihren Höhepunkt 250–900 im tropischen Regenwaldgebiet von Guatemala. Hier bauten die Maya Städte mit steilen Pyramiden. Ungefähr um 900 eroberten die Tolteken das Gebiet der Maya. Um 1200 gab es eine zweite Blütezeit, doch als die Spanier kamen, ging die Mayakultur bereits zu Ende.

Tonschale der Maya

Unabhängigkeit
1821 erklärte Zentralamerika, dem Beispiel Mexikos folgend, die Unabhängigkeit. Es wurde eine Förderation neuer Staaten vorgeschlagen. Doch die Politiker konnten sich über deren Form nicht einigen. Das führte schließlich zum Krieg und zur Entstehung von 5 unabhängigen Republiken im Jahr 1838.

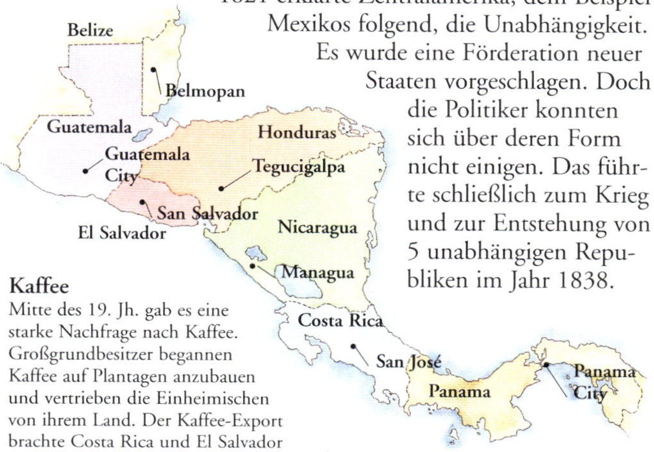

Generalkapitanat
Eine kleine Gruppe reicher spanischer Kaufleute, die in Zentralamerika geboren waren, beherrschte den einträglichen Indigohandel und bestimmte über die Politik. Das Gebiet wurde von einem Generalkapitän von Guatemala und seinen Ratgebern regiert.

Panamakanal
Panama trennte sich 1903 mit militärischer Hilfe der USA von Kolumbien. Amerikanische Ingenieure bauten daraufhin einen großen Kanal, der den Atlantik mit dem Pazifik verband. Der Panamakanal, der quer durch den Süden des Landes verläuft, wurde 1914 eröffnet. Danach geriet Panamas Wirtschaft in fast vollständige Abhängigkeit von den USA.

Kaffee
Mitte des 19. Jh. gab es eine starke Nachfrage nach Kaffee. Großgrundbesitzer begannen Kaffee auf Plantagen anzubauen und vertrieben die Einheimischen von ihrem Land. Der Kaffee-Export brachte Costa Rica und El Salvador zwar eine gewisse Stabilität, doch schwankende Kaffeepreise führten stets zu Problemen.

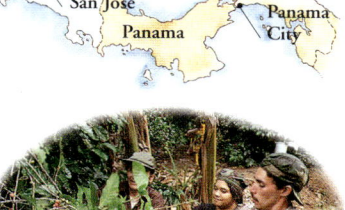

Kaffeeanbau, El Salvador

Kaffeebohnen

Modernes Zentralamerika
Durch ungeheure Unterschiede zwischen Arm und Reich und durch den starken wirtschaftlichen, politischen und kulturellen Einfluss der USA wurde Zentralamerika im 20. Jh. zu einer sehr bewegten Region. Viele Herrscher waren Diktatoren. Die Regierungen kamen und gingen. Es gab kaum eine politische Stabilität, dafür sehr viele Revolutionen, von denen manche blutig unterdrückt wurden.

Amerikanische Interventionen
Im 20. Jh. spielten die USA in der Politik Zentralamerikas eine wichtige Rolle. 1909 unterstützten sie eine rechtsgerichtete Revolution in Nicaragua. 1933 besetzten US-Marines das Land. Nach einem Guerillakrieg zwang sie Augusto Sandino (1895–1934) zum Rückzug. Später griffen die USA ein, um linksgerichtete Revolutionen und die Ausbreitung des Kommunismus während des Kalten Krieges zu stoppen. Die USA unterstützten auch in neuerer Zeit rechte Contra-Rebellen und drangen in Panama ein, um den korrupten General Manuel Noriega zu vertreiben.

Studenten errichten eine Statue von Sandino, El Salvador

Die Somoza-Familie
Anastasio Somoza und seine Söhne regierten von 1937–79 in Nicaragua. Die Wirtschaft wuchs unter ihrer Herrschaft, doch auch die Korruption breitete sich aus. 1979 vertrieben die linksgerichteten Sandinisten, die sich nach dem früheren Sozialistenführer Augusto Sandino nannten, den Somoza-Clan von der Macht.

Daniel Ortega
Der Sozialist D. Ortega wurde 1982 Staatsoberhaupt von Nicaragua und gewann 1984 freie Wahlen. Er konnte den Konflikt zwischen seinen linksgerichteten Anhängern und rechtsgerichteten Politikern, die von USA unterstützt wurden, jedoch nicht lösen.

Oscar Romero
Erzbischof Oscar Romero (1917–80) war das Oberhaupt der katholischen Kirche in El Salvador. Aufgrund der Bibel forderte er bessere Lebensbedingungen für die Armen. In den 70er Jahren begannen sich viele Katholiken sozial zu engagieren. Die Regierung sandte Todesschwadronen aus, die Priester töteten. Als Romero erklärte, es gäbe jetzt nur noch den bewaffneten Kampf, wurde auch er ermordet.

SIEHE AUCH UNTER AZTEKEN MAYA RELIGIONEN SPANIEN, GESCHICHTE SÜDAMERIKA, GESCHICHTE VEREINIGTE STAATEN VON AMERIKA, GESCHICHTE ZENTRALAMERIKA

ZENTRALASIEN

FÜNF LÄNDER ZÄHLEN wir zu Zentralasien. Sie sind überwiegend wüstenhaft und gebirgig. Einst führte die Seidenstraße – ein alter Handelsweg zwischen China, dem Nahen Osten und Europa – durch Zentralasien und bewirkte einen Aufschwung der Teppichherstellung. Von 1922–91 gehörte das ganze Gebiet mit Ausnahme Afghanistans zur Sowjetunion. In dieser Zeit wurden die Länder teilweise modernisiert. Als unabhängige Staaten steht ihnen heute jedoch eine ungewisse Zukunft bevor. Am schlechtesten sind die Lebensbedingungen in Afghanistan, das am weitesten im Süden zwischen Pakistan und dem Iran liegt und viele Jahre unter einem Bürgerkrieg litt.

Geografie
Einen großen Teil Zentralasiens nehmen 2 Wüsten ein, die Karakum und die Kysylkum. Der Rest besteht aus großen Gebirgsketten. Landwirtschaft ist nur auf kleiner Fläche, z. T. nur mit Bewässerung, möglich.

Kysylkum
Kysylkum bedeutet roter Sand. Die Wüste liegt südlich des Aralsees zwischen den Flüssen Amu Darja und Syr Darja, zum größten Teil in Usbekistan. In diesem niedrigen Hügelgebiet leben fast ausschließlich Nomaden.

Tienschan
Die wörtliche Übersetzung lautet „himmliches Gebirge". Diese Kette von Schneebergen verläuft vom östlichen Kirgisistan rund 3 000 km bis nach China hinein. Die höchste Spitze ist der Pobeda mit 7 439 m. Die breiten Flusstäler sind sehr fruchtbar und werden für den Ackerbau genutzt.

Karakumkanal
Der Karakumkanal führt vom Amu Darja, einem der wichtigsten Flüsse Zentralasiens, durch die Wüste Karakum und schafft eine Verbindung zum 1 400 km weit entfernten Kaspischen Meer.

Nomaden
Viele Zentralasiaten leben heute noch als Nomaden: Sie ziehen mit ihren Herden auf der Suche nach frischer Weide umher. In der Regel leben sie in Zelten aus Tierhaut. Sie halten Schafe und Ziegen, die ihnen Fleisch, Milch, Häute und Wolle liefern.

Kirgisischer Nomade mit Pferd

Klima
Der größte Teil dieses Gebiets ist im Winter kalt und im Sommer sehr heiß und trocken. Es fällt nur wenig Regen, sodass der Ackerbau schwierig ist. Höher gelegene Regionen sind stets kühler als die Ebenen. Die Bergspitzen sind oft von Schnee bedeckt.

27 °C -5 °C
316 mm

Turkmenistan

Nur 3 % des Landes kann man für den Ackerbau nutzen. Durch Bewässerung ist der Anbau von Obst, Baumwolle, Weizen und Gemüse möglich. Viele Menschen leben noch nomadisch, zwischen den verschiedenen Stämmen herrschen jedoch Spannungen. Das Land fördert viel Erdgas.

TURKMENISTAN: DATEN

HAUPTSTADT	Aschchabad
FLÄCHE	488 100 km²
EINWOHNER	4 800 000
SPRACHE	Turkmenisch, Russisch
RELIGION	Islam
WÄHRUNG	Turkmenistan-Manat

Akhal-Teke
Seit Jahrhunderten werden diese edlen Steppenpferde im Süden der Karakum gezüchtet. Sie sind schnell und sehr gut an das raue, heiße Klima angepasst. Diese ausdauernden Pferde haben oft ein schwieriges Temperament und sind nicht leicht zu reiten.

Teppiche
Seit Jahrhunderten knüpfen die Turkmenen sehr schöne Teppiche in den Farben Rot, Braun und Gelb. Für die feinsten Stücke verwenden sie die Wolle des Karakulschafes. Abgesehen von den größeren (Khali) und kleineren (Ensi) Teppichen fertigen die Frauen auch Vorhänge, Taschen, Säcke und Satteldecken.

Satteldecken

Usbekistan

80 % von Usbekistan sind Trockensteppe und Wüste. Trotzdem spielt die Landwirtschaft eine große Rolle. Reiche Lagerstätten von Erdöl, Erdgas, Gold, Kupfer und Kohle machen Usbekistan zu einem der reichsten Länder der Region. Seide, Früchte und Gemüse werden fast vollständig nach Moskau exportiert.

USBEKISTAN: DATEN

HAUPTSTADT	Taschkent
FLÄCHE	447 400 km²
EINWOHNER	25 000 000
SPRACHE	Usbekisch, Russisch
RELIGION	Islam
WÄHRUNG	Usbekistan-Sum

Die Tillja-Kari-Medrese ist eine islamische Hochschule.
Bunte Fliesen aus Fayence

Baumwolle
Usbekistan ist der fünftgrößte Baumwollproduzent. Die Bewässerung hat allerdings zum fast vollständigen Verschwinden des Aralsees geführt.

Samarkand
Die alte Stadt Samarkand, in der heute 370 000 Menschen leben, war einst Handelszentrum für chinesische Seide. Hier haben Seidenwebereien und Textilfabriken ihren Sitz. Der berühmteste Platz Samarkands, der Registan, ist von prächtigen islamischen Gebäuden des 14. Jh. gesäumt.

Kirgisistan

Das beherrschende Gebirge in Kirgisistan ist der Tienschan. Das Land ist noch weitgehend landwirtschaftlich geprägt, obwohl man nur 7 % nutzen kann. Je zur Hälfte baut man Grünfutter bzw. Obst, Weizen, Gemüse, Baumwolle und Tabak an.

KIRGISISTAN: DATEN

HAUPTSTADT	Bischkek
FLÄCHE	198 500 km²
EINWOHNER	4 900 000
SPRACHE	Kirgisisch, Russisch
RELIGION	Islam
WÄHRUNG	Kirgisistan-Som

Bevölkerung
Die Einwohner bestehen zu über 50 % aus Kirgisen. Die übrigen sind russischer oder usbekischer Herkunft. Viele Russen haben das Land seit der Unabhängigkeit verlassen, da starke nationalistische Gefühle wach geworden sind. Der deutschstämmigen Minderheit wurden Autonomierechte zuerkannt.

Gold

Bodenschätze
Gold und Quecksilber werden für den Export gewonnen, ebenso geringe Mengen anderer Mineralien wie Eisenerz, Zinn, Blei, Kupfer, Zink und Bauxit. Kirgisistan hat auch Erdöl-, Gas- und Kohlevorräte. Die vielen Flüsse und Seen liefern Wasserkraft für die Stromerzeugung.

Tadschikistan

Die ärmste der früheren Sowjetrepubliken ist seit der Unabhängigkeit politisch instabil. Der Hauptkonflikt besteht zwischen den Tadschiken, die zwei Drittel der Bevölkerung stellen, und den Usbeken. Von Bedeutung ist die Aluminiumindustrie.

TADSCHIKISTAN: DATEN

HAUPTSTADT	Duschanbe
FLÄCHE	143 100 km²
EINWOHNER	6 400 000
SPRACHE	Tadschikisch, Usbekisch, Russisch
RELIGION	Islam
WÄHRUNG	Somoni

Wassermelone

Bodenschätze
Tadschikistan besitzt große Lagerstätten an Silber, Gold, Uran und anderen mineralischen Bodenschätzen. Das Land gewinnt Strom aus Wasserkraft.

Landwirtschaft
Nur rund 6 % der Fläche sind für die Landwirtschaft geeignet. In den fruchtbaren Tälern wachsen vor allem Melonen, Trauben, Pfirsiche, Maulbeerbäume, Zitrusfrüchte, Reis und Weizen. Wichtigste Nutzpflanze ist aber die Baumwolle.

Afghanistan

Afghanistan verbindet Zentralasien mit dem indischen Subkontinent. Es ist eines der ärmsten Länder der Erde und seit Jahrhunderten umkämpft. Seit den 1980er Jahren streiten sich mehrere islamische Gruppen um die Macht.

Bevölkerung
Die Paschtunen machen rund 40 % der afghanischen Bevölkerung aus. Die wichtigsten Minderheiten sind Tadschiken, Hesoren und Usbeken. Ethnische Konflikte zwischen diesen islamischen Gruppen stürzten das Land in einen blutigen Bürgerkrieg. In der strengen islamischen Gesellschaft haben Frauen kaum Rechte.

AFGHANISTAN: DATEN

HAUPTSTADT	Kabul
FLÄCHE	652 225 km²
EINWOHNER	26 000 000
SPRACHE	Paschtu, Dari, Usbekisch
RELIGION	Islam
WÄHRUNG	Afghani

SIEHE AUCH UNTER: ASIEN, GESCHICHTE · GESTEINE · HANDEL UND INDUSTRIE · ISLAM · PFERDE · TEXTILIEN · WÜSTEN

ZOO

DIE MENSCHEN SIND SEIT jeher von Tieren und ihren Lebensweisen fasziniert. Schon in früher Zeit wurden Tiere in Gefangenschaft gehalten. Viele Städte haben einen Zoo oder Tiergarten. Lange Zeit wurden die Zoos kritisiert, weil sie Tiere einsperren. Doch heute wird immer mehr klar, dass Zoos auch eine große Rolle bei der Erhaltung bedrohter Arten spielen.

Zoogeschichte

Der Mensch hält seit mindestens 25 000 Jahren Tiere. Die ersten Tiere, die man vielleicht nur aus Neugierde hielt, waren Tauben vor 6 500 Jahren im Irak. Die alten Ägypter hatten schon vor über 4 000 Jahren einen Zoo. Er enthielt 100 Elefanten, 70 große Katzen und tausende weitere Säuger. Vor 3 000 Jahren gab es im Palast der chinesischen Herrscher einen großen Zoo. Früher mussten die Tiere oft Kunststücke zeigen. Dies ist heute nur noch im Zirkus der Fall.

Der Zoo von London
Im Jahr 1828 wurde ein kleines Eck im Regent's Park der Zoologischen Gesellschaft von London zur Verfügung gestellt. Man wollte mit dem Zoo das Interesse des Publikums wecken. Bald wurde daraus eine wissenschaftliche Forschungsstätte.

Aufgaben

Zoos haben vor allem 3 Aufgaben: Ausbildung, Artenschutz und Forschung. Eine weniger wichtige Rolle spielt die Unterhaltung für das Publikum. Zoos helfen heute mit, Tiere zu schützen anstatt sie auszunutzen. Die gesetzlichen Bestimmungen für die artgerechte Haltung von Tieren gelten natürlich auch für Zoos.

Kinder beobachten Kaninchen.

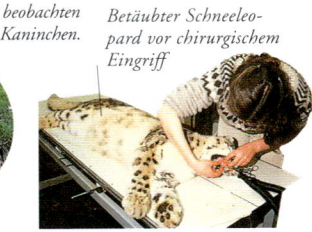

Betäubter Schneeleopard vor chirurgischem Eingriff

Pinguin mit Sender, um seine Wanderungen in der Antarktis zu erforschen.

Ausbildung
Da wir immer weniger Zugang zur freien Natur haben, fehlt uns auch der Kontakt zu Tieren. Für viele Menschen ist er nur noch im Zoo möglich. Besonders Kinder sollen Tiere kennen lernen und über deren Bedrohung aufgeklärt werden.

Gesundheit
Die Gesundheit der Zootiere ist sehr wichtig. Sie sollen sich wie in der freien Natur verhalten. Schimpansen bekommen z. B. Hölzer, aus denen sie Insekten herausholen. Ohne Aufgaben wird es den Tieren langweilig und sie zeigen Verhaltensstörungen.

Artenschutz
Da viele Lebensräume vernichtet werden, entgehen manche Tiere dem Aussterben nur durch Nachzucht im Zoo. Viele Arten, von Hirschen bis zu Kleinvögeln, wurden in Zoos gezüchtet und in die Freiheit entlassen.

Forschung
Im Zoo untersucht man vor allem das Verhalten und die Fortpflanzungsbiologie der Tiere. Aufgrund der Ergebnisse kann man einzelne Arten in der Natur besser schützen.

Treibhaus für die Nachzucht von Futterpflanzen

Diese Regenwaldbäume kommen im Lebensraum der Tiere vor.

Rundum Glasfronten

Zuchträume für bedrohte Arten

Modell eines neuen Wirbellosenhauses für den Londoner Zoo

Eigene Räume für nachtaktive wirbellose Tiere

Spiraliger Besucherweg, der Beobachtungen in allen Ebenen ermöglicht

Der Zoo der Zukunft

Unsere Haltung gegenüber Tieren und der Natur hat sich in letzter Zeit stark gewandelt. Dies zeigt sich auch bei geplanten künftigen Zooanlagen. Man will dem natürlichen Lebensraum der Tiere möglichst nahe kommen. Davon profitiert auch der Besucher, weil er die Tiere in ihrer Umwelt erlebt. So geht man immer mehr dazu über, ganze Lebensräume zu zeigen. Die Nahrung wird oft versteckt, damit die Tiere wie in der freien Natur auf Nahrungssuche gehen müssen.

Wild- und Safariparks

Viele Menschen sind gegen die Haltung von Tieren hinter Gittern. Da die meisten Stadtzoos nicht genug Platz haben, um Tiere in einer natürlicheren Umgebung zu halten, entstanden die Wild- und Safariparks. Einer der Ersten war der Whipsnade Park Zoo in England mit über 230 ha. Tiere haben hier viel Freilauf. Oft werden Tiere aus demselben Gebiet zusammen gehalten, sodass Besucher eine bessere Vorstellung von den Lebensräumen bekommen.

Giraffen im Safaripark

Ozeanarien

Wasserbewohnende Tiere brauchen eine ganz besondere Pflege. Für sie wurden große Ozeanarien oder Aquarien gebaut. Hier bekommen die Besucher oft die Gelegenheit, Meerestiere sogar zu berühren, was in der Natur ausgeschlossen ist. Eine besondere Attraktion sind die Delfinarien, in denen Delfine und Schwertwale gehalten werden. Sie zeigen dort oft erstaunliche Kunststücke, die ihnen selbst Spaß zu machen scheinen. Trotzdem halten nicht wenige Tierschützer die Haltung von Delfinen und Kleinwalen für Tierquälerei.

Schwertwal in einem Delfinarium

SIEHE AUCH UNTER ELEFANTEN · GIRAFFEN · NASHÖRNER UND TAPIRE · NATURSCHUTZ · PINGUINE · TIERE · TIERVERHALTEN · WALE UND DELFINE

ANHANG
REGISTER
BILDNACHWEIS

EINTEILUNG DER LEBEWESEN

DIE BIOLOGEN teilen die Lebewesen in mehrere Reiche ein, z. B. in das Pflanzen- und das Tierreich. Jedes Reich wird noch in weitere, kleinere Gruppen unterteilt. Diese Doppelseite gibt einen Überblick über die Zuordnung der Lebewesen zu den verschiedenen Gruppen.

SCHLÜSSEL
Jedes Reich ist in mehrere kleinere Gruppen unterteilt: in Stämme, Unterstämme, Klassen und Ordnungen. Die Abteilung im Pflanzenreich entspricht dem Stamm im Tierreich. Die nebenstehenden Farben werden auf dieser Doppelseite verwendet.

- Reich
- Stamm
- Unterstamm
- Klasse
- Ordnung
- Abteilung

Wissenschaftliche Namen
Jede Tier- und Pflanzenart hat einen zweiteiligen wissenschaftlichen Namen. Vorne steht der Gattungsname, hinten der Artname. Die Namen der höheren Gruppen sind nur einteilig.

Die Einordnung einer Art ins System
Man teilt die Lebewesen nach ihrer Verwandtschaft ein. Diese kann man an gemeinsamen und trennenden Merkmalen feststellen. Die Reiche sind die größten Gruppen im biologischen System, die Arten die kleinsten. Zu einer Art zählen wir alle Individuen, die sich fruchtbar untereinander fortpflanzen. Die Tabelle unten zeigt die Stellung des Tigers im Tierreich.

Reich Tiere (Animalia)
Das Reich ist die umfassendste Gruppe im biologischen System. Man unterscheidet insgesamt fünf Reiche.

Stamm Chordatiere (Chordata)
Stämme sind Großgruppen innerhalb eines Reiches. Bei den Pflanzen spricht man von einer Abteilung.

Klasse Säugetiere (Mammalia)
Mehrere Klassen bilden einen Stamm. Manchmal unterscheidet man auch noch Unterstämme und Unterklassen.

Ordnung Raubtiere (Carnivora)
Eine Klasse besteht in der Regel aus mehreren Ordnungen, oft noch mit Unterordnungen.

Familie Katzen (Felidae)
In einer Familie fasst man mehrere, miteinander verwandte Gattungen zusammen.

Gattung Großkatzen (Panthera). In Gattungen fasst man verwandte Arten zusammen.

Art Tiger (Panthera tigris)

Protisten
Dieses Reich umfasst einfache, meist einzellige Lebewesen. Man unterscheidet mindestens 65 000 Arten.

PROTISTEN (PROTISTA)

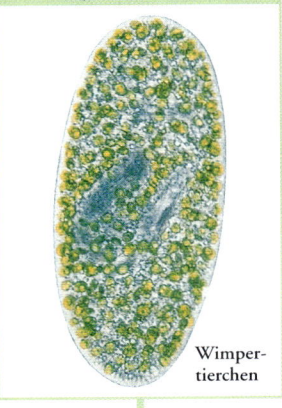

- AMÖBEN (Sarcodina) 20 000 Arten
- GEISSELTIERCHEN (Zoomastigina) 15 000 Arten
- WIMPERTIERCHEN (Ciliophora) 8 000 Arten
- SPORENTIERCHEN (Sporozoa) 5 000 Arten
- ALGEN (mehrere Stämme) 20 000 Arten

Wimpertierchen

MONERA (MONERA)

Bacterium *E. coli*

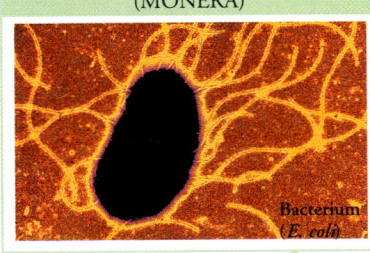

Monera
Dieses Reich umfasst einzellige Lebewesen ohne echten Zellkern, etwa die Bakterien. Die Monera waren die ersten Lebewesen. Heute zählt man über 5 000 Arten, darunter auch die Blaualgen.

- ARCHAEBAKTERIEN (Archaebacteria) 500 Arten
- BAKTERIEN (Eubacteria) 5 000 Arten

Pflanzen
Pflanzen können sich nicht fortbewegen. Die Vermehrung erfolgt über Sporen oder Samen. Das Reich enthält über 500 000 Arten.

PFLANZEN (PLANTAE)

Farn — Moos

BEDECKTSAMER (Angiospermophyta)

Rittersporn — Schafgarbe

- EINKEIMBLÄTTRIGE 80 000 Arten
- ZWEIKEIMBLÄTTRIGE 170 000 Arten
- NADELHÖLZER (Coniferopsida) 500 Arten
- PALMFARNE (Cycadopsida) 100 Arten
- GNETOPSIDEN (Gnetopsida) 70 Arten
- MOOSE (Bryophyta) 25 000 Arten
- BÄRLAPPE (Lycopodiophyta) 1 000 Arten
- SCHACHTELHALME (Sphenophyta) 15 Arten
- FARNE (Pteridophyta) 12 000 Arten
- NACKTSAMER (Gymnospermophyta) rund 1 000 Arten

PILZE (FUNGI)

Milchling

Pilze
Pilze leben von Pflanzen oder Tieren. Sie haben kein Blattgrün und können somit nicht wie Pflanzen ihre Nahrung selbst herstellen.

- FUNGI IMPERFECTI (Deuteromycota) 25 000 Arten
- STÄNDERPILZE (Basidiomycota) 25 000 Arten
- SCHIMMEL (Zygomycota) 750 Arten
- WASSERSCHIMMEL (Oomycota) 600 Arten
- SCHLAUCHPILZE (Ascomycota) 30 000 Arten

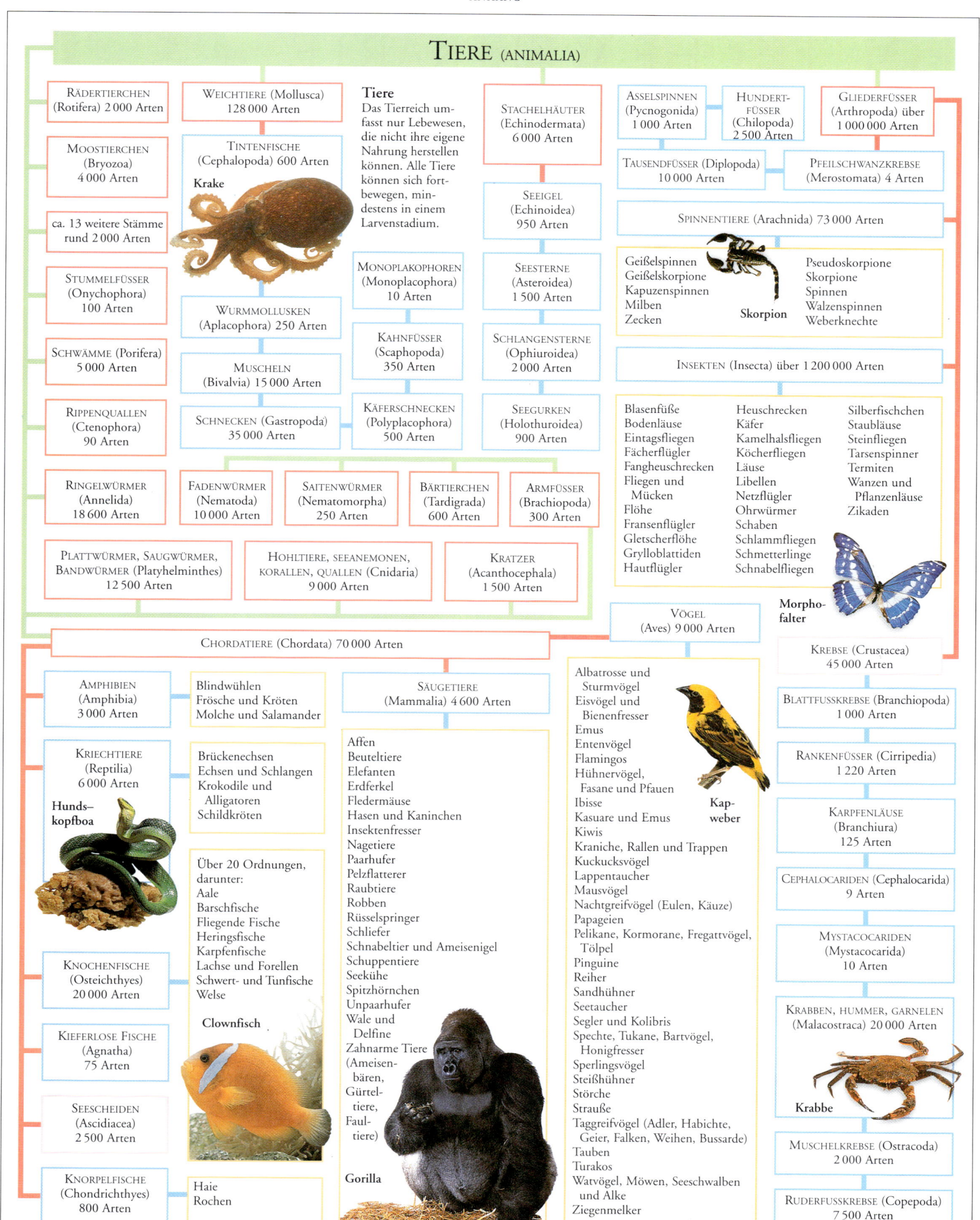

TIERE (ANIMALIA)

Tiere
Das Tierreich umfasst nur Lebewesen, die nicht ihre eigene Nahrung herstellen können. Alle Tiere können sich fortbewegen, mindestens in einem Larvenstadium.

RÄDERTIERCHEN (Rotifera) 2 000 Arten

MOOSTIERCHEN (Bryozoa) 4 000 Arten

ca. 13 weitere Stämme rund 2 000 Arten

STUMMELFÜSSER (Onychophora) 100 Arten

SCHWÄMME (Porifera) 5 000 Arten

RIPPENQUALLEN (Ctenophora) 90 Arten

RINGELWÜRMER (Annelida) 18 600 Arten

FADENWÜRMER (Nematoda) 10 000 Arten

SAITENWÜRMER (Nematomorpha) 250 Arten

BÄRTIERCHEN (Tardigrada) 600 Arten

ARMFÜSSER (Brachiopoda) 300 Arten

PLATTWÜRMER, SAUGWÜRMER, BANDWÜRMER (Platyhelminthes) 12 500 Arten

HOHLTIERE, SEEANEMONEN, KORALLEN, QUALLEN (Cnidaria) 9 000 Arten

KRATZER (Acanthocephala) 1 500 Arten

WEICHTIERE (Mollusca) 128 000 Arten

TINTENFISCHE (Cephalopoda) 600 Arten
Krake

WURMMOLLUSKEN (Aplacophora) 250 Arten

MUSCHELN (Bivalvia) 15 000 Arten

SCHNECKEN (Gastropoda) 35 000 Arten

MONOPLAKOPHOREN (Monoplacophora) 10 Arten

KAHNFÜSSER (Scaphopoda) 350 Arten

KÄFERSCHNECKEN (Polyplacophora) 500 Arten

STACHELHÄUTER (Echinodermata) 6 000 Arten

SEEIGEL (Echinoidea) 950 Arten

SEESTERNE (Asteroidea) 1 500 Arten

SCHLANGENSTERNE (Ophiuroidea) 2 000 Arten

SEEGURKEN (Holothuroidea) 900 Arten

ASSELSPINNEN (Pycnogonida) 1 000 Arten

HUNDERTFÜSSER (Chilopoda) 2 500 Arten

GLIEDERFÜSSER (Arthropoda) über 1 000 000 Arten

TAUSENDFÜSSER (Diplopoda) 10 000 Arten

PFEILSCHWANZKREBSE (Merostomata) 4 Arten

SPINNENTIERE (Arachnida) 73 000 Arten
Geißelspinnen, Geißelskorpione, Kapuzenspinnen, Milben, Zecken, Pseudoskorpione, Skorpione, Spinnen, Walzenspinnen, Weberknechte
Skorpion

INSEKTEN (Insecta) über 1 200 000 Arten
Blasenfüße, Bodenläuse, Eintagsfliegen, Fächerflügler, Fangheuschrecken, Fliegen und Mücken, Flöhe, Fransenflügler, Gletscherflöhe, Grylloblattiden, Hautflügler, Heuschrecken, Käfer, Kamelhalsfliegen, Köcherfliegen, Läuse, Libellen, Netzflügler, Ohrwürmer, Schaben, Schlammfliegen, Schmetterlinge, Schnabelfliegen, Silberfischchen, Staubläuse, Steinfliegen, Tarsenspinner, Termiten, Wanzen und Pflanzenläuse, Zikaden
Morphofalter

KREBSE (Crustacea) 45 000 Arten

BLATTFUSSKREBSE (Branchiopoda) 1 000 Arten

RANKENFÜSSER (Cirripedia) 1 220 Arten

KARPFENLÄUSE (Branchiura) 125 Arten

CEPHALOCARIDEN (Cephalocarida) 9 Arten

MYSTACOCARIDEN (Mystacocarida) 10 Arten

KRABBEN, HUMMER, GARNELEN (Malacostraca) 20 000 Arten
Krabbe

MUSCHELKREBSE (Ostracoda) 2 000 Arten

RUDERFUSSKREBSE (Copepoda) 7 500 Arten

CHORDATIERE (Chordata) 70 000 Arten

AMPHIBIEN (Amphibia) 3 000 Arten
Blindwühlen, Frösche und Kröten, Molche und Salamander

KRIECHTIERE (Reptilia) 6 000 Arten
Brückenechsen, Echsen und Schlangen, Krokodile und Alligatoren, Schildkröten
Hundskopfboa

KNOCHENFISCHE (Osteichthyes) 20 000 Arten
Über 20 Ordnungen, darunter:
Aale, Barschfische, Fliegende Fische, Heringsfische, Karpfenfische, Lachse und Forellen, Schwert- und Tunfische, Welse
Clownfisch

KIEFERLOSE FISCHE (Agnatha) 75 Arten

SEESCHEIDEN (Ascidiacea) 2 500 Arten

KNORPELFISCHE (Chondrichthyes) 800 Arten
Haie, Rochen

SÄUGETIERE (Mammalia) 4 600 Arten
Affen, Beuteltiere, Elefanten, Erdferkel, Fledermäuse, Hasen und Kaninchen, Insektenfresser, Nagetiere, Paarhufer, Pelzflatterer, Raubtiere, Robben, Rüsselspringer, Schliefer, Schnabeltier und Ameisenigel, Schuppentiere, Seekühe, Spitzhörnchen, Unpaarhufer, Wale und Delfine, Zahnarme Tiere (Ameisenbären, Gürteltiere, Faultiere)
Gorilla

VÖGEL (Aves) 9 000 Arten
Albatrosse und Sturmvögel, Eisvögel und Bienenfresser, Emus, Entenvögel, Flamingos, Hühnervögel, Fasane und Pfauen, Ibisse, Kasuare und Emus, Kiwis, Kraniche, Rallen und Trappen, Kuckucksvögel, Lappentaucher, Mausvögel, Nachtgreifvögel (Eulen, Käuze), Papageien, Pelikane, Kormorane, Fregattvögel, Tölpel, Pinguine, Reiher, Sandhühner, Seetaucher, Segler und Kolibris, Spechte, Tukane, Bartvögel, Honigfresser, Sperlingsvögel, Steißhühner, Störche, Strauße, Taggreifvögel (Adler, Habichte, Geier, Falken, Weihen, Bussarde), Tauben, Turakos, Watvögel, Möwen, Seeschwalben und Alke, Ziegenmelker
Kapweber

POLITISCHE WELTKARTE

Die Welt umfasst 193 souveräne Staaten. Sie sind durch Grenzen (in der Karte violett) voneinander getrennt. Umstrittene oder unsichere Grenzen sind gestrichelt eingezeichnet.

LÄNDERDATEN

- Das größte Land der Welt ist die Russische Föderation mit einer Fläche von 17 075 400 km².
- Das kleinste Land der Welt ist der Kirchenstaat Vatikanstadt in Rom mit einer Fläche von 0,44 km².

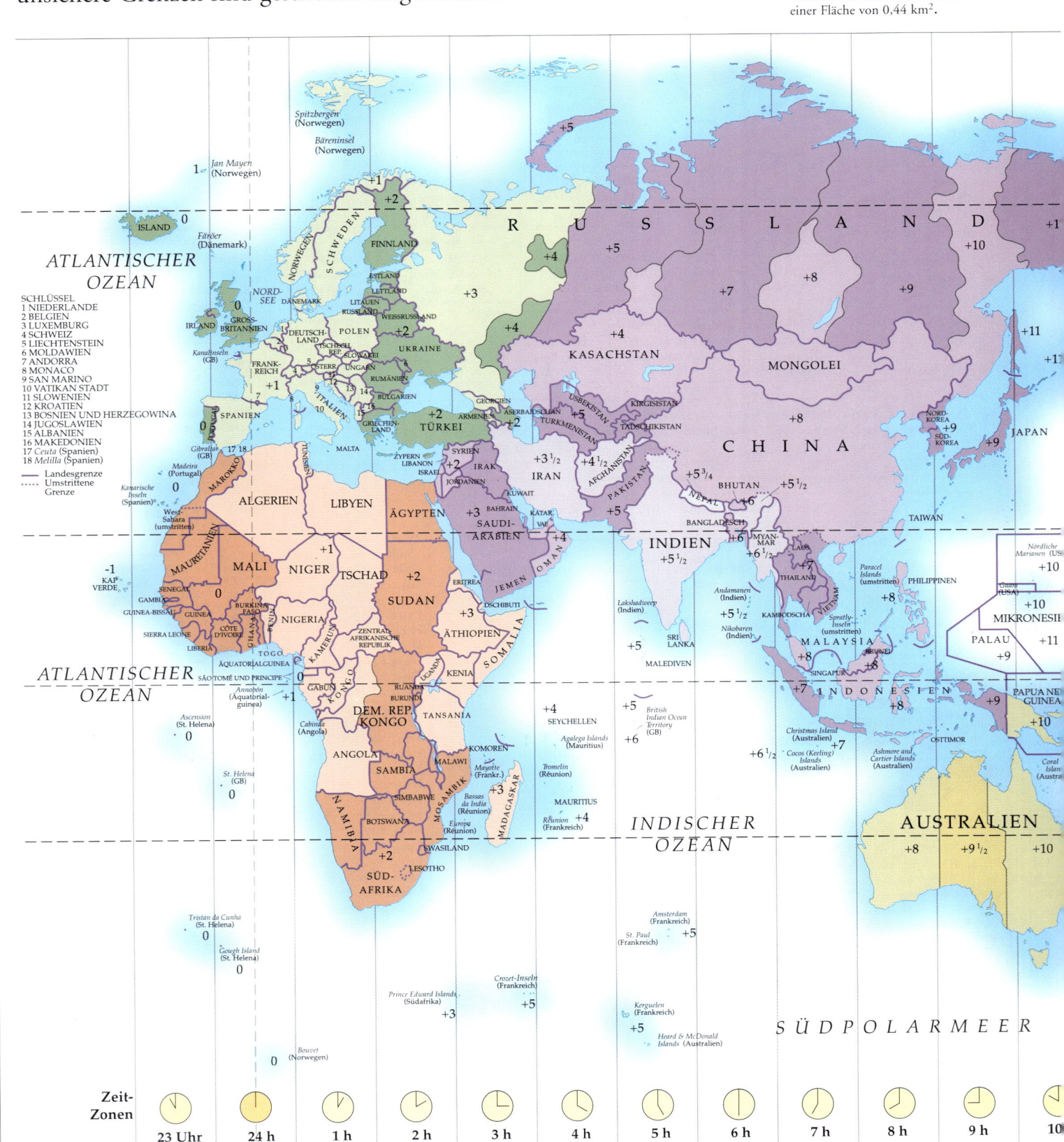

SCHLÜSSEL
1. NIEDERLANDE
2. BELGIEN
3. LUXEMBURG
4. SCHWEIZ
5. LIECHTENSTEIN
6. MOLDAWIEN
7. ANDORRA
8. MONACO
9. SAN MARINO
10. VATIKAN STADT
11. SLOWENIEN
12. KROATIEN
13. BOSNIEN UND HERZEGOWINA
14. JUGOSLAWIEN
15. ALBANIEN
16. MAKEDONIEN
17. *Ceuta* (Spanien)
18. *Melilla* (Spanien)

— Landesgrenze
.... Umstrittene Grenze

ANHANG

922

ANHANG

Internationale Zeitzonen

Die Welt ist in 24 Zeitzonen unterteilt, die sich jeweils um eine Stunde unterscheiden. In jeder Zone zeigen die Uhren gleichzeitig eine andere Zeit an. Wenn es z. B. in München 1 Uhr nachts ist, zeigt die Uhr in Sydney, Australien, 10 Uhr morgens.

GMT
Greenwich Mean Time (GMT) bezieht sich auf die genaue Zeit in Greenwich, England. In jeder Zeitzone, werden die Uhren danach gestellt, ob sie sich westlich oder östlich von Greenwich befinden. Die Karte gibt die Anzahl der Stunden an, die man zur GMT dazuzählen oder von ihr abziehen muss.

Internationale Datumsgrenze
Die Breiten- und Längengrade sind Hilfslinien auf dem Globus. Die Längengrade oder Meridiane verlaufen von Pol zu Pol. Die Datumsgrenze liegt auf dem 180. Meridian. Wenn man diese Linie von Ost nach West überquert, ändert sich das Datum. Im Westen ist es bereits einen Tag später als im Osten.

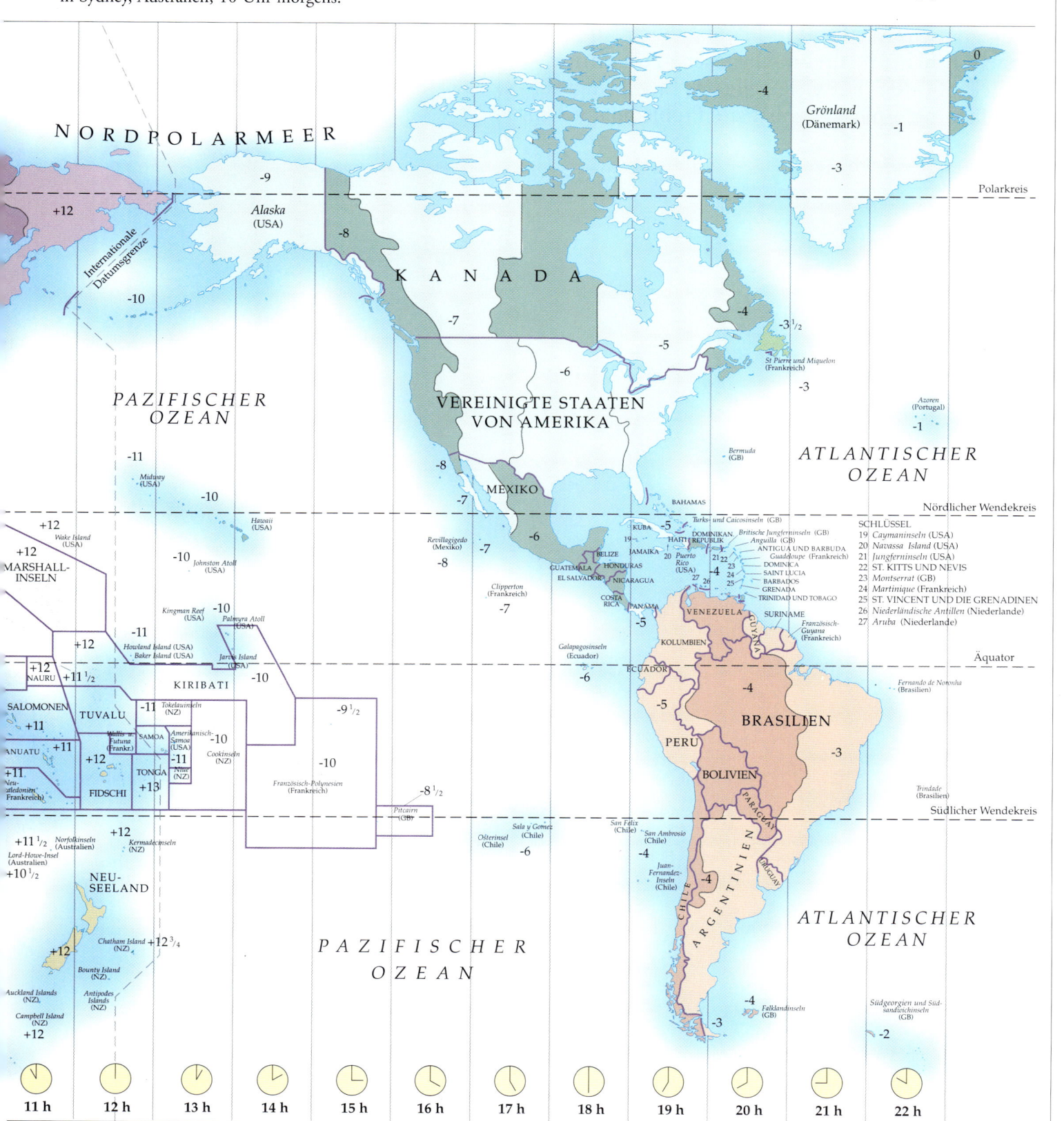

SCHLÜSSEL
19 Caymaninseln (USA)
20 Navassa Island (USA)
21 Jungferninseln (USA)
22 ST. KITTS UND NEVIS
23 Montserrat (GB)
24 Martinique (Frankreich)
25 ST. VINCENT UND DIE GRENADINEN
26 Niederländische Antillen (Niederlande)
27 Aruba (Niederlande)

WELTBEVÖLKERUNG

IM 15. JAHRHUNDERT betrug die Weltbevölkerung ungefähr 435 Millionen Menschen. Heute sind es über 6 Milliarden, wobei täglich über eine Million Kinder geboren werden. Dieser gewaltige Bevölkerungszuwachs seit 1800 ist hauptsächlich auf eine bessere Ernährung und medizinische Fortschritte zurückzuführen. Für viele Teile der Erde bringt die Bevölkerungsexplosion ernsthafte Probleme mit sich.

WELTSTÄDTE

Um 1900 lebten nur 10 % der Bevölkerung in Städten, heute sind es fast 50 %. Die Einwohnerzahlen der 8 größten Städte beziehen sich auf die Agglomerationen.

STADT	EINWOHNERZAHL
Tokio-Yokohama	27 400 000
New York	18 200 000
Mexico City	16 900 000
São Paulo	16 800 000
Bombay (Mumbai)	15 700 000
Schanghai	14 200 000
Los Angeles	12 600 000
Buenos Aires	12 000 000

Tokio, Japan

Weltbevölkerung
Die Karte zeigt die Bevölkerungszahlen in den einzelnen Erdteilen. China und Indien stellen dabei allein fast 40 % der Weltbevölkerung.

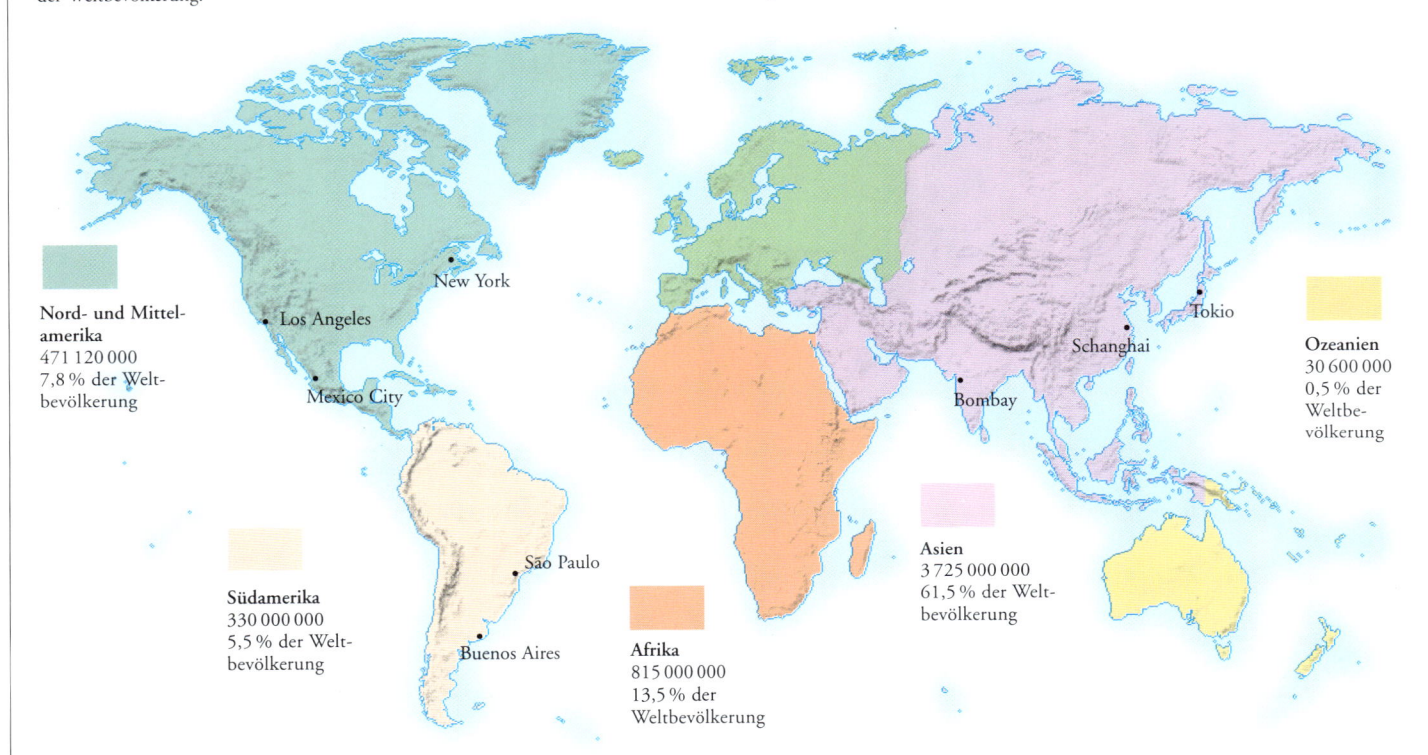

Europa
685 000 000
11,3 % der Weltbevölkerung

Nord- und Mittelamerika
471 120 000
7,8 % der Weltbevölkerung

Ozeanien
30 600 000
0,5 % der Weltbevölkerung

Südamerika
330 000 000
5,5 % der Weltbevölkerung

Afrika
815 000 000
13,5 % der Weltbevölkerung

Asien
3 725 000 000
61,5 % der Weltbevölkerung

FLÜCHTLINGE

Zu allen Zeiten waren Menschen auf der Flucht. Kriege und religiöse Verfolgung, Dürrezeiten und Hungersnöte zwangen Millionen Menschen ihre Heimat und ihre Familien zu verlassen. Heute kommen über 40 % aller Flüchtlinge aus Asien.

Flüchtlingszahlen (Stand 2001)
- Andere Länder 6 %
- Afrika 30 %
- Europa 19 %
- Asien 45 %

Hutu-Flüchtlinge in Ruanda

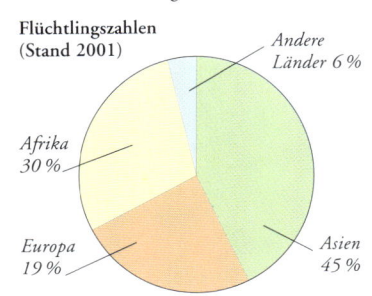

BEVÖLKERUNG MAX.

LAND	BEVÖLKERUNG
China	1 305 000 000
Indien	1 030 000 000
USA	282 000 000
Indonesien	230 000 000
Brasilien	175 000 000

BEVÖLKERUNG MIN.

LAND	BEVÖLKERUNG
Vatikan	455
Tuvalu	11 000
Nauru	12 000
Palau	19 000
San Marino	27 000

GEBURTENRATEN

Afrika: 5,1
Lateinamerika: 2,7
Asien: 2,6
USA: 1,9
Europa: 1,4

Die Geburtenrate geht in den industrialisierten Ländern zurück. Am höchsten ist sie heute noch in Afrika.

Angegeben ist die durchschnittliche Zahl der Kinder pro Frau.

REGISTER

Haupteinträge erscheinen mit den entsprechenden Seitenzahlen in **fetter Schrift**. **Fette** Ziffern verweisen auf eine ausführlichere Behandlung der Begriffe. *Kursiv* gesetzte Begriffe kennzeichnen Werktitel. In Klammern stehende Begriffe hinter einem Registerbegriff geben eine zusätzliche Erläuterung, wie Bezeichnung des Haupteintrags oder Fachgebiet.

A

Aachen 410
Aal 799, 804
Aa-Lava 844
Aalstrich 879
Aasfliegen 639
Aasfresser **312**, 313
Aaskrähe 661
AB0-System 336
Abbas I. der Große **700**
Abbasiden 383
Abchasien 414
Abdul-Hamid II. 597
Abendkleid 426
Abendmahl 144
Abendsegler 243, 244
Abenteuerbücher **420**
Aberglaube 339
Abernathy, Reverend 422
Aberration 789
Abessinierkatze 412
Abessinischer Fuchs 888
Abfahrt (Wintersport) 882
Abgase (Kraftfahrzeuge) 441
Abgottschlange 450, 673, 720
Abhängigkeit (Arzneimittel) 51
Abhaya mudra 322
Abholzung 848
Abidjan 872
Ablagerungsgesteine 293
Ablagerungsküste 510
Ablasshandel 671
Aborigines 17, 71, 72, 611
Abraham 332, 382, 395
Abrüstungskonferenz 270
ABS-Bremsen 442
Abschlag (Steinzeit) 758
Abschlaggerät 758
absolute Helligkeit 760
absoluter Nullpunkt 855
Absorption (Verdauung) **824**
Absorptionslinie (Sterne) 760
Abstammungslehre 18, 151
Abstimmkondensator 182
Abstimmvorrichtung (Rundfunk) 692
abstrakte Kunst **460**
Abt 428
Äbtissin 428
Abtragung (Flüsse) 252
Abtragung (Gletscher) 298
Abtragungsküste 510
Abu Bakr 382, 532
Abu Dhabi 304
Abuja 874
Abu Simbel 29
Abwasser 819
Abwasserkanal (Indus-Kultur) 365
abyssale Zone 607
Académie Royale de Danse 83
Acantherpestes 195
Accra 873
Acetylen 133
Achämeniden 620
Achat 455
Achatschnecke 860
Achebe, Chinua 476
Achmed I., Sultan 597
Achselarterie 336

Achselvene 336
Achsenmächte 866
Achsenskelett 741
Achsenzylinder 568
achtern 716, 810
achtfacher Pfad (Buddhismus) 122, 502
Ackerbau **464, 465**, 467
Ackerwitwenblume 629
Aconcagua 46, 768
Acrylfarben 220
Acrylfasern 791
Acrylkunststoffe 462
Acta Diurna 902
Actinium 514
Acts of Union 320
Adad 78
Adamsapfel 66
addieren 894
Addis Abeba 600
Addition (Physik) 440
additive Farbmischung 219
Adel (Französische Revolution) 267
Adeliepinguin 642
Adena-Kultur 579
Adenin 833
Aderhaut 68
Adern 335
Adler 284, 311
Adobe 579, 886
Adoleszenz **845**
Adrenalin 347
Adria 80
Adscharien 414
Advektionsnebel 889
AE 863
Aerationszone 252
Aerosol 134
Aesculapius 506
Afar 600
Affen 19-21
Affenbrotbaum 92, 905
Affodill 108
Afghane (Hunde) 349
Afghanistan **917**
Afrika (Geografie) 22-23
Afrika (Geschichte) 24-26
Afrika (Kunstgeschichte) 461
Afrika (Tierwelt) 27-28
Afrikaaner 767
Afrikanische Eierschlange 721
Afrikanische Riesenschnecke 558
Afrikanischer Büffel **124**
Afrikanischer Elefant 177-178, 705
Afrikanischer Nationalkongress **491**, 767
Afrikanischer Wildesel 623
Afrikanischer Wildhund 887, 888
Afrika-Zibetkatze 544
After (Verdauung) **824**
Aftervasall 228
Agakröte 272, 273
Agamemnon 314
Agamen 58
Agaristide 374
Agassiz, Louis 299
Agenda 21 832
Aggregatzustände **499**
Aggression (Tierverhalten) **803**
Agincourt, Schlacht bei 350
Agra 531
Agrippina 687
Agrochemikalien 465
Ägypten 29-31
Ägypten (Alexander der Große) 32
Ägypten (Napoleon Bonaparte) 559
Ägypter 29-31
Ägyptische Mau 412
Ägyptische Stachelmaus 557
Ahaggar 583
Ahmad al-Mansur 745
Ahmad Baba 745
Ahnenfigur (Bildhauerei) 105

Ahnenverehrung (Aborigines) 17
Ahnenverehrung (Afrika, Geschichte) 24
Ahnenverehrung (Konfuzius) 435
Ahnenverehrung (Religionen) 677
Ahorn 275, 403, 578
Ahornsirup 94, 403
A-Horziont 109
Ährenfische 438
Ahura Mazda (Perser) 621, 677
Aida 353, 445, 594
Aids 445, 523
Aids-Schleife 897
Aikido 401
Ainu 389, 391
Airbag 442
Airdale-Terrier 349
Airliner 810
Aischylos 315
Ajanta 322
Aka Mirak 700
Akademie 566, 744
Akashi-Kaikyo-Brücke 117
Akazie 23, 296, 310, 630, 909
Akbar **531**
Akelei 274
Akhal-Teke 917
Akha 792
Akko 448
Akkretionsscheibe 727
Akrobatik (Schauspiel) 714
Akropolis 314
Aksum 24
Aktien 286
Aktienmarkt (Vereinigte Staaten von Amerika, Geschichte) 830
Aktin 552
Aktion (Physik) 440
aktive Galaxien 277
aktive Immunisierung 353
aktives Medium (Laser und Hologramm) 468
Akupunktur 505, 506
Alarich 688
Alaska 35, 825, **828**
Albanien **82**
Albatros 513, 649, 841
Alberta 404
Albino 887
Alcatraz 823
Alchemie 565, 572
Alcott, Louisa May 420
Aldabra-Gruppe 362
Aletschgletscher 729
Alexander **34**, 374, 630, 634
Alexander der Große 32, 502, 620, 634
Alexander Newski 317
Alexander VI., Papst 658
Alexandria 32, 736
Alfonso Enríquez 658
Alfred der Große, angelsächsischer König **39**
Algarve 656
Algebra 383, **501**
Algen 33, 106, 522, 626, 777
Algenblüte 522
Algerien 584
Algerienkrieg 266
Algier 584
Alhidade 383
Ali, Kalif 382
Ali, Muhammad **401**
Alice im Wunderland 420
aliphatisch 133
Alkalibatterie 707
Alkalien 707
Alkalimetalle 183
alkalisch (Säuren und Basen) 706
Alke 513, 649
Alkohol 51
Allah 381
Allel 833
Allende, Salvador 771
Allergen 353
Allergie 353
Allgäu 154
allgemeine Relativitätstheorie **173**, 731, 862

Allgemeines Zoll- und Handelsabkommen 327
Allgemeinmedizin 504
Alligatoren **456**
Alliierte 399, 864
Allmende 467
Almanach 262
Almaty 695
Alnilam 760
Alnitak 760
Aloe 587
Alpaka 400
Alpen 205, 283, 602, 729
Alpen-Schleife 897
Alpendohle 210, 840
Alpenrose 58
Alpha (Raumstation) 668
Alphabet (Griechen) 315
Alphabet (Phönizier) 634
Alphastrahlen 663
Alphornbläser 729
alpine Disziplinen 882
alpine Weiden 284
Alraune 508, 554
Alt 594
Altägyptische Kunst **31**
Altaigebirge 535, 695
altern **845**
alternative Medizin **505**
Altes Testament 144
Altglas 297
Altiplano 110
Altocumulus 889
Altostratus 889
Altpapier 615
Altsteinzeit 758
Altwassersee 251, 733
Aluminiumerde 191
Aluminiumoxid 406
Alveolen 66
Alvin 607
al-Yaman 745
AM (Telekommunikation) 788
Amaterasu 554
Amateurboxer 401
Amazonas 35, 112, 168, 768
Amazonasdelfin 853
Amazonen (Papageien) 614
Amazonit 455
Amboseli-Park 601
Amboss (Metalle) 519
Amboss (Ohr) 588
Ambulakralfüßchen 512, 734
ambulant 444
Ambulanz 444
Ameisen **34**, 374, 630
Ameisenbären 773, **895**
Ameisenbeutler 102
Ameisenfresser 309
Ameisenigel 74, 705, 800
Ameisenjungfern 309
Ameisenkatze 412
Ameisenlöwe 309
Ameisensäure 34
Ameisen und Termiten 34
American Football 86, **276**
American Saddle Horse 624
America's Cup 858
Amerika (Geografie) 35
Amerikanische Drahthaar 412
Amerikanisch Kurzhaar 412
Amerikanische Revolution 36
Amerikanische Schabe 458
Amerikanischer Bürgerkrieg 37
Amerikanisch-Samoa 654
Amethyst 454, 455
Aminosäuren 824
Amische 144
Amman 779
Ammenhai 324
Ammoniak 67, 707
Ammoniten 257
Ammoniumchlorid 707
Ammoniumdichromat 132
Amnesty International 517
Amöbe 522, 904
Amorgruppe 434
Amoriter 774
Amphetamine 51
Amphibien 38, 226, 673, 776, 850, 893

Amphibienflugzeug 250
Amphitheater 794
Amphore 315
Amplitude 711
Amplitudenmodulation 692, 788
Ampulle (Ohr) 588
Ampulle (Seesterne und Seeigel) 734
Amsel 458
Amsterdam **573**
Amu Darja 695, 916
Amulette 31
Amundsen, Roald 647
Amun-Re 29
Amytis 736
Anabolika 552
Anakonda 720, 721, 776
Analgetika 50
analog (Schallaufzeichnung) 712
Analyse (chemische Verbindungen) 135
Analyse (Freud, Sigmund) 269
Ananas 793, 872
Anasazi 579
Anästhesie 505, 507
Anatolien 337, 814
Anatomie (Biologie) 106
Anatomie (Leonardo da Vinci) 471
Anatomie (Organsysteme) 596
Anatomie (Renaissance) 679
ANC 491
Anchisaurus 161
Anchovis 657
Andalusier (Pferde) 624
Andamanensee 792
andante 547
Anden 46, 168, 768, 773
Andenkondor 284, 312, 313, 773
Andersen, Hans Christian 419, 421
Andesit 294, 843
Andorra **750**
Andrea del Verrocchio 471
Androiden 684
Andromedanebel 862
Andruckpresse 119
Anemone 108, 310
Aneroidbarometer 875
angeboren (Tierverhalten) 802
Angel Falls 431
angeln 39, 238
Angeln (Reitervölker) 676
Angelsachsen 39, 320
Angelsächsische Chronik 39
Angkor 418
Angkor Wat **418**
Anglerfisch 236, 609
Anglikanische Kirche 318
Angola **26**, 657, 910
Angorakatze 412
Angorawolle 815
Angriff (Tierverhalten) 803
Angriffswaffen 698
Anhua 807
Anilinfarben 220
Animationsfilm 811
Animatronic 232
Animismus 677
Anion 67, 133
Anjou 265
Ankara 814
Anker (Motoren) 540
Anker (Zeit) 900
Ankerrad 900
Anklage 670
Anna Karenina 476
Annan, Kofi **831**, 832
Annelida 798
Anoa 124, 376
Anode (Chemie) 133
Anolis 167, 850
Anpassung 212, 590
Anselm, Hl. 585
Ansteckbart 699
Anstecknadel (Bronzezeit) 116
Anstellwinkel 249
Anstreichfarben 220
Antananarivo 911
Antares 760

Antarktika 40
Antarktis 40, 647, 648
Antarktische Schmiele 649
Antazida 50
Antenne 662
Antheridien 33, 221
Anthias 893
Anthrazit 429
Anthropologie 216
Antibabypille 51
Antibiotika 50, 445
Antidepressiva 51
Anti-g-Anzug 525
Antigua **407**
Antike 459
antikes Drama 713
Antikoagulanzien 50
Antikörper 353, 800
Antilibanon 778
Antilopen **342-343**
Antipersonenmine 846
Antipyretika 50
Antiquaschrift 118
Antisemitismus 396
Antisepsis 507
Anubis 29
Anuruddha 78
Anwalt 669
Anwendung (Information und Kommunikation) 368
Anzac 73
Aorta 335, 336
Apachen **290**
Apartheid 26, 765, **767**
Apartment 885
Apatit 293
Apennin 386
Apfel 275, 465
Apfelschnecke 861
Aphrodite 306
Apia 654
Apokalypse 144
Apollo 306
Apollofalter 284, 562
Apollogruppe 434
Apophis 554
Apostel 394
Appalachen 577, 825, 827
Appaloosa 624
Apple (Computer) 147
Appomattox 37
Approbation 504
Aprikose 275
Apsis 423
Aquädukt 117, 323, 688, 813
Aquakultur 238, 619
Aquamarin 455
Aquarellfarben 220
Aquarium 918
Äquatorialguinea 907
Aquitanien 350
Ar 498
Ara 614, 838
Araber (Kreuzzüge) 448, 700
Araber (Pferde) 624
Arabisch 725, 756
Arabische Halbinsel 302
Arabisches Vollblut 624
Aragonien 751
Araguaia-Fluss 375
Arakanga **614**
Aralsee 695
Aräometer 253
Ararat 413
Aras 721
Arassari 752
Araukarie 94, 769
Araukarie (Fossilien) 257
Arawak 405, 409
Arbeit 186, 217
Arbeiterinnen 34, 105
Arbeiterklasse 367
Arbeitgeber 295
Arbeitnehmer 295
Arbeitsgalopp 623
Arbeitskampf 295
Arbeitskräfte 326
Arbeitslager 867

Archaeopteryx 195, 213
Archäologie 41-42
Archegonium 221
Archimedes 197, **440**, 564
archimedische Schraube 197
Archipel 375
Architekt 95
Architektur 43-45, 315, 538, 585, 688
Ardennen 99
Ardenner (Pferde) 624
Arecibo 62
Ares 305, 306
Argali 710
Argentinien 46-48
Argo 607
Argon 183, 480
Argonauten 315
Argus-Schmidt-Rohr 847
Arhat 123
Ariane 432
Ariane-5 **665**
Arie 594
arische Kultur 359
Aristoteles 32, 565, **731**, 744
Arithmetik 894
Arizona 828
Arkade 775
Arkose 294
Arktis 49, 647
arktische Weide 649
Arkwright, Richard 367
Armada **184**, 751
Armaturenbrett 214
Armbanduhr 900
Armbrust 126, 350, 846
Armenien 414
Armenviertel 757
Armgeflecht 568
Armillarsphäre 565
Armmolch 701
Armnerven 568
Armschutz 699
Armstrong, Neil 533
Armstuhl 530
aromatisch (Chemie) 133
Aronstab 629, 630
ARPANET 369
Arrhenius, Svante 706
Artemis 306
Artemistempel von Ephesos 736
Artenschutz 562, 918
Arterien 336
Arterienbogen 336
Arterienklemme 505
artesischer Brunnen 252, 611
Arthropoda 798
Arthur, König 554
Artillerie 230
Artname 474
Arts-and-Crafts-Bewegung 529
Artus 416, 554, 681
Arusha 598
Arzneimittel und Drogen 50-51
Arzt 444, 504
ASA/ISO 259
Asarhaddon 59
Ascension 64
Aschanti 677, 873
Aschchabad 917
Asche (Vulkane) 843
Aschenputtel 419
Aschenvulkan 843
Aschkenasim 385, 395
ASCII-Code 145
Ascorbinsäure 552
Aserbaidschan 414
Ashikaga-Schogune 391, 724
Ashton, Frederick 83
Asiatischer Elefant 177
Asiatischer Wildesel 623
Asien (Geografie) 52-53
Asien (Geschichte) 54-56
Asien (Kunstgeschichte) 461
Asien (Tierwelt) 57-58
Asimov, Isaac **684**
Askese 121
Asklepios 506

Äskulapnatter 450
Asmara 600
Asoka **502**
Äsop 419
Asphalt 761
Asphaltsee 193
Aspirin 50
As-Saheli 490
Asseln 446
Asselspinnen 609
Assler, Federico 104
Assoziation 269
Assoziationsneuron 568
Assur 59
Assurbanipal 59
Assurnasirpal II. 59
Assyrer 59
Astaire, Fred 782
Astana 695
Asterix 903
Asteroiden **434**
Asteroidengürtel **434**, 747
Astmoos 537
Astroblem 434
Astrolabium 383, 433, 528
Astrologie 60
astrologische Symbole 898
Astronauten 61
Astronomie 60, **62**, 383, 565
astronomische Einheit 863
Astrophysik 636
Ästuar 251
Asunción 111
Asyl 452, 808
Atacamawüste 46, 768, 773
Atemstillstand 201
Atemwurzeln 628
Athapaskisch 290
Athen 314, 317
Athena 306, 314
Äther 507
ätherische Öle 587
Äthiopien **600**
Atlantik 63
Atlantis **554**
Atlantischer Ozean 63-64, 607
Atlasgebirge 583
Atlatl 354
Atmosphäre 65, 191, 480, 875
Atmung 66
Atmungssystem **66**, 596
Ätna 386
Atoll 375, 619
Atom 134
Atombindung **67**, 135
Atombombe 173, 846, 867
Atome und Moleküle 67
Atomtheorie 565
Atomuhr 900
Atomunterseeboot 821
Atomwaffengegner 270
Atomwaffensperrvertrag 270
atomwaffenfreie Zone 571
Atrax 753, 800
Atropin 630
Attila **676**
Attis 306
Au Bon Marché 775
Audio 835
Auerbachsprung 732
Auerhuhn 458
Auerochse 124
Auerstädt, Schlacht von 560
Aufforstung 848
Aufklärungsflugzeuge 525
Auflösungszeichen (Musik) 547
Aufnahmestudio 712
Aufsatzkommode 530
Aufschlag (Tennis und Squash) 790
Aufstellbuch 419
Auftrieb **165**, 249, 482, 841
Augapfel 68
Auge 68, 799
Auge (Wirbelstürme) 883
Augenfarbe 833
Augenklinik 444
Augenoperation 468

Augenspiegel 504
Augensymbol 897
Augustinus von Canterbury 39, 320
Augustus, römischer Kaiser 218, 687, 688
Aulus Celsus 507
Aurangseb 359, 531
Auriga (Tunnel) 813
Ausbildung **202**, 726
Auschwitz 346, 867
ausdauernde Pflanzen 626
Ausgleichszahlung 464
Ausgrabung 41
Aushub 96
Ausläufer 631
Ausleger (Polynesien) 653
Auslegerboot 72
Auslegerbrücke 117
Auslese, natürliche **212**
Auslese, künstliche 213
Auslöser (Fotoapparate) 259
Auspuff 441
Auspuffkrümmer 539
Ausscheidung 69, 824
Ausscheidungssystem 596
ausschneiden (Kleidung) 424
Außenbordmotor 716
Außenohr 588
Außenskelett 300, 372, 799
Aussterben 196
Austen, Jane 476
Auster 860, 861
Austerlitz, Schlacht von 560
Austernfischer 859
Austin Mini Cooper 443
Australasien **610-611**
Australian Football 71
Australian Pony 624
Australien (Geografie) 70-71
Australien (Aborigines) 17
Australien (Cook, James) 148
Australien (Geschichte) 72-73
Australien (Ozeanien und Australasien) 610
Australien (Tierwelt) 74-75
australischer Busch 74
Australischer Schäferhund 349
Australischer Terrier 349
Australopithecus 18, 41, 196, 469
Auswaschung 109
Auto 441
Autobahn 761
Autobatterie 707
Autolacke 220
Automat 684
automatische Waffen 230
autonomes Nervensystem 568
Autopilot 567
Autotelefon 692, 787
Autotransporter 442
Autotypie 119
Aveiro, Alfonso d' 100
Avicenna 383, 448
Avocado 275, 521
Avogadro, Amedeo 282
Avogadro'sches Gesetz 282
Awaren 410, 676
Axolotl 38, 701
Axt 698
Ayatollah Khomeini 378
Aye-Aye 376
Ayer's Rock 17, 70, 611
Ayllu 370
Aymara 110
Ayurveda-Medizin 358
Azimutalprojektion 463
Azolla 221
Azoren 64, 656
Azteken 76-77, 305, 518, 520, 899
Azulejo-Kacheln 657

B

Ba'ath-Partei 779
Babirusa 376, 879
Bábolna 606
Babur 531

Baby 845
Babyface 592
Babylon 78
Babylonier 59, **78**, 863
Babylonische Gefangenschaft 78, 620
Bach, Johann Christoph 79
Bach, Johann Sebastian 79
Bach 776
Bache 879
Bachmann, Ingeborg 157
Bachsalamander 284
Bacillus 522
Backentaschen 555
Backenzahn 703, 896
Backgammon 42, 708
Backhendl 603
Backstein 96
Bacon, Francis 564, **565**, 636
Badeanzug 426
Badeschwamm 317, 798
Bad Man 903
Badminton **790**
Baekeland, Leo 133, 462
Baez, Joan 685
Bagdad 378, 383
Bagger 497
Bahamas **406**
Bahnhofsuhr 901
Bahnpolizei 652
Bahnrennen (Radsport) **664**
Bahnrennrad 664
Bahrain 89
Bahram I. 621
Baiji 853
Baikalsee 52, 733
Baikonur 695
Baird, John Logie 223
Baird-Schnabelwal 853
Bairiki 654
Baixa 656
Bajada 891
Bajonett 847
BaKa 905
Bakelit 462
Baker, Howland 619
Bakewell, Robert 467
Baklava 815
Bakterien 106, 445, 522, 617
Bakteriophagen 523
Baku 414
Bakunin, M. 496
Balaclava 576
Balalaika 546
Balearen 749
Balgenkamera 260
Bali 364
Balinesische Katze 412
Balkangebirge 316
Balkanstaaten 80-82
Bälkchenknochen 742
Balken (Architektur) 43
Balken (Nervensystem) 569
Balkenbrücke 117
Balkenspiralen 277
Balkenwaage 498
Balla, Giacomo 388
Ballarama 341
Ballast (Schiffe) 715
Ballastzelle 821
Ballets Russes 83, **637**, 763
Ballett 83, 694
Ballhausschwur 266
Ballone 248, **482-483**, 810
Ballspiele 84-86, 518, 755
Baltikum und Weißrussland 87-88
Baltimoretrupial 739, 796
Balz **739, 784, 796, 803**
Balzfüttern 739
Bamako 873
Bambara 873
Bambus 307
Bambusbuch 120
Banane 913
Bananenspinne 753, 754
Banaue 632
Band (Orchester) 595
Band (Skelett) 742

Bandar Seri Begawan 488
Bandaranaike, Sirimavo 358
Bänderschnecke 212, 861
Bandhaft 742
Bandicoot 101
Bandscheibe 741
Bandwurm 616, 798, 890
Bangkok **793**
Bangladesch und Nepal 89-90
Bangui 906
Banjo 393
Banjul 871
Bank 286
Bankivahuhn 672
Banknoten **285**, 287
Bankrott 884
Banks, Joseph 72, 148
Banku 873
Banteng 124
Banting, Frederick 51
Bantu 767, 906
Banyan 57
Baobab 92, 310, 376, 905
Barbados **408**
Barbaren 676
Barbarossa 866
Barbera, Joe 81
Barbuda **407**
Barcelona 750
Barchan 891
Bären 91
Bärenklau 275
Bärenspinner 374
Barents, Willem 647
Barett 795
Barge 323, 810
Bargeld 285
Bargeldautomat 286
Baribal 91
Bariton 594
Baritonsaxophon 551
Bärlappe 195, **221**
Bar-Mizwa 396
Barnard, Christiaan **504**
Barock 44, 45, **460**
Barockmusik 79
Barolo 387
Barometer 480, 875
Barosaurus 161
Barren 816
Barrie, James M. 420
Barriereriff 70, 913
Barrkinj 17
Barsoi 348
Bartagame 166
Barten 851
Bartenwale 648, 799, **851**, 853
Bartgeier 210
Bartholomäusnacht 671
Bartkauz 58
Bartolomé de las Casas 770
Barton, Otis 607
Baryonyx 161
Basalt 294, 844
Basalzellenschicht 331
Basar 383, 775
Baseball **84**
Basen **706-707**
Basen (Vererbung) 833
Basenji 799
Basilarmembran 588
Basileios II. 127
Basilika 423
Basiliuskathedrale (Moskau) 697
Basis (Zahlen) 83
basisch (Säuren und Basen) 706
Basken 264, 750, 751
Basketball **85**
Bass (Oper) 594
Basset 349
Basseterre 407
Bassschlüssel 547
Basstölpel **513**
Bast (Hirsche und Antilopen) 342
Bastet 29, 823
Bastille 267
Bastpalme 587
Batavia 363, 574

Batéké 907
Bates, Henry 722, **784**
bathyale Zone 607
Bathyskaph 189
Bathysphäre 607
Batik 364
Batista, Fulgencio 409
Batman 232
Batterie (Chemie) 133, 707
Batterie (Elektrizität) 179
Battersea-Schild 416
Baubüro 96
Bauchflossen 235
Bauchspeicheldrüse 347, 824
Baue (Tierbauten) 796
Bauer (Schach) 708, 709
Bauernaufstände 527
Bauernkrieg **155**, 527
Bauhaus 45, 152, 156
Bauingenieur 95
Baukeramik 806
Baum, Lyman Frank 420
Bäume 92-94, 626, 848
Baumfarne 195, 221, 563
Baumfrosch 272
Baumkänguru 75, 101
Baumkröte 273
Baummarder 210, 494
Baumozelot 772
Baumplantage 615
Baumpython 720
Baumschlangen 720
Baumskink 167
Baumstachler 582
Baumwolle 464, 587, 599, 601, 612, 791, 827, 906, 917
Baumwollschwanzkaninchen 330
Baumwollspinnerei 366, 791
Baustile 44
Baustoffe **96**
Bautechnik 95-96, 785
Bauxit 191, 406
Bayerischer Wald 562
Bayon 418
Bayreuther Festspielhaus 594
Bazillen 522
Beagle 151, 348
Beamte (China, Geschichte) 139
Beatles 97, 685
Beaufort-Skala 880
Beauharnais, Joséphine de 559
Beaumont, William **824**
Beauvoir, Simone de 185
Bebop 393
Becherlinge 639
Becken 549, 741
Beckenbauer, Franz 276
Beckengürtel 741
Beckett, Samuel 713
Beckett, Thomas 527
Becquerel, Antoine-Henri 149, 514, **663**
Beda, Mönch 39
Bedecktsamige 626
Bedford, Herzog von 342, 467
bedrohte Pflanzen **563**
bedrohte Tiere **563**
Beduinen 303, **778**
Beebe, William Charles 607
Bee Gees 686
Beerbaum, Ludger 625
Beeren 274, 275
Beethoven, Ludwig van 98, 548, 603
Befreiungskriege 560
Befruchtung 255, 274, 631
Begin, Menachem 270
Begleithunde 348, 349
Behaarte Segge 308
Behandlung 504
Behelfsflagge 240
Beifußhuhn 562, 784
Beijing 137
Beilbauchfisch 772
Beilfisch 236, 609
Beinschutz (Rüstungen) 699
Beintasche 699
Beirut 779

Beizenfarbstoffe 220
Beka-Tal 778
Bekleidungsindustrie 424
Belagerungsmaschine 59, 126
Belarus 88
Beleuchter 594
Beleuchterbrücke 794
Beleuchtung (Theater) **795**
Belgien 99
Belgier (Pferde) 624
Belgrad 82
Belize 913
Belize City 913
Bell, Alexander Graham 712, **786**
Bellatrix 760
Belmopan 913
Beluga 695, 851
Belutschistan 612
Benares 341
Benelux-Staaten **99**
Benesh-Notation 83
Benfica Lissabon 657
Bengalen 612
Bengalengeier 310
Bengalkatze 479
Benimmbücher 421
Benin 874
Benin (Rüstungen) 698
Benin-Reich 100
Beninbronze (Bildhauerei) 104
Bennettkänguru 705
Benthoscope 607
Benz, Carl 441, **442**, 809
Benzin, Erdöl 194
Benzol 429
Benzolring 133
Beobachtung (Naturwissenschaft) 564
Beobachtungssatellit 702
Beograd 82
Beowulf 475
Berber 583
Berchtesgadener Land 562
Bereitschaftspolizei 698
Berg, Alban 594
Berganoa 124
Bergeidechse 210
Bergen-Belsen 346
Berger, Gerhard 603
Bergfried 126
Berggorilla 19, 28, 908
Berghüttensänger 582
Bergkarabach 413, 414
Bergkristall 455
Berglöwe 582
Bergpredigt 394
Bergsalz (Säuren und Basen) 706
Bergsteigen (Camping) 130
Bergvölker 792
Bergwind 880
Beringstraße 52, 354, 579
Berlin 153
Berliner Mauer 156, 399
Berliner, Emile 712
Bermuda-Dreieck 554
Bermudas **318**
Bern 730
Berner Sennenhund 349
Bernhardiner 349
Bernini, Gianlorenzo **460**
Bernstein 88, 257, 455
Bernstein, Leonard **595**
Berry, Chuck 685
Berufsarmee 764
Berufsausbildung 202
Berufskrankheiten 445
Beryll 293, 455
Besanmast 148
Beschauzeichen 897
Beschleunigung (Physik) 440, 636, 666
Beschreibstoff 725
Bessemer, Henry 175
Best, Pete 97
Bestattung (Vorgeschichte) 842
Bestäubung 107, 274, 631

Bestrafung (Verbrechen) 823
Beta Pictoris 192
Betamaribé 874
Betankungsflugzeug 250, 525
Betastrahlen 663
Beteigeuze 760
Bethe, Hans 417
Beton 43, 96, 785
Betrag (Kraft und Bewegung) 440
Betriebsrat 295
Betriebssystem **147**, 368
Betriebsverfassungsgesetz 295
Bettelgang (Buddhismus) 123
Bettelschale 123
Bettwanze 854
Beugung 219
Beugungsgitter 218
Beutelbär 102
Beutelnest 796
Beuteltasche 123
Beutelteufel **102**
Beuteltiere 74, **101-102**, 704
Bevölkerung 924
Bewässerung (Israel) 385
Bewegung 440, 552
Bewegungsenergie 186
Bewusstsein (Erste Hilfe) 201
Bewusstsein (Freud, Sigmund) 269
Bewusstsein (Philosophie) 633
Bezugsstoff 529
Bhagavadgita 340
B-Horizont 109
Bhumibol Adulyadej 793
Bhutan 89, **90**
Bhutanitis lidderdalei 284
Bialowieza-Nationalpark 604
Biathlon 882
Bibel 144
Biber 555, **556**, 581, 776
Bibronkröte 273
Bichat, Marie-François 904
Biegefestigkeit (Festkörper) 225
Biene (Landwirtschaft) 465
Bienen 374
Bienenelfe 839
Bienenragwurz 107
Bienenstich (Säuren und Basen) 707
Bienen und Wespen 103
Bifokalbrille 262
Big Band 393
Big Bang 822
Big Ben 318
Big Crunch 82
Big Horn 710
Biko, Steve **767**
Bilchbeutler 107
bildende Kunst **459-461**
Bilderbücher **421**
Bildergeschichten 903
Bildhauerei 104-105
Bildhauerei (Griechen) 315
Bildhauerei (Gupta-Reich) 322
Bildhauerei (Kunstgeschichte) **459-461**
Bildmanipulation 261
Bildregie 223
Bildröhre 222
Bildschirm 146
Bildtelefon 786
Bildteppich von Bayeux 292
Bildzeichen 725, 897
BILD Zeitung 903
Billard 85
Bimbisara 121
Bimsstein 844
binäre Nomenklatur 474
binäres System 894, 932
Bindemittel 220
Bindenfregattvogel 619
Bindusara 502
Bingham, Hiram 169
Binnenhandel 327
Binnenschifffahrt 323
Binokularmikroskop 524
Binsen 227, **307**, 308
Biochemie 133
Bioko 907
Biologie 106
biologische Waffen 846

biologischer Landbau 464
biologisches Gleichgewicht 558
Biolumineszenz 472, 640
Biom 589
Biomasse 187, 558
Biophysik 636
Biosphäre 192
Birka 878
Birke 94, 640
Birkenporling 641
Birkenspanner (Evolution) 213
Birkenspanner (Umweltverschmutzung) 820
Birma 55, 792, 793
Birmakatze 412
Biro, Gebrüder 725
Bischkek 917
Bischof 527, 671
Bismarck, Otto von 156
Bismarckarchipel 515
Bison 124, 309
Bissau 871
Bitterling 236, 641
Bitterorange 750
Bittersüß 627
Bizeps 552
Blackbeard 643
Black Consciousness 767
Black Muslims 422
Black smoker 509
Blackwell, Elizabeth 507
Blake, William 157
Blankaal 804
Blas 851
Bläschendrüse 255
Blase (Ausscheidung) 69
Blasenkammer 636
Blasenschlauch 33
Blasenschnecke 861
Blasentang 511
Blasinstrumente 549
Blaskapelle 595
Blasloch 851
Blässgans 280
Blätter **628**
Blattflöhe 854
Blattformen **629**
Blattgrün 626, 635, 904
Blatthornkäfer 398
Blatthühnchen 859
Blattkäfer 398
Blattläuse 854
Blattmine 797
Blattnarbe 93
Blattschneiderameise 34, 672, 797
Blaualgen 195, 522
Blauelster 661
Blauer Nil 598
Blauer Überriese 760
Blauflecken-Stechrochen 324
Blauhäher 661
Blauhelme 832
Blaukrönchen 840
Bläuling 374, 723
Blaumeise 739
Blauohr 739
Blauringkrake 800
Blausäure (Holocaust) 346
Blauschaf 710
Blauwal 851, 852, 853
Blauwand 232
Blauwangenlori 75
Blauzungenskink 166, 167
Blechbläser (Orchester) 595
Blechblasinstrumente **549**, 551
Bled 81
Blei 519
Bleiglas 297
Bleikreuz (Pest) 622
Bleirute 297
Bleisteg 528
Blende 259
Blinddarm (Verdauung) 824
Blindenschrift (Nervensystem) 568
Blindenuhr 901
Blindschlange 720, 721
Blindschleiche 166, 450

Blindwühlen 38
Blini 200, 694
Blisterfolie 856
Blitz 179, 883
Blitzableiter 262
Blitzgerät 259
Blitzmann 17
Blizzard 575
Blockade (Napoleonische Kriege) 560
Blockbuch (Buddhismus) 123
Blockflöte 549, 551
Blocklava 844
Bloemfontein 765
Bloodhound 348
Bloomingdales 775
Blubber 851
Blücher, Generalfeldmarschall 560
Blues 393, 685
Blumentiere 660
Blut 335, 506
Blutegel 616, 777, 798, 890
Bluteisenstein 175
Blüten 107-108, 628, 631
Blütenpflanzen **107-108**, 195, 626, 627
Bluterkrankheit 834
Blutgefäße **336**
Blutgerinnung **336**
Blutgruppen **336**
Blutkörperchen 335
Blutkreislauf 335
Blutplättchen 335
Blutprobe 504
Blutschnabelweber 739
Bluttransfusion 336
Blutwäsche 69
Blutwurm 890
Blutzikade 784
BMX-Rad 214
Boa 720
Board 858
Board, Chris 664
Boat People 808, 837
Boaz 332
Bobfahren 882
Bobtail 349
Boccaccio (Renaissance) 679
Boccia 85
Bock (Schafe und Ziegen) 710
Bockkäfer 374, 398, 799
Bocksdorn 508
Boden 849
Bodenarten 109
Bodenkontrolle (Raketen) 666
Bodenkriechen 109
Bodenprofil **109**
Bodenschicht 672
Bodensee 153, 602, 729
Bodenturnen 816, 817
Bodentypen **109**
Bodhisattva 123, 322, 334
Bodiam Castle (England) **126**
Bodichon, Barbara L. 185
Bodybuilding 552
Boeing 248, 250
Boğazköy 337
Bogen (Architektur) 43
Bogenbrücke 117
Bogengänge 588
Bogenschützen 676
Bogenstaumauer **780**
Bogotá **432**
Böhler, F. 133
Böhmen 605
Böhmerwald 602
Bohnen (Nordamerika, Geschichte) 579
Bohr, Niels 514
Bohrassel 447
Bohrgestänge 193
Bohrmaschine 181
Bohrtechnik 193
Bohrturm 193
Bojaxhiu, Agnes Gonxha 553
Bokmakiri 172
Bola 47
Boleyn, Anne 184

Bolivar, Simón 771
Bolivien und Paraguay 110-111
Bollwerk 125
Bollywood 357
Bolschewiken 591
Bolschoitheater 694
Bombe, Roboter 684
Bombe (Vulkane) 289, 844
Bomben (Waffen) **846**, 847
Bomber (Militärflugzeuge) 525
Bonifatius, heiliger 155
Bonito 619
Bonnet 267
Bonney, Anne 643
Bonsai 390
Boogie-Woogie 393
Booster (Raketen) 665
Boote **715-717**, 810
Bora 80
Bordelektronik 248
Border Collie 349
Border-Terrier 349
Borglum, Gutzon 827
Borke (Bäume) 92
Borkenkäfer 374
Borneo 486
Borodino 809
Borodino, Schlacht von 560
Boroxid 297
Borscht 200, 691, 694
Börse **286**
Börsenkrach 830, **884**
Borstenkiefer 92, 626
Borstenwürmer 512, 798
Borstgras 649
böser Blick 897
Bosnien-Herzegowina **81**
Bosporus 127
Boso 873
Boston Tea Party 36
Boston-Terrier 349
Botanik **106**
botanischer Garten **281**
Botany Bay 72, 148
Botenstoffe 347
Botswana **910**
Bottnischer Meerbusen 728
Boudicca 415
Boudin, Eugène 534
Bouillabaisse 200, 264
Boule 85-86, 264
Boulevardzeitung 902
Boulez, Pierre 548
Boulton, Matthew 540
Bourbonen 265
Bournonville, August 83
Bouton, G. 214
Boutros-Ghali, Boutros 832
Bovist 639, 641
Bowler 84, 426
Bowling 85
Bowls 85
Bowman'sche Kapsel 69
Bow Street Runner 652
Boxen (Beuteltiere) 101
Boxen (Hasen und Kaninchen) 330
Boxen (Sport) **401**
Boxenstopp 541
Boxer (Hunde) 349
Boxeraufstand 140
Boxerbund (Asien, Geschichte) 55
Boxkamera 259
Boykott 491
Boyle, Robert 133, 282
Boyle-Mariotte'sches Gesetz 282
Boyne, Schlacht am 380
Boz 158
Brache 467
Brachvogel 859
Bragg, William Henry 225
Bragg, William Lawrence 225
Brahma 340
Brahmaea 723
Brahman 340
Brahmanen 217, 340
Brahmaputra 89
Brahms, Johannes 603

Bran 416, 691
Brand (Pilze) 640
Brandbekämpfung 229
Brandeisen (Sklaverei) 743
Brandenburger Tor 153
Brandenburgische Konzerte 79
Brandrodung 792, 837, 848
Brandstiftung 823
Brandt, Willy 208, 399
Brandungshöhle 344
Brandungspfeiler 510
Brandywine 36
Brasilia 112, 771
Brasilien 112-113
Brassolide 723
Bratislava 606
Bratsche 550, 551
Brauen-Glattstirnkaiman 456
Braunalgen 33, 511, 522
Braunbär **91**, 210, 704, 881
Brauner Bär 723
Brauner Kapuzineraffe 21
Brauner Storchschnabel 629
Braunkohle 429
Braunlori 614, 840
Braunohrarassari 752, 840
Braunpelikan 513
Braunsichler 172
Brazzameerkatze 21
Brazzaville 907
BRD 156
Brecht, Bert 157, **713**
Brechung 473
Bregenz 603
Breitengrad 463, 567
Breitflügelfledermaus 243
Breitmaulnashorn 561, 562, 563
Breitrüssler 398
Brekzie 294
Bremsen (Reibung) 674
Brennblase 565
Brennelement 417
brennen (Töpferei und Keramik) 806
Brennender Hahnenfuß 629
Brennerautobahn 602
Brennhaare 630
Brennkammer (Raketen) 665
Brennnessel 108, 630
Brennpunkt 3
Brennpunkt (Auge) 68
Brennstoff (Motoren) 539
Brennstoffe (Nutzpflanzen) 587
Breschnew, Leonid 748
Bretagne 264
Bretonen 264
bretonisch 416
Brétigny, Frieden von 350
Brettspiele 708-709
Brettwurzel 672
Breuer, Marcel 156
Brian Boru 380
Brickyard 541
Bridgetown 408
Briefkästen 115
Briefmarken und Post 114-115
Brihadnatha 502
Brillantschliff 455
Brille (Schlangen) 720
Brillenbär 91, 773
Brillenblattnase 243
Brillenkaiman 227, 449, 456
Brillenkauz 840
Brillenschlange 721
Britannien 39, **320**
Britisches Empire **868**
Britisch-Indien 360
Britisch Kurzhaar 412
British Aerospace 250
British Army and Navy Cooperative Society 775
British Broadcasting Company 682
British Columbia 404
Britten, Benjamin 594
Broadway **713**, 826
Broca, Pierre Paul 569

Brom 183
Brombeere 275
Bromelie 102, 627, 672
Bronchien 66
Bronchiolen 66
Bronze (Metalle) 519
Bronzeguss (Benin-Reich) 100
Bronzeguss (Bildhauerei) 104
Bronzeliege (Kelten) 416
Bronzestatue 359
Bronzezeit 116, 785
Brotfrucht 275, 406, 655
Brotkrustenschwamm 512
Brown, James 686
Brown, Robert 282
Brown'sche Bewegung 282
Browser 369
Bruch (Zahlen) 894
Brücke (Schiffe) 715
Brücken 117
Brückenechse 376, 449
Brückentypen **117**
Brüderlichkeit (Menschenrechte) 517
Brüllaffe 20
Brumaire 559
Brumbys 623
Brunei, 486, **488**
Brunel, Isambard Kingdom 117
Brunel, Marc Isambard 813
Brunelleschi, Filippo 43
Brunft (Hirsche und Antilopen) 343
Brunhoff, Jean de 421
Brüssel 99
Brustbein 838, 741
Brustflossen 235
Brustharnisch 699
Brustmuskel 552
Brustschwimmen 732
Brusttrommeln 19
Brutapparat 256
Brutblatt 631
Brutkleid 838
Brutknospen 631
Brutkörper 537
Brutparasit 839
Brutpflege (Fische) 236
Brutpflege (Insekten) 372
Brutpflege (Kriechtiere) 450
Brutpflege (Nagetiere) 555
Brutpflege (Säugetiere) 704
Brutpflege (Singvögel) 739
Brutpflege (Tierbauten) 796
Brutus 128
Brutzwiebeln 631
Brydewal 853
Bryon 537
Bryophyta 537
Buch der Könige (Safawiden-Reich) 700
Buch der Malerei (Leonardo da Vinci) 471
Buchblock 120
Buchdruck 118-119, 680
Buche 94
Buchecker 275
Bücher 120, 419
Bücherschrank 530
Bücherverbrennung 492
Buchfink 799
Buchherstellung **120**
Buchkunst (Angelsachsen) 39
Buchmalerei (Literatur) 475
Buchstabenschrift 725
Buckelstern 798
Buckelwal 608, 853
Buckelzikaden 854
Budapest **606**
Buddenbrooks 492
Buddha 121, 122
Buddhismus 122-123, 677
Buddhismus (Japan, Geschichte) 391
Buddhismus (Khmer-Reich) 418
Buddhismus (Klöster) 428
Buddhismus (Konfuzius) 435
Buddhismus (Maurya-Reich) 502
Buddhismus (Mongolei) 535

Buddhismus (Sri Lanka) 358
Buddhismus (Vietnam, Kambodscha, Laos) 837
Buenos Aires 47
Büffel und andere Wildrinder 124
Büffelgras 310, 582
Buffet 530
Bügeln 424
Bugs Bunny 811
Bühne (Theater) 794
Buhnen 510
Bühnenbild 795
Bühnenbild (Filmindustrie) 231
Bühnenbildner 594
Buhurt 681
Bujumbura 908
Bukarest 691
Bukephalos 32
Bulgarien **317**
Bulldogge 349
Bulldoggenameise 34
Bulldoggfledermaus 242
Bulldozer 761
Bullet Train 175
Bully 882
Bumerang 17, 698, 846, 847
Bundesgrenzschutz 652
Bundeslade 332, 395
Bundesliga (Fußball) 276
Bundespolizei 652
Bundesrat (Recht und Gesetz) 669
Bundesregierung 650
Bundestag 650, 669
Bündnis 90/Die Grünen 651
Buntbarsch 27, 777
Buntfalke 313
Buntheit 218
Buntpapier 615
Buntwaran 310
Buonarroti, Michelangelo 45
Burak 700
Buran (Raketen) 666
Burbage, Richard 735
Burckhardt, Carl 292
Buren 767
Burenkrieg 767
Burgen 125-126
Burgenland 603
Bürgerkrieg 451
Bürgerrechte 517
Bürgerrechtsbewegung 422, 954
Bürgertum (Französische Revolution) 267
burghol 779
Burgoyne, John 36
Burke, Robert O'Hara 188
Burkina Faso **873**
Burmese 412
Büromöbel 529
Burundi **908**
Bürzeldrüse 280
Bus (Computer) 146
Busch, Wilhelm 421
Buschmänner 910
Buschschwein 879
Buschwindröschen 849
Bushbaby 801
Bushido 724
Bushnell, David 821
Business Class 248
Buße (Christentum) 144
Buße (Recht und Gesetz) 669
Büstenhalter 426
Butan **194**
Büttel 528
Butterfisch 236
Butzen 297
Bypass 505
Byrd, Richard E. 647
Byssus 511, 860
Byzantium 127
Byzanz 127, 688, 815

C

Cabinda 910
Cabot, John 404, 579, 580

CAD-Design 152
Caerphilly Castle (Wales) 125
Caesar, Gaius Julius 128, 320
Caetano, Marcello 658
Cage, John **548**
Cairn-Terrier 349
Cai Shen 807
Caius Cestius 659
Calanus finmarchicus 447
Caldera 844
Calderón de la Barca, Pedro 713
Calgary Stampede 403
Calvin, Johannes 671
Calypso 408, 607
Camarguepferd 624
Camcorder 260, **835**
Camembert 264
Camera obscura 259
Cameron Highlands 486, 487
Camp-David-Abkommen 270
Campeche, Bucht von 521
Camping 129-130
Canberra 70
Canidae 887
Canoe, John 406
Canova, Antonio 105
Cantal 264
Canterbury Plains 570
Canterbury Tales 475
Canterbury, Erzbischof von 585
Canyon (Meeresboden) 509
Canyon (Planeten) 644
Canyon (Wüsten) 891
Cap Bon 583
Cape Cod 638
Čapek, Karel 684
Capitalis 725
Capitol (Washington) 650, 669
Capone, Al 823
Capybara 226, 555, 557
Caracas 432
Carapax 446
Caravaggio, Michelangelo 460
Carbonfaser 462, 664
Carcassonne 528, 757
Carcharodes 258
Cardon 773
Carmargurind 467
Carnac (Vorgeschichte) 842
Carolinataube 840
Carpobrotus 627
Carroll, Lewis 420
Carson, Rachel 106
Cartier, Jacques 404, 579, 580
Carvalho, Sebastião de 658
Casamance 871
Casein 133
Cashewnüsse 871
Cäsium (Zeit) 900
Cassava 199
Cassini, Giovanni **645**
Cassini (Sonde) 668
Cassini'sche Teilung 645
Cassius 128
Castillo (Chavín-Kultur) 131
Castillon, Schlacht bei 350
Castor 688
Castries 408
Castro, Fidel 406, **409**
Çatal Hüyük 757
Catering 248
Cavour, Graf 388
Çayevi 815
CCD-Element 62, 835
CD 686, 712
CD-Player 468
CD-ROM 120, 147
CDU 651
Ceaușescu, Nicolae 691
Cecil, William 184
Cefalù 585
Celan, Paul 157
Cellini, Benvenuto 680
Cello 550, 551
Cello (Trickfilm) 811
Celsiusskala 855
Cembalo 550
Cephalaspis 195

Cephalothorax 753
Cepheiden 760
Cerberus 306
Ceres 306, 434
Cernunnos 415
Cervantes, Miguel de 476
Cestius-Pyramide 659
Ceylon 358
Ceylonschliff 455
Cézanne, Paul 460
Chaa 767
Chac Mool 76
Chaco Canyon 579
Chaco-Krieg 110
Chacopekari 879
Chadidja 532
Chain, E. 51
Chajjám, Omar 157
Chalcha 535
Chalet 886
Chalzedon 455
Cham 418
Chamäleon 166, 449, 673, 783
Champagne Castle 765
Champlain, Samuel de 580
Champollion, Jean-François 30, 725
Chancay-Kultur 771
Chandragupta 322
Chandragupta II. 322
Chandragupta Maurya 359, 502
Chanel, Coco **425**
Chang Jiang 136
Chang Jung 476
Chanukka 396
Chaostheorie 501, 636
Chapatti 357
Chaplin, Charlie 232
Chappe, Claude 788
char ania 699
Charge-coupled device 62
Chari 906
Charles, Ray 685
Charnley, John 507
Charon (Planeten) 644
Charreadas 521
Charta (Vereinte Nationen) 832
Chartisten 321
Chartres 528
Chartreux 412
Charts (Rock und Pop) 686
Chaucer, Geoffrey 475
Chavín-Kultur 131
Check-up 239
Cheddar 319
Cheke, John 680
Chelizeren 753
Chemie 132-133
chemische Analyse **135**
chemische Elemente 67, **183**
chemische Energie 186
chemische Formeln 67
chemische Gleichung 132
chemische Industrie 132
chemische Kampfstoffe 846
chemische Reaktionen **132**
chemische Verbindungen 134-135
Chemorezeptor 291
Chemotherapie 50
Cheng'en, Wu 419
Cheopspyramide **659**, 736
Chephren 736
Chiang Kai-shek 142
Chianti 387
Chicago 826
Chichen Itza 659
Chiffren **145**
Chiffriermaschine 145
Chiffrierscheibe 145
Chihuahua (Hunde) 348
Chihuahua (Mexiko) 521
Chile 46, **48**
Chile-Teju 773
Chimú 131, 188
China, Republik 138
China (Geschichte) 139-141, 435
China (Revolution) 142
China-Alligator 456

Chinarindenbaum 113
Chinatanne 626
Chinatown (Singapur) 488
China und Taiwan 136-138
Chinchilla 466, 555-557
Chinesisch 756
chinesische Kunst 141
Chinesische Mauer 136, 139
chinesischer Tierkreis 60
Chinesischer Zwerghamster 557
chinesisches Porzellan **807**
Chinesisch-Japanischer Krieg 392
Chinin 113, 587
Chinook (Flugzeuge) 250
Chinook (Winde) 880
Chip 182
Chipmunk 555, 557
Chirac, Jacques 650
Chiroptera 242
Chirurgie 444, **505**, 524
Chișinău 691
Chiton 315
Chlor 135, 183
Chlorophyll 626, **635**, 904
Chloroplasten 635, 904
Chocolate Hills 632
chocolatl 199
Chola-Dynastie 54, 359
Cholera 445, 523
Choli 425
Chomsky, Noam **756**
Chor (Klöster) 428
Choralmusik 547
Chordata 798
Chordatiere 798
C-Horizont 109
Christchurch 570
Christen 332
Christentum 25, **143-144**, 207, 677, 688, 696
Christian X. 740
Christianisierung 155, 416
Christie, Agatha 476
Christlich Demokratische Union 651
christliche Kirchen **143**
chromatische Aberration 789
Chromatographie 135
Chromosom **833**, 834
Chromosphäre 746
Chromoxid 132
Chronometer 148, 900
Chruschtschow, Nikita 748
Chrysler 442
Chrysler Building (New York) 45
Chukarsteinhuhn 311
Chukker 625
Chün-tzu 435
Chuqui 111
Churchill, Winston 399, **867**
Ciccone, Madonna 686
Cicero 679, 688
Cichliden 777
Ciclosporin 51
Cinderella 419
Cirrocumulus 889
Cirrostratus 889
Cirrus 875, 889
CITES 562
Citizen Kane 795
Citlaltépetl 520
Citroen DS 443
Citroen Traction Avant 443
City 757
Clan (Ostafrika) 600
Clark, William 580
Clarke, Arthur C. 702
Claudius 687
Clausewitz, Carl von 451
Claves 549, 551
Clay, Cassius 401
Clemens, Samuel Langhorne 818
Clifford, George 474
Clown 75
Clownfisch 236, 590, 660
Cluedo 709
Cluster 759
CND 270

Cnidaria 798
Coast Ranges 578
COBE (Satelliten) 702
Coca-Cola 152, 897
Cochlea 588
Cockcroft, John 564
Cockerell, Christopher 674
Cockpit 248, 442
Code Civil 559
Codein 50
Code Napoléon 559
Codes und Chiffren 145
Codex (Recht und Gesetz) 669
Coleridge, Samuel 457
Collage 489
Collenia 258
Collodi, Carlo 421
Colombo 358
Colón 914
Coloradofluss 577
Coloureds 766
Colt 230
Coltrane, John 393
Columban, heiliger 380
Comaneci, Nadia **816**
Combo 393
Comics 162, 811, **903**
Cosimo de' Medici 388
Compactdisc 198, 712
Compsognathus 161
Computer 146-147, 368, 566
Computer-aided design 152
Computeranimation 811
Computercode 145
Computergrafik 368
Computerschach 708
Computersprache 368
Computertomographie 505, 507, 566, 636
Computer to plate 119
Computertypen **147**
Conakry 872
Concorde 248
Condell, Henry 735
Connemara 379, 624
Conodonten 257
Constantius I., römischer Kaiser 688
Container 323, 442
Containerschiff 619, 717
Contra 914
Conway Castle (Wales) 125
Cook, James 72, **148**, 571
Cook, Thomas **808**
Cookinseln 654
Cooksonia 195
Copperbelt 910
Copperfield, David 158
Córdoba 538
Coriolis, Gustave 186
Corioliseffekt 880
Cornish Rex 412
Corroboree 17
Cortés, Hernán 76
Corti'sches Organ 588
Corythosaurus 159, 161
Così fan tutte 543
Cosmic Background Explorer 702
Costa Blanca 750
Costa Brava 750
Costa Rica **914**
Côte d'Ivoire **872**
Cotopaxi 168
Cottage 886
Coubertin, Pierre de 593
Countdown 666
Cousteau, J. Y. 607
Cowboy 827
CPU 146
cracken 194
Craft, Robert 763
Cranach, Lukas 671
Cranberry 403, 826
Crassus 128
Crazy Horse 354
Crécy, Schlacht bei 350
Creek 355
Cresta Run 882

Crick, Francis 833
Criorhynchus 195
Cristofori, Bartolomeo 550
Cro-Magnon-Mensch 196
Ctenuchidae 374
Cuchulainn 416
Cuéllar, Javier Pérez de 832
Cumbia 432
Cumulonimbus 889
Cumulonimbuswolke 575
Cumulus 889
Cupido 306
Curare 113
Curie, Marie 149, 663
Curie, Pierre 149, 663
Curly-coated Retriever 349
Curry 357
Custis, Martha 857
Cutter 231
Cuvier, Georges 213, 257
Cuvier-Schnabelwal 563
Cuzco **370**
Cyan 118, 219
Cyanea 607
Cycas 763
Cygnus X-1 727
Cytosin 833

D

Dach (Architektur) 43
Dachs **493**, 704, 849, 881
Dachshund 349
Dagda 416
Daguerre, Louis 259, 261
Daguerreotypie 260
Dahomey 100, 874
Dahschur (Pyramiden) 659
Daimler, Gottlieb 214, 442
Daimyo 724
Dakar 871
Dakien (Römisches Reich) 687
Dakota 355
Dalai Lama 123, 137
Dalap-Uliga-Darrit 516
Dali, Salvador 460
Dalltümmler 853
Dalmatiner 349
Dalton, J. 133
Damaskus 383, 448, 779
Dame (Schach und andere Brettspiele) 708, 709
Damhirsch 209, 342
Damm (Nagetiere) 556
Dampf 282
Dampfkochtopf 165
Dampflokomotive 540, 809
Dampfmaschine 540, 566, 785
Dampfschiffe 810
Dampfturbine 187
Dampfwagen 809
Dan 401
Dänemark 150, 877
Dante Alighieri **475**, 679
Dapedium 258
Daphnien 447
Dapper, Olfert 100
Darby, Abraham 366
Dardanellen (Weltkrieg, Erster) 864
Dareios I. der Große 78, 620, 621
Dareios III. 32, 620
Daressalam 601
Dark Lady 735
Darmtang 33
Darreichungsform (Arzneimittel) 50
Dartmoor 624
Darwin, Charles 151, 474, 566
Darwin, Erasmus 151
Darwinfinken 151, 212
Darwin-Nandu 773
Daten (Computer) 146
Daten (Mathematik) 501
Daten (Telekommunikation) 788
Datenhelm 368
Datierung (Archäologie) 41
Datteln 584, 891

Datumsgrenze 618, 923
Dauerfrostboden 53
Dauergebiss 896
Daumenschrauben 339
Daunenfeder 838
David 105, 332
David, Armand 342
David, Jacques-Louis 744
Davidshirsch 342, 563
Davidstern 346, 898
Davis, Miles 393
Davy, Humphry 133
Day, Lewis F. 530
dB (Schall) 711
D-Day 867
DDR 156
Death Valley 578
Debatte (Politik und Macht) 651
Debussy, Claude 548
Deck (Schiffe) 715
Deckenüberschiebung 283
Deckhaare (Säugetiere) 703
Defense 276
Defensivwaffen (Rüstungen) 698
Defoe, Daniel 476
Degas, Edgar 105
Degen 401
Deich 573
Deinonychus 161
Delfinarium 918
Delfine 608, 662, **851**, 853
Delfinschwimmen 732
Delfinsprung 732
Delhi 357
Delphi 305, 306, 314
Delta 251, 733
Deltadrachen 163-164
Deltaküste 510
Demawend 377
Demerara 432
Demeter 315
Demodulation 788
Demokratie (Griechen) 314
Demokratie (Politik und Macht) **650**
Demokrit 565, 636
Demonstration (Politik und Macht) 651
Demonstration (Frauenbewegung) 268
Demotisch 30
Denali 35, 577
Dendriten 568
dendritisch 454
Den Haag 573
Denim 791, 827
Dentin 896
Deportation 346
Depression (Vereinigte Staaten von Amerika, Geschichte) 830
Derby 625
Dermatologie 504
Dermis 331
Derwische 382, 597
Descartes, René **633**
Desertifikation 891
Design 152, 387, 424
Designerdrogen 51
Desktop Publishing 368
Desoxyribonukleinsäure 566, 833
Destillation 134, 429, 480, 565
Detroit 826
Deutsche Dogge 349
Deutsche Hanse 155, 528
Deutscher Jugendliteraturpreis 421
Deutscher Schäferhund 349
Deutscher Vorstehhund 349
Deutsch-Französischer Krieg 266
Deutschland (Geografie) 153-154
Deutschland (Geschichte) 155-156
Deutschritter 448
Devanagarischrift 322
Devisen 327
Devon 288
Dewey, John 202
Dezernat (Polizei) 652
Dezibel 711

Dezimalbruch 894
Dezimalsystem 498, 894
Dhaka 90
Dhal 357
Dharma (Buddha) 121
Dharmapada 123
Diaghilew, Sergej 83, 637, **763**
Diagnose 504
Dialekt 756
Dialyse 69
Diamant 183, 293, 385, 454, 455, 509, 766, 872
Diapause 881
Diaphragma 255
Diaspora (Afrika, Geschichte) 25
Diastole 335
Diaz, Bartolomeu 679
Dibao 902
Dichte 253, 499
Dichtung 157, 457
Dickblatt 629
Dickdarm 824
Dickens, Charles 158
Dickenwachstum 92
Dickhornschaf 710, 803
Dickkopffalter 723
Dido, Königin 634
Didymograptus 258
Diebstahl 669, 823
Dienstleistung 326
Diesel 194, 540
Diesel, Rudolf 540
Diesellokomotive 175, 809
Dieselmotor 442, **540**
Differenzialrechnung 572
Diffusion 282
digital (Schallaufzeichnung) 712
digitale Kameras 259
Digitalisglykoside 587, 630
Dikdik 343
Diktator (Caesar) 128
Diktatur 650
Dilophosaurus 161
Dimension (Mathematik) 500
Dimerocrinites 258
Dimetrodon 258
Dimitrij Donskoj 697
DIN (Fotoapparate) 259
Dinar 688
Dinarische Alpen 80
Dingi 858
Dingo 888
Dinosaurier 159-161, 196, 449
Diocletian 688
Diode 182
Dion, Albert de 214
Dionysos 459
Diorit 294
Diplodocus 159
Diplom (Schule und Universität) 726
Diplomatie 451
Diplomystus 257
Dipolkräfte 67
Direktorium 267, 559
Direktzugriffsspeicher 146
Dirigent **595**
Disk (Computer) 147
Diskette 147
Disko 686
Diskordanz 288
Diskothek 686, 782
Diskriminierung 217, 279
Diskus 470
Diskuswerfer (Bildhauerei) 107
Disney, Walt 162
Disneyland **162**
Disney World 827
Dispersionsfarben 220
Display 248
Dissidenten 748
Distelfink 839, 840
Distickstoffmonoxid 480
divergierende Platten 437
dividieren 894
Diwalifest 224, 341
Dixieland 393
Djebel Lubnan 778

Djebel Toubkal 583
Djedpfeiler 31
Djenné 490, 745
Djoser (Pharao) 659
Djuvec 82
DNA 833
DNS 566, **833**, 904
DNS-Analyse (Polizei) 652
Dnjepr 691
Do 724
Dobrowolski, Christopher 106
Dodgson, Charles L. 420
Dodoma 601
Dogge 349
Doha 304
Dohlen 661
Doktor (Schule und Universität) 726
Doktorfisch 236
Dolch 359, 597, 698, 846
Dolerit 294
Dolomit (Höhlen) 344
Dolomiten 386
Dom 423
Dom Pedro 771
Domäne (Magnetismus) 485
Domesday Book 228, 321, 585
dominant 834
Domingo, Placido 594
Dominica **408**
Dominikanermöwe 649
Dominikanische Republik **407**
Dominion 73, 404, 571
Donald Duck 162
Donar 305
Donau 80, 316, 602
Donezk-Becken 691
Don Giovanni 543
Don Quixote 476
Doppelbindung 67, 133
Doppeldecker 248, 250, 481
Doppelhelix 833
Doppelhornvogel 176
Doppelkontinent 35
Doppelkopfadler 208
Doppelpaddel 858
Doppelrohrblatt 549
Doppelrumpfboot 715
Doppelschleichen 166
Doppelstern 173, 759
Doppler, Christian 711
Dopplereffekt 711
Dorf 757
Doria-Baumkänguru 101
Doris 861
dorische Ordnung 43
Dorkasgazelle 342
Dornbusch 611
Dornen 630
Dornenstern 512
Dornhai 325
Dornrand-Weichschildkröte 719
Dornteufel 74
Dorsch 49
Dosimeter 663
dotieren 182
Dotter 171, 450
Dottertukan 752
Douglastanne 93, 578
Douro 656
Dover 318
Doyle, Arthur Conan 476
Drache (Mythen und Legenden) 554
Drache (Tanz) 781
Drachen 163-164
Drachenbaum 376
Drachenfliegen 487
Drachenkopf 800
Dragster 541
Dragracing 541
Drahthaar 348
Drais, Karl 89
Draisine 809
Drake, Francis 184, 643
Drakensberge 765
Drama 157, 475, 713

Drehbrücke 323
Drehkolbenmotor 540
Drehleiter 229
Drehtisch 193
Dreieck **500**
Dreiecksnatter 721
Dreiecktuch 201
Dreifachbindung 67
Dreifaltigkeit 143
Dreifelderwirtschaft 467
Dreihornchamäleon 167
Dreimännerherrschaft 128
Dreipunktelinie 85
Dreirad 214
Dreisprung 470
Dreißigjähriger Krieg **155**, 740
Dreiwegekatalysator 442
Dreizehen-Faultier 895
Dreizehenmöwe 513, 803
Dreizipfelklappe 335
Drescherhai 324
Dreschmaschine 467
Dresden (Krieg) 451
Dressur 625, 802
Dreyfus, Alfred 266
Dreyse, Nikolaus von 846
Drill (Napoleonische Kriege) 560
Drilling 238
Dritte Republik (Frankreich, Geschichte) 266
Drive (Jazz) 393
Drogen 50, **51**
Drogenbaron 432
Drohtracht 783
Drohverhalten 254, 803
Dromaeosaurus 196
Dromedar **400**, 705
Dronte 196, 258
Droptank 525
Drosselklappe (Schiffe) 716
Drosselvene 336
Druck 165, 282
Druckabschlag 758
Druckanzug 115
Druckausgleich (Ohr) 588
Drucken **118**
Drucker (Computer) 146
Druckerpresse 118
Druckluft 480, 684
Druckstock 119
Druiden **415**
Drumlin 298
Drum Machines 686
Dschelaba 28, 599
Dschibuti **600**
Dschihad **381**, 597
Dschingis Khan 457, **536**
Dschubba 760
Dschungelbuch 157, 420
Dschunke 810
DTP 368
Dubai 304
Dublin 379
Ducker 28, 342
Dudelsack 546
Dufay, Guillaume 547
Duftdrüsen **704**
Duftgefäß 341
Duftmarke 561, 803
Dugong 563, 852
Dukatenfalter 723
Duktilität 225
Duma 591, 697
Dunant, Henri 270, 452
Duncan, Isadora 782
Düngemittel (Melanesien) 516
Düngung 467, 819
Dunkelmaterie 862
Dunkler Delfin 853
Dünndarm 824
Dünnschliff 524
Dunst 889
Durchlüftungsgewebe 628
durchscheinend (Licht) 473
Durchschlagsloch 344
Durchschuss 118
durchsichtig (Licht) 473
Dürer, Albrecht 155, 461, **680**

Durga 305
Durham 585
Durian 291
duroplastisch 462
Duschanbe 917
Dust Bowl **884**
Dust Devil 883
DVD 712
DVD-ROM 369
Dylan, Bob 685
Dynamik (Kraft und Bewegung) 440
dynamische Reibung 674
dynamisches Gesetz 440
Dynamit 133
Dysenterie 445

E

EAN-Code 775
Eastman, George 259
Ebbe 607
Ebenholz 906
Eber 416, 879
Eberesche 94
Ebeye 516
Echinodermata 798
Echnaton 30
Echo (Schall) 711
Echolot 204, 242
Echoortung (Radar und Sonar) 662
Echoortung (Wale und Delfine) 852
Echsen 166-167, 449
Echsenbeckendinosaurier 159-161
Echter Neon 236
Eckzahn 477, 703, 896
Economy Class 248
Ecstasy 51
ECU 211
Ecuador und Peru 168-169
Eddington, Arthur 731, **746**
Edelgase 183, 480
Edelkastanie 275
Edelkoralle 455
Edelmetalle 519
Edelpapagei 614
Edelsteine **454**, 455
Ederle, Gertrude 732
Edikt 502
Edikt von Nantes 265
Edison, Thomas Alva 170, 712
Edmund, angelsächsischer König 877
Edward I., englischer König 126
Edward III., englischer König 350
Edward der Bekenner, angelsächsischer König 39
Edwards, Robert 505
EEG 569
EG 211
EGKS 211
Egge 465
Egri Bikaver 606
Ehe 144
Ehrlich, Paul 50
Eiche 92-94, 209, 258
Eichel 275
Eichelbohrer 209
Eichelhäher 661, 840
Eicheln 93
Eichelspecht 752
Eichengallen 850
Eichhörnchen 213, 555, 797
Eier 171-172, 200
Eierschlange 721
Eierstöcke 255, 347
eiförmig (Blatt) 629
Eigentumsdelikt 823
Eight-Ball 85
Eileiter 255
einarmiger Hebel 497
Einbahnstraße 761
einbalsamieren 30
Eindringtiefe (Radioaktivität) 663
eineiige Zwillinge 256
Eingeweidemuskeln 552
Einheiten **498**

einhöckriges Kamel 400
einjährig (Pflanzen) 626
Einkaufskorb 329
Einkaufspassage 775
Einkaufswagen 775
Einkaufszentrum 775
Einkeimblättrige (Pflanzen) 626, 627, 629
Einmanndingi 858
Einnistung 255
Einpökeln 785
Einsiedlerkrebs 446, 512, 660
Einstein, Albert 173, 499, 636, 899
Einstein, Mileva 173
Einstichkasten 470
einstimmiger Gesang 547
Eintagsfliegen 246, 372
Einteiler 426
Einwanderung 404, **808**, 829
Einzelhändler 327
Einzeller 106, 522
Einzugsgebiet 252
Eirollbewegung 802
Eis (Flüssigkeiten) 253
Eisbär 91, 648, 704
Eisberg 40, 49, 299
Eisblumen 575
Eisbrecher 715
Eisenbahn 174, 366
Eisenchlorid 135
Eisenhut 626, 627, 699
Eisenmeteorit 191, 434
Eisenoxid 132
Eisenschläger 85
Eisenschuhe (Rüstungen) 699
Eisenstadt (Österreich) 603
Eisenstein, Sergej 232, 697
Eisen und Stahl 175
Eisenzeit 116
Eiserner Vorhang 208, **399**
Eisernes Tor 80
Eisfuchs 581, 648, 888
Eishockey 86, 403, 882
Eishöhle 344
Eiskeil 812
Eiskristalle 575, 889
Eiskunstlauf 882
Eisprung 255
Eisrevue 882
Eisschelf 40
Eis-Speedway 542
Eistanz 882
Eisvögel und Nashornvögel 75, **176**, 209
Eiswüste 891
Eiszeit **196**, 299, 354, 427, 579
Ei-Tempera 459
Eiweiße 199-200
Eizelle 255, 631, 904
Ejido-System 521
Ekliptik 746
EKT 504
Ektoparasiten 616
Ektoplasma 522
El Alamein, Schlacht 25, 866
Elastizität 225
Elat 384
Elburzgebirge 377
El Castillo 659
Elch 342, 582
El Dorado 770
Elefanten 177-178, 418, 466, 703, 799
Elefantenstrauß 839
Elefantenvogel 762
elektrischer Sinn (Haie und Rochen) 325
elektrischer Strom 179
elektrisches Organ (Haie und Rochen) 325
Elektrizität 179, 674
Elektrochemie **133**
Elektroenzephalograph 569
Elektrogitarre 548, 551
Elektrokrampftherapie 504
Elektrolokomotive 174, 809
Elektrolyse 133
Elektrolyt 707

Elektrolytkondensator 182
Elektromagnet 181
elektromagnetische Strahlen 180, 472
elektromagnetisches Spektrum 180
Elektromagnetismus 181
Elektrometer 647
Elektromotor **181, 540**
Elektron 179, 566
Elektronenmikroskop 524, 636
Elektronenröhre 198
Elektronenschalen 67
Elektronenstrahlerzeuger 222
Elektronik **182**, 390, 487
elektronische Post 369
Elektrum 416
Elementarteilchen 67, 566, 636
Elemente **183**
Elendsquartier 757
Eleonore von Aquitanien 527
Elephantiasis 616, 890
Elfen 554
Elfenbein 100, 177, 455
Elfenbeinküste → Côte d'Ivoire
Elfenbeinschnitzerei 634
Elfenkauz 204
Elisabeth I. **184**, 321
El Lanzón 131
Elle 498, 741
Elliceinseln 654
Ellington, Duke 393
elliptisch (Blatt) 629
elliptische Galaxien 277
El Niño 169, 618
Elritze 236
El Salvador **913**
Elster 661
Elstertoko 176
Elysium Planitia 644
E-Mail 145, 369, 788
Emanzipation **185**
Embryo 256
Embryo (Beuteltiere) 101
Emi Koussi 905
Emissionsspektrum 218
Emmentaler Käse 523
Empanadas 47
Empfängnisverhütung 51, 255
Empire 868
Empire State Building (New York) 44
Emu 74, 310, 762
Emulsion 134
Enddarm 824
Ende, Michael 421
Endeavour **148**
Endemit 376
Endgeschwindigkeit 440
Endivie 629
endokrin 347
Endokarp 274
Endolymphe 588
Endmoräne 298
Endmantel 191
Endoparasiten 616
Endoplasma 522
endoplasmatisches Reticulum 904
Endoskop 505, 507
endotherm 132
Energie 186-187, 499, 636
Energie, erneuerbare 187
Energieumwandlung **186**
Energija (Raketen) 666
Engels, Friedrich 496
England 318, 321, 350
Englisch 756
Englischer Bürgerkrieg 321
Englisches Vollblut 624
Englischhorn 551
English-Springer-Spaniel 349
ENIAC 147
Enigma (Codes) 145
Enjera 600
Enkidu 157
Enriquillosee 407
Ensemble 595
Ensi 917
Entally 553

Entbindung 256
Entdecker (Renaissance) 679
Entdeckungen 188-189, 658
Entdeckungsreisen (Australien, Geschichte) 72
Enten 280, 466
Entenmuschel 446
Entenschnabeldinosaurier 292
Entenvögel 280
Entfernungsmessung 259, 711, 863
Entre Rios 46
Entspannung (Fitness) 239
Entwaldung 26, 848
Entwicklung (Wachstum und Entwicklung) **845**
Entwicklungsruhe 881
Entwöhnung 348
Entwurf 152, 785
Enzyklopädie 120
Enzyme 132, 824
Eoraptor 160
Eozän (Geologie) 288
Epauletflughund 242, 244
Epcot Center 827
Epidemiologie 445
Epidermis 331
Epigramm 157
Epikarp 274
epipelagische Zone 607
Epiphyten 221, 672
episodischer Fluss 251
Epistemologie 633
Epizentrum 190
Epona 415
Epos 157, 340, **475**
Epoxiharze 462
Equidae 623
Equus 212
Erasmus von Rotterdam **680**
Erbfolge 650
Erbfolgekrieg 495
Erbkoordination 802
Erbse 626
Erdalkalimetalle 183
Erdaltertum **195**, 288
Erdbeben 35, **190**
Erdbeere 275, 631
Erde 191-192, 644, 747
Erde, Politische Weltkarte **922-923**
Erdefunkstelle 788
Erdferkel 27
Erdgas 187, **194**
Erdhörnchen 582, 892
Erdkampfflugzeug 250
Erdkern 191
Erdkröte 171, 784
Erdkruste 190, 191, 436
Erdkuckuck 581
Erdmagnetismus 485
Erdmännchen 544, 705
Erdmantel 191
Erdmittelalter **195**
Erdneuzeit **196**
Erdnüsse 827, 870
Erdöl 187, **193-194**, 304, 378, 874
Erdotter 721
Erdpfeiler 891
Erdpython 450
Erdstern 641
Erdteile 436
Erdwärme 64, 187
Erdwolf 351
Erdzunge 641
Erdzeitalter 195-196
Ereignishorizont 727
Erfindungen 197-198
Erg 891
Erhaltung der Energie 186
Eriesee 577
Eriksson, Leif 877
Eritrea **600**
Eriwan 414
Erkenntnistheorie 633
Erker 886
Erkundungsflugzeug 250
Erlauer Stierblut 606
Erle 108, 777

Erleuchtung (Buddha) 121
Ermitage (St. Petersburg) 696
Ernährung 199-200, 842
Ernährung (Tiere) 799
Ernährungsstufe 558
erneuerbare Energie 187
Erntedankfest **224**, 638
erste Hilfe 201
Erste Internationale Arbeiterassoziation 496
Erster Mai 224
Eruption (Vulkane) **843**
Erstarrungsgesteine 293, 294
Erwachsenenbildung 202
Erz 116, 519
Erzählgedicht 157
Erziehung 202
Es 269
ESA (Raketen) 665
Esel 466
Eselhase 330, 581
Eseye 873
Esigie 100
Eskimo 49, 403, 579
Essig 617
Essstäbchen 137
Estampie 547
Estancia 111
Esterházy, Fürst Paul 548
Estland 88
Estoril 656
Ethan 133
Ethanol 113, 194
Ethen 133
Ethik 633
Ethin 133
Ethylalkohol 194
Ethylen 462, 630
Etrog 396
Etrurien 203
Etrusker 203
EU 211
Eucharistiefeier 144
Eucryphia 769
Eukalyptus 75, 92, 94, 102, 587, 611, 657
Euklid **500**
Eulenpapagei 614
Eulen und Käuze 204
Euoplocephalus 160, 161
Euphrat 377
Euripides 315
Euro 211, 285
Europa (Geografie) 205-206
Europa (Geschichte) 207-208
Europa (Planeten) 645
Europa (Tierwelt) 209-210
Europäische Gemeinschaft 211
Europäische Gemeinschaft für Kohle und Stahl 211
Europäische Kommission 211
Europäische Sumpfschildkröte 719
Europäische Union 211
Europäische Weltraumorganisation 665
Europäische Wildkatze 478, 479
Europäische Wirtschaftsgemeinschaft 211
Europäischer Bison 124
Europäischer Gerichtshof 211
Europäischer Gerichtshof für Menschenrechte 517
Europäisches Parlament 211
Europäisches Währungssystem 211
Europäischer Kurzhaar 412
Eurostar 319, 809
Eurotunnel 319, 813
Eustachio, Bartolomeo 588
Eustachische Röhre 588
Eutrophierung 465
Evangelienbuch 416
Evangelium 143-144, 394
Everglades 578, 581
Evolution 151, **212-213**

Evolutionismus 213
EWG 211
EWS 211
Ewuare der Große 100
Exekutive 650
Exmoor 624
Exosphäre 65
exotherm 132
Exotisch Kurzhaar 412
Experiment 564
Experimentalphysik **636**
Explorer I (Satelliten) 702
Explosivstoffe (Tunnel) 813
Export **327**
Expressionismus 461
Extruder 462

F

Fa'a Samoa 654
Fabel (Kinderbücher) **419**
Fabergé, Carl 697
Fabola d'Orfeo 594
Fabrikbesitzer 496
Facettenschliff 454
Fächergewölbe 423
Fachwerkhaus 886
Fachzeitschrift 903
Fadenfisch 796
Fadenhaft 374
Fadenwürmer 616, 798, 890
Fagott 549
Fahnen 240
Fähre **716**
Fahrgestell 174
Fahrräder und Motorräder 214-215, 809
Fahrtenschreiber 442
Fahrwasser 567
Fa-Hsien 322
Fairy Gannet 250
Falabella 624
Falafel 385
Falaise 585
Falbe (Pferde) 623
Fälkchen 312
Falklandinseln 47, 64, 318
Falklandkrieg 771
Fallen (Waffen) **846**
Fallensteller 580
Fallobst 465
Fallschirm 440
Falltürspinne 753, 754, 800
Falscher Schwertwal 853
Falscher Vampir (Fledermäuse) 243
Fälschung 285
Falster 150
Faltengebirge 283
Faltengecko 166, 167, 841
Familie und Gesellschaft 216-217
Familienrecht 669
Fang 907
Fänge 311
Fänger 84
Fangspiegel 789
Fantasy-Bücher **420**
Faraday, Michael 179, 181
Farbauszug 118
Farbdruck 219
Farbe 218-219
Farbechtheit 220
Farbenfehlsichtigkeit 68
Färberdistel 587
Färberwaid 220
Farbfernsehen 219
Farbfilm 231, 259
Farbmischung 219
Farbskala 219
Farbstoffe 219, **220**, 587
Farbwechsel 648, 673, 783, 805
Farne 221, 626, 850
Färöerinseln 150
fasces 687
Faschismus 208, **388**, 651, 884
Fasching 224
Fasern (Textilien) **791**
Faserpflanzen 587

Fasilidas 126
Fastenbrechen 382
Fastengebot 381
Fastfood 199, 319
Fata Morgana 891
Fatehpur Sikri 531
Fatimiden 383
Faulschlamm 509
Faultier 772, **895**
Faust 157, **301**, 475
Faustkeil **758**, 785
Fayence 545, 806
FBI 652
FCKW 65, 820
Feature 903
Februarrevolution 266, 591
Fechten 401
Feder (Vögel) **838**
Federal Bureau of Investigation 652
Federball 790
Federflur 739
Federgras 308
Federhaube 614
Federponcho 77
Federwolken 889
Feiern 224
Feige (Fossilien) 258
Feige (Früchte und Samen) 275
Feingehalt 897
Feldforschung 289, 564
Feldhase 330
Feldlinien 485
Feldmaus 557
Feldschlange 42
Feldspat 293, 806
Feldspieler 276
Feldzeichen 240
Fell 703
Fellachen 599
Felsbilder 24
Felsendom 332, 384
Felsenpinguin 642
Felsensittich 840
Felsentor 891
Felsmalerei 758
Felstümpel 511
Felswüste 891
Feminismus 185
Fennek 28, 888, 892
Ferdinand I. 333
Ferdinand von Aragonien 751
Ferien 808
Fermi, Enrico **417**
Fermi Award 514
Fernbedienung 182
Fernerkundung (Geologie) 288
Fernglas 789
Fernkampf 846
Fernkopie 788
Fernmeldesatellit 702, 786
Fernrohr 278, **789**
Fernschreiber 788
Fernsehen 222-223, 692, 714, 835
Fernseher 198
Fernsehröhre 197
Fernsehtelefon 786
Fernsehwerbung 869
Fernsprechgerät 786
Fernsprechnetz **786**
Fernsteuerung 182
Fernwaffen, Rüstungen 698
Fertigprodukte 326
Fes 584
Fesselgelenk 703
Feste und Feiern 224
Festival 224
Festkörper 225, 499
Festplatte 146
Festspeicher 146
Festspiele 603, 714
Feststoffrakete 665
Festung 126
Fetakäse 317
fett (Buchdruck) 118
Fette 133, 199, 824
Fettgewebe 331
Fettkraut 245
Fettsäuren 824

Fettschwalm 204, 345
Fettuccine 200
Fetus 256
Feuchtbiotop 458
Feuchtgebiete (Tierwelt) 209, 226-227, 581, 772
Feuchtwerk 118
Feudalismus 228
Feuer 229, 677
Feuerkäfer 372, 850
Feuerkopf-Saftlecker 582
Feuerland 484
Feuerling 640
Feuermachen 129
Feuerring 389, 618
Feuersalamander 701, 783
Feuerschiff 567
Feuerstein 77, 503, 758
Feuersylphe 430, 840
Feueruhr 901
Feuervogel, Der 763
Feuerwaffen 230, 698, 847
Feuerwerkskörper 665
Feuilleton 902
Fiale 43
Fiat 443
Fibel (Bronzezeit) 116, 878
Fiberglas 462
Fibrin 336
Fichte 93, 210
Fichtenkreuzschnabel 210
Fiction 476
Ficus 258
Fidschi **516**
Fieberklee 627
Fieberrindenbaum (Nutzpflanzen) 587
fiederspaltig (Blatt) 629
Field Goal 276
Fiesta 750
Figueira da Foz 656
Filarie 890
Filigran 416
Film **231-233**, 357
Film (Fotoapparate) 259
Filmdosimeter 663
Filmkamera 260
Filmplakate 233
Filmschnitt 231
Filter (chemische Verbindungen) 134
Filtrieren 134
Filtrierer (Tiere) 325, 660, 675, 799
Filzhut 426
Filzzelt 536
Fingerabdruck 331, 652
Fingeramulett 31
Fingerarterie 336
Fingerhut 108, 339, 587, 630
Fingerknochen 741
Fingertier 376
Fingervene 336
Finnland 234, 740
Firdausi 475
Firmung 144
Firn 299
Firnbecken 298
First Folio 735
Fischauge 259
Fische 227, **235-237**, 345, 438, 609, 672, 777, 796
Fische (Astrologie) 60
Fische (Ernährung) 200
Fischereifahrzeug 715
Fischermarder 494
Fischfang 238
Fischfangboot 715
Fischfledermaus 243
Fischkatze 479
Fischotter 209, 493, 776, 820
Fischsaurier 258
Fischsuppe 264
Fischuhu 204
Fischzucht 238
Fish and Chips 319
Fitness 239
Fitzgerald, Ella **393**
Fjord 298, 570, 586
Fjordküste 510

Fjordpferd 624
Flachdach 95
Flachdruck 119
Flächengleiter 163-164
Flachglas 297
Flachküste 510
Flachlandbison 124
Flachlandgorilla 19, 21
Flachlandtapir 561
Flachrennen (Pferdesport) 625
Flachs 81, 88, 587
Flachwasserrennen 858
Flaggen 240-241
Flaggen (Motorsport) 541
Flaggenalphabet 145, **240**, 241
Flaggenparade 240
Flaggensylphe 430, 840
Flamenco 750, 781
Flamingo **675**, 776, 840
Flammenfärbung 135
Flandern 99
Flämisch 99
Flare 746
Flaschenbaum 74
Flaschenzug **497**
Flatterbinse 308
Flechten 511, 649
Fleckenquerzahnmolch 701, 850
Fleckenrochen 325
Fleckenstrom 325
Fleckensalamander 701
Fledermäuse 242-244, 345, 704, 801, 841, 881
Fledermäuse (Erdzeitalter) 196
Fledermäuse (Zeichen und Symbole) 897
Flehmen 477
Fleisch (Ernährung) 200
Fleisch fressende Pflanzen 227, **245**
Fleischfresser 799, 839
Fleming, Alexander 507
Flexifoil 164
Fliegen 246, 372, 374, 799
Fliegende Ärzte 71
Fliegender Fisch 841
Fliegenpilz 640, 641
Fliegenragwurz 108
Fliegenschnäpper 840
Fliesen 538, 806
Flint (Steinzeit) 758
Floatglas 297
Floh (Biologie) 106
Floh (Pest) 622
Flor 791
Florenz 388
Florett 401
Florey, Howard Walter 51
Florfliegen 246, 372
Floß 810
Flossen 235
Flöte, 543, 549
Flöz 429
Flüchtlinge 452, 808, 832, 924
Flugboote 810
Flugdrachen 163
Flugdrachen (Echsen) 166
Flügel (Musikinstrumente) 550
Flügel (Flugzeuge) 248, 249
Flügelaltar 423
Flügeldecken 397
Flügelfeder 838
Flügeltelegraf 788
Flugfeld 247
Flugfrosch 272
Fluggastbrücke 247
Flughafen 247
Flughafenterminal 95
Flughaut 242, 841
Flughunde 242
Flugkontrolle 662
Flotse 247, 662
Flugmaschine 471, 481, 679
Flugsaurier 195
Flugsicherung **247**, 567
Flugsteuerung 249
Flugweg 247
Flugzeuge 248-250, 810
Flugzeugflügel 165

Flugzeugmotoren 249
Flugzeugträger 451, 453, 715
Flugzeugtypen 248, 250
Fluke 852
Flunder 236, 237
Fluor 183
Fluorchlorkohlenwasserstoffe 65, 820
Fluoreszenz 472
Fluoreszieren 180
Fluorit 293
flush 487
Flussboot 457
Flussdelfin 776
Flüsse 251-252, 776
Flüssiggas 194
Flüssigkeiten 253, 499
Flüssigkeitsrakete 665
Flüssigkeitsthermometer 855
Flüsigkristallanzeige 472
Flussinseln 375
Flusskrebs 447
Flussschifffahrt 323
Flusszeder 93
Flüstertriebwerk 250
Flut 607
Flutlicht 795
Flutstrom 891
Flutwehr 780
Flutwelle 190
Fluxionsrechnung 572
Flyer I 441
FM (Telekommunikation) 788
Fockmast 148
Fohlen 623
Föhre 93
foliose Lebermoose 537
Folk Rock 685
Folter 339
Foot (Maße und Gewichte) 598
Foot, Phillipa 633
Ford GT40 443
Ford, Henry 197, 327, **441**, 830
Ford Mustang 443
Ford Thunderbird 443
Förderband 323
Förderschule 202, 726
Forelle 777
Formaldehyd 462
Formel 1 441, **541**
Forschung 564
Forschungslabor 170
Fort Knox 286
Fort Sill 290
Florett 401
Fortbewegung (Tiere) 799
Fortpflanzung 255-256
Fortpflanzung (Säugetiere) **704**
Fortpflanzung (Vögel) 839
Fortpflanzungssystem 596
Fosbury Flop 470
Fossey, Dian 19
fossile Brennstoffe **187**, 429
Fossilien 18, **212-213**, **257-258**
Fotoapparate 259-260
Fotografie 261, 468
Fotolithografie 261
Fotoreportage 261
Foxterrier 349
Foyer 794
Frachtflugzeuge 248, 250
Frachtschiff 715
Frachtsegler (Phönizier) 634
Fragonard, Jean Honoré 265
Fraktal 476
fraktionierte Destillation 194, 480
Fraktur 742
Franco, General 751
François de Lorraine 682
Frank, Anne **346**, 476
Franken 155, 265, 410
Frankenstein 232
Frankfurter Nationalversammlung 156
Franklin, Benjamin 163, **262**
Franklin, John 647
Franklin, Rosalind 833
Frankreich (Geografie) 263-264

Frankreich (Geschichte) 265-266, 350, 559
Fransenfinger 893
Fransenfledermaus 242, 881
Franz I., französischer König 680
Franz Ferdinand, Erzherzog 864
Franz Stephan von Lothringen, Herzog 495
Franz Xaver, heiliger 391
Französisch 756
Französische Revolution 267, 517, 559, 560
Französisch-Guyana 432
Französisch-Kanada 580
Französisch-Polynesien 654
Frauenbewegung 185, **268**
Frauenfußball 276
Frauenhaar 537
Frauenrechte 185
Frauenschuh 629
Frauenstimmrecht 185
Frauenwahlrecht 268
Fraunhofer, Joseph von 218
Free Jazz 393
Freesie 107
Freestyle 882
Freetown 872
Fregatte 453
Fregattvogel 376, 513
Freibeuter 643
Freiheit (Menschenrechte) 517
Freiheitskampf 764
Freiheitsstatue (Tourismus) 808
Freilaufnabe 214
Freiluftmalerei 534
Freivorbau 117
Freizeit 217
Freizeitboot 715
Fremdbestäubung 107
Frequenz 180, 472, **711**
Frequenzmodulation 692, 788
Fresko 459
Fresnel, Augustin **472**
Fresnellinse 472
Freud, Anna 269
Freud, Sigmund 269, 507
Friedensbewegung 270
Friedensaltar (Rom) 687
Friedensnobelpreis 270
Friedenspfeife 355
Friedenssicherung 764, 832
Friedenstruppe 764
Friedhof 423
Friedland, Schlacht von 560
Friedman, William 145
Friedrich, Caspar David 460
Friedrich II. der Große 155, **271**, 495, 527
Friedrich Wilhelm I., König 271
Friendly Island 654
Friendship Bridge 837
Frisch, Karl von 803
Frisch, Otto R. 514
Frischen 175
Frischling 879
Fröbel, Friedrich 726
Front (Wetter) **875**
Frösche (Zeichen und Symbole) 898
Frösche und Kröten 38, **272-273**, 893
Frost (Niederschlag) **575**
Frostriesen 305
Frostverwitterung 298
fruchtbarer Halbmond 774
Fruchtbarkeitspuppe (Religionen) 677
Fruchtbarkeitsstein 334
Fruchtblätter 107
Früchte (Ernährung) 200
Früchte des Zorns (Literatur) 476
Früchte und Samen 274-275
Fruchtfolge 467
Fruchtknoten 274, 626, 628
Fruchtkörper 639
Fruchtwand 274
Fruchtwasser 256

Frühlingsenzian 627
Frühwarnflugzeug 250
Füchse 209, 458, 703, **887**
Fuchsie 107-108
Fuchssegge 308
Fudschijama 389
Fugu 800
Fühler (Insekten) 372, 722, 799
Fujairah 304
Fuji-san 389
Fukuyama, F. 292
Ful 873
Ful medames 599
Fulbe 698, 871, 872, 873, 906
Füllung 530
Fundament 95-96, 885
Fundamentalismus (Evolution) 213
Fundamentalismus (Islam) 382
Fünen 150
Fünfjahresplan 748
Fungi imperfecti 639
Funk (Rock und Pop) 686
Funkfeststation 786
Funkfeuer 247
Funkgerät 692
Funknavigation 567
Funktion 501
Furioso 606
Furnier 529
Fürstentum Liechtenstein **730**
Fusionsreaktor 417
Fuß (Weichtiere) 860
Fußabdrücke (Leakey, Familie) 469
Fußangel 846
Fußball 113, 154, **276**
Fußgänger 761
Fußpilz 639
Fußwurzelknochen 741
Futuna 654

G

Gabbro 293, 294
Gabelbaum 858
Gabelbock 582
Gabelsberger, Franz Xaver 725
Gabelschwanz 590, 802
Gaborone 910
Gabriel, Erzengel 381, 532
Gabrieli, Andrea 547
Gabrieli, Giovanni 547
Gabun 907
Gabunviper 673, 721
Gaddafi, Muhammar al- 584
Gagarin, Jurij 61, 748
Gagat (Fossilien) 258, 455
Gage, Phineas 569
Gähnen 66
Gaiatheorie **192**
Galapagosinseln 151, 169, 619
Galapagospinguin 642
Galaxien 277, 566, 727, 731, 862
Galaxienhaufen 277
Galaxy 250, 525
Galen 506
Galerie (Supermarkt) 545, 775
Galilei'sche Monde **645**
Galileo (Sonde) 667
Galileo Galilei 278, 565, 645, 731, 789, 900
Gälisch 416
Galizier 750
Galle 824
Gallertbecherling 641
Gallertkäppchen 641
Gallier 320
Gallimimus 159, 161
Gallipoli 73, 864
Gallischer Krieg **128**
Galopp 623
Galopprennen 625
Gama, Vasco da 188
Gamberi 447
Gambia **871**
Gamelan 364, 546, 549
Gametophyt 221
Gammastrahlen 180, 663

Gämse 284, 710
Gandhi, Indira 360
Gandhi, Mohandas 279, 360
Gandhi, Rajiv 360
Ganescha 340
Ganges 89, 356
Gangesgavial 456
Gänsefeder (Schrift) 725
Gänsefußstern 798
Gänsegeier 312, 313
Gänse und Enten 280, 466
Ganymed (Planeten) 645
Gao 745
Garderobiere 795
Garibaldi, Giuseppe **388**
Garifuna 913
Garn 791
Garnelen 432, **447**, 649, 914
Garnier, Charles 794
Gärten 281
Garten-Bänderschnecke 861
Gartenboa 673
Gartenlaube, Die 903
Gartenspringkraut 108, 627, 629
Gartenteich 458
gärtnern 319
Gärung 523
Gasaustausch 66
Gasdruck 282
Gase 282, 499
Gasentladung 472, 499
Gasgesetze 282
Gashülle (Atmosphäre) 65
Gaskammer 346
Gasleuchter 530
Gaslicht 367
Gasmaske 865
Gasöl 194
Gasplaneten 645, 646, 747
Gaspra 434
Gasschweif 434
Gasturbine 453, **540,** 716
GATT 327
Gatter (Pferdesport) 625
Gattungsname 474
Gauchos 47
Gaugamela, Schlacht von 32, 620
Gaukler 313
Gaulle, Charles de 266
Gaumen 896
Gaur 124
Gaviale 456
Gay-Lussac, Louis-Joseph 282
Gay-Lussac'sches Gesetz 282
Gazastreifen 385
Gazellen 342
Gazi 597
Gebärmutter 255, 704
Gebetsfahnen 334
Gebetshaus 538
Gebetsmühle 123
Gebirge 283
Gebirge (Tierwelt) 28, 210, **284,** 582, 773
Gebirgsbildung **283**
Gebirgsklima 427
Gebirgsstelze 776
Gebrauchsgrafik 152
Gebrauchshunde 348, 349
Geburt 217, 256
Geburtenrate 924
Geburtshelferkröte 273
Geburtshilfe 507
Geburtszange 507
Geckos 166-167
Gedicht 157, 475
gedruckte Schaltung 198
Geelvinkstar 840
Gefängnis 823
Gefäßpflanzen 221
gefiedert (Blatt) 629
gefiederte Schlange 76
Gefleckter Grundhai 324
Gefrieren 253
Gefriertrocknung 130, 785
Gegengift 800
Gegenreformation 671

Gegenschattierung 783
Gehäuseschnecken 860
Geheime Offenbarung 144
Geheimpolizei 652, 748
Geheimzahl 286
Gehen 470
Gehirn 568, **569**, 633
Gehörgang 588
Gehörknöchelchen 588
Geier 312-313
Geierrabe 172
Geierschildkröte 719
Geigenbau 550
Geigenrochen 324
Geiger, Hans 663
Geiger-Müller-Zählrohr 663
Geigerzähler 663
Geiselnahme 823
Geißblatt 108
Geißraute 629
Geist (Philosophie) **633**
Geisterstadt 757
Geistlichkeit (Französische Revolution) 267
gekerbt (Blatt) 629
Gel 134
Geländemotorrad 542
Geländerennen (Radsport) **664**
gelappt (Blatt) 629
gelbe Galle 506
Gelber Fluss 136
gelbes Trikot 664
Gelbfieber 523
Gelbflügelamazone 614
Gelbhaubenkakadu 614
Gelbhalsmaus 557
Gelbhosenpipra 840
Gelbling 374, 723
Gelbohrfledermaus 242
Gelbrandkäfer 398
Gelbschulter-Blattnase 244
Gelbstreifenbülbül 172
Gelbwurz 220, 507, 587
Geld 285-287
Gelee Royale 103
Gelege 171, 172
Gelenk 741, **742**
Gelenkkrabbe 446
Gelenkschildkröte 718, 719
Gelibolu 73
gemäßigtes Klima 427
Gemeine Quecke 308
Gemeiner Grundhai 324
Gemeinschaftsnest 796
Gemisch 134
Gemüse 200, 587
Gen 833
Generalkapitanat 915
Generalprobe 795
Generalsekretär (Vereinte Nationen) 831
Generalstände 267
Generalversammlung (Vereinte Nationen) 831
Generationswechsel (Farne) 221
Generationswechsel (Moose) 537
Generator **179**, 187
generischer Name (Arzneimittel) 50
Genetik 108, 566, 833
genetischer Code 834
Genfer Konvention 270, 452
Genfer See 729
Genfood 834
Genossenschaft 26
Genossenschaftsbewegung 367
Genotyp 833
Gentechnik (Landwirtschaft) 465
Gentechnologie **834**
Gentileschi, Artemisia 680
Genua (Schiffe) 716
Geochemie 133, 191, 288
Geode 454
Geografie 289
Geologie 288, 289
Geometrie **500**
Geomorphologie 289
Geophysik 288, 636
Georgetown 432

Georgien 414
geostationär (Satelliten) 702
Geowissenschaft 289
Gepard 478, 479
Geradflügler 338
Geräusche (Schall) 711
Gerbstoffe 93
Gerechtigkeit 517, 669
Gerewol 874
Gerfalke 649
Gerinnung 336
Germanen 155
Germanium 519
Geröllwüste 891
Geronimo 290
Gershwin, George 594
Gerste 587
Geruch und Geschmack 291
gesägt (Blatt) 629
Gesalbter (Jesus Christus) 277
Geschichte 292
Geschichtsfälschung 292
Geschichtsquelle 292
geschlechtliche Fortpflanzung (Pflanzen) 107, **631**
geschlechtliche Zuchtwahl 212
Geschlechtschromosom 834
Geschlechtsorgane 255
Geschlechtsverkehr 255
Geschlechtszellen 255, 904
Geschmack 291
Geschmacksknospen 291
geschobene Achsel 698
Geschütze 230
Geschwindigkeit 440, **899**
Geschworenengericht **670**
Geschwulst 904
Gesellenstück 328
Gesellschaft 216-217
Gesellschaft Jesu 671
Gesellschaftstanz 782
Gesetzgebung **669**
Gesichtsschädel 741
Gespanndrachen 163-164
Gespannfahren 625
Gespensterkrabbe 446
Gespenstlaufkäfer 374, 398
Gestaltung 152
Gestech 681
Gesteine 288, **293-294**
Gesteinsplaneten 644, 747
gestreckter Winkel 500
Gesundheit **239**
Gesundheitswesen **239**
Getreide 587
Getriebe 441, 497
Getto **346**, 396
Gettysburg 829
Gettysburger Ansprache 37
gewaltloser Widerstand (King, Martin Luther) 422
Gewandschnalle 676
Gewebe 596, 904
Gewebsflüssigkeit 353
Gewehr 230, 847
Geweih 342
Geweihbaum 629
Geweihkoralle 438
Gewerkschaft 295, 367
Gewerkverein 295
Gewicht 165, 731
Gewichtskraft 498
Gewichtsstaumauer 780
Gewinde 497
Gewinn 326
Gewitter 875, **883**
Gewölbe 43, 423
Gewölle 204
Gewürze 200, 587
Gewürzhandel 574
Gewürzinseln 188, 364, 484
Gewürznelken 601
Gewürznelkenbaum 188
Geysir 35, 610, 827, 844
Gezeiten 511, 572, **607,** 731
Gezeitendamm 780
Gezeitenenergie 187

Georgien 414
geostationär (Satelliten) 702
Geowissenschaft 289
Gepard 478, 479
Geradflügler 338
Geräusche (Schall) 711
Gerbstoffe 93
Gerechtigkeit 517, 669
Gerewol 874
Gerfalke 649
Gerinnung 336
Germanen 155
Germanium 519
Geröllwüste 891
GFK 462
Ghana 24, **873**
Ghana-Reich 490
Gherardini, Lisa 471
Giants Causeway 844
Gibbon **20**
Gibbon, John 507
Gibraltar **318**
gieren 249
Gießkanne 281
Gießkannenschwamm 609
Giftgas 864
Giftpflanzen 630
Giftpilze 640
Giftsumach 630
Gifttiere 800
Giftzähne (Schlangen) 720
Giftzähne (Spinnen und Skorpione) 753
Gilakrustenechse 167, 893
Gilaspecht 892
Gilbert Island 654
Gilbert, William 485
Gilgamesch 774
Gilgamesch-Epos 78, 157
Gimpel 738, 840
Ginkgo 195
Ginster 210
Giotto, Raumsonde 434, 667
Gips 293, 294, 871
Gipsverband 742
Giraffen 27, **296**
Giselle 83
Gitarre 550
Giverny 534
Gize (Pyramiden) 659
Gladiatoren 688
Glaisher, James 65
Glas 297, 605, 634
Glasbläserei 297
Glasfaser 297, 369, 473
Glasfaserkabel 788
glasfaserverstärkte Kunststoffe 462
Glasfenster 143, 678
Glasfiber 470
Glasharmonika 262
Glaskeramik 806
Glaskörper 68
Glasmalerei 297, 423, 528
Glasnost 748
Glasperlen 897
Glasrecycling 297
Glasur 806
Glattblattaster 627
Glattechse 166
Glatte Grasnatter 721
glatte Muskeln 552
Glattwal 853
Glaubensbekenntnis (Islam) 381
Gleichberechtigung 185
Gleichgewicht (Kraft und Bewegung) 440
Gleichgewicht (Ohr) 588
Gleichheit (Menschenrechte) 517
Gleichnis (Jesus Christus) 394
Gleichstrom 179
Gleichungen (Mathematik) 501, **894**
Gleis 174
Gleisanlagen 458
Gleitaxe 172
Gleitflug (Vogelflug) 841
Gleithörnchen 841
Gleitwegsender 247
Gletscher 298-299
Gletscherschliff 298
Gletscherschrammen 298
Gliazelle 569
Gliederfüßer 300, 798
Glimmerschiefer 294
Global Positioning System 567
globale Erwärmung 65, 427
Globe Theatre 735
Globigerinen 509
Glockenheide 627
Glockenreiher 675
Glockenturm 423
Glossopteris 436

Glücksbringer 897
Glühlampe **170,** 472
Glühwürmchen (Licht) 472
Glukose (Photosynthese) **635**
Glukose (Verdauung) 824
Gluonen 67
Glykogen 904
Glyphen **503,** 725
GMT 923
Gneis 294
Gnomon 901
Gnu 309, 804
Go 708
Goa 658
Gobi 57, 535
Goddard, Robert 666
Godthaab 49
Goethe, Johann Wolfgang von 157, **301,** 475
Goidelisch 416
Gokart **541,** 755
Gold 183, 285, 519
Golddeckung 285
Goldenes Dreieck 792
Goldenes Horn 127
Goldenes Jahrhundert (Niederlande, Geschichte) 574
Goldenes Vlies 315
Goldfröschchen 273, 563
Goldhähnchen 739, 839
Goldhamster 557
Goldkäfer 398
Goldkernbeißer 172
Goldkopflöwenäffchen 20
Goldkuckuck 840
Goldküste 26, 873
Goldmaskenkunst 840
Goldrausch 72, 580, 829
Goldregen 275
Goldschakal 888
Goldschlange 720
Goldschmiedearbeiten (Etrusker) 203
Goldschmiedekunst (Angelsachsen) 39
Goldschmuck (Indus-Kultur) 365
Goldschmuck (Inka) 371
Goldschmuck (Kelten) 416
Goldschmuck (Mesoamerika) 518
Goldschmuck (Perser) 621
Goldschopfpinguin 642
Goldstandard 285
Golf 85
Golfkrieg 304, 377
Golfstaaten 302-304
Golfstrom 63, 379, 586, 804
Golftümmler 852, 853
Golgiapparat 904
Goliath 332
Goliathfrosch 272
Goliathkäfer 374, 398
Goliathreiher 675
Gomperz, Louis 214
Gondel (Luftschiffe und Ballone) 482
Gong 546, 549, 551
Goofy 162
Göpel 599
Gorbatschow, Michail **399,** 697, 748, 830
Gordon, Charles 868
Gorilla **19,** 21, 563, 704, 705
Gospel 546
Goten 676
Gotik **43,** 45, 528, 676
Götter **305,** 306, 688
Gottessohn 143
Gottesurteil 339
Gottheiten 305-306
Göttliche Komödie 475
Gottvater 143
Götz von Berlichingen 301, 527
Gouldamadine 738, 783
GPS 567
Grabdenkmal 423, 659
Grabeskirche (Israel) 332, 384
Grabfüße (Igel) 352
Grabgabel 281

Grabstock 842
Grabwespe 103, 372
Grad (Mathematik) 500
Graf, Steffi **790**
Graffias 760
Grafikdesign **152**
Grafiktablett 146
Gramm (Maße und Gewichte) 498
Gramma 236
Grammophon 712
Granat 293, 447
Granatapfel 385
Granatwerfer 847
Gran Chaco 110, 767
Grand Canyon 283, 577, 828
Grand-Coulee-Damm 780
Grand Prix 542
Grand Tour 808
Grand, Ulysses S. 37
Granit 293, 294
Gran Sasso 386
Grantgazelle 342
Granth (Religionen) 677
Granulat 462
Granulozyten 335
Graphit 183
Graptolithen 257
Grasantilope 784
Gräser 307-308
Grasfrosch 38, 272, 273
Grashüpfer 338
Grasland (Tierwelt) 57, 74, 206, **309-310,** 589, 611, 773
Graue Heide 108
Graues Riesenkänguru 101
Graue Substanz 569
Graufuchs 888
Graugans, Tierverhalten 802
Graurechner 147
Grauhörnchen 213, 274, 557
Graupel 575
Graureiher 675
Grauschnäpper 738
Grauwacke 294
Grauwal 648, 804, 851
Gravimeter 193
Gravitation 731
Gravitationswellen 173
Gray, Elisha 786
Graz 603
Great Dividing Range 70, 610
Great Plains 577, 578, 582
Great Wall 277
Great Western 810
Green Berets 764
Green, Andrew 542
Greenham Common 270
Greenpeace 651
Greenwich 618
Greenwich (Zeit) 900, 923
Greer, Germaine 185
gregorianischer Choral 428, **547**
gregorianischer Kalender 899
Greifschwanz 19, 102, 673
Greifvögel 311-313, 649
Grenada 408
Grenadinen 408
Grendel 475
Grenzpolizei 652
Grenzwinkel 473
Greyhound 349
Griechen 207, **314-315**
Griechenland und Bulgarien 316-317
Griechische Landschildkröte 719
Grieg, Edward 548
Griffel (Pflanzen, Fortpflanzung) 631
Griffloch 549
Grillen 338
Grimm, Jakob 419
Grimm, Wilhelm 419
Grimms Märchen 419
Griots 292, 871
Grippe 445, 523
Grisli **91,** 562
Grönland **49,** 150, 877
Grönlandwal 853
Gropius, Walter 152

Gros Piton 405
Großbritannien (Geografie) 318-319
Großbritannien (Geschichte) 320-321, 571
Große Galaxienmauer 277, 862
Große Hufeisennase 242
Großer Ameisenbär 773, 895
Großer Dunkler Fleck (Planeten) 646
Großer Kaukasus 413
Großer Panda **613**
Großer Roter Fleck (Planeten) 645
Großer Salzsee 733
großer Treck 767
Großes Barriereriff 70, 438
Großes Schlammschnecke 777
Große Seen 577, **826**
Großes Heupferd 338
Großes Mausohr 801
Große Spießblattnase 244
Großes Rifttal 22
Großes Schisma 127
Große Vereinheitlichte Theorie 636
Große Wegschnecke 861
Großfamilie 216, 357
Großfledermäuse 242
Großformatkamera 260
Großglockner 602
Großhändler 327
Großhirn 569
Großkatzen 477-479
Großkhan 457
Großkopfschildkröte 719
Großkopf-Schlammschildkröte 719
Großkudu 342
Großtrappe 310
Groteskschrift 118
Grottenolm 701
Grubenlampe 429
Grubenorgan 720, 801
Grünalgen 33, 522, 626
Grundel (Krebse) 447
Grundgesetz 517, 669
Grundgesetze der Mechanik 440
Grundhai 324
Grundmoräne 298
Grundplatine **146**
Grundschwingung (Schall) 711
Grundstoffindustrie 326
Grundübel (Buddhismus) 122
Grundwasser 251, 252, 344
Grundzahl 894
grüne Revolution 467
Grüner Leguan 167
Grüner Pavian 20
Grünewald, Matthias 155
Grünschenkel 171
Grünspanbecherling 641
Grünspecht 752, 849
Grüntodi 172
Gryllblattiden 373
Gryllteiste 172
Guacamole 521
Guam 619
Guanako 400
Guanin 833
Guatemala **913**
Guatemala City 913
Guereza 20
Guerilla 451
Guernica (Picasso, Pablo) **637,** 751
Guggenheim-Museum (New York) 45, **545**
Guggenmos, Josef 421
Guilin (China) 136
Guillotine 267
Guinea 872
Guinea-Bissau **871**
Guirakuckuck 172
Gulasch 603, 606
Gulyas 606
GUM 775
Gummi 462
Gummiharze 630
Gummireifen 809
Gunung Mulu 486

Guppy 236
Gupta-Reich 322, 359
Gürtelamulett 31
Gürtelfischer 176
Gürtelmull 895
Gürteltiere **895**
Gusseisen 175
Gussform 104
Gustav I. 740
Gustav II. Adolf **740**
GUT 636
Gutenberg, Johannes 118
Gutenberg-Diskontinuität 191
Güterzug 174
Guthaben 286
Guttman, Ludwig 593
Guyana 432
Guyot 509
Gwindel 455
Gymnasium 726
Gymnastik 239, 755
Gynäkologie 504

H

Haager Konvention 452
Haare **331, 703**
Haargefäße 336
Haarmuskel 331
Haarrobben 683
Haarstern 734
Haartrockner 198, 540
Haarwurm 890
Haber, Fritz **707**
Haber-Bosch-Verfahren 707
Habicht 313
Habilitation 726
Habitus 454
Habsburger 333, 495, 602
Hacha 518
Hackfrüchte 467
Hackney 624
Hades 305, 306
Hadley, George 880
Hadley-Zelle 880
Hadrian, römischer Kaiser 410
Hadrian IV., Papst 380
Hadrianswall 320, **687**
Hadsch 303, **381**
Häfen und Kanäle 323
Hafer 587
Haflinger 624
Haftscheiben, Fische 235
Hagel 575, 883
Hagia Sophia 127
Häher 661
Hahn, Otto 417, 514
Hahnenfuß 629
Hahn-Meitner-Institut 514
Haidate 724
Haie und Rochen 171, 324-325
Haiku 157
Haile Selassie 25, 409
Hain-Bänderschnecke 861
Hainsimse 308
Haiti 407
Hakenkreuz 208, 898
Hakenschnabel 311
Halbaffen 19, 21
Halbedelsteine 454, 455
Halbgeschütz 42
Halbleiter 182, **519**
Halbmond (Islam) 382
Halbschmarotzer 616
Halbspagat 817
Halbwertszeit 663
Halbwüste 578
Hale-Teleskop 789
Haley, Bill 685
Halley, Edmond **434**
Halley'scher Komet 434, 667
Hallimasch 590, 640, 641
Hallstatt 415
Halluzination (Pilze) 640
Halogene 183
Ha Long Bay 836

Halsbandpekari 879
Haltegriff 401
Halteren 246
Hamada 891
Hämatit 175
Hamburger 199, **826**
Hamlet 735
Hammarskjöld, Dag **832**
Hammer (Leichtathletik) 470
Hammer (Ohr) 588
Hammerhuhn 74, 171
Hammerklopfer 758
Hammurapi 78, 669
Hämoglobin 335
Hamster 555, 557
Hanbok 425
Han-Chinesen 137-138
Handapparat (Telefon) 786
Handel und Industrie 326-327
Händel, Georg Friedrich 547
Handelsembargo 406, 584
Handelsschiffe 717
Handelsstraßen 327
Handfeuerwaffen **230**
handförmig (Blatt) 629
Handfunkgerät 692
Handgabel 281
Handhaltung (Buddhismus) 122
Handlesekunst 60
Handschuh (Rüstungen) 699
Handschwingen 838
Handstandsprung 732
Handstützgrätsche 817
Handweberei 791
Handwerk 326, **328-329,** 621, 689
Handwurzelknochen 741
Handy 787
Han-Dynastie **139**
Hanf 587, 791
Hängegleiter 250
Hängende Gärten von Babylon 78, 736
Hängende Segge 308
hängendes Becken 549
Hango, Schlacht von 740
Hang pen 425
Hanna, Bill 811
Hanna-Barbera 811
Hannoveraner 624
Hanoi 837
Hanse 155, 528
Hanuman 340
Hara-kiri 724
Harappa 365
Harare 911
Hardtop 441
Hardware 146
Häresie 339
Harfe 550
Hargrave-Drachen 164
Hargreaves, James 366
Harlekinfrosch 273
Harley Davidson 214
Harmonie **546**
Harn 69
Harnblase **69**
Harnisch 698, 699
Harnleiter 69
Harnröhre 69
Harntest 347
Harold II., englischer König 320, 585
Harpune 758
Harpyie 672
Harrier GR5 481, 525
Harris, Joel Chandler 419
Harrison, George 97
Harrison, John 567, 900
Harrods 775
Harry Potter und der Stein der Weisen 421
Härte (Festkörper) 225
Hartebeest 342
Hartkoralle 438
Harun al-Raschid 383
Harvard University 638
Harvard, John 638
Harvey, William 335, 507

Harz 93
Hasel 107
Haselmaus 797, 881
Hasenartige 330
Hasenohr 108
Hasen und Kaninchen 330
Hasenwurz 629
Hassan al-Bolkiah 488
Hastings, Schlacht von 321, 585
Hat-Bo-Theater 714
Hathaway, Anne 735
Hatschepsut 30
Hatti 337
Hattusa 337
Haubentaucher 776
Haubenzwergfischer 226
Haubitze 230
Haufenwolken 889
Hauptreihe 759, 760
Hauptrotor 249
Hauptspeicher 146
Hauptstufe 665
Hauptvermittlungsstelle 786
Hauptwurzel 628
Haus des Islam 597
Hausa 874
Hausarzt 504
Hausboot 138
Hausesel 623
Hausgeister 334
Hausgrille 338
Haushalt 216
Haushunde 348
Hauskatze **411**, 803
Hausmaus 556
Hausratte 556, 622
Hausschwamm 640
Hausschwein 879
Haussperling 739
Hausspinne 754
Haut und Haare 331, 596
Häutung 300, 447, 450
Havanna 406, 412
Havers'scher Kanal 596, 742
Hawaii 375, 619, 825, **828**
Haydn, Joseph 548, 603
Headline 869
Hearst, William Randolph 902
Heathrow 319
Hebel **497**
Hebräisch 395
hecheln (Säugetiere) 704
Hecht 235
Heckenschere 281
Heckrotor 249
Heckspoiler 441
Heer 687, 764
Hefen 523, 617, 639
Heian-Kyo 391
Heilbutt 49
Heilige 144
Heilige Kühe 341
Heiligenstädter Testament 98
Heiliger Geist 143
Heiliger Krieg 597
Heiliges Feuer (Pilze) 640
Heiliges Land 332
Heiliges Römisches Reich 155, 207, **333**, 868
Heilige Stätten 678
Heiligtümer 334
Heilkräuter 281, 528
Heilmittel 50-51, 587
Heilpflanzen 587
Heilschlamm 385
Heimarbeit 791
Heimchen 338
Heinkel 214
Heinrich I., normannischer König 585
Heinrich II., englischer König 380, 527
Heinrich II., französischer König 83
Heinrich IV., französischer König 207
Heinrich V., englischer König **350**
Heinrich VII., englischer König 321

Heinrich VIII., englischer König 184, 321, 680
Heinrich der Seefahrer **658**
Heinrich von Navarra 671
Heirat 217
Heißluftballon 482
Heizöl 194
Hektar 498
Hektopascal 480, 875
Hektordelfin 853
Helikopter 249
Helium 183, 194, 417, 482, 663, 747, 759
Hell, Rudolf 119
Hellebarde 847
Hellfuchs (Pferde) 623
Helligkeit 218, 760
Helligkeitsklasse 759, 760
Helme (Rüstungen) 699
Helmholtz, Hermann von 186
Helsinki 234
Helvetica 118
Helvetische Republik 730
Hemd 424
Hemisphäre (Nervensystem) 569
Hemminges, John 735
Hemmung (Zeit) 900
Henie, Sonja **882**
Henkelkreuz 31
Henna 425, 587
Henry, Joseph 179
Henson, Matthew 647
Hephaistos 306, 315
Hepworth, Barbara 104
Heraldik **681**
Herbstlorchel 641
Hereford (Großbritannien) 319
Herefordrind 466
Herero 25
Heringsmöwe 151
Herjolfsson, Bjarni 877
Hermelin 494, 784
Hermes (Kunst, Geschichte) 459
Herodot **736**
Herold 681
heronische Formel 473
Heron von Alexandria 473
Herrenhaus 228
Herrentiere 19
Herrerasaurus 161
Herschel, William 180, **646**, 789
Hertz, Heinrich 180, 692
Hertz (Schall) 711
Hertzsprung-Russell-Diagramm 760
Herz (Schach und andere Brettspiele) 708
Herzegowina 81
Herzigel 512
Herzkranzgefäß 335
Herzmuskel 552
Herzog von Burgund 350
Herzschrittmacher 198
Herzschwäche 630
Herz und Kreislaufsystem 335-336
Hesoren 917
Heterodontosaurus 161
Hethiter 337
Hetzjagd 478
Heupferd 338
Heuschrecken und Grillen 338, 582
hexagonal 454
Hexenbulle 339
Hexendoktor 25
Hexenhammer 339
Hexenprozesse 339
Hexenring 630
Hexenverbrennung 339
Hexenverfolgung 339
Hexerei und Zauberei 339
Hibiskus 108
Hieratisch 30
Hieroglyphen 30, 725
Hieroglypheneule 723
Hieroglyphen-Schmuckschildkröte 719
Highland (Pferde) 624
Hill Tribes 792

Himalaja 52, 89, 283, 356
Himalajageier 58
Himba 910
Himbeere 274
Himeji 126
Himmelsgewölbe 60
Hinayana 123
Hindenburg (Luftschiffe und Ballone) 482
Hindernisrennen (Pferdesport) 625
Hindi 756
Hinduismus 340-341, 418, 677
Hindukusch 612
Hintergrundstrahlung 822
Hinterlader 230, 846
Hinterladergeschütz 42
Hipparch 759
Hipparion 288
Hippiemode 426
Hippokrates **506**
hippokratischer Eid 506
Hirnhälfte 551
Hirnkoralle 438
Hirnnerven 568
Hirnschädel 741
Hirnstamm 569
Hirnstromwellen **569**
Hirohito, Kaiser **392**
Hiroschima 392, 867
Hirsch-Dunkersche-Gewerkvereine 295
Hirscheber 376, 879
Hirsche und Antilopen 342-343
Hirschkäfer 374, 397, 398, 850
Hirschziegenantilope 309, 342
Hirse 587, 906
Hirtenflöte 371
Hirtenhütte 886
Hispanics 578
Hispaniola 407, 433
Histologie 904
Hit (Rock und Pop) 686
Hitler, Adolf 156, 208, 346, **866**
Hitzeschild (Raumfahrt) 667
HIV 353, **445**
Hnefatafl 878
Hoatzin 772
Hochbau 95, 785
Hochdruck **119**
Hochdruckgebiet 875, 880
Hochelaga 404
Hochgeschwindigkeitszug 174, 390, 809
Hochkommissar für Flüchtlinge 832
Hochkultur 467, 526
Hochleistungssorten 467
Hochofen 135, 174, 429
Hochrad 810
Hochschule 726
Hochsicherheitszelle 823
Hochspannung 179
Hochsprung 470
Hochwasser 607
Hochwasserschutz **780**
Hochzeit des Figaro 543
Hochzeitskleid 426
Höckernatter 450
Höckerschwan 280
Hockey 84
Hoden 255, 347
Hofburg (Wien) 333
Hoffmann, Heinrich 421
Hoffmannsthal, Hugo von 603
Höhenflosse 248
Höhenlinien 463
Höhenruder 249
Hoher Atlas 583
Hohe Tatra 604
Höhlen 344, 842
Höhlen (Tierwelt) 345, 373
Höhlenforschung 344
Höhlengrille 338
Höhlenkloster 428
Höhlenkrabbe 345
Höhlenmalerei 459, 758
Höhlensalmler 345
Höhlenschrecke 345

Höhlenschrein (Gupta-Reich) 322
Höhlenweihe 558
Höhlenwohnung 886
Hohlspiegel 473
Hohltiere 660
Hohlvene 335
Hojo 724
Hokkaido 389
Hokusai, Katsushika 461
Holbein, Hans 155, 321
Holi-Fest 341
Holland 573
Hollerith, H. 147
Hollywood 162, **828**
Holmes, Sherlock 476
Holocaust 346
Hologramm 468
Holozän 288
Holsteiner (Pferde) 624
Holunder 108
Holz 587
Holzasche 707
Holzbläser 595
Holzblasinstrumente **549**, 551
Holzbohrer 373
Holzdruck 119
Holzhaus 886
Holzkeule 641
Holzkopfschläger 85
Holzpflanzen 626
Holzschliff 587, 615
Holzschnitzerei 329
Home Base 84
Homer 314, 475
Hominiden 18, 469, 758, 842
Homo erectus 18, 758
Homo habilis 18, 196, 469
Homo neanderthalensis 18
Homo sapiens 18, 196, 469, 842
Homöopathie 505
Homophonie 79, 547
Homosexuelle 517
Honda 214, 390
Honduras 516
Hongkong 138
Hong Wu 140
Honiara 516
Honig 103, 200
Honigbiene 103
Honigdachs 493
Honiggras 307
Honshu 389
Hooke, Robert 524
Hoover-Damm 884
Hopewell-Kultur **579**
Hoplit 744
Hören **588**, 923
Hörfunk 692
Hörkapsel 786
Hormone und Hormondrüsen 347
Hormonsystem 347, 596
Horn 331, 342, 710, 838
Hörnchenartige 555, 557, 849
Horndinosaurier 160
Hornfeder 805
Hornfels 294
Hornfrosch 272
Hornhaut 68
Hornisse 103
Hornissenschwärmer 723
Hornrabe 176
Horoskop 60
Hörrohr 98
Horrorgeschichten 476
Horst (Gesteine) 293
Horst (Gräser) 307
Horus 31
Hospital (Mittelalter) 527
Hot Spot 375, 619
House (Rock und Pop) 686
Houston 666, 828
Howard, Luke 889
Howlin' Wolf (Rock und Pop) 685
Hoyle, Fred 62, 822
Huang He 136
Huari 131
Huaxteken **518**

Hubble (Weltraumteleskop) 62, 189, 668, 702, 789
Hubble, Edwin 277
Hubschrauber **249**, 250, 810
Huckleberry Finn 420, 818
Hudson, Henry 647
Hudson's Bay Company 404, 580
Huf (Pferde) 623
Hufbein 703
Hufeisenbogen 538
Hufeisennase 242, 841
Huflattich 506
Hüftbein 741
Hügelburg 415
Hugenotten 265, 671
Hughes, Howard 248
Huhn 466
Huitzilopochtli 76
Hülse 275
Hülsenfrüchte 200
Hülsmeyer, Christian 567, 662
Human Genome Project 834
Humanismus **680**
Humboldtpinguin 642
Hummel 374, 590
Hummer 238, 300, **447**, 512, 804, 826
Hummerkrabben 447
Humusschicht 109
Hunde 348-349, 887
Hundeartige 887
Hundertfüßer 300, 673
Hundertjähriger Krieg 266, **350**
Hundsrobben **683**
Hundsveilchen 108
Hundszahngras 308
Hunger 199
Hungersnot (Irland, Geschichte) 380
Hungerstreik (Frauenbewegung) 268
Hunnen 155, **676**
Hüpferlinge 447
Hürdenlauf 470
Hürdenrennen (Pferdesport) 625
Hurling 84
Huronen 580
Huronsee 577
Hurrikan 405, 880, **883**
Hus, Jan 671
Husarenaffe 21
Husky 348
Husqvarna 214
Hussein (Safawiden-Reich) 700
Hussiten 671
Husten 66
Hutabdruck (Pilze) 639
Hütehunde 348, 349
Hütte (Vorgeschichte) 842
Hutton, James 288
Hutu 908
Huygens (Raumsonde) 668
Huygens, Christiaan **900**
Hyänen 351, 704
Hyänenhund 309, 803
Hydraulik 165
hydrothermale Quelle **509**
Hydroxidionen 706
Hygieia 506
Hygiene 239, 445, 506
Hygrometer 875
Hymne (Religionen) 677
Hyphen 522, 639
Hypnose 269
Hypolimnas 212, 783
Hypophyse **347**
Hypothalamus 347, 569
Hypothese 564
Hypsilophodon 161
Hyracotherium 212
Hz (Schall) 711

I

Ibaditen 303
Iberische Halbinsel 749
Ibiza 749

Ibn-an-Nafis 506
Ibn Battuta **490**
Ibn Chaldun 292
Ibn Saud 303
Ibn Sina 383, 448
Ibo 874
ICE 174
Iceni 415
Ich 269
Ichimura, Uzaemo 795
Ichneumon 544
Ichthyosaurus 258
ICT 174
Id al-Adha 382
Id al-Fitr 382
Ideal (Ritter und Wappen) 681
Ideologie 651
Ife 461
Igelfisch 236, 803
Igel und andere Insektenfresser 352, 458, 703
I Ging 60, 435
Iglu 354, 886
Ignatius von Loyola 671
Iguanodon 159, 161
Iguazu 375
Ikebana 724
Ikone 127, 207, 694
Ikonoskop 222
Ildiko 676
Ilha do Banal 375
Ilias 314, 475
Illinois 826
Illumination (Mittelalter) 528
ILO 832
Iltis 494
Image 869
Imam 381
Imhotep 659
Imkerei (Klöster) 428
Immergrün 108
Immunisierung **353**, 507
Immunsystem 353
Imperatorskorpion 753, 754
Imperialismus 208, 868
Impfen 507
Impfung 51, 239, 353, 445
Impfung (Niederschlag) 575
Imponieren (Tarn- und Warntracht) 783
Import **327**
Impressionismus 266, **460, 534**
Improvisation (Jazz) 393
Impuls 440
Inch 498
Indiana 826
Indianapolis 541
!Indianer **354-355**, 461
Indianer (Nordamerika) 404, 578, 579
Indianer (Südamerika) 769, 770, 912
indianische Kunst 355
Indian Summer 826
Indien (Geschichte) 279, 322, 340, 341, **359-360**
Indien und Sri Lanka 356-358
Indigo (Nutzpflanzen) 587
Indikator (chemische Verbindungen) 135
Indikatorpapier 706
Indios 113, 769, 770
Indischer Elefant 177-178
Indischer Mungo 544
Indischer Nationalkongress 279, 360
Indischer Ochsenfrosch 273
Indischer Ozean 361-362, 607
Indischer Subkontinent 356
Indischer Tiger 477
Indochina 836
indoeuropäische Sprachen 756
Indonesien 363-364
Indra 340, 418
Indri 21
Induktorspule 182
Indurain, Miguel 664
Indus-Kultur 359, **365**

Industal 612
Industrialisierung 156, 321, 367, 392
Industrie **326-327**
Industriedesign **152**
Industriegebiet 757
industrielle Revolution 366-367, 496, 785
Industriemelanismus 213
Industrieroboter 684
IndyCar-Rennen **541**
Infanterie 764
Infektionskrankheiten 353, **445**, 507, 523
Inflation 286
Information-Super-Highway 369
Informationstechnologie 785
Information und Kommunikation 368-369
Infrarot 180, 801, 856, 862
Ingenhousz, Jan **635**
Ingenieur 785
Ingenieurwesen **785**
Inger 235
Ingwer 408, 628
Inhalator (Arzneimittel) 50
Inka 168-169, **370-371**
Inkaseeschwalbe 840
inkrustierende Algen 511
Inlandeis **299**
Inneneinrichtung 529
Innenohr 588
Innenskelett (Tiere) 799
Innerschweiz 772
Innozenz VIII. 339
Innsbruck 603
Inquisition 278
Inschriftentempel (Pyramiden) 659
Insekten 300, **372-374**, 841, 850
Insektenfresser 352, 738, 839
Insektentest 797
Inselbogen 375, 437
Inseln 375
Inseln (Tierwelt) 376
Inselstaaten (Asien) 52
Instinktverhalten **802**
Institoris, Heinrich 339
Institut Pasteur 617
Instrumentalmusik 547
Instrumentenbrett 248
Instrumentenlandesystem 247
Insulin 347
Inszenierung (Theater) **795**
integrierte Schaltung 182
Intendant 795
Intensivhaltung 464, 465
Intensivstation 444
Interessenvertretung 651
Interferenz **219**
Interferon 51
Interkontinentalrakete 846
International Criminal Police Organization 652
Internationale 496
Internationale Arbeitsorganisation 832
Internationale Datumsgrenze 618, 923
Internationale Psychoanalytische Vereinigung 269
Internationale Raumstation „Alpha" 668
Internationaler Bund freier Gewerkschaften 295
Internationaler Frauenkongress 270
Internationaler Gerichtshof 831
Internationaler Währungsfonds 832
Internationales Geophysikalisches Jahr 647
Internationales Olympisches Komitee 593
Internationales Recht 669
Internationale Zeitzonen 923
International Union for Conservation of Nature and Natural Resources 562
Internet **369**
Interpol 652

interstellares Material 862
Intervention (Zentralamerika, Geschichte) 915
Inti 370
Inuit 49, 354, 403, 404
Inuktitut 403
Investor 286
In-Vitro-Fertilisation 505
Io (Planeten) 645
IOC 593
Iod 183
Iona 416
Ionenbindung **67**, 135
Ionisationskammer 149
ionische Ordnung 43
Ionosphäre 65
Iowa 827
Ippon 401
Irak 377-378
Iran und Irak 377-378
Irdenware 806
Iris (Auge) 68
Irisch 416
Irischer Wolfshund 349
Irish Draught 624
Irland (Geografie) 379
Irland (Geschichte) 321, **380**
Irokesen 354
Ironbridge 366
irrationale Zahlen 894
Irrawaddy 792
Irrglauben 339
Isaak 332, 395
Isabella von Kastilien 751
Ischiasnerv 568
Ischtar 78
Ischtar Terra 667
Ischtartor 78
Isenheimer Altar 155
Isfahan **700**
Isis 305
Islam 24, 302, 359, **381-382**, 448, 531, 532, 538, 583, 597, 677, 745
Islamabad 612
islamisches Reich 383
Island **64**
Islandpony 624
Ismail I. 700
Isobaren 875, 876
Isolation 856
Isolator 179, 856
Isolierstation 444
Isolierstoff **856**
Isopren 462
Isotop 67
Israel 56, 332, **384-385**, 395
Israeliten 385
Issa 600
Issos 32
Istanbul 597, 814, **815**
Itaipu-Damm 111
Italien (Geografie) 386-387
Italien (Geschichte) 388
IUCN 562
IVF 505
Iwan IV. der Schreckliche 696
Iwanow, Lew 83
IWF 832

J

Jachin 332
Jacht 715, 716
Jack 85
Jack-Russell-Terrier 349
Jacobson'sches Organ 477, 720
Jade 141, 592
Jagdbomber 525
Jagdflugzeug 525
Jagdhunde 348, 349
Jagdspinne 227, 754
Jäger und Sammler 17, 842
Jaguar 478, 479, 563, 673
Jaguar (Kraftfahrzeuge) 443
Jaguargefäß 131
Jaguargott 592

Jahangir 531
Jahresabschlussprüfung 726
Jahresringe 92, 427
Jahreszeiten 747, 899
Jahwe 395
Jak 58, 124
Jainismus 677
Jakarta 363, 574
Jakob VI., englischer König 321
Jakob, heiliger (Heiligtümer) 334
Jakob (Judentum) 395
Jakobiner 267
Jakobsmuschel 334, 609, 860, 861
Jakobsstab 433
Jalousielehne 530
Jalta 399
Jamaika **406**
Jambiya 847
Jamestown 580
Jams 587, 655
Jamuna 89
Jangtse 136
Jangtsedelfin 853
Janitscharen 597
Janmastami 341
Janosch 421
Jansky, Karl 789
Jansz, Willem 72
Japan (Geografie) **389-390**
Japan (Geschichte) **391-392**
japanische Kunst **391**
Japanische Riesenkrabbe 446
Japanische Stummelschwanzkatze 412
Jarrow-Marsch 884
Järv 494
Jarvis 619
Jasmin 587
Jason 315
Jaunde 906
Java 364
Javanashorn 561
Javaneraffe 21
Javaneser 412
Javaschuppentier 895
Jayavarman II. 418
Jayavarman VII. **418**
Jazz 393, 827
Jazztanz 782
Jeanne d'Arc 265, 339, **350**
Jeanneret, Charles Edouard 44
Jeans 424, 827
Jedermann 603
Jeepney 632
Jefferson, Thomas 36, 857
Jelzin, Boris 697
Jemen 303
Jemenitisches Gebirge 302
Jena, Schlacht von 560
Jenner, Edward 507, 617
Jerewan 414
Jerez de la Frontera 750
Jericho 332, 757
Jerusalem 332, **384**, 395, 448
Jessebaum 528
Jesuiten 111, 671, **770**
Jesus Christus, 143, **394**
Jet (Kristalle) 455
Jet (Luftfahrt) 481, 810
Jetboot 715
JET-Projekt 417
Jetstream 880
Jiddisch 395
Jig 781
Jingle 869
Jinna (Muhammad) 360
Jivaro 169
Jobs, Steve 147
Jockey 625
Joga 239, 341
Joggen (Sport) 755
Johann VI. (Südamerika, Geschichte) 771
Johannes der Täufer 394
Johannes Paul II., Papst 604
Johannisbeere 275
Johanniskraut 339
Johanniter 448

Johann Ohneland 320
Johann von Bragança 658
Johnston Atoll 619
Joliot-Curie, Frédéric 149, 663
Joliot-Curie, Irène 149, 663
Jolly Roger 643
Jom Kippur 396
Jones, Chuck 811
Joplin, Scott 393
Jordanien 778, 779
José de San Martín 771
Joseph Bonaparte 771
Joseph II., österreichischer Kaiser 495
Joséphine de Beauharnais **559**
Jostedal 586
Joule 186
Joule, James 186, 566, 636
Juan Carlos (Spanien, Geschichte) 751
Juchee 794
Juda 136
Juden 332, 346, 385, 867
Judenstern 452
Judentum 395-396, 677
Judenverfolgung 346
Judenvernichtung 346
Judikative 650
Judo **401**, 724
Judoka 401
Jugendstil 152
Jugoslawien **82**
Jung, Carl Gustav 269
Jünger (Jesus Christus) 394
Jungfernzeugung (Wanzen) 854
Jungfrau (Astrologie) 60
Jungsteinzeit 467, 758
Junkanoo Festival 406
Juno 306
Jupiter 278, **645**, 747
Jupitersinfonie 543
Jura (Schweiz und Liechtenstein) 729
Jurazeit (Geologie) 288
Jurist 670
Jurte 536, 886
Jury (Recht und Gesetz) 670
Justinian I., römischer Kaiser 127, 669, 687
Justitia 669
Justiz 650, 669
Justizvollzugsanstalt 823
Jute 90
Jüten 39, 676
Jütland 150

K

K2 612
Kabeljau 49
Kabinettschrank 529
Kabrio 441
Kabuki 795
Kabul 917
Kachina-Puppen 579
Kacheln 806
Kadesch, Schlacht von 337
Käfer 374, **397-398**
Käferschnecken 860
Kaffee 51, 303, 600, 914, 915
Kaffernadler 313
Kaffernbüffel **124**, 616
Kaffernhornrabe 176
Kafka, Franz 476
Kagemusha 724
Kahlschlag 26, 111
Kahnfüßer 860
Kai 323
Kaiman 449, 798, 772
Kairo **599**
Kaiser (Japan, Geschichte) 391
Kaiser (Napoleon Bonaparte) 559
Kaiser (Politik und Macht) 650
Kaiser, deutsche (Heiliges Römisches Reich) 333
Kaiseradler 313

Kaiserfische 236
Kaiserfrieden 687
Kaiserparadiesvogel 803
Kaiserpinguin 642, 649
Kaiserschmarren 603
Kajak 858
Kakadu 614
Kakao 872, 907
Kakaobutter 587
Kakapo 563, 614
Kaki (Früchte und Samen) 275
Kakteen 581, 590, 629, 630, 773, 893
Kaktusfink 738
Kalahariwüste 765, 910
Kalender 899
Kaliber 230
Kalidasa 322
Kalif 383, 532, 700
Kalifornien 828
Kalifornischer Eselhase 581
Kalifornischer Kondor 563
Kalifornischer Seelöwe 683
Kalium 183
Kaliumpermanganat 134
Kalk 132, 183, 191, 344, 454, 707
Kalkalge 33
Kalkböden 109
Kalkdüngung 467
kalken (Säuren und Basen) 707
Kalkgehäuse 860
Kalkpanzer 446
Kalksinter 294
Kalkspat 294
Kalkstein 294
Kalligrafie 139, 461, 538, 725
Kallisto, Planeten 645
Kalmar 805, 860, 861
Kalmarer Union 740
Kalocsa 606
Kaltblüter 466, 623, 624
Kalter Krieg 399
Kältewüste 891
Kaltfront 875, 876
Kaltluft 875
Kalumet 355
Kalvarienberg 332
Kalyptra 537
Kalzit 293, 294, 438, 455
Kalzium 183
Kalziumacetat 707
Kalziumkarbonat 183, 294, 707
Kalziumoxid 707
Kalziumphosphat 742
Kamakura 391
Kamakura-Schogune 724
Kambium 92
Kambodscha 418, 836, **837**
Kambrium 185, 288
Kambyses II. 78
Kamel (Zeichen und Symbole) 898
Kamele 400, 466, 892, 906
Kamera **259**, 260
Kameramann 231
Kamerun **906**
Kamgha 897
Kamikaze 392
Kammermusik 98, 595
Kammerorchester **595**
Kammmolch 563, 701
Kammmuschel 860
Kampala 606
Kampfdrachen 164
Kampfflugzeug 250, 481
Kampfhubschrauber 250, 525
Kampfsport 401, 755
Kanaan 332
Kanada (Geografie) 402-403
Kanada (Geschichte) 404
Kanadareiher 839
Kanadier 858
Kanäle **323**, 573, 810
Kanalisation 458, 885
Kanalschwimmen 732
Kanarienvogel (Tunnel) 813
Kanarische Inseln 64
Kanat 378
kanata 580

Kandinsky, Wassily 460
Kandy 358
Kane, Bob 903
Kanembo 906
Känguru 74, **103**, **104**, 704
Kängurukäfer 374, 398
Kängururatte 801
Kaninchen **330**, 458
Kanincheneule 582
Kankan Musa 490
Kannenpflanze 227, 245
Kano 874
Kanonen 230
Kanonenbein (Säugetiere) 703
Kanopen 30
Känozoikum **196**, 288
Kansai Airport 95, 247
Kantate 79
Kanton 730
Kanu 858
Kanu (Polynesien) 653
Kanufahren 130
Kanusport 858
Kaolin 806
Kapelle (Heiligtümer) 334
Kapelle (Orchester) 595
Kaperbrief 643
Kap Hoorn 46
Kapilavastu 121
Kapillaren 336
Kapital 326
Kapital, Das 496
Kapitalismus 399, 651
Kapitalist 496
Kapitalverbrechen 823
Kapitän 715
Kapitel 428
Kapitell 43, 620
Kapok 698
Kaprun 603
Kapsel (Arzneimittel) 50
Kapsel (Früchte und Samen) 274
Kapselhäufchen 221
Kapstadt 765
Kapuzineraffe 21
Kapuzinerkresse 108
Kap Verde **64**
Kar 298
Kara 897
Karakal, 478, 479
Karakara 313, 773
Karakorum 189, 612
Karakulschaf 917
Karakum 916
Karakumkanal 916
Karate 401
Karatschi 612
Karavelle (Benin-Reich) 100
Karawanen 400, 490
Karbolsäure 508
Karbon 195, 288
Karbonatgestein 344
Kardamom 90, 383
Kardanwelle 441
Kardinaltonne 567
Karettschildkröte 718
Kariba-Staudamm 911
Kariben 405, 408, 409
Karibik (Geografie) 405-408
Karibik (Geschichte) 409
Karibu 581
Karies 896
Karl III., karolingischer König 585
Karl III., spanischer König 771
Karl IV., spanischer König 771
Karl V., österreichischer Kaiser 333
Karl VI., österreichischer Kaiser 495
Karl VII., französischer König 350
Karl-August, Herzog 301
Karl der Einfältige 585
Karl der Große 228, 265, **410**
Karlmann 410
Karl Martell 265
Karma (Buddhismus) 122
Karnak 29, 599
Karneol 455
Karneval 113, 224, 387

Kärnten 603
Karo (Schach und andere Brettspiele) 708
karolingisches Reich 410
Karosserie 441
Karotis 336
Karpaten 604, 690
Karsee 733
Karst 80, 109, 344
Kartenlesen 60
Kartenspiele 708
Kartenzeichen 463
Karthago 634
Kartoffel (Friedrich der Große) 271
Kartoffel (Irland, Geschichte) 380
Kartoffel (Nutzpflanzen) 587
Kartografie 463
Karton 424, 615
Kartuschen 31
Karwoche 144
Kasachstan 693, **695**
Kasanluk 317
Kaschmir 357, 612
Käse 264
Kaskadengebirge 35
Kasparow, Garry 708
Kaspisches Meer 413, 733
Kassetten 530
Kassiten 78
Kastagnetten 549
Kastell (Römisches Reich) 687
Kastendrachen 163-164
Kastensystem 217, 340, 357
Kastilien 750, 751
Kästner, Erich **419**
Kasuar 172, 762
Katalanen 750
Katalaunische Felder 676
Katalysator (Chemie) 132
Katalysator (Kraftfahrzeuge) 441, 442
Katamaran 715
Katapult 126
Katar 304
Katakomben 423
Katharina die Große **697**
Katharina von Medici 83, 671
Katharina von Valois 350
Kathedralen 423
Katheter 508
Kathode (Chemie) 133
Kathodenstrahlröhre 197, 222
katholische Kirche 680
Kation 67, 133
Katmandu 90
Katoptrik 473
Katta 20, 705
Katte, Hans Hermann von 271
Kätzchen 107, 649
Katzen 411-412, 477, 803
Katzenauge 567
Katzenbär 613
Katzenfloh 616
Kaufhaus 775
Kaukasische Republiken 413-414
Kaulquappe 38, 272, 776
Kaumuskel 896
Kaurischnecke 655, 908
Kautschuk 462, 487, 587, 771
Käuze 204
Kavallerie 764
Kaviar 694, 695
Kay, John 367
Kea 614
Kebap 414
Keck-Teleskop 789
Keeper 84
Kegel (Mathematik) 500
kegeln 85
Kegelprojektion 463
Kegelrad 497
Kegelrobbe 683, 704
Kegelschnecke 860
Kehldeckel 66, 824
Kehlfurchen 852
Kehlkopf 66
Kehlkopfspiegel 504
Keilformation 804

Keilschrift 78, 725, **774**
Keimblätter 274, 626
Keime (Pasteur, Louis) 617
Keimling (Früchte und Samen) 274
Keimruhe (Säugetiere) 704
Keimwurzel 626
Kelchblätter 107, 628, 631
Kelim 815
Kellogg, John Harvey 197
Kellogg, William Keith 197
Kells, Buch von 380, 416
Kelly, Gene **782**
Kelly, Ned 72
Kelten 320, 380, **415-416**
Kelvinskala 855
Kemal Atatürk 814
Kempe, Will 735
Kendo 401, 724
Kenia **601**
Kennedy, John F. 422, **830**
Kent, William 281
Kentuckywaldsänger 840
Kepler, Johannes 60, 747
Keramik 315, **806**
Keratin 331, 838
Kerbtal 251, 283
Kern, Jerome 594
Kernfamilie 216
Kernfusion 186, **417**
Kerngerät 758
Kernholz 92
Kernkeule 641
Kernkörperchen 904
Kernkraft 187, **417**
Kernphysik 514
Kernreaktion 746
Kernreaktor **417**
Kernspaltung **417**, 514
Kernverschmelzung 759
Kernwaffen 846
Kernwaffentest (Polynesien) 654
Kerosin 194
Kerzenleuchter 530
Kerzenuhr 900
Kesselsee 733
Ketalachs 695
Kette (Textilien) 791
Kettenhemd 878
Kettennatter 721, 783
Kettenreaktion 417
Keule (Rüstungen) 698
Keulenpilz 641
Kevlar (Rüstungen) 698
KGB 748
Kha 837
Khali 917
Khartum 599, 868
Khmer 837
Khmer-Reich 418
khubz 378
KI 369, 684
Kiang 623
kibbeh 378
Kibla 532
Kibo 598
Kick 276
Kickboxen 401
Kiebitz 783, 859
Kiefer 93, 850
Kieferlose Fische 195, 235
Kieferntaster 753
Kiel (Schiffe) 716
Kielboot 715
Kiemen 235
Kiemendeckel 235
Kiemenspalten 324
Kieselsäure 455
Kiew 536, 691
Kiewer Reich 696
Kigali 908
Kilimandscharo 598
Killerbiene 800
Killerwal 852
Kilogramm 499
Kilowattstunde 179
Kilwa 737
Kimberlit 454

Kind (Wachstum und Entwicklung) 845
Kindbettfieber 507
Kinderarbeit 366
Kinderbücher 419-421
Kinderheilkunde 504
Kinderklinik 444
Kinder-Kreuzzug 448
Kinderlähmung 51, 523
Kinderpsychiatrie 269
Kinderschule (Strauße und Kiwis) 762
kinetische Energie 186
Kinetoskop 170
King, Martin Luther 422
King-Charles-Spaniel 349
Kingsley, Mary 189
Kingston 406
Kingstown 408
Kino 232
Kinshasa 908
Kipling, Rudyard 157, 420
Kippflügelflugzeug 250
Kiraathane 815
Kirchen und Kathedralen 423, 428, 678
Kirchenfeste (Christentum) **144**
Kirchenmusik 547, 550
Kirchenstaat 388
Kirchhof 423
Kirgisistan **917**
Kiribati 654
Kirkdikdik 343
Kirkpinar 815
Kirow-Ballett 694
Kirpan 678, 897
Kirschblütenfest 390
Kirsche 275
Kiva 579
Kiwano 275
Kiwi (Früchte und Samen) 275
Kiwi (Tiere) 376, **762**
Klagemauer 332, 384
Klagenfurt 603
Klammeraffe 673
Klappe (Musikinstrumente) 549
Klapperschlange 450, 801
Klappschildkröte 719
Kläranlage 819
Klareis 575
Klarinette 549
Klartext 145
Klassenkampf 496
klassische Musik 548
klassische Physik 636
klassische Sprachen 315
klassischer Baustil 43
Klassizismus 44
Klatschmohn 627
Klavier 550
Klebsiella 522
Klee, Paul 460
Kleidung und Mode 424-426, 842
Kleinbären 613
Kleinbetriebe 326
Kleinbildkamera 259, 260
Kleine Hufeisennase 244, 345
Kleiner Dunkler Fleck (Planeten) 646
Kleiner Kaukasus 413
Kleiner Panda 613
Kleinfamilie 216
Kleinfleckkatze 479
Kleinfledermäuse 242
Kleinhirn 569
Kleinkamele 400
Kleinod (Ritter und Wappen) 682
Kleinplaneten 434
Kleinstböckchen 342
Kleinstlebewesen (Pasteur, Louis) 617
Kleinzikade 854
Kleopatra, ägyptische Königin 128
Klerk, Frederik Willem de 491, 767
Klette 274, 275
Kletternatter 850
Kletterpflanzen 848

Klicklaut (Wale und Delfine) 852
Kliff 510, 513
Kliffspringen 732
Klima 427, 875
Klimaanlage (Kraftfahrzeuge) 442
Klimaveränderungen **427**
Klimax 589
Klimazonen 427
Klinik 444
Klippschliefer 28
Kloake (Salamander und Molche) 701
Kloakentiere 704
Klon (Pflanzen, Fortpflanzung) 631
Klopfkäfer 373
Klöster 123, **428**, 527
Klostergarten 281
Knappen (Ritter und Wappen) 681
Knarre 877
Knäuelgras 308
Knetfigur 811
Kniebuckel 681
Kniegelenk 742
Kniestand 817
Knobelsdorff, Georg Wenzeslaus von 271
Knochen 742
Knochenbruch 742
Knochenentwicklung 845
Knochenfische 235
Knochenmark 335, 742
Knochennagel 742
Knochenzellen 596, 742
Knock-out 401
Knolle (Pflanzen, Anatomie) 628
Knollenblätterpilz 640
Knorpelfische 235, 324, 609
Knospen (Bäume) 93
Knospung (Quallen) 660
Knossos **526**
Knowltonkaktus 563
Knüpfteppich 791
Knut der Große, skandinavischer König 39, 320, **740**
k. o. 401
Koala 75, **104**, 705
Kobel 797
Kobold maki 21
Kobra 544, 721
Kochbanane 872
Kochen 229
Köcherfliegen 246, 373
Kochverfahren 199
Kodak 259
Köder 238
Kodiakbär 91
Koguryo-Dynastie 54
kohärent (Laser und Hologramm) 468
Kohle 187, **429**
Kohlegas 429
Kohlekraftwerk 187
Kohlemikrofon 170
Kohlendioxid 66, 480, **635**, 820
Kohlenhydrate 199, 824
Kohlenstoff 67, 175, 183
Kohlenstoffkreislauf 590
Kohlenstoffstahl 175
Kohlenwasserstoffe 133
Köhlerschildkröte 719
Kohlweißling 881
Kohorte 687
Kojote 582, 887
Koka 168
Kokain 51, 110, 168
Kokastrauch 110
Kokille 116
Kokon (Spinnen und Skorpione) 753
Kokon (Würmer) 890
Kokosfaser 587
Kokosnuss 274, 619, 653
Kokospalme 376
Koks 429
Kolanuss 745
Kolben (Motoren) 539

Kolbenmotor 249
Kolchis 315
Kolibris und Segler 107, **430**, 841, 881
Kolk 252
Kolkrabe **661**
Kollision (Galaxien) 277
Kolloid 134
Kolonia 516
Kolonialismus 25, 279
Kolonialkriege (Portugal, Geschichte) 658
Kolonialreich (Niederlande, Geschichte) 574
Kolonien (Entdeckungen) 189
Kolonisierung (Asien, Geschichte) 55
Koloss von Rhodos 736
Kolossalkopf 592
Kolosseum 688
Kolumbarium 423
Kolumbien und Venezuela **431-432**
Kolumbus, Christoph 409, **433**
Koma (Kometen und Asteroiden) 434
Kometen und Asteroiden 434
Kommunarden 496
Kommunikation 368-369
Kommunikation (Elefanten) 178
Kommunikation (Säugetiere) 704
Kommunikation (Tierverhalten) **802**
Kommunikation (Werbung und Marketing) 869
Kommunikation (Zeichen und Symbole) 897
Kommunikationsnetzwerk 369
Kommunismus (Asien, Geschichte) 56
Kommunismus (Kalter Krieg) 399
Kommunismus (Korea, Nord und Süd) 439
Kommunismus (Kuba) 406
Kommunismus (Marx, Karl) 496
Kommunismus (Politik und Macht) 651
kommunistische Partei (China) 137
Kommunistisches Manifest **496**
Komödie 475, 713
Komodowaran 166, 167
Komoren **911**
kompakter Knochen 742
Kompaktkamera 259
Kompass 485, 567
Komposition 543
Kondensation **282**, 499, 889
Kondensator 182
Konditionierung 802
Kondom 255
Kondor 284, 313
Konföderierte 37
Konfuzianismus 391, 439
Konfuzius 139, **435**, 546
Konglomerat 294
Kongo 905, 907, 908
Kongo, Demokratische Republik 908
Kongo, Republik **907**
Koniferen 93
König 34, 650
König (Schach und andere Brettspiele) 708, 709
König Lear 735
Königin 34
Königin (Bienen) 103
Königin-Alexandra-Vogelfalter 75, 563
Königin der Nacht 543
Königlicher Gramma 236
Königsamazone 563
Königsbuch 475
Königsfischer 176
Königskobra 450
Königsnatter 721
Königspinguin 642
Königsschlange 450, 673
Konkordanz 288

Konkretionen 257
Konquistador 770, 868
Konservierung (Ernährung) 199, 785
Konservierung (Archäologie) 41, 545
Konstantin der Große 127, 143, **688**
Konstantinopel 127, 597, 815
Konstruktionsklasse 858
Konsul (Caesar) 128
Konsul (Napoleon Bonaparte) 559
Konsumenten 558
Konsumgesellschaft 830
Kontinentaldrift **436**
kontinentales Klima 427
Kontinentalhang 509
Kontinentalkongress 36, 857
Kontinentalschelf 509
Kontinentalverschiebung 436
Kontinente 436-437
Kontrabass 550
Kontraktion 552
Kontrapunkt 547
Kontrastmittel 824
Kontrollturm 247
Kontrollzentrum (Raketen) 666
Konturfeder 838
Konvektion 746, **856**
Konvektionswolken 575
Konverter 175
konvergierende Platten 437
Konya (Islam) 382
Konzentration (chemische Verbindungen) 134-135
Konzentrationslager **346**, 867
Konzert 547, 595, 686
Kookaburra 75, 176, 840
Kooperative 26
Kopenhagen 150
Kopernikus, Nikolaus 278, 679, **863**
Köpfchenschimmel 639
Kopfflechte 640
Kopffüßer 805
Kopfhaare 331
Kopfflaus 616
Kopfstütze 31
Kopfkult 415
Kopftrommel 835
Kopra 515, 619
Koprolith 159
Kora 871
Koralle (Kristalle) 455
Korallen 257, 523, 660
Korallenfinger 38, 273
Koralleninseln 405, 610, 619
Korallenriff 362, 375, **438**, 608
Korallenschlange 783
Koran **381**, **532**, 745
Koratkatze 411
Körbchen (Pflanzen, Anatomie) 628
Korbflechterei 328, 329, 758
Korbleger 85
Korbnest 796
Korea, Nord und Süd 439
Koreakrieg 399, 439
Kork 587, 657
Kormoran 513
Kornblume 108
Kornett 551
Kornnatter 450, 721
Kornpuppe 224
Korona 746
Koror 516
Körper (Mathematik) 932
Körperbemalung 425
Körperkreislauf 336
Körperschmuck 425
Körpersprache **756**
Körperstrafe 823
Körperverletzung 669, 823
Korrespondent 902
Korsaren 643

Korsen 264
Korsett 426
Korsika 263
Korund 293, 455
Koruru 655
Kosinus 500
Kosloduj 317
Kosmetika 587
kosmische Strahlung 485
Kosmologie 566, 636
Kosovo 82
Kostüm 426, 795
Kostümschneider 594
Kote 699, 724
kovalente Bindung 67, 135
Krabben **446**
Krabbenmanguste 544
Krabbenspinne 754
Krabbentaucher 649
Krafft, Katia und Maurice 843
Kraft und Bewegung 440, 497
Kraftmaschine 539
Kraftfahrzeuge 441-443
Kraftrad 214
Kraftwerk 187
Kragenbär 91
Kragenechse 166, 784
Krähen 661
Krakatau 190, 363, 376
Krake 438, **805**, 861
Krake (Zeichen und Symbole) 898
Krallen (Löwen und andere Großkatzen) 477
Krallenfrosch 273
Krankenhaus 444
Krankenpflege 444
Krankensalbung 144
Krankenschwester 576
Krankenzimmer 444
„Kranker Mann am Bosporus" 597
Krankheiten 445
Krankheitsanzeichen 504
Krankheitserreger 617
Krapp 220, 587
Krater (Mond) 533
Krater (Römisches Reich) 689
Krater (Vulkane) 844
Kratersee 733
Kratzdistel 628
Kraulschwimmen 732
Kräuter 200, 626
Kräuterweiber 339
Krautschicht 849
Kreationismus 213
Krebs 445, 663, 904
Krebs (Astrologie) 60
Krebse 300, **446-447**, 512
Kredit 286
Kreditkarte 285
Kreide (Gesteine) 294
Kreidezeit **196**, 288
Kreis (Mathematik) 500, 932
Kreisbewegung 440
Kreiselkompass 567
Kreiselpumpe (Leonardo da Vinci) 471
Kreislauf 239, 590
Kreislaufsystem 335-336, 596
Kreisuhr 335-336, 596
Kreisverkehr 761
Kreml 694, **696**
Krempel 366
kreolische Kultur 908
Kreosot 429
Kreta 316, 526
Kreuz (Christentum) 143
Kreuz (Schach und andere Brettspiele) 708
Kreuzbein 741
Kreuzfahrer 448
Kreuzfahrtschiff **715**
Kreuzgang 428
Kreuzgeflecht 568
Kreuzgewölbe 43
Kreuzigung (Jesus Christus) 394

Kreuzkröte 273
Kreuzritter 126, 448
Kreuzschnabel 738, 839
Kreuzspinne 300, 754
Kreuzstab 433
Kreuzung (Straßen) 761
Kreuzzeigerinstrument 247
Kreuzzüge 127, **448**, 527
Kricket **84**, 319
Kriechtiere 195, 227, 310, 376, 438, **449-450**, 456, 609, 673, 776, 850, 893
Krieg 270, **451-452**
Kriegsdienstverweigerer 270
Kriegsführung (Leonardo da Vinci) 471
Kriegsgefangene 452
Kriegsgötter 305
Kriegspfeife 355
Kriegsschiffe 453, 634, 715, 717
Kriegswaffen 847
Krieg und Frieden 476
Kriemhild (Reitervölker) 676
Krill 447, 648, 649, 851
Krim 690
Kriminalbeamte 652
Kriminalität 652
Kriminalroman 476
Kriminologie 652
Krimkrieg 576
Krischna 340
Krisengebiete (Streitkräfte) 764
Kristalle 454-455
Kristallgitter 225
Kristallglas 297
Kristallpalast 321
Kristallsysteme 454
Kroatien 81
Krokodil (Zeichen und Symbole) 898
Krokodile 449, **456**
Kronblätter 101, 628
Krone (Politik und Macht) 650
Kronenkranich 839
Kronenschicht 672, 848, 849
Kronos 314
Kronrat 228
Kronvasall 228
Kröten 38, **272-273**
Krötenechse 166, 167
Krotonölbaum 629
Krügerrand 766
Krugpflanze 245
Krummdarm 824
Krummhorn 549
Krüss, James 421
Krustenechse 800
Kruzifix 677
Kryoturbation 812
Kryptologie 145
Kschatriya 340
Kuala Lumpur **487**
Kuan Yin 435
Kuba 406
Kubakrise **399**
kubisch 454
Kubismus 461, 637
Kublai Khan 188, **457**, 536
Küchengeräte 540
Kuckuck 839
Kuckucksspeichel 854
Kuckucksuhr 901
Kugel (Leichtathletik) 470
Kugel (Mathematik) 500
Kugelfisch 800
Kugelgelenk 742
kugelschweine Weste 698
Kugellager 674
Kugelpilz 641
Kugelschreiber 198, 725
Kugelsternhaufen 759
Kuhantilope 342
Kühler (chemische Verbindungen) 134
Kühler (Kraftfahrzeuge) 441
Kühlkreislauf (Kernkraft) 417
Kühlschrank 198, **855**
Kuhreiher 675

Küken 171
Ku-Klux-Klan 422
Külbel 297
Kultfigur (Vorgeschichte) 842
Kulturflüchter 458
Kulturfolger 458
Kulturrevolution (China) **142**
Kumaragupta 322
Kung-Fu 401
Kunst (Ägypter) 31
Kunst (China, Geschichte) 141
Kunst (Geschichte) 459-461
Kunst (Indianer) 355
Kunst (Inka) 371
Kunst (Japan, Geschichte) 391
Kunst (Kelten) 416
Kunst (Perser) 621
Kunst (Wikinger) 878
Kunstdruck **119**
Kunstdünger 464, 465
Kunsthandwerk 329, 592
künstliche Auslese 213
künstliche Beatmung 201
künstliche Elemente 183
künstliche Fliege 238
künstliche Intelligenz **369**, 684
Kunstmuseen **545**
Kunstspringen 732
Kunststoffe 133, 194, **462**, 785, 791
Kunstturnen 816
Kuomintang 142
Kupfer (Bronzezeit) 116
Kupfer (Chile) 48
Kupferchlorid 133, 706
Kupferkies 519
Kupferkopf 721
Kupfernitrat 706
Kupfersulfat 706
Kuppel (Architektur) 43
Kupplung 539
Kür (Wintersport) 816, 882
Kura 413
Kürass 699
Kurator 545
Kurbeltelefon 787
Kurbelwelle 497, 539
Kürbis 579
Kurden 377, 815
Kuriltai 536
kursiv (Buchdruck) 118
Kurvendiagramm 576
Kurzflügler 397, 398
Kurzfristprognose 876
Kurzgeschichte 475, 476
Kurzhaar 348
Kurzhaarkatzen 412
kurzperiodisch (Kometen und Asteroiden) 434
Kurzschnabeligel 74
Kurzschrift 725
Kurzschwanz-Blattnase 244
Kurzsichtigkeit 68, 473
Kurzstreckenlauf 470
Kurzwellen 692
Kusazuri 724
Kuschanreich 54
Kuskus 584
Küstennebel 889
Küstenschutz 510
Küstenseeschwalbe 649, 804
Küstentypen 510
Küstenverbauung 510
Küstenversetzung 510
Kutsche 809
Kuwait **304**
Kwai (Brücke) 56
Kwajalein 516
Kykladen 842
Kymrisch (Kelten) 416
Kyoto **391**
kyrillisch (Russland, Geschichte) 696
Kyros II. der Große 78, **620**
Kysylkum 916
Kyu 401
Kyushu 389
KZ 346, 867

L

Label (Rock und Pop) 686
Labkraut 275
Laboratorium 564
Labradorit 455
Lachender Hans 75, 176, 840
Lachgas 480
Lachs 63, 236, **804**
Lackbläuung 641
Lackkunst 141, 391
Lacrosse-Spiel 290
Ladenschild 897
Lady's Fingers 406
Laetoli 469
Lageenergie 186
Lager (Algen) 33
Lageregelungsdüsen 667
Lagerlöf, Selma 420
Lagerstätten (Geologie) 193, 288
Lagos 874
Lagune 375, 733
Laich (Frösche und Kröten) 272
Laichkraut 108
Lakshmi 340
Lakune (Skelett) 742
Lalibela 600
Lama 400
Lamaismus 123
Lamarck, Jean Baptiste de 213
Lamchu 425
Lamelle (Skelett) 742
Lamellen (Pilze) 639
Lamellenknochen 742
Lampen 530
Lampionblume 57
Land, Edwin 259
Landadel 228
Landasseln 446
Landebahn 247
Landebrücke (Aborigines) 17
Landegeräte (Raumfahrt) 667
Landekufen 249
Landesküche, siehe Länderartikel
–, Ägypten 599
–, Argentinien 47
–, Armenien 414
–, Äthiopien 600
–, Australien 71, 200
–, Balkanstaaten 82
–, China 137, 200
–, Deutschland 154
–, England 200
–, Frankreich 200, 264
–, Griechenland 317
–, Großbritannien 319
–, Indien und Sri Lanka 200, 357
–, Indonesien 364
–, Irak 378
–, Israel 385
–, Italien 200, 387
–, Japan 200, 390
–, Marokko 200
–, Mexiko 200, 521
–, Österreich 603
–, Russland 200, 694
–, Spanien 200
–, Thailand 200
–, Tunesien 584
–, Ukraine 691
–, Ungarn 606
–, USA 200
–, Vietnam 200
–, Weißrussland 88
Landkarten 463, 567
Landmaschinen **465**, 467
Landmine 837, 846
Landsat I (Satelliten) 702
Landschaftsfotografie 261
Landschaftsmalerei 461
Landschildkröten **718**, 719
Landsteiner, Karl **336**
Landstraße 761
Landtechnik 465
Landwind **880**
Landwirt 465
Landwirtschaft 464-466

Landwirtschaft (Geschichte) 467, 842
Landzunge 510
Langbogen (Waffen) 42, 350, 847
Längengrad 463, 567
Längenmessung 498
Langer Marsch **142**
Langhaar 348
Langhaarkatzen 412
Lazarett 576
Langhaus 354
Langlauf 882
Langleinenfischerei 238
langperiodisch (Kometen und Asteroiden) 434
Langpferd 816
Langschiff 877
Langschwanzkatze 478, 479
Längsdüne 891
Languste 447
Langwellen 692
Langzüngler 243
Lannerfalke 311, 892
Lanze 698
Lanzennase 244
Lanzenotter 720
lanzettlich (Blatt) 629
Lao 837
Laos 836, **837**
Lapilli 844
Lapislazuli 455, 459
La Paz 111
Lappen 586, 728
Lappenbronchien 66
Lappenchamäleon 166
Lappland 474, 728
Laptop 147
Lar 21
Lärche 94
Laren 688
Larve (Salamander und Molche) 701
Larvensifaka 21
La Salle, Robert Cavalier de 580
Lascaux 265, 344, 459
Laser und Hologramm 198, **468**
Last (Maschinen) 497
Last-Kraft-Verhältnis 497
Lastkraftwagen 441, **442**, 443, 809
Las Vegas 828
Latein 688
Lateinsegel 810
La Tène 415
latente Wärme 856
Laterne (Architektur) 43
Laternenhai 325
Laterne des Aristoteles 734
Laternenträger 854
Laternenuhr 901
Latex 462, 487, 587
La Traviata 594
Laubbäume **93**, 94
Laubenvögel 784
Laubfrosch 272, 273, 581, 850
Laubhüttenfest 396
Laubmoose 537
Laubwald 206, 209, 578, 582, 589, **848**
Lauda, Niki 603
Läufe 311
Läufer (Schach und andere Brettspiele) 709
Laufkäfer 374, 397, 398, 893
Laufkraftwerk 187
Laufwettbewerbe (Sport) 470
Laugen 707
Läuse 616
Laute 550
Lauterzeugung (Heuschrecken und Grillen) 338
Lautmalerei 157
Lautsprecher 181, 692, 712, 786
Lautstärke 711
Lava **843**
Lavahöhle 344

Lavendel 587
La Venta 592
Lavoisier, Antoine 132
Lawine 299
Lawrence, Thomas Edward 25
Lawrence of Arabia 25
Laylat al-Mi'raj 382
Laylat al-Qadr 382
Layout 120, 902
LCD 472
LCD-Spiel 198
Leakey, Familie 469
Leakey, Louis 469
Leakey, Mary 469
Leakey, Richard 469
lebend gebärende Tiere (Haie und Rochen) 325
lebendes Fossil (Inseln, Tierwelt) 376
Lebensgemeinschaft 589
Lebensmittelkarte 867
Lebensmitteltechnologie 785
Lebensräume 562
lebensrettende Maßnahmen 201
Leber 824
Leberegel 616, 890
Leberpilz 641
Leberzelle 904
Lebewesen, Systematik **920-921**
Leclanché, Georges 179
Le Corbusier 44, 152
LED 182
Lederhaut 68, 331
Lederschildkröte 718
Lee 858
Leerdarm 824
Leeuwenhoek, Antony van **523**, 524
Leeward Islands 407
Legende (Landkarten) 463
Legenden 305, 554
Legierung 116, 175, 519
Legion 240, 687
Legionär 687
Legislative 650, 669
Leguan 167
Lehen 228
Lehm 294
Lehmarchitektur 490
Lehmböden 109
Lehmhaus 886
Lehnsherr 228
Lehrzeit 328
Leibeigene (Russland, Geschichte) 697
Leibesübungen 816
Leica 260
Leichhardt, Ludwig 72
Leichtathletik 470, 755
Leichtbenzin 194
Leichtmofa 214
Leichtöl 631
Leiden (Buddha) 121
Leierfisch 438
Leierschwanz 75
Lein 81, 88, 587
Leinen 791
Leipzig, Völkerschlacht von 560
Leistenkrokodil 57, 449, 456
Leistung 186
Leitbündel (Pflanzen, Anatomie) 628
Leiterspiel 709
Lekane 689
Lemaître, Georges 822
Lemminge 555, 648
Lemuren 20
Lendengeflecht 568
Lenin, Wladimir I. U. **591**
Leningrad 748
Lennon, John 97
Leo III. 410
Leonardo da Vinci 471, 679
Léonin 548
Leonow, Alexei 668

Leopard 478, 479, 798
Leopardendrückerfisch 236
Leopardfrosch 272
Leopardhai 324, 325
Lepanto, Schlacht bei 597
Lepidodendron 195
Le Puy 843
Lepra (Mutter Teresa) 553
Leptis Magna 584
Lernen (Tierverhalten) 802
Leroy, Louis 534
Les Demoiselles d'Avignon 637
Lesotho **766**
Lesseps, Ferdinand de **810**
Lettern 118
Lettland **88**
Letztes Abendmahl 394
Leuchtdiode 182
Leuchtender Pfad 169
Leuchter 530
Leuchtfeuer 567
Leuchtkraft (Sterne) 760
Leuchtstoffröhre 472
Leuchtturm von Alexandria 736
Leucochloridium macrostomum 616
Leutgeb, Ignaz 543
Levallois-Technik 758
Levante 634
Levkosia 779
Lewis, Carl **470**
Lewis, Meriwether 580
Liane (Regenwald, Tierwelt) 672
Libanon 778, **779**
Libanongebirge 778
Libellen 227, 246, 799, 841
Liberia **872**
Libero 276
Libertyschiff 717
Libretto 594
Libreville 907
Libyen **584**
Licht 180, 218, 219, **472-473**, 572, 862
Lichtbogen (Metalle) 519
Lichtbrechung 472
Lichtempfindlichkeit 259
Lichtenergie **635**
Lichterfest (Judentum) 396
Lichtgeschwindigkeit 173, 180, 472
Lichtjahr 863
Lichtnelke 627
Lichtshow 468
Lichtverstärkung 468
Lie, Trygve 832
Lieber, Francis 452
Liebesslied 547
Liebig, Justus von 135
Liechtenstein, Fürstentum **730**
Liegeplatz 323
Liegestütze 817
Light Amplification by Stimulated Emission of Radiation 468
Liktor 687
Lilie 631
Lilongwe 911
Lima 169
limbisches System 569
Limbo 408
Limes 687
Limette 766
Limikolen 859
Limousine 441
Limpopo 737
Lincoln, Abraham 37
Lind, Jenny 594
Lindbergh, Charles **481**
Lindgren, Astrid 421
Lindisfarne 416, 877
Linear A 526
Linear B 526
Linksverkehr 319, 761
Linnaeus, Carolus 474
Linné, Carl von 474
Linotype 119
Linse (Auge) 68
Linse (Fotoapparate) 259
Linse (Licht) **473**
Linsenfernrohr 789

Linz 603
Lipizzaner 624
Lippershey, Hans 789
Lissabon **656**, 658
Lister, Joseph 507
Liston, Sonny 401
Liszt, Franz **548**
Lisztaffe 21
Litauen **88**
Literatur 475-476
Lithografie 119
Litoralsaum 511
Litschi 275
Little Rock 422
Little Surtsey 64
Livarot 264
Livesendung 222
Livingstone, David 189
Lj 863
Ljubljana 81
Lkw 442
Llanos 769
Lloyds Building 319
Lobelie 284
Lochkarten 147
Lockheed 250
Löffelbagger 96
Löffelhund 801, 888
Loft 757
Log 567
Logan 402
Loganbeere 275
Logarithmen 894
Loge 594, 794
Logik 501, 633
Logo 152
Lohnverhandlung 295
lokale Gruppe 277, 863
Loki 305
Lokomotive 174
Lollards 671
Lomé 873
London 158, 318
Lonsdaleia 258
Lope de Vega 713
Lorbeerseidelbast 629
Lord Chamberlain's Men 735
Lorenz, Konrad 108, **803**
Lorenzo de'Medici 680
Lori 614
Los Angeles 828
Löschfahrzeug 220
Lösung (chemische Verbindungen) 134
Lot (Bautechnik) 96
Lothringer Kreuz 266
Lötmetall 519
Lotosblüte (Hinduismus) 341
Lotossitz (Buddhismus) 122
Lotse 818
Louisiana 580
Louis-Napoléon 266
L'Ouverture, Toussaint 409
Louvre 263, 545
Lovelace, Ada 146
Lovelock, James 192
Lovenia 258
Love Parade 224
Löwe (Astrologie) 60
Löwen und andere Großkatzen 27, **477-479**, 703
Löwenäffchen 20
Löwenzahn 275
LSD 51
Luanda 910
Luba 905
Lübeck (Mann, Thomas) 492
Luchs 479
Lucid, Shannon 61
Lucy (Abstammungslehre) 18
Ludo 708, 709
Ludwig, Carl 69
Ludwig XIV., französischer König 83, 265
Ludwig XVI., französischer König 267, 495
Ludwig der Bayer 126
Ludwig IX. der Heilige 527

Luft 480
Luftangriffe (Weltkrieg, Zweiter) 867
Luftbildaufnahmen 41
Luftdruck 165, **480**, 588, **875**, 880
Luftfahrt 481
Luftfeuchtigkeit **875**
Luftkissenboot 674
Luftkissenfahrzeug 540, 716
Luftpost 114
Luftröhre 66, 824
Luftschiffe und Ballone 481, **482-483**, 810
Luftschwingungen (Ohr) 588
Luftspiegelung 891
Lufttemperatur **875**
Luftverschmutzung 441, **480**, 820
Luftwaffe 525, 764
Luftwiderstand 214, 249, 674
Lulaw 396
Lumbarnerven 568
Lumière, Brüder 231, 259
Lumineszenz 472
Luna 306
Luna 9, Sonde 668
Lunge **66**
Lungenarterie 66, 335, 336
Lungenbläschen 66
Lungenfisch 213, 881
Lungenkraut 629
Lungenkreislauf 336
Lungenvene 66, 336
Lunochod 668
Lunula 331
Lunyu 435
Lupe 524
Lupine 629
Lurche 38
Lusaka 910
Luther, Martin 156, 202, **671**
Luv 858
Luvett, W. 321
Luxemburg 99
Luxor 29, 599
Luzon 632
L-Wellen 191
Lyell, Charles 293
Lymphe 353
Lymphknoten 353
Lymphozyten 335, 353
Lymphsystem 353, 596
Lyra 546, 550
Lyrik 157
Lystrosaurus 436

M

Mäander 251, 733
Maas 99
Maastrichter Vertrag 211
Maat Mons 644
Macá 111
Macao **138**, 658
Macbeth 735
Macchie 206
Machiavelli, Nicolo **651**, 680
Mächtigkeitsspringen 625
Machu Picchu 169, **370**
Macke, August 865
MacMillan, Kenneth 83
Macmillan, Kirkpatrick 214
Macrauchenia 151
Macrocranion 258
Macumba 782
Madagaskar **911**
Made 246
Made in Germany 154
Madegassische Schweinsnase 721
Madeira 656
Madenhacker 561, 616
Maderno, Carlo 45
Madonna **686**
Madrid **749**
Madrigal 547
Mafia 823
Magadha 322, 359
Magalhães, Fernâo de 484

Magazin (Zeitungen und Zeitschriften) 903
Magazin (Dickens, Charles) 158
Magellan, Ferdinand 484
Magellan, Sonde 644, 667
Magellanstraße 484
Magen 824
Magendrücken 707
Magenta 118, 219
Magi 621
Magie 339
Magister 726
Magma 293, 843
magmatische Gesteine 293
Magna Charta 320
Magnesit 191
Magnesium 183
Magnet 485
Magneteisenstein 175
magnetische Bildaufzeichnung 223, 835
Magnetisierung **485**
Magnetismus 485
Magnetit 175, 485
Magnetkompass 485, 567
Magnetometer 193
magneto-optische Disk 147
Magnetplatte 147
Magnetschwebebahn 485
Magnitudo 760
Magnolie 108
Mahabharata 340, 476
Mahagoni 23, 906
Mahatma 279
Mahayana 123
Mähdrescher 465
Mähnenwolf 773, 887, 888
Mähren 605
Maihi 655
Mailänder Dom 45
Maiman, Theodore 468
Main gasing 487
Mais 200, 464, 521, 554, 579, 592
Maiunruhen 266
Majdanek 346
Makak 57
Makedonien 32, **82**
Make-up 232, 425, 795
Mako 325
Makossa 906
Makrofotografie 261
Makromoleküle 462
Makrophagen 353
Malabo 907
Malaienbär 91
Malaiische Halbinsel 486
Malakka, Straße von 361
Malaria 373, 445, 523, 616
Malawi 911
Malaya 486
Malaysia und Singapur 486-488
Malcolm X 422
Malé 362
Malediven 361, **362**
Malen und Zeichnen 489
Malerei 459-461, 679
Mali 873
Mali-Reich 490
Malleus Maleficarum 339
Mallia 526
Mallorca 749
Malmaterialien (Kunst, Geschichte) 459
Malta 387, 448
Malteser 448
Malve 627
Mammut 196, 812
Mammutbaum 92, 828
Mammuthöhle 344
Managua 914
Manama 304
Manati 705, 852
Mancala 708
Mandarinente 280
Mandatsgebiet 831

Mandela, Nelson 491, 765, 767
Mandela, Winnie 491
Mandeln 353
Mandingo 871
Mandoline 551
Mandragora 508, 554
Mandrill 20, 21
Mandschu-Dynastie 55, 142
Mandschurei 392
Mangelernährung **199**
Mango 275, 418
Mangrove-Nachtbaumnatter 227
Mangroven 53, 227, 367, 628
Mangrovenqualle 660
Mangrovereiher 675
Mangusten 544
Mani 621
Manichäismus 621
Manila **632**
Manillas 100
Maniok 199, 793, 906
Manitoba 404
Mann, Erika 492
Mann, Golo 492
Mann, Heinrich **492**
Mann, Klaus 492
Mann, Thomas 492
Manned Manoeuvring Unit 61
Mannschaftsverfolgung 664
Mansa 490
Mansa Musa **490**
Mansa Oulin 490
Mansa Sulayman 490
Manta 324, 325, 438
Mantel (Weichtiere) 860
Mantelhöhle 805
Mantell, Gideon 159
Mantelpavian 21
Mantra 123
Manu 340
Manual (Bach, Johann Sebastian) 79
Manufaktur (Töpferei und Keramik) 806
Manx 416
Manx-Katze 412
Mao-Bibel 142
Maori 570, 571, **655**
Maorikriege 571
Mao Zedong 140, 142
Mapuche 48
Maputo 911
Maquilladoras 521
Maquis 206
Mara 121
Marabu 675
Maracaibosee 431
Maracas 549
Marae 655
Marathon, Schlacht von 315
Marathonlauf 470
Marco Polo 457
Marconi, Guglielmo 180, 662, **692**, 788
Marcus Antonius 128
Marderartige Tiere 493
Marder und Wiesel 494
Marderhund 887, 888
Mardi gras 224
Marduk 78
Mare 533
Marengo, Schlacht von 560
Marey, Etienne-Jules 260
Margarete von Dänemark 740
Margay 772
Mária 533
Maria I. 184
Maria Magdalena 394
Mariangengraben 607, 618
Maria Stuart 184
Maria Theresia 271, 333, **495**
Maria von Burgund 333
Marie Antoinette 495
Marienkäfer 374, 397
Marine **453**, 764
Mariner 2 668
Mariner 10 644, 667

Marionettentheater 794
Mariotte, Edme 282
maritimes Klima 427
Mark (Haare) 331
Mark (Landwirtschaft, Geschichte) 467
Marken (Karl der Große) 410
Markenname (Arzneimittel) 50
Markenzeichen **897**
Marketing **869**
Markhor 710
Markt 775
Marktforschung 869
Markus, heiliger 394
Markusdom (Musik) 547
Marley, Bob 406, 685
Marmor 294
Marmormolch 38
Marmorskorpion 754
Marmorstatue 459
Marne, Schlacht 864
Marokko **584**, 745
Marpesia 374
Marquesas Islands 655
Mars (Gottheiten) 305
Mars (Planeten) 644, 747
Marsala 387
Marseillaise 267
Marshallinseln **516**
Martello, Enrico 463
Martin, George 97
Marx, Karl 496, 591
Marx, Roberto Burle 281
Mary Poppins 162
Mary Rose 41, 42
Masaccio, Tommaso 459, 545
Maschinen 497
Maschinengewehr 451
Maschinenpistole 230
Maschinenraum (Schiffe) 716
Maser 468
Maseru 766
Mashamboy-Maske 908
Maskat 303
Maske (Kunst) 461, 908
Maske (Theater) 795
Maskenbildner 594
Maskentanz 714
Massai 781
Massai-Giraffe 296
Masse 440, 499
Massenaussterben 196
Massenbetrieb (Landwirtschaft) 465
Massen-Energie-Äquivalent 499
Massenfertigung (Kleidung und Mode) 424
Massenmittelpunkt 731
Massenproduktion 367, 564
Massenspektrometrie 135
Massentourismus 808
Massenvernichtungswaffen **846**
Maße und Gewichte 498
Maßstabsleiste 463
Maßwerk 43, 328, 329
Mastiff 349
Mastkraut 649
Mata-Mata-Schildkröte 450
Matai 654
Matapihi 655
Materie 499, 636
Mathematik 500-501, 636
Matisse, Henri 460, 489
Matterhorn 729
Matthäuspassion 79
Matzen 396
Mauch, Karl 737
Mauer (Pferdesport) 625
Mauerläufer 284
Mauermaulbeerbaum 120, 414
Mauersegler 430
Maulbeerbaum 120, 414
Maultier 466
Maulwurf **352**, 797
Mauren 751
Maurer 96
Mauretanien 871
Mauritius 362
Maurya-Dynastie 359
Maurya-Reich 502

Maus (Computer) 146
Mäuse **555**, 557
Mäuseartige 555
Mauser 642, 838
Mausoleum 678
Mausoleum von Halikarnassos 736
Mausolos 736
Mausschwanzfledermaus 244
Mauswiesel 493
Mauvein 220
Mawlid al-Nabi 382
Max und Moritz 421
Maxim, Hiram 230
Maximilian I., deutscher Kaiser 333, 682
Maximum-Minimum-Thermometer 855, 875
Maxwell, James Clerk 180, 473
May, Karl **420**
Maya 503, 520, 659, 725, 913, 915
Mayer, Robert 186
Mayflower 580, **638**
Mayotte 362
MAZ 223, 835
Mazedonien **82**
Mäzen 548, **680**
Mbabane 766
Mbini 907
M'Bochi 907
Mbuti 905
McCarthy, Joe 399
McCartney, Paul 97
McDonnell Douglas 250
Mead, Margaret 217
Mechanik 278, 440
mechanische Uhren 900
Mechanisierung 464, 465
Mediationsakte 730
Medici, Fürstenfamilie 388, **680**, 682
Medikamente 507
Medina 532
Meditation 121, 122, 239, 677
Medizin 504-505
Medizin (Geschichte) 383, **506-508**
medizinischer Blutegel 616
Medizinmann 305
Medizintechnik 505
Medrese 382
Meerbarbe 235, 236
Meere 607
Meerechse 166, 449
Meerengel 324
Meeresboden 509
Meeresbodenspreizung 437
Meersfische 237
Meeresfrüchte 200
Meereskunde 289
Meeresküste 510
Meeresküste (Tierwelt) 511-512
Meeresringelwurm 798, 890
Meeressäuger 238
Meeresschildkröte 438, 512, 608, **718**
Meeresströmungen 607
Meerestiefen **607**
Meeresvögel 513
Meerkohl 627
Meerotter 802
Meersalz 134
Meerschwalbe 236
Meerschweinchen 557
Meerschweinchenartige 555
Meerwasser **607**
Meerwasserentsalzung 302
Megachiroptera 242
Megazostrodon 195
Meghna 89
Mehlkäfer 397
Mehlschwalbe 458
Mehltau 639
Mehrkampf 470
Meidum 659
Meier, Waltraud 594
Meiji-Zeit **392**
Meikle, Andrew 467
Meinungsfreiheit 517

Meiose 904
Meißel (Bildhauerei) 106
Meißen 806
Meister, Joseph 617
Meistergrade 401
Meisterstück 328
Meitner, Lise 417, **514**
Mekka 303, 381, 532
Mekong 836
Melanesien und Mikronesien 515-516, 610
Melanesier 611
Melanin 331
Melisse 448, 629
Melkmaschine 465
Melodie **546**
Melone 274, 275, 608
Memory Card 835
Menam 792
Menchu, Rigoberta **517**
Mende 872
Mendelejew, Dimitri 183
Mendesantilope 28
Mengenlehre 501
Mengzi 435
Menhir 334
Meniskus 253
Menlo Park **170**
Mennoniten 111, 144
Menorca 749
Menpo 724
Mensch *ärgere dich nicht* 708
Menschenaffen 18, 19, 21
Menschenhai 235
Menschenopfer 76, 305, 435, 518, 677
Menschenrechte 267, **517**, 743, 831
Menschewiki 591
Menstruationszyklus **255**
Meo 54
Mephisto 157, 301
Mephisto (Mann, Thomas) 492
Mercalliskala 190
Mercator, Gerhard 463, 567
Mercatorprojektion 463
Mercedes-Benz 442, 443
Mercia 39
Mercury-3 (Raketen) 666
Meridiane (Medizin) 505
Merkur (Planeten) **644**, 747
Merlin 416
Meroe 24
Meseta 749
Meskalin 51
Mesoamerika 518
Mesokarp 274
Mesolithikum 758
Mesopotamien 377, 774
Mesopause 65
Mesosphäre 65
Mesozoikum **195**, 288
Messias 394, 395
Messing 519
Messstipendien 622
Metallarbeiten 116, 621
Metallbearbeitung (Laser und Hologramm) 468
Metallbindung 519
Metalldetektor 181
Metalle 116, 183, **519**, 706
metamorphe Gesteine 293, 294
Metamorphose 38, 272, 397
Metaphysik 633
Meteore 434
Meteorit 191, 434
Meteorologie 289, 876
Meteorstrom 434
Meter 498
Methan 67, 135, 194, 429, 646, 820
Methodus sexualis 474
metrisches System 498
Metropolis (Film) 684
Metropolitan Police 652, 682

Meuse 99
Mexico City **520**
Mexiko 76, 518, **520-521**
Mezöhegyes 606
mezzo forte 547
Mezzosopran 594
MGB Tourer 152
Michaux, Brüder 214
Michelangelo Buonarroti 107, 459, 679
Michigan 826
Michigansee 577
Micky Maus 162
Microchiroptera 242
Midway 619, 654
Midway, Schlacht 866
Miesmuschel 511, 861
Mietshaus 419
Miguel de Cervantes 476
Mihrab 532, 538
Mikroben 523
Mikrobiologie 106, 617
Mikrochip (Metalle) 519
Mikrofon **712**, 786
Mikroklin 455
Mikrolithen 758
Mikronesien 515, **516**, 610
Mikroorganismen 353, **522-523**, 617
Mikroprozessor 182
Mikropyle 631
Mikroskop 108, **524**
Mikrowellen 180, 468
Milben 753
Milchbrustgang 353
Milchdrüsen 703
Milchgebiss 703, 896
Milchling 641
Milchprodukte 200
Milchproduktion (Hormone und Hormondrüsen) 347
Milchroboter 465
Milchstern 627
Milchstraße **277**, 278, 566, 863
Milchwirtschaft 464
Militärbasen (Pazifischer Ozean) 619
Militärdienst 764
Militärflugzeuge 250, **481**, **525**
Militärputsch 650
Miliz 764
Milz 353
Milzbrand 617
Mimbreño 290
Mimese 783
Mimik 552
Mimikry 212, 373, 630, 722, 783, 800
Mimose 75, 107, 108
Mina Jabal Ali 304
Minamoto-Familie 724
Minamoto Yoritimo 724
Minamoto Yoshiie 724
Minangkabau 364
Minarett 44, 538, 678
Minderheiten (Menschenrechte) 517
Mindorobüffel 124
Mine (Tierbauten) 797
Mine (Waffen) **846**
Minenleger 453
Minensuchboot 453, 717
Mineraldünger 465
Mineralien 289, **293**, 454
Mineralstoffe 199
Ming-Dynastie **140**, 806
Miniatur 461, 700
Minibus 441
Minidisc 712
Minikleid 426
minimal-invasiv (Medizin) 505
Minister 650
Minivan 441
Minkwal 853
Minnesang 681
Minnesänger 547
Minnesota 826
minoische Kultur 526

Minos von Kreta 526
Minsk 88
Mintaka 760
Minzetee 584
Mir, Raumstation 607, 668
Miranda 646
Mischlinge (Südafrika) 766
Mischpult 223, 686, 692
Mischwald 209
Missing link **213**
Missionare (Kelten) 416
Missionarinnen der Nächstenliebe 553
Mississippi 826
Mississippi-Alligator 450, 456, 581
"Miss World" 185
Mistel 415, 616
Mistkäfer 309, 397, 398
Mitchell, Hannah 268
Mitochondrien 904
Mitose 904
Mitra 678
Mittelalter 527-528
Mittelatlantischer Rücken 63, 437
Mitteleuropa 604
Mittelfeldspieler 276
Mittelformatkamera 250
Mittelfristprognose 876
Mittelfußknochen 741
Mittelgalopp 623
Mittelhandknochen 741
Mittelland (Schweiz und Liechtenstein) 729
Mittellauf 251
Mittelmächte 864
Mittelmeer 607
Mittelmeergebiet 210
Mittelmeerklima 427
Mittelohr 588
mittelozeanischer Rücken 437, 509
Mittelschiff 423
Mittelstand (industrielle Revolution) 367
Mittelwellen 692
Mittsommernachtsfest 728
Mixer 198
Mixteken **518**
Mjöllnir 305
MMU 61
Moa 762
Moawija, Kalif 382
Mob 103
Möbel 529-530
Möbel, englische 530
Mobiltelefon 692, 786, 787
Mode 425, 426
Model T Ford 443
Modell (Malen und Zeichnen) 489
Modellieren 104
Modellvorstellungen 633
Modem 369
Moderator (Rundfunk) 692
Modeschmuck 425
Modifikation 183
Modul (Raumfahrt) 668
Modulation (Rundfunk) 692
Modulation (Telekommunikation) **788**
Mofa 214
Mogadischu 600
Mogul-Reich 359, 461, **531**
Mohács, Schlacht bei 597
Mohenjo-Daro **365**
Mohavewüste 578
Mohn 275, 507, 587
Mohorovičić-Diskontinuität 191, 437
Mohrenhirse 872
Mohrenkaiman 456
Mohs'sche Härteskala 293
Mokassin 329, 355
Mokka 303

Molar 896
Molche 38, **701**
Moldau, Republik 691
Moldawien 690, **691**
Moldoveanu 690
Moleküle 67, 134
Molière, Jean 713
Molke 133
Mollusca 798
Molukken 188, 364, 484, 573
Mommsen, Theodor 292
Momoyama 391
Mön 150
Mona Lisa 471
Monameerkatze 21
Monarchfalter 212, 582, 723, 783, 804
Monarchie 650
Monat (Zeit) 899
Monatsblutung 255
Mönche 123, 428
Mond 533
Mondfinsternis 533
Mondfleck 723
Mondgestein 533
Mondlandung 533, 668
Mondmobil 533
Mondphasen 533
Mondspinner 723
Mondzyklus 899
Monera 106, **522**, 920
Monet, Claude 460, **534**
Mongchol 536
Möngke 457
Mongolei 535
Mongolen 140, 457, **536**
Monnet, Jean 211
monoklin 454
Monokultur 467
Monotype 119
Monozyten 335
Monrovia 872
Mons, Schlacht 864
Monsun 356, 361, 575
Monsunwald 792
Monsunwinde 427
Montagu, Lady Mary Wortley 353
Montana 827
Montanunion 211
Mont Blanc 205
Mont-Cenis-Tunnel 813
Monte Carlo 542
Montenegro **82**
Monterrey 521
Montessori, Maria 202
Monteverdi, Claudio 594
Montevideo 48
Montgolfier, Brüder 482
Montgolfiere 483
Montgomery, General 866
Montreal 404, 580
Monument Valley 825
Moore 226
Moore, Henry 107
Moorschneehuhn 172
Moose 537, 626
Moped 214
Mops 349
Moralkodex (Konfuzius) 435
Moräne 298
Moränensee 733
Mord 669, 823
Mördermuschel 438, 860
Morgan 624
Morganit 455
Moriones-Fest 632
Morisot, Berthe 534
Moroni 911
Morphium 50, 507, 587, 792
Morphofalter 673, 722, 723
Morris, William 529
Morrison, Toni 476
Morrison, Warren 900
Morse, Samuel 145, **788**
Morsecode 692
Mörser 230

941

Morsezeichen 145
Morton, William 507
Mosaik 127, 423
Mosambik **911**
Moschee 44, 378, 532, **538**, 678
Moschusochse 648
Moses 395
Moskau **694**
Moskauer Reich 696
Moskito 801
Moslems 332
Motocross 542
Motorboot 858
Motoren 441, **539-540**
motorisch (Nervensystem) 568
motorische Endplatte 568
Motorjacht 717
Motorkreuzer 715
Motorräder **214-215**
Motorradrennen **542**
Motorroller 214
Motorsport **541-542**, 755
Motown 826
Motte 125-126
Mouhot, Henri 418
Mound Builder 579
Mounds 579
Mountainbike 214-215, 664, 809
Mount Cook 570
Mount Erebus 40
Mount McKinley 35, 577
Mount Ngauruhoe 570
Mount Rushmore 827
Mount Vernon 857
Mount Wilhelm 610
Möwen 513, 649
Mozart, Wolfgang Amadeus 543, 548, **594**, 603
Mozzarella 387
MS-DOS 369
Mücken 246, 373
Mufflon 210, 710
Muhammad, Elijah 422
Muhammad Ali 401
Muhammad-i-Hameed 189
Muharram 700
Mulgara 74
Müllauto 442
Mullbinde 201
Mülldeponie 819
Müller, Walther 663
multikulturelle Gesellschaft (Großbritannien) 319
Multimedia 368, 545
multiplizieren 894
Mumien 30
Mumtaz Mahal 531
Mund **291**
mündliche Literatur 475
Mundorgel 549
Mundschwämmchen 445
Mundteile (Insekten) 372
Mund-zu-Mund-Beatmung 201
Mune-ate 724
Mungos und Zibetkatzen 544
Munition **230**
Munsell-System 218
Muntjak 343
Münzen 285
Muräne 438
Murasaki Shikibu 391, 476
Murdock, William 473
Murmeltier 555, 881
Murray Darling 610
Mursili I. 337
Mururoa-Atoll 654
Muschelkrebse 447
Muscheln 511, 609, **860**, 861
Museen 545
Musical 594, 713
Musik 546-548, 677
Musikdrama 594, 713
Musikinstrumente 549-551
Muskatnuss 364, 408, 574
Muskeln und Bewegung 552
Muskelschwund 834
Muskelsystem 596
Mussolini, Benito 388, 867, 884

Mustangs (Pferde) 623
Mustelidae 493
Musth 178
Mutation 212, 833
Mutter Courage 713
Muttergottes 305
Muttergottheiten 305
Mutterkarte 146
Mutterkorn 640
Mutterkuchen 256, 704
Muttermund 256
Mutter Teresa 553
Mutualismus 616
Mvet 906
M-Wellen 191
Myang Thai 793
Myanmar 792, **793**
Mykener (minoische Kultur) 526
mykenische Kultur 314
Mykerinos 736
Mykorrhiza 640
Mykose 640
Mylar 163
Mylodon darwini 151
Myofibrillen 552
Myosin 552
Myrrhe 448, 508
Myrtenhof (Alhambra) 281
Mysterienspiel 713
Mythen und Legenden 305, 416, **554**
Mythos 475
Myzel 639

N

Nabelschnur 256
Nabelschnurtäschchen 329
Nabelschweine 879
Nachgeburt 704
Nachhaltigkeit 562, 615
Nachitschewan 414
Nachproduktion (Filmindustrie) 231
Nachrichtenagentur 902
Nachrichtenredaktion 902
Nachrichtentechnik 788
Nachschub (Krieg) 451
Nachtaffe 21
nachtaktiv (Tiere) 801
Nachtfalter **722**, 723, 801
Nachtgreifvögel 204
Nachtigall 739
Nachtkerze 627
Nachtreiher 840
Nachtschwalben **204**, 783
Nacktkiemerschnecke 511, 861
Nacktmull 556, 797
Nacktnasenwombat 102
Nacktsamige 626
Nacktschnecken 860
Nadelbäume 93, 94
nadelig (Kristalle) 454
Nadelkoralle 438
Nadeln (Bäume) 93
Nadelwald 58, 210, 284, 578, 582, **848**
Nadir 700
Nadschd 302
Nagasaki 392, 867
Nagel (Haut und Haare) **331**
Nagelfluh 294
Nagelmanati 852
Nagelschutzhülle 141
Nagetiere 555-557, 703
Nagezähne 555
Nähen 424
Nahkampf 846
Nähkörbchen 329
Nähmaschine 424
Nahostkonflikt 56
Nährpflanzen 587
Nährstoffe 824
Nahrung 199
Nahrungsketten 558, 590, 819
Nahrungsmittel 200, **587**

Nahrungsnetz **558**
Nahrungspyramide **558**
Naht (Skelett) 742
Nähtisch 530
Nairobi 601
Najramdal Uur 535
Nakhla 434
Nalanda 359
Nama 25
Namarrgon 17
Namibia 909, **910**
Namibwüste 765, 909
Nana Benz 873
Nandu 762
Nanna 774
Napfnest 796
Napfschnecke 511
Napier, John 501, **894**
Napiers Knochen 501, 894
Napoleon Bonaparte 266, 267, **559**, 560
Napoleonische Kriege 560
Nara 391
Narbe (Pflanzen) 631
Narwal 851, 853
NASA 667
Nascimento, Edson Arantes do 113
Nase **291**
Nasenaffe 226
Nasenbär 613
Nasenfledermaus 244
Nasenkröte 273
Nasennatter 721
Nasenspiegel 504
Nashörner und Tapire 561
Nashornvogel 57, **176**
Nasi Goreng 364
Nassau 406
National Steeplechase 625
Nationalchinesen 138
Nationales Olympisches Komitee 593
Nationalfeiertag 224
Nationalismus 56, 208, 279, 548, 651
Nationalkongress (Indien, Geschichte) 360
Nationalkonvent 266, 267
Nationalparks 469, **562**
Nationalrat 650
Nationalsozialismus 156, 346
Nationalstaat 207
Nationaltracht 425
Nationalversammlung 267
Natrium 67, 183
Natriumchlorid 135, 706
Natriumhydroxid 707
Natriumkarbonat 707
Natronkalkglas 297
Natronlauge 707
Natternhemd 450, 720
Naturalismus (Gärten) 281
Naturfasern 791
Naturgeister 334
Naturheilmittel 50
Naturkräfte (Religionen) 677
natürliche Auslese 151, 212
natürliche Zahlen 894
Naturphilosophie **565**
Naturschutz 562-563
Naturstraße 761
Naturwissenschaft 564
Naturwissenschaft (Geschichte) 565-566
Nauru **516**
Nautile 607
Nautilus 805, 861
Navajo 355, 461, 554, 828
Navigation 148, 567, 655, 662, 716
Navy 453
Nazca 461
Nazis 156
Ndebele 766
N'Djamena 906
Neandertaler 18
Nebel **889**
Nebelkrähe 661

Nebelparder 478
Nebelwald 284
Nebenfluss 251
Nebengelenktiere 895
Nebenmeer 607
Nebenniere 69, 347
Nebenschilddrüse 347
Nebukadnezar II. 59, **78**, 736
negative Zahlen 894
Negev-Wüste 384
Nehru, Jawaharlal 279, 360
Nehrung 510, 733
Nektar 631
Nektarfresser 738
Nektarine 275
Nektarsauger 373
Nektarvogel 738
Nelkenrevolution 658
Nelson, Admiral 559, 560
Nematoda 798
Neodym 468
Neoklassizismus 763
Neolithikum 467, 758
neolithische Revolution 467
Neon 183
Neotenie 701
NEP 591
Nepal 89, **90**
Nephron 69
Neptun **646**, 747
Nero 687
Nerva 687
Nerven **568**
Nervengas 846
Nervensystem 568-569, 596
Nervenzelle 568, 904
Nerz 494
Neschischrift 532
Nesseltiere 798
Nesselzellen 438, 660
Nest 34, 373, **745**, **796**
Nestbau 739
Nestflüchter 839
Nesthocker 839
Nestlé, Henri 730
Netball 85, 86
Netz (Fischfang) 238
Netz (Spinnen und Skorpione) 753
Netzbau (Tierverhalten) 802
Netzgiraffe 296
Netzhaut 504
netznervig (Blatt) 628
Netzreusenschnecke 511, 861
Neu Amsterdam 580
Neu-Delhi 357
Neue Hebriden 516
Neu-England 638, 826
Neue ökonomische Politik 591
Neues Testament 144
Neue Welle 232
Neue Welt 188
Neue Zürcher Zeitung 902
Neufrankreich 580
Neufundland 404
Neuguinea 610
Neujahrsfest (China) 137
Neumann, John von 369
Neumond 533
Neunauge 235
Neunbinden-Gürteltier 895
neunschwänzige Katze 823
Neurohormone 347
Neurologie 504
neuronales Netz 369
Neuronen 568, 904
Neuseeland (Geografie) 570
Neuseeland (Geschichte) 571, 610, 655
Neuseeland-Lilie 563
Neusiedler See 602
neutral (Säuren und Basen) 706
neutralisieren (Säuren und Basen) 707
Neutron 67, 417
Neutronenstern 173, 759
Nevada 828
Nevis 407

New Brunswick 404
Newcomen, Thomas 327
New Deal 830, 884
New Forest Pony 624
New Mexico 828
New Orleans 827
New-Orleans-Jazz 393
Newton, Isaac 180, 440, 565, **572**, 636, 731, 789
New York 757, **826**
New York Times 826, 902
New Zealand Company 571
Nezami 700
Ngata, Apirana 571
Niagarafälle 826
Niagara Fruit Belt 403
Niamey 874
Nibelungenlied 475
Nicaragua **914**
Nicaraguasee 912
Nickeleisen 434
Nickelerz 191, 403
Nicken 249
Nickhaut 456
Niederlande (Geografie) 573
Niederlande (Geschichte) 574
Niederländische Ostindienkompanie 574
Niederschlag 575
Niedrigwasser 607
Niemeyer, Oscar 112
Niepce, Joseph 259, 261
Nieren **69**
Nierenarterie 69
nierenförmig (Blatt) 629
Nierenkanälchen 69
Nierenkörperchen 69
Nierenvene 69
Niesen 66
Nieswurz 629
Niger 745, 870, **874**
Nigeria 874
Nightingale, Florence 576
Nikolaus II. 591
Nikosia 779
Nikotin 51
Nil 22, 29, 598
Nilbarsch 601
Nilkrokodil **456**, 776
Nilpferd 254
Nils Holgersson 420
Nimbostratus 875, 889
Nimrud 59
Ninive 59
Nirwana 121, 122
Nissan 390
Nistmaterial 796
Niue 654
Nkrumah, Kwame 26
Nobel, Alfred 133, 270, **566**
Nobelpreis 566
Nocke 497
Nockenwelle 539
Nofretete 30
NOK 593
Nok-Kultur 24
Nomaden 17, 216, 535, 598, 906, 916
No-Maske 392
Nomenklatur 474
Non-Fiction **476**
Nong Khai 837
Nonius 606
Nonnen 123, 428
Non-REM-Phase 569
Noquis 47
Nordafrikanische Rennmaus 557
Nordamerika (Geografie) 577-578
Nordamerika (Geschichte) 579-580
Nordamerika (Tierwelt) 581-582
Nordenskjöld, Nils 647
Nordfledermaus 58
Nordinsel (Neuseeland) 570
Nordirland 318, 379, 380
nordische Disziplinen 882
Nordischer Krieg, Zweiter 740
Nordkorea 399, **439**

nördliche Breite 463
Nördlicher Seebär 804
Nordlicht 49
Nördlinger Ries 434
Nordopossum 102
Nordostpassage 647
Nordostpassat 880
Nordpol 49, 485, 647
Nordpolarmeer 49, 63, 607, 648
Nordseekrabben 447
Nordstaaten 37
Nordvietnam 837
Nordwestafrika 583-584
Nordwestpassage 647
Noriega, Manuel 915
Noriker 624
Normannen 320, **585**
Northumbria 39
Northwest Territory 404
Norwegen 586, 740, 877
Nosferatu 232
Nô-Spiel **714**
Notation 546, 547
Notenschlüssel 547
Notenschrift **547**
Notfall (Krankenhaus) 444
Notgeld 156
Notierung 286
Notre Dame 45
Nouakchott 871
Nouvelle Vague 232
Nova Scotia 404
Novize 428
Nubische Falbkatze 411, 478
Nukleinsäure 523
Nukleosynthese 759
Nukleotid 833
Nuku'alofa 654
Nullpunkt 855
Nullwinkel 500
Numerologie 60
Nunatakker 299, 812
Nunavut-Territorium 404
Nürnberger Prozesse 452
Nüsse 200, 274
Nussknacker 497
Nut 554
Nutria 703
Nutzlast (Raketen) 665
Nutzpflanzen 587
Nuuk 49
Nyala 342
Nylon 462, 791

O

Oase 583, **891**, 892
OAU 26
Oba 100
Obelix 903
Oberarmknochen 741
obere Hohlvene 335, 336
Oberer See 577
Oberflächenjäger 513
Oberflächenspannung **253**
Oberflächentaucher 513
Oberhaut 331
Oberlauf 251
Oberleitung 174
Oberpriesteramt (Caesar) 128
Oberschenkelarterie 336
Oberschenkelknochen 741
Oberschenkelvene 336
Oberschwingung (Schall) 711
Obertöne (Schall) 711
Objektiv **259**, 524, 789
Objektstrahl 468
Objektträger 524
Oboe 549, 551
Observatorium 62
Obsidian 77, 518
Obst 587
Obstbauer 465
Ochsenfrosch 226, 272, 273
Ockerbauch-Pipratyrann 840
Octavian 687
Oda Nobunaga 391

Odin 305, 554
Odinshühnchen 859
Odyssee 314
Oersted, Hans Christian 181
Ofen (Töpferei und Keramik) 806
Offenbarung (Judentum) 395
Offenbarung (Mohammed) 532
Offense 276
öffentliche Meinung 651
Öffentlichkeitsarbeit 869
Offizier 764
Offroad-Rennen **542**
Offsetdruck 118
offshore 509
Offshore-Ölgewinnung 193
Ögädäi 536
O'Hara Burke, Robert 72
O'Higgins, Bernardo 771
Ohio 826
Ohr 588, 799
Ohrenqualle 660
Ohrenrobben **683**
Ohridsee 82
Ohrmuschel 588
Ohrspiegel 504
Ohrtrompete 588
Okapi **296**
Okawangodelta 22, 226, 910
Okefenokee Swamp 578
Okinawa 389
Okklusion 875, 876
Oklahoma 827
ökologischer Landbau 820
Ökologie und Ökosysteme 106, 289, 562, **589-590**
ökologische Nische 590
Ökosystem **589**
Ökotourismus 808
Okra 406
Okta 889
Oktant 580
Oktave 547
Oktoberrevolution 591
Okular 524, 789
Old Faithful 827
Oldham, Richard 191
Old Shatterhand 420
Olduvaischlucht **469**
Öle (Chemie) 133
Öle (Ernährung) 200
Ölfarben 220, 459
Ölfeld 303
Olgas Rocks 611
Ölgeologie 193
Oligozän 288
Oliven 750
Olivnektarvogel 172
Olmeken 592
Ölpalme 312, 487
Ölpest 707, 820
Öltanker 193, 323, 717
Olymp (Griechen) **314**
Olympiade 470
Olympische Spiele 593
Olympos 316
Olympus Mons 644
Om 898
Omajjaden 383
Oman 303
Omar Ali Saifuddien 488
Omar Khayyám 476
Omar, Kalif 382
Ometepe 912
Ommatidien 799
Onager 58, 623
Ondes Martenot 550
Onkel Toms Hütte 743
Ontario 404
Ontariosee 402, 577
Oogonien 33
Oort'sche Wolke 434
opak 473
Opal 455
OPEC 194
Oper 138, **594**, 713
Opera buffa 594
Opera seria 594
Operationssaal 444

Operette 713
Opernball 603
Opernhaus 794
Opernhaus (Sydney) 44
Opfer (Gottheiten) 305
Opferfest (Islam) 382
Opferlamm 898
Opium 50, 792
Opiumkriege 140
Opossum 102
optische Minidisk 147
optischer Aufheller 472
Opuntie 627
Orakel 60, 305, 314
Orange 750
Orangenbecherling 641
Orang-Utan **20**
Oranjefreistaat 767
Orbit 702
Orbiter 667
Orchester 594, **595**
Orchestergraben 794
Orchideen 107, 488, 627
Ordensband 850
Ordnungsgeld 669
Ordovizium 288
Oregon 828
Oregon Trail 829
Organ 596
Organellen 904
Organisation Erdöl exportierender Länder 194
Organisation für Afrikanische Einheit 26
organische Chemie **133**
organischer Dünger 465
organischer Landbau 820
organisiertes Verbrechen 823
Organsysteme 596
Orgel 79, 550
Orientalisch Kurzhaar 412
Orientierung (Fledermäuse) 242
Orinoco 431, 432
Orion 760
Orionnebel 759
Orléans (Frankreich, Geschichte) 266
Orlowtraber 624
Ornamente (Architektur) 43
Ornithischia **159**, 161
Orodromeus 160
Ortega, Daniel 915
orthodoxe Juden 385, 395
orthodoxe Kirche 143, **316**, 690
Orthopädie 504
orthorhombisch (Kristalle) 454
Ortsvermittlungsstelle 786
Orvieto 203
Oryxantilope 342
Oscar 232
Osculum 660
Osiris 29, 306
Oslo **586**
Osmanen 700
Osmanisches Reich 80, **597**, 868
Osmose **253**
Osprey 250
Ostafrika 598-601
Ostafrikanischer Graben 436
Ostblock 399
Osteon 742
Osteozyten 596, 742
Osteraufstand (Irland, Geschichte) 380
Osterinsel 461, 655
Osterluzeifalter 210
Ostermarsch 270
Ostern 144
Österreich 602-603
Österreich-Ungarn 495
Ostghats 356
Ostgoten **676**
Ostia 203
Ostindienkompanie 360, 868
ostindische Inseln 484
östliche Länge 463
Ostmitteleuropa 604-606
Ostmongolen 535

Ostpakistan 612
Ostrom 127, 207, 687
Ostsee 87
Oswiecim 346
Oszillator 180
Oszilloskop 711
Othello 594, 735
Othman, Kalif 382
Ottawa **402**
Otter **493**
Otto, Nikolaus 540
Otto I. der Große 155, 333
Ottomotor 540
Ötztaler Alpen 602
Ouagadougou 873
Ounce 498
Outback 70, 189, 611
Outfit 424
oval (Blatt) 629
ovales Fenster 588
Ovambo 910
Owen, Richard 160
Owen, Robert 367
Oxenstierna, Axel 740
Oxer 625
Oxidation 132, 229
Oxusschatz 621
Ozean (Tierwelt) 608-609
Ozeanarium 918
Ozeane und Meere 607
Ozeanographie 289, 509
Ozeanien und Australasien 610-611
Ozelot 479
Ozonloch 820
Ozonschicht **65**

P

Paarhufer 342
paarig gefiedert (Blatt) 629
Paarung (Tierverhalten) 803
Pachacuti Inka 370
Pachamama 370
Pachisi 708
Pacific Rim 619
Packeis 647
Pädagogik 726
Pädiatrie 504
Padmapani 322
Padmasambhava 54
Paella 200, 750
Page (Information und Kommunikation) 369
Pagode 44
Pahoehoe 844
Paka 555
Pakistan 279, 360, **612**
Paku 672
Palaeochiropteryx 196
Paläolithikum 758
Paläontologie 159, 257, 289
Paläozän 288
Paläozoikum **195**, 288
Palas 125
Palästina 56, 332, 384, 448
Palästinenser **385**
Palatschinken 603
Palau **516**
Palenque 503, 659
Palestrina, Giovanni 546
Palette 489
Palikanon 123
Palisadenzelle 904
Palkstraße 358
Palmen 93
Palmendieb 376
Palmer, Nat 647
Palmgeier 312
Palmöl 487
Palomino 624
PALplus 223
Pamina 543
Pampa 46, 309, 768
Pampasgras 310
Pampashase 309
Pamukkale 815

Pan (Etrusker) 203
Panama **914**
Panama City 914
Panamahut 169
Panamakanal 323, 912, 914, 915
Pan-American Highway 912
Pandabären 91, **613**
Pandit 189
Pandschab 502, 612
Pandschabi 612
Panflöte 549, 551
Pangaea 195, 436
Pankhurst, Christabel 268
Pankhurst, Emmeline 268
Pankhurst, Sylvia 268
Pankreas 347, 824
P'an-ku 554
Panoramakamera 260
Pantanal 227, 772
Panter 479, 798
Pantergecko 167, 171
Panterschildkröte 449, 718, 719
Pantheon (Rom) 43
Panzer (Rüstungen) **698**
Panzer (Waffen) 451, 847, 865
Panzerkreuzer Potemkin 697
Panzermine 846
Panzernashorn 561
Panzertaucher 607
Papageien 614
Papageifisch 438, 796
Papageitaucher 513
Paparapa 655
Paparazzi 902
Paperback 120
Papier 120, 587, **615**
Papiergeld 139, 285
Papiernest 105, 373, 797
Papillen 291
Papillon 349
Pappel (Fossilien) 258
Pappel (Nutzpflanzen) 587
Pappmaschee 328
Paprika 606
Papst 143, 207, 387, 527, 671, 948
Papua-Neuguinea **515**, 610
Papyrus 27, 120, 307, 615
Papyrus Ebers 506
Papyrussäule (Ägypter) 31
Parabeldüne 891
Parabolspiegel 472
Paracetamol 50
Parade (Rüstungen) 698
Paradiesvögel 783, 784, 803
Paraguay 110, **111**
Parallaxe 863
Parallelschaltung 179
Paralympics 593
Paralympische Spiele 593
Paramaribo 432
Paranthropus 18
Paranuss 113, 772
Parasaurolophus 159, 292
Parasiten 373, **616**, 640, 672
Parasitismus 590
Parasitologie 106
Paratha 357
Parcours (Pferdesport) 625
Pardelluchs 210
Parfum 264
Parilla 47
Paris 263
Pariser Kommune 496
Parkinson, Sydney 148
Parks, Rosa 422
Parkuhr 198
Parlamentarismus 650
Parsen 356
Parsismus 621, 677
Parsons, Charles 187
Parsons Chamäleon 673
Parteien 651
Parthenogenese 166
Parthenon 314, 317
Parther 620
Partitur 763
Partula-Schnecke 558, 861

Parvati 340
Pascal, Blaise 147, 165
Paschtunen 612, 917
Passage (Supermarkt) 775
Passagierflugzeug **248**, 250
Passagierschiffe 715, 717, 810
Passah 396
Passatwinde 619
Passchendaele, Schlacht 864
Passeggiata 387
Passgang 400, 623
Passionsblume 108, 630
passive Immunisierung 353
Pasta 387
Pastellfarben 489
Pasteur, Louis 507, **617**
Pasteurisieren 617
Pastorale 98
Patagonien 47, 768, 773
Pataliputra 502
Patent 197
Patentlog 567
Patrick, heiliger 380, 416
Patrizier (Römisches Reich) 687
Patrouillenboot 453
Pauling, Linus 67, 133
Paulus, heiliger 144, 394
Pauschalurlaub 808
Pauschen 816
Pauspapier 615
Paviane 20
Pawlowa, Anna 83
Pax Romana 687
Payne-Gaposchkin, Cecilia **760**
Pazifik 461, 484, 618
Pazifischer Ozean 515, 607, **618-619**
Pazifismus **270**
PC **146**, 369
Peace Pledge Union 270
Peacemaker 847
Pearl Harbor 830, 866
Pearse, Patrick 380
Peary, Robert 647
Pébrine 617
Pechblende 149
Pechnase 125
Pechsee 193
Pedipalpen 753
Pekari **879**
Pekinese 349
Peking 137, **536**
Pekingoper 138, **714**
Peles Haar 844
Pelikane 513
Pellet 417
Peloponnes 316
Peloponnesischer Krieg 314
Pelzhandel 404
Pelzrobben 683
Pemba 601
Pendel (Zeit) 900
Penicillin (Pilze) 640
Penicillium 640
Penis 255
Pennsylvania-Klappschildkröte 719
Penrose, Roger 727
Penzias, Arno A. 900
Péotin 548
Pepys, Samuel 476
Percheron 624
Perenakan 487
perennierender Fluss 251
Perestrelo e Moniz, Filipa de 433
Perestroika 748
Pergament 120
Pergamentwurm 512
Peridotit 294
periglazial 812
Perikarp 274
Perikles **315**
Periode (Fortpflanzung) 255
Periodensystem 183
periphere Geräte 146
Periskop 821
Peristaltik 824
Peristom 537
Perkin, William Henry 220

Perleidechse 166, 167
Perlen 455, 860
Perlenfischerei 304
Perlenstickerei 328, 329
Perlmutt 455
Perlmutterfalter 723
Perm (Geologie) 288
Permafrost 812
Perón, Eva 771
Perón, Juan 771
Perrault, Charles 419
Perry, Kommodore Matthew 392
Perseiden 434
Persephone 305
Persepolis **620**
Perser 32, **620-621**
Perser Colourpoint 412
Perserkriege **315**
Persien 378, 700
Persisch Langhaar 412
Persischer Golf 302
Persisches Reich 78
Personalcomputer **146**, 369
Personendelikt 823
Personenkraftwagen **441**, 443, 809
Personenzug 174
persönliche Identifikationsnummer 286
Perspektive 471, **679**
Peru **169**
Pessach 396
Pessar 255
Pest 606, 616, **622**
Pestbakterien 622
Pestizide 464, 465, 819
PET 505
Pétain, Marschall 266
Peter III., russischer Zar 697
Peter der Große **696**
Peter Grimes 594
Peter Pan 420
Peter Rabbit's Race Game 709
Petermännchen 236, 800
Petersdom 45, 387
Petersfisch 236
Petipa, Marius 83
Petra 779
Petrarca, Francesco **679**
Petrischale 106
Petrochemie 194
Petrograd 591
Petroleum 194
Petrologie 288
Peymann, Claus **714**
Pfalzgrafenstein 126, 156
Pfalzkapelle (Aachen) 410
Pfau 212, 466, 784
Pfeffer 574, 908
Pfeffermühle (Kabarett) 492
Pfeife (Glas) 297
Pfeifentomahawk 290
Pfeifhase 330
Pfeil 698
Pfeiler (Brücken) 117
Pfeilerstaumauer 780
pfeilförmig (Blatt) 629
Pfeilgiftfrosch 138, 272, 273, 673, 800
Pfeilspitze 758
Pfeilwurz 408
Pferde 212, **623-624**, 703
Pferdeaktinie 660
Pferdeantilope 342
Pferdegespann 809
Pferdekutsche 761
Pferderennen **625**
Pferdesport 625
Pferdetransporter 442
Pferdezucht 606
Pferdspringen 816
Pfetten 95
Pfingstrose 281
Pfirsich 275
Pflanzen 106, 258, 310, 376, 511, **626-627**, 649, 672, 777, 850, 893, 920

Pflanzen (Anatomie) 628-629
Pflanzen (Anpassung) 630
Pflanzen (Fortpflanzung) 631
Pflanzen (Systematik) 920
Pflanzenfärberei 587
Pflanzenfresser 799
Pflanzensammler 281
Pflanzensauger 854
Pflanzkelle 281
Pflaume 275
Pflichtübung 816
Pflugschar 465
Pförtner (Verdauung) 824
pfriemenförmig (Blatt) 629
Phacops 195
Phagen 523
Phaistos 526
Phänotyp 833
Pharaonen 29
Pharmaforschung 50
Pharmaka 50-51
Pharmakologie 51
Pharmazie 51
Pharos 128
Pharsalusschlacht 128
Phenol 429, 462
Pheromone 34, 103, 801, 802, 854
Phidias 736
Philadelphia 826
Philatelie 114
Philipp I., spanischer König 333
Philipp II., spanischer König 184, 658, **751**
Philipp der Gute 350
Philipp von Makedonien 315
Philister 332
Philodendron 629
Philodryas chamissonis 773
Philosophie 633, 744
Phloem 92, 628, 635
Phnom Penh 837
Phönix (Mythen und Legenden) 554
Phönixmedaille 184
Phönizier 634
Phonograph 170
Phosphate 516
Phosphor 367
Photon 180
Photosphäre 746
Photosynthese 522, 626, **635**
Phototropismus 631
Phthalocyaninblau 220
Phururu 111
pH-Wert 109, **706**
Physik 636
Physiologie 106
Physiotherapeut 444
Phytoplankton 522, 608
pi **500**
Piano 550
Pianoforte 550
Picard, Auguste 189
Picard, Jacques 189
Picasso, Pablo 637
Pickup 443
Pickwick Papers 158
Pico de Aneto 206
Pico Duarte 407
Pier 323
Pietà 679
Pigmente (Farbe) **219**, 489
Pigmente (Höhlen, Tierwelt) 345
Pik (Schach und andere Brettspiele) 708
Pikkoloflöte 551
Pikten 687
Piktogramm 725
Pilaw 815
Pilgerreisen 334, 341, 381
Pilgerväter 580, **638**
Pille (Fortpflanzung) 255
Pilot 248
Pilsen 605
Pilze 106, **639-641**, 850, 920
Pilze (Mikroorganismen) 445, 522

Pilzgärten 34, 797
Pilzkoralle 438
Pilzmücken 345
Pin 182, 286
Pinatubo 632
Pingo 812
Pinguine 642, 649
Pinie 94
Pinnacles Desert 610
Pinocchio 421
Pinozyten 904
Pinselohrschwein 879
Pint 498
Pinto 624
Pionierpflanzen 649
Pipeline 193, 303
Pippau 108
Pippi Langstrumpf 421
Pippin III. 265
Pippin der Kleine 410
Piranha 236, 672, 777
Piraten 409, **643**
Piroggen 694
Piroschki 691
Pirouette 882
Pissarro, Camille 460, 534
Pistole 230, 847
Pitcairn 654
Pithoi 526
Pitohui 800
Pitta 385
Pittsburgh 826
Pizarro, Francisco 370, 770
Pizza 387
Pjöngjang → Pyeongyang
Planeten 60, **644-646**, 747, 862
Planetoiden 434
Plankton 522, 608
Plantage 409, 743, 874
Plantagenet 265
Planwagen 829
Planwirtschaft 651
Plaque 896
Plasma (Materie) 499
Plasma (Herz und Kreislaufsystem) 335
Plasmodium 523
Plastik **104-105**
Plastizität 225
Plataea, Schlacht bei 315
Plateauschuhe 140, 426
Platin (Metalle) 519
Platine **182**, 692, 786, 835
Plato 202, 554, 744
platonische Körper 565
Plattbauchlibelle 300, 374, 524
Platten (Fotoapparate) 259
Plattentektonik 288, **437**
Platterbse 629
Plattfische 235
Plattmuschel 511
Plattschwanz 720
Plattwürmer 798, **890**
Platyhelminthes 798
Platz des Himmlischen Friedens (Peking) 140
Playa 891
Playboard 790
Plazenta 256, 704
Plebejer 687
Pleistozän 288
Plejaden 759
Plektrum 550
Pleuelstange 539
Plexiglas 462
Pliozän 288
Plumula 274
Pluto 644, 747
Plutonium 417
Plymouth 638
Plzen 605
Pneumatik 165
Pobeda 916
Pocken 353, 507, 832
Pogrom 396
Poe, Edgar Allen 476
Pointer 349

Point of Sale 869
Poitou-Esel 466
polares Klima 427
Polarforschung 647
Polarfuchs 558, 581, 648, 704
Polargebiete (Klima) 427
Polargebiete (Tierwelt) 648-649
Polarisation 472
Polarisationsmikroskop 524
Polarlicht 65, 485
Polaroidkamera 260
Pole (Magnetismus) 485
Polen **605**
Polenta 387
Polesje 87
Polhem, Christopher 497
Poliakow, Walerij 61
Poliomyelitis 51
Polis 314
Polisario 584
Politik und Macht 650-651
Polizei 652
Polizeiboot 717
Polizeihunde 348
Polizeimütze 425
Pollen 107, 524, 631
Pollenschlauch 631
Pollinien 107
Pollock, Jackson 460
Pollux 688
Polo 86, 625
Polo, Marco 188
Polonium 149, 663
Pol Pot 837
Polsterpflanzen 284
Polstersessel **529**
Polyamid 194
Polyamidfasern 791
Polyeder 500
Polyester 791
Polyethylen 133, 194, 327, 462
Polygon 500
Polygonböden 812
Polymere 133, 462
Polynesien 610, **653-654**
Polynesier und Maori 571, 611, **655**
Polypen 438, 660
Polyphonie 79, 546
Polyvinylchlorid 194, 462
Pombal, Marqués de 658
Pompeius 128
Pompeji 257, 459
Poncho 169
Pont du Gard 688
Pontifex Maximus 128
Pontius Pilatus 394
Ponys 623, 624
Pool 85
Poori 357
Poorwill 204, 881
Pop 685-686
Pop-Art 461
Popocatépetl 76, 520
Popper, Karl 564
Populus 258
Porgy and Bess 594
Porifera 798
Pörkölt 606
Porlinge 850
Porsche Carrera 443
Port-au-Prince 407
Portikus 44
Port-Jackson-Hai 324
Port Louis 362
Port Moresby 515
Porto 657
Port of Spain 408
Porto-Novo 874
Portugal (Geografie) 656-657
Portugal (Geschichte) 658
Portugiesisch 756
Portugiesische Galeere 609
Port-Vila 516
Portwein 656, 657
Porzellan 806, 807
Posaune 549
Poseidon 306, 314

944

Position (Ballett) 83
Positronen-Emissions-Tomographie 505
Post **114-115**
Postkutsche 809
Postleitzahl 145
Postmoderne 44
Potenz (Zahlen) 894
potenzielle Energie 186
Potosí 770
Potter, Beatrix 419, **421**
Pottwal 608, 851, 853
Poulsen, Waldemar 712
Pound 498
Poutokomanwa 655
Powell, Colin 650
PR 869
Prachtbecherling 641
Prachtglanzstar 840
Prachtkäfer 397, 398
Prachtlibelle 382
Prado (Madrid) 545
Prag **605**
Prägung 802
Praia 64
Präkambrium 288
Prallluftschiff 482
Prämolar 896
Prärie 35, 354, 578, 582, 826, 829
Präriehuhn 172
Präsidialdemokratie 650
Prater (Wien) 603
Praxiteles 459
Presbyter 580
Presley, Elvis 685
Prespasee 82
Preßburg 606
Pressefreiheit 903
Pressler, Mirjam 421
Presslufthammer 165
Pretoria 765
Preußen 155, 156, **271**, 495
Preußler, Otfried 421
Prez, Josquin des 547
Priapus 306
Priester **305**
Priesterkönig (Maya) 503
Priesterweihe 144
Priestley, Joseph 480
Primadonna 594
Primärharn 69
Primärquelle 292
Primärspiegel (Teleskop) 789
Primarstufe 726
Primaten 19
Primel 108
Primzahlen 894
Principe 908
Principia Mathematica 565, 572
Pringsheim, Katja von 492
Prior 428
Pripjetsümpfe 87
Prisma (Farbe) 218
Prisma (Teleskop) 789
Privatrecht 669
Privatsammlung 545
Probebohrung 288
Proconsul 18
Produktentwicklung 869
Produktion (Film) **231**
Produktivität 465
Produzent (Film) 231
Produzenten (Nahrungsmittel) 558
Profi 755
Profiboxer 401
Profil (Bodenarten) 109
Profit 326
Prognose 876
Programme (Computer) 146, 368
Prohibition 830
Projektion (Landkarten) **463**
Prolaktin 347
Proletarier 496
Prometheus 229
Promotion 726
Pronghorn 582
Propaganda (Weltkrieg, Erster) 865
Propan 194

Propeller (Schiffe) 716
Propheten (Islam) 381
Proportion (Wachstum und Entwicklung) 845
Proserpina 306
Protactinium 514
Proteine 199, 824, 834
Protest (Politik und Macht) 651
Protestanten (Reformation) 671
protestantische Kirchen 143
Protestantismus **671**
Protestbewegungen (industrielle Revolution) 367
Protisten 106, **522**, 920
Protokollführer (Recht und Gesetz) 670
Proton 67, 183, 417, 759
Proton (Auto) 487
Prototyp 152
Protozoen 522
Protuberanzen 485, 746
Proxima Centauri 863
Prozent 894
Prozess (Recht und Gesetz) 670
prunken (Hirsche und Antilopen) 343
Przewalskipferd 563, 623
Psychiatrie 269, 504
Psychoanalyse 269
Psychologie 239
Psychotherapie 239, 507
Pteridophyta 221
Pterygoidmuskel 896
Ptolemaios I. 736
Ptolemäisches Weltsystem 862
Ptolemäus, Claudius 463, 862
Pubertät 845
Public Relations 869
Puck 882
Pudel 349
Pueblo Bonito **579**
Pueblo-Indianer 579
Puerto Rico **407**
Pufferfisch 800
Puffing Billy 366
Puffotter 310
Puffreis 200
Puja 341
Pulcinella 763
Pulpahöhle 896
Puls 201, 335
Pulsar 173, 759
Pulverschnee 575
Puma 479, 582
Pumplichtquelle 468
Pumpspeicher 780
Punk 686
Punze 897
Pupille 68, 411
Pupin, Michael J. 180
Puppe (Biologie) 300, 372, 397, 722, 881
Puppenspiel 606, **714**
Puppentrickfilm 811
Puranas 340
Puritaner 580, 638, 671
Purpurklee 108
Purpurrose 512
Purpurschnecke 220, 634
Purpurstern 512
Puszta 604
Putter 85
Putzerfische 236
Putzergarnele 447
PVC 462
P-Wellen 191
Pyeongyang 439
Pygmäen 905
Pylon 117
Pyramide (Mathematik) 500
Pyramiden 44, **659**, 736
Pyrenäen 206, 749
Pyrenäen-Gebirgsmolch 701
Pyrethrum 601
Pyroklastika 844
pythagoräischer Lehrsatz 500
Pythagoras 500, 546
Python 449, 720

Q

Qi 505
Qin 139
Qing-Dynastie 140
Qin Shi Huangdi 139
Quadrat 500
Quäker 580
Quallen, Seeanemonen und Schwämme 609, **660**, 800
Quanten-Algorithmus 369
Quantenphysik 566
Quantentheorie 636
Quarks 67
Quartär 288
Quarter Horse 624
Quarz 183, 293, **454**, 455
Quarzit 294
Quarzuhr **900**
Quasar 277, 862
Quebec **403**, 404, 580
Quechua 110, 169, 370
Quecke 108
Quecksilber 253, 519
Queen Mary 715
Quelle (Flüsse) **252**, 334
Quellen (Geschichte) 292
Quellgeister 334
Quercus 258
Querdüne 891
Querfeldeinrennen 664
Querflöte 551
quergestreifte Muskeln 552
Querruder 249
Querschiff 423
Querschott 821
Queue 85
Quilombo 771
Quisling, Vidkun 740
Quito 169
Quitte 275
Qumran 155
Quorn 640, 785
quozi (Iran und Irak) 378

R

Rabat 584
Rabbi 396
Rabbiner 396
Rabengeier 313
Rabenkrähe 661
Rabenvögel **661**
Racheengel (Judentum) 396
Rachitis 445
Racine, Jean 713
Rackham, Jack 643
Racquetball 790
Rad 197, 809
Radar und Sonar 567, **662**, 876
Radarfalle 662
Radarmeteorologie 876
Radarpistole 662
Radarsonde 644
Raddampfer 818
Rad der Lehre (Buddhismus) 122, 502
Radialsymmetrie (Seesterne und Seeigel) 734
Radierung **119**
Radio 692
radioaktive Strahlung 663
Radioaktivität **149**, 183, 417, 514, **663**
Radiogalaxie 277
Radiogerät 182, 198
Radiografie 741
Radioisotope 663
Radiokarbonmethode 41, 663
Radiosonde 876
Radioteleskop 62, **789**
Radiowellen 180, 662, 692
Radium 149, 663
Radium-Institut 149
Radkappe 441

Radlader 96
Radnetz 753
Radreifen 809
Radsport **664**, 755
Radula 860
RAF 525
Raffael 679
Raffinerie **194**
Raffles, Sir Stamford 488
Raga 357, 546
Ragdoll 412
Ragtime 393, 827
Rahsegel 810
Rakel 119
Raketen **665-666**, 846
Raketenfahrzeug 542
Raketenstufen 666
Raksha-Bandan-Fest 216
Ralik 516
Rallenkranich 172
Rallye 541, **542**
RAM 146
Rama 340
Rama V. 55
Ramadan 381
Ramayana 340, 364
Rambutan 275
Rammbock 126
Rammsporn 634, 643
Ramón y Cajal, Santiago 568
Ramses II. 29, 337, 599
Rana 258
Rance 780
Rang (Theater) 794
Rangabzeichen 764
Rangordnung 704, 784, 803
Rangun 793
Ranke, Leopold von 292
Ranken 628
Rankett 549
Rap 686
Raphidonema 258
Raphus 258
Rapier 155
Ras al Khaimah 304
Rasenmäher 281
Rasenschmiele 308
Raspail, François 423
Raspelzunge 860
Rassel 549
Rassendiskriminierung 830
Rassentrennung 765
Rassismus 217, 279
Rastafari 406, **409**, 685
Rasterelektronenmikroskop 524
Ratak 516
Räte 591
Räterepublik 142
rationale Zahlen 894
Rationierung 867
Ratnapura 358
Ratoromanisch 68
Ratten **555**, 557
Rattenschlange 243
Raub (Recht und Gesetz) 669
Raubadler 57, 313
Raubfliege 246
Raubtiere 477, 493, 703
Raubwanze 374, 783, 854
Rauch 134
Räucherbüchse 341
Räucherstäbchen 122
Rauchgase 480
Rauchmelder 663
Rauchquarz 454
Rauchzeichen 145
Rauhaar 348
Raumanzug 61, 165
Raumfahrt 481, **667-668**
Raumfahrtzentren (Russland und Kasachstan) 695
Raumkrümmung 731, 862
Raumsonden 62, **667**
Raumstationen **668**
Raumtransporter 666
Raumzeit 173
Raupe (Insekten) 372

Raureif 575
Rauschdrogen 50-51
rautenförmig (Blatt) 629
Rautenkrokodil 456
Ray, Man 261
Raymond, Henry J. 902
Razinjici 82
Re 29, 554
Reagan, Ronald 830
Reaktion (Kraft und Bewegung) 440
Reaktionsgeschwindigkeit 132
Reaktionsprinzip 440
Real de Manzanares 126
Realismus (Schauspiel) 713
Reber, Grote 789
Rechengerät 182
Rechenwerk 146
Rechteck 500
rechter Winkel 500
Rechtsberater 670
Rechtsgeschichte 669
Rechtsgleichheit 517
Rechtsordnung 669
Rechtsprechung 650
Rechtsverkehr 761
Recht und Gesetz **669-670**
rechtwinkliges Dreieck 500
Reck 816
Recycling (Kunststoffe) 462
Recycling (Papier) 615
Redaktion 902
Redgrave, Steven 858
Reduktion (Chemie) 132
Reduzenten 558
Redwood 92, 828
Reede 323
Reetdach 96
Refektorium 428
Referenzstrahl 468
Reflektor 789
Reflex 568
Reflexion **219**, 473
Reflexzonentherapie 505
Reformation **671**
Reformjuden 395
Reg 891
Regatta 858
Regen 575
Regenbogen **218**
Regenbogenforelle 235, 777
Regenbogenhaut 68
Regeneration 450, 590
Regenwald 431, 589, 611, 848, 905, 912
Regenwald (Tierwelt) 28, **672-673**, 772
Regenwurm 109, 151, 799, 890
Reggae 406, 685
Regierungsformen 650
Regisseur (Film) 231
Regisseur (Theater) 795
Registan 917
Reh 849
Reibung **674**, 855
Reibungswärme 855
Reichsapfel 650
Reichsinsignien 650
Reifen 214, 441, 809
Reihenschaltung 179
Reiher, Störche und Flamingos **675**
Reineclaude 275
Reis 137, 200, 390, 464, 587, 793, 836
Reisebüro 808
Reispflanzfest 390
Reißhaken 847
Reißzähne 477, 703, 887
Reisterrassen 632
Reiten 625
Reitervölker **676**
Reitkappe 425
Reitsport 625, 755
Reittechnik (Ritter und Wappen) 681
Relaisstation 788
relative Dichte 253

Relativitätstheorie **173**, 566, 636, 731, 899
Relief (Bildhauerei) 106
Relief (Landkarten) 463
Religionen 677-678, 842
Religionskriege 207, 265
Reliquiar 144, 502, 527
Rembrandt 489
Remington, Frederic 145
REM-Phase 569
Remus 688
Renaissance 45, 459, 565, **679-680**
Renaissancegarten 281
Rennboot 717
Rennformel 541
Rennkuckuck 892
Rennmaus 58, 557
Rennrad 214, 215
Rennrodeln 882
Rennwagen 441, 541, 674
Renoir, Auguste 460
Rentier 343, 581, 705
Replikation 833
Reporter 902
repräsentative Demokratie 650
Reptilien 449
Republik (Politik und Macht) 650
Republik (Römisches Reich) 687
Requiem (Mozart, Wolfgang Amadeus) 543
Requisiten 795
res publica 687
Reservationen **290**, 354
Résistance 867
Resozialisierung 823
Ressourcen (Geowissenschaft) **289**
Ressourcen (Krieg) 452
Restaurierung 545
Restlichtverstärker (Tiere, nachtaktive) 801
Resultante 440
Retriever 349
Retsina 317
Rettungsinsel 717
Réunion 362
Reuse 238
Revere, Paul 36
reversible Reaktionen 132
Revier (Tierverhalten) **803**
Revolution (China) 142
Revolution (Marx, Karl) 496
Revolution (Russland, Geschichte) 591, 697
Revolution, Französische 267
Revolution, industrielle **366-367**
Revolutionskriege 36, 560
Revolver 230, 847
Reykjavik 64
Rezeptakel 291
Rezeptor 291, 568
rezessiv 834
Rezitativ 594
Rhea 314
Rhein 153
Rhein-Main-Donau-Kanal 154, 323
Rhesusfaktor 336
Rhizoiden 537
Rhizom 221, 628
Rhodes, Cecil 454
Rhodesien 911
Rhodochrosit 455
Rhododendron 58
Rhodopengebirge 316
Rhodos (Kreuzzüge) 448
Rhyolit 294, 844
Rhythm-and-Blues 685
rhythmische Sportgymnastik 816, 817
Rhythmus **546**, 781
Riad 303
Riasküste 510
Ribatejo 657
Richard I. Löwenherz, englischer König 448
Richard II. 527
Richardson, Lewis 876

Richborough, Fort von 676
Richter 670
Richterskala 190
Richthofen, Manfred von 864
Richtstrahlantenne 667
Ricin 630
Rideau Canal 402
Riechkolben 291
Riechschleimhaut 291
Riechzellen 291
Riedbock 783
Riedfrosch 272
Riedgräser **307**
Riemen 858
Riemenboot 858
Riesenducker 28
Riesenelenantilope 342
Rieseneule 723
Riesenfaultier 151
Riesenflughund 244
Riesengalago 21
Riesengleiter 672
Riesengürteltier 895
Riesenkänguru 101, 892
Riesenlobelie 28
Riesenmanta 438
Riesenmoleküle 462
Riesenmuschel 438, 619, 799, 860, 861
Riesenotter 772
Riesenpanda 563, 613
Riesensalamander 701
Riesenschildkröte 362, 376, 718
Riesenschirmling 640
Riesenschwalbenschwanz 723
Riesenskolopender 673
Riesenstern 760
Riesentanne 94
Riesentukan 752
Riesenwaldschwein 879
Riesenwrackbarsch 438
Riff 438
Riffbarsche 438
Riffhai 438
Riffmuräne 438
Riftbildung 436
Rifttal 22, 283, 733
Riga 88
Rigel 760
Rigweda 340
Rikscha 214
Rimski-Korsakow, Nikolai 763
Rind 466
Rinde 92
Rindenmalerei 677
Romani 756
Romanow, Zaren 591, 697
Ring der Nibelungen 594
Ringe (Turnen) 816
Ringe (Insekten) 372
Ringelnatter 310
Ringelwürmer 512, 798, **890**
Ringen 401, 815
Ringkaiserfisch 236
Ringkanal 734
Ringsysteme (Planeten) 645, 646
Ringwade 238
Rinnensee 733
Rioja 750
Rio Muni 907
Rio Negro 48
Rippe 741
Rippen (Pflanzen, Anatomie) 628
Rippengewölbe 423
Rippenmolch 701
RISC-Technologie 369
Risotto 387
Rispensegge 308
ritardando (Musik) 547
Riten 217
Ritter, Johann 180
Ritterlichkeit 681
Ritterorden 448
Rittersaal 125
Rittersporn 275
Ritter und Wappen 228, **681-682**, 698
Ritual 677
Ritualgefäß 435
Ritualisierung 803

Ritzhärte 225
Riwoche-Wildpferd 623
Rizinusöl 508
Roadrunner 581
Road Train 71, 442
Roastbeef 200, 319
Robben 608, 648, **683**
Robben Island 491
Robert Guiscard 585
Robespierre, Maximilien 267
Robinson Crusoe (Literatur) 476
Robinson, Mary 380
Roboter 684
Rochen **324-325**, 609
Rochester Castle (England) 125
Rockmusik 97
Rock 'n' Roll **685**
Rock und Pop 685-686
Rocky Mountains 35, 402, 577, 582, 826, 828
Rodeln 882
Rodeo 403
Rodin, Auguste 104
Roger II. 585
Roggen 587
Roheisen 175
Rohkautschuk 462, 487, 587
Rohrblatt 549
Rohrdommel 226, 675
Röhre (Rundfunk) 692
Röhrenblüten 631
Röhrenschwamm 660
Röhrenwürmer 509, 512, 609, 890
Röhricht 227
Rohrkatze 479
Rohrkolben 209, 307
Rohrlager 193
Rohrsänger 839
Rohrspottdrossel 172
Rohstoffe 326, 509, 938
Rokoko 271
Rollbahn 247
Rolle 497
Rollen 249, 674
Rollfilm 259
Rolling Stones 685
Roll-on-Roll-off-Fähre 717
Rollreibung 674
Rolls Royce 443
ROM 146
Rom **386**
Roma 756
Roman 475, **476**, 492
Roman de la Rose 681
Romantik (Kunst, Geschichte) **460**
Romantik (Musik) 83, 548
Römer (Europa, Geschichte) 207, 669
Romero, Oscar **915**
Römische Elegien 301
Römisches Recht 687
Römisches Reich 127, 128, 143, **687-689**
römische Ziffern 688
römisch-katholische Kirche 143
Rommel, Feldmarschall 866
Romulus 688
röntgen (Medizin) 505
Röntgen, Wilhelm 149, 180, 636
Röntgenbeugung 225
Röntgenbild 824
Röntgenkontrolle (Flughafen) 247
Röntgenstrahlen 180, 566, 727, 741, 862
Roosevelt, Eleanor 517
Roosevelt, Franklin D. 173, 399, 830, **884**
Roosevelt, Theodore 829
Ro-Ro-Fähre 716, 717
Rosakakadu 752
Rosalöffler 772
rosa Periode (Picasso, Pablo) 637
Roseau 408
Rosenkäfer 397, 398
Rosenkranz (Religionen) 677

Rosenkrieg 321
Rosenöl 317
Rosenquarz 455
Rosenstöcke (Hirsche und Antilopen) 343
Rosette 528
Ross, Diana 685
Rossbywelle 880
Rossharnisch 698
Rosskastanie 630
Rost (Metalle) 132, 175, 519
Rost (Pilze) 640
rostfreier Stahl 175
Rotalgen 33, 511, 522
Rotaugen-Laubfrosch 272
Rotbauchunke 272
Rotbrust-Zwerggans 840
Rotbüschel-Bartvogel 840
Rotdrossel 274
rote Blutkörperchen 335
Rote Garden 142
Rote Garnele 447
Rote Khmer 837
Rote Nachtnelke 108
Roter Baron 864
Roter Brüllaffe 20, 21
Roter Panda 613
Roter Riese 759, 760
Roter Steinbrech 649
Roter Stummelaffe 28
roter Überriese 760
Rotes Kreuz 452
Rotes Meer 302
Rotes Riesenkänguru **101**, 892
Rote Waldameise 850
Rotfeuerfisch 236, 438, 800
Rotfuchs 209, 704, 887, 888
Rotfüßige Vogelspinne 754
Rotgebänderter Pfeilgiftfrosch 800
Rotgesichtsmakak 57
rotglühend (Farbe) 218
Rotgrünblindheit 68
Rothirsch 342, 466
Rothund 887, 888
Roti 200
Rotkehlanolis 167, 850
Rotkehlchen 739
Rotluchs 478, 479
Rotohryuhina 840
Rotor 249, 540
Rotschnabelkitta 840
Rotschnabel-Madenhacker 616
Rotte 879
Rotverschiebung 822, 863
Rotwangen-Schmuckschildkröte 719
Rouen, Kathedrale 534
Rounders 86
Roundheads 321
Rousseau, Jean Jacques 202
Rowling, Joanne K. 421
Roxana 32
Royal Air Force 525
Royal Ballet 83
Royal Society 566, 572
Royal Tennis 790
Ruanda **908**
Rubaiyat 157, 476
Rub' al Khali 303
Rubel, Ira W. 119
Rubikon 128
Rubin 455, 793
Ruchgras 308
Rückenkraulschwimmen 732
Rückenmark 568, 569, 703
Rückenschwimmer 373, 777, 854
Rückkopplung (Roboter) 684
Rucksack 130
Rucksacktourismus 808
Rückschlagspiele 755
Rückstoßantrieb (Tintenfische) 805
Rückwärtssprung 732
Rudel 351, 477, 887
Ruderflug 838, 841
Ruderfrosch 273
Ruderfußkrebse 447
Rudern **858**
Rudersklaven 643

Rudolf I. 333
Rugby **276**, 766
Rumänien, Ukraine und Moldawien 690-691
Rumford, Graf 855
Rumpeln 178
Rundbogen 43
Rundfunk 548, **692**, 946
Rundrennen (Radsport) 664
Rundwürmer **890**
Rus 696
Rüssel (Elefanten) 177
Rüssel (Schmetterlinge) 722
Rüsselkäfer 209, 398
Russisch 756
Russisch Blau 412
Russisch-Japanischer Krieg 392, 697
russisch-orthodoxe Kirche 694
Russland (Geschichte) 399, **696-697**
Russlandfeldzug 559, 560
Russland und Kasachstan (Geografie) 693-695
Rüsthaken 681, 699
Rüstungen 681, **698-699**, 724, 878
Rutenbündel 687
Ruth, Babe 84
Rutherford, Ernest 417, 663
rütteln (Greifvögel) 311
Ruyter, Admiral de 574
Ryukyu-Inseln 389

S

Saab 99
Saanenziege 466
Saatkrähe 661
Saatwucherblume 108
Sabah 486, 487
Sabbat 395, 397
Säbel 401, 698
Säbelschnäbler 859
Säbelzahntiger 196
Sabras 385
Sacculus 588
Sachbuch 419
Sachs, Ernst 214
Sachsen 39, 410, **676**
Sacre du Printemps 763
Saddat, Anwar 270
Saddam Hussein 378, 650
Safaripark 918
Safawiden-Reich 700
Safind-Din 700
Safran 220
Saftlecker 582
Sägehai 325
Sagen **419**
Sägerochen 325
Sagopalme 93
Saguarokaktus 520, 581
Sahara, Republik 583
Sahara, Wüste 22, 583, 870, 891, 892
Sahelzone 22, 870
Saiga 57
Saint ..., siehe unter St. ...
Saint-Exupéry, Antoine de 421
Saiph 760
Saiteninstrumente **550**, 551
Sakkara 599, 659
Sakralnerven 568
Sakramente 144
Sakura, General 490
Sakya (Buddha) 121
Saladin, Sultan 448
Salah ad-Din 448
Salak (Früchte und Samen) 275
Salamander und Molche 38, **701**
Salamis, Schlacht von 315
Salat (Islam) 381
Salatkoralle 438
Salazar, Antonio 658
Salem (Hexerei und Zauberei) 339
Salieri, Antonio 543
Salim, Scheich 531

Saline 134, 361
Salisbury (Kirchen und Kathedralen) 423
Salisbury (Simbabwe) 911
Saljut 1, Raumstation 668
Salk, Jonas 51
Salmonellen 523
Salomo, König **332**
Salomos Tempel 332
Salomonen **516**
Salpetersäure 706
SALT-Gespräche 270
Saluki 349
Salvarsan 50
Salyavata variegata 783
Salz (Indischer Ozean) 361
Salzburg 603
Salzburger Festspiele 603
Salzdrüsen 513
Salze (Säuren und Basen) **706**
salzen (Technologie) 785
Salzgehalt (Ozeane und Meere) 607
Salzmarsch 279
Salzsäure 706
Salzseen 733
Samarkand 54, 917
Samba 113, 782
Sambesi 737, 910
Sambia **910**
Samen (Pflanzen) 200, **274**, 631
Samen (Schweden) 728
Samenanlage 107, 631
Samenflüssigkeit 255
Samenfresser 738, 839
Samenpaket (Heuschrecken und Grillen) 338
Samenpaket (Salamander und Molche) 701
Samenpflanzen **626**
Samenschale 274, 626
Samenverbreitung 274, 376
Samenzellen 255, 904
Sammelfrüchte 274
Sammellinse 473
Sammelsteinfrüchte 275
Sammlungen 545
Samoa **654**
Samowar 476
Sampler (Rock und Pop) 686
Samsara 341
Samudragupta 322
Samurai 392, 401, 698, **724**
Samuraischwert 847
San 910
Sana 303
San-Andreas-Graben 437
San-Carlos-Reservation 290
Sanchi 502
Sandbank 510
Sandböden 109
Sanddollar 512, 734
Sandfisch 893
Sandflughuhn 28
Sandinisten 914, 915
Sandino, Augusto 915
Sandkatze 478, 479
Sandküste 511
Sandlaufkäfer 398
Sandmalerei 461
Sandotter 893
Sandrasselotter 800
Sandskink 28, 893
Sandstein 293, 294
Sanduhr 900, 901
Sandwirbel 883
Sandwüste 891
San Francisco 828
sanfte Technik 785
Sanger, Margaret 256
Sangha 907
Sanherib 59
San José 914
San Juan 407
Sankt ..., siehe unter St. ...
San Marino 387
San Salvador 913
Sansculotten 267
Sansibar 601

Sanskrit 322, 340
Sanssouci, Schloss 271
Santa Clara Valley 828
Santa Maria (Kolumbus, Christoph) 433
Santiago de Chile 48
Santiago de Compostela 334
Santo Domingo 407
São Nicolau 64
São Tomé und Príncipe 908
Sapa Inka 370
Saphir 358, 455
Sapper, Agnes 420
Saprophyten 640
Saqueboute 549
Sarajevo 81
Sarawak 486, 487
Sarawak Chamber 486
Sardine 657
Sardinien 386
Sargassosee 804
Sargassotang 33, 608
Sargon II. 59
Sargon von Akkad 774
Sari 425
Sarkophag 32
Sarnath 121, 502
Sarong 364
Sarot 357
Saro-Wiwa, Ken 26
Sarrazenie 245
SAS 764
Sasakia charonda 57
Sashimi 390
Saskatchewan 404
SASO 767
Sassaniden 620
Satelliten 61, 567, **702**
Satellitenbild 192
Satellitenkarten 463
Satie, Erik 637
Satrap (Perser) 620
Satrap (Singvögel) 739
Satrapie 621
Sattelgelenk 742
Sattelschlepper 442, 443
Sättigungszone 252
Saturn 278, **645**, 747
Satyagraha 279
Saudi-Arabien **303**
sauer (Säuren und Basen) 706
Sauergräser **307**, 308
Sauerstoff 65, 66, 67, 480, **635**, 665
Säugetiere 195, 226, 284, 309, 345, 376, 555, 608, 648, 673, **703-705**, 776, 849, 892
Saugfüßchen 734
Saugnapf 805
Saugpumpe 323
Saugrüssel 246, 722
Saugwürmer 616, 890
Säulen (Architektur) 43, 423
Säulendiagramm 501
Saulus 144
Saumriff 374
Sauna 234
Säuren und Basen **706-707**
saurer Regen 706, 819
Saurischia **159**, 161
Sauropoden 159
Savai'i 654
Savanne 23, 27, 309, 351, 598, 909
Savannennachtschwalbe 172
Savery, Thomas 540
Sax, Adolphe 550
Saxophon 549, 550, 827
Scanner 118, 146
Scat 393
Scelidosaurus 161
Schabe 171
Schaber 758
Schablone (Buchdruck) 119
Schabrackenhyäne 351
Schach und andere Brettspiele 694, 708-709
Schachmatt 708

Schachtelhalme **221**
Schädel 741
Schädlingsbekämpfung 397, 819
Schäferhund 349
Schafe und Ziegen 464, 466, **710**
Schafgarbe 508
Schah 378, 700
Schakale 887
Schalenbauweise 541
Schall **711**
Schallaufzeichnung 712
Schallblase 272
Schallgeschwindigkeit 711
Schallloch 550
Schallplatte 393, 686, 712
Schallwellen 588, **711**
Schalmei 549
Schaltjahr 899
Schaltkreis 182
Schamanen 305, 334, 339
Schambein 159
Schamlippen 255
Schammasch 396
Schanghai 137
Scharia 670
Scharlach 445
Scharlacheiche 94
Scharlachmennigvogel 172
Scharlachtangare 739
Scharnierlenk 742
Schaschlik 414
Schatt el-Arab 378, 774
Schatten 473
Schattenspiel 714
Schattierung 463
Schatzinsel 420
Schaufelfuß 38
Schaum 134
Schaumnest 796
Schauprozess 748
Schauspiel 713-714
Schauspieler 231, 795
Schauspielhaus 794
Scheck 285
Schecke (Pferde) 623
Scheckenfalter 57, 723
Scheckenrochen 324
Scheckkarte 285
Scheherezade 475
Scheibenbremsen 674
Scheide (Fortpflanzung) 255
Scheide (Rüstungen) 698
Scheidewand (Herz) 335
Scheidung 669
scheinbare Helligkeit 760
Scheinfrüchte 274, 275
Scheinfüßchen 522
Schelf 509
Schellfisch 49
Scheltopusik 166, 167
Schenkel (Mathematik) 500
Scheren (Krebse) 446
Schermaus 209, 557
Schi 694
Schia 382, 383
Schichtflut 252
Schichtfugenhöhle 344
Schichtvulkan 843
Schichtwolken 889
schiefe Ebene 497
Schiefer 293
Schiefer Turm von Pisa 278
Schienbein 741
Schienenechse 449
Schienentransport 809
Schierling 629
Schierlingsbecher 744
Schießpulver 139, 846
Schießscharte 126
Schiff (Kirchen und Kathedralen) 423
Schiffe 715-717, 810
Schiffbau **716**
Schiffschronometer 900
Schiffslotse 818
Schiffsschraube 716
Schiismus (Safawiden-Reich) **700**
Schiiten 382

Schild (Ritter und Wappen) 682, 698
Schilddrüse 347
Schildhalter (Ritter und Wappen) 682
Schildkäfer 398
Schildknappen 681
Schildknorpel 66
Schildkröten 449, **718-719**
Schildläuse 220
Schildparadiesvogel 172
Schildvortrieb 813
Schildvulkan 843
Schildwanze 374, 854
Schilf 777
Schilfboot 168
Schiller, Friedrich **301**, 714
Schillerlocken (Haie und Rochen) 325
Schimmelpilze 639
Schimpanse 18, **19**, 20, 703
Schintoismus 401, 435, 677
Schirm (Quallen) 660
Schirmakazie 23, 310
Schischkebap 815
Schisma 127, 207
Schiwa 340
Schlachten (Krieg) 451, 953
Schlachtschiff 453
Schlacke 175
Schlaf 569, 923
Schläfenmuskel 896
Schlafkrankheit 373, 523
Schlafmohn 587, 792
Schlageisen 104
Schlagholz 84
Schlaghose 425
Schlaginstrumente **549**, 551
Schlagmann 84
Schlagwerk 181
Schlagwetter 429
Schlagzeile 902
Schlagzeug 595
Schlammloch 844
Schlammröhrenwurm 890
Schlammschnecke 777, 861
Schlammspringer 227, 235
Schlammziegel 365, 774, 885
Schlangen 449, **720-721**, 925
Schlangengöttin 526
Schlangenhalsschildkröte 718, 719
Schlangenleder 450
Schlangenreif 416
Schlangenserum 800
Schlangenstern 734
Schlangenstock 355
Schlanklori 21
Schlauchpilze 639, 641
Schlauchwürmer 890
Schleichkatzen 544
Schleiereule 204
Schleim (Medizin, Geschichte) 506
Schleimfisch 236
Schleimpilze 522
Schlepper 715
Schleppnetz 238
Schlesien (Friedrich der Große) 271
Schlesische Kriege 271, **495**
Schleudersitz 525
Schleuse 323
Schlicker 806
Schließfach 286
Schließzelle 904
Schlitten 882
Schlittschuh (Druck) 165
Schlittschuhlauf **882**
Schlot (Vulkane) 509, 843
Schlucht 283
schlucken (Verdauung) **824**
Schluffstein 294
Schlüsselbein 741
Schlussstein 329
Schmalköpfige Distel 629
Schmarotzer (Ökologie und Ökosysteme) 590, 616
Schmarotzerpilze 640

Schmeißfliege 246
Schmelz (Zähne) 896
Schmelzen 116, **225**
Schmelztiegel 565
Schmelzwasser 252, 298
Schmerwurz 629
Schmerzbekämpfung 507
Schmetterlinge 374, **722-723**
Schmetterlingsschwimmen 732
Schmetterlingstramete 641
Schmieden 519
Schmiedkiebitz 859
Schmieröl 539
Schmierung 674
Schminke (Theater) **795**
Schmuck 425, 878
Schmuckhornfrosch 273
Schmucklori 614
Schmucksteine 454, 455
Schmutzgeier 312
Schnabel 838
Schnabelaufsatz 176
Schnabelkerfe 854
Schnabelköpfe 376, 449
Schnabeltier 75, 800
Schnabelwal 851
Schnake 374
Schnappschildkröte 227, 718, 719
Schnappschuss 261
Schnecke (Ohr) 588
Schnecken 511, **860**, 861
Schneckengetriebe 497
Schneckennatter 721
Schneckenweihe 312
Schnee 575
Schnee-Eule 581, 649
Schneeflocken 575
Schneefelder (Insekten) 373
Schneegans 804
Schneegrenze 299
Schneehase 210, 330, 648
Schneehuhn 839
Schneeleopard 284, 478, 479
Schneepflug 403
Schneeschuh 165, 355, 647
Schneewittchen 162
Schneeziege 582, 710
Schneidermuskel 552
Schneidetisch 231
Schneidezahn 703, 896
Schnellboot 715
Schnellen 251
Schnellkäfer 398
Schnellschützenwebstuhl 367
Schnittmuster 424
Schnittstelle 146
schnitzen (Bildhauerei) 104
Schnurrbarthaare 411, 703
schnurren 477
Schnürschuhe 426
Schnurwürmer 890
Schofar 549
Schogune und Samurai 391, **724**
Schokolade 99, 199
Schönberg, Arnold 548
Schönbrunn, Schloss 495, 603
Schönschreibkunst 461, 725
Schopfadler 28
Schopfmakak 21
Schöpfsieb 615
Schopftinting 539
Schöpfungsgeschichte 151
Schöpfungsmythen 554
Schöpfungstheorien 213
Schornsteinsegler 430
Schott 821
Schotten 453
Schottische Hängeohrkatze 412
Schottland 318, 321
Schrägseilbrücke 117
Schrägspuraufzeichnung 835
Schrämmaschine 429
Schrank 530
Schraube 497
Schraubenalge 33
Schraubensprung 732
Schraubenziege 710

947

Schrecktracht 338, 783
Schreibstoff 615
Schreibwerkzeug 725
Schreine 334, 341
Schrift 725
Schrifttyp 118
Schriftzeichen 725
Schrillleiste 338
Schritt (Pferde) 623
Schub (Raketen) 665
Schubert, Franz 603
Schudra 340
Schule (Wale und Delfine) 852
Schülergrade 401
Schule und Universität 680, **726**
Schulflugzeug 250
Schulmedizin 505
Schulp 861
Schulpflicht 559, 726
Schulstufen 726
Schultergürtel 741
Schultermuskel 552
Schulterstand 817
Schumacher, Michael **541**
Schuppen 235
Schuppenkriechtiere 166
Schuppentier 895
Schuppling 641
Schuss (Textilien) 791
Schusskreis 84
Schüttgut 323
Schütz, Heinrich 547
Schütze (Astrologie) 60
Schütze (Talsperren) 780
Schützenfisch 227, 236
Schützengraben 864
Schutzfärbung 783
Schutzweste 698
Schwalbennest 430
Schwalbenschwanz 722, 723
Schwämme 512, 609, **660**, 798
Schwammspinner 802
Schwäne **280**
Schwanenblume 627
Schwanenhalsflasche 617
Schwangerschaft (Fortpflanzung) 256
Schwangerschaft (Säugetiere) 704
Schwänzeltanz 103
Schwanzfeder 838
Schwanzflosse 235
Schwanzlurche 701
Schwarm (Tierverhalten) 803
Schwärmer 723, 784, 799
Schwarzbär 91
schwarze Galle 506
schwarze Löcher 727
Schwarzer Klammeraffe 673
Schwarzer Panter 479
Schwarzer Prinz 350
schwarzer Raucher 509
Schwarzer Tod 622
Schwarzes Meer 413
Schwarzes Ordensband 850
Schwarze Trüffel 640
Schwarze Witwe 753, 800
Schwarzfußkatze 477
Schwarzkäfer 398
Schwarzkinnhabia 840
Schwarzkopfweber 172
Schwarzmeerküste (Bulgarien) 317
Schwarzspitzen-Riffhai 438
Schwarzstorch 458
Schwarzwald 153
Schwarzweißfilm 259
Schwebebalken 816, 817
Schwebefracht 252
Schwebescheibe 698
Schwebfliegen 246, 373, 374
Schweden 728, 740, 877
Schwefel 225
Schwefelkopf 641
Schwefelmineralien 509
Schwefelporling 639, 641
Schwefelsäure 132, 706
Schweif (Kometen und Asteroiden) 434
Schwein 466

Schweinebandwurm 616, 890
Schweinsnase 721
Schweinsnasenfledermaus 243
Schweißdrüse 331, 704
Schweißen 229, 519
Schweizerischer Nationalpark 562
Schweiz und Liechtenstein 729-730
Schweizer Uhren 730
Schwellhai 325
Schwemmebene 251
Schwenkflügelbomber 250
Schwerbenzin 194
Schwerelosigkeit 61
Schwerkraft 277, 278, 572, 665, 674, 727, **731**, 862
Schwerkriminalität 652
Schwerpunkt 731
Schwert 698
Schwertlilie 627
Schwertschnabel 430
Schwertwal 851, 853, 918
Schwielen (Kamele) 400
Schwimmbagger 717
Schwimmblase 235
schwimmen (Tiere) 325, 799
Schwimmhaut 280, 513
Schwimmsport 732, 942
Schwingungsweite 711
Schwirrflug 430, 841
Schwungrad 497
Schwungscheibe 539
Science (Naturwissenschaft) 564, 684
Sciencefictionfilm 232
Sciencefictionroman 476
Scilly-Inseln 63
Scooter 646
Scott, Robert F. 647
Scott-Amundsen-Base 647
Scrabble 709
Scrooge, Ebenezer 158
Seacole, Mary 576
Seagram Building (New York) 45
Sears and Roebuck 775
Seat 750
Sech 465
Sechseck 500
Sechstagerennen 664
Sedan 266
Sedativa 51
Sederfest 396
Sedimente 251, 509, 733
Sedimentgesteine 293, 294
Seeanemonen 512, 590, **660**, 798
Seebären 683, 804
Seegras 608
Seegurken 512
Seehase 236
Seeigel 512, **734**
Seekarten 567
Seekrieg (Kriegsschiffe) 453
Seekriege (Niederlande, Geschichte) 574
Seekühe 563, 851, **852**
Seeland 150
Seele (Philosophie) 633
Seelenfänger 355
Seelenvogel (Ägypter) 31
Seeleopard 683
Seelilien 734
seelische Krankheiten 507
Seelöwen 608, 683
Seemaus 512
Seen 733, 776
Seepferdchen 236
Seepocken **446**, 512, 648, 851
Seeräuberei 203
Seerose 627, 777
Seerosen (Monet, Claude) 534
Seeschlachten 451
Seeschlangen 438, 609, 720
Seeschwalben 513
Seespinne 446
Seesterne und Seeigel 512, **734**
Seetang **33**
Seevölker 332

Seewind 880
Seezeichen 567
Segeldingi 717
Segelflug 311, 841
Segelflugzeuge 248
Segeljacht 715, **716**
Segelklappe 335
Segeln 858
Segelschiffe 810
Segelsurfen 858
Seggen 307
Segler 430
Segmente (Insekten) 372
Sehfehler 68
Sehkeil 372, 799
Sehnerv 68
Seide 90, 414, 616, 753
Seidenaffe 20
Seidenraupe 617
Seidensänger 172
Seidenstraße 54, 188, 457, 916
Seife 367, **707**
Seifenblase 219
Seifenoper 714
Seikan-Tunnel 813
Seine 263
Seismogramm 288
Seismograph 190, 288, 636
Seitenflosse 248
Seitenruder 249
Seitenschiff 423
Seitentisch 530
Seitenwagen 214, 542
seitenwinden (Schlangen) 720
Seitpferd 816
Sekretär 27, 312
sekundäres Dickenwachstum 92
Sekundärkonsumenten 558
Sekundärspiegel (Teleskop) 789
Sekundarstufe 726
Selbstauslöser 259
Selbstbedienungsgeschäft 775
Selbstbestäubung 107
Selbsterkenntnis 744
Selbstladegewehr 230
Selbstmord (Schogune und Samurai) 724
Selbstversorger 464
Seldschuken 383, 448
Selektion 212
Seleukiden 620
Seleukos, General 620
Sellerie 508
Semilunarklappe 335
Seminolen 355
semipermeable Membran 253
Semiramis 59, 78
Semmelstoppelpilz 641
Semmelweis, Ignaz 507
Senat (Römisches Reich) 687
Sendak, Maurice 421
Senefelder, Alois 119
Senegal 871
Senegalfurchenschnabel 840
Senkwaage 253
Sen no Rikyu 724
Sense 281
Sensor (Nervensystem) 568
sensorisch 568
Senufo 873
Seoraksan-Nationalpark 439
Seoul 439
Sepak raga 487
Sephardim 385, 395
Sepia 805, 860, 861
Sepoy-Aufstand 55, 360
Seppuku 724
Serapis 306
Serbien 82
Serpent 549
Serpent Mound 579
Serum 800
Serval 478, 479
Server 369
Servomotor 442
Sesamstraße 222
Sessel 529

Setter 348
Sevansee 413
Sèvres 265
Sexismus 185, 217
Sex Pistols 686
Sextant 189, 567
Seychellen **362**
Seziersaal 506
Shackleton, Ernest 647
Shaffer, Peter 543
Shagyar 606
Shahada 381
Shah-nameh 475
Shah Shujai 531
Shakers 580
Shakespeare, William 184, 476, 713, **735**
Shakuhachi 551
Shamshir 698
Shang-Dynastie 139
Sharjah 304
Sharpei 213
Sharpeville 491
Shaula 760
Shaw, Percy 567
Shawnee 355
Sheepdog 348
Shell (Design) 152
Shelly, Mary 476
Sheng 549
Shepard, Alan 666
Sherpa 90
Sherry 750
Shetland 624
Shikoku 389
Shinkai 607
Shinkansen 174, 390
Shirehorse 624
Shockley, William 182
Showa 392
Shrimps 447
Siam 793
Siamang 20
Siamkatze 411, 412
Siamkrokodil 456
Sibirien 52, 693
Sibirischer Lemming 648
Sibirischer Tiger 477
Siboney 405
Sicheldüne 891
Sicherheitsbindung 882
Sicherheitsfaden 285
Sicherheitsrat 831
Sicherheitstechnik (Kraftfahrzeuge) 442
Sicherheitsvorkehrungen (Flughafen) 247
Sicherheitszündhölzer 229
Sicherung 179
Siddhartha, Gautama 121, 122
Sidereus nuncius 278
Siebdruck 119
Sieben Weltwunder der Antike 736
Siebenjähriger Krieg **271**, 495, 580
Siebenkampf 470
Siebmaske 222
Siebplatte 734
Siedepunkt **253**
Siegel 365, 897
SI-Einheiten 498
Siemens, Werner von **327**
Sierra Leone **872**
Sierra Madre (Mexiko) 520, 578
Sierra Madre (Zentralamerika) 35, 912
Sierra Nevada (Amerika) 35
Signal (Tarn- und Warntracht) 784, 802
Signalbrücke 174
Signalbuch 240
Signalfeuer 145
Signalflaggen 240, **241**
Signatur 463
Sikh (Religionen) 356, 677
Sikh (Zeichen und Symbole) 897
Sikorsky, Igor Ivan 249
Silbenschrift 725
Silber 285, 519

Silberaffe 21
Silberbär 91
Silberblatt 275, 626, 627
Silberdistel 108
Silberlöwe 582
Silbermöwe 151
Silberpappel 94, 629
Silberschmuck (Mexiko) 521
Silicon Valley 828
Silikate 293
Silizium 182, 519
Silser See 729
Silur 288
Silvanus 306
Silversword 563
Simbabwe **911**
Simbabwe, Ruinenstätte 737
Simchat Thora 395, 396
Similaun-Mann 41
Simsen 307
Simulation (Information und Kommunikation) 368
Sinan 538
Sindh 612
Sindhi 612
Sinfonie 98, 543, 548
Sinfonieorchester **595**
Singapur **488**
Singdrossel 739, 802
Singhalesen 358
Single 216
Singvögel 738-739
Singzikade 374
Sinnesorgane (Tiere) **799**
Sinnesorgane (Vögel) **839**
Sinter 844
Sinterterrasse 815
Sinti und Roma 756
Sinus 500
Sioux 354
Siphon 860
Siq 779
Sirenen 851, 852
Sisal 587, 601
Sisalkorb 329
Sisulu, Walter 491
Sitar 357, 546, 550, 551
Sitatunga 226, 343
Sites 785
Sit-in 422
Sitzbein 159
Sixtinische Kapelle 679
Sixtus V., Papst 682
Sizilien 386
Skalpell 505, 508
Skandinavien (Geschichte) 740
Skarabäus 31, 309, 373
Skeleton 882
Skelett 741-742
Skelett (Säugetiere) 703, 799
Skelettbau 95
Skelettküste 909
Skelettmuskeln 552
Skihütte 886
Skilauf **882**
Skink 166, 449, 450
Skispringen 882
Skizze 119
Sklavenhandel 24, 409, **743**
Sklavenschiff 743
Sklaverei 37, **743**, 771
Sklodowska, Marya 149
Skoda 605
Skolopender 673
Skopje 82
Skorbut 148
Skorpion (Astrologie) 60, 760
Skorpione 300, **753**, 754, 893
Skorpionsfisch 800
Skoten 687
Skullboot 858
Skulptur **104-105**
Skunks 493, 784
Skyline 757
Skynasaur 164
Skyship 500 HL 482
Slalom 882
slawische Sprachen 756

Slicks 214
Slivovitz 82
Slogan 869
Slowakei **606**
Slowenien **81**
Slums (Kolumbien und Venezuela) 431
Sly and the Family Stone 686
Smaragd 455, 769
Smaragdschliff 455
Smart Bomb 846
Smart Card 285
Smellie, William 507
Smilodon 196
Smog 480, 819
Snooker 85
Snow, John 507
Snowboard 882
Soares, Mário 658
Soda 367, 707
Sodaglas 297
Sodbrennen 707
Sode 724
Sofa 529
Sofala 737
Softball 86
Software 146, 368
Sognefjord 586
Sojabohne 113
Sokrates 744
Solarkocher 785
Solarpaneel 540, 702
Solarzelle 187, 540
Soldaten (Ameisen und Termiten) 34
Soldaten, Die 594
Soldatenkönig 271
Solenoid 181
Solidarität 496
Solidarność 295
Solist 594
Solitär 709
Solo 594
Solvay, Ernest 707
Somalia **600**
Somalikatze 412
Somatolyse 783
Somba 874
Somme, Schlacht 864
Sommergetreide 467
Sommernachtstraum 735
Sommerolympiade 593
Sommerruhe 881
Sommersmog 480
Sommersonnenwende 334
Somoza, Anastasio 915
Sonar 509, 567, **662**
Sonarschirm 662
Sonden (Raumfahrt) 667
Sonette (Shakespeare, William) 735
Song-Dynastie 140, 457
Songhai-Reich 490, **745**
Sonne-Mond-See (Taiwan) 138
Sonnenblume 631
Sonnenbrille 472
Sonnendeck 715
Sonnenenergie 187, **540**
Sonnenfinsternis 746
Sonnenflecken 746
Sonnenkönig 265
Sonnenofen 187
Sonnenpaddel (Raumfahrt) 668, 702
Sonnenröschen 108
Sonnensittich 672
Sonnenstern 512
Sonnentau 245
Sonnentor (Tiahuanaco) 131
Sonnenuhr 900, 901
Sonne und Sonnensystem 746–747
Sonni Ali 745
Sonni Baare 745
Sonographie 662
Sonorawüste 520, 578
Sophia 317
Sophokles 315
Sophroniskos 744
Sopran 594

Sörensen, Sören 707
Sorus 221
Soto, Hernando de 580
Souk 584, 775
Soul 685
Soussou 872
South Africa's Students Organization 767
Soweto 766
Sowjetrussland 697
Sowjets 591
Sowjetunion 604, 697, **748**
Sozialdemokratische Partei 651
soziale Klasse (Familie) 217
Sozialisation **202**
Sozialismus 367, 651
Sozialverhalten (Tierverhalten) **803**
Soziologie 216
Spaceshuttle **666**, 806
Spahi 597
Spaltenhöhle 344
Spaltenvulkan 843
Spaltöffnung 635, 904
Spange 676
Spangenhelm 699
Spanien (Geografie) 749–750
Spanien (Geschichte) 751
Spanisch 756
Spanisch-amerikanischer Krieg 409
Spanische Hofreitschule 624
Spanischer Rippenmolch 701
Spanner 723
Spannung 181
Spare ribs 200
Sparherd 262
Sparren 43, 95
Sparta 314
spatelig (Blatt) 629
Spatelracke 840
Spaten 281
SPD 651
Spechte und Tukane 752
Special Air Service 764
Speckstein 502, 737
Speedway **542**
Speer (Leichtathletik) 470
Speer (Rüstungen) 698
Speerreiter 681
Speiche 741, 809
Speichenrad (Radsport) 664
Speicher (Computer) 146
Speichermedien **147**
Speicherorgane (Pflanzen, Anatomie) 628
Speikobra 720
Speisegesetze (Islam) 382
Speiseröhre 824
Spektralanalyse 863
Spektralfarben 218, 572
Spektralklasse 760
Spektroskop **218**
Spektrum **218**
Spekulation 286
Spenser, Edmund 184
Sperling 840
Sperma 255
Spermaceti 608, 853
Spermatophore 701
Spezialeffekte (Film) 232
Spezialisierung (Greifvögel) 312
Spezialklinik 444
Spezialschiffe 715, 717
spezielle Relativitätstheorie 173
Sphinx 59
Sphygmomanometer 508
Spiegel **473**, 504
Spiegelbild (Mathematik) 500
Spiegelfleck-Lippfisch 236
Spiegelreflexkamera 259, 260
Spiegelteleskop 62, 572, **789**
Spielleiter 795
Spießbock 562
Spinalganglion 569
Spindeluhr 901
Spinett 550
Spinnen (Textilien) 279, **791**
Spinnentiere 300, 753
Spinnen und Skorpione 753–754

Spinner (Tiere, nachtaktive) 801
Spinnerdelfin 853
Spinnerhai 324, 609
Spinning Jenny 366
Spinnmaschine 366, 753
Spion 145
Spionage 399, 702
Spiralgalaxien 277
Spiritual 393
Spitz, Mark **732**
Spitzbogen 43, 423
Spitzeiche 102
Spitzentanz 83
Spitzkopfnatter 720
Spitzmaulnashorn 561
Spitzmäuse 352, 800
Splintholz 92
Sponsor 222, 755
Sporangien 221, 626
Sporen 221, 537, 639
Sporenkapseln 221
Sporenpflanzen 221, **626**
Spornblume 108
Sporophyt 221
Sport 755
Sportakrobatik 816, **817**
Sportboot 715, 717
Sportflugzeug 250
Sportgymnastik 816, **817**
Sportwagen 152, 441, 541
Spot 869
Sprachen 756
Spracherkennung 369
Sprachfamilien **756**
Sprachgenerator 369
Sprachverwandtschaft 756
Sprachzentrum 569
Spraydose 65
Sprechgesang 686
Sprechkapsel 786
Sprenger, Jacob 339
Sprengkopf 846, 847
Sprengstoff 846
Spreu 467
Springbeutelmaus 74
Springbock 343
Springer (Schach und andere Brettspiele) 708, 709
Springreiten **625**
Springspinne 754
Springtide 731
Springflut 511, 607
Spritzguss 462
Spritzlackieren 220
Spritzwasser 511
Spritzwürmer 512
Sproßknolle 628
Sprosskospe 274, 626
Spruce Goose 248
Sprungbeinhöcker (Säugetiere) 703
Sprungschanze 882
Sprungwettbewerbe **470**
Spule 181
Spülmittel 707
Spurengase 194
Spürhunde 348
Sputnik I 702
Spyri, Johanna 421
Squash **790**
Sri Lanka 356, **358**
staatenbildende Insekten 803
Staaten der Erde **922–923**
Staatenlosigkeit 808
Staatsanwalt 670
Staatsduma 697
Staatspräsident 650
Staatssicherheit 652
Stäbchen (Auge) 68
Stabheuschrecke 374, 783
Stabhochsprung 470
stabile Seitenlage 201
Stabkarren 655
Stabkirche 740
Stabmagnet 485
Stabzither 906
Stachel (Bienen) 103
Stachelaal 236

Stachelauster 861
Stachelbeere 275
Stachelbeerspanner 723
Stachelhäuter 512, 734, 798
Stachelmaus 556, 557
Stacheln (Pflanzen, Anpassung) **630**
Stachelschwein 555–557
Stadacona 404
Stadion 470
Stadler, Anton 543
Stadtmauern 528
Stadtpalme 463
Stadtstaaten (Griechen) 314
Staffellauf 470
Staffordshire-Bullterrier 349
Stahl 174
Stahlbeton 44, 785
Stahlfeder (Schrift) 725
Stalagmit 344
Stalaktit 344
Stalin, Josef 292, 399, **748**
Stalingrad 748, 866
Stamm (Bäume) 92
Stamm (Tiere) 798
Stammbaum 18
Stammesreligionen **677**, 678
Standardeinheiten 498
Standardzeit 900
Standarte 240
Standarte von Ur 774
Ständerat 650, 730
Ständerpilze 639, 641
Ständestaat 267
Standort 589
Stand-Trommel 549
Standuhr 901
Stängel (Pflanzen) **628**
Stanhope, Charles Earl 119
Stanley, Henry 189
Stanley, William 181
St. Antoine (Klöster) 428
Star 458, 738
Stärke (Photosynthese) 635
Stärke (Verdauung) 824
Starley, James 214
Starr, Ringo 97
Starrluftschiff 482
Start (Raketen) 666
Startbahn 247
Startfenster 666
Star Wars 684
Stasi 652
Statik 501
Statiker 95
statische Elektrizität 179
statische Reibung 674
Statistik **501**
Stau (Straßen) 761
Staubblätter 107, 628
Staublawine 299
Staublunge 445
Staubsauger 152, 198, 540
Staubschweif 434
Staubsturm 884
Staubteufel 883
Staubwirbel 883
Staudamm (Technologie) 785
Staude 626, 628
Staumauer 780
Staunässe 109
St. Christopher 407
Steady-State-Theorie 62, 822
Stealthbomber 451
Steatit 502
Stechmücke 246, 841
Stechpaddel 858
Stechpalme 629, 630
Stechrochen 324, 800
Steckalbum 114
Steelband 408
Stegharfe 871
Stegoceras 161
Stegosaurier 160
Stegosaurus 161
Stehlampe 530
Steigbügel (Ohr) 588

Steigbügel (Ritter und Wappen) 451, 681
Steigbügelgefäß 131
Steigleine 163
Steigungsregen 575
Steilküste 510
Stein von Rosette 30
Stein, Charlotte A. E. von 301
Steinadler 313
Steinbeck, John 476, 884
Steinbeere 102
Steinbock (Astrologie) 60
Steinbock (Tier) 284, 710
Steinbrech 649
Steindruck 119
Steineibe 94
Steinfisch 438, 800
Steinfrüchte 274, 275
Steingeräte 758
Steingut 806
Steinheiligtum 842
Steinkanal 734
Steinkohle 429
Steinkreise 565
Steinmeteorit 191, 434
Steinmetz 328
Steinmetzarbeiten 329
Steinnetz 812
Steinsalz 67
Steinschlossgewehr 560
Steinstreifen 812
Steinwerkzeuge 785
Steinwüste 891
Steinzeit 758
Steißbein 741
Steißhuhn 172
Stellenbosch 766
Stellenwertsystem 894
Stellknorpel 66
Stelzenhaus 886
Stelzwurzel **628**
Stempelsteuer 36
Stenogaster 797
Stenografie 725
Stephansdom 603
Stephenson, George 174, 540
Steppen 53, 690, 693
Steppenelefant 177
Steppenwaran 167
Steppstich 424
Steptanz 782
Steptoe, Patrick 505
Stern (Weltall) 862
Sternbilder 760
Sterne 759–760
Sternhaufen 759
Sternkatalog 759
Sternschildkröte 718, 719
Sternschnuppe 434
Sternuhr 900
Sternwarte 62
Stethoskop 508
St. Etienne, Abtei 585
Stetson 827
Steuermann 858
Steuerwerk 146
Stevenson, Robert Louis 420
St. Georges 408
St. Gotthard 729
St. Helena 64, 559
Stichel 285
Stichling 236, 796, 802
Stick Man 277
Stickerei 328, 329
Stickstift 480
Stickstoffdioxid 132, 282, 706
Stickstoffdünger 465
Stickstoffmonoxid 132
Stiefmütterchen 108, 627
Stieglitz 738
Stier (Astrologie) 60
Stierkampf 526, 657, 750
Stierkopfhai 236, 324
Stift Melk 602
Stigmaria 258
Stiller Ozean 484
Stilton 319
Stimmabgabe 651

Stimmbänder 66
Stimmbruch 845
Stimmgabel 711
Stimulanzien 51
Stinkmorchel 639
Stinktier 493, 784
Stirnmuskel 552
Stirnwaffe 342
St. John's 407
St. Kitts und Nevis **407**
St.-Lorenz-Kanal 403, 404, 577
St.-Lorenz-Strom 580
St. Lucia **408**
St. Nectaire 264
Stock Car 542
Stockholm **728**
Stockschwämmchen 641
Stoffwechsel 106
Stollen 813
Stolperdraht 846
Stonehenge 565, 842
Stoppuhr 901
Störche **675**
Storchschnabel 629
Storyboard 231, 869
Stoßdämpfer 214, 441
Stoßzahn (Elefanten) 177
Stoßzahn (Wale und Delfine) 851
Stowe, Harriet Beecher 476, 743
St.-Pauls-Kathedrale 43 45
St. Petersburg 591, 696
St. Pölten 63
Strabo 416
Stradivari, Antonio 550
Sträflingstransporte (Australien, Geschichte) 72
Strafrecht 669
Straftat 823
Strafvollzug 823
Strahlen, elektromagnetische 180
Strahlenschildkröte 719
Strahlentherapie 663
Strahlflugzeug 481
Strahlstrom **880**
Strahltriebwerk 249, 481, 540
Strahlungsnebel 889
Strahlungswärme 856
Strand 510
Strandassel 512
Strandkrabbe 446
Strandplatterbse 627
Strandschnecke 861
Strandsee 733
Strandung 852
Strangpresse 462
Straßen 761
Straßenanzug 426
Straßenbahn **174**
Straßenbau 761
Straßenkarten 463
Straßennetz 809
Straßenrennen (Radsport) **664**
Straßentransport 809
Strategie 451
Strategiespiel **708**
Stratford-upon-Avon 735
Stratigraphie 41
Stratocumulus 889
Stratopause 65
Stratosphäre 65
Stratotanker 250
Stratus 889
Strauchschicht 672, 849
Strauss, Johann (Sohn) 782
Strauss, Levi 424
Strauße und Kiwis 466, **762**, 839
Strawinsky, Igor 637, 763
Strebepfeiler 43, 440, 423
Streckübungen 239
Streichblech 465
Streicher (Orchester) 595
Streichholz 229, 367
Streichinstrumente 550
Streichquartett 595
Streichrichtung 615
Streifenbackenhörnchen 849
Streifenbasilisk 167
Streifenblattnase 244

Streifenböden 812
Streifenhyäne 351
Streik 295, 651
Streitaxt 354, 698
Streitkolben 698, 699
Streitkräfte 764
Streitwagen 337
Stress 347
Streuschicht 109, 849
Streuung 473
Streuverlust 903
Strich (Igel) 352
Strichcode 114, 145, 468, 775
Stridulation 338
Strohhut 426
Strohmatte 885
Strom 179
Stromatolithen 195
Stromboli 386
Stromerzeugung (Talsperren) 780
Stromkreis 179
Stromlinienform (Kraftfahrzeuge) 441, 674
Stromlinienform (Tiere) 235, 642, 838
Stromverteiler (Wohnhäuser) 885
Stromzähler 179
Stropp 240
Strudelwürmer 890
Struwwelpeter 421
Stuart **321**
Stückgut 323
Studie (Malen und Zeichnen) 489
Studio 222, 692
Studiofotografie 261
Stufe (Kristalle) 454
Stufenbarren 816
Stufendach 123
Stufenlinse 472
Stufenpyramide 29, 503, 659, 774
Stuhl 530
Stuhlsattel (Ritter und Wappen) 681
Stummelaffe 20
Stumpfkrokodil 456
Stundenbuch 528
Stupa 44, 121, 502
Sturgeon, William 181
Sturm 880, 883
Stürmer 276
Sturmflut 574, 883
Sturmgewehr 847
Sturmhaube 699
Sturmlampe 530
Sturmtaucher 513
Sturm und Drang **301**
Sturt, Charles 189
Sturzflug 311
Sturztaucher 513, 839
Stützsystem 741
Stutzuhr 901
St. Vincent **408**
Stylidium 75
Styracosaurus 161
Subduktionszone 437
Sublimation 225, 499
sublitorale Zone 607
Subsistenzwirtschaft 464
substantive Farbstoffe 220
subtrahieren 894
subtraktive Farbmischung 219
Sucellos 416
Sucherlichtschacht 260
Suchtdrogen 50-51
Sucre 111
Südafrika (Geografie) 765-766
Südafrika (Geschichte) 767
Südafrikanischer Grabfrosch 273
Südafrikanische Union 767
Südamerika (Geografie) 768-769
Südamerika (Geschichte) 770-771
Südamerika (Tierwelt) 772-773
Sudan **599**
Südbuche 611
Süddakota 827
Sudeten 604
Südinsel (Neuseeland) 570
Südkontinent 188

Südkorea 399, **439**
südliche Breite (Landkarten) 463
Südossetien 414
Südostpassat 880
Südpol 485, **647**
Südpolarmeer 63, 607
Südpudu 342
Südstaaten 37
Südvietnam 837
suevotaurilia (Gottheiten) 305
Suezkanal 323, 599, 810
Suffolk Horse 624
Suffragetten 268
Sufi 382
Sui-Dynastie 140
Sukkot 396
Sukzession 590
Süleiman I. der Prächtige 538, **597**, 700
Sulfide 293
Sulfidlauge 819
Sulfonamide 51
Sulky 625
Sultanat 597
Sultanat von Delhi 359
Sultane (Brunei) 488
Sumatra 364
Sumatranashorn 561, 705
Sumatratiger 477
Sumerer 459, 774
Summer, Donna 686
Sumo 390, 401, 724
Sumpfantilope 226, 343
Sumpfblutauge 108
Sumpfdotterblume 627
Sümpfe 226
Sumpf-Ichneumon 544
Sumpfkrokodil 456
Sumpfschildkröten **718**, 719
Sundagavial 456
Sundiata 490
Suneate 724
Sunna 382, 383
Sunniten 382, 700
Sun Yat-sen 142
Supercomputer 147
Super-G 882
Superhaufen 277
Superheld 903
Supermacht 825
Supermarkt 775
Supernova 62, 727, 759, 862
Suppenküche 884
Suppenschildkröte 438, 609, 718, 719
Suppiluliuma I. 337
Suprematsakte 184
Sure 532
Surfen 71, 858
Surfer 785
Suriname **432**
Surrealismus **460**
Surya 359
Suryavarman II. 418
Susa 620
Susanowo 554
Sushi 200, 390
Suspension 134
Süßgräser **307**, 308
Süßkartoffel 587, 601, 628
Süßwasser (Tierwelt) 575, 589, 776-777
Süßwasserfische 237
Suva 516
Swan, Joseph 170
Swasiland 766
Swastika 898
Swing 393
S-Wellen 191
Syenit 294
Symbiose 447, 523, **590**, 640, 660
Symbole **897-898**
Symbolismus 897
Symmetrie (Mathematik) 500
Symphonie 548
Symptom 504
Synagoge 395
Synapse 568

Synchronisierung 712
Synchronschwimmen 732
Synchronuhr 223
Syncom (Satelliten) 702
Synkopierung 393
Syndikat 823
Synthesefasern 791
Synthesekautschuk 462
Synthesizer 550, 686
SyQuestplatte 147
Syr Darja 695, 916
Syrien und Jordanien 778-779
Syrinx 738
Systema naturae 474
Systematik 106
Systemkamera 259
Systole 335
Szent-Györgyi, Albert von 552

T

Tabak 107, 406, 407
Tabar 698
Tabellenkalkulation 368
Tabla 551
Tablette 50
Täbris (Safawiden-Reich) 700
Tabu 655
Taco 521
Tadsch Mahal **531**
Tadschikistan **917**
Taebaeksanmaek-Gebirge 439
Tafelberg 509, 891
Tafelglas 297
tafelig (Kristalle) 454
Tafelland (Südafrika) 765
Tafelrunde (Friedrich der Große) 271
Tafelspitz 603
Tag (Zeit) 899
Tagebau 429
Tagesschau 222
Tageszeitung 902
Tagfalter **722**, 723
Tagpfauenauge 723
Tagundnachtgleiche 747, 899
Tahini 385
Tahmasp I. 700
Tahmasp III. 700
Taifun 619, 883
Taiga 53, 58, 206, 848
Taipan 75
Taipeh 138
Taiwan **138**
Tajine 200
Tajumulco 912
Takamine, Jokichi 347
Take 231
Takt (Orchester) 595
Taktbezeichnung 547
Taktik 451
Taktstrich 547
Tal **283**
Tala 546
Talbot, William Fox 119, 259
Tal der Könige 599
Talgdrüse 331
Talgletscher 298
Talk 293
Tallin 88
Tallis, Thomas 184
Talmud 395
Talsperren 780
Talwind 880
Tamarau 124
Tamburin 551
Tamerlan 536
Tamilen 358
Tamil Tigers 358
Tamino 543
Tamla Motown 685, 826
Tandem 214
Tang **33**
Tanganjika 601
Tangare 739

Tange 511
Tangens 500
Tangos 47, 782
Tang Yin 461
Tanjore 359
Tankstelle 761
Tannenberg, Schlacht 864
Tannine 93
Tanreks 352
Tansania **601**
Tante-Emma-Laden 775
Tanz 781-782
tanzende Derwische 382
Taoismus 435
Tapetum 801
Tapire **561**
Tarabulus 584
Tara-Fibel 416
Tarahumara 521
Tarantel 798
Tarhonya 606
Tarifpolitik 295
Tarn- und Warntracht 783-784
Tarnung 373, 477, 722, **783**
Taro 406, 655
Tarot 60
Tarquinia 203
Taschenbuch 120
Taschenrechner 198
Taschensonnenuhr 901
Taschenuhr 900
Taschkent 917
Tasman, Abel 72, 571
Tastatur 146
Tasteninstrumente **550**
Tastentelefon 787
Tasthaare (Säugetiere) 703
Tastzirkel 104
Tatami 885
Tataren 696
Tatau 655
Tatzen (Bären) 91
Tau 575
Taube 458, 838
Taubfrosch 273
Tauchboot 165, 189, 717, **821**
Taucheranzug 471
Taucheruhr 901
Taufe 144
Taumelkäfer 397
Taumelscheibe 249
Taupunkt 889
Taurusgebirge 814
Tauschhandel 877
Täuschung (Tarn- und Warntracht) 784
Tausendfüßer 300
Tausendundeinacht 383, 475
Taxis, Franz von 114
Taxonomie 106
Tbilisi 414
Teach, Edward 643
Teakholz 792, 793
Teamarbeit 197
Technicolor 232, 260
Technik 451, 564, 785
technisches Zeichnen 489
Techno 686
Technologie 564, 785
Tee 358, 487
Teehaus 815
Teekocher 198
Teenager 685
Teer 429
Teezeremonie 390, 724
Tegucigalpa 913
Teheran 378
Tehuantepec 35
Teichrohrsänger 796
Teilchenphysik 636
Tejo 656
Teju 167
Tekko 724
tektonische Platten 436
Tel Aviv 384
Telefax 788
Telefon 786-787
Telegraf 145, 788

Telekommunikation 788
Telekommunikationsnetz **788**
Teleobjektiv 259
Teleprompter 223
Teleskop 62, 278, **789**
Telex 788
Telstar 223, 702
Temasek 488
Temne 872
Tempel 123, 334, 341, 678
Tempelritter 448
Templer 448
Tempera 459
Temperatur 855
Temperaturregelung 331
Temperaturskalen **855**
Temperatursteuerung (Säugetiere) 704
Templer 448
Tempobezeichnung 547
Temujin 536
Tenach 395
Tennis und Squash 790
Tenochtitlán 44, **76**
Tenor 594
Tenorhorn 551
Tenoroboe 551
Tenside **707**
Tentakel 512, 660, 861
Tenzin Gyatso 123
Teorbe 551
Tephra 844
Teppich 378, 584, 815, 916, 917
Terminal 247
Terminator 533
Termiten 34, 309
Terpentin 587
Terra sigillata 265
Terrakotta (Römisches Reich) 689
Terrassenfeld 464
Terrier 348, 349
Territorium (Tierverhalten) 477, 739, 802, 803
Terrorismus 764
Tertiär 288
Tertiärkonsumenten 558
Teshub 337
Tesla, Nicola 181
tetragonal (Kristalle) 454
Tetrodotoxin 800
Teufelsverehrung 339
Teutoburger Wald 688
Tevere 386
Texaskrötenechse 167
Texcocosee 76
Textildruck 119
textile Raumausstattung 529
Textilien 791
Textilindustrie 366, 424
Tezcatlipoca 305
TGV 175, 264
Thabana Ntlenyana 765
Thai 54, 793
Thailand und Myanmar 792-793
Thai Pakpao 164
Thalamus 569
thallöse Lebermoose 537
Thallus (Algen) 33
Thallus (Moose) 537
Thallus (Pflanzen) 626
Thanksgiving Day 224, 638
Thar, Wüste 356, 612
Tharsis Montes 644
Theater 315, 781, **794-795**
Theoderich 388, 410
Theodolit 95
Theodosius 687
Theorie 564
Thera 526
Therapie 504
Theravada 123, 837
Theresia von Lisieux 553
Thermalbad 808
Thermalquellen 606
Thermen 688
Thermik (Vogelflug) 841
Thermometer 855
Thermometerhütte 876
thermoplastisch 462

Thermosflasche 856
Thermosphäre 65
Theropoden 159
The Supremes 685
The Times 903
Thimphu 90
Thomas Morus **680**
Thomasschule (Leipzig) 79
Thompson, Joseph John 179
Thomsongazelle 342
Thor 305
Thora 395
Thorakalnerven 568
Thorshühnchen 859
Thot 30
Thrust SSC 542
Thunderbolt 250
Thymin 833
Thymusdrüse 347
Tiahuanaco 131
Tiananmen-Platz (Peking) 140
Tiber 386
Tibesti 905
Tibet 137
Ticker 170
Tidenhub 511, 607
Tiefbau 95, 785
Tiefdruck 119, 285
Tiefdruckgebiet **875**, 880
Tiefkühlkost 199
Tieflandanoa 124
Tiefseegraben 437, 509
Tiefseetrawler 717
Tieftemperaturphysik 855
Tierbauten 796-797
Tierdressur 714
Tiere 106, **798-799**
Tiere, giftige 800
Tiere, nachtaktive 801
Tiere, Systematik 920-921
Tiergarten 918
Tiergeschichten 420
Tierkreiszeichen 60, 528, 760
Tierverbreitung (Früchte und Samen) 274
Tierverhalten 802-803
Tierwanderungen 804
Tiflis 414
Tiger 57, **477**, 478, 562, 563, 623, 705, 783
Tigerpython 449, 721
„Tigerstaaten" 56, 363
Tiger Wood 755
Tiglatpileser III. 59
Tigris 377
Tikal 503, 913
Tilja-Kari-Medrese 917
Timbuktu 490, 745, 873
Times (Buchdruck) 118
Timkat 600
Timur 54
Timur-i Läng 536
Tin Pan Alley 685
Tinbergen, Niko 803
Tintenfass 689
Tintenfische 805, 860, 861
Tintenfischpilz 641
Tintling 639
Tipi 354, 886
Tirana 82
Tironische Noten 725
Tirthankara 678
Tisch 530
Tischbein, Johann Heinrich 301
Tischkoralle 438
Tischmanieren 202
Tischtelefon 786
Tischtennis **790**
Titan (Planeten) 645
Titandioxid 220
Titanen 314
Titanic 299, 662
Titelseite 902
Titicacasee 110, 168
Titrieren (chemische Verbindungen) 135
Tizian 679

Tjost 681
Tlaloc 76
Tlaxcala 76
Tlingit 461
T-Lymphozyt 904
Toaster 198, 855
Tobago 408
Tod 217
Todesstrafe 823
Toggle 240
Togo **873**
Tokajer 606
Tokee 167
Tokelau 654
Tokio **389**
Toko 176
Tokugawa Ieyasu 391
Tokugawa-Schogune 391, 724
Toleranz (Maurya-Reich) 502
Toleranz (Mogul-Reich) 531
Toleranzedikt 394, 688
Tolkien, John Ronald R. 420
Tollán 518
Tollkirsche 508, 630
Tollwut 523, 617
Tölpel 513
Tölt 623
Tolteken **518**, 659
Tolpuddle (Gewerkschaft) 295
Tolstoi, Leo 476
Tomahawk 847
Tomate 275
Tombaugh, Clyde 644
Tom Sawyer 818
Tomtom 549
Tom und Jerry 811
Ton (Gesteine) 294
Ton (Töpferei und Keramik) 806
Tonband 712
Tondbandgerät 198
Tonböden 109
Tonerde 406
Tonfilm 231
Tonga **654**
Tonhöhe (Schall) 711
Tonkinese 412
Tonleiter 547
Tonlé Sap 836
Tonne (Navigation) 567
Tonnengewölbe 43
Tonschiefer 294
Tonspur 231, 712
Tonstudio 712
Tontäfelchen 78, 120
Topas 293
Töpferei und Keramik 758, **806-807**
Töpferscheibe 806
Top-Fuel-Dragster 541
Topkapi-Palast **597**
Top Ten (Rock und Pop) 685
Torf 429, 587
Torfböden 109
Torfmoos 537
Torfstechen 379
Torlauf 882
Tornado 827, **883**
Torpedo 821, 847
Torpedoboot 453, 717
Torres, Luis Vaez de 72
Tortendiagramm 501
Tortilla 200, 521, 914
Torus 417
Torwächter 84
Torwart (Fußball) 276
Totalreflexion 473
Totempfahl 105, 355, 461, 677
Totenbuch 30
Totenfest 224, 521
Totengräber 397
Totenkopf (Piraten) 643
Totenkopfäffchen 21
Totentanz 622
Totentrompete 641
Totes Meer 384, 733, 779
Touchdown 276

Tour de France 264, 664
Tourenwagen 541
Tourismus 808
Townes, Charles 468
Townshend, Charles 467
Township 766
Toyoda, Kiichiro 809
Toyota 390, 809
Toyota Previa 443
Toyotomi Hideyoshi 391
Trab (Pferde) 623
Trabrennen 625
Trachyphyllia 258
Trachyt 294
Trade Union 295
Trafalgar 559, 560
Trägerplatte 182
Trägerwelle 692, 788
Tragfläche **249**, 841
Tragflächenboot 716
Traggas 482
Trägheit 440
Trägheitsgesetz 440
Tragödie 475, 713
Trajan 687
Trajanssäule 687
Trakehner 624
Traktor 465
Trakl, Georg 157
Tram 174
Tramete 641, 850
Trampeltier 58, 400, 892
Trampfrachtschiff 717
Trampolinturnen 816
Tränen 68
Tränenröhrchen 68
Tränensack 68
Tranquilizer 51
Trans-Canada-Highway 403
transdermales Pflaster 50
Transformator 179, 181, 187
Transformgrenze 437
Transformstörung 437
Transfusion 336
Transgabun-Eisenbahn 907
Transistor 182, 198, 692
Transpiration (Photosynthese) **635**
Transponder 662, 702
Transport (Geschichte) 809-810
Transportflugzeuge 248, 525
Transporthubschrauber 250
Transsibirische Eisenbahn 694
Transsilvanien 690
Transvaal 767
Trapez (Sterne) 759
Trapezmuskel 552
Trappe 310
Trappenlaufhühnchen 172
Trapper 580
Träubchenhyazinthe 629
Traube (Früchte und Samen) 275
Trauerbachstelze 796
Trauerschwan 280
Traum 569
Traumdeutung 269
Traumzeit 17
Travertin 844
Trawler 238, 715
Treblinka 346, 867
Trefferanzeige 401
Treibereameisen 34, 373, 374
Treibhaus 856
Treibhauseffekt 65, 820
Treibnetz 238
Treibriemen 467
Treibschlag 85
Treibstoff (Raketen) 665
Treibstoffverbrauch 441
Trekking 90, 129
Trekkingrad 214
Trennverfahren 134
Trenton 857
Trepanation 506
Tresor 286
Trespe 308
Treuhandrat 831
Trevithick, Richard 810
Triage 201

Trial 542
Triangel 549
Trias 288
Triceratops 160, 257
Trichine 890
Trichophyton soudanense 523
Trichterohr 244
Trichterspinne 754
Trickfilm 162, **811**
Trickskifahren 882
Triebwagen 174
Triebwerke 248, 665
Trieste 189, 662
trigonal (Kristalle) 454
Trigonocarpus 258
Trigonometrie 500
triklin (Kristalle) 454
Trikolore 240
Trilobiten 195, 257, 289
Trinidad 408
Trinkbrunnen 529
Trinkwasser 819
Triodia 74
Tripolis 584
Triptychon 127, 423
Tripylon 620
Triton (Planeten) 646
Triumphbogen (Römisches Reich) 688
Triumvirat 128
Trivial Pursuit 709
Trizeps 552
Trockendock 323
Trockental 283, 891
Trockenwälder 769, 905
Trockenzelle 707
Trogtal 251, 298, 586
Troja 314
Trojaner 434
Trojanischer Krieg 475
Trombe 883
Trommel 549, 907
Trommelfell (Ohr) 588
Trommelfell (Heuschrecken und Grillen) 338
Trompete 549
Trompetenbaum 94
Trompeterhornvogel 176
Troodos-Gebirge 778
Tröpfcheninfektion 445, 622
Tropfenschliff 455
Tropfröhrchen 344
Tropfsteine **344**
tropischer Regenwald 23, 53, 57, 75, 112, 363, 848
tropisches Klima 427
Troposphäre 65
Trotzkij, Leo 292, 591, 748
Troubadour 547
Trüffel 639-641
Truthahngeier 312, 313
Trypanosoma 523
Tschad **906**
Tschai 694
Tschaikowsky, Peter 83
Tschako 560
Tschechien 605
Tschechische Republik 605
Tschechoslowakei 605
Tscheka 652
Tschernobyl 88, 417
Tschetschenien 694
Tschiru 342
T-Shirt 791
Tsunami 190
Tsuschima, Schlacht von 392
Tswana 910
Tuareg 583
Tuatara 376, 449
Tuba 551
Tübbing 813
Tuberkulose 445, 617
Tubman, Harriet 743
Tubus 524
Tudhalijas II. 337
Tudor **321**
Tuff 294, 844

Tukan (Materie) 499
Tukane 590, **752**
Tumbling 816
Tümmler **851**
Tumor 904
Tundra 53, 206, 578, 581, **812**
Tuner (Rundfunk) 692
Tunesien **584**
Tunfisch 53, 390
Tunika 687
Tunis 584
Tunnel 785, **813**
Tunnelbauverfahren **813**
Tunnelbohrmaschine 813
Tuojiangosaurus 160
Tüpfelhyäne **351**, 705
Turbine 187, 540
Turbo 443
Turbofan 249
Turbojet 249
Turbolader 442, 540
Turboprop 249
Turing, Alan 368
Turkanasee 469
Türkei 814-815
Türken 448, 597
Türkis 455
Türkische Katze 411
Turkmenistan **917**
Turksprachen 756
Turm (Schach und andere Brettspiele) 708, 709
Turmalin 289
Turmbau von Babel 78
Turmfalke 311, 313, 839
Turmspringen 732
Turnen 816-817
Turner, Nat 743
Turnier (Ritter und Wappen) 681
Turnierhelm 699
Turnschuhe 424
Tut-anch-amun 30
Tutsi 908
Tuvalu **654**
TV 222
Twa 905
Twain, Mark 420, **818**
Twelve Bens 379
Twist, Oliver 158
Typhus 445, 523
Typografie **118**
Tyrann 650
Tyrannosaurus 159, 161
Tyros 634

U

U-2 250
U-Bahn 813, 940
Ubandi 906
Ubar 303
Überfischung 238
Übergangsriten 217
Über-Ich 269
Überlebenstechnik 129
Überlieferung 292
Übernutzung 590
Überorganismus 438
Überpflanzen 672
Überwasserflug 453
Überweidung 848
U-Boot 453
Uccello, Paolo 679
Ud 550, 551
Udall, Nicholas 680
Udjatauge 31
UdSSR 591, 748
Ufersegge 308
Uferzone 511
Uffington 415
Uganda **601**
Uganda-Giraffe 296
Ugarit 337
Uhr 900-901
Uhrenindustrie (Schweiz und Liechtenstein) 730
Uhrfeder 900

Uhu 204
Ujman 304
ukiyo-e 461
Ukraine 690, **691**
UKW 692
Ulan Bator 535
Uljanow, Wladimir Iljitsch 591
Ulster 380
Ultrakurzwellen 692
Ultraleichtflugzeug 250
Ultraschall 242, 711
Ultraschallbild 662
Ultraviolett 180
Ulu 355
Uluru 17, 70, 611
Umlaufbahn (Raumfahrt) 666, 702, 731
Umlaufbahn (Sonne und Sonnensystem) 747
Umlenkspiegel 259
Umm al Qaiwan 304
Umweltgipfel von Rio 832
Umweltkatastrophe 820, 926
Umweltschäden (Krieg) 452
Umweltschutz 106, 926
Umweltverschmutzung 327, 392, **819-820**
Unabhängigkeitserklärung 36, 262, 669
unbekannter Soldat (Krieg) 452
Unbewusstes 269
unedle Metalle 519
UNESCO 832
Unfruchtbarkeit 256
Ungarische Rhapsodien 548
Ungarn **606**
ungelöschter Kalk (Säuren und Basen) 707
ungeschlechtliche Fortpflanzung (Pflanzen) **631**
UNICEF 832
Uniform (Napoleonische Kriege) 560
Union der Sozialistischen Sowjetrepubliken 591, 748
Unionsrepublik 748
unisono (Musik) 547
Universalindikatorpapier 706
Universität 207, **726**
Universum 862
unpaarig gefiedert (Blatt) 629
unregelmäßige Galaxien 277
Unterdruck 499
untere Hohlvene 336
Unterglasurmalerei 806
Unterhaltungsdeck 715
Unterhaltungsmusik 685
Unterhaus (London) 651
Unterhaut 331
Unterkiefer (Säugetiere) 703
Unterlauf 251
Unterseeboote 453, **821**
Untertagebau 429
Untertanen (Mittelalter) 527
Unterwäsche 426
Unterwasserarchäologie 41
Unterwasserkamera 260
Unterwasserlandschaft 509
Unterwolle (Säugetiere) 703
unvollständige Verwandlung (Insekten) 372
Upanischaden 340
Upolu 654
Ur 124, 757, 774
Ural 52, 205, 693
Uran 149, 417, 910
Uraniafalter 723
Uranus **646**, 747
Uraufführung 65
Urban VIII. 682
Urin 69
Urkunden 292, 897
Urlaub 808
Urnammu 774
Uros 168
Urson 582
Urteil (Recht und Gesetz) 670

Uruguay 46, **48**
Uruk 157, 774
Urwelt-Mammutbaum 563
Urzeugung (Pasteur, Louis) 617
USA 825
USA Today 826
Usbekistan **917**
Uschebtifigürchen 31
Üsküdar 576
Utah 828
U-Tal 283, 298
U Thant 832
Utica 634
Utigard-Wasserfall 586
Utopia (Renaissance) 680
Utrechter Union 574
Utriculus 588

V

Vaduz **730**
VAE **304**
Vaiaku 654
Vakuole 522, 904
Vakuum 499, 856
Vakuumröhre 663
Vakuumtiefziehen 462
Valenz 67
Valles Marineris 644
Valletta 387
Valley Forge 857
Valltorta 758
Vampir (Fledermäuse) 243
Van (Türkei) 126
Van-der-Waals-Kräfte 67
Vänern 728
Vanille 911
Van-See 814
Vanua Levu 516
Vanuatu **516**
Vaquita 852, 853
Varanasi 341
Vari 21
Variabilität 833
Variable 501
Variation 212
Vasall 228
Vasari, Georgio 471
Vasco da Gama 679
Vatikanstadt **387**
Vatnajökull 64
Vegetationszonen 284, 427
vegetatives Nervensystem 568
Veji 203
Veld 765
Velocar 214
Venedig 388
Venen 336
Venezuela 432
Venn'sches Diagramm 501, 633
Ventil (Motoren) 539
Ventil (Musikinstrumente) 549
Venture Star (Raumfahrt) 668
Venus (Gottheiten) 306
Venus (Planeten) **644**, 667, 747
Venusfigürchen 207
Venusfliegenfalle 245, 563
Veralgung 465
verarbeitende Industrie 326
Verbindungen, chemische **134-135**
Verbotene Stadt (Peking) 757
Verbrechen 652, 823
Verbrennung (Chemie) 132, 229
Verbrennungsmotor 539
Verbundwerkstoffe 462
Verdampfung 856
Verdampfungswärme 856
Verdauung 824
Verdauungssystem 596
Verdi, Giuseppe **594**
Verdichter (Flugzeuge) 249
Verdichtung (Schall) 711
Verdun, Schlacht 865
Verdünnung (Schall) 711
Verdunstung (Flüssigkeiten) 253
Verdunstung (chemische Verbindungen) 134

Vereinigte Arabische Emirate **304**
Vereinigte Staaten von Amerika (Geografie) 825-828
Vereinigte Staaten von Amerika (Geschichte) 36, **829-830**
Vereinigtes Königreich 320
Vereinte Nationen 451, 517, **831-832**
Vererbung 212, **833-834**
Verfahrenstechnik 785
Verfassung (Recht und Gesetz) 517, 669
Verfolgungsrennen 664
Vergehen 823
Vergewaltigung 823
Vergil 679, 688
vergleichende Anatomie 213
Vergletscherung 298
Vergrößerungsglas 473
Verhaltensforschung 106, 803
Verkehr 761
Verkehrspolizei 652
Verkehrsstau 761
Verlandung 733
Vermarktung (Kinderbücher) 421
Vermeer, Jan 489
Vermessungsingenieur 95
Vermittlungsstelle 786
Verne, Jules 476
Vernichtungslager 867
Vernunft und Gefühl (Literatur) 476
Verpackung (Supermarkt) 775
Verrocchio, Andrea del 471
Versailles 265
Versailles, Vertrag 865
Versalzung 109
Versandhaus 775
Verschleiß 674
Verschluss 259
Verschlüsselung 145
Verschreibung (Arzneimittel) 51
Versetzungszeichen 547
versickern (Flüsse) 252
Versorgungsschiff 453
Versprecher (Freud, Sigmund) 269
Verständigung (Zeichen und Symbole) 897
Verstärker 692
Versteinerungen 212, **213**, 257, **258**
Versuch und Irrtum (Tierverhalten) 802
Verteidiger (Fußball) 276
Verteidigung (Pflanzen, Anpassung) 630
Verteidigung (Recht und Gesetz) 670
Vertrag (Recht und Gesetz) 669
Vertrieb **327**, 902
Verwandlung (Insekten) 372
Verwandtschaft (Familie) 216
Verwerfung 190, 283
Verwirkung 812
Verwitterung (Bodenarten) 109
Very-Large-Array-Radioteleskop (VLA) 789
Verzerrung 463
Vesalius, Andreas 507, **742**
Vestibularapparat 588
Vesuv 386
Vibraphon 551
Vichy-Regierung 266
Victoria (China) 138
Victoria (Indischer Ozean) 362
Victoriafälle 911
Victoriasee 601
Video 686, **835**
Videokonferenz 786
Videorekorder **835**
Videospiel 182
Videotext 692
Videothek 835
Viehzucht **464**, 466, 467, 848
Vielborster 890
Vieleck 500
Vielflächner 500
Vielfraß 494
Vielparteiendemokratie 651

Vielseitigkeitsreiten **625**
Vientiane 837
Vier edle Wahrheiten (Buddhismus) 122
Vierhornantilope 342, 343
Viersäftelehre 506
Viertaktmotor 539
Vierte Republik (Frankreich, Geschichte) 266
Vierung 423
Vierwaldstätter See 729
Vietnam, Kambodscha, Laos 836-837
Vietnamkrieg 56, 451, 830
Viking (Raumsonde) 62, 667
Viktor Emmanuel II. 388
Viktoria, Königin 321
Vikunja 400, 773
Villard, Paul 180
Vilnius 88
Vina 357
Vinho Verde 656
Vinland 877
Vinyl 712
Violine 550, 551
Violinschlüssel 547
Vipern 450
Viracocha 370
Viren 445, **523**
Virginal 550
Virginia 857
Virgo-Superhaufen 277
Virtual Reality 368
virtuelle Realität 368
Virunga 908
Visier 681, 698
Vision 532
Visite 444
Viskosität 253
Vitamin C 552
Vitamin D 445
Vitamine 199
Viti Levu 516
Vivaldi, Antonio 547
Vizekönig 770
Vlad Tepes 691
VLA-Radioteleskop 789
Vögel 226, 284, 310, 345, 376, 513, 649, 672, 776, **838-840**, 849, 892
Vogelbeckendinosaurier 159-161
Vogelbeere 94, 275
Vogelfalter 75, 723
Vogelflug 839, **841**
Vogelnest (Tierbauten) **796**
Vogelschutzinseln (Pazifischer Ozean) 619
Vogelspinne 300, **753**, 754
Void 862
Vojvodina 82
Völkerbund 831
Völkermord 908
Völkerrecht 669
Völkerschlacht 560
Völkerwanderung 155, 527, 676
Volksarmee (China, Revolution) 142
Volksmusik 546, 685
Volkstanz 781
Volkstribun 687
Volkswagen Käfer 443
Vollard, Ambroise 460
Vollblüter (Pferdesport) 625
Vollernter 465
Volleyball 85, 790
Vollmechanisierung 465
Vollmond 533
Vollrad (Radsport) 664
vollständige Verwandlung (Insekten) 372, 397
Vollwinkel 500
Volta, Alessandro 179, 181
Voltaire 271
Voltasee 873
Voltmeter 179
Volumen 498
Vorbackenzahn 703, 896
Vorbeiflugtechnik 667

Vorbeugung (Krankheiten) 445
Vorderhirn 569
Vorderlader 230
Vorderladergeschütz 560
Vorderladerpistole 847
Vorgeschichte 292, **842**
Vorhof 335
Vorhofsäckchen 588
Vorsteherdrüse 255
Vorstehhund 349
Vorstopper 276
Vorwärtssprung 732
Voyager 1 646
Voyager 2 645, 646, 668
V2-Rakete 665
V-Tal 283
Vulkane 35, 64, 283, 375, 405, 515, 632, **843-844**
Vulkanisierung 462
Vulkanologie 289
Vulkantypen 843
Vulpius, Christiane 301

W

Waage (Astrologie) 60
Waage (Maße und Gewichte) 498
Wabenkröte 772
Wachau 602
Wachs 103
Wachshaut 614
Wachstum und Entwicklung 845
Wachstumshormon 347
Wächterfigur 678
Wadenbein 741
Wadenmuskel 552
Wadi 283, 891
Wadi Rum 778
Waffen 846-847
Waffen (Rüstungen) 77, **698**, 878
Wagen (Transport, Geschichte) 809
Wagenuhr 901
Waggon 174
Waglers Lanzenotter 720
Wagner, Richard 594
Wagram, Schlacht von 560
Wahlen 651
Wählscheibe (Telefon) 787
Wahrscheinlichkeit 501
Waischya 340
Waitangi, Vertrag von 571
Wake 619
Walata 745
Waldbison 124
Waldelefant 177
Wälder 848
Wälder (Tierwelt) 849-850
Waldginsterkatze 28
Waldgiraffe 296
Waldheim, Kurt 832
Waldhorn 551
Waldhund 887, 888
Waldkauz 558, 849
Waldmaus 797
Waldschnepfe 859
Waldstorch 772
Waldwespe 850
Wale (Zeichen und Symbole) 898
Wales 318, 320
Walesa, Lech 295
Wale und Delfine 608, 648, **851-853**
Walfänger 571
Walhai 325
Walisisch 416
Walkie-Talkie 692
Walkman 198
Wallace, Alfred Russel 151
Wallis 654, 730
Wall Street 830, 884
Wall Street Journal 826
Walnuss 94
Walrat 853
Walross 608, 683
Walsegg, Franz von 543
Walsh, Donald 189
Walton, Ernest 564

Walzen (Reibung) 674
Walzenskink 167
Walzer 548, 782
Walzwerk 175
Wampanoag 638
Wand 716
Wandalen 676
Wandelndes Blatt 373, 374, 673
Wanderalbatross 513
Wanderdrossel 171
Wanderfalke 311, 313, 458, 839
Wanderheuschrecke 338, 804
Wandern 130
Wanderratte 458, 557
Wandgemälde (Etrusker) 203
Wandgemälde (Gupta-Reich) 322
Wandmalereien 459, 766
Wankel, Felix 540
Wanzen 372, 374, **854**
Wapiti 342, 562
Wappen 681-682
Waran 450
Warenhaus 775
Warhol, Andy 118
Warmblüter 623, 624
Wärmeausdehnung 855
Wärmebewegung 856
Wärmekraftwerk 187
Wärmeleitung 856
Wärmestrahlen 180, **856**
Wärme und Temperatur 674, **855-856**
Warmfront 875, 876
Warmluft 875
Warner Brothers 811
Warnleuchte 442
Warnruf 739
Warnsignal (Tarn- und Warntracht) 784
Warntracht 673, 783, 784, 800
Warschau 605
Warschauer Pakt 399
Wartung (Technologie) 785
Warzenschwein **879**
Was ihr wollt 735
Waschbär 91, 458, **613**, 705
Waschpulver 472
Washington (US-Bundesstaat) 828
Washington D.C. **825**
Washington, George 36, **857**
Washingtoner Artenschutzübereinkommen 562
Wasser **253**, 635, 706
Wasseramsel 738
Wasserbau 574
Wasserbüffel 124
Wasserdampf 480, 875, 889
Wasserdrachen 166, 167, 449
Wasserentkeimung 130
Wasserfall **252**
Wasserfarbe 489
Wasserfarne 221
Wasserfledermaus 563
Wasserflöhe 447
Wasserfrosch 209
Wassergefäßsystem 734
Wassergraben 625
Wasserhaushalt 69
Wasserhose 883
Wasserkäfer 373, 397
Wasserkraft 187
Wasserkreislauf 590
Wasserläufer 854
Wassermann 60
Wasserreservoir 893
Wasserreservoirfrosch 74
Wasserschildkröten **718**, 719
Wasserschlauch 245
Wasserschutzpolizei 652
Wasserschwein 226, 555-557
Wasserskelett 799
Wasserski 858
Wasserspeier 423
Wasserspringen 732
Wasserstern 107
Wasserstoff 183, 706, 747, 759

Wasserstoffbrücke 67
Wasserstoffionen 706
Wasserstofflinie 760
Wasseruhr 900
Wasserverbreitung (Früchte und Samen) 274
Wasserwaage 96
Wasserwanzen 854
Wasserzeichen 285, 615
Wat Phra Keo 55
Waterloo 559, 560
Waters, Muddy 685
Watlingsinsel 433
Watson, James 833
Watson-Watt, Robert 567, 662
Watt 186, 251
Watt, James 327, **540**
Watteau, Jean-Antoine 265
Wattenmeer 562
Watvögel 649, **859**
Wau 487, 587
Waza-Ari 401
Weben (Textilien) **791**
Weberknechte 753
Weberschiffchen 424
Webervögel 796
Webseite 369
Webspinne 754
Webstuhl 791
Wechselgesang 546
Wechselkröte 272
Wechselstrom 179
Wecker 901
Weddellrobbe 648
Weden 340
Wegener, Alfred **436**
Wegerich 108
Wegschnecke 861
Wegwerfkamera 260
Wegwespe 374
Wehen 256
Wehr 780
Wehrpflicht 764, 864
Weiche 174
Weiche Trespe 308
Weichkoralle 438
Weichstahl 472
Weichtiere 511, 798, **860-861**
Weide (Polargebiete, Tierwelt) 649
Weidenbohrer 723
Weihen 313
Weiher 776
Weihnachten 144, 224
Weihrauchbehälter 634
Weihrauchgefäß 143
Weimar (Goethe) 301
Weimarer Republik **156**
Wein (Frankreich) 264
Wein (Pasteur, Louis) 617
Weisheitszahn 896
Weißbartpekari 879
Weißbauch-Nachtschwalbe 172
Weißbrusttukan 672, 752
Weiße Ameisen 34
weiße Blutkörperchen 335
Weiße Hunnen 676
Weißer Nil 598
Weiße Rübe 467
weißer Zwerg 759, 760
weiße Substanz (Nervensystem und Gehirn) 569
Weißen, Die (Oktoberrevolution) 591
weißglühend (Farbe) 218
Weißhai 235, 324, 563
Weißkopfseeadler (Zeichen und Symbole) 898
Weißling 723
Weißmoos 537
Weißrindenkiefer 582
Weißrussland **88**
Weiß'scher Bezirk 485
Weißschwanz-Ichneumon 544
Weißstorch 675
Weißwal 853
Weitsichtigkeit 68, 473
Weitsprung 470

Weitwinkelobjektiv 259
Weizen 200, 464, 587, 605
Weizenschrot 584
Weizmann, Chaim 56
Wellen (Licht) 472
Wellen (Meeresküste) **510**
Wellenastrild 840
Wellenenergie 187
Wellenlänge 180
Wellenreiten 858
Wellensittich 614
Welles, Orson 232, **795**
Wellhornschnecke 861
Wellington **570**
Wellrad 497
Welpe 348
Wels 777
Welsh Mountain Pony 624
Weltall 61, 822, **862-863**
Weltbevölkerung 924
Weltfrauendekade 833
Weltgesundheitsorganisation 832
Weltgewerkschaftsbund 295
Welthandel 327
Welthandelsorganisation 327
Weltkinderhilfswerk 832
Weltkrieg 25, 208, 451
Weltkrieg, Erster 864-865
Weltkrieg, Zweiter 56, **866-867**
Weltliteratur 157
Weltorganisation für Meteorologie 876
Weltpostverein 114
Weltraum 62
Weltraumschrott 702
Weltraumspaziergang 668
Weltraumteleskop 62, 189, 668, 702, 789
Weltraumtoilette 61
Weltreiche 868
Weltreligionen **677**, 678
Weltstädte 924
Weltumsegelung 484, 679
Weltwirtschaft 208
Weltwunder 736
Welwitschia 893
Wendekreis (Zeit) 899
Wendeltreppe 497
Wenigborster 890
Werbeagentur 869
Werbung und Marketing 222, **869**, 903
Werft 716
Werkstatt 328
Werkstoffe 785
Werkzeuggebrauch (Tierverhalten) 19, 738, 802
Wertigkeit 67
Wertpapiere 286
Wertstoffhof 615
Wespen 103, 372, 374
Wespennest 373, 797
Wespenstich 707
Wessex 39
Westafrika 870-874
Westfälischer Frieden 155, 574, 730
Westghats 356
Westgoten 155, **676**, 751
Westindien 405, 433
Westjordanland 385
westliche Länge 463
Westlothiana 195
Westrom 127, 207, 687
Westsahara 583, **584**
Westschermaus 209
Westwind 880
Wetagrille 338, 373, 563
Wetter 875
Wetterballon 482, 876
Wetterflugzeug 876
Wetterhütte 875
Wetterkarte 876
Wetterkartensymbole 898
Wetterlampe 429
Wettersatellit 702, 876
Wetterstation 876
Wettervorhersage 876

Whakamahau 655
Wheeler, Mortimer 41
Whippet 349
Whiskey-Rebellion 857
Whisky 319
White Tower 585
WHO 832
Wickelbär 613
Wicket 84
Widder (Astrologie) 60
Widderchen 722, 723
Widerstand (Elektronik) 182
Widerstand (Weltkrieg, Zweiter) 867
Wie-Chi 708
Wiedererkennungseffekt 869
Wiedergeburt (Buddhismus) 122
Wiedergeburt (Hinduismus) 340
Wiedervereinigung 155-156, 399
Wie es euch gefällt 735
Wien 333, **603**
Wiener Hofburg 495
Wiener Sängerknaben 603
Wiener Schnitzel 603
Wiesel 494
Wiesenkammgras 308
Wiesenklee 629
Wiesenkoralle 641
Wiesenliedgras 308
Wiesenrispengras 308
Wiesensegge 308
Wiesenstorchschnabel 627
Wikinger 39, 320, 585, 696, 740, **877-878**
Wilderei 177, 562
Wildesel 58, 623
Wildgarten 281
Wildhunde 887
Wildhüter 562
Wildkatzen 411, 477, 478
Wildpark 918
Wildpferd 623
Wildrinder 124
Wildschweine 879
Wildwasserrennen 858
Wildwechsel (Nashörner und Tapire) 561
Wilhelm I., deutscher Kaiser 156
Wilhelm II., deutscher Kaiser 156
Wilhelm I. der Eroberer 228, 320
Wilhelm I. der Schweiger 574
Wilhelm II. Rufus 585
Wilhelm III. von Oranien 380
Wilhelm Tell 730
Wilhelm Tell (Oper) 594
Wilkins, Maurice 833
Wills, William J. 72, 188
Willy-Willy 619, 883
Wilson, Robert W. 900
Winde (Maschinen) 497
Winde (Wetter) 875, **880**
Windenergie 187
Windenknöterich 629
Windfarm 187
Windhuk 910
Windhunde 349
Windkanal 674
Windmühle (Kreuzzüge) 448
Windmühlen (Niederlande) 573
Windpocken 445, 523
Windrose 463
Windschirm 95, 842
Windschutzscheibe 441
Windsurfen 755, 858
Windsysteme (Planeten) 645
Windverbreitung (Früchte und Samen) 274
Windward Islands 408
Winkel **500**
Winkeldiskordanz 288
Winkelspinne 754
Winkerkrabbe 227, 446, 784
Winnetou 420
Wintergetreide 467
Winterolympiade 593
Winterruhe **881**
Winterschlaf 242, **881**
Wintersmog 480
Wintersonnenwende 224

Wintersport 755, **882**
Wirbel (Nervensystem) 569
Wirbellose 227, 258, 309, 345, 376, 438, 609, 673, 777, 798, 893
Wirbelsäule 703, 741
Wirbelstürme 619, **883**
Wirbeltiere 258, 798
Wirkstoffe (Arzneimittel) 51
Wirkungsgrad 186, 539
Wirt (Parasiten) 616
Wirtschaftskrisen 830, **884**
Wirtschaftspolitik 884
Wirtschafts- und Sozialrat 831
Wirtschaftswunder 392
Wischnu 340, 418
Wisconsin 826
Wisent 124
wissenschaftliche Literatur 475
wissenschaftliche Methode 564
Wittenberg (Reformation) 671
Wladiwostok 694
Wochenstube (Fledermäuse) 243
Wochenzeitung 902
Wodka 694
Wodu 25, 407, 782
Wohlfahrtsausschuss (Französische Revolution) 267
Wohlfahrtsstaat 740
Wohlstand 217, 939
Wohnhäuser 885-886
Wohnmobil 130
Wohnwagen 130, 886
Wölbspiegel 473
Wolfe, James 404
Wolfe-Krater 434
Wölfe und Wildhunde 348, **887-888**
Wolfgangsee 602
Wolfram 472
Wolfshund 349
Wolfsrachen 834
Wolfsspinne 754
Wolga 693
Wolken 889
Wolkenkratzer 44
Wollaffe 21
Wolle 791
Wollgräser 307
Wollhaare 331
Wollstonecraft, Mary 185
Wolof 871
Wombat **102**
Wonder, Stevie 685
Woodstock 830
Woolworth, Frank W. 775
World Cup 276
World Wide Fund for Nature 562
World Wide Web 369
Wörther See 602
Wostok (Raketen) 666
Wozniak, Steve 147
Wragge, Clemens 883
Wright, Frank Lloyd 545
Wright, Gebrüder, 481, 810
WSPU 185, 268
WTO 327
Wucherblume 626
Wuchereria 890
Wühlmaus 555
Wunder (Jesus Christus) 394
Wunderbaum 630
Wunderkind 543
Würfel (Mathematik) 500
Wurfwaffen 846
Wurfwettbewerbe **470**
Würgerfeige 57, 616, 672

Würmer 512, **890**
Wurmfarn 221, 626
Wurmschleichen 166
Wurstfagott 549
Wurzel (Pflanzen) 628
Wurzelhaare 221
Wurzelspross 307
Wurzelstock 221, 628
Wüsten (Geografie) 23, 53, 578, 589, **891**
Wüsten (Tierwelt) 28, 58, 74, 581, 773, **892-893**
Wüstenbussard 313, 840
Wüstenechsen 166
Wüstenfuchs 28, 888, 892
Wüstengrille 374, 893
Wüstenigel 352
Wüstenklima 427
Wüstenluchs 478
Wüstenmelde 893
Wüstenschildkröte 581
Wüstenskorpion 754
WWF 562
Wyclif, John 671

X

Xan-du 457
X-Chromosom 834
Xenophon 744
Xerxes I. 315, 620
Xhosa 491, 766
Xingu 113
Xuan Zang 188
Xylem 92, 628, 635
Xylophon 546, 549

Y

Yaksi 502
Yamoussoukro 872
Yangon 793
Yankee 818
Yaren 516
Yaxchilan 503
Yayue 546
Y-Chromosom 834
Yellowstone National Park 562, 827
Yemanjah 782
Yersin, Alexandre 622
Yersinia pestis 622
Yeshe Tsogyal 54
Yeti 554
Yin und Yang 60, 554
Ylang-Ylang 911
Yogibär 811
Yorkshire-Pudding 200
Yorkshire-Terrier 349
Yorktown 36
Yoruba 874
Young, Thomas 219
Ypern 864
Yüan-Dynastie 457, 536
Yucatan 503
Yukka 893
Yukkamotte 893
Yukon Territory 404
Yu'pik 49

Z

Zackenbarsch 236
Zagreb 81

Zähflüssigkeit 253
Zahlen 894
Zahlendeutung 60
Zahlungsbilanz 327
Zahnarme Tiere 895
Zahnbein 896
Zahneisen 328
Zahnfäule 896
Zahnriemen 539
Zahnspinner 723
Zähnungsschlüssel 114
Zahnwale 851, 853
Zahnwechsel 896
Zaire 908
Zäpfchen (Arzneimittel) 50
Zapfen (Auge) 68, 218
Zapfen (Bäume) 93, 626
Zarathustra **621**
Zaren (Russland, Geschichte) **697**
Zarge 550
Zauberberg 492
Zauberei 339
Zauberflöte, Die 543, 594
Zaubernuss 50
Zauneidechse 166
Zebra, 27, 309, 623, 705
Zebraflötenfisch 236
Zebramanguste 544
Zecken 616, 753
Zehenknochen 741
Zehnfußkrebse 446, 447
Zehn Gebote 395
Zehnkampf 470
Zeichen und Symbole 897-898
Zeichensprache 17, 756, 898
Zeichentrickfilm 162
Zeit 899-901
Zeitfahren 664
Zeitmesser 900
Zeitpfeil 899
Zeitschriften 902, 903
Zeitungen und Zeitschriften 47, **902-903**
Zeitungspapier 615
Zeitzonen 899, 922, 923
Zellatmung 66
Zellen 904
Zellkern 522, 904
Zellmembran 904
Zellteilung 904
Zelluloidfilm 259
Zellulose 615, 628, 635, 904
Zellwand 904
Zelt 129, 885
Zement (Zähne) 896
Zen-Buddhismus 123, 281
Zensur 517
Zentralafrika, Nord 905-908
Zentralafrika, Süd 909-911
Zentralafrikanische Republik 906
Zentralamerika (Geografie) 912-914
Zentralamerika (Geschichte) 503, 915
Zentralasien 54, 916-917
Zentraleinheit 146-147
Zentralheizung 885
Zentralmassiv 205
Zentralnervensystem 568
Zentrifugalkraft, Raketen 666
Zentrifugieren (Chemische Verbindungen) 134
Zentripetalkraft 440
Zeppelin, Ferdinand von **482**

Zeppeline 482, 810
Zepter 650
zerebrospinales Nervensystem 568
Zeremonialtanz 781
Zeremonien 144, **217**, 677
Zerstörer 451, 453
Zerstreuungslinse 473
Zervikalnerven 568
Zeugnis (Schule und Universität) 726
Zeusstatue des Phidias 736
Zheng He 140
Zhou-Dynastie 435
Zibet 544
Zibetkatzen **544**
Ziegel 96
Ziegen 466, **710**
Ziegenmelker 204, 783, 849
Zieralge 33
Zierschildkröte 719
Ziesel 555
Zigarren 406, 433
Zikaden 854
Zikkurat 774
Zimbeln 689
Zimmermann, Bernd A. 594
Zimt 408
Zimtkolibri 840
Zinjanthropus 469
Zink (Metalle) 175, 519, 706
Zink (Musikinstrumente) 549
Zinkchlorid 706
Zinn 116, 519
Zinnkrug (Archäologie) 41
Zinnoberrote Tramete 641
Zinsen 286
Ziolkowskij, Konstantin 666, 702
Zion 332
Zipfelfalter 723
Zipfelfrosch 273, 673
Zirbeldrüse 347
Zirbelkiefer 93
Zirkulationssystem 880
Zirkus 714, 918
zirpen (Heuschrecken und Grillen) 338
Zisterne (Regenwald, Tierwelt) 672
Zitadelle 365
Zither 550
Zitrone 275, 750
Zitronenhai 325
Zitrusfrüchte 766
Zitteraal 672
Zittergras 308
Zitterrochen 325
Zitterspinne 754
Zivilbevölkerung 867
ziviler Ungehorsam 279
Zivilrecht 669
ZNS 568
Zobel 58, 494
Zola, Emile 266
Zoll (Maße und Gewichte) 498
Zölle **327**
Zoo 918
Zoologie **108**
Zoom 259, 835
Zooplankton 522, 608
Zooxanthellen 523
Zorilla 494
Zoroastrismus 621
Zotten 824
Zubringer (Straßen) 761
Züchtung 213, 348, 467, 562
Zucker 200, 635, 824
Zuckerahorn 94

Zuckerfest (Islam) 382
Zuckerkiefer 93
Zuckerkrankheit 347
Zuckerrohr 362, 406, 407, 587, 793
Zuckerrübe 587
Zuckerspiegel 347
Zugvögel 804
Zukunftsdeutung 60
Zulu 766, **767**
Zunder 129, 229
Zündkerze 539
Zündnadelgewehr 846
Zündstock 42
Zündverteiler 539
Zünfte 100, 328
Zunge 291, 824
Zungenblüten 631
Zupfinstrumente 550
Zustandsänderungen (Physik) 636
Zwangsjacke 507
zweiarmiger Hebel 497
zweieiige Zwillinge 256
Zweifarben-Pitohui 800
Zweiflügler 246
Zweihöckriges Kamel 58, 400
Zweijährige (Pflanzen) 626, 628
Zweikeimblättrige 626, 627, 629
Zweistromland 377, 774
Zweitaktmotor 214
Zweite Republik (Frankreich, Geschichte) 266
Zweizehenfaultier 772
Zweizipfelklappe 335
Zwerchfell 66
Zwergantilope 342
Zwergdrossel 840
Zwergfalke 312
Zwergflamingo 27
Zwergfledermaus 243
Zwergflusspferd **254**
Zwergglattwal 853
Zwerghamster 212, 557, 892
Zwergichneumon 704
Zwergmanguste 544
Zwergmaus 556
Zwergotter 493, 703
Zwergpudel 349
Zwergstern 760
Zwergsturmschwalbe 513
Zwergwiesel 494
Zwergwildschwein 879
Zwetschge 275
Zwiebel (Pflanzen, Anatomie) 628
Zwiebelturm 43
Zwillinge (Fortpflanzung) **256**
Zwillinge, Astrologie 60
Zwingli, Ulrich 671
Zwischenhändler 326
Zwischenwirbel 741
Zwitter (Krebse) 446
Zwitter (Weichtiere) 860
Zwölftafelgesetz 687
Zworykin, Wladimir 222
Zygote 221
Zyklon 880
Zyklon B 346
Zylinder (Buchdruck) 118
Zylinder (Landkarten) 463
Zylinder (Mathematik) 500
Zylinder (Motoren) 539
Zypern 778, **779**
Zypresse 93
Zytoplasma 904
Zytostatika 50

BILDNACHWEIS

Die Herausgeber danken für die Abdruckgenehmigung für folgende Fotos:
Abkürzungen: l = links, r = rechts, M = Mitte, o = oben, u = unten, t = top = ganz oben

A, B, C

Wallace & Gromit/Aardman Animations Ltd. 1995: 811ul. **Robert Aberman:** 737Mru, ulo. **ABI Caravans/Kenneth Berry Studios:** 129ulo. **Action-Plus:** S. Bardens: 858Mo, uMl, Mu; Chris Barry: 625Mro, 732M, uro. R. Francis: 62M, 858ulo. Tony Henshaw: 276uM. Glyn Kirk: 62Mru, ur, 816Mu, 732tr. **P. Tarry:** 858ul. **Advertising Archives:** 869tr. **AEA Technology:** 417Mur. **AIP Emilio Segre Visual Archives/Dorothy Davis Locanthi:** 822Ml. **Airphoto Services:** 41tr. **aisa:** 35lo, lu, ru, 603rM (2), 729ul. **AKG Berlin:** 79Mru, 79ru, 115Mr, 271Mor, Mul, Mur, uM, ur, 301or, 301M (4), 419ul, 421or, 461oMl, 492or, Mol, Mor, Mur, ur, 495 or, Mol, Mor, Mu, u, 527or, 547Mor, 551, 580oM, 718ur, 733Mr, 742Mr. **AKG London:** 36uM, 799ur, 698M, 460Mr, Ml, 55Mru, 56ur, 72Mur, 98ur, uMl, uMo, 100tM, Mru, 622ul, 162tr, Mo. Disney Enterprises Inc.: 173tr, ul, 207Mul, 208Ml, Mr, 467Mr, 266Mr, 269tr, 271Mor, 155ur, 156tr, ur, 299ur, 292Mru, 333Mu, uMl, 350Mu, 387Mr, ur, 394Mr, uM, 286Mro, 457tMr, 471tr, 484uMr, 496M, Mr, Mu, 514ur, 532tM, 537ur, 531tr, ul, uM, ur, 547uMl, 548Mu, 559Ml, Mr, 489Mr, 621Ml, 634ul, 637tr, 157Mr, Ml, 658Mro, Mru, 671ul, ur, Mru, 680uM, 687tr, 566ur, 104uM, 735tr, 745Mul, 748M, 763tr, tlu, Mr, Ml, 327uro, 818tr, Mru; Erich Lessing: 98tru, 415uM, 416Mu, 410uM, 139Mlo, 433ul, 650tM, 314Ml, 333ul, 394ulo, M, 457uM, 506Mo, Mu, 531Mru, 559ur, 620Mr, 740ur, 735ur, 744tr, M; Wolfe Fund: 912l; Catherine Lorillard Wolfe Collection, New York, Metropolitan Museum of Art: 744uM. **Alison/Oilily:** 869Mru. **Allsport:** 85uro, Mro, 276Mru, uMo, 816Mlu, 625Mur, uMl, 593tr, 755Mo, 882uM; Agence Vandystadt/S. Canzenove: 858uMr/ Richard Martin: 816MMl, 858ur/A. Patrice: 542Mu; Frank Baron: 664Mr; S. Botterill: 882Mol, Mul; H. Boylan: 882Mr; S. Bruly: 943tr; Clive Brunskill: 755Mr; David Canon: 84ur; Chris Cole: 276Mru, 625ul; Phil Cole: 85uMl, 664tru; Mike Cooper: 214Mur, 283Mor; Stephen Dunn: 593; Tony Duffy: 470Mlu; S. Forster: 283Mul; J. Gichigi: 858uM; Bruce Hazelan: 85uru; Mike Hewitt: 276Mru, 283ur, 222Mr; Hulton: 84ul, 276Mr; Info/Billy Stickland: 276ur; I.O.C.: 593Mlu; D. Kidd: 283Mr; J.P. Lenfant: 625Mu; K. Levine: 542uM; Bob Martin: 283ul; R. Martin: 882uro; G. Mortimore: 488Mro, 593ur; Adrian Murrell: 84Mo; D. Pensinger: 851ur; Mike Powell: 470Mr, 664ulo; Pascal Rondeau: 664Mru, 674ul, 542 tr, Mr, 283tl, tr, 593ul, 882Mor, uMl, ul; Jamie Squire: 732uMro; M. Stockman: 542ul; Mark Thompson: 470ul, 542ul; Todd Warshaw: 882ur. **American Museum of Natural History:** 851ur, 853ur. **Ancient Art & Architecture:** 44tM, 459tr, Ml, tM, 461Mlr, 54Mu, 78M, 127uro, 410ul, uMl, 131tr, ul, 435M, 448uro, 780Mo, uM, 192Ml, 202tr, 30ul, uM, 868t, 207Mu, 337ul, Mr, uro, M, Ml, 332Mlu, ul, 333ur, 885uM, 383uro, 387t, 391Mr, Mu, 457tru, 526Mro, Mr, ul, 574Mlo, 592M, 597Mr, Mlu, uro, ul, ur, 620uM, 621ulo, uMl, ul, uMr, 634Mor, Mur, uM, 842Mro, 118ul, 678uMl, 680Mr, 761tr, 700Ml, Mr, ur, Mro, 724ul, 565ul, 736ur, 334Mlu, 898tMr, 743ul, 751Mr, 758uMr, 774uMo; L. Ellison: 117tr; Chris Hellier: 620Mlu. **L. J. Anderson Collection:** 698tr. **Julie & Gillian Andrews:** 515Mru. **Anglo Australian Observatory:** 277Mo, Mu, Mol. © **Apple Corps. Ltd:** 97tr, ulo, uMo, uM. **Aquila:** 892uMl, 738uM; Les Baker: 839tr; J.J. Brooks: 27ur; Conrad Greaves: 739ur; Mike Lane: 513M; Mike Wilkes: 838uro, 762tr, 859uMr. **Arcaid:** Esto/Ezra Stoller: 45ur; Dennis Gilbert: 45ulo; Ian Lambot: 45ul. **Archiv zur Geschichte der Max-Planck-Gesellschaft, Berlin-Dahlem,** Nachlaß Otto Hahn, III. Abt., Rep. 14B Mappen Nr. 15: 514Mr. **Archive Photos:** 25uM. **Archives Curie et Joliot-Curie:** 149M. **Ardea:** 598Mo, 243tl, 312Mu, 893Mu, 213Mr, 881Mr, 176ul, 556tM, 325Ml; Ian Beames: 34Mru, 783Ml; R.M. Bloomfield: 859Mlu; B&S Bottomly: 799Mlu; Coto Donana: 210Mu; Hans D. Dossenbach: 34ul; MD England: 478Mu; Jean Paul Ferrero: 376Mu, 103ulu, uMu, uMu, 800uM, 887Mur; Ferrero-Labat: 478tM; Kenneth W. Fink: 710tM, 752M; R. Gibbons: 563uMl; Frances Gohier: 58uMo, 892ulo, 449Mu, 916ur; Nick Gordon: 614uM; Clem Haagner: 705Mru; Don Hadden: 513Mru; Masahiro Iijima: 376Mu; Ake Lindau: 212M; Eric Lindgren: 397Mlu; John Mason: 57ul, 373tl, 195ur, 511M; B. McDairmant: 870tr; P. Morris: 34Mlu, 74M; D. Parer & E. Parer-Cook: 908Mlo; R. F. Porter: 561Mlu; Graham Robertson: 642ur; Ron & Valerie Taylor: 236Mru, 238Ml; Wardene Weisser: 892Mlu, 776M. **Arxiumas:** 751Ml. **ASAP:** S. Uziel: 385tr. **Ashmolean Museum, Oxford:** 679uMr. **Associated Press (AP Photo)/Amy Sancetta:** 755Mr. **Australian National Maritime Museum, Sydney:** 72uM. Aviation Picture Library: 399Mr; Austin J. Brown: 588Mr, 525Mu, ul, M. **A-Z Botanical:** A. Cooper: 93Mlo; Michael Jones: 640tru; Lino Pastorelli: 563ur. **Barnaby's Picture Library:** Brian Gibbs: 752ulo; Marc Turner: 549uM. **BBC Natural History Unit Picture Library:** 343uMro; Hans Christoph Kappel: 58Mul; E.A. Kuttapan: 477Mu; N. O'Connor: 124tr; Ron O'Connor: 561tru; Pete Oxford: 166tru; Ian Redwood: 177ur. **Beethoven Archiv, Bonn:** 98M, uM, 548Ml. **Bertelsmann Lexikon Verlag:** 79l, 79ro, 115Ml, 201u, 271or, 271ul, 285M (4), 287o (10), 292, 336, 420Ml, 421ol, 495ul, Mur, 902ol, 903or. **Bayerisches Nationalmuseum, München:** 261tr. **Bibliothèque, Paris:** 266tM, 285. **Bildagentur Mauritius:** Mallaun: 602ul, Weinhäupl: 603or, 729. **Bildarchiv Preußischer Kulturbesitz, Berlin:** 78ul. **Bilderdienst Süddeutscher Verlag, München:** 145ul. **Biofotos:** Heather Angel: 300Mul, 854Ml, 630uM, 800ul; Bryn Campbell: 49Mur; Geoff Moon: 563uMr; Jason Venus: 458tr. **Biophoto:** Prof. G. F. Leedale: 845ul. **Birds Eye/Walls:** 199l, Mlu, Mu. **Bodleian Library, Oxford:** 39ul. **Bongarts:** 593t, Mr (3); Hassenstein: 541Ml. **Boots/Mellors:** 869ur, uMl, ul. **C. Bowman (Photoscope):** 573ul. **Kelvin Boyes:** 380Mr. **Bridgeman Art Library:** Albertina Graphische Sammlung, Wien: 489Ml, Mro; Alexander Turnbull Library, Wellington, N.Z.: 903Mu; Alte Pinakothek, München: 680uMr; Chris Beetles Ltd., London: 148tru; Biblioteca Nazionale, Turin: 457ul, 679ur; Biblioteca Apostolica Vaticana: 527Ml; Bibliothèque Nationale, Paris: 410uMr, 267Mol, 230tr, 359ur, 681Mlu, 535Mro; Bonhams, London: 105tr; British Library, London: 39Mr, 622Ml, 126Mlo, 328Mo, Ml, 151Mro, 184tr, 228uM, 382ur, 681Mr, 655Mlu, 463tr, 506ulo, 527tr, 535ul, 585Mru, 157uMr, 647Mr, 679Mro, 700ul, 735Mr; British Museum: 60tru, 184ul, 688tr, 320Mur/Alecto Historical Editions: 148ulo, 228ul; Burghley House Collection, Lincolnshire: 671Mul; Christie's Images, London: 461Mr, 695Ml; Department of the Environment, London: 320uMl; Fitzwilliam Museum, University of Cambridge: 32Mru. Galleria degli Uffizi, Florenz: 387Mol; Giraudon/Lauros: Archives Nationales, Paris: 726ulo/Musée du Louvre, Paris: 265ur/Musée de la Ville de Paris, Musée Carnavalet: 266tl; Highgate Cemetry, London: 201ur; Historisches Museum der Stadt Wien: 98tr; Imperial War Museum, London: 865uro Index: 743Mul; Institute of Mechanical Engineers, London: 175Mru; Kreml-Museum, Moskau: 650tMr, 694Mro; Kunsthistorisches Museum 868tr; Lambeth Palace Library, London: 350uMr; Maidstone Museum & Art Gallery, Kent: 321M; A. Meyer Collection, Paris: 763uMr; Mausoleo de Galla Placidia, Ravenna: 127ul; Philip Mould, Historical Portraits Ltd., London: 751ul; Mozart Museum, Salzburg/Giraudon: 98ul; Musée des Beaux-Arts, Le Havre: 433ur; Musée Conde Chantilly: 528tr; Musée de Picardie, Amiens/Giraudon: 143Mr; Musée d' Unterlinden, Colmar: 155Ml; Musée National d'Art Moderne, Paris: 460uM; Museo Naval, Madrid/Index, Barcelona: 214tr; Museo del Prado, Madrid/Index: 229ur; Museum of Mankind, London: 655Ml; National Gallery, London: 471M; National Library of Australia, Canberra: 148uM; National Maritime Museum, London: 55Mlu, 184M, 597Mu; National Museum of India, New Delhi: 340ul, 365ur, uMr, 130Mr; Oriental Museum, Durham University: 105tl, 898tMu; Private Collection: 262M, 278ur, 457Mru, 475ul, 680Mro, 763tru, 786Ml; Rijksmuseum Kroller™Müller, Otterlo: 387Mu; Royal Asiatic Society, London: 708Mru;Royal Geographical Society, London: 647Mro; St. Appollonia Museum, Florenz: 475Mru; Santa Maria Novella, Florenz: 459M; Schloß Charlottenburg, Berlin: 650tr; Sammlung Thyssen Bornemisza: 321tl; Tretjakow Galerie, Moskau: 695tr; Trinity College, Dublin: 380Mo; Omajjaden-Moschee, Damaskus/Syrien: 383Mr; Vatikan Museen und Galerien, Rom: 744Mr; Victoria and Albert Museum, London: 127Mr, 394ur, 546Ml. **British Army Recruitment:** 764Ml. **BFI Stills, Posters & Designs:** 714Mlo, 232Mo, Mu, Mul, 233, 422uM, 637ul. **British Library, London:** 121Mlu, Mru, 155ul, 360Mru, 457uMr, 547ul. **The British Museum:** 745ul; Education Dept./Simon James: 687uM, 688tM. **British Nuclear Fuels plc.:** 663ul. **British Petroleum Company plc:** 288ur, 194tr, 761uM. **SG Brown:** 567Mru. **Brown Brothers:** 638Mu, 829Mur. **Tony Weller/The Builder Group:** 96Mlo, Ml. **Photographie Bulloz:** Bibliothèque de l'Institut de France: 471Mr, 285. **Bundesministerium der Verteidigung:** 764ol. **Bündnis 90/Die Grünen:** 651or. **Michael Busselle:** 767Mro. **Michael Butler Collection:** 156Mu. **CADW:** 125tr, Ml, M. **Syndics of Cambridge University Library:** 571tru, uM. **Camera Press:** 782Mlu, 202ul, 481Mru, 833ul, 438Mr, ur, 505tl, 541tru, 217Mr, William Carter: 778ur; A. Mamedow: 414ur; The Times/M. Ellidge: 564ur. **Canon:** 259ul. **Canterbury Archaeological Trust:** 741tr. **Mark Carwardine:** 852tl, Ml. **J. Allan Cash Ltd.:** 870M, 53Mor, 60uM, 139M, 328uMo, 604tr, Ml, 154M, 317Mu, 885ur, 384M, 386uM, 418Mr, 484ul, 486M, 528Mr, 573trM, 585trM, 586ul, 632tr, 657tl, Mo, ul, 659ur, 678uMr, 749Mru, 750tM, 728Mlu, 319tl, 785ul, uM. **Cephas:** Stockfood: 445ur. **Channel Four Publicity:** 222ur. **Mark Chapman:** 122Mro, 305tr, 678uMr. **Jean Loup Charmet:** 25Mlu, 421t, 267Mur, 418Mlo, uM, 535ur, 559Mro, 745Ml. **Musée Carnavalet:** 267Mo. **Lester Cheeseman:** 599t, 122uM, 792uM. **Chelsea Physic Garden:** 474ul. **Chester Beatty Library, Dublin:** 532Mu. **Chisenhale Castle:** 460uMr. **Churchill College, Cambridge:** 514tr, uM, Ml. **Cinetext:** 233l, 233r, 301u, 420Mr, 492Mul, ul. **CIRCA/Icorec:** 622uro; R. Beeche: 341tM; B.J. Mistry: 341ul. **Civil Aviation Authority:** 567M. **John Cleare/Mountain Camera:** 129Mr. „Coca-Cola" (eingetragenes Warenzeichen der Firma Coca-Cola): 152Ml. **Stephanie Colasanti:** 362Mru. **Bruce Coleman:** 243Mo, 590ur, 859Mlu, 738uMo, ur, Mr, 779Mr; Stefano Amantini: 905Mlo; Atlantide: 206Mur, 210uMo; Trevor Barrett: 562uro; Jen & Des Bartlett: 74uMl, 456Mlu, 296Mr, 204uur; Erwin & Peggy Bauer: 177Mu, 478tr, Mr, 167ur, 672uM, 493Mur; M. Berge: 516tr; George Bingham 71uM; E Bjurstrom: 302Mr; Nigel Blake: 513ul; M. Borchi: 362ur; Mark N. Boulton: 494Mr; Fred Brümmer: 23Mro, 648uMo, 683uM, 778Mor; Thomas Buchholz: 586t; Jane Burton: 300Ml, uMr, 57ul, 784uM, 411ulo, 881M, 777Mo, 608uMl, 672Mlu, 772Mru, 458Mr; B & © Calhoun: 176tMr, 801uM; John Cancalosi: 330uMr, 721tr, 772ur; Robert P. Carr: 854Mru; Mark Carwardine: 908ul, 167tr; Brian J. Coates: 799tr; Alain Compost: 364uMl, 533uMr; I. Cowan: 628Mru; Geerald Cubitt: 611Mru, 563Mr, 487ul, 533uMl, 614ur; P. Davey: 804Mr; Tony Deane: 150Mo; Stephen J. Doyle: 611Mo; Francisco J. Erize: 895Mr, 683ur; Dr. P. Evans: 376ur; Jeff Foott: 895Mlu, 178Ml, 33ul, 92uM; Christer Fredriksson: 558Mro, 728ur; MPL Fogden: 272Mlu, 338ur, 310tM, 721tl; Tor Oddvar Hansen: 513uM; B.S. Henderson: 544Ml; P.A. Hinchliffe: 797ul; Charles & Sandra Hood: 799uMl, 438Mu; HPH Photography/Philip vd Berg: 799Ml; Carol Hughes: 720Ml; Johnny Johnson: 178Mur, 776t, 649M; Janos Jurka: 206Mur, 648uro, 728Mo; Dr. M.P. Kahl: 38Ml, 841M; Steven C. Kaufman: 649Mr, 330Ml; Stephen S. Krasemann: 242Mru, 563uM, 330ul;

BILDNACHWEIS

H. Lange: 884uM; Gordon Langsbury: 300Mu; Wayne Lankinen: 107ul, 578Mol, 859Mlo; Werner Layer: 558Mrr, 543uM; Dr. John Mackinnon: 895ur, 613Mr; Luiz Claudio Marigo: 587Mro, 769M; McAllister: 302ul, 361ur; George McCarthy: 64uru, 310tl, 166ul, 640tr; Hans Peter Merten: 150Mo, 602Mo; Rinie van Meurs: 648ulo, 683Mlu; J. Murray: 379ur; Dr. Scott Nielson: 839Mr; Charlie Ott: 251tMr; MR Phicton: 447M; Dieter & Mary Plage: 124Mr, 642M; Dr. Eckhart Pott: 312tM, 777uM, 648tr; Allan G. Potts: 213Mru; Dr. S. Prato: 107ulo, 376Mru; Fritz Prenzel: 753ul; M.P. Price: 640Mlo; Andy Purcell: 803uMl; Hans Reinhard: 124ulo, 563uMl, 479Ml, 683uMl, 710tr, 859uMl; Dr. Frieder Sauer: 777ulo, 324ul, 753Mro; Norbert Schwirtz: 150ur; John Shaw: 91Ml, 251tr; Kim Taylor: 798uro, 854ur, 722tr, 447ul, 219ul, 246ul, 841uM, 373Ml, Mur, 628uM, 739tl, tr, Mor; N.O.Tomalin: 102uro, 578ulo; N. de Vore: 361t, 376Mo; Uwe Walz/GDT: 649tM; Rod Williams: 533Mo; Konrad Wothe: 879tr; Gunther Zeisler: 243Ml, 804tr. **Colorific!:** Bill Bachman: 17Mru, ur; Steve Benbow: 445Mr, 270Mr; Randa Bishop: 406ul; Pierre Boulat/Cosmos: 584ur; Catherine Cabrol/ GLMR: 771Mu; Robert E. Ferorelli: 913ul; Sylvain Grandaden: 17tr; A. Joyce: 378Ml; Catherine Karnow: 407ul; J. Lassila: 831Mlo; Kay Muldoon: 765ul; Jim Pickerell: 47uM; Snowden/Hoyer/Focus: 814tM; Penny Tweedie: 17tl; 304Mro; Richard Wilkie/Black Star: 587Mru; Rod Williams: 254u; Konrad Wothe: 589Mu; Michael Yamashita: 516tl, 837Mru; G. Ziesler: 351tr. **Colorsport:** 470uMl, 154tr, 816M, MMlu, 625ur, 732ur. **Dee Conway:** 83Mru, ul, ur, 781Mr, MMr, ur, 782Mlo. **Coo-ee Historical Picture Library:** 903Mur, ul. **Steven J. Cooling:** 27uM, uMl, 310Mur, 581uro, 582tM, 165ur. **Donald Cooper, Photostage:** 713ul, 735uM. **Cooper Hewitt: National Design Museum, Smithsonian Institution, Art Resource, New York, Gift of Gary Loredo:** 156M. **Corbis:** 17uro, 106ur, 756Mr, 655Mr, ur, 691uMl, 775ur, 808uM; Bettmann: 37uM, 151tr, 173uMr, 262Mro, 269ur, 279tMr, 369ul, 393Mul, 422Mr, ur, 354Mr, 572Mru, 775Mu, 897Mur, Mul, 743ur, 830tr, 857Ml, Mr, Mu, Mo/Reuter: 808ul. Bettmann/UPI: 823Mr, 162uMr, 51ulo, 182Mru, 529ur, 279Mr, 438M, 197uMl, ul, 422M, uMr, tr, 468Mro, 476ur, 157uro, 686tMl, 712ul, 732ulo, 830Mr, Ml, 451uMo; Jan Butchofsky-Houser: 808tr; Ecoscene/Sally Morgan: 157ur; R. Hamilton Smith: 826ur; Wolfgang Kaehler: 696Mr; Roman Soumar: 140ur; UPI: 97M; Michael Yamashita: 826tM. **Corbis UK:** Collins: 225, Beebe: 733Ml. **Corbis-Bettmann:** 650Ml, UPI: 276M, 276r, 481Mr, 517ol. **Sylvia Cordaiy:** Guy Marks: 22Mru, 599ur. **Costas, New York:** 83uM © The George Balanchine **Trust Courtauld Institute Galleries, London:** 130Mu. **Croation Catholic Mission:** 541tr. **Crown Reserved/Historic Scotland:** 321Ml. Mr. B. J. Curtis: 897ur. **Cycleurope:** 215tMl.

D, E

DACS, 1997: 387Mu. **Succession Picasso:** 637ul, M, Mr, Ml. **Paul Daigle:** 27Ml. **Dartington Crystal Ltd.:** 297Mlu. **Das Fotoarchiv:** Arslan: 201o, 201M, Riedmiller: 276l, Bo: 651Mol. **James Davis Travel:** 47Mol, 408tr, 914Mul, 808Mo; Sveti Stefan: 82tr. **Defence Picture Library:** 453Mlu. **Department of Defense, Pentagon:** 846ul. **Deutsches Museum, München:** 514M, MMr. **Dickens House Museum:** 158Ml. **Dinodia:** Milind A. Ketkar: 356t. **Disney Enterprises, Inc.:** 162ul. **CM Dixon:** 305tMr, 314Mlu, ur, 359tr, 585ur, 579uMl, 687Mr, 877ul/Nationales Archäologisches Museum, Rom: 744Mru. **DIZ München GmbH:** 156, 261. **Christopher Dobrowolski:** 106Ml. **Dominic Photography:** 594Mul; Catherine Ashmore: 713Mru, 594Mu; Zoe Dominic: 594Mo, 795tlu, Ml, M. **dpa:** 224, 285M, 492Mur, 542Mul, 595ur, 603uM, ur, 625ur, 650ur, 651uM, or, 686ul. **Durban Local History Museum, Südafrika:** 279tr. **Dyson Ltd.:** 152tr, Mo, Mor.
Ecoscene: 486tr; André D.R. Brown: 206Mol, Mul; Donachie: 49ur; Farmar: 63Mru; Nick Hawkes: 615ur; W. Lawler: 515uM; R. Wright: 812ulu. **EDF Production Transport:** 780Mu. **Edinburgh University:** 428tru, tr, M. **EMI:** 97. **Environmental Images:** Steve Morgan/WIT Wildlife: 562uM. **Environmental Picture Library:** Martin Bond: 820ur. Stewart Boyle: 187MMr; Jordi Cami: 452Ml; David Hoffman: 187tr; J. Hodson: 452Mru; Jimmy Holmes: 820Ml; Steve Morgan: 654ur; John Novis: 187Mr; Alex Olah: 848ur; Peter Rowlands: 852tM; Peter Solness: 516Mru. **Robert Estall Photo Library:** 874ur, 403uro, Ml, tr, Mr; Thomas Kelly: 90Mu. **ET Archive:** 459Mlu, 767ur, 143ur, 399Mr, 155tr, 382tl, 474tr, 475Ml, uM, 547Mu, 580Mro, 595tr, 724Mo, 767tlu, 725uM; Archäologisches Museum, Venedig: 130Ml; Westindisches Archiv, Sevilla: 770Mro; British Museum: 188ul, 546tr; Chiaramonti Museum, Vatikan: 315Mu; Freer Gallery of Art: 461tM; London Museum: 767Ml; National Museum of History, Lima: 771tr; National Museum of India: 365Mu; Plymouth City Art Collection: 643uM; Trinity College, Dublin: 144uMo; Uffizien, Florenz: 144Mr; Wiener Gesellschaft der Musikfreunde: 594Mur. **Europäische Kommission:** 285r. **Europäische Zentralbank, Frankfurt:** 287r. **European Space Agency:** 665r. **Greg Evans International:** 356Mo, 669Mo, 670tl, 520Mru, 691tr, 765ur, 785Mu. **Mary Evans Picture Library:** 482ulo, 32Mu, 36uro, tru, Mlo, Mru, 39Mo, Mr, 55uM, 72Mul, uMo, ur, 76ur, uM, 767Mlu, 568ur, 130Mul, uM, 259uMo, 784ul, 409uM, 904ul, 415ur, 416Mru, 410tr, 419ur, 140M, Mr, 142tr, 219ul, 435tr, ul, 436uro, 148ul, uMr, 448ulo, 149tr, Mr, uMo, tru, 151Mu, 158ul, 713tru, 179ul, 181ul, 184MMl, 868Mlo, ul, Mru, ur, 186ul, 187uM, 207uM, 106tr, 188Mr, Mlu, 189ul, Mr, 467Mur, 440Mr, 265Mor, 266ul, 267uMl, 156Ml, 305Mul, ul, 651ur, 884tr, 315Mlu, 239uMl, 855tr, 332Mru, ur, 350ul, Mr, 370uMr, tr, 360tr, Mro, 174ul, 383M, 391tr, 392t, 394ul, tr, 756ul, 669uro, 473tr, 475Mr, 485ul, 490ul, 496Ml, 500ur, 507Ml, ul, 428ur, uM, 287t, 552ul, 546Mu, 547Mr, 559ul, 560Ml, Mu, 574Mul, 576tr, 585uro, 580tr, 595Mur, 268uM, 617tr, 633Ml, 643ul, 647Ml, 652tr, 165Ml, 671ul, 695tM, 591ur, 724uM, 565ur, 566tr, 104ul, 735uro, tru, 743Mor, Mur, uMl, 770Ml, 821ur, 789ul, 810, 808Mor, 831tr, 829Mu, 451ul, 452tr, 846Ml, 339Ml, Mr, uM, 185tr, 865M, 866ul; Explorer: 83, 267Mor, Mr; Fawcett Library: 268t, tr, Mro, Mu, Mr, M, ur, 185MMl; Institution of Civil Engineers: 117uro; Alexander Meledin Collection: 591tr; Smith College Library: 256tr. **Eye Ubiquitous:** 87Mo; Paul Bennett: 610u; David Cumming: 406ur, 749Mr; G. Hanly: 655Mru; John Hulme: 750Mr; Matthew McKee: 515tr.

F, G, H

Chris Fairclough Colour Library: 316ulu, 677uMr. **Ffotograff:** Patricia Aithie: 622ur, 678uMo. **Martin Foote:** 17ul, 611Mr, 70tM, Mru, 427uMl, 289Mr, 261uM, 575Mru, ur, 760Ml, 808Mu. **Footprints:** 362uM. **Ford Motor Company Ltd.:** 441Mro, 539M, 674Mr. **Werner Forman Archive:** 24M, 391Ml, 392ul, 554tM, 620M, 621ur, 677tMr, 565Mr, 767tr; British Museum: 100ul; Dallas Museum of Art, USA: 131uMl, 592l; Courtesy Entwistle Gallery, London: 24tru; Philip Goldman Collection: 54Mlu; Museum für Völkerkunde, Berlin: 24ur, 370M; National Museum, Lagos/Nigeria: 461tl; Peabody Museum, Harvard University, Cambridge, MA: 579ul; Private Collection: 435Mu, Mru, 391uMr, Mru, 724M, Mu; Schindler Collection, New York: 370M; V & A Museum: 391ur. **Format:** Jacky Chapman: 50uM, 51tl; Sheila Gray: 185Mr; Brenda Prince: 201tr. **Fortean Picture Library:** 339ul; Janet & Colin Bord: 554Mu, ul, 334M; Dr. E.R. Gruber: 339Mol. **Fotomas Index:** 490Mo, Mor, 327tMr. Fototeca: Cesar Soares: 658tr. **French Railways Ltd.:** 264Mru. **Freud Museum, London:** 269Mo, Mu, Ml, tru. **Paul Gallagher:** 583Mor. **Garden Picture Library:** John Bethell: 281Mr, Mru; C. Fairweather: 281Ml. **Genesis:** 61uro, 668tl, tr. **Geological Society Library:** 191ur. **Geoscience Features Picture Library:** 429ul, 187tM, 636Mru, 663ulo, 252Ml, Mr, 109ulM, 843Ml. **Geoslides Photolibrary:** 872Mr. **Giraudon:** 98Mr, 131Mr, 527ulo, 592Mu; Bibliothèque Nationale, Paris: 228Ml; Index: 770Mru; Musée Carnavalet: 267Mu; D. Corrige: 794uMl; National Museum, Bangkok: 418ur. **Granger Collection, New York:** 170Mro, M, 262ul, Mr, ur, Ml, tr, 422Ml, ul, 818Mro, uM. **Ronald Grant Archive:** 420MMl, Mr, ur, 823Mlo, 232Mlo, 305M, 315Mru, 476Mru, 554Mol, uM, 594ul, 686tl, 724ur, 770ul, 830Mru; BBC Press Service: 476uMl; CBS/Fox Video: 476tru. Disney Enterprises, Inc.: 162Mru, Mlu, 232Muu; First Independent: 811tr. **Guy Gravett/Glyndebourne, Sussex:** 421Mlu. **Sally & Richard Greenhill:** 869Mr, 202Mru, 444ur, 761Mul, 217Mo; Kaye Mayers: 143M. **Denise Grieg:** 74Mru, 75uro; Pavel German: 74M, ul, 75ur, 101Mro, Mo, Mu, 102uM; Nature Focus/GB Baker: 74Ml; Dominic Chaplin: 75Mu/John McCann: 101ulo/D. Crossman: 102uMr/Gunther Schmida: 74uMr/Tony Stanton: 74tM/A.D. Trounson: 74Mro/Dave Watts: 75Ml, Mr, Mlu/Bas & Bert Wells: 74ur. **Sonia Halliday:** 78ur, 127M, ulo, 144tM, 332Mr, 395tr, 428Mr, 572tr, 105ul; Bibliothèque Nationale: 127uMo; F.H.C. Birch: 144ur, 314Mru; Laura Lushington: 587ul, 320ul; B. Searle: 395Mr; Jane Taylor: 341ur. **Hamlyn:** 419Mlu. **Robert Harding Picture Library:** 584tr, 910tl, tM, 54Mr, ul, 56Mr, 917Mru, uM, 76uMl, 123Mru, 95t, 96tM, tr, tl, 404tr, uM, 414Mlo, 913Mr, 137Mr, uro, 427uMr, 433uM, 202Mr, 540Mro, 205Ml, 211Mr, 68uM, 228Mr, 263tr, 264uMr, 156Mlu, 305ur, 737Mr, 317Ml, 302Mro, 322Ml, 444tr, uMr, 886tl, 370Mo, 358Ml, t, M, 378M, Mul, 389Ml, 418t, Mlu, 497Mr, 490M, 502ul, Mr, 528M, 544tr, 546ur, 548tl, 578Mul, 580Mlu, 592Mr, 270Mu, 842Mru, 775tr, 766Ml, Mr, 432tM, 793Mr, 795ur, 318Mr, 320Mo, 829ur, 830Mu; Craig Aurness: 437Mr, 135Ml; Bibliothèque Nationale, Paris: 585Ml; Bildagentur Schuster: 93Mlo, 295Ml; Alexandre: 24uro/Waldkirch: 154Mro; N. Blythe: 886uMr; C. Briscoe Knight: 716Mru; C. Bryan: 874tM; Camerapix: 26Mr; Jacky Chapman: 480tr; M. Chillmaid: 444ul; M. Collier: 650ul, 619ur; G. & P. Corrigan: 136l, 137tr; Philip Craven: 585tM, M; A.L. Durand: 604ul; Victor Englebert: 906ur, 874ul, Mu; M. Leslie Evans: 601tl; Alain Everard: 55Mr; Explore: 600ur; FPG International: 37Mlu, M, 580uMo/Icon communications: 830ul; Nigel Francis: 323uM; Robert Francis: 46tr, 96ur, 408Ml, 437tr, 386tl; Robert Frerck: 47MMur, 476tr, 520Mo, 750ul; Tony Gervis: 203u, 316Mur; K. Gillham: 409uro, 317tl, 769Mro; Gottier: 464Mr; J. Green: 302tr; I. Griffiths: 497Ml; Susan Griggs: 632Mr; Dominic Hanouert-Webster: 728Ml; Simon Harris: 208ur; Kim Hart: 64Mo; G. Hellier: 583tr, 54ur, 916Mro, 122ur, 389Mro, 392Mu, 532tr, Mru; Walter Hodges, Westlight: 507Mro; David Martyn Hughes: 323ur; Uzaemon Ichimura: 795ulo; IPC Magazines/Woman's Journal/James Marrell: 529ul; Dave Jacobs/All Rights Reserved: 636Mruu; F. Jackson: 24Ml, 292Mlo; Michael Jenner: 281Mro, 304ur, 323ul, 775uM, 216uM; Victor Kennet: 131M; Paolo Koch: 779tl; Krafft: 618Mr; Leimbach: 782tl; J. Lightfoot: 871ul, 407ur; R. Ian Lloyd: 775Ml; David Lomax: 138Mr, 886tlu, 380ur; M. Long: 144Ml; T. Magor: 292ul; Buddy Mays/International Stock: 732Mru; H.P. Mertens: 326tr; MPH: 658Mo; L. Murray: 316Mul, 317uM, Gary Norman/Operation Raleigh: 432Mu; David Poole: 601uM, 490Mur; Madhya Pradesh: 708uM, Rainbird Collection: 611ul; Roy Rainford: 99ul, 375uro, 826tlu; Walter Rawlings: 45uro, 585tr; Geoff Renner: 583tr, 47u; Chris Rennie: 916tr, Mr; R. Richardson: 651Ml, 836t; Paul van Riel: 516Mro, 897M; Jan Robinson: 224M; Phil Robinson: 81Ml, 606tMu; SADA: 360Mlu; Sasoon: 414Mo; Sybil Sasson: 359Mr; J.W.W. Shakespeare: 234Mo; M. Short: 207ur; James Strachan: 916ul, 656Mro; S. Terry: 386tru; Tomlnson: 749tr; Adine Tory: 755tr; W. Westwater: 886tMr; J.H.C. Wilson: 360Mu; Adam Woolfitt: 408tl, 125ul, 126Mru, 604uM, 234ul, 487Ml, 506ul, 842Mr, 750Ml, 794ur, 900tl, 814Ml, tl, 815tr, 319Mo; Jim Zuckerman/Westlight: 316ur. **Harper Collins Publishers Ltd.:** 420M, 476ulo. **Graham Harrison:** 123Mro: **Harvard University Archives:** 760uM. **Hauptstaatsarchiv Stuttgart:** 737ul. **Helo GmbH & Co. KG:** 692 ur. **Hencomp Enterprises:** 644ur. **Jim Henson's Creature Shop:** 232M. **Hoa-Qui: Kraft/Explorer:** 843ur. **Hodder & Stoughton:** 420Ml. **Michael Holford:** 39Mlu, 461Mu, 60tr, 767ulo, ul, uMl, uMr, 127ur, 207ul, 188Ml, 292M, 337M, 370uM, 383ul, 681Ml,

518Mlu, 546Mru, 554Mur, 621M, 157Ml, 724tr, 774Mr, Ml, MMl, ulo; British Museum: 44t, 781Mlu, ul, 208ul, 894Ml, 634Mo, MMlu, Mu, 740tr, 451Mr; Musée de Bayeux: 320Mr; Musée Guimet: 360ul; V. & A. Museum: 532Mul; Wellcome Collection: 507tr. **Thelma Holt/Alastair Muir:** 713Mr. **Holt Studios International:** 657Ml; Duncan Smith: 467ur. **Honda UK:** 214Mru. **Chris Howes:** 842Mru. **Christopher Howson:** 282uMo. **Hulton Getty:** 482Mr, 41ur, 44ul, 56tl, 73MMlu, 83Mlu, uMl, 97Mr, 409Ml, Mlu, uMo, 722ulo, 130tr, 913M, Mru, ul, 419ul, 399Mu, 454Mro, 149uM, 782ul, 151uro, 152ur, 160tr; Disney Enterprises, Inc.: 162tru, 713Ml, 50ul, 173uM, 232tr, 269uro, ul, 279ul, 884uro, Ml, Mlo, ul, 230ul, 336ul, 346Mr, ur, 360ur, 392Mlo, M, 393ulo, 505Ml, 428uro, 531Mro, Mr, 570tr, ur, Ml, 576Mro, uM, ul, 894ur, 594tr, 617M, uMr, 647ul, 685M, Mru, 591Ml, 740ul, 771Mur, ulo, 821tr, 746ul, 222tr, 795ul, 321ul, Mru, 829Mul, 830Mlu, 451Mr, 185Mo, 864M, Ml, 866Mru, uro, 867Ml, Mr, 918tr; MPI: 884tru. **Hunterian Museum:** 257M. **Hutchison Library:** 26M, 906t, 909Mo, 910tMl, 56ul, 205Mo, 224Mr, 358Mro, 377tr, ur, 382tMr, 766MMl, 768M, 431l; Timothy Beddow: 600Mlu, 871tM. TE Clark: 388Mor; R. Constable: 303tr; Christine Dodwell: 911ul, 53Ml; John Downman: 577tr; Sarah Errington: 598u, 90tM, 334Mru; Robert Francis: 46uM, 914tM, Mol, M, 319ur; Melanie Friend: 81Mu, 82Mlu, M, Mru; B. Gerard: 546ul; G. Goodger: 319uM; P. Goycolea: 357tr; Maurice Harvey: 873Mro, 873ur, 405ul; Nick Haslam: 87ur, 690Mr; J. Henderson: 407Mor; Andrew Hill: 911tl; Jeremy A. Horner: 54uM, 168t, 549M, 771ur; Eric Lawrie: 110t, 169tM, 432Mro, 768t; Ingrid Hudson: 765tl; Crispin Hughes: 80t, 81ul, 490Mul; R. Ian Lloyd: 138tl, 361Mu; Michael Macintyre: 516Ml; B. Moser: 354ur, 837ur; Trevor Page: 917tr, 414Mlu, 781MMl, 678uro; Edward Parker: 168ur, 169M, ur, tMu, 521ur; P.E. Parker: 906M; Christine Pemberton: 621tr; S. Pern: 872ur, 48Ml, 544ur; Bernard Régent: 907Ml, Mr, 71Ml; K. Rogers: 587uMr; Nigel Sitwell: 55tr; A. Sole: 439tl, tr; Tony Souter: 388ul; J.C. Tordai: 414uM; Isabella Tree: 378t; David Wason: 82ul; Philip Wolmuth: 407Mul; Andrey Zoznikov: 53tr, Mol.

I, J, K

ICCE/Rob Carlson: 109uM. **ICI Chemicals & Polymers Ltd.:** 706ur. **IFA-Bilderteam:** Bohnacker: 603ul. **Ikona:** 433Mro. **Image Bank:** 138tr, 823ur, 155Mr, 651Mo, 472uMl, 653Ml, 656Mr, 695ur, 726Mru, 109urM; John Banagon: 654uro; A. Becker: 319ul; P. & G. Bowater: 95ul; Luis Castaneda: 650Mlo, 750uMo; G. Champlong: 886M, 283Mol; W. Chan: 487tr, tM; Gary Cralle: 99tr, 602Ml; Yves Debay: 599Mru; Steve Dunwell: 833ul; Tom Owen Edmunds: 461ur; G. Gay: 286tr; David W. Hamilton: 354Mu; Hartmann: 547ur; Peter Hendrie: 619tl; Gill C. Kenny: 610tM; Paul McCormrick: 619Mol; C. Molyneux: 565Mro; Ghislaine Morel: 187M; Kaz Mori: 836Mru; Robbi Newman: 70ul; Marc Romanelli: 364tr, 792Mr; G. Alberto Rossi: 526ur, 716ur; Harold Schön: 445uro, 602tr; Sobel/Klonsky: 287Mr; W. Steinmetz: 750M; Stockphotos: 567ul; Harald Sund: 64M, 574Mu; J. Szkoolzinski: 886ur; Paul Trummer: 127tlu; Alvis Upitis: 95ur; Nevada Wier: 836Mr; S. Wilkinson: 886ul; F. Wing: 488uro; Hans Wolf: 153ur, 154uro. **Images Colour Library:** 273ur, 902Ml, 749ur, 899uMo; Horizon/T. Dawes: 902ur; Rob Walls: 70Mr; Charles Walker Collection: 415Mru. **Images of India:** 163Mlu, ul. **Image Select:** 133ul, 148tr, 278Ml; Ann Ronan Picture Library: 706uMl, 707Mo, 480ur, 32Mro, Mlu, 569ur, ul, 259uM, 170uMr, ur, 467tM, 278Mu, 353uM, 472ul, 636t, 759ul, 180Mlu, 863Mr; Vioujard: 662Ml; Patrick Piel: 346Mur. **Impact:** Mohamed Ansar: 143uM; James Barlow: 765tr; Martin Black: 606Mo, 845ur; Julian Calder: 638Mru; M. Cator: 390tr; Piers Cavendish: 488ur, 765tM, 815tMl, Mru; Kay Chemush: 489Mlu; A. Corbin: 239tMr, 217tr; C. Cormack: 606Mu; S. Dorantes: 521uM; B. Edwards: 362Mr; Alain Evrard: 488Mr; Alain le Garsmeur: 137uM; Ingrid Gaushon: 224ur; Mark Henley: 341tl, tr, 382tr, 395Mlo, 488tMM, 656ur, 815uM, 837Mlu; Colin Jones: 110t; P. Kokkonen: 234uM; Robin Lubbock: 913ur; A. MacNaughton: 438uM; Richard McCaig: 913Ml, 337ur; M. McQueem: 387ur; Gavin Milverton: 657Mu; Guy Moberly: 113Mo; N. Morrison: 370ul; Tony Page: 319tr; Caroline Penn: 414Mru, 654tl, 691ur; Johnathon Pile: 697ur; Anne Marie Purkiss: 234ur; Jim Rice: 693lt; Rahul Sengupta: 906ul; Andrew Smith: 202ur; S. Weir: 396uro. **Trustees of the Imperial War Museum:** 751Mu, 864ul. **The Institute of Social History, Amsterdam:** 574ul. **Israel Museum:** D. Samuel & Jeane H. Gottesman Center for Biblical Manuscripts: 144uM. **Italian Tourist Board:** 387ul; **Robbie Jack Photography:** 795tl, Mr. **Lin Jammet:** 295tr. **JET, Joint European Torus:** 417Mul. **JVZ Picture Library:** T. Nilson: 695Mu. **Hiroshi Kasai:** 365tM. **Katz Pictures:** 211Mu; Nubar Alexarian: 111tMr; Bruno Hadjih: 111uro; Mark Henley: 123tl, 137ul; J.B. Pictures: 385ur; Richard McCaig: 123ur; Saba/Rea/Lehman: 832ul/G. Smith: 828tru/Ann States: 764ur/S. Sherbell: 650uro/P. Yates: 826uMro; Woodfin Camp & Assoc., NY/G. Ludwig: 82tMu. **Jorkhi Takamine Kawakami NY:** 347ul. **Luke Kelly:** 379t, ul, 380ulo. **David King Collection:** 142Mro, M, Mu, Mru, ul, 346Mo, 695Mr, 591ul, M, Mr, 748Mru. **Kobal Collection:** 684tr; Columbia/Tristar Motion Pucture Companies 1995 Sony Pictures Entertainment Co. All Rights Reserved/Clive Coote: 476tlu. **Kunsthistorisches Museum, Wien:** 333t.L,

L, M, N

Labour Movement Library and Archive, Dänemark: Jorgen Strohbach: 295tru. **Landesdenkmalamt Baden-Württemberg, Stuttgart,** Dr. J. Biel: 416ul. **Landesmuseum Trier:** 529t. **Frank Lane Picture Agency:** K. Aitken/Panda: 720Mlo; Peter Davey: 879Mru; C. Elsey: 477M; Tony Hamblin: 587ur, 458ur; H. Hautala: 234Mr; Peggy Heard: 274M; John Holmes: 561ul; David Hosking: 561Mrb; E. & D. Hosking: 494M, 562M, 558Ml, 373ur, 672Ml, 430Mr, 779tr, 458Mru; W.J. Howes: 810M; S. Jonasson: 64Mro; Frank W. Lane: 762Mur, Mul; Lee Rue: 343uMr; Life Science Images: 246Mo; Mark Newman: 494uM, 274ur, 486Mr; Philip Perry: 159Mr; F. Polkir: 458Mro; Silvestris: 343Mro, 805M; T. Whittaker: 478ur, 804Mul; D.P. Wilson: 609uro, uru, 805ur, ul, ulo; W. Wisniewski: 206tr. **Cyril Laubscher:** 784Mr. **Liechtensteinische Fremdenverkehrszentrale:** 733ul. **Link:** Orde Eliason: 714M, 766M; Chandra Kishore Prasad: 279Mlu, Mu, Mru, ur. **David Linley/Debi Treloar:** 530ur. **Linnean Society, London:** 474Mr, Ml, M, uMr. **London City Ballet:** Peter Teigan: 419Mu. **London Transport Museum:** 152Mur. **Louisiana Army National Guard, Louisiana:** 692Ml. **Magistrates Association:** 683Mul. **Magnum:** Abbas: 837Mu; Bruno Barbey: 389uMl; Ian Berry: 469tr; René Burri: 830ur; Bruce Davidson: 422tru; Stuart Franklin: 390Mu; P.J. Griffiths: 837Mlo; H. Gruyaert: 697Ml; David Hurn: 781uM; Richard Kalvar: 815ur; Wayne Miller: 830M; Steve McCurry: 874Mur; Raghu Rai: 541Mro, uM, Ml; C. Steele Perkins: 26Mur; Dennis Stock: 827ul; Alex Webb: 828tr. **Manchester Central Local Studies Unit Library:** 268ul. **Mander & Mitchenson:** 713Mo. **Mansell Collection:** 32uM, 130Mru, 404Mr, Mro, 433Mlu, 435ur, 158Mo, Mro, Mu, ur, 184Ml, tM, 266Ml, 290M, 350uM, 396ur, 550tr, 554uMr, 559tru, Mu, ur, 579uMr, 740Mu, Mo, 829tr, 877ur, 857u. **G. Marinier:** 334Mr. **MARS:** 399ul. **Marx Memorial Library:** 496Mro, tr. **Mary Rose Trust, Portsmouth:** 41uMro, 42. **S. & D. Maslowski:** 430Mru. **Fred Mayer:** 765M. **Mayibuye Centre:** 491Ml. **M.E. Company/One Little Indian:** 686Mru. **H. Keith Melton:** 399Mlu, 652Mr, uro. **Meteorological Office:** 876ul. **Metropolitan Museum of Art:** Geschenk von Mr. und Mrs. Ira Haupt 1950: 637Ml. **Metropolitan Police:** 682Mlu. **Microscopix:** 522uM, 523ulo, 636ul. **Microsoft:** 369ur. **Middlesbrough Borough Council:** 148ur. **Military Picture Library:** 230M, 451ur. **Mirror Syndications International:** 97ul, 484tr, Mr, 185M. **Mosaik Verlag:** 603lM (2). **Regine Moylett Publicity:** 686Mru. **Mozart-Archiv:** 531Mlo. **Musée de l'Homme, Photothèque:** 225Mol. **Musée National d'Art Moderne, Centre Georges Pompidou, Paris:** 548Mlu, 489ul, 637Mr. **Museo Arqueologico, Oronoz:** 751tr. **Museo Nacional, Centro de Arte Reina Sofia:** 637ul. **Museu Picasso:** 637tru. **Museum of London:** 229Mr, 185Ml, ul. **The Museum of Modern Art, New York:** 637M. **Nardoni Gallery:** 682ur. **National Blood Service:** 336ur. **National Gallery, London:** 459Mr, 751Ml. **National Library, Dublin:** 380Ml. **National Medical Slide Bank:** 890uMr, Mlo. **National Meteorological Library/Ken Woodley:** 889Ml. **National Motor Museum, Beaulieu:** 442Mul, 283Ml. **National Museum of Ireland:** 415uro, 416Mlu. **National Museum, Tokyo:** 188tr. **National Palace Museum, Taiwan, Republic of China:** 767Mlo. **National Portrait Gallery, London:** 158t, 184ur. **National Trust Photographic Libary:** 228ur; Oliver Benn: 126ul, 671Mu; Geoffrey Frosh: 157Mro. **Natural History Museum, London:** 281ul, 18Ml, Mr. **Natural History Picture Agency:** 206Mu, 623ur; Agence Nature: 784tM, 235uMo, 608tr; B.&C. Alexander: 649ul, uM, 330uMo, 812Mlo; ANT: 58tr, 611tl, 74Mr, Mu, 75Ml, 243Mu, 456r, 762ur, 102ulo, Mu, tM, 166Mr, 618Mro, 619Ml, 642M, 649ur, 918tM/Martin Harvey: 57tM; Henry Ausloos: 254Mo; Anthony Bannister: 494Mru, 178tr, 477tr, 522Mu, 19u, 918tMr; A.P. Barnes: 798ur; G.I. Bernard: 802Ml, 400uM, 783ur, 245Mru, 373ul, 628Ml, 630Mu, Mru; Joe Blossom: 27ul, 918tMl; N.A. Callow: 58Mlo; Laurie Campbell: 280ul, 705uMl, 543Mr, 330tMr, 773Ml, M; Bill Coster: 58Mr; N.R. Coulton: 338Mu; Stephen Dalton: 242tr, ur, 243tr, tM, 245Ml, 209uM, 107uMo, 581Mul, 630tr, 458uMo; Manfred Dannegger: 784uro, ur, 280uM, 210Mul, 330ulo; Nigel J. Dennis: 28Ml, Mro, 799ul, 456Mlo, 376M; Douglas Dickins: 124Mo; Patrick Fagot: 773Mro; Martin Garwood: 246Mlu; Melvin Grey: 28Mru, 675Ml, 204Ml; Ken Griffiths: 75M; Tony Hamblin: 343tl; E. Hanumantha Rao: 561Mlu; Martin Harvey: 57MMr, 124uMl, 309Mul, 101uro, 226M; Brian Hawkes: 64tr, 204MMr; Daniel Heuclin: 798Ml, 611tr, 783uMr, 188MMr, 246M, 19Mlu, 800tr, 450ul, ur; Image Quest 3D: 660M; Hellio & Van Ingen: 648ur; E.A. Janes: 563uMo; E.A. Janes: 675r, 849tM; B. Jones & M. Shimlock: 447Mlu; Darek Karp: 124Mlu; R. Kirchner: 101Mlu; T. Kitchin: 582uro; V. Hurst: 493uMr; Stephen Krasemann: 799Mr, 784M, 881ul; Gerard Lacz: 210tr, 102Mr, 477uM, ur; Julie Meech: 57M; Haroldo Palo jr.: 772ul; Peter Parks: 447uro; Dr. I. Poluinin: 93ur; Dr. Eckart Pott: 649uMr; Steve Robinson: 798uM; Andy Rouse: 783Mu, 881ulo, 581ur; Jamy Sauvanet: 773Mlu; Kevin Schafer: 772Mr; Lady Philippa Scott: 58ul; J. Shaw: 675Mru, 102M, 581ul, tr, tru, 204Mu, 628ul; Eric Soder: 675M, 543Mur; R. Sorensen & J. Olseirt: 253uM; Karl Switak: 515ul, 720ul; Roger Tidman: 343Mr, 226Mr, 227Mr; Michael Tweedie: 397uro; Dave Watts: 852tMu; Martin Wendler: 274Mr, 772Mu, 773ur; Alan Williams: 227ul, 649tMl; Bill Wood: 236Mr; David Woodfall: 209t, 210Mo, 675uMl; Norbert Wu: 660t, 608Mol. **Natural Science Photos:** Carol Farneti Foster: 752ur; O. Meredith: 274Mu; Photo Safari PVT Ltd.: 254Mul; C. & T. Stuart: 254tr; John W. Warden: 533tM; Curtis Williams: 246M. **Nature Photographers Ltd.:** T.D. Bonsall: 798tr. **NEC Europe:** 835uM. **Neff Ltd.:** 180Mru. **Network:** Michael Abrahams: 385M, 114Mro; Michael Goldwater: 612Mr; Nikolai Ignatiev: 697tl, 693ur; Peter Jordan: 572uMo; K. Kallay/Bilderberg: 917tM, 88tlu; Rapho/W. Buss: 544tl, 691M, 827tM/G. Sioen: 827tr; Barry Lewis: 612u, 114Mr; Christian Sappa: 88uMl; G. Sioen: 385ul; Anthony Suau: 697Mu; J. Sturrock: 438tr; Homer Sykes: 650Mo. **Peter Newark:** 37Mu, ur, Mru, uro, 36Mro, 404Mu, 409Mr, 145uM, 290ur, tr, uM, tru, Mu, 392Mro, 579ur, 580Ml, uro, ul, ur, 638Mlo, Mro, 829Mro, ul, 451uM, 452tM, 846uMl, 864Mr. **Warden & Fellows, New College, Oxford:** 571Mr. **Florence Nightingale Museum Trust:** 576Mr. **NOAA: National Geophysical Data Center:** 190Mlu. **The Nobel Foundation:** 270uro. **J.L. Nou:** 121ul, Mlo.

O, P, Q

Okapia KG: Harrington/Arnold Inc.: 509ur Bender: 624oMl Maier: 624Ml Reinhard:

833Mur. **Opec:** 194Mur. **Robert Opie:** 570tr. **Christine Osborne:** 905tr, 599Mlo, ul, 53M, 304Mru, ul, 364ul. **Mark O'Shea:** 720Mlo, 721tMr, 773ul. **Oxford Scientific Films:** 243Mro, 257Ml, 372Mr; K. Atkinson: 805uM; T. Angermayer: 296M; Animals Animals/Breeck P. Kent: 246Mur; Z. Leszczynski: 608ul/P. Weimann: 210Mor; Doug Allan: 400ur, 513Mlu; Kathie Atkinson: 124uMlo; A. Bannister: 19Mru, 493uor; G.I. Bernard: 511Mru; Tony Bomford: 58Mu; Clive Bromhall: 753Mru; Rober Brown: 171ul; Gordon Bull: 438tr; Scott Camazine/S. Bilotta-Best: 920Mr; Pat Caulfield: 312Ml; Dr. Mark A. Chappell: 563Mr; Martin Colbeck: 58Mo, 589ur, 178Mu, 879Mlu; Dr. J.A.L. Cooke: 34Ml, 377Mr, 753M, Ml, Mr, MMr; Judd Cooney: 879ur; Daniel J. Cox: 91Ml, 342uMr, 608uM, 613Mul, 773Mor; Tony Crabtree: 325Mr; Stephen Dalton: 397ur; Richard Day: 613ul; Mark Deeble & Victoria Stone: 841ur; John Downer: 456Mru; Flanagan/Morris: 739Mol; D.B. Fleetham: 660ur; Michael Fogden: 38Mlu, 895Mru, Mu, 893tru; Paul Franklin: 27uMlo, 209ur, 772Ml; Max Gibbs: 784Mr, Mlo, 796Mul; Bob Gibbons: 210Mr; Laurence Gould: 438Ml; Howard Hall: 804ul; Mark Hamblin: 209ul, 210Ml, 296Ml, ul; Terry Heathcote: 209Mo; P. Henry: 776ul; Paul Key: 512uMr; Geoff Kidd: 616ul; Richard Kirby: 616Mlu; D.F. Koster: 345Mru; Rudie Kuiter: 236ul; Peter Lack: 28Mu; Michael Leach: 343Mlu; T. Leach: 226ulo; Zig Leszczynski: 28tlu, 296t, 351uM, 543Mul; London Scientific Films: 802Mu, 881uro, 33M; G.A. Maclean: 777ur; Mantis Wildlife Films/Glen Carruthers: 804uMo; Joe McDonald: 296u; Michael McKinnon: 820ul; Godfrey Merlen: 513ulo; John Mitchell: 753t; O. Newman: 849uMl; Okapia/Foot: 254Mur/B.&H. Kunz: 893uro/S.T. Myers: 254tl/G. Synatzschke: 523uMr; Ben Osborne: 209uMr; Stan Osolinski: 892uMr, 177Mul, 833Mr, 309Mr, 310ur, 351ul, 616Mru; Richard Packwood: 80ur, 892Ml, 797tl, 819tr, 561Mu; Peter Parks: 522Ml, M, Mr, 523tru, 608M; C.M. Perrins: 456ur; Photo Researchers Inc./Tom McHugh: 705uMr; J.L. Pontier: 93Mo; Prestige Pictures: 613ur; Robin Redfern: 705Mro, 849ul; J.H. Robinson: 309Mur; Alan Root: 309uMr; Norbert Rosing: 477Mr; Tui de Roy: 376Ml; C. Sanchez: 310Mu; Frank Schneidermeyer: 784Ml; P. Sharpe: 478M; Tim Shepherd: 209Mr; Survival Anglia: 881ur; J. & D. Bartlett: 177Mo, 309t; Joe B. Blossom: 637ul; Frances Furlong: 345Mu/ W.S. Paton: 640Mro; Alan Root: 27Mr, 895tr/Maurice Tibbles: 477Mru, 512ur; Harold Taylor: 397ul, 345Mo, 447Mr, 522ul; T.C. Nature: 373Mu; David Tipling: 563Mo; Stevee Turner: 28M, 296tr, 254Mro, 351Mlo, 879Mu, 561M; Tom Ulrich: 493uMl; W. Wisniewski: 776Mr; Konrad Wothe: 58M; P. A. Zahl Photo Researchers: 472Mro. **Oxford University Museum:** 151ur.

P.&O. Cruises: 715. **Page One:** Bob Gordon: 912tr, 913tl. **Panos Pictures:** 26Mu, 584Ml, 413ul, 137ur, 766uro; Martin Adler: 908ur, 913uMlo; Kathie Atkinson: 861Mol; P. Barker: 911ur, 81t, 117Mro; Giuseppe Bizzarri: 780ul; Trygue Bolstad: 766ulo; J.C. Callow: 89tr, 90M; Ian Cartwright: 873Mlo; Alfrede Cedeño: 769tr, 813tru; David Constantine: 836ur; Neil Cooper: 90tr, 913tru, Mro; Rob Cousins: 765Ml; Jean Leo Dugast: 356u, 487Mr, 775ul, 792Mro, 793uM, ul; N. Durrell McKenna: 48t; Marc French: 407Mol, t; C.G. Gardener: 860tr; Ron Giling: 601Mr, 870Mr, 632uM, uMl; Mark Hakansson: 691tM; Jeremy Hartley: 871Ml, Mo, 872uM, 89uM, 464tr, 364tl; Jim Holmes: 53Mlu, 361M, 439ul, uM; Rhodri Jones: 413M, Mr; Victoria Keble-Williams: 23Mlo; B. Klass: 89ulo; Pat & Tom Leeson/Photo Researchers: 798Mu; G. Mansfield: 304tM; J. Marks: 910ul, 766ul; Jon Mitchell: 914ul; James Morris: 874Ml, M; S. Murray: 827tru; Shanon Nace: 90Mur; Zed Nelson: 90tl; M. O'Brien: 406t; Trevor Page: 600Mlo, 439ur; Bruce Paton: 464ul; N. Peachey: 55Mlo; Betty Press: 600t, Mru, ul, 872ulo, 936ul; David Reed: 909Mr, 910ur; Marcus Rose: 54Ml, 693Mr; D. Sansoni: 356Mu, 358ur, 362tl, Ml, 487ur; Marc Schlossman: 905Mro, 908Mo, Mro, 761ur; J. Shanerly: 837M; Jon Spaull: 693Ml; Sean Sprague: 907ur, 908uM, 111tl; Chris Stowers: 138tM, Ml, 363ur, 364uM, 488uM, 691tl; Tayacon: 486Ml; Liba Taylor: 908Ml, 606tM, 199Mo, 690Ml, 755uMl; Penny Tweedie: 911tM, 781Ml, 304Mlo; Max Whitaker: 424Mu, ul, uMl; Gregory Wrona: 605Mr, 691uMr. **Parker Library, Corpus Christi, Cambridge:** 39uro. **W.R. Pashley Ltd.:** 215Mlo. **David Paterson:** 384tr, Mru. **Penguin Children's Book:** 420Mu. **Ann & Bury Peerless:** 121Mr, 144uro, 359Ml, 396tMr, 677ul. **Performing Arts Library:** Clive Barda: 714Mro, Mru, 595Mro; Fritz Curzon: 781tr. **Photo Researchers Inc.:** Tom McHugh: 124ur. **Pictor:** 48Mr, 611Mlu, 99tM, 402l, 408ur, 138ul, 153Mr, 317ul, 387M, 573Mr, 511tr, 779Ml. **Pictorial Press:** 685uM. **Pictures Colour Library:** 606ul, 317Mro, 386tr, 586Ml, ur, 778Mol, 779ur. **Graham Piggott:** 769Mr. **Ian Pillinger:** 248Mro, 482u, 483. **The Planetarium:** 633Mro; Jill Plank: 589ul. **Planet Earth Picture Library:** 427ur, uMr, uMl, 447ur, 376tr, 883ul, uM, 821Ml; K.&K. Ammann: 362tM; Kurt Amsler: 913uro; Sean T. Avery: 27Mlo; André Barstchi: 251Mr; Gary Bell: 619Mor, 800uMr; S. Bloom: 351Mro; Myer S. Bornstein: 582Mu; John R. Bracegirdle: 562ur, 210tMr, 848uMr, 226t; Philip Chapman: 345Mr; Mary Clay: 309Mu, 710ur; M. Conlin: 804Mo; Richard Coomber: 582Ml, 252M; Rob Crandall: 769Ml, 773tM; Beth Davidson: 582ul, uM; Wendy Dennis: 210uro; John Downer: 57tr, 177tr, 309ur, 801uro; J. Eastcott: 772ulo; Ivor Edmonds: 298ur, 731Mur; John Evans: 400Mlu; Elio Della Ferrera: 28Mr; Nigel Downer: 209ulo; Alain Dragesco: 28tl; C. Farneti: 772MMr; D. Robert Franz: 582tMr, tr; Nick Garbutt: 533ul, uM; Roger de la Harpe: 28tr, 766t, uM; Steve Hopkin: 512Mo; K. Jayaram: 57Ml; Adam Jones: 582Mo, tM; Anthony Joyce: 310uM; Brian Kenney: 342ur; Alex Kerstitch: 860ur; David Kjaer: 210Mur; Ken Lucas: 28Mr, 563ulo, 581Mur, 582uMr, 860ur; D. Lyons: 543tr; John Lythgoe: 581uMl, 772t; David Maitland: 754uM; Richard Matthews: 895ul, 848uM, 773Mru; Mark Mattock: 171Mol; David Jesse McChesney: 109ul; Dr. Martin Merker: 710ul, Mr; Jon & Alison Moran: 672ur; Pete Oxford: 400ul, 613Mur, 773Mol; David A. Panton: 582tl; Doug Perrine: 608t, 325uro; C. Petron: 796Mur; Linda Pitkin: 438MMr; Rod Planck: 582uMo; Mike Potts: 581M; Mike Read: 209Mru; Keith Scholey: 773tr, uM; Peter Scoones: 27ur, 660Mr, 227uM; Johnathon Scott: 27uMl, 28ul, 783ul, 309ul, 469uM; Seaphot/Dick Clarke: 438Mr/J.&G. Lythgoe: 19Ml; N. Sefton: 376Mr, 660Mlu; Anup & Manuj Shah: 27M, 57Mu; M. Snyderman: 660ul; Peter Stephenson: 58uM; Jan Tore Johansson: 210ur; Mills Tandy: 582ur; Nigel Tucker: 57Mr; Peter Velensky: 57uMo; Tom Walker: 581uMr, Mu, 582Mru; John Waters: 58tM, 768Mu; Margaret Welby: 772M; Bill Wood: 890uro; Andrew Zvoznikov: 696t. **Polish Cultural Institute Library:** 605Mro. **Popperfoto:** 25Mr, ul, uM, 26Ml, 482Mo, Mlo, Mro, 460ul, 56tr, M, 399tr, Mur, ur, 664ul, 184Mr, 481Mu, 266uro, 279M, 491ul, tru, 593Mlo, 270Ml, ul, 643ur, 658ul, 686tr, 858Mr, 564Ml, 767ulo, 732ul, 222Mru, 790Ml, 846Mru, 864uM, 867tr, Mlo, Mlu; Brunskill: 816Mr; Liaison/Magani: 552ur; Reuters: 869Mu, Ml, 417Mur, 649Ml, 295ulo/Peter Andrews: 767ur. **Porsche AG:** 809Ml. **Premaphotos Wildlife:** KG Preston Mafham: 75tM, 773uMr. **Presse- und Informationsamt der Bundesregierung, Bundesbildstelle:** 650Mr. **Presse-Photo Röhnert:** 157ur. **Pressens Bild:** 497uro, 295Mru. **Public Record Office:** 448ul; Crown: 321uM. **Quadrant Picture Library:** 442tr, Mo, 443uro, 540tl, 175uMl, uMr, 809Mu.

R, S, T

Racal: 662M. **Railtrack North West:** 175Mlu. **Redferns:** 97uMo, 393M, 546uM; Michael Ochs Archives: 393ul; Pankaj Shah: 546tM. **Renault:** 264Mlu. **Dirk Renckhoff:** 271Mol. **Réunion des Musées Nationaux:** 121tr, 794Mu. **Rex Features:** 764uMr, 404Mur, 425Ml, 51tru, 232tM, 240ur, 650Mlu, 491ur, tr, 532ul, 541uMr, 685Mlu, ul, 686ul, 690t, 771uMo, 321Mru, 844Ml, 525ulo, 880tr; Action Press: 327M; Agence DPPI: 882Mo, Mr; ANP Foto: 831tru; Jonathon Buckmaster: 480ul; Jorgensen: 369tr; Clive Dixon: 584uMr, 154ul; T. Doccon-Gibod: 208Mu; Fotos International/Frank Edwards: 782ur; Malcolm Gilson: 208Mru; Tony Larkin: 425Mr; Brian Rasic: 686ur; Sipa Press: 409Mru, 140tru, Mru, 266Mu, 816Mur, 491Mru, M, 658uM, 793tr, 846uMr; Foulon/Tavernier: 186Ml; Stills: 782uMl; Tom Stockhill: 26ul; Greg Williams: 123ul; Richard Young: 261. **Walter Rohdich:** 349. **Rover Group:** 319uMo. **The Rowland Company/Ariel:** 220tru. **The Royal Collection** 1997 Her Majesty Queen Elizabeth II: 471ul, 680Ml. **Royal College of Music, Junior Department:** 595ul. **Royal College of Physicians:** 635ur. **Royal Geographical Society, London:** 484Ml, 883ur. **Royal Photographic Society, Bath:** 659Mro. **Charles Russell:** 91ul.

The Sainsbury Centre for Visual Arts: 105uMr, ulo. **Peter Sanders:** 303tl, Ml, Mr, 886tr, 381Mr, 382M, ul. **Hans Sas Fotografie:** 465Ml, Mr. **N.J. Saunders:** 461Mlu. **Floyd Sayers:** 289Mlu, Mu, 178t, uMr, 630Mo. **Scala:** 460tr, 423Mu, 203Ml, 228tM, 314tr, 315Mo, 545Mr, Ml, 680uro, 687M, MMr, 105uM, uro, 774ur; Accademia, Venedig: 679uMl; Biblioteca Mariana, Venedig: 679Mlo; S. Petra, Vatikan: 679ul. **J. Schulze, Paderborn:** 785ur. **Schwaneberger Verlag:** 115l, r. **Schweiz Tourismus:** 733ur. **Science Photo Library:** 65ur, 106Mr, 132Ml, 218ul, 434M, 588uM, 170tr, 183ur, 540ul, 213ur, 257ur, 674ur, 282Mro, 833uMr, 288Ml, 731Mu, 368tr, 733uM, 135Mr, 639ur, 640uMl, uMr, 567uMo, 645uM, 692ul, 565uM, 225uM, 711ur, 667ul, 222uM, 900Mru; Agema Infra Red Systems: 180Mr; Los Alamos Photo Laboratory: 417ur; Doug Allan: 49tr; Peter Arnold Inc./Volker Steger: 369tM/Szuson J. Wong: 505ul; Bill Bachman: 434ul; Alex Bartel: 181Mro, 183uMl, 134ur, 639ur; A. Barrington Brown: 62uro; Julian Baum: 746Mr; Tim Beddow: 505MMl, M; Biology Media: 353Ml; Martin Bond: 706uM, 780Mor, 297Mr, 740uM, Dr. Tony Brain: 622Ml; Dr. Eli Brinks: 566Ml; BSIP Laurent: 569Mru; BSIP LECA: 568Ml; BSIP VEM: 824Mru, 291M; BSIP Taulin: 353ur; Dr. Jeremy Burgess: 904Ml, 146uro, 246Mu, 278tr, 639Ml, 640uMro, 194Mul, 331M, 747ur, 862Mlu, 863Mru; Mark Burnett: 482Mlu; CC Studio: 742ur, 564Mr; Cern, P. Loiez: 636Muu; J. Loup Charmet: 663Ml, 863Mu; Pr. S. Cinti, Universität d'Ancona: 69Mlu; Mark Clarke: 445Mlu; Clinique SteCatherine/CNRI: 566ul; CNES, 1990 Distribution Spot Image: 891ur, 463ur; CNRI: 833Ml, 616tM/R.M. Tektoff: 523tM; Prof. C. Terlaud: 505MMr; Andy Crump, TDR, WHO: 832tr; W. Curtsinger: 918tru; Custom Medical Stock Photo: 569tM, 617Mr/R. Becker: 335uM, 353M; Mike Devlin: 833M; Luke Dodd: 277Mlu, 499ur; Martin Dohrn: 889ul, 445uM, 616ur; John Durham: 635Mro; Ralph Eagle: 68uMor; Harold Edgerton: 261lu; ESA: 434Ml; Dr. F. Espenak: 702MMl; Eye of Science: 569Mr, 336Mlu, 523Mru, 261ul; Sindo Farina: 194ul; Dr. Gene Feldman, NASA GSFC: 192Mo; Vaughan Fleming: 684ur; Sue Ford: 68ulo; Simon Fraser: 49Ml, 132ur, 284uro, 193Mr/Newcastle University Robotics Group: 684Mr; A.&H. Frieder Michler: 522t, 639M; D. Gifford: 18Mro; G. Gillette: 524uMl; Geospace: 375ul; Carlos Goldin: 160ur; Allen Green: 666Mul; Alan Greig: 848ul; J. Greim: 336tru; Tony Hallas: 759Mr, 862uM; Hale Observatories: 277ul, 746tr; David Halpern: 288Mro; Y. Haml, Publiphoto Diffusion: 327Mu; Adam Hart-Davis: 833ulr, 662Mr; John Heseltine: 256ur; James Holmes/Hays Chemicals: 707ul/Oxford Centre for Molecular Sciences: 135Mru/Rover: 684Mu; Anthony Howarth: 727ur; B. Iverson: 890ul; Dr. W.C. Keel: 277Mur; James King-Holmes: 462ur, 663uMo; Labat/Lanceau, Jerrican: 684Ml; Gary Ladd: 62tlu; Scott Lamazine: 741ur; Francis Leroy/Biocosmos: 255Mru; Dr. Andrejs Liepins: 904ulo; Dick Livia: 147Mu; Bill Longcore: 218Mu; Dr. Kari Lounatmaa: 445Ml; D. Lovegrove: 876tr; Dr. P. Marazzi: 445M; Marine Biological Laboratory: 529ul; M. Marten: 522ur; W. & D. McIntyre: 468uMl, 504Mr, uM; David McLean: 434Mlu; John McMaster: 132Mu; John Mead: 174ur, 789ur; Peter Menzel: 147Mru, 190Mlo, 540ulo, 193ur, 883uro, 876Mro; Dr. David Miller: 647ur; Hank Morgan: 256tM; Professor P. Motta, Department of Anatomy, University La Sapienza, Rom: 742tl, tMl, tM, 291ul; Nasa: 61tM, tr, 65ulo, 822uM, 436ur, 192uro, 375ur, 538Mlu, 644tM, 702Mr, 667Mr, 668Mr, uro, 786uM, 789tMr, 862uMl, Mul, 880uM/GSFC: 289Mul, 820tl, tMl, tM; National Center for Atmospheric Research:

575Mr; National Institute of Health: 896ur; National Library of Medicine: 617uM; National Snow & Ice Data Centre: 876uro; NIBSC: 335ul, 523tlu; NOAA: 368ul; NOAN: 277uM; Novosti Press Agency: 61Ml, 575uro, 702ul; NRAO/AUI: 277Mru; NRSC Ltd.: 375uM; David Nunuk: 707tr; Claude Nuridsany & Marie Perennou: 246Mro, 107ur, 523uMl, 575Ml, Mlu; George Olson: 190ul; Omikron: 566uM; Oxford Molecular Biophysics Laboratory: 566Mr; Pacific Press Service: 485Mr; David Parker: 62ul, 147Ml, 220ul, 289ul, 855Mu, 615uro, 761uMl, 667Mlu/ESA/CNES/ Arianespace: 432ur; P. Parvlainen: 538Mro; Alfred Pasieka: 622Ml, 596Ml, 524ul, 890ur; Dr. D.J. Patterson: 920M; Petit Format/Nestlé: 255Mro; Philippe Plailly: 834uM/Eurelios: 183Mu, 524ur, 812ul; Max Planck Institut für Extraterrestrische Physik: 862uMr; Chris Priest: 663uro; J. Prince: 239ul; Proff. P.M. Motta, T. Fujita & M. Muto: 904Mlu; Prof. P. Motta/Inst. f. Anatomie, Universität La Sapienza, Rom: 335ur, 552Ml; Professor Tony Wright, Institute of Laryngology & Otology: 588Ml; John Radcliffe Hospital: 504MMr, J. Reader: 469Mr, tM; Roger Ressmeyer, Starlight: 62tr, ulo, 67uM, 821Mu, 789uMo, 862Mlo; Rosenfeld Images Ltd.: 211tr, 368tM, 468ul; Royal Greenwich Observatory: 62uo, 626Mr, 862ur; Royal Observatory Edinburgh/AATB: 862Mro; Rev. Ronald Royer: 434Mo, 746uro; Peter Ryan: 785ur; Joe Rychetnik: 702MMr; Ph. Saada/Eurelios: 662Mu; J. Sanford: 538M, Mu, 789tM; Tom Van Sant/Geosphere Project, Santa Monica: 191tr, 192tl; Fran-çoise Sauze: 761Mur; David Scharf: 108ul, 523uro, 616tr, 331Mr, Mu; Dr. K. Schiller: 507M; Secchi-Lecaque/Roussel-Uclaf/CNRI: 568uM, 255Ml; Blair Seitz: 564ul; Dr. Seth Shostak: 62tM, 702Mru; SIU: 69uMo; D. Spears: 890M; St. Bartholemew's Hospital: 133Mu; Synaptek: 684uM; Andrew Syred: 454tr, 524uro, 639Ml; Tainturier Jerrican: 133MMur; G. Tompkinson: 335Mu, 566M; Alexander Tsiaras: 247Mur; US Dept. of Energy: 564Mru; US Library of Congress: 481M; USSR Academy of Sciences/NASA: 668Mu; Andy Walker/Midland Fertility Services: 256tMl; Garry Watson: 504Mru; X-ray Astronomy Group, Leicester University: 277Mr; Frank Zullo: 277tr. **Science Pictures Ltd.:** 522uro. **Science & Society Picture Library:** 220ur, 170Mu, 262ulo, 278Mr, 468Mru, 617Ml, 662Mru, 666M, 788Ml; Bowsfield/BKK: 174Mru, Mo; NMPFT: 662ur; National Railway Museum: 809uM; Science Museum: 441Mu, 174Ml; **Steve Setford:** 440Mu. **Shakespeare Centre Library: Joe Cocks Studio Collection:** 735ul; Gill Shaw: 44uMr, 889tM, 572ur. **Shell UK Ltd.:** 152Mr. **Shiner Ltd.:** 215tr. **Silvestris:** Frank Lane Picture Agency: 35ro, 349, 438Ml; Aitken: 454ul; Nowak: 589ul; Wagner: 602ol; Dietrich: 602Ml; Heine: 602Mr; Geiersperger: 603o; Lenz: 603or; Wothe: 604u; Maier: 624or; Brockhaus: 729ol. **Jamie Simson:** 378Mur. **Sipa Press:** 751 ur; Sichov: 831ur. **Sven Simon:** 790Mor. **Skoda Auto:** 605uM. **Sky Sports:** Kerry Ghais: 835ur; Sam Teare: 835uMl. **Harry Smith Collection:** 307uM. **J.C.D. Smith:** 320Mul. **Smithsonian Institution:** 409tr. **Smithsonian Institution Astrophysical Observatory:** 277ur. **Society for Cooperation in Russian & Soviet Studies:** 292Mro, 476Mru, 694M, 695Mro, 748t, Mro, uro; D. Toase: 695Mur. **Sony Classical Archives:** 763ul. **South American Pictures:** 110uMl, 771Mr; Nicholas Bright: 432Mlo; Robert Francis: 48Uo, 912Mo, Mu, 484uro; Kimball Morrison: 131ur; Tony Morrison: 46Mru, 47Mul, 48Mu, 111uM, 112M, 113M, ur, 913ur, 131Ml, 518Mro, 658M, 770Mr, ur, 431r; Chris Sharp: 432M. **Southampton Oceanography Centre:** 509tru. **The Spanish Tourist Office:** 750tr, tMr. **Spectrum:** 611Ml, 99ur, 117Mru, 912ul, 605t, 390Mur, 193M, 632M, 175M, 810tl, 814Mr. **Frank Spooner:** 380ul, 844tM, 185ur; Carlos Angel: 169ul; K. Bernstein: 846M; Keith Butler: 270Mur; Gamma: 26Mo, 406Mu, 708tr, 51tr, 650ur, uMr, 651Mu, tr, 303ur, 444Mo, 469tru, ul, 548ur, 417Mu, 295ul, 831ur, 451Mur; Aventurier: 907Mru, 51Mru, 504ur/Dieter Blum: 745Mr; Figaro/G. de Laubier: 281uM/ Gerard Kosicki: 429ulo/Don Perdu/Liaison: 811ur/Ribeiro Antonio: 406Mo/Chiasson-Liaison: 906Mur, 764ulo/Edinger: 684ul/ Sassaki: 714tM; Simon Grosset: 698ur; Paul Massey: 354Mru; R. Nickelsberg: 700M; Paul Nightingale: 214Mu; Richards/Liaison: 405Mr; Rigwood: 451Ml; Stills/Fotoblitz: 811uM; Heinz Stucke: 619tr. **Sporting Pictures:** 84Ml, 85ul, uMl, 113tr, 816uM, 755tM, M, ul; Doug Barwick Collingwood: 71tr. **Staatsbibliothek zu Berlin/Preußischer Kulturbesitz, Musikabteilung mit Mendelssohn-Archiv:** 531Mlu. **Starland Picture Library:** ESA: 192Mr, 289M. **Stiftsbibliothek, St. Gallen:** 410Mr. **Still Pictures:** 871Mr; Alain Compost: 363tr, Mlu; Andy Crump: 137tl; Mark Edwards: 872ul, 113uM, ul, 488ul; Carlos Guarita/Reportage: 911tr, 516ul; Dominique Halleux: 872tl; Klein/Hubert: 909tr; A. Maslennikov: 605Mu; Gerard & Margi Moss: 52ul; Jorgan Schytte: 601Mu, 873Mr; H. Schwartzbach: 174tru; R. Seitre: 363M. **Tony Stone Images:** 406M, 757M, Mur, 263tl, 625uMr, 885Ml, 886tMl, 387tr, 670tr, 504tl, 657Mr, 924tr; Lori Adamski Peek: 214Ml; Glen Allison: 187Mr; Christopher Ameson: 425ul; Doug Armand: 405tr; Bruce Ayres: 216Ml; Brett Baunton: 578Mor; Tom Bean: 405Ml; John Beatty: 583Mr; Oliver Benn: 385Ml; Paul Berger: 653tr; Christoph Burki: 23Mlu; Michael Calderwood: 520Ml; P. Chesley: 902uro; Philip H. Coblentz: 578Mu; Tony Craddock: 402tr, 186Mu; Ary Diesendruck: 22Mr, 112ul; S. Dietrich: 385Mru; Chad Ehlers: 264Ml; R. Elliott: 384uM; D.H. Endersbee: 318ur; Robert Everts: 137Ml, 886tru; Ken Fisher: 431M; John Garrett: 595ur; Alain le Garsmeur: 136r; Hans Gelderblom: 445ul; C. Guptn: 239ur; David Hanson: 793Mro, 828Mlu; Robert van der Hils: 47t; D. Hiser: 67ul, 913Mlo; J. Hiser: 521tr; Jeremy Horner: 169tl; Hans Peter Huber: 110ul; S. Huber: 886Ml; George Hunter: 407Mur; R. Iwasaki: 389Mr; Warren Jacobs: 89Mo; Jacques Jangoux: 906Mor; Simon Jauncey: 833Mru; David Job: 578Mur; Richard Kaylin: 711ul; Alan Kearney: 612Ml; P. Kenward: 815Mlo; H. Kurihara: 902Mo; Robert Kusel: 651tru; John Lamb: 23Mru, 67tr; Franz Lanting: 168M; J. Lawrence: 548tr; Yann Layma: 464M; A. Levenson: 390ul; G. Brad Lewis: Mark Lewis: 578ul; Philip Long: 793Mlo; Yves Marcoux: 403ur; Will & Deni McIntyre: 112Mr; Mike McQueen: 599Mro; Manfred Mehlig: 602M; Hans Peter Merten: 150ul; John Morley: 823Mu; Z. Nowak Solins: 605Ml; R. Passmore: 264uMl; Nicholas Parfitt: 598Mur, 299tl; Jean Pragen: 794Mlu; Colin Prior: 431u; Greg Probst: 578tr; Donovan Reese: 577ul; Lorne Resnick: 22Mro, 584ul, 794tr; RNHRD NHS Trust: 505Mr; Martin Rogers: 619Mu; Michael Rosenfeld: 152Mu, 726Mr; J. Running: 521tl; C. Saule: 844ur; Kevin Schafer: 168ul; M. Segal: 826ul; J. Selig: 444uro; A. & L. Sinibaldi: 855tM; Hugh Sitton: 599Mlu, 601tM; Chad Slattery: 64Mu; David Harry Stewart: 51ur; Sarah Stone: 914Mu; Mike Surowiat: 22Mlu; Thatcher/Kaluzny: 605ul; Tom Till: 844uM; N.O. Tomalin: 578ulo; N. Turner: 303M; Mark Wagner: 247tr; John Warden: 46tM; Randy Wells: 825ur, 827Mru; S. Westmorland: 886uMl, 354Ml; Ralph Wetmore: 179M; Ken Wilson: 90Mul; Art Wolfe: 598Mor, 169uM; Rex Ziak: 828. **Sygma:** R. Ellis: 353ul; Yves Forestier: 652Mru.
The Tate Gallery, London: 104tr, 105ur. **Techniquest:** 545Mro. **Telegraph Colour Library:** 17Mul, 247Mul, 68ul, 193t, Mru, 636tr, 726ul, 216tr, 327tlu, 319uro, 835uMr; Action Plus: 790Mru; Bavaria-Bildagentur: 326Mo; Benelux Press: 504tr; Bildagentur World: 297Mol; Colorific/Fred Ward, Black Star: 287ur, Mro; John McGrail: 445tr; P. Titmuss: 547uMr. **Topham Picturepoint:** 23tr, 26tr, 913Mul, 156Mru, 292uro, 392Ml, 469Ml, 261Mlu, 767ul; Associated Press: 211uro, 392ur, Mlu, 832Mr; Dinodia/R. Shekhar: 357Mu; Tom Miner/Image Works: 830ulo; Press Association: 542Mlu. **Toyota:** 809Mur **Tracks:** 97Mu, Mru. **TRH:** 453ul. **Trinity College Dublin:** 416Mr. **Trip:** 488Ml, 217Mlo; M. Barlow: 88tr; T. Bognar: 390ur: I. Burgandinov: 693Mlu; CC: 364M, 619ul; D. Cole: 654Mr; Dinodia: 357ul; A. Dinola: 53Mr; M. Feeney: 750uM; A. Gasson: 714Mr; F. Good: 334tr; Z. Harasym: 534uM; Ibrahim: 80ul, 377Ml; V. Kolpakov: 917ulo, 87tr, 88uro, tru, 414ul; M. Lee: 764ul; T. Lester: 837ul; D. Maybury: 534ul; C. Rennie: 690Mo; Helene Rogers: 304Mlu, 340ur, 357Ml, 378Mu, 382ulo, 534ur, 537Mu, Mru, 692ur, 778ul, 779ul; S. Shapiro: 396Mro; V. Shuba: 87Mu; Eric Smith: 71M, ur, uro, 792Mo; W. Steer: 317Mr; Streano/Havens: 828Mlo; A. Tjagny: 696M; A. Tovy: 138tMu, 390Ml, 549ur; B. Turner: 692Mo, 334uM; R. Vargas: 831uMr; Y. Varigin: 693M; J. Wakelin: 488tru, 657tr; I. Wellbelove: 317ur; TH Foto Werbung: 80M; M. Wilson: 81M. **Tunnels & Tunnelling, Miller Freeman Publishers Ltd.:** 813t Mr. **Mark Twain House, Hartford, CT:** 818M, ul, ulo. **Mark Twain Museum, Hannibal, Missouri:** 818ur.

U, V, W, Y, Z

United Nations: 832tM. **United States Navy, Dept. of Defence, Washington:** 821Mru, ul. **Hans Verkroost:** 423Mul, 757Mul, uro, uMr. **Jean Vertut:** 758Mu. **Victoria and Albert Museum, London:** 461tr, 328ul, 105uMl. **Vintage Magazine Company © DC Comics:** 570ur. **Roger Viollet:** 265M. **VIREO/Greenwalt:** 430Ml. **Wadsworth Atheneum, Hartford, USA, J. Pierpont Morgan Collection:** 314Mr. **Wales Tourist Board:** 320ur. **Wallace Collection, London:** 265uM, 597Ml. **Frederick Warne:** 421Mr. **Waterways Photo Library,** Derek Pratt: 117ul. **WDR** 714t. **Wellcome Institute Library, London:** 824ul, 335Mur, 507tl, tM, 523Ml, 742Mr, 69ul. **Elizabeth Whiting Associates:** 529Ml. **Die Wiener Bibliothek:** 346t, M, Mu. **Peter Wilson:** 606Mul. **Windrush Photos:** Roy Glen: 176Ml, Mr, tru. **Women's Transport Service/FANY:** 865tl. **Woodfin Camp & Assoc.:** Woolwich Building Society, Jim Wilson, All Rights Reserved: 147Mr. **World Pictures Features-Pix:** 63Mro, 503Mo, 902uM, 515Mro, 516ur, 659uMr. **Welthandelsorganisation, Genf:** Tania Tang: 327ulo. **World Wildlife Fund:** J. Mayers: 562ul.
Yorkshire Sculpture Park: 104ur. **ZEFA:** 905ur, Mr, 907tr, 874Mo, 52Mr, tr, 71trM, 82ur, 85uM, 111M, 117Mr, 411Mlu, ul, 138ur, 757ul, 429Mlu, uM, 219Mr, 780tr, 181Mr, 229Ml, 199ur, 674Mru, 833uMl, 154tM, 298tr, 338ul, 314Mro, 315M, 347Mru, 362Mu, 378ul, 386ur, 733ul, 756tr, 485uM, 499tr, 528Mlo, 573uM, 594Mr, 636Mu, 462Mlu, 806uro, 165ul, 251ur, 761ul, 696Ml, 694Mru, 748Ml, 883Ml, 779Mro, 835ul, 180Mro, ur, 918uM, 175ur, 825Mr, 826tru, 828uMr, 843ul, 844Mr, tr, 452Mlu, 453M; Walther Benser: 654Ml; Boutin: 695ul; Camerman: 357ur; Damm: 303Mu, 900Mu; Dr. Dyballa: 49ul; Geopress: 64ul; Ned Gillette: 299tr; Hecker: 892tr; Heinrich: 413t; Honkanen: 873Ml, 414tr; Hummel: 906Mlo; Kitchin: 575ul; Jaemsen: 218Mlo; Lanting: 229Mu; Maroon: 378Mr; Mednet: 102uM; Rossenbach: 602or. Schneiders: 81tr; Streichan: 153Mo, 154ur, 194tl; Stockmarket: 251ul; Sunak: 136; A. & J. Verkaik: 883ulo; Voigt: 205tr.

Weitere Fotos von: David Agar, Max Alexander, Peter Anderson, Roby Braun, Paul Bricknell, Geoff Brightling, John Bulmer, Jane Burton, Martin Cameron, Tina Chalmers, Gordon Claytone, Jim Coit, Neil Cooper, Joe Cornish, Phil Crabb, Tim Daly, Geoff Dann, Phillip Dowell, John Downs, Peter Downs, Michael Dunning, Andreas Einsiedel, Gerry Ellis, Phillip Enticknap, Neil Fletcher, Lynton Gardiner, David Garner, Bob Gathany, Philip Gatward, Christi Graham, Frank Greenaway, Derek Hall, Alison Harris, Paul Hayman, John Heaver, John Heseltine, Alan Hills, John Holmes, Kit Houghton, Chas Howson, Colin Keates, Luke Kelly, J. Kershaw, Gary Kevin, Barnabas Kindersley, Dave King, Bob Langrish, Cyril Laubscher, Richard Leeney, John Lepine, Bill Ling, Mike Linley, Neil Lukas, Ronald Mackechnie, Liz McAulay, Andrew McRobb, Trevor Melton, Neil Mersh, Simon Miles, Ray Moller, M. Moran, Tracey Morgan, David Murray, Nick Nicholls, Martin Norris, Sue Oldfield, Stephen Oliver, Nick Parfitt, John Parker, Janet Peckham, Liberto Perrugi, Roger Phillips, Jill Plank, Martin Plomer, Susanna Price, Tim Ridley, Dave Rudkin, Guy Ryecart, Kim Sayer, Karl Shone, Steve Shott, David Spence, Christ Stevens, James Stevenson, Jane Stockman, Clive Streeter, Peter Striner, Harry Taylor, Mathew Ward, Linda Whitwam, Alan Williams, Alex Wilson, Jerry Young: 895, 244, 91, 398, 839, 419, 420, 456, 892, 348, 588, 467, 558,

272, 273, 675, 623, 351, 372, 373, 478, 479, 804, 581, 800, 842, 672, 673, 449, 450, 561, 324, 721, 430, 318, 719, 877, 887, 888; Michael Zabe.

Ein besonderer Dank geht an: American Library Association/Newbery Award, American Museum of Natral History/Lynton Gardiner, Board of Trustees of the Royal Armouries, Leeds, Ashmolean Museum, Oxford, Barley Lands Farm Museum and Animal Centre, BBC Team for Visual Effects/Modelmaker, Thurston Watson, Birmingham City Museum, Blue Note Records, Booth Museum, Brighton, Bolton Museum, British Library Association, British Museum, London, The Buddha Padipa Temple, Wimbledon, London, Canterbury Cathedral, Classic Car Magazine, Commonwealth Institute, Co-operative Museum, Rochdale, Danish National Museum, Charles Darwin Museum, Downhouse Kent, Design Museum, London, Downe House Natural History Museum, Edinburgh SUSM, ESA, Exeter City Museums & Art Galleries, Royal Albert Memorial Museum, Exeter Maritime Museum, GEO Magazin, Hamburg/Which Art, Glasgow Museums, Golders Green UnitedSynagogue, Alison Harris, Horses: Moskau Hippodrom, Mr. Conteras, Les Saintes Maries de la Mer, Frankreich, Mr. & Mrs. L.E. Bigley, Haras National de Saint Lo, Frankreich, Lady Fischer, Kentucky Park Horse Park, Patchen Wilkes Farm, Nigel Oliver Singleborough Stud, Bucks, European Horse Enterprises, Berks, Miss M. Houlden, Amaco Park, Spruce Meadows Canada, Mr. & Mrs. Clive Smith, Nashend Stud, UK, Pat & Joanna Maxwell, Lodge Farm, Arabian Stud, UK, Mrs. Hampton, Briar Stud, UK Miss S. Hodgkins, Mrs. Carter, Witton, Wilts, Grethe Broholme, Kanada, Haras National de Pau, Frankreich, Pat Buckler, Kanada, Miss Mill, M. & P. Ramage, Mount Farm, Clydesdale Horses, Tyne & Wear, Mr. Brooks, Rare Breeds Farm, Mill Lnae, Hildenborough, Kent, Mrs. Rae Turner, Mrs. C. Bowyer, Sally Chaplin; Kew Gardens, Huntrian Museum, Imperial War Museum, Instituto Nacional de Antropoligia, Mexiko, Jewish Museum, London Planetarium, London Transport Museum, Manchester Museum of Labour History, Manchester Museums, Hugh McManners, Motorcycle Heritage Museum, Westerville Ohio, Musée du Louvre, Musée Marmatton, Musée d'Orsay, Paris, Museo Archeologico di Napoli, Museum of London, Museum of Mankind, Museum of the Moving Image, London, Museum of the Order of St National John, Museum of Scotland, NASA, National Army Museum, London, National Maritime Museum, London, National Motor Museum, Beaulieu, Natural History Museum, London, Norfolk Rural Life Museum, Old Royal Observatory Greenwich, Oxford University Museum, Pitt Rivers Museum, Oxford, Powell Cotton Museum, Pratt & Whitney, Royal Armouries, Royal British Columbia Museum, Victoria, Junior Department, Royal College of Music, Royal Geographic Society, Royal Museum of Scotland, Royal Pavillion Museum, St Mungo Museum of Religious Life & Art, Glasgow, Science Museum, London, Scott Polar Institute, Société d'Economie mixte d'Argenteuil-Bézons, Tower of London, Tulane University, University of Chicago, University Museum of Archaeology & Anthropology, Cambridge, University Museum of Zoology, Cambridge, Wales Tourist Board, Wallace Collection, London, Frederick Warne für die Erlaubnis zur Verwendung der Bücher von Beatrix Potter und für deren Verkauf in: Warwick Castle, Wilberforce House/Hull City Museums, Woodchester Mansion, Atuell Hampton Manor House and Worthing Art Gallery and Museum.

SONSTIGE COPYRIGHTS

ZEICHNUNGEN

David Ashby: 249tl, tMo, 116tl, 757Mro, 424tl, 823tl, 29l, 322tl, 365tl, 502tl, 842tl, 659tl, 715M, u, 758tl, 821Mr. **Penny Boylan:** 424Ml. **Dave Burroughs:** 103tr, 186tl, 338Mr, 804ul. **Karen Cochrane:** 459tl, 470tr, 84Mo, ur, uMl, 85tl, 822ur, 122Ml, 127tl, 411ur, 419tl, 139tr, 145tl, 148tl, 149tl, 151tl, 158tl, 713tl, 590ur, 170tl, 202tl, 184tl, 464tl, 467tl, 229tl, 199tl, 276oMr, M, ul, 278tl, 281tl, 884tl, 230tl, 383tl, 391tl, 393tl, 681tl, 491tl, 496tl, 524M, 286oMl, 536Mr, 546tl, 547tr, oM, M, 576tl, 597tl, 268tl, 270tl, 633tl, 647tl, 806tl, 671tl, 679tl, 685tl, 726tl, 735tl, 775tl, 897tl, 114tl, 760tl, 790oMr, uMr, ul, ur, 451tl, 857tl, 846tl, 875tr, 180Ml, M, uM. **Michael Courtney:** 568l, 336tl, 347r, Mr, 353Mr. **Angelika Elsebach:** 895Ml, 242ur, 838ul, 839tl, ul, 312ul, 124ur, 342ul, 236M, 613Ml, 556ul, 513Mur. **Simone End:** 802tl, 798tl, 34tl, 300tl, 57tl, 74tl, 494tl, 84tl, 242tl, ul, 91tl, 103tl, 397tl, 838tl, 311tl, ul, Mur, 124tl, 854tl, 400tl, Mr, 783tl, 245tl, 411tl, 345tl, 342tl, Ml, 159tl, 348tl, 280tl, 589tl, 171tl, 209tl, 221tl, 235tl, 246tl, 841tl, 762tl, 107tl, 558tl, 276tl, 257tl, 272tl, 274tl, 307tl, 309tl, 816tl, 352tl, MMr, 675tl, 881tl, 625tl, 623tl, uMl, 372tl, 376tl, 660tl, 101tl, 176tl, 477tl, 166tl, 703tl, 226tl, 804tl, 544tl, 19tl, 537tl, 284tl, 639tl, 796tl, 801tl, 581tl, 805tl, 204tl, 613tl, 616tl, 614tl, 642, 635tl, 879tl, 626tl, 628tl, 630tl, 631tl, 587tl, 800tl, 648tl, 819tl, 195tl, 330tl, 555tl, 449tl, 561tl, 858tl, 701tl, 513tl, 683tl, 33tl, 324tl, 325Ml, Mlu, 710tl, 859tl, 860tl, 720tl, 738tl, Mr, 739tl, 753tl, 755tl, 660tl, 430tl, 732tl, 718tl, 458tl, 493tl, 851tl, 525Ml, 882tl, 887tl, 849tl, 752tl, Mr, 890tl. **Nick Hewetson:** 240u, 736oMr, Mr, Ml, uMl, uMr, ul. **John Houghton/Brighton Illustration:** 60tl, 545tl. **Chris Lyons:** 715uMl, 789Ml. **Pond & Giles:** 895tl, 83tl, 568tl, M, uMr, 128tl, 562tl, 456tl, 781tl, 892tl, 824tl, Ml, Mr, 588tl, Ml, 177tl, 68tl, Ml, ur, 238tl, 269tl, 290tl, 296tl, 299oMr, 335tl, 254tl, 347tl, Ml, 596tl, u, 18tl, tM, 351tl, 353tl, uMr, Mr, 422tl, 457tl, 776tl, 756tl, 469tl, 66tl, tr, 522tl, 523oM, 541tl, 552tl, 354tl, 608tl, 593tl, 616Ml, 255tl, 252tl, u, 511tl, 741tl, 331tl, 291tl, oMl, 216tl, 896tl, 69tl, uMr, 890uMr. **Sallie Alane Reason:** 17tM, 24tMr, 25tr, 32tr, 36tM, 39tr, 54tr, 59tr, 76tM, 767tr, 100tr, 622tr, 127tr, 404Ml, 409M, 415tr, 915Mr, 410Ml, 131tM, 139tr, 140ul, 142Ml, 143Ml, 427tl, 148Mro, 448M, 151Ml, 891Ml, 152tl, 190tr, 29tl, 868M, 203tl, 848Ml, 529tl, Mr, 299ul, 309tr, 737tr, 314Ml, 322oMl, 337tr, 346Ml, 332tr, 333tr, 350Ml, 370tM, 359M, 365tM, 381tM, tr, 388Ml, 391ul, 395M, 418tr, 756M, 490tr, 655tr, 502tr, 503tr, 518tl, 804tl, 526tr, 536tr, 283tr, uM, ur, 531tl, 559tr, 354tr, 585tr, 579tr, 580tl, 194Mr, 592oMr, 597tr, 620tr, 634tr, 638tr, 647oMl, tr, 658Ml, 195Ml, uMr, 196tr, 671tr, 666ur, 687tr, 694ur, 700tr, 702uM, 740Ml, 565tr, 736tr, 745tr, 771tM, 774tr, 829Mr, 877tM, 864tr, 866Ml, Mr. **Colin Salmon:** 706tr, 61tl, 62tl, 67tl, Ml, ur, 822tl, ul, 727tl, Mr, 915tl, 131tl, 132tl, 218tl, Mo, Mu, Mr, 434tl, 179tl, uMr, 181tl, 183tl, 187ul, 440tl, oMl, 674tl, oM, 277tl, 282tl, 731tl, Mr, uMl, 855tl, 856tM, 370tl, 472tl, Ml, ur, 253tl, oMr, 497tl, ur, 486tl, uMr, 499tl, M, 519tl, 134tl, 533tl, 593tl, tr, 636tl, 644tl, 165tl, 663tl, 684tl, 702tl, 225tl, Ml, 711tl, tM, oM, Ml, Mr, 667tl, tr, 759tl, 746tl, 747Ml, 899tl. **Rodney Shackell:** 125uMl, 126tr, 448tl, 350tl, 527tl. **Peter Visscher:** 259tl, Mr, 845tl, 789tl. **John Woodcock:** 17tl, 869tl, 22tr, 23tM, 24tl, 247tl, ul, 32tl, 39tl, 49tl, 41tl, 43tl, 46tl, 47Mo, 48Mo, 764tl, 698tl, 52tl, 53tM, 54tl, 916tl, ur, 917tl, 59tl, 60tl, r, 63tl, 64tl, 65tl, ul, 610tl, 611tM, 70tl, ur, 72tl, 80tl, 89tl, 767tl, 97tl, 98tl, 99tl, Mr, 100tl, 214tl, 106tl, 622tl, 110tl, 120tl, 112tl, 113tl, 117tl, 121tl, 122lM, 130tl, 402tl, Mro, 403tl, 404tl, 405tl, 441tl, 811tl, 125tl, 413tl, 344tl, ul, 904tl, Mo, Mr, 415tl, 912tl, 410tl, 136tl, 137tM, Ml, 139tl, 142tl, 143tl, 423tl, 757tl, 427tl, 889tl, 429tl, 510tl, 136tl, ur, 435tl, 436tl, 328tl, 454tl, 780tl, 891tl, 445tl, 162tl, 50tl, 220tl, 191tl, 192uM, 190uM, 289tl, 168tl, 182tl, 868tl, 539tl, 203tl, 205tl, 206tM, 207tl, 604tl, 211tl, 212tl, 188tl, 224tl, 231tl, 201tl, 240tl, 481tl, 848tl, 263tl, 264oMl, 265tl, 262tl, 279tl, 833tl, 834Ml, 288tl, 153tl, ul, 154tl, 155tl, 297tl, 305tl, 650tl, 651tl, 737tl, 314tl, 302tl, 239tl, 335tl, 336M, Mul, Mur, 340tl, 292tl, 337tl, 346tl, 332tl, 333tl, 347u, Mr, 444tl, 885tl, 438tl, 350tl, 353oMl, 356tl, 357tM, 359tl, 361tl, 363tl, oMr, 364tl, 366tl, 368tl, 197tl, 379tl, uMr, uM, 380tl, 174tl, 381tl, 375tl, 384tl, ur, 387tl, 388tl, 390tl, 394tl, 395tl, 418tl, 163tl, 439tl, Ml, 733tl, 468tl, ur, 669tl, 471tl, 474tl, 475tl, 66Ml, uM, 484tl, 486tl, 490tl, 655tl, 463tl, 500tl, Ml, ul, 503tl, 504tl, 506tl, 514tl, 518tl, 520tl, Mr, 521tl, 524tl, 526tl, 428tl, 534tl, 285tl, 536tl, 535tl, M, 538tl, 553tl, 283tl, Ml, 543tl, 531ul, 532tl, 549tl, 554tl, 559tl, 560tl, 567tl, 578tM, 579tl, 894tl, Mr, 509tl, 607tl, M, 193tl, 594tl, 595tl, 489tl, 615tl, 620tl, 632tl, ur, 634tl, 261tl, 637tl, 638tl, 462tl, 157tl, 652tl, 653tl, 323M, 656tl, 657t, tl, 658tl, 118tl, 662tl, Ml, 692tl, 575tl, 672tl, 677tl, 255ul, Ml, 256tl, 761tl, 665tl, Ml, ul, uM, 293tl, 687tl, 690tl, 696tl, 697t, tl, 693t, tl, 694tl, 591tl, 700tl, 724tl, 702uM, 740tl,, 564tl, 565tl, 104tl, 736tl, 715tl, 334tl, 741Mr, 742Mr, 743tl, 291Ml, 744tl, 745tl, 712tl, uMl, 765tl, Ml, 766Ml, 767tl, 768tl, 769M, 770tl, 431tl, 432M, 772tl, 748tl, 749tl, M, 750tl, 751tl, 760tl, 883tl, 763tl, 821tl, 774tl, 785tl, 896tr, uM, 788tl, uMl, 786tl, M, 222tl, 791tl, 792tl, 794tl, 326tl, 175tl, 809tl, 808tl, 812tl, 813tl, 814tl, oMr, 818tl, 295tl, 318tl, uMr, 319tl, 320tl, 831tl, 825tl, ul, uM, 829tl, 835tl, 877tl, 525tl, 453tl, 875tl, 876tl, 880tl, 339tl, 185tl, 864tl, 866tl, 725tl.

Weitere Zeichnungen von: Luciano Corbello, Peter Serjeant, Mike Saunders.

MODELLE

Mark Beesley: 428M, 538M. **David Donkin Modelle:** 67Mro, M, Ml, Mr, 171M, 885M, 663oMr. **Peter Griffiths:** 22ul, 49ul, 52ul, 65r, 610ul, 822M, 891M, 190M, 205ul, 848M, Ml, 670u, 479ur, 545u, 577ul, 819M, 323M, 118M, Ml, 662tr, 761oM, 694ul, 109M, 768ul, 760M, 746u, 747M, 788Mr, 326u, 327Mr, 812M, 831M, 863l, oMr. **Paul Holzherr:** 404M, 415M, 737M, 366Mr, 526M, 579uMr, 736M. **Melanie Williams.** 257oM.

FOTOS

David Agar: 503M, Mr, Ml. **Geoff Brightling:** 103l, 447Mro, 544tM, Mr, 660M, Mr. **Andy Crawford:** 822M, 423M, 448tr, 179M, Ml, Mr, 181tr, Mr, 186Mr, 187ul, 440Mu, 848M, Ml, 674M, 529M, 855tr, ur, oMr, 856tl, tr, M, Mr, 197ur, 381uM, u, 669ul, 472Ml, 473t, 497tl, ul, 655u, M, 567oMl, 902ul, M, 636M, 819M, 165Ml, Mr, 684M, 716Mr, 717, 667M, 760Mr, 758Mr, M, 746u, 747M. **Michael Dunning:** 218tr. **Steve Gorton:** 22ul, 49ul, 52ul, 60Ml, ur, 610ul, 218uM, 219Ml, Mr, 342M, 181ur, 205ul, 481Mu, 257oM, 856uM, 885M, 351oMl, 468u, 485tr, M, ur, Mr, 428M, 545u, 554oMr, 902oMr, 577ul, 165uM, uMl, 663Mr, 683tMr, 710oMr, uMr, 331ur, 768ul. **Christi Graham:** 371. **Frank Greenaway:** 494M, 242M, 243M, 244, 622M, 245Mru, Mlu, ulu, 562Mro, 661M, Mo, 342tr, 343M, 892ul, 280t, Mro, Mr, 589M, 177Mro, Mr, 221M, 107Mr, tr, 674uMl, 274uMl, 307M, Ml, Mr, 308, 338Ml, M, Mr, 351M, 479uMl, 537tr, M, Ml, ul, 614tr, Ml, 642tr, M, 635M, 879M, 626ul, 628M, Mr, 630M, 631M, 820tr, 555M, 561M, uMu, 860oM, 753M, 93tr, M. **Mark Hamilton:** 248M, 404M, 415M, 419M, 737M, 366Mr, 367M, Mr, 475tr, 526M, 579uMl, 736M, 795tr, uM. **John Heaver:** 29, 30. **Alan Hills:** 807. **J. Kershaw:** 350, 353, 365Ml, uMl, uMr, 502r, Mro, Ml, Mr, ur. **Simon Miles:** 187Ml, Mlo. **Gary Ombler:** 259Mlo, 241t. **Sam Peckham:** 503uMl. **Tim Ridley:** 97Ml, Mr, 269M, Ml, Mu, Mo. **Janet Pearson:** 31, 322oMr, Mr, Mur, u. **Jim Seagar:** 249u. **Clive Streeter:** 260, 132M, ul, Mr, 133tl, 218, 181ul, 282tM, 731M, 856oMl, 524Mr, 134tM, ul, Mr. **Mathew Ward:** 65r, 73ur, 120M, 709, 424Mr, Ml, 425tr, ul, 426Ml, M, Mr, 889ur, 146M, 147uMl, uMr, 328tr, 329r, 823Mul, 780Ml, 891M, 220Ml, Mr, 190M, 182M, 224tr, ul, 240tl, 241u, 199Mu, 438uMr, 368Mr, Mr, 369tM, 756u, ur, 468M, 500ur, 501ul, 505Ml, 285Ml, 287, 548Mr, 902Ml, 903M, Ml, 894Mr, Ml, 615ul, 270M, 633Ml, tr, ur, 462Ml, 323M, 806M, Ml, oM, 118M, Ml, ur, 662tr, 761oM, 694ul, 564Mo, M, 775Ml, 109M, 712Ml, M, ur, 114M, Ml, uMr, 115t, M, 788Mr, uM, 786ul, 787, 222oMl, 326u, 327Mr, 812M.